ESV

Berliner Kommentare

WpPG

Wertpapierprospektgesetz

mit EU-Prospektverordnung und weiterführenden Vorschriften

Kommentar

Herausgegeben von

Dr. Timo Holzborn
Rechtsanwalt

Bearbeitet von

Dr. Holger Alfes, Prof. Dr. Anne d'Arcy, Marcus Assion,
Martin E. Foelsch, Elke Glismann, Oliver Görke, Dr. Matthias Heisse,
Walter Hippel, Dr. Timo Holzborn, Dr. Matthias Höninger,
Alexander Israel, Sonja Kahler, Christopher W. Koch,
Dr. Dieter Leuering, Dr. Julius Neuberger, Prof. Dr. Peter Nobel,
Jens H. Pegel, Dr. Christian Pelz, Dr. Thomas Preuße, Nils Rahlf,
Dr. Isabel Rauch, Christiane Schmitz, Hans-Helmut Schneider,
Prof. Dr. Gerald Spindler, Prof. Dr. Ulrich Wackerbarth,
Dr. Oliver Wagner, Dr. Laurenz Wieneke

ERICH SCHMIDT VERLAG

Bibliografische Information der Deutschen Bibliothek
Die Deutsche Bibliothek verzeichnet diese Publikation
in der Deutschen Nationalbibliografie; detaillierte bibliografische Daten
sind im Internet über dnb.ddb.de abrufbar.

Weitere Informationen zu diesem Titel finden Sie im Internet unter
ESV.info/978 3 503 11011 7

Zitiervorschlag:
Bearbeiter, in: Holzborn (Hrsg.), WpPG,
§ … Rn. …

ISBN 978 3 503 11011 7
ISSN 1865-4177

Alle Rechte vorbehalten
© Erich Schmidt Verlag GmbH & Co., Berlin 2008
www.ESV.info

Dieses Papier erfüllt die Frankfurter Forderungen
der Deutschen Bibliothek und der Gesellschaft für das Buch
bezüglich der Alterungsbeständigkeit und entspricht sowohl den
strengen Bestimmungen der US Norm Ansi/Niso Z 39.48-1992
als auch der ISO Norm 9706.

Gesetzt aus 9/11 Candida

Satz: multitext, Berlin
Druck und buchbinderische Verarbeitung:
Hubert & Co., Göttingen

Vorwort

Wertpapierprospekte sollen in leicht analysierbarer Form sämtliche Angaben enthalten, die im Hinblick auf die Emittentin und die angebotenen bzw. zum Handel zugelassenen Wertpapiere notwendig sind, um dem Publikum ein zutreffendes Urteil über die Vermögenswerte und Verbindlichkeiten, die Finanzlage, die Gewinne und Verluste, die Zukunftsaussichten der Emittentin und jedes Garantiegebers sowie über die mit diesen Wertpapieren verbundenen Rechte zu ermöglichen

Diese Vorgabe der Richtigkeit und Vollständigkeit des Wertpapierprospekts galt bereits unter dem Börsengesetz in Verbindung mit der Börsenzulassungsverordnung, wurde nunmehr aber explizit so vom Gesetzgeber der EU-Vorschrift folgend im 2005 in Kraft getretenen Wertpapierprospektgesetz festgelegt. Auf europäischer Ebene sind im Rahmen des Financial Services Action Plan der Europäischen Union von 1999, der bis 2005 einen einheitlichen europäischen Kapitalmarkt schaffen sollte, umfassende Reformen auf den Weg gebracht worden. Ein Herzstück ist dabei die EU-Prospektrichtlinie, die durch das Wertpapierprospektgesetz in deutsches Recht umgesetzt wurde. Seit 01.07.2005 bildet dieses Gesetz nun für den gesamten Bereich der Wertpapierprospekte die Grundlage.

Dieses ist zentraler Gegenstand der vorliegenden Kommentierung. Eine wichtige Ergänzung findet dieses in einer umfangreichen Kommentierung der Verordnung Nr. 809/2004/EG, die im Hinblick auf Gliederung und Mindestinhaltvorgaben des Prospekts direkt anwendbares europäisches Recht darstellt. Dabei wurde die Kommentierung der maßgeblichen Anhänge dieser Verordnung hinter § 7 WpPG, der den Mindestinhalt betrifft, implementiert. Die anderen Verordnungsartikel wurden sodann inhaltsbezogen auf die Kommentierung des Wertpapierprospektgesetzes aufgeteilt.

Nachdem die Neuordnung des Wertpapierprospektrechts gleichzeitig eine Verlagerung der Prüfungskompetenz zur Bundesanstalt für Finanzdienstleistungsaufsicht zur Folge hatte, wurde zuletzt anlässlich der Umsetzung der EU-Finanzmarktrichtlinie diskutiert, auch die Zulassung von Wertpapieren von den Börsen zu verlagern. Da dies nicht erfolgte, sind die Hauptzulassungsnormen in §§ 32ff. BörsG und §§ 1 bis 12 BörsZulV in diesem Zusammenhang ebenfalls Gegenstand des Wertpapierprospektrechts. Maßstab und Gegenstück der Prospekterstellung ist die Prospekthaftung aus §§ 44ff. BörsG, die in einem Wertpapierprospektgesetz-Kommentar ebenfalls Berücksichtigung finden muss. Einen wichtigen Einblick und hilfreichen Vergleichsmaßstab bietet der Blick auf das Schweizer Recht, welches dankenswerter Weise von Peter Nobel entsprechend erläutert wurde.

Der Herausgeber dankt sehr herzlich den Autoren und allen Mitarbeitern des Verlags, vor allem aber auch einer aufgrund ihrer Zahl hier namenlosen

Gruppe von Sekretärinnen und Assistenten, die das Erscheinen der Kommentierung in der jetzt vorliegenden Form durch ihren besonderen Einsatz erst möglich gemacht haben, aus der insbesondere Frau Hatzl aus dem Sekretariat in München wegen ihres unermüdlichen Einsatzes besonders hervorzuheben ist. Die Kommentierung ist durchgängig auf dem Stand von Ende Mai 2008. Später erschienene Literatur konnte nur noch vereinzelt berücksichtigt werden. Damit konnten ca. zweieinhalb Jahre Praxis mit dem neuen Wertpapierprospektrecht in die Kommentierung einfließen und sollen dem Praktiker den Umgang mit dem neuen Gesetz erleichtern, aber auch Gebietsfremden einen Einblick in die Materie gewähren. Über das Gelingen des Vorhabens einer Kommentierung des Wertpapierprospektrechts und über den Erfolg der beabsichtigten Integrierung von wissenschaftlichen, verbands-juristischen und beratungspraktischen Sichtweisen, möge der Leser und Benutzer der vorliegenden Kommentierung urteilen. Herausgeber und Verlag freuen sich über jede Anregung und Kritik.

München, im August 2008　　　　　　　　　　　　　　　　Dr. Timo Holzborn

Inhaltsverzeichnis

	Seite
Vorwort	5
Abkürzungsverzeichnis	17
Allgemeines Literaturverzeichnis	25

Einleitung und Einordnung (europarechtlich)

Abschnitt 1 – Anwendungsbereich und Begriffsbestimmungen

§ 1 WpPG	Anwendungsbereich	57
Kapitel 1:	*Gegenstand und Begriffsbestimmungen*	
Artikel 1 EU-ProspV: Gegenstand		72
§ 2 WpPG	Begriffsbestimmungen	73
Artikel 2 EU-ProspV: Begriffsbestimmungen		91
§ 3 WpPG	Pflicht zur Veröffentlichung eines Prospekts mit Ausnahmen im Hinblick auf die Art des Angebots	98
§ 4 WpPG	Ausnahmen von der Pflicht zur Veröffentlichung eines Prospekts im Hinblick auf bestimmt Wertpapiere	110

Abschnitt 2 – Erstellung des Projekts

§ 5 WpPG	Prospekt	125
Artikel 24 EU-ProspV: Inhalt der Zusammenfassung des Prospekts und des Basisprospekts		142
Kapitel 2:	*Aufmachung des Prospekts, des Basisprospekts und ihrer Nachträge*	
Artikel 25 EU-ProspV: Aufmachung des Prospekts		143
§ 6 WpPG	Basisprospekt	145
Artikel 22 EU-ProspV: In einen Basisprospekt aufzunehmende Mindestangaben und seine dazugehörigen endgültigen Bedingungen		160
Artikel 26 EU-ProspV: Aufmachung des Basisprospekts und seiner entsprechenden endgültigen Bedingungen		163
§ 7 WpPG	Mindestangaben	167

Kapitel 3: Mindestangaben

Artikel 3 EU-ProspV: In einem Prospekt aufzunehmende Mindestangaben	173
Artikel 4 EU-ProspV: Schema für das Registrierungsformular für Aktien	174

Anhang I EU-ProspV: Mindestangaben für das Registrierungs-
  formular für Aktien (Modul)   175
Artikel 4a EU-ProspV: Schema für Aktienregistrierungsformulare
  bei komplexer finanztechnischer Vorgeschichte
  oder bedeutenden finanziellen Verpflichtungen.   275
Artikel 35 EU-ProspV: Historische Finanzinformationen.   284
Anhang II EU-ProspV: Modul für Pro forma-Finanzinformationen. .   287
Artikel 5 EU-ProspV: Modul für Pro forma-Finanzinformationen . . .   287
Artikel 6 EU-ProspV: Schema für die Wertpapierbeschreibung
  für Aktien   298
Anhang III EU-ProspV: Mindestangaben für die Wertpapier-
  beschreibung für Aktien (Schema).   300
Artikel 7 EU-ProspV: Schema für das Registrierungsformular für
  Schuldtitel und derivative Wertpapiere mit einer
  Stückelung von weniger als 50.000 Euro.   341
Anhang IV EU-ProspV: Mindestangaben für das Registrierungs-
  formular für Schuldtitel und derivative Wertpapiere
  (Schema) (Schuldtitel und derivative Wertpapiere
  mit einer Stückelung von weniger als 50 000 Euro) . . .   342
Artikel 8 EU-ProspV: Schema für die Wertpapierbeschreibung
  für Schuldtitel mit einer Stückelung von weniger
  als 50.000 Euro   376
Anhang V EU-ProspV: Mindestangaben für die Wertpapier-
  beschreibung für Schuldtitel (Schema)   378
Artikel 9 EU-ProspV: Modul für Garantien   396
Anhang VI EU-ProspV: Mindestangaben für Garantien
  (Zusätzliches Modul)   396
Artikel 10 EU-ProspV: Schema für das Registrierungsformular
  für durch Vermögenswerte unterlegte Wertpapiere
  („Asset bakked securities"/ABS)   405
Anhang VII EU-ProspV: Mindestangaben für das Registrierungs-
  formular für durch Vermögenswerte unterlegte Wert-
  papiere („asset backed securities"/ABS) (Schema). . . .   412
Artikel 11 EU-ProspV: Modul für durch Vermögenswerte unter-
  legte Wertpapiere (Asset backed securities"/ABS). . . .   446
Anhang VIII EU-ProspV: Mindestangaben für durch Vermögens-
  werte unterlegte Wertpapiere („asset backed
  securities"/ABS) (Zusätzliches Modul).   447
Artikel 12 EU-ProspV: Schema für das Registrierungsformular für
  Schuldtitel und derivative Wertpapiere mit einer
  Mindeststückelung von 50.000 Euro   489
Anhang IX EU-ProspV: Mindestangaben für das Registrierungs-
  formular für Schuldtitel und derivative Wertpapiere
  (Schema) (Schuldtitel und derivative Wertpapiere mit
  einer Mindeststückelung von 50 000 Euro)   490
Artikel 13 EU-ProspV: Schema für Zertifikate, die Wertpapiere ver-
  treten (depository receipts")   514

Anhang X EU-ProspV: Mindestangaben für Zertifikate, die
 Aktien vertreten (Schema)........................ 514
Artikel 14 EU-ProspV: Schema für das Registrierungsformular
 für Banken..................................... 561
Anhang XI EU-ProspV: Mindestangaben für das Registrierungs-
 formular für Banken (Schema) 566
Artikel 15 EU-ProspV: Schema für die Wertpapierbeschreibung
 für derivative Wertpapiere....................... 581
Anhang XII EU-ProspV: Mindestangaben für die Wertpapierbeschreibung für derivative Wertpapiere (Schema) ... 590
Artikel 16 EU-ProspV: Schema für die Wertpapierbeschreibung
 für Schuldtitel mit einer Mindeststückelung von
 50.000 Euro................................... 605
Anhang XIII EU-ProspV: Mindestangaben für die Wertpapierbeschreibung für Schuldtitel mit einer Mindeststückelung von 50 000 Euro (Schema).................. 607
Artikel 17 EU-ProspV: Zusätzliches Modul für die zugrunde
 liegende Aktie in Form von Dividendenwerten....... 618
Anhang XIV EU-ProspV: Zusätzliches Modul betreffend den Basistitel für bestimmte Dividendenwerte 620
Artikel 18 EU-ProspV: Schema für das Registrierungsformular für
 Organismen für gemeinsame Anlagen des geschlossenen Typs 623
Anhang XV EU-ProspV: Mindestangaben für das Registrierungsformular für Wertpapiere, die von Organismen für
 gemeinsame Anlagen des geschlossenen Typs ausgegeben werden (Schema) 624
Artikel 19 EU-ProspV: Schema für das Registrierungsformular
 für Mitgliedstaaten, Drittstaaten und ihre regionalen
 und lokalen Gebietskörperschaften 633
Anhang XVI EU-ProspV: Mindestangaben für das Registrierungsformular für Wertpapiere, die von Mitgliedstaaten,
 Drittstaaten und ihren regionalen und lokalen Gebietskörperschaften ausgegeben werden (Schema) ... 633
Artikel 20 EU-ProspV: Schema für das Registrierungsformular
 für internationale öffentliche Organisationen und für
 Emittenten von Schuldtiteln, deren Garantiegeber
 ein OECD-Mitgliedstaat ist...................... 654
Anhang XVII EU-ProspV: Mindestangaben für das Registrierungsformular für Wertpapiere, die von internationalen
 Organismen ausgegeben werden, und für Schuldtitel,
 deren Garantiegeber ein OECD-Mitgliedstaat ist
 (Schema)..................................... 655
Artikel 21 EU-ProspV: Kombinationsmöglichkeiten der Schemata
 und Module................................... 671
Anhang XVIII EU-ProspV: Kombinationsübersicht 673
§ 8 WpPG   Nichtaufnahme von Angaben.................... 684

§ 9 WpPG   Gültigkeit des Prospekts, des Bausprospekts und des
           Registrierungsformulars........................... 693
§ 10 WpPG Jährliches Dokument............................. 706
Artikel 27 EU-ProspV: Veröffentlichung des in Artikel 10 Absatz 1
           der Richtlinie 2003/71/EG genannten Dokuments.... 726
§ 11 WpPG Angaben in Form eines Verweises................. 726

**Kapitel IV: Angaben und Aufnahme von Angaben in Form
          eines Verweises**
Artikel 28 EU-ProspV: Regelungen über die Aufnahme von An-
           gaben in Form eines Verweises 736
§ 12 WpPG Prospekt aus einem oder mehreren Einzeldokumenten 740

Abschnitt 3 – Billigung und Veröffentlichung des Prospekts

§ 13 WpPG Billigung des Prospekts......................... 745
§ 14 WpPG Hinterlegung und Veröffentlichung des Prospekts.... 759

Kapitel V: Veröffentlichung und Verbreitung von Werbung
Artikel 29 EU-ProspV: Veröffentlichung in elektronischer Form ... 769
Artikel 30 EU-ProspV: Veröffentlichung in Zeitungen........... 772
Artikel 31 EU-ProspV: Veröffentlichung der Mitteilung 773
Artikel 32 EU-ProspV: Liste der gebilligten Prospekte 775
Artikel 33 EU-ProspV: Veröffentlichung der endgültigen Bedin-
           gungen der Basisprospekte....................... 775
§ 15 WpPG Werbung.. 776
Artikel 34 EU-ProspV: Werbung 782
§ 16 WpPG Nachtrag zum Prospekt........................... 784

**Abschnitt 4 – Grenzüberschreitende Angebote und
            Zulassung zum Handel**

§ 17 WpPG Grenzüberschreitende Geltung gebilligter Prospekte . 801
§ 18 WpPG Bescheinigung der Billigung..................... 814

Abschnitt 5 – Sprachenregelung und Emittenten mit Sitz in Drittstaaten

§ 19 WpPG Sprachenregelung 825
§ 20 WpPG Drittstaatenemittenten.......................... 834

Abschnitt 6 – Zuständige Behörde und Verfahren

§ 21 WpPG Befugnisse der Bundesanstalt.................... 837
Artikel 23 EU-ProspV: Anpassungen an die Mindestangaben im
           Prospekt und im Basisprospekt................... 852
Anhang XIX EU-ProspV: Verzeichnis bestimmter Kategorien
           von Emittenten................................. 864
§ 22 WpPG Verschwiegenheitspflicht 867
§ 23 WpPG Zusammenarbeit mit zuständigen Stellen in anderen
           Staaten des Europäischen Wirtschaftsraums......... 872
§ 24 WpPG Vorsichtsmaßnahmen 874

§ 25 WpPG Bekanntmachung von Maßnahmen 877
§ 26 WpPG Sofortige Vollziehung 879

Abschnitt 7 – Sonstige Vorschriften

§ 27 WpPG Register 881
§ 28 WpPG Gebühren und Auslagen 892
§ 29 WpPG Benennungspflicht 901
§ 30 WpPG Bußgeldvorschriften 905
§ 31 WpPG Übergangsbestimmungen 922

Kapitel VI: Übergangs- und Schlussbestimmungen
Artikel 36 EU-ProspV: Inkrafttreten 925
§§ 30 ff. BörsG Zulassung 925
§§ 1–12, 48-52, 72, 72a BörsZulV Zulassung 943
§§ 44–47 BörsG Haftung 969
§§ 13, 13a VerkProspG Haftung 1024
Schweizer Wertpapierprospektrecht 1029

Stichwortverzeichnis 1065

Inhaltsübersicht

		Seite
§ 1 WpPG	Anwendungsbereich	57
§ 2 WpPG	Begriffsbestimmungen	73
§ 3 WpPG	Pflicht zur Veröffentlichung eines Prospekts mit Ausnahmen im Hinblick auf die Art des Angebots	98
§ 4 WpPG	Ausnahmen von der Pflicht zur Veröffentlichung eines Prospekts im Hinblick auf bestimmt Wertpapiere	110
§ 5 WpPG	Prospekt	125
§ 6 WpPG	Basisprospekt	145
§ 7 WpPG	Mindestangaben	167
§ 8 WpPG	Nichtaufnahme von Angaben	684
§ 9 WpPG	Gültigkeit des Prospekts, des Bausprospekts und des Registrierungsformulars	693
§ 10 WpPG	Jährliches Dokument	706
§ 11 WpPG	Angaben in Form eines Verweises	726
§ 12 WpPG	Prospekt aus einem oder mehreren Einzeldokumenten	740
§ 13 WpPG	Billigung des Prospekts	745
§ 14 WpPG	Hinterlegung und Veröffentlichung des Prospekts	759
§ 15 WpPG	Werbung	776
§ 16 WpPG	Nachtrag zum Prospekt	784
§ 17 WpPG	Grenzüberschreitende Geltung gebilligter Prospekte	801
§ 18 WpPG	Bescheinigung der Billigung	814
§ 19 WpPG	Sprachenregelung	825
§ 20 WpPG	Drittstaatenemittenten	834
§ 21 WpPG	Befugnisse der Bundesanstalt	837
§ 22 WpPG	Verschwiegenheitspflicht	867
§ 23 WpPG	Zusammenarbeit mit zuständigen Stellen in anderen Staaten des Europäischen Wirtschaftsraums	872
§ 24 WpPG	Vorsichtsmaßnahmen	874
§ 25 WpPG	Bekanntmachung von Maßnahmen	877
§ 26 WpPG	Sofortige Vollziehung	879
§ 27 WpPG	Register	881
§ 28 WpPG	Gebühren und Auslagen	892
§ 29 WpPG	Benennungspflicht	901
§ 30 WpPG	Bußgeldvorschriften	905
§ 31 WpPG	Übergangsbestimmungen	922

Artikel 1	EU-ProspV: Gegenstand	72
Artikel 2	EU-ProspV: Begriffsbestimmungen	91
Artikel 3	EU-ProspV: In einem Prospekt aufzunehmende Mindestangaben	173
Artikel 4	EU-ProspV: Schema für das Registrierungsformular für Aktien	174
Artikel 4a	EU-ProspV: Schema für Aktienregistrierungsformulare bei komplexer finanztechnischer Vorgeschichte oder bedeutenden finanziellen Verpflichtungen	275
Artikel 5	EU-ProspV: Modul für Pro forma-Finanzinformationen	287
Artikel 6	EU-ProspV: Schema für die Wertpapierbeschreibung für Aktien	298
Artikel 7	EU-ProspV: Schema für das Registrierungsformular für Schuldtitel und derivative Wertpapiere mit einer Stückelung von weniger als 50.000 Euro	341
Artikel 8	EU-ProspV: Schema für die Wertpapierbeschreibung für Schuldtitel mit einer Stückelung von weniger als 50.000 Euro	376
Artikel 9	EU-ProspV: Modul für Garantien	396
Artikel 10	EU-ProspV: Schema für das Registrierungsformular für durch Vermögenswerte unterlegte Wertpapiere („Asset bakked securities"/ABS)	405
Artikel 11	EU-ProspV: Modul für durch Vermögenswerte unterlegte Wertpapiere (Asset backed securities"/ABS)	446
Artikel 12	EU-ProspV: Schema für das Registrierungsformular für Schuldtitel und derivative Wertpapiere mit einer Mindeststückelung von 50.000 Euro	489
Artikel 13	EU-ProspV: Schema für Zertifikate, die Wertpapiere vertreten (depository receipts")	514
Artikel 14	EU-ProspV: Schema für das Registrierungsformular für Banken	561
Artikel 15	EU-ProspV: Schema für die Wertpapierbeschreibung für derivative Wertpapiere	581
Artikel 16	EU-ProspV: Schema für die Wertpapierbeschreibung für Schuldtitel mit einer Mindeststückelung von 50.000 Euro	605
Artikel 17	EU-ProspV: Zusätzliches Modul für die zugrunde liegende Aktie in Form von Dividendenwerten	618
Artikel 18	EU-ProspV: Schema für das Registrierungsformular für Organismen für gemeinsame Anlagen des geschlossenen Typs	623
Artikel 19	EU-ProspV: Schema für das Registrierungsformular für Mitgliedstaaten, Drittstaaten und ihre regionalen und lokalen Gebietskörperschaften	633
Artikel 20	EU-ProspV: Schema für das Registrierungsformular für internationale öffentliche Organisationen und für Emittenten von Schuldtiteln, deren Garantiegeber ein OECD-Mitgliedstaat ist	654

Artikel 21	EU-ProspV: Kombinationsmöglichkeiten der Schemata und Module.	671
Artikel 22	EU-ProspV: In einen Basisprospekt aufzunehmende Mindestangaben und seine dazugehörigen endgültigen Bedingungen	160
Artikel 23	EU-ProspV: Anpassungen an die Mindestangaben im Prospekt und im Basisprospekt	852
Artikel 24	EU-ProspV: Inhalt der Zusammenfassung des Prospekts und des Basisprospekts	142
Artikel 25	EU-ProspV: Aufmachung des Prospekts	143
Artikel 26	EU-ProspV: Aufmachung des Basisprospekts und seiner entsprechenden endgültigen Bedingungen	163
Artikel 27	EU-ProspV: Veröffentlichung des in Artikel 10 Absatz 1 der Richtlinie 2003/71/EG genannten Dokuments	726
Artikel 28	EU-ProspV: Regelungen über die Aufnahme von Angaben in Form eines Verweises	736
Artikel 29	EU-ProspV: Veröffentlichung in elektronischer Form	769
Artikel 30	EU-ProspV: Veröffentlichung in Zeitungen	772
Artikel 31	EU-ProspV: Veröffentlichung der Mitteilung	773
Artikel 32	EU-ProspV: Liste der gebilligten Prospekte	775
Artikel 33	EU-ProspV: Veröffentlichung der endgültigen Bedingungen der Basisprospekte	775
Artikel 34	EU-ProspV: Werbung	782
Artikel 35	EU-ProspV: Historische Finanzinformationen	284
Artikel 36	EU-ProspV: Inkrafttreten	925
Anhang I	EU-ProspV: Mindestangaben für das Registrierungsformular für Aktien (Modul)	175
Anhang II	EU-ProspV: Modul für Pro forma-Finanzinformationen	287
Anhang III	EU-ProspV: Mindestangaben für die Wertpapierbeschreibung für Aktien (Schema)	300
Anhang IV	EU-ProspV: Mindestangaben für das Registrierungsformular für Schuldtitel und derivative Wertpapiere (Schema) (Schuldtitel und derivative Wertpapiere mit einer Stückelung von weniger als 50 000 Euro)	342
Anhang V	EU-ProspV: Mindestangaben für die Wertpapierbeschreibung für Schuldtitel (Schema)	378
Anhang VI	EU-ProspV: Mindestangaben für Garantien (Zusätzliches Modul)	396
Anhang VII	EU-ProspV: Mindestangaben für das Registrierungsformular für durch Vermögenswerte unterlegte Wertpapiere („asset backed securities"/ABS) (Schema)	412
Anhang VIII	EU-ProspV: Mindestangaben für durch Vermögenswerte unterlegte Wertpapiere („asset backed securities"/ABS) (Zusätzliches Modul)	447

Anhang IX	EU-ProspV: Mindestangaben für das Registrierungsformular für Schuldtitel und derivative Wertpapiere (Schema) (Schuldtitel und derivative Wertpapiere mit einer Mindeststückelung von 50 000 Euro).....	490
Anhang X	EU-ProspV: Mindestangaben für Zertifikate, die Aktien vertreten (Schema).....................	514
Anhang XI	EU-ProspV: Mindestangaben für das Registrierungsformular für Banken (Schema).................	566
Anhang XII	EU-ProspV: Mindestangaben für die Wertpapierbeschreibung für derivative Wertpapiere (Schema).	590
Anhang XIII	EU-ProspV: Mindestangaben für die Wertpapierbeschreibung für Schuldtitel mit einer Mindeststückelung von 50 000 Euro (Schema)............	607
Anhang XIV	EU-ProspV: Zusätzliches Modul betreffend den Basistitel für bestimmte Dividendenwerte.........	620
Anhang XV	EU-ProspV: Mindestangaben für das Registrierungsformular für Wertpapiere, die von Organismen für gemeinsame Anlagen des geschlossenen Typs ausgegeben werden (Schema).....................	624
Anhang XVI	EU-ProspV: Mindestangaben für das Registrierungsformular für Wertpapiere, die von Mitgliedstaaten, Drittstaaten und ihren regionalen und lokalen Gebietskörperschaften ausgegeben werden (Schema).	633
Anhang XVII	EU-ProspV: Mindestangaben für das Registrierungsformular für Wertpapiere, die von internationalen Organismen ausgegeben werden, und für Schuldtitel, deren Garantiegeber ein OECD-Mitgliedstaat ist (Schema)................................	655
Anhang XVIII	EU-ProspV: Kombinationsübersicht..............	673
Anhang XIX	EU-ProspV: Verzeichnis bestimmter Kategorien von Emittenten...............................	864

§§ 30ff. BörsG Zulassung	925
§§ 1–12, 48-52, 72, 72a BörsZulV Zulassung...................	943
§§ 44–47 BörsG Haftung......................................	969
§§ 13, 13a VerkProspG Haftung...............................	1024
Schweizer Wertpapierprospektrecht	1029

Abkürzungsverzeichnis

a.A.	andere Auffassung/andere Ansicht
a.a.O.	am angegebenen Ort
ABl.	Amtsblatt
ABl. EG	Amtsblatt der europäischen Gemeinschaft
Abs.	Absatz
Abschn.	Abschnitt
ADR	American Depository Receipt
a.E.	am Ende
AfP	Archiv für Presserecht (Zeitschrift)
a.F.	alte Fassung
AG	Amtsgericht, Aktiengesellschaft und Die Aktiengesellschaft (Zeitschrift)
AGB	Allgemeine Geschäftsbedingungen
AJP	Allgemeine Juristische Praxis (schweizerische Zeitschrift)
AktG	Aktiengesetz vom 06.09.1965 (BGBl. I 1965, S. 1089)
Alt.	Alternative
a.M.	anderer Meinung
amtl.	amtlich
Anh.	Anhang
Anm.	Anmerkung
Art.	Artikel
AS	Amtliche Sammlung des Bundesrechts (der Schweiz <www.admin.ch>)
Aufl.	Auflage
AuslInvestmG	Gesetz über den Vertrieb ausländischer Investmentanteile und über die Besteuerung der Erträge aus ausländischen Investmentanteilen vom 09.09.1998 (BGBl. I 1998, S. 2820)
BaFin	Bundesanstalt für Finanzdienstleistungsaufsicht
BAKred	Bundesaufsichtsamt für das Kreditwesen
BankG	Bundesgesetz vom 08.11.1934 über die Banken und Sparkassen (Bankengesetz), SR 952.0
BAnz	Bundesanzeiger
BAV	Bundesaufsichtsamt für das Versicherungswesen
BAWe	Bundesaufsichtsamt für den Wertpapierhandel
BB	Der BetriebsBerater (Zeitschrift)
BBl.	Bundesblatt der Schweizerischen Eidgenossenschaft (<www.admin.ch>)
BC	Bilanzbuchhalter und Controller (Zeitschrift)
Bd.	Band
Begr	Begründung

BGB	Bürgerliches Gesetzbuch vom 18.08.1896 (RGBl. 1896, 195) in der Fassung vom 02.01.2002 (BGBl. I 2002, 42 Nr. 2)
BGBl.	Bundesgesetzblatt für die Bundesrepublik Deutschland
BegrRegE	Begürndung zum Regierungsentwurf
BEHG	Bundesgesetz vom 24.03.1995 über die Börsen und den Effektenhandel (Börsengesetz), SR 954.1
BeschlEmpf	Beschlussempfehlung
BEHV	Verordnung vom 02.12.1996 über die Börsen und den Effektenhandel (Börsenverordnung), SR 954.11
BEHV-EBK	Verordnung der Eidgenössischen Bankenkommission vom 25.06.1997 über die Börsen und den Effektenhandel (Börsenverordnung-EBK), SR 954.193
BGE	Bundesgerichtsentscheid (amtliche Sammlung des Schweizerischen Bundesgerichts, <www.bger.ch>)
BGer	(Schweizerisches) Bundesgericht
BGH	Bundesgerichtshof
BGHZ	Amtliche Entscheidungssammlung des Bundesgerichtshofs
BKR	Zeitschrift für Bank- und Kapitalmarktrecht (Zeitschrift)
BörsG	Börsengesetz vom 16.07.2007 (BGBl. I 2007, S. 1351ff.)
BörsZulVO	Verordnung über die Zulassung von Wertpapieren zur amtlichen Notierung an einer Wertpapierbörse vom 09.09.1998 (BGBl. I 1998, S. 2832)
BPV	Bundesamt für Privatversicherungen (<www.bpv.admin.ch>)
BR-Drucks.	Bundesratsdrucksache
BSK	Basler Kommentar
bspw.	beispielsweise
BT-Drucks.	Bundestagsdrucksache
BVerfG	Bundesverfassungsgericht
BVerfGE	Amtliche Entscheidungssammlung des Bundesverfassungsgerichts
BVerwG	Bundesverwaltungsgericht
BVerwGE	Amtliche Entscheidungssammlung des Bundesverwaltungsgerichts
bzgl.	bezüglich
bzw.	beziehungsweise
ca.	circa
DAX	Deutscher Aktienindex
DB	Der Betrieb (Zeitschrift)
dergl.	dergleichen
ders.	derselbe
d.h.	das heißt
DiskE	Diskussionsentwurf
Diss.	Dissertation
DJT	Deutscher Juristen Tag
DÖV	Die Öffentliche Verwaltung
DStR	Deutsches Steuerrecht (Zeitschrift)
DWiR	Deutsche Zeitschrift für Wirtschaftsrecht

E.	Entwurf
EBK	Eidgenössische Bankenkommission (<www.ebk.admin.ch>)
ehem.	ehemalig
EG	Vertrag zur Gründung der europäischen Gemeinschaft
Einf.	Einführung
Einl.	Einleitung
Erw.	Erwägung
etc.	et cetera
ETFs	Exchange Traded Funds
ETSFs	Exchange Traded Structure Funds
EUROSTOXX	Dow Jones Euro Stoxx Index
EU	Europäische Union
EU-ProspRL	EU-Prospektrichtlinie, Richtlinie 2003/71/EG des europäischen Parlaments und des Rates vom 04.11.2003 betreffend den Prospekt, der beim öffentlichen Angebot von Wertpapieren oder bei deren Zulassung zum Handel zu veröffentlichen ist, und zur Änderung der Richtlinie 2001/34/EG, Abl. L 345 vom 31.12.2003.
EU-ProspV	Verordnung (EG) Nr. 809/2004 der Kommission, Abl. L 186 vom 18.07.2005, 29.4.2004
EuZW	Europäische Zeitschrift für Wirtschaftsrecht (Zeitschrift)
evtl.	eventuell
EWG	Europäische Wirtschaftsgemeinschaft
EWIV	Europäische Wirtschaftliche Interessenvereinigung
EWR	Europäischer Wirtschaftsraum
EWS	Europäisches Wirtschafts- und Steuerrecht (Zeitschrift)
f.	folgende
FAQ	Frequently Asked Questions
FESE	Federation of European Stock Exchanges
ff.	fortfolgende
FIBV	International Federation of Stock Exchanges
FINMA	Eidgenössische Finanzmarktaufsicht (ab Januar 2009)
FINMAG	Bundesgesetz vom 22.06.2007 über die Eidgenössische Finanzmarktaufsicht (Finanzmarktaufsichtsgesetz), AS 2007, 4625 ff.
Fn.	Fußnote
FRUG	Gesetz zu Umsetzung der Richtlinie über Märkte für Finanzinstrumente und der Durchfürhungsrichtlinie der Kommission vom 16.07.2007 (Finanzmarktrichtline-Umsetzungsgesetz) (BGBl. I S. 1330)
FS	Festschrift
FSA	Financial Services Authority (Grossbritannien)
GbR	Gesellschaft bürgerlichen Rechts
gem.	gemäß
GesKR	Gesellschafts- und Kapitalmarktrecht (schweizerische Zeitschrift)

GG	Grundgesetz der Bundesrepublik Deutschland vom 23.05.1949 (BGBl. I 1949, S. 1)
Ggf.	gegebenenfalls
GKG	Gerichtskostengesetz vom 15.12.1975 (BGBl. I 1975, S. 3047)
GmbH	Gesellschaft mit beschränkter Haftung
GPR	Zeitschrift für Gemeinschaftsprivatrecht (Zeitschrift)
grds.	grundsätzlich
GVG	Gerichtsverfassungsgesetz vom 09.05.1975 (BGBl. I 1975, S. 1077)
GWB	Gesetz gegen Wettbewerbsbeschränkungen vom 26. August 1998 (BGBl. I 1998, S. 2521)
h. A.	herrschende Ansicht
HGB	Handelsgesetzbuch vom 10.05.1897 (RGBL. 1897, S. 219)
h. L.	herrschende Lehre
h. M.	herrschende Meinung
HR	Handelsregister
Hrsg.	Herausgeber
HRV	Handelsregisterverordnung
HS	Halbsatz
IAS	International Accounting Standards
i. d. F.	in der Fassung
i. d. R.	in der Regel
IDS	IOSCO International Disclosure Standards for Cross Border Offerings and Initial Listings by Foreign Issuers
IDW	Institut der Wirtschaftsprüfer in Deutschland e.V.
IDW HFA	Institut der Wirtschaftsprüfer in Deutschland e.V. Hauptfachausschuss
IDW PH	Institut der Wirtschaftsprüfer in Deutschland e.V. Prüfungshinweise
IDW PS	Institut der Wirtschaftsprüfer in Deutschland e.V. Prüfungsstandards
IDW RH	Institut der Wirtschaftsprüfer in Deutschland e.V. Rechnungslegungshinweise
IdW S.1	IdW Standard 1: Grundsätze zur Durchführung von Unternehmensbewertungen
i. Erg.	im Ergebnis
i. E.	im Einzelnen
i. e. S.	im engeren Sinne
IFRS	International Financial Reporting Standards
insb.	insbesondere
InvG	Investmentgesetz
IOSCO	The International Organisation of Securities Commissions, <www.iosco.org>
IPO	Initial Public Offering
IPRG	Bundesgesetz vom 18.12.1987 über das internationale Privatrecht, SR 291

i.R.d.	im Rahmen der/des
i.S.d.	im Sinne des
ISIN	International Security Identification Number
IStR	Internationales Steuerrecht (Zeitschrift)
i.S.v.	im Sinne von
i.V.m.	in Verbindung mit
KAG	Bundesgesetz vom 23.06.2006 über die kollektiven Kapitalanlagen (Kollektivanlagengesetz), SR 951.31
KAGG	Gesetz über Kapitalanlagegesellschaften vom 09.09.1998 (BGBl. I 1998, S. 2726)
KapMuG	Gesetz über Musterverfahren in kapitalmarktrechtlichen Streitigkeiten (Kapitalanleger-Musterverfahrensgesetz) vom 16.08.2005 (BGBl. I S. 2437)
KG	Kammergericht Berlin, Kommanditgesellschaft
KGaA	Kommanditgesellschaft auf Aktien
KKV	Verordnung vom 20.11.2006 über die kollektiven Kapitalanlagen (Kapitalanlagenverordnung), SR 951.311
Komm.	Kommentar, Kommentierung
KontraG	Gesetz zur Kontrolle und Transparenz im Unternehmensbereich vom 27.04.1998 (BGBl. I 1998, S. 786)
KoR	Zeitschrift für internationale und kapitalmarktorientierte Rechnungslegung (Zeitschrift)
KR	Kotierungsreglement der Zulassungsstelle der Schweizer Börse SWX vom 24.01.1996
krit.	kritisch
KWG	Kreditwirtschaftsgesetz vom 09.09.1998 (BGBl. I 1998, S. 2776)
LG	Landgericht
Lit.	Literatur
lit.	Buchstabe
M-DAX	Midcap Index der Deutsche Börse AG
m.E.	meines Erachtens
MiFID	Markets in Financial Instruments Directive
m.N.	mit Nachweisen
MTF	Multilateral Trading Facilities
MüKo	Münchner Kommentar
m.w.N.	mit weiteren Nachweisen
NaStraG	Gesetz zur Namensaktie und zur Erleichterung der Stimmrechtsausübung vom 18.01.2001 (BGBl. I 2001, S. 123)
n.F.	neue Fassung
NJW	Neue Juristische Wochenschrift (Zeitschrift)
NJW-RR	NJW-Rechtsprechungs-Report Zivilrecht
Nr.	Nummer

Abkürzungsverzeichnis

NWVBl.	Nordrhein-Westfälische Verwaltungsblätter (Zeitschrift)
NVwZ	Neue Zeitschrift für Verwaltungsrecht (Zeitschrift)
NZG	Neue Zeitschrift für Gesellschaftsrecht (Zeitschrift)
OHG	Offene Handelsgesellschaft
OLG	Oberlandesgericht
OR	Bundesgesetz vom 30.03.1911 betreffend die Ergänzung des Schweizerischen Zivilgesetzbuches (Fünfter Teil: Obligationenrecht), SR 220
OWiG	Gesetz über Ordnungswidrigkeiten vom 19.02.1987 (BGBl. I 1987, S. 602)
Prot.	Protokoll
RefE	Referentenentwurf
RegBegr.	Begründung zum Gesetzesentwurf der Bundesregierung
RegE	Regierungsentwurf
RIW	Recht der internationalen Wirtschaft (Zeitschrift)
RL	Richtlinie
Rn.	Randnummer
RS	Rundschreiben
Rs.	Rechtssache
SBVg	Schweizerische Bankiervereinigung (<www.swissbanking.org>)
SEC	Securities and Exchange Commission
SemJud	Semaine Judiciaire (schweizerische Zeitschrift)
SJZ	Schweizerische Juristenzeitung
Slg.	Sammlung
SLI	Swiss Leader Index
SMI	Swiss Market Index
s.o.	siehe oben
sog.	so genannt
ST	Schweizer Treuhänder
StGB	Schweizerisches Strafgesetzbuch vom 21.12.1937, SR 311.0
StPO	Strafprozessordnung vom 07.04.1987 (BGBl. I 1987, S. 1074, 1319)
SR	Systematische Rechtssammlung des schweizerischen Bundesrechts <www.admin.ch>
str.	streitig
stRspr.	ständige Rechtssprechung
s.u.	siehe unten
SWX	Schweizer Börse Swiss Exchange AG <www.swx.com>
SZW	Schweizerische Zeitschrift für Wirtschafts- und Finanzmarktrecht
Tz.	Teilziffer

UmwG	Umwandlungsgesetz vom 28.10.1994 (BGBl. I 1994, S. 3210; bereinigt BGBl. 1995 I 1995, S.428)
u.a.	unter anderem
UK	United Kingdom
UKLA	UK Listing Authority
unstr.	unstreitig
usw.	und so weiter
u.U.	unter Umständen
UWG	Gesetz gegen den unlauteren Wettbewerb vom 07.06.1909 (RGBl. 1909, S. 499)
v.	von, vom
VerkProspG	Wertpapier-Verkaufsprospektgesetz vom 09.09.1998 (BGBl. I 1998, S. 2701)
VerkProspVO	Verordnung über Wertpapier-Verkaufsprospekte vom 09.09.1998 (BGBl. I 1998, S. 2853)
VerkProspVO	Verordnung über Vermögensanlagen Verkaufsprospekte vom 16.12.2004 (BGBl. I S. 3464) (Vermögensanlagen)
vgl.	vergleiche
VO	Verordnung
VwGO	Verwaltungsgerichtsordnung vom 19.03.1991 (BGBl. I 1991, S. 686)
VwVfG	Verwaltungsverfahrensgesetz vom 21.09.1998 (BGBl. I 1998, S. 3050)
VwVG	Verwaltungsvollstreckungsgesetz vom 27.04.1953 (BGBl. I 1953, S. 157)
VwZG	Verwaltungszustellungsgesetz vom 03.07.1952 (BGBl. I 1952, S. 379)
WKN	Wertpapierkennnummer
WM	Wertpapier-Mitteilungen (Zeitschrift)
WpAIV	Verordnung zur Konkretisierung von Anzeige-, Mitteilungs- und Veröffentlichungspflichten sowie der Pflicht zur Führung von Insiderverzeichnissen nach dem Wertpapierhandelsgesetz
WpHG	Wertpapierhandelsgesetz vom 09.09.1998 (BGBl. I 1978, S. 2708)
WpPG	Gesetz über die Erstellung, Billigung und Veröffentlichung des Prospekts, der beim öffentlichen Angebot von Wertpapieren oder bei der Zulassung von Wertpapieren zum Handel an einem organisierten Markt zu veröffentlichen ist vom 22.06.2005 (Wertpapierprospektgesetz) (BGBl. I 2005 S. 1698).
WpÜG	Wertpapiererwerbs- und Übernahmegesetz vom 20.12.2001 (BGBl. I 2001, S. 3822)
z.B.	zum Beispiel
ZBB	Zeitschrift für Bank- und Börsenrecht
ZEus	Zeitschrift für europarechtliche Studien (Zeitschrift)

ZFGK	Zeitschrift für das gesamte Kreditwesen (Zeitschrift)
ZGR	Zeitschrift für Unternehmens- und Gesellschaftsrecht (Zeitschrift)
ZHR	Zeitschrift für das gesamte Handelsrecht und Wirtschaftsrecht (Zeitschrift)
Ziff.	Ziffer
ZIP	Zeitschrift für Wirtschaftsrecht (Zeitschrift)
zit.	Zitiert
ZK	Zürcher Kommentar
ZPO	Zivilprozessordnung vom 12.09.1950 (BGBl. I 1950, S. 455, 512, 533)
ZR EU	Zusatzreglement der Zulassungsstelle der Schweizer Börse SWX für die Kotierung im „EU-kompatiblen" Segment der SWX, in Kraft seit 01.03.2008
zutr.	zutreffend

Allgemeines Literaturverzeichnis

Adler/Düring/Schmaltz, Rechneg
   Rechnungslegung und Prüfung der Unternehmen, Kommentar zum HGB, AktG, GmbHG, PublG nach den Vorschriften des Bilanzrichtlinien-Gesetzes, Teilband 3 Vorbem. zu §§ 290–315 HGB, §§ 290–315 HGB, 6. Aufl., Stuttgart 1996

Bearb., in: Assmann/Lenz/Ritz VerkProspG
   Heinz-Dieter Assmann, Jürgen Lenz, Corinna Ritz, Verkaufsprospektgesetz, Verkaufsprospektverordnung, Verkaufsprospektgebührenverordnung, Kommentar, Köln 2001

Bearb., in: Assmann/Schneider WpHG
   Heinz-Dieter Assmann, Uwe H. Schneider, Wertpapierhandelsgesetz, Kommentar, 4. Aufl., Köln 2006

Bearb., in: Assmann/Schütze HdbKapAnlR
   Heinz-Dieter Assmann, Rolf A. Schütze, Handbuch des Kapitalanlagerechts, 3. Aufl., München 2007

Baumbach/Hopt, HGB
   Klaus J. Hopt, begründet von Adolf Baumbach, Handelsgesetzbuch mit GmbH & Co. KG, Handelsklauseln, Bank- und Börsenrecht, Transportrecht (ohne Seerecht), 33. Aufl., München 2008

Bearb., in: Boos/Fischer/Schulte-Mattler, KWG
   Karl-Heinz Boos, Reinfrid Fischer, Hermann Schulte-Mattler, Kommentar zu KWG und Ausführungsvorschriften, 2. Aufl., München 2004

Bearb., in: Bösl/Sommer, MezzFin
   Konrad Bösl, Michael Sommer, Mezzanine Finanzierung, München 2006

Bearb., in Bürgers/Körber, AktG
   Tobias Bürgers, Thorsten Körber, Heidelberger Kommentar zum Aktiengesetz, Heidelberg, 2008

Bearb., in: Callies/Ruffert, EUV/EGV
   Christian Callies, Matthias Ruffert, EUV/EGV – Das Verfassungsrecht der europäischen Union mit europäischer Grundrechtecharta, Kommentar, 3. Aufl., München 2007

CESR, public consultation, Ref: CESR 02/185b, Tz.
   CESR's public Consultation on possible implementation measures of the Prospectus Directive, Ref: CESR 02/185b, Oktober 2002

CESR, advice ABS, Ref: CESR/03-208, Tz.
   CESR's advice on Level 2 Implementing Measures for the Prospectus Directive, Ref: CESR/03-208, Juli 2003

CESR, disclosure requirements, Ref: CESR/03-210b, Tz.
  CESR, disclosure requirements for sovereigns, Ref: CESR/03-210b, Juli 2003

CESR, advice, content and format, Ref: CESR/03-300, Tz.
  CESR's advice on Level 2 Implementing Measures for the Prospectus Directive, Ref: CESR/03-300, Oktober 2003

CESR, advice, advertisement, Ref: CESR/03 -399, Tz.
  CESR's advice on Level 2 Implementing Measures for the Prospectus Directive, Ref: CESR/03 -399, Dezember 2003

CESR, advertisement, statement, Ref: CESR/ 03-400, Tz.
  CESR's final advice on the content of Prospectus and dissemination of advertisements – Feedback Statement, Ref: CESR/ 03-400, Januar 2004

CESR, answers to questionnaire advertisement practices, Ref: CESR/ 03-494, Tz.
  CESR's final advice on the content of Prospectus and dissemination of advertisements – Summary of answers of a questionnaire on factual information regarding advertisement practices in the Member States, Ref: CESR/ 03-494 Januar 2004

CESR, answers to questionnaire exemption from obligation to publish, Ref: CESR/ 03-496, Tz.
  CESR's final advice on the content of Prospectus and dissemination of advertisements – Summary of answers to a questionnaire on Exemption from obligation to publish, Ref: CESR/ 03-496, Januar 2004

CESR, recommendations, Ref: CESR/05-054b, Tz.
  CESR's recommendations for the consistent implementation of the European Commission's Regulation on Prospectuses no. 809/2004, CESR/ 05-054b Februar 2005.

CESR, advice, equivalence, Ref: CESR/05-230b, Tz.
  CESR's technical advice on equivalence of certain third country GAAP and on description of certain third countrys mechanism of enforcement of financial information, Ref: CESR/05-230b, Juni 2005

CESR, technical advice MiFID, Ref.: CESR/05-290b, Tz.
  CESR's technical advice on possible implementing measures of the Directive 2004/39/EG on Markets in Financial Instruments, Ref.: CESR/ 05-290b, Juli 2005

CESR, technical advice complex financial history, Ref.: CESR/05-428, Tz.
  CESR's technical advice on a possible amendment to Regulation 809/ 2004 regarding the historical financial information which must be included in a prospectus, Ref.: CESR/05-428, 2005

CESR, advice, historical financial information, Ref: CESR/05-582, Tz.
  CESR's advice to the European Commission on a possible amendment to Regulation information regarding the historical financial information which must be included in a prospectus, Ref: CESR/05-582, Oktober 2005

CESR, FAQ, prospectus February 2007, Ref.: CESR/07-110, Tz.
  CESR's frequently asked questions, regarding prospectuses: common positions agreed by CESR members, updated version, Ref.: CESR/07-110, Februar 2007

CESR, advice, standard setters, Ref: CESR/07-138, Tz.
  CESR's advice to the European Commission on the work programmes of the Canadian, Japanese and US standard setters, the definition of equivalence and the list of third country GAAPs currently used in the EU capital markets, Ref: CESR/07-138, März 2007

CESR, report, Ref: CESR/07-225, Tz.
  CESR's Report on the supervisory functioning of the Prospectus Directive and Regulation, Ref: CESR/07-225, Juni 2007

CESR, FAQ, prospectus December 2007, Ref.: CESR/07-852, Tz.
  CESR's frequently asked questions, regarding prospectuses: common positions agreed by CESR members, 4th updated version, Ref.: CESR/07-852, Dezember 2007

CESR, overview, language requirements, Ref: CESR/07-520, Tz.
  CESR – Prospectus – Overview of language requirements for the vetting of Prospectus across the EU and a summary of CESR Members requirements regarding the translation of the 'Summary Prospectus', Version – 3. Dezember 2007

Claussen, Bank- und BörsR
  Carsten P. Claussen, Bank- und Börsenrecht, 4. Aufl., München 2008

Bearb., in: Ehlers, Europarecht
  Dirk Ehlers, Europäische Grundrechte und Grundfreiheiten, 2. Aufl., Berlin 2005

Ekkenga/Maas, WPEmissionen
  Jens Ekkenga, Heyo Maas, Das Recht der Wertpapieremissionen, Berlin 2006

Bearb., in: Ellrott/Förschle/Hoyos/Winkeljohann, Bil Komm
  Helmut Ellrott, Gerhardt Förschle, Martin Hoyos, Norbert Winkeljohann, Beck'scher Bilanz-Kommentar, 6. Aufl., München 2006

Bearb., in: Erichsen, AllgVerwR
  Hans-Uwe Erichsen, Allgemeines Verwaltungsrecht, 13. Aufl., Berlin, New York 2006

Bearb., in: Eyermann, VwGO
  Erich Eyermann, Ludwig Fröhler, Verwaltungsgerichtsordnung, Kommentar, 12. Aufl., München 2006

Frenz, Europarecht
  Walter Frenz, Handbuch Europarecht 1, Europäische Grundfreiheiten, Berlin 2004

Heinze, Europäisches Kapitalmarktrecht
  Stephan Heinze, Europäisches Kapitalmarktrecht, München, 1999

Bearb., in: Grabitz/Hilf, EU/EGV Komm.
 Eberhard Grabitz, Meinhard Hilf, Band I EU/EGV Kommentar, München, Stand: Oktober 2007

European Securities Markets Expert Group (ESME), report 2007,
 Report on Directive 2003/71/EC of the European Parliament and of the Council on the prospectus to be published when securities are offered to the public or admitted to trading - Report - Brüssel, 5. September 2007

Groß, KapMR, 2. Aufl.
 Wolfgang Groß, Kapitalmarktrecht, Kommentar zum Börsengesetz, zur Börsenzulassungs-Verordnung, und zum Verkaufsprospektgesetz, 2. Aufl., 2000

Groß, KapMR
 Wolfgang Groß, Kapitalmarktrecht, Kommentar zum Börsengesetz, zur Börsenzulassungs-Verordnung, zum Wertpapierprospektgesetz und zum Verkaufsprospektgesetz, 3. Aufl., 2006

Bearb., in: Habersack/Mülbert/Schlitt, UntFinanzKM
 Mathias Habersack, Peter Mülbert, Michael Schlitt, Unternehmensfinanzierung am Kapitalmarkt, Köln 2005

Haratsch/König/Peschstein, Europarecht
 Andreas Haratsch, Christian König, Matthias Pechstein, Europarecht, 5. Aufl., Tübingen 2006

Bearb., in: Heidel, AktG
 Thomas Heidel, Aktienrecht und Kapitalmarktrecht, 2. Aufl., Baden-Baden 2007

Bearb., in: Heymann, HGB
 Norbert Horn, Sammlung Guttentag, Heymann Handelsgesetzbuch (ohne Seerecht) Kommentar, Band 3 Drittes Buch §§ 238–342a, 2. Aufl., Berlin, New York 1999

Hufen, VerwProzR
 Friedhelm Hufen, Verwaltungsprozessrecht, 6. Aufl., München 2005

Hüffer, AktG
 Uwe Hüffer, Aktiengesetz, 8. Aufl., München 2008

Hüffer, VerkProspG
 Jens Hüffer, Das Wertpapier-Verkaufsprospektgesetz: Prospektpflicht und Anlegerschutz, Köln, Berlin, Bonn, München 1996

Jäger, Aktiengesellschaft
 Axel Jäger, Aktiengesellschaft – Unter besonderer Berücksichtigung der KGaA, München 2004

Kegel/Schurig, Internationales Privatrecht
 Gerhard Kegel, Klaus Schurig, Internationales Privatrecht, 9. Auflage, München 2004

Keunecke, Prosp KapM
 Ulrich Keunecke, Prospekte im Kapitalmarkt - Anforderungen, Pro-

spekthaftung bei geschlossenen Fonds, Investmentfonds, Wertpapieren und Übernahmeangeboten, Berlin 2005

Kopp/Ramsauer, VwVfG
Ferdinand O. Kopp, Ulrich Ramsauer, Verwaltungsverfahrensgesetz, 10. Aufl., München 2008

Kopp/Schenke, VwGO
Ferdinand O. Kopp, Wolf-Rüdiger Schenke, Verwaltungsgerichtsordnung, 15. Aufl., München 2007

Bearb., in: KölnKomm AktG
Wolfgang Zöllner, Kölner Kommentar zum AktG, Band 1 §§ 1–75 AktG, 2. Aufl., Köln, Berlin, Bonn, München 1988, Band 2 §§ 76–117 AktG und Mitbestimmung im Aufsichtsrat, 2. Aufl., Köln, Berlin, Bonn, München 1996

Kümpel, BankKapMR
Siegfried Kümpel, Bank- und Kapitalmarktrecht, 3. Aufl., Köln 2004

Bearb., in: Kümpel/Hammen/Ekkenga, KapMR
Siegfried Kümpel, Horst Hammen, Jens Ekkenga, Kapitalmarktrecht, 2 Bände, Berlin, Loseblattsammlung, Stand: Dezember 2007

Lenenbach, KapMR
Markus Lenenbach, Kapitalmarkt- und Börsenrecht, Praxislehrbuch Wirtschaftsrecht, Köln 2002

Bearb., in: Lüdenbach/Hoffmann, IFRS
Norbert Lüdenbach, Wolf-Dieter Hoffmann, Haufe IFRS Kommentar, International Financial Reporting Standards, 5. Aufl., Freiburg, München 2008

Bearb., in: von Mangoldt/Klein/Starck, GG Bd. 1
Hermann von Mangoldt, Friedrich Klein, Christian Starck, Kommentar zum Grundgesetz, Kommentar in 3 Bänden, Band 1: Präambel, Artikel 1 bis 19, 5. Aufl., München 2005

Bearb., in: Maunz/Dürig, GG
Theodor Maunz, Günter Dürig, Roman Herzog u.a., Grundgesetz, Kommentar, Loseblattsammlung, Stand: Juni 2007

Maurer, Allgemeines Verwaltungsrecht
Hartmut Maurer, Allgemeines Verwaltungsrecht, 16. Aufl., München 2006

Bearb., in: Marsch-Barner/Schäfer, Hdb börsnot AG
Reinhard Marsch-Barner, Frank A. Schäfer, Handbuch der börsennotierten AG, Köln 2005

Bearb., in: MüHdbAG
Michael Hoffmann-Becking, Münchener Handbuch des Gesellschaftsrechts, Band 4 Aktiengesellschaft, 3. Aufl., München 2007

Bearb., in: MüKo AktG
Münchener Kommentar zum Aktiengesetz (zugleich 2. Aufl. von Geßler/Hefermehl/Eckhardt/Kropff AktG) München 1999 ff.

Bearb., in: MüKo BGB
: Münchener Kommentar zum Bürgerlichen Gesetzbuch, Band 5 Schuldrecht – Besonderer Teil III §§ 705–853, Partnerschaftsgesellschaftsgesetz, Produkthaftungsgesetz, 4. Aufl., München 2004

Bearb., in: MüKo BGB
: Münchener Kommentar zum Bürgerlichen Gesetzbuch, Band 11, Internationales Wirtschaftsrecht, 4. Aufl., München 2006

Bearb., in: MüKo HGB
: Münchener Kommentar zum Handelsgesetzbuch, Band 4, §§ 238–342a HGB, 2. Aufl., München 2008

Bearb., in: Müller/Rödder, Hdb. AG
: Welf Müller, Thomas Rödder, Beck'sches Handbuch der AG, München 2004

Bearb., in: Palandt, BGB
: Otto Palandt, Bürgerliches Gesetzbuch, 67. Aufl., München 2008

Bearb., in: Palmers Company Law
: Palmers Company Law Vol. 1, bearbeitet von Clive M. Schmitthoff, 22. Aufl., London, Edinburgh 1976

Paskert, Informationspflicht
: Dierk Paskert, Informations- und Prüfungspflichten bei Wertpapieremissionen, Düsseldorf 1991

Redeker/von Oertzen, VwGO
: Konrad Redeker, Hans-Joachim von Oertzen, Martin Redeker, Verwaltungsgerichtsordnung, Kommentar, 14. Aufl., Stuttgart, Berlin, Köln 2004

Reiner, DerivFin
: Günter Reiner, Derivative Finanzinstrumente im Recht, Baden-Baden 2002

Bearb., in: Röhricht/von Westphalen HGB
: Volker Röhricht, Friedrich Graf von Westphalen, Handelsgesetzbuch, Köln 2. Aufl. 2001

Bearb., in: Schäfer, KapMG (Stand)
: Frank A. Schäfer, Kapitalmarktgesetze, 2. Aufl., Loseblattsammlung, Stand Januar 2006

Bearb., in: Schäfer (1999)
: Frank A. Schäfer, Wertpapierhandelsgesetz, Börsengesetz mit BörsZulVO, Verkaufsprospektgesetz mit VerkProspV, Kommentar, Stuttgart, Berlin, Köln 1999

Bearb., in: Schäfer/Hamann, KapMG
: Schäfer/Hamann, Kapitalmarktgesetze, 2. Aufl., Stuttgart 2007

Schanz, Börseneinführung
: Kay-Michael Schanz, Börseneinführung, 3. Auflage, München 2007

Schmidt, Gesellschaftsrecht
: Carsten Schmidt, Gesellschaftsrecht, 4. Auflage, Köln 2002

Schmidt-Bleibtreu/Klein, GG
   Bruno Schmidt-Bleibtreu, Franz Klein, Kommentar zum Grundgesetz, 11. Aufl., Neuwied 2008

Bearb., in: Schönke/Schröder, StGB
   Horst Schröder, Adolf Schönke, Strafgesetzbuch Kommentar, 27. Aufl., München 2006

Bearb., in: Schwark, KapMRK
   Eberhard Schwark, Kapitalmarktrechts-, Kommentar Börsengesetz, Verkaufsprospekt-, Wertpapierhandels-, Wertpapiererwerbs- und Übernahmegesetz, 3. Aufl., München 2004

Schwemer, Europarecht
   Rolf O. Schwemer, Die Bindung des Gemeinschaftsgesetzgebers an die Grundfreiheiten, Frankfurt a.M. 1995

Bearb., in: Staudinger, BGB
   J. von Staudingers Kommentar zum Bürgerlichen Gesetzbuch mit Einführungsgesetz und Nebengesetzen, Berlin 1996–2008

Bearb., in: Stelkens/Bonk/Sachs, VwVfG
   Paul Stelkens, Heinz-Joachim Bonk, Michael Sachs u.a., Verwaltungsverfahrensgesetz, Kommentar, 6. Aufl., München 2001

Bearb., in: Szagunn/Haug/Ergenzinger, KWG
   Volkhard Szagunn, Ulrich Haug, Wilhelm Ergenzinger, Gesetz über das Kreditwesen in der Fassung vom 22. Januar 1996, Kommentar, 6. Aufl., Stuttgart, Berlin, Köln 1997

Fischer, StGB
   Thomas Fischer, Strafgesetzbuch und Nebengesetze, 55. Aufl., München 2008

Wolff/Bachof/Stober, Verwaltungsrecht
   Hans J. Wolff, Otto Bachof, Rolf Stober, Verwaltungsrecht, ein Studienbuch, Band 2, 6. Aufl., München 2000

V. Hoffmann/Thorn, Int. Privatrecht
   Bernd von Hoffmann, Karsten Thorn, Internationales Privatrecht, 9. Aufl., München 2007

Bearb., in: VwGOKomm (Stand)
   Friedrich Schoch, Eberhard Schmidt-Aßmann, Rainer Pietzner, Verwaltungsgerichtsordnung, Kommentar, Loseblattsammlung, Stand: September 2007, München

Einleitung

Inhalt

I. Die Grundfreiheiten und das europäische Kapitalmarktrecht .. 1
1. Die Bedeutung der Grundfreiheiten für das europäische Kapitalmarktrecht 1
   a) Der Binnenmarkt 1
   b) Das Verhältnis von Grundfreiheiten und Sekundärrecht 3
   c) Anwendungsbereich und Einschränkung der Grundfreiheiten 7
2. Die Bedeutung der Grundfreiheiten für das Prospektrecht 13

II. Die Entwicklung des Prospektrechts auf europäischer und deutscher Ebene 17
1. Die Einordnung der Prospektrichtlinie in die allgemeine Entwicklung des europäischen Kapitalmarktrechts 17
2. Die Verabschiedung der Prospektrichtlinie 20
3. Einzelne Aspekte der Prospektrichtlinie und Bewertung 24
4. Die Entwicklung des WpPG 32

Literatur: *Althaus, Torsten,* Verbriefung in Deutschland aus Sicht der Ratingagentur, Kreditwesen 2003, S. 632 ff.; *Apfelbacher, Gabriele/Metzner, Manuel,* Das Wertpapierprospektgesetz in der Praxis – eine erste Bestandsaufnahme, BKR 2006, S. 81 ff.; *Assmann, Heinz-Dieter,* Anleihebedingungen und AGB-Recht, WM 2005, S. 1053 ff.; *Assmann, Heinz-Dieter,* Neues Recht für den Wertpapiervertrieb, Die Förderung für die Vermögensbildung durch Wertpapieranlage und die Geschäftstätigkeit von Hypothekenbanken, NJW 1991, S. 528 ff.; *Binder, Jens-Hinrich/Broichhausen, Thomas N.,* Entwicklungslinien und Perspektiven des Europäischen Kapitalmarktrechts, ZBB 2006, S. 85 ff.; *Böckli, M.,* Europäische Börsenlandschaft im Umbruch?, Aktuelle Rechtsprobleme des Finanz- und Börsenplatzes Schweiz, Bern 2006, 13/2005; *Boos, Karl-Heinz/ Preuße, Thomas,* Die Umsetzung der EU-Prospektrichtlinie in Deutschland – Folgen für daueremittierende Banken, ZFGK 2005, S. 523 ff.; *Brandt, Sven,* Kreditderivate – Zentrale Aspekte innovativer Kapitalmarktprodukte, BKR 2002, S. 243 ff.; *Buchheim, Regine/Gröner, Susanne/Kühne, Mareike,* Übernahme von IAS/IFRS in Europa: Ablauf und Wirkung des Komitologieverfahrens auf die Rechnungslegung, BB 2004, S. 1783 ff.; *Callies, Gralf-Peter,* Heimatstaatsprinzip und Europa-Pass (single licence principle) im europäischen Finanzmarktrecht – Wettbewerb der Finanzdienstleister oder der Finanzplätze?, EWS 2000, S. 432 ff.; *Caspar, Johannes,* Das europäische Tabakwerbeverbot und das Gemeinschaftsrecht, EuZW 2000, S. 237 ff.; *Claßen, Ruth/ Heegemann, Volker,* Das Lamfalussy-Verfahren – Bestandsaufnahme, Bewertung und Ausblick, Kreditwesen 2003, S. 1200 ff.; *Crüwell, Christoph,* Die europäische Prospektrichtlinie, AG 2003, S. 243 ff.; *d'Arcy, Anne/ Leuz, Christian,* Rechnungslegung am neuen Markt – Eine Bestandsaufnahme, DB 2000, S. 385 ff.; *Di Fabio, Udo,* Werbeverbote – Bewährungsprobe für europäische Grundfreiheiten und Grundrechte, AfP 1998, S. 564 ff.; *Eberhartinger, Michael,* Konvergenz und Neustrukturierung der Grundfreiheiten, EWS 1997, S. 43 ff.; *Einsele, Dorothee,* Wertpapiere im elektronischen Bankgeschäft, WM 2001, S. 7 ff.; *Ekkenga, Jens,* Änderungs- und Ergänzungsvorschläge zum Regierungsentwurf eines neuen Wertpapierprospektgesetzes, BB 2005, S. 561 ff.; *Fischer, Anne,* Die Kapitalverkehrsfreiheit in der Rechtsprechung des EuGH – Entscheidungen „Trümmer & Mayer" vom 16.03.1999 und „Konle/Österreich" vom 01.06.1999;

Fleischer, Holger, Marktschutzvereinbarungen beim Börsengang, WM 2002, S. 2305 ff.; *Fleischer, Holger,* Prognoseberichterstattung im Kapitalmarktrecht und Haftung für fehlerhafte Prognosen, AG 2006, S. 2 ff.; *Früh, Andreas,* Asset Backed Securities/Securitization am Finanzplatz Deutschland, BB 1995, S. 105 ff.; *Fürhoff, Jens/ Ritz, Corinna,* Richtlinienentwurf der Kommission über den Europäischen Pass für Emittenten, WM 2001, S. 2280 ff.; *Glöckner, Jochen,* Grundverkehrsbeschränkungen und Europarecht – Zugleich ein Beitrag zum Anwendungsbereich der Kapitalverkehrsfreiheit, EuR 2000, S. 592 ff.; *Grimme, Leoni/Ritz, Corinna,* Die Novellierung verkaufsprospektrechtlicher Vorschriften durch das Dritte Finanzförderungsgesetz, WM 1998, S. 2091 ff.; *Grosjean, Andreas,* Prospekthaftung auch ohne Prospekt, Going Public Sonderausgabe Kapitalmarktrecht 2007, S. 68 ff.; *Groß,* Bookbuilding, ZHR 1998, S. 318 ff.; *Grub, Maximilian/Thiem, Ulrich,* Das neue Wertpapierprospektgesetz – Anlegerschutz und Wettbewerbsfähigkeit des Finanzplatzes Deutschland, NZG 2005, S. 750 ff.; *Grundmann, Stefan/Möslein, Florian,* Die Golden Shares Grundsatzentscheidungen des Europäischen Gerichtshofs – Anmerkung zu den Entscheidungen EuGH, BKR 2002, S. 758 ff.; *Grundmann, Stefan/Möslein, Florian,* ECLR die goldene Aktie, Staatskontrollrechte in Europarecht und wirtschaftspolitischer Bewertung, ZGR 2003, S. 317 ff.; *Gündel, Matthias/Hirdes, Mario,* Mezzanine-Kapital zur Bilanzoptimierung und bankenunabhängigen Unternehmensfinanzierung – Praxisfall zur Beschaffung von Mezzanine-Kapital im Wege der Privatplatzierung, BC 2005, S. 205 ff.; *Habersack, Matthias,* Staatsbürgschaften und EG-vertragliches Beihilfeverbot, ZHR 159, (1995), S. 663 ff.; *ders.,* Doppelzählung von Einzel- und Konzernabschluss im Rahmen der Vorschriften über die interne Rotation, NZG, 2007, S. 207 ff.; *Heidelbach, Anna/Preuße, Thomas,* Einzelfragen in der praktischen Arbeit mit dem neuen Wertpapierprospektregime, BKR 2006, S. 316 ff.; *Hein, Thomas,* Rechtliche Fragen des Bookbuildings nach deutschem Recht, WM 1996, S. 1 ff.; *Hermanns, Marc,* Die Investmentaktiengesellschaft nach dem Investmentmodernisierungsgesetz eine neue Gesellschaftsform, ZIP 2004, S. 1297 ff.; *Holzborn, Timo/Israel, Alexander,* Das neue Wertpapierprospektrecht, ZIP 2005, S. 1668 ff.; *Holzborn, Timo/Schwarz-Gondek, Nicolai,* Die neue EU-Prospektrichtlinie, BKR 2003, S. 927 ff.; *Hopt, Klaus J.,* Europäisches Gesellschaftsrecht und deutsche Unternehmensverfassung – Aktionsplan und Interdependenzen, ZIP 2005, S. 461 ff.; *Hutter, Stephan/Kaulamo, Katja,* Transparenzrichtlinie-Umsetzungsgesetz: Änderungen der Regelungspublizität und das neue Veröffentlichungsregime für Kapitalmarktinformationen, NJW 2007, S. 550 ff.; *Ilberg, Philip von/Neises, Michael,* Die Richtlinienvorschläge der EU-Kommission zum „Einheitlichen europäischen Prospekt" und zum „Marktmissbrauch" aus Sicht der Praxis, WM 2002, S. 635 ff.; *Jäger, Axel,* Thema Börse (2) – Alternative Maßnahmen der Kapitalbeschaffung, NZG 1998, S. 718 ff.; *Kaum, Markus/Zimmermann, Martin,* Das jährliche Dokument nach § 10 WpPG, BB 2005, S. 1466 ff.; *Keller, Christoph/Langer, Julian,* Überblick über EG-Gesetzgebungsvorhaben im Finanzbereich, BKR 2003, S. 616 ff.; *Keul, Thomas/ Erttmann, Dorothee,* Inhalt und Reichweite zivilrechtlicher Prospekthaftung, DB 2006, S. 1664 ff.; *König, Christian,* Grundfragen des EG-Beihilfenrechts, NJW 2000, S. 1065 ff.; *König, Kai-Michael,* Die neue EU-Prospektrichtlinie aus gemeinschaftsprivatrechtlicher Perspektive, GPR 2004, S. 152 ff.; *König, Kai-Michael,* Die neue europäische Prospektrichtlinie, Eine kritische Analyse und Überlegungen zur Umsetzung in das deutsche Kapitalmarktrecht, ZEuS 2004, S. 251 ff.; *Kopp-Colomb, Wolf von/Lenz, Jürgen,* Der europäische Pass für Emittenten, AG 2002, S. 24 ff.; *Krimphove, Dieter,* Aktuelle Entwicklung im europäischen Bank- und Kapitalmarktrecht, Kreditwesen 2005, S. 97 ff.; *Kullmann, Walburga/Sester, Peter,* Das Wertpapierprospektgesetz (WpPG) – Zentrale Punkte des neuen Regimes für Wertpapieremissionen, WM 2005, S. 1068 ff.; *Kullmann, Walburga/Sester, Peter,* Inhalt und Format von Emissionsprospekten nach dem WpPG, ZBB 2005, S. 209 ff.; *Kullmann, Walburga/Müller-Deku, Tobias,* Die Bekanntmachung zum Wertpapier-Verkaufsprospektgesetz, WM 1996, S. 1989 ff.; *Kunold, Uta/Schlitt, Michael,* Die neue EU-Prospektrichtlinie, BB 2004, S. 501 ff.; *Küting, Karlheinz/Dürr, Ulrike,* „Genüsse" in der Rechnungslegung nach HGB und IFRS sowie Implikationen im Kontext von Basel II, DStR 2005, S. 938 ff.; *Kuntz, Thilo,* Internationale Prospekthaftung nach Inkrafttreten des Wertpapierprospektgesetzes, WM 2007 S. 432 ff.; *Lehne, Klaus-Heiner,* Stand der europäischen Corporate Governance-Entwicklung, Der Konzern 2003, S. 272 ff.; *Lenz, Jürgen/Ritz, Corinna,* Die Bekanntmachung des Bundesaufsichtsamts für den Wertpapierhandel zum Wertpapier-Verkaufsprospektgesetz und zur Verordnung über Wertpapier-Verkaufsprospekte, WM 2000, S. 904 ff.; *Leuering, Dieter*, Die Ad-hoc Pflicht auf Grund der Weitergabe von Insiderinformationen (§ 15 I S. 3 WpHG), NZG 2005, S. 12 ff.; *Leuering, Dieter*, Prospektpflichtige Anlässe im WpPG, Der Konzern, 2006, S. 4 ff.; *Meixner, Rüdiger*, Das Dritte Finanzmarktförderungsgesetz, NJW 1998, S. 1896 ff.; *Merkner, Andreas/Sustmann, Marco*, Insiderrecht und Ad-hoc-Publizität – Das Anlegerschutzverbesserungsgesetz „in der Fassung durch den Emittentenleitfaden der BaFin", NZG 2005, S. 729 ff.; *Meyer, Andreas*, Der Greenshoe und das Urteil des Kammergerichts, WM 2002, S. 1106 ff.; *Moritz, Hans/Grimm, Paul*, Licht im Dunkel des „Grauen Marktes"? Aktuelle Bestrebungen zur Novellierung des Verkaufsprospektgesetzes, BB 2004, S. 1352 ff.; *Mülbert, Peter O.*, Konzeption des europäischen Kapitalmarktrechts für Wertpapierdienstleistungen, WM 2001, S. 2085 ff.; *Müller, Robert/Oulds, Mark K.*, Transparenz im europäischen Fremdkapitalmarkt, WM 2007, S. 573 ff.; *Ohler, Christoph*, Die Kapitalverkehrsfreiheit und ihre Schranken, WM 1996, S. 1801 ff.; *Pannen, Klaus/Wolff, Patrick*, ABS-Transaktionen in der Insolvenz des Originators – das Doppeltreuhandmodell als Alternative zum neuen Refinanzierungsregister, ZIP 2006, S. 52 ff; *Rodewald, Jörg/Unger, Ulrike*, Zusätzliche Transparenz für die europäischen Kapitalmärkte – die Umsetzung der EU-Transparenzrichtlinie in Deutschland, BB 2006, S. 1917 ff.; *Samtleben, Jürgen*, Das Börsentermingeschäft ist tot – es lebe das Finanztermingeschäft? ZBB 2003, S. 69 ff.; *Sandberger, Christoph*, Die EU-Prospektrichtlinie – Europäischer Pass für Emittenten, EWS 2004, S. 297 ff.; *Schäfer, Frank A.*, Emission und Vertrieb von Wertpapieren nach dem Wertpapierverkaufsprospektgesetz, ZIP 1991, S. 1557 ff.; *Schäfer, Frank A.*, Stand und Entwicklungstendenzen der spezialgesetzlichen Prospekthaftung, ZGR 2006, S. 40 ff.; *Schlitt, Michael/Schäfer, Susanne*, Auswirkungen des Prospektrichtlinie-Umsetzungsgesetzes auf Aktien und Equity-linked Emissionen, AG 2005, S. 498 ff.; *Schlitt, Michael/Schäfer, Susanne/Singhof*, Aktuelle Rechtsfragen und neue Entwicklungen im Zusammenhang mit Börsengängen, BKR 2005, S. 251 ff.; *Schwenke, Michael*, Die Kapitalverkehrsfreiheit im Wandel? – Eine erste Analyse neuer Entwicklungen der Rechtsprechung des EuGH, ISTR 2006, S. 748 ff.; *Seibt, Christoph H./v. Bonin, Gregor*, Prospektfreie Zulassung von Aktien bei internationalen Aktientausch-Transaktionen mit gleichwertigen Dokumentationsangaben (§ 4 Abs. 2 Nr. 3 WpPG); *Seitz, Jochen*, Das neue Wertpapierprospektrecht, AG 2005, S. 678 ff.; *Seitz, Jochen*, Die Integration der europäischen Wertpapiermärkte und die Finanzgesetzgebung in Deutschland, BKR 2002, S. 340 ff.; *Spindler, Gerald*, Deutsches Gesellschaftsrecht in der Zange zwischen Inspire Art und Golden Shares?, RIW 2003, S. 850 ff.; *Spindler, Gerald/Christoph, Fabian*, Die Entwicklung des Kapitalmarktrechts in den Jahren 2003/2004, BB 2004, S. 2197 ff.; *Stadler, Markus*, Die Sanierung von Aktiengesellschaften unter Einsatz von Wandelgenussrechten, NZI 2003, S. 579 ff.; *Stephan, Klaus-Dieter*, Prospektaktualisierung, AG 2002, S. 3 ff.; *Süßmann, Rainer*, Wertpapierverkaufsprospektgesetz und Verkaufsprospekt-Verordnung, EuZW 1991, S. 210 ff.; *Than, Jürgen*, Wertpapierrecht ohne Wertpapiere? Bankrechtsschwerpunkte und Perspektiven, in: FS Schimansky, Horn/Lwoswski/Nobbe (Hrsg.), 1999, S. 821 ff.; *Tollmann, Claus*, Die Sicherstellung der Insolvenzfestigkeit bei der Asset Backed Securitization nach dem neuen Refinanzierungsregister gemäß §§ 22 a ff. KWG, WM 2005, S. 2017 ff.; *Wagner, Oliver*, Der Europäische Pass für Emittenten – die neue Prospektrichtlinie, Die Bank 2003, S. 681 ff.; *Waldeck, Michael/Süßmann, Rainer*, Die Anwendung des Wertpapier-Verkaufsprospektgesetzes, WM 1993, S. 361 ff.; *Waschbusch, Gerd*, Asset Backed Securities – eine moderne Form der Unternehmensfinanzierung, ZBB 1998, S. 408 ff.; *Weber, Martin*, Unterwegs zu einer europäischen Prospektkultur – Vorgaben der neuen Wertpapierprospektrichtlinie vom 04.11.2003, NZG 2004, S. 360 ff.; *Weber, Martin*, Die Entwicklung des Kapitalmarktrechts im Jahre 2005, NJW 2005, S. 3682 ff.; *Weber, Martin*, Die Entwicklung des Kapitalmarktrechts im Jahre 2006, NJW 2006, S. 3685 ff.; *Wellige, Kristian*, Weg mit dem VW-Gesetz!, EuZW 2003, S. 427 ff.; *Wieneke, Laurenz*, Emissionspublizität – Praktische Anforderung und rechtliche Grenzen, NZG 2005, S. 109 ff.; *Wieneke, Laurenz*, Der Einsatz von Aktien als Akquisitionswährung, NZG 2004, S. 61 ff.; *Wittich, Georg*, Aktuelle Aspekte der Wertpapieraufsicht in Deutschland und Europa, Die Bank, S. 278 ff.; *Zahn, Andreas/Lemke, Rudolf*, Anleihen als Instrument der Finanzierung und Risikosteuerung, BKR 2002, S. 527 ff.

I. Die Grundfreiheiten und das europäische Kapitalmarktrecht

1. Die Bedeutung der Grundfreiheiten für das europäische Kapitalmarktrecht

a) Der Binnenmarkt

1 Kapital ist international fungibel. Daher ist gerade für den europäischen Kapitalmarkt das Ziel der Europäischen Gemeinschaft nach Art. 3 Abs. 1 lit. c EG, einen Binnenmarkt herzustellen, besonders bedeutsam. Dies umfasst nach Art. 14 Abs. 2 EG „einen Raum ohne Binnengrenzen, in dem der freie Verkehr von Waren, Personen, Dienstleistungen und Kapital gem. den Bestimmungen dieses Vertrages gewährleistet ist". Eine bereichsspezifische Konkretisierung findet zunächst mit dem Begriff des europäischen Finanzraums statt[1], der aus einem integrierten Wertpapier-, Banken- und Versicherungsmarkt besteht.[2]

2 Der europäische Binnenkapitalmarkt soll realisiert werden durch die vollständige Liberalisierung des Kapitalverkehrs, die vollständige Niederlassungsfreiheit für Finanzunternehmen sowie den möglichst weitgehenden Abbau von Beschränkungen und Hemmnissen aller Art, die die Erbringung von Finanzdienstleistungen behindern.[3] Für die europaweite Liberalisierung der Kapitalmärkte ist vor allem die Kapitalverkehrsfreiheit gem. Art. 56 EG relevant, in erster Linie für Anleger und Emittenten. Doch auch die übrigen Marktteilnehmer wie Banken und Wertpapierfirmen als Finanzintermediäre und die Börse als Markt für den Handel mit Wertpapieren kommen in den Anwendungsbereich der Grundfreiheiten, wobei hier die Niederlassungsfreiheit (Art. 43 EG) und die Dienstleistungsfreiheit (Art. 49 EG) den Rechtsrahmen für den grenzüberschreitenden Verkehr bestimmen[4]; sie sind vor allem als Finanzintermediäre für ein reibungsloses Funktionieren der Kapitalmärkte auf europäischer Ebene von kaum zu überschätzender Bedeutung.[5]

b) Das Verhältnis von Grundfreiheiten und Sekundärrecht

3 Da die Grundfreiheiten unmittelbar anwendbar sind[6], sorgen sie vor allem dort für die Verwirklichung des Binnenmarktes, wo es an sekundärrecht-

---

1 Mitteilung der Kommission zur Schaffung eines europäischen Finanzraums KOM(87) 550 endg. v. 04.11.1987, Ratsdokument 9510/87, ABl. C-26 v. 01.02.1988, S. 1, BR-Drucks. 509/87 v. 16.11.1987.
2 *Jung*, in: Schulze/Zuleeg, Europarecht, § 20 Rn 10.
3 *Stünkel*, EG, Baden-Baden 2005, S. 43; *Mülbert*, WM 2001, 2085, 2088; *Lomnicka*, in: Andenas/Kenyon-Slade FMR, S. 81.
4 *Stünkel*, EG, Baden-Baden 2005, S. 32; *Jung*, in: Schulze/Zuleeg, Europarecht, § 20 Rn 10.
5 *Stünkel*, EG, Baden-Baden 2005, S. 44.
6 Für die Kapitalverkehrsfreiheit: EUGH, verb. Rs. C-163/94, C-165/94 und C-250/94 (Sanz de Lern u.a.) Slg. 1995, 1-4821, Rn. 41ff.; für die Dienstleistungsfreiheit: EUGH, Rs. 33/74 (van Binsbergen) Slg. 1974, 1299, Rn. 27; für die Niederlassungsfreiheit: EUGH, Rs. 2/74

lichen Regelungen fehlt[7], indem die nationalen Regelungen sich an den Grundfreiheiten messen lassen müssen. Die Grundfreiheiten sind darüber hinaus auch in den harmonisierten Regelungsbereichen von Relevanz, da sich das sekundäre Gemeinschaftsrecht als das von den Organen der Gemeinschaft nach Maßgabe der Gründungsverträge erlassene Recht[8] daran messen lassen muss.[9]

In welchem Maße indes die Grundfreiheiten für das sekundäre Gemeinschaftsrecht die Messlatte darstellen, ist nach wie vor umstritten: So wird verbreitet davon ausgegangen, dass die Gemeinschaftsorgane zwar den Grundfreiheiten verpflichtet sind[10], allerdings nur in dem Sinne, dass sie keine Maßnahmen ergreifen dürfen, die den Grundsätzen der Grundfreiheiten widersprechen. Die Rechtsakte seien nicht unmittelbar an den Grundfreiheiten zu überprüfen, da sie eine unterschiedliche Struktur und Zielsetzung als die nationalen Regelungen aufweisen.[11] Sekundäres Gemeinschaftsrecht sei grundsätzlich als Ausführung der Grundfreiheiten und nicht als deren Beschränkung zu verstehen.[12]

4

Dem steht jedoch – zu Recht – die Rechtsprechung des EuGH gegenüber, der auch Rechtsakte der Gemeinschaft an den Grundfreiheiten prüft, etwa im Fall „*Alliance for Natural Health*".[13] Allerdings weist das Gericht im Rahmen der Rechtfertigung der festgestellten Beschränkung darauf hin, dass der Gemeinschaftsgesetzgeber bei der Frage der Erforderlichkeit und der Verhältnismäßigkeit der Maßnahme über ein weites Ermessen in den Bereichen verfügt, „die von ihm politische, wirtschaftliche und soziale Entscheidungen verlangt und in dem er komplexe Prüfungen durchführen muss". In solchen Bereichen erlassene Maßnahmen sind nur dann rechtswidrig, wenn sie zur Erreichung des verfolgten Zieles offensichtlich ungeeignet sind.[14] Entschei-

5

(Reyners) Slg. 1974, 631, Rn. 28 ff.; grundlegend zur unmittelbaren Anwendbarkeit von Gemeinschaftsnormen: EUGH, Rs. 26/62 (Van Gend & Loos) Slg. 1963, 1.

7 *Jung*, in: Schulze/Zuleeg, Europarecht, § 20 Rn 10.
8 *Schweitzer/Hummer*, Europarecht, 5. Aufl., Berlin 1996, Rn 18; *Stünkel*, EG, Baden-Baden 2005, S. 62.
9 *Ehlers*, in: Ehlers, Europarecht, § 7 Rn 44.
10 Vgl. etwa *Schwemer*, Europarecht, S. 25 ff.; *Scheffer*, EGV, Frankfurt/a.M. 1997, S. 32 ff.; *Randelzhofer/Forsthoff*, in: Grabitz/Hilf, EU/EGV Komm, Vor Art. 39–55 EG, Rn. 49; *Schwarze*, EG, Baden-Baden 1999, S. 15; *Holoubek*, in: Schwarze, EU-Komm., Art. 49, Rn. 42;. *Di Fabio*, AfP 1998, 564, 565 f.; *Caspar*, EuZW 2000, 237, 240 f. und *Perau*, EU-Werbebeschr., Baden-Baden 1997, S. 249 sprechen von einer analogen Anwendung der Grundfreiheiten gegenüber den Gemeinschaftsorganen.
11 *Schwemer*, Europarecht, S. 42 ff. m.w.N.
12 *Stünkel*, EG, Baden-Baden 2005, S. 67.
13 EuGH, verb. Rs. C-154/04 und C-155/04 (Alliance for Natural Health) Slg. 2005, I-6451, Rn. 47; unter Verweis auf die Urteile vom 17.05.1984 in der Rs. 15/83, Denkavit Nederland, Slg. 84, 2171, Rn. 15, Meyhui, Rn. 11, vom 25.06.1997 in der Rs. C-114/96, Kieffer und Thill, Slg. 1997, 1-3629, Rn. 27, und Arnold André, Rn. 57.
14 EuGH, verb. Rs. C-154/04 und C-155/04 (Alliance for Natural Health) Slg. 2005, I-6451, Rn. 52; unter Verweis auf EuGH, Rs. C-491/01 (British American Tobacco) Slg. 2002, I-11453.

dend ist jedoch, dass Sekundärrechtsakte unmittelbar an den Grundfreiheiten zu messen sind.[15]

6 Über die Frage der Rechtmäßigkeit von Sekundärrechtsakten hinaus haben die Grundfreiheiten aber auch Bedeutung für deren Auslegung und Ergänzung. Insb. bei einer Mehrdeutigkeit sekundärrechtlicher Vorschriften zieht der EuGH die Grundfreiheiten als Auslegungsmaßstab heran.[16] Im Hinblick auf die Überprüfung von nationalen Regelungen anhand der Grundfreiheiten bei bestehendem Sekundärrecht ist entscheidend, ob die sekundärrechtliche Regelung abschließend ist oder nicht. Im Falle einer Mindestharmonisierung sind allein die Grundfreiheiten möglicher Prüfungsmaßstab für strengere nationale Regelungen. Bei einer vollständigen, abschließenden Harmonisierung sind nationale Vorschriften in erster Linie am Maßstab der jeweiligen Richtlinie zu prüfen.[17] Allerdings behalten die Grundfreiheiten auch in diesem Rahmen ihre Bedeutung als Auslegungsmaßstab.

c) Anwendungsbereich und Einschränkung der Grundfreiheiten

7 Einschlägig für die Akteure an Kapitalmärkten sind die Kapitalverkehrsfreiheit, die Niederlassungsfreiheit und die Dienstleistungsfreiheit. Die Kapitalverkehrsfreiheit wurde erst 1993 mit dem Vertrag von Maastricht in den EG-Vertrag eingefügt und bildet eine einheitliche Regelung mit der Freiheit des Zahlungsverkehrs (Art. 56 Abs. 2 EG).[18] Als Kapitalverkehr kann die Werteübertragung in Form von Sach- oder Geldkapital verstanden werden, die nicht Gegenleistung eines Austauschverhältnisses ist und in der Regel zu Investitions- und Anlagezwecken erfolgt.[19] Der persönliche Schutzbereich weist mit der Einbeziehung von in einem Drittstaat ansässigen Drittstaatsangehörigen (sog. „Erga-Omnes"-Wirkung) eine Besonderheit auf.[20] Hinsichtlich des Gewährleistungsbereichs enthält die Kapitalverkehrsfreiheit nicht nur ein Diskriminierungsverbot, sondern auch ein Beschränkungsverbot.[21]

---

15 Im Urteil zur Rs. C-120/95 (Decker) Slg. 1998, 1831 f., Rn. 27 wählt der EuGH die Formulierung, dass eine nationale Maßnahme, die einer Bestimmung des abgeleiteten Rechts entspricht, an den Bestimmungen des EGV zu messen sei.
16 EuGH, Rs. C-348/96 (Calfa) Slg. 1999, I-11, Rn. 28 f.; EuGH, Rs. C-410/96 (Ambry) Slg. 1998, I-7875, Rn. 25; EuGH, Rs. C-158/96 (Kohll) Slg. 1996, I-1931, Rn. 25 ff.; hierzu *Stünkel*, EG, Baden-Baden 2005, S. 67 ff.; *Van Gerven/Wouters*, in: Andenas/Kenyon-Slade FMR, S. 43, 64.
17 EuGH, Rs. C-5/94 (Hedley Lomas) Slg. 1996, I-2553, Rn. 21 ff.; EUGH, Rs. C-350/97 (Monsees) Slg. 1999, 1-2921, Rn. 24; EUGH, Rs. C-322/01 (Deutscher Apothekerverband e.V./DocMorris NV) Slg. 2003, I-14887, Rn. 102. Siehe dazu *Stünkel*, EG, Baden-Baden 2005, S. 67 f.
18 *Schwenke*, IStR 2006, 748; *Ress/Ukrow*, in: Grabitz/Hilf, EU/EGV Komm, Art. 56 EG, Rn. 1.
19 EuGH, verb. Rs. 286/82 und 26/83 (Luisi und Carbone) Slg. 1984, 377, Rn. 21; *Jung*, in: Schulze/Zuleeg Europarecht, § 20 Rn. 18; *Bröhmer*, in: Calliess/Ruffert, EUV/EGV, Art. 56 EG Rn. 8.
20 Dazu siehe *Schwenke*, IStR 2006, 748, 751 ff.
21 EuGH, Rs. C-367/98 (Kommission/Portugal) Slg. 2002, I-4731, Rn. 43 ff.; dazu *Grundmann/Möslein*, BKR 2002, 758, 761 f.; *dies.*, ZGR 2003, 317, 320; EuGH, Rs. C-98/01 (Kommission/Vereinigtes Königreich) Slg 2003. I-4641, Rn. 43; EuGH, Rs. C-513/03 (Van Hilten-van der Heijden) Slg. 2006, I-1957, Rn. 44; *Stünkel*, EG, Baden-Baden 2005, S. 51.

Vom EuGH noch nicht endgültig geklärt ist in diesem Rahmen, ob vergleichbar zur Keck-Rechtsprechung zur Warenverkehrsfreiheit[22] auch für die Kapitalverkehrsfreiheit immanente Bereichsausnahmen bestehen. Derartige immanente Schranken der Grundfreiheiten liegen jedoch nahe, da zwischen den Grundfreiheiten keine strukturellen Unterschiede bestehen.[23] Die Problematik wurde vom EuGH in zwei der Entscheidungen zu den Golden Shares[24] behandelt, wenn auch mit keinem eindeutigen Ergebnis für die grundlegende Fragestellung. Immerhin zeichnet sich in diesen Entscheidungen die Übertragbarkeit der Keck-Rechtsprechung ab[25], wenn auch in den konkreten Fällen eine Marktzugangsbeschränkung festgestellt wurde. Denkbar ist etwa eine Differenzierung nach Regelungen in einem Mitgliedstaat, die rein vertriebsbezogen wirken, also Inländer wie Ausländer gleichermaßen betreffen und den Marktzugang nicht diskriminierend beschränken (Modalitäten),[26] und solchen, die sich auf das Kapitalmarktprodukt selbst beziehen und in vollem Umfang der Überprüfung am Maßstab der Kapitalverkehrsfreiheit unterliegen. Zu vertriebsbezogenen bzw. allgemeinen, nicht produktspezifischen Modalitäten können etwa allgemeine Regelungen des Anlegerschutzes und des Steuerwesens zählen.[27] Wie indes konkret die vertriebsbezogenen von den produktbezogenen Regelungen abzugrenzen sind, ist nach wie vor weitgehend offen: Nach einer Auffassung sollen Investitionsmodalitäten allein Sachverhalte regeln, die sich nach dem Grenzübertritt des Kapitals abspielen und dabei die Rahmenbedingungen für die Kapitalallokation festlegen, wohingegen kapitalbezogene Regelungen etwa den Ursprung oder die Generierung von Kapital betreffen.[28] Richtigerweise – und dem freiheitssichernden Gedanken der Kapitalverkehrsfreiheit entsprechend – sind jedoch allein mittelbare Behinderungen von Kapitalbewegungen, die das Resultat allgemeiner Beschränkungen eines kapitalverkehrsrelevanten Vorgangs darstellen, nicht von dem Beschränkungsverbot

---

22 EuGH, verb. Rs. C-267/91, C-268/91 (Keck und Mithouard) Slg. 1993, I-6097, 6129, Rn. 8; EuGH, Rs. C-384/93 (Alpine Investments) Slg. 1995, I-1141, 1177, Rn. 37.
23 Siehe hierzu *Ress/Ukrow*, in: Grabitz/Hilf, EU/EGV Komm, Art. 56 Rn. 35, 37; zum Problem der Kategorisierung kapitalmarktrechtlicher Regelungen im Hinblick auf die Golden Shares siehe *Spindler*, RIW 2003, 850, 853.
24 EUGH, Rs. C-367/98 (Kommission/Portugal) Slg. 2002, I-4731; EUGH, Rs. C-483/99 (Kommission/Frankreich) Slg. 2002, I-4781.
25 *Ress/Ukrow*, in: Grabitz/Hilf, EU/EGV Komm, Art. 56, Rn. 37; *Bröhmer*, in: Calliess/Ruffert, EUV/EGV, Art. 56, Rn. 57; *Sedlaczek*, in: Streinz, EUV/EGV, München 2003, Art. 58 Rn. 2; *Haratsch/Koenig/Pechstein*, Europarecht, S. 392 f. Rn. 905 f.; *Müller*, Kapitalverkehrsfreiheit in der Europäischen Union, Berlin 1998, S. 165; *Stünkel*, EG, Baden-Baden 2005, S. 329; *Frenz*, Europarecht, S. 1055 Rn. 2799; *Engert*, in: Langenbucher, EurPrivR, Baden-Baden 2005, S. 238, 246 ff.; *Wellige*, EuZW 2003, 427, 432; *Glöckner*, EuR 2000, 592, 616; *Ohler*, WM 1996, 1801, 1806; krit. dagegen *Kimms*, Kapitalverkehrsfreiheit, Frankfurt/a.M. 1996, S. 183; *von Wilmowsky*, Europäische Grundrechte, 2. Aufl., Berlin 2005, S. 348 Rn. 7; *Fischer*, ZEuS 2000, 391, 393, 404; *Ruge*, EuZW 2003, 540, 541.
26 *Jung*, in: Schulze/Zuleeg, Europarecht, § 20 Rn. 25; EUGH, Rs. C-98/01 (Kommission/Vereinigtes Königreich) Slg. 2003, 1-4641, Rn. 52.
27 *Bröhmer*, in: Callies/Ruffert, EUV/EGV, Art. 56 EG Rn. 57.
28 *Wellige*, EuZW 2003, 427, 432.

erfasst. Handelsmodalitäten sind demnach die äußeren Rahmenbedingungen für Kapitalverkehrsgeschäfte wie z. B. Grundbuchvorschriften oder Notarpflichten im Immobilienbereich, der rechtliche Rahmen für den Schutz von Investoren[29] sowie Regeln zur Ausgestaltung des Steuersystems in den Mitgliedstaaten.[30]

9 Die Niederlassungsfreiheit gewährt den Trägern etwa von Kreditinstituten oder Wertpapierhäusern das Recht, ihren eigenen Sitz gemeinschaftsweit frei zu wählen und zu verlegen (primäre Niederlassungsfreiheit nach Art. 43 Abs. 1 Satz 1, 48 EG), bzw. Agenturen, Zweigniederlassungen oder Tochtergesellschaften in anderen Mitgliedstaaten zu gründen (sekundäre Niederlassungsfreiheit nach Art. 43 Abs. 1 Satz 2, 48 EG). Sofern eine nationale Vorschrift ein bestimmtes Nationalitätserfordernis aufstellt und damit zwischen ausländischen und inländischen Marktteilnehmern differenziert, greift das Diskriminierungsverbot ein; dabei sind die in Art. 46 EG genannten Ausnahmen bei kapitalmarktrechtlichen Regelungen nicht einschlägig. Daneben sind auch sonstige Beschränkungen z. B. in Form von Genehmigungserfordernissen, Zulassungsprüfungen und Investitionsgrenzen, vor allem aber auch die Anwendung des Gesellschaftsrechts, wie etwa das Recht der Kapitalaufbringung,[31] grundsätzlich verboten.[32]

10 Marktteilnehmer wie Banken und sonstige Wertpapierfirmen fallen dann in den Anwendungsbereich der Dienstleistungsfreiheit, wenn Leistungen in der Regel gegen Entgelt erbracht werden (Art. 50 Abs. 1 EG) – was bei den genannten Teilnehmern am Kapitalmarkt typischerweise der Fall ist –, es sich um eine selbständige Tätigkeit handelt und diese vorübergehend in einem anderen Mitgliedsaat erfolgt (Art. 50 Abs. 2 und 3 EG), wobei letzteres Merkmal der Abgrenzung zur Niederlassungsfreiheit dient. Sowohl Leistungserbringer als auch Leistungsempfänger können sich auf die Dienstleistungsfreiheit berufen.[33] Ein grenzüberschreitender Sachverhalt liegt vor, wenn der Dienstleister, der Leistungsempfänger oder die Dienstleistung eine mitgliedstaatliche Grenze überschreitet.[34] Die Dienstleistungsfreiheit beinhaltet nicht nur ein Diskriminierungsverbot, sondern auch ein Beschrän-

---

29 Dies kann natürlich nicht sämtliche Anlegerschutzbestimmungen betreffen, denn Ansonsten wäre fast das gesamte Kapitalmarktrecht, dessen Säulen der Anleger- und der Funktionsschutz ist, dem Anwendungsbereich der Kapitalverkehrsfreiheit entzogen.
30 *Ress/Ukrow*, in: Grabitz/Hilf, EU/EGV Komm, Art. 56 Rn. 37.
31 EuGH, Rs. C-167/01 (Kamer van Koophandel en Fabrieken voor Amsterdam/Inspire Art) Slg. 2003, I-10155 = NJW 2003, 3331; EuGH, Rs. C-208/00 (Überseering BV/Nordic Construction Company Baumanagement GmbH (NCC)) Slg. 2002, I-9919 = NJW 2002, 3614; EuGH Rs. C-212-97 (Centros Ltd-Erhvervsog Selskabsstyrelsen) Slg. 1999, I-1459 = NJW 1999, 2027.
32 *Jung*, in: Schulze/Zuleeg, Europarecht, § 20 Rn. 11; *Pache*, in: Schulze/Zuleeg Europarecht, § 10 Rn. 183 ff.
33 EuGH, Rs. C-294/97 (Eurowings Luftverkehrs AG/Finanzamt Dortmund-Unna) Slg. 1999, I-7447.
34 EuGH, Rs. C-384/93 (Alpine Investments) Slg. 1995, I-1141, Rn. 22, 30; *Kort*, Schranken der Dienstleistungsfreiheit im europäischen Recht, JZ 1996, 132,133 f.

kungsverbot, was zunächst in der Entscheidung „Van Binsbergen"[35] Anklang und schließlich in der Entscheidung „Säger"[36] endgültig festgestellt wurde. Erfasst werden insb. Regelungen über die Organisation, Befähigung, Berufspflichten, Kontrolle, Verantwortlichkeit und Haftung.[37] Art. 46 (i.V.m. Art. 55 EG) ist bei kapitalmarktrechtlichen Regelungen im Rahmen der Dienstleistungsfreiheit ebenso wenig einschlägig wie im Rahmen der Niederlassungsfreiheit.

Damit können Beschränkungen dieser beiden Grundfreiheiten nur gerechtfertigt werden, sofern die betreffende in nicht diskriminierender Weise angewandte Regelung aus zwingenden Gründen des Allgemeinwohls erforderlich ist.[38] Da die Rechfertigung von Eingriffen in die Kapitalverkehrsfreiheit nach Art. 58 EG einen sehr eingeschränkten Anwendungsbereich hat bzw. engen Voraussetzungen unterliegt, ist dieser ungeschriebene Rechtfertigungsgrund bzw. Ausnahmetatbestand auch im Rahmen der Kapitalverkehrsfreiheit von Bedeutung.[39]   11

Dabei stellt sich die Frage, ob die Regelungsziele des Gläubiger- bzw. Anleger- und Funktionsschutz, die in der Regel als Begründung für kapitalmarktrechtliche Regelungen genannt werden, zwingende Gründe des Allgemeinwohls darstellen. Der EuGH hat bislang den Anleger- und Funktionsschutz nicht ausdrücklich als zwingende Gründe anerkannt, auch nicht in der Entscheidung „Alpine Investments",[40] in der der EuGH nur die Aufrechterhaltung des guten Rufs des nationalen Finanzsektors als zwingenden Grund anerkannt hat.[41] Allerdings erkannte der EuGH bei der Beurteilung von Regelungen betreffend Versicherungen und kommerzielle Bankgeschäfte den Verbraucherschutz ausdrücklich als zwingendes Erfordernis im Allgemeininteresse an.[42] In den Entscheidungen „Kommission/Deutschland" und „Parodi" stellte der EuGH ferner fest, dass der Versicherungssektor bzw. der Bankensektor für den Verbraucherschutz höchst sensible Bereiche sind, was   12

---

35 EuGH, Rs. 33/74 (van Binsbergen) Slg. 1974, 1299, Rn. 10, 12; siehe hierzu *Schnichels*, Niederlassungsfreiheit, Baden-Baden 1995, S. 73.
36 EuGH, Rs. 76/90 (Säger) Slg. 1991, I-4221, Rn 12; siehe dazu *Stünkel*, EG, Baden-Baden 2005, S. 141; *Eberhartinger*, EWS 1997, 43, 44.
37 *Jung*, in: Schulze/Zuleeg, Europarecht, Baden-Baden 2006, § 20 Rn. 13.
38 Betreffend Finanzdienstleistungen siehe EuGH, Rs. C-384/93 (Alpine Investments) Slg. 1995, 1-1141, Rn. 40 ff. und EuGH, Rs 205/84 (Kommission v. Deutschland) Slg. 1986, 3755, Rn. 27; s. dazu auch die Mitteilung der Kommission v. 20.06.1997 zu Auslegungsfragen über den freien Dienstleistungsverkehr und das Allgemeininteresse in der Zweiten BankenRL (ABl. C-209 v. 10.07.1997, S. 6).
39 Grundsätzlich vom EuGH anerkannt in EuGH, Rs. C-300/01 (Salzmann) Slg. 2003, I-4899, Rn. 42; EuGH, verb. Rs. C-515/99, C-519/99 bis C-524/99 und C-526/99 bis 540/99 (Reisch u. a.) Slg. 2002, I-2157, Rn. 37 ff.
40 EuGH, Rs. C-384/93 (Alpine Investments) Slg. 1995, 1-1141.
41 EuGH a. a. O. Rn. 45 ff.; siehe dazu *Stünkel*, EG, Baden-Baden 2005, S. 77; *Moloney*, in: Ferrarini/Hopt/Wymeersch, CM, The Hague 2002, S. 17, 28 f.
42 Bzgl. Versicherungsdienstleistungen siehe EuGH, Rs. 205/84 (Kommission/Deutschland) Slg. 1986, 3755, Rn. 33; bzgl. Bankdienstleistungen siehe EuGH, Rs. C-222/95 (Parodi) Slg. 1997, I-3899, Rn. 26.

sich aus den konkreten Unwägbarkeiten der Versicherungsbranche bzw. den möglichen Schädigungen durch Illiquidität der Banken ergibt. Diese Rechtsprechung ist auch auf Wertpapiergeschäfte übertragbar, da Kapitalanlagen auf den Finanzmärkten einen hohen Risikofaktor enthalten und missbraucht werden können, so dass Anleger geschützt werden müssen.[43] Dabei müssen allerdings auch die Anforderungen des EuGH hinsichtlich der Verhältnismäßigkeit übertragen werden, so dass eine nationale Vorschrift nur dann erforderlich ist, wenn sowohl die Natur, Komplexität und Risikoträchtigkeit des Produkts als auch die Schutzbedürftigkeit des Anlegers einen höheren Schutz gebietet.[44] Neben dem Anlegerschutz könnte auch das zweite das Kapitalmarktrecht prägende Regelungsziel, der Funktionsschutz, als zwingendes Erfordernis im Allgemeininteresse der Rechtfertigung dienen. Allerdings hat der EuGH rein wirtschaftliche Gründe als zwingendes Erfordernis ausgeschlossen.[45] Allein die Berufung auf die Bedeutung des Kapitalmarktes für den Staatshaushalt im Rahmen von Staatsanleihen rechtfertigt nicht die Annahme eines nicht rein wirtschaftlichen Grundes für die nationalen Regelungen.[46] Zu berücksichtigen ist aber der enge Zusammenhang zwischen Anleger- und Funktionsschutz,[47] der dazu führt, dass Regelungen in dem Be-

---

43 Schlussanträge d. GA *Jacobs* v. 26.01.1996 Rs. C-384/93 (Alpine Investments) Slg. 1995, I-1141, Rn. 71; dazu *Stünkel*, EG, Baden-Baden 2005, S. 80 ff.; zur rechtspolitischen Sichtweise des Anlegerschutzes siehe *Hopt*, Kapitalanlegerschutz, München 1975, S. 8 f.
44 Dieses Prinzip wurde im Hinblick auf Versicherungsdienstleistungen begründet und für Bankendienstleistungen bestätigt, siehe dazu EuGH, Rs. 205/54 (Kommission/Deutschland) Slg. 1986, 3755, Rn. 49; EuGH, Rs. C-222/95 (Parodi) Slg. 1997, I-3899, Rn. 29; Molony, EC-Regulation in Financial Services Law, S. 329, 574; zur Übertragung auf Finanzdienstleistungen *EG-Kommission*, Mitteilung v. 20.06.1997 zu Auslegungsfragen über den freien Dienstleistungsverkehr und das Allgemeininteresse in der Zweiten BankenRL, ABl.EG 1997 C 209/6, S. 25.
45 EuGH, Rs. C-288/89 (Collective Antennevoorziening Gouda) Slg. 1991, I-4007, Rn. 11; EuGH, Rs. C-17/92 (Fedicine) Slg. 1993, 1-2239, Rn. 16 f.; EuGH, Rs. C-398/95 (SETTG) Slg. 1997, I-3091, Rn. 22 f., EuGH, Rs. C-265/95 (Kommission/Frankreich) Slg. 1997, I-6959, Rn. 62; EuGH, Rs. C-204/96 (lCI) Slg. 1998, 1-4695, Rn 28; in der Entscheidung EuGH, Rs. C-158/96 (Kohll) Slg. 1998, I-1931, Rn. 41 wurde klargestellt, dass nur rein wirtschaftliche Gründe nicht der Rechtfertigung dienen können; diese Wertung ist auch in Sekundärrechtsakten zu finden, siehe etwa Art. 9 der RL 2000/12/EG vom 30.03.2000 über die Aufnahme und Ausübung der Tätigkeit der Kreditinstitute, ABl. L 126/1 und Art. 6 Abs. 6 der RL 2002/83/EG vom 05.11.2002 über Lebensversicherungen, ABl. L 345/1.
46 So aber *Stünkel*, EG, Baden-Baden 2005, S. 84.
47 Der enge Zusammenhang wird vor allem dadurch erkennbar, dass der Anlegerschutz nicht nur als Individualschutz verstanden wird, sondern auch als kapitalmarktorientierter Funktionsschutz verstanden wird. Erfasst werden Regelungen, die institutionelle Voraussetzungen schaffen, die rationale Anlegerentscheidungen ermöglichen und das Vertrauen der Anleger in die Kapitalmärkte sichern, und auf diese Weise zur Funktionsfähigkeit des Kapitalmarktes beitragen. Siehe dazu *Assmann* in: Assmann/Schütze, HdbKapAnlR, § 1, Rn. 63; *Prechtl*, WpH-Sys., Frankfurt/a.M. 2002, S. 112; konkret zum Zusammenspiel der Schutzziele siehe *Stünkel*, EG, Baden-Baden 2005, S. 74 und *Köndgen*, in: Ferrarini, European Securities Markets, London (u.a.) 1998, S. 15 f.

reich des Kapitalmarktrechts in der Regel nicht dahingehend ausgelegt werden können, dass sie nur eines dieser Regelungsziele verfolgen.

2. Die Bedeutung der Grundfreiheiten für das Prospektrecht

Auch für das Prospektrecht sind die Grundfreiheiten von Bedeutung: Denn eine Prospektpflicht trifft den Emittenten oder Anbieter (im Sinne der *Prospektrichtlinie*[48]) bzw. den Anbieter oder Zulassungsantragssteller (im Sinne des WpPG).[49] Damit ist allein die Kapitalverkehrsfreiheit einschlägig.[50] Angesichts der schon vor dem Erlass der Prospektrichtlinie bestehenden mitgliedstaatlichen Vorschriften zur Prospektpflicht und Prospekthaftung – in Deutschland etwa schon seit dem BörsG von 1896 – und angesichts lange Zeit fehlender Harmonisierungen auf europäischer Ebene spielten die Grundfreiheiten eine bedeutende Rolle für die Binnenmarktharmonisierung. Auch die Verabschiedung der Börsenzulassungsrichtlinie änderte an dieser Situation (noch) nichts Entscheidends, da sie das Nebeneinander nationaler Anforderungen unberührt ließ.[51] Ebenso ließen die Börsenzulassungsprospektrichtlinie[52] und die Emissionsprospektrichtlinie[53] strengere Regelungen der Mitgliedstaaten zu – wenn auch unter der Verpflichtung, Regelungen geringeren Schutzstandards in den anderen Mitgliedstaaten anzuerkennen. Die weiterhin bestehenden nationalen Regelungen waren allein am Maßstab der Kapitalverkehrsfreiheit zu überprüfen. Da die unterschiedlichen Regelungen in den Mitgliedstaaten dazu führten, dass ein Emittent bei jeder Zulassung zu einem nationalen geregelten Markt (die Prospektpflicht im OTC

---

48 I. S. v. Art. 2 Abs. 1 lit. h) und i) Richtlinie 2003/71/EG des Europäischen Parlaments und des Rates vom 04.11.2003 betreffend den Prospekt, der beim öffentlichen Angebot von Wertpapieren oder bei deren Zulassung zum Handel zu veröffentlichen ist, und zur Änderung der Richtlinie 2001/34/EG, ABl. Nr. L 345 vom 31.12.2003 S. 0064–0089.

49 Pflicht zur Veröffentlichung eines Prospekts nach § 3 Abs. 1 S. 1 und Abs. 3 WpPG i.V.m. § 2 Nr. 10 und 11 WpPG.

50 Zur exklusiven Anwendung der Kapitalverkehrsfreiheit *Jung*, in: Schulze/Zuleeg, Europarecht, § 20 Rn. 12, 22; unter Verweis auf Art. 50 Abs. 1 *Brömer*, in: Calliess/Ruffert, EUV/EGV, Art. 56 Rn. 36; entgegen der Entscheidung des EuGH, Rs. C-118/96 (Safir) Slg. 1998, S. I-1897, in der er dem Parallelitätskonzept folgt; ansonsten besteht zu dieser Problematik keine konsequente Rechtsprechung des EuGH.

51 RL 79/279/EWG des Rates vom 05.03.1979 zur Koordinierung der Bedingungen für die Zulassung von Wertpapieren zur amtl. Notierung an einer Wertpapierbörse, Amtsblatt Nr. L 066 vom 16.03.1979 S. 0021–0032; Art. 13 Abs. 2 lässt es den nationalen Stellen offen, die Emittenten aufzufordern bestimmte Informationen zu veröffentlichen.

52 Richtlinie 80/390/EWG des Rates vom 17.03.1980 zur Koordinierung der Bedingungen für die Erstellung, die Kontrolle und die Verbreitung des Prospekts, der für die Zulassung von Wertpapieren zur amtl. Notierung an einer Wertpapierbörse zu veröffentlichen ist, ABl. Nr. L 100 vom 17.04.1980 S. 0001–0026; konsolidiert mit der Börsenzulassungsrichtlinie in der EU-Richtlinie 2001/34/EG des Europäischen Parlaments und des Rates vom 28.05.2001 über die Zulassung von Wertpapieren zur amtl. Börsennotierung und über die hinsichtlich dieser Wertpapiere zu veröffentlichenden Informationen.

53 Richtlinie 89/298/EWG des Rates vom 17.04.1989 zur Koordinierung der Bedingungen für die Erstellung, Kontrolle und Verbreitung des Prospekts, der im Falle öffentlicher Angebote von Wertpapieren zu veröffentlichen ist, ABl. Nr. L 124 vom 05.05.1989 S. 0008–0015.

Markt wurde zunächst nicht geregelt) einen veränderten Prospekt erstellen musste, war die Ausübung der Kapitalverkehrsfreiheit in Form eines Angebots oder eines Antrags zur Zulassung der Kapitalverkehrsfreiheit behindert oder jedenfalls weniger attraktiv gemacht.[54]

14 Einigkeit herrscht darüber, dass es sich im Falle der auf nationalem Recht beruhenden Prospektpflicht um kapital- bzw. produktbezogene Regelungen handelt. Denn zum einen besteht die Prospektpflicht nicht erst während des tatsächlichen Angebots und Handels, sondern der Prospekt muss veröffentlicht sein, bevor die Wertpapiere zum Handel zugelassen werden bzw. angeboten werden dürfen; zum anderen kann man die Prospektpflicht auch nicht als eine bloß äußere Rahmenbedingung verstehen, da sie sich auf die Verkehrsfähigkeit des Wertpapiers selbst bezieht. Auch die Tatsache, dass der Prospekt ex ante veröffentlicht werden muss, spricht für die Qualifizierung der Prospektpflicht als Marktzugangsbeschränkung.[55] Dagegen könnte man allenfalls einwenden, dass der Prospekt auch einen werbeähnlichen Aspekt hat, so dass mangels Übertragbarkeit der Mars-Rechtsprechung[56] eine Handelsmodalität vorläge. Zwar haben die im Prospekt enthaltenen Informationen gerade den Zweck, die Anlageentscheidungen der Investoren zu beeinflussen, jedoch ist die Veröffentlichung des Prospekts Vorbedingung der Zulassung bzw. des Angebots, die nicht als reine Werberegulierung aufgefasst werden kann.

15 Auch wenn die Prospektpflicht eine Marktzugangsbeschränkung und damit eine Beeinträchtigung der Kapitalverkehrsfreiheit darstellt, kann sie doch vor dem Hintergrund des Anlegerschutzes gerechtfertigt werden. Die Verhältnismäßigkeit hängt davon ab, dass der gewährte Schutz der Natur, Komplexität und Risikoträchtigkeit des Produkts als auch die Schutzbedürftigkeit des Anlegers entspricht. Da der Kapitalmarkt gerade darauf angelegt ist, Informationen zu verarbeiten und die Investitionsentscheidung des Anlegers von einer möglichst fundierten Informationsgrundlage abhängt, kann eine standardisierte Information in Gestalt eines zwingenden Prospekts dem Anlegerschutz dienen, ohne den Emittenten unverhältnismäßig in seinen Rechten zu beeinträchtigen.

16 Die Kapitalverkehrsfreiheit ist jedoch nach der Verabschiedung der Prospektrichtlinie[57] mit einer weitgehenden Vollharmonisierung als Maßstab für na-

---

54 EuGH, Rs. C-222/95 (Parodi) Slg. 1997, I-3899.
55 Im Rahmen der Kapitalverkehrsfreiheit siehe EuGH, Rs. C463/00 (Kommission/Spanien) Slg. 2003, I-4581, Rn. 58; EuGH, Rs. C-98/01 (Kommission/Großbritannien) Slg. 2003, I-4641, Rn. 45.
56 EuGH, Rs. C-478/93 (Mars) Slg. 1995, I-1923; dazu *Lüder*, EuZW 1995, 609 [609 f.]; Regelungen, die sich auf die Werbung beziehen und die sich unmittelbar auf das physische Erscheinungsbild einer Ware auswirken, sind anhand von Art. 28 EG zu überprüfen, da sie nicht reine Verkaufsmodalitäten darstellen. Der Prospekt betrifft nicht direkt die Ausgestaltung oder den Inhalt des eingeräumten Rechts, sondern die Pflicht zur Veröffentlichung des Prospekts stellt eine Nebenpflicht dar.
57 RL 2003/71/EG des Europäischen Parlaments und des Rates vom 04.11.2003 betreffend den Prospekt, der beim öffentlichen Angebot von Wertpapieren oder bei deren Zulassung zum Handel zu veröffentlichen ist, und zur Änderung der Richtlinie 2001/34/EG (Text von Bedeutung für den EWR), ABl. Nr. L 345 vom 31.12.2003 S. 0064–0089.

tionale Rechte weitgehend in den Hintergrund getreten. Allerdings ist sie nach wie vor von Bedeutung für die Auslegung der Richtlinie; im Falle von Widersprüchlichkeiten ist diejenige Auslegung heranzuziehen, die am ehesten zur Verwirklichung der Kapitalverkehrsfreiheit beiträgt.

II. Die Entwicklung des Prospektrechts auf europäischer und deutscher Ebene

1. Die Einordnung der Prospektrichtlinie in die allgemeine Entwicklung des europäischen Kapitalmarktrechts

Den generellen Rahmen für die Entwicklung des Prospektrechts bildet der Financial Services Action Plan (FSAP). Auf Vorschlag des Europäischen Rates[58] veröffentlichte die Kommission zunächst am 28.10.1998 die Mitteilung „Finanzdienstleistungen: Abstecken eines Aktionsrahmens",[59] die vor allem im Hinblick auf die Einführung des Euro die Leitlinien für die zukünftige Politik zur vollen Entfaltung des Kapitalmarktes und der Finanzdienstleistungen im Binnenmarkt abstecken sollte und Grundlage für den späteren eigentlichen Aktionsplan für Finanzdienstleistungen bildete,[60] der vom Europäischen Rat gebilligt und dem in der Lissabon-Strategie[61] höchste Priorität eingeräumt und ein strenger Zeitplan vorgegeben wurde. Verfolgt werden drei strategische Ziele: die Errichtung eines einheitlichen Firmenkundenmarktes für Finanzdienstleistungen, die Schaffung offener und sicherer Privatkundenmärkte und die Modernisierung der Aufsichtsregeln. Im Rahmen der Zielsetzung eines einheitlichen Firmenkundenmarktes liegt der Schwerpunkt auf der Regulierung der Emission und des Handels von Wertpapieren.[62] In diesem Rahmen stellt nicht nur die Prospektrichtlinie eine Teilverwirklichung des Planes dar, sondern auch die Richtlinie über Märkte für Finanzinstrumente (MiFID)[63], die durch das Finanzmarktrichtlinie-Umsetzungsgesetz (FRUG)[64] in innerstaatliches Recht transformiert wurde. Eines der zentralen Elemente dieser Richtlinie ist die Einführung eines Europapasses, der es Wertpapierfirmen, Banken und Börsen erlaubt, ihre

17

---

58 Pt. 17, Presidency Conclusion, Cardiff European Council (15/16 June 1998).
59 Mitteilung der Kommission vom 28.10.1998 „Finanzdienstleistungen: Abstecken eines Aktionsrahmens" (KOM(1998) 625 endg.).
60 Mitteilung der Kommission vom 11.05.1999 „Umsetzung des Finanzmarktrahmens: Aktionsplan" (KOM(1999) 232 endg.).
61 Pt. 21, Presidency Conclusions, Europäischer Rat von Lissabon, März 2000.
62 Dazu siehe *Löber*, The developing EU legal framework and settlement of financial instruments, Frankfurt/a.M. 2006, European Central Bank, Legal working paper series, No. 1, February 2006, S. 10.
63 RL 2004/39/EC vom 21.04.2004 über Märkte für Finanzinstrumente zur Änderung der Richtlinien 85/611/EWG und 93/6/EWG des Rates und der Richtlinie 2000/12/EG des Europäischen Parlaments und des Rates und zur Aufhebung der Richtlinie 93/22/EWG des Rates – ABl. L 145 vom 30.04.2004.
64 Gesetz zur Umsetzung der Richtlinie über Märkte für Finanzinstrumente (RiL 2004/39/ EG, MiFID) und der Durchführungsrichtlinie (RiL 2006/73/EG) der Kommission (Finanzmarkt-Richtlinie-Umsetzungsgesetz) v. 16.07.2007, BGBl. I 2007, 1330 v. 19.07.2007.

Dienstleistungen grenzüberschreitend auf der Grundlage der in ihrem Herkunftsmitgliedstaat erteilten Zulassung zu erbringen. Außerdem soll der Anlegerschutz durch die Einführung wirksamer Verfahren für eine verzögerungsfreie Zusammenarbeit bei der Ermittlung und Verfolgung von Richtlinienverstößen verstärkt werden. Auf den FSAP geht ferner die Transparenzrichtlinie[65] zurück, die die Transparenz der Beteiligungen und der Rechnungslegungstransparenz erhöhen soll,[66] wobei diese Regelungen durch die Verordnungen zur Rechnungslegung ergänzt werden.[67]

18 Aus verfahrenstechnischer Sicht basieren die Prospektrichtlinie und die Prospektverordnung, wie auch die MiFID, maßgeblich auf dem Lamfalussy-Bericht. Um eine fristgerechte Umsetzung des FSAP zu gewährleisten, billigte der Europäische Rat in Stockholm[68] den Vorschlag des „Ausschusses der Weisen" unter Vorsitz von Baron Lamfalussy[69] zur Einführung eines beschleunigten Rechtsetzungsverfahrens für die Regulierung der europäischen Wertpapiermärkte, dem so genannten Lamfalussy-Verfahren. Dieses ist gekennzeichnet durch eine Aufteilung des Verfahrens in vier Stufen. Auf der ersten Stufe ergeht der Basisrechtsakt im Mitentscheidungsverfahren nach einer vorherigen umfassenden Konsultation der betroffenen Wirtschaftskreise. Kernelement ist die zweite Stufe, auf der technische Durchführungsbestimmungen durch die Kommission mit der Unterstützung durch den EU-Wertpapierausschuss (European Securities Committee – ESC, bestehend aus Vertretern der Mitgliedstaaten) und den Ausschuss der EU-Wertpapierbehörden (Committee of European Securities Regulators – CESR) verabschiedet werden, dessen Ratschläge wiederum auf der Konsultation mit Marktteilnehmern, Endnutzern und Verbrauchern beruhen. Die generelle Ermächtigung zur Einräumung von Durchführungsbefugnissen findet sich in Art. 202, 3. Spiegelstrich EG; eine entsprechende Festlegung erfolgte im „Komitologie- bzw. Modalitäten-Beschluss" des Rates.[70] Der Aufforderung des Europäischen Rates folgend setzte die Kommission mit Beschlüssen vom 06.06.2001 die genannten Ausschüsse ein.[71] CESR wird auch auf der dritten

---

65 RL2004/109/EG des Europäischen Parlaments und des Rates v. 15.12.2004 zur Harmonisierung der Transparenzanforderungen in Bezug auf Informationen über Emittenten, deren Wertpapiere zum Handel auf einem geregelten Markt zugelassen sind, ABl. L 390 v. 31.12.2004.
66 Siehe etwa *Rodewald/Unger*, BB 2006, 1917.
67 Z.B. die VO (EG) Nr. 1606/2002 des Europäischen Parlaments und des Rates vom 19.07.2002 betreffend die Anwendung internationaler Rechnungslegungsstandards ABl. L 243 vom 11.09.2002, S. 14.
68 Entschließung des Europäischen Rates von Stockholm v. 23.03.2001 über eine wirksamere Regulierung der Wertpapiermärkte in der Europäischen Union, ABl. C 138 v. 11.05. 2001, S. 1.
69 Schlussbericht des „Ausschusses der Weisen über die Regulierung der Europäischen Wertpapiermärkte" (Lamfalussy-Bericht), 15.02.2001, abrufbar unter http://ec.europa.eu/internal_market/securities/docs/lamfalussy/wisemen/final-report-wise-men_de.pdf (zuletzt abgerufen am 22.01.2008).
70 Beschluss 1999/468 vom 28.06.1999, AB. 1999 L 184 S. 23; den Beschluss des Rates vom 13.07.1987 ersetzend.
71 ABl. Nr. L 191 v. 13.07.2001, S. 45 und 43.

Stufe tätig und erarbeitet gemeinsame Empfehlungen zu Auslegungsfragen, schlüssige Leitlinien und gemeinsame Standards in nicht von EU-Rechtsvorschriften erfassten Bereichen. Außerdem hat CESR in diesem Rahmen die Aufgabe, eine einheitliche Umsetzung und Anwendung der Vorschriften durch die nationalen Regulierungsbehörden zu gewährleisten. Darüber hinaus obliegt der Kommission auf der vierten Stufe die bereits aus dem EG-Vertrag folgende Pflicht, die Einhaltung der europäischen Rechtsvorschriften zu überprüfen und rechtliche Schritte gegen Mitgliedstaaten einzuleiten, die ihren Pflichten scheinbar nicht nachkommen.[72]

Vergleicht man dieses Regime bestehend aus dem ambitionierten FSAP und der Möglichkeit einer flexiblen und schnellen Rechtsetzung durch das Lamfalussy-Verfahren mit der bisherigen Harmonisierung im Bereich der Wertpapiermärkte, so wird deutlich, dass sich der Gemeinschaftsgesetzgeber nicht mehr mit der bloßen Rahmengebung eines sich entwickelnden europäischen Kapitalmarktes auf der Grundlage des Prinzips der gegenseitigen Anerkennung im Binnenmarkt zufrieden gibt, sondern dass er das Ziel einer zusammenhängenden Regulierung der Wertpapiermärkte verfolgt.[73] Bereits die Einsetzung des Forum of European Securities Commissions (FESCO), erst recht aber die Etablierung des CESR machen außerdem deutlich, dass die Kooperation der europäischen Aufsichtsbehörden nicht mehr allein in einem traditionellen Informationsaustausch liegt, sondern in der Entwicklung gemeinsamer Aufsichtsstandards und in der Angleichung der Aufsichtspraktiken.[74] 19

2. Die Verabschiedung der Prospektrichtlinie

Die Prospektrichtlinie war von Anfang an von der Zielsetzung bestimmt, den Unternehmen eine leichtere, schnellere und billigere Kapitalaufnahme zu ermöglichen.[75] Die tatsächlichen Marktbedingungen sind durch eine wachsende Nachfrage der Marktteilnehmer nach Kapitalaufnahme im europäischen Ausland gekennzeichnet, insb. vor dem Hintergrund der Einführung des Euro.[76] Sowohl die Markteffizienz als auch der Anlegerschutz sollen verbessert werden.[77] Nicht allein die Erweiterung der Investitionsmöglichkeiten 20

---

72 Darstellung des Verfahrens bei *von Kopp-Colomb/Lenz*, AG 2002, 24, 25 f.; *Seitz*, BKR 2002, 340, 341 f.; *Stirbu*, Financial Market Integration in a Wider European Union, HWWA Discussion paper 297, 2004, S. 10 f., Schaubild Annex i; *Moloney*, C.M.L.R. 40(2003), 809, 813 ff.; *Holzborn/Schwark-Gondek*, BKR 2003, 927 f.; *Groß*, KapMR, Vorb. zum BörsG Rn. 15 f.
73 So bereits *Moloney*, C.M.L.R. 40(2003), 809 (812) mit dem Hinweis auf die Problematik der Regelungskompetenz, va. im Hinblick auf die Entscheidung des EuGH in der Rs. C-376/98 (Deutschland v. Parlament und Rat, „Tobacco Advertising") Slg. 2000, I-8419.
74 *Wittich*, Die Bank 2001, 278, 282.
75 Nach Erwägungsgrund Nr. 4 der ProspektRL soll der weitestmögliche Zugang zu Anlagekapital erleichtert werden, vor allem im Hinblick auf kleine und mittlere Unternehmen und Jungunternehmen; siehe auch Pt. 21, Presidency Conclusions, Europäischer Rat von Lissabon, März 2000; *Keller/Langer*, BKR 2003, 616, 617; *Seitz*, BKR 2002, 340, 344.
76 *Groß*, KapMR, Vorb. zum WpPG Rn 2.
77 *Holzborn/Schwarz-Gondek*, BKR 2003, 927, 928 f.

durch eine größere Anzahl an grenzüberschreitenden Emissionen ist Ziel der Regelung, sondern auch eine Verminderung des Informationsungleichgewichts[78], das aus einem naturgemäß eingeschränkten Zugang der Anleger zu Informationen über das Wertpapier und das Unternehmen folgt.[79]

21 Vorläufer der Prospektrichtlinie waren die Kapitalmarktpublizitätsrichtlinie[80], die u. a. die Börsenzulassungs- und die Börsenzulassungsprospektrichtlinie konsolidierte,[81] sowie die Wertpapierverkaufsprospektrichtlinie.[82] Der Anwendungsbereich der erstgenannten Richtlinie war eröffnet, wenn die Zulassung zur amtl. Notierung beantragt wurde; der Emittent musste grundsätzlich einen Prospekt erstellen, der bestimmte Mindestinformationen enthält. Beabsichtigte der Emittent ein Dual Listing, so war der Prospekt zunächst von der zuständigen Stelle des Heimatstaates, also des Mitgliedstaates, in dem der Emittent seinen Sitz hat, zu billigen. Nach dem Prinzip der gegenseitigen Anerkennung war der gebilligte Prospekt auch in den anderen Mitgliedstaaten anzuerkennen. Den Mitgliedstaaten stand es allerdings frei, eine Übersetzung des gesamten Prospektes zu fordern. Außerdem konnten sie spezifische Angaben für den Markt des jeweiligen Zulassungslandes verlangen, so dass etwa unterschiedliche Anforderungen von steuerlichen Informationen, zu Zahlstellen und über die Art der Veröffentlichung von Bekanntmachungen zu beachten waren. Die Verkaufsprospektrichtlinie führte ferner die Prospektpflicht für das öffentliche Angebot von Wertpapieren ein, für die keine amtl. Notierung beantragt wird. Auch in diesem Be-

---

78 Erwägungsgründe 18 ff. der Prospektrichtlinie; s. auch *Wittich*, in: Lenz/Kopp-Colomb, Wertpapierverkaufsprospekte, DAI 2001, Geleitwort S. 19.
79 Zum Anlegerschutz durch Information siehe etwa *Koller*, in: Assmann/Schneider, WpHG vor § 31, Rn. 11; *Hopt*, ZHR 159 (1995), 135, 159 f.; *Assmann*, in: Assmann/Schütze, Hdb KapAnlR, § 1 Rn. 63 ff.; *Assmann*, ZBB 1989, 49 ff.; *Binder/Broichhausen*, ZBB 2006, 85.
80 RL 2001/34/EG des Europäischen Parlaments und des Rates vom 28.05.2001 über die Zulassung von Wertpapieren zur amtl. Börsennotierung und über die hinsichtlich dieser Wertpapiere zu veröffentlichenden Informationen, ABl. Nr. L 184 vom 06.07.2001 S. 0001–0066 (berichtigte Fassung, ABl. Nr. L 217 vom 11.08.2001 S. 0018–0084).
81 RL 80/390/EWG des Rates vom 17.05.1980 zur Koordinierung der Bedingungen für die Erstellung, die Kontrolle und die Verbreitung des Prospekts, der für die Zulassung von Wertpapieren zur amtl. Notierung an einer Wertpapierbörse zu veröffentlichen ist (BörsenzulassungsprospektRL) ABl. EG Nr. L 100 vom 17.04.1980; RL 79/279/EWG des Rates vom 05.03.1979 zur Koordinierung der Bedingungen für die Zulassung von Wertpapieren zur amtl. Notierung an einer Wertpapierbörse (BörsenzulassungsRL); RL 82/121/EWG des Rates vom 15.02.1982 über regelmäßige Informationen, die von Gesellschaften zu veröffentlichen sind, deren Aktien zur amtl. Notierung an einer Wertpapierbörse zugelassen sind (RL über Halbjahresberichte); RL 88/627/EWG des Rates vom 12.12.1988 über die bei Erwerb und Veräußerung einer bedeutenden Beteiligung an einer börsennotierten Gesellschaft zu veröffentlichenden Informationen gehört.
82 Richtlinie 89/298/EWG des Rates vom 17.04.1989 zur Koordinierung der Bedingungen für die Erstellung, Kontrolle und Verbreitung des Prospekts, der im Falle öffentlicher Angebote von Wertpapieren zu veröffentlichen ist, ABl. Nr. L 124 vom 05.05.1989 S. 0008–0015.

reich galt das Prinzip der gegenseitigen Anerkennung unter Einschränkung der Übersetzungsanforderungen und der länderspezifischen Angaben.[83]

Die bisher bestehende Rechtslage war aus mehreren Gründen unbefriedigend, vor allem im Hinblick auf die genannten Einschränkungen des Prinzips der gegenseitigen Anerkennung. Die Befugnis der Mitgliedstaaten länderspezifische Angaben im Prospekt zu fordern, führte dazu, dass die Liste der vorgeschriebenen Zusatzinformationen von Land zu Land unterschiedlich ausgestaltet wurde, so dass der Emittent die Rechtslage in jedem Mitgliedstaat, in dem emittiert werden sollte, mit einem erhöhten Zeit- und Kostenaufwand überprüfen musste,[84] z.B. hinsichtlich des nicht überall anerkannten Bookbuilding-Verfahrens, der einzureichenden Unterlagen und der Preisfestsetzungen.[85] Auch der Lamfalussy-Bericht kritisierte das Fehlen klarer europaweiter Regelungen auch im Rahmen des Prospektrechts, was einer effektiven Einführung des Systems der gegenseitigen Anerkennung entgegenstand.[86] Der Aufnahmemitgliedstaat musste den gebilligten Prospekt nur dann anerkennen, wenn auch das hier geltende Recht entsprechende Ausnahme- und Befreiungsvorschriften vorsah und diese erfüllt waren.[87] Vor allem die Pflicht zur Übersetzung des Prospekts, die angesichts der Eigenschaft des Prospekts als Haftungsgrundlage juristisch qualifiziert und damit besonders sorgfältig erfolgen musste, hatte bei grenzüberschreitenden Emissionen Zeitverluste und mangelnde Flexibilität sowie höhere Kosten zur Folge; dasselbe galt für unterschiedliche Regelungen zu Art und Frist der Veröffentlichung des Prospekts und etwaigen Prospektnachträgen.[88] Darüber hinaus konnte es zu Friktionen kommen, wenn der Begriff des „öffentlichen Angebots" in den Mitgliedstaaten unterschiedlich ausgelegt wurde, da das Bestehen einer Prospektpflicht davon abhing und somit die Emission in einem Land eine Prospektpflicht begründete, in einem anderen nicht.[89]

22

Auf den Bedarf an harmonisierten Regelungen reagierte die EU schließlich mit der der Richtlinie 2003/71/EG des Europäischen Parlaments und Rates vom 04.11.2003 betreffend den Prospekt, der beim öffentlichen Angebot von Wertpapieren oder bei deren Zulassung zum Handel zu veröffentlichen ist,

23

---

83 Darstellung der bisher bestehenden Rechtslage etwa bei *von Ilberg/Neises*, WM 2002, 635, 638; *Fürhoff/Ritz*, WM 2001, 2280, 2281.
84 *Von Ilberg/Neises*, WM 2002, 635, 638; *Sandberger*, EWS 2004, 297, 298; *Seitz*, BKR 2002, 340, 344.
85 Dazu i.E. *von Ilberg/Neises*, WM 2002, 635, 638.
86 Schlussbericht des „Ausschusses der Weisen über die Regulierung der Europäischen Wertpapiermärkte" (Lamfalussy-Bericht), 15.02.2001, abrufbar unter www.ec.europa.eu/internal_market/securities/docs/lamfalussy/wisemen/final-report-wise-men_de.pdf (zuletzt abgerufen am 15.03.2007) S. 16.
87 *Fürhoff/Ritz*, WM 2001, 2280, 2281.
88 *Fürhoff/Ritz*, WM 2001, 2280, 2281f.; *von Kopp-Colomb/Lenz*, AG 2002, 24, 29; *Von Ilberg/Neises*, WM 2002, 635, 639; *Sandberger*, EWS 2004, 297, 298; zum Übersetzungserfordernis ausführlich *Crüwell*, AG 2003, 243, 248f.
89 *Von Ilberg/Neises*, WM 2002, 635, 638.

und zur Änderung der Richtlinie 2001/34/EG.[90] Bereits 1998 initiierte die Kommission ein Konsultationsverfahren zur Reform des Prospektrechts, an das sich ein Bericht des Forum of European Securities Commissions (FESCO, jetzt Committee of European Securities Regulations – CESR[91]) Ende 2000 zur Einführung eines Europäischen Passes anschloss.[92] Resultat der Bemühungen war Ende 2001 der Vorschlag für eine neue Prospektrichtlinie,[93] der allerdings noch Anlass für erhebliche Kritik bot, etwa dass die Emittenten nach wie vor für Übersetzungen sorgen mussten, oder hinsichtlich der Pflicht zur jährlichen Aktualisierung des Registrierungsdokuments als Bestandteil des Prospekts mit Angaben über den Emittenten.[94] Das Europäische Parlament unterbreitete zahlreiche Änderungsvorschläge, u.a. sollten die Emittenten die Zulassungsbehörde frei wählen können, die Genehmigungsfristen sollten drastisch verkürzt werden, die Erstellung eines Vollprospekts statt eines dreigeteilten Prospekts sollte als Option erhalten bleiben, eine Ausnahme von der Prospektpflicht sollte bestehen bei Unterschreiten einer Marktkapitalisierung von 350 Mio. Euro und einer gleichzeitigen Begrenzung der Emission auf den Sitzstaat, die Pflicht zur jährlichen Aktualisierung sollte wegfallen und für die Übersetzungsanforderungen war eine Erleichterung vorgesehen.[95] Die Kommission reagierte mit einem zweiten Entwurf im August 2002,[96] der allerdings die Vorschläge des Parlaments nur teilweise berücksichtigte; so wurde etwa die Ausnahmevorschrift bei Unterschreiten der genannten Marktkapitalisierung nicht akzeptiert und auch das Wahlrecht der Emittenten sollte auf Emissionen von Schuldverschreibungen mit einer Stückelung von mehr als 50.000 Euro begrenzt werden. Im Rahmen einer politischen Einigung, die in der Verabschiedung des Gemeinsamen Standpunkts vom 24.03.2003 mündete, kam man zu dem Schluss, dass hinsichtlich des Wahlrechts eine Schwelle von 5.000 Euro gelten sollte. Bei weiteren Verhandlungen mit dem Parlament einigte man sich schließlich auf das Bestehen eines Wahlrechts bei Nicht-Dividendenwerten mit einer Mindeststückelung von 1.000 Euro.[97] Im Hinblick auf die Zuständigkeit zur Prospektprüfung und -billigung einigte man sich schließlich auf die Pflicht der Mitgliedstaaten, eine zentrale zuständige Verwaltungsbehörde festzulegen, die zudem vollständig unabhängig von allen Marktteilnehmern sein muss

---

90 ABl. EG Nr. L 345 v. 31.12.2003, S. 64.
91 Eingesetzt durch die Kommission mit Beschluss 2001/527/EG vom 06.06.2001 (ABl. L 191, S. 43)
92 FESCO, a european passport for issuers, Ref. 00–138b; siehe dazu etwa *Fürhoff/Ritz*, WM 2001, 2280 (2282).
93 KOM(2001)280 endg. vom 30.05.2001.
94 Zu alledem siehe *Wagner*, Die Bank 2003, 680.
95 *von Ilberg/Neises*, WM 2002, 635, 643; *Keller/Langner*, BKR 2003, 616, 617 f.; *Wagner*, Die Bank 2003, 680, 681.
96 KOM(2002)460 endg.
97 Vgl. Art. 2 Abs. 1 lit. m) ii) RL; dazu *Wagner*, Die Bank 2003, 680, 681 f.; *Keller/Langner*, BKR 2003, 616, 617 f.; *Seitz*, BKR 2002, 340, 345 f.; *Holzborn/Schwarz-Gondek*, BKR 2003, 927, 934 weisen darauf hin, dass wegen des niedrigen Schwellenwertes außerhalb des Aktienbereichs faktisch eine Wahlfreiheit besteht.

(Art. 21 Abs. 1 EU-ProspRL)[98], wobei als Kompromiss eine Übergangsfrist von acht Jahren vorgesehen ist (Art. 21 Abs. 2 EU-ProspRL).[99] Der Verabschiedung der Prospektrichtlinie standen damit keine weiteren Hindernisse entgegen.[100]

3. Einzelne Aspekte der Prospektrichtlinie und Bewertung

Der Anwendungsbereich der Prospektrichtlinie umfasst den der bisher geltenden Kapitalmarktpublizitätsrichtlinie und Verkaufsprospektrichtlinie, so dass die Emission von Wertpapieren insgesamt einem einheitlichen Prospektregime unterstellt wird. Neu ist aber nicht nur die aufgegebene Differenzierung zwischen Prospekten für öffentliche Angebote und Zulassungsprospekten, sondern auch die einheitliche Behandlung von Prospekten für die Zulassung zum amtl. Handel und solchen für die Zulassung zu anderen, also geregelten Märkten.[101] Dabei betrifft der Regelungsbereich der neuen Richtlinie ebenso wie der der bisher geltenden Richtlinien allein die anfänglichen Offenlegungsvorschriften; für die Zulassung zur Börsennotierung gelten weiterhin die bestehenden europäischen und nationalen Vorschriften.[102] 24

Des Weiteren nimmt die Prospektrichtlinie vor allem zwei Kritikpunkte am alten Recht auf, die der Effektivität des Systems der gegenseitigen Anerkennung bisher entgegenstanden. Zum einen wird zum ersten Mal der Begriff des „öffentlichen Angebots" definiert, so dass die Prospektpflichtigkeit einer Emission grundsätzlich in allen Mitgliedstaaten einheitlich geregelt wird.[103] Zum anderen wird das Problem der Übersetzungsanforderungen dadurch entschärft, dass die Mitgliedstaaten künftig nur die Übersetzung der Zusammenfassung des Prospektinhalts verlangen können, was natürlich die Bedeutung dieses Teils des Prospekts steigert, aber vor allem die Übersetzungskosten und das Haftungsrisiko minimiert.[104]

Die Prospektrichtlinie geht aber über die Verbesserung der praktischen Wirksamkeit des Systems der gegenseitigen Anerkennung hinaus, in dem ein so genannter „Europäischer Pass" durch die Regelungen in Art. 17 und 18 eingeführt wird. Art. 17 Abs. 1 sieht ein Notifizierungsverfahren vor, so dass eine Emission im Aufnahmemitgliedstaat ohne erneute Billigung durch die dortige Behörde erfolgen kann, wie sich auch aus Art. 17 Abs. 1 Satz 2 ergibt. Basis des Verfahrens ist eine Billigungsbescheinigung, die die Behörde des Sitzstaates des Emittenten als nach Art. 13 Abs. 1 zuständige Be- 25

---

98 Dazu *Fürhoff/Ritz*, WM 2001, 2280, 2287; *von Ilberg/Neises*, WM 2002, 635, 639.
99 Dazu siehe etwa *Crüwell*, AG 2003, 243, 249f.; *Keller/Langner*, BKR 2003, 616, 617f.; *Kunold/Schlitt*, BB 2004, 501, 509f.; *Seitz*, BKR 2002, 340, 346.
100 RL 2003/71/EG des Europäischen Parlaments und des Rates vom 04.11.2003 betreffend den Prospekt, der beim öffentlichen Angebot von Wertpapieren oder bei deren Zulassung zum Handel zu veröffentlichen ist, und zur Änderung der Richtlinie 2001/34/EG, ABl. Nr. L 345 vom 31.12.2003 S. 0064–0089.
101 *Groß*, KapMR, Vorb. zum WpPG Rn 6.
102 *Keller/Langer*, BKR 2003, 616, 617; *Holzborn/Schwarz-Gondek*, BKR 2003, 927, 929.
103 *Kunold/Schlitt*, BB 2004, 501, 503; *von Ilberg/Neises*, WM 2002, 635, 639f.
104 Zum neuen Sprachenregime ausführlich *Crüwell*, AG 2003, 243, 248f.

hörde nach Art. 18 auf dessen Antrag zu erstellen und der Behörde des Aufnahmestaates innerhalb von drei Tagen zuzusenden hat.[105]

26 Die bisher geltenden Richtlinien sahen ein System der gegenseitigen Anerkennung vor, allerdings nur in einem eingeschränkten Maße, das zum einen auf dem Heimatstaatprinzip beruhte, wonach für die Zulassung und Beaufsichtigung grundsätzlich die Behörden am Sitz des Unternehmens zuständig sind, zum anderen auf dem Vertrauensprinzip. Letzteres begründet die gegenseitige Anerkennung der divergierenden Regelungen und Aufsichtssysteme der Mitgliedstaaten auf der Basis von Mindeststandards und dem Vertrauen in die effiziente Aufsicht durch die Behörde des Herkunftslandes.[106] Ausgangspunkt des Vertrauensprinzips, das eng mit dem Modell der Mindestharmonisierung zusammenhängt, ist die *Cassis*-Rechtsprechung des EuGH.[107] Beschränken nationale Regelungen in einem nicht sekundärrechtlich geregelten Bereich die Warenverkehrsfreiheit, so können sie aus zwingenden Gründen des Allgemeinwohls gerechtfertigt sein, allerdings nur, wenn sie nicht unverhältnismäßig in die Warenverkehrsfreiheit eingreifen, wenn es sich um die Einfuhr von in einem anderen Mitgliedstaat rechtmäßig hergestellten und in den Verkehr gebrachten Waren handelt. Nach dieser These von der funktionalen Äquivalenz gilt die widerlegliche Vermutung, dass ein von der Behörde des Herkunftslandes zugelassene Produkt auch in den anderen Mitgliedstaaten als z.B. für den Verbraucher sicher genug zu gelten hat.[108] Die Kommission übernahm diesen Ansatz und zog eine Mindestharmonisierung statt einer Vollharmonisierung vor. Dies galt auch für den Bereich des Kapitalmarktrechts, wie die bisherigen Prospekt- und Publizitätsrichtlinien zeigen.

27 Der nun eingeführte Europapass für Emittenten geht über dieses System der gegenseitigen Anerkennung hinaus, indem allein die im Herkunftsstaat erfolgte Billigung des Prospekts einen Anspruch auf ein europaweites Angebot bzw. auf Zulassung der Wertpapiere begründet, ohne dass es einer weiteren Billigung bzw. Zulassung in den Aufnahmemitgliedstaaten bedarf. Die neue Prospektrichtlinie führt zudem zu einer Vollharmonisierung im Interesse einer Erleichterung grenzüberschreitender Emissionen, was zu einem Verlust an Flexibilität im nationalen Bereich führt.[109] Außerdem ist zu bedenken, dass die Entscheidung für die Begründung eines europäischen Passes eine verstärkte Harmonisierung geradezu bedingt,[110] da nur im Falle einheitlicher Prospektanforderungen ein vollkommener Verzicht auf die Kontrolle durch den Aufnahmestaat diesem gegenüber zu rechtfertigen ist. Eine Vollharmo-

---

105 Darstellung bei *Crüwell*, AG 2003, 243, 253.
106 Zu den Prinzipien siehe *Calliess*, EWS 2000, 432; *Carl/Förster*, Investmentfonds, 2. Aufl., S. 34; *Horn*, ZBB 1989, 107 ff., 110 ff.; *Horn*, ZBB 1994, 130 ff.; *Bader*, EuZW 1990, 117 ff.
107 EuGH, Rs. C-120/78 (Rewe/Bundesmonopolverwaltung – Cassis de Dijon) Slg. 1989, 649.
108 *Callies*, EWS 2000, 432, 433 m.w.N.; *Dauses*, in: ders.,Wirtschaftsrecht, 17. Aufl., Band 1, C I. Rn. 104–104c.; zur Äquivalenzanerkennung siehe näher EuGH, Rs. C-178/84 (Kommission/Deutschland – Reinheitsgebot für Bier) Slg. 1987, 1227, Rn. 28.
109 *Crüwell*, AG 2003, 243, 253.
110 *Keller/Langner*, BKR 2003, 616, 617; *Crüwell*, AG 2003, 243, 253.

nisierung hat zur Folge, dass der Gemeinschaftsgesetzgeber für den Anlegerschutz ein eigenes Schutzniveau festlegen muss.

Im Rahmen dieser Vollharmonisierung wurde aber nicht nur der Prospektinhalt, sondern auch das Prospektprüfungsverfahren und die Prospektveröffentlichung vereinheitlicht.[111] Die Prospektrichtlinie wird mit der Verordnung Nr. 809/2004/EG konkretisiert[112] als zweiter Stufe des Lamfalussy- bzw. Komitologieverfahrens.[113] Regelungsgegenstand der Verordnung sind der notwendige Inhalt, die Zulässigkeit des Verweises auf andere Dokumente, das Format, die Veröffentlichung der Prospekte und die Verbreitung von Werbung. Nach Art. 7 Abs. 3 EU-ProspRL müssen diese Regelungen auf den Standards im Bereich der Finanz- und der Nichtfinanzinformationen basieren, die von den internationalen Organisationen der Aufsichtsbehörde für den Wertpapierhandel, wie der International Organisation of Securities Commissions (IOSCO) ausgearbeitet wurden. Die daraus folgende Übereinstimmung der gebilligten Wertpapierprospekte mit internationalen Offenlegungsvorschriften erhöht die Anerkennungsfähigkeit der Prospekte auch außerhalb Europas.[114]

28

Auch die dritte Stufe des Komitologieverfahrens wurde bereits zumindest teilweise verwirklicht in Form der CESR Empfehlungen für die einheitliche Umsetzung der Durchführungsbestimmungen.[115]

29

Diese Neuerungen, vor allem die Einführung des Europäischen Passes, werden überwiegend positiv bewertet als eine Erleichterung grenzüberschreitender Emissionen. Dennoch erfährt auch die neue Prospektrichtlinie Kritik: Teilweise wird die sich aus Art. 2 Abs. 1 lit. m EU-ProspRLG ergebende Zuständigkeit mehrerer mitgliedstaatlicher Behörden kritisiert; allerdings schreibt Art. 22 die Zusammenarbeit der Behörden vor. Auch bewirkt auf der dritten Stufe des Komitologieverfahrens CESR eine bessere Koordinierung und Vereinheitlichung der Aufsichtstätigkeit.[116] Außerdem wird befürchtet, dass die von der Prospektrichtlinie und der Verordnung vorgeschriebenen Prospektinhalte zu komplex sind, um dem Anleger als Informationsgrundlage zu dienen.[117] Indes stellt die nun obligatorische Zusammenfassung der Prospektinhalte eine geeignete Grundlage für die Information der Anleger dar. Kritisiert wird auch die Erhöhung der Anforderungen an öffentlich an-

30

---

111 *Sandberger*, EWS 2004, 297, 302.
112 VO (EG) Nr. 809/2004 der Kommission vom 29.04.2004 zur Umsetzung die RL 2003/71/EG des Europäischen Parlaments und des Rates betreffend die in Prospekten enthaltenen Informationen sowie das Format, die Aufnahme von Informationen mittels Verweis und die Veröffentlichung solcher Prospekte und die Verbreitung von Werbung, in der berichtigten Fassung, ABl. EG Nr. L 215 vom 16.06.2004, S. 3.
113 Zu den vorangegangenen Ratschlägen von CESR i. E. siehe *Holzborn/Schwarz-Gondek*, BKR 2003, 927, 932.
114 *Sandberger*, EWS 2004, 297, 299.
115 CESR, recommendation, consistent implementation, Ref. 05-054 b; CESR, FAQ, prospectus September 2007, Ref. 07-651.
116 *Sandberger*, EWS 2004, 297, 303.
117 *von Ilberg/Neises*, WM 2002, 635, 640.

gebotene Wertpapiere durch die Vereinheitlichung der Regelungen;[118] dies trifft aber nur für die Rechtslage in den wenigen Mitgliedstaaten zu, die die Differenzierung der Rechtslage im Hinblick auf die Börsenzulassung und das öffentliche Angebot im nationalen Recht mit vollzogen haben.

31 Ein wesentlicher Kritikpunkt bildet dagegen die fehlende Harmonisierung der Prospekthaftung: In Art. 6 EU-ProspRL wurde nur die Pflicht der Mitgliedstaaten festgeschrieben, eine Prospekthaftung sicherzustellen, wobei den Mitgliedstaaten hier ein weiter Spielraum verbleibt. Der Fortbestand national unterschiedlicher Haftungsregelungen führt dazu, dass die Emittenten ihr zum Teil bestehendes Wahlrecht im Hinblick auf die Genehmigungsbehörde entsprechend der Haftungsstandards ausüben werden, was zu einem „race to the bottom" führen kann.[119] Allerdings spielt die Prospekthaftung nicht in allen Mitgliedstaaten die gleiche Rolle; teilweise steht die Amtshaftung der Behörde im Vordergrund.[120]

4. Die Entwicklung des WpPG

32 Das Prospektrichtlinien-Umsetzungsgesetz[121] trat am 01.07.2005 in Kraft. In Art. 1 ist das „Gesetz über die Erstellung, Billigung und Veröffentlichung des Prospekts, der beim öffentlichen Angebot von Wertpapieren oder bei der Zulassung von Wertpapieren zum Handel an einem organisierten Markt zu veröffentlichen ist (Wertpapierprospektgesetz – WpPG)" enthalten. Dieses ist Teil des Gesamtkonzepts der Bundesregierung zur Stärkung der Unternehmensintegrität und zur Verbesserung des Anlegerschutzes,[122] dient aber vor allem der Umsetzung der Prospektrichtlinie 2003/71/EG und der Prospektverordnung. Deshalb ist das WpPG insb. im Hinblick auf seine unbestimmten Rechtsbegriffe gemeinschaftsrechtskonform, insb. richtlinienkonform auszulegen.[123] Dabei geht allerdings die Bedeutung des Europarechts für die Anwendung des WpPG in Hinsicht auf die europäische Prospektverordnung über einen bloßen Auslegungsmaßstab hinaus, da die Verordnung unmittelbar in den Mitgliedstaaten geltendes Recht ist. Dies wird durch die Vorschrift des § 7 WpPG deutlich, der keine eigenständige Regelung enthält, sondern einen schlichten Verweis auf diese Verordnung.[124] Vor allem die zweite und dritte Stufe des Komitologieverfahrens führt zu solch einer hohen Regelungsdichte, dass aus nationaler Sicht praktisch kein Umsetzungsfreiraum bleibt.[125]

---

118 *von Kopp-Colomb/Lenz*, AG 2002, 24, 29.
119 Dazu und zu den Haftungsrisiken durch die neuen Prospektvorschriften siehe *Holzborn/Schwarz-Gondek*, BKR 2003, 927, 934.
120 *Kunold/Schlitt*, BB 2004, 501, 511 verweist etwa auf die Rechtslage in Italien.
121 BGBl. I 2005, 1698.
122 *Keunecke*, Prosp KapM, Rn. 163.
123 *Groß*, KapMR, Vorb. zum WpPG Rn 5; allgemein dazu *Groß,* in: Henssler/Kolbeck/Moritz/Rehm, Europ. Integr., Heidelberg 1993, S. 391, 399 ff.; speziell zum WpPG *Kullmann/Sester*, WM 2005, 1068.
124 Siehe auch die RegBegr. zum EU-ProspRL-UmsetzungsG, BT-Drucks. 15/4999, S. 25.
125 *Groß*, KapMR, Vorb. zum WpPG Rn. 4; *Crüwell*, AG 2003, 243, 244 verweist allgemein darauf, dass die deutschen Gesetze derart eng mit den bisher geltenden RL verwoben ist, dass es kaum möglich ist, das eine ohne das andere zu erörtern.

Zur Umsetzung der Prospektrichtlinie wurde auch die Differenzierung zwischen Börsenzulassungsprospekten und Verkaufsprospekten aufgehoben,[126] die bisher aus der Umsetzung der Börsenzulassungsprospektrichtlinie und der Verkaufsprospektrichtlinie folgte. Damit wird automatisch eines der Probleme der alten Rechtslage, nämlich das aus deutscher Sicht bestehende Problem der fehlenden Anerkennung von in Deutschland gebilligten Verkaufsprospekten, gelöst und das deutsche Recht an die in den meisten Mitgliedstaaten schon bislang bestehenden einheitlichen rechtlichen Behandlung von Börsenzulassungs- und Verkaufsprospekten angepasst. Damit bedarf es nicht mehr spezieller Maßnahmen um eine doppelte Veröffentlichungspflicht zu verhindern.[127] Im Hinblick auf die Zuständigkeit zur Prospektprüfung und -billigung verlangt die Prospektrichtlinie eine zentrale zuständige Verwaltungsbehörde, die zudem vollständig unabhängig von allen Marktteilnehmern sein muss (Art. 21 Abs. 1 EU-ProspRL), wobei eine Übergangsfrist von acht Jahren durchgesetzt wurde (Art. 21 Abs. 2 EU-ProspRL).[128] Der „europäische Pass" wird im deutschen Recht in § 18 WpPG umgesetzt, der es dem Emittenten ermöglicht, eine Notifizierung zu beantragen.

33

Neben dem WpPG bleibt das VerkProspG insoweit bestehen und anwendbar, als es eine Prospektpflicht begründet für nicht in Wertpapieren verbriefte Anlageformen des so genannten grauen Kapitalmarktes.[129] Darüber hinaus ist auch die Haftung für das öffentliche Angebot von Wertpapieren und Vermögensanlagen weiterhin in §§ 13, 13a VerkProspG geregelt.[130]

34

---

126 Die Regelung der Prospektanforderungen im Falle einer Zulassung von Wertpapieren zum amtl. Handel fand sich bislang im BörsG und in der BörsenzulassungsVO. Für öffentlich angebotene Wertpapiere waren das VerkProspG und die VerkProspVO einschlägig.
127 Siehe vor allem §§ 5f. VerkProspG; dazu *Assmann,* in: Assmann/Lenz/Ritz, VerkProspG, § 5 Rn. 1 ff.; *Lenz,* in: Assmann/Lenz/Ritz, VerkProspG, § 6 Rn. 1 ff.; *Groß,* KapMR, 2. Aufl., §§ 5, 6 VerkProspG; zur bisherigen Rechtslage siehe auch *Lenz/Kopp-Colomb,* Wertpapierverkaufsprospekte, DAI 2001, 19, 23.
128 Dazu siehe etwa *Crüwell,* AG 2003, 243, 249f.; *Keller/Langner,* BKR 2003, 616, 617f.; *Kunold/Schlitt,* BB 2004, 501, 509f.; *Seitz,* BKR 2002, 340, 346.
129 Geregelt in §§ 8f–8k; eingeführt durch das Anlegerschutzverbesserungsgesetz (BGBl. I 2004, 2630); siehe dazu etwa *Groß,* KapMR, Vorb. zum VerkProspG Rn. 1, 3; *Moritz/Grimm,* BB 2004, 1352.
130 RegBegr. zum EU-ProspektRL-UmsetzungsG, BT-Drucks. 15/4999, S. 25, 41.

ABSCHNITT 1
Anwendungsbereich und Begriffsbestimmungen

§ 1
Anwendungsbereich

(1) Dieses Gesetz ist anzuwenden auf die Erstellung, Billigung und Veröffentlichung von Prospekten für Wertpapiere, die öffentlich angeboten oder zum Handel an einem organisierten Markt zugelassen werden sollen.

(2) Dieses Gesetz findet keine Anwendung auf

1. Anteile oder Aktien, die von einer Kapitalanlagegesellschaft, Investmentaktiengesellschaft mit veränderlichem Kapital oder ausländischen Investmentgesellschaft im Sinne des § 2 Abs. 9 des Investmentgesetzes ausgegeben werden und bei denen die Anteilinhaber oder Aktionäre ein Recht auf Rückgabe der Anteile oder Aktien haben;
2. Nichtdividendenwerte, die von einem Staat des Europäischen Wirtschaftsraums oder einer Gebietskörperschaft eines solchen Staates, von internationalen Organisationen des öffentlichen Rechts, denen mindestens ein Staat des Europäischen Wirtschaftsraums angehört, von der Europäischen Zentralbank oder von den Zentralbanken der Staaten des Europäischen Wirtschaftsraums ausgegeben werden;
3. Wertpapiere, die uneingeschränkt und unwiderruflich von einem Staat des Europäischen Wirtschaftsraums oder einer Gebietskörperschaft eines solchen Staates garantiert werden;
4. Wertpapiere, die von Einlagenkreditinstituten oder von Emittenten, deren Aktien bereits zum Handel an einem organisierten Markt zugelassen sind, ausgegeben werden; dies gilt nur, wenn der Verkaufspreis für alle angebotenen Wertpapiere weniger als 2,5 Millionen Euro beträgt, wobei diese Obergrenze über einen Zeitraum von zwölf Monaten zu berechnen ist;
5. Nichtdividendenwerte, die von Einlagenkreditinstituten dauernd oder wiederholt für einen Verkaufspreis aller angebotenen Wertpapiere von weniger als 50 Millionen Euro ausgegeben werden, wobei diese Obergrenze über einen Zeitraum von zwölf Monaten zu berechnen ist, sofern diese Wertpapiere
   a) nicht nachrangig, wandelbar oder umtauschbar sind oder
   b) nicht zur Zeichnung oder zum Erwerb anderer Wertpapiere berechtigen und nicht an ein Derivat gebunden sind.

(3) Unbeschadet des Absatzes 2 Nr. 2 bis 5 sind Emittenten, Anbieter oder Zulassungsantragsteller berechtigt, einen Prospekt im Sinne dieses Gesetzes zu erstellen, wenn Wertpapiere öffentlich angeboten oder zum Handel an einem organisierten Markt zugelassen werden.

Inhalt

	Rn.		Rn.
I. Übersicht	1	aa) § 1 Abs. 2 Nr. 1	11
II. Anwendungsbereich	5	bb) § 1 Abs. 2 Nr. 2	14
III. Ausnahmen	6	cc) § 1 Abs. 2 Nr. 3	17
1. Die unvollständige Umsetzung der Ausnahmeregelungen der Prospektrichtlinie ins WpPG	6	dd) § 1 Abs. 2 Nr. 4	20
		ee) § 1 Abs. 2 Nr. 5	22
		3. Verhältnis der Ausnahmeregelungen zu § 30 Abs. 3 Nr. 2 BörsG und die Problemlösung durch das FRUG	31
2. Die Ausnahmeregelungen	10		
a) Genereller Ansatz: Qualifizierte Emittenten	10	IV. Fakultative Anwendung des WpPG	32
b) Einzelne Ausnahmen	11		

I. Übersicht

1 § 1 WpPG setzt Art. 1 der Prospektrichtlinie um, indem der grundsätzliche Anwendungsbereich umschrieben wird. Abs. 2 regelt Ausnahmen des Anwendungsbereiches, während Abs. 3 eine Opt-In-Regelung enthält, indem für die Emission der in den Ausnahmefällen Nr. 2 bis 5 genannten Wertpapiere ein Prospekt freiwillig erstellt werden kann.

2 Das WpPG regelt Pflichten zur Erstellung, die Billigung und die Veröffentlichung von Prospekten für Wertpapiere, die öffentlich angeboten oder zum Handel an einem organisierten Markt zugelassen werden sollen. Damit ist vor allem eine nähere Bestimmung der Begriffe „Wertpapier", „öffentliches Angebot" und „organisierter Markt" erforderlich.[1] Dabei konnte der deutsche Gesetzgeber im Prospektbereich nicht auf europäische Grundlagen zurückgreifen: Denn weder Börsenzulassungsprospektrichtlinie noch die Emissionsprospektrichtlinie enthalten eine Definition dieser Begriffe, auch wenn andere Begriffe legal definiert wurden, wie etwa der Anteil an Organismen für gemeinsame Anlagen. Auch das BörsG und das VerkProspG regelten diese Begriffe bislang nicht.[2] Mit der Transformation der MiFID-Richtlinie[3] durch das Finanzmarktrichtlinie-Umsetzungsgesetz (FRUG)[4] finden sich jedoch zukünftig in § 2 WpHG n. F. entsprechende Definitionen. In gleicher

---

1 *Groß*, KapMR, § 1 WpPG Rn. 2.
2 Allerdings wird in der Bekanntmachung des BAWe zum Wertpapier-Verkaufsprospekt und zur VerkProspVO v. 06.09.1998, BAnz Nr. 177 v. 21.09.1999, S. 16180 eine nähere Bestimmung des Begriffes „öffentliches Angebot" vorgenommen. Hier findet sich auch eine Definition des „Wertpapiers".
3 RL 2004/39/EG des Europäischen Parlaments und des Rates v. 21.04.2004 über Märkte für Finanzinstrumente, zur Änderung der RL 85/611/EWG und 93/6/EWG des Rates und der RL 2000/12/EG des Europäischen Parlaments und des Rates und zur Aufhebung der RL 93/22/EWG des Rates, ABl. L 145/1.
4 Gesetz zur Umsetzung der Richtlinie über Märkte für Finanzinstrumente (RiL 2004/39/EG, MiFID) und der Durchführungsrichtlinie (RiL 2006/73/EG) der Kommission (Finanzmarkt-Richtlinie-Umsetzungsgesetz) v. 16.07.2007, BGBl. I 2007, 1330 v. 19.07.2007.

Weise schließen § 2 Nr. 1, 4 und § 16 WpPG die bisherige Lücke, die nunmehr Legaldefinitionen dieser Begriffe enthalten.

Auf ein bestimmtes Marktsegment wird mangels entsprechender Definitionen auf Gemeinschaftsebene nicht Bezug genommen.[5] Allerdings wurde der Anwendungsbereich insofern erweitert, indem nunmehr auf die Zulassung zum Handel an einem organisierten Markt Bezug genommen wird und nicht mehr wie bisher nur auf die Zulassung zur amtlichen Börsennotierung.[6] Damit sollen Aufsichtslücken vermieden werden, da die Aufsicht nicht in allen Mitgliedstaaten zwangsläufig mit der Zulassung zum Handel verbunden ist oder der Begriff der „amtlichen Notierung" in Folge der Umsetzung der Wertpapierdienstleistungsrichtlinie in manchen Mitgliedstaaten gänzlich abgeschafft worden war.[7]

3

Über die Beschränkung des Anwendungsbereichs in § 1 Abs. 2 WpPG hinaus sind in § 3 Abs. 2 und § 4 Abs. 1 WpPG Ausnahmen von der Prospektpflicht für das öffentliche Angebot von Wertpapieren enthalten, sofern nicht zusätzlich eine Börsenzulassung beantragt wird.[8] Diese an einem organisierten Markt zugelassenen Papiere sind ebenfalls von der Prospektpflicht befreit, § 4 Abs. 2 WpPG. Die Befreiung bestimmter Angebotsformen bzw. bestimmter Arten von Wertpapieren von der Prospektpflicht entspricht den Befreiungstatbeständen der Prospektrichtlinie in Art. 3 Abs. 2 und Art. 4. Allerdings bestehen andere Pflichten fort, wie etwa die Pflicht zur Veröffentlichung eines jährlichen Dokuments nach § 10 WpPG.[9]

4

II. Anwendungsbereich

§ 1 WpPG eröffnet den Anwendungsbereich des Gesetzes für das öffentliche Angebot von Wertpapieren oder für die Zulassung von Wertpapieren zum Handel an einem organisierten Markt. Negativ betrachtet ist der Anwendungsbereich des WpPG nicht eröffnet,

5

– wenn kein Wertpapier im Sinne des § 2 Nr. 1 WpPG emittiert werden soll, oder

– eine der in § 1 Abs. 2 WpPG genannten Ausnahmen vorliegt, oder

– eine Übergangsbestimmung[10] eingreift.[11]

---

5 *Fürhoff/Ritz*, WM 2001, 2280, 2283.
6 Siehe zuletzt noch die RL 2001/34/EG des Europäischen Parlaments und des Rates v. 28.05.2001 über die Zulassung v. Wertpapieren zur amtl. Börsennotierung und über die hinsichtlich dieser Wertpapiere zu veröffentlichenden Informationen, ABl. Nr. L 184 v. 06.07.2001 S. 0001–0066 (berichtigte Fassung, ABl. Nr. L 217 v. 11.08.2001 S. 0018–0084).
7 *Fürhoff/Ritz*, WM 2001, 2280, 2283.
8 *Kullmann/Sester*, WM 2005, 1068, 1069.
9 Näher zu den unterschiedlichen Ausnahmetatbeständen siehe *Heidelbach/Preuße*, BKR 2006, 316.
10 In erster Linie enthält § 31 WpPG die relevanten Übergangsbestimmungen; dazu und zu den in dieser Hinsicht ebenfalls bedeutsamen Regelungen des § 18 Abs. 2 Satz 2 und 3 siehe *Groß*, KapMR, § 3 Rn. 15f. und § 31.
11 Dazu siehe *Seitz*, AG 2005, 678, 681.

Da die relevanten Definitionen in § 2 WpPG geregelt sind, kommt § 1 WpPG neben der grundsätzlichen Festlegung des Anwendungsbereichs im Wesentlichen eine negative Abgrenzungsfunktion zu.

III. Ausnahmen

1. Die unvollständige Umsetzung der Ausnahmeregelungen der Prospektrichtlinie ins WpPG

6 Entsprechend Art. 1 Abs. 2 der Prospektrichtlinie werden in § 1 Abs. 2 WpPG bestimmte Wertpapiere vom Anwendungsbereich ausgenommen. Allerdings werden nicht alle von der Prospektrichtlinie vorgesehenen Ausnahmen übernommen: Nicht umgesetzt wurden Art. 1 Abs. 2 lit. c), e), f), g) und i) EU-ProspRL; Art. 1 Abs. 2 lit. h EU-ProspRL betreffend Kleinstemissionen wurde auf Emissionen von Einlagekreditinstituten beschränkt.

7 Diese Abweichung des nationalen Rechts vom Gemeinschaftsrecht und die damit verbundene nationale Erweiterung des Anwendungsbereichs ist europarechtlich zulässig: Zwar kommen die Wertpapiere bzw. Emissionen, die allein vom nationalen Regelungsbereich erfasst werden, nicht in den Genuss der von der Richtlinie vorgesehenen Regelungen zu einem europäischen Pass.[12] Doch ist die Richtlinie hinsichtlich der Ausnahmen nicht abschließend, da der Richtliniengeber zwischen Ausnahmen vom Anwendungsbereich in Art. 1 Abs. 2 und Ausnahmen von der Prospektpflicht in Art. 3 Abs. 2 und Art. 4 unterscheidet. Da der Gemeinschaftsgesetzgeber die in Art. 1 Abs. 2 genannten Bereiche bewusst nicht geregelt hat, steht es dem nationalen Gesetzgeber nicht nur frei, die in der Richtlinie vorgesehenen Bereichsausnahmen nachzuzeichnen,[13] sondern er kann in diesen nicht geregelten Bereichen grundsätzlich eine Prospektpflicht selbst begründen.[14] Im Falle eines Dual Listing führt dies dazu, dass ein Emittent, der die Wertpapiere bspw. in seinem Heimatstaat und zugleich auch in Deutschland anbieten will, nur für die Emission in Deutschland einen Prospekt erstellen muss, sofern die Heimatstaatsregelung weitergehende Ausnahmen als die nach dem WpPG vorsieht.

8 Dass der deutsche Gesetzgeber nicht sämtliche Ausnahmen bzw. Privilegierungen des Art. 1 Abs. 2 EU-ProspRL umsetzte, ist nicht zuletzt darauf zurückzuführen, dass einige der Ausnahmen des Art. 1 Abs. 2 EU-ProspRL auf rein nationale Besonderheiten zugeschnitten sind,[15] wie etwa in Art. 1 Abs. 2 lit. i) EU-ProspRL der Bezug auf die schwedischen „Bostadsobligationer", in

---

12 *Crüwell*, AG 2003, 243, 245; *Holzborn/Schwarz-Gondek*, BKR 2003, 927, 928; *Kunold/Schlitt*, BB 2004, 501, 503.
13 Die RegBegr. EU-ProspRL-UmsetzungsG, BT-Drucks. 15/4999, 25, 27 verwendet eine positive Formulierung: „Dies bedeutet, dass der nationale Gesetzgeber frei ist, solche Ausnahmen im nationalen Recht vorzusehen."
14 So auch *Crüwell*, AG 2003, 243, 245; *Holzborn/Schwarz-Gondek*, BKR 2003, 927, 928; *Kunold/Schlitt*, BB 2004, 501, 503.
15 *Crüwell*, AG 2003, 243, 245.

Art. 1 Abs. 2 lit. c) EU-ProspRL die Ausnahme für Anteile am Kapital der Zentralbanken für solche Mitgliedstaaten, in denen die Zentralbank die Form einer Aktiengesellschaft hat[16] oder Art. 1 Abs. 2 lit. g) EU-ProspRL die nicht fungiblen Kapitalanteile, die bestimmte Nutzungsrechte an Immobilien verleihen, was auf die rechtliche Sondersituation in einigen Mitgliedstaaten, wie etwa Finnland, zurückgeht.[17]

Ebenso wenig wurde Art. 1 Abs. 2 lit. e) EU-ProspRL, der auf Art. 2 Nr. 2 lit. j) der Emissionsprospektrichtlinie zurückgeht, umgesetzt, der eine Privilegierung von gemeinnützigen Vereinigungen, die Wertpapiere für ihre nicht erwerbsorientierten Ziele ausgeben, vorsieht. Dies wurde schon frühzeitig aus deutscher Sicht als systemfremd empfunden, da sich die Gemeinnützigkeit allein auf die die Zweckverfolgung beziehe, nicht aber auf die Mittelaufnahme am Kapitalmarkt, die selbst nicht gemeinnützig wird, und zudem der Anlegerschutz nicht von der besonderen Zweckverfolgung berührt wird.[18] 9

Im Bereich dieser nationalen Erweiterungen der Prospektpflicht ist schließlich fraglich, ob aus Sicht des europäischen Primärrechts unzulässige Hemmnisse im Binnenmarkt errichtet werden (Kapitalverkehrsfreiheit). Denn diese Wertpapiere fallen bei einem Dual Listing evtl. nur in Deutschland unter die Prospektpflicht. Eine solche Ungleichbehandlung kann aber durch den Anlegerschutz gerechtfertigt werden.[19] Das Prinzip der funktionalen Äquivalenz[20] führt hierbei nicht zu erhöhten Anforderungen an die Rechtfertigung, da eine Prüfung im Herkunftsland nicht stattfindet und damit kein gleichwertiger Schutzstandard besteht.

2. Die Ausnahmeregelungen

a) Genereller Ansatz: Qualifizierte Emittenten

Die ins WpPG übernommenen Ausnahmen vom Anwendungsbereich lassen sich dahingehend systematisierten, dass es sich jeweils um qualifizierte Emittenten handeln muss, indem Anleger nicht wie bei anderen Emittenten gleichermaßen schutzbedürftig sind.[21] So betreffen § 1 Abs. 2 Nr. 2 sowie Nr. 4 und 5 WpPG Emittenten mit besonderer Bonität (Staaten des Europäischen Wirtschaftsraums, Gebietskörperschaften eines solchen Staates, internationale Organisationen, die Europäische Zentralbank, Zentralbanken der Staaten des Europäischen Wirtschaftsraums und Einlagenkreditinstitute), im Falle der Nr. 3 wird die Garantie von öffentlich-rechtlichen Gebietskörperschaften gegeben, die im Hinblick auf ihre Insolvenzfestigkeit traditionell 10

---

16 Begr. des Rates i.R.d. gemeinsamen Standpunktes, ABl. EG Nr. C 125 E v. 27.05.2003, S. 47, 48.
17 Begr. des Rates i.R.d. gemeinsamen Standpunktes, ABl. EG Nr. C 125 E v. 27.05.2003, S. 47, 48.
18 *Crüwell*, AG 2003, 243, 245.
19 Siehe dazu Einl. Rn. 12.
20 Siehe dazu Einl. Rn. 26 f.
21 So auch zum VerkProspG *Assmann*, NJW 1991, 528, 529 f.

eine besondere Bonität genießen. Aber auch im Fall der Nr. 1 folgt die Qualifizierung (auch) aus den für sie geltenden besonderen aufsichtsrechtlichen Bestimmungen (Kapitalanlagegesellschaften, Investmentaktiengesellschaften mit veränderlichem Kapital, ausländische Investmentgesellschaften im Sinne des § 2 Abs. 9 InvG).[22]

b) Einzelne Ausnahmen

aa) § 1 Abs. 2 Nr. 1

11 Nach § 1 Abs. 2 Nr. 1 werden vom WpPG nicht Anteile oder Aktien erfasst, die von einer Kapitalanlagegesellschaft, Investmentaktiengesellschaft mit veränderlichem Kapital oder ausländischen Investmentgesellschaft im Sinne des § 2 Abs. 9 des Investmentgesetzes ausgegeben werden und bei denen die Anteilinhaber oder Aktionäre ein Recht auf Rückgabe der Anteile oder Aktien haben. Die Vorschrift setzt damit Art. 1 Abs. 2 lit. a) der Prospektrichtlinie um, der wiederum Art. 3 Abs. 2 lit. a) der Kapitalmarktspublizitätsrichtlinie[23] bzw. Art. 2 Nr. 2 lit. b) der Emissionsprospektrichtlinie[24] entspricht, im Unterschied zu diesen Vorschriften aber nicht nur Anteilsscheine sondern auch Aktien erfasst. Nach der Regierungsbegründung ist diese Ausnahme an die Regelungen des Investmentgesetzes angepasst und orientiert sich an § 3 Nr. 3 VerkProspG.[25] Die Ausnahme ist angesichts des in den anderen Regulierungen gewährleisteten Anlegerschutz gerechtfertigt, insb. durch die spezialgesetzlich geregelte Aufsicht und besondere Publizitätspflichten, wie etwa § 121 InvG über die Anlegerinformation und § 122 InvG über die Veröffentlichungspflichten oder der eigenständigen Begründung einer Prospektpflicht (§ 42 InvG).

12 Die betreffenden Wertpapiere müssen daher auch tatsächlich vom InvG erfasst werden,[26] auf die entsprechenden Definitionen der Kapitalanlagegesellschaft nach § 2 Abs. 6 InvG, der Investmentaktiengesellschaft mit veränderlichem Kapital den § 2 Abs. 5 und § 96 Abs. 2 InvG sowie der ausländischen Investmentgesellschaft § 2 Abs. 9 InvG muss zurückgegriffen werden, wenn auch § 1 Abs. 2 Nr. 1 WpPG nur auf die letztgenannte Legaldefinition verweist. Für das Rückgaberecht des Anteilinhabers bzw. des Aktionärs ist § 37 InvG maßgeblich, wonach der Anleger die Rückzahlung seines Anteils am Sondervermögen gegen Rückgabe des Anteils beanspruchen kann. Für die Investmentaktiengesellschaft mit veränderlichem Kapital sieht § 105

---

22 Zu § 3 VerkProspG siehe *Ritz*, in: Assmann/Lenz/Ritz, VerkProspG, § 3 VerkProspG Rn. 2.
23 RL 2001/34/EG des Europäischen Parlaments und des Rates v. 28.05.2001 über die Zulassung v. Wertpapieren zur amtl. Börsennotierung und über die hinsichtlich dieser Wertpapiere zu veröffentlichenden Informationen, ABl. Nr. L 184 v. 06.07.2001 S. 0001–0066 (berichtigte Fassung, ABl. Nr. L 217 v. 11.08.2001 S. 0018–0084).
24 RL 89/298/EWG des Rates v. 17.04.1989 zur Koordinierung der Bedingungen für die Erstellung, Kontrolle und Verbreitung des Prospekts, der im Falle öffentlicher Angebote v. Wertpapieren zu veröffentlichen ist, ABl. Nr. L 124 v. 05.05.1989 S. 0008–0015.
25 RegBegr. EU-ProspRL-UmsetzungsG, BT-Drucks. 15/4999, S. 25, 27.
26 So bereits zu § 3 Nr. 3 VerkProspG siehe *Ritz*, in: Assmann/Lenz/Ritz, VerkProspG, § 3 VerkProspG Rn. 31 ff.

Abs. 3 InvG ein Rückgaberecht des Aktionärs vor, dass nach § 105 Abs. 2 Satz 2 InvG in der Satzung entsprechend §§ 37 und 116 InvG beschränkt werden kann.[27] Da somit das Rückgaberecht sowohl für die Kapitalanlagegesellschaft als auch für die Investmentaktiengesellschaft mit veränderlichem Kapital bereits im InvG geregelt ist, ist das entsprechende Tatbestandsmerkmal in § 1 Abs. 2 Nr. 1 WpPG nur für die ausländischen Investmentgesellschaften von Bedeutung.

Die in § 42 Abs. 1 InvG statuierte Prospektpflicht ist im Vergleich zur allgemeinen Prospektpflicht des WpPG weniger streng ausgestaltet, da der Prospekt nach § 42 Abs. 6 InvG lediglich nach seiner ersten Verwendung bei der BaFin und der Deutschen Bundesbank einzureichen ist. Allerdings bestimmt § 121 InvG, dass dem Erwerber von Fondanteilen vor Vertragsschluss ein Verkaufspropekt kostenlos und unaufgefordert zur Verfügung zu stellen ist; ferner muss die Investmentgesellschaft bei ausländischen Investmentanteilen den Prospekt der BaFin bereits als Teil der Anzeige der Vertriebabsicht einreichen (§§ 132 Abs. 2 Nr. 3, 139 Abs. 2 Nr. 3 InvG).[28] Für Emissionen durch ausländische Investmentgesellschaften, die keine EG-Investmentanteile nach § 2 Abs. 9 InvG ausgeben, regelt § 137 InvG die Prospektpflicht und den Prospektinhalt. Für Investmentaktiengesellschaften mit veränderlichem Kapital wird nach §§ 99 Abs. 3 i.V.m. 42 InvG eine Prospektpflicht begründet, dabei aber im Gegensatz zur Investmentaktiengesellschaft mit fixem Kapital (§ 102 InvG) gerade nicht auf das WpPG verwiesen.

13

bb) § 1 Abs. 2 Nr. 2

Die Befreiung für Nichtdividendenwerte, die von den genannten staatlichen Organisationen nach § 1 Abs. 2 Nr. 2 WpPG emittiert werden, dient der Umsetzung von Art. 1 Abs. 2 lit. b) der Prospektrichtlinie, der den Art. 3 Abs. 2 lit. b) der Kapitalmarktpublizitätsrichtlinie und Art. 2 Nr. 2 lit. c) der Emissionsprospektrichtlinie nachgebildet ist, dabei aber einen weiteren Kreis an Emittenten erfasst; dafür beschränkt sich die Ausnahme auf Nichtdividendenwerte. § 1 Abs. 2 Nr. 2 WpPG entspricht weitgehend §§ 36, 52 BörsG und § 3 Nr. 1 VerkProspG a.F., die der Umsetzung der genannten Richtlinien dienten, wobei die Regelungen des BörsG bereits auf Schuldverschreibungen beschränkt waren. Der Begriff „Nichtdividendenwerte" ist in § 2 Nr. 3 WpPG definiert; erfasst sind davon auch Umtauschanleihen, sofern sie nicht vom Emittenten der zugrunde liegenden Aktien oder von einem konzernverbundenen Unternehmen begeben werden.[29]

14

Nach dem Gesetzeswortlaut sind folgende Emittenten privilegiert: die Staaten des Europäischen Wirtschaftsraums[30] oder die Gebietskörperschaften

15

---

27 Ausführlich zum Rückgaberecht siehe *Hermanns*, ZIP 2004, 1297, 1300f.
28 Zu den Abweichungen im Investmentrecht siehe etwa *Schäfer*, ZGR 2006, 40, 61ff.
29 *Groß*, KapMR, § 2 WpPG Rn. 7; zu den Umtauschanleihen siehe *Groß*, in: Marsch-Barner/Schäfer, Hdb Börsnot AG, § 48 Rn. 18f.
30 Zum Europäischen Wirtschaftsraum gehören derzeit die 27 Mitgliedstaaten der Europäischen Union und die Mitgliedsstaaten der Europäischen Freihandelszone (EFTA) mit Ausnahme der Schweiz, also Island, Liechtenstein und Norwegen.

dieser Staaten,[31] internationale Organisationen des öffentlichen Rechts, denen mindestens ein Staat des Europäischen Wirtschaftsraums angehört,[32] die Europäischen Zentralbank und die Zentralbanken der Staaten des Europäischen Wirtschaftsraums.

16 Aus gemeinschaftsrechtlicher Sicht sind diese Ausnahmen auf Grund des inlandsbezogenen Wesens am besten auf nationaler Ebene zu regeln.[33] Für die Übernahme dieser Ausnahme in das nationale Recht spricht, dass – wie bereits dargestellt[34] – die genannten öffentlich-rechtlichen Emittenten erfahrene Daueremittenten erster Bonität sind, so dass insoweit kein Bedürfnis für den Schutz der Anleger besteht.[35]

cc) § 1 Abs. 2 Nr. 3

17 § 1 Abs. 2 Nr. 3 WpPG nimmt aus dem Anwendungsbereich des WpPG und damit aus der Prospektpflicht alle Wertpapiere aus, die uneingeschränkt und unwiderruflich von einem Staat des Europäischen Wirtschaftsraums oder einer Gebietskörperschaft eines solchen Staates garantiert werden. Damit wird Art. 1 Abs. 2 lit. d) der Prospektrichtlinie umgesetzt, unter Orientierung[36] an § 3 Nr. 4 VerkProspG a.F., der wiederum auf Art. 5 lit. b) der Emissionsprospektrichtlinie beruht. Im Vergleich zur bisherige Regelung im VerkProspG wurde zwar einerseits die Beschränkung auf Schuldverschreibungen aufgehoben, andererseits aber die Alternative der Gesellschaft oder juristische Person, die ihre Tätigkeit unter einem Staatsmonopol ausübt, aufgegeben. Auch die entfallene Privilegierung staatlich garantierter Emissionen durch Staatsmonopolisten in § 45 Nr. 3 lit. e) BörsZulVO geht in § 1 Abs. 2 Nr. 3 WpPG auf. Wie bereits dargestellt,[37] ist die Ausnahmeregelung auf die besondere Bonität des Garantiegebers zurückzuführen.[38]

18 Um dem Ausnahmetatbestand zu entsprechen, muss die Garantie – wie auch bisher im Rahmen etwa des VerkProspG[39] – als unbedingte und uneingeschränkte Gewährleistung für die Verzinsung und die Rückzahlung übernommen werden. Entsprechend dem Zweck der Vorschrift, solche Emissionen von der Prospektpflicht zu befreien, hinter denen ein Staat oder eine

---

31 In Deutschland sind dies sowohl die Bundesländer als auch die Kommunen.
32 Dazu gehören z.B. die EU selbst, der Europarat, der Internationale Währungsfonds, die Weltbank, die Europäische Investitionsbank, die Asiatische und die Interamerikanische Entwicklungsbank; siehe dazu *Groß*, KapMR, § 3 VerkProspG Rn. 5; *Heidelbach*, in: Schwark, KapMRK, § 3 VerkProspG Rn. 2, Fn. 6.
33 Begr. des Rates i.R.d. gemeinsamen Standpunktes, ABl. EG Nr. C 125 E v. 27.05.2003, S. 47, 49; *Holzborn/Schwarz-Gondek*, BKR 2003, 927, 928f.
34 Siehe dazu Abschn. a) Genereller Ansatz: Qualifizierte Emittenten.
35 *Groß*, KapMR, § 1 WpPG Rn. 5; noch zu § 36 BörsG siehe etwa *Heidelbach*, in: Schwark, KapMRK, § 36 BörsG Rn. 1.
36 RegBegr. EU-ProspRL-UmsetzungsG, BT-Drucks. 15/4999, S. 25, 27.
37 Siehe dazu Abschn. 2. Die Ausnahmeregelungen, a) Genereller Ansatz: Qualifizierte Emittenten Rn. 10.
38 *Groß*, KapMR, § 1 WpPG Rn. 6.
39 *Heidelbach*, in: Schwark, KapMRK, § 36 BörsG Rn. 12.

Gebietskörperschaft als zahlungsfähiger Garantiegeber mittelbar steht und damit ein nur geringes Kreditrisiko besteht, ist der Begriff der Garantie weit zu fassen. Da die Emission von Wertpapieren als Kapitalaufnahme am Kapitalmarkt für die Unternehmen eine Alternative zur Aufnahme eines Bankkredits darstellt, bietet sich eine parallele Auslegung und rechtliche Beurteilung zu den staatlichen Garantien für Bankkredite an. Dies bedeutet zum einen, dass der Staat ähnlich einer Bank, wenn auch nicht zur Gewinnerwirtschaftung, Garantiegeschäfte tätigt, so dass die Legaldefinition in § 1 Abs. 1 Nr. 8 KWG[40] einen Anhaltspunkt bieten kann, nach der unter den Begriff des Garantiegeschäfts die Übernahme von Bürgschaften, Garantien und sonstigen Gewährleistungen für andere fallen. Da die Gewährleistung jedoch unbedingt und unbeschränkt sein soll, ist zu verlangen, dass die Bürgschaft oder sonstige Gewährleistung (wie eine Schuldmitübernahme) derart ausgestaltet sein müssen, dass sie einer abstrakten Garantie, die von der zu sichernden Schuld aus dem Wertpapier unabhängig ist,[41] zumindest nahe kommen; im Falle der Bürgschaft ist also etwa zu verlangen, dass sie als eine selbstschuldnerische Bürgschaft mit Zahlung auf erstes Auffordern vereinbart wird.

Zum anderen fällt auch diese Form der staatlichen Garantie als Gewährung eines geldwerten Vorteils in Form einer direkten Zuwendung unter den weiten Begriff der Beihilfe nach Art. 87 EG,[42] so dass sie den üblichen Beschränkungen für staatliche Beihilfen unterfällt. 19

dd) § 1 Abs. 2 Nr. 4

§ 1 Abs. 2 Nr. 4 WpPG nimmt Wertpapiere vom WpPG aus, die von Einlagenkreditinstituten oder von Emittenten, deren Aktien bereits zum Handel an einem organisierten Markt zugelassen sind, ausgegeben werden, allerdings nur, wenn der Verkaufspreis für alle angebotenen Wertpapiere weniger als 2,5 Millionen Euro beträgt, wobei diese Obergrenze über einen Zeitraum von zwölf Monaten zu berechnen ist. Diese Ausnahme beruht auf Art. 1 Abs. 2 lit. h) der Prospektrichtlinie,[43] schränkt die Ausnahmeregelung allerdings über die in der Prospektrichtlinie genannten Obergrenze des Emissionsvolumens von 2,5 Millionen Euro stärker ein, in dem der Kreis der privilegierten Emittenten begrenzt wird auf Einlagenkreditinstitute als Un- 20

---

40 Dazu siehe *Fülbier*, in: Boos/Fischer/Schulte-Mattler, KWG, § 1 Rn. 77 ff.
41 *Fülbier*, in: Boos/Fischer/Schulte-Mattler, KWG, § 1 Rn. 81; *Horn*, Bürgschaften und Garantien, Rn. 7, 100 f.
42 Statt vieler *Habersack*, ZHR 159 (1995), 663, 672 ff.; *König*, NJW 2000, 1065, 1066; *Roth*, in: Koenig/Roth/Schön, EG-BeihR, Frankfurt/a.M. 1996, 133, 134 m.w.N.; siehe dazu die Mitteilung der Kommission über die Anwendung der Art. 87 und 88 EG-Vertrag auf staatliche Beihilfen in Form v. Haftungsverpflichtungen und Bürgschaften (2000/C 71/07) ABl. C 71/14.
43 Zur Entwicklung dieser Ausnahme siehe *Holzborn/Schwarz-Gondek*, BKR 2003, 927, 928; der beschriebene Fall sollte ursprünglich nicht v. der Definition des öffentlichen Angebots erfasst sein (Art. 2 Abs. 2 RL-Vorschlag v. 09.08.2002) bzw. eine Ausnahme nach Art. 3 Abs. 2 RL bilden.

ternehmen i. S. d. § 1 Abs. 3 d Satz 1 des KWG, auf den in § 2 Nr. 8 WpPG verwiesen wird, und Emittenten, deren Aktien bereits zum Handel an einem organisierten Markt zugelassen sind. Für Kreditinstitute resultiert diese Privilegierung aus der staatlichen Aufsicht nach KWG und der daraus folgenden Vermutung der Bonität und des anlegergerechten Verhaltens.[44] Für Emittenten mit Zulassung zum Handel an einem organisierten Markt, also börsennotierte Unternehmen, spricht die bereits im Rahmen der Zulassung erfolgte Prüfung für deren Bonität. Wie sich bereits aus Art. 1 Abs. 2 lit. h) EU-ProspRL ergibt, ist die Obergrenze von 2,5 Millionen Euro über einen Zeitraum von zwölf Monaten zu berechnen. Die Regierungsbegründung[45] konkretisiert die Fristberechnung und die Berechnung des Ausgabevolumens. Danach ist für den Beginn der Frist von zwölf Monaten der Tag maßgeblich, an dem der Anbieter oder Zulassungsantragssteller erstmals einen Ausgabepreis öffentlich bekannt macht; die Berechnung der Frist erfolgt dann entsprechend den §§ 187 ff. BGB. Für die Berechnung des Ausgabevolumens ist der erste Ausgabepreis entscheidend; sofern dieser nicht festgelegt ist, gilt als Ausgabepreis der erste nach Einführung der Wertpapiere festgestellte oder gebildete Börsenpreis, im Fall einer gleichzeitigen Feststellung oder Bildung an mehreren Börsen der höchste erste Börsenpreis. In die Berechung des Ausgabevolumens sind alle angebotenen Wertpapiere einzubeziehen, auch solche, für die kein Prospekt zu erstellen war.[46]

21 Bereits im Vorfeld des WpPG wurde diese Ausnahme dahingehend kritisiert, dass mangels einer Korrelation zwischen dem Angebotsvolumen und dem Risikograd kein geringeres Niveau des Anlegerschutzes geboten und damit keine Privilegierung zu rechtfertigen sei.[47] Daran ist richtig, dass der Anlegerschutz nicht vom Emissionsvolumen abhängt; doch ist der Gesetzgeber weder verfassungsrechtlich noch europarechtlich gezwungen, einen Anlegerschutz auch für Kleinstemissionen zu gewährleisten, da der Gesetzgeber den Anlegerschutz gegenüber anderen öffentlichen Interessen abwägen kann und dabei eine breite Einschätzungsprärogative genießt. Die Ausnahme vom Anwendungsbereich der Richtlinie ist demnach vor allem als Erleichterung der Kapitalaufnahme für kleinere und mittlere Unternehmen gedacht.[48] Die Einschränkung der Ausnahmeregelung im WpPG lässt erkennen, dass der deutsche Gesetzgeber eine eigene Wertung dahingehend vorgenommen hat, dass die Regelung der Prospektpflicht sowohl den Anlegerschutzinteressen als auch den Interessen der KMU an einer erleichterten Kapitalaufnahme gerecht werden soll.

---

44 Siehe dazu die Ausführungen in a) Genereller Ansatz: Qualifizierte Emittenten Rn. 10; zu § 3 VerkProspG; siehe *Heidelbach*, in: Schwark KapMRK, § 3 VerkProspG Rn. 8.
45 RegBegr. EU-ProspRL-UmsetzungsG, BT-Drucks. 15/4999, S. 25, 27.
46 *Heidelbach/Preuße*, BKR 2006, 316.
47 *Holzborn/Schwarz-Gondek*, BKR 2003, 927, 928; *Crüwell*, AG 2003, 243, 245.
48 Dass die besondere Situation der KMU allgemein in die Betrachtung mit einzubeziehen ist, folgt bereits aus Erwägungsgrund Nr. 4 der ProspektRL.

ee) § 1 Abs. 2 Nr. 5

Mit § 1 Abs. 2 Nr. 5 WpPG sollen Nichtdividendenwerte, die von Einlagenkreditinstituten dauernd oder wiederholt für einen Verkaufspreis aller angebotenen Wertpapiere von weniger als 50 Millionen Euro ausgegeben werden, vom WpPG ausgenommen werden; dabei soll diese Obergrenze über einen Zeitraum von zwölf Monaten berechnet werden, sofern diese Wertpapiere nicht nachrangig, wandelbar oder umtauschbar sind oder nicht zur Zeichnung oder zum Erwerb anderer Wertpapiere berechtigen und nicht an ein Derivat gebunden sind. Damit setzt § 1 Abs. 2 Nr. 5 WpPG die Ausnahme nach Art. 1 Abs. 2 lit. j) der Prospektrichtlinie um. Die Vorgängerregelung findet sich in § 3 Nr. 2 VerkProspG in Umsetzung des Art. 5 lit. a) der Emissionsprospektrichtlinie; allerdings war die Privilegierung dabei noch nicht auf ein bestimmtes Emissionsvolumen begrenzt. 22

Der Zweck der Ausnahmeregelung ist wie schon bei der Vorgängerregelung im VerkProspG darin zu sehen, dass die Einlagenkreditinstitute nicht mit der wiederholten Erstellung von im Wesentlichen gleichen Verkaufsprospekten belastet werden sollen, da dies ihre Refinanzierung behindern würde.[49] Unter Anlegerschutzgesichtspunkten ist diese Wertung gerechtfertigt, da die Anleger ausreichend durch die Aufsicht der betroffenen Emittenten durch die BaFin geschützt sind, die auch darauf abzielt, Missstände im Kreditwesen entgegenzuwirken.[50] 23

Das Daueremittentenprivileg[51] kommt einem Einlagenkreditinstitut nur im Falle einer „dauernden oder wiederholten Ausgabe von Wertpapieren" entsprechend § 2 Nr. 12 WpPG zugute. Nach der Legaldefinition erfordert letztere Voraussetzung eine dauernde oder mindestens zwei Emissionen umfassende Ausgabe von Wertpapieren ähnlicher Art oder Gattung während eines Zeitraums von zwölf Monaten. In der Formulierung in § 3 Nr. 2 VerkProspG bezog sich die Frist von zwölf Monaten allein auf die Alternative der wiederholten Ausgaben, so dass die erste Alternative der dauernden Ausgabe eine eigenständige Bedeutung hatte, wenn der längere Zeitraum, in dem die frühere Emission angeboten wurde, vor der zwölfmonatigen Frist lag.[52] Dagegen ist die Legaldefinition in § 2 Nr. 12 WpPG weiter gefasst, indem die zeitliche Einschränkung sich auf beide Alternativen bezieht („die dauernde oder mindestens zwei Emissionen umfassende Ausgabe"). Die dauernde Ausgabe muss daher innerhalb der Frist erfolgt sein. Die dauernde Emission ist ferner – entsprechend der bisherigen Definition[53] – als ein über mehrere Wochen fortlaufendes, ohne Unterbrechung erfolgendes Angebot zu verste- 24

---

49 Zu § 3 Nr. 2 VerkProspG siehe RegBegr. VerkProspG, BT-Drucks. 11/6340, S. 10, 12; *Ritz,* in: Assmann/Lenz/Ritz, VerkProspG, § 3 VerkProspG Rn. 2.
50 Zu § 3 Nr. 2 VerkProspG siehe RegBegr. VerkProspG, BT-Drucks. 11/6340, S. 10, 12.
51 Dazu näher *Seitz,* AG 2005, 678, 682.
52 *Ritz,* in: Assmann/Lenz/Ritz, VerkProspG, § 3 VerkProspG Rn. 11.
53 *Heidelbach,* in: Schwark KapMRK, § 3 VerkProspG Rn. 10; BT-Drucks. 13/8933, S. 84.

hen.⁵⁴ Hinsichtlich der Fristberechnung und der Berechnung des Angebotsvolumens gelten dieselben Kriterien wie für § 1 Abs. 2 Nr. 4 WpPG.⁵⁵

25 Aus dem dargelegten Zweck der Ausnahmevorschrift könnte abgeleitet werden, dass auch die vorherigen Emissionen prospektpflichtig gewesen sein müssen. Für diese Ansicht spräche auch, dass der Gesetzgeber ansonsten die Ausnahmevorschrift weiter hätte fassen und eine allgemeine Privilegierung der Einlagenkreditinstitute bei der Emission bestimmter Wertpapiere schaffen müssen.⁵⁶ Indes⁵⁷ kann ein Prospekt aus einer vorherigen Emission für die aktuelle Emission ohnehin nur von geringer Bedeutung sein, zumal sich die wirtschaftlichen Verhältnisse in der Regel zu schnell ändern, als dass der Prospekt noch ausreichende Informationen über den Emittenten enthalten könnte.⁵⁸ Wenn aber somit der eigentliche Anlegerschutz ohnehin nur durch die Aufsicht und sonstige Publizitätspflichten gewährleistet wird, ist nicht einzusehen, weshalb dieses zusätzliche Tatbestandsmerkmal noch ergänzt werden sollte, zumal der Wortlaut keinerlei Anhaltspunkte bietet und vom Gesetzgeber auch in Kenntnis dieses Streits keine Klärung erfolgte. Die vorherigen Emissionen müssen damit nicht prospektpflichtig gewesen sein, um das Daueremittentenprivileg zu begründen.

26 Die neue Rechtslage geht aber noch über die Privilegierung trotz prospektfreier Erstemission hinaus. Im Hinblick auf die Alternative der wiederholten Ausgabe ermöglicht die geänderte Definition in § 2 Nr. 12 WpPG und dabei insb. die Formulierung „mindestens zwei Emissionen umfassende Ausgabe [...] während eines Zeitraums von zwölf Monaten" auch eine Ausnahme für eine Erstemission, sofern nur die zweite Emission innerhalb der nächsten 12 Monate erfolgt; ansonsten wird die prospektfreie Erstemission unzulässig.⁵⁹

27 Die Ausnahmeregelung ist insb. für öffentliche Angebote kleinerer Kreditinstitute interessant, für die sich somit nicht viel ändern wird.⁶⁰ Auch für größere Kreditinstitute, deren Emissionsvolumen die Obergrenze von 50 Millionen Euro überschreitet, ist die praktische Bedeutung der Änderung der Rechtslage eher gering einzuschätzen, da sie in der Regel entweder eine Börsenzulassung beantragen, die auch bisher prospektpflichtig war, oder eine Privatplatzierung vornehmen, die mangels öffentlichem Angebot nach wie vor nicht prospektpflichtig ist.

28 Die Ausnahmevorschrift schränkt ferner den Kreis der von der Privilegierung erfassten Wertpapiere weiter ein, indem die Wertpapiere entweder nicht

---

54 Die neue Regelungen soll sich, wie bereits dargestellt, an § 3 Nr. 2 VerkProspG orientieren, BT-Drucks. 15/4999, S. 27; Heidelbach/Preuße, BKR 2006, 316, 317.
55 RegBegr. EU-ProspRL-UmsetzungsG, BT-Drucks. 15/4999, S. 25, 27; siehe dd) § 1 Abs. 2 Nr. 4.
56 Zu § 3 Nr. 2 VerkProspG siehe *Ritz*, in: Assmann/Lenz/Ritz, VerkProspG, § 3 VerkProspG Rn. 16 f.
57 Zur Gegenansicht i.R.d. § 3 VerkProspG siehe etwa *Hamann*, in: Schäfer, (1999), § 3 VerkProspG Rn. 4.
58 Insofern einräumend *Ritz*, in: Assmann/Lenz/Ritz, VerkProspG, § 3 VerkProspG Rn. 17.
59 *Heidelbach/Preuße*, BKR 2006, 316, 317.
60 *Wagner*, Die Bank 2003, 681, 681; *Kunold/Schlitt*, BB 2004, 501, 503 Fn. 39.

nachrangig, wandelbar oder umtauschbar sein dürfen oder nicht zur Zeichnung oder zum Erwerb anderer Wertpapiere berechtigen und nicht an ein Derivat gebunden sind. Diese Neuerung gegenüber der alten Rechtslage des § 3 Nr. 2 VerkProspG a. F. stellt eine Konkretisierung des Schuldverschreibungsbegriffs dar, der schon im alten Recht umstritten war;[61] nach einer Ansicht sollten nur rückzahlbare auf den Nennwert lautende Anleihen, Pfandbriefe, Kommunalobligationen und Bankschuldverschreibungen erfasst sein,[62] während andere von einem weiten Begriff ausgingen und alle Schuldverschreibungen darunter subsumierten.[63] Die Diskussion wurde vor allem in Hinsicht auf das Informationsbedürfnis der Anleger geführt, wobei von den Vertretern der engen Auslegung darauf hingewiesen wurde, dass nur bei den Schuldverschreibungen im engeren Sinne die Erfüllung der vertraglichen Zins- und insb. der Tilgungspflichten durch die Bonität und Seriosität des der staatlichen Aufsicht unterliegenden Emittenten gesichert werde.[64]

Dieser Streit setzt sich indes auch für § 1 Abs. 2 Nr. 5 WpPG fort, für den ebenfalls eine einschränkende Auslegung befürwortet wird.[65] Zunächst stellt sich die Frage, ob die Bestimmungen in § 1 Abs. 2 Nr. 5 a) bzw. b) WpPG dem Wortlaut entsprechend als alternative negative Voraussetzungen für die Privilegierung aufzufassen sind, oder ob nur diejenigen Nichtdividendenwerte von der Ausnahmebestimmung erfasst werden, die beide Negativabgrenzungen erfüllen. Der Wortlaut des Art. 1 Abs. 2 lit. f) der Prospektrichtlinie ist hier wenig hilfreich, da er weder einen Hinweis auf eine kumulative noch auf eine alternative Aufzählung enthält. Indes erscheint nur eine kumulative Aufzählung sinnvoll, da ansonsten Wertpapiere, die zwar die Voraussetzung des § 1 Abs. 2 Nr. 5 a) WpPG erfüllen (also weder nachrangig, wandelbar oder umtauschbar sind), aber unter b) fallen, aufgrund der „oder"-Verbindung von der Privilegierung erfasst wären, obwohl diese Art von Wertpapieren gerade in den Anwendungsbereich des WpPG fallen sollen.[66] So fällt etwa eine Optionsanleihe unter die Regelung des § 1 Abs. 2 Nr. 5 b) WpPG (müsste also an sich vom Anwendungsbereich des WpPG erfasst sein), erfüllt aber nicht den Tatbestand des § 1 Abs. 2 Nr. 5 a) WpPG; es kann aber nicht angenommen werden, dass der Gesetzgeber Optionsanleihen vom Anwendungsbereich ausnehmen wollte, was aber aus dem „oder"

29

---

61 Siehe dazu *Seitz*, AG 2005, 678, 682.
62 VG Frankfurt, WM 1998, 762, 763 f.; *Ritz*, in: Assmann/Lenz/Ritz, VerkProspG, § 3 VerkProspG Rn. 21 ff.; *Heidelbach*, in: Schwark KapMRK, § 3 VerkProspG Rn. 4 ff.; *Lenz/Ritz*, WM 2000, 904, 907; eine weitergehende Einschränkung des Schuldverschreibungsbegriffs erfolgt in der Bekanntmachung des BAWe v. 06.09.1999, BAnz. Nr. 177 v. 21.09. 1999, Anm. III. 1 zu § 3.
63 *Süßmann*, EuZW 1991, 210, 212; *Schäfer*, ZIP 1991, 1557, 1562; *Waldeck/Süßmann*, WM 1993, 361, 366.
64 *Heidelbach*, in: Schwark KapMRK, § 3 VerkProspG Rn. 4 f.
65 Siehe etwa *Seitz*, AG 2005, 678, 682; auch die RegBegr. EU-ProspRL-UmsetzungsG, BT-Drucks. 15/4999, S. 27 merkt an, dass sich diese Ausnahme an § 3 Nr. 2 VerkProspG orientiert.
66 So im Ergebnis auch *Heidelbach/Preuße*, BKR 2006, 316, 317, Fn. 16; in diese Richtung auch *Seitz*, AG 2005, 678, 682.

folgen würde. Nicht privilegiert sind damit Emissionen von nachrangigen Schuldverschreibungen, Genussscheinen, Wandel-, Umtausch-, Bezugs- oder sonstigen Optionsrechten; in den Ausnahmebereich fallen aber alle Garantieprodukte, fest- und variabel verzinsliche Anleihen und Null-Kupon-Anleihen.[67]

30 Zu berücksichtigen ist in diesem Rahmen ferner, dass die von § 1 Abs. 2 Nr. 5 b) WpPG geforderte fehlende Bindung des Wertpapiers an ein Derivat sich auf die Rückzahlung des Nennbetrages bezieht, nicht aber auf dessen Verzinsung. Mit anderen Worten kann die Rückzahlung nicht von einem Index oder anderen Ereignissen abhängig gemacht werden, wohl aber die Verzinsung. Denn nach Art. 15 Abs. 2 ProspV[68] sind bei derivativen Wertpapieren die Zahlungs- und/oder Lieferungsverpflichtungen an einen Basiswert gebunden, während nach Art. 8 EU-ProspV ein Schuldtitel durch den Zahlungsanspruch des Anlegers auf 100 % des Nominalwertes gekennzeichnet ist.[69] § 1 Abs. 2 Nr. 5 b) WpPG (und damit der Anwendungsbereich des WpPG) erfasst somit nur solche Derivate, bei denen auch der Rückzahlungsanspruch derivativ ausgestaltet ist.

3. Verhältnis der Ausnahmeregelungen zu § 30 Abs. 3 Nr. 2 BörsG und die Problemlösung durch das FRUG

31 Nach § 30 Abs. 3 Nr. 2 BörsG i.d.F. v. 20.01.2007 setzt die Zulassung zum amtl. Markt an der Börse voraus, dass dem Zulassungsantrag ein Prospekt beigefügt ist. Dabei kann es sich um einen Prospekt nach dem WpPG oder nach dem InvG handeln. In der Neufassung des BörsG im Rahmen des Finanzmarkt-Richtlinie-Umsetzungsgesetz (FRUG), die am 01.11.2007 in Kraft trat, ist diese Regelung in § 32 Abs. 3 Nr. 2 BörsG n. F. enthalten Auch die Ausnahmeregelung, wonach ein Prospekt nicht erforderlich ist, soweit nach § 1 Abs. 2 oder § 4 Abs. 2 WpPG keine Prospektpflicht besteht, wurde in § 32 Abs. 3 Nr. 2 letzter Halbsatz überführt. Diese Ausnahme erklärt sich aus dem Zweck der genannten Vorschriften, bestimmte Emittenten bzw. Emissionen zu privilegieren; diese Privilegierung würde im Falle einer Börsenzulassung wieder entfallen.[70] Dabei wird nunmehr auf alle Ausnahmetatbestände des § 1 Abs. 2 WpPG verwiesen. Nach § 30 Abs. 3 Nr. 2 BörsG a. F. wurde nur auf § 1 Abs. 2 Nr. 5 WpPG verwiesen, was allgemein als Redaktionsversehen angesehen wurde.[71] Dies hat der Gesetzgeber nun korrigiert.

---

67 *Heidelbach/Preuße*, BKR 2006, 316, 317; *Seitz*, AG 2005, 678, 682.
68 VO (EG) 809/2004 der Kommission v. 29.04.2004 zur Umsetzung der RL 2003/71/EG des Europäischen Parlaments und des Rates betreffend die in Prospekten enthaltenen Informationen sowie das Format, die Aufnahme v. Informationen mittels Verweis und die Veröffentlichung solcher Prospekte und die Verbreitung v. Werbung.
69 *Seitz*, AG 2005, 678, 682; *Heidelbach/Preuße*, BKR 2006, 316, 317.
70 Stellungnahme BR und Gegenäußerung. BReg., BT-Drucks. 15/5219, S. 6, 8.
71 Mit ausführlicher Begr. *Gebhardt*, in: Schäfer/Hamann, KapMG, 1. Lfg., 01/2006, § 30 BörsG Rn. 53; zu § 1 Abs. 2 Nr. 4 WpPG siehe auch *Heidelbach/Preuße*, BKR 2006, 316, 317.

IV. Fakultative Anwendung des WpPG

Entsprechend Art. 1 Abs. 3 EU-ProspRL sieht § 1 Abs. 3 WpPG eine „opt-in"-Regelung vor.[72] Den Emittenten wird die Möglichkeit gegeben, einen Prospekt nach den Vorgaben des Gesetzes auch dann zu erstellen, wenn die Emission nicht in den Anwendungsbereich des Gesetzes fällt. Der Anreiz für ein solches „opt-in" besteht darin, den Europäischen Pass zu erlangen und damit von den Erleichterungen für grenzüberschreitende Emissionen zu profitieren. Diese Möglichkeit ist aber auf die Ausnahmen des § 1 Abs. 2 Nr. 2 bis 5 WpPG beschränkt,[73] da für die vom Ausnahmetatbestand der Nr. 1 erfassten Emissionen andere Prospektregelungen gelten,[74] so dass kein Raum für eine freiwillige Prospekterstellung bleibt. 32

Mit der freiwilligen Erstellung eines Prospekts gelangt das gesamte WpPG einschließlich der Durchführungsverordnung zur Anwendung.[75]

---

[72] Siehe dazu *Kunold/Schlitt*, BB 2004, 501, 504; *Holzborn/Schwarz-Gondek*, BKR 2003, 927 929.

[73] Zur Reichweite der „Opting in" Möglichkeit im Hinblick auf die v. der RL ausgenommenen Bereiche siehe Begr. des Rates i.R.d. gemeinsamen Standpunktes, ABl. EG Nr. C 125 E v. 27.05.2003, S. 47, 49.

[74] Siehe hierzu die Anmerkungen zu § 1 Abs. Nr. 1 Rn. 11.

[75] RegBegr. EU-ProspRL-UmsetzungsG, BT-Drucks. 15/4999, S. 27; *Groß*, KapMR, § 2 WpPG Rn. 9.

KAPITEL I
Gegenstand und Begriffsbestimmungen

ARTIKEL 1
Gegenstand

In dieser Verordnung ist Folgendes festgeschrieben:

1. die Aufmachung des Prospekts, auf die in Artikel 5 der Richtlinie 2003/71/EG Bezug genommen wird;
2. die in einen Prospekt gemäß Artikel 7 der Richtlinie 2003/71/EG aufzunehmenden Mindestangaben;
3. die Art der Veröffentlichung im Sinne von Artikel 10 der Richtlinie 2003/71/EG;
4. die Modalitäten, gemäß deren Angaben in Form eines Verweises im Sinne von Artikel 11 der Richtlinie 2003/71/EG in einen Prospekt aufgenommen werden können;
5. die Veröffentlichungsart eines Prospekts, um sicherzustellen, dass ein Prospekt gemäß Artikel 14 der Richtlinie 2003/71/EG öffentlich verfügbar ist;
6. die Art zur Verbreitung von Werbung, auf die in Artikel 15 der Richtlinie 2003/71/EG Bezug genommen wird.

CHAPTER I
Subject matter and definitions

ARTICLE 1
Subject matter

This regulation lays down:

1. the format of prospectus referred to in Article 5 of Directive 2003/71/EC;
2. the minimum information requirements to be included in a prospectus provided for in Article 7 of Directive 2003/71/EC;
3. the method of publication referred to in Article 10 of Directive 2003/71/EC;
4. the modalities according to which information can be incorporated by reference in a prospectus provided for in Article 11 of Directive 2003/71/EC;
5. the publication methods of a prospectus in order to ensure that a prospectus is publicly available according to Article 14 of Directive 2003/71/EC;
6. the methods of dissemination of advertisements referred to in Article 15 of Directive 2003/71/EC.

Diesbezüglich wird auf die Kommentierung zu § 1 WpPG verwiesen.

§ 2
Begriffsbestimmungen

Im Sinne dieses Gesetzes ist oder sind

1. Wertpapiere: übertragbare Wertpapiere, die an einem Markt gehandelt werden können, insbesondere

   a) Aktien und andere Wertpapiere, die Aktien oder Anteilen an Kapitalgesellschaften oder anderen juristischen Personen vergleichbar sind, sowie Zertifikate, die Aktien vertreten,

   b) Schuldtitel, insbesondere Schuldverschreibungen und Zertifikate, die andere als die in Buchstabe a genannten Wertpapiere vertreten,

   c) alle sonstigen Wertpapiere, die zum Erwerb oder zur Veräußerung solcher Wertpapiere berechtigen oder zu einer Barzahlung führen, die anhand von übertragbaren Wertpapieren, Währungen, Zinssätzen oder -erträgen, Waren oder anderen Indizes oder Messgrößen bestimmt wird,

   mit Ausnahme von Geldmarktinstrumenten mit einer Laufzeit von weniger als zwölf Monaten;

2. Dividendenwerte: Aktien und andere Wertpapiere, die Aktien vergleichbar sind, sowie jede andere Art übertragbarer Wertpapiere, die das Recht verbriefen, bei Umwandlung dieses Wertpapiers oder Ausübung des verbrieften Rechts die erstgenannten Wertpapiere zu erwerben, sofern die letztgenannten Wertpapiere vom Emittenten der zugrunde liegenden Aktien oder von einem zum Konzern des Emittenten gehörenden Unternehmen begeben wurden;

3. Nichtdividendenwerte: alle Wertpapiere, die keine Dividendenwerte sind;

4. öffentliches Angebot von Wertpapieren: eine Mitteilung an das Publikum in jedweder Form und auf jedwede Art und Weise, die ausreichende Informationen über die Angebotsbedingungen und die anzubietenden Wertpapiere enthält, um einen Anleger in die Lage zu versetzen, über den Kauf oder die Zeichnung dieser Wertpapiere zu entscheiden; dies gilt auch für die Platzierung von Wertpapieren durch Institute im Sinne des § 1 Abs. 1b des Kreditwesengesetzes oder ein nach § 53 Abs. 1 Satz 1 oder § 53b Abs. 1 Satz 1 oder Abs. 7 des Kreditwesengesetzes tätiges Unternehmen, wobei Mitteilungen auf Grund des Handels von Wertpapieren an einem organisierten Markt oder im Freiverkehr kein öffentliches Angebot darstellen;

5. Angebotsprogramm: ein Plan, der es erlauben würde, Nichtdividendenwerte ähnlicher Art oder Gattung sowie Optionsscheine jeder Art dauernd oder wiederholt während eines bestimmten Emissionszeitraums zu begeben;

6. qualifizierte Anleger:

   a) Institute im Sinne des § 1 Abs. 1b des Kreditwesengesetzes, nach § 53 Abs. 1 Satz 1, § 53b Abs. 1 Satz 1 oder Abs. 7 des Kreditwesengesetzes tätige Unternehmen, private und öffentlichrechtliche Versicherungsunternehmen, Kapitalanlagegesellschaften, Investmentaktiengesellschaften sowie ausländische Investmentgesellschaften und von diesen beauftragte Verwaltungsgesellschaften, Pensionsfonds und ihre Verwaltungsgesellschaften, Warenderivatehändler sowie Einrichtungen, die weder zugelassen sind noch beaufsichtigt werden und deren einziger Geschäftszweck in der Wertpapieranlage besteht,

b) nationale und regionale Regierungen, Zentralbanken, internationale und supranationale Institutionen wie der Internationale Währungsfonds, die Europäische Zentralbank, die Europäische Investitionsbank, andere vergleichbare internationale Organisationen und die Kreditanstalt für Wiederaufbau

c) andere juristische Personen, es sei denn, es handelt sich um kleine oder mittlere Unternehmen

d) kleine oder mittlere Unternehmen mit Sitz im Inland, sofern sie in das nach Maßgabe des § 27 geführte Register eingetragen sind, und kleine oder mittlere Unternehmen mit Sitz in einem anderen Staat des Europäischen Wirtschaftsraums, sofern sie in diesem Staat in ein als gleichwertig anerkanntes Register eingetragen sind, und

e) natürliche Personen mit Wohnsitz im Inland, sofern sie in das nach Maßgabe des § 27 geführte Register eingetragen sind, und natürliche Personen mit Wohnsitz in einem anderen Staat des Europäischen Wirtschaftsraums, sofern sie in diesem Staat in ein als gleichwertig anerkanntes Register eingetragen sind

7. kleine und mittlere Unternehmen: Personen oder Gesellschaften, die laut ihrem letzten Jahresabschluss oder Konzernabschluss mindestens zwei der folgenden drei Kriterien erfüllen: eine durchschnittliche Beschäftigtenzahl im letzten Geschäftsjahr von weniger als 250, eine Gesamtbilanzsumme von höchstens 43 Millionen Euro und ein Jahresnettoumsatz von höchstens 50 Millionen Euro;

8. Einlagenkreditinstitute: Unternehmen im Sinne des § 1 Abs. 3 d Satz 1 des Kreditwesengesetzes;

9. Emittent: eine Person oder Gesellschaft, die Wertpapiere begibt oder zu begeben beabsichtigt;

10. Anbieter: eine Person oder Gesellschaft, die Wertpapiere öffentlich anbietet;

11. Zulassungsantragsteller: die Personen, die die Zulassung zum Handel an einem organisierten Markt beantragen;

12. dauernde oder wiederholte Ausgabe von Wertpapieren: die dauernde oder mindestens zwei Emissionen umfassende Ausgabe von Wertpapieren ähnlicher Art oder Gattung während eines Zeitraums von zwölf Monaten;

13. Herkunftsstaat:

a) für alle Emittenten von Wertpapieren, die nicht in Buchstabe b genannt sind, der Staat des Europäischen Wirtschaftsraums, in dem der Emittent seinen Sitz hat,

b) für jede Emission von Nichtdividendenwerten mit einer Mindeststückelung von 1 000 Euro sowie für jede Emission von Nichtdividendenwerten, die das Recht verbriefen, bei Umwandlung des Wertpapiers oder Ausübung des verbrieften Rechts übertragbare Wertpapiere zu erwerben oder einen Barbetrag in Empfang zu nehmen, sofern der Emittent der Nichtdividendenwerte nicht der Emittent der zugrunde liegenden Wertpapiere oder ein zum Konzern dieses Emittenten gehörendes Unternehmen ist, je nach Wahl des Emittenten, des Anbieters oder des Zulassungsantragstellers der Staat des Europäischen Wirtschaftsraums, in dem der Emittent seinen Sitz hat, oder der Staat des Europäischen Wirtschaftsraums, in dem die Wertpapiere zum Handel an einem organisierten Markt zugelassen sind oder zugelassen werden sollen, oder der Staat des Europäischen Wirtschaftsraums, in dem die Wertpapiere öffentlich angeboten werden; dies gilt auch für Nichtdividendenwerte, die auf andere Währungen als auf Euro lauten, wenn der Wert solcher Mindeststückelungen annähernd 1 000 Euro entspricht,

c) für alle Drittstaatemittenten von Wertpapieren, die nicht in Buchstabe b genannt sind, je nach Wahl des Emittenten, des Anbieters oder des Zulassungsantragstellers entweder der Staat des Europäischen Wirtschaftsraums, in dem die Wertpapiere erstmals öffentlich angeboten werden sollen, oder der Staat des Europäischen Wirtschaftsraums, in dem der erste Antrag auf Zulassung zum Handel an einem organisierten Markt gestellt wird, vorbehaltlich einer späteren Wahl durch den Drittstaatemittenten, wenn der Herkunftsstaat nicht gemäß seiner Wahl bestimmt wurde;

14. Aufnahmestaat: der Staat, in dem ein öffentliches Angebot unterbreitet oder die Zulassung zum Handel angestrebt wird, sofern dieser Staat nicht der Herkunftsstaat ist;

15. Staat des Europäischen Wirtschaftsraums: die Mitgliedstaaten der Europäischen Union und die anderen Vertragsstaaten des Abkommens über den Europäischen Wirtschaftsraum;

16. Organisierter Markt: ein im Inland, in einem anderen Mitgliedstaat der Europäischen Union oder einem anderen Vertragsstaat des Abkommens über den Europäischen Wirtschaftsraum betriebenes oder verwaltetes, durch staatliche Stellen genehmigtes, geregeltes und überwachtes multilaterales System, das die Interessen einer Vielzahl von Personen am Kauf und Verkauf von dort zum Handel zugelassenen Finanzinstrumenten innerhalb des Systems und nach festgelegten Bestimmungen in einer Weise zusammenbringt oder das Zusammenbringen fördert, die zu einem Vertrag über den Kauf dieser Finanzinstrumente führt;

17. Bundesanstalt: die Bundesanstalt für Finanzdienstleistungsaufsicht.

Inhalt

	Rn.		Rn.
I. Bedeutung der Norm und europarechtlicher Hintergrund	1	8. Einlagenkreditinstitute	23
II. Die Definitionen im Einzelnen	2	9. Emittent	24
1. Wertpapiere	3	10. Anbieter	25
2. Dividendenwerte	8	a) Allgemeines	25
3. Nichtdividendenwerte	9	b) Weitervertrieb nach Privatplatzierung	26
4. Öffentliches Angebot von Wertpapieren	10	c) Weitervertrieb durch eine Vertriebsorganisation	29
a) Reichweite des Angebotsbegriffs	11	d) Verbriefte Derivate und Wandelanleihen	30
b) Konkrete Zeichnungsmöglichkeit	12	11. Zulassungsantragsteller	31
c) Mitteilung an das Publikum	13	12. Dauernde oder wiederholte Ausgabe von Wertpapieren	32
d) Zielgerichtete Anlegerwerbung	17	13. Herkunftsstaat	33
e) Informationsbedürfnis	19	14. Aufnahmestaat	34
5. Angebotsprogramm	20	15. Staat des Europäischen Wirtschaftsraums	35
6. Qualifizierte Anleger	21	16. Organisierter Markt	36
7. Kleine und mittlere Unternehmen	22	17. Bundesanstalt	37

I. Bedeutung der Norm und europarechtlicher Hintergrund

1 Die Regelung des § 2 definiert die für den Anwendungsbereich und die Anknüpfungstatbestände des Wertpapierprospektgesetzes wesentlichen Begriffe und ist daher für die Frage der Prospektpflicht (§§ 3 Abs. 1 und Abs. 3 WpPG) einer Emission von Wertpapieren und für die Auslegung der Ausnahmetatbestände (§ 3 Abs. 2 und § 4 WpPG) von grundlegender praktischer Bedeutung.

Die Vorschrift dient der Umsetzung von Art. 2 Abs. 1 Buchst. a bis n der EU-ProspRL. Nicht in die Definitionen des § 2 WpPG aufgenommen wurden die Begriffe des in § 6 geregelten Basisprospekts (Art. 2 Abs. 1 Buchst. r), die nach der Terminologie des InvG als Investmentfonds bezeichneten und dort geregelten „Organismen für gemeinsame Anlagen" und deren Anteile (Art. 2 Abs. 1 Buchst. o und p) und den nach der gängigen deutschen Rechtssprache selbsterklärenden Begriff der „Billigung" aus Art. 2 Abs. 1 Buchst. q der EU-ProspRL.

II. Die Definitionen im Einzelnen

2 Die einzelnen Begriffsdefinitionen wurden in enger Anlehnung an den Wortlaut der Definitionen in Art. 2 der EU-ProspRL formuliert und sind in diesem Kontext auch als europäische Rechtsbegriffe zu interpretieren.

1. Wertpapiere

Nr. 1 definiert den Begriff „Wertpapiere". Dieser Begriff bezog sich ursprünglich noch auf Art. 1 Abs. 4 der Richtlinie 93/22/EWG, der sog. „EU-Wertpapierdienstleistungsrichtlinie". Infolge der „dynamischen" Verweisung in Art. 69 der Richtlinie 2004/39/EG über Märkte für Finanzinstrumente (EU-Finanzmarktrichtlinie), welche die ehem. Wertpapierdienstleistungsrichtlinie ersetzt, gelten Bezugnahmen auf Begriffsbestimmungen oder Artikel der Richtlinie 93/22/EWG jedoch als Bezugnahmen auf die entsprechenden Begriffsbestimmungen oder Artikel der Richtlinie 2004/39/EG. Damit beruht die Definition der Wertpapiere in Nr. 1 letztlich auf der Definition des Art. 4 Abs. 1 Nr. 18 der EU-Finanzmarktrichtlinie, welcher in § 2 WpHG in der Fassung des Finanzmarktrichtlinie-Umsetzungsgesetzes umgesetzt wurde.[1]

3

Entscheidend für die Einstufung als Wertpapier i.S.d. Nr. 1 ist die Handelbarkeit des betreffenden Produkts am Kapitalmarkt. Damit fallen analog zum börsenrechtlichen Wertpapierbegriff[2] sämtliche derzeit am Kapitalmarkt gehandelten Wertpapiere, wie etwa Aktien, Aktien vertretende Zertifikate, handelbare Schuldverschreibungen, wie z.B. Industrieschuldverschreibungen, Wandelanleihen, Optionsscheine und Genussscheine oder Investmentzertifikate unter den prospektrechtlichen Wertpapierbegriff. Der internationalen Tendenz zum „papierlosen" Wertpapier folgend[3], kommt es nach der Regierungsbegründung jedoch nicht darauf an, ob jeweils eine Einzelverbriefung der gehandelten Produkte erfolgt ist. Wertpapiere sind demnach entsprechend der bisherigen Rechtslage[4] auch Sammel- und Globalurkunden und Wertrechte sowie inländische und ausländische Registerrechte, wie etwa die bereits in Deutschland vielfach gehandelten ADRs (American Depository Receipts).

4

Erfasst werden jedoch nur diejenigen übertragbaren Wertpapiere, die zusätzlich die besonderen weiteren Begriffsmerkmale des Art. 2. Abs. 1 lit. a) der EU-ProspRL erfüllen. Geldmarktinstrumente i.S.d. Richtlinie 2004/39/EG mit einer Laufzeit von weniger als zwölf Monaten sind nach dem letzten Halbsatz des § 2 Nr. 1 nicht als Wertpapiere im Sinne des WpPG anzusehen. Dies bedeutet, dass Schatzanweisungen, Einlagenzertifikate und Commercial Papers mit dieser Laufzeit daher nicht im Anwendungsbereich der EU-ProspRL und daher nicht Gegenstand des Wertpapierprospektgesetzes sind.

5

Keine Wertpapiere sind dagegen Namensschuldverschreibungen, Schuldscheindarlehen, Termingeld und Sparbriefe oder Anteilsscheine an einer

6

---

1 FinanzmarktRL-UmsetzungsG (FRUG) v. 16.07.2007, BGBl. I, 1330 s. auch die RegBegr. EU-ProspRL-UmsetzungsG, BT-Drucks. 15/4999, S. 25, 28.
2 Siehe statt vieler *Heidelbach*, in: *Schwark* KapMRK, § 30 BörsG Rn. 8ff.
3 Vgl. zur sog. „Entmaterialisierung" *Einsele*, WM 2001, 7; *Than*, FS Schimansky, 821; im deutschen Rechtsraum ist in der Zwischenzeit in § 10 Abs. 5 AktG festgelegt, dass der Anspruch auf Einzelverbriefung in der Satzung ganz ausgeschlossen werden kann. Bei Anleihen erfolgt dagegen häufig ein Ausschluss in den Anleihebedingungen, s. Mustertext bei *Bosch*, in: Bosch/Groß, Rn. 10/242.
4 Auch bereits die Bekanntmachung des ehem. BAWe zum Verkaufsprospektgesetz, abgedr. im BAnz Nr. 177 v. 21.09.1999, S. 16180ff., abrufbar unter www.bafin.de.

GmbH oder Anteile an Personengesellschaften, wie der OHG, der KG (sofern nicht auf Aktien) oder einer BGB-Gesellschaft[5], da in diesen Fällen jeweils weitere formale Voraussetzungen zur Übertragung der Anteile erforderlich erfüllt werden müssen und daher ein (standardisierter) Handel am Kapitalmarkt nicht möglich ist.

7 Bei Wertpapieren, deren Emittent seinen Sitz im Ausland hat, richtet sich zwar gem. Art. 38 EGBGB auch die Frage nach dem Vorliegen eines Wertpapiers grds. nach der jeweiligen ausländischen Rechtsordnung, der das in der Urkunde verbriefte Recht unterliegt.[6] Aufgrund des Schutzbedürfnisses deutscher Anleger wird jedoch diese Bestimmung auch nach der Verwaltungspraxis der BaFin dahingehend teleologisch ausgelegt, dass immer dann das Vorliegen eines Wertpapiers i. S. d. WpPG anzunehmen ist, wenn nach deutschem Recht der Wertpapierbegriff einschlägig ist.[7]

2. Dividendenwerte

8 Nr. 2 definiert die „Dividendenwerte" und setzt damit Art. 2 Abs. 1 lit. b) der EU-ProspRL um. Unter den Begriff fallen neben Aktien auch andere Wertpapiere, die mit Aktien vergleichbar sind. Vergleichbare Wertpapiere sind etwa vom Aktienemittenten selbst oder einem seiner Konzernunternehmen im Sinne des § 18 des Aktiengesetzes begebene Wandelanleihen (sog. Convertible Bonds) und Optionsanleihen. Die in der Regierungsbegründung ausdrücklich in diesem Kontext genannten Aktienanleihen[8] erfüllen in der Praxis dieses Kriterium in der überwiegenden Zahl der Fälle nicht, da sie in der Regel von Wertpapierhandelsbanken und nicht vom Emittenten selbst ausgegeben werden. Aktien vertretende Zertifikate, sog. „depositary receipts" fallen nach der eindeutigen Gesetzesformulierung der Nr. 1 Buchst a) und 2 nicht unter den Begriff der Dividendenwerte.[9]

3. Nichtdividendenwerte

9 Nr. 3 definiert den Begriff der Nichtdividendenwerte in Abgrenzung zu Nr. 2 als alle Wertpapiere, die keine Dividendenwerte sind. Hierunter fallen z. B. die zumeist von Banken emittierten „klassischen" Aktienanleihen, bei denen die Anleger bei Fälligkeit entweder den Nominalbetrag der Anleihe als Geldbetrag oder eine bestimmte, vorab festgelegte Anzahl von Aktien zurückerhalten, wobei das Wahlrecht über die Art der Rückzahlung bei der

---

5 Siehe *Heidelbach*, in: Schwark, KapMRK, § 30 BörsG Rn. 8 ff.
6 So auch *Groß*, KapMR, § 2 WpPG, Rn. 2 und *Kreuzer*, in: MüKo EGBGB, Art. 38 Anh I Rn. 118.
7 Siehe *Heidelbach*, in: Schwark, KapMRK, § 30 BörsG Rn. 8 ff. und vgl. auch *Kullmann/Müller-Deku*, WM 1996, 1989, 1991; *Hamann*, in: Schäfer/Hamann, KapMG, § 1 VerkProspG Rn. 5.
8 RegE des EU-ProspRL-UmsetzungsG, BT-Drucks. 15/4999, S. 28.
9 Siehe daher insoweit die Komm. zu § 2 Nr. 3 Rn. 9. In der Lit. wird – allerdings ohne nähere Begr. – zur EU-ProspektRL noch vereinzelt eine Einordnung als Dividendenwert vertreten, v. *Kunold/Schlitt*, BB 2004, 502, 503, wie hier jedoch *Schlitt/Schäfer*, AG 2005, 498, 499 ff. und *Groß*, KapMR, § 2 WpPG, Rn. 2.

Bank liegt. Zu den Nichtdividendenwerten gehören nach der Terminologie der EU-ProspRL und des WpPG auch Aktien vertretende Zertifikate, obgleich diese im praktischen Handel an den Börsen Aktien bisher im Wesentlichen gleichgestellt waren. Vor dem Hintergrund dass auch die EU-Finanzmarktrichtlinie Aktien vertretende Zertifikate nicht entsprechend der Regelung für Aktien den Transparenzanforderungen für geregelte Märkte oder multilaterale Handelssysteme unterwirft, erscheint die unterschiedliche Behandlung jedoch zumindest in sich konsistent.[10] Für Aktien vertretende Zertifikate sieht die EU-ProspV dem entsprechend ein eigenes Schema für die Gestaltung des Prospekts vor, welches schwerpunktmäßig Informationen über den Emittenten der als Basiswert dienenden Aktien und nicht über das Zertifikat selbst vorsieht.[11]

4. Öffentliches Angebot von Wertpapieren

Noch in der EU-EmissionsprospRL vom 17.04.1989 wurde eine Definition des „öffentlichen Angebots" von Wertpapieren als „nicht möglich" angesehen zum damaligen Zeitpunkt für den Begriff „öffentliches Angebot" und alle seine Bestandteile eine gemeinsame Definition festzulegen.[12] Vierzehn Jahre später führt Art. 2 Abs. 1 Buchst. d) der EU-ProspRL für diese Begrifflichkeit eine weit gefasste, jedoch inhaltlich den praktischen Erfordernissen i.W. gerecht werdende Legaldefinition ein. Diese Definition wird in § 2 Nr. 4 Satz 1 WpPG nahezu wortlautgetreu umgesetzt. Für die Auslegung der Definition ist zum Einen die EU-Richtlinie und das europäische Verständnis des Begriffs zugrunde zu legen. Andererseits stellt die Begründung des Regierungsentwurfs ausdrücklich klar, dass die Definition auch dem Begriffsverständnis des öffentlichen Angebots nach dem Verkaufsprospektgesetz entspricht.[13] Dies ermöglicht die Heranziehung von in der Praxis bewährten Auslegungsgrundsätzen zum VerkProspG, wie sie insbesondere durch die Bekanntmachung des BaWe vom 21.09.1999[14] getroffen wurden, allerdings selbstverständlich nur soweit wie diese nicht dem europäischen Verständnis entgegenstehen.

10

a) Reichweite des Angebotsbegriffs

Der Begriff des Angebots ist nicht im Sinne des deutschen Zivilrechts, sondern vor dem Hintergrund der europäischen Zielrichtung der EU-ProspRL zu

11

---

10 Vgl. Art. 29 f. und 30 f. der EU-FinanzmarktRL.
11 Vgl. Art. 13 und Anh. X der EU-ProspV.
12 Vgl. Erwägungsgrund 7 der EU-VerkaufsprospRL (89/298/EWG).
13 RegBegr. EU-ProspRL-UmsetzungsG, BT-Drucks. 15/4999, S. 28.
14 Bekanntmachung des Bundesaufsichtsamtes für den Wertpapierhandel zum Wertpapier-Verkaufsprospektgesetz (Verkaufsprospektgesetz) i.d.F. der Bekanntmachung v. 09.09.1998 (BGBl. I S. 2701 ff.) und zur VO über Wertpapier-Verkaufsprospekte (Verkaufsprospekt-VO) i.d.F. der Bekanntmachung v. 09.09.1998 (BGBl. I S. 2853 ff.) v. 06.09.1999 – BAnz Nr. 177 v. 21.09.1999, S. 16180 – http://www.bafin.de/bekanntmachungen/bek99_01.pdf.

verstehen.[15] Insb. ist es nicht erforderlich, dass die Mitteilung analog § 145 BGB so gestaltet sein muss, dass dem potentiellen Käufer durch eine bloße Zustimmung ein Vertragsschluss möglich ist. Es reicht vielmehr aus, wenn das Publikum durch eine entsprechende Mitteilung aufgefordert wird, ein Angebot abzugeben (sog. „invitatio ad offerendum"). Die Formulierung des § 2 Nr. 4 WpPG, welche das Angebot als eine Mitteilung an Kauf- oder Zeichnungsinteressenten beschreibt, macht deutlich, dass sich die Definition ausschließlich auf öffentliche Verkaufsangebote und nicht auf Kaufangebote bezieht. Aus den Ausnahmetatbeständen des § 4 WpPG ergibt sich weiter, dass die dort nicht genannten Angebote zur Durchführung eines Aktientauschs mit dem Ziel des Beteiligungserwerbs ebenso unter den Begriff des Angebots fallen.[16] Die Praxis der BaFin folgt diesbezüglich nach wie vor Ziff. I.2. und II.1. der BAWe-Bekanntmachung zum VerkProspG und zur VerkProspVO vom 06.09.1999[17]: Ein öffentliches Angebot setzt damit kumulativ voraus: 1. Eine Mitteilung an das Publikum, 2. eine konkrete Zeichnungsmöglichkeit für den Anleger, 3. eine zielgerichtete Ansprache der Anleger durch Werbemaßnahmen im Rahmen des Angebots und 4. ein Informationsbedürfnis des Anlegers.

b) Konkrete Zeichnungsmöglichkeit

12 Der Anleger muss im Zusammenhang mit den Informationen die konkrete Möglichkeit haben, eine Anlageentscheidung in Bezug auf den Erwerb der Wertpapiere zu treffen. Besteht eine solche Entscheidungsmöglichkeit nicht, so liegt daher nach der Definition auch dann kein öffentliches Angebot vor, wenn er ausführliche Informationen über die Wertpapiere erhält. Eine allgemein gehaltene öffentliche Werbung, die lediglich auf eine künftige Börsennotierung hinweist oder eine allgemeine Beschreibung des Emittenten oder der betreffenden Wertpapiere enthält, ohne dass eine konkrete Zeichnungsmöglichkeit besteht, stellt daher kein Angebot i.S.d. § 2 Nr. 4 WpPG dar.[18] So fallen etwa Werbemaßnahmen im Vorfeld eines Börsengangs oder einer an den Märkten zu platzierenden Kapitalerhöhung, wie etwa sog. „road shows" grds. nicht unter den Begriff des Angebotes i.S.d. § 2 Nr. 4 WpPG.[19] Auch CESR hat sich in seinem „FAQ" – Dokument zum Prospektrecht vom Februar 2007 in der Frage der Prospektpflicht bei der Ausgabe kostenloser Wertpapiere an Mitarbeiter als Bestandteil einer mit dem Arbeitgeber vereinbarten Vergütung ausdrücklich gegen eine Prospektpflicht ausgesprochen.[20] Es ist jedoch zu beachten, dass die BaFin bei Mitarbeiterbeteiligungen dennoch eine strenge Auffassung vertritt.

---

15 Siehe RegBegr. EU-ProspRL-UmsetzungsG, BT-Drucks. 15/4999, S. 28.
16 Ausgenommen sind nach § 4 Abs. 1 Nr. 2 lediglich Tauschangebote im Rahmen v. Übernahmeangeboten, nicht aber Angebote zum Erwerb anderer Beteiligungen.
17 Siehe Fn. 4.
18 Dazu weitere Erläuterungen s. unten e).
19 Siehe Fn. 13 und vgl. zur alten Rechtslage *Grimme/Ritz*, WM 1998, 2091, 2095; *Groß*, ZHR 1998, 318, 324; *Hüffer*, VerkProspG S. 16, 18; abl. *Kullmann/Müller-Deku*, WM 1996, 1989, 1992 f.
20 Siehe Dokument CESR/07-110 v. 30.01.2007, S. 6, abrufbar unter www.cesr-eu.org.

c) Mitteilung an das Publikum

Ausreichend, aber im Sinne einer Mindestanforderung auch erforderlich, ist nach der Regierungsbegründung als eine solche „Mitteilung" jede Handlung (mit Erklärungsgehalt), zu verstehen, die auf den Abschluss eines Kaufvertrags gerichtet ist.[21] Dies bedeutet im Umkehrschluss, dass ein Erwerb von Wertpapieren, der auf einer anderen Grundlage als auf einem Kaufvertrag beruht, nicht zwingend einen Prospekt des Emittenten erforderlich macht. Dies gilt für alle gesetzlichen Erwerbstatbestände, wie etwa bei einer Kapitalerhöhung aus Gesellschaftsmitteln und der Ausgabe junger Aktien, bei der Auf- oder Abspaltung nach § 131 Abs. 1 Nr. 3 UmwG, der Umwandlung von Aktiengattungen oder bei der Durchführung eines Aktiensplitts.

13

Weiterhin muss ein Angebot i. S. d. § 2 Nr. 4 WpPG an das „Publikum" gerichtet sein. Allein die Begrifflichkeit des „öffentlichen" Angebots legt hierbei eine Mitteilung an einen unbestimmten Personenkreis nahe, was sich nach alter Rechtslage auch noch aus dem Umkehrschluss aus § 2 Nr. 2 VerkProspG a. F. schließen ließ.[22] Nach der Auslegungspraxis der BaFin zu § 2 Nr. 4 WpPG ist der Begriff des Publikums grundsätzlich nur nach quantitativen Kriterien zu bestimmen. Nachdem der gesetzliche Ausnahmetatbestand des § 2 Nr. 2 VerkProspG a. F. mit der Umsetzung der EU-ProspRL entfallen ist, kann nun auch ein zahlenmäßig begrenzter Adressatenkreis ein „Publikum" i. S. d. WpPG darstellen. Eine quantitative Abgrenzung des Begriffs des Publikums erfolgt durch die Begrenzung des Adressatenkreises auf mehr als 100 nicht qualifizierte Anleger in der Ausnahme des § 3 Abs. 2 Nr. 2 WpPG.[23] Nach der Aufsichtspraxis der BaFin ist bei einem darüber hinausgehenden Adressatenkreis grds. ein öffentliches Angebot anzunehmen. Lediglich ausnahmsweise, z. B. bei Bezugsrechteangebote an Altaktionäre (s. Rn. 11) kann ein Angebot an das „Publikum" abzulehnen sein, wenn im Einzelfall kein Informationsbedürfnis in Form eines Wertpapierprospekts besteht.[24] Ein solches Informationsbedürfnis wird bei einem unbestimmten Personenkreis regelmäßig anzunehmen sein. Handelt es sich dagegen um einen individuell begrenzten und bestimmbaren Personenkreis, wie etwa der Kreis der Altaktionäre oder die Mitarbeiterbelegschaft eines Emittenten, kann ggf. das Informationsbedürfnis aufgrund eines entsprechenden Informationsstandes z. B. in der Belegschaft entfallen. Nach der engen Auslegungspraxis der BaFin ist jedoch bei einem Angebot von Mitarbeiterbeteiligungen an mehr als 100 nicht qualifizierte Anleger ein öffentliches Angebot bislang noch nicht angenommen worden.

14

Ferner muss die Mitteilung nach dem Wortlaut des § 2 Nr. 4 WpPG „ausreichende Informationen über die Angebotsbedingungen und die anzubieten-

15

---

21 RegBegr. EU-ProspRL-UmsetzungsG, BT-Drucks. 15/4999, S. 28.
22 Siehe hierzu mit abweichender Auffassung *Groß*, KapMR, § 2 WpPG, Rn. 16, vgl. auch zum Wertpapierprospektgesetz *Schlitt/Schäfer*, AG 2005, 498, 500 Fn. 30. Zum Verkaufsprospektgesetz ausdrücklich *Kullmann/Müller-Deku*, WM 1996, 1989, 1992; *Hüffer*, VerkProspG, S. 51; ähnlich *Bosch*, in: Bosch/Groß, Emissionsgeschäft Rn. 10/111.
23 Hierzu und sog. „Kaskadenangebote" innerhalb der EU s. § 3 Rn. 16 m. w. N.
24 Dazu weitere Erläuterungen s. unten e).

den Wertpapiere" enthalten, „um einen Anleger in die Lage zu versetzen, über den Kauf oder die Zeichnung dieser Wertpapiere zu entscheiden". Dies bedeutet grundsätzlich, dass allgemeine Werbemaßnahmen, die lediglich den Kreis potentieller Anleger über die Emission informieren, ohne für den Anleger wesentliche Einzelheiten zu nennen, kein Angebot i. S. d. § 2 Nr. 4 WpPG darstellen. Eine allgemein gehaltene öffentliche Werbung, die lediglich auf eine künftige Börsennotierung hinweist oder eine allgemeine Beschreibung des Emittenten oder der betreffenden Wertpapiere enthält, stellt insofern kein Angebot i. S. d. § 2 Nr. 4 WpPG dar.[25] Dagegen können die im Rahmen einer Analystenkonferenz von den Analysten in Publikationen der Öffentlichkeit zugänglich gemachten Informationen dann ein öffentliches Angebot von Wertpapieren darstellen, wenn die Publikationen auch Angaben über die von dem Unternehmen emittierten Wertpapiere nebst etwaigen Angebotsbedingungen enthalten, die Anleger in die Lage versetzen, eine Anlageentscheidung zu treffen. Ebenso kann es ein öffentliches Angebot darstellen, wenn Anleihebedingungen eines Wertpapiers, das an einer Börse gehandelt wird, im Internet veröffentlicht werden, sofern ein Werbender Kontext gegeben ist. Die Anleihebedingungen enthalten ausreichende Informationen über die Anleihe und die Angebotsbedingungen, die als Entscheidungsgrundlage für den Kauf dienen können. Eine Pressenotiz über die Einbeziehung eines Wertpapiers in den Freiverkehr an einer inländischen Börse kann nach der Auslegungspraxis der BaFin dann ein öffentliches Angebot darstellen, wenn hierin Informationen über den ersten Preis und die Ausstattung der Wertpapiere (z. B. Stamm- oder Vorzugsaktien) zusammen mit Aussagen werbenden Charakters, die den sachlichen Charakter der Pressemitteilung überlagern, enthalten sind. Dagegen wird der bloße Hinweis auf einen bevorstehenden Börsengang etwa in einer Fernsehwerbung für Produkte des Emittenten regelmäßig kein öffentliches Angebot darstellen. Sobald jedoch Werbemaßnahmen bzw. Unternehmensnachrichten des betreffenden Emittenten mit konkreten inhaltlichen Details zu der Emission kombiniert werden, könnte im Einzelfall ein öffentliches Angebot vorliegen. Ein vom Emittenten beauftragtes „Research"-Gutachten über die Kursentwicklung der Wertpapiere kann im Einzelfall zu einem Öffentlichen Angebot führen, wenn hierdurch gezielt gesetzte werbende Unternehmensangaben mit dem Hinweis zum Handel verbunden werden. Kein Öffentliches Angebot wird dagegen anzunehmen sein, wenn lediglich eine Übersetzung der für die Zulassung an einem anderen regulierten Markt auf der Website des Emittenten eingestellten Pflichtangaben (z. B. ein „Admission Document" für den AiM in London) erfolgt. Hier werden zwar ebenfalls Unternehmensinformationen mit dem Hinweis auf Handelsmöglichkeiten verbunden, allerdings wird es hier zumeist an dem werbenden Charakter der Information fehlen.

16 Die Frage jedoch, wie konkret der Inhalt des Angebots sein muss, damit ein Anleger ausreichende Informationen erhält, lässt sich nicht pauschal beant-

---

25 Vgl. hierzu *Groß*, KapMR, § 2 WpPG Rn. 11; *Bosch*, in: Bosch/Groß, Emissionsgeschäft Rn. 10/106; *Hüffer*, VerkProspG, S. 16; *Schäfer/Hamann*, KapMG, § 1 VerkProspG Rn. 6.

worten. Nach der Bekanntmachung des BaWe vom 06.09.1999 ist zumindest mit der Veröffentlichung der Aufforderung zur Abgabe von Zeichnungsangeboten im Anschluss an die Bekanntmachung des Preisrahmens eine hinreichende Konkretisierung gegeben. Dies bedeutet, dass beim sog. Bookbuilding das „Verkaufsangebot" vor Beginn der Order-Taking-Period noch nicht als öffentliches Angebot i. S. d. § 1 VerkProspG a. F. anzusehen ist, wenn noch keine Preisspanne bekannt gegeben wurde.[26] Das BAWe hielt in seiner ersten Bekanntmachung zum Verkaufsprospektgesetz von 1996 die „Aufforderung zur Abgabe von Zeichnungsangeboten" für ausreichend, ohne dass es eine weiteren Konkretisierung bedurfte. Seit der zweiten Bekanntmachung des BaWe zum Verkaufsprospektgesetz wird eine ausreichende Konkretisierung und damit ein öffentliches Angebot erst dann angenommen, wenn eine konkrete Erwerbsmöglichkeit für den Interessenten eröffnet wird und Details zu den essentialia negotii, wie etwa die Preisspanne veröffentlicht sind. Eine auf ein Wertpapier bezogene werbende Aussage (z.B.: „die Aktie ist unterbewertet") kann jedoch ein öffentliches Angebot darstellen, wenn durch die Angabe der WKN der Zugang zu den erforderlichen Details, wie etwa dem Preis und die Zeichnungsmöglichkeit, ermöglicht wird.

d) Zielgerichtete Anlegerwerbung

Besteht eine konkrete Erwerbsmöglichkeit, wie etwa bei einer Börsennotierung im regulierten[27] Markt oder im Freiverkehr ist nur dann ein öffentliches Angebot anzunehmen, wenn die Anleger zielgerichtet im Hinblick auf den Erwerb der Anteile angesprochen werden. Der bloße Antrag auf Einbeziehung von Wertpapieren in den Freiverkehr sowie die Entscheidung der Börsengeschäftsführung, Wertpapiere in den Freiverkehr einzubeziehen ist daher kein zur Prospektpflicht führendes öffentliches Angebot.[28] Andere europäische Finanzmärkte haben diesbezüglich vergleichbare Ausnahmen geschaffen, wie etwa den AIM (Alternative Investment Market) im vereinigten Königreich, Alternext in Frankreich oder der Dritte Markt in Österreich. Praktisch bedeutsam ist diese Ausnahmebestimmung v. a. für Wertpapiere, die im Wege eines „private placements", also ohne vorherige Börsenzulassung an einer anderen europäischen Börse im Inland an einem börslichen Markt handelbar gemacht werden sollen. Der Börsenhandel selbst stellt keine gezielte Werbung für ein Wertpapier dar. Über den Wortlaut der EU-ProspRL hinausgehend stellt ergänzend § 2 Nr. 4 WpPG a. E. klar, dass, Mit-

17

---

26 Zum Bookbuilding-Verfahren und dessen Ablauf, *Groß*, ZHR 1998, 318, 320 ff.
27 Mit Inkrafttreten des FinanzmarktRL-UmsetzungsG (FRUG) v. 16.07.2007, BGBl. I 2007, S. 1330 v. 19.07.2007 wurden der amtliche und der geregelte Markt abgeschafft und durch den regulierten Markt ersetzt.
28 Vgl. RegBegr. EU-ProspRL-UmsetzungsG, BT-Drucks. 15/4999, S. 25, 28 sowie Gegenäußerung der Bundesregierung zu den Empfehlungen des Bundesrates zum EU-ProspRL-UmsetzungsG, BT-Drucks. 15/5219, S. 7. Zur alten Rechtslage siehe *Schwark*, FS Schimansky, 739, 741 ff.; *Waldeck/Süßmann*, WM 1993, 361, 363; *Bosch*, in: Bosch/Groß, Emissionsgeschäft Rn. 10/106 a. E. m.w.N.; ebenso Bekanntmachung des BAWe siehe Fn. 13.

teilungen auf Grund des Handels von Wertpapieren an einem organisierten Markt oder im Freiverkehr kein öffentliches Angebot darstellen. Dies bedeutet, dass z. B. weder Kursmitteilungen, noch reine „ad hoc"-Mitteilungen nach § 15 WpHG oder andere Mitteilungs- und Veröffentlichungspflichten für börsennotierte Unternehmen, wie etwa die Rechnungslegungspublizitätsvorschriften der §§ 37 v bis 37 x WpHG, öffentliche Angebote darstellen und eine Prospektpflicht auslösen können.

18 Allerdings ist dies nach der Praxis der BaFin dann anders zu bewerten, wenn, die Kurse oder Handelsinformationen technisch oder in anderer Weise unmittelbar mit entsprechenden, für den Vertrieb der Wertpapiere werbenden Informationen seitens des Emittenten verbunden werden. Dem entsprechend kommt es insb. bei Qualitätssegmenten des Freiverkehrs, die Emittenten besondere Transparenzverpflichtungen auferlegen, besonders auf die Ausgestaltung der betreffenden Transparenzverpflichtungen an, ob ein „private placement" nach der Auslegungspraxis der BaFin noch möglich ist.[29] Die reine Erfüllung einer Transparenzverpflichtung zur Veröffentlichung von Tatsachen durch den Emittenten stellt noch keine zielgerichtete Werbung dar und kann daher noch nicht zu einem öffentlichen Angebot führen. Bei einer „Verlinkung" einer Handelsplattform mit der Webseite des Emittenten würde jedoch die Schwelle zum öffentlichen Angebot nach der Auslegungspraxis der BaFin dadurch überschritten, dass eine gezielte Verbindung von Kursangaben und werbenden emittentenbezogenen Informationen erfolgt. Insgesamt ist die diesbezügliche Auslegungspraxis der BaFin stark einzelfallorientiert.

e) Informationsbedürfnis

19 Schließlich besteht eine Prospektpflicht nach der Aufsichtspraxis der BaFin nur dann, wenn ein Informationsbedürfnis in Form eines Wertpapierprospekts besteht. Diese ist zu verneinen, wenn eine ausreichende Information der Anleger bereits in anderer Weise im Vorfeld der Emission gegeben war. Eine Ausnahme von der Schutzbedürftigkeit wird von der BaFin derzeit jedoch nur dann angenommen, wenn ein Bezugsrechtsangebot ausschließlich an Altaktionäre gerichtet wird. Der Kreis der Altaktionäre ist bereits über die Emittentin und die Aktien informiert, da grds. davon auszugehen ist, dass beim Erwerb der ursprünglichen Aktien Informationen geflossen sind, so dass das Informationsbedürfnis regelmäßig entfällt. Eine ähnliche Fallgestaltung kann gegeben sein, wenn eine KAG Anleihen aus einem Fondsbestand ausschließlich den Fondsinhabern anbietet. Dagegen ist ein entsprechendes Informationsbedürfnis stets anzunehmen, wenn auch Dritte die Aktien erwerben können, so etwa beim nicht auf die Altaktionäre beschränkten Be-

---

29 Vgl. etwa den „Entry Standard" im Freiverkehr der Frankfurter Wertpapierbörse, bei welchem die Notierung an die Veröffentlichung bestimmter Tatsachen, z. B. eines testierten Konzern-Jahresabschlusses, eines Zwischenberichts sowie die Veröffentlichung eines aktuellen Unternehmenskurzportraits, eines Unternehmenskalenders und wesentlichen Unternehmensnachrichten auf den Internetseiten des Emittenten verknüpft ist. Einzelheiten hierzu abrufbar unter www.deutsche-boerse.com.

zugsrechtshandel. Im Fall von Mitarbeiterbeteiligungen stellt die BaFin bei der Prüfung dieses Kriteriums insb. auf die Funktion der Mitarbeiter, die in den Genuss des Beteiligungsprogramms kommen sollen, ab, so dass in jedem Fall eine individuelle Prüfung durch die Gesellschaft, die das Programm auflegen will, erfolgen muss. In der Regel wird die BaFin nach der derzeitigen Rechtslage angesichts der spezifischen Ausnahme des § 4 Abs. 1 Nr. 5 WpPG bei Mitarbeiterprogrammen in aller Regel von einem öffentlichen Angebot ausgehen. Das Ergebnis dieser Einzelfallprüfung kann ggf. im Rahmen einer Schadensersatzklage nach § 13a Verkaufsprospektgesetz durch die ordentlichen Gerichte überprüft werden.fraglich ist ein Informationsbedürfnis insbesondere dann, wenn im Nachgang einer Notierung im Regulierten Markt oder im Freiverkehr und einem bereits veröffentlichten Prospekt werbende Maßnahmen im Hinblick auf die Wertpapiere ergriffen werden. Für im Regulierten Markt zugelassene Wertpapiere kann vertreten werden, dass der Schutzzweck der Prospektpflicht, der Schutz der Anleger durch umfassende Information, durch die Erfüllung der umfangreichen Zulassungsfolgepflichten (§§ 15ff., 30aff. WpHG) gewährleistet wird und deshalb ein weitergehendes Informationsbedürfnis nicht gegeben ist.[30] Für in den Freiverkehr einbezogene Wertpapiere greift dieses Argument jedoch nicht, so dass hier bei entsprechenden Werbemaßnahmen der Emittenten ggf. ein Informationsbedürfnis seitens der Anleger besteht und ein öffentliches Angebot anzunehmen ist.

5. Angebotsprogramm

Das Angebotsprogramm in § 2 Nr. 5 WpPG wird als Plan definiert, der es erlauben würde, die in Nr. 3 genannten Wertpapiere in einem bestimmten Emissionszeitraum dauernd oder wiederholt zu begeben. *20*

6. Qualifizierte Anleger

Die Regelung in lit. a erfasst dabei in erster Linie der Finanzaufsicht unterliegende juristische Personen sowohl des öffentlichen Rechts als auch solche des Privatrechts aber auch nicht beaufsichtigte Institute, deren einziger Geschäftszweck in der Wertpapieranlage besteht. Unter die in lit. b genannten qualifizierten Anlegern fallen öffentliche Gebietskörperschaften und Institutionen, wie etwa – ausdrücklich genannt – die die Kreditanstalt für Wiederaufbau (KfW). lit. c fungiert als Auffangregelung für alle sonstigen juristischen Personen mit der Ausnahme von kleinen oder mittleren Unternehmen. Diese und natürliche Personen, werden, sofern Sie ihren Sitz bzw. Wohnsitz im Inland haben, werden nur erfasst, wenn sie in ein entsprechend Art. 2 Abs. 1 lit. e Ziff. IV und V i.V.m. Abs. 3 der Prospektrichtlinie errichtetes Register aufgenommen wurden, in das bestimmte qualifizierte Anleger aufgenommen werden. Weitere Regelungen zum Register sind in § 27 WpPG enthalten.[31] *21*

---

30 S. zu dieser Zweitmarktproblematik auch Komm. zu § 3 Rn. 5.
31 Siehe Komm. zu § 27.

7. Kleine und mittlere Unternehmen

22 § 2 Nr. 7 WpPG regelt die Merkmale anhand derer sich die Einordnung als kleines oder mittleres Unternehmen bestimmt. Die hier genannten Schwellenwerte ergeben sich aus der Prospektrichtlinie.

8. Einlagenkreditinstitute

23 Der in § 2 Nr. 8 WpPG bestimmte Begriff des Einlagenkreditinstituts ist in Anknüpfung an das Kreditwesengesetz definiert als die in Art. 2 Abs. 1 lit. g) der Prospektrichtlinie in Bezug genommenen Kreditinstitute im Sinne von Art. 1 Abs. 1 lit. a) der Richtlinie 2000/12/EG des Europäischen Parlaments und des Rates vom 20.03.2000 über die Aufnahme und die Ausübung der Tätigkeit der Kreditinstitute.[32] Für die Zwecke des WpPG kommt es dabei allein darauf an, dass das Kreditinstitut eine Erlaubnis zum Betreiben des Einlagengeschäfts hat.

9. Emittent

24 Die in § 2 Nr. 9 WpPG enthaltene Definition des Emittenten umfasst in Anlehnung an die Definition im VerkProspG Personen und Gesellschaften. Zu den Personen zählen sowohl juristische Personen des öffentlichen Rechts als auch solche des Privatrechts.

10. Anbieter

a) Allgemeines

25 Das Begriffsverständnis des „Anbieters" entspricht, wie auch die Begründung des Regierungsentwurfs klarstellt, ebenfalls dem des Verkaufsprospektgesetzes. Anbieter ist danach derjenige, der für das öffentliche Angebot der Emission verantwortlich ist. Allerdings ist diese „Verantwortlichkeit" weniger im Sinne einer haftungsrechtlichen Verantwortung zu verstehen, was vielmehr eine der Folgen der Anbietereigenschaft ist. In Zusammenschau mit Art. 2 Abs. 1 lit. i) der Prospektrichtlinie ist vielmehr entscheidend, wer den Anlegern gegenüber als der Verantwortliche auftritt. Anbieter ist demnach grds. derjenige, der nach außen erkennbar als solcher in Erscheinung tritt, z.B. in Werbeanzeigen.

Anbieter ist somit in erster Linie grds. der Emittent, unabhängig davon, ob er selbst die Wertpapiere platziert, oder, ob andere juristische Personen als Emissionshäuser oder auch -konsortien gewählt werden. Allerdings können als Anbieter i.S.d. § 2 Nr. 10 WpPG neben dem Emittenten auch die Emissionsbanken sein, sofern sie gegenüber potentiellen Käufern der Wertpapiere das Angebot zum Abschluss des Kaufvertrages abgeben oder entgegennehmen, oder in dieser Rolle werbend tätig sind. Bei einem öffentlichen Angebot im Internet stellt die BaFin für die Bestimmung des Anbieters auf das Telemediengesetz (TMG) ab. Nach § 5 TMG ist der Dienstanbieter (Pro-

---

[32] ABl. EU Nr. L 126 v. 25.05.2000, S. 1; zuletzt geändert durch die RL 2000/28/EG (ABl. EU Nr. L 275 v. 27.10.2000, S. 37).

vider) und dessen Anschrift zu nennen, wobei auch hier entscheidend ist, wer für den Inhalt der betreffenden Internetseite tatsächlich verantwortlich ist.

b) Weitervertrieb nach Privatplatzierung

Eine problematische Fallkonstellation für die Frage nach der Person des Anbieters stellt die öffentliche Weiterveräußerung von Wertpapieren dar, die etwa z. B. bei einem öffentlichen Weitervertrieb von am Freiverkehr privat platzierten Wertpapieren denkbar ist. Ist bereits zu Beginn ein Publikumsvertrieb durch vom Emittenten vorgesehen und ergibt sich dies aus den entsprechenden Vertriebsvereinbarungen mit den Emissionsbanken und auch au dem Geschäftsgebaren des Emittenten, wird der Emittent selbst in aller Regel zumindest auch als Anbieter i. S. d. § 2 Nr. 10 WpPG anzusehen sein. Ist die Erstemission jedoch prospektfrei, z. B. durch Platzierung bei institutionellen Investoren oder am Freiverkehr und besteht keine (nach außen erkennbare) Weiterveräußerungsabsicht oder wird die Weiterveräußerung durch Vereinbarung mit den Emissionshäusern sogar ausgeschlossen, ist die Person des Anbieters bei einem dennoch vorgenommenen öffentlichen Vertrieb schwerer zu bestimmen. Eine Prospektpflicht des Emittenten erscheint in diesem Fall unbillig; vielmehr wird im Gleichlauf mit der Praxis zum VerkProspG der Wiederveräußerer als Anbieter anzusehen sein.[33]

26

In dem Sonderfall, dass die Weiterveräußerung nach Aufnahme der Wertpapiere in den Freiverkehr erfolgt, muss beachtet werden, dass allein die Aufnahme in den Freiverkehr noch nicht als öffentliches Angebot anzusehen ist. Erfolgt eine Weiterveräußerung nach einer Handelsaufnahme im Freiverkehr ohne den Willen des Emittenten, kann auch hier dieser nicht als Emittent in Frage kommen, da er hier weder nach außen als der für den Vertrieb Verantwortliche auftritt, noch der Vertrieb von ihm tatsächlich zu verantworten ist.[34] Genauso wenig kann der Börsenteilnehmer, der die Aufnahme des Emittenten in den Freiverkehr beantragt, Anbieter sein, denn er ermöglicht lediglich die Privatplatzierung an der Börse[35], die Verantwortung für den Zweitvertrieb kann ihm jedoch nicht angelastet werden.

27

Sofern der Emittent jedoch ausdrücklich auf den Ausschluss der Weiterveräußerung hingewiesen hat, sind die Tatbestandsvoraussetzungen des § 2 Nr. 10 WpPG bei ihm nicht gegeben. Durch ein vertragliches Weiterveräußerungsverbot gegenüber den Emissionshäusern kann der Emittent nicht nur sicherstellen, dass er, sofern er dies nach außen auch vertritt, nicht als Anbieter anzusehen ist, sondern auch sich im Innenverhältnis bei einem vertragswidrigen Verhalten eines Emissionshauses einen Schadensersatzan-

28

---

33 So auch *Groß*, KapMR, § 2 WpPG, Rn. 2; und Bosch, in: *Bosch/Groß*, Emissionsgeschäft Rn. 10/109; *Carl/Machunsky*, S. 35; *Hüffer*, VerkProspG, S. 82 f.; *Schäfer*, ZIP 1991, 1557, 1561.
34 Für eine Prospektpflicht des Emittenten in diesem Fall dagegen – allerdings noch vor dem Hintergrund der Rechtslage v. 1991 – *Hopt*, Die Verantwortlichkeit der Banken bei Emissionen, 1991, Rn. 133.
35 So jedoch *Waldeck/Süßmann*, WM 1993, 361, 363.

spruch sichern.[36] Hat der Emittent jedoch im Außenverhältnis nicht ausreichend klargestellt, dass er nicht hinter dem Vertrieb an die Öffentlichkeit steht, läuft er Gefahr, dass er bei einer Weiterveräußerung indirekt als Anbieter anzusehen ist und damit prospektpflichtig wird. Ein Emittent, der nicht Anbieter sein möchte, sollte daher nach außen deutlich auf die gesetzlichen Verkaufsbeschränkungen hinweisen.

c) Weitervertrieb durch eine Vertriebsorganisation

29 Erfolgt der Vertrieb der Wertpapiere über Vertriebsorganisationen, wie etwa einem Netzwerk von angestellten oder freien Vermittlern, ist derjenige als Anbieter anzusehen, der die Verantwortung für Vertriebsaktivitäten trägt. Anhaltspunkte hierfür können insb. entsprechende Vereinbarungen mit dem Emittenten, Aufträge an Untervertriebe und Provisionsvereinbarungen mit selbstständigen oder freiberuflich tätigen Vermittlern sein.

d) Verbriefte Derivate und Wandelanleihen

30 Die BaFin sieht bei Options- und Wandelanleihen grundsätzlich den Emittenten dieser Finanzierungsinstrumente als Anbieter an, unabhängig davon, ob sich das Options- oder Wandelungsrecht auf vom Anbieter selbst emittierte Wertpapiere oder z.B. auf Aktien einer dritten Gesellschaft bezieht. Gleiches gilt für Index-Optionsscheine, Optionsscheine mit einem Aktien- oder Wertpapierkorb als Underlying und auch für Optionsscheine, die unter Ausschluss eines Optionsrechts lediglich einen Zahlungsanspruch verbriefen, d. h. sog. Differenzoptionsscheine.

11. Zulassungsantragsteller

31 § 2 Nr. 11 WpPG definiert als Zulassungsantragsteller die Personen, die den Antrag auf Zulassung zum Handel an einem organisierten Markt stellen. Dies sind i. d. R. aber nicht notwendigerweise der Emittent sowie die in § 30 Abs. 2 BörsG genannten Institute oder Unternehmen

12. Dauernde oder wiederholte Ausgabe von Wertpapieren

32 In § 2 Nr. 12 WpPG ist bestimmt unter welchen Voraussetzungen eine dauernde oder wiederholte Ausgabe von Wertpapieren vorliegt. Die in diesem Zusammenhang verlangte Ähnlichkeit zwischen Wertpapieren besteht, wenn die Wertpapiere vergleichbare Ausstattungsmerkmale aufweisen. Das Tatbestandsmerkmal „wiederholt" in den §§ 1 Abs. 2 Nr. 5 und 31 Abs. 2 WpPG sieht die BaFin als erfüllt an, wenn zuvor innerhalb eines Zeitraums von zwölf Monaten bereits eine Emission stattgefunden hat. Ein „dauerndes" Angebot schon mit Beginn der ersten Emission liegt vor, wenn ein Wertpapier mindestens vier Wochen lang angeboten wird.

---

36 Diesen rechtlichen Hintergrund haben vor allem die in Übernahmeverträgen angelsächsischen Typs enthaltenen umfangreichen Regelungen „Selling Restrictions", vgl. Ziff. VIII der bei *Groß*, in: BuB, Rn. 10/324 und 10/326 abgedruckten Vertragsmuster.

13. Herkunftsstaat

In lit. a findet sich die Grundregel für den Herkunftsstaat von Emittenten mit Sitz in der Europäischen Union oder im Europäischen Wirtschaftsraum, das sog. Herkunftsstaatsprinzip. Dieses geht davon aus, dass prinzipiell nur die Aufsichtsbehörde des Staats zuständig sein soll, in dem der Emittent seinen Sitz hat. Das strenge Herkunftsstaatsprinzip gilt insb. bei der Emission von Aktien. Für einen EWR-Emittenten ist mithin die Aufsichtsbehörde des Staats, in dem der Emittent seinen Sitz hat, zuständig. Für diese Frage ist formal auf den satzungsmäßigen Sitz abzustellen.[37] Davon unabhängig ist, wo der Emittent seinen faktischen Sitz (Verwaltungssitz) hat. Die Sitzfrage lässt sich daher leicht anhand eines HR-Auszugs klären. Eine materielle Abgrenzung nach dem Schwerpunkt der Tätigkeit o.ä. erscheint dagegen nicht praktikabel. So ist die Zuständigkeit der BaFin etwa zu verneinen, wenn der Sitz des Emittenten lediglich „briefkastenartig" in England ist und die faktische Tätigkeit zwar in Deutschland erfolgt, hier aber nur eine Niederlassung eingetragen ist.

33

Lit. b begründet im Fall der Emission bestimmter Nichtdividendenwerte für alle Emittenten ein Wahlrecht zwischen dem Sitzstaat des Emittenten und dem Aufnahmestaat, in dem öff. Angebot bzw. Börsenzulassung erfolgen sollen. Das Wahlrecht kann durch ausdrückliche Erklärung gegenüber der Bundesanstalt oder konkludent durch Einreichung eines Registrierungsformulars und einer Wertpapierbeschreibung ausgeübt werden. Deutschland hat sich in den Verhandlungen zur EU-ProspRL für ein möglichst weitgehendes Wahlrecht ausgesprochen, das insb. auch die derivativen Wertpapiere umfassen soll. Eine derart eindeutige Lösung wurde nicht erzielt. Während man bei Optionsscheinen keine Probleme sah, diese unter b) zu subsumieren, erschien die Subsumtion bei Zertifikaten fraglich. In der Praxis wird eine „weite Auslegung" vorgenommen, wonach auch Zertifikate in das Wahlrecht fallen, sofern eine Ausübungsfiktion oder eine automatische Ausübung in den Bedingungen vorgesehen ist. Hinsichtlich der Nichtdividendenwerte, die auf andere Währungen als auf Euro lauten, ist für die Bestimmung der Schwelle von annährend 1.000 Euro auf den Wechselkurs am Tag des Eingangs des Prospekts bei der Bundesanstalt abzustellen. Dies ist geeignet, die für die Ausübung des Rechts zur Wahl des Herkunftsstaats erforderliche Sicherheit zu schaffen. Für die Einordnung als Drittstaatemittent von Wertpapieren, die nicht in lit. b genannt sind, ist wie bei den Gemeinschaftsemittenten der Sitz des Emittenten entscheidend. Aus dem Umkehrschluss zu lit. b ist nach der Auslegungspraxis der BaFin zu entnehmen, dass insb. bei der Emission von Aktien jeweils (nur) der Sitzstaat zuständiger Herkunftsstaat ist.

Die Einordnung als Drittstaatemittent von Wertpapieren, die nicht in § 2 Nr. 13 lit. b WpPG genannt sind, richtet sich wie bei den Emittenten aus den Mitgliedstaaten nach dem Sitz des Emittenten. Im Einzelfall kann die Bestimmung des Drittstaates schwierig sein, da bestimmte Gebiete – oft be-

---

[37] Ebenfalls für den statuarischen Sitz *Kullmann/Sester*, WM 2005, 1068, 1070.

dingt durch früher kolonial geprägte Strukturen – noch eine besondere Nähebeziehung zum einstigen „Mutterland" aufweisen (vgl. etwa Art. 299 Abs. 3 EUV und dazugehörigen Anhang II). Die Britischen Jungferninseln sind etwa, wie auch die britische FSA bestätigt hat, Drittstaat im Sinne der Prospektrichtlinie. Ein Emittent mit Sitz in Jersey kann durch Wahl Deutschlands als Herkunftsstaat nach § 2 Nr. 13 lit. c WpPG die Zuständigkeit der BaFin begründen, da Jersey gleichfalls zutreffend nach der Aufsichtspraxis der BaFin als Drittstaat im Sinne dieser Vorschrift einzuordnen ist, da Art. 299 Abs. 6 lit. c EGV als Sonderbestimmung für die Kanalinseln festlegt, dass in Jersey europäisches Primär- und Sekundärrecht – und somit auch das europäische Prospektrecht – gerade nicht gilt. Das Ihnen zustehende Wahlrecht gem. lit. c können Drittstaatemittenten auch durch die Einreichung eines Registrierungsformulars ausüben.

14. Aufnahmestaat

34 § 2 Nr. 14 WpPG definiert spiegelbildlich zu Nr. 13 den Aufnahmestaat als denjenigen Staat, in dem ein öffentliches Angebot unterbreitet oder die Zulassung zum Handel angestrebt wird, sofern dieser Staat nicht der Herkunftsstaat ist.

15. Staat des Europäischen Wirtschaftsraums

35 § 2 Nr. 15 WpPG enthält eine Definition des Begriffs „Staat des Europäischen Wirtschaftsraums". Er umfasst die jeweils aktuellen Mitgliedstaaten der Europäischen Union sowie die anderen Vertragsstaaten des Abkommens vom 02.05.1992 über den Europäischen Wirtschaftsraum (Island, Liechtenstein und Norwegen).

16. Organisierter Markt

36 Die Definition des organisierten Markts in § 2 Nr. 16 WpPG verweist auf die Definition des organisierten Marktes in § 2 Abs. 5 WpHG und setzt zugleich den Begriff des geregelten Markts in der EU-Finanzmarktrichtlinie für den Prospektbereich um. Der Begriff des organisierten Markts ist zugleich identisch mit dem Begriff des geregelten Markts in der Verordnung der Kommission zur Durchführung der Prospektrichtlinie. In Deutschland umfasst er derzeit den regulierten Markt nach dem Börsengesetz. Nicht zum organisierten Markt zählt der Freiverkehr.

17. Bundesanstalt

37 § 2 Nr. 17 WpPG definiert die Bundesanstalt für Finanzdienstleistungsaufsicht (BaFin), welche die in Deutschland zuständige Behörde für die Prospektprüfung ist.

ARTIKEL 2
Begriffsbestimmungen

Im Sinne dieser Verordnung und ergänzend zur Richtlinie 2003/71/EG gelten folgende Begriffsbestimmungen:

(1) „Schema" bezeichnet eine Liste von Mindestangaben, die auf die spezifische Natur der unterschiedlichen Arten von Emittenten und/oder die verschiedenen betreffenden Wertpapiere abgestimmt sind;

(2) „Modul" bezeichnet eine Liste zusätzlicher Angaben, die nicht in den Schemata enthalten sind und einem oder mehreren dieser Schemata anzufügen sind, je nachdem, um welches Instrument und/oder um welche Transaktion es sich handelt, für die ein Prospekt oder ein Basisprospekt erstellt wurde;

(3) „Risikofaktoren" bezeichnet eine Liste von Risiken, die für die jeweilige Situation des Emittenten und/oder der Wertpapiere spezifisch und für die Anlageentscheidungen wesentlich sind;

(4) „Zweckgesellschaft" bezeichnet einen Emittenten, dessen Tätigkeit und Zweck in erster Linie in der Emission von Wertpapieren besteht.

(5) „Durch Vermögenswerte unterlegte Wertpapiere" („Asset backed securities/ABS") bezeichnet Wertpapiere, die

a) einen Anspruch auf Vermögenswerte darstellen, einschließlich der Rechte, mit denen eine Bedienung der Wertpapiere, der Eingang oder die Pünktlichkeit des Eingangs zahlbarer Beträge von Seiten der Inhaber der Vermögenswerte sichergestellt werden soll, wenn es um die in diesem Rahmen zahlbaren Beträge geht;

b) durch Vermögenswerte unterlegt sind und deren Bedingungen vorsehen, dass Zahlungen erfolgen, die sich auf Zahlungen oder angemessene Zahlungsprognosen beziehen, die unter Bezugnahme auf bestimmte oder bestimmbare Vermögenswerte berechnet werden;

(6) „Dachorganismus für gemeinsame Anlagen"/(„Umbrella collective investment undertaking") bezeichnet einen Organismus für gemeinsame Anlagen, dessen Vermögen in Anteilen eines oder mehrerer Organismen für gemeinsame Anlagen angelegt ist und der sich aus unterschiedlichen Wertpapierkategorien oder Wertpapieren unterschiedlicher Bezeichnung zusammensetzt;

(7) „Organismus für gemeinsame Anlagen in Immobilien"/(„Property collective investment undertaking") bezeichnet einen Organismus für gemeinsame Anlagen, dessen Anlageziel die Beteiligung am langfristigen Halten von Immobilien ist.

(8) „Öffentliche internationale Einrichtung" bezeichnet eine durch einen internationalen Vertrag zwischen souveränen Staaten eingesetzte juristische Person öffentlicher Natur, zu deren Mitgliedern ein oder mehrere Mitgliedstaaten zählen.

(9) „Werbung" bezeichnet Bekanntmachungen, die

a) sich auf ein bestimmtes öffentliches Angebot von Wertpapieren oder deren Zulassung zum Handel auf einem geregelten Markt beziehen und

b) darauf abzielen, die potenzielle Zeichnung oder den möglichen Erwerb von Wertpapieren besonders zu fördern.

(10) „Gewinnprognose" bezeichnet einen Text, in dem ausdrücklich oder implizit eine Zahl oder eine Mindest- bzw. Höchstzahl für die wahrscheinliche Höhe der Gewinne oder Verluste im laufenden Geschäftsjahr und/oder in den folgenden Geschäftsjahren genannt wird, oder der Daten enthält, aufgrund deren die Berechnung einer solchen Zahl für künftige Gewinne oder Verluste möglich ist, selbst wenn keine bestimmte Zahl genannt wird und das Wort „Gewinn" nicht erscheint;

(11) „Gewinnschätzung" bezeichnet eine Gewinnprognose für ein abgelaufenes Geschäftsjahr, für das die Ergebnisse noch nicht veröffentlicht wurden.

(12) „Vorgeschriebene Informationen" bezeichnet alle Angaben, die der Emittent oder jede Person, die ohne dessen Einwilligung die Zulassung von Wertpapieren zum Handel auf einem geregelten Markt beantragt hat, nach der Richtlinie 2001/34/EG oder nach Artikel 6 der Richtlinie 2003/6/EG offen legen muss.

Inhalt

		Rn.			Rn.
I.	Die Definitionen der EU-ProspV		VIII.	Organismus für gemeinsame Anlagen in Immobilien	7
II.	Schema	1	IX.	Öffentliche internationale Einrichtung	8
III.	Modul	2			
IV.	Risikofaktoren	3	X.	Werbung	9
V.	Zweckgesellschaft	4	XI.	Gewinnprognose und Gewinnschätzung	10
VI.	Durch Vermögenswerte unterlegte Wertpapiere/ABS	5			
VII.	Dachorganismus für gemeinsame Anlagen	6	XII.	Vorgeschriebene Informationen	11

I. Die Definitionen der EU-ProspV

Die Regelung in Art. 2 EU-ProspV definiert die für die EU-ProspV Anwendungsbereich und wesentlichen Begriffe.

II. Schema

1 Der in Art. 2 Nr. 1 definierte Begriff „Schema" bezeichnet eine Liste von Mindestangaben für Prospekte, die auf die spezifische Natur der unterschiedlichen Arten von Emittenten und/oder die verschiedenen betreffenden Wertpapiere abgestimmt sind. Nach der Vorgabe in Erwägungsgrund 6 der EU-ProspV enthält die EU-ProspV aufgeteilt nach den verschiedenen Kate-

gorien der Emittenten und dem Typ der involvierten Wertpapiere eine Typologie mit Mindestangaben, die den in der Praxis am häufigsten verwendeten Prospektinhalten entsprechen (s. Anhänge I bis XVII zur EU-ProspV) sowie Regelungen über die Kombinationsmöglichkeiten dieser Schemata (s. Anhang XVIII zur EU-ProspV). Die Schemata stützen sich auf die Informationsbestandteile, die den bereits gängigen internationalen Standards, wie den IOSCO-Offenlegungsstandards für das grenzbergreifende Angebot und Erstnotierungen entsprechen[1], sowie auf die bereits bestehenden Schemata der EU-Kapitalmarktpublizitätsrichtlinie.[2]

III. Modul

Art. 2 Nr. 2 EU-ProspV definiert das Modul als eine Liste zusätzlicher Angaben, die nicht in den Schemata enthalten sind und einem oder mehreren dieser Schemata anzufügen sind, je nachdem, um welches Instrument und/oder um welche Transaktion es sich handelt, für die ein Prospekt oder ein Basisprospekt nach dem WpPG und der EU-ProspV erstellt werden muss. Die Module sind abhängig vom Typ des Emittenten und der Art der Wertpapiere, nach den Vorgaben der EU-ProspV und den Anhängen I bis XVII anzuwenden, wobei auch die in Anhang XVIII zur EU-ProspV vorgesehenen Kombinationsmöglichkeiten zu beachten sind.

2

IV. Risikofaktoren

Als Risikofaktoren bezeichnet Art. 2 Nr. 3 EU-ProspV eine Liste von Risiken, die für die jeweilige Situation des Emittenten und/oder der Wertpapiere spezifisch und für die Anlageentscheidungen wesentlich sind. Die Risikofaktoren sind nach Art. 25 EU-ProspV ein essentieller Bestandteil des Prospektformats, gleichgültig, ob es sich um einen Basisprospekt oder um Einzelprospekt handelt. Die Anhänge der EU-ProspV enthalten für die unterschiedlichen Emittenten oder Wertpapiertypen detaillierte Vorgaben über diejenigen Risikofaktoren, die in dem jeweiligen im Prospekt zu nennen sind.[3]

3

V. Zweckgesellschaft

Unter einer Zweckgesellschaft versteht Art. 2 Nr. 4 EU-ProspV einen Emittenten, dessen Tätigkeit und Zweck in erster Linie in der Emission von Wertpapieren besteht. Nach Erwägungsgrund 17 der EU-ProspV soll eine Zweck-

4

---

1 IOSCO International Disclosure Standards for Cross-Border Offerings and Initial Listings by Foreign Issuers, September 1998, Part I, S. 1 ff., abrufbar unter http://www.iosco.org.
2 RL 2001/34/EG des Europischen Parlaments und des Rates vom 28.05.2001 über die Zulassung von Wertpapieren zur amtl. Börsennotierung und über die hinsichtlich dieser Wertpapiere zu veröffentlichenden Informationen, ABl. EU Nr. L 184 vom 06.07.2001, S. 1, berichtigt in ABl. EU Nr. L 217 vom 11.08.2001, S. 18.
3 Vgl. insb. die Komm. zu Anh. I EU-ProspV.

Foelsch

gesellschaft, die Schuldtitel und derivative Wertpapiere, die von einer Bank garantiert sind, emittiert, nicht das Registrierungsformular für Banken verwenden. Zweckgesellschaften für Emissionen werden zum einen aus haftungsrechtlichen Gründen errichtet, wobei die Rechtsform einer solchen Gesellschaft zumeist die einer GmbH oder etwa einer vergleichbaren „Ltd."-Company ausländischen Rechts ist. Ferner werden entsprechende Zweckgesellschaften oft im steuergünstigeren Ausland, wie etwa auf den Kanalinseln oder „off shore" errichtet. Nach Ziff. 4.1 des Anhang VII zur EU-ProspV (Mindestangaben für das Registrierungsformular für durch Forderungen unterlegte Wertpapiere) muss der Prospekt eine Erklärung enthalten, ob der Emittent als eine Zweckgesellschaft oder als Unternehmen für den Zweck der Emission von durch Vermögenswerte unterlegte Wertpapiere (Asset Backed Securities – ABS) gegründet wurde (siehe dazu folgende Rn. 5).

VI. Durch Vermögenswerte unterlegte Wertpapiere/ABS

5 Art. 2 Nr. 5 EU-ProspV unterteilt durch Vermögenswerte unterlegte Wertpapiere/ABS grds. in zwei Kategorien: Nach lit. a) sind dies zum einen solche Wertpapiere, die einen Anspruch auf Vermögenswerte darstellen, einschließlich der Rechte, mit denen eine Bedienung der Wertpapiere, der Eingang oder die Pünktlichkeit des Eingangs zahlbarer Beträge von Seiten der Inhaber der Vermögenswerte sichergestellt werden soll, wenn es um die in diesem Rahmen zahlbaren Beträge geht. Die durch diese Alternative beschriebene „True Sale Struktur", beschreibt einen tatsächlichen Forderungsverkauf (z.B. aus Leasing, oder Wohnungsbaudarlehen) an eine Zweckgesellschaft. In Deutschland ist die Kreditanstalt für Wiederaufbau (KfW) am Aufbau von ABS-Strukturen maßgeblich beteiligt. Bislang sind durch die KfW auf diesem Weg über 30 Milliarden Euro Mittelstands- und Wohnungsbaurisiken an den Kapitalmarkt gebracht worden.[4]

Ferner fallen nach lit. b) auch „Wertpapiere, die durch Vermögenswerte unterlegt sind und deren Bedingungen vorsehen, dass Zahlungen erfolgen, die sich auf Zahlungen oder angemessene Zahlungsprognosen beziehen, die unter Bezugnahme auf bestimmte oder bestimmbare Vermögenswerte berechnet werden". Diese – in der deutschen Übersetzung kaum verständliche – zweite Kategorie beschreibt ABS-Konstruktionen mit einer synthetischen Verbriefung, bei der lediglich das Risiko des Forderungsausfall übertragen wird, nicht aber die Forderung selbst (Übertragung des Risikotransfers in Form von Kreditderivaten). Der Anspruch aus den ABS ist jeweils abhängig von der Wertentwicklung des zugrunde liegenden Forderungspools.

Aus der deutschen Fassung der EU-ProspV sind die beiden Alternativen in lit. a) und b) nur durch ein Semikolon getrennt, weshalb auch eine Lesart denkbar wäre, wonach die in lit. a) und b) genannten Voraussetzungen kumulativ gegeben sein müssten, damit die Definition von Nr. 5 erfüllt ist. Allerdings ist aus der englischen Textfassung der EU-ProspV durch das dort

---

[4] Vgl. Komm. zu Art. 10 EU-ProspV sowie Anh. VII und VIII EU-ProspV.

eingeschobene „or" eindeutig zu entnehmen, dass lit. a) und b) alternativ nebeneinander stehen.

Der Anwendungsbereich des ABS-Blocks ist auf europäischer Ebene noch nicht abschließend geklärt. Insb. ist auch seitens der BaFin bislang nicht entschieden, ob sog. Credit Linked Notes ebenfalls hierunter subsumiert werden sollen.[5]

VII. Dachorganismus für gemeinsame Anlagen

Ein „Dachorganismus für gemeinsame Anlagen" oder "Umbrella collective investment undertaking" bezeichnet nach Art. 2 Nr. 6 EU-ProspV einen Dachfonds, dessen Vermögen in Anteilen eines oder mehrerer anderer Investmentfonds angelegt ist und der sich aus unterschiedlichen Wertpapierkategorien oder Wertpapieren unterschiedlicher Bezeichnung zusammensetzt. Dieser Begriff wird in der EU-ProspV nur in Ziff. 7.1 des Anhangs XV (Mindestangaben für das Registrierungsformular für Wertpapiere, die von Organismen für gemeinsame Anlagen des geschlossenen Typs ausgegeben werden) verwendet, welcher das Schema der Mindestangaben für geschlossene Investmentfonds vorschreibt. Nach dieser Bestimmung müssen in einem Prospekt für Dachfondsanteile etwaige Überkreuz-Verpflichtungen, die zwischen verschiedenen Kategorien oder Anlagen in andere Organismen für gemeinsame Anlagen auftreten können, und Angabe der Maßnahmen zur Begrenzung derartiger Verpflichtungen angegeben werden.

6

VIII. Organismus für gemeinsame Anlagen in Immobilien

Eine vergleichbar geringe Relevanz in der EU-ProspV hat der in Art. 2 Nr. 7 definierte „Organismus für gemeinsame Anlagen in Immobilien" (oder „Property collective investment undertaking"), einem Begriff, der einen Investmentfonds bezeichnet, dessen Anlageziel eine langfristige Immobilienbeteiligung ist. Dieser Begriff findet sich in der deutschen Fassung der EU-ProspV zunächst überhaupt nicht. Allerdings kann hier von einem Übersetzungsfehler ausgegangen werden: Anders als in der deutschen Fassung wird in der englischen Fassung der EU-ProspV der in Art. 2 Nr. 7 definierte Begriff des „Property collective investment undertaking" in Ziff. 2.7 des in Anhangs XV verwendet. Hiernach sind bei geschlossenen Fonds, die zumindest auch in Immobilien investieren (sog. Organismen für gemeinsame Anlagen, die in Immobilien investieren) im Prospekt bestimmte Mindestangaben zu machen. Das dort festgelegte Schema schreibt vor, dass im Prospekt die Tatsache, dass in Immobilien investiert wird und der Prozentsatz des Portfolios anzugeben ist, der in die Immobilie(n) investiert werden soll. Ferner sind eine Beschreibung der Immobilie(n) vorzunehmen und etwaige bedeutende Kosten

7

---

5 Rechtsfragen im Zusammenhang mit der Emission und dem Vertrieb der Credit Linked Note unter deutschem Recht erläutern eingehend *Zahn/Lemke*, BKR 2002, 527; siehe auch *Brandt*, BKR, 2002, 243.

anzugeben, die mit dem Erwerb und dem Halten einer solchen Immobilie einhergehen. Zudem ist ein Schätzgutachten für die Immobilie(n) beizubringen.

IX. Öffentliche internationale Einrichtung

8 Die in Art. 2 Nr. 8 EU-ProspV definierte „öffentliche internationale Einrichtung" bezeichnet eine durch einen internationalen Vertrag zwischen souveränen Staaten eingesetzte juristische Person öffentlicher Natur, zu deren Mitgliedern ein oder mehrere Mitgliedstaaten zählen. Zwar sind Nichtdividendenwerte, die von der Europäischen Zentralbank oder anderen internationalen Organisationen des Öffentlichen Rechts, denen mindestens ein Staat des EWR angehört, ausgegeben werden nach Art. 1 Abs. 2 lit. b) der EU-ProspRL (vgl. § 1 Abs. 2 Nr. 2 WpPG) generell vom Anwendungsbereich der EU-ProspRL und ihrer Durchführungsbestimmungen ausgeschlossen. Internationale Organisationen können nach Art. 1 Abs. 3 EU-ProspV (§ 1 Abs. 3 WpPG) freiwillig einen entsprechenden Prospekt erstellen, wenn sie dies wollen. Dieser Fall dürfte in der Praxis jedoch sehr selten sein, in der Aufsichtspraxis der BaFin ist ein solcher Fall nicht bekannt. In diesem Fall haben die Emissionen solcher Organe in Prospekten die Anforderungen nach dem Schema aus Art. 20 i.V.m. Anhang XVII der EU-ProspV zu erfüllen.

X. Werbung

9 Art. 2 Nr. 9 EU-ProspV definiert Werbung als Bekanntmachungen, die (a) sich auf ein bestimmtes öffentliches Angebot von Wertpapieren oder deren Zulassung zum Handel auf einem geregelten Markt beziehen und (b) darauf abzielen, die potenzielle Zeichnung oder den möglichen Erwerb von Wertpapieren besonders zu fördern.[6]

Der Werbungsbegriff wird von der EU-ProspV selbst nur in Art. 34 EU-ProspV verwendet. Diese Vorschrift zählt beispielhaft mögliche Kanäle auf, durch welche Werbeanzeigen, die sich auf ein Angebot von Wertpapieren an das Publikum oder die Zulassung von Wertpapieren zum Handel auf einem geregelten Markt beziehen, von interessierten Parteien (wie z.B. dem Emittenten, dem Anbieter, der Person, die die Zulassung zum Handel beantragt oder Finanzintermediären, die an der Platzierung und/oder Emission von Wertpapieren teilhaben) an das Publikum weitergegeben werden können. Solche Kanäle sind demnach insb. Drucksachen, Broschüren, Plakate, Poster, elektronische Nachrichten, Werbung an Mobiltelefone oder Pager, Standardschreiben, Anzeigen in der Presse mit oder ohne Bestellformular, Kataloge, durch Telefon mit oder ohne menschlichen Ansprechpartner, Seminare und Präsentationen, Radio, Videophon, Videotext, E-Mail, Fax, und Fernsehen. Nachdem die EU-ProspRL keine Begriffsdefinition enthält, ist aus Gründen der Konsistenz davon auszugehen, dass die Definition in Art. 2 Nr. 9 EU-

---

6 Vgl. dazu die Komm. zu § 15 WpPG und Art. 15 und 34 EU-ProspRL.

ProspV auch auf die Regulierung von Werbung in Art. 15 EU-ProspRL bzw. § 15 WpPG und die sich daraus ergebenden Pflichten für den Vertrieb anzuwenden ist.

XI. Gewinnprognose und Gewinnschätzung

Nach der Definition in Art. 2 Nr. 10 EU-ProspV bezeichnet eine Gewinnprognose einen Text, in dem ausdrücklich oder implizit eine Zahl oder eine Mindest- bzw. Höchstzahl für die wahrscheinliche Höhe der Gewinne oder Verluste im laufenden Geschäftsjahr und/oder in den folgenden Geschäftsjahren genannt wird, oder der Daten enthält, aufgrund deren die Berechnung einer solchen Zahl für künftige Gewinne oder Verluste möglich ist, selbst wenn keine bestimmte Zahl genannt wird und z.B. das Wort „Gewinn" nicht erscheint. Entscheidend für das Vorliegen einer Gewinnprognose ist demnach, dass in dem Text entweder ausdrücklich oder mittelbar eine konkrete Zahl oder eine Mindest- oder Höchstzahl hinsichtlich der zukünftigen Gewinne oder Verluste des Emittenten genannt wird. Hierbei reicht es aus, wenn in dem Text Angaben enthalten sind, die entsprechende Berechnungen ermöglichen. Nach der Aufsichtspraxis der BaFin ist dies noch nicht der Fall, wenn der Hinweis gegeben wird, dass das Vorjahresergebnis voraussichtlich gehalten werden wird. Insb. stellt dieser Hinweis auch keine Angabe dar, die Berechnungen der wahrscheinlichen Gewinne und Verluste des Emittenten ermöglicht. Die im Lagebericht enthaltenen Geschäftsaussichten stellen nach der Auslegungspraxis der BaFin prinzipiell keine Gewinnprognose dar. Als „Gewinnschätzung" wird nach Nr. 11 eine Gewinnprognose für ein abgelaufenes Geschäftsjahr bezeichnet, für das die Ergebnisse noch nicht veröffentlicht wurden. Detaillierte Vorgaben für die Angabe von Gewinnprognosen und -schätzungen finden sich sowohl in Ziff. 13 des Moduls Mindestangaben für das Registrierungsformular für Aktien (Anh. I zur EU-ProspV), in Ziff. 9 des Schemas für Mindestangaben für das Registrierungsformular für Schuldtitel und derivative Wertpapiere mit einer Stückelung unter 50.000 Euro (Anh. IV zur EU-ProspV), in Ziff. 8 des Schemas für Mindestangaben für das Registrierungsformular für Schuldtitel und derivative Wertpapiere mit einer Mindeststückelung von 50.000 Euro (Anh. IX zur EU-ProspV) Ziff. 13 des Schemas Mindestangaben für Hinterlegungsscheine für Aktien (Anh. X zur EU-ProspV) und in Ziff. 8 des Schemas Mindestangaben für das Registrierungsformular für Banken (Anh. XI zur EU-ProspV). Nach Anhang I, Ziff. 13.2. muss, wer eine Gewinnprognose oder -schätzung aufnimmt, einen Bericht eines Wirtschaftsprüfers oder unabhängigen Buchprüfers beibringen. Teilweise finden sich als Prognose oder Schätzung auslegbare Informationen in den zwingend in den Prospekt aufzunehmenden Zwischenfinanzinformationen (vgl. Anh. I, Ziff. 20.6.1.).

10

XII. Vorgeschriebene Informationen

Mit der Bezeichnung „vorgeschriebene Informationen" werden in Art. 2 Nr. 11 EU-ProspV alle Angaben erfasst, die der Emittent oder jede Person,

11

die ohne dessen Einwilligung die Zulassung von Wertpapieren zum Handel auf einem geregelten Markt beantragt hat, nach der EU-Kapitalmarktpublizitätsrichtlinie (2001/34/EG)[7] oder nach Art. 6 der EU-Marktmissbrauchsrichtlinie[8] offen legen muss. Es handelt sich hierbei insb. u. a. um sog. ad hoc-Mitteilungen nach § 15 WpHG und Meldungen über Eigengeschäfte von Führungspersonen (sog. Directors Dealings) nach § 15 a WpHG. Nach Art. 28 Abs. 1 Nr. 8 der EU-ProspV können diese Angaben in Form eines Verweises in den Prospekt bzw. den Basisprospekt aufgenommen werden.

§ 3
Pflicht zur Veröffentlichung eines Prospekts und Ausnahmen
im Hinblick auf die Art des Angebots

(1) Für Wertpapiere, die im Inland öffentlich angeboten werden, muss der Anbieter einen Prospekt veröffentlichen. Dies gilt nicht, soweit ein Prospekt nach den Vorschriften dieses Gesetzes bereits veröffentlicht worden ist oder sofern sich aus Absatz 2 oder § 4 Abs. 1 etwas anderes ergibt.

(2) Die Verpflichtung zur Veröffentlichung eines Prospekts gilt nicht für ein Angebot von Wertpapieren,

1. das sich ausschließlich an qualifizierte Anleger richtet,
2. das sich in jedem Staat des Europäischen Wirtschaftsraums an weniger als 100 nicht qualifizierte Anleger richtet,
3. das sich an Anleger richtet, die bei jedem gesonderten Angebot Wertpapiere ab einem Mindestbetrag von 50.000 Euro pro Anleger erwerben können,
4. sofern die Wertpapiere eine Mindeststückelung von 50.000 Euro haben oder
5. sofern der Verkaufspreis für alle angebotenen Wertpapiere weniger als 100.000 Euro beträgt, wobei diese Obergrenze über einen Zeitraum von zwölf Monaten zu berechnen ist.

Jede spätere Weiterveräußerung von Wertpapieren, die zuvor Gegenstand einer oder mehrerer der in Satz 1 genannten Angebotsformen waren, ist als ein gesondertes Angebot anzusehen. Bei der Platzierung von Wertpapieren durch Institute im Sinne des § 1 Abs. 1 b des Kreditwesengesetzes oder ein nach § 53 Abs. 1 Satz 1 oder § 53 b Abs. 1 Satz 1 oder Abs. 7 des Kreditwesengesetzes tätiges Unternehmen ist ein Prospekt zu veröffentlichen, wenn die endgültige Platzierung keine der unter Satz 1 Nr. 1 bis 5 genannten Bedingungen erfüllt.

---

7 Siehe Fn. 1; Artt. 68 Abs. 1 und 81 Abs. 1 der RL 2001/34/EG des Europäischen Parlaments und des Rates vom 28.05.2001 über die Zulassung von Wertpapieren zur amtl. Börsennotierung und über die hinsichtlich dieser Wertpapiere zu veröffentlichenden Informationen wurden zum Zeitpunkt des Inkrafttretens der EU-MarktmissbrauchsRL am 12.04.2003 aufgehoben.
8 RL 2003/6/EG des Europäischen Parlaments und des Rates vom 28.01.2003 über Insider-Geschäfte und Marktmanipulation, ABl. Nr. L 96 vom 12.04.2003, S. 16

(3) Für Wertpapiere, die im Inland zum Handel an einem organisierten Markt zugelassen werden sollen, muss der Zulassungsantragsteller einen Prospekt veröffentlichen, soweit sich aus § 4 Abs. 2 nichts anderes ergibt.

Inhalt

		Rn.			Rn.
I.	Übersicht	1	1.	Qualifizierte Anleger	14
II.	Prospektpflicht	2	2.	Begrenzter Adressatenkreis	16
	1. Normadressat	3	3.	Mindesterwerb	17
	2. Öffentliches Angebot	4	4.	Mindeststückelung	18
	3. Wertpapiere	6	5.	Emission unter 100.000 Euro	19
	4. Inlandsbezug	7	6.	Kumulation von Ausnahmen und Kettenemissionen	20
	5. Öffentliches Angebot von zugelassenen Wertpapieren	8	IV.	Weiterveräußerung	22
	6. Einbeziehung in den Freiverkehr	9	V.	Platzierungen durch Kredit- und Finanzdienstleistungsinstitute	23
	7. Freiwillige Prospekte	10	VI.	Prospektpflicht für den Zulassungsantragsteller	24
	8. Rechtsfolgen bei fehlenden Prospekten	11			
III.	Ausnahmen aufgrund der Angebotsform	12			

I. Übersicht

Die Norm statuiert in Abs. 1 eine generelle Prospektpflicht für öffentliche Angebote im Inland, soweit diese nicht für bestimmte Angebotsformen schon durch Abs. 2 ausgeschlossen ist. Ausdrücklich ausgenommen sind ferner bestimmte Arten von Wertpapieren nach § 4 Abs. 1 WpPG, für die keine zusätzliche Dokumentation für erforderlich gehalten wird. Entsprechend werden auch Angebote ausgenommen, für die bereits ein Prospekt nach den Vorschriften des WpPG veröffentlicht worden ist. Daneben sieht § 3 Abs. 3 WpPG eine Prospektpflicht für die Zulassung von Wertpapieren zum organisierten Markt vor. Mit § 3 WpPG wird Art. 3 der EU-ProspRL vollständig in nationales Recht umgesetzt[1] und orientiert sich an § 1 VerkProspG a. F.[2]

1

II. Prospektpflicht

Öffentliche Angebote von Wertpapieren mit Inlandsbezug lösen bei dem Anbieter eine Prospektpflicht aus, wenn bislang kein Prospekt im Sinne des WpPG veröffentlicht wurde und keine Ausnahmen nach Abs. 2 oder § 4 Abs. 1 WpPG greifen. Insgesamt wird die Prospektpflicht durch das WpPG gegenüber dem bisherigen Regelungsumfang des VerkProspG a. F. erheblich ausgeweitet. Nicht nur der Anwendungsbereich des § 3 Abs. 1 WpPG ist wei-

2

---

1 Vgl. RegBegr. EU-ProspRL-UmsetzungsG, BT-Drucks. 15/4999, S. 29.
2 Vgl. RegBegr. EU-ProspRL-UmsetzungsG, BT-Drucks. 15/4999, S. 29.

ter gefasst als § 1 VerkProspG a.F., sondern auch einzelne Ausnahmetatbestände des §§ 2–4 VerkProspG wurden nicht in §§ 3, 4 WpPG einbezogen.³

3 Durch § 18 Abs. 2 Satz 2 VerkProspG wird als Ausnahme von § 3 Abs. 1 WpPG die Fortgeltung des VerkProspG für solche Verkaufsprospekte angeordnet, die von Kreditinstituten für Wertpapiere vor dem 01.07.2005 veröffentlicht wurden. Erfasst sind hiervon nicht nur Angebote, die vor dem 01.07.2005 begonnen haben und noch fortdauern, sondern ohne Zeitbegrenzung auch spätere Emissionen, die auf einem unvollständigen Verkaufsprospekt aufbauen, der vor dem 01.07.2005 gebilligt wurde.⁴ Die Übergangsvorschrift des § 31 Abs. 2 WpPG ermöglicht bis zum 31.12.2008 eine weitere Ausnahme von der Prospektpflicht nach § 3 Abs. 1 WpPG. Öffentliche Angebote von Schuldverschreibungen oder mit diesen vergleichbare, übertragbare Wertpapiere, die dauernd oder wiederholt von Einlagenkreditinstituten und anderen Kreditinstituten, die nicht unter § 1 Abs. 2 Nr. 4 WpPG fallen, ausgegeben werden, können bis zum 31.12.2008 prospektfrei emittiert werden.

1. Normadressat

4 Adressat der Prospektpflicht ist der Anbieter i.S.d. § 2 Nr. 10 WpPG,⁵ somit jede natürliche oder juristische Person, die Wertpapiere öffentlich anbietet bzw. für diese Emission als Verantwortlicher öffentlich auftritt.⁶ Die Anbietereigenschaft bestimmt sich somit aus Sicht des potentiellen Anlegers daraus, wer den Anlegern gegenüber als Angebot abgebender oder explizit als Verantwortlicher auftritt.

2. Öffentliches Angebot

5 In § 2 Nr. 4 WpPG findet sich erstmalig eine Legaldefinition des „öffentlichen Angebots".⁷ Erfasst sind hiervon Mitteilungen an das Publikum in jeder Form und auf jede Art und Weise, die Informationen zu dem Emittenten und den Wertpapieren enthält und den Adressaten in die Lage versetzt, eine Entscheidung über ihren Erwerb oder Zeichnung zu treffen. Damit ist nach dem Wortlaut nicht mehr die Annahmemöglichkeit ausschlaggebend,⁸ sondern es wird in Erweiterung des Anwendungsbereichs⁹ auf die ausreichende Information abgestellt. Da der Gesetzgeber aber beabsichtigte, weitgehend dem Begriffsverständnis des § 1 VerkProspG a.F. zu folgen, sind reine Werbemaßnahmen sowie Veröffentlichungen und Informationen, die allein auf die Erwerbsmöglichkeit hinweisen, ausgenommen.¹⁰ Diese Einschränkung unter

---

3 Im Einzelnen *Groß*, KapMR, § 3 WpPG, Rn. 3.
4 *Kullmann/Sester*, WM 2005, 1068, 1076; *Groß*, KapMR, § 3 WpPG, Rn. 16.
5 Ausführlich § 2 Rn. 17 ff.
6 RegBegr. EU-ProspRL-UmsetzungsG, BT-Drucks. 15/4999, S. 29, wobei auch insoweit auch auf die Grundsätze zu § 1 VerkProspG a.F. zurückgegriffen werden soll; vgl. BAWe, BAnz. v. 30.04.1996, S. 5069 ff., BAWe, BAnz. v. 21.09.1999, S. 16180 ff.
7 Ausführlich § 2 Rn. 6 ff.
8 Vgl. *Holzborn/Israel*, ZIP 2005, 1668; *Kunold/Schlitt*, BB 2004, 503; *Seitz*, AG 2005, 683.
9 *Schlitt/Schäfer*, AG 2005, 498, 500; *Meyer*, in: Habersack/Mühlbert/Schlitt, § 24 Rn. 45.
10 RegBegr. EU-ProspRL-UmsetzungsG, BT-Drucks. 15/4999, S. 28.

Zugrundelegung einer Erwerbsmöglichkeit gilt gemäß Mitteilung der BaFin,[11] obwohl der Wortlaut von WpPG und auch Prospektrichtlinie nicht auf die tatsächliche Zeichnungsmöglichkeit abstellen.[12] Kein öffentliches Angebot stellen Mitteilungen aufgrund des Handels mit Wertpapieren an einem organisierten Markt oder im Freiverkehr[13] da, soweit keine konkreten Werbemaßnahmen hiermit verbunden werden.[14]

3. Wertpapiere

Das Kriterium Wertpapier wird ebenfalls in § 2 Nr. 1 WpPG legal definiert, der mit Art. 4 Abs. 1 Nr. 18 der EU-Finanzmarktrichtlinie übereinstimmt.[15] Entsprechendes gilt nunmehr auch, durch das FRUG in § 2 WpHG integriert, für den Anwendungsbereich des WpHG.[16] Wesentliches Kriterium ist die Handelbarkeit, so dass alle kapitalmarktfähigen Produkte erfasst sind,[17] unabhängig von einer Individualverbriefung. Entsprechend sind solche Anlageinstrumente ausgeschlossen, deren kapitalmarktmäßigen Handelbarkeit formelle Übertragungsvoraussetzungen entgegenstehen.[18] Geldmarktinstrumente gem. der MiFID mit einer Laufzeit von weniger als zwölf Monaten sind durch § 2 Nr. 1 WpPG a. E. ausdrücklich keine Wertpapiere.[19]

6

4. Inlandsbezug

Erfasst sind nur solche Angebote, die Inlandsbezug haben. Auch insoweit ist der Rückgriff auf die bisherige Auslegungspraxis zum VerkProspG a. F. geboten,[20] obwohl sich hierzu keine Hinweise in den Gesetzesmaterialien finden.[21] Entsprechend ist darauf abzustellen, ob mögliche Anleger im Inland zielgerichtet angesprochen werden, sich das öffentliche Angebot also auf das Inland auswirkt.[22] Dabei ist unerheblich, ob es möglicherweise aus dem Aus-

7

---

11 *BaFin*: 100 Tage WpPG „Rechtsfragen aus der Anwendungspraxis"; *Groß*, KapMR, § 2 WpPG, Rn. 13 mit Verweis auf § 15 WpPG.
12 Vgl. *Holzborn/Israel*, ZIP 2005, 1668, 1669f.; krit. mit Verweis auf die EU-ProspRL *Grosjean*, in: Heidel, AktG, § 2 WpPG Rn. 9, § 3 WpPG Rn. 3.
13 Klargestellt wird damit, dass allein die Einbeziehung in den Freiverkehr (kein geregelter Markt i. S. v. Art. 4 MiFID) keine Prospektpflicht auslöst, ausf. Rn 9.
14 RegBegr. EU-ProspRL-UmsetzungsG, BT-Drucks. 15/4999, S. 28, eine Verlinkung von Unternehmens- und Handelsseite kann als solches gewertet werden.
15 Ausf. § 2 Rn. 3.
16 FRUG, 16.07.2007, BGBl. I, 1330, s. *Holzborn/Israel*, NJW 2008, 791.
17 Vgl. auch Art. 40 MiFID; *CESR*, technical advice MiFID, Ref.: CESR/05-290b, S. 84 ff.
18 Bspw. Anteile von GmbH, OHG, KG oder GbR; für die Personengesellschaften im Einzelnen noch diskutiert, da diese grds. unter den Wertpapierbegriff fallen können, *Spindler/Kasten*, WM 2007, 1749, 1751.
19 Vgl. Art. 2. Abs. 1 lit. a) EU-ProspRL.
20 Vgl. RegBegr. EU-ProspRL-UmsetzungsG, BT-Drucks. 15/4999, S. 28.
21 *Groß*, KapMR, § 3 WpPG, Rn. 4.
22 Vgl. auf die entsprechenden Bekanntmachungen der BAWe zum Verkaufsprospektgesetz: BAWe, BAnz v. 30.04.1996, S. 5069 ff., BAWe, BAnz v. 21.09.1999, S. 16180 ff.; *Groß*, KapMR, § 3 WpPG, Rn. 4.

land abgegeben wurde.[23] Maßgeblich ist, ob Anleger in Deutschland angesprochen werden, was durch die Verwendung der deutschen Sprache oder die Nennung von Vertriebsquellen in Deutschland indiziert sein kann. Ähnlich wie in der Praxis zu Angebotsunterlagen im Rahmen von öffentlichen Angeboten an die Anteilseigner gem. § 24 WpÜG[24] kann ein Inlandsbezug durch einen sog. Disclaimer, der in Art. 29 Abs. 2 EU-ProspV vorausgesetzt wird, ausgeschlossen werden.[25] Hierbei ist – insbesondere bei Internetangeboten aufgrund ihrer weltweiten Zugangsmöglichkeit – eine ausdrückliche Beschränkung nicht nur im Prospektdokument (auch Offering Circular, Offering Memorandum, Investment Memorandum) für deutsche Anleger kenntlich zu machen. Allerdings kann von dem Anbieter nicht gefordert werden, dass er die Beteiligung von deutschen Anlegern gänzlich verhindern muss, sondern ihm obliegen angemessene Vorkehrungen dahingehend.[26] Art. 29 Abs. 2 Satz 1 EU-ProspV sieht diese bei Internetangeboten vor, um zu vermeiden, dass Gebietsansässige in Mitgliedsstaaten oder Drittstaaten angesprochen werden, in denen die Wertpapiere nicht angeboten werden. Nach Art. 29 Abs. 2 Satz 2 EU-ProspV ist es möglich, dies durch eine deutliche Adressatenerklärung vorzunehmen.

5. Öffentliches Angebot von zugelassenen Wertpapieren

8   Keine Prospektpflicht besteht ausdrücklich für die Fälle, in denen bereits ein Prospekt nach den Vorschriften des WpPG veröffentlicht wurde. Dies bezieht sich zunächst auf dieselbe Gattung an Wertpapieren,[27] wobei Gegenstand der Zulassung nicht die Gattung, sondern die jeweiligen Wertpapiere sind. Dem kann aufgrund des eindeutigen Wortlauts von § 3 Abs. 1 WpPG und Art. 3 Abs. 1 EU-ProspRL allein ein Prospekt genügen, das insgesamt den Vorschriften des WpPG entspricht. Dementsprechend genügen Prospekte, die vor dem In-Kraft-Treten des WpPG nach den Vorschriften des VerkProspG erstellt wurden, nicht diesen Anforderungen und können damit keine Ausnahme von der Prospektpflicht begründen.[28] Also ist nunmehr auch für bereits börsennotierte Wertpapiere, für die noch kein Prospekt nach dem WpPG erstellt wurde, bei einem späteren öffentlichen Angebot, bspw nach einem vorherigen Paketerwerb einer Kapitalerhöhung,[29] ein Prospekt zu erstellen. Dies kann auch beim Angebot auf dem Zweitmarkt gelten. Anders als noch § 1 VerkProspG a. F. enthält § 3 Abs. 1 WpPG keine Einschränkung mehr für Wertpapiere, die bereits zum Handel an einer inländischen Börse zugelassen sind, obwohl an dem diesbezüglichen Regelungscharakter

---

23 *Grosjean*, in: Heidel, AktG, § 3 WpPG Rn. 1.
24 Hierzu ausf. *Holzborn*, BKR 2002, 67 ff.
25 Sog. Selling Restrictions/Verkaufsbeschränkungen; zu dem umgekehrten Fall für eine Begrenzung des Angebots für bestimmte andere Länder *Schlitt/Singhof/Schäfer*, BKR 2005, 251, 259; zur alten Rechtslage BAWe BAnz v. 21.09.1999 S. 3.
26 Überzeugend *Groß*, KapMR, § 3 WpPG, Rn. 4.
27 *Grosjean*, in: Heidel, AktG, § 3 WpPG Rn. 2.
28 *Schlitt/Schäfer*, AG 2005, 498, 500; *Meyer*, in: Habersack/Mülbert/Schlitt, § 24 Rn. 45.
29 Hierzu *Leuering*, Der Konzern 2006, 4, 6 f., der hinsichtlich der zur Prospekterstellung erforderlichen Informationen eine vorherige vertragliche Vorsorge anrät.

des § 1 VerkProspG a.F. festgehalten werden sollte.[30] Somit wird die Prospektpflicht gegenüber der bisherigen Rechtslage erheblich ausgeweitet.[31]

Fraglich ist, ob sich die Prospektfreiheit nur auf gemäß § 9 WpPG gültige Prospekte bezieht.[32] Dies kann über den Wortlaut von § 3 Abs. 1 Satz 2 WpPG hinaus nicht allgemein angenommen werden, da unter Zugrundelegung des ausgeweiteten Angebotsbegriffs jede Zweitmarktwerbung einer erneuten Prospektpflicht unterliegen würde. Der Anlegerschutz wird neben dem gültigen Prospekt zumindest für zugelassene Wertpapiere durch die Erfüllung der umfangreichen Zulassungsfolgepflichten (§§ 15 ff., 30 a ff. WpHG) gewährleistet. Auf der anderen Seite ist die starre Gültigkeitsgrenze von einem Jahr kein ausreichendes Indiz für den Informationsgehalt eines einmal erstellten Prospekts. Auch der Verweis im Rahmen einer Angebotsunterlage bei Angebot von liquiden Aktien in § 2 Nr. 2 WpÜG-AV ändert an dieser Einschätzung nichts. Im Ergebnis ist daher nur dann auf die Prospektgültigkeit abzustellen, wenn der Emittent bzw. die angebotenen Wertpapiere keinen zusätzlichen Publizitätsanforderungen unterliegen.[33]

6. Einbeziehung in den Freiverkehr

Der privatrechtlich ausgestaltete Freiverkehr, der durch § 48 Abs. 1 BörsG den Börsen ermöglicht wird, stellt keinen organisierten Markt gem § 3 Abs. 3 WpPG dar und erfordert somit grundsätzlich keinen Prospekt. Allerdings kann die Einbeziehung eine Prospektpflicht nach § 3 Abs. 1 WpPG auslösen, wenn in ihr ein öffentliches Angebot von Wertpapieren zu sehen ist. Dieses ist dann gegeben, wenn Erwerbsinformationen oder Details zu den Wertpapieren mitgeteilt werden, die über die reinen Emissionsdaten hinausgehen.[34] Die Ausnahmevorschriften des Abs. 2 ermöglichen aber z.B. ein Angebot ausschließlich an qualifizierte Anleger (vgl. Rn. 13) bzw. an weniger als 100 nicht qualifizierte Anleger. Spätere Angebote des Erwerbers können für diesen eine Prospektpflicht auslösen.[35]

9

7. Freiwillige Prospekte

Unabhängig von einer Prospektpflicht kann ein Anbieter auch freiwillig einen Prospekt i. S. d. WpPG erstellen (vgl. auch oben § 1 Abs. 3 WpPG Rn. 32), wenn keine Prospektpflicht besteht oder ein Ausnahmetatbestand vorliegt. Zielsetzung kann hierbei die spätere Zulassung zu einem organisierten Markt oder das Bestreben sein, ein entsprechendes Produkt grenzü-

10

---

30 Vgl. *Holzborn/Israel,* ZIP 2005, 1668, 1669f.
31 Rechtspolitisch kritisch *Groß,* KapMR, § 3 WpPG, Rn. 2; zur Rechtslage bis 2002 mit der Voraussetzung „erstmalig" *Grosjean,* in: Heidel, AktG, § 3 WpPG Rn. 3.
32 So *Grosjean,* in: Heidel, AktG, § 3 WpPG Rn. 3; wohl auch *Schlitt/Schäfer,* AG 2005, 500.
33 A. A. *Grosjean,* in: Heidel, AktG, § 3 WpPG Rn. 3 f.
34 Vgl. *Leuering,* Der Konzern 2006, 4, 8, der diesbezüglich den Preis oder den aktuellen Kurs nennt.
35 Im Einzelnen *Leuering,* Der Konzern 2006, 4, 8.

berschreitend anzubieten.[36] Allerdings kann in diesen Fällen nur ein Prospekt erstellt werden, das sämtliche Vorgaben des WpPG einhält, bei einer Teilerstellung wäre das Regelungsziel der angemessenen Anlegerinformation nicht zu gewährleisten.

8. Rechtsfolgen bei fehlenden Prospekten

11 Fehlt ein erforderlicher Prospekt kann die BaFin des Angebots nach § 21 Abs. 4 WpPG untersagen. Ferner kann darin eine Ordnungswidrigkeit nach § 30 Abs. 1 Nr. 1 WpPG liegen und eine Haftung für einen fehlenden Prospekt nach § 13a VerkProspG begründet werden. Ein Verstoß gegen § 3 Abs. 1 WpPG hat keine Auswirkungen auf die Wirksamkeit der Erwerbsverträge. Die Prospektpflicht ist kein Verbotsgesetz gem. § 134 BGB, da nicht der Erwerb selbst untersagt ist, sondern nur das öffentliche Angebot von Wertpapieren ohne Prospekt.[37]

III. Ausnahmen aufgrund der Angebotsform

12 Der Ausnahmetatbestand aufgrund der Angebotsform nach § 3 Abs. 2 WpPG bezieht sich ausschließlich auf die Prospektpflicht wegen öffentlichem Angebot gem. Abs. 1. Sie unterschieden sich somit erheblich von den Ausnahmen des § 1 WpPG, die eine Anwendung des WpPG insgesamt ausschließen und damit auch weitergehende Pflichten wie das jährlichen Dokuments nach § 10 WpPG nicht zur Anwendung bringen.[38]

13 Abweichend von der bisherigen Praxis zum VerkProspG, die als antragsgebundene Ermessensentscheidung der Zulassungsstelle (durch FRUG abgelöst) ausgestaltet war, statuiert § 3 Abs. 2 WpPG Legalausnahmen. Allerdings können diese weiterhin bei einem Zulassungsverfahren für eine Börsenzulassung nach Abs. 3 Beachtung finden. Die Geschäftsführung der Börse prüft zwar grundsätzlich nicht den Prospekt, eine Ausnahme könnte aber im Rahmen der Prüfung nach § 32 Abs. 3 Nr. 2 Alt. 2 BörsG überprüft werden.[39]

1. Qualifizierte Anleger

14 Richtet sich ein öffentliches Angebot von Wertpapieren ausschließlich an sog. qualifizierte Anleger besteht keine Prospektpflicht. Durch § 2 Nr. 6 WpPG wird die Personengruppe der qualifizierten Anleger definiert,[40] die nach KWG beaufsichtigte und kontrollierte Unternehmen, Versicherungen, Kapitalanlagegesellschaften, Pensionsfonds oder andere Einrichtungen, de-

---

36 *Keunecke*, Prosp KapM, Rn. 175.
37 *Groß*, KapMR, § 3 WpPG, Rn. 14.
38 *Heidelbach/Preuße*, BKR 2006, 316; vgl. ferner § 1 Rn. 3
39 *Holzborn/Israel*, ZIP 2005, 1668, 1669f.; von Zulassungsstelle auf Geschäftsführung geändert durch FRUG, vgl. *Holzborn/Israel*, NJW 2008, 791, 796.
40 Dazu § 2 Rn. 13.

ren einziger Geschäftszweck die Wertpapieranlage ist sowie nationale und regionale Regierungen, ihre Zentralbanken und supranationale Institutionen erfasst. Juristische Personen sind allgemein erfasst, es sei denn, es handelt sich um sog. kleine und mittlere Unternehmen i. S. v. § 2 Nr. 7 WpPG, für die Schwellenwerte zur Beschäftigtenzahl, Gesamtbilanzsumme Jahresnettoumsatz bestehen.[41] Allerdings können kleine und mittlere Unternehmen sowie natürliche Personen ebenfalls qualifizierte Anleger sein, wenn sie in dem nach § 27 WpPG bei der BaFin geführt Verzeichnis oder einem gleichwertigen Verzeichnis in einem anderen Mitgliedstaat als qualifizierte Anleger eingetragen sind.[42] Natürliche Personen müssen dazu bestimmte Eigenschaften haben, die durch entsprechende berufliche Erfahrung, Anlagevolumen und Transaktionsvolumina gekennzeichnet sind.[43]

Der Gesetzgeber geht davon aus, dass qualifizierten Anlegern typischerweise andere Erkenntnisquellen zur Verfügung stehen, die eine angemessene Informationsgrundlage für eine Erwerbsentscheidung ermöglichen.[44] Ein besonderes Aufklärungs- oder Schutzbedürfnis besteht somit bei ihnen nicht, so dass ein Prospekt nach den Grundsätzen des WpPG nicht erforderlich ist.[45] Die Ausnahme bezieht sich aber nur auf Angebote, die sich ausschließlich an diese Anlegergruppe richtet, was durch entsprechende Verkaufs- bzw. Angebotsbeschränkungen im Rahmen von Disclaimern und durch entsprechendes Angebotsverhalten sicherzustellen ist.

15

2. Begrenzter Adressatenkreis

Angebote sind dann nicht prospektpflichtig, wenn sie sich in jedem Staat des EWR an weniger als 100 nicht qualifizierte Anleger richten. Maßgeblich ist somit allein die Anzahl der angesprochenen potentiellen Anleger.[46] Damit wird der begrenzte Adressatenkreis des § 2 Nr. 2 VerkProspG a. F. aufgegriffen und hinsichtlich der konkreten Zahl klargestellt.[47] Diese Ausnahmeregelung ist unabhängig vom Tatbestandsmerkmal des öffentlichen Angebots in Abs. 1 und kann deshalb nicht zu dessen Abgrenzung herangezogen werden.[48] Die Anzahl der nicht qualifizierten Anleger ist für jeden Mitgliedstaat des EWR gesondert zu bestimmen,[49] so dass sich ein Angebot theoretisch an bis zu 2871 nicht qualifizierte Anleger richten kann, ohne das eine Prospekt-

16

---

41 Sie müssen zwei der folgenden drei Bedingungen erfüllen: durchschnittlich weniger als 250 Beschäftigte im letzten Geschäftsjahr, höchstens 43 Mio. Euro Gesamtbilanzsumme oder weniger als 50 Mio. Euro Jahresnettoumsatz.
42 Ausführlich § 27 Rn. 5 ff.
43 Sie müssen zwei der folgenden drei Eigenschaften haben: (1) in den letzten vier Quartalen durchschnittlich mindestens zehn Transaktionen pro Quartal an Wertpapiermärkten vorgenommen, (2) Wertpapiere im Wert von mehr als 500.000 Euro besitzen, (3) oder mehr als ein Jahr einschlägige berufliche Erfahrung haben.
44 RegBegr. EU-ProspRL-UmsetzungsG, BT-Drucks. 15/4999, S. 29.
45 *Holzborn/Israel*, ZIP 2005, 1668, 1669 f;
46 *Heidelbach/Preuße*, BKR 2006, 316, 319.
47 *Groß*, KapMR, § 3 WpPG, Rn. 7.
48 *Schlitt/Schäfer*, AG 2005, 498, 500.
49 RegBegr. EU-ProspRL-UmsetzungsG, BT-Drucks. 15/4999, S. 29.

pflicht entsteht. Diese quantitative Ausnahme schließt aber eine qualitative Abgrenzung des Personenkreises nicht aus, d. h. es sind hieraus keine Rückschlüsse auf die Tatbestand öffentliches Angebot zu ziehen.[50]

3. Mindesterwerb

17 Setzt ein Angebot einen Mindestbetrag für alle erworbenen Wertpapiere eines Angebots von 50.000 Euro voraus, besteht nach § 3 Abs. 2 Satz 1 Nr. 3 WpPG keine Prospektpflicht. Hierbei ist die Stückelung der jeweiligen Wertpapiere ohne Belang, wenn der Mindesterwerb pro Anleger addiert 50.000 Euro beträgt. Bei einer Anlageentscheidung in dieser Größenordnung wird davon ausgegangen, dass der Anleger eine ausreichende Informationslage über das Wertpapier und den Emittenten sicherstellt und keine zusätzliche Transparenz durch ein Prospekt erforderlich ist.[51] Diese Regelung entspricht § 2 Nr. 4 Alt. 2 VerkProspG a. F. mit anderem Schwellenwert. Daher kann auch insoweit davon ausgegangen werden, dass allein auf den betreffenden Kaufpreis abzustellen ist und Erwerbskosten unberücksichtigt bleiben.[52]

4. Mindeststückelung

18 Auch Angebote für Wertpapiere mit einer Stückelung von mindestens 50.000 Euro werden durch § 3 Abs. 2 Satz 1 Nr. 4 WpPG von der Prospektpflicht ausgenommen.[53] Auch hier wird davon ausgegangen, dass der entsprechende Anleger über eine angemessene Informationsgrundlage verfügt, wenn er eine Anlageentscheidung von entsprechender Tragweite trifft.[54]

5. Emission unter 100.000 Euro

19 Eine weitere Ausnahme, basierend auf Art. 3 Abs. 2 lit. e EU-ProspRL, gilt für sog. Kleinstemissionen, die ein Gesamtvolumen (Einzeltranchen sind zusammen zu beurteilen) von höchstens 100.000 Euro[55] über einen Zeitraum von zwölf Monaten, beginnend der erstmaligen Bekanntmachung des Ausgabepreises, haben. Der Umkehrschluss aus § 3 Abs. 2 Nr. 2 WpPG, in dem ein Einzelmitgliedsstaatsbezug explizit geregelt ist, gibt vor, dass bei dieser Ausnahme eine EWR-weite Berechnung erfolgt.[56] Hierdurch wird eine Konkordanz zwischen Anlegerschutz und Kosten für eine Prospekterstellung er-

---

50 Auch bei mehr als 100 nicht qualifizierten Anlegern kann es daher an einem öffentlichen Angebot fehlen, wenn die Angesprochenen dem Emittenten bekannt sind, vgl. *Holzborn/Israel*, ZIP 2005, 1668, 1669; offen: *Heidelbach/Preuße*, BKR 2006, 316, 319; a. A. *Kullmann/Sester*, WM 2005, 1068, 1069.
51 *Groß*, KapMR, § 3 WpPG, Rn. 8.
52 Vgl. die Bekanntmachungen der BAWe zum Verkaufsprospektgesetz, BAnz. v. 21.09. 1999, S. 16180 ff.; *Heidelbach*, in: Schwark, KapMR, § 2 VerkProspG Rn. 15.
53 Der Regelungsgehalt orientiert sich an § 2 Nr. 4 Alt. 1 VerkProspG a. F.
54 *Heidelbach/Preuße*, BKR 2006, 316, 319.
55 Die Norm hebt die bisherige Schwelle des § 2 Nr. 4 Alt. 3 VerkProspG a. F. von 40.000 Euro an.
56 *Grosjean*, in: Heidel, AktG, § 3 WpPG Rn. 11

strebt. Bei entsprechenden Kleinstemissionen würde der zu erzielende Anlegerschutz die damit verbundenen Kosten nicht rechtfertigen. Die Frist von zwölf Monaten ist auf Grundlage von §§ 187 ff. BGB zu berechnen. Das relevante Emissionsvolumen ist auf Grundlage des ersten Ausgabepreises zu bestimmten, andernfalls der erste festgestellte oder gebildete Börsenpreis bzw. bei mehreren Börsenplätzen der höchste Preis.[57] Der eigenständige Regelungsgehalt gegenüber der Anwendungsausnahme in § 1 Abs. 2 Nr. 4 WpPG (2,5 Mio. Euro Verkaufspreis) besteht darin, dass es nicht darauf ankommt, ob es sich um ein Einlagenkreditinstitut oder einen Emittenten, dessen Aktien bereits eine Marktzulassung haben, handelt. Die Ausnahme gilt wie alle des § 3 Abs. 2 WpPG nur für öffentliche Angebote, nicht für die Zulassung.

6. Kumulation von Ausnahmen und Kettenemissionen

Nicht ausdrücklich geregelt ist die Kombination der Ausnahmetatbestände. *20* Allerdings geht § 3 Abs. 2 Satz 2 WpPG davon aus, dass ein Angebot Gegenstand von mehreren Ausnahmetatbeständen sein kann. Nicht als Begrenzung der Kombination ist dabei § 3 Abs. 2 Satz 1 Nr. 1 WpPG zu verstehen, denn die dortige Formulierung „ausschließlich" bezieht sich nicht auf andere Ausnahmetatbestände, sondern soll allein gemischte Angebote ausschließen, also solche an qualifizierte und nicht qualifizierte Anleger.[58] Ausgangspunkt der Auslegung muss daher das Regelungsziel der Ausnahmetatbestände darstellen, die grundsätzlich für die bezeichneten Angebotsformen ein geringeres Schutzbedürfnis bzw. eine anderweitige aber hinreichende Informationsgrundlage annehmen. Daher kann eine Kombination der Ausnahmetatbestände immer dann erfolgen, wenn das niedrigere Schutzbedürfnis damit nicht entfällt. Dieses dürfte in der Regel für die Nr. 1 – Nr. 4 möglich sein. Dies zeigt sich auch am Wortlaut der englischsprachigen Fassung der EU-ProspRL „and/or" zu Nr. 1. Eine Kombination der Ausnahme der Kleinstemission (Nr. 5) ist zwar auch mit qualifizierten Anlegern (Nr. 1) oder einem begrenzten Personenkreis (Nr. 2) grundsätzlich möglich, aber aufgrund des geringen Gesamtvolumens wenig praktikabel.[59] Maßgeblich muss insoweit immer das Gesamtvolumen der Emission sein, denn nur dann können die entsprechenden Kosten den Anlegerschutz aufwiegen.

Wiederholende Angebote (Kettenemission) unter dem Ausnahmetatbestand *21* begrenzter Anlegerkreis, also mehrere aufeinander folgende Angebote an jeweils weniger als 100 nicht qualifizierte Anleger, würde dem Schutzzweck der Vorschrift widersprechen und sind somit unzulässig, wenn es sich um identische Wertpapiere handelt. Daher kann die Ausnahmevorschrift für je-

---

57 Vgl. RegBegr. EU-ProspRL-UmsetzungsG, BT-Drucks. 15/4999, S. 27, 29.
58 Ebenso *Groß*, KapMR, § 3 WpPG, Rn. 6; a. A. *Heidelbach/Preuße*, BKR 2006, 316, 319 f.; mit anderem Verständnis bei gleichem Ergebnis *Grosjean*, in: Heidel, AktG, § 3 WpPG Rn. 7.
59 Zu Kombinationsmöglichkeiten mit Ausnahmetatbeständen des § 4 vgl. § 4 Rn. 15 f.

den einzelnen Fall greifen, wenn jeweils andere Wertpapiermerkmale gegeben sind.[60]

IV. Weiterveräußerung Abs. 2 Satz 2

22 Durch § 3 Abs. 2 Satz 2 WpPG wird klargestellt,[61] dass jede Weiterveräußerung, nachdem eine oder mehrere Ausnahmetatbestände in Anspruch genommen wurden, ein öffentliches Angebot darstellen kann und damit eine Prospektpflicht auslösen kann, wenn kein Ausnahmetatbestand mehr gegeben ist. Dieses ergibt sich ausdrücklich aus Art. 3 Abs. 2 Satz 2 der EU-ProspRL, der insoweit umgesetzt wird. Maßgeblich ist also allein der Charakter der Weiterveräußerung, diese ist nach § 3 Abs. 1 WpPG zu beurteilen. Damit ist nur klargestellt, dass eine Ausnahme gem. Abs. 2 Satz 1 keine Fortwirkung für weitere Angebote entfaltet. Bietet also ein Ersterwerber die prospektfrei angebotenen Wertpapiere seinerseits erneut an, so ist nur der Ersterwerber prospektpflichtiger Anbieter, wenn der Emittent das erneute Angebot nicht veranlasst hat.[62] Eine entsprechende vertragliche Klarstellung zwischen Emittent und Ersterwerber im Hinblick auf weitere Angebote bietet sich in solchem Falle an, um etwaige Haftung des Emittenten aus § 13a VerkProspG zu vermeiden.

Im Rahmen einer Vertriebskette (Retail-Cascade) ist im Grundsatz zu prüfen, ob auf der jeweiligen Stufe bzw. durch den jeweiligen Anbieter ein öffentliches Angebot vorliegt.[63] Dann ist nur derjenige prospektpflichtig, der das öffentliche Angebot initiiert hat. Diesem Prinzip entspricht es, eine Gesamtbetrachtung vorzunehmen, wenn der Erstanbieter oder Emittent die Vertriebskette gezielt einsetzt. Bei einheitlicher Initiative kommt es auf den Außenauftritt der Gesamtkette gegenüber dem Anleger an.[64] Ein bestehender Prospekt erlaubt aber den Vertrieb über alle Stufen ohne eine neue Prospektpflicht auszulösen, da ansonsten die von der EU-ProspRL gewollte Vertriebfähigkeit über mehrere (ggf. internationale) Stufen gefährdet wäre.[65] Eine Fehlerhaftigkeit des Prospekts kommt bei fehlender Beschreibung der nicht vom Emittenten initiierten Vertriebskette nicht in Betracht, da nur angemessen zu erreichende Angaben gefordert sind.[66]

---

60 Überzeugend *Heidelbach/Preuße,* BKR 2006, 316, 319, die beispielhaft Laufzeit, Valuta, Rückzahlungstag, Verzinsung oder Stückelungen nennen.
61 Diesen Charakter betonend *Groß,* KapMR, § 3 WpPG, Rn. 10.
62 *Grosjean,* in: Heidel, AktG, § 3 WpPG Rn. 12.
63 *Schlitt/Schäfer,* AG 2005, 498, 501.
64 *Heidelbach/Preuße,* BKR 2008, 10.
65 *Heidelbach/Preuße,* BKR 2008, 10.
66 Überzeugend *Heidelbach/Preuße,* BKR 2008, 10, 11.

V. Platzierungen durch Kredit- und Finanzdienstleistungsinstitute

Erfüllt die endgültige Platzierung von Wertpapieren durch bestimmte Kredit- und Finanzdienstleistungsinstitute[67] nicht die Voraussetzungen für eine Ausnahme nach § 3 Abs. 2 Satz 1 WpPG, so wird durch § 3 Abs. 2 Satz 3 WpPG festgelegt, dass dieses eine Prospektpflicht nach Abs. 1 auslösen kann, wenn dessen Voraussetzungen eines öffentlichen Angebots ohne Ausnahme durch die Platzierung erfüllt sind. Dies betrifft die bei Kapitalmarkttransaktionen gängige Praxis der Übernahme und Platzierung von Emissionen durch begleitende Kreditinstitute (z. B. beim Börsengang). Auch diese Regelung hat klarstellenden Charakter.[68]

23

VI. Prospektpflicht für den Zulassungsantragsteller

Durch § 3 Abs. 3 WpPG wird der Zulassungsantragsteller für die Zulassung von Wertpapieren zu einem organisierten Markt im Inland verpflichtet, einen Prospekt i. S. d. WpPG zu veröffentlichen, soweit sich aus § 4 Abs. 2 WpPG keine Ausnahme ergibt. In § 2 Nr. 16 WpPG wird beschrieben, welche Kriterien ein organisierter Markt erfordert. Die Definition stimmt mit § 2 Abs. 5 WpHG überein.[69] Erfasst ist nur der regulierte Markt nach dem Börsengesetz, nicht dagegen der Freiverkehr. Der Zulassungsantragsteller wird in § 2 Nr. 11 WpPG legal definiert und erfasst neben dem Emittenten die in § 30 Abs. 2 BörsG genannten Institute oder Unternehmen.[70]

24

Ein gebilligter Prospekt i. S. d. WpPG[71] ist nach § 30 Abs. 3 Nr. 2 BörsG dem Zulassungsantrag beizufügen, wenn die Zulassung zum regulierten Markt (vor FRUG amtlicher und geregelter Markt) an der Börse beantragt wird. Der Regelungsbereich ist nicht abschließend, so dass sich aus anderen Vorschriften, insbesondere §§ 1 ff. BörsZulV, weitere Zulassungsvoraussetzungen ergeben können.[72] Ausnahmen von der Prospektpflicht können sich ausschließlich nach § 4 Abs. 2 WpPG für Situationen ergeben, in denen bereits durch eine gleichwertige Dokumentation eine ausreichende Information des

25

---

67 Erfasst sind: Kredit- und Finanzdienstleistungsinstitute (§ 1 Abs. 1 b KWG), inländische Zweigstellen ausländischer Unternehmen, die Bankgeschäfte betreiben oder Finanzdienstleitungen erbringen (§ 53 KWG), Einlagenkreditinstitut bzw. Wertpapierhandelsunternehmen mit Sitz in einem anderen Staat des Europäischen Wirtschaftsraums (§ 53 b Abs. 1 Satz 1 KWG) oder ein Unternehmen mit Sitz in einem anderen Staat des Europäischen Wirtschaftsraums, das Bankgeschäfte im Sinne des betreibt, Finanzdienstleistungen erbringt oder sich als Finanzunternehmen betätigt (§ 53 b Abs. 7 KWG).
68 *Groß*, KapMR, § 3 WpPG, Rn. 10.
69 Ausführlich § 2 Rn. 27.
70 Ausführlich § 2 Rn. 21.
71 Gem. § 32 Abs. 3 Nr. 2 BörsG kann ebenfalls ein ausführlicher Verkaufsprospekt nach § 42 InvG, ein Prospekt nach § 102 InvG oder § 137 Abs. 3 InvG beigefügt werden.
72 RegBegr. EU-ProspRL-UmsetzungsG, BT-Drucks. 15/4999, S. 30, siehe §§ 1–12 BörsZulV.

Kapitalmarkts sichergestellt ist.[73] Rechtsfolge eines fehlenden Prospekts ist somit nur eine Versagung der Zulassung durch die Geschäftsführung der jeweiligen Börse.[74]

§ 4
Ausnahmen von der Pflicht zur Veröffentlichung eines Prospekts im Hinblick auf bestimmte Wertpapiere

(1) Die Pflicht zur Veröffentlichung eines Prospekts gilt nicht für öffentliche Angebote folgender Arten von Wertpapieren:

1. Aktien, die im Austausch für bereits ausgegebene Aktien derselben Gattung ausgegeben werden, ohne dass mit der Ausgabe dieser neuen Aktien eine Kapitalerhöhung verbunden ist;
2. Wertpapiere, die anlässlich einer Übernahme im Wege eines Tauschangebots angeboten werden, sofern ein Dokument verfügbar ist, dessen Angaben denen des Prospekts gleichwertig sind;
3. Wertpapiere, die anlässlich einer Verschmelzung angeboten oder zugeteilt werden oder zugeteilt werden sollen, sofern ein Dokument verfügbar ist, dessen Angaben denen des Prospekts gleichwertig sind;
4. Aktien, die den Aktionären nach einer Kapitalerhöhung aus Gesellschaftsmitteln angeboten werden, sowie Dividenden in Form von Aktien derselben Gattung wie die Aktien, für die solche Dividenden ausgeschüttet werden, sofern ein Dokument zur Verfügung gestellt wird, das Informationen über die Anzahl und die Art der Aktien enthält und in dem die Gründe und Einzelheiten zu dem Angebot dargelegt werden;
5. Wertpapiere, die derzeitigen oder ehemaligen Mitgliedern von Geschäftsführungsorganen oder Arbeitnehmern von ihrem Arbeitgeber, dessen Wertpapiere bereits zum Handel an einem organisierten Markt zugelassen sind, oder von einem verbundenen Unternehmen im Sinne des § 15 des Aktiengesetzes angeboten werden, sofern ein Dokument zur Verfügung gestellt wird, das Informationen über die Anzahl und die Art der Wertpapiere enthält und in dem die Gründe und die Einzelheiten zu dem Angebot dargelegt werden.

(2) Die Pflicht zur Veröffentlichung eines Prospekts gilt nicht für die Zulassung folgender Arten von Wertpapieren zum Handel an einem organisierten Markt:

1. Aktien, die über einen Zeitraum von zwölf Monaten weniger als 10 Prozent der Zahl der Aktien derselben Gattung ausmachen, die bereits zum Handel an demselben organisierten Markt zugelassen sind;
2. Aktien, die im Austausch für bereits an demselben organisierten Markt zum Handel zugelassene Aktien derselben Gattung ausgegeben werden, ohne dass mit der Ausgabe dieser neuen Aktien eine Kapitalerhöhung verbunden ist;

---

73 Ausführlich § 4 Rn. 16 ff.
74 *Groß*, KapMR, § 3 WpPG, Rn. 12.

3. Wertpapiere, die anlässlich einer Übernahme im Wege eines Tauschangebots angeboten werden, sofern ein Dokument verfügbar ist, dessen Angaben denen des Prospekts gleichwertig sind;

4. Wertpapiere, die anlässlich einer Verschmelzung angeboten oder zugeteilt werden oder zugeteilt werden sollen, sofern ein Dokument verfügbar ist, dessen Angaben denen des Prospekts gleichwertig sind;

5. Aktien, die nach einer Kapitalerhöhung aus Gesellschaftsmitteln den Inhabern an demselben organisierten Markt zum Handel zugelassener Aktien derselben Gattung angeboten oder zugeteilt werden oder zugeteilt werden sollen, sowie Dividenden in Form von Aktien derselben Gattung wie die Aktien, für die solche Dividenden ausgeschüttet werden, sofern ein Dokument zur Verfügung gestellt wird, das Informationen über die Anzahl und die Art der Aktien enthält und in dem die Gründe und Einzelheiten zu dem Angebot dargelegt werden;

6. Wertpapiere, die derzeitigen oder ehemaligen Mitgliedern von Geschäftsführungsorganen oder Arbeitnehmern von ihrem Arbeitgeber oder von einem verbundenen Unternehmen im Sinne des § 15 des Aktiengesetzes angeboten oder zugeteilt werden oder zugeteilt werden sollen, sofern es sich dabei um Wertpapiere derselben Gattung handelt wie die Wertpapiere, die bereits zum Handel an demselben organisierten Markt zugelassen sind, und ein Dokument zur Verfügung gestellt wird, das Informationen über die Anzahl und den Typ der Wertpapiere enthält und in dem die Gründe und Einzelheiten zu dem Angebot dargelegt werden;

7. Aktien, die nach der Ausübung von Umtausch- oder Bezugsrechten aus anderen Wertpapieren ausgegeben werden, sofern es sich dabei um Aktien derselben Gattung handelt wie die Aktien, die bereits zum Handel an demselben organisierten Markt zugelassen sind;

8. Wertpapiere, die bereits zum Handel an einem anderen organisierten Markt zugelassen sind, sofern sie folgende Voraussetzungen erfüllen:

   a) die Wertpapiere oder Wertpapiere derselben Gattung sind bereits länger als 18 Monate zum Handel an dem anderen organisierten Markt zugelassen,

   b) für die Wertpapiere wurde, sofern sie nach dem 30. Juni 1983 und bis einschließlich 31. Dezember 2003 erstmalig börsennotiert wurden, ein Prospekt gebilligt nach den Vorschriften des Börsengesetzes oder den Vorschriften anderer Staaten des Europäischen Wirtschaftsraums, die auf Grund der Richtlinie 80/390/EWG des Rates vom 17. März 1980 zur Koordinierung der Bedingungen für die Erstellung, die Kontrolle und die Verbreitung des Prospekts, der für die Zulassung von Wertpapieren zur amtlichen Notierung an einer Wertpapierbörse zu veröffentlichen ist (ABl. EG Nr. L 100 S. 1) in der jeweils geltenden Fassung oder auf Grund der Richtlinie 2001/34/EG des Europäischen Parlaments und des Rates vom 28. Mai 2001 über die Zulassung von Wertpapieren zur amtlichen Börsennotierung und über die hinsichtlich dieser Wertpapiere zu veröffentlichenden Informationen (ABl.

EG Nr. L 184 S. 1) in der jeweils geltenden Fassung erlassen worden sind; wurden die Wertpapiere nach dem 31. Dezember 2003 erstmalig zum Handel an einem organisierten Markt zugelassen, muss die Zulassung zum Handel an dem anderen organisierten Markt mit der Billigung eines Prospekts einhergegangen sein, der in einer in § 14 Abs. 2 genannten Art und Weise veröffentlicht wurde,

c) der Emittent der Wertpapiere hat die auf Grund der Richtlinien der Europäischen Gemeinschaft erlassenen Vorschriften betreffend die Zulassung zum Handel an dem anderen organisierten Markt und die hiermit im Zusammenhang stehenden Informationspflichten erfüllt,

d) der Zulassungsantragsteller erstellt ein zusammenfassendes Dokument in deutscher Sprache,

e) das zusammenfassende Dokument nach Buchstabe d wird in einer in § 14 vorgesehenen Art und Weise veröffentlicht und

f) der Inhalt dieses zusammenfassenden Dokuments entspricht den Anforderungen des § 5 Abs. 2 Satz 2. Ferner ist in diesem Dokument anzugeben, wo der neueste Prospekt sowie Finanzinformationen, die vom Emittenten entsprechend den für ihn geltenden Publizitätsvorschriften offen gelegt werden, erhältlich sind.

(3) Das Bundesministerium der Finanzen kann im Einvernehmen mit dem Bundesministerium der Justiz durch Rechtsverordnung, die nicht der Zustimmung des Bundesrates bedarf, bestimmen, welche Voraussetzungen die Angaben in den in Absatz 1 Nr. 2 und 3 sowie Absatz 2 Nr. 3 und 4 genannten Dokumenten im Einzelnen erfüllen müssen, um gleichwertig im Sinne des Absatzes 1 Nr. 2 oder 3 oder im Sinne des Absatzes 2 Nr. 3 oder 4 zu sein. Dies kann auch in der Weise geschehen, dass Vorschriften des deutschen Rechts oder des Rechts anderer Staaten des Europäischen Wirtschaftsraums bezeichnet werden, bei deren Anwendung die Gleichwertigkeit gegeben ist. Das Bundesministerium der Finanzen kann die Ermächtigung durch Rechtsverordnung auf die Bundesanstalt für Finanzdienstleistungsaufsicht übertragen.

Inhalt

	Rn.		Rn.
I. Übersicht	1	1. 10 % der zugelassenen Aktien	14
II. Ausnahmecharakter	2	2. Aktientausch	15
III. Ausnahmen von der Prospektpflicht gemäß § 4 Abs. 1 WpPG	4	3. Übernahmeangebote	16
		4. Verschmelzungen	17
1. Aktientausch	5	5. Kapitalerhöhungen und Sachdividenden	18
2. Übernahmeangebote	6		
3. Verschmelzungen, Nr. 3	7	6. Stock Option Programme	19
4. Kapitalerhöhungen und Sachdividenden	8	7. Umtausch- und Bezugsvorgänge	20
5. Stock Option Programme	10	8. Altfälle	21
IV. Ausnahmen von der Prospektpflicht gem. § 4 Abs. 2 WpPG	13	V. Kombinierbarkeit	22
		VI. Verordnungsermächtigung, Abs. 3	25

I. Übersicht

Die Vorschrift regelt besondere Ausnahmen von der Prospektpflicht und 1 setzt Art. 4 der EU-ProspRL um. Sie ergänzt § 3 Abs. 2 WpPG, der ebenfalls Ausnahmen aufgrund der Form eines öffentlichen Angebots vorsieht.[1] Neben gesonderten Ausnahmetatbeständen von der Prospektpflicht aufgrund öffentlichen Angebots (Abs. 1) und weitgehend wortlautidentisch aufgrund der Zulassung zu einem organisierten Markt (Abs. 2), findet sich in Abs. 3 auch eine Verordnungsermächtigung zur Regelung der Gleichwertigkeit von Dokumenten. Ebenso wie im Hinblick auf § 3 Abs. 2 WpPG wird hier von einer Prospektpflicht abgesehen, da die Angebotsadressaten keiner Information durch ein Prospekt bedürfen.[2] Eine angemessene Information und damit hinreichender Anlegerschutz wird bei den in die Ausnahme einbezogenen Wertpapieren durch ein bereits veröffentlichtes, gleichwertiges Dokument oder anderweitige Informationspflichten sichergestellt.[3]

II. Ausnahmecharakter

Ebenso wie die Ausnahmevorschriften des § 3 Abs. 2 WpPG[4] stellen Abs. 1 2 und 2 Legalausnahmen dar, d.h. es sind keine weiteren Schritte durch BaFin oder Geschäftsführung der Börsen erforderlich, damit die Ausnahme greifen kann. Im Diskussionsentwurf zum WpPG wurde dagegen noch, ebenso wie in Art. 4 EU-ProspRL, auf die Zustimmung der zuständigen Behörde abgestellt.[5] Der Hinweis in den Gesetzesmaterialien auf die Entscheidung der BaFin im öffentlichen Interesse führt zu keiner anderen Einordnung, sondern ist rein deklaratorischer Natur,[6] für den Fall einer Untersagung eines Angebots nach § 21 Abs. 4 WpPG.[7] Diese Klarstellung dürfte auch auf die Entscheidung der Geschäftsführung der Börsen zu übertragen sein, die durch den Zulassungsbescheid über eine prospektfreie Zulassung entscheiden.[8]

Die Ausnahmetatbestände ähneln den Ausnahmetatbeständen, die bereits 3 nach dem VerkProspG a.F. und der BörsZulV a.F. bestanden.[9] Grundsätzlich handelt es sich bei den in § 4 WpPG geregelten Ausnahmen um solche, die sich auf deren Eigenart als Wertpapierart bezieht, für die typischerweise eine genügende Informationsbasis der Anleger besteht oder durch andere Dokumente geschaffen wird.

---

1 Vgl. § 3 Rn. 12 ff.
2 Vgl. RegBegr. EU-ProspRL-UmsetzungsG, BT-Drucks. 15/4999, S. 30.
3 *Grosjean*, in: Heidel, AktG, § 4 WpPG Rn. 1.
4 Vgl. § 3 Rn 13.
5 Dazu *Holzborn/Israel*, ZIP 2005, 1668, 1669 f.
6 A. A. wohl *Grosjean*, in: Heidel, AktG, § 4 WpPG Rn. 1, der eine Stellungnahme der BaFin in der Praxis mit Recht aber für unwahrscheinlich hält.
7 Ausf. § 21 Rn. 2 ff.
8 Ebenso *Grosjean*, in: Heidel, AktG, § 4 WpPG Rn. 1.
9 *Groß*, KapMR, § 4 WpPG, Rn. 2; *Holzborn/Israel*, ZIP 2005, 1668, 1669 f.

III. Ausnahmen von der Prospektpflicht gemäß § 4 Abs. 1 WpPG

4   Die in Abs. 1 erfassten Ausnahmetatbestände beziehen sich ausdrücklich auf die Prospektpflicht aufgrund eines öffentlichen Angebots nach § 3 Abs. 1 WpPG. Der Wortlaut ist nicht eindeutig, denn teilweise stellen die Ausnahmetatbestände schon kein öffentliches Angebot im Sinne des § 2 Nr. 4 WpPG dar, da die Aktien ex lege erworben werden. Daher ist dort der Anwendungsbereich – insb. bei Abs. 1 Nr. 1, 3 und 4 – auf ausländische Emittenten und Konstellationen beschränkt, in denen einen Zuzahlung erfolgt.[10]

1. Aktientausch, Abs. 1 Nr. 1

5   Werden Aktien gegen Aktien derselben Gattung getauscht, ohne damit eine Kapitalerhöhung zu bewirken, ist kein Prospekt erforderlich, denn insoweit besteht kein erweitertes Informationsbedürfnis des Empfängers. Dieser Ausnahmetatbestand setzt Art. 4 Abs. 1a) EU-ProspRL um. Dieselbe Gattung von Aktien ist dann gegeben, wenn die durch sie verbrieften Rechte, identisch mit den getauschten Aktien sind.[11] Keine andere Gattung im Sinne der wertpapierrechtlichen Ausnahme stellt eine abweichende Dividendenberechtigung dar, da junge, noch nicht zugelassene Aktien meist mit Dividendenberechtigung für das laufende Jahr ausgegeben werden, während sie vor der Hauptversammlung noch die Vorjahresberechtigung in sich tragen.[12] Ein Grund für eine Ungleichbehandlung zu den anderen Ausnahmen ist nicht ersichtlich.[13] Ein entsprechender Tausch erfolgt bei der Neustückelung oder bei der Umstellung auf nennwertlose Stückaktien und war auch schon von § 45 Nr. 2c) BörsZulV a.F. erfasst.[14] Richtigerweise ist eine Übertragung auf Aktien vertretende Zertifikate, wie dieses nach § 4 Abs. 1 Nr. 5 VerkProspG a.F. und § 45 Nr. 3g) BörsZulV a.F. möglich war, nach dem jetzigen Wortlaut ausgeschlossen.[15] Die entsprechende Ausnahme für die Zulassung ist in Abs. 2 Nr. 2 enthalten.

2. Übernahmeangebote, Abs. 1 Nr. 2

6   Ausgenommen sind zur Vermeidung einer doppelten Publizitätspflicht auch Tauschangebote im Rahmen von öffentlichen Übernahmeangeboten, bei denen als Gegenleistung Wertpapiere angeboten werden und ein dem Prospekt nach WpPG gleichwertiges Dokument verfügbar ist, was mindestens eine Veröffentlichung auf der Internetseite voraussetzt. Dieses ist für eine Gegenleistung nach § 31 Abs. 2 WpÜG bei liquiden Wertpapieren, die an ei-

---

10 *Grosjean*, in: Heidel, AktG, § 4 WpPG Rn. 2.
11 *Grosjean*, in: Heidel, AktG, § 4 WpPG Rn. 3., s. auch § 11 AktG, dazu *Westermann*, in: Bürgers/Körber, AktG, § 11 Rn. 6ff.; *Hüffer*, AktG, § 11 Rn. 7.
12 *Heidelbach*, in: Schwark, KapMRK, § 45 BörsZulV Rn. 7 zu den Ausnahmen nach § 45 Nr. 3 BörsZulV; RegBegr. EU-ProspRL-UmsetzungsG, BT-Drucks. 15/4999, S. 30 zur Ausnahme in § 4 Abs. 2 Nr. 1.
13 So aber *Grosjean*, in: Heidel, AktG, § 4 WpPG Rn. 3
14 Dazu *Heidelbach*, in: Schwark, KapMRK, § 45 BörsZulV Rn. 6.
15 *Grosjean*, in: Heidel, AktG, § 4 WpPG Rn. 3; a.A. wohl *Groß*, KapMR, § 4 WpPG, Rn. 2.

nem organisierten Markt gehandelt werden, der Fall.[16] Hierdurch wird Art. 4 Abs. 1 b) EU-ProspRL umgesetzt, der Regelungsumfang entspricht weitgehend § 4 Abs. 1 Nr. 9 VerkProspG a. F. Der Inhalt einer Angebotsunterlage[17] nach WpÜG wird durch den Verweis in § 2 Nr. 2 WpÜG-AV auf § 7 i.V.m. der EU-ProspV regelmäßig diesen Anforderungen gerecht werden. Dieses muss umso mehr gelten, als die Haftung für die Angebotsunterlage (§ 12 WpÜG) der Haftung nach § 13 VerkProspG weitgehend entspricht.[18] Im Gegenzug reicht im Falle eines gültigen Prospekts nach WpPG der Hinweis auf dieses in der Angebotsunterlage aus (§ 2 Nr. 2 WpÜG-AV). Die Ausnahmevorschrift ist aber nicht auf Tauschangebote nach WpÜG beschränkt.[19] Die Gleichwertigkeit der mit dem jeweiligen Angebot verbundenen Dokumentation, etwa eines ausländischen Bieters (im Falle der Zulassung Abs. 2 Nr. 3 nur bei Inlandszulassung) ist dann aber gesondert zu bewerten. Von einer Gleichwertigkeit kann bei Bietergesellschaften aus dem EWR jedoch mit Blick auf die EU-ProspRL und EU-ÜbernahmeRL regelmäßig ausgegangen werden. Sie ist in einem hypothetischen Vergleich mit den Mindestangabepflichten nach WpPG (mindestens in englischer Sprache mit deutscher Zusammenfassung) zu ermitteln, wobei eine Identität der Informationen nicht gefordert ist.[20]

3. Verschmelzungen, Abs. 1 Nr. 3

Eine Prospektpflicht besteht nicht für im Rahmen einer Verschmelzung angebotene oder zuzuteilende Wertpapiere, wenn die diesbezügliche Dokumentation eine gleichwertige Information gewährleistet. Der Ausnahmetatbestand schließt zunächst schon systematisch Verschmelzungsvorgänge aus, in denen Wertpapiere kraft Gesetzes erworben werden. Die Verschmelzung wird mit Eintragung in das HR zwangsweise wirksam, so dass kein Entscheidungsspielraum des Anlegers besteht und folglich schon kein öffentliches Angebot und keine Prospektpflicht vorliegen kann. Ein solcher Vorgang ist aber, sofern andere Anleger beworben werden, prospektpflichtig. Diese Ausnahme entspricht weitgehend § 4 Abs. 1 Nr. 7 VerkProspG a.F. und setzt Art. 4 Abs. 1 c) EU-ProspV in nationales Recht um. Damit beschränkt sich der Anwendungsbereich zum einen auf Verschmelzungen nach § 29 UmwG, denn dort besteht ein Wahlrecht des Anlegers, und Verschmelzungsvorgänge mit einer Zuzahlungspflicht, denn hier trifft der Anteilsinhaber eine Anlageentscheidung.[21] Für Wertpapiere, die ohne Zuzahlung, d.h. gratis ausgegeben werden, besteht keine Prospektpflicht.[22] Zudem können Verschmelzungsvorgänge erfasst sein, die nach ausländischem Recht erfolgen,

7

---

16 Vgl. RegBegr. EU-ProspRL-UmsetzungsG, BT-Drucks. 15/4999, S. 30.
17 Vgl. dazu *Holzborn*, in: Zschocke/Schuster, Übernahmerecht, C Rn. 2f.
18 *Grosjean*, in: Heidel, AktG, § 4 WpPG Rn. 4, den Anlegerschutz hervorhebend.
19 *Seibt/v. Bonin/Isenberg*, AG 2008, 565, 567; zweifelnd *Ekkenga/Maas*, WP Emissionen S. 140, Fn. 359.
20 Mit Vergleich zu US-Prospektanforderungen *Seibt/v. Bonin/Isenberg*, AG 2008, 565, 567 ff.
21 *Groß*, KapMR, § 4 WpPG, Rn. 4; *Grosjean*, in: Heidel, AktG, § 4 WpPG Rn. 5.
22 EU-ProspRL-UmsetzungsG, BT-Drucks. 15/4999, S. 30.

wenn kein Rechtserwerb kraft Gesetz erfolgt und somit ein öffentliches Angebot im Sinne von § 2 Nr. 4 WpPG nicht ausgeschlossen ist. Dieses ist insb. dann der Fall, wenn der aufnehmende Rechtsträger seinen Sitz im Ausland hat (internationale Verschmelzung ggf. möglich nach § 122a ff. UmwG). Regelmäßig wird aber ein Verschmelzungsbericht nach § 8 UmwG (i. V. m. Verschmelzungsvertrag § 4 UmwG) bzw. ein (Ab)Spaltungsbericht nach § 127 UmwG (i. V. m. (Ab)Spaltungs- und Übernahmevertrag § 126 UmwG) nicht einem Prospekt gleichwertig sein, in ihm sind grds. keine Angaben zu Risikofaktoren enthalten und er enthält keine Zusammenfassung.[23] Daneben wird ein Verschmelzungsbericht nicht immer gewährleisten, dass er ausreichend aktuelle Informationen enthält, die denen des Prospekts entsprechen. Das zumindest reduzierte Schutzbedürfnis der Anleger,[24] gem. § 12 UmwG muss eine Bestätigung eines Wirtschaftsprüfers zum Wertverhältnis von Angebot und Preis erfolgen, hat keinen Einfluss auf die Gleichwertigkeit der Dokumente. Dieser Umstand sollte bei der Ausübung der Verordnungsermächtigung des Abs. 3 Berücksichtigung finden und nur eine entsprechend ergänzte Dokumentation verbunden mit der Bestätigung nach § 12 UmwG gleichwertig erklären. Ein Teilzusatzprospekt, der die fehlenden Informationen enthält, ist nicht zulässig, jedoch ein freiwilliger Mehrinhalt. Die Gleichwertigkeit ist materiell an § 7 i. V. m. EU-ProspV zu prüfen, im Übrigen muss das Dokument aktuell sein. Bei der Beurteilung ist auf die Gültigkeitsfrist des Prospekts nach § 9 WpPG abzustellen.

4. Kapitalerhöhungen und Sachdividenden, Abs. 1 Nr. 4

8   Von der Prospektpflicht ausgenommen sind auch Angebote von Aktien, die durch eine Kapitalerhöhung aus Gesellschaftsmitteln angeboten werden oder als Dividenden ders. Aktiengattung zugeteilt werden. Voraussetzung ist aber weiter, dass ein Dokument vorliegt, in dem Informationen über die Anzahl und Art der Aktien sowie die Gründe und Einzelheiten zu dem Angebot enthalten sind. Art. 4 Abs. 1 d) der EU-ProspRL wird hierdurch umgesetzt, wobei der Anwendungsbereich für Kapitalerhöhungen ähnlich dem des § 4 Abs. 1 Nr. 4 VerkProspG a. F. ist.[25] Der Anwendungsbereich ist allerdings für beide Alternativen begrenzt, da in der Regel in beiden Konstellationen kein öffentliches Angebot im Sinne des § 2 Nr. 4 WpPG vorliegt. Die Aktien werden bei inländischen und manchen ausländischen Emittenten direkt zugebucht bzw. stehen dem Altaktionär direkt zu (§ 212 AktG), ohne dass dieser dazu eine gesonderte Entscheidung trifft.[26] Damit beschränkt sich diese Ausnahme im Wesentlichen auf ausländische Emittenten, bei denen ein Angebot

---

23 *Grosjean*, in: Heidel, AktG, § 4 WpPG Rn. 5; *Seibt/v. Bonin/Isenberg*, AG 2008, 565, 570; a. A. wohl *Groß*, KapMR, § 4 WpPG, Rn. 14 „im Großen und Ganzen" Gleichwertigkeit vertretbar.
24 Darauf hinweisend *Groß*, KapMR, § 4 WpPG Rn. 4.
25 RegBegr. EU-ProspRL-UmsetzungsG, BT-Drucks. 15/4999, S. 30, insoweit wird ferner darauf hingewiesen, dass die Umsetzung des Art. 2 Abs. 2f) der Richtlinie 89/298/EWG darstellt; vgl. auch *Ritz*, in: Assmann/Lenz/Ritz, VerkProspG § 4 Rn. 25.
26 *Grosjean*, in: Heidel, AktG, § 4 WpPG Rn. 6; für Sachdividende zurückhaltend *Groß*, KapMR, § 4 WpPG, Rn. 5; zur Sachdividende allg. *Holzborn/Bunneman* AG 2003 671.

im Sinne von § 2 Nr. 4 WpPG bei entsprechenden Dividenden bzw. Kapitalerhöhungen durch Gesellschaftsmittel möglich ist.[27]

Erforderlich ist aber daneben, dass ein Dokument verfügbar ist, das Art und Anzahl der Aktien sowie die Gründe und Einzelheiten des Angebots enthält. Eine gesonderte Veröffentlichung oder Hinweisbekanntmachung ist nicht erforderlich.[28] Inhaltlich muss es den Emittenten identifizieren und eine Quelle für weitere diesbezügliche Informationen nennen. Ferner sind Gründe für das Angebot und ein Bezug zu der Ausnahmevorschrift und detaillierte Informationen zum Angebot selbst zu geben. Letzteres sollte die wesentlichen Bedingungen enthalten, wie Adressat, Angebotszeitraum, Orderumfang und Preis.[29] Darüber hinaus sollten die mit den angebotenen Aktien verbundenen Rechte summarisch beschrieben werden. Es handelt sich dabei nicht um ein Prospekt, so dass eine Genehmigung oder eine Anzeige nicht erforderlich ist.[30] Ein gesetzlicher Haftungstatbestand hierfür besteht wohl nicht.[31]

9

5. Stock Option Programme, Abs. 1 Nr. 5

Ausgenommen sind Wertpapierangebote, bei denen durch den Arbeitgeber an derzeitige oder ehemalige Mitarbeiter oder Führungskräfte ausgegeben wird.[32] Allerdings ist dieses im Gegensatz zur Vorgängernorm, § 2 Nr. 3 VerkProspG a. F., darauf beschränkt, dass die betreffenden Wertpapiere vom Arbeitgeber ausgegeben werden, dessen Wertpapiere bereits zum Handel an einem organisierten Markt zugelassen sind. Dies gilt auch für ein mit ihm im Sinne von § 15 AktG verbundenes Unternehmen. Zudem muss insoweit ein Dokument für den Arbeitnehmer verfügbar sein, dass Art und Anzahl der Wertpapiere sowie Gründe und Einzelheiten zum Angebot enthält.[33] Hierbei ist darauf zu achten, dass Insiderverstöße durch asymmetrische Information vermieden werden.[34] Art. 4 Abs. 1 e) der EU-ProspRL findet so die Umsetzung.[35] Hinter der Ausnahme soll zum einen der Gedanke steht, dass die Mitarbeiter typischerweise eine überdurchschnittliche Kenntnis über den Emittenten haben, so dass eine eingeschränkte Dokumentation ausreichend sein soll.[36] Zum anderen ist im Falle der Notierung an einem organisierten

10

---

27 Ebenso *Grosjean,* in: Heidel, AktG, § 4 WpPG Rn. 7.
28 *CESR* recommendation, consistent implementation, Ref. 05-054b, Tz. 176.
29 Im Einzelnen *CESR* recommendation, consistent implementation, Ref. 05-054b, Tz. 173 f; ähnlich früher § 45 Nr. 2 a) BörsZulV a. F., wobei dort eine Bekanntmachung erfolgte, die der Haftung nach § 44 Abs. 4 BörsG unterlag.
30 *CESR* recommendation, consistent implementation, Ref. 05-054b, Tz. 175.
31 *Grosjean,* in: Heidel, AktG, § 4 WpPG Rn. 8, dies war zur Vorgängernorm § 45 Nr. 2 a) BörsZulV a. F. anders, da § 44 Abs. 4 BörsG dies in die Haftung einbezog; vgl. ausf. §§ 44, 45 BörsG Rn. 21 f.
32 Vgl. zu Aktienoptionsprogrammen *Holzborn,* in: Marsch-Barner/Schäfer, Hdb börsnot AG, 2. Aufl. 2008, § 50.
33 Vgl. dazu Rn 9 und *CESR* recommendation, consistent implementation, Ref. 05-054b, Tz. 173 f.
34 *Holzborn,* in: Marsch-Barner/Schärfer, Hdb börsnot AG, 2. Aufl. 2008, § 50 Rn. 133 ff.
35 Vgl. RegBegr. EU-ProspRL-UmsetzungsG, BT-Drucks. 15/4999, S. 30.
36 In diese Richtung *Groß,* KapMR, § 4 WpPG Rn. 6; an diesem Argument zweifelnd *Grosjean,* in: Heidel, AktG, § 4 WpPG Rn. 11.

Markt (insb. auch für Abs. 2 Nr. 6) aus den Zulassungsfolgepflichten (z.B. §§ 12ff., 15, WpHG) eine ausreichende Dokumentation und Transparenz gegeben, die es rechtfertigt, nur eingeschränkte Prospektierungspflichten hinsichtlich des konkreten Angebots vorzusehen. Bei Mitarbeiteroptionsprogrammen liegt trotz des beschränkten Adressatenkreises in Bezug auf die später optionierten Aktien ein Angebot vor, wenn dem Informationsbedürfnis nicht anderweitig Genüge getan wird.[37] Die Optionserteilung selbst ist regelmäßig kein Angebot, da mangels Verbriefung und Übertragbarkeit keine Wertpapiereigenschaft im Sinne des § 2 Nr. 1 WpPG vorliegt.[38] Erfasst kann erst die Aktienausgabe sein, wenn eine Verbriefung bzw. Handelbarkeit vorliegt.[39] Dagegen sind solche Optionsscheine einbezogen, deren Basiswert als Wertpapier des Arbeitgebers zu qualifizieren ist, unabhängig vom Emittenten der Option selbst.[40] Phantom Stocks und Stock Appreciation Rights sind als reine Wertsteigerungsrechte ebenfalls keine Wertpapiere im Sinne des WpPG.[41]

11 Der Anwendungsbereich begrenzt sich auf Angebote von Arbeitgebern, deren Wertpapiere bereites an einem organisierten Markt im Sinne von § 2 Nr. 16 WpPG zugelassen sind. Eine abschließende Bezeichnung der erfassten Marktplätze findet sich in der gem. Art. 4 der MiFiD erfolgenden Mitteilungen.[42] Folglich besteht für Emittenten aus Drittstaaten sowie für Emittenten mit einer Einbeziehung in den Freiverkehr keine Ausnahmemöglichkeit nach Abs. 1 Nr. 5.[43] Dies betrifft in der Praxis besonderes konzernweite Mitarbeiterbeteiligungsprogramme von internationalen Gesellschaften. Hier ist im Falle einer Mitarbeiterbeteiligung durch Wertpapiere, falls keine anderweitigen Ausnahmetatbestände greifen, ein Prospekt zu erstellen.[44] Mit Blick auf den Regelungszweck – der auf eine anderweitige Informationsgrundlage abstellt – erscheint es aber zweifelhaft, ob eine entsprechend restriktive Auslegung angezeigt ist. Auch die Kapitalmarkttransparenz anderer etablierter Börsenplätze mit umfangreichen Zulassungsfolgepflichten, insb. in den Vereinigten Staaten oder der Schweiz, bietet für die Arbeitnehmer dortiger Emittenten eine zumindest gleichwertige Informationsgrundlage. Fraglich ist ferner, ob diese Regelung mit den Grundfreiheiten vereinbar ist, denn inländische Gesellschaften (z.B. die inländische Tochter eines Drittstaatenemittenten) ohne eine entsprechende Notierung würden so erheblich benachteiligt, ohne dass insoweit ein überzeugender Grund vorliegt. Eine Klarstellung, die die Ausnahme auch im Falle gleichwertiger Drittstaatenzulassung anwendet, erscheint wünschenswert, zumal die Prospektpflicht in

---

37 *Leuering*, Der Konzern 2006, 4, 9; a.A. *Heidelbach*, in: Schwark, KapMRK, § 2 VerkProspG Rn. 14.
38 *Ritz*, in: Assmann/Lenz/Ritz, VerkProspG, § 2 Rn. 17; *Seitz*, AG 2005, 678, 680.
39 Ausgeschlossen sind also nicht verbriefte Aktien, *Seitz*, AG 2005, 678, 680.
40 Überzeugend *Leuering*, Der Konzern 2006, 4, 9.
41 Zu diesen *Holzborn*, in: Marsch-Barner/Schärfer, Hdb börsnot AG, § 51 Rn. 13.
42 Art. 1 Nr. 13 und Art. 16 der Wertpapierdienstleistungsrichtlinie, auf den auch Art. 2 Abs. 1 j) der EU-ProspRL verweist.
43 Ein organisierter Markt kann nach § 2 Abs. 5 WpHG nur im EWR liegen.
44 Bereits *Holzborn/Israel*, ZIP 2005, 1668, 1669, Fn. 33 a.E.; *Pfeiffer/Buchinger*, NZG 2006, 449, 450.

diesen Fällen im europäischen Vergleich nur in Deutschland angenommen wird.

Dem Wortlaut kann nicht entnommen werden, dass der Arbeitgeber bzw. 12 das verbundene Unternehmen der Emittent der als Mitarbeiterbeteiligung auszugebenden Wertpapiere sein muss.[45] Zwar wird im Hinblick auf den Gesetzeszweck das Argument der informierten Mitarbeiter herangezogen (siehe Rn. 10). Allerdings kann dieses bereits bei mittelgroßen Einheiten nur noch für entsprechende Führungskräfte tragfähig gemacht werden, da der einzelne Mitarbeiter gerade bei börsennotierten Gesellschaften kaum Einblicke in die Geschäftstätigkeit und das Gesamtgefüge erhält. Im Vordergrund des Telos steht somit die reduzierte Dokumentation aufgrund einer anderweitigen Kapitalmarktinformation, nämlich der der Zulassung von Wertpapieren des Arbeitgebers bzw. den damit verbundenen Unternehmen. Dieses bestätigt sich auch in der systematischen Stellung der Ausnahme im Rahmen der Ausnahmen für bestimmte Wertpapierarten, denn insoweit wird eine Doppelpublizität vermieden, ohne den Anlegerschutz einzuschränken.[46] Auch müssen nicht die jeweiligen in das Mitarbeiterprogramm einbezogenen Wertpapiere an einem organisierten Markt zugelassen sein. Es genügt, wenn Wertpapiere gleicher Gattung des Arbeitgebers an einem organisierten Markt zugelassen sind.

IV. Ausnahmen von der Prospektpflicht gem. § 4 Abs. 2 WpPG

Die Ausnahmetatbestände des § 4 Abs. 2 beschränken sich auf die prospekt- 13 freie Zulassung von Wertpapieren. Auch sie stellen eine Legalausnahme dar, so dass keine Entscheidung der Börsengeschäftsführung (früher Zulassungsstellen) erforderlich ist. Allerdings werden die Voraussetzungen inzident Gegenstand der Prüfung der Zulassung sein, denn die Geschäftsführung erlässt den Zulassungsbescheid nur, wenn die formellen Voraussetzungen für eine prospektfreie Zulassung gegeben sind.[47] Eine materielle Prüfung, also die tatsächliche Gleichwertigkeit einer fraglichen Dokumentation mit dem Informationsgehalt eines WpPG-Prospekts und deren inhaltliche Richtigkeit, wäre schon mit der Systematik der Legalausnahme nicht vereinbar.[48] Ferner

---

45 In diese Richtung *Leuering*, Der Konzern 2006, 4, 9; a. A. *Grosjean*, in: Heidel, AktG, § 4 WpPG Rn. 11, der zuvor den Informationsgrad der Arbeitnehmer anzweifelt, das Ziel der Förderung der Arbeitnehmerbeteiligung aber als Argument für eine restriktivere Auslegung heranzieht.
46 Diesen Gesetzeszweck hervorhebend *Grosjean*, in: Heidel, AktG, § 4 WpPG Rn. 1.
47 Eine solche Prüfungspflicht ist auch mit der WpPG-Systematik konsistent, denn diese Prüfung betrifft gerade keinen Prospekt, dessen Prüfung allein der BaFin nach § 13 Abs. 1 Satz 2 zugewiesen ist, sondern allein die Frage nach dem entsprechenden Ausnahmetatbestand; *Seibt/v. Bonin/Isenberg*, AG 2008, 565, 566; a. A. *Groß*, KapMR, § 4 WpPG, Rn. 9; folgend *Grosjean*, in: Heidel, AktG, § 4 WpPG Rn. 12
48 A. A. eine materielle Prüfungspflicht *Grosjean*, in: Heidel, AktG, § 4 WpPG Rn. 12; einschränkend auf den Prüfungsumfang der BaFin für Vollprospekte *Mülbert/Steup*, WM 2005, 1633, 1641; folgend *Groß*, KapMR, § 4 WpPG, Rn. 9; *Seibt/v. Bonin/Isenberg*, AG 2008, 565, 567.

würde dieses über die Prüfungsgrundsätze für Vollprospekte der BaFin hinausgehen, die die Richtigkeit der enthaltenen Informationen materiell nur auf innere Widerspruchsfreiheit (Kohärenz) eingeschränkt prüft.[49] Schließlich ermöglicht Abs. 3 eine Verordnungsermächtigung auch an die BaFin, Kriterien für die Gleichwertigkeit zu regeln, so dass auch dieses gegen eine entsprechend weitgehende Prüfungspflicht der Geschäftsführung spricht, zumal das Verbot mit Erlaubnisvorbehalt gerade durch die Legalausnahme ersetzt worden ist. Dies beschneidet aber nicht das Recht der Börsengeschäftsführung, bei inzidenter Prüfung im Rahmen des § 32 BörsG in offensichtlichen Missbrauchsfällen die Zulassung zu verweigern. Ein Negativtestat der BaFin wird regelmäßig nicht erteilt.

1. 10 % der zugelassenen Aktien, Abs. 2 Nr. 1

14 Keine Prospektpflicht besteht für die Zulassung von Aktien, wenn sie innerhalb von zwölf Monaten weniger als 10 % der bereits zum Handel an demselben organisierten Markt zugelassenen Aktien derselben Gattung ausmachen. Der mit § 45 Nr. 3 b) BörsZulV a. F. vergleichbare Ausnahmetatbestand setzt Art. 4 Abs. 1 a) um. Berechnungsgrundlage der 10 %-Quote sind alle an demselben organisierten Markt zugelassenen Aktien gleicher Gattung. Dabei wird teilweise in der Praxis auf eine bestimmte Börse abgestellt, während in der Literatur[50] vertreten wird, allein den regulierten Markt im Inland insgesamt zu betrachten. Für eine weitere Differenzierung nach Börsenplätzen gibt weder der Regelungs- und Schutzzweck noch der Wortlaut ausreichend Grundlage.[51] Weitere Voraussetzung ist die Existenz der zuzulassenden Aktien, d.h. deren wirksame Ausgabe, etwa im Rahmen einer Kapitalerhöhung nach Durchführung. Es ist allein eine rechnerische Unterschreitung der 10 %-Grenze erforderlich, also genügt insoweit auch die Unterschreitung um einen Bruchteil (bzw. eine Aktie).[52] Begrenzt wird die Ausnahme durch die Zwölfmonatsfrist, die sich nach §§ 187 ff. BGB berechnet. Somit ist maßgeblicher Zeitpunkt für die Berechnung die Zulassung der Aktien.[53] Richtigerweise wird bei einer Rückrechnung der zwölf Monate der Zeitpunkt des Zulassungsbeschlusses maßgeblich sein.[54] Soll eine Zulassung auf dieser Basis erfolgen, so ist die Frist mit Blick darauf zurückzurechnen, ob eine in 12 Monaten zuvor erfolgte Zulassung (z.B. 8 %) den Spielraum verringert. Dabei ist dann die ursprünglich Gesamtzahl zugelassener Aktien zugrunde zu le-

---

49 Vgl. § 13 Rn. 19 f.
50 Vgl. *Gebhardt,* in: Schäfer/Hamann, KapMG (Stand: Januar 2006), § 45 a.F. BörsZulV, Rn. 17; *Heidelbach,* in: Schwark, KapMRK, § 45 BörsZulV Rn. 9.
51 Überzeugend *Groß,* KapMR, § 4 WpPG, Rn. 10.
52 *Grosjean,* in: Heidel, AktG, § 4 WpPG Rn. 13.
53 Vgl. die RegBegr. EU-ProspRL-UmsetzungsG, BT-Drucks. 15/4999, S. 30 bezieht sich auf die Einführung, die als gesonderter Verwaltungsakt nach der Zulassung liegt, der Gesetzeswortlaut spricht aber von „zugelassenen" Aktien. Dies ist auch unproblematisch, da eine Zulassung nach drei Monaten erlischt, sofern keine Einführung erfolgt, § 38 Abs. 4 BörsG.
54 Wohl ebenso *Grosjean,* in: Heidel, AktG, § 4 WpPG Rn. 13, der nur eingeführte Aktien berücksichtigen will, vgl. dazu Fn. zuvor.

gen (also ohne die bereits erfolgten 8 %, im Beispiel verbleiben unter 2 % auf die alte Gesamtzahl). Nach Ablauf der zwölf Monate im Hinblick auf die erste Zulassung ist die um die erste Zulassung erhöhte Gesamtzahl (im Beispiel zzgl. 8 %) als Basis zu nehmen und um die neue Zulassung (hier unter 2 % auf den alten Wert) zu reduzieren, um die Grenze einer dritten Zulassung zu ermitteln. Eine künstliche Aufspaltung einer Kapitalerhöhung (z. B. zunächst unter 10 % und nach Ablauf eines Jahres eine weitere Zulassung aus derselben Kapitalerhöhung) ist nicht möglich, und würde auch keinen Vorteil bringen, da eine Zulassungspflicht innerhalb eines Jahres aus § 40 BörsG i.V.m. § 69 BörsZulV folgt. Derselben Gattung gehören Aktien auch dann an, wenn sie sich nur hinsichtlich des Beginns der Dividendenberechtigung unterscheiden.[55]

2. Aktientausch, Abs. 2 Nr. 2

Von der Prospektpflicht sind ebenfalls solche Zulassungen ausgenommen, bei denen für die betreffenden Aktien ein Austausch mit bereits zu einem organisierten Markt zugelassenen Aktien erfolgt, ohne dass damit eine Kapitalerhöhung verbunden ist. Die Regelung entspricht weitgehend Abs. 1 Nr. 1 (vgl. Rn. 5), ist mit § 45 Nr. 2 c) BörsZulV a. F. vergleichbar und setzt Art. 4 Abs. 2 b) der EU-ProspRL um.[56]   15

3. Übernahmeangebote, Abs. 2 Nr. 3

Keiner Prospektpflicht unterliegt die Zulassung von Aktien, die im Rahmen eines Tauschangebots bei öffentlichen Übernahmen angeboten werden und für die eine einem Prospekt gleichwertige Dokumentation verfügbar ist. Die Vorschrift fußt auf Art. 4 Abs. 2 c) der EU-ProspRL und ist im Regelungsumfang mit Abs. 1 Nr. 2 vergleichbar (vgl. Rn. 6). Sie umfasst die Fälle, die zuvor durch § 45 Nr. 1 b) BörsZulV a. F. geregelt wurden. Hierunter fallen sowohl die Zulassung zu einem organisierten Markt bei gleichzeitigem öffentlichen Angebot, wie auch eine Zulassung und Zuteilung der Aktien ohne öffentliches Angebot.[57]   16

4. Verschmelzungen, Abs. 2 Nr. 4

Steht für Aktien, die im Wege einer Verschmelzung zugeteilt oder angeboten werden, ein dem Prospekt gleichwertiges Dokument zur Verfügung, erfolgt ihre Zulassung prospektfrei. Hierdurch wird Art. 4 Abs. 2 d) der EU-ProspRL umgesetzt, wobei die Regelung dem Ausnahmetatbestand des Abs. 1 Nr. 3 für öffentliche Angebote entspricht (vgl. Rn. 7). Die Vorschrift ist mit dem Befreiungstatbestand des § 45 Nr. 1 b) BörsZulV a. F. vergleichbar. Unerheblich für die Anwendbarkeit der Ausnahme ist, ob gleichzeitig ein öffentliches Angebot erfolgt.[58]   17

---

55 Vgl. oben Rn. 5; RegBegr. EU-ProspRL-UmsetzungsG, BT-Drucks. 15/4999, S. 30.
56 Vgl. RegBegr. EU-ProspRL-UmsetzungsG, BT-Drucks. 15/4999, S. 30.
57 Vgl. RegBegr. EU-ProspRL-UmsetzungsG, BT-Drucks. 15/4999, S. 30, zur Gleichwertigkeit *Seibt/v. Bonin/Isenberg*, AG 2008, 565, 567 ff. und oben Rn. 6.
58 Vgl. RegBegr. EU-ProspRL-UmsetzungsG, BT-Drucks. 15/4999, S. 30.

5. Kapitalerhöhungen und Sachdividenden, Abs. 2 Nr. 5

18 Ebenso wie für öffentliche Angebote nach Abs. 1 Nr. 4 (vgl. Rn. 8 ff.) ist für Kapitalerhöhungen aus Gesellschaftsmitteln und Sachdividenden in Form von Aktien eine Ausnahme von der Prospektpflicht für die Zulassung gegeben, wenn Aktien derselben Gattung bereits an einem organisierten Markt zugelassen sind. Die Ausnahmeregelung setzt Art. 4 Abs. 2 e) der EU-ProspRL um und knüpft hinsichtlich der Kapitalerhöhung aus Gesellschaftsmitteln an § 45 Nr. 2 a) BörsZulV a. F. an.[59] Im Hinblick auf die Alternative der Kapitalerhöhung aus Gesellschaftsmitteln ist die Vorschrift überflüssig, denn § 33 Abs. 4 EGAktG sieht ohnehin vor, dass eine Zulassung bei entsprechenden Kapitalmaßnahmen automatisch erfolgt.[60]

6. Stock Option Programme, Abs. 2 Nr. 6

19 Die Vorschrift setzt Art. 4 Abs. 2 f) der EU-ProspRL um und ist mit § 45 Nr. 3 c) BörsZulV a. F. vergleichbar.[61] Keiner Prospektpflicht können solche Zulassungen von Wertpapieren unterliegen, bei denen der Arbeitgeber an derzeitige oder ehemalige Mitarbeiter oder Führungskräfte diese Wertpapiere ausgibt und dessen Wertpapiere bereits zum Handel an einem organisierten Markt zugelassen sind. Auch hier besteht die Erweiterung der Ausnahme auf nach § 15 AktG verbundene Unternehmen. Erforderlich ist allerdings, dass auch hier ein Dokument verfügbar ist, das Art und Anzahl der Wertpapiere sowie Gründe und Einzelheiten zum Angebot enthält.[62] Die Vorschrift entspricht in ihrem Regelungsgehalt weitgehend Abs. 1 Nr. 5 (vgl. Rn. 10 ff). Die Börse verlangt regelmäßig, dass das Programm bereits konkretisiert ist, also beschlossen wurde.

7. Umtausch- und Bezugsvorgänge, Abs. 2 Nr. 7

20 Sollen Aktien, die nach der Ausübung von Wandlungs- oder Bezugsrechten aus anderen Wertpapieren ausgegeben werden, zugelassen werden, besteht keine Prospektpflicht, sofern bereits Aktien derselben Gattung an demselben organisierten Markt zugelassen sind. Der Regelungsgehalt entspricht dem bisherigen § 45 Nr. 2 b) BörsZulV a. F. Wichtigstes Fall ist die Zulassung von Aktien, die durch Ausübung von Wandel-, Options- oder Umtauschanleihen ausgegeben werden.[63] Während für eine Einbeziehung des bedingten Kapitals in einen Prospekt einer Konkretisierung in Form von Beschluss und Ausgabe nötig ist, bedarf es für Nr. 7 einer bereits laufenden Wandelanleihe, deren Ausübung in frühestens 3 Monaten beginnt. Hinsichtlich der Entstehung der betreffenden Aktien gibt es keine Einschränkung, so dass auch Aktien aus bedingten oder genehmigten Kapitalerhöhungen erfasst

---

59 Vgl. RegBegr. EU-ProspRL-UmsetzungsG, BT-Drucks. 15/4999, S. 30.
60 Ausführlich *Groß*, KapMR, § 4 WpPG, Rn. 17; *Grosjean*, in: Heidel, AktG, § 4 WpPG Rn. 16, der darauf hinweist, dass insoweit lediglich ein Antrag zur Aufnahme der Notierung erforderlich ist.
61 Vgl. RegBegr. EU-ProspRL-UmsetzungsG, BT-Drucks. 15/4999, S. 31.
62 Vgl. dazu Rn 9 und *CESR* recommendation, Ref. CESR/05-054b, Tz. 173 f.
63 *Groß*, KapMR, § 4 WpPG, Rn. 19; *Grosjean*, in: Heidel, AktG, § 4 WpPG Rn. 18.

sind,[64] und keine Einschränkung der Anzahl der Aktien gegeben ist. Ebenfalls erfasst sind solche Wertpapiere, bei denen eine Umtausch- oder Wandelpflicht besteht, denn dieses ist allein eine vertragliche Verpflichtung aus der ursprünglichen Anleihe.[65] Telos der Norm ist, im Einklang mit der systematischen Stellung, die Vermeidung einer Doppelpublizität, so dass praktisch nur Wandelanleihen betroffen wären, bei denen für die Anleihe ein Prospekt erstellt wurde. Vor diesem Hintergrund ist bislang nicht geklärt, wie Konstruktionen behandelt werden, bei denen durch die Begebung von Pflichtwandelanleihen mit einem kurzen Wandlungszeitraum eine Prospektpflicht ausgeschlossen wird, ohne dass ein Anleiheprospekt veröffentlicht wurde. Für eine anderweitige Beurteilung fehlt es an einem Anknüpfungspunkt im Wortlaut des Gesetzes und des darin umgesetzten Art. 4 Abs. 2 g) EU-ProspRL. Die Voraussetzung eines Anleiheprospekts, für den sich aus § 32 Abs. 3 Nr. 2 BörsG ein Zulassungsanspruch ergibt,[66] gibt es somit keine überzeugenden Anhaltspunkte. Jedenfalls dürfte in dieser Konstruktion kein Missbrauchstatbestand zu sehen sein, solange die ausgegebene Wandelanleihe einen substantiellen Zeitraum bestanden hat und nicht nur für eine juristische Sekunde entsteht.[67] Die Börsen lassen nach Nr. 7 nach dem Prinzip der Meistbegünstigung regelmäßig auch Mitarbeiteroptionsprogramme (siehe auch Nr. 6) zu.

8. Altfälle, Abs. 2 Nr. 8

Für bereits vor dem Inkrafttreten des WpPG zugelassene Wertpapiere besteht eine Ausnahmeregelung. Hiervon erfasst sind Fälle, in denen diese oder Wertpapiere derselben Gattung zuvor länger als 18 Monate zum Handel an einem organisierten Markt im EWR zugelassen sind und für die ein nach den jeweils gültigen Vorschriften erstellter Prospekt veröffentlicht wurde, vgl. Nr. 8 a) und b). Voraussetzung ist aber, dass die Zulassungsfolgepflichten eingehalten wurden, vgl. Nr. 8 c), und eine Zusammenfassung in deutscher Sprache veröffentlicht wird, vgl. Nr. 8 d). Inhaltlich muss dieses Dokument den Anforderungen des § 5 Abs. 2 Satz 2 WpPG zzgl. eines Hinweises auf erhältliche Prospektunterlagen entsprechen, vgl. Nr. 8 f), und in der Form des § 14 veröffentlicht werden, vgl. Nr. 8 e). Die Vorschrift setzt Art. 4 Abs. 2 h) der EU-ProspRL um und ähnelt dem alten § 45 a) BörsZulV a. F., der diesbezüglich aber eine Frist von drei Jahren vorsah. Damit können Altemittenten, die Einhaltung der Zulassungsfolgepflichten vorausgesetzt, vereinfacht den Kapitalmarkt in Anspruch nehmen.[68]

21

---

64 *Groß*, KapMR, § 4 WpPG, Rn. 19; *Grosjean*, in: Heidel, AktG, § 4 WpPG Rn. 18.
65 Schon *Schlitt/Schäfer*, AG 2005, 501.
66 Dazu § 32 BörsG Rn. 5, zum alten Recht: *Groß*, in: Marsch-Barner/Schäfer, Hdb. d. börsnot. AG, § 8 Rn. 73 ff.
67 Wohl gleichfalls *Grosjean*, in: Heidel, AktG, § 4 WpPG Rn. 18, der schon auf diese Problematik hinweist.
68 Vgl. RegBegr. EU-ProspRL-UmsetzungsG, BT-Drucks. 15/4999, S. 31.

V. Kombinierbarkeit

22 Die Ausnahmetatbestände des § 4 WpPG sind in der Regel kumulativ anwendbar, sofern sich aus dem Charakter der Kapitalmarktmaßnahme keine andere Bewertung ergibt. Dies gilt insb. für die Kombination bei öffentlichem Angebot aus Abs. 1 und Zulassung aus Abs. 2, die bei börsennotierten Gesellschaften typischerweise gemeinsam auftreten. Bei Verschmelzungen und Übernahmeangeboten dürften weitere Ausnahmetatbestände schon mangels Praktikabilität ausgeschlossen sein.

23 Gleiches gilt für die kumulative Anwendung mit Ausnahmen nach § 3 WpPG. Die gleichzeitige Anwendung der Ausnahme aufgrund der Angebotsform nach § 3 Abs. 2 WpPG wird jedoch regelmäßig nicht greifen, da bei ausgenommener Angebotsform meist auch keine Zusatzdokumentation vorliegen wird und die 10 % Ausnahme aus § 4 Abs. 2 Nr. 1 WpPG nur für die Zulassung gilt. Von Kapitalmaßnahmen sind regelmäßig alle Aktionäre betroffen, so dass nur § 4 WpPG in Frage kommt. Evtl. könnte es bei einem Mitarbeiterbeteiligungsprogramm an weniger als 100 Arbeitnehmer trotzdem ein Informationsdokument geben, so dass § 3 Abs. 3 Nr. 2 und § 4 Abs. 1 Nr. 5 bzw. Abs. 2 Nr. 6 WpPG vorliegen.

24 Von den Ausnahmen ist die Anwendbarkeit nach § 1 WpPG zu unterscheiden. Bei § 1 WpPG beschreibt den Anwendungsbereich des WpPG, der nicht als Kombination herangezogen werden kann. Dies hat Auswirkungen insb. bei der 10 % Ausnahme in Abs. 2 Nr. 1. Entgegen der Praxis der Geschäftsführungen einiger Wertpapierbörsen ist eine zuvor unter der 2,5 Mio. Ausnahme (§ 1 Abs. 2 Nr. 4 WpPG) erfolgende Zulassung in den Berechnungsbetrag einer 10 % Ausnahmezulassung innerhalb von zwölf Monaten reduzierend einzubeziehen. Dies folgt schon aus dem Wortlaut, wie auch aus der systematischen Stellung gegenüber einem expliziten Ausnahmetatbestand. Erst wenn die Schwelle innerhalb der zwölf Monate überschritten ist kann der Ausnahmetatbestand, in den dann das/die vorher unter der Schwelle liegende Angebot/Zulassung einberechnet wird, eingreifen. Ferner rechnet die Praxis bei entgegen gesetzter Konstellation (zuerst Nutzung der 10 % Ausnahme, dann weiterer Schritt unter 2,5 Mio. Euro) die Beträge zusammen.[69] Eine solche unterschiedliche Behandlung nach zeitlicher Reihenfolge ist nicht gerechtfertigt.

VI. Verordnungsermächtigung, Abs. 3

25 Durch Abs. 3 wird dem Bundesministerium der Finanzen eine Verordnungsermächtigung eingeräumt, die Voraussetzungen für Dokumente zu regeln, die als dem Prospekt gleichwertig anzusehen sind. Dieses betrifft die Ausnahmetatbestände des Abs. 1 Nr. 2 und Nr. 3 sowie Abs. 2 Nr. 3 und Nr. 4. Ausdrücklich vorgesehen ist, dass auf diesem Wege auch auf andere inländische Vorschriften oder das Recht eines anderen Mitgliedstaats des EWR Bezug genommen werden kann (Satz 2). Diese Ermächtigung kann auf die BaFin übertragen werden (Satz 3), bislang ist aber von ihr nicht Gebrauch gemacht worden.

---

69 Krit. auch *Grosjean*, in: Heidel, AktG, § 1 WpPG Rn. 4.

ABSCHNITT 2
Erstellung des Prospekts

§ 5
Prospekt

(1) Der Prospekt muss unbeschadet der Bestimmungen des § 8 Abs. 2 in leicht analysierbarer und verständlicher Form sämtliche Angaben enthalten, die im Hinblick auf den Emittenten und die öffentlich angebotenen oder zum Handel an einem organisierten Markt zugelassenen Wertpapiere notwendig sind, um dem Publikum ein zutreffendes Urteil über die Vermögenswerte und Verbindlichkeiten, die Finanzlage, die Gewinne und Verluste, die Zukunftsaussichten des Emittenten und jedes Garantiegebers sowie über die mit diesen Wertpapieren verbundenen Rechte zu ermöglichen. Insbesondere muss der Prospekt Angaben über den Emittenten und über die Wertpapiere, die öffentlich angeboten oder zum Handel an einem organisierten Markt zugelassen werden sollen, enthalten. Der Prospekt muss in einer Form abgefasst sein, die sein Verständnis und seine Auswertung erleichtern.

(2) Der Prospekt muss eine Zusammenfassung enthalten. In der Zusammenfassung sind kurz und allgemein verständlich die wesentlichen Merkmale und Risiken zu nennen, die auf den Emittenten, jeden Garantiegeber und die Wertpapiere zutreffen. Die Zusammenfassung muss Warnhinweise enthalten, dass

1. sie als Einführung zum Prospekt verstanden werden sollte,

2. der Anleger jede Entscheidung zur Anlage in die betreffenden Wertpapiere auf die Prüfung des gesamten Prospekts stützen sollte,

3. für den Fall, dass vor einem Gericht Ansprüche auf Grund der in einem Prospekt enthaltenen Informationen geltend gemacht werden, der als Kläger auftretende Anleger in Anwendung der einzelstaatlichen Rechtsvorschriften der Staaten des Europäischen Wirtschaftsraums die Kosten für die Übersetzung des Prospekts vor Prozessbeginn zu tragen haben könnte und

4. diejenigen Personen, die die Verantwortung für die Zusammenfassung einschließlich einer Übersetzung hiervon übernommen haben, oder von denen deren Erlass ausgeht, haftbar gemacht werden können, jedoch nur für den Fall, dass die Zusammenfassung irreführend, unrichtig oder widersprüchlich ist, wenn sie zusammen mit den anderen Teilen des Prospekts gelesen wird.

Betrifft der Prospekt die Zulassung von Nichtdividendenwerten mit einer Mindeststückelung von 50.000 Euro zum Handel an einem organisierten Markt, muss keine Zusammenfassung erstellt werden.

(3) Der Prospekt ist mit dem Datum seiner Erstellung zu versehen und vom Anbieter zu unterzeichnen. Sollen auf Grund des Prospekts Wertpapiere zum Handel an einem organisierten Markt zugelassen werden, ist der Prospekt vom Zulassungsantragsteller zu unterzeichnen.

(4) Der Prospekt muss Namen und Funktionen, bei juristischen Personen oder Gesellschaften die Firma und den Sitz der Personen oder Gesellschaften angeben, die für seinen Inhalt die Verantwortung übernehmen; er muss eine Erklärung dieser Personen oder Gesellschaften enthalten, dass ihres Wissens die Angaben richtig und keine wesentlichen Umstände ausgelassen sind. Im Falle des Absatzes 3 Satz 2 hat stets auch das Kreditinstitut, Finanzdienstleistungsinstitut oder nach § 53 Abs. 1 Satz 1 oder 53b Abs. 1 Satz 1 des Kreditwesengesetzes tätige Unternehmen, mit dem der Emittent zusammen die Zulassung der Wertpapiere beantragt, die Verantwortung zu übernehmen und muss der Prospekt dessen Erklärung nach Satz 1 enthalten.

Inhalt

		Rn.			Rn.
I.	Vorbemerkungen	1	III.	Prospektzusammenfassung	
II.	Angaben über den Emittenten und die Wertpapiere (§ 5 Abs. 1 WpPG)	3		(§ 5 Abs. 2 WpPG)	19
				a) Warnhinweise	20
				b) Inhalt	21
	1. Prospektvollständigkeit	4		c) Umfang, Risikofaktoren	22
	a) Wesentlichkeit	9		d) Ausnahme von der Pflicht der Erstellung der Zusammenfassung	24
	b) Prognosen	11			
	c) Gesamteindruck	12			
	d) Zeitpunkt der Beurteilung	13		e) Änderung	26
	2. Prospektverständlichkeit (Prospektklarheit)	15	IV.	Prospektdatum und -unterzeichnung (§ 5 Abs. 3 WpPG)	27
	a) Anlegermaßstab	16		a) Adressaten	29
	b) Überprüfungsmaßstab	17		b) Vertretung	33
	c) Einzelfälle	18	V.	Prospektverantwortlichkeit (§ 5 Abs. 4 WpPG)	34

I. Vorbemerkungen

1 Mit § 5 WpPG hat der Gesetzgeber Art. 5 Abs. 1 und 2 sowie Art. 6 Abs. 1 der Prospektrichtlinie 2001/34/EG umgesetzt.[1] Überwiegend eng am Wortlaut der europarechtlichen Vorgaben angelehnt, paraphrasiert er zunächst in § 5 Abs. 1 WpPG die grundlegenden Anforderungen, die ein Prospekt übereinstimmend sowohl für ein öffentliches Angebot als auch für eine Zulassung

---

1 Vgl. RegBegr. EU-ProspRL-UmsetzungsG, BT-Drucks. 15/4999, S. 31. Der dort enthaltene Hinweis auf die Umsetzung auch von Art. 5 Abs. 3 der EU-ProspRL 2001/34/EG trifft nicht ganz zu. Dieser wird durch § 12 WpPG umgesetzt, vgl. RegBegr. EU-ProspRL-UmsetzungsG, BT-Drucks. 15/4999, S. 34; *Groß*, KapMR § 5 WpPG Rn. 1 nennt nur Art. 5 Abs. 1 und 2.

von Wertpapieren an einem organisierten Markt (engl. Regulated Market) erfüllen muss. Danach gliedern sich die in einem Prospekt grundsätzlich aufzunehmenden Themenkomplexe erstens in Angaben über den Emittenten – diese werden im sog. Registrierungsformular festgehalten – und zweitens in Angaben über die zu emittierenden Wertpapiere – diese werden im Rahmen der sog. Wertpapierbeschreibung erteilt . Die in dieser Weise darzustellenden inhaltlichen Mindestinformationsbestandteile konkretisiert gemäß § 7 WpPG die EU-ProspV (EG) 809/2004 mit ihren Anhängen. Schließlich bedarf es – außer in den Fällen des § 5 Abs. 2 Satz 4 WpPG – als drittem Informationsblock einer in § 5 Abs. 2 WpPG geregelten Zusammenfassung des Prospekts. Der Aufbau des Prospekts (Prospektformat) kann zum einen in Form eines einzigen Dokuments erfolgen. Gem. § 12 WpPG ist aber ebenfalls eine Zusammensetzung aus mehreren Einzeldokumenten möglich.[2] Letztere Möglichkeit folgt auch der in § 5 Abs. 1 und 2 WpPG vorgegebenen Einteilung in drei Informationskomplexe und sieht die Aufteilung in ein für den Emittenten bestimmtes Registrierungsformular[3], eine Wertpapierbeschreibung[4] sowie eine Zusammenfassung[5] vor. Die Notwendigkeit, den Prospekt zu unterzeichnen und die Prospektverantwortlichen zu benennen, regeln die Absätze 3 und 4.

Weiterhin bilden die in § 5 WpPG abstrakt verankerten Anforderungen an die Prospektangaben eine wesentliche Grundlage für etwaige Haftungsansprüche des Anlegers. Das Thema Prospekthaftung wurde vom europäischen Gesetzgeber und folgend auch vom nationalen Gesetzgeber aus dem Regelungsbereich des WpPG weitgehend ausgeklammert. Daher verbleibt es bei der Anwendung bestehender Rechtsquellen der Prospekthaftung, insbesondere die der §§ 44 ff. BörsG, § 13 VerkProspG i.V.m. §§ 44 ff. BörsG bei fehlerhaften Prospekten und § 13 a VerkProspG bei fehlendem Prospekt. Einzige Reminiszenz an die EU-ProspRL ist die Haftungsprivilegierung in § 45 Abs. 2 Nr. 5 BörsG. Die nach dem WpPG und der Prospektverordnung aufzunehmenden Angaben sind aber als Wertungsmaßstab bindend. Sie dienen zur Beurteilung der Frage, wann ein Prospekt vollständig und richtig (vgl. Wortlaut § 44 BörsG) bzw. fehlerfrei ist. Zu den verbindlichen Inhaltsprinzipien des Prospekts enthält § 5 WpPG einige grundlegende Aussagen.[6]

II. Angaben über den Emittenten und die Wertpapiere (§ 5 Abs. 1 WpPG)

Ein Prospekt dient als zentrale Beurteilungsgrundlage für das Publikum[7] und muss dieses demgemäß nach § 5 Abs. 1 Satz 1 WpPG in die Lage versetzen, ein zutreffendes Urteil über den Emittenten und die Wertpapiere zu bilden.[8]

---

2 Siehe § 12 Rn. 1.
3 Definition in § 2 Nr. 9 WpPG.
4 Definition in § 2 Nr. 1 WpPG.
5 Nach § 5 Abs. 2 WpPG.
6 Zur Prospekthaftung weiterführend vgl. §§ 44 ff. BörsG Rn. 1.
7 Vgl. *Fleischer*, Gutachten zum 64. DJT, 2002, Fn. 27.
8 Vgl. RegBegr. EU-ProspRL-UmsetzungsG, BT-Drucks. 15/4999, S. 31.

Mithin wird also der Zweck verfolgt, das Verständnis und die Auswertung des Prospektes zu erleichtern. Hierfür bestimmt der Gesetzgeber in § 5 Abs. 1 Satz 1 WpPG generalklauselartig Angaben über die Vermögenswerte und Verbindlichkeiten, die Finanzlage, die Gewinne und Verluste, die Zukunftsaussichten des Emittenten und jedes Garantiegebers sowie über die mit diesen Wertpapieren verbundenen Rechte für erforderlich und übernimmt damit nahezu inhaltsgleich Art. 5 Abs. 1 Satz 1 der EU-ProspRL. Die in § 5 Abs. 1 Satz 2 WpPG enthaltene erneute Anordnung, dass der Prospekt insbesondere Angaben über den Emittenten und über die zum Handel an einen organisierten Markt zuzulassenden Wertpapiere enthalten muss, ist nur eine (einschränkende) Wiederholung von Satz 1 und ohne eigenständige Bedeutung.[9]

Ausnahmen können durch die BaFin lediglich bei sogenannten sensiblen Informationen zugelassen werden, wenn die Voraussetzungen des § 8 Abs. 2 WpPG vorliegen. Die von § 5 WpPG geforderten Voraussetzungen sind dabei streng von den inhaltlichen Anforderungen der BörsZulVO zu trennen, welche im Falle einer Börsenzulassung von der Börsengeschäftsführung zu überprüfen sind.

1. Prospektvollständigkeit

4   Eine Kernaussage trifft die Vorschrift mit der Anforderung, der Prospekt müsse sämtliche Angaben enthalten, die notwendig sind, um ein zutreffendes Urteil treffen zu können. Dieser hierdurch verankerter Grundsatz der Vollständigkeit des Prospekts erstreckt sich zunächst unverkennbar auf die inhaltliche Vollständigkeit, d.h. die vollzählige Aufnahme aller erforderlichen Angaben in einem Prospekt.

5   Zu den aus §§ 30 Abs. 3 Nr. 2, 32 BörsG a.F. i.V.m. § 13 Abs. 1 Satz 1 BörsZulVO a.F. sowie § 7 VerkProspG a.F. i.V.m. § 2 Abs. 1 Satz 1 VerkProspVO a.F. folgenden und den in der Haftungsnorm des § 44 Abs. 1 BörsG noch explizit aufgegriffenen Generalmaßstäben zur Beurteilung von Prospekten gehört, dass ein Prospekt nicht nur aus vollständigen, sondern auch richtigen Inhaltsangaben bestehen muss. Hierbei findet durch die BaFin stets nur eine formelle, nicht jedoch eine materielle Prüfung statt. Dazu normierten die früheren Vorschriften und § 44 Abs. 1 BörsG[10] ausdrücklich, dass der Prospekt auf Angaben beruhen muss, die richtig und vollständig wiedergegeben werden. Nichts anderes gilt für die Angaben nach dem WpPG i.V.m. der Prospektverordnung, obwohl der in diesem Zusammenhang entwickelte Richtigkeitsmaßstab in die Formulierung des § 5 Abs. 1 WpPG nicht explizit mit übernommen wurde. Dem Gesetzeszweck entsprechend, ist für die Beurtei-

---

[9] So auch zum inhaltsgleichen Verhältnis von Art. 5 Abs. 1 Satz 1 und Art. 5 Abs. 2 Satz 1 der EU-ProspRL *Crüwell*, AG 2003, 243, 246.

[10] Vgl. auch die über §§ 8f ff. VerkProspG nunmehr anzuwendende Vermögensanlagen-Verkaufsprospektverordnung, die in § 2 Abs. 1 Satz 1 für die dort geregelten Fälle weiterhin die „Richtigkeit und Vollständigkeit der Prospektauskünfte" ausdrücklich anordnet.

lung eines Prospekts nämlich nicht ausschließlich erheblich, ob ein Prospekt jedwede Einzelangabe enthält. Vielmehr ist auch hier zu berücksichtigen, ob der Prospekt dem Publikum tatsächlich ein zutreffendes Bild des Emittenten und der Wertpapiere vermittelt. Ein solches Urteil wird dem Publikum jedoch nur dann ermöglicht, wenn der Prospekt richtig, d.h. wahrheitsgetreu ist (Grundsatz der Prospektwahrheit). Dies greift der Gesetzgeber mit der Formulierung der Ermöglichung eines „zutreffenden" Bildes in § 5 Abs. 1 Satz 1 WpPG auf. Nur so kann die vom Gesetzgeber verfolgte Funktionsfähigkeit des Kapitalmarkts, mithin das Anlegervertrauen in diesen – und soweit man dem Gesetzeszweck auch konkret Anlegerschutz zuordnet – die Risikominderung der Anleger nachhaltig erreicht werden. Erst eine verlässliche Information eröffnet dem Anleger die Möglichkeit der eigenen, gesicherten Beurteilung seines Investitionsrisikos und somit einer selbstbestimmten, eigenverantwortlichen Anlageentscheidung. Demgemäß verfolgt die Gesetzesbegründung zu § 5 Abs. 1 WpPG ausdrücklich eine Anknüpfung an die Regelung des § 13 Abs. 1 Satz 1 BörsZulVO a.F. und § 2 Abs. 1 Satz 1 VerkProspVO a.F.[11]

Diese gesetzgeberische Intention nach einem „richtigen" Prospektresultat resultiert bereits aus dem genannten Erfordernis nach sämtlichen Angaben, da die Unvollständigkeit eines Prospekts unstreitig auch dessen Unrichtigkeit zur Folge hat: Bei dem Merkmal der Unvollständigkeit handelt es sich letztlich um einen Unterfall der Unrichtigkeit, weil ein unvollständiger Prospekt, der gemessen an den tatsächlich verfügbaren Informationen nicht der Realität entspricht, bezogen auf das entscheidende Gesamtbild von der Lage des Unternehmens, schließlich unrichtig ist und nicht alle erforderlichen (wesentlichen) Angaben enthält.[12] 6

Des Weiteren verbleibt es bei den bisherigen Maßstäben zur Beurteilung der Richtigkeit oder Unvollständigkeit von Prospekten auch unter dem Gesichtspunkt, dass die Prospekthaftung bewusst auf die bestehenden Regelungen der §§ 44 Abs. 1ff. BörsG, § 13 VerkProspG i.V.m. §§ 44 Abs. 1ff. BörsG bei fehlerhaften Prospekten abstellt. Diese knüpfen in der Sache übereinstimmend an das hier genannte Vollständigkeits- und Richtigkeitsgebot an.[13] 7

Die Vollständig- und Richtigkeit orientiert sich zunächst an den gemäß § 7 WpPG i.V.m. der EU-ProspV niedergelegten Mindestangaben.[14] Darüber hinaus können die allgemeinen Informationsanforderungen aus § 5 WpPG zur Erlangung eines zutreffenden Urteils des Publikumszwecks Erhaltung von Vollständig- und Richtigkeit weitere Angaben nötig machen. Für die Prospekterstellung ist daher stets im Einzelfall zu überprüfen, ob das Publikum trotz Berücksichtigung aller Mindestanforderungen der EU-ProspV (§ 7) 8

---

11 Vgl. RegBegr. EU-ProspRL-UmsetzungsG, BT-Drucks. 15/4999, S. 31. Ebenso i.E. *Ekkenga*, BB 2005, 561, 563; *Groß*, KapMR, § 5 WpPG Rn. 3.
12 *Groß*, KapMR, § 5 WpPG Rn. 3. Vgl. ferner zur früheren Rechtslage/H.M. *Assmann*, in: Assmann/Lenz/Ritz, VerkProspG, § 13 a.F. Rn. 16 m.w.N. (weitere).
13 Im Weiteren wird daher auch auf die Ausführungen zur Prospekthaftung verwiesen §§ 44ff. BörsG. Rn. 65ff.
14 Vgl. § 7 Rn. 2, *Groß*, KapMR, § 7 WpPG Rn. 2, 6.

tatsächlich ausreichend informiert ist und nicht vielmehr die Notwendigkeit besteht, über die in der Prospektverordnung geforderten Angaben hinaus weitere Informationen in den Prospekt aufzunehmen sind, um das Risiko der Investition hinreichend einstufen zu können.[15]

a) Wesentlichkeit

9 In diesem Kontext reiht sich ebenfalls die Beurteilung nach der Wesentlichkeit der Prospektangaben ein. Auch das bereits zur früheren Rechtslage geläufige Wesentlichkeitskriterium wird zwar – anders als im Wortlaut des § 44 Abs. 1 BörsG und § 13 VerkProspG – in § 5 Abs. 1 WpPG nicht ausdrücklich benannt.[16] Dass sich die Angaben des Prospekts aber auf die entscheidungserheblichen Sachverhalte konzentrieren sollen, folgt aus der Anforderung der Ermöglichung eines zutreffenden Urteils.[17] Eine Überladung mit Nebensächlichkeiten verstellt den Blick auf das Wesentliche. Außerdem folgt das Wesentlichkeitskriterium aus der in § 5 Abs. 1 i.V.m. § 7 WpPG und der EU-ProspV resultierenden Zusammensetzung der zu erteilenden Informationen.[18] Sie sind, im bisher so gesetzlich nicht fixierten breit angelegten Umfang, in ihrer Summe als diejenigen Angaben anzusehen, die zu den wertbildenden Faktoren einer Investition gehören.

10 Allgemeine Wesentlichkeitsgrenzen können dabei nicht festgesetzt werden, vielmehr müssen diese im Einzelfall beurteilt werden, da sie sich erst aus einer Zusammenschau aller Umstände mit regelmäßig relativen Wertangaben bestimmen lassen. Weiterhin ist nicht jede unrichtige Angabe eines Prospekts automatisch so erheblich, dass der Prospekt unter einem dermaßen gravierenden Mangel leiden würde, dass er diesen – auch im Hinblick auf einen Prospekthaftungsanspruch – unrichtig werden ließe. Hier ist die kontrollierende Gegenfrage aufzuwerfen, ob sich im konkreten Fall bei einer ordnungsgemäßen Angabe die für die Beurteilung der Wertpapiere bzw. des Emittenten relevanten maßgeblichen tatsächlichen oder rechtlichen Verhältnisse ändern und eine andere Beurteilung durch den Anleger begründen würden, so dass kein zutreffendes Urteil mehr ermöglicht wird.[19] Im Zweifel sollten Angaben und Informationen jedoch Aufnahme finden.

b) Prognosen

11 Unzutreffende Werturteile und Prognosen begründen wie Tatsachen die Unrichtigkeit eines Prospekts bzw. vereiteln das zutreffende Anlegerurteil. Werturteile und Prognosen sind dann unzutreffend, wenn sie nicht durch Tatsachen gedeckt oder kaufmännisch nicht vertretbar sind.[20] Zwar verbleibt damit ein weiterer Beurteilungsspielraum. Es muss sich aber um Schlussfolgerungen aus anderen Tatsachen, wie insbesondere den historischen Finanz-

---

15 Zu diesem Punkt der Vollständigkeit und inhaltlichen Mindestangaben siehe § 7 Rn. 3.
16 Kritisch dazu *Ekkenga*, BB 2005, 561, 563.
17 *Rimbeck*, in: Heidel AktG § 5 WpPG Rn. 2.
18 *Groß*, KapMR, § 5 Rn. 3.
19 Vgl. §§ 44 ff. BörsG Rn. 70 ff.
20 BGH, NJW 1982, 2823, 2826.

informationen handeln. Diese dürfen nicht im Widerspruch zur Rechnungslegung und zu anderen Unterlagen und Tatsachen sowie sonstigen Angaben im Prospekt stehen.[21] Sie sind als Prognosen ausdrücklich zu kennzeichnen und regelmäßig durch Bestätigung zu versehen.

c) Gesamteindruck

Ebenso kann es unter Berücksichtigung des Verständnis- und Beurteilungshorizontes im Einzelfall erforderlich werden, dem für sich genommen vollständigen Datenmaterial eine für den Durchschnittsanleger (siehe Rn. 16) verständliche und nachvollziehbare Erläuterung im Einzelfall bis hin zu Schlussfolgerungen über die zukünftige Entwicklung des Unternehmens beizufügen, um so die Prospektangaben vollständig werden zu lassen.[22] Schließlich kann ein unrichtiger Prospekt auch dann vorliegen, wenn er in seinem Gesamteindruck unrichtig ist; die Richtigkeit des Prospekts erfordert nämlich nicht nur, dass die Einzelangaben richtig sind, sondern auch, dass die Darstellung im Prospekt insgesamt kein falsches Bild von dem Emittenten bzw. den Wertpapieren vermittelt. Hier sind Tatsachen, Werturteile und Prognosen in ihrer Gesamtheit zu berücksichtigen und ein Gesamterscheinungsbild zu ermitteln. Damit einhergehend gilt der Grundsatz der formalen Prospektklarheit und Übersichtlichkeit.[23]

12

d) Zeitpunkt der Beurteilung

Die Beurteilung der Gesetzmäßigkeit der im Prospekt enthaltenen Angaben erfolgt aus einer ex-ante Sichtweise und bezieht sich somit auf den Zeitpunkt seiner Herausgabe bzw. bis zum Ende einer etwaigen Nachtragspflicht gemäß § 16 WpPG, also regelmäßig bis zum Ende eines Angebots. Bei länger gültigen Prospekten (§ 9 WpPG) kann sich dies auf bis zu ein Jahr nach Herausgabe erstrecken. Dabei muss sich die Beurteilung nach der objektiven Sachlage bestimmen, das heißt sie muss von Erkenntnissen abstrahieren, die sich erst später – etwa im Zusammenhang mit dem Eintritt eines Schadensfalls und den aus diesem folgenden Erfahrungen – eingestellt haben.[24]

13

Grundsätzlich besteht die Pflicht, ggf. auch nach Einreichung bis zur Billigung des Prospekts[25] einen richtigen Prospekt einzureichen und anschließend zu veröffentlichen, so dass unter Umständen die Antragsfassung zu berichten bzw. zu aktualisieren ist (allgemeine Aktualisierung). Vervollständigungs- und Nachtragspflichten ergeben sich, wenn der Prospekt nach seiner Billigung bis zum Ende des Angebots (§ 16 WpPG) und ggf. – bei Gültigkeitserstreckung (§ 9 WpPG) unrichtig bzw. unvollständig wird, näher

14

---

21 Dazu näher Komm. zu Anh. I Ziff. 20.1 EU ProspV Rn. 87 ff.
22 *Rimbeck*, in: Heidel AktG, § 5 WpPG Rn. 2.
23 Siehe unten Rn. 15.
24 *Assmann*, in: Assmann/Schütze, HdbKapAnlR, § 7 Rn. 65.
25 Zur Möglichkeit die Unrichtigkeit bzw. Unvollständigkeit des Prospekts nachträglich (ohne Rückwirkung) zu beseitigen vgl. §§ 44 ff. BörsG Rn. 101 ff. (Berichtigung nach § 45 Abs. 2 Nr. 4 BörsG).

dazu in § 16 WpPG.[26] Hinzutreten Ergänzungen einzelner Angaben nach § 8 WpPG.

Für das Vorliegen eines Mangels ist es unerheblich, ob der Prospekt zuvor von der BaFin genehmigt wurde. Unregelmäßigkeiten im Rahmen der Prospektprüfung, die zu einer unzutreffenden Billigung des Prospekts geführt haben, sollen nicht den Anlegern angelastet werden.[27] Diese sind getrennt von dem Recht der Prospektverantwortlichen zur Berichtigung und von der allgemeinen Aktualisierung zu betrachten.

2. Prospektverständlichkeit (Prospektklarheit)

15 Gemäß § 5 Abs. 1 Satz 1 und 3 WpPG muss der Prospekt in leicht analysierbarer und verständlicher Form abgefasst sein, die dessen Verständnis und Auswertung erleichtern. Die Merkmale des „erleichternden Verständnisses" und der „erleichternden Auswertung" in Abs. 1 Satz 3 sind aus § 13 Abs. 1 Satz 2 BörsZulVO a.F. sowie § 2 Abs. 1 Satz 3 VerkProspVO a.F. übernommen. Die zusätzliche wortlautmäßige Erstreckung auf eine leicht analysierbare Form des Prospekts in Abs. 1 Satz 1 hat vorwiegend klarstellende Funktion, da die Analyse eines Prospekts ein Mittel der Auswertung ist.[28] Die Regelung setzt Art. 5 Abs. 1 Satz 2 der Prospektrichtlinie um.

a) Anlegermaßstab

16 Grundsätzlich sind die Prospektinformationen so zusammen zu stellen, dass sie geeignet sind, der Urteilsfähigkeit eines durchschnittlichen aufmerksamen Anlegers zu entsprechen.[29] Die Frage nach der Konformität der im Prospekt zu erteilenden Angaben kann dabei nur einheitlich für alle Anleger beantwortet werden und nicht nach den individuellen Verhältnissen eines jeden Anlegers. Dementsprechend wendet sich § 5 Abs. 1 WpPG auch an das „Publikum" in seiner Gesamtheit. Dieser Adressatentyp entspricht der von der Rechtsprechung bisher begründeten Definition zu Verkaufs- und Börsenzulassungsprospekten. Damit wird die nicht unbestrittene Definition gestützt, dass bei der Prospekterstellung davon auszugehen ist, dass der Prospektadressat einerseits über kein überdurchschnittliches Fachwissen verfügen muss, er andererseits aber eine Bilanz zu lesen versteht.[30] Dieser Ansicht folgt offenbar auch der Gesetzgeber, der eine laienverständliche Erläuterung von komplexen Rechnungslegungssachverhalten nicht explizit fordert.

---

26 Siehe auch unten Rn. 27 ff.
27 *Assmann*, in: Assmann/Lenz/Ritz, VerkProspG, § 13 a.F. Rn. 16; zum Prüfungsumfang und etwaiger Haftungsverpflichtung der BaFin vgl. § 13 Rn. 19 ff., 32.
28 Vgl. die europarechtliche Vorgabe zu § 13 Abs. 1 Satz 2 BörsZulVO a.F., die in Art. 22. Abs. 2 der Koordinierungsrichtlinie 2001/34/EG, Abl. EG Nr. L 184/1 v. 06.07.2001 von einer „das Verständnis und Analyse erleichternden Form" spricht, was der frühere Gesetzgeber allein durch die Begriffe „Verständnis" und „Auswertung" umgesetzt hat.
29 *Rimbeck*, in: Heidel AktG Rn. 2.
30 BGH, NJW 1982, 2823, 2824; *Groß*, KapMRK, § 5 WpPG Rn. 4. Krit. dazu *Assmann*, in: Assmann/Lenz/Ritz, VerkProspG, § 13 a.F. Rn. 23 m.w.N.

b) Überprüfungsmaßstab

Zur alten Rechtslage stellte sich bei der Beurteilung der Prospektverständ- 17
lichkeit als Prüfungsgegenstand des Billigungsverfahrens die Frage, inwieweit das Erfordernis eines „erleichternden Verständnisses" überprüfungsfähig („justitiabel") sei und als Grundlage einer Untersagung der Veröffentlichung des Prospekts herangezogen werden konnte. Unter Hinweis darauf, dass der Begriff „erleichtert" ein relationaler sei, er also seinerseits einen nicht existenten und auffindbaren Bezugsmaßstab voraussetze, wurde dieses Tatbestandsmerkmal teilweise nicht als Kontrollkriterium im Billigungsverfahren erachtet.[31] Schließlich könne ein Prospekt stets noch detaillierter gefasst werden als in seinem vorherigen (Einreichungs-) Zustand.[32] Diese Betrachtungsweise kann in das WpPG nicht übertragen werden: In der Sache selbst ist kein Anhaltspunkt ersichtlich, warum die Veröffentlichung eines Prospekts allein auf Grund einer fehlenden verständlichen und auswertbaren Form durch die BaFin nicht untersagt werden dürfte.[33] Ist ein Prospekt aus dem Empfängerhorizont eines durchschnittlich kundigen Prospektadressaten unverständlich und somit als Informationsquelle untauglich, verliert er seine Funktion und ist nicht billigungsfähig.[34] Die prinzipielle Überprüfbarkeit unbestimmter Rechtsbegriffe ist im Verwaltungsverfahren und der Verwaltungsgerichtsbarkeit gebräuchlich.[35] Zu dieser Kategorie zählt auch der Begriff des „erleichterten Verständnisses und der erleichterten Auswertbarkeit" und ist entsprechend im Billigungsverfahren mit Beurteilungsspielraum von der BaFin als Verwaltungsbehörde im Rahmen ihrer Prüfung zu würdigen. Der Gesetzgeber hat dies bedacht und demgemäß in § 13 Abs. 1 WpPG ausdrücklich angeordnet, dass die BaFin den Prospekt auch auf seine Verständlichkeit prüft.[36]

c) Einzelfälle

Als typischerweise nicht hinreichend verständliche Darstellungsformen las- 18
sen sich exemplarisch anführen der übermäßige Einsatz von Fachausdrücken sowie formelhaften, juristisch übertrieben verklauselierten Formulierungen, ferner die Verwendung von unverhältnismäßig langen Satzkonstruktionen, unüberschaubaren, nicht erklärten Zeichnungen, Skizzen oder

---

31 Zum Börsenprospekt *Heidelbach*, in: Schwark, KapMRK, § 13 BörsZulV a. F. Rn. 1; zum Verkaufsprospekt *Assmann*, in: Assmann/Lenz/Ritz, VerkProspG, § 2 VerkProspVO a. F. Rn. 14.
32 Zum Verkaufsprospekt *Assmann*, in: Assmann/Lenz/Ritz, VerkProspG, § 2 VerkProspVO a. F. Rn. 14.
33 So aber damit einen Billigungsanspruch bejahend *Heidelbach*, in: Schwark, KapMRK, § 13 BörsZulV a. F. Rn. 1 zum Börsenprospekt vor Einführung des WpPG.
34 Im Ergebnis ebenso *Gebhard*, in: Schäfer/Hamann, KapMG, § 13 BörsZulV a. F. Rn. 34. Bei „schlechthin unmöglicher Auswertung und/oder unmöglichem Verständnis darf der Prospekt nicht gebilligt werden" *Assmann*, in: Assmann/Lenz/Ritz, VerkProspG, § 2 VerkProspVO a. F. Rn. 15.
35 *Maurer*, Allgemeines Verwaltungsrecht, § 7; *Sachs*, in: Stelkens/Bonk/Sachs, VwVfG, § 40 Rn. 147 ff. jew. m. w. N.
36 Vgl. auch § 13 Rn. 21.

Aufstellungen, der außerordentliche, das Lesen erschwerende Gebrauch von Verweisen und Abkürzungen sowie ein das Lesen erschwerender Gebrauch von zu kleinen Schriftgrößen und Zeilenabständen.[37] Dass der europäische und der nationale Gesetzgeber keine an die Vorgaben der plain English rule der amerikanischen SEC angelehnte Detailregelung zur Prospektklarheit geschaffen haben,[38] ist im Ergebnis unschädlich. Auch ohne eine so ausführliche Aufzählung wie die in der Fassung der plain English rule[39] sind die zu wahrenden Anforderungen hinsichtlich einer standardisierten Prospektverständlichkeit ausreichend festgehalten.[40] Aus Klarstellungsgründen und zur Etablierung eines europäischen Standards wäre eine entsprechende Definition von Klartext-Regeln aber förderlich gewesen.[41] In gleiche Richtung zielten die früheren, von der Deutsche Börse AG 2002 herausgegebenen, aber rechtlich unverbindlichen Going-Public-Grundsätze[42] zur auch formellen Prospektgestaltung.[43] Weiterhin können auch Aspekte der Gesamtbetrachtung des Prospekts im Einzelfall in die Beurteilung dessen formaler Verständlichkeit sowohl erleichternd als auch erschwerend einfließen.[44] Die in diesem Zusammenhang früher umstrittene Behandlung der Wahl bzw. Einhaltung der Sprache wird nunmehr von der Sprachenregelung in § 19 WpPG normiert. Der für die Prospekterstellung erhebliche Grundsatz der Prospektaktualität wird eigenständig in § 16 WpPG geregelt.

III. Prospektzusammenfassung (§ 5 Abs. 2 WpPG), Art. 24 EU-ProspV

19 § 5 Abs. 2 WpPG regelt die Anforderungen an die Zusammenfassung des Prospekts und gibt der bisherigen Praxis, Prospekte mittels einer Zusammenfassung zu eröffnen, einen rechtlichen Rahmen. Er ist, von den Ausnahmefällen des § 5 Abs. 2 Satz 4 WpPG abgesehen, Zwangsbestandteil des Prospekts.[45] Neben § 5 Abs. 2 WpPG findet sich in Art. 24 der EU-ProspV eine weitere Regelung, die es dem Prospektersteller ermöglicht, über den detaillierten Inhalt der Zusammenfassung des Prospekts selbst zu befinden. Eine Richtungsweisung bietet dazu Art. 5 Abs. 2 i.V. m. Anh. IV der Prospektrichtlinie. Letzterer hat jedoch keinen zwingenden Charakter.[46] Die Zusammenfassung ist fester Bestandteil des Prospekts und ist grundsätzlich in der Sprache zu verfassen, in der der Prospekt ursprünglich erstellt wird. Das stellt

---

37 *Gebhard*, in: Schäfer/Hamann, KapMG, § 13 BörsZulV a. F. Rn. 35.
38 *Groß*, KapMR, § 5 WpPG Rn 4.
39 Sec. 7, 8 US Securitas Act (1933); Rule 421 (d) SEC C.F.R.230.421.
40 *Groß*, KapMR, § 5 WpPG Rn. 4.
41 *Crüwell*, AG 2003, 243, 246 zu Art. 5 EU-ProspRL.
42 Mit Inkrafttreten des Prospektrichtlinie-Umsetzungsgesetzes zum 01.07.2005 aufgehoben.
43 Vgl. dazu *Gebhard*, in: Schäfer/Hamann, KapMG, § 13 BörsZulV a. F. Rn. 23 ff.
44 Zur materiellen Gesamtbetrachtung oben Rn. 5, 12
45 Vgl. zum Aufbau § 12 Rn. 1 ff.
46 Vgl. Art. 7 Abs. 3 EU-ProspektRL; *Meyer*, in: Habersach/Mülbert/Schlicht, Unternehmensfinanzierung am Kapitalmarkt, § 24 Rn. 51

zwar § 5 Abs. 2 WpPG nicht ausdrücklich klar, der Gesetzgeber geht aber davon aus;[47] insbesondere ist die europarechtliche Vorgabe in Art. 5 Abs. 2 Satz 3 EU-ProspRL insoweit eindeutig. Die in Deutsch verfasste Zusammenfassung tritt bei anderssprachigen Prospekten zusätzlich neben die in der jeweiligen Prospektsprache formulierte Zusammenfassung.[48] Bei Notifizierung im Rahmen des europäischen Passes werden regelmäßig Übersetzungen erstellt.[49] In der Zusammenfassung sollen kurz und allgemein verständlich die wesentlichen Merkmale und Risiken aufgezeigt werden, die auf jeden Emittenten, Garantiegeber und die Wertpapiere zutreffen. Die gemäß Abs. 2 Satz 3 Nr. 1 bis 4 zusätzlich in die Zusammenfassung aufzunehmenden Warnhinweise sowie die Ausnahmeregelung in Abs. 2 Satz 4 für die Zulassung von Nichtdividendenwerten mit Mindeststückelung von 50.000 Euro an einen organisierten Markt entsprechen wortlautgetreu den Vorgaben des Art. 5 Abs. 2 Satz 4 und 5 der Prospektrichtlinie.

a) Warnhinweise

Im Einzelnen muss die Zusammenfassung vorab den Hinweis enthalten, dass 20 sie als eine Einführung zum Prospekt verstanden werden sollte. Demgemäß ist sie einleitend nach dem Inhaltsverzeichnis im Prospekt zu platzieren. Eine etwaig im Rahmen einer Notifizierung erstellte Übersetzung der Zusammenfassung ist in Deutschland nicht fest mit dem Prospekt zu verbinden. Möglich ist aber eine herausnehmbare Form etwa mittels einer Einlegelasche. Dann ist dem Anleger ausdrücklich mitzuteilen, dass er seine Entscheidung zur Anlage in die betreffenden Wertpapiere auf die Prüfung des gesamten Prospekts stützen soll. In einer weiteren Belehrung ist dem Anleger pauschal zu verdeutlichen, dass er bei auf den Prospekt gestützten Klagen ggf. schon vor Prozessbeginn mit den Übersetzungskosten für den Prospekt belegt werden könnte. Aufzunehmen ist daher der Hinweis, dass für den Fall, dass vor einem Gericht Ansprüche auf Grund der in einem Prospekt enthaltenen Informationen geltend gemacht werden, der als Kläger auftretende Anleger in Anwendung der einzelstaatlichen Rechtsvorschriften der Staaten des Europäischen Wirtschaftsraums die Kosten für die Übersetzung des Prospekts vor Prozessbeginn zu tragen haben könnte. Zuletzt bedarf es im Hinblick auf die entsprechende neue Haftungsbeschränkung gemäß § 45 Abs. 2 Nr. 5 BörsG eines Warnhinweises darauf, dass diejenigen Personen, die die Verantwortung für die Zusammenfassung einschließlich einer Übersetzung dieser übernommen haben, oder von denen deren Erlass ausgeht, haftbar gemacht werden können, jedoch nur für den Fall, dass die Zusammenfassung irreführend, unrichtig oder widersprüchlich ist, wenn sie zusammen mit den anderen Teilen des Prospekts gelesen wird.[50] Dabei ist eine gesetzesnahe Formulierung empfehlenswert.

---

[47] Vgl. RegBegr. EU-ProspRL-UmsetzungsG, BT-Drucks. 15/4999, S. 31.
[48] Vgl. RegBegr. EU-ProspRL-UmsetzungsG, BT-Drucks. 15/4999, S. 31.
[49] § 19 Rn. 2 ff., 22.
[50] § 5 Abs. 2 Satz 3 Nr. 3 WpPG; *Rimbeck*, in: Heidel AktG Rn. 19.

b) Inhalt

21 Die zum Hauptteil des Prospekts dargestellten formellen[51] wie auch die materiellen Anforderungen[52] sind als Voraussetzungen in die Prospektzusammenfassung entsprechend einzubeziehen. Für erstere weist Abs. 2 darauf hin, dass die Zusammenfassung allgemein verständlich gehalten sein muss, für letztere auf die wesentlichen zu nennenden Merkmale und Risiken. Für die Gliederung gilt die Vorgabe aus Anh. IV der EU-ProspRL. Art. 24 EU-ProspV stellt den genauen Inhalt in das Ermessen des Prospektaufstellers. Bei Beachtung der Gliederungsvorgaben aus Anh. IV EU-ProspRL und unter Einbeziehung des Richtwertes von 2.500 Worten aus 19,21 EU-ProspRL[53] ist der Spielraum allerdings gering.[54] Zur Wahrung der Verständlichkeit ist die Gliederung der Zusammenfassung regelmäßig an der Gliederung im Prospekt zu orientieren.

c) Umfang, Risikofaktoren

22 Eine in der Literatur bereits geäußerte Kritik an dem in der Zusammenfassung aufzunehmenden Abschnitt „Risikofaktoren" ist aus Praxissicht nachvollziehbar, da sich eine im Hinblick auf den Gesamtrichtwert der Zusammenfassung von ca. 2.500 Wörter so komprimierte Risikodarstellung schwerlich umsetzen lässt.[55]

Der rechtspolitische und funktionale Regelungszweck der Normierung ist aber ebenfalls unverkennbar und schafft eine Existenzgrundlage für die Vorschrift: Aus § 19 WpPG folgt die Möglichkeit, entweder im Ausnahmefall oder grundsätzlich den Prospekt in einer anderen Sprache zu verfassen. Ist in diesen Fällen ein Inlandsbezug für die Prospektadressaten gegeben (§ 19 Abs. 1 und 3 WpPG), ist die Zusammenfassung des Prospekts dessen einzige deutschsprachige Informationsquelle und dementsprechend unter Umständen doch die tragende Entscheidungsgrundlage für seine Investition. Die zusammengefasste Darstellung der Risiken, die auf den Emittenten, jeden Garantiegeber und die Wertpapiere zutreffen, sollen daher jedem Prospektleser zumindest komprimiert zugänglich gemacht werden. Demgemäß fordert die BaFin wenigstens eine stichwortartige Aufzählung aller im Prospekt enthaltenen Risikofaktoren auch bei Überschreitung der 2.500 Worte-Grenze. Im europäischen Ausland wird der quantitativen Obergrenze mehr Beachtung geschenkt, dafür sind Verweise auf die Risikodarstellung im Prospekt üblich die von der Bafin nicht erlaubt werden (z.B. Irland).

23 Zu der Zusammenfassung wird in Art. 5 Abs. 2 Satz 4 der EU-ProspRL klargestellt, dass die Zusammenfassung als solche zu verstehen ist und demge-

---

51 Verständlichkeitskriterien wie z.B. Sprachklarheit, Satzbau, Lesbarkeit, s.o. Rn. 15f. und EG 21 der EU-ProspRL.
52 Inhaltskriterium, sämtliche entscheidungserhebliche Angaben zu berücksichtigen, s.o. Rn. 4ff.
53 Der Richtwert bezieht sich auf die Sprache in der der Ursprungsprospekt abgefasst wurde; RegBegr. EU-ProspRL-UmsetzungsG, BT-Drucks. 15/4999 S. 31.
54 Vgl. auch Spgstr. 3 Anh. 4 Eu-ProspRL; *Kunold/Schlitt*, BB 2004, 501, 505
55 Vgl. *Groß*, KapMR, § 5 WpPG Rn. 6.

mäß eine Investitionsentscheidung auf der Grundlage des gesamten Prospekts erfolgen sollte. Daher wird die Zusammenfassung haftungsrechtlich eingeschränkt und löst eine Haftungsgrundlage nur dann aus, soweit sie aus ex-ante Sicht, im Kontext mit dem Prospekt irreführend, falsch oder widersprüchlich ist, d.h. eine Irreführung, Fehler oder ein Widerspruch dürfen nicht allein auf der für die Zusammenfassung notwendigen Reduktion der Informationen beruhen.[56]

d) Ausnahme von der Pflicht der Erstellung der Zusammenfassung

24 Dass grundsätzlich alle Prospekte, also auch in Fällen ohne Sprach- und Adressatenüberschneidung, eine in gleicher Weise zu gestaltende Zusammenfassung enthalten müssen, verkörpert wiederum das Regelungsziel, einen einheitlichen Prospektstandard zu schaffen. Dennoch gelten Ausnahmen.

Neben der in Abs. 2 Satz 3 geregelten Befreiung von der Zusammenfassung für die Zulassung von Nichtdividendenwerten mit einer Mindeststückelung von 50.000 Euro zum Handel an einem organisierten Markt soll nach einer Ansicht eine Prospektzusammenfassung – entgegen des insoweit einschränkenden Wortlauts – auch bei öffentlichen Angeboten von Wertpapieren mit entsprechender Stückelung entbehrlich sein.[57] Dafür spricht zwar, dass nach § 3 Abs. 2 Nr. 4 WpPG ohnehin keine Verpflichtung zur Veröffentlichung eines Prospekts für öffentlich angebotene Wertpapiere mit einer Mindeststückelung von 50.000 Euro besteht. Demgemäß soll es möglich sein, einen dahingehend freiwillig erstellten Prospekt auch ohne Zusammenfassung zu erstellen.[58]

25 Diese Ausnahme kann aber nur für Nichtdividendenwerte gelten, da für diese das genannte Argument ebenfalls gilt. Für den Fall, dass Dividendenwerte mit einer Mindeststückelung von 50.000 Euro öffentlich angeboten werden sollen, wird man eine Zusammenfassung in einem freiwillig erstellten Prospekt in Ermangelung einer entsprechenden Regelung wie in § 5 Abs. 2 WpPG nicht für entbehrlich erachten können, da insoweit die Regel des dreiteiligen Prospekts vorgeht, zumal ansonsten eine Erstreckung der Erleichterung auf Dividendenwerte – trotz der insoweit offen gehaltenen Gesetzesbegründung[59] – vor dem Hintergrund der europäischen Vorgabe in Art. 5 Abs. 2 Satz 4 EU-ProspRL nicht vorgesehen ist.[60] Für solche öffentlich angebotenen Wertpapiere bleibt freilich die Möglichkeit, auf einen Prospekt nach WpPG gänzlich zu verzichten (§ 3 Abs. 2 Nr. 4 WpPG).

---

56 *Crüwell*, AG 2003, 243, 248; *Schlitt/Schäfer*, AG 2005, 498, 501.
57 *Kullmann/Sester*, WM 2005, 1068, 1071.
58 *Kullmann/Sester*, WM 2005, 1068, 1071 f.
59 Vgl. RegBegr. EU-ProspRL-UmsetzungsG, BT-Drucks. 15/4999, S. 31 spricht von der „Zulassung von Wertpapieren mit einer Mindeststückelung".
60 A. A. *Kullmann/Sester*, WM 2005, 1068, 1071 f.; *Kullmann/Sester*, ZBB 2005, 209, 211; *Rimbeck*, in: Heidel AktG § 5 WpPG Rn. 21.

e) Änderung

26 Für den Fall, dass der Prospekt geändert bzw. nachgetragen werden muss, (§ 16 WpPG vgl. dort) kann der Prospektersteller nach Art. 25 Unterabschn. 5 Satz 1 wählen, ob er die neuen Informationen im Rahmen einer neuen Fassung in die Ursprungsfassung einbeziehen oder einen Nachtrag zur Zusammenfassung erstellen will. In beiden Fällen sind – etwa mit Hilfe von Fußnoten – dem Anleger die Änderungen so darzustellen, dass dieser sie leicht erkennen kann.

IV. Prospektdatum und -unterzeichnung (§ 5 Abs. 3 WpPG)

27 Die Pflicht aus § 5 Abs. 3 WpPG, in den Prospekt das Datum seiner Aufstellung aufzunehmen und mit einer Unterschrift zu versehen, findet seine Vorläufer in § 2 Abs. 2 VerkProspVO a. F. sowie im Hinblick auf die Unterzeichnungspflicht in § 13 Abs. 1 Satz 5 BörsZulVO a. F.[61] Dagegen geht der in diesem Zusammenhang enthaltene Hinweis in der Regierungsbegründung auf die Umsetzung des Art. 6 Abs. 1 EU-ProspRL ins Leere; eine Richtlinienvorgabe besteht für diese Anordnung nicht.[62]

28 Das Prospektdatum (mit Tag, Monat, Jahr) und die Unterschrift sind Bestandteile des Prospekts und somit geeignet, dessen Unvollständigkeit zu begründen, die im Rahmen des Billigungsverfahrens zu einer Untersagung führen kann, ohne dass dadurch eine haftungsrelevante Prospektunvollständigkeit eintreten würde.[63] Für die Prospektverantwortlichkeit und die damit einhergehende Beurteilung der Richtigkeit und Vollständigkeit des Prospekts maßgeblich ist nicht das im Prospekt ausgewiesene Datum, sondern der Zeitpunkt der Veröffentlichung.[64] Die Einreichung eines Prospekts mit einem zu weit zurückliegenden Datum kann zur Beanstandung durch die BaFin führen, wenn zu besorgen ist, dass aus der durch das Datum ausgewiesenen Zeitspanne zwischen Erstellung und Einreichung bei der BaFin das Gebot der allgemeinen Prospektaktualität nicht gewährleistet ist, für die gerade die Nachtragspflicht aus § 16 WpPG nicht greift.[65]

a) Adressaten

29 Der Prospekt ist bei öffentlich angebotenen Wertpapieren vom Anbieter (§ 2 Nr. 10 WpPG) und bei Wertpapieren, die zum Handel an einem organisierten Markt zugelassen werden sollen von den Zulassungsantragstellern (§ 2

---

[61] *Rimbeck*, in: Heidel AktG § 5 WpPG Rn. 22.
[62] RegBegr. EU-ProspRL-UmsetzungsG, BT Drucks. 15/4999, S. 25, 31, vgl. auch *Groß*, KapMR, § 5 WpPG Rn. 7.
[63] So bereits zur früheren Rechtslage *Assmann*, in: Assmann/Lenz/Ritz, VerkProspG, § 2 VerkProspVO a. F. Rn. 16.; vgl. auch *Rimbeck*, in: Heidel AktG § 5 WpPG Rn. 22.
[64] Vgl. Rn. 13.
[65] Vgl. *Groß*, KapMR, § 16 WpPG Rn. 4. Vgl. oben Rn. 14 a. E. und die Kommentierung zu § 16.

Nr. 11 WpPG) zu unterzeichnen. Die Beteiligung des Emittenten ist ausdrücklich nicht vorgesehen, es kann sich bei diesem aber auch einerseits zugleich um die Person des Anbieters handeln und andererseits ist er als Zulassungsantragsteller (§ 32 Abs. 2 BörsG) neben dem Emissionsbegleiter ohnehin regelmäßig zu beteiligen. Bei einem öffentlichen Angebot ohne Zulassung (etwa bei einer Einbeziehung in den Freiverkehr) wird der Emittent allerdings meist als Anbieter anzusehen sein.

Der Prospekt ist original zu unterzeichnen, d.h. die Unterschrift muss den Text räumlich abschließen. Bei den Zulassungsantragstellern oder soweit mehrere unterschiedlichen Anbieter auftreten, wird es in Anlehnung an die bisherige Rechtslage ausreichend sein, wenn jeder der Beteiligten ein separates, aber inhaltsgleiches Exemplar der Billigungsfassung des Prospekts unterzeichnet.[66] Das Bedürfnis nach Vermeidung von unnötigem Formalismus besteht auch hier. 30

Der Zeitpunkt, in dem spätestens die Unterschrift vorliegen muss, ist der der Billigung durch die BaFin. Die frühere Praxis der BaFin, eine Faxkopie ausreichen zu lassen und das Orginal erst im Nachgang zur Billigung zu fordern, ist aufgegeben worden. Im Vorfeld der Billigung akzeptiert dagegen die BaFin zur Einleitung des Verfahrens auch die Unterzeichnung des Antragsexemplars des Prospekts nur durch einen an sich vom WpPG im Billigungsverfahren nicht zwingend vorgesehenen Emissionsbegleiter.[67] In jedem Fall abschließend zu unterzeichnen ist die Billigungsfassung des Prospekts[68]. Eine zusätzliche, neben die des Anbieters bzw. der Zulassungsantragsteller tretende Unterzeichnung eines Dritten ist für die Vollständigkeit des Prospekts unschädlich.[69] 31

Setzt sich ein Prospekt aus mehreren Einzeldokumenten gemäß § 12 WpPG zusammen, ist jedes der Teile mit einem Datum und einer entsprechenden Unterschrift zu versehen. Ebenso ist mit etwaigen Nachträgen gemäß § 16 WpPG zu verfahren, die von dem nachtragspflichtigen Anbieter oder Zulassungsantragsteller wie auch der Hauptprospekt zu unterzeichnen sind. 32

b) Vertretung

Aus der Anordnung des § 5 Abs. 3 WpPG folgt nicht, dass eine Vertretung des Anbieters oder der Zulassungsantragsteller bei der Unterschriftsleistung durch einen Bevollmächtigten unzulässig wäre. Aus verwaltungsrechtlicher Sicht greift hier § 14 Abs. 1 VwVfG. Gleichfalls findet § 126 BGB keine Anwendung, der das zwingende Erfordernis einer eigenhändigen Unterschrift begründen könnte. Es handelt sich – trotz der ggf. haftungsbegründenden Wirkung einer Unterschrift (§ 44 BörsG, § 13 VerkProspG i.V.m. § 44 33

---

66 Zum früheren Recht vgl. *Gebhard,* in: Schäfer/Hamann, KapMG, § 13 BörsZulV a.F. Rn. 36.
67 Vgl. dagegen § 32 Abs. 2 BörsG.
68 Vgl. dazu auch § 13 WpPG Rn. 5ff.
69 Zu der Frage, ob dadurch auch eine Haftung des Dritten begründet wird vgl. §§ 44ff. BörsG Rn. 38ff. zum Verschuldensmaßstab Rn. 91ff.

BörsG)[70] – nicht um höchstpersönliche Erklärungen, die Eigenhändigkeit erfordern. Dies war bereits zur früheren Rechtslage anerkannt.[71] Entscheidet man sich für eine vertretende Unterzeichnung, wird hierfür der schriftliche Nachweis der umfänglichen Vollmacht zu erbringen sein (§ 14 Abs. 1 Satz 3 VwVfG), da sich die gesetzliche Vermutung des § 14 Abs. 1 Satz 2 VwVfG im Zweifel nicht auf die Befugnis zur Unterschriftsleistung erstreckt. Die Vertretung bei der Unterzeichnung macht es zudem erforderlich, an einer geeigneten Stelle und direkt bei der Unterschrift des Vertreters auf das Handeln des Unterzeichners im fremden Namen ausdrücklich hinzuweisen.[72] Vorzugswürdig wird es häufig sein, weiterhin der bisherigen Praxis zu folgen und auf die eigenhändige Unterschrift des Anbieters oder der Zulassungsantragsteller abzustellen. Lediglich im Fall von Konsortien wird die vertretungsweise Zeichnung aller Konsorten durch einen vertretungsberechtigten Mitarbeiter des Konsortialführers von der BaFin akzeptiert.

V. Prospektverantwortlichkeit (§ 5 Abs. 4 WpPG)

34 § 5 Abs. 4 WpPG setzt Art. 6 Abs. 1 Satz 2 EU-ProspRL um und fordert die Aufnahme einer sog. Verantwortlichkeitsklausel in den Prospekt. Vergleichbare Vorgängervorschriften finden sich in § 14 BörsZulVO a. F. und 3 VerkProspVO a. F.[73] Die Regelung dient der Information des Publikums über die mögliche gegnerische Haftungspartei, ohne dass mit ihr ein (weiterer) Prospekthaftungstatbestand begründet wird. Die haftungsrechtliche Bedeutung erstreckt sich aber darin, dass diejenigen Personen, die eine Prospektverantwortung übernehmen, prinzipiell als Haftungsadressaten für die Richtigkeit und Vollständigkeit herangezogen werden können.[74] Wie auch das Prospektdatum und die Unterschrift ist die Verantwortungsklausel Bestandteil des Prospekts, deren Fehlen im Billigungsverfahren regelmäßig zu einer Versagung der Billigung führt.

35 Nach § 5 Abs. 4 WpPG muss ein Prospekt als erste Normvoraussetzung bei natürlichen Personen den Namen und deren Funktion, d. h. Beruf und berufliche Position, bei juristischen Personen oder Gesellschaften die Firma und deren Sitz benennen. Sinn und Zweck der Vorschrift setzt für erstere aber auch voraus, dass zusätzlich eine ladungsfähige Anschrift mit angegeben wird.[75]

---

70 Dazu §§ 44 ff. BörsG Rn. 19 ff.
71 Vgl. *Gebhard*, in: Schäfer/Hamann, KapMG, § 13 BörsZulV a. F. Rn. 37. Offen dagegen bei *Assmann*, in: Assmann/Lenz/Ritz, VerkProspG, § 2 VerkProspV a. F. Rn. 17.
72 *Gebhard*, in: Schäfer/Hamann, KapMG, § 13 BörsZulV a. F. Rn. 37 a. E, der als geeigneten Hinweisort im Prospekt die „Verantwortungsklausel" i. S. d. § 14 BörsZulV a. F. – nunmehr also § 5 Abs. 4, s. u. – vorschlägt.
73 *Rimbeck*, in: Heidel AktG § 5 WpPG Rn. 23
74 *Rimbeck*, in: Heidel AktG § 5 WpPG Rn. 2.
75 So zum Börsenzulassungsprospekt *Gebhard*, in: Schäfer/Hamann, KapMG, § 14 BörsZulV a. F. Rn. 2. A. A. zum VerkProspG *Assmann*, in: Assmann/Lenz/Ritz, VerkProspG, § 3 VerkProspVO a. F. Rn. 2.

Der Kreis der in Betracht kommenden Normadressaten ist über den Personenkreis der für den Prospekt haftenden Personen zu bestimmen.[76] Prinzipiell sind dies der Emittent, Anbieter und die Zulassungsantragsteller, was schon aus ihrer Funktion als Unterzeichner (§ 5 Abs. 3 WpPG) folgt. Das Gebot der Richtigkeit und Vollständigkeit fordert nämlich bereits die Aufnahme aller Prospektunterzeichner in die Verantwortungsklausel, um der materiellen Rechtslage zu entsprechen und mit der Verantwortungsklausel ein richtiges Bild über alle Haftungsgegner zu vermitteln. 36

§ 5 Abs. 4 Satz 2 WpPG stellt bei der Zulassung von Wertpapieren zum Handel an einem organisierten Markt auch für den Emissionsbegleiter nochmals ausdrücklich klar, dass er eine Verantwortlichkeitserklärung im Prospekt abgeben muss.[77] Ein zusätzlicher Regelungsbereich verschließt sich der Bestimmung allerdings, da der Emissionsbegleiter börsenrechtlich als Antragsteller zwingend zu beteiligen ist und daher in diesem Fall schon gemäß § 2 Nr. 11 WpPG als eine der Personen, die die Zulassung zum Handel an einem organisierten Markt beantragt, an der Prospektunterzeichnung als einer der Zulassungsantragsteller beteiligt wird und in die Verantwortungsklausel einzubeziehen ist. Die Beteiligung der Zulassungsantragsteller, mithin also die des Emissionsbegleiters, geht dabei im Ergebnis über die Vorgabe des Art. 6 Abs. 1 EU-ProspRL hinaus. Diese gesetzliche Regelung ist auch im Vergleich mit anderen europäischen Finanzplätzen neu und lässt eine für den Finanzstandort Deutschland als Wahlort hinderliche Wirkung vermuten.[78] Sie schafft aber zumindest eine transparente Rechtslage, da die Haftungsvoraussetzungen der Emissionsbegleiter in anderen EU-Staaten im einzelnen nicht unumstritten sind und auch nicht immer ausgeschlossen werden können. 37

Als zweite Voraussetzung hat die Erklärung der, im Prospekt als prospektverantwortliche Personen genannten Personen bzw. Gesellschaften zu beinhalten, dass ihres Wissens nach die Prospektangaben richtig und keine wesentlichen Umstände ausgelassen sind. Die Erklärung hat sich auf den gesamten Prospekt, insbesondere auch auf die Zusammenfassung zu beziehen.[79] Sie muss zwingend spätestens in die Billigungsfassung des Prospekts aufgenommen werden. Im Wege eines Nachtrags gemäß § 16 WpPG kann sie nicht eingebracht werden, da durch Nachträge nur Angaben berichtigt oder ergänzt werden können.[80] Das setzt aber ihre vorherige existenzbegründende Aufnahme im Prospekt voraus. 38

Den Ort der Platzierung im Prospekt bestimmt § 5 Abs. 4 WpPG nicht näher. Der Prospekt als solcher stellt in seiner Gesamtheit ein einheitliches und so auch zu lesendes Objekt dar,[81] so dass die in § 5 Abs. 4 WpPG genannten 39

---

76 Vgl. §§ 44 ff. BörsG Rn. 34 ff.
77 *Rimbeck,* in: Heidel AktG Rn. 23.
78 Kritisch zur Erweiterung der Verantwortlichkeitsklausel mit Verweis auf Art. 4 EU-ProspRL, *Groß,* KapMR, § 5 WpPG Rn. 8.
79 Vgl. RegBegr. EU-ProspRL-UmsetzungsG, BT-Drucks. 15/4999, S. 31.
80 Vgl. RegBegr. EU-ProspRL-UmsetzungsG, BT-Drucks. 15/4999, S. 31 f.; *Rimbeck,* in: Heidel AktG Rn. 52.
81 Vgl. BGH, WM 1992, 901, 904.

Informationen im Zweifel auch vereinzelt an verschiedenen Stellen platziert werden können. Um zu verdeutlichen, dass sich die genannte Richtigkeits- und Vollständigkeitserklärung auf den gesamten Prospekt bezieht, empfiehlt sich zumindest diese einleitend oder abschließend im Prospekt zu verorten.

ARTIKEL 24
Inhalt der Zusammenfassung des Prospekts und des Basisprospekts

Der Emittent, der Anbieter oder die Person, die die Zulassung zum Handel auf einem geregelten Markt beantragt hat, kann selbst über den detaillierten Inhalt der Zusammenfassung gemäß Artikel 5 Absatz 2 der Richtlinie 2003/71/EG des Prospekts oder des Basisprospekts befinden.

ARTICLE 24
Content of the summary of prospectus and base prospectus

The issuer, the offeror or the person asking for admission to trading on a regulated market shall determine on its own the detailed content of the summary to the prospectus or base prospectus referred to in Article 5(2) of Directive 2003/71/EC.

Diesbezüglich wird auf die Kommentierung zu § 5 WpPG hingewiesen.

KAPITEL III
Aufmachung des Prospekts, des Basisprospekts und ihrer Nachträge

Artikel 25
Aufmachung des Prospekts

(1) Entscheidet sich ein Emittent, ein Anbieter oder eine Person, die die Zulassung zum Handel auf einem geregelten Markt beantragt hat, dazu, im Sinne von Artikel 5 Absatz 3 der Richtlinie 2003/71/EG den Prospekt als ein einziges Dokument zu erstellen, so ist der Prospekt wie folgt aufzubauen

1. klares und detailliertes Inhaltsverzeichnis;
2. Zusammenfassung im Sinne von Artikel 5 Absatz 2 der Richtlinie 2003/71/EG;
3. Angabe der Risikofaktoren, die mit dem Emittenten und der Art von Wertpapier, die Bestandteil der Emission ist, einhergehen/verbunden sind;
4. Angabe der sonstigen Informationsbestandteile, die Gegenstand der Schemata und Module sind, auf deren Grundlage der Prospekt erstellt wurde.

(2) Entscheidet sich ein Emittent, ein Anbieter oder eine Person, die die Zulassung zum Handel auf einem geregelten Markt beantragt hat, dazu, im Sinne von Artikel 5 Absatz 3 der Richtlinie 2003/71/EG den Prospekt in Form mehrerer Einzeldokumente zu erstellen, so sind die Wertpapierbeschreibung und das Registrierungsformular jeweils wie folgt aufzubauen:

1. klares und detailliertes Inhaltsverzeichnis;
2. je nach Fall Angabe der Risikofaktoren, die mit dem Emittenten bzw. der Art des Wertpapiers, das Bestandteil der Emission ist, verbunden sind;
3. Angabe der sonstigen Informationsbestandteile, die Gegenstand der Schemata und Module sind, auf deren Grundlage der Prospekt erstellt wurde.

(3) In den in Absatz 1 und 2 genannten Fällen steht es dem Emittenten, dem Anbieter oder der Person, die die Zulassung zum Handel auf einem geregelten Markt beantragt hat, frei, die Reihenfolge der Darstellung der erforderlichen Informationsbestandteile festzulegen, die Gegenstand der Schemata und Module sind, auf deren Grundlage der Prospekt erstellt wurde.

(4) Stimmt die Reihenfolge der Informationsbestandteile nicht mit derjenigen überein, die in den Schemata und Modulen genannt wird, auf deren Grundlage der Prospekt erstellt wurde, so kann die zuständige Behörde des

Herkunftsmitgliedstaates den Emittenten, den Anbieter oder die Person, die die Zulassung zum Handel auf einem geregelten Markt beantragt hat, bitten, eine Aufstellung der Querverweise für die Prüfung des Prospekts vor seiner Billigung zu erstellen. In einer solchen Liste sind die Seiten zu nennen, auf denen die jeweiligen Angaben im Prospekt gefunden werden können.

(5) Ist die Zusammenfassung eines Prospekts im Sinne von Artikel 16 Absatz 1 der Richtlinie 2003/71/EG zu ergänzen, so kann der Emittent, der Anbieter oder die Person, die die Zulassung zum Handel auf einem geregelten Markt beantragt, in Einzelfällen entscheiden, ob die neuen Angaben in die ursprüngliche Zusammenfassung einbezogen werden, indem eine neue Zusammenfassung erstellt wird, oder ob ein Nachtrag zur Zusammenfassung erstellt wird.

Werden die neuen Angaben in die ursprüngliche Zusammenfassung einbezogen, haben der Emittent, der Anbieter oder die Person, die die Zulassung zum Handel auf einem geregelten Markt beantragt, insbesondere mittels Fußnoten sicherzustellen, dass die Anleger die Änderungen leicht erkennen können.

CHAPTER III
Format of the Prospectus, Base Prospectus and Supplements

Article 25
Format of the prospectus

(1) Where an issuer, an offeror or a person asking for the admission to trading on a regulated market chooses, according to Article 5(3) of Directive 2003/71/EC to draw up a prospectus as a single document, the prospectus shall be composed of the following parts in the following order:

1. a clear and detailed table of contents;
2. the summary provided for in Article 5 (2) of Directive 2003/71/EC;
3. the risk factors linked to the issuer and the type of security covered by the issue;
4. the other information items included in the schedules and building blocks according to which the prospectus is drawn up.

(2) Where an issuer, an offeror or a person asking for the admission to trading on a regulated market chooses, according to in Article 5(3) of Directive 2003/71/EC, to draw up a prospectus composed of separate documents, the securities note and the registration document shall be each composed of the following parts in the following order:

1. a clear and detailed table of content;
2. as the case may be, the risk factors linked to the issuer and the type of security covered by the issue;
3. the other information items included in the schedules and building blocks according to which the prospectus is drawn up.

(3) Where the order of the items does not coincide with the order of the information provided for by the schedules and building blocks according to which the prospectus is drawn up, the home competent authority may ask the issuer, the offeror or the per-

son asking for admission to trading on a regulated market to provide a cross reference list for the purpose of checking the prospectus before its approval. Such list should identify the pages where each item can be found in the prospectus.

(4) Where the order of the items does not coincide with the order of the information provided for in the schedules and building blocks according to which the prospectus is drawn up, the competent authority of the home Member State may ask the issuer, the offeror or the person asking for the admission to trading on a regulated market to provide a cross reference list for the purpose of checking the prospectus before its approval. Such list shall identify the pages where each item can be found in the prospectus.

(5) Where the summary of a prospectus must be supplemented according to Article 16(1) of Directive 2003/71/EC, the issuer, the offeror or the person asking for admission to trading on a regulated market shall decide on a case-by-case basis whether to integrate the new information in the original summary by producing a new summary, or to produce a supplement to the summary.

If the new information is integrated in the original summary, the issuer, the offeror or the person asking for admission to trading on a regulated market shall ensure that investors can easily identify the changes, in particular by way of footnotes.

Diesbezüglich wird auf die Kommentierung zu § 5 WpPG verwiesen.

§ 6
Basisprospekt

(1) Für die folgenden Wertpapierarten kann der Anbieter oder der Zulassungsantragsteller einen Basisprospekt erstellen, der alle nach den §§ 5 und 7 notwendigen Angaben zum Emittenten und den öffentlich anzubietenden oder zum Handel an einem organisierten Markt zuzulassenden Wertpapieren enthalten muss, nicht jedoch die endgültigen Bedingungen des Angebots:

1. Nichtdividendenwerte sowie Optionsscheine jeglicher Art, die im Rahmen eines Angebotsprogramms ausgegeben werden;
2. Nichtdividendenwerte, die dauernd oder wiederholt von Einlagenkreditinstituten begeben werden,
   a) sofern die Wertpapiere durch in ein Deckungsregister eingetragene Vermögensgegenstände gedeckt werden, die eine ausreichende Deckung der aus den betreffenden Wertpapieren erwachsenden Verbindlichkeiten bis zum Fälligkeitstermin bieten, und
   b) sofern die Vermögensgegenstände im Sinne des Buchstaben a im Falle der Insolvenz des Einlagenkreditinstituts unbeschadet der auf Grund der Richtlinie 2001/24/EG des Europäischen Parlaments und des Rates vom 4. April 2001 über die Sanierung und Liquidation von Kreditinstituten (ABl. EG Nr. L 125 S. 15) erlassenen Vorschriften vorrangig zur Rückzahlung des Kapitals und der aufgelaufenen Zinsen bestimmt sind.

(2) Die Angaben des Basisprospekts sind erforderlichenfalls durch aktualisierte Angaben zum Emittenten und zu den Wertpapieren, die öffentlich angeboten oder zum Handel an einem organisierten Markt zugelassen werden sollen, nach Maßgabe des § 16 zu ergänzen.

(3) Werden die endgültigen Bedingungen des Angebots weder in den Basisprospekt noch in einen Nachtrag nach § 16 aufgenommen, hat der Anbieter oder Zulassungsantragsteller sie spätestens am Tag des öffentlichen Angebots in der in § 14 genannten Art und Weise zu veröffentlichen. Der Anbieter oder Zulassungsantragsteller hat die endgültigen Bedingungen des Angebots zudem spätestens am Tag der Veröffentlichung bei der Bundesanstalt zu hinterlegen. Ist eine fristgerechte Veröffentlichung oder Hinterlegung aus praktischen Gründen nicht durchführbar, ist sie unverzüglich nachzuholen. § 8 Abs. 1 Satz 1 und 2 ist in den in Satz 1 genannten Fällen entsprechend anzuwenden.

„EU-ProspVO": Berichtigung der Verordnung (EG) Ziff.809/2004 der Kommission vom 29. April 2004 zur Umsetzung der Richtlinie 2003/71/EG des Europäischen Parlaments und des Rates betreffend die in Prospekten enthaltenen Informationen sowie das Format, die Aufnahme von Informationen mittels Verweis und die Veröffentlichung solcher Prospekte und die Verbreitung von Werbung, veröffentlicht im Amtsblatt der Europäischen Union L 149 vom 30. April 2004.

Inhalt

		Rn.			Rn.
I.	Einführung	1		spekten gemäß Art. 22 Abs. 3 EU-ProspV	14
II.	Anwendbarkeit des § 6 WpPG	2	IV.	Aufmachung des Basisprospekts und seiner entsprechenden endgültigen Bedingungen gemäß Art. 26 EU-ProspV	15
	1. Wertpapiere gem. § 6 Abs. 1 Nr. 1 WpPG	3			
	a) Nichtdividendenwerte und Optionsscheine gemäß § 6 Abs. 1 Nr. 1 WpPG	4			
	b) Angebotsprogramm unter § 6 Abs. 1 Nr. 1 WpPG	5	V.	Zusammenfassung gemäß Art. 25 Abs. 1 Ziff. 2 in Verbindung mit Art. 26 Abs. 6 EU-ProspV	16
	aa) Merkmale eines Angebotsprogramms	6			
	bb) Zeitraum	7	VI.	Aufstellung von Querverweisen gemäß Art. 26 Abs. 3 EU-ProspV	17
	2. Nichtdividendenwerte gemäß § 6 Abs. 1 Nr. 2 WpPG	8	VII.	Einbeziehung von Angaben in einem Basisprospekt in Form von Verweisen gemäß Art. 26 Abs. 4 EU-ProspV	18
III.	Inhalt eines Basisprospekts gemäß § 6 WpPG, Art. 22 EU-ProspV	9			
	1. Angaben der Endgültigen Bedingungen	10	VIII.	Aufmachung der endgültigen Bedingungen gemäß Art. 26 Abs. 4 und 5 EU-ProspV	19
	a) Angaben über den Emittenten	11	IX.	Nachtragspflicht gemäß § 6 Abs. 2 WpPG	20
	b) Angaben zu den Wertpapieren	12			
	c) Sonstige Angaben	13	X.	Bekanntmachung der endgültigen Bedingungen gemäß § 6 Abs. 3 WpPG	21
	2. Anzuwendende Schemata bzw. Module bei Basispro-				

I. Einführung

§ 6 WpPG setzt Art. 5 Abs. 4 der EU-ProspRL in nationales Recht um. Mit § 6 WpPG wurde ein Instrument geschaffen, das es Emittenten erlaubt, bei ihrer Emissionstätigkeit dauerhaft, schnell und effektiv auf Marktentwicklungen zu reagieren und dabei den Informationsinteressen der Anleger gerecht zu werden, indem es die Möglichkeit zulässt, bestimmte Angaben zu Wertpapieren in den endgültigen Bedingungen spätestens am Tag des öffentlichen Angebots in der in § 14 WpPG genannten Art und Weise zu veröffentlichen.

§ 6 WpPG beschränkt die Anwendungsmöglichkeit auf die in Abs. 1 Nr. 1, 2 und 3 genannten Wertpapierarten, so dass die Nutzungsmöglichkeit von Basisprospekten für Emittenten eingeschränkt wird und nicht für alle Wertpapierarten zur Verfügung steht.

Die konkreten Anforderungen an einen Basisprospekt sind in Art. 22 und 26 der EU-ProspV enthalten. Anstelle der bis zum 30.06.2005 geltenden VerkProspV sind nunmehr das WpPG[1] und die EU-ProspV anwendbar. Das für Wertpapiere bis zum 30.06.2005 anwendbare Verkaufsprospektgesetz reglementiert seit dem 01.07.2005 nur noch Vermögensanlagen in öffentlich angebotenen und nicht in Wertpapieren verbrieften Anteilen, die eine Beteiligung am Ergebnis eines Unternehmens gewähren, Anteile an einem Treuhandvermögen sowie Anteile an sonstigen geschlossenen Fonds.[2]

Art. 22 EU-ProspV regelt die in einen Basisprospekt aufzunehmenden Mindestangaben und dessen dazugehörigen endgültigen Bedingungen, Art. 26 EU-ProspV die Aufmachung des Basisprospekts und seiner endgültigen Bedingungen, wonach Basisprospekte grds. den gleichen Aufbau besitzen wie sonstige Prospekte.[3]

Hierbei lässt der Verordnungsgeber in Art. 26 Abs. 8 EU-ProspV ausdrücklich zu, dass mehrere Basisprospekte in einem Dokument zusammengefasst werden.

Diese Regelungen werden aufgrund des Sachzusammenhangs im Folgenden zusammenhängend kommentiert.

Für die Gültigkeit von Basisprospekten wird auf die Kommentierung zu § 9 Abs. 2 und 3 WpPG verwiesen.

II. Anwendbarkeit des § 6 WpPG

§ 6 WpPG bietet die Möglichkeit eines Basisprospekts für zwei verschiedene Fälle. § 6 Abs. 1 Nr. 1 WpPG setzt voraus, dass für Nichtdividendenwerte und Optionsscheine ein Angebotsprogramm besteht. § 6 Abs. 1 Nr. 2 WpPG dagegen verlangt, dass Nichtdividendenwerte dauernd oder wiederholt von Einlagenkreditinstituten ausgegeben werden und die in § 6 Abs. 1 Nr. 2a)

---

1 *Keunecke,* Prosp KapM, S. 166, Rn. 315.
2 *Keunecke,* Prosp KapM, S. 165, Rn. 313.
3 *Seitz,* AG 2005, 678, 685.

und b) WpPG genannten Voraussetzungen erfüllen. Hiermit sind grds. unterschiedliche Fälle genannt.

Sofern es sich bei Wertpapieren um Geldmarktinstrumente mit einer Laufzeit von weniger als zwölf Monaten handelt, unterliegen diese gem. § 2 Nr. 1 WpPG nicht dem Wertpapierbegriff des WpPG und unterliegen damit nicht der Prospektpflicht des WpPG.[4] Vgl. hierzu die Kommentierung zu § 2 WpPG.

1. Wertpapiere gem. § 6 Abs. 1 Nr. 1 WpPG

3   Die Wertpapiere, für die ein Basisprospekt im Zusammenhang mit einem Angebotsprogramm erstellt werden kann, sind in § 6 Abs. 1 Nr. 1 und 2 WpPG genannt. Für die Frage, was unter Nichtdividendenwerten zu verstehen ist, wird zusätzlich auf die Kommentierung von § 2 WpPG in diesem Kommentar verwiesen.

a) Nichtdividendenwerte und Optionsscheine gemäß § 6 Abs. 1 Nr. 1 WpPG

4   Nichtdividendenwerte sind in § 2 Nr. 3 WpPG definiert. Hierunter fallen alle Wertpapiere, die keine Dividendenwerte gem. § 2 Nr. 2 WpPG sind. Eine Unterscheidung zwischen Nichtdividendenwerten mit und solchen ohne derivativen Elementen wurde nicht vorgenoammen, so dass bereits aufgrund dieser Definition derivative Elemente bei Nichtdividendenwerten vorhanden sein können, ohne dass dadurch die Nutzung eines Basisprospekts ausgeschlossen wäre.

Die historische Entwicklung unterstützt diese Sichtweise. § 6 Abs. 1 Nr. 1 WpPG nennt „Optionsscheine jeglicher Art". Angestoßen von Deutschland sollte die dort vorhandene Möglichkeit der unvollständigen Verkaufsprospekte auch unter der neuen Rechtssetzung aufrechterhalten werden.[5] In den meisten anderen Mitgliedstaaten waren lediglich Optionsscheine bekannt. Daher wurde bei Abfassung der Prospektrichtlinie der Begriff „Optionsschein" als Synonym für „derivative Wertpapiere" gewählt.[6]

b) Angebotsprogramm unter § 6 Abs. 1 Nr. 1 WpPG

5   § 6 Abs. 1 Nr. 1 WpPG verlangt das Bestehen eines Angebotsprogramms. Eine Definition für Angebotsprogramme enthält § 2 Nr. 5 WpPG, nach dem hierunter ein Plan zu verstehen ist, der es erlauben würde, Nichtdividendenwerte ähnlicher Art oder Gattung sowie Optionsscheine jeder Art dauernd oder wiederholt während eines bestimmten Emissionszeitraums zu begeben.[7] Wie dieser Plan exakt auszusehen hat, bleibt jedoch offen.

---

4   *Grub/Thiem*, NZG 2005, 750, 750.
5   Vgl. *Kullmann/Sester*, ZBB 2005, 209, 211.
6   Vgl. *Kullmann/Sester*, ZBB 2005, 209, 211, 212.
7   *Seitz*, AG 2005, 678, 685.

aa) Merkmale eines Angebotsprogramms

In der Praxis haben sich bestimmte Merkmale für Programme, unter denen 6
Anlageprodukte, wie z. B. Wertpapiere nach dem WpPG angeboten werden,
herausgebildet. Hierzu gehören bspw. interne Beschlüsse zur Erstellung des
entsprechenden Programms, eine Beschreibung des Inhalts und des Emittenten, was regelmäßig in einem Offering Circular dargelegt wurde.

Ergänzend enthalten internationale Programme mit mehreren Beteiligten
(Arranger, Dealer, Agents) verschiedene Vertragskomponenten, die die
Rechtsbeziehungen der jeweils Beteiligten und die technischen Details der
Durchführung von Geschäften unter dem Programm regeln, die Programme-,
Dealer- oder Agency-Agreements.

Gemeinsame Basis aller Programme ist der Wille des Emittenten, einen Rahmen für die Produkte vorzugeben, die unter einem Angebotsprogramm angeboten werden sollen sowie die Festlegung, welche Produkte ein solches
Angebotsprogramm umfassen soll.

Dieser Wille manifestiert sich in der Regel in Form von Beschlüssen gem.
den jeweiligen gesetzlichen und internen Regelungen. Er wird auf verschiedene Weise umgesetzt oder dokumentiert mit dem Ziel, dass die mit der späteren Anwendung betrauten Personen diesen Rahmen kennen und beachten. Häufig werden daher entsprechende Programmdokumente erstellt, die
die Möglichkeiten und ggf. Aufgaben der Beteiligten festlegen. Je weniger
Beteiligte später für die wirtschaftliche und technische Umsetzung und Ausführung im Rahmen eines solchen Programms eingebunden sind, umso geringer ist der Festlegungsbedarf, mit der Folge, dass ggf. auch bereits in
einem Beschluss für ein solches Programm der gesamte Rahmen ausreichend
festgelegt wird oder nur Arbeitsanweisungen erstellt werden und keine weitere Dokumentation mehr erfolgen muss.

bb) Zeitraum

Der Gesetzgeber hat in § 2 Nr. 5 WpPG nur Nichtdividendenwerte ähnlicher 7
Art oder Gattung sowie Optionsscheine jeder Art aufgenommen, die dauernd oder wiederholt während eines bestimmten Zeitraums begeben werden
sollen. Der Gesetzgeber hat lediglich die Vorgabe gemacht, dass es sich bei
dem Zeitraum für die Begebung der Nichtdividendenwerte bzw. Optionsscheine um einen bestimmten Zeitraum handeln muss. Damit kann sich das
Programm faktisch auf die Existenzdauer des Emittenten beziehen, was immer dann anzunehmen sein wird, wenn der Emittent keine anderweitigen
Angaben in der Programmdokumentation bzw. seinen Beschlüssen aufgenommen hat.

Damit die Nichtdividendenwerte dauernd oder wiederholt ausgegeben werden, müssen gem. § 2 Ziff. 12 WpPG mindestens zwei Emissionen ähnlicher
Art oder Gattung während eines Zeitraums von zwölf Monaten emittiert
werden. Entfallen ist die Voraussetzung, die noch im VerkProspG a. F. i.V. m.
der BörsZulV a. F. enthalten war, dass bereits innerhalb von zwölf Monaten

vor dem öffentlichen Angebot eine andere Emission von Wertpapieren ähnlicher Art und Gattung erfolgt sein musste.[8]

Nunmehr wird es als ausreichend angesehen, wenn innerhalb von zwölf Monaten nach dem öffentlichen Angebot einer ersten Emission eine weitere Emission von Wertpapieren ähnlicher Art und Gattung erfolgt.[9] Wird die weitere Emission versäumt, wäre die Erstemission prospektpflichtig gewesen und der Emittent haftet für den fehlenden Prospekt.

Ob und inwieweit für die Produkte Prospekte zu erstellen sind, regeln die jeweiligen Gesetze, wie z. B. das Wertpapierprospektgesetz oder das Verkaufsprospektgesetz, so dass im Rahmen eines Angebotsprogramms unterschiedliche Prospekte existieren können oder sogar aufgrund der unterschiedlichen gesetzlichen Basis für verschieden Angebotsprodukte erstellt werden müssen. Eine dieser Möglichkeiten ist dabei die Erstellung eines Basisprospekts nach dem WpPG.

2. Nichtdividendenwerte gemäß § 6 Abs. 1 Nr. 2 WpPG

8 Weiterhin kann gem. § 6 Abs. 1 Nr. 2 WpPG für Nichtdividendenwerte, die dauernd oder wiederholt[10] von Einlagenkreditinstituten begeben werden und die Merkmale von § 6 Abs. 1 Nr. 2a) und b) WpPG erfüllen, ein Basisprospekt erstellt werden. Nach den Merkmalen der genannten Nr. 2a) und b) werden im Wesentlichen Hypothekenpfandbriefe, öffentliche Pfandbriefe und Schiffspfandbriefe nach dem Pfandbriefgesetz erfasst.[11]

III. Inhalt eines Basisprospekts gemäß § 6 WpPG, Art. 22 EU-ProspV

9 Gem. § 6 Abs. 1 WpPG hat der Basisprospekt alle notwendigen Angaben zum Emittenten und den öffentlich anzubietenden oder zum Handel an einem organisierten Markt zuzulassenden Wertpapieren zu enthalten, nicht jedoch die endgültigen Bedingungen.[12]

Die nähere Ausgestaltung eines Wertpapierprospekts nach dem Wertpapierprospektgesetz regelt die EU-ProspV. Hierzu gehören gem. Art. 1 Ziff. 1 und 2 der EU-ProspV die Aufmachung des Prospekts und die aufzunehmenden Mindestangaben. Die detaillierten Anforderungen ergeben sich gem. Art. 3 EU-ProspV aus den jeweiligen Schemata und Modulen gem. Art. 4 bis 20 der EU-ProspV und deren Kombinationsmöglichkeiten sowie den Anhängen I bis XVII der EU-ProspV.[13]

---

8 So auch *Heidelbach/Preuße*, BKR 2006, 316, 317.
9 So auch *Heidelbach/Preuße*, BKR 2006, 316, 317.
10 Vgl. bb).
11 *Seitz*, AG 2005, 678, 685.
12 *Kullmann/Sester*, ZBB 2005, 209, 211.
13 Vgl. auch *Holzborn/Israel*, ZIP 2005, 1668, 1671, 1672.

Auch wenn der Basisprospekt in Art. 1 Ziff. 1 und Art. 2, 3, 4 bis 20 der EU-ProspV nicht erwähnt wird, stellt Art. 22 Abs. 1 der EU-ProspVO klar, dass auch auf Basisprospekte das jeweilige Schema und Modul gem. Art. 4 bis 20 der EU-ProspV und deren Kombinationsmöglichkeiten sowie die Anhänge I bis XVII der EU-ProspV sowie den Angaben gem. Art. 22 Abs. 5 EU-ProspV Anwendung finden. Eine entsprechende Klarstellung findet sich in Erwägungsgrund 21 der EU-ProspV.

Gem. § 21 WpPG darf die zuständige Behörde zusätzliche Angaben verlangen, wenn dies zum Schutz des Publikums geboten erscheint.[14] Diese zusätzlichen Angaben dürften sich jedoch nur auf Informationsbestandteile beziehen, die nach dem WpPG und der EU-ProspV Inhalt des Prospekts sein müssen. Anderenfalls würde die Basis, ein europaweit einheitliches Prospektrecht zu schaffen, unterlaufen. Insofern hat der Verordnungsgeber auch strenge Anforderungen an solche zusätzlichen Angaben gestellt. Solche zusätzlichen Angaben dürfen sich nicht auf einen einzelnen Emittenten beziehen, sondern müssen in einer präzisen und einschränkenden Liste für eine Kategorie von Emittenten festgelegt sein. Die verlangten Angaben müssen im Hinblick auf die Tätigkeit der Emittenten geeignet und verhältnismäßig sein.[15]

Sofern bestimmte Informationsbestandteile, die in den Schemata und Modulen gefordert werden, oder gleichwertige Informationsbestandteile für bestimmte Wertpapiere nicht relevant und damit nicht anwendbar sind, sollte der Emittent die Möglichkeit haben, auf sie zu verzichten.[16]

Sofern die vorhandenen Schemata und Module für ein Wertpapier nicht geeignet sind, können diese Wertpapiere gleichwohl Bestandteil eines Prospekts und damit auch eines Basisprospekts sein. In diesen Fällen ist der Inhalt mit der zuständigen Behörde abzustimmen. Soweit aufgrund vorhandener Ähnlichkeiten irgend möglich, ist dabei auf vorhandene Schemata abzustellen.[17]

Anpassungen an die Mindestangaben im Basisprospekt werden in Art. 23 EU-ProspV geregelt, auf dessen Kommentierung verwiesen wird.

1. Angaben der endgültigen Bedingungen

Abweichend von den anderen Prospektarten kann ein Basisprospekt in einem weiteren Umfang auf Angaben verzichten. Gem. Art. 22 Abs. 2 EU-ProspV sind dies Angaben von Informationsbestandteilen, die

– zum Zeitpunkt der Billigung des Basisprospekts nicht bekannt sind und
– erst zum Zeitpunkt der jeweiligen Emission bestimmt werden können.[18]

---

14 Vgl. *Kunold/Schlitt*, BB 2004, 501, 509.
15 Vgl. Erwägungsgrund 21 vor Art. 1 EU-ProspVO.
16 Siehe Erwägungsgrund 24 vor Art. 1 EU-ProspVO.
17 Vgl. Erwägungsgrund 23 vor Art. 1 EU-ProspVO.
18 *Kullmann/Sester*, WM 2005, 1068, 1072.

Anders als bei Nachträgen nach § 16 WpPG gibt es dabei nicht die Merkmale der Wichtigkeit oder Wesentlichkeit.

Die Aufnahme solcher Informationen erfolgt vor Beginn des öffentlichen Angebots oder der Börsenzulassung in den endgültigen Bedingungen.

Nach dem Wortlaut unterscheidet der Verordnungsgeber nicht zwischen Informationsbestandteilen, die den Emittenten betreffen und solchen, die die Wertpapiere betreffen.

a) Angaben über den Emittenten

11 Rechtlich sprechen die folgenden Punkte gegen die Möglichkeit der späteren Aufnahme solcher nicht wesentlichen Informationen zum Emittenten in den endgültigen Bedingungen.

Die Informationen sind zwar zum Zeitpunkt der Billigung des Basisprospekts noch nicht bekannt, sehr wohl aber bei ihrem Eintritt und können damit „bestimmt" oder dargelegt werden und das unabhängig vom Zeitpunkt der jeweiligen Emission.

Art. 22 Abs. 4 der EU-ProspV enthält die entsprechende Klarstellung, dass die endgültigen Bedingungen nur Informationsbestandteile betreffen, die sich aus den verschiedenen Schemata für Wertpapierbeschreibungen ergeben.

Der Gesetzgeber hat mit dieser Regelung in Verbindung mit § 16 WpPG auf eine fortlaufende Aktualisierungsmöglichkeit für Prospekte verzichtet, was zu Lasten der Information des Anlegers wirkt. Andererseits wird so vermieden, dass der Anleger durch fortlaufende Ergänzungen, die nicht die Wichtigkeits- oder Wesentlichkeitsschwelle des § 16 WpPG erreichen, möglicherweise mehr Informationen erhält, als er letztlich benötigt, mit der Folge, dass wesentliche Informationen dadurch nicht mehr ausreichend zur Kenntnis genommen würden. Zugleich befreit diese Regelung auch den Emittenten von einer fortlaufenden Informationspflicht außerhalb von § 16 WpPG, soweit diese nicht über andere Gesetze gefordert wird.

b) Angaben zu den Wertpapieren

12 Angaben zu Informationsbestandteilen von Wertpapieren lassen sich abhängig von dem jeweiligen Papier und einem möglicherweise notwendigen Hedge erst unmittelbar vor Beginn eines öffentlichen Angebots oder der Valuta festlegen.

Sofern zum Zeitpunkt der Billigung Angaben zu Informationsbestanteilen aus den Schemata für Wertpapierbeschreibungen noch nicht feststehen und erst zum Zeitpunkt der Emission bestimmt werden können, werden sie in den endgültigen Bedingungen aufgenommen, nicht dagegen im Basisprospekt.

Je höher ein Wertpapier strukturiert ist, umso weniger können vor der genauen Festlegung der Struktur die Informationsbestandteile festgelegt und konkretisiert werden. Der Verordnungsgeber hat konsequenter Weise in

Art. 22 Abs. 4 EU-ProspV keine Einschränkungen vorgenommen, sondern über den Verweis auf die verschiedenen Schemata für Wertpapierbeschreibungen alle darin enthaltenen Informationsbestandteile zugelassen, wie z. B. Angaben über den Umfang der Emission, den Begebungstag, die Ausgestaltung des Wertpapiers sowie die sich aus der Ausgestaltung des Wertpapiers ergebenden spezifischen wirtschaftlichen Risiken und/oder wirtschaftlichen Merkmale.[19]

c) Sonstige Angaben
Zusätzlich hat ein Basisprospekt gem. Art. 22 EU-ProspV 13
- einen Hinweis auf die endgültigen Bedingungen
- die Beschreibung des Programms
- sowie die Art der Veröffentlichung für die endgültigen Bedingungen oder
- ist der Emittent im Zeitpunkt der Billigung des Prospekts hierzu nicht in der Lage, einen Hinweis, wie das Publikum über die Art, die für die Veröffentlichung der endgültigen Bedingungen verwendet werden soll, informiert wird

zu enthalten.

Gem. Art. 22 Abs. 6 EU-ProspV können nur die dort in Ziff. 1 bis 4 genannten Wertpapierkategorien Gegenstand eines Basisprospekts und seiner entsprechenden endgültigen Bedingungen sein.

Aus dem Wortlaut der Verordnung ergibt sich nicht zwingend, dass für jede der dort genannten Wertpapierkategorien ein gesonderter Basisprospekt zu erstellen ist, denn der Wortlaut „Gegenstand eines Basisprospekts" besagt nur, dass es möglich ist, einen Basisprospekt für diese Wertpapierkategorie zu erstellen. Der Verordnungsgeber hat mit diesem Wortlaut nicht festgelegt, dass jede dieser Wertpapierkategorien Gegenstand eines gesonderten oder eigenen Basisprospekts sein muss.

Art. 22 Abs. 6 Satz 2 EU-ProspV verlangt eine Trennung zwischen den spezifischen Angaben über die Wertpapiere, die in den verschiedenen Wertpapierkategorien enthalten sind.[20] Das Gebot der Trennung besagt aber nicht, dass dadurch die Darstellung in einem Dokument ausgeschlossen ist.[21] Eine solche Trennung kann z. B. durch eine entsprechende Gliederung und Überschriften herbeigeführt werden.

2. Anzuwendende Schemata bzw. Module bei Basisprospekten gemäß Art. 22 Abs. 3 EU-ProspV

Gem. Art. 22 Abs. 3 EU-ProspV muss ein Basisprospekt nach den Kombinationsmöglichkeiten im Sinne der Tabelle im Anh. XVIII zur EU-ProspV erstellt sein, sofern er die Arten der Wertpapiere umfasst, auf die die Kombi- 14

---
19 So auch *Kullmann/Sester*, WM 2005, 1068, 1072.
20 *Kullmann/Sester*, WM 2005, 1068, 1072.
21 *Seitz*, AG 2005, 678, 685.

nationsmöglichkeiten zutreffen. Für Wertpapiere, auf die die dort genannten Kombinationsmöglichkeiten nicht zutreffen, kann der Basisprospekt auch weitere Kombinationsmöglichkeiten verwenden.

Sofern für ein Wertpapier die vorhandenen Schemata und Module nicht geeignet sind, muss der Inhalt mit der zuständigen Behörde abgestimmt werden. Soweit aufgrund vorhandener Ähnlichkeiten irgend möglich ist bei der Festlegung des Inhalts auf vorhandene Schemata abzustellen.[22]

Mit diesen Vorgaben soll erreicht werden, dass der Prospekt eine umfassende und verständliche Beschreibung der Wertpapiere enthält.

IV. Aufmachung des Basisprospekts und seiner entsprechenden endgültigen Bedingungen gemäß Art. 26 EU-ProspV

15 Die Aufmachung eines Basisprospekts gem. Art. 26 Abs. 1 Ziff. 1 bis 4 EU-ProspV entspricht im Wesentlichen dem Aufbau und der Aufmachung, die auch für die anderen Prospektvarianten des WpPG gilt (vgl. Art. 25 EU-ProspV).[23]

Art. 26 Abs. 1 EU-ProspV regelt, wie der Basisprospekts aufzubauen ist und gibt damit die Reihenfolge der Informationsbestandteile vor. Auch durch Art. 26 Abs. 2 EU-ProspV hat der Gesetzgeber keine Wahlmöglichkeiten für diesen Teil des Aufbaus gegeben. Denn Art. 26 Abs. 2 EU-ProspV nimmt ausdrücklich die zwingende Reihenfolge von Abs. 1 aus, indem die in Abs. 2 normierten Wahlrechte vom Wortlaut („unbeschadet Abs. 1") ausdrücklich ausgenommen wurden.

- Der Basisprospekt muss somit gem. Art. 26 Abs. 1 Ziff. 1 EU-ProspV zunächst ein detailliertes Inhaltsverzeichnis enthalten.
- Es folgt die Zusammenfassung des Basisprospekts gem. Art. 26 Abs. 1 Ziff. 2 EU-ProspV.
- Anschließend sind gem. Art. 26 Abs. 1 Ziff. 3 EU-ProspV die Risikofaktoren, die mit dem Emittenten und der Art der Wertpapiere, die Bestandteile der Emission(en) ist, darzulegen.
- Erst daran anschließend folgen gem. Art. 26 Abs. 1 Ziff. 4 EU-ProspV die sonstigen Informationsbestandteile, die Gegenstand der Schemata und Module sind, auf deren Grundlage der Prospekt erstellt wird, also Angaben zum Emittenten und die Wertpapierbeschreibung.[24]

Bei den sonstigen Informationsbestandteilen, die Gegenstand der Schemata und Module sind, hat der Emittent, der Anbieter oder die Person, die die Zulassung zum Handel an einem geregelten Markt beantragt, gem. Art. 26 Abs. 2 EU-ProspV die Möglichkeit, von der Reihenfolge der Darstellung der erforderlichen Informationsbestandteile, die nach den Vorgaben der Sche-

---

22 Vgl. Erwägungsgrund 23 vor Art. 1 EU-ProspV.
23 *Seitz*, AG 2005, 678, 685.
24 *Seitz*, AG 2005, 678, 685.

mata und Module für die im Basisprospekt enthaltenen Wertpapiere aufzunehmen sind, abzuweichen.

Zu beachten ist zugleich, dass gem. Art. 26 Abs. 2 Satz 2 EU-ProspV die Angaben über die verschiedenen im Basisprospekt enthaltenen Wertpapiere klar zu trennen sind und ein Prospekt klar und verständlich abzufassen ist, wobei Wiederholungen insb. dann zu vermeiden sind, wenn sich der Prospekt aus mehreren Dokumenten zusammensetzt.[25]

Aus diesen verschiedenen Anforderungselementen ergibt sich der Rahmen, innerhalb dessen der Inhalt eines Prospekts in zulässiger Weise gestaltet werden kann. Entscheidend ist dabei immer, dass der Prospekt der Information der Anleger dient.

Das kann im Einzelfall dazu führen, dass Angaben getrennt werden und dabei Wiederholungen in Kauf genommen werden. Es kann aber, gerade wenn der Prospekt komplex strukturierte Wertpapiere enthält, die Lesbarkeit und Verständlichkeit erleichtern, wenn die Teile, die für alle Wertpapiere gelten, nicht für jedes Wertpapier wiederholt werden. Dies gilt sinngemäß auch für die Reihenfolge der Informationsbestandteile, wenn diese abweichend von den vorgegebenen Schemata und Modulen im Basisprospekt behandelt werden, um so auch hier Wiederholungen zu vermeiden oder die Verständlichkeit zu erhöhen.

Feststehende Regelungen kann es hier nicht geben, sondern die Entscheidung für den Aufbau sollte sich stets nach dem konkreten Prospekt und den darin dargestellten Wertpapieren richten.

V. Zusammenfassung gemäß Art. 25 Abs. 1 Ziff. 2 in Verbindung mit Art. 26 Abs. 6 EU-ProspV

In einem Basisprospekt darf gem. Art. 26 Abs. 6 EU-ProspV nur eine Zusammenfassung enthalten sein, auch wenn mehrere Wertpapierarten in einem Basisprospekt zusammengefasst werden.[26] Bezieht sich ein Basisprospekt auf verschiedene Wertpapiere, so muss sich die Zusammenfassung auf alle Wertpapiere beziehen. Die verschiedenen Wertpapiere sind klar voneinander zu trennen.[27] Die Zusammenfassung soll bei einem Prospekt nicht mehr als 2500 Wörter umfassen, um die Klarheit und allgemeine Verständlichkeit der Zusammenfassung zu sichern.[28] Sofern der Basisprospekt verschiedene Wertpapierarten, ggf. mit komplexen Strukturen enthält, wird es kaum möglich sein, alle für eine verständliche und klare Zusammenfassung erforderlichen Angaben über den Emittenten und die verschiedenen Wertpapierarten in nur 2500 Wörtern darzustellen. Insofern wird bei Basisprospekten die Anzahl der Wörter für die Zusammenfassung nicht ausreichen. Hier ist

16

---

25 Siehe Erwägungsgrund 4 vor Art. 1 EU-ProspV.
26 *Kunold/Schlitt*, BB 2004, 501, 506.
27 *Seitz*, AG 2005, 678, 685; *Kullmann/Sester*, WM 2005, 1068, 1072.
28 *Kullmann/Sester*, WM 2005, 1068, 1073.

auf die Lesbarkeit und Verständlichkeit sowie auf die Frage abzustellen, ob ein zusammengefasstes und trotzdem vollständiges Bild in der Zusammenfassung erreicht wird.[29] So auch, soweit bekannt, die Prüfungspraxis der BaFin.

VI. Aufstellung von Querverweisen gemäß Art. 26 Abs. 3 EU-ProspV

17 Da das Abweichen von der in den Schemata und Modulen vorgegebenen Reihenfolge zugleich den Prüfungsaufwand für die Vollständigkeit erhöht, hat der Verordnungsgeber für die Behörden die Möglichkeit geschaffen, sich die Vollständigkeit dadurch belegen zu lassen, dass eine Aufstellung von Querverweisen eingereicht wird, aus der sich ergibt, auf welchen Seiten im Prospekt die entsprechenden Angaben zu finden sind.

Der Verordnungsgeber verlangt lediglich, dass sich die Seiten des Prospektes, die die Angaben enthalten, ergeben müssen. Damit besteht die Möglichkeit, die konkreten Abschnittsbezeichnungen des Prospekts als Querverweis aufzunehmen und auf konkrete Seitenzahlen zu verzichten. Dies dürfte im Hinblick auf die Anforderung des detaillierten Inhaltsverzeichnisses gem. Art. 26 Abs. 1 Ziff. 1 EU-ProspV sinnvoller sein, da so sichergestellt wird, dass die Bezeichnung auch bei Seitenumbrüchen durch unterschiedliche Formate (z. B. word oder pdf.) korrekt sind und der prüfenden Behörde das Auffinden der entsprechenden Angaben ermöglichen.

VII. Einbeziehung von Angaben in einem Basisprospekt in Form von Verweisen gemäß Art. 26 Abs. 4 EU-ProspV

18 Die Einbeziehung von Angaben in Form von Verweisen ist bei Basisprospekten gem. Art. 26 Abs. 4 EU-ProspV möglich. So kann z. B. ein zuvor gebilligtes Registrierungsformular einbezogen werden.[30] Da jedoch das Registrierungsformular auch der Aktualisierungspflicht unterliegt, stellt sich die Frage, wie eine solche Einbeziehung gestaltet werden kann, da dynamische Verweise nach Ansicht der BaFin nicht zulässig sein sollen.[31] Es könnte evtl. die jeweilige Fassung des Registrierungsformulars angegeben werden. Probleme könnte es auch geben, wenn das Registrierungsformular von einer anderen Behörde gebilligt wurde. In diesem Fall könnte sich die billigende Behörde auf den Standpunkt stellen, dass sie den Prospekt als ganzes und damit auch das per Verweis einbezogene Dokument zu billigen und damit auch zu prüfen hätte. Das hätte zur Folge, dass bereits gebilligte Dokumente anderen und neuen Anforderungen unterworfen würden und möglicherweise sogar abgeändert werden müssten. Dies wird bei bereits gebilligten Dokumenten rechtlich in der Regel, wie z. B. bei Geschäftsabschlüssen, nicht

---

29 Vgl. *Kullmann/Sester*, WM 2005, 1068, 1073.
30 *Seitz*, AG 2005, 678, 685 f.
31 *Seitz*, AG 2005, 678, 686.

möglich sein. Die Tatsache, dass der Gesetzgeber trotzdem die Einbeziehung zugelassen hat, spricht gegen die erneute Prüfung solcher Dokumente.

In der Praxis sollten Zweifelsfälle mit der Billigungsbehörde abgestimmt werden.

VIII. Aufmachung der endgültigen Bedingungen gemäß Art. 26 Abs. 4 und 5 EU-ProspV

Zulässige Informationsbestandteile der endgültigen Bedingungen sind Angaben, die in den Schemata und Modulen verlangt werden. 19

Dies bedeutet jedoch nicht, dass diese Informationsbestandteile vollständig in den endgültigen Bedingungen aufzunehmen sind oder aufgenommen werden können. Vielmehr ergänzen die endgültigen Bedingungen die Angaben des Prospekts für das konkret zu begebende Wertpapier.

Der genaue Inhalt der endgültigen Bedingungen richtet sich nach den im Folgenden dargelegten Möglichkeiten des Art. 26 Abs. 5 EU-ProspV.

Es gibt gem. Art. 26 Abs. 5 EU-ProspV drei Möglichkeiten, die endgültigen Bedingungen darzustellen.

- Sie können als gesondertes Dokument erstellt werden, das neben den endgültigen Bedingungen noch weitere Informationen aus dem Basisprospekt enthält, wobei die endgültigen Bedingungen als solche erkennbar sein müssen.[32]
- Sie können durch Einfügung in den Basisprospekt dargestellt werden.[33]
- Sie können aber auch als gesondertes Dokument erstellt werden, dass nur diese Bedingungen enthält.[34] Diese Variante fand bisher typischerweise bei internationalen Emissionsprogrammen Anwendung.[35]

Entsprechend dieser Möglichkeiten ist der Inhalt der endgültigen Bedingungen zu gestalten. Bei den ersten beiden Möglichkeiten stehen die endgültigen Bedingungen dem Anleger zusammen mit dem bzw. im Basisprospekt zur Verfügung. Sie müssen daher gem. Art. 26 Abs. 5 EU-ProspV in diesen Fällen lediglich als endgültige Bedingungen kenntlich gemacht werden und es ist ein Hinweis aufzunehmen, dass die vollständigen Angaben über den Emittenten und das Angebot sich aus dem Basisprospekt und den endgültigen Bedingungen zusammen ergeben und an welcher Stelle der Basisprospekt verfügbar ist. Dem Hinweis auf die Verfügbarkeit des Basisprospekts kann in diesen Fällen nur klarstellende Bedeutung zukommen.

Gem. Art. 26 Abs. 5 EU-ProspV sind weitere Angaben nicht vorgesehen und würden eine unnötige Wiederholung bereits im Basisprospekt enthaltener Angaben darstellen. Deutlich wird die Einschränkung durch die ausdrückli-

---

[32] *Kullmann/Sester*, WM 2005, 1068, 1072.
[33] *Seitz*, AG 2005, 678, 686; *Kullmann/Sester*, WM 2005, 1068, 1072.
[34] *Seitz*, AG 2005, 678, 686; *Kullmann/Sester*, WM 2005, 1068, 1072.
[35] *Seitz*, AG 2005, 678, 686.

che Aufnahme eines Erlaubnistatbestandes nur für die Fälle, in denen die endgültigen Bedingungen als gesondertes Dokument dargestellt werden.

Sofern die endgültigen Bedingungen jedoch gem. Art. 26 Abs. 5 EU-ProspV als gesondertes Dokument dargestellt werden, das nur die Bedingungen des entsprechenden Wertpapiers enthält, auf das sie sich beziehen, können einige Angaben gem. den Schemata und Modulen aus dem Basisprospekt wiederholt werden. Der Verordnungsgeber räumt damit die Möglichkeit ein, die in den endgültigen Bedingungen dargestellten Informationsbestandteile in sich vollständig und zusammenhängend darzustellen, um die Verständlichkeit des Dokumentes für den Anleger zu gewährleisten. Durch die Formulierung, dass zusätzliche Angaben aufgenommen werden können, macht der Verordnungsgeber deutlich, dass er hier keine verpflichtenden Vorgaben machen will, sondern vielmehr sinnvolle Gestaltungsspielräume geschaffen hat, die den jeweiligen Besonderheiten des Einzelfalls Rechnung tragen. Die Grenzen werden bei diesen Gestaltungsspielräumen durch die allgemeinen Prospektgrundsätze der Verständlichkeit und Klarheit gesetzt.

IX. Nachtragspflicht gemäß § 6 Abs. 2 WpPG

20 Die Angaben des Basisprospekts sind erforderlichenfalls durch aktualisierte Angaben zum Emittenten und zu den Wertpapieren, die öffentlich angeboten oder zum Handel an einem organisierten Markt zugelassen werden sollen, nach Maßgabe des § 16 WpPG zu ergänzen.

Damit ist auch bei Basisprospekten der Maßstab für notwendige Nachträge der gleiche wie für die anderen Prospektformen nach dem WpPG.

Für Basisprospekte heißt das, dass eine Aktualisierung nur für wichtige neue Umstände oder wesentliche Unrichtigkeiten in Bezug auf die im Prospekt enthaltenen Angaben, die die Beurteilung der Wertpapiere beeinflussen könnten und die nach der Billigung des Prospekts und vor dem endgültigen Schluss des öffentlichen Angebots oder der Einführung oder Einbeziehung in den Handel auftreten oder festgestellt werden, in Form eines Nachtrags gem. § 16 WpPG erfolgen muss.[36] Für die Frage, was unter wichtigen Umständen zu verstehen ist, wird auf die Kommentierung zu § 16 WpPG und § 5 Abs. 1 Satz 1 WpPG verwiesen.

Eine Aktualisierung von nicht wichtigen Umständen oder einer nicht wesentlichen Unrichtigkeit in Bezug auf die im Prospekt enthaltenen Angaben wird auch für den Basisprospekt nicht verlangt und ist rechtlich problematisch (vgl. auch III. 1. a)).

Gem. § 16 Abs. 2 WpPG ist die Zusammenfassung eines Basisprospekts um die in einem Nachtrag enthaltenen Informationen zu ergänzen. Die Ausgestaltung einer solchen Ergänzung richtet sich nach Art. 26 Abs. 7 EU-ProspV, der sowohl die Aufnahme durch Erstellung einer neuen Zusammenfassung als auch einen Nachtrag zur Zusammenfassung zulässt.

---

36 Vgl. *Holzborn/Israel*, ZIP 2005, 1668, 1674.

Erfolgt die Aufnahme durch einen Nachtrag, wird durch die Formulierung des Nachtrags sichergestellt, dass der Anleger die Änderung der Information erkennen kann. Wird der Nachtrag dagegen in Form einer neuen Zusammenfassung erstellt, ist dies nicht gewährleistet. Insofern hat der Verordnungsgeber in diesen Fällen vorgeschrieben, dass die Änderungen in der Zusammenfassung leicht erkennbar sein müssen. Dies kann gem. Art. 26 Abs. 7 EU-ProspV durch Fußnoten geschehen, kann aber auch durch anderweitige Kennzeichnung erfolgen.

X. Bekanntmachung der endgültigen Bedingungen gemäß § 6 Abs. 3 WpPG

Es gibt mehrere Möglichkeiten, die endgültigen Bedingungen zu erstellen und zu veröffentlichen. So können sie gem. § 6 Abs. 3 WpPG im Basisprospekt oder in einen Nachtrag nach § 16 WpPG aufgenommen werden. Dies wird nur in seltenen Ausnahmefällen möglich sein, wenn eine Emission sofort mit Billigung des Basisprospekts oder eines Nachtrags erfolgen soll und tatsächlich alle Informationsbestandteile zu diesem Zeitpunkt bereits festgelegt werden können. 21

Die andere Möglichkeit besteht gem. § 6 Abs. 3 WpPG darin, dass der Anbieter oder Zulassungsantragsteller sie spätestens am Tag des öffentlichen Angebots in der in § 14 WpPG genannten Art und Weise veröffentlicht. Der Gesetzeswortlaut verlangt nicht, dass die Veröffentlichung der endgültigen Bedingungen in der gleichen Art und Weise zu erfolgen hat, wie der Basisprospekt selbst veröffentlicht wurde. Somit kann für die Veröffentlichung der endgültigen Bedingungen jeder der in § 14 WpPG genannten Möglichkeiten genutzt werden. Da § 6 Abs. 3 WpPG nur auf die in § 14 WpPG genannte Art und Weise der Veröffentlichung verweist und damit auf § 14 Abs. 2 WpPG, nicht dagegen pauschal auf § 14 WpPG, verlangt das Gesetz für die die endgültigen Bedingungen keine Hinweisbekanntmachung. Eine entsprechende Auslegung von § 6 Abs. 3 WpPG, dass bei endgültigen Bedingungen eine Hinweisbekanntmachung erforderlich wäre, wäre europarechtswidrig.[37] Auch unter dem Aspekt, dass die Hinweisbekanntmachung den potentiellen Anleger informieren soll, ist die Hinweisbekanntmachung entbehrlich. Weder weiß der potentielle Anleger an welchem Tag, noch in welcher Zeitung die Hinweisbekanntmachung geschaltet wird, so dass er schon aus praktischen Überlegungen heraus kaum versuchen wird, auf diesem Wege heraus zu finden, wo die endgültigen Bedingungen veröffentlicht werden.[38] Er wird, wenn er selbst einen Internetzugang hat, was heute die Regel sein dürfte, die Homepage des Emittenten befragen. Oder er wird schlicht seinen Anlageberater um die entsprechende Information bitten.

Im Ergebnis stellt sich die Hinweisbekanntmachung für endgültige Bedingungen lediglich als Kostenfaktor dar, den der Emittent bei seiner Preisge-

---

37 *Kullmann/Sester*, WM 2005, 1068, 1074.
38 Zum gleichen Ergebnis kommt *Kullmann/Sester*, WM 2005, 1068, 1074.

staltung berücksichtigen muss und der sich damit entweder zu lasten des Emittenten oder zu Lasten des Anlegers auswirkt.

Für die Praxisanforderungen seitens der BaFin sollte diese direkt kontaktiert werden.

Sofern der Basisprospekt jedoch außerhalb Deutschlands gebilligt wurde und die dortige Behörde keine Hinweisbekanntmachung verlangt, was zumindest für Luxemburg und London gilt, so braucht auch in Deutschland keine Hinweisbekanntmachung mehr geschaltet werden, weil die endgültigen Bedingungen dann nicht unter das WpPG fallen. Insofern entsteht hier auch noch eine zusätzliche Benachteiligung jener Emittenten und ggf. ihrer Anleger, die den Finanzplatz Deutschland stärken und damit nutzen wollen oder nutzen müssen.

Eine Ausnahme zum Zeitpunkt der Veröffentlichung der endgültigen Bedingungen hat der Gesetzgeber für den Fall aufgenommen, dass eine fristgerechte Veröffentlichung oder Hinterlegung aus praktischen Gründen nicht durchführbar ist. Darüber hinaus ist sie unverzüglich nachzuholen und unterliegt den Maßgaben des § 8 Abs. 1 Satz 1 und 2 WpPG.

Aus Anlegergesichtspunkten ist diese Ausnahme eng auszulegen. Es kann sich daher nur um Gründe handeln, auf die der Anbieter oder Zulassungsantragsteller keinen Einfluss hat.[39]

ARTIKEL 22
In einen Basisprospekt aufzunehmende Mindestangaben und seine dazugehörigen endgültigen Bedingungen

(1) Ein Basisprospekt wird erstellt, indem auf ein Schema bzw. Modul oder aber die Kombinationsmöglichkeiten zwischen ihnen zurückgegriffen wird, die in den Artikeln 4 bis 20 vorgesehen sind. Dabei sind die in Anhang XVIII festgelegten Kombinationsmöglichkeiten zwischen den verschiedenen Arten von Wertpapieren zugrunde zu legen.

Ein Basisprospekt enthält die in den Anhängen I bis XVII genannten, Informationsbestandteile. Diese richten sich nach der An des jeweiligen Emittenten und der Art der jeweiligen Wertpapiere, so wie sie in den Schemata und Modulen von Artikel 4 bis 20 genannt werden. Die zuständigen Behörden sollen für den Basisprospekt keine Angaben verlangen, die nicht in den in den Anhängen I bis XVII genannten Informationsbestandteilen enthalten sind.

Um die Einhaltung der in Artikel 5 Absatz 1 der Richtlinie 2003/71/EG genannten Verpflichtung zu gewährleisten. kann die zuständige Behörde des Herkunftsmitgliedstaats im Zuge der Billigung eines Basisprospekts im Sinne von Artikel 13 dieser Richtlinie im Einzelfall fordern, dass die vom

---

[39] *Groß*, KapMR, § 6 Rn 9.

Emittenten, vom Anbieter oder von der Person, die die Zulassung zum Handel auf einem geregelten Markt beantragt, beigebrachten Angaben für jeden dieser Informationsbestandteile ergänzt werden.

(2) Der Emittent, der Anbieter oder die Person, die die Zulassung zum Handel auf einem geregelten Markt beantragt, kann auf die Angabe von Informationsbestandteilen verzichten, die zum Zeitpunkt der Billigung des Basisprospekts nicht bekannt sind und die erst zum Zeitpunkt der jeweiligen Emission bestimmt werden können.

(3) Die Verwendung der Kombinationsmöglichkeiten im Sinne der Tabelle in Anhang XVIII ist für die Erstellung von Basisprospekten verbindlich, die die Arten von Wertpapieren betreffen, auf die die Kombinationen im Sinne dieser Tabelle zutreffen.

Demgegenüber können für Wertpapiere, auf die diese Kombinationsmöglichkeiten nicht zutreffen, weitere Kombinationsmöglichkeiten verwendet werden.

(4) Die endgültigen Bedingungen, die einem Basisprospekt angefügt sind, enthalten lediglich die Informationsbestandteile, die sich aus den verschiedenen Schemata für Wertpapierbeschreibungen ergeben, gemäß derer der Basisprospekt erstellt wird.

(5) Zusätzlich zu den Angaben, die in den Schemata und Modulen genannt werden, auf die in Artikel 4 bis 20 verwiesen wird, sind folgende Angaben in einen Basisprospekt aufzunehmen:

1. Hinweis auf die Angaben, die in die endgültigen Bedingungen aufzunehmen sind;

2. Art der Veröffentlichung für die endgültigen Bedingungen. Ist der Emittent zum Zeitpunkt der Billigung des Prospekts nicht in der Lage, die Art der Veröffentlichung für die endgültigen Bedingungen zu nennen, so ist ein Hinweis aufzunehmen, wie das Publikum über die Art, die für die Veröffentlichung der endgültigen Bedingungen verwendet werden soll, informiert wird;

3. im Falle der Emission von Nichtdividendenwerten im Sinne von Artikel 5 Absatz 4 Buchstabe a der Richtlinie 2003/71/EG eine allgemeine Beschreibung des Programms.

(6) Lediglich die nachfolgend genannten Wertpapierkategorien können Gegenstand eines Basisprospekts und seiner entsprechenden endgültigen Bedingungen sein, die die Emission von verschiedenen Alten von Wertpapieren abdecken:

1. „Asset backed securities" (ABS);

2. Optionsscheine im Sinne von Artikel 17;

3. Nichtdividendenwerte im Sinne von Artikel 5 Absatz 4 Buchstabe b der Richtlinie 2003/71/EG;

4. alle sonstigen Nichtdividendenwerte, einschließlich Optionsscheine, mit Ausnahme jener, die unter Nummer 2) genannt werden.

Bei der Erstellung eines Basisprospekts wird der Emittent, der Anbieter oder die Person, die die Zulassung zum Handel auf einem geregelten Markt beantragt, eine klare Trennung zwischen den spezifischen Angaben über die verschiedenen Wertpapiere vornehmen, die in diesen Kategorien enthalten sind.

(7)Tritt ein in Artikel 16 Absatz 1 der Richtlinie 2003/71/EG genannter Fall in dem Zeitraum zwischen dem Zeitpunkt der Billigung des Basisprospekts und dem endgültigen Abschluss des Angebots für eine Wertpapieremission im Rahmen des Basisprospekts bzw. dem Zeitpunkt ein, an dem der Handel mit den Wertpapieren auf einem geregelten Markt beginnt, so hat der Emittent, der Anbieter oder die Person, die die Zulassung zum Handel auf einem geregelten Markt beantragt, einen Nachtrag zum Prospekt vor dem endgültigen Abschluss des Angebots oder der Zulassung dieser Wertpapiere zum Handel zu veröffentlichen.

ARTICLE 22
Minimum information to be included in a base prospectus and its related final terms

(1) A base prospectus shall be drawn up by using one or a combination of schedules and building blocks provided for in Articles 4 to 20 according to the combinations for various types of securities set out in Annex XVIII.

A base prospectus shall contain the information items required in Annexes I to XVII depending on the type of issuer and securities involved, provided for in the schedules and building blocks set out in Articles 4 to 20. A competent authority shall not request that a base prospectus contains information items which are not included in Annexes I to XVII.

In order to ensure conformity with the obligation referred to in Article 5(1) of Directive 2003/71/EC, the competent authority of the home Member State, when approving a base prospectus in accordance with Article 13 of that Directive, may require that the information provided by the issuer, the offeror or the person asking for admission to trading on a regulated market be completed, for each of the information items, on a case by case basis.

(2) The method of publication of the final terms; if the issuer is not in a position to determine, at the time of the approval of the prospectus, the method of publication of the final terms, an indication of how the public will be informed about which method will be used for the publication of the final terms;

(3) The use of the combinations provided for in the table in Annex XVIII shall be mandatory when drawing up base prospectuses for the types of securities to which those combinations correspond according to this table.

(4) The final terms attached to a base prospectus shall only contain the information items from the various securities note schedules according to which the base prospectus is drawn up.

(5) In addition to the information items set out in the schedules and building blocks referred to in Articles 4 to 20 the following information shall be included in a base prospectus:

1. indication on the information that will be included in the final terms;
2. the method of publication of the final terms; if the issuer is not in a position to determine, at the time of the approval of the prospectus, the method of publica-

tion of the final terms, an indication of how the public will be informed about which method will be used for the publication of the final terms;

3. in the case of issues of non equity securities according to point (a) of Article 5(4) of Directive 2003/71/EC, a general description of the programme.

(6) Only the following categories of securities may be contained in a base prospectus and its related final terms covering issues of various types of securities:

1. asset backed securities;
2. warrants falling under Article 17;
3. non-equity securities provided for under point (b) of Article 5(4) of Directive 2003/71/EC;
4. all other non-equity securities including warrants with the exception of those mentioned in (2).

In drawing up a base prospectus the issuer, the offeror or the person asking for admission to trading on a regulated market shall clearly segregate the specific information on each of the different securities included in these categories.

(7) Where an event envisaged under Article 16(1) of Directive 2003/71/EC occurs between the time that the base prospectus has been approved and the final closing of the offer of each issue of securities under the base prospectus or, as the case may be, the time that trading on a regulated market of those securities begins, the issuer, the offeror or the person asking for admission to trading on a regulated market shall publish a supplement prior to the final closing of the offer or the admission of those securities to trading.

Art. 22 EU-ProspV regelt die in einen Basisprospekt aufzunehmenden Mindestangaben und seine dazugehörigen endgültigen Bedingungen. Er ist im Zusammenhang mit Art. 26 EU-ProspV und § 6 WpPG zu lesen. Die Kommentierungen dieser beiden Artikel findet sich zusammenhängend in der Kommentierung zu § 6 WpPG.

ARTIKEL 26
Aufmachung des Basisprospekts und seiner entsprechenden endgültigen Bedingungen

(1) Entscheidet sich ein Emittent, ein Anbieter oder eine Person, die die Zulassung zum Handel auf einem geregelten Markt beantragt hat dazu, im Sinne von Artikel 5 Absatz 4 der Richtlinie 2003/71/EG den Prospekt als einen Basisprospekt zu erstellen, so ist der Basisprospekt wie folgt aufzubauen:

1. klares und detailliertes Inhaltsverzeichnis;
2. Zusammenfassung im Sinne von Artikel 5 Absatz 2 der Richtlinie 2003/71/EG;
3. Angabe der Risikofaktoren. die mit dem Eminenten und der Art des Wertpapiers, das Bestandteil der Emission(en)ist, verbunden sind;
4. Angabe der sonstigen Informationsbestandteile, die Gegenstand der Schemata und Module sind, auf deren Grundlage der Prospekt erstellt wurde.

(2) Unbeschadet Absatz 1 steht es dem Emittenten, dem Anbieter oder der Person, die die Zulassung zum Handel auf einem geregelten Markt beantragt, frei, die Reihenfolge der Darstellung der erforderlichen Informationsbestandteile festzulegen, die Gegenstand der Schemata und Module sind, auf deren Grundlage der Prospekt erstellt wurde. Die Angaben über die verschiedenen im Basisprospekt enthaltenen Wertpapiere sind klar zu trennen.

(3) Stimmt die Reihenfolge der Informationsbestandteile nicht mir derjenigen überein, die in den Schemata und Modulen genannt wird, auf deren Grundlage der Prospekt erstellt wurde, so kann die zuständige Behörde des Herkunftsmitgliedstaates den Emittenten, den Anbieter oder die Person, die die Zulassung zum Handel auf einem geregelten Markt beantragt hat, bitten, eine Aufstellung von Querverweisen für die Prüfung des Prospekts vor seiner Billigung zu erstellen. In einer solchen Liste sind die Seiten zu nennen, auf denen die jeweiligen Angaben im Prospekt gefunden werden können.

(4) Für den Fall, dass der Emittent, der Anbieter oder die Person, die die Zulassung zum Handel auf einem geregelten Markt beantragt hat, zu einem früheren Zeitpunkt bereits ein Registrierungsformular für eine bestimmte Wertpapierart hinterlegt hat, zu einem späteren Zeitpunkt aber beschließt, einen Basisprospekt gemäß den Bedingungen von Artikel 5 Absatz 4 Buchstaben a und b der Richtlinie 2003/71/EG zu erstellen, muss der Basisprospekt Folgendes enthalten:

1. die Angaben, die im zuvor oder gleichzeitig eingereichten und gebilligten Registrierungsformular enthalten sind, sind per Verweis gemäß den Bedingungen in Artikel 28 dieser Verordnung aufzunehmen;

2. die Angaben, die ansonsten in der entsprechenden Wertpapierbeschreibung enthalten wären, sind ohne die endgültigen Bedingungen wieder zu geben, sofern letztere nicht Gegenstand des Basisprospekts sind.

(5) Die endgültigen Bedingungen zum Basisprospekt sind in Form eines gesonderten Dokuments, das lediglich die endgültigen Bedingungen enthält, oder durch Einfügung der endgültigen Bedingungen in den Basisprospekt darzustellen.

Für den Fall, dass die endgültigen Bedingungen Gegenstand eines gesonderten Dokuments sind, das nur diese Bedingungen enthält, können einige Angaben wiederholt werden, die bereits Gegenstand des gebilligten Basisprospekts sind und die gemäß dem für die entsprechende Wertpapierbeschreibung bei der Erstellung des Basisprospekts zugrunde liegenden Schema aufgenommen wurden. In diesem Falle sind die endgültigen Bedingungen so darzustellen, dass sie leicht als solche erkennbar sind.

In die endgültigen Bedingungen ist auch eine klare und hervorgehobene Erklärung aufzunehmen, die darauf hinweist, dass die vollständigen Angaben über den Emittenten und das Angebot sich aus dem Basisprospekt und den endgültigen Bedingungen zusammen ergeben und wo der Basisprospekt verfügbar ist.

(6) Bezieht sich ein Basisprospekt auf verschiedene Wertpapiere, so hat der Emittent, der Anbieter oder die Person, die die Zulassung zum Handel auf einem geregelten Markt beantragt hat, eine einzige Zusammenfassung für sämtliche Wertpapiere in den Basisprospekt aufzunehmen. Die Angaben zu den verschiedenen Wertpapieren, die in dieser einzigen Zusammenfassung enthalten sind, sind jedoch klar voneinander zu trennen.

(7) Ist die Zusammenfassung eines Basisprospekts im Sinne von Artikel 16 Absatz 1 der Richtlinie 2003/71/EG zu ergänzen, so kann der Emittent, der Anbieter oder die Person, die die Zulassung zum Handel auf einem geregelten Markt beantragt, in Einzelfällen entscheiden, ob die neuen Angaben in die ursprüngliche Zusammenfassung aufgenommen werden, indem eine neue Zusammenfassung erstellt wird, oder ob ein Nachtrag zur Zusammenfassung erstellt wird.

Werden die neuen Angaben in die ursprüngliche Zusammenfassung des Basisprospekts aufgenommen, indem eine neue Zusammenfassung erstellt wird, haben der Emittent, der Anbietet oder die Person, die die Zulassung zum Handel auf einem geregelten Markt beantragt, insbesondere mittels Fußnoten sicherzustellen, dass die Anleger die Änderungen leicht erkennen können.

(8) Emittenten, Anbieter oder Personen, die die Zulassung zum Handel auf einem geregelten Markt beantragen, können zwei oder mehrere verschiedene Basisprospekte in einem einzigen Dokument zusammenfassen.

ARTICLE 26
Format of the base prospectus and its related final terms

(1) Where an issuer, an offeror or a person asking for the admission to trading on a regulated market chooses, according to Article 5 (4) of Directive 2003/71/EC to draw up a base prospectus, the base prospectus shall be composed of the following parts in the following order:

1. a clear and detailed table of contents;
2. the summary provided for in Article 5 (2) of Directive 2003/71/EC;
3. the risk factors linked to the issuer and the type of security or securities covered by the issue(s);
4. the other information items included in the schedules and building blocks according to which the prospectus is drawn up

(2) Notwithstanding paragraph 1, the issuer, the offeror or the person asking for admission to trading on a regulated market shall be free in defining the order in the presentation of the required information items included in the schedules and building blocks according to which the prospectus is drawn up. The information on the different securities contained in the base prospectus shall be clearly segregated.

(3) Where the order of the items does not coincide with the order of the information provided for by the schedules and building blocks according to which the prospectus is drawn up, the home competent authority may ask the issuer, the offeror or the person asking for admission to trading on a regulated market to provide a cross reference list for the purpose of checking the prospectus before its approval. Such list should identify the pages where each item can be found in the prospectus.

(4) In case the issuer, the offeror or the person asking for admission to trading on a regulated market has previously filed a registration document for a particular type of security and, at a later stage, chooses to draw up base prospectus in conformity with the conditions provided for in points (a) and (b) of Article 5(4) of Directive 2003/71/EC, the base prospectus shall contain:

1. the information contained in the previously or simultaneously filed and approved registration document which shall be incorporated by reference, following the conditions provided for in Article 28 of this Regulation;
2. the information which would otherwise be contained in the relevant securities note less the final terms where the final terms are not included in the base prospectus.

(5) The final terms attached to a base prospectus shall be presented in the form of a separate document containing only the final terms or by inclusion of the final terms into the base prospectus.

In the case that the final terms are included in a separate document containing only the final terms, they may replicate some information which has been included in the approved base prospectus according to the relevant securities note schedule that has been used for drawing up the base prospectus. In this case the final terms have to be presented in such a way that they can be easily identified as such.

A clear and prominent statement shall be inserted in the final terms indicating that the full information on the issuer and on the offer is only available on the basis of the combination of base prospectus and final terms and where the base prospectus is available.

(6) Where a base prospectus relates to different securities, the issuer, the offeror or the person asking for admission to trading on a regulated market shall include a single summary in the base prospectus for all securities. The information on the different securities contained in the summary, however, shall be clearly segregated.

(7) Where the summary of a base prospectus must be supplemented according to Article 16(1) of Directive 2003/71/EC, the issuer, the offeror or the person asking for admission to trading on a regulated market shall decide on a case-by-case basis whether to integrate the new information in the original summary by producing a new summary, or by producing a supplement to the summary.

If the new information is integrated in the original summary of the base prospectus by producing a new summary, the issuer, the offeror or the person asking for admission to trading on a regulated market shall ensure that investors can easily identify the changes, in particular by way of footnotes.

(8) Issuers, offerors or persons asking for admission to trading on a regulated market may compile in one single document two or more different base prospectuses.

Art. 26 EU-ProspV regelt die Aufmachung des Basisprospektes und seiner entsprechenden endgültigen Bedingungen. Er ist im Zusammenhang mit Art. 22 EU-ProspV und § 6 WpPG zu lesen. Die Kommentierungen dieser beiden Artikel findet sich zusammenhängend in der Kommentierung zu § 6 WpPG.

§ 7
Mindestangaben

Die Mindestangaben, die in einen Prospekt aufzunehmen sind, bestimmen sich nach der Verordnung (EG) Nr. 809/2004 der Kommission vom 29. April 2004 zur Umsetzung der Richtlinie 2003/71/EG des Europäischen Parlaments und des Rates betreffend die in Prospekten enthaltenen Informationen sowie das Format, die Aufnahme von Informationen mittels Verweis und die Veröffentlichung solcher Prospekte und die Verbreitung von Werbung (ABl. EU Nr. L 149 S. 1, Nr. L 215 S. 3).

Inhalt

	Rn.		Rn.
I. Allgemeines	1	II. Mindestangaben	3

I. Allgemeines

§ 7 WpPG baut auf der Generalnorm des § 5 Abs. 1 WpPG auf und regelt grundlegend, dass zum einen jeder Prospekt Mindestangaben beinhalten muss und zum anderen welche solche erforderlichen Angaben sind, damit ein Prospekt die inhaltlichen Mindestanforderungen erfüllt, um dem Publikum eine zutreffend umfassende Beurteilung des Emittenten und der Wertpapiere i.S.d. § 5 Abs. 1 Satz 1 WpPG zu ermöglichen. Ohne weitere Regelungen zu treffen, verweist hierzu § 7 WpPG nur klarstellend auf die EU-ProspV, die bereits gem. Art. 249 EG (früher Art. 189 EGV) allgemein verbindliche und unmittelbare Geltung hat. Sie wirkt seit dem 01.07.2005 (Art. 36 EU-ProspV), ohne dass es weiterer Umsetzung in innerstaatliches Recht bedurfte.[1] § 7 WpPG i.V.m. EU-ProspV stellt die zentrale Gestaltungsgrundlage für die Prospekterstellung dar, indem sie detailliert die Gliederung bzw. den Mindestinhalt von Prospekten regeln. Ihre europaweit unmittelbare Geltungswirkung soll eine weitgehende Vereinheitlichung von Wertpapierprospekten unterstützen. 1

Mit § 7 WpPG folgt der nationale Gesetzgeber dem Aufbau der EU-ProspRL, die in Art. 7 die Vorgabe sowohl für § 7 WpPG als auch die EU-ProspV bietet. Die EU-ProspRL aber vor allem auch die EU-ProspV sind im seit 2002 eingeführten sog. Lamfalussy-Verfahren[2] ergangen,[3] welches das bisherige Rechtssetzungsverfahren in Form von gleichberechtigter Mitentscheidung des Ministerrats und des Europäischen Parlaments, beruhend auf Vorschlag der Kommission (Art. 251 EG, früher Art. 189b EGV), im Bereich der Wertpapierregulierung durch ein vierstufiges Rechtssetzungsverfahren ersetzt. Danach treffen auf der ersten Stufe die Mitgliedstaaten (ECOFIN-Rat) und das Europäische Parlament grundsätzliche politische Rahmenentscheidun- 2

---

[1] Vgl. auch RegBegr. EU-ProspRL-UmsetzungsG, BT-Drucks. 15/4999, 525.
[2] Eingehend zum Lamfalussy-Verfahren: *Claßen/Heegemann*, Kreditwesen 2003, 1200 ff.
[3] *Röhrborn*, in: Heidel AktG § 5 WpPG Rn. 1.

gen und definieren die Reichweite von Durchführungsbefugnissen. Dies geschah im Prospektrecht mit der EU-ProspRL (EG 809/2004).[4] In der zweiten Stufe werden die Rahmengesetze der ersten Stufe durch Umsetzungsvorschriften präzisiert. Hierzu arbeitet die Kommission mit dem speziell einberufenen Ausschuss der Europäischen Wertpapierregulierungsbehörden (CESR) und dem Europäischen Wertpapierausschuss (ESC), dem auch Vertreter nationaler Regierungen angehören, zusammen. Konkret schlägt die Kommission nach Beratung durch CESR Maßnahmen vor, über die der ESC abstimmt; erlassen wird die Maßnahme schließlich von der Kommission.[5] Auf dieser Gesetzgebungsstufe wurde die EU-ProspV verabschiedet. Auf Stufe 3 erarbeitete CESR einheitliche Leitlinien und Empfehlungen zur nationalen Umsetzung der europäischen Vorgaben. Dadurch soll eine einheitliche Interpretation und Anwendung der Vorschriften durch Abstimmung und Zusammenarbeit der nationalen Regulierungsbehörden – in Deutschland die BaFin – gewährleistet werden. Zu der EU-ProspV ist Anfang 2005 der Empfehlungskatalog CESR/05-054b und das CESR Dokument bezüglich der sog. „Complex Financial History"[6] herausgegeben worden.[7] Dieser gibt zu einigen ausgewählten Punkten der Anhänge der EU-ProspV eine in englischer Sprache verfasste Interpretationshilfe, die sich zwar vorrangig an die Mitglieder von CESR richtet, dem Prospektersteller aber ebenso als Interpretationsanleitung dienlich sein kann. Schließlich sieht das Lamfalussy-Verfahren auf Stufe 4 vor, dass die Kommission die korrekte und fristgerechte Umsetzung der EU-Vorschriften in nationales Recht überprüft. Die Kernumsetzung der EU-ProspRL wurde im WpPG vorgenommen.

II. Mindestangaben

3 Sinn und Zweck der Regelung eines Mindestinhalts eröffnet sich vor dem Hintergrund des in § 5 Abs. 1 WpPG verankerten und dort bereits angesprochenen Gebots der Prospektvollständigkeit (§ 5 Rn. 4 ff.). Damit ein Prospekt im Einzelfall sämtliche erforderliche Angaben i. S. d. § 5 Abs. 1 WpPG beinhaltet, bietet § 7 WpPG i.V. m. EU-ProspV einen richtungsweisenden Inhaltsmaßstab. Die Erfüllung des gesetzlichen Inhaltskatalogs schafft eine Vermutung, dass der Prospekt i. d. R. vollständig ist und insb. der Billigungsprüfung der BaFin standhalten wird. Denn die BaFin darf gem. Art. 3 Unterabs. 2 Satz 2 EU-ProspV keine über die in der EU-ProspV enthaltenen Informationsbestandteile hinausgehenden Angaben verlangen, sondern höchstens eine Konkretisierung bzw. Detaillierung von vorgegebenen Bestandteilen (siehe § 21 Abs. 1 WpPG). Davon zu unterscheiden ist zwar die Frage, ob ein

---

4 Zur Entstehungsgeschichte der EU-ProspRL *Crüwell*, AG 2003, 243f.; *Holzborn/Schwarz-Gondek*, BKR 2003, 927f.
5 Vgl. v. *Kopp-Colomb/Lenz*, AG 2002, 24, 25f.
6 *CESR*, technichal advice complex financial history, Ref.: CESR/05-428; vgl. auch *Röhrborn*, in: Heidel, AktG, § 7 WpPG Rn. 2.
7 *CESR*, recommendations, CESR/05-230b, abrufbar auf www.cesr-eu.org unter der Rubrik Documents/Standards, Recommendations & Guidelines.

als vollständig gebilligter Prospekt zugleich auch die Vollständigkeit des Prospekts aus haftungsrechtlicher Sicht in gleichem Umfang erfüllt.[8] Aber auch in diesem Zusammenhang bieten die Vorgaben der EU-ProspV zunächst einen allgemein verlässlichen Indikator.

Unabhängig davon, ob man nun im Einzelnen die Vollständigkeit eines Prospekts aus dem Blickwinkel des Billigungsverfahrens bei der BaFin und/oder aus einem haftungsrechtlichen betrachtet, kann die Beurteilung der Vollständigkeit des Prospekts jedoch durch alleinige Erfüllung der Vorgaben der EU-ProspV nicht unreflektiert erfolgen. So ist einerseits der Fall zu erwägen, dass ein Prospekt vollständig ist, ohne dass er sämtliche in § 7 WpPG i.V.m. EU-ProspV genannten Angaben erhält. Dies kann zum einen daran liegen, dass die in einem Schema und Modul geforderten Informationsbestandteile auf Grund der Beschaffenheit der betreffenden Wertpapiere nicht relevant sind oder tatbestandlich nicht erfüllt werden können (z.B. Emittent verfügt über keine Forschung und Entwicklung, Patente oder Lizenzen) und folglich im Prospekt nicht umsetzbar sind. Daher kann der Emittent auf solche Angaben verzichten.[9] Regelmäßig werden diesbezüglich jedoch Erklärungen bzw. Negativtestate angezeigt sein, um klarzustellen, dass eine Fehlanzeige vorliegt. Weiterhin besteht auf der Basis des Erwägungsgrundes 24 der EU-ProspV[10] die Möglichkeit, von der Einbringung bestimmter Angaben befreit zu werden. Dies regelt § 8 WpPG näher (vgl. dort). Eine in der hier genannten Art bedingt fehlende Angabe kann im Prospekt durch eine auf diese Umstände hinweisende Leermeldung bzw. Erklärung oder Negativtestat im Prospekt aufgenommen werden.[11] Zum einen enthalten Leermeldungen eigene inhaltliche Aussagekraft und dienen zum anderen zur formellen Klarstellung eines vollständigen Prospektaufbaus. Von ihrer Häufigkeit im Einzelfall abhängig, sollten dann die Leermeldungen entweder als Erklärung in den Kontext aufgenommen oder zusammenfassend als Negativteste platziert werden, um den Prospekt übersichtlich zu gestalten. In jedem Fall sind sie in der Überkreuzcheckliste zu berücksichtigen. Obwohl die Aufnahme von Fehlmeldungen gesetzlich nicht zwingend erforderlich ist, wird sie häufig von der BaFin erwartet.

Ferner ist das Fehlen von einzelnen Angaben – auch wenn es sich bei diesen verallgemeinernd um Mindestangaben handelt, die auch als „notwendige",

---

8 So auch zur früheren Rechtslage *Assmann*, in: Assmann/Lenz/Ritz, VerkProspG, § 13 Rn. 18f.; *Reinbeck*, in: Heidel, AktG § 5 WpPG Rn. 8.
9 Vgl. Erwägungsgrund 24 der EU-ProspV. Ebenso *Groß*, KapMR, § 7 WpPG Rn. 3. Zum alten Recht *Assmann*, in: Assmann/Lenz/Ritz, VerkProspG, § 13 Rn. 26.
10 Ausnahme in Art. 23 Abs. 1 Unterabs. 1 Satz 1 EU-ProspV für Emittenten, deren Tätigkeit unter die Kategorien in Anh. XIX EU-ProspV (z.B. junge Unternehmen) fällt.
11 Dafür *Groß*, KapMR, §§ 44, 45 BörsG Rn. 46 zum § 7 WpPG, einschränkend zu § 8 Abs. 2 Nr. 1 und 2 WpPG. A.A. *Hamann*, in: Schäfer/Hamann, § 44, 45 BörsG Rn. 151 unter Einbeziehung von § 7 WpPG. Hiernach sei die Gefahr zu erheblich, der Prospekt könnte durch Fehlanzeigen verwirrend überlastet werden und für das Billigungsverfahren seien Fehlanzeigen nicht erforderlich, da die BaFin bei abweichender Reihenfolge von Prospektangaben auf eine Aufstellung von Querverweisen zurückgreifen könne.

"wesentliche" oder "erhebliche" Angaben bezeichnet werden können[12] – nicht automatisch und ausschließlich geeignet, eine inhaltliche Unvollständigkeit des Prospekts zu begründen. Unterbleibt eine bestimmte Inhaltsangabe, so ist ein mit nicht allen vorgegebenen Angaben vorgelegter Prospekt formal gesehen zwar unvollständig. Der Prospekt kann aber material "vollständig" i.S.d. § 5 Abs. 1 WpPG sein, ohne dass er alle durch die EU-ProspV vorgegebenen Angaben enthält.[13] Dies z.B., wenn sich eine fehlende Angabe aus anderen vorhandenen Angaben erschließt oder wenn einzelne Angaben für sich betrachtet für den Gesamtprospekt nicht als notwendig, mit anderen Worten nicht als wesentlich zu bezeichnen sind.

Andererseits schließt die Pflicht zur Erteilung der Mindestangaben nicht die Aufnahme weiterer Angaben im Prospekt aus. Zunächst besagt Erwägungsgrund 5 der EU-ProspV dazu, dass in einem Prospekt oder Basisprospekt zusätzliche Informationen gegeben werden können, die über die in den Schemata und Modulen genannten Informationsbestandteile hinausgehen dürfen. Solche Angaben sollten der Art des Wertpapiers oder des betreffenden Emittenten angemessen sein. Dies können also Angaben sein, die über das Vollständigkeitskriterium hinausgehen, d.h. zusätzliche freiwillige Angaben, die zur Vollständigkeit nicht zwingend erforderlich sind.

Es kann aber auch erforderlich sein, zu den Mindestangaben weitere Angaben aufzunehmen, um ein für den Anleger zutreffendes Bild über den Emittent oder die Wertpapiere bieten zu können, der Prospekt also "vollständig" im Haftungssinne ist.[14] Zwar indiziert das Entsprechen des in den Bestimmungen und Anhängen der EU-ProspV enthaltenen Inhaltskatalogs regelmäßig die Vollständigkeit.[15] Die gesetzgeberische Bezeichnung von *Mindest*angaben verdeutlicht aber bereits, dass es sich nur um die geringsten zu machenden Anforderungen handelt. Liest man dies mit der Generalnorm des § 5 Abs. 1 WpPG zusammen, wird deutlich, dass Mindestangaben nicht immer geeignet sein werden, um sämtliche Informationen zu enthalten, die im Hinblick auf den Emittenten und die öffentlich angebotenen oder zum Handel an einem organisierten Markt zugelassenen Wertpapiere notwendig sind, um dem Publikum ein zutreffendes Urteil über die Vermögenswerte und Verbindlichkeiten, die Finanzlage, die Gewinne und Verluste, die Zukunftsaussichten des Emittenten und jedes Garantiegebers sowie über die mit diesen Wertpapieren verbundenen Rechte zu ermöglichen.[16]

Die materielle Vollständigkeit zu beurteilen obliegt im Einzelfall vorrangig dem Prospektersteller und hat unter Berücksichtigung aller Umstände zu erfolgen. Die Rolle der BaFin ist – gemessen an ihrem Prüfungsauftrag und der tatsächlichen Prüfungsfähigkeit[17] – in diesem Zusammenhang untergeordneter Natur. Dabei kann sie zwar, um die Einhaltung der in § 5 Abs. 1 WpPG

---

12 *Schwark*, in: Schwark, KapMRK, § 45 Rn. 24.
13 So auch zum § 7 WpPG *Hamann*, in: Schäfer/Hamann, KapMG, §§ 44, 45 BörsG Rn. 151.
14 Zur Vollständigkeit siehe §§ 44 ff. BörsG Rn. 65 ff.
15 So auch *Groß*, KapMR, WpPG, § 7 Rn. 2.
16 *Groß*, KapMR, § 7 WpPG Rn. 4; *Reinbeck*, in: Heidel, AktG, § 5 WpPG Rn. 13 f.
17 Zum Prüfungsumfang formelle Vollständigkeit und Kohärenz siehe § 13 Rn. 19 ff.

genannten Anforderungen sicherzustellen, im Rahmen des Billigungsverfahrens fordern, dass die im Prospekt beigebrachten Angaben zu den jeweiligen Informationsbestandteilen im Einzelfall ergänzt werden.[18] Grds. andere als in der EU-ProspV genannten Inhaltsangaben wird die BaFin zur Aufnahme in einem Prospekt aber nicht verlangen können.[19] Zumal sie die Erforderlichkeit meist nicht erkennen kann. Davon ausgenommen sind wiederum die zusätzlichen Informationen bei bestimmten Emittenten, die infolge der besonderen Art der Tätigkeit dieser Emittenten von der BaFin als zuständige Behörde gefordert werden können. Zudem können andere als in der EU-ProspV genannten Informationsbestandteile bei neu konzipierten Wertpapieren verlangt werden.[20] Letzteres aber ohne dass der BaFin zusätzliche Befugnisse erwachsen. Die Zusammensetzung der Mindestangaben bestimmt sich nach dem „Baukastenprinzip"[21], das sich am Emittenten und an der Art der Wertpapiere orientiert und dafür in den Anhängen (I–XVII) unterschiedliche Kataloge von Pflichtangaben in Form von Schemata und Modulen vorsieht. Die umfassende Kombinationsfähigkeit (Übersicht in Anh. XVIII. EU-ProspV) der einzelnen Schemata und Module soll die Abfassung vollständiger Prospekte für alle Arten von Emittenten und Wertpapieren ermöglichen.[22]

Mit den Vorgaben zum Mindestinhalt und der näheren Ausgestaltung durch die EU-ProspV sollen die Prospekte eine überwiegende Standardisierung erhalten und dem Prospektverantwortlichem ein hinreichendes Muster hinsichtlich der Erfüllung der Vollständigkeit des von ihm zu erstellenden Prospekts gewähren.[23] Zugleich kann sich der Prospektadressat auf eine formal-inhaltliche Prospektqualität verlassen, die geeignet ist, die kapitalmarktrechtliche Risikoverteilung ausreichend zu berücksichtigen und den Anleger vor einer über die wirtschaftlichen Risiken einer informierten Anlageentscheidung hinausgehenden Schädigung und Übervorteilung schützen kann. Allerdings können vor dem Hintergrund der Auslegungsdifferenzen der unterschiedlichen Aufsichtsbehörden[24], der freien Wahl der meisten Gliederungsaspekte und der Beschaffenheit der unbestimmten Rechtsbegriffe weiterhin eine Reihe von unterschiedlichen Gestaltungsmöglichkeiten in Betracht kommen.

Für den regelmäßig anzutreffenden Fall, dass der Prospekt nicht streng anhand der Gliederung der Anhänge der EU-ProspV aufgebaut ist, so fordert die BaFin gem. der Ermächtigung in Artt. 25 Abs. 4, 26 Abs. 3 EU-ProspV

---

18 Vgl. Art. 3 und 22 Abs. 1 EU-ProspV.
19 So eindeutig Art. 3 EU-ProspV zum Prospekt allgemein (darf keine anderen Angaben verlangen), unbestimmt dagegen in Art. 22 Abs. 1 ProspV (soll keine andere Angaben verlangen).
20 Zu beiden Varianten sowie zur Möglichkeit, Informationsbestandteile zu ergänzen, wenn es sich um die Zulassung von den in der Kombinationsübersicht XVIII EU-ProspV genannten ähnlichen Wertpapieren handelt; vgl. näher die Kommentierung zu Art. 23 EU-ProspV.
21 *Schlitt/Schäfer*, AG 2005, 498, 502.
22 Vgl. Art. 3 EU-ProspV.
23 *Reinbeck*, in: Heidel, AktG, § 5 WpPG Rn. 11.
24 Vgl. z.B. CESR, FAQ common positions Ref: *CESR*/06-296d, etwa Tz. 1 und 2.

eine so genannte Überkreuz-Checkliste, die angibt auf welcher Prospektseite sich eine in der EU-ProspV aufgeführte Information befindet. Hierbei ist die genaue Stelle zu nennen. In dieser Überkreuz-Checkliste können auch kurze stichwortartige Angaben zu Besonderheiten, wie etwa dem Fehlen einer Angabe gemacht werden.[25]

---

25 BaFin Workshop: 100 Tage WpPG „Das Hinterlegungsverfahren", S. 6, www.baFin.de/verkaufsprospekte/workshop_wppg.pdf; *Rimbeck,* in: Heidel, AktG, § 5 WpPG Rn. 11.

EU-ProspV

KAPITEL II
Mindestangaben

Artikel 3
In einen Prospekt aufzunehmende Mindestangaben

Ein Prospekt wird erstellt, indem eines oder eine Kombination der folgenden Schemata und Module gemäß Artikel 4 bis 20 verwendet wird. Dabei sind die in Artikel 21 vorgesehenen Kombinationsmöglichkeiten für die verschiedenen Arten von Wertpapieren zu beachten.

Ein Prospekt enthält die in den Anhängen I bis XVII genannten Informationsbestandteile abhängig von der Art des jeweiligen Emittenten und der Art der jeweiligen Wertpapiere gemäß den Schemata und Modulen in Artikel 4 bis 20. Eine zuständige Behörde darf für einen Prospekt keine Angaben verlangen, die in den in den Anhängen I bis XVII genannten Informationsbestandteilen nicht enthalten sind.

Um die Einhaltung der in Artikel 5 Abs. 1 der Richtlinie 2003/71/EG genannten Verpflichtung zu gewährleisten, kann die zuständige Behörde des Herkunftsmitgliedstaats im Zuge der Billigung eines Prospekts im Sinne von Artikel 13 dieser Richtlinie fordern, dass die vom Emittenten, vom Anbieter oder von der Person, die die Zulassung zum Handel auf einem geregelten Markt beantragt, beigebrachten Angaben für jeden dieser Informationsbestandteile im Einzelfall ergänzt werden.

CHAPTER II
Minimum Information

Article 3
Minimum information to be included in a prospectus

A prospectus shall be drawn up by using one or a combination of the following schedules and building blocks set out in Articles 4 to 20, according to the combinations for various types of securities provided for in Article 21.

A prospectus shall contain the information items required in Annexes I to XVII depending on the type of issuer and securities involved, provided for in the schedules and building blocks set out in Articles 4 to 20. A competent authority shall not request that a prospectus contains information items which are not included in Annexes I to XVII.

In order to ensure conformity with the obligation referred to in Article 5(1) of Directive 2003/71/EC, the competent authority of the home Member State, when approving a prospectus in accordance with Article 13 of that Directive, may require that the information provided by the issuer, the offeror or the person asking for admission to trading on a regulated market be completed, for each of the information items, on a case by case basis.

Diesbezüglich wird auf die Kommentierung zu § 7 WpPG hingewiesen.

ARTIKEL 4
Schema für das Registrierungsformular für Aktien

(1) Die Angaben für das Aktienregistrierungsformular werden gemäß dem in Anhang I festgelegten Schema zusammengestellt.

(2) Das in Absatz 1 genannte Schema gilt für:

1. Aktien und andere übertragbare, Aktien gleichzustellende Wertpapiere;
2. andere Wertpapiere, die die folgenden Bedingungen erfüllen:
   a) sie können nach dem Ermessen des Emittenten oder des Anlegers oder aufgrund der bei der Emission festgelegten Bedingungen in Aktien oder andere übertragbare, Aktien gleichzustellende Wertpapiere umgewandelt oder umgetauscht werden, oder sie ermöglichen auf andere Art und Weise den Erwerb/Bezug von Aktien oder anderen übertragbaren, Aktien gleichzustellenden Wertpapieren,

   und

   b) diese Aktien oder anderen übertragbaren, Aktien gleichzustellenden Wertpapiere werden zu diesem oder einem künftigen Zeitpunkt vom Emittenten des Wertpapiers emittiert und nehmen zum Zeitpunkt der Billigung des die Wertpapiere betreffenden Prospekts noch nicht am Handel auf einem geregelten oder einem vergleichbaren Markt außerhalb der Gemeinschaft teil und die zu Grunde liegende Aktie oder anderen übertragbaren, Aktien gleichzustellende Wertpapiere können stückemäßig geliefert werden.

Article 4
Share registration document schedule

(1) For the share registration document information shall be given in accordance with the schedule set out in Annex I.

(2) The schedule set out in paragraph 1 shall apply to the following:

1. shares and other transferable securities equivalent to shares;
2. other securities which comply with the following conditions:
   a) they can be converted or exchanged into shares or other transferable securities equivalent to shares, at the issuer's or at the investor's discretion, or on the basis of the conditions established a moment of the issue, or give, in any other way, the possibility to acquire shares or other transferable securities equivalent to shares;

   and

   b) provided that these shares or other transferable securities equivalent to shares are or will be issued by the issuer of the security and are not yet traded on a

regulated market or an equivalent market outside the Community at the time of the approval of the prospectus covering the securities, and that the underlying shares or other transferable securities equivalent to shares can be delivered with physical settlement.

Diesbezüglich wird auf die Kommentierung zu Anh. I EU-ProspV verwiesen.

Anh. I EU-ProspV
Mindestangaben für das Registrierungsformular für Aktien (Modul)

1. VERANTWORTLICHE PERSONEN

1.1. Alle Personen, die für die im Registrierungsformular gemachten Angaben bzw. für bestimmte Abschnitte des Registrierungsformulars verantwortlich sind. Im letzteren Fall sind die entsprechenden Abschnitte aufzunehmen. Im Fall von natürlichen Personen, zu denen auch Mitglieder der Verwaltungs-, Geschäftsführungs- und Aufsichtsorgane des Emittenten gehören, sind der Name und die Funktion dieser Person zu nennen. Bei juristischen Personen sind Name und eingetragener Sitz der Gesellschaft anzugeben.

1.2. Erklärung der für das Registrierungsformular verantwortlichen Personen, dass sie die erforderliche Sorgfalt haben walten lassen, um sicherzustellen, dass die im Registrierungsformular genannten Angaben ihres Wissens nach richtig sind und keine Tatsachen ausgelassen worden sind, die die Aussage des Registrierungsformulars wahrscheinlich verändern können. Ggf. Erklärung der für bestimmte Abschnitte des Registrierungsformulars verantwortlichen Personen, dass sie die erforderliche Sorgfalt haben walten lassen, um sicherzustellen, dass die in dem Teil des Registrierungsformulars genannten Angaben, für den sie verantwortlich sind, ihres Wissens nach richtig sind und keine Tatsachen ausgelassen worden sind, die die Aussage des Registrierungsformulars wahrscheinlich verändern können.

2. ABSCHLUSSPRÜFER

2.1. Namen und Anschrift der Abschlussprüfer des Emittenten, die für den von den historischen Finanzinformationen abgedeckten Zeitraum zuständig waren (einschließlich der Angabe ihrer Mitgliedschaft in einer Berufsvereinigung).

2.2. Wurden Abschlussprüfer während des von den historischen Finanzinformationen abgedeckten Zeitraums abberufen, nicht wieder bestellt oder haben sie ihr Mandat niedergelegt, so sind entsprechende Einzelheiten zu veröffentlichen, wenn sie von wesentlicher Bedeutung sind.

3. AUSGEWÄHLTE FINANZINFORMATIONEN

3.1. Ausgewählte historische Finanzinformationen über den Emittenten sind für jedes Geschäftsjahr für den Zeitraum vorzulegen, der von den historischen Finanzinformationen abgedeckt wird, und für jeden nachfolgenden Zwischenberichtszeitraum und zwar in derselben Währung wie die Finanzinformationen.

Die ausgewählten historischen Finanzinformationen müssen die Schlüsselzahlen enthalten, die einen Überblick über die Finanzlage des Emittenten geben.

3.2. Werden ausgewählte Finanzinformationen für Zwischenzeiträume vorgelegt, so sind auch Vergleichsdaten für den gleichen Zeitraum des vorhergehenden Geschäftsjahres vorzulegen, es sein denn, die Anforderungen der Beibringung vergleichbarer Bilanzinformationen wird durch die Vorlage der Bilanzdaten zum Jahresende erfüllt.

4. RISIKOFAKTOREN

Klare Offenlegung von Risikofaktoren, die für den Emittenten oder seine Branche spezifisch sind (unter Rubrik „Risikofaktoren").

5. ANGABEN ÜBER DEN EMITTENTEN

5.1. Geschäftsgeschichte und Geschäftsentwicklung des Emittenten

5.1.1. Juristischer und kommerzieller Name des Emittenten;

5.1.2. Ort der Registrierung des Emittenten und seine Registrierungsnummer;

5.1.3. Datum der Gründung und Existenzdauer des Emittenten, soweit diese nicht unbefristet ist;

5.1.4. Die Rechtsform und der Sitz des Emittenten; Rechtsordnung in der er tätig ist; Land der Gründung der Gesellschaft; Geschäftsanschrift und Telefonnummer seines eingetragenen Sitzes (oder Hauptort der Geschäftstätigkeit, falls nicht mit dem eingetragenen Sitz identisch);

5.1.5. Wichtige Ereignisse in der Entwicklung der Geschäftstätigkeit des Emittenten.

5.2. Investitionen

5.2.1. Beschreibung (einschließlich des Betrages) der wichtigsten Investitionen des Emittenten für jedes Geschäftsjahr, und zwar für den Zeitraum, der von den historischen Finanzinformationen abgedeckt wird, bis zum Datum des Registrierungsformulars.

5.2.2. Beschreibung der wichtigsten laufenden Investitionen des Emittenten, einschließlich der geografischen Verteilung dieser Investitionen (im Inland und im Ausland) und der Finanzierungsmethode (Eigen- oder Fremdfinanzierung).

5.2.3. Angaben über die wichtigsten künftigen Investitionen des Emittenten, die von seinen Verwaltungsorganen bereits verbindlich beschlossen sind.

6. GESCHÄFTSÜBERBLICK

6.1. Haupttätigkeitsbereiche

6.1.1. Beschreibung der Wesensart der Geschäfte des Emittenten und seiner Haupttätigkeiten (sowie damit im Zusammenhang stehenden Schlüsselfaktoren) unter Angabe der wichtigsten Arten der vertriebenen Produkte und/oder erbrachten Dienstleistungen, und zwar für jedes Geschäftsjahr innerhalb des Zeitraums, der von den historischen Finanzinformationen abgedeckt wird; und

6.1.2. Angabe etwaiger neuer Produkte und/oder Dienstleistungen, die eingeführt wurden, und – in dem Maße, wie die Entwicklung neuer Produkte oder Dienstleistungen offen gelegt wurde – Angabe des Stands der Entwicklung.

6.2 Wichtigste Märkte

Beschreibung der wichtigsten Märkte, auf denen der Emittent tätig ist, einschließlich einer Aufschlüsselung der Gesamtumsätze nach Art der Tätigkeit und geografischem Markt für jedes Geschäftsjahr innerhalb des Zeitraums, der von den historischen Finanzinformationen abgedeckt wird.

6.3. Falls die unter den Punkten 6.1. und 6.2. genannten Angaben durch außergewöhnliche Faktoren beeinflusst wurden, so sollte dies angegeben werden.

6.4. Kurze Angaben über die etwaige Abhängigkeit des Emittenten in Bezug auf Patente, Lizenzen, Industrie-, Handels- und Finanzierungsverträge oder neue Herstellungsverfahren, wenn diese Faktoren von wesentlicher Bedeutung für die Geschäftstätigkeit oder Rentabilität des Emittenten sind.

6.5. Grundlagen für etwaige Angaben des Emittenten zu seiner Wettbewerbsposition.

7. ORGANISATIONSSTRUKTUR

7.1. Ist der Emittent Teil einer Gruppe, kurze Beschreibung der Gruppe und der Stellung des Emittenten innerhalb dieser Gruppe.

7.2. Liste der wichtigsten Tochtergesellschaften des Emittenten einschließlich Name, Land der Gründung oder des Sitzes, Anteil an Beteiligungsrechten und – falls nicht identisch – Anteil der gehaltenen Stimmrechte.

8. SACHANLAGEN

8.1. Angaben über bestehende oder geplante wesentliche Sachanlagen, einschließlich geleaster Vermögensgegenstände, und etwaiger größerer dinglicher Belastungen der Sachanlagen.

8.2. Skizzierung etwaiger Umweltfragen, die die Verwendung der Sachanlagen von Seiten des Emittenten u. U. beeinflussen können.

9. ANGABEN ZUR GESCHÄFTS- UND FINANZLAGE

9.1. Finanzlage

Soweit nicht an anderer Stelle im Registrierungsformular vermerkt, Beschreibung der Finanzlage des Emittenten, Veränderungen in der Finanzlage und Geschäftsergebnisse für jedes Jahr und jeden Zwischenzeitraum, für den historische Finanzinformationen verlangt werden, einschließlich der Ursachen wesentlicher Veränderungen, die von einem Jahr zum anderen in den Finanzinformationen auftreten, sofern dies für das Verständnis der Geschäftstätigkeit des Emittenten insgesamt erforderlich ist.

9.2. Betriebsergebnisse

9.2.1. Angaben über wichtige Faktoren, einschließlich ungewöhnlicher oder seltener Vorfälle oder neuer Entwicklungen, die die Geschäftserträge des Emittenten erheblich beeinträchtigen, und über das Ausmaß, in dem die Erträge derart geschmälert wurden.

9.2.2. Falls der Jahresabschluss wesentliche Veränderungen bei den Nettoumsätzen oder den Nettoerträgen ausweist, sind die Gründe für derlei Veränderungen in einer ausführlichen Erläuterung darzulegen.

9.2.3. Angaben über staatliche, wirtschaftliche, steuerliche, monetäre oder politische Strategien oder Faktoren, die die Geschäfte des Emittenten direkt oder indirekt wesentlich beeinträchtigt haben oder u. U. können.

10. EIGENKAPITALAUSSTATTUNG

10.1. Angaben über die Eigenkapitalausstattung des Emittenten (sowohl kurz- als auch langfristig);

10.2. Erläuterung der Quellen und der Beträge des Kapitalflusses des Emittenten und eine ausführliche Darstellung dieser Posten;

10.3. Angaben über den Fremdfinanzierungsbedarf und die Finanzierungsstruktur des Emittenten;

10.4. Angaben über jegliche Beschränkungen des Rückgriffs auf die Eigenkapitalausstattung, die die Geschäfte des Emittenten direkt oder indirekt wesentlich beeinträchtigt haben oder u. U. können;

10.5. Angaben über erwartete Finanzierungsquellen, die zur Erfüllung der Verpflichtungen der Punkte 5.2.3. und 8.1. benötigt werden.

11. FORSCHUNG UND ENTWICKLUNG, PATENTE UND LIZENZEN

Falls wesentlich, Beschreibung der Forschungs- und Entwicklungsstrategien des Emittenten für jedes Geschäftsjahr innerhalb des Zeitraums, der von den historischen Finanzinformationen abgedeckt wird, einschließlich Angabe des Betrags für vom Emittenten gesponserte Forschungs- und Entwicklungstätigkeiten.

12. TRENDINFORMATIONEN

12.1. Angabe der wichtigsten Trends in jüngster Zeit in Bezug auf Produktion, Umsatz und Vorräte sowie Kosten und Ausgabepreise seit dem Ende des letzten Geschäftsjahres bis zum Datum des Registrierungsformulars.

12.2. Angaben über bekannte Trends, Unsicherheiten, Nachfrage, Verpflichtungen oder Vorfälle, die voraussichtlich die Aussichten des Emittenten zumindest im laufenden Geschäftsjahr wesentlich beeinflussen dürften.

13. GEWINNPROGNOSEN ODER -SCHÄTZUNGEN

Entscheidet sich der Emittent dazu, eine Gewinnprognose oder eine Gewinnschätzung aufzunehmen, dann hat das Registrierungsformular die unter den Punkten 13.1. und 13.2. genannten Angaben zu enthalten.

13.1. Eine Erklärung, die die wichtigsten Annahmen erläutert, auf die der Emittent seine Prognose oder Schätzung gestützt hat.

Bei den Annahmen muss klar zwischen jenen unterschieden werden, die Faktoren betreffen, die die Mitglieder der Verwaltungs-, Geschäftsführungs- und Aufsichtsorgane beeinflussen können, und Annahmen in Bezug auf Faktoren, die klar außerhalb des Einflussbereiches der Mitglieder der Verwaltungs-, Geschäftsführungs- und Aufsichtsorgane liegen. Diese Annahmen müssen für die Anleger leicht verständlich und spezifisch sowie präzise sein und dürfen nicht der üblichen Exaktheit der Schätzungen entsprechen, die der Prognose zu Grunde liegen.

13.2. Einen Bericht, der von unabhängigen Buchprüfern oder Abschlussprüfern erstellt wurde und in dem festgestellt wird, dass die Prognose oder Schätzung nach Meinung der unabhängigen Buchprüfer oder Abschlussprüfer auf der angegebenen Grundlage ordnungsgemäß erstellt wurde und dass die Rechnungslegungsgrundlage, die für die Gewinnprognose oder -schätzung verwendet wurde, mit den Rechnungslegungsstrategien des Emittenten konsistent ist.

13.3. Die Gewinnprognose oder -schätzung muss auf einer Grundlage erstellt werden, die mit den historischen Finanzinformationen vergleichbar ist.

13.4. Wurde in einem Prospekt, der noch aussteht, eine Gewinnprognose veröffentlicht, dann sollte eine Erklärung abgegeben werden, in der erläutert wird, ob diese Prognose noch so zutrifft wie zur Zeit der Erstellung des Registrierungsformulars, oder eine Erläuterung zu dem Umstand vorgelegt werden, warum diese Prognose ggf. nicht mehr zutrifft.

14. VERWALTUNGS-, GESCHÄFTSFÜHRUNGS- UND AUFSICHTSORGANE SOWIE OBERES MANAGEMENT

14.1. Namen und Geschäftsanschriften nachstehender Personen sowie ihre Stellung bei dem Emittenten unter Angabe der wichtigsten Tätigkeiten, die sie außerhalb des Emittenten ausüben, sofern diese für den Emittenten von Bedeutung sind:

a) Mitglieder der Verwaltungs-, Geschäftsführungs- oder Aufsichtsorgane;

b) persönlich haftende Gesellschafter bei Kommanditgesellschaften auf Aktien;

c) Gründer, wenn es sich um eine Gesellschaft handelt, die seit weniger als fünf Jahren besteht;

und

d) Mitglieder des oberen Managements, die geeignet sind um festzustellen, dass der Emittent über die angemessene Sachkenntnis und über die geeigneten Erfahrungen in Bezug auf die Führung der Geschäfte des Emittenten verfügt.

Art einer etwaigen verwandtschaftlichen Beziehung zwischen diesen Personen.

Für jedes Mitglied der Verwaltungs-, Geschäftsführungs- oder Aufsichtsorgane des Emittenten und für jede der in Unterabsatz b und d genannten Personen detaillierte Angabe der entsprechenden Geschäftsführungskompetenz und -erfahrung sowie die folgenden Angaben:

a) Namen sämtlicher Unternehmen und Gesellschaften, bei denen die besagte Person während der letzten fünf Jahre Mitglied der Verwaltungs-, Geschäftsführungs- oder Aufsichtsorgane bzw. Partner war, unter Angabe der Tatsache, ob die Mitgliedschaft in diesen Organen oder als Partner weiter fortbesteht. Es ist nicht erforderlich, sämtliche Tochtergesellschaften des Emittenten aufzulisten, bei denen die besagte Person ebenfalls Mitglied der Verwaltungs-, Geschäftsführungs- oder Aufsichtsorgane ist;

b) etwaige Schuldsprüche in Bezug auf betrügerische Straftaten während zumindest der letzten fünf Jahre;

c) detaillierte Angaben über etwaige Insolvenzen, Insolvenzverwaltungen oder Liquidationen während zumindest der letzten fünf Jahre, die eine in (a) und (d) des ersten Unterabsatzes beschriebene Person betreffen, die im Rahmen einer der in (a) und (d) des ersten Unterabsatzes genannten Position handelte;

und

d) detaillierte Angaben zu etwaigen öffentlichen Anschuldigungen und/oder Sanktionen in Bezug auf die genannte Person von Seiten der gesetzlichen Behörden oder der Regulierungsbehörden (einschließlich bestimmter Berufsverbände) und eventuell Angabe des Umstands, ob diese Person jemals vor Gericht für die Mitgliedschaft in einem Verwaltungs-, Geschäftsführungs- oder Aufsichtsorgan eines Emittenten oder für die Tätigkeit im Management oder die Führung der Geschäfte eines Emittenten während zumindest der letzten fünf Jahr als untauglich angesehen wurde.

Falls keinerlei entsprechende Informationen offen gelegt werden, ist eine entsprechende Erklärung abzugeben.

14.2. Interessenkonflikte zwischen den Verwaltungs-, Geschäftsführungs- und Aufsichtsorganen sowie dem oberen Management

Potenzielle Interessenkonflikte der in Punkt 14.1. genannten Personen zwischen ihren Verpflichtungen gegenüber dem Emittenten sowie ihren privaten Interessen oder sonstigen Verpflichtungen müssen klar festgehalten werden. Falls keine derartigen Konflikte bestehen, ist eine dementsprechende Erklärung abzugeben.

Ferner ist jegliche Vereinbarung oder Abmachung mit den Hauptaktionären, Kunden, Lieferern oder sonstigen Personen zu nennen, aufgrund deren eine in Punkt 14.1. genannte Person zum Mitglied eines Verwaltungs-, Geschäftsführungs- oder Aufsichtsorgans bzw. zum Mitglied des oberen Managements bestellt wurde.

Zudem sind die Einzelheiten jeglicher Veräußerungsbeschränkungen anzugeben, die von den in Punkt 14.1. genannten Personen für die von ihnen gehaltenen Wertpapiere des Emittenten vereinbart wurden und für sie während einer bestimmten Zeitspanne gelten.

15. BEZÜGE UND VERGÜNSTIGUNGEN

Für das letzte abgeschlossene Geschäftsjahr sind für die in Unterabsatz 1 von Punkt 14.1. unter den Buchstaben a und d genannten Personen folgende Angaben zu machen:

15.1. Betrag der gezahlten Vergütung (einschließlich etwaiger erfolgsgebundener oder nachträglicher Vergütungen) und Sachleistungen, die diesen Personen von den Emittenten und seinen Tochterunternehmen für Dienstleistungen jeglicher Art gezahlt oder gewährt werden, die dem Emittenten oder seinen Tochtergesellschaften von einer jeglichen Person erbracht wurden.

Diese Angaben sind auf Einzelfallbasis beizubringen, es sei denn, eine individuelle Offenlegung ist im Herkunftsland des Emittenten nicht erforderlich und wird vom Emittenten nicht auf eine andere Art und Weise öffentlich vorgenommen.

15.2. Angabe der Gesamtbeträge, die vom Emittenten oder seinen Tochtergesellschaften als Reserve oder Rückstellungen gebildet werden, um Pensions- und Rentenzahlungen vornehmen und ähnliche Vergütungen auszahlen zu können.

16. PRAKTIKEN DER GESCHÄFTSFÜHRUNG

Für das letzte abgeschlossene Geschäftsjahr des Emittenten sind – soweit nicht anderweitig spezifiziert – für die im ersten Unterabsatz von Punkt 14.1. unter Buchstabe (a) genannten Personen folgende Angaben zu machen:

16.1. Ende der laufenden Mandatsperiode und ggf. Angabe des Zeitraums, während dessen die jeweilige Person ihre Aufgabe ausgeübt hat.

16.2. Angaben über die Dienstleistungsverträge, die zwischen den Mitgliedern der Verwaltungs-, Geschäftsführungs- oder Aufsichtsorgane und dem Emittenten bzw. seinen Tochtergesellschaften geschlossen wurden und die bei Beendigung des Dienstleistungsverhältnisses Vergütungen vorsehen. Ansonsten ist eine negative Erklärung abzugeben.

16.3. Angaben über den Auditausschuss und den Vergütungsausschuss, einschließlich der Namen der Ausschussmitglieder und einer Zusammenfassung des Aufgabenbereichs des Ausschusses.

16.4. Erklärung, ob der Emittent der/den Corporate-Governance-Regelung/en im Land der Gründung der Gesellschaft genügt. Sollte der Emittent einer solchen Regelung nicht folgen, ist eine dementsprechende Erklärung zusammen mit einer Erläuterung aufzunehmen, aus der hervorgeht, warum der Emittent dieser Regelung nicht Folge leistet.

17. BESCHÄFTIGTE

17.1. Entweder Angabe der Zahl der Beschäftigten zum Ende des Berichtszeitraums oder Angabe des Durchschnitts für jedes Geschäftsjahr innerhalb des Zeitraums, der von den historischen Finanzinformationen abgedeckt wird bis zum Datum der Erstellung des Registrierungsformulars (und Angabe der Veränderungen bei diesen Zahlen, sofern diese von wesentlicher Bedeutung sind). Wenn es möglich und wesentlich ist, Aufschlüsselung der beschäftigten Personen nach Haupttätigkeitskategorie und geografischer Belegenheit. Beschäftigt der Emittent eine große Zahl von Zeitarbeitskräften, ist die durchschnittliche Zahl dieser Zeitarbeitskräfte während des letzten Geschäftsjahrs anzugeben.

17.2. Aktienbesitz und Aktienoptionen

In Bezug auf die in Punkt 14.1. Unterabsatz 1 unter Buchstaben a) und d) genannten Personen sind so aktuelle Angaben wie möglich über ihren Aktienbesitz und etwaige Optionen auf Aktien des Emittenten beizubringen.

17.3. Beschreibung etwaiger Vereinbarungen, mittels deren Beschäftigte am Kapital des Emittenten beteiligt werden.

18. HAUPTAKTIONÄRE

18.1. Soweit dem Emittenten bekannt ist, Angabe des Namens jeglicher Person, die nicht Mitglied der Verwaltungs-, Geschäftsführungs- oder Aufsichtsorgane ist und die direkt oder indirekt eine Beteiligung am Kapital des Emittenten oder den entsprechenden Stimmrechten hält, die gemäß den nationalen Bestimmungen zu melden ist, zusammen mit der Angabe des Betrags der Beteiligung dieser Person. Ansonsten ist eine negative Erklärung abzugeben.

18.2. Information über den Umstand, ob die Hauptaktionäre des Emittenten unterschiedliche Stimmrechte haben. Ansonsten ist eine negative Erklärung abzugeben.

18.3. Sofern dem Emittenten bekannt, Angabe, ob an dem Emittenten unmittelbare oder mittelbare Beteiligungen oder Beherrschungsverhältnisse bestehen, und wer diese Beteiligungen hält bzw. diese Beherrschung ausübt. Beschreibung der Art und Weise einer derartigen Kontrolle und der vorhandenen Maßnahmen zur Verhinderung des Missbrauchs einer derartigen Kontrolle.

18.4. Beschreibung etwaiger dem Emittenten bekannten Vereinbarungen, deren Ausübung zu einem späteren Zeitpunkt zu einer Veränderung bei der Kontrolle des Emittenten führen könnte.

19. GESCHÄFTE MIT VERBUNDENEN PARTEIEN

Anzugeben sind Einzelheiten zu Geschäften mit verbundenen Parteien (die in diesem Sinne diejenigen sind, die in den Standards dargelegt werden, die infolge der VO (EG) Nr. 1606/2002 angenommen wurden), die der Emittent während des Zeitraums abgeschlossen hat, der von den historischen Finanzinformationen abgedeckt wird bis zum Datum der Erstellung des Registrierungsformulars. Dies hat in Übereinstimmung mit dem jeweiligen Standard zu erfolgen, der infolge der VO (EG) 1606/2002 angenommen wurde (falls anwendbar).

Finden diese Standards auf den Emittenten keine Anwendung, müssen die folgenden Angaben offen gelegt werden:

a) Art und Umfang der Geschäfte, die als einzelnes Geschäft oder insgesamt für den Emittenten von wesentlicher Bedeutung sind. Erfolgt der Abschluss derartiger Geschäfte mit verbundenen Parteien nicht auf marktkonforme Weise, ist zu erläutern, weshalb. Im Falle ausstehender Darlehen einschließlich Garantien jeglicher Art ist der ausstehende Betrag anzugeben;

b) Betrag oder Prozentsatz, zu dem die Geschäfte mit verbundenen Parteien Bestandteil des Umsatzes des Unternehmens sind.

20. FINANZINFORMATIONEN ÜBER DIE VERMÖGENS-, FINANZ- UND ERTRAGSLAGE DES EMITTENTEN

20.1. Historische Finanzinformationen

Beizubringen sind geprüfte historische Finanzinformationen, die die letzten drei Geschäftsjahre abdecken (bzw. einen entsprechenden kürzeren Zeitraum, während dessen der Emittent tätig war), sowie der Bestätigungsvermerk des Abschlussprüfers für jedes Geschäftsjahr. Hat der Emittent in der Zeit, für die historische Finanzinformationen beizubringen sind, seinen Bilanzstichtag geändert, so decken die geprüften historischen Finanzinformationen mindestens 36 Monate oder – sollte der Emittent seiner Geschäftstätigkeit noch keine 36 Monate nachgegangen sein – den gesamten Zeitraum seiner Geschäftstätigkeit ab. Derartige Finanzinformationen sind nach der Verordnung (EG) Nr. 1606/2002 bzw. für den Fall, dass diese Verordnung nicht anwendbar ist, nach den nationalen Rechnungslegungsgrundsätzen des betreffenden Mitgliedstaats zu erstellen. Bei Emittenten aus Drittstaaten sind diese Finanzinformationen nach den im Verfahren des Artikels 3 der Verordnung (EG) Nr. 1606/2002 übernommenen internationalen Rechnungslegungsstandards oder nach diesen Standards gleichwertigen nationalen Rechnungslegungsgrundsätzen eines Drittstaates zu erstellen. Ist keine Äquivalenz zu den Standards gegeben, so sind die Finanzinformationen in Form eines neu zu erstellenden Jahresabschlusses vorzulegen.

Die geprüften historischen Finanzinformationen müssen für die letzten zwei Jahre in einer Form dargestellt und erstellt werden, die mit der konsistent ist, die im folgenden Jahresabschluss des Emittenten zur Anwendung gelangen wird, wobei Rechnungslegungsgrundsätze- und -strategien sowie die Rechtsvorschriften zu berücksichtigen sind, die auf derlei Jahresabschlüsse Anwendung finden.

Ist der Emittent in seiner aktuellen Wirtschaftsbranche weniger als ein Jahr tätig, so sind die geprüften historischen Finanzinformationen für diesen Zeitraum gemäß den Standards zu erstellen, die auf Jahresabschlüsse im Sinne der Verordnung (EG) Nr. 1606/2002 anwendbar sind bzw. für den Fall, dass diese Verordnung nicht anwendbar ist, gemäß den nationalen Rechnungslegungsgrundsätzen eines Mitgliedstaats, wenn der Emittent aus der Gemeinschaft stammt. Bei Emittenten aus Drittstaaten sind diese historischen Finanzinformationen nach den im Verfahren des Artikels 3 der Verordnung (EG) Nr. 1606/2002 übernommenen internationalen Rechnungslegungsstandards oder nach diesen Standards gleichwertigen nationalen Rechnungslegungsgrundsätzen eines Drittstaates zu erstellen. Diese historischen Finanzinformationen müssen geprüft worden sein.

Wurden die geprüften Finanzinformationen gemäß nationaler Rechnungslegungsgrundsätze erstellt, dann müssen die unter dieser Rubrik geforderten Finanzinformationen zumindest Folgendes enthalten:

a) die Bilanz;

b) die Gewinn- und Verlustrechnung;

c) eine Übersicht, aus der entweder alle Veränderungen im Eigenkapital hervorgehen oder Veränderungen im Eigenkapital mit Ausnahme der Kapitaltransaktionen mit Eigentümern oder Ausschüttungen an diese zu entnehmen sind;

d) eine Kapitalflussrechnung;

e) Bilanzierungs- und Bewertungsmethoden und erläuternde Anmerkungen.

Die historischen jährlichen Finanzinformationen müssen unabhängig und in Übereinstimmung mit den in dem jeweiligen Mitgliedstaat anwendbaren Prüfungsstandards oder einem äquivalenten Standard geprüft worden sein, oder es muss für das Registrierungsformular vermerkt werden, ob sie in Übereinstimmung mit dem in dem jeweiligen Mitgliedstaat anwendbaren Prüfungsstandard oder einem äquivalenten Standard ein den tatsächlichen Verhältnissen entsprechendes Bild vermitteln.

20.2. Pro forma-Finanzinformationen

Im Falle einer bedeutenden Brutto-Veränderung ist eine Beschreibung der Art und Weise, wie die Transaktion ggf. die Aktiva und Passiva sowie die Erträge des Emittenten beeinflusst hat, aufzunehmen, sofern diese Transaktion zu Beginn des Berichtszeitraums oder zum Berichtszeitpunkt durchgeführt wurde.

Dieser Anforderung wird normalerweise durch die Aufnahme von Pro forma-Finanzinformationen Genüge getan.

Diese Pro forma-Finanzinformationen sind gemäß Anh. II zu erstellen und müssen die darin geforderten Angaben enthalten.

Pro forma-Finanzinformationen ist ein Bericht beizufügen, der von unabhängigen Buchprüfern oder Abschlussprüfern erstellt wurde.

20.3. Jahresabschluss

Erstellt der Emittent sowohl einen Jahresabschluss als auch einen konsolidierten Abschluss, so ist zumindest der konsolidierte Abschluss in das Registrierungsformular aufzunehmen.

20.4. Prüfung der historischen jährlichen Finanzinformationen

20.4.1. Es ist eine Erklärung dahingehend abzugeben, dass die historischen Finanzinformationen geprüft wurden. Sofern ein Bestätigungsvermerk über die historischen Finanzinformationen von den Abschlussprüfern nicht erteilt wurde bzw. sofern er Vorbehalte oder Verzichtserklärungen enthält, ist diese Nichterteilung bzw. sind diese Vorbehalte oder Verzichtserklärungen in vollem Umfang wiederzugeben und die Gründe dafür anzugeben.

20.4.2. Angabe sonstiger Informationen im Registrierungsformular, das von den Abschlussprüfern geprüft wurde.

20.4.3. Wurden die Finanzdaten im Registrierungsformular nicht dem geprüften Jahresabschluss des Emittenten entnommen, so ist die Quelle dieser Daten und die Tatsache anzugeben, dass die Daten ungeprüft sind.

20.5. Alter der jüngsten Finanzinformationen

20.5.1. Das letzte Jahr der geprüften Finanzinformationen darf nicht älter sein als:

a) 18 Monate ab dem Datum des Registrierungsformulars, sofern der Emittent geprüfte Zwischenabschlüsse in sein Registrierungsformular aufnimmt,

oder

b) 15 Monate ab dem Datum des Registrierungsformulars, sofern der Emittent ungeprüfte Zwischenabschlüsse in sein Registrierungsformular aufnimmt.

20.6. Zwischenfinanzinformationen und sonstige Finanzinformationen

20.6.1. Hat der Emittent seit dem Datum des letzten geprüften Jahresabschlusses vierteljährliche oder halbjährliche Finanzinformationen veröffentlicht, so sind diese in das Registrierungsformular aufzunehmen. Wurden diese vierteljährlichen oder halbjährlichen Finanzinformationen einer Prüfung oder prüferischen Durchsicht unterzogen, so sind die entsprechenden Berichte ebenfalls aufzunehmen. Wurden die vierteljährlichen oder halbjährlichen Finanzinformationen keiner Prüfung oder prüferischen Durchsicht unterzogen, so ist diese Tatsache anzugeben.

20.6.2. Wurde das Registrierungsformular mehr als neun Monate nach Ablauf des letzten geprüften Finanzjahres erstellt, muss es Zwischenfinanzinformationen enthalten, die u.U. keiner Prüfung unterzogen wurden (auf diesen Fall muss eindeutig hingewiesen werden) und die sich zumindest auf die ersten sechs Monate des Geschäftsjahres beziehen sollten. Diese Zwischenfinanzinformationen müssen einen vergleichenden Überblick über denselben Zeitraum wie im letzten Geschäftsjahr enthalten. Der Anforderung vergleichbarer Bilanzinformationen kann jedoch auch ausnahmsweise durch die Vorlage der Jahresendbilanz nachgekommen werden.

20.7. Dividendenpolitik

Aufnahme einer Beschreibung der Politik des Emittenten auf dem Gebiet der Dividendenausschüttungen und etwaiger diesbezüglicher Beschränkungen.

20.7.1. Angabe des Betrags der Dividende pro Aktie für jedes Geschäftsjahr innerhalb des Zeitraums, der von den historischen Finanzinformationen abgedeckt wird. Wurde die Zahl der Aktien an der emittierenden Gesellschaft geändert, ist eine Bereinigung zu Vergleichszwecken vorzunehmen.

20.8. Gerichts- und Schiedsgerichtsverfahren

Angaben über etwaige staatliche Interventionen, Gerichts- oder Schiedsgerichtsverfahren (einschließlich derjenigen Verfahren, die nach Kenntnis des Emittenten noch anhängig sind oder eingeleitet werden könnten), die im Zeitraum der mindestens 12 letzten Monate bestanden/abgeschlossen wurden, oder die sich erheblich auf die Finanzlage oder die Rentabilität des Emittenten und/oder der Gruppe auswirken bzw. in jüngster Zeit ausgewirkt haben. Ansonsten ist eine negative Erklärung abzugeben.

20.9. Wesentliche Veränderungen in der Finanzlage oder der Handelsposition des Emittenten

Beschreibung jeder wesentlichen Veränderung in der Finanzlage oder der Handelsposition der Gruppe, die seit dem Ende des letzten Geschäftsjahres eingetreten ist, für das entweder geprüfte Finanzinformationen oder Zwischenfinanzinformationen veröffentlicht wurden. Ansonsten ist eine negative Erklärung abzugeben.

21. ZUSÄTZLICHE ANGABEN

21.1. Aktienkapital

Aufzunehmen sind die folgenden Angaben zum Stichtag der jüngsten Bilanz, die Bestandteil der historischen Finanzinformationen sind:

21.1.1. Betrag des ausgegebenen Kapitals und für jede Kategorie des Aktienkapitals:

a) Zahl der zugelassenen Aktien;

b) Zahl der ausgegebenen und voll eingezahlten Aktien sowie der ausgegebenen aber nicht voll eingezahlten Aktien;

c) Nennwert pro Aktie bzw. Meldung, dass die Aktien keinen Nennwert haben;

und

d) Abstimmung der Zahl der Aktien, die zu Beginn und zu Ende des Geschäftsjahres noch ausstehen. Wurde mehr als 10 % des Kapitals während des Zeitraums, der von den historischen Finanzinformationen abgedeckt wird, mit anderen Aktien als Barmitteln finanziert, so ist dieser Umstand anzugeben.

21.1.2. Sollten Aktien vorhanden sein, die nicht Bestandteil des Eigenkapitals sind, so sind die Anzahl und die wesentlichen Merkmale dieser Aktien anzugeben.

21.1.3. Angabe der Anzahl, des Buchwerts sowie des Nennwerts der Aktien, die Bestandteil des Eigenkapitals des Emittenten sind und die vom Emittenten selbst oder in seinem Namen oder von Tochtergesellschaften des Emittenten gehalten werden.

21.1.4. Angabe etwaiger wandelbarer Wertpapiere, umtauschbarer Wertpapiere oder Wertpapiere mit Optionsscheinen, wobei die geltenden Bedingungen und Verfahren für die Wandlung, den Umtausch oder die Zeichnung darzulegen sind.

21.1.5. Angaben über eventuelle Akquisitionsrechte und deren Bedingungen und/oder über Verpflichtungen in Bezug auf genehmigtes, aber noch nicht geschaffenes Kapital oder in Bezug auf eine Kapitalerhöhung.

21.1.6. Angaben über das Kapital eines jeden Mitglieds der Gruppe, worauf ein Optionsrecht besteht oder bei dem man sich bedingt oder bedingungslos darauf geeinigt hat, dieses Kapital an ein Optionsrecht zu knüpfen, sowie Einzelheiten über derlei Option, die auch jene Personen betreffen, die diese Optionsrechte halten.

21.1.7. Die Entwicklung des Aktienkapitals mit besonderer Hervorhebung des Angaben über etwaige Veränderungen, die während des von den historischen Finanzinformationen abgedeckten Zeitraums erfolgt sind.

21.2. Satzung und Statuten der Gesellschaft

Beschreibung der Zielsetzungen des Emittenten und an welcher Stelle sie in der Satzung und den Statuten der Gesellschaft verankert sind.

21.2.2. Zusammenfassung etwaiger Bestimmungen der Satzung und der Statuten des Emittenten sowie der Gründungsurkunde oder sonstiger Satzungen, die die Mitglieder der Verwaltungs-, Geschäftsführungs- und Aufsichtsorgane betreffen.

21.2.3. Beschreibung der Rechte, Vorrechte und Beschränkungen, die an jede Kategorie der vorhandenen Aktien gebunden sind.

21.2.4. Erläuterung, welche Maßnahmen erforderlich sind, um die Rechte der Inhaber von Aktien zu ändern, wobei die Fälle anzugeben sind, in denen die Bedingungen strenger ausfallen als die gesetzlichen Vorschriften.

21.2.5. Beschreibung der Art und Weise, wie die Jahreshauptversammlungen und die außerordentlichen Hauptversammlungen der Aktionäre einberufen werden, einschließlich der Teilnahmebedingungen.

21.2.6. Kurze Beschreibung etwaiger Bestimmungen der Satzung und der Statuten des Emittenten sowie der Gründungsurkunde oder sonstiger Satzungen, die u. U. eine Verzögerung, einen Aufschub oder sogar die Verhinderung eines Wechsels in der Kontrolle des Emittenten bewirken.

21.2.7. Angabe (falls vorhanden) etwaiger Bestimmungen der Satzung oder der Statuten des Emittenten sowie der Gründungsurkunde oder sonstiger Satzungen, die für den Schwellenwert gelten, ab dem der Aktienbesitz offen gelegt werden muss.

21.2.8. Darlegung der Bedingungen, die von der Satzung und den Statuten des Emittenten sowie der Gründungsurkunde oder sonstigen Satzungen vorgeschrieben werden und die die Veränderung im Eigenkapital betreffen, sofern diese Bedingungen strenger sind als die gesetzlichen Vorschriften.

22. WESENTLICHE VERTRÄGE

Zusammenfassung jedes in den letzten beiden Jahren vor der Veröffentlichung des Registrierungsformulars abgeschlossenen wesentlichen Vertrages (bei denen es sich nicht um jene handelt, die im Rahmen der normalen Geschäftstätigkeit abgeschlossen wurden), bei dem der Emittent oder ein sonstiges Mitglied der Gruppe eine Vertragspartei ist.

Zusammenfassung aller sonstigen zum Datum des Registrierungsformulars bestehenden Verträge (bei denen es sich nicht um jene handelt, die im Rahmen der normalen Geschäftstätigkeit abgeschlossen wurden), die von jedem Mitglied der Gruppe abgeschlossen wurden und eine Bestimmung enthalten, der zufolge ein Mitglied der Gruppe eine Verpflichtung oder ein Recht erlangt, die bzw. das für die Gruppe von wesentlicher Bedeutung ist.

23. ANGABEN VON SEITEN DRITTER, ERKLÄRUNGEN VON SEITEN SACHVERSTÄNDIGER UND INTERESSENERKLÄRUNGEN

23.1. Wird in das Registrierungsformular eine Erklärung oder ein Bericht einer Person aufgenommen, die als Sachverständiger handelt, so sind der Name, die Geschäftsadresse, die Qualifikationen und – falls vorhanden – das wesentliche Interesse am Emittenten anzugeben. Wurde der Bericht auf Ersuchen des Emittenten erstellt, so ist eine diesbezügliche Erklärung dahingehend abzugeben, dass die aufgenommene Erklärung oder der aufgenommene Bericht in der Form und in dem Zusammenhang, in dem sie bzw. er aufgenommen wurde, die Zustimmung von Seiten der Person erhalten hat, die den Inhalt dieses Teils des Registrierungsformulars gebilligt hat.

23.2. Sofern Angaben von Seiten Dritter übernommen wurden, ist zu bestätigen, dass diese Angaben korrekt wiedergegeben wurden und dass – soweit es dem Emittenten bekannt ist und er aus den von diesem Dritten veröffentlichten Informationen ableiten konnte – keine Tatsachen unterschlagen wurden, die die wiedergegebenen Informationen unkorrekt oder irreführend gestalten würden. Darüber hinaus ist/sind die Quelle(n) der Informationen anzugeben.

24. EINSEHBARE DOKUMENTE

Abzugeben ist eine Erklärung dahingehend, dass während der Gültigkeitsdauer des Registrierungsformulars ggf. die folgenden Dokumente oder deren Kopien eingesehen werden können:

a) die Satzung und die Statuten der Emittenten;

b) sämtliche Berichte, Schreiben und sonstigen Dokumente, historischen Finanzinformationen, Bewertungen und Erklärungen, die von einem Sachverständigen auf Ersuchen des Emittenten abgegeben wurden, sofern Teile davon in das Registrierungsformular eingeflossen sind oder in ihm darauf verwiesen wird;

c) die historischen Finanzinformationen des Emittenten oder im Falle einer Gruppe die historischen Finanzinformationen für den Emittenten und seine Tochtergesellschaften für jedes der Veröffentlichung des Registrierungsformulars vorausgegangenen beiden letzten Geschäftsjahre.

Anzugeben ist auch, wo in diese Dokumente entweder in Papierform oder auf elektronischem Wege Einsicht genommen werden kann.

25. ANGABEN ÜBER BETEILIGUNGEN

Beizubringen sind Angaben über Unternehmen, an denen der Emittent einen Teil des Eigenkapitals hält, dem bei der Bewertung seiner eigenen Vermögens-, Finanz- und Ertragslage voraussichtlich eine erhebliche Bedeutung zukommt.

Annex I
Minimum Disclosure Requirements for the Share Registration Document (schedule)

1. PERSONS RESPONSIBLE

1.1. All persons responsible for the information given in the Registration Document and, as the case may be, for certain parts of it, with, in the latter case, an indication of such parts. In the case of natural persons including members of the issuer's administrative, management or supervisory bodies indicate the name and function of the person; in case of legal persons indicate the name and registered office.

1.2. A declaration by those responsible for the registration document that, having taken all reasonable care to ensure that such is the case, the information contained in the registration document is, to the best of their knowledge, in accordance with the facts and contains no omission likely to affect its import. As the case may be, a declaration by those responsible for certain parts of the registration document that, having taken all reasonable care to ensure that such is the case, the information contained in the part of the registration document for which they are responsible is, to the best of their knowledge, in accordance with the facts and contains no omission likely to affect its import.

2. STATUTORY AUDITORS

2.1. Names and addresses of the issuer's auditors for the period covered by the historical financial information (together with their membership in a professional body).

2.2. If auditors have resigned, been removed or not been re-appointed during the period covered by the historical financial information, indicate details if material.

3. SELECTED FINANCIAL INFORMATION

3.1. Selected historical financial information regarding the issuer, presented for each financial year for the period covered by the historical financial information, and any subsequent interim financial period, in the same currency as the financial information.

The selected historical financial information must provide the key figures that summarise the financial condition of the issuer.

3.2. If selected financial information for interim periods is provided, comparative data from the same period in the prior financial year must also be provided, except that the requirement for comparative balance sheet information is satisfied by presenting the year end balance sheet information.

4. RISK FACTORS

Prominent disclosure of risk factors that are specific to the issuer or its industry in a section headed 'Risk Factors'.

5. INFORMATION ABOUT THE ISSUER

5.1. History and development of the issuer

5.1.1. The legal and commercial name of the issuer

5.1.2. The place of registration of the issuer and its registration number

5.1.3. The date of incorporation and the length of life of the issuer, except where indefinite

5.1.4. The domicile and legal form of the issuer, the legislation under which the issuer operates, its country of incorporation, and the address and telephone number of its registered office (or principal place of business if different from its registered office)

5.1.5. The important events in the development of the issuer's business.

5.2. Investments

5.2.1. A description, (including the amount) of the issuer's principal investments for each financial year for the period covered by the historical financial information up to the date of the registration document

5.2.2. A description of the issuer's principal investments that are in progress, including the geographic distribution of these investments (home and abroad) and the method of financing (internal or external)

5.2.3. Information concerning the issuer's principal future investments on which its management bodies have already made firm commitments.

6. BUSINESS OVERVIEW

6.1. Principal Activities

6.1.1. A description of, and key factors relating to, the nature of the issuer's operations and its principal activities, stating the main categories of products sold and/or services performed for each financial year for the period covered by the historical financial information; and

6.1.2. An indication of any significant new products and/or services that have been introduced and, to the extent the development of new products or services has been publicly disclosed, give the status of development.

6.2. Principal Markets

A description of the principal markets in which the issuer competes, including a breakdown of total revenues by category of activity and geographic market for each financial year for the period covered by the historical financial information.

6.3. Where the information given pursuant to items 6.1 and 6.2 has been influenced by exceptional factors, mention that fact.

6.4. If material to the issuer's business or profitability, a summary information regarding the extent to which the issuer is dependent, on patents or licences, industrial, commercial or financial contracts or new manufacturing processes.

6.5. The basis for any statements made by the issuer regarding its competitive position.

7. ORGANISATIONAL STRUCTURE

7.1. If the issuer is part of a group, a brief description of the group and the issuer's position within the group.

7.2. A list of the issuer's significant subsidiaries, including name, country of incorporation or residence, proportion of ownership interest and, if different, proportion of voting power held.

8. PROPERTY, PLANTS AND EQUIPMENT

8.1. Information regarding any existing or planned material tangible fixed assets, including leased properties, and any major encumbrances thereon.

8.2. A description of any environmental issues that may affect the issuer's utilisation of the tangible fixed assets.

9. OPERATING AND FINANCIAL REVIEW

9.1. Financial Condition

To the extent not covered elsewhere in the registration document, provide a description of the issuer's financial condition, changes in financial condition and results of operations for each year and interim period, for which historical financial information is required, including the causes of material changes from year to year in the financial information to the extent necessary for an understanding of the issuer's business as a whole.

9.2. Operating Results

9.2.1. Information regarding significant factors, including unusual or infrequent events or new developments, materially affecting the issuer's income from operations, indicating the extent to which income was so affected.

9.2.2. Where the financial statements disclose material changes in net sales or revenues, provide a narrative discussion of the reasons for such changes.

9.2.3. Information regarding any governmental, economic, fiscal, monetary or political policies or factors that have materially affected, or could materially affect, directly or indirectly, the issuer's operations.

10. CAPITAL RESOURCES

10.1. Information concerning the issuer's capital resources (both short and long term);

10.2. An explanation of the sources and amounts of and a narrative description of the issuer's cash flows;

10.3. Information on the borrowing requirements and funding structure of the issuer;

10.4. Information regarding any restrictions on the use of capital resources that have materially affected, or could materially affect, directly or indirectly, the issuer's operations.

10.5. Information regarding the anticipated sources of funds needed to fulfil commitments referred to in items 5.2.3 and 8.1.

11. RESEARCH AND DEVELOPMENT, PATENTS AND LICENCES

Where material, provide a description of the issuer's research and development policies for each financial year for the period covered by the historical financial information, including the amount spent on issuer-sponsored research and development activities.

12. TREND INFORMATION

12.1. The most significant recent trends in production, sales and inventory, and costs and selling prices since the end of the last financial year to the date of the registration document.

12.2. Information on any known trends, uncertainties, demands, commitments or events that are reasonably likely to have a material effect on the issuer's prospects for at least the current financial year.

13. ROFIT FORECASTS OR ESTIMATES

If an issuer chooses to include a profit forecast or a profit estimate the registration document must contain the information set out in items 13.1 and 13.2.:

13.1. A statement setting out the principal assumptions upon which the issuer has based its forecast, or estimate.

There must be a clear distinction between assumptions about factors which the members of the administrative, management or supervisory bodies can influence and assumptions about factors which are exclusively outside the influence of the members of the administrative, management or supervisory bodies; the assumptions must be readily understandable by investors, be specific and precise and not relate to the general accuracy of the estimates underlying the forecast.

13.2. A report prepared by independent accountants or auditors stating that in the opinion of the independent accountants or auditors the forecast or estimate has been properly compiled on the basis stated and that the basis of accounting used for the profit forecast or estimate is consistent with the accounting policies of the issuer.

13.3. The profit forecast or estimate must be prepared on a basis comparable with the historical financial information.

13.4. If a profit forecast in a prospectus has been published which is still outstanding, then provide a statement setting out whether or not that forecast is still correct as at the time of the registration document, and an explanation of why such forecast is no longer valid if that is the case.

14. ADMINISTRATIVE, MANAGEMENT, AND SUPERVISORY BODIES AND SENIOR MANAGEMENT

14.1. Names, business addresses and functions in the issuer of the following persons and an indication of the principal activities performed by them outside that issuer where these are significant with respect to that issuer:

(a) members of the administrative, management or supervisory bodies;

(b) partners with unlimited liability, in the case of a limited partnership with a share capital;

(c) founders, if the issuer has been established for fewer than five years;

and

(d) any senior manager who is relevant to establishing that the issuer has the appropriate expertise and experience for the management of the issuer's business.

The nature of any family relationship between any of those persons.

In the case of each member of the administrative, management or supervisory bodies of the issuer and of each person mentioned in points (b) and (d) of the first subparagraph, details of that person's relevant management expertise and experience and the following information:

(a) the names of all companies and partnerships of which such person has been a member of the administrative, management or supervisory bodies or partner at any time in the previous five years, indicating whether or not the individual is still a member of the administrative, management or supervisory bodies or partner. It is not necessary to list all the subsidiaries of an issuer of which the person is also a member of the administrative, management or supervisory bodies;

(b) any convictions in relation to fraudulent offences for at least the previous five years;

(c) details of any bankruptcies, receiverships or liquidations with which a person described in (a) and (d) of the first subparagraph who was acting in the capacity of any of the positions set out in (a) and (d) of the first sub-paragraph was associated for at least the previous five years;

(d) details of any official public incrimination and/or sanctions of such person by statutory or regulatory authorities (including designated professional bodies) and whether such person has ever been disqualified by a court from acting as a member of the administrative, management or supervisory bodies of an issuer or from acting in the management or conduct of the affairs of any issuer for at least the previous five years.

If there is no such information to be disclosed, a statement to that effect is to be made.

14.2. Administrative, Management, and Supervisory bodies and Senior Management conflicts of interests

Potential conflicts of interests between any duties to the issuer, of the persons referred to in item 14.1. and their private interests and or other duties must be clearly stated. In the event that there are no such conflicts, a statement to that effect must be made.

Any arrangement or understanding with major shareholders, customers, suppliers or others, pursuant to which any person referred to in item 14.1. was selected as a member of the administrative, management or supervisory bodies or member of senior management.

Details of any restrictions agreed by the persons referred to in item 14.1. on the disposal within a certain period of time of their holdings in the issuer's securities.

15. REMUNERATION AND BENEFITS

In relation to the last full financial year for those persons referred to in points (a) and (d) of the first subparagraph of item 14.1.:

15.1. The amount of remuneration paid (including any contingent or deferred compensation), and benefits in kind granted to such persons by the issuer and its subsidiaries for services in all capacities to the issuer and its subsidiaries by any person.

That information must be provided on an individual basis unless individual disclosure is not required in the issuer's home country and is not otherwise publicly disclosed by the issuer.

15.2. The total amounts set aside or accrued by the issuer or its subsidiaries to provide pension, retirement or similar benefits.

16. BOARD PRACTICES

In relation to the issuer's last completed financial year, and unless otherwise specified, with respect to those persons referred to in point (a) of the first subparagraph of 14.1.:

16.1. Date of expiration of the current term of office, if applicable, and the period during which the person has served in that office.

16.2. Information about members of the administrative, management or supervisory bodies' service contracts with the issuer or any of its subsidiaries providing for benefits upon termination of employment, or an appropriate negative statement.

16.3. Information about the issuer's audit committee and remuneration committee, including the names of committee members and a summary of the terms of reference under which the committee operates.

16.4. A statement as to whether or not the issuer complies with its country's of incorporation corporate governance regime(s). In the event that the issuer does not comply with such a regime, a statement to that effect must be included together with an explanation regarding why the issuer does not comply with such regime.

17. EMPLOYEES

17.1. Either the number of employees at the end of the period or the average for each financial year for the period covered by the historical financial information up to the date of the registration document (and changes in such numbers, if material) and, if possible and material, a breakdown of persons employed by main category of activity and geographic location. If the issuer employs a significant number of temporary employees, include disclosure of the number of temporary employees on average during the most recent financial year.

17.2. Shareholdings and stock options

With respect to each person referred to in points (a) and (d) of the first subparagraph of item 14.1. provide information as to their share ownership and any options over such shares in the issuer as of the most recent practicable date.

17.3. Description of any arrangements for involving the employees in the capital of the issuer.

18. MAJOR SHAREHOLDERS

18.1. In so far as is known to the issuer, the name of any person other than a member of the administrative, management or supervisory bodies who, directly or indirectly, has an interest in the issuer's capital or voting rights which is notifiable under the issuer's national law, together with the amount of each such person's interest or, if there are no such persons, an appropriate negative statement.

18.2. Whether the issuer's major shareholders have different voting rights, or an appropriate negative statement.

18.3. To the extent known to the issuer, state whether the issuer is directly or indirectly owned or controlled and by whom and describe the nature of such control and describe the measures in place to ensure that such control is not abused.

18.4. A description of any arrangements, known to the issuer, the operation of which may at a subsequent date result in a change in control of the issuer.

19. RELATED PARTY TRANSACTIONS

Details of related party transactions (which for these purposes are those set out in the Standards adopted according to the Regulation (EC) No 1606/2002), that the issuer has entered into during the period covered by the historical financial information and up to the date of the registration document, must be disclosed in accordance with the respective standard adopted according to Regulation (EC) No 1606/2002 if applicable.

If such standards do not apply to the issuer the following information must be disclosed:

(a) the nature and extent of any transactions which are – as a single transaction or in their entirety – material to the issuer. Where such related party transactions are not concluded at arm's length provide an explanation of why these transactions were not concluded at arms length. In the case of outstanding loans including guarantees of any kind indicate the amount outstanding;

(b) the amount or the percentage to which related party transactions form part of the turnover of the issuer.

20. FINANCIAL INFORMATION CONCERNING THE ISSUER'S ASSETS AND LIABILITIES, FINANCIAL POSITION AND PROFITS AND LOSSES

20.1. Historical financial information

Audited historical financial information covering the latest three financial years (or such shorter period that the issuer has been in operation), and the audit report in respect of each year. If the issuer has changed its accounting reference date during the period for which historical financial information is required, the audited historical information shall cover at least 36 months, or the entire period for which the issuer has been in operation, whichever is the shorter. Such financial information must be prepared according to Regulation (EC) No 1606/2002, or if not applicable to a Member State national accounting standards for issuers from the Community. For third country issuers, such financial information must be prepared according to the international accounting standards adopted pursuant to the procedure of Article 3 of Regulation (EC) No 1606/2002 or to a third country's national accounting standards equivalent to these standards. If such financial information is not equivalent to these standards, it must be presented in the form of restated financial statements.

The last two years audited historical financial information must be presented and prepared in a form consistent with that which will be adopted in the issuer's next published annual financial statements having regard to accounting standards and policies and legislation applicable to such annual financial statements.

If the issuer has been operating in its current sphere of economic activity for less than one year, the audited historical financial information covering that period must be prepared in accordance with the standards applicable to annual financial statements under the Regulation (EC) No 1606/2002, or if not applicable to a Member State national accounting standards where the issuer is an issuer from the Community. For third country issuers, the historical financial information must be prepared according to the international accounting standards adopted pursuant to the procedure of Article 3 of Regulation (EC) No 1606/2002 or to a third country's national accounting standards equivalent to these standards. This historical financial information must be audited.

If the audited financial information is prepared according to national accounting standards, the financial information required under this heading must include at least:

(a) balance sheet;

(b) income statement;

(c) a statement showing either all changes in equity or changes in equity other than those arising from capital transactions with owners and distributions to owners;

(d) cash flow statement;

(e) accounting policies and explanatory notes.

The historical annual financial information must be independently audited or reported on as to whether or not, for the purposes of the registration document, it gives a true and fair view, in accordance with auditing standards applicable in a Member State or an equivalent standard.

20.2. Pro forma financial information

In the case of a significant gross change, a description of how the transaction might have affected the assets and liabilities and earnings of the issuer, had the transaction been undertaken at the commencement of the period being reported on or at the date reported.

This requirement will normally be satisfied by the inclusion of pro forma financial information. This pro forma financial information is to be presented as set out in Annex II and must include the information indicated therein. Pro forma financial information must be accompanied by a report prepared by independent accountants or auditors.

20.3. Financial statements

If the issuer prepares both own and consolidated annual financial statements, include at least the consolidated annual financial statements in the registration document.

20.4. Auditing of historical annual financial information

20.4.1. A statement that the historical financial information has been audited. If audit reports on the historical financial information have been refused by the statutory auditors or if they contain qualifications or disclaimers, such refusal or such qualifications or disclaimers must be reproduced in full and the reasons given.

20.4.2. Indication of other information in the registration document which has been audited by the auditors.

20.4.3. Where financial data in the registration document is not extracted from the issuer's audited financial statements state the source of the data and state that the data is unaudited.

20.5. Age of latest financial information

20.5.1. The last year of audited financial information may not be older than one of the following:

(a) 18 months from the date of the registration document if the issuer includes audited interim financial statements in the registration document;

(b) 15 months from the date of the registration document if the issuer includes unaudited interim financial statements in the registration document.

20.6. Interim and other financial information

20.6.1. If the issuer has published quarterly or half yearly financial information since the date of its last audited financial statements, these must be included in the registration document. If the quarterly or half yearly financial information has been reviewed or audited, the audit or review report must also be included. If the quarterly or half yearly financial information is unaudited or has not been reviewed state that fact.

20.6.2. If the registration document is dated more than nine months after the end of the last audited financial year, it must contain interim financial information, which may be unaudited (in which case that fact must be stated) covering at least the first six months of the financial year.

The interim financial information must include comparative statements for the same period in the prior financial year, except that the requirement for comparative balance sheet information may be satisfied by presenting the years end balance sheet.

20.7. Dividend policy

A description of the issuer's policy on dividend distributions and any restrictions thereon.

20.7.1. The amount of the dividend per share for each financial year for the period covered by the historical financial information adjusted, where the number of shares in the issuer has changed, to make it comparable.

20.8. Legal and arbitration proceedings

Information on any governmental, legal or arbitration proceedings (including any such proceedings which are pending or threatened of which the issuer is aware), during a period covering at least the previous 12 months which may have, or have had in the recent past significant effects on the issuer and/or group's financial position or profitability, or provide an appropriate negative statement.

20.9. Significant change in the issuer's financial or trading position

A description of any significant change in the financial or trading position of the group which has occurred since the end of the last financial period for which either audited financial information or interim financial information have been published, or provide an appropriate negative statement.

21. ADDITIONAL INFORMATION

21.1. Share Capital

The following information as of the date of the most recent balance sheet included in the historical financial information:

21.1.1. The amount of issued capital, and for each class of share capital:

(a) the number of shares authorised;

(b) the number of shares issued and fully paid and issued but not fully paid;

(c) the par value per share, or that the shares have no par value;

and

(d) a reconciliation of the number of shares outstanding at the beginning and end of the year. If more than 10 % of capital has been paid for with assets other than cash within the period covered by the historical financial information, state that fact.

21.1.2. If there are shares not representing capital, state the number and main characteristics of such shares.

21.1.3. The number, book value and face value of shares in the issuer held by or on behalf of the issuer itself or by subsidiaries of the issuer.

21.1.4. The amount of any convertible securities, exchangeable securities or securities with warrants, with an indication of the conditions governing and the procedures for conversion, exchange or subscription.

21.1.5. Information about and terms of any acquisition rights and or obligations over authorised but unissued capital or an undertaking to increase the capital.

21.1.6. Information about any capital of any member of the group which is under option or agreed conditionally or unconditionally to be put under option and details of such options including those persons to whom such options relate.

21.1.7. A history of share capital, highlighting information about any changes, for the period covered by the historical financial information.

21.2. Memorandum and Articles of Association

21.2.1. A description of the issuer's objects and purposes and where they can be found in the memorandum and articles of association.

21.2.2. A summary of any provisions of the issuer's articles of association, statutes, charter or bylaws with respect to the members of the administrative, management and supervisory bodies.

21.2.3. A description of the rights, preferences and restrictions attaching to each class of the existing shares.

21.2.4. A description of what action is necessary to change the rights of holders of the shares, indicating where the conditions are more significant than is required by law.

21.2.5. A description of the conditions governing the manner in which annual general meetings and extraordinary general meetings of shareholders are called including the conditions of admission.

21.2.6. A brief description of any provision of the issuer's articles of association, statutes, charter or bylaws that would have an effect of delaying, deferring or preventing a change in control of the issuer.

21.2.7. An indication of the articles of association, statutes, charter or bylaw provisions, if any, governing the ownership threshold above which shareholder ownership must be disclosed.

21.2.8. A description of the conditions imposed by the memorandum and articles of association statutes, charter or bylaw governing changes in the capital, where such conditions are more stringent than is required by law.

22. MATERIAL CONTRACTS

A summary of each material contract, other than contracts entered into in the ordinary course of business, to which the issuer or any member of the group is a party, for the two years immediately preceding publication of the registration document.

A summary of any other contract (not being a contract entered into in the ordinary course of business) entered into by any member of the group which contains any provision under which any member of the group has any obligation or entitlement which is material to the group as at the date of the registration document.

23. THIRD PARTY INFORMATION AND STATEMENT BY EXPERTS AND DECLARATIONS OF ANY INTEREST

23.1. Where a statement or report attributed to a person as an expert is included in the registration document, provide such person's name, business address, qualifications and material interest if any in the issuer. If the report has been produced at the issuer's request a statement to the effect that such statement or report is included, in the form and context in which it is included, with the consent of the person who has authorised the contents of that part of the registration document.

23.2. Where information has been sourced from a third party, provide a confirmation that this information has been accurately reproduced and that as far as the issuer is aware and is able to ascertain from information published by that third party, no facts have been omitted which would render the reproduced information inaccurate or misleading. In addition, identify the source(s) of the information.

24. DOCUMENTS ON DISPLAY

A statement that for the life of the registration document the following documents (or copies thereof), where applicable, may be inspected:

(a) the memorandum and articles of association of the issuer;

(b) all reports, letters, and other documents, historical financial information, valuations and statements prepared by any expert at the issuer's request any part of which is included or referred to in the registration document;

(c) the historical financial information of the issuer or, in the case of a group, the historical financial information for the issuer and its subsidiary undertakings for each of the two financial years preceding the publication of the registration document.

An indication of where the documents on display may be inspected, by physical or electronic means.

25. INFORMATION ON HOLDINGS

Information relating to the undertakings in which the issuer holds a proportion of the capital likely to have a significant effect on the assessment of its own assets and liabilities, financial position or profits and losses.

Inhalt

		Rn.			Rn.
I.	Einleitung	1	IV.	Ausgewählte Finanzinformationen	11
II.	Verantwortliche Person	3		1. Ausgewählte Finanzinformationen, Ziff. 3.1	11
	1. Prospekthaftung und verantwortliche Personen, Ziff. 1.1.	3		2. Maßgeblicher Zeitraum, Ziff. 3.2.	14
	2. Sorgfaltserklärung, Ziff. 1.2.	6	V.	Risikofaktoren	15
III.	Abschlussprüfer	7		1. Überblick	15
	1. Abschlussprüfer, Ziff. 2.1.	7		2. Risikofaktoren	17
	2. Wechsel des Abschlussprüfers, Ziff. 2.2.	10	VI.	3. Darstellung	19
				Informationen über den Emittenten	22

	1. Formelle Angaben über den Emittenten, Ziff. 5.1.1., Ziff. 5.1.2., Ziff. 5.1.3.............	22	XV.	2. Erforderliche Angaben, Ziff. 13.1. bis Ziff. 13.4.. Verwaltungs-, Geschäftsführungs- und Aufsichtsorgane sowie oberes Management	67 68
	2. Maßgebliche Rechtsordnung, Ziff. 5.1.4.....	25		1. Überblick............	68
	3. Geschäftsentwicklung, Ziff. 5.1.5.............	26		2. Angaben zu Organmitgliedern und Manage-	
	4. Investitionen..........	27		ment, Ziff. 14.1........	69
VII.	Geschäftsüberblick.......	33		3. Interessenkonflikte,	
	1. Überblick, Ziff. 6.1.....	33		Ziff. 14.2.............	71
	2. Haupttätigkeiten, Ziff. 6.1.1.............	34	XVI.	Bezüge und Vergünstigungen, Ziff. 15............	73
	3. Neue Produkte/Dienstleistungen, Ziff. 6.1.2...	38	XVII.	Praktiken der Geschäftsführung................	75
	4. Wichtigste Märkte, Ziff. 6.2...............	39	XVIII.	Beschäftigte .... 1. Beschäftigte, Ziff. 17.1..	77 77
	5. Außergewöhnliche Faktoren, Ziff. 6.3......	41		2. Beteiligung, Ziff. 17.2., Ziff. 17.3.............	79
	6. Besondere Abhängigkeiten, Ziff. 6.4........	42	XIX.	Hauptaktionäre.......... 1. Hauptaktionäre, Ziff. 18.1.,	80
	7. Wettbewerbsposition, Ziff. 6.5...............	43		Ziff. 18.2............. 2. Beteiligungen und Be-	80
VIII.	Organisationsstruktur, Ziff. 7	44		herrschungsverhältnisse, Ziff. 18.3., Ziff. 18.4. ...	82
IX.	Sachanlagen .... 1. Wesentliche Sachanlagen, Ziff. 8.1..........	46 46	XX. XXI.	Geschäfte mit verbundenen Parteien............... Überblick Finanzinfor-	84
	2. Umweltfragen, Ziff. 8.2..	49		mationen...............	85
X.	Angaben zur Geschäfts- und Finanzlage..........	50	XXII.	Begriff der historischen Finanzinformationen,	
	1. Angaben zur Finanzlage – Überblick...........	50	XXIII.	Ziff. 20.1. Satz 1......... Umfang der aufzunehmenden Finanzinformationen,	87
	2. Finanzinformationen, Ziff. 9.1..............	52		Ziff. 20.1. Satz 1 Fortsetzung und Satz 2.........	92
	3. Complex Financial History...............	55	XXIV.	Anzuwendende Rechnungslegungsstandards,	
	4. Beeinträchtigende Faktoren und Veränderungen, Ziff. 9.2., Ziff. 9.2.1., Ziff. 9.2.2., Ziff. 9.2.3. ...	56	XXV.	Ziff. 20.1. Satz 3......... Anzuwendender Rechnungslegungsstandard bei Drittstaatenemittenten,	97
XI.	Eigenkapitalausstattung... 1. Überblick.............	59 59	XXVI.	Ziff. 20.1. Satz 4 und 5 ... Konsistenzgebot, Ziff. 20.1.	104
	2. Angaben zur Kapitalausstattung	60	XXVII.	Satz 6................. Finanzinformationen bei	113
XII.	Forschung und Entwicklung, Patente und Lizenzen	61		kurzfristiger Geschäftstätigkeit, Ziff. 20.1. Satz 7–9...	124
XIII.	Trendinformationen	64	XXVIII.	Inhalt der Finanzinformationen nach nationalen Rechnungslegungsgrundsätzen, Ziff. 20.1. Satz 10........	
XIV.	Gewinnprognosen oder -schätzungen............	65			
	1. Veröffentlichung von Gewinnprognosen, Ziff. 13.	65			134

XXIX.	Anzuwendender Prüfungsstandard, Ziffer 20.1. Satz 11 137		nanzinformationen, Ziff. 20.6.2 174
XXX.	Pflicht zur Erstellung von Pro forma-Finanzinformationen, Ziff. 20.2. 146	XXXVI.	Dividendenpolitik, Ziff. 20.7. 189
		XXXVII.	Gerichts- und Schiedsverfahren, Ziff. 20.8. 191
XXXI.	Aufnahme von Einzel- und Konzernabschlüssen, Ziff. 20.3. 152	XXXVIII.	Wesentliche Veränderungen in der Finanzlage oder der Handelsposition des Emittenten, Ziff. 20.9. 192
XXXII.	Prüfung der historischen Finanzinformationen, Ziff. 20.4. 157	XXXIX.	Zusätzliche Angaben, Ziff. 21.1. bis 21.2. 193
XXXIII.	Alter der jüngsten Finanzinformationen, Ziff. 20.5... 170	XL.	Wesentliche Verträge 203
		XLI.	Angaben von Seiten Dritter, Erklärungen von Seiten Sachverständiger und Interessenerklärungen ... 206
XXXIV.	Pflicht zur Aufnahme von bereits veröffentlichten Zwischenfinanzinformationen, Ziff. 20.6.1. 171		
		XLII.	Einsehbare Dokumente .. 208
XXXV.	Pflicht zur Aufnahme und Inhalte von Zwischenfi-	XLIII.	Angaben über Beteiligungen 209

I. Einleitung

1 Der Anh. I EU-ProspV enthält das Schema (siehe Definition in Art. 2 Ziff. 1 EU-ProspV[1]) mit den vorgeschriebenen Mindestangaben für das Registrierungsformular für Aktien.[2] Da bei den Aktienemissionen die höchsten Anforderungen an die Mindestangaben gestellt werden[3] (siehe Art. 21 Abs. 2 EU-ProspV), ist in Anhang I das strengste Schema mit den weitestgehenden Informationsanforderungen normiert. Es darf gem. Art. 21 Abs. 2 EU-ProspV auch für die Emission von Wertpapieren verwendet werden, für die ein weniger umfassendes und strenges Registrierungsformularschema vorgesehen ist.

2 Die EU-ProspV schreibt für die Prospektstruktur (1) ein klares und detailliertes Inhaltsverzeichnis vor, (2) eine Zusammenfassung i. S. d. Art. 5 Abs. 2 der EU-ProspV, (3) die Angabe der Risikofaktoren, die mit dem Emittenten und der Art von Wertpapier, die Bestandteil der Emission ist, einhergehen/verbunden sind, und (4) eine Angabe der sonstigen Informationsbestandteile, die Gegenstand der Schemata und Module sind, auf deren Grundlage der Prospekt erstellt wurde (Art. 25 Abs. 1 EU-ProspV). Die Reihenfolge der Informationsbestandteile ist hingegen nicht verbindlich (Art. 25 Abs. 3 EU-ProspV). Die BaFin hat aber von ihrer Möglichkeit nach Art. 25 Abs. 4 EU-ProspV Ge-

---

1 Der Klammerzusatz „Modul" der deutschen Fassung entspricht nicht der Definition der Begriffe „Schema" und „Modul" in Art. 2 Ziff. 1 und 2 EU-ProspV. In der englischen Fassung ist die Liste des Anhang I zutreffend als „schedule" (nach der deutschen Terminologie „Schema") bezeichnet.
2 Zum Geltungsbereich über Aktien hinaus siehe Art. 4 der EU-ProspV und Erläuterungen zu Art. 4 Abs. 2.
3 *Kunold/Schlitt*, BB 2004, 501, 508.

brauch gemacht und verlangt eine Aufstellung der Querverweise für die Prüfung des Prospekts vor seiner Billigung, wenn der Prospekt nicht in der Reihenfolge des entsprechenden Anhangs der EU-ProspV aufgebaut ist.[4]

II. Verantwortliche Person, Ziff. 1.

1. Prospekthaftung und verantwortliche Personen, Ziff. 1.1.

Die Angabe der für den Prospekt verantwortlichen Personen ist für den Anleger der Anknüpfungspunkt zur Ermittlung der haftenden Personen. § 5 Abs. 4 Satz 1, 1. Halbs. WpPG nimmt diese Pflichtangabe auf, ohne die verantwortlichen Personen explizit zu nennen. Wer als verantwortliche Person für den Prospektinhalt zu haften hat, ergibt sich aus den jeweiligen mitgliedstaatlichen Bestimmungen, denn es gibt bislang kein gemeinschaftsweites einheitliches Haftungsregime. In Art. 6 Abs. 1 Satz 1 EU-ProspRL ist lediglich normiert, dass die Mitgliedstaaten zumindest die Haftung des Emittenten oder seiner Organe, der Anbieter, der Zulassungsantragsteller oder des Garantiegebers für den Prospektinhalt sicher zu stellen haben. Im deutschen Recht kommt hier als Haftungsgrundlage für öffentlich angebotene Wertpapiere, die zum Handel an einem organisierten Markt zugelassen werden sollen, § 44 BörsG in Betracht; sollen die öffentlich angebotenen Wertpapiere nicht zugelassen werden, so ist § 44 BörsG über § 13 VerkProspG anwendbar.[5] Gleichwohl ist der Kreis der Prospektverantwortlichen i.S.v. Anh. I Ziff. 1.1. und der Haftungsverantwortlichen i.S.d. Prospekthaftung nicht identisch. Das ergibt sich bereits daraus, dass die Anforderungen an die Prospektangaben europarechtlich vereinheitlicht sind, während dies für die Prospekthaftung nicht gilt. Wer im Prospekt die Verantwortung übernimmt, unterliegt nach deutschem Recht gemäß § 44 Abs. 1 Satz 1 Nr. 1 BörsG der Prospekthaftung. Sind dort Personen genannt, die nicht zwingend dort hätten genannt werden müssen und auch ohne ihre Nennung nicht der Prospekthaftung unterlägen, haften sie aufgrund der Nennung gleichwohl. Darüber hinaus haften nach § 44 Abs. 1 Satz 1 Nr. 2 BörsG aber auch diejenigen, „von denen der Erlass des Prospekts ausgeht", auch wenn sie im Prospekt nicht ausdrücklich die Verantwortung für diesen übernommen haben und dies aufgrund von Anh. I Ziff. 1.1. EU-ProspV auch nicht tun mussten. Insofern stellen die Prospektangaben für den Investor nur einen ersten Anknüpfungspunkt für die Prospekthaftung dar.

Regelmäßig reicht es aus, dass aus der Sphäre des Emittenten dieser selbst die Verantwortung übernimmt. Eine Übernahme der Prospektverantwortung durch weitere Personen aus der Sphäre der emittierenden Gesellschaft ist nicht zwingend vorgeschrieben. Daher wird regelmäßig nur die emittierende

---

[4] Diesem Erfordernis wird in der Praxis üblicherweise dadurch Rechnung getragen, dass dem Prospektentwurf ein Ausdruck des entsprechenden Anhangs der EU-ProspV beigefügt ist, der jeweils einen Hinweis auf Abschnitt und Seitenzahl der entsprechenden Darstellung im Prospektentwurf enthält (so genannte Überkreuzliste).
[5] Zur Prospekthaftung siehe *Keul/Erttmann*, DB 2006, 1664; *Holzborn/Israel*, ZIP 2005, 1668, 1675; *Kiethe*, MDR 2006, 843 ff.; *Kuntz*, WM 2007, S. 432 ff.

Gesellschaft als verantwortliche Person angegeben und auf die Angabe von Mitgliedern der Organe des Emittenten o. ä. verzichtet. Werden im Rahmen des Prospekts Aktien aus einer Kapitalerhöhung und zusätzlich Aktien von Altaktionären angeboten, ist es nicht erforderlich, dass neben dem Emittenten die veräußernden Aktionäre eine Verantwortlichkeitserklärung abgeben. Entscheidend ist, dass zumindest eine der in Art. 6 der EU-ProspRL genannten Personen die Verantwortung für den gesamten Prospekt übernimmt[6]. Liegt eine reine Umplatzierung vor, ist es daher auch möglich, dass ausschließlich der abgebende Aktionär als Anbieter die Verantwortung übernimmt, wenngleich dies unüblich wäre. Des Weiteren ist Prospektverantwortlicher im Fall der Börsenzulassung das emissionsbegleitende Kredit- oder Finanzdienstleistungsinstitut, das zusammen mit dem Emittenten Zulassungsantragsteller nach § 32 Abs. 2 Satz 1 BörsG ist, und damit stets neben dem Emittenten die den Vorgaben des § 5 Abs. 4 Satz 1, 2. Halbs. WpPG entsprechende Verantwortlichkeitserklärung abzugeben hat. Sollen die öffentlich angebotenen Aktien nicht an einem organisierten Markt zugelassen, sondern in den Freiverkehr einbezogen werden, so ist die emissionsbegleitende Bank zwar nicht nach § 5 Abs. 4 Satz 2 WpPG gezwungen, die Verantwortlichkeitserklärung im Prospekt abzugeben. Davon unberührt bleibt indes die Pflicht zur Unterzeichnung des Prospektes, sofern die emissionsbegleitende Bank nach der Transaktionsstruktur als Anbieter i. S. d. § 2 Nr. 10 WpPG anzusehen ist[7] und insofern auch eine mögliche damit verbundene Prospekthaftung übernimmt. Dritte, die bei der Erstellung des Prospekts mitgewirkt haben (etwa Rechtsanwälte, Wirtschaftsprüfer oder sonstige Berater), sind keine Prospektverantwortlichen und an dieser Stelle des Prospekts nicht zu erwähnen.[8]

5   Der Name der juristischen Person ist gleichbedeutend mit deren Firma (vgl. § 5 Abs. 4 Satz 1 WpPG). Auch wenn der Wertpapierprospekt ausführliche Angaben zum Emittenten, einschließlich dessen Sitzes enthalten muss (siehe Anh. I Ziff. 5 EU-ProspV), ist der Sitz der Gesellschaft auch bei der Angabe des Emittenten als verantwortliche Person gesondert anzugeben.

2. Sorgfaltserklärung, Ziff. 1.2.

6   Die Erklärungen zum Prospektinhalt und zur Anwendung der erforderlichen Sorgfalt nach Anh. I Ziff. 1.2. EU-ProspV geben die juristischen Personen selbst ab und nicht deren Organe. Auch nach der BörsZulVO war eine solche Erklärung zur Anwendung der erforderlichen Sorgfalt abzugeben, wobei deren Funktion unklar bleibt, da durch eine solche Sorgfaltserklärung die Haftung nicht ausgeschlossen oder relativiert wird.[9] Art. 6 Abs. 1 Satz 2,

---

6   CESR, FAQ, prospectus December 2007, Ref: CESR/07-852, Question 42, page 24.
7   *Groß*, KapMR, § 2 Nr. 10 WpPG Rn. 26f.
8   *Schwark*, in: Schwark, KapMRK, §§ 44, 45 BörsG Rn. 12. Zu der Prospektverantwortlichkeit der Mitglieder eines (Börseneinführungs-)Konsortiums siehe *Groß*, KapMR, §§ 44, 45 BörsG Rn. 33 f.; § 44 ff. BörsG Rn. 38 ff., 93.
9   Zum Verschuldensmaßstab bei der Prospekthaftung siehe *Keunecke*, ProspK KapM, Rn. 99 ff.; §§ 44 ff. BörsG Rn. 88 ff.

2. Halbs. EU-ProspRL ist jedenfalls zu entnehmen, dass die Prospekthaftung nach mitgliedstaatlichem Recht nicht durch die Sorgfaltserklärung hinfällig sein soll („der Prospekt muss ‚zudem' eine Erklärung enthalten ..."). Die Sorgfaltserklärung dient demnach ausschließlich der Information des Investors und hat auf die Anwendung und Auslegung der möglichen (nationalen) Haftungstatbestände keine Auswirkung. Eine Haftungsbeschränkung ist indes für die Zusammenfassung[10] des Prospekts vorgesehen. Nur, wenn die Zusammenfassung unter Heranziehung des übrigen Prospekts irreführend, unrichtig oder widersprüchlich ist, kommt eine Haftung in Betracht, vgl. § 5 Abs. 2 Satz 3 Ziff. 4 WpPG, der Art. 6 Abs. 2 Satz 2 EU-ProspRL umsetzt.

III. Abschlussprüfer, Ziff. 2.

1. Abschlussprüfer, Ziff. 2.1.

Bereits nach § 9 VerkProspVO und § 30 BörsZulVO waren die Namen, die Anschrift und die Berufsbezeichnung der Abschlussprüfer, welche die Jahresabschlüsse der letzten drei Geschäftsjahre des Emittenten nach Maßgabe der gesetzlichen Vorschriften geprüft haben, anzugeben. Anh. I Ziff. 2.1. EU-ProspV benennt als maßgeblichen Zeitraum jetzt den der historischen Finanzinformationen (i. d. R. drei Jahre); siehe dazu Anh. I Ziff. 20.1. EU-ProspV. Hat der Emittent in dieser Zeit den Abschlussprüfer gewechselt oder waren verschiedene Abschlussprüfer für die Jahres- bzw. Konzernabschlüsse zuständig, sind alle anzugeben. 7

Die Angabe der Namen und der Anschrift der Abschlussprüfer des Emittenten, die für den von den historischen Finanzinformationen abgedeckten Zeitraum zuständig waren, setzt nicht die namentliche Nennung der einzelnen Wirtschaftsprüfer einer Wirtschaftsprüfungsgesellschaft voraus. Die Angabe des Unternehmens mit der vollständigen Firmierung reicht aus. Mit Anschrift ist die vollständige Geschäftsadresse des Wirtschaftsprüfers gemeint. Die Privatanschrift der Wirtschaftsprüfer ist nicht anzugeben.[11] 8

Als Berufsvereinigungen werden in Deutschland die zur Erfüllung der beruflichen Selbstverwaltungsaufgaben nach § 4 Abs. 1 WPO gebildete Wirtschaftsprüferkammer mit Sitz in Berlin sowie das IDW verstanden. 9

2. Wechsel des Abschlussprüfers, Ziff. 2.2.

Einzelheiten zu der Abberufung, der nicht erfolgten Wiederbestellung oder einer Mandatsniederlegung sind zu veröffentlichen, wenn sie von wesentlicher Bedeutung sind. Durch diese unbestimmte Formulierung ist die Reichweite dieser Vorschrift nicht eindeutig festgelegt. Es scheint jedoch einiges dafür zu sprechen, dass eine Veränderung in der Person des Abschlussprüfers etwa aufgrund der Zeitdauer der Prüfungstätigkeit ohne weitere Um- 10

---

10 Der Prospekt muss nach § 5 Abs. 2 WpPG eine Zusammenfassung enthalten, vgl. Art. 5 Abs. 2 EU-ProspRL i.V. m. Anh. I und IV EU-ProspRL.
11 RegBegr. zur BörsZulVO, BR-Drucks. 72/87, S. 67, 76.

stände nicht als wesentlich zu verstehen ist. Obwohl nach dem Wortlaut der Vorschrift nicht jede Abberufung von wesentlicher Bedeutung sein muss, ist bei einer Abberufung nach § 318 Abs. 3 HGB grds. naheliegend, dass sie von wesentlicher Bedeutung ist. Der in § 318 Abs. 3 Satz 1 HGB genannte Abberufungsgrund der Befangenheit ist regelmäßig von wesentlicher Bedeutung, da er für potenzielle Investoren maßgebliche Aussagekraft hinsichtlich der Bewertung des Bilanzkontrollergebnisses des Abschlussprüfers hat. Ein Wechsel des Abschlussprüfers findet in der Praxis zudem gelegentlich statt, wenn der Emittent für die geplante Zulassung zum Handel an einem organisierten Markt seine Finanzinformationen von den nationalen Rechnungslegungsvorschriften des HGB auf IFRS umstellt.[12] Die Prüfung nach IFRS erfordert einen entsprechend qualifizierten Abschlussprüfer. Ein Wechsel des Abschlussprüfers aufgrund der erstmaligen Anwendung der IFRS dürfte jedoch nicht wesentlich und daher auch nicht zu veröffentlichen sein, weil der Emittent i.d.R. lediglich die Qualität der Prüfung sicherstellen möchte.

IV. Ausgewählte Finanzinformationen

1. Ausgewählte Finanzinformationen, Ziff 3.1.

11 Neben den Finanzinformationen, die in die Zusammenfassung[13] aufzunehmen sind, den Angaben zur Geschäfts- und Finanzlage nach Anh. I Ziff. 9. EU-ProspV und den Finanzinformationen über die Vermögens-, Finanz- und Ertragslage des Emittenten nach Anh. I Ziff. 20.1. EU-ProspV sind in den Prospekt ausgewählte Finanzinformationen aufzunehmen. Die ausgewählten Finanzinformationen sollen die wesentlichen Daten der historischen Finanzinformationen zusammenfassen.[14] Entsprechend beschreibt Anh. I Ziff. 3.1. Satz 2 EU-ProspV die ausgewählten Finanzinformationen als die Schlüsselzahlen, die einen Überblick über die Finanzlage des Emittenten geben. Dabei ist der Begriff Finanzlage nicht in Abgrenzung zur Vermögens- und Ertragslage zu verstehen,[15] sondern erfasst die gesamte Vermögens-, Finanz- und Ertragslage. So wird in der englischen Fassung der Begriff „financial condition" verwendet, der im Gegensatz zur Bezeichnung „financial position" steht, mit der die Finanzlage bezeichnet wird. Auch in Anh. I Ziff. 9. EU-ProspV wird der Begriff Finanzlage verwendet, obwohl hier (über die Aufnahme der Abschlüsse nach Anh. I Ziff. 20. EU-ProspV hinaus) eine Darstellung insb. der Veränderungen der Vermögens-, Finanz- und Ertragslage gefordert ist.

12 Die Schlüsselzahlen sollen unmittelbar den Finanzinformationen zu entnehmen sein.[16] Es spricht allerdings nichts dagegen, bestimmte zusätzliche

---

12 Siehe hierzu die Anm. zu Anh. I Ziff. 20.1. XXIV. Rn. 97 ff.
13 Der Prospekt muss nach § 5 Abs. 2 WpPG eine Zusammenfassung enthalten, vgl. Art. 5 Abs. 2 EU-ProspRL i.V. m. Anh. I und IV EU-ProspRL.
14 *CESR*, recommendations, Ref: CESR/05-54b, Tz. 20.
15 Zum Begriff der Finanzlage in Abgrenzung zur Vermögens-, und Ertragslage siehe *Winkeljohann/Schellhorn*, in: Ellrott/Förschle/Hoyos/Winkeljohann, Bil Komm, § 264 Rn. 37.
16 *CESR*, recommendations, Ref: CESR/05-54b, Tz. 22.

Kennzahlen aufzunehmen, die sich rechnerisch aus anderen Positionen ergeben (etwa EBIT oder EBITDA). Dies kann insbesondere dann von Interesse sein, wenn diese Kennzahlen für die Bewertung oder Vergleichbarkeit des Emittenten von Bedeutung sind. Welche Finanzdaten sich zur Aufnahme in den Abschnitt der ausgewählten Finanzinformationen anbieten, hat das CESR in seinen Empfehlungen beispielhaft zusammengefasst. Hierzu zählen ausgewählte wesentliche Daten der Gewinn- und Verlustrechnung, wesentliche Bilanzdaten und ausgewählte Angaben zur Kapitalflussrechnung.[17] In der Praxis stehen die ausgewählten Finanzinformationen im Prospekt häufig unmittelbar vor den Angaben zur Geschäfts- und Finanzlage (Anh. I Ziff. 9. EU-ProspV). Aus diesem Funktionszusammenhang ergibt sich, dass in den ausgewählten Finanzinformationen diejenigen Informationen aufzunehmen sind, die sodann diskutiert und erläutert werden. Die Darstellung von Finanzdaten aus den Jahresabschlüssen ist an dieser Stelle neben denjenigen aus den Konzernabschlüssen allenfalls in Ausnahmefällen erforderlich.

Üblich aber nicht erforderlich ist, in die ausgewählten Finanzinformationen einen Hinweis aufzunehmen, dass und von wem die Kennzahlen geprüft wurden. Da die Beurteilung, was für den Anleger relevant ist und als Schlüsselzahl in die ausgewählten Finanzinformationen aufgenommen werden sollte, schwierig sein kann, wird in der Praxis ein Hinweis aufgenommen, dass die ausgewählten Finanzinformationen gemeinsam mit dem Abschnitt „Darstellung und Analyse der Vermögens-, Finanz- und Ertragslage", den im Finanzteil enthaltenen geprüften Jahresabschlüssen und ggf. Konzernabschlüssen, den ggf. vorhandenen Zwischenabschlüssen und den Erläuterungen zu diesen Abschlüssen sowie sonstigen an anderen Stellen des Prospekts enthaltenen Finanzangaben zu lesen sind.

2. Maßgeblicher Zeitraum, Ziff. 3.2.

Die Daten sind für den Zeitraum der historischen Finanzinformationen (siehe Anh. I Ziff. 20.1. EU-ProspV) anzugeben. Wurden Zwischenberichte erstellt oder sind sie zu erstellen (vgl. Anh. I Ziff. 20.6. EU-ProspV), so müssen auch für diesen Zeitraum ausgewählte Finanzinformationen dargestellt werden. In dem Fall sind nach Anh. I Ziff. 3.2. EU-ProspV Vergleichsdaten für den gleichen Zeitraum des vorhergehenden Geschäftsjahres vorzulegen. Diese sind aus den Finanzinformationen des vorhergehenden Geschäftsjahres zu ermitteln, bedürfen aber keiner gesonderten Prüfung. Dasselbe gilt für Pro forma-Finanzinformationen.

V. Risikofaktoren, Ziff. 4.

1. Überblick

Eine Offenlegung der mit dem Erwerb von Wertpapieren verbundenen Risiken war bereits vor dem Inkrafttreten des WpPG üblich, jedoch nicht durch

---

17 *CESR*, recommendations, Ref: CESR/05-54b, Tz. 25.

das VerkProspG oder die BörsZulVO vorgeschrieben.[18] Vielfach waren die jeweiligen Abschnitte nicht mit „Risikofaktoren" überschrieben, sondern als „Hinweise für den Anleger" oder auch als „Anlageerwägungen" bezeichnet. Letzteres insb. auch bei Prospekten, die in den Anwendungsbereich des VerkProspG fielen.

Die nunmehr vorgeschriebene Bezeichnung als „Risikofaktoren" entspricht der gängigen internationalen, insb. US-amerikanischen Praxis. Der Abschnitt „Risikofaktoren" beginnt üblicherweise mit einer standardisierten Einleitung, die u. a. den Hinweis enthält, dass „Anleger vor der Entscheidung über den Kauf von Aktien der Gesellschaft die nachfolgend beschriebenen Risiken und die übrigen in diesem Prospekt enthaltenen Informationen sorgfältig lesen und berücksichtigen" sollten.

16 Der Prospekt ist nicht nur ein Vermarktungs-, sondern auch ein Haftungsdokument. Sind die Angaben in dem Prospekt unrichtig oder unvollständig droht für den Emittenten und die emissionsbegleitenden Kreditinstitute die Prospekthaftung. Eine solche Haftung besteht allerdings dann nicht, wenn das konkrete Risiko, das den wirtschaftlichen Erfolg des Emittenten beeinträchtigt oder gar zu seinem Scheitern geführt hat, im Prospekt angemessen dargestellt ist. Aus diesem Grund haben die Risikofaktoren aus haftungsrechtlicher Sicht eine besondere Bedeutung.

2. Risikofaktoren

17 Als Risikofaktor versteht die EU-ProspV Risiken, die für die jeweilige Situation des Emittenten und/oder der Wertpapiere spezifisch und für die Anlageentscheidung wesentlich sind, Art. 2 Ziff. 3 EU-ProspV. Unter Berücksichtigung dieser Definition reicht es mithin nicht aus – wie man dem Wortlaut von Anh. I Ziff. 4. EU-ProspV entnehmen könnte – die nicht unternehmensbezogenen branchenspezifischen Risikofaktoren anzugeben. Die Maßstäbe für die Auswahl der aufzuführenden Faktoren werden indes weder in Art. 2 Ziff. 3 noch in Anh. I Ziff. 4. EU-ProspV vorgegeben.[19] Hier sind die Prospektverantwortlichen gefordert, die emittenten- bzw. wertpapierspezifischen Risiken[20] von den allgemeinen Geschäftsrisiken abzugrenzen, richtig einzuschätzen und entsprechend umfassend und aussagekräftig im Prospekt darzustellen.

18 In dem Risikofaktor ist das potenzielle Risiko verständlich und möglichst präzise zu beschreiben. Hier muss sich die Geschäftsleitung die Frage stellen, welche möglichen negativen Entwicklungen die wesentlichen Risiken für

---

18 Die von der Deutsche Börse AG herausgegebenen Going Public Grundsätze, die als freiwillige Selbstverpflichtung der Marktteilnehmer bis zur ihrer Aufhebung am 01. 07. 2005 galten, sahen die Aufnahme von Risikofaktoren vor. Dies entsprach auch der damaligen Praxis. Hierzu auch *Gebauer* in Kümpel/Hammen/Ekkenga, KapMR, Kennz. 100, S. 50 m. w. N.
19 Zu den allgemeinen Maßstäben siehe Komm. zu Art. 2 Ziff. 3 EU-ProspV.
20 Zu den wertpapierspezifischen Risiken siehe auch Anh. III Ziff. 2. EU-ProspV und Erläuterungen dort.

den unternehmerischen Erfolg des Emittenten darstellen. Dies erfordert eine individuelle Analyse der Geschäfts- und Wettbewerbssituation des einzelnen Emittenten. Zu denken ist hierbei etwa an einen zunehmenden Wettbewerbsdruck (Markteintritt neuer Wettbewerber), Änderungen im regulatorischen Umfeld, Verschlechterung der Finanzierungskonditionen (Zinssteigerungen), Erhöhung des Innovationsdrucks oder mögliche Fehlinvestitionen oder Fehleinschätzungen von Marktentwicklungen. Daneben sind die Risiken von Bedeutung, welche die rechtliche, steuerliche und finanzielle Due Diligence offen gelegt haben, wie etwa maßgebliche Rechtsstreitigkeiten[21], nachteilige Vertragsgestaltungen, Altlasten bei Grundstücken, Umfang von Nutzungsrechten, mögliche Steuernachforderungen oder zukünftige nicht abgesicherte Zins- und Währungsrisiken.[22] Der spezifische Bezug jedes einzelnen Risikofaktors zum Geschäftsbetrieb und -umfeld des Emittenten muss im Einzelfall dargestellt werden. Dabei ist darauf zu achten, dass keine Abschwächung der Risiken im Sinne von „zwar – aber" vorgenommen wird. Allgemeine Geschäftsrisiken, denen jeder Geschäftsbetrieb gleichermaßen unterliegt, sind als Risikofaktoren nicht gefragt.

3. Darstellung

In der Praxis wird vielfach den einzelnen Risikofaktoren ein Satz vorangestellt, der das jeweilige Risiko in Kürze aus sich heraus verständlich wiedergibt. Nachdem die Zusammenfassung auch wesentliche Angaben zu den Risikofaktoren enthalten muss, § 5 Abs. 2 Satz 2 i.V.m. Anh. I und IV EU-ProspRL, bietet es sich an, diese Sätze in die Zusammenfassung wortgleich aufzunehmen. 19

Die Herausforderung bei der Formulierung der einzelnen Risikofaktoren besteht darin, die wesentlichen finanziellen, rechtlichen und geschäftlichen Risiken konkret zu beschreiben und dabei auch die „benachbarten" Risiken so abzudecken, dass sie in der Darstellung mit erfasst werden. Die einzelnen Risikofaktoren enden häufig mit dem standardisierten Hinweis, dass der Eintritt der genannten Faktoren „(erhebliche) nachteilige Auswirkungen auf die Geschäftstätigkeit der Gesellschaft sowie auf ihre Vermögens-, Finanz- und Ertragslage" hätte. Zudem sollte die Darstellung der Risikofaktoren aus sich heraus verständlich sein. Verweise in andere Prospektteile (etwa auf die Darstellung der Geschäftstätigkeit oder der Rechtsstreitigkeiten) sind daher nicht sachgerecht, insbesondere wenn nur so die Verständlichkeit erreicht wird. 20

Die Reihenfolge der einzelnen Risikofaktoren sollte sorgfältig gewählt werden. Zwar enthält die Einleitung zu diesem Abschnitt üblicherweise einen Hinweis, wonach die gewählte Reihenfolge weder eine Aussage über die Eintrittswahrscheinlichkeit noch über die Schwere bzw. die Bedeutung der 21

---

21 Zur Aufnahme v. Rechtsstreitigkeiten in den Prospekt siehe auch Anh. I Ziff. 20.8. EU-ProspV.
22 Zu Umfang und Intensität der Due Diligence anlässlich von Kapitalmarkttransaktionen siehe *Krämer*, in: Marsch-Barner/Schäfer, Hdb börsnot AG, § 9 Rn. 58 ff.

einzelnen Risiken trifft. Gleichwohl ist es üblich und sachgerecht und wird nicht zuletzt vom Leser auch so erwartet, dass die wesentlichen Risiken zuerst dargestellt werden. Dabei ist für die Frage der Wesentlichkeit sowohl das Ausmaß der möglichen wirtschaftlichen Auswirkungen auf den Emittenten als auch die Eintrittswahrscheinlichkeit maßgeblich. Daneben ist es vielfach sachgerecht und erleichtert dem Leser die Orientierung, die verschiedenen Risikofaktoren durch Zwischenüberschriften einzuteilen und etwa nach (i) markt- bzw. branchenbezogenen Risiken, (ii) unternehmensbezogenen Risiken und (iii) mit der Transaktion bzw. der Kapitalmarktsituation verbundenen Risiken zu trennen.

VI. Informationen über den Emittenten, Ziff. 5.

1. Formelle Angaben über den Emittenten, Ziff. 5.1.1., Ziff. 5.1.2., Ziff. 5.1.3.

22 Als juristischer Name wird die Firma des Emittenten verstanden. Mit dem Ausdruck kommerzieller Name ist der Name gemeint, unter dem der Emittent geschäftlich tätig ist. Vielfach ist dieser Name mit der Firma identisch, ggf. wird lediglich der Firmenzusatz, etwa i. R. d. Produktwerbung, weggelassen oder eine Abkürzung verwendet.

23 Nach deutschem Aktienrecht ist der Ort der Registrierung der Sitz des Amtsgerichts, das die Eintragung des Emittenten in das HR vornimmt. Dies ist das Gericht des nach § 5 AktG satzungsmäßig bestimmten Sitzes der Gesellschaft (siehe §§ 36, 14 AktG). Der Sitz einer nach deutschem Recht gegründeten AG oder KGaA hat sich in Deutschland zu befinden, ansonsten wäre ein Registerverfahren mangels Bestimmbarkeit der Zuständigkeit nicht möglich. Durch die i. R. d. Modernisierung des GmbH-Rechts geplanten Gesetzesänderungen wird sich an der Zuständigkeit des Gerichts des Sitzes der Gesellschaft nach deutschem Aktienrecht nichts ändern. Die örtliche Zuständigkeit für die Eintragung in das HR richtet sich weiter nach dem in den Gründungsvereinbarungen bestimmten Sitz der Gesellschaft. Dieser muss sich zwar nach wie vor in Deutschland, nach der Gesetzesänderung aber nicht mehr notwendig am Ort einer Betriebsstätte, der Geschäftsleitung oder der Verwaltung befinden.[23] Die Registrierungsnummer ist die Nummer, unter der die Gesellschaft im HR eingetragen wird (Registerblatt, vgl. § 13 HRV).

24 Ob mit „Datum der Gründung" tatsächlich das Datum des nach deutschem Recht als Gründung zu bezeichnenden Vorgangs[24] gemeint ist, ist fraglich. Einiges spricht dafür, dass mit dem Begriff der Gründung in Anh. I EU-ProspV die Entstehung[25] bzw., sofern diese konstitutiv ist, das Datum der

---

[23] Der Entwurf eines Gesetzes zur Modernisierung des GmbH-Rechts und zur Bekämpfung v. Missbräuchen sieht in Art. 1 Nr. 2 und Art. 5 Nr. 1 eine Aufhebung der § 4 Abs. 2 GmbHG und § 5 Abs. 2 AktG v. (Gesetzentwurf der Bundesregierung BT-Drucks. 16/6140).

[24] Dies war nach § 18 Nr. 2 BörsZulVO anzugeben, vgl. *Heidelbach*, in: Schwark, KapMRK, § 18 Rn. 1.

[25] Zu den Unterschieden in der deutschen gesellschaftsrechtlichen Terminologie siehe *Schmidt*, Gesellschaftsrecht, S. 290 ff., 295.

Eintragung der Gesellschaft in das HR gemeint ist.[26] Anführen lässt sich auch die englische Fassung der EU-ProspV. Danach ist das Datum der „incorporation" anzugeben, was die Registrierung der Gesellschaft umfasst.[27] In einem Prospekt sollten daher sowohl das Datum des nach deutschem Recht als Gründung zu bezeichnenden Vorgangs als auch das Datum der Eintragung in das HR genannt werden. Welches der maßgebliche Gründungsvorgang ist, ergibt sich aus deutschem Gesellschaftsrecht. In den weitaus meisten Fällen wird es bei einer Kapitalgesellschaft auf das Datum der notariellen Gründungsurkunde ankommen. Ist bei Gesellschaften, die sehr alt sind, das Gründungsdatum nicht mehr genau feststellbar, reicht ein allgemeiner Hinweis aus, etwa dass der Emittent auf die „im Jahr 1882 gegründete Gesellschaft mit der Firma ... zurückgeht". Schwierigkeiten können sich auch ergeben, wenn der Emittent im Wege der formwechselnden Umwandlung aus einer Personengesellschaft entstanden ist. Dann kann auch der Geschäftsbeginn der maßgebliche Zeitpunkt sein (vgl. § 123 Abs. 2 HGB). Ausreichend dürfte freilich sein, das Datum der HR-Eintragung der Umwandlung in die AG oder KGaA anzugeben. Da jedenfalls Emittenten aus Deutschland aufgrund der Handelsregisterdaten klar identifizierbar sind, können formale Anforderungen insofern hinter praktischen Schwierigkeiten zurücktreten.

Die Existenzdauer wird für AGs oder KGaAs i.d.R. unbefristet sein. Der Gesetzgeber verlangt die Offenlegung im Prospekt nur für den Fall, dass die Existenzdauer befristet ist.

2. Maßgebliche Rechtsordnung, Ziff. 5.1.4.

Die Formulierung „Rechtsordnung, in der er [der Emittent] tätig ist" ist missverständlich. Sie stellt darauf ab, welcher gesellschaftsrechtlichen Rechtsordnung der Emittent unterliegt. Es ist also keine Aufzählung der Rechtsordnungen gefordert, in denen der Emittent insgesamt geschäftlich tätig ist. Eine solche, sich allein am Wortlaut orientierende Auslegung, würde systematisch nicht an diese Stelle gehören. Bei AGs oder KGaAs, deren in Deutschland liegender Gesellschaftssitz nach geltendem Recht bestimmt wurde (siehe § 5 Abs. 2 AktG), ist die maßgebliche gesellschaftsrechtliche Rechtsordnung das deutsche Aktienrecht.[28] Schwierigkeiten können sich bei der Bestimmung des Gesellschaftsstatuts nach der geplanten Aufhebung des § 5 Abs. 2 AktG[29] ergeben, wenn sich die Verwaltung und Tätigkeit der AG oder KGaA im Ausland befindet und das Recht dieses Landes die Gesellschaft seinem Gesellschaftsrecht unterlegt.[30] Im europäischen Ausland ist

---

26 In der Praxis finden sich beide Varianten.
27 *Schmitthoff*, Palmer's Company Law, Rn. 15-02ff.
28 Die deutschen Gerichte legen ihrer Entscheidung über das Personalstatut (nach wie vor) die Sitztheorie zu Grunde, siehe *Jäger*, Aktiengesellschaft, § 11 Rn. 36 m.w.N. der Rspr.
29 Siehe Art. 5 Nr. 1 des Entwurfs eines Gesetzes zur Modernisierung des GmbH-Rechts und zur Bekämpfung v. Missbräuchen (MoMiG).
30 Ausführlich zur Bestimmung des Gesellschaftsstatuts siehe *v. Hoffmann/Thorn*, Int. Privatrecht, § 7 Rn. 23ff.; *Kegel/Schurig*, Internationales Privatrecht, § 17 Ziff. II (S. 572ff.).

dies nach der Rechtsprechung des Europäischen Gerichtshofs allerdings nicht mehr ohne weiteres zulässig.[31] Bei ausländischen Emittenten richtet sich die Frage der anwendbaren Rechtsordnung nach dem Gesellschaftsstatut des jeweils auf sie anwendbaren Rechts und kann sich aus dem Sitz der Gesellschaft oder aus dem von den Gründern beim Konstitutionsakt gewählten Recht ergeben.

3. Geschäftsentwicklung, Ziff. 5.1.5.

26 Unter wichtige Ereignisse in der Geschichte des Emittenten sollten gesellschaftsrechtliche Ereignisse, wie etwa die Änderung des Geschäftsgegenstandes, die formwechselnde Umwandlung der Gesellschaft, die Sitzverlegung oder eine Umstrukturierung des Unternehmens beschrieben werden. Auch sonstige Ereignisse von wesentlicher Bedeutung in der Geschäftsentwicklung kommen in Betracht, bspw. das Erreichen bestimmter Kundenzahlen, die Entwicklung wichtiger Produkte und Dienstleistungen oder die erstmalige Erzielung der Gewinnschwelle. Eine Verdopplung der Information aus Anh. I Ziff. 21.1.7. EU-ProspV (Entwicklung des Aktienkapitals) sollte dabei vermieden werden.

4. Investitionen, Ziff. 5.2.

27 Die Regelungen zu Anh. I Ziff. 5.2. EU-ProspV spiegeln im Wesentlichen § 20 Abs. 1 Ziff. 7 BörsZulVO a. F. wider. § 7 Abs. 1 Ziff. 4 VerkProspVO a. F. hatte verringerte Anforderungen, da danach nur Angaben über die wichtigsten laufenden Investitionen mit Ausnahme der Finanzanlagen erforderlich waren[32]. Gem. Anh. I Ziff. 5.2.1. EU-ProspV ist jetzt klargestellt, dass eine Beschreibung der wichtigsten Investitionen einschließlich der jeweiligen Beträge der Investitionen[33] erforderlich ist.

28 Der maßgebliche Zeitraum ist der der historischen Finanzinformationen (siehe Anh. I Ziff. 20.1.), also i. d. R. die letzten drei Geschäftsjahre, und der Zeitraum bis zum Datum des Registrierungsformulars, d. h. das Datum der Unterzeichnung des Registrierungsformulars. Im Hinblick auf die Unterscheidung zwischen getätigten Investitionen (Anh. I Ziff. 5.2.1.), laufenden Investitionen (Anh. I Ziff. 5.2.2.) und geplanten Investitionen (Anh. I Ziff. 5.2.3.) ist diese Formulierung unter Verwendung eines Stichtags präziser als die Formulierung in § 20 Abs. 1 Ziff. 7 BörsZulVO a. F. (laufendes Geschäftsjahr).

---

31 EuGH Urteil v. 09.03.1999, C-212/97 (Centros), NJW 1999, 2027; EuGH Urteil v. 05.11. 2002, C-208/00 (Überseering), NJW 2002, 3614; EuGH Urteil v. 30.09.2003, C-167/01 (Inspire Art), NJW 2003, 3331; EuGH Urteil v. 13.12.2005, C-411/03 (Sevic), NJW 2006, 425; zur Bestimmung des Gesellschaftsstatuts nach Europäischem Gemeinschaftsrecht siehe v. *Hoffmann/Thorn*, Int. Privatrecht, § 7 Rn. 32f.

32 *Gebauer*, in: Kümpel/Hammen/Ekkenga, KapMR, Kennz. 100, S. 39.

33 So auch nach alter Rechtslage, siehe Regierungsbegr. zur BörsZulVO, BR-Drucks. 72/87, S. 67/68.

Es bietet sich an, die Investitionen nach Bereichen aufgeschlüsselt anzugeben (u. a. Sachanlagen, Finanzanlagen, immaterielle Vermögenswerte) und darzustellen, welches die wesentlichen Investitionsgegenstände der einzelnen Kategorien sind (z. B. Anlagen der Betriebs- und Geschäftsausstattung, Art und Höhe der Finanzanlagen). Nach der BörsZulVO waren Angaben über das Investitionsvolumen um konkrete Informationen über die jeweilige Investition als solche zu ergänzen.[34] Es ist davon auszugehen, dass dies auch weiterhin gefordert wird.

29

Welche Investitionen für das Unternehmen und die Geschäftstätigkeit des Unternehmens als wichtig einzustufen sind, kann letztendlich nur betriebswirtschaftlich beurteilt werden. Als Kriterien für die Bewertung der Bedeutung der Investition können sich das Investitionsvolumen und dessen Vergleich zu den Kennzahlen der Vermögens-, Finanz- und Ertragslage des Unternehmens oder auch die Funktion der Investition i. R. d. zukünftigen Geschäftstätigkeit anbieten. In der Literatur wurde vorgeschlagen, Investitionen jedenfalls dann als wichtig einzustufen, wenn der Investitionsbetrag bezogen auf die gesamten im Geschäftsjahr getätigten Investitionen mehr als 10 % beträgt.[35]

30

Bei der Angabe der wichtigsten laufenden Investitionen ist dem Zusatz „im In- und Ausland" zu entnehmen, dass es als Angaben zur geografischen Verteilung der Investitionen ausreicht, die Länder zu nennen, in denen investiert wurde. Kommt dem Ausland gegenüber dem Inland eine untergeordnete Rolle zu, reicht eine zusammenfassende Darstellung aus. Eine weitere Aufschlüsselung ist nicht erforderlich. Des Weiteren ist anzugeben, ob es sich um eigen- oder fremdfinanzierte Investitionen handelt. Genauere Angaben zu Art und Umfang der Fremdfinanzierung können sich anbieten, sind aber nicht ausdrücklich verlangt.

31

Wie bereits nach der BörsZulVO sind bei künftigen wichtigen Investitionen auch solche zu berücksichtigen, die der Emittent mit Hilfe der aus der Emission zufließenden Mittel tätigen will.[36] Besonders bei den Angaben zu zukünftigen Investitionen stehen sich das Informationsinteresse der Anleger und das – im Interesse der Altaktionäre und letztendlich auch im Interesse neuer Anleger liegende – Bedürfnis des Emittenten, wettbewerbsrelevante Angaben vertraulich zu behandeln, gegenüber.[37] Dem Geheimhaltungsinteresse des Emittenten wird zwar durch § 8 Abs. 2 WpPG Rechnung getragen, der Art. 8 Abs. 2 EU-ProspRL entspricht und § 47 BörsZulVO sowie § 14 VerkProspVO ersetzt. In der Praxis bietet es sich aber an, im Prospekt solche

32

---

34 RegBegr. zur BörsZulVO, BR-Drs. 72/87, S. 67/78, vgl. *Groß*, KapMR, 2. Aufl. §§ 13–32 BörsZulVO Rn. 11.
35 So zur VerkProspVO *Gebauer*, in: Kümpel/Hammen/Ekkenga, KapMR, Kennz. 100, S. 40 m. w. N.
36 So für die BörsZulVO *Heidelbach*, in: Schwark, KapMRK, § 20 BörsZulVO Rn. 2. Dies ist in erster Linie bei dreiteiligen Börsenprospekten relevant, da die Angaben andernfalls gem. Anh. III Ziff. 3.4. EU-ProspV aufzunehmen sind.
37 So für die BörsZulVO *Heidelbach*, in: Schwark, KapMRK, § 20 BörsZulVO Rn. 2; zu der Interessenlage nach der VerkProspV a. F. siehe *Hüffer*, VerkProspG, S. 110.

Formulierungen zu wählen, die den Anleger ausreichend informieren, aber den Geheimhaltungsinteressen des Emittenten dennoch genügen.

VII. Geschäftsüberblick, Ziff. 6.

1. Überblick Ziff. 6.1.

33 Die Beschreibung der Geschäftstätigkeit stellt neben den Risikofaktoren und der Beschreibung der Geschäfts- und Finanzlage (i. d. R. als „Darstellung und Analyse der Vermögens-, Finanz- und Ertragslage" bezeichnet) denjenigen Teil des Prospekts dar, dessen Erstellung den meisten Aufwand erfordert und dem daher ausreichend Aufmerksamkeit geschenkt werden sollte. Die Beschreibung der Geschäftstätigkeit ist aus der Sicht des Investors ein maßgebliches Kriterium für die Beurteilung des Prospekts. Dies gilt insb. bei öffentlichen Angeboten von Wertpapieren, bei denen eine überzeugende „equity story" i. R. d. Beschreibung der Geschäftstätigkeit für den Erfolg einer Transaktion (mit-)entscheidend sein kann. Im Wesentlichen muss die Beschreibung der Geschäftstätigkeit als eine grds. für die Beurteilung der Wertpapiere wesentliche Angabe (§ 44 Abs. 1 BörsG) und entsprechend § 5 Abs. 1 WpPG richtig und vollständig sein sowie dem Anleger ein zutreffendes Urteil ermöglichen. Üblicherweise beginnt die Beschreibung der Geschäftstätigkeit mit einem Überblick, in dem kurz und prägnant beschrieben wird, wie sich die Geschäftstätigkeit der Gesellschaft seit ihrer Gründung entwickelt hat, welche die wesentlichen Geschäftsbereiche der Gesellschaft sind und welche Entwicklung die Umsatzerlöse und das Ergebnis in den letzten beiden Geschäftsjahren genommen haben. Der Überblick über die Geschäftstätigkeit sollte so strukturiert sein, dass er auch in der Zusammenfassung des Prospekts und gegebenenfalls als Einführung im Abschnitt der Beschreibung der Geschäfts- und Finanzlage verwendet werden kann.

2. Haupttätigkeiten, Ziff. 6.1.1.

34 Die Auslegung der BaFin orientiert sich hinsichtlich des Geschäftsüberblicks am Wortlaut der Vorschrift, so dass die Haupttätigkeiten unter Angabe der wichtigsten Arten der vertriebenen Produkte und/oder erbrachten Dienstleistungen für jedes Geschäftsjahr, welches von den historischen Finanzinformationen abgedeckt ist, jeweils anzugeben sind. Allgemeine Beschreibungen der Geschäftstätigkeit, wie sie vor Inkrafttreten des WpPG teils in Prospekten zu finden waren, erfüllen heute nicht mehr die Anforderungen, können aber regelmäßig als Einführung zur Schaffung des erforderlichen Vorverständnisses für den Investor nützlich sein.

35 Mit Tätigkeitsbereich ist jede sich deutlich abhebende, differenzierbare Organisationseinheit gemeint, die auf den Absatz bestimmter Produkte oder Produktgruppen bzw. Dienstleistungen oder Dienstleistungsgruppen ausgerichtet ist.[38] Sofern der Emittent über eine Segmentberichterstattung verfügt,

---

38 Vgl. *Gebauer*, in: Kümpel/Hammen/Ekkenga, KapMR, Kennz. 100, S. 39 m. w. N.

sollte die Darstellung der Geschäftstätigkeit entsprechend den Segmenten strukturiert sein, um dem Investor ein in Finanzdaten und der Darstellung der Geschäftstätigkeit konsistentes Bild zu geben.

Bei Gesellschaften, die „breit" aufgestellt sind, kann die Entscheidung, was unter Wesensart und Beschreibung der Haupttätigkeiten zu verstehen ist, schwierig sein. Die Anforderung des § 20 Abs. 1 Nr. 1 BörsZulVO a.F., der auf die „wichtigsten" Tätigkeitsbereiche abstellte, war in dieser Hinsicht ähnlich, aber ebenfalls nicht präzise. Letztlich handelt es sich bei dem Ausdruck um einen unbestimmten Rechtsbegriff. Dieser kann grds. uneingeschränkt verwaltungsgerichtlich überprüft und ggf. durch eine eigene Entscheidung des Verwaltungsgerichts ersetzt werden.[39] Inwieweit tatsächlich die Haupttätigkeitsbereiche genannt sind, kann die BaFin nur im Rahmen ihrer Vollständigkeitsprüfung (einschließlich der Prüfung der Kohärenz und der Verständlichkeit) gem. § 13 Abs. 1 Satz 2 WpPG feststellen. Wie bereits bei der Prüfung der „wichtigsten" Tätigkeitsbereiche durch die Zulassungsstelle gem. § 31 Abs. 1 Satz 1 BörsG bestehen auch für die Prüfung der „Haupttätigkeiten" durch die BaFin weder generelle Kriterien noch eindeutige zahlenmäßige Größenordnungen. Gleichwohl dürfte die in § 20 Abs. 1 Nr. 3 BörsZulVO a.F. genannte 10 % Grenze des Umsatzes nach wie vor als Richtwert dienen können.[40]

36

Die weiteren Merkmale, d.h. die Angabe der Wesensart der Geschäfte des Emittenten sowie die mit den Haupttätigkeiten im Zusammenhang stehenden Schlüsselfaktoren stellen keine besonderen Anforderungen an die Beschreibung der Geschäftstätigkeit dar.

37

3. Neue Produkte/Dienstleistungen, Ziff. 6.1.2.

Anders als § 20 Abs. 1 Nr. 1 BörsZulVO a.F. unterscheidet Anh. I Ziff. 6.1.2. EU-ProspV zwischen Einführung und der Entwicklung neuer Produkte. Wichtige eingeführte Produkte und/oder Dienstleistungen sind in jedem Fall anzugeben. Dagegen legt der Wortlaut von Anh. I Ziff. 6.1.2. EU-ProspV nahe, dass noch in der Entwicklung befindliche Produkte und/oder Dienstleistungen nicht zwingend angegeben werden müssen. Dies wird dem Geheimhaltungsinteresse des Emittenten im Bereich wettbewerbsrelevanter Informationen gerecht, zu dem insb. der Bereich Forschung und Entwicklung zählt.[41] In der Entwicklung befindliche Produkte sind allerdings unter den Voraussetzungen von Anh. I Ziff. 11. EU-ProspV anzugeben, soweit sie Bestandteil einer Entwicklungsstrategie sind. Dem Geheimhaltungsinteresse wird über § 8 Abs. 2 WpPG Rechnung getragen, der die Vorgaben des Art. 8 Abs. 2 EU-ProspRL umsetzt. Werden in der Entwicklung befindliche Produkte und/oder Dienstleistungen angegeben, ist der Stand der Entwicklung

38

---

39 Vgl. hierzu *Gebhardt*, in: Schäfer/Hamann, KapMG, § 20 BörsZulVO Rn. 3.
40 Vgl. *Gebhardt*, in: Schäfer/Hamann, KapMG, § 20 BörsZulVO Fn. 3; *Groß*, KapMR, 2. Aufl. §§ 13–32 BörsZulVO Rn. 11; *Heidelbach*, in: Schwark, KapMRK, § 20 BörsZulVO Rn. 1.
41 *Hüffer*, VerkProspG, S. 110.

darzustellen, damit potenzielle Anleger einschätzen können, wann mit der Marktreife des Produktes zu rechnen ist. Im Rahmen der Produktbeschreibung tendieren Emittenten gelegentlich dazu, die Zielgruppe des Wertpapierprospekts aus dem Blick zu verlieren. Es handelt sich, plakativ gesprochen, nicht um ein Dokument, mit dem die Produkte der Gesellschaft gegenüber dem Kunden beworben werden, sondern um ein Dokument, das sich an (potenzielle) Investoren richtet und für diese die Geschäftätigkeit darstellt. Technische Produkte müssen daher in einer für den Investor verständlichen Weise dargestellt werden. Der Detailgrad der Darstellung soll in erster Linie der Einschätzung der Geschäftschancen dienen, die mit den Produkten verbunden sind, und nicht ihrer Vorzüge und Verwendungsmöglichkeiten für den Kunden.

4. Wichtigste Märkte, Ziff. 6.2.

39 Anh. I Ziff. 6.2. EU-ProspV greift den Gedanken des § 20 Abs. 1 Nr. 3 BörsZulVO a. F. auf, vermeidet aber die durch diese Vorschrift hervorgerufenen Auslegungsschwierigkeiten[42] und stellt klar, dass eine Aufschlüsselung sowohl nach Tätigkeitsbereichen als auch nach geografischen Märkten zu erfolgen hat.[43] Damit erübrigt es sich auch zu fordern, dass Abweichungen von der normalen Geschäftätigkeit des Emittenten bei einzelnen Tätigkeitsbereichen oder geografischen Märkten deutlich gemacht werden.[44] Sie werden durch die in Anh. I Ziff. 6.2. EU-ProspV geforderte Aufschlüsselung offen gelegt. In der Praxis werden die Märkte, auf denen der Emittent tätig ist, vielfach abstrakt zu Beginn der Geschäftätigkeit und orientiert an industrieüblichen Marktabgrenzungen dargestellt. Die Aufschlüsselung der Umsatzangaben erfolgt dann an einer späteren Stelle im Prospekt. Eine solche Trennung ist trotz der Formulierung („einschließlich") im Regelfall sachgerecht. Bei der Aufschlüsselung der Umsätze bietet sich dann eine Orientierung an den Segmenten der Gesellschaft, an deren Produkten bzw. Produktgruppen oder anhand anderer gesellschaftsbezogener Kriterien an. Eine Orientierung an der allgemeinen Marktdarstellung ist nicht zwingend erforderlich, da es um eine Gewichtung der Geschäftätigkeit des Emittenten geht. Auch eine Volumendarstellung der Märkte, in denen der Emittent tätig ist, mag zwar hilfreich sein, ist aber rechtlich nicht erforderlich, zumal hierfür vielfach verlässliche Daten nicht vorliegen. Bei der Beschreibung des Marktes sollte soweit möglich auf Marktstudien, Umfragen unter Marktteilnehmern etc. zurückgegriffen werden, die allgemein zugänglich und beispielsweise von Fach- oder Interessenverbänden herausgegeben sind. Angaben über Marktvolumina, die Entwicklung des Marktes in der Vergangenheit oder Erwartungen an eine zukünftige Marktentwicklung etc. sollten nur unter Angabe einer Quelle zitiert werden. In Einzelfällen kann es vorkommen, dass für den Geschäftsbereich des Emittenten keine oder nicht ausreichende

---

42 Vgl. dazu *Heinze*, Europäisches Kapitalmarktrecht, S. 127 f.
43 So bereits zu § 20 Abs. 1 Nr. 1 und 3 BörsZulVO *Heidelbach*, in: Schwark, KapMRK, § 20 BörsZulVO Rn. 1.
44 Zur alten Rechtslage *Heinze*, Europäisches Kapitalmarktrecht, S. 127.

Quellen für eine umfassende Beschreibung des Marktes vorhanden sind. Die Darstellung sollte dann unter dem Hinweis erfolgen, dass die Angaben auf die Ansicht der Gesellschaft bzw. deren Einschätzung des Marktes zurückzuführen sind. Eine kurze Einleitung, die auf diesen Umstand hinweist, kann an den Anfang der Marktbeschreibung oder in einen Abschnitt zu allgemeinen Informationen gestellt werden.

Wohl um eine starre Anwendung der 10 %-Klausel zu vermeiden, wurde in Anh. I Ziff. 6.2. EU-ProspV darauf verzichtet, die Erforderlichkeit der Angaben durch einen bestimmten Umsatzanteil zu definieren. Trotzdem kann bei der Frage, wann ein Markt als wichtig einzustufen ist, die 10 %-Klausel des § 20 Abs. 1 Ziff. 3 BörsZulVO a. F. als Anhaltspunkt dienen. 40

5. Außergewöhnliche Faktoren, Ziff. 6.3.

Anh. I Ziff. 6.3. EU-ProspV korrespondiert mit § 20 Abs. 2 BörsZulVO a. F. Der Begriff des Faktors in Anh. I Ziff. 6.3. EU-ProspV ist zwar umfassender als der Begriff des Ereignisses in § 20 Abs. 2 BörsZulVO a. F., bereits nach alter Rechtslage wurde die Vorschrift aber dahingehend ausgelegt, dass sämtliche außergewöhnlichen Einflüsse anzugeben waren.[45] Außergewöhnlich sind solche Faktoren, die unregelmäßig auftreten und vom Kapitalanleger innerhalb des typischen Geschäftsgangs nicht erwartet werden können.[46] Beispiele sind unvorhersehbare Kostensteigerungen oder stark rückläufige Marktpreise, Betriebsstilllegungen, Naturereignisse, die sich auf die Rohstoffgewinnung auswirken oder gravierende technische Probleme.[47] Dies dürften i. d. R. auch diejenigen Faktoren sein, die i. R. d. Darstellung und Analyse der Vermögens- und Ertragslage diskutiert werden sollten. 41

6. Besondere Abhängigkeiten, Ziff. 6.4.

Anh. I Ziff. 6.4. EU-ProspV entspricht weitgehend der Regelung in § 20 Abs. 1 Ziff. 5 BörsZulVO a. F. Auf eine § 20 Abs. 1 Ziff. 4 BörsZulVO a. F. entsprechende Regelung wurde verzichtet. Allerdings sind ggf. notwendige Abbaurechte als Lizenzen i. S. d. Anh. I Ziff. 6.4. EU-ProspV anzugeben. Angaben nach Ziff. 6.4. sind nur erforderlich, soweit sie für die Geschäftstätigkeit oder Rentabilität des Unternehmens von wesentlicher Bedeutung sind. In der Vergangenheit wurde in der Praxis in Bezug auf die nach § 20 Abs. 1 Ziff. 5 BörsZulVO a. F. geforderten Angaben eine Negativerklärung aufgenommen, soweit sie für das Unternehmen nicht relevant waren.[48] Angesichts der Bedeutung von Marken, des Internetauftritts und des internetbasierten Vertriebs wird heute bei einem Großteil der Unternehmen ein Abschnitt zu geistigem Eigentum, Marken und Domains aufzunehmen sein. 42

---

45 *Heidelbach*, in: Schwark, KapMRK, § 20 BörsZulVO Rn. 3.
46 *Paskert*, Informationspflicht, S. 73.
47 *Paskert*, Informationspflicht, S. 74.
48 *Groß*, KapMR 2. Aufl., §§ 13–32 BörsZulVO Rn. 11; *Heidelbach*, in: Schwark, KapMRK, § 20 BörsZulVO Rn. 2.

7. Wettbewerbsposition, Ziff. 6.5.

43 Die Grundlagen von Angaben zur Wettbewerbsposition sind nur wiederzugeben, sofern der Emittent Angaben zu seiner Wettbewerbsposition in den Prospekt aufnimmt. Indes wird in der Praxis die Wettbewerbsposition des Emittenten vor dem Hintergrund des Informationsbedürfnisses des Anlegers meist ausführlich erörtert. Angaben zu den Grundlagen sind insbesondere dann erforderlich, wenn der Emittent im Prospekt für sich in Anspruch nimmt, „der führende" oder „einer der führenden Anbieter" auf einem bestimmten Markt zu sein, aber auch, wenn ein bestimmter Marktanteil für ihn angegeben ist. Grundlagen i. S. d. Vorschrift sind z. B. Statistiken über die Marktentwicklung, die von den jeweiligen Fachverbänden herausgegeben werden.

VIII. Organisationsstruktur, Ziff. 7.

44 Die Angaben über die Stellung des Emittenten in einem Konzern dienen, so wie die Angaben nach Anh. I Ziff. 18. EU-ProspV über Hauptaktionäre, dem Interesse potenzieller Anleger, die Beherrschungsstrukturen im Hinblick auf das Unternehmen nachzuvollziehen.[49] Solche Auskünfte sind für Anleger wichtig, da ein beherrschtes Unternehmen nicht nur den eigenen Unternehmensinteressen verpflichtet ist, sondern regelmäßig auch übergeordnete Konzerninteressen zu berücksichtigen hat. So können Beherrschungsverhältnisse nicht nur Auswirkungen auf die Verwendung des Bilanzgewinns haben,[50] sondern auch auf allgemeine Fragen der strategischen Ausrichtung, etwa der Produktentwicklung etc. Anh. I Ziff. 7.1. EU-ProspV entspricht § 18 Ziff. 7 BörsZulVO a. F. Die Verwendung des Begriffs „Gruppe" ist auf eine wörtliche Übersetzung zurückzuführen und nach der deutschen gesellschaftsrechtlichen Terminologie gleichbedeutend mit Konzern. Maßgeblich ist grds. der Konzernbegriff des § 290 HGB.[51] Nach alter Rechtslage wurde teilweise ein Schaubild zur Übersicht über die Konzernstruktur verlangt.[52] Ein solches ist zur Veranschaulichung regelmäßig hilfreich, sollte jedoch rechtlich nur erforderlich sein, wenn die Konzernstruktur komplex ist und eine einfache Auflistung und Beschreibung der beteiligten Unternehmen unübersichtlich bliebe. Der Wortlaut der Bestimmung („kurze Beschreibung") macht deutlich, dass ein allgemeiner Überblick ausreichend ist. Die konkret erforderlichen Angaben hängen vom Einzelfall ab. Sachgerecht dürfte zumindest sein, die Märkte anzugeben, in denen die Gesamtgruppe tätig ist, und Umsatzangaben, aus denen sich die Größenverhältnisse ergeben.

---

49 Vgl. zur alten Rechtslage *Heinze*, Europäisches Kapitalmarktrecht, S. 125 f.
50 *Heinze*, Europäisches Kapitalmarktrecht, S. 125.
51 *Heidelbach*, in: Schwark, KapMRK, § 18 BörsZulVO Fn. 3; *Paskert*, Informationspflicht, S. 55; zu Schwierigkeiten bei der Auslegung des Begriffs i. R. d. Wertpapierprospektrechts vgl. *Hüffer*, VerkProspG, S. 113.
52 *Heidelbach*, in: Schwark, KapMRK, § 18 BörsZulVO Rn. 1; *Keunecke*, Prosp KapM, Rn. 57.

Neben den Angaben über Beteiligungen nach Anh. I Ziff. 25. EU-ProspV ist 45
eine Liste der wichtigsten Tochtergesellschaften des Emittenten beizufügen
(Anh. I Ziff. 7.2. EU-ProspV). Konsequenterweise sollte auch für die Auslegung des Begriffs der Tochtergesellschaft auf § 290 HGB zurückgegriffen
werden. Als Name ist auch hier die Firma des Unternehmens anzugeben. Es
spricht viel dafür, dass als Land der Gründung[53] das Land/der Ort anzugeben ist, in dem die jeweilige Tochtergesellschaft in das HR eingetragen
wurde. Der Anteil an Beteiligungsrechten wird i.d.R. dem Anteil am gezeichneten Kapital entsprechen. Neben den von Anh. I Ziff. 7.2. EU-ProspV
geforderten Angaben werden zudem häufig der Unternehmensgegenstand
bzw. Tätigkeitsbereich (z.B. Holding, Produktion, Vertrieb) der Tochtergesellschaft genannt sowie jeweils zum letzten Bilanzstichtag das gezeichnete
Kapital, die Rücklagen, das Ergebnis (vor einer etwaigen Gewinnabführung), der Beteiligungsbuchwert und die Erträge/Verluste aus der Beteiligung bei der Obergesellschaft sowie die Forderungen/Verbindlichkeiten gegenüber der Obergesellschaft dargestellt.

IX. Sachanlagen, Ziff. 8.

1. Wesentliche Sachanlagen, Ziff. 8.1.

Die BörsZulVO a.F. verpflichtete die Emittenten im Bereich der Sachanlagen 46
nur dazu, kurze Angaben über den bebauten und den unbebauten Grundbesitz aufzunehmen (siehe § 20 Abs. 1 Nr. 3 BörsZulVO a.F. a.E.). Nach
Anh. I Ziff. 8.1. EU-ProspV sind demgegenüber sämtliche bestehenden und
geplanten Sachanlagen aufzunehmen. Da es sich bei geplanten Sachanlagen
regelmäßig um das Resultat eines Teils der geplanten Investitionen handelt,
kann es sich anbieten, Angaben zu geplanten Sachanlagen (auch) in den
Abschnitt des Prospekts zu Investitionen (siehe Anh. I Ziff. 5.2. EU-ProspV)
aufzunehmen. Anhaltspunkte dafür, dass eine Sachanlage wesentlich ist, bestehen, wenn sie im Gesamtwert der Sachanlagen von Gewicht oder für die
Geschäftstätigkeit von nicht unerheblicher Bedeutung ist.

Zu den Angaben in Bezug auf die Sachanlagen gehören insb.[54] Größe und 47
Verwendungsart, Produktionskapazität sowie Maß der Auslastung. Des Weiteren sind die Eigentumsverhältnisse an den Sachanlagen darzulegen, d.h.
ob sie im Eigentum des Emittenten stehen oder gemietet, gepachtet bzw. geleast sind und ob und in welchem Umfang sie dinglich belastet sind.

Detailliertere Angaben zu Sachanlagen sind bei Immobiliengesellschaften 48
erforderlich. Hier werden etwa Lage, Größe, Nutzungsart, Baujahr, Vermietungssituation, erzielter Mietzins, Wertansatz etc. angegeben. Unternehmen,
die etwa Rohöl oder Erdgas fördern, haben Angaben zu den bestehenden
Vorkommen und deren geologischen Beschaffenheit zu machen. Die BaFin

---

53 Zur Auslegung des Begriffs siehe Erläuterungen zu Anh. I Ziff. 5. EU-ProspV Rn. 23.
54 *CESR*, recommendations, Ref: CESR/05-54b, Tz. 146.

fordert unter Hinweis auf Art. 23 Abs. 1 EU-ProspV i.V.m. Anh. XIX EU-ProspV[55] umfassende Wertgutachten zu den jeweiligen Sachanlagen.[56]

2. Umweltfragen, Ziff. 8.2.

49 Kann die Verwendung von Sachanlagen durch Umweltfragen i.S.d. Anh. I Ziff. 8.2. EU-ProspV beeinflusst werden, ist dies regelmäßig schon i.R.d. Risikofaktoren anzugeben, sofern die Sachanlagen für die Geschäftstätigkeit des Emittenten eine wesentliche Bedeutung haben und Einschränkungen der Nutzbarkeit sich daher auf die Geschäftstätigkeit des Emittenten auswirken können. Möglich sind Umweltrisiken, die sich auf das Unternehmen auswirken können (Hochwasser, Erdbeben etc.), aber auch Risiken, die von dem Unternehmen ausgehen (Altlasten, Emissionen etc.). Wurde eine geschäftliche und (umwelt-) rechtliche Due Diligence durchgeführt, lassen sich regelmäßig hieraus die für die Angaben nach Anh. I Ziff. 8.2. EU-ProspV maßgeblichen Informationen entnehmen. Ob und wie Umweltfaktoren die Nutzung einer Sachanlage beeinflussen können, bestimmt sich in erster Linie nach den für die Anlagen geltenden Vorschriften des Umwelt-, Planungs- und Arbeitsschutzrechts. Entsprechend sind Umstände anzugeben, aufgrund derer sich aus dem für die Sachanlagen geltenden Umwelt-, Planungs- und Arbeitsschutzrecht eine Nutzungsänderung, -einschränkung oder -aufgabe oder eine Verpflichtung zu umweltschützenden Maßnahmen (z.B. Bodensanierung, lärmbegrenzende Baumaßnahmen, Filternachrüstung) ergeben kann. Die Abgabe einer Negativerklärung für den Fall, dass Umweltfragen für den jeweiligen Emittenten nicht relevant sind, ist nicht erforderlich. Negativerklärungen sollten nur dann abgegeben werden, wenn dies nach dem Wortlaut der EU-ProspV verlangt wird.

X. Angaben zur Geschäfts- und Finanzlage, Ziff. 9.

1. Angaben zur Finanzlage – Überblick

50 Die Angaben zur Geschäfts- und Finanzlage werden im Prospekt regelmäßig als „Darstellung und Analyse der Vermögens-, Finanz- und Ertragslage" überschrieben. Wie bei der Verwendung des Begriffs der Finanzlage in Anh. I Ziff. 3. gilt auch bei Anh. I Ziff. 9., dass der Begriff nicht im engen Sinne des § 264 Abs. 2 Satz 1 HGB gemeint ist, sondern auch die Vermö-

---

55 Siehe auch *CESR*, recommendations, Ref: CESR/05-54b, Tz. 128 ff.
56 Bei Immobiliengesellschaften sind dies i.d.R. Marktwertgutachten von Gutachtern, welche eine Bewertung der Immobilien auf Basis anerkannter Bewertungsmethoden vorgenommen haben. Bei Unternehmen, die Rohöl oder Erdgas fördern, sollten diese Wertgutachten Angaben zu der Qualifikation des Sachverständigen, der geografischen Lage und Beschaffenheit der Fördergebiete, der vorhandenen Infrastruktur, der angewandten Bewertungsmethoden, Angaben zu Umweltaspekten und insbesondere zu der Größe der vorhandenen Reserven enthalten. Es bietet sich an, die jeweiligen Anforderungen an die Inhalte des Prospekts eines Emittenten, der einen der in Anh. XIX der EU-ProspV aufgezählten besonderen Tätigkeitsbereich ausübt, frühzeitig mit der BaFin abzustimmen.

gens- und Ertragslage umfasst.[57] Die Darstellung und Analyse der Vermögens-, Finanz- und Ertraglage gehört neben den Risikofaktoren und der Darstellung der Geschäftstätigkeit des Emittenten zu denjenigen Abschnitten, denen besondere Bedeutung für eine sachgerechte und ausreichende Information des Anlegers zukommt und daher besonderes Augenmerk gewidmet werden sollte.[58] Die Angaben zur Geschäfts- und Finanzlage stehen neben den historischen Finanzinformationen nach Anh. I Ziff. 20 EU-ProspV und sollen dem Investor eine Übersicht über die bisherige Entwicklung des Emittenten sowie seiner Vermögens-, Finanz- und Ertragslage „through the eyes of management" geben.[59] Nur ein Investor, der die finanziellen Verhältnisse des Emittenten kennt und versteht, wird in der Lage sein, die für eine fundierte Preisbildung erforderliche Zukunftsprognose abzugeben. Daraus ergibt sich, dass Zielgruppe dieses Prospektabschnitts in erster Linie der professionelle oder institutionelle Anleger ist.[60]

Die Gliederung des Abschnitts ist nicht durch die EU-ProspV vorgegeben und unterscheidet sich daher in der Praxis. Häufig wird in der Einleitung dieses Abschnitts insb. darauf hingewiesen, dass die Informationen in Verbindung mit den im Finanzteil abgedruckten Abschlüssen und deren Erläuterungen sowie den übrigen im Prospekt enthaltenen Finanzangaben zu lesen sind. Zudem sollte einleitend erklärt werden, nach welchen Rechnungslegungsstandards die Abschlüsse erstellt wurden, dass die Darstellungen Prognosen enthalten, die auf Annahmen der zukünftigen Geschäftsentwicklung basieren und dass künftige Ergebnisse durch den Einfluss zahlreicher Faktoren wie etwa Risikofaktoren von diesen Prognosen wesentlich abweichen können. Nach der Einleitung und einem knappen Überblick über die Geschäftstätigkeit des Emittenten werden üblicherweise Faktoren genannt, welche die Vermögens-, Finanz- und Ertragslage beeinflusst haben und voraussichtlich künftig beeinflussen. Ebenso können die Grundlagen der Darstellung oder Unterschiede in Rechnungslegungsvorschriften beschrieben werden, sofern hier Besonderheiten hervorzuheben sind. Anschließend erfolgt häufig über die vergangenen drei Geschäftsjahre eine vergleichende Darstellung der Ertragslage anhand der Positionen der Gewinn- und Verlustrechnungen sowie der Vermögens- und Finanzlage anhand der Bilanzpositionen und der Kapitalflussrechnungen. Bei größeren internationalen Emissionen gliedert sich dieser Prospektabschnitt i.d.R. in eine vergleichende Darstellung der Ertragslage einerseits und der Liquidität und Kapitalausstattung mit einer Beschreibung der Cashflows, der Investitionen und Kapitalausstattung andererseits. Darüber hinaus werden Angaben zu finanziellen Verpflichtungen, Eventualverbindlichkeiten, quantitativen und quali- 51

---

57 Vgl. oben Anm. zu Anh. I Ziff. 3. EU-ProspV.
58 Vgl. oben Anm. zu Anh. I Ziff. 6. EU-ProspV.
59 *CESR*, recommendations, Ref: CESR/05-54b, Tz. 27, zu den allgemeinen Grundsätzen, nach denen die Darstellung und Analyse der Vermögens-, Finanz- und Ertragslage erfolgen sollte siehe Tz. 32.
60 *Wieneke*, in: Grundmann (Hrsg.), Anleger- und Funktionsschutz durch Kapitalmarktrecht, S. 44.

tativen Markt- und Betriebsrisiken sowie ggf. kritischen Bilanzierungsgrundsätzen gemacht.

2. Finanzinformationen, Ziff. 9.1.

52 Grds. sollten in diesem Abschnitt die wesentlichen in den historischen Finanzinformationen und in den Lageberichten enthaltenen Informationen erörtert werden.[61] Dabei ist darauf zu achten, dass die Darstellung und Analyse der Vermögens-, Finanz- und Ertragslage sowie die Lageberichte, soweit im Prospekt enthalten, kohärent sind.[62] Die BaFin geht allerdings davon aus, dass der Inhalt eines Lageberichts für die Angaben zur Geschäfts- und Finanzlage üblicherweise nicht ausreicht.[63] Insgesamt kann die Darstellung und Analyse der Vermögens-, Finanz- und Ertragslage, soweit erforderlich, sowohl finanzielle als auch nicht-finanzielle Schlüsselindikatoren für die Entwicklung des Emittenten enthalten.[64] Dabei sollte die Entwicklung im Hinblick auf die langfristige Unternehmensperspektive dargestellt werden.[65]

53 An dieser Stelle bietet es sich an, alle wesentlichen Positionen in der Gewinn- und Verlustrechnung, in den Bilanzen und in der Kapitalflussrechnung der Reihe nach durchzugehen, die Veränderungen der jeweiligen Positionen über die Perioden darzustellen und jeweils die maßgeblichen Gründe dafür anzugeben. Beispielhaft gesprochen soll der Investor nicht nur sehen, dass der Personalaufwand zurückgegangen ist, sondern auch den Grund dafür wissen (Personalabbau, Gehaltskürzungen, Outsourcing, Verkauf von Unternehmensbereichen etc.). Für das Verständnis der Geschäftstätigkeit des Emittenten insgesamt erforderlich und damit erläuterungsbedürftig sind solche Positionen etwa von Bilanz und Gewinn- und Verlustrechnung, die im Gesamtbild von maßgeblicher Bedeutung sind. Dies gilt jedenfalls für die Positionen der Bilanz und Gewinn- und Verlustrechnung, in denen sich die Geschäftstätigkeit widerspiegelt. Die Darstellung sollte laut CESR jedenfalls die einzelnen Positionen enthalten, aus denen sich Umsatz und Cashflow zusammensetzen, um dem Investor eine Einschätzung der Nachhaltigkeit der Erträge zu ermöglichen.[66] Eine wesentliche Bedeutung der Anforderungen nach Anh. I Ziff. 9. EU-ProspV liegt zudem in der Darstellung und Erläuterung der Veränderungen in den Bilanzen, Gewinn- und Verlust- sowie Kapitalflussrechnungen.

54 Die Darstellung und Analyse ist für jedes Jahr des Zeitraums der historischen Finanzinformationen (Anh. I Ziff. 20.1. EU-ProspV), d.h. regelmäßig für drei Geschäftsjahre, vorzunehmen. Hinzu kommen mögliche Zwischen-

---

61 *Apfelbacher/Metzner*, BKR 2006, 81, 88.
62 *Apfelbacher/Metzner*, BKR 2006, 81, 88.
63 BaFin, Finanzinformationen, Präsentation vom 29.05.2006 zum Workshop v. 17. und 22.05.2006, S. 5.
64 *CESR*, recommendations, Ref: CESR/05-54b, Tz. 28.
65 *CESR*, recommendations, Ref: CESR/05-54b, Tz. 29.
66 *CESR*, recommendations, Ref: CESR/05-54b, Tz. 31.

abschlüsse. Diesbezüglich sind die Veränderungen zu der entsprechenden Vorjahresperiode zu erläutern.

3. Complex Financial History

Obgleich grds. für die nach Anh. I Ziff. 9. und 20 EU-ProspV geforderten Finanzinformationen der rechtliche Emittent maßgeblich ist[67], kann es mitunter vorkommen, dass die Finanzdaten lediglich des Emittenten für den potenziellen Investoren nicht ausreichen, um sich ein fundiertes Bild über den Emittenten machen zu können. So kann bei Emittenten mit einer komplexen historischen Gesellschafts- und Kapitalstruktur („complex financial history") nicht die gesamte operative Geschäftstätigkeit durch die historischen Finanzinformationen des Emittenten erfasst sein. Dies kann etwa der Fall sein, wenn der Emittent nach Aufspaltung eines Unternehmens als rechtliche Einheit erst seit weniger als drei Jahren existiert. Seit Februar 2007 sind in der EU-ProspV nun die gesteigerten Anforderungen an die Darstellung der Unternehmensgeschichte und die diesbezüglichen Finanzinformationen in den neu eingefügten Art. 4a aufgenommen.[68]

55

4. Beeinträchtigende Faktoren und Veränderungen, Ziff. 9.2., Ziff. 9.2.1., Ziff. 9.2.2, Ziff. 9.2.3.

In Anh. I Ziff. 9.2. EU-ProspV sind einzelne Anforderungen an die Darstellung der Geschäftsergebnisse normiert. Diese werden häufig als wesentliche ergebnisbeeinflussende Faktoren der Einzelanalyse vorangestellt. Im Übrigen erfolgt die Darstellung aber nicht separat, sondern kann im Rahmen der Darstellung und Analyse der einzelnen Positionen der Finanzangaben im Jahresvergleich erfolgen. Dabei ist davon auszugehen, dass die Überschrift zu Anh. I Ziff. 9.2. EU-ProspV (Betriebsergebnisse statt Geschäftslage) keine eingrenzende Funktion im Hinblick auf die geforderten Informationen hat. In der englischen Fassung findet sich keine derartige Abgrenzung. Zudem können je nach rechtlicher Organisationsform der Tätigkeit des Emittenten auch Faktoren und Veränderungen im Hinblick auf Erträge aus Beteiligungen (u.U. auch aus sonstigen Finanzanlagen) für das Verständnis der Geschäftstätigkeit von Bedeutung sein.

56

Eine weitere sprachliche Ungenauigkeit, die wohl aus der Übersetzung resultiert, betrifft die Frage, ob tatsächlich, wie der Wortlaut des Anh. I Ziff. 9.2.1. EU-ProspV vermuten lässt, nur Faktoren anzugeben sind, die die Erträge schmälern. Da insb. die englische und französische Fassung der EU-ProspV keine derartige Einschränkung enthalten, ist nicht davon auszuge-

57

---

[67] BaFin, Finanzinformationen, Präsentation v. 29.05.2006 zum Workshop v. 17. und 22.05.2006, S. 7.

[68] Vgl. VO (EG) Nr. 211/2007 v. 27.02.2007 zur Änderung der EU-ProspV. Siehe auch BaFin, „Complex Financial History" und weitere Neuerungen bei den Finanzinformationen, Präsentation v. 04.09.2007. Siehe hierzu auch Komm. zu Anh. I Ziff. 20.1. EU-ProspV Rn. 88 und Anh. II EU-ProspV hinsichtlich Pro forma-Finanzinformationen.

hen. Abgesehen davon wird der Emittent regelmäßig ein Interesse haben, auch die Erträge positiv beeinflussende Faktoren darzustellen.

58 Anh. I Ziff. 9.2.1. EU-ProspV verlangt, dass sowohl der beeinflussende Faktor als auch das Ausmaß des Einflusses auf die Geschäftserträge des Emittenten zu nennen sind. Dies bedeutet laut CESR nicht, dass Faktoren, deren Einfluss auf das Geschäftsergebnis nicht quantifizierbar ist, nicht genannt werden müssen. Auch solche Faktoren sind aufzuführen,[69] ggf. mit dem Hinweis, dass sich das Ausmaß des Einflusses auf die Geschäftserträge nicht quantifizieren lässt. Welches die für die Geschäftstätigkeit des Emittenten wichtigen unternehmensspezifischen Faktoren sind, lässt sich nur im Einzelfall beurteilen. Beispiele sind: Auslastung der Kapazitäten, technischer Stand des Emittenten und allgemeine Entwicklungen im Wettbewerbsumfeld, erhöhter Personalaufwand durch Geschäftstätigkeit oder vereinbarte besondere Vergütungsprogramme, besondere Abschreibungen und Wertberichtigungen, Preisgestaltung und Kundenverhalten, Kosten anlässlich Marketingmaßnahmen und der Einsatz besonderer Hard- und/oder Software. Grds. ist darauf zu achten, dass keine Widersprüche zwischen den hier genannten Faktoren und den Faktoren, die die Geschäftstätigkeit wesentlich beeinflusst haben (siehe Anh. I Ziff. 6.3. oder Ziff. 4. EU-ProspV), bestehen.

Die Anforderung in Anh. I Ziff. 9.2.2. EU-ProspV stellt klar, dass wesentliche Veränderungen des Jahresabschlusses bei den Nettoumsätzen oder Nettoerträgen zu beschreiben sind. Eine solche Beschreibung ist für eine sachgerechte Information des Anlegers i. R. d. Darstellung der Analyse der Vermögens- und Ertraglage ohnehin erforderlich.

Die unternehmensspezifischen Faktoren sind nach Anh. I Ziff. 9.2.3. EU-ProspV zu ergänzen durch die externen Faktoren. Ist das Geschäftsergebnis des Emittenten in besonderer Weise abhängig, von rechtlichen, volkswirtschaftlichen, steuerlichen, monetären oder politischen Umständen und Entwicklungen, muss dies im Prospekt herausgestellt werden. Dazu gehören z. B. Besonderheiten, die sich durch Förderprogramme ergeben[70] sowie sonstige Veränderungen im regulatorischen Umfeld, eine besondere Abhängigkeit des Emittenten von Energie- und Rohstoffpreisen oder Wechselkursrisiken. Vielfach werden solche Faktoren auch i. R. d. Beschreibung der Risikofaktoren zu nennen sein.

XI. Eigenkapitalausstattung, Ziff. 10.

1. Überblick

59 Die nach Anh. I Ziff. 10. EU-ProspV erforderlichen Angaben zur Eigenkapitalausstattung überschneiden sich zum Teil mit anderen Vorgaben, insb. mit

---

69 *CESR*, recommendations, Ref: CESR/05-54b, Tz. 30.
70 Was z. B. bei Börsengängen im Bereich der Herstellung von Biokraftstoffen relevant war, siehe die Wertpapierprospekte der VERBIO AG v. 28. 09. 2006 oder der PETROTEC AG v. 20. 10. 2006.

den Anforderungen nach Anh. III Ziff. 3.2. EU-ProspV.[71] Entsprechend werden die nach Anh. I Ziff. 10. EU-ProspV geforderten Angaben teilweise auch unter der Überschrift „Kapitalisierung" bzw. „Kapitalausstattung und Verschuldung" aufgenommen. Teilweise werden die erforderlichen Angaben auch in den Abschnitten „Darstellung und Analyse der Vermögens-, Finanz- und Ertragslage", „Investitionen" oder bei der Beschreibung der wesentlichen Verträge näher erläutert. Grds. gilt, dass in diesem Abschnitt keine Angaben aus anderen Abschnitten wiederholt werden müssen und Querverweise genügen.[72] Das CESR setzt sich in seinen Empfehlungen relativ ausführlich mit den nach Anh. I Ziff. 10. EU-ProsPV zu stellenden Anforderungen auseinander.

Bei einteiligen Prospekten wird an dieser Stelle meist die ggf. nach Anh. III Ziff. 3.1. EU-ProspV erforderliche Erklärung zum Geschäftskapital aufgenommen.

2. Angaben zur Kapitalausstattung

Tabellarisch[73] aufgeführt werden sollten liquide Mittel (unter Angabe der Währung)[74], Eigenkapital sowie kurz- und langfristige Verbindlichkeiten (Anh. I Ziff. 10.1. EU-ProspV). Daneben kann es angezeigt sein, die Eigenkapitalquote oder den Zinsaufwand gesondert darzustellen,[75] wobei zu berücksichtigen ist, dass sich hier durch unterschiedliche Rechnungslegungsstandards erhebliche Differenzen ergeben können, die ggf. zu verdeutlichen sind.

60

Soweit Kapitalflüsse des letzten Geschäftsjahres nicht i. R. d. Darstellung und Analyse der Vermögens-, Finanz- und Ertragslage diskutiert werden, hat dies i. R. d. Eigenkapitalausstattung zu erfolgen (siehe Anh. I Ziff. 10.2. EU-ProspV).[76]

Sofern einschlägig, sollten in der Diskussion rechtliche oder wirtschaftliche Hindernisse im Bereich der konzerninternen Finanztransfers aufgeführt werden.[77] Daneben sollte die Diskussion der Finanzierungspolitik des Emittenten Angaben über mögliche Zinsänderungen im Bereich der Verbindlichkeiten und über vom Emittenten eingesetzte Absicherungsinstrumente enthalten (Anh. I Ziff. 10.3. EU-ProspV).[78] Sollten Beschränkungen des Rückgriffs auf die Eigenkapitalausstattung für den Emittenten im Zusammenhang

---

71 Überschneidungen entstehen insb. mit den Anforderungen nach Anh. III Ziff. 3.2. EU-ProspV. Entsprechend werden die nach Anh. I Ziff. 10 EU-ProspV geforderten Angaben teilweise auch unter der Überschrift „Kapitalisierung und Liquidität, Betriebskapital" aufgenommen. Siehe auch Erläuterungen zu Anh. III Ziff. 3.2. EU-ProspV.
72 *CESR*, recommendations, Ref: CESR/05-54b, Tz. 35, 37.
73 Vgl. auch Komm. zu Anh. III Ziff. 3.2. EU-ProspV.
74 *CESR*, recommendations, Ref: CESR/05-54b, Tz. 35.
75 *CESR*, recommendations, Ref: CESR/05-54b, Tz. 33.
76 *CESR*, recommendations, Ref: CESR/05-54b, Tz. 34.
77 *CESR*, recommendations, Ref: CESR/05-54b, Tz. 34.
78 *CESR*, recommendations, Ref: CESR/05-54b, Tz. 35.

mit Kreditverpflichtungen im Raume stehen, sind diese ebenfalls zu erläutern (Anh. I Ziff. 10.4. EU-ProspV).[79] Des Weiteren sind nähere Angaben im Hinblick auf die erwarteten Finanzierungsquellen zu machen, welche zur Finanzierung künftiger Investitionen sowie bestehender und geplanter Sachanlagen verwendet werden sollen. Dabei sind insb. Angaben zu machen über den Umfang der Fremdfinanzierung, die Saisonalität des Fremdmittelbedarfs sowie zu den Laufzeiten der Finanzierungsverträge (Anh. I Ziff. 10.5. EU-ProspV).[80] Zuletzt wird in diesem Zusammenhang meist die Erklärung dazu aufgenommen, dass das Geschäftskapital zur Erfüllung fällig werdender Zahlungsverpflichtungen mindestens in den nächsten zwölf Monaten ausreicht (sogenanntes Clean Working Capital Statement) oder, sofern dies nicht der Fall ist, wie die Erfüllung der Zahlungsverpflichtungen finanziert wird, Anh. III Ziff. 3.1. EU-ProspV.[81] Ein Clean Working Capital Statement darf dabei nicht abgegeben werden, wenn der Emittent zur Erfüllung seiner zukünftigen Zahlungsverpflichtungen den Emissionserlös benötigt, der ihm aus dem öffentlichen Angebot der neuen Aktien zufließt. In diesem Fall ist in den Prospekt eine Erklärung aufzunehmen, dass das vorhandene Kapital nicht ausreicht, und es sind zusätzliche Angaben aufzunehmen, zu deren Inhalt CESR im Einzelnen Stellung genommen hat.[82]

XII. Forschung und Entwicklung, Patente und Lizenzen, Ziff. 11.

61 Der Regelungsgehalt des Anh. I Ziff. 11. EU-ProspV deckt sich teilweise mit dem des § 20 Abs. 3 Satz 2 Ziff. 2 BörsZulVO a. F. und erweitert diesen um das Erfordernis, die in Forschung und Entwicklung investierten Beträge anzugeben. Es ist nicht davon auszugehen, dass mit der Verwendung des Begriffs Forschungs- und Entwicklungsstrategie anstelle des Begriffs der Tätigkeit die Anforderungen an diesbezügliche Prospektangaben geändert werden sollten. Von Interesse ist für den Investor nicht nur, welche Ziele der Emittent sich in Forschung und Entwicklung gesetzt hat und wie er sie erreichen möchte, sondern insb. inwieweit diese Planungen bereits umgesetzt, d.h. neuartige Verfahren, Produkte etc. entwickelt wurden. Die in Anh. I Ziff. 11. EU-ProspV geforderte Angabe von Investitionsbeträgen bezieht sich ausweislich des Wortlauts nur auf die Forschungs- und Entwicklungstätigkeiten.

62 Erforderlich sind Angaben zu Forschung und Entwicklung, falls diese für die Geschäftstätigkeit des Emittenten wesentlich sind. Folglich kann sich der Emittent darauf beschränken, den Bereich der Forschung und Entwicklung darzustellen, der auf die Entwicklung neuer Produkte und Dienstleistungen bzw. deren Verbesserung ausgerichtet ist.[83] Dabei kann auf die Angaben im

---

79 *CESR*, recommendations, Ref: CESR/05-54b, Tz. 37.
80 *CESR*, recommendations, Ref: CESR/05-54b, Tz. 36.
81 Vgl. Erläuterungen zu Anh. III Ziff. 3.1. EU-ProspV.
82 *CESR*, recommendations, Ref: CESR/05-54b, Tz. 116 ff.
83 Vgl. zur alten Rechtslage *Paskert*, Informationspflicht, S. 63.

Lagebericht zurückgegriffen werden (vgl. § 289 Abs. 2 Nr. 3 HGB bzw. § 315 Abs. 2 Nr. 3 HGB).[84] Regelmäßig bietet es sich an, die Angaben zu Forschung und Entwicklung im Zusammenhang mit den Angaben zur Abhängigkeit von Patenten und Lizenzen nach Anh. I Ziff. 6.4. EU-ProspV darzustellen.

Wie bei den Angaben zu künftigen Investitionen stehen sich bei den Angaben zu Forschung und Entwicklung das Informationsinteresse der Anleger und das Geheimhaltungsinteresse des Emittenten (und seiner Anteilsinhaber) gegenüber.[85] Dem Geheimhaltungsinteresse kann, soweit erforderlich, durch eine Gestattung nach § 8 Abs. 2 WpPG Rechnung getragen werden. In der Praxis wird es vielfach möglich sein, eine Formulierung zu wählen, die einen Anleger sachgerecht und ausreichend informiert, aber den Geheimhaltungsinteressen durchaus Rechnung trägt. 63

XIII. Trendinformationen, Ziff. 12.

Die nach Anh. I Ziff. 12. EU-ProspV verlangten Trendinformationen werden regelmäßig unter der Bezeichnung „Geschäftsgang und Aussichten" dargestellt, und, soweit angebracht, im jeweiligen Sachzusammenhang beschrieben. Gefragt ist in erster Linie die Angabe von Veränderungen unternehmensinterner oder externer Umstände, die sich auf die genannten Bereiche auswirken können. Sofern Zwischenabschlüsse in den Prospekt aufgenommen werden, müssen derartige Informationen schon in die Darstellung der Geschäftstätigkeit oder die Darstellung und Analyse der Finanz-, Vermögens- und Ertragslage aufgenommen werden. Zusätzliche Informationen sind nach Anh. I Ziff. 12.2. EU-ProspV erforderlich, wenn wesentliche Ereignisse in den Zeitraum fallen, der nach dem für die historischen Finanzinformationen maßgeblichen Zeitraum liegt. Daneben sind Trendaussagen für das gesamte laufende Geschäftsjahr aufzunehmen.[86] Eine konkrete Bezifferung der erwarteten Umsätze und Ergebnisse ist hier allerdings nicht erforderlich und wird im Hinblick auf mögliche Haftungsrisiken üblicherweise auch vermieden. Möglich sind aber die Aufnahme qualitativer Aussagen und etwa die Darstellung, ob die Geschäftsentwicklung den Erwartungen des Managements entspricht und mit derjenigen des Vorjahres vergleichbar ist. 64

XIV. Gewinnprognosen oder -schätzungen, Ziff. 13.

1. Veröffentlichung von Gewinnprognosen, Ziff. 13.

Grds. ist die Veröffentlichung von Gewinnprognosen kein notwendiger Prospektinhalt. Anh. I Ziff. 13. EU-ProspV normiert nach seiner Einl. Anforde- 65

---

84 Vgl. zur alten Rechtslage *Paskert*, Informationspflicht, S. 63 Fn. 3.
85 Vgl. Anm. oben Rn. 32.
86 Siehe zu Prognosen im Kapitalmarktrecht ausführlich *Siebel/Gebauer*, WM 2001, 118 ff. und 173 ff.

rungen für den Fall, dass sich der Emittent für die Aufnahme von solchen Angaben entscheidet. Für diese grds. Wahlfreiheit im Hinblick auf die Aufnahme von Informationen zu Gewinnprognosen bestehen zwei Ausnahmen: Gem. Anh. I Ziff. 13.4. EU-ProspV muss, wenn in einem noch gültigen Prospekt eine Gewinnprognose enthalten ist, in einem neuen Prospekt hierzu eine Erläuterung aufgenommen werden. Die zweite Ausnahme hat das CESR in seinen Empfehlungen formuliert. Sie lässt sich dem Wortlaut des Anh. I Ziff. 13. EU-ProspV nicht entnehmen, in jedem Fall aber auf die allgemeine Pflicht stützen, wesentliche Informationen in den Prospekt aufzunehmen (§ 5 Abs. 1 Satz 1 WpPG). Danach wird besonders bei Börsengängen vermutet, dass eine Gewinnprognose eine wesentliche Information und damit in den Prospekt aufzunehmen ist, wenn der Emittent außerhalb des Prospekts (z.B. bei einer Analystenkonferenz[87]) eine solche Prognose abgegeben hat.[88] Greift keine der genannten Pflichten, Informationen zu Gewinnprognosen in den Prospekt aufzunehmen, sollten Emittenten bei der Aufnahme solcher Prognosen in Anbetracht der Haftungsrisiken eher Zurückhaltung walten lassen.[89]

66 Ein wesentliches Anwendungsproblem, das sich bei Anh. I Ziff. 13. EU-ProspV stellt, ist die Frage, wann eine Gewinnprognose vorliegt, und damit die Anforderungen der Vorschrift greifen.[90] Gem. Art. 2 Ziff. 10. EU-ProspV ist eine Gewinnprognose „ein Text, in dem ausdrücklich oder implizit eine Zahl oder eine Mindest- bzw. Höchstzahl für die wahrscheinliche Höhe der Gewinne oder Verluste im laufenden Geschäftsjahr und/oder in den folgenden Geschäftsjahren genannt wird, oder der Daten enthält, aufgrund deren die Berechnung einer solchen Zahl für künftige Gewinne oder Verluste möglich ist, selbst wenn keine bestimmte Zahl genannt wird und das Wort ‚Gewinn' nicht erscheint". Schwierigkeiten bereitet diese Definition, soweit nicht nur bezifferte und als solche bezeichnete Gewinnprognosen erfasst werden, sondern auch Informationen auf deren Grundlage sich Gewinnprognosen berechnen lassen. Hier kann die Abgrenzung zu Trendinformationen nach Anh. I Ziff. 12. EU-ProspV schwierig sein.[91] Das CESR sieht in allgemeinen Informationen zu den wirtschaftlichen Aussichten des Emittenten keine Gewinnprognose i.S.d. EU-ProspV.[92] Obwohl auch dieses Abgrenzungskriterium die Auslegungsschwierigkeiten nicht ausräumen kann[93], gibt

---

87 Zu diesen und weiteren Beispielen siehe *Apfelbacher/Metzner*, BKR 2006, 81, 89.
88 *CESR*, recommendations, Ref: CESR/05-54b, Tz. 44; vgl. zu Gewinnprognosen insgesamt *Apfelbacher/Metzner*, BKR 2006, 81, 88f.; *Schlitt/Schäfer*, AG 2005, 498, 504.
89 Siehe auch *Apfelbacher/Metzner*, BKR 2006, 81, 88; *Wieneke*, in: Grundmann (Hrsg.), Anleger- und Funktionsschutz durch Kapitalmarktrecht, 2006 S. 48.
90 Die Gewinnschätzung ist in Art. 2 Ziff. 11 EU-ProspV als Gewinnprognose für ein abgelaufenes Geschäftsjahr, für das Ergebnisse noch nicht veröffentlicht wurden, definiert und bereitet weniger Probleme, vgl. *CESR*, recommendations, Ref: CESR/05-54b, Tz. 38f. Weiterführend zum Begriff der Prognoseinformation: *Fleischer*, AG 2006, 2, 4.
91 *CESR*, recommendations, Ref: CESR/05-54b, Tz. 49; *Apfelbacher/Metzner*, BKR 2006, 81, 89.
92 *CESR*, recommendations, Ref: CESR/05-54b, Tz. 49.
93 *Apfelbacher/Metzner*, BKR 2006, 81, 89.

es eine Richtung vor. Es zeigt, dass bei konkreten Aussagen über die zukünftige Geschäftsentwicklung eines Unternehmens, insb. wenn diese durch Zahlen untermauert werden sollen, Vorsicht geboten ist, weil sie zu einer Anwendung des Anh. I Ziff. 13 EU-ProspV führen können.

2. Erforderliche Angaben, Ziff. 13.1. bis Ziff. 13.4.

Entscheidet sich der Emittent für die Aufnahme einer Gewinnprognose, sind die Annahmen, auf denen die Prognose basiert, zu nennen, wobei zwischen unternehmensinternen und externen Faktoren zu unterscheiden ist (Anh. I Ziff. 13.1. Sätze 1 und 2 EU-ProspV). Zudem müssen sie auf einer Grundlage erstellt werden, die mit den historischen Finanzinformationen vergleichbar ist. Welche Kriterien u.a. in die Prognose einfließen sollten, ist in den CESR Empfehlungen formuliert.[94] Die Prognose muss gem. Anh. I Ziff. 13.2. EU-ProspV von unabhängigen Buchprüfern in einem Bericht bestätigt werden.[95]

67

XV. Verwaltungs-, Geschäftsführungs- und Aufsichtsorgane sowie oberes Management, Ziff. 14.

1. Überblick

Anh. I Ziff. 14. bis 16. (und Ziff. 17.2.) EU-ProspV greifen Anh. I, Schemata A, B, Kapitel 6 der Koordinierungsrichtlinie[96] auf (umgesetzt in § 28 BörsZulVO a.F.), wobei die Anforderungen erweitert und konkretisiert werden.[97] Die nach Anh. I Ziff. 14. bis 16. EU-ProspV verlangten Angaben werden üblicherweise in einem einheitlichen mit Angaben über die (Verwaltungs-, Geschäftsführungs- und Aufsichts-)Organe des Emittenten betitelten Abschnitt erörtert. Ihnen werden meist Ausführungen über die Unternehmensverfassung einer deutschen AG oder KGaA nach geltendem Aktienrecht vorangestellt. Neben den Angaben zu Organmitgliedern und deren Bezügen (vgl. Anh. I Ziff. 15 EU-ProspV) können an dieser Stelle – dem ehem. Aufbau nach

68

---

94 *CESR*, recommendations, Ref: CESR/05-54b, Tz. 50: zurückliegende Geschäftsergebnisse, Marktanalysen, strategische Entwicklungen, Marktanteil und -position des Emittenten, Vermögens-, Finanz- und Ertragslage und mögliche diesbezügliche Änderungen, Beschreibung des Einflusses von Unternehmensakquisitionen und -veräußerungen, Änderung der Unternehmensstrategie oder wesentliche Änderungen in Umwelt und Technik, Änderungen der rechtlichen und steuerlichen Rahmenbedingungen, Verpflichtungen gegenüber Dritten.
95 Zur Schwierigkeit, einen solchen Bericht zu erhalten, siehe *Apfelbacher/Metzner*, BKR 2006, 81, 89.
96 RL 2001/34/EG des Europäischen Parlaments und des Rates v. 28.05.2001 über die Zulassung v. Wertpapieren zur amtlichen Börsennotierung und über die hinsichtlich dieser Wertpapiere zu veröffentlichenden Informationen, ABl. EG L 184 v. 06.07.2001, S. 1.
97 Einige nunmehr zusätzlich verlangte Angaben waren allerdings schon in ähnlicher Form nach den von der Deutschen Börse AG herausgegebenen Going Public Grundsätzen verlangt (Angaben zu beruflichem Werdegang und Vorstrafen allerdings nur in Bezug auf die Mitglieder des Geschäftsführungsorgans, vgl. Ziff. 4.5 der Going Public Grundsätze v. 01.08.2004).

der Koordinierungsrichtlinie folgend – auch die Angaben zu Aktienbesitz und Aktienoptionen der Organmitglieder aufgenommen werden (siehe Anh. I Ziff. 17.2. EU-ProspV). Daneben bietet es sich an, an dieser Stelle einzelne Ausführungen zu den Satzungen und Statuten nach Anh. I Ziff. 21.2. EU-ProspV aufzunehmen, soweit sie Organe der AG bzw. KGaA betreffen.[98] Bei einer KGaA ist aufgrund der erheblich weiteren Gestaltungsfreiheit, die diese Rechtsform für die satzungsmäßige Ausgestaltung der Corporate Governance bietet, eine detaillierte Darstellung der Besonderheiten im Einzelfall erforderlich.[99]

Der überwiegende Teil der Anforderungen in Anh. I Ziff. 14. bis 16. EU-ProspV ist aus sich selbst heraus verständlich. Es bedarf lediglich einiger Anmerkungen:

2. Angaben zu Organmitgliedern und Management, Ziff. 14.1.

69 Die Anforderungen nach Anh. I Ziff. 14.1. Unterabs. 1 EU-ProspV entsprechen weitgehend § 28 Abs. 1 BörsZulVO a. F. Ausdrücklich klargestellt wurde, dass nur die Angabe der Geschäftsanschrift der genannten Personen erforderlich ist.[100] Üblich ist, bei den Vorstandsmitgliedern auch deren Zuständigkeitsbereich anzugeben. Im Hinblick auf wichtige außerhalb des Emittenten ausgeübte Tätigkeiten (§ 28 Abs. 1 Nr. 2 BörsZulVO) wurde nach alter Rechtslage davon ausgegangen, dass die nach § 285 Nr. 10 HGB im Anh. des letzten Jahresabschlusses gemachten Angaben ausreichen.[101] Nach neuer Rechtslage ist in Anh. I Ziff. 14.1. Unterabs. 3 lit. a) und Ziff. 14.2. Unterabs. 2 EU-ProspV konkretisiert, welche Tätigkeiten der Geschäftsführungs- und Aufsichtsorgane in Gremien anderer Unternehmen anzugeben sind. Es kann davon ausgegangen werden, dass grds. über die Angaben nach Anh. I Ziff. 14.1. Unterabs. 3 lit. a) und Ziff. 14.2. Unterabs. 2 EU-ProspV hinaus keine weiteren Informationen verlangt sind.

Angaben über Mitglieder des oberen Managements nach Unterabs. 1 lit. d) sind nur erforderlich, sofern im Unternehmen eine entsprechende Managementebene etwa mit Vorstandsmitgliedern vergleichbaren Kompetenzen existiert.

70 Aufgrund der Tatsache, dass für die Eignung einer Person als Geschäftsführungs- und Aufsichtsorgan nicht nur eine Verurteilung wegen betrügerischer Taten, sondern auch sonstiger Delikte aus dem Bereich der Wirtschaftskriminalität relevant ist, mutet die Formulierung in Unterabs. 3 lit. b) EU-ProspV etwas eng an. Es ist davon auszugehen, dass mit dieser Formulierung alle auf Täuschung basierenden kapitalmarktrelevanten Delikte erfasst wer-

---

98 U. a. die Ausführungen zur Hauptversammlung, siehe Rn. 201.
99 Siehe hierzu ausführlich *Wieneke/Fett*, in: Schütz/Bürgers/Riotte, Die Kommanditgesellschaft auf Aktien, 2002 § 10 Rn. 67 ff.
100 Hiervon wurde auch nach alter Rechtslage ausgegangen, vgl. *Heidelbach*, in: Schwark, KapMRK, § 28 BörsZulVO Rn. 1 m.w.N.
101 *Heidelbach*, in: Schwark, KapMRK, § 28 BörsZulVO Rn. 1.

den.¹⁰² Allerdings sollte die nach Unterabs. 4 verlangte Negativerklärung unter Rückgriff auf den Wortlaut des Unterabs. 3 lit. b) EU-ProspV formuliert werden.

3. Interessenkonflikte, Ziff. 14.2.

Anh. I Ziff. 14.2. EU-ProspV verpflichtet die Emittenten allgemein, potenzielle Interessenkonflikte der Organmitglieder aufzuführen, ohne die in § 28 Abs. 2 Ziff. 4 BörsZulVO a. F. aufgeführte Beteiligung der Organmitglieder am Unternehmen ausdrücklich zu nennen. Dennoch führt eine direkte oder indirekte Beteiligung einzelner Organmitglieder an dem Emittenten nach wie vor zu einem angabepflichtigen potenziellen Interessenkonflikt zwischen den Verpflichtungen der Organmitglieder gegenüber der Gesellschaft und privaten Interessen. Grds. ist nach der Formulierung der Vorschrift nicht nur der Grund für einen möglichen Interessenkonflikt zu nennen, sondern es ist der Umstand auch ausdrücklich als Interessenkonflikt zu kennzeichnen. 71

Die Angaben zu Veräußerungsbeschränkungen betreffen den Bereich der so genannten Lock-up-Vereinbarungen. Deren Angabe war nach alter Rechtslage nicht verpflichtend.¹⁰³ Nach neuer Rechtslage¹⁰⁴ sind sie anzugeben, wobei nach wie vor zwischen der Angabe derartiger Vereinbarungen im Prospekt und deren Einhaltung zu unterscheiden ist. Die Prospektverantwortlichen haften für die richtige Darstellung der Lock-up-Vereinbarung. Bei der Prospekterstellung ist daher darauf zu achten, dass die Formulierung der Lock-up-Vereinbarung der Vereinbarung mit den Altaktionären bzw. der Gesellschaft und den Regelungen im Übernahmevertrag entspricht. Sollte ein Aktionär als Partei dieser Vereinbarung gegen diese verstoßen, stellt dies keinen Fall der Prospekthaftung dar.¹⁰⁵ 72

XVI. Bezüge und Vergünstigungen, Ziff. 15.

Gem. Anh. I Ziff. 15.1. EU-ProspV sind neben den Vergütungen auch Sachleistungen (z. B. Dienstwagen, abgeschlossene Versicherungen) an die Organmitglieder anzugeben. Soweit es sich nicht um Barmittel handelt, ist der geschätzte Wert der Leistungen anzuführen.¹⁰⁶ Nähere Angaben sind erfor- 73

---

102 Nach den Going Public Grundsätzen der Deutschen Börse AG waren im Prospekt Sanktionen (z. B.: Verurteilungen, Strafen, Bußgelder, Berufsverbote) gegenüber der einzelnen Mitglieder des Geschäftsführungsorgans des Emittenten während mindestens der letzten fünf Jahre für die Verletzung in- und ausländischer Bestimmungen des Straf- und Kapitalmarktrechts (z. B. Wertpapierhandelsrecht, Börsenrecht) anzugeben, die für eine Geschäftsführungstätigkeit v. erheblicher Bedeutung sind (z. B. Untreue, Betrug, Kapitalanlagebetrug, Kreditbetrug, Bilanzfälschung, Insolvenzstraftaten, Insiderstraftaten). Siehe hierzu auch die Neufassung des § 76 Abs. 3 Satz 2 bis 4 AktG durch Artikel 5 Nr. 6 MoMiG, der eine Ausdehnung der Bestellungshindernisse vorsieht.
103 Vgl. *Groß*, KapMR, 2. Aufl. §§ 13–32 BörsZulVO Rn. 10 b.
104 Siehe Anh. III Ziff. 7.3. EU-ProspV und Erläuterungen dort.
105 Dazu *Groß*, KapMR, 2. Aufl. §§ 13–32 BörsZulVO Rn. 10 b.
106 *CESR*, recommendations, Ref: CESR/05-54b, Tz. 148.

derlich, wenn die Vergütung nach Maßgabe eines Bonus- oder Gewinnbeteiligungssystems gezahlt wurde. Hier sollte das Vergütungssystem erläutert werden, insb. auf welcher Grundlage die betroffenen Personen entsprechende Leistungen bekommen.[107] Ebenso sind weitere Ausführungen vorzunehmen, wenn Aktienbezugsrechte gewährt wurden, wie etwa die Anzahl der davon erfassten Aktien, der Bezugspreis sowie die Frist zur Ausübung des Bezugsrechts.[108] Die Offenlegung für börsennotierte AGs in § 285 Satz 1 Nr. 9a) Satz 5 HGB bzw. § 314 Abs. 1 Nr. 6a) HGB gesetzlich vorgeschrieben.[109] Die entsprechenden Angaben sind in den Prospekt zu übernehmen. Ist im vorangegangen Geschäftsjahr eine Offenlegung auf Einzelfallbasis noch nicht erforderlich gewesen, können entsprechende Angaben im Prospekt unterbleiben. Darüber hinaus sollte es nicht erforderlich sein, Angaben zur Vergütung aufzunehmen, wenn die Organmitglieder ihre Tätigkeit erst nach dem letzten abgeschlossenen Geschäftsjahr aufgenommen haben.

74 Die nach Anh. I Ziff. 15.2. EU-ProspV verlangten Angaben zu Pensionsrückstellungen werden üblicherweise ebenfalls im Abschnitt der Beschreibung der Vergütung der Organe des Emittenten aufgenommen.

XVII. Praktiken der Geschäftsführung, Ziff. 16.

75 Ob bei den gewünschten Angaben über das Gremium, das über die Vorstandsvergütung entscheidet (Anh. I Ziff. 16.3. EU-ProspV), Angaben über den Auditausschuss und einen Vergütungsausschuss getroffen werden können, hängt davon ab, ob der Aufsichtsrat entsprechende Ausschüsse gebildet hat. Der Deutsche Corporate Governance Codex sieht zwar die Bildung von Audit- und Vergütungsausschüssen im Aufsichtsrat vor.[110] Da er nicht bindend ist und Anh. I Ziff. 16.3. EU-ProspV keine materiellen gesellschaftsrechtlichen Anforderungen normiert, wird der Hinweis auf den Aufsichtsrat als Entscheidungsgremium bisher als ausreichend angesehen.[111] Dessen Mitglieder sind schon nach Anh. I Ziff. 14.1. EU-ProspV zu nennen. Soweit entsprechende Ausschüsse vorhanden sind, sind diese ebenfalls anzuführen.

76 Den Anforderungen nach Anh. I Ziff. 16.4. EU-ProspV wird üblicherweise durch einen Hinweis darauf genügt, dass der Emittent nach seiner Börsennotierung eine Erklärung gem. § 161 AktG abgeben und welchen Inhalt diese Erklärung voraussichtlich haben wird. Beabsichtigt der Emittent, von seiner nach § 161 AktG bestehenden Möglichkeit, vom Corporate Governance Codex abzuweichen, Gebrauch zu machen, ist dies schon im Wertpapierprospekt offen zu legen und zu begründen. Dies kann freilich nur für die

---

107 *CESR*, recommendations, Ref: CESR/05-54b, Tz. 148.
108 *CESR*, recommendations, Ref: CESR/05-54b, Tz. 148 mit weiteren Angaben.
109 Siehe hierzu ausführlich *Hennke/Fett*, BB 2007, 1267.
110 Siehe Ziff. 5.3.2, Deutscher Corporate Governance Kodex i.d.F. v. 14.06.2007 abgedruckt etwa bei *Hüffer*, AktG, und *Bürgers/Körber*, AktG, jeweils zu § 161.
111 Es wird sogar darauf verzichtet, bei den Angaben nach Anh. I Ziff. 16.4, EU-ProspV eine Erklärung dazu aufzunehmen.

Abweichungen gelten, die bereits feststehen. In dem Fall ist davon auszugehen, dass ein Hinweis auf die später zu veröffentlichende Erklärung nach § 161 AktG nicht ausreicht. Handelt es sich beim Emittenten nicht um eine börsennotierte Gesellschaft i. S. d. § 3 Abs. 2 AktG, etwa weil die Aktien in den Open Market bzw. den Entry Standard an der Frankfurter Wertpapierbörse einbezogen werden sollen, so ist keine Erklärung gem. § 161 AktG abzugeben. Eine entsprechende Erläuterung ist jedoch in den Prospekt aufzunehmen.

XVIII. Beschäftigte, Ziff. 17.

1. Beschäftigte, Ziff. 17.1.

Anders als nach § 20 Abs. 3 Ziff. 1 BörsZulVO a. F. sind nicht nur die Arbeitnehmer im Wertpapierprospekt zu nennen, sondern sämtliche Beschäftigte einschließlich der freien Mitarbeiter, Zeitarbeitskräfte und Auszubildenden. Insoweit können Unterschiede zu den Angaben im Jahresabschluss nach §§ 285 Satz 1 Nr. 7 HGB bzw. 314. Abs. 1 Nr. 4 HGB auftreten, da nach dieser Vorschrift nur die Zahl der Arbeitnehmer anzuführen ist.[112] Wenn es für den Emittenten möglich und wesentlich ist, können die Angaben nach ihrem Haupttätigkeitsbereich oder nach geografischer Belegenheit aufgeschlüsselt werden. Beschäftigt der Emittent eine größere Anzahl von Zeitarbeitskräften, ist die Durchschnittszahl für das letzte Geschäftsjahr anzugeben. Hinsichtlich der Ermittlung der maßgeblichen Zahl kann weiterhin auf die in § 267 Abs. 5 HGB normierte Vorgehensweise zurückgegriffen werden.[113] Als Richtwert für die Frage, wann von Veränderungen von wesentlicher Bedeutung auszugehen ist, kann die 10%-Grenze herangezogen werden.[114]

77

Üblich ist, in den Abschnitt zu Mitarbeitern des Emittenten eine Erklärung darüber aufzunehmen, ob und ggf. welche tarifvertraglichen Bestimmungen gelten und ob das Unternehmen dem Mitbestimmungsrecht unterliegt.

78

2. Beteiligung, Ziff. 17.2., Ziff. 17.3.

Die Erklärung zu einer Beteiligung von Mitgliedern der Organe des Emittenten wird üblicherweise in den Abschnitt zu diesen Organen aufgenommen.[115] Die Vorschrift wird weit ausgelegt und darf nicht formal verstanden werden. Anzugeben sind nicht nur die Inhaberschaft von Aktien oder Aktienoptionen am Emittenten selbst, sondern auch mittelbare Beteiligungen etwa über Gesellschaften. Ob darüber hinaus auch der Aktienbesitz von na-

79

---

112 Zum Arbeitnehmerbegriff in den Bilanzvorschriften des HGB siehe *Winkeljohann/Lawall*, in: Ellrott/Förschle/Hoyos/Winkeljohann, Bil Komm, § 267 Rn. 9 ff.
113 Vgl. zum Rückgriff auf § 267 HGB nach alter Rechtslage *Paskert*, Informationspflicht, S. 62.
114 Vgl. dazu und zu einer Bezifferung des Begriffs der wesentlichen Veränderung *Paskert*, Informationspflicht, S. 63 und 43 f.
115 Vgl. oben Anm. zu Anh. I Ziff. 14. bis 16. EU-ProspV.

hestehenden Personen angeführt werden muss, ist fraglich.[116] Angesichts des Umstands, dass den Organmitgliedern der Umfang ihrer Beteiligungen bekannt sein sollte, ist davon auszugehen, dass die Angabe des Status quo der Beteiligung zum Zeitpunkt der Billigung des Prospekts möglich und erforderlich ist. Um der geforderten Aktualität zu genügen, sind auch Angaben dazu zu machen, ob und wie Organmitglieder sonstige Wertpapiere in Aktien umwandeln können (siehe auch Anforderungen nach Anh. I Ziff. 21.1.4. EU-ProspV). Die Angaben zu den Beteiligungen sind aus Verständnisgründen als Prozentsatz anzugeben.

Sofern eine Vereinbarung nach Anh. I Ziff. 17.3. EU-ProspV über die Beteiligung von Beschäftigten am Kapital existiert, wird diese regelmäßig in den nach Anh. III Ziff. 5.2.3. EU-ProspV darzustellenden Zuteilungsregeln berücksichtigt. Sofern Angaben nach Anh. I Ziff. 17.3. EU-ProspV zu machen sind, werden sie daher meist in den Abschnitt zum Angebot aufgenommen.

XIX. Hauptaktionäre, Ziff. 18.

1. Hauptaktionäre, Ziff. 18.1., Ziff. 18.2.

80 Bereits nach § 19 Abs. 2 Ziff. 5 lit. a BörsZulVO a. F. waren die Hauptaktionäre des Emittenten im Prospekt zu nennen. Gem. Anh. I Ziff. 18.1. EU-ProspV i. V. m. §§ 21 Abs. 1, 1a, 22 WpHG sind alle Personen, die nicht Mitglieder der Organe des Emittenten sind, zu nennen, denen direkt oder indirekt 3 % oder mehr der Stimmrechte am Emittenten zustehen.

81 Die Angaben nach Anh. I Ziff. 18.1. EU-ProspV stehen unter dem Vorbehalt, dass sie dem Emittenten bekannt sind. Rechtlich ist die emittierende Gesellschaft auf die Information der Aktionäre angewiesen, sofern diese Inhaberaktien halten. Die Mitteilungspflicht nach §§ 21, 22 WpHG trifft die Aktionäre und führt auch nur zu „Momentaufnahmen", da nur bestimmte Schwellen die Mitteilungspflicht auslösen, nicht aber Bewegungen zwischen diesen Schwellen. Auch die Teilnahmeverzeichnisse von Hauptversammlungen stellen keine verlässliche Informationsquelle dar. Es empfiehlt sich, auf entsprechende Probleme hinzuweisen.[117] In der Praxis werden die Aktionäre dem Emittenten bei nicht börsennotierten Gesellschaften und mit nicht öffentlich gehandelten Anteilen gleichwohl vielfach bekannt sein. Dies gilt jedenfalls (in einem gewissen Umfang[118]), wenn Namensaktien ausgegeben wurden. Grds. hat die emittierende Gesellschaft bzw. haben deren Organe besonders bei wenigen Aktionären mit hohen Aktienanteilen ein wirtschaft-

---

116 Es erscheint nicht abwegig, die Zurechnungsvorschriften in § 15a WpHG entsprechend anzuwenden.
117 Zu der bei alter Rechtslage gegebenen Empfehlung, dies zur Vermeidung v. Haftungsrisiken im Prospekt ausdrücklich klarzustellen siehe *Groß*, KapMR 2. Aufl., §§ 13–32 BörsZulVO Rn. 9; *Heidelbach,* in: Schwark, KapMRK, § 19 BörsZulVO Rn. 2.
118 Nach geltendem Recht gibt es keine Pflicht des Aktionärs, sich im Aktienregister eintragen zu lassen; vgl. *Wieneke,* in: Bürgers/Körber, AktG, § 67 Rn. 1; *Schneider/Müller-v. Pilchau,* AG 2007, 181.

liches Interesse, die Einfluss ausübenden Gesellschafter zu kennen. Die Aktionäre sind zudem bekannt, wenn die Gesellschaft erst zum Zwecke des Börsengangs unmittelbar vor diesem in eine AG oder KGaA umgewandelt wurde.

2. Beteiligungen und Beherrschungsverhältnisse, Ziff. 18.3., Ziff. 18.4.

Anh. I Ziff. 18.3. EU-ProspV erweitert die Anforderungen von Anh. I Ziff. 7.1. EU-ProspV.[119] Anders als nach der alten Rechtslage (siehe § 19 Abs. 2 Ziff. 5 lit. b BörsZulVO a. F.) löst die bloße Möglichkeit der Beherrschung nach dem Wortlaut der Vorschrift keine Angabepflicht mehr aus.[120] Da in jedem Fall die (natürlichen oder juristischen) Personen, die mehr als 3 % der Anteile bzw. Stimmrechte halten, zu nennen sind, kann eine wesentliche Bedeutung des Anh. I Ziff. 18.3. EU-ProspV darin liegen, dass ein Beherrschungsverhältnis als solches zu deklarieren ist und mögliche über die Beteiligung hinausgehende Beherrschungsvereinbarungen in einem Beherrschungsvertrag oder aufgrund einer Satzungsregelung offen zu legen sind. In jedem Fall ist darzulegen, dass und wie eine Beherrschung ausgeübt wird und welche Maßnahmen (z.B. in der Satzung durch Vorschriften zur Besetzung der Organe oder durch Regelungen in einem Unternehmensvertrag) getroffen wurden, um einen Missbrauch zu verhindern.

82

Anh. I Ziff. 18.4. EU-ProspV stellt insb. auf Optionsvereinbarungen auf den Erwerb von Aktien des Emittenten ab.

83

XX. Geschäfte mit verbundenen Parteien, Ziff. 19.

Die Geschäfte mit verbundenen Parteien werden in einem Prospekt üblicherweise als „Geschäfte mit nahe stehenden Personen" bezeichneten Abschnitt erörtert. Die Verwendung des Begriffs nahe stehend entspricht der Terminologie der Internationalen Rechnungslegungsstandards, die nach der VO (EG) Nr. 1606/2002 angenommen wurden. Welche Unternehmen und Personen nach den Internationalen Rechnungslegungsstandards als nahe stehend angesehen werden, ist in IAS 24 (Internationaler Rechnungslegungsstandard – Angaben über Beziehungen zu nahe stehenden Unternehmen und Personen)[121] Ziff. 9[122] festgelegt. Aus IAS 24 ergeben sich auch die Kriterien, nach denen Einzelheiten zu den Geschäften mit nahe stehenden Personen anzugeben sind.

84

---

119 Vgl. auch Rn. 44 ff.
120 Zur alten Rechtslage vgl. *Groß*, KapMR, 2. Aufl., §§ 13–32 BörsZulVO Rn. 10 c.
121 Die in der EG maßgebliche Fassung des IAS 24 – ursprünglich angenommen nach der VO (EG) Nr. 1606/2002 durch die VO (EG) Nr. 1727/2002 (ABl. EG L 261 v. 13. 10. 2003) – wurde zuletzt geändert durch die VO (EG) Nr. 2238/2004 (ABl. EG L 394 v. 31. 12. 2004).
122 Siehe Anh. zur VO (EG) Nr. 2238/2004, IAS 24 Ziff. 9 (ABl. EG L 394 v. 31. 12. 2004, S. 111).

XXI. Überblick Finanzinformationen

85 Finanzinformationen sind wesentlicher Prospektinhalt. Mittlerweile machen die Finanzteile von Prospekten („F-Pages") bis zu 50 % des Prospektinhalts aus.[123] Art und Umfang der aufzunehmenden Abschlüsse sind dabei oft Gegenstand intensiver Diskussion mit Abschlussprüfern und der BaFin. Aus diesem Grund haben Finanzinformationen nicht nur für den Inhalt des Prospekts, sondern auch für den Ablauf der Prospekterstellung wesentliche Bedeutung.

86 Anh. I Ziff. 20. EU-ProspV fordert für Aktienemittenten einen umfangreichen Finanzteil mit Abschlüssen, die grds. drei Geschäftsjahre umfassen. Für Emittenten an geregelten Märkten muss die IAS-Verordnung beachtet werden, so dass in der Regel Konzernabschlüsse nach den IAS/IFRS erstellt werden müssen.[124] Diese Abschlüsse liegen in den meisten Fällen vor dem Börsengang nicht vor und müssen entsprechend für diesen Zweck erstellt und geprüft werden. Oft erschweren Umstrukturierungen und Akquisitionen im Vorfeld der Emission die Vergleichbarkeit der Finanzinformationen verschiedener Geschäftsjahre. Daher sind häufig die Regelungen nur schwer auf die konkrete Situation des Emittenten anwendbar. Die EU-ProspV trägt dem zwar teilweise durch Regelungen zu Pro forma-Finanzinformationen Rechnung (Anh. I Ziff. 20.2., Anh. II EU-ProspV), doch bleiben einzelne Regelungen interpretationsbedürftig. Die EU Kommission wie auch CESR stellen daher Interpretationshilfen zur Verfügung, die bei Einzelfragen zusätzlich zum Verordnungstext hinzuzuziehen sind.

XXII. Begriff der historischen Finanzinformationen, Ziff. 20.1. Satz 1

87 Anh. I Ziff. 20.1. Satz 1 EU-ProspV fordert die Aufnahme geprüfter historischer Finanzinformationen der letzten drei Geschäftsjahre in den Prospekt. Vorrangiger Zweck ist die Information des Investors über die Vermögens-, Finanz- und Ertragslage des Emittenten der abgelaufenen Berichtsperioden. Die historischen Finanzinformationen sollen dabei die operative Geschäftstätigkeit des Emittenten bis zur Prospekterstellung zeigen.[125]

88 Historischen Finanzausweise sollten die Transaktionen der abgelaufenen Berichtszeiträume inklusive Akquisitionen und Verkäufe widerspiegeln.[126] In einigen Fällen zeigen die historischen Finanzausweise jedoch nicht alle Transaktionen des Emittenten. Dies ist insbesondere bei gesellschaftsrechtlichen Veränderungen üblich. Beispiele sind die Neugründung des Emittenten und Eingliederung in eine bereits bestehende Gesellschaft und umgekehrt der Zusammenschluss von ehemaligen Tochterunternehmen zu einer

---

123 *Meyer*, Accounting 2/2006, 11.
124 Siehe Rn. 103 ff.
125 *CESR*, advice, historical financial information, Ref. CESR/05-582, Tz. 15.
126 *CESR*, advice, historical financial information, Ref. CESR/05-582, Tz. 16.

neuen Konzerneinheit (Emittent) sowie die Ausgliederung eines Teilbereiches mit selbstständigem Börsengang. In diesem Zusammenhang spricht man von einer komplexen finanziellen Historie („complex financial history").[127] Entsprechende Regelungen werden unter Art. 4 a sowie in Ziff. 20.2. i.V.m. Anh. II EU-ProspV im Zusammenhang mit Pro forma-Finanzausweisen erläutert.

Der Begriff der Finanzinformationen umfasst in Anlehnung an die IAS/IFRS eine vollständige Bilanz, Gewinn- und Verlustrechnung (GuV), Eigenkapitalveränderungsrechnung, Kapitalflussrechnung[128] sowie erläuternde Anhangangaben.[129] Die Segmentberichterstattung als separates Abschlusselement wird zwar in der EU-ProspV nicht genannt, ist aber dennoch Bestandteil eines vollständigen Abschlusses nach IAS/IFRS und daher grds. verpflichtend, falls die Voraussetzungen zur Segmentberichterstattung erfüllt sind.[130] Der Lagebericht gem. § 289 bzw. § 315 HGB ist explizit nicht genannt und muss demgemäß nicht in den Prospekt aufgenommen werden. Die Funktion der Erläuterungen im Rahmen eines Lageberichts übernehmen andere Teile des Prospekts, u.a. die Angaben zur Geschäfts- und Finanzlage.[131] Allerdings steht es dem Emittenten frei, den Lagebericht mit aufzunehmen. Dies ist angesichts der praktischen Erstellung von Testaten in Deutschland durchaus üblich.[132] Sollte er nicht aufgenommen werden, wird dies in der Regel in einem Hinweis erläutert. 89

Beispiel: Hinweis bei Nichtaufnahme des Lageberichts 90

Der nachfolgend abgedruckte Bestätigungsvermerk wurde gem. § 322 Handelsgesetzbuch auf den von der XXX AG zum 31.12.2XXX aufgestellten Konzernabschluss, bestehend aus Konzernbilanz, Konzerngewinn- und Verlustrechnung, Konzerneigenkapitalveränderungsrechnung, Konzernkapitalflussrechnung, Konzernanhang und Konzernlagebericht erteilt. Der Bestätigungsvermerk muss sich nach Deutschem Recht auch auf den Konzernlagebericht beziehen. Der nachstehend abgedruckte Bestätigungsvermerk bezieht sich daher nur auf den Konzernabschluss der XXX AG zum 31.12.2XXX einschließlich des Konzernlageberichts, obwohl der Konzernlagebericht in diesem Prospekt nicht enthalten ist.

Der Konzernlagebericht kann im vollständigen Wortlaut in dem auf der Website der Gesellschaft unter http://..... öffentlich zugänglichen Konzernabschluss zum 31.12.2XXX eingesehen werden. 91

---

127 *CESR*, advice, historical financial information, Ref. CESR/05-582, Tz. 35 f.
128 Pflichtbestandteil nach IAS 1.8 i.V.m. IAS 7.
129 Pflichtbestandteile nach IAS 1.8.
130 IAS 1.8 i.V.m. IFRS 8.
131 Anh. I Ziff. 20.1. Nr. 9 EU-ProspVO.
132 Siehe hierzu die Erläuterungen zu den anzuwendenden Prüfungsstandards unter Rn. 137 ff.

XXIII. Umfang der aufzunehmenden Finanzinformationen, Ziff. 20.1. Satz 1 Fortsetzung und Satz 2

92 Besteht der Emittent drei Jahre und länger, so ist er gem. Anh. I Ziff. 20.1. Satz 1 EU-ProspV grds. verpflichtet, die Abschlüsse der letzten drei Geschäftsjahre und die drei dazugehörigen Bestätigungsvermerke in den Prospekt aufzunehmen. Hiernach werden bei der Darstellung des letzten Abschlusses die Finanzinformationen des jüngsten denen des vorletzten Abschlusses (Vergleichszahlen des Vorjahres) gegenübergestellt, erläutert und in testierter Form gezeigt. Bei der Abbildung des vorletzten Abschlusses werden die Finanzdaten des zweitletzten mit denen des drittletzten Abschlusses verglichen und im Anhang erläutert. Der Bestätigungsvermerk bezieht sich auf das Zahlenwerk des zweitletzten und drittletzten Geschäftsjahrs. Der Ausweis des drittletzten Abschlusses und des nunmehr verpflichtenden Bestätigungsvermerks, der neben dem drittletzten auch das viertletzte Finanzjahr umfasst, stellt den größten Mehraufwand in punkto Erstellung von Finanzausweisen und erläuternden Angaben für den Emittenten dar. Um für den drittletzten Abschluss Vergleichsangaben des Vorjahres ableiten zu können, muss vom Zahlenwerk des fünftletzten Jahres ausgegangen werden. Mit der neuen Anforderung der EU-ProspV, wonach der Emittent drei separate Abschlüsse und entsprechende Bestätigungsvermerke in den Prospekt aufnehmen muss, wird der Emittent verpflichtet, für das historisch älteste Abschlussjahr einen gemessen an der Aktualität und am Wert der Information hohen Aufstellungsaufwand zu betreiben.

93 Damit geht diese Regel der EU-ProspV u.E. über den eigentlichen Sinn und Zweck sowie der früher bewährten Regelung hinaus, welche die Aufnahme der letzten drei Abschlüsse in Form einer vergleichenden Darstellung verlangte.[133] Die nun geforderte Abbildung der Finanzausweise führt zu einer geringeren Vergleichbarkeit und Transparenz und steht darüber hinaus im Widerspruch zu allgemeinen Grundsätzen der Prospekterstellung. Danach soll der Prospekt in einer Form abgefasst sein, die sein Verständnis und seine Auswertung erleichtern.[134]

94 Existiert der Emittent weniger als drei Jahre, also z.B. zwei oder ein Jahr und kürzer, so hat er entsprechend seines Bestehens Abschlüsse in den Prospekt aufzunehmen. Diese können ggf. auch Rumpfgeschäftsjahresabschlüsse sein. Unter Emittent ist hierbei stets die rechtliche Einheit zum Zeitpunkt der Antragstellung zu verstehen. Allerdings müssen in der Regel dann zusätzliche Informationen aufgenommen werden, wenn die Geschäftstätigkeit schon in anderer Form bestanden hat. Dies betrifft dann Regelungen zu Pro forma-Finanzausweisen bzw. zu so genannten „Complex Financial History"-Tatbeständen, die in Art. 4a EU-ProspV geregelt sind.[135]

---

133 § 21 (1) Nr. 1. BörsZulVO, Stand 21.06.2002.
134 § 5 Abs. 1 WpPG
135 Diese Änderung der EU-ProspV wurde erst durch eine VO im Februar 2007 vorgenommen (Ziff. 1 Abs. 2 VO Nr. 211/2007 zur Änderung der EU-ProspV Nr. 809/2004).

Der Begriff des Geschäftsjahres im Sinne der EU-ProspV umfasst grds. einen 95
Zeitraum von zwölf Monaten. Beschreiben die letzten drei Geschäftsjahre
weniger als 36 Monate, so soll der Emittent zusätzliche Geschäftsjahre in
den Prospekt aufnehmen. Dies kann dann der Fall sein, wenn der Emittent
seinen Abschlussstichtag in den letzten Jahren mehrmals geändert hat. Existiert der Emittent kürzer als drei Jahre und hat er in dieser Zeit seine Abschlussstichtage geändert, so hat er entsprechend seines Bestehens sämtliche Abschlüsse unabhängig von der Anzahl der Geschäftsjahre auszuweisen.[136]

Die Form des Bestätigungsvermerks richtet sich bei deutschen Emittenten 96
nach dem IDW Prüfungsstandard IDW PS 400. Dieser basiert auf dem internationalen Prüfungsstandard ISA 700 und den Anforderungen, die sich aus
ISA ergeben.[137] Der Bestätigungsvermerk für ausländische Emittenten kann
nach den Normen des ISA 700 erstellt werden.

XXIV. Anzuwendende Rechnungslegungsstandards, Ziff. 20.1. Satz 3

Nach Anh. I Ziff. 20.1. Satz 3 EU-ProspV sind die aufzunehmenden Finanz- 97
informationen gem. der Verordnung (EG) Nr. 1606/2002 („IAS-V") zu erstellen bzw. wenn diese nicht anwendbar ist nach den Regelungen des betreffenden Mitgliedstaates. Gem. der IAS-V sind alle kapitalmarktorientierten
Unternehmen mit Sitz in der EU verpflichtet, ihre Konzernabschlüsse nach
internationalen Rechnungslegungsstandards aufzustellen.[138] Im Sinne dieser
Verordnung bezeichnen „internationale Rechnungslegungsstandards" die
„International Accounting Standards" (IAS), die „International Financial Reporting Standards" (IFRS) und damit verbundene Auslegungen (SIC/IFRIC-Interpretationen), spätere Änderungen dieser Standards und damit verbundene Auslegungen sowie künftige Standards und damit verbundene Auslegungen, die vom International Accounting Standards Board (IASB) herausgegeben oder angenommen wurden.[139] Als kapitalmarktorientiert gelten mit
Verweis auf die Wertpapierdienstleistungsrichtlinie solche Unternehmen, deren Wertpapiere an einem organisierten in Deutschland (regulierten) Markt
innerhalb der EU zugelassen sind.[140] Im Umkehrschluss wird hiermit auch
klargestellt, dass solche Unternehmen, deren Wertpapiere im Freiverkehr
einbezogen sind, nicht dieser Verordnung unterliegen. Diese können demnach weiterhin nach nationalen Rechnungslegungsstandards bilanzieren.

---

136 Diese Änderung in Anh. I Ziff. 20.1. Satz 2 EU-ProspV wurde erst durch eine VO im Februar 2007 vorgenommen (Ziff. 3 VO Nr. 211/2007 zur Änderung der VO Nr. 809/2004), wurde jedoch auch schon früher von CESR vorgeschlagen (CESR, Working document ESC/16/2006).
137 *IDW PS 400.*
138 Vgl. für eine Übersicht *d'Arcy*, EU Monitor Finanzmarkt Spezial 19/2004.
139 IAS-V, Art. 2.
140 IAS-V, Art. 4 i.V.m. Art. 1 Abs. 13 der RL 93/22/EWG des Rates vom 10.05.1993 über Wertpapierdienstleistungen.

98 Im Rahmen der IAS-V gelten nicht automatisch alle vom IASB verabschiedeten Standards als verbindlich. Der dynamische Verweis innerhalb einer EU-Verordnung auf einen dem EU-Rechtsrahmen fremden Standard erfordert ein rechtsverbindliches Anerkennungsverfahren, die so genannte Komitologie.[141] Für die betroffenen Unternehmen besteht zwischen der Veröffentlichung eines neuen Standards durch den IASB bis zur Übernahme in europäisches Recht keine Rechtssicherheit bzgl. der anzuwendenden Normen. Aus praktischer Sicht ist nicht nur die Ablehnung eines gesamten Standards oder Teile eines Standards problematisch, sondern auch die zeitliche Verzögerung. So sind bspw. Teile von IAS 39 zur Bilanzierung von Finanzinstrumenten nicht in europäisches Recht übernommen worden; die Anerkennung des IFRS 1 zur Erstanwendung der IAS/IFRS hat zehn Monate in Anspruch genommen.[142] Es empfiehlt sich daher im Rahmen der Erstellung von Finanzausweisen für einen Prospekt, nicht nur den aktuellen Stand der anerkannten Standards zu berücksichtigen,[143] sondern darüber hinaus die Entwicklungen bei den entsprechenden Gremien im Rahmen der Komitologie zu beobachten.[144] Für den Fall, dass die Veröffentlichung des Endorsements eines Standards zwischen dem Abschlussdatum und dem Datum der Unterschriften liegt, kann das Unternehmen frei entscheiden, ob es den alten oder den neuen Standard anwendet. Dies setzt allerdings voraus, dass eine vorzeitige Anwendung des neuen Standards sowohl im IAS/IFRS als auch in der EU Durchführungsbestimmung vorgesehen ist.[145]

99 Die IAS-V gilt unmittelbar und regelt damit die Konzernabschlusspublizität für kapitalmarktorientierte Unternehmen abschließend. Die Verordnung stellt es den Mitgliedstaaten darüber hinaus im Rahmen von Wahlrechten frei, zusätzlich eine IAS/IFRS-Pflicht oder ein Wahlrecht für nicht kapitalmarktorientierte Unternehmen oder im Einzelabschluss vorzusehen, die durchaus auf bestimmte Unternehmen begrenzt werden kann.[146] Der deutsche Gesetzgeber hat im Einklang mit der EU-ProspV und dem WpPG eine Pflicht zur Anwendung der IAS/IFRS auch dann vorgesehen, wenn bis zum jeweiligen Bilanzstichtag die Zulassung eines Wertpapiers zum Handel an einem organisierten Markt im Inland beantragt worden ist.[147] Bei einem

---

141 IAS-V, Art. 3. Vgl. zum Verfahren *Beiersdorf/Bogajewskaja*, Accounting 10/2005, 5; *Buchheim/Gröner/Kühne*, BB 2004, 1783.
142 *Beiersdorf/Bogajewskaja*, Accounting 10/2005, 5, 9.
143 Die Anerkennung wird im Rahmen von einzelnen VOen festgestellt und jeweils im Amtsblatt der EU veröffentlicht. Eine Übersicht aller entsprechenden VO findet sich auf der Website der DG Binnenmarkt unter www.ec.europa.eu/internal_market/accounting/ias_en.htm#adopted-commission. Stand v. 16.07.2007. Eine Übersicht über die für das Geschäftsjahr 2005 anwendbaren IFRS findet sich bei *Knorr/Schmidt*, KoR 2006, 128.
144 Zur Einschätzung der Anerkennungsverfahren empfiehlt es sich insbesondere, den Stand der Diskussion beim beratenden Gremium European Financial Reporting Advisory Group (EFRAG) zu konsultieren. Siehe zur Rolle der EFRAG *Tonne*, Accounting 7/2006, 9. Zum aktuellen Stand siehe die Website der EFRAG sowie die dort zu erhaltenden EFRAG Endorsement Status Reports: www.efrag.org., Stand v. 23.01.2008.
145 *CESR*, public statement, Ref: CESR 05-758, Tz. 2.
146 IAS-V, Art. 5.
147 § 315 a HGB i.V.m. §§ 2 Abs. 1 Satz 1 und Abs. 5 WpHG.

Emittenten aus einem anderen Mitgliedsstaat können diese Pflichten bis hin zur Übernahme der IAS/IFRS als nationaler Standard noch weitaus weiter gefasst sein.[148]

Der deutsche Gesetzgeber hat das Mitgliedstaatenwahlrecht der IAS-V, wonach auch nicht kapitalmarktorientierte Unternehmen ihren Konzernabschluss nach IAS/IFRS aufstellen dürfen, als Wahlrecht an die Unternehmen weitergegeben.[149] Unternehmen werden damit in die Lage versetzt, schon im Vorfeld einer Erstemission einen Konzernabschluss nach internationalen Standards aufzustellen und zu publizieren, ohne die Kosten für zwei parallele Konzernabschlüsse tragen zu müssen. Eine frühzeitige Umstellung der Konzernabschlusspublizität auf IAS/IFRS erleichtert nicht nur die erforderlichen Schritte im Rahmen der Due Diligence zur Prospekterstellung, sondern erhöht auch die Flexibilität für das gezielte Timing einer Erstemission, da die aufwändige Erstellung und Prüfung der historischen Finanzinformationen als separater Schritt im Emissionsprozess entfällt. Auch Freiverkehrsemittenten können im Rahmen ihrer Kommunikationsstrategie erwägen, freiwillig Konzernabschlüsse nach den IAS/IFRS zu erstellen. *100*

Für Aktienemittenten sind grds. drei Fälle denkbar, bei der die IAS-V nicht anwendbar sein könnte. Zum einen sieht die Verordnung im Rahmen bestimmter Mitgliedstaatenwahlrechte Übergangsfristen bis maximal 31.12. 2006 vor; so für Unternehmen, die an einer US-amerikanischen Börse notiert sind und einen Abschluss nach den U.S. Generally Accepted Accounting Principles (U.S. GAAP) vorlegen.[150] Zum anderen unterliegen Unternehmen, deren Wertpapiere an einem nicht organisierten Markt notiert sind, nicht der IAS-V. Damit haben Freiverkehrsemittenten grds. nur Abschlüsse nach nationalem Recht in den Prospekt aufzunehmen. *101*

Darüber hinaus müssen solche Emittenten keinen Abschluss nach den IAS/IFRS vorlegen, bei denen keine Konzernabschlusspflicht besteht. Gem. § 243 HGB sind Einzelabschlüsse nach den Grundsätzen ordnungsmäßiger Buchführung aufzustellen. Das Mitgliedstaatenwahlrecht zur Anwendung der IAS/IFRS im Einzelabschluss der IAS-V wurde damit vom deutschen Gesetzgeber nicht genutzt. Es besteht für große Kapitalgesellschaften lediglich die Möglichkeit, einen zu Informationszwecken erstellten Einzelabschluss auf IAS/IFRS-Basis im Bundesanzeiger zu veröffentlichen.[151] Bei Emittenten innerhalb der EU ist das jeweilige nationale Recht anwendbar.[152] *102*

---

148 Eine Übersicht zur Umsetzung der Mitgliedstaatenwahlrechte in den EU Mitgliedstaaten mit Stand Mai 2006 findet sich unter www.ec.europa.eu/internal_market/accounting/ias_en.htm#options, Stand v. 04.02.2008.
149 § 315a Abs. 3 HGB.
150 IAS-V, Art. 9b.
151 § 325 Abs. 2a HGB.
152 Danach könnte durchaus auch eine IAS/IFRS-Pflicht im Einzelabschluss bestehen. Siehe hierzu die Übersicht zur Umsetzung der Mitgliedstaatenwahlrechte in den EU-Mitgliedstaaten mit Stand Mai 2006 unter www.ec.europa.eu/internal_market/accounting/ias_en.htm#options, Stand v. 04.02.2008.

103 Die Konzernabschlusspflicht ergibt sich aus den jeweiligen nationalen Vorschriften, die infolge der Siebenten Bilanzrichtlinie erlassen wurden,[153] in Deutschland demgemäß nach § 290 bis § 293 HGB.[154] Hierdurch werden Neuregelungen zum Konsolidierungskreis indirekt in Fragen der Anwendbarkeit der IAS-V im Prospekt relevant. So hat der Gesetzgeber die Vorschläge des deutschen Standardsetzers aufgegriffen und im Rahmen der Änderungen des HGB durch des Bilanzrechtsmodernisierungsgesetz den Konsolidierungskreis erheblich erweitert.[155] Damit dürften einige Emittenten, die jetzt noch als Einzelunternehmen gelten, zukünftig der Konzernabschlusspflicht und hiermit der IAS-V unterliegen, sofern sie einen organisierten Markt nutzen wollen. Gemäß der neuen Fassung des § 290 Abs. 1 Satz 1 HGB muss für das Bestehen einer Mutter-Tochterbeziehung kein Beteiligungsverhältnis mehr vorliegen.[156] Damit werden so genannte Zweckgesellschaften, die bisher nicht zu konsolidieren waren, zu Tochterunternehmen, was unmittelbar eine Konsolidierungspflicht zur Folge hat. Im Rahmen der Emissionsplanung sollte daher auch auf Änderungen im nationalen Recht bzgl. des Konsolidierungskreises geachtet werden, falls der Emittent nicht bereits einen Konzernabschluss erstellt.

XXV. Anzuwendender Rechnungslegungsstandard bei Drittstaatenemittenten, Ziff. 20.1. Satz 4 und 5

104 Emittenten mit Sitz außerhalb der EU sollen gem. Anh. I Ziff. 20.1. Satz 4 EU-ProspV Finanzinformationen in den Prospekt aufnehmen, die den internationalen Standards wie zuvor beschrieben entsprechen oder zumindest gleichwertig sind.[157] Dies bedeutet, dass es grds. nicht ausreichend wäre, einen Abschluss vorzulegen und zu testieren, der allein den Standards des IASB genügt. Vielmehr müsste der Abschluss den durch das Komitologieverfahren in der EU anerkannten Standards entsprechen. Dies könnte solchen Drittstaatenemittenten Probleme bereiten, deren Wertpapiere zusätzlich an einer Börse in einem Land außerhalb der EU zugelassen sind. Falls die dortige Behörde oder Börse nur die IAS/IFRS in der vom IASB veröffentlichten

---

153 Siebente RL 83/349/EWG, insb. Art. 1, 2, 3(1), 4, 5–9, 11, 12. Siehe auch die Klarstellung bei *Europäische Kommission*, Komm. zu bestimmten Art. der VO (EG) Nr. 1606/2002 des Europäischen Parlaments und des Rates v. 19.07.2002 betreffend die Anwendung internationaler Rechnungslegungsstandards und zur Vierten RL 78/660/EWG des Rates v. 25.07.1978 sowie zur Siebenten RL 83/349/EWG des Rates v. 13.06.1983 über Rechnungslegung, 2.2.2.
154 Siehe grds. z.B. *Baetge/Kirsch/Thiele*, 7. Aufl., Konzernbilanzen.
155 RegE des Gesetzes zur Modernisierung des Bilanzrechts (Bilanzrechtsmodernisierungsgesetz – BilMoG) v. 23.05.2008 BR-Drucks. 344/08. Siehe zu den Vorschlägen des Deutschen Standardisierungsrats die entsprechende Pressemitteilung v. 03.05.2005 unter www.standardsetter.de/drsc/docs/press_releases/Vorschlag%20BilMoG_DSR.pdf, Stand v. 15.03.2007. Zur Einschätzung der Vorschläge siehe *Köhler/Marten/Schlereth*, Modernisierung des HGB, 2006.
156 § 290 Abs. 1 Satz 1 i.V.m. § 271 Abs. 1 HGB.
157 Dies ergibt sich auch aus § 20 Abs. 1 Nr. 2 WpPG.

Form akzeptiert, könnten die Finanzinformationen zu den in der EU anerkannten Standards im Widerspruch stehen. Ein vergleichbarer Fall kann vorliegen, wenn das nationale Rechnungslegungsrecht den IAS/IFRS entspricht. Aus diesem Grund erachtet die EU Kommission zunächst für Geschäftsjahre, die vor dem 01.01.2009 beginnen, solche IFRS-Abschlüsse von Drittstaatenemittenten für zulässig, die vollumfänglich den Standards des IASB genügen.[158] Für die Handhabung ab dem Geschäftsjahr 2009 bleibt eine weitere Entscheidung der Kommission abzuwarten.[159]

Sind die Rechnungslegungsstandards eines Drittstaates nicht äquivalent, so muss ein Emittent gem. Anh. I Ziff. 20.1. Satz 5 EU-ProspV Finanzinformationen neu erstellen und vorlegen. Die EU-ProspV selbst gibt keine weiteren Hinweise, was unter den IAS/IFRS äquivalenten Standards zu verstehen ist. Allerdings wird im WpPG darauf verwiesen, dass das Bundesministerium der Finanzen durch Rechtsverordnung bestimmen kann, unter welchen Voraussetzungen die Gleichwertigkeit gegeben ist, bzw. welche Standards zu einer Gleichwertigkeit führen. Diese Ermächtigung ist auf die Bundesanstalt für Finanzdienstleistungsaufsicht übertragbar.[160] Davon hat das Bundesfinanzministerium noch keinen Gebrauch gemacht. Eine einzelstaatliche Regelung könnte zur inkonsistenten Auslegung innerhalb der EU führen. 105

Vor diesem Hintergrund wurde CESR im Jahr 2004 von der EU Kommission beauftragt, einen Mechanismus für die Einschätzung der Äquivalenz von nationalen Rechnungslegungsstandards zu den IAS/IFRS zu entwickeln und eine Empfehlung bis spätestens Juni 2005 vorzulegen.[161] Schon in diesem Mandat wurden die möglichen äquivalenten nationalen Standards auf US GAAP, japanische Grundsätze ordnungsmäßiger Buchführung (Japanese GAAP) sowie kanadische Grundsätze ordnungsmäßiger Buchführung (Canadian GAAP) begrenzt.[162] Im Umkehrschluss bedeutet dies, dass alle anderen nationalen Rechnungslegungsnormen, also z.B. auch die der Schweiz oder Israels, als grds. nicht den IAS/IFRS äquivalent angesehen werden müssen. 106

---

158 *Europäische Kommission* v. 04.12.2006, C(2006) 5804, Commission Decision of 4 December 2006 on the use by third country issuers of securities of information prepared under internationally accepted accounting standards, C(2006) 5804, (2006/891/EC), Art. 1(a).
159 Umgekehrt müssen Emittenten mit Sitz in der EU bei einem Zweitlisting außerhalb der EU beachten, dass ihre Abschlüsse evtl. nicht anerkannt werden, obwohl die Aufsichtsbehörde im Drittland grds. Abschlüsse nach IAS/IFRS anerkennt. In praktischer Hinsicht könnte das in erster Linie Fragen zur Bilanzierung v. Finanzinstrumenten betreffen, da der diesbezügliche Standard IAS 39 nur teilweise in der EU anerkannt ist (carve out). Zum IAS 39 siehe *Küting/Döge/Pfingsten*, KoR 2006, 597.
160 § 20 Abs. 3 WpPG.
161 *Europäische Kommission* v. 25.06.2004, G2 D(2004), Formal Mandate to CESR for technical advice on implementing measures on the equivalence between certain third country GAAP and IAS/IFRS.
162 *Europäische Kommission* v. 25.06.2004, G2 D(2004), Formal Mandate to CESR for technical advice on implementing measures on the equivalence between certain third country GAAP and IAS/IFRS 3.1.

107 Dies hat eine große praktische Relevanz, da im Aktienbereich nach einer Übersicht der CESR 295 Unternehmen ein Drittstaaten-GAAP verwenden, wobei nach Abzug der drei zu untersuchenden nationalen Rechnungslegungsstandards immerhin noch 168 Unternehmen verbleiben, deren Rechnungslegungsstandards als nicht äquivalent anzusehen sind. Darüber hinaus verwenden ca. 130 Drittstaatenemittenten (Aktien und Schuldverschreibungen) nationale Rechnungslegungsstandards eines EU Mitgliedsstaats, die ebenfalls als nicht äquivalent einzustufen sind. Damit publizieren 5,8 % aller Emittenten an Börsen in EU-Mitgliedstaaten Finanzausweise nach nicht äquivalenten Standards. 28 nationale Rechnungslegungsstandards sind betroffen.[163]

108 Die Empfehlung der CESR kommt im Hinblick auf die Äquivalenz von US, Japanese und Canadian GAAP zu keinem eindeutigen Ergebnis.[164] Zwar wird grds. eine Äquivalenz festgestellt und eine Überleitungsrechnung (reconciliation) von nationalen GAAP zu IAS/IFRS nach US-amerikanischem Vorbild nicht empfohlen. Allerdings soll eine Kombination aus quantitativen und qualitativen Zusatzangaben dem Investor die Unterschiede verständlich machen.[165] Die Erstellung neuer Abschlüsse wird nur für die Fälle eines veränderten Konsolidierungskreises durch die Einbeziehung von Zweckgesellschaften (für alle drei Rechnungslegungssysteme) sowie im Falle von Japanese GAAP bei der Anwendung der Methode der Interessenzusammenführung (Pooling of interest method) und bei fehlenden konzerneinheitlichen Bilanzierungsmethoden gefordert.[166]

109 Die Kommission hat allerdings angesichts der Konvergenzbemühungen der verschiedenen nationalen Standardsetter beschlossen, die Entscheidung über eine Äquivalenz sowie die Pflicht zur Anwendung der IAS/IFRS für Drittstaatenemittenten bis 2009 zu vertagen.[167] So soll die notwendige Zeit gewonnen werden, um in Abstimmung mit anderen nationalen Standardsettern die Konvergenz zu den IAS/IFRS zu fördern. Dies soll nicht nur gewährleisten, dass die EU-Märkte für ausländische Emittenten attraktiv bleiben, sondern vergrößert den Spielraum bei den Bemühungen der EU, Auflagen für EU-Emittenten im Ausland, insbesondere in den USA, zu beseitigen.[168] Das Jahr 2009 ist nicht zufällig gewählt, sondern steht im Einklang mit den Plänen der US-amerikanischen Börsenaufsichtsbehörde SEC, die IAS/IFRS unter bestimmten Bedingungen ab 2009 an US-amerikanischen Börsen an-

---

163 *CESR*, advice, standard setters, Ref: CESR/07-138, Tz. 21.
164 *CESR*, advice, equivalence, Ref: CESR/05-230b.
165 *CESR*, advice, equivalence, Ref: CESR/05-230b, Tz. 88.
166 CESR gibt eine Liste von Unterschieden und die damit zusammenhängenden Ausweispflichten direkt vor: *CESR*, advice, equivalence, Ref: CESR/05-230b, Tz. 89 i.V.m. B List of significant GAAP differences and corresponding remedies.
167 *Europäische Kommission* v. 04.12.2006, C(2006) 5804, ABl L 343/96 v. 08.12.2006.
168 *Europäische Kommission* v. 06.12.2006, IP706/1691, An EU-Börsen können zwei Jahre länger Nicht-EU-Rechnungslegungsstandards verwendet werden.

zuerkennen.[169] Mittlerweile hat die SEC zugestimmt, die Überleitungsrechnung von IFRS auf US-GAAP für ausländische Emittenten an US-Börsen zu eliminieren. Dies gilt schon für Geschäftsjahre, die nach dem 15.11.2007 enden.[170]

Im Einzelnen sieht die Entscheidung der Kommission zwei Fälle vor, bei denen für Geschäftsjahre, die vor dem 01.01.2009 beginnen, die Abschlüsse nach den jeweiligen Rechnungslegungsstandards des Drittstaates aufgestellt und publiziert werden dürfen. Zum einen gilt dies für solche Abschlüsse, die im Einklang mit US, Japanese oder Canadian GAAP erstellt werden.[171] Zum anderen auch für Rechnungslegungsstandards von Drittstaaten, deren Standardsetter sich öffentlich verpflichtet haben, die nationalen Standards mit den IAS/IFRS in Einklang zu bringen und ein entsprechendes Arbeitsprogramm aufgestellt und kommuniziert haben. Der Emittent muss gegenüber der zulassenden Behörde glaubhaft machen können, dass die vorgenannten Bedingungen erfüllt sind.[172]

110

Wie in der Entscheidung der Kommission gefordert,[173] hat CESR einen ersten Überblick der Arbeitsprogramme der Standardsetter zur Konvergenz vorgelegt.[174] Die Kommission bewertet in einem ersten Bericht diese Entwicklungen als positiv, insbesondere im Hinblick auf die Anerkennung der IFRS in den USA.[175] Angesichts der Entwicklungen sieht die Verordnung zum Mechanismus für die Feststellung der Äquivalenz eine Übergangsfrist bis 2012 für solche Standards vor, für deren Konvergenz zu IFRS vom nationalen Standardsetter ein entsprechendes Arbeitsprogramm bis 2008 aufgestellt und kommuniziert wurde.[176] Vor diesem Hintergrund ist Drittstaatenemittenten an organisierten Märkten zu empfehlen, die weitere Entwicklung

111

---

169 *Securities and Exchange Commission (SEC):* Accounting Standards: SEC Chairman Cox and EU Commissioner McCreevy Affirm Commitment to Elimination of the Need for Reconciliation Requirements, Press release v. 08.02.2006. Siehe auch *Schmuck/Ulbrich*, KoR 2006, 530, und die dort angegebene Literatur.
170 *Securities and Exchange Commission (SEC):* Acceptance From Foreign Private Issuers of Financial Statements Prepared in Accordance With International Financial Reporting Standards Without Reconciliation to U.S. GAAP, Release No 33-8879 v. 21.12.2007.
171 *Europäische Kommission* v. 04.12.2006, C(2006) 5804, ABl L 343/96 v. 08.12.2006, Art. 1 (b).
172 *Europäische Kommission* v. 04.12.2006, C(2006) 5804, ABl. L 343/96 v. 08.12.2006, Art. 1 (c).
173 *Europäische Kommission* v. 04.12.2006, C(2006) 5804, ABl. L 343/96 v. 08.12.2006, Art. 2.
174 *CESR*, advice, standard setters, Ref: CESR/07-138.
175 *Europäische Kommission* v. 06.07.2007, KOM(2007) 405, Erster Bericht an den Europäischen Wertpapierausschuss und das Europäische Parlament über die Konvergenz zwischen den „International Financial Reporting Standards" (IFRS) und den nationalen „Generally Accepted Accounting Principles" (GAAP) v. Drittstatten.
176 VO (EG) Nr. 1569/2007 der Kommission v. 21.12.2007 über die Einrichtung eines Mechanismus zur Festlegung der Gleichwertigkeit der von Drittstaatenemittenten angewandten Rechnungslegungsgrundsätzen gemäß den Richtlinien 2003/71/EG und 2004/109/EG des Europäischen Parlaments und des Rates.

zu beobachten und sich auf eine eventuelle Umstellung der Rechnungslegung auf IAS/IFRS ab dem Geschäftsjahr 2009 bzw. 2012 einzustellen.

112 Diese Regelung ist eine deutliche Verschärfung gegenüber der vorherigen Norm, wonach bei solchen Emittenten ein Abschluss ausreichend war, der ein den tatsächlichen Verhältnissen entsprechendes Bild von der Vermögens-, Finanz- und Ertragslage des ausländischen Antragstellers gab. Nur wenn dies nicht der Fall war, wurden Zusatzinformationen verlangt.[177] In der Praxis wurden die Abschlüsse von Emittenten aus Industrienationen stets anerkannt.[178]

XXVI. Konsistenzgebot, Ziff. 20.1. Satz 6

113 Das Gebot der Konsistenz nach Anh. I Ziff. 20.1. Satz 6 EU-ProspV gilt sowohl für die Erstellung- und Darstellungsstetigkeit der historischen Finanzinformationen der letzten zwei Geschäftsjahre als auch im Hinblick auf die Vergleichbarkeit und Transparenz mit den zukünftigen Finanzinformationen.[179] Insbesondere haben die historischen Finanzinformationen denselben Rechnungslegungsgrundsätzen, Bilanzierungs- und Bewertungsmethoden zu folgen wie der nächste Abschluss.

114 Im Falle einer bevorstehenden Änderung der vom Emittenten angewandten Rechnungslegungsgrundsätze hat CESR den Begriff des bridge approach geprägt. Dieser hat angesichts der grundsätzlichen Anwendung der IAS/IFRS auf den Konzernabschluss deutscher kapitalmarktorientierter Unternehmen erhebliche praktische Bedeutung.[180] Folgt der jüngste Abschluss den neuen Rechnungslegungsgrundsätzen der IAS/IFRS, die beiden älteren (vorletzte und drittletzte) dargestellten Abschlüsse aber den zuvor angewandten (HGB oder nationalen Rechnungslegungsvorschriften), dann ist das mittlere Jahr zusätzlich nach neuen (IAS/IFRS) Rechnungslegungsgrundsätzen aufzustellen.[181] Bei der Erstellung des mittleren Jahres ist darauf zu achten, dass alle Positionen der Finanzausweise auf Basis von IAS/IFRS umgestellt werden. Der neue angepasste (mittlere) Abschluss muss geprüft sein.[182] Das mittlere Jahr fungiert als „Brückenjahr", um die Auswirkung der Umstellung auf die neue Rechnungslegung zu veranschaulichen. So wird die Vergleichbarkeit des ältesten mit dem mittleren Jahr einerseits sowie des mittleren mit dem jüngsten Jahr andererseits ermöglicht und lässt eine Beurteilung der Entwicklung des Emittenten in den vergangenen drei Jahren zu.

---

177 § 22 Abs. 4 BörsZulVO, Stand 21.06.2002.
178 Allerdings wurden im Rahmen privatvertraglicher Vereinbarungen wie z.B. beim Neuen Markt teilweise schon im Prospekt Abschlüsse nach internationalen Standards verlangt. d'Arcy, in: Coenenberg/Pohle, Int. Rechnleg, Stuttgart 2001, S. 1382.
179 *CESR*, recommendations, Ref: CESR/05-054b, Tz. 53.
180 *Meyer*, Accounting 2/2006, 11.
181 *CESR*, recommendations, Ref: CESR/05-054b, Tz. 58.
182 *CESR*, recommendations, Ref: CESR/05-054b, Tz. 56.

Für die Darstellung der Finanzinformationen, die nach nationalen Rechnungslegungsstandards aufgestellt wurden, kann der Emittent zwischen verschiedenen Formaten wählen. Neben den Spalten für die Zahlen nach IAS/IFRS- und Bridge-Approach, können die Zahlen nach nationalen Standards entweder als zusätzliche Spalte abgebildet werden, oder sie werden auf einer separaten Seite gezeigt. 115

Eine solche Übersichtsform empfiehlt sich nur bei ausreichender Vergleichbarkeit der Finanzinformationen. Bei Anwendung der vergleichenden Anordnung der neuen, Bridge-Approach- und alten Finanzdaten ist darauf zu achten, dass sie als solche entsprechend eindeutig gekennzeichnet sind.[183] 116

Der Bridge-Approach stellt einen Kompromiss zwischen der Informationsfunktion für den Investor und Kosten für den Ersteller dar. Aus Investorensicht ist es wünschenswert, dass für alle gezeigten Geschäftsjahre Finanzinformationen nach einem Rechnungslegungsstandard, in der Regel die IAS/IFRS, vorliegen. 117

Hat sich der Emittent entschlossen, eine rückwirkende Anpassung seines zuvor nach nationalen Rechnungslegungsstandards erstellten Abschlusses an IAS/IFRS vorzunehmen, so unterliegt er IFRS 1 Erstmalige Anwendung der Internationalen Financial Reporting Standards. Gem. IFRS 1 sind für einen vollständigen Abschluss sowohl Finanzinformationen für den abgelaufenen Berichtszeitraum als auch Vergleichsangaben für das Vorjahr auszuweisen.[184] 118

Nach Ansicht des CESR geht die Aufstellung von Vergleichsangaben im Brückenjahresabschluss über den Sinn und Zweck der EU-ProspV hinaus, da sie lediglich für Prospektzwecke erstellt wurde. Es gilt als ausreichend, wenn nur das Brückenjahr selbst (ohne Vergleichszahlen) an die Anforderungen der IAS/IFRS angepasst wird.[185] Dieser Abschluss kann jedoch vom Abschlussprüfer nicht als vollständig im Sinne des IFRS 1 bzw. IAS 1 testiert werden. Daraus folgt, dass der Abschlussprüfer im Bestätigungsvermerk des für den Börsengang speziell aufgestellten Prüfungsberichts nur das angepasste Brückenjahr testiert sowie das Einhalten des true and fair view-Prinzips ohne Vorjahresvergleich bestätigt.[186] 119

Behält der Emittent sein bisheriges Rechnungslegungsregime (IAS/IFRS) auch für die Zukunft bei, so hat er die vom IASB verlautbarten und von der EU anerkannten fortlaufenden Standards zu beachten. Wurden Standards vor Veröffentlichung der Finanzinformationen des Emittenten herausgegeben und wurden diese vom Emittenten noch nicht angewandt, da sie noch nicht in Kraft waren, so ist diese Tatsache gem. IAS 8 anzugeben.[187] Eine Neudarstellung sämtlicher Finanzausweise ist nicht erforderlich.[188] 120

---

183 *CESR*, recommendations, Ref: CESR/05-054b, Tz. 60.
184 IFRS 1.36 i.V.m. IAS 1.36-41; CESR, recommendations, Ref: CESR/05-054b, Tz. 64.
185 *CESR*, feedback statement, consistent implementation, Ref: CESR/05-55b, Tz. 32f.
186 *CESR*, feedback statement, consistent implementation, Ref: CESR/05-55b, Tz. 35.
187 *CESR*, recommendations, Ref: CESR/05-054b, Tz. 71.
188 *CESR*, recommendations, Ref: CESR/05-054b, Tz. 72.

121 Der Emittent hat im Hinblick auf die zukünftigen Standards, die auf die nächsten zu veröffentlichenden Finanzberichte anwendbar sind, zusätzliche Angaben im Prospekt zur Verfügung zu stellen. Danach zeigt er, welche materiellen Auswirkungen auf das Ergebnis und die Finanzlage des Emittenten zu erwarten sind.[189]

122 Grds. behandelt IAS 8 die Anpassung von Vergleichsinformationen, die aufgrund eines Wechsels der Bilanzierungs- und Bewertungsmethoden zustande kamen. IAS 8 behandelt keine Änderung der Bilanzierungs- und Bewertungsmethoden, die durch die erstmalige Anwendung der IFRS bei einem Emittenten auftreten.[190] Wenn ein Emittent seine Methoden nach erstmaliger Anwendung der IAS/IFRS ändert und es keine spezifischen Übergangsbestimmungen gibt oder die Änderung selbst freiwillig war, so sind sämtliche Anpassungsmaßnahmen rückwirkend vorzunehmen.[191]

123 Sofern eine rückwirkende Anwendung nach IAS 8 undurchführbar ist, sind die Tatsachen, die dazu führten, detailliert zu beschreiben. Die Undurchführbarkeitsdefinition bezieht sich dabei auf die Fälle des IAS 8.5. Danach kann auf eine rückwirkende Anwendung verzichtet werden, wenn nach angemessener Anstrengung kumulierte und/oder periodenbezogene Anpassungsbeträge nicht ermittelt werden können.[192]

XXVII. Finanzinformationen bei kurzfristiger Geschäftstätigkeit, Ziff. 20.1. Satz 7–9

124 Ist der Emittent in seiner aktuellen Wirtschaftsbranche weniger als ein Jahr tätig und wurden damit noch keine Finanzinformationen veröffentlicht, so sind nach Anh. I Ziff. 20.1. Satz 7 EU-ProspV die Finanzausweise für diesen Zeitraum in den Prospekt aufzunehmen. Alle oben genannten Regelungen zur Verwendung der Standards sowie zu Fragen der Gleichwertigkeit der Finanzinformationen bei Emittenten aus einem Drittland gelten entsprechend.

125 Aus rechtlicher Sicht sind insbesondere die Fälle denkbar, bei denen die Geschäftstätigkeit im Hinblick auf den Börsengang in einen neuen rechtlichen Mantel eingefügt wird. Gesellschaftsrechtliche Maßnahmen, wie Sacheinlageneinbringung in einen AG-Mantel, Verschmelzung mit einem AG-Mantel etc., werden oft erst einige Monate vor dem Börsengang durchgeführt. Dies entbindet den Emittenten jedoch nicht von der Veröffentlichung vollständiger Abschlüsse, da die Rechtsvorgänger in der Regel entsprechende Finanzausweise aufgestellt haben, die vollständig oder in modifizierter Form in den Prospekt aufzunehmen sind. Entsprechende Abbildungsfragen werden im

---

189 *CESR*, recommendations, Ref: CESR/05-054b, Tz. 73.
190 Dies regelt IFRS 1.
191 *CESR*, recommendations, Ref: CESR/05-054b, Tz. 70.
192 *Lüdenbach*. in: Lüdenbach/Hoffmann, IFRS 5. Aufl. 2007 § 24 Rn. 28.

Rahmen der Darstellung der Regelungen bei einer komplexen Finanzhistorie sowie bei Pro forma-Abschlüssen diskutiert.[193]

Unberührt vom Abdruck von Pro forma- oder kombinierten Abschlüssen sind jedoch auch stets die aktuellen Abschlüsse der neuen rechtlichen Einheit zu zeigen, auch wenn diese seit weniger als einem Jahr agiert. Die Regel bezieht sich somit eindeutig auf die rechtliche Einheit.[194] Im Umkehrschluss wird der Emittent davon befreit, Abschlüsse der rechtlichen Einheit zu zeigen, die noch nicht die aktuelle Geschäftstätigkeit abbilden. Damit soll verhindert werden, dass wenig aussagekräftige, „leere" Abschlüsse von AG-Mänteln in den Prospekt aufgenommen werden müssen. 126

Diese Interpretation ist mit der CESR-Auslegung von Start-up-Unternehmen insofern konsistent, als dass auf die Geschäftstätigkeit als auslösender Faktor der Darstellungspflicht ausgegangen wird. Danach fallen auch solche Unternehmen unter den Begriff Start-up-Unternehmen, die zwar länger als drei Jahre existieren, deren Geschäftstätigkeit sich jedoch innerhalb der letzten drei Geschäftsjahre so fundamental geändert hat, dass es sich praktisch um ein neues Unternehmen handelt. Ausgenommen hiervon sind andererseits Holding-Unternehmen und Zweckgesellschaften, da diese zum Zweck der Ausgabe von Wertpapieren und nicht zur Änderung der Geschäftstätigkeit gegründet wurden.[195] Parallel hierzu sollten also fundamentale Veränderungen innerhalb eines Geschäftsjahres beachtet werden. Konzernrechtliche Maßnahmen im Zusammenhang mit Holding- und Zweckgesellschaften sind nicht im Sinne eines Wechsels der Geschäftstätigkeit auszulegen, sondern sind im Rahmen der Regelungen für komplexe Finanzhistorien oder Pro forma-Abschlüsse aufzustellen. 127

Der Zeitraum des Rumpfgeschäftsjahres beginnt zum Zeitpunkt der Gründung des Emittenten oder des Beginns der (neuen) operativen Geschäftstätigkeit, die in der Regel mit dem Zeitpunkt der Einbringung dieser Geschäftstätigkeit zusammenfallen dürfte. Fälle, bei denen tatsächlich eine Geschäftstätigkeit aufgenommen wird und innerhalb eines Jahres Wertpapiere notiert werden sollen, sind zwar nicht auszuschließen, dürften aber eine seltene Ausnahme darstellen.[196] 128

Das Rumpfgeschäftsjahr endet in der Regel mit dem Ende des satzungsmäßig festgelegten Geschäftsjahresendes. Damit wird die konsistente Darstellung mit den zukünftigen Geschäftsjahren sichergestellt.[197] Das Informationsdefizit im Hinblick auf echte Start-up-Unternehmen ist mittels zusätz- 129

---

193 Siehe Ziff. 4 a EU-ProspV sowie Anh. II EU-ProspV. So auch der Hinweis der CESR in: *CESR*, FAQ, Ref: CESR/07-110, Question 14 c.
194 *CESR*, FAQ, Ref.: CESR/07-110, Question 14 c.
195 *CESR*, recommendation, Ref: CERS/05-054b, Tz. 136.
196 Am neuen Markt gab es einen einzigen Fall, nämlich die Ricardo.de AG, die tatsächlich wenige Monate nach der Gründung und Aufnahme der Geschäftstätigkeit im Jahr 1999 einen Börsengang durchgeführt hatte.
197 *CESR*, FAQ, Ref: CESR/07-110, Question 14 a.

licher Informationen zur strategischen Ausrichtung inklusive einer Analyse der Wettbewerbssituation auszugleichen.[198]

130 Die CESR fordert darüber hinaus unter bestimmten Bedingungen eine Anpassung des Rumpfgeschäftsjahres. Sollte der Beginn der Geschäftstätigkeit und damit der Anfang der Berichtsperiode und das Ende des Geschäftsjahres relativ nahe zusammen liegen sowie zwischen dem Ende des Geschäftsjahres und der Veröffentlichung des Prospekts ohne Veröffentlichung eines Zwischenberichts relativ viel Zeit verstrichen sein, so sollten die Finanzausweise einen Zeitraum umfassen, der möglichst nahe am Veröffentlichungsdatum des Prospekts endet („most practicable date before the publication of the prospectus").[199]

131 CESR nennt das Beispiel, dass ein Emittent seine Geschäftstätigkeit im November aufnimmt, das Geschäftsjahr mit dem Kalenderjahr endet und der Prospekt im Juni des darauf folgenden Jahres erstellt wird. Zwischenberichte wären gem. Anh. I Ziff. 20.6.2. EU-ProspV noch nicht aufzunehmen. Damit würde der Prospekt nur Finanzberichte über zwei Monate Geschäftstätigkeit des Emittenten zeigen, obwohl die Geschäftstätigkeit schon acht Monate umfasst. Daher soll der Emittent in diesem Fall ein Rumpfgeschäftsjahr wählen, das zu einem späteren Zeitpunkt endet. Im Hinblick auf die erforderlichen Testate käme hierfür der 31.03. in Frage.[200]

132 U.E. kann eine solche Anforderung nicht zwingend aus dem Verordnungstext abgeleitet und damit nur als Empfehlung angesehen werden. Das folgende Geschäftsjahr wäre nur durch ein weiteres Rumpfgeschäftsjahr zu harmonisieren. Aus diesen Gründen empfehlen wir, anstatt die Geschäftsjahre zu spalten, einen Zwischenbericht auf freiwilliger Basis aufzunehmen, der die weitere Entwicklung der Geschäftstätigkeit illustriert.

133 Vergleichbares gilt für den Fall, dass ein Emittent innerhalb des ersten Jahres der Geschäftstätigkeit zwei Prospekte erstellt und veröffentlicht. CESR führt das schon genannte Beispiel in dem Sinne fort, dass ein Emittent noch im November einen Prospekt veröffentlicht, nachdem der erste im Juni veröffentlicht wurde. CESR fordert in diesem Fall, dass die im ersten Prospekt bis zum letztmöglichen Datum erstellten Finanzausweise im zweiten Prospekt um einen Zwischenbericht ergänzt werden.[201] U.E. sollte es auch möglich sein, dass in beiden Prospekten neben einem Abschluss des Rumpfgeschäftsjahres, das am satzungsgemäßen Geschäftsjahresende endet, jeweils um einen Zwischenbericht ergänzt wird. Dabei umfasst der Zwischenbericht im zweiten Prospekt entsprechend einen größeren Zeitraum der Geschäftstätigkeit als der im ersten Prospekt. In diesem Zusammenhang sind die Regelungen zur Aufnahme von bereits veröffentlichten Zwischenfinanzinformationen zu berücksichtigen.[202]

---

198 *CESR*, recommendation, Ref: CERS/05-054b, Tz. 135-139.
199 *CESR*, FAQ, Ref: CESR/07-110, Question 14 a.
200 *CESR*, FAQ, Ref: CESR/07-110, Question 14 a.
201 *CESR*, FAQ, Ref: CESR/07-110, Question 14 b.
202 Siehe Rn. 171 ff.

XXVIII. Inhalt der Finanzinformationen nach nationalen Rechnungslegungsgrundsätzen, Ziff. 20.1. Satz 10

Der Emittent unterliegt dann nicht der IAS-Verordnung, wenn die Wertpapiere lediglich an einem nicht organisierten Markt (Freiverkehr/Open Market) notiert sind, er nicht der konzernabschlusspflicht unterliegt oder eine entsprechende Übergangsregelung genutzt wird. Dann erfolgen die Erstellung und Abbildung der Finanzausweise nach nationalen Rechnungslegungsgrundsätzen. Gem. Anh. I Ziff. 20.1. Satz 10 EU-ProspV müssen solche Abschlüsse für jedes dargestellte Geschäftsjahr mindestens alle Bestandteile eines IAS/IFRS-Abschlusses enthalten. IAS 1 beschreibt die Grundlagen für die Darstellung eines vollständigen IAS/IFRS-Abschlusses. Demzufolge sind eine Bilanz, GuV, Eigenkapitalveränderungsrechnung, Kapitalflussrechnung und ein Anhang, der die wesentlichen Bilanzierungs- und Bewertungsmethoden zusammenfasst sowie sonstige Erläuterungen enthält, aufzunehmen.[203] Für deutsche Emittenten ist dies mit den geforderten Bestandteilen für Konzernabschlüsse gem. § 297 HGB kongruent. 134

Falls die Rechnungslegungsstandards des jeweiligen Mitgliedstaates keine bestimmten Vorschriften zur Aufstellung von Eigenkapitalveränderungs- und Kapitalflussrechnung enthalten, sollte eine Orientierung an den IAS/IFRS erfolgen.[204] Zum Inhalt und zur Gliederung einer Kapitalflussrechnung und der Darstellung der Veränderung des Eigenkapitals kann ein deutscher Emittent DRS 2 sowie DRS 7 zu Rate ziehen. 135

Bei HGB-Abschlüssen sowie bei anderen nach nationalen Rechnungslegungsstandards aufgestellten Finanzausweisen sind daher Eigenkapitalveränderungs- und Kapitalflussrechnung neu zu erstellen.[205] Diese zusätzlichen Abschlusselemente ergänzen lediglich den zugrunde liegenden Jahresabschluss um die nach der EU-ProspV erforderlichen Bestandteile. Es ist nicht erforderlich, den gesamten Abschluss neu aufzustellen und zu prüfen. Es reicht aus, diese zusätzlichen Abschlusselemente zu prüfen und eine entsprechende Bescheinigung auszustellen.[206] 136

XXIX. Anzuwendender Prüfungsstandard, Ziffer 20.1. Satz 11

Der Begriff der unabhängig geprüften Finanzinformationen zielt auf die Unabhängigkeit des Abschlussprüfers ab. Diese ist in der Richtlinie 2006/43/EG des Europäischen Parlaments und Rates (RL zur Abschlussprüfung)[207] in ei- 137

---

203 IAS 1.8.
204 *CESR*, recommendations, Ref: CESR/05-054b, Tz. 86.
205 *Meyer*, Accounting 2/2006, 11, 12.
206 *IDW PH 9.960.2* Prüfung von zusätzlichen Abschlusselementen für deutsche Emittenten. Für ausländische Emittenten siehe den entsprechenden internationalen Standard ISA 800, The independent auditor's report on special purpose audit engagements, 12–16.
207 RL (EG) 43/2006 v. 17.05.2006 ABl. 2006 Nr. L 157/87 v. 09.06.2006.

nem Anforderungskatalog erläutert. Er beschreibt neben den Pflichten des gesetzlichen Abschlussprüfers, seine Unabhängigkeits- und Ethikanforderungen, die Verpflichtung zur externen Qualitätssicherung und die solide öffentliche Aufsicht über den Prüferberuf.

138 Das Prüfungsurteil des Abschlussprüfers wird nur dann als vertrauenswürdig angesehen, wenn der Prüfer seiner Tätigkeit unbefangen und unabhängig vom zu prüfenden Emittenten nachgeht.[208] Als Gefährdung der Unabhängigkeit gelten Eigeninteresse (mittelbare oder unmittelbare finanziellen Interessen, wie z. B. Anteilsbesitz), Interessensvertretung in Form von Wahrnehmung von Leitungs- und Aufsichtsmandaten sowie Vertrautheit und Vertrauensbeziehung bei dem zu prüfenden Emittenten. Die Erbringung von zusätzlichen prüfungsfremden Leistungen (z. B. Durchführung der internen Revision, Unternehmens- und Finanzdienstleistungen sowie versicherungsmathematischer Bewertungsdienstleistung), die Höhe und/oder die Zusammensetzung der Prüfungshonorare können ebenfalls das Gebot der Unabhängigkeit des Prüfers gefährden.[209] Ferner kann die Unabhängigkeit des Prüfers durch Selbstprüfung[210] bei dem zu prüfenden Emittenten in Frage gestellt werden.

139 Zu einer weiteren Stärkung der Unabhängigkeit des Prüfers tragen die speziell für die Prüfung von Unternehmen von öffentlichem Interesse gültigen Vorschriften bei. Hierzu zählen stets alle kapitalmarktorientierten Unternehmen.[211] Um die zuvor genannten Gefährdungsgründe zu vermeiden bzw. die Unabhängigkeit des Prüfers zu gewährleisten, führt die Prüfer-RL das interne Prüferrotationsprinzip ein. Demnach hat der hauptverantwortliche Prüfer nach einem Zeitraum von sechs Jahren das Mandat abzulegen. Des Weiteren darf er erst nach weiteren zwei Jahren wieder zurückkehren oder eine Führungsposition bei dem geprüften Unternehmen annehmen.[212]

140 In diesem Zusammenhang ist auf eine strikte Interpretation der entsprechenden deutschen Norm § 319a Abs. 1 Nr. 4 HGB zu achten. Nach einer Auslegung des OLG Düsseldorf zählen keinesfalls nur die geprüften Geschäftsjahre unabhängig von der Anzahl der geprüften Abschlüsse, sondern alle geprüften Abschlüsse zur Feststellung einer möglichen Abhängigkeit eines Abschlussprüfers. Prüft also ein Abschlussprüfer bspw. den Einzel- und Konzernabschluss eines Emittenten und leistet damit jährlich zwei Unterschriften, so ist schon nach drei Jahren die zulässige Obergrenze erreicht. Dieser Zeitraum kann sich bei weiterer Prüfung von Tochtergesellschaften oder

---

208 Mandler, KoR 7/2003, 343, 347.
209 RL (EG) 43/2006 v. 17.05.2006 ABl. 2006 Nr. L 157/87 v. 09.06.2006, Abs. 11 i.V.m. Art. 22.
210 Der Grundsatz des Selbstprüfungsverbotes besagt, dass ein Wirtschaftsprüfer jedenfalls dann v. der Abschlussprüfung ausgeschlossen ist, wenn er am Zustandekommen v. Sachverhalten mitgewirkt hat, die im Rahmen der Abschlussprüfung zu beurteilen sind. RL (EG) 43/2006 v. 17.05.2006 ABl. 2006 Nr. L 157/87 v. 09.06.2006, Abs. 12.
211 RL (EG) 43/2006 v. 17.05.2006 ABl. 2006 Nr. L 157/87 v. 09.06.2006, Abs. 23 i.V.m. Art. 2 Ziff. 13.
212 RL (EG) 43/2006 v. 17.05.2006 ABl. 2006 Nr. L 157/87 v. 09.06.2006, Art. 42, Ziff. 2 und 3.

Sonderprüfungen z.B. im Rahmen konzernrechtlicher Maßnahmen entsprechend verkürzen. Demnach muss ein anderer Prüfer, der durchaus der gleichen Prüfungsgesellschaft angehören darf, die Abschlüsse testieren.[213]

Darüber hinaus hat der Prüfer bzw. seine Prüfungsgesellschaft jährlich einen Transparenzbericht, der Informationen über die Leitungsstruktur, die internationalen Netzwerke, die internen Qualitätssicherungssysteme und die Honorarstellung enthält, offen zu legen.[214] In Zusammenhang mit seiner Auskunft über die Rotation (Prüferrotation) hat er eine schriftliche Bestätigung der Unabhängigkeit gegenüber dem Prüfungsausschuss des Emittenten abzugeben.[215] Für Abschlussprüfer von deutschen Emittenten sind die Gründe der Befangenheit sowie das Selbstprüfungsverbot in § 319 Abs. 2 und 3 HGB kodifiziert.[216] Die gesetzlichen Bestimmungen gelten ebenso für die Prüfer von Konzernabschlüssen.[217] Darüber hinaus regelt § 319a HGB weitere Ausschlussgründe bei Unternehmen von öffentlichem Interesse, wobei ein kapitalmarktorientiertes Unternehmen stets hierunter zu subsumieren ist. *141*

Gem. der Richtlinie zur Abschlussprüfung müssen die Finanzinformationen in Übereinstimmung mit den in dem jeweiligen Mitgliedstaat anwendbaren Prüfungsstandards oder einem äquivalenten Standard geprüft worden sein. Um dem Anspruch der Gleichwertigkeit gerecht zu werden, sind die Abschlussprüfungen nach den internationalen Prüfungsstandards durchzuführen. Internationale Prüfungsstandards sind die International Standards of Auditing (ISA) und damit zusammenhängende Stellungnahmen und Standards.[218] Die Einführung und Anwendung solcher Standards innerhalb der EU setzt voraus, dass sie international anerkannt sind.[219] Das Ziel besteht darin, die Glaubwürdigkeit und Qualität für die Jahres- und Konzernabschlüsse zu erhöhen. Ferner soll ein den tatsächlichen Verhältnissen entsprechendes Bild über den Emittenten vermittelt werden.[220] *142*

Die verpflichtende Anwendung der ISA-Normen in der EU ist für 2007/2008 vorgesehen.[221] Damit dürften zukünftige Abschlüsse, die nach nationalen Prüfungsstandards innerhalb der EU geprüft wurden, den Anforderungen der EU-ProspV entsprechen. *143*

Das IDW hat sich bereits 1998 entschieden, die deutschen Prüfungsgrundsätze unter Berücksichtigung gesetzlicher Rahmenbedingungen in Umfang und Detaillierungsgrad den ISA anzupassen. Die IDW Prüfungsstandards *144*

---

213 OLG Düsseldorf v. 14.12.2006 – 6 U 241/05 (nicht rechtskräftig). Zwar beschäftigt sich das Urteil mit § 319 III Nr. 6 HGB a. F., doch entspricht diese Regel der des § 319a (1) Nr. 4 HGB. Siehe hierzu auch *Habersack*, NZG 2007, 207.
214 RL (EG) 43/2006 v. 17.05.2006 ABl. 2006 Nr. L 157/87 v. 09.06.2006, Art. 40.
215 RL (EG) 43/2006 v. 17.05.2006 ABl. 2006 Nr. L 157/87 v. 09.06.2006, Art. 42.
216 § 319 (2) und (3) HGB, Stand 04.12.2004.
217 § 319 (5) HGB, HGB, Stand 04.12.2004.
218 RL (EG) 43/2006 v. 17.05.2006 ABl. 2006 Nr. L 157/87 v. 09.06.2006, Art. 2, Ziff. 13.
219 RL (EG) 43/2006 v. 17.05.2006 ABl. 2006 Nr. L 157/87 v. 09.06.2006, Abs. 14.
220 RL (EG) 43/2006 v. 17.05.2006 ABl. 2006 Nr. L 157/87 v. 09.06.2006, Abs. 14 i.V.m. Art. 26.
221 *IDW-HFA*, Die künftige Pflicht zur Anwendung der ISAs, FN-IDW 2004, 622.

(IDW-PS) lösten nach und nach die bisherigen Verlautbarungen ab.[222] Für die Abschlussprüfung von historischen Finanzinformationen deutscher Emittenten gelten aktuell die Standards IDW PS 201 sowie IDW PS 400.

145 Wurden historische Finanzinformationen ausländischer Emittenten mit Sitz in der EU geprüft, so ist die Prüfung nach dem jeweiligen nationalen Prüfungsstandard durchzuführen. Dieser soll auf den internationalen Standards ISA 200 und ISA 700 basieren. Für Emittenten aus Drittstaaten ist zu prüfen, ob die jeweiligen nationalen Prüfungsstandards mit den ISA äquivalent sind. Das Ergebnis der Prüfungshandlung wird in jedem Fall im Bestätigungsvermerk festgehalten.

XXX. Pflicht zur Erstellung von Pro forma-Finanzinformationen, Ziff. 20.2.

146 Erstmalig regelt in der EU und in Deutschland ein Gesetzestext die Fälle, bei denen bedeutende Veränderungen zu wenig aussagefähigen historischen Finanzausweisen des Emittenten führen. Zuvor waren in der Vergangenheit lediglich laut Regelwerk Neuer Markt so genannte Als-ob-Abschlüsse gefordert, wenn die historischen Finanzausweise für eine vergleichende Darstellung ungeeignet waren.[223] Gem. Anh. I Ziff. 20.2. EU-ProspV ist nun bei wesentlichen „Brutto-Veränderungen" eine Beschreibung über Art und Weise, wie die Transaktion die Bilanz sowie die Erträge des Emittenten beeinflusst haben, in den Prospekt aufzunehmen. In der Regel sollen in diesen Fällen Pro forma-Finanzinformationen in den Prospekt aufgenommen werden. Details zur Erstellung und den zusätzlich geforderten Angaben regelt Anh. II der EU-ProspV.

147 In der EU-ProspV gibt Erwägungsgrund 9 erste Hinweise auf eine Auslegung des unbestimmten Rechtsbegriffs wesentliche Bruttoveränderung. Danach liegt dann eine bedeutende Gesamtveränderung der Situation des Emittenten vor, wenn als Folge einer speziellen Transaktion eine oder mehrere Indikatoren, die den Umfang der Geschäftstätigkeit bestimmen, zu mehr als 25 % schwanken. Ausgenommen hiervon sind Fälle, bei denen eine entsprechende Rechnungslegung bei Fusionen erforderlich ist. Für solche Transaktionen ist die auf einen fiktiven Sachverhalt abstellende Pro forma-Darstellung ungeeignet. Vielmehr werden kombinierte Abschlüssen (combined financial statements) aufgenommen.[224]

148 Laut CESR kann sich die 25 %-Regel u. a. auf die Bilanzsumme, Umsätze sowie Gewinne oder Verluste beziehen, die auf dem letzten oder kommenden Abschluss des Emittenten basieren.[225] Es kommen aber auch andere Indikatoren in Frage. Dies gilt insbesondere dann, wenn die Vorgenannten unüb-

---

222 *Brinkmann/Spieß*, KoR 2006, 395.
223 Dies ergab sich aus Ziff. 4.1.8 (1) 1. Regelwerk Neuer Markt. Siehe auch *d'Arcy/Leuz*, DB 2000, 385, 386.
224 Siehe die Komm. zum Anh. II EU-ProspV.
225 *CESR*, recommendation, Ref: CESR/05-054b, Tz. 92, 94.

liche Effekte zeigen oder nicht branchenüblich sind. Dann soll der Emittent die verwendeten Indikatoren mit der zuständigen Behörde abstimmen.[226] Mit dieser Regel lässt CESR dem Emittenten somit eine gewisse Flexibilität hinsichtlich der Indikatoren und dem Abschluss, der hierfür zugrunde zu legen ist. Ziel ist, möglichst alle Fälle abzudecken und den zuständigen nationalen Behörden einen gewissen Spielraum zu lassen, damit auf Sonderfälle eingegangen werden kann.[227]

Für deutsche Emittenten ist zusätzlich der IDW Rechnungslegungshinweis zur Erstellung von Pro forma-Finanzinformationen zu beachten, der zwar keine rechtliche Bindung entfaltet, jedoch durch die von der EU-ProspV geforderte Bescheinigung eines Wirtschaftsprüfers quasi bindend wirkt.[228] Dieser Hinweis spezifiziert den Begriff der Unternehmenstransaktion dahingehend, dass darunter solche Transaktionen zu verstehen sind, die zu einer Änderung der Unternehmensstruktur führen. Als typisches Beispiel wird der Zu- oder Abgang eines Tochterunternehmens, Teilkonzerns oder Unternehmensteils genannt. Explizit sind Formwechsel nach den Regelungen des Umwandlungsgesetzes ausgenommen.[229] Im Sinne des Rechnungslegungshinweises gelten nur solche Transaktionen als relevant, welche die 25 %-Regel der EU-ProspV für die Bilanzsumme, die Umsatzerlöse sowie das Jahresergebnis erfüllen.[230] Anders als bei der CESR-Interpretation werden keine weiteren Indikatoren zugelassen und damit die von CESR geforderte Flexibilität eingeschränkt. Ebenso einschränkend wirkt die Forderung gem. des IDW PH 9.960.1 Ziff. 6, dass maßgeblicher Anknüpfungspunkt der letzte den Pro forma-Finanzinformationen zugrunde liegende Abschluss sei. Noch nicht durchgeführte Transaktionen dürfen nur dann in den Pro forma-Informationen abgebildet werden, wenn diese konkret bevorstehen. Der IDW hält dies in der Regel bei einem bereits abgeschlossenen, aber nicht durchgeführten Unternehmensvertrag oder im Ausnahmefall bei einem entsprechenden Vorvertrag für gegeben.

149

Diese Pro forma-Finanzinformationen können zwar nicht testiert werden, da es sich um die Abbildung eines hypothetischen Sachverhalts handelt. Doch muss eine Bescheinigung des Abschlussprüfers bestätigen, dass die Pro forma-Finanzinformationen ordnungsgemäß erstellt wurden und im Einklang mit den Rechnungslegungsgrundsätzen sowie den Ausweis-, Bilanzierungs- und Bewertungsmethoden der Gesellschaft stehen. Hierbei ist zu beachten, dass weder die Ausgangszahlen noch die Angemessenheit der von der Geschäftsleitung getroffenen Annahmen zur Erstellung der Pro forma-Finanzinformationen Gegenstand dieser Prüfung sind.

150

In Deutschland regelt dies der IDW Prüfungshinweis Prüfung von Pro forma-Finanzinformationen.[231] Dieser verweist schon im Abschnitt zur Auftragsan-

151

---

226 *CESR*, recommendation, Ref: CESR/05-054b, Tz. 93.
227 Siehe auch *CESR*, feedback statement, Ref: CESR/05-055b, Tz. 43–45.
228 *IDW PH 9.960.1* Ziff. 5 i.V. m. IDW RH HFA 1.004, Stand 29.11.2005.
229 *IDW RH HFA 1.004*, Stand 29.11.2005, Ziff. 3.
230 *IDW RH HFA 1.004*, Stand 29.11.2005, Ziff. 5.
231 *IDW PH 9.960.1*, Stand 29.11.2005.

nahme, dass üblicherweise die von einem Wirtschaftsprüfer geforderten Kenntnisse dadurch gewonnen wurden, dass dieser alle oder die wesentlichen historischen Abschlüsse geprüft oder durchgesehen hat, die in den Pro forma-Abschlüssen Eingang gefunden haben.[232] Ferner sollte ein Auftrag zur Prüfung nur angenommen werden, wenn die Pro forma-Finanzinformationen auf Grundlage des entsprechenden IDW Rechnungslegungshinweises erstellt wurden.[233] Diese Bescheinigung sollte nur im Zusammenhang mit den vollständigen Pro forma-Finanzinformationen sowie den ihnen zugrunde liegenden historischen Abschlüssen abgedruckt werden.

XXXI. Aufnahme von Einzel- und Konzernabschlüssen, Ziff. 20.3.

152 Erstellt ein Emittent sowohl Einzel- als auch Konzernabschlüsse, so sind gem. Anh. I Ziff. 20.3. EU-ProspV zumindest die Konzernabschlüsse in den Prospekt aufzunehmen. Grds. ist immer dann die Aufnahme von Einzelabschlüssen zu erwägen, wenn diese zusätzliche Informationen bieten. Dies ist regelmäßig dann der Fall, wenn der Einzelabschluss gem. dem jeweiligen gültigen nationalen Gesellschaftsrechts mehreren Zwecken dient. Dann ist nämlich davon auszugehen, dass dieser grds. für einen Investor relevante Informationen enthält. Da der Einzelabschluss ohnehin aufgestellt und testiert werden muss, entstehen durch die Aufnahme im Prospekt kaum zusätzliche Kosten, so dass diese Pflicht auch als verhältnismäßig angesehen werden kann.

153 In Deutschland sind dabei die Funktionen der Ausschüttungsbemessung, der steuerlichen Gewinnermittlung, der Ermittlung des haftungsrelevanten Kapitals sowie die Erstellung für aufsichtsrechtliche Zwecke zu nennen. Bei Aktienemittenten dürfte insbesondere die Information zur Fähigkeit, Dividenden auszuschütten, für Investoren von Interesse sein. Vor diesem Hintergrund ist die derzeitige Praxis der BaFin, den Abdruck des aktuellen HGB-Einzelabschlusses des Emittenten zu verlangen, nachvollziehbar und zweckmäßig.[234]

154 In der Regel wäre daher eine befreiende Wirkung des Abdrucks eines IFRS-Einzelabschlusses zu verneinen. Dieser kann zwar nach § 325 Abs. 2a HGB anstatt des HGB-Abschlusses offen gelegt werden,[235] informiert aber nicht oder zumindest nicht vollständig im Sinne der oben genannten Zwecke. Zwar könnten diese Informationsdefizite teilweise durch die zusätzlichen Offenlegungspflichten gem. § 325 Abs. 2b Nr. 1–3 HGB bzw. durch andere freiwillige Angaben geheilt werden, doch müsste die BaFin jeweils den Einzelfall prüfen. Es kann als wahrscheinlich angesehen werden, dass im Regelfall die Pflicht zur Aufnahme des aktuellen HGB-Einzelabschlusses beste-

---

232 *IDW PH 9.960.1*, Stand 29.11.2005, Ziff. 4.
233 *IDW PH 9.960.1*, Stand 29.11.2005, Ziff. 5.
234 *Meyer*, Accounting 2/2006, 11, 12.
235 Hierzu ausführlich *Fey/Deubert*, KoR 2006, 91.

hen bleiben wird. Einer Aufnahme beider Arten von Einzelabschlüssen, also nach HGB und IAS/IFRS, steht zwar theoretisch nichts entgegen, der zusätzliche Informationsnutzen erscheint jedoch als gering. Vor diesem Hintergrund ist ein IFRS-Einzelabschluss nur in solchen Fällen relevant, bei denen kein Konzernabschluss zu erstellen ist.

Falls ein Einzelabschluss gem. dem Gesellschaftsrechts eines Drittstaates ausschließlich der Informationsfunktion dienen sollte, wäre eine Nichtaufnahme zu erwägen. 155

Es ist fraglich, ob ein neben dem Konzernabschluss zusätzlicher aufgenommener Einzelabschluss alle in der EU-ProspV genannten Elemente enthalten muss. Da es sich um eine zusätzliche Information handelt, sollte es ausreichend sein, dass der Abschluss lediglich dem jeweiligen Regeln des Sitzstaates entspricht. Damit wäre es in vielen Fällen nicht erforderlich, zusätzlich Bestandteile, wie z.B. eine Kapitalflussrechnung oder eine Eigenkapitalveränderungsrechnung zu erstellen und prüfen zu lassen. Diese zusätzlichen Elemente sind auch in der Regel im Sinne des geforderten Informationsnutzens nicht erforderlich. Zudem würde dies einen zusätzlichen Aufwand bedeuten, der nicht durch einen Zusatznutzen gerechtfertigt wäre. Hiervon bleibt die Regel zu den Pflichtbestandteilen von Abschlüssen im Prospekt bei Einzelunternehmen unberührt.[236] 156

XXXII. Prüfung der historischen Finanzinformationen, Ziff. 20.4.

In Übereinstimmung mit den Vorschriften der Vierten und Siebten EU-Bilanzrichtlinie müssen sowohl deutsche als auch ausländische Emittenten mit Sitz in der EU ihre Abschlüsse von einem Wirtschaftsprüfer bzw. einer Prüfungsgesellschaft nach den auf die Emittenten anwendbaren Prüfungsstandards prüfen lassen. Diese Bestimmung betrifft, sofern der Emittent einen Einzelabschluss aufstellt, den Einzelabschluss und, sofern er konzernabschlusspflichtig ist, den Konzernabschluss.[237] Für beide Abschlussformen gilt, dass der Bestätigungsvermerk ein den Verhältnissen entsprechendes Bild (true and fair view) des Emittenten attestiert.[238] 157

Falls die historischen Finanzinformationen rückwirkend angepasst wurden, so muss sich der Prüfungsbericht, der zum Zweck der Prospekterstellung angefertigt wurde, auf alle Bestandteile der Finanzausweise beziehen. Die Prüfungshandlung muss nach den für den Emittenten gültigen Prüfungsstandards durchgeführt werden.[239] Für deutsche Emittenten gelten die Prüfungsstandards des IDW. In jedem Fall muss die Einhaltung des True and 158

---

236 Siehe Rn. 89.
237 Vierte RL (EG/78/660) v. 25.07.1978, Art. 51, Siebte RL (EG/83/349) v. 13.06.1983, Art. 37 i.V.m. CESR/05-054b vom Januar 2005, § 77.
238 *CESR*, recommendations, Ref: CESR/05-054b, Tz. 76.
239 *CESR*, recommendations, Ref: CESR/05-054b, Tz. 78.

Fair View-Prinzips bestätigt werden.[240] Das Ergebnis einer solchen Prüfung ist in Form eines Bestätigungsvermerks im Prospekt abzubilden.

159 Hat der Emittent sich entschieden, den Bridge Approach für die retrospektive Darstellung seiner Finanzinformationen anzuwenden,[241] in dem er das mittlere Jahr – sog. Brückenjahr – sowohl nach seinen nationalen Rechnungslegungsstandards als auch nach IAS/IFRS aufstellt, so bezieht sich der Bestätigungsvermerk nur auf das Brückenjahr. Auch hier ist wiederum das True and Fair View-Prinzip zu testieren.[242] CESR hält in diesem Fall den True and Fair View durch das Fehlen von Vergleichszahlen aus dem Vorjahr nicht für beeinträchtigt. Dagegen sehen sich Wirtschaftsprüfer in der Praxis regelmäßig aufgrund der anzuwendenden Prüfungsstandards ohne Vergleichszahlen an der Bestätigung des True and Fair View gehindert, so dass Vorjahresvergleichszahlen erforderlich werden.[243]

160 Die Erklärung über die Prüfung der historischen Finanzinformationen findet sich üblicherweise im Kapitel „Abschlussprüfer" des Prospektes wieder. Dort sind Name und Sitz des Abschlussprüfers anzugeben, welche Abschlüsse dieser geprüft hat und mit welchem Bestätigungsvermerk diese versehen sind.[244]

161 Grds. hat der Bestätigungsvermerk in Bezug auf den Jahresabschluss im Einklang mit der Vierten EU-Bilanzrichtlinie und in Bezug auf den Konzernabschluss der Siebten EU-Bilanzrichtlinie zu stehen. Der Bestätigungsvermerk beinhaltet auch Erklärungen zur Einhaltung der Anforderungen der ISA.[245]

162 Bei deutschen Emittenten richtet sich der Bestätigungsvermerk an den Bestimmungen des IDW PS 400 – Grundsätze für die ordnungsgemäße Erteilung von Bestätigungsvermerken bei Abschlussprüfungen – aus. Dieser Prüfungsstandard entspricht dem ISA 700 und den Anforderungen, die sich aus anderen ISA ergeben, soweit nicht gesetzliche Besonderheiten im Einzelfall Abweichungen erfordern. Die Abweichungen sind in Abschnitt 7 des IDW PS 400 beschrieben. Der IDW PS 400 betrifft Abschlussprüfungen, d.h. Prüfungen von Jahres- und Konzernabschlüssen gleichermaßen.[246]

163 Prinzipiell sieht er drei Formen, nämlich den uneingeschränkten, den eingeschränkten Bestätigungsvermerk sowie den Versagungsvermerk vor. Der Versagungsvermerk kann nur bei Vorliegen von Einwendungen oder gravierenden Prüfungshemmnissen erteilt werden.

164 In der Praxis dürften betreuende Emissionsbanken in der Regel wohl nur solche Unternehmen an einen Kapitalmarkt begleiten, deren Abschlüsse einen uneingeschränkten Bestätigungsvermerk aufweisen. Mit dem uneinge-

---

240 *CESR*, recommendations, Ref: CESR/05-054b, Tz. 79.
241 Siehe Rn. 114 ff.
242 *CESR*, recommendations, Ref: CESR/05-054b, Tz. 78, letzter Satz, i.V.m. Tz. 79.
243 *Meyer*, Accounting 2/2006, 11, 12.
244 Siehe Rn. 7 ff.
245 RL (EG) 43/2006 v. 17.05.2006 ABl. 2006 Nr. L 157/87 v. 09.06.2006.
246 *IDW PS 400*, Ziff. 1., Stand 28.10.2005.

schränkten Bestätigungsvermerk trifft der Abschlussprüfer eine positive Gesamtaussage, dass die Prüfung zu keinen Einwendungen geführt hat. Er bestätigt damit, dass die gesetzlichen Vorschriften eingehalten wurden, ein zutreffendes Bild von der Lage der Gesellschaft vermittelt wurde und die Chancen und Risiken der zukünftigen Entwicklung zutreffend dargestellt wurden.[247]

Falls ein Bestätigungsvermerk über die historischen Finanzinformationen von den Abschlussprüfern mit Vorbehalten erteilt wurde, so handelt es sich um einen so genannten eingeschränkten Bestätigungsvermerk. Zwar gelangt der Abschlussprüfer bezogen auf die wesentlichen Teile der Rechnungslegung noch zu einem Positivbefund, jedoch liegen bereits Beanstandungen, Mängel oder Prüfungshemmnisse vor, die eine Einschränkung erforderlich machten. Eine Beanstandung liegt in der Regel dann vor, wenn der Prüfer abgrenzbare Teile der Rechnungslegung des Emittenten nicht mit hinreichender Sicherheit beurteilen kann. Ferner kann eine Einschränkung des Bestätigungsvermerks bei Mängeln aufgrund von festgestellten Verstößen gegen Gesetz, Gesellschaftervertrag, Satzung oder Gesellschafterbeschlüsse geboten sein, soweit sich diese auf die Rechnungslegung beziehen. Zu Prüfungshemmnissen führen u. a. die vom Unternehmen verweigerte direkte Kontaktaufnahme mit dem Anwalt des zu prüfenden Unternehmens, Beschränkungen beim Einholen von Saldenbestätigungen, mangelnde Nachprüfbarkeit von Geschäftsvorfällen, unzureichende Auskunfts- und Nachweispflicht sowie fehlende Verwertbarkeit der Ergebnisse anderer Prüfer. Aus der Formulierung der Einschränkung (Beanstandung von Mängeln/ Prüfungshemmnisse) muss der Grund der Beanstandung, des Mangels oder des Prüfungshemmnisses eindeutig hervorgehen.[248] Der eingeschränkte Bestätigungsvermerk ist in vollem Umfang, unter Angabe des Grundes der Beanstandung, des Mangels oder des Prüfungshemmnisses, im Prospekt wiederzugeben. Eine verkürzte Wiedergabe des Wortlautes ist nach Anh. I Ziff. 20.4.1. EU-ProspV nicht zulässig. 165

Sofern der Abschlussprüfer einen Bestätigungsvermerk über die historischen Finanzinformationen nicht erteilt hat, spricht man von einem Versagungsvermerk. Der Standard IDW PS 400 kennt zwei Formen von Versagungsvermerken: Die Versagung aufgrund von Einwendungen oder aufgrund von Prüfungshemmnissen. Gelangt der Prüfer zu dem Prüfungsurteil, dass wesentliche Beanstandungen gegen den Abschluss zu erheben sind, und sich diese als Ganzes auf die Rechnungslegung des Emittenten auswirken, so ist eine einfache Einschränkung nicht mehr angemessen. Um die missverständliche oder unvollständige Darstellung im Abschluss zu verdeutlichen, hat der Prüfer eine negative Gesamtaussage im Rahmen seines Versagungsvermerks zu treffen. 166

Ein Versagungsvermerk aufgrund von Prüfungshemmnissen wird dann erteilt, wenn die Auswirkungen der Prüfungshemmnisse so wesentlich sind, 167

---

247 *IDW PS 400*, Ziff. 3.4.2.1., Stand 28. 10. 2005.
248 *IDW PS 400*, Ziff. 3.4.2.2., Stand 28. 10. 2005.

dass der Prüfer nach Ausschöpfung aller angemessenen Möglichkeiten zur Klärung der Sachverhalte zu keiner positiven Gesamtaussage über den Abschluss gelangt. Solche Prüfungshemmnisse können z. B. in nicht behebbaren Mängeln der Buchhaltung oder in der Verletzung der Vorlage- und Auskunftspflichten begründet sein.[249] Falls der Abschluss des Emittenten mit einem Versagungsvermerk versehen ist, so hat er diesen in vollem Umfang, unter Angabe des Grundes für die Prüfungshemmnisse, im Prospekt darzustellen. Eine verkürzte Wiedergabe des Wortlautes ist nicht zulässig. Formulierungsbeispiele zu den einzelnen Formen des Bestätigungsvermerks bzw. Versagungsvermerks gibt der IDW PS 400.

168 Für ausländische Emittenten mit Sitz in der EU gilt, dass deren Bestätigungs- oder Versagungsvermerk nach den auf den Emittenten anwendbaren nationalen Prüfungsstandards zu erstellen ist. Auf Emittenten aus Drittstaaten findet die Richtlinie über die Abschlussprüfung (EG/2006/43) ebenfalls Anwendung. Sie ermächtigt die EU-Kommission im Rahmen des Komitologieverfahrens, über die Gleichwertigkeit der Prüfungsstandards zu befinden. Durch Konsultation soll ermittelt werden, welche Auffassungen zu einer vorübergehenden Anwendung von Drittstaatenstandards, wie z. B. der amerikanischen GAAS (United States Generally Accepted Auditing Standards) besteht.[250] Daher ist bei Emittenten aus Drittstaaten auf die Zulässigkeit der Prüfungsstandards zu achten.

169 Sind sonstige Angaben im Prospekt vom Abschlussprüfer geprüft, ist explizit darauf hinzuweisen. Wurden Finanzdaten nicht aus den geprüften Jahresabschluss des Emittenten entnommen, so ist ein entsprechender Hinweis aufzunehmen. Ebenfalls sind dann die Quellen dieser Daten zu nennen und es ist anzugeben, dass diese Daten ungeprüft sind.

XXXIII. Alter der jüngsten Finanzinformationen, Ziff. 20.5.

170 Der Bilanzstichtag des letzten durch geprüfte Finanzinformationen dargestellten Geschäftsjahres darf gem. Anh. I Ziff. 20.5. EU-ProspV nicht mehr als 18 Monate vor dem Datum des Prospekts liegen, wenn der Prospekt einen geprüften Zwischenabschluss enthält. Dieser Zeitraum verkürzt sich auf 15 Monate, wenn nur ein ungeprüfter Zwischenabschluss im Prospekt enthalten ist. Da Zwischenberichte selten testiert werden, wird in der Praxis häufig der 15-Monatsabstand zu beachten sein.[251] Bei zeitkritischen Transaktionen sollte diese Frist nicht aus den Augen verloren werden oder ein Zwischenbericht mit Testat versehen werden. Allerdings wird der Abschlussprüfer in der Regel keine vollständige Prüfung der Zwischenfinanzinformationen vornehmen wollen.

---

249 *IDW PS 400*, Ziff. 3.4.2.3., Stand 28. 10. 2005.
250 *Europäische Kommission*, Kommission startet Konsultation über die Regulierung v. Prüfungsgesellschaften aus Drittländern, 11. 01. 2006.
251 *Meyer*, Accounting 2/2006, 12.

XXXIV. Pflicht zur Aufnahme von bereits veröffentlichten Zwischenfinanzinformationen, Ziff. 20.6.1.

Zwischenfinanzinformationen, die in der Zeit zwischen Ablauf des letzten Geschäftsjahres und der Veröffentlichung des Prospekts veröffentlicht wurden, sind gem. Anh. I Ziff. 20.6.1. EU-ProspV in jedem Fall in den Prospekt aufzunehmen. Dabei handelt es sich um Zwischen- oder Halbjahresfinanzberichte. Dies gilt auch dann, wenn sich keine Zwischenabschlusspflicht gem. Anh. I Ziff. 20.6.2. EU-ProspV ergibt. Damit sollen dem Prospektleser alle aktuellen Finanzinformationen zur Verfügung gestellt werden.[252] 171

Wurden zwischen Geschäftsjahresende und Prospektveröffentlichung mehrere Zwischenberichte veröffentlicht, so muss laut CESR grds. nur der aktuelle Zwischenbericht in den Prospekt aufgenommen werden. Es sind dann mehrere Berichte aufzunehmen, wenn der Ältere zusätzliche, nicht duplizierende Informationen enthält.[253] Dies kann vor Allem dann der Fall sein, wenn ein im Sinne der TransparenzRL[254] vollständiger Halbjahresfinanzbericht, aber zum dritten Quartal lediglich eine Zwischenmitteilung der Geschäftsführung veröffentlicht wurde, die keinen vollständigen Abschluss enthält.[255] U.E. dürfte aber ein dritter Quartalsbericht in jedem Fall genügen, wenn dieser die Anforderungen des Art. 5 TransparenzRL bzw. für deutsche Emittenten § 37w i.V.m. x WpHG erfüllt. Dabei sollte es ausreichend sein, nur den Zwischenabschluss in den Prospekt aufzunehmen, da konsistent mit der Auslegung zu den Inhalten von Zwischenfinanzinformationen in Prospekten gem. Anh. I Ziff. 20.6.2. EU-ProspV weder der Zwischenlagebericht noch der „Bilanzeid" Pflichtbestandteile sind.[256] 172

Jeweilige Testate oder Bescheinigungen der Zwischenberichte sind in den Prospekt aufzunehmen. Ansonsten ist auf die Tatsache hinzuweisen, dass die Zwischenfinanzinformationen ungeprüft sind. 173

XXXV. Pflicht zur Aufnahme und Inhalte von Zwischenfinanzinformationen, Ziff. 20.6.2.

Wird der Prospekt mehr als neun Monate nach Ablauf des letzten Geschäftsjahres, für das geprüfte Abschlüsse vorliegen, erstellt, müssen gem. Anh. I Ziff. 20.6.2. EU-ProspV in den Prospekt Zwischenfinanzinformationen aufgenommen werden. Diese müssen sich auf mindestens die ersten sechs Monate des Geschäftsjahres beziehen. Damit sollen dem Investor möglichst aktuelle Informationen zur Vermögens-, Finanz- und Ertragslage zur Verfügung gestellt werden.[257] 174

---

252 *CESR*, recommendation, Ref: CESR/05-054b, Tz. 98.
253 *CESR*, FAQ, Ref.: CESR/07-110, Question 19.
254 RL 109/2004/EG.
255 Art. 5 und 6 TransparenzRL.
256 Siehe Rn. 180.
257 *CESR*, recommendation, Ref: CESR/05-054b, Tz. 99.

175 Die Zwischenfinanzinformationen können auch einen längeren Zeitraum von bspw. drei Quartalen umfassen. Dies ist dann zu empfehlen, wenn möglichst aktuelle Finanzinformationen zur Verfügung gestellt werden sollen. Ähnlich ist vorzugehen, wenn die Neun-Monatsfrist noch nicht erreicht ist, aber Informationen zur Geschäftstätigkeit in den ersten Monaten des laufenden Geschäftsjahres zur Verfügung gestellt werden sollen. Sofern nicht nur der Emittent die Verantwortung für den Prospekt übernimmt, ist es üblich, dass der Abschlussprüfer dem weiteren Verantwortlichen, z. B. der Emissionsbank, die inhaltliche korrekte Übernahme der historischen Finanzinformationen in den Prospekt bestätigt („Comfort Letter"). Üblicherweise bestätigt der Abschlussprüfer auch im Comfort Letter, dass ihm keine Hinweise bekannt geworden sind, die ihn zu der Annahme veranlassen würden, dass sich bestimmte im Zwischenbericht aufgenommene Angaben (z. B. Eigenkapital, Verbindlichkeiten etc.) wesentlich verändert hätten („negative Assurance"). Diese negative Assurance gibt der Abschlussprüfer gem. IDW PS 910 nur innerhalb von 135 Tagen (30/360-Zählung) nach dem Stichtag des Zwischenberichtes ab.[258] Da der Comfort Letter üblicherweise zum Tag der Billigung des Prospektes, zum Tag der Zulassung der Wertpapiere, zum Tag der Aufnahme der Notierung und zum Tag der Abrechnung der Kapitalmaßnahme abgegeben wird, muss dieses Zeitrestriktion bei der Planung der Maßnahme sehr genau berücksichtigt werden.

176 Dieser Zwischenfinanzbericht ist nicht prüfungspflichtig. Allerdings ist eindeutig darauf hinzuweisen, wenn der Bericht nicht geprüft wurde. In diesem Zusammenhang ist auf die unterschiedlichen Fristen gem. Anh. I Ziff. 20.5.1. EU-ProspV zu achten. Die Pflicht zur Aufnahme von geprüften Finanzinformationen kann um drei Monate nach hinten verschoben werden, wenn geprüfte anstatt ungeprüfte Zwischenabschlüsse in den Prospekt aufgenommen werden.

177 Gem. Anh. I Ziff. 20.6.2. EU-ProspV werden hinsichtlich der Inhalte der Zwischenfinanzinformationen lediglich Aussagen zu den Vergleichsperioden getroffen. Danach ist ein vergleichender Überblick über denselben Zeitraum wie im letzten Geschäftsjahr aufzunehmen. Dies gilt explizit für die Gewinn- und Verlustrechnung, die Kapitalflussrechnung sowie die Eigenkapitalveränderungsrechnung. Für die Bilanz als Bestandsrechnung ist es auch zulässig, als Vergleichszahlen die entsprechenden Zahlen der Jahresendbilanz zu verwenden. Im Verordnungstext wird dies als Ausnahme dargestellt. Dies ist insofern erstaunlich, als diese Darstellung anerkannten Prinzipien zur Zwischenberichterstattung entspricht.[259] In der Praxis dürfte sich daher die Darstellung der Vorjahresbilanz gem. IAS 34 bzw. DRS 16 durchsetzen. Die Auf-

---

258 Dies ergibt sich aus dem entsprechend IDW Prüfungsstandards 910 4.8.3.1, Rn. 73. *Schlitt/Schäfer*, AG 2005, 498, 503. Zur 135-Tage-Regel siehe auch *Kunold,* in: Habersack/Mülbert/Schlitt, UntFinanzKM, § 21 Rn. 35 ff.
259 Vgl. IAS 34.20a sowie DRS 16.15a near final Draft (18. 07. 2007), die jeweils explizit eine Bilanz zum Ende der aktuellen Zwischenberichtsperiode und eine vergleichende Bilanz zum Ende des unmittelbar vorangegangenen Geschäftsjahres fordern.

nahme von Bilanzinformationen, die sich auf den Zeitpunkt des vergleichbaren Zwischenberichts des Vorjahres beziehen, ist nicht sinnvoll.

Bzgl. der Inhalte von Zwischenfinanzinformationen weist CESR darauf hin, dass trotz der unterschiedlichen Bezeichnungen in den Ziff. 20.5. und 20.6.2. des Anh. I der EU-ProspV mit Zwischenabschlüssen und Zwischenfinanzinformationen von den gleichen Informationen ausgegangen werden soll.[260] Hinsichtlich der anzuwendenden Standards unterscheidet CESR nach Emittenten, deren Wertpapiere schon an einem organisierten Markt notiert sind, und Erstemittenten. *178*

Bei bereits notierten Emittenten orientieren sich die Inhalte eines Zwischenfinanzberichts an den Anforderungen der TransparenzRL und ihrer jeweiligen nationalen Umsetzung. Für deutsche Emittenten sind diese im WpHG kodifiziert.[261] Damit können einzelstaatliche Regelungen in manchen Fällen strenger sein, als es die Richtlinie vorgibt („Inländerdiskriminierung"). *179*

Gem. Art. 5 Abs. 2 TransparenzRL bzw. § 37 w Abs. 2 WpHG umfasst ein Halbjahresfinanzbericht einen verkürzten Abschluss, einen Zwischenlagebericht sowie eine Erklärung der beim Emittenten verantwortlichen Personen zur Einhaltung des True and Fair View („Bilanzeid").[262] Die Empfehlung der CESR fordert jedoch explizit nur die entsprechende Anwendung der Regelungen zum verkürzten Abschluss (condensed set of financial statement included in a half-yearly financial report covering the first six months of the financial year)[263], so dass weder ein Zwischenlagebericht noch ein „Bilanzeid" in den Prospekt aufgenommen werden müssen. *180*

Unterliegt der Emittent der IAS-Verordnung und muss er daher einen Konzernabschluss nach den IAS/IFRS veröffentlichen, hat der (verkürzte) Abschluss die Anforderungen des IAS 34 zu erfüllen. Damit sind nicht nur Umfang und Vergleichsperioden, sondern auch Abgrenzungsfragen abschließend und konsistent zur geforderten Publizität am Geschäftsjahresende geregelt.[264] So sind neben der Bilanz und Gewinn- und Verlustrechnung eine Darstellung der Eigenkapitalentwicklung sowie eine Kapitalflussrechnung jeweils mit entsprechenden Vorjahresvergleichszahlen, das Ergebnis je Aktie sowie bestimmte Anhangangaben aufzunehmen.[265] *181*

---

260 *CESR*, recommendation, Ref: CESR/05-054b, Tz. 100.
261 *CESR*, recommendation, Ref: CESR/05-054b, Tz. 101. Deutsche Umsetzung durch Gesetz zur Umsetzung der RL EG/2004/109 des Europäischen Rates v. 15.12.2004 zur Harmonisierung der Transparenzanforderungen in Bezug auf Informationen über Emittenten, deren Wertpapiere zum Handel auf einem geregelten Markt zugelassen sind, und zur Änderung der RL 2001/34/EG (TransparenzRL-Umsetzungsgesetz – TUG) v. 05.01.2007.
262 Siehe ausführlich *d'Arcy/Meyer*, Der Konzern, 2005, 151 sowie *d'Arcy*, Accounting, 8/2006, 3.
263 *CESR*, recommendation, Ref: CESR/05-054b, Tz. 101.
264 Siehe hierzu bspw. *Leibfried*, in: Lüdenbach/Hoffmann, IFRS § 37.
265 IAS 34.9, IAS 34.11, IAS 34.16.

182 Emittenten, deren Wertpapiere zwar schon an einem regulierten Markt zugelassen sind, die jedoch aufgrund von Übergangsbestimmungen noch nicht den Regelungen der TransparenzRL genügen müssen, sollen Zwischenabschlüsse gem. den Regelungen für Erstemittenten in den Prospekt aufnehmen.[266] Mit dieser Regel will CESR sicherstellen, dass dieselben Ausnahmen für die Zwischenberichtspflicht im Prospekt gelten, die auch sonst von Emittenten in Anspruch genommen werden können.[267]

183 Im Gegensatz zu einem IAS 34-konformen Abschluss fordert die TransparenzRL von Zwischenabschlüssen gem. nationaler Standards lediglich eine zusammengefasste Gewinn- und Verlustrechnung, eine zusammengefasste Bilanz sowie ergänzende Anhangangaben.[268] In einer DurchführungsRL spezifiziert die Kommission diese Anforderungen.[269] Die verkürzte Bilanz und Gewinn- und Verlustrechnung haben demnach jeweils die Überschriften und Zwischensummen auszuweisen, die im letzten Abschluss des Emittenten enthalten sind. Zusätzliche Posten sind dann aufzunehmen, wenn diese für die Vermittlung der Vermögens-, Finanz- und Ertragslage wesentlich sind bzw. ihr Weglassen irreführend wäre. Der Anhang soll ausreichende Informationen enthalten, welche die Vergleichbarkeit des Zwischenabschlusses mit dem Jahresabschluss gewährleistet. Darüber hinaus sind solche Informationen und Erläuterungen gefordert, welche dem Interessenten alle wesentlichen Änderungen der Beträge und die Entwicklungen in dem betreffenden Halbjahr angemessen verständlich machen.

184 Für deutsche Emittenten ist zudem DRS 16 zu beachten.[270] Dieser geht diesbezüglich jedoch nicht über die Anforderungen der TransparenzRL sowie der DurchführungsRL hinaus. Eine verkürzte Kapitalflussrechnung sowie ein verkürzter Eigenkapitalspiegel werden als ergänzende Bestandteile empfohlen.[271] Ebenso wird die Aufnahme von Segmentinformationen angeregt.[272] Ferner wird auf die Bilanzierung von Ertragsteuern eingegangen. Diese sollen in jeder Berichtsperiode auf der Grundlage der besten Schätzung des gewichteten durchschnittlichen jährlichen Ertragsteuersatzes erfasst werden, der für das Gesamtjahr erwartet wird.[273]

185 Für Erstemittenten gilt, dass ein im Prospekt aufzunehmender Zwischenbericht den Rechnungslegungsstandards zugrunde liegen muss, die auch für die Erstellung der Jahresabschlüsse verwendet wurden. Damit wird deutlich

---

266 *CESR*, recommendation, Ref: CESR/05-054b, Tz. 102.
267 *CESR*, feedback statement, consistent implementation, Ref: CESR/05-55b,Tz. 49.
268 Art. 5 Abs. 3 TransparenzRL.
269 RL (EG) 14/2007 v. 08.03.2007, ABl 2007 Nr. L 69/27 v. 09.03.2007.
270 Da die DurchführungsRL zur TransparenzRL v. 08.03.2007 noch nicht in deutsches Recht umgesetzt ist, kann der DRS 16 noch nicht endgültig verabschiedet werden. Daher liegt er nur in einer „near final draft"-Version vor. Wesentliche Änderungen sind jedoch nicht zu erwarten, da in der Version v. 18.07.2007 bereits die Anforderungen der DurchführungsRL berücksichtigt wurden.
271 DRS 16.16 near final draft v. 18.07.2007.
272 DRS 16.33 near final draft v. 18.07.2007.
273 DRS 16.24 near final draft v. 18.07.2007.

gemacht, dass ein Zwischenbericht den letzten Abschluss aktualisieren soll und daher bestimmte Informationen nicht wiederholt werden müssen. Eine Ausnahme besteht lediglich für Änderungen von Bilanzierungsmethoden, wenn diese auch im folgenden Abschluss gelten sollen.[274]

Sollte der Emittent einen Jahresabschluss nach nationalen Standards erstellen und freiwillig den im Prospekt aufzunehmenden Zwischenabschluss nach den IAS/IFRS aufstellen wollen, so ist dies nur zulässig, wenn zusätzliche Angaben und Überleitungsrechnungen gem. IFRS 1 den Abschluss ergänzen.[275] *186*

Ist der Erstemittent konzernabschlusspflichtig oder erstellt freiwillig Konzernabschlüsse und hat gem. Anh. I Ziff. 20.1. EU-ProspV IAS/IFRS-Abschlüsse in den Prospekt aufgenommen, so gelten die Regelungen des IAS 34 für den Zwischenabschluss entsprechend. CESR fordert zwar nicht direkt die Anwendung des IAS 34, jedoch ergibt sich aus der Pflicht zur Anwendung konsistenter Rechnungslegungsstandards sowie aus den von CESR explizit genannten Zwischenabschlussbestandteilen eine entsprechende Verpflichtung.[276] *187*

Für Erstemittenten, die nicht konzernabschlusspflichtig sind, wiederholt CESR die Mindestbestandteile eines Zwischenabschlusses gem. TransparenzRL, nämlich eine verkürzte Bilanz, eine verkürzte Gewinn- und Verlustrechnung sowie ausgewählte erläuternde Anhangangaben.[277] Entsprechend werden die Anforderungen zu den Vorjahresvergleichsperioden herausgestellt.[278] *188*

XXXVI. Dividendenpolitik, Ziff. 20.7.

Als ein weiterer Teil der Finanzinformationen ist auch eine Beschreibung der Politik des Emittenten hinsichtlich der Dividendenausschüttungen in den Prospekt aufzunehmen. Es ist dabei nicht ausreichend, nur auf die Möglichkeit einer fehlenden Dividendenausschüttung hinzuweisen bzw. diesbezüglich eine reine Absichtserklärung abzugeben. Vielmehr ist gem. Anh. I Ziff. 20.7. EU-ProspV explizit auf etwaige Beschränkungen zur Fähigkeit, Dividenden auszuschütten, einzugehen. Hierzu zählt auch das Fehlen der Voraussetzungen zur Ausschüttung von Dividenden gem. § 150 AktG. Danach müssen Beträge aus dem Jahresüberschuss zunächst in die gesetzlichen Rücklagen eingestellt werden, die nur eingeschränkt wieder aufgelöst werden können (Ausschüttungssperrfunktion im Rahmen der Ausschüttungsbemessungsfuntion des Jahresabschlusses).[279] Gerade bei Start-up-Unterneh- *189*

---

274 *CESR*, recommendation, Ref: CESR/05-054b, Tz. 103.
275 *Mujkanovic*, KoR 2005, 146.
276 *CESR*, recommendation, Ref: CESR/05-054b, Tz.105.
277 *CESR*, recommendation, Ref: CESR/05-054b, Tz.104.
278 *CESR*, recommendation, Ref: CESR/05-054b, Tz. 106.
279 *Hinz*, in: Castan et al., Beck'sches Hdb. d. Rechnungslegung, Juli 2007, B 100. Rn. 30 ff.

men, die in der Regel noch nie Überschüsse erzielt haben, kann die Fähigkeit zur Dividendenausschüttung stark eingeschränkt sein.

190 Darüber hinaus ist gem. Anh. I Ziff. 20.7.1. EU-ProspV die Historie der Dividendenpolitik mittels der Kennzahl Dividende pro Aktie für die in den Finanzinformationen abgebildeten Geschäftsjahre, also in der Regel die letzten drei Jahre, zu zeigen. Zu Vergleichszwecken soll die Kennzahl dann angepasst werden, wenn sich die Aktienzahl geändert hat. Diese Regel ist etwas missverständlich, da gerade eine Kennziffer, die im Nenner die Anzahl der Aktien enthält, nicht von der Aktienanzahl abhängig ist, sondern vielmehr den Aktionär die Ausschüttung pro Aktie zeigt. Vielmehr sind hier wohl Fälle des Aktiensplits oder vergleichbare Maßnahmen gemeint, die eine solche Kennzahl verfälschen würden. Dann sind Anpassungen zu Vergleichszwecken vorzunehmen. Die Aktienzahl sollte sich – anders als bei der Kennzahl Ergebnis je Aktie – sinnvollerweise auf die Aktienanzahl beziehen, für die tatsächlich Dividenden gezahlt wurden. Es empfiehlt sich, um Missverständnisse zu vermeiden, stets auch die Dividendensumme sowie die entsprechende Anzahl der dividendenberechtigten Aktien mit abzubilden.

XXXVII. Gerichts- und Schiedsverfahren, Ziff. 20.8.

191 Im Rahmen der Finanzausweise sind Angaben zu Gerichts- und Schiedsverfahren zu machen, die auch staatliche Interventionen wie z. B. Kartellverfahren umfassen können. Dabei sind grds. alle Verfahren zu nennen, die nach Kenntnis des Emittenten in den letzten zwölf Monaten bestanden, abgeschlossen wurden, noch anhängig sind oder eingeleitet werden könnten. Die deutsche Formulierung der EU-ProspV verknüpft diese Anforderungen in einer Oder-Verbindung mit dem Wesentlichkeitskriterium für die Finanzlage oder die Rentabilität des Emittenten oder der Gruppe. Die englische Fassung der EU-ProspektV zeigt jedoch deutlich, dass das Wesentlichkeitskriterium in jedem Fall anwendbar ist und somit nur für die Finanz- und Ertragslage wesentliche Verfahren im Prospekt zu nennen sind. Das Wesentlichkeitskriterium muss dabei sowohl auf den Einzel- als auch auf den Konzernabschluss angewendet werden. Ansonsten ist eine negative Erklärung aufzunehmen, dass solche Verfahren nicht bestanden haben. Da es sich bei Gerichts- und Schiedsverfahren häufig um hohe Schadenssummen handeln kann, ist im Zweifel das Wesentlichkeitskriterium streng auszulegen. Solche Verfahren sollten im Prospekt aufgenommen werden, auch wenn das Management den Ausgang des Verfahrens positiv einschätzt. In diesem Sinne sind nicht die Kriterien anzulegen, nach denen eine Prozessrückstellung zu bilden wäre. Darüber hinaus sollten die Angaben in diesem Abschnitt mit den Informationen zu den Risikofaktoren gem. Anh. I Ziff. 4. EU-ProspV abgestimmt werden.

XXXVIII. Wesentliche Veränderungen in der Finanzlage oder der Handelsposition des Emittenten, Ziff. 20.9.

Gem. Anh. I Ziff. 20.9. EU-ProspV sind wesentliche Veränderungen in der Finanzlage oder der Handelsposition aufzunehmen, die nach dem Stichtag des zuletzt im Prospekt abgedruckten Abschlusses eingetreten sind. Dies können zum einen wertbeeinflussende Ereignisse nach dem Bilanzstichtag sein, die gem. IAS 10.21 ohnehin im Anhang zu erläutern sind. Zu nennen sind bspw. Unternehmenserwerbe, die Zerstörung einer Produktionsstätte oder umfangreiche Transaktionen im Bezug auf Stammaktien.[280] Darüber hinaus sind aber auch wesentliche Veränderungen der Handelsposition zu nennen, die aufgrund externer Einflüsse oder interner Gründe eine nicht zu erwartende Entwicklung aufweisen. Auch wenn die Überschrift von der Finanzlage und der Handelsposition des Emittenten ausgeht, geht aus dem Verordnungstext klar hervor, dass das Wesentlichkeitskriterium sich auf die gesamte Gruppe und somit den Konzernabschluss bezieht, falls es sich nicht um ein Einzelunternehmen handelt. Sind keine wesentlichen Veränderungen aufgetreten, ist eine entsprechende negative Erklärung aufzunehmen.

192

XXXIX. Zusätzliche Angaben, Ziff. 21.1. bis 21.2.

In Anh. I Ziff. 21. EU-ProspV finden sich einige Formulierungen, die – anders als §§ 16 und 19 BörsZulVO a. F. – nicht an die Begrifflichkeiten des deutschen Aktienrechts angepasst und daher erläuterungsbedürftig sind. Die Angaben erfolgen im Prospekt zumeist in einem eigenen Abschnitt unter der Überschrift „Angaben über das Kapital der Gesellschaft". Nach Anh. I Ziff. 21.1.1. EU-ProspV ist zunächst der Betrag des Grundkapitals der Gesellschaft anzugeben (vgl. §§ 1 Abs. 2, 6 AktG). Außerdem sind für jede Aktienkategorie (d. h. Gattung i. S. d. § 11 AktG) weitere Angaben zur Zahl der Aktien zu machen, nämlich zunächst in Bezug auf die „zugelassenen Aktien" (lit. a). Hierbei dürfte es sich allerdings nicht um die zum Handel an einem organisierten Markt zugelassenen Aktien handeln; die englische Sprachfassung weist mit „the number of shares authorized" vielmehr auf eine Verfassung der Gesellschaft nach englischem Recht hin. Aus Sicht des deutschen Aktienrechts bietet sich eine Darstellung des genehmigten Kapitals (§§ 202 ff. AktG) an. Hierzu wird üblicherweise die einschlägige Satzungsbestimmung wörtlich aufgenommen. Des Weiteren ist der Umfang der geleisteten bzw. nicht voll geleisteten Einlagen auf ausgegebene Aktien (lit. b)[281] sowie der Nennwert pro Aktie (vgl. § 8 Abs. 1 AktG) anzugeben (lit. c); bei nennwertlosen Aktien (Stückaktien) wird vielfach der rechnerische Nennwert, d.h. der geringste Ausgabebetrag (§ 9 Abs. 1 AktG) hinzugefügt. Die Angabe in lit. d) knüpft an Anh. I Ziff. 21.1.7. EU-ProspV an, geht in seinem Anwendungsbereich aber darüber hinaus. Die Bezeichnung

193

---

[280] Siehe hierzu auch die Beispiele in IAS 10.22.
[281] Zur alten Rechtslage vgl. § 19 Abs. 1 Ziff. 1 BörsZulVO a. F.; siehe zur Problematik nicht voll eingezahlter Namensaktien (vgl. § 10 Abs. 2 AktG) etwa *Schinzler*, Die teileingezahlte Namensaktie als Finanzierungsinstrument der Versicherungswirtschaft, 1999.

als „ausstehende Aktie" (englisch: „outstanding shares") weist darauf hin, dass eigene Aktien abzusetzen, d.h. gesondert zu berücksichtigen sind. Sofern mehr als 10 % der Aktien gegen Sacheinlage ausgegeben wurden (dazu wird man auch Verschmelzungen rechnen müssen; vgl. § 69 Abs. 1 UmwG) ist dies anzugeben. Üblicherweise wird an dieser Stelle auch die nach Anh. I Ziff. 21.2.3. EU-ProspV geforderte Beschreibung der Rechte, Vorrechte und Beschränkungen, die mit den Aktien der einzelnen Gattungen verbunden sind, aufgenommen. Die Angaben nach Anh. I Ziff. 21.1. EU-ProspV sind zum Stichtag der jüngsten Bilanz zu machen. Gemeint ist mit dem Geschäftsjahr das letzte zum für die historischen Finanzinformationen maßgeblichen Zeitraum gehörende Geschäftsjahr bzw. der entsprechende Zwischenberichtszeitraum. Möglich und in der Praxis üblich ist es freilich, aktuelle Angaben zum Stichtag der Billigung des Prospekts zu machen. Dies ist ohne weiteres sachgerecht, da der Investor hierdurch aktuellere Informationen erhält. Üblich ist daneben, in den Abschnitt zum Grundkapital der Gesellschaft Angaben zu den in der Satzung festgelegten Modalitäten der Verbriefung der Aktien aufzunehmen, die regelmäßig in einer oder mehreren Globalurkunden erfolgt. Falls Globalurkunden ausgegeben und in Girosammelverwahrung gegeben wurden, wird zudem angegeben, bei welcher Wertpapiersammelbank die Globalurkunden hinterlegt sind.[282]

194 Anh. I Ziff. 21.1.2. EU-ProspV bezieht sich auf Aktien, die nicht Bestandteil des Eigenkapitals sind. Grds. sind die Aktien Bruchteil des Grundkapitals[283] und damit als Teil des gezeichneten Kapitals[284] nach deutschen Bilanzierungsvorschriften Eigenkapital. Als Aktien, die nicht mehr Bestandteil des Eigenkapitals sind, kommen z.B. vom Emittenten zur Einziehung erworbene Aktien in Betracht, deren Nennbetrag oder rechnerischer Wert nach § 272 Abs. 1 Satz 4 HGB vom gezeichneten Kapital abzusetzen ist.[285] Soweit die nach der VO (EG) Nr. 1606/2002 übernommenen internationalen Rechnungslegungsstandards Aktien unter bestimmten Umständen vom Eigenkapital ausnehmen, können auch solche Aktien nach Anh. I Ziff. 21.1.2. EU-ProspV gesondert aufzuführen sein.

195 Gem. Anh. I Ziff. 21.1.3. EU-ProspV sind zum einen Anzahl, Buchwert und Nennwert der Aktien anzugeben, die vom Emittenten selbst gehalten werden und die zum Eigenkapital des Emittenten gehören, unabhängig davon, ob deren Erwerb nach § 71 AktG zulässig war.[286] Zum anderen sind die Anzahl, der Buchwert (vgl. § 272 Abs. 4 HGB) sowie der Nennwert der Aktien

---

282 Zur depotmäßigen Verwahrung siehe *Kümpel*, in: Kümpel/Hammen/Ekkenga, Kennz. 050 Rn. 293.
283 *Schmidt*, Gesellschaftsrecht, S. 776; vgl. § 1 Abs. 2 AktG.
284 Das gezeichnete Kapital i.S.d. § 266 Abs. 3 lit. A HGB ist bei einer Aktiengesellschaft das Grundkapital, *Ellrott/Krämer*, in: Ellrott/Förschle/Hoyos/Winkeljohann, Bil Komm § 266 Rn. 170.
285 Zu den v. § 272 Abs. 1 Satz 3 HGB erfassten Fällen siehe *Förschle/Hoffmann*, in: Ellrott/Förschle/Hoyos/Winkeljohann, Bil Komm § 272 Rn. 9.
286 Zum Erwerb eigener Aktien durch eine Aktiengesellschaft siehe z.B. *Schäfer*, in: Marsch-Barner/Schäfer, Hdb. börsnot AG, § 47; *Wiesner/Kraft*, in: MüHdbAG § 15; *Zötsch/Maul*, in: Müller/Rödder, Hdb. AG § 4 Rn. 143 ff.

anzugeben, die im Namen des Emittenten, z.B. treuhänderisch, von Dritten oder von Tochtergesellschaften gehalten werden (vgl. § 71d AktG). Es geht bei den Angaben nach Anh. I Ziff. 21.1.3. EU-ProspV also nicht nur darum, den Investoren Informationen über die Kapitalerhaltung zu vermitteln, sondern auch, inwieweit die Gesellschaft in der Lage ist, Aktien im Rahmen von Akquisitionen oder anderweitig zu nutzen. Vor diesem Hintergrund wird üblicherweise auch – soweit einschlägig – die durch die Hauptversammlung erteilte Ermächtigung zum Erwerb bzw. zur Veräußerung eigener Aktien dargestellt (vgl. insb. § 71 Abs. 1 Satz 1 Nr. 8 AktG).

Anh. I Ziff. 21.1.4. EU-ProspV erfasst zudem die Wandel- und Optionsanleihen, die bereits ausgegeben worden sind oder aufgrund einer bestehenden Ermächtigung der Hauptversammlung unter den Voraussetzungen des § 221 Abs. 2 AktG noch ausgegeben werden können. In diesem Zusammenhang werden auch Ausführungen zum bedingten Kapital gemacht, das üblicherweise zur Absicherung der Bezugsrechte geschaffen wird.[287] Nicht nach dieser Vorschrift erforderlich ist die Angabe der aus Anleihen entstehenden Zinsverpflichtungen,[288] da es sich nicht um in Bezug auf das Aktienkapital des Emittenten relevante Informationen handelt. An dieser Stelle des Prospekts soll der Investor eine mögliche zukünftige Verwässerung durch Ausgabe neuer Aktien absehen können. Daraus ergibt sich, dass es auf eine Verbriefung der Wandlungs- bzw. Bezugsrechte nicht ankommt; auch unverbriefte Optionen, etwa im Rahmen von Aktienoptionsprogrammen für Führungskräfte (vgl. § 192 Abs. 2 Nr. 3 AktG), sind insofern hier darzustellen.

196

Die erforderlichen Angaben nach Anh. I Ziff. 21.1.5. EU-ProspV zu Akquisitionsrechten oder Verpflichtungen in Bezug auf genehmigtes Kapital oder eine Kapitalerhöhung haben für deutsche Gesellschaften regelmäßig keine Bedeutung. Grund dafür ist § 187 Abs. 1 AktG, wonach Rechte auf den Bezug neuer Aktien immer unter dem Vorbehalt des Bezugsrechts der existierenden Aktionäre stehen. Systematisch stehen die Anforderungen im engen Zusammenhang zur vorangehenden Ziff. 21.1.4. EU-ProspV. Insbesondere bei den Wandel- und Optionsanleihen gewähren die damit einhergehenden Umtausch- und Bezugsrechte einen schuldrechtlichen Anspruch auf Erwerb der Mitgliedsrechte, was letztlich zu einer Kapitalerhöhung beim Emittenten führt. Je nachdem, ob die Umtausch- und Bezugsrechte durch bedingtes (in der Praxis der Regelfall) oder genehmigtes Kapital (in der Praxis selten)[289] gesichert sind, müssen hierzu weitere Ausführungen zu den jeweiligen Bestimmungen aufgenommen werden. Die Ausführungen im Prospekt müssen den entsprechenden Regelungen der Satzung entsprechen. Anzugeben sind etwa der Betrag aller ausgegebenen Wertpapiere, die einen entsprechenden Anspruch auf Erwerb des Mitgliedschaftsrechts haben, die Höhe etwaigen

197

---

287 Angaben zu Aktienoptionen für Organmitglieder sind zudem nach Anh. I Ziff. 17.2. EU-ProspV erforderlich.
288 Sie werden regelmäßig allerdings i.R.d. Darstellung und Analyse der Vermögens-, Finanz- und Ertragslage nach Anh. I Ziff. 9. EU-ProspV zu erörtern sein.
289 Siehe z.B. *Stadler*, in: Bürgers/Körber, AktG, § 221 Rn. 51 ff.; *Hüffer*, AktG, § 221 Rn. 60.

genehmigten oder bedingten Kapitals, die zeitliche Befristung im Hinblick auf das genehmigte Kapital, Angaben zu Personen, die bevorrechtigt bezugsberechtigt sind sowie die näheren Bedingungen und das Verfahren für die Zuteilung der Aktien.[290]

198 Sofern die Gesellschaft Genussrechte i. S. v. § 221 Abs. 3 AktG ausgegeben hat, wird man sie aus systematischen Gründen im Zusammenhang mit den Angaben in Anh. I Ziff. 21.1.4. und 5. EU-ProspV ebenfalls an dieser Stelle im Prospekt darstellen müssen.

199 Der Anwendungsbereich von Anh. I Ziff. 21.1.6. EU-ProspV scheint in der Praxis gering zu sein. Er wird regelmäßig nicht den Emittenten selbst, sondern nur Mitglieder der Gruppe betreffen. Derartige Informationen können für einen Anleger aber von Interesse sein.

200 Neben dem Status quo des Aktienkapitals ist nach Anh. I Ziff. 21.1.7. EU-ProspV auch dessen Entwicklung im für die historischen Finanzinformationen maßgeblichen Zeitraum (siehe Anh. I Ziff. 20.1. EU-ProspV) aufzunehmen. Dabei sind die jeweiligen Ereignisse getrennt darzustellen unter Angabe der Höhe der Veränderung des Grundkapitals einschließlich der Anzahl und Kategorie (d. h. Gattung) der Aktien. Außerdem sind wesentliche Details im Hinblick auf die jeweiligen Kapitalerhöhungen wie etwa der Ausgabepreis zu beschreiben. Anzuführen sind zudem jeweils das Datum des Beschlusses über die Kapitalerhöhung und, soweit möglich,[291] das Datum der Eintragung der Durchführung der Kapitalerhöhung in das Handelsregister (vgl. § 188 AktG). Bei Sacheinlagen sind die entsprechenden Bewertungsmaßstäbe beizubringen.[292] Darüber hinaus sind nähere Ausführungen im Prospekt erforderlich, wenn etwa zunächst unwirksame verdeckte Sacheinlagen geheilt wurden. Auch werden Angaben zu Kapitalherabsetzungen erwartet, wie etwa der Umfang der Reduzierung des Grundkapitals sowie der Grund für derartige Maßnahmen.[293]

201 Einige der nach Anh. I Ziff. 21.2. EU-ProspV geforderten Angaben werden üblicherweise im jeweiligen Sachzusammenhang gemacht. Der Gesellschaftszweck[294] des Emittenten wird meist im Rahmen der allgemeinen Angaben über die Gesellschaft (siehe Anh. I Ziff. 6. EU-ProspV) beschrieben. Organmitglieder betreffende Bestimmungen der Satzung (Ziff. 21.2.2. EU-

---

290 *CESR*, recommendations, Ref: CESR/05-54b, Tz. 150.
291 Das genaue Datum der Eintragung der Durchführung der Kapitalerhöhung, aus der die jungen Aktien hervorgehen, die im Rahmen eines öffentlichen Angebots angeboten werden sollen, steht zum Zeitpunkt der Billigung des dafür erforderlichen Prospekts regelmäßig noch nicht fest. Aus diesem Grund wird üblicherweise das voraussichtliche Datum der Eintragung in den Prospekt aufgenommen.
292 *CESR*, recommendations, Ref: CESR/05-54b, Tz. 153.
293 *CESR*, recommendations, Ref: CESR/05-54b, Tz. 154.
294 Die EU-ProspV verwendet zwar in Anh. I Ziff. 21.2.1. der Terminus der Zielsetzung des Emittenten. Damit kann jedoch nur der Gesellschaftszweck bzw. Unternehmensgegenstand gemeint sein (vgl. § 23 Abs. 3 Nr. 2 AktG). Dies zeigt auch ein Blick in die englische Fassung der EU-ProspV, die von „the issuer's object's and purposes" spricht. Ausreichend ist, die einschlägige Satzungsbestimmung wörtlich aufzunehmen.

ProspV) und die Ausführungen zu Einberufung und Teilnahmebedingungen der Hauptversammlung (Ziff. 21.2.5. EU-ProspV) werden in den Abschnitt zu den Gesellschaftsorganen aufgenommen. Dies wird üblicherweise verbunden mit einer Kurzdarstellung, welche Rolle das jeweilige Gesellschaftsorgan in der Corporate Governance der Gesellschaft spielt. Nicht erforderlich ist i. d. R. eine Darstellung der Regelungen der Geschäftsordnungen von Vorstand und Aufsichtsrat. Unter dem Begriff der Teilnahmebedingungen für Hauptversammlungen werden neben einer Zusammenfassung der gesetzlichen und satzungsmäßigen Anmelde- und Nachweisanforderungen (vgl. § 123 Abs. 2 und 3 AktG) auch wesentliche Angaben zu Rechten der Aktionäre in Bezug auf die Hauptversammlung einschließlich grundsätzlicher Angaben zu erforderlichen Mehrheitsverhältnissen verstanden. Die mit den einzelnen Aktiengattungen verbundenen Rechte, Vorrechte und Beschränkungen (Anh. I Ziff. 21.2.3. EU-ProspV) können zusammen mit den sonstigen Angaben zum Grundkapital (Anh. I Ziff. 21.1.1. EU-ProspV) erörtert werden. Hier werden etwa Angaben zu Dividenden- und Stimmrechten (insbesondere bei Vorzugsaktien nach §§ 139 ff. AktG) sowie Gewinnanteilberechtigungen erwartet.[295] Erläuterungen zur Änderung von Aktionärsrechten (Anh. I Ziff. 21.2.4. EU-ProspV) erübrigen sich, wenn die Gesellschaft nur eine Aktiengattung ausgegeben hat; ansonsten sind etwa Erläuterungen im Hinblick auf §§ 141, 179 Abs. 3 AktG erforderlich. Bestimmungen der Satzung,[296] die einen Kontrollwechsel beim Emittenten verhindern oder erschweren können (siehe Anh. I Ziff. 21.2.6. EU-ProspV), d. h. insbesondere eine Vinkulierung von Namensaktien (§ 68 Abs. 2 AktG) oder Satzungsregelungen i. S. d. §§ 33 a ff. WpÜG, sind zu erläutern. Zudem sind an dieser Stelle Entsendungsrechte in den Aufsichtsrat (vgl. § 101 Abs. 2 AktG) darzustellen (soweit dies nicht bereits im Rahmen von Anh. I Ziff. 21.2.3. EU-ProspV erfolgt). Schuldrechtliche Vereinbarungen, die einen Kontrollwechsel erschweren sollen (sog. poison pills), sind von Anh. I Ziff. 21.2.6. EU-ProspV grds. nicht umfasst. Sofern solche Angaben nach §§ 289 Abs. 4 Nr. 8, 315 Abs. 4 Nr. 8 HGB ohnehin im Lagebericht offengelegt sind, kommt allerdings eine Erläuterung im Rahmen der Ausführungen zu den wesentlichen Verträgen (Anh. I Ziff. 22. EU-ProspV) in Betracht. Das ist insbesondere dann der Fall, wenn derartige Vereinbarungen eine für die Beurteilung der Wertpapiere wesentliche Angabe oder erforderlich sind, um dem Anleger ein zutreffendes Urteil über den Emittenten zu ermöglichen (vgl. § 44 Abs. 1 BörsG bzw. § 5 Abs. 1 WpPG). Entschädigungsvereinbarungen für Vorstandsmitglieder für den Fall, dass sie wegen eines Übernahmeangebots kündigen, fallen unter Anh. I Ziff. 16.2. EU-ProspV.

Satzungsregelungen i. S. v. Anh. I Ziff. 21.2.7. EU-ProspV, die erst ab einem bestimmten Schwellenwert gelten, dürften in Deutschland selten sein. In der Regel sind daher Ausführungen an dieser Stelle nicht erforderlich. Schließ-

---

295 *CESR*, recommendations, Ref: CESR/05-54b, Tz. 155.
296 Nicht offenzulegen sind Übertragungsbeschränkungen, die die Aktionäre auf schuldrechtlicher Basis, etwa in Pool-Verträgen, treffen. Siehe hierzu allerdings §§ 289 Abs. 4 Nr. 2, 315 Abs. 4 Nr. 2 HGB.

lich schreibt Anh. I Ziff. 21.2.8. EU-ProspV eine Darstellung der Satzungsbestimmungen vor, welche die „Veränderung im Eigenkapital" betreffen, aber nur, sofern die Satzung(en) und Statuten strengere als die gesetzlichen Regelungen vorsehen. In Betracht kommt etwa die Verschärfung des Mehrheitserfordernisses (vgl. etwa §§ 182 Abs. 1 Satz 2, 193 Abs. 1 Satz 2, 222 Abs. 1 Satz 2 AktG). Die Praxis geht vielfach darüber hinaus und macht noch allgemeine Ausführungen zur deutschen Corporate Governance, die sich insbesondere bei internationalen Transaktionen anbieten. Dabei handelt es sich etwa um Ausführungen über die aktienrechtlichen Bestimmungen zur Erhöhung des Grundkapitals und daraus resultierende Bezugsrechte, die Verwendung des Gewinns, Dividendenrechte, die Auszahlung von Dividenden sowie die Melde- und Anzeigepflichten nach dem WpHG und dem WpÜG. Bei einer KGaA besteht die Möglichkeit, dass der persönlich haftende Gesellschafter mit einer Vermögenseinlage an der Gesellschaft beteiligt ist (vgl. § 281 Abs. 2 AktG). Aufgrund der vielfältigen Gestaltungsmöglichkeiten, die hinsichtlich der vermögensmäßigen Beteiligung des persönlich haftenden Gesellschafters bestehen, ist eine detaillierte Darstellung der Struktur der KGaA im Einzelfall erforderlich.[297]

XL. Wesentliche Verträge

203 Die Angaben zu wesentlichen Verträgen werden üblicherweise im Abschnitt zur Geschäftstätigkeit der Gesellschaft aufgenommen (vgl. Anh. I Ziff. 6 EU-ProspV). Anders als nach alter Rechtslage (vgl. § 20 Abs. 1 Nr. 5 BörsZulVO a. F.) sind wesentliche Verträge nicht nur solche, von denen der Emittent abhängig ist. Anzugeben sind alle Verträge von besonderer Bedeutung für die Geschäftstätigkeit des Emittenten. Indiz hierfür kann beispielsweise das Vertragsvolumen sein. Aber auch andere Kriterien können relevant sein, wie etwa die Vertragsdauer, die Bedeutung des Vertragspartners oder der bezogenen Waren oder Dienstleistungen, die Abhängigkeit des Emittenten von dem Vertrag oder die mit ihm verbundenen Risiken. Zu den wesentlichen Verträgen können Vereinbarungen mit Großkunden gehören, ebenso Kooperationsvereinbarungen, Vereinbarungen über die Auslagerung von wesentlichen Vorgängen der Geschäftstätigkeit, Verträge über die Ausstattung des Emittenten mit unabdingbaren Sachmitteln, Finanzierungsverträge, die einen im Verhältnis zum Umsatz erheblichem Umfang aufweisen, oder Unternehmensverträge i. S. v. §§ 291 f. AktG. Der Klammerzusatz in Anh. I Ziff. 22 EU-ProspV, der wesentliche Verträge ausnimmt, die im Rahmen der normalen Geschäftstätigkeit abgeschlossen worden sind, ist schwierig zu konkretisieren. Beispielhaft könnte man etwa an ein Handelsunternehmen denken, das einen großvolumigen Einkaufsvertrag mit einem Lieferanten abschließt, der zwar aufgrund seines Volumens von erheblicher Bedeutung ist, aber zum alltäglichen Geschäft gehört und keine Abhängigkeit von dem einzelnen Lieferanten begründet. Gleichwohl dürfte fraglich bleiben, was

---

[297] Siehe hierzu ausführlich *Wieneke/Fett*, in: Schütz/Bürgers/Riotte, Die Kommanditgesellschaft auf Aktien, 2002, § 10 Rn. 67 ff.

sich hinter dem unbestimmten Rechtsbegriff der „normalen Geschäftstätigkeit" verbirgt. Zudem werden wesentliche Verträge vielfach gerade innerhalb der üblichen Geschäftstätigkeit abgeschlossen. Aufgrund ihrer Bedeutung für die Geschäfts- und Finanzlage des Emittenten ist eine Veröffentlichung mit Blick auf § 5 Abs. 1 Satz 1 WpPG daher regelmäßig kritisch zu prüfen. Nach Anh. I Ziff. 22. Abs. 1 EU-ProspV sind Verträge der vergangenen zwei Jahre aufzunehmen und zwar auch dann, wenn sie bereits vollständig abgewickelt sind und sich keine Rechtsfolgen mehr aus ihnen ergeben können. Demgegenüber erfasst Anh. I Ziff. 22 Abs. 2 EU-ProspV auch frühere Verträge, sofern sich aus ihnen noch wesentliche Rechtsfolgen ergeben können.

Fraglich ist, ob tatsächlich auch alle wesentlichen Verträge von Konzernmitgliedern anzugeben sind, wenn der Emittent nicht die Muttergesellschaft, sondern z.B. Tochtergesellschaft eines u. U. weit verzweigten und auf vielen Gebieten tätigen Konzerns ist. Dies ginge sicherlich zu weit. Anh. I Ziff. 22 EU-ProspV ist daher vor dem Hintergrund der allgemeinen Anforderungen an die Offenlegung von Informationen in Prospekten dahingehend auszulegen, dass wesentliche Verträge des Mutterunternehmens oder dessen Tochterunternehmen nur anzugeben sind, sofern sie für die Geschäftstätigkeit des Emittenten von Bedeutung sind. Demgegenüber sind Verträge von abhängigen Unternehmen uneingeschränkt darzustellen, wenn sie für den Emittenten von wesentlicher Bedeutung sind. *204*

Aus Wettbewerbssicht kann es für den Emittenten nachteilig sein, Angaben zu den wesentlichen Verträgen zu machen, da seine Wettbewerber auf diese Weise Einsicht in die Vertragsgestaltungen erhalten und damit wichtige Informationen wie etwa Preise, Abnahmeverpflichtungen oder Lieferbestimmungen erfahren. Es ist ferner zu prüfen, inwieweit die jeweiligen Verträge Vertraulichkeitsvereinbarungen enthalten. Das Interesse der Vertragsparteien an der Geheimhaltung kann daher mit den Anforderungen an die Veröffentlichung der EU-ProspV kollidieren. In derartigen Fällen empfiehlt es sich, die Darstellung der Vertragsbestimmungen so weit wie möglich allgemein zu halten. Sollte dies nicht möglich sein, kann ggf. auf § 8 Abs. 2 WpPG zurückgegriffen werden. Jedenfalls ist eine sorgfältige Abwägung zwischen dem Wunsch des Emittenten nach Geheimhaltung mit seinen damit verbundenen wirtschaftlichen Interessen und einer sachgerechten Information des Anlegers erforderlich. *205*

XLI. Angaben von Seiten Dritter, Erklärungen von Seiten Sachverständiger und Interessenerklärung

Erklärungen und Berichte von Sachverständigen i.S.v. Anh. I Ziff. 23.1. EU-ProspV wird man in der Praxis selten in den Prospekt aufnehmen. In Betracht kommt hier allerdings z.B. der „Bericht eines anderen Sachverständigen", der gemäß Art. 23 Abs. 1 EU ProspV i.V.m. Anh. XIX EU-ProspV erforderlich sein kann. Typisches Beispiel sind Immobiliengesellschaften, die Wertgutachten für ihre Renditeliegenschaften in den Prospekt aufnehmen müssen. In diesen Fällen sind die entsprechenden formalen Angaben wie *206*

Name, Geschäftsadresse und Qualifikation des Gutachters anzugeben. Zudem ist auf ein „wesentliches Interesse" des Sachverständigen am Emittenten hinzuweisen. Hier hat das CESR in seinen Empfehlungen einen Beispielkatalog von Umständen entworfen, die bei der Ermittlung, ob ein wesentliches Interesse vorliegt, zu berücksichtigen sind.[298] In Betracht kommt etwa der Besitz von Aktien des Emittenten oder einer Gesellschaft, die zum selben Konzern gehört, sowie etwaige Erwerbs- oder Bezugsrechte für solche Aktien, ein früheres Anstellungsverhältnis beim Emittenten oder die Mitgliedschaft in Verwaltungs-, Geschäftsführungs- oder Aufsichtsorganen des Emittenten. Kommt der Emittent zu dem Ergebnis, dass aufgrund bestimmter Umstände ein wesentliches Interesse des Sachverständigen vorliegt, so soll diese im Prospekt dargelegt und genau beschrieben werden, da es sich hierbei um potenzielle Interessenkonflikte handelt, die dem Investor gegenüber offenzulegen sind.[299] Dem kaum verständlichen Satz in Anh. I Ziff. 23.1. Satz 2 EU-ProspV wird man in der Praxis durch eine schlichte Erklärung Rechnung tragen können, dass der Emittent das beigefügte Gutachten für angemessen hält.

207 Demgegenüber betrifft Anh. I Ziff. 23.2. EU-ProspV sonstige Angaben von Seiten Dritter, etwa allgemein zugängliche Informationen, die in die Darstellung des Marktes einfließen. Hier reicht eine allgemeine Quellenangabe, etwa die Bezeichnung eines Marktforschungsinstituts und der Studie aus. Daneben wird üblicherweise in den Prospektabschnitt zu allgemeinen Informationen eine Erklärung zu solchen Quellen aufgenommen, die wörtlich den Vorgaben von Anh. I Ziff. 23.2. EU-ProspV entspricht. Die Wiedergabe entsprechender Informationen muss dieser Erklärung entsprechen.

XLII. Einsehbare Dokumente

208 Die Hinweise zur Einsichtnahme in Dokumente werden üblicherweise in den Prospektabschnitt zu den allgemeinen Informationen aufgenommen. Anh. I Ziff. 24. EU-ProspV begründet nach seinem Wortlaut nicht die Offenlegungspflicht selbst. Sie ergibt sich aus den jeweiligen Publizitätsvorschriften.[300] Die Dokumente sind detailliert und einzeln aufzulisten.

XLIII. Angaben über Beteiligungen

209 Neben den wichtigsten Tochtergesellschaften (siehe Anh. I Ziff. 7.2. EU-ProspV) sind auch Angaben über sonstige Beteiligungen von wesentlicher Bedeutung für die Bewertung der Vermögens-, Finanz- und Ertragslage aufzunehmen. Sofern sie für die Geschäftstätigkeit von Bedeutung sind, können

---

298 *CESR*, recommendations, Ref: CESR/05-54b, Tz. 157.
299 *CESR*, recommendations, Ref: CESR/05-54b, Tz. 158, 159.
300 Z. B. kann die Satzung der Gesellschaft als Anlage zur Anmeldung (§ 37 Abs. 4 Ziff. 1 AktG) beim HR eingesehen werden (§ 9 HGB), vgl. *Hüffer*, AktG, § 40 Rn. 4. Die Jahresabschlüsse der Aktiengesellschaft sind gem. § 325 Abs. 1 HGB bekannt zu geben.

die Beteiligungen im Rahmen der allgemeinen Angaben über den Emittenten beschrieben werden. Handelt es sich um reine Finanzanlagen, ist davon auszugehen, dass ein Hinweis auf wesentliche Finanzbeteiligungen im Rahmen der Darstellung und Analyse der Vermögens-, Finanz- und Ertragslage (siehe Anh. I Ziff. 9 EU-ProspV) den Anforderungen aus Anh. I Ziff. 25. EU-ProspV genügt. Ansonsten sind insb. erforderlich Informationen wie die Firma und der Sitz des Unternehmens, Tätigkeitsbereich, Beteiligung und Stimmrecht des Emittenten am Unternehmen, Grundkapital, Rücklagen, Bilanzergebnis nach Steuern für das letzte Geschäftsjahr, ausstehende Einlagen des Emittenten, erhaltene Dividenden während des letzten Geschäftsjahres und Schulden, die der Emittent gegenüber dem Unternehmen hat, an dem er beteiligt ist.[301] Anzugeben sind die aufgeführten Informationen, wenn der Beteiligungsbuchwert am Unternehmen mindestens zehn Prozent des Eigenkapitals des Emittenten (einschließlich Rücklagen) beträgt, oder mindestens zehn Prozent zum Jahresergebnis des Emittenten beigetragen hat oder, im Falle eines Konzerns, wenn der Beteiligungsbuchwert mindestens zehn Prozent des konsolidierten Eigenkapitals beträgt oder der Beteiligungsbuchwert mindestens zehn Prozent zum konsolidierten Jahresergebnis des Emittenten beigetragen hat.[302]

ARTIKEL 4a
Schema für Aktienregistrierungsformulare bei komplexer finanztechnischer Vorgeschichte oder bedeutenden finanziellen Verpflichtungen

(1) Hat der Emittent eines unter Artikel 4 Absatz 2 fallenden Wertpapiers eine komplexe finanztechnische Vorgeschichte oder ist er bedeutende finanzielle Verpflichtungen eingegangen, so dass bestimmte Teile der Finanzinformationen einer anderen Gesellschaft als dem Emittenten in das Registrierungsformular aufgenommen werden müssen, um die in Artikel 5 Absatz 1 der Richtlinie 2003/71/EG festgelegten Pflicht zu erfüllen, werden diese Teile für Finanzinformationen des Emittenten erachtet. Die zuständige Behörde des Herkunftsmitgliedstaats verlangt von dem Emittenten, dem Anbieter oder der die Zulassung zum Handel an einem geregelten Markt beantragenden Person in einem solchen Fall, diese Informationsbestandteile in das Registrierungsformular aufzunehmen.

Die Bestandteile der Finanzinformationen können gemäß Anhang II erstellte Pro-forma-Informationen umfassen. Ist der Emittent bedeutende finanzielle Verpflichtungen eingegangen, werden die Auswirkungen der Transaktion, zu der der Emittent sich verpflichtet hat, in diese Pro-forma-Informationen antizipiert und ist der Begriff „die Transaktion" in Anhang II entsprechend auszulegen.

---

301 CESR, recommendations, Ref: CESR/05-54b, Tz. 160.
302 CESR, recommendations, Ref: CESR/05-54b, Tz. 161. Unter bestimmten Umständen sind einzelne Angaben zu den Beteiligungen nicht erforderlich, siehe hierzu die Tz. 162–165. Siehe zu der Beschreibung der Beteiligungen auch Rn. 45.

(2) Die zuständige Behörde stützt jedes Verlangen gemäß Nummer 1 auf die Anforderungen, die unter Punkt 20.1 des Anhangs I in Bezug auf den Inhalt der Finanzinformationen und die anwendbaren Rechnungslegungs- und Prüfungsgrundsätze festgelegt sind, wobei Änderungen zulässig sind, wenn sie durch einen der folgenden Faktoren gerechtfertigt sind:

a) Wesensart der Wertpapiere,

b) Art und Umfang der bereits im Prospekt enthaltenden Informationen sowie das Vorhandensein von Finanzinformationen einer anderen Gesellschaft als dem Emittenten, die unverändert in den Prospekt übernommen werden könnten;

c) Die Umstände des Einzelfalls, einschließlich der wirtschaftlichen Substanz der Transaktionen, mit denen der Emittent sein Unternehmen oder einen Teil desselben erworben oder veräußert hat, sowie der speziellen Art des Unternehmens;

d) Die Fähigkeit des Emittenten, sich unter zumutbarem Aufwand Finanzinformationen über eine andere Gesellschaft zu beschaffen.

(3) Von Nummer 1 unberührt bleibt die durch nationale Rechtsvorschriften gegebenenfalls festgelegte Verantwortung anderer Personen für die im Prospekt enthaltenen Informationen, wozu auch die in Artikel 6 Absatz 1 der Richtlinie 2003/71/EG genannten Personen zählen. Diese Personen sind vor allem dafür verantwortlich, dass sämtliche von der zuständigen Behörde gemäß Nummer 1 geforderten Informationen in das Registrierungsformular aufgenommen werden.

(4) Für die Zwecke der Nummer 1 wird ein Emittent als Emittent mit komplexer finanztechnischer Vorgeschichte behandelt, wenn alle der nachfolgend genannten Bedingungen zutreffen:

a) Seine operativen Geschäftätigkeit ist zu dem Zeitpunkt, an dem der Prospekt erstellt wird, nicht vollständig in den historischen Finanzinformationen dargestellt, die gemäß Punkt 20.1 des Anhangs I vorzulegen sind;

b) Diese Ungenauigkeit beeinträchtigt die Fähigkeit des Anlegers, sich ein fundiertes Urteil im Sinne von Artikel 5 Absatz 1 der Richtlinie 2003/71/EG zu bilden; und

c) Informationen über seine operative Geschäftätigkeit, die ein Anleger für die Bildung eines solchen Urteils benötigt, sind Gegenstand von Finanzinformationen über ein anderes Unternehmen.

(5) Für die Zwecke der Nummer 1 werden als Emittenten, die bedeutende finanzielle Verpflichtungen eingegangen sind, Gesellschaften behandelt, die eine verbindliche Vereinbarung über eine Transaktion eingegangen sind, die nach ihrem Abschluss voraussichtlich eine bedeutende Bruttoveränderung bewirkt.

Selbst wenn der Abschluss der Transaktion in einer solchen Vereinbarung an Bedingungen, einschließlich der Zustimmung durch die Regulierbehörde, geknüpft wird, ist die Vereinbarung in diesem Zusammenhang als binden zu betrachten, sofern diese Bedingungen mit hinreichender Wahrscheinlichkeit eintreten werden.

Eine Vereinbarung wird insbesondere dann als verbindlich betrachtet, wenn sie den Abschluss der Transaktion vom Ergebnis des Angebots der Wertpapiere, die Gegenstand des Prospekts sind, abhängig macht, oder wenn bei einer geplanten Übernahme das Angebot der Wertpapiere, die Gegenstand des Prospekts sind, der Finanzierung dieser Übernahme dienen soll.

(6) Für die Zwecke der Nummer 5 dieses Artikels und des Punkts 20.2 des Anhangs I ist eine bedeutende Bruttoveränderung eine mehr als 25 %ige Veränderung der Situation eines Emittenten, und zwar gemessen im Verhältnis zu einem oder mehreren Größenindikatoren für seine Geschäftstätigkeit"

ARTICLE 4a
Share registration document schedule in cases of complex financial history or significant financial commitment

(1) Where the issuer of a security covered by Article 4(2) has a complex financial history, or has made a significant financial commitment, and in consequence the inclusion in the registration document of certain items of financial information relating to an entity other than the issuer is necessary in order to satisfy the obligation laid down in Article 5(1) of Directive 2003/71/EC, those items of financial information shall be deemed to relate to the issuer. The competent authority of the home Member State shall in such cases request that the issuer, the offeror or the person asking for admission to trading include those items of information in the registration document.

Those items of financial information may include pro forma information prepared in accordance with Annex II. In this context, where the issuer has made a significant financial commitment any such pro forma information shall illustrate the anticipated effects of the transaction that the issuer has agreed to undertake, and references in Annex II to "the transaction" shall be read accordingly.

(2) The competent authority shall base any request pursuant to paragraph 1 on the requirements set out in item 20.1 of Annex I as regards the content of financial information and the applicable accounting and auditing principles, subject to any modification which is appropriate in view of any of the following factors:

a) the nature of the securities;

b) the nature and range of information already included in the prospectus, and the existence of financial information relating to an entity other than the issuer in a form that might be included in a prospectus without modification;

c) the facts of the case, including the economic substance of the transactions by which the issuer has acquired or disposed of its business undertaking or any part of it, and the specific nature of that undertaking;

d) the ability of the issuer to obtain financial information relating to another entity with reasonable effort.

Where, in the individual case, the obligation laid down in Article 5(1) of Directive 2003/71/EC may be satisfied in more than one way, preference shall be given to the way that is the least costly or onerous.

(3) Paragraph 1 is without prejudice to the responsibility under national law of any other person, including the persons referred to in Article 6(1) of Directive 2003/71/EC, for the information contained in the prospectus. In particular, those persons shall be responsible for the inclusion in the registration document of any items of information requested by the competent authority pursuant to paragraph 1.

(4) For the purposes of paragraph 1, an issuer shall be treated as having a complex financial history if all of the following conditions apply:

a) its entire business undertaking at the time that the prospectus is drawn up is not accurately represented in the historical financial information which it is required to provide under item 20.1 of Annex I;

b) that inaccuracy will affect the ability of an investor to make an informed assessment as mentioned in Article 5(1) of Directive 2003/71/EC; and

c) information relating to its business undertaking that is necessary for an investor to make such an assessment is included in financial information relating to another entity.

(5) For the purposes of paragraph 1, an issuer shall be treated as having made a significant financial commitment if it has entered into a binding agreement to undertake a transaction which, on completion, is likely to give rise to a significant gross change.

In this context, the fact that an agreement makes completion of the transaction subject to conditions, including approval by a regulatory authority, shall not prevent that agreement from being treated as binding if it is reasonably certain that those conditions will be fulfilled.

In particular, an agreement shall be treated as binding where it makes the completion of the transaction conditional on the outcome of the offer of the securities that are the subject matter of the prospectus or, in the case of a proposed takeover, if the offer of securities that are the subject matter of the prospectus has the objective of funding that takeover.

(6) For the purposes of paragraph 5 of this Article, and of item 20.2 of Annex I, a significant gross change means a variation of more than 25 %, relative to one or more indicators of the size of the issuer's business, in the situation of an issuer.

Inhalt

	Rn.		Rn.
I. Überblick....................	1	V. Bedingungen für eine komplexe finanztechnische Vorgeschichte,	
II. Generalklausel, Abs. 1	2		
III. Aufgaben der zuständigen Behörde, Abs. 2	6	Abs. 4	12
		VI. Sachverhalt der bedeutenden finanziellen Verpflichtungen,	
IV. Informationspflichten anderer Personen, Abs. 3...............	11	Abs. 5	18
		VII. Definition bedeutende Bruttoveränderung, Abs. 6	22

I. Überblick

1 Mit dem nachträglich in die EU-ProspV eingeführten Art. 4a erhöht die EU-Kommission auf Vorschlag von CESR deutlich die Flexibilität der zuständi-

gen Aufsichtsbehörden, bestimmte Finanzinformationen für den Prospekt abhängig von der spezifischen Situation zu fordern. Zusätzlich wurde Art. 3 Abs. 2 Satz 2 EU-ProspV unter den Vorbehalt dieses Art. gestellt.[1] In der Ursprungsfassung der EU-ProspV waren Informationspflichten in Fällen von einer komplexen Finanzhistorie bzw. einer komplexen finanztechnischen Vorgeschichte (offizielle Übersetzung des Begriffs „complex financial history") nicht explizit geregelt. Lediglich für den enger gefassten Sachverhalt der Pro forma-Finanzinformationen ist ein Schema vorgesehen.[2] In dieser Klarstellung zu diesbezüglichen Informationspflichten für Aktienemittenten werden nun mögliche Fälle definiert sowie die Kompetenz der zuständigen Behörde, weitere Finanzinformationen zu fordern, explizit herausgestellt.

II. Generalklausel, Abs. 1

In bestimmten Fällen kann die Finanzlage eines Emittenten so eng mit der anderer Gesellschaften verknüpft sein, dass ein Investor ohne Finanzinformationen dieser Gesellschaften nicht ausreichend informiert wäre.[3] Dann gelten die Informationspflichten gem. Art. 5 Abs. 1 ProspRL nur als erfüllt, wenn historische Finanzinformationen dieser anderen Gesellschaften ebenfalls in den Prospekt aufgenommen werden. Da in diesen Fällen die historischen Finanzinformationen dieser anderen Gesellschaften als solche des Emittenten gelten, sind Informationen entsprechend Anh. I EU-ProspV aufzunehmen.[4] Dazu zählen somit grundsätzlich vollständige, testierte Abschlüsse der letzten drei Geschäftsjahre.[5]

2

Mit Verweis auf Art. 4 Abs. 2 EU-ProspV gilt dies nur für Aktien bzw. andere übertragbare Wertpapiere, die Aktien gleichzustellen sind.[6] Damit bezieht sich Art. 4a ausschließlich auf Finanzausweise, die gem. Anh. I EU-ProspV in einen Prospekt aufgenommen werden müssen.

3

Die zuständige Aufsichtsbehörde fordert in gerechtfertigten Fällen somit zusätzliche Informationsbestandteile, die den Informationsgehalt des Prospekts erhöhen sollen. Art. 4a Abs. 1 Satz 3 EU-ProspV stellt klar, dass solche Bestandteile von Finanzinformationen auch Pro forma-Informationen gem. Anh. II EU-ProspV umfassen können. Eine Äquivalenz zwischen dem Begriff der bedeutenden Verpflichtung einerseits und dem im Anh. II EU-ProspV verwendeten Begriff der Transaktion andererseits wird somit hergestellt.[7]

4

---

1 Art. 1 Verordnung Nr. 211/2007 v. 27.02.2007 sowie *CESR*, CESR's advice to the European Comission on a possible amendment to Regulation (EC) 809/2004 regarding the historical financial information which must be included in a prospectus, Ref.: CESR/05-582.
2 Siehe die Erläuterungen zu Anh. II EU-ProspV.
3 Erwägungsgrund 2, Verordnung Nr. 211/2007.
4 Art. 4a Abs. 1 Satz 1 EU-ProspV sowie Erwägungsgrund 3, Verordnung Nr. 211/2007.
5 Siehe hierzu ausführlich die Komm. zu Anh. I Ziff. 20.1. EU-ProspV.
6 Siehe die entsprechende Komm. zu Art. 4 EU-ProspV.
7 Art. 4a Abs. 1 Satz 3 EU-ProspV.

Hieraus folgt, dass in den Prospekt einzeln oder kombiniert grds. drei Arten von Finanzinformationen aufgenommen werden können bzw. sollen:

- Die historischen Finanzinformationen des Emittenten im Sinne der rechtlichen Einheit. Dies entspricht dem Wortlaut von Anh. I Ziff. 20.1. EU-ProspV.
- Die historischen Finanzinformationen einer anderen Gesellschaft, die jedoch die Geschäftstätigkeit des Emittenten ganz oder teilweise abbildet. Hierbei gelten gem. Art. 4 a Abs. 1 Satz 1 ebenfalls die Anforderungen des Anh. I Ziff. 20.1. EU-ProspV.
- Pro forma-Finanzinformationen gem. Anh. II EU-ProspV.

5 Die folgenden Absätze spezifizieren die Faktoren, welche eine Erweiterung der Informationspflichten, die Bedingungen für eine komplexe finanztechnische Vorgeschichte, den Sachverhalt der bedeutenden finanziellen Verpflichtungen sowie den Sachverhalt einer bedeutenden Bruttoveränderung rechtfertigen.

III. Aufgaben der zuständigen Behörde, Abs. 2

6 Im Gegensatz zu den detaillierten Angabepflichten bei bedeutenden finanziellen Verpflichtungen im Sinne von Pro forma-Tatbeständen delegiert die Verordnung die Entscheidung über zusätzliche Angabepflichten im Rahmen von komplexen Finanzhistorien an die zuständige Aufsichtsbehörde. Dies wird als Pflicht („duty") der Behörde aufgefasst.[8] Damit wird klargestellt, dass in jedem Einzelfall unter Abwägung des Informationsnutzens gegenüber den Kosten zu entscheiden ist, welche Informationen aufzunehmen sind.

7 Dabei darf die Behörde nur über die Anforderungen des Anh. I Ziff. 20.1. EU-ProspV hinausgehen bzw. diese modifizieren, wenn bestimmte Faktoren dies rechtfertigen. Bei den Faktoren kann es sich um die Wesensart der Wertpapiere, Art und Umfang der bereits im Prospekt enthaltenen Finanzinformationen, die wirtschaftliche Substanz der Transaktion sowie die Fähigkeit des Emittenten handeln, unter zumutbarem Aufwand Finanzinformationen anderer Gesellschaften zu beschaffen.

8 Als Beispiel führt die Verordnung den Fall einer feindlichen Übernahme an, bei der aus Sicht des Bieters die Beschaffung von Finanzinformationen des Zielunternehmens oft unzumutbar sein dürfte. Als ebenso wenig verhältnismäßig können Fälle gelten, wenn bei Prospekterstellung Finanzausweise noch nicht vorliegen.[9] Allerdings kann es sich hierbei nur um Finanzausweise handeln, die nicht ohnehin gem. Anh. I Ziff. 20.1. aufzunehmen wären.

---

8 Siehe zur Begründung auch *CESR*, Comparison between draft amendment to Commission Regulation (EC) No. 809/2004 and CESR Advice, ESC/17/2006.
9 Erwägungsgrund 13, Satz 2, Verordnung Nr. 211/2007.

Kosten-/Nutzen-Erwägungen müssen von der Aufsichtsbehörde stets beachtet werden.[10] Dieses Prinzip wird in Art. 4a Abs. 2 Satz 2 EU-ProspV dahingehend spezifiziert, dass immer die kostengünstigste Variante zu wählen ist, wenn es mehrere Alternativen gibt. Daher hat eine Behörde stets die Verhältnismäßigkeit nachzuweisen, wenn sie eine Prüfung oder Neuerstellung zusätzlicher Finanzinformationen fordert.[11] In der Praxis wären daher in der Regel vorhandene Abschlüsse noch zu erstellenden Pro forma-Abschlüssen vorzuziehen, wenn erstere im Wesentlichen vergleichbare Informationen enthalten.   9

Letztlich soll unter Bewahrung der notwendigen Flexibilität für die Behörde sichergestellt werden, dass der ökonomische Gehalt der Geschäftstätigkeit abgebildet wird („economic substance of the business carried out").[12] Diese Information soll ausreichend und angemessen sein.[13]   10

IV. Informationspflichten anderer Personen, Abs. 3

Art. 4a Abs. 3 EU-ProspV stellt klar, dass die Interpretation der Finanzausweise anderer Gesellschaften als solche des Emittenten gem. Abs. 1 nicht zu einer Erweiterung der Prospekthaftung nach nationalen Vorschriften bzw. gem. Art. 6 Abs. 1 ProspRL führen kann. Er spezifiziert darüber hinaus die Zuständigkeit zur Erfüllung der Informationspflichten mit Verweis auf die ProspRL. Danach können neben dem Emittenten auch dessen Verwaltungs-, Management-, bzw. Aufsichtsstellen, der Anbieter, die Person, die die Zulassung zum Handel beantragt, oder der Garantiegeber für den Prospekt verantwortlich sein. Da die Anwendung des Art. 4a jedoch auf Aktienemissionen beschränkt ist, dürfte es sich bei den zuständigen Personen in der Regel um den Emittenten bzw. dessen Organe handeln.   11

V. Bedingungen für eine komplexe finanztechnische Vorgeschichte, Abs. 4

Art. 4a Abs. 4 EU-ProspV spezifiziert den Begriff der komplexen finanztechnischen Vorgeschichte und nennt drei Bedingungen, die kumulativ erfüllt sein müssen, damit ein Emittent als solcher mit einer komplexen Finanzhistorie behandelt wird. Kennzeichnend für Konstellationen einer komplexen finanztechnischen Vorgeschichte ist die Tatsache, dass die operative Geschäftstätigkeit des Emittenten für die Zeit, auf die sich die historischen Finanzinformationen beziehen, ganz oder teilweise von einer oder mehreren anderen Gesellschaften betrieben wurde. Damit ist die operative Geschäftstätigkeit nicht oder nur unvollständig in den historischen Finanzinformatio-   12

---

10 Art. 4a Abs. 2 EU-ProspV.
11 Erwägungsgrund 13, Satz 3, Verordnung Nr. 211/2007.
12 *CESR*, Comparison between draft amendment to Commission Regulation (EC) No. 809/2004 and CESR Advice, ESC/17/2006.
13 Erwägungsgrund 9, Verordnung Nr. 211/2007.

nen des Emittenten abgebildet. Die Fähigkeit eines Anlegers, sich ein fundiertes Urteil zu bilden, ist hierdurch beeinträchtigt. Für den Anleger relevante Informationen sind Gegenstand von Finanzinformationen über ein anderes Unternehmen.

13 Informationen im Zusammenhang mit einer komplexen finanztechnischen Historie haben damit nicht, wie Pro forma-Finanzinformationen, einen hypothetischen Charakter.[14] Vielmehr wird hier nur auf eine abweichende juristische Form abgestellt. Die Geschäftstätigkeit wurde in einem oder mehreren anderen Unternehmen ausgeübt.

14 Die EU-Kommission vermeidet eine Aufstellung aller möglichen Fälle, um die Definition der komplexen finanztechnischen Vorgeschichte möglichst weit zu fassen. Damit soll sichergestellt werden, dass auch neuere, innovative Transaktionsformen von der Verordnung erfasst werden.[15] Als Beispiel nennt die Verordnung neben dem schon im Zusammenhang mit Pro forma-Informationen aufgeführten bedeutenden Erwerb die Fälle von neu eingetragenen Holdinggesellschaften, von Gruppen unter gemeinsamer Leitung, die jedoch juristisch nicht in einem Konzernverbund waren, oder die Aufspaltung von unselbständigen Unternehmensteilen in eine neue juristische Person.[16] Damit ist insbesondere die in Deutschland häufig verwendete Form der Sacheinlageneinbringung von GmbH-Anteilen in einen leeren AG-Mantel abgedeckt.

15 CESR nennt das Beispiel einer neu gegründeten Holdinggesellschaft als Emittent, in die eine etablierte Geschäftstätigkeit eingebracht wurde.[17] In diesem Fall wären neben des Einzel- und Konzernabschlusses der neuen Holding Pro forma-Finanzinformationen für das abgelaufene Geschäftsjahr sowie die Einzelabschlüsse der in die neuen Holding eingebrachten Einheiten für drei Geschäftsjahre in den Prospekt aufzunehmen.

16 In diesem Zusammenhang ist es auch denkbar, dass für die Holding noch kein vollständiger Abschluss, sondern nur eine Gründungsbilanz vorliegt. Da die Abschlüsse der Vorgängergesellschaften als historische Finanzinformationen des Emittenten gelten, können die Pro forma-Informationen auch auf Grundlage des oder der Rechtsvorgänger erstellt werden. Dies wird von manchem Abschlussprüfer mit Hinweis auf IDW RH HFA 1.004 zwar abgelehnt, doch lässt der Verordnungstext ein solches Vorgehen explizit zu.

17 Ergibt sich die Geschäftstätigkeit der neuen Holding durch eine einfache Aufsummierung der einzelnen rechtlichen Einheiten, so müssen in der Regel keine Pro forma-Finanzinformationen erstellt werden. Vielmehr ist es dann

---

14 *CESR*, CESR's advice to the European Commission on a possible amendment to Regulation (EC) 809/2004 regarding the historical financial information which must be included in a prospectus, Ref.: CESR/05-582, Rn. 26.
15 Erwägungsgrund 6, Verordnung Nr. 211/2007.
16 Erwägungsgrund 5, Verordnung Nr. 211/2007.
17 *CESR*, CESR's advice to the European Commission on a possible amendment to Regulation (EC) 809/2004 regarding the historical financial information which must be included in a prospectus, Ref.: CESR/05-582, Rn. 26.

ausreichend, so genannte kombinierte Abschlüsse („combined financial statements") zur Verfügung zu stellen. Da es sich lediglich um eine Aufsummierung von testierten Abschlüssen handelt, sind nicht die strengen Regeln für Pro forma-Abschlüsse anzulegen. Insb. können solche Abschlüsse testiert und für drei Geschäftsjahre erstellt werden.

VI. Sachverhalt der bedeutenden finanziellen Verpflichtung, Abs. 5

Bedeutende finanzielle Verpflichtungen entstehen, wenn der Emittent verbindliche Vereinbarungen über Transaktionen eingeht, die nach Abschluss voraussichtlich eine bedeutende Bruttoveränderung bewirken. Als bedeutende Bruttoveränderung gilt gem. Abs. 6 dabei eine 25-prozentige Änderung der Situation des Emittenten gemessen an einem oder mehreren Indikatoren für seine Geschäftstätigkeit. 18

Dabei kann der Begriff der bedeutenden Verpflichtung einerseits und der im Anh. I und II EU-ProspV im Zusammenhang mit Pro forma-Finanzinformationen verwendete Begriff der Transaktion andererseits als äquivalent angesehen werden.[18] Damit gelten die Ausführungen zu Transaktionen entsprechend.[19] Insbesondere ist für deutsche Emittenten zusätzliche der IDW Rechnungslegungshinweis zur Erstellung von Pro forma-Finanzinformationen zu beachten, der zwar keine rechtliche Bindung entfaltet, jedoch durch die von der EU-ProspV geforderte Bescheinigung eines Wirtschaftsprüfers quasi bindend wirkt.[20] Dieser Hinweis spezifiziert den Begriff der Unternehmenstransaktion dahingehend, dass darunter solche Transaktionen zu verstehen sind, die zu einer Änderung der Unternehmensstruktur führen. Als typisches Beispiel wird der Zu- oder Abgang eines Tochterunternehmens, Teilkonzerns oder Unternehmensteils genannt. Explizit sind Formwechsel nach den Regelungen des Umwandlungsgesetzes ausgenommen.[21] 19

Sollte die Transaktion an Bedingungen geknüpft sein, ist es gem. Art. 4a Abs. 5 Satz 2 EU-ProspV ausreichend, wenn diese mit hinreichender Wahrscheinlichkeit eintreten. Dies gilt auch für die Zustimmung durch Regulierungsbehörden. Die Verordnung selbst nennt als Beispiel Transaktionen, deren Abschluss vom Ergebnis eines Angebots von Wertpapieren abhängig ist oder die im Rahmen von Übernahmeangeboten der Finanzierung dienen. 20

Dagegen formuliert der IDW für deutsche Emittenten, dass noch nicht durchgeführte Transaktionen nur dann in den Pro forma-Informationen abgebildet werden dürfen, wenn diese konkret bevorstehen. Der IDW hält dies in der Regel bei einem bereits abgeschlossenen, aber nicht durchgeführten Unter- 21

---

[18] Art. 4a Abs. 1 Satz 3 EU-ProspV.
[19] Siehe insbesondere die Komm. zu Anh. I Ziff. 20.2. EU-ProspV, Rn. 152 ff. sowie zu Anh. II EU-ProspV.
[20] *IDW PH 9.960.1* Ziff. 5 i.V.m. *IDW RH HFA 1.004*, Stand 29.11.2005.
[21] *IDW RH HFA 1.004*, Stand 29.11.2005, Ziff. 3.

nehmensvertrag oder im Ausnahmefall bei einem entsprechenden Vorvertrag für gegeben.[22]

VII. Definition bedeutende Bruttoveränderung, Abs. 6

22 Als bedeutende Bruttoveränderung gilt gem. Abs. 6 eine 25-prozentige Änderung der Situation des Emittenten gemessen an einem oder mehreren Indikatoren für seine Geschäftstätigkeit. Diese Definition ist kongruent mit Erwägungsgrund 9 EU-ProspV zur Definition von Pro forma-Tatbeständen, so dass diese gleichgesetzt werden können.

23 Gem. Erwägungsgrund 9 EU-ProspV liegt dann eine bedeutende Gesamtveränderung der Situation des Emittenten vor, wenn als Folge einer speziellen Transaktion eine oder mehrere Indikatoren, die den Umfang der Geschäftstätigkeit bestimmen, zu mehr als 25 % schwanken. Ausgenommen hiervon sind Fälle, bei denen eine entsprechende Rechnungslegung bei Fusionen erforderlich ist.[23]

24 Laut CESR kann sich die 25 %-Regel unter anderem auf die Bilanzsumme, Umsätze sowie Gewinne oder Verluste beziehen, die auf dem letzten oder kommenden Abschluss des Emittenten basieren.[24] Es kommen aber auch andere Indikatoren in Frage. Dies gilt insb. dann, wenn die Vorgenannten unübliche Effekte zeigen oder nicht branchenüblich sind. Dann soll der Emittent die verwendeten Indikatoren mit der zuständigen Behörde abstimmen.[25] Mit dieser Regel lässt CESR dem Emittenten somit eine gewisse Flexibilität hinsichtlich der Indikatoren und dem Abschluss, der hierfür zugrunde zu legen ist. Die Zielsetzung besteht darin, möglichst alle Fälle abzudecken und den zuständigen nationalen Behörden einen gewissen Spielraum zu lassen, damit auf Sonderfälle eingegangen werden kann.[26]

25 Im Sinne des IDW Rechnungslegungshinweises gelten nur solche Transaktionen als relevant, welche die 25 %-Regel der EU-ProspV für die Bilanzsumme, die Umsatzerlöse sowie das Jahresergebnis erfüllen.[27] Anders als bei der CESR-Interpretation werden keine weiteren Indikatoren zugelassen und damit die von CESR geforderte Flexibilität eingeschränkt.

ARTIKEL 35
Historische Finanzinformationen

(1) Die Verpflichtung für Emittenten aus der Gemeinschaft, in einem Prospekt die historischen Finanzinformationen im Sinne der Verordnung (EG) Nr. 1606/2002 anzupassen, so wie sie in Anhang I Punkt 20.1, Anhang IV

---

22 *IDW PH 9.960.1* Ziff. 6. Stand 29.11.2005.
23 Siehe die diesbezüglichen Ausführungen zum Anh. II EU-ProspV.
24 *CESR*, recommendation, Ref: CESR/05-054b, Tz. 92,94.
25 *CESR*, recommendation, Ref: CESR/05-054b, Tz. 93.
26 Siehe auch *CESR*, feedback statement, Ref: CESR/05-055b, Tz. 43–45.
27 *IDW RH HFA 1.004*, Stand 29.11.2005, Ziff. 5.

(1) Die Verpflichtung für Emittenten aus der Gemeinschaft, in einem Prospekt die historischen Finanzinformationen im Sinne der Verordnung (EG) Nr. 1606/2002 anzupassen, so wie sie in Anhang I Punkt 20.1, Anhang IV Punkt 13.1, Anhang VII Punkt 8.2, Anhang X Punkt 20.1 und Anhang XI Punkt 11.1 dargelegt sind, gilt erst ab dem 1. Januar 2004 bzw. für den Fall, dass Wertpapiere eines Emittenten am 1. Juli 2005 zum Handel auf einem geregelten Markt zugelassen sind, erst wenn der Emittent seinen ersten konsolidierten Abschluss nach der Verordnung (EG) Nr. 1606 veröffentlicht hat.

(2) Unterliegt ein Emittent aus der Gemeinschaft nationalen Übergangsbestimmungen, die nach Artikel 9 der Verordnung (EG) Nr. 1606/2002 angenommen wurden, so gilt die Verpflichtung zur Anpassung der historischen Finanzinformationen im Prospekt erst ab dem 1. Januar 2006 bzw. für den Fall, dass Wertpapiere eines Emittenten am 1. Juli 2005 zum Handel auf einem geregelten Markt zugelassen sind, erst wenn der Emittent seinen ersten konsolidierten Abschluss nach der Verordnung (EG) Nr. 1606 veröffentlicht hat.

(3) Bis zum 1. Januar 2007 gilt die Verpflichtung zur Neuformulierung der historischen Finanzinformationen im Prospekt gemäß der Verordnung (EG) Nr. 1606/2002, so wie sie in Anhang I Punkt 20.1, Anhang IV Punkt 13.1, Anhang VII Punkt 8.2, Anhang X Punkt 20.1 und Anhang XI Punkt 11.1 dargelegt sind, nicht für Emittenten aus Drittstaaten,

1. deren Wertpapiere am 1. Januar 2007 zum Handel auf einem geregelten Markt zugelassen sind;

2. die ihre historischen Finanzinformationen gemäß den nationalen Rechnungslegungsgrundsätzen erstellt und vorbereitet haben.

In diesem Fall sind die historischen Finanzinformationen durch weitere detaillierte und/oder zusätzliche Angaben zu ergänzen, wenn die in den Prospekt aufgenommenen Abschlüsse nicht ein den tatsächlichen Verhältnissen entsprechendes Bild von der Vermögens-, Finanz- und Ertragslage des Emittenten vermitteln.

(4) Drittstaatemittenten, die ihre historischen Finanzinformationen gemäß international akzeptierten Standards im Sinne von Artikel 9 der Verordnung (EG) Nr. 1606/2002 erstellt haben, können diese Informationen in jedem Prospekt verwenden, der vor dem 1. Januar 2007 vorgelegt wird, ohne der Verpflichtung zur Neuformulierung genügen zu müssen.

(5) Ab dem 1. Januar 2007 stellen die in den Absätzen 3 und 4 genannten Drittstaatemittenten die in Absatz 3 Unterabsatz 1 genannten historischen Finanzinformationen auf gleichwertige Art und Weise gemäß einem Mechanismus dar, der von der Kommission noch festzulegen ist. Dieser Mechanismus wird über das in Artikel 24 der Richtlinie 2003/71/EG vorgesehene Ausschussverfahren festgelegt.

(6) Die Bestimmungen dieses Artikels gelten auch für Anhang VI Punkt 3.

ARTICLE 35
Historical financial information

(1) The obligation for Community issuers to restate in a prospectus historical financial information according to Regulation (EC) No 1606/2002, set out in Annex 1 item 20.1, Annex IV item 13, Annex VII items 8.2, Annex X items 20.1 and Annex XI item 11.1 shall not apply to any period earlier than 1 January 2004 or, where an issuer has securities admitted to trading on a regulated market on 1 July 2005, until the issuer has published its first consolidated annual accounts with accordance with Regulation (EC) No 1606/2002.

(2) Where a Community issuer is subject to transitional national provisions adopted pursuant Article 9 of Regulation (EC) No 1606/2002, the obligation to restate in a prospectus historical financial information does not apply to any period earlier than 1 January 2006 or, where an issuer has securities admitted to trading on a regulated market on 1 July 2005, until the issuer has published its first consolidated annual accounts with accordance with Regulation (EC) No 1606/2002.

(3) Until 1 January 2007 the obligation to restate in a prospectus historical financial information according to Regulation (EC) No 1606/2002, set out in Annex I item 20.1, Annex IV item 13.1, Annex VII items 8.2, Annex X items 20.1 and Annex XI item 11.1 shall not apply to issuers from third countries:

1. who have their securities admitted to trading on a regulated market on 1 January 2007; and

2. who have presented and prepared historical financial information according to the national accounting standards of a third country.

In this case, historical financial information shall be accompanied with more detailed and/or additional information if the financial statements included in the prospectus do not give a true and fair view of the issuer's assets and liabilities, financial position and profit and loss.

(4) Third country issuers having prepared historical financial information according to internationally accepted standards as referred to in Article 9 of Regulation (EC) No 1606/2002 may use that information in any prospectus filed before 1 January 2007, without being subject to restatement obligations.

(5) From 1 January 2007 third country issuers, as referred to in paragraphs 3 and 4, shall present the historical financial information referred to in paragraph 3 point (1) following the establishment of equivalence pursuant to a mechanism to be set up by the Commission. This mechanism shall be set up through the Committee procedure provided for in Article 24 of Directive 2003/71/EC.

(6) The provisions of this Article shall also apply to Annex VI, item 3.

Die Abs. 1–4 regeln Übergangsbestimmungen zu historischen Finanzinformationen bis 2007, die nunmehr nicht mehr relevant sind. Zur Frage der Äquivalenz von anzuwendenden Rechnungslegungsregeln bei Drittstaatenemittenten wird auf die Ausführungen zu Anh. I Ziff. 20.1. Satz 4 und 5 EU-ProspV, Rn. 110 ff., verwiesen.

ARTIKEL 5
Modul für Pro forma-Finanzinformationen

Die Pro forma-Finanzinformationen werden gemäß dem in Anhang II festgelegten Modul zusammengestellt. Den Pro forma-Finanzinformationen sollte ein erläuternder einleitender Absatz vorangehen, aus dem klar hervorgeht, weshalb diese Informationen in den Prospekt aufgenommen worden sind.

ARTICLE 5
Pro forma financial information building block

For pro forma financial information, information shall be given in accordance with the building block set out in Annex II. Pro forma financial information should be preceded by an introductory explanatory paragraph that states in clear terms the purpose of including this information in the prospectus.

Zum Begriff und zur Handhabung von Pro forma-Finanzinformationen sowie zu den geforderten Angaben zum Zweck ihrer Erstellung wird auf die Ausführungen zu Anh. II EU-ProspV verwiesen.

Anh. II EU-ProspV
Modul für Pro forma-Finanzinformationen

1. Die Pro forma-Informationen müssen eine Beschreibung der jeweiligen Transaktion, der dabei beteiligten Unternehmen oder Einheiten sowie des Zeitraums, über den sich die Transaktion erstreckt, umfassen und eindeutig folgende Angaben enthalten:

a) Zweck ihrer Erstellung;

b) Tatsache, dass die Erstellung lediglich zu illustrativen Zwecken erfolgt;

c) Erläuterung, dass die Pro forma-Finanzinformationen auf Grund ihrer Wesensart lediglich eine hypothetische Situation beschreiben und folglich nicht die aktuelle Finanzlage des Unternehmens oder seine aktuellen Ergebnisse widerspiegeln.

2. Zur Darstellung der Pro forma-Finanzinformationen kann unter Umständen die Bilanz sowie die Gewinn- und Verlustrechnung eingefügt werden, denen ggf. erläuternde Anmerkungen beizufügen sind.

3. Pro forma-Finanzinformationen sind in der Regel in Spaltenform darzustellen und sollten Folgendes enthalten:

a) die historischen unberichtigten Informationen;

b) die Pro forma-Bereinigungen;

und

c) die resultierenden Pro forma-Finanzinformationen in der letzten Spalte.

Anzugeben sind die Quellen der Pro forma-Finanzinformationen. Ggf. sind auch die Jahresabschlüsse der erworbenen Unternehmen oder Einheiten dem Prospekt beizufügen.

4. Die Pro forma-Informationen sind auf eine Art und Weise zu erstellen, die mit den vom Emittenten in den letzten Jahresabschlüssen zu Grunde gelegten Rechnungslegungsstrategien konsistent sind, und müssen Folgendes umfassen:

a) die Grundlage, auf der sie erstellt wurden;

b) die Quelle jeder Information und Bereinigung.

5. Pro forma-Informationen dürfen lediglich in folgendem Zusammenhang veröffentlicht werden:

a) den derzeitigen Berichtszeitraum;

b) den letzten abgeschlossenen Berichtszeitraum;

und/oder

c) den letzten Zwischenberichtszeitraum, für den einschlägige unberichtigte Informationen veröffentlicht wurden oder noch werden oder im gleichen Dokument publiziert werden.

6. Pro forma-Berichtigungen in Bezug auf Pro forma-Finanzinformationen müssen:

a) klar ausgewiesen und erlutert werden;

b) direkt der jeweiligen Transaktion zugeordnet werden können;

c) mit Tatsachen unterlegt werden können.

In Bezug auf eine Pro forma-Gewinn- und Verlustrechnung bzw. eine Pro forma-Kapitalflussrechnung müssen sie klar in Berichtigungen unterteilt werden, die für den Emittenten voraussichtlich einen bleibenden Einfluss haben, und jene, bei denen dies nicht der Fall ist.

7. In dem von unabhängigen Buchprüfern oder Abschlussprüfern erstellten Bericht ist anzugeben, dass ihrer Auffassung nach:

a) die Pro forma-Finanzinformationen ordnungsgem. auf der angegebenen Basis erstellt wurden;

und

b) dass diese Basis mit den Rechnungslegungsstrategien des Emittenten konsistent ist.

Annex II
Pro forma financial information building block

1. The pro forma information must include a description of the transaction, the businesses or entities involved and the period to which it refers, and must clearly state the following:

a) the purpose to which it has been prepared;

b) the fact that it has been prepared for illustrative purposes only;

c) the fact that because of its nature, the pro forma financial information addresses a hypothetical situation and, therefore, does not represent the company's actual financial position or results.

2. In order to present pro forma financial information, a balance sheet and profit and loss account, and accompanying explanatory notes, depending on the circumstances may be included.

3. Pro forma financial information must normally be presented in columnar format, composed of:

a) the historical unadjusted information;

b) the pro forma adjustments;

and

c) the resulting pro forma financial information in the final column.

The sources of the pro forma financial information have to be stated and, if applicable, the financial statements of the acquired businesses or entities must be included in the prospectus.

4. The pro forma information must be prepared in a manner consistent with the accounting policies adopted by the issuer in its last or next financial statements and shall identify the following:

a) the basis upon which it is prepared;

b) the source of each item of information and adjustment.

5. Pro forma information may only be published in respect of:

a) the current financial period;

b) the most recently completed financial period;

and/or

c) the most recent interim period for which relevant unadjusted information has been or will be published or is being published in the same document.

6. Pro forma adjustments related to the pro forma financial information must be:

a) clearly shown and explained;

b) directly attributable to the transaction;

c) factually supportable.

In addition, in respect of a pro forma profit and loss or cash flow statement, they must be clearly identified as to those expected to have a continuing impact on the issuer and those which are not.

7. The report prepared by the independent accountants or auditors must state that in their opinion:

a) the pro forma financial information has been properly compiled on the basis stated;

b) that basis is consistent with the accounting policies of the issuer.

Inhalt

		Rn.			Rn.
I.	Überblick................	1		hang mit einer komplexen Finanzhistorie.............	2
II.	Abgrenzung zwischen Pro forma-Finanzinformationen und Darstellungen im Zusammen-		III.	Angabenpflichten zu Pro forma-Finanzinformationen, Ziff. 1....................	12

d'Arcy 289

IV.	Umfang von Pro forma-Finanzinformationen, Ziff. 2 14	VIII.	Darstellung der Pro forma-Berichtigungen, Ziff. 6 25
V.	Darstellungsform, Ziff. 3 18	IX.	Bescheinigung des Abschlussprüfers, Ziff. 7 29
VI.	Konsistenzgebot, Ziff. 4 21		
VII.	Abzubildende Zeiträume, Ziff. 5 24		

I. Überblick

1 Erstmalig regelt mit Art. 5 EU-ProspV ein Gesetzestext in der EU und in Deutschland die Fälle, bei denen bedeutende Veränderungen zu wenig aussagefähigen historischen Finanzausweisen des Emittenten führen.[1] Zuvor waren nach dem Regelwerk Neuer Markt lediglich so genannte Als-ob-Abschlüsse gefordert, wenn die historischen Finanzausweise für eine vergleichende Darstellung ungeeignet waren.[2] Gem. Anh. I Ziff. 20.2. EU-ProspV ist nun bei wesentlichen Brutto-Veränderungen eine Beschreibung der Art und Weise, wie die Transaktion die Bilanz sowie die Erträge des Emittenten beeinflusst haben, in den Prospekt aufzunehmen. In der Regel sollen in diesen Fällen Pro forma-Finanzinformationen in den Prospekt aufgenommen werden. Details zur Erstellung und den zusätzlich geforderten Angaben regelt Anh. II EU-ProspV. Für deutsche Emittenten ist zusätzlich der IDW Rechnungslegungshinweis zur Erstellung von Pro forma-Finanzinformationen zu beachten, der zwar keine rechtliche Bindung entfaltet, jedoch durch die geforderte Bescheinigung eines Wirtschaftsprüfers quasi bindend wirkt.[3]

II. Abgrenzung zwischen Pro forma-Finanzinformationen und Darstellungen im Zusammenhang mit einer komplexen Finanzhistorie

2 Im Sinne des Anh. II EU-ProspV sind Pro forma-Finanzinformationen dann gefordert, wenn sich als Folge einer speziellen Transaktion die Gesamtsituation des Emittenten so verändert hat, dass historische Finanzinformationen allein einen Interessenten nicht ausreichend informieren.[4] Als typisches Beispiel gelten Zu- oder Abgänge von Unternehmen, Unternehmensteilen oder Teilkonzernen. Dagegen ist der Begriff einer komplexen Finanzhistorie bzw. einer komplexen finanztechnischen Vorgeschichte (offizielle Übersetzung des Begriffs „complex financial history") sowie einer bedeutenden finanziellen Verpflichtung des Emittenten weiter gefasst. Diese waren in der Ursprungsfassung der EU-ProspV nicht geregelt, so dass die Kommission die Verordnung nach einem Vorschlag der CESR um einen Artikel zur Klarstel-

---

1 *Schlitt/Schäfer* sprechen in diesem Zusammenhang v. einem Paradigmenwechsel. *Schlitt/Schäfer*, AG 2005, 498, 504.
2 Dies ergab sich aus Ziff. 4.1.8 (1) 1. Regelwerk Neuer Markt. Siehe auch d'*Arcy/Leuz*, DB 2000, 385, 386.
3 IDW PH 9.960.1 Ziff. 5 i.V.m. IDW RH HFA 1.004, Stand 29.11.2005.
4 Erwägungsgrund 9 EU-ProspV sowie die Komm. zu Anh. I EU-ProspV, Rn. 149 ff.

lung der diesbezüglichen Informationspflichten für Aktienemittenten erweitert hat.[5]

Danach kann in bestimmten Fällen die Finanzlage eines Emittenten so eng mit der anderer Gesellschaften verknüpft sein, dass ein Investor ohne Finanzinformationen dieser Gesellschaften nicht ausreichend informiert wäre.[6] In diesen Fällen gelten die Informationspflichten gem. Art. 5 Abs. 1 ProspektRL nur als erfüllt, wenn historische Finanzinformationen dieser anderen Gesellschaften ebenfalls in den Prospekt aufgenommen werden. Anh. I EU-ProspV ist entsprechend anzuwenden, da die historischen Finanzinformationen dieser Gesellschaften als solche des Emittenten gelten.[7]

3

Kennzeichnend für Konstellationen einer komplexen finanztechnischen Vorgeschichte ist die Tatsache, dass die operative Geschäftstätigkeit des Emittenten für die Zeit, auf die sich die historischen Finanzinformationen beziehen, ganz oder teilweise von einer oder mehreren anderen Gesellschaften betrieben wurde. Damit ist die operative Geschäftstätigkeit nicht oder nur unvollständig in den historischen Finanzinformationen des Emittenten abgebildet. Sie ist vielmehr Gegenstand von Finanzinformationen über ein anderes Unternehmen, so dass die Fähigkeit eines Anlegers, sich ein fundiertes Urteil zu bilden, bei Fehlen dieser Finanzinformationen beeinträchtigt wäre.[8] Informationen im Zusammenhang mit einer komplexen finanztechnischen Historie haben damit nicht wie Pro forma-Finanzinformationen einen hypothetischen Charakter.[9]

4

Bedeutende finanzielle Verpflichtungen entstehen, wenn der Emittent verbindliche Vereinbarungen über Transaktionen eingeht, die nach Abschluss voraussichtlich eine bedeutende Bruttoveränderung bewirken. Als bedeutende Bruttoveränderung gilt dabei eine 25-prozentige Änderung der Situation des Emittenten gemessen an einem oder mehreren Indikatoren für seine Geschäftstätigkeit. Diese Definition ist somit kongruent mit Erwägungsgrund 9 EU-ProspV zur Definition von Pro forma-Tatbeständen, so dass diese mit dem Begriff der finanziellen Verpflichtungen gleichgesetzt werden können. Die Angabepflichten gem. Anh. II EU-ProspV sowie die CESR-Interpretationen gelten entsprechend.[10] Sollte die Transaktion an Bedingungen geknüpft sein, ist es ausreichend, wenn diese mit hinreichender Wahrscheinlichkeit eintreten. Dies gilt auch für die Zustimmung durch Regulierungsbe-

5

---

5 Art. 4a EU-ProspV eingeführt durch Art. 1 VO Nr. 211/2007 v. 27.02.2007 sowie *CESR*, CESR's advice to the European Comission on a possible amendment to Regulation (EC) 809/2004 regarding the historical financial information which must be included in a prospectus, Ref.: CESR/05-582.
6 Erwägungsgrund 2, VO Nr. 211/2007.
7 Art. 4a Abs. 1 Satz 1 EU-ProspV sowie Erwägungsgrund 3, VO Nr. 211/2007.
8 Art. 4a Abs. 4 EU-ProspV.
9 *CESR*, CESR's advice to the European Commission on a possible amendment to Regulation (EC) 809/2004 regarding the historical financial information which must be included in a prospectus, Ref.: CESR/05-582, RZ 26.
10 *CESR*, recommendation, Ref: CESR/05-054b, Tz. 92–94, siehe Komm. zu Anh. I, Rn. 146 ff.

hörden. Die Verordnung selbst nennt als Beispiel Transaktionen, deren Abschluss vom Ergebnis eines Angebots von Wertpapieren abhängig ist oder die im Rahmen von Übernahmeangeboten der Finanzierung dienen.[11]

6   Die EU-Kommission vermeidet eine Aufstellung aller möglichen Fälle, um die Definition der komplexen finanztechnischen Vorgeschichte möglichst weit zu fassen. Damit soll sichergestellt werden, dass auch neuere, innovative Transaktionsformen von der Verordnung erfasst werden.[12] Als Beispiel nennt die Verordnung neben dem schon im Zusammenhang mit Pro forma-Informationen aufgeführten bedeutenden Erwerb die Fälle von neu eingetragenen Holdinggesellschaften, von Gruppen unter gemeinsamer Leitung, die jedoch juristisch nicht in einem Konzernverbund waren, oder die Aufspaltung von unselbständigen Unternehmensteilen in eine neue juristische Person.[13] Damit ist insb. die in Deutschland häufig verwendete Form der Sacheinlageneinbringung von GmbH-Anteilen in einen leeren AG-Mantel abgedeckt.

7   Im Gegensatz zu den detaillierten Angabepflichten bei bedeutenden finanziellen Verpflichtungen im Sinne von Pro forma-Tatbeständen delegiert die Verordnung die Entscheidung über Angabepflichten im Rahmen von komplexen Finanzhistorien an die zuständige Aufsichtsbehörde. Dies wird als Pflicht („duty") der Behörde aufgefasst.[14] Diese hat in jedem Einzelfall unter Beachtung einiger Prinzipien zu entscheiden, welche Informationen aufzunehmen sind. Dabei darf sie nur über die Anforderungen des Anh. I Ziff. 20.1. EU-ProspV hinausgehen, wenn bestimmte Faktoren dies rechtfertigen. Bei diesen Faktoren kann es sich um die Wesensart der Wertpapiere, Art und Umfang der bereits im Prospekt enthaltenen Finanzinformationen, die wirtschaftliche Substanz der Transaktion sowie die Fähigkeit des Emittenten handeln, unter zumutbarem Aufwand Finanzinformationen anderer Gesellschaften zu beschaffen. Kosten-/Nutzen-Erwägungen müssen von der Aufsichtsbehörde stets beachtet werden.[15] Letztlich soll unter Bewahrung der notwendigen Flexibilität für die Behörde sichergestellt werden, dass der ökonomische Gehalt der Geschäftstätigkeit abgebildet wird („economic substance of the business carried out").[16]

8   In den Prospekt können demnach einzeln oder kombiniert grundsätzlich drei Arten von Finanzinformationen aufgenommen werden:

– Die historischen Finanzinformationen des Emittenten im Sinne der rechtlichen Einheit. Dies entspricht dem Wortlaut von Anh. I Ziff. 20.1. EU-ProspV.

---

11 Art. 4a Abs. 5 EU-ProspV.
12 Erwägungsgrund 6, VO Nr. 211/2007.
13 Erwägungsgrund 5, VO Nr. 211/2007.
14 Siehe zur Begr. auch *CESR*, Comparison between draft amendment to Commission Regulation (EC) No. 809/2004 and CESR Advice, ESC/17/2006.
15 Art. 4a Abs. 2 EU-ProspV.
16 *CESR*, Comparison between draft amendment to Commission Regulation (EC) No. 809/2004 and CESR Advice, ESC/17/2006.

- Die historischen Finanzinformationen einer anderen Gesellschaft, die jedoch die Geschäftstätigkeit des Emittenten ganz oder teilweise abbildet. Hierbei gelten gem. Art. 4a Abs. 1 Satz 1 EU-ProspV ebenfalls die Anforderungen des Anh. I Ziff. 20.1. EU-ProspV.
- Pro forma-Finanzinformationen gem. Anh. II EU-ProspV.

CESR nennt das Beispiel einer neu gegründeten Holdinggesellschaft als Emittent, in die eine etablierte Geschäftstätigkeit eingebracht wurde. In diesem Fall wären neben des Einzel- und Konzernabschlusses der neuen Holding Pro forma-Finanzinformationen für das abgelaufene Geschäftsjahr sowie die Einzelabschlüsse der in die neuen Holding eingebrachten Einheiten für drei Geschäftsjahre in den Prospekt aufzunehmen.[17]

9

In diesem Zusammenhang ist es auch denkbar, dass für die Holding noch kein vollständiger Abschluss, sondern nur eine Gründungsbilanz vorliegt. Da die Abschlüsse der Vorgängergesellschaften als historische Finanzinformationen des Emittenten gelten, können die Pro forma-Informationen auch auf Grundlage des oder der Rechtsvorgänger erstellt werden. Dies wird von manchem Abschlussprüfer mit Hinweis auf IDW RH HFA 1.004 zwar abgelehnt, doch lässt der Verordnungstext ein solches Vorgehen explizit zu.

10

Ergibt sich die Geschäftstätigkeit der neuen Holding durch eine einfache Aufsummierung der einzelnen rechtlichen Einheiten, so müssen in der Regel keine Pro forma-Finanzinformationen erstellt werden. Vielmehr ist es dann ausreichend, so genannte kombinierte Abschlüsse („combined financial statements") zur Verfügung zu stellen. Da es sich lediglich um eine Aufsummierung von testierten Abschlüssen handelt, sind nicht die strengen Regeln für Pro forma-Abschlüsse anzulegen. Insb. können solche Abschlüsse testiert werden.

11

III. Angabenpflichten zu Pro forma-Finanzinformationen, Ziff. 1.

In Anh. II Ziff. 1 EU-ProspV wird gefordert, dass im Prospekt im Rahmen von Pro forma-Finanzinformationen die Transaktion bzw. Transaktionen mit Nennung der beteiligten Unternehmen oder Einheiten beschrieben werden. Dabei ist auch auf den zeitlichen Ablauf einzugehen. Es ist immer eine Erläuterung voranzustellen, die den Grund für die Erstellung von solchen Informationen nennt.[18] Ferner sollen Erklärungen klarstellen, dass solche Informationen lediglich illustrativen Zwecken dienen und hypothetische Sachverhalte beschreiben. Es soll hiermit betont werden, dass nicht die aktuelle Ergebnis- oder Finanzlage des Emittenten dargestellt wird.

12

---

17 *CESR*, CESR's advice to the European Commission on a possible amendment to Regulation (EC) 809/2004 regarding the historical financial information which must be included in a prospectus, Ref.: CESR/05-582, Tz. 26.
18 So auch schon Art. 5 Satz 2 EU-ProspV.

13 Gem. IDW sollen die Erläuterungen im Rahmen von Pro forma-Finanzinformationen aus drei Teilen bestehen. Neben einem einleitenden Teil, der inhaltlich den Anforderungen der Ziff. 1. EU-ProspV genügen sollte, sind die Grundlagen der Erstellung zu beschreiben sowie die Pro forma-Anpassungen im Detail zu erläutern.[19]

IV. Umfang von Pro forma-Finanzinformationen, Ziff. 2.

14 Pro forma-Finanzinformationen stellen in der Regel keinen vollständigen Abschluss im Sinne des IAS 1 mit allen erforderlichen Abschlussbestandteilen dar. Vielmehr soll eine Pro forma-Bilanz, eine Pro forma-GuV und dazugehörige Erläuterungen die Vermögens- und Ertragslage unter Berücksichtigung bestimmter Transaktionen illustrieren. Es handelt sich um eine Simulation, als ob diese Transaktionen zu einem früheren Zeitpunkt stattgefunden hätten. Pro forma-Informationen müssen aus historischen Abschlüssen abgeleitet werden und basieren nicht auf einem eigenen Rechnungswesen. Daher wäre der Aufwand für die Erstellung anderer Abschlussbestandteile im Verhältnis zum Informationsgewinn in der Regel unverhältnismäßig.

15 Die Formulierung „unter Umständen" lässt aber offen, welche Bestandteile im Einzelfall zu wählen sind. Der IDW gibt in seinem Rechnungslegungshinweis zusätzliche Vorgaben zum Umfang der Pro forma-Finanzinformationen. Danach sind je nach Anwendungsfall eine oder zwei GuVs aufzunehmen, ggf. eine Bilanz sowie immer entsprechende Erläuterungen. Darüber hinaus kann freiwillig eine Pro forma-Kapitalflussrechnung erstellt werden. Ist nach dem zugrunde liegenden Rechnungslegungsstandard das Ergebnis je Aktie anzugeben, so müssen auch bei Pro forma-Informationen im Rahmen der GuV entsprechende Angaben gemacht werden.[20] Dies wäre nach IAS 33.2 für Aktienemittenten im Konzernabschluss der Fall.

16 Eine Pro forma-GuV ist dann ausreichend, wenn die relevante Transaktion während oder nach der abzubildenden Periode stattgefunden hat. In einer GuV wird folglich ein Zustand simuliert, der die Transaktion so darstellt, als hätte sie zum Zeitpunkt des Beginns des abgebildeten Geschäftsjahres stattgefunden, obwohl sie tatsächlich zu einem späteren Zeitpunkt, also im Laufe des Geschäftsjahres oder sogar danach durchgeführt wurde. Ist zusätzlich ein Zwischenabschluss aufzustellen, in der die Transaktion noch nicht abgebildet ist, so bezieht sich die Pro forma-Darstellung sowohl auf das volle Geschäftsjahr als auch auf den Zwischenabschluss.[21]

17 Eine Pro forma-Bilanz ist nur dann aufzustellen, wenn die Transaktion in der Bilanz des letzten Abschlusses nicht abgebildet ist, weil sie nach dem Bilanzstichtag durchgeführt wurde.[22]

---

19 *IDW RH HFA 1.004*, Stand 29.11.2005, Ziff. 32–36.
20 *IDW RH HFA 1.004*, Stand 29.11.2005, Ziff. 7.
21 *IDW RH HFA 1.004*, Stand 29.11.2005, Ziff. 8 sowie die Beispiele in Ziff. 11.
22 *IDW RH HFA 1.004*, Stand 29.11.2005, Ziff. 9.

V. Darstellungsform, Ziff. 3.

Anh. II Ziff. 3 EU-ProspV fordert in der Regel die Darstellung in Spaltenform. Dabei sollten die einzelnen Spalten zumindest die historischen Finanzinformationen, die Korrekturen und die daraus resultierenden Pro forma-Finanzinformationen enthalten. Darüber hinaus sind bei Erwerbsvorgängen die Abschlüsse der erworbenen Einheiten oder Unternehmen in den Prospekt aufzunehmen. Die Quellen, auf denen die Pro forma-Finanzinformationen basieren, sind stets anzugeben.

18

Der IDW spezifiziert diese Anforderungen und illustriert sie anhand eines Beispiels. Danach sollen die ggf. angepassten historischen Abschlüsse in einzelnen Spalten dargestellt und dann zunächst in einer Summenspalte zusammengefasst werden. Eine Zusammenfassung mehrerer historischer Abschlüsse in eine Spalte ist nur zulässig, wenn die historischen Finanzinformationen in den Erläuterungen einzeln dargestellt werden.[23] Die Summenspalte zusammen mit der Spalte der Pro forma-Korrekturen leitet auf eine Ergebnisspalte über.[24] Im Prinzip ähnelt diese Darstellung damit dem Ermittlungsschema bei der Kapitalkonsolidierung.

19

Für die GuV kann das bspw. beim Kauf eines Unternehmens oder Unternehmensteils bedeuten, dass Aufwendungen und Erträge, die vor dem Erwerbszeitpunkt, aber innerhalb des abzubildenden Geschäftsjahres entstanden sind, in einer Spalte erfasst werden. Die Summenspalte zeigt somit alle Aufwendungen und Erträge des Konzerns, als ob die Transaktion schon zu Anfang des Geschäftsjahres durchgeführt worden wäre. Im Falle des Abgangs ist in entsprechender Weise eine Differenzspalte zu zeigen. Hier würde somit simuliert, dass das Unternehmen bzw. der Unternehmensteil bereits zu Anfang des Berichtszeitraums abgegangen wäre.[25]

20

VI. Konsistenzgebot, Ziff. 4.

Für Pro forma-Finanzinformationen gilt gem. Anh. II Ziff. 4. EU-ProspV insofern ein Konsistenzgebot, als dass für diese Informationen dieselben Rechnungslegungsstrategien zugrunde gelegt werden müssen, mit denen der Emittent den letzten Jahresabschluss erstellt hat.[26] Die historischen Finanzinformationen des erstellenden Unternehmens können somit übernommen werden.[27] Dies bedeutet, dass in einem ersten Schritt die historischen Finanzinformationen der anderen einbezogenen Unternehmen bzw. Unternehmensteile an die Rechnungslegungsgrundsätze angepasst sowie einheitlich Ausweis-, Bilanzierungs- und Bewertungsmethoden angewendet werden müssen.[28] Eine Beschreibung im einleitenden Abschnitt ist zwar

21

---

23 *IDW RH HFA 1.004*, Stand 29.11.2005, Ziff. 13.
24 *IDW RH HFA 1.004*, Stand 29.11.2005, Ziff. 12.
25 *IDW RH HFA 1.004*, Stand 29.11.2005, Ziff. 15.
26 CESR nennt den letzten oder kommenden Abschluss. *CESR, recommendations*, Ref: CESR/05-054b, Tz. 89.
27 *IDW RH HFA 1.004*, Stand 29.11.2005, Ziff. 14 sowie Ziff. 17.
28 *IDW RH HFA 1.004*, Stand 29.11.2005, Ziff. 12 Satz 2 sowie Ziff. 16.

ausreichend, doch können die Anpassungen auch durch eine separate Spalte dargestellt werden.[29] Auf keinen Fall dürfen diese Anpassungen mit den Pro forma-Anpassungen vermischt werden.

22 Vor diesem Hintergrund sollte der Zeitaufwand für die Erstellung und Prüfung von Pro forma-Informationen nicht unterschätzt werden. Unter Umständen stellt das jeweilige Rechnungslegungssystem die erforderlichen Daten zur Anwendung bestimmter Bilanzierungsmethoden nicht zur Verfügung und sie müssen entsprechend für diesen Zweck ermittelt werden. Daher sollte für das Timing von Transaktionen im Vorfeld einer Emission dieser Zusatzaufwand berücksichtigt werden.

23 Es sind stets die Grundlagen, auf der die Pro forma-Finanzinformationen erstellt wurden, zu erläutern sowie die Quellen der Informationen und daraus folgenden Bereinigungen zu nennen. Bezüglich der angewendeten Rechnungslegungsgrundsätze, Ausweis-, Bilanzierungs- und Bewertungsmethoden dürfte in der Regel der Verweis auf den Anhang des erstellenden Unternehmens ausreichen, sofern sich keine Besonderheiten ergeben.[30]

VII. Abzubildende Zeiträume, Ziff. 5.

24 Im Gegensatz zur bisherigen Praxis dürfen gem. Ziff. 5. EU-ProspV lediglich im Zusammenhang mit dem derzeitigen Berichtszeitraum und dem letzten abgeschlossenen Berichtszeitraum Pro forma-Finanzinformationen gezeigt werden, die ggf. durch einen Zwischenbericht ergänzt sind. Darstellungen über mehrere Berichtsperioden sind somit nicht zulässig. Hiermit soll dem hypothetischen Charakter dieser Finanzinformation Rechnung getragen werden. Auch ist diese Vorschrift an die US-amerikanische Regel Regulation S-X angelehnt.[31]

VIII. Darstellung der Pro forma-Berichtigungen, Ziff. 6.

25 Ziff. 6. EU-ProspV fordert, dass Pro forma-Finanzinformationen klar ausgewiesen und erläutert werden müssen sowie direkt der jeweiligen Transaktion zugeordnet werden können (‚directly attributable to transactions'). Damit wird betont, dass in den Pro forma-Berichtigungen nur die eigentliche Transaktion und keine späteren Maßnahmen berücksichtigt werden dürfen, selbst wenn diese für die Kauf/Verkaufsintention des Emittenten zentral sein sollten.[32] Der IDW empfiehlt für eine eindeutige Zuordnung der Erläuterungen, dass mittels Fußnoten die einzelnen Pro forma-Korrekturposten zu den Detailerläuterungen referenziert werden.[33]

---

29 *IDW RH HFA 1.004*, Stand 29.11.2005, Ziff. 16 Satz 4.
30 *IDW RH HFA 1.004*, Stand 29.11.2005, Ziff. 34.
31 Gem. Regulation S-X Rule 11-01 sind Pro forma-Informationen in vergleichbarer Form in Verbindung mit wesentlichen Käufen oder Verkäufen von Unternehmen oder Unternehmensteilen sowie bei ähnlichen Transaktionen gefordert.
32 *CESR*, recommendations, Ref: CESR/05-054b, Tz. 88.
33 *IDW RH HFA 1.004*, Stand 29.11.2005, Ziff. 36.

Die Informationen müssen stets mit Fakten unterlegt werden können („factu- 26
ally supportable'). Dies bedeutet nach Auslegung des IDW, dass die dargestellten Fakten inhaltlich ausreichend nachvollziehbar und begründbar sein müssen. Auch dürfen sie sich nicht auf zukünftige Ereignisse beziehen.[34] CESR stellt in diesem Zusammenhang klar, dass normalerweise publizierte Abschlüsse, interne Abschlüsse, aber auch andere Finanzinformationen wie Unternehmensbewertungen oder Kauf- bzw. Verkaufsvereinbarungen hinzugezogen werden können.[35]

Bei einer GuV oder Kapitalflussrechnung müssen die Berichtigungen klar 27
zwischen solchen unterschieden werden, die voraussichtlich einen bleibenden Einfluss haben werden, und jenen, bei denen dies nicht der Fall ist.

Das IDW nennt einige Beispiele für typische Anpassungen und grenzt diese 28
gegen Aufwendungen und Erträge ab, die nicht zu den Pro forma-Anpassungen gehören.[36] Für Anpassungen bei Zugang eines Unternehmens- oder Unternehmensteils bzw. Teilkonzerns kommen insbesondere Maßnahmen im Zusammenhang mit der fiktiven Vorverlegung der Erstkonsolidierung in Betracht. Bei Erstellung einer Pro forma-Bilanz sind dann Eigenkapitalveränderungen zu korrigieren, wenn sich zwischen dem fiktiven und dem tatsächlichen Zugangszeitpunkt Unterschiede ergeben haben, da der Beteiligungsbuchwert stets den tatsächlichen Anschaffungskosten entsprechen muss.[37] Bei einem Abgang sind in der GuV insbesondere fiktive Zinserträge anzusetzen, die gem. der tatsächlichen Verwendung der aus der Transaktion zufließenden Mittel bestimmt werden. Noch zu nennen sind Aufwendungen für Abschreibungen, zusätzliche Zinsaufwendungen oder Anpassungen des Steueraufwands. Erlöse aus Börsenplatzierungen dürfen nur berücksichtigt werden, wenn sie zur Finanzierung der abzubildenden Unternehmenstransaktion dienen. Aufwendungen, die sich als Folge geänderter Rahmenbedingungen aus der Transaktion ergeben, sind nicht als Pro forma-Anpassungen zu behandeln. Dies können bspw. Hauptversammlungskosten oder geänderte Gremienvergütungen sein. Ebenso sind erwartete Folgen aus der Transaktion, wie bspw. Synergieeffekte, nicht anzusetzen.

IX. Bescheinigung des Abschlussprüfers, Ziff. 7.

Pro forma-Finanzinformationen können zwar nicht testiert werden, da es sich 29
um die Abbildung eines hypothetischen Sachverhalts handelt. Doch muss gem. Anh. II Ziff. 7. EU-ProspV eine Bescheinigung des Abschlussprüfers bestätigen, dass die Pro forma-Finanzinformationen ordnungsgemäß erstellt wurden und im Einklang mit den Rechnungslegungsgrundsätzen sowie den Ausweis-, Bilanzierungs- und Bewertungsmethoden der Gesellschaft stehen.[38] Hierbei ist zu beachten, dass weder die Ausgangszahlen noch die An-

---

34 *IDW RH HFA 1.004*, Stand 29.11.2005, Ziff. 19.
35 *CESR*, recommendations, Ref: CESR/05-054b, Tz. 87.
36 *IDW RH HFA 1.004*, Stand 29.11.2005, Ziff. 21–31.
37 *IDW RH HFA 1.004*, Stand 29.11.2005, Ziff. 22.
38 Die Bescheinigungspflicht ergibt sich aus Anh. I Ziff. 20.2. Satz 4 EU-ProspV.

gemessenheit der von der Geschäftsleitung getroffenen Annahmen zur Erstellung der Pro forma-Finanzinformationen Gegenstand dieser Prüfung sind.

30 In Deutschland regelt dies der IDW Prüfungshinweis Prüfung von Pro forma-Finanzinformationen.[39] Dieser verweist schon im Abschnitt zur Auftragsannahme darauf, dass üblicherweise die von einem Wirtschaftsprüfer geforderten Kenntnisse dadurch gewonnen wurden, dass dieser alle oder die wesentlichen historischen Abschlüsse geprüft oder durchgesehen hat, die in die Pro forma-Abschlüsse Eingang gefunden haben.[40] Ferner sollte ein Auftrag zur Prüfung nur angenommen werden, wenn die Pro forma-Finanzinformationen auf Grundlage des entsprechenden IDW Rechnungslegungshinweises erstellt wurden.[41] Diese Bescheinigung sollte nur im Zusammenhang mit den vollständigen Pro forma-Finanzinformationen sowie den ihnen zugrunde liegenden historischen Abschlüssen abgedruckt werden.

ARTIKEL 6
Schema für die Wertpapierbeschreibung für Aktien

(1) Die Angaben für die Wertpapierbeschreibung für Aktien werden gemäß dem in Anhang III festgelegten Schema zusammengestellt.

(2) Das Schema gilt für Aktien und andere übertragbare, Aktien gleichzustellende Wertpapiere.

ARTICLE 6
Share securities note schedule

(1) For the share securities note information is necessary to be given in accordance with the schedule set out in Annex III.

(2) The schedule shall apply to shares and other transferable securities equivalent to shares.

Inhalt

	Rn.		Rn.
I. Aktien	1	II. Gleichzustellende Wertpapiere	2

I. Aktien

1 Gem. Erwägungsgrund (10) der EU-ProspV soll das Schema für die Wertpapierbeschreibung für Aktien auf jede Aktienkategorie anwendbar sein, da Angaben gefordert werden, die die mit den Wertpapieren einhergehenden Rechte und das Verfahren für die Ausübung dieser Rechte betreffen. Zu den

---

39 *IDW PH 9.960.1*, Stand 29.11.2005.
40 *IDW PH 9.960.1*, Stand 29.11.2005, Ziff. 4.
41 *IDW PH 9.960.1*, Stand 29.11.2005, Ziff. 5.

verschiedenen Aktienkategorien bzw. Aktiengattungen siehe die Anmerkungen zu Anh. III Ziff. 4.1. der EU-ProspV.

II. Gleichzustellende Wertpapiere

Laut Abs. 2 gelten die Anforderungen des Anhangs für die Wertpapierbeschreibung für Aktien auch für andere übertragbare und Aktien gleichzustellende Wertpapiere. Darunter können bspw. Wandelschuldverschreibungen auf eigene Aktien oder Genussscheine fallen, sofern sie als aktien- und nicht als schuldverschreibungsähnlich anzusehen sind. Wandelschuldverschreibungen und Genussscheine gewähren zwar allein schuldrechtliche Vermögensrechte im Gegensatz zu einer gesellschaftsrechtlichen Mitgliedschaft.[1] Da ihre inhaltliche Ausgestaltung jedoch gesetzlich nicht vorgegeben ist und daher flexibel erfolgen kann, können den Wertpapieren sowohl eigenkapital- als auch fremdkapitalähnliche Merkmale zugewiesen werden.[2]

2

Zu den Abgrenzungskriterien gehört zunächst die Erfolgsbeteiligung des Wertpapierinhabers. Hängt die Gewinn- und Verlustbeteiligung bspw. vom wirtschaftlichen Ergebnis der Gesellschaft ab, so spricht dies für den Eigenkapitalcharakter.[3] Dabei kann der Ausschüttungsbetrag z.B. an das Erwirtschaften eines in den Wertpapierbedingungen festgelegten Mindestgewinns geknüpft oder mit einem gewinnbezogenen Bonus ausgestattet werden. Insbesondere weist eine Verlustbeteiligung auf den Charakter einer Mitgliedschaft hin.[4] Wird hingegen eine Mindestverzinsung oder eine sonstige feste Vergütung zugesagt, ähnelt die Ausgestaltung eher einer festverzinslichen Schuldverschreibung.[5] Zusammenfassend lassen Wertpapiere mit konstanten Erträgen auf eine schuldverschreibungsähnliche, Wertpapiere mit variablen, von der Wertentwicklung des Unternehmens abhängigen Ausschüttungen auf eine aktienähnliche Gestaltung schließen.

3

Auch die Rückzahlungsmodalitäten können Hinweise auf die Einordnung der Wertpapiere geben: Orientiert sich die Rückzahlung des Kapitals an der Wertentwicklung der Emittentin, d.h. partizipiert der Wertpapierinhaber an den Wertsteigerungen und Wertverlusten des Unternehmens, weisen die Papiere Eigenkapitalcharakter auf. Wird dem Wertpapierinhaber die Rückzahlung des Kapitals hingegen ohne jegliche Berücksichtigung von Gewinnen oder Verlusten des Unternehmens zugesagt, so spricht die Gestaltung für die Vergleichbarkeit mit Schuldverschreibungen.

4

Ein weiteres Abgrenzungskriterium kann die Dauer der Kapitalüberlassung sein. So deutet eine langfristige Überlassung von Kapital auf eine eigen-

5

---

1 *Kümpel,* BankKapMR, Rn. 9.232.
2 BGH v. 05.10.1992 – II ZR 172/9 – NJW 1993, 57, 59; *Gündel/Hirdes,* BC 2005, 205, 206; *Kümpel,* BankKapMR, Rn. 8.138.
3 *Gündel/Hirdes,* BC 2005, 205, 206; *Heinemann/Kraus,* in: Bösl/Sommer, MezzFin, S. 172; *Küting/Dürr,* DStR 2005, 938, 939; *Stadler,* NZI 2003, 579, 580.
4 BGH v. 05.10.1992 – II ZR 172/9 – NJW 1993, 57, 59; *Stadler,* NZI 2003, 579, 580.
5 *Heinemann/Kraus,* in: Bösl/Sommer, MezzFin, S. 172.

kapitalähnliche Struktur hin.[6] Hingegen spricht ein Kündigungsrecht des Wertpapierinhabers aufgrund der dadurch entstehenden unbedingten Rückzahlungsverpflichtung der Gesellschaft für die Annahme einer fremdkapitalähnlichen Gestaltung.

6 Nicht zuletzt kann auch die Nachrangigkeit der Ausschüttungs- und Rückzahlungsbeträge im Liquidations- oder Insolvenzfall auf den aktienähnlichen Charakter der Wertpapiere hinweisen. Müssen Genussrechte im Falle der Insolvenz oder Liquidation im Range vor den Aktionären zurückgezahlt werden, so sind sie fremdkapitalähnlich ausgestaltet.[7]

7 Letztendlich ist die Qualifizierung des Wertpapiers als aktien- oder schuldverschreibungsähnlich aufgrund einer Gesamtschau der in den Vertragsbedingungen geregelten Konditionen vorzunehmen.

Anh. III EU-ProspV
Mindestangaben für die Wertpapierbeschreibung
für Aktien (Schema)

1. Verantwortliche Personen

1.1. Alle Personen, die für die im Prospekt gemachten Angaben bzw. für bestimmte Abschnitte des Prospekts verantwortlich sind. Im letzteren Fall sind die entsprechenden Abschnitte aufzunehmen. Im Falle von natürlichen Personen, zu denen auch Mitglieder der Verwaltungs-, Geschäftsführungs- und Aufsichtsorgane des Emittenten gehören, sind der Name und die Funktion dieser Person zu nennen. Bei juristischen Personen sind Name und eingetragener Sitz der Gesellschaft anzugeben.

1.2. Erklärung der für den Prospekt verantwortlichen Personen, dass sie die erforderliche Sorgfalt haben walten lassen, um sicherzustellen, dass die im Prospekt genannten Angabe ihres Wissens nach richtig sind und keine Tatsachen ausgelassen worden sind, die die Aussage des Prospekts wahrscheinlich verändern können. Ggf. Erklärung der für bestimmte Abschnitte des Prospekts verantwortlichen Personen, dass sie die erforderliche Sorgfalt haben walten lassen, um sicherzustellen, dass die in dem Teil des Prospekts genannten Angaben, für den sie verantwortlich sind, ihres Wissens nach richtig sind und keine Tatsachen ausgelassen worden sind, die die Aussage des Prospekts wahrscheinlich verändern können.

2. Risikofaktoren

Klare Offenlegung der Risikofaktoren, die für die anzubietenden und/oder zum Handel zuzulassenden Wertpapiere von wesentlicher Bedeutung sind, wenn es darum geht, das Marktrisiko zu bewerten, mit dem diese Wertpapiere behaftet sind. Diese Offenlegung muss unter der Rubrik „Risikofaktoren" erfolgen.

---

6 *Gündel/Hirdes*, BC 2005, 205, 206; *Stadler*, NZI 2003, 579, 580.
7 BGH v. 05.10.1992 – II ZR 172/9 – NJW 1993, 57; *Gündel/Hirdes*, BC 2005, 205, 206; *Küting/Dürr*, DStR 2005, 938, 939; *Stadler*, NZI 2003, 579, 580.

1. Verantwortliche Personen

1.1. Alle Personen, die für die im Prospekt gemachten Angaben bzw. für bestimmte Abschnitte des Prospekts verantwortlich sind. Im letzteren Fall sind die entsprechenden Abschnitte aufzunehmen. Im Falle von natürlichen Personen, zu denen auch Mitglieder der Verwaltungs-, Geschäftsführungs- und Aufsichtsorgane des Emittenten gehören, sind der Name und die Funktion dieser Person zu nennen. Bei juristischen Personen sind Name und eingetragener Sitz der Gesellschaft anzugeben.

1.2. Erklärung der für den Prospekt verantwortlichen Personen, dass sie die erforderliche Sorgfalt haben walten lassen, um sicherzustellen, dass die im Prospekt genannten Angabe ihres Wissens nach richtig sind und keine Tatsachen ausgelassen worden sind, die die Aussage des Prospekts wahrscheinlich verändern können. Ggf. Erklärung der für bestimmte Abschnitte des Prospekts verantwortlichen Personen, dass sie die erforderliche Sorgfalt haben walten lassen, um sicherzustellen, dass die in dem Teil des Prospekts genannten Angaben, für den sie verantwortlich sind, ihres Wissens nach richtig sind und keine Tatsachen ausgelassen worden sind, die die Aussage des Prospekts wahrscheinlich verändern können.

2. Risikofaktoren

Klare Offenlegung der Risikofaktoren, die für die anzubietenden und/oder zum Handel zuzulassenden Wertpapiere von wesentlicher Bedeutung sind, wenn es darum geht, das Marktrisiko zu bewerten, mit dem diese Wertpapiere behaftet sind. Diese Offenlegung muss unter der Rubrik „Risikofaktoren" erfolgen.

3. Wichtige Angaben

3.1. Erklärung zum Geschäftskapital

Erklärung des Emittenten, dass das Geschäftskapital seiner Auffassung nach für seine derzeitigen Bedürfnisse ausreicht. Ansonsten ist darzulegen, wie das zusätzlich erforderliche Geschäftskapital beschafft werden soll.

3.2. Kapitalbildung und Verschuldung

Aufzunehmen ist eine Übersicht über Kapitalbildung und Verschuldung (wobei zwischen garantierten und nicht garantierten, besicherten und unbesicherten Verbindlichkeiten zu unterscheiden ist). Diese Übersicht darf nicht älter sein als 90 Tage vor dem Datum des Dokuments. Zur Verschuldung zählen auch indirekte Verbindlichkeiten und Eventualverbindlichkeiten.

3.3. Interessen von Seiten natürlicher und juristischer Person, die an der Emission/dem Angebot beteiligt sind

Beschreibung jeglicher Interessen – einschließlich möglicher Interessenskonflikte –, die für die Emission/das Angebot von wesentlicher Bedeutung sind, wobei die beteiligten Personen zu spezifizieren und die Art der Interessen darzulegen ist.

3.4. Gründe für das Angebot und Verwendung der Erträge

Angabe der Gründe für das Angebot und ggf. des geschätzten Nettobetrages der Erträge, aufgegliedert nach den wichtigsten Verwendungszwecken und dargestellt nach Priorität dieser Verwendungszwecke. Sofern der Emittent weiß, dass die antizipierten Erträge nicht ausreichend sein werden, um alle vorgeschlagenen Verwendungszwecke zu finanzieren, sind der Betrag und die Quellen anderer Mittel anzugeben. Die Verwendung der Erträge muss im Detail dargelegt werden, insbesondere wenn sie außerhalb der normalen Geschäftsvorfälle zum Erwerb von Aktiva verwendet, zur Finanzierung des angekündigten Erwerbs anderer Unternehmen oder zur Begleichung, Reduzierung oder vollständigen Tilgung der Schulden eingesetzt werden.

4. Angaben über die anzubietenden bzw. zum Handel zuzulassenden Wertpapiere

4.1. Beschreibung des Typs und der Kategorie der anzubietenden und/oder zum Handel zuzulassenden Wertpapiere einschließlich der ISIN (International Security Identification Number) oder eines anderen Sicherheitscodes.

4.2. Rechtsvorschriften, auf deren Grundlage die Wertpapiere geschaffen wurden.

4.3. Angabe, ob es sich bei den Wertpapieren um Namenspapiere oder um Inhaberpapiere handelt und ob die Wertpapiere verbrieft oder stückelos sind. In letzterem Fall sind der Name und die Anschrift des die Buchungsunterlagen führenden Instituts zu nennen.

4.4. Währung der Wertpapieremission.

4.5. Beschreibung der Rechte die an die Wertpapiere gebunden sind – einschließlich ihrer etwaigen Beschränkungen –, und des Verfahrens zur Ausübung dieser Rechte;

– Dividendenrechte:
  – Fester/e Termin/e, an dem/denen die Dividendenberechtigung beginnt;
  – Verjährungsfrist für den Verfall der Dividendenberechtigung und Angabe des entsprechenden Begünstigten;
  – Dividendenbeschränkungen und Verfahren für gebietsfremde Wertpapierinhaber;
  – Dividendensatz oder Methode zu seiner Berechnung, Angabe der Frequenz und der kumulativen oder nichtkumulativen Wesensart der Zahlungen.
– Stimmrechte;
– Vorzugsrechte bei Angeboten zur Zeichnung von Wertpapieren derselben Kategorie;
– Recht auf Beteiligung am Gewinn des Emittenten;
– Recht auf Beteiligung am Saldo im Falle einer Liquidation;
– Tilgungsklauseln;
– Wandelbedingungen.

4.6. Im Falle von Neuemissionen Angabe der Beschlüsse, Ermächtigungen und Genehmigungen, die die Grundlage für die erfolgte bzw. noch zu erfolgende Schaffung der Wertpapiere und/oder deren Emission bilden.

4.7. Im Falle von Neuemissionen Angabe des erwarteten Emissionstermins der Wertpapiere.

4.8. Darstellung etwaiger Beschränkungen für die freie Übertragbarkeit der Wertpapiere.

4.9. Angabe etwaig bestehender obligatorischer Übernahmeangebote und/oder Ausschluss- und Andienungsregeln in Bezug auf die Wertpapiere.

4.10. Angabe öffentlicher Übernahmeangebote von Seiten Dritter in Bezug auf das Eigenkapital des Emittenten, die während des letzten oder im Verlauf des derzeitigen Geschäftsjahres erfolgten. Zu nennen sind dabei der Kurs oder die Umtauschbedingungen für derlei Angebote sowie das Resultat.

4.11. Hinsichtlich des Landes des eingetragenen Sitzes des Emittenten und des Landes bzw. der Länder, in dem bzw. denen das Angebot unterbreitet oder die Zulassung zum Handel beantragt wird, sind folgende Angaben zu machen:

– Angaben über die an der Quelle einbehaltene Einkommensteuer auf die Wertpapiere;
– Angabe der Tatsache, ob der Emittent die Verantwortung für die Einbehaltung der Steuern an der Quelle übernimmt.

5. Bedingungen und Voraussetzungen für das Angebot

5.1. Bedingungen, Angebotsstatistiken, erwarteter Zeitplan und erforderliche Maßnahmen für die Antragstellung

5.1.1. Bedingungen, denen das Angebot unterliegt.

5.1.2. Gesamtsumme der Emission/des Angebots, wobei zwischen den zum Verkauf und den zur Zeichnung angebotenen Wertpapieren zu unterscheiden ist. Ist der Betrag nicht festgelegt, Beschreibung der Vereinbarungen und des Zeitpunkts für die Ankündigung des endgültigen Angebotsbetrags an das Publikum.

5.1.3. Frist – einschließlich etwaiger Änderungen –, während deren das Angebot gilt und Beschreibung des Antragsverfahrens.

5.1.4. Angabe des Zeitpunkts und der Umstände, ab dem bzw. unter denen das Angebot widerrufen oder ausgesetzt werden kann, und der Tatsache, ob der Widerruf nach Beginn des Handels erfolgen kann.

5.1.5. Beschreibung der Möglichkeit der Reduzierung der Zeichnungen und der Art und Weise der Erstattung des zu viel gezahlten Betrags an die Zeichner.

5.1.6. Einzelheiten zum Mindest- und/oder Höchstbetrag der Zeichnung (entweder in Form der Anzahl der Wertpapiere oder des aggregierten zu investierenden Betrags).

5.1.7. Angabe des Zeitraums, während dessen ein Antrag zurückgezogen werden kann, sofern dies den Anlegern überhaupt gestattet ist.

5.1.8. Methode und Fristen für die Bedienung der Wertpapiere und ihre Lieferung.

5.1.9. Vollständige Beschreibung der Art und Weise und des Termins, auf die bzw. an dem die Ergebnisse des Angebots offen zu legen sind.

5.1.10. Verfahren für die Ausübung eines etwaigen Vorzugsrechts, die Übertragbarkeit der Zeichnungsrechte und die Behandlung der nicht ausgeübten Zeichnungsrechte.

5.2. Plan für die Aufteilung der Wertpapiere und deren Zuteilung

5.2.1. Angabe der verschiedenen Kategorien der potenziellen Investoren, denen die Wertpapiere angeboten werden. Erfolgt das Angebot gleichzeitig auf den Märkten in zwei oder mehreren Ländern und wurde/wird eine bestimmte Tranche einigen dieser Märkte vorbehalten, Angabe dieser Tranche.

5.2.2. Soweit dem Emittenten bekannt, Angabe, ob Hauptaktionäre oder Mitglieder der Geschäftsführungs-, Aufsichts- oder Verwaltungsorgane des Emittenten an der Zeichnung teilnehmen wollen oder ob Personen mehr als 5 % des Angebots zeichnen wollen.

5.2.3. Offenlegung vor der Zuteilung:

a) Aufteilung des Angebots in Tranchen, einschließlich der institutionellen Tranche, der Privatkundentranche und der Tranche für die Beschäftigten des Emittenten und sonstige Tranchen;

b) Bedingungen, zu denen eine Rückforderung verlangt werden kann, Höchstgrenze einer solchen Rückforderung und alle eventuell anwendbaren Mindestprozentsätze für einzelne Tranchen;

c) Zu verwendende Zuteilungsmethode oder -methoden für die Privatkundentranche und die Tranche für die Beschäftigten des Emittenten im Falle der Mehrzuteilung dieser Tranchen;

d) Beschreibung einer etwaigen vorher festgelegten Vorzugsbehandlung, die bestimmten Kategorien von Anlegern oder bestimmten Gruppen Nahestehender (einschließlich friends and family-Programme) bei der Zuteilung vorbehalten wird, des Prozentsatzes des für die Vorzugsbehandlung vorgesehenen Angebots und der Kriterien für die Aufnahme in derlei Kategorien oder Gruppen;

e) Angabe des Umstands, ob die Behandlung der Zeichnungen oder der bei der Zuteilung zu zeichnenden Angebote eventuelle von der Gesellschaft abhängig gemacht werden kann, durch die oder mittels deren sie vorgenommen werden;

f) Angestrebte Mindesteinzelzuteilung, falls vorhanden, innerhalb der Privatkundentranche;

g) Bedingungen für das Schließen des Angebots sowie der Termin, zu dem das Angebot frühestens geschlossen werden darf;

h) Angabe der Tatsache, ob Mehrfachzeichnungen zulässig sind und wenn nicht, wie trotzdem auftauchende Mehrfachzeichnungen behandelt werden.

5.2.4. Verfahren zur Meldung gegenüber den Zeichnern über den zugeteilten Betrag und Angabe, ob eine Aufnahme des Handels vor der Meldung möglich ist.

5.2.5. Mehrzuteilung und Greenshoe-Option:

a) Existenz und umfang einer etwaigen Mehrzuteilungsmöglichkeit und/ oder Greenshoe-Option;

b) Dauer einer etwaigen Mehrzuteilungsmöglichkeit und/oder Greenshoe-Option;

c) Etwaige Bedingungen für die Inanspruchnahme einer etwaigen Mehrzuteilungsmöglichkeit oder Ausübung der Greenshoe-Option.

5.3. Preisfestsetzung

5.3.1. Angabe des Preises, zu dem Wertpapiere angeboten werden. Ist der Preis nicht bekannt oder besteht kein etablierter und/oder liquider Markt für die Wertpapiere, ist die Methode anzugeben, mittels deren der Angebotspreis festgelegt wird, einschließlich Angabe der Person, die die Kriterien festgelegt hat oder offiziell für deren Festlegung verantwortlich ist. Angabe der Kosten und Steuern, die speziell dem Zeichner oder Käufer in Rechnung gestellt werden.

5.3.2. Verfahren für die Offenlegung des Angebotspreises.

5.3.3. Besitzen die Anteilseigner des Emittenten Vorkaufsrechte und werden diese Rechte eingeschränkt oder zurückgezogen, ist die Basis des Emissionspreises anzugeben, wenn die Emission in bar erfolgt, zusammen mit den Gründen und den Begünstigten einer solchen Beschränkung oder eines solchen Rückzugs.

5.3.4. Besteht tatsächlich oder potenziell ein wesentlicher Unterschied zwischen dem öffentlichen Angebotspreis und den effektiven Barkosten der von Mitgliedern der Verwaltungs-, Geschäftführungs- oder Aufsichtsorgane oder des oberen Managements oder nahe stehenden Personen bei Transaktionen im letzten Jahr erworbenen Wertpapiere oder deren Recht zum Erwerb ist ein Vergleich des öffentlichen Beitrags zum vorgeschlagenen öffentlichen Angebot und der effektiven Bar-Beiträge dieser Personen einzufügen.

5.4. Platzierung und Übernahme (Underwriting)

5.4.1. Name und Anschrift des Koordinators bzw. der Koordinatoren des gesamten Angebots oder einzelner Teile des Angebots und – sofern dem Emittenten oder dem Bieter bekannt – Angaben zu den Platzierern in den einzelnen Ländern des Angebots.

5.4.2. Name und Anschrift der Zahlstellen und der Verwahrstellen in jedem Land.

5.4.3. Name und Anschrift der Institute, die bereit sind, eine Emission auf Grund einer bindenden Zusage zu übernehmen, und Name und Anschrift der Institute, die bereit sind, eine Emission ohne bindende Zusage oder gemäß Vereinbarungen „zu den bestmöglichen Bedingungen" zu platzieren. Angabe der Hauptmerkmale der Vereinbarungen, einschließlich der Quoten. Wird die Emission nicht zur Gänze übernommen, ist eine Erklärung zum nicht abgedeckten Teil einzufügen. Angabe des Gesamtbetrages der Übernahmeprovision und der Platzierungsprovision.

5.4.4. Angabe des Zeitpunkts, zu dem der Emissionsübernahmevertrag abgeschlossen wurde oder wird.

6. Zulassung zum Handel und Handelsregeln

6.1. Angabe, ob die angebotenen Wertpapiere Gegenstand eines Antrags auf Zulassung zum Handel sind oder sein werden und auf einem geregelten Markt oder sonstigen gleichwertigen Märkten vertrieben werden sollen, wobei die jeweiligen Märkte zu nennen sind. Dieser Umstand ist anzugeben, ohne jedoch den Eindruck zu erwecken, dass die Zulassung zum Handel auch tatsächlich erfolgen wird. Wenn bekannt, sollte eine Angabe der frühestmöglichen Termine der Zulassung der Wertpapiere zum Handel erfolgen.

6.2. Angabe sämtlicher geregelten oder gleichwertigen Märkte, auf denen nach Kenntnis des Emittenten Wertpapiere der gleichen Wertpapierkategorie, die zum Handel angeboten oder zugelassen werden sollen, bereits zum Handel zugelassen sind.

6.3. Falls gleichzeitig oder fast gleichzeitig zur Schaffung von Wertpapieren, für die eine Zulassung zum Handel auf einem geregelten Markt beantragt werden soll, Wertpapiere der gleichen Kategorie privat gezeichnet oder platziert werden, oder falls Wertpapiere anderer Kategorien für eine öffentliche oder private Platzierung geschaffen werden, sind Einzelheiten zur Natur dieser Geschäfte sowie zur Zahl und den Merkmalen der Wertpapiere anzugeben, auf die sie sich beziehen.

6.4. Detaillierte Angaben zu den Instituten, die aufgrund einer bindenden Zusage als Intermediäre im Sekundärhandel tätig sind und Liquidität mittels Geld- und Briefkursen zur Verfügung stellen, und Beschreibung der Hauptbedingungen der Zusagevereinbarung.

6.5. Stabilisierung: Hat ein Emittent oder ein Aktionär mit einer Verkaufsposition eine Mehrzuteilungsoption erteilt, oder wird ansonsten vorgeschlagen, dass Kursstabilisierungsmaßnahmen im Zusammenhang mit einem Angebot zu ergreifen sind, so ist Folgendes anzugeben

6.5.1. Die Tatsache, dass die Stabilisierung eingeleitet werden kann, dass es keine Gewissheit dafür gibt, dass sie eingeleitet wird und jederzeit gestoppt werden kann;

6.5.2. Beginn und Ende des Zeitraums, während dessen die Stabilisierung erfolgen kann;

6.5.3. Die Identität der für die Stabilisierungsmaßnahmen in jeder Rechtsordnung verantwortlichen Person, es sei denn, sie ist zum Zeitpunkt der Veröffentlichung nicht bekannt;

6.5.4. Die Tatsache, dass die Stabilisierungstransaktionen zu einem Marktpreis führen können, der über dem liegt, der sich sonst ergäbe.

7. Wertpapierinhaber mit Verkaufsposition

7.1. Name und Anschrift der Person oder des Instituts, die/das Wertpapiere zum Verkauf anbietet; Wesensart etwaiger Positionen oder sonstiger wesentlicher Verbindungen, die die Personen mit Verkaufspositionen in den letzten drei Jahren bei dem Emittenten oder etwaigen Vorgängern oder verbundenen Unternehmen innehatte oder mit diesen unterhielt.

7.2. Zahl und Kategorie der von jedem Wertpapierinhaber mit Verkaufsposition angebotenen Wertpapiere.

7.3. Lock-up-Vereinbarungen:

- Anzugeben sind die beteiligten Parteien;
- Inhalt und Ausnahmen der Vereinbarung;
- Der Zeitraum des „lock up".

8. Kosten der Emission/des Angebots

8.1. Angabe der Gesamtnettoerträge und Schätzung der Gesamtkosten der Emission/des Angebots.

9. Verwässerung

9.1. Betrag und Prozentsatz der unmittelbaren Verwässerung, die sich aus dem Angebot ergibt.

9.2. Im Falle eines Zeichnungsangebots an die existierenden Aktionäre Betrag und Prozentsatz der unmittelbaren Verwässerung, wenn sie das neue Angebot nicht zeichnen.

10. Zusätzliche Angaben

10.1. Werden an einer Emission beteiligte Berater in der Wertpapierbeschreibung genannt, ist eine Erklärung zu der Funktion abzugeben, in der sie gehandelt haben.

10.2. Hinweis auf weitere Angaben in der Wertpapierbeschreibung, die von gesetzlichen Abschlussprüfern geprüft oder einer prüferischen Durchsicht unterzogen wurden und über die die Abschlussprüfer einen Bestätigungsvermerk erstellt haben. Reproduktion des Berichts oder mit Erlaubnis der zuständigen Behörden Zusammenfassung des Berichts.

10.3. Wird in die Wertpapierbeschreibung eine Erklärung oder ein Bericht einer Person aufgenommen, die als Sachverständiger handelt, so sind der Name, die Geschäftsadresse, die Qualifikationen und – falls vorhanden – das wesentliche Interesse am Emittenten anzugeben. Wurde der Bericht auf Ersuchen des Emittenten erstellt, so ist eine diesbezügliche Erklärung dahingehend abzugeben, dass die aufgenommene Erklärung oder der aufgenommene Bericht in der Form und in dem Zusammenhang, in dem sie bzw. er aufgenommen wurde, die Zustimmung von Seiten dieser Person erhalten hat, die den Inhalt dieses Teils der Wertpapierbeschreibung gebilligt hat.

10.4. Sofern Angaben von Seiten Dritter übernommen wurden, ist zu bestätigen, dass diese Information korrekt wiedergegeben wurde und dass – soweit es dem Emittenten bekannt ist und er aus den von dieser dritten Partei veröffentlichten Angaben ableiten konnte – keine Fakten unterschlagen wurden, die die reproduzierten Angaben unkorrekt oder irreführend gestalten würden. Darüber hinaus hat der Emittent die Quelle(n) der Angaben anzugeben.

Annex III
Minimum disclosure requirements for the share securities note (schedule)

1. Persons Responsible

1.1. All persons responsible for the information given in the prospectus and, as the case may be, for certain parts of it, with, in the latter case, an indication of such parts. In the case of natural persons including members of the issuer's administrative, management or supervisory bodies indicate the name and function of the person; in case of legal persons indicate the name and registered office.

1.2. A declaration by those responsible for the prospectus that, having taken all reasonable care to ensure that such is the case the information contained in the prospectus is, to the best of their knowledge, in accordance with the facts and contains no omission likely to affect its import. As the case may be, declaration by those responsible for certain parts of the prospectus that, having taken all reasonable care to ensure that such is the case the information contained in the part of the prospectus for which they are responsible is, to the best of their knowledge, in accordance with the facts and contains no omission likely to affect its import.

2. Risk Factors

Prominent disclosure of risk factors that are material to the securities being offered and/or admitted to trading in order to assess the market risk associated with these securities in a section headed "Risk Factors".

3. Key Information

3.1. Working capital Statement

Statement by the issuer that, in its opinion, the working capital is sufficient for the issuer's present requirements or, if not, how it proposes to provide the additional working capital needed.

3.2. Capitalisation and indebtedness

A statement of capitalisation and indebtedness (distinguishing between guaranteed and ungaranteed, secured and unsecured indebtedness) as of a date no earlier than 90 days prior to the date of the document. Indebtedness also includes indirect and contingent indebtedness.

3.3. Interest of natural and legal persons involved in the issue/offer

A description of any interest, including conflicting ones that is material to the issue/offer, detailing the persons involved and the nature of the interest.

3.4. Reasons for the offer and use of proceeds

Reasons for the offer and, where applicable, the estimated net amount of the proceeds broken into each principal intended use and presented by order of priority of such uses. If the issuer is aware that the anticipated proceeds will not be sufficient to fund all the proposed uses, state the amount and sources of other funds needed. Details must be given with regard to the use of the proceeds, in particular when they are being used to acquire assets, other than in the ordinary course of business, to finance announced acquisitions of other business, or to discharge, reduce or retire indebtedness.

4. Information concerning the Securities to be offered/admitted to trading

4.1. A description of the type and the class of the securities being offered and/or admitted to trading, including the ISIN (international security identification number) or other such security identification code.

4.2. Legislation under which the securities have been created.

4.3. An indication whether the securities are in registered form or bearer form and whether the securities are in certificated form or book-entry form. In the latter case, name and address of the entity in charge of keeping the records.

4.4. Currency of the securities issue.

4.5. A description of the rights attached to the securities, including any limitations of those rights, and procedure for the exercise of those rights.

– Dividend rights:
  – fixed date(s) on which the entitlement arises,
  – time limit after which entitlement to dividend lapses and an indication of the person in whose favour the lapse operates,
  – dividend restrictions and procedures for the non-resident holders,
  – rate of dividend or method of its calculation, periodicity and cumulative or nuncumulative nature of payments.
– Voting rights.
– Pre-emption rights in offers for subscription of securities of the same class.
– Right to share in the issuer's profits.
– Rights to share in any surplus in the event of liquidation.
– Redemption provisions.
– Conversion provisions.

4.6. In the case of new issues, a statement of the resolutions, authorisations and approvals by virtue of which the securities have been or will be created and/or issued.

4.7. In the case of new issues, the expected issue date of the securities.

4.8. A description of any restrictions on the free transferability of the securities.

4.9. An indication of the existence of any mandatory takeover bids and/or squeeze-out and sell-out rules in relation to the securities.

4.10. An indication of public takeover bids by third parties in respect of the issuer's equity, which have occurred during the last financial year and the current financial year. The price or exchange terms attaching to such offers and the outcome thereof must be stated.

4.11. In respect of the country of registered office of the issuer and the country(ies) where the offer is being made or admission to trading is being sought:
– information on taxes on the income from the securities withheld at source,
– indication as to whether the issuer assumes responsibility for the withholding of taxes at the source.

5. Terms and Conditions of the Offer

5.1. Conditions, offer statistics, expected timetable and action required to apply for the offer

5.1.1. Conditions to which the offer is subject.

5.1.2. Total amount of the issue/offer, distinguishing the securities offered for sale and those offered for subscription; if the amount is not fixed, description of the arrangements and time for announcing to the public the definitive amount of the offer.

5.1.3. The time period, including any possible amendments, during which the offer will be open and description of the application process.

5.1.4. An indication of when, and under which circumstances, the offer may be revoked or suspended and whether revocation can occur after dealing has begun.

5.1.5. A description of the possibility to reduce subscriptions and the manner for refunding excess amount paid by applicants.

5.1.6. Details of the minimum and/or maximum amount of application (whether in number of securities or aggregate amount to invest).

5.1.7. An indication of the period during which an application may be withdrawn, provided that investors are allowed to withdraw their subscription.

5.1.8. Method and time limits for paying up the securities and for delivery of the securities.

5.1.9. A full description of the manner and date in which results of the offer are to be made public.

5.1.10. The procedure for the exercise of any right of pre-emption, the negotiability of subscription rights and the treatment of subscription rights not exercised.

5.2. Plan of distribution and allotment

5.2.1. The various categories of potential investors to which the securities are offered. If the offer is being made simultaneously in the markets of two or more countries and if a tranche has been or is being reserved for certain of these, indicate any such tranche.

5.2.2. To the extent known to the issuer, an indication of whether major shareholders or members of the issuer's management, supervisory or administrative bodies intended to subscribe in the offer, or whether any person intends to subscribe for more than five per cent of the offer.

5.2.3. Pre-allotment disclosure:

a) the division into tranches of the offer including the institutional, retail and issuer's employee tranches and any other tranches;

b) the conditions under which the clawback may be used, the maximum size of such claw back and any applicable minimum percentages for individual tranches;

c) the allotment method or methods to be used for the retail and issuer's employee tranche in the event of an over-subscription of these tranches;

d) a description of any pre-determined preferential treatment to be accorded to certain classes of investors or certain affinity groups (including friends and family programmes) in the allotment, the percentage of the offer reserved for such preferential treatment and the criteria for inclusion in such classes or groups;

e) whether the treatment of subscriptions or bids to subscribe in the allotment may be determined on the basis of which firm they are made through or by;

f) a target minimum individual allotment if any within the retail tranche;

g) the conditions for the closing of the offer as well as the date on which the offer may be closed at the earliest;

h) whether or not multiple subscriptions are admitted, and where they are not, how any multiple subscriptions will be handled.

5.2.4. Process for notification to applicants of the amount allotted and indication whether dealing may begin before notification is made.

5.2.5. Over-allotment and 'green shoe':

a) the existence and size of any over-allotment facility and/or 'green shoe'.

b) the existence period of the over-allotment facility and/or 'green shoe'.

c) any conditions for the use of the over-allotment facility or exercise of the 'green shoe'.

5.3. Pricing

5.3.1. An indication of the price at which the securities will be offered. If the price is not known or if there is no established and/or liquid market for the securities, indicate the method for determining the offer price, including a statement as to who has set the criteria or is formally responsible for the determination. Indication of the amount of any expenses and taxes specifically charged to the subscriber or purchaser.

5.3.2. Process for the disclosure of the offer price.

5.3.3. If the issuer's equity holders have pre-emptive purchase rights and this right is restricted or withdrawn, indication of the basis for the issue price if the issue is for cash, together with the reasons for and beneficiaries of such restriction or withdrawal.

5.3.4. Where there is or could be a material disparity between the public offer price and the effective cash cost to members of the administrative, management or supervisory bodies or senior management, or affiliated persons, of securities acquired by them in transactions during the past year, or which they have the right to acquire, include a comparison of the public contribution in the proposed public offer and the effective cash contributions of such persons.

5.4. Placing and Underwriting

5.4.1. Name and address of the coordinator(s) of the global offer and of single parts of the offer and, to the extend known to the issuer or to the offeror, of the placers in the various countries where the offer takes place.

5.4.2. Name and address of any paying agents and depository agents in each country.

5.4.3. Name and address of the entities agreeing to underwrite the issue on a firm commitment basis, and name and address of the entities agreeing to place the issue without a firm commitment or under 'best efforts' arrangements. Indication of the material features of the agreements, including the quotas. Where not all of the issue is underwritten, a statement of the portion not covered. Indication of the overall amount of the underwriting commission and of the placing commission.

5.4.4. When the underwriting agreement has been or will be reached.

6. Admission to Trading and Dealing Arrangements

6.1. An indication as to whether the securities offered are or will bet he object of an application for admission to trading, with a view to their distribution in a regulated market or other equivalent markets with indication of the markets in question. This circumstance must be mentioned, without creating the impression that the admission to trading will necessarily be approved. If known, the earliest dates on which the securities will be admitted to trading.

6.2. All the regulated markets or equivalent markets on which, to the knowledge of the issuer, securities of the same class of the securities to be offered or admitted to trading are already admitted to trading.

6.3. If simultaneously or almost simultaneously with the creation of the securities for which admission to a regulated market is being sought securities of the same class are subscribed for or placed privately or if securities of other classes are created for public or private placing, give details of the nature of such operations and of the number and characteristics of the securities to which they relate.

6.4. Details of the entities which have a firm commitment to act as intermediaries in secondary trading, providing liquidity through bid and offer rates and description of the main terms of their commitment.

6.5. Stabilisation: where an issuer or a selling shareholder has granted an over-allotment option or it is otherwise proposed that price stabilising activities may be entered into in connection with an offer:

6.5.1. The fact that stabilisation may be undertaken, that there is no assurance that it will be undertaken and that it may be stopped at any time;

6.5.2. The beginning and the end of the period during which stabilisation may occur;

6.5.3. The identity of the stabilisation manager for each relevant jurisdiction unless this is not known at the time of publication;

6.5.4. The fact that stabilisation transactions may result in a market price that is higher than would otherwise prevail.

7. Selling Securities Holders

7.1. Name and business address of the person or entity offering to sell the securities, the nature of any position office or other material relationship that the selling persons has had within the past three years with the issuer or any of its predecessors or affiliates.

7.2. The number and class of securities being offered by each of the selling security holders.

7.3. Lock-up agreements:

- The parties involved;
- Content and exceptions of the agreement;
- Indication of the period of the lock up.

8. Expense of the Issue/Offer

8.1. The total net proceeds and an estimate of the total expenses of the issue/offer.

9. Dilution

9.1. The amount and percentage of immediate dilution resulting from the offer.

9.2. In the case of a subscription offer to existing equity holders, the amount and percentage of immediate dilution if they do not subscribe to the new offer.

10. Additional Information

10.1. If advisors connected with an issue are mentioned in the Securities Note, a statement of the capacity in which the advisors have acted.

10.2. An indication of other information in the Securities Note which has been audited or reviewed by statutory auditors and where auditors have produced a report.

Reproduction of the report or, with permission of the competent authority, a summary of the report.

10.3. Where a statement or report attributed to a person as an expert is included in the Securities Note, provide such person's name, business address, qualifications and material interest if any in the issuer. If the report has been produced at the issuer's request a statement to the effect that such statement or report is included, in the form and context in which it is included, with the consent of the person who has authorised the contents of that part of the Securities Note.

10.4. Where information has been sourced from a third party, provide a confirmation that this information has been accurately reproduced and that as far as the issuer is aware and is able to ascertain from information published by that third party, no facts have been omitted which would render the reproduced information inaccurate or misleading. In addition, identify the source(s) of the information.

Inhalt

		Rn.			Rn.
I.	Verantwortliche Personen, Ziff. 1.	1		2. Kategorie der Wertpapiere	21
II.	Risikofaktoren, Ziff. 2.	2		3. Sicherheitscode	22
	1. Überblick	2	VIII.	Anwendbares Recht, Ziff. 4.2.	23
	2. Wertpapierspezifische Risiken	3	IX.	Verbriefung der Wertpapiere, Ziff. 4.3.	24
III.	Wichtige Angaben, Ziff. 3.	4		1. Namens- oder Inhaberpapiere	24
	1. Wörtliche Wiedergabe der Erklärung	4		2. Verbriefung oder Stückelosigkeit	25
	2. Abgabe der Erklärung unter Bedingungen	4		3. Buchungsunterlagen	27
	3. Zeitraum von zwölf Monaten	6	X.	Rechte an den Wertpapieren, Ziff. 4.5.	28
IV.	Kapitalbildung und Verschuldung, Ziff. 3.2.	7		1. Dividendenpolitik	28
	1. Form der Angaben	7		2. Stimmrechte	29
	2. Inhalt der Übersicht	8		3. Vorzugsrechte	30
	3. Frist	13	XI.	Grundlagen für die Schaffung der Wertpapiere, Ziff. 4.6.	31
V.	Interessen beteiligter Personen, Ziff. 3.3.	14		1. Neuemission	31
	1. Interessen	14		2. Beschlüsse, Ermächtigungen und Genehmigungen	32
	2. Interessenkonflikte	15	XII.	Emissionstermin, Ziff. 4.7.	33
VI.	Gründe für das Angebot und Verwendung der Erträge, Ziff. 3.4.	16		1. Neuemission	33
	1. Anwendbarkeit auf reine Zulassungsprospekte	16		2. Emissionstermin	34
	2. Nettoerträge	17	XIII.	Übertragbarkeit der Wertpapiere, Ziff. 4.8.	35
	3. Verwendungszwecke	18	XIV.	Übernahmeangebote, Ausschluss- und Andienungsregeln, Ziff. 4.9.	36
	4. Andere Finanzierungsquellen	19		1. Ausschlussregeln	36
VII.	Angaben zu den Wertpapieren, Ziff. 4.1.	20		2. Andienungsregeln	37
	1. Typ der Wertpapiere	20	XV.	Besteuerung, Ziff. 4.11.	38

	1. Quellensteuer	38		1. Methode für die Festlegung des Angebotspreises	61
	2. Umfang der steuerlichen Angaben	39		2. Bekanntmachung des endgültigen Angebotspreises	65
	3. Angebot in verschiedenen Ländern	40		3. Kosten und Steuern	66
XVI.	Bedingungen und Voraussetzungen für das Angebot	41	XXVI.	Fremdemission, Ziff. 5.4.	67
XVII.	Angebot, Ziff. 5.1.	42	XXVII.	Zahl- und Verwahrstellen, Ziff. 5.4.2.	68
	1. Verkauf oder Zeichnung	42		1. Zahlstellen	68
	2. Festlegung des Betrags	43		2. Verwahrstellen	69
	3. Angabe einer maximalen Zahl der angebotenen Wertpapiere	44		3. In jedem Land	70
	4. Zeitpunkt für die Ankündigung des endgültigen Angebotsbetrags	45	XXVIII.	Offenlegung der Quoten, Ziff. 5.4.3.	71
			XXIX.	Emissionsübernahmevertrag, Ziff. 5.4.4.	72
	5. Bekanntmachung des endgültigen Angebotsbetrags	46	XXX.	Zulassung zum Handel und Handelsregeln, Ziff. 6.	73
			XXXI.	Märkte, auf denen die Wertpapiere zugelassen werden sollen, Ziff. 6.1.	74
XVIII.	Zeitraum des Angebots, Ziff. 5.1.3.	47	XXXII.	Märkte, auf denen die Wertpapiere bereits zugelassen sind, Ziff. 6.2.	76
	1. Angebotsfrist	47
	2. Angebotszeitraum	48
XIX.	Bedienung und Lieferung der Wertpapiere, Ziff. 5.1.8.	49	XXXIII.	Intermediäre, Ziff. 6.4.	77
			XXXIV.	Kursstabilisierung, Ziff. 6.5.	78
XX.	Offenlegung der Ergebnisse des Angebots, Ziff. 5.1.9.	50		1. Aktionär mit Verkaufsposition	78
				2. Kursstabilisierung	79
	1. Ergebnisse des Angebots	50	XXXV.	Wertpapierinhaber mit Verkaufsposition, Ziff. 7.1.	80
	2. Zeitlicher Ablauf des Angebots	51	XXXVI.	Kategorie der Wertpapiere, Ziff. 7.2.	81
	3. Termin	52	XXXVII.	Lock-up-Vereinbarungen, Ziff. 7.3.	82
XXI.	Vorzugsrechte, Ziff. 5.1.10.	53
XXII.	Am Angebot teilnehmende Personen, Ziff. 5.2.2.	54	XXXVIII.	Kosten der Emission, Ziff. 8.	83
XXIII.	Zuteilung der Wertpapiere, Ziff. 5.2.3.	55		1. Gesamtkosten	83
				2. Verhältnis zu § 8 Abs. 1 Satz 1 WpPG	84
	1. Aufteilung	55
	2. Mehrzuteilung	56	XXXIX.	Anwendbarkeit und Verwässerungsschutz, Ziff. 9.	85
	3. Zuteilungsmethoden	57
	4. Friends und Family-Programme	58	XL.	Verwässerung, Ziff. 9.1.	87
			XLI.	Beteiligte Berater, Ziff. 10.1.	88
	5. Vorzeitige Beendigung	59
XXIV.	Greenshoe, Ziff. 5.2.5.	60	XLII.	Geprüfte Abschlüsse, Ziff. 10.2.	89
XXV.	Preisfestsetzung, Ziff. 5.3.	61	XLIII.	Sachverständigenberichte, Ziff. 10.3.	90
			XLIV.	Angaben Dritter, Ziff. 10.4.	91

I. Verantwortliche Personen, Ziff. 1.

Aufgrund des identischen Wortlauts mit den Ziff. 1.1. und 1.2. des Anh. I EU-ProspV wird auf die dortige Komm. verwiesen.

1

II. Risikofaktoren, Ziff. 2.

1. Überblick

Ziff. 2. des Anh. III EU-ProspV verlangt die Offenlegung von Risikofaktoren betreffend der Wertpapiere (wertpapierspezifische Risiken) in Ergänzung zu den unter Ziff. 4. des Anh. I EU-ProspV aufzunehmenden Risikofaktoren betreffend den Emittenten und seine Branche (emittentenspezifische Risiken). Zur Darstellungsweise der Risikofaktoren wird auf die Kommentierung zu Ziff. 4. des Anh. I EU-ProspV verwiesen.

2

2. Wertpapierspezifische Risiken

Wertpapierspezifische Risiken entstehen im Zusammenhang mit dem Angebot oder ergeben sich aus der Anlageform der Aktien. Sie können sich bspw. aus folgenden Umständen ergeben: mangelnde Liquidität der Wertpapiere, Abweichung des im Bookbuilding-Verfahren ermittelten Emissionspreises von späteren Börsenpreis, erhebliche Schwankungen des Börsenpreises, Auswirkungen v. späteren Aktienverkäufen v. Altaktionären auf den Börsenpreis, Verstöße gegen Lock-up-Verpflichtungen,[1] Interessenkollisionen zwischen Alt- und Neuaktionären oder beherrschender Einfluss eines Mehrheitsaktionärs, Verwässerung durch Ausgabe weiterer Aktien aus genehmigtem Kapital oder andere zukünftige Kapitalmaßnahmen, ungewisse Ausschüttungspolitik des Unternehmens.

3

III. Wichtige Angaben, Ziff. 3

1. Wörtliche Wiedergabe der Erklärung

Zunächst fragt sich, ob die Erklärung dem Wortlaut der EU-ProspV entsprechen muss, d.h. ob der Emittent wörtlich erklären muss, dass „das Geschäftskapital seiner Auffassung nach für seine derzeitigen Bedürfnisse ausreicht", oder ob er vom Wortlaut abweichen kann. Der Wortlaut der Ziff. 3.1. legt die Abgabe der wortgetreuen Erklärung zum Geschäftskapital nahe. Auch ist eine anders lautende Erklärung mit demselben Aussagegehalts schwer vorstellbar. Aus Anlegerschutzgesichtspunkten empfiehlt sich daher die wörtliche Wiedergabe der Erklärung.

4

2. Abgabe der Erklärung unter Bedingungen

Sofern der Emittent die Erklärung nicht uneingeschränkt abgeben kann, könnte er gewillt sein, dieselbe unter bestimmten Bedingungen abzugeben.

5

---

1 Zu Lock-up-Vereinbarungen siehe die Anm. zu Ziff. 7.3. Rn. 80.

Denkbar ist insb. die Angabe, dass die derzeitigen Bedürfnisse gedeckt werden, sofern das mit dem Prospekt begleitete Angebot bzw. die Zulassung erfolgreich abgeschlossen werden. Eine derartige Einschränkung der Erklärung ist jedoch abzulehnen. Mit einer solchen Formulierung käme nicht klar zum Ausdruck, dass der Emittent seine derzeitigen Bedürfnisse aktuell gerade nicht decken kann. Zum Schutz des Publikums sollte der Emittent in einem solchen Fall explizit erklären, dass sein Geschäftskapital nicht ausreicht, um seine derzeitigen Bedürfnisse zu decken. Auch die Empfehlungen des Ausschusses der Europäischen Wertpapieraufsichtsbehörden (Committee on European Securities Regulators – CESR)[2] verlangen eine eindeutige Erklärung dahingehend, ob das derzeitige Geschäftskapital ausreicht oder nicht (sog. clean statement).[3]

Reicht das Kapital derzeit nicht aus, so hat der Emittent die Maßnahmen zu erläutern, mit denen er seine Liquidität zu steigern beabsichtigt. Darüber hinaus schlagen die CESR-Empfehlungen die Angabe weiterer Umstände vor: Der Emittent sollte angeben, zu welchem Zeitpunkt er den Eintritt des Liquiditätsengpasses vermutet, die voraussichtliche Höhe der fehlenden Mittel, die gegen den Liquiditätsengpass geplanten Maßnahmen sowie die Folgen, die ein Fehlschlagen der geplanten Maßnahmen mit sich bringen könnten.[4]

3. Zeitraum von zwölf Monaten

6 Die BaFin verlangt, dass die Erklärung ausdrücklich für den Zeitraum von zwölf Monaten abgegeben wird.[5] Diese Anforderung geht zwar über den Wortlaut der Vorschrift hinaus, erscheint jedoch vor dem Hintergrund der Gültigkeitsdauer des Prospekts gem. Art. 9 Abs. 1 der ProspektRL und § 9 Abs. 1 WpPG sinnvoll. Eine Erstreckung der Erklärung auf den Zeitraum eines Jahres sehen auch die CESR-Empfehlungen in Tz. 107 vor.[6]

IV. Kapitalbildung und Verschuldung, Ziff. 3.2.

1. Form der Angaben

7 Die englische Fassung der EU-ProspV sieht ein „statement" vor, während in der deutschen Fassung der Begriff „Übersicht" gewählt wurde. Aus Gründen der Übersichtlichkeit empfiehlt es sich, die Angaben grds. in Form einer Tabelle zu machen. Zwingend ist dies jedoch nicht.

---

2 *CESR*, recommendations, Ref: CESR/05-054b.
3 *CESR*, recommendations, Ref: CESR/05-054b, Tz. 111.
4 *CESR*, recommendations, Ref: CESR/05-054b. Tz. 119–123.
5 Vgl. auch *Schlitt/Schäfer*, AG 2005, 498, 504.
6 *CESR*, recommendations, Ref: CESR/05-054b.

2. Inhalt der Übersicht

Ein Vorschlag für eine detaillierte Gliederung der Kapitalbildungsübersicht – auch als *cap table* bezeichnet – findet sich in Tz. 127 der CESR-Empfehlungen.[7] Demgem. sollen Kapitalbildung und Verschuldung wie folgt untergliedert werden:

8

KAPITALISIERUNG UND VERSCHULDUNG	
Gesamte kurzfristige Verbindlichkeiten	
– garantiert (mit Beschreibung der Garantien)	
– gesichert (unter Angabe der besicherten Vermögensgegenstände)	
– nicht garantiert/nicht gesichert	
Gesamte langfristige Verbindlichkeiten	
– garantiert (mit Beschreibung der Garantien)	
– gesichert (unter Angabe der besicherten Vermögensgegenstände)	
– nicht garantiert/nicht gesichert	
Eigenkapital	
a. Gezeichnetes Kapital	
b. Gesetzliche Rückstellungen	
c. Sonstige Rückstellungen	
NETTOVERSCHULDUNG	
A. Flüssige Mittel	
B. Zahlungsmitteläquivalente (im Detail)	
C. Liquide Wertpapiere	
D. Liquidität (Saldo aus A., B. und C.)	
E. Kurzfristige Forderungen	
F. Kurzfristige Verbindlichkeiten gegenüber Kreditinstituten	
G. Kurzfristiger Anteil von langfristigen Verbindlichkeiten	
H. Sonstige kurzfristige Finanzverbindlichkeiten	
I. Kurzfristige Verschuldung (Saldo aus F., G. und H.)	
J. Kurzfristige Nettoverschuldung (Saldo aus I., E. und D.)	
K. Langfristige Verbindlichkeiten gegenüber Kreditinstituten	
L. Ausgegebene Wandelschuldverschreibungen und Anleihen	
M. Sonstige langfristige Verbindlichkeiten	
N. Langfristige Verschuldung (Saldo aus K., L. und M.)	
O. Gesamtnettoverschuldung (Saldo aus J. und N.)	

---

7   *CESR*, recommendations, Ref: CESR/05-054b.

9 Zu beachten ist zwar, dass die CESR-Empfehlungen nicht bindendes Recht sind. Zwingend muss die Kapitalbildungsübersicht daher nur zwischen den in Ziff. 3.2. angegebenen Kategorien differenzieren, so dass nur zwischen garantierten und nicht garantierten, besicherten und nicht besicherten, indirekten und Eventualverbindlichkeiten zu unterscheiden ist. Allerdings hat sich in der Praxis die Darstellung von Kapitalisierung und Verschuldung seit Inkrafttreten des WpPG der Gliederung der CESR-Empfehlungen angenähert. Als Standard hat sich mittlerweile die Aufnahme einer Tabelle herausgebildet, innerhalb derer zunächst die kurz- und langfristigen Finanzverbindlichkeiten, jeweils untergliedert in garantierte und nicht garantierte, besicherte und nicht besicherte Verbindlichkeiten und anschließend das Eigenkapital, differenziert nach gezeichnetem Kapital, Kapitalrücklage, Gewinn- bzw. Verlustvortrag und Jahresüberschuss aufgenommen werden. Eine Aufgliederung v. garantierten und nicht garantierten sowie besicherten und unbesicherten Finanzverbindlichkeiten in Fn. ist aufgrund fehlender Übersichtlichkeit nicht zu empfehlen.[8]

10 Eine Kapitalisierungs- und Verschuldungstabelle sollte daher wie folgt aufgebaut werden:[9]

	Vorjahr	Letztes abgeschlossenes Geschäftsjahr	90-Tages-Zeitraum
Kurzfristige Finanzverbindlichkeiten			
davon garantiert			
davon besichert			
davon nicht garantiert/unbesichert			
Langfristige Finanzverbindlichkeiten			
davon garantiert			
davon besichert			
davon nicht garantiert/unbesichert			
Eigenkapital			

---

8 So bspw. in den Wertpapierprospekten der ItN Nanovation AG v. 07.06.2006 und der aleo solar AG v. 28.06.2006.
9 Vgl. die Wertpapierprospekte der HCI Capital AG v. 21.09.2005, der Tipp24 AG v. 29.09.2005, der Praktiker Bau- und Heimwerkermärkte Holding AG v. 04.11.2005, der equitrust AG v. 30.11.2005, der MLP AG v. 20.01.2006, der Mologen AG v. 29.03.2006, der Viscom AG v. 28.04.2006, der Roth & Rau AG v. 28.04.2006, der HAITEC AG v. 30.06.2006, der ADVA AG Optical Networking v. 25.07.2006, der Analytik Jena AG v. 04.08.2006, der GWB Immobilien AG v. 20.09.2006, der GoYellow Media AG v. 28.09.2006, der Carl Zeiss Meditec AG v. 20.10.2006, der Heliad Equity Partners GmbH & Co. KGaA v. 24.10.2006, der eteleon e-solutions AG v. 02.11.2006, der KROMI Logistik AG v. 16.02.2007, der VITA 34 International AG v. 13.03.2007, der ESTAVIS AG v. 19.03.2007, der SMT Scharf AG v. 23.03.2007, der InVision Software AG v. 24.05.2007, der Deutsche Technologie Beteiligungen AG v. 24.05.2007 und der Deutsche Steinzeug Cremer & Breuer AG v. 18.07.2007.

Mindestangaben Anh. III **EU-ProspV**

davon gezeichnetes Kapital			
davon Kapitalrücklage			
davon Gewinnrücklage			
davon Gewinn-/Verlustvortrag			
davon Jahresüberschuss			
Kapitalausstattung (Summe aus Finanzverbindlichkeiten und Eigenkapital)			

Zusätzlich empfiehlt sich, die indirekten und Eventualverbindlichkeiten i.E. gesondert aufzuführen und zu erläutern.[10]   *11*

Darüber hinaus wird im Prospekt üblicherweise eine Liquiditätstabelle aufgenommen, innerhalb derer die nachstehenden Angaben gemacht werden:[11]   *12*

	Vorjahr	Letztes abgeschlossenes Geschäftsjahr	90-Tages-Zeitraum
Liquidität			
davon Kassenbestand (Guthaben bei Kreditinstituten)			
davon Zahlungsmitteläquivalente			
davon Wertpapiere			
Kurzfristige Finanzverbindlichkeiten			
davon gegenüber Kreditinstituten			
davon gegenüber sonstigen Gläubigern			
Kurzfristige Forderungen			
Langfristige Finanzverbindlichkeiten			
davon gegenüber Kreditinstituten			
davon gegenüber sonstigen Gläubigern			

---

10 Vgl. die Wertpapierprospekte der HAITEC AG v. 30.06.2006, der ADVA AG Optical Networking v. 25.07.2006, der Analytik Jena AG v. 04.08.2006, der CENTROSOLAR AG v. 11.10.2006, der KROMI Logistik AG v. 16.02.2007, der VITA 34 International AG v. 13.03.2007, der InVision Software AG v. 24.05.2007, der AGO AG Energie + Anlagen v. 15.06.2007 und der Deutsche Steinzeug Cremer & Breuer AG v. 18.07.2007.

11 Vgl. die Wertpapierprospekte der HCI Capital AG v. 21.09.2005, der Tipp24 AG v. 29.09.2005, der Praktiker Bau- und Heimwerkermärkte Holding AG v. 04.11.2005, der Viscom AG v. 28.04.2006, der Roth & Rau AG v. 28.04.2006, der Analytik Jena AG v. 04.08.2006, der GWB Immobilien AG v. 20.09.2006, der CENTROSOLAR AG v. 11.10.2006 und der Deutsche Steinzeug Cremer & Breuer AG v. 18.07.2007. Eine weitere Differenzierung der Liquiditätstabelle enthält der Prospekt der eteleon e-solutions AG v. 02.11.2006.

davon Genussscheine			
davon Anleihen			
Langfristige Forderungen			
Nettofinanzverbindlichkeiten bzw. Nettofinanzforderungen (Saldo aus Liquidität, kurz- und langfristigen Finanzverbindlichkeiten)			

3. Frist

13 Gem. Ziff. 3.2. Satz 2 ist die 90-Tages-Frist ab dem „Datum des Dokuments" zu berechnen. Die CESR-Empfehlungen verstehen unter dem Datum des Dokuments das Datum der Billigung und berechnen die Frist folglich rückwärts ab dem Datum der Billigung.[12] Dieses Verständnis ist jedoch nicht mit der EU-ProspV vereinbar. Die Formulierung ist richtigerweise so zu verstehen, dass das Datum der Erstellung des Prospekts – und nicht der Billigung durch die BaFin – entscheidend ist. Dies ist insb. auch deshalb die einzig praktikable Lösung, als der Prospektersteller auf das Datum der Billigung keinen Einfluss nehmen kann und insoweit für die Fristwahrung vollständig von der BaFin abhängig wäre.

Zu überlegen ist, ob eine Ausnahme v. der 90-Tages-Frist gewährt werden sollte, wenn ein Prospekt zu Beginn eines neuen Quartals erstellt wird und der Emittent über keine (vergleichbaren) Monatszahlen verfügt. Für internationale Konzerne wird es nur schwer durchführbar sein, eine entsprechend aktuelle Aussage zu treffen. Andererseits darf eine Aufweichung der Frist nicht dem missbräuchlichen Verschweigen einer mittlerweile erhöhten Verschuldung des Emittenten Vorschub leisten. Daher lässt die BaFin die Angabe der letzten Quartalszahlen zu, sofern gleichzeitig eine Erklärung abgegeben wird, dass sich seitdem keine wesentlichen Änderungen ergeben haben.

V. Interessen beteiligter Personen, Ziff. 3.3.

1. Interessen

14 Das primäre Interesse an dem öffentlichen Angebot liegt typischerweise bei der Emittentin selbst, deren Finanzierung gesichert werden soll. Im Rahmen eines Zulassungsprospekts können Aktieninhaber ein Interesse an der infolge der Zulassung entstehenden besseren Handelbarkeit der Aktien haben. Des Weiteren haben die beteiligten Konsortialbanken ein Interesse an der Emission. Darüber hinaus sind Berater, die mit der Emittentin in einer vertraglichen Beziehung stehen, wie z. B. Rechtsanwälte, Wirtschaftsprüfer, Steuer- und sonstige Unternehmensberater, an der Transaktion beteiligt und interessiert. Sowohl für die Konsortialbanken als auch die Berater sind die

---

12 *CESR*, recommendations, Ref: CESR/05-054b, Tz. 127.

Provisionen oder sonstigen Vergütungen der beteiligten Kreditinstitute bzw. die Tatsache, ob diese ungewöhnlich sind, zu erläutern. Typischerweise sind nur die Provisionen der Konsortialbanken und nicht die der sonstigen Berater vom Erfolg der Transaktion abhängig, so dass diese näher zu erläutern sind.[13]

Handelt es sich um ein Secondary Offering,[14] so haben für gewöhnlich auch die Altaktionäre ein Interesse an der Emission. Diesbez. können Angaben zur Höhe des den Altaktionären zufließenden (erfolgsorientierten) Emissionserlöses gemacht werden.

2. Interessenkonflikte

Im Hinblick auf die unter dieser Ziff. 3.3. geforderten Angaben zu potentiellen Interessenkonflikten sind im Unterschied zu den in Ziff. 14.2. des Anh. I EU-ProspV geforderten Angaben keine Interessenkonflikte zwischen den Mitgliedern der Geschäftsführungs- und Aufsichtsorgane darzustellen. An dieser Stelle sind lediglich solche Interessen relevant, die im Konflikt zum Interesse an dem Angebot oder der Zulassung stehen, d.h. die sich gegen das Angebot oder die Zulassung wenden.

15

VI. Gründe für das Angebot und Verwendung der Erträge, Ziff. 3.4.

1. Anwendbarkeit auf reine Zulassungsprospekte

Gem. Ziff. 3.4. sind die Gründe für das Angebot anzugeben. Damit ist diese Vorschrift ausschließlich im Fall eines öffentlichen Angebots anwendbar. In einem reinen Zulassungsprospekt ist der Emittent zwar berechtigt, nicht jedoch verpflichtet, entsprechende Angaben zu machen.

16

2. Nettoerträge

Zur Ermittlung der Nettoerträge siehe Anm. zu Ziff. 8.1. Rn. 84.

17

3. Verwendungszwecke

Aus der Formulierung „aufgegliedert nach den wichtigsten Verwendungszwecken und dargestellt nach Priorität dieser Verwendungszwecke" ergibt sich, dass eine möglichst detaillierte Aufschlüsselung der Nettobeträge und

18

---

13 Beispiele für die Darstellung der Interessen am Angebot finden sich in den Wertpapierprospekten der HCI Capital AG v. 21.09.2005, der BAVARIA Industriekapital AG v. 09.12.2005, der HAITEC AG v. 30.06.2006, der GWB Immobilien AG v. 20.09.2006, der KROMI Logistik AG v. 16.02.2007, der VITA 34 International AG v. 13.03.2007, der ESTAVIS AG v. 19.03.2007, der InVision Software AG v. 24.05.2007, der Deutsche Technologie Beteiligungen AG v. 24.05.2007, der AGO AG Energie + Anlagen v. 15.06.2007 und der m4e AG v. 29.06.2007.
14 Zum *Secondary Offering* siehe Anm. zu Ziff. 4.6. Rn. 31.

deren Verwendungszwecke im Prospekt aufzunehmen ist. Insb. verlangt die BaFin eine Differenzierung zwischen den Erlösen der Gesellschaft und den Erlösen, die den Altaktionären zufließen. Pauschale Aussagen wie „zur Finanzierung der weiteren Geschäftsentwicklung" genügen den Anforderungen der EU-ProspV nicht. Allerdings kann es teilweise schwierig sein, eine genauere Aufteilung anzugeben, da sich aufgrund der Emissionserlöse und der zukünftigen Geschäftsentwicklung gerade auch Opportunitäten ergeben. Letztlich ist eine angemessene Prognoseentscheidung erforderlich.

4. Andere Finanzierungsquellen

19 Darüber hinaus verlangt die EU-ProspV die Angabe sonstiger Finanzierungsquellen sowie die Höhe der sonstigen Mittel. Hier können zwar keine detaillierten Angaben verlangt werden, die vollständige Finanzierung der verfolgten Verwendungszwecke sollte jedoch plausibel gemacht werden.

VII. Angaben zu den Wertpapieren, Ziff. 4.1.

1. Typ der Wertpapiere

20 Gem. Ziff. 4.1. ist der Typ der Wertpapiere anzugeben. Die unter Anh. III EU-ProspV fallenden Wertpapiertypen werden v. Art. 6 Abs. 2 der EU-ProspV benannt: Anh. III gilt für Aktien und für alle anderen übertragbaren und Aktien gleichzustellenden Wertpapiere. Zu den unter Anh. III fallenden Wertpapieren siehe die Anm. zu Art. 6 EU-ProspV.

Entweder an dieser Stelle im Zusammenhang mit dem Typ des Wertpapiers oder im Zusammenhang mit den Angaben zur Art der Aktien (Namens- oder Inhaberaktien; s. u. Anm. zu Ziff. 4.3. Rn. 24) sollte angegeben werden, ob es sich um Stück- oder Nennbetragsaktien handelt. Nennbetragsaktien lauten auf einen bestimmten Nennbetrag, während Stückaktien am Grundkapital der Gesellschaft in gleichem Umfang beteiligt sind (§ 8 AktG).[15]

2. Kategorie der Wertpapiere

21 Die deutsche Fassung der EU-ProspV verlangt die Angabe der Kategorie der Wertpapiere. Eine treffendere Übersetzung des in der englischen Fassung aufgenommenen Begriffs der „class of the securities" hätte wohl der Begriff Aktiengattung geliefert. Aktien gehören zu einer Aktiengattung, wenn sie dieselben Rechte gewähren (§ 11 Satz 2 AktG).[16] Im Hinblick auf das mit Aktien verbundene Stimmrecht ist wiederum zwischen Stamm- und Vorzugsaktien zu unterscheiden (§ 139 AktG). Während Stammaktien das volle

---

[15] Siehe *Gätsch*, in: Marsch-Barner/Schäfer, Hdb börsnot AG, § 3 Rn. 37; *Heider*, in: MüKo AktG, § 8 Rn. 1 ff.; *Hüffer*, AktG, § 8 Rn. 20; *Wiesner*, in: MüHdbAG, § 11 Rn. 6 f.
[16] Siehe *Gätsch*, in: Marsch-Barner/Schäfer, Hdb börsnot AG, § 4 Rn. 44 ff.; *Heider*, in: MüKo AktG, § 11 Rn. 27 ff.; *Hüffer*, AktG, § 11 Rn. 7; *Wiesner*, in: MüHdbAG, § 11 Rn. 6 f.

Stimmrecht auf der Hauptversammlung verbriefen, ist das Stimmrecht bei Vorzugsaktien im Gegensatz dazu zumeist ausgeschlossen. Als Ausgleich dafür stehen dem Inhaber von Vorzugsaktien typischerweise eine höhere Dividende, eine Garantiedividende und/oder andere Vorrechte zu (z. B. eine bevorzugte Behandlung im Falle der Liquidation der Gesellschaft).[17]

3. Sicherheitscode

Neben – nicht aber anstelle – der internationalen zwölfstelligen ISIN (International Securities Identification Number) kann auch die nationale sechsstellige WKN (Wertpapierkennnr.) angegeben werden. Wertpapiere mit ders. ISIN oder mit ders. WKN gehören zu einer Gattung und verkörpern somit dieselben Rechte.[18]   22

VIII. Anwendbares Recht, Ziff. 4.2.

Auf den ersten Blick nicht ganz klar erscheint in Ziff. 4.2. die Forderung Rechtsvorschriften anzugeben, auf deren Grundlage die Wertpapiere geschaffen wurden. Nach der englischen Fassung ist die „legislation under which the securities have been created" anzugeben. Daraus ergibt sich, dass im Prospekt anzugeben ist, unter welchem nationalen Recht die Wertpapiere geschaffen wurden (z. B. unter deutschem Recht).   23

IX. Verbriefung der Wertpapiere, Ziff. 4.3.

1. Namens- oder Inhaberpapiere

Zunächst ist unter Ziff. 4.3. anzugeben, ob es sich um Namens- oder Inhaberpapiere handelt. Damit wird die Art der Wertpapiere nach deren wertpapiermäßiger Verbriefung unterschieden: Namensaktien lauten auf den Namen des Aktionärs, Inhaberaktien auf ihren Inhaber.[19]   24

Entweder an dieser Stelle oder im Zusammenhang mit dem Typ des Wertpapiers (s. o. Anm. zu Ziff. 4.1. Rn. 20) sollte angegeben werden, ob es sich um Stück- oder Nennbetragsaktien handelt. Nennbetragsaktien lauten auf einen bestimmten Nennbetrag, während Stückaktien am Grundkapital der Gesellschaft in gleichem Umfang beteiligt sind (§ 8 AktG).[20]

2. Verbriefung oder Stückelosigkeit

Gemäß der EU-ProspV ist anzugeben, ob die Aktien „verbrieft oder stückelos" sind. Diese Wortwahl ist unklar, da einer Verbriefung von Wertpapieren   25

---

17 Siehe *Gätsch*, in: Marsch-Barner/Schäfer, Hdb börsnot AG, § 4 Rn. 47; *Hüffer*, AktG, § 139 Rn. 4 ff.; *Semler*, in: MüHdbAG, § 38 Rn. 13; *Volhard*, in: MüKo AktG, § 139 Rn. 2 ff.
18 Zur Verdrängung der WKN durch die ISIN siehe *Kümpel*, BankKapMR, Rn. 9.99; *Schwark*, KapMRK, § 15 BörsZulV Rn. 16.
19 Siehe *Hüffer*, AktG, § 23 Rn. 30.
20 Vgl. Anm. zu Ziff. 4.1. Rn. 20.

nicht ihre „Stückelosigkeit" als Gegenteil gegenüber steht. Tatsächlich kann nur die Unterscheidung zwischen Verbriefung in einer Einzelurkunde oder einer Global- oder Sammelurkunde gemeint sein. Der Begriff der „Stückelosigkeit" ist somit zu vermeiden. Eine Einzelurkunde liegt vor, wenn in einer Urkunde ein einzelnes Mitgliedschaftsrecht verbrieft ist. Der Anspruch des Aktionärs auf Einzelverbriefung seines Anteils kann in der Satzung ausgeschlossen werden (§ 10 Abs. 5 AktG). Bei Wandelschuldverschreibungen kann die Einzelverbriefung in den Anleihebedingungen ausgeschlossen werden. In diesen Fällen ist die Gesellschaft jedoch verpflichtet, eine Globalurkunde auszustellen.[21] In einer Globalurkunde werden mehrere Mitgliedschaftsrechte gleicher Art (Namens- oder Inhaberaktien) und gleicher Gattung (Stamm- oder Vorzugsaktien) zusammengefasst. Globalurkunden können jedoch nicht gleichzeitig Stück- und Nennbetragsaktien verbriefen. Rechtlich gesehen handelt es sich bei einer Globalurkunde um eine Sammelurkunde, d.h. ein Wertpapier, das mehrere Rechte verbrieft, die jedes für sich in einem Wertpapier ders. Art verbrieft sein könnten (§ 9a Abs. 1 Satz 1 DepotG).[22]

26 Bei der Emission von Namensaktien durch Kleinemittenten wird teilweise unter Hinweis auf Probleme bei der Verwahrung der Globalurkunde ganz auf die Errichtung einer Urkunde verzichtet und lediglich ein Aktienregister geführt. In solchen Fällen verlangt die BaFin die Angabe, dass die Aktionäre einen Anspruch auf Verbriefung ihrer Rechte in einer Globalurkunde haben, der auch durch § 10 Abs. 5 AktG nicht ausgeschlossen werden kann.[23]

3. Buchungsunterlagen

27 Globalurkunden werden ausschließlich von der Clearstream Banking AG als Wertpapiersammelbank und Zentralverwahrer i.R.d. sog. Girosammelverwahrung verwahrt.[24] Möglich wäre zwar auch die Verwahrung der Globalurkunden durch eine andere Wertpapiersammelbank, derzeit ist die Clearstream Banking AG jedoch die einzige deutsche Wertpapiersammelbank.

X. Rechte an den Wertpapieren, Ziff. 4.5.

1. Dividendenpolitik

28 Im Zusammenhang mit den Angaben unter Ziff. 4.5. sind die Angaben zur Dividendenpolitik sowie zu den in den vergangenen Jahren ausgeschütteten Dividenden gem. Ziff. 20.7. und 20.7.1. des Anh. I der EU-ProspV darzustellen.

---

21 *Schwark*, KapMRK, § 30 BörsG Rn. 11.
22 Siehe *Gätsch*, in: Marsch-Barner/Schäfer, Hdb börsnot AG, § 4 Rn. 59 ff.; *Heider*, in: MüKo AktG, § 8 Rn. 115 f.; *Kümpel*, in: Kümpel/Hammen/Ekkenga, Kennz. 220, S. 18; ders., BankKapMR, Rn. 11.229; *Schwark*, KapMRK, § 30 BörsG Rn. 11; *Wiesner*, in: MüHdbAG, § 12 Rn. 16.
23 Siehe dazu den Wertpapierprospekt der axcount Generika AG v. 19.10.2006.
24 *Kümpel*, BankKapMR, Rn. 11.181.

2. Stimmrechte

Während an dieser Stelle die Beschreibung von (ggf. unterschiedlichen) Stimmrechten sämtlicher Aktionäre verlangt wird, ist unter Ziff. 18.2. des Anh. I der EU-ProspV anzugeben, ob die Hauptaktionäre unterschiedliche Stimmrechte haben.

29

3. Vorzugsrechte

Unter Vorzugsrechte fallen bspw. Bezugsrechte, d.h. die Rechte der Altaktionäre, die i.R.d. Kapitalerhöhung geschaffenen neuen Aktien entsprechend ihren Anteilen am bisherigen Grundkapital zu zeichnen (vgl. § 186 AktG). Statt einer Beteiligung entsprechend den bisherigen Anteilen kann die Satzung die Bezugsrechte alternativ auch derart gestalten, dass die Altaktionäre zum Erwerb von neuen Aktien im Verhältnis 3:1 (d.h. drei neue für eine alte Aktie) berechtigt werden. Das Verfahren zur Ausübung der Vorzugsrechte ist unter Ziff. 5.1.10. darzustellen.[25]

30

XI. Grundlagen für die Schaffung der Wertpapiere, Ziff. 4.6.

1. Neuemission

Als Neuemission i.S.v. Ziff. 4.6. ist die erstmalige Schaffung und Zulassung von Wertpapieren im Rahmen eines Börsengangs (sog. Going Public oder Initial Public Offering – IPO) oder einer Kapitalerhöhung zu verstehen. Den Gegensatz bildet eine Sekundärplatzierung (sog. Secondary Offering) bei der bereits geschaffene und zugelassene Wertpapiere angeboten werden.[26]

31

2. Beschlüsse, Ermächtigungen und Genehmigungen

Typischerweise geht der Aktienemission einer deutschen AG ein Kapitalerhöhungsbeschluss der Hauptversammlung voraus (§§ 182ff. AktG).[27] Alternativ kann die Hauptversammlung den Vorstand in der Satzung oder mittels Satzungsänderung dazu ermächtigen, das Grundkapital bis zu einem bestimmten Nennbetrag durch Ausgabe neuer Aktien gegen Einlagen zu erhöhen (genehmigtes Kapital gem. § 202 Abs. 1 AktG). Auf dieser Grundlage entscheidet der Vorstand (mit Zustimmung des Aufsichtsrats) durch Beschluss über die Ausgabe neuer Aktien und damit über die Durchführung der Kapitalerhöhung.[28]

32

---

25 Zu den Angaben betreffend die verschiedenen Zuteilungsmethoden siehe die Anm. zu Ziff. 5.23. Rn. 55ff.
26 Siehe *Ekkenga/Maas*, in: Kümpel/Hammen/Ekkenga, Kennz. 055, Rn. 1; *Jäger*, NZG 1998, 718, 720; ders., NZG 1998, 932; *Kümpel*, BankKapMR, Rn. 9.312; *Meyer*, in: Marsch-Barner/Schäfer, Hdb börsnot AG, § 6 Rn. 72.
27 Siehe *Hüffer*, § 182 Rn. 1ff.
28 Zur Durchführung von Kapitalerhöhungen siehe *Meyer*, in: Marsch-Barner/Schäfer, Hdb börsnot AG, § 6 Rn. 98ff.

In beiden Fällen – Hauptversammlungs- oder Vorstands- und Aufsichtsratsbeschluss – sind Datum und konkreter Inhalt der jeweiligen Beschlüsse sowie sonstiger, damit im Zusammenhang stehender Ermächtigungen und Genehmigungen anzugeben. Nicht erforderlich ist eine wortgetreue Wiedergabe der Inhalte, solange die wesentlichen Kernaussagen dargestellt werden.[29] Wurden die Beschlüsse noch nicht gefasst, so sollte der voraussichtliche Termin der Beschlussfassung angegeben werden. Darüber hinaus ist in einem solchen Fall immer auch ein Hinweis auf den gem. § 16 Abs. 1 WpPG erforderlichen Nachtrag anzugeben.

XII. Emissionstermin, Ziff. 4.7.

1. Neuemission

33 Zum Begriff der Neuemission vgl. Rn. 31.

2. Emissionstermin

34 Der Emissionstermin ist das Datum der Ausgabe der Aktien durch die Emittentin.

XIII. Übertragbarkeit der Wertpapiere, Ziff. 4.8.

35 Eine Beschränkung der freien Übertragbarkeit der Wertpapiere liegt z. B. bei vinkulierten Namensaktien vor. Bei einer Vinkulierung bestimmt die Satzung, dass die Aktien nur mit Zustimmung der Gesellschaft übertragen werden können (vgl. § 68 Abs. 2 Satz 1 AktG).[30] Bestehen Beschränkungen für die freie Übertragbarkeit der Wertpapiere, so sind Ausführungen zum Zustimmungsverfahren zu machen.[31]

XIV. Übernahmeangebote, Ausschluss- und Andienungsregeln, Ziff. 4.9.

1. Ausschlussregeln

36 Unter Ausschlussregeln sind Regelungen zu einem Zwangsausschluss einer Aktionärsminderheit (sog. Squeeze-out) zu verstehen. Dies ergibt sich aus der englischen Fassung der EU-ProspV.[32] Nicht erforderlich ist hier die Wiedergabe der Rechtsgrundlagen für ein Squeeze-out.

---

29 So zur entsprechenden Regelung der BörsZulVO *Schwark*, KapMRK, § 15 BörsZulV, Rn. 4.
30 Siehe *Kümpel*, BankKapMR, Rn. 9.116.
31 So zur entsprechenden Regelung der BörsZulVO *Schwark*, KapMRK, § 15 BörsZulV, Rn. 5.
32 Zum Squeeze-out siehe *Schäfer/Eckhold*, in: Marsch-Barner/Schäfer, Hdb börsnot AG, § 63 Rn. 14 ff.

2. Andienungsregeln

Andienungsregeln können Andienungsrechte und -pflichten umfassen. Ein Andienungsrecht ist das Recht eines Anlegers, seine Wertpapiere bei Eintritt eines bestimmten Ereignisses wieder verkaufen zu können. Eine Andienungspflicht besteht, wenn der Anleger die Wertpapiere bei Eintritt eines bestimmten Ereignisses wieder verkaufen muss. 37

XV. Besteuerung, Ziff. 4.11.

1. Quellensteuer

In Deutschland werden Kapitalertragsteuer und Solidaritätszuschlag auf Dividenden erhoben und direkt von der Kapitalgesellschaft einbehalten. Diese sind als Quellensteuer i. S. d. Ziff. 4.11. anzusehen. 38

2. Umfang der steuerlichen Angaben

Aus der Formulierung „Angaben" geht der Umfang der geforderten Angaben nicht hervor. Da die Darstellung der Steuern und insbesondere deren Auswirkungen auf den individuellen Anleger sehr umfangreich sein kann, muss es neben einer Beschreibung der Grundstrukturen, d. h. der Art der Steuer, der Steuersubjekte und des Steuersatzes, möglich sein, auf individuelle Beratung durch einen Rechtsanwalt oder Steuerberater zu verweisen. 39

I. d. R. wird in den Prospekten ein eigener Abschnitt unter der Bezeichnung „Besteuerung in Deutschland" aufgenommen, der Aussagen zur Besteuerung der Gesellschaft und der Aktionäre enthält. Dabei wird üblicherweise zwischen Dividendeneinkünften und Veräußerungsgewinnen sowie zwischen in Deutschland und im Ausland ansässigen Anteilseignern unterschieden. Zudem werden die Unterschiede erläutert, die sich ergeben, wenn die Anteilseigner ihre Aktien im Privat- oder Betriebsvermögen halten.

3. Angebot in verschiedenen Ländern

Die Vorschrift verlangt Angaben für Quellensteuern im Land des eingetragenen Sitzes des Emittenten sowie in den Ländern, in denen das Angebot unterbreitet oder die Zulassung zum Handel beantragt wird. Damit wären theoretisch in einem Basisprospekt, der für ein europaweites Angebot erstellt wird, Angaben zur Quellensteuer in sämtlichen dieser Länder aufzunehmen. Darüber hinaus wären jegliche Gesetzesänderungen durch den Emittenten zu verfolgen und mittels eines Nachtrags gem. § 16 Abs. 1 WpPG zu veröffentlichen, sofern die Wesentlichkeitsschwelle überschritten wird. Der damit verbundene Aufwand des Emittenten wäre jedoch auch aus Anlegerschutzgesichtspunkten nicht gerechtfertigt. Der Anleger muss nur dann über die Quellensteuern eines Landes informiert werden, wenn dort tatsächlich ein Angebot gemacht wird. Daher muss es im Falle eines Basisprospekts ausreichen, wenn der Basisprospekt Angaben zu den Quellensteuern des Herkunftsstaates des Emittenten enthält und die Quellensteuern für die weiteren 40

Länder erst in den endgültigen Bedingungen des Angebots für das jeweilige Land dargestellt werden.[33]

XVI. Bedingungen und Voraussetzungen für das Angebot, Ziff. 5.

41 Unter Ziff. 5. sind die Bedingungen und Voraussetzungen für das „Angebot" anzugeben. Damit bezieht sich der Wortlaut der Vorschrift ausdrücklich ausschließlich auf öffentliche Angebote und nicht auf Zulassungen zum Handel an einem organisierten Markt, so dass die Angaben bei reinen Zulassungsprospekten entbehrlich wären.[34] Der überwiegende Teil der Vorschriften ist tatsächlich nur bei öffentlichen Angeboten sinnvoll. Sofern die Angaben auch bei reinen Zulassungen gemacht werden können (wie z.B. die Angaben zu Ziff. 5.4.2.), sollten sie aus Anlegerschutzgesichtspunkten auch in einem reinen Zulassungsprospekt aufgenommen werden.

XVII. Angebot, Ziff. 5.1.

1. Verkauf oder Zeichnung

42 Bei der Angabe der Anzahl der angebotenen Aktien ist anzugeben, wie viele der Aktien durch die Altaktionäre zum Verkauf angeboten werden und wie viele der Aktien aus einer Kapitalerhöhung stammen und damit erstmalig zur Zeichnung angeboten werden.

2. Festlegung des Betrags

43 Ziff. 5.1.2. Satz 2 betrifft den Fall, dass „der Betrag nicht festgelegt" ist. Da es nicht um den (monetären) Betrag des Angebots, sondern um das Angebotsvolumen, d.h. die Anzahl der angebotenen Wertpapiere geht (vgl. Satz 1: „Gesamtsumme des Angebots"), würde die Formulierung „Ist die Summe nicht festgelegt" die geforderten Angaben besser treffen. Dasselbe gilt für die Ankündigung des endgültigen „Angebotsbetrags". Auch hier ist das Volumen der angebotenen Wertpapiere und nicht deren Preis gemeint. Angaben zum Erwerbspreis der Wertpapiere sind unter Ziff. 5.3. zu machen.

3. Angabe einer maximalen Zahl der angebotenen Wertpapiere

44 Aus Satz 2 geht hervor, dass die Gesamtsumme des Angebots nicht zwingend angegeben werden muss. Darüber hinaus ist es gem. § 8 Abs. 1 Satz 1 WpPG nicht zwingend erforderlich, das Gesamtvolumen der angebotenen Wertpapiere im Prospekt anzugeben. Daher muss es erlaubt sein, statt einer konkreten Anzahl der angebotenen Wertpapiere die Gesamtsumme der Emission mit einem Maximalbetrag zu beziffern (*„bis zu ..."*).[35]

---

33 A.A. wohl *Schwark*, KapMRK, § 15 BörsZulV Rn. 2 zur entsprechenden Regelung der BörsZulVO.
34 Anders in Ziff. 9. Rn. 85.
35 *Schlitt/Schäfer*, AG 2005, 498, 505.

4. Zeitpunkt für die Ankündigung des endgültigen Angebotsbetrags

Ziff. 5.1.2. verlangt die Angabe des Zeitpunkts der Ankündigung des endgültigen Angebotsbetrags. Dieser steht bei Erstellung des Prospekts zumeist noch nicht endgültig fest. Sofern er sich verschiebt, müsste der Emittent einen Nachtrag gem. § 16 Abs. 1 WpPG mit dem neuen Zeitpunkt veröffentlichen. Um dies zu vermeiden, muss es ausreichen statt eines konkreten Datums eine Zeitraumangabe zu machen *("frühestens am ..., spätestens am ...")*.

45

5. Bekanntmachung des endgültigen Angebotsbetrags

Der endgültige Angebotsbetrag (besser: das endgültige Angebotsvolumen) ist gemeinsam mit dem endgültigen Angebotspreis gem. § 8 Abs. 1 Satz 6 WpPG unverzüglich nach seiner Festlegung entsprechend den Regelungen des § 14 Abs. 2 WpPG zu veröffentlichen. Zur Veröffentlichung des endgültigen Angebotspreises siehe die Anm. zu Ziff. 5.3.1. und 5.3.2.

46

XVIII. Zeitraum des Angebots, Ziff. 5.1.3.

1. Angebotsfrist

Ziff. 5.1.3. verlangt die Angabe der Frist, während der das Angebot gilt. Nach dem Wortlaut sind damit konkrete Angaben für Fristbeginn und Fristende zu machen. Sofern dem Emittenten dies nicht möglich ist, muss es erlaubt sein, den frühesten Termin für den Fristbeginn sowie den spätesten Termin für das Fristende anzugeben. Für diese Angaben sind jedoch konkrete Zeitpunkte *("beginnt frühestens am ..., endet spätestens am ...")* zu nennen. Unzulässig ist insofern die Aufnahme voraussichtlicher Daten *("beginnt voraussichtlich am ..., endet wahrscheinlich am ...")*, da der Emittent damit nicht einmal einen verbindlichen Zeitraum angeben und sich damit von jeglicher Verbindlichkeit freizeichnen würde.[36] Im Übrigen dürfen Fristbeginn und Fristende nicht soweit auseinander liegen, dass ein unüblich langer Angebotszeitraum möglich wäre.

47

2. Angebotszeitraum

Sofern Beginn und Ende der Angebotsfrist nicht konkret angegeben werden, ist im Prospekt zumindest der Angebotszeitraum, d.h. die Dauer des Angebots (z.B. zwei Wochen), genau zu beziffern.

48

XIX. Bedienung und Lieferung der Wertpapiere, Ziff. 5.1.8.

Die EU-ProspV verlangt die Angabe der Frist für die Bedienung und Lieferung der Wertpapiere. Da die Fristen zum Zeitpunkt der Prospekterstellung

49

---

36 Vgl. Rn. 49.

meist noch nicht genau festgelegt werden können, muss es dem Emittenten möglich sein, wie für die Angebotsfrist gem. Ziff. 5.1.3. den frühesten Termin für den Fristbeginn sowie den spätesten Termin für das Fristende anzugeben. Auch hier sollten keine voraussichtlichen Angaben zulässig sein, da sich der Emittent damit nicht einmal auf einen bestimmten Zeitraum verbindlich festlegt.[37]

XX. Offenlegung der Ergebnisse des Angebots, Ziff. 5.1.9.

1. Ergebnisse des Angebots

50 Offen zu legen sind die Ergebnisse des Angebots. Dazu gehört zum einen die Anzahl der tatsächlich platzierten Wertpapiere und zum anderen die Angabe, ob ein Greenshoe bzw. eine Mehrzuteilungsmöglichkeit gezogen wurde.[38] Nicht dazu gehören der Platzierungspreis und damit im Zusammenhang stehende Angaben. Diese sind entsprechend den Anforderungen gem. Ziff. 5.3. im Prospekt aufzunehmen.

2. Zeitlicher Ablauf des Angebots

51 Der zeitliche Ablauf des Angebots hängt v. der jeweiligen Angebotsstruktur ab. Entscheidend ist insb., ob es sich um eine Privatplatzierung oder ein öffentliches Angebot, um eine Bezugsrechtsemission oder eine „freie" Platzierung handelt. Nicht zuletzt ist das Verfahren für den Ablauf relevant, nach dem der Emissions- bzw. Platzierungspreis bestimmt wird.[39]

3. Termin

52 Der Zeitpunkt für die Mitteilung an den Anleger, wie viele Aktien ihm zugeteilt wurden, kann entweder mit konkreter Datumsangabe oder mit „x Tage vor dem ersten Handelstag" konkretisiert werden.

XXI. Vorzugsrechte, Ziff. 5.1.10.

53 Zum Begriff des Vorzugsrechts siehe die Rn. 30.

XXII. Am Angebot teilnehmende Personen, Ziff. 5.2.2.

54 Es stellt sich die Frage, ob Ziff. 5.2.2. lediglich die Angabe verlangt, dass die genannten Personenkreise an der Zeichnung teilnehmen bzw. mehr als 5 % des Angebots zeichnen wollen oder ob ihre Identifizierung im Prospekt ver-

---

37 Vgl. Rn. 47.
38 Vgl. dazu die Anm. zu Ziff. 5.2.5. Rn. 60.
39 Zu den Einzelheiten siehe Meyer, in: Marsch-Barner/Schäfer, Hdb börsnot AG, § 7 Rn. 23 ff.

langt werden kann. Letzteres kann nicht gefordert werden. Zunächst ergibt sich ein solches Erfordernis nicht aus dem Wortlaut der EU-ProspV. Des Weiteren kann die Angabe der jeweiligen Namen einem Anleger im Zweifel keine wertvolle Information über die Wertpapiere liefern. Insb. ist zum Zeitpunkt der Prospekterstellung noch nicht sicher, dass eine der Personen an der Zeichnung teilnehmen wird *("an der Zeichnung teilnehmen wollen")*. In keinem Fall kann das Interesse des Publikums an der Offenlegung der Identität der zeichnenden Personen das Interesse der genannten Personen an der Geheimhaltung ihrer persönlichen Investitionsentscheidung überwiegen. Die Offenlegung der Identität der an der Zeichnung teilnehmenden Personen kann somit nicht verlangt werden.

XXIII. Zuteilung der Wertpapiere, Ziff. 5.2.3.

1. Aufteilung

Zum Zeitpunkt der Erstellung des Prospekts hat sich die Gesellschaft bezüglich der Aufteilung des Angebots in Tranchen oftmals noch nicht festgelegt. In solchen Fällen können im Prospekt dazu keine Angaben gemacht werden. Sollte nach der Veröffentlichung des Prospekts eine Aufteilung erfolgen, ist von der Emittentin zu prüfen, ob dieser Umstand einen nachtragspflichtigen Umstand i. S. d. § 16 Abs. 1 WpPG darstellt, und ggf. ein entsprechender Nachtrag zu veröffentlichen.

55

2. Mehrzuteilung

Ziff. 5.2.3. lit. c) verlangt die Angabe der Zuteilungsmethode für die Privatkundentranche und die Tranche für die Beschäftigten des Emittenten im Falle einer Mehrzuteilung. Die Formulierung „Mehrzuteilung" könnte treffender gefasst werden mit „Überzeichnung". Dies entspricht auch eher der englischen Fassung, in der die Formulierung *„over-subscription"* gewählt wurde.

56

3. Zuteilungsmethoden

Zulässige Zuteilungsverfahren werden z. B. in den „Grundsätzen für die Zuteilung von Aktienemissionen an Privatanleger", herausgegeben von der Börsensachverständigenkommission beim Bundesministerium der Finanzen am 07.06.2000, dargestellt.[40] Zu den dort dargestellten Zuteilungsmethoden gehören die folgenden Verfahren:

57

– Losverfahren: Verteilung der verfügbaren Aktien nach einem für alle Kaufwilligen identischen Losschema oder nach verschiedenen Losgrößen
– Zuteilung nach Ordergrößen: Oders innerhalb einer Ordergrößenklasse erhalten die gleiche pauschale oder prozentuale Zuteilung, wobei verschiedene Ordergrößenklassen unterschiedliche Zuteilungen erhalten können

---

40 Im Internet abrufbar auf der Website der BaFin unter www.bafin.de; zu weiteren Zuteilungsmethoden siehe *Meyer*, in: Marsch-Barner/Schäfer, Hdb börsnot AG, § 7 Rn. 51.

– Zuteilung anhand einer bestimmten Quote: quotale Verteilung der Aktien, d. h. gem. eines festen Bruchteils des Kaufangebots, auf alle oder die Kaufwilligen einer bestimmten Stückzahl (Rundungen zulässig)
– Zuteilung nach dem Zeitpunkt des Eingangs des Kaufangebots: Bedienung der Kaufangebote nach der zeitlichen Reihenfolge ihres Eingangs
– Zuteilung nach anderen sachgerechten Kriterien: Zuteilung nach regionalen Aspekten oder unter Berücksichtigung bestehender langfristiger Kundenbindungen unter Berücksichtigung der o. g. Kriterien

4. Friends und Family-Programme

58 Unter sog. Friends- und Family-Programmen versteht man die Zuteilung von Aktien an Investoren, die zuvor v. der Gesellschaft ausgesucht wurden. Üblicherweise werden Geschäftspartner, aber auch Führungskräfte oder sonstige Mitarbeiter des Unternehmens ausgewählt, um auf diese Weise eine besondere Bindung an die Gesellschaft zu schaffen.[41]

5. Vorzeitige Beendigung

59 Nach dem Sinn und Zweck der Vorschrift der Ziff. 5.2.3. lit. g) kann es sich hier nicht um das bei Prospekterstellung vorgesehene Angebotsende handeln, sondern um eine vorzeitige, d. h. bei Erstellung des Prospekts nicht vorgesehene Beendigung des Angebots. Im Prospekt müssen für diesen Fall die Bedingungen angegeben werden, unter denen das Angebot frühzeitig beendet werden kann, sowie der früheste Termin für die vorzeitige Beendung des Angebots.

XIV. Greenshoe, Ziff. 5.2.5.

60 Bei einem Greenshoe handelt es sich um ein Instrument der Kursstabilisierung, bei dem der Emittent dem Emissionskonsortium für den Fall, dass die Nachfrage das ursprünglich vorgesehene Emissionsvolumen erheblich überschreitet, Mehrzuteilungen zu den Ursprungskonditionen einräumt. Die Greenshoe-Aktien können aus dem Bestand der Altaktionäre oder aus einer Kapitalerhöhung stammen. Der Umfang des Greenshoes beläuft sich regelmäßig auf 10–15 % des ursprünglichen Emissionsvolumens.[42] Typischerweise dauert eine solche Stabilisierungsphase dreißig Tage.[43] Dieser Zeitraum (dreißig Kalendertage) ist im Übrigen gem. § 20a Abs. 3 Satz 1 WpHG i.V. m. Art. 8 der VO (EG) Nr. 2273/2003 der Kommission vom 22. 12. 2003 zur Durchführung der RL 2003/6/EG des Europäischen Parlaments und des Ra-

---

41 *Kümpel*, BankKapMR, Rn. 9.43; *Meyer*, in: Marsch-Barner/Schäfer, Hdb börsnot AG, § 7 Rn. 53.
42 Zu den Einzelheiten der Wirkungsweise und den Gestaltungsformen des Greenshoe siehe *Meyer*, WM 2002, 1106 ff.; *ders.*, in: Marsch-Barner/Schäfer, Hdb börsnot AG, § 7 Rn. 54; *Hein*, WM 1996, 1, 6 f.
43 *Kümpel*, BankKapMR, Rn. 9.264.

tes – Ausnahmeregelungen für Rückkaufprogramme und Kursstabilisierungsmaßnahmen (ABl. EU Nr. L 336 S. 33) auch die Höchstgrenze für solche Kursstabilisierungsmaßnahmen.

XXV. Preisfestsetzung, Ziff. 5.3.

1. Methode für die Festlegung des Angebotspreises

Wenn der Preis noch nicht bekannt ist, hat der Prospekt Angaben zu den Methoden für die Festlegung des Preises zu enthalten. Zu den Preisfindungsverfahren gehören das Festpreisverfahren, das Bookbuilding-Verfahren und das Auktionsverfahren, wobei sich das Bookbuilding-Verfahren mittlerweile weitestgehend durchgesetzt hat.[44] 61

– Festpreisverfahren: Beim Festpreisverfahren werden die Aktien zu einem vor dem Angebot festgelegten Platzierungspreis angeboten. Dieser Preis wird bei bereits börsennotierten Unternehmen vom Börsenpreis der börsennotierten Aktien abgeleitet. Bei noch nicht börsennotierten Unternehmen, deren Aktien im Rahmen eines IPO erst an der Börse zugelassen werden sollen, wird eine Indikation für den Platzierungspreis auf Basis einer fundamentalen Unternehmensanalyse und -bewertung unter Berücksichtigung der Börsenbewertung vergleichbarer Unternehmen sowie der allgemeinen Marktsituation ermittelt (z.B. unter Anwendung der Grundsätze des Instituts der Wirtschaftsprüfer IDW S1).[45] 62

– Bookbuilding-Verfahren: Beim Bookbuilding-Verfahren geben Emittent und Bankenkonsortium vor der Zeichnungsperiode eine Preisspanne bekannt, innerhalb derer interessierte Anleger ihre Kaufanträge abgeben können. Diese Preisspanne wird im Rahmen einer Pre-Marketing-Phase und einer Marketing-Phase unter Einbeziehung der institutionellen Investoren ermittelt.[46] Sämtliche Kaufanträge werden beim Konsortialführer (sog. Lead Manager oder Bookrunner) gemeldet und in einem elektronischen Orderbuch zusammengestellt. Nach Abschluss des i.d.R. fünf bis zehn Tage dauernden Bookbuilding-Verfahrens wird der Platzierungspreis ermittelt.[47] Bei der Variante des sog. Accelerated Bookbuilding-Verfahrens wird der Platzierungszeitraum abhängig vom Volumen und der Aufnahmebereitschaft der Investoren auf wenige Stunden verkürzt. Ein auf diese Weise beschleunigtes Bookbuilding-Verfahren wird vornehmlich bei Sekundärplatzierungen angewandt. Die Abkürzung des Preisfindungszeitraums bringt dem Emittenten den Vorteil, dass die vorgegebene Preisspanne nur kurzzeitig den möglicherweise extremen Schwankungen des Börsenumfelds ausgesetzt wird. Bei dem unter der Bezeichnung Decou- 63

---

[44] *Meixner*, NJW 1998, 1896, 1900.
[45] *Kümpel*, BankKapMR, Rn. 9.254; *Meyer*, in: Marsch-Barner/Schäfer, Hdb börsnot AG, § 7 Rn. 26f.; *Schwark*, KapMRK, § 37 BörsG Rn. 9.
[46] *Kümpel*, BankKapMR, Rn. 9.258.
[47] *Hein*, WM 1996, 1ff.; *Kümpel*, BankKapMR, Rn. 9.258; *Meyer*, in: Marsch-Barner/Schäfer, Hdb börsnot AG, § 7 Rn. 30; *Schwark*, KapMRK, § 37 BörsG Rn. 7f.

pled Bookbuilding-Verfahren bekannten Preisfindungsverfahren finden sich im Prospekt weder Angaben zu Emissionsvolumen und Emissionspreis, noch zu einer Preisspanne. Letztere wird nach einer ein- bis zweiwöchigen Road-Show bei institutionellen Investoren am Tag vor dem Beginn der Zeichnungsfrist im Wege eines Nachtrags in den Prospekt aufgenommen. Auf diese Weise können die Vorstellungen der angesprochenen Investoren bei der Preisbestimmung berücksichtigt werden. Die konkrete Höhe des Emissionsvolumens und des Emissionspreises werden nach dem Ende der Zeichnungsfrist (gem. § 8 Abs. 1 WpPG) veröffentlicht.

64 – Auktionsverfahren: Beim Auktionsverfahren geben interessierte Anleger ihre Kaufgebote ohne Vorgabe einer Preisspanne ab. Die Aktien werden nach Ablauf der Angebotsfrist, angefangen beim höchsten Gebot, so lange verteilt, bis das Emissionsvolumen erschöpft ist.[48]

Das Verfahren zur nachträglichen Bekanntmachung des Emissionspreises (sowie des Emissionsvolumens) erfolgt nach § 8 WpPG. Zur nachträglichen Bekanntmachung des Emissionsvolumens siehe auch Ziff. 5.1.2.

2. Bekanntmachung des endgültigen Angebotspreises

65 Der endgültige Angebotspreis ist gemeinsam mit dem endgültigen Emissionsvolumen gem. § 8 Abs. 1 Satz 6 WpPG unverzüglich nach seiner Festlegung gem. § 14 Abs. 2 WpPG zu veröffentlichen. Zur Veröffentlichung des endgültigen Emissionsvolumens siehe Ziff. 5.1.2. Zur Nachtragspflicht für den Fall, dass der Prospekt bereits veröffentlicht ist, siehe die Anm. zu § 8 WpPG unter Rn. 7–9.

3. Kosten und Steuern

66 Satz 3 ist insbesondere auf die Stempelsteuer zugeschnitten, die v. a. in Großbritannien anfällt.

XXVI. Fremdemission, Ziff. 5.4.

67 Sofern die Emittentin ihre Wertpapiere nicht selbst an ihre Aktionäre oder an neue Kapitalgeber emittieren möchte (sog. Selbstemission bzw. Direktplatzierung), kann sie sich zur Ausgabe der Wertpapiere auch der Mitwirkung von Kreditinstituten bedienen (sog. Fremdemission).[49] In einem solchen Fall werden die Wertpapiere üblicherweise von einem Bankenkonsortium übernommen (sog. *Underwriting*). Die dem Konsortium angehörigen Banken („Koordinatoren") werden dabei von einem Konsortialführer (auch sog. *Lead Manager*) vertreten. Sowohl der Konsortialführer als auch die weiteren Konsortialbanken sollten hier angegeben werden.

---

48 *Kümpel*, BankKapMR, Rn. 9.40; *Schwark*, KapMRK, § 37 BörsG Rn. 9.
49 *Kümpel*, BankKapMR, Rn. 9.14.

XXVII. Zahl- und Verwahrstellen, Ziff. 5.4.2.

1. Zahlstellen

Unter der Zahlstelle sind Finanzinstitute zu verstehen, bei denen sämtliche 68
Maßnahmen bez. der Wertpapiere vorgenommen werden können.[50] Bspw.
können hier Zins- und Dividendenscheine sowie ausgeloste oder gekündigte
Schuldverschreibungen eingelöst und Bezugsrechte ausgeübt werden. Bei
der Zahlstelle werden darüber hinaus sonstige Gewinnanteile ausgezahlt.
Bei außerbörslich angebotenen Wertpapieren muss die Zahlstelle nicht bei
einem Kreditinstitut angesiedelt sein. Neben der Benennung der Stelle ist
auch deren Adresse anzugeben.[51]

2. Verwahrstellen

Darüber hinaus ist die Verwahrstelle (auch Depot- oder Hinterlegungsstelle) 69
aufzunehmen. Verwahrstellen sind die Stellen, bei denen Aktien zu hinterlegen sind, um an der Hauptversammlung teilnehmen oder dort das Stimmrecht ausüben zu können (siehe i. E. § 123 Abs. 2 und 3 AktG).[52] Auch hier
ist neben dem Namen der Verwahrstelle deren Adresse anzugeben.[53]

3. In jedem Land

Wenn es sich um ein grenzüberschreitendes Angebot handelt, sind sowohl 70
die inländischen als auch die ausländischen Zahl- und Verwahrstellen aufzunehmen. Problematisch wird dies dann, wenn bei der Erstellung eines Basisprospekts noch nicht feststeht, in welchen Ländern das Angebot letztlich
gemacht werden soll. In einem solchen Fall reicht die Angabe der Zahl- und
Verwahrstelle im Inland zunächst aus. Die Zahl- und Verwahrstellen im jeweiligen (Aus-)Land sind sodann in den endgültigen Bedingungen aufzunehmen. Die Zahl- und Verwahrstellen im Ausland sind jedoch nur dann anzugeben, sofern in dem jeweiligen Land eine solche Stelle auch tatsächlich
bestimmt wurde.

XXVIII. Offenlegung der Quoten, Ziff. 5.4.3.

Oftmals stehen die Quoten zum Zeitpunkt der Prospekterstellung noch nicht 71
fest. In solchen Fällen ist zumindest der Zeitpunkt anzugeben, an dem die
Quoten festgelegt und bekannt gegeben werden.

---

50 *Schwark*, KapMRK, § 39 BörsG Rn. 9 f.
51 *Schwark*, KapMRK, § 15 BörsZulV Rn. 7.
52 *Schwark*, KapMRK, § 39 BörsG Rn. 10 f.
53 *Schwark*, KapMRK, § 15 BörsZulV Rn. 7.

XXIX. Emissionsübernahmevertrag, Ziff. 5.4.4.

72 Sofern der Emissionsübernahmevertrag erst nach der Erstellung und Billigung abgeschlossen wird, ist im Prospekt der voraussichtliche Zeitpunkt für den Abschluss des Übernahmevertrags aufzunehmen.

XXX. Zulassung zum Handel und Handelsregeln, Ziff. 6.

73 Das BörsG versteht unter der Zulassung von Wertpapieren die Erlaubnis, die Börseneinrichtungen für den Handel mit den Wertpapieren zu benutzen. Dabei steht die Börse jedem Emittenten gleichermaßen offen.[54]

XXXI. Märkte, auf denen die Wertpapiere zugelassen werden sollen, Ziff. 6.1.

74 Nach dieser Regelung ist anzugeben, ob die Wertpapiere auf „einem geregelten Markt oder sonstigen gleichwertigen Märkten" vertrieben werden sollen. Unter die geregelten Märkte fallen zum einen die EU-regulierten Märkte (EU-Regulated Markets) und zum anderen die v. den Börsen selbst regulierten Märkte (Regulated Unofficial Markets). Erstere umfassen das Börsensegment Amtlicher Markt, dessen Zulassungsvoraussetzungen in §§ 30 ff. BörsG geregelt werden, und das Börsensegment Geregelter Markt, welches in §§ 49 ff. BörsG normiert ist. Eine Zulassung von Wertpapieren zum Amtlichen Markt oder zum Geregelten Markt führt in den General Standard oder – sofern weitere internationale Transparenzstandards eingehalten werden – in dessen Teilbereich Prime Standard. Amtlicher und Geregelter Markt sind gem. § 2 Abs. 7 WpÜG organisierte Märkte i. S. d. § 2 Abs. 5 WpHG, da sie von staatlich anerkannten Stellen geregelt und überwacht werden, regelmäßig stattfinden und für das Publikum unmittelbar oder mittelbar zugänglich sind.[55]

75 Neben einer Zulassung zum Amtlichen Markt oder zum Geregelten Markt können Emittenten auch die Zulassung zum in § 57 BörsG geregelten Freiverkehr beantragen. Dieses Marktsegment ist nicht in die öffentlich-rechtliche Organisation der Börse als Anstalt öffentlichen Rechts integriert, sondern reguliert sich selbst.[56] Der Freiverkehr ist kein organisierter Markt i. S. d. § 2 Abs. 5 WpHG, da er ausschließlich privatrechtlich normiert ist.[57] Er wird von der Deutschen Börse AG auch als Open Market bezeichnet. Das neue Handelssegment Entry Standard startete am 25.10.2005 im Freiverkehr der Frankfurter Wertpapierbörse als Teilbereich für kleine und mittlere Unternehmen.[58]

---

54 *Kümpel*, BankKapMR, Rn. 17.364; *Schwark*, KapMRK, § 30 BörsG Rn. 6.
55 Zu den Einzelheiten siehe *Meyer*, in: Marsch-Barner/Schäfer, Hdb börsnot AG, § 6 Rn. 40 ff.
56 *Kümpel*, BankKapMR, Rn. 17.620.
57 *Schwark*, KapMRK, § 2 WpHG Rn. 46; § 2 WpÜG Rn. 49.
58 Siehe *Weber*, NJW 2005, 3682, 3683; *ders.*, NJW 2006, 3685, 3686.

XXXII. Märkte, auf denen die Wertpapiere bereits zugelassen sind, Ziff. 6.2.

Selbst wenn für die Zulassung der Wertpapiere keine Prospektpflicht unter dem WpPG besteht, sind die geregelten oder gleichwertigen Märkte anzugeben, auf denen sie bereits zugelassen sind. Denkbar ist dies bspw. für Wertpapiere, die ohne öffentliches Angebot i.S.d. §§ 3, 4 WpPG am Entry Standard einbezogen werden sollen, wenn eine Zulassung besteht. 76

XXXIII. Intermediäre, Ziff. 6.4.

Gem. dieser Regelung ist das Institut anzugeben, welches die Funktion des Intermediärs im Zweithandel, üblicherweise als *Designated Sponsor* bezeichnet, übernimmt. Die vorrangige Aufgabe eines solchen Intermediärs besteht darin, die Handelbarkeit bzw. Liquidität der Wertpapiere zu sichern, indem er verbindliche Geld- und Briefkurse einstellt.[59] Diese Funktion sollte zum besseren Verständnis im Prospekt kurz erläutert werden. Üblicherweise wird folgende Formulierung im Prospekt aufgenommen: 77

„Der Designated Sponsor sorgt insbesondere für eine höhere Liquidität der Aktien, indem er verbindliche Preise für Kauf und Verkauf der Aktien festlegt."

Zwischen dem Intermediär und der Emittentin wird ein Vertrag abgeschlossen, in dem sich der Intermediär zur Übernahme dieser Aufgabe verpflichtet. Inhaltlich können sich die Bedingungen dieser Zusagevereinbarung bspw. nach den Regeln der Deutsche Börse AG für das Designated Sponsoring richten. Im Prospekt empfehlen sich Angaben zur Vergütung des Intermediärs sowie zu dessen Haftungsbeschränkungen.

XXXIV. Kursstabilisierung, Ziff. 6.5.

1. Aktionär mit Verkaufsposition

Zum Aktionär mit Verkaufsposition siehe Rn. 80. 78

2. Kursstabilisierung

Um extreme Kursausschläge von neu platzierten Wertpapieren entgegenzuwirken, führen die an der Emission beteiligten Banken eigene Wertpapiergeschäfte zur Kursstabilisierung durch. Dazu gehören der Kauf von Wertpapieren, die Gegenstand der Wertpapieremissionen sind, und der Kauf von Wertpapieren oder Derivaten, die sich auf die Wertpapiere beziehen, die Gegenstand von Wertpapieremissionen sind.[60] Bei der Vornahme solcher Maß- 79

---

[59] *Kümpel*, BankKapMR, Rn. 17.196f.; *Meyer*, in: Marsch-Barner/Schäfer, Hdb börsnot AG, § 7 Rn. 11f.
[60] Zu den Einzelheiten siehe *Kümpel*, BankKapMR, Rn. 16.415 und *Meyer*, in: Marsch-Barner/Schäfer, Hdb börsnot AG, § 7 Rn. 54ff.

nahmen sind jedoch die strikten Voraussetzungen des § 20a WpHG sowie der auf der Ermächtigungsgrundlage des § 20a Abs. 5 WpHG am 01.03. 2005 erlassenen VO zur Konkretisierung des Verbotes der Marktmanipulation (Marktmanipulations-KonkretisierungsVO – MaKonV)[61] zu beachten. Beide Regelungen sollen Kurs- und Marktpreismanipulationen verhindern. Die MaKonV enthält Leitlinien zu der Frage, welche Handlungen und Unterlassungen als Marktmanipulationen i.S.d § 20a WpHG anzusehen sind.[62]

XXXV. Wertpapierinhaber mit Verkaufsposition, Ziff. 7.1.

80 I.R.d. Transaktion werden die Aktien von einzelnen oder allen Altaktionären und/oder der Emittentin selbst zum Verkauf angeboten. Zum Teil binden die verkaufenden Aktionäre die Abgabe der Aktien an die Ausübung des Greenshoes bzw. der Mehrzuteilungsoption. In einem solchen Fall stellen die Altaktionäre dem Emissionsbegleiter ihre Aktien leihweise zur Verfügung, damit dieser den Greenshoe bzw. die Mehrzuteilungsoption nutzen kann. Formulierungsbeispiele finden sich in den Wertpapierprospekten der BAVARIA Industriekapital AG v. 09.12.2005, der PFAFF Industrie Maschinen AG v. 27.09.2006 und der Mox Telecom AG v. 22.11.2006.

XXXVI. Kategorie der Wertpapiere, Ziff. 7.2.

81 Zur Kategorie der Wertpapiere siehe Anm. zu Ziff. 4.1. Rn. 21.

XXXVII. Lock-up-Vereinbarungen, Ziff. 7.3.

82 Unter einem Lock-up oder einer Halte- oder Marktschonungsvereinbarung ist eine Vereinbarung zu verstehen, in der sich Wertpapierinhaber gegenüber der Emittentin dazu verpflichten, ihre Wertpapiere während eines bestimmten Zeitraums nicht zu verkaufen.[63] Im Wertpapierprospekt der Mox Telecom AG v. 22.11.2006 findet sich unter der Überschrift „Marktschutzvereinbarung/Veräußerungsbeschränkungen (Lock-up)" z.B. folgende Formulierung einer Lock-up-Vereinbarung:

„Die Mitglieder des Vorstands der Mox Telecom Aktiengesellschaft haben sich gegenüber der Concord Effekten AG verpflichtet, unter Beachtung der einschlägigen Regelungen des nationalen Aktienrechtes ohne vorherige schriftliche Zustimmung der Concord Effekten AG keine dem Veräußerungsverbot unterliegenden Aktien der Mox Telecom Aktiengesell-

---

61 BGBl. I 2005 S. 515.
62 Zu den Einzelheiten siehe *Kümpel*, BankKapMR, Rn. 16.388 ff.
63 Zur rechtlichen Zulässigkeit und zu Gestaltungsvarianten von Lock-ups siehe *Fleischer*, WM 2002, 2305, 2313; *Groß*, in: Marsch-Barner/Schäfer, Hdb börsnot AG, § 8 Rn. 51; *Kümpel*, BankKapMR, Rn. 9.251; *Technau*, AG 1998, 445, 457; *Wieneke*, NZG 2004, 61, 70.

schaft direkt oder indirekt anzubieten, zu veräußern, dieses anzukündigen oder sonstige Maßnahmen zu ergreifen, die einer Veräußerung wirtschaftlich entsprechen. Dieses Veräußerungsverbot umfasst zum Zeitpunkt der Notierungsaufnahme insgesamt 1.894.300 Aktien.

Um dieses Veräußerungsverbot sicherzustellen, wurden für das gesamte Grundkapital zwei Wertpapierkennnummern beantragt, eine für die im Open Market (Freiverkehr) ab Notierungsaufnahme handelbaren Aktien und eine für die mit dem Veräußerungsverbot belegten Aktien der Altaktionäre."

Weitere Formulierungsbeispiele finden sich in den Wertpapierprospekten der BAVARIA Industriekapital AG v. 09.12.2005 und der MLP AG v. 20.01.2006.

XXXVIII. Kosten der Emission, Ziff. 8.

1. Gesamtkosten

Die Gesamtkosten der Emission umfassen die Kosten für die Börsenzulassung, die Börseneinführung, die Erstellung, Veröffentlichung und Distribution des Prospekts, Werbemaßnahmen einschließlich Investorengesprächen sowie für Provisionen von Emissionsbegleitern und Vergütungen für Berater und Emissionsbanken.[64]

83

2. Verhältnis zu § 8 Abs. 1 Satz 1 WpPG

Ziff. 8.1. verlangt die Angabe der Gesamtnettoerträge des Angebots. Dem gegenüber gestattet § 8 Abs. 1 Satz 1 WpPG die Nichtaufnahme der Angabe des Emissionspreises und deren spätere Veröffentlichung nach Festlegung. Diese Vorschrift liefe weitgehend leer, verlangte man dennoch die Angabe der Gesamtnettoerträge, da daraus der Emissionspreis ermittelt werden könnte. Dieser Widerspruch darf jedoch nicht dahingehend gelöst werden, dass vollständig auf die Angabe der Gesamtnettoerträge verzichtet werden kann. Vielmehr sind die Gesamtnettoerträge wie die Gesamtkosten der Emission jedenfalls mit einem Schätzbetrag anzugeben, damit sich das Publikum zumindest eine Vorstellung von den erwarteten Erträgen machen kann. Alternativ kann auch eine Spanne für die Gesamtnettoerträge angegeben werden. Zulässig sind insoweit Spannen von bis zu 50 % des höchsten angenommenen Nettoemissionserlöses.[65]

84

---

64 So zur entsprechenden Regelung der BörsZulVO *Schwark*, KapMRK, § 15 BörsZulV Rn. 15.

65 Zu dem nach Festsetzung des endgültigen Emissionspreises und damit der Bestimmung der tatsächlichen Gesamtnettoerträge erforderlichen Nachtrag gem. § 16 WpPG siehe die Kommentierung zu § 8 WpPG unter Rn. 8.

XXXIX. Anwendbarkeit und Verwässerungsschutz, Ziff. 9.

85 Die Regelungen in Ziff. 9.1. und 9.2. beziehen sich ausdrücklich nur auf Angebote und nicht auf Zulassungen zum Handel an einem organisierten Markt. Dabei dürfte es sich jedoch um ein Redaktionsversehen handeln. Die Angaben sind auch bei reinen Zulassungsprospekten sinnvoll und daher zwingend im Prospekt aufzunehmen.[66]

86 Über die in Ziff. 9.1. und 9.2. geforderten Angaben hinaus sind – soweit vorhanden – im Übernahmevertrag geregelte Verwässerungsschutzvereinbarungen aufzunehmen. Mittels solcher Vereinbarungen verpflichtet sich der Emittent gegenüber dem Emissionskonsortium, innerhalb eines bestimmten Zeitraums keine weiteren Kapitalerhöhungen vorzunehmen, um auf diese Weise den Erfolg der Platzierung, eine stabile Kursentwicklung nach der Anfangsphase und das Ansehen des Emissionskonsortiums zu sichern. Grundlage einer derartigen Vereinbarung sollte ein Hauptversammlungsbeschluss sein, da dem Vorstand die gesellschaftsrechtliche Kompetenz zur Eingehung einer solchen Verpflichtung fehlt, sofern es sich nicht um genehmigtes Kapital handelt.[67]

XL. Verwässerung, Ziff. 9.1.

87 Von einer Verwässerung der Beteiligung eines Aktionärs spricht man, wenn sich der Wert seiner Aktien durch die Ausgabe neuer Aktien im Rahmen einer Kapitalerhöhung verringert und dadurch zu einem Vermögensnachteil des Aktionärs führt.

XLI. Beteiligte Berater, Ziff. 10.1.

88 Beteiligte Berater können neben der transaktionsbegleitenden Emissionsbank die Rechts- und sonstigen Wirtschaftsberater sein.

XLII. Geprüfte Abschlüsse, Ziff. 10.2.

89 Neben den zwingend erforderlichen Jahresabschlüssen und Zwischenabschlüssen können freiwillig zusätzliche (Einzel-/Konzern-)Abschlüsse oder einzelne Finanzinformationen der Emittentin bzw. einer ihrer Konzernunternehmen geprüft oder prüferisch durchgesehen, mit einem Bestätigungsvermerk versehen und dem Prospekt beigefügt werden. In Betracht kommen dafür hauptsächlich Prognosen bezüglich der zukünftigen Entwicklung des Unternehmens.

---

66 Anders in Ziff. 5. Rn. 41 ff.
67 *Kümpel,* BankKapMR, Rn. 9.251.

XLIII. Sachverständigenberichte, Ziff. 10.3.

Da die Regelung der Ziff. 10.3. des Anh. III EU-ProspV der Bestimmung der Ziff. 23.1. des Anh. I EU-ProspV entspricht, wird auf die dortige Kommentierung verwiesen. 90

XLIV. Angaben Dritter, Ziff. 10.4.

Da die Regelung der Ziff. 10.4. des Anh. III EU-ProspV der Bestimmung der Ziff. 23.2. des Anh. I EU-ProspV entspricht, wird auf die dortige Kommentierung verwiesen. 91

ARTIKEL 7
Schema für das Registrierungsformular für Schuldtitel und derivate Wertpapiere mit einer Stückelung von weniger als 50.000 EUR

Bei nicht unter Artikel 4 fallenden Wertpapieren mit einer Stückelung von weniger als 50.000 EUR oder bei nennwertlosen Wertpapieren, die bei der Emission nur für weniger als 50.000 EUR pro Stück erworben werden können, werden die Angaben für das Registrierungsformular für Schuldtitel und derivative Wertpapiere gemäß dem in Anhang IV festgelegten Schema zusammengestellt.

ARTICLE 7
Debt and derivative securities registration document schedule for securities with a denomination per unit of less than 50.000 EUR

For the debt and derivative securities registration document concerning securities which are not covered in Article 4 with a denomination per unit of less than 50.000 EUR or, where there is no individual denomination, securities that can only be acquired on issue for less than 50.000 EUR per security, information shall be given in accordance with the schedule set out in Annex IV.

Inhalt

	Rn.		Rn.
I. Überlick	1	II. Wertpapiere	2

I. Überblick

Art. 7 EU-ProspV gibt vor, dass für Wertpapiere, die nicht unter Art. 4 EU-ProspV fallen und mit einer Stückelung von weniger als 50.000 Euro oder als nennwertlose Wertpapiere, die für weniger als 50.000 Euro erworben werden können, öffentlich angeboten werden oder an einem organisierten Markt zugelassen werden, sich die Emittentenangaben nach Schema IV des Anhangs zur EU-ProspV richten. 1

II. Wertpapiere

2 Wertpapiere sind dabei alle Wertpapiere gem. § 2 WpPG bzw. Art. 2 der EU-ProspRL. Hier wird auf die Kommentierung zu § 2 WpPG verwiesen.

Anh. IV EU-ProspV
**Mindestangaben für das Registrierungsformular
für Schuldtitel und derivative Wertpapiere (Schema)**
(Schuldtitel und derivative Wertpapiere mit einer Stückelung
von weniger als EUR 50.000)

1. Verantwortliche Personen

1.1. Alle Personen, die für die im Registrierungsformular gemachten Angaben bzw. für bestimmte Abschnitte des Registrierungsformulars verantwortlich sind. Im letzteren Fall sind die entsprechenden Abschnitte aufzunehmen. Im Falle von natürlichen Personen, zu denen auch Mitglieder der Verwaltungs-, Geschäftsführung-, und Aufsichtsorgane des Emittenten gehören, sind der Name und die Funktion dieser Person zu nennen. Bei juristischen Personen sind Name und eingetragener Sitz der Gesellschaft anzugeben.

1.2. Erklärung der für das Registrierungsformular verantwortlichen Personen, dass sie die erforderliche Sorgfalt haben walten lassen, um sicherzustellen, dass die im Registrierungsformular genannten Angaben ihres Wissens nach richtig sind und keine Tatsachen weggelassen werden, die die Aussage des Registrierungsformulars wahrscheinlich verändern können. Ggf. Erklärung der für bestimmte Abschnitte des Registrierungsformulars verantwortlichen Personen, dass sie die erforderliche Sorgfalt haben walten lassen, um sicherzustellen, dass die in dem Teil des Registrierungsformulars genannten Angaben, für die sie verantwortlich sind, ihres Wissens nach richtig sind und keine Tatsachen weggelassen werden, die die Aussage des Registrierungsformulars wahrscheinlich verändern können.

2. Abschlussprüfer

2.1. Namen und Anschrift der Abschlussprüfer des Eminenten, die für den von den historischen Finanzinformationen abgedeckten Zeitraum zuständig waren (einschließlich der Angabe ihrer Mitgliedschaft in einer Berufsvereinigung).

2.2. Wurden Abschlussprüfer während des von den historischen Finanzinformationen abgedeckten Zeitraums abberufen, nicht wieder bestellt oder haben sie ihr Mandat niedergelegt, so sind entsprechende Einzelheiten offen zu legen, wenn sie von wesentlicher Bedeutung sind.

3. Ausgewählte Flnanzinformatlonen

3.1. Ausgewählte historische Finanzinformationen über den Emittenten sind für jedes Geschäftsjahr für den Zeitraum vorzulegen, der von den historischen Finanzinformationen abgedeckt wird und für jeden späteren Zwischenberichtszeitraum, und zwar in derselben Währung wie die Finanzinformationen.

Die ausgewählten historischen Finanzinformationen müssen die Schlüsselzahlen enthalten, die einen Überblick über die Finanzlage des Emittenten geben.

3.2. Werden ausgewählte Finanzinformationen für Zwischenberichtszeiträume vorgelegt, so sind auch Vergleichsdaten für den gleichen Zeitraum des vorhergehenden Geschäftsjahres vorzulegen, es sei denn, die Anforderung der Beibringung vergleichbarer Bilanzinformationen wird durch die Vorlage der Bilanzdaten zum Jahresende erfüllt.

4. Risikofaktoren

Hervorgehobene Offenlegung von Risikofaktoren, die die Fähigkeit des Emittenten beeinflussen können, seinen Verpflichtungen im Rahmen der Wertpapiere gegenüber den Anlegern nachzukommen (unter der Rubrik „Risikofaktoren").

5. Angaben über den Emittenten

5.1. Geschäftsgeschichte und Geschäftsentwicklung des Emittenten

5.1.1. Juristischer und kommerzieller Name des Emittenten;

5.1.2. Ort der Registrierung des Emittenten und seine Registrierungsnummer;

5.1.3. Datum der Gründung und Existenzdauer des Emittenten, soweit diese nicht unbefristet ist;

5.1.4. Sitz und Rechtsform des Emittenten; Rechtsordnung, in der er tätig ist; Land der Gründung der Gesellschaft: Anschrift und Telefonnummer seines eingetragenen Sitzes (oder Hauptort der Geschäftstätigkeit. falls nicht mit dem eingetragenem Sitz identisch);

5.1.5. Ereignisse aus jüngster Zeit in der Geschäftstätigkeit des Emittenten, die in erheblichem Maße für die Bewertung der Solvenz des Emittenten relevant sind.

5.2. Investitionen

5.2.1. Beschreibung der wichtigsten Investitionen seit dem Datum der Veröffentlichung des letzten Jahresabschlusses.

5.2.2. Angaben über die wichtigsten künftigen Investitionen des Emittenten. die von seinen Verwaltungsorganen bereits fest beschlossen sind.

5.2.3. Angaben über voraussichtliche Quellen für Finanzierungsmittel, die zur Erfüllung der in 5.2.2. genannten Verpflichtungen erforderlich sind.

6. Geschäftsüberblick

6.1. Haupttätigkeitsbereiche

6.1.1. Beschreibung der Haupttätigkeiten des Emittenten unter Angabe der wichtigsten Arten der vertriebenen Produkte und/oder erbrachten Dienstleistungen; und

6.1.2. Angabe etwaiger wichtiger neuer Produkte und/oder Dienstleistungen.

6.2. Wichtigste Märkte

Kurze Beschreibung der wichtigsten Märkte, auf denen der Emittent tätig ist.

6.3. Grundlage für etwaige Angaben des Emittenten zu seiner Wettbewerbsposition.

7. Organisationsstruktur

7.1. Ist der Emittent Teil einer Gruppe, kurze Beschreibung des Konzerns und der Stellung des Emittenten innerhalb der Gruppe.

7.2. Ist der Emittent von anderen Einheiten innerhalb der Gruppe abhängig, ist dies klar anzugeben und eine Erläuterung zu seiner Abhängigkeit abzugeben.

8. Trendinformationen

8.1. Einzufügen ist eine Erklärung, der zufolge es keine wesentlichen nachteiligen Veränderungen in den Aussichten des Emittenten seit dem Datum der Veröffentlichung der letzten geprüften Jahresabschlüsse gegeben hat.

Kann der Emittent keine derartige Erklärung abgeben, dann sind Einzelheiten über diese wesentlichen nachteiligen Änderungen beizubringen.

8.2. Informationen über bekannte Trends, Unsicherheiten, Nachfrage, Verpflichtungen oder Vorfälle, die voraussichtlich die Aussichten des Emittenten zumindest im laufenden Geschäftsjahr wesentlich beeinflussen dürften.

9. Gewinnprognosen oder -schätzungen

Entscheidet sich ein Emittent dazu, eine Gewinnprognose oder eine Gewinnschätzung aufzunehmen, dann hat das Registrierungsformular die nachfolgend genannten Angaben der Punkte 9.1. und 9.2. zu enthalten:

9.1. Eine Erklärung, die die wichtigsten Annahmen erläutert, auf die der Emittent seine Prognose oder Schätzung gestützt hat.

Bei den Annahmen sollte klar zwischen jenen unterschieden werden, die Faktoren betreffen, die die Mitglieder der Verwaltungs-, Geschäftsführungs- und Aufsichtsorgane beeinflussen können, und Annahmen in Bezug auf Faktoren, die ausschließlich außerhalb des Einflussbereiches der Mitglieder der Verwaltungs-, Geschäftsführungs- und Aufsichtsorgane liegen.

Die Annahmen müssen für die Anleger leicht verständlich und spezifisch sowie präzise sein und dürfen nicht der üblichen Exaktheit der Schätzungen entsprechen, die der Prognose zu Grunde liegen.

9.2. Einen Bericht, der von unabhängigen Buchprüfern oder Abschlussprüfern erstellt wurde und in dem festgestellt wird, dass die Prognose oder die Schätzung nach Meinung der unabhängigen Buchprüfer oder Abschlussprüfer auf der angegebenen Grundlage ordnungsgemäß erstellt wurde und dass die Rechnungslegungsgrundlage, die für die Gewinnprognose oder -schätzung verwendet wurde, mit den Rechnungslegungsstrategien des Emittenten konsistent ist.

9.3. Die Gewinnprognose oder -schätzung muss auf einer Grundlage erstellt werden, die mit den historischen Finanzinformationen vergleichbar ist.

10. Verwaltungs-, Geschäftsführungs- und Aufsichtsorgane

10.1. Namen und Geschäftsadressen nachstehender Personen sowie ihre Stellung bei dem Emittenten unter Angabe der wichtigsten Tätigkeiten, die sie außerhalb des Emittenten ausüben, sofern diese für den Emittenten von Bedeutung sind:

a) Mitglieder der Verwaltungs-, Geschäftsführungs- und Aufsichtsorgane;

b) persönlich haftende Gesellschafter bei einer Kommanditgesellschaft auf Aktien.

10.2. Verwaltungs-, Geschäftsführungs- und Aufsichtsorgane sowie oberes Management/Interessenkonflikte

Potenzielle Interessenkonflikte zwischen den Verpflichtungen gegenüber dem Emittenten von Seiten der in Punkt 10.1. genannten Personen sowie ihren privaten Interessen oder sonstigen Verpflichtungen müssen klar festgehalten werden. Falls keine derartigen Konflikte bestehen, ist eine dementsprechende Erklärung abzugeben.

11. Praktiken der Geschäftsführung

11.1. Detaillierte Angaben zum Audit-Ausschuss des Emittenten, einschließlich der Namen der Ausschussmitglieder und einer Zusammenfassung des Aufgabenbereichs für die Arbeit des Ausschusses.

11.2. Erklärung, ob der Emittent der Corporate-Governance-Regelung (falls vorhanden) im Land der Gründung der Gesellschaft genügt. Sollte der Emittent einer solchen Regelung nicht folgen, ist eine dementsprechende Erklärung zusammen mit einer Erläuterung aufzunehmen, aus der hervorgeht, warum der Emittent dieser Regelung nicht Folge leistet.

12. Hauptaktionäre

12.1. Sofern dem Emittenten bekannt, Angabe, ob an dem Emittenten unmittelbare oder mittelbare Beteiligungen oder Beherrschungsverhältnisse bestehen, und wer diese Beteiligungen hält bzw. diese Beherrschung ausübt. Beschreibung der Art und Weise einer derartigen Kontrolle und der vorhandenen Maßnahmen zur Verhinderung des Missbrauchs einer derartigen Kontrolle.

12.2. Sofern dem Eminenten bekannt, Beschreibung etwaiger Vereinbarungen, deren Ausübung zu einem späteren Zeitpunkt zu einer Veränderung bei der Kontrolle des Emittenten führen könnte.

13. Finanzinformationen über die Vermögens-, Finanz- und Ertragslage des Emittenten

13.1. Historische Finanzinformationen

Beizubringen sind geprüfte historische Finanzinformationen, die die letzten zwei Geschäftsjahre abdecken (bzw. einen entsprechenden kürzeren Zeitraum, während dessen der Emittent tätig war), sowie ein Bestätigungsvermerk für jedes Geschäftsjahr. Hat der Emittent in der Zeit, für die historische Finanzinformationen beizubringen sind, seinen Bilanzstichtag geändert, so decken die geprüften historischen Finanzinformationen mindestens 24 Monate oder – sollte der Emittent seiner Geschäftstätigkeit noch keine 24 Monate nachgegangen sein – den gesamten Zeitraum seiner Geschäftstätigkeit ab. Derartige Finanzinformationen sind gemäß der Verordnung (EG) Nr. 1606/2002 zu erstellen bzw. für den Fall, dass diese Verordnung nicht anwendbar ist, gemäß den nationalen Rechnungslegungsgrundsätzen eines Mitgliedstaats, wenn der Emittent aus der Gemeinschaft stammt. Bei Emittenten aus Drittstaaten sind diese Finanzinformationen nach den im Verfahren des Artikels 3 der Verordnung (EG) Nr. 1606/2002 übernommenen internationalen Rechnungslegungsstandards oder nach diesen Standards gleichwertigen nationalen Rechnungslegungsgrundsätzen eines Drittstaates zu erstellen. Ist keine Äquivalenz zu den Standards gegeben, so sind die Finanzinformationen in Form eines neu zu erstellenden Jahresabschlusses vorzulegen.

Die historischen Finanzinformationen müssen für das jüngste Geschäftsjahr in einer Form dargestellt und erstellt werden, die mit der konsistent ist, die im folgenden Jahresabschluss des Emittenten zur Anwendung gelangen wird, wobei Rechnungslegungsstandards- und -strategien sowie die Rechtsvorschriften zu berücksichtigen sind, die auf derlei Jahresabschlüsse Anwendung finden.

Ist der Emittent in seiner aktuellen Wirtschaftsbranche weniger als ein Jahr tätig, so sind die geprüften historischen Finanzinformationen für diesen Zeitraum gemäß den Standards zu erstellen, die auf Jahresabschlüsse im Sinne der Verordnung (EG) Nr. 1606/2002 anwendbar sind bzw. für den Fall, dass diese Verordnung nicht anwendbar ist, gemäß den nationalen Rechnungslegungsgrundsätzen eines Mitgliedstaats, wenn der Emittent aus der Gemeinschaft stammt. Bei Emittenten aus Drittstaaten sind diese historischen Finanzinformationen nach den im Verfahren des Artikels 3 der Verordnung (EG) Nr. 1606/2002 übernommenen internationalen Rechnungslegungsstandards oder nach diesen Standards gleichwertigen nationalen

Rechnungslegungsgrundsätzen eines Drittstaates zu erstellen. Diese historischen Finanzinformationen müssen geprüft worden sein.

Wurden die geprüften Finanzinformationen gemäß nationaler Rechnungslegungsgrundsätze erstellt, dann müssen die unter dieser Rubrik geforderten Finanzinformationen zumindest Folgendes enthalten:

a) die Bilanz;

b) die Gewinn- und Verlustrechnung;

c) eine Kapitalflussrechnung;

d) Rechnungslegungsstrategien und erläuternde Anmerkungen.

Die historischen jährlichen Finanzinformationen müssen unabhängig und in Übereinstimmung mit den in dem jeweiligen Mitgliedstaat anwendbaren Prüfungsstandards oder einem äquivalenten Standard geprüft worden sein, oder es muss für das Registrierungsformular vermerkt werden, ob sie in Übereinstimmung mit den in dem jeweiligen Mitgliedstaat anwendbaren Prüfungsstandards oder einem äquivalenten Standard ein den tatsächlichen Verhältnissen entsprechendes Bild vermitteln.

13.2. Jahresabschluss

Erstellt der Emittent sowohl einen Jahresabschluss als auch einen konsolidierten Abschluss, so ist zumindest der konsolidierte Abschluss in das Registrierungsformular aufzunehmen.

13.3. Prüfung der historischen jährlichen Finanzinformationen

13.3.1. Es ist eine Erklärung dahingehend abzugeben, dass die historischen Finanzinformationen geprüft wurden. Sofern Bestätigungsvermerke über die historischen Finanzinformationen von den Abschlussprüfern abgelehnt wurden bzw. sofern sie Vorbehalte oder enthalten oder eingeschränkt erteilt wurden, sind diese Ablehnung bzw. diese Vorbehalte oder eingeschränkte Erteilung in vollem Umfang wiederzugeben und die Gründe dafür anzugeben.

13.3.2. Angabe sonstiger Informationen im Registrierungsformular, das von den Abschlussprüfern geprüft wurde.

13.3.3. Wurden die Finanzdaten im Registrierungsformular nicht dem geprüften Jahresabschluss des Emittenten entnommen, so sind die Quelle dieser Daten und die Tatsache anzugeben, dass die Daten ungeprüft sind.

13.4. Alter der jüngsten Finanzinformationen

13.4.1. Die geprüften Finanzinformationen dürfen nicht älter sein als 18 Monate ab dem Datum des Registrierungsformulars.

13.5. Zwischenfinanzinformationen und sonstige Finanzinformationen

13.5.1. Hat der Emittent seit dem Datum des letzten geprüften Jahresabschlusses vierteljährliche oder halbjährliche Finanzinformationen veröffentlicht, so sind diese in das Registrierungsformular aufzunehmen. Wurden diese vierteljährlichen oder halbjährlichen Finanzinformationen einer prüferischen Durchsicht oder Prüfung unterzogen, so sind die entsprechenden Berichte ebenfalls aufzunehmen. Wurden die vierteljährlichen oder halbjährlichen Finanzinformationen keiner prüferischen Durchsicht oder Prüfung unterzogen, so ist diese Tatsache anzugeben.

13.5.2. Wurde das Registrierungsformular mehr als neun Monate nach Ablauf des letzten geprüften Finanzjahres erstellt, muss es Zwischenfinanzinformationen enthalten, die sich zumindest auf die ersten sechs Monate des Geschäftsjahres beziehen sollten. Wurden die Zwischenfinanzinformationen keiner Prüfung unterzogen, ist diesen Fall eindeutig zu verweisen. Diese Zwischenfinanzinformationen müssen einen vergleichenden Überblick über denselben Zeitraum wie im letzten Geschäftsjahr enthalten. Der Anforderung vergleichbarer Bilanzinformationen kann jedoch auch durch die Vorlage der Jahresendbilanz nachgekommen werden.

13.6. Gerichts- und Schiedsgerichtsverfahren

Angaben über etwaige staatliche Interventionen, Gerichts- oder Schiedsgerichtsverfahren (einschließlich derjenigen Verfahren, die nach Kenntnis des Emittenten noch anhängig sind oder eingeleitet werden könnten), die im Zeitraum der mindestens 12 letzten Monate bestanden/abgeschlossen wurden, und die sich erheblich auf die Finanzlage oder die Rentabilität des Emittenten und/oder der Gruppe auswirken bzw. in jüngster Zeit ausgewirkt haben. Ansonsten ist eine negative Erklärung abzugeben.

13.7. Wesentliche Veränderungen in der Finanzlage oder der Handelsposition des Emittenten

Beschreibung jeder wesentlichen Veränderung in der Finanzlage oder der Handelsposition der Gruppe, die seit dem Ende des letzten Geschäftsjahres eingetreten ist, für das entweder geprüfte Finanzinformationen oder Zwischenfinanzinformationen veröffentlicht wurden. Ansonsten ist eine negative Erklärung abzugeben.

14. Zusätzliche Angaben

14.1. Aktienkapital

14.1.1. Anzugeben sind der Betrag des ausgegebenen Kapitals, die Zahl und Kategorien der Aktien, aus denen es sich zusammensetzt, einschließlich deren Hauptmerkmale; der Teil des ausgegebenen, aber noch nicht eingezahlten Kapitals mit Angabe der Zahl oder des Gesamtnennwerts und der Art der noch nicht voll eingezahlten Aktien, eventuell aufgegliedert nach der Höhe, bis zu der sie bereits eingezahlt wurden.

14.2. Satzung und Statuten der Gesellschaft

14.2.1. Anzugeben sind das Register und ggf. die Nummer, unter der die Gesellschaft in das Register eingetragen ist, sowie eine Beschreibung der Zielsetzungen des Emittenten und an welcher Stelle sie in der Satzung und den Statuten der Gesellschaft verankert sind.

15. Wesentliche Verträge

Kurze Zusammenfassung aller abgeschlossenen wesentlichen Verträge, die nicht im Rahmen der normalen Geschäftstätigkeit abgeschlossen wurden und die dazu führen könnten, dass jedwedes Mitglied der Gruppe eine Verpflichtung oder ein Recht erlangt, die bzw. das für die Fähigkeit des Emittenten, seinen Verpflichtungen gegenüber den Wertpapierinhabern in Bezug auf die ausgegebenen Wertpapiere nachzukommen, von wesentlicher Bedeutung ist.

16. Angaben von Seiten Dritter, Erklärungen von Seiten Sachverständiger vnd Interessenerklärungen

16.1. Wird in das Registrierungsformular eine Erklärung oder ein Bericht einer Person aufgenommen, die als Sachverständiger handelt, so sind der Name, die Geschäftsadresse, die Qualifikationen und – falls vorhanden – das wesentliche Interesse am Emittenten anzugeben. Wurde der Bericht auf Ersuchen des Emittenten erstellt, so ist eine diesbezügliche Erklärung dahingehend abzugeben, dass die aufgenommene Erklärung oder der aufgenommene Bericht in der Form und in dem Zusammenhang, in dem sie bzw. er aufgenommen wurde, die Zustimmung von Seiten dieser Person erhalten hat, die den Inhalt dieses Teils des Registrierungsformulars gebilligt hat.

16.2. Sofern Angaben von Seiten Dritter übernommen wurden, ist zu bestätigen, dass diese Angaben korrekt wiedergegeben wurden und dass – soweit es dem Emittenten bekannt ist und er aus den von dieser dritten Partei veröffentlichten Informationen ableiten konnte – keine Tatsachen unterschlagen wurden, die die wiedergegebenen Informationen unkorrekt oder irreführend gestalten würden. Darüber hinaus hat der Emittent die Quelle(n) der Informationen anzugeben.

17. Einsehbare Dokumente

Abzugeben ist eine Erklärung dahingehend, dass während der Gültigkeitsdauer des Registrierungsformulars ggf. die folgenden Dokumente (oder deren Kopien) eingesehen werden können:

a) die Satzung und die Statuten des Eminenten;

b) sämtliche Berichte, Schreiben und sonstigen Dokumente, historischen Finanzinformationen, Bewertungen und Erklärungen, die von einem Sachverständigen auf Ersuchen des Emittenten abgegeben wurden, sofern Teile davon in das Registrierungsformular eingeflossen sind oder in ihm darauf verwiesen wird;

c) die historischen Finanzinformationen des Emittenten oder im Falle einer Gruppe die historischen Finanzinformationen für den Eminenten und seine Tochtergesellschaften für jedes der Veröffentlichung des Registrierungsformular vorausgegangenen beiden letzten Geschäftsjahre.

Anzugeben ist auch, wo in diese Dokumente entweder in Papierform oder auf elektronischem Wege Einsicht genommen werden kann.

Annex IV
Minimum disclosure requirements for the debt and derivative securities registration document (schedule)
(Debt and derivative securities with a denomination per unit of less than EUR 50 000)

1. Persons Responsible

1.1. All persons responsible for the information given in the registration document and, as the case may be, for certain parts of it, with, in the latter case, an indication of such parts. In the case of natural persons including members of the issuer's administrative, management or supervisory bodies indicate the name and function of the person; in case of legal persons indicate the name and registered office.

1.2. A declaration by those responsible for the registration document that, having taken all reasonable care to ensure that such is the case the information contained in the registration document is, to the best of their knowledge, in accordance with the facts and contains no omission likely to affect its import. As the case may be, declaration by those responsible for certain parts of the registration document that, having taken all reasonable care to ensure that such is the case, the information contained in the part of the registration document for which they are responsible is, to the best of their knowledge, in accordance with the facts and contains no omission likely to affect its import.

2. Statutory Auditors

2.1. Names and addresses of the issuer's auditors for the period covered by the historical financial information (together with their membership in a professional body).

2.2. If auditors have resigned, been removed or not been re-appointed during the period covered by the historical financial information, details if material.

3. Selected Financial Information

3.1. Selected historical financial information regarding the issuer, presented, for each financial year for the period covered by the historical financial information, and any subsequent interim financial period, in the same currency as the financial information.

The selected historical financial information must provide key figures that summarise the financial condition of the issuer.

3.2. If selected financial information for interim periods is provided, comparative data from the same period in the prior financial year must also be provided, except that the requirement for comparative balance sheet data is satisfied by presenting the year end balance sheet information.

4. Risk Factors

Prominent disclosure of risk factors that may affect the issuer's ability to fulfil its obligations under the securities to investors in a section headed 'Risk Factors'.

5. Information about the Issuer

5.1. History and development of the Issuer

5.1.1. the legal and commercial name of the issuer;

5.1.2. the place of registration of the issuer and its registration number;

5.1.3. the date of incorporation and the length of life of the issuer, except where indefinite;

5.1.4. the domicile and legal form of the issuer, the legislation under which the issuer operates, its country of incorporation, and the address and telephone number of its registered office (or principal place of business if different from its registered office);

5.1.5. any recent events particular to the issuer which are to a material extent relevant to the evaluation of the issuer's solvency.

5.2. Investments

5.2.1. A description of the principal investments made since the date of the last published financial statements.

5.2.2. Information concerning the issuer's principal future investments, on which its management bodies have already made firm commitments.

5.2.3. Information regarding the anticipated sources of funds needed to fulfil commitments referred to in item.

6. Business Overview

6.1. Principal activities

6.1.1. A description of the issuer's principal activities stating the main categories of products sold and/or services performed;

and

6.1.2. an indication of any significant new products and/or activities.

6.2. Principal markets

A brief description of the principal markets in which the issuer competes.

6.3. The basis for any statements made by the issuer regarding its competitive position.

7. Organisational Structure

7.1. If the issuer is part of a group, a brief description of the group and of the issuer's position within it.

7.2. If the issuer is dependent upon other entities within the group, this must be clearly stated together with an explanation of this dependence.

8. Trend Information

8.1. Include a statement that there has been no material adverse change in the prospects of the issuer since the date of its last published audited financial statements.

In the event that the issuer is unable to make such a statement, provide details of this material adverse change.

8.2. Information on any known trends, uncertainties, demands, commitments or events that are reasonably likely to have a material effect on the issuer's prospects for at least the current financial year.

9. Profit Forecasts or Estimates

If an issuer chooses to include a profit forecast or a profit estimate, the registration document must contain the information items 9.1 and 9.2:

9.1. A statement setting out the principal assumptions upon which the issuer has based its forecast, or estimate.

There must be a clear distinction between assumptions about factors which the members of the administrative, management or supervisory bodies can influence and assumptions about factors which are exclusively outside the influence of the members of the administrative, management or supervisory bodies; the assumptions must be readily understandable by investors, be specific and precise and not relate to the general accuracy of the estimates underlying the forecast.

9.2. A report prepared by independent accountants or auditors must be included stating that in the opinion of the independent accountants or auditors the forecast or estimate has been properly compiled on the basis stated and that the basis of accounting used for the profit forecast or estimate is consistent with the accounting policies of the issuer.

9.3. The profit forecast or estimate must be prepared on a basis comparable with the historical financial information

10. Administrative, Management, and Supervisory Bodies

10.1. Names, business addresses and functions in the issuer of the following persons, and an indication of the principal activities performed by them outside the issuer where these are significant with respect to that issuer:

a) members of the administrative, management or supervisory bodies;

b) partners with unlimited liability, in the case of a limited partnership with a share capital.

10.2. Administrative, Management, and Supervisory bodies conflicts of interests

Potential conflicts of interests between any duties to the issuing entity of the persons referred to in item 10.1 and their private interests and or other duties must be clearly stated. In the event that there are no such conflicts, make a statement to that effect.

11. Board Practices

11.1. Details relating to the issuer's audit committee, including the names of committee members and a summary of the terms of reference under which the committee operates.

11.2. A statement as to whether or not the issuer complies with its country's of incorporation corporate governance regime(s). In the event that the issuer does not comply with such a regime a statement to that effect must be included together with an explanation regarding why the issuer does not comply with such regime.

12. Major Shareholders

12.1. To the extent known to the issuer, state whether the issuer is directly or indirectly owned or controlled and by whom and describe the nature of such control, and describe the measures in place to ensure that such control is not abused.

12.2. A description of any arrangements, known to the issuer, the operation of which may at a subsequent date result in a change in control of the issuer.

13. Financial Information Concerning the Issuer's Assets and Liabilities, Financial Position and Profits and Losses

13.1. Historical financial information

Audited historical financial information covering the latest two financial years (or such shorter period that the issuer has been in operation), and the audit report in respect of each year. If the issuer has changed its accounting reference date during the period for which historical financial information is required, the audited historical information shall cover at least 24 months, or the entire period for which the issuer has been in operation, whichever is the shorter. Such financial information must be prepared according to Regulation (EC) No 1606/2002, or if not applicable to a Member State national accounting standards for issuers from the Community. For third country issuers, such financial information must be prepared according to the international accounting standards adopted pursuant to the procedure of Article 3 of Regulation (EC) No 1606/2002 or to a third country's national accounting standards equivalent to these standards. If such financial information is not equivalent to these standards, it must be presented in the form of restated financial statements.

The most recent years's historical financial information must be presented and prepared in a form consistent with that which will be adopted in the issuer's next published annual financial statements having regard to accounting standards and policies and legislation applicable to such annual financial statements.

If the issuer has been operating in its current sphere of economic activity for less than one year, the audited historical financial information covering that period must be prepared in accordance with the standards applicable to annual financial statements under the Regulation (EC) No 1606/2002, or if not applicable to a Member States national accounting standards where the issuer is an issuer from the Community. For third country issuers, the historical financial information must be prepared according to the international accounting standards adopted pursuant to the procedure of Article 3 of Regulation (EC) No 1606/2002 or to a third country's national accounting standards equivalent to these standards. This historical financial information must be audited.

If the audited financial information is prepared according to national accounting standards, the financial information required under this heading must include at least:

(a) balance sheet;

(b) income statement;

(c) cash flow statement;

(d) accounting policies and explanatory notes.

The historical annual financial information must have been independently audited or reported on as to whether or not, for the purposes of the registration document, it gives a true and fair view, in accordance with auditing standards applicable in a Member State or an equivalent standard.

13.2. Financial statements

If the issuer prepares both own and consolidated financial statements, include at least the consolidated financial statements in the registration document.

13.3. Auditing of historical annual financial information

13.3.1. A statement that the historical financial information has been audited. If audit reports on the historical financial information have been refused by the statutory auditors or if they contain qualifications or disclaimers, such refusal or such qualifications or disclaimers must be reproduced in full and the reasons given.

13.3.2. An Indication of other information in the registration document which has been audited by the auditors.

13.3.3. Where financial data in the registration document is not extracted from the issuer's audited financial statements state the source of the data and state that the data is unaudited.

13.4. Age of latest financial information

13.4.1. The last year of audited financial information may not be older than 18 months from the date of the registration document.

13.5. Interim and other financial information

13.5.1. If the issuer has published quarterly or half yearly financial information since the date of its last audited financial statements, these must be included in the registration document. If the quarterly or half yearly financial information has been reviewed or audited, the audit or review report must also be included. If the quarterly or half yearly financial information is unaudited or has not been reviewed state that fact.

13.5.2. If the registration document is dated more than nine months after the end of the last audited financial year, it must contain interim financial information, covering at least the first six months of the financial year. If the interim financial information is un-audited state that fact.

The interim financial information must include comparative statements for the same period in the prior financial year, except that the requirement for comparative balance sheet information may be satisfied by presenting the years end balance sheet.

13.6. Legal and arbitration proceedings

Information on any governmental, legal or arbitration proceedings (including any such proceedings which are pending or threatened of which the issuer is aware), during a period covering at least the previous 12 months which may have, or have had in the recent past significant effects on the issuer and/or group's financial position or profitability, or provide an appropriate negative statement.

13.7. Significant change in the issuer's financial or trading position

A description of any significant change in the financial or trading position of the group which has occurred since the end of the last financial period for which either audited financial information or interim financial information have been published, or provide an appropriate negative statement.

14. Additional Information

14.1 Share Capital

14.1.1. The amount of the issued capital, the number and classes of the shares of which it is composed with details of their principal characteristics, the part of the issued capital still to be paid up, with an indication of the number, or total nominal value, and the type of the shares not yet fully paid up, broken down where applicable according to the extent to which they have been paid up.

14.2. Memorandum and Articles of Association

14.2.1. The register and the entry number therein, if applicable, and a description of the issuer's objects and purposes and where they can be found in the memorandum and articles of association.

15. Material Contracts

A brief summary of all material contracts that are not entered into in the ordinary course of the issuer's business, which could result in any group member being under an obligation or entitlement that is material to the issuer's ability to meet its obligation to security holders in respect of the securities being issued.

16. Third Party Information and Statement by Experts and Declarations of any Interest

16.1. Where a statement or report attributed to a person as an expert is included in the registration document, provide such person's name, business address, qualifications and material interest if any in the issuer. If the report has been produced at the issuer's request a statement to that effect that such statement or report is included, in the form and context in which it is included, with the consent of that person who has authorised the contents of that part of the registration document.

16.2. Where information has been sourced from a third party, provide a confirmation that this information has been accurately reproduced and that as far as the issuer is aware and is able to ascertain from information published by that third party, no facts have been omitted which would render the reproduced information inaccurate or misleading. In addition, the issuer shall identify the source(s) of the information.

17. Documents On Display

A statement that for the life of the registration document the following documents (or copies thereof), where applicable, may be inspected:

a) the memorandum and articles of association of the issuer;

b) all reports, letters, and other documents, historical financial information, valuations and statements prepared by any expert at the issuer's request any part of which is included or referred to in the registration document;

c) the historical financial information of the issuer or, in the case of a group, the historical financial information of the issuer and its subsidiary undertakings for each of the two financial years preceding the publication of the registration document.

An indication of where the documents on display may be inspected, by physical or electronic means.

Inhalt

		Rn.			Rn.
I.	Einleitung	1	X.	Gewinnprognosen oder	
II.	Verantwortliche Personen,			-schätzungen, Ziff. 9.	18
	Ziff. 1.	3	XI.	Verwaltungs-, Geschäftsfüh-	
III.	Abschlussprüfer, Ziff. 2.	5		rungs- und Aufsichtsorgane,	
IV.	Ausgewählte Finanzinforma-			Ziff. 10.	19
	tionen, Ziff. 3.	6	XII.	Praktiken der Geschäftsfüh-	
V.	Risikofaktoren, Ziff. 4.	8		rung, Ziff. 11.	20
VI.	Angaben über den Emitten-		XIII.	Hauptaktionär, Ziff. 12.	21
	ten, Ziff. 5.	12	XIV.	Finanzinformationen über	
VII.	Geschäftsüberblick, Ziff. 6.	15		die Vermögens-, Finanz-	
VIII.	Organisationsstruktur, Ziff. 7.	16		und Ertragslage, Ziff. 13.	22
IX.	Trendinformationen, Ziff. 8.	17		1. Überblick	22

2. Begriff und Umfang der historischen Finanzinformationen, Ziff. 13.1. Satz 1 25
3. Regelungen bei Änderungen des Bilanzstichtags und kurzfristiger Geschäftstätigkeit, Ziff. 13.1. Satz 2 32
4. Anzuwendende Rechnungslegungsstandards, Ziff. 13.1. Satz 3 34
5. Anzuwendender Rechnungslegungsstandard bei Drittstaatenemittenten, Ziff. 13.1. Satz 4 und 5... 37
6. Konsistenzgebot, Ziff. 13.1. Satz 6 38
7. Finanzinformationen bei kurzfristiger Geschäftstätigkeit, Ziff. 13.1. Satz 7–9 44
8. Inhalt der Finanzinformationen nach nationalen Rechnungslegungsgrundsätzen, Ziff. 13.1. Satz 10. 46
9. Anzuwendender Prüfungsstandard, Ziffer 13.1. Satz 11 49
10. Aufnahme von Einzel- und Konzernabschlüssen, Ziff. 13.2. 50
11. Prüfung der historischen Finanzinformationen, Ziff. 13.3. 52
12. Alter der jüngsten Finanzinformationen, Ziff. 13.4. 57
13. Pflicht zur Aufnahme von bereits veröffentlichten Zwischenfinanzinformationen, Ziff. 13.5.1. 58
14. Pflicht zur Aufnahme und Inhalte von Zwischenfinanzinformationen, Ziff. 13.5.2. 61
15. Gerichts- und Schiedsverfahren, Ziff. 13.6. 67
16. Wesentliche Veränderungen in der Finanzlage oder der Handelsposition des Emittenten, Ziff. 13.7. 68
XV. Zusätzliche Angaben, Ziff. 14. 69
XVI. Wesentliche Verträge, Ziff. 15. 70
XVII. Angaben von Seiten Dritter, Erklärungen von Seiten Sachverständiger und Interessenerklärungen, Ziff. 16. 71
XVIII. Einsehbare Dokumente, Ziff. 17. 72

I. Einleitung

1 Dieser Anh. IV EU-ProspV enthält gegenüber Anh. IX EU-ProspV die für Schuldtitel und derivative Wertpapiere strengeren Anforderungen, da er auf Schuldtitel mit einer Stückelung von weniger als 50.000 Euro anzuwenden ist, die häufig auch von nicht qualifizierten Anlegern erworben werden. Nicht qualifizierte Anleger haben in der Regel nicht die Möglichkeiten, sich über einen Emittenten zu informieren, während sich qualifizierte Anleger wie bspw. Banken und Versicherungen ausreichende Kenntnisse über Emittent und Emission auch ohne Prospekt verschaffen können.[1] Insofern ging der Verordnungsgeber davon aus, dass alle Angaben, die für die Beurteilung des Emittenten notwendig sind, auch im Prospekt enthalten sein müssen. So müssen hier bspw. Angaben zu Investitionen, neuen Produkten und Märkten, Trendinformationen gemacht werden, die im Rahmen von Wertpapierprospekten mit einer Mindeststückelung von 50.000 Euro nicht verlangt werden.

---

1 *Heidelbach/Preuße*, BKR 2006, 316, 319.

Die Anwendung dieses strengeren Anh. IV EU-ProspV an Stelle des Anh. IX EU-ProspV kann im Einzelfall sinnvoll sein, wenn ohne diese Angaben der Prospekt kein vollständiges Bild gewährleisten würde und diese Angaben für die Beurteilung des Emittenten notwendig sind.

Sofern der Emittent der hier bezeichneten Wertpapiere eine Bank ist, gilt grds. Anh. XI EU-ProspV. Allerdings kann Anh. IV EU-ProspV oder Anh. IX EU-ProspV alternativ gewählt werden.[2]

2

II. Verantwortliche Personen, Ziff. 1.

Ziff. 1. verlangt die Nennung aller für das Registrierungsformular verantwortlichen Personen. Gem. Ziff. 1.2. sind sie unter Zuordnung der Verantwortlichkeiten zu den entsprechenden Abschnitten des Registrierungsformulars und Gesamtverantwortung zu nennen.

3

Ziff. 1.2. gibt den Wortlaut für die Erklärung vor, die von den Verantwortlichen im Registrierungsformular abzugeben ist.

4

Aus dem Wortlaut ergibt sich nicht, dass es eine Person geben muss, die für das gesamte Registrierungsformular die Verantwortung übernimmt.

Neben diesen Verantwortlichen muss eine natürliche oder juristische Person für den gesamten Prospekt die Verantwortung übernehmen, da der Prospekt eine Einheit bildet und zwar unabhängig davon, ob er als einteiliger, als dreiteiliger Prospekt oder als Basisprospekt erstellt wird. Ein Prospekt muss als ganzes für einen Anleger ein vollständiges Bild über den Emittenten und die Wertpapiere ergeben und diesen für dieses Gesamtbild Verantwortlichen soll der Anleger dem Prospekt entnehmen können.

III. Abschlussprüfer, Ziff. 2.

Der im Registrierungsformular gem. Ziff. 2.1. zu nennende Abschlussprüfer kann eine natürliche oder eine juristische Person sein. In der Regel wird es sich um eine Prüfungsgesellschaft handeln, die mit ihrer Adresse zu nennen ist. Dabei sollte die Geschäftsadresse die relevante Adresse sein, falls sie vom Sitz der Prüfungsgesellschaft abweicht, denn für den Leser ist entscheidend, wo die Gesellschaft zu erreichen ist. Entscheidend für die Frage, ob eine natürliche oder eine juristische Person als Abschlussprüfer zu nennen ist, kann nur das Vertragsverhältnis zwischen dem Emittenten und dem Wirtschaftsprüfer sein. Sofern dieses mit einer Wirtschaftsprüfungsgesellschaft und damit einer juristischen Person abgeschlossen wurde, muss diese aufgeführt werden.

5

Als Angabe zur Mitgliedschaft in einer Berufsvereinigung ist es üblich, die Mitgliedschaft der Wirtschaftsprüfungsgesellschaft in der Wirtschaftsprüfer-

---

2 *Kullmann/Sester*, ZBB 2005, 209, 213.

kammer, Anstalt des öffentlichen Rechts, zu nennen, sofern es sich um Wirtschaftsprüfungsgesellschaften in Deutschland handelt.

Die Offenlegung der Einzelheiten für eine Abberufung, nicht Wiederbestellung oder Niederlegung des Mandats stellt eine Schutzvorschrift für Anleger dar, die anhand der Einzelheiten die Gründe und damit auch evtl. Risiken erkennen können. Gem. Ziff. 2.2. sind die Gründe und die Einzelheiten hierzu nur offen zu legen, wenn sie von wesentlicher Bedeutung sind. Somit wird der Hinweis, dass es sich um einen turnusmäßigen Wechsel gehandelt hat, zwar nicht erforderlich sein, dürfte aber als Klarstellung für den Anleger zumindest hilfreich sein.

IV. Ausgewählte Finanzinformationen, Ziff. 3.

6 Ziff. 3.1. Es wird auf die Kommentierung zu Anh. I Ziff. 3.1. EU-ProspV verwiesen.

7 Ziff. 3.2. Es wird auf die Kommentierung zu Anh. I Ziff. 3.2. EU-ProspV verwiesen.

V. Risikofaktoren, Ziff. 4.

8 Der Begriff „Risikofaktoren" ist in Art. 2 Ziff. 3. EU-ProspV legal definiert und bezeichnet eine Liste von Risiken, die für die jeweilige Situation des Emittenten und/oder der Wertpapiere spezifisch und für die Anlageentscheidung wesentlich sind.[3]

Darzulegende Risikofaktoren sind gem. Ziff. 4. nicht sämtliche Risikofaktoren, sondern durch die Qualifizierung im Wortlaut der Ziff. 4. nur solche, die die Fähigkeit des Emittenten beeinträchtigen können, seinen aus dem Wertpapier resultierenden Verpflichtungen gegenüber den Anlegern nachzukommen. Bei den Verpflichtungen aus den hier einschlägigen Wertpapieren handelt es sich regelmäßig um Lieferungs- und Zahlungsverpflichtungen sowie um die Fähigkeit, die derivativen Elemente der Wertpapiere zu erfüllen. Die Erfüllung dieser Verpflichtungen wird insb. dann gefährdet, wenn sich die Bonität des Emittenten deutlich verschlechtert, so dass bonitätsrelevante Fakten darzulegen sind.

Dabei ist zunächst von der tatsächlichen Geschäftstätigkeit auszugehen und diese Geschäftstätigkeit wird dann auf die Risiken hin analysiert, die insb. Einfluss auf Zahlungsfähigkeit und Bonität des Emittenten haben.

9 Auf eine vollständige Darstellung aller nur denkbaren Risiken wurde in der EU-ProspV verzichtet, denn dann wäre eine sinnvolle Einschätzung und Abwägung aufgrund der Menge und fehlenden Gewichtung in der Beschreibung nicht mehr oder nur eingeschränkt möglich. Es können auch nur solche Risikofaktoren dargestellt werden, die im Zeitpunkt der Erstellung des Pro-

---

3 *Holzborn/Israel*, ZIP 2005, 1668, 1672, Fn. 69.

spektes vorhanden und dem Emittenten bekannt sind. Insofern kann es durchaus Risikofaktoren geben, die erst nach Erstellung des Prospektes eintreten oder bekannt werden und insofern nicht im Prospekt enthalten sind. Da solche Risiken nie ausgeschlossen werden können, war es unter altem Recht üblich und muss es auch heute erlaubt sein, dass ein Prospekt auch einen Hinweis auf solche zukünftigen oder dem Emittenten nicht bekannte Risiken enthält, ohne dass diese konkret genannt werden könnten.

Um Risiken eines Emittenten verstehen zu können, muss der Anleger zunächst gesagt bekommen, worauf – auf welchen Emittenten mit welchem wesentlichen Geschäftsinhalt – sich die Risikobeschreibung bezieht. In vielen Fällen, wie bspw. bei Banken, wird es ausreichen, nur kenntlich zu machen, dass es sich um eine Bank handelt. Auch in der weiteren Beschreibung werden kurze Angaben, was dem Risiko zugrunde liegt, notwendig werden, um überhaupt das Risiko darstellen zu können. Chancen sind in diesem Abschnitt nicht darzustellen.[4]

10

Die Risikofaktoren sind zusammenhängend und abschließend darzustellen. Damit soll erreicht werden, dass der Anleger einen zusammenhängenden Gesamtüberblick über die Risiken erhält. Er soll nicht durch die gleichzeitige Darstellung der Chancen von den tatsächlich vorhandenen Risiken abgelenkt werden.

Auch wenn der Wortlaut dieser Ziff. 4. vom Wortlaut der entsprechenden Ziff. 3. aus Anh. IX EU-ProspV in der deutschen Übersetzung abweicht, werden dadurch keine inhaltlichen Unterschiede begründet, denn in der englischsprachigen Originalfassung findet sich diese Abweichung nicht.

11

Bei beiden Anhängen kommt es auf eine gut verständliche und erkennbare Darlegung der Risiken an. Um zu vermeiden, dass Anleger diesen Abschnitt für „unwichtig" halten, muss darauf geachtet werden, dass nicht durch Druckbild oder Schriftgröße Unwichtigkeit suggeriert wird.

VI. Angaben über den Emittenten, Ziff. 5.

Die in Anh. IV EU-ProspV erforderlichen Angaben über den Emittenten sind umfangreicher, als die in Anh. IX Ziff. 5. EU-ProspV geforderten. Der wesentliche Unterschied besteht darin, dass in Prospekten, die Anh. IX EU-ProspV zugrunde legen, keine Angaben mehr zu Investitionen gemacht werden müssen. Vor dem Hintergrund, dass sich qualifizierte Anleger fortlaufend über Emittenten informieren, in deren Schuldtitel sie investieren, ist eine Momentaufnahme zum Zeitpunkt der Erstellung des Prospektes nicht erforderlich. Diese Angaben werden folgerichtig bei Prospekten auf Basis des Anh. IX EU-ProspV nicht gefordert. Trotzdem kann es auch dort im Einzelfall notwendig sein, Angaben zu Investitionen aufzunehmen, wenn diese Angaben notwendig sind, um den Emittenten beurteilen zu können.

12

---

4 Vgl. hierzu auch *Kullmann/Sester*, ZBB 2005, 209, 212.

13 Während die Ziff. 5.1. zunächst vermuten lässt, dass hier ein historischer Abriss zur Entwicklung des Emittenten dargestellt werden soll, ergibt sich aus den nachfolgenden Unterziffern ein anderer Inhalt. Die meisten Punkte, die in diesem Abschnitt verlangt werden, sind selbsterklärend und dürften nur in Ausnahmefällen Probleme bereiten.

Bemerkenswert ist, dass unter der Überschrift Ziff. 5.1. „Geschäftsgeschichte und Geschäftsentwicklung des Emittenten" gerade zu diesen Angaben kein Raum mehr bleibt, wenn der Prospektaufbau den entsprechenden Unterpunkten folgt. Die Geschichte des Emittenten allerdings vor der Angabe des Namens aufzuführen, erscheint ebenfalls wenig sinnvoll. Insofern dürfte für die eigentliche Historie des Emittenten nur in dem hier aufgeführten, eingeschränkten Umfang Raum bleiben.

Im Übrigen sind die Ziff. 5.1.1. bis 5.1.4. weitgehend selbsterklärend.

Insbesondere die Ziff. 5.1.5. und 5.2. beziehen sich gerade nicht auf die Historie, sondern vielmehr auf aktuelle Angaben. Diese werden nur dann im Prospekt aufgenommen, wenn es zu diesen Punkten aktuelle Ereignisse gibt.

Nach dem Wortlaut ist unter Ziff. 5.1.5. kein Raum für eine kurze historische Beschreibung, da der Wortlaut eine Beschränkung auf solche Ereignisse enthält, die für die Solvenz des Emittenten relevant sind. Als Beispiele könnten neu aufgetretene Klumpenrisiken oder drohende massive Kreditausfälle zu nennen sein.

Da für die Solvenz relevante Ereignisse in Jahresabschlüssen zu berücksichtigen sind, kann man hier davon ausgehen, dass nur solche Ereignisse gemeint sind, die nach dem Datum des letzten Jahresabschlusses eingetreten sind.

Zu diesem Unterpunkt werden daher in einigen Fällen keine Angaben erforderlich und möglich sein.

14 Mit Ziff. 5.2. und den Unterziffern wird die Darstellung von wichtigen Investitionen seit dem Datum der Veröffentlichung des letzten Jahresabschlusses und deren Finanzierung verlangt. Dadurch erhält der Anleger eine Basis für eine Einschätzung zum laufenden Geschäftsjahr.

VII. Geschäftsüberblick, Ziff. 6.

15 Wie in Ziff. 5. zu Anh. IX EU-ProspV umfasst Ziff. 6. die eigentliche Darstellung der Tätigkeiten und des Geschäftes des Emittenten. Die vorgenommene Unterteilung in die verschiedenen Unterpunkte ist nicht zwingend. Sofern sich die Darstellung jedoch an diesen Unterpunkten exakt orientiert, ist die Darstellung des Emittenten klar und deutlich gegliedert.

Es werden die Haupttätigkeitsbereiche mit Schwerpunkt der vertriebenen Produkte bzw. angebotenen Dienstleistungen dargelegt. Sofern der Emittent aktuell neue Produkte bzw. Dienstleistungen anbietet, ist dies ebenfalls aufzuführen. Daraus kann ein Anleger entnehmen, wo das Unternehmen Erfahrung hat oder wo es „Neuland" betritt.

Im nächsten Abschnitt sind die Märkte darzustellen und damit das Umfeld, in dem die Produkte bzw. Dienstleistungen vertrieben werden. Dies kann bspw. der Immobilienmarkt sein, der unter regionalen Aspekten auf Basis der relevanten Immobilienarten dargestellt werden kann. Als Beispiel sei der Wohnungs- oder Büroimmobilienmarkt in Nord-, Süd-, Mitteldeutschland, Metropolregionen im In- oder Ausland genannt.

In einem dritten Schritt wird dann erläutert, wo sich der Emittent in diesem Umfeld befindet, seine Wettbewerbsposition beschrieben. Die Beschreibung hängt wesentlich vom jeweiligen Emittenten ab. Beim Beispiel des Immobilienmarktes könnte sie aus Sicht der erfolgten Finanzierungen oder aus Sicht der Investitions- oder Verwaltungsseite dargestellt werden.

Letztlich muss dem Anleger ein umfassendes Bild über das wesentliche Umfeld und die Tätigkeiten des Emittenten gegeben werden.

VIII. Organisationsstruktur, Ziff. 7.

In diesem Abschnitt gem. Ziff. 7. ist Raum für die Darstellung des Emittenten unter Konzern-/Gruppenaspekten. Hier sind insb. Abhängigkeiten und ggf. Machtverhältnisse offen zu legen, so dass der Anleger einschätzen kann, wer in welchem Umfang Einfluss auf den Emittenten nehmen kann. Ziff. 7. beschränkt vom Wortlaut die zu nennenden Abhängigkeiten nicht darauf, welche Angaben nach anderen Gesetzen, wie bspw. dem Aktiengesetz, offen zu legen sind. Vielmehr müssen auch tatsächliche Abhängigkeiten, die sich bspw. aus vertraglichen Verhältnissen ergeben können, aufgeführt werden. 16

Sinnvollerweise sollte sich die Darstellung des Konzerns oder der Gruppe an möglichen wirtschaftlichen Auswirkungen orientieren. Hier empfiehlt sich eine Darstellung entsprechend der Darstellung im Jahresabschluss, sofern nicht aktuellere Fakten eingetreten sind.

IX. Trendinformationen, Ziff. 8.

Trendinformationen gem. Ziff. 8. sind nicht in jedem Falle relevant. An dieser Stelle wird der Zeitraum beschrieben, der nicht bereits durch die vorstehenden Angaben, insb. durch den letzten veröffentlichten Jahresabschluss abgedeckt wurde. Sofern es keine wesentlichen Veränderungen gegeben hat, ist die nachstehend genannte Negativerklärung aufzunehmen, anderenfalls sind die wesentlichen nachteiligen Änderungen aufzuführen. 17

Da der Wortlaut ausdrücklich nachteilige Änderungen nennt, ist für positive Entwicklungen an dieser Stelle kein Raum. Die Darstellung kann aber unter Ziff. 8.2. erfolgen, den der Verordnungsgeber neutraler gefasst hat. Auch die Darstellung dieser positiven Entwicklungen unter Ziff. 8.2. setzt voraus, dass diese Entwicklungen die Aussichten des Emittenten zumindest im laufenden Geschäftsjahr wesentlich beeinflussen dürften. Dabei ist jedoch darauf zu achten, dass eine positive Darstellung nicht die Grenze zur Gewinnprognose im Sinne der Ziff. 9. überschreitet.

X. Gewinnprognosen oder -schätzungen, Ziff. 9.

18 Die Anforderungen gem. Ziff. 9. an eine Gewinnprognose oder Gewinnschätzung sind vom Verordnungsgeber so hoch gesetzt, dass die Aufnahme dieser Angaben nur in Ausnahmefällen empfehlenswert erscheint. Die Anforderungen dürften in der Praxis – wenn überhaupt – nur mit erheblichem Aufwand erfüllt werden können. Sichergestellt werden soll für die Anleger, dass keinerlei Werbeprognosen aufgenommen werden, die sich später als nicht haltbar erweisen.

Was konkret unter einer Gewinnprognose oder Gewinnschätzung zu verstehen ist, lässt der Wortlaut der EU-ProspV offen. Da zu den Finanzangaben auch Jahresabschlüsse gehören, können Pflichtangaben bspw. in Jahresabschlüssen, an die vergleichbare Prüfungsanforderungen nicht gestellt werden, nicht gemeint sein, da anderenfalls durch diese EU-ProspV gesetzliche Anforderungen abgeändert würden.[5]

XI. Verwaltungs-, Geschäftsführungs- und Aufsichtsorgane, Ziff. 10.

19 Durch Angaben der Ziff. 10. werden personelle Verflechtungen und Zuordnungen von Aufgaben im Bereich der Entscheidungsträger offen gelegt.

Interessenkonflikte sind ebenfalls offen zu legen. Sofern tatsächlich vorhandene Interessenkonflikte im Zeitpunkt der Prospekterstellung bekannt sind, müssen diese Angaben aufgenommen werden.[6]

Hiervon zu unterscheiden sind potentielle Interessenkonflikte, die möglicherweise eintreten werden, aber noch nicht konkretisiert haben. In diesen Fällen kann kein Emittent ausschließen, dass solche Interessenkonflikte zu einem späteren Zeitpunkt auftauchen.

Es ist für den Anleger wichtig, zu erfahren, wie der Emittent mit möglichen Interessenkonflikten umgeht, welche Regelungen er sich in diesem Zusammenhang gegeben hat. Sofern er funktionierende Regelungen hat, die dazu führen, dass sich evtl. auftauchende Interessenkonflikte auf die Geschäfte des Emittenten nicht auswirken, ist diese Information für den Anleger eine sinnvolle Angabe zu diesem Themenkomplex, auch wenn ein potentieller Interessenkonflikt noch nicht dargestellt wird.

XII. Praktiken der Geschäftsführung, Ziff. 11.

20 Sofern der Emittent einen Audit-Ausschuss hat, sollte dieser zusammen mit den Namen der Ausschussmitglieder und einer Zusammenfassung seines Aufgabenbereichs gem. Ziff. 11.1. angegeben werden.

---

5 Vgl. zu Gewinnprognosen auch *Kullmann/Sester*, ZBB 2005, 209, 215.
6 Vgl. Interessenkonflikten mit ausführlichen Beispielen *Mülbert*, WM 2007, 1149, 1157 ff.

Die Corporate-Governance-Regelungen stellen so genannte Wohlverhaltensregelungen dar, zu denen sich Gesellschaften auf freiwilliger Basis verpflichten. Diese Selbstverpflichtung von AGs, deren Aktien an einer Börse notiert sind, ist inzwischen auch im Hinblick auf Anlegerinteressen üblich. Wenn diese Selbstverpflichtung nicht erfolgt, stellt sich die Frage, aus welchen Gründen dies nicht erfolgt. Hier besteht ein grundsätzliches Anlegerinteresse, dem mit dieser Offenlegungspflicht Rechnung getragen wird. Eine Erklärung, dass die Aktien der Gesellschaft nicht an einer Börse notiert werden und die Gesellschaft aus diesem Grund keiner Selbstverpflichtung bzgl. der Corporate-Governance-Regelungen unterliegt, ist zwar rechtlich ausreichend. Allerdings sollte ein Emittent berücksichtigen, dass bei der fehlenden Selbstverpflichtung ohne weitergehende Begründung möglicherweise kein ausreichendes Vertrauen für Anleger in den Emittenten erreicht wird.

XIII. Hauptaktionäre, Ziff. 12.

Zu den Angaben gem. Ziff. 12. gehören Beherrschungsverhältnisse, da sie Einfluss auf die Gewinnverwendung- und/oder Geschäftsführung eines Unternehmens und damit seine Wirtschaftlichkeit haben. Solche Verträge sind im deutschen Recht bspw. im Aktienrecht unter dem Abschnitt „Unternehmensverträge" in §§ 291 f. AktG geregelt. Maßgebliches Merkmal solcher Verträge ist ihr regelmäßig in die Unternehmensstruktur eingreifender Charakter.[7] Die jeweils erforderliche Beschreibung richtet sich nach dem Einzelfall und der entsprechenden Rechtsordnung, der der Emittent unterliegt. 21

Bspw. zu nennen sind hier Gewinnabführungsverträge gegenüber einem Aktionär oder Vereinbarungen zwischen Hauptaktionären über einen künftigen Aktienerwerb (bspw. Call- oder Putvereinbarungen).[8]

XIV. Finanzinformationen über die Vermögens-, Finanz- und Erfolgslage, Ziff. 13

1. Überblick

Zum Schutz der Investoren sieht Ziff. 13. auch bei Schuldtiteln und ähnlichen Wertpapieren mit einer Stückelung von weniger als 50.000 Euro Finanzinformationen als wesentlichen Prospektinhalt. Art und Umfang der aufzunehmenden Abschlüsse können Gegenstand intensiver Diskussion mit Abschlussprüfern und der BaFin sein. Aus diesem Grund haben Finanzinformationen nicht nur für den Inhalt des Prospekts, sondern auch für den Ablauf der Prospekterstellung wesentliche Bedeutung. 22

Anh. IV Ziff. 13. EU-ProspV fordert für Schuldtitelemittenten sowie für Emittenten von derivativen Wertpapieren mit einer Stückelung von weniger als 50.000 Euro einen umfangreichen Finanzteil mit Abschlüssen, die grds. zwei 23

---

7 *Hüffer*, AktG, § 291 Rn. 2.
8 *Kullmann/Sester*, ZBB 2005, 209, 215.

Geschäftsjahre umfassen. Für Emittenten an geregelten Märkten muss die IAS-Verordnung beachtet werden, so dass in der Regel Konzernabschlüsse nach den IAS/IFRS erstellt werden müssen. Diese Abschlüsse liegen bei einer Erstnotierung in den meisten Fällen nicht vor und müssen entsprechend für diesen Zweck erstellt und geprüft werden.

2. Begriff und Umfang der historischen Finanzinformationen, Ziff. 13.1. Satz 1

24 Anh. VI Ziff. 13.1. Satz 1 EU-ProspV fordert die Aufnahme geprüfter historischer Finanzinformationen der letzten zwei Geschäftsjahre in den Prospekt. Vorrangiger Zweck ist die Information des Investors über die Vermögens-, Finanz- und Ertragslage des Emittenten der abgelaufenen Berichtsperioden.[9] Allerdings steht nicht unbedingt die Darstellung der operativen Entwicklung im Vordergrund, so dass Anpassungen der historischen Finanzausweise bei einer so genannten komplexen Finanzhistorie gem. Art. 4a nicht notwendig sind.

25 Der Begriff der Finanzinformationen umfasst in Anlehnung an die IAS/IFRS eine vollständige Bilanz, Gewinn- und Verlustrechnung (GuV), Eigenkapitalveränderungsrechnung, Kapitalflussrechnung[10] sowie erläuternde Anhangangaben.[11] Die Eigenkapitalveränderungsrechnung sowie die Segmentberichterstattung als separate Abschlusselemente werden zwar in der EU-ProspV nicht genannt, sind aber dennoch Bestandteil eines vollständigen Abschlusses nach IAS/IFRS und daher grds. verpflichtend. Der Lagebericht gem. § 289 bzw. § 315 HGB ist explizit nicht genannt und muss demgemäß nicht in den Prospekt aufgenommen werden. Allerdings steht es dem Emittenten frei, den Lagebericht mit aufzunehmen. Dies ist angesichts der praktischen Erstellung von Testaten in Deutschland durchaus üblich.[12] Sollte er nicht aufgenommen werden, wird dies in der Regel in einem Hinweis erläutert.

26 *Beispiel:* Hinweis bei Nichtaufnahme des Lageberichts
Der nachfolgend abgedruckte Bestätigungsvermerk wurde gem. § 322 Handelsgesetzbuch auf den von der XXX AG zum 31.12.2XXX aufgestellten Konzernabschluss, bestehend aus Konzernbilanz, Konzerngewinn- und Verlustrechnung, Konzerneigenkapitalveränderungsrechnung, Konzernkapitalflussrechnung, Konzernanhang und Konzernlagebericht erteilt. Der Bestätigungsvermerk muss sich nach Deutschem Recht auch auf den Konzernlagebericht beziehen. Der nachstehend abgedruckte Bestätigungsvermerk bezieht sich daher nur auf den Konzernabschluss der XXX AG zum 31.12. 2XXX einschließlich des Konzernlageberichts, obwohl der Konzernlagebericht in diesem Prospekt nicht enthalten ist.

---

9 Diese Aussage der CESR zu Aktienemittenten gilt grds. auch für andere Wertpapierarten. *CESR*, advice, historical financial information, Ref. CESR/05-582, Tz. 15.
10 Pflichtbestandteil nach IAS 1.8 i.V. m. IAS 7.
11 Pflichtbestandteile nach IAS 1.8.
12 Siehe hierzu die Erläuterungen zu den anzuwendenden Prüfungsstandards unter Rn. 49.

Der Konzernlagebericht kann im vollständigen Wortlaut in dem auf der Website der Gesellschaft unter http://..... öffentlich zugänglichen Konzernabschluss zum 31.12.2XXX eingesehen werden. 27

Besteht der Emittent zwei Jahre und länger, so ist er gem. Anh. IV Ziff. 13.1. Satz 1 grds. verpflichtet, die Abschlüsse der letzten zwei Geschäftsjahre und die dazugehörigen Bestätigungsvermerke in den Prospekt aufzunehmen. Hiernach werden bei der Darstellung des letzten Abschlusses die Finanzinformationen des jüngsten denen des vorletzten Abschlusses (Vergleichszahlen des Vorjahres) gegenübergestellt, erläutert und in testierter Form gezeigt. Bei der Abbildung des vorletzten Abschlusses werden die Finanzdaten des zweitletzten mit denen des drittletzten Abschlusses verglichen und im Anhang erläutert. Der Bestätigungsvermerk bezieht sich auf das Zahlenwerk des zweitletzten und drittletzten Geschäftsjahrs. Mit der neuen Anforderung der EU-ProspV, wonach der Emittent zwei separate Abschlüsse und entsprechende Bestätigungsvermerke in den Prospekt aufnehmen muss, wird der Emittent verpflichtet, für das historisch älteste Abschlussjahr einen gemessen an der Aktualität und am Wert der Information hohen Aufstellungsaufwand zu betreiben. 28

Damit geht diese Regel u. E. über die früher bewährte Regelung für börsennotierte Schuldtitelemittenten hinaus, welche lediglich die Aufnahme des letzten Abschlusses inklusive Vergleichszahlen des Vorjahres verlangte.[13] 29

Die Form des Bestätigungsvermerks richtet sich bei deutschen Emittenten nach dem IDW Prüfungsstandard IDW PS 400. Dieser basiert auf dem internationalen Prüfungsstandard ISA 700 und den Anforderungen, die sich aus ISA ergeben.[14] Der Bestätigungsvermerk für ausländische Emittenten kann nach den Normen des ISA 700 erstellt werden. 30

3. Regelungen bei Änderungen des Bilanzstichtags und kurzfristiger Geschäftstätigkeit, Ziff. 13.1. Satz 2

Existiert der Emittent weniger als zwei Jahre, so hat er entsprechend seines Bestehens Abschlüsse in den Prospekt aufzunehmen. Diese können ggf. auch Rumpfgeschäftsjahresabschlüsse sein. Unter Emittent ist hierbei stets die rechtliche Einheit zum Zeitpunkt der Antragstellung zu verstehen. 31

Der Begriff des Geschäftsjahres im Sinne der EU-ProspV umfasst grds. einen Zeitraum von zwölf Monaten. Beschreiben die letzten zwei Geschäftsjahre weniger als 24 Monate, so soll der Emittent zusätzliche Geschäftsjahre in den Prospekt aufnehmen. Dies kann dann der Fall sein, wenn der Emittent seinen Abschlussstichtag in den letzten Jahren mehrmals geändert hat. Existiert der Emittent kürzer als zwei Jahre und hat er in dieser Zeit seine Abschlussstichtage geändert, so hat er entsprechend seines Bestehens sämt- 32

---

13 § 34 Abs. 2 BörsZulVO, Stand 21.06.2002.
14 *IDW PS 400.*

liche Abschlüsse unabhängig von der Anzahl der Geschäftsjahre auszuweisen.[15]

4. Anzuwendende Rechnungslegungsstandards, Ziff. 13.1. Satz 3

33 Nach Anh. IV Ziff. 13.1. Satz 3 sind die aufzunehmenden Finanzinformationen gem. der Verordnung (EG) Nr. 1606/2002 („IAS-V") zu erstellen bzw. wenn diese nicht anwendbar ist nach den Regelungen des betreffenden Mitgliedstaates. Gem. der IAS-V sind alle kapitalmarktorientierten Unternehmen mit Sitz in der EU verpflichtet, ihre Konzernabschlüsse nach internationalen Rechnungslegungsstandards aufzustellen.[16] Im Sinne dieser Verordnung bezeichnen „internationale Rechnungslegungsstandards" die „International Accounting Standards" (IAS), die „International Financial Reporting Standards" (IFRS) und damit verbundene Auslegungen (SIC/IFRIC-Interpretationen), spätere Änderungen dieser Standards und damit verbundene Auslegungen sowie künftige Standards und damit verbundene Auslegungen, die vom International Accounting Standards Board (IASB) herausgegeben oder angenommen wurden.[17] Als kapitalmarktorientiert gelten mit Verweis auf die Wertpapierdienstleistungsrichtlinie solche Unternehmen, deren Wertpapiere an einem organisierten Markt innerhalb der EU zugelassen sind, also auch Fremdkapitaltitel.[18] Im Umkehrschluss wird hiermit auch klargestellt, dass solche Unternehmen, deren Wertpapiere im Freiverkehr einbezogen sind, nicht dieser Verordnung unterliegen. Diese können demnach weiterhin nach nationalen Rechnungslegungsstandards bilanzieren.

34 Zu Einzelheiten der im EU-Rechtsrahmen anwendbaren IAS/IFRS, zur Erstanwendung sowie zu den Mitgliedstaatenwahlrechten der IAS-Verordnung siehe die entsprechenden Ausführungen zu Anh. I, Rn. 98–100.

35 Für Fremdkapitalemittenten sind grds. vier Fälle denkbar, bei der die IAS-V nicht anwendbar sein könnte. Zum einen sieht die Verordnung im Rahmen bestimmter Mitgliedstaatenwahlrechte Übergangsfristen bis maximal 31.12. 2006 vor.[19] Zum anderen unterliegen Unternehmen, deren Wertpapiere an einem nicht organisierten Markt notiert sind, nicht der IAS-V. Damit haben Freiverkehrsemittenten grds. nur Abschlüsse nach nationalem Recht in den Prospekt aufzunehmen. Darüber hinaus müssen solche Emittenten keinen Abschluss nach den IAS/IFRS vorlegen, bei denen keine Konzernabschlusspflicht besteht.[20] Schließlich können auch Fremdkapitalemittenten mit Wert-

---

15 Diese Änderung in Anh. IV Ziff. 13.1 Satz 2 EU-ProspV wurde erst durch eine Verordnung im Februar 2007 vorgenommen (Ziff. 4 Verordnung Nr. 211/2007 zur Änderung der Verordnung Nr. 809/2004), wurde jedoch auch schon früher von CESR vorgeschlagen (CESR, Working document ESC/16/2006).
16 Vgl. für eine Übersicht d'Arcy, EU Monitor Finanzmarkt Spezial 19/2004.
17 IAS-V, Art. 2.
18 IAS-V, Art. 4 i.V.m. Art. 1 Abs. 13 der RL 93/22/EWG des Rates vom 10.05.1993 über Wertpapierdienstleistungen.
19 IAS-V, Art. 9a.
20 Siehe die Ausführungen zu Anh. I, Rn. 102–103.

papieren mit einer Stückelung von mindestens 50.000 Euro von der IAS/ IFRS-Pflicht befreit sein.[21]

5. Anzuwendender Rechnungslegungsstandard bei Drittstaatenemittenten, Ziff. 13.1. Satz 4 und 5

Emittenten mit Sitz außerhalb der EU sollen gem. Anh. IV Ziff. 13.1. Satz 4 Finanzinformationen in den Prospekt aufnehmen, die den internationalen Standards wie zuvor beschrieben entsprechen oder zumindest gleichwertig sind.[22] Dies bedeutet, dass es grds. nicht ausreichend wäre, einen Abschluss vorzulegen und zu testieren, der allein den Standards des IASB genügt. Vielmehr müsste der Abschluss den durch das Komitologieverfahren in der EU anerkannten Standards entsprechen. Sind die Rechnungslegungsstandards eines Drittstaates nicht äquivalent, so muss ein Emittent gem. Anh. IV Ziff. 13.1. Satz 5 Finanzinformationen neu erstellen und vorlegen. Zu Details zur Fragen der Äquivalenz und zum Anerkennungsverfahren der IAS/IFRS in der EU siehe die Ausführungen zu Anh. I, Rn. 104–112.

36

6. Konsistenzgebot, Ziff. 13.1. Satz 6

Das Gebot der Konsistenz nach Anh. IV Ziff. 13.1. Satz 6 gilt sowohl für die Erstellung- als auch Darstellungsstetigkeit im Hinblick auf die Vergleichbarkeit und Transparenz mit den zukünftigen Finanzinformationen.[23] Insbesondere haben die historischen Finanzinformationen denselben Rechnungslegungsgrundsätzen, Bilanzierungs- und Bewertungsmethoden zu folgen wie der nächste Abschluss. Dies gilt aber im Unterschied zu Aktienemittenten lediglich für das letzte Geschäftsjahr und somit nicht für die Vergleichszahlen des Vorjahres.[24]

37

Im Falle einer bevorstehenden Änderung der vom Emittenten angewandten Rechnungslegungsgrundsätze hat CESR den Begriff des bridge approach geprägt. Dieser hat angesichts der grds.en Anwendung der IAS/IFRS auf den Konzernabschluss deutscher kapitalmarktorientierter Unternehmen erhebliche praktische Bedeutung.[25] Folgt der jüngste Abschluss den nationalen Rechnungslegungsgrundsätzen (HGB oder bei ausländischen Emittenten andere nationale Rechnungslegungsvorschriften), dann ist das jüngste Jahr (Brückenjahr) zusätzlich auch nach den IAS/IFRS aufzustellen.[26] Bei der Erstellung des Brückenjahres ist darauf zu achten, dass alle Positionen der Finanzausweise auf Basis von IAS/IFRS umgestellt werden. Der neue angepasste Abschluss muss laut Verordnungstext nicht geprüft sein.

38

---

21 Anh. IX Ziff. 11.1. a) und b).
22 Dies ergibt sich auch aus § 20 Abs. 1 Nr. 2 WpPG.
23 Dies ergibt sich als äquivalente Interpretation zu der entsprechenden Regel nach Anh. I. *CESR*, recommendations, Ref: CESR/05-054b, Tz. 53.
24 *CESR*, feedback statement, consistent implementation, Ref: CESR/05-55b, Tz. 30.
25 *Meyer*, Accounting 2/2006, 11.
26 *CESR*, recommendations, Ref: CESR/05-054b, Tz. 61.

39 Der Bridge-Approach stellt einen Kompromiss zwischen der Informationsfunktion für den Investor und Kosten für den Ersteller dar. Aus Investorensicht ist es wünschenswert, dass für alle gezeigten Geschäftsjahre Finanzinformationen nach einem Rechnungslegungsstandard, in der Regel die IAS/IFRS, vorliegen.

40 Hat sich der Emittent entschlossen, eine rückwirkende Anpassung seines zuvor nach nationalen Rechnungslegungsstandards erstellten Abschlusses an IAS/IFRS vorzunehmen, so unterliegt er IFRS 1 *Erstmalige Anwendung der Internationalen Financial Reporting Standards*. Gem. IFRS 1 sind für einen vollständigen Abschluss sowohl Finanzinformationen für den abgelaufenen Berichtszeitraum als auch Vergleichsangaben für das Vorjahr auszuweisen.[27]

41 Nach Ansicht des CESR geht die Aufstellung von Vergleichsangaben des Vorjahres in einem so genannten Brückenjahresabschluss über den Sinn und Zweck der EU-ProspV jedoch hinaus, da sie lediglich für Prospektzwecke erstellt wurde. Es gilt als ausreichend, wenn nur das Brückenjahr selbst (ohne Vergleichszahlen) an die Anforderungen der IAS/IFRS angepasst wird.[28] Dieser ist jedoch nicht vollständig im Sinne des IFRS 1 bzw. IAS 1.[29] Damit gilt der Emittent nicht als Erstanwender im Sinne des IFRS 1 und kann keine darin vorgesehenen Erleichterungen in Anspruch nehmen.[30] Aus praktischer Sicht empfehlen wir daher, einen vollständigen Abschluss nach IAS/IFRS mit Vergleichszahlen des Vorjahres in den Prospekt aufzunehmen. In einigen Fällen dürfte der Aufwand für die Erstellung des IAS/IFRS-Abschlusses des Vorjahres geringer sein, als auf die Erleichterungen des IFRS 1 zu verzichten.

42 Behält der Emittent sein bisheriges Rechnungslegungsregime (IAS/IFRS) auch für die Zukunft bei, so hat er die vom IASB verlautbarten und von der EU anerkannten fortlaufenden Standards zu beachten. Wurden Standards vor Veröffentlichung der Finanzinformationen des Emittenten herausgegeben und wurden diese vom Emittenten noch nicht angewandt, da sie noch nicht in Kraft waren, so ist diese Tatsache gem. IAS 8 anzugeben.[31] Eine Neudarstellung sämtlicher Finanzausweise ist nicht erforderlich.[32] Die Erläuterungen zu Anh. I, Rn. 121–123 gelten entsprechend.

7. Finanzinformationen bei kurzfristiger Geschäftstätigkeit, Ziff. 13.1. Satz 7–9

43 Ist der Emittent in seiner aktuellen Wirtschaftsbranche weniger als ein Jahr tätig und wurden damit noch keine Finanzinformationen veröffentlicht, so sind nach Anh. IV Ziff. 13.1. Satz 7 die Finanzausweise für diesen Zeitraum in den Prospekt aufzunehmen. Alle oben genannten Regelungen zur Ver-

---

[27] IFRS 1.36 i.V.m. IAS 1.36-41.
[28] *CESR*, feedback statement, consistent implementation, Ref: CESR/05-55b, Tz. 30.
[29] *CESR*, feedback statement, consistent implementation, Ref: CESR/05-55b, Tz. 31.
[30] Zu den Erleichterungen siehe IFRS 1 und *Andrejewski/Böckem*, KoR 9/2004, 332.
[31] *CESR*, recommendations, Ref: CESR/05-054b, Tz. 71.
[32] *CESR*, recommendations, Ref: CESR/05-054b, Tz. 72.

wendung der Standards sowie zu Fragen der Gleichwertigkeit der Finanzinformationen bei Emittenten aus einem Drittland gelten entsprechend.

Der Zeitraum des Rumpfgeschäftsjahres beginnt zum Zeitpunkt der Gründung des Emittenten oder des Beginns der Geschäftstätigkeit, die in der Regel mit dem Zeitpunkt der Einbringung dieser Geschäftstätigkeit zusammenfallen dürfte. Fälle, bei denen tatsächlich eine Geschäftstätigkeit aufgenommen wird und innerhalb eines Jahres Wertpapiere notiert werden sollen, sind zwar nicht auszuschließen, dürften aber eine seltene Ausnahme darstellen. Das Rumpfgeschäftsjahr endet in der Regel mit dem Ende des satzungsmäßig festgelegten Geschäftsjahresendes. Damit wird die konsistente Darstellung mit den zukünftigen Geschäftsjahren sichergestellt.[33] Zu weiteren Besonderheiten, insb. der Anpassung des Rumpfgeschäftsjahres, siehe die Ausführungen zu Anh. I, Rn. 130–133. 44

8. Inhalt der Finanzinformationen nach nationalen Rechnungslegungsgrundsätzen, Ziff. 13.1. Satz 10

Der Emittent unterliegt dann nicht der IAS-Verordnung, wenn die Wertpapiere lediglich an einem nicht organisierten Markt (Freiverkehr) notiert sind, er nicht der Konzernabschlusspflicht unterliegt oder eine entsprechende Übergangsregelung genutzt wird. Dann erfolgen die Erstellung und Abbildung der Finanzausweise nach nationalen Rechnungslegungsgrundsätzen. Gem. Anh. IV Ziff. 13.1. Satz 10 müssen solche Abschlüsse eine Bilanz, GuV, Kapitalflussrechnung und einen Anhang, der die Rechnungslegungsstrategien zusammenfasst sowie sonstige Erläuterungen enthält, aufweisen. Unter dem Begriff Rechnungslegungsstrategien kann u. E. nur die wesentlichen Bilanzierungs- und Bewertungsmethoden gemeint sein.[34] Für deutsche Emittenten ist zusätzlich gem. § 297 HGB ein Eigenkapitalspiegel zu erstellen. 45

Falls die Rechnungslegungsstandards des jeweiligen Mitgliedstaates keine bestimmten Vorschriften zur Aufstellung von Kapitalflussrechnungen enthalten, sollte eine Orientierung an den IAS/IFRS erfolgen.[35] Zum Inhalt und zur Gliederung einer Kapitalflussrechnung kann ein deutscher Emittent DRS 2 zu Rate ziehen. 46

Bei HGB-Abschlüssen sowie bei anderen nach nationalen Rechnungslegungsstandards aufgestellten Finanzausweisen sind daher Kapitalflussrechnungen neu zu erstellen.[36] Dieses zusätzliche Abschlusselement ergänzt lediglich den zugrunde liegenden Jahresabschluss um die nach der EU-ProspV erforderlichen Bestandteile. Es ist nicht erforderlich, den gesamten 47

---

33 Siehe hierzu die Auslegung der CESR zum äquivalenten Fall bei Aktienemittenten. *CESR*, Frequently asked questions, Ref: CESR/07-110, Question 14 a.
34 In der englischen Version werden sowohl für Anh. I als auch IV „Accounting policies" gefordert. Nur in der deutschen Übersetzung werden zwei unterschiedliche Begriffe verwendet, so dass sich hieraus wohl keine inhaltlichen Unterschiede zwischen Anh. I und IV ergeben.
35 *CESR*, recommendations, Ref: CESR/05-054b, Tz. 86.
36 *Meyer*, Accounting 2/2006, 12.

Abschluss neu aufzustellen und zu prüfen. Es reicht aus, dieses zusätzliche Abschlusselement zu prüfen und eine entsprechende Bescheinigung auszustellen.[37]

9. Anzuwendender Prüfungsstandard, Ziffer 13.1. Satz 11

48 Ziff. 13.1. Satz 11 fordert, dass die historischen Finanzinformationen unabhängig und in Übereinstimmung mit den im jeweiligen Mitgliedstaat anwendbaren Prüfungsstandards oder einem äquivalenten Standard geprüft worden sein. Zum Begriff der Unabhängigkeit, des anwendbaren Prüfungsstandards sowie zur Äquivalenz von Prüfungsstandards siehe die Ausführungen zu Anh. I, Rn. 138–145.

10. Aufnahme von Einzel- und Konzernabschlüssen, Ziff. 13.2.

49 Erstellt ein Emittent sowohl Einzel- als auch Konzernabschlüsse, so sind gem. Anh. IV Ziff. 13.2. zumindest die Konzernabschlüsse in den Prospekt aufzunehmen. Grds. ist immer dann die Aufnahme von Einzelabschlüssen zu erwägen, wenn diese zusätzliche Informationen bieten. Dies ist regelmäßig dann der Fall, wenn der Einzelabschluss gem. dem jeweiligen gültigen nationalen Gesellschaftsrechts mehreren Zwecken dient. Dann ist nämlich davon auszugehen, dass dieser grds. für einen Investor relevante Informationen enthält. Da der Einzelabschluss ohnehin aufgestellt und testiert werden muss, entstehen durch die Aufnahme im Prospekt kaum zusätzliche Kosten, so dass diese Pflicht auch als verhältnismäßig angesehen werden kann. Allerdings sollte dann von einer Aufnahme abgesehen werden, wenn der Einzelabschluss keine wesentlichen Informationen enthält.

50 In Deutschland sind dabei die Funktionen der Ausschüttungsbemessung, der steuerlichen Gewinnermittlung, der Ermittlung des haftungsrelevanten Kapitals sowie die Erstellung für aufsichtsrechtliche Zwecke zu nennen. Bei Fremdkapitalemittenten dürfte insb. die Information zum haftungsrelevanten Kapital für Investoren von Interesse sein. Vor diesem Hintergrund ist die derzeitige Praxis der BaFin, den Abdruck des aktuellen HGB-Einzelabschlusses des Emittenten zu verlangen, nachvollziehbar und zweckmäßig.[38] Allerdings ist es angesichts der Informationsfülle im Prospekt zu begrüßen, wenn vom Abdruck bei nur unwesentlichem Informationsnutzen abgesehen werden kann. Zur möglichen befreienden Wirkung eines IFRS-Einzelabschlusses, dem Einzelabschluss eines Drittstaates, die erforderlichen Elemente eines Einzelabschlusses sowie die zu erwartenden Vereinfachungen gem. HGB siehe die Ausführungen zu Anh. I, Rn. 154–156.

---

[37] IDW PH 9.960.2 Prüfung von zusätzlichen Abschlusselementen für deutsche Emittenten. Für ausländische Emittenten siehe den entsprechenden internationalen Standards ISA 800, The independent auditor's report on special purpose audit engagements, 12–16.
[38] Meyer, Accounting 2/2006, 11, 12.

11. Prüfung der historischen Finanzinformationen, Ziff. 13.3.

In Übereinstimmung mit den Vorschriften der Vierten und Siebten EU-Bilanzrichtlinie müssen sowohl deutsche als auch ausländische Emittenten mit Sitz in der EU ihre Abschlüsse von einem Wirtschaftsprüfer bzw. einer Prüfungsgesellschaft nach den auf die Emittenten anwendbaren Prüfungsstandards prüfen lassen. Diese Bestimmung betrifft, sofern der Emittent einen Einzelabschluss aufstellt, den Einzelabschluss und, sofern er konzernabschlusspflichtig ist, den Konzernabschluss.[39] Für beide Abschlussformen gilt, dass der Bestätigungsvermerk ein den Verhältnissen entsprechendes Bild (true and fair view) des Emittenten attestiert.[40] 51

Falls nur das letzte Geschäftsjahr gem. der IAS/IFRS als Brückenjahr gezeigt wird, muss dieses nicht testiert werden. Dann sind lediglich die historischen Finanzinformationen nach nationalen Standards zu testieren.[41] 52

Die Erklärung über die Prüfung der historischen Finanzinformationen findet sich üblicherweise im Kapitel „Abschlussprüfer" des Prospektes wieder. Dort sind gem. Anh. IV Ziff. 2. Name und Sitz des Abschlussprüfers anzugeben, welche Abschlüsse dieser geprüft hat und mit welchem Bestätigungsvermerk diese versehen sind. 53

Bei deutschen Emittenten richtet sich der Bestätigungsvermerk an den Bestimmungen des IDW PS 400 – Grundsätze für die ordnungsgemäße Erteilung von Bestätigungsvermerken bei Abschlussprüfungen – aus. Dieser Prüfungsstandard entspricht dem ISA 700 und den Anforderungen, die sich aus anderen ISA ergeben, soweit nicht gesetzliche Besonderheiten im Einzelfall Abweichungen erfordern. Die Abweichungen sind in Abschnitt 7 des IDW PS 400 beschrieben. Der IDW PS 400 betrifft Abschlussprüfungen, d. h. Prüfungen von Jahres- und Konzernabschlüssen gleichermaßen.[42] Zu Formen des Bestätigungsvermerks sowie des Versagungsvermerks bei in- und ausländischen Emittenten siehe die Ausführungen zu Anh. I, Rn. 163–169. 54

Sind sonstige Angaben im Prospekt vom Abschlussprüfer geprüft, ist explizit darauf hinzuweisen. Wurden Finanzdaten nicht aus den geprüften Jahresabschluss des Emittenten entnommen, so ist ein entsprechender Hinweis aufzunehmen. Ebenfalls sind dann die Quellen dieser Daten zu nennen und es ist anzugeben, dass diese Daten ungeprüft sind. 55

12. Alter der jüngsten Finanzinformationen, Ziff. 13.4.

Der Bilanzstichtag des letzten durch geprüfte Finanzinformationen dargestellten Geschäftsjahres darf gem. Anh. IV Ziff. 13.4. nicht mehr als 18 Monate vor dem Datum des Prospekts liegen. Bei zeitkritischen Transaktionen sollte diese Frist nicht aus den Augen verloren werden. 56

---

39 Vierte RL (EG/78/660) v. 25.07.1978, Art. 51, Siebte RL (EG/83/349) v. 13.06.1983, Art. 37 i.V.m. CESR/05-054b vom Januar 2005, § 77.
40 *CESR*, recommendations, Ref: CESR/05-054b, Tz. 76.
41 *CESR*, recommendations, Ref: CESR/05-054b, Tz. 80.
42 *IDW PS 400*, Ziff. 1., Stand 28.10.2005.

13. Pflicht zur Aufnahme von bereits veröffentlichten Zwischenfinanzinformationen, Ziff. 13.5.1.

57 Zwischenfinanzinformationen, die in der Zeit zwischen Ablauf des letzten Geschäftsjahres und der Veröffentlichung des Prospekts veröffentlicht wurden, sind gem. Anh. IV Ziff. 13.5.1. in jedem Fall in den Prospekt aufzunehmen. Dabei handelt es sich um Zwischen- oder Halbjahresfinanzberichte. Dies gilt auch dann, wenn sich keine Zwischenabschlusspflicht gem. Anh. IV Ziff. 13.5.2. ergibt. Damit sollen dem Prospektleser alle aktuellen Finanzinformationen zur Verfügung gestellt werden.[43]

58 Wurden zwischen Geschäftsjahresende und Prospektveröffentlichung mehrere Zwischenberichte veröffentlicht, so muss laut CESR grds. nur der aktuelle Zwischenbericht in den Prospekt aufgenommen werden. Es sind dann mehrere Berichte aufzunehmen, wenn der Ältere zusätzliche, nicht duplizierende Informationen enthält.[44] Dies kann vor Allem dann der Fall sein, wenn ein im Sinne der TransparenzRL[45] vollständiger Halbjahresfinanzbericht, aber zum dritten Quartal lediglich eine Zwischenmitteilung der Geschäftsführung veröffentlicht wurde, die keinen vollständigen Abschluss enthält.[46] U.E. dürfte aber ein dritter Quartalsbericht in jedem Fall genügen, wenn dieser die Anforderungen des Art. 5 TransparenzRL bzw. für deutsche Emittenten § 37w i.V.m. x WpHG erfüllt. Dabei sollte es ausreichend sein, nur den Zwischenabschluss in den Prospekt aufzunehmen, da konsistent mit der Auslegung zu den Inhalten von Zwischenfinanzinformationen in Prospekten gem. Anh. IV Ziff. 13.5.2. weder der Zwischenlagebericht noch der „Bilanzeid" Pflichtbestandteile sind.[47]

59 Jeweilige Testate oder Bescheinigungen der Zwischenberichte sind in den Prospekt aufzunehmen. Ansonsten ist auf die Tatsache hinzuweisen, dass die Zwischenfinanzinformationen ungeprüft sind.

14. Pflicht zur Aufnahme und Inhalte von Zwischenfinanzinformationen, Ziff. 13.5.2.

60 Wird der Prospekt mehr als neun Monate nach Ablauf des letzten Geschäftsjahres, für das geprüfte Abschlüsse vorliegen, erstellt, müssen gem. Anh. IV Ziff. 13.5.2. in den Prospekt Zwischenfinanzinformationen aufgenommen werden. Diese müssen sich auf mindestens die ersten sechs Monate des Geschäftsjahres beziehen. Damit sollen dem Investor möglichst aktuelle Informationen zur Vermögens-, Finanz- und Ertragslage zur Verfügung gestellt werden.[48] Dieser Zwischenfinanzbericht ist nicht prüfungspflichtig. Aller-

---

43 *CESR*, recommendation, Ref: CESR/05-054b, Tz. 98.
44 Äquivalente Auslegung zu *CESR*, frequently asked questions, Ref.: CESR/07-110, Question 19.
45 RL 109/2004/EG.
46 Art. 5 und 6 TransparenzRL.
47 Siehe Rn. 65.
48 *CESR*, recommendation, Ref: CESR/05-054b, Tz. 99.

dings ist eindeutig darauf hinzuweisen, wenn der Bericht nicht geprüft wurde.

Gem. Anh. IV Ziff. 13.5.2. werden hinsichtlich der Inhalte der Zwischenfinanzinformationen lediglich Aussagen zu den Vergleichsperioden getroffen. Danach ist ein vergleichender Überblick über denselben Zeitraum wie im letzten Geschäftsjahr aufzunehmen. Dies gilt explizit für die Gewinn- und Verlustrechnung und die Kapitalflussrechnung. Für die Bilanz als Bestandsrechnung ist es auch zulässig, als Vergleichszahlen die entsprechenden Zahlen der Jahresendbilanz zu verwenden. In der Praxis dürfte sich die Darstellung der Vorjahresbilanz gem. IAS 34 bzw. DRS 16 durchsetzen. Die Aufnahme von Bilanzinformationen, die sich auf den Zeitpunkt des vergleichbaren Zwischenberichts des Vorjahres beziehen, ist nicht sinnvoll. 61

Hinsichtlich der anzuwendenden Standards unterscheidet CESR nach Emittenten, deren Wertpapiere schon an einem organisierten Markt notiert sind, und Erstemittenten. 62

Bei bereits notierten Emittenten orientieren sich die Inhalte eines Zwischenfinanzberichts an den Anforderungen der TransparenzRL und ihrer jeweiligen nationalen Umsetzung. Für deutsche Emittenten sind diese im WpHG kodifiziert.[49] Damit können einzelstaatliche Regelungen in manchen Fällen strenger sein, als es die Richtlinie vorgibt („Inländerdiskriminierung"). 63

Gem. Art. 5 Abs. 2 TransparenzRL bzw. § 37w Abs. 2 WpHG umfasst ein Halbjahresfinanzbericht einen verkürzten Abschluss, einen Zwischenlagebericht sowie eine Erklärung der beim Emittenten verantwortlichen Personen zur Einhaltung des True and Fair View („Bilanzeid").[50] Die Empfehlung der CESR fordert jedoch explizit nur die entsprechende Anwendung der Regelungen zum verkürzten Abschluss (condensed set of financial statement included in a half-yearly financial report covering the first six months of the financial year)[51], so dass weder ein Zwischenlagebericht noch ein „Bilanzeid" in den Prospekt aufgenommen werden müssen. 64

Unterliegt der Emittent der IAS-Verordnung und muss er daher einen Konzernabschluss nach den IAS/IFRS veröffentlichen, hat der (verkürzte) Abschluss die Anforderungen des IAS 34 zu erfüllen. Damit sind nicht nur Umfang und Vergleichsperioden, sondern auch Abgrenzungsfragen abschließend und konsistent zur geforderten Publizität am Geschäftsjahresende geregelt.[52] So sind neben der Bilanz und Gewinn- und Verlustrechnung eine Darstellung der Eigenkapitalentwicklung sowie eine Kapitalflussrech- 65

---

49 *CESR*, recommendation, Ref: CESR/05-054b, Tz. 101. Deutsche Umsetzung durch Gesetz zur Umsetzung der RL EG/2004/109 des Europäischen Rates vom 15.12.2004 zur Harmonisierung der Transparenzanforderungen in Bezug auf Informationen über Emittenten, deren Wertpapiere zum Handel auf einem geregelten Markt zugelassen sind, und zur Änderung der RL 2001/34/EG (TransparenzRL-Umsetzungsgesetz – TUG) v. 05.01.2007.
50 Siehe ausführlich *d'Arcy/Meyer*, Der Konzern, 2005, 151 sowie *d'Arcy*, Accounting, 8/2006, 3.
51 *CESR*, recommendation, Ref: CESR/05-054b, Tz. 101.
52 Siehe hierzu bspw. *Leibfried*, in: Lüdenbach/Hoffmann, IFRS, § 37.

nung jeweils mit entsprechenden Vorjahresvergleichszahlen, das Ergebnis je Aktie sowie bestimmte Anhangangaben aufzunehmen.[53] Zu Übergangsbestimmungen, Zwischenberichte gem. nationalen Standards und spezifischen Fragen bei Erstemittenten siehe die Ausführungen zu Anh. I, Rn. 182–188.

15. Gerichts- und Schiedsverfahren, Ziff. 13.6.

66 Im Rahmen der Finanzausweise sind Angaben zu Gerichts- und Schiedsverfahren zu machen, die auch staatliche Interventionen wie z.B. Kartellverfahren umfassen können. Dabei sind grds. solche für den Emittenten wesentliche Verfahren zu nennen, die nach Kenntnis des Emittenten in den letzten zwölf Monaten bestanden, abgeschlossen wurden, noch anhängig sind oder eingeleitet werden könnten. Es sind nur für die Finanz- und Ertragslage wesentliche Verfahren im Prospekt zu nennen. Die Frage, wann ein Prozess wesentlich ist, muss im Einzelfall geprüft werden und kann u.a. von der Schadenshöhe, anderen Folgen oder möglichen Nachfolgeprozessen abhängig sein. Das Wesentlichkeitskriterium muss dabei sowohl auf den Einzel- als auch auf den Konzernabschluss angewendet werden. Ansonsten ist eine negative Erklärung aufzunehmen, dass solche Verfahren nicht bestanden haben. Da es sich bei Gerichts- und Schiedsverfahren häufig um hohe Schadenssummen handeln kann, ist im Zweifel das Wesentlichkeitskriterium streng auszulegen. Solche Verfahren sollten im Prospekt aufgenommen werden, auch wenn das Management den Ausgang des Verfahrens positiv einschätzt. In diesem Sinne sind nicht die Kriterien anzulegen, nach denen eine Prozessrückstellung zu bilden wäre. Darüber hinaus sollten die Angaben in diesem Abschnitt mit den Informationen zu den Risikofaktoren gem. Anh. IV Ziff. 4. abgestimmt werden.

16. Wesentliche Veränderungen in der Finanzlage oder der Handelsposition des Emittenten, Ziff. 13.7.

67 Gem. Anh. IV Ziff. 13.7. sind wesentliche Veränderungen in der Finanzlage oder der Handelsposition aufzunehmen, die nach dem Stichtag des zuletzt im Prospekt abgedruckten Abschlusses eingetreten sind. Dies können zum einen wertbeeinflussende Ereignisse nach dem Bilanzstichtag sein, die gem. IAS 10.21 ohnehin im Anhang zu erläutern sind. Zu nennen sind bspw. Unternehmenserwerbe oder die Zerstörung einer Produktionsstätte.[54] Insb. bei Fremdkapitalemittenten könnte die wesentliche Veränderung der Risikoposition von Interesse sein, so z.B. eine wesentliche Veränderung in der Zusammensetzung des Kreditportfolios. Darüber hinaus sind aber auch wesentliche Veränderungen der Handelsposition zu nennen, die aufgrund externer Einflüsse oder interner Gründe eine nicht zu erwartende Entwicklung aufweisen. Auch wenn die Überschrift von der Finanzlage und der Handelsposition des Emittenten ausgeht, geht aus dem Verordnungstext klar hervor, dass das Wesentlichkeitskriterium sich auf die gesamte Gruppe und somit

---

53 IAS 34.9, IAS 34.11. IAS 34.16.
54 Siehe hierzu auch die Beispiele in IAS 10.22.

den Konzernabschluss bezieht, falls es sich nicht um ein Einzelunternehmen handelt. Sind keine wesentlichen Veränderungen aufgetreten, ist eine entsprechende negative Erklärung aufzunehmen.

XV. Zusätzliche Angaben, Ziff. 14.

Ziff. 14. ist weitgehend selbsterklärend. 68

Unter Ziff. 14.1. sind verschiedene Kategorien der Aktien zu nennen. Die hier erforderlichen Angaben richten sich nach der Rechtsordnung, der der Emittent unterliegt, und den bei ihm tatsächlich zutreffenden Aktien.

Das deutsche Recht gibt in § 11 AktG die Möglichkeit verschiedene Gattungen zu bilden. Der Begriff Aktiengattung wird als Zusammenfassung von Aktien mit gleichen Rechten definiert.[55] Dabei können nur solche Rechte erfasst werden, die durch Aktien gewährt werden können, also mitgliedschaftliche Befugnisse.[56] Sie werden in Herrschafts- und Verwaltungsrechte einerseits und Vermögensrechte andererseits unterteilt.[57] Voraussetzung ist dabei, dass für diese Unterscheidung eine Grundlage in der Satzung besteht.[58]

So können bspw. das Stimmrecht gewährende Stammaktien und stimmrechtslose Vorzugsaktien jeweils eine Aktiengattung darstellen[59] und wären hier für deutsche Emittenten in Form der AG zu nennen. Für andere Gesellschaftsformen oder Rechtsordnungen wären die vergleichbaren Regelungen aufzuführen.

Ebenfalls aufzuführen wäre hier, wenn und in welcher Höhe das Gesellschaftskapital noch nicht voll eingezahlt ist. Dadurch soll transparent werden, ob das angegebene Kapital der Gesellschaft auch als Vermögen zur Verfügung steht. Ein entsprechender Grundsatz findet sich im deutschen Aktienrecht als „Prinzip der Kapitalaufbringung" und wird an verschiedenen Stellen im Aktiengesetz, bspw. durch das Verbot der Stufengründung verankert.[60]

XVI. Wesentliche Verträge, Ziff. 15.

Verträge, die im unmittelbaren Zusammenhang zu den konkreten Wertpapieren stehen, auf die sich der Prospekt bezieht, werden nicht unter Ziff. 15., sondern im Rahmen der Wertpapierbeschreibung dargestellt. 69

Unter diese Ziff. 15. fallen nur Verträge, die allgemein für alle Wertpapiere eines Emittenten von Bedeutung sind. Das sind Verträge, die auf die Zah-

---

55 *Hüffer*, AktG, § 11 Rn. 1.
56 *Hüffer*, AktG, § 11 Rn. 3.
57 *Hüffer*, AktG, § 11 Rn. 3.
58 *Hüffer*, AktG, § 11 Rn. 2.
59 *Hüffer*, AktG, § 11 Rn. 7.
60 Vgl. hierzu *Hüffer*, AktG, § 1 Rn. 11.

lungsfähigkeit bzw. die Bonität des Emittenten Einfluss haben, wie bspw. Gewinnabführungs- oder Garantieverträge, sofern diese nicht bereits im Rahmen von Ziff. 12. genannt wurden.

XVII. Angaben von Seiten Dritter, Erklärungen von Seiten Sachverständiger und Interessenerklärungen, Ziff. 16.

70 Diese Anforderungen sind weitgehend selbsterklärend.

Es soll sichergestellt werden, dass ein Anleger erkennen kann, woher Informationen stammen, wenn sie nicht direkt vom Emittenten stammen. Dabei muss darauf geachtet werden, dass es zu Urheberrechtsverletzungen kommen kann, sofern urheberrechtlich geschützte Angaben in einem Prospekt verwendet werden.

Ebenfalls soll erkennbar werden, welches wesentliche Interesse der Emittent letztlich an diesen Informationen hat.

Bescheinigungen des Wirtschaftsprüfers fallen nur dann unter diese Ziffer, sofern er außerhalb seiner Wirtschaftsprüfungstätigkeit Gutachten als Sachverständiger abgegeben hat – hierzu ausführlich die Kommentierung zu Anh. I EU-ProspV.

XVIII. Einsehbare Dokumente, Ziff. 17.

71 Der Anleger soll darüber informiert werden, wo er die in Ziff. 17. genannten Unterlagen einsehen bzw. erhalten kann.

Viele Emittenten nutzen die Möglichkeit, den Anlegern diese Dokumente über das Internet auf ihrer Homepage zur Verfügung zu stellen.

ARTIKEL 8
Schema für die Wertpapierbeschreibung für Schuldtitel mit einer Stückelung von weniger als EUR 50.000

(1) Bei der Wertpapierbeschreibung für Schuldtitel mit einer Stückelung von weniger als 50.000 EUR werden die Angaben gemäß dem in Anhang V festgelegten Schema zusammengestellt.

(2) Das Schema gilt für Schuldtitel, bei denen der Emittent aufgrund der Emissionsbedingungen verpflichtet ist, dem Anleger 100 % des Nominalwertes zu zahlen, wobei zusätzlich noch eine Zinszahlung erfolgen kann.

ARTICLE 8
Securities note schedule for debt securities with a denomination per unit of less than 50.000 EUR

(1) For the securities note for debt securities with a denomination per unit of less than 50.000 EUR information shall be given in accordance with the schedule set out in Annex V.

(2) The schedule shall apply to debt where the issuer has an obligation arising on issue to pay the investor 100 % of the nominal value in addition to which there may be also an interest payment.

Inhalt

	Rn.		Rn.
I. Überblick	1	II. Wertpapiere	2

I. Überblick

Art. 8 EU-ProspV gibt vor, dass auf Schuldtitel mit einer Stückelung von weniger als 50.000 Euro der Anh. V der EU-ProspV Anwendung findet. 1

Vom Wortlaut weicht dieser Art. 8 von Art. 7 EU-ProspV bzgl. der Anwendbarkeit ab. Inhaltlich dürfte der Verordnungsgeber aber keinen Unterschied beabsichtigt haben, denn Art. 4 ist die Sonderbestimmung für Aktien, die auch hier ausgenommen sind, da auch für die Wertpapierbeschreibung von Aktien mit Art. 6 EU-ProspV eine speziellere und damit vorgehende Regelung vorhanden ist.

Auch die Ausnahmen bzgl. der Mindestverkaufsgröße von 50.000 Euro dürfte hier ebenfalls einschlägig sein, auch wenn sie nicht ausdrücklich aufgenommen wurde, da anderenfalls, auch unter Anlegerschutzaspekten, das Zusammenspiel von Art. 7 und Art. 8 EU-ProspV nicht funktionieren würde. Für Wertpapiere, die nicht öffentlich angeboten bzw. nicht an einem organisierten Markt zugelassen werden, sind WpPG und die EU-ProspV nicht anwendbar.

Somit gilt auch für Art. 8 EU-ProspV, dass er für Wertpapiere, die nicht unter Art. 4 fallen und mit einer Stückelung von weniger als 50.000 Euro oder als nennwertlose Wertpapiere, die für weniger als 50.000 Euro erworben werden können, öffentlich angeboten werden oder an einem organisierten Markt zugelassen werden, sich die Wertpapierbeschreibung eines Prospekts nach Schema V des Anh. zur EU-ProspV richten.

II. Wertpapiere

Wertpapiere sind dabei alle Wertpapiere gem. § 2 WpPG bzw. Art. 2 der EU-ProspRL. Hier wird auf die Kommentierung zu § 2 WpPG verwiesen. 2

Diese Wertpapiere müssen eine Rückzahlung von 100 % ihres Nominalwertes und dürfen zusätzlich Zinsen gewähren. Geht man davon aus, dass der Gesetzgeber schlicht sicherstellen wollte, dass Anleger zumindest den Nominalwert in voller Höhe zurückgezahlt bekommen, so bedeutet dies, dass unter Zinsen hier alle darüber hinausgehenden Zahlungen zu verstehen sind, unabhängig davon, ob sie zivil- oder steuerrechtlich als Zinsen zu betrachten sind.

Anh. V EU-ProspV
Mindestangaben für die Wertpapierbeschreibung für Schuldtitel (Schema) (Schuldtitel mit einer Stückelung von weniger als EUR 50.000)

1. Verantwortliche Personen

1.1. Alle Personen. die für die im Prospekt gemachten Angaben bzw. für bestimmte Abschnitte des Prospekts verantwortlich sind. Im letzteren Fall sind die entsprechenden Abschnitte aufzunehmen. Im Falle von natürlichen Personen, zu denen auch Mitglieder der Verwaltungs-, Geschäftsführungs- und Aufsichtsorgane des Emittenten gehören, sind der Name und die Funktion dieser Person zu nennen. Bei juristischen Personen sind Name und eingetragener Sitz der Gesellschaft anzugeben

1.2. nErklärung der für den Prospekt verantwortlichen Personen. dass sie die erforderliche Sorgfalt haben walten lassen, um sicherzustellen. dass die im Prospekt genannten Angaben ihres Wissens nach richtig sind und keine Tatsachen weggelassen werden, die die Aussage des Prospekts wahrscheinlich verändern können. Ggf. Erklärung der für bestimmte Abschnitte des Prospekts verantwortlichen Personen, dass sie die erforderliche Sorgfalt haben walten lassen, um sicherzustellen, die in dem Teil des Prospekts genannten Angaben. für die sie verantwortlich sind, ihres Wissens nach richtig sind und keine Tatsachen weggelassen werden, die die Aussage des Prospekts wahrscheinlich verändern.

2. Risikofaktoren

Klare Offenlegung der Risikofaktoren, die für die anzubietenden und/oder zum Handel zuzulassenden Wertpapiere von wesentlicher Bedeutung sind, wenn es darum geht, das Marktrisiko zu bewerten, mit dem diese Wertpapiere behaftet sind. Diese Offenlegung muss unter der Rubrik "Risikofaktoren" erfolgen.

3. Wichtige Angaben

3.1. Interessen von Seiten natürlicher und juristischer Personen, die an der Emission/dem Angebot beteiligt sind

Beschreibung jeglicher Interessen- einschließlich Interessenkonflikte, die für die Emission/das Angebot von wesentlicher Bedeutung sind, wobei die betroffenen Personen zu spezifizieren und die Art der Interessen darzulegen ist.

3.2. Gründe für das Angebot und Verwendung der Erträge

Gründe für das Angebot, wenn nicht die Ziele Gewinnerzielung und/oder Absicherung bestimmter Risiken verfolgt werden. Ggf. Offenlegung der geschätzten Gesamtkosten für die Emission/das Angebot und des geschätzten Nettobetrages der Erträge, aufgeschlüsselt nach den wichtigsten Verwendungszwecken und dargestellt nach Priorität dieser Verwendungszwecke.

Sofern der Eminent weiß, dass die antizipierten Erträge nicht ausreichend sein werden, um alle vorgeschlagenen Verwendungszwecke zu finanzieren, sind der Betrag und die Quellen anderer Mittel anzugeben.

4. Angaben über die anzubietenden bzw. zum Handel zuzulassenden Wertpapiere

4.1. Beschreibung des Typs und der Kategorie der anzubietenden und/oder zum Handel zuzulassenden Wertpapiere einschließlich der ISIN (International Security Identification Number) oder eines anderen Sicherheitscodes.

4.2. Rechtsvorschriften, auf deren Grundlage die Wertpapiere geschaffen wurden.

4.3. Angabe, ob es sich bei den Wertpapieren um Namenspapiere oder um Inhaberpapiere handelt und ob die Wertpapiere verbrieft oder stückelos sind. In letzterem Fall sind der Name und die Anschrift des die Buchungsunterlagen führenden Instituts zu nennen.

4.4. Währung der Wertpapieremission.

4.5. Rang der Wertpapiere, die angeboten und/oder zum Handel zugelassen werden sollen, einschließlich der Zusammenfassung etwaiger Klauseln, die den Rang beeinflussen können oder das Wertpapier derzeitigen oder künftigen Verbindlichkeiten des Emittenten nachordnen können.

4.6. Beschreibung der Rechte die an die Wertpapiere gebunden sind - einschließlich ihrer etwaigen Beschränkungen-, und des Verfahrens zur Ausübung dieser Rechte.

4.7. Angabe des nominalen Zinssatzes und Bestimmungen zur Zinsschuld:

– Datum, ab dem die Zinsen gezahlt werden und Zinsfälligkeitstermine;

– Verjährungsfrist von Zinsforderungen und Rückzahlung des Kapitalbetrages.

Ist der Zinssatz nicht festgelegt, Beschreibung der zugrunde liegenden Aktien, auf die er sich stützt, und der verwendeten Methode zur Verbindung beider Werte und Angabe, wo Informationen über die vergangene und künftige Wertentwicklung der zugrunde liegenden Aktien und ihre Volatilität eingeholt werden können:

– Beschreibung etwaiger Vorfälle, die eine Marktstörung oder eine Unterbrechung der Abrechnung bewirken und die sich auf die zugrunde liegenden Aktien auswirken;

– Anpassungsregeln bei Vorfällen, die die zugrunde liegenden Aktien beeinflussen;

– Name der Berechnungsstelle

Wenn das Wertpapier eine derivative Komponente bei der Zinszahlung hat, ist eine klare und umfassende Erläuterung beizubringen, die den Anlegern verständlich macht, wie der Wert ihrer Anlage durch den Wert des Basisinstruments/der Basisinstrumente beeinflusst wird, insbesondere in Fällen. in denen die Risiken sehr offensichtlich sind.

4.8. Fälligkeitstermin und Vereinbarungen für die Darlehenstilgung, einschließlich der Rückzahlungsverfahren. Wird auf Initiative des Emittenten oder des Wertpapierinhabers eine vorzeitige Tilgung ins Auge gefasst, so ist sie unter Angabe der Tilgungsbedingungen und -voraussetzungen zu beschreiben.

4.9. Angabe der Rendite. Dabei ist die Methode zur Berechnung der Rendite in Kurzform darzulegen.

4.10. Vertretung von Schuldtitelinhabern unter Angabe der die Anleger vertretenden Organisation und der auf die Vertretung anwendbaren Bestimmungen, Angabe des Ortes, an dem die Öffentlichkeit die Verträge einsehen kann, die diese Vertretung regeln.

4.11. Im Falle von Neuemissionen Angabe der Beschlüsse. Ermächtigungen und Billigungen, die die Grundlage für die erfolgte bzw. noch zu erfolgende Schaffung der Wertpapiere und/oder deren Emission bilden.

4.12. Im Falle von Neuemissionen Angabe des erwarteten Emissionstermins der Wertpapiere.

4.13. Darstellung etwaiger Beschränkungen für die freie Übertragbarkeit der Wertpapiere.

4.14. Hinsichtlich des Herkunftslands des Emittenten und des Landes bzw. der Länder, in dem bzw. denen das Angebot unterbreitet oder die Zulassung zum Handel beantragt wird, sind folgende Angaben zu machen:

Angaben über die an der Quelle einbehaltene Einkommensteuer auf die Wertpapiere;

Angabe der Tatsache. ob der Emittent die Verantwortung für die Einbehaltung der Steuern an der Quelle übernimmt.

5. Bedingungen und Voraussetzungen für das Angebot

5.1. Bedingungen, Angebotsstatistiken, erwarteter Zeitplan und erforderliche Maßnahmen für die Antragstellung

5.1.1. Bedingungen, denen das Angebot unterliegt.

5.1.2. Gesamtsumme der Emission/des Angebots. Ist der Betrag nicht festgelegt, Beschreibung der Vereinbarungen und des Zeitpunkts für die Ankündigung des endgültigen Angebotsbeitrags an das Publikum.

5.1.3. Frist – einschließlich etwaiger Änderungen – während deren das Angebot gilt und Beschreibung des Antragsverfahrens.

5.1.4. Beschreibung der Möglichkeit zur Reduzierung der Zeichnungen und der Art und Weise der Erstattung des zu viel gezahlten Betrags an die Zeichner.

5.1.5. Einzelheiten zum Mindest- und/oder Höchstbetrag der Zeichnung (entweder in Form der Anzahl der Wertpapiere oder des aggregierten zu investierenden Betrags).

5.1.6. Methode und Fristen für die Bedienung der Wertpapiere und ihre Lieferung.

5.1.7. Vollständige Beschreibung der Art und Weise und des Termins, auf die bzw. an dem die Ergebnisse des Angebots offen zu legen sind.

5.1.8. Verfahren für die Ausübung eines etwaigen Vorzugsrechts, die Übertragbarkeit der Zeichnungsrechte und dieBehandlung von nicht ausgeübten Zeichnungsrechten.

5.2. Plan für die Aufteilung der Wertpapiere und deren Zuteilung

5.2.1. Angabe der verschiedenen Kategorien der potenziellen Investoren, denen die Wertpapiere angeboten werden. Erfolgt das Angebot gleichzeitig auf den Märkten in zwei oder mehreren Ländern und wurde/wird eine bestimmte Tranche einigen dieser Märkte vorbehalten, Angabe dieser Tranche.

5.2.2. Verfahren zur Meldung des den Zeichnern zugeteilten Betrags und Angabe, ob eine Aufnahme des Handels vor dem Meldeverfahren möglich ist.

5.3. Preisfestsetzung

5.3.1. Angabe des Preises, zu dem die Wertpapiere angeboten werden, oder der Methode, mittels deren der Angebotspreis festgelegt wird, und des Verfahrens für die Offenlegung. Angabe der Kosten und Steuern, die speziell dem Zeichner oder Käufer in Rechnung gestellt werden.

5.4. Platzierung und Übernahme (Underwriting)

5.4.1. Name und Anschrift des Koordinators/der Koordinatoren des gesamten Angebots oder einzelner Teile des Angebots und - sofern dem Emittenten oder dem Bieter bekannt - Angaben zu den Platzierern in den einzelnen Ländern des Angebots.

5.4.2. Namen und Geschäftsanschriften der Zahlstellen und der Depotstellen in jedem Land.

5.4.3. Name und Anschrift der Institute, die bereit sind, eine Emission auf Grund einer bindenden Zusage zu übernehmen, und Name und Anschrift der Institute, die bereit sind, eine Emission ohne bindende Zusage oder gemäß Vereinbarungen „zu den bestmöglichen Bedingungen" zu platzieren. Angabe der Hauptmerkmale der Vereinbarungen, einschließlich der Quoten. Wird die Emission nicht zur Gänze übernommen, ist eine Erklärung zum nicht abgedeckten Teil einzufügen. Angabe des Gesamtbetrages der Übernahmeprovision und der Platzierungsprovision.

5.4.4. Angabe des Zeitpunkts, zu dem der Emissionsübernahmevertrag abgeschlossen wurde oder wird.

6. Zulassung zum Handel und Handelsregeln

6.1. Angabe, ob die angebotenen Wertpapiere Gegenstand eines Antrags auf Zulassung zum Handel auf einem geregelten Markt oder sonstigen gleichwertigen Märkten sind oder sein werden, wobei die jeweiligen Märkte zu nennen sind. Dieser Umstand ist anzugeben, ohne jedoch den Eindruck zu erwecken, dass die Zulassung zum Handel notwendigerweise erfolgen wird. Wenn bekannt, sollte eine Angabe der frühestmöglichen Termine der Zulassung der Wertpapiere zum Handel erfolgen.

6.2. Angabe sämtlicher geregelten oder gleichwertigen Märkte, auf denen nach Kenntnis des Emittenten Wertpapiere der gleichen Wertpapierkategorie, die zum Handel angeboten oder zugelassen werden sollen, bereits zum Handel zugelassen sind.

6.3. Name und Anschrift der Institute, die aufgrund einer bindenden Zusage als Intermediäre im Sekundärhandel tätig sind, um Liquidität mittels Geld- und Briefkursen zur Verfügung stellen, und Beschreibung der Hauptbedingungen der Zusage.

7. Zusätzliche Angaben

7.1. Werden an einer Emission beteiligte Berater in der Wertpapierbeschreibung genannt, ist eine Erklärung zu der Funktion abzugeben, in der sie gehandelt haben.

7.2. Angabe weiterer Informationen in der Wertpapierbeschreibung die von gesetzlichen Abschlussprüfern geprüft oder einer prüferischen Durchsicht unterzogen wurden und über die die Abschlussprüfer einen Prüfungsbericht erstellt haben. Reproduktion des Berichts oder mit Erlaubnis der zuständigen Behörden Zusammenfassung des Berichts.

7.3. Wird in die Wertpapierbeschreibung eine Erklärung oder ein Bericht einer Person aufgenommen, die als Sachverständiger handelt, so sind der Name, die Geschäftsadresse, die Qualifikationen und – falls vorhanden – das wesentliche Interesse am Emittenten anzugeben. Wurde der Bericht auf Ersuchen des Emittenten erstellt, so ist eine diesbezügliche Erklärung dahingehend abzugeben, dass die aufgenommene Erklärung oder der aufgenommene Bericht in der Form und in dem Zusammenhang, in dem sie bzw. er aufgenommen wurde, die Zustimmung von Seiten dieser Person erhalten hat, die den Inhalt dieses Teils der Wertpapierbeschreibung gebilligt hat.

7.4. Sofern Angaben von Seiten Dritter übernommen wurden, ist zu bestätigen, dass diese Information korrekt wiedergegeben wurde und dass - soweit es dem Emittenten bekannt ist und er aus den von dieser dritten Partei veröffentlichten Informationen ableiten konnte - keine Tatsachen unterschlagen wurden, die die wiedergegebenen Informationen unkorrekt oder irreführend gestalten würden. Darüber hinaus hat der Emittent die Quelle(n) der Informationen anzugeben.

7.5. Angabe der Ratings, die einem Emittenten oder seinen Schuldtiteln auf Anfrage des Emittenten oder in Zusammenarbeit mit dem Emittenten beim Ratingverfahren zugewiesen wurden. Kurze Erläuterung der Bedeutung der Ratings, wenn sie erst unlängst von der Ratingagentur erstellt wurden.

Annex V
Minimum disclosure requirements for the securities note related to debt securities (schedule)
(Debt securities with a denomination per unit of less than EUR 50 000)

1. Persons Responsible

1.1. All persons responsible for the information given in the prospectus and, as the case may be, for certain parts of it, with, in the latter case, an indication of such parts. In the case of natural persons including members of the issuer's administrative, management or supervisory bodies indicate the name and function of the person; in case of legal persons indicate the name and registered office.

1.2. A declaration by those responsible for the prospectus that, having taken all reasonable care to ensure that such is the case, the information contained in the prospectus is, to the best of their knowledge, in accordance with the facts and contains no omission likely to affect its import. As the case may be, declaration by those responsible for certain parts of the prospectus that the information contained in the part of the prospectus for which they are responsible is, to the best of their knowledge, in accordance with the facts and contains no omission likely to affect its import.

2. Risk Factors

2.1. Prominent disclosure of risk factors that are material to the securities being offered and/or admitted to trading in order to assess the market risk associated with these securities in a section headed 'Risk Factors'.

3. Key Information

3.1. Interest of natural and legal persons involved in the issue/offer

A description of any interest, including conflicting ones, that is material to the issue/offer, detailing the persons involved and the nature of the interest.

3.2. Reasons for the offer and use of proceeds

Reasons for the offer if different from making profit and/or hedging certain risks. Where applicable, disclosure of the estimated total expenses of the issue/offer and the estimated net amount of the proceeds. These expenses and proceeds shall be broken into each principal intended use and presented by order of priority of such uses. If the issuer is aware that the anticipated proceeds will not be sufficient to fund all the proposed uses, state the amount and sources of other funds needed.

4. Information concerning the Securities to be offered/admitted to Trading

4.1. A description of the type and the class of the securities being offered and/or admitted to trading, including the ISIN (International Security Identification Number) or other such security identification code.

4.2. Legislation under which the securities have been created.

4.3. An indication of whether the securities are in registered form or bearer form and whether the securities are in certificated form or book-entry form. In the latter case, name and address of the entity in charge of keeping the records.

4.4. Currency of the securities issue.

4.5. Ranking of the securities being offered and/or admitted to trading, including summaries of any clauses that are intended to affect ranking or subordinate the security to any present or future liabilities of the issuer.

4.6. A description of the rights attached to the securities, including any limitations of those rights, and procedure for the exercise of those rights.

4.7. The nominal interest rate and provisions relating to interest payable.

– The date from which interest becomes payable and the due dates for interest

– The time limit on the validity of claims to interest and repayment of principal.

Where the rate is not fixed, description of the underlying on which it is based and of the method used to relate the two and an indication where information about the past and the further performance of the underlying and its volatility can be obtained.

– A description of any market disruption or settlement disruption events that affect the underlying

– Adjustment rules with relation to events concerning the underlying

– Name of the calculation agent.

If the security has a derivative component in the interest payment, provide a clear and comprehensive explanation to help investors understand how the value of their investment is affected by the value of the underlying instrument(s), especially under the circumstances when the risks are most evident.

4.8. Maturity date and arrangements for the amortisation of the loan, including the repayment procedures. Where advance amortisation is contemplated, on the initiative of the issuer or of the holder, it shall be described, stipulating amortisation terms and conditions.

4.9. An indication of yield. Describe the method whereby that yield is calculated in summary form.

4.10. Representation of debt security holders including an identification of the organisation representing the investors and provisions applying to such representation. Indication of where the public may have access to the contracts relating to these forms of representation.

4.11. In the case of new issues, a statement of the resolutions, authorisations and approvals by virtue of which the securities have been or will be created and/or issued.

4.12. In the case of new issues, the expected issue date of the securities.

4.13. A description of any restrictions on the free transferability of the securities.

4.14. In respect of the country of registered office of the issuer and the country(ies) where the offer being made or admission to trading is being sought:

– information on taxes on the income from the securities withheld at source;

– indication as to whether the issuer assumes responsibility for the withholding of taxes at the source.

5. Terms and Conditions of the Offer

5.1. Conditions, offer statistics, expected timetable and action required to apply for the offer

5.1.1. Conditions to which the offer is subject.

5.1.2. Total amount of the issue/offer; if the amount is not fixed, description of the arrangements and time for announcing to the public the definitive amount of the offer.

5.1.3. The time period, including any possible amendments, during which the offer will be open and description of the application process.

5.1.4. A description of the possibility to reduce subscriptions and the manner for refunding excess amount paid by applicants.

5.1.5. Details of the minimum and/or maximum amount of application, (whether in number of securities or aggregate amount to invest).

5.1.6. Method and time limits for paying up the securities and for delivery of the securities.

5.1.7. A full description of the manner and date in which results of the offer are to be made public.

5.1.8. The procedure for the exercise of any right of pre-emption, the negotiability of subscription rights and the treatment of subscription rights not exercised.

5.2. Plan of distribution and allotment

5.2.1. The various categories of potential investors to which the securities are offered. If the offer is being made simultaneously in the markets of two or more countries and if a tranche has been or is being reserved for certain of these, indicate any such tranche.

5.2.2. Process for notification to applicants of the amount allotted and indication whether dealing may begin before notification is made.

5.3. Pricing

5.3.1. An indication of the expected price at which the securities will be offered or the method of determining the price and the process for its disclosure. Indicate the amount of any expenses and taxes specifically charged to the subscriber or purchaser.

5.4. Placing and Underwriting

5.4.1. Name and address of the co-ordinator(s) of the global offer and of single parts of the offer and, to the extend known to the issuer or to the offeror, of the placers in the various countries where the offer takes place.

5.4.2. Name and address of any paying agents and depository agents in each country.

5.4.3. Name and address of the entities agreeing to underwrite the issue on a firm commitment basis, and name and address of the entities agreeing to place the issue without a firm commitment or under 'best efforts' arrangements. Indication of the material features of the agreements, including the quotas. Where not all of the issue is underwritten, a statement of the portion not covered. Indication of the overall amount of the underwriting commission and of the placing commission.

5.4.4. When the underwriting agreement has been or will be reached.

6. Admission to Trading and Dealing Arrangements

6.1. An indication as to whether the securities offered are or will be the object of an application for admission to trading, with a view to their distribution in a regulated market or other equivalent markets with indication of the markets in question. This circumstance must be mentioned, without creating the impression that the admission to trading will necessarily be approved. If known, give the earliest dates on which the securities will be admitted to trading.

6.2. All the regulated markets or equivalent markets on which, to the knowledge of the issuer, securities of the same class of the securities to be offered or admitted to trading are already admitted to trading.

6.3. Name and address of the entities which have a firm commitment to act as intermediaries in secondary trading, providing liquidity through bid and offer rates and description of the main terms of their commitment.

7. Additional Information

7.1. If advisors connected with an issue are mentioned in the Securities Note, a statement of the capacity in which the advisors have acted.

7.2. An indication of other information in the Securities Note which has been audited or reviewed by statutory auditors and where auditors have produced a report. Reproduction of the report or, with permission of the competent authority, a summary of the report.

7.3. Where a statement or report attributed to a person as an expert is included in the Securities Note, provide such persons' name, business address, qualifications and material interest if any in the issuer. If the report has been produced at the issuer's request a statement to that effect that such statement or report is included, in the form and context in which it is included, with the consent of that person who has authorised the contents of that part of the Securities Note.

7.4. Where information has been sourced from a third party, provide a confirmation that this information has been accurately reproduced and that as far as the issuer is aware and is able to ascertain from information published by that third party, no facts have been omitted which would render the reproduced information inaccurate or misleading. In addition, identify the source(s) of the information.

7.5. Credit ratings assigned to an issuer or its debt securities at the request or with the co-operation of the issuer in the rating process. A brief explanation of the meaning of the ratings if this has previously been published by the rating provider.

Inhalt

		Rn.			Rn.
I.	Einleitung	1	VI.	Bedingungen und Voraussetzungen für das Angebot, Ziff. 5.	24
II.	Verantwortliche Personen, Ziff. 1.	3	VII.	Zulassung zum Handel und Handelsregeln, Ziff. 6.	28
III.	Risikofaktoren, Ziff. 2.	4	VIII.	Zusätzliche Angaben, Ziff. 7.	30
IV.	Wichtige Angaben, Ziff. 3.	8			
V.	Angaben über die anzubietenden bzw. zum Handel zuzulassenden Wertpapiere, Ziff. 4.	9			

I. Einleitung

1 Dieser Anh. V EU-ProspV enthält gegenüber Anh. XIII EU-ProspV die für Schuldtitel und derivative Wertpapiere strengeren Anforderungen, da er auf Schuldtitel mit einer Stückelung von weniger als 50.000 Euro anzuwenden ist, die häufig auch von nicht qualifizierten Anlegern erworben werden. Nicht qualifizierte Anleger haben in der Regel nicht die Möglichkeiten, sich

über Wertpapiere zu informieren, während sich qualifizierte Anleger wie bspw. Banken und Versicherungen ausreichende Kenntnisse über Emittent und Emission auch ohne Prospekt verschaffen können.[1] Insofern ging der Verordnungsgeber davon aus, dass alle Angaben, die für die Beurteilung des Wertpapiers notwendig sind, auch im Prospekt enthalten sein müssen. So müssen hier bspw. die Gründe für das Angebot und die Verwendung der Erträge, die Angaben zur Zulassung zum Handel und Handelsregeln genannt werden.

Diese Angaben werden im Rahmen von Wertpapierprospekten für Wertpapiere mit einer Mindeststückelung von 50.000 Euro nicht oder nur in verringertem Umfang verlangt.

Die Anwendung dieses strengeren Anhangs an Stelle des Anh. XIII EU-ProspV kann im Einzelfall sinnvoll sein. Dies ist der Fall, wenn für die Wertpapiere Anh. XIII EU-ProspV anwendbar wäre, aber ohne die zusätzlichen Angaben des Anh. V EU-ProspV der Prospekt kein vollständiges Bild gewährleisten würde und diese Angaben für die Beurteilung der Wertpapiere notwendig sind.

Anders als in Anh. XIII EU-ProspV, der nur auf Wertpapiere abstellt, die zum Handel zuzulassen sind, stellt dieser Anh. V EU-ProspV in den Ziff. 2. und 4. sowohl auf Wertpapiere ab, die zum Handel zuzulassen sind, als auch auf solche, die angeboten werden. Hieraus dürfte sich jedoch keine inhaltliche Unterscheidung ableiten lassen, da die EU-ProspRL in Art. 1 (1) klarstellt, dass sie für Prospekte anwendbar ist, die bei der Zulassung zum Handel an einem organisierten Markt oder für ein öffentliches Angebot von Wertpapieren erforderlich sind.

II. Verantwortliche Personen, Ziff. 1.

Ziff. 1. verlangt die Nennung der Personen, die für die im Prospekt gemachten Angaben verantwortlich sind. Sofern Personen nur für bestimmte Abschnitte des Prospektes verantwortlich sind, müssen diese Abschnitte ebenfalls hier genannt werden. Personen können sowohl natürliche Personen als auch juristische Personen sein. Sofern es sich um juristische Personen handelt muss neben dem Namen auch der eingetragene Sitz der Gesellschaft angegeben sein.

Zugleich muss die in Ziff. 1.2. genannte Erklärung für diese Person oder Personen im Prospekt aufgenommen werden. Diese stimmt im Wortlaut nicht mit der offiziellen Übersetzung der EU-ProspRL überein. Trotzdem wird der Wortlaut des WpPG bei solchen Prospekten heranzuziehen sein, die unter dem WpPG gebilligt werden.

Aus dem Wortlaut ergibt sich nicht, dass es eine Person geben muss, die für den gesamten Prospekt die Verantwortung übernimmt.

---

1 *Heidelbach/Preuße*, BKR 2006, 316, 319.

Der Prospekt bildet jedoch eine Einheit und zwar unabhängig davon, ob er als einteiliger, als dreiteiliger Prospekt oder als Basisprospekt erstellt wird, denn nur der Prospekt als ganzes kann für einen Anleger ein vollständiges Bild über den Emittenten und die Wertpapiere ergeben. Und dieses Gesamtbild muss in sich den Prospektgrundsätzen entsprechen. Die Bestätigung, dass dieses Gesamtbild den Prospektgrundsätzen entspricht, kann nur für den gesamten Prospekt abgegeben werden, so dass mindestens eine juristische oder natürliche Person auch für dieses Gesamtbild die Verantwortung übernehmen muss.

III. Risikofaktoren, Ziff. 2.

4 Der Begriff „Risikofaktoren" ist in Art. 2 Ziff. 3. EU-ProspV legal definiert und bezeichnet eine Liste von Risiken, die für die jeweilige Situation des Emittenten und/oder der Wertpapiere spezifisch und für die Anlageentscheidung wesentlich sind.[2]

Darzulegende Risikofaktoren sind nicht sämtliche Risikofaktoren, sondern durch die Qualifizierung im Wortlaut des Art. 2 Ziff. 3. EU-ProspV nur solche, die für die beschriebenen Wertpapiere spezifisch und für die Anlageentscheidung wesentlich sind. Soweit diese Risiken auf den Emittenten bezogen sind, wird hier auf die Kommentierung zum Registrierungsformular verwiesen.

Im Rahmen der Wertpapierbeschreibung werden wertpapierspezifische Risiken dargelegt. Hierzu gehören insb. Risiken, die Einfluss auf die Bewertung des Wertpapiers selbst haben, wie bspw. allgemeine Marktrisiken, zu denen bspw. Zins- oder Währungsänderungsrisiken, Wiederanlagerisiken oder Liquiditätsrisiken gehören.

Daneben können sich aber auch Risiken aus Strukturen in der Verzinsung und Rückzahlung ergeben, die dann ebenfalls darzustellen sind. Hierzu gehören Risiken, die sich ergeben, wenn die Zins- oder Rückzahlung an die Entwicklung von bestimmten Preisen oder Werten gebunden ist, wie bspw. die Bindung an die Entwicklung von bestimmten Aktienwerten, Indices oder anderen Basiswerten.[3]

5 Auf eine vollständige Darstellung aller nur denkbaren Risiken hat der Verordnungsgeber verzichtet, denn dann wäre eine sinnvolle Einschätzung und Abwägung aufgrund der Menge und fehlenden Gewichtung in der Beschreibung nicht mehr oder nur eingeschränkt möglich. Es können auch nur solche Risikofaktoren dargestellt werden, die im Zeitpunkt der Erstellung des Prospektes vorhanden und dem Emittenten bekannt sind. Insofern kann es durchaus Risikofaktoren geben, die erst nach Erstellung des Prospektes eintreten oder bekannt werden und insofern nicht im Prospekt enthalten sind.

---

2 *Holzborn/Israel*, ZIP 2005, 1668, 1672, Fn. 69.
3 Vgl. zu Risiken in Prospekten und Beratung mit ausführlichen Beispielen *Mülbert*, WM 2007, 1149, 1157 ff.

Da solche Risiken nie ausgeschlossen werden können, war es unter altem Recht üblich und muss es auch heute erlaubt sein, dass ein Prospekt auch einen Hinweis auf solche zukünftigen oder dem Emittenten nicht bekannte Risiken enthält, ohne dass diese konkret genannt werden könnten.

Um Risiken bzgl. der Wertpapiere verstehen zu können, muss der Anleger aber zumindest vorher gesagt bekommen, worauf – auf welches Wertpapier und ggf. welche Struktur – sich die Risikobeschreibung bezieht. In vielen Fällen, wie bspw. bei nicht strukturierten Inhaberschuldverschreibungen, reicht es aus, zunächst nur kenntlich zu machen, dass es sich um eine Inhaberschuldverschreibung handelt und die Verzinsung/Rückzahlung zu nennen. Handelt es sich dagegen um ein strukturiertes Produkt muss hier zumindest grob die Struktur genannt werden können, um auch solche Risiken darstellen zu können, die sich konkret aus der Struktur ergeben. Chancen sind in diesem Abschnitt nicht darzustellen.[4]

6

Die Risikofaktoren sind zusammenhängend und abschließend darzustellen. Damit soll erreicht werden, dass der Anleger sich einen zusammenhängenden Gesamtüberblick über die Risiken erhält. Er soll nicht durch die gleichzeitige Darstellung der Chancen von den tatsächlich vorhandenen Risiken abgelenkt werden.

7

IV. Wichtige Angaben, Ziff. 3.

Während Anh. XIII EU-ProspV auf die Offenlegung der Gründe für das Angebot und die Angabe der Verwendung der Erträge verzichtet, werden diese Angaben in diesem Anh. V Ziff. 3. verlangt.

8

Der Anleger eines Wertpapiers soll erfahren, welche Personen die Nutznießer der Emission oder bestimmter Teile einer Struktur sind und welche Interessen sie dabei verfolgen. Insb. wenn es Interessenkonflikte gibt, sind diese offen zu legen.

Sofern tatsächlich vorhandene Interessenkonflikte im Zeitpunkt der Prospekterstellung bekannt sind, müssen diese Angaben aufgenommen werden. Hiervon zu unterscheiden sind potentielle Interessenkonflikte, die möglicherweise eintreten werden, aber noch nicht konkretisiert haben. In diesen Fällen kann kein Emittent ausschließen, dass solche Interessenkonflikte zu einem späteren Zeitpunkt auftauchen.[5]

Im Zusammenhang mit Wertpapieren, für die nach diesem Anhang ein Prospekt zu erstellen ist, wird es in der Regel keine Interessenkonflikte geben.

Auch die geplante Verwendung der Erlöse aus der Emission ist nach Ziff. 3.2. offen zu legen. Damit wird für den Anleger erkennbar, wofür das Geld verwendet wird. Sofern mit der Emission bspw. die Finanzierung eines

---

4 Vgl. hierzu auch *Kullmann/Sester*, ZBB 2005, 209, 212.
5 Vgl. hierzu auch die Kommentierung zu Registrierungsdokumenten zu Interessenkonflikten.

konkreten Projektes erfolgen soll, soll dabei transparent werden, wenn zusätzliche Mittel erforderlich sind, d. h. bei deren Fehlen das Projekt von vornherein gefährdet wäre.

Bei Banken wird der Emissionserlös in der Regel zur Erfüllung ihrer satzungsgemäßen Aufgaben verwendet, so dass eine darüber hinausgehende Angabe nicht erfolgt.

V. Angaben über die anzubietenden bzw. zum Handel zuzulassenden Wertpapiere, Ziff. 4.

9 Die Angaben gem. Ziff. 4. beschreiben die wichtigsten Inhalte des Wertpapiers und seiner Rahmenbedingungen. Sie sind weitgehend selbsterklärend.

Zu den Rahmenbedingungen gehören bspw. die Angaben gem. Ziff. 4.11., 4.13. und 4.14.

Anders als im Anh. XIII EU-ProspV, werden nach diesem Anhang V EU-ProspV Angaben zu Quellensteuern verlangt. Dies erscheint insofern sachgerecht, da es sich bei Anh. XIII EU-ProspV um Wertpapiere mit einer Mindeststückelung oder Verkaufsgröße von 50.000 Euro handelt, die von qualifizierten Anlegern erhoben werden, die sich regelmäßig über die für sie relevanten Steuervorgaben informieren und denen mögliche Steuerproblematiken normalerweise bekannt sind, so dass sie nicht auf Angaben des Emittenten angewiesen sind.[6]

An mehreren Stellen finden sich zwischen dem Anh. V EU-ProspV und dem Anh. XIII EU-ProspV Wortabweichungen. So verwendet Anh. XIII EU-ProspV in Ziff. 4.8. die Worte „Marktzerrüttung" und „Störung", dieser Anh. V EU-ProspV dagegen „Marktstörung" und „Unterbrechung". Ein inhaltlicher Unterschied lässt sich daraus jedoch nicht herleiten.

10 Ziff. 4.1. verlangt die Angaben, die erforderlich sind, um die Wertpapiere zu identifizieren. Anders als im Anh. XIII EU-ProspV wurde dabei auf die Aufnahme des Emissions- oder Angebotsvolumens verzichtet.

Ferner sind der Typ und die Kategorie der Wertpapiere anzugeben. Hierunter kann eine Kurzbeschreibung der Wertpapiere, für die der Prospekt erstellt wurde, verstanden werden. Die Angaben sind vom jeweiligen Emittenten und den von ihm begebenen Wertpapieren abhängig.

Eine ebenfalls mögliche Unterscheidung lehnt sich an die Systematik der Anhänge an und bildet eine Kategorisierung nach der Rückzahlung. Die Unterscheidung wird dabei zwischen einer Rückzahlung von mindestens 100 % oder von weniger als 100 % getroffen und dies entsprechend angeben. Ebenso kann hier abgegeben werden, ob es sich um eine Tranche eines Wertpapiers handelt oder um welche konkrete Serie unter einem Programm es sich handelt.

---

6 Vgl. zu Quellensteuer Anhang V EU-ProspV.

Ziff. 4.2. verlangt die Angabe, unter welchem Recht die Wertpapiere bege- **11**
ben wurden. Bei deutschen Emittenten wird dies in der Regel Deutsches
Recht sein. Dies ist aber nicht zwingend und insb. Emissionsprogramme oder
für Anleihen, die international vertrieben werden, sind auch andere rechtliche Grundlagen, wie bspw. Englisches Recht, üblich.

Ziff. 4.3. unterscheidet zwischen Namens- und Inhaberpapieren und verlangt **12**
für Namenspapiere die Angabe, ob die Wertpapiere verbrieft oder stückelos
begeben werden. Bei Wertpapieren, die nach deutschem Recht begeben
werden, ist gem. § 793 BGB für ihre Entstehung grds. eine Verbriefung erforderlich.[7] Für Wertpapiere nach deutschem Recht ist hier anzugeben, ob es
effektive Stücke gibt oder ob das Wertpapier in einer Sammelurkunde verbrieft wird, an der der Erwerber Miteigentum erlangt.

Sofern Wertpapiere außerhalb des BGB in dematerialisierter Form begeben
werden, wäre dies im Prospekt aufzunehmen zusammen mit der Angabe des
„Buchungsunterlagen führenden Instituts", also der Stelle, die die Zuordnung der Wertpapiere beim jeweiligen Erwerb vornimmt.

Ziff. 4.4. verlangt die Angabe, in welcher Währung die Wertpapiere begeben **13**
werden.

Ziff. 4.5. verlangt die Angabe zur Rangfolge der Wertpapiere. Gemeint ist **14**
hier die Angabe, ob die Wertpapiere gleichrangig mit bestimmten anderen
Wertpapieren des Emittenten oder nachrangig zu bestimmten anderen Wertpapieren des Emittenten begeben werden.

Ziff. 4.6. Zu den Rechten, einschließlich ihrer etwaigen Beschränkungen, die **15**
an die Wertpapiere gebunden sind, gehören bspw. Emittenten- und Gläubigerkündigungsrechte. Damit zusammenhängend zu beschreiben ist das Verfahren, mit dem die Kündigung ausgeübt wird. Bei Emittentenkündigungsrechten wird die Kündigung häufig durch Veröffentlichung der Kündigung
erfolgen. Auch Rückkaufsrechte der Emittentin können an dieser Stelle erwähnt werden. Für nachrangige Schuldverschreibungen nach deutschem
Recht gehört hierher auch der Hinweis auf die entsprechenden Beschränkungen, die sich aus dem KWG ergeben.

Ziff. 4.7. regelt mehrere Fälle. Zunächst wird die Angabe von Zinsen bzw. **16**
eines Zinssatzes sowie die Berechnungsbasis für den Zinsbetrag und die
Rückzahlungsmodalitäten verlangt. Ebenfalls unter diesem Punkt werden
Verjährungsfristen erwähnt, wie bspw. in § 801 BGB geregelt, mit der Möglichkeit die Vorlegungsfristen vertraglich zu bestimmen.

Als weitere Möglichkeit sieht die EU-ProspV vor, dass die Zinsen und die
Rückzahlung noch durch eine Betragsangabe konkretisiert sind, sondern
eine Bindung an einen Basiswert vorgesehen wird. Dabei verlangt die EU-
ProspV die Beschreibung des Basiswerts und der verwendeten Methode zur
Verbindung beider Werte. Die geforderten Angaben werden von der EU-
ProspV konkretisiert. Wie in Anh. XIII EU-ProspV werden auch hier keine

---

7 *Sprau*, in: Palandt, BGB, § 793 Rn. 1.

konkreten Angaben zum Inhalt des Basiswerts oder – bspw. bei Aktien – keine Beschreibung eines eventuellen Emittenten des Basiswerts verlangt. Vielmehr soll der Anleger verstehen, um was für einen Basiswert es sich handelt, wie z. B. einen Index oder einen Zinssatz. Insbensondere muss der Prospekt darüber Auskunft geben, wie sich der Basiswert auf das Wertpapier auswirkt. Grundlage für eine Beschreibung kann z. B. eine Formel sein, anhand derer beschrieben wird, wie die Berechnungen erfolgen und auf welcher Basis, also auf welchen Feststellungen sie erfolgen. Hierzu gehören ausdrücklich Anpassungs- und Marktstörungsregelungen für den Basiswert.

17 Ziff. 4.8. bezieht sich vom Wortlaut her auf eine Darlehenstilgung. Da Darlehen nicht unter das WpPG fallen, kann hier nur die Tilgung/Rückzahlung der Wertpapiere gemeint sein. Grds. kann zwischen Rückzahlung in einer Summe am Ende der Laufzeit oder einer ratenweisen Tilgung während der Laufzeit der Wertpapiere unterschieden werden. Daneben fällt auch eine vorzeitige Rückzahlung unter Ziff. 4.9. Diese kann insb. bei Änderungen der steuerlichen Basis oder bei derivativen Elementen einer Anleihe in Frage kommen. Die zu beschreibende Ausgestaltung hängt vom jeweiligen Einzelfall ab.

18 Zu Ziff. 4.9. können nicht in allen Fällen Angaben gemacht werden. Dies ist insbensondere dann nicht möglich, wenn die Wertpapiere keinen von vornherein festgelegten Zinssatz und Rückzahlungsbetrag haben, da eine Renditeberechnung voraussetzt, dass diese Beträge feststehen.

19 Ziff. 4.10. Unter diesen Punkt fallen bspw. Gläubigerversammlungen, die unter englischem Recht begebenen Wertpapiere einschlägig sind. Ebenfalls hierunter genannt werden bspw. die Bestimmungen des Gesetzes betreffend die gemeinsamen Rechte der Besitzer von Schuldverschreibungen vom 04. 12. 1899 in seiner jeweils geltenden Fassung (Schuldverschreibungsgesetz).

20 Ziff. 4.11. umfasst im Wesentlichen gesetzliche, behördliche und nach Satzung oder anderer Gesellschaftsstatuten des Emittenten erforderliche Genehmigungen und Beschlüsse. Bei Emissionsprogrammen wird in der Regel das Programm vom Vorstand beschlossen. Dieser Beschluss umfasst dann üblicherweise auch die Begebung von Anleihen unter diesem Emissionsprogramm, so dass für die Begebung der jeweiligen Anleihe kein erneuter Beschluss des Vorstandes erforderlich ist.

21 Ziff. 4.12. verlangt die Angabe des erwarteten Emissionstermins. Angegeben wird unter diesem Punkt regelmäßig die Valuta des Wertpapiers. Anders als in Anh. XIII EU-ProspV, wird hier der erwartete Emissionstermin verlangt. Inhaltlich ist trotz des abweichenden Wortlautes kein Unterschied erkennbar, da der Prospekt vor dem öffentlichem Angebot zu erstellen ist und damit in der Regel nur der erwartete Emissionstermin angegeben werden kann. Der tatsächliche Emissionstermin wäre dann anzugeben, wenn der Prospekt nach Valuta, bspw. für die Zulassung an einem organisierten Markt erstellt wird.

22 Ziff. 4.13. Zu den Beschränkungen für die freie Übertragbarkeit der Wertpapiere gehören zunächst gesetzliche Bestimmungen.

Daneben dürfen hier aber auch faktische Beschränkungen ausgewiesen werden, wie bspw. Verkaufsbeschränkungen, die in den jeweiligen Ländern gelten. Insb. für die USA und Großbritannien werden regelmäßig Verkaufsbeschränkungen aufgenommen. Im Übrigen richten sich die Angaben nach der geplanten Verkaufstätigkeit bei der Begebung der jeweiligen Anleihe.

Ziff. 4.14. verlangt Angaben zu Quellensteuern. Diese Angaben sind hinsichtlich des Herkunftslands des Emittenten und des Landes bzw. der Länder, in dem bzw. denen das Angebot unterbreitet oder die Zulassung zum Handel beantragt wird, aufzunehmen. 23

Als Pflichtangabe werden jedenfalls Quellensteuerangaben zu dem Land, in dem der Emittent seinen Sitz hat, aufgenommen werden. Unstreitig zu Quellensteuern zählen alle Steuern, die unmittelbar beim Emittenten erhoben werden. Sie sind als Pflichtangabe aufzunehmen.

Angaben zu Steuern, die in den Ländern erhoben werden, in denen die Wertpapiere verkauft werden sollen, sind freiwillige Zusatzangaben, die in der Regel unter Beratungs- und Aufklärungsgesichtspunkten aufgenommen werden.

Unter dem Gesichtspunkt der EU-ProspRL ist eine andere Ansicht kaum denkbar, da andernfalls der Prospekt nach Billigung aufgrund der in diesem Punkt nicht mehr vollständigen Angaben nicht mehr in weitere Länder als die bei Erstellung vorgesehenen notifiziert werden könnte. Dies stünde in deutlichem Widerspruch zum Ziel des WpPG, den Zugang zum europäischen Wertpapiermarkt zu vereinheitlichen und zu erleichtern. Auch unter Anlegerschutzaspekten erscheint die Aufnahme nicht als zwingend erforderlich, da ein Prospekt immer den Hinweis enthält, dass sich der Anleger vor Kauf steuerlich beraten lassen muss, da ein Prospekt nie auf die persönlichen steuerlichen Gegebenheiten eines einzelnen Anlegers eingehen kann. Insofern würde dann die steuerliche Situation im Land des Anlegers abgedeckt.

Die Quellensteuern, die im Land, in dem der Emittent sitzt, erhoben werden, sind als Pflichtangabe im Prospekt angegeben und können entsprechend bei den anlegerspezifischen Steuerüberlegungen mit einbezogen werden.

VI. Bedingungen und Voraussetzungen für das Angebot, Ziff. 5.

Anders als in Anh. XIII EU-ProspV, gehören die Angaben zu den Bedingungen für das Angebot hier zu den Pflichtangaben. 24

Ziff. 5.1.1. verlangt die Angabe der Bedingungen, denen das Angebot unterliegt.

Hierzu gehört, je nach Art des Angebots, der Zeichnungs- oder Ausgabepreis und ggf. die Basis, auf der er ermittelt wird.

Ziff. 5.1.2. umfasst die Gesamtsumme der Emission oder das Angebotsvolumen.

Ziff. 5.1.3. verlangt, dass die Möglichkeit der Änderungen der Angebotsfrist im Prospekt aufgenommen wird. Als Beispiel kann die Möglichkeit des Emittenten, die Angebotsfrist zu verkürzen, wenn in Höhe des Angebotsvolumens der Emission Zeichnungen vorliegen, genannt werden. Durch dieses Verfahren wird eine Überzeichnung und damit ein Zuteilungsverfahren vermieden.[8]

Ziff. 5.1.4. umfasst die Beschreibung der Möglichkeit, Zeichnungen zu reduzieren. In der Praxis führen solche Zuteilungsverfahren dazu, dass Wertpapiere nicht in dem gezeichneten Umfang geliefert werden, also entweder ein geringeres Nominalvolumen oder eine geringere Anzahl der Wertpapiere geliefert wird.[9]

Ziff. 5.1.5. behandelt Angebotsvarianten, bei denen ein Zeichner einen Mindestbetrag oder eine Mindestanzahl der Wertpapiere zeichnen muss.

Ziff. 5.1.6. verlangt Angaben zur Lieferung und Bedienung der Wertpapiere. Hierunter fallen bspw. Angaben des Clearingsystems, das genutzt werden soll.

Ziff. 5.1.7. und 5.1.8. sowie Ziff. 5.2. sind typische Angaben aus dem Aktienemissionsbereich und dem dort genutzten „Bookbuildingverfahren". Sie passen häufig bei einem Angebot von Anleihen nicht.

25   Ziff. 5.2. umfasst bspw. Fällen, in denen Teile einer Emission dem Angebot in einem bestimmten Land vorbehalten sein sollen, so dass dies dann anzugeben wäre. Es kann aber auch vorkommen, dass im Falle eines öffentlichen Angebots eine Überzeichnung eintritt. Sofern nicht bereits im Angebotsverfahren sichergestellt wird, dass keine Überzeichnung erfolgen kann, müsste hier das Zuteilungsverfahren beschrieben werden.

26   Ziff. 5.3. Angegeben werden kann unter diesem Punkt der erste Angebotskurs. Er wird üblicherweise vom Emittenten auf Basis der aktuellen Marktlage festgelegt. Bei Emissionsprogrammen kann er daher nicht schon im Prospekt genannt werden.

Bei einem Kauf über eine Börse richtet sich die Kursfestsetzung nach den dort gültigen Börsenregelungen. Ein Hinweis auf Gebühren durch Banken bzw. Börsen sollte im Prospekt enthalten sein. Darüber hinausgehende Angaben werden erforderlich, wenn besondere Verfahren zur Festsetzung herangezogen werden. Dies dürfte bei Anleihen aber eine Ausnahme darstellen.

27   Ziff. 5.4.1. Bei Anleihen kann unter diesem Punkt eine Platzierung durch Vermittler oder in Kommission beschrieben werden. Unter Koordinator dürfte hier bspw. der Konsortialführer zu verstehen sein. Unter Platzierern dürften hier die Konsorten oder Dealer zu nennen sein, sofern diese nicht aufgrund einer bindenden Zusage gem. Ziff. 5.4.3. agieren.

Ziff. 5.4.2. Als Zahlstellen können bspw. Clearingstellen, wie Clearstream Banking AG, Frankfurt, genannt werden, falls sie den Zahlstellendienst übernehmen.

---

8   Vgl. auch Ziff. 5.1.4.
9   Vgl. auch Ziff. 5.1.3.

Ziff. 5.4.3. Bei Anleihen kann unter diesem Punkt eine Platzierung durch ein Konsortium oder durch eine Bank beschrieben werden, sofern diese die Wertpapiere verbindlich übernehmen. Unter Ziff. 5.4.1. wäre dann der/die Konsortialführer zu nennen sowie die Konsorten, jeweils mit ihren Quoten, die sie von den Wertpapieren übernehmen. Sofern dabei ein fester Preis für die Übernahme vereinbart wurde, ist dieser zu nennen, anderenfalls die Angabe, dass die Übernahme „zu den bestmöglichen Bedingungen" platziert werden soll. Ebenfalls anzugeben sind nicht übernommene Teile sowie evtl. vereinbarte Übernahme- und Platzierungsprovisionen.

Ziff. 5.4.4. verlangt weiterhin die Angabe des Zeitpunktes, zu dem der Emissionsübernahmevertrag abgeschlossen wurde oder wird.

VII. Zulassung zum Handel und Handelsregeln, Ziff. 6.

Ziff. 6.1. Anders als in Anhang XIII EU-ProspV wird hier nicht die Angabe des Gesamtbetrags der Wertpapiere, die zum Handel zuzulassen sind, verlangt. Hier wird darauf abgestellt, ob die angebotenen Wertpapiere bereits an einem geregelten Markt zugelassen sind oder sein werden. Sofern im Zeitpunkt der Prospektbilligung die Zulassung noch nicht vorliegt, kann nur angegeben werden, ob beabsichtigt ist, eine entsprechende Zulassung zu beantragen bzw. ob er sie bereits beantragt hat. Dabei ist darauf zu achten, dass deutlich wird, dass ein gestellter Zulassungsantrag nicht zwingend die Aufnahme der Notierung an einem geregelten Markt zur Folge hat, da die Börsen hierüber autonom entscheiden. Bei Programmen können Zulassungsanträge insgesamt bis zur Höhe des Programmvolumens gestellt werden, da dies das maximale Volumen ist, das unter dem Programm an einer Börse zugelassen werden kann. 28

Ziff. 6.2. und 6.3. enthalten Angaben, die dazu führen, dass der Anleger einschätzen kann, ob und evtl. ab wann er die Möglichkeit haben wird, seine Papiere an einem Markt wieder zu verkaufen. Ebenso soll er darüber informiert werden, ob es bereits einen Handel gibt und damit bereits eine Preisbildung stattfindet. Ebenfalls soll er darüber informiert werden, ob es verschiedene Märkte für diese Papiere geben wird und welche Institute Liquidität zur Verfügung stellen werden. 29

VIII. Zusätzliche Angaben, Ziff. 7.

Ziff. 7. ist weitgehend selbsterklärend. 30

Ziff. 7.1. führt dazu, dass evtl. ausgeübter Einfluss bei der Gestaltung einer Emission für den Anleger transparent gemacht wird.

Die gem. Ziff. 7.2. geforderten Angaben sollen Transparenz schaffen, inwieweit Angaben von gesetzlichen Abschlussprüfern geprüft oder einer prüferischen Durchsicht unterzogen wurden sowie die Ergebnisse dieser Prüfung bzw. prüferischen Durchsicht oder des Berichts für den Anleger erkennbar machen. 31

32 Ziff. 7.3. und 7.4. stellen sicher, dass ein Anleger erkennen kann, woher Informationen stammen, wenn sie nicht direkt vom Emittenten stammen. Insbensondere sollen eventuelle Interessenkonflikte erkennbar werden. Dabei muss darauf geachtet werden, dass es hier zu Urheberrechtsverletzungen kommen kann. Bezüglich Angaben zu Beratern, zu Angaben von Seiten Dritter oder Sachverständiger soll sichergestellt werden, dass ein Anleger erkennen kann, woher Informationen stammen und in welchem Zusammenhang sie erstellt wurden. Nicht zu den in Ziff. 7.3. genannten Erklärungen gehören Wirtschaftsprüfertestate. Als Beispiel können Wertgutachten genannt werden.

33 Ziff. 7.5. verlangt die Angabe der Ratings, die einem Emittenten oder seinen Schuldtiteln zugewiesen wurden sowie der Bedeutung, wenn sie erst unlängst erstellt wurden. Durch die Bezugnahme auf die Anfrage des Emittenten/die Zusammenarbeit mit ihm wird klargestellt, dass der Emittent nicht verpflichtet ist, zu überwachen, ob ohne seinen Antrag oder Mitwirkung entsprechende Ratings vorhanden sind und obliegt dann auch keiner Pflicht zur Aufnahme im Prospekt. Sofern er selbst jedoch den Antrag gestellt hat oder beteiligt war, sind die Ratings und ggf. die Bedeutung aufzunehmen. Es sollte insb. der Hinweis aufgenommen werden, dass eine Ratingveränderung erst erfolgt, wenn sich auch die Bonität des Emittenten geändert hat.

ARTIKEL 9
Modul für Garantien

Bei Garantien werden die Angaben gemäß dem in Anhang VI festgelegten Modul zusammengestellt.

ARTICLE 9
Guarantees building block

For guarantees information shall be given in accordance with the building block set out in Annex VI.

Diesbezüglich wird auf die Kommentierung zu Anh. VI EU-ProspV verwiesen.

Anh. VI EU-ProspV
Mindestangaben für Garantien (Zusätzliches Modul)

1. Art der Garantie

Beschreibungen jeder Vereinbarung, mit der sichergestellt werden soll, dass jeder Verpflichtung, die für die Emissionen von großer Bedeutung ist, angemessen nachgekommen wird, und zwar in Form einer Garantie, Sicherheit, „Keep well"-Übereinkunft, „Mono-line"-Versicherungspolice oder einer gleichwertigen Verpflichtung (nachfolgend unter dem Oberbegriff „Garantien" zusammengefasst, wobei ihr Steller diesbezüglich als „Garantiegeber" bezeichnet wird).

Unbeschadet der vorangehenden allgemeinen Bemerkungen umfassen derartige Vereinbarungen auch Verpflichtungen zur Gewährleistung der Rückzahlung von Schuldtiteln und/oder der Zahlung von Zinsen. In der Beschreibung sollte auch dargelegt werden, wie mit der Vereinbarung sichergestellt werden soll, dass die garantierten Zahlungen ordnungsgemäß bedient werden.

2. Anwendungsbereich der Garantie

Es sind Einzelheiten über die Bedingungen und den Anwendungsbereich der Garantie offen zu legen. Unbeschadet der vorangehenden allgemeinen Bemerkungen müssen diese detaillierten Angaben jede Besonderheit bei der Anwendung der Garantie im Falle eines Ausfalls im Sinne der Sicherheit und der wesentlichen Bedingungen einer „Mono-line"-Versicherung oder einer „Keep well"-Übereinkunft zwischen dem Emittenten und dem Garantiegeber umfassen. Auch müssen detaillierte Angaben zu einem eventuellen Vetorecht des Garantiegebers in Bezug auf Veränderungen bei den Rechten eines Wertpapierinhabers gemacht werden, so wie dies bei einer „Mono-line"-Versicherung oft der Fall ist.

3. Offenzulegende Informationen über den Garantiegeber

Der Garantiegeber muss Informationen über sich selbst offen legen, so als wäre er der Emittent desselben Wertpapiertyps, der Gegenstand der Garantie ist.

4. Einsehbare Dokumente

Angabe des Ortes, an dem das Publikum die wesentlichen Verträge und sonstige Dokumente in Bezug auf die Garantie einsehen kann.

Annex VI
Minimum disclosure requirements for guarantees (Additional building block)

1. Nature of the guarantee

A description of any arrangement intended to ensure that any obligation material to the issue will be duly serviced, whether in the form of guarantee, surety, Keep well Agreement, Mono-line Insurance policy or other equivalent commitment (hereafter referred to generically as «guarantees» and their provider as «guarantor» for convenience).

Without prejudice to the generality of the foregoing, such arrangements encompass commitments to ensure obligations to repay debt securities and/or the payment of interest and the description shall set out how the arrangement is intended to ensure that the guaranteed payments will be duly serviced.

2. Scope of the guarantee

Details shall be disclosed about the terms and conditions and scope of the guarantee. Without prejudice to the generality of the foregoing, these details should cover any conditionality on the application of the guarantee in the event of any default under the terms of the security and the material terms of any mono-line insurance or keep well agreement between the issuer and the guarantor. Details must also be disclosed of any guarantor's power of veto in relation to changes to the security holder's rights, such as is often found in Mono-line Insurance.

3. Information to be disclosed about the guarantor

The guarantor must disclose information about itself as if it were the issuer of that same type of security that is the subject of the guarantee.

4. Documents on display

Indication of the places where the public may have access to the material contracts and other documents relating to the guarantee.

Inhalt

	Rn.		Rn.
I. Allgemeines	1	3. Art der Darstellung	
II. Garantie (Nr. 1)	2	(u.a. Nr. 2)	11
1. Begriff der Garantie	2	4. Offenlegung über den	
2. Beispiele	10	Kreditgeber (Nr. 3)	13
		5. Einsehbare Dokumente	14

I. Allgemeines

1 Gem. Art. 9 Verordnung (EG) Nr. 809/2004 werden bei Garantien die Informationen nach dem in Anh. VI EU-ProspV festgelegten (zusätzlichen) Modul zusammengestellt. Das zusätzliche Modul in Bezug auf „Garantien" sollte nach dem Erwägungsgrund 12 der Verordnung (EG) Nr. 809/2004 für jede sich aus einem etwaigen Wertpapier ergebende Verpflichtung gelten. Eine ähnliche Vorschrift enthielt § 17 Nr. 10 BörsZulV für andere Wertpapiere als Aktien.[1] Danach waren Art und Umfang der Gewährleistungsverträge zur Sicherung der Verzinsung und Rückzahlung der Wertpapiere und die Stellen, bei denen die Verträge hierüber vom Publikum einzusehen sind, anzugeben. Anhang VI EU-ProspV ist deutlich weiter gefasst, insbesondere ist die Pflicht zur Angabe nicht auf Zins- und Kapitalgarantien beschränkt. § 17 BörsZulV basierte „zuletzt" auf der "Koordinierungsrichtlinie" (2001/34/EG), und zwar auf deren Anhang 1, Schema B, Kapitel 2.

II. Garantie (Nr. 1)

1. Begriff der Garantie

2 Die Garantie ist laut vorgegebener Definition unter Nr. 1 Abs. 1 jede Vereinbarung, mit der sichergestellt werden soll, dass jeder Verpflichtung, die für

---

[1] Vgl. auch Börsenzulassungsprospektrichtlinie 80/390/EG Schema B 2.2.1.

die Emissionen von großer Bedeutung ist, angemessen nachgekommen wird, und zwar in Form einer Garantie (im engeren Sinne), Sicherheit, „Keep well"-Übereinkunft, „Mono-line"-Versicherungspolice oder einer gleichwertigen Verpflichtung. Abs. 2 Satz 1 stellt klar, dass von Abs. 1 auch Kapital- und Zinsgarantien erfasst werden. Der Begriff der Garantie ist weit zu verstehen.[2] Ein Keep-Well-Agreement ist eine Vereinbarung zwischen dem von der Garantie Begünstigten und einer Konzerngesellschaft des Emittenten (Garantiegeber), wonach sich der Garantiegeber dazu verpflichtet, den Emittenten finanziell so auszustatten, dass dieser jederzeit die Ansprüche des Gläubigers bedienen kann. Diese Vereinbarung entspricht der Patronatserklärung im deutschen Recht. Monoline-Insurance ist ein Sicherungsgeschäft zwischen Emittent und Garantiegeber zur Gewährleistung des Zahlungsanspruchs bei Kreditausfall, in der Regel im Rahmen von Forderungsverbriefungen.[3] Es handelt sich dabei um eine individuelle Finanzabsicherung für eine Risikoart (in der Regel zur Verbesserung des Ratings) und nicht um eine allgemeine Absicherung.

Nach deutschem Rechtsverständnis würde man den Anh. VI EU-ProspV eher mit „Sicherheiten" als mit „Garantie" überschreiben, weil im deutschen Recht die Garantie zwar atypischer Vertrag ist und somit keinen festen Inhalt hat, sie jedoch weit weniger Konstellationen umfasst als die Garantie im Sinne des Anh. VI EU-ProspV, welche sämtliche Gewährleistungsverpflichtungen erfassen will, welche dem Standard einer Garantie im engeren Sinne (hierfür ist der Begriff guarantee aus dem anglo-amerikanischen Recht heranzuziehen), einer Sicherheit („surety"), eines Keep-Well-Agreements oder einer Monoline-Insurance entspricht. Diese etwas versteckte Voraussetzung sonstiger Garantien, dass sie den ausdrücklich genannten Garantieformen vergleichbar sind, wird dahingehend zu verstehen sein, dass die Garantie verbindlich eine Verpflichtung durch Begründung eines weiteren Rechtsverhältnisses absichert. Das bedeutet jedoch nicht, dass sie bedeutendes Sicherungspotential besitzt (Mindestmaß: Keep-Well-Agreement), dass das Rechtsverhältnis zwischen Emittenten und Garantiegeber bestehen müsste, dass die Garantie für einen Dritten übernommen wird oder dass die Gewährleistung in Form der Zahlung erfolgt. Ob die Garantie nur eine Pflicht oder mehrere absichert, ist hierfür ohne Auswirkung. Die objektive Ausgestaltung hat bei der Qualifizierung als Garantiegeschäft größere Bedeutung als die subjektive Intention von der Funktion dieses Geschäfts. 3

Im deutschen Recht sind insoweit insbesondere die folgenden Vereinbarungen zu nennen[4]: 4

Die Garantie im engeren Sinne, auch als Gewährvertrag bezeichnet, stellt das selbständige und rechtsverbindliche Versprechen dar, einem anderen für den Eintritt eines bestimmten Erfolges (bzw. den Nicht-Eintritt eines künftigen Schadens) einzustehen. Dieses selbständige „Einstehenwollen" begrün-

---

2 *Kullmann/Sester*, ZBB 2005, 209, 214.
3 *Jobst*, Verbriefung und ihre Auswirkung auf die Finanzmarktstabilität, S. 13 Fn. 9.
4 Zu konkreten Beispielen vgl. auch Ziffer 2.

det damit eine vom Bestand des gesicherten Geschäfts grundsätzlich unabhängige, d.h. nicht akzessorische sowie in der Regel nicht subsidiäre Haftung des Garantiegebers, mag sie auch ihrer Art und Höhe nach oder zeitlich begrenzt sein. Maßgeblich ist insoweit stets die getroffene Vereinbarung, deren Inhalt durch Auslegung zu ermitteln ist. Die Vereinbarung bedarf grundsätzlich keiner besonderen Form; die Regeln über die Bürgschaft (§§ 765 ff. BGB) finden im Grundsatz weder direkt noch analog Anwendung.

Die Garantievereinbarung stellt wohl das am häufigsten verwendete Sicherungsmittel dar; dies gilt jedenfalls für die Praxis internationaler Anleihen[5] und dort insbesondere für Finanztochtergesellschaften von Konzernen, deren Anleihen ohne entsprechende Garantie der Muttergesellschaft regelmäßig kaum marktfähig wären.[6] Die Garantieübernahme fällt grundsätzlich in die Entscheidungskompetenz des Geschäftsführers (bei der GmbH) bzw. des Vorstands (bei der AG), meist ist die Zustimmung des Aufsichtsrates erforderlich, und erfolgt regelmäßig durch entsprechende Vereinbarung zwischen dem Garanten und dem Emittenten (denkbar, aber nicht notwendig, ist z.B. bei der Anleihe auch ein (Anleihe-)Treuhänder) zugunsten des Gläubigers.[7] Im Falle der Einschaltung eines Treuhänders erfolgt ein (erstes) Anfordern über diesen. Bei High-Yield-Anleihen sieht sich der Anleihegläubiger, wenn Emittent eine Konzern-Holding oder eine Finanztochtergesellschaft mit nur geringen eigenen Vermögenswerten bzw. nur einem beschränkt operativen Geschäftsbetrieb ist, der Problematik ausgesetzt, lediglich nachrangigen Zugriff auf das Vermögen der Tochter- bzw. Schwestergesellschaften des Emittenten, auf deren Cash-flow der Emittent zur Bedienung seiner Anleihe angewiesen ist, zu haben.[8] Durch sog. Upstream-Garantien der operativen Tochtergesellschaften wird diese „strukturelle Nachrangigkeit" gegenüber den „eigenen" Gläubigern dieser Tochtergesellschaften grundsätzlich überwunden; allerdings wird dies wiederum dadurch in Frage gestellt, dass auch die Forderungen der „eigenen" Gläubiger häufig besichert sein werden. Beeinträchtigt wird der Wert einer Upstream-Garantie auch dadurch, dass der gewissenhafte Geschäftsführer einer Tochter-GmbH, um eine mögliche persönliche Haftung für den Fall der Unterbilanz zu vermeiden, die Garantie in der Regel durch geeignete „limitation language" betragsmäßig auf das im Zeitpunkt ihrer Inanspruchnahme vorhandene Nettovermögen der Tochter-GmH beschränken wird.[9]

5 Im Gegensatz zur Garantie ist die Bürgschaft akzessorisch und – nach ihrem gesetzlichen Grundtypus – subsidiär zu dem durch sie gesicherten Geschäft ausgestaltet. Auch die Bürgschaft stellt eine verbindliche Absicherung der

---

5 Vgl. *Hutter*, in: Habersack/Mülbert/Schlitt, UntFinanzKM, § 14 Rn. 31.
6 Vgl. z.B. *Hutter*, in: Habersack/Mülbert/Schlitt, UntFinanzKM, § 14 Rn. 31.
7 Vgl. *Hutter*, in: Habersack/Mülbert/Schlitt, UntFinanzKM, § 14 Rn. 31; *Siebel*, Rechtsfragen internationaler Anleihen, S. 445 ff.
8 Vgl. zu dieser Thematik der „strukturellen Nachrangigkeit" z.B. *Hutter*, in: Habersack/Mülbert/Schlitt, UntFinanzKM, § 14 Rn. 32; *Kusserow/Dittrich*, WM 2000, S. 745 ff.
9 Vgl. *Hutter*, in: Habersack/Mülbert/Schlitt, UntFinanzKM, § 14 Rn. 32–34 mit weiteren Nachweisen.

Hauptschuld dar. Die Abgrenzung zur Garantie kann jedoch im Einzelfall schwierig sein, insbesondere wenn – wie im Bankenverkehr häufig zu finden – auf die Bürgschaft „auf erstes Anfordern" gezahlt werden soll. In diesen Fällen kann eine Inanspruchnahme – ähnlich wie bei der Garantie – zunächst ohne Rücksicht auf die materielle Berechtigung des Gläubigers aus dem gesicherten Geschäft erfolgen. Allerdings muss es aufgrund der Akzessorietät der Bürgschaft zu der gesicherten Forderung – anders als bei der Garantie – stets dabei bleiben, dass der Bürge nach Erfüllung seiner Bürgschaftsverpflichtung in einem Rückforderungsprozess etwaige Einreden und Einwendungen prüfen lassen und eine zu Unrecht erfolgte Leistung zurückfordern kann. Angesichts des besonderen Risikos, das mit dieser Form der Bürgschaft verbunden ist, muss die Verpflichtung zur Zahlung auf erstes Anfordern eindeutig aus der Bürgschaftserklärung hervorgehen; problematisch kann dies insbesondere bei formularmäßigen Erklärungen sein.[10] Bürgschaften sind in der Emissionspraxis seltener anzutreffen als Garantien. Zum einen ist dies darauf zurückzuführen, dass in der Regel eine einredefreie und unmittelbare Rückgriffsmöglichkeit auf den Sicherungsgeber ein wesentliches Merkmal der Besicherung – insbesondere internationaler Anleihen – ist, zum anderen darauf, dass die Akzessorietät der Bürgschaft es erfordern würde, dass diese gegenüber allen Gläubigern abzugeben wäre, die Bürgschaft sich also nicht als Sicherheit zugunsten eines Treuhänders eignet.[11]

Gleich der Garantie ist auch die Schuldmitübernahme bzw. der Schuldbeitritt zu der gesicherten Forderung weder akzessorisch noch – typischerweise – subsidiär. Der Gläubiger erhält vielmehr einen zusätzlichen, selbständigen und gleichrangigen Schuldner. Dennoch gestaltet sich häufig gerade die praktische Abgrenzung zur – insbesondere selbstschuldnerischen – Bürgschaft als schwierig, da sich der Mitübernehmer mit seiner Erklärung verpflichtet, neben dem Hauptschuldner für dessen Schuld gesamtschuldnerisch mitzuhaften. Im Gegensatz zur Bürgschaft soll bei der Schuldmitübernahme aber gerade der Wille zur Übernahme einer selbständigen Verpflichtung vorliegen[12], was jeweils durch Auslegung im Einzelfall zu ermitteln ist. 6

Mit einer Patronatserklärung wird, regelmäßig von der jeweiligen Muttergesellschaft, versprochen, den Emittenten wirtschaftlich zu unterstützen bzw. ein Verhalten zu entfalten, das die Aussicht auf Erfüllung der gesicherten Verpflichtung verbessert. Insbesondere in der internationalen Emissionspraxis sind Patronatserklärungen jedoch seltener anzutreffen, da an den internationalen Kapitalmärkten ein gewisses Misstrauen – vor allem aufgrund der schwierigeren Durchsetzbarkeit – gegen dieses Sicherungsinstrument vorzuherrschen scheint.[13] Es wird, je nach Ausgestaltung, zwischen weichen und 7

---

10 Vgl. hierzu *Horn*, in: Staudinger, BGB, Vorb. 24 ff. zu § 765; *Sprau*, in: Palandt, BGB, Einf. V. § 765, Rn. 14 ff.
11 Vgl. *Hutter*, in: Habersack/Mülbert/Schlitt, UntFinanzKM, § 14 Rn. 35; *Kümpel*, Bank-KapMR, Rz. 9.223.
12 *Horn*, in: Staudinger, BGB, Vorb. 367 zu § 765.
13 Vgl. *Hutter*, in: Habersack/Mülbert/Schlitt, UntFinanzKM, § 14 Rn. 36.

harten Patronatserklärungen unterschieden; der Anforderung, verbindlich eine Verpflichtung abzusichern, dürfte allerdings nur die harte Patronatserklärung, die garantieartig ausgestaltet ist, gerecht werden. Diesem „harten" Erklärungstypus angehörig ist beispielsweise die sog. Ausstattungsverpflichtung, mit der sich der Garantiegeber rechtsverbindlich verpflichtet, den Emittenten stets finanziell so auszustatten, dass dieser seinen Verpflichtungen nachzukommen imstande ist; dies dürfte dem „Keep-Well-Agreement" entsprechen.

8 Erfasst werden auch Sicherheiten nach anderen Rechtsordnungen, zumal im internationalen Wirtschaftsverkehr ähnliche Sicherungsbedürfnisse bestehen. Daher werden in den meisten Ländern und im internationalen Wirtschaftsverkehr der Garantie, der Bürgschaft und der Patronatserklärung ähnliche Sicherheiten verwendet. So unterliegt z.B. die Bürgschaft im kontinentaleuropäischen Recht weitestgehend ähnlichen Regelungen, beispielsweise findet sie sich im französischen Code Civil als grundsätzlich akzessorische und subsidiäre „cautionnement". Eine selbständige Verpflichtung ähnlich der Garantie im engeren Sinne findet sich ebenfalls in zahlreichen europäischen Rechtssystemen, in Frankreich beispielsweise kennt man sie als „garantie indépendante". Auch im Common Law wird insbesondere im Hinblick auf die Selbständigkeit einer Sicherheit differenziert. Beispielsweise kennen viele Staaten der USA den „(payment) bond" bzw. die „suretyship" (als im Grundsatz gleichrangige Einstandsverpflichtung) und die „guarantee" (als im Grundsatz subsidiäre Einstandsverpflichtung).[14] Dabei ist auch eine Ausgestaltung als nicht akzessorische Verpflichtung grundsätzlich denkbar. Aufgrund bankaufsichtsrechtlicher Vorgaben erklären Banken jedoch häufig in einem „letter of credit", unabhängig von der zugrunde liegenden Vereinbarung haften zu wollen.

9 Weitere Voraussetzung ist, dass die durch die Garantie gesicherte Verpflichtung für die Emissionen von großer Bedeutung ist. Damit scheiden Garantien für untergeordnete, die Emission nur begleitende Pflichten aus. Die Bedeutung ist objektiv zu bestimmen und unterliegt vollständig gerichtlicher Kontrolle. Auf subjektive Vorstellungen kommt es nicht an. Welche Pflichten darunter fallen, ist nach dem konkreten Einzelfall zu beurteilen. Indem sich die Bedeutung auf die Emission bezieht und nicht nur auf einen der daran Beteiligten, muss bezüglich der Bewertung hinsichtlich der Bedeutung sowohl auf den Vorgang, die rechtliche und faktische Durchführbarkeit der Emission als auch auf die Bedeutung für alle Beteiligten abgestellt werden. Diese Einschränkung der Erforderlichkeit der Bedeutung für die Emission gilt theoretisch auch für Nr. 1 Abs. 2 Satz 1 (Kapital- und Zinsgarantien), allerdings sind Fälle, in denen die Zins- oder Kapitalrückzahlungspflicht für die Emission von untergeordneter Bedeutung ist, praktisch kaum denkbar.

---

14 Weiterführend hierzu *Horn,* in: Staudinger, BGB, Vorb. 453 ff. zu § 765.

2. Beispiele

Erfasst werden z. B. die Platzierungsgarantie (die Platzierungsgarantie stellt die Ausführung der Investition entsprechend der Planung sicher, ggf. vor Zeichnung alle Anteile), allgemein Finanzgarantien, die Dividendengarantie (Mindestdividende), Zinsgarantie und sonstige Garantien bzgl. der (rechtzeitigen) Zahlung von Erträgen aus dem Wertpapier, Kapitalgarantie (Garantie der Rückzahlung der Einlage) und sonstige Rückzahlungsgarantien, Garantie bzgl. der Weiterveräußerbarkeit der Wertpapiere oder der Entwicklung eines Bezugsrechtshandels, Garantie, dass bestimmter Erlös aus Veräußerung von Wertpapieren erzielt wird, Ausschüttungsgarantie und Garantien bzgl. des Bilanzgewinns, Garantie bzgl. der Besteuerung, Bürgschaften, Patronatserklärungen[15], Garantie bzgl. Stabilisierungsmaßnahmen, Eigenkapitalgarantie (Garantie bzgl Mindestbetrags des handelsrechtlichen Eigenkapitals), emissionsbezogene Versicherungsgeschäfte, Gewährträger bei Gewährträgerhaftung[16] (Haftung für eine öffentlich-rechtliche Anstalt, insbesondere öffentlich-rechtliche Kreditinstitute, durch den Anstaltsträger, z. B. eine Gebietskörperschaft) und umfängliche Garantien bzgl. der Verpflichtungen aus dem Wertpapier bzw. aus dem zugrunde liegenden Vertrag (einige der genannten Garantien können im Hinblick auf die zu sichernde Verpflichtung von untergeordneter Bedeutung sein, vgl. oben Rn. 9).

10

Bei Credit Enhancements ist hinsichtlich der Erfassung zu differenzieren.[17] Die als Garantie ausgestalteten Credit Enhancements (etwa in Form von einer Drittpartei-Garantie oder einer Monoline-Versicherung) werden erfasst, während ein Credit Enhancement durch Überbesicherung „over collateralisation" oder durch Subordinierung von Tranchen nicht unter den Anh. VI EU-ProspV fällt. Ein Credit Default Swap (CDS) kann eine Garantie im Sinne von Anh. VI EU-ProspV darstellen. Er unterscheidet sich von einer Garantie in der Regel dadurch, dass er Credit Events vorsieht, die über die reine Bonitätsabsicherung hinausgehen. Es handelt sich meist um eine Vereinbarung zwischen zwei Parteien, in der sich der eine Vertragspartner dazu verpflichtet, dem anderen Ersatz zu leisten für ein bestimmtes Ereignis (Credit Event), z. B. dass sich das Rating der Kreditausleihungen des zweiten Vertragspartners an Dritte verschlechtert. Als Gegenleistung für die Übernahme dieses Risikos erhält der erste Vertragspartner eine Prämie. Der Credit Default Swap ist eine Art Versicherung gegen Kreditausfälle. Daher werden CDS-Transaktionen auch buchhalterisch (z. B. unter IFRS) in vielen Fällen anders behandelt als die Finanzgarantie (Financial Guarantee). Auch die Zahlungsströme sind unterschiedlich (z. B. deckt die Garantie meist Kapital und Zins ab, während CDS diesbzgl. nicht festgelegt sind).

Es stellt sich daher die Frage, ob Credit Default Swaps, je nach Ausgestaltung, nicht ausschließlich unter den Derivate-Anhang fallen. Bei Exchangeable Bonds (Umtauschanleihe), bei welchen der Emittent nicht auch der

---

15 Siehe schon oben zum Keep-Well-Agreement.
16 *Kullmann/Sester*, ZBB 2005, 209, 214.
17 Offen lassend *Kullmann/Sester*, ZBB 2005, 209, 214.

Emittent des Basiswerts ist, ist es ohne Belang, ob die Pflichten des Emittenten der Exchangeable Bonds oder die des Emittenten des Basiswerts durch die Garantie gesichert sind. Der Umstand, ob die Garantie bedingt ist, und der Umfang der Garantie sind unerheblich. Voraussetzung ist aber immer, dass die durch die Garantie gesicherte Verpflichtung für die Emissionen von großer Bedeutung ist.

3. Art der Darstellung (u. a. Nr. 2)

11 Es gilt die allgemeine Vorschrift § 5 WpPG, die Angaben müssen in leicht analysierbarer und verständlicher Form gemacht sein. Ein Fall nach § 8 Abs. 2 WpPG dürfte bzgl. der Garantien die Ausnahme sein. Gem. Nr. 2 Abs. 1 Satz 1 sind Einzelheiten über die Bedingungen und den Anwendungsbereich der Garantie offen zu legen. Gemeint ist damit Tatbestand und Rechtsfolge. Nr. 1 Abs. 2 Satz 2 verlangt, dass dargelegt wird, wie mit der Vereinbarung sichergestellt werden soll, dass die garantierten Zahlungen ordnungsgemäß bedient werden. Die Kombinierbarkeit der Schemata und Module regelt grds. Anh. XVIII EU-ProspV,[18] allerdings betrifft Anh. VI EU-ProspV ein Zusatzmodul, so dass dieses Modul für jede sich aus einem etwaigen Wertpapier ergebende Verpflichtung gilt.[19]

12 Detaillierte Angaben müssen zu einem eventuellen Vetorecht des Garantiegebers in Bezug auf Veränderungen bei den Rechten eines Wertpapierinhabers gemacht werden. Damit werden all diejenigen Fälle erfasst, in denen eine Veränderung des der Garantie (der Sicherheit) zugrunde liegenden Rechts geändert und dadurch auch der Umfang der Garantie erweitert wird. Denn ein Veto würde die Erstreckung der Garantie auf die Erweiterung des zugrunde liegenden Rechts verhindern, so dass die Kongruenz zwischen Garantie und garantiertem Recht verlustig gehen könnte. Die diesbezüglich zu machende Angabe hat auf diesen Fall hinzuweisen.

4. Offenlegung über den Kreditgeber (Nr. 3)

13 Der Garantiegeber muss Informationen über sich selbst offen legen, so als wäre er selbst der Emittent desselben Wertpapiertyps, der Gegenstand der Garantie ist. Damit wird auf Anh. I–XVII EU-ProspV verwiesen und nicht nur auf z. B. Anh. IV Nr. 5 EU-ProspV, also z. B. auch Gewinnprognosen und -schätzungen (Nr. 9), Risikofaktoren (Nr. 4), Organisationsstruktur (Nr. 7) etc. Regelmäßig ist jedoch nur die Emittentenbeschreibung betroffen und nicht die Wertpapierbeschreibung, da diese bereits vom Emittenten selbst zu liefern ist. Insoweit gilt der Ausschluss der Doppelangabe. Der Umfang der Offenlegungspflicht des Garantiegebers ist kongruent zu der des Emittenten.[20]

---

18 Z. B. Schema für Schuldtitel mit dem Modul für Wertpapiere, die mit der Garantie eines Dritten ausgestattet sind, *Kunold/Schlitt*, BKR 2004, 501, 508.
19 Erwägungsgrund 12 der EU-ProspV (EG) Nr. 809/2004.
20 *Kullmann/Sester*, ZBB, 2005, 209, 214; vgl. auch Börsenzulassungsprospektrichtlinie 80/390/EG Art. 13 Abs. 1 und 2.

Hinsichtlich des Offenlegungsumfangs werden angesichts des klaren Wortlauts kaum Einschränkungen zu machen sein.

5. Einsehbare Dokumente (Nr. 4)

Der Ort, an dem das Publikum die wesentlichen Verträge und sonstige Dokumente in Bezug auf die Garantie einsehen kann, muss ferner angegeben werden (etwa Land, Ort, Platz/Strasse, Nr.).[21] Im Unterschied zu Anh. I Ziff. 24 EU-ProspV (und den anderen Anhängen) werden nicht die Alternativen „in Papierform oder auf elektronischem Wege" genannt, sondern schlicht der Ort, an dem die wesentlichen Verträge und sonstige Dokumente eingesehen werden können. Grund ist wohl eine Anlehnung an die Börsenzulassungsprospektrichtlinie 80/390/EG Art. 13 Abs. 4 (Einsicht bei von juristischen Personen garantierten Schuldverschreibungen). Diese Richtlinie hat keinen Unterschied bei der Einsicht der verschiedenen Dokumente gemacht (vgl. diese Richtlinie Art. 15). Ein Grund für eine unterschiedliche Behandlung ist auch sonst nicht ersichtlich, auch gebietet der Schutz des Publikums nicht, von der elektronischen Bereitstellung abzusehen.

14

ARTIKEL 10
Schema für das Registrierungsformular für durch Vermögenswerte unterlegte Wertpapiere („Asset backed securities"/ABS)

Die Angaben für das Registrierungsformular für durch Vermögenswerte unterlegte Wertpapiere werden gemäß dem in Anhang VII festgelegten Schema zusammengestellt.

ARTICLE 10
Asset backed securities registration document schedule

For the asset backed securities registration document information shall be given in accordance with the schedule set out in Annex VII.

Inhalt

	Rn.		Rn.
I. Einleitung	1	II. Inhalt der Norm	8

I. Einleitung

Aufgrund des Anspruchs der Verordnung (EG) Nr. neu 809/2004 auf umfassende Harmonisierung[1] gelten die Mindestangaben für durch Vermögens-

1

---

21 Siehe hierzu eingehend die Kommentierung zur vergleichbaren Regelung des Anh. I Ziff. 24 EU-ProspV bzw. zu den entsprechenden Regelungen in den anderen Anhängen.

---

1 *Seitz*, AG 2005, 678, 678.

werte unterlegte Wertpapiere (asset backed securities) in Deutschland, wie auch allen anderen Mitgliedstaaten der Europäischen Union unmittelbar, ohne Umsetzungsakt und ohne dass eine unterschiedliche Implementierung möglich wäre.[2] Mit großen Befürchtungen haben die Arrangeure von asset backed securities der Einführung der Prospektrichtlinie und den damit verbundenen neuen Anforderungen an die Wertpapierprospekte entgegengesehen, da die Prospektangaben aufgrund des WpPG und der EU-ProspV in Quantität und Detaillierungsgrad erheblich über bisherige Anforderungen hinausgehen.[3] Nach näherem Hinsehen und den ersten Erfahrungen mit der Bundesanstalt für Finanzdienstleistungsaufsicht (BaFin) sowie den Regulierungsbehörden der anderen EU Staaten, haben sich diese Befürchtungen jedoch nicht bestätigt. Die asset backed securities sind die von der Prospektrichtlinie am wenigsten beeinflussten Wertpapiere. Dies beruht zum einen darauf, dass der Ausschuss der Europäischen Wertpapieraufsichtsbehörden (CESR) sich erst zum Ende der Konsultationen über die Prospektrichtlinie mit diesem Thema beschäftigt hat.[4] Da die meisten Mitglieder des CESR aus den südeuropäischen Ländern stammten, in denen die Aktivitäten bezüglich asset backed securities relativ gering sind, wurde es hauptsächlich den irischen Mitgliedern im Ausschuss überlassen, sich mit diesem Thema auseinander zusetzen. Diese haben – mit Unterstützung Großbritanniens – auf der in ihren Märkten gemachten Erfahrung und den Regelungen der Irischen Börse hinsichtlich asset backed securities aufgebaut.

Zudem hat CESR keine Hinweise hinsichtlich der Interpretation der Schemata für das Registrierungsformular und das Modul für durch Vermögenswerte unterlegte Wertpapiere abgegeben, die in die Analyse des Anh. VII und VIII EU-ProspV mit einzubeziehen wären.[5] Dies hatte zwar zur Folge, dass selbst die Aufsichtsbehörden unsicher waren, wie die Prospektrichtlinie und die jeweiligen Umsetzungsgesetze zu interpretieren waren, es konnten im wesentlichen aber die Regelungen aus Luxemburg, Irland und Großbritannien beibehalten werden[6] und es ist davon auszugehen, dass zukünftige Leitlinien sich an den Entwicklungen in diesen Ländern und an diesen Börsenplätzen orientieren werden.

Des weiteren muss betont werden, dass die Ausnahmeregelung, dass ein Prospekt im Sinne des Gesetzes nicht veröffentlicht werden muss, sofern sich die Mindeststückelung der Wertpapiere über 50.000 Euro bewegt und die Wertpapiere nicht in Deutschland an einem organisierten Markt zugelassen werden,[7] insbesondere bei asset backed securities zur Anwendung kommt.

---

2 EU-ProspRL-UmsetzungsG, BT-Drucks. 15/4999, S. 25.
3 *Schlitt/ Schäfer*, AG 2005, 498, 502; *Seitz*, AG 2005, 678, 687.
4 *CESR*, public consultation, Ref: CESR/02-185b, Tz. 127.
5 *CESR*, advice, Ref: CESR/03-208 Tz. 64-66.
6 McCann Fitzgerald briefing note on ISE Listing Rules (www.mccannfitzgerald.ie/ExternalUploadedFiles/ISENewRulesABS.PDF (13.05.2008)).
7 § 3 Abs. 2 Nr. 4 i.V.m § 3 Abs. 3 WpPG.

Dementsprechend hat sich das Aussehen der Prospekte für asset backed securities nach dem 01.07.2005 im Vergleich zu den Prospekten vor diesem Datum nicht grundlegend verändert. Die wesentlichen Änderungen finden sich im Bereich der zu verwendenden Terminologie und der Struktur des Prospektes. Darüber hinaus sind Bestätigungen im Prospekt abzugeben, die es in dieser Form vorher nicht gab.[8] Aber auch bei denjenigen Transaktionen, die von der 50.000 Euro Ausnahme meistens nicht profitieren (insbesondere Anleiheprogramme mit an Privatkunden gerichteten Emissionen), ist der Übergangsprozess reibungslos verlaufen.

Lediglich in den Strukturen von asset backed securities, in denen Dividendenwerte verbrieft werden[9] oder die subordinierteste Tranche durch ein völlig anderes Produkt (z. B. durch eine Vorzugsaktie mit einer geringen Stückelung) dargestellt oder unbesichert gelassen wird und dementsprechend nicht als asset backed securities gilt, sind umfassende Darstellungen aufgrund separater Beschreibung dieser Transaktionsmerkmale, die bisher nicht notwendig waren, erforderlich und führen zu umfangreichen und schwerer zu erstellenden Prospekten.

Wie bei anderen Produkten auch, kann ein Prospekt für asset backed securities als einteiliges oder als dreiteiliges Dokument erstellt werden.[10] In der Regel werden asset backed securities von Einzweckgesellschaften (einem sog. SPV) emittiert, so dass die Möglichkeit einen dreiteiligen Prospekt zu erstellen, nur selten gewählt wird. Zudem sind bei einer einmaligen Emission von asset backed securities mit einer fixen Laufzeit zum Datum der Prospektveröffentlichung sämtliche Einzelheiten der Emission bekannt und, vorbehaltlich wesentlicher Änderungen an der Transaktionsstruktur, während der Laufzeit der Emission, regelmäßig keine Nachträge erforderlich. Von einem dreiteiligen Dokument werden Emittenten in der Regel nur dann Gebrauch machen, wenn es sich bei ihnen um Emittenten von Angebotsprogrammen von asset backed securities handelt, um damit die erneute Prüfung der endgültigen Bedingungen durch die zuständige Aufsichtsbehörde zu vermeiden. 2

Allen asset backed securities Transaktionen ist es gemein, dass die Bedienung der Wertpapiere hinsichtlich Kapital und Zins allein von den erworbenen Vermögensgegenständen, sowie den sonstigen vertraglich festgelegten Zahlungsströmen abhängt, während auf sonstige dem Emittenten zur Verfügung stehende Mittel nicht zurückgegriffen werden darf. Prinzipiell sind zwei Grundstrukturen von asset bakked securities vorherrschend.[11] 3

---

8 Z. B. die Bestätigung, dass die verbrieften Aktiva, die die Emission unterlegen, Merkmale aufweisen, denen zufolge sie in der Lage sind, Mittel zu erwirtschaften, die der Bedienung der fälligen Zahlungen für die Wertpapiere zugute kommen.
9 Vor dem Hintergrund der Anforderungen von Ziff. 2.2.15 v. Anh. VIII EU-ProspV.
10 § 12 Abs. 1 WpPG.
11 Ausführlich zur Beschreibung von asset backed securities Strukturen siehe *Kümpel*, BankKapMR, 3. Aufl., 2004, Rz. 14.58 f.; *Früh*, BB 1995, 105, 105, 106, zu den beteiligten Parteien siehe auch *Waschbusch*, ZBB 1998, S. 408, 414.

4 Die erste Variante sieht vor, dass die Vermögensgegenstände, welchen das mit den asset backed securities primär verbundene Risiko (in der Regel Bonitätsrisiken) innewohnt, mit dem Emissionserlös der Wertpapiere von dem Originator der Vermögensgegenstände erworben werden.[12] Der Investor in die asset backed securities erwirbt dabei das Risiko, dass die Zahlungen auf die Vermögensgegenstände unzureichend oder gar nicht erfolgen, weil der oder die Schuldner der Vermögensgegenstände Zahlungsschwierigkeiten haben oder insolvent werden, und somit der Emittent mangels Zahlungseingang die asset backed securities nicht bedienen kann. In diesen Strukturen von asset backed securities kann vorgesehen werden, dass Kreditinstitute (sog. Liquiditätsbanken) sich bereit erklären, dem Emittenten eine Kreditlinie zu gewähren, um zeitliche Verzögerungen von Zahlungen auf noch nicht ausgefallene Vermögensgegenstände zu überbrücken, die zur zwischenzeitlichen Bedienung der asset backed securities erforderlich sind. Andere mit den Vermögensgegenstand verbundene Risiken (zum Beispiel Zinsänderungs- oder Währungsrisiken bei zinstragenden und/oder Fremdwährungsforderungen), die nicht auf den Investor in die asset backed securities übertragen werden sollen, werden über derivative Transaktionen mit dem sog. Hedging Vertragspartner auf diesen übertragen.

5 Bei der zweiten Grundart von asset backed securities werden zwar mit dem Emissionserlös der asset backed securities auch Vermögensgegenstände erworben, die der Rückführung der Wertpapiere dienen, das mit den asset backed securities verbundene Risiko für den Investor ergibt sich jedoch primär aus einem derivativen Instrument, welches der Emittent mit einer Drittpartei abschließt. Auf diese Weise können mit einer asset backed securities Transaktion eine Vielzahl von Risiken (z.B. Zins-, Währungs-, Rohstoffpreis und insbesondere Kreditrisiken) verbrieft werden.[13] Der Emittent derartiger Wertpapiere braucht, beziehungsweise kann, diese asset backed securities nicht zurückzahlen, wenn sich das mit diesem Derivat verbundene Risiko (bei der vorherrschenden Variante des Kreditderivates in der Regel die Insolvenz des Schuldners der referenzierten Forderung, die Nichtbegleichung von Teilen oder der komplette Ausfall sowie die auf die Zahlungsströme einflussnehmende Restrukturierung der referenzierten Forderung) realisiert. Nur sekundär ist der Emittent der asset backed securities von dem Zahlungsrisiko der mit dem Emissionserlös erworbenen Vermögensgegenstände abhängig, da es sich bei diesen (wenn nicht gar der Emissionserlös in bar hinterlegt wird) um mit einer guten Bonität ausgestattete Vermögensgegenstände handelt.

---

12 Man spricht bei einer solchen Transaktion von einer sog. „True Sale Transaktion". Zu beachten ist, dass es allein um den rechtlich wirksamen Übergang der Vermögensgegenstände und die Übernahme des Delkredererisikos durch den Emittenten geht. Die damit verbundene Frage, ob die Forderung bilanziell aus dem Vermögen des Verkäufers der Vermögensgegenstände abgegangen ist, bleibt unberücksichtigt.

13 In diesem Fall spricht man von sog. synthetischen asset backed securities Transaktionen. Detailliert hierzu *Althaus*, Kreditwesen 2003, 632, 634.

Die Erlöse aus diesen Vermögensgegenständen werden zunächst dazu verwendet die Verpflichtung des Emittenten unter dem Derivat, d.h. die Ausgleichszahlung, zu erfüllen und dienen erst zweitrangig der Rückführung der asset backed securities. Bei der Verbriefung von Kreditrisiken kann es sich bei den durch das Kreditderivat referenzierten Kreditforderungen um welche des Hedging Vertragspartners oder um Kreditforderungen einer Drittpartei handeln, die mit dem Hedging Vertragspartner (sog. Intermediär) des Emittenten ein anderes Kreditderivat abgeschlossen hat. 6

Obwohl es sich bei diesem Strukturmerkmal der synthetischen asset backed securities um ein Element handelt, welches typischerweise im Rahmen des Schemas über derivative Wertpapiere (Anh. XII EU-ProspV) darzustellen wäre,[14] folgt aus der Definition von asset backed securities in Art. 2 Nr. 5(b) EU-ProspV und dem Wortlaut der Ziff. 3.6 von Anh. VIII EU-ProspV, dass auch synthetische asset backed securities, deren Bedingungen vorsehen, dass Zahlungen unter Bezugnahme auf Entwicklungen bestimmter oder bestimmbarer Vermögenswerte zu erfolgen haben, dem Begriff und damit dem Anhängen für asset backed securities unterliegen.

Besonders deutlich wird dies in Abgrenzung zu den Fällen, in denen Banken unter eigenen Namen sog. credit linked notes emittieren, deren Emissionserlös allein dem allgemeinen Geschäftszweck der Bank zufließt und mit dem kein Vermögensgegenstand erworben wird. Derartige Wertpapiere, obwohl auch sie über das Kreditderivat auf einen Vermögensgegenstand Bezug nehmen, unterliegen, mangels erworbenen Vermögensgegenstandes, entsprechend der Praxis der BaFin nicht den Regelungen zu den asset backed securities, sondern gelten richtigerweise allein als derivative Wertpapiere.[15]

In allen Formen von asset backed securities, übernimmt der Originator der risikobehafteten Vermögensgegenstände in der Regel die weitere Verwaltung der Vermögensgegenstände (z.B. das Mahnwesen und den Einzug der Forderungen) und agiert als sog. Servicer/Forderungsverwalter. Werden mit dem Emissionserlös eine Vielzahl von Vermögensgegenständen erworben, denen das verbriefte Risiko innewohnt, die einem einzelnen Originator nicht zuzuordnen sind[16], kann dem Emittent der asset backed securities entweder ein Portfolio Manager (oder Collateral Manager), der für den Emittenten die Investmententscheidung trifft, oder ein sonstiger Berater (sog. Investment Advisor), der den Emittenten bei der Entscheidung über das Investment in einen bestimmten Gegenstand unterstützt, zur Seite gestellt sein. Zur Sicherung der Wertpapiergläubiger und der anderen an der Transaktion beteiligten Parteien, werden die mit dem Emissionserlös der asset backed securities erworbenen Vermögensgegenstände auf einen Treuhänder übertragen, dem eine evtl. erforderliche Verwertung der Vermögensgegenstände für die Gläubiger des Emittenten (in den True Sale Transaktionen primär die Anlei- 7

---

14 Erwägungsgrund 18 EU-ProspV.
15 Siehe hierzu die Darstellung über credit linked notes in Brandt, BKR 2002, 243, 244, 245.
16 Sog. Arbitrage Collaterised Debt Obligations (CDO), siehe hierzu Standard & Poor's, Criteria for Rating Synthetic CDO Transactions 2003, S. 49 ff.

hegläubiger, in den synthetischen Transaktionen primär der Hedging Vertragspartner und nur zweitrangig die Anleihegläubiger) obliegt.[17]

II. Inhalt der Norm

8 Art. 10 EU-ProspV verweist auf den Anh. VII der EU-ProspV, und schreibt die Mindestinhalte des Registrierungsdokumentes für mit Vermögenswerten unterlegte Wertpapiere (asset backed securities) vor. Durch Anh. VII EU-ProspV werden Angaben über die verantwortliche Person, Angaben über den Emittenten, finanzielle Informationen des Emittenten und Angaben von Seiten Dritter gefordert. Spezifische emittentenbezogene Risikofaktoren sind in Ergänzung zu den allgemeinen Risikohinweisen aufzuführen.

9 Art. 10 EU-ProspV behandelt allein die Angaben die in einem Registrierungsdokument für asset backed securities erforderlich sind. Da es kein eigenes Schema für die Wertpapierbeschreibung von asset backed securities gibt, sind die darüber hinaus notwendigen Informationen anhand der sonstigen verfügbaren Schemata in den Prospekt für asset backed securities einzuarbeiten. Je nach Art der asset backed securities ist das Schema für die Wertpapierbeschreibung für Schuldtitel (Art. 8 i.V.m. Anh. V EU-ProspV oder Art. 16 i.V.m. Anh. XIII EU-ProspV) oder das Schema für die Wertpapierbeschreibung für derivative Wertpapiere (Art. 15 i.V.m. Anh. XII EU-ProspV) zu wählen. Grundsätzlich sehen die Kombinationsmöglichkeiten vor, dass das Registrierungsdokument für asset backed securities mit dem Schema für die Wertpapierbeschreibung für Schuldtitel zu kombinieren ist.[18] Die Hinweise von CESR diesbezüglich sind offener formuliert und sehen lediglich eine regelmäßige Kombinierung mit der Wertpapierbeschreibung für Schuldtitel vor.[19]

10 Gem. Abs. 2 von Art. 8 EU-ProspV und Art. 16 EU-ProspV handelt es sich bei Schuldtiteln um Wertpapiere, bei denen der Emittent aufgrund der Emissionsbedingungen verpflichtet ist, dem Anleger 100 % des Nominalwertes zu zahlen, wobei zusätzlich noch eine Zinszahlung erfolgen kann. Dieser Wortlaut ist so auszulegen, dass dem Anleger mindestens 100 % des Nominalwertes zurückzuzahlen sind.[20] Dies kann im Rahmen von asset backed securities nur dann vorkommen, wenn es sich um ein kapitalgarantiertes Produkt han-

---

17 Typische Prospekte und Transaktionen für (i) True Sale Transaktion siehe TS Co.mit One GmbH Transaktion der Commerzbank AG (Prospekt datiert vom 26.07.2006, Zulassung in Irland), (ii) für synthetische Transaktion siehe die Epic Transaktionen der Royal Bank of Scotland plc (Prospekt für die Epic (Ayton) plc Transaktion datiert vom 13.12.2005, Zulassung in Irland) und (iii) für Arbitrage CDOs siehe die Adagio Transaktionen für AXA Investment Managers Paris S.A (Prospekt für die Adagio III CLO plc Transaktion datiert vom 17.08.2006, Zulassung in Irland).
18 Art. 21 EU-ProspV i.V.m. Anh. XVIII EU-ProspV.
19 *CESR*, advice, content and format, Ref: CESR/03-300, Tz. 108 und 129, 130 sowie Erwägungsgrund 6 EU-ProspV.
20 *Kullmann/Sester*, ZBB 2005, 209, 214; *CESR*, advice, content and format, Ref: CESR/03-300, Tz. 103.

delt,²¹ da es sonstigen asset backed securities gemeinsam ist, dass die Rückzahlung der Wertpapiere von der Mittelzuführung durch die Vermögensgegenstände abhängig ist. Zwar sehen die Emissionsbedingungen von asset backed securities eine regelmäßige Rückzahlung zu 100 % des Nominalwertes vor. Dies ist jedoch als die maximale Rückzahlung anzusehen, da mit asset backed securities typischerweise das Risiko der nur teilweisen Rückzahlung verbunden ist.

Es handelt sich bei asset backed securities in diesem Sinne mehr um derivative Wertpapiere,²² welches insbesondere bei den synthetischen asset backed securities Strukturen²³ deutlich wird. Insofern wird durch die Angaben nach Art. 10 i.V.m. Anh. VII EU-ProspV zumeist die Wertpapierbeschreibung nach Art. 15 i.V.m. Anh. XII EU-ProspV ergänzt werden. Zu diesem Ergebnis kommt man auch über die Auslegung von Ziff. 4.7 von Anh. V der EU-ProspV, der dem Wortlaut nach nur dann relevant ist, wenn der „Zinssatz" der Wertpapiere von einem Basiswert abhängt.²⁴   11

Bei derivativen Wertpapieren und asset backed securities ist jedoch meisten zusätzlich der Rückzahlungsbetrag der Wertpapiere von den referenzierten Vermögens-/Basiswerten abhängig. Bei Emissionsprogrammen von asset backed securities, die beide Arten von Transaktionsstrukturen vorsehen, kann es vorkommen, dass sowohl die Schemata für die Wertpapierbeschreibung für Schuldtitel als auch für derivative Wertpapiere eingehalten werden müssen.²⁵ Da zwischen diesen beiden Schemata aber keine gravierenden Unterschiede bestehen, werden sich die zusätzlichen Angaben im Regelfall auf ein Minimum beschränken können.

Die Mindestinhalte aus Anh. VII EU-ProspV sind unabhängig von der Klassifizierung der asset backed securities immer einzuhalten. Während der grundsätzliche Aufbau eines Prospektes als solches zwingend vorgeschrieben ist,²⁶ ist der Emittent in Aufbau und Reihenfolge der Darstellung der Vorgaben des Anh. VII EU-ProspV im Prospekt grundsätzlich frei.²⁷ Sollte jedoch die Reihenfolge im Prospekt nicht dem im Anh. VII EU-ProspV genannten Muster entsprechen, so verlangt die BaFin vom Emittenten die Einreichung einer Referenzliste, aus deren Querverweisen ersichtlich ist, an welcher Stelle im Prospekt sich die jeweilige Information befindet (sog.   12

---

21 Dies wird in der Regel durch die Hinzufügung einer Nullkuponanleihe zu den erworbenen Vermögensgegenständen erreicht.
22 Siehe hierzu auch Wortlaut von Ziff. 4.1.2 von Anh. XII EU-ProspV, welcher die Beschreibung des Zusammenhangs zwischen dem Wert des Basiswertes und dem Wert der Anlage vorschreibt.
23 Siehe hierzu Rdn. 4 oben.
24 *Kullmann/Sester*, ZBB 2005, 209, 214.
25 Siehe als Beispiel die bei der BaFin hinterlegten Basisprospekte der HT Finanzanlage Limited zu einem von der Landesbank Hessen-Thüringen Girozentrale arrangierten asset backed securities Programm vom 09.02.2008.
26 Art. 25 Abs. 1 und 2 EU-ProspV.
27 Art. 25 Abs. 3 EU-ProspV.

Überkreuzliste).[28] Unabhängig davon, ob ein Emittent die Form eines einteiligen oder mehrteiligen Prospektes wählt, sind die in Anh. VII EU-ProspV vorgegebenen Mindestinhalte in den zu erstellenden Prospekt aufzunehmen, sofern sie auf das zu emittierende Wertpapier anwendbar sind.[29]

13 Die Nichtanwendbarkeit von bestimmten Mindestinhalten[30] auf den zu erstellenden Prospekt aufgrund nicht relevanter Emissionsspezifika ist in der jeweiligen Überkreuzliste anzugeben. Insofern bietet es sich an, in jedem Fall eine Überkreuzliste bei der Einreichung des Prospektes bei der BaFin beizulegen. Im Rahmen eines Anleiheprogramms ist es inzwischen herrschende Praxis, dass die im Basisprospekt[31] enthaltene Form der endgültigen Bedingungen die von Art. 10 EU-ProspV bestimmten Mindestangaben enthalten, um dem Anleger in ein bestimmtes unter diesem Programme begebenes Wertpapier den leichten Zugang zu den wesentlichen Angaben über den Emittenten zu ermöglichen und nur auf diejenigen Informationen in den endgültigen Bedingungen zu verzichten, die zum Zeitpunkt der Billigung des Basisprospektes noch nicht bekannt sind und erst später bestimmt werden können.[32]

Entsprechend den Vorgaben der EU-ProspV ist das Prozedere der Billigung von Prospekten, die Einreichung von Überkreuzlisten und die Anforderungen an die Darstellungen im Prospekt auch in den für asset backed securities wesentlichen Börsenplätzen Luxemburg und Irland nahezu identisch zu den Vorgaben des BaFin, wobei diese jedoch weniger auf die Einhaltung sämtlicher Formalia hinsichtlich der Wortwahl im Prospekt achten und mehr Wert auf die Einhaltung der grundsätzlichen Prinzipen der EU-ProspV legen. Letzteres gilt insbesondere im Hinblick auf die Verweistechnik im Prospekt. Während das BaFin auf eine ausführliche Darstellung insbesondere im Rahmen der Risikohinweise besteht, ist es in Luxemburg und Irland möglich in den Risikohinweisen auf die detaillierten Darstellungen an anderen Stellen des Prospektes zu verweisen und so Wiederholungen zu vermeiden.

Anh. VII EU-ProspV
Mindestangaben für das Registrierungsformular für durch Vermögenswerte unterlegte Wertpapiere („asset backed securities"/ABS) (Schema)

1. Verantwortliche Personen

1.1. Alle Personen, die für die im Registrierungsformular gemachten Angaben bzw. für bestimmte Abschnitte des Registrierungsformulars verantwortlich sind. Im letzteren Fall sind die entsprechenden Abschnitte aufzuneh-

---

28 Art. 25 Abs. 4 EU-ProspV.
29 *Kullmann/Sester*, ZBB 2005, 209, 212.
30 Erwägungsgrund 24 EU-ProspV.
31 § 6 WpPG.
32 Erwägungsgrund 21 und 25 EU-ProspV, Art. 26 EU-ProspV; *Seitz*, AG 2005, 678, 686.

1. Verantwortliche Personen

1.1. Alle Personen, die für die im Registrierungsformular gemachten Angaben bzw. für bestimmte Abschnitte des Registrierungsformulars verantwortlich sind. Im letzteren Fall sind die entsprechenden Abschnitte aufzunehmen. Im Falle von natürlichen Personen, zu denen auch Mitglieder der Verwaltungs-, Geschäftsführungs- und Aufsichtsorgane des Emittenten gehören, sind der Name und die Funktion dieser Person zu nennen. Bei juristischen Personen sind Name und eingetragener Sitz der Gesellschaft anzugeben.

1.2. Erklärung der für das Registrierungsformular verantwortlichen Personen, dass sie die erforderliche Sorgfalt haben walten lassen, um sicherzustellen, dass die im Registrierungsformular genannten Angaben ihres Wissens nach richtig sind und keine Tatsachen ausgelassen worden sind, die die Aussage des Registrierungsformulars wahrscheinlich verändern. Ggf. Erklärung der für bestimmte Abschnitte des Registrierungsformulars verantwortlichen Personen, dass sie die erforderliche Sorgfalt haben walten lassen, um sicherzustellen, dass die in dem Teil des Registrierungsformulars genannten Angaben, für den sie verantwortlich sind, ihres Wissens nach richtig sind und keine Tatsachen ausgelassen worden sind, die die Aussage des Registrierungsformulars wahrscheinlich verändern.

2. Abschlussprüfer

Namen und Anschrift der Abschlussprüfer des Emittenten, die für den von den historischen Finanzinformationen abgedeckten Zeitraum zuständig waren (einschließlich der Angabe ihrer Mitgliedschaft in einer Berufsvereinigung).

3. Risikofaktoren

Vorrangige Offenlegung von Risikofaktoren, die für den Emittenten oder seine Branche spezifisch sind, und zwar unter der Rubrik „Risikofaktoren".

4. Angaben über den Emittenten

4.1. Erklärung, ob der Emittent als eine Zweckgesellschaft gegründet wurde oder als Unternehmen für den Zweck der Emission von ABS;

4.2. Juristischer und kommerzieller Name des Emittenten;

4.3. Ort der Registrierung des Emittenten und seine Registrierungsnummer;

4.4. Datum der Gründung und Existenzdauer des Emittenten, soweit diese nicht unbefristet ist;

4.5. Sitz und Rechtsform des Emittenten; Rechtsordnung, in der er tätig ist; Land der Gründung der Gesellschaft; Anschrift und Telefonnummer seines eingetragenen Sitzes (oder Hauptort der Geschäftstätigkeit, falls nicht mit dem eingetragenen Sitz identisch);

4.6. Angabe des Betrags des genehmigten und ausgegebenen Kapitals sowie des Kapitals, dessen Ausgabe bereits genehmigt ist, sowie Zahl und Kategorie der Wertpapiere, aus denen es sich zusammensetzt.

5. Geschäftsüberblick

5.1. Kurze Beschreibung der Haupttätigkeitsbereiche des Emittenten.

5.2. Gesamtüberblick über die Teilnehmer des Verbriefungsprogramms, einschließlich Angaben über direkte oder indirekte Besitz- oder Kontrollverhältnisse zwischen diesen Teilnehmern.

6. Verwaltungs-, Geschäftsführungs- und Aufsichtsorgane

Name und Geschäftsanschrift nachstehender Personen sowie ihre Stellung beim Emittenten unter Angabe der wichtigsten Tätigkeiten, die sie außerhalb des Emittenten ausüben, sofern diese für den Emittenten von Bedeutung sind:

a) Mitglieder der Verwaltungs-, Geschäftsführungs- oder Aufsichtsorgane;

b) persönlich haftende Gesellschafter bei einer Kommanditgesellschaft auf Aktien.

7. Hauptaktionäre

Sofern dem Emittenten bekannt, Angabe, ob an dem Emittenten unmittelbare oder mittelbare Beteiligungen oder Beherrschungsverhältnisse bestehen, und wer diese Beteiligungen hält bzw. diese Beherrschung ausübt. Beschreibung der Art und Weise einer derartigen Kontrolle und der vorhandenen Maßnahmen zur Verhinderung des Missbrauchs einer derartigen Kontrolle.

8. Finanzinformationen über Vermögens-, Finanz- und Ertragslage des Emittenten

8.1. Hat ein Emittent seit seiner Gründung oder Niederlassung noch nicht mit der Geschäftstätigkeit begonnen und wurde zum Termin der Abfassung des Registrierungsformulars noch kein Jahresabschluss erstellt, so ist in dem Registrierungsformular ein entsprechender Vermerk aufzunehmen.

8.2. Historische Finanzinformationen

Hat ein Emittent seit seiner Gründung oder Niederlassung bereits mit der Geschäftstätigkeit begonnen und wurde ein Jahresabschluss erstellt, so sind in dem Registrierungsformular geprüfte historische Finanzinformationen aufzunehmen, die die letzten zwei Geschäftsjahre abdecken (bzw. einen entsprechenden kürzeren Zeitraum, während dessen der Emittent tätig war), sowie ein Bestätigungsvermerk für jedes Geschäftsjahr. Derartige Finanzinformationen sind gemäß der Verordnung (EG) Nr. 1606/2002 zu erstellen bzw. für den Fall, dass diese Verordnung nicht anwendbar ist, gemäß den nationalen Rechnungslegungsgrundsätzen eines Mitgliedstaats, wenn der Emittent aus der Gemeinschaft stammt. Bei Emittenten aus Drittstaaten sind diese Finanzinformationen nach den im Verfahren des Artikels 3 der Verordnung (EG) Nr. 1606/2002 übernommenen internationalen Rechnungslegungsstandards oder nach diesen Standards gleichwertigen nationalen Rechnungslegungsgrundsätzen eines Drittstaates zu erstellen. Ist keine Äquivalenz zu den Standards gegeben, so sind die Finanzinformationen in Form eines neu zu erstellenden Jahresabschlusses vorzulegen.

Die historischen Finanzinformationen müssen für das jüngste Geschäftsjahr in einer Form dargestellt und erstellt werden, die mit der konsistent ist, die im folgenden veröffentlichten Jahresabschluss des Emittenten zur Anwendung gelangen wird, wobei Rechnungslegungsstandards und -strategien sowie die Rechtsvorschriften zu berücksichtigen sind, die auf derlei Jahresabschlüsse Anwendung finden.

Ist der Emittent in seiner aktuellen Wirtschaftsbranche weniger als ein Jahr tätig, so sind die geprüften historischen Finanzinformationen für diesen Zeitraum gemäß den Standards zu erstellen, die auf Jahresabschlüsse im Sinne der Verordnung (EG) Nr. 1606/2002 anwendbar sind bzw. für den Fall, dass diese Verordnung nicht anwendbar ist, gemäß den nationalen Rechnungslegungsgrundsätzen eines Mitgliedstaats, wenn der Emittent aus der Gemeinschaft stammt. Bei Emittenten aus Drittstaaten sind diese historischen Finanzinformationen nach den im Verfahren des Artikels 3 der Verordnung (EG) Nr. 1606/2002 übernommenen internationalen Rechnungslegungsstandards oder nach diesen Standards gleichwertigen nationalen Rechnungslegungsgrundsätzen eines Drittstaates zu erstellen. Diese historischen Finanzinformationen müssen geprüft worden sein.

Wurden die geprüften Finanzinformationen gemäß nationaler Rechnungslegungsgrundsätze erstellt, dann müssen die unter dieser Rubrik geforderten Finanzinformationen zumindest Folgendes enthalten:

a) die Bilanz;

b) die Gewinn- und Verlustrechnung;

c) die Rechnungslegungsstrategien und erläuternde Anmerkungen.

Die historischen jährlichen Finanzinformationen müssen unabhängig und in Übereinstimmung mit den in dem jeweiligen Mitgliedstaat anwendbaren Prüfungsstandards oder einem äquivalenten Standard geprüft worden sein oder es muss für das Registrierungsformular vermerkt werden, ob sie in Übereinstimmung mit dem in dem jeweiligen Mitgliedstaat anwendbaren Prüfungsstandard oder einem äquivalenten Standard ein den tatsächlichen Verhältnissen entsprechendes Bild vermitteln.

8.2a Dieser Absatz darf lediglich auf Emissionen von ABS mit einer Mindeststükkelung von 50 000 EUR angewandt werden

Hat ein Emittent seit seiner Gründung oder Niederlassung bereits mit der Geschäftstätigkeit begonnen und wurde ein Jahresabschluss erstellt, so sind in dem Registrierungsformular geprüfte historische Finanzinformationen aufzunehmen, die die letzten zwei Geschäftsjahre abdecken (bzw. einen entsprechenden kürzeren Zeitraum, während dessen der Emittent tätig war), sowie ein Bestätigungsvermerk für jedes Geschäftsjahr. Derartige Finanzinformationen sind gemäß der Verordnung (EG) Nr. 1606/2002 zu erstellen bzw. für den Fall, dass diese Verordnung nicht anwendbar ist, gemäß den nationalen Rechnungslegungsgrundsätzen eines Mitgliedstaats, wenn der Emittent aus der Gemeinschaft stammt. Bei Emittenten aus Drittstaaten sind diese Finanzinformationen nach den im Verfahren des Artikels 3 der Verordnung (EG) Nr. 1606/2002 übernommenen internationalen Rechnungslegungsstandards oder nach diesen Standards gleichwertigen nationalen Rechnungslegungsgrundsätzen eines Drittstaates zu erstellen. Ansonsten müssen folgende Angaben in das Registrierungsformular aufgenommen werden:

a) Eine eindeutige Erklärung dahingehend, dass die in das Registrierungsformular aufgenommenen Finanzinformationen nicht nach den im Verfahren des Artikels 3 der Verordnung (EG) Nr. 1606/2002 übernommenen internationalen Rechnungslegungsstandards erstellt wurden und dass die Finanzinformationen erhebliche Unterschiede aufweisen könnten, wenn die Verordnung (EG) Nr. 1606/2002 doch auf die historischen Finanzinformationen angewandt worden wäre;

b) Unmittelbar nach den historischen Finanzinformationen sind die Unterschiede zwischen den im Verfahren des Artikels 3 der Verordnung (EG) Nr. 1606/2002 übernommenen internationalen Rechnungslegungsstandards und den Rechnungslegungsgrundsätzen in einer Beschreibung darzulegen, die der Emittent bei der Erstellung seines Jahresabschlusses zugrunde gelegt hat.

Die historischen Finanzinformationen müssen für das letzte Jahr in einer Form dargestellt und erstellt werden, die mit der konsistent ist, die im folgenden Jahresabschluss des Emittenten zur Anwendung gelangen wird, wobei die Rechnungslegungsgrundsätze und -strategien sowie die Rechtsvorschriften zu berücksichtigen sind, die auf derlei Jahresabschlüsse Anwendung finden.

Wurden die geprüften Finanzinformationen gemäß nationaler Rechnungslegungsgrundsätze erstellt, dann müssen die unter dieser Rubrik geforderten Finanzinformationen zumindest Folgendes enthalten:

a) die Bilanz;

b) die Gewinn- und Verlustrechnung; und

c) die Rechnungslegungsstrategien und erläuternde Anmerkungen.

Die historischen jährlichen Finanzinformationen müssen unabhängig und in Übereinstimmung mit den in dem jeweiligen Mitgliedstaat anwendbaren Prüfungsstandards oder einem äquivalenten Standard geprüft worden sein oder es muss für das Registrierungsformular vermerkt werden, ob sie in Übereinstimmung mit dem in dem jeweiligen Mitgliedstaat anwendbaren Prüfungsstandard oder einem äquivalenten Standard ein den tatsächlichen Verhältnissen entsprechendes Bild vermitteln. Ansonsten müssen folgende Angaben in das Registrierungsformular aufgenommen werden:

c) eine eindeutige Erklärung dahingehend, welche Prüfungsstandards zugrunde gelegt wurden;

d) eine Erläuterung für die Fälle, in denen von den Internationalen Prüfungsstandards in erheblichem Maße abgewichen wurde.

8.3. Gerichts- und Schiedsgerichtsverfahren

Angaben über etwaige staatliche Interventionen, Gerichts- oder Schiedsgerichtsverfahren (einschließlich derjenigen Verfahren, die nach Kenntnis des Unternehmens noch anhängig sind oder eingeleitet werden könnten), die im Zeitraum der mindestens letzten 12 Monate bestanden/abgeschlossen wurden, und die sich erheblich auf die Finanzlage oder die Rentabilität des Emittenten und/oder der Gruppe auswirken bzw. in jüngster Zeit ausgewirkt haben. Ansonsten ist eine negative Erklärung abzugeben.

8.4. Bedeutende negative Veränderungen in der Finanzlage des Emittenten

Hat ein Emittent einen Jahresabschluss erstellt, so ist darin eine Erklärung aufnehmen, der zufolge sich seine Finanzlage oder seine Aussichten seit dem Datum des letzten veröffentlichten und geprüften Jahresabschlusses nicht negativ verändert hat bzw. haben. Ist eine bedeutende negative Veränderung eingetreten, so ist sie im Registrierungsformular zu erläutern.

9. Angaben von Seiten Dritter, Erklärungen von Seiten Sachverständiger und Interessenerklärungen

9.1. Wird in das Registrierungsformular eine Erklärung oder ein Bericht einer Person aufgenommen, die als Sachverständiger handelt, so sind der Name, die Geschäftsadresse, die Qualifikationen und – falls vorhanden – das wesentliche Interesse am Emittenten anzugeben. Wurde der Bericht auf Ersuchen des Emittenten erstellt, so ist eine diesbezügliche Erklärung dahingehend abzugeben, dass die aufgenommene Erklärung oder der aufgenommene Bericht in der Form und in dem Zusammenhang, in dem sie bzw. er aufgenommen wurde, die Zustimmung von Seiten dieser Person erhalten hat, die den Inhalt dieses Teils des Registrierungsformulars gebilligt hat.

9.2. Sofern Angaben von Seiten Dritter übernommen wurden, ist zu bestätigen, dass diese Angaben korrekt wiedergegeben wurden und dass – soweit es dem Emittenten bekannt ist und er aus den von dieser dritten Partei veröffentlichten Informationen ableiten konnte – keine Tatsachen unterschlagen wurden, die die wiedergegebenen Informationen unkorrekt oder irreführend gestalten würden. Darüber hinaus hat der Emittent die Quelle(n) der Informationen anzugeben.

10. Einsehbare Dokumente

Abzugeben ist eine Erklärung dahingehend, dass während der Gültigkeitsdauer des Registrierungsformulars ggf. die folgenden Dokumente oder deren Kopien eingesehen werden können:

a) die Satzung und die Statuten des Emittenten;

b) sämtliche Berichte, Schreiben und sonstigen Dokumente, historischen Finanzinformationen, Bewertungen und Erklärungen, die von einem Sachverständigen auf Ersuchen des Emittenten abgegeben wurden, sofern Teile davon in das Registrierungsformular eingefügt worden sind oder in ihm darauf verwiesen wird;

c) die historischen Finanzinformationen des Emittenten oder im Falle einer Gruppe die historischen Finanzinformationen für den Emittenten und seine Tochtergesellschaften für jedes der Veröffentlichung des Registrierungsformulars vorausgegangenen beiden letzten Geschäftsjahre.

Anzugeben ist auch, wo in diese Dokumente in Papierform oder auf elektronischem Wege Einsicht genommen werden kann.

Annex VII
Minimum disclosure requirements
for asset-backed securities registration document (schedule)

1. Persons Responsible

1.1. All persons responsible for the information given in the registration document and, as the case may be, for certain parts of it, with, in the latter case, an indication of such parts. In the case of natural persons including members of the issuer's administrative, management or supervisory bodies indicate the name and function of the person; in case of legal persons indicate the name and registered office.

1.2. A declaration by those responsible for the registration document that, having taken all reasonable care to ensure that such is the case, the information given in the registration document is, to the best of their knowledge, in accordance with the facts and does not omit anything likely to affect its import. As the case may be, declaration by those responsible for certain parts of the registration document that having taken all reasonable care to ensure that such is the case, the information contained in that part of the registration document for which they are responsible is, to the best of their knowledge, in accordance with the facts and contains no omission likely to affect its import.

2. Statutory Auditors

Names and addresses of the issuer's auditors for the period covered by the historical financial information (together with any membership of any relevant professional body).

3. Risk Factors

The document must prominently disclose risk factors in a section headed 'Risk Factors' that are specific to the issuer and its industry.

4. Information About The Issuer:

4.1. A statement whether the issuer has been established as a special purpose vehicle or entity for the purpose of issuing asset backed securities;

4.2. The legal and commercial name of the issuer;

4.3. The place of registration of the issuer and its registration number;

4.4. The date of incorporation and the length of life of the issuer, except where indefinite;

4.5. The domicile and legal form of the issuer, the legislation under which the issuer operates its country of incorporation and the address and telephone number of its registered office (or principal place of business if different from its registered office).

4.6. Description of the amount of the issuer's authorised and issued capital and the amount of any capital agreed to be issued, the number and classes of the securities of which it is composed.

5. Business Overview

5.1. A brief description of the issuer's principal activities.

5.2. A global overview of the parties to the securitisation program including information on the direct or indirect ownership or control between those parties.

6. Administrative, Management and Supervisory Bodies

Names, business addresses and functions in the issuer of the following persons, and an indication of the principal activities performed by them outside the issuer where these are significant with respect to that issuer:

a) members of the administrative, management or supervisory bodies;

b) partners with unlimited liability, in the case of a limited partnership with a share capital.

7. Major Shareholders

To the extent known to the issuer, state whether the issuer is directly or indirectly owned or controlled and by whom, and describe the nature of such control and describe the measures in place to ensure that such control is not abused.

8. Financial Information concerning the Issuer's Assets and Liabilities, Financial Position, and Profits and Losses

8.1. Where, since the date of incorporation or establishment, an issuer has not commenced operations and no financial statements have been made up as at the date of the registration document, a statement to that effect shall be provided in the registration document.

8.2. Historical Financial Information

Where, since the date of incorporation or establishment, an issuer has commenced operations and financial statements have been made up, the registration document must contain audited historical financial information covering the latest 2 financial years (or shorter period that the issuer has been in operation) and the audit report in respect of each year. Such financial information must be prepared according to Regulation (EC) No 1606/2002, or if not applicable to a Member's State national accounting standards for issuers from the Community. For third country issuers, such financial information must be prepared according to the international accounting standards adopted pursuant to the procedure of Article 3 of Regulation (EC) No 1606/2002 or to a third country's national accounting standards equivalent to these standards. If such financial information is not equivalent to these standards, it must be presented in the form of restated financial statements.

The most recent year's historical financial information must be presented and prepared in a form consistent with that which will be adopted in the issuer's next annual published financial statements having regard to accounting standards and policies and legislation applicable to such annual financial statements.

If the issuer has been operating in its current sphere of economic activity for less than one year, the audited historical financial information covering that period must be prepared in accordance with the standards applicable to annual financial statements under Regulation (EC) No 1606/2002, or if not applicable to a Member States national accounting standards where the issuer is from the Community. For third country issuers, the historical financial information must be prepared according to the international accounting standards adopted pursuant to the procedure of Article 3 of Regulation (EC) No 1606/2002 or to a third country's national accounting standards equivalent to these standards. This historical financial information must be audited.

If the audited financial information is prepared according to national accounting standards, the financial information required under this heading must include at least the following:

a) the balance sheet;

b) the income statement;

c) the accounting policies and explanatory notes.

The historical annual financial information must be independently audited or reported on as to whether or not, for the purposes of the registration document, it gives a true and fair view, in accordance with auditing standards applicable in a Member State or an equivalent standard.

8.2a This paragraph may be used only for issues of asset backed securities having a denomination per unit of at least EUR 50 000.

Where, since the date of incorporation or establishment, an issuer has commenced operations and financial statements have been made up, the registration document must contain audited historical financial information covering the latest 2 financial years (or shorter period that the issuer has been in operation) and the audit report in respect of each year. Such financial information must be prepared according to Regulation (EC) No 1606/2002 or, if not applicable, to a Member's State national accounting standards for issuers from the Community. For third country issuers, such financial information must be prepared according to the international accounting standards adopted pursuant to the procedure of Article 3 of Regulation (EC) No 1606/2002 or to a third country's national accounting standards equivalent to these standards. Otherwise, the following information must be included in the registration document:

a) a prominent statement that the financial information included in the registration document has not been prepared in accordance with the international accounting standards adopted pursuant to the procedure of Article 3 of Regulation (EC) No 1606/2002 and that there may be material differences in the financial information had Regulation (EC) No 1606/2002 been applied to the historical financial information;

b) immediately following the historical financial information a narrative description of the differences between the international accounting standards adopted pursuant to the procedure of Article 3 of Regulation (EC) No 1606/2002 and the accounting principles adopted by the issuer in preparing its annual financial statements.

The most recent year's historical financial information must be presented and prepared in a form consistent with that which will be adopted in the issuer's next annual financial statements having regard to accounting standards and policies and legislation applicable to such annual financial statements.

If the audited financial information is prepared according to national accounting standards, the financial information required under this heading must include at least the following:

a) the balance sheet;

b) the income statement;

c) the accounting policies and explanatory notes.

The historical annual financial information must be independently audited or reported on as to whether or not, for the purposes of the registration document, it gives a true and fair view, in accordance with auditing standards applicable in a Member State or an equivalent standard. Otherwise, the following information must be included in the registration document:

c) a prominent statement disclosing which auditing standards have been applied;

d) an explanation of any significant departures from International Standards on Auditing.

8.3. Legal and arbitration proceedings

Information on any governmental, legal or arbitration proceedings (including any such proceedings which are pending or threatened of which the company is aware), during a period covering at least the previous 12 months, which may have, or have had in the recent past, significant effects on the issuer and/or group's financial position or profitability, or provide an appropriate negative statement.

8.4. Material adverse change in the issuer's financial position

Where an issuer has prepared financial statements, include a statement that there has been no material adverse change in the financial position or prospects of the issuer since the date of its last published audited financial statements. Where a material adverse change has occurred, this must be disclosed in the registration document.

9. Third Party Information and Statement by Experts and Declarations of any Interest

9.1. Where a statement or report attributed to a person as an expert is included in the registration document, provide such person's name, business address, qualifications and material interest if any in the issuer. If the report has been produced at the issuer's request a statement to that effect that such statement or report is included, in the form and context in which it is included, with the consent of that person who has authorised the contents of that part of the registration document.

9.2. Where information has been sourced from a third party, provide a confirmation that this information has been accurately reproduced and that as far as the issuer is aware and is able to ascertain from information published by that third party, no facts have been omitted which would render the reproduced information inaccurate or misleading In addition, the issuer shall identify the source(s) of the information.

10. Documents on Display

10.1. A statement that for the life of the registration document the following documents (or copies thereof), where applicable, may be inspected:

a) the memorandum and articles of association of the issuer;
b) all reports, letters, and other documents, historical financial information, valuations and statements prepared by any expert at the issuer's request any part of which is included or referred to in the registration document;
c) the historical financial information of the issuer or, in the case of a group, the historical financial information of the issuer and its subsidiary undertakings for each of the two financial years preceding the publication of the registration document.

An indication of where the documents on display may be inspected, by physical or electronic means.

Inhalt

	Rn.		Rn.
I. Verantwortliche Person	1	VIII. Hauptaktionäre	29
II. Abschlussprüfer	4	IX. Finanzinformationen	31
III. Risikofaktoren	5	X. Angaben von Seiten Dritter, Erklärungen von Seiten Sachverständiger und Interessenerklärungen	50
IV. Exkurs – Refinanzierungsregister	14		
V. Informationen über den Emittenten	18		
VI. Geschäftsüberblick	24	XI. Einsehbare Dokumente	52
VII. Verwaltungs-, Geschäftsführungs- und Aufsichtsorgane	26		

I. Verantwortliche Person

1 Diesem Punkt kommt bei asset backed securities besondere Bedeutung zu, weil die die Verbriefung der Vermögensgegenstände vorantreibende Bank oder Gesellschaft (der „Originator" der Vermögensgegenstände) nicht mit dem Emittenten identisch sein muss und in der Regel auch nicht sein wird.[1] Wie bei anderen Produkten ebenfalls übernimmt der Emittent der Wertpapiere weitestgehenst die Verantwortung für den Prospektinhalt. Die Schuldner der Vermögensgegenstände auf die sich die jeweiligen Wertpapiere beziehen, sind nicht an der Erstellung des Prospektes beteiligt und haben in den meisten Fällen keine Kenntnis von der Verbriefung der auf sie bezogenen Vermögensgegenstände. Selbst in den asset backed securities Strukturen in denen auf nur wenige Vermögensgegenstände bzw. auf einen Originator und wenige Schuldner der verbrieften Vermögensgegenstände Bezug genommen wird, ist deren Beteiligung und Verantwortungsübernahme meistens nicht möglich oder vorgesehen. Es ist wesentliches Element einer derartigen Transaktion, allein die mit dem Vermögensgegenstand verbundenen Risiken auf die Investoren zu übertragen.[2]

---

1 In der Regel werden asset backed securities von Einzweckgesellschaften (sog. SPV) begeben, die eigens für die Zwecke der Transaktion gegründet werden.
2 Anders z. B. im Prospekt der CB MezzCAP 2006-1 Transaktion der Commerzbank, deren Prospekt von der CB MezzCAP Limited Partnership v. 20.04.2006 datiert (Zulassung in Irland), in dem die Beschreibung der Unternehmen der Verantwortung der Schuldner der Vermögensgegenstände zugeordnet wurde.

Die Passagen des Prospektes, die Informationen von (z. B. auch über die Natur der Vermögensgegenstände) bzw. über Drittparteien, die gewisse Funktionen im Rahmen der asset backed securities Transaktion übernehmen (insbesondere ein Treuhänder, ein Forderungsverwalter/Servicer, eine Liquiditätsbank, ein Hedging-Vertragspartner, ein Portfolio Manager oder Berater), enthalten und die an der Prospekterstellung beteiligt wurden, können der Verantwortung dieser jeweiligen Drittpartei zugewiesen werden. Diese Verantwortung der Drittparteien sollte dann ausdrücklich auf die konkreten Passagen des Prospektes beschränkt werden, in denen die Informationen, die von diesen Drittparteien stammen, enthalten sind. Obwohl von der Haftungsmasse besser ausgestattet als der Emittent der asset backed securities in Form eines SPV, ist ihnen eine Haftungsübernahme für weitere Teile des Prospektes kaum zuzumuten und auch von allen beteiligten Parteien regelmäßig nicht gewollt. Der Arrangeur (in der Regel der Konsortialführer des Übernahmekonsortiums) der Wertpapiere als Adressat der Zusicherung des Emittenten im Rahmen des Übernahmevertrages, dass die Prospektinhalte korrekt und vollständig sind, wird nur dann im Kreis der verantwortlichen Personen zu finden sein, wenn er eine der oben genannten Funktionen als Drittpartei übernimmt. Wie erwähnt sind die Emittenten von asset backed securities in der Regel nur für die Zwecke der spezifischen Transaktion oder für die Zwecke des Emissionsprogramms gegründete SPV, die von unabhängigen Servicegesellschaften verwaltet werden. Selten ist die verbriefende Bank/Gesellschaft direkt der Emittent der asset backed securities. Diese unabhängigen Servicegesellschaften stellen in der Regel auch allein die Geschäftsführer/Direktoren des SPV. Nur in den wenigsten Fällen ist ein Mitglied der arrangierenden Bank oder der Gesellschaft Mitglied der Geschäftsführung dieses SPV.

Zwar ist durch die EU-Prospektrichtlinie keine Harmonisierung der Prospekthaftung eingeführt worden, es wurde jedoch ein gewisser Mindeststandard geschaffen, indem der Emittent oder seine Organe, der Anbieter, die Personen, die die Zulassung an einem geregelten Markt beantragen oder ein evtl. Garantiegeber (Art. 9 i.V.m. Anh. VI EU-ProspV) für die im Prospekt enthaltenen Angaben haften sollen.[3] In vielen Fällen wird sich bei asset backed securities dieser Kreis wieder auf den Emittenten und seine Organe reduzieren. Diese Servicegesellschaften und die Direktoren des Emittenten, werden den Prospektinhalt jedoch mangels intensiver Beteiligung bei der Prospekterstellung nicht genau überprüfen können. Insofern ist es entscheidend für derartige Emittenten, ihre Direktoren und die jeweilige Servicegesellschaft, bereits an dieser Stelle des Prospektes deutlich zu machen, dass es sich bei der Verantwortlichkeit für den Prospektinhalt allein um eine Verantwortung des Emittenten als Gesellschaft als solche handelt und nicht um eine persönliche Verantwortung der Direktoren, Angestellten, Beauftragten oder Bevollmächtigten des Emittenten. Ein Hinweis, dass gegen die Gesell-

2

---

3 *Schlitt/Schäfer*, AG 2005, 498, 510. Dies ist z. B. bei der Umsetzung der ProspektRL in das irische Recht erfolgt, welches jetzt eine am Wortlaut der RL orientierte Haftungsregelung vorsieht (Prospectus (Directive 2003/71/EC) Regulations 2005).

schafter, Mitglieder, leitenden Angestellten oder Direktoren/Geschäftsführer des Emittenten als solche ein Rückgriff und persönliche Haftung aufgrund von Verpflichtungen oder Zusicherungen des Emittenten ausgeschlossen ist und dabei lediglich eine Gesellschaftshaftung des Emittenten begründet wird, ist entweder an dieser Stelle des Prospektes oder bei den emittentenbezogenen Risikohinweisen aufzunehmen.

3   Die Information über die verantwortlichen Personen, muss zusätzlich die Erklärung enthalten, dass die gemachten Angaben richtig sind und keine Tatsachen ausgelassen wurden, die die Aussagen im Registrierungsdokument wahrscheinlich verändern können. Der Wortlaut der Bestätigung nach Ziff. 1.2 von Anh. VII EU-ProspV konkurriert mit der Erklärung der Verantwortungsübernahme nach § 5 Abs. 4 Satz 1 WpPG. Die BaFin verlangt, dass zumindest der in § 5 Abs. 4 Satz 1 WpPG genannte Wortlaut in den Prospekt aufgenommen wird. Dieser unterscheidet sich nur unwesentlich vom Wortlaut der Ziff. 1.2 von Anh. VII EU-ProspV, so dass der Wortlaut nach § 5 Abs. 4 Satz 1 WpPG gewählt werden kann und nicht beide Wortlaute verwendet werden müssen.[4] Hinsichtlich der sich aus der Verantwortungsübernahme folgenden Haftung sind keine unterschiedlichen Auslegungen der beiden Texte zu erwarten. Beim Prüfungsmaßstab wird auf das Wissen der verantwortlichen Person abgestellt und dessen erforderliche Sorgfalt bei der Prospekterstellung. In vielen Jurisdiktionen ist vorgesehen, dass die Geschäftsführer einer Gesellschaft zudem persönlich haftbar sind, wenn mangels Sorgfalt eines ordentlichen Geschäftsmannes in den Angelegenheiten der Gesellschaft, dieser ein Schaden entsteht.[5]

Daher setzt der oben genannte Prüfungsmaßstab voraus, dass die verantwortliche Person (d.h. der Emittent handelnd durch seine Geschäftsführer/Direktoren) sich ein Bild über die Korrektheit und Vollständigkeit des Prospektes gemacht hat, ansonsten verletzen diese zumindest die Sorgfalt in eigenen Angelegenheiten oder handelt sogar grob fahrlässig gegenüber der Emissionsgesellschaft[6] und somit diese gegenüber dem Investor. Insofern ist es entscheidend, dass die Direktoren über Erfahrung im Bereich der Emission von asset backed securities verfügen.[7] Die Direktoren von SPV können ihrer Sorgfaltspflicht im Sinne einer Prüfungs- bzw. Nachforschungspflicht im wesentlichen nur dadurch nachkommen, in dem sie mit dem an der Prospekterstellung wesentlich beteiligten Personen (in der Regel der Arrangeur) der asset backed securities Transaktion in engem Kontakt über die Inhalte des Prospektes stehen und auf diese Art darauf achten, dass entsprechend des oben genannten Sorgfaltsmaßstabes die Prospekterstellung in den von

---

4   Siehe beispielhaft den Basisprospekt der HT-Finanzanlage Limited v. 09.02.2008 (hinterlegt bei der BaFin) S. 84.
5   So z.B. auch in Deutschland (§§ 93 Abs. 2 AktG, 43 GmbHG), in Irland (Prospectus (Directive 2003/71/EC) Regulations 2005) und in Großbritannien (Prospectus Regulations 2005). Siehe hierzu auch *Mülbert/Steup*, in: Habersack/Mülbert/Schlitt, UntFinanzKM, 2005, §26.
6   BGHZ 115, 213, 217, 218; BGHZ 145, 187, 193.
7   OLG Hamm, NJW-RR 1993, 536, 536.

den verantwortlichen Personen kontrollierten Bereichen (insb. im Hinblick auf die Zusammenfassung, die Risikofaktoren und natürlich über die Informationen über das zu verbriefende Portfolio von Vermögensgegenständen) betrieben wurde. Bisher hat es im Bereich der asset backed securities jedoch noch keine Fälle gegeben, in denen gerichtlich für asset backed securities Transaktionen die Prospektverantwortung[8] geklärt werden musste.[9]

II. Abschlussprüfer

Die geforderten Angaben über den Abschlussprüfer sind selbst für Einzweckgesellschaften unproblematisch zu erbringen. Teilweise ist es jedoch für im Ausland ansässige Abschlussprüfer unmöglich Angaben zur Mitgliedschaft in einer Berufsvereinigung zu machen, da es etwas derartiges dort vielfach nicht gibt. In einem solchen Fall kann diese Angabe entfallen oder sich darauf beschränken, die Mitgliedschaft der leitenden Angestellten in einer Berufsvereinigung zu erwähnen.

4

III. Risikofaktoren

Die in Ziff. 3 von Anh. VII EU-ProspV geforderten Angaben zu den Risikofaktoren, ergänzen die allgemeinen Risikofaktoren, die mit der Emission der Wertpapiere verbunden und nach Art. 25 EU-ProspV in den Prospekt einzuarbeiten sind. Die wesentlichen Risiken einer asset backed securities Transaktion, dass lediglich die unterliegenden Vermögensgegenstände die notwendigen Zahlungsströme generieren können, um die Wertpapiere zu bedienen, sind im Rahmen der Schemata der Wertpapierbeschreibung entweder zu Schuldtiteln oder derivativen Wertpapieren zu behandeln.[10] Zu diesen allgemeinen Risikofaktoren zählt die Beschreibung der mit den Vermögensgegenständen verbundenen Risiken (insb. das Ausfallrisiko des zugrunde liegenden Schuldners und die vertraglichen Möglichkeiten, aufgrund derer eine Zahlung unter dem Vermögensgegenstand nicht in der vereinbarten Höhe zu der vereinbarten Zeit erfolgen muss).[11] Hinweise auf die „Branche" in der der Emittent tätig ist, sind in asset backed securities Transaktionen, bis auf wenige Ausnahmen, nicht zwingend erforderlich. Nur selten wird der Originator der verbrieften Vermögenswerte selbst Emittent der Wertpapiere sein. Jedoch ist auch in diesen Fällen zu berücksichtigen,

5

---

8 Vgl. Komm. zu §§ 44 ff. BörsG, § 13 VerkProspG; *Mülbert/Steup*, in: Habersack/Mülbert/Schlitt, UntFinanzKM, 2005, §26.
9 So wurde ein Streitfall zwischen der HSH Nordbank AG und Barclays Bank plc außergerichtlich geklärt (siehe Handelsblatt v. 15.02.2005). Der neueste Streitfall zwischen der HSH Nordbank AG und der UBS AG betrifft nicht die Darstellungen im Prospekt (siehe Handelsblatt v. 25.02.2008).
10 *Kullmann/Sester*, ZBB 2005, 209, 213; je nach Art des anzufertigenden Prospektes, siehe Anh. V oder XII EU-ProspV.
11 Siehe exemplarisch den Prospekt v. 20.04.2006 der CB MezzCAP Limited Partnership (Zulassung in Irland) zu nachrangigen Forderungen in Form von Genussrechten.

dass die Rückzahlung der asset backed securities allein von der Entwicklung der zugrunde liegenden Vermögensgegenstände und das Risiko des Investments in die asset backed securities nur sekundär von der Zahlungsfähigkeit des Emittenten abhängt. Insofern sind selbst bei Handelsgesellschaften oder Körperschaften als Emittenten von asset backed securities nur dann Risiken, die mit dem allgemeinen Geschäftsbetrieb des Emittenten zusammenhängen aufzunehmen, wenn diese gleichzeitig Einfluss auf die Verwertung der verbrieften Vermögensgegenstände haben können. Ein derartiges Szenario wird wohl nur dann eintreten, wenn die wirtschaftliche Lage des Emittenten derart bedroht ist, dass die Gefahr der Anfechtung der mit der Begebung der asset backed securities einhergehenden Rechtsgeschäfte droht.

6 Als wesentliche emittentenbezogene und zwingend in einem Prospekt für asset backed securities aufzuführende Risikofaktoren sind die Folgenden zu nennen:

7 1. Der Emittent ist alleiniger Schuldner der Wertpapiere. Es ist hierbei ausdrücklich festzuhalten, dass sämtliche an der asset backed securities Transaktion beteiligten Drittparteien nur verpflichtet sind, Zahlungen unter den jeweiligen Transaktionsdokumenten an den Emittenten bzw. den Treuhänder zu leisten und nur gegenüber diesen verpflichtet sind, die in der Transaktionsdokumentation vorgesehenen Handlungen vorzunehmen. Direkte Ansprüche der Anleihegläubiger gegen diese beteiligten Parteien bestehen nicht. Dies ist insb. bei Emittenten in Form eines SPV relevant, da diese neben den transaktionsspezifischen Vermögensgegenständen über kein nennenswertes Vermögen verfügen und primär auf das ordnungsgemäße Verhalten der an der Transaktion beteiligten Drittparteien angewiesen sind, um ihren Verpflichtungen unter den asset backed securities nachzukommen.

8 2. Im Regelfall, dass der Emittent ein SPV ist, ist darauf hinzuweisen, dass der Emittent nur eine begrenzte Geschäftstätigkeit ausübt und dass der Rückgriff auf das Vermögen des Emittenten durch die im Rahmen der asset backed securities Transaktion erworbenen Vermögenswerte und Ansprüche gegen die Drittparteien beschränkt ist und kein weiteres Vermögen zur Befriedigung der Ansprüche der Anleihegläubiger zur Verfügung steht. Aufgrund der ausgedehnten Beschreibung der Transaktionsmerkmale und der Zahlungsströme innerhalb der Transaktion im Rahmen des Art. 11 i.V.m. Anh. VIII EU-ProspV müssen im Rahmen der Darstellung dieses Risikofaktors nicht sämtliche Zusammenhänge, die zu diesem beschränkten Rückgriff auf das Vermögen des Emittenten führen, aufgeführt werden. Wesentlich ist in diesem Bereich jedoch der Hinweis, dass ein Verkauf der Vermögensgegenstände im freien Markt evtl. zum Verwertungszeitpunkt nicht möglich sein kann.

Im Zusammenhang mit Angebotsprogrammen, ist darauf hinzuweisen, dass der Rückgriff auf die mit der einzelnen unter dem Programm begebenen Anleihe erworbenen Vermögensgegenstände beschränkt ist und dass auf die mit der Emission von weiteren Anleihen erworbenen Vermögensgegenstände nicht zurückgegriffen werden kann. Um dieser mit diesem sog. vertraglich vereinbartem „ring fencing" der einzelnen erworbenen Vermögensgegenständen verbunden Unsicherheit zu begegnen, ob diese vertragliche Konstruktion im Fall der Insolvenz des Emittenten gerichtlich Bestand haben wird,[12] werden als Emittenten von asset backed securities Emissionsprogrammen zunehmend sog. „protected cell companies"[13] herangezogen. Durch diese Gesellschaftsform werden auf gesellschaftsrechtlicher Ebene und nicht nur auf vertraglicher Ebene die Vermögensgegenstände, die der jeweiligen Emission unterliegen, von einander abgegrenzt. Ist der Emittent der asset backed securities in dieser Gesellschaftsform gegründet oder in eine derartige umgewandelt worden, so ist in diesem Risikofaktor darauf hinzuweisen, dass der Rückgriff der Anleihegläubiger nur auf das Vermögen der einzelnen Zelle/Compartment, die als Emittent der Anleihe gilt, beschränkt ist. Die Darstellung der gesellschaftsrechtlichen Struktur als solcher ist im Bereich der Informationen über den Emittenten (siehe hierzu unten IV.) vorzunehmen.

3. In die gleiche Richtung wie der Risikofaktor, dass der Rückgriff auf die unterliegenden Vermögensgegenstände beschränkt ist, zielt der erforderliche Hinweis auf die bei der Zahlungsausführung und die im Verwertungsfall der Vermögensgegenstände vom Emittenten einzuhaltende Zahlungsreihenfolge. Hierbei wird erneut betont, dass nur die im Rahmen dieser Zahlungsreihenfolge zu verteilenden Mittel zur Bedienung der asset backed securities zur Verfügung stehen, und dass der Anleihegläubiger mit Erwerb dieser Wertpapiere akzeptiert, dass er keine weitergehenden Ansprüche gegen den Emittenten hat. Dieser Risikohinweis ist so zu gestalten, dass dem Anleger deutlich gemacht wird, dass er mit dem Erwerb der asset backed securities auf die Geltendmachung der verbleibenden Forderung verzichtet. Dieser Forderungsverzicht ist ebenfalls Element der Anleihebedingungen der asset backed securities und soll insb. bei Transaktionen bei denen mehrere Anleiheklassen vom Emittenten begeben werden sicherstellen, dass Investoren in nachrangige Anleihen, die von den Verlusten bei den Vermögensgegenständen am ehesten betroffen sind, keine weiteren Schritte unternehmen können, um auf evtl. noch vorhandene Vermögensgegenstände, die jedoch den Gläubigern vorrangiger Anleiheklassen zustehen, zurückzugreifen.[14] 9

4. Ähnlich wie die unter 2. und 3. dargestellten Risikofaktoren, dient der in Hinweis, dass der Anleger mit Erwerb der asset backed securities auf das Recht verzichtet, gegen den Emittenten ein Insolvenz- oder ähnliches Verfahren zur Abwicklung des Emittenten einzuleiten, dem Schutz vor Insolvenzverfahren und der Einhaltung der für die asset backed securities 10

---

12 Bisher haben lediglich Jersey und Luxemburg Gesetze geschaffen, welche die Rückgriffbeschränkung auch in der Insolvenz sicherstellt.
13 Inzwischen gibt es die Möglichkeit der Protected Cell Companies oder ähnlicher Formen in 34 Ländern weltweit. In Europa kann insbesondere in Frankreich (Fonds Commun de Créances (FCC)) Luxemburg (Securitisation companies), Guernsey und Jersey von einer derartigen gesellschaftsrechtlichen Konstruktion Gebrauch gemacht werden.
14 Siehe hierzu z.B. im Prospekt der Eurohypo AG Transaktion Semper Finance 2006-1 Limited (Prospekt hierzu datiert v. 07.12.2006, Zulassung in Irland).

Pegel

Transaktion vereinbarten Zahlungs- und Verwertungsreihenfolge, um so die Nachrangigkeit (Subordination) der verschiedenen Tranchen der asset backed securities bzw. wenn nur eine Tranche emittiert wird, den Vorrang von anderen an der Transaktion beteiligten Parteien im Rahmen der Zahlungs- und Verwertungserlöse sicherzustellen und daraus folgend das Rating der asset backed securities zu erreichen bzw. zu verbessern.[15]

11   5. In der Regel wird der Sitzstaat des Emittenten im Hinblick auf die in der Transaktion enthaltenen Steuer- und Verwertungsrisiken bewusst gewählt. Dennoch können abhängig vom Sitzland und der Art des dem Wertpapier zugrunde liegenden Vermögensgegenstandes steuerliche Risiken oder Probleme mit der Verwertung des Vermögensgegenstandes verbunden sein, die aufgrund des beschränkten Vermögens des Emittenten zu Ausfällen unter den asset backed securities führen können. So können Quellensteuern auf die Zahlungen aus dem Vermögensgegenstand anfallen, die entweder gar nicht oder erst nach einem Steuerbescheid des einbehaltenden Steuerlandes wiedererlangt werden. Derartige Steuerrisiken sind ebenfalls im Rahmen der emittentenbezogenen Risikofaktoren darzustellen.[16] Gleiches gilt, wenn ein Mindererlös bei vorzeitiger oder zwangsweiser Verwertung der Vermögensgegenstände droht.

12   Jedes hier angesprochene Risiko ist grds. mit einer asset backed securities Transaktion verbunden. Je nach Struktur der einzelnen Transaktion muss über die Ausführlichkeit der Darstellung der Risikofaktoren entschieden werden. Bestehen die asset backed securities aus vielen Anleiheklassen oder unterteilen sich die Anleiheklassen erneut in Tranchen[17], so ist im Rahmen des Hinweises auf die Nachrangigkeit der einzelnen Klassen und Tranchen zueinander, ebenfalls darzustellen, wie im Rahmen der Verwertung der Vermögensgegenstände die unterschiedlichen Klassen der Anleihegläubiger behandelt werden und wessen Anweisungen Folge zu leisten ist. Gelten für einzelne Anleiheklassen oder Tranchen spezifische Nachrangmerkmale so sind diese getrennt von den im Übrigen gleichförmigen Klassen und Tranchen darzustellen.

13   Neben den Risiken, die mit den Geldzuflüssen unter den Vermögensgegenständen und dem damit verbundenen beschränkten Rückgriff auf das Vermögen des Emittenten zusammenhängen, ergeben sich insb. bei True Sale Transaktionen (siehe hierzu Einleitung zu Art. 10 EU-ProspV) diverse rechtliche Unsicherheiten bei der Übertragung von Forderungen auf den Emittenten, insb. im Zusammenhang mit der Insolvenz des Forderungsverkäufers und des Forderungsverwalters (Servicer)[18], möglichen Abtretungsverboten,

---

15 *Schwarcz*, Structured Finance, 3rd Edition, 2005, S. 16f.; Standard & Poor's, European Legal Criteria 2005, S. 12.
16 Siehe exemplarisch den Prospekt v. 20.04.2006 der CB MezzCAP Limited Partnership (Zulassung in Irland).
17 *Früh*, BB 1995, 105, 108.
18 Absonderung (§ 48 InsO) oder Aussonderung (§ 47 InsO) der Vermögensgegenstände im Falle der Insolvenz des Forderungsverkäufers; vgl. Praxis des BGH zu „echtem" und „unechtem" Factoring, BGHZ 69, 254, 255, 257; BGHZ 126, 261, 263 und BFH, WM 1999, 1763, 1764f.

Datenschutzrecht und Aufrechnung durch den Forderungsschuldner[19] oder bei Handelsforderungen bei potentieller Kollision mit Vorbehaltslieferanten.[20]

IV. Exkurs – Refinanzierungsregister

Ein wesentlicher Aspekt einer True Sale asset backed securities Transaktion stellt die insolvenzfeste Übertragung der Vermögensgegenstände vom Originator auf den Emittenten dar. Bisher gab es in diesem Zusammenhang zwei wesentliche Unsicherheiten, die es zu überwinden galt. Während aus rein juristischer Sicht die Übertragung des Eigentums an Sachen, Forderungen und Rechten ohne weiteres möglich ist, stellt sich im Fall der Insolvenz des Originators/Forderungsverkäufers häufig die Frage, ob die Übertragung auf den Emittenten im Rahmen der asset backed securities Transaktion zum Vollrechtserwerb des SPV an den Forderungen diente oder lediglich sicherungshalber für die Gewährung eines Kredites durch das SPV an den Originator erfolgte. Entscheidend für die Beantwortung dieser Frage ist die erfolgreiche Übertragung des Delkredererisikos am Vermögensgegenstand. Ob ein Insolvenzverwalter diese Frage allein aus rechtlicher Sicht betrachtet[21] oder sich dabei zugleich an den wirtschaftlichen Beurteilungen der Wirtschaftsprüfer[22] orientiert, ist fraglich.

14

Die zweite Hürde bildet insbesondere im Bereich der sog. Mortgage Backed Securitisations (MBS), bei denen durch Grundpfandrechte besicherte Kreditforderungen verbrieft werden, die Höhe der Kosten, die mit einer wirksamen Übertragung der Grundpfandrechte auf den Emittenten einhergehen. Während die Übertragung der Forderung formlos möglich ist, und in den Fällen akzessorischer Sicherheiten die Sicherheit mit der Abtretung der Forderung auf den Erwerber übergeht, bedarf es bei Buchgrundschulden der Umschreibung des Grundbuches zur insolvenzfesten Übertragung.[23] Dies ist nicht nur Zeit, sondern auch kostenaufwendig. Dementsprechend wurden derartige Transaktionen entweder als synthetische asset backed securities strukturiert oder es haben sich der Originator und Arrangeur von True Sale Transaktionen darauf geeinigt, dass erst bei Eintritt einer Ratingverschlechterung des Originators eine derartige Übertragung zu erfolgen hat und der Originator unterdessen die Buchgrundschuld (verwaltungs-) treuhänderisch im Interesse des Emittenten hält, um somit im Falle der Insolvenz des Originators ein

---

19 Allgemein: *Waschbusch*, ZBB 1998, S. 408, 414; exemplarisch auch der Prospekt der Transaktion der Commerzbank AG, TS Co.mit One GmbH, deren Prospekt v. 26. 06. 2006 datiert (Zulassung in Irland).
20 Grundlegend hierzu der Vorlagebschluss des Großen Senats v. 27. 11. 1997, WM 1999, 227 f.; BGHZ 82, 283; BGHZ 75, 391.
21 BGHZ 82, 283; BGHZ 75, 391.
22 Siehe IDW Stellungnahme zu „Zweifelsfragen der Bilanzierung v. ABS-Gestaltungen oder ähnlichen Securitisation-Transaktionen" IDW ERS HFA 8; zu finden auf der Homepage des IDW (www.idw.de).
23 *Pannen/Wolff*, ZIP 2006, 52, 54.

Aussonderungsrecht nach § 47 InsO geltend machen zu können. Dem steht aber die Rechtsprechung des BGH entgegen, wonach das Unmittelbarkeitsprinzip zu beachten und bei Grundschulden sogar die Eintragung einer Vormerkung erforderlich ist.[24] Mangels einer solchen, stünde dem Emittenten im Falle der Insolvenz des Originators bei MBS Transaktionen nur eine Insolvenzforderung zu. Aufgrund der damit verbundenen Tragung bestimmter Insolvenzkosten durch das SPV ist das gute Rating der asset backed securities nicht oder nur durch kostenträchtige Barreserven zu erreichen. Durch die neuen Regelungen zu Basel II und der teilweise fehlenden Refinanzierungsmöglichkeit im Rahmen von synthetischen asset backed securities Transaktionen, werden True Sale Transaktionen zur Refinanzierung von grundpfandrechtlich besicherten Krediten für die Kreditinstitute immer relevanter.

15 Um diesen Problemen Herr zu werden, wurde das Refinanzierungsregister (§§ 22a–22o und § 1 Abs. 24–26 KWG) eingeführt.[25] Gleichzeitig wurde damit auf die Diskussion reagiert, ob aus dem Bankgeheimnis ein stillschweigender Ausschluss der Abtretbarkeit von Forderungen aus Verbraucherkrediten folgen kann.[26] Vergleichbar ist das Refinanzierungsregister mit dem Deckungsregister des Pfandbriefgesetzes, jedoch mit weniger strengen Anforderungen hinsichtlich des Inhalts und der Prüfungspflichten des Registerverwalters (Verwalter).[27] Die zentrale Vorschrift ist § 22j KWG. Danach können Gegenstände des Refinanzierungsunternehmen, die ordnungsgemäß im Refinanzierungsregister eingetragen sind, in Falle der Insolvenz des Refinanzierungsunternehmens vom Übertragungsberechtigten nach § 47 InsO ausgesondert werden. Diese Regelung begründet die insolvenzfeste Rechtsposition des Emittenten (als Übertragungsberechtigter) ohne Übertragung der relevanten Vermögensgegenstände.[28]

16 Entscheidend für die Darstellungen im Prospekt von asset backed securities ist somit zweierlei. Zunächst ist im Rahmen der Risikohinweise darauf aufmerksam zumachen, dass der Emittent von asset backed securities nur dann einen Anspruch auf Übertragung der Vermögensgegenstände des Refinanzierungsunternehmens hat, wenn diese und der Emittent (als „Übertragungsberechtigter") ordnungsgemäß im Refinanzierungsregister eingetragen sind (§ 22d Abs. 2 und Abs. 5 Satz 1 KWG).[29] Entscheidend ist des Weiteren, dass der Originator/Forderungsverkäufer (d.h. das Refinanzierungsunternehmen), zum Zwecke der Refinanzierung in seinem Eigentum befindliche Gegenstände (oder Ansprüche auf deren Übertragung) veräu-

---

24 BGH, ZIP 1993, 213, 214; BGH, ZIP 2003, 1613, 1615, 1616.
25 Gesetz zur Neuorganisierung der Bundesfinanzverwaltung und zur Schaffung eines Refinanzierungsregisters, BR-Drucks. 515/05 und BT-Drucks. 15/5852.
26 § 22d Abs. 4 Satz 1 KWG; BT-Drucks. 15/5852, S. 22 in Antwort auf OLG Frankfurt/M., ZIP 2004, 1449 ff.
27 BT-Drucks. 15/5852, S. 16.
28 *Pannen/Wolff*, ZIP 2006, 52, 57.
29 Abschließende Aufzählung der Angaben zur ordnungsgemäßen Eintragung; BT-Drucks. 15/5852, S. 19.

ßern muss. Bemerkenswert ist bei multi-jurisdiktionalen Transaktion zudem, dass auch Vermögensgegenstände, die nicht dem deutschen Recht unterliegen, eintragungsfähig sind, sofern der Originator rechtlich zur Übertragung berechtigt ist.[30] Dies stellt insofern ein Risiko für die asset backed securities Transaktion dar, als gem. § 22g Abs. 1 Satz 2 KWG der Verwalter des Registers die Berechtigung des Originators am Vermögensgegenstand und die Eintragungsfähigkeit des Vermögensgegenstandes (also die inhaltliche Richtigkeit des Registers) nicht zu prüfen braucht. Eintragungsfähig sind nur Forderungen, Grundpfandrechte sowie Registerpfandrechte an Luftfahrzeugen und Schiffshypotheken.[31] Nicht eintragungsfähig und veräußerbar sind Forderungen, bei denen eine schriftliches Abtretungsverbot vereinbart wurde (§ 399 Alt. 2 BGB).[32]

Ferner sind in das Refinanzierungsregister einzutragen, der Übertragungsberechtigte, d.h. die Zweckgesellschaft, der Refinanzierungsmittler oder eine Pfandbriefbank,[33] der Zeitpunkt der Eintragung[34] und falls ein Vermögensgegenstand als Sicherheit dient, den rechtlichen Grund, den Umfang, den Rang der Sicherheit und das Datum des Tages and dem der den rechtlichen Grund für die Absicherung enthaltene Vertrag geschlossen wurde (§ 22d Abs. 2 KWG). In Bezug auf den letzten Punkt, die einzutragenden Forderungen bzw. den sie sichernden Grundpfandrechten ist zu bemerken, dass die Angaben nicht genau bestimmt, sondern nur objektiv eindeutig bestimmbar sein müssen.[35] Wichtiges Merkmal insb. im Hinblick auf die Beurteilung der Wirtschaftprüfer zu asset backed securities Transaktionen ist auch, dass es einer Eintragung nicht entgegensteht, dass das Refinanzierungsunternehmen im Rahmen des Verkaufs das Risiko für die Werthaltigkeit ganz oder teilweise trägt.[36] Zudem ist in einem Prospekt darauf hinzuweisen, dass die Eintragung die Wirksamkeit von späteren Verfügungen über den Vermögensgegenstand unberührt lässt (§ 22j Abs. 1 Satz 3, 4 KWG), welches dazu führt, dass der Gegenstand nicht mehr zum Vermögen des Refinanzierungsunternehmens gehört und dementsprechend an ihm auch kein Aussonderungsrecht geltend gemacht werden kann.[37] Einwendung und Einreden Dritter gegen die eingetragene Forderungen und Rechte bleiben erhalten (§ 22j Abs. 2 Satz 1 und 4 KWG), so dass ein gutgläubiger Erwerb der Einredefreiheit ausgeschlossen ist.[38] Zu beachten ist, dass sich

---

30 § 22a Abs. 1 Satz 1, § 22b Abs. 1 Satz 1 KWG; BT-Drucks. 15/5852, S. 17 und 18.
31 Durch § 22a Abs. 1 Satz 1 KWG erhält der weite Begriff in § 1 Abs. 24 KWG eine wesentliche Einschränkung, siehe Tollmann, WM 2005, 2017, 2023.
32 Gleichwohl kann eine Forderung unter den Voraussetzungen des § 354a HGB eingetragen werden.
33 § 1 Abs. 25 und 26 KWG und § 1 Abs. 1 Satz 1 PfandbriefG.
34 Mit Zeitpunkt ist nicht nur das Datum, sondern auch die konkrete Uhrzeit der Registereintragung gemeint. BT-Drucks. 15/5852, S. 20.
35 Ausreichend ist z.B. die Identifikation des Gegenstandes durch Bezugnahme auf Kreditakten oder Kontonr., BT-Drucks. 15/5852, S. 20.
36 BT-Drucks. 15/5852, S. 23.
37 BT-Drucks. 15/5852, S. 23.
38 BT-Drucks. 15/5852, S. 23.

das Aussonderungsrecht in der Insolvenz des Refinanzierungsunternehmens nicht auf eine Befriedigung aus der Grundschuld, sondern deren Übertragung in Höhe des eingetragenen Umfanges bezieht.[39]

17 Als zweites muss das registerführende Unternehmen und die Person des Verwalters im Prospekt beschrieben werden. Dabei kann sich die Darstellung an den von Ziff. 2.3.2 von Anh. VIII EU-ProspV[40] und Ziff. 3.2 von Anh. VIII EU-ProspV vorgegebenen Kriterien orientieren. Vorausgesetzt das Refinanzierungsunternehmen ist eine Kreditinstitut oder eine in § 2 Abs. 1 Nr. 1–3 a KWG genannte Einrichtung, muss das Refinanzierungsregister durch das Refinanzierungsunternehmen selbst geführt werden (§ 22 a KWG). Sofern das Refinanzierungsunternehmen nicht dazu befugt ist oder es für ein als Refinanzierungsunternehmen auftretendes Kreditinstitut eine unangemessene Belastung darstellt, das Register selbst zu führen, wird das Refinanzierungsregister von einem (anderen) Kreditinstitut oder der Kreditanstalt für Wiederaufbau geführt (§ 22 b KWG). Bei dem registerführenden Unternehmen ist eine natürliche Person als Verwalter des Refinanzierungsregisters zu bestellen. Die Bestellung erfolgt dabei durch die BaFin auf Vorschlag des registerführenden Unternehmens, vorausgesetzt, dass die Unabhängigkeit, Zuverlässigkeit und Sachkunde der vorgeschlagenen Person gewährleistet erscheint (§ 22 e KWG). Die Aufgabe des Verwalters ist nicht die Führung des Registers selbst, sondern beschränkt sich nach § 22 g KWG im Wesentlichen auf die Überprüfung der Ordnungsgemäßheit der Eintragung anhand des ihm nach § 22 h KWG zustehenden Einsichtsrechts. Prospektrelevant ist zudem die freiwillige Beendigung der Registerführung oder deren Übertragung auf ein anderes, geeignetes Kreditinstitut (§ 22k Abs. 1 KWG), wenn alle eingetragenen Übertragungsberechtigten und deren Gläubiger (also auch die Inhaber der asset bakked securities) zustimmen. Eine zwangsweise Übertragung der Registerführung auf ein anderes Kreditinstitut durch die BaFin kann ohne Zustimmung erfolgen (§ 22k Abs. 2 KWG), wobei zu beachten ist, dass eine zwangsweise Übertragung in der Insolvenz des registerführenden Unternehmens nicht möglich ist, wenn es gleichzeitig Refinanzierungsunternehmen ist (§ 22k Abs. 3 KWG). Eine Übertragung ist dann nur mit Zustimmung der Übertragungsberechtigten und deren Gläubiger gem. § 22k Abs. 1 KWG möglich.[41]

V. Informationen über den Emittenten

18 1. Die Informationen über den Emittenten, sind insb. bei einem SPV als Emittenten in einfacher Form darzustellen. Ist der Emittent der asset backed securities hingegen kein SPV sind die Darstellungen über den Emittenten aufgrund dessen, dass derartige Emittenten über eine Geschäftshistorie verfügen, deutlich ausführlicher zu gestalten. Treten Banken, Staaten/Körperschaften oder international Organisationen als Emittenten

---

39 *Pannen/Wolff*, ZIP 2006, 52, 58.
40 Siehe Rn. 40 v. Art. 11 i.V.m. Anh. VIII EU-ProspV zum Portfolio Manager.
41 BT-Drucks. 15/5852, S. 29

von asset backed securities auf, so können diese sich bei der Darstellung über den Emittenten an dem Schema für das Registrierungsformular für Banken[42], dem Schema für das Registrierungsformular für Mitgliedstaaten, Drittstaaten und ihren regionalen und lokalen Gebietskörperschaften[43] oder dem Schema für das Registrierungsformular für internationale öffentliche Organisationen und für Emittenten von Schuldtiteln, deren Garantiegeber ein OECD-Mitgliedstaat ist[44], orientieren. Entscheidendes Kriterium für die Ausführlichkeit der erforderlichen Angaben ist daher die Erklärung, ob der Emittent als eine Zweckgesellschaft gegründet wurde. In der Regel wird die Aussage, dass der Emittent als eine Zweckgesellschaft für die Begebung von asset backed securities gegründet wurde, in den Prospekt aufzunehmen sein. Weder bei den Investoren in asset backed securities noch bei den Rating Agenturen ist es beliebt, wenn eine Gesellschaft, die bereits eine Geschäftätigkeit ausübt, als Emittent von asset backed securities auftritt, da in diesen Fällen der Emittent aufgrund dessen sonstiger Geschäftätigkeit das Rating der asset backed securities beeinflussen könnte.[45] Zu beachten ist auch hier, dass keineswegs an der Vorgabe der Verwendung des Begriffes „Zweckgesellschaft" festgehalten werden, sondern der jeweiligen transaktionsspezifischen Situation Rechnung getragen muss.[46] So ist insb. bei Gesellschaften, wie den im englischrechtlichen Raum verwendeten Limited Partnerships[47], die keine eigene Rechtspersönlichkeit haben, darauf zu achten, dass bei Verwendung des Begriffes „Zweckgesellschaft" nicht der Eindruck entsteht, dass es sich bei dem Emittenten um eine eigenständige juristische Person handelt. In einem solchen Fall ist die Darstellung zu wählen, dass es sich bei dem Emittenten in der gewählten Gesellschaftsform um ein Subjekt, welches allein für den Zweck dieser asset backed securities Transaktion geformt wurde, handelt, um den geforderten Einzweckcharakter des Emittenten aufzuzeigen.

2. Bei der Namensdarstellung des Emittenten ist sowohl der kommerzielle (z.B. BMW Group) als auch der juristische Name (z.B. Bayerische Motoren-Werke AG) des Emittenten anzugeben. Hat der Emittent seinen Namen geändert, so ist ein Hinweis auf diese Namensänderung und den dazu gefassten Gesellschafterbeschluss aufzunehmen. *19*

3. Der Ort der Registrierung bzw. Eintragung des Emittenten und seine Registrierungsnummer erfordert den Hinweis auf das jeweilige lokale Handelsregister (oder die entsprechende Form des jeweiligen Sitzlandes des *20*

---

42 Art. 14 i.V.m. Anh. XI EU-ProspV; *CESR*, advice, content and format, Ref: CESR/03-300, Tz. 115.
43 Art. 19 i.V.m. Anh. XVI EU-ProspV; Erwägungsgrund 20 EU-ProspV.
44 Art. 20 i.V.m. Anh. XVII EU-ProspV.
45 *Schwarcz*, Structured Finance, 3rd Edition, 2005, S. 16 ff.; Standard & Poor's, European Legal Criteria 2005, S. 11 ff.
46 § 133 BGB; BGHZ 121, 13, 16.
47 Vergleichbar einer KG.

Emittenten[48]) und die Nummer unter der die betreffende Gesellschaft eingetragen ist.

21   4. Einige Zweckgesellschaften für asset backed securities werden für die bestimmte Zeit der Transaktion gegründet. Dies kann insb. den Kostenvorteil haben, dass, sofern das lokale Recht dem der Emittenten unterworfen ist dies vorsieht, die Gesellschaft automatisch gelöscht wird oder ein vereinfachtes Abwicklungsverfahren möglich ist[49], bringt jedoch den Nachteil mit sich, dass sämtliche die asset backed securities Transaktion betreffenden Zahlungen bis zu diesem Datum abgewickelt sein müssen, da nach diesem Datum der Emittent nicht mehr existiert.

22   5. Im Rahmen der Beschreibung des Emittenten ist neben der Angabe von Sitz und Hauptort der Geschäftätigkeit (sofern nicht mit dem eingetragenen Sitz identisch), Anschrift und Telefonnummer besonderes Augenmerk auf die Rechtsform des Emittenten zu legen, wenn dieser nicht in Form der typischen Gesellschaften (GmbH/Limited Liability Company (Ltd.), Aktiengesellschaft/Public Limited Company (plc)) gegründet ist. So sind bei einer Kommanditgesellschaft/Limited Partnership, der Komplementär und der Kommanditist zu beschreiben sowie das Verhältnis der Anteile, die diese an dem Emittenten halten und die daraus resultierenden Haftungs- und Kontrollverhältnisse.[50] Wird der Emittent in einer Sonderform (Protected Cell Company (PCC) oder Fonds Commune de Créances (FCC)) gegründet, so ist eine Darstellung der Beschreibung des Emittenten beizufügen, die die Rechtsnatur dieser Rechtsform darstellt.[51] Im Rahmen dieser Darstellung sind Land der Gründung des Emittenten und Rechtsordnung, der seine Tätigkeiten unterliegen, zu nennen.

23   6. Bei Emittenten, die als Zweckgesellschaften gegründet wurden, schwankt das erforderliche Mindestkapital, sowohl hinsichtlich des genehmigten als auch des ausgegebenen Kapitals abhängig von der Jurisdiktion, in der der Emittent gegründet wurde, zwischen wenigen Euro (Ltd. werden in der Regel mit einem Mindestkapital von Euro 2/Brit. Pfund 2 gegründet) bis hin zu einem Betrag von 40.000 Euro für eine plc in Irland. Die Art des Kapitals (Aktien, Gesellschaftsanteile (shares) oder Einlagen/Partnership Interests in eine Kommanditgesellschaft/Limited Partnership) und soweit abgrenzbar die Zahl der Anteile am Emittenten sind in wenigen Worten zu beschreiben. Bilden einen Teil der asset backed securities Vorzugsaktien des Emittenten, so ist an dieser Stelle lediglich ein Hinweis

---

48 Z.B. Companies House in England.
49 Z.B. Art. 3H und 205A Companies (Jersey) Law 1991.
50 Dabei ist teilweise zu beachten, dass sich das Verhältnis der Anteile an einer Limited Partnership nicht unbedingt an der Kapitaleinlage orientieren muss.
51 So ist zu beachten, dass die einzelne Zelle (PC) einer PCC keine eigene Rechtspersönlichkeit hat, sondern nur die PCC als solche. Anders die sog. Incorporated Cell Company (ICC), in der jede Zelle eigene Rechtspersönlichkeit besitzt. Beispielhaft für einen Prospekt in dem eine PCC genutzt wird und eine Zelle (PC) als Emittent auftritt, der Prospekt der Erste Bank der österreichischen Sparkassen AG für die Erste Capital Finance (Jersey) PCC v. 25.07.2006 (Zulassung an der Wiener und Luxemburger Börse).

auf dieses Kapital anzuführen und auf die ausführlichen Darstellungen im Rahmen des gem. Art. 4 i.V.m. Anh. I EU-ProspV zusätzlich zu erstellenden Registrierungsformular für Aktien[52] zu verweisen. Kein zwingendes Erfordernis ist es an dieser Stelle den Betrag einzufügen, der durch die asset backed securities als Fremdkapital emittiert wird. Aufgrund der spezifischen Benennung des genehmigten und des ausgegebenen Kapitals, welche im Sinne des Aktienrechts als Eigenkapitalpositionen anzusehen sind[53], ist Ziff. 4.6 von Anh. VII EU-ProspV so auszulegen, dass hier zwingend lediglich das Eigenkapital des Emittenten der Erwähnung bedarf. Insb. bei Angebotsprogrammen für asset backed securities sollten jedoch die ausstehenden Emissionen angegeben werden, um im Sinne des WpPG[54] den Anlegerschutz zu verbessern und dem Anleger, gerade bei dünn kapitalisierten Zweckgesellschaften, einen Überblick über die ausstehenden Verbindlichkeiten zu geben.

VI. Geschäftsüberblick

1. Die Kurzbeschreibung der Haupttätigkeitsbereiche des Emittenten wird in der Regel seiner Satzung/Gesellschaftsvertrag entnehmbar sein und stellt den Gegenstand des Unternehmens bzw. dessen Geschäftszweck dar. 24

2. In Prospekten von asset backed securities ist es nach Ziff. 3.2. von Anh. VIII EU-ProspV erforderlich die die Teilnehmer der Verbriefungstransaktion im Rahmen der Beschreibung der Struktur der Transaktion darzustellen. Eine ähnliche Anforderung scheint diese Ziff. 5.2. von Anh. VII EU-ProspV zu stellen. Jedoch deutet der in dieser Ziffer verwendete Begriff „Verbriefungsprogramm" (securitisation programme) deutet darauf hin, dass die hier geforderten Informationen nur im Rahmen von Angebotsprogrammen Relevanz haben, da der Begriff „Programm" im WpPG und der EU-ProspV nur in diesem Zusammenhang Anwendung findet. Die Beziehungen der an einer asset backed securities Transaktion Beteiligten zueinander und insbesondere zum Emittenten, sind jedoch grds. bei jeder Transaktion von Wichtigkeit. Daher ist diese Information in alle Prospekte für asset backed securities aufzunehmen. Eine Beschreibung der an der asset backed Transaktion beteiligten Parteien erfolgt bereits auf Grund von Ziff. 3.2 von Anh. VIII EU-ProspV. Aus dem Zusammenhang der übrigen Vorschriften dieser Ziff. 5 des Anh. VII EU-ProspV, die sich mit der Geschäftstätigkeit des Emittenten beschäftigen, ist abzuleiten, dass es der Zweck dieser Regelungen ist, die gesellschaftsrechtliche Struktur des Emittenten zu beschreiben und evtl. bestehende Interessenkonflikte zum Emittenten aufzuzeigen. Daher kann auf eine Darstellung der an der asset backed securities Transaktion oder einem Angebotsprogramm für asset backed securities beteiligten Personen an 25

---

[52] Erwägungsgrund 7 EU-ProspV.
[53] §§ 23, 220 ff. AktG; Ziff. 21.1.1 von Anh. I EU-ProspV.
[54] BT-Drucks. 15/5373, S. 81.

dieser Stelle des Prospektes verzichtet werden, sofern diese keine gesellschaftsrechtlichen Beziehung zum Emittenten haben. Es müssen in diesem Zusammenhang nur diejenigen Personen erwähnt werden, die im Hinblick auf den Zweck der Regelungen erforderlich sind, also ein potentieller Konflikt in ihrer Funktion als an der asset backed securities Transaktion beteiligte Drittpartei und ihrer Eigenschaft als für den Emittenten gesellschaftsrechtlich relevante Person. Besonders hervorzuheben sind im Rahmen der Beschreibung des Emittenten daher, sofern es sich beim Emittenten um ein SPV handelt, die Beziehung zur Servicegesellschaft, die die Geschäftsführer/Direktoren des Emittenten stellt (der sog. corporate services provider), da diese die wesentlichen gesellschaftsrechtlichen Verwaltungsfunktionen des Emittenten ausübt. Wie bei den übrigen Vertragsbeziehungen des Emittenten[55] sind die wesentlichen Vertragsbestandteile des Vertrags mit dem corporate services provider an dieser Stelle des Prospektes aufzuführen. Darunter fallen die wichtigsten Aufgabenbereiche des corporate services providers, die Voraussetzungen unter denen der Vertrag gekündigt werden kann und dass der corporate services provider für seine Tätigkeit ein Entgelt erhält. Der Nennung der konkreten Höhe des Entgeltes bedarf es nicht, da diese Kosten im Vergleich zu den sonstigen Zahlungsströmen nur eine unwesentliche Rolle spielen.

VII. Verwaltungs-, Geschäftsführungs- und Aufsichtsorgane

26 Die in Ziff. 6 von Anh. VII EU-ProspV aufzuführenden Angaben unterscheiden sich nur im Grad der Detailliertheit bei Emittenten in Form einer Zweckgesellschaft (SPV) von denen eines solchen in der Form eines sonstigen Handelsunternehmens/eines Kreditinstituts. Handelt es sich bei dem Emittenten nicht um ein SPV, so sind die Angaben zu den Mitgliedern des Vorstands/ der Geschäftsführung und des Aufsichtsrat/des Beirats/der Gesellschafterversammlung nebst Wohnsitz und der wichtigsten Tätigkeit, die sie außerhalb des Emittenten ausüben, aufzuführen. Die Beschreibung muss sich nicht von den erforderlichen Darstellungen in einem Jahresabschluss der betreffenden Gesellschaft unterscheiden.

27 In den Fällen, in denen es sich bei dem Emittenten um ein SPV handelt, ist das einzige Organ, welches hier Erwähnung finden muss, die Geschäftsführung/Direktoren. An den Umfang der Informationen (Hauptnebentätigkeit und Geschäftsanschrift) sind dieselben Anforderungen zu stellen, wie bei einer Nichtzweckgesellschaft. Besonderes Augenmerk ist bei Direktoren von Zweckgesellschaften darauf zu legen, dass evtl. Konflikte mit der Tätigkeit als Direktor der Zweckgesellschaft offen gelegt werden. In den meisten Fällen sind die Direktoren des Emittenten zugleich Direktoren des corporate services provider, Direktoren des Treuhänders, der die Anteile an dem Emit-

---

55 Hierzu siehe Ziff. 15 v. Anh. VI und Ziff. 12 v. Anh. IX EU-ProspV.

tenten für eine gemeinnützige Stiftung[56] hält, und Direktoren der Gesellschaft, die die alltägliche Verwaltung der Gesellschaft übernimmt (sog. company secretary).

Handelt es sich bei dem Emittenten um eine KGaA, ist der persönlich haftende Gesellschafter, sofern nicht bereits im Rahmen von Ziff. 4.5 dieses Anh. VII EU-ProspV erfolgt, zu beschreiben. Auch die englische Version der EU-ProspV nennt in diesem Zusammenhang allein die „limited partnership with a share capital". Jedoch hat auch die einfache KG einen persönlich haftenden Gesellschafter und das Informationsbedürfnis des Anlegers ist bei dieser nicht geringer als bei einer KGaA. Zweck der Angaben in diesem Teil des Prospektes ist, den Anleger über die dem Emittenten zur Verfügung Eigenkapital als stehende Haftungsmasse, aufzuklären. Neben dem deutschen Gesellschaftsrecht, kennen nur Spanien, Luxemburg, die Niederlande, Italien, Belgien und Frankreich den Unterschied der Personengesellschaft (KG) und der juristischen Person (KGaA).[57] Eine derartige Unterscheidung gibt es z.B. im englischen[58] oder polnischen Recht[59] nicht. Viele andere europäische Länder kennen nur die KG als Personengesellschaft.[60] Insofern sind über den Wortlaut der Ziff. 6(b) des Anh. VII EU-ProspV hinaus auch dann Angaben zum persönlich haftenden Gesellschafter zu machen, wenn es sich um eine einfache KG/Limited Partnership handelt.[61]

28

VIII. Hauptaktionäre

Soweit dem Emittenten bekannt ist, sind Angaben zu den wesentlichen unmittelbaren und mittelbaren Beteiligungen oder Beherrschungsverhältnisse an dem Emittenten in den Prospekt aufzunehmen. Dies schließt die Art und Weise der Kontrolle durch die Beherrschung und Maßnahmen zur Verhinderung des Missbrauchs einer derartigen Kontrolle ein. Bei Emittenten, die kein SPV sind, ist die Darstellung dieser Beteiligungs- und Beherrschungsverhältnisse ein wesentliches Element, den Anleger über die Bonitätsverhältnisse des Emittenten aufzuklären, damit dieser sich ein Bild über die hinter

29

---

56 Die typischen Formen einer gemeinnützigen Stiftung im europäischen Ausland sind in England, Irland und den Kanalinseln ein sog. „Charitable Trust" und in den Niederlanden die sog. „Stichting". Da diese, bis auf die Stichting, keine eigenen juristische Person sind, handeln sie durch einen Treuhänder. Bei einer Stichting werden i.d.R. die Direktoren der Stichting dieselben der SPV sein.
57 Die KGaA ist wie eine AG eine juristische Person, unterscheidet sich von dieser jedoch dadurch, dass es neben den (Kommandit-)Aktionären mindestens einen persönlich haftenden Gesellschafter gibt, dessen Stellung der des Komplementärs in einer KG ähnlich ist, siehe zur GmbH & Co. KGaA auch BGH NJW 1997, 1923.
58 Nur die Limited Liability Partnership hat eigene Rechtspersönlichkeit (Art. 1 Limited Liability Partnership Act 2000 die Limited Liability Partnership hingegen nicht (Art. 4 Limited Partnership Act 1907).
59 In Polen ist die KGaA (die sog. S. K. A.) ebenfalls eine Personengesellschaft.
60 So im skandinavischen Raum, Griechenland, Irland und Österreich.
61 Siehe beispielhaft den Prospekt der CB MezzCAP Limited Partnership v. 20.04.2006 (Zulassung in Irland).

dem Emittenten stehenden Anteilseigner machen kann.[62] Neben einer hohen Anteils-/Aktienbeteiligung sind insbesondere die Unternehmensverträge im Sinne der §§ 291, 300 ff. AktG an dieser Stelle von Relevanz. Der Umfang der Darstellung in diesem Bereich kann sich an den geforderten Informationen (Art und Weise des Beherrschungsverhältnisses und der dadurch ausgeübten Kontrolle und Vorsorgemaßnahmen) orientieren, wobei die Möglichkeit der Auflösung des Beherrschungsverhältnisses ebenfalls zu thematisieren ist, da dieses insb. zum Wegfall der Haftung (§ 302 AktG) für Verluste führen kann.

30 Ist der Emittent eine Zweckgesellschaft, so wird sich die Darstellung der Hauptaktionäre auf die Nennung der Stiftung oder Stiftungen (Trusts), die die Anteile an der Zweckgesellschaft halten, der Rechtsordnung, der diese Stiftung(en) unterliegt, und der Nennung von deren Rechtsnatur[63] beschränken. In seltenen Fällen ist die arrangierende Bank oder der Originator der Vermögensgegenstände Anteilseigner an der Zweckgesellschaft.[64] In vielen Jurisdiktionen ist eine Stiftung, anders als in Deutschland, nicht rechtsfähig und handelt durch einen Treuhänder, der als juristischer Eigentümer der Anteile an der Zweckgesellschaft diese zu Gunsten der jeweiligen Stiftung und der durch sie Begünstigten hält. Vergleichbar mit dem Stifter im deutschen Stiftungsrecht[65], hat dieser Treuhänder keinen Zugriff auf das Vermögen der Stiftung/Trust.[66] Werden somit die Anteile an der Zweckgesellschaft von einem Treuhänder gehalten, so ist dieser bei der Darstellung der Hauptaktionäre mit dem Verweis, dass dieser die Anteile an der Zweckgesellschaft treuhänderisch zu Gunsten der Begünstigen der Stiftung/Trust hält, zu erwähnen. Dies erfolgt, um deutlich zu machen, dass der wirtschaftliche Eigentümer die Stiftung und deren Begünstigte sind und dass das Stiftungs-/Trustvermögen von dem des Treuhänders als getrennt anzusehen ist. Weder der Wortlaut der VO noch die meisten Vorschriften der Sitzstaaten von Stiftungen (z. B. Irland, Großbritannien, die Niederlande und Deutschland) verlangt die Erwähnung der Begünstigten der Stiftung/Trust im Prospekt. In vielen Fällen wird ein Begünstigter noch nicht feststehen, allenfalls der Bereich, der gefördert werden soll.

IX. Finanzinformationen

31 1. Im Rahmen von asset backed securities spielen die Finanzinformationen des Emittenten nur eine untergeordnete Rolle. Um den Kriterien der Ra-

---

62 BGH, WM 2000, 1441, 1443.
63 I. d. R. wird es sich um eine gemeinnützige Stiftung nach dem Recht des Sitzstaates der Emittenten handeln.
64 *Schwarcz*, Structured Finance, 3rd Edition, 2005, S. 16 ff.; Standard & Poor's, European Legal Criteria 2005, S. 11 ff.
65 *Reuter*, in: MüKo BGB, 5. Aufl., 2006, vor § 80 Rn. 17.
66 Ein entsprechendes Verhalten des Treuhänders, welches zum Verlust des Stiftungs-/Trustvermögens führt, löst eine entsprechende Schadensersatzpflicht des Treuhänders aus.

ting Agenturen zu entsprechen, wird für eine asset backed securities Transaktion in den meisten Fällen eine Zweckgesellschaft neu gegründet, die erst mit Begebung der Wertpapiere ihre Geschäftstätigkeit aufnimmt.[67] In diesem Fall werden keine historischen Finanzinformationen zur Verfügung stehen, die in den Prospekt eingearbeitet werden können. Der Wortlaut der Regelung von Ziff. 8.1 von Anh. VII EU-ProspV trägt dieser Besonderheit Rechnung.

In einigen europäischen Jurisdiktionen muss ein erster Jahresabschluss 32 erst nach einer bestimmten Zeit nach Gründung der Gesellschaft erstellt werden (z. B. in Irland 18 Monate nach Gründung). Insofern kann vom Emittenten nicht verlangt werden einen Jahresabschluss zur Einfügung in das Registrierungsformular zu erstellen, wenn es die lokalen Rechtsgrundlagen nicht erfordern. Derartige Abschlüsse müssen auch für einen Fall der Erstnotiz der asset backed securities an europäischen Börsen nicht erstellt werden. Es muss dementsprechend keine Eröffnungsbilanz in den Prospekt von asset backed securities eingefügt werden. Der Prospekt muss in diesem Fall jedoch den Hinweis darauf enthalten, dass noch kein Jahresabschluss erstellt wurde, ergänzt um den Hinweis, wann der Emittent den ersten Jahresabschluss zu erstellen gedenkt und ab wann dieser den Investoren spätestens zur Einsicht zur Verfügung stehen soll.[68]

Der Wortlaut der EU-ProspV verlangt vom Emittenten der asset backed 33 securities keine Angaben zu bestimmten weiteren Schlüsselinformationen über die Finanzsituation des Emittenten. So ist die Erforderlichkeit der Angabe des zur Verfügung stehenden Eigenkapitals bereits von Ziff. 4.6 dieses Anh. VII EU-ProspV abgedeckt.

Entscheidend ist im Rahmen der Ziff. 8.1 von Anh. VII EU-ProspV, dass 34 der Emittent der asset backed securities noch keine Geschäftstätigkeit aufgenommen hat. Aufgrund der lokalen Besonderheiten, dass keine Eröffnungsbilanz erstellt werden muss, kann es vorkommen, dass selbst bei bereits aufgenommener Geschäftstätigkeit vor Erstellung des Prospektes kein Jahresabschluss bei Abfassung des Registrierungsformulars zur Verfügung steht.

Bei Emittenten von asset backed securities mit einer Mindeststückelung 35 von mindestens 50.000 Euro besteht auch im Fall der bereits aufgenommen Geschäftstätigkeit keine Notwendigkeit Rumpfgeschäftsjahresabschlüsse zu erstellen, wenn ein Prospekt erst nach bereits erfolgter Aufnahme der Geschäftstätigkeit aber vor Geschäftsjahresschluss erstellt wird, auch wenn erst zu diesem späteren Zeitpunkt eine Erstnotiz der Wertpapiere an einer europäischen Börse erfolgt.[69]

---

67 Standard & Poor's, European Legal Criteria 2005, S. 11.
68 Siehe beispielhaft den Prospekt der Epic (Culzean) plc v. 19. 02. 2007 (Zulassung in Irland).
69 Siehe beispielhaft den Prospekt der Adagio III CLO p.l.c. v. 17. 08. 2006 (Zulassung in Irland), S. 263 und 264.

36 Wie im Zusammenhang von Ziff. 8.2 Satz 6 von Anh. VII EU-ProspV darzustellen sein wird, ist dieses bei asset backed securities mit einer Mindeststückelung von weniger als 50.000 Euro nicht gestattet. So sind bei bereits aufgenommener Geschäftätigkeit vor Prospekterstellung, aber vor dem Ende des ersten Geschäftsjahres, also vor dem Zeitpunkt der ursprünglich vorgesehen Jahresabschlusserstellung, historische Finanzinformationen zu erstellen, die den Anforderungen der VO und der Verordnung (EG) Nr. 1606/2002 entsprechen.[70]

37 2. Hat ein Emittent von asset backed securities bereits einen Jahresabschluss erstellt, so müssen die Finanzinformationen den Anforderungen der Ziff. 8.2 bzw. Ziff. 8.2a bis 8.4 von Anh. VII EU-ProspV genügen. Dies gilt z. B. im Rahmen von Emissionsprogrammen, deren dazugehöriger Basisprospekt zu aktualisieren ist.

38 Die Nähe der asset backed securities zu den derivativen Wertpapieren und den Schuldtiteln[71] zeigt sich auch in den Anforderungen an den Informationsumfang zu den Finanzinformationen. Wird zum Vergleich für asset backed securities mit einer Mindeststückelung von unter 50.000 Euro (Ziff. 8.2, 8.3 und 8.4 von Anh. VII EU-ProspV) der Wortlaut der Ziff. 13 von Anh. IV EU-ProspV herangezogen, so stellt man neben marginalen sprachlichen Ungleichheiten, wenige Unterschiede fest. Gleiches gilt bei dem Vergleich für asset backed securities mit einer Mindeststückelung von mindestens 50.000 Euro (Ziff. 8.2a, 8.3 und 8.4 von Anh. VII EU-ProspV) mit der Ziff. 11 von Anh. IX EU-ProspV.

39 Hinsichtlich des Begriffes und Umfanges der historischen Finanzinformationen die entsprechend von Ziff. 8.2 Satz 1 von Anh. VII EU-ProspV bzw. Ziff. 8.2a Satz 1 von Anh. VII EU-ProspV in den Prospekt aufzunehmen sind, kann daher auf die Ausführungen zu Ziff. 13.1 Satz 1 von Anh. IV EU-ProspV[72] bzw. Ziff. 11.1 Satz 1 von Anh. IX EU-ProspV[73] verwiesen werden.

40 Der Besonderheit, dass asset backed securities zumeist von Einzweckgesellschaften mit begrenzter Geschäftshistorie emittiert werden, wird im Wortlaut der Ziff. 8.2 bzw. 8.2a von Anh. VII EU-ProspV Rechnung getragen. Während Ziff. 11.1 Satz 2 von Anh. IX EU-ProspV bzw. Ziff. 13.1 Satz 2 von Anh. IV EU-ProspV Ausnahmetatbestände für Emittenten mit kurzfristiger Geschäftstätigkeit oder geänderten Bilanzstichtagen vorsieht, fehlt ein derartiger Wortlaut in Ziff. 8.2 von Anh. VII EU-ProspV bzw. Ziff. 8.2a von Anh. VII EU-ProspV. Existiert der Emittent von asset backed securities weniger als zwei Jahre, so hat er entsprechend seines Bestehens Abschlüsse in den Prospekt aufzunehmen. Dennoch kann diese Regelung für Emittenten von asset backed securities nicht ignoriert

---

70 Siehe beispielhaft den bei der BaFin hinterlegten Basisprospekt der HT-Finanzanlage Limited v. 08.05.2006.
71 Siehe hierzu Rn. 7 zu Art. 10 EU-ProspV.
72 Siehe dort Rn. 25 bis 31.
73 Siehe dort Rn. 20 bis 23.

werden. Existiert der Emittent von asset backed securities länger als zwei Geschäftsjahre[74] und beschreiben die vorhandenen letzten zwei Geschäftsjahresabschlüsse einen Zeitraum von weniger als 24 Monaten, so muss auch der Emittent von asset backed securities Finanzinformation zusätzlicher Geschäftsjahre in den Prospekt aufnehmen. Gleiches gilt bei Änderung des Abschlussstichtages.[75]

Bis auf eine im Folgenden zu nennende Ausnahme ist der restliche Wortlaut der Ziff. 8.2 von Anh. VII EU-ProspV bzw. Ziff. 8.2a von Anh. VII EU-ProspV zu den entsprechenden Wortlauten der Ziff. 13.1 ab Satz 3 von Anh. IV EU-ProspV bzw. der Ziff. 11.1 ab Satz 3 von Anh. IX EU-ProspV identisch und insofern kann auf die hierzu gemachten Ausführungen verwiesen werden.[76] 41

Es ist Augenmerk darauf zu legen, dass Emittenten von asset backed securities mit einer Mindeststückelung von weniger als 50.000 Euro einen Jahresabschluss nach den Regelungen der IAS/IFRS zu erstellen haben (Ziff. 8.2 Satz 2 von Anh. VII EU-ProspV). Zudem müssen sie einen Jahresabschluss für ein Rumpfgeschäftsjahr dann erstellen, wenn die Geschäftstätigkeit bereits vor der Prospekterstellung aufgenommen wurde (Ziff. 8.2 Satz 6 von Anh. VII EU-ProspV). 42

Die einzige Inkongruenz der Anforderungen von Ziff. 8.2 von Anh. VII EU-ProspV mit dem Wortlauf der Ziff. 13.1 von Anh. IV EU-ProspV besteht darin, dass wenn der Emittent der asset backed securities seine Finanzinformationen nach den auf ihn anwendbaren nationalen Rechnungslegungsvorschriften und damit nicht nach IAS/IFRS Regelungen erstellt[77], keine Kapitalflussrechnung aufstellen muss. Dieser Unterschied ist darin begründet, dass der Prospekt zu asset backed securities bereits ausführliche Darstellungen zum Kapitalfluss beinhaltet.[78] Diese Abweichung ist somit bewusst vorgesehen worden. 43

Es gibt Regelungen die in Anh. IV und Anh. IX EU-ProspV enthalten sind, die nicht auf Emittenten von asset backed securities Anwendung finden. Diese Abweichungen sind darauf zurückzuführen, dass asset backed securities nur selten im Rahmen von Emissionsprogrammen begeben werden, deren Basisprospekte regelmäßig zu aktualisieren sind. In der Regel erstellt der Emittent von asset backed securities nur einen Prospekt zum Zeitpunkt der Emission des jeweiligen Wertpapiers. 44

---

74 Dies ist im Sinne der EU-ProspV grds. ein Zeitraum von zwölf Monaten. Siehe hierzu Darstellungen zu Ziff. 20.1 von Anh. I EU-ProspV (dort Rn. 95).
75 Siehe hierzu Ziff. 13.1 Satz 2 v. Anh. IV EU-ProspV (dort Rn. 33) und Ziff. 11.1 Satz 2 v. Anh. IX EU-ProspV (dort Rn. 24/25).
76 Siehe hierzu Ziff. 13.1 ab Satz 3 v. Anh. IV EU-ProspV (dort Rn. 34–49) und Ziff. 11.1 ab Satz 3 v. Anh. IX EU-ProspV (dort Rn. 26–31).
77 Siehe zu den Voraussetzungen für die Anwendbarkeit der nationalen Vorschriften gegenüber IAS/IFRS die Ausführungen zu Ziff. 13.1 Satz 10 v. Anh. IV EU-ProspV (dort Rn. 46–48).
78 Siehe Ziff. 3 v. Anh. VIII EU-ProspV.

Pegel

45 Es fehlt zum einen die Vorschrift zur Aufnahme von Einzel- und Konzernabschlüssen (Ziff. 13.2 von Anh. IV bzw. Ziff. 11.2 von Anh. IX EU-ProspV). Die Situation, dass ein Emittent von asset backed securities einen Konzernabschluss erstellt, dürfte nur selten vorkommen.[79] Dass dieses Erfordernis fehlt geht zudem zurück auf die Tatsache, dass bei asset backed securities der Einzelabschluss des Emittenten für einen Investor relevantere Informationen zu den verbrieften Vermögenswerten enthalten wird.

46 Von besonderer Bedeutung für Emittenten von asset backed securities mit einer Mindeststückelung von weniger als 50.000 Euro ist das Fehlen der Vorschrift zur Aufnahme von bereits veröffentlichten Zwischenfinanzinformationen. Es stellt sich somit die Frage, ob bei einer eventuellen Aktualisierung eines Basisprospektes, Zwischenfinanzinformationen, die aufgrund der Anforderungen der Transparenzrichtline[80] zu erstellen sind, in diesen aufzunehmen sind oder ob gar die VO über die Anforderungen der Transparenzrichtlinie hinaus, die Erstellung von Zwischenfinanzinformationen verlangt. Aufgrund der Bedeutung der Transparenzrichtline für den Kapitalmarkt erscheint es unwahrscheinlich, dass CESR diese Regelung für asset backed securities übersehen hat. Zudem schreibt Art. 22 der EU-ProspV vor, dass die zuständigen Behörden für den Basisprospekt keine Angaben verlangen dürfen, die nicht in den in den Anh. I bis XVII EU-ProspV genannten Informationsbestandteilen enthalten sind. Eine offizielle Äußerung der BaFin zu diesem Thema liegt nicht vor, jedoch hat die BaFin angedeutet, dass es die Auslassung dieses Erfordernisses als bewusste Regelung ansieht und somit keine Zwischenfinanzinformationen verlangen wird. Insofern kann sich ein Emittent von asset backed securities darauf berufen, dass eine derartige Vorschrift im Anh. VII EU-ProspV fehlt und muss keine Zwischenfinanzinformationen erstellen oder, sofern vorhanden, in einen Prospekt mit aufnehmen.

47 3. Der Wortlaut der Ziff. 8.3 von Anh. VII EU-ProspV entspricht dem Wortlaut der Ziff. 13.6 von Anh. IV EU-ProspV bzw. dem der Ziff. 11.5 von Anh. IX EU-ProspV, so dass auf die dort gemachten Ausführungen verwiesen werden kann.[81]

48 4. Der Wortlaut der Ziff. 8.4 von Anh. VII EU-ProspV unterscheidet sich zu dem Wortlaut der Ziff. 13.7 von Anh. IV EU-ProspV bzw. dem der Ziff. 11.6 von Anh. IX EU-ProspV. Es stellt sich allerdings die Frage, ob nicht die identischen Informationen gefordert sind. Den meisten Emitten-

---

79 Als Beispiel ist die Aareal Bank AG zu nennen, die Emittent von asset backed securities unter anderen im Rahmen der Global Commercial Two Transaktion ist.
80 RL (EG/2004/109) des Europäischen Rates v. 15.12.2004 zur Harmonisierung der Transparenzanforderungen in Bezug auf Emittenten, deren Wertpapiere zum Handel an einen geregelten Markt zugelassen sind. Diese Regelungen finden keine Anwendung, wenn die asset backed securities lediglich im Freiverkehr und nicht an einer europäischen Wertpapierbörse gehandelt werden.
81 Siehe hierzu Ziff. 13.6 v. Anh. IV EU-ProspV (dort Rn. 67) und Ziff. 11.5 v. Anh. IX EU-ProspV (dort Rn. 40).

ten von asset backed securities ist es gemein, dass zum Zeitpunkt der Prospekterstellung kein Jahresabschluss vorliegt. Aus der Natur der asset backed securities, dass dem Anleger in diese nur bestimmte Vermögensgegenstände als Haftungsmasse zur Verfügung stehen, ergibt sich, dass negative Einflüsse besondere Bedeutung für die Investoren haben. Insofern ist es auch wenig erstaunlich, dass eine eventuelle negative Veränderung im Prospekt zu erläutern ist. Es zeigt sich zu dem ein Unterschied im deutschen und englischen Text der EU-ProspV. Während der deutsche Text der EU-ProspV vorschreibt, dass die Negativerklärung in einen Jahresabschluss aufzunehmen ist, verlangt der englische Text der EU-ProspV die Aufnahme der Negativerklärung in den Prospekt. Deutsche Emittenten müssen gem. §§ 289 Abs. 2 Nr. 1 bzw. 315 Abs. 2 Nr. 1 HGB im Rahmen der Lageberichterstattung auf besondere Vorgänge nach Abschluss des Geschäftsjahres eingehen. Erstellt ein Emittent einen Abschluss nach IAS/IFRS, so muss er im Anhang gem. IAS 10.21 über wertbeeinflussende Ereignisse nach dem Bilanzstichtag berichten.[82] Insofern ist das Erfordernis des deutschen Textes der EU-ProspV irrelevant, da eine derartige Verpflichtung für Emittenten bereits besteht. Dies bedeutet auch, dass sofern bei einem Emittenten von asset backed securities ein Jahresabschluss nicht vorliegt, dementsprechend eine Negativerklärung keinen Eingang in den Prospekt finden würde. Es ist daher dem englischen Wortlaut der EU-ProspV zu folgen und eine Negativerklärung im Prospekt abzugeben.

Eine in den Prospekt aufzunehmende Negativerklärung muss beinhalten, dass seit dem Tag der Gründung des Emittenten keine bedeutende negative Veränderung eingetreten ist. Ansonsten ist eine derartige Veränderung im Prospekt darzustellen.

Hinsichtlich der Anforderungen an das Vorliegen einer negativen Veränderung und die Qualität der Darstellung hierzu kann sich bei der Prospekterstellung von asset backed securities an den Anforderungen der Ziff. 13.7 von Anh. IV VO[83] bzw. Ziff. 11.6 von Anh. IX VO[84] orientiert werden.

49

X. Angaben von Seiten Dritter, Erklärungen von Seiten Sachverständiger und Interessenerklärungen

1. Relevanz im Zusammenhang mit den Angaben gem. Ziff. 9.1 von Anh. VII EU-ProspV haben für asset backed securities insb. Berichte (Gutachten) von Schätzern über den Wert einer die verbriefte Hypothekarkreditforderung sichernde Immobilie, Aussagen von Wirtschaftsprüfern über das Prüfungsergebnis zu bestimmten Vermögensgegenständen, über bilanzielle Auswirkungen der Transaktion auf die die Vermögensgegenstände verbriefende Gesellschaft, sowie rechtsgutachterliche Stel-

50

---

[82] Siehe Rn. 68 zu Ziff. 13.7 v. Anh. IV EU-ProspV.
[83] Siehe dort Rn. 68.
[84] Siehe dort Rn. 41.

lungnahmen von Rechtsanwälten über rechtliche Auswirkungen bestimmter Transaktionsmerkmale. Neben Name, Anschrift und Qualifikationsaussagen über den Dritten, sind Angaben über die wesentlichen Interessen dieses Dritten am Emittenten darzulegen. In einer Klarstellung zu der Interpretation „wesentliche Interessen" stellt CESR[85] auf die Beteiligungsverhältnisse des Dritten am Emittenten, auf ein früheres Angestelltenverhältnis oder sonstige Vergütung durch den Emittenten, die Mitgliedschaft in einem Organ des Emittenten oder eine sonstige Verbindung zu den an dem Angebot der zu emittierenden Wertpapiere beteiligten Intermediären ab. Zu beachten ist, dass allein die Vergütung für die Erstellung eines Gutachtens kein wesentliches Interesse auslöst. Darüber hinaus muss die Zustimmung der Person, die den Inhalt dieses Teils des Registrierungsdokumentes bestätigt hat, also die verantwortliche Person in Bezug auf diesen Teil ist, eingeholt werden. Eine dem Wortlaut dieser Ziff. 9.1 von Anh. VII EU-ProspV entsprechende Erklärung des Emittenten, ob der Bericht/das Gutachten auf sein Bestreben erstellt wurde und dass der Ersteller des Berichtes/des Gutachtens sein Einverständnis zum Abdruck im Prospekt gegen hat, ist in den Prospekt an den Anfang der diesbezüglichen Darstellungen aufzunehmen.

51   2. Obwohl die nach dieser Ziff. 9.2 von Anh. VII EU-ProspV geforderte Bestätigung in ihrem Wortlaut der Bestätigung nach Ziff. 1.2 von Anh. VIII EU-ProspV ähnelt, sind diese beiden Zusicherungen hinsichtlich prospektrelevanter Angaben nicht miteinander gleichzustellen und ebenso sind die Anforderungen an diese Bestätigungen verschieden. Aus seiner Stellung im Rahmen des Anh. VII EU-ProspV ergibt sich, dass es bei der in dieser Ziff. 9.2 von Anh. VII EU-ProspV geforderte Betätigung von Seiten des Emittenten allein um diejenigen Informationen handelt, die im Rahmen der Ziff. 9.1 von Anh. VII EU-ProspV eingefügt wurden. Zwar ist der Begriff „Dritter" weitergehender als die in Ziff. 9.1 von Anh. VII EU-ProspV herangezogenen „Personen", jedoch ist der Kreis derjenigen Personen, die im Rahmen von Ziff. 9.1 von Anh. VII EU-ProspV als relevante Bezugspersonen in Frage kommen, weit auszulegen, da es in diesem Zusammenhang entscheidend darauf ankommt, dass ein Bericht oder eine Erklärung von einer zur Investitionsentscheidung beitragenden Person stammt, nicht jedoch auf die Titulierung dieser Person als solcher. Im Sinne der Prospektverantwortung ist diese Person als „Dritter" anzusehen, da die Person, die den Bericht zur Verfügung gestellt bzw. die Erklärung abgegeben hat, weder notwendigerweise prospektverantwortliche Person ist, noch dies in der Regel sein wird. Weitere Auslegungshilfe hinsichtlich des Bezugs der in diesem Zusammenhang abzugebenden Bestätigung ist der englischsprachige Text der EU-ProspV, die in dieser Ziff. den Begriff „sourced" verwendet, sich also auf Informationen bezieht, die von einem Dritten stammen. Im Rahmen der nach Ziff. 1.2 von Anh. VIII EU-ProspV abzugebenden Bestätigung wird hingen von Informationen „about" – d.h. über – einen Dritten gesprochen. Auch der Wortlaut dieser

---

85 *CESR*, recommendations, Ref: CESR/05-054b, Tz. 157.

beiden Bestätigungen ist geringfügig aber entscheidend unterschiedlich. Während sich im Rahmen der Ziff. 1.2 von Anh. VIII EU-ProspV der Emittent nur im Zusammenhang von Satz 2 genannt wird und seine alleinige Verantwortung sich nur auf die Vollständigkeit des Prospektinhaltes bezieht, ist der Emittent vollumfänglich für die Angaben im Rahmen der hier behandelten Ziff. 9.1 des Anh. VII EU-ProspV verantwortlich. Dementsprechend geht es um verschiedene Bestätigungen die in verschiedenen Zusammenhängen abzugeben sind. Ist eine Erklärung oder ein Bericht im Sinne von Ziff. 9.1 dieses Anh. VII EU-ProspV nicht aufgenommen worden, so ist dementsprechend keine entsprechende Bestätigung des Emittenten gem. Ziff. 9.2 von Anh. VII EU-ProspV erforderlich. Falls eine derartige Bestätigung jedoch notwendig ist, muss sie sich zum einen auf die Korrektheit der Wiedergabe der Information beziehen und gleichzeitig darauf, dass nach Kenntnis des Emittenten und auf Basis der verfügbaren Informationen, keine wesentlichen Information ausgelassen wurden. Gleichzeitig sind die relevanten Informationsquellen zu benennen. Dem Emittenten ist es in diesem Zusammenhang zu empfehlen, die Bestätigung präzise und fallbezogen zu formulieren und dabei die Korrektheit und Vollständigkeit der Angaben auf diese Informationsquelle aus der Bericht bzw. Erklärung des Dritten stammen in die Bestätigung einzuarbeiten.

XI. Einsehbare Dokumente

Unproblematisch für jede Art von Emittenten von asset backed securities ist es meist die Erklärung nach Ziff. 10.1 von Anh. VII EU-ProspV über die einsehbaren Dokumente (sofern sie auf den jeweiligen Emittenten und das betreffende Registrierungsformular zutreffen) abzugeben. Die relevante Passage des Prospektes hat vorzusehen, dass diese Dokumente sowohl beim Emittenten selbst als auch bei der Zahlstelle vorzuliegen haben. Dadurch, dass die EU-ProspV das Vorliegen der Dokumente in Papier- oder in elektronischer Form zulässt, wird den beteiligten Parteien die Bürde abgenommen, unzählige Ausdrucke der betreffenden Dokumente vorzuhalten. Entscheidend ist es an dieser Stelle, lediglich die einsehbaren Dokumente genau zu beschreiben, um die Frage, ob das richtige Dokument eingesehen werden konnte, zu vermeiden. So sollten bei einem im Ausland ansässigen Emittenten und einem in deutscher Sprache abgefassten Prospekt nicht der entsprechende deutsche Begriff für das Dokument verwendet, sondern das Dokument in seiner korrekten Bezeichnung in der Sprache des Emittenten bezeichnet werden, ergänzt um das deutschsprachige Äquivalent in Klammern, um dem Anleger mit der vertrauten Begriffsbezeichnung die Art des Dokuments aufzuzeigen. Eine weitere Klarstellung zur bisherigen Prospektpraxis bringt diese Stelle der EU-ProspV mit sich, nämlich die Begrenzung des Verweises auf bestimmte Dokumente. Aufgrund der Vorschriften, dass nur wesentliche Vertragsdokumente und ihr wesentlicher Inhalt im Rahmen des Prospektes zu beschreiben sind[86], liegt kein Bedürfnis aus Sicht des An-

---

86 Ziff. 12 v. Anh. IX EU-ProspV oder Ziff. 15 v. Anh. IV EU-ProspV.

legerschutzes vor, dass sämtliche Verträge zur Einsicht vorgehalten werden müssen. Zur Einsicht bereit zu halten sind jedoch die Gründungsdokumente des Emittenten sowie sämtliche zukünftigen Jahresabschlüsse des Emittenten und Mitteilungen hinsichtlich der asset backed securities.

ARTIKEL 11
Modul für durch Vermögenswerte unterlegte Wertpapiere („Asset backed securities"/ABS)

Für das zusätzliche Modul zur Wertpapierbeschreibung für ABS werden die Angaben gemäß dem in Anhang VIII festgelegten Modul zusammengestellt.

ARTICLE 11
Asset backed securities building block

For the additional information building block to the securities note for asset backed securities information shall be given in accordance with the building block set out in Annex VIII.

I. Inhalt der Norm

1 Art. 11 EU-ProspV verweist auf den Anh. VIII der EU-ProspV, und schreibt die zusätzlichen Informationen, die ein Prospekt für mit Vermögenswerten unterlegte Wertpapiere (asset backed securities) enthalten muss vor (Zusatzmodul). Durch Anh. VIII EU-ProspV werden die transaktionsbezogen Angaben, die die asset backed securities ausmachen, in den Prospekt eingeführt. Dieses Zusatzmodul ist in der Regel durch weitere Angaben aus dem Schema zu den Mindestangaben für das Registrierungsformular für Schuldtitel und derivative Wertpapiere zu ergänzen[1], sofern die jeweils geforderten Informationen nicht von Art. 10 i.V.m. Anh. VII EU-ProspV abgedeckt sind. Abhängig von der Stückelung der asset backed securities ist Art. 7 i.V.m. Anh. IV EU-ProspV (Stückelung von weniger als 50.000 Euro) oder Art. 12 i.V.m Anh. IX EU-ProspV (Mindeststückelung von 50.000 Euro) heranzuziehen. Im Rahmen von asset backed securities bestimmen vielfach auch die Investoren und Ratingagenturen die Breite der Darstellung über die mit der Emission der Wertpapiere verbundene Information zu den unterliegenden Vermögenswerten. Insbesondere Investoren in die subordinierten und somit schlechter von den Ratingagenturen bewerteten asset backed securities verlangen eine detailliertere Darstellung der wirtschaftlichen Risiken, die mit den verbrieften Vermögenswerten verbunden sind. Während früher diese Investoren in den mit der Vermarktung der zu begebenden Wertpapiere einhergehenden Roadshows Informationsvorteile erhielten, verbietet sich ein

---

1 *CESR*, avice ABS, Ref: CESR/03-208, Tz. 66. Dies trifft insbesondere auf die Beschreibung der Wesentlichen Verträge und Risikohinweise zu.

derartiges Verhalten nach Einführung der EU-ProspV[2], da die im Verlauf von Werbeveranstaltungen gegebenen Informationen zum Pflichtbestandteil eines Prospektes werden, wenn aus der Darstellung der Informationen außerhalb des Prospektes auf die Relevanz für den Prospekt und die mit dem Wertpapier einhergehenden Risiken zu schließen ist.[3] Insofern ist bei der Erstellung des Prospektes dem Umfang der Informationen Rechnung zu tragen, welche die Investoren in die mit dem meisten Risiko behafteten Wertpapiere zu erhalten gedenken. Art. 11 i.V. m Anh. VIII EU-ProspV schreibt jedoch lediglich vor, welche Inhalte der Prospekt mindestens haben muss[4], weitergehende Informationen bleiben dem Emittenten vorbehalten. Im Hinblick darauf, dass das WpPG verlangt, dass Prospekte leicht analysierbar und in verständlicher Form abgefasst werden[5], sollte mit dem Umfang der Informationen, insbesondere wenn es sich um Informationen über eine nicht an der Prospekterstellung beteiligte Person handelt, vor dem Hintergrund der Verantwortungsübernahme Zurückhaltung geübt werden.

Anh. VIII EU-ProspV

Mindestangaben für durch Vermögenswerte unterlegte Wertpapiere („asset backed securities"/ABS) (Zusätzliches Modul)

1. Wertpapiere

1.1. Mindeststückelung einer Emission.

1.2. Werden Angaben über ein Unternehmen/einen Schuldner veröffentlicht, das bzw. der in die Emission nicht involviert ist, ist zu bestätigen, dass die das Unternehmen oder den Schuldner betreffenden Angaben korrekt den Informationen entnommen wurden, die vom Unternehmen oder vom Schuldner selbst publiziert wurden, und dass – soweit es dem Emittenten bekannt ist und er aus den von dem Unternehmen bzw. dem Schuldner übermittelten Informationen ableiten konnte – keine Tatsachen unterschlagen wurden, die die wiedergegebenen Informationen irreführend gestalten würden.

1.3. Darüber hinaus ist die Quelle(n) der Informationen in der Wertpapierbeschreibung zu ermitteln, die den Informationen entnommen wurden, die das Unternehmen oder der Schuldner selbst publiziert haben.

2. Basisvermögenswerte

2.1. Es ist zu bestätigen, dass die verbrieften Aktiva, die die Emission unterlegen, Merkmale aufweisen, denen zufolge sie in der Lage sind, Mittel

---

2 In einigen Ländern war dies schon zuvor der Fall (so in Großbritannien, FSA Handbook in der vor dem 01.07.2005 geltenden Fassung).
3 *CESR*, recommendations, Ref: CESR/05-054b, Tz. 43.
4 *Seitz*, AG 2005, 678, 687.
5 § 5 Abs. 1 Satz 1 WpPG.

zu erwirtschaften, die der Bedienung der fälligen Zahlungen für die Wertpapiere zugute kommen.

2.2. In Bezug auf einen Pool von Aktiva, über die eine Dispositionsbefugnis besteht, sind die folgenden Angaben beizubringen

2.2.1. Die Rechtsordnung, unter die dieser Aktiva-Pool fällt.

2.2.2. a) Im Falle einer kleineren Zahl von leicht identifizierbaren Schuldnern ist eine allgemeine Beschreibung jedes Schuldners beizubringen.

b) In allen anderen Fällen ist eine Beschreibung folgender Aspekte beizubringen: die allgemeinen Merkmale der Schuldner; und das wirtschaftliche Umfeld sowie die globalen statistischen Daten in Bezug auf die verbrieften Aktiva.

2.2.3. Die Rechtsnatur der Aktiva;

2.2.4. Der Fälligkeitstermin bzw. die Fälligkeitstermine der Aktiva;

2.2.5. Der Betrag der Aktiva;

2.2.6. Die Beleihungsquote oder den Grad der Besicherung;

2.2.7. Die Methode der Entstehung oder der Schaffung der Aktiva sowie bei Darlehen oder Kreditverträgen die Hauptdarlehenskriterien und einen Hinweis auf etwaige Darlehen, die diesen Kriterien nicht genügen, sowie etwaige Rechte oder Verpflichtungen im Hinblick auf die Zahlung weiterer Vorschüsse;

2.2.8. Hinweis auf wichtige Zusicherungen und Sicherheiten, die dem Emittenten in Bezug auf die Aktiva gemacht oder gestellt wurden;

2.2.9. Etwaige Substitutionsrechte für die Aktiva und eine Beschreibung der Art und Weise, wie die Aktiva so ersetzt werden können und der Kategorie der Aktiva, die ersetzt werden können. Sollte die Möglichkeit bestehen, Aktiva durch Aktiva einer anderen Kategorie oder Qualität zu ersetzen, so ist eine diesbezügliche Erklärung samt einer Beschreibung der Auswirkungen einer solchen Substitution aufzunehmen;

2.2.10. Beschreibung sämtlicher relevanten Versicherungspolicen, die für die Aktiva abgeschlossen wurden. Eine Konzentration bei ein und derselben Versicherungsgesellschaft sollte gemeldet werden, wenn sie für die Transaktion von wesentlicher Bedeutung ist;

2.2.11. Setzen sich die Aktiva aus Verpflichtungen von fünf oder weniger Schuldnern zusammen, bei denen es sich um juristische Personen handelt, oder sind mehr als 20 % der Aktiva einem einzigen Schuldner zuzurechnen bzw. hält ein einziger Schuldner einen wesentlichen Teil der Aktiva – sofern dies dem Emittenten bekannt ist und/oder er in der Lage ist, dies aus den veröffentlichten Informationen des/der Schuldners/Schuldner abzuleiten – so ist eine der beiden folgenden Angaben beizubringen:

a) Angaben über jeden Schuldner, so als träte er an die Stelle eines Emittenten, der ein Registrierungsformular für Schuldtitel und derivative

Wertpapiere mit einer Mindeststückelung von EUR 50 000 zu erstellen hat;

b) Name, Anschrift, Land der Gründung, Art der Geschäftstätigkeit und Bezeichnung des Marktes, auf dem die Wertpapiere zugelassen sind, wenn es sich um einen Schuldner oder Garantiegeber handelt, dessen Wertpapiere bereits zum Handel auf einem geregelten oder vergleichbaren Markt zugelassen wurden, oder wenn die Verpflichtungen von einem Unternehmen garantiert werden, das ebenfalls bereits zum Handel auf einem geregelten oder vergleichbaren Markt zugelassen wurde.

2.2.12. Besteht zwischen dem Emittenten, dem Garantiegeber und dem Schuldner eine Beziehung, die für die Emission von wesentlicher Bedeutung ist, sind die wichtigsten Aspekte dieser Beziehung im Detail zu erläutern.

2.2.13. Umfassen die Aktiva Verpflichtungen in Bezug auf Wertpapiere, die nicht auf einem geregelten oder vergleichbaren Markt gehandelt werden, so ist eine Beschreibung der wichtigsten Bedingungen dieser Verpflichtungen beizubringen.

2.2.14. Umfassen die Aktiva Dividendenwerte, die zum Handel auf einem geregelten oder vergleichbaren Markt zugelassen sind, so sind folgende Angaben beizubringen:

a) eine Beschreibung der Wertpapiere;

b) eine Beschreibung des Marktes, auf dem sie gehandelt werden, einschließlich Angabe des Gründungsdatums dieses Marktes, der Art und Weise der Veröffentlichung der Kursinformationen, der täglichen Handelsvolumina, der Bedeutung des Marktes in seinem Land und der für den Markt zuständigen Regulierungsbehörde;

c) Häufigkeit der Veröffentlichung der Kurse für die einschlägigen Wertpapiere.

2.2.15. Umfassen mehr als zehn (10) Prozent der Aktiva Dividendenwerte, die nicht auf einem geregelten oder vergleichbaren Markt gehandelt werden, sind eine Beschreibung dieser Dividendenwerte sowie Angaben für jeden Emittenten dieser Wertpapiere beizubringen, die den Angaben vergleichbar sind, die in dem Schema für das Registrierungsformular für Aktien gefordert werden.

2.2.16. Wird ein bedeutender Teil der Aktiva durch Immobilien besichert oder unterlegt, ist ein Schätzgutachten für diese Immobilie beizubringen, in dem sowohl die Schätzung der Immobilie als auch die Kapitalfluss- und Einkommensströme erläutert werden.

Dieser Offenlegung muss nicht nachgekommen werden, wenn es sich um eine Emission von Wertpapieren handelt, die durch Hypothekendarlehen unterlegt sind, wobei die Immobilien als Sicherheiten dienen, sofern diese Immobilien im Hinblick auf die Emission nicht neu geschätzt wurden und klar ist, dass es sich bei den besagten Schätzungen um diejenigen handelt, die zum Zeitpunkt des ursprünglichen Hypothekendarlehens vorgenommen wurden.

2.3. In Bezug auf einen aktiv gemanagten Pool von Aktiva, die die Emission unterlegen, sind folgende Angaben beizubringen

2.3.1. Gleichwertige Angaben wie in 2.1. und 2.2., um eine Bewertung des Typs, der Qualität, der Hinlänglichkeit und der Liquidität der im Portfolio gehaltenen Aktiva vornehmen zu können, die der Besicherung der Emission dienen.

2.3.2. Die Parameter, innerhalb deren die Anlagen getätigt werden können; Name und Beschreibung des Unternehmens, das für ein derartiges Management zuständig ist, einschließlich einer Beschreibung des in diesem Unternehmen vorhandenen Sachverstands bzw. der bestehenden Erfahrungen; Zusammenfassung der Bestimmungen, die die Beendigung des Vertragsverhältnisses mit dem entsprechenden Unternehmen und die Bestellung eines anderen Managementunternehmens festlegen und Beschreibung des Verhältnisses dieses Unternehmens zu anderen an der Emission beteiligten Parteien.

2.4. Schlägt ein Emittent vor, weitere Wertpapiere zu emittieren, die von denselben Aktiva unterlegt werden, ist eine entsprechende eindeutige Erklärung abzugeben und - sofern nicht diese neuen Wertpapiere mit den Kategorien der bestehenden Schuldtitel fungibel oder diesen nachgeordnet sind - eine Beschreibung der Art und Weise, wie die Inhaber der bestehenden Schuldtitel unterrichtet werden sollen.

3. Struktur und Kapitalfluss

3.1. Beschreibung der Struktur der Transaktion, einschließlich ggf. eines Strukturdiagramms.

3.2. Beschreibung der an der Emission beteiligten Unternehmen und der von ihnen auszuführenden Aufgaben.

3.3. Beschreibung der Methode und des Datums des Verkaufs, der Übertragung, der Novation oder der Zession der Aktiva bzw. etwaiger sich aus den Aktiva ergebenden Rechte und/oder Pflichten gegenüber dem Emittenten, oder ggf. der Art und Weise und der Frist, auf die bzw. innerhalb deren der Emittent die Erträge der Emission vollständig investiert haben wird.

3.4. Erläuterung des Mittelflusses, einschließlich

3.4.1. der Art und Weise, wie der sich aus den Aktiva ergebende Kapitalfluss den Emittenten in die Lage versetzen soll, seinen Verpflichtungen gegenüber den Wertpapierinhabern nachzukommen. Erforderlichenfalls sind eine Tabelle mit der Bedienung der finanziellen Verpflichtungen aufzunehmen sowie eine Beschreibung der Annahmen, die der Erstellung dieser Tabelle zugrunde liegen;

3.4.2. Angaben über die Verbesserung der Kreditwürdigkeit der Anleiheemission; Angabe, wo bedeutende potenzielle Liquiditätsdefizite auftreten könnten und Verfügbarkeit etwaiger Liquiditätshilfen; Angabe der Bestimmungen, die die Zinsrisiken bzw. Hauptausfallrisiken auffangen sollen;

3.4.3. unbeschadet des in 3.4.2. Gesagten, Einzelheiten zu etwaigen Finanzierungen von nachgeordneten Verbindlichkeiten;

3.4.4. Angabe von Anlageparametern für die Anlage von zeitweiligen Liquiditätsüberschüssen und Beschreibung der für eine solche Anlage zuständigen Parteien;

3.4.5. Beschreibung der Art und Weise, wie Zahlungen in Bezug auf die Aktiva zusammengefasst werden;

3.4.6. Rangordnung der Zahlungen, die vom Emittenten an die Inhaber der entsprechenden Wertpapierkategorien geleistet werden, und

3.4.7. detaillierte Angaben zu Vereinbarungen, die den Zins- und Kapitalzahlungen an die Anleger zugrunde liegen;

3.5. Name, Anschrift und wesentliche Geschäftstätigkeiten der ursprünglichen Besitzer der verbrieften Aktiva.

3.6. ist die Rendite und/oder Rückzahlung des Wertpapiers an die Leistung oder Kreditwürdigkeit anderer Aktiva geknüpft, die keine Aktiva des Emittenten sind, gilt das unter 2.2 und 2.3 Gesagte.

3.7. Name, Anschrift und wesentliche Geschäftstätigkeiten des Verwalters, der Berechnungsstelle oder einer gleichwertigen Person, zusammen mit einer Zusammenfassung der Zuständigkeiten des Verwalters bzw. der Berechnungsstelle; ihr Verhältnis zum ursprünglichen Besitzer oder „Schaffer" der Aktiva und eine Zusammenfassung der Bestimmungen, die das Ende der Bestellung des Verwalters/der Berechnungsstelle und die Bestellung eines anderen Verwalters/Berechnungsstelle regeln.

3.8. Namen und Anschriften sowie kurze Beschreibung:

a) etwaiger Swap-Vertragsparteien und Beschaffer anderer wesentlicher Formen von Bonitäts- oder Liquiditätsverbesserungen;

b) der Banken, bei denen die Hauptkonten in Bezug auf die Transaktion geführt werden.

4. „EX POST"-Informationen

4.1. Angabe im Prospekt, ob beabsichtigt ist, „ex post"-Transaktionsinformationen nach Abschluss der Emission in Bezug auf Wertpapiere zu veröffentlichen, die zum Handel zugelassen werden sollen, sowie in Bezug auf die Leistungskraft der Basissicherheit. Hat der Emittent eine derartige Absicht bekundet, ist im Prospekt zu spezifizieren, welche Informationen veröffentlicht werden, wo sie erhalten werden können und wie häufig sie publiziert werden.

ANNEX VIII
Minimum disclosure requirements for the asset-backed securities additional (building block)

1. THE SECURITIES

1.1. The minimum denomination of an issue.

1.2. Where information is disclosed about an undertaking/obligor which is not involved in the issue, provide a confirmation that the information relating to the undertaking/obligor has been accurately reproduced from information published by the undertaking/obligor. So far as the issuer is aware and is able to ascertain from information published by the undertaking/obligor no facts have been omitted which would render the reproduced information misleading.

1.3. In addition, identify the source(s) of information in the Securities Note that has been reproduced from information published by an undertaking/obligor.

2. The Underlying Assets

2.1. Confirmation that the securitised assets backing the issue have characteristics that demonstrate capacity to produce funds to service any payments due and payable on the securities.

2.2. In respect of a pool of discrete assets backing the issue:

2.2.1. The legal jurisdiction by which the pool of assets is governed

2.2.2. a) In the case of a small number of easily identifiable obligors, a general description of each obligor.

b) In all other cases, a description of: the general characteristics of the obligors; and the economic environment, as well as global statistical data referred to the securitised assets.

2.2.3. The legal nature of the assets;

2.2.4. The expiry or maturity date(s) of the assets;

2.2.5. The amount of the assets;

2.2.6. Loan to value ratio or level of collateralisation;

2.2.7. The method of origination or creation of the assets, and for loans and credit agreements, the principal lending criteria and an indication of any loans which do not meet these criteria and any rights or obligations to make further advances;

2.2.8. An indication of significant representations and collaterals given to the issuer relating to the assets;

2.2.9. Any rights to substitute the assets and a description of the manner in which and the type of assets which may be so substituted; if there is any capacity to substitute assets with a different class or quality of assets a statement to that effect together with a description of the impact of such substitution;

2.2.10. A description of any relevant insurance policies relating to the assets. Any concentration with one insurer must be disclosed if it is material to the transaction.

2.2.11. Where the assets comprise obligations of 5 or fewer obligors which are legal persons or where an obligor accounts for 20 % or more of the assets, or where an obligor accounts for a material portion of the assets, so far as the issuer is aware and/or is able to ascertain from information published by the obligor(s) indicate either of the following:

a) information relating to each obligor as if it were an issuer drafting a registration document for debt and derivative securities with an individual denomination of at least EUR 50 000;

b) if an obligor or guarantor has securities already admitted to trading on a regulated or equivalent market or the obligations are guaranteed by an entity admitted to trading on a regulated or equivalent market, the name, address, country of incorporation, nature of business and name of the market in which its securities are admitted.

2.2.12. If a relationship exists that is material to the issue, between the issuer, guarantor and obligor, details of the principal terms of that relationship.

2.2.13. Where the assets comprise obligations that are not traded on a regulated or equivalent market, a description of the principal terms and conditions of the obligations.

2.2.14. Where the assets comprise equity securities that are admitted to trading on a regulated or equivalent market indicate the following:

a) a description of the securities;

b) a description of the market on which they are traded including its date of establishment, how price information is published, an indication of daily trading volumes, information as to the standing of the market in the country and the name of the market's regulatory authority;

c) the frequency with which prices of the relevant securities, are published.

2.2.15. Where more than ten (10) per cent of the assets comprise equity securities that are not traded on a regulated or equivalent market, a description of those equity securities and equivalent information to that contained in the schedule for share registration document in respect of each issuer of those securities.

2.2.16. Where a material portion of the assets are secured on or backed by real property, a valuation report relating to the property setting out both the valuation of the property and cash flow/income streams.

Compliance with this disclosure is not required if the issue is of securities backed by mortgage loans with property as security, where there has been no revaluation of the properties for the purpose of the issue, and it is clearly stated that the valuations quoted are as at the date of the original initial mortgage loan origination.

2.3. In respect of an actively managed pool of assets backing the issue:

2.3.1. Equivalent information to that contained in items 2.1. and 2.2. to allow an assessment of the type, quality, sufficiency and liquidity of the asset types in the portfolio which will secure the issue;

2.3.2. The parameters within which investments can be made, the name and description of the entity responsible for such management including a description of that entity's expertise and experience, a summary of the provisions relating to the termination of the appointment of such entity and the appointment of an alternative management entity, and a description of that entity's relationship with any other parties to the issue.

2.4. Where an issuer proposes to issue further securities backed by the same assets, a prominent statement to that effect and unless those further securities are fungible with or are subordinated to those classes of existing debt, a description of how the holders of that class will be informed.

3. Structure and Cash Flow

3.1. Description of the structure of the transaction, including, if necessary, a structure diagram

3.2. Description of the entities participating in the issue and description of the functions to be performed by them.

3.3. Description of the method and date of the sale, transfer, novation or assignment of the assets or of any rights and/or obligations in the assets to the issuer or, where applicable, the manner and time period in which the proceeds from the issue will be fully invested by the issuer.

3.4. An explanation of the flow of funds including:

3.4.1. how the cash flow from the assets will meet the issuer's obligations to holders of the securities, including, if necessary, a financial service table and a description of the assumptions used in developing the table;

3.4.2. information on any credit enhancements, an indication of where material potential liquidity shortfalls may occur and the availability of any liquidity supports and indication of provisions designed to cover interest/principal shortfall risks;

3.4.3. without prejudice to item 3.4.2, details of any subordinated debt finance;

3.4.4. an indication of any investment parameters for the investment of temporary liquidity surpluses and description of the parties responsible for such investment;

3.4.5. how payments are collected in respect of the assets;

3.4.6. the order of priority of payments made by the issuer to the holders of the class of securities in question;

3.4.7. details of any other arrangements upon which payments of interest and principal to investors are dependent;

3.5. The name, address and significant business activities of the originators of the securitised assets.

3.6. Where the return on, and/or repayment of the security is linked to the performance or credit of other assets which are not assets of the issuer, items 2.2 and 2.3 are necessary;

3.7. The name, address and significant business activities of the administrator, calculation agent or equivalent, together with a summary of the administrator's/calculation agents responsibilities, their relationship with the originator or the creator of the assets and a summary of the provisions relating to the termination of the appointment of the administrator/calculation agent and the appointment of an alternative administrator/calculation agent;

3.8. The names and addresses and brief description of:

a) any swap counterparties and any providers of other material forms of credit/liquidity enhancement;

b) the banks with which the main accounts relating to the transaction are held.

4. Post Issuance Reporting

4.1. Indication in the prospectus whether or not it intends to provide post-issuance transaction information regarding securities to be admitted to trading and the performance of the underlying collateral. Where the issuer has indicated that it intends to report such information, specify in the prospectus what information will be reported, where such information can be obtained, and the frequency with which such information will be reported.

Inhalt

	Rn.			Rn.
I. Wertpapiere	1	a)	Ziff. 2.2.	6
II. Die Basisvermögenswerte	4	b)	Ziff. 2.2.1.	7
1. Beschreibung der Basis-		c)	Ziff. 2.2.2.	8
vermögenswerte...........	6	d)	Ziff. 2.2.3.	17

e)	Ziff. 2.2.4.	18	4.	Erläuterungen zum Mittelfluss (Cashflow) 48
f)	Ziff. 2.2.5.	19		
g)	Ziff. 2.2.6.	20	a)	Verlustteilnahme,
h)	Ziff. 2.2.7.	21		Ziff. 3.4.2. 50
i)	Ziff. 2.2.8.	23	b)	Finanzierung nachrangiger
j)	Ziff. 2.2.9.	24		Verbindlichkeiten,
k)	Ziff. 2.2.10.	25		Ziff. 3.4.3. 60
l)	Ziff. 2.2.11.	26	c)	Liquiditätsüberschüsse,
m)	Ziff. 2.2.12.	30		Ziff. 3.4.4. 61
n)	Ziff. 2.2.13.	31	d)	Einzugsinformationen,
o)	Ziff. 2.2.14.	33		Ziff. 3.4.5. 62
p)	Ziff. 2.2.15.	34	e)	Zahlungsreihenfolge,
q)	Ziff. 2.2.16.	35		Ziff. 3.4.6. 64
2.	Angaben bei gemanagten Pools von Basisvermögenswerten 37		f)	Abhängigkeit der Zins- und Tilgungsleistung, Ziff. 3.4.7. 66
3.	Emission von weiteren Wertpapieren mit Bezug auf dieselben Basisvermögenswerte............. 42		5.	Beschreibung des Urhebers (Originators), Ziff. 3.5. 67
			6.	Synthetische ABS-Transaktionen 69
III.	Struktur und Kapitalfluss....... 43			
1.	Strukturdiagramm 44		7.	Verwalter, Berechnungsstelle und gleichwertige Personen................ 72
2.	Beteiligte Unternehmen und deren Aufgaben 45			
3.	Methoden der Übertragung der Basisvermögenswerte ... 46		8.	Vertragsparteien mit Relevanz für den Mittelfluss (Cashflow)................ 76
			IV.	„EX POST"-Informationen 77

I. Wertpapiere

Während bei den Angaben zu der Mindeststückelung einer Emission lediglich darauf zu achten ist, dass sofern die Mindeststückelung für einzelne Tranchen unterschiedlich ist, dieses eindeutig dargestellt wird, ist die Bestätigung gem. Ziff. 1.2. von Anh. VIII EU-ProspV über die Angaben über ein Unternehmen/einen Schuldner, das bzw. der in die Emission nicht involviert ist, und die im Prospekt veröffentlicht wurden, eine in dieser Schärfe formulierte Neuerung der Prospektverordnung. 1

Im Gegensatz zu der wohl seltener vorkommenden Bestätigung nach Ziff. 9.2. von Anh. VII EU-ProspV, ist dieser Aspekt im Rahmen von asset backed securities von großem Gewicht. Insbesondere werden die Schuldner der verbrieften Vermögensgegenstände zumeist bei der Erstellung von Prospekten von asset backed securities nicht beteiligt und übernehmen dementsprechend auch keine Verantwortung für die über sie abgebildeten Informationen. Der Wortlaut der EU-ProspV bringt jedoch gleichzeitig die Möglichkeit mit sich, dass der Emittent von asset backed securities (und dies ist insb. entscheidend für einen Emittenten in Form von Zweckgesellschaften) nicht allein die Verantwortung für die Informationen über die Dritten zu übernehmen braucht, wenn er selbst nicht an deren Ermittlung beteiligt war und sich auf die beteiligten Drittparteien in diesem Zusammenhang verlassen muss. Der Wortlaut der EU-ProspV stellt auf den Emittenten nur ab, 2 wenn es um die Bestätigung geht, dass keine relevanten Tatsachen ausgelassen wurden. Der Wortlaut hinsichtlich der Korrektheit der Angaben über den Dritten ist weitergehender formuliert und gibt somit dem Emittenten die Möglichkeit die Verantwortung für eine bestimmte Information der jeweiligen Quelle für die Informationen über den/die Dritten zu übertragen und diese als die verantwortliche Person im Prospekt zu benennen. Diese Bestätigung bezieht sich allein auf das akkurate Wiedergeben der Informationen, nicht auf die Aussagekraft und die Richtigkeit des Inhalts der Informationen. Insofern ist es entscheidend, auch vor dem Hintergrund, das die Informationsquelle zu benennen ist, dass die Informationen über den betreffenden Dritten sich aus öffentlich zugänglichen Informationsquellen beziehen. Ein Verweis auf weitere Informationen von Seiten Dritter sollte nur dann in den Prospekt aufgenommen werden, wenn sie im Streitfall von dem Emittenten vorgelegt werden können. Dass andere als öffentliche Informationen nicht als Informationsquelle herangezogen werden müssen, kann insb. bei Betrachtung des englischsprachigen Textes belegt werden, der im Gegensatz zum deutschsprachigen Text der EU-ProspV immer das Wort „published" verwendet, welches allein „veröffentlicht" bedeutet und sich nicht auf jegliche (auf irgendeine Art und Weise) „übermittelten" Information bezieht.

3 Es kann dem Emittenten im Rahmen der Prospektverantwortung nicht abgenommen werden, zu bestätigen, dass nach seiner Kenntnis und auf Basis der verfügbaren/veröffentlichten Informationen, keine wesentliche Information nicht in den Prospekt aufgenommen wurde. In dieser Hinsicht ist der Wortlaut der EU-ProspV eindeutig. Der Umfang der in den Prospekt aufzunehmenden Informationen über den Dritten wird sich an der Wichtigkeit des Dritten für die Transaktion, insbesondere für die Fähigkeit des Emittenten die Wertpapiere zurückzahlen zu können, orientieren müssen. Ein genereller Leitfaden kann einem Emittenten nicht an die Hand gegeben werden. Da dem Emittenten aber gleichzeitig der Zugang zu den Informationen des Dritten, wenn dieser selbst nicht an der Prospekterstellung beteiligt ist, beschränkt ist, muss eine interessengerechte Abwägung zwischen dem Informationsbedürfnis des Anlegers und der Fähigkeit des Emittenten sich über die wirtschaftliche Lage des Dritten informieren zu können (auch vor dem Hintergrund bestehender datenschutzrechtlicher Bestimmungen) abgewogen werden.[1] In diesem Zusammenhang hat der Emittent seiner Nachforschungspflicht Genüge getan, wenn sich die Informationsquellen des Emittenten auf den HR-Auszug, die Internetseite und den Jahresabschluss des Dritten und evtl. vorhandene aktuelle öffentliche Informationsquellen (Rating Agenturen, Bloomberg) beschränken.[2] Eine Pflicht des Emittenten nachzuprüfen, ob die ihm zur Verfügung stehenden Informationen ausreichend sind, ein komplettes Bild über den Dritten zu zeichnen, besteht ebenso wenig, wie die Pflicht sämtliche potentiellen Informationsquellen zu durchforsten. In der Regel werden weder Emittent noch die Verantwortung überneh-

---

1 Siehe exemplarisch den Prospekt der CB MezzCAP Limited Partnership v. 20.04.2006.
2 Siehe exemplarisch die bei der BaFin hinterlegten Endgültigen Bedingungen v. 17.08. 2006 der HT Finanzanlage Limited zum KS-Solar-PLUS-Zertifikat, S. 53.

mende Person die Angaben zu den Ditten hinterfragen können. Insofern ist auf die Formulierung der Bestätigung hinsichtlich der Angaben von Seiten Dritter besonderes Augenmerk zu legen. Der Emittent sollte sich so nah wie möglich am vorgegebenen Wortlaut der EU-ProspV halten und die dritte Partei, von der die Informationen (über sich selbst oder die Schuldner der Vermögensgegenstände, sofern diese nicht vom Emittenten selbst ermittelt wurden) stammen, im Rahmen der Bestätigung benennen, um Zweifel über die Person oder Personengruppe auf die sich die Informationen beziehen und die Quelle(n) der Informationen zu vermeiden.[3] Zeitgleich mit der an dieser Stelle geforderten Bestätigung über die Korrektheit der Extrahierung der Informationen von der Informationsquelle und dass keine wesentlichen Informationen ausgelassen wurden, ist der Hinweis aufzunehmen, dass keine der an der Emission beteiligten Parteien, insb. der Emittent, die Verantwortung dafür übernehmen kann, dass die Informationsquellen korrekt und vollständig die wirtschaftliche Situation des jeweiligen Unternehmens/ Schuldners abbilden.[4]

II. Die Basisvermögenswerte

Dieser Abschnitt bildet das Herzstück eines jeden Prospektes von asset backed securities und ihm ist besonderes Augenmerk zu widmen. Zu beachten ist, dass Angaben zu den Basisvermögenswerten, die nicht auf die Art der emittierten asset backed securities passen, weggelassen werden können.[5] Viele der im Rahmen diese Abschnittes von Anh. VIII EU-ProspV geforderten Angaben überschneiden sich hinsichtlich der Art und des Inhaltes der Information. Wiederholungen sind entsprechend der Prinzipien der EU-ProspV nicht erforderlich[6], so dass bei der Erstellung des Prospektes sorgfältig darauf geachtet werden sollte, dass der Anleger durch eine geschlossene Darstellung der für die Basisvermögenswerte relevanten Informationen, die mit der Anlage verbundenen Risiken in leicht analysierbarer und verständlicher Form vorfindet. 4

– Die gem. Ziff. 2.1. von Anh. VIII EU-ProspV abzugebende Bestätigung ist ebenfalls eine Neuerung der Prospektrichtlinie im Rahmen von Prospekten für asset backed securities. Asset backed securities sind so strukturiert, dass zum Zeitpunkt ihrer Emission prinzipiell die verbrieften Aktiva oder die mit dem Emissionserlös zu erwerbenden Aktiva ausreichen oder Merkmale aufweisen, um die von dem Emittenten begebenen asset backed securities sowohl hinsichtlich Kapital als auch hinsichtlich Zinsen zu bedienen.[7] Es ist jedoch gleichzeitig Emissionen von asset backed securities immanent, dass sich die Fähigkeit des Emittenten die Anleihen aus den verbrieften Aktiva zu bedienen, während der Laufzeit der asset backed securities verändern kann und dass aufgrund hoher Ausfälle oder Wertver- 5

---

3 Siehe exemplarisch den Prospekt der CB MezzCAP Limited Partnership v. 20.04.2006.
4 Siehe exemplarisch den Prospekt der TS Co.mit One GmbH v. 26.07.2006.
5 Erwägungsgrund 24 EU-ProspV.
6 Erwägungsgrund 4 EU-ProspV.
7 Standard & Poor's, European Legal Criteria 2005, S. 17.

luste bei den Aktiva, eine vollständige oder teilweise Rückzahlung oder die Zahlung von Zinsen auf die asset backed securities nicht mehr gewährleistet werden kann.

Es ist bisher ungeklärt, ob die hier geforderte Bestätigung wortgleich abgegeben werden muss oder entsprechend der Struktur der asset backed securities zu formulieren ist. Für die wortgleiche Abgabe der Bestätigung spricht der mit der EU-ProspV verbundene Gedanke des Anlegerschutzes[8], und dass dieses zusätzliche Modul für asset backed securities unabhängig von dem angesprochenen Anlegerkreis Anwendung findet. Vor diesem Hintergrund ist es ein für die Anlageentscheidung wesentlicher Hinweis, dass die verbrieften Aktiva ausreichend Mittel für die Bedienung der Wertpapiere erwirtschaften. Andererseits ist das Charakteristikum der asset backed securities zu beachten, dass eine vollständige Bedienung der Wertpapiere allein von den Mittelzuflüssen der verbrieften Aktiva abhängt. Dementsprechend kann es vorkommen, dass eine Bestätigung in dem hier geforderten Wortlaut lediglich für den Zeitpunkt der Emission, aber nicht für einen Zeitraum danach (im Extremfall schon für den nächsten Tag) Gültigkeit besitzt. Dies kann auch im Sinne des Anlegerschutzes nicht gewollt sein, da eine entsprechende Aussage über die Werthaltigkeit der Vermögensgegenstände sogar irreführend wäre.

Eine ähnliche Interpretation ist mit dem von den Rating Agenturen vergebenen Bewertungen der Wertpapiere verbunden, sofern eine derartige vorliegt. Mit der Vergabe eines Rating wird die Wahrscheinlichkeit ausgedrückt, mit der die Anleger in die jeweiligen asset backed securities mit der zeitgerechten Zahlung von Zinsen und der Rückzahlung der Wertpapiere rechnen können. Nicht jedoch, wann und in welchem Umfang sich das Risiko mit dem Investment realisiert. Dementsprechend ist im Rahmen der Prospekterstellung eine Bestätigung über den Zusammenhang zwischen den Merkmalen der verbrieften Aktiva und der Bedienung der Wertpapiere so darzustellen, wie er sich tatsächlich im Rahmen der Transaktion verhält und nicht nur wie er im Idealszenario und im Zeitpunkt der Prospektveröffentlichung ausfällt.

Der Emittent hat, wenn ein ähnlicher Wortlaut wie der in der EU-ProspV geforderte verwendet wird, diesem unmittelbar den Hinweis anzufügen, dass bei Eintritt bestimmter Szenarien und insbesondere im Falle, dass der/die Schuldner der verbrieften Aktiva seinen/ihren Verpflichtungen unter diesen nicht nachkommt, eine Bedienung der asset backed securities nicht gewährleistet werden kann.[9] Es ist somit davon auszugehen, dass der hier geforderte Wortlaut nicht zwingend wörtlich zu übernehmen ist, sondern die geforderte Bestätigung ist vielmehr von dem Emittenten derart zu formulieren, wie er einerseits die Bedienung der Wertpapiere vorsieht und gleichzeitig, dass bei Unsicherheit aufgezeigt wird, warum es nicht sichergestellt werden kann, dass der Emittent aus den verbrieften Aktiva ausrei-

---

[8] BT-Drucks. 15/5219, S. 2 und 3.
[9] Siehe beispielhaft den bei der BaFin hinterlegten Basisprospekt der HT Finanzanlage Limited v. 09.02.2008 S. 356.

chend Mittel erwerben wird, um die jederzeitige Bedienung der asset backed securities zu gewährleisten. Diese Darstellung wird in der Regel bereits im Zuge der Risikofaktoren deutlich gemacht und detailliert in die Beschreibung der Zahlungsströme der Transaktion einfließen.[10]

1. Beschreibung der Basisvermögenswerte

a) Ziff. 2.2.

Ziff. 2.2. von Anh. VIII EU-ProspV findet seinem Wortlaut nach nur Anwendung auf diejenigen asset backed securities, die einen Pool von Aktiva verbriefen, über die eine Dispositionsbefugnis besteht. Im Rahmen von asset backed securities Transaktionen wird jedoch zur Sicherheit der Anleger und zur Sicherstellungen eines evtl. zu vergebenden Rating der Wertpapiere dem Emittenten normalerweise die Verfügungsbefugnis über die verbrieften Aktiva durch Bestellung von umfangreichen Sicherungsrechten zugunsten eines Sicherheitentreuhänders/-verwalters entzogen.[11] Insofern handelt es sich bei dem deutschsprachigen Text der EU-ProspV um eine ungenaue Übersetzung des Begriffs „discrete" des englischen Textes der EU-ProspV. Gemeint ist vielmehr ein eigenständiger, separater Pool von Aktiva in Abgrenzung zu den sonstigen Vermögensgegenständen auf der Bilanz des Emittenten (sofern vorhanden).

6

Die deutsche Fassung des Textes der Ziff. 2.2. von Anh. VIII EU-ProspV ist jedoch insoweit hilfreich, als aus ihrem Wortlaut entnommen werden kann, dass es sich bei den zu beschreibenden Vermögensgegenständen um Aktiva des Emittenten handeln muss. Dies ist in Abgrenzung zur Vorschrift der Ziff. 3.6. von Anh. VIII EU-ProspV, die für Transaktionen, in denen die Verzinsung und/oder Rückzahlung des Wertpapiers an die Leistung oder Kreditwürdigkeit anderer Aktiva geknüpft ist, die keine Aktiva des Emittenten sind, gleichwerte Angaben verlangt, zu sehen.

Diese Differenzierung im Wortlaut von Ziff. 2.2. und Ziff. 3.6. von Anh. VIII EU-ProspV macht deutlich, dass von den Anforderungen der Ziff. 2.2. des Anh. VIII EU-ProspV auch diejenigen Vermögensgegenstände erfasst werden sollen, die im Rahmen von sog. synthetischen asset backed securities mit dem Emissionserlös erworben werden. Bei dieser Form der asset backed securities wird mit dem Emissionserlös kein Vermögensgegenstand erworben, aus dem sich das mit den asset backed securities verbundene Risiko ergibt, sondern es wird mittels eines derivaten Instrumentes (in der Regel ein Kreditderivat) auf einen oder mehrere Vermögensgegenstände, die keine Aktiva des Emittenten darstellen, Bezug genommen.[12] Deren Wertentwicklung ist für die Rückführung der asset backed securities entscheidend.[13] Mit dem

---

10 Siehe beispielhaft den Prospekt der CB MezzCAP Limited Partnership v. 20.04.2006 (insb. S. 30ff.), der den Wortlaut der EU-ProspV gar nicht beinhaltet, jedoch ausführlich die Zahlungsströme der Transaktion und die damit verbundenen Risiken beschreibt.
11 Standard & Poor's, European Legal Criteria 2005, S. 11 ff.
12 Die Beschreibung dieser so referenzierten Vermögenswerte erfolgt in Rahmen synthetischer asset backed securities gem. Ziff. 3.6. v. Anh. VIII EU-ProspV.
13 Siehe hierzu Art. 10 i.V.m. Anh. VII dort I; *Althaus*, Kreditwesen 2003, S. 632 ff.

Anleiheerlös wird hingegen entweder ein oder mehrere Wertpapiere, Pfandbriefe oder Schuldscheine[14] erworben oder der Anleiheerlös wird entweder dauerhaft bar hinterlegt oder zwischenzeitlich in Wertpapiere investiert (z. B. im Rahmen von Wertpapierleihe Geschäften).

Diese mit dem Emissionserlös erworbenen Vermögensgegenstände dienen primär als Sicherheit für die anderen an der Transaktion beteiligten Parteien, denn die Erlöse aus diesem Vermögensgegenstand werden zunächst dazu verwendet die Verpflichtung des Emittenten unter dem Derivat, d. h. die Ausgleichszahlung, zu erfüllen und erst sekundär der Rückführung der asset backed securities.[15] Aus diesen Vermögensgegenständen leitet der Emittent aber auch Mittel her, mit denen er die asset backed securities zurückführen möchte und sollten sich die mit der Transaktion verbundenen Risiken nicht in dem Maße auswirken, dass zur Begleichung der Forderung mit dem Hedging Vertragspartner diese Vermögensgegenstände vollständig verwertet werden müssen, dienen sie dem Emittenten zur Rückzahlung der asset backed securities. Dies bedeutet für die Darstellungen im Rahmen von Ziff. 2.2. von Anh. VIII EU-ProspV, dass sich die geforderte Beschreibung sich auf sämtliche Vermögensgegenstände zu beziehen hat, die mit dem Emissionserlös der asset backed securities erworben wurden und dem Emittenten zur Rückführung der asset backed securities zur Verfügung stehen.

b) Ziff. 2.2.1.

7 Im Zusammenhang von Ziff. 2.2.1. von Anh. VIII EU-ProspV ist die Rechtsordnung, welche auf den oder die Vermögensgegenstände anzuwenden ist, aufzuführen. Unterliegen die Vermögensgegenstände verschiedenen Rechtsordnungen, so ist bei einer geringen Anzahl von Aktiva, im Rahmen der Beschreibung dieses Vermögensgegenstandes, die jeweilige Rechtsordnung anzugeben. Bei einer Vielzahl von Vermögensgegenständen sind im Rahmen der Geeignetheitskriterien der Vermögensgegenstände für die asset backed securities Transaktion, die jeweiligen zulässigen Rechtsordnungen aufzuführen. Dies gilt unabhängig davon, ob es sich um einen statischen Pool von Aktiva handelt oder ob die Vermögensgegenstände im Laufe der Transaktion um weitere ergänzt oder ausgetauscht werden können. Bei gemanagten asset backed securities, sind als Geeignetheitskriterium für die Aktiva, in die in diesen Transaktionen investiert werden kann, die potentiellen Rechtsordnungen, denen diese unterliegen dürfen, zu benennen.

c) Ziff. 2.2.2.

8 Im Rahmen der Beschreibung der Schuldner des oder der den Wertpapieren unterliegenden Vermögensgegenständen sind verschiedene Szenarien zu unterscheiden:

---

14 Z. B. werden entsprechend des Rating der asset backed securities, entsprechend unterschiedlich geratete Wertpapiere erworben.
15 Siehe beispielhaft den Prospekt der Semper Finance 2006-1 Limited v. 05.12.2006.

– Der in Ziff. 2.2.2. von Anh. VIII EU-ProspV nicht genannten Fall, in dem 9
es sich bei den Schuldnern der die Wertpapiere unterliegenden Vermögensgegenstände um eine einzige oder weniger als fünf juristische Personen handelt oder mehr als 20 % der Aktiva einem einzigen Schuldner zuzurechnen sind bzw. ein einziger Schuldner einen wesentlichen Teil dieser Aktiva hält, wird von Ziff. 2.2.11. von Anh. VIII EU-ProspV abgedeckt, der als lex speciales der allgemeineren Regelung vom Ziff. 2.2.2. von Anh. VIII EU-ProspV vorgeht.

Der in Ziff. 2.2.2.(a) von Anh. VIII EU-ProspV beschriebene Fall, dass wenige Vermögensgegenstände Teil einer asset backed securities Transaktion sind, wird zunehmend in der Praxis relevanter. Aus dem Sachzusammenhang mit Ziff. 2.2.11. von Anh. VIII EU-ProspV, welcher eine spezielle Regelung für asset backed securities mit Aktiva aus Verpflichtungen von fünf oder weniger Schuldner beinhaltet, lässt sich folgern, dass dieser Abschnitt der EU-ProspV auf Transaktionen, deren Aktiva aus Verpflichtungen von mehr als fünf Schuldnern bestehen, Anwendung findet. Es ist jedoch fraglich, ob bei der Anzahl der Aktiva allein auf die Schuldner der relevanten Verbindlichkeiten abzustellen ist. So kann es insb. bei asset backed securities, welche Hypothekarkredite als verbriefte Aktiva enthalten, vorkommen, dass die Anzahl der Kreditschuldner unter der Grenze von fünf liegt, jedoch die Zahl der diese Kredite besichernden Grundschulden oder Hypotheken, und somit die Zahl der Sicherungsgeber, größer als fünf ist. In einem solchen Fall, kommt es im Wesentlichen auf die Werthaltigkeit der zur Verfügung gestellten Sicherheiten an und weniger auf die Bonität der jeweiligen Schuldner. Zudem ist im Rahmen derartiger asset backed securities Transaktionen zu beachten, dass die jeweiligen Schuldner der verbrieften Kredite häufig selbst Zweckgesellschaften sind, die zum Erwerb der entsprechenden Immobilien gegründet wurden, so dass der Aussagegehalt der Jahresabschlussinformationen, sofern vorhanden, von diesen Gesellschaften von geringem Wert ist. In derartigen Fällen, ist eine Abwägung des Informationsgehaltes der zur Verfügung zu stellenden Angaben vorzunehmen. Ist hinsichtlich des Kreditrisikos der verbrieften Verbindlichkeit im Wesentlichen auf den Schuldner der Verbindlichkeit abzustellen, so geht Ziff. 2.2.11. von Anh. VIII EU-ProspV in Fällen in denen fünf oder weniger Verbindlichkeiten Bestandteil der asset backed securities sind, als Spezialregelung den Anforderungen von Ziff. 2.2.2.(a) von Anh. VIII EU-ProspV vor. Bilden jedoch die von mehr als fünf Personen zur Verfügung gestellten Sicherheiten das wesentliche Element der asset backed securities (dies wird insbesondere bei so genannten Commercial Mortgage Backed Securities der Fall sein), so ist nicht auf die Anzahl der Schuldner der verbrieften Verbindlichkeiten abzustellen, sondern es findet aufgrund der Mehrzahl an Sicherungsgebern, die Regelung der Ziff. 2.2.2.(a) von Anh. VIII VO Anwendung.[16]

---

16 Siehe beispielhaft die Prospekte der Epic Transaktionen der Royal Bank of Scotland plc, insbesondere der Epic (Ayton) plc v. 13.12.2005 und der Epic (Brodie) plc v. 26.06.2006.

10 Der Umfang der im Rahmen der Ziff. 2.2.2.(a) von Anh. VIII EU-ProspV darzustellenden Angaben beschränkt sich neben dem Namen des Schuldners, auf dessen Anschrift, Industriezweig(e), in dem bzw. denen der Schuldner tätig ist, eine kurze Beschreibung seiner Geschäftshistorie (z. B. Gründungsjahr, Gründer und Geschäftsentwicklung), sowie Abbildung der relevanten Zahlen aus den Finanzinformationen zu Umsatz, Vermögen und Ertrag aus den letzten zwei Geschäftsjahren sowie eine kurze Beschreibung zu der Geschäftsentwicklung im letzten Geschäftsjahr sofern der öffentlichen Informationsquelle, die dem Emittenten zugänglich ist, entnehmbar. Soweit bekannt, ist der Abschlussprüfer des relevanten Schuldners zu benennen. Entscheidend ist des Weiteren die Informationsquelle, der die relevanten Informationen entnommen wurden, aufzuführen.[17]

11 Handelt es sich bei den asset backed securities um Wertpapiere denen Verbindlichkeiten von fünf oder weniger Schuldnern zugrunde liegen, sind diese Verbindlichkeiten aber mit einer Mehrzahl von Sicherheiten besichert, so sind im Prospekt derartiger asset backed securities schwerpunktmäßig die Sicherheiten, der Besicherungsgrad und die Zahlungsströme unter diesen Sicherheiten (z. B. jährliche Mieteinnahmen) darzustellen. Dies beinhaltet primär eine kurze Beschreibung des/der Sicherungsobjekte (Lage, Eigennutzung oder vermietetes Objekt, industrielle, Büro oder Wohnzwecken dienende Nutzung) und deren Bewertung. Dazu gehört aber auch der Hinweis auf die mit den Realisierung der Sicherheiten einhergehende Risiken (z. B. Nennung der Anzahl der Mieter des als Sicherheit dienenden Objektes und der größten Mieter), sowie der auf dem Verstoß bestimmter Zusicherungen hinsichtlich Bewertungsgrößen basierender Kündigungs- und damit zur Verwertung der Sicherheiten berechtigender Gründe (z. B. Loan to Value Covenant, Debt Service Cover Ratio Covenant oder Interest Cover Ratio Covenant).[18]

12 Generell im Rahmen der Ziff. 2.2.2.(a) von Anh. VIII EU-ProspV darzustellen, sind die mit der verbrieften Verbindlichkeit oder mit der einhergehenden Sicherheit besonderen vertraglichen Vereinbarungen. Dies schließt insb. eventuelle Subordinierungsklauseln, Treuhandvereinbarungen im Zuge der Verwertung der Sicherheiten oder Intercreditorvereinbarungen ein.

13 – Der für die meisten asset backed securities relevante Fall, dass auf Vermögensgegenstände einer Vielzahl von Schuldnern Bezug genommen wird bzw. dass die Details über die zugrunde liegenden Schuldner nur allgemein feststehen, wird in Ziff. 2.2.2.(b) von Anh. VIII EU-ProspV behandelt.

14 In diesen Fällen sind zum einen die allgemeinen Merkmale der Schuldner sowie globale Angaben hinsichtlich der verbrieften Aktiva darzustel-

---

17 Siehe beispielhaft den Prospekt der CB MezzCAP Limited Partnership v. 20.04.2006, S. 161 ff.
18 Siehe beispielhaft die Prospekte der Epic Transaktionen der Royal Bank of Scotland plc, insb. von der Epic (Ayton) plc v. 13.12.2005, der Epic (Brodie) plc v. 26.06.2006, der Epic (Industrious) plc v. 28.09.2005 und der Epic (Culzean) plc v. 21.12.2006.

len. Auch im Rahmen dieser Vorschrift der EU-ProspV kann keinesfalls am Wortlaut der EU-ProspV als solcher festgehalten werden, vielmehr ist entsprechend der jeweiligen asset backed securities Transaktion darauf zu achten, dass sich der Anleger ein umfassendes Bild über die mit der Emission verbundenen Risiken machen kann.[19] Nur bei gleichförmigen Vermögensgegenständen (z.B. Leasingforderungen, Hypothekendarlehen, Genussrechten von mittelständischen Unternehmen) wird bei der Erstellung des dazugehörigen Prospektes eine Darstellung der generellen Angaben, die mit einem derartigen Vermögensgegenstand verbunden sind, möglich sein. Derartige Informationen, sofern nicht bereits im Rahmen der Risikohinweise behandelt, haben sich mit den vermögensgegenstandstypischen Merkmalen (insb. Verwertungsprobleme der zugrunde liegenden Mobilien oder Immobilien bei Kaufpreis-, Leasingoder Darlehensforderungen, Subordinierung der Ansprüche des Emittenten im Verwertungsfall bei nachrangigen Darlehensforderungen) zu beschäftigen. Handelt es sich bei den verbrieften Aktiva um eine Vielzahl von Verbindlichkeiten eines feststehenden Kreises von Unternehmen, so sind Name (auch der eines eventuellen Garantiegebers), Kurzbeschreibung der Geschäftstätigkeit[20] und (sofern vorhanden) Markt, an dem Wertpapiere des Schuldners gehandelt werden, aufzuführen.[21] Verfügt der Schuldner oder ein Garant über ein Rating, so sollte dieses ebenfalls (einschließlich des Hinweises, wann diese Rating zugeteilt wurde) der Beschreibung des betreffenden Unternehmens hinzugefügt werden, ohne dass aus dem Hinweis auf das Rating ein Einschätzung des Emittenten hinsichtlich der Kreditwürdigkeit dieses Unternehmens abgeleitet werden darf (ein entsprechender Hinweis ist der Beschreibung des referenzierten Pools an Unternehmen hinzuzufügen).[22]

Im Rahmen von asset backed securities, bei denen auf diverse, in einigen Fällen noch nicht abschließend feststehende Unternehmen diverser Branchen referenziert wird, ist eine derartige Darstellung der Schuldner der verbrieften Vermögensgegenständen (z.B. einer Vielzahl von Leasing oder Darlehensforderungen) oder bei privat Personen als Schuldner der verbrieften Verbindlichkeiten (deren Informationen datenschutzrechtlich geschützt sind) nicht durchführbar. Insofern ist vielmehr eine detaillierte Beschreibung der Geeignetheitskriterien, denen die verbrieften Aktiva zu folgen haben, entscheidend. Eine abschließende Aufzählung der einzelnen Merkmale ist nicht möglich und wird sich transaktionsspezifisch unterscheiden. Entsprechend der in diesem Anh. VIII EU-ProspV verlangten Angaben werden die Geeignetheitskriterien zumindest die Themen Rechtsordnung aus der der Schuldner des Vermögensgegenstandes stammen darf bzw. in der der Schuldner des Vermögensgegenstandes seinen Sitz zu haben hat, Rechtsnatur des Aktivums,

15

---

19 *Kullmann/Sester*, ZBB 2005, 209, 213.
20 Z.B. die Beschreibung eines Unternehmens i.R.d. Bloomberg Veröffentlichung.
21 Dies ergibt sich aus der Systematik mit Ziff. 2.2.11. v. Anh. VIII EU-ProspV und den darin geforderten Informationen.
22 Siehe beispielhaft den Prospekt der CB MezzCAP Limited Partnership v. 20.04.2006.

zulässige Währungen, Übertragbarkeit des Vermögensgegenstandes und zulässige Fälligkeitstermine, behandeln müssen. In vielen Fällen wird auch ein evtl. vorhandenes Rating des Schuldners des Vermögensgegenstandes zum Geeignetheitskriterium gemacht werden. Lassen sich die Verbindlichkeiten bzw. deren Schuldner in eine einzige Kategorie einordnen, so sind allgemeine Angaben zu Marktumfeld und Branche zu machen. Weitere statistische Daten zu den Vermögensgegenständen und damit relevante Geeignetheitskriterien ergeben sich aus den weiteren Anforderungen der Ziff. 2.2. von Anh. VIII EU-ProspV. So folgt im Umkehrschluss aus dem Erfordernis der Ziff. 2.2.7. von Anh. VIII EU-ProspV, die Information über evtl. bestehende Verpflichtungen des Darlehensgebers, weitere Zahlungen auf das Darlehen zu leisten, dass es ein Geeignetheitskriterium für die Darlehen von asset backed securities sein muss, ob es sich bei diesen um vollständig ausgezahlte Darlehen handelt, oder ob bisher nur eine teilweise Auszahlung erfolgt ist. Im letzteren Fall ist das Datum und der Betrag anzugeben, bis wann und in welcher Höhe die jeweiligen Darlehen noch in Anspruch genommen werden können, damit sich der Anleger ein Bild davon machen kann in wie weit ein nicht in die Verbriefung einbezogener Teil des Darlehens die Werthaltigkeit der relevanten Sicherheit beeinflussen kann.[23]

16 Zu beachten im Zusammenhang mit der Darstellung der Geeignetheitskriterien ist, dass darauf hingewiesen wird, dass es für die Beurteilung der Erfüllung der Geeignetheitskriterien allein auf den Zeitpunkt ankommt, in dem das Aktivum der Transaktion hinzugefügt wurde.[24]

d) Ziff. 2.2.3.

17 Die von Ziff. 2.2.3. von Anh. VIII EU-ProspV geforderte Darstellung der Rechtsnatur der Aktiva zielt darauf ab, dass sich der Anleger ein Bild davon machen kann, welches die verbrieften Vermögensgegenstände sind. Die Zahl der potentiellen im Rahmen von asset backed securities erwerbbaren Vermögensgegenstände ist vielfältig. So kann es sich hier um einfache Schuldverschreibungen, Pfandbriefe, andere asset backed securities, Darlehens- oder Leasingforderungen, (seltener) Handelsforderungen, Immobilien oder sogar zukünftige Ticketeinnahmen eines Fußballstadions handeln. Zur Darstellung der Rechtsnatur der Aktiva zählt auch die Beschreibung der Verträge auf denen die Aktiva beruhen. So können einerseits die Vertragsbedingungen selbst abgedruckt werden[25] oder es ist eine kurze Zusammenfassung der relevanten Vertragsbedingungen aufzuführen.[26] Eine derartige Pflicht ergibt sich aus dem Zusammenhang zu Ziff. 2.2.13. von Anh. VIII EU-ProspV, der vorsieht, dass bei verbrieften Verpflichtungen aus einem nicht

---

23 Siehe beispielhaft den Prospekt der Semper Finance 2006-1 Limited v. 05.12.2006, S. 86 ff.
24 Siehe beispielhaft den Prospekt der Adagio III CLO plc v. 17.08.2006, S. 206.
25 Siehe beispielhaft den Prospekt der CB MezzCAP Limited Partnership v. 20.04.2006, S. 74 ff.
26 Siehe beispielhaft den Prospekt der TS Co.mit One GmbH v. 26.07.2006, S. 96.

auf einem geregelten oder vergleichbaren Markt gehandelten Wertpapier eine Beschreibung der wichtigsten Bedingungen dieses Wertpapiers beizubringen ist. Es kann keinen Unterschied machen, ob eine Verpflichtung aus einem Wertpapier verbrieft wird oder eine Verpflichtung aus einem Leasing-, Kauf oder Darlehensvertrag. Entscheidend im Sinne der Anlegeraufklärung ist es, dass sich der Anleger ein Bild von den Ansprüchen, die mit dem verbrieften Aktivum einhergehen, machen kann. Der Umfang der darzustellenden Informationen kann sich an den Kriterien orientieren, die zum einen für Ziff. 2.2.13. von Anh. VIII EU-ProspV gelten, zum anderen an den Vorschriften zur Beschreibung der wesentlichen Verträge der Transaktion.[27]

e) Ziff. 2.2.4.

Der Fälligkeitstermin bzw. die Fälligkeitstermine der verbrieften Aktiva, die gem. Ziff. 2.2.4. von Anh. VIII EU-ProspV in den Prospekt aufgenommen werden müssen, dürfen nicht mit der erwarteten Laufzeit der asset backed securities, die sich aus wirtschaftlichen Erwägungen an anderen Kriterien als der Laufzeit der Vermögensgegenstände orientieren kann, verwechselt werden. Bei der Erstellung des Prospektes ist darauf zu achten, dass die Fälligkeiten der Aktiva getrennt von den Fälligkeiten bzw. erwarteten Rückzahlungsterminen der asset backed securities dargestellt werden. Handelt es sich bei dem Pool der verbrieften Aktiva um einige wenige Vermögensgegenstände, so ist für jeden Vermögensgegenstand dessen Fälligkeitstermin zu benennen. Im Rahmen von asset backed securities, in denen der Pool der verbrieften Aktiva nur über Geeignetheitskriterien definiert ist oder wieder aufgefüllt werden kann, ist darauf zu achten, dass die Einhaltung bestimmter Fälligkeitstermine eines der Geeignetheitskriterien darstellt.

18

f) Ziff. 2.2.5.

Im Rahmen des sich durch das zusätzliche Modul für asset backed securities ziehende Prinzip, dass Angaben zu machen sind, aus denen der Anleger sich ein Bild machen kann, ob die verbrieften Aktiva geeignet sind, Mittel zu generieren, die ausreichen um die emittierten Wertpapiere zurückzuführen, darf die Angabe zum Betrag und Währung der Aktiva, entsprechend Ziff. 2.2.5. von Anh. VIII EU-ProspV, nicht fehlen. Auch hier ist, dem grundsätzlichen Aufbau von Anh. VIII EU-ProspV folgend, in den Fällen in denen wenige Aktiva verbrieft werden, der Betrag der auf das einzelne Aktivum entfällt zu benennen. Im Rahmen von Transaktionen mit nicht leicht zu identifizierenden Vermögensgegenständen muss nur die Gesamtsumme, die den Pool von Aktiva am Datum der Emission der asset backed securities ausmacht, aufgeführt werden. Gleiches gilt für die Darstellung in welchen Währungen die Aktiva denominiert sind und wie die prozentuale Gewichtung dieser Währungen im Pool ist. Entspricht der Wert der mit dem Erlös aus der Emission der asset backed securities erworbenen Vermögensgegenstände

19

---

27 Siehe hierzu Ziff. 15. v. Anh. IV EU-ProspV oder Ziff. 12. v. Anh. IX EU-ProspV (insbesondere im Hinblick auf eventuelle Kündigungsrechte).

am Emissionsdatum nicht dem Nennwert der asset backed securities, so ist im Prospekt darzustellen, bis wann weitere Vermögensgegenstände erworben werden, um den ausgewiesen Zielwert des Pools von Aktiva zu erreichen. Darüber hinaus ist aufzuführen wie in der Zwischenzeit der verbleibende Emissionserlös angelegt bzw. verwendet wird.[28]

g) Ziff. 2.2.6.

20 Die gem. Ziff. 2.2.6. von Anh. VIII EU-ProspV erforderlichen Angaben dürfen nicht mit den Anforderungen von Ziff. 3.4.2. von Anh. VIII EU-ProspV verwechselt werden. Die in Ziff. 2.2.6. geforderte Information bezieht sich auf die Besicherung des verbrieften Vermögensgegenstandes und nicht auf die Besicherung der asset backed securities. Die Beleihungsquote spielt insb. bei der Verbriefung von Hypothekendarlehen und den mit ihnen verbunden Grundpfandrechten ein Rolle. Hier muss der Wert des Grundpfandrechtes im Vergleich zum verbrieften Hypothekendarlehen beschrieben werden. Für andere Arten von Sicherheiten, die dem Vermögensgegenstand zugeordnet werden können, spiegelt der Grad der Besicherung die erforderliche Information wieder. Nicht fehlen darf ein Hinweis darauf, ob sich verbriefte Aktiva und nicht verbriefte Aktiva bestimmte Sicherheiten teilen (sog. cross collateralisation). Aus der jeweils relevanten Quote soll der Anleger ableiten können, wie hoch die Wahrscheinlichkeit ist, dass bei Verwertung des Vermögensgegenstandes bzw. zugehöriger Sicherungsrechtes die Verwertungserlöse zur Rückführung der asset backed securities verwendet werden können. Sind hinsichtlich der verbrieften Vermögenswerte nur generelle Geeignetheitskriterien vorgegeben, ist zumindest die Beleihungsquote bzw. der Grad der Besicherung, die der Vermögensgegenstand mit sich bringen muss, um für die asset backed securities Transaktion geeignet zu sein, in den Prospekt aufzunehmen.[29]

h) Ziff. 2.2.7.

21 Die im Allgemeinen verwendete Methode zur Darstellung der Entstehung und Schaffung der Aktiva im Sinne von Ziff. 2.2.7. von Anh. VIII EU-ProspV, ist die Aufnahme der Prinzipien und Grundsätze des die Forderung originierenden Unternehmens (in der Regel der Forderungsverkäufer), wie dieses im Hinblick auf die Gewährung von Zahlungszielen und Kreditlimiten seiner Schuldner verfährt. Eine derartige Beschreibung muss zumindest stichpunktartig beschreiben, welche Prozesse bei der Einräumung von Zahlungszielen eingehalten werden müssen. Entsprechend der Vorgaben der Ziff. 2.2.7. von Anh. VIII EU-ProspV müssen bei der Verbriefung von Darlehensforderungen oder Vermögenswerten die auf Kreditverträgen beruhen, die Hauptdarlehenskriterien in den Prospekt aufgenommen werden. Dabei handelt es sich nicht um die Geeignetheitskriterien, die die Darlehen erfüllen müssen. Diese sind bereits im Rahmen von Ziff. 2.2.2. von Anh. VIII EU-ProspV zu beschrei-

---

28 Dies ergibt sich aus dem Zusammenhang mit Ziff. 3.4.4. v. Anh. VIII EU-ProspV.
29 Siehe beispielhaft den Prospekt der Epic (Brodie) plc v. 26.06.2006, S. 73 ff.

ben. Entsprechend des englischen Textes der VO, sind hier die wesentlichen Kriterien, die für die Kreditvergabe („lending criteria") eine Rolle spielen, aufzuführen. Dabei sind insb. die Methoden der Bonitätsanalyse des Darlehensnehmers und der Bewertung von Sicherheiten darzustellen.[30] Aus den prinzipiellen Erwägungen des WpPG folgt auch hier, dass je weniger Vermögensgegenstände den asset backed securities zugrunde liegen, desto detaillierter der Grad der Information sein muss. Ziff. 2.2.7. von Anh. VIII EU-ProspV verlangt zudem die Aufnahme eines Hinweises in den Prospekt, wenn ein Darlehen, die genannten Vergabekriterien nicht erfüllt. Dabei ist im Rahmen der Kreditvergabekriterien aufzunehmen, in welchen Fällen von der Kreditvergabepolitik abgewichen werden darf, so dass der Anleger sich nach wie vor ein Bild davon machen kann, welchen Maßgaben das verbriefte Darlehen folgt. Ein weiterer wichtiger Hinweis, welcher gem. Ziff. 2.2.7. von Anh. VIII EU-ProspV in der Darstellung nicht fehlen darf, ist der Hinweis auf evtl. bestehende Pflichten des Darlehensgebers weitere Zahlungen auf das Darlehen leisten müssen und ob diese weiteren Zahlungen ebenfalls Bestandteil der asset backed securities werden oder außerhalb der Transaktion stehen.

Wesentlicher Teil der im Rahmen dieser Ziff. 2.2.7. von Anh. VIII EU-ProspV 22 erforderlichen Darstellung ist nicht nur, wie die Aktiva originiert werden und welcher Kreditvergabepolitik sie unterliegen müssen, sondern auch, wie mit den Vermögensgegenständen nach deren Schaffung umgegangen wird (sog. Forderungsverwaltung). Diese so genannten Inkassoprinzipien, sind integraler Bestandteil der Kreditprozesse und gewähren dem Anleger in asset backed securities die Sicherheit, dass nach Übertragung des Vermögensgegenstandes an den Emittenten (sofern verschieden vom Forderungsoriginator) bzw. Übertragung des mit dem Vermögensgegenstandes verbunden Kreditrisikos auf den Anleger, der Forderungsverwalter denselben Prinzipien folgt, als hätte die Verbriefung nicht stattgefunden. In diesem Zusammenhang muss der Emittent die wesentlichen Prinzipien aufzählen, denen der Mahn- und Verwertungsprozess der verbrieften Aktiva zu folgen hat. Der Prospekt muss aber gleichzeitig aufführen, in welchen Szenarien diese Prinzipien geändert und angepasst werden können.[31]

i) Ziff. 2.2.8.

Der Wortlaut von Ziff. 2.2.8. von Anh. VIII EU-ProspV ist im Hinblick auf as- 23 set backed securities, in denen der Emittent der Wertpapiere nicht identisch ist zu dem Forderungsoriginator, missverständlich. Die hier angesprochenen Zusicherungen und Sicherheiten, beziehen sich nicht auf das Rechtsverhältnis zwischen dem Forderungsverkäufer und dem Emittenten, sondern auf die Zusicherungen und Sicherheiten in Bezug auf die Aktiva. Diese müssen aber nicht gegenüber dem Emittenten direkt abgegeben bzw. gewährt wor-

---

30 Siehe beispielhaft den Prospekt der TS Co.mit One GmbH v. 26.07.2006, S. 113 ff.
31 Siehe beispielhaft den Prospekt der Epic (Brodie) plc v. 26.06.2006, S. 94 ff.

den sein. Erforderlich ist somit die Darstellung der mit dem Vermögensgegenstand verbunden Zusicherungen und Sicherheiten.[32]

j) Ziff. 2.2.9.

24 Die Geeignetheitskriterien (Ziff. 2.2.9. von Anh. VIII EU-ProspV) sind nicht nur im Rahmen eines noch nicht feststehenden Pools von Aktiva oder einem Pool aus einer Vielzahl von Aktiva relevant, sondern auch in den Fällen, in den die asset backed securities Transaktion vorsieht, dass Aktiva in einem Pool, der sich aufgrund von Tilgungszahlungen auf die verbrieften Aktiva oder Reduzierungen des Pool der Aktiva durch ausgefallenen Vermögensgegenstände im Wert verringert hat, ausgetauscht werden können bzw. der Pool wieder aufgefüllt werden kann. Einige asset backed securities sehen zudem vor, dass Aktiva, bei denen sich herausgestellt hat, dass sie nicht oder nicht mehr die ursprünglichen Geeignetheitskriterien erfüllen, ein derartiges Substitutionsrecht besteht. Sind derartige Substitutionsrechte vorgesehen, so sind im Prospekt die Kriterien aufzuführen, an denen sich der Austausch zu orientieren hat. Neben den Kriterien, die dafür Sorge tragen, dass der Pool von Aktiva homogen bleibt, können auch Kriterien aufgeführt werden, dass sich das neue Aktivum an Ratingmethoden zu orientieren hat. In einem solchen Fall ist die entsprechende Ratingmethode im Prospekt nachvollziehbar darzustellen. Entweder im Zusammenhang mit den Risikohinweisen oder im Rahmen der Beschreibung der Substitutionsmöglichkeiten. Bei der Möglichkeit Aktiva durch Vermögensgegenstände einer anderen Kategorie oder Qualität auszutauschen, ist eine Erklärung und Beschreibung in den Prospekt aufzunehmen, welche Auswirkungen eine derartige Substitution auf den Pool der Aktiva, die mit der asset backed securities Transaktion verbunden Zahlungsströme und die Merkmale hat, denen zufolge die Mittel erwirtschaftet werden, die der Bedienung der fälligen Zahlungen für die Wertpapiere zugute kommen.

k) Ziff. 2.2.10.

25 Neben der Beschreibung der Sicherheiten, die in Bezug auf die Aktiva gewährt wurden, dient auch die Beschreibung der relevanten Versicherungspolicen, die für die Aktiva abgeschlossen wurden (Ziff. 2.2.10. von Anh. VIII EU-ProspV), der Information des Anlegers über die mit dem verbrieften Aktivum verbundenen Rechte, die diesem im Hinblick auf die Rückzahlung der Wertpapiere aus den verbrieften Aktiva zusätzliche Sicherheit gewähren. Die in diesem Zusammenhang einschlägigen Versicherungspolicen, sind die Gebäudeversicherung bei der Verbriefung von Hypothekendarlehen sowie die Sachversicherung bei der Verbriefung von Leasingforderungen. Kommt es zu einer Konzentration bei ein und ders. Versicherungsgesellschaft so ist ein entsprechender Hinweis in den Prospekt aufzunehmen. Dies kann entfallen, wenn die Leistungen dieser Versicherungsgesellschaft keinen wesentlichen Beitrag zur Bedienung der asset backed securities leisten.

---

[32] Siehe beispielhaft den Prospekt der Epic (Industrious) plc v. 28.09.2006, S. 73.

l) Ziff. 2.2.11.

Der Beschreibung der Schuldner, wenn sich der Pool der verbrieften Aktiva 26
aus Verpflichtungen von fünf oder weniger Schuldner zusammensetzt, oder
mehr als zwanzig Prozent der Aktiva einem einzigen Schuldner zuzurechnen
sind bzw. ein einziger Schuldner einen wesentlichen Teil der Aktiva hält,
kommt nach Ziff. 2.2.11. von Anh. VIII EU-ProspV besondere Bedeutung zu.
Zu beachten ist, dass diese Regelung nur dann zur Anwendung kommt,
wenn es sich bei dem Schuldner der verbrieften Aktiva um juristische Personen handelt. In diesem Fall sind an die Darstellung des/der Schuldner dieselben Anforderungen zu stellen, wie an den Emittenten der asset backed
securities selbst. Dies begründet sich damit, dass im Rahmen einer solchen
asset backed securities Transaktion, das mit der Anlage in diese Wertpapiere
verbundene Kreditrisiko bei dem/den Schuldnern des/der unterliegenden
Vermögensgegenstände liegt und nicht beim Emittenten, da dieser lediglich
als „Durchleitungsstelle" der Zahlungsströme aus den Vermögensgegenständen an die Anleihegläubiger dient. Aus dem Wortlaut von Ziff. 2.2.11.(b)
lässt sich ableiten, dass eine identische Informationspflicht besteht, wenn die
Verpflichtungen des/der Schuldner von einer dritten Person garantiert werden. In einem solchen Fall ist anhand der Bonitätsbeurteilung von Schuldner
und Garant abzuwägen, auf welche Person es im Hinblick auf die Werthaltigkeit der verbrieften Aktiva ankommt, um zu entscheiden, über wen derart
umfängliche Informationen abzubilden sind. Kommt sowohl dem Schuldner
als auch dem Garanten gleiches Gewicht zu, sind die relevanten Informationen für beide in den Prospekt einzufügen.

Wichtig ist in diesem Zusammenhang zu bemerken, dass sich der Emittent 27
nur auf veröffentlichte Informationen des relevanten Schuldners/Garanten
zu beziehen braucht, sofern ihm darüber hinaus keine weiteren Informationen bekannt sind. Aus dem Wortlaut der Ziff. 2.2.11. von Anh. VIII EU-ProspV, welcher lediglich die verschiedenen Möglichkeiten der Informationsquelle aufzeigen will, folgt nicht, dass im Hinblick auf die abzubildenden
Informationen über den Schuldner oder Garantiegeber, der Emittent bestätigen muss, dass in eine bestimmte Information bekannt ist, wenn er diese lediglich aus den Veröffentlichungen des Schuldner hergeleitet hat. Ähnlich
wie bei der Abgabe der Bestätigung im Rahmen von Ziff. 1.2. von Anh. VIII
EU-ProspV, ist es für den Emittenten entscheidend darzustellen, auf welche
Informationen er die Abbildungen im Rahmen der Ziff. 2.2.11. von Anh. VIII
EU-ProspV stützt. Nur wenn ihm Informationen, die über den Inhalt veröffentlichter Informationen des Schuldners hinausgehen bekannt sind, muss
eine entsprechende Formulierung im Rahmen der Beschreibung des Schuldners im Prospekt gewählt werden.

Der Umfang der Darstellungen im Rahmen der Ziff. 2.2.11. von Anh. VIII EU- 28
ProspV hängt entscheidend davon ab, ob Wertpapiere des Schuldners des
verbrieften Vermögensgegenstandes auf einem geregelten oder vergleichbaren Markt zugelassen wurden. Falls noch keine Wertpapiere des Schuldners
auf einem geregelten oder vergleichbaren Markt zugelassen wurden
(Ziff. 2.2.11.(a)), sind in Bezug auf den Schuldner die Informationen in den
Prospekt aufzunehmen, die im Rahmen des Anh. IV und IX EU-ProspV zu

Pegel 469

erbringen wären, wenn der Schuldner selbst Emittent eines derartigen Wertpapiers wäre. Dies schließt insb. die Abbildung der letzten Jahresabschlüsse des Schuldners ein. Ausgenommen ist lediglich eine Darstellung der Informationen gem. Ziff. 9. von Anh. IV EU-ProspV bzw. Ziff. 8 von Anh. IX EU-ProspV, da der Emittent der asset backed securities für den relevanten Schuldner des Vermögensgegenstandes kein Gewinnprognosen oder Gewinnschätzungen abgeben kann bzw. diese nur selten aus öffentlichen Informationen entnehmen können wird. Von der BaFin wird zudem eine Aussage verlangt, dass, sofern aus den veröffentlichten Informationen des Schuldners oder Garanten entnehmbar, im Falle der Zugehörigkeit des Schuldners oder Garanten zu einer Gruppe von Gesellschaften, eine kurze Beschreibung dieser Gruppe und der Stellung des Schuldners oder Garanten innerhalb dieser Gruppe in den Prospekt aufzunehmen. Des Weiteren sind, sofern den öffentlichen Informationsquellen entnehmbar oder auf sonstige Weise dem Emittenten bekannt gemacht, jüngste Ereignisse, die in Bezug auf den Schuldner oder Garanten eine Bedeutung haben und die in hohem Maße für die Bewertung der Solvenz relevant sein können unter Berücksichtigung des jeweiligen Einzelfalles des jeweiligen Schuldners/Garanten anzugeben. An dieser Stelle sind auch bei einem Schuldner der noch keine Wertpapiere and einem geregelten oder vergleichbaren Markt zugelassen hat, die hervorzuhebenden Risikofaktoren in Bezug auf den Schuldner/Garanten anzugeben, die die Fähigkeit des Schuldners/Garanten, seinen Verpflichtungen aus dem Vermögensgegenstand nachzukommen, beinträchtigen können. Dies kann primär durch die Entnahme der Beschreibung der Risiken aus dem Lagebericht des jüngsten Jahresabschlusses erfolgen.

29 Sind bereits Wertpapiere des betreffenden Schuldners an einem geregelten oder vergleichbaren Markt zugelassen worden (Ziff. 2.2.11.(b)), so können sich die Angaben über diesen Schuldner oder Garantiegeber auf Name, Anschrift, Land der Gründung, Art der Geschäftätigkeit und Bezeichnung des Marktes, auf dem die Wertpapiere zugelassen sind, beschränken. Diese Ziffer ist insb. hinsichtlich der Vermögensgegenstände relevant, welche im Rahmen synthetischer asset backed securities mit dem Emissionserlös erworben werden. Dabei handelt es sich in der Regel um Anleihen, Pfandbriefe oder Schuldscheine eines oder weniger Schuldner, die eine dem Rating der asset backed securities entsprechende Bonität mitbringen.[33]

m) Ziff. 2.2.12.

30 Ziff. 2.2.12. von Anh. VIII EU-ProspV kommt nur dann zur Anwendung, wenn zwischen dem Emittenten und dem Schuldner und/oder einem eventuellen Garantiegeber der verbrieften Aktiva eine besondere Beziehung besteht. Diese Beziehung zwischen den Parteien kann vertraglicher oder

---

[33] Siehe beispielhaft die bei der BaFin hinterlegten Endgültigen Bedingungen der HT Finanzanlage Limited zum KS-Solar-PLUS Zertifikat v. 17.08.2006 mit der enthaltenen Beschreibung der Kasseler Sparkasse und im Vergleich dazu die Beschreibung der Eurohypo Europäische Hypothekenbank S.A. im Prospekt der Semper Finance 2006-1 Limited v. 05.12.2006.

gesellschaftsrechtlicher Natur sein. Ein typischer Fall einer derartigen Beziehung ist gegeben, wenn der Emittent der asset backed securities eine Tochtergesellschaft des Schuldners oder Garantiegebers ist, und somit Bonitätsaspekte auf dieser Ebene Einfluss auf die Zahlungsfähigkeit des Emittenten unter den asset backed securities haben können. Ist eine solche Beziehung vorhanden und kann diese Einfluss auf die Bedienung der asset backed securities haben, so sind die wesentlichen Aspekte zu erläutern.

n) Ziff. 2.2.13.

Handelt es sich bei den verbrieften Aktiva um Wertpapiere, die selbst nicht auf einem geregelten oder vergleichbaren Markt gehandelt werden, so ist gem. Ziff. 2.2.13. eine Beschreibung der wichtigsten Bedingungen dieser Verpflichtungen beizubringen. Wie bereits der Wortlaut dieser Ziffer vermuten lässt, ist die Übersetzung des Textes der Verordnung in diesem Punkt zu eng erfolgt. Der englische Text der Verordnung bezieht sich auf „obligations" und somit auf jede Art von Verpflichtungen unabhängig ob in Form eines Wertpapiers. Vor dem Hintergrund der Vielzahl der verbriefbaren Verpflichtungen macht eine Beschränkung auf in Wertpapieren festgelegte Verpflichtungen wenig Sinn, so dass in jedem Fall eine Beschreibung der wichtigsten Bedingungen der verbrieften Verpflichtungen zu erfolgen hat. Entscheidend sind zum einen die Klauseln über die Zahlungsmodalitäten, Rechte zur Änderungen derartiger Klauseln, Aufrechnungsmöglichkeiten der Schuldners, Verzugsregelungen, Zuständigkeitsregelungen bei Rechtsstreitigkeiten und insb. Kündigungsrechte und dessen Auswirkungen auf die Zahlungsverpflichtungen. Zu den elementaren Vertragsbedingungen zählt bei Kauf- oder Leasingverträgen auch der mit dem Vertrag verbundene Gegenstand sowie Folgen von Mängeln an diesem auf die Leistungspflicht des Schuldners.[34]

31

32

o) Ziff. 2.2.14.

Setzen sich die verbrieften Aktiva aus Dividendenwerten zusammen, die zum Handel auf einem geregelten oder vergleichbaren Markt zugelassen sind, so muss der Emittent derartiger asset backed securities Informationen gem. Ziff. 2.2.14. von Anh. VIII EU-ProspV zu diesen Aktiva in seinen Prospekt aufnehmen. Bei diesen Informationen handelt es sich zum einen um die Beschreibung des Wertpapiers, welches insb. Nennbetrag, Laufzeit, Verzinsung und Options- oder Umwandlungsrechte bei Wandel- oder Optionsanleihen einschließt. Des Weiteren hat eine Beschreibung des Marktes, auf dem die Dividendenwerte gehandelt werden anhand der in Ziff. 2.2.14. von Anh. VIII EU-ProspV genannten Punkte zu erfolgen und es ist die Information über die Häufigkeit der Veröffentlichung der Kurse für die relevanten Dividendenwerte in den Prospekt aufzunehmen.

33

---

34 Siehe beispielhaft den Prospekt der Graphite Mortgages plc v. 09.12.2005 und die darin enthaltenen Beschreibung der Schuldscheine der Kreditanstalt für Wiederaufbau, S. 149ff.

p) Ziff. 2.2.15.

34 Eine wesentlich größere Bürde für den Emittenten bedeuten die Anforderungen der Ziff. 2.2.15. von Anh. VIII EU-ProspV. Danach muss der Emittent der asset backed securities zu jedem Dividendenwert und dessen Emittenten Angaben beibringen, die den Angaben entsprechen, die gem. Anh. I EU-ProspV gefordert werden, wenn der Pool der verbrieften Aktiva zu mehr als zehn Prozent aus Dividendenwerten besteht, die nicht auf einem geregelten oder vergleichbaren Markt gehandelt werden. Dabei ist der Wortlaut sowohl des englischen als auch des deutschen Textes der EU-ProspV eindeutig, dass dieses Informationserfordernis nicht nur dann besteht, wenn ein einzelner Dividendenwert mehr als zehn Prozent des Pool der verbrieften Aktiva ausmacht, sondern den Anforderungen auch dann Genüge getan werden muss, wenn mehrere Dividendenwerte zusammengenommen dazu führen, dass die geforderte zehn Prozent Grenze überschritten wird. Aufgrund der Eindeutigkeit des Wortlautes der EU-ProspV beziehen sich die Anforderungen auf jeden Dividendenwert des verbrieften Pools und nicht lediglich auf den Dividendenwert, welcher allein 10 % des Gesamtpools ausmacht.

q) Ziff. 2.2.16.

35 Ein Schätzgutachten für eine Immobilie muss dann in den Prospekt eingearbeitet werden, wenn ein bedeutender Teil der Aktiva durch Immobilien besichert oder unterlegt ist (Ziff. 2.2.16. von Anh. VIII EU-ProspV). Dieser Offenlegungspflicht muss jedoch nicht nachgekommen werden, wenn es sich bei den verbrieften Aktiva um Hypothekendarlehen handelt, welche durch eine Immobilie besichert sind und für diese Immobilie ein Schätzung vorliegt, welche bei der Vergabe des Hypothekendarlehens vorgenommen wurde. Aufgrund dieser Einschränkung stellt sich die Frage, wann die Ziff. 2.2.16. von Anh. VIII EU-ProspV zur Anwendung kommt. Aufgrund des Wortlautes der VO kann ein Anwendungsbereich bei Hypothekendarlehen nur dann gegeben sein, wenn im Rahmen der Vergabe der verbrieften Hypothekendarlehen ein Schätzgutachten nicht erstellt wurde. Aus diesem Grundsatz lässt sich ableiten, dass dann ein Schätzgutachten einzuholen ist, wenn die zur Besicherung des verbrieften Vermögenswertes dienende Immobilie nicht zuvor von dem Originator des Aktivum schätzen lassen wurde und somit eine unabhängige Bewertung, die Einfluss auf die Gewährung des verbrieften Aktivums hätte nehmen können, fehlt.

36 Im Hinblick auf den Wert der Immobilie handelt es sich für die asset backed securities um ein entscheidendes Bonitätsmerkmal für die Bedienung der Wertpapiere. Gleiches gilt für die Regelung der Ziff. 2.2.11. von Anh. VIII EU-ProspV, welcher als Wesentlichkeitsgrenze bei Aktiva von weniger als fünf Schuldnern nennt oder auf die Zurechenbarkeit von mehr als 20 Prozent der Aktiva zu einem Schuldner abstellt. Da es durchaus vorkommen kann, dass einzelne Schuldner nur geringes Gewicht am Volumen der verbrieften Aktiva haben, ist die 20 Prozent Grenze ein eindeutigeres Indiz für die Abhängigkeit der Bedienung der Wertpapiere von der Bonität eines einzelnen Schuldners. Insofern lässt sich argumentieren, dass auch für die Wesentlichkeitsgrenze der Ziff. 2.2.16. von Anh. VIII EU-ProspV ein derartiger Grenz-

wert Gültigkeit hat. Ein Schätzgutachten für eine Immobilie ist demnach beizubringen, wenn diese Immobile Aktiva besichert oder unterlegt, die mehr als 20 Prozent des verbrieften Pools ausmachen.

2. Angaben bei gemanagten Pools von Basisvermögenswerten

Neben den Angaben nach Ziff. 2.1. und Ziff. 2.2. von Anh. VIII EU-ProspV, die sich mit der Darstellung der verbrieften Vermögenswerte befassen, sind gem. Ziff. 2.3. von Anh. VIII EU-ProspV in asset backed securities Transaktionen, denen ein aktiv gemanagter Pool von Aktiva zugrunde liegt, gleichwertige und zusätzliche Informationen beizubringen.[35]

37

Im Rahmen einer gemanagten asset backed securities Transaktion kommt den Geeignetheitskriterien denen die Vermögensgegenstände entsprechen müssen besondere Bedeutung zu. Zum einen muss der Prospekt die Geeignetheitskriterien darstellen, denen die Vermögensgegenstände bei ihrer Anschaffung mit dem Emissionserlös genügen müssen. Dabei hat sich die Beschreibung im Prospekt an den in Ziff. 2.3.1. von Anh. VIII EU-ProspV genannten Informationsbedürfnissen zu orientieren. Der Investor muss sich ein Bild von der Art, der Qualität (hier spielen insb. die Ratingkriterien eine besondere Rolle) und der Liquidität der im Portfolio gehaltenen Aktiva machen können. Darüber hinaus müssen auch in einer gemanagten asset backed securities Transaktion die Vermögenswerte hinreichend Mittel erwirtschaften, um die emittierten Anleihen bedienen zu können.

38

Darüber hinaus ist es gem. Ziff. 2.3.2. von Anh. VIII EU-ProspV ebenso entscheidend darzustellen, welche Kriterien auf die Vermögensgegenstände Anwendung finden, die im Laufe der Zeit in der die asset backed securities ausstehen, neu angeschafft werden dürfen. Dies gilt zum einen für die Verwendung der nach der Emission der asset backed securities noch vorhandenen freien Liquidität, aber auch für Anlagen aufgrund freigewordener Liquidität nach Verkauf im Portfolio enthaltener Vermögensgegenstände. Dementsprechend ist in einem derartigen Prospekt festzuhalten, bis zu welchem Zeitpunkt die Aufnahmenkriterien in den gemanagten Pool von Aktiva und ab welchem Zeitpunkt die Reinvestitionskriterien gelten, sofern unterschiedliche Kriterien Anwendung finden sollen. In asset backed securities Transaktionen, in denen der Portfoliomanager berechtigt ist, die im Portfolio enthalten Vermögensgegenstände auszutauschen, muss der Prospekt einer derartigen Anleiheemission die Parameter enthalten, nach denen ein Verkauf und die Neuanschaffung von Vermögensgegenständen erfolgen darf. Augenmerk sollte auch darauf gelegt werden, die von den Rating Agenturen vorgegebenen Tests (z.B. CDO monitor tests) oder an der Qualität und/oder Profitabilität des Portfolios orientierende Tests (z.B. percentage limitations/ diversity score, interest cover test/ minimum spread test, collateral quality test), denen das Portfolio vor und nach Erwerb oder Verkauf eines Vermögensgegenstandes entsprechen muss, detailliert darzustellen, um beurteilen

39

---

35 Siehe beispielhaft für eine gemanagte asset backed securities Transaktion den Prospekt der Adagio III CLO plc v. 17.08.2006.

zu können, in wie weit sich das Portfolio im Laufe der asset backed securities Transaktion verändern kann. Sollte der Portfolio Manager berechtigt sein, die im Portfolio gehaltenen Vermögensgegenstände zu Wertpapierleihgeschäften einzusetzen, so sind die Parameter, an die er sich dabei zu halten hat, ebenfalls im Prospekt aufzunehmen.

40 Neben den Portfolio spezifischen Darstellungen muss entsprechend Ziff. 2.3.2. von Anh. VIII EU-ProspV auch der Portfolio Manager beschrieben werden. Die Kriterien denen die Beschreibung des Portfolio Managers zu folgen hat, entsprechen grds. denen der sonstigen Drittparteien, die an einer asset backed securities Transaktion teilnehmen. Zunächst ist ein genereller Überblick über die Geschäftstätigkeit des Portfolio Managers zu geben einschließlich eines kurzen Abrisses über die Geschäftshistorie. In diese kann auch das ergänzende Kriterium gem. Ziff. 2.3.2. von Anh. VIII EU-ProspV eingeflochten werden, die Beschreibung des Sachverstandes und Erfahrung als Portfolio Manager, welches auch die Investment Strategie des Unternehmens als solche beinhalten sollte. Zu dieser Beschreibung gehört zusätzlich die Nennung der hauptverantwortlichen Personen und deren Erfahrung im Portfolio Management der spezifischen Transaktion im Rahmen derer die asset backed securities begeben wurden. Diese Informationen sollten stichpunktartig umfassen, wann diese Person beim Portfoliomanager eingestellt wurde, welcher Aufgabenbereich wahrgenommen wird und welche Ausbildung die Person genossen hat. Eine weitere entsprechend Ziff. 2.3.2. von Anh. VIII EU-ProspV darzustellende Information ist das Verhältnis des Portfolio Managers zu den anderen an der Emission beteiligten Unternehmen. Dies ist insb. bei der Einschaltung von Tochtergesellschaften relevant.[36]

41 Des Weiteren sind entsprechend den Kriterien, nach denen alle wesentlichen Verträge der asset backed securities Transaktion zu beschreiben sind, die wesentlichen Elemente des Portfoliomanagementvertrages aufzuführen. Diese umfassen insbesondere die in Ziff. 2.3.2. von Anh. VIII EU-ProspV genannten Punkte, Kündigungsgründe und Anforderungen an die Bestellung eines ersatzweisen Portfolio Managers. Ziff. 2.3.2 von Anh. VIII EU-ProspV stellt keineswegs eine Spezialregelung zu den Vorschriften in Anh. IV oder Anh. IX EU-ProspV dar. Insofern sind entsprechend der dort gestellten Anforderungen auch die Bestimmungen über die Vergütungsregelung und Haftungsbegrenzungen aufzuführen.

3. Emmission von weiteren Wertpapieren mit Bezug auf dieselben Basisvermögenswerte

42 Die gem. Ziff. 2.4. von Anh. VIII EU-ProspV zu erbringende Beschreibung wird insbesondere im Rahmen von Anleiheprogrammen relevant sein, im Rahmen derer ein Emittent mehrere Anleihen ders. Art begibt, die aber nicht mit einer bereits begebenen Anleihe fungibel sind. In derartigen Szenarien kann es vorkommen, dass auf denselben Vermögensgegenstand Bezug genommen wird. Entscheidend für die Prospekterstellung ist es, dass eine der-

---

36 Siehe beispielhaft den Prospekt der Adagio III CLO plc v. 17.08.2006, S. 266 f.

artige Information nicht aufgenommen werden muss, wenn die in Zukunft zu begebenen Anleihen mit der im Prospekt beschriebenen Emission fungibel oder nachgeordnet sind. Zu beachten ist des Weiteren, dass eine derartige Beschreibung nur dann erfolgen kann, wenn der Vermögensgegenstand eindeutig in dem Prospekt der Emission beschrieben ist. In den Fällen, in denen lediglich die Möglichkeit besteht, dass der Schuldner des Vermögensgegenstandes in einer neuen Emission ebenfalls referenziert wird oder die Vermögensgegenstände nur nach bestimmten Kriterien beschrieben sind, ist eine derartige Beschreibung nach der allgemeinen Praxis nicht erforderlich.

III. Struktur und Kapitalfluss

Die in diesem Abschnitt 3 von Anh. VIII EU-ProspV geforderten Informationen beschreiben die wesentlichen wirtschaftlichen Aspekte einer asset backed securities Transaktion und sollen dem Anleger einen Überblick über die mit der Transaktion verbundenen Zahlungsströme geben. Entsprechend dieser Intention haben die Darstellungen zu erfolgen. *43*

1. Strukturdiagramm

Bei der Beschreibung der Struktur der Transaktion und eines eventuellen ergänzenden Strukturdiagramms, welche entsprechend Ziff. 3.1. von Anh. VIII EU-ProspV in den Prospekt von asset backed securities aufzunehmen sind, muss es sich nicht um eine Beschreibung der rechtlichen Beziehungen der Parteien untereinander handeln. Vielmehr muss die Transaktionsstruktur die Zahlungsströme im Rahmen der Transaktion wiedergeben. Diese Beschränkung ergibt sich zum einen aus der Stellung dieser Ziffer im Anh. VIII EU-ProspV und zum anderen aus dem Grundprinzip dem das Modul folgt, dass die Merkmale der asset backed securities darzustellen sind, denen zufolge der Emittent in die Lage versetzt wird, die asset backed securities zu bedienen.[37] *44*

2. Beteiligte Unternehmen und deren Aufgaben

Die Beschreibung der beteiligten Unternehmen und deren Aufgabenbereiche gemäß Ziff. 3.2. von Anh. VIII EU-ProspV, ist in zwei Bereiche zu unterteilen. Zum einen sind in der Beschreibung der Transaktion die beteiligten Unternehmen zu nennen, nebst Anschrift und Tätigkeitsbereich, der ihnen in der Transaktion zugewiesen wird. Des weiteren muss hinsichtlich der Parteien, die eine wesentliche Funktion im Rahmen der asset backed securities Transaktion einnehmen, in einer eigenen Rubrik, eine Beschreibung erfolgen, die eine kurze Geschäftsbeschreibung des Unternehmens sowie eine knappe Darstellung der Geschäftshistorie enthalten muss. Auch in diesem Fall ergibt sich aus der Stellung dieser Vorschrift, dass eine ausführlichere *45*

---

[37] Siehe beispielhaft den Prospekt der Epic (Industrious) plc v. 28.09.2006, S. 11. Sehr ausführlich der Prospekt der Class A Notes der Red Arrow International Leasing plc v. 28.03.2006, S. 1 ff.

Beschreibung eines der beteiligten Unternehmen nur dann zu erfolgen hat, wenn dieses Einfluss auf den Kapitalfluss der Transaktion hat. Dies gilt insb. für einen Hedging Vertragspartner, einen Vertragspartner in einer Wertpapierleihetransaktion oder eine Bank, die eine Kreditfazilität zur Verfügung stellt.[38]

3. Methoden der Übertragung der Basisvermögenswerte

46 Im Rahmen der Anforderungen der Ziff. 3.3. von Anh. VIII EU-ProspV ist besonders darauf acht zu geben, dass eine juristisch korrekte Beschreibung des Übertragungsmechanismus der Vermögensgegenstände, die mit dem Emissionserlös der asset backed securities erworben dargestellt wird. Grds. erfordert dies keine Einfügung eines Rechtsgutachtens. Jedoch ist sicherzustellen, dass, sofern die Vermögensgegenstände, soweit dies bereits zum Zeitpunkt der Prospekterstellung bekannt ist, verschiedenen Jurisdiktionen unterworfen sind, die Methode der Übertragung, nach der jeweiligen Rechtsordnung beschrieben wird.[39]

47 Eine Besonderheit beinhaltet Ziff. 3.3. von Anh. VIII EU-ProspV im Hinblick auf diejenigen asset backed securities Transaktionen in denen der Emissionserlös nicht vollständig am Tag der Emission in die zu erwerbenden Vermögensgegenstände investiert wird. Dies kann insb. bei Transaktionen vorkommen in denen der Pool der Vermögensgegenstände von einem Portfolio Manager verwaltet wird. In diesem Fall sind im Prospekt Angaben zu machen auf welche Art und Weise und in welchem Zeitraum, die noch nicht verwendeten Emissionserlöse investiert werden sollen. In der Regel wird auf die Geeignetheitskriterien der Vermögensgegenstände (siehe Ziff. 2.2. von Anh. VIII EU-ProspV) verwiesen werden können. Sollten jedoch hier andere Kriterien zum Tragen kommen, so sind an ihre Beschreibung dieselben Anforderungen zu stellen, wie bei der Beschreibung der Parameter, innerhalb derer ein Portfolio Manager Investitionsentscheidungen fällen kann (siehe Ziff. 2.3.2. von Anh. VIII EU-ProspV).[40]

4. Erläuterungen zum Mittelfluss (Cashflow)

48 Von besonderer Bedeutung für die asset backed securities ist die Beschreibung des Mittelflusses nach Ziff. 3.4 von Anh. VIII EU-ProspV, aufgrund derer der Anleger sich ein Bild von den Mitteln machen kann, die der Emittent zur Bedienung der asset backed securities erwirtschaftet.

49 Neben der Beschreibung der Zahlungsströme im Rahmen der Darstellung der Struktur der Transaktion (siehe Ziff. 3.1. von Anh. VIII EU-ProspV[41]) und

---

[38] Siehe beispielhaft für diese Aufteilung die Prospekte der CB MezzCAP Limited Partnership v. 20.04.2006 (Nennung der an der Transaktion beteiligten Parteien (S. 9), sowie die Darstellung der AIG Financial Products Corp. als Hedging Vertragspartner (S. 196) und der Commerzbank AG als Liquiditätsbank (S. 200)).
[39] Siehe beispielhaft den Prospekt der TS Co.mit One GmbH v. 26.07.2006, S. 81 ff.
[40] Siehe oben Rn. 39–41.
[41] Siehe oben Rn. 44.

den Aussagen zur Zuordnung der Verluste, der Behandlung von Eingängen auf bereits abgeschriebene und ausgebuchte Vermögensgegenstände (sog. Recoveries) und von fehlerhaften Verlustzuordnungen in den Anleihebedingungen der asset backed securities, sowie den Darstellungen zu der Zahlungsreihenfolge (siehe Ziff. 3.4.6. von Anh. VIII EU-ProspV[42]), sollte der Prospekt eine Kurzbeschreibung der Art und Weise, wie die Zuordnung der mit den Vermögensgegenständen erwirtschafteten Mitteln auf die asset backed securities erfolgt, beinhalten. Aufgrund der Tatsache, dass wesentliche Elemente des Kapitalflusses im Rahmen von den weiteren Anforderungen des Anh. VIII EU-ProspV behandelt werden, sind Darstellungen, die über die Beschreibung der Mittelherkunft und die Mittelverwendung im Rahmen der asset backed securities hinausgehen, nicht erforderlich. Entscheidend ist, dass sämtliche mit den Vermögensgegenständen verbunden Ansprüche (wie z.B. Zinszahlungen auf die Vermögensgegenstände, die dem Emittenten zustehen) sowie sonstige sich aus der Verbriefung der Vermögensgegenstände ergebenden Rechte (z.B. aus den nicht verwendeten Mittelzuflüssen der Vermögensgegenstände erwirtschaftete Reserven auf Konten des Emittenten) in die Beschreibung des Kapitalflusses einfließen. Bereits aus den Darstellungen zu den Vermögensgegenständen sollte hervorgehen, ob diese in Raten an den Emittenten zurückgezahlt werden oder in einer Einmalzahlung zu einem bestimmten Zeitpunkt zur Rückführung der asset backed securities zur Verfügung stehen, sowie welche Gründe es gibt, dass die Vermögensgegenstände vorzeitig zurückgezahlt werden. Eine etwaige Tabelle sollte insb. die geplante Rückzahlung der Vermögensgegenstände an den Emittenten beschreiben. Die dieser Tabelle zugrunde liegenden Annahmen sind unmittelbar im Anschluss oder im Rahmen der Tabelle darzustellen.[43]

a) Verlustteilnahme, Ziff. 3.4.2.

Ein weiteres entscheidendes Merkmal von asset backed securities ist es, dass der Erwerber dieser Wertpapiere in der Regel nicht an jedem Verlust oder jedem Risiko der vorübergehenden Zahlungsverzögerung im Zusammenhang mit den erworbenen Vermögensgegenständen beteiligt wird, sondern dass eine Verlustzone eingezogen wird, in der andere an der Transaktion beteiligte Personen (in den überwiegenden Fällen der Verkäufer der Vermögensgegenstände), einige Verluste im Hinblick auf die verbrieften Aktiva übernehmen oder Banken Liquiditätshilfen zur Verfügung stellen. 50

Diese partielle Verlustübernahme (sog. credit enhancement) kann auf unterschiedliche Art und Weise herbeigeführt werden. In jedem Fall sind die Details der Maßnahmen, welche dazu führen, dass sich die Kreditqualität (und damit das Rating) der asset backed securities verbessert, im Prospekt darzustellen. Im Unterschied zu den Risikofaktoren, im Rahmen derer das mit den 51

---

42 Siehe unten Rn. 64 ff.
43 Siehe beispielhaft die bei der BaFin hinterlegten Endgültigen Bedingungen der HT-Finanzanlage Limited zu den KS-Solar-PLUS Zertifikaten v. 17.08.2006 (S. 45 und 47 f.) und den Prospekt der Class A Notes der Red Arrow International Leasing plc v. 28.03.2006, S. 18.

asset backed securities verbundene Risiko, dass Zahlungen aus den oder auf die Vermögensgegenstände ausfallen können, generell dargestellt wird, kann den Anforderungen der Ziff. 3.4.2. von Anh. VIII EU-ProspV nur durch transaktionsspezifische und konkrete Darstellungen der Maßnahmen im Rahmen der jeweiligen asset backed securities Rechnung getragen werden. Beispielhaft sind folgende Möglichkeiten der Verbesserung der Kreditqualität zu nennen:

52 In den meisten Fällen, werden mehr Vermögensgegenstände erworben, als notwendig sind, um die asset backed securities zurückzuführen. Dies wird durch einen Kaufpreisabschlag auf die Vermögensgegenstände erreicht. Es können somit einige Vermögensgegenstände Verluste erleiden, bevor die Gefahr besteht, dass die asset backed securities nicht mehr ganz oder teilweise zurückgezahlt werden können In diesem Zusammenhang ist es wichtig, im Prospekt den Kaufpreis und den Wert der erworbenen Vermögensgegenstände am Datum der Emission aufzunehmen. Wesentlich im Rahmen der Darstellungen in einem Prospekt ist in einem solchen Fall auch die Beschreibung, wie Zuflüsse aus diesen überzähligen Vermögensgegenständen, die nicht für den Ausgleich von Verlusten unter anderen Vermögensgegenständen genutzt werden, verwendet werden.[44]

53 In anderen Fällen wird ein Mindestbetrag von den an der asset backed securities Transaktion beteiligten Parteien (und den Rating Agenturen) festgelegt, ab dem erst Verluste unter den Vermögensgegenständen den asset backed securities zugeordnet werden. Der Prospekt muss in einem solchen Fall diesen Mindestbetrag nennen, sowie beschreiben, ob dieser Mindestbetrag evtl. wieder durch Recoveries oder sonstige Ereignisse wieder aufgefüllt wird, sollte er durch entstanden Verlust bei den Vermögensgegenständen angegriffen worden sein.[45]

54 Des weiteren wird in vielen Fällen eine Barreserve hinterlegt oder durch überschüssige Zuflüsse aus den Vermögensgegenständen aufgebaut, die als Puffer für auftretende Verluste dient.

55 Es sind jedoch auch Fälle des credit enhancements vorstellbar, in denen eine Dritte Partei Mittel zur Verbesserung der Kreditwürdigkeit der Anleiheemission zur Verfügung stellt, in der Regel in Form eines nachrangigen Darlehens oder einer Kreditversicherung. Wie im Rahmen der sonstigen wesentlichen Vertragsverhältnisse des Emittenten, muss die Beschreibung eines solchen Vertrages, die Zahlungsbedingungen darstellen, unter denen derartige Mittel in Anspruch genommen werden können, wie eventuelle Rückzahlungsmodalitäten gestaltet und welche Kündigungsgründe vorgesehen sind.

---

44 Z. B. zum Aufbau von Barreserven oder als Ausschüttungen an den Forderungsverkäufer (als Nachzahlung auf den Kaufpreis). Siehe beispielhaft den Prospekt der Class A Notes der Red Arrow International Leasing plc v. 28. 03. 2006, S. 4.

45 Siehe beispielhaft den Prospekt der Semper Finance 2006-1 Limited v. 05. 12. 2006 (bzgl. des Outstanding Threshold Amounts, S. 37).

Der am häufigsten verwendete Fall der Verbesserung der Kreditqualität, ist 56
der Fall, dass die höher rangingen Anleiheklassen von der Subordinierung
der nachrangigen Anleiheklassen profitieren. Hierbei werden mit dem Emissionserlös zwar volumen- und wertgleiche Vermögensgegenstände erworben, aber es stehen keine weiteren Mittel zur Verfügung, um die asset backed securities zurückzuführen. In einem solchen Fall, tragen die Investoren in die nachrangigen Klassen von asset backed securities das vorrangige Risiko des Verlustes, welches mit den Vermögensgegenständen verbunden ist, und bilden somit das credit enhancement für die weniger nachrangigen Wertpapiere. Zugleich handelt es sich bei der nicht zeitgerechten Zahlung auf die Vermögensgegenstände für die nachrangigste Klasse der asset backed securities um ein mögliches wesentliches Liquiditätsdefizit, welches beim Emittenten auftreten kann. Der Prospekt muss hierbei Aussagen beinhalten, die die Liquiditätszuflüsse des Emittenten beschreiben, um auf diese Art und Weise die Risiken zu erläutern, wann es zu Ausfällen unter den verschiedenen Klassen der asset backed securities kommen kann.[46]

Ebenfalls im Rahmen der Ziff. 3.4.2. von Anh. VIII EU-ProspV zu beschreiben, sind Tatsachen, die dazu führen, dass dem Emittenten zum Zeitpunkt 57
der Rückzahlung der asset backed securities möglicherweise noch nicht sämtliche Mittel zur Rückzahlung der Wertpapiere zur Verfügung stehen. Dies ist insb. der Fall, wenn die erworbenen Vermögensgegenstände erst nach der geplanten (aber noch innerhalb der in den Anleihebedingungen vorgesehenen[47]) Fälligkeit der asset backed securities zurückgezahlt werden. In Abgrenzung zu den evtl. zur Verfügung stehenden Liquiditätshilfen ist hier jedoch zu betonen, dass ein derartiger Fall nicht von den Liquiditätshilfen abgedeckt ist, sondern zu einer Verzögerung der Rückzahlung der asset backed securities führt.[48]

Aufgrund des Wortlautes der Ziff. 3.8.(a) von Anh. VIII EU-ProspV, welcher 58
neben den Swap-Vertragsparteien die Beschaffer anderer wesentlicher Formen von Bonitäts- oder Liquiditätsverbesserungen nennt, ist die zur Verfügungsstellung von Hedging Fazilitäten ebenfalls als Mittel zur Verbesserung der Kreditqualität der Anleiheemissionen zu sehen. Diese Auslegung wird des Weiteren durch den letzten Halbsatz von Ziff. 3.4.2. von Anh. VIII EU-ProspV gestützt, welcher Beschreibungen fordert, die es dem Anleger ermöglichen sollen, auf die Bestimmungen der asset backed securities hingewiesen zu werden, durch die die Zinsrisiken und Hauptausfallrisiken mitigiert werden. Dementsprechend muss auch die Beschreibung der Hedging Fazilitäten den Anforderungen an die sonstigen wesentlichen Vertragsbeziehungen genügen. Neben der Darstellung der Zahlungsströme und der mit den Hedging Fazilitäten abgedeckten Risiken, ist besonderes Augenmerk auf die Kündi-

---

46 Siehe beispielhaft den Prospekt der Epic (Industrious) plc v. 28.09.2006, S. 4.
47 Sog. rechtlicher Fälligkeitstag (legal maturity date) im Unterschied zum geplanten Fälligkeitstag (scheduled maturity date).
48 Siehe hierzu die Darstellungen im Prospekt der CB MezzCAP Limited Partnership vom 20.04.2006, S. 53.

gungsgründe und evtl. Verpflichtungen des Swap-Vertragspartners, seine Verpflichtungen mit entsprechenden Mitteln zu unterlegen, zu legen.[49]

59 Gem. Ziff. 3.4.2. von Anh. VIII EU-ProspV sind auch etwaige Liquiditätshilfen darzustellen. Dies hat insb. dann Relevanz, wenn die Zahlungsströme aus den Vermögensgegenständen zeitlich oder vorübergehend volumenmäßig[50] nicht mit den Zahlungsströmen unter den asset backed securities übereinstimmen. Um den Anforderungen der Rating Agenturen gerecht zu werden, wird ein mit adäquatem Rating ausgestattetes Kreditinstitute eine Kreditzusage zugunsten des Emittenten zur Abdeckung dieses Risikos abgeben müssen. Auch in diesem Fall, muss der Prospekt die entscheidenden Vertragsbestandteile beschreiben, zu denen die Möglichkeiten und Voraussetzungen zur Nutzung der Fazilität unter dem Kreditvertrag, der Zinssatz einschließlich Verzugszinsregelung und sonstiger Kosten zulasten des Emittenten der asset backed securities, die Laufzeit und die Mechanismen zur Vertragsverlängerung, die Rückzahlungsmodalitäten sowie die Kündigungsgründe zählen.[51]

b) Finanzierung nachrangiger Verbindlichkeiten, Ziff. 3.4.3.

60 Aufgrund des mit ihnen verbundenen erhöhten Risikos, dass eine Rückzahlung der asset backed securities nicht vollständig möglich ist, fordert Ziff. 3.4.3. von Anh. VIII EU-ProspV eine Darstellung von Einzelheiten zu Finanzierungen von nachrangigen Verbindlichkeiten. Als Vermögensgegenstände, die den asset backed securities unterliegen, erfolgt eine generelle Beschreibung auch der nachrangigen Verbindlichkeiten im Rahmen der Ziff. 2. von Anh. VIII EU-ProspV. Aufgrund der Stellung der Ziff. 3.4.3. von Anh. VIII EU-ProspV im Kapitel Struktur und Kapitalfluss, verlangt die geforderte über die bereits nach Ziff. 2. von Anh. VIII EU-ProspV beigebrachten Informationen hinausgehende Beschreibung eine Darstellung der Kriterien, die die Nachrangigkeit der Verbindlichkeit ausmachen und Einfluss auf die Zuflüsse, sei es im Hinblick auf Zins- oder Kapitalzahlungen, an den Emittenten aufgrund der Nachrangigkeit der Verbindlichkeit haben. Diese Kriterien können sowohl auf Gesetz als auch auf vertraglicher Vereinbarung beruhen. Besonderer Betonung bedarf eine eventuelle Verlustbeteiligung aufgrund der nachrangigen Verbindlichkeit, die zu einer Reduzierung der Verbindlichkeit des Schuldners führt.[52]

---

49 Dies können entweder Barmittel oder entsprechend dem Rating der asset backed securities geratete Wertpapiere sein, die zu Gunsten des Emittenten zu hinterlegen sind, sein. Siehe beispielhaft den Prospekt der Class A Notes der Red Arrow International Leasing plc v. 28.03.2006, S. 93 f.
50 Z. B. wenn sich der Schuldner des Vermögensgegenstandes im Verzug befindet, die Forderung aber noch nicht als ausgefallen gilt oder wenn Quellensteuern zunächst einzubehalten sind und erst später vom Finanzamt zurück verlangt werden können.
51 Siehe beispielhaft Prospekt der CB MezzCAP Limited Partnership v. 20.04.2006, S. 37 ff., 121.
52 Siehe beispielhaft den Prospekt der CB MezzCAP Limited Partnership v. 20.04.2206, S. 33 ff.

c) Liquiditätsüberschüsse, Ziff. 3.4.4

Stehen dem Emittenten der asset backed securities vorübergehend überschüssige Liquiditätsmittel zur Verfügung, muss gem. Ziff. 3.4.4. von Anh. VIII EU-ProspV der Prospekt Angaben zur Verwendung dieser Liquiditätsüberschüsse enthalten. Grundsätzlich kann sich die Beschreibung dieser Merkmale an den Kriterien für das Erstinvestment der Emissionserlöse gem. Ziff. 3.3. von Anh. VIII EU-ProspV[53] oder den Parametern für die Anlage von Emissionserlösen im Rahmen von gemanagten asset backed securities nach Ziff. 2.3.2. von Anh. VIII EU-ProspV[54] orientieren. Zu berücksichtigen ist hierbei jedoch, dass es grds. in asset backed securities nicht vorgesehen ist, dass derartige Überschüsse den Gläubigern der asset backed securities zur Verfügung stehen sollen. Zwar bilden diese vorübergehende überschüssige Liquiditätsmittel einen zusätzlichen Puffer für Verluste unter den Vermögensgegenständen, der Anleger soll jedoch von der mit der Emission von asset backed securities verbundenen Intention der arrangierenden Parteien, auf die geplanten Zuflüsse aus den Vermögensgegenständen beschränkt sein und nicht an Übererlösen partizipieren. Aufgrund dieser Tatsache braucht den Beschreibungen im Rahmen der Ziff. 3.4.4. von Anh. VIII EU-ProspV nicht ders. Umfang eingeräumt werden, wie den Anforderungen zum Erwerb der Vermögensgegenstände, von denen die Rückzahlung der asset backed securities abhängt. Im Rahmen von Ziff. 3.4.4. von Anh. VIII EU-ProspV sind dementsprechend die Dauer und die Kriterien der Vermögensgegenstände anzugeben, in die diese vorübergehenden Liquiditätsüberschüsse investiert werden können, zu beschreiben. Darüber hinaus muss dargestellt werden, in welchem Umfang und wann derartige Liquiditätsüberschüsse den Investoren in die asset backed securities zu Gute kommen.[55]

61

d) Einzugsinformationen, Ziff. 3.4.5.

Der deutsche Text von Ziff. 3.4.5. von Anh. VIII EU-ProspV verwendet im Vergleich zum englischen Text der EU-ProspV einen ungenaueren Wortlaut hinsichtlich der hierunter geforderten Darstellungen. Zieht man den englischen Text zu Rate, so ergibt sich, dass der Prospekt die Informationen beinhalten muss, welche für den Einzug der mit dem verbrieften Vermögensgegenstand verbundenen Forderung relevant sind. Je geringer die Möglichkeit des Emittenten ist, auf die Einziehung der Forderung Einfluss zu nehmen, desto detaillierter müssen die Darstellungen erfolgen. So kann die Beschreibung genügen, dass der Emittent oder ein von ihm beauftragter Verwalter lediglich dafür Sorge zu tragen hat, dass die aufgrund der vertraglichen Beziehungen, die der Emittent mit den diversen Drittparteien in Bezug auf die Vermögensgegenstände hat, eingehenden Zahlungen[56] den

62

---

[53] Siehe oben Rdn. 46.
[54] Siehe oben Rn. 39f.
[55] Siehe beispielhaft den Prospekt der Adagio III CLO plc v. 17.08.2006, S. 212.
[56] Dies kann in der einfachsten Variante der Zufluss aus einem bei einer Depotbank liegendem Wertpapier und den Zahlungen unter einem Swapvertrag bestehen. Siehe beispielhaft die bei der BaFin hinterlegten Endgültigen Bedingungen der KS-Solar-PLUS Zertifikate v. 17.08.2006, S. 45/46.

Pegel

Anleihegläubigern zufließen. Erfordert die Verwaltung der Vermögensgegenstände weitere Schritte eines Verwalters (sog. Servicer), so muss der Prospekt stichpunktartig, die Prozedur (Forderungsüberwachung, Mahnwesen, Forderungsvollstreckung und Kriterien der Forderungsabschreibung) beschreiben, im Rahmen derer der Verwalter den Einzug der Forderungen betreibt.[57] Überschneidungen mit den Darstellungen gem. Ziff. 2.2.7. von Anh. VIII EU-ProspV sind zu vermeiden[58] und einer erneuten, separaten Darstellung bedarf es nicht.

63 Der Wortlaut der EU-ProspV legt es nahe, allein auf diejenigen Vermögenswerte abzustellen, die der Emittent der asset backed securities mit den Emissionserlös erworben hat. Dies würde bedeuten, dass im Rahmen der synthetischen asset backed securities, Zahlungen auf die Vermögensgegenstände, auf die durch das Derivat referenziert wird, von einer Beschreibung ausgeschlossen wären, und allein eine Beschreibung der Zahlungseingänge auf die im Eigentum des Emittenten stehenden Aktiva Bezug genommen werden müsste. Aus der Stellung der Ziff. 3.6. von Anh. VIII EU-ProspV kann man zwar erkennen, dass die synthetischen asset backed securities bei der Erstellung der EU-ProspV zu einem sehr späten Zeitpunkt behandelt wurden, aus dem Wortlaut der Ziff. 3.6. von Anh. VIII EU-ProspV[59] lässt sich jedoch entnehmen, dass die Basisvermögensgegenstände, auf die in einer derartigen Transaktion Bezug genommen wird, den selben Publizitätsanforderungen unterliegen, wie diejenigen asset backed securities, bei denen der Vermögensgegenstand, der das mit den asset backed securities verbundene Risiko beinhaltet und mit dem Emissionserlös der Wertpapiere erworben wird. Dementsprechend sind unter dieser Ziff. 3.4.5. von Anh. VIII EU-ProspV auch die Grundsätze der Forderungsverwaltung darzustellen[60], welche sich mit der Verwaltung der referenzierten Vermögensgegenstände in einer synthetischen asset backed securities Transaktion befassen. Die Anforderungen an die Darstellungen der Vertragsbeziehung mit dem Forderungsverwalter werden von Ziff. 3.7. von Anh. VIII EU-ProspV definiert.[61]

e) Zahlungsreihenfolge, Ziff. 3.4.6.

64 Mit jeglicher Form der asset backed securities ist eine bestimmte Reihenfolge verbunden, aufgrund derer die Mittel, die dem Emittenten unter den Vermögensgegenständen zufließen, zur Begleichung der Verbindlichkeiten des Emittenten verteilt werden. Diese Zahlungsreihenfolge wird in allen Fällen in den Bedingungen der asset backed securities wieder zu finden sein. Aufgrund der Tatsache, dass die Verbindlichkeiten des Emittenten nicht nur aus den asset backed securities bestehen werden, greift der Wortlaut von Ziff. 3.4.6. von Anh. VIII EU-ProspV zu kurz. Dies gilt insb. vor dem Hinter-

---

57 Siehe beispielhaft den Prospekt der TS Co.mit One GmbH v. 26.07.2006, S. 84 ff., 125.
58 Siehe oben Rn. 21.
59 Siehe unten Rn. 69.
60 Siehe auch oben Rn. 22.
61 Siehe beispielhaft den Prospekt der Semper Finance 2006-1 Limited v. 05.12.2006 S. 132 ff.

grund, dass die administrativen Kosten der Transaktion in der Regel vor der Bedienung der asset backed securities, zu begleichen sind. Die Beschreibung der Rangordnung der Zahlungen wird sich nicht auf die Verteilung an die Inhaber der asset backed securities beschränken können, sondern muss sämtliche Zahlungsverpflichtungen, die der Emittent unter allen Vertragsbeziehungen die er im Rahmen der asset backed securities eingeht, darstellen. Von Ziff. 3.4.6. von Anh. VIII EU-ProspV erfasst wird zudem nicht nur die Zahlungsreihenfolge, welche der Emittent einzuhalten hat, wenn es um die Verteilung der ihm zufließenden Gelder aus den Vermögensgegenständen geht, sondern auch diejenige Zahlungsreihenfolge welche ein Treuhänder, welcher im Falle der Kündigung der asset backed securities Transaktion, die aus der Verwertung der Vermögensgegenstände zufließenden Mittel an die Gläubiger des Emittenten zu verteilen hat, einhalten muss. Aufgrund des klaren Wortlautes der EU-ProspV muss über die Zahlungsreihenfolge als solche, keine ergänzende Beschreibung zu der Verteilung der Mittel aus den Vermögensgegenständen erfolgen.[62]

Entsprechend des Wortlautes von Ziff. 2.2. und 2.3. von Anh. VIII EU-ProspV erfolgt dort lediglich die Beschreibung der mit der asset backed securities Transaktion verbundenen Vermögensgegenstände.[63] Entscheidendes Merkmal der Fähigkeit des Emittenten seinen Zahlungsverpflichtungen unter den asset backed securities nachzukommen ist die Zuordnung der Verluste bei den Vermögensgegenständen. Da diese Verlustzuordnung auch dadurch erfolgen kann, dass die damit verbundenen Mindereinnahmen des Emittenten dazu führen können, dass im Rahmen der Zahlungsreihenfolge ein Bedienung einzelner Klassen von asset backed securities nicht möglich ist, hat im Rahmen der Ziff. 3.4.6. neben der Beschreibung der Zahlungsreihenfolge auch die Darstellung der Zuordnung der Verluste auf die an der asset backed securities Transaktion beteiligten Parteien und die Anleihegläubiger zu erfolgen, sofern diese sich nicht aus der Zahlungsreihenfolge selbst ergeben. Aufgrund der Tatsache, dass die Verlustzuordnung wie die Zahlungsreihenfolge als solche, vorab festgelegten Regeln folgen muss, werden die Darstellungen sich auf eine Zusammenfassung und die entsprechenden Klauseln der Anleihebedingungen beschränken können. Insb. bei den synthetischen asset backed securities ist in diesem Zusammenhang darzustellen, inwieweit die Verluste in den Basiswerten Einfluss auf die zur Rückzahlung der asset backed securities zur Verfügung stehenden Vermögensgegenstände haben, damit auch in diesem Fall der Anleger ein Bild davon machen kann, inwieweit sich in den Basiswerten Verluste realisieren müssen, bevor die die Rückzahlung der Wertpapiere sichernden Vermögenswerte angegriffen wer-

65

---

[62] Siehe beispielhaft den Prospekt der CB MezzCAP Limited Partnership v. 20.04.2006, S. 12ff.
[63] Aufgrund des Verweises des Wortlautes v. Ziff. 3.6. v. Anh. VIII EU-ProspV auf die Anforderungen v. Ziff. 2.2. und 2.3. v. Anh. VIII EU-ProspV gilt entsprechendes für die synthetischen asset backed securities.

den und nicht mehr zugunsten der Gläubiger der asset backed securities zur Verfügung stehen.[64]

e) Abhängigkeit der Zins- und Tilgungsleistung, Ziff. 3.4.7.

66 Durch den Wortlaut der Ziff. 3.4.7. von Anh. VIII EU-ProspV und der Stellung dieser Ziffer im Anh. VIII der EU-ProspV entsteht der Eindruck, dass lediglich auf die sich mit der Zins- und Tilgungszahlung befassenden Klauseln der Bedingungen der asset backed securities zu verweisen ist. Wird jedoch der englisch Text der EU-ProspV zur Auslegung herangezogen und dem Grundprinzip dieses Abschnittes von Anh. VIII EU-ProspV gefolgt, nachdem sich der Anleger ein Bild von den Mitteln und Zahlungsströmen machen soll, die zur Rückführung der asset backed securities zur Verfügung stehen, so wird deutlich, dass im Rahmen der Ziff. 3.4.7. von Anh. VIII EU-ProspV, die Zusammenhänge von denen die Zins- und Tilgungszahlungen auf die asset backed securities abhängen darzustellen sind. Ebenfalls im deutschen Text der EU-ProspV unterschlagen wird der weitergehende Zweck der Ziff. 3.4.7. von Anh. VIII EU-ProspV. Sämtliche Darstellungen der Ziff. 3.4. dienen der Information des Anlegers über die Mittel und Zahlungsströme, von denen die Fähigkeit des Emittenten abhängen, die asset backed securities zu bedienen. Insofern wird durch den englischen Text von Ziff. 3.4.7. von Anh. VIII EU-ProspV deutlich, dass weitergehende Darstellungen nur dann erforderlich sind, wenn es ergänzende und wesentliche, bisher nicht behandelte Aspekte gibt, die für die Zins- und Kapitalzahlungen an die Anleger von Bedeutung sind. Im Gegensatz zum deutschen Text der EU-ProspV verwendet der englische Text in diesem Zusammenhang die Worte „any other arrangements", also „eventuelle weitere Maßnahmen". Sofern noch nicht im Zusammenhang mit den anderen Ziffern von Anh. VIII EU-ProspV oder den allgemeinen Risikofaktoren von asset backed securities dargestellt, sind im Rahmen von Ziff. 3.4.7. von Anh. VIII EU-ProspV z. B. die Abhängigkeit von der Bonität der anderen an der asset backed securities Transaktion beteiligten Vertragsparteien und die Struktur der u.a. zugunsten der Anleihegläubiger bestellten Sicherheiten im Rahmen der asset backed securities Transaktion darzustellen.

5. Beschreibung des Urhebers (Organisators), Ziff. 3.5.

67 Ähnlich wie bei anderen Anforderungen des Anh. VIII EU-ProspV, ist der deutsche Wortlaut der Ziff. 3.5. von Anh. VIII EU-ProspV der Wortlaut der EU-ProspV zu ungenau um den unterschiedlichen Anforderungen an true sale und synthetischen asset backed securities gerecht zu werden. Dem reinen Wortlaut nach bedarf es bei den Darstellungen zu dieser Ziffer der EU-ProspV nur der Darstellungen zu einem früheren Besitzer der mit dem Emissionserlös erworbenen Aktiva, da allein bei diesen ein Besitz-, in den meisten Fällen sogar ein Eigentumswechsel stattfindet. Die „Schaffer" der refe-

---

64 Siehe beispielhaft den Prospekt der Semper Finance 2006-1 Limited v. 05.12.2006, S. 15, 35.

renzierten Vermögensgegenstände bei den synthetischen asset backed securities würden einer Beschreibung nach Ziff. 3.5. von Anh. VIII EU-ProspV nicht unterliegen. Richtiger ist auch in diesem Fall der englische Text von Ziff. 3.5. von Anh. VIII EU-ProspV, der den Begriff des „Originators" der verbrieften Aktiva verwendet. Der Begriff „Originator", wörtlich übersetzt „Urheber"[65], spiegelt auch die Situation der synthetischen asset backed securities wieder, im Rahmen derer bei denjenigen Vermögensgegenständen, die über das Derivat das Risiko, welches mit den asset backed securities verbunden ist, ausmachen, ein Besitzwechsel nicht stattfindet.[66] Des weiteren spiegelt der Begriff „Originator" auch die Situation wieder, die bei synthetischen asset backed securities nicht ungewöhnlich ist, dass die Vertragspartei zum Derivat nicht zwangläufig auch im Besitz des referenzierten Vermögensgegenstandes sein muss.

Im Gegensatz zu den sonstigen an der asset backed securities Transaktion beteiligten Parteien, bedarf es bei der ausführlichen Beschreibung des Originators der wesentlichen Geschäftstätigkeiten. Ist der Originator in mehreren Geschäftszweigen aktiv, ist besonderes Augenmerk auf den Bereich zu legen, dem die Vermögensgegenstände, die Teil der asset backed securities Transaktion sind, entstammen.[67]   68

6. Synthetische ABS-Transaktionen

Ziff. 3.6. von Anh. VIII EU-ProspV ist die Spezialregelung für die Anforderungen an die Beschreibung der Basisvermögenswerte, von denen die Zuweisung der Verluste im Rahmen von synthetischen asset backed securities abhängen. Ausdrücklich werden vom Wortlaut der Ziff. 3.6. von Anh. VIII EU-ProspV diejenigen Vermögensgegenstände ausgenommen, die Aktiva des Emittenten der asset backed securities sind. Dabei handelt es sich um die mit dem Emissionserlös erworbenen Vermögenswerte, die durch diesen Erwerb zu Aktiva des Emittenten werden und im Rahmen der Definition von asset backed securities, die Wertpapiere unterlegen. Diese mit dem Emissionserlös erworbenen Aktiva werden direkt vom Wortlaut der Ziff. 2.2. und 2.3. von Anh. VIII EU-ProspV erfasst.[68] Im Rahmen von synthetischen asset   69

---

65 BT-Drucks. 15/5852 S. 17 zum Refinanzierungsregister über die fehlende Aussagekraft des Begriffes „Originator" im Zusammenhang mit dem Refinanzierungsregister, i. R. d. EU-ProspV ist jedoch der weite Begriff derjenigen Person relevant, der der Urheber der referenzierten Vermögensgegenstände ist.
66 Zwar unterscheidet der englische Text der EU-ProspV in Ziff. 3.7. v. Anh. VIII EU-ProspV einmalig im kompletten Text der EU-ProspV zwischen Originator und creator, dies spiegelt jedoch lediglich die Tatsache wieder, dass ein Vermögensgegenstand nicht zwangsläufig v. der an der asset backed securities Transaktion beteiligten Partei selbst geschaffen worden sein muss, sondern auch i. R. d. eigenen Geschäftsbetriebes erworben worden sein kann. Dies begründet dennoch nicht die Übersetzung des Begriffes „Originator" mit „Besitzer" im deutschen Text der EU-ProspV.
67 Siehe beispielhaft die Prospekte der TS Co.mit One GmbH v. 26.07.2006 (S. 125) und der Semper Finance 2006-1 Limited v. 05.12.2006 (S. 162).
68 Siehe zu Ziff. 2.2. v. Anh. VIII EU-ProspV Rn. 6.

backed securities Transaktionen wird mit dem Emissionserlös zwar auch ein oder mehrere Vermögensgegenstände erworben, jedoch ist dies kein Vermögensgegenstand, aus dem sich das mit den asset backed securities verbundene Risiko ergibt, sondern es wird mittels eines Derivates auf einen oder mehrere Basisvermögensgegenstände Bezug genommen, deren Wertentwicklung für die Rückführung der asset backed securities entscheidend ist.[69]

70 Die Reglung zu den synthetischen asset backed securities an dieser Stelle des Anh. VIII EU-ProspV scheint überraschend, da aus dem Wortlaut dieser Ziff. 3.6. eindeutig hervor geht, dass es hierbei um die Regelung zu den Anforderungen an die Beschreibung der Basisvermögenswerte handelt, aus denen sich die mit einer derartigen Transaktion verbundenen Risiken realisieren können, während der Titel von Ziff. 3 von Anh. VIII EU-ProspV vermuten lässt, dass im Rahmen dieses Abschnittes des Anh. VIII EU-ProspV lediglich die Struktur und der Kapitalfluss einer asset backed securities Transaktion darzustellen sind. Bei den synthetischen asset backed securities Transaktionen verbinden die Basisvermögenswerte jedoch beides. Die Zahlungen auf die Basisvermögenswerte und damit die ihnen zugrunde liegende Vertragsstruktur, Laufzeit und Werthaltigkeit sind gleichzeitig für den Kapitalfluss unter den asset bakked securities entscheidend. Je nach Verlustzuordnung auf die Basisvermögenswerte muss der Emittent der asset backed securities, die mit dem Emissionserlös erworbenen Vermögensgegenstände verwerten und zur Zahlung an den Vertragspartner des Derivates verwenden. Dementsprechend wird die Fähigkeit des Emittenten die asset backed securities aus seinen eigenen Aktiva zu bedienen geschmälert und die Verluste aus den Basisvermögenswerten an die Anleihegläubiger weitergereicht.

71 Richtigerweise stellt somit Ziff. 3.6. von Anh. VIII EU-ProspV die Anforderungen an die referenzierten Basisvermögenswerte mit denjenigen Vermögensgegenständen gleich, die mit dem Emissionserlös erworben werden und von deren Natur und/ oder der Bonität ihres Schuldner es ebenso abhängt, ob der Emittent ausreichend Mittel erwirtschaftet, um die asset backed securities zurückzuzahlen. Gem. der Regelung der Ziff. 3.6. von Anh. VIII EU-ProspV gelten dieselben Anforderungen hinsichtlich des Grades an Informationen und Beschreibung in einem Prospekt wie von Ziff. 2.2. und 2.3. von Anh. VIII EU-ProspV gefordert.[70]

7. Verwalter, Berechnungsstelle und gleichwertige Personen

72 Ziff. 3.7. von Anh. VIII EU-ProspV definiert die Anforderungen und die Darstellungen der Person eines Verwalters, einer Berechnungsstelle oder einer gleichwertigen Person und die Vertragsbeziehung zu dem Emittenten. Ein

---

69 Siehe Einl. zu Art. 7 WpPG i.V.m. Art. 10 EU-ProspV, Rn. 4; *Althaus*, Kreditwesen 2003, S. 632ff.

70 Siehe beispielhaft die Prospekte der Epic (Industrious) plc v. 28.09.2006, S. 61ff. (der nur auf einen Basiswert referenziert), der Epic (Brodie) plc v. 26.06.2006, S. 72ff. (in dem eine Portfolio von wenigen Basiswerten enthalten ist) oder der Semper Finance 2006-1 Limited v. 05.12.2006, S. 82ff., (in dem der Reference Pool nur durch Geeignetheitskriterien dargestellt wird).

Verwalter wird vom Emittenten insb. mit dem Einzug der verbrieften Aktiva beauftragt.[71] Eine Berechnungsstelle kann diverse Funktionen im Rahmen einer asset backed securities Transaktion einnehmen. Dabei ist die Funktion, die Höhe der Zinsen, die auf die asset backed securities zu zahlen sind, zu berechnen jedoch eine derart untergeordnete, dass es einer detaillierten Beschreibung, wie von Ziff. 3.7. von Anh. VIII EU-ProspV gefordert, nicht bedarf.[72] Aus der Nennung der Berechnungsstelle in ders. Ziffer wie den Verwalter, kann man entnehmen, dass ihr eine besondere Stellung, für die Beurteilung der verbrieften Aktiva zukommen muss. Daher muss eine Berechnungsstelle für die Berechnung der Verluste und auch für die Beurteilung, ob ein Verlust eingetreten ist und dieser den asset backed securities zuzuordnen ist, zuständig sein, um Bedeutung genug für die asset backed securities Transaktion zu haben, um den Anforderungen von Ziff. 3.7. von Anh. VIII EU-ProspV zu unterfallen.

Gleiches gilt für die „gleichwertigen Personen". Ihnen muss eine Funktion zukommen, die mit den auf die Aktiva erfolgenden Zahlungsströmen verbunden sind, um den Anforderungen von Ziff. 3.7. von Anh. VIII EU-ProspV genügen zu müssen. Zu diesen Personen wird insb. diejenige Institution zählen, die mit der Durchführung der Zahlungen auf die mit der asset backed securities Transaktion verbundenen Verbindlichkeiten im Rahmen der Zahlungsreihenfolge sowie der Treuhänder, der mit der Verwaltung und Verwertung der Sicherheiten, die zugunsten der Gläubiger des Emittenten der asset backed securities eingeräumt wurden, beauftragt wurde. 73

Neben den Kontaktdaten (Name und Anschrift) und den wesentlichen Geschäftsaktivitäten dieser Personen sind im Rahmen der Ziff. 3.7. von Anh. VIII EU-ProspV die wesentlichen Bedingungen die dem Vertragsverhältnis mit dem Emittenten zugrunde liegen, darzustellen. Neben den Kündigungsgründen und den Klauseln, die sich mit der Ersetzung dieser Person durch eine gleichwertige auseinandersetzen, müssen die Darstellungen im Prospekt, den Umfang der Zuständigkeiten der Drittpartei und deren Beschränkungen und Entscheidungsfreiräume hinsichtlich der Verwaltung der Forderungen, der zu tätigen Berechnungen und der mit der Transaktion verbundenen Zahlungszuflüsse beinhalten. Der Abdruck des kompletten Vertragswerkes mit der jeweiligen Drittpartei ist nicht erforderlich. 74

Um evtl. bestehende Interessenkonflikte zwischen der Drittpartei, deren Aufgabenerfüllung letztendlich den Inhabern der asset backed securities zugute kommen soll, und derjenigen Person von der die Aktiva des Emittenten oder die referenzierten Basisvermögensgegenstände herrühren beurteilen zu können, muss der Prospekt ein eventuelles Verhältnis zwischen diesen Par- 75

---

71 Zu weiteren Funktionen siehe Ziff. 3.4.5. v. Anh. VIII EU-ProspV.
72 So ist z. B. in der Transaktion der Eurohypo AG die Zahlstelle für die Berechnung der Zinszahlungen zuständig, eine Beschreibung ders. erfolgt jedoch richtigerweise im Prospekt der Semper Finance 2006-1 Limited v. 05.12.2006 nicht. Die Darstellungen zur Funktion und der Benennung einer Berechnungsstelle (Calculation Agent) im Prospekt der Adagio III CLO plc v. 17.08.2006 (S. 270) sind dementsprechend wenig aussagekräftig.

teien aufzeigen. Zumeist wird insb. der Verwalter ein dem Originator[73] der Aktiva nahe stehende Person sein, vielfach eine Tochtergesellschaft.[74]

8. Vertragsparteien mit Relevanz für den Mittelfluss (Cashflow)

76 Aufgrund der Tatsache, dass die dem Emittenten zur Verfügung stehenden Hedging Fazilitäten, Bonitätsverbesserungen und Liquiditätshilfen bereits im Rahmen von Ziff. 3.4.2. von Anh. VIII EU-ProspV zusammen mit den sie bestimmenden Vertragsbeziehungen darzustellen sind, genügt es im Rahmen der Beschreibungen gem. Ziff. 3.8. von Anh. VIII EU-ProspV die relevante Vertragspartei sowie die Bank, bei der die Hauptkonten des Emittenten der asset backed securities geführt werden, mit Name, Anschrift und kurzer Beschreibung zu erwähnen. Die Inhalte der Kurzbeschreibung können sich dabei an den Anforderungen an die sonstigen Personen orientieren und sich auf die Geschäftstätigkeit dieser Unternehmen beschränken.

IV. „EX POST"-Informationen

77 Wie bereits bei anderen Passagen der EU-ProspV hilft bei der Auslegung dieser Ziffer des Anh. VIII EU-ProspV der englische Text der EU-ProspV die Anforderungen genauer zu verstehen. Gefordert ist eine ausdrückliche Aussage im Prospekt, ob die Intention vorhanden ist, weitere Informationen zu den emittierten asset backed securities, der dahinter stehenden Transaktion und den Basisvermögensgegenständen zu veröffentlichen, oder nicht. Beide Texte der EU-ProspV sind aber insofern ungenau, als erstmals der Begriff „Basissicherheit" bzw. „underlying collateral" verwendet wird. Während im englischen Text der EU-ProspV der Begriff „collateral" nur noch im Anh. XV EU-ProspV im Rahmen von Risiken mit einer Gegenpartei in derivativen Geschäften Verwendung findet, wird der Begriff „Basissicherheit" in deutschen Text der EU-ProspV kein weiteres Mal benutzt. Dennoch ist davon auszugehen, dass durch die Ziff. 4. von Anh. VIII EU-ProspV keine neuen Begrifflichkeiten oder Beschreibungsanforderungen eingeführt werden sollten, sondern vielmehr eine Variante der bereits bekannten Begriffe gewählt wurde. Insofern muss es sich um Informationen in Bezug auf die zugrunde liegenden (Basis-)Vermögenswerte handeln. In vielen asset backed securities Transaktionen werden die Investoren mit laufendem Informationsmaterial zu der Entwicklung des Portfolios an Vermögensgegenständen versorgt. Entsprechend ist im Prospekt anzugeben, in welcher Form und wie oft ein derartiges sog. Reporting erfolgt. Nicht fehlen darf der Hinweis auf die Stelle, bei welcher die jeweiligen Informationen erhältlich sind. Dies wird in der Regel der Emittent oder die Zahlstelle sein.[75]

---

[73] In der umfassenden Bedeutung als „Urheber", vorhergehender Besitzer der Aktiva und Begründer der Aktiva, siehe hierzu Ausführungen zu Ziff. 3.5. v. Anh. VIII EU-ProspV.
[74] Siehe hierzu beispielhaft den Prospekt der Epic (Industrious) plc v. 28.09.2006, S. 123 ff.
[75] Beispielhaft für eine Transaktion, die im Prospekt keine weiteren Informationsangaben vorsieht, siehe Prospekt der CB MezzCAP Limited Partnership v. 20.04.2006. Beispielhaft für eine Transaktion, die im Prospekt eine weitere Informationsbereitstellung vorsieht, siehe Prospekt der Semper Finance 2006-1 Limited v. 05.12.2006.

ARTIKEL 12
Schema für das Registrierungsformular für Schuldtitel und derivate Wertpapiere mit einer Mindeststückelung von 50.000 EUR

Bei nicht unter Artikel 4 fallenden Wertpapieren mit einer Stückelung von mindestens 50.000 EUR oder bei nennwertlosen Wertpapieren, die bei der Emission nur für mindestens 50.000 EUR pro Stück erworben werden können, werden die Angaben für das Registrierungsformular für Schuldtitel und derivative Wertpapiere gemäß dem in Anhang IX festgelegten Schema zusammengestellt.

ARTICLE 12
Debt and derivative securities registration document schedule for securities with a denomination per unit of at least 50.000 EUR

For the debt and derivative securities registration document concerning securities which are not covered in Article 4 with a denomination per unit of at least 50.000 EUR or, where there is no individual denomination, securities that can only be acquired on issue for at least 50.000 EUR per security, information shall be given in accordance with the schedule set out in Annex IX.

Inhalt

	Rn.		Rn.
I. Überblick	1	II. Wertpapiere	2

I. Überblick

Art. 12 EU-ProspV gibt vor, dass sich die Emittentenangaben für Wertpapiere, die nicht unter Art. 4 EU-ProspV fallen und mit einer Stückelung von mindestens 50.000 Euro oder als nennwertlose Wertpapiere, die nur für mindestens als 50.000 Euro erworben werden können, öffentlich angeboten werden oder an einem organisierten Markt zugelassen werden, nach Schema IX des Anhangs zur EU-ProspV richten.   *1*

II. Wertpapiere

Wertpapiere sind dabei alle Wertpapiere gem. § 2 WpPG bzw. Art. 2 der EU-ProspRL. Hier wird auf die Kommentierung zu § 2 WpPG verwiesen.   *2*

Anh. IX EU-ProspV
Mindestangaben für das Registrierungsformular für Schuldtitel und derivative Wertpapiere (Schema)
(Schuldtitel und derivative Wertpapiere mit einer Mindeststückelung von EUR 50.000)

1. Verantwortliche Personen

1.1. Alle Personen, die für die im Registrierungsformular gemachten Angaben bzw. für bestimmte Abschnitte des Registrierungsformulars verantwortlich sind. Im letzteren Fall sind die entsprechenden Abschnitte aufzunehmen. Im Falle von natürlichen Personen, zu denen auch Mitglieder der Verwaltungs-, Geschäftsführungs-, und Aufsichtsorgane des Emittenten gehören, sind der Name und die Funktion dieser Person zu nennen. Bei juristischen Personen sind Name und eingetragener Sitz der Gesellschaft anzugeben.

1.2. Erklärung der für das Registrierungsformular verantwortlichen Personen, dass sie die erforderliche Sorgfalt haben walten lassen, um sicherzustellen, dass die im Registrierungsformular genannten Angaben ihres Wissens nach richtig sind und keine Tatsachen ausgelassen worden sind, die die Aussage des Registrierungsformulars wahrscheinlich verändern. Ggf. Erklärung der für bestimmte Abschnitte des Registrierungsformulars verantwortlichen Personen, dass sie die erforderliche Sorgfalt haben walten lassen, um sicherzustellen, dass die in dem Teil des Registrierungsformulars genannten Angaben, für die sie verantwortlich sind, ihres Wissens nach richtig sind und keine Tatsachen ausgelassen worden sind, die die Aussage des Registrierungsformulars wahrscheinlich verändern.

2. Abschlussprüfer

2.1. Namen und Anschrift der Abschlussprüfer des Emittenten, die für den von den historischen Finanzinformationen abgedeckten Zeitraum zuständig waren (einschließlich der Angabe ihrer Mitgliedschaft in einer Berufsvereinigung).

2.2. Wurden Abschlussprüfer während des von den historischen Finanzinformationen abgedeckten Zeitraums abberufen, nicht wieder bestellt oder haben sie ihr Mandat niedergelegt, so sind entsprechende Einzelheiten offen zu legen, wenn sie von wesentlicher Bedeutung sind.

3. Risikofaktoren

Klare Offenlegung von Risikofaktoren, die die Fähigkeit des Emittenten beeinträchtigen können, seinen aus dem Wertpapier resultierenden Verpflichtungen gegenüber den Anlegern nachzukommen (unter der Rubrik „Risikofaktoren").

4. Angaben über den Emittenten

4.1. Geschäftsgeschichte und Geschäftsentwicklung des Emittenten

4.1.1. Juristischer und kommerzieller Name des Emittenten;

4.1.2. Ort der Registrierung des Emittenten und seine Registrierungsnummer;

4.1.3. Datum der Gründung und Existenzdauer des Emittenten, soweit diese nicht unbefristet ist;

4.1.4. Sitz und Rechtsform des Emittenten; Rechtsordnung, unter der er tätig ist; Land der Gründung der Gesellschaft; Anschrift und Telefonnummer seines eingetragenen Sitzes (oder Hauptort der Geschäftstätigkeit, falls nicht mit dem eingetragenem Sitz identisch);

4.1.5. Jüngste Ereignisse, die für den Emittenten eine besondere Bedeutung haben und die in hohem Maße für die Bewertung der Solvenz des Emittenten relevant sind.

5. Geschäftsüberblick

5.1. Haupttätigkeitsbereiche

5.1.1. Kurze Beschreibung der Haupttätigkeiten des Emittenten unter Angabe der wichtigsten Kategorien der vertriebenen Produkte und/oder erbrachten Dienstleistungen;

5.1.2. Kurze Erläuterung der Grundlage für etwaige Erklärungen des Emittenten im Registrierungsformular hinsichtlich seiner Wettbewerbsposition.

6. Organisationsstruktur

6.1. Ist der Emittent Teil einer Gruppe, kurze Beschreibung der Gruppe und der Stellung des Emittenten innerhalb dieser Gruppe.

6.2. Ist der Emittent von anderen Instituten innerhalb der Gruppe abhängig, ist dies klar anzugeben und eine Erklärung zu seiner Abhängigkeit abzugeben.

7. Trendinformationen

7.1. Einzufügen ist eine Erklärung, der zufolge es keine wesentlichen negativen Veränderungen in den Aussichten des Emittenten seit dem Datum der Veröffentlichung der letzten geprüften Jahresabschlüsse gegeben hat.

Kann der Emittent keine derartige Erklärung abgeben, dann sind Einzelheiten über diese wesentliche negative Änderung beizubringen.

8. Gewinnprognosen oder -schätzungen

Entscheidet sich ein Emittent dazu, eine Gewinnprognose oder eine Gewinnschätzung aufzunehmen, dann hat das Registrierungsformular unter den Punkten 8.1. und 8.2. folgendes zu enthalten:

8.1. Eine Erklärung, die die wichtigsten Annahmen erläutert, auf die der Emittent seine Prognose oder Schätzung gestützt hat.

Bei den Annahmen sollte klar zwischen jenen unterschieden werden, die Faktoren betreffen, die die Mitglieder der Verwaltungs-, Geschäftsführungs- oder Aufsichtsorgane beeinflussen können, und Annahmen in Bezug auf Faktoren, die klar außerhalb des Einflussbereiches der Mitglieder der Verwaltungs-, Geschäftsführungs- und Aufsichtsorgane liegen. Diese Annahmen müssen für die Anleger leicht verständlich, spezifisch sowie präzise sein und dürfen nicht der üblichen Exaktheit der Schätzungen entsprechen, die der Prognose zu Grunde liegen.

8.2. Jeder Gewinnprognose im Registrierungsformular ist eine Erklärung beizufügen, in der bestätigt wird, dass die besagte Prognose auf der angegebenen Grundlage ordnungsgemäß erstellt wurde und dass die Rechnungslegungsgrundlage mit den Rechnungslegungsstrategien des Emittenten konsistent ist.

8.3. Die Gewinnprognose oder -schätzung ist auf einer Grundlage zu erstellen, die mit den historischen Finanzinformationen vergleichbar ist.

9. Verwaltungs-, Geschäftsführungs- und Aufsichtsorgane

9.1. Name und Geschäftsanschrift nachstehender Personen sowie ihre Stellung beim Emittenten unter Angabe der wichtigsten Tätigkeiten, die sie neben der Tätigkeit für den Emittenten ausüben, sofern diese für den Emittenten von Bedeutung sind:

a) Mitglieder der Verwaltungs-, Geschäftsführungs- und Aufsichtsorgane;

b) persönlich haftende Gesellschafter bei einer Kommanditgesellschaft auf Aktien.

9.2. Verwaltungs-, Geschäftsführungs- und Aufsichtsorgane -Interessenkonflikte

Potenzielle Interessenkonflikte zwischen den Verpflichtungen gegenüber dem Emittenten seitens der in Punkt 9.1 genannten Personen und ihren privaten Interessen oder sonstigen Verpflichtungen müssen klar festgehalten werden. Falls keine derartigen Konflikte bestehen, ist eine dementsprechende Erklärung abzugeben.

10. Hauptaktionäre

10.1. Sofern dem Emittenten bekannt, Angabe, ob an dem Emittenten unmittelbare oder mittelbare Beteiligungen oder Beherrschungsverhältnisse bestehen, und wer diese Beteiligungen hält bzw. diese Beherrschung ausübt. Beschreibung der Art und Weise einer derartigen Kontrolle und der vorhandenen Maßnahmen zur Verhinderung des Missbrauchs einer derartigen Kontrolle.

10.2. Sofern dem Eminenten bekannt, Beschreibung etwaiger Vereinbarungen, deren Ausübung zu einem späteren Zeitpunkt zu einer Veränderung bei der Kontrolle des Emittenten führen könnte.

11. Finanzmarktinformationen über die Vermögens-, Finanz- und Ertragslage des Emittenten

11.1. Historische Finanzinformationen

Beizubringen sind geprüfte historische Finanzinformationen, die die letzten zwei Geschäftsjahre abdecken (bzw. einen entsprechenden kürzeren Zeitraum, während dessen der Emittent tätig war), sowie ein Bestätigungsvermerk für jedes Geschäftsjahr. Derartige Finanzinformationen sind gemäß der Verordnung (EG) Nr. 1606/2002 bzw. für den Fall, dass diese Verordnung nicht anwendbar ist, gemäß den nationalen Rechnungslegungsgrundsätzen eines Mitgliedstaats zu erstellen, wenn der Emittent aus der Gemeinschaft stammt. Bei Emittenten aus Drittstaaten sind diese Finanzinformationen nach den im Verfahren des Artikels 3 der Verordnung (EG) Nr. 1606/2002 übernommenen internationalen Rechnungslegungsstandards oder nach diesen Standards gleichwertigen nationalen Rechnungslegungsgrundsätzen eines Drittstaates zu erstellen. Ansonsten müssen folgende Angaben in das Registrierungsformular aufgenommen werden:

a) Eine eindeutige Erklärung dahingehend, dass die in das Registrierungsformular aufgenommenen Finanzinformationen nicht nach den im Verfahren des Artikels 3 der Verordnung (EG) Nr. 1606/2002 übernommenen internationalen Rechnungslegungsstandards erstellt wurden und dass die Finanzinformationen erhebliche Unterschiede für den Fall aufweisen, dass die Verordnung (EG) Nr. 1606/2002 doch auf die historischen Finanzinformationen angewandt worden wäre;

b) Unmittelbar nach den historischen Finanzinformationen sind die Unterschiede zwischen den im Verfahren des Artikels 3 der Verordnung (EG) Nr. 1606/2002 übernommenen internationalen Rechnungslegungsstandards und den Rechnungslegungsgrundsätzen in einer Beschreibung darzulegen, die der Emittent bei der Erstellung seines Jahresabschlusses zugrunde gelegt hat.

Die geprüften historischen Finanzinformationen müssen für das letzte zurückliegende Jahr in einer Form dargestellt und erstellt werden, die mit der konsistent ist, die im folgenden Jahresabschluss des Emittenten zur Anwendung gelangen wird, wobei die Rechnungslegungsgrundsätze- und -strategien sowie die Rechtsvorschriften zu berücksichtigen sind, die auf derlei Jahresabschlüsse Anwendung finden.

Wurden die geprüften Finanzinformationen gemäß nationaler Rechnungslegungsgrundsätze erstellt, dann müssen die unter dieser Rubrik geforderten Finanzinformationen zumindest Folgendes enthalten:

a) die Bilanz;

b) die Gewinn- und Verlustrechnung;

c) die Rechnungslegungsstrategien und erläuternde Anmerkungen.

Die historischen jährlichen Finanzinformationen müssen unabhängig und in Übereinstimmung mit den in dem jeweiligen Mitgliedstaat anwendbaren Prüfungsstandards oder einem äquivalenten Standard geprüft worden sein oder es muss für das Registrierungsformular vermerkt werden, ob sie in Übereinstimmung mit dem in dem jeweiligen Mitgliedstaat anwendbaren Prüfungsstandard oder einem äquivalenten Standard ein den tatsächlichen Verhältnissen entsprechendes Bild vermitteln. Ansonsten müssen folgende Informationen in das Registrierungsformular aufgenommen werden:

a) Eine eindeutige Erklärung dahingehend, welche Prüfungsstandards zugrunde gelegt wurden;

eine Erläuterung für die Fälle, in denen von den Internationalen Prüfungsgrundsätzen in erheblichem Maße abgewichen wurde

b) eine Erläuterung für die Fälle, in denen von den Internationalen Prüfungsgrundsätzen in erheblichem Maße abgewichen wurde.

11.2. Jahresabschluss

Erstellt der Emittent sowohl einen Jahresabschluss als auch einen konsolidierten Abschluss, so ist zumindest der konsolidierte Abschluss in das Registrierungsformular aufzunehmen.

11.3. Prüfung der historischen jährlichen Finanzinformationen

11.3.1. Es ist eine Erklärung dahingehend abzugeben, dass die historischen Finanzinformationen geprüft wurden. Sofern vom Abschlussprüfer kein oder nur ein eingeschränkter Bestätigungsvermerk für die historischen Finanzinformationen erteilt wurde, sind diese Ablehnung oder eingeschränkte Erteilung in vollem Umfang wiederzugeben und die Gründe dafür anzugeben.

11.3.2. Angabe sonstiger Informationen im Registrierungsformular, das von den Abschlussprüfern geprüft wurde.

11.3.3. Wurden die Finanzdaten im Registrierungsformular nicht dem geprüften Jahresabschluss des Emittenten entnommen, so sind die Quelle dieser Daten und die Tatsache anzugeben, dass die Daten ungeprüft sind.

11.4. „Alter" der jüngsten Finanzinformationen

11.4.1. Die geprüften Finanzinformationen dürfen nicht älter sein als 18 Monate ab dem Datum des Registrierungsformulars.

11.5. Gerichts- und Schiedsgerichtsverfahren

Angaben über etwaige staatliche Interventionen, Gerichts- oder Schiedsgerichtsverfahren (einschließlich derjenigen Verfahren, die nach Kenntnis des Emittenten noch anhängig sind oder eingeleitet werden könnten), die im Zeitraum der mindestens letzten 12 Monate bestanden/abgeschlossen wurden, und die sich erheblich auf die Finanzlage oder die Rentabilität des Emittenten und/oder der Gruppe auswirken bzw. in jüngster Zeit ausgewirkt haben. Ansonsten ist eine negative Erklärung abzugeben.

11.6. Wesentliche Veränderungen in der Finanzlage oder der Handelsposition des Emittenten

Beschreibung jeder wesentlichen Veränderung in der Finanzlage oder der Handelsposition der Gruppe, die seit dem Ende des letzten Geschäftsjahres eingetreten ist, für das entweder geprüfte Finanzinformationen oder Zwischenfinanzinformationen veröffentlicht wurden. Ansonsten ist eine negative Erklärung abzugeben.

12. Wesentliche Verträge

Kurze Zusammenfassung aller abgeschlossenen wesentlichen Verträge, die nicht im Rahmen der normalen Geschäftstätigkeit abgeschlossen wurden und die dazu führen könnten, dass jedwedes Mitglied der Gruppe eine Verpflichtung oder ein Recht erlangt, die bzw. das für die Fähigkeit des Emittenten, seinen Verpflichtungen gegenüber den Wertpapierinhabern in Bezug auf die ausgegebenen Wertpapiere nachzukommen, von wesentlicher Bedeutung ist.

13. Angaben von Seiten Dritter, Erklärungen von Seiten Sachverständiger und Interessenerklärungen

13.1. Wird in das Registrierungsformular eine Erklärung oder ein Bericht einer Person aufgenommen, die als Sachverständiger handelt, so sind der Name, die Geschäftsadresse, die Qualifikationen und - falls vorhanden - das wesentliche Interesse am Emittenten anzugeben. Wurde der Bericht auf Ersuchen des Emittenten erstellt, so ist eine diesbezügliche Erklärung dahingehend abzugeben, dass die aufgenommene Erklärung oder der aufgenommene Bericht in der Form und in dem Zusammenhang, in dem sie bzw. er aufgenommen wurde, die Zustimmung von Seiten dieser Person erhalten hat, die den Inhalt dieses Teils des Registrierungsformulars gebilligt hat.

13.2. Angaben von Seiten Dritter

Sofern Angaben von Seiten Dritter übernommen wurden, ist zu bestätigen, dass diese Angaben korrekt wiedergegeben wurden und dass - soweit es dem Emittenten bekannt ist und er aus den von dieser dritten Partei veröffentlichten Informationen ableiten konnte - keine Tatsachen unterschlagen wurden, die die wiedergegebene Informationen unkorrekt oder irreführend gestalten würden. Darüber hinaus ist/sind die Quelle(n) der Informationen anzugeben.

14. Einsehbare Dokumente

Abzugeben ist eine Erklärung dahingehend, dass während der Gültigkeitsdauer des Registrierungsformulars ggf. die folgenden Dokumente oder deren Kopien eingesehen werden können:

a) die Satzung und die Statuten des Emittenten;

b) sämtliche Berichte, Schreiben und sonstigen Dokumente, historischen Finanzinformationen, Bewertungen und Erklärungen, die von einem Sachverständigen auf Ersuchen des Emittenten abgegeben wurden, sofern Teile davon in das Registrierungsformular eingeflossen sind oder in ihm darauf verwiesen wird;

c) die historischen Finanzinformationen des Emittenten oder im Falle einer Gruppe die historischen Finanzinformationen für den Emittenten und seine Tochtergesellschaften für jedes der Veröffentlichung des Registrierungsformulars vorausgegangenen beiden letzten Geschäftsjahre.

Anzugeben ist auch, wo in diese Dokumente entweder in Papierform oder auf elektronischem Wege Einsicht genommen werden kann.

Annex IX
Minimum disclosure requirements for the debt and derivative securities registration document (schedule)
(Debt and derivative securities with a denomination per unit of at least EUR 50 000)

1. Persons Responsible

1.1. All persons responsible for the information given in the registration document and, as the case may be, for certain parts of it, with, in the latter case, an indication of such parts. In the case of natural persons including members of the issuer's administrative, management or supervisory bodies indicate the name and function of the person; in case of legal persons indicate the name and registered office.

1.2. A declaration by those responsible for the registration document that, having taken all reasonable care to ensure that such is the case, the information contained in the registration document is, to the best of their knowledge, in accordance with the facts and contains no omission likely to affect its import. As the case may be, declaration by those responsible for certain parts of the registration document that, having taken all reasonable care to ensure that such is the case, the information contained in the part of the registration document for which they are responsible is, to the best of their knowledge, in accordance with the facts and contains no omission likely to affect its import.

2. Statutory Auditors

2.1. Names and addresses of the issuer's auditors for the period covered by the historical financial information (together with their membership in a professional body).

2.2. If auditors have resigned, been removed or not been re-appointed during the period covered by the historical financial information, details if material.

Klare Offenlegung von Risikofaktoren, die die Fähigkeit des Emittenten beeinträchtigen können, seinen aus dem Wertpapier resultierenden Verpflichtungen gegenüber den Anlegern nachzukommen (unter der Rubrik "Risikofaktoren").

3. Risk Factors

3.1. Prominent disclosure of risk factors that may affect the issuer's ability to fulfil its obligations under the securities to investors in a section headed 'Risk Factors'.

4. Information about the Issuer

4.1. History and development of the Issuer

4.1.1. the legal and commercial name of the issuer;

4.1.2. the place of registration of the issuer and its registration number;

4.1.3. the date of incorporation and the length of life of the issuer, except where indefinite;

4.1.4. the domicile and legal form of the issuer, the legislation under which the issuer operates, its country of incorporation, and the address and telephone number of its registered office (or principal place of business if different from its registered office;

4.1.5. any recent events particular to the issuer and which are to a material extent relevant to the evaluation of the issuer's solvency.

5. Business Overview

5.1. Principal activities:

5.1.1. A brief description of the issuer's principal activities stating the main categories of products sold and/or services performed;

5.1.2. The basis for any statements in the registration document made by the issuer regarding its competitive position.

6. Organisational Structure

6.1. If the issuer is part of a group, a brief description of the group and of the issuer's position within it.

6.2. If the issuer is dependent upon other entities within the group, this must be clearly stated together with an explanation of this dependence.

7. Trend Information

7.1. Include a statement that there has been no material adverse change in the prospects of the issuer since the date of its last published audited financial statements.

In the event that the issuer is unable to make such a statement, provide details of this material adverse change.

8. Profit Forecasts or Estimates

If an issuer chooses to include a profit forecast or a profit estimate, the registration document must contain the information items 8.1 and 8.2 the following:

8.1. A statement setting out the principal assumptions upon which the issuer has based its forecast, or estimate.

There must be a clear distinction between assumptions about factors which the members of the administrative, management or supervisory bodies can influence and assumptions about factors which are exclusively outside the influence of the members of the administrative, management or supervisory bodies; be readily understandable by investors; be specific and precise; and not relate to the general accuracy of the estimates underlying the forecast.

8.2. Any profit forecast set out in the registration document must be accompanied by a statement confirming that the said forecast has been properly prepared on the basis stated and that the basis of accounting is consistent with the accounting policies of the issuer.

8.3 The profit forecast or estimate must be prepared on a basis comparable with the historical financial information.

9. Administrative, Management, and Supervisory Bodies

9.1. Names, business addresses and functions in the issuer of the following persons, and an indication of the principal activities performed by them outside the issuer where these are significant with respect to that issuer:

a) members of the administrative, management or supervisory bodies;

b) partners with unlimited liability, in the case of a limited partnership with a share capital.

9.2. Administrative, Management, and Supervisory bodies conflicts of interests

Potential conflicts of interests between any duties to the issuing entity of the persons referred to in item 9.1 and their private interests and or other duties must be clearly stated. In the event that there are no such conflicts, a statement to that effect.

10. Major Shareholders

10.1. To the extent known to the issuer, state whether the issuer is directly or indirectly owned or controlled and by whom, and describe the nature of such control, and describe the measures in place to ensure that such control is not abused.

10.2. A description of any arrangements, known to the issuer, the operation of which may at a subsequent date result in a change in control of the issuer.

11. Financial Information concerning the Issuer's Assets and Liabilities, Financial Position and Profits and Losses

11.1. Historical Financial Information

Audited historical financial information covering the latest two financial years (or such shorter period that the issuer has been in operation), and the audit report in respect of each year. Such financial information must be prepared according to Regulation (EC) No 1606/2002, or if not applicable to a Member's State national accounting standards for issuers from the Community. For third country issuers, such financial information must be prepared according to the international accounting standards adopted pursuant to the procedure of Article 3 of Regulation (EC) No 1606/2002 or to a third country's national accounting standards equivalent to these standards. Otherwise, the following information must be included in the registration document:

(a) a prominent statement that the financial information included in the registration document has not been prepared in accordance with the international accounting standards adopted pursuant to the procedure of Article 3 of Regulation (EC) No 1606/2002 and that there may be material differences in the financial information had Regulation (EC) No 1606/2002 been applied to the historical financial information.

(b) immediately following the historical financial information a narrative description of the differences between the international accounting standards adopted pursuant to the procedure of Article 3 of Regulation (EC) No 1606/2002 and the accounting principles adopted by the issuer in preparing its annual financial statements.

The most recent year's historical financial information must be presented and prepared in a form consistent with that which will be adopted in the issuer's next published annual financial statements having regard to accounting standards and policies and legislation applicable to such annual financial statements.

If the audited financial information is prepared according to national accounting standards, the financial information required under this heading must include at least the following:

(a) the balance sheet;

(b) the income statement;

(c) the accounting policies and explanatory notes.

The historical annual financial information must be independently audited or reported on as to whether or not, for the purposes of the registration document, it gives a true and fair view, in accordance with auditing standards applicable in a Member State or an equivalent standard. Otherwise, the following information must be included in the registration document:

(a) a prominent statement disclosing which auditing standards have been applied;

(b) an explanation of any significant departures from international standards on auditing.

11.2. Financial statements

If the issuer prepares both own and consolidated financial statements, include at least the consolidated financial statements in the registration document.

11.3. Auditing of historical annual financial information

11.3.1. A statement that the historical financial information has been audited. If audit reports on the historical financial information have been refused by the statutory auditors or if they contain qualifications or disclaimers, such refusal or such qualifications or disclaimers must be reproduced in full and the reasons given.

11.3.2. An indication of other information in the registration document which has been audited by the auditors.

11.3.3. Where financial data in the registration document is not extracted from the issuer's audited financial statements, state the source of the data and state that the data is unaudited.

11.4. Age of latest financial information

11.4.1. The last year of audited financial information may not be older than 18 months from the date of the registration document.

11.5. Legal and arbitration proceedings

Information on any governmental, legal or arbitration proceedings (including any such proceedings which are pending or threatened of which the issuer is aware), during a period covering at least the previous 12 months which may have, or have had in the recent past, significant effects on the issuer and/or group's financial position or profitability, or provide an appropriate negative statement.

11.6. Significant change in the issuer's financial or trading position

A description of any significant change in the financial or trading position of the group which has occurred since the end of the last financial period for which either audited financial information or interim financial information have been published, or an appropriate negative statement.

12. Material Contracts

A brief summary of all material contracts that are not entered into in the ordinary course of the issuer's business, which could result in any group member being under an obligation or entitlement that is material to the issuer's ability to meet its obligation to security holders in respect of the securities being issued.

13. Third Party Information and Statement by Experts and Declarations of any Interest

13.1. Where a statement or report attributed to a person as an expert is included in the registration document, provide such person's name, business address, qualifications and material interest if any in the issuer. If the report has been produced at the issuer's request a statement to that effect that such statement or report is included, in the form and context in which it is included, with the consent of that person who has authorised the contents of that part of the registration document.

13.2. Third party information

Where information has been sourced from a third party, provide a confirmation that this information has been accurately reproduced and that as far as the issuer is aware and is able to ascertain from information published by that third party, no facts have been omitted which would render the reproduced information inaccurate or misleading; in addition, identify the source(s) of the information.

14. Documents on Display

A statement that for the life of the registration document the following documents (or copies thereof), where applicable, may be inspected:

(a) the memorandum and articles of association of the issuer;

(b) all reports, letters, and other documents, historical financial information, valuations and statements prepared by any expert at the issuer's request any part of which is included or referred to in the registration document;

(c) the historical financial information of the issuer or, in the case of a group, the historical financial information of the issuer and its subsidiary undertakings for each of the two financial years preceding the publication of the registration document.

An indication of where the documents on display may be inspected, by physical or electronic means.

Inhalt

		Rn.			Rn.
I.	Einleitung	1	X.	Verwaltungs-, Geschäftsführungs- und Aufsichtsorgane, Ziff. 9.	16
II.	Verantwortliche Personen, Ziff. 1.	3			
III.	Abschlussprüfer, Ziff. 2.	5	XI.	Hauptaktionäre, Ziff. 10.	17
IV.	Risikofaktoren, Ziff. 3.	6	XII.	Finanzinformationen, Ziff. 11.	18
V.	Angaben über den Emittenten, Ziff. 4.	10		1. Überblick	18
VI.	Geschäftsüberblick, Ziff. 5.	12		2. Begriff und Umfang der historischen Finanzinformationen, Ziff. 11.1. Satz 1	20
VII.	Organisationsstruktur, Ziff. 6.	13			
VIII.	Trendinformationen, Ziff. 7.	14		3. Regelungen bei Änderungen des Bilanzstichtags und kurzfristiger Geschäftstätigkeit, Ziff. 11.1. Satz 2	24
IX.	Gewinnprognosen- oder -schätzungen, Ziff. 8.	15			

4. Anzuhwendende Rechnungslegungsstandards, Ziff. 11.1. Satz 3	26	10. Aufnahme von Einzel- und Konzernabgschlüssenm, Ziff. 11.2. 33
5. Anzuwendender Rechnungslegungsstandard bei Drittstaatenemittenten, Ziff. 11.1. Satz 4	27	11. Prüfung der historischen Finanzinformationen, Ziff. 11.3. 35
6. Erklärung zur Nichtanwendung der IAS/IFRS, Ziff. 11.1. Satz 6 und 7	28	12. Alter der jüngsten Finanzinformationen, Ziff. 11.4. ... 39 13. Gerichts- und Schiedsverfahren, Ziff. 11.5. 40
7. Konsistenzgebot, Ziff. 11.1. Satz 8	29	14. Wesentliche Veränderungen in er Finanzlage oder der Handelsposition des
8. Inhalt der Finanzinformationen nach nationalen Rechnungslegungsgrundsätzen, Ziff. 11.1. Satz 9 ...	31	Emittenten, Ziff. 11.6...... 41 XIII. Wesentliche Verträge .... 42 XIV. Angaben von Seiten Dritter,
9. Anzuwendender Prüfungsstandard, Ziff. 11.1. Satz 10–11	32	Erklärungen von Seiten Sachverständiger und Interessenerklärungen .... 43 XV. Einsehbare Dokumente....... 43

I. Einleitung

Dieser Anh. IX EU-ProspV enthält gegenüber dem Anh. IV EU-ProspV Erleichterungen, da bei einer Mindeststückelung von 50.000 Euro unterstellt wird, dass Käufer nur qualifizierte Anleger sind, die sich ausreichende Kenntnisse über Emittent und Emission auch ohne Prospekt verschaffen können.[1] Zwar müssen auch in diesem Prospekt alle Angaben enthalten sein, die für die Beurteilung des Emittenten notwendig sind. Sie sind aber weniger detailliert darzustellen. So müssen hier z.B. Angaben zu Investitionen, neuen Produkten und Märkten, Trendinformationen oder Praktiken der Geschäftsführung nicht gemacht werden, die im Rahmen von Wertpapierprospekten mit einer Mindeststückelung von weniger als 50.000 Euro verlangt werden. 1

Die Anwendung des strengeren Anh. IV EU-ProspV kann im Einzelfall jedoch sinnvoll sein, wenn ohne die zusätzlichen Angaben gem. Anh. IV EU-ProspV der Prospekt kein vollständiges Bild gewährleisten würde und diese Angaben für die Beurteilung des Emittenten notwendig sind.

Sofern der Emittent der hier bezeichneten Wertpapiere eine Bank ist, gilt grds. Anh. XI EU-ProspV. Allerdings kann Anh. IV oder IX EU-ProspV alternativ gewählt werden.[2] 2

---

1 *Heidelbach/Preuße*, BKR 2006, 316, 319.
2 *Kullmann/Sester*, ZBB-Report 2005, 209, 213.

II. Verantwortliche Personen, Ziff. 1.

3 Ziff. 1. verlangt die Nennung aller für das Registrierungsformular verantwortlichen Personen. Gem. Ziff. 1.2. sind sie unter Zuordnung der Verantwortlichkeiten zu den entsprechenden Abschnitten des Registrierungsformulars und Gesamtverantwortung zu nennen.

4 Ziff. 1.2. gibt den Wortlaut für die Erklärung vor, die von den Verantwortlichen im Registrierungsformular abzugeben ist.

Aus dem Wortlaut ergibt sich nicht, dass es eine Person geben muss, die für das gesamte Registrierungsformular die Verantwortung übernimmt.

Neben diesen Verantwortlichen muss eine natürliche oder juristische Person für den gesamten Prospekt die Verantwortung übernehmen, da der Prospekt eine Einheit bildet und zwar unabhängig davon, ob er als einteiliger, als dreiteiliger Prospekt oder als Basisprospekt erstellt wird. Ein Prospekt muss als ganzes für einen Anleger ein vollständiges Bild über den Emittenten und die Wertpapiere ergeben und diesen für dieses Gesamtbild Verantwortlichen soll der Anleger dem Prospekt entnehmen können.

III. Abschlussprüfer, Ziff. 2.

5 Der im Registrierungsformular gem. Ziff. 2.1. zu nennende Abschlussprüfer kann eine natürliche oder eine juristische Person sein. In der Regel wird es sich um eine Prüfungsgesellschaft handeln, die mit ihrer Adresse zu nennen ist.

Zu Fragen der anzugebenden Adresse, Mitgliedschaft in einer Berufsvereinigung und Offenlegung der Einzelheiten für eine Abberufung, nicht Wiederbestellung oder Niederlegung des Mandats wird auf die Kommentierung von Anh. IV Ziffer 2. EU-ProspV verwiesen.

IV. Risikofaktoren, Ziff. 3.

6 Der Begriff „Risikofaktoren" ist in Art. 2 Ziff. 3 EU-ProspV legal definiert und bezeichnet eine Liste von Risiken, die für die jeweilige Situation des Emittenten und/oder der Wertpapiere spezifisch und für die Anlageentscheidung wesentlich sind.[3]

Darzulegende Risikofaktoren sind nicht sämtliche Risikofaktoren, sondern durch die Qualifizierung im Wortlaut der Ziff. 3. nur solche, die die Fähigkeit des Emittenten beeinträchtigen können, seinen aus dem Wertpapier resultierenden Verpflichtungen gegenüber den Anlegern nachzukommen. Bei den Verpflichtungen aus den hier einschlägigen Wertpapieren handelt es sich regelmäßig um Lieferungs- und Zahlungsverpflichtungen sowie um die Fähigkeit, die derivativen Elemente der Wertpapiere zu erfüllen. Die Erfüllung

---

3 *Holzborn/Israel*, ZIP 2005, 1668, 1672, Fn. 69.

dieser Verpflichtungen wird insb. dann gefährdet, wenn sich die Bonität des Emittenten deutlich verschlechtert, so dass bonitätsrelevante Fakten darzulegen sind. Dabei ist zunächst von der tatsächlichen Geschäftstätigkeit auszugehen und diese Geschäftstätigkeit wird dann auf die Risiken hin analysiert, die insbesondere Einfluss auf Zahlungsfähigkeit und Bonität des Emittenten haben.

Auf eine vollständige Darstellung aller nur denkbaren Risiken wurde in der Verordnung verzichtet, denn dann wäre eine sinnvolle Einschätzung und Abwägung aufgrund der Menge und fehlenden Gewichtung in der Beschreibung nicht mehr oder nur eingeschränkt möglich. Es können auch nur solche Risikofaktoren dargestellt werden, die im Zeitpunkt der Erstellung des Prospektes vorhanden und dem Emittenten bekannt sind. Insofern kann es durchaus Risikofaktoren geben, die erst nach Erstellung des Prospektes eintreten oder bekannt werden und insofern nicht im Prospekt enthalten sind. Da solche Risiken nie ausgeschlossen werden können, war es unter altem Recht üblich und muss es auch heute erlaubt sein, dass ein Prospekt auch einen Hinweis auf solche zukünftigen oder dem Emittenten nicht bekannte Risiken enthält, ohne dass diese konkret genannt werden könnten. 7

Um Risiken eines Emittenten verstehen zu können, muss der Anleger zunächst gesagt bekommen, worauf – auf welchen Emittenten mit welchem wesentlichen Geschäftsinhalt – sich die Risikobeschreibung bezieht. In vielen Fällen, wie z.B. bei Banken, wird es ausreichen, nur kenntlich zu machen, dass es sich um eine Bank handelt. Auch in der weiteren Beschreibung werden kurze Angaben, was dem Risiko zugrunde liegt, notwendig werden, um überhaupt das Risiko darstellen zu können. Chancen sind in diesem Abschnitt nicht darzustellen.[4] 8

Die Risikofaktoren sind zusammenhängend und abschließend darzustellen. Damit soll erreicht werden, dass der Anleger einen zusammenhängenden Gesamtüberblick über die Risiken erhält. Er soll nicht durch die gleichzeitige Darstellung von Chancen von den tatsächlich vorhandenen Risiken abgelenkt werden.

Auch wenn der Wortlaut dieser Ziff. 3. vom Wortlaut der entsprechenden Ziff. 4. aus Anh. IV EU-ProspV in der deutschen Übersetzung abweicht, werden dadurch keine inhaltlichen Unterschiede begründet, denn in der englischsprachigen Originalfassung findet sich diese Abweichung nicht. 9

Bei beiden Anhängen kommt es auf eine gut verständliche und erkennbare Darlegung der Risiken an. Um zu vermeiden, dass Anleger diesen Abschnitt für „unwichtig" halten, muss darauf geachtet werden, dass nicht durch Druckbild oder Schriftgröße Unwichtigkeit suggeriert wird.

V. Angaben über den Emittenten, Ziff. 4.

Die in Anh. IV EU-ProspV erforderlichen Angaben über den Emittenten sind umfangreicher, als die in Anh. IX EU-ProspV geforderten. Der wesentliche 10

---

4 Vgl. hierzu auch *Kullmann/Sester*, ZBB-Report 2005, 209, 212.

Unterschied besteht darin, dass in Prospekten, die Anh. IX EU-ProspV zugrunde legen, keine Angaben mehr zu Investitionen gemacht werden müssen. Vor dem Hintergrund, dass sich qualifizierte Anleger fortlaufend über Emittenten informieren, in deren Schuldtitel sie investieren, ist eine Momentaufnahme zum Zeitpunkt der Erstellung des Prospektes nicht erforderlich. Diese Angaben werden folgerichtig bei Prospekten auf Basis des Anh. IX EU-ProspV nicht gefordert. Trotzdem kann es auch dort im Einzelfall notwendig sein, Angaben zu Investitionen aufzunehmen, wenn diese Angaben notwendig sind, um den Emittenten beurteilen zu können.

11 Während die Ziff. 4.1. zunächst vermuten lässt, dass hier ein historischer Abriss bis hin zum aktuellen Zeitpunkt zur Entwicklung des Emittenten dargestellt werden soll, ergibt sich aus den nachfolgenden Unterziffern ein anderer Inhalt. Die meisten Punkte, die in diesem Abschnitt verlangt werden, sind selbsterklärend und dürften nur in Ausnahmefällen Probleme bereiten.

Bemerkenswert ist, dass unter der Überschrift „Geschäftsgeschichte und Geschäftsentwicklung des Emittenten" gerade zu diesen Angaben kein Raum mehr bleibt, wenn der Prospektaufbau den entsprechenden Unterpunkten folgt. Die Geschichte des Emittenten allerdings vor der Angabe des Namens aufzuführen, erscheint ebenfalls wenig sinnvoll. Insofern dürfte für die eigentliche Historie des Emittenten nur in dem hier aufgeführten, eingeschränkten Umfang Raum bleiben.

Im Übrigen sind die Ziff. 4.1.1. bis 4.1.4. weitgehend selbsterklärend.

Insbesondere die Ziff. 4.1.5. bezieht sich gerade nicht auf die Historie, sondern vielmehr auf aktuelle Angaben. Diese werden nur dann im Prospekt aufgenommen werden, wenn es zu diesen Punkten aktuelle Ereignisse gibt.

Nach dem Wortlaut ist unter Ziff. 4.1.5. kein Raum für eine kurze historische Beschreibung, da der Wortlaut eine Beschränkung auf solche Ereignisse enthält, die für die Solvenz des Emittenten relevant sind. Als Beispiele könnten neu aufgetretene Klumpenrisiken oder drohende massive Kreditausfälle zu nennen sein.

Da für die Solvenz relevante Ereignisse in Jahresabschlüssen zu berücksichtigen sind, kann man hier davon ausgehen, dass nur solche Ereignisse gemeint sind, die nach dem Datum des letzten Jahresabschlusses eingetreten sind.

Zu diesem Unterpunkt werden daher nicht immer Angaben erforderlich und möglich sein.

VI. Geschäftsüberblick, Ziff. 5.

12 Wie in Ziff. 6. zu Anh. IV EU-ProspV umfasst dieser Abschnitt die eigentliche Darstellung der Tätigkeiten und des Geschäftes des Emittenten. Als Erleichterung brauchen hier jedoch keine Angaben zu neuen Produkten und den Märkten, in denen der Emittent tätig ist, aufgenommen zu werden. Der Grund liegt auch für diese Erleichterung darin, dass sich qualifizierte Anleger normalerweise fortlaufend über den Emittenten informieren und daher

diese Angaben, die beschränkt wären auf den Zeitpunkt der Prospekterstellung, für diesen Anlegerkreis wenig Bedeutung haben. Im Einzelfall kann des aber trotzdem notwendig sein, diese Angaben aufzunehmen, sofern sie zur Beurteilung des Emittenten erforderlich sind.

Die vorgenommene Unterteilung in die verschiedenen Unterpunkte ist nicht zwingend. Sofern sich die Darstellung jedoch an diesen Unterpunkten exakt orientiert, ist die Darstellung des Emittenten klar und deutlich gegliedert.

Im Übrigen wird auf die Kommentierung zu Anh. IV Ziff. 6. EU-ProspV verwiesen.

VII. Organisationsstruktur, Ziff. 6.

In diesem Abschnitt ist Raum für die Darstellung des Emittenten unter Konzern-/Gruppenaspekten. Inhaltlich wird auf die Kommentierung zu Anh. IV Ziff. 7. EU-ProspV verwiesen. 13

VIII. Trendinformationen, Ziff. 7.

Trendinformationen sind nicht in jedem Falle relevant. An dieser Stelle wird der Zeitraum beschrieben, der nicht bereits durch die vorstehenden Angaben, insb. durch den letzten veröffentlichten Jahresabschluss abgedeckt wird. Sofern es keine wesentlichen Veränderungen gegeben hat, ist die nachstehend genannte Negativerklärung aufzunehmen, anderenfalls sind die wesentlichen nachteiligen Änderungen aufzuführen. 14

Die Möglichkeit, wie sie Ziff. 8.2. in Anh. IV EU-ProspV bietet, auch positive Entwicklungen darzustellen, bietet dieser Anh. vom Wortlaut nicht. Er stellt ausdrücklich auf nachteilige Änderungen ab.

Die Darstellung einer positiven Entwicklungen kann ggf. in anderen Abschnitten, wie z.B. Ziff. 5. Geschäftsüberblick einfließen, sofern diese Entwicklungen die Aussichten des Emittenten zumindest im laufenden Geschäftsjahr wesentlich beeinflussen dürften. Dabei ist jedoch darauf zu achten, dass eine positive Darstellung nicht die Grenze zur Gewinnprognose im Sinne der Ziff. 9. überschreitet.

IX. Gewinnprognosen- oder -schätzungen, Ziff. 8.

Die Anforderungen an eine Gewinnprognose oder Gewinnschätzung sind vom Verordnungsgeber auch in Anh. IX EU-ProspV so hoch gesetzt, dass die Aufnahme dieser Angaben nur in Ausnahmefällen empfehlenswert erscheint. Allerdings verlangt Anh. IX EU-ProspV – anders als Anh. IV EU-ProspV – nicht, dass die Erklärung zu den Gewinnprognosen gem. Ziff. 8.1. zwingend von einem unabhängigen Wirtschaftsprüfer abgegeben werden muss. Insofern würde hier eine Erklärung, die der Emittent selbst abgibt, ausreichen. 15

Glismann 505

Sichergestellt werden soll für die Anleger, dass keinerlei Werbeprognosen aufgenommen werden, die sich später als nicht haltbar erweisen.

Was konkret unter einer Gewinnprognose oder Gewinnschätzung zu verstehen ist, lässt der Wortlaut der Verordnung offen. Da zu den Finanzangaben auch Jahresabschlüsse gehören, können Pflichtangaben z. B. in Jahresabschlüssen, an die vergleichbare Prüfungsanforderungen nicht gestellt werden, nicht gemeint sein, da anderenfalls durch diese Verordnung gesetzliche Anforderungen abgeändert würden.[5]

X. Verwaltungs-, Geschäftsführungs- und Aufsichtsorgane, Ziff. 9.

16   Durch Angaben der Ziff. 9. werden personelle Verflechtungen und Zuordnungen von Aufgaben im Bereich der Entscheidungsträger offen gelegt.

Interessenkonflikte sind ebenfalls offen zu legen. Sofern tatsächlich vorhandene Interessenkonflikte im Zeitpunkt der Prospekterstellung bekannt sind, müssen diese Angaben aufgenommen werden.[6] Im übrigen wird auf die Kommentierung zu Anh. IV Ziff. 10. EU-ProspV verwiesen.

XI. Hauptaktionäre, Ziff. 10.

17   Beherrschungsverhältnisse haben Einfluss auf die Gewinnverwendung- und/oder Geschäftsführung eines Unternehmens und damit seine Wirtschaftlichkeit. Solche Verträge sind im deutschen Recht bspw. im Aktienrecht unter dem Abschnitt „Unternehmensverträge" in §§ 291f. AktG geregelt. Maßgebliches Merkmal solcher Verträge ist ihr regelmäßig in die Unternehmensstruktur eingreifender Charakter.[7] Die jeweils erforderliche Beschreibung richtet sich nach dem Einzelfall und der entsprechenden Rechtsordnung, der der Emittent unterliegt.

Bspw. zu nennen sind hier Gewinnabführungsverträge gegenüber einem Aktionär oder Vereinbarungen zwischen Hauptaktionären über einen künftigen Aktienerwerb (z. B. Call- oder Putvereinbarungen).[8]

XII. Finanzinformationen, Ziff. 11.

1. Überblick

18   Zum Schutz der Investoren sieht die ProspV auch bei Schuldtiteln und ähnlichen Wertpapieren Finanzinformationen als wesentlichen Prospektinhalt vor. Für Stückelungen von 50.000 Euro oder größer sind allerdings erhebliche Erleichterungen vorgesehen. Insbesondere müssen nicht die Ab-

---

5   Vgl. zu Gewinnprognosen auch *Kullmann/Sester*, ZBB-Report 2005, 209, 215.
6   Vgl. Interessenkonflikten mit ausführlichen Beispielen *Mülbert*, WM 2007, 1149, 1157 ff.
7   *Hüffer*, AktG, 4. Aufl., § 291 Rn. 2.
8   *Kullmann/Sester*, ZBB-Report 2005, 209, 215.

schlüsse nach den IAS/IFRS aufgestellt werden. Auch sind keine Zwischenfinanzinformationen gefordert.[9] Trotzdem können Art und Umfang der aufzunehmenden Abschlüsse Gegenstand von Diskussion mit Abschlussprüfern und der BaFin sein. Aus diesem Grund haben Finanzinformationen nicht nur für den Inhalt des Prospekts, sondern auch für den Ablauf der Prospekterstellung wesentliche Bedeutung.

Anh. IX Ziff. 11. EU-ProspV fordert für Schuldtitelemittenten sowie für Emittenten von derivativen Wertpapieren mit einer Mindeststückelung von 50.000 Euro einen Finanzteil mit Abschlüssen, die grundsätzlich zwei Geschäftsjahre umfassen. Für Emittenten mit Wertpapieren an geregelten Märkten sollte zwar grundsätzlich die IAS-Verordnung beachtet werden, so dass unter Umständen Konzernabschlüsse nach den IAS/IFRS erstellt werden. Dies kann jedoch mit einem Verweis auf die Nichtanwendung vermieden werden.   19

2. Begriff und Umfang der historischen Finanzinformationen, Ziff. 11.1. Satz 1

Anh. IX Ziff. 11.1. Satz 1 EU-ProspV fordert die Aufnahme geprüfter historischer Finanzinformationen der letzten zwei Geschäftsjahre in den Prospekt. Vorrangiger Zweck ist die Information des Investors über die Vermögens-, Finanz- und Ertragslage des Emittenten der abgelaufenen Berichtsperioden.[10] Allerdings steht nicht unbedingt die Darstellung der operativen Entwicklung im Vordergrund, so dass Anpassungen der historischen Finanzausweise bei einer so genannten komplexen Finanzhistorie gemäß Art. 4a EU-ProspV nicht notwendig sind.   20

Der Begriff der Finanzinformationen umfasst gemäß der Verordnung lediglich eine vollständige Bilanz, Gewinn- und Verlustrechnung (GuV) sowie erläuternde Anhangangaben. Allerdings sieht bereits § 297 HGB für den Konzernabschluss zusätzlich eine Kapitalflussrechnung und eine Eigenkapitalveränderungsrechnung vor. Diese sind auch Pflichtbestandteile eines vollständigen Abschlusses nach IAS/IFRS. Der Lagebericht gemäß § 289 bzw. § 315 HGB ist explizit nicht genannt und muss demgemäß nicht in den Prospekt aufgenommen werden. Allerdings steht es dem Emittenten frei, den Lagebericht mit aufzunehmen. Dies ist angesichts der praktischen Erstellung von Testaten in Deutschland durchaus üblich.[11] Sollte er nicht aufgenommen werden, wird dies in der Regel in einem Hinweis erläutert.[12]   21

Besteht der Emittent zwei Jahre und länger, so ist er gemäß Anh. IX Ziff. 11.1. Satz 1 EU-ProspV grundsätzlich verpflichtet, die Abschlüsse der letzten   22

---

9 Diese Befreiungstatbestände sind mit denen der Folgepflichten kongruent. Art. 8(1)b TransparenzRL.
10 Diese Aussage der CESR zu Aktienemittenten gilt grundsätzlich auch für andere Wertpapierarten. *CESR*, advice, historical financial information, Ref. CESR/05-582, Tz. 15.
11 Siehe hierzu die Erläuterungen zu den anzuwendenden Prüfungsstandards unter Rn. 32 ff.
12 Siehe das Beispiel in Anh. IV EU-ProspV Rn. 17.

zwei Geschäftsjahre und die dazugehörigen Bestätigungsvermerke in den Prospekt aufzunehmen. Hiernach werden bei der Darstellung des letzten Abschlusses die Finanzinformationen des jüngsten denen des vorletzten Abschlusses (Vergleichszahlen des Vorjahres) gegenübergestellt, erläutert und in testierter Form gezeigt. Bei der Abbildung des vorletzten Abschlusses werden die Finanzdaten des zweitletzten mit denen des drittletzten Abschlusses verglichen und im Anhang erläutert. Der Bestätigungsvermerk bezieht sich auf das Zahlenwerk des zweitletzten und drittletzten Geschäftsjahrs.

23 Die Form des Bestätigungsvermerks richtet sich bei deutschen Emittenten nach dem IDW Prüfungsstandard IDW PS 400. Dieser basiert auf dem internationalen Prüfungsstandard ISA 700 und den Anforderungen, die sich aus ISA ergeben.[13] Der Bestätigungsvermerk für ausländische Emittenten kann nach den Normen des ISA 700 erstellt werden.

3. Regelungen bei Änderungen des Bilanzstichtags und kurzfristiger Geschäftstätigkeit, Ziff. 11.1. Satz 2

24 Existiert der Emittent weniger als zwei Jahre, so hat er entsprechend seines Bestehens Abschlüsse in den Prospekt aufzunehmen. Diese können ggf. auch Rumpfgeschäftsjahresabschlüsse sein. Unter Emittent ist hierbei stets die rechtliche Einheit zum Zeitpunkt der Antragsstellung zu verstehen.

25 Der Begriff des Geschäftsjahres im Sinne der EU-ProspV umfasst grundsätzlich einen Zeitraum von zwölf Monaten. Beschreiben die letzten zwei Geschäftsjahre weniger als 24 Monate, so soll der Emittent zusätzliche Geschäftsjahre in den Prospekt aufnehmen. Dies kann dann der Fall sein, wenn der Emittent seinen Abschlussstichtag in den letzten Jahren mehrmals geändert hat. Existiert der Emittent kürzer als zwei Jahre und hat er in dieser Zeit seine Abschlussstichtage geändert, so hat er entsprechend seines Bestehens sämtliche Abschlüsse unabhängig von der Anzahl der Geschäftsjahre auszuweisen.[14]

4. Anzuwendende Rechnungslegungsstandards, Ziff. 11.1. Satz 3

26 Nach Anh. IX Ziff. 11.1. Satz 3 EU-ProspV sind die aufzunehmenden Finanzinformationen grundsätzlich gemäß der Verordnung (EG) Nr. 1606/2002 („IAS-V") zu erstellen bzw. wenn diese nicht anwendbar ist nach den Regelungen des betreffenden Mitgliedstaates. Gemäß der IAS-V sind alle kapitalmarktorientierten Unternehmen mit Sitz in der EU verpflichtet, ihre Konzernabschlüsse nach internationalen Rechnungslegungsstandards aufzu-

---

13 *IDW PS 400.*
14 Diese Änderung in Anh. IX Ziff. 11.1 Satz 2 EU-ProspV wurde erst durch eine Verordnung im Februar 2007 vorgenommen (Ziff. 4 Verordnung Nr. 211/2007 zur Änderung der Verordnung Nr. 809/2004), wurde jedoch auch schon früher von CESR vorgeschlagen (CESR, Working document ESC/16/2006).

stellen.[15] Im Sinne dieser Verordnung bezeichnen „internationale Rechnungslegungsstandards" die „International Accounting Standards" (IAS), die „International Financial Reporting Standards" (IFRS) und damit verbundene Auslegungen (SIC/IFRIC-Interpretationen), spätere Änderungen dieser Standards und damit verbundene Auslegungen sowie künftige Standards und damit verbundene Auslegungen, die vom International Accounting Standards Board (IASB) herausgegeben oder angenommen wurden.[16]

Als kapitalmarktorientiert gelten zwar mit Verweis auf die Wertpapierdienstleistungsrichtlinie solche Unternehmen, deren Wertpapiere an einem organisierten Markt innerhalb der EU zugelassen sind, also auch Fremdkapitaltitel.[17] Allerdings eröffnet die Verordnung die Möglichkeit für Mindeststückelungen von 50.000 Euro, auf die Abbildung von IAS/IFRS-Abschlüsse zu verzichten und dafür lediglich einen entsprechenden Hinweis aufzunehmen. Daher dürfte diese Ausnahme in der Praxis den Regelfall darstellen. Die finanziellen Verhältnisse des Emittenten können dann auf Grundlage nationaler Rechnungslegungsstandards dargestellt werden, wenn in dem Prospekt an prominenter Stelle darauf hingewiesen wird. Im Einzelnen muss angegeben werden, dass die Angaben nicht den IAS/IFRS entsprechen und die Unterschiede zwischen den IFRS und den angewandten Rechnungslegungsstandards erläutert werden.[18] Sollten IAS/IFRS im Prospekt angewendet werden, wird auf die Ausführungen zu Anh. I EU-ProspV Rn. 98–100 verwiesen.

5. Anzuwendender Rechnungslegungsstandard bei Drittstaatenemittenten, Ziff. 11.1. Satz 4 und 5

Emittenten mit Sitz außerhalb der EU sollen gemäß Anh. IX Ziff. 11.1. Satz 4 EU-ProspV Finanzinformationen in den Prospekt aufnehmen, die den internationalen Standards wie zuvor beschrieben entsprechen oder zumindest gleichwertig sind.[19] Allerdings eröffnet die Verordnung auch Drittstaatenemittenten die Möglichkeit, auf die Abbildung von IAS/IFRS-Abschlüssen zu verzichten und lediglich einen entsprechenden Hinweis mit Erläuterungen aufzunehmen.

27

6. Erklärung zur Nichtanwendung der IAS/IFRS, Ziff. 11.1. Satz 6 und 7

Ziff. 11.1. Satz 6 fordert dann die Aufnahme einer Erklärung in den Prospekt, wenn keine IAS/IFRS-Abschlüsse aufgenommen wurden. Diese muss einen eindeutigen Hinweis auf die Nichtanwendung der IAS/IFRS im Sinne der IAS-V enthalten. Darüber hinaus ist darauf hinzuweisen, dass bei einer Anwendung der IAS/IFRS es zu erheblichen Unterschieden in den Finanzinfor-

28

---

15 Vgl. für eine Übersicht d'Arcy, EU Monitor Finanzmarkt Spezial 19/2004.
16 IAS-V, Art. 2.
17 IAS-V, Art. 4 i.V.m. Art. 1 Abs. 13 der Richtlinie 93/22/EWG des Rates vom 10.05.1993 über Wertpapierdienstleistungen.
18 König, ZEuS, 2/2004, 251, 278.
19 Dies ergibt sich auch aus § 20 Abs. 1 Nr. 2 WpPG.

mationen im Vergleich zu den aufgenommen Informationen nach nationalen Standards gekommen wäre.

29 In einem erläuternden Teil sind die wesentlichen Unterschiede zwischen den angewendeten Rechnungslegungsprinzipien und denen nach IAS/IFRS zu beschreiben. Dieser Teil ist unmittelbar nach den Finanzinformationen im Prospekt abzudrucken.

7. Konsistenzgebot, Ziff. 11.1. Satz 8

30 Das Gebot der Konsistenz nach Anh. IX Ziff. 11.1. Satz 8 EU-ProspV gilt sowohl für die Erstellung- als auch Darstellungsstetigkeit im Hinblick auf die Vergleichbarkeit und Transparenz mit den zukünftigen Finanzinformationen.[20] Insbesondere haben die historischen Finanzinformationen denselben Rechnungslegungsgrundsätzen, Bilanzierungs- und Bewertungsmethoden zu folgen wie der nächste Abschluss.[21] Da dieser gemäß Art. 8(1)b auch nationalen Rechnungslegungsstandards folgen kann, ist es ausreichend, die bereits vorhandenen Abschlüsse in den Prospekt aufzunehmen.

8. Inhalt der Finanzinformationen nach nationalen Rechnungslegungsgrundsätzen, Ziff. 11.1. Satz 9

31 Der Emittent ist nicht verpflichtet, einen nach der IAS-Verordnung konformen Abschluss in den Prospekt aufzunehmen. Daher dürften bei nicht börsennotierten Emittenten Abschlüsse nach nationalen Standards der Regelfall sein. Gemäß Anh. IX Ziff. 11.1. Satz 9 EU-ProspV müssen Abschlüsse nach nationalen Standards eine Bilanz, GuV, und ein Anhang, der die Rechnungslegungsstrategien zusammenfasst sowie sonstige Erläuterungen enthält, aufweisen. Unter dem Begriff Rechnungslegungsstrategien kann u.E. nur die wesentlichen Bilanzierungs- und Bewertungsmethoden gemeint sein.[22] Für deutsche Emittenten ist zusätzlich gemäß § 297 HGB eine Kapitalflussrechnung sowie ein Eigenkapitalspiegel zu erstellen.

9. Anzuwendender Prüfungsstandard, Ziffer 11.1. Satz 10–11

32 Ziffer 11.1. Satz 10 sieht grundsätzlich vor, dass die historischen Finanzinformationen unabhängig und in Übereinstimmung mit den im jeweiligen Mitgliedstaat anwendbaren Prüfungsstandards oder einem äquivalenten Standard geprüft worden sind. Für deutsche Emittenten ist der IDW PS 400 maßgeblich, der mit den ISA 200 äquivalent ist, so dass diese Voraussetzungen erfüllt sind. Zum Begriff der Unabhängigkeit, des anwendbaren Prüfungs-

---

20 Dies ergibt sich als äquivalente Interpretation zu der entsprechenden Regel nach Anhang I. *CESR*, recommendations, Ref: CESR/05-054b, Tz. 53.
21 *CESR*, feedback statement, consistent implementation, Ref: CESR/05-55b, Tz. 30.
22 In der englischen Version werden sowohl für Anh. I als auch IX EU-ProspV „Accounting policies" gefordert. Nur in der deutschen Übersetzung werden zwei unterschiedliche Begriffe verwendet, so dass sich hieraus wohl keine inhaltlichen Unterschiede zwischen Anh. I und IX EU-ProspV ergeben.

standards sowie zur Äquivalenz von Prüfungsstandards siehe die Ausführungen zu Anh. I EU-ProspV, Rn. 137–145. Allerdings eröffnet die Verordnung in Ziffer 11.1. Satz 11 die Möglichkeit, auf die Anwendung äquivalenter Standards zu verzichten. Dann ist eine Erklärung aufzunehmen, welche Prüfungsstandards angewendet wurden. Weichen die angewendeten Prüfungsstandards im erheblichen Maße von den internationalen Prüfungsstandards ab, so sind diese wesentlichen Unterschiede zu erläutern. Diese Option ist vor allem für Drittstaatenemittenten relevant, da die meisten Prüfungsstandards innerhalb der EU bereits mit den ISA äquivalent sind.

10. Aufnahme von Einzel- und Konzernabschlüssen, Ziff. 11.2.

Erstellt ein Emittent sowohl Einzel- als auch Konzernabschlüsse, so sind gemäß Anh. IX Ziff. 11.2. EU-ProspV zumindest die Konzernabschlüsse in den Prospekt aufzunehmen. Grundsätzlich ist immer dann die Aufnahme von Einzelabschlüssen zu erwägen, wenn diese zusätzliche Informationen bieten. Dies ist regelmäßig dann der Fall, wenn der Einzelabschluss gemäß dem jeweiligen gültigen nationalen Gesellschaftsrechts mehreren Zwecken dient. Dann ist nämlich davon auszugehen, dass dieser grundsätzlich für einen Investor relevante Informationen enthält. Da der Einzelabschluss ohnehin aufgestellt und testiert werden muss, entstehen durch die Aufnahme im Prospekt kaum zusätzliche Kosten, so dass diese Pflicht auch als verhältnismäßig angesehen werden kann. *33*

In Deutschland sind dabei die Funktionen der Ausschüttungsbemessung, der steuerlichen Gewinnermittlung, der Ermittlung des haftungsrelevanten Kapitals sowie die Erstellung für aufsichtsrechtliche Zwecke zu nennen. Bei Fremdkapitalemittenten dürfte insbesondere die Information zum haftungsrelevanten Kapital für Investoren von Interesse sein. *34*

11. Prüfung der historischen Finanzinformationen, Ziff. 11.3.

In Übereinstimmung mit den Vorschriften der Vierten und Siebten EU-Bilanzrichtlinie müssen sowohl deutsche als auch ausländische Emittenten mit Sitz in der EU ihre Abschlüsse von einem Wirtschaftsprüfer bzw. einer Prüfungsgesellschaft nach den auf die Emittenten anwendbaren Prüfungsstandards prüfen lassen. Diese Bestimmung betrifft, sofern der Emittent einen Einzelabschluss aufstellt, den Einzelabschluss und, sofern er konzernabschlusspflichtig ist, den Konzernabschluss.[23] Für beide Abschlussformen gilt, dass der Bestätigungsvermerk ein den Verhältnissen entsprechendes Bild (true and fair view) des Emittenten attestiert.[24] *35*

Die Erklärung über die Prüfung der historischen Finanzinformationen findet sich üblicherweise im Kapitel „Abschlussprüfer" des Prospektes wieder. Dort sind gemäß Anh. IX Ziff. 2. EU-ProspV Name und Sitz des Abschlussprüfers *36*

---

23 Vierte Richtlinie (EG/78/660) vom 25.07.1978, Art. 51, Siebte Richtlinie (EG/83/349) vom 13.06.1983, Art. 37 i.V.m. CESR/05-054b vom Januar 2005, § 77.
24 *CESR*, recommendations, Ref: CESR/05-054b, Tz. 76.

anzugeben, welche Abschlüsse dieser geprüft hat und mit welchem Bestätigungsvermerk diese versehen sind.

37 Bei deutschen Emittenten richtet sich der Bestätigungsvermerk an den Bestimmungen des IDW PS 400 – Grundsätze für die ordnungsgemäße Erteilung von Bestätigungsvermerken bei Abschlussprüfungen – aus. Dieser Prüfungsstandard entspricht dem ISA 700 und den Anforderungen, die sich aus anderen ISA ergeben, soweit nicht gesetzliche Besonderheiten im Einzelfall Abweichungen erfordern. Die Abweichungen sind in Abschnitt 7 des IDW PS 400 beschrieben. Der IDW PS 400 betrifft Abschlussprüfungen, d.h. Prüfungen von Jahres- und Konzernabschlüssen gleichermaßen.[25] Zu Formen des Bestätigungsvermerks sowie des Versagungsvermerks bei in- und ausländischen Emittenten siehe die Ausführungen zu Anh. I EU-ProspV, Rn. 163–169.

38 Sind sonstige Angaben im Prospekt vom Abschlussprüfer geprüft, ist explizit darauf hinzuweisen. Wurden Finanzdaten nicht aus den geprüften Jahresabschluss des Emittenten entnommen, so ist ein entsprechender Hinweis aufzunehmen. Ebenfalls sind dann die Quellen dieser Daten zu nennen und es ist anzugeben, dass diese Daten ungeprüft sind.

12. Alter der jüngsten Finanzinformationen, Ziff. 11.4.

39 Der Bilanzstichtag des letzten durch geprüfte Finanzinformationen dargestellten Geschäftsjahres darf gemäß Anh. IX Ziff. 11.4. EU-ProspV nicht mehr als 18 Monate vor dem Datum des Prospekts liegen. Bei zeitkritischen Transaktionen sollte diese Frist nicht aus den Augen verloren werden. Wie bei den Folgepflichten sind Fremdkapitalemittenten mit einer Mindeststückelung von 50.000 Euro von einer Zwischenberichtspflicht befreit.

13. Gerichts- und Schiedsverfahren, Ziff. 11.5.

40 Im Rahmen der Finanzausweise sind Angaben zu Gerichts- und Schiedsverfahren zu machen, die auch staatliche Interventionen wie z.B. Kartellverfahren umfassen können. Dabei sind grundsätzlich alle Verfahren zu nennen, die nach Kenntnis des Emittenten in den letzten zwölf Monaten bestanden, abgeschlossen wurden, noch anhängig sind oder eingeleitet werden könnten. Es sind nur für die Finanz- und Ertragslage wesentliche Verfahren im Prospekt zu nennen. Das Wesentlichkeitskriterium muss dabei sowohl auf den Einzel- als auch auf den Konzernabschluss angewendet werden. Ansonsten ist eine negative Erklärung aufzunehmen, dass solche Verfahren nicht bestanden haben. Da es sich bei Gerichts- und Schiedsverfahren häufig um hohe Schadenssummen handeln kann, ist im Zweifel das Wesentlichkeitskriterium streng auszulegen. Solche Verfahren sollten im Prospekt aufgenommen werden, auch wenn das Management den Ausgang des Verfahrens positiv einschätzt. In diesem Sinne sind nicht die Kriterien anzulegen, nach denen eine Prozessrückstellung zu bilden wäre. Darüber hinaus

---

25 *IDW PS 400*, Ziffer 1., Stand 28.10.2005.

sollten die Angaben in diesem Abschnitt mit den Informationen zu den Risikofaktoren gemäß Anh. IX Ziff. 3. EU-ProspV abgestimmt werden.

14. Wesentliche Veränderungen in der Finanzlage oder der Handelsposition des Emittenten, Ziff. 11.6.

Gemäß Anh. IX Ziff. 11.6. EU-ProspV sind wesentliche Veränderungen in der Finanzlage oder der Handelsposition aufzunehmen, die nach dem Stichtag des zuletzt im Prospekt abgedruckten Abschlusses eingetreten sind. Deutsche Emittenten müssen ohnehin gemäß §§ 289 Abs. 2 Nr. 1 bzw. 315 Abs. 2 Nr. 1 HGB im Rahmen der Lageberichterstattung auf besondere Vorgänge nach Abschluss des Geschäftsjahres eingehen. Sollte der Lagebericht nicht im Prospekt abgedruckt werden, so sind solche Informationen grundsätzlich aufzunehmen. Darüber hinaus ist auch auf Ereignisse zwischen Veröffentlichung des Abschlusses und des Prospektes einzugehen, wenn diese Wesentlich sind. Erstellt ein Emittent einen Abschluss nach IAS/IFRS, so muss er im Anhang gemäß IAS 10.21 über wertbeeinflussende Ereignisse nach dem Bilanzstichtag berichten. Zu nennen sind beispielsweise Unternehmenserwerbe oder die Zerstörung einer Produktionsstätte.[26] Insbesondere bei Fremdkapitalemittenten dürfte die wesentliche Veränderung der Risikoposition von Interesse sein, so z.B. die Zusammensetzung des Kreditportfolios. Darüber hinaus sind aber auch wesentliche Veränderungen der Handelsposition zu nennen, die aufgrund externer Einflüsse oder interner Gründe eine nicht zu erwartende Entwicklung aufweisen. Auch wenn die Überschrift von der Finanzlage und der Handelsposition des Emittenten ausgeht, geht aus dem Verordnungstext klar hervor, dass das Wesentlichkeitskriterium sich auf die gesamte Gruppe und somit den Konzernabschluss bezieht, falls es sich nicht um ein Einzelunternehmen handelt. Sind keine wesentlichen Veränderungen aufgetreten, ist eine entsprechende negative Erklärung aufzunehmen.

XIII. Wesentliche Verträge, Ziff. 12.

Verträge, die im unmittelbaren Zusammenhang zu den konkreten Wertpapieren stehen, auf die sich der Prospekt bezieht, werden nicht unter dieser Ziff. 12. dargestellt, sondern sind im Rahmen der Wertpapierbeschreibung dargestellt.

Unter diese Ziff. 12. fallen nur Verträge, die allgemein für alle Wertpapiere eines Emittenten von Bedeutung sind. Das sind Verträge, die auf die Zahlungsfähigkeit bzw. die Bonität des Emittenten Einfluss haben, wie z.B. Gewinnabführungs- oder Garantieverträge, sofern diese nicht bereits im Rahmen von Ziff. 10. genannt wurden.

---

26 Siehe hierzu auch die Beispiele in IAS 10.22.

XIV. Angaben von Seiten Dritter, Erklärungen von Seiten Sachverständiger und Interessenerklärungen, Ziff. 13.

43 Diese Anforderungen sind weitgehend selbsterklärend.

Es soll sichergestellt werden, dass ein Anleger erkennen kann, woher Informationen stammen, wenn sie nicht direkt vom Emittenten stammen. Dabei muss darauf geachtet werden, dass es zu Urheberrechtsverletzungen kommen kann, sofern urheberrechtlich geschützte Angaben in einem Prospekt verwendet werden. Ebenfalls soll erkennbar werden, welches wesentliche Interesse der Emittent letztlich an diesen Informationen hat.

Bescheinigungen des Wirtschaftsprüfers fallen nur dann unter diese Ziffer, sofern er außerhalb seiner Wirtschaftsprüfungstätigkeit Gutachten als Sachverständiger abgegeben hat – hierzu ausführlich Kommentierung zu Anh. I EU-ProspV.

XV. Einsehbare Dokumente, Ziff. 14.

44 Der Anleger soll darüber informiert werden, wo er die in Ziff. 14. genannten Unterlagen einsehen bzw. erhalten kann.

Viele Emittenten nutzen die Möglichkeit, den Anlegern diese Dokumente über das Internet auf ihrer Homepage zur Verfügung zu stellen.

ARTIKEL 13
Schema für Zertifikate, die Wertpapiere vertreten („depository receipts")

Bei Zertifikaten, die Aktien vertreten, werden die Angaben gemäß dem in Anhang X festgelegten Schema zusammengestellt.

ARTICLE 13
Depository receipts schedule

For depository receipts issued over shares information shall be given in accordance with the schedule set out in Annex X.

Diesbezüglich wird auf die Komm. zu Anh. X verwiesen.

Anh. X EU-ProspV
Mindestangaben für Zertifikate, die Aktien vertreten (Schema) Angaben über den Emittenten der zugrunde liegenden Aktien

1. Verantwortliche Personen

1.1. Alle Personen, die für die im Prospekt gemachten Angaben bzw. für bestimmte Abschnitte des Prospekts verantwortlich sind. Im letzteren Fall sind die entsprechenden Abschnitte aufzunehmen. Im Falle von natürlichen

Personen, zu denen auch Mitglieder der Verwaltungs-, Geschäftsführungs- oder Aufsichtsorgane des Emittenten gehören, sind der Name und die Funktion dieser Person zu nennen. Bei juristischen Personen sind Name und eingetragener Sitz der Gesellschaft anzugeben.

1.2. Erklärung der für den Prospekt verantwortlichen Personen, dass sie die erforderliche Sorgfalt haben walten lassen, um sicherzustellen, dass die im Prospekt genannten Angaben ihres Wissens nach richtig sind und keine Tatsachen ausgelassen worden sind, die die Aussage des Prospekts wahrscheinlich verändern. Ggf. Erklärung der für bestimmte Abschnitte des Prospekts verantwortlichen Personen, dass sie die erforderliche Sorgfalt haben walten lassen, um sicherzustellen, dass die in dem Teil des Prospekts genannten Angaben, für die sie verantwortlich sind, ihres Wissens nach richtig sind und keine Tatsachen ausgelassen werden, die die Aussage des Prospekts wahrscheinlich verändern.

2. Abschlussprüfer

2.1. Namen und Anschrift der Abschlussprüfer des Emittenten, die für den von den historischen Finanzinformationen abgedeckten Zeitraum zuständig waren (einschließlich der Angabe ihrer Mitgliedschaft in einer Berufsvereinigung).

2.2. Wurden Abschlussprüfer während des von den historischen Finanzinformationen abgedeckten Zeitraums abberufen, nicht wieder bestellt oder haben sie ihr Mandat niedergelegt so sind entsprechende Einzelheiten offen zu legen, wenn sie von wesentlicher Bedeutung sind.

3. Ausgewählte Finanzinformationen

3.1. Ausgewählte historische Finanzinformationen über den Emittenten sind für jedes Geschäftsjahr für den Zeitraum vorzulegen, der von den historischen Finanzinformationen abgedeckt wird, und in der Folge für jeden Zwischenfinanzzeitraum, und zwar in derselben Währung wie die Finanzinformationen.

Die ausgewählten historischen Finanzinformationen müssen die Schlüsselzahlen enthalten, die einen Überblick über die Finanzlage des Emittenten geben.

3.2. Werden ausgewählte Finanzinformationen für Zwischenzeiträume vorgelegt, so sind auch Vergleichsdaten für den gleichen Zeitraum des vorhergehenden Geschäftsjahres vorzulegen, es sei denn, die Anforderung der Beibringung vergleichbarer Bilanzinformationen wird durch die Vorlage der Bilanzdaten zum Jahresende erfüllt.

4. Risikofaktoren

Klare Offenlegung von Risikofaktoren, die für den Emittenten oder seine Branche spezifisch sind, und zwar unter der Rubrik „Risikofaktoren".

5. Angaben über den Emittenten

5.1. Geschäftsgeschichte und Geschäftsentwicklung des Emittenten

5.1.1. Juristischer und kommerzieller Name des Emittenten;

5.1.2. Ort der Registrierung des Emittenten und seine Registrierungsnummer;

5.1.3. Datum der Gründung und Existenzdauer des Emittenten, soweit diese nicht unbefristet ist;

5.1.4. Sitz und Rechtsform des Emittenten; Rechtsordnung, unter der er tätig ist; Land der Gründung der Gesellschaft; Anschrift und Telefonnummer seines eingetragenen Sitzes (oder Hauptort der Geschäftstätigkeit, falls nicht mit dem eingetragenen Sitz identisch);

5.1.5. Wichtige Ereignisse in der Entwicklung der Geschäftstätigkeit des Emittenten.

5.2. Investitionen

5.2.1. Beschreibung (einschließlich des Betrages) der wichtigsten Investitionen des Emittenten für jedes Geschäftsjahr, und zwar für den Zeitraum, der von den historischen Finanzinformationen abgedeckt wird bis zum Datum des Prospekts;

5.2.2. Beschreibung der wichtigsten laufenden Investitionen des Emittenten, einschließlich der geografischen Verteilung dieser Investitionen (im Inland und im Ausland) und der Finanzierungsmethode (Eigen- oder Fremdfinanzierung);

5.2.3. Angaben über die wichtigsten künftigen Investitionen des Emittenten, die von seinen Verwaltungsorganen bereits fest beschlossen sind.

6. Geschäftsüberblick

6.1. Haupttätigkeitsbereiche

6.1.1. Beschreibung der Wesensart der Geschäfte des Emittenten und seiner Haupttätigkeiten (sowie der damit im Zusammenhang stehenden Schlüsselfaktoren) unter Angabe der wichtigsten Arten der vertriebenen Produkte und/oder erbrachten Dienstleistungen, und zwar für jedes Geschäftsjahr innerhalb des Zeitraums, der von den historischen Finanzinformationen abgedeckt wird;

6.1.2. Angabe etwaiger wichtiger neuer Produkte und/oder Dienstleistungen, die eingeführt wurden, und – in dem Maße, wie die Entwicklung neuer Produkte oder Dienstleistungen offen gelegt wurde – Angabe des Stands der Entwicklung.

6.2. Wichtigste Märkte

Beschreibung der wichtigsten Märkte, auf denen der Emittent tätig ist, einschließlich einer Aufschlüsselung der Gesamtumsatzerträge nach Art der Tätigkeit und geografischem Markt für jedes Geschäftsjahr innerhalb des Zeitraums, der von den historischen Finanzinformationen abgedeckt wird.

6.3. Falls die unter den Punkten 6.1. und 6.2. genannten Angaben durch außergewöhnliche Faktoren beeinflusst wurden, so ist dies anzugeben.

6.4. Kurze Angaben über die etwaige Abhängigkeit des Emittenten in Bezug auf Patente oder Lizenzen, Industrie-, Handels- oder Finanzierungsverträge oder neue Herstellungsverfahren, wenn diese Faktoren von wesentlicher Bedeutung für die Geschäftstätigkeit oder die Rentabilität des Emittenten sind.

6.5. Grundlage für etwaige Angaben des Emittenten zu seiner Wettbewerbsposition.

7. Organisationsstruktur

7.1. Ist der Emittent Teil einer Gruppe, kurze Beschreibung der Gruppe und der Stellung des Emittenten innerhalb dieser Gruppe.

7.2. Auflistung der wichtigsten Tochtergesellschaften des Emittenten, einschließlich Name, Land der Gründung oder des Sitzes, Anteil an Beteiligungsrechten und – falls nicht identisch – Anteil der gehaltenen Stimmrechte.

8. Sachanlagen

8.1. Angaben über bestehende oder geplante wesentliche Sachanlagen, einschließlich geleaster Vermögensgegenstände, und etwaiger größerer dinglicher Belastungen der Sachanlagen.

8.2. Skizzierung etwaiger Umweltfragen, die die Verwendung der Sachanlagen von Seiten des Emittenten u. U. beeinflussen können.

9. Angaben zur Geschäfts- und Finanzlage

9.1. Finanzlage

Sofern nicht an anderer Stelle im Prospekt vermerkt, Beschreibung der Finanzlage des Emittenten, Veränderungen in der Finanzlage und Geschäftsergebnisse für jedes Jahr und jeden Zwischenzeitraum, für den historische Finanzinformationen verlangt werden, einschließlich der Ursachen wesentlicher Veränderungen, die von einem Jahr zum anderen in den Finanzinformationen auftreten, sofern dies für das Verständnis der Geschäftstätigkeit des Emittenten insgesamt erforderlich ist.

9.2. Betriebsergebnisse

9.2.1. Angaben über wichtige Faktoren, einschließlich ungewöhnlicher oder seltener Vorfälle oder neuer Entwicklungen, die die Geschäftserträge des Emittenten erheblich beeinträchtigen, und über das Ausmaß, zu dem dies die Erträge beeinträchtigt hat.

9.2.2. Falls der Jahresabschluss wesentliche Veränderungen bei den Nettoumsätzen oder den Nettoerträgen ausweist, sind die Gründe für derlei Veränderungen in einer ausführlichen Erläuterung darzulegen.

9.2.3. Angaben über staatliche, wirtschaftliche, steuerliche, monetäre oder politische Strategien oder Faktoren, die die Geschäfte des Emittenten direkt oder indirekt wesentlich beeinträchtigt haben oder u. U. können.

10. Eigenkapitalausstattung

10.1. Angaben über die Eigenkapitalausstattung des Emittenten (sowohl kurz- als auch langfristig);

10.2. Erläuterung der Quellen und der Beträge des Kapitalflusses des Emittenten und eine ausführliche Darstellung dieser Posten;

10.3. Angaben über den Fremdfinanzierungsbedarf und die Finanzierungsstruktur des Emittenten; und

10.4. Angaben über jegliche Beschränkungen des Rückgriffs auf die Eigenkapitalausstattung, die die Geschäfte des Emittenten direkt oder indirekt wesentlich beeinträchtigt haben oder u. U. können;

10.5. Angaben über erwartete Finanzierungsquellen, die zur Erfüllung der Verpflichtungen der Punkte 5.2.3. und 8.1. benötigt werden.

11. Forschung und Entwicklung, Patente und Lizenzen

Falls wichtig, Beschreibung der Forschungs- und Entwicklungsstrategien des Emittenten für jedes Geschäftsjahr innerhalb des Zeitraums, der von den historischen Finanzinformationen abgedeckt wird, einschließlich Angabe des Betrags für vom Emittenten gesponserte Forschungs- und Entwicklungstätigkeiten.

12. Trendinformationen

12.1. Angabe der wichtigsten Trends in jüngster Zeit in Bezug auf Produktion, Umsatz und Vorräte sowie Kosten und Ausgabepreise seit dem Ende des letzten Geschäftsjahres bis zum Datum des Prospekts.

12.2. Informationen über bekannte Trends, Unsicherheiten, Nachfrage, Verpflichtungen oder Vorfälle, die voraussichtlich die Aussichten des Emittenten zumindest im laufenden Geschäftsjahr wesentlich beeinflussen dürften.

13. Gewinnprognosen oder -schätzungen

Entscheidet sich ein Emittent dazu, eine Gewinnprognose oder Gewinnschätzung aufzunehmen, dann hat der Prospekt unter den Punkten 13.1. und 13.2. Folgendes zu enthalten:

13.1. Eine Erklärung, die die wichtigsten Annahmen erläutert, auf die der Emittent seine Prognose oder Schätzung gestützt hat.

Bei den Annahmen sollte klar zwischen jenen unterschieden werden, die Faktoren betreffen, die die Mitglieder der Verwaltungs-, Geschäftsführungs- oder Aufsichtsorgane beeinflussen können, und Annahmen in Bezug auf Faktoren, die klar außerhalb des Einflussbereiches der Mitglieder der Verwaltungs-, Geschäftsführungs- oder Aufsichtsorgane liegen. Die Annahmen müssen für die Anleger leicht verständlich, spezifisch sowie präzise sein. und dürfen nicht der üblichen Exaktheit der Schätzungen entsprechen, die der Prognose zu Grunde liegen.

13.2. Einen Bericht, der von unabhängigen Buchprüfern oder Abschlussprüfern erstellt wurde und in dem festgestellt wird, dass die Prognose oder die Schätzung nach Meinung der unabhängigen Buchprüfer oder Abschlussprüfer auf der angegebenen Grundlage ordnungsgemäß erstellt wurde und dass die Rechnungslegungsgrundlage, die für die Gewinnprognose oder -schätzung verwendet wurde, mit den Rechnungslegungsstrategien des Emittenten konsistent ist.

13.3. Die Gewinnprognose oder -schätzung sollte auf einer Grundlage erstellt werden, die mit den historischen Finanzinformationen vergleichbar ist.

13.4. Hat der Emittent in einem Prospekt, der noch aussteht, eine Gewinnprognose veröffentlicht, dann sollte er eine Erklärung abgeben, in der er erläutert, ob diese Prognose noch so zutrifft wie zur Zeit der Erstellung des Prospekts, oder eine Erläuterung zu dem Umstand vorlegen, warum diese Prognose ggf. nicht mehr zutrifft.

14. Verwaltungs-, Geschäftsführungs- und Aufsichtsorgane sowie oberes Management

14.1. Name und Geschäftsanschrift nachstehender Personen sowie ihre Stellung beim Emittenten unter Angabe der wichtigsten Tätigkeiten, die sie neben der Tätigkeit für den Emittenten ausüben, sofern diese für den Emittenten von Bedeutung sind:

a) Mitglieder der Verwaltungs-, Geschäftsführungs- oder Aufsichtsorgane;

b) persönlich haftende Gesellschafter bei einer Kommanditgesellschaft auf Aktien;

c) Gründer, wenn es sich um eine Gesellschaft handelt, die seit weniger als fünf Jahren besteht;

d) sämtliche Mitglieder des oberen Managements, die geeignet sind um festzustellen, dass der Emittent über die angemessene Sachkenntnis und über die geeigneten Erfahrungen in Bezug auf die Führung der Geschäfte des Emittenten verfügt.

Art einer etwaigen verwandtschaftlichen Beziehung zwischen diesen Personen.

Für jedes Mitglied der Verwaltungs-, Geschäftsführungs- oder Aufsichtsorgane des Emittenten und der unter Unterabsatz 1 Buchstaben b und d des ersten Unterabsatzes beschriebenen Personen detaillierte Angabe der entsprechenden Managementkompetenz und -erfahrung sowie die folgenden Angaben:

a) Namen sämtlicher Unternehmen und Gesellschaften, bei denen die besagte Person während der letzten fünf Jahre Mitglied der Verwaltungs-, Geschäftsführungs- oder Aufsichtsorgane bzw. Partner war, unter Angabe der Tatsache, ob die Mitgliedschaft in diesen Organen oder als Partner weiter fortbesteht. Es ist nicht erforderlich, sämtliche Tochtergesellschaften des Emittenten aufzulisten, bei denen die besagte Person ebenfalls Mitglied der Verwaltungs-, Geschäftsführungs- oder Aufsichtsorgane ist;

b) etwaige Schuldsprüche in Bezug auf betrügerische Straftaten während zumindest der letzten fünf Jahre;

c) detaillierte Angaben über etwaige Insolvenzen, Insolvenzverwaltungen oder Liquidationen während zumindest der letzten fünf Jahre, die eine in Buchstabe (a) und (d) des ersten Unterabsatzes beschriebene Person betreffen, die im Rahmen einer der in Buchstabe (a) und (d) des ersten Unterabsatzes genannten Positionen handelte;

und

d) detaillierte Angaben zu etwaigen öffentlichen Anschuldigungen und/oder Sanktionen in Bezug auf die genannte Person von Seiten der gesetzlichen Behörden oder der Regulierungsbehörden (einschließlich bestimmter Berufsverbände) und eventuell Angabe des Umstands, ob diese Person jemals von einem Gericht für die Mitgliedschaft in einem Verwaltungs-, Geschäftsführungs- oder Aufsichtsorgan eines Emittenten oder für die Tätigkeit im Management oder die Führung der Geschäfte eines Emittenten während zumindest der letzten fünf Jahre als untauglich angesehen wurde.

Falls keinerlei entsprechende Angaben offen gelegt werden, ist eine entsprechende Erklärung abzugeben.

14.2. Verwaltungs-, Geschäftsführungs- und Aufsichtsorgane sowie oberes Management – Interessenkonflikte

Potenzielle Interessenkonflikte zwischen den Verpflichtungen gegenüber dem Emittenten von Seiten der in 14.1. genannten Personen und ihren privaten Interessen oder sonstigen Verpflichtungen müssen klar festgehalten werden. Falls keine derartigen Konflikte bestehen, ist eine dementsprechende Erklärung abzugeben.

Ferner ist jegliche Vereinbarung oder Abmachung mit den Hauptaktionären, Kunden, Lieferern oder sonstigen Personen zu nennen, aufgrund deren eine in Punkt 14.1. Unterabsatz 1 genannte Person zum Mitglied eines Verwaltungs-, Geschäftsführungs- oder Aufsichtsorgans bzw. zum Mitglied des oberen Managements bestellt wurde.

15. Bezüge und Vergünstigungen

Für das letzte abgeschlossene Geschäftsjahr sind für die in Punkt 14.1. Unterabsatz 1 unter Buchstaben a und d genannten Personen folgende Angaben zu machen:

15.1. Betrag der gezahlten Vergütung (einschließlich etwaiger erfolgsgebundener oder Pensionszusagen nachträglicher Vergütungen) und Sachleistungen, die diesen Personen von dem Emittenten und seinen Tochterunternehmen für Dienstleistungen jeglicher Art gezahlt oder gewährt werden, die dem Emittenten oder seinen Tochtergesellschaften von einer jeglichen Person erbracht wurden.

Diese Angaben müssen individuell dargestellt werden, es sei denn, eine individuelle Offenlegung ist im Herkunftsland des Emittenten nicht erforderlich und wird vom Emittenten nicht auf eine andere Art und Weise öffentlich vorgenommen.

15.2. Angabe der Gesamtbeträge, die vom Emittenten oder seinen Tochtergesellschaften als Reserve oder Rückstellungen gebildet werden, um Pensions- und Rentenzahlungen vornehmen oder ähnliche Vergünstigungen auszahlen zu können.

16. Praktiken der Geschäftsführung

Für das letzte abgeschlossene Geschäftsjahr des Emittenten sind – soweit nicht anderweitig spezifiziert – für die in Punkt 14.1. Unterabsatz 1 unter Buchstabe a genannten Personen folgende Angaben zu machen:

16.1. Ende der laufenden Mandatsperiode und ggf. Angabe des Zeitraums, während dessen die jeweilige Person ihre Aufgabe ausgeübt hat.

16.2. Angaben über die Dienstleistungsverträge, die zwischen den Mitgliedern der Verwaltungs-, Geschäftsführungs- oder Aufsichtsorgane und dem Emittenten bzw. seinen Tochtergesellschaften geschlossen wurden und die bei Beendigung des Dienstleistungsverhältnisses Vergünstigungen vorsehen. Ansonsten ist eine negative Erklärung abzugeben.

16.3. Angaben über den Auditausschuss und den Vergütungsausschuss, einschließlich der Namen der Ausschussmitglieder und einer Zusammenfassung des Aufgabenbereichs des Ausschusses.

16.4. Erklärung, ob der Emittent der CorporateGovernance-Regelung im Land der Gründung der Gesellschaft genügt. Sollte der Emittent einer solchen Regelung nicht folgen, ist eine dementsprechende Erklärung zusammen mit einer Erläuterung aufzunehmen, aus der hervorgeht, warum der Emittent dieser Regelung nicht Folge leistet.

17. Beschäftigte

17.1. Entweder Angabe der Zahl der Beschäftigten zum Ende des Berichtzeitraums oder Angabe des Durchschnitts für jedes Geschäftsjahr innerhalb des Zeitraums, der von den historischen Finanzinformationen abgedeckt wird bis zum Datum der Erstellung des Prospekts (und Angabe der Veränderungen bei diesen Zahlen, sofern diese von wesentlicher Bedeutung sind). Wenn es möglich und wesentlich ist, Aufschlüsselung der beschäftigten Personen nach Haupttätigkeitskategorie und geografischer Belegenheit. Beschäftigt der Emittent eine große Zahl von Zeitarbeitskräften, ist die durchschnittliche Zahl dieser Zeitarbeitskräfte während des letzten Geschäftsjahrs anzugeben.

17.2. Aktienbesitz und Aktienoptionen

In Bezug auf die unter Punkt 14.1. Unterabsatz 1 unter Buchstaben a und d genannten Personen sind so aktuelle Angaben wie möglich über ihren Aktienbesitz und etwaige Optionen auf Aktien des Emittenten beizubringen.

17.3. Beschreibung etwaiger Vereinbarungen, mittels deren Beschäftigte am Kapital des Emittenten beteiligt werden können.

18. Hauptaktionäre

18.1. Soweit dem Emittenten bekannt ist, Angabe des Namens jeglicher Person, die nicht Mitglied der Verwaltungs-, Geschäftsführungs- oder Aufsichtsorgane ist und die direkt oder indirekt eine Beteiligung am Kapital des Emittenten oder den entsprechenden Stimmrechten hält, die gemäß den nationalen Bestimmungen zu melden ist, zusammen mit der Angabe des Betrags der Beteiligung dieser Person. Ansonsten ist eine negative Erklärung abzugeben.

18.2. Information über den Umstand, ob die Hauptaktionäre des Emittenten unterschiedliche Stimmrechte haben. Ansonsten ist eine negative Erklärung abzugeben.

18.3. Sofern dem Emittenten bekannt, Angabe, ob an dem Emittenten unmittelbare oder mittelbare Beteiligungen oder Beherrschungsverhältnisse bestehen, und wer diese Beteiligungen hält bzw. diese Beherrschung ausübt. Beschreibung der Art und Weise einer derartigen Kontrolle und der vorhandenen Maßnahmen zur Verhinderung des Missbrauchs einer derartigen Kontrolle.

18.4. Sofern dem Emittenten bekannt, Beschreibung etwaiger Vereinbarungen, deren Ausübung zu einem späteren Zeitpunkt zu einer Veränderung bei der Kontrolle des Emittenten führen könnte.

19. Geschäfte mit verbundenen Parteien

Anzugeben sind Einzelheiten über Geschäfte mit verbundenen Parteien (die in diesem Sinne diejenigen sind, die in den Standards dargelegt werden, die gemäß der Verordnung (EG) Nr. 1606/2002 angenommen wurden), die der Emittent während des Zeitraums abgeschlossen hat, der von den historischen Finanzinformationen abgedeckt wird bis zum Datum der Erstellung des Prospekts. Diese Einzelheiten sind gemäß dem entsprechenden Standard darzulegen, der infolge der Verordnung (EG) Nr. 1606/2002 angenommen wurde (falls anwendbar).

Finden diese Standards auf den Emittenten keine Anwendung, sollten die folgenden Angaben offen gelegt werden:

a) Art und Umfang der Geschäfte, die als einzelnes Geschäft oder insgesamt für den Emittenten von wesentlicher Bedeutung sind. Erfolgt der

Abschluss derartiger Geschäfte mit verbundenen Parteien nicht auf marktkonforme Weise, ist zu erläutern, weshalb. Im Falle ausstehender Darlehen einschließlich Garantien jeglicher Art ist der ausstehende Betrag anzugeben;

b) Betrag oder Prozentsatz, zu dem die Geschäfte mit verbundenen Parteien Bestandteil des Umsatzes des Unternehmens sind.

20. Finanzinformationen über die Vermögens-, Finanz- und Ertragslage des Emittenten

20.1. Historische Finanzinformationen

Beizubringen sind geprüfte historische Finanzinformationen, die die letzten drei Geschäftsjahre abdecken (bzw. einen entsprechenden kürzeren Zeitraum, während dessen der Emittent tätig war), sowie ein Bestätigungsvermerk für jedes Geschäftsjahr. Derartige Finanzinformationen sind gemäß der Verordnung (EG) Nr. 1606/2002 bzw. für den Fall, dass diese Verordnung nicht anwendbar ist, gemäß den nationalen Rechnungslegungsgrundsätzen eines Mitgliedstaats zu erstellen, wenn der Emittent aus der Gemeinschaft stammt. Bei Emittenten aus Drittstaaten sind diese Finanzinformationen nach den im Verfahren des Artikels 3 der Verordnung (EG) Nr. 1606/2002 übernommenen internationalen Rechnungslegungsstandards oder nach diesen Standards gleichwertigen nationalen Rechnungslegungsgrundsätzen zu erstellen. Ist keine Äquivalenz zu den Standards gegeben, so sind die Finanzinformationen in Form eines neu zu erstellenden Jahresabschlusses vorzulegen.

Die geprüften historischen Finanzinformationen müssen für die letzten zwei Jahre in einer Form dargestellt und erstellt werden, die mit der konsistent ist, die im folgenden Jahresabschluss des Emittenten zur Anwendung gelangen wird, wobei die Rechnungslegungsgrundsätze– und -strategien sowie die Rechtsvorschriften zu berücksichtigen sind, die auf derlei Jahresabschlüsse Anwendung finden.

Ist der Emittent in seiner aktuellen Wirtschaftsbranche weniger als ein Jahr tätig, so sind die geprüften historischen Finanzinformationen für diesen Zeitraum gemäß den Standards zu erstellen, die auf Jahresabschlüsse im Sinne der Verordnung (EG) Nr. 1606/2002 anwendbar sind bzw. für den Fall, dass diese Verordnung nicht anwendbar ist, gemäß den nationalen Rechnungslegungsgrundsätzen eines Mitgliedstaats, wenn der Emittent aus der Gemeinschaft stammt. Bei Emittenten aus Drittstaaten sind diese historischen Finanzinformationen nach den im Verfahren des Artikels 3 der Verordnung (EG) Nr. 1606/ 2002 übernommenen internationalen Rechnungslegungsstandards oder nach diesen Standards gleichwertigen nationalen Rechnungslegungsgrundsätzen von Drittstaaten zu erstellen. Diese historischen Finanzinformationen müssen geprüft worden sein.

Wurden die geprüften Finanzinformationen gemäß nationaler Rechnungslegungsgrundsätze erstellt, dann müssen die unter dieser Rubrik geforderten Finanzinformationen zumindest Folgendes enthalten:

a) die Bilanz;

b) die Gewinn- und Verlustrechnung;

c) eine Übersicht, aus der entweder alle Veränderungen im Eigenkapital oder Veränderungen im Eigenkapital hervorgehen, bei denen es sich nicht um jene handelt, die sich aus Eigenkapitaltransaktionen mit Eigenkapitalgebern oder Ausschüttungen an diese ergeben;

d) die Kapitalflussrechnung;

e) die Rechnungslegungsstrategien und erläuternde Anmerkungen.

Die historischen jährlichen Finanzinformationen müssen unabhängig und in Übereinstimmung mit den in dem jeweiligen Mitgliedstaat anwendbaren Prüfungsstandards oder einem äquivalenten Standard geprüft worden sein oder es muss für den Prospekt vermerkt werden, ob sie in Übereinstimmung mit dem in dem jeweiligen Mitgliedstaat anwendbaren Prüfungsstandard oder einem äquivalenten Standard ein den tatsächlichen Verhältnissen entsprechendes Bild vermitteln.

20.1a Dieser Absatz darf lediglich auf Emissionen von Zertifikaten, die Aktien vertreten, mit einer Mindeststückelung von 50 000 EUR angewandt werden.

Aufzunehmen sind hier die geprüften historischen Finanzinformationen, die die letzten drei Geschäftsjahre abdecken (bzw. einen entsprechenden kürzeren Zeitraum, während dessen der Emittent tätig war), sowie ein Bestätigungsvermerk für jedes Geschäftsjahr. Derartige Finanzinformationen sind gemäß der Verordnung (EG) Nr. 1606/2002 bzw. für den Fall, dass diese Verordnung nicht anwendbar ist, gemäß den nationalen Rechnungslegungsgrundsätzen eines Mitgliedstaats zu erstellen, wenn der Emittent aus der Gemeinschaft stammt. Bei Emittenten aus Drittstaaten sind diese Finanzinformationen nach den im Verfahren des Artikels 3 der Verordnung (EG) Nr. 1606/2002 übernommenen internationalen Rechnungslegungsstandards oder nach diesen Standards gleichwertigen nationalen Rechnungslegungsgrundsätzen von Drittstaaten zu erstellen. Ansonsten müssen folgende Angaben in den Prospekt aufgenommen werden:

a) Eine hervorgehobene Erklärung dahingehend, dass die in das Registrierungsformular aufgenommenen Finanzinformationen nicht nach den im Verfahren des Artikels 3 der Verordnung (EG) Nr. 1606/2002 übernommenen internationalen Rechnungslegungsstandards erstellt wurden und dass die Finanzinformationen erhebliche Unterschiede aufweisen könnten, wenn die Verordnung (EG) Nr. 1606/2002 doch auf die historischen Finanzinformationen angewandt worden wäre;

b) Unmittelbar nach den historischen Finanzinformationen sind die Unterschiede zwischen den im Verfahren des Artikels 3 der Verordnung (EG) Nr. 1606/2002 übernommenen internationalen Rechnungslegungsstandards und den Rechnungslegungsgrundsätzen in einer Beschreibung darzulegen, die der Emittent bei der Erstellung seines Jahresabschlusses zugrunde gelegt hat.

Die geprüften historischen Finanzinformationen müssen für die letzten zwei Jahre in einer Form dargestellt und erstellt werden, die mit der konsistent ist, in der der folgende Jahresabschluss des Emittenten erscheint, wobei die Rechnungslegungsgrundsätze und -strategien sowie die Rechtsvorschriften zu berücksichtigen sind, die auf derlei Jahresabschlüsse Anwendung finden.

Wurden die geprüften Finanzinformationen gemäß nationaler Rechnungslegungsgrundsätze erstellt, dann müssen die unter dieser Rubrik geforderten Finanzinformationen zumindest Folgendes enthalten:

a) Bilanz;

b) die Gewinn- und Verlustrechnung;

c) eine Übersicht, aus der entweder alle Veränderungen im Eigenkapital oder Veränderungen im Eigenkapital hervorgehen, bei denen es sich nicht um jene handelt, die sich aus Eigenkapitaltransaktionen mit Eigenkapitalgebern oder Ausschüttungen an diese ergeben;

d) die Kapitalflussrechnung;

e) die Rechnungslegungsstrategien und erläuternde Anmerkungen.

Die historischen jährlichen Finanzinformationen müssen unabhängig und in Übereinstimmung mit den in dem jeweiligen Mitgliedstaat anwendbaren Prüfungsstandards oder einem äquivalenten Standard geprüft worden sein oder es muss für den Prospekt vermerkt werden, ob sie in Übereinstimmung mit dem in dem jeweiligen Mitgliedstaat anwendbaren Prüfungsstandard oder einem äquivalenten Standard ein den tatsächlichen Verhältnissen entsprechendes Bild vermitteln. Ansonsten müssen folgende Informationen in den Prospekt aufgenommen werden:

a) eine eindeutige Erklärung dahingehend, welche Prüfungsstandards zugrunde gelegt wurden;

b) eine Erläuterung für die Fälle, in denen von den Internationalen Prüfungsgrundsätzen in erheblichem Maße abgewichen wurde.

20.2. Jahresabschluss

Erstellt der Emittent sowohl einen Jahresabschluss als auch einen konsolidierten Abschluss, so ist zumindest der konsolidierte Abschluss in den Prospekt aufzunehmen.

20.3. Prüfung der historischen jährlichen Finanzinformationen

20.3.1. Es ist eine Erklärung dahingehend abzugeben, dass die historischen Finanzinformationen geprüft wurden. Sofern vom Abschlussprüfer kein oder nur ein eingeschränkter Bestätigungsvermerk für die historischen Finanzinformationen erteilt wurde, sind diese Ablehnung oder eingeschränkte Erteilung in vollem Umfang wiederzugeben und die Gründe dafür anzugeben.

20.3.2. Angabe sonstiger Informationen im Prospekt, der von den Prüfern geprüft wurde.

20.3.3. Wurden die Finanzdaten im Prospekt nicht dem geprüften Jahresabschluss des Emittenten entnommen, so sind die Quelle dieser Daten und die Tatsache anzugeben, dass die Daten ungeprüft sind.

20.4. „Alter" der jüngsten Finanzinformationen

20.4.1. Das letzte Jahr der geprüften Finanzinformationen darf nicht älter sein als:

a) 18 Monate ab dem Datum des Prospekts, sofern der Emittent geprüfte Zwischenabschlüsse in seinen Prospekt aufnimmt;

b) 15 Monate ab dem Datum des Prospekts, sofern der Emittent ungeprüfte Zwischenabschlüsse in seinen Prospekt aufnimmt.

20.5. Interims- und sonstige Finanzinformationen

20.5.1. Hat der Emittent seit dem Datum des letzten geprüften Jahresabschlusses vierteljährliche oder halbjährliche Finanzinformationen veröffentlicht, so sind diese in den Prospekt aufzunehmen. Wurden diese vierteljährlichen oder halbjährlichen Finanzinformationen einer Prüfung oder prüferischen Durchsicht unterworfen, so sind die entsprechenden Berichte ebenfalls aufzunehmen. Wurden die vierteljährlichen oder halbjährlichen Finanzinformationen keiner Prüfung oder prüferischen Durchsicht unterzogen, so ist diese Tatsache anzugeben.

20.5.2. Wurde der Prospekt mehr als neun Monate nach Ablauf des letzten geprüften Finanzjahres erstellt, muss er Zwischenfinanzinformationen enthalten, die u. U. keiner Prüfung unterzogen wurden (auf diese Tatsache sollte eindeutig hingewiesen werden) und die sich zumindest auf die ersten sechs Monate des Geschäftsjahres beziehen sollten.

Diese Zwischenfinanzinformationen sollten einen vergleichenden Überblick über denselben Zeitraum wie im letzten Geschäftsjahr enthalten. Der Anforderung vergleichbarer Bilanzinformationen kann jedoch auch ausnahmsweise durch die Vorlage der Jahresendbilanz nachgekommen werden.

20.6. Dividendenpolitik

Aufnahme einer Beschreibung der Politik des Emittenten auf dem Gebiet der Dividendenausschüttungen und etwaiger diesbezüglicher Beschränkungen.

20.6.1. Angabe des Betrags der Dividende pro Aktie für jedes Geschäftsjahr innerhalb des Zeitraums, der von den historischen Finanzinformationen abgedeckt wird. Wurde die Zahl der Aktien des Emittenten geändert, ist eine Anpassung zu Vergleichszwecken vorzunehmen.

20.7. Gerichtsverfahren und Schiedsgerichtsverfahren

Angaben über etwaige staatliche Interventionen, Gerichts- oder Schiedsgerichtsverfahren (einschließlich derjenigen Verfahren, die nach Kenntnis des Emittenten noch anhängig sind oder eingeleitet werden könnten), die im Zeitraum der mindestens letzten 12 Monate bestanden/abgeschlossen wurden, und die sich erheblich auf die Finanzlage oder die Rentabilität des Emittenten und/oder der Gruppe auswirken bzw. in jüngster Zeit ausgewirkt haben. Ansonsten ist eine negative Erklärung abzugeben.

20.8. Wesentliche Veränderungen in der Finanzlage oder der Handelsposition des Emittenten

Beschreibung jeder wesentlichen Veränderung in der Finanzlage oder der Handelsposition der Gruppe, die seit dem Ende des letzten Geschäftsjahres eingetreten ist, für das entweder geprüfte Finanzinformationen oder Zwischenfinanzinformationen veröffentlicht wurden. Ansonsten ist eine negative Erklärung abzugeben.

21. Zusätzliche Angaben

21.1. Aktienkapital

Aufzunehmen sind die folgenden Angaben zum Stichtag der jüngsten Bilanz, die Bestandteil der historischen Finanzinformationen sind:

21.1.1. Betrag des ausgegebenen Kapitals und für jede Kategorie des Aktienkapitals:

a) Zahl der genehmigten Aktien;

b) Zahl der ausgegebenen und voll eingezahlten Aktien sowie der ausgegebenen, aber nicht voll eingezahlten Aktien;

c) Nennwert pro Aktie bzw. Meldung, dass die Aktien keinen Nennwert haben;

d) Abstimmung der Zahl der Aktien, die zu Beginn und zu Ende des Geschäftsjahres noch ausstehen. Wurde mehr als 10 % des Kapitals während des Zeitraums, der von den historischen Finanzinformationen abgedeckt wird, mit anderen Aktiva als Barmitteln eingezahlt, so ist dieser Umstand anzugeben.

21.1.2. Sollten Aktien vorhanden sein, die nicht Bestandteil des Eigenkapitals sind, so sind die Anzahl und die wesentlichen Merkmale dieser Aktien anzugeben.

21.1.3. Angabe der Anzahl, des Buchwertes sowie des Nennbetrages der Aktien, die Bestandteil des Eigenkapitals des Emittenten sind und die vom Emittenten selbst oder in seinem Namen oder von Tochtergesellschaften des Emittenten gehalten werden.

21.1.4. Angabe etwaiger wandelbarer Wertpapiere, umtauschbarer Wertpapiere oder Wertpapiere mit Optionsscheinen, wobei die geltenden Bedingungen und Verfahren für die Wandlung, den Umtausch oder die Zeichnung darzulegen sind.

21.1.5. Angaben über eventuelle Akquisitionsrechte und deren Bedingungen und/oder über Verpflichtungen in Bezug auf genehmigtes, aber noch nicht ausgegebenes Kapital oder in Bezug auf eine Kapitalerhöhung.

21.1.6. Angaben über den Anteil eines Mitglieds der Gruppe, worauf ein Optionsrecht besteht oder bei dem man sich bedingt oder bedingungslos darauf geeinigt hat, diesen Anteil an ein Optionsrecht zu knüpfen, sowie Einzelheiten über derlei Optionen, die auch jene Personen betreffen, die diese Optionsrechte erhalten haben.

21.1.7. Die Entwicklung des Eigenkapitals mit besonderer Hervorhebung der Angaben über etwaige Veränderungen, die während des von den historischen Finanzinformationen abgedeckten Zeitraums erfolgt sind.

21.2. Satzung und Statuten der Gesellschaft

21.2.1. Beschreibung der Zielsetzungen des Emittenten und an welcher Stelle sie in der Satzung und den Statuten der Gesellschaft verankert sind.

21.2.2. Zusammenfassung etwaiger Bestimmungen der Satzung und der Statuten des Emittenten sowie der Gründungsurkunde oder sonstiger Satzungen, die die Mitglieder der Verwaltungs-, Geschäftsführungs- und Aufsichtsorgane betreffen.

21.2.3. Beschreibung der Rechte, Vorrechte und Beschränkungen, die an jede Kategorie der vorhandenen Aktien gebunden sind.

21.2.4. Erläuterung, welche Maßnahmen erforderlich sind, um die Rechte der Inhaber von Aktien zu ändern, wobei die Fälle anzugeben sind, in denen die Bedingungen strenger ausfallen als die gesetzlichen Vorschriften.

21.2.5. Beschreibung der Art und Weise, wie die Jahreshauptversammlungen und die außerordentlichen Hauptversammlungen der Aktionäre einberufen werden, einschließlich der Aufnahmebedingungen.

21.2.6. Kurze Beschreibung etwaiger Bestimmungen der Satzung und der Statuten des Emittenten sowie der Gründungsurkunde oder sonstiger Satzungen, die u. U. eine Verzögerung, einen Aufschub oder sogar die Verhinderung eines Wechsels in der Kontrolle des Emittenten bewirken.

21.2.7. Angabe (falls vorhanden) etwaiger Bestimmungen der Satzung und der Statuten des Emittenten sowie der Gründungsurkunde oder sonstiger Satzungen, die für den Schwellenwert gelten, ab dem der Aktienbesitz offen gelegt werden muss.

21.2.8. Darlegung der Bedingungen, die von der Satzung und den Statuten des Emittenten sowie der Gründungsurkunde oder sonstigen Satzungen vorgeschrieben werden und die die Veränderungen im Eigenkapital betreffen, sofern diese Bedingungen strenger sind als die gesetzlichen Vorschriften.

22. Wesentliche Verträge

Zusammenfassung jedes in den letzten beiden Jahren vor der Veröffentlichung des Prospekts abgeschlossenen wesentlichen Vertrages (bei denen es sich nicht um jene handelt, die im Rahmen der normalen Geschäftstätigkeit abgeschlossen wurden), bei dem der Emittent oder ein sonstiges Mitglied der Gruppe eine Vertragspartei ist.

Zusammenfassung aller sonstigen zum Datum des Prospekts bestehenden Verträge (bei denen es sich nicht um jene handelt, die im Rahmen der normalen Geschäftstätigkeit abgeschlossen wurden), die von jedwedem Mitglied der Gruppe abgeschlossen wurden und eine Bestimmung enthalten, der zufolge ein Mitglied der Gruppe eine Verpflichtung oder ein Recht erlangt, die bzw. das für die Gruppe von wesentlicher Bedeutung ist.

23. Angaben von Seiten Dritter, Erklärungen von Seiten Sachverständiger und Interessenerklärungen

23.1. Wird in den Prospekt eine Erklärung oder ein Bericht einer Person aufgenommen, die als Sachverständiger handelt, so sind der Name, die Geschäftsadresse, die Qualifikationen und – falls vorhanden – das wesentliche Interesse am Emittenten anzugeben. Wurde der Bericht auf Ersuchen des Emittenten erstellt, so ist eine diesbezügliche Erklärung dahingehend abzugeben, dass die aufgenommene Erklärung oder der aufgenommene Bericht in der Form und in dem Zusammenhang, in dem sie bzw. er aufgenommen wurde, die Zustimmung von Seiten dieser Person erhalten hat, die den Inhalt dieses Teils des Prospekts gebilligt hat.

23.2. Sofern Angaben von Seiten Dritter übernommen wurden, ist zu bestätigen, dass diese Angaben korrekt wiedergegeben wurden und dass – soweit es dem Emittenten bekannt ist und er aus den von diesem Dritten veröffentlichten Informationen ableiten konnte – keine Tatsachen unterschlagen wurden, die die wiedergegebenen Informationen unkorrekt oder irreführend gestalten würden. Darüber hinaus hat der Emittent die Quelle(n) der Informationen anzugeben.

24. Einsehbare Dokumente

Abzugeben ist eine Erklärung dahingehend, dass während der Gültigkeitsdauer des Prospekts ggf. die folgenden Dokumente oder deren Kopien eingesehen werden können:

a) die Satzung und die Statuten des Emittenten;

b) sämtliche Berichte, Schreiben und sonstigen Dokumente, historischen Finanzinformationen, Bewertungen und Erklärungen, die von einem Sachverständigen auf Ersuchen des Emittenten abgegeben wurden, sofern Teile davon in den Prospekt eingeflossen sind oder in ihm darauf verwiesen wird;

c) die historischen Finanzinformationen des Emittenten oder im Falle einer Gruppe die historischen Finanzinformationen für den Emittenten und seine Tochtergesellschaften für jedes der Veröffentlichung des Prospekts vorausgegangenen beiden letzten Geschäftsjahre.

Anzugeben ist auch, wo in diese Dokumente entweder in Papierform oder auf elektronischem Wege Einsicht genommen werden kann.

25. Angaben über Beteiligungen

25.1. Beizubringen sind Angaben über Unternehmen, an denen der Emittent einen Teil des Eigenkapitals hält, dem bei der Bewertung ihrer eigenen Vermögens-, Finanz- und Ertragslage voraussichtlich eine erhebliche Bedeutung zukommt.

26. Angaben über den Emittenten der Zertifikate, die Aktien vertreten

26.1. Name, eingetragener Sitz und Hauptverwaltung, falls nicht mit dem eingetragenen Sitz identisch.

26.2. Datum der Gründung und Existenzdauer des Emittenten, soweit diese nicht unbefristet ist.

26.3. Rechtsordnung, unter der der Emittent tätig ist, und Rechtsform, die er unter dieser Rechtsordnung angenommen hat.

27. Angaben über die zu Grunde liegenden Aktien

27.1. Beschreibung des Typs und der Kategorie der anzubietenden und/oder zum Handel zuzulassenden zu Grunde liegenden Aktien einschließlich der ISIN (International Security Identification Number) oder eines ähnlichen anderen Sicherheitscodes.

27.2. Rechtsvorschriften, auf deren Grundlage die zu Grunde liegenden Aktien geschaffen wurden.

27.3. Angabe, ob es sich bei den zu Grunde liegenden Aktien um Namenspapiere oder um Inhaberpapiere handelt und ob die zu Grunde liegenden Aktien verbrieft oder stückelos sind. In letzterem Fall sind der Name und die Anschrift des die Buchungsunterlagen führenden Instituts zu nennen.

27.4. Währung der zu Grunde liegenden Aktien.

27.5. Beschreibung der Rechte – einschließlich ihrer etwaigen Beschränkungen –, die an die zu Grunde liegenden Aktien gebunden sind, und des Verfahrens zur Ausübung dieser Rechte.

27.6. Dividendenrechte:

a) fester/e Termin/e, zu dem/denen die Dividendenberechtigung entsteht;

b) Verjährungsfrist für den Verfall der Dividendenberechtigung und Angabe des entsprechenden Begünstigten;

c) Dividendenbeschränkungen und Verfahren für gebietsfremde Wertpapierinhaber;

d) Dividendensatz bzw. Methode zu seiner Berechnung, Angabe der Frequenz und der kumulativen bzw. nichtkumulativen Wesensart der Zahlungen.

27.7. Stimmrechte;

Bezugsrechte bei Angeboten zur Zeichnung von Wertpapieren derselben Kategorie;

Recht auf Beteiligung am Gewinn des Emittenten;

Recht auf Beteiligung am Saldo im Falle einer Liquidation; Tilgungsklauseln;

Wandelbedingungen.

27.8. Emissionstermin für die zu Grunde liegenden Aktien, wenn für die Emission der Zertifikate neue zu Grunde liegenden Aktien zu schaffen sind und sie zum Zeitpunkt der Emission der Zertifikate nicht existierten.

27.9. Sind für die Emission der Zertifikate neue zu Grunde liegende Aktien zu schaffen, so sind die Beschlüsse, Bevollmächtigungen und Billigungen anzugeben, auf deren Grundlage die neuen zu Grunde liegenden Aktien geschaffen wurden oder noch werden und/oder ausgegeben wurden oder noch werden.

27.10. Darstellung etwaiger Beschränkungen für die freie Übertragbarkeit der Wertpapiere.

27.11. Hinsichtlich des Landes, in dem der Emittent seinen eingetragenen Sitz hat, und des Landes bzw. der Länder, in dem bzw. denen das Angebot unterbreitet oder die Zulassung zum Handel beantragt wird, sind folgende Angaben zu machen:

a) Angaben über die an der Quelle einbehaltene Einkommensteuer auf die zu Grunde liegenden Aktien;

b) Angabe der Tatsache, ob der Emittent die Verantwortung für die Einbehaltung der Steuern an der Quelle übernimmt.

27.12. Angabe etwaig bestehender obligatorischer Übernahmeangebote und/ oder Ausschluss- und Andienungsregeln in Bezug auf die zu Grunde liegenden Aktien.

27.13. Angabe öffentlicher Übernahmeangebote von Seiten Dritter in Bezug auf das Eigenkapital des Emittenten, die während des letzten oder im Verlauf des derzeitigen Geschäftsjahres erfolgten. Zu nennen sind dabei der Kurs oder die Wandelbedingungen für derlei Angebote sowie das Resultat.

27.14. Lock-up-Vereinbarungen:

Anzugeben sind die beteiligten Parteien;

Inhalt und Ausnahmen der Vereinbarung;

der Zeitraum des „lock up".

27.15. Ggf. Angaben über Aktionäre, die ihre Aktien eventuell veräußern

27.15.1. Name und Geschäftsanschrift der Person oder des Instituts, die/das zu Grunde liegende Aktien zum Verkauf anbietet; Wesensart etwaiger Positionen oder sonstiger wesentlicher Verbindungen, die die Personen mit Verkaufspositionen in den letzten drei Jahren bei dem Emittenten der zu Grunde liegenden Aktien oder etwaigen Vorgängern oder verbundenen Personen innehatte oder mit diesen unterhielt.

27.16. Verwässerung

27.16.1. Betrag und Prozentsatz der unmittelbaren Verwässerung, die sich aus dem Angebot der Zertifikate ergibt.

27.16.2. Im Falle eines Zeichnungsangebots für die Zertifikate an die existierenden Aktionäre Angabe von Betrag und Prozentsatz der unmittelbaren Verwässerung, wenn sie das neue Angebot für die Zertifikate nicht zeichnen.

27.17. Zusätzliche Angaben, wenn die gleiche Kategorie der zu Grunde liegenden Aktien wie die zu Grunde liegenden Aktien, für die die Zertifikate ausgestellt wurden, gleichzeitig oder fast gleichzeitig angeboten oder zum Handel zugelassen werden.

27.17.1. Falls gleichzeitig oder fast gleichzeitig zur Schaffung von Zertifikaten, für die eine Zulassung zum Handel auf einem geregelten Markt beantragt werden soll, zu Grunde liegende Aktien der gleichen Kategorie wie diejenigen, für die die Zertifikate ausgestellt wurden, privat gezeichnet oder platziert werden, sind Einzelheiten zur Natur dieser Geschäfte sowie zur Zahl und den Merkmalen der zu Grunde liegenden Aktien anzugeben, auf die sie sich beziehen.

27.17.2. Angabe sämtlicher geregelten oder gleichwertigen Märkte, auf denen nach Kenntnis des Emittenten der Zertifikate zu Grunde liegende Aktien der gleichen Kategorie wie diejenigen, für die die Zertifikate ausgestellt wurden, angeboten oder zum Handel zugelassen werden.

27.17.3. Soweit dem Emittenten der Zertifikate bekannt, Angabe, ob Hauptaktionäre oder Mitglieder der Geschäftsführungs-, Aufsichts- oder Verwaltungsorgane des Emittenten an der Zeichnung teilnehmen wollen oder ob Personen mehr als 5 % des Angebots zeichnen wollen.

28. Angaben über die Hinterlegungsscheine

28.1. Beschreibung des Typs und der Kategorie der anzubietenden und/oder zum Handel zuzulassenden Zertifikate.

28.2. Rechtsvorschriften, auf deren Grundlage die Zertifikate geschaffen wurden.

28.3. Angabe, ob es sich bei den Zertifikaten um Namenspapiere oder um Inhaberpapiere handelt und ob sie verbrieft oder stückelos sind. In letzterem Fall sind der Name und die Anschrift des die Buchungsunterlagen führenden Instituts zu nennen.

28.4. Währung der Zertifikate.

28.5. Beschreibung der Rechte – einschließlich ihrer etwaigen Beschränkungen –, die an die Zertifikate gebunden sind, und des Verfahrens zur Ausübung dieser Rechte.

28.6. Wenn sich die Dividendenrechte, die an die Zertifikate gebunden sind, von jenen unterscheiden, die im Zusammenhang mit den Basistiteln bekannt gegeben werden, sind folgende Angaben zu den Dividendenrechten zu machen:

a) fester/e Termin/e, zu dem/denen die Dividendenberechtigung entsteht;

b) Verjährungsfrist für den Verfall der Dividendenberechtigung und Angabe des entsprechenden Begünstigten;

c) Dividendenbeschränkungen und Verfahren für gebietsfremde Wertpapierinhaber;

d) Dividendensatz bzw. Methode zu seiner Berechnung, Angabe der Frequenz und der kumulativen bzw. nichtkumulativen Wesensart der Zahlungen.

28.7. Wenn sich die Stimmrechte, die an die Zertifikate gebunden sind, von jenen unterscheiden, die im Zusammenhang mit den zu Grunde liegenden Aktien bekannt gegeben werden, sind folgende Angaben zu diesen Rechten zu machen:

a) Stimmrechte;

b) Bezugsrechte bei Angeboten zur Zeichnung von Wertpapieren derselben Kategorie;

c) Recht auf Beteiligung am Gewinn des Emittenten;

d) Recht auf Beteiligung am Liquidationserlös;

e) Tilgungsklauseln;

f) Wandelbedingungen.

28.8. Beschreibung der Ausübung und Nutzung der Rechte, die an die zu Grunde liegenden Aktien gebunden sind – und insbesondere der Stimmrechte –, der Bedingungen, zu denen der Emittent von Zertifikaten derlei Rechte ausüben kann und der geplanten Maßnahmen, mit denen die Anweisungen von Seiten der Inhaber der Zertifikate eingeholt werden. Ebenfalls Beschreibung des Rechts auf Beteiligung am Gewinn und am Liquidationserlös, d.h. eines Rechts, das nicht auf den Inhaber der Zertifikate übertragen wird.

28.9. Erwarteter Emissionstermin für die Zertifikate.

28.10. Darstellung etwaiger Beschränkungen für die freie Übertragbarkeit der Wertpapiere.

28.11. Hinsichtlich des Lands des eingetragenen Sitzes des Emittenten und des Landes bzw. der Länder, in dem bzw. denen das Angebot unterbreitet oder die Zulassung zum Handel beantragt wird, sind folgende Angaben zu machen:

a) Angaben über die an der Quelle einbehaltene Einkommensteuer auf die zu Grunde liegenden Aktien;

b) Angabe der Tatsache, ob der Emittent die Verantwortung für die Einbehaltung der Steuern an der Quelle übernimmt.

28.12. Bankgarantien oder sonstige Garantien, die für die Zertifikate gestellt werden und die Verpflichtungen des Emittenten unterlegen sollen.

28.13. Möglichkeit des Umtausches der Zertifikate in ursprüngliche Aktien und Verfahren für einen solchen Umtausch.

29. Angaben über die Bedingungen und Voraussetzungen des Angebots von Hinterlegungsscheinen

29.1. Bedingungen, Angebotsstatistiken, erwarteter Zeitplan und erforderliche Maßnahmen für die Antragstellung

29.1.1. Gesamtsumme der Emission/des Angebots, wobei zwischen den zum Verkauf und den zur Zeichnung angebotenen Wertpapieren zu unterscheiden ist. Ist der Betrag nicht festgelegt, Beschreibung der Vereinbarungen und des Zeitpunkts für die Ankündigung des endgültigen Angebotbetrags an das Publikum.

29.1.2. Frist – einschließlich etwaiger Änderungen – während deren das Angebot gilt und Beschreibung des Antragsverfahrens.

29.1.3. Angabe des Zeitpunkts und der Umstände, ab dem bzw. unter denen das Angebot widerrufen oder ausgesetzt werden kann, und der Tatsache, ob der Widerruf nach Beginn des Handels erfolgen kann.

29.1.4. Beschreibung der Möglichkeit zur Reduzierung der Zeichnungen und der Art und Weise der Erstattung des zu viel gezahlten Betrags an die Zeichner.

29.1.5. Einzelheiten zum Mindest- und/oder Höchstbetrag der Zeichnung (entweder in Form der Anzahl der Wertpapiere oder des aggregierten zu investierenden Betrags).

29.1.6. Angabe des Zeitraums, während dessen ein Antrag zurückgezogen werden kann, sofern dies den Anlegern überhaupt gestattet ist.

29.1.7. Methode und Fristen für die Bedienung der Wertpapiere und ihre Lieferung.

29.1.8. Vollständige Beschreibung der Art und Weise und des Termins, auf die bzw. an dem die Ergebnisse des Angebots offen zu legen sind.

29.1.9. Verfahren für die Ausübung eines etwaigen Vorzugsrechts, die Übertragbarkeit der Zeichnungsrechte und die Behandlung der nicht ausgeübten Zeichnungsrechte.

29.2. Plan für die Verteilung der Wertpapiere und deren Zuteilung

29.2.1. Angabe der verschiedenen Kategorien der potenziellen Investoren, denen die Wertpapiere angeboten werden. Erfolgt das Angebot gleichzeitig auf den Märkten in zwei oder mehreren Ländern und wurde/wird eine bestimmte Tranche einigen dieser Märkte vorbehalten, Angabe dieser Tranche.

29.2.2. Soweit dem Emittenten bekannt, Angabe, ob Hauptaktionäre oder Mitglieder der Geschäftsführungs-, Aufsichts- oder Verwaltungsorgane des

Emittenten an der Zeichnung teilnehmen wollen oder ob Personen mehr als 5 % des Angebots zeichnen wollen.

29.2.3. Offenlegung vor der Zuteilung

29.2.3.1. Aufteilung des Angebots in Tranchen, einschließlich der Tranche für die institutionellen Kunden, der Privatkundentranche und der Tranche für die Beschäftigten des Emittenten und sonstige Tranchen;

29.2.3.2. Bedingungen, zu denen eine Rückforderung eingesetzt werden kann, Höchstgrenze einer solchen Rückforderung und alle eventuell anwendbaren Mindestprozentsätze für einzelne Tranchen;

29.2.3.3. Zu verwendende Zuteilungsmethode oder -methoden für die Privatkundentranche und die Tranche für die Beschäftigten des Emittenten im Falle der Mehrzuteilung dieser Tranchen;

29.2.3.4. Beschreibung einer etwaigen vorher festgelegten Vorzugsbehandlung, die bestimmten Kategorien von Anlegern oder bestimmten gruppenspezifischen Kategorien (einschließlich Friends and family-Programme) bei der Zuteilung vorbehalten wird, Prozentsatz des für die Vorzugsbehandlung vorgesehenen Angebots und Kriterien für die Aufnahme in derlei Kategorien oder Gruppen;

29.2.3.5. Angabe des Umstands, ob die Behandlung der Zeichnungen oder bei der Zuteilung zu zeichnenden Angebote eventuell von der Gesellschaft abhängig ist, durch die oder mittels deren sie vorgenommen werden;

29.2.3.6. Angestrebte Mindesteinzelzuteilung, falls vorhanden, innerhalb der Privatkundentranche;

29.2.3.7. Bedingungen für das Schließen des Angebots sowie Termin, zu dem das Angebot frühestens geschlossen werden darf;

29.2.3.8. Angabe der Tatsache, ob Mehrfachzeichnungen zulässig sind und wenn nicht, wie trotzdem auftauchende Mehrfachzeichnungen behandelt werden;

29.2.3.9. Verfahren zur Meldung des den Zeichnern zugeteilten Betrags und Angabe, ob eine Aufnahme des Handels vor dem Meldeverfahren möglich ist.

29.2.4. Mehrzuteilung und Greenshoe-Option

29.2.4.1. Existenz und Umfang einer etwaigen Mehrzuteilungsmöglichkeit und/ oder Greenshoe-Option;

29.2.4.2. Dauer einer etwaigen Mehrzuteilungsmöglichkeit und/oder Greenshoe-Option;

29.2.4.3. Etwaige Bedingungen für die Inanspruchnahme einer etwaigen Mehrzuteilungsmöglichkeit oder Ausübung der Greenshoe-Option.

29.3. Preisfestsetzung

29.3.1. Angabe des Preises, zu dem die Wertpapiere angeboten werden. Ist der Preis nicht bekannt oder besteht kein etablierter und/oder liquider

Markt für die Wertpapiere, ist die Methode anzugeben, mittels deren der Angebotspreis festgelegt wird, einschließlich der Person, die die Kriterien festgelegt hat oder offiziell für deren Festlegung verantwortlich ist. Angabe der Kosten und Steuern, die speziell dem Zeichner oder Käufer in Rechnung gestellt werden.

29.3.2. Verfahren für die Offenlegung des Angebotspreises.

29.3.3. Besteht tatsächlich oder potenziell ein wesentlicher Unterschied zwischen dem öffentlichen Angebotspreis und den effektiven Barkosten der von Mitgliedern der Verwaltungs-, Geschäftsführungs- oder Aufsichtsorgane oder des oberen Managements sowie von nahe stehenden Personen bei Transaktionen im letzten Jahr erworbenen Wertpapiere oder deren Recht darauf, ist ein Vergleich des öffentlichen Beitrags zum vorgeschlagenen öffentlichen Angebot und der effektiven Bar-Beiträge dieser Personen einzufügen.

29.4.1. Platzierung und Übernahme (Underwriting)

29.4.2. Name und Anschrift des Koordinators/der Koordinatoren des gesamten Angebots oder einzelner Teile des Angebots und – sofern dem Emittenten bekannt – Angaben zu den Platzierern in den einzelnen Ländern des Angebots.

29.4.2. Name und Anschrift der Zahlstellen und der Verwahrstellen in jedem Land.

29.4.3. Name und Anschrift der Institute, die bereit sind, eine Emission auf Grund einer bindenden Zusage zu zeichnen, und Name und Anschrift der Institute, die bereit sind, eine Emission ohne bindende Zusage oder gemäß Vereinbarungen „zu den bestmöglichen Bedingungen" zu platzieren. Angabe der Hauptmerkmale der Vereinbarungen, einschließlich der Quoten. Wird die Emission nicht zur Gänze übernommen, ist eine Erklärung zum verbleibenden Teil einzufügen. Angabe des Gesamtbetrages der Übernahmeprovision und der Platzierungsprovision.

29.4.4. Angabe des Zeitpunkts, zu dem der Emissionsübernahmevertrag abgeschlossen wurde oder wird.

30. Zulassung zum Handel und Handelsregeln bei Zertifikaten, die Aktien vertreten

30.1. Angabe, ob die angebotenen Wertpapiere Gegenstand eines Antrags auf Zulassung zum Handel sind oder sein werden und auf einem geregelten Markt oder sonstigen gleichwertigen Märkten vertrieben werden sollen, wobei die jeweiligen Märkte zu nennen sind. Dieser Umstand ist anzugeben, ohne jedoch den Eindruck zu erwecken, dass die Zulassung zum Handel auch tatsächlich erfolgen wird. Wenn bekannt, sollte eine Angabe der frühestmöglichen Termine der Zulassung der Wertpapiere zum Handel erfolgen.

30.2. Angabe sämtlicher geregelten oder gleichwertigen Märkte, auf denen nach Kenntnis des Emittenten Wertpapiere der gleichen Wertpapiergattung, die zum Handel angeboten oder zugelassen werden sollen, bereits zum Handel zugelassen sind.

30.3. Falls gleichzeitig oder fast gleichzeitig zur Schaffung von Wertpapieren, für die eine Zulassung zum Handel auf einem geregelten Markt beantragt werden soll, Wertpapiere der gleichen Gattung privat gezeichnet oder platziert werden, oder falls Wertpapiere anderer Gattungen für eine öffentliche oder private Platzierung geschaffen werden, sind Einzelheiten zur Natur dieser Geschäfte sowie zur Zahl und den Merkmalen der Wertpapiere anzugeben, auf die sie sich beziehen.

30.4. Name und Anschrift der Institute, die aufgrund einer bindenden Zusage als Intermediäre im Sekundärhandel tätig sind und Liquidität mittels Geld- und Briefkursen zu Verfügung stellen, und Beschreibung der Hauptbedingungen der Zusagevereinbarung.

30.5. Stabilisierung: Hat ein Emittent oder ein Aktionär mit einer Verkaufsposition eine Mehrzuteilungsoption erteilt, oder wird ansonsten vorgeschlagen, dass Kursstabilisierungsmaßnahmen im Zusammenhang mit einem Angebot zu ergreifen sind, so ist Folgendes anzugeben.

30.6. die Tatsache, dass die Stabilisierung eingeleitet werden kann, dass es keine Gewissheit dafür gibt, dass sie eingeleitet wird und jederzeit gestoppt werden kann.

30.7. Beginn und Ende des Zeitraums, während dessen die Stabilisierung erfolgen kann.

30.8. die Identität der für die Stabilisierungsmaßnahmen nach jeder Rechtsordnung verantwortlichen Person, es sei denn, sie ist zum Zeitpunkt der Veröffentlichung nicht bekannt.

30.9. die Tatsache, dass die Stabilisierungstransaktionen zu einem Marktpreis führen können, der über dem liegt, der sich sonst ergäbe.

31. Wichtige Angaben über die Emission von Zertifikaten, die Aktien vertreten

31.1. Gründe für das Angebot und Verwendung der Erlöse

31.1.1. Angabe der Gründe für das Angebot und ggf. des geschätzten Nettobetrages der Erlöse, aufgegliedert nach den wichtigsten Verwendungszwecken und dargestellt nach Priorität dieser Verwendungszwecke. Sofern der Emittent weiß, dass die voraussichtlichen Erträge nicht ausreichend sein werden, um alle vorgeschlagenen Verwendungszwecke zu finanzieren, sind der Betrag und die Quellen anderer Mittel anzugeben. Die Verwendung der Erlöse sollte im Detail dargelegt werden, insbesondere wenn sie außerhalb der normalen Geschäftsvorfälle zum Erwerb von Aktiva verwendet werden, die zur Finanzierung des angekündigten Erwerbs anderer Unternehmen oder zur Begleichung, Reduzierung oder vollständigen Tilgung der Schulden eingesetzt werden.

31.2. Interessen von Seiten natürlicher und juristischer Personen, die an der Emission/dem Angebot beteiligt sind

31.2.1. Beschreibung jeglicher Interessen – einschließlich Interessenskonflikten –, die für die Emission/das Angebot von wesentlicher Bedeutung sind, wobei die involvierten Personen zu spezifizieren und die Art der Interessen darzulegen ist.

31.3. Risikofaktoren

31.3.1. Klare Offenlegung der Risikofaktoren, die für die anzubietenden und/ oder zum Handel zuzulassenden Wertpapiere von wesentlicher Bedeutung sind, wenn es darum geht, das Marktrisiko zu bewerten, mit dem diese Wertpapiere behaftet sind. Diese Offenlegung muss unter der Rubrik „Risikofaktoren" erfolgen.

32. Kosten der Emission/des Angebots von Zertifikaten, die Aktien vertreten

32.1 Angabe des Gesamtnettoertrages und Schätzung der Gesamtkosten der Emission/des Angebots.

Annex X
Minimum disclosure requirements fort he depository receipts issued
over shares (schedule)
Information about the Issuer of the Underlying Shares

1. Persons Responsible

1.1. All persons responsible for the information given in the prospectus and, as the case may be, for certain parts of it, with, in the latter case, an indication of such parts. In the case of natural persons including members of the issuer's administrative, management or supervisory bodies indicate the name and function of the person; in case of legal persons indicate the name and registered office.

1.2. A declaration by those responsible for the prospectus that, having taken all reasonable care to ensure that such is the case, the information contained in the prospectus is, to the best of their knowledge, in accordance with the facts and contains no omission likely to affect its import. As the case may be, declaration by those responsible for certain parts of the prospectus that, having taken all reasonable care to ensure that such is the case, the information contained in the part of the prospectus for which they are responsible is, to the best of their knowledge, in accordance with the facts and contains no omission likely to affect its import.

2. Statutory Auditors

2.1. Names and addresses of the issuer's auditors for the period covered by the historical financial information (together with their membership in a professional body).

2.2. If auditors have resigned, been removed or not been re-appointed during the period covered by the historical financial information, indicate details if material.

3. Selected Financial Information

3.1. Selected historical financial information regarding the issuer, presented for each financial year for the period covered by the historical financial information, and any subsequent interim financial period, in the same currency as the financial information. The selected historical financial information must provide the key figures that summarize the financial condition of the issuer.

3.2. If selected financial information for interim periods is provided, comparative data from the same period in the prior financial year shall also be provided, except that the requirement for comparative balance sheet information is satisfied by presenting the year end balance sheet information.

4. Risk Factors

Prominent disclosure of risk factors that are specific to the issuer or its industry in a section headed "Risk Factors".

5. Information about the Issuer

5.1. History and Development of the Issuer;

5.1.1. the legal and commercial name of the issuer;

5.1.2. the place of registration of the issuer and its registration number;

5.1.3. the date of incorporation and the length of life of the issuer, except where indefinite;

5.1.4. the domicile and legal form of the issuer, the legislation under which the issuer operates, its country of incorporation, and the address and telephone number of its registered office (or principal place of business if different from its registered office);

5.1.5. the important events in the development of the issuer's business.

5.2. Investments

5.2.1. A description, (including the amount) of the issuer's principal investments for each financial year for the period covered by the historical financial information up to the date of the prospectus;

5.2.2. A description of the issuer's principal investments that are currently in progress, including the distribution of these investments geographically (home and abroad) and the method of financing (internal or external);

5.2.3. Information concerning the issuer's principal future investments on which its management bodies have already made firm commitments.

6. Business Overview

6.1. Principal Activities

6.1.1. A description of, and key factors relating to, the nature of the issuer's operations and its principal activities, stating the main categories of products sold and/or services performed for each financial year for the period covered by the historical financial information;

6.1.2. An indication of any significant new products and/or services that have been introduced and, to the extent the development of new products or services has been publicly disclosed, give the status of development.

6.2. Principal Markets

A description of the principal markets in which the issuer competes, including a breakdown of total revenues by category of activity and geographic market for each financial year for the period covered by the historical financial information.

6.3. Where the information given pursuant to items 6.1. and 6.2. has been influenced by exceptional factors, mention that fact.

6.4. If material to the issuer's business or profitability, disclose summary information regarding the extent to which the issuer is dependent, on patents or licences, industrial, commercial or financial contracts or new manufacturing processes.

6.5. The basis for any statements made by the issuer regarding its competitive position.

7. Organizational Structure

7.1. If the issuer is part of a group, a brief description of the group and the issuer's position within the group.

7.2. A list of the issuer's significant subsidiaries, including name, country of incorporation or residence, proportion of ownership interest and, if different, proportion of voting power held.

8. Property, Plants and Equipment

8.1. Information regarding any existing or planned material tangible fixed assets, including leased properties, and any major encumbrances thereon.

8.2. A description of any environmental issues that may affect the issuer's utilisation of the tangible fixed assets.

9. Operating and Financial Review

9.1. Financial Condition

To the extent not covered elsewhere in the prospectus, provide a description of the issuer's financial condition, changes in financial condition and results of operations for each year and interim period, for which historical financial information is required, including the causes of material changes from year to year in the financial information to the extent necessary for an understanding of the issuer's business as a whole.

9.2. Operating Results

9.2.1. Information regarding significant factors, including unusual or infrequent events or new developments, materially affecting the issuer's income from operations, indicating the extent to which income was so affected.

9.2.2. Where the financial statements disclose material changes in net sales or revenues, provide a narrative discussion of the reasons for such changes.

9.2.3. Information regarding any governmental, economic, fiscal, monetary or political policies or factors that have materially affected, or could materially affect, directly or indirectly, the issuer's operations.

10. Capital Resources

10.1. Information concerning the issuer's capital resources (both short and long term);

10.2. An explanation of the sources and amounts of and a narrative description of the issuer's cash flows;

10.3. Information on the borrowing requirements and funding structure of the issuer;

10.4. Information regarding any restrictions on the use of capital resources that have materially affected, or could materially affect, directly or indirectly, the issuer's operations.

10.5. Information regarding the anticipated sources of funds needed to fulfil commitments referred to in items 5.2.3. and 8.1.

11. Research and Development, Patents and Licences

Where material, provide a description of the issuer's research and development policies for each financial year for the period covered by the historical financial information, including the amount spent on issuer-sponsored research and development activities.

12. Trend Information

12.1. The most significant recent trends in production, sales and inventory, and costs and selling prices since the end of the last financial year to the date of the prospectus.

12.2. Information on any known trends, uncertainties, demands, commitments or events that are reasonably likely to have a material effect on the issuer's prospects for at least the current financial year.

13. Profit Forecasts or Estimates

If an issuer chooses to include a profit forecast or a profit estimate the prospectus must contain the information items 13.1 and 13.2:

13.1. A statement setting out the principal assumptions upon which the issuer has based its forecast, or estimate. There must be a clear distinction between assumptions about factors which the members of the administrative, management or supervisory bodies can influence and assumptions about factors which are exclusively outside the influence of the members of the administrative, management or supervisory bodies; the assumptions must be readily understandable by investors, be specific and precise and not relate to the general accuracy of the estimates underlying the forecast.

13.2. A report prepared by independent accountants or auditors stating that in the opinion of the independent accountants or auditors the forecast or estimate has been properly compiled on the basis stated and that the basis of accounting used for the profit forecast or estimate is consistent with the accounting policies of the issuer.

13.3. The profit forecast or estimate prepared on a basis comparable with the historical financial information.

13.4. If the issuer has published a profit forecast in a prospectus which is still outstanding, provide a statement setting out whether or not that forecast is still correct as at the time of the prospectus, and an explanation of why such forecast is no longer valid if that is the case.

14. Administrative, Management, and Supervisory Bodies and Senior Management

14.1. Names, business addresses and functions in the issuer of the following persons and an indication of the principal activities performed by them outside that issuer where these are significant with respect to that issuer:

(a) members of the administrative, management or supervisory bodies;

(b) partners with unlimited liability, in the case of a limited partnership with a share capital;

(c) founders, if the issuer has been established for fewer than five years;

(d) any senior manager who is relevant to establishing that the issuer has the appropriate expertise and experience for the management of the issuer's business.

The nature of any family relationship between any of those persons.

In the case of each member of the administrative, management or supervisory bodies of the issuer and person described in points (b) and (d) of the first subparagraph, details of that person's relevant management expertise and experience and the following information:

(a) the names of all companies and partnerships of which such person has been a member of the administrative, management or supervisory bodies or partner at any time in the previous five years, indicating whether or not the individual is still a member of the administrative, management or supervisory bodies or partner. It is not necessary to list all the subsidiaries of an issuer of which the person is also a member of the administrative, management or supervisory bodies;

(b) any convictions in relation to fraudulent offences for at least the previous five years;

(c) details of any bankruptcies, receiverships or liquidations with which a person described in points (a) and (d) of the first subparagraph who was acting in the capacity of any of the positions set out in points (a) and (d) of the first subparagraph member of the administrative, management or supervisory bodies was associated for at least the previous five years;

(d) details of any official public incrimination and/or sanctions of such person by statutory or regulatory authorities (including designated professional bodies) and whether such person has ever been disqualified by a court from acting as a member of the administrative, management or supervisory bodies of an issuer or from acting in the management or conduct of the affairs of any issuer for at least the previous five years. If there is no such information to be disclosed, a statement to that effect must be made.

14.2. Administrative, Management, and Supervisory bodies and Senior Management conflicts of interests

Potential conflicts of interests between any duties to the issuer of the persons referred to in the first subparagraph of item 14.1. and their private interests and or other duties must be clearly stated. In the event that there are no such conflicts, make a statement to that effect.

Any arrangement or understanding with major shareholders, customers, suppliers or others, pursuant to which any person referred to in the first subparagraph of item 14.1 was selected as a member of the administrative, management or supervisory bodies or member of senior management.

15. Remuneration and Benefits

In relation to the last full financial year for those persons referred to in points (a) and (d) of the first subparagraph of item 14.1:

15.1. The amount of remuneration paid (including any contingent or deferred compensation), and benefits in kind granted, to such persons by the issuer and its subsidiaries for services in all capacities to the issuer and its subsidiaries by any person. This information must be provided on an individual basis unless individual disclosure is not required in the issuer's home country and is not otherwise publicly disclosed by the issuer.

15.2. The total amounts set aside or accrued by the issuer or its subsidiaries to provide pension, retirement or similar benefits.

16. Board Practices

In relation to the issuer's last completed financial year, and unless otherwise specified, with respect to those persons referred to in point (a) of the first subparagraph of item 14.1.:

16.1. Date of expiration of the current term of office, if applicable, and the period during which the person has served in that office.

16.2. Information about members of the administrative, management or supervisory bodies' service contracts with the issuer or any of its subsidiaries providing for benefits upon termination of employment, or an appropriate negative statement.

16.3. Information about the issuer's audit committee and remuneration committee, including the names of committee members and a summary of the terms of reference under which the committee operates.

16.4. A statement as to whether or not the issuer complies with its country's of incorporation corporate governance regime(s). In the event that the issuer does not comply with such a regime, a statement to that effect together with an explanation regarding why the issuer does not comply with such regime.

17. Employees

17.1. Either the number of employees at the end of the period or the average for each financial year for the period covered by the historical financial information up to the date of the prospectus (and changes in such numbers, if material) and, if possible and material, a breakdown of persons employed by main category of activity and geographic location. If the issuer employs a significant number of temporary employees, include disclosure of the number of temporary employees on average during the most recent financial year.

17.2. Shareholdings and stock options

With respect to each person referred to in points (a) and (b) of the first subparagraph of item 14.1., provide information as to their share ownership and any options over such shares in the issuer as of the most recent practicable date.

17.3. Description of any arrangements for involving the employees in the capital of the issuer.

18. Major Shareholders

18.1. In so far as is known to the issuer, the name of any person other than a member of the administrative, management or supervisory bodies who, directly or indirectly, has an interest notifiable under the issuer's national law in the issuer's capital or voting rights, together with the amount of each such person's interest or, if there are no such persons, an appropriate negative statement.

18.2. Whether the issuer's major shareholders have different voting rights, or an appropriate negative statement.

18.3. To the extent known to the issuer, state whether the issuer is directly or indirectly owned or controlled and by whom and describe the nature of such control and describe the measures in place to ensure that such control is not abused.

18.4. A description of any arrangements, known to the issuer, the operation of which may at a subsequent date result in a change in control of the issuer.

19. Related Party Transactions

Details of related party transactions (which for these purposes are those set out in the Standards adopted according to Regulation (EC) No 1606/2002), that the issuer has entered into during the period covered by the historical financial information and up to the date of the prospectus must be disclosed in accordance with the respective standard adopted according to Regulation (EC) No 1606/2002 if applicable. If such standards do not apply to the issuer the following information must be disclosed:

(a) The nature and extent of any transactions which are - as a single transaction or in their entirety - material to the issuer. Where such related party transactions are not concluded at arm's length provide an explanation of why these transactions were not concluded at arms length. In the case of outstanding loans including guarantees of any kind indicate the amount outstanding.

(b) The amount or the percentage to which related party transactions form part of the turnover of the issuer.

20. Financial Information concerning the Issuer's Assets and Liabilities, Financial Position and Profits and Losses

20.1. Historical Financial Information

Audited historical financial information covering the latest 3 financial years (or such shorter period that the issuer has been in operation), and the audit report in respect of each year. Such financial information must be prepared according to Regulation (EC) No 1606/2002, or if not applicable to a Member States national accounting standards for issuers from the Community. For third country issuers, such financial information must be prepared according to the international accounting standards adopted pursuant to the procedure of Article 3 of Regulation (EC) No 1606/2002 or to a third country's national accounting standards equivalent to these standards. If such financial information is not equivalent to these standards, it must be presented in the form of restated financial statements. The last two years audited historical financial information must be presented and prepared in a form consistent with that which will be adopted in the issuer's next published annual financial statements having regard to accounting standards and policies and legislation applicable to such annual financial statements. If the issuer has been operating in its current sphere of economic activity for less than one year, the audited historical financial information covering that period must be prepared in accordance with the standards applicable to annual financial statements under Regulation (EC) No 1606/2002, or if not applicable to a Member States national accounting standards where the issuer is an issuer from the Community. For third country issuers, the historical financial information must be prepared according to the international accounting standards adopted pursuant to the procedure of Article 3 of Regulation (EC) No 1606/2002 or to a third country's national accounting standards equivalent to these standards. This historical financial information must be audited.

If the audited financial information is prepared according to national accounting standards, the financial information required under this heading must include at least the following:

(a) the balance sheet;

(b) the income statement;

(c) a statement showing either all changes in equity or changes in equity other than those arising from capital transactions with owners and distributions to owners;

(d) the cash flow statement;

(e) the accounting policies and explanatory notes.

The historical annual financial information must be independently audited or reported on as to whether or not, for the purposes of the prospectus, it gives a true and fair view, in accordance with auditing standards applicable in a Member State or an equivalent standard.

20.1a This paragraph may be used only for issues of depository receipts having a denomination per unit of at least EUR 50,000.

Audited historical financial information covering the latest 3 financial years (or such shorter period that the issuer has been in operation), and the audit report in respect of each year. Such financial information must be prepared according to Regulation (EC) No 1606/2002 , or if not applicable to a Member's State national accounting standards for issuers from the Community. For third country issuers, such financial information must be prepared according to the international accounting standards adopted pursuant to the procedure of Article 3 of Regulation (EC) No 1606/2002 or to a third country's national accounting standards equivalent to these standards. Otherwise, the following information must be included in the prospectus:

(a) a prominent statement that the financial information included in the registration document has not been prepared in accordance with the international accounting standards adopted pursuant to the procedure of Article 3 of Regulation (EC) No 1606/2002 and that there may be material differences in the financial information had Regulation (EC) No 1606/2002 been applied to the historical financial information;

(b) immediately following the historical financial information a narrative description of the differences between the international accounting standards adopted pursuant to the procedure of Article 3 of Regulation (EC) No 1606/2002 and the accounting principles adopted by the issuer in preparing its annual financial statements

The last two years audited historical financial information must be presented and prepared in a form consistent with that which will be adopted in the issuer's next published annual financial statements having regard to accounting standards and policies and legislation applicable to such annual financial statements.

If the audited financial information is prepared according to national accounting standards, the financial information required under this heading must include at least the following:

(a) the balance sheet;

(b) the income statement;

(c) a statement showing either all changes in equity or changes in equity other than those arising from capital transactions with owners and distributions to owners;

(d) the cash flow statement;

(e) the accounting policies and explanatory notes.

The historical annual financial information must be independently audited or reported on as to whether or not, for the purposes of the prospectus, it gives a true and fair view, in accordance with auditing standards applicable in a Member State or an equivalent standard. Otherwise, the following information must be included in the prospectus:

(a) a prominent statement disclosing which auditing standards have been applied;

(b) an explanation of any significant departures from International Standards on Auditing

20.2. Financial statements

If the issuer prepares both own and consolidated annual financial statements, include at least the consolidated annual financial statements in the prospectus.

20.3. Auditing of historical annual financial information

20.3.1. A statement that the historical financial information has been audited. If audit reports of the historical financial information have been refused by the statutory auditors or if they contain qualifications or disclaimers, such refusal or such qualifications or disclaimers must be reproduced in full and the reasons given.

20.3.2. Indication of other information in the prospectus which has been audited by the auditors.

20.3.3. Where financial data in the prospectus is not extracted from the issuer's audited financial statements state the source of the data and state that the data is unaudited.

20.4. Age of latest financial information

20.4.1. The last year of audited financial information may not be older than:

(a) 18 months from the date of the prospectus if the issuer includes audited interim financial statements in the prospectus;

(b) 15 months from the date of the prospectus if the issuer includes unaudited interim financial statements in the prospectus.

20.5. Interim and other financial information

20.5.1. If the issuer has published quarterly or half yearly financial information since the date of its last audited financial statements, these must be included in the prospectus. If the quarterly or half yearly financial information has been reviewed or audited the audit or review report must also be included. If the quarterly or half yearly financial information is unaudited or has not been reviewed, state that fact.

20.5.2. If the prospectus is dated more than nine months after the end of the last audited financial year, it must contain interim financial information, which may be unaudited (in which case that fact shall be stated) covering at least the first six months of the financial year. The interim financial information must include comparative statements for the same period in the prior financial year, except that the requirement for comparative balance sheet information may be satisfied by presenting the years end balance sheet.

20.6. Dividend policy

A description of the issuer's policy on dividend distributions and any restrictions thereon.

20.6.1. The amount of the dividend per share for each financial year for the period covered by the historical financial information adjusted, where the number of shares in the issuer has changed, to make it comparable.

20.7. Legal and arbitration proceedings

Information on any governmental, legal or arbitration proceedings (including any such proceedings which are pending or threatened of which the issuer is aware), during a period covering at least the previous 12 months which may have, or have had in the recent past significant effects on the issuer and/or group's financial position or profitability, or provide an appropriate negative statement.

20.8. Significant change in the issuer's financial or trading position

A description of any significant change in the financial or trading position of the group which has occurred since the end of the last financial period for which either audited financial information or interim financial information have been published, or provide an appropriate negative statement.

21. Additional Information

21.1. Share Capital

The following information as of the date of the most recent balance sheet included in the historical financial information:

21.1.1. The amount of issued capital, and for each class of share capital:

(a) the number of shares authorised;

(b) the number of shares issued and fully paid and issued but not fully paid;

(c) the par value per share, or that the shares have no par value;

(d) a reconciliation of the number of shares outstanding at the beginning and end of the year. If more than 10 % of capital has been paid for with assets other than cash within the period covered by the historical financial information, state that fact.

21.1.2. If there are shares not representing capital, state the number and main characteristics of such shares.

21.1.3. The number, book value and face value of shares in the issuer held by or on behalf of the issuer itself or by subsidiaries of the issuer.

21.1.4. The amount of any convertible securities, exchangeable securities or securities with warrants, with an indication of the conditions governing and the procedures for conversion, exchange or subscription.

21.1.5. Information about and terms of any acquisition rights and or obligations over authorised but unissued capital or an undertaking to increase the capital.

21.1.6. Information about any capital of any member of the group which is under option or agreed conditionally or unconditionally to be put under option and details of such options including those persons to whom such options relate.

21.1.7. A history of share capital, highlighting information about any changes, for the period covered by the historical financial information.

21.2. Memorandum and Articles of Association

21.2.1. A description of the issuer's objects and purposes and where they can be found in the memorandum and articles of association.

21.2.2. A summary of any provisions of the issuer's articles of association, statutes or charter and bylaws with respect to the members of the administrative, management and supervisory bodies.

21.2.3. A description of the rights, preferences and restrictions attaching to each class of the existing shares.

21.2.4. A description of what action is necessary to change the rights of holders of the shares, indicating where the conditions are more significant than is required by law.

21.2.5. A description of the conditions governing the manner in which annual general meetings and extraordinary general meetings of shareholders are called including the conditions of admission.

21.2.6. A brief description of any provision of the issuer's articles of association, statutes, charter or bylaws that would have an effect of delaying, deferring or preventing a change in control of the issuer.

21.2.7. An indication of the articles of association, statutes, charter or bylaws provisions, if any, governing the ownership threshold above which shareholder ownership must be disclosed.

21.2.8. A description of the conditions imposed by the memorandum and articles of association statutes, charter or bylaws governing changes in the capital, where such conditions are more stringent than is required by law.

22. Material Contracts

A summary of each material contract, other than contracts entered into in the ordinary course of business, to which the issuer or any member of the group is a party, for the two years immediately preceding publication of the prospectus. A summary of any other contract (not being a contract entered into in the ordinary course of business) entered into by any member of the group which contains any provision under which any member of the group has any obligation or entitlement which is material to the group as at the date of the prospectus.

23. Third Party Information, Statement by Experts and Declarations of any Interest

23.1. Where a statement or report attributed to a person as an expert is included in the prospectus provide such person's name, business address, qualifications and material interest if any in the issuer. If the report has been produced at the issuer's request a statement to that effect that such statement or report is included, in the form and context in which it is included, with the consent of that person who has authorised the contents of that part of the prospectus.

23.2. Where information has been sourced from a third party, provide a confirmation that this information has been accurately reproduced and that as far as the issuer is aware and is able to ascertain from information published by that third party, no facts have been omitted which would render the reproduced information inaccurate or misleading. In addition, the issuer shall identify the source(s) of the information.

24. Documents on Display

A statement that for the life of the prospectus the following documents (or copies thereof), where applicable, may be inspected:

(a) the memorandum and articles of association of the issuer;

(b) all reports, letters, and other documents, historical financial information, valuations and statements prepared by any expert at the issuer's request any part of which is included or referred to in the prospectus;

(c) the historical financial information of the issuer or, in the case of a group, the historical financial information for the issuer and its subsidiary undertakings for each of the two financial years preceding the publication of the prospectus. An indication of where the documents on display may be inspected, by physical or electronic means.

25. Information on Holdings

25.1. Information relating to the undertakings in which the issuer holds a proportion of the capital likely to have a significant effect on the assessment of its own assets and liabilities, financial position or profits and losses.

26. Information about the Issuer of the Depository Receipts

26.1. Name, registered office and principal administrative establishment if different from the registered office.

26.2. Date of incorporation and length of life of the issuer, except where indefinite.

26.3. Legislation under which the issuer operates and legal form which it has adopted under that legislation.

27. Information about the Underlying Shares

27.1. A description of the type and the class of the underlying shares, including the ISIN (International Security Identification Number) or other such security identification code.

27.2. Legislation under which the underlying shares have been created

27.3. An indication whether the underlying shares are in registered form or bearer form and whether the underlying shares are in certificated form or book-entry form. In the latter case, name and address of the entity in charge of keeping the records.

27.4. Currency of the underlying shares

27.5. A description of the rights, including any limitations of these, attached to the underlying shares and procedure for the exercise of said rights.

27.6. Dividend rights:

(a) Fixed date(s) on which the entitlement arises,

(b) Time limit after which entitlement to dividend lapses and an indication of the person in whose favour the lapse operates,

(c)Dividend restrictions and procedures for non resident holders,

(d) Rate of dividend or method of its calculation, periodicity and cumulative or non-cumulative nature of payments.

27.7. Voting rights;

Pre-emption rights in offers for subscription of securities of the same class;

Right to share in the issuer's profits;

Rights to share in any surplus in the event of liquidation;

Redemption provisions;

Conversion provisions.

27.8. The issue date of the underlying shares if new underlying shares are being created for the issue of the depository receipts and they are not in existence at the time of issue of the depository receipts.

27.9. If new underlying shares are being created for the issue of the depository receipts, state the resolutions, authorisations and approvals by virtue of which the new underlying shares have been or will be created and/or issued.

27.10. A description of any restrictions on the free transferability of the underlying shares

27.11. In respect of the country of registered office of the issuer and the country(ies) where the offer is being made or admission to trading is being sought:

(a) information on taxes on the income from the underlying shares withheld at source

(b) indication as to whether the issuer assumes responsibility for the withholding of taxes at the source.

27.12. An indication of the existence of any mandatory takeover bids and/or squeeze-out and sell-out rules in relation to the underlying shares.

27.13. An indication of public takeover bids by third parties in respect of the issuer's equity, which have occurred during the last financial year and the current financial year. The price or exchange terms attaching to such offers and the outcome thereof must be stated.

27.14. Lock up agreements:

the parties involved;

content and exceptions of the agreement;

indication of the period of the lock up.

27.15. Information about selling share holders if any

27.15.1. Name and business address of the person or entity offering to sell the underlying shares, the nature of any position office or other material relationship that the selling persons has had within the past three years with the issuer of the underlying shares or any of its predecessors or affiliates.

27.16. Dilution

27.16.1. Amount and percentage of immediate dilution resulting from the offer of the depository receipts.

27.16.2. In the case of a subscription offer of the depository receipts to existing shareholders, disclose the amount and percentage of immediate dilutions if they do not subscribe to the offer of depository receipts.

27.17. Additional information where there is a simultaneous or almost simultaneous offer or admission to trading of the same class of underlying shares as those underlying shares over which the depository receipts are being issued.

27.17.1. If simultaneously or almost simultaneously with the creation of the depository receipts for which admission to a regulated market is being sought underlying shares of the same class as those over which the depository receipts are being issued are subscribed for or placed privately, details are to be given of the nature of such operations and of the number and characteristics of the underlying shares to which they relate.

27.17.2. Disclose all regulated markets or equivalent markets on which, to the knowledge of the issuer of the depository receipts, underlying shares of the same class of those over which the depository receipts are being issued are offered or admitted to trading.

27.17.3. To the extent known to the issuer of the depository receipts, indicate whether major shareholders, members of the administrative, management or supervisory bodies intended to subscribe in the offer, or whether any person intends to subscribe for more than five per cent of the offer.

28. Information Regarding The Depository Receipts

28.1. A description of the type and class of depository receipts being offered and/or admitted to trading.

28.2. Legislation under which the depository receipts have been created.

28.3. An indication whether the depository receipts are in registered or bearer form and whether the depository receipts are in certificated or book-entry form. In the latter case, include the name and address of the entity in charge of keeping the records.

28.4. Currency of the depository receipts.

28.5. Describe the rights attaching to the depository receipts, including any limitations of these attached to the depository receipts and the procedure if any for the exercise of these rights.

28.6. If the dividend rights attaching to depository receipts are different from the dividend rights disclosed in relation to the underlying disclose the following about the dividend rights:

(a) Fixed date(s) on which the entitlement arises,

(b) Time limit after which entitlement to dividend lapses and an indication of the person in whose favour the lapse operates,

(c) Dividend restrictions and procedures for non resident holders,

(d) Rate of dividend or method of its calculation, periodicity and cumulative or non-cumulative nature of payments.

28.7. If the voting rights attaching to the depository receipts are different from the voting rights disclosed in relation to the underlying shares disclose the following about those rights:

Voting rights;

Pre-emption rights in offers for subscription of securities of the same class;

Right to share in the issuer's profits;

Rights to share in any surplus in the event of liquidation;

Redemption provisions;

Conversion provisions.

28.8. Describe the exercise of and benefit from the rights attaching to the underlying shares, in particular voting rights, the conditions on which the issuer of the depository receipts may exercise such rights, and measures envisaged to obtain the instructions of the depository receipt holders – and the right to share in profits and any liquidation surplus which are not passed on to the holder of the depository receipt.

28.9. The expected issue date of the depository receipts

28.10. A description of any restrictions on the free transferability of the depository receipts.

28.11. In respect of the country of registered office of the issuer and the country(ies) where the offer is being made or admission to trading is being sought:

(a) information on taxes on the income from the depository receipts withheld at source

(b) indication as to whether the issuer assumes responsibility for the withholding of taxes at the source.

28.12. Bank or other guarantees attached to the depository receipts and intended to underwrite the issuer's obligations.

28.13. Possibility of obtaining the delivery of the depository receipts into original shares and procedure for such delivery.

29. Information about the Terms and Conditions of the Offer of the Depository Receipts

29.1. Conditions, offer statistics, expected timetable and action required to apply for the offer

29.1.1. Total amount of the issue/offer, distinguishing the securities offered for sale and those offered for subscription; if the amount is not fixed, description of the arrangements and time for announcing to the public the definitive amount of the offer.

29.1.2. The time period, including any possible amendments, during which the offer will be open and description of the application process.

29.1.3. An indication of when, and under what circumstances, the offer may be revoked or suspended and whether revocation can occur after dealing has begun.

29.1.4. A description of the possibility to reduce subscriptions and the manner for refunding excess amount paid by applicants.

29.1.5. Details of the minimum and/or maximum amount of application (whether in number of securities or aggregate amount to invest).

29.1.6. An indication of the period during which an application may be withdrawn, provided that investors are allowed to withdraw their subscription.

29.1.7. Method and time limits for paying up the securities and for delivery of the securities.

29.1.8. A full description of the manner and date in which results of the offer are to be made public.

29.1.9. The procedure for the exercise of any right of pre-emption, the negotiability of subscription rights and the treatment of subscription rights not exercised.

29.2. Plan of distribution and allotment

29.2.1. The various categories of potential investors to which the securities are offered. If the offer is being made simultaneously in the markets of two or more countries and if a tranche has been or is being reserved for certain of these, indicate any such tranche.

29.2.2. To the extent known to the issuer, indicate whether major shareholders or members of the issuer's management, supervisory or administrative bodies intended to subscribe in the offer, or whether any person intends to subscribe for more than five per cent of the offer.

29.2.3. Pre-allotment Disclosure:

29.2.3.1. The division into tranches of the offer including the institutional, retail and issuer's employee tranches and any other tranches;

29.2.3.2. The conditions under which the claw-back may be used, the maximum size of such claw back and any applicable minimum percentages for individual tranches;

29.2.3.3. The allotment method or methods to be used for the retail and issuer's employee tranche in the event of an over-subscription of these tranches;

29.2.3.4. A description of any pre-determined preferential treatment to be accorded to certain classes of investors or certain affinity groups (including friends and family programmes) in the allotment, the percentage of the offer reserved for such preferential treatment and the criteria for inclusion in such classes or groups.

29.2.3.5. Whether the treatment of subscriptions or bids to subscribe in the allotment may be determined on the basis of which firm they are made through or by;

29.2.3.6. A target minimum individual allotment if any within the retail tranche;

29.2.3.7. The conditions for the closing of the offer as well as the date on which the offer may be closed at the earliest;

29.2.3.8. Whether or not multiple subscriptions are admitted, and where they are not, how any multiple subscriptions will be handled.

29.2.3.9. Process for notification to applicants of the amount allotted and indication whether dealing may begin before notification is made.

29.2.4. Over-allotment and 'green shoe':

29.2.4.1. The existence and size of any over-allotment facility and / or 'green shoe'.

29.2.4.2. The existence period of the over-allotment facility and / or 'green shoe'.

29.2.4.3. Any conditions for the use of the over-allotment facility or exercise of the 'green shoe'.

29.3. Pricing

29.3.1. An indication of the price at which the securities will be offered. When the price is not known or when there is not an established and/or liquid market for the securities, indicate the method for determination of the offer price, including who has set the criteria or is formally responsible for its determination. Indication of the amount of any expenses and taxes specifically charged to the subscriber or purchaser.

29.3.2. Process for the disclosure of the offer price.

29.3.3. Where there is or could be a material disparity between the public offer price and the effective cash cost to members of the administrative, management or supervisory bodies or senior management, or affiliated persons, of securities acquired by them in transactions during the past year, or which they have the right to acquire, include a comparison of the public contribution in the proposed public offer and the effective cash contributions of such persons.

29.4. Placing and Underwriting

29.4.1. Name and address of the co-coordinator(s) of the global offer and of single parts of the offer and, to the extend known to the issuer, of the placers in the various countries where the offer takes place.

29.4.2. Name and address of any paying agents and depository agents in each country.

29.4.3. Name and address of the entities agreeing to underwrite the issue on a firm commitment basis, and name and address of the entities agreeing to place the issue without a firm commitment or under "best efforts" arrangements. Indication of the material features of the agreements, including the quotas. Where not all of the issue is underwritten, a statement of the portion not covered. Indication of the overall amount of the underwriting commission and of the placing commission

29.4.4. When the underwriting agreement has been or will be reached.

30. Admission to Trading and Dealing Arrangements in the Depository Receipts

30.1. An indication as to whether the securities offered are or will be the object of an application for admission to trading, with a view to their distribution in a regulated market or other equivalent markets with indication of the markets in question. This circumstance must be mentioned, without creating the impression that the admission to trading necessarily will be approved. If known, the earliest dates on which the securities will be admitted to trading must be given.

30.2. All the regulated markets or equivalent markets on which, to the knowledge of the issuer, securities of the same class of the securities to be offered or admitted to trading are already admitted to trading.

30.3. If simultaneously or almost simultaneously with the creation of the securities for which admission to a regulated market is being sought securities of the same class are subscribed for or placed privately or if securities of other classes are created for public or private placing, details must be given of the nature of such operations and of the number and characteristics of the securities to which they relate.

30.4. Name and address of the entities which have a firm commitment to act as intermediaries in secondary trading, providing liquidity through bid and offer rates and description of the main terms of their commitment.

30.5. Stabilisation: where an issuer or a selling shareholder has granted an over-allotment option or it is otherwise proposed that price stabilising activities may be entered into in connection with an offer:

30.6. The fact that stabilisation may be undertaken, that there is no assurance that it will be undertaken and that it may be stopped at any time.

30.7. The beginning and the end of the period during which stabilisation may occur.

30.8. The identity of the stabilisation manager for each relevant jurisdiction unless this is not known at the time of publication.

30.9. The fact that stabilisation transactions may result in a market price that is higher than would otherwise prevail.

31. Key Information about the Issue of the Depository Receipts

31.1. Reasons for the offer and use of proceeds

31.1.1. Reasons for the offer and, where applicable, the estimated net amount of the proceeds broken into each principal intended use and presented by order of priority of such uses. If the issuer is aware that the anticipated proceeds will not be sufficient to fund all the proposed uses, state the amount and sources of other funds needed. Details must be given with regard to the use of the proceeds, in particular when they are being used to acquire assets, other than in the ordinary course of business, to finance announced acquisitions of other business, or to discharge, reduce or retire indebtedness.

31.2. Interest of natural and legal persons involved in the issue/offer

31.2.1. A description of any interest, including conflicting ones, that is material to the issue/offer, detailing the persons involved and the nature of the interest

31.3. Risk factors

31.3.1. Prominent disclosure of risk factors that are material to the securities being offered and/or admitted to trading in order to assess the market risk associated with these securities in a section headed "Risk Factors".

32. Expense of the Issue/Offer of the Depository Receipts

32.1. The total net proceeds and an estimate of the total expenses of the issue/offer.

Inhalt

	Rn.		Rn.
I. Einleitung	1	II. Mindestangaben	2

I. Einleitung

Anh. X der ProspektVO behandelt sog. aktienvertretende Zertifikate *(Global Depository Receipts)*. Aktienvertretende Zertifikate verbriefen Aktien. Sie werden von einer Hinterlegungsbank *(Depositary Bank)* begeben, die die eigentlichen Aktien des Emittenten für die Anleger verwahrt. Aktienvertretende Zertifikate beruhen somit auf einer Doppelstruktur, bei der die Anleger mittelbar über die aktienvertretenden Zertifikate Anteile an dem Unternehmen erwerben können. Besondere praktische Relevanz haben aktienvertretende Zertifikate in den 90er Jahren für deutsche Unternehmen erlangt, die über die sog. *American Depositary Receipts* Zugang zum US-amerikanischen Kapitalmarkt suchten.[1] Erfolgt die Emission der aktienvertretenden Zertifikate außerhalb der USA, werden die aktienvertretenden Zertifikate im internationalen Sprachgebrauch überlicherweise als *Global Depositary Receipts* bezeichnet. 1

In Deutschland haben aktienvertretende Zertifikate bislang geringe bis gar keine Relevanz erlangt. Sie werden in Europa derzeit schwerpunktmäßig in London oder Luxemburg emittiert. Im Vordergrund stehen dabei Unterneh-

---

[1] Vgl. hierzu grundlegend *Röhler,* American Depositary Shares, 1997; *von Rosen, in:* Seifert (Hrsg.), Zugang zum US-Kapitalmarkt für deutsche Aktiengesellschaften, 1998; Bungert/Pantios, WM 1993, 133 ff., 221 ff.

men, in deren Jurisdiktionen erhebliche Investitionsbeschränkungen für ausländische Anleger bestehen (z. B. Russland oder Indien) und die über aktienvertretende Zertifkate Zugang zum europäischen Kapitalmarkt erhalten.

§ 12 der BörsZulV enthält eine Sondervorschrift für aktienvertretende Zertifikate. Voraussetzung einer Zulassung ist, dass der Emittent der vertretenen Aktien den Zulassungsantrag mit unterzeichnet und dieser die Mindestanforderungen gem. §§ 1 bis 3 der BörsZulV eingehalten hat (§ 12 Abs. 1 Nr. 1 BörsZulV). Darüber hinaus muss sich der Emittent der Aktien gem. § 12 Abs. 1 Nr. 1 BörsZulV verpflichten, die §§ 40 (Folgezulassung später ausgebener Aktien bzw. Zertifikate) und 41 (Verpflichtung zur Auskunftserteilung) einzuhalten. Die aktienvertretenden Zertifikate müssen selber die Voraussetzungen der §§ 4 bis 10 der BörsenZulV erfüllen (vgl. § 12 Abs. 1 Nr. 2 BörsZulV) und der Emittent der Zertifikate Gewähr für die Erfüllung seiner Verpflichtungen gegenüber den Zertifikatsinhabern bieten (§ 12 Abs. 1 Nr. 3 BörsZulV). Soweit die Aktien von einem Emittenten stammen, der außerhalb der EU oder des EWR seinen Sitz hat, und die Aktien weder im Sitzstaat noch im Staat der hauptsächlichen Verbreitung der Aktien an einer regulierten Börse zugelassen sind, so hat der Emittent der Zertifikate glaubhaft zu machen, dass eine solche Zulassung nicht aus Gründen des Publikumschutzes unterblieben ist (§ 12 Abs. 2 BörsZulV).

In übernahmerechtlicher Hinsicht sollte eine Hinterlegungsbank für Aktien einer dem WpÜG unterfallenden Zielgesellschaft prüfen, ob diese durch die Hinterlegung der Aktien i.S.d. Kontrolle § 29 WpÜG erwirbt. Dies wäre regelmäßig der Fall, soweit der Emittent der Aktien mehr als 30 % seiner stimmberechtigten Aktien bei der Hinterlegungsbank deponiert. In einem solchen Fall empfiehlt sich für die Hinterlegungsbank die Beantragung einer Befreiung bei der BaFin gem. § 37 WpÜG.[2]

Strukturell ist Anh. X an die Anh. I und III EU-ProspV angelehnt. Insofern wird auf die Ausführungen in diesen Anh. verwiesen, soweit die Anforderungen inhaltlich entsprechend sind.

Terminologisch unterscheidet der Anh. X EU-ProspV zwischen dem Emittenten, welcher die zugrundeliegenden Aktien emittiert, und dem Emittenten (mithin der Depositary Bank oder Hinterlegungsbank), der die aktienvertretenden Zertifikate/Hinterlegungsscheine ausgibt.

II. Mindestangaben

1a Ziff. 1 zufolge hat das Prospekt die für die Angaben verantwortlichen Personen zu nennen. Darüber hinaus haben die für das Prospekt verantwortlichen Personen zu erklären, dass die Angaben mit der erforderlichen Sorgfalt gemacht wurden. Ziffer 1 des Anh. X EU-ProspV entspricht den Anforderungen der Ziff. 1 des Anh. I EU-ProspV. Insoweit wird auf die Ausführungen in Anh. I EU-ProspV, Rn. 3 ff. bzw. Rn. 6 verwiesen.

---

[2] S. insoweit die Ad Hoc der Evotec AG vom 28. 05. 2008.

Das Prospekt hat gem. Ziff. 2 die Abschlussprüfer zu benennen, s. hierzu 2
Anh. I EU-ProspV, Rn. 7 ff. bzw. Rn. 10.

Neben den Finanzinformationen über die Vermögens-, Finanz- und Ertrags- 3
lage des Emittenten sind im Prospekt ausgewählte Finanzinformationen
gem. Ziff. 3 aufzuführen; s. Anh. I EU-ProspV, Rn. 11 ff. bzw. Rn. 14.

Das Prospekt muss gem. Ziff. 4 die mit dem Erwerb der aktienvertretenden 4
Zertifikate verbundenen Risiken beschreiben. Diesbezüglich wird auf Anh. I
EU-ProspV, Rn. 15 ff verwiesen.

Das Prospekt sollte neben den unternehmensspezifischen Risiken ebenfalls
Risiken aufführen, die mit dem Erwerb und dem Halten der aktienvertretenden Zertifikate einhergehen. U. a. sind die folgenden Risiken in diesem Zusammenhang von Bedeutung:

- Wechselwährungsrisiken, die mit unterschiedlichen Währungen der aktienvertretenden Zertifikate und der zugrundeliegenden Aktien einhergehen.
- Risiken, die mit einer Börsenzulassung der zugrundeliegenden Aktien verbunden sind.
- Liquiditätsrisiken, die mit den aktienvertretenden Zertifikaten einhergehen können, insb. soweit sich diese aus rechtlichen Beschränkungen hinsichtlich der aktienvertretenden Zertifikate ergeben.
- Hinweis auf die Tatsache, dass Kursschwankungen der zugrundeliegenden Aktien den Kurs der aktienvertretenden Zertifikate beeinflussen.
- Kursvolatilitätsrisiken des zugrundeliegenden Aktienmarktes.
- Einfluss künftiger Aktienemissionen auf den Wert der aktienvertretenden Zertifkate.
- Rechtliche Einschränkungen (soweit diese bestehen) bzgl. der Einräumung und Ausübung von Bezugsrechten für die zugrundeliegenden Aktien.
- Auswirkungen auf den Wert der aktienvertretenden Zertifikate, die sich aus rechtlichen Beschränkungen für die Inhaberschaft ausländischer Aktionäre ergeben.
- Risiken, die sich aus einer evtl. Beschränkung der Stimmrechte bzgl. der zugrundeliegenden Aktien ergeben.
- Unterschiede bzgl. der für den Emittenten der zugrundeliegenden Aktien geltenden Bilanzierungsregeln.

Das Prospekt hat die in Ziff. 5 bezeichneten Informationen über den Emit- 5
tenten der zugrundeliegenden Aktien zu enthalten (s. insoweit Anh. I EU-
ProspV, Rn. 22–32).

Die nach Ziff. 6 insoweit gem. Anh. X EU-ProspV erforderlichen Angaben 6
sind mit Anh. I EU-ProspV identisch; s. insoweit Anh. I EU-ProspV, Rn. 33–
43.

In Bezug auf Ziff. 7 wird auf Anh. I EU-ProspV, Rn. 44 bzw. Rn. 45 verwiesen. 7

8   In Bezug auf Ziff. 8 wird auf Anh. I EU-ProspV, Rn. 46 ff. bzw. Rn. 49 verwiesen.

9   Zu den zentralen Abschnitten des Prospekts gehören die Angaben zur Geschäfts- und Finanzlage des Emittenten. Sie stehen insoweit neben den historischen Finanzinformationen. Die Anforderungen des Anh. X EU-ProspV entsprechen insoweit denen des Anh. I EU-ProspV; s. daher Anh. I EU-ProspV, Rn. 52 ff., Rn. 56 f. bzw. Rn. 58.

10 Die Angaben zur Eigenkapitalausstattung sind mit denen identisch, die Anh. I EU-ProspV verlangt, s. insoweit Anh. I EU-ProspV, Rn. 59 f.

11 Vgl. zu Ziff. 11 Anh. I EU-ProspV, Rn. 61 ff.

12 In Bezug auf Ziff. 12 wird auf Anh. I EU-ProspV, Rn. 64 verwiesen.

13 Entscheidet sich der Emittent, in dem Prospekt Angaben zu Gewinnprognosen zu machen, so sind die in Ziff. 13 gestellten Anforderungen zu erfüllen, die den Anforderungen des Anh. I EU-ProspV entsprechen, insoweit wird auf Anh. I EU-ProspV, Rn. 65 f. bzw. Rn. 67 verwiesen.

14 In Bezug auf Ziff. 14.1. wird auf Anh. I EU-ProspV, Rn. 69 f.; hinsichtlich Ziff. 14.2. wird auf Anh. I EU-ProspV, Rn. 71 f. verwiesen.

15 In Bezug auf Ziff. 15.1. bzw. Ziff. 15.2. wird auf Anh. I EU-ProspV, Rn. 73 bzw. Rn. 74 verwiesen.

16 Bezüglich Ziff. 16 wird auf Anh. I EU-ProspV, Rn. 75 f. verwiesen.

17 In Bezug auf Ziff. 17 wird auf Anh. I EU-ProspV, Rn. 77 ff. verwiesen.

18 Das Prospekt hat die wesentlichen Aktionäre des Emittenten der zugrundeliegenden Aktien zu nennen. Die in Deutschland anzuwendende Eingangsmeldeschwelle ist 3 %, vgl. § 21 WpHG. Vergleichbare Vorschriften finden sich aufgrund der EU Transparenzrichtlinie in den anderen EU Staaten. Soweit der Emittent seinen Sitz in einem Drittstaat hat, kann sich eine Meldepflicht in Bezug auf den Emittenten gem. § 21 WpHG über § 2 Abs. 6 Nr. 1 Buchst. b) WpHG ergeben. In Bezug auf Ziff. 18.1. und Ziff. 18.2. wird auf Anh. I EU-ProspV, Rn. 80 f., hinsichtlich Ziff. 18.3. und Ziff. 18.4. wird auf Anh. I EU-ProspV, Rn. 82 f. verwiesen.

19 Bezüglich Ziff. 19 wird auf Anh. I EU-ProspV, Rn. 84 verwiesen.

20 Zu Ziff. 20.1 siehe Anh. I EU-ProspV, Rn. 85 ff.

21 Ziff. 20.1a: Für Stückelungen von 50.000 Euro und größer sieht Ziff. 20.1a Erleichterungen hinsichtlich der Rechnungslegungsanforderungen vor. Insbesondere müssen keine IAS/IFRS Abschlüsse aufgestellt werden.[3] Insoweit ist dann ein entsprechender Hinweis ausreichend und die finanziellen Verhältnisse können auf Grundlage nationaler Rechnungslegungsstandards dargestellt werden. Das Prospekt muss erläutern, dass die Angaben nicht den IAS/IFRS Rechnungslegungsstandards entsprechen und die Unterschiede zwischen den angewandten Rechnungslegungsstandards und IAS/IFRS müs-

---

[3] Vgl. insoweit auch die Ausführungen zu Anh. IX EU-ProspV Ziff. 11 Rn. 93.

sen erläutert werden. Darüber hinaus müssen die Finanzinformationen mindestens eine Bilanz, eine Gewinn- und Verlustrechnung, eine Übersicht über Veränderungen des Eigenkapitals, eine Kapitalflussrechnung, sowie eine Erläuterung der Rechnungslegungsstrategien und weitere erläuternde Anmerkungen enthalten.

In Bezug auf Ziff. 20.2 bis Ziff. 20.9 wird auf Anh. I EU-ProspV, Rn. 146 bis Rn. 192 verwiesen. 22

Ziffer 21.1: Die in Ziff. 21.1.1 verwendete Terminologie ist aus deutscher Sicht erklärungsbedürftig. Ziff. 21.1.1 lit. a) zufolge ist die Zahl der „genehmigten" Aktien anzugeben. Die englische Fassung verwendet insoweit den Terminus „authorised", was wiederum der entsprechenden Begrifflichkeit der englischen Fassung in Anh. I EU-ProspV, Ziff. 21.1.1 Lit. a) entspricht. In Abhebung von Ziff. 21.1.1. Lit. b), welcher zufolge die tatsächlich auszugebenden Aktien anzugeben sind, sollte gem. Lit. a) das genehmigte Kapital angeführt werden. Empfehlenswert ist es darüber hinaus auch etwaiges bedingtes Kapital (soweit vorhanden) zu beschreiben. 23

In Bezug auf Ziff. 21.1.2. bis Ziff. 21.1.5 wird auf Anh. I EU-ProspV, Rn. 194– 198, in Bezug auf Ziff. 21.2. auf Anh. I EU-ProspV, Rn. 201 verwiesen. 24

Hinsichtlich Ziff. 22 wird auf Anh. I EU-ProspV, Rn. 203 verwiesen. 25

In Bezug auf Ziff. 23 wird auf Anh. I EU-ProspV, Rn. 206 verwiesen. 26

Zu Ziff. 24 vgl. Anh. I EU-ProspV, Rn. 208. 27

In Bezug auf Ziff. 25 wird auf Anh. I EU-ProspV, Rn. 209 verwiesen. 28

Ziff. 26 betrifft die Angaben über den Emittenten der aktienvertretenden Zertifikate, also der Hinterlegungsbank *(Depositary Bank)*. Diese Angaben sind zusätzlich zu den Angaben über den Emittenten nach Ziff. 5 zu machen und können üblicherweise knapp gehalten werden. 29

Häufig werden bei aktienvertretenden Zertifikaten die zugrundeliegenden Aktien von Emittenten stammen, die außerhalb der EU ihren Sitz haben. Da europäische Anleger regelmäßig nicht mit den rechtlichen Rahmenbedingungen des Emittenten der zugrundeliegenden Aktien vertraut sein werden, empfiehlt es sich, möglichst detailliert die nach Ziff. 27 geforderten Angaben zu beschreiben. 29a

In Bezug auf Ziff. 27.1 ff. wird auf Anh. III EU-ProspV, Rn. 20 verwiesen 30

Soweit der Emissionstermin der zugrundeliegenden Aktien nach dem Emissionstermin der aktienvertretenden Zertifikate liegt, sind im Prospekt gem. Ziff. 27.8 Angaben darüber zu machen, wann die zugrundeliegenden Aktien geschaffen werden. 31

Bzgl. Ziff. 27.10. bis Ziff. 27.12. siehe Anh. III EU-ProspV, Rn. 35 ff. Die in Ziff. 27.13 Satz 2 der deutschen Fassung verwendete Formulierungen „Kurs" und „Wandelbedinungen" sind missverständlich. Gemeint sind hier bei Übernahmeangeboten in Bar die Gegenleistung in Euro bzw. bei aktienbasierten Tauschangeboten das Umtauschverhältnis. In Bezug auf Ziff. 27.14. bzw. Ziff. 27.16. wird auf Anh. III EU-ProspV, Rn. 82 bzw. Rn. 85 f., sowie 32

Ziff. 27.17., 27.17.1. auf Anh. III EU-ProspV, Rn. 76 f. verwiesen. Gem. Ziff. 27.17.2. hat das Prospekt zusätzlich alle weiteren organisierten Märkte zu benennen, auf denen die zugrundeliegenden Aktien gehandelt werden. Bzgl. Ziff. 27.17.3. s. Anh. III EU-ProspV, Rn. 54.

33 Über die Beschreibung der Aktien hinaus, die durch die Zertifikate vertreten werden, muss das Prospekt eine detaillierte Beschreibung der rechtlichen Rahmenbedingungen der Zertifikate selber enthalten. Die wesentlichen Angaben hierzu ergeben sich dabei aus der Hinterlegungsvereinbarung zwischen dem Emittenten und der Hinterlegungsbank *(Depositary Bank)*.

Strukturell ähnelt die Ziff. 28 den Angaben, die nach Ziff. 4 des Anh. III EU-ProspV verlangt werden. In Bezug auf Ziff. 28.1. bis 28.5. wird insoweit auf Anh. III EU-ProspV, Rn. 21–28 ff. verwiesen.

34 Ziff. 28.6.: Die Bedingungen der Zertifikate können Dividendenrechte vorsehen, die von denen der zugrunde liegenden Aktien abweichen. Ist dies der Fall, sind die Dividendenbestimmungen der Zertifikate im Detail, wie durch Ziff. 28.6 vorgeschrieben, zu erläutern.

35 Ziff. 28.7.: Gleiches gilt für die mit den Zertifikaten verbundenen Stimmrechte. Weichen diese von den Stimmrechten der zugrunde liegenden Aktien ab, so ist im Prospekt im Einzelnen die Ausgestaltung der Stimmrechte zu beschreiben.

36 Ziff. 28.8.: Der Emittent der Zertifikate muss im Detail die Regelungen über die Ausübung und Nutzung der Rechte, die an die zu Grunde liegenden Aktien gebunden sind, sowie die Bedingungen, zu denen der Emittent von Zertifikaten derlei Rechte ausüben kann und Anweisungen der Inhaber der Zertifikate entgegengenommen werden, darlegen. Darüber hinaus sind Gewinn- sowie Liquidationsbeteiligungsrechte zu beschreiben, soweit diese nicht auf den Inhaber der Zertifikate übertragen werden.

37 Hinsichtlich Ziff. 28.9. bis 28.11. wird auf Anh. III EU-ProspV, Rn. 34–38 ff. verwiesen.

38 Ziff. 28.12.: Soweit der Emittent Sicherheiten für seine Verpflichtungen hinterlegt, sind diese zu beschreiben.

39 Ziff. 28.13.: Üblicherweise können aktienvertretende Zertifikate nach einem in der Hinterlegungsvereinbarung bestimmten Verfahren umgetauscht werden. Dies ist zu erläutern.

40 Die Angaben hinsichtlich des Angebots der aktienvertretenden Zertifikate (Ziff. 29) entsprechen den Anforderungen des Anh. III für Aktien. Insoweit wird auf Anh. III EU-ProspV, Rn. 42 bis Rn. 72 verwiesen.

41 Ziff. 30.: In Bezug auf Ziff. 30.1. ff s. Anh. III EU-ProspV, Rn. 74 ff.,

Ziff. 31.: Bzgl. Ziff. 31.1. und 31.2. s. Anh. III EU-ProspV, Rn. 16 ff., für Ziff. 31.3. s. Anh. III EU-ProspV, Rn. 2 f. und bzgl. Ziff. 32 s. Anh. III EU-ProspV, Rn. 83 f.

ARTIKEL 14
Schema für das Registrierungsformular für Banken

(1) Beim Registrierungsformular für Banken in Bezug auf Schuldtitel, derivative Wertpapiere und sonstige nicht unter Artikel 4 fallende Wertpapiere werden die Angaben gemäß dem in Anhang XI festgelegten Schema zusammengestellt.

(2) Das in Absatz 1 genannte Schema gilt für Kreditinstitute im Sinne von Artikel 1 Absatz 1 Buchstabe a der Richtlinie 2000/12/EG sowie für Kreditinstitute aus Drittländern, die nicht unter diese Definition fallen, jedoch ihren eingetragenen Sitz in einem Staat haben, der Mitglied der OECD ist.

Diese Institute können alternativ auch die Schemata für das Registrierungsformular verwenden, die in Artikel 7 und 12 vorgesehen sind.

ARTICLE 14
Banks registration document schedule

(1) For the banks registration document for debt and derivative securities and those securities which are not covered by Article 4 information shall be given in accordance with the schedule set out in annex XI.

(2) The schedule set out in paragraph 1 shall apply to credit institutions as defined in point (a) of Article 1(1) of Directive 2000/12/EC as well as to third country credit institutions which do not fall under that definition but have their registered office in a state which is a member of the OECD.

These entities may also use alternatively the registration document schedules provided for under in Articles 7 and 12.

Inhalt

	Rn.		Rn.
I. Ausnahmen für Kreditinstitute	1	1. Banken	3
II. Erleichterte Prospektanforderungen für Kreditinstitute	2	2. Arten von Wertpapieren	4
III. Anwendungsbereich von Art. 14 EU-ProspV	3	3. Verhältnis zu den anderen Schemata	5
		4. Nutzung des Basisprospekts	6

I. Ausnahmen für Kreditinstitute

Die Prospektrichtlinie selbst (Art. 1 Abs. 2 lit. j) und damit auch das WpPG (§ 1 Abs. 2 Nr. 5) enthält für Banken bereits eine begrenzte Ausnahme vom Anwendungsbereich des neuen Prospektrechts. Diese Ausnahme vom Anwendungsbereich der Richtlinie bot den einzelnen Mitgliedstaaten die Möglichkeit, entsprechende einzelstaatliche Prospekterfordernisse und -anforderungen aufzustellen. Hiervon hat Deutschland begrüßenswerterweise keinen Gebrauch gemacht. Daher müssen in Deutschland Einlagenkreditinstitute gem. § 2 Nr. 8 WpPG, die dauernd oder wiederholt Nichtdividendenwerte emittieren, die nicht nachrangig, wandelbar oder umtauschbar oder zur Zeichnung oder zum Erwerb anderer Wertpapiere berechtigen und nicht an ein Derivat gebunden sind, keinen Prospekt erstellen, wenn der Gesamtver- 1 kaufspreis innerhalb von zwölf Monaten[1] nicht 50 Mio. Euro überschreitet.[2] In der Praxis wurde damit insb. kleineren Kreditinstituten der Übergang von der vor dem Inkrafttreten des WpPG bestehenden Prospektfreiheit erleichtert – ein ähnliches Ziel wurde mit § 31 Abs. 2 WpPG verfolgt, der für Kreditinstitute bis Ende 2008 Daueremissionen von Schuldverschreibungen und Schuldverschreibungen vergleichbaren Wertpapieren zulässt, ohne dass ein Prospekt veröffentlicht werden muss.[3] Auch wenn für diese Ausnahme im WpPG nur der Terminus „anbieten" genutzt wurde, besteht Einigkeit, dass diese Ausnahme nicht nur für das öffentliche Angebot, sondern auch für die Zulassung zum Handel an einem organisierten Markt gilt.[4] Beiden Regelungen ist jedoch gemeinsam, dass ein Kreditinstitut nicht den europäischen Pass nutzen kann, wenn es keinen Prospekt nach dem WpPG und der EU-ProspV erstellt.

II. Erleichterte Prospektanforderungen für Kreditinstitute

2   Seit Beginn der Diskussionen über die von CESR zu erarbeitenden Vorschläge für die von Emittenten in Prospekten anzugebenden Informationen waren sich alle Beteiligten – sowohl Marktteilnehmer und Aufsichtsbehörden – nahezu einig[5], dass für den Fall, dass man für den Prospektinhalt nach verschiedenen Emittenten und Wertpapierarten differenzieren wolle, für Banken aus zwei Gründen erleichterte Anforderungen gelten sollten: Zum einen unterliegen Banken im Gegensatz zu vielen anderen Emittenten einer staatlichen Solvenzaufsicht und müssen daher erhebliche Anforderungen an ihre Eigenkapitalausstattung und ihr Risiko- und Liquiditätsmanagement erfüllen; zum anderen verfügen Banken schon auf Grund der erforderlichen Refinanzierung am Kapitalmarkt über einen erheblichen Anteil am Gesamtmarkt für Wertpapieremissionen, die ihnen erleichtert werden sollten. Daher bestand das gemeinsame Ziel, Banken mit geringeren Anforderungen an den Inhalt des Prospekts die Emissionstätigkeit zu erleichtern, was ein Ver-

---

1   Die Fristberechnung beginnt mit dem Tag, an dem zum ersten Mal ein Ausgabepreis öffentlich bekannt gemacht wird; vgl. die RegBegr. EU-ProspRL-UmsetzungsG, BT-Drucks. 15/4999, S. 27 zu § 1 Abs. 2 Nr. 4 WpPG, auf den die Begründung zu § 1 Abs. 2 Nr. 5 WpPG verweist.
2   Namensschuldverschreibungen, die auch von zahlreichen Kreditinstituten begeben werden, sind per se von der Prospektpflicht nach dem WpPG ausgenommen, da es hier an dem Merkmal der Übertragbarkeit i. S. d. § 2 Nr. 1 WpPG fehlt, da diese nur durch eine Zession übertragen werden können.
3   Es ist zu erwarten, dass nach dem Ablauf dieser Frist vermehrt Kreditinstitute Prospekte nach dem WpPG und der EU-ProspV erstellen werden, da die Ausnahme nach § 1 Abs. 2 Nr. 5 WpPG voraussetzt, dass die Nichtdividendenwerte nicht nachrangig sein dürfen, was bei vielen Kreditinstituten jedoch der Fall ist.
4   Vgl. Punkt 8.3 des Rundschreibens Listing 1/2005 der Frankfurter Wertpapierbörse v. 02.07.2005 zur Umsetzung der ProspRL (abrufbar im Internet unter www1.deutsche-boerse.com/INTERNET/EXCHANGE/zpd.nsf/KIR+Web+Publikationen/CPOL-6CYD7L/ $FILE/2005_01_prospektrichtlinie_dt.pdf?OpenElement, Stand v. 16.07.2007).
5   Siehe hierzu das CESR-Feedback Statement v. Mai 2003 (CESR/03-129, Rn. 39 ff.; abrufbar im Internet unter www.cesr-eu.org/data/document/73.pdf, Stand v. 16.07.2007).

gleich zwischen dem nach Art. 14 EU-ProspV, Anh. XI EU-ProspV für Banken geltenden Registrierungsformulars und dem nach Art. 7 EU-ProspV, Anh. IV EU-ProspV allgemein für Schuldtitel und derivative Wertpapiere mit einer Stückelung von weniger als 50.000 Euro zeigt.

III. Anwendungsbereich von Art. 14 EU-ProspV

1. Banken

Das Registrierungsformular nach Anh. XI EU-ProspV können zum einen nur Kreditinstitute nach Art. 1 Abs. 1 lit. a) der so genannten Bankenrichtlinie[6] in Anspruch nehmen. In Deutschland handelt es sich hierbei um die in § 2 Nr. 8 WpPG legal definierten Einlagenkreditinstitute, also um Unternehmen i. S. d. § 1 Abs. 3d Satz 1 KWG. Für Banken aus EU-Mitgliedstaaten sind die Art. 1 Abs. 1 lit. a) Bankenrichtlinie entsprechenden nationalen Vorschriften zu beachten. Entscheidendes Merkmal ist also, dass es sich um ein Unternehmen handelt, dessen Tätigkeit darin besteht, Einlagen oder andere rückzahlbare Gelder des Publikums entgegenzunehmen und Kredite für eigene Rechnung zu gewähren. Die Gesetzesbegründung zu § 2 Nr. 8 WpPG hebt als weiteres wesentliches Merkmal hervor, dass das Kreditinstitut eine Erlaubnis zum Betreiben des Einlagengeschäfts hat.[7] Das Schema kann zum anderen aber auch von Banken aus Drittländern genutzt werden, die ihren eingetragenen Sitz in einem Staat haben, der Mitglied der OECD ist.[8] Hiermit wollte man zumindest einem gewissen Kreis von Kreditinstituten aus Nicht-EU-Staaten dieselben Erleichterungen ermöglichen, die über einen den EU-Vorgaben für Banken vergleichbaren Standard verfügen.[9]

3

---

6   Richtlinie 2000/12/EG v. 20.03.2000 (Abl. EU L 126 vom 26.05.2000, S. 1, geändert durch Richtlinie 2000/28/EG v. 18.09.2000 (Abl. EU L 275 v. 27.10.2000, S. 37).
7   Vgl. die RegBegr. EU-ProspRL-UmsetzungsG, BT-Drucks. 15/4999, S. 29.
8   Neben den EU-Staaten, die Mitglied der OECD (Organisation for Economic Co-operation and Development) sind, werden damit Banken aus folgenden weiteren Staaten erfasst: Australien, Island, Japan, Kanada, Korea, Mexiko, Neuseeland, Norwegen, Schweiz, Türkei, USA.
9   Siehe hierzu das *CESR*, Feedback Statement v. Mai 2003, CESR/03-129, Tz. 44ff.; (abrufbar im Internet unter www.cesr-eu.org/data/document/73.pdf, Stand v. 16.07.2007):
    „44. Many of the respondents considered that this building block should apply equally to non-EU credit institutions otherwise a large number of banks would be unjustifiably excluded and subject to disclosure requirements which are not relevant for banks. It is said that where non-EU banks are not subject to similar regulatory control as EU banks, this fact should be disclosed to investors. 45. A few of the respondents who stated that the building block should apply to non-EU banks also consider that the 'equivalence' test should be avoided but instead, the building block should apply to all OECD-regulated banks without the need for an 'equivalence' test. The practical difficulties and political sensitivity of applying the 'equivalence test' was a reason cited by one of the respondents as to why this building block should not apply. 46. CESR has taken the view that non-EU banks which are subject to an equivalent standard of prudential and regulatory supervision should benefit from this building block and it is anticipated that OECD-regulated banks will meet this equivalent standard. To do otherwise will result in excluding well regulated non-EU banks that are already issuing large numbers of securities successfully in the EU."

Einen in der Praxis vor dem Inkrafttreten des neuen Rechts oft beschrittenen Weg wollte man aber den Banken nicht eröffnen, nämlich die Nutzung des Registrierungsformulars für Banken, wenn diese über ein so genanntes Special Purpose Vehicle (SPVs) Wertpapiere emittieren, für die sie in der Regel die Garantie übernehmen. Dies haben sowohl CESR[10] in seinen Diskussionen mit den Marktteilnehmern, die diesen Wunsch vorgetragen hatten, als auch die Kommission immer wieder verneint. SPVs werden daher in der Regel neben dem jeweils für die Wertpapierart geltenden Schemata auch Art. 9 sowie Anh. VI EU-ProspV (Modul für Garantien) beachten müssen.

Gegenstand der Diskussion war ferner, inwieweit auch Kreditinstituten ähnliche, gleichfalls beaufsichtigte Institutionen wie Investmentbanken, die nicht unter Art. 1 Abs. 1 lit. a) der so genannten Bankenrichtlinie subsumiert werden können, unter Art. 14 EU-ProspV und damit Anh. XI fallen. CESR hatte noch befürwortet, dass zumindest im Falle einer staatlichen Aufsicht nicht der enge Kreditinstitutsbegriff nach Art. 2 Abs. 1 lit. g) Prospektrichtlinie gelten solle.[11] Dem hat sich die Kommission jedoch nicht angeschlossen, da man den Gleichlauf zwischen Richtlinie und Verordnung wahren wollte.[12]

---

10 Vgl. *CESR*, advice, content and format, CESR/03-300 Tz. 30, abrufbar im Internet unter www.cesr-eu.org/data/document/87.pdf, Stand v. 16.07.2007). „30. CESR proposes that the specialist building block for banks in Annex K of CESR/03-208 submitted to the Commission in July should be used for banks issuing derivative securities. CESR considers it important to point out for the purposes of clarity that an SPV issuer of derivatives that is guaranteed by a bank can not use this Annex."

11 Vgl. *CESR*, advice, content and format, CESR/03-300 (Tz. 115, abrufbar im Internet unter www.cesr-eu.org/data/document/87.pdf, Stand v. 16.07.2007): „The Banks Non-Equity RD schedule can be used by banks issuing any type of non-equity securities (with the exception of asset backed securities issued by SPVs). Banks, for the purposes of the use of this schedules would include not only "credit institutions" as defined by the Prospectus Directive, but also regulated firms such as investment banks that have substantial experience of issuing securities."

12 Vgl. die Begründung der Generaldirektion Binnenmarkt zu den in der EU-ProspV im Vergleich zu den CESR-Empfehlungen vorgenommenen Abweichungen, ESC-Dokument 42/2003-rev2, S. 13 f. (veröffentlicht unter http://ec.europa.eu/internal_market/securities/docs/prospectus/esc-42-2003/rev2_en.pdf, Stand v. 16.07.2007): Though we agree with CESR that non-EU banks developing important business in the EU should be able to benefit from adequate regulatory arrangements, we face a practical and legal problem to accept this solution as proposed by CESR: Assessment of the quality of banking prudential supervision is not part of the tasks of securities regulators. No harmonised solution is proposed for this assessment by CESR either. Moreover, reference to the fact that those banks have substantial experience in underwriting issues has no precise meaning and cannot form part of a legal text. The inclusion of a reference to OECD provides for legal certainty and for a harmonised solution – which, in any event, is necessary for the purposes of maximum harmonisation provided for in Article 7 of the Directive. Moreover, the reference to "credit institutions" instead of "banks" is in line with the existing acquis, for instance with the banking Directive 2000/12/EC and with the level 1 prospectus Directive.

2. Arten von Wertpapieren

Das nach Anh. XI EU-ProspV zu erstellende Registrierungsformular kann für Schuldtitel, derivative Wertpapiere und sonstige nicht unter Art. 4 EU-ProspV fallende Wertpapiere – also Aktien und aktienähnliche Wertpapiere – genutzt werden. Insb. der Einbeziehung von derivativen Wertpapiere war eine lange Diskussion vorausgegangen, da verschiedene Mitgliedstaaten, insb. südeuropäischer Provinienz, nicht nur für die Wertpapierbeschreibung, sondern auch für den Emittenten selbst Prospektanforderungen in einem erheblichen Umfang aufstellen wollten. Nicht zuletzt auf Grund des massiven Widerstands der Marktteilnehmer konnte dies verhindert werden. Auch die Ausweitung auf Aktienemissionen war erwogen worden, letztlich aber von CESR und der Kommission verneint worden, da man hier aus Gründen der Anlegerinformation und des Anlegerschutzes eine umfassendere Information für notwendig erachtete.[13]

4

3. Verhältnis zu den anderen Schemata

Im Hinblick auf die in Art. 21 Abs. 2 EU-ProspV vorgenommene Rangfolge zwischen den verschiedenen Schemata der EU-ProspV nimmt das Registrierungsformular für Banken nicht nur auf Grund seiner emittentenspezifischen Ausrichtung, sondern auch wegen seiner im Vergleich zu den anderen Schemata geringsten Anforderungen eine Sonderstellung ein. In der Regel wird sich die Rangfolgefrage bei Banken nicht stellen, wenn sie nicht auch Aktien oder ähnliche Wertpapiere nach Art. 4 EU-ProspV emittieren wollen; sie können das Schema nach Art. 14, Anh. XI EU-ProspV in fast allen Fällen nutzen.[14] Daher hat Art. 14 Abs. 2 UA 2 EU-ProspV auch nur klarstellende Bedeutung, dass die in den Artt. 7 und 12 EU-ProspV genannten Schemata, also diejenigen für Schuldtitel mit einer Stückelung von weniger oder mehr als 50 Mio. Euro, genutzt werden können.[15]

5

---

[13] Siehe hierzu das CESR, Feedback Statement v. Mai 2003 CESR/03-129, Tz. 40 (abrufbar im Internet unter www.cesr-eu.org/data/document/73.pdf, Stand v. 16.07.2007): „CESR has decided that the banks building block should not be extended to cover equity securities because the rationale for a reduced disclosure regime for banks is the prudential and regulatory supervision providing greater comfort in respect of debt issues. This comfort would not deal with all the interests of investors in equity securities who are more concerned with the value and growth of the issuer. As such banks who issue equity securities will be expected to disclose information based on the core equity building block."

[14] Vgl. insoweit auch die in Anh. XVIII EU-ProspV (so genannte Roadmap) dargestellten Möglichkeiten.

[15] Vgl. hierzu die *CESR*, advice, content and format, CESR/03-300 (abrufbar im Internet unter www.cesr-eu.org/data/document/87.pdf, Stand v. 16.07.2007). Unter Tz. 119 wird ausgeführt: „Regarding the use of the Banks Non-Equity RD schedule CESR points out that these entities have the choice of using their specific schedule or the general Retail or Wholesale Non-Equity RD schedules when issuing debt or derivative securities. This would mean that a bank seeking to issue wholesale debt or derivative securities could produce either a Banks Non-Equity RD or a Wholesale Non-Equity RD. Additionally, banks issuing retail debt or retail derivative securities would have the option to choose between the Banks Non-Equity RD and or the Retail Non-Equity RD."

4. Nutzung des Basisprospekts

6 Da zahlreiche Banken in Deutschland für ihre Emissionen in der Regel die durch den Basisprospekt für Emissionen eröffneten Erleichterungen des Basisprospekts nutzen, und dieser eine Dreiteilung des Prospekts nicht zulässt (vgl. Art. 26 EU-ProspV) finden sich in der Datenbank der BaFin für bei ihr hinterlegte Prospekte nur wenige nach Anh. XI EU-ProspV erstellte Registrierungsformulare für Banken. Entsprechend den Vorgaben des Art. 26 EU-ProspV, insbesondere von Abs. 2 und 3, können Banken bei Basisprospekten daher die in Anh. XI EU-ProspV verlangten Angaben über sich in ihrer Emittenteneigenschaft recht frei darstellen.[16] Dennoch bietet sich auch bei Basisprospekten an, auf das einmal gebilligte und bei der zuständigen Behörde hinterlegte Registrierungsformular im Wege de § 11 WpPG zu verweisen; zu beachten sind hierbei jedoch die Vorgaben über die Gültigkeit von Prospekten nach § 9 WpPG.[17]

Anh. XI EU-ProspV
Mindestangaben für das Registrierungsformular für Banken (Schema)

1. Verantwortliche Personen

1.1. Alle Personen, die für die im Registrierungsformular gemachten Angaben bzw. für bestimmte Abschnitte des Registrierungsformulars verantwortlich sind. Im letzteren Fall sind die entsprechenden Abschnitte aufzunehmen. Im Falle von natürlichen Personen, zu denen auch Mitglieder der Verwaltungs-, Geschäftsführungs- und Aufsichtsorgane des Emittenten gehören, sind der Name und die Funktion dieser Person zu nennen. Bei juristischen Personen sind Name und eingetragener Sitz der Gesellschaft anzugeben.

1.2. Erklärung der für das Registrierungsformular verantwortlichen Personen, dass sie die erforderliche Sorgfalt haben walten lassen, um sicherzustellen, dass die im Registrierungsformular genannten Angaben ihres Wissens nach richtig sind und keine Tatsachen ausgelassen werden, die die Aussage des Registrierungsformulars wahrscheinlich verändern. Ggf. Erklärung der für bestimmte Abschnitte des Registrierungsformulars verantwortlichen Personen, dass sie die erforderliche Sorgfalt haben walten lassen, um sicherzustellen, dass die in dem Teil des Registrierungsformulars genannten Angaben, für die sie verantwortlich sind, ihres Wissens nach richtig sind und keine Tatsachen ausgelassen werden, die die Aussage des Registrierungsformulars wahrscheinlich verändern.

---

16 Vgl. Art. 26 EU-ProspV sowie die Komm. zu § 6 WpPG Rn. 9 ff.
17 Vgl. hierzu die Komm. zu § 9 WpPG Rn. 12 ff.

2. Abschlussprüfer

2.1. Namen und Anschrift der Abschlussprüfer des Emittenten, die für den von den historischen Finanzinformationen abgedeckten Zeitraum zuständig waren (einschließlich der Angabe ihrer Mitgliedschaft in einer Berufsvereinigung).

2.2. Wurden Abschlussprüfer während des von den historischen Finanzinformationen abgedeckten Zeitraums abberufen, wurden sie nicht wieder bestellt oder haben sie ihr Mandat niedergelegt, so sind entsprechende Einzelheiten offen zu legen, wenn sie von wesentlicher Bedeutung sind.

3. Risikofaktoren

3.1. Vorrangige Offenlegung von Risikofaktoren, die die Fähigkeit des Emittenten beeinträchtigen können, seinen Verpflichtungen im Rahmen der Wertpapiere gegenüber den Anlegern nachzukommen (unter der Rubrik „Risikofaktoren").

4. Angaben über den Emittenten

4.1. Geschäftsgeschichte und Geschäftsentwicklung des Emittenten

4.1.1. Juristischer und kommerzieller Name des Emittenten;

4.1.2. Ort der Registrierung des Emittenten und seine Registrierungsnummer;

4.1.3. Datum der Gründung und Existenzdauer des Emittenten, soweit diese nicht unbefristet ist;

4.1.4. Sitz und Rechtsform des Emittenten; Rechtsordnung, in der er tätig ist; Land der Gründung der Gesellschaft; Anschrift und Telefonnummer seines eingetragenen Sitzes (oder Hauptort der Geschäftstätigkeit, falls nicht mit dem eingetragenen Sitz identisch);

4.1.5. Wichtige Ereignisse aus jüngster Zeit in der Geschäftstätigkeit des Emittenten, die in hohem Maße für die Bewertung der Solvenz des Emittenten relevant sind.

5. Geschäftsüberblick

5.1. Haupttätigkeitsbereiche

5.1.1. Beschreibung der Haupttätigkeiten des Emittenten unter Angabe der wichtigsten Arten der vertriebenen Produkte und/oder erbrachten Dienstleistungen;

5.1.2. Angabe etwaiger wichtiger neuer Produkte und/oder Dienstleistungen;

5.1.3. Wichtigste Märkte

Kurze Beschreibung der wichtigsten Märkte, auf denen der Emittent tätig ist;

5.1.4. Grundlage für etwaige Angaben des Emittenten im Registrierungsformular zu seiner Wettbewerbsposition.

6. Organisationsstruktur

6.1. Ist der Emittent Teil einer Gruppe, kurze Beschreibung der Gruppe und der Stellung des Emittenten innerhalb dieser Gruppe.

6.2. Ist der Emittent von anderen Einheiten innerhalb der Gruppe abhängig, ist dies klar anzugeben und eine Erklärung zu seiner Abhängigkeit abzugeben.

7. Trend Informationen

7.1. Einzufügen ist eine Erklärung, der zufolge es keine wesentlichen negativen Veränderungen in den Aussichten des Emittenten seit dem Datum der Veröffentlichung der letzten geprüften Jahresabschlüsse gegeben hat.

Kann der Emittent keine derartige Erklärung abgeben, dann sind Einzelheiten über diese wesentliche negative Änderung beizubringen.

7.2. Informationen über bekannte Trends, Unsicherheiten, Nachfragen, Verpflichtungen oder Vorfälle, die voraussichtlich die Aussichten des Emittenten zumindest im laufenden Geschäftsjahr wesentlich beeinflussen dürften.

8. Gewinnprognosen oder -schätzungen

Entscheidet sich ein Emittent dazu, eine Gewinnprognose oder eine Gewinnschätzung aufzunehmen, dann hat das Registrierungsformular die Angaben unter den Punkten 8.1. und 8.2. zu enthalten:

8.1. Eine Erklärung, die die wichtigsten Annahmen erläutert, auf die der Emittent seine Prognose oder Schätzung gestützt hat. Bei den Annahmen sollte klar zwischen jenen unterschieden werden, die Faktoren betreffen, die die Mitglieder der Verwaltungs-, Geschäftsführungs- und Aufsichtsorgane beeinflussen können, und Annahmen in Bezug auf Faktoren, die klar außerhalb des Einflussbereiches der Mitglieder der Verwaltungs-, Geschäftsführungs- und Aufsichtsorgane liegen. Die Annahmen müssen für die Anleger leicht verständlich und spezifisch sowie präzise sein und dürfen nicht der üblichen Exaktheit der Schätzungen entsprechen, die der Prognose zu Grunde liegen.

8.2. Einen Bericht, der von unabhängigen Buchprüfern oder Abschlussprüfern erstellt wurde und in dem festgestellt wird, dass die Prognose oder die Schätzung nach Meinung der unabhängigen Buchprüfer oder Abschlussprüfer auf der angegebenen Grundlage ordnungsgemäß erstellt wurde und dass die Rechnungslegungsgrundlage, die für die Gewinnprognose oder -schätzung verwendet wurde, mit den Rechnungslegungsstrategien des Emittenten konsistent ist.

8.3. Die Gewinnprognose oder -schätzung sollte auf einer Grundlage erstellt werden, die mit den historischen Finanzinformationen vergleichbar ist.

9. Verwaltungs-, Geschäftsführungs- Und Aufsichtsorgane

9.1. Name und Geschäftsanschrift nachstehender Personen sowie ihre Stellung bei dem Emittenten unter Angabe der wichtigsten Tätigkeiten, die sie außerhalb des Emittenten ausüben, sofern diese für den Emittenten von Bedeutung sind:

a) Mitglieder der Verwaltungs-, Geschäftsführungs- und Aufsichtsorgane;

b) persönlich haftende Gesellschafter bei einer Kommanditgesellschaft auf Aktien.

9.2. Interessenkonflikte von Verwaltungs-, Geschäftsführungs- und Aufsichtsorganen sowie vom oberen Management

Potenzielle Interessenkonflikte zwischen den Verpflichtungen der unter Punkt 9.1. genannten Personen gegenüber dem Emittenten und ihren privaten Interessen oder sonstigen Verpflichtungen müssen klar festgehalten werden. Falls keine derartigen Konflikte bestehen, ist eine negative Erklärung abzugeben.

10. Hauptaktionäre

10.1. Sofern dem Emittenten bekannt, Angabe, ob an dem Emittenten unmittelbare oder mittelbare Beteiligungen oder Beherrschungsverhältnisse bestehen, und wer diese Beteiligungen hält bzw. diese Beherrschung ausübt. Beschreibung der Art und Weise einer derartigen Kontrolle und der vorhandenen Maßnahmen zur Verhinderung des Missbrauchs einer derartigen Kontrolle.

10.2. Sofern dem Emittenten bekannt, Beschreibung etwaiger Vereinbarungen, deren Ausübung zu einem späteren Zeitpunkt zu einer Veränderung bei der Kontrolle des Emittenten führen könnte.

11. Finanzinformationen über die Vermögens-, Finanz- und Ertragslage des Emittenten

11.1. Historische Finanzinformationen

Beizubringen sind geprüfte historische Finanzinformationen, die die letzten zwei Geschäftsjahre abdecken (bzw. einen entsprechenden kürzeren Zeitraum, während dessen der Emittent tätig war), sowie ein Bestätigungsvermerk für jedes Geschäftsjahr. Derartige Finanzinformationen sind gemäß der Verordnung (EG) Nr. 1606/2002 zu erstellen bzw. für den Fall, dass diese Verordnung nicht anwendbar ist, gemäß den nationalen Rechnungslegungsgrundsätzen eines Mitgliedstaats, wenn der Emittent aus der Gemeinschaft stammt. Bei Emittenten aus Drittstaaten sind diese Finanzinformationen nach den im Verfahren des Artikels 3 der Verordnung (EG) Nr.

1606/2002 übernommenen internationalen Rechnungslegungsstandards oder nach diesen Standards gleichwertigen nationalen Rechnungslegungsstandards eines Drittstaates zu erstellen. Ist keine Äquivalenz zu den Standards gegeben, so sind die Finanzinformationen in Form eines neu zu erstellenden Jahresabschlusses vorzulegen.

Die geprüften historischen Finanzinformationen des letzten Jahres müssen in einer Form dargestellt und erstellt werden, die mit der konsistent ist, die im folgenden Jahresabschluss des Emittenten zur Anwendung gelangen wird, wobei die Rechnungslegungsstandards und -strategien sowie die Rechtsvorschriften zu berücksichtigen sind, die auf derlei Jahresabschlüsse Anwendung finden.

Ist der Emittent in seiner aktuellen Wirtschaftsbranche weniger als ein Jahr tätig, so sind die geprüften historischen Finanzinformationen für diesen Zeitraum gemäß den Standards zu erstellen, die auf Jahresabschlüsse im Sinne der Verordnung (EG) Nr. 1606/2002 anwendbar sind bzw. für den Fall, dass diese Verordnung nicht anwendbar ist, gemäß den nationalen Rechnungslegungsgrundsätzen eines Mitgliedstaats, wenn der Emittent aus der Gemeinschaft stammt. Bei Emittenten aus Drittstaaten sind diese historischen Finanzinformationen nach den im Verfahren des Artikels 3 der Verordnung (EG) Nr. 1606/2002 übernommenen internationalen Rechnungslegungsstandards oder nach diesen Standards gleichwertigen nationalen Rechnungslegungsstandards eines Drittstaates zu erstellen. Diese historischen Finanzinformationen müssen geprüft worden sein.

Wurden die geprüften Finanzinformationen gemäß nationaler Rechnungslegungsgrundsätze erstellt, dann müssen die unter dieser Rubrik geforderten Finanzinformationen zumindest Folgendes enthalten:

a) die Bilanz;

b) die Gewinn- und Verlustrechnung;

c) nur im Falle der Zulassung der Wertpapiere zum Handel auf einem geregelten Markt eine Kapitalflussrechnung;

d) die Rechnungslegungsstrategien und erläuternde Anmerkungen.

Die historischen jährlichen Finanzinformationen müssen unabhängig und in Übereinstimmung mit den in dem jeweiligen Mitgliedstaat anwendbaren Prüfungsstandards oder einem äquivalenten Standard geprüft worden sein oder es muss für das Registrierungsformular vermerkt werden, ob sie in Übereinstimmung mit dem in dem jeweiligen Mitgliedstaat anwendbaren Prüfungsstandard oder einem äquivalenten Standard ein den tatsächlichen Verhältnissen entsprechendes Bild vermitteln.

11.2. Jahresabschluss

Erstellt der Emittent sowohl einen Jahresabschluss als auch einen konsolidierten Abschluss, so ist zumindest der konsolidierte Abschluss in das Registrierungsformular aufzunehmen.

11.3. Prüfung der historischen jährlichen Finanzinformationen

Es ist eine Erklärung dahingehend abzugeben, dass die historischen Finanzinformationen geprüft wurden. Sofern die Bestätigungsvermerke über die historischen Finanzinformationen von den Abschlussprüfern abgelehnt wurden bzw. sofern sie Vorbehalte oder Einschränkungen enthalten, sind diese Ablehnung bzw. diese Vorbehalte oder Einschränkungen in vollem Umfang wiederzugeben und die Gründe dafür anzugeben.

Angabe sonstiger Informationen im Registrierungsformular, das von den Abschlussprüfern geprüft wurde.

Wurden die Finanzdaten im Registrierungsformular nicht dem geprüften Jahresabschluss des Emittenten entnommen, so sind die Quelle dieser Daten und die Tatsache anzugeben, dass die Daten ungeprüft sind.

11.4. „Alter" der jüngsten Finanzinformationen

11.4.1. Das letzte Jahr der geprüften Finanzinformationen darf nicht älter sein als 18 Monate ab dem Datum des Registrierungsformulars.

11.5. Zwischenfinanzinformationen- und sonstige Finanzinformationen

Hat der Emittent seit dem Datum des letzten geprüften Jahresabschlusses vierteljährliche oder halbjährliche Finanzinformationen veröffentlicht, so sind diese in das Registrierungsformular aufzunehmen. Wurden diese vierteljährlichen oder halbjährlichen Finanzinformationen einer teilweisen oder vollständigen Prüfung unterworfen, so sind die entsprechenden Berichte ebenfalls aufzunehmen. Wurden die vierteljährlichen oder halbjährlichen Finanzinformationen keiner teilweisen oder vollständigen Prüfung unterzogen, so ist diese Tatsache anzugeben.

Wurde das Registrierungsformular mehr als neun Monate nach Ablauf des letzten geprüften Finanzjahres erstellt, muss es Zwischenfinanzinformationen enthalten, die sich zumindest auf die ersten sechs Monate des Geschäftsjahres beziehen sollten. Wurden die Zwischenfinanzinformationen keiner Prüfung unterzogen, ist auf diesen Fall eindeutig zu verweisen.

Diese Zwischenfinanzinformationen müssen einen vergleichenden Überblick über denselben Zeitraum wie im letzten Geschäftsjahr enthalten. Der Anforderung vergleichbarer Bilanzinformationen kann jedoch auch ausnahmsweise durch die Vorlage der Jahresendbilanz nachgekommen werden.

11.6. Gerichts- und Schiedsgerichtsverfahren

Angaben über etwaige staatliche Interventionen, Gerichts- oder Schiedsgerichtsverfahren (einschließlich derjenigen Verfahren, die nach Kenntnis des Emittenten noch anhängig sind oder eingeleitet werden könnten), die im Zeitraum der mindestens letzten 12 Monate bestanden/abgeschlossen wurden, und die sich erheblich auf die Finanzlage oder die Rentabilität des Emittenten und/oder der Gruppe auswirken bzw. in jüngster Zeit ausgewirkt haben. Ansonsten ist eine negative Erklärung abzugeben.

11.7. Wesentliche Veränderungen in der Finanzlage des Emittenten

Beschreibung jeder wesentlichen Veränderung in der Finanzlage der Gruppe, die seit dem Ende des Stichtags eingetreten ist, für den entweder geprüfte Finanzinformationen oder Zwischenfinanzinformationen veröffentlicht wurden. Ansonsten ist eine negative Erklärung abzugeben.

12. Wesentliche Verträge

Kurze Zusammenfassung aller abgeschlossenen wesentlichen Verträge, die nicht im Rahmen der normalen Geschäftstätigkeit abgeschlossen wurden und die dazu führen könnten, dass jedwedes Mitglied der Gruppe eine Verpflichtung oder ein Recht erlangt, die bzw. das für die Fähigkeit des Emittenten, seinen Verpflichtungen gegenüber den Wertpapierinhabern in Bezug auf die ausgegebenen Wertpapiere nachzukommen, von wesentlicher Bedeutung ist.

13. Angaben von Seiten Dritter, Erklärungen von Seiten Sachverständiger und Interessenerklärungen

13.1. Wird in das Registrierungsformular eine Erklärung oder ein Bericht einer Person aufgenommen, die als Sachverständiger handelt, so sind der Name, die Geschäftsadresse, die Qualifikationen und – falls vorhanden – das wesentliche Interesse am Emittenten anzugeben. Wurde der Bericht auf Ersuchen des Emittenten erstellt, so ist eine diesbezügliche Erklärung dahingehend abzugeben, dass die aufgenommene Erklärung oder der aufgenommene Bericht in der Form und in dem Zusammenhang, in dem sie bzw. er aufgenommen wurde, die Zustimmung von Seiten dieser Person erhalten hat, die den Inhalt dieses Teils des Registrierungsformulars gebilligt hat.

13.2. Sofern Angaben von Seiten Dritter übernommen wurden, ist zu bestätigen, dass diese Angaben korrekt wiedergegeben wurden und dass – soweit es dem Emittenten bekannt ist und er aus den von dieser dritten Partei veröffentlichten Informationen ableiten konnte – keine Tatsachen fehlen, die die wiedergegebenen Informationen unkorrekt oder irreführend gestalten würden. Darüber hinaus hat der Emittent die Quelle(n) der Informationen anzugeben.

14. Einsehbare Dokumente

Abzugeben ist eine Erklärung dahingehend, dass während der Gültigkeitsdauer des Registrierungsformulars ggf. die folgenden Dokumente oder deren Kopien eingesehen werden können:

a) die Satzung und die Statuten des Emittenten;

b) sämtliche Berichte, Schreiben und sonstige Dokumente, historischen Finanzinformationen, Bewertungen und Erklärungen, die von einem Sachverständigen auf Ersuchen des Emittenten abgegeben wurden, sofern Teile davon in das Registrierungsformular eingeflossen/einbezogen sind oder in ihm darauf verwiesen wird;

c) die historischen Finanzinformationen des Emittenten oder im Falle einer Gruppe die historischen Finanzinformationen für den Emittenten und seine Tochtergesellschaften für jedes der Veröffentlichung des Registrierungsformulars vorausgegangenen beiden letzten Geschäftsjahre.

Anzugeben ist auch, wo in diese Dokumente entweder in Papierform oder auf elektronischem Wege Einsicht genommen werden kann.

Annex XI
Minimum Disclosure Requirements fort he Banks Registration Document (schedule)

1. Persons Responsible

1.1. All persons responsible for the information given in the registration document and, as the case may be, for certain parts of it, with, in the latter case, an indication of such parts. In the case of natural persons including members of the issuer's administrative, management or supervisory bodies indicate the name and function of the person; in case of legal persons indicate the name and registered office.

1.2. A declaration by those responsible for the registration document that, having taken all reasonable care to ensure that such is the case, the information contained in the registration document is, to the best of their knowledge, in accordance with the facts and contains no omission likely to affect its import. As the case may be, declaration by those responsible for certain parts of the registration document that, having taken all reasonable care to ensure that such is the case, the information contained in the part of the registration document for which they are responsible is, to the best of their knowledge, in accordance with the facts and contains no omission likely to affect its import.

2. Statutory Auditors

2.1. Names and addresses of the issuer's auditors for the period covered by the historical financial information (together with their membership in a professional body).

2.2. If auditors have resigned, been removed or not been reappointed during the period covered by the historical financial information, details if material.

3. Risk Factors

3.1. Prominent disclosure of risk factors that may affect the issuer's ability to fulfil its obligations under the securities to investors in a section headed 'Risk factors'.

4. Information about the Issuer

4.1. History and development of the Issuer

4.1.1. the legal and commercial name of the issuer;

4.1.2. the place of registration of the issuer and its registration number;

4.1.3. the date of incorporation and the length of life of the issuer, except where indefinite;

4.1.4. the domicile and legal form of the issuer, the legislation under which the issuer operates, its country of incorporation, and the address and telephone number of its registered office (or principal place of business if different from its registered office);

4.1.5. any recent events particular to the issuer which are to a material extent relevant to the evaluation of the issuer's solvency.

5. Business Overview

5.1. Principal activities:

5.1.1. A brief description of the issuer's principal activities stating the main categories of products sold and/or services performed;

5.1.2. An indication of any significant new products and/or activities.

5.1.3. Principal markets

A brief description of the principal markets in which the issuer competes.

5.1.4. The basis for any statements in the registration document made by the issuer regarding its competitive position.

6. Organisational Structure

6.1. If the issuer is part of a group, a brief description of the group and of the issuer's position within it.

6.2. If the issuer is dependent upon other entities within the group, this must be clearly stated together with an explanation of this dependence.

7. Trend Information

7.1. Include a statement that there has been no material adverse change in the prospects of the issuer since the date of its last published audited financial statements.

In the event that the issuer is unable to make such a statement, provide details of this material adverse change.

7.2. Information on any known trends, uncertainties, demands, commitments or events that are reasonably likely to have a material effect on the issuer's prospects for at least the current financial year.

8. Profit Forecasts or Estimates

If an issuer chooses to include a profit forecast or a profit estimate the registration document must contain the information items 8.1 and 8.2.

8.1. A statement setting out the principal assumptions upon which the issuer has based its forecast, or estimate.

There must be a clear distinction between assumptions about factors which the members of the administrative, management or supervisory bodies can influence and assumptions about factors which are exclusively outside the influence of the members of the administrative, management or supervisory bodies; be readily understandable by investors; be specific and precise; and not relate to the general accuracy of the estimates underlying the forecast.

8.2. A report prepared by independent accountants or auditors stating that in the opinion of the independent accountants or auditors the forecast or estimate has been properly compiled on the basis stated and that the basis of accounting used for the profit forecast or estimate is consistent with the accounting policies of the issuer.

8.3. The profit forecast or estimate must be prepared on a basis comparable with the historical financial information.

9. Administrative, Management, and Supervisory Bodies

9.1. Names, business addresses and functions in the issuer of the following persons, and an indication of the principal
activities performed by them outside the issuer where these are significant with respect to that issuer:

(a) members of the administrative, management or supervisory bodies;

(b) partners with unlimited liability, in the case of a limited partnership with a share capital.

9.2. Administrative, Management, and Supervisory bodies conflicts of interests

Potential conflicts of interests between any duties to the issuing entity of the persons referred to in item 9.1 and their private interests and or other duties must be clearly stated. In the event that there are no such conflicts, make a statement to that effect.

10. Major Shareholders

10.1. To the extent known to the issuer, state whether the issuer is directly or indirectly owned or controlled and by whom, and describe the nature of such control, and describe the measures in place to ensure that such control is not abused.

10.2. A description of any arrangements, known to the issuer, the operation of which may at a subsequent date result in a change in control of the issuer.

11. Financial Information concerning the Issuer's Assets and Liabilities, Financial Position and Profits and Losses

11.1. Historical Financial Information

Audited historical financial information covering the latest two financial years (or such shorter period that the issuer has been in operation), and the audit report in respect of each year. Such financial information must be prepared according to Regulation (EC) No 1606/2002, or if not applicable to a Member State national accounting standards for issuers from the Community. For third country issuers, such financial information must be prepared according to the international accounting standards adopted pursuant to the procedure of Article 3 of Regulation (EC) No 1606/2002 or to a third country's national accounting standards equivalent to these standards. If such financial information is not equivalent to these standards, it must be presented in the form of restated financial statements.

The most recent year's audited historical financial information must be presented and prepared in a form consistent with that which will be adopted in the issuer's next published annual financial statements having regard to accounting standards and policies and legislation applicable to such annual financial statements.

If the issuer has been operating in its current sphere of economic activity for less than one year, the audited historical financial information covering that period must be prepared in accordance with the standards applicable to annual financial statements under Regulation (EC) No 1606/2002, or if not applicable to a Member State national accounting standards where the issuer is an issuer from the Community. For third country issuers, the historical financial information must be prepared according to the international accounting standards adopted pursuant to the procedure of Article 3 of Regulation (EC) No 1606/2002 or to a third country's national accounting standards equivalent to these standards. This historical financial information must be audited.

If the audited financial information is prepared according to national accounting standards, the financial information required under this heading must include at least the following:

(a) the balance sheet;

(b) the income statement;

(c) in the case of an admission of securities to trading on a regulated market only, a cash flow statement;

(d) the accounting policies and explanatory notes.

The historical annual financial information must be independently audited or reported on as to whether or not, for the purposes of the registration document, it gives a true and fair view, in accordance with auditing standards applicable in a Member State or an equivalent standard.

11.2. Financial statements

If the issuer prepares both own and consolidated financial statements, include at least the consolidated financial statements in the registration document.

11.3. Auditing of historical annual financial information

11.3.1. A statement that the historical financial information has been audited. If audit reports on the historical financial information have been refused by the statutory auditors or if they contain qualifications or disclaimers, such refusal or such qualifications or disclaimers must be reproduced in full and the reasons given.

11.3.2. An indication of other information in the registration document which has been audited by the auditors.

11.3.3. Where financial data in the registration document is not extracted from the issuer's audited financial statements state the source of the data and state that the data is un-audited.

11.4. Age of latest financial information

11.4.1. The last year of audited financial information may not be older than 18 months from the date of the registration document.

11.5. Interim and other financial information

11.5.1 If the issuer has published quarterly or half yearly financial information since the date of its last audited financial statements, these must be included in the registration document. If the quarterly or half yearly financial information has been reviewed or audited the audit or review report must also be included. If the quarterly or half yearly financial information is unaudited or has not been reviewed state that fact.

11.5.2. If the registration document is dated more than nine months after the end of the last audited financial year, it must contain interim financial information, covering at least the first six months of the financial year. If the interim financial information is un-audited state that fact.

The interim financial information must include comparative statements for the same period in the prior financial year, except that the requirement for comparative balance sheet information may be satisfied by presenting the years end balance sheet.

11.6. Legal and arbitration proceedings

Information on any governmental, legal or arbitration proceedings (including any such proceedings which are pending or threatened of which the issuer is aware), during a period covering at least the previous 12 months which may have, or have had in the recent past, significant effects on the issuer and/or group's financial position or profitability, or provide an appropriate negative statement.

11.7. Significant change in the issuer's financial position

A description of any significant change in the financial position of the group which has occurred since the end of the last financial period for which either audited financial information or interim financial information have been published, or an appropriate negative statement.

12. Material Contracts

A brief summary of all material contracts that are not entered into in the ordinary course of the issuer's business, which could result in any group member being under an obligation or entitlement that is material to the issuer's ability to meet its obligation to security holders in respect of the securities being issued.

13. Third Party Information and Statement by Experts and Declerations of any Interest

13.1. Where a statement or report attributed to a person as an expert is included in the registration document, provide such person's name, business address, qualifications and material interest if any in the issuer. If the report has been produced at the issuer's request a statement to that effect that such statement or report is included, in the form and context in which it is included, with the consent of that person who has authorised the contents of that part of the registration document.

13.2. Where information has been sourced from a third party, provide a confirmation that this information has been accurately reproduced and that as far as the issuer is aware and is able to ascertain from information published by that third party, no facts have been omitted which would render the reproduced information inaccurate or misleading In addition, the issuer shall identify the source(s) of the information.

14. Documents on Display

A statement that for the life of the registration document the following documents (or copies thereof), where applicable, may be inspected:

(a) the memorandum and articles of association of the issuer;

(b) all reports, letters, and other documents, historical financial information, valuations and statements prepared by any expert at the issuer's request any part of which is included or referred to in the registration document;

(c) the historical financial information of the issuer or, in the case of a group, the historical financial information of the issuer and its subsidiary undertakings for each of the two financial years preceding the publication of the registration document.

An indication of where the documents on display may be inspected, by physical or electronic means.

Inhalt

		Rn.			Rn.
I.	Allgemeines	1	XI.	Hauptaktionäre	11
II.	Verantwortliche Personen	2	XII.	Finanzinformationen über die Vermögens-, Finanz- und Ertragslage des Emittenten	12
III.	Abschlussprüfer	3			
IV.	Risikofaktoren	4			
V.	Angaben über den Emittenten	5	XIII.	Wesentliche Verträge	13
VI.	Geschäftsüberblick	6	XIV.	Angaben von Seiten dritter, Erklärungen von Seiten sachverständiger und Interessenerklärungen	14
VII.	Organisationsstruktur	7			
VIII.	Trend Informationen	8			
IX.	Gewinnprognosen oder -schätzungen	9	XV.	Einsehbare Dokumente	15
X.	Verwaltungs-, Geschäftsführungs- und Aufsichtsorgane	10			

I. Allgemeines

1 Anh. XI EU-ProspV enthält das Schema (siehe Definition in Art. 2 Ziff. 1 EU-ProspV) mit den vorgeschriebenen Mindestangaben für das Registrierungsformular für Banken. Da es bspw. im Gegensatz zu dem Schema für Aktienemissionen weitaus geringere Anforderungen an die Mindestangaben enthält, darf es zum einen nur von Banken im Sinne von Art. 1 Abs. 1 lit. a) der Bankenrichtlinie 2000/12/EG sowie von Nicht-EU-Kreditinstituten aus OECD-Staaten und zum anderen nur bei der Emission bestimmter Wertpapierarten genutzt werden.[1] Im Wesentlichen können Banken dieses Registrierungsformular für Emissionen sämtlicher Wertpapierarten außer Aktien und aktienähnlichen Wertpapieren nutzen. Im Hinblick auf die in Art. 21 Abs. 2 EU-ProspV vorgenommene Rangfolge zwischen den verschiedenen Schemata der EU-ProspV nimmt das Registrierungsformular für Banken nicht nur auf Grund seiner emittentenspezifischen Ausrichtung, sondern auch wegen seiner im Vergleich zu den anderen Schemata geringsten Anforderungen eine Sonderstellung ein.[2]

Die Reihenfolge der Informationsbestandteile ist nicht verbindlich (Art. 25 Abs. 3 EU-ProspV). Die Bundesanstalt für Finanzdienstleistungsaufsicht hat aber von ihrer Möglichkeit nach Art. 25 Abs. 4 EU-ProspV Gebrauch gemacht und verlangt eine Überkreuz-Checkliste, wenn der Prospekt nicht in der Reihenfolge des entsprechenden Anh. der EU-ProspV aufgebaut ist.[3]

II. Verantwortliche Personen

2 Aufgrund des identischen Wortlauts mit den Ziff. 1.1. und 1.2. des Anh. I EU-ProspV wird auf die dortige Kommentierung verwiesen. Auch wenn bei Börsenzulassungen gem. § 5 Abs. 4 Satz 2 WpPG das Kredit- oder Finanzdienstleistungsinstitut, mit dem der Emittent die Zulassung der Wertpapiere beantragt, genannt werden muss, stellt diese Angabe bei Kreditinstituten eine zu vermeidende Doppelung von Informationen dar, es sei denn, es liegt ein Fall der Emissionsbegleitung vor.

III. Abschlussprüfer

3 Aufgrund des identischen Wortlauts mit den Ziff. 2.1. und 2.2. des Anh. I EU-ProspV wird auf die dortige Kommentierung verwiesen.

IV. Risikofaktoren

4 Aufgrund des identischen Wortlauts mit Ziff. 4. des Anh. I EU-ProspV wird zunächst auf die dortige Kommentierung verwiesen. Das wesentliche Risiko

---

1 Vgl. auch die Komm. zu Art. 14 EU-ProspV Rn. 4.
2 Siehe zu den weiteren Einzelheiten Art. 14 EU-ProspV Rn. 2.
3 Vgl. Informationen auf der Homepage der BaFin: www.bafin.de, z.B. Faq zum Auslaufen des Daueremittentenprivilegs vom 25.04.2008 (Stand v. 09.06.2008).

bei Banken wie bei Emittenten von Schuldtiteln allgemein ist das Solvenzrisiko, also die Fähigkeit, die mit dem Wertpapier verbriefte Verbindlichkeit am Ende der Laufzeit des Wertpapiers zu erfüllen. Im Hinblick auf Kreditinstitute kann daher das Risiko, inwieweit die Verbindlichkeiten aus den emittierten Schuldtiteln erfüllt werden können, u.a. auch durch die Nennung des bei Banken üblichen Rating der verschiedenen Ratingagenturen beschrieben werden, da mit einem Rating die Bonität von Emittenten bewertet und eine Indikation über die Wahrscheinlichkeit der Rück- und Zinszahlung gegeben wird. Nimmt das Kreditinstitut das jeweilige Rating in den Prospekt auf, sollte nicht nur die Nomenklatur der jeweiligen Ratingagentur beschrieben werden, sondern es sollte auch darauf hingewiesen werden, dass das Rating selbst keine Empfehlung darstellt und die Ratingagenturen das jeweilige Rating ändern können, was wiederum oft Auswirkungen auf den Marktpreis der Wertpapiere hat. Zudem stellen bei Kreditinstituten auf Grund ihrer Geschäftstätigkeit u.a. Kreditausfallrisiken, Zinsrisiken, Marktrisiken aus dem Handel mit Finanzinstrumenten oder operationelle Risiken klassische Risiken dar.

V. Angaben über den Emittenten

Aufgrund des identischen Wortlauts mit Ziff. 5.1. des Anh. I EU-ProspV wird zunächst auf die dortige Kommentierung verwiesen. Angaben über Investitionen wie beim Registrierungsformular für Aktien (dort Ziff. 5.2) sind bei Banken nicht erforderlich. 5

VI. Geschäftsüberblick

Grds. sei wegen des inhaltlich ähnlichen Wortlauts mit Ziff. 6.1., 6.2., und 6.5. Anh. I EU-Prosp-V auf die dortige Kommentierung verwiesen. Für Banken wurden wegen ihrer bspw. von Industrieunternehmen zu unterscheidenden Geschäftstätigkeit die Ziff. 5.1.1. und 5.1.2. inhaltlich angepasst. Gleiches gilt für die Ziff. 6.2. Anh. I EU-ProspV (Ziff. 5.3. Anh. XI EU-ProspV) und Ziff. 6.5. Anh. I EU-ProspV (Ziff. 5.1.4. Anh. XI EU-ProspV). Die Beschreibung der Geschäftstätigkeit kann bei vielen Banken wohl recht kurz mit einem Verweis auf das Betreiben von Bankgeschäften sowie das Erbringen von Finanzdienstleistungen und sonstigen Dienstleistungen nach dem KWG erfolgen. Hierneben sind natürlich je nach Geschäftsbetrieb der Bank weitere Geschäftsfelder wie bspw. das Betreiben des Hypothekenpfandbriefgeschäfts nach dem Pfandbriefgesetz oder auch das Beteiligungsgeschäft zu nennen. 6

VII. Organisationsstruktur

Wegen der inhaltlichen Übereinstimmungen mit Ziff. 7.1. Anh. I EU-ProspV sei auf die dortige Kommentierung verwiesen. Ziff. 6.2. hingegen unterscheidet sich in seinem Wortlaut von Ziff. 7.2. Anh. I EU-ProspV. Hier ist Raum, 7 um die ggf. bestehende Zugehörigkeit zu Sicherungseinrichtungen zu beschreiben.

VIII. Trend Informationen

8   Die Angaben sind mit denen nach Ziff. 8 Anh. IV EU-ProspV identisch; daher wird auf die dortigen Ausführungen verwiesen.

IX. Gewinnprognosen oder -schätzungen

9   Die Angaben sind mit denen nach Ziff. 9 Anh. IV EU-ProspV identisch; daher wird auf die dortigen Ausführungen verwiesen.

X. Verwaltungs-, Geschäftsführungs- und Aufsichtsorgane

10 Wegen des identischen Wortlauts mit Ziff. 10 Anh. IV EU-ProspV wird auf die dortigen Ausführungen verwiesen.

XI. Hauptaktionäre

11 Wegen der inhaltlichen Übereinstimmung mit Ziff. 18.3. und 18.4. sei grds. auf die dortigen Ausführungen verwiesen. Auch wenn hier von Hauptaktionären gesprochen wird, sind dem Sinn und Zweck nach auch Angaben über die Beteiligungsverhältnisse in das Registrierungsformular aufzunehmen, wenn es sich bei dem Kreditinstitut um keine Aktiengesellschaft handelt. Bei anderen Gesellschaftsformen als Aktiengesellschaften sind daher die jeweiligen kontrollierenden Gesellschafter anzugeben, gleiches gilt grds. bei Sparkassen und Volks- und Raiffeisenbanken entsprechend den jeweils gewählten Gesellschaftsformen und den – teilweise landesrechtlichen – Bestimmungen. Bei Sparkassen kann dies bspw. ein Zweckverband sein; bei Volks- und Raiffeisenbanken wird es in der Regel schon auf Grund der Struktur keinen kontrollierenden Gesellschafter geben.

XII. Finanzinformationen über die Vermögens-, Finanz- und Ertragslage des Emittenten

12 Im Wesentlichen kann im Hinblick auf die inhaltlichen Anforderungen an die Darstellung der Finanzinformationen über die Vermögens-, Finanz- und Ertragslage des Emittenten auf die Kommentierung zu Anh. IX Ziff. 11. EU-ProspV (Schuldtitel und derivative Wertpapiere mit einer Mindeststückelung von 50.000 Euro) verwiesen werden.

Der Umstand, dass Anh. IX EU-ProspV, der insbesondere für Whole-Sale-Emittenten erleichterte Prospektanforderungen bieten soll, und das Registrierungsformular für Banken ähnliche Anforderungen enthält, ist darauf zurückzuführen, dass man für Banken auf Grund der Solvenzaufsicht Erleichterungen für gerechtfertigt hielt.

Gewisse Abweichungen zu Ziff. 11. des Anh. IX EU-ProspV enthält Anh. XI Ziff. 11. EU-ProspV – neben sprachlichen oder redaktionellen Unterschieden – jedoch bei Ziff. 11.1. und bei Ziff. 11.5. Nach Ziff. 11.1. Hier werden zusätzliche Angaben zu den historischen Finanzinformationen gefordert, wenn der Emittent – also die Bank – noch nicht ein Jahr als Bank tätig war. Diese Anforderungen werden auch in Anlage IV Ziff. 13.1. Satz 7–9 für das Registrierungsformular für Schuldtitel und derivative Wertpapiere mit einer Stückelung von weniger als 50.000 Euro aufgestellt. Insoweit sei auf die Kommentierung zu Anh. IV EU-ProspV Rn. 34 ff. verwiesen. In Anh. IV EU-ProspV Rn.51 ff. finden sich ferner Kommentierungen zu den nach Ziff. 11.5. geforderten Zwischenberichten, die ein bei Wholse-Sale-Emittent nach Anh. IX EU-ProspV gleichfalls nicht im Prospekt darzustellen hat. Auf diese Ausführungen sei auch für Banken verwiesen. Angemerkt sei schließlich, dass bei Banken, die nach nationalen Rechnungslegungsgrundsätzen bilanzieren können, nach Ziff. 11.1. auch anders als bei Whole-Sale-Emittenten in den Finanzinformationen eine Kapitalflussrechnung enthalten sein muss – dies gilt jedoch nur dann, wenn eine Zulassung zum regulierten Markt stattfinden soll.[4]

XIII. Wesentliche Verträge

Wegen der inhaltlichen Übereinstimmung mit Ziff. 15 Anh. IV EU-ProspV sei auf die dortige Kommentierung verwiesen. *13*

XIV. Angaben von Seiten dritter, Erklärungen von Seiten sachverständiger und Interessenerklärungen

Auf Grund der inhaltlichen Übereinstimmungen mit Ziff. 23.1. und Ziff. 23.2. Anh. I EU-ProspV sei auf die dortige Kommentierung verwiesen. *14*

XV. Einsehbare Dokumente

Wegen der inhaltlichen Übereinstimmungen mit Ziff. 24. Anh. I EU-ProspV wird auf die dortigen Ausführungen verwiesen. *15*

ARTIKEL 15
Schema für die Wertpapierbeschreibung für derivative Wertpapiere

(1) Bei der Wertpapierbeschreibung für derivative Wertpapiere werden die Angaben gemäß dem in Anhang XII festgelegten Schema zusammengestellt.

---

4 S. hierzu die Komm. zu Anh. IV EU-ProspV, Rn. 108 ff.

(2) Das Schema gilt für Wertpapiere, die nicht in den Anwendungsbereich der in den Artikeln 6, 8 und 16 genannten anderen Schemata für Wertpapierbeschreibungen fallen, einschließlich solcher Wertpapiere, bei denen die Zahlungs- und/oder Lieferverpflichtungen an einen Basiswert gebunden sind.

ARTICLE 15
Securities note schedule for derivative securities

1. For the securities note for derivative securities information shall be given in accordance with the schedule set out in Annex XII.

2. The schedule shall apply to securities which are not in the scope of application of the other securities note schedules referred to in Articles 6, 8 and 16, including certain securities where the payment and/or delivery obligations are linked to an underlying.

Inhalt

	Rn.		Rn.
I. Einleitung	1	c) Anderweitige Definitionsversuche des deutschen Gesetzgebers	6
1. Verbindlichkeit des Schemas für die Mindestangaben	1		
2. Begriff des Derivats	2	d) Allgemeine Lehren	10
a) Negativabgrenzung	3	3. Verbreitung von Derivaten im Markt und Aufklärungserfordernisse	13
b) Dynamik in der Typentwicklung	4	4. Übergangsregelung	17

I. Einleitung

1. Verbindlichkeit des Schemas für die Mindestangaben

1 Ein Prospekt, der eine Wertpapierbeschreibung für derivative Wertpapiere enthält, darf nicht nach Belieben oder einfach aufgrund von mehr oder weniger naheliegenden Zweckmäßigkeitserwägungen des Emittenten erstellt werden. Zwar bestehen gewisse Freiheiten bei der Erstellung: so können die Emittenten nach den einschlägigen Vorgaben gerade bei komplexen derivativen Wertpapieren – auf freiwilliger Basis – auf zweckmäßige Beispiele zurückgreifen, um bei den Anlegern ein Verständnis dafür zu wecken, wie der Wert ihrer Anlage durch den Wert des Basistitels beeinflusst wird.[1] Ansonsten sind die Freiheiten bei der Erstellung eines Prospekts über ein derivatives Wertpapier jedoch strikt begrenzt. Der Prospekt ist zu erstellen, indem auf ein durch europäisches Recht verbindlich vorgegebenes Schema zurückgegriffen wird[2]; dieses Schema ergibt sich aus Art. 15 in Verbindung mit Anh. XII der VO (EG) Nr. 809/2004.[3] Es nennt die Mindestangaben, die ein

---

[1] So Erwägungsgrund 18 zur EU-ProspV.
[2] Vgl. Art. 3 Abs. 1 EU-ProspV.
[3] Vgl. Art. 15 Abs. 1 EU-ProspV.

derartiger Prospekt enthalten muss.[4] Mit anderen Worten darf ein Prospekt über ein derivatives Wertpapier nicht nur, vielmehr muss er die in Anh. XII EU-ProspV genannten Informationsbestandteile enthalten. Diese Mindestanforderungen begrenzen aber zugleich die Eingriffsbefugnisse der zuständigen Wertpapieraufsicht auf Grundlage dieser Vorschriften, da diese für einen Prospekt über derivative Wertpapiere nach den hier einschlägigen Vorgaben nur die im Anh. XII EU-ProspV genannten Informationsbestandteile vorschreiben darf.[5] Bei derivativen Wertpapieren kommt es somit entscheidend auf die in Anh. XII EU-ProspV behandelte Substanz an.

2. Begriff des Derivats

Das in Anh. XII EU-ProspV enthaltene Schema der Mindestangaben für die Wertpapierbeschreibung für derivative Wertpapiere wirft zunächst die Frage nach seinem genauen Anwendungsbereich auf.   2

a) Negativabgrenzung

Art. 15 Abs. 2 Verordnung (EG) Nr. 809/2004 stellt diesbzgl. klar, dass dieses Schema nach Anh. XII nur für Wertpapiere gilt, die nicht in den Anwendungsbereich der in den Art. 6 (Aktien), Art. 8 (Schuldtitel mit einer Einzelstückelung von weniger als 50.000 Euro) und Art. 16 (Schuldtitel mit einer Mindeststückelung von 50.000 Euro) Verordnung (EG) Nr. 809/2004 genannten anderen Schemata für Wertpapierbeschreibungen fallen. In den Anwendungsbereich des Art. 6 EU-ProspV fallen nur Aktien und andere übertragbare, aktienähnliche Wertpapiere.[6] In den Anwendungsbereich von Art. 8 und Art. 16 EU-ProspV fallen nur Schuldtitel, bei denen der Emittent aufgrund der Emissionsbedingungen verpflichtet ist, dem Anleger 100 % des Nominalwertes zu zahlen, der u. U. noch durch eine Zinszahlung aufgestockt wird.[7] Bei Art. 6, 8 und 16 EU-ProspV geht es somit um Wertpapiere, welche nicht mit den für Derivate typischen Risiken und Eigenarten behaftet sind, so dass die hier vorgenommene klare gesetzliche Abgrenzung durchaus konsequent ist.   3

b) Dynamik in der Typenentwicklung

Auf eine positive Definition des „Derivats" oder „derivativen Wertpapiers" verzichtet das europäische Recht an dieser Stelle indes; weder in Art. 15 noch im Anh. XII EU-ProspV findet sich eine solche Definition. Auch das deutsche WpPG hilft hier nicht weiter. Der Gesetzgeber setzt den Begriff des „Derivats" in seiner Existenz voraus, ohne ihn abschließend einzugrenzen. Grund hierfür ist, dass es weder in der Rechtsprechung noch in der Literatur in den letzten Jahrzehnten gelungen ist, eine Definition zu entwickeln, die   4

---

4 Vgl. Art. 7 RL 2003/71/EG i.V.m. Art. 3 EU-ProspV.
5 Vgl. Art. 3 Abs. 2 EU-ProspV.
6 Vgl. Art. 6 Abs. 2 EU-ProspV.
7 Vgl. Art. 8 Abs. 2 und Art. 16 Abs. 2 EU-ProspV.

allen Erscheinungsformen gerecht wird.[8] Dies ist wiederum vor dem Hintergrund der „Artenvielfalt" derivativer Wertpapiere und der eminenten Dynamik ihrer Evolution nachvollziehbar. Je nach dem, welchem systematischen Ansatz man folgt, lässt sich zwischen zinsbezogene, währungsbezogene, aktien- oder indexbezogene und sonstige Derivate unterscheiden. Schon die Existenz der in den letzten Jahren in Mode gekommenen hybriden derivativen Produkte zeigt die unendlichen Kombinationsmöglichkeiten der zugrundeliegenden Elemente auf (etwa im Rahmen von exotischen oder strukturierten Derivaten[9]). Es ergibt sich ein ganzer Kosmos an Erscheinungsformen, der nur schwer abstrakt zu fassen ist.

5 Vor diesem Hintergrund ist es von nur begrenztem Erkenntniswert, dass Derivate anfangs im Rahmen der modernen Finanz- und Marktwirtschaft vornehmlich von den Banken zur Abdeckung eines Sicherungsbedürfnisses (etwa Absicherung eines Währungs-, Zins- oder Kreditrisikos) entwickelt wurden.[10] Aus diesen Kurssicherungsgeschäften (auch: „Hedginggeschäfte") entwickelten sich aufgrund der beträchtlichen Gewinnaussichten schnell – gelegentlich unter tragischer Ausblendung der mit ihnen verbundenen Verlustrisiken – auch reine Spekulationsgeschäfte[11], die inzwischen umsatzmäßig die Hedginggeschäfte bei weitem übersteigen. An den Definitionsschwierigkeiten in Bezug auf den Begriff des „Derivats" haben diese Entwicklungen wenig geändert, vielmehr haben sie diese aufgrund des Einfallreichtums der wirtschaftlichen Akteure eher noch verstärkt.

c) Anderweitige Definitionsversuche des deutschen Gesetzgebers

6 Trotz der geschilderten Schwierigkeiten einer abstrakten Definition hat der deutsche Gesetzgeber an bestimmten Stellen und ausschließlich in bestimmten Kontexten – etwa in denjenigen des Handels mit Wertpapieren[12] oder des Kreditwesens[13] – eine Begriffsdefinition gewagt. Sowohl § 2 Abs. 2 WpHG als auch die bankenaufsichtsrechtliche Parallele des § 1 Abs. 11 Satz 4 KWG definieren den Begriff des Derivats. Dort heißt es:

7 *„Derivate sind als Festgeschäfte oder Optionsgeschäfte ausgestaltete Termingeschäfte, deren Preis unmittelbar oder mittelbar abhängt von*

1. dem Börsen- oder Marktwert von Wertpapieren,
2. dem Börsen- oder Marktpreis von Geldmarktinstrumenten,

---

8 Vgl. zur Historie *Samtleben*, ZBB 2003, 69, 70.
9 Siehe etwa *Lenenbach*, KapMR, Rn. 6.22 ff..
10 Siehe *Claussen*, Bank- und BörsenR, S. 454.
11 Vgl. etwa *Lenenbach*, KapMR, Rn. 1.36, Rn. 6.29.
12 Vgl. § 2 Abs. 2 WpHG (WPDL durch MiFiD abgelöst) hier allerdings eingeengt auf als Festgeschäfte oder Optionsgeschäfte ausgestaltete Termingeschäfte, deren Preis unmittelbar oder mittelbar von bestimmten, abschließend aufgezählten Bezugsgrößen abhängt.
13 Vgl. § 1 Abs. 11 Satz 4 KWG (sowie Art. 1 Nr. 4 und 5 der Wertpapierdienstleistungsrichtlinie) Legaldefinition wie oben § 2 Abs. 2 WpHG, vgl. näher zum Derivat i. S. d. KWG *Fülbier*, in: Boos/Fischer/Schulte-Mattler, KWG, § 11 KWG Rn. 217 ff.

3. dem Kurs von Devisen oder Rechnungseinheiten,
4. Zinssätzen oder anderen Erträgen oder
5. dem Börsen oder Marktpreis von Waren oder Edelmetallen".

Im Gegensatz zum europäischen Recht wird der Begriff also in anderen deutschen Gesetzen positiv legal definiert. Die kennzeichnenden Merkmale der von diesen Vorschriften umfassten Derivate sind erstens, dass die Bewertung des jeweils in Rede stehenden Rechts unmittelbar oder mittelbar von der Preisentwicklung eines Basiswerts abhängt, der seinerseits Preis- oder sonstigen Schwankungen unterliegt.[14] Zum anderen sind sie nach zutreffender Auffassung durch den hinausgeschobenen Erfüllungszeitpunkt gekennzeichnet.[15] Gemeinhin[16] werden auf dieser Grundlage vier große Gruppen von Derivaten unterschieden: Optionsgeschäfte[17], Swaps[18], Termingeschäfte[19] (auch: „Futures") und die Wertpapierleihe. Derartige Eingrenzungs- oder Typisierungsversuche erscheinen aufgrund der oben geschilderten Dynamik bei der Entwicklung neuer derivativer Typen allerdings etwas hilflos.

8

Zudem können – aufgrund des hierarchischen Verhältnisses des europäischen gegenüber dem deutschen Recht – die Legaldefinitions-Versuche des deutschen Gesetzgebers keine bindende Wirkung für die Auslegung des hier in seiner genauen Bedeutung fraglichen europäischen Rechts haben. Daher führt diese Perspektive auf den Begriff des Derivats im hier interessierenden Zusammenhang nicht weiter.

9

d) Allgemeine Lehren

Darüber hinaus wurde der Versuch unternommen, das „Derivat" als solches zumindest aus der Perspektive des (trotz des europäischen – wenn nicht globalen – Zusammenhangs nach wie vor nationalen) Zivilrechts in einer abstrahierten Form zu erfassen; so hat sich etwa im deutschen rechtswissenschaftlichen Schrifttum[20] die Erkenntnis entwickelt, dass „Derivate" in der Regel aleatorische[21], zweiseitig verpflichtende Verträge zur Erzeugung sto-

10

---

14 Vgl. *Beck,* in: Schwark, KapMRK, § 2 WpHG Rn. 9.
15 So auch *Casper,* WM 2003, 161, 162.
16 Siehe etwa *Lenenbach,* KapMR, Rn. 1.33 ff., 6.22 ff.; *Claussen,* Bank- und BörsenR, S. 452 ff.
17 Berechtigung (nicht Verpflichtung), von der anderen Vertragspartei die Erfüllung der vereinbarten Leistung zu verlangen.
18 Austausch von zins- und währungsindexierten Geldbeträgen zwischen zwei Handelspartnern.
19 Bindend abgeschlossene Festpreis- (auch: Fix-)geschäfte (in Wertpapieren, Zinsen, Währungen, Indices, Rohstoffen, Edelmetallen, landwirtschaftlichen Produkten o.ä.), die – im Gegensatz zu Kassageschäften – erst zu einem späteren Zeitpunkt zu erfüllen sind.
20 Vgl. etwa *Reiner,* DerivFin, S. 1 ff.
21 Bei aleatorischen Verträgen hängt die Erfüllung von einem ungewissen Ereignis oder vom Zufall ab, typische Erscheinungsform ist die Wette auf ein zukünftiges Ereignis („Risikovertrag"); vgl. *Reiner,* Derivative Finanzinstrumente im Recht, 2002, S. 27 ff. m.w.N.

chastisch bedingter[22] reproduzier- und bewertbarer[23] Zahlungsströme[24] sind. Bedauerlicherweise stehen derartige zivilrechtliche Definitionsversuche – so hilfreich sie im Einzelfall sein mögen – stets im Kontext mit dem aktuell in der nationalen Zivil-Rechtsprechung entwickelten Problembewusstsein; sie stehen im Kontext mit den vor den nationalen Zivilgerichten erhobenen Klagen und dem Einfallsreichtum der klagenden und beklagten Zivilparteien sowie der entscheidenden Zivilrichter. Sie sind daher orts- und zeitabhängig und somit gerade nicht universal. Im Detail unterscheiden sich die zivilrechtlichen Eigenarten der jeweiligen Derivate daher nicht unerheblich.[25]

11 Geschäfte mit Derivaten gibt es jedoch überall auf der Welt und zudem seit dem Altertum, da sie offenbar einem menschlichen Bedürfnis entsprechen, aufgrund der Hebelwirkung[26] unter Inkaufnahme erheblicher wirtschaftlicher Risiken überdurchschnittliche Gewinne aus zukünftigen Entwicklungen zu erzielen.[27] Dementsprechend nimmt ein nicht primär zivilrechtlich, sondern ökonomisch orientierter Ansatz die typischerweise mit Derivaten verbundenen Risiken in den Blick.[28] Denn Derivate bewirken je nach ihrer konkreten Ausgestaltung zumeist die Risikoverlagerung von einem Marktteilnehmer auf den nächsten. In diesem Zusammenhang sind vier mit Derivaten typischerweise verbundene Risiken zu unterscheiden: das Marktrisiko[29], das

---

22 Der Betrag der geschuldeten zukünftigen Zahlung ist zumindest auf einer Vertragsseite vom Zufall abhängig und bis zur Fälligkeit der Höhe nach unsicher; vgl. *Reiner*, DerivFin, S. 18 ff. m. w. N.
23 Zu jedem beliebigen Zeitpunkt während der Laufzeit des Derivats lässt sich eine geeignete Anlagestrategie finden, die zeitgleich dieselben Zahlungsströme erzeugt wie das Derivat (synthetisches Derivat); vgl. *Reiner*, DerivFin, S. 21 ff. m. w. N.
24 Einmalige (etwa Futures, Forwards, Optionen) oder wiederholte (etwa Swaps, Swap-Derivate) Geldleistungspflichten in in- oder ausländischer Währung; vgl. *Reiner*, DerivFin, 2002, S. 13 ff. m. w. N.
25 Vgl. etwa *Lenenbach*, KapMR, Rn. 6.35 zur zivilrechtlichen Qualifikation von Zinsfutures, Rn. 6.37 zur zivilrechtlichen Qualifikation von Indexfutures, Rn. 6.42 zur zivilrechtlichen Qualifikation von Forward Rate Agreements, Rn. 6.50 zur zivilrechtlichen Qualifikation v. Optionen, Rn. 6.60 zur zivilrechtlichen Qualifikation von Zinsbegrenzungsverträgen (Caps, Floors und Collars), und Rn. 6.71 zur zivilrechtlichen Qualifikation von Swaps.
26 Derivate ermöglichen zwar hohe Gewinne bei relativ geringem Kapitaleinsatz, bergen aber auch damit verbundene hohe finanzielle Risiken (Totalverlust oder sogar Nachschusspflicht).
27 Weitere Nachweise bei *Claussen*, Bank- und Börsenrecht, S. 453.
28 Vgl. etwa *Claussen*, Bank- und BörsenR, S. 454 ff.
29 Risiko: die mit der Spekulation verbundenen Erwartungen an die Marktentwicklung könnten enttäuscht werden; dem lässt sich durch den (in Deutschland) zivilrechtlich lediglich im Bereich der Termingeschäfte einigermaßen ausgereiften Grundsatz der „Vollinformation" des Anlegers („Termingeschäftsfähigkeit") vorbeugen; außerhalb der Termingeschäfte gelten im deutschen Zivilrecht traditionell keine gesetzlichen Regeln, sondern lediglich die durch die Rechtsprechung entwickelte Pflicht zur „anlegergerechten Beratung"; vgl. etwa grundlegend BGH, NJW 1991, S. 1947 f. Zur Anlageberatung von Finanzinstrumenten nach den FRUG *Holzborn*, NJW 2008 791, 792 ff.

Kontrahenten- (auch: Insolvenz-)risiko[30], das technische Risiko[31] und das Systemrisiko.[32] Ob aber ein risikobezogener Definitionsansatz allen Spielarten der (zukünftigen) Entwicklung von Derivaten gerecht werden kann, erscheint zweifelhaft. Immerhin lässt sich feststellen, dass der europäische Gesetzgeber die hier erwähnten Risiken durch Art. 15 in Verbindung mit Anh. XII der EU-ProspV zumindest teilweise abzufangen sucht. Gleichwohl beantwortet dieser Ansatz nicht abschließend die Frage, welche Merkmale und welche rechtlichen Regeln es denn sind, die ein Derivat ausmachen.

Aus einer globaleren europäischen Perspektive dürfte man sich – in Ermangelung einer umfassenden rechtlichen Ordnung der Derivate – zumindest darauf einigen können, dass der Begriff des „Derivats" aus dem Lateinischen[33] stammt und darauf hindeutet, dass der Preis des jeweiligen Instruments grds. von einem ihm zugrundliegenden Primärprodukt oder Marktgegenstand (Basiswert; auch: Underlying) abhängt. Darüber hinaus scheint eine abschließende genauere Eingrenzung derzeit kaum möglich zu sein. Damit dürfte aus der vorrangigen europäischen Perspektive die verhältnismäßige begriffliche Unbestimmtheit für das „Derivat" weiterhin konstituierend bleiben. Vorbehaltlich zukünftiger Aktivitäten des europäischen Gesetzgebers oder der einschlägigen Rechtsprechung gilt daher bis auf weiteres die bedingt zufriedenstellende Erkenntnis, dass „Derivat" für die Zwecke des europäischen Verkaufsprospektrechts all das ist, worauf Art. 15 in Verbindung mit Anh. XII Verordnung (EG) Nr. 809/2004 Anwendung findet.

12

3. Verbreitung von Derivaten im Markt und Aufklärungserfordernisse

Für die Praxis wird das Prospekt-Schema in Anh. XII EU-ProspV zunehmend relevant, da die Bedeutung derivativer Wertpapiere in den europäischen Märkten seit Jahren steigt. Derivate wie Optionen, Futures, Optionsscheine und Zertifikate – zur näheren Eingrenzung des Begriffs siehe oben[34] – bilden derzeit in der globalen Finanzbranche einen großen Wachstumsmarkt. Diese Entwicklung wurde nicht nur durch institutionelle Investoren verursacht, die Derivate wie erwähnt anfangs vornehmlich zu Absicherungszwecken einsetzten. Vielmehr hat im Bereich der Derivate seit den 90er Jahren insbesondere das Engagement zu Spekulationszwecken einerseits und von Privatanlegern andererseits deutlich zugenommen und das Marktvolumen hat noch Mitte 2006 die Grenze von 100 Milliarden Euro überschritten.[35] Dieses be-

13

---

30 Risiko: der Geschäftspartner des Derivategeschäfts könnte nicht vertragsgemäß leisten.
31 Risiko: die zur Abwicklung der Derivategeschäfte erforderlichen technischen Systeme (insb.: Computersysteme) könnten ganz oder teilweise versagen.
32 Risiko: es könnte eine Finanzmarktkrise von systemgefährdenden Ausmaßen eintreten, die den sogenannten „Dominoeffekt" auslöst, indem sich die (möglicherweise kombinierten) Markt-, Kontrahenten bzw. technischen Risiken realisieren, weil das diesbezügliche dezentrale Risikomanagement bei den Marktteilnehmern ganz oder teilweise versagt.
33 Derivare = ableiten.
34 Siehe oben Rn. 2 ff.
35 Vgl. die Schätzung des Derivate Forums, Der Deutsche Markt für Derivative Produkte. Open Interest bei Privatanlegern im August 2006, S. 1 ff.

eindruckende Wachstum privater Investitionen in derivative Wertpapiere dürfte einem in Deutschland zuvor vergleichsweise unterentwickelten Gesamtmarkt und einem relativ liberalen regulatorischen Umfeld zuzuschreiben sein.[36]

14 Derzeit halten Privatanleger in Deutschland rund 2 % ihres Vermögens in Derivaten[37], wobei dieser Anteil durchaus noch weiter steigen dürfte.[38] Bemerkenswert in diesem Zusammenhang ist, dass seit einiger Zeit insbesondere Kleininvestoren zu Investments in Derivaten neigen, wogegen bei vermögenden Anlegern noch eher Zurückhaltung verbreitet ist. Dies dürfte darauf zurückzuführen sein, dass Derivate häufig unbegrenzte Gewinnchancen bieten, und hierdurch ein gewisses – zum Teil als leicht unseriös empfundenes, zum Teil aber auch gezielt nachgefragtes – „Zocker-Image" gewonnen haben. Hierbei wird gelegentlich verkannt, dass Chancen und Risiken solcher Investments miteinander korrelieren.

15 Die Komplexität vieler derivativer Wertpapiere und die teils hohen Verlustrisiken werfen die Frage auf, wie Privatanleger hiervor angemessen geschützt werden können. Die Erfahrung zeigt, dass die aus allgemeinen zivilrechtlichen Grundsätzen folgenden Beratungs- und Aufklärungspflichten häufig nicht ausreichen, um ein solches angemessenes Schutzniveau zu statuieren; die einschlägige Rechtsprechung spricht hier Bände[39]. Auch insoweit (abstrakte) Termingeschäftsfähigkeit[40] durch Aufklärung herzustellen ist, vermag das hierdurch beim Anleger erreichte Kenntnis- und Schutzniveau die – oben geschilderten – konkret mit einem bestimmten derivativen Wertpapier verbundenen Risiken nicht hinreichend zu entschärfen. Denn es handelt sich hierbei nach wie vor um einen formalisierten Prozess, der zwar mindestens alle zwei Jahre zu wiederholen ist, gleichwohl aber nur über die generellen Risiken von Termingeschäften aufklären kann, ohne konkrete Einzelheiten und Besonderheiten bestimmter Derivate zu berücksichtigen.

16 Die zentrale Aufgabe, den Anleger über die spezifischen Risiken eines Wertpapiers aufzuklären, haben daher auch im Falle von Derivaten die vom Emittenten zu erstellenden Wertpapierprospekte. Die die Mindestinhalte von Prospekten betreffende und nicht sonderlich konkrete EU-ProspRL[41] des Europäischen Parlaments und des Rates wurde auf europäischer Ebene durch die Verordnung (EG) Nr. 809/2004 der Kommission umgesetzt. Die EU-ProspV enthält in Art. 15 mit Verweisung auf Anh. XII die Anforderun-

---

36 Vgl. *McHattie*, Covered Warrants; *Bertram and Fehle*, Alternative Market Structures for Derivatives, 2005.
37 *Heberle*, Sicherheit gefragt, Der deutsche Derivatemarkt – ein Vergleich mit Österreich und der Schweiz. FAZ Nr. 235, 10.10.2006, S. B1.
38 *Heberle*, Sicherheit gefragt, Der deutsche Derivatemarkt – ein Vergleich mit Österreich und der Schweiz. FAZ Nr. 235, 10.10.2006, S. B1.
39 Vgl. bspw. BGH NJW-RR 93, 1114 (zum Pflichtenumfang); BGHZ 80, 80, 82 Vermittlung v. Warentermingeschäften); BGHZ 139, 225, 232 (zur börsenrechtlichen Prospekthaftung); vgl. auch Komm. zu §§ 44 ff. BörsG.
40 Im deutschen Recht nach § 37 d WpHG.
41 Richtlinie 2003/71/EG v. 04.11.2003, ABl. L 345/64.

gen zu den Prospekten derivativer Wertpapiere. Die Verordnung verfolgt den Anspruch einer umfassenden Harmonisierung; sie ist als unmittelbar anwendbares europäisches Sekundärrecht gem. Art. 249 Abs. 2 EG selbst verbindlich, ohne erst in nationales Recht umgesetzt werden zu müssen.[42] Die Verbindlichkeit und unmittelbare Anwendbarkeit bezieht sich auf alle Teile der Verordnung, also auch auf den hier relevanten Anh. XII. Der vor diesem Hintergrund rein deklaratorische § 7 WpPG verweist hinsichtlich der Mindestangaben daher lediglich auf die Verordnung (EG) Nr. 809/2004.

4. Übergangsregelung

Im Rahmen der rechtspolitischen Diskussion war auf Seiten der Emittenten die Befürchtung geäußert worden[43], dass die hohen Anforderungen, die sich aus WpPG und Verordnung (EG) Nr. 809/2004 ergeben, den gesamten entstandenen Markt für Derivate oder zumindest dessen weiteres Wachstum ersticken könnten. 17

Diese Befürchtungen haben sich allerdings bisher nicht bewahrheitet. Dies mag auch daran gelegen haben, dass in Deutschland eine Übergangsregelung zugelassen wurde, die bis heute erhebliche praktische Relevanz hat. Im VerkProspG wird durch Art. 2 Prospektrichtlinie-Umsetzungsgesetz an den geltenden § 18 Abs. 2 VerkProspG eine Übergangsregelung angehängt.[44] Nach § 18 Abs. 2 Satz 3 VerkProspG galt das VerkProspG bis 30.06.2006 für vor dem 01.07.2005 veröffentliche Verkaufsprospekte für Wertpapiere, die von Nicht-Kreditinstituten emittiert wurden. Für Verkaufsprospekte für von Kreditinstituten begebene Wertpapiere bleibt das VerkProspG nach § 18 Abs. 2 Satz 2 dieses Gesetzes unbefristet anwendbar. Die Fortgeltung wirkt sich zum einen auf die Aktualisierungspflicht aus, zum anderen jedoch auch auf Neuemissionen nach dem 01.07.2005, sofern sie auf einem unvollständigen Verkaufsprospekt beruhen, der noch vor diesem Datum gebilligt wurde. Bedeutsam ist diese Übergangsfrist für unzählige Derivate, für die bereits ein unvollständiger Verkaufsprospekt existiert. Inwieweit eine derartige Vorschrift ohne Befristung rechtspolitisch geboten war, mag dahinstehen. Gerade in Deutschland hat sie jedoch für einen vergleichsweise reibungslosen Übergang auf die Anforderungen nach dem WpPG und der Verordnung (EG) Nr. 809/2004 gesorgt. 18

Langfristig werden die Emittenten jedoch – nicht zuletzt um potentielle Haftungsfälle zu vermeiden[45] – ihre Prospekte in Einklang mit dem WpPG und dem vorrangigen europäischen Recht bringen müssen. 19

---

42 Siehe etwa *Oppermann*, Europarecht, 3. Aufl. 2005, § 6, Rn. 77 ff.
43 Vgl. Deutsches Derivate Institut (2005), Stellungnahme für die öffentliche Anhörung des Finanzausschusses des Deutschen Bundestages zu dem RegE des Prospektrichtlinie-Umsetzungsgesetzes am 13.04.2005. Deutsches Derivate Institut e.V.
44 Vgl. *Kullmann/Sester*, WM 2005, S. 1076.
45 Vgl. insoweit den Hinweis von *Holzborn*, „Kleiner Baustein, Ein Jahr Wertpapierprospektgesetz", FAZ Nr. 235 v. 10.10.2006, B3.

Anh. XII EU-ProspV
Mindestangaben für die Wertpapierbeschreibung derivativer Wertpapiere (Schema)

1. Verantwortliche Personen

1.1. Alle Personen, die für die im Prospekt gemachten Angaben verantwortlich sind bzw. für bestimmte Abschnitte davon. Im letzteren Fall ist eine Angabe dieser Abschnitte vorzunehmen. Im Falle von natürlichen Personen, zu denen auch Mitglieder der Verwaltungs-, Geschäftsführungs- oder Aufsichtsorgane des Emittenten gehören, sind der Name und die Funktion dieser Person zu nennen. Bei juristischen Personen sind Name und eingetragener Sitz der Gesellschaft anzugeben.

1.2. Erklärung der für den Prospekt verantwortlichen Personen, dass sie die erforderliche Sorgfalt haben walten lassen, um sicherzustellen, dass die im Prospekt genannten Angaben ihres Wissens nach richtig sind und keine Tatsachen verschwiegen werden, die die Aussage des Prospekts verändern können. Ggf. Erklärung der für bestimmte Abschnitte des Prospekts verantwortlichen Personen, dass sie die erforderliche Sorgfalt haben walten lassen, um sicherzustellen, dass die in dem Teil des Prospekts genannten Angaben, für die sie verantwortlich sind, ihres Wissens nach richtig sind und keine Tatsachen verschwiegen werden, die die Aussage des Prospekts verändern können.

2. Risikofaktoren

Klare Offenlegung der Risikofaktoren, die für die Wertpapiere wichtig sind, die zum Handel angeboten und/oder zugelassen werden sollen, um die mit diesen Wertpapieren verbundenen Marktrisiken zu bewerten (im Abschnitt "Risikofaktoren"). Einbezogen werden muss auch eine Risikowarnung für die Anleger dahingehend, dass sie u. U. den Wert ihrer Anlage insgesamt oder teilweise verlieren können und/ oder wenn die Haftung des Anlegers nicht an den Wert der Anlage gebunden ist, eine entsprechende Erklärung samt einer Beschreibung der Umstände, in denen es zu einer zusätzlichen Haftung kommen kann und wie die finanziellen Folgen aussehen.

3. Wichtige Angaben

3.1. Interessen von Seiten natürlicher und juristischer Personen, die an der Emission/dem Angebot beteiligt sind

Beschreibung jeglicher Interessen – einschließlich Interessenkonflikte –, die für die Emission/ das Angebot von ausschlaggebender Bedeutung sind, wobei die involvierten Personen zu spezifizieren und die Wesensart der Interessen darzulegen ist.

3.2. Gründe für das Angebot und die Verwendung der Erlöse (sofern diese nicht in der Gewinnerzielung und/oder Absicherung bestimmter Risiken liegen)

Wenn die Gründe für das Angebot und die Verwendung der Erträge angegeben werden, Angabe des Nettobetrages der Erlöse und der geschätzten Gesamtkosten für die Emission/das Angebot.

4. Angaben über die anzubietenden bzw. zum Handel zuzulassenden Wertpapiere

4.1. Angaben über die Wertpapiere

4.1.1. Beschreibung des Typs und der Kategorie der anzubietenden und/oder zum Handel zuzulassenden Wertpapiere einschließlich der ISIN (International Security Identification Number) oder eines ähnlichen anderen Sicherheitscodes.

4.1.2. Klare und umfassende Erläuterung, die den Anlegern verständlich macht, wie der Wert ihrer Anlage durch den Wert des Basisinstruments/ der Basisinstrumente beeinflusst wird, insbesondere in Fällen, in denen die Risiken am offensichtlichsten sind, es sei denn, die Wertpapiere haben eine Mindeststückelung von 50 000 EUR oder können lediglich für mindestens 50.000 EUR pro Wertpapier erworben werden.

4.1.3. Rechtsvorschriften, auf deren Grundlage die Wertpapiere geschaffen wurden.

4.1.4. Angabe, ob es sich bei den Wertpapieren um Namenspapiere oder um Inhaberpapiere handelt und ob die Wertpapiere verbrieft oder stückelos sind. In letzterem Fall sind der Name und die Anschrift des die Buchungsunterlagen führenden Instituts zu nennen.

4.1.5. Währung der Wertpapieremission.

4.1.6. Einstufung der Wertpapiere, die angeboten und/oder zum Handel zugelassen werden sollen, einschließlich der Zusammenfassung etwaiger Klauseln, die die Rangfolge beeinflussen können oder das Wertpapier derzeitigen oder künftigen Verbindlichkeiten des Emittenten nachordnen können.

4.1.7. Beschreibung der Rechte – einschließlich ihrer etwaigen Beschränkungen –, die an die Wertpapiere gebunden sind, und des Verfahrens zur Ausübung dieser Rechte.

4.1.8. Im Falle von Neuemissionen Angabe der Beschlüsse, Ermächtigungen und Billigungen, die die Grundlage für die erfolgte bzw. noch zu erfolgende Schaffung der Wertpapiere und/oder deren Emission bilden.

4.1.9. Angabe des erwarteten Emissionstermins der Wertpapiere.

4.1.10. Darstellung etwaiger Beschränkungen für die freie Übertragbarkeit der Wertpapiere.

4.1.11. – Verfalltag oder Fälligkeitstermin der derivativen Wertpapiere;

– Ausübungstermin oder endgültiger Referenztermin.

4.1.12. Beschreibung des Abrechnungsverfahrens für die derivativen Wertpapiere.

4.1.13. Beschreibung, wie die Rückgabe der derivativen Wertpapiere erfolgt und Angabe des Zahlungs- oder Liefertermins und der Art und Weise der Berechnung.

4.1.14. Hinsichtlich des Lands des eingetragenen Sitzes des Emittenten und des Landes bzw. der Länder, in dem bzw. denen das Angebot unterbreitet oder die Zulassung zum Handel beantragt wird, sind folgende Angaben zu machen:

a) Informationen über die an der Quelle einbehaltene Einkommensteuer auf die Wertpapiere;

b) Angabe der Tatsache, ob der Emittent die Verantwortung für die Einbehaltung der Steuern an der Quelle übernimmt.

4.2. Angaben über die zugrunde liegenden Aktien

4.2.1. Ausübungspreis oder endgültiger Referenzpreis des Basiswerts.

4.2.2. Erklärung mit Erläuterungen zum Typ des Basiswertes und Einzelheiten darüber, wo Informationen über den Basiswert eingeholt werden können:

– Angaben darüber, wo Angaben über die vergangene und künftige Wertentwicklung des Basiswertes und seine Volatilität eingeholt werden können;

– Handelt es sich bei dem Basiswert um ein Wertpapier, Angabe:

– des Namens des Wertpapieremittenten;

– der ISIN („International Security Identification Number") oder eines ähnlichen Sicherheitsidentifikationscodes;

– Handelt es sich bei dem Basiswert um einen Index, Angabe:

– der Bezeichnung des Indexes und einer Indexbeschreibung, falls der Index vom Emittenten zusammengestellt wird. Wird der Index nicht vom Emittenten zusammengestellt, Angabe des Ortes, wo Angaben zu diesem Index zu finden sind;

– Handelt es sich bei dem Basiswert um einen Zinssatz:

– Beschreibung des Zinssatzes;

– Sonstige:

Fällt der Basiswert nicht unter eine der oben genannten Kategorien, muss die Wertpapierbeschreibung gleichwertige Angaben enthalten;

– Handelt es sich bei dem Basiswert um einen Korb von Basiswerten:

– Angabe der entsprechenden Gewichtungen jedes einzelnen Basiswertes im Korb.

4.2.3. Beschreibung etwaiger Störungen des Marktes oder bei der Abrechnung, die den Basiswert beeinflussen.

4.2.4. Anpassungsregelungen in Bezug auf Ereignisse, die den Basiswert beeinflussen.

5. Bedingungen und Voraussetzungen des Angebots

5.1. Bedingungen, Angebotsstatistiken, erwarteter Zeitplan und erforderliche Maßnahmen für die Antragsstellung

5.1.1. Bedingungen, denen das Angebot unterliegt.

5.1.2. Gesamtsumme der Emission/ des Angebots; Ist der Betrag nicht festgelegt, Beschreibung der Vereinbarungen und des Zeitpunkts für die öffentliche Bekanntmachung des Angebotsbetrages

5.1.3. Frist – einschließlich etwaiger Änderungen – während deren das Angebot gilt und Beschreibung des Antragsverfahrens.

5.1.4. Einzelheiten zum Mindest- und/oder Höchstbetrag der Zeichnung (entweder in Form der Anzahl der Wertpapiere oder der aggregierten zu investierenden Summe).

5.1.5. Methode und Fristen für die Bedienung der Wertpapiere und ihre Lieferung.

5.1.6. Vollständige Beschreibung der Art und Weise und des Termins, auf die bzw. an dem die Ergebnisse des Angebots bekanntzugeben sind.

5.2. Plan für die Verbreitung der Wertpapiere und deren Zuteilung

5.2.1. Angabe der verschiedenen Kategorien der potenziellen Investoren, denen die Wertpapiere angeboten werden. Erfolgt das Angebot gleichzeitig auf den Märkten in zwei oder mehreren Ländern und wurde/wird eine bestimmte Tranche einigen dieser Märkte vorbehalten, Angabe dieser Tranche.

5.2.2. Verfahren zur Meldung des den Zeichnern zugeteilten Betrags und Angabe, ob eine Aufnahme des Handels vor dem Meldeverfahren möglich ist.

5.3. Preisfestsetzung

Angabe des erwarteten Preises, zu dem die Wertpapiere angeboten werden, oder der Methode zur Preisfestsetzung und des Verfahrens für seine Veröffentlichung. Angabe des Betrags etwaiger Kosten und Steuern, die dem Zeichner oder Käufer speziell in Rechnung gestellt werden.

5.4. Platzierung und Übernahme (Underwriting)

5.4.1. Name und Anschrift des Koordinators/der Koordinatoren des gesamten Angebots oder einzelner Teile des Angebots und — sofern dem Emittenten oder dem Bieter bekannt — Angaben zu den Platzierern in den einzelnen Ländern des Angebots.

5.4.2. Name und Anschrift der Zahlstellen und der Verwahrstellen in jedem Land.

5.4.3. Einzelheiten über die Institute, die bereit sind, eine Emission auf Grund einer bindenden Zusage zu übernehmen, und Einzelheiten über die Institute, die bereit sind, eine Emission ohne bindende Zusage oder gemäß Vereinbarungen „zu den bestmöglichen Bedingungen" zu platzieren. Wird die Emission überhaupt nicht übernommen, ist eine Erklärung zum nicht abgedeckten Teil einzufügen.

5.4.4. Angabe des Zeitpunkts, zu dem der Emissionsübernahmevertrag abgeschlossen wurde oder wird.

5.4.5. Name und Anschrift einer Berechnungsstelle.

6. Zulassung zum Handel und Handelsregeln

6.1. Angabe, ob die angebotenen Wertpapiere Gegenstand eines Antrags auf Zulassung zum Handel sind oder sein werden und auf einem geregelten Markt oder sonstigen gleichwertigen Märkten vertrieben werden sollen, wobei die jeweiligen Märkte zu nennen sind. Dieser Umstand ist anzugeben, ohne jedoch den Eindruck zu erwecken, dass die Zulassung zum Handel auch tatsächlich erfolgen wird. Wenn bekannt, sollte eine Angabe der frühestmöglichen Termine der Zulassung der Wertpapiere zum Handel erfolgen.

6.2. Angabe sämtlicher geregelten oder gleichwertigen Märkte, auf denen nach Kenntnis des Emittenten Wertpapiere der gleichen Wertpapierkategorie, die zum Handel angeboten oder zugelassen werden sollen, bereits zum Handel zugelassen sind.

6.3. Name und Anschrift der Institute, die aufgrund einer festen Zusage als Intermediäre im Sekundärhandel tätig sind und Liquidität mittels Geld- und Briefkursen erwirtschaften, und Beschreibung der Hauptbedingungen der Zusagevereinbarung.

7. Zusätzliche Angaben

7.1. Werden an einer Emission beteiligte Berater in der Wertpapierbeschreibung genannt, ist eine Erklärung zu der Funktion abzugeben, in der sie gehandelt haben.

7.2. Angabe weiterer Informationen in der Wertpapierbeschreibung, die von gesetzlichen Abschlussprüfern teilweise oder vollständig geprüft wurden und über die die Abschlussprüfer einen Bericht erstellt haben. Reproduktion des Berichts oder mit Erlaubnis der zuständigen Behörden Zusammenfassung des Berichts.

7.3. Wird in die Wertpapierbeschreibung eine Erklärung oder ein Bericht einer Person aufgenommen, die als Sachverständiger handelt, so sind der Name, die Geschäftsadresse, die Qualifikationen und – falls vorhanden – das wesentliche Interesse am Emittenten anzugeben. Wurde der Bericht auf Ersuchen des Emittenten erstellt, so ist eine diesbezügliche Erklärung dahingehend abzugeben, dass die aufgenommene Erklärung oder der aufgenommene Bericht in der Form und in dem Zusammenhang, in dem sie bzw. er aufgenommen wurde, die Zustimmung von Seiten dieser Person erhalten hat, die den Inhalt dieses Teils der Wertpapierbeschreibung gebilligt hat.

7.4. Sofern Angaben von Seiten Dritter übernommen wurden, ist zu bestätigen, dass diese Information korrekt wiedergegeben wurde und dass – soweit es dem Emittenten bekannt ist und er aus den von dieser dritten Partei veröffentlichten Informationen ableiten konnte – keine Tatsachen unterschlagen wurden, die die reproduzierten Informationen unkorrekt oder irreführend gestalten würden. Darüber hinaus hat der Emittent die Quelle(n) der Informationen zu anzugeben.

7.5. Im Prospekt ist anzugeben, ob der Emittent die Veröffentlichung von Informationen nach erfolgter Emission beabsichtigt. Hat der Emittent die Veröffentlichung derartiger Informationen angekündigt, hat er im Prospekt zu spezifizieren, welche Informationen veröffentlicht werden und wo man sie erhalten kann.

Annex XII
Minimum Disclosure Requirements for the Securities Note
for derivative securities (schedule)

1. Persons Responsible

1.1. All persons responsible for the information given in the prospectus and, as the case may be, for certain parts of it, with, in the latter case, an indication of such parts. In the case of natural persons including members of the issuer's administrative, management or supervisory bodies indicate the name and function of the person; in case of legal persons indicate the name and registered office.

1.2. A declaration by those responsible for the prospectus that, having taken all reasonable care to ensure that such is the case, the information contained in the prospectus is, to the best of their knowledge, in accordance with the facts and contains no omission likely to affect its import. As the case may be, declaration by those responsible for certain parts of the prospectus that, having taken all reasonable care to ensure that such is the case, the information contained in the part of the prospectus for which they are responsible is, to the best of their knowledge, in accordance with the facts and contains no omission likely to affect its import.

2. Risk Factors

Prominent disclosure of risk factors that are material to the securities being offered and/or admitted to trading in order to assess the market risk associated with these securities in a section headed 'risk factors'. This must include a risk warning to the effect that investors may lose the value of their entire investment or part of it, as the case may be, and/or, if the investor's liability is not limited to the value of his investment, a statement of that fact, together with a description of the circumstances in which such additional liability arises and the likely financial effect.

3. Key Information

3.1. Interest of natural and legal persons involved in the issue/offer

A description of any interest, including conflicting ones that is material to the issue/offer, detailing the persons involved and the nature of the interest.

3.2. Reasons for the offer and use of proceeds when different from making profit and/or hedging certain risks

If reasons for the offer and use of proceeds are disclosed provide the total net proceeds and an estimate of the total expenses of the issue/offer.

4. Information concerning the Securities to be offered/admitted to Trading

4.1. Information concerning the securities

4.1.1. A description of the type and the class of the securities being offered and/or admitted to trading, including the ISIN (International Security Identification Number) or other such security identification code.

4.1.2. A clear and comprehensive explanation to help investors understand how the value of their investment is affected by the value of the underlying instrument (s), especially under the circumstances when the risks are most evident unless the securities have a denomination per unit of at least EUR 50 000 or can only be acquired for at least EUR 50 000 per security.

4.1.3. Legislation under which the securities have been created.

4.1.4. An indication whether the securities are in registered form or bearer form and whether the securities are in certificated form or book-entry form. In the latter case, name and address of the entity in charge of keeping the records.

4.1.5. Currency of the securities issue.

4.1.6. Ranking of the securities being offered and/or admitted to trading, including summaries of any clauses that are intended to affect ranking or subordinate the security to any present or future liabilities of the issuer.

4.1.7. A description of the rights, including any limitations of these, attached to the securities and procedure for the exercise of said rights.

4.1.8. In the case of new issues, a statement of the resolutions, authorisations and approvals by virtue of which the securities have been or will be created and/or issued.

4.1.9. The issue date of the securities.

4.1.10. A description of any restrictions on the free transferability of the securities.

4.1.11. The expiration or maturity date of the derivative securities.

The exercise date or final reference date.

4.1.12. A description of the settlement procedure of the derivative securities.

4.1.13. A description of how any return on derivative securities takes place, the payment or delivery date, and the way it is calculated.

4.1.14. In respect of the country of registered office of the issuer and the country(ies) where the offer is being made or admission to trading is being sought:

(a) information on taxes on the income from the securities withheld at source;

(b) indication as to whether the issuer assumes responsibility for the withholding of taxes at the source.

4.2. Information concerning the underlying

4.2.1. The exercise price or the final reference price of the underlying.

4.2.2. A statement setting out the type of the underlying and details of where information on the underlying can be obtained:

- an indication where information about the past and the further performance of the underlying and its volatility can be obtained,
- where the underlying is a security,
- the name of the issuer of the security,
- the ISIN (international security identification number) or other such security identification code,

- where the underlying is an index,
- the name of the index and a description of the index if it is composed by the issuer. If the index is not composed by the issuer, where information about the index can be obtained,
- where the underlying is an interest rate,
- a description of the interest rate,
- others:

Where the underlying does not fall within the categories specified above the securities note shall contain equivalent information.

- where the underlying is a basket of underlyings,
- disclosure of the relevant weightings of each underlying in the basket.

4.2.3. A description of any market disruption or settlement disruption events that affect the underlying.

4.2.4. Adjustment rules with relation to events concerning the underlying.

5. Terms and Conditions of the Offer

5.1. Conditions, offer statistics, expected timetable and action required to apply for the offer

5.1.11. Conditions to which the offer is subject.

5.1.12. Total amount of the issue/offer; if the amount is not fixed, description of the arrangements and time for announcing to the public the amount of the offer.

5.1.13. The time period, including any possible amendments, during which the offer will be open and description of the application process.

5.1.14. Details of the minimum and/or maximum amount of application, (whether in number of securities or aggregate amount to invest).

5.1.15. Method and time limits for paying up the securities and for delivery of the securities.

5.1.16. A full description of the manner and date in which results of the offer are to be made public.

5.2. Plan of distribution and allotment

5.2.1. The various categories of potential investors to which the securities are offered. If the offer is being made simultaneously in the markets of two or more countries and if a tranche has been or is being reserved for certain of these, indicate any such tranche.

5.2.2. Process for notification to applicants of the amount allotted and indication whether dealing may begin before notification is made.

5.3. Pricing

Indication of the expected price at which the securities will be offered or the method of determining the price and the process for its disclosure. Indicate the amount of any expenses and taxes specifically charged to the subscriber or purchaser.

5.4. Placing and underwriting

5.4.1. Name and address of the coordinator(s) of the global offer and of single parts of the offer and, to the extend known to the issuer or to the offeror, of the placers in the various countries where the offer takes place.

5.4.2. Name and address of any paying agents and depository agents in each country.

5.4.3. Entities agreeing to underwrite the issue on a firm commitment basis, and entities agreeing to place the issue without a firm commitment or under 'best efforts' arrangements. Where not all of the issue is underwritten, a statement of the portion not covered.

5.4.4. When the underwriting agreement has been or will be reached.

5.4.5. Name and address of a calculation agent.

6. Admission to Trading and Dealing Arrangements

6.1. An indication as to whether the securities offered are or will be the object of an application for admission to trading, with a view to their distribution in a regulated market or other equivalent markets with indication of the markets in question. This circumstance shall be mentioned, without creating the impression that the admission to trading necessarily will be approved. If known, the earliest dates on which the securities will be admitted to trading shall be given.

6.2. All the regulated markets or equivalent markets on which, to the knowledge of the issuer, securities of the same class of the securities to be offered or admitted to trading are already admitted to trading.

6.3. Name and address of the entities which have a firm commitment to act as intermediaries in secondary trading, providing liquidity through bid and offer rates and description of the main terms of their commitment.

7. Additional Information

7.1. If advisors connected with an issue are mentioned in the Securities Note, a statement of the capacity in which the advisors have acted.

7.2. An indication of other information in the Securities Note which has been audited or reviewed by statutory auditors and where auditors have produced a report. Reproduction of the report or, with permission of the competent authority, a summary of the report.

7.3. Where a statement or report attributed to a person as an expert is included in the Securities Note, provide such person's name, business address, qualifications and material interest, if any, in the issuer. If the report has been produced at the issuer's request a statement to that effect that such statement or report is included, in the form and context in which it is included, with the consent of that person who has authorized the contents of that part of the Securities Note.

7.4. Where information has been sourced from a third party, provide a confirmation that this information has been accurately reproduced and that as far as the issuer is aware and is able to ascertain from information published by that third party, no facts have been omitted which would render the reproduced information inaccurate or misleading. In addition, the issuer shall identify the source(s) of the information.

7.5. An indication in the prospectus whether or not the issuer intends to provide post-issuance information. Where the issuer has indicated that it intends to report such information, the issuer shall specify in the prospectus what information will be reported and where such information can be obtained.

Inhalt

	Rn.		Rn.
I. Mindestangaben in Prospekten über derivative Wertpapiere	1	d) Marktfaktoren	11
1. Verantwortliche Personen	1	3. Wichtige Angaben	12
2. Risikofaktoren	3	4. Angaben über die anzubietenden bzw. zum Handel zuzulassenden Wertpapiere	15
a) Emittentenbezogene Risikofaktoren	6	5. Bedingungen und Voraussetzungen für das Angebot	18
b) Produktspezifische Risikofaktoren	7	6. Zulassung zum Handel und Handelsregeln	19
c) Allgemeine Risikofaktoren im Bezug auf die Wertpapiere	10	7. Zusätzliche Angaben	20
		II. Ausblick	21

I. Mindestangaben in Prospekten über derivative Wertpapiere

1. Verantwortliche Personen

Aufgrund des identischen Wortlauts mit den Ziff. 1.1. und 1.2. des Anh. I EU-ProspV wird auf die dortige Kommentierung verwiesen.[1] Im Zusammenhang mit Derivaten sei lediglich darauf hingewiesen, dass in der Praxis zumeist juristische Personen betroffen sind. Besondere Bedeutung kommt diesem Punkt im Hinblick auf derivative Wertpapiere nicht zu, denn es handelt sich in einer Vielzahl von Fällen um Kreditinstitute, wobei diese auch zugleich Emittenten sind. Im Falle von natürlichen Personen, zu denen auch Mitglieder der Verwaltungs-, Geschäftsführungs- oder Aufsichtsorgane des Emittenten gehören, sind der Name und die Funktion dieser Person zu nennen. Wie sich ebenfalls dem Wortlaut entnehmen lässt, beinhalten die Angaben nach Ziff. 1. Anh. XII EU-ProspV zum einen die Informationen, welche natürlichen oder juristischen Person für die jeweiligen Abschnitte des Prospektes verantwortlich sind. Zum anderen wird jedoch auch eine Erklärung über die Ausübung der erforderlichen Sorgfalt verlangt, um sicherzustellen, dass die in dem Prospekt gemachten Angaben nach bestem Wissen richtig sind und keine relevanten Auslassungen enthalten.

1

Beispiel[2]:

2

„Die XXX Bank, mit Sitz in ..., ist verantwortlich für die in diesem Basisprospekt gemachten Angaben. Die Emittentin hat sichergestellt, dass die im Basisprospekt gemachten Angaben ihres Wissens richtig sind und keine wesentlichen Umstände ausgelassen sind."

2. Risikofaktoren

Eine klare und nachvollziehbare Offenlegung der bestehenden Risikofaktoren spielt in den Prospekten derivativer Wertpapiere eine entscheidende

3

---

1 Siehe Komm. zu Ziff. 1.1. und 1.2. Anh. I EU-ProspV.
2 Angaben zu den verantwortlichen Personen gem. Basisprospekt der Sal. Oppenheimer v. 22.11.2006 für Zertifikate.

Rolle. Dies liegt zum einen an der häufigen Komplexität dieser Produkte, die eine Einschätzung der Risikofaktoren insbesondere für unerfahrene Privatanleger schwierig macht. Zum anderen gebietet dies jedoch auch deren vergleichsweise spekulativer Charakter. Der Wortlaut der EU-ProspV, der in Ziff. 2 des Anh. XII die Mindestangaben zu Risikofaktoren vorgibt, ist insoweit allerdings wenig detailliert. Gleichwohl sind die Mindestangaben hinsichtlich der Risikofaktoren zentrales Element von Derivate-Prospekten und werfen in der Praxis erhebliche Schwierigkeiten auf, da die Komplexität vieler Derivate, das Postulat einer abschließenden Aufzählung sämtlicher Risikofaktoren und dasjenige einer zugleich klaren Darstellung in einem klassischen Zielkonflikt miteinander stehen.

4 In der Praxis versucht man auf verschiedene Weise dieses Problems Herr zu werden. Teilweise wird der Schwerpunkt auf eine vollständige Darstellung gelegt. Dies führt zu allgemeinen Ausführungen zu sämtlichen in Betracht kommenden Risiken allgemeiner und spezieller Natur. Derartige Aufzählungen erstrecken sich teils über mehrere hundert Seiten und vermögen dem Leser kaum einen sachgerechten Überblick zu verschaffen; dies gilt gerade gegenüber unerfahrenen Privatanlegern. Teilweise wird auch auf die spezifischen Risiken der verschiedenen Produkte eingegangen, doch wird eine Vielzahl verschiedener Produkte in einem Basisprospekt behandelt, so dass es mitunter nicht leicht ist, die für das gewünschte Wertpapier einschlägige Beschreibung zu finden. Zweckmäßig erscheint es daher, hinsichtlich der Risikofaktoren einerseits eine umfassende Darstellung zu bieten, diese jedoch vorab zusammen zu fassen und darauf hinzuweisen, wie die bestehenden Risiken zu gewichten sind. Nur so wird – gerade dem unerfahrenen – Anleger die Möglichkeit gegeben, die Risiken einschätzen zu können.

5 Bei der Darstellung der verschiedenen Risikofaktoren ist zwischen emittentenbezogenen und produktspezifischen Risiken, allgemeinen Risikofaktoren in Bezug auf Wertpapiere und Marktfaktoren zu unterscheiden.

a) Emittentenbezogene Risikofaktoren

6 Die Angaben zu den emittentenbezogenen Risikofaktoren betreffen das oben erwähnte[3] Kontrahentenrisiko und sollen den Anleger in die Lage versetzen, das Risiko betreffend die Fähigkeit des Emittenten zur Erfüllung seiner Verbindlichkeiten aus den Wertpapieren einzuschätzen. In der Praxis beschränken sich diesen Angaben in der Regel auf eine Darstellung der Bonitätseinstufung der verschiedenen Ratings sowie eine Erklärung derselben und stellen insoweit aus Emittentensicht keine große Schwierigkeit dar. Diese Angaben sind allerdings im Zusammenhang mit Derivaten insofern von großer Bedeutung, als es sich hierbei um Inhaberschuldverschreibungen handelt. Daher spielt das Insolvenzrisiko des Emittenten eine weit größere Rolle, als dies bspw. im Fall von Aktien (also Unternehmensbeteiligungen) der Fall ist. Da dieser Umstand den Anlegern zumeist nicht klar ist[4], sollte

---

3 Siehe oben Rn. 3.
4 Vgl. *Boehringer*, Die große Unbekannte im Depot, Süddt. Zeitung v. 06.02.2007, S. 17.

sich eben hierauf im Rahmen der emittentenbezogenen Risikofaktoren ein Hinweis finden. Hinsichtlich der Einzelheiten der emittentenbezogenen Risikofaktoren kann auf die Kommentierung zu Ziff. 4 des Anh. I EU-ProspV verwiesen werden[5], da sich im Zusammenhang mit derivativen Wertpapieren keine Besonderheiten ergeben.

b) Produktspezifische Risikofaktoren

Die Beschreibung der produktspezifischen Risikofaktoren sollte bei derivativen Wertpapieren naturgemäß den Schwerpunkt bilden; im Rahmen der Produktrisiken können sich – u. U. in Kombination mit weiteren Marktfaktoren[6] – insbesondere die mit dem Derivat verbundenen und oben[7] allgemein erwähnten Marktrisiken realisieren. Ein Schwerpunkt in der Darstellung sollte in diesem Zusammenhang deswegen gebildet werden, weil – soweit ersichtlich – die meisten Emittenten von Derivaten von der Möglichkeit Gebrauch machen, einen Basisprospekt zu erstellen. Daher wird regelmäßig eine Vielzahl verschiedener Produkte von einem Basisprospekt erfasst, was schnell zu einer gewissen Unübersichtlichkeit in der Darstellung führen kann. Dabei ist die Darstellung dieser Risiken aufgrund der Komplexität vieler Produkte mit einem gewissen Aufwand verbunden. Dies gilt umso mehr, wenn dem Erfordernis Rechnung getragen werden soll, die Darstellung der Mindestangaben in leicht nachvollziehbarer und klar verständlicher Form zu halten.[8]

7

Die Angaben zu den produktspezifischen Risikofaktoren sind nach den verschiedenen von dem etwaigen Basisprospekt umfassten Produktkategorien zu untergliedern. Regelmäßig sollte pro Kategorie zunächst eine Einführung gegeben werden, um dann die aus der Funktionsweise des Derivates resultierenden Risiken zu beschreiben. Soweit – wie zumeist – das Risiko eines Totalverlustes besteht, ist darauf ausdrücklich hinzuweisen; dies gilt erst recht beim Risiko etwaiger Nachschusspflichten.

8

Beispiel für Call Optionsscheine[9]:

9

„... Im schlimmsten Fall, wenn der Wert oder Durchschnittswert des Bezugsobjekts an dem bzw. den festgelegten Tag(en) dem Basispreis entspricht oder darunter liegt, erfolgt an den Anleger keine Zahlung des Barbetrags. ..."

c) Allgemeine Risikofaktoren im Bezug auf die Wertpapiere

Art. 25 Abs. 1 Nr. 3 der EU-ProspV fordert, dass die allgemeinen Risikofaktoren, die mit dem Emittenten und der Art des Wertpapiers verbunden sind,

10

---

5 Siehe unten Rn. 15 ff.
6 Siehe unten Rn. 11.
7 Siehe oben Rn. 3 ff.
8 Vgl. Erwägungsgrund 20 der EU-ProspRL.
9 Vgl. bspw. Basisprospekt der Deutschen Bank zu Optionsscheinen v. 21.05.2008, siehe: www.de.x-markets.db.com/DE/binaer_view_contentbase.asp?binaernr=734, Stand v. 12.08.2008.

in dem Prospekt offengelegt werden. In Bezug auf Derivate ergeben sich hier keine Besonderheiten, weshalb auf die Komm. zu Art. 25 Verordnung (EG) Nr. 809/2004 verwiesen werden kann.[10]

d) Marktfaktoren

11 Weiter erfordert die Aufklärung über die Risikofaktoren eine Darstellung der Marktfaktoren. Zum einen zählt hierzu bei derivativen Wertpapieren die Beschreibung der Einflussfaktoren auf das Bezugsobjekt, das Wechselkursrisiko und das Zinsrisiko. Hinsichtlich des Marktwertes sollte sich an dieser Stelle in der Regel der Verweis darauf finden, dass der Marktwert während der Laufzeit vorwiegend von dem Wert und der Volatilität des Bezugsobjektes abhängt.[11] Es gilt auch in diesem Kontext der allgemeine Grundsatz der anlegergerechten „Vollinformation".

3. Wichtige Angaben

12 Zu den Angaben, die unter Ziff. 3 des Anh. XII EU-ProspV offen zu legen sind, zählen insbesondere die Interessen – einschließlich der kollidierenden Interessen – der involvierten natürlichen und juristischen Personen. Etwaige Interessenkonflikte sind hinreichend deutlich und ausführlich darzustellen. Es kann sich auch anbieten, diesen Punkt (auch) im Rahmen der Darstellung der Risikofaktoren abzuhandeln, da in derartigen Interessenkonflikten gerade auch Risikofaktoren liegen können.[12] In Bezug auf Derivate ist in diesem Zusammenhang zum einen darzustellen, dass sich Interessenkonflikte daraus ergeben können, dass der Emittent an Geschäften mit dem Bezugsobjekt des Derivats beteiligt ist.

13 Beispiel[13]:

„Die Emittentin kann gegebenenfalls – insbesondere zur Absicherung eigener Positionen – an Geschäften mit [dem Basiswert] [bezüglich Basket- oder Index-Zertifikaten: den in dem Basiswert enthaltenen Wertpapieren] für eigene oder fremde Rechnung beteiligt sein. Solche Geschäfte können sich negativ auf die Wertentwicklung des Basiswerts und somit auch auf den Wert der Zertifikate auswirken. Die Emittentin kann ferner wesentliche Beteiligungen an einzelnen Unternehmen des Basiswerts halten, wodurch Interessenkonflikte im Zusammenhang mit der Ausgabe dieser Zertifikate entstehen können."

---

10 Vgl. die Komm. zu Art. 25 EU-ProspV.
11 Vgl. bspw. den Basisprospekt der Deutschen Bank für Schuldverschreibungen v. 23.04. 2008, www.de.x-markets.db.com/DE/binaer_view_contentbase.asp?binaernr=787, Stand v. 11.09.2008.
12 So bspw. im Basisprospekt der Deutschen Bank für Schuldverschreibungen v. 23.04. 2008, www.de.x-markets.db.com/DE/binaer_view_contentbase.asp?binaernr=787, Stand v. 11.09.2008.
13 Vgl. Basisprospekt der Sal. Oppenheimer v. 22.11.2006 für Zertifikate.

Zum anderen sollte dargestellt werden, dass sich Interessenkonflikte aus der 14
Tatsache ergeben können, dass der Emittent im Hinblick auf das Bezugsobjekt verschiedene Funktionen wahrnimmt. So kann ein Kreditinstitut bspw. Emittent und zugleich Berechnungs-, Zahl- oder Verwaltungsstelle sein. Ist das Bezugsobjekt ein Index, sollte darauf verwiesen werden, dass sich Konflikte daraus ergeben können, dass der Emittent Einfluss auf die Zusammensetzung des Bezugsobjektes hat. Eine weitere Besonderheit bei derivativen Wertpapieren ist, dass die Emittenten häufig zugleich „Market-Maker" sind. Ein Interessenkonflikt kann sich in diesem Fall daraus ergeben, dass der Emittent die Preise der Wertpapiere selbst bestimmt. Schließlich fordert Ziff. 3 eine Offenlegung der Gründe für das Angebot und die Verwendung der Erträge, soweit diese nicht in der Gewinnerzielung oder Absicherung bestimmter Risiken liegen, was jedoch häufig der Fall sein wird.

4. Angaben über die anzubietenden bzw. zum Handel zuzulassenden Wertpapiere

Der Wortlaut des Anh. XII EU-ProspV der Verordnung ist hinsichtlich der 15
Angaben über die Wertpapiere selbst äußerst detailliert. Um Wiederholungen zu vermeiden wird daher hinsichtlich der Angaben zum Wertpapier zunächst auf die Kommentierung zu Anh. III EU-ProspV, Ziff. 4. Rn. 20 ff. verwiesen.

Besonderheiten im Hinblick auf derivative Wertpapiere bestehen allerdings 16
bei den unter Ziff. 4.2. geforderten Mindestangaben, die den Basiswert betreffen. Anzugeben sind zunächst der Ausübungspreis, bzw. der endgültige Referenzpreis des Basiswertes. Weiter hat der Emittent den Typ des Basiswertes zu beschreiben und weitergehende diesbezügliche Informationen bereit zu stellen bzw. eine entsprechende Quelle anzugeben. In der Praxis dürfte es sich zumeist empfehlen, auf eine entsprechende Quelle zu verweisen; dabei sollte sich der Hinweis finden, dass der Emittent keine Gewährleistung in Bezug auf die Richtigkeit oder Vollständigkeit dieser Angaben übernimmt.

5. Bedingungen und Voraussetzungen für das Angebot

Der Prospekt muss weiterhin erstens Angaben zu den Bedingungen, denen 17
das Angebot unterliegt, zum erwarteten Zeitplan und zu den aus Sicht des Anlegers für die Antragstellung erforderlichen Schritten enthalten; zweitens zu den beabsichtigten Zuteilungsmechanismen; drittens zur Methode und zum Verfahren der Preisfestsetzung; sowie viertens zu den regeln der Platzierung und der Übernahme. Im Übrigen gelten die im Rahmen des Wortlauts detailliert wiedergegebenen Anforderungen. In diesem Zusammenhang kann auch darauf verwiesen werden, ob und ggf. welcher Rechtsträger als „Market Maker" eingesetzt wird, soweit dies der Fall ist. Wegen des gleichen Wortlauts kann im Übrigen auf die Kommentierung des Anh. II EU-ProspV verwiesen werden.

6. Zulassung zum Handel und Handelsregeln

18 Die Informationen zum Handel und zu den Handelsregeln finden sich meist in den endgültigen Bedingungen zu einem Basisprospekt. Der Wortlaut von Ziff. 6. der Verordnung ist jedoch hinreichend detailliert, weshalb hier im Hinblick auf Derivate keine Besonderheiten bestehen. Hinsichtlich der Ziff. 6.1. und 6.2. kann im Übrigen auf die Kommentierung zur gleichlautenden Passage des Anh. III EU-ProspV[14] verwiesen werden.

7. Zusätzliche Angaben

19 Ziff. 7 des Anh. XII EU-ProspV schreibt vor, welche zusätzlichen Angaben in Prospekten zu machen sind. Im Wesentlichen handelt es sich hierbei um Angaben zur Beteiligung Dritter wie Berater, Abschlussprüfer oder Sachverständiger. Zum einen sind diese Personen zu nennen; auch ist deren Funktion im Rahmen der Emission offen zu legen. Zum anderen ist zu bestätigen, dass Informationen von dritten Personen korrekt wiedergegeben wurden und dass diese Informationen – soweit es dem Emittent bekannt ist – ohne Auslassungen wiedergeben wurden, um Irreführungen zu vermeiden. Hinsichtlich der Ziff. 7.1. bis 7.4. kann auf die Kommentierung der wortgleichen Passage in Anh. III Ziff. 10.1. bis 10.4. EU-ProspV verwiesen werden.[15]

II. Ausblick

20 Eine stichprobenartige Auswertung der derzeit auf dem deutschen Markt befindlichen Prospekte für derivative Wertpapiere zeigt, dass man auch einige Zeit nach Inkrafttreten des WpPG noch weit von einem einheitlichen Standard entfernt ist. Das liegt in der Natur der Sache. Zwar nimmt die Zahl der Emissionen unter Verkaufsprospekten ab, die noch nach der alten Rechtslage entstanden. Dies ist gerade vor dem Hintergrund der europäischen Harmonisierungsbestrebungen zu begrüßen. In der Praxis bestehen jedoch gerade bei den Basisprospekten, die in Deutschland unter WpPG und ProspV entstanden sind, insb. unter formalen Aspekten wie Aufbau und Umfang noch erhebliche Unterschiede.[16] Als rechtspolitisches Ziel lässt sich postulieren, hier für eine gewisse Einheitlichkeit zu sorgen; dies würde die Emittenten bis zu einem gewissen Grad von einigem Aufwand entlasten und zudem die Verständlichkeit für Anleger deutlich verbessern. Zudem wäre einschlägige Rechtsprechung in Zukunft auf einer solchen Grundlage leichter abstrahierbar und könnte mehr faktische Durchschlagskraft entfalten. Soweit – wie zumeist bei Basisprospekten für Derivate – mehr als ein Produkt umfasst wird, sollte eine klare Trennung zwischen den verschiedenen Pro-

---

14 Vgl. Komm. zu Anh. II EU-ProspV, Rn. 73 ff.
15 Vgl. Komm. zu Anh. III EU-ProspV, Rn. 88 ff.
16 Während viele Basisprospekte ca. 80 Seiten umfassen sind durchaus auch Basisprospekte mit über 2000 Seiten zu finden: vgl. Basisprospekt der Societe Generale v. 28.06.2006 für Sprint- und Outperformancezertifikate.

duktkategorien eingehalten werden. Dies gilt sowohl für die Produktbeschreibungen, als auch für die produktspezifischen Risikofaktoren. Auch kann es auf lange Sicht nicht ausreichend sein, sämtliche bestehenden Risiken aufzuführen, ohne dabei auch deutlich zu machen, welche spezifischen Risikofaktoren sich bei den jeweiligen Produkten mit hoher Wahrscheinlichkeit verwirklichen können. Dem hinkt die Praxis noch weitgehend hinterher.

Die Emittenten und ihre Berater sollten vor diesem Hintergrund versuchen, eine Art best practice herauszubilden. Denn gerade aufgrund der Möglichkeit, in diesem Bereich einen Basisprospekt zu erstellen, kann sich eine gewisse Grundlagenarbeit lohnen. Im Fokus sollte dabei weniger lediglich der einzelfallbezogene Prospekt, sondern vielmehr ein prospektrechtliches System stehen, das im Einzelfall weiterverwendet und ausgebaut werden kann.

Ein Schritt in die richtige Richtung stellt in diesem Zusammenhang der seit Anfang 2007 in Kraft getretene Derivate-Kodex des Derivate Forums dar.[17] Hierbei handelt es sich um eine Selbstverpflichtung neun großer Derivate-Emittenten. Ziel des Derivate-Kodex ist es, Mindeststandards zu schaffen, die Risiken und Chancen der verschiedenen Produkte angemessen darzustellen, mehr Transparenz hinsichtlich der Basiswerte zu gewährleisten und das Vertrauen der Anleger zu stärken.[18]

ARTIKEL 16
Schema für die Wertpapierbeschreibung für Schuldtitel mit einer Mindeststückelung von 50.000 EUR

(1) Bei der Wertpapierbeschreibung für Schuldtitel mit einer Mindeststückelung von 50.000 EUR werden die Angaben gemäß dem in Anhang XIII festgelegten Schema zusammengestellt.

(2) Das Schema gilt für Schuldtitel, bei denen der Emittent aufgrund der Emissionsbedingungen verpflichtet ist, dem Anleger 100 % des Nominalwertes zu zahlen, wobei zusätzlich noch eine Zinszahlung erfolgen kann.

Article 16
Securities note schedule for debt securities with a denomination per unit of at least 50.000 EUR

(1) For the securities note for debt securities with a denomination per unit of at least 50.000 EUR information shall be given in accordance with the schedule set out in Annex XIII.

(2) The schedule shall apply to debt where the issuer has an obligation arising on issue to pay the investor 100 % of the nominal value in addition to which there may be also an interest payment.

---

17 Der Derivate-Kodex ist unter www.derivate-forum.de herunterzuladen.
18 Vgl. dazu *Ahlers*, Mehr Durchblick bei Zertifikaten, Süddt. Zeitung v. 07.02. 2007, S. 4.

EU-ProspV Art. 16 Beschreibung Schuldtitel Mindeststückelung 50.000 EUR (Schema)

Inhalt

	Rn.		Rn.
I. Überblick.................	1	II. Wertpapiere	2

I. Überblick

1 Art. 12 EU-ProspV gibt vor, dass auf Schuldtitel mit einer Stückelung von weniger als 50.000 Euro der Anh. XIII EU-ProspV Anwendung findet.

Vom Wortlaut weicht Art. 16 von Art. 12 EU-ProspV bzgl. der Anwendbarkeit ab. Inhaltlich dürfte der Verordnungsgeber aber keinen Unterschied beabsichtigt haben, denn Art. 4 EU-ProspV ist die Sonderbestimmung für Aktien, die hier ausgenommen sind, da für die Wertpapierbeschreibung von Aktien mit Art. 6 EU-ProspV eine speziellere und damit vorgehende Regelung vorhanden ist.

Auch die Ausnahmen bzgl. der Mindestverkaufsgröße von 50.000 Euro dürfte hier ebenfalls einschlägig sein, selbst wenn sie nicht ausdrücklich aufgenommen wurde, da anderenfalls, unter Anlegerschutzaspekten, das Zusammenspiel von Art. 16 und Art. 12 EU-ProspV nicht funktionieren würde. Für Wertpapiere, die nicht öffentlich angeboten bzw. nicht an einem organisierten Markt zugelassen werden, sind WpPG und die EU-ProspV nicht anwendbar.

Somit gilt auch für Art. 16 EU-ProspV, dass für Wertpapiere, die nicht unter Art. 4 EU-ProspV fallen, sich die Wertpapierbeschreibung eines Prospekts nach Schema XIII des Anh. zur EU-ProspV richtet, wenn sie mit einer Stückelung von weniger als 50.000 Euro oder als nennwertlose Wertpapiere, die für weniger als 50.000 Euro erworben werden können, öffentlich angeboten werden oder an einem organisierten Markt zugelassen werden.

II. Wertpapiere

2 Wertpapiere sind dabei alle Wertpapiere gem. § 2 WpPG bzw. Art. 2 der EU-ProspRL. Hier wird auf die Kommentierung zu § 2 WpPG verwiesen.

Diese Wertpapiere müssen eine Rückzahlung von 100 % ihres Nominalwertes und dürfen zusätzlich Zinsen gewähren. Geht man davon aus, dass der Gesetzgeber schlicht sicherstellen wollte, dass Anleger zumindest den Nominalwert in voller Höhe zurückgezahlt bekommen, so bedeutet dies, dass unter Zinsen alle darüber hinausgehenden Zahlungen zu verstehen sind, unabhängig davon, ob sie zivil- oder steuerrechtlich als Zinsen zu betrachten sind.

Anh. XIII EU-ProspV
Mindestangaben für die Wertpapierbeschreibung für Schuldtitel mit einer Mindeststückelung von EUR 50.000 (Schema)

1. Verantwortliche Personen

1.1. Alle Personen, die für die im Prospekt gemachten Angaben bzw. für bestimmte Abschnitte des Prospekts verantwortlich sind. Im letzteren Fall ist eine Angabe der entsprechenden Abschnitte aufzunehmen. Im Falle von natürlichen Personen, zu denen auch Mitglieder der Verwaltungs-, Geschäftsführungs- und Aufsichtsorgane des Emittenten gehören, sind der Name und die Funktion dieser Person zu nennen. Bei juristischen Personen sind Name und eingetragener Sitz der Gesellschaft anzugeben.

1.2. Erklärung der für den Prospekt verantwortlichen Personen, dass sie die erforderliche Sorgfalt haben walten lassen, um sicherzustellen, dass die im Prospekt genannten Angaben ihres Wissens nach richtig sind und keine Tatsachen ausgelassen worden sind, die die Aussage des Prospekts wahrscheinlich verändern. Ggf. Erklärung der für bestimmte Abschnitte des Prospekts verantwortlichen Personen, dass sie die erforderliche Sorgfalt haben walten lassen, um sicherzustellen, dass die in dem Teil des Prospekts genannten Angaben, für die sie verantwortlich sind, ihres Wissens nach richtig sind und keine Tatsachen ausgelassen worden sind, die die Aussage des Prospekts wahrscheinlich verändern.

2. Risikofaktoren

Klare Offenlegung der Risikofaktoren, die für die zum Handel zuzulassenden Wertpapiere von wesentlicher Bedeutung sind, wenn es darum geht, das Marktrisiko zu bewerten, mit dem diese Wertpapiere behaftet sind. Diese Offenlegung muss unter der Rubrik „Risikofaktoren" erfolgen.

3. Wichtige Angaben

Interessen von Seiten natürlicher und juristischer Personen, die an der Emission beteiligt sind.

Beschreibung jeglicher Interessen – einschließlich Interessenkonflikte –, die für die Emission von wesentlicher Bedeutung sind, wobei die involvierten Personen zu spezifizieren und die Art der Interessen darzulegen ist.

4. Angaben über die zum Handel zuzulassenden Wertpapiere

4.1. Gesamtbetrag der Wertpapiere, die zum Handel zuzulassen sind.

4.2. Beschreibung des Typs und der Kategorie der zum Handel zuzulassenden Wertpapiere einschließlich der ISIN (International Security Identification Number) oder eines ähnlichen Sicherheitsidentifikationscodes.

4.3. Rechtsvorschriften, auf deren Grundlage die Wertpapiere geschaffen wurden.

4.4. Angabe, ob es sich bei den Wertpapieren um Namenspapiere oder um Inhaberpapiere handelt und ob die Wertpapiere verbrieft oder stückelos sind. In letzterem Fall sind der Name und die Anschrift des die Buchungsunterlagen führenden Instituts zu nennen.

4.5. Währung der Wertpapieremission.

4.6. Rangfolge der Wertpapiere, die zum Handel zugelassen werden sollen, einschließlich der Zusammenfassung etwaiger Klauseln, die die Rangfolge beeinflussen können oder das Wertpapier derzeitigen oder künftigen Verbindlichkeiten des Emittenten nachordnen können.

4.7. Beschreibung der Rechte – einschließlich ihrer etwaigen Beschränkungen –, die an die Wertpapiere gebunden sind, und des Verfahrens zur Ausübung dieser Rechte.

4.8. Angabe des nominalen Zinssatzes und Bestimmungen zur Zinsschuld:

– Datum, ab dem die Zinsen fällig werden und Zinsfälligkeitstermine;
– Frist für die Einbringung von Zinsforderungen und Rückzahlung des Kapitalbetrages;
– Ist der Zinssatz nicht festgelegt, Beschreibung des Basiswertes auf den er sich stützt, und der verwendeten Methode zur Verbindung beider Werte:
– Beschreibung etwaiger Vorfälle, die eine Marktzerrüttung oder eine Störung der Abrechnung bewirken und die sich auf den Basiswert auswirken;
– Anpassungsregeln bei Vorfällen, die den Basiswert beeinflussen;
– Name der Berechnungsstelle

4.9. Fälligkeitstermin und Vereinbarungen für die Darlehenstilgung, einschließlich der Rückzahlungsverfahren. Wird auf Initiative des Emittenten oder des Wertpapierinhabers eine vorzeitige Tilgung ins Auge gefasst, so ist sie unter Angabe der Tilgungsbedingungen zu beschreiben.

4.10. Angabe der Rendite.

4.11. Repräsentationen von Schuldtitelinhabern unter Angabe der die Anleger vertretenden Organisation und der auf die Repräsentation anwendbaren Bestimmungen, Angabe des Ortes, an dem die Anleger die Verträge einsehen können, die diese Repräsentationsformen regeln.

4.12. Angabe der Beschlüsse, Ermächtigungen und Billigungen, die die Grundlage für die erfolgte Schaffung der Wertpapiere und/oder deren Emission bilden.

4.13. Angabe des Emissionstermins der Wertpapiere.

4.14. Darstellung etwaiger Beschränkungen für die freie Übertragbarkeit der Wertpapiere.

5. Zulassung zum Handel und Handelsregeln

5.1. Angabe des Marktes, auf dem die Wertpapiere gehandelt werden und für die ein Prospekt veröffentlicht wurde. Wenn bekannt, sollten die frühestmöglichen Termine für die Zulassung der Wertpapiere zum Handel angegeben werden.

5.2. Name und Anschrift etwaiger Zahlstellen und Verwahrstellen in jedem Land.

6. Kosten der Zulassung zum Handel

Angabe der geschätzten Gesamtkosten für die Zulassung zum Handel.

7. Zusätzliche Angaben

7.1. Werden an einer Emission beteiligte Berater in der Wertpapierbeschreibung genannt, ist eine Erklärung zu der Funktion abzugeben, in der sie gehandelt haben.

7.2. Angabe weiterer Informationen in der Wertpapierbeschreibung die von gesetzlichen Abschlussprüfern teilweise oder vollständig geprüft wurden und über die die Abschlussprüfer einen Prüfungsbericht erstellt haben. Reproduktion des Berichts oder mit Erlaubnis der zuständigen Behörden Zusammenfassung des Berichts.

7.3. Wird in die Wertpapierbeschreibung eine Erklärung oder ein Bericht einer Person aufgenommen, die als Sachverständiger handelt, so sind der Name, die Geschäftsadresse, die Qualifikationen und – falls vorhanden – das wesentliche Interesse am Emittenten anzugeben. Wurde der Bericht auf Ersuchen des Emittenten erstellt, so ist eine diesbezügliche Erklärung dahingehend abzugeben, dass die aufgenommene Erklärung oder der aufgenommene Bericht in der Form und in dem Zusammenhang, in dem sie bzw. er aufgenommen wurde, die Zustimmung von Seiten dieser Person erhalten hat, die den Inhalt dieses Teils der Wertpapierbeschreibung gebilligt hat.

7.4. Sofern Angaben von Seiten Dritter übernommen wurden, ist zu bestätigen, dass diese Information korrekt wiedergegeben wurde und dass – soweit es dem Emittenten bekannt ist und er aus den von dieser dritten Partei veröffentlichten Informationen ableiten konnte – keine Tatsachen unterschlagen wurden, die die wiedergegebenen Informationen unkorrekt oder irreführend gestalten würden. Darüber hinaus ist/sind die Quelle(n) der Informationen anzugeben.

7.5. Angabe der Ratings, mit dem ein Emittent oder seine Schuldtitel auf Anfrage des Emittenten oder in Zusammenarbeit mit dem Emittenten im Rahmen eines Ratingverfahren bewertet wurde(n).

Annex XIII

Minimum Disclosure Requirements for the Securities Note for debt securities with a denomination per unit of at least EUR 50 000 (Schedule)

1. Persons Responsible

1.1. All persons responsible for the information given in the prospectus and, as the case may be, for certain parts of it, with, in the latter case, an indication of such parts. In case of natural persons including members of the issuer's administrative, management or supervisory bodies indicate the name and function of the person; in case of legal persons indicate the name and registered office.

1.2. A declaration by those responsible for the prospectus that, having taken all reasonable care to ensure that such is the case, the information contained in the prospectus is, to the best of their knowledge, in accordance with the facts and contains no omission likely to affect its import. As the case may be, declaration by those responsible for certain parts of the prospectus that the information contained in the part of the prospectus for which they are responsible is, to the best of their knowledge, in accordance with the facts and contains no omission likely to affect its import.

2. Risk Factors

Prominent disclosure of risk factors that are material to the securities admitted to trading in order to assess the market risk associated with these securities in a section headed 'Risk factors'.

3. Key Information

Interest of natural and legal persons involved in the issue.

A description of any interest, including conflicting ones, that is material to the issue, detailing the persons involved and the nature of the interest.

4. Information Concerning The Securities To Be Admitted To Trading

4.1. Total amount of securities being admitted to trading.

4.2. A description of the type and the class of the securities being admitted to trading, including the ISIN (international security identification number) or other such security identification code.

4.3. Legislation under which the securities have been created.

4.4. An indication of whether the securities are in registered or bearer form and whether the securities are in certificated or book-entry form. In the latter case, name and address of the entity in charge of keeping the records.

4.5. Currency of the securities issue.

4.6. Ranking of the securities being admitted to trading, including summaries of any clauses that are intended to affect ranking or subordinate the security to any present or future liabilities of the issuer.

4.7. A description of the rights, including any limitations of these, attached to the securities and procedure for the exercise of said rights.

4.8. The nominal interest rate and provisions relating to interest payable:

– The date from which interest becomes payable and the due dates for interest.

– The time limit on the validity of claims to interest and repayment of principal.

– Where the rate is not fixed, description of the underlying on which it is based and of the method used to relate the two:

– A description of any market disruption or settlement disruption events that affect the underlying.

– Adjustment rules with relation to events concerning the underlying.

– Name of the calculation agent.

4.9. Maturity date and arrangements for the amortisation of the loan, including the repayment procedures. Where advance amortisation is contemplated, on the initiative of the issuer or of the holder, it must be described, stipulating amortisation terms and conditions.

4.10. An indication of yield.

4.11. Representation of debt security holders including an identification of the organisation representing the investors and provisions applying to such representation. Indication of where investors may have access to the contracts relating to these forms of representation.

4.12. A statement of the resolutions, authorisations and approvals by virtue of which the securities have been created and/or issued.

4.13. The issue date of the securities.

4.14. A description of any restrictions on the free transferability of the securities.

5. Admission to Trading and Dealing Arrangements

5.1. Indication of the market where the securities will be traded and for which prospectus has been published. If known, give the earliest dates on which the securities will be admitted to trading.

5.2. Name and address of any paying agents and depository agents in each country.

6. Expense of the Admission to Trading

An estimate of the total expenses related to the admission to trading.

7. Additional Information

7.1. If advisors are mentioned in the Securities Note, a statement of the capacity in which the advisors have acted.

7.2. An indication of other information in the Securities Note which has been audited or reviewed by auditors and where auditors have produced a report. Reproduction of the report or, with permission of the competent authority, a summary of the report.

7.3. Where a statement or report attributed to a person as an expert is included in the Securities Note, provide such person's name, business address, qualifications and material interest if any in the issuer. If the report has been produced at the issuer's request a statement to that effect that such statement or report is included, in the form and context in which it is included, with the consent of that person who has authorised the contents of that part of the Securities Note.

7.4. Where information has been sourced from a third party, provide a confirmation that this information has been accurately reproduced and that as far as the issuer is aware and is able to ascertain from information published by that third party, no facts have been omitted which would render the reproduced information inaccurate or misleading. In addition, identify the source(s) of the information.

Credit ratings assigned to an issuer or its debt securities at the request or with the co-operation of the issuer in the rating process.

Inhalt

		Rn.			Rn.
I.	Einleitung	1	VI.	Zulassung zum Handel und Handelsregeln, Ziff. 5.	22
II.	Verantwortliche Personen, Ziff. 1.	3	VII.	Kosten der Zulassung zum Handel, Ziff. 6.	23
III.	Risikofaktoren, Ziff. 2.	4	VIII.	Zusätzliche Angaben, Ziff. 7.	24
IV.	Wichtige Angaben, Ziff. 3.	7			
V.	Angaben über die zum Handel zuzulassenden Wertpapiere, Ziff. 4.	8			

I. Einleitung

1 Dieser Anh. XIII EU-ProspV enthält gegenüber dem Anh. V EU-ProspV Erleichterungen, da bei einer Mindeststückelung von 50.000 Euro unterstellt wird, dass Käufer nur qualifizierte Anleger sind, die sich ausreichende Kenntnisse über Emittent und Emission auch ohne Prospekt verschaffen können.[1] Zwar müssen auch in diesem Prospekt alle Angaben enthalten sein, die für die Beurteilung des Emittenten oder der Wertpapiere notwendig sind. Sie sind aber weniger detailliert darzustellen. So müssen hier bspw. die Gründe für das Angebot und die Verwendung der Erträge nicht und die Angaben zur Zulassung zum Handel und Handelsregeln nur in verringertem Umfang genannt werden.

2 Die Anwendung des strengeren Anh. V EU-ProspV kann aber sinnvoll sein, wenn ohne die dort verlangten zusätzlichen Angaben der Prospekt kein vollständiges Bild gewährleisten würde und diese Angaben für die Beurteilung der Wertpapiere notwendig sind.

Als Technik kann hier der Abdruck der Bedingungen des Wertpapiers sinnvoll sein, da die Bedingungen viele Punkte regeln, die zugleich als Beschreibung verlangt werden. In diesem Fall müssen nur solche Angaben zusätzlich aufgenommen werden, die nicht in den Bedingungen genannt sind. Allerdings wird in diesen Fällen eine umfangreiche „Überkreuzcheckliste" im Billigungsverfahren erforderlich sein, da von der Reihenfolge der Anhänge in erheblichem Umfang abgewichen wird und Angaben zum Teil nicht mehr in dem Zusammenhang, den der Anh. vorsieht, dargestellt wären.

In den Ziff. 2. und 4. dieses Anh. XIII EU-ProspV wird auf Wertpapiere abgestellt, die zum Handel zuzulassen sind. In Anh. V EU-ProspV dagegen sind sowohl diese Wertpapiere als auch solche genannt, die angeboten werden. Hieraus dürfte sich jedoch keine inhaltliche Unterscheidung ableiteten lassen, da die EU-ProspRL in Art. 1 (1) klarstellt, dass sie für Prospekte anwendbar ist, die bei der Zulassung zum Handel an einem organisierten Markt oder für ein öffentliches Angebot von Wertpapieren erforderlich sind.

---

[1] *Heidelbach/Preuße*, BKR 2006, 316, 319.

II. Verantwortliche Personen, Ziff. 1.

Es wird auf die Kommentierung zu Anh. V Ziff. 1. EU-ProspV verwiesen. 3

III. Risikofaktoren, Ziff. 2.

Der Begriff „Risikofaktoren" ist in Art. 2 Ziff. 3. EU-ProspV legal definiert und bezeichnet eine Liste von Risiken, die für die jeweilige Situation des Emittenten und/oder der Wertpapiere spezifisch und für die Anlageentscheidung wesentlich sind.[2] 4

Darzulegende Risikofaktoren sind nicht sämtliche Risikofaktoren, sondern durch die Qualifizierung im Wortlaut der Ziff. 3. nur solche, die für die beschriebenen Wertpapiere spezifisch und für die Anlageentscheidung wesentlich sind. Soweit diese Risiken auf den Emittenten bezogen sind, wird hier auf die Komm. zum Registrierungsformular verwiesen.

Im Rahmen der Wertpapierbeschreibung werden wertpapierspezifische Risiken dargelegt. Hierzu gehören insb. Risiken, die Einfluss auf die Bewertung des Wertpapiers selbst haben, wie bspw. allgemeine Marktrisiken, zu denen insb. Zins- oder Währungsänderungsrisiken, Wiederanlagerisiken oder Liquiditätsrisiken gehören.

Daneben können sich aber auch Risiken aus Strukturen in der Verzinsung und Rückzahlung ergeben, die dann ebenfalls darzustellen sind. Hierzu gehören Risiken, die sich ergeben, wenn die Zins- oder Rückzahlung an die Entwicklung von bestimmten Preisen oder Werten gebunden ist, wie bspw. die Bindung an die Entwicklung von bestimmten Aktienwerten, Indices oder anderen Basiswerten.[3]

Auf eine vollständige Darstellung aller nur denkbaren Risiken hat der Verordnungsgeber verzichtet, denn dann wäre eine sinnvolle Einschätzung und Abwägung aufgrund der Menge und fehlenden Gewichtung in der Beschreibung nicht mehr oder nur eingeschränkt möglich. Es können auch nur solche Risikofaktoren dargestellt werden, die im Zeitpunkt der Erstellung des Prospektes vorhanden und dem Emittenten bekannt sind. Insofern kann es durchaus Risikofaktoren geben, die erst nach Erstellung des Prospektes eintreten oder bekannt werden und insofern nicht im Prospekt enthalten sind. Da solche Risiken nie ausgeschlossen werden können, war es unter altem Recht üblich und muss es auch heute erlaubt sein, dass ein Prospekt auch einen Hinweis auf solche zukünftigen oder dem Emittenten nicht bekannte Risiken enthält, ohne dass diese konkret genannt werden könnten. 5

Um Risiken bzgl. der Wertpapiere verstehen zu können, muss der Anleger aber zumindest vorher gesagt bekommen, worauf – auf welches Wertpapier und ggf. welche Struktur – sich die Risikobeschreibung bezieht. In vielen 6

---

2 *Holzborn/Israel*, ZIP 2005, 1668, 1672, Fn. 69.
3 Vgl. zu Risiken in Prospekten und Beratung mit ausführlichen Beispielen *Mülbert*, WM 2007, 1149, 1157 ff.

Fällen, wie bspw. bei nicht strukturierten Inhaberschuldverschreibungen reicht es aus, zunächst nur kenntlich zu machen, dass es sich um eine Inhaberschuldverschreibung handelt und die Verzinsung/Rückzahlung zu nennen. Handelt es sich dagegen um ein strukturiertes Produkt muss hier zumindest grob die Struktur genannt werden können, um auch solche Risiken darstellen zu können, die sich konkret aus der Struktur ergeben.

Chancen sind in diesem Abschnitt nicht darzustellen.[4]

Die Risikofaktoren sind zusammenhängend und abschließend darzustellen. Damit soll erreicht werden, dass der Anleger sich einen zusammenhängenden Gesamtüberblick über die Risiken erhält. Er soll nicht durch die gleichzeitige Darstellung der Chancen von den tatsächlich vorhandenen Risiken abgelenkt werden.

IV. Wichtige Angaben, Ziff. 3.

7 Anders als in Anh. V EU-ProspV wird in diesem Anh. XIII EU-ProspV auf die Offenlegung der Gründe für das Angebot und die Angabe der Verwendung der Erträge verzichtet.

Der Anleger eines Wertpapiers soll erfahren, welche Personen die Nutznießer der Emission oder bestimmter Teile einer Struktur sind und welche Interessen sie dabei verfolgen. Insb. wenn es Interessenkonflikte gibt, sind diese offen zu legen.

Sofern tatsächlich vorhandene Interessenkonflikte im Zeitpunkt der Prospekterstellung bekannt sind, müssen diese Angaben aufgenommen werden. Hiervon zu unterscheiden sind potentielle Interessenkonflikte, die möglicherweise eintreten werden, aber noch nicht konkretisiert haben. In diesen Fällen kann kein Emittent ausschließen, dass solche Interessenkonflikte zu einem späteren Zeitpunkt auftauchen.[5]

Im Zusammenhang mit Wertpapieren, für die nach diesem Anh. ein Prospekt zu erstellen ist, wird es in der Regel keine Interessenkonflikte geben.

V. Angaben über die zum Handel zuzulassenden Wertpapiere, Ziff. 4.

8 Die Angaben gem. Ziff. 4. beschreiben die wichtigsten Inhalte des Wertpapiers und seiner Rahmenbedingungen. Sie sind weitgehend selbsterklärend.

Zu den Rahmenbedingungen gehören bspw. die Angaben gem. Ziff. 4.11., 4.12. und 4.14.

Anders als im Anh. V EU-ProspV werden nach diesem Anhang keine Angaben zu Quellensteuern verlangt. Dies erscheint insofern sachgerecht, da es

---

4 Vgl. hierzu auch *Kullmann/Sester*, ZBB-Report 2005, 209, 212.
5 Vgl. auch die Kommentierung zu Registrierungsdokumenten – Interessenkonflikten.

sich bei Anh. XIII EU-ProspV um Wertpapiere mit einer Mindeststückelung oder Verkaufsgröße von 50.000 Euro handelt, die von qualifizierten Anlegern erhoben werden, die sich regelmäßig über die für sie relevanten Steuervorgaben informieren und denen mögliche Steuerproblematiken normalerweise bekannt sind, so dass sie nicht auf Angaben des Emittenten angewiesen sind.[6]

An mehreren Stellen finden sich zwischen dem Anh. V EU-ProspV und dem Anh. XIII EU-ProspV Wortabweichungen. So verwendet dieser Anh. XIII EU-ProspV in Ziff. 4.8. die Worte „Marktzerrüttung" und „Störung", Anh. V EU-ProspV dagegen „Marktstörung" und „Unterbrechung". Ein inhaltlicher Unterschied lässt sich daraus jedoch nicht herleiten, zumal sich die Abweichungen in der englischen Originalfassung nicht finden. Da mit der Verordnung ein bereits bestehender Markt mit seinen Geschäften reguliert werden sollte, kann hier von den im Kapitalmarkt bislang verwendeten Bedeutungen ausgegangen werden.

Ziff. 4.1. beinhaltet die Angabe des Gesamtbetrags der Wertpapiere, die zum Handel zuzulassen sind. 9

Da es dem Emittenten freigestellt ist, ob er einen Antrag auf Zulassung der Wertpapiere zum Handel an einem organisierten Markt stellt, kann hier nur gemeint sein, dass die Angabe erfolgt, ob er beabsichtigt, eine entsprechende Zulassung zu beantragen bzw. ob er sie bereits beantragt hat. Als Angabe kann der Nominalbetrag oder, sofern die Teilschuldverschreibungen oder Zertifikate nicht mit einem Nennbetrag ausgestattet sind, die Anzahl der Stücke der des öffentlichen Angebots oder der Emission angegeben werden. Bei Programmen können Zulassungsanträge insgesamt bis zur Höhe des Programmvolumens gestellt werden, da dies das maximale Volumen ist, das unter dem Programm an einer Börse zugelassen werden kann.

Ziff. 4.2. verlangt die Angabe des Typs und der Kategorie der Wertpapiere. Hierunter kann eine Kurzbeschreibung der Wertpapiere, für die der Prospekt erstellt wurde, verstanden werden. Die Angaben sind vom jeweiligen Emittenten und den von ihm begebenen Wertpapieren abhängig. 10

Eine Möglichkeit der Typisierung und Kategorisierung lehnt sich an die Systematik der Anhänge an und unterscheidet nach der Rückzahlung von mindestens 100 % oder von weniger als 100 %. Ebenso kann hier abgegeben werden, ob einzelne Tranchen unter einer Emission begeben werden können.

Ferner sind die Angaben aufzunehmen, die erforderlich sind, um die Wertpapiere zu identifizieren. Anders als in diesem Anhang wurde in Anh. V EU-ProspV auf die Angabe des Emissions- oder Angebotsvolumens verzichtet.

Ziff. 4.3. verlangt die Angabe, unter welchem Recht die Wertpapiere begeben wurden. Bei deutschen Emittenten wird dies in der Regel Deutsches Recht sein. Dies ist aber nicht zwingend und insb. Emissionsprogramme oder 11

---

6 Vgl. zur Quellensteuer Anh. V EU-ProspV.

für Anleihen, die international vertrieben werden, sind auch andere rechtliche Grundlagen, wie bspw. Englisches Recht, üblich.

12 Ziff. 4.4. unterscheidet zwischen Namens- und Inhaberpapieren und verlangt für Namenspapiere die Angabe, ob die Wertpapiere verbrieft oder stückelos begeben werden. Bei Wertpapieren, die nach deutschem Recht begeben werden, ist gem. § 793 BGB für ihre Entstehung grds. eine Verbriefung erforderlich.[7] Für Wertpapiere nach Deutschem Recht ist hier anzugeben, ob es effektive Stücke gibt oder ob das Wertpapier in einer Sammelurkunde verbrieft wird, an der der Erwerber Miteigentum erlangt.

Sofern Wertpapiere außerhalb des BGB in dematerialisierter Form begeben werden, wäre dies im Prospekt aufzunehmen zusammen mit der Angabe des „Buchungsunterlagen führenden Instituts", also der Stelle, die die Zuordnung der Wertpapiere beim jeweiligen Erwerb vornimmt.

13 Ziff. 4.5. verlangt die Angabe, in welcher Währung die Wertpapiere begeben werden.

4.6. benutzt das Wort „Rangfolge". Gemeint ist die Angabe, ob die Wertpapiere gleichrangig mit bestimmten anderen Wertpapieren des Emittenten oder nachrangig zu bestimmten anderen Wertpapieren des Emittenten begeben werden.

14 Ziff. 4.7. zu den Rechten, einschließlich ihrer etwaigen Beschränkungen, die an die Wertpapiere gebunden sind, gehören bspw. Emittenten- und Gläubigerkündigungsrechte. Damit zusammenhängend zu beschreiben ist das Verfahren, mit dem die Kündigung ausgeübt wird. Bei Emittentenkündigungsrechten wird die Kündigung häufig durch Veröffentlichung der Kündigung erfolgen. Auch Rückkaufsrechte der Emittentin können an dieser Stelle erwähnt werden. Für nachrangige Schuldverschreibungen nach deutschem Recht gehört hierher auch der Hinweis auf die entsprechenden Beschränkungen, die sich aus dem KWG ergeben.

15 Ziff. 4.8. regelt mehrere Fälle. Zunächst wird die Angabe von Zinsen bzw. eines Zinssatzes sowie die Berechnungsbasis für den Zinsbetrag und die Rückzahlungsmodalitäten verlangt. Ebenfalls unter diesem Punkt werden Verjährungsfristen erwähnt, wie bspw. in § 801 BGB geregelt, mit der Möglichkeit die Vorlegungsfristen vertraglich zu bestimmen.

Als weitere Möglichkeit sieht die EU-ProspV, dass die Zinsen und die Rückzahlung nicht durch eine Betragsangabe konkretisiert sind, sondern eine Bindung an einen Basiswert vorgesehen wird. Dabei verlangt die EU-ProspV die Beschreibung des Basiswerts und der verwendeten Methode zur Verbindung beider Werte. Die geforderten Angaben werden von der EU-ProspV konkretisiert. Wie in Anh. V EU-ProspV werden auch hier keine konkreten Angaben zum Inhalt des Basiswerts oder – bspw. bei Aktien – keine Beschreibung eines eventuellen Emittenten des Basiswerts verlangt. Vielmehr soll der Anleger verstehen, um was für einen Basiswert es sich handelt, wie

---

[7] *Sprau*, in: Palandt, § 793 Rn. 1.

z. B. einen Index oder einen Zinssatz. Insb. muss der Prospekt darüber Auskunft geben, wie sich der Basiswert auf das Wertpapier auswirkt. Grundlage für eine Beschreibung kann z. b. eine Formel sein, anhand derer beschrieben wird, wie die Berechnungen erfolgen und auf welcher Basis, also auf welchen Feststellungen sie erfolgen. Hierzu gehören ausdrücklich Anpassungs- und Marktstörungsregelungen für den Basiswert.

Ziff. 4.9. bezieht sich vom Wortlaut her auf eine Darlehenstilgung. Da Darlehen nicht unter das WpPG fallen, kann hier nur die Tilgung/Rückzahlung der Wertpapiere gemeint sein. Grds. kann zwischen Rückzahlung in einer Summe am Ende der Laufzeit oder einer ratenweisen Tilgung während der Laufzeit der Wertpapiere unterschieden werden. Daneben fällt auch eine vorzeitige Rückzahlung unter Ziff. 4.9. Diese kann insb. bei Änderungen der steuerlichen Basis oder bei derivativen Elementen einer Anleihe in Frage kommen. Die zu beschreibende Ausgestaltung hängt vom jeweiligen Einzelfall ab. *16*

Zu Ziff. 4.10. können nicht allen in Fällen Angaben gemacht werden. Dies ist insbesondere dann nicht möglich, wenn die Wertpapiere keinen von vornherein festgelegten Zinssatz und Rückzahlungsbetrag haben, da eine Renditeberechnung voraussetzt, dass diese Beträge feststehen. *17*

Ziff. 4.11. Unter diesen Punkt fallen bspw. Gläubigerversammlungen, die für unter englischem Recht begebene Wertpapiere einschlägig sind. *18*

Ziff. 4.12. umfasst im Wesentlichen gesetzliche, behördliche und nach Satzung oder anderer Gesellschaftsstatuten des Emittenten erforderliche Genehmigungen und Beschlüsse. Bei Emissionsprogrammen wird in der Regel das Programm vom Vorstand beschlossen. Dieser Beschluss umfasst dann üblicherweise auch die Begebung von Anleihen unter diesem Emissionsprogramm, so dass für die Begebung der jeweiligen Anleihe kein erneuter Beschluss des Vorstandes erforderlich ist. *19*

Ziff. 4.13. verlangt die Angabe des Emissionstermins. Angegeben wird unter diesem Punkt regelmäßig die Valuta des Wertpapiers. Da der Prospekt vor dem öffentlichem Angebot zu erstellen ist, kann in der Regel nur der erwartete Emissionstermin angegeben werden. Der tatsächliche Emissionstermin wäre dann anzugeben, wenn der Prospekt nach Valuta, bspw. für die Zulassung an einem organisierten Markt erstellt wird. *20*

Anders als in Anh. V EU-ProspV werden hier auch keine Angaben zu den Bedingungen und Voraussetzungen für das Angebot verlangt. Da in diesem Anh. aufgrund der Mindeststückelung bzw. Mindestverkaufsgröße nicht davon ausgegangen wird, dass nicht qualifizierte Anleger diese Wertpapiere kaufen, reichen auch in diesem Punkt die erweiterten Informationsmöglichkeiten der angesprochenen Anleger aus.

Ziff. 4.14. Unter diesem Punkt können gesetzliche Beschränkungen angegeben werden, daneben auch faktische Beschränkungen, wie bspw. Verkaufsbeschränkungen, die in den jeweiligen Ländern gelten. Insb. für die USA und Großbritannien werden in der Praxis regelmäßig Verkaufsbeschränkungen aufgenommen. Im Übrigen richten sich die Angaben nach der geplanten Verkaufstätigkeit bei der Begebung der jeweiligen Anleihe. *21*

VI. Zulassung zum Handel und Handelsregeln, Ziff. 5.

22 Anders als in Anh. V EU-ProspV sind die Angaben zu den Bedingungen für das Angebot hier keine Pflichtangabe.

Ziff. 5.1. enthält Angaben, die dazu führen, dass der Anleger einschätzen kann, ob und evtl. ab wann er die Möglichkeit haben wird, seine Papiere an einem Markt wieder zu verkaufen. Ebenso soll er darüber informiert werden, ob es bereits einen Handel gibt und damit bereits eine Preisbildung stattfindet. Ebenfalls soll er darüber informiert werden, ob es verschiedene Märkte für diese Papiere geben wird und welche Institute Liquidität zur Verfügung stellen werden.

Als Zahlstellen können bspw. Clearingstellen, wie Clearstream Banking AG, Frankfurt, genannt werden.

VII. Kosten der Zulassung zum Handel, Ziff. 6.

23 Die Kosten für die Zulassung zum Handel richten sich in erster Linie nach den Gebührenordnungen der jeweiligen Börsen.

VIII. Zusätzliche Angaben, Ziff. 7.

24 Es wird auf die Kommentierung zu Anh. V EU-ProspV Ziff. 7. verwiesen.

ARTIKEL 17
Zusätzliches Modul für die zugrunde liegende Aktie in Form von Dividendenwerten

(1) Die zusätzlichen Angaben zu den zugrunde liegenden Aktien werden gemäß dem in Anhang XIV festgelegten Modul zusammengestellt.

Ist der Emittent der zugrunde liegenden Aktien ein Unternehmen, das der gleichen Gruppe angehört, so sind darüber hinaus in Bezug auf diesen Emittenten die Angaben beizubringen, die in dem in Artikel 4 genannten Schema vorgesehen sind.

(2) Die in Absatz 1 Unterabsatz 1 genannten zusätzlichen Angaben gelten nur für Wertpapiere, die die folgenden Bedingungen erfüllen:

1. sie können nach dem Ermessen des Emittenten oder des Anlegers oder aufgrund der bei der Emission festgelegten Bedingungen in Aktien oder andere übertragbare, Aktien gleichzustellende Wertpapiere umgewandelt oder umgetauscht werden, oder sie ermöglichen auf andere Art und Weise den Erwerb/Bezug von Aktien oder anderen übertragbaren, Aktien gleichzustellenden Wertpapieren,

   und

2. diese Aktien oder anderen übertragbaren, Aktien gleichzustellenden Wertpapiere werden zu diesem oder einem künftigen Zeitpunkt vom Emittenten des Wertpapiers oder einem Unternehmen, das der Gruppe des Emittenten angehört, emittiert und werden zum Zeitpunkt der Billigung des die Wertpapiere betreffenden Prospekts noch nicht am Handel auf einem geregelten oder einem vergleichbaren Markt außerhalb der Gemeinschaft gehandelt und die zu Grunde liegende Aktien oder anderen übertragbaren, Aktien gleichzustellenden Wertpapiere können stückemäßig geliefert werden.

ARTICLE 17
Additional information building block on the underlying share

1 For the additional information on the underlying share, the description of the underlying share shall be given in accordance with the building block set out in Annex XIV.

In addition, if the issuer of the underlying share is an entity belonging to the same group, the information required by the schedule referred to in Article 4 shall be given in respect of that issuer.

2 The additional information referred to in the first subparagraph of paragraph 1 shall only apply to those securities which comply with both of the following conditions:

1. they can be converted or exchanged into shares or other transferable securities equivalent to shares, at the issuer's or at the investor's discretion, or on the basis of the conditions established a moment of the issue or give, in any other way, the possibility to acquire shares or other transferable securities equivalent to shares;
and
2. provided that these shares or other transferable securities equivalent to shares are or will be issued by the issuer of the security or by an entity belonging to the group of that issuer and are not yet traded on a regulated market or an equivalent market outside the Community at the time of the approval of the prospectus covering the securities, and that the underlying shares or other transferable securities equivalent to shares can be delivered with physical settlement.

Inhalt

	Rn.		Rn.
I. Überblick.	1	III. Unternehmen, das der gleichen	
II. Anwendungsbereich (Abs. 2) . . .	2	Gruppe angehört (Abs. 1 Satz 2)	5

I. Überblick

Anh. XIV EU-ProspV ist ein zusätzliches Modul betreffend bestimmte Basistitel von Wertpapieren. Er ist daher nur ergänzend zu einem weiteren Anhang für eine Wertpapierbeschreibung zu verwenden. In Betracht kommen die Anh. V, IX und XII EU-ProspV.[1]

1

---

[1] Vgl. zu den Kombinationsmöglichkeiten von Anh. XIV EU-ProspV den Anh. XVIII EU-ProspV.

II. Anwendungsbereich (Abs. 2)

2 Der Anwendungsbereich des Anh. XIV EU-ProspV ist eng begrenzt. Im Wesentlichen sind hierfür die folgenden Voraussetzungen maßgebend:

1. Wandel-/Umtausch-/oder sonstiges Bezugsrecht (Nr. 1)

3 Das zugrunde liegende Wertpapier[2] muss den Bezug von Aktien oder Aktien gleichzustellenden Wertpapieren ermöglichen. Abs. 2 Nr. 1 nennt insbesondere Wandel- oder Umtauschrechte, die mit dem zugrunde liegenden Wertpapier verbunden sind, ist aber hierauf nicht begrenzt. Auch der Erwerb/Bezug von Aktien „auf andere Art und Weise" genügt. Praktisch kommen beispielsweise Options- oder Wandelanleihen auf Aktien in Betracht.

2. Identität der Emittenten/keine Zulassung zum Handel an einem regulierten Markt (Nr. 2)

4 Weitere Voraussetzung ist, dass der Emittent der zu beziehenden Aktien und der Emittent der zugrunde liegenden Wertpapiere identisch sind oder der Emittent der Aktien der gleichen Unternehmensgruppe[3] angehört. Zudem dürfen die Aktien zum Zeitpunkt der Billigung des die Wertpapiere betreffenden Prospekts noch nicht an einem regulierten Markt in der EU oder einem vergleichbaren Markt außerhalb der EU zum Handel zugelassen sein.

III. Unternehmen, das der gleichen Gruppe angehört (Abs. 1 Satz 2)

5 Gehört der Emittent der zu beziehenden Aktien der Unternehmensgruppe des Emittenten der zugrunde liegenden Wertpapiere an, so sind zusätzlich die Angaben des Registrierungsformulars für Aktien (Art. 4/Anh. I EU-ProspV) aufzunehmen. Dies ist auch interessengerecht, da in diesem Fall dem Anleger noch keine Emitteninformationen zugänglich sind. Inhaltlich wird auf die Kommentierung zu Art. 4/Anh. I EU-ProspV verwiesen.

Anh. XIV EU-ProspV
Zusätzliches Modul betreffend den Basistitel für bestimmte Dividendenwerte

1. Beschreibung des Basistitels.

1.1. Beschreibung des Typs und der Kategorie der Anteile.

1.2. Rechtsvorschriften, denen zufolge die Anteile geschaffen wurden oder noch werden.

---

[2] Dies wird zumeist eine Schuldverschreibung sein.
[3] Zu den dann weiteren Voraussetzungen vgl. unten Rn. 5.

1. Beschreibung des Basistitels.

1.1. Beschreibung des Typs und der Kategorie der Anteile.

1.2. Rechtsvorschriften, denen zufolge die Anteile geschaffen wurden oder noch werden.

1.3. Angabe, ob es sich bei den Wertpapieren um Namenspapiere oder um Inhaberpapiere handelt und ob die Wertpapiere verbrieft oder stückelos sind. In letzterem Fall sind der Name und die Anschrift des die Buchungsunterlagen führenden Instituts zu nennen.

1.4. Angabe der Währung der Emission.

1.5. Beschreibung der Rechte – einschließlich ihrer etwaigen Beschränkungen –, die an die zu Grunde liegenden Aktien gebunden sind, und des Verfahrens zur Ausübung dieser Rechte:

– Dividendenrechte:
  – fester/e Termin/e, ab dem/denen die Dividendenberechtigung entsteht;
  – Frist für den Verfall der Dividendenberechtigung und Angabe des entsprechenden Begünstigten;
  – Dividendenbeschränkungen und Verfahren für gebietsfremde Wertpapierinhaber;
  – Dividendensatz bzw. Methode zu seiner Berechnung, Angabe der Frequenz und der kumulativen bzw. nichtkumulativen Wesensart der Zahlungen;
– Stimmrechte;
– Vorzugsrechte bei Angeboten zur Zeichnung von Wertpapieren derselben Kategorie;
– Recht auf Beteiligung am Gewinn des Emittenten;
– Recht auf Beteiligung am Saldo im Falle einer Liquidation;
– Tilgungsklauseln;
– Wandelbedingungen.

1.6. Im Falle von Neuemissionen Angabe der Beschlüsse, Ermächtigungen und Billigungen, die die Grundlage für die erfolgte bzw. noch zu erfolgende Schaffung der Wertpapiere und/oder deren Emission bilden und Angabe des Emissionstermins.

1.7. Angabe des Orts und des Zeitpunkts der erfolgten bzw. noch zu erfolgenden Zulassung der Papiere zum Handel.

1.8. Darstellung etwaiger Beschränkungen für die freie Übertragbarkeit der Wertpapiere.

1.9. Angabe etwaig bestehender obligatorischer Übernahmeangebote und/oder Ausschluss- und Andienungsregeln in Bezug auf die Wertpapiere.

1.10. Angabe öffentlicher Übernahmeangebote von Seiten Dritter in Bezug auf das Eigenkapital des Emittenten, die während des letzten oder im Verlauf des derzeitigen Geschäftsjahres erfolgten. Zu nennen sind dabei der Kurs oder die Wandelbedingungen für derlei Angebote sowie das Resultat.

1.11. Auswirkungen der Ausübung des Rechts des Basistitels auf den Emittenten und eines möglichen Verwässerungseffekts für die Aktionäre.

2. Wenn der Emittent des Basistitels ein Unternehmen ist, das derselben Gruppe angehört, so sind die für diesen Emittenten beizubringenden Angaben jene, die im Schema des Registrierungsformulars für Aktien gefordert werden.

Annex XIV
Additional information building block on underlying share
for some equity securities

1. Description of the underlying share

1.1. Describe the type and the class of the shares

1.2. Legislation under which the shares have been or will be created

1.3. Indication whether the securities are in registered form or bearer form and whether the securities are in certificated form or book-entry form. In the latter case, name and address of the entity in charge of keeping the records

1.4. Indication of the currency of the shares issue

1.5. A description of the rights, including any limitations of these, attached to the securities and procedure for the exercise of those rights:

– Dividend rights:
  – fixed date(s) on which the entitlement arises,
  – time limit after which entitlement to dividend lapses and an indication of the person in whose favour the lapse operates,
  – dividend restrictions and procedures for non resident holders,
  – rate of dividend or method of its calculation, periodicity and cumulative or non-cumulative nature of payments.
– Voting rights.
– Pre-emption rights in offers for subscription of securities of the same class.
– Right to share in the issuer's profits.
– Rights to share in any surplus in the event of liquidation.
– Redemption provisions.
– Conversion provisions.

1.6. In the case of new issues, a statement of the resolutions, authorisations and approvals by virtue of which the shares have been or will be created and/or issued and indication of the issue date.

1.7. Where and when the shares will be or have been admitted to trading.

1.8. Description of any restrictions on the free transferability of the shares.

1.9. Indication of the existence of any mandatory takeover bids/or squeeze-out and sell-out rules in relation to the shares.

1.10. Indication of public takeover bids by third parties in respect of the issuer's equity, which have occurred during the last financial year and the current financial year. The price or exchange terms attaching to such offers and the outcome thereof must be stated.

1.11. Impact on the issuer of the underlying share of the exercise of the right and potential dilution effect for the shareholders.

2. When the issuer of the underlying is an entity belonging to the same group, the information to provide on this issuer is the one required by the share registration document schedule.

Bezüglich der unter 1. zu machenden inhaltlichen Angaben wird auf die Kommentierung des Anh. III, Ziff. 4. der EU-ProspV verwiesen. Die Inhalte sind weitestgehend identisch.

Zu 2. vgl. die Kommentierung zu Art. 17 EU-ProspV Rn. 3.

ARTIKEL 18
Schema für das Registrierungsformular für Organismen für gemeinsame Anlagen des geschlossenen Typs

(1) Zusätzlich zu den Angaben, die gemäß Anhang I Punkte 1, 2, 3, 4, 5.1, 7, 9.1, 9.2.1, 9.2.3, 10.4, 13, 14, 15, 16, 17.2, 18, 19, 20, 21, 22, 23, 24, 25 vorgeschrieben sind, werden beim Registrierungsformular für Wertpapiere, die von Organismen für gemeinsame Anlagen des geschlossenen Typs ausgegeben werden, die Angaben gemäß dem in Anhang XV festgelegten Schema zusammengestellt.

(2) Das Schema gilt für Organismen für gemeinsame Anlagen des geschlossenen Typs, die im Namen von Anlegern ein Portfolio von Vermögenswerten halten, und:

1. die gemäß dem nationalen Recht des Mitgliedstaats, in dem sie gegründet wurden, als Organismus für gemeinsame Anlagen des geschlossenen Typs anerkannt sind,

oder

2. die nicht die rechtliche oder die verwaltungsmäßige Kontrolle eines der Emittenten seiner zugrunde liegenden Anlagen übernehmen oder versuchen, dies zu tun. In einem solchen Fall darf eine rechtliche Kontrolle und/oder Beteiligung an den Verwaltungs-, Geschäftsführungs- und Aufsichtsorganen der/des Emittenten der zugrunde liegenden Aktien ergriffen oder eingegangen werden, wenn ein solches Vorgehen für das eigentliche Anlageziel nebensächlich und für den Schutz der Anteilsinhaber erforderlich ist und nur unter Umständen erfolgt, die verhindern, dass der Organismus für gemeinsame Anlagen eine bedeutende Managementkontrolle über die Geschäfte des/der Emittenten der zugrunde liegenden Aktien ausübt.

Article 18
Registration document schedule for collective investment undertakings of the closed-end type

1. In addition to the information required pursuant to items 1, 2, 3, 4, 5.1, 7, 9.1, 9.2.1, 9.2.3, 10.4, 13, 14, 15, 16, 17.2, 18, 19, 20, 21, 22, 23, 24, 25 of Annex I, for the registration document for securities issued by collective investment undertakings of

the closed-end type information shall be given in accordance with the schedule set out in Annex XV.

2. The schedule shall apply to collective investment undertakings of the closed-end type holding a portfolio of assets on behalf of investors that:

1. are recognised by national law in the Member State in which it is incorporated as a collective investment undertaking of the closed end type;

or

2. do not take or seek to take legal or management control of any of the issuers of its underlying investments. In such a case, legal control and/or participation in the administrative, management or supervisory bodies of the underlying issuer(s) may be taken where such action is incidental to the primary investment objective, necessary for the protection of shareholders and only in circumstances where the collective investment undertaking will not exercise significant management control over the operations of that underlying issuer(s).

Anh. XV EU-ProspV
Mindestangaben für das Registrierungsformular für Wertpapiere, die von Organismen für gemeinsame Anlagen des geschlossenen Typs ausgegeben werden (Schema)

Zusätzlich zu den in diesem Schema geforderten Angaben müssen die Organismen für gemeinsame Anlagen die Angaben beibringen, die unter den Absätzen und Punkten 1, 2, 3, 4, 5.1, 7, 9.1, 9.2.1, 9.2.3, 10.4, 13, 14, 15, 16, 17.2, 18, 19, 20, 21, 22, 23, 24, 25 in Anhang 1 (Mindestangaben für das Registrierungsformular für Aktien (Schema)) gefordert werden.

1. Anlagen und Anlagepolitik

1.1. Detaillierte Beschreibung der Anlagepolitik und der Anlageziele, di der Organismus für gemeinsame Anlagen verfolgt, und Erläuterung, wie diese Anlageziele und die Anlagepolitik geändert werden können, einschließlich solcher Umstände, unter denen eine derartige Änderung die Zustimmung der Anleger erfordert. Beschreibung der Techniken und Instrumente, die bei der Verwaltung des Organismus für gemeinsame Anlagen zum Einsatz kommen können.

1.2. Angabe der Obergrenzen für die Kreditaufnahme und/oder für das Leverage des Organismus für gemeinsame Anlagen. Sind keine Obergrenzen gegeben, muss dies angegeben werden.

1.3. Status des Organismus für gemeinsame Anlagen, der durch eine Regulierungs- oder Aufsichtsbehörde kontrolliert wird, und Angabe des/der Namens/Namen der Regulierungs- bzw. Aufsichtsbehörde(n) im Land seiner Gründung.

1.4. Profil eines typischen Anlegers, auf den der Organismus für gemeinsame Anlagen zugeschnitten ist.

2. Anlagebeschränkungen

2.1. Ggf. Angabe der Anlagebeschränkungen, denen der Organismus für gemeinsame Anlagen unterliegt, und Angabe, wie die Wertpapierinhaber über Maßnahmen informiert werden, die der Vermögensverwalter im Falle eines Verstoßes gegen die Beschränkungen ergreift.

2.2. Können mehr als 20 % der Bruttovermögenswerte eines Organismus für gemeinsame Anlagen wir folgt angelegt werden (es sei denn, die Punkte 2.3. oder 2.5. finden Anwendung):

a) direkte oder indirekte Anlage oder Ausleihung an jeden einzelnen Basisemittenten (einschließlich seiner Tochtergesellschaften oder verbundenen Unternehmen);

oder

b) Anlage in einem Organismus oder mehrere Organismen für gemeinsame Anlagen, die über die 20 % ihrer Bruttovermögenswerte hinaus in andere Organismen für gemeinsame Anlagen (des geschlossenen oder des offenen Typs) investieren dürfen;

oder

c) Exponierung in Bezug auf die Bonität oder die Solvenz einer anderen Gegenpartei (einschließlich Tochtergesellschaften oder verbundenen Unternehmen);

sind folgende Informationen zu veröffentlichen:

i) Angaben über jeden Basisemittenten/jeden Organismus für gemeinsame Anlagen/jede Gegenpartei, so als wäre er ein Emittent im Sinne des Schemas der Mindestangaben für das Registrierungsformular für Aktien (im Fall von a)) oder im Sinne des Schemas der Mindestangaben für das Registrierungsformular für Wertpapiere, di von Organismen für gemeinsame Anlagen des geschlossenen Typs ausgegeben werden (im Fall von b)) oder im Sinne des Schemas der Mindestangaben für das Registrierungsformular für Schuldtitel und derivative Wertpapiere mit einer Mindeststückelung von 50 000 EUR (im Falle von c));

ii) wenn die Wertpapiere, die von einem Basisemittenten/einem Organismus für gemeinsame Anlagen/einer Gegenpartei ausgegeben wurden, bereits zum Handel auf einem geregelten Markt oder einem gleichwertigen Markt zugelassen sind, oder wenn die Verpflichtungen von einem Unternehmen garantiert werden, dessen Wertpapiere bereits zum Handel auf einem geregelten oder einem gleichwertigen Markt zugelassen sind, Name, Anschrift, Land der Gründung, Art der Geschäftätigkeit und Name des Marktes, auf dem seine Wertpapiere zugelassen werden.

Diese Anforderung gilt nicht, wenn die 20 %-Grenze aus folgenden Gründen überschritten wird: Wertsteigerungen und Wertminderungen, Wechselkursänderungen oder Erhalt von Rechten, Gratifikationen, Leistungen in Form von Kapital oder sonstige Maßnahmen, die jeden Inhaber einer Anlage betreffen, sofern der Vermögensverwalter den Schwellenwert berücksichtigt, wenn er die Veränderungen im Anlagenportfolio analysiert.

2.3. Darf ein Organismus für gemeinsame Anlagen über die Grenze von 20 % seiner Bruttovermögenswerte hinaus in andere Organismen für gemeinsame Anlagen (des offenen und/oder des geschlossenen Typs) investieren, ist zu beschreiben, ob und wie das Risiko bei diesen Anlagen gestreut wird. Darüber hinaus findet in Punkt 2.2. in aggregierter Form so auf die Basisanlagen Anwendung, als wären diese direkt getätigt worden.

2.4. Werden hinsichtlich Punkt 2.2. Buchstabe c Sicherheiten zur Abdeckung des Teils des Risikos in Bezug auf eine Gegenpartei gestellt, bei der die Anlage über die 20 %-Grenze der Bruttovermögenswerte des Organismus für gemeinsame Anlagen hinausgeht, sind die Einzelheiten derartiger Sicherheitsvereinbarungen anzugeben.

2.5. Darf ein Organismus für gemeinsame Anlagen über die Anlagegrenze von 40 % seiner Bruttovermögenswerte hinaus Anlagen in einen anderen Organismus für gemeinsame Anlagen tätigen, muss eine der nachfolgend genannten Informationen veröffentlicht werden:

a) Angaben über jeden „Basis"-Organismus für gemeinsame Anlagen, so als wäre er ein Emittent im Sinne des Schemas der Mindestangaben für das Registrierungsformular für Wertpapiere, die von Organismen für gemeinsame Anlagen des geschlossenen Typs ausgegeben werden;

b) wenn die Wertpapiere, die von einem „Basis"-Organismus für gemeinsame Anlagen ausgegeben wurden, bereits zum Handel auf einem geregelten Markt oder einem gleichwertigen markt zugelassen sind, oder wenn die Verpflichtungen von einem Unternehmen garantiert werden, dessen Wertpapiere bereits zum Handel auf einem geregelten oder einem gleichwertigen Markt zugelassen sind, Name, Anschrift, land der Gründung, Art der Geschäftstätigkeit und Name des Marktes, auf dem seine Wertpapiere zugelassen werden.

2.6. Physische Warengeschäfte

Investiert ein Organismus für gemeinsame Anlagen direkt in physische Waren/Güter, Angaben dieser Tatsache und des investierten Prozentsatzes.

2.7. Organismen für gemeinsame Anlagen, die in Immobilien investieren

Handelt es sich bei dem Organismus für gemeinsame Anlagen um einen Organismus, der in Immobilien investiert, sind diese Tatsache und der Prozentsatz des Portfolios zu veröffentlichen, der in Immobilien investiert werden soll. Ferner sind eine Beschreibung der Immobilie vorzunehmen und etwaige bedeutende Kosten anzugeben, die mit dem Erwerb und dem Halten einer solchen Immobilie einhergehen. Zudem ist ein Bewertungsgutachten für Immobilie(n) beizubringen.

Die Veröffentlichung unter Punkt 4.1. gilt für:

a) den Gutachter;

b) eine andere Stelle, die für die Verwaltung der Immobilie zuständig ist.

2.8. Derivative Finanzinstrumente/Geldmarktinstrumente/Währungen

Investiert ein Organismus für gemeinsame Anlagen in derivative Finanzinstrumente, Geldmarktinstrumente oder Währungen, die nicht dem Ziel einer effizienten Portfolioverwaltung dienen (z. B. ausschließlich, um das Anlagerisiko in den Basisanlagen eines Organismus für gemeinsame Anlagen zu reduzieren, zu übertragen oder auszuschließen, wozu auch eine Technik oder Instrumente zur Absicherung gegen Wechselkur- und Kreditrisiken gehören können), so ist anzugeben, ob diese Anlagen für das Hedging oder für Anlagezwecke verwendet werden und zu beschreiben, ob und wie das Risiko in Bezug auf diese Anlagen gestreut wird.

2.9. Punkt 2.2. gilt nicht für Anlagen in Wertpapiere, die von einer Regierung, den öffentlichen Organen und Stellen eines Mitgliedstaats, seinen regionalen und lokalen Gebietskörperschaften oder von einem OECD-Land ausgegeben oder garantiert werden.

2.10. Punkt 2.2. Buchstabe a gilt nicht für Organismen für gemeinsame Anlagen, deren Anlageziel darin besteht, ohne wesentliche Änderung einen weit verbreiteten und anerkannten veröffentlichten Index nachzubilden. In diesem Fall ist eine Beschreibung der Zusammensetzung des Indexes beizubringen.

3. Dienstleister eines Organismus für gemeinsame Anlagen

3.1. Angabe des tatsächlichen oder geschätzten Höchstbetrages der wesentlichen Vergütungen, die ein Organismus für gemeinsame Anlagen direkt oder indirekt für jede Dienstleistung zu zahlen hat, die er im Rahmen von Vereinbarungen erhalten hat, die zum Termin der Abfassung des Registrierungsformulars oder davor geschlossen wurden, und eine Beschreibung, wie diese Vergütungen berechnet werden.

3.2. Beschreibung jeglicher Vergütung, die von einem Organismus für gemeinsame Anlagen direkt oder indirekt zu zahlen ist und nicht Punkt 3.1. zugeordnet werden kann, dennoch aber wesentlich ist oder sein könnte.

3.3. Erhält ein Dienstleister eines Organismus für gemeinsame Anlagen Leistungen von Seiten Dritter (also nicht vom Organismus für gemeinsame Anlagen) für die Erbringung einer Dienstleistung für eben diesen Organismus für gemeinsame Anlagen, und können diese Leistungen nicht dem Organismus für gemeinsame Anlagen zugeordnet werden, so ist darüber eine Erklärung abzugeben und ggf. der Name der dritten Partei, und eine Beschreibung der Wesensmerkmale der Leistungen beizubringen.

3.4. Angabe des namens des Dienstleisters, der für die Bestimmung und Berechnung des Nettoinventarwerts des Organismus für gemeinsame Anlagen zuständig ist.

3.5. Beschreibung potenzieller wesentlicher Interessenkonflikte, die ein Dienstleister eines Organismus für gemeinsame Anlagen eventuell zwischen seinen Verpflichtungen gegenüber diesem Organismus und Verpflichtungen gegenüber Dritten und ihren sonstigen Interessen sieht. Beschreibung etwaiger Vereinbarungen, die zur Behebung derartiger Interessenkonflikte eingegangen werden.

4. Vermögensverwalter/Vermögensberater

4.1. Für jeden Vermögensverwalter Beibringung von Informationen, so wie sie gemäß den Punkten 5.1.1. bis 5.1.4. offen zu legen sind, und falls erheblich gemäß Punkt 5.1.5. von Anhang I. Ebenfalls Beschreibung seines Regulierungsstatus und seiner Erfahrungen.

4.2. Bei Unternehmen, die eine Anlageberatung in Bezug auf die Vermögenswerte eines Organismus für gemeinsame Anlagen vornehmen, sind der Name und eine kurze Beschreibung des Unternehmens beizubringen.

5. Verwahrung

5.1. Vollständige Beschreibung, wie und von wem die Vermögenswerte eines Organismus für gemeinsame Anlagen gehalten werden, und einer jeglichen treuhänderischen oder ähnlichen Beziehung zwischen dem Organismus für gemeinsame Anlagen und einer dritten Partei in Bezug auf die Verwahrung.

Wird ein solcher Verwahrer, Verwalter oder sonstiger Treuhänder bestellt, sind folgende Angaben zu machen:

a) Angaben, so wie sie gemäß den Punkten 5.1.1. bis 5.1.4. offen zu legen sind, und falls erheblich, gemäß Punkt 5.1.5. von Anhang I;

b) Beschreibung der Verpflichtungen einer solchen Partei im Rahmen der Verwahrung oder einer sonstigen Vereinbarung;

c) etwaige delegierte Verwahrungsvereinbarungen;

d) ob Regulierungsstatus des Verwahrers und der Unterverwahrer.

5.2. Hält ein anderes Unternehmen als die unter Punkt 5.1. genannten Vermögenswerte am Organismus für gemeinsame Anlagen, Beschreibung, wie diese Vermögenswerte gehalten werden und etwaiger sonstiger Risiken.

6. Bewertung

6.1. Beschreibung wie oft und aufgrund welcher Bewertungsprinzipien und -methoden der Nettoinventarwert eines Organismus für gemeinsame Anlagen bestimmt wird, unterschieden nach den verschiedenen Anlagekategorien sowie Erklärung, wie der Nettoinventarwert den Anlegern mitgeteilt werden soll.

6.2. Detaillierte Beschreibung aller Umstände, unter denen Bewertungen ausgesetzt werden können. Erklärung, wie eine derartige Aussetzung den Anlegern mitgeteilt oder zur Verfügung gestellt werden soll.

7. Wechselseitige Haftung

7.1. Im Falle eines Dach-Organismus für gemeinsame Anlagen („umbrella collective investment undertaking") Angabe etwaiger wechselseitiger Haftung, die zwischen verschiedenen Teilfonds oder Anlagen in anderen Organismen für gemeinsame Anlagen auftreten kann, und Angabe der Maßnahmen zur Begrenzung einer derartigen Haftung.

8. Finanzinformationen

8.1. Hat ein Organismus für gemeinsame Anlagen seit dem Datum seiner Gründung oder Niederlassung bis zum Tag der Erstellung des Registrierungsformulars seine Tätigkeit nicht aufgenommen und wurde kein Jahresabschluss erstellt, Angabe dieser Tatsache.

Hat ein Organismus für gemeinsame Anlagen seine Tätigkeit aufgenommen, gelten die Bestimmungen von Punkt 20 in Anhang I zu den Mindestangaben für das Registrierungsformular für Aktien.

8.2. Umfassende und aussagekräftige Analyse des Portfolios des Organismus für gemeinsame Anlagen (wenn ungeprüft, entsprechender klarer Hinweis).

8.3. Angabe des aktuellsten Nettoinventarwerts pro Wertpapier im Schema für die Wertpapierbeschreibung (wenn ungeprüft, entsprechend klarer Hinweis).

Annex XV
Minimum disclosure requirements for the registration document for securities issued by collective investment undertakings of the closed-end type (schedule)

In addition to the information required in this schedule, the collective investment undertaking must provide...the following information as required under paragraphs and items 1, 2, 3, 4, 5.1, 7, 9.1, 9.2.1, 9.2.3, 10.4, 13, 14, 15, 16, 17.2, 18, 19, 20, 21, 22, 23, 24, 25 in Annex I (minimum disclosure requirements for the share registration document schedule).

1. Investment Objective and Policy

1.1. A detailed description of the investment objective and policy which the collective investment undertaking will pursue and a description of how that investment objectives and policy may be varied including any circumstances in which such variation requires the approval of investors. A description of any techniques and instruments that may be used in the management of the collective investment undertaking.

1.2. The borrowing and/or leverage limits of the collective investment undertaking. If there are no such limits, include a statement to that effect.

1.3. The regulatory status of the collective investment undertaking together with the name of any regulator in its country of incorporation.

1.4. The profile of a typical investor for whom the collective investment undertaking is designed.

2. Investment Restrictions

2.1. A statement of the investment restrictions which apply to the collective investment undertaking, if any, and an indication of how the holders of securities will be informed of the actions that the investment manager will take in the event of a breach.

2.2. Where more than 20 % of the gross assets of any collective investment undertaking (except where items 2.3. or 2.5. apply) may be:

(a) invested in, either directly or indirectly, or lent to any single underlying issuer (including the underlying issuer's subsidiaries or affiliates);

or

(b) invested in one or more collective investment undertakings which may invest in excess of 20 % of its gross assets in other collective investment undertakings (open-end and/or closed-end type);

or

(c) exposed to the creditworthiness or solvency of any one counterparty (including its subsidiaries or affiliates);

the following information must be disclosed:

(i) information relating to each underlying issuer/collective investment undertaking/counterparty as if it were an issuer for the purposes of the minimum disclosure requirements for the share registration document schedule (in the case of (a)) or minimum disclosure requirements for the registration document schedule for securities issued by collective investment undertaking of the closed-end type (in the case of (b)) or the minimum disclosure requirements for the debt and derivative securities with an individual denomination per unit of at least EUR 50 000 registration document schedule (in the case of (c));

or

(ii) if the securities issued by the underlying issuer/collective investment undertaking/counterparty have already been admitted to trading on a regulated or equivalent market or the obligations are guaranteed by an entity admitted to trading on a regulated or equivalent market, the name, address, country of incorporation, nature of business and name of the market in which its securities are admitted.

This requirement shall not apply where the 20 % is exceeded due to appreciations or depreciations, changes in exchange rates, or by reason of the receipt of rights, bonuses, benefits in the nature of capital or by reason of any other action affecting every holder of that investment, provided the investment manager has regard to the threshold when considering changes in the investment portfolio.

2.3. Where a collective investment undertaking may invest in excess of 20 % of its gross assets in other collective investment undertakings (open ended and/or closed ended), a description of if and how risk is spread in relation to those investments. In addition, item 2.2. shall apply, in aggregate, to its underlying investments as if those investments had been made directly.

2.4. With reference to point (c) of item 2.2., if collateral is advanced to cover that portion of the exposure to any one counterparty in excess of 20 % of the gross assets of the collective investment undertaking, details of such collateral arrangements.

2.5. Where a collective investment undertaking may invest in excess of 40 % of its gross assets in another collective investment undertaking either of the following must be disclosed:

(a) information relating to each underlying collective investment undertaking as if it were an issuer under minimum disclosure requirements for the registration document schedule for securities issued by collective investment undertaking of the closed-end type;

(b) if securities issued by an underlying collective investment undertaking have already been admitted to trading on a regulated or equivalent market or the obligations are guaranteed by an entity admitted to trading on a regulated or equivalent market, the name, address, country of incorporation, nature of business and name of the market in which its securities are admitted.

2.6. Physical Commodities

Where a collective investment undertaking invests directly in physical commodities a disclosure of that fact and the percentage that will be so invested.

2.7. Property Collective investment undertakings

Where a collective investment undertaking is a property collective investment undertaking, disclosure of that fact, the percentage of the portfolio that is to be invested in the property, as well as a description of the property and any material costs relating to the acquisition and holding of such property. In addition, a valuation report relating to the properties must be included.

Disclosure of item 4.1. applies to:

(a) the valuation entity;

(b) any other entity responsible for the administration of the property.

2.8. Derivatives Financial instruments/Money Market Instruments/Currencies

Where a collective investment undertaking invests in derivatives financial instruments, money market instruments or currencies other than for the purposes of efficient portfolio management (i.e. solely for the purpose of reducing, transferring or eliminating investment risk in the underlying investments of a collective investment undertaking, including any technique or instrument used to provide protection against exchange and credit risks), a statement whether those investments are used for hedging or for investment purposes, and a description of if and how risk is spread in relation to those investments.

2.9. Item 2.2. does not apply to investment in securities issued or guaranteed by a government, government agency or instrumentality of any Member State, its regional or local authorities, or OECD Member State.

2.10. Point (a) of item 2.2. does not apply to a collective investment undertaking whose investment objective is to track, without material modification, that of a broadly based and recognised published index. A description of the composition of the index must be provided.

3. The Applicant's Service Providers

3.1. The actual or estimated maximum amount of all material fees payable directly or indirectly by the collective investment undertaking for any services under arrangements entered into on or prior to the date of the registration document and a description of how these fees are calculated.

3.2. A description of any fee payable directly or indirectly by the collective investment undertaking which cannot be quantified under item 3.1. and which is or may be material.

3.3. If any service provider to the collective investment undertaking is in receipt of any benefits from third parties (other than the collective investment undertaking) by virtue of providing any services to the collective investment undertaking, and those benefits may not accrue to the collective investment undertaking, a statement of that fact, the name of that third party, if available, and a description of the nature of the benefits.

3.4. The name of the service provider which is responsible for the determination and calculation of the net asset value of the collective investment undertaking.

3.5. A description of any material potential conflicts of interest which any of the service providers to the collective investment undertaking may have as between their duty to the collective investment undertaking and duties owed by them to third parties and their other interests. A description of any arrangements which are in place to address such potential conflicts.

4. Investment Manager/advisers

In respect of any Investment Manager such information as is required to be disclosed under items 5.1.1. to 5.1.4. and, if material, under item 5.1.5. of Annex I together with a description of its regulatory status and experience.

In respect of any entity providing investment advice in relation to the assets of the collective investment undertaking, the name and a brief description of such entity.

5. Custody

5.1. A full description of how the assets of the collective investment undertaking will be held and by whom and any fiduciary or similar relationship between the collective investment undertaking and any third party in relation to custody:

Where a custodian, trustee, or other fiduciary is appointed:

such information as is required to be disclosed under items 5.1.1. to 5.1.4. and, if material, under item 5.1.5. of Annex I;

a description of the obligations of such party under the custody or similar agreement;

any delegated custody arrangements;

the regulatory status of such party and delegates.

5.2. Where any entity other than those entities mentioned in item 5.1, holds any assets of the collective investment undertaking, a description of how these assets are held together with a description of any additional risks.

6. Valuation

6.1. A description of how often, and the valuation principles and the method by which, the net asset value of the collective investment undertaking will be determined, distinguishing between categories of investments and a statement of how such net asset value will be communicated to investors.

6.2. Details of all circumstances in which valuations may be suspended and a statement of how such suspension will be communicated or made available to investors.

7. Cross Liabilities

7.1. In the case of an umbrella collective investment undertaking, a statement of any cross liability that may occur between classes or investments in other collective investment undertakings and any action taken to limit such liability.

8. Financial Information

8.1. Where, since the date of incorporation or establishment, a collective investment undertaking has not commenced operations and no financial statements have been made up as at the date of the registration document, a statement to that effect.

Where a collective investment undertaking has commenced operations, the provisions of item 20 of Annex I on the Minimum Disclosure Requirements for the share registration document apply.

8.2. A comprehensive and meaningful analysis of the collective investment undertaking's portfolio (if un-audited, clearly marked as such).

8.3. An indication of the most recent net asset value per security must be included in the securities note schedule (and, if un-audited, clearly marked as such).

ARTIKEL 19
Schema für das Registrierungsformular für Mitgliedstaaten, Drittstaaten und ihre regionalen und lokalen Gebietskörperschaften

(1) Beim Registrierungsformular für Wertpapiere, die von Mitgliedstaaten, Drittstaaten und ihren regionalen und lokalen Gebietskörperschaften ausgegeben werden, werden die Angaben gemäß dem in Anhang XVI festgelegten Schema zusammengestellt.

(2) Das Schema gilt für alle Arten von Wertpapieren, die von den Mitgliedstaaten, Drittstaaten sowie ihren regionalen und lokalen Gebietskörperschaften ausgegeben werden.

Article 19
Registration document schedule for Member States, third countries and their regional and local authorities

(1) For the registration document for securities issued by Member States, third countries and their regional and local authorities information shall be given in accordance with the schedule set out in Annex XVI.

(2) The schedule shall apply to all types of securities issued by Member States, third countries and their regional and local authorities.

Diesbezüglich wird auf die Kommentierung zu Anh. XVI EU-ProspV verwiesen.

Anh. XVI EU-ProspV
Mindestangaben für das Registrierungsformular für Wertpapiere, die von Mitgliedstaaten, Drittstaaten und ihren regionalen und lokalen Gebietskörperschaften ausgegeben werden (Schema)

1. Verantwortliche Personen

1.1. Alle Personen, die für die im Registrierungsformular gemachten Angaben bzw. für bestimmte Abschnitte des Registrierungsformulars verantwortlich sind. Im letzteren Fall sind die entsprechenden Abschnitte aufzunehmen. Im Falle von natürlichen Personen, zu denen auch Mitglieder der

Verwaltungs-, Geschäftsführungs- und Aufsichtsorgane des Emittenten gehören, sind der Name und die Funktion dieser Person zu nennen. Bei juristischen Personen sind Name und eingetragener Sitz der Gesellschaft anzugeben.

1.2. Erklärung der für das Registrierungsformular verantwortlichen Personen, dass sie die erforderliche Sorgfalt haben walten lassen, um sicherzustellen, dass die im Registrierungsformular genannten Angaben ihres Wissens nach richtig sind und keine Tatsachen ausgelassen worden sind, die die Aussage des Registrierungsformulars wahrscheinlich verändern. Ggf. Erklärung der für bestimmte Abschnitte des Registrierungsformulars verantwortlichen Personen, dass sie die erforderliche Sorgfalt haben walten lassen, um sicherzustellen, dass die in dem Teil des Registrierungsformulars genannten Angaben, für die sie verantwortlich sind, ihres Wissens nach richtig sind und keine Tatsachen ausgelassen worden sind, die die Aussage des Registrierungsformulars wahrscheinlich verändern.

2. Risikofaktoren

Klare Offenlegung der Risikofaktoren, die die Fähigkeit des Emittenten beeinträchtigen können, seinen sich aus den Wertpapieren gegenüber den Anlegern ergebenden Verpflichtungen nachzukommen (unter der Rubrik „Risikofaktoren").

3. Angaben über den Emittenten

3.1. Gesetzlicher Name des Emittenten und kurze Beschreibung seiner Stellung im nationalen öffentlichen Rahmen.

3.2. Wohnsitz oder geografische Belegenheit sowie Rechtsform des Emittenten, seine Kontaktadresse und Telefonnummer.

3.3. Etwaige Ereignisse aus jüngster Zeit, die für die Bewertung der Zahlungsfähigkeit des Emittenten relevant sind.

3.4. Beschreibung des wirtschaftlichen Umfelds des Emittenten, insbesondere aber:

a) der Wirtschaftsstruktur mit detaillierten Angaben zu den Hauptwirtschaftszweigen;

b) des Bruttoinlandsprodukts mit einer Aufschlüsselung nach Wirtschaftszweigen für die letzten beiden Geschäftsjahre.

3.5. Allgemeine Beschreibung des politischen Systems des Emittenten und der Regierung, einschließlich detaillierter Angaben zu dem verantwortlichen Organ, dem der Emittent untersteht.

4. Öffentliche Finanzen und Handel

Angaben zu den nachfolgend genannten Punkten für die letzten beiden Geschäftsjahre, die dem Datum der Erstellung des Registrierungsformulars vorausgehen:

4. Öffentliche Finanzen und Handel

Angaben zu den nachfolgend genannten Punkten für die letzten beiden Geschäftsjahre, die dem Datum der Erstellung des Registrierungsformulars vorausgehen:

a) Steuer- und Haushaltssystem;

b) Bruttostaatsverschuldung, einschließlich einer Übersicht über die Verschuldung, die Fälligkeitsstruktur der ausstehenden Verbindlichkeiten (unter besonderer Kennzeichnung der Verbindlichkeiten mit einer Restlaufzeit von weniger als einem Jahr), die Schuldentilgung und die Teile der Verschuldung, die in nationaler Währung sowie in Fremdwährung notiert sind;

c) Zahlen für den Außenhandel und Zahlungsbilanz;

d) Devisenreserven, einschließlich möglicher Belastungen dieser Reserven, wie Termingeschäfte oder Derivate;

e) Finanzlage und Ressourcen, einschließlich in einheimischer Währung verfügbarer Bareinlagen;

f) Zahlen für Einnahmen und Ausgaben;

Beschreibung der Audit-Verfahren und der Verfahren der externen Prüfung der Abschlüsse des Emittenten.

5. Wesentliche Veränderungen

5.1. Einzelheiten über wesentliche Veränderungen seit Ende des letzten Geschäftsjahres bei den Angaben, die gemäß Punkt 4 beigebracht wurden. Ansonsten ist eine negative Erklärung abzugeben.

6. Gerichts- und Schiedsgerichtsverfahren

6.1. Angaben über etwaige staatliche Interventionen, Gerichts- oder Schiedsgerichtsverfahren (einschließlich derjenigen Verfahren, die nach Kenntnis des Emittenten noch anhängig sind oder eingeleitet werden könnten), die im Zeitraum der mindestens letzten 12 Monate bestanden/abgeschlossen wurden, und die sich erheblich auf die Finanzlage des Emittenten auswirken bzw. in jüngster Zeit ausgewirkt haben. Ansonsten ist eine negative Erklärung abzugeben.

6.2. Angaben über eine etwaige Immunität, die der Emittent bei Gerichtsverfahren genießt.

7. Erklärungen von Seiten Sachverständiger und Interessenerklärungen

Wird in das Registrierungsformular eine Erklärung oder ein Bericht einer Person aufgenommen, die als Sachverständiger handelt, so sind der Name, die Geschäftsadresse und die Qualifikation anzugeben. Wurde der Bericht auf Ersuchen des Emittenten erstellt, so ist eine diesbezügliche Erklärung dahingehend abzugeben, dass die aufgenommene Erklärung oder der aufgenommene Bericht in der Form und in dem Zusammenhang, in dem sie bzw. er aufgenommen wurde, die Zustimmung von Seiten der Person erhalten hat, die den Inhalt dieses Teils des Registrierungsformulars gebilligt hat.

Soweit dem Emittenten bekannt, sind Angaben über etwaige Interessen des Sachverständigen beizubringen, die sich auf seine Unabhängigkeit bei der Abfassung des Berichts auswirken können.

8. Einsehbare Dokumente

Abzugeben ist eine Erklärung dahingehend, dass während der Gültigkeitsdauer des Registrierungsformulars ggf. die folgenden Dokumente (oder deren Kopien) eingesehen werden können:

a) Finanzberichte und Bestätigungsvermerke über den Emittenten für die beiden letzten Geschäftsjahre und Budget für das laufende Geschäftsjahr;

b) Sämtliche Berichte, Schreiben und sonstigen Dokumente, Bewertungen und Erklärungen, die von einem Sachverständigen auf Ersuchen des Emittenten erstellt bzw. abgegeben wurden, sofern Teile davon in das Registrierungsformular eingeflossen sind oder in ihm darauf verwiesen wird.

Anzugeben ist auch, wo in diese Dokumente entweder in Papierform oder auf elektronischem Wege Einsicht genommen werden kann.

Annex XVI

Minimum disclosure requirements for the registration document for securities issued by Member States, third countries and their regional and local authorities (schedule)

1. Persons Responsible

1.1. All persons responsible for the information given in the registration document and, as the case may be, for certain parts of it, with, in the latter case, an indication of such parts. In the case of natural persons including members of the issuer's administrative, management or supervisory bodies indicate the name and function of the person; in case of legal persons indicate the name and registered office.

1.2. A declaration by those responsible for the registration document that, having taken all reasonable care to ensure that such is the case, the information contained in the registration document is, to the best of their knowledge in accordance with the facts and contains no omission likely to affect its import. As the case may be, declaration by those responsible for certain parts of the registration document that, having taken all reasonable care to ensure that such is the case the information contained in the part of the registration document for which they are responsible is, to the best of their knowledge, in accordance with the facts and contains no omission likely to affect its import.

2. Risk Factors

Prominent diclosure of risk factors that may affect the issuer's ability to fulfil ist obligations under the securities to investors in a section headed 'Risk factors'.

3. Information about the Issuer

3.1. The legal name of the issuer and a brief description of the issuer's position within the national governmental framework.

3.2. The domicile or geographical location and legal form of the issuer and it's contact address and telephone number.

3.3. Any recent events relevant to the evaluation of the issuer's solvency.

3.4. A description of the issuer's economy including:

a) the structure of the economy with details of the main sectors of the economy;

b) gross domestic product with a breakdown by the issuer's economic sectors over for the previous two fiscal years.

3.5. A general description of the issuer's political system and government including details of the governing body of the issuer.

4. Public Finance and Trade

Information on the following for the two fiscal years prior to the date of the registration document:

a) the tax and budgetary systems;

b) gross public debt including a summery of the debt, the maturity structure of outstanding debt (particularly noting debt with a residual maturity of less than one year) and debt payment record, and of the parts of debt denominated in the domestic currency of the issuer and in foreign currencies;

c) foreign trade and balance of payment figures;

d) foreign exchange reserves including any potential encumbrances to such foreign exchange reserves as forward contracts or derivatives;

e) financial position and resources including liquid deposits available in domestic currency;

f) income and expenditure figures.

Description of any auditing or independent review procedures on the accounts of the issuer.

5. SIGNIFICANT CHANGE

5.1. Details of any significant changes to the information provided pursuant to item 4 which have occurred since the end of the last fiscal year, or an appropriate negative statement.

6. Legal and Arbitration Proceedings

6.1. Information on any governmental, legal or arbitration proceedings (including any such proceedings which are pending or threatened of which the issuer is aware), during a period covering at least the previous 12 months which may have, or have had in the recent past, significant effects on the issuer financial position, or provide an appropriate negative statement.

6.2. Information on any immunity the issuer may have from legal proceedings.

7. Statement by Experts and Declarations of any Interest

Where a statement or report attributed to a person as an expert is included in the registration document, provide such person's name, business address and qualifications. If the report has been produced at the issuer's request a statement to that effect, that such statement or report is included, in the form and context in which it is included, with the consent of that person, who has authorised the contents of that part of the registration document.

To the extent known to the issuer, provide information in respect of any interest relating to such expert which may have an effect on the independence of the expert in the preparation of the report.

8. Documents On Display

A statement that for the life of the registration document the following documents (or copies thereof), where applicable, may be inspected:

a) financial and audit reports for the issuer covering the last two fiscal years and the budget for the current fiscal year;

b) all reports, letters, and other documents, valuations and statements prepared by any expert at the issuer's request any part of which is included or referred to in the registration document.

An indication of where the documents on display may be inspected, by physical or electronic means.

Inhalt

		Rn.			Rn.
I.	Überblick	1	b)	Ziff. 3.2.	18
	1. Allgemeines	2	c)	Ziff. 3.3.	19
	2. Ähnlichkeiten zu dem ehem. § 42 BörsZulVO	5	d)	Ziff. 3.4.	22
			e)	Ziff. 3.5.	25
II.	Das Registrierungsformular gemäß Anh. XVI	6	4.	Öffentliche Finanzen und Handel	26
	1. Verantwortliche Personen	7	5.	Wesentliche Änderungen	27
	a) Ziff. 1.1.	8	6.	Gerichts- und Schiedsgerichtsverfahren	28
	b) Ziff. 1.2.	9			
	2. Risikofaktoren	10	7.	Erklärungen von Seiten Sachverständiger und Interessenerklärungen	30
	a) Inhalt der Risikofaktoren	11			
	b) Beispiele für Risikofaktoren	12			
	3. Angaben über den Emittenten	14	8.	Einsehbare Dokumente	31
	a) Ziff 3.1.	15			

I. Überblick

1 Art. 19 der EU-ProspV bestimmt die Mindestinhalte des Registrierungsformulars für Wertpapiere, die von Mitgliedstaaten, Drittstaaten und ihren regionalen und lokalen Gebietskörperschaften ausgegeben werden.

1. Allgemeines

2 Auf den ersten Blick scheint es zu überraschen, dass auch Mitgliedstaaten von Art. 19 umfasst werden. Denn die EU-ProspRL nimmt in ihrem Kap. I Art. 1 Abs. 2 b) ausdrücklich Nichtdividendenwerte, die von einem Mitglied-

staat oder einer Gebietskörperschaft eines Mitgliedstaats ausgegeben werden, aus ihrem Anwendungsbereich aus, so dass demnach eine Prospektpflicht nicht besteht.

Ergebnis der zuvor beschriebenen Ausnahmeregelung der EU-ProspRL ist also, dass letztlich nur hoheitliche Emittenten aus Drittstaaten sowie deren regionale oder lokale Gebietskörperschaften zur Vorlage eines Prospekts verpflichtet sind, sofern sie in einem Mitgliedstaat der Gemeinschaft ein öffentliches Angebot von Wertpapieren machen oder ihre Wertpapiere zum Handel auf einem geregelten Markt zulassen möchten.[1]

Die generelle Erfassung aller Emissionen sowohl von Mitglied- als auch von Drittstaaten und deren Gebietskörperschaften durch Anh. XVI EU-ProspV macht jedoch aus folgendem Grund Sinn:[2] Auf Grundlage des Kap. I Art. 1 Abs. 3 der EU-ProspRL besteht auch für Mitgliedstaaten sowie deren Gebietskörperschaften die Möglichkeit, für deren Wertpapiere freiwillig einen Prospekt gem. den Bestimmungen der EU-ProspRL zu erstellen, sogenanntes „Opt-In", sofern sie es ausdrücklich wünschen.[3] In diesem Fall sorgt die Anwendung des Anh. XVI EU-ProspV für einen einheitlichen Anspruch an den Prospektinhalt. Umgesetzt wurde diese Wahlmöglichkeit in § 1 Abs. 3 WpPG, wonach unbeschadet der Ausnahmevorschriften des § 1 Abs. 2 Nr. 2 bis 5 WpPG Emittenten, Anbieter oder Zulassungsantragsteller berechtigt sind, einen Prospekt im Sinne des WpPG zu erstellen. Wählt ein Emittent diese Möglichkeit des „Opt-In", so finden die Vorschriften des WpPG in seiner Gesamtheit Anwendung. Im Gegenzug wird die Möglichkeit eröffnet, die Wertpapiere grenzüberschreitend öffentlich anzubieten oder zum Handel an einem organisierten Markt zuzulassen, d. h. von den Vorzügen des „Europäischen Passes" profitieren zu können.[4]

3

Darüber hinaus ist anzumerken, dass die Mitgliedstaaten frei wählen konnten, ob sie diese Ausnahmevorschriften der EU-ProspRL übernehmen,[5] oder ob sie nationale, nicht auf EU-Ebene harmonisierte Regeln für eine Prospektpflicht dieser Emittenten von Nichtdividendenwerten vorsehen.[6] Der deutsche Gesetzgeber jedenfalls ist den Ausnahmevorgaben der EU-ProspRL gefolgt. Er hat die prospektfreie Emission von Nichtdividendenwerten durch Art. 1 § 1 Abs. 2 Nr. 2 des Prospektrichtlinie-Umsetzungsgesetzes vom 22. 06. 2005[7] sogar auch auf andere Vertragsstaaten des Abkommens über den Europäischen Wirtschaftsraum sowie deren Gebietskörperschaften erweitert. Diese Vorschrift ist den §§ 36, 52 Börsengesetz (BörsG) und § 3 Nr. 1 a) und

4

---

1 Vgl. auch die Präambel der EU-ProspV, S. 5 Ziff. 20.
2 Vgl. auch *CESR* advice, advertisement, Ref: CESR/03-399, III.2 (40).
3 Vgl. auch die Präambel der EU-ProspRL, Abl. L 345 vom 04. 11. 2003, Erwägungsgrund 11; *Holzborn/Israel*, ZIP 2005, 1668; *Kunold/Schlitt*, BB 2004, 501, 503; *Holzborn/Schwarz-Gondek*, BKR 2003, 927, 929.
4 Vgl. auch RegBegr. EU-ProspRL-UmsetzungsG BT-Drucks. 15/4999, S. 28; *Holzborn/Schwarz-Gondek*, BKR 2003, 927, 929; *Kunold/Schlitt*, BB 2004, 501, 503.
5 Vgl. RegBegr. EU-ProspRL-UmsetzungsG BT-Drucks. 15/4999, S. 27.
6 Vgl. auch *Kunold/Schlitt*, BB 2004, 501, 503.
7 BGBl. I 2005, 1698, 1699.

b) Verkaufsprospektgesetz[8] (VerkProspG), die ebenfalls von Gesetzes wegen eine Befreiung der vorgenannten öffentlich rechtlichen Emittenten von der Prospektpflicht vorsahen, nachgebildet.[9] Allerdings gilt die ehemals in § 3 Nr. 1 VerkProspG vorgesehene Ausnahme nicht mehr für Vollmitgliedstaaten der Organisation für wirtschaftliche Entwicklung und Zusammenarbeit, sowie für Staaten, die mit dem Internationalen Währungsfonds besondere Kreditabkommen im Zusammenhang mit dessen Allgemeinen Kreditvereinbarungen getroffen haben.

Sofern ein Mitgliedstaat entgegen den vorherigen Ausführungen die Ausnahmevorgaben der EU-ProspRL nicht umgesetzt hat, sondern nationale, nicht auf EU-Ebene harmonisierte Regeln für eine Prospektpflicht vorsieht,[10] profitieren diese Wertpapiere dann auch nicht von den mit der Harmonisierung verbundenen Vorteilen und erhalten keinen „Europäischen Pass".[11]

2. Ähnlichkeiten zu dem ehem. § 42 BörsZulVO

5 Betrachtet man nunmehr die Mindestinhalte des Anh. XVI EU-ProspV, so erkennt man diverse Ähnlichkeiten zu dem ehem. § 42 BörsZulVO[12], welcher unter dem Abschnitt „Prospektinhalt in Sonderfällen" die Anforderungen an den Börsenzulassungsprospekt für die Zulassung von Schuldverschreibungen zur amtl. Notierung von Staaten, Gebietskörperschaften und zwischenstaatlichen Einrichtungen regelte. Die BörsZulVO, welche auf einem Entwurf der Bundesregierung vom 20.02.1987[13] beruhte, regelte seit ihrem in Kraft treten am 01.05.1987[14] in ihrem § 42 die Mindestinhalte der Prospekte für die vorgenannten Emittenten. Diese bezogen sich auf 1. die geographischen und staatsrechtlichen Verhältnisse, 2. die Zugehörigkeit zu zwischenstaatlichen Einrichtungen, 3. die Wirtschaft, insbesondere ihre Struktur, Produktionszahlen der wesentlichen Wirtschaftszweige, Entstehung und Verwendung des Bruttosozialprodukts und des Volkseinkommens, die Beschäftigung, Preise und Löhne, 4. den Außenhandel, die Zahlungsbilanz und die Währungsreserven, 5. den Staatshaushalt und die Staatsverschuldung, 6. die jährlichen Fälligkeiten der bestehenden Verschuldung und 7. auf die Erfüllung der Verbindlichkeiten aus bisher ausgegebenen Schuldverschreibungen. Danach waren die Angaben zu den Nr. 3 bis 5 jeweils für die letzten

---

8 Diese Vorschrift ist i. R. d. ProspektRL-UmsetzungsG weggefallen. Bei dem hier angeführten ehem. Text des VerkProspG handelt es sich um die Fassung der Bekanntmachung vom 09.09.1998 (BGBl. I S. 2701), zuletzt geändert durch Art. 8 Abs. 6 des Gesetzes vom 04.12.2004 (BGBl. I S. 3166).
9 RegBegr. EU-ProspRL-UmsetzungsG BT-Drucks. 15/4999, S. 27
10 Vgl. insoweit auch die Übersicht zur nationalen Umsetzung der EU-ProspektRL in VÖB/NSL, Der europäische Pass für Wertpapierprospekte und seine Anforderungen, S. 15f.
11 Vgl. auch *Kunold/Schlitt*, BB 2004, 501, 503.
12 I. R. d. des EU-ProspRL-UmsetzungsG vom 22.06.2005 (BGBl I 2005 S. 1716) weggefallen. Der ehem. Text zur BörsZulVO ist zu entnehmen: BGBl. III/FNA 4110-1-1, i. d. F. der Bekanntmachung vom 09.09.1998, (BGBl. I S. 2832), und geändert durch Art. 20 Viertes Finanzmarktförderungsgesetz v. 21.06.2002 (BGBl. I S. 2010).
13 BR-Drucks. 72/87.
14 Vgl. die Ausführungen von *Groß*, KapMR, 2. Aufl. BörsZulV Rn. 1.

drei Jahre aufzunehmen. Für die Zulassung von Schuldverschreibungen, die von Gebietskörperschaften oder von zwischenstaatlichen Einrichtungen emittiert wurden, waren diese Regelungen entsprechend anzuwenden. Die Gesetzesbegründung führte zu dieser Regelung aus, dass die darin geforderten Mindestinhalte für den Prospekt der Praxis der Börsen entsprach.[15] Aber auch die Empfehlung des CESR zu den Mindestinhalten dieses Anh. fußen letztlich auf Erfahrungswerten zu Prospekten, welche in der Vergangenheit durch die hier angesprochenen Emittenten erstellt wurden.[16] Jedenfalls werden im Rahmen der nachfolgenden Gliederungspunkte die inhaltlichen Parallelen des ehem. § 42 BörsZulVO zu Anh. XVIEU-ProspV weitergehend herausgearbeitet.

Der Vollständigkeit halber wird darauf hingewiesen, dass dieser Anh. nicht für lediglich territoriale Untergliederungen eines Mitgliedstaates, etwa französische Departements oder britische Countries gilt, da sie bspw. nicht die einem deutschen Bundesland vergleichbare föderalistische Selbständigkeit besitzen.[17]

II. Das Registrierungsformular gemäß Anh. XVI

Der Anh. XVI EU-ProspV enthält die Mindestangaben für das Registrierungsformular für Wertpapiere, die von Mitgliedstaaten, Drittstaaten und ihren regionalen und lokalen Gebietskörperschaften ausgegeben werden.[18]   6

1. Verantwortliche Personen

Allein die namentliche Benennung als Prospektverantwortlicher im Prospekt   7
führt dazu, dass der so Genannte als Prospektverantwortlicher im Sinne des § 45 Abs. 1 Nr. 1 BörsG anzusehen ist, obwohl diese Ziff. 1.1. keine materielle Haftungsregelung zum Gegenstand hat.[19]

a) Ziff. 1.1.

In Erfüllung der Verpflichtung der Ziff. 1.1. wird im Regelfall in das Regist-   8
rierungsformular folgende Erklärung aufgenommen: „Der Emittent XY übernimmt für die im Prospekt gemachten Angaben die Verantwortung." Als verantwortliche Personen werden im Prospekt regelmäßig juristische Personen, also die Emittenten selbst, oder die Anbieter bzw. Zulassungsantragsteller eingetragen. Wie insbesondere die Regelung 1.1. belegt, kann diese Aussage auch von natürlichen Personen gemacht sowie auf bestimmte Ab-

---

15 RegBegr. BörsZulVO BR-Drucks. 72/87, S. 67, 84.
16 Vgl. *CESR* advice, advertisement, Ref: CESR/03-399, III.2 (42) und Annex B.
17 Vgl. insoweit auch die entsprechend anwendbaren Ausführungen von *Heidelbach*, in: Schwark, KapMRK, § 36 BörsG Rn. 6.
18 Zu der Reihenfolge der Informationsbestandteile vgl. Anh. I EU-ProspV, Rn. 2.
19 Vgl. die Ausführungen von *Groß*, KapMR, 2. Aufl., §§ 13–32 BörsZulV Rn. 4; weitere Ausführungen zur Prospekthaftung, vgl. Anh. I EU-ProspV, Rn. 3 und § 44, 45 BörsG.

schnitte beschränkt werden. Dass eine Verpflichtung zur Aufnahme auch natürlicher Personen als Verantwortliche besteht, kann dem Verordnungstext an dieser Stelle nicht entnommen werden. Außerdem sollte bei einem „einteiligen" Prospekt eine Verantwortlichkeitserklärung für den gesamten Prospekt ausreichen, wobei eine Teilverantwortlichkeit nur für bestimmte Abschnitte daneben möglich bleibt.

Handelt es sich bei dem für den Prospekt Verantwortlichen um den Emittenten selbst, also einen Staat bzw. dessen Gebietskörperschaft als juristische Personen des öffentlichen Rechts, so ist als dessen Name die amtlich bzw. gesetzlich verankerte Bezeichnung anzuführen, welche üblicherweise auch die Staatsform beinhaltet, bspw. Bundesrepublik Deutschland. Je nach dem, um welche Art von Emittent es sich handelt, wird der amtl. Name in der Regel entweder in der Verfassung des Staates oder in einer für seine regionalen und lokalen Gebietskörperschaften entsprechenden Rechtsgrundlage verankert sein. Als eingetragener Sitz wird in diesem Zusammenhang die Adresse der abwickelnden Stelle des Emittenten genannt, und dies ist zumeist das zuständige Finanzministerium.[20]

b) Ziff. 1.2.

9   Der in Ziff. 1.2. vorgeschriebenen Erklärung kommen die Verantwortlichen in der Regel dadurch nach, dass sie den Verordnungstext, so wie er vorgegeben ist, wiederholen und auf sich beziehen, d. h.: „der XY Verantwortliche hat die erforderliche Sorgfalt walten lassen, um sicherzustellen, dass die im Registrierungsformular genannten Angaben seines Wissens nach richtig sind und keine Tatsachen ausgelassen worden sind, die die Aussage des Registrierungsformulars wahrscheinlich verändern".[21]

In diesem Zusammenhang ist klarzustellen, dass der teilweise unterschiedliche Wortlaut in den Anhängen, und zwar einmal dahingehend, dass die Auslassung von Angaben den Inhalt „wahrscheinlich verändern"[22], und ein anderes mal darauf abstellend, dass sich der Inhalt durch Auslassung „verändern kann",[23] nur auf eine uneinheitliche Übersetzung zurück zu führen ist.[24] Demnach wird in allen Anhängen zu diesem Punkt materiell das gleiche verlangt.

---

20 Vgl. bspw. den Prospekt der Republik Columbien vom 17. 10. 2005, U.S. $ 17,000,000,000 Global Medium-Term Note Program, S. 15: „Dirección General de Crédito Público y Tesoro Nacional, Ministerio de Hacienda y Crédito Público, Carrera 7a, No. 6-45, Piso 8, Bogotá D.C., Colombia", und den Prospekt der Republik Türkei vom 18. 02. 2004, ergänzt zum 04. 01. 2006, S. 17 Nr. 6: „The address of the Republic is: The Undersecretariat of Treasury of the Republic Prime Ministry, Ismet Inonu Bulvari, No. 36, 06510 Emek, Ankara, Turkey", hinterlegt bei der Bourse de Luxembourg, www.bourse.lu.
21 Zur Sorgfaltserklärung siehe auch Anh. I EU-ProspV, Rn. 6.
22 Vgl. auch Anh. VII 1.2., IX 1.2., X 1.2., XI 1.2., XII 1.2., XIII 1.2., XVI 1.2. der EU-ProspV.
23 Vgl. insofern auch Anh. I 1.2., III 1.2., IV 1.2. und V 1.2. der EU-ProspV.
24 Vgl. insoweit auch den englischen Text der vorgenannten Anhänge, der grds. lautet: „contains no omission likely to affect its import".

2. Risikofaktoren

Bei der Darstellung der Risikofaktoren geht es um die klare Offenlegung der Umstände, welche die Fähigkeit des Emittenten beeinträchtigen können, seinen Verpflichtungen aus den Wertpapieren nachzukommen. Eine ähnlich lautende Vorschrift enthielt der ehem. § 42 BörsZulVO[25] nicht.[26]

a) Inhalt der Risikofaktoren

Was letztlich mit der Darstellung der Risikofaktoren für die in Anh. XVI EU-ProspV geregelten Emittenten gemeint ist, lässt sich zum Teil den Niederschriften der CESR-Beratungen entnehmen, aus welchen hervorgeht, dass Grundlage für diese Vorschrift u. a. die von der IOSCO[27] veröffentlichten internationalen Offenlegungsstandards sind.[28] Diese Offenlegungsstandards beinhalten detaillierte Vorgaben für Dividendenpapiere. Allerdings sind diese im Rahmen der CESR Beratungen ebenfalls auf Wertpapiere, die keine Dividendenpapiere darstellen, u. a. mit der Begründung für anwendbar erklärt worden, dass auch der Gläubiger von Nichtdividendenpapieren ein Interesse an dem Risiko, welches auf die Rückzahlungsfähigkeit des Emittenten eingeht, hat.[29] Diese Ausführungen gelten auch für die Anwendung des vorliegenden Anh. XVI EU-ProspV.[30] Im Grundsatz führen die IOSCO Offenlegungsstandards an dieser Stelle aus,[31] dass in dem Registrierungsformular deutlich die Risikofaktoren darzustellen seien, die spezifisch für den Emittenten bzw. das emittierende Unternehmen sind. In diesem Zusammenhang wird auch empfohlen, nicht gefordert, die Risikofaktoren nach Rangfolge bzw. Dringlichkeit darzustellen. Diesem Vorschlag ist zum Zwecke der Übersichtlichkeit zu folgen.[32] Außerdem wird ausgeführt, dass die Sektion der Risikofaktoren zur Darstellung der Risikoinformationen gelten soll, auf deren Hintergründe an anderer Stelle des Prospekts detaillierter eingegangen werden kann. Demzufolge sind in der nachfolgenden Ziff. 3.3. die gesamten Entwicklungen von Umständen, die für die Bewertung der Zahlungsfähigkeit des Emittenten relevant sind, ausführlich zu beschreiben. Dabei ist jedoch darauf zu achten, dass die Risiken, welche aus den vorgenannten Entwicklungen und Umständen resultieren können, ausschließlich unter Ziff. 2. darzustellen sind. Demgegenüber ist den CESR-Beratungen nicht zu entneh-

---

25 Vgl. die Ausführungen zum ehem. Text der BörsZulVO in Anh. XVI unter Rn. 1.
26 Allgemeine Erläuterungen zu dem Informationsbestandteil „Risikofaktoren" befinden sich in Anh. I EU-ProspV, Rn. 15 f.
27 The International Organisation of Securities Commissions, www.iosco.org/=IOSCO.
28 Vgl. *CESR*, public consultation, Ref: CESR/02.185b i. V. m. Annex J.
29 Vgl. *CESR*, advice, advertisement, Ref: CESR/03-208, Explanatory Text – Debt Securities – Registration Document, (55) – (57) i. V. m. Ref: CESR/03-208 Annexes, Minimum Disclosure Requirements for the Retail Debt Registration Document.
30 Vgl. *CESR*, advice, advertisement, Ref: CESR/03-399, III.2 Member States, Non-EU States And Their Regional Or Local Authorities, (40) – (47).
31 Vgl. *CESR*, advice, advertisement, Ref: CESR/02.185b i. V. m. Annex J, III.D. „Risk Factors".
32 Zur Darstellung der Risikofaktoren vgl. auch Anh. I EU-ProspV, Rn. 19 f.

men, dass bei der Darstellung der Risikofaktoren ebenfalls diesen gegenüber stehende Chancen zu erläutern wären. Gegen eine Chancendarstellung spricht ebenfalls die eindeutige Begriffsbestimmung für das Wort „Risikofaktoren" in Kap. I Art. 2 Nr. 3 der EU-ProspV, welche diese als eine Liste von Risiken bezeichnet.

Des Weiteren ist den Beispielen, welche in den Niederschriften der CESR-Beratungen enthalten sind,[33] zu entnehmen, dass es bei der Bewertung der aufzuführenden Risikofaktoren keine Rolle spielt, ob diese intern, also innerhalb der Organisation- bzw. des Machtbereichs des Emittenten begründet liegen bzw. entstanden sind, oder ob sie von externen Faktoren, also außerhalb des politischen und wirtschaftlichen Einflussbereichs des Emittenten liegend, herrühren.

12 Weiterhin wird man annehmen können, dass die Strategie des Emittenten zur Risikoreduzierung, also eine Beschreibung des Risikomanagements, an dieser Stelle dargestellt werden kann. Damit wird das tatsächlich bestehende Risiko in seiner Deutlichkeit nicht verschleiert. Vielmehr wird dem Anleger erklärt, dass die dargestellten Risiken trotz eines Risikomanagements bestehen und deshalb nicht zu unterschätzen sind. Durch eine Beschreibung des risikoreduzierenden Managements wird dem Anleger jedoch die Möglichkeit gewährt, einen Einblick in die Vorsorge des Emittenten zu erhalten, wobei ihm gleichfalls klar wird, dass dieses Management allein nicht zu einer Auflösung des Risikos führen kann. Ansonsten wäre eine Darstellung des Risikos unter dieser Ziff. bereits nicht mehr notwendig. Dem Emittenten sollte also an dieser Stelle die Möglichkeit gegeben werden, den Anleger über seine Maßnahmen zu informieren, damit dieser eine fundierte Ausgangsbasis zur Einschätzung der Emittentenrisiken hat. Dies gilt auch vor dem Hintergrund, dass die weiteren Ziff. des Anh. keinen geeigneten Rahmen für die Darstellung dieser Materie bieten. Auch der Consultation Report der IOSCO aus dem Jahre 2005[34] bekräftigt die Annahme der Darstellbarkeit des Risikomanagements. Zweck der Beschreibung der Risiken ist demnach, dass der Anleger Informationen erhält, welche ihm die tatsächlichen Risiken im Sinne der Vorschrift erklären. Zwar ist dabei darauf zu achten, dass nicht derart viele Risiken identifiziert bzw. dargestellt werden, dass die Bewertung und Einschätzung der eigentlich bedeutenden Risiken unterlaufen wird. Auf der anderen Seite sollen selbstverständlich ausreichende Informationen zu den tatsächlich bedeutenden Risiken beigesteuert werden, welche dem Anleger ermöglichen, diese richtig beurteilen bzw. abschätzen zu können.

---

33 Vgl. *CESR,* advice, advertisement, Ref: CESR/02.185b i.V.m. Annex J, III.D. „Risk Factors".

34 Die International Disclosure Principles for Cross-Border Offerings and Listings of Debt Securities by foreign Issuers, Report of the Technical Committee of the IOSCO, III „Risk Factors", S. 11. www.iosco.org/library/index.cfm?CurrentPage=3&section=pubdocs&year=none&rows=10, Stand v. 16.07.2007.

b) Beispiele für Risikofaktoren

Beispiele[35] für Risikofaktoren der in Anh. XVI EU-ProspV aufgeführten Emittenten sind u. a. politische Instabilitäten, auch benachbarter Regionen, und Bedenken zur inneren Sicherheit eines Staates. Auch die Erläuterung der Geld- und Währungspolitik des Emittenten ist neben der Darstellung entsprechender Währungsrisiken notwendig, da sie auf eine Instabilität der Emittentenwährung hinweisen. Daneben sind Inflations- bzw. Deflationsrisiken mit ihren Auswirkungen auf die wirtschaftliche Situation des Emittenten darzustellen. Ebenso ist auf Refinanzierungsrisiken des Emittenten hinzuweisen, welche sich bspw. durch eine zu hohe Staatsverschuldung im Verhältnis zum geringen Bruttoinlandsprodukt ergeben können, so dass die Rückführung fälliger Schulden problematisch sein kann. Darüber hinaus wird regelmäßig die gesamtwirtschaftliche Einschätzung der Emittenten durch sogenannte „Sovereign Debt Ratings" dargestellt, welche die bekannten internationalen Rating-Agenturen für Staaten und Gebietskörperschaften erstellen, und die eine Einstufung der Rückzahlungswahrscheinlichkeit von Zins und Tilgung beinhalten. Die Angabe einer Ratingeinstufung kann zwar nicht verlangt werden[36], zumindest ist dies den formal geforderten Angaben des Anh. in Ziff. 2. nicht zu entnehmen. Jedoch werden Ratinggrades üblicherweise in die Aufzählung der Risikofaktoren aufgenommen, damit

13

---

35 Vgl. bspw. den zusammengefassten Überblick zu den Risikofaktoren im Prospekt der Republik Türkei vom 18.02.2004, ergänzt zum 04.01.2006, S. 5: „ Risks associated with the Republic generally include: 1) there can be no assurance that the Republic's credit rating will not change; 2) changes in the Republic's domestic and international political and economic environment may have a negative effect on its financial condition; 3) the risks arising from the relatively short maturity structure of domestic borrowing and the potential deterioration in financing conditions as a result of market, economic and political factors, which may be outside the Republic's control, may jeopardize the debt dynamics of the Republic; 4) there are potential inflation risks; 5) there are risks associated with the foreign exchange rate of the Republic's currency; and 6) there are risks associated with the potential delay in the Republic's accession to the European Union which may have a negative impact on the Republic's economic performance and credit ratings", und den Überblick zu den Risikofaktoren im Prospekt der Republik Columbien vom 01.10.2003, ergänzt zum 20.03.2006, S. 10f.: „Certain economic risks are inherent in any investment in an ermerging market country, including the following: 1) hight interest rates, 2) changes in currency values, 3) high levels of inflation, 4) exchange controls, 5) wage and price controls, 6) changes in economic or tax policies, 7) the imposition of trade barriers and 8) internal security issues; an increase in the countries debt-to-GDP ratio could increase the burden on the countries ability to service its debt; the countries economie remains vulnerable to external shocks that could be caused by significant economic difficulties of its major regional trading partners or by more general „contagion" effects, which could have a material adverse effect on the countries economic growth and its ability to service its public debt; The countries credit ratings may be changed, suspended or withdrawn. Beide Prospekte sind hinterlegt bei der Bourse de Luxembourg, www.bourse.lu.

36 Es ist streitig, ob über die Anforderungen der geforderten Prospektinhalte hinaus die Aufnahme eines (negativen) Rating des Emittenten gefordert werden kann, vgl. *Roth*, in: Assmann/Schütze, HdbKapAnlR, § 12 Rn. 38; ablehnend *Schwark*, in: Schwark KapMRK, §§ 44, 45 BörsG Rn. 33.

der Anleger einen Messwert der Ausfallwahrscheinlichkeit erhält. Außerdem sind Umstände, auf die Dritte hinweisen, von dem Emittenten bzw. Prospekterlassern daraufhin zu überprüfen, ob sie, soweit sie zutreffen, im Interesse des Anlegerschutzes in den Prospekt aufzunehmen sind.[37]

3. Angaben über den Emittenten

14   Konkrete Informationen über den Emittenten werden in Ziff. 3. gefordert.

a) Ziff. 3.1.

15   In dieser Ziff. ist erneut der amtl. bzw. gesetzlich verankerte Name des Emittenten anzuführen. Der Name ist an dieser Stelle zu wiederholen, d. h., ein Verweis auf Ziff. 1.1. ist nicht möglich, damit eine zusammenhängende Beschreibung des Emittenten gewährleistet wird. Je nach Art der in diesem Anh. geregelten Emittenten wird der amtl. Name in der Regel entweder in der Verfassung des Staates oder in einer für seine regionalen und lokalen Gebietskörperschaften entsprechenden Rechtsgrundlage verankert sein.

16   Des Weiteren ist die Stellung des Emittenten im nationalen öffentlichen Rahmen kurz zu beschreiben. Zur Auslegung dieser Regelung ist zunächst auf die englische Version des Verordnungstextes zurückzugreifen, welcher lautet: „the issuer's position within the national governmental framework". „Governmental framework" kann sowohl Staats- als auch Regierungsrahmen bedeuten. Vor dem Hintergrund, dass der Begriff Staatsrahmen allgemeiner bzw. umfassender ist, kann die treffende Übersetzung sinnvollerweise statt „öffentlichen Rahmen" nur „Staatsrahmen" lauten. Im Übrigen kann vergleichsweise der ehem. § 42 Abs. 1 Nr. 1 BörsZulVO[38] herangezogen werden. Bei den allgemeinen Angaben über den Emittenten schrieb § 42 Abs. 1 Nr. 1 BörsZulVO vor, dass neben den geographischen auch die staatsrechtlichen Verhältnisse im Prospekt enthalten sein mussten. Deshalb ist auch hier anzunehmen, dass es sich in diesem Ziff. um die Stellung des Emittenten im nationalen Staatsrahmen, der Aufschluss über die nationalen, staatsrechtlichen Verhältnisse geben soll, handelt. Die staatsrechtlichen Verhältnisse bzw. die Stellung des Emittenten in diesem wird mit einer kurzen Beschreibung der Staatsform und -organisation, welche sich mit dem Aufbau des Staates, seiner Organe sowie ihrer Beziehungen untereinander und der Gesetzgebung auseinandersetzt, erklärt. Handelt es sich bei dem Emittenten um eine Gebietskörperschaft, so ist deren Eingliederung in den vorgenannten Aufbau darzustellen. Darüber hinaus nutzten Emittenten diesen Ziff. üblicherweise auch dazu, einen kurzen historischen Abriss zur Entstehung der staatlichen Verhältnisse zu geben.

Wäre bspw. ein Land der Bundesrepublik Deutschland Emittent, so könnte die Beschreibung der Stellung im nationalen Staatsrahmen etwa folgendermaßen aussehen: „Deutschland hat eine föderale Struktur. Die Verteilung

---

[37] Vgl. auch *Schwark*, in: Schwark, KapMRK, §§ 44, 45 BörsG, Rn. 33.
[38] Vgl. die Ausführungen zum ehem. Text der BörsZulVO in Anh. XVI EU-ProspV, Rn. 5.

der staatlichen Befugnisse auf Bund und Länder hat das Grundgesetz in der Weise geregelt, dass für die Erfüllung der staatlichen Aufgaben grds. die Länder zuständig sind, soweit das Grundgesetz selbst keine andere Regelung trifft oder zulässt. Obwohl wichtige Teile der Gesetzgebung dem Bund zugewachsen sind, sind die Kompetenzen der Länder immer noch beträchtlich. Insb. unterliegen das Bildungswesen, die Kultur und Polizei der Gesetzgebung des Landes. Die Länder sind in ihrer Haushaltswirtschaft selbständig. Das Land verfügt ebenso wie die anderen deutschen Länder über ein gewähltes Parlament und ein Exekutive, welcher der vom Landtag gewählte Ministerpräsident vorsteht. Die Landesbehörden setzen nicht nur Landesgesetze um, sondern – unter Aufsicht der Bundesbehörde – auch die meisten Bundesgesetze."[39]

Nähere Angaben zum politischen System innerhalb der Staatsorganisation werden sodann in Ziff. 3.5. dargestellt.

Der Wortlaut der Ziff. 3.1. lässt wegen seiner Begrenzung auf „nationalen Rahmen" den Schluss zu, dass an dieser Stelle die internationale Beziehungen bzw. die Zugehörigkeit zu zwischenstaatlichen Einrichtungen des Emittenten nicht erwähnt werden müssen, so wie es vormals § 42 Abs. 1 Nr. 2 BörsZulVO[40] vorsah. Es ist aber bereits unter Anwendung der Prospektverordnung gängige Praxis der Emittenten, diese Information dennoch an dieser Stelle zu platzieren, zumal die übrigen Gliederungsziffern dem Emittenten keine passende Möglichkeit bieten. Bspw. werden an dieser Stelle Mitgliedschaften bspw. in den Vereinten Nationen (United Nations), der EU (Europäische Union), der NATO (North Atlantic Treaty Organisation), der OECD (Organisation for Economic Cooperation and Development) angeführt.[41]

17

b) Ziff. 3.2.

Staaten bzw. Gebietskörperschaften zeichnen sich durch ihre Beziehung zu einem bestimmten Territorium aus. Deshalb wird diese Ziff. regelmäßig durch die Beschreibung der geographischen Belegenheit beantwortet. Diese beinhaltet typischerweise die Gesamtfläche des Territoriums sowie die Anliegerstaaten mit den entsprechenden Grenzlängen, aber auch das prägende Landschaftsbild wird durch die Beschreibung von Niederungen, Tälern, Fluss- und Seenlandschaften so wie Ortshöhenlagen dargestellt. Darüber hinaus sind die wichtigsten bzw. schiffbaren Flüsse zu erwähnen, angehörige Inseln, sowie Hauptstädte und Regierungssitz zu benennen. Auch die Beschreibung des Klimas bzw. des jährlichen Niederschlags ist hier zu veror-

18

---

39 Vgl. den Prospekt des Landes Brandenburg vom 27.01.2006, Euro 3.000.000.000 Debt Issuance Programme, S. 103, hinterlegt bei der Bourse de Luxembourg, www.bourse.lu.
40 Vgl. die Ausführungen zum ehem. Text der BörsZulVO in Anh. XVI EU-ProspV, Rn. 5.
41 Vgl. bspw. den Prospekt der Republik Libanon vom 17.10.2005, U.S. $ 17,000,000,000 Global Medium-Term Note Program, S. 12, 20 „International Relations"; den Prospekt der Republik Türkei vom 18.02.2004, ergänzt zum 04.01.2006, S. 31 i.V.m. dem Annual Report on Form 18-K for 2004 S. 21 „International Organizations", hinterlegt bei der Bourse de Luxembourg, www.bourse.lu.

ten.[42] Neben der Lage, Fläche und dem Klima wird oftmals zusätzlich die Bevölkerungsanzahl und -dichte erwähnt. Neben der Rechtsform des Emittenten sind des Weiteren die Kontaktadresse sowie Telefonnummer anzugeben. Hier werden üblicherweise die Kontaktdaten der zuständigen Behörde, welche organisatorisch hinter der Auflegung des Prospektes steht – dies ist üblicherweise das jeweilige Finanzministerium – aufgeführt.

c) Ziff. 3.3.

19 In dieser Ziff. geht es um die Beschreibung etwaiger Ereignisse aus jüngster Zeit, die für die Bewertung der Zahlungsfähigkeit des Emittenten relevant sind. Die deutsche Übersetzung stimmt mit dem englischen Text der Verordnung in diesem Ziff. in der Bedeutung überein. Der Regelung ist an dieser Stellen nicht zu entnehmen, dass es sich bei der Darstellung nur um Ereignisse handeln darf, welche einen negativen Einfluss auf den Emittenten haben können. Deshalb sind in diesem Ziff. alle Ereignisse, sowohl positiver als auch negativer Art, sowie nationalen oder internationalen Ursprungs, zu beschreiben, sofern sie für die Bewertung der Solvenz des Emittenten relevant sind.[43] Eine vergleichbare Anforderung sah der ehem. § 42 Abs. 1 BörsZulVO[44] an den Börsenzulassungsprospekt für die Schuldverschreibungen von Staaten, Gebietskörperschaften und zwischenstaatlichen Einrichtungen nicht vor.

Zur Erklärung, was mit dem unbestimmten Rechtsbegriff „relevant" für die Bewertung der Zahlungsfähigkeit der Emittenten gemeint ist, sollte zunächst auf den englischen Verordnungstext zurück gegriffen werden. Schließlich kann das englische Wort „relevant" auch mit „erheblich" bzw. „wichtig" oder „von Bedeutung" übersetzt werden.[45] Allerdings wird man in Anlehnung an den ehem. § 20 Abs. 2 BörsZulVO bzw. § 7 Abs. 2 VerkProspVO[46] davon ausgehen können,[47] dass eine Darstellung der hier gemeinten Ereignisse nur dann erforderlich ist, wenn sie überhaupt geeignet sind, die Vermögens-, Finanz- oder Ertragslage des Emittenten gegenwärtig oder zukünf-

---

42 Vgl. auch die geographischen Angaben des Statistischen Bundesamtes Deutschland auf www.destatis.de/themen/d/thm_geograf.php, Stand v. 16.07.2007.
43 Vgl. den Prospekt der Republik Libanon vom 17.10.2005, U.S. $ 17,000,000,000 Global Medium-Term Note Program, S. 12f. „General Background – History": Beschreibung von das Land beeinflussenden Kriegen, UN-Resolutionen, terroristischen Anschlägen etc; den Prospekt der Republik Türkei vom 18.02.2004, ergänzt zum 04.01.2006, S. 31 i.V.m. dem Annual Report on Form 18-K for 2004 S. 21 „International Organizations", hinterlegt bei der Bourse de Luxembourg, www.bourse.lu.
44 Vgl. die Ausführungen zum ehem. Text der BörsZulVO in Anh. XVI EU-ProspV, Rn. 5.
45 Vgl. auch Anh. IV EU-ProspV Ziff. 5.1.5. und Anh. IX EU-ProspV Ziff. 4.1.5.
46 Diese Vorschriften bzw. die gesamte VerkProsVO sind i.R.d. Gesetzes zur Umsetzung der RL 2003/71/EG des EU-ProspRL-UmsetzungsG vom 22.06.2005, BGB 2005 aufgehoben worden.
47 Die vorgenannten Paragraphen, welche Angaben zur Geschäftstätigkeit von Emittenten, welche keine Staaten, Gebietskörperschaften oder zwischenstaatlichen Einrichtungen waren, forderten, verlangten u.a. auch Ausführungen zu außergewöhnlichen Ereignissen, welche die Geschäftstätigkeit des Emittenten beeinflusst haben.

tig zu beeinflussen.[48] Wie die Bemessung letztlich ausfallen muss, beurteilt sich nach dem Adressatenkreis des Prospekts, d. h. dem Anleger. Entscheidend ist, dass die Änderung für seine Anlageentscheidung erheblich ist.[49]

Im Übrigen kann zur Beschreibung des unbestimmten Rechtsbegriffs „wesentlich" bzw. „erheblich" auf die grundsätzlichen Ausführungen zu § 16 WpPG zurückgegriffen werden. Die Pflicht zur Nachtragsveröffentlichung orientiert sich an dem ehem. § 11 VerkProspVO.[50] Danach müssen die eingetretenen Tatsachen bzw. Ereignisse geeignet sein, beim Anleger zu einer veränderten Beurteilung des Emittenten oder der Wertpapiere zu führen.[51]

Im Verhältnis zur Darstellung der „Risikofaktoren" in Ziff. 2. sind hier die Umstände bzw. Hintergründe zu beschreiben, welche Risiken bilden bzw. dazu führen können. Eine detaillierte Beschreibung dient dazu, die ausschließlich in Ziff. 2 darzustellenden Risikofaktoren besser verstehen zu können. *20*

Was in diesem Zusammenhang Ereignisse aus „jüngster Zeit" bedeutet, ist auszulegen. Die Übersetzung aus dem Englischen ist jedenfalls zutreffend. Demnach ist eine Interpretation dieser Zeitangabe vor dem Hintergrund der übrigen Regelungen des Anh. XVI EU-ProspV zu lesen, in welchen Mindestangaben ebenfalls in einen zeitlichen Kontext gestellt werden. So fordern die nachfolgenden Ziff. 3.4. und 4. jeweils konkrete Angaben zum wirtschaftlichen Umfeld, sowie zu den öffentlichen Finanzen und dem Handel des Emittenten für die letzten beiden Geschäfts- bzw. Rechnungsjahre des Emittenten, welche in der Regel mit den Kalenderjahren übereinstimmen.[52] Durch die Lieferung dieser Daten soll bereits ein konkretes Bild von der Solvenz des Emittenten gezeichnet werden, indem alle wichtigen Finanz- und Handelsinformationen der letzten zwei Rechnungsjahre darin einfließen. Deshalb kann darauf geschlossen werden, dass mit Ereignissen aus „jüngster Zeit" Vorkommnisse gemeint sind, die seit dem Schluss des letzten Geschäfts- bzw. Rechnungsjahres, auf das sich auch der letzte offengelegte Abschluss bezieht, eingetreten sind, und die sich noch nicht in der Rechnungslegung des Emittenten für das letzte Rechnungsjahr wiederfinden. Mit dem letzten Geschäfts- bzw. Rechnungsjahr ist immer das Jahr gemeint, welches gem. Ziff. 4. Satz 1 dem Datum der Erstellung des Registrierungsformulars vorausgeht. Sollte der Anknüpfungspunkt oder die Grundlage für das Ereignis zeitlich in oder vor dem letzten Rechnungsjahr liegen, so wird die- *21*

---

48 In diesem Punkt können die Erläuterungen zu den „Außergewöhnlichen Faktoren" aus Anh. I EU-ProspV Ziff. 6.3. herangezogen werden, vgl. Anh. I EU-ProspV, Rn. 41; vgl. auch die Ausführungen von *Groß*, KapMR, 2. Aufl., §§ 1–15 VerkProspV, Rn. 8.
49 Vgl. auch *Lenz*, in: Assmann/Lenz/Ritz, VerkProspG, § 8 Rn. 15; *Groß*, KapMR, 2. Aufl., §§ 1–15 VerkProspV, Rn. 9.
50 Vgl. RegBegr. EU-ProspRL-UmsetzungsG BT-Drucks. 15/4999, S. 36.
51 *Groß*, KapMR, 2. Aufl., § 11 VerkProspG, Rn. 4 ff.
52 Vgl. insoweit bspw. §§ 4, 37 Haushaltsgrundsätzegesetz und §§ 4, 80 Bundeshaushaltsordnung, welche zunächst das Rechnungsjahr (Haushaltsjahr) mit dem Kalenderjahr gleichsetzen und bestimmen, dass das für die Finanzen zuständige Ministerium für jedes Haushaltsjahr die Haushalts- und die Vermögensrechnung aufstellt.

ser zum Zwecke der Übersichtlichkeit zusammen mit der Nennung des Ereignisses erklärt.

d) Ziff. 3.4.

22 In dieser Ziff. wird nach Angaben zum wirtschaftlichen Umfeld des Emittenten gefragt. Betrachtet man den Gesamtaufbau dieser Ziff., so ist die Anforderung der Beschreibung des wirtschaftlichen Umfelds des Emittenten vor die Aufzählung der Unterpunkte 3.4. a) und b) gesetzt worden. Demnach lässt der deutsche Text darauf schließen, dass es um die generelle Beschreibung des wirtschaftlichen Tätigkeitsfeldes, in welche „insb." detaillierte Angaben zu den Ziff. 3.4. a) und b) gemacht werden müssen, geht. Der englische Verordnungstext dagegen lässt mit dem Wort „including", welches mit „dazu gehören" übersetzt werden kann, klar werden, dass mit der Aufzählung der Unterpunkte die Mindestanforderungen an den Prospektinhalt zur Beschreibung des wirtschaftlichen Umfelds des Emittenten gemeint sind.[53] Letztendlich hat der Emittent jedoch auch bei der Darstellung der geforderten Angaben gem. Ziff. 3.4. die Aufgabe, ein möglichst umfassendes, übersichtliches und hinreichend gegliedertes Gesamtbild des wirtschaftlichen Geschehens zu geben. Auch hier gilt also, dass der Inhalt des Prospekts im Einzelfall trotz der buchstäblichen Beachtung der Mindestvorgaben unrichtig oder unvollständig sein kann.[54] Letztlich soll dieser alle Angaben enthalten, die notwendig sind, um dem Publikum ein zutreffendes Urteil über den Emittenten und die Wertpapiere ermöglichen.

23 Zunächst sind also ausführliche Informationen zu der in 3.4. a) benannten Wirtschaftsstruktur mit detaillierter Angaben zu den Hauptwirtschaftszweigen zu machen. Der Begriff „Wirtschaftsstruktur" ist unbestimmt. Er bezeichnet alles und letztlich nichts.[55] Erreicht werden soll jedoch durch die Beschreibung der Wirtschaftsstruktur, dass der Anleger Informationen zur herrschenden Wirtschaftslage erhält. Zu den Grundlagen der Wirtschaftsstruktur kann der Aufbau und die Gestaltung der Wirtschaft eines Landes gezählt werden, welche nach unterschiedlichen Merkmalen und unter verschiedenen Gesichtspunkten betrachtet werden können: Dazu zählen die Produktions-, die Beschäftigungs- oder Erwerbsstruktur, die Beschreibung der geographischen Regionen wie z.B. die Küsten- und die Alpengebiete oder die „Zonenrand"-Gebiete und die wirtschaftlichen „Kernräume", sowie die Einkommens- und Vermögensstruktur.[56] Diesen Vorgaben folgte auch der ehem. § 42 Abs. 1 Nr. 3 BörsZulVO[57], der die Mindestinhalte für Prospekte von Schuldverschreibungen von Staaten, Gebietskörperschaften und

---

53 Vgl. bereits die Ausführungen von *Hamann*, in: Schäfer (1999), §§ 45, 46 a.F. BörsG, Rn. 78.
54 Vgl. auch *Hamann*, in: Schäfer (1999), §§ 45, 46 a.F. BörsG, Rn. 78; *Kümpel* Bank-KapMR, Rn. 11.184, *Claussen*, Bank- und BörsR, § 9 Rn. 82.
55 *Woll*, Wirtschaftspolitik, 4. Aufl. 2. Kap. II, S. 60.
56 Vgl. auch *Frey/Kirchgässner*, Demokratische Wirtschaftspolitik 15. Kap C. 3., S. 441; *Woll*, Wirtschaftspolitik, 4. Aufl. 2. Kap. II, S. 60.
57 Vgl. die Ausführungen zum ehem. Text der BörsZulVO in Anh. XVI EU-ProspV, Rn. 5.

zwischenstaatlichen Einrichtungen vorgab. Demnach waren zur Beschreibung der Wirtschaft des Emittenten insb. die Struktur, Produktionszahlen der wesentlichen Wirtschaftszweige, Entstehung und Verwendung des Bruttosozialprodukts (heute: Bruttonationaleinkommen) und des Volkseinkommens, die Beschäftigung, Preise und Löhne darzustellen. Diese Mindestinhalte sollten auch heute noch zur Konkretisierung der Beschreibung zur Wirtschaftsstruktur herangezogen werden.

Was zu den Hauptwirtschaftszweigen gezählt werden kann, lässt sich nicht eindeutig beantworten, da ein konkreter Richtwert nicht vorgeben ist. Zur Auffüllung des unbestimmten Rechtsbegriffs „Hauptwirtschaftszweig", kann ebenfalls wieder der ehem. § 42 Abs. 1 Nr. 3 BörsZulVO[58] herangezogen werden. Demnach können damit nur die wesentlichen Wirtschaftszweige gemeint sein. In Anlehnung an den ehem. § 20 Abs. 1 Nr. 3 BörsZulVO wird man wohl als RL zur Bestimmung der wesentlichen Wirtschaftszweige die dort genannte 10%-Grenze übertragen können,[59] wobei jedoch die näheren Umstände jedes Einzelfalles zu prüfen sind.[60] Bemessungsgrundlage für das Erreichen der 10%-Grenze wäre das Bruttoinlandsprodukt des Emittenten. 24

Danach hat gem. Ziff. 3.4. b) die Beschreibung des Bruttoinlandsprodukts mit einer Aufschlüsselung nach Wirtschaftszweigen für die letzten beiden Geschäfts- bzw. Rechnungsjahre zu folgen. Welchen Zeitraum das Rechnungsjahr umfasst, ist darzustellen. Üblicherweise wird es sich dabei um das jeweilige Kalenderjahr handeln.

e) Ziff. 3.5.

In dieser Ziff. werden von dem Emittenten neben einer allgemein gehaltenen Beschreibung seines politischen Systems und der Regierung ebenfalls detaillierte Angaben zu dem verantwortlichen Organ verlangt, dem der Emittent untersteht. Die allgemeinen Angaben zum politischen System und der Regierung umfassen regelmäßig die Darstellung folgender Bereiche: Verfassung und Verfassungsorgane, Regierungsform, Gewaltenteilung, sowie Wahl-, Parteien und Verbändesystem. Hinsichtlich der detaillierten Angaben zu dem verantwortlichen Organ sind konkrete Ausführungen zu der aktuellen Zusammensetzung, z.B. des Parlaments, zu machen. 25

---

58 Vgl. die Ausführungen zum ehem. Text der BörsZulVO in Anh. XVI EU-ProspV, Rn. 5.
59 Der ehem. § 20 Abs. 1 Nr. 3 BörsZulVO verlangte zur Geschäftstätigkeit des Emittenten – bei welchen es sich allerdings weder um Staaten noch um dessen Gebietskörperschaft handelte – u.a. die Angabe solcher Betriebe des Emittenten, die jeweils mehr als zehn vom Hundert zum Umsatz oder zu den erzeugten Gütern oder erbrachten Dienstleistungen beitrugen. Es ist streitig, ob diese 10%-Grenze als RL auf unbestimmte Rechtsbegriffe wie „wichtigste", „wesentliche" und „erhebliche" im Zusammenhang mit Angaben zur Geschäftstätigkeit des Emittenten übertragen werden kann; vgl. insoweit auch die Ausführungen von *Groß*, KapMR, 2. Aufl., §§ 13–32 BörsZulV Rn. 11, §§ 1–15 VerkProspV Rn. 8, *Heidelbach*, in: Schwark, KapMRK, § 20 BörsZulV, Rn. 2; ablehnend *Lenz*, in: Assmann/Lenz/Ritz, VerkProspG, § 7 Rn. 5.
60 Vgl. auch die Kommentierung zu den „Wichtigsten Märkten" in Anh. I EU-ProspV Ziff. 6.2., Anh. I EU-ProspV, Rn. 39 f.

4. Öffentliche Finanzen und Handel

26 Die Aufzählung der Anforderungen an die Informationen zu den öffentlichen Finanzen und dem Handel des Emittenten sind inhaltlich selbsterklärend und stimmen inhaltlich mit dem englischen Verordnungstext überein. Die Angaben sind für die letzten beiden Geschäfts- bzw. Rechnungsjahre[61], die dem Datum der Erstellung des Registrierungsformulars vorausgehen, zu machen.

Darüber hinaus verlangt der deutsche Text die Beschreibung „der" Audit-Verfahren und „der" Verfahren der externen Prüfung der Abschlüsse des Emittenten, wohingegen der ursprüngliche englische Text nur von der „description of „any" auditing „or" independent review procedures on the accounts of the issuer" spricht. Das englische Wort „any" kann in diesem Fall mit „irgendwelcher" übersetzt werden, so dass die Beibringung solcher Angaben über Audit-Verfahren „oder" Prüfungen nur erforderlich ist, sofern sie existieren. Sollte der Emittent also keine Audit-Verfahren oder externen Prüfungen der Abschlüsse vornehmen, dann kann eine Information zu dieser Ziff. ganz entfallen.[62] Dieses Ergebnis ergibt sich aber auch im Vergleich zu den übrigen Anhängen IV Ziff. 13.1. und 13.3., VII Ziff. 8.2., IX Ziff. 11.1. und 11.3., X Ziff. 20.1. und 20.3., XI Ziff. 20.1. und 20.4., in welchen ausdrücklich „geprüfte" historische Finanzinformationen mit Bestätigungsvermerk des Abschlussprüfers beizubringen sind. Auch der ehem. § 42 Abs. 1 Nr. 3 BörsZulVO[63], der die Mindestangaben für die Prospekte von Schuldverschreibungen von Staaten, Gebietskörperschaften und zwischenstaatlichen Einrichtungen vorschrieb, sah eine Beschreibung etwaiger Audit-Verfahren und externer Prüfungen der Rechnungsabschlüsse des Emittenten nicht vor, obwohl der ehem. § 30 BörsZulVO für alle übrigen Emittenten ausdrücklich verlangte, dass der Prospekt eine Erklärung enthalten müsse, dass die Jahresabschlüsse geprüft worden sind.

5. Wesentliche Änderungen

27 5.1. Hier sind alle wesentlichen Veränderungen bei den Angaben, die gem. Ziff. 4. beigebracht wurden, anzugeben. Im Verhältnis zu Ziff. 3.3. müssen hier u.a. konkrete Auswirkungen der zuvor beschriebenen jüngsten Ereignisse, sofern sie sich auch auf die unter Ziff. 4.a) bis f) dargelegten öffentlichen Finanzen und den Handel des Emittenten niedergeschlagen haben, dargestellt werden. Dabei können die anzugebenden Veränderungen auch

---

61 Auch hier ist kurz auf den Zeitraum des jeweiligen Geschäfts- bzw. Rechnungsjahres einzugehen, vgl. bereits die Ausführungen zu Ziff. 3.4.b).

62 Vgl. *CESR*, advice, content and format, Ref: CESR/03-300, V. (125) Road Map zum Thema „Blanket Clause": „As a general principle, if certain information required in the schedules or equivalent information is not applicable to the issuer, to the offer or to the securities to which the prospectus relates, this information can be omitted. In other words, the issuer must only provide the required information, „if any".

63 Vgl. Insoweit die Ausführungen zum ehem. Text der BörsZulVO in Anh. XVI EU-ProspV, Rn. 5.

hier sowohl positiver als auch negativer Natur sein, solange sie nur wesentlich sind.[64] Ansonsten ist ein Negativattest erforderlich.

Wesentlich ist auch in diesem Zusammenhang auslegungsfähig.[65]

6. Gerichts- und Schiedsgerichtsverfahren

6. Unter dieser Ziff. sind Interventionen, Gerichts- oder Schiedsgerichtsverfahren aufzuführen, sofern sie sich erheblich auf die Finanzlage der Emittenten auswirken bzw. in jüngster Zeit ausgewirkt haben. Zur Auslegung der Angaben, welche an dieser Stelle erwartet werden, können ebenfalls die Anforderungen der ehem. § 20 Abs. 1 Nr. 6 BörsZulVO bzw. § 7 Abs. 1 Nr. 3 VerkProspVO herangezogen werden,[66] wonach Gerichts- und Schiedsverfahren, die einen erheblichen Einfluss auf die wirtschaftliche Lage des Emittenten haben können, anzugeben waren. Auch wenn dort der Bezug auf die „wirtschaftliche" und nicht, wie hier, auf die „finanzielle Lage" des Emittenten genommen wurde, war die „wirtschaftliche Lage" in § 20 Abs. 1 Nr. 6 BörsZulVO europarechtskonform gem. Nr. 4.4 bzw. 4.3 der Kapitel 4 in Schemata A und B der Börsenzulassungsprospekt-RL/EG als Finanzlage zu verstehen, wobei zur Auslegung dieses Begriffs auf § 264 Abs. 2 Satz 1 HGB zurückgegriffen werden kann.[67] Demnach betrifft die Finanzlage die Finanzierung und vor allem die künftige Liquidität des Emittenten.[68] Offen ist dagegen die Auslegung des Begriffs „erheblich". In Anlehnung an den ehem. § 20 Abs. 1 Nr. 3 BörsZulVO wird man wohl als RL zur Bestimmung der Erheblichkeit die dort genannte 10%-Grenze übertragen können,[69] wobei jedoch immer auch die näheren Umstände jedes Einzelfalles zu prüfen sind. Jedenfalls sind Gerichts- und Schiedsgerichtsverfahren demnach erheblich, sofern sie 10 % der Finanzlage des Emittenten beeinflussen können.

28

Der negativen Erklärung kommen die Verantwortlichen in der Regel dadurch nach, dass sie den Verordnungstext, so wie er vorgegeben ist, wiederholen und auf sich beziehen, d.h. im Klartext: „XY sind keine etwaigen Interventionen, Gerichts- oder Schiedsgerichtsverfahren, einschließlich derjenigen Verfahren, die nach seiner/ihrer Kenntnis noch anhängig sind oder eingeleitet werden könnten, die im Zeitraum der mindestens letzten zwölf Monate bestanden/abgeschlossen wurden, und die sich erheblich auf die Fi-

---

64 Vgl. Insoweit auch die International Disclosure Principles for Cross-Border Offerings and Listings of Debt Securities by foreign Issuers, Report of the Technical Committee of the IOSCO, XII „Financial Information" B. „Significant Changes", www.iosco.org/library/index.cfm?CurrentPage=3&section=pubdocs&year=none&rows=10, Stand v. 16.07.2007.
65 Vgl. die Ausführungen zur Auslegung des Wortes „relevant" in Anh. XVI EU-ProspV, Ziff. 3.3. Rn. 19.
66 Vgl. die Ausführungen zu diesen aufgehobenen Vorschriften in Anh. XVI EU-ProspV, Ziff. 3.3., 3.4.
67 *Groß*, KapMR, 2. Aufl., §§ 13–32 BörsZulV, Rn. 11.
68 Vgl. *Baumbach/Hopt*, HGB, § 264 Rn. 11.
69 Vgl. bereits die Ausführungen zu dem aufgehobenen § 20 Abs. 1 Nr. 3 BörsZulVO in Anh. XVI EU-ProspV, Ziff. 3.4. Rn. 22.

nanzlage des Emittenten auswirken bzw. in jüngster Zeit ausgewirkt haben, bekannt."

29 6.2. Angaben über eine etwaige Immunität, die der Emittent bei Gerichtsverfahren genießt, sind an dieser Stelle zu verorten. Dabei sind die Rechtsgrundlagen, welche die Immunität gewähren, darzulegen.

7. Erklärungen von Seiten Sachverständiger und Interessenerklärungen

30 Die Anforderung an die Offenlegung der in dieser Ziff. geforderten Daten stimmt im Großen und Ganzen mit den geforderten Daten in den übrigen Anhängen überein.[70] Allerdings ist nicht davon auszugehen, dass der Sachverständige ein wesentliches Interesse an dem Emittenten selber haben wird, sofern es sich bei dem Emittenten um einen Staat oder eine internationale zwischenstaatliche Organisation handelt.[71] Deshalb ist im Unterschied zu den anderen Anhängen in diesem Punkt nach Angaben über jegliche Konflikte bzw. Interessenkonflikte des Sachverständigen gefragt, sofern diese sich auf seine Unabhängigkeit auswirken können.[72]

8. Einsehbare Dokumente

31 Im Hinblick auf den identischen Wortlaut wird auf die entspr. Erläuterungen in Anh. I EU-ProspV Ziff. 24 verwiesen.

ARTIKEL 20
**Schema für das Registrierungsformular
für internationale öffentliche Organisationen
und für Emittenten von Schuldtiteln,
deren Garantiegeber ein OECD-Mitgliedstaat ist**

(1) Beim Registrierungsformular für Wertpapiere, die von internationalen öffentlichen Organisationen ausgegeben werden, und für Wertpapiere, die kraft nationaler Rechtsvorschriften uneingeschränkt und unwiderruflich durch einen Staat, der Mitglied der OECD ist, garantiert werden, werden die Angaben gemäß dem Anh. XVII festgelegten Schema zusammengestellt.

(2) Das Schema gilt für:

– alle von internationalen öffentlichen Organisationen ausgegebenen Arten von Wertpapieren;

– Wertpapiere, die kraft nationaler Rechtsvorschriften uneingeschränkt und unwiderruflich durch einen Staat, der Mitglied der OECD ist, garantiert werden.

---

[70] Vgl. Anh. I Ziff. 23.1., Anh. V Ziff. 7.3., Anh. VII Ziff. 9.1., Anh. IX Ziff. 13.1., Anh. X Ziff. 23.1., Anh. XI Ziff 13.1., Anh. XII Ziff. 7.3., Anh. XIII. Ziff. 7.3.
[71] Vgl. *CESR*, disclosure requirements, Ref: CESR/03-210b, III.1 (41).
[72] Vgl. zu dem gesamten Themenkreis auch *CESR*, recommendations, Ref.: CESR/05-054b, III. 2h.

Article 20
Registration document schedule for public international bodies
and for issuers of debt securities guaranteed by a member state of the OECD

(1) For the registration document for securities issued by public international bodies and for securities unconditionally and irrevocably guaranteed, on the basis of national legislation, by a state which is member of the OECD information shall be given in accordance with the schedule set out in Annex XVII.

(2) The schedule shall apply to:
- all types of securities issued by public international bodies,
- to debt securities unconditionally and irrevocably guaranteed, on the basis of national legislation, by state which is member of the OECD.

Diesbezüglich wird auf die Kommentierung zu. Anh. XVII EU-ProspV verwiesen.

Anh. XVII EU-ProspV
Mindestangaben für das Registrierungsformular für Wertpapiere, die von internationalen öffentlichen Organismen ausgegeben werden, und für Schuldtitel, deren Garantiegeber ein OECD-Mitgliedstaat ist (Schema)

1. Verantwortliche Personen

1.1. Alle Personen, die für die im Registrierungsformular gemachten Angaben bzw. für bestimmte Abschnitte des Registrierungsformulars verantwortlich sind. Im letzteren Fall sind die entsprechenden Abschnitte aufzunehmen. Im Falle von natürlichen Personen, zu denen auch Mitglieder der Verwaltungs-, Geschäftsführungs- und Aufsichtsorgane des Emittenten gehören, sind der Name und die Funktion dieser Person zu nennen. Bei juristischen Personen sind Name und eingetragener Sitz der Gesellschaft anzugeben.

1.2. Erklärung der für das Registrierungsformular verantwortlichen Personen, dass sie die erforderliche Sorgfalt haben walten lassen, um sicherzustellen, dass die im Registrierungsformular genannten Angaben ihres Wissens nach richtig sind und keine Tatsachen ausgelassen worden sind, die die Aussage des Registrierungsformulars wahrscheinlich verändern. Ggf. Erklärung der für bestimmte Abschnitte des Registrierungsformulars verantwortlichen Personen, dass sie die erforderliche Sorgfalt haben walten lassen, um sicherzustellen, dass die in dem Teil des Registrierungsformulars genannten Angaben, für die sie verantwortlich sind, ihres Wissens nach richtig sind und keine Tatsachen ausgelassen worden sind, die die Aussage des Registrierungsformulars wahrscheinlich verändern.

2. Risikofaktoren

Klare Offenlegung der Risikofaktoren, die die Fähigkeit des Emittenten beeinträchtigen können, seinen sich aus den Wertpapieren gegenüber den

Anlegern ergebenden Verpflichtungen nachzukommen (unter der Rubrik „Risikofaktoren").

3. Angaben über den Emittenten

3.1. Gesetzlicher Name des Emittenten und kurze Beschreibung seines Rechtsstatus.

3.2. Belegenheit des Hauptsitzes sowie Rechtsform des Emittenten, seine Kontaktadresse und Telefonnummer.

3.3. Einzelheiten über das verantwortliche Organ, dem der Emittent untersteht, und ggf. Beschreibung seiner Verwaltungsvereinbarungen.

3.4. Kurze Beschreibung der Hauptzielsetzungen und -aufgaben des Emittenten.

3.5. Finanzierungsmittel des Emittenten, Garantien und andere Verpflichtungen gegenüber seinen Mitgliedern.

3.6. Etwaige Ereignisse aus jüngster Zeit, die für die Bewertung der Zahlungsfähigkeit des Emittenten relevant sind.

3.7. Liste der Mitglieder des Emittenten.

4. Finanzinformationen

4.1. Die beiden jüngsten veröffentlichten und geprüften Jahresabschlüsse, die gemäß den Rechnungslegungs- und den Abschlussprüfungsgrundsätzen erstellt wurden, die zuvor vom Emittenten angenommen wurden, und kurze Beschreibung dieser beiden Grundsatzkategorien.

Einzelheiten zu etwaigen wesentlichen Veränderungen in der Finanzlage des Emittenten, die seit der Veröffentlichung des letzten geprüften Jahresabschlusses eingetreten sind. Ansonsten ist eine negative Erklärung abzugeben.

5. Gerichts- und Schiedsgerichtsverfahren

5.1. Angaben über etwaige staatliche Interventionen, Gerichts- oder Schiedsgerichtsverfahren (einschließlich derjenigen Verfahren, die nach Kenntnis des Emittenten noch anhängig sind oder eingeleitet werden könnten), die im Zeitraum der mindestens letzten 12 Monate bestanden/abgeschlossen wurden, und die sich erheblich auf die Finanzlage des Emittenten auswirken bzw. in jüngster Zeit ausgewirkt haben. Ansonsten ist eine negative Erklärung abzugeben.

5.2. Angaben über eine etwaige sich aus den Gründungsdokumenten ergebende Immunität, die der Emittent bei Gerichtsverfahren genießt.

6. Erklärungen von Seiten Sachverständiger und Interessenerklärungen

Wird in das Registrierungsformular eine Erklärung oder ein Bericht einer Person aufgenommen, die als Sachverständiger handelt, so sind der Name die Geschäftsadresse und die Qualifikation anzugeben. Wurde der Bericht auf Ersuchen des Emittenten erstellt, so ist eine diesbezügliche Erklärung dahingehend abzugeben, dass die aufgenommene Erklärung oder der aufgenommene Bericht in der Form und in dem Zusammenhang, in dem sie bzw. er aufgenommen wurde, die Zustimmung von Seiten der Person erhalten hat, die den Inhalt dieses Teils des Registrierungsformulars gebilligt hat.

Soweit dem Emittenten bekannt, sind Angaben über etwaige Interessen des Sachverständigen beizubringen, die sich auf seine Unabhängigkeit bei der Abfassung des Berichts auswirken können.

7. Einsehbare Dokumente

Abzugeben ist eine Erklärung dahingehend, dass während der Gültigkeitsdauer des Registrierungsformulars ggf. die folgenden Dokumente (oder deren Kopien) eingesehen werden können:

a) Jahresberichte und Bestätigungsvermerke über den Emittenten für die beiden letzten Geschäftsjahre, die gemäß den vom Emittenten angenommenen Rechnungslegungs- und Abschlussprüfungsgrundsätzen erstellt wurden;

b) sämtliche Berichte, Schreiben und sonstigen Dokumente, Bewertungen und Erklärungen, die von einem Sachverständigen auf Ersuchen des Emittenten erstellt bzw. abgegeben wurden, sofern Teile davon in das Registrierungsformular eingeflossen sind oder in ihm darauf verwiesen wird;

c) die Gründungsdokumente des Emittenten.

Anzugeben ist auch, wo in diese Dokumente entweder in Papierform oder auf elektronischem Wege Einsicht genommen werden kann.

Annex XVII
Minimum disclosure requirements for the registration document
for securities issued by public international bodies and for debt securities
guaranteed by a Member State of the OECD (schedule)

1. Persons Responsible

1.1. All persons responsible for the information given in the registration document and, as the case may be, for certain parts of it, with, in the latter case, an indication of such parts. In the case of natural persons including members of the issuer's administrative, management or supervisory bodies indicate the name and function of the person; in case of legal persons indicate the name and registered office.

1.2. A declaration by those responsible for the registration document that, having taken all reasonable care to ensure that such is the case, the information contained in the registration document is, to the best of their knowledge in accordance with the facts and contains no omission likely to affect its import. As the case may be, declaration by those responsible for certain parts of the registration document that, having taken all reasonable care to ensure that such is the case the information contained in the part of the registration document for which they are responsible is, to the best of their knowledge, in accordance with the facts and contains no emission likely to affect its import.

2. Risk Factors

Prominent disclosure of risk factors that may affect the issuer's ability to fulfil its obligations under the securities to investors in a section headed 'Risk factors'.

3. Information about the Issuer

3.1. The legal name of the issuer and a brief description of the issuer's legal status

3.2. The location of the principal office and the legal form of the issuer and it's contact address and telephone number.

3.3. Details of the governing body of the issuer and a description of its governance arrangements, if any.

3.4. A brief description of the issuer's purpose and functions.

3.5. The sources of funding, guarantees and other obligations owed to the issuer by its members.

3.6. Any recent events relevant to the evaluation of the issuer's solvency.

3.7. A list of the issuer's members.

4. Financial Information

4.1. The two most recently published audited annual financial statements prepared in accordance with the accounting and auditing principles adopted by the issuer, and a brief description of those accounting and auditing principles.

Details of any significant changes to the issuer's financial position which has occurred since the end of the latest published audited annual financial statement, or an appropriate negative statement.

5. Legal and arbitration Proceedings

5.1. Confirmation on any governmental, legal or arbitration proceedings (including any such proceedings which are pending or threatened of which the issuer is aware), during a period covering at least the previous 12 months which may have, or have had in the recent past, significant effects on the issuer's financial position, or provide an appropriate negative statement.

5.2. Information on any immunity the issuer may have from legal proceedings pursuant to its constituent document.

6. Statement by Experts And declarations of any Interest

Where a statement or report attributed to a person as an expert its included in the registation document, provide such person's name, business address and qualifications. If the report has been produced at the issuer's request a statement to that effect, that such statement or report is included, in the form and context in which it is included, with the consent of that person, who has authorised the contents of that part of the registration document.

To the extent known to the issuer, provide information in respect of any interest relating to such expert which may have an effect on the independence of the expert in the preparation of the report.

7. Documents on Display

A statement that for the life of the registration document the following documents (or copies thereof), where applicable, will be made available on request:

a) annual and audit reports of the issuer for each of the last two financial years prepared in accordance with the accounting and auditing principles adopted by the issuer;

b) all reports, letters, and other documents, valuations and statements prepared by any expert at the issuer's request any part of which is included or referred to in the registration document;

c) the issuer's constituent document.

An indication of where the documents on display may be inspected, by physical or electronic means.

Inhalt

		Rn.			Rn.
I.	Überblick	1	c)	Ziff. 3.3.	18
	1. Allgemeines	2	d)	Ziff. 3.4.	19
	2. Ähnlichkeiten zu dem ehem.		e)	Ziff. 3.5.	20
	§ 42 BörsZulVO	5	f)	Ziff. 3.6.	21
II.	Das Registrierungsformular		g)	Ziff. 3.7.	23
	gemäß Anh. XVII	8	4.	Finanzinformationen	24
	1. Verantwortliche Personen	9	5.	Gerichts und Schiedsgerichts-	
	a) Ziff. 1.1.	10		verfahren.	25
	b) Ziff. 1.2.	11	a)	Ziff. 5.1.	26
	2. Risikofaktoren	12	b)	Ziff. 5.2.	27
	3. Angaben über den Emittenten	14	6.	Erklärungen von Seiten Sachverständiger und Interessenerklärungen	28
	a) Ziff. 3.1.	15			
	b) Ziff. 3.2.	17	7.	Einsehbare Dokumente	29

I. Überblick

Art. 20 der EU-ProspV bestimmt die Mindestinhalte des Registrierungsformulars für Wertpapiere, die von internationalen öffentlichen Organismen[1] ausgegeben werden, und für Wertpapiere, deren Garantiegeber ein OECD-Mitgliedstaat ist.[2] 1

1. Allgemeines

Die Begriffsbestimmung in Art. 2, Ziff. 8 der EU-ProspV bezeichnet als „Öffentliche internationale Einrichtung" eine durch einen internationalen Ver- 2

---

[1] Vgl. die Begriffsbestimmung des Art. 2, Ziff. 8 der EU-ProspV. Danach bezeichnet „Öffentliche internationale Einrichtung" eine durch einen internationalen Vertrag zwischen souveränen Staaten gegründete juristische Person öffentlicher Natur, zu deren Mitgliedern ein oder mehrere Mitgliedstaaten zählen.

[2] Vgl. die auf Anh. XVII EU-ProspV entsprechend anwendbaren allgemeinen Ausführungen zu Anh. XVI EU-ProspV, Rn. 5.

trag zwischen souveränen Staaten gegründete juristische Person öffentlicher Natur, zu deren Mitgliedern ein oder mehrere Mitgliedstaaten zählen.

3 Auf den ersten Blick scheint es zu überraschen, dass auch internationalen Organismen öffentlich-rechtlicher Art, denen ein oder mehrere Mitgliedstaaten angehören, d.h. also alle Wertpapiere dieser Emittenten, die keine Dividendenwerte sind[3], und Wertpapiere, die uneingeschränkt und unwiderruflich von einem Mitgliedstaat oder einer Gebietskörperschaft eines Mitgliedstaates garantiert werden, von dieser Regelung umfasst werden, obwohl die EU-ProspRL in ihrem Kap. I Art. 1 Abs. 2b) und d) ausdrücklich die vorgenannten Wertpapiere dieser Emittenten aus ihrem Anwendungsbereich ausnimmt und demnach eine Prospektpflicht nicht besteht.

Ergebnis der zuvor beschriebenen Ausnahmeregelung der EU-ProspRL ist also, dass letztlich nur internationale Organismen, denen kein Mitgliedstaat angehört, d.h. also alle Wertpapiere dieser Emittenten, die keine Dividendenwerte sind[4], und Emittenten von Wertpapieren, die zwar von einem OECD-Mitgliedstaat, aber nicht von einem Mitgliedstaat der EU oder dessen Gebietskörperschaft uneingeschränkt und unwideruflich garantiert werden, zur Vorlage eines entsprechenden Prospekts verpflichtet sind, sofern sie in einem Mitgliedstaat der Gemeinschaft ein öffentliches Angebot von Wertpapieren machen oder ihre Wertpapiere zum Handel auf einem geregelten Markt zulassen möchten.[5]

Die generelle Erfassung aller Emissionen internationaler Organismen bzw. mit entsprechendem Garantiegeber durch Anh. XVII EU-ProspV macht jedoch aus folgendem Grund Sinn[6]: Aufgrund des Kap. I Art. 1 Abs. 3 der EU-ProspRL besteht auch für internationale Organismen öffentlich-rechtlicher Art bzw. für Wertpapieremittenten mit vorgenanntem Garantiegeber, welche grundsätzlich aus dem Anwendungsbereich der EU-ProspRL ausgenommen sind, die Möglichkeit, für diese Emissionen freiwillig einen Prospekt gemäß den Bestimmungn der EU ProspRL zu erstellen, so genanntes „Opt-In", sofern sie es ausdrücklich wünschen.[7] In diesem Fall sorgt die Anwendung des Anh. XVII EU-ProspV für einen einheitlichen Anspruch an den Prospektinhalt. Umgesetzt wurde diese Wahlmöglichkeit in § 1 Abs. 3 WpPG, wonach unbeschadet der Ausnahmevorschriften des § 1 Abs. 2 Nr. 2 bis 5 WpPG Emittenten, Anbieter oder Zulassungsantragsteller berechtigt sind, einen Prospekt im Sinne des WpPG zu erstellen. Wählt ein Emittent diese Möglichkeit des „Opt-In", so finden die Vorschriften des WpPG in seiner Gesamtheit Anwendung. Im Gegenzug wird die Möglichkeit eröffnet, die Wertpapiere grenzüberschreitend öffentlich anzubieten oder zum Handel an einem orga-

---

3 Vgl. auch Kap. I Art. 2 Abs. 1c) der EU-ProspRL, Abl. L 345 vom 04.11.2003, 69.
4 Vgl. auch Kap. I Art. 2 Abs. 1c) der EU-ProspRL, Abl. L 345 vom 04.11.2003, 69.
5 Vgl. auch die Präambel der EU-ProspRL, Abl. L 345 vom 04.11.2003, S. 65 Punkt (11).
6 Vgl. auch CESR's Advice on Level 2 Implementing Measures or the Prospectus Directive, ref: CESR/03/399, III.2 (40).
7 Vgl. auch die Präambel der EU-ProspRL, Abl. L 345 vom 04.11.2003, S. 65 Punkt (11); *Holzborn/Israel*, ZIP 2005, 1668; *Kunold/Schlitt*, BB 2004, 501, 503; *Holzborn/Schwarz-Gondek*, BKR 2003, S. 927, 929.

nisierten Markt zuzulassen, d.h. von den Vorzügen des „Europäischen Passes" profitieren zu können.[8]

Darüber hinaus ist anzumerken, dass die Mitgliedstaaten frei wählen konnten, ob sie diese Ausnahmevorschriften der EU-ProspRL übernehmen[9], oder ob sie nationale, nicht auf EU-Ebene harmonisierte Regeln für eine Prospektpflicht dieser Emittenten von Nichtdividenden vorsehen.[10]

Er hat die prospektfreie Emission von Nichtdividendenwerten durch Art. 1 § 1 Abs. 2 Nr. 2 des Prospektrichtlinie-Umsetzungsgesetzes vom 22.06.2005 sogar auch auf internationale Organisationen des öffentlichen Rechts, denen mindestens ein Staat des Europäischen Wirtschaftsraums angehört, erweitert. Gleiches gilt für Wertpapiere, die uneingeschränkt und unwiderruflich von einem Staat des Europäischen Wirtschaftsraums oder einer Gebietskörperschaft eines solchen Staates garantiert werden, vgl. Art. 1 § 1 Abs. 2 Nr. 3 des Prospektrichtlinie-Umsetzungsgesetzes. Diese Vorschriften sind § 3 Nr. 1 c) und d) „alten" Verkaufsprospektgesetz[11] (VerkProspG), die ebenfalls von Gesetzes wegen eine Befreiung der vorgenannten öffentlich rechtlichen Emittenten von der Prospektpflicht vorsahen, nachgebildet.[12]

Sofern ein Mitgliedstaat entgegen den vorherigen Ausführungen die Ausnahmevorgaben der Prospektrichtlinie nicht umgesetzt hat, sondern nationale, nicht auf EU-Ebene harmonisierte Regeln für eine Prospektpflicht vorsieht[13], profitieren diese Wertpapiere dann auch nicht von den mit der Harmonisierung verbundenen Vorteilen und erhalten keinen „Europäischen Pass".[14]   4

2. Ähnlichkeiten zu dem ehem. § 42 BörsZulVO

Betrachtet man nunmehr die Mindestinhalte des Anh. XVII EU-ProspV, so   5
erkennt man nicht mehr viele Ähnlichkeiten zu dem ehem. § 42 BörsZulVO[15], welcher vormals unter dem Abschnitt „Prospektinhalt in Sonderfällen" die Anforderungen an den Börsenzulassungsprospekt für die Zulassung

---

8 Vgl. RegBegr. EU-ProspRL-UmsetzungsG BT-Drucks. 15/4999 S. 28; *Kunold/Schlitt*, BB 2004, 501, 503; *Holzborn/Schwarz-Gondek*, BKR 2003, S. 927, 929.
9 Vgl. RegBegr. EU-ProspRL-UmsetzungsG BT-Drucks. 15/4999 S. 27.
10 Vgl. auch *Kunold/Schlitt*, BB 2004, 502, 503. Der deutsche Gesetzgeber jedenfalls ist den Ausnahmevorgaben der EU-ProspRL gefolgt.
11 Diese Vorschrift ist im Rahmen des Gesetzes zur Umsetzung der EU-ProspRL-UmsetzungsG weggefallen. Bei dem hier angeführten ehem. Text des VerkProspG handelt es sich um die Fassung der Bekanntmachung vom 09.09.1998 (BGBl. I S. 2701), zuletzt geändert durch Art. 8 Abs. 6 des Gesetzes vom 04.12.2004 (BGBl. I S. 3166).
12 RegBegr. EU-ProspRL-UmsetzungsG BT-Drucks. 15/4999, S. 27.
13 Vgl. insoweit auch die Übersicht zur nationalen Umsetzung der EU-ProspRL.
14 Vgl. auch *Kunold/Schlitt*, WpPG, BB 2004, 501, 503.
15 Im Rahmen des ProspRL-Umsetzungsgesetzes weggefallen. Der ehem. Text zur Verordnung über die Zulassung von Wertpapieren zum amtl. Markt an einer Wertpapierbörse (Börsenzulassungs-Verordnung-BörsZulVO), ist zu entnehmen: BGBl. III/FNA 4110-1-1, in der Fassung der Bekanntmachung vom 09.09.1998, (BGBl. I S. 2832), und geändert durch Art. 20 Viertes Finanzmarktförderungsgesetz v. 21.06.2002 (BGBl. I S. 2010).

von Schuldverschreibungen zur amtl. Notierung von Staaten, Gebietskörperschaften und zwischenstaatlichen Einrichtungen regelte. Die BörsZulVO, welche auf einem Entwurf der Bundesregierung vom 20.02.1987[16] beruhte, regelte seit ihrem in Kraft treten am 01.05.1987[17] in § 42 Abs. 1 BörsZulVO die Mindestinhalte der Prospekte für die vorgenannten Emittenten. Diese bezogen sich auf 1. die geographischen und staatsrechtlichen Verhältnisse, 2. die Zugehörigkeit zu zwischenstaatlichen Einrichtungen, 3. die Wirtschaft, insb. ihre Struktur, Produktionszahlen der wesentlichen Wirtschaftszweige, Entstehung und Verwendung des Bruttosozialprodukts und des Volkseinkommens, die Beschäftigung, Preise und Löhne, 4. den Außenhandel, die Zahlungsbilanz und die Währungsreserven, 5. den Staatshaushalt und die Staatsverschuldung, 6. die jährlichen Fälligkeiten der bestehenden Verschuldung und 7. auf die Erfüllung der Verbindlichkeiten aus bisher ausgegebenen Schuldverschreibungen. Danach waren die Angaben zu den Nr. 3 bis 5 jeweils für die letzten drei Jahre aufzunehmen. Für die Zulassung von Schuldverschreibungen, die von zwischenstaatlichen Einrichtungen emittiert wurden, war der vorgenannte Abs. gem. § 42 Abs. 2 BörsZulVO entsprechend anzuwenden. Die Gesetzesbegründung führte zu dieser Regelung aus, dass die darin geforderten Mindestinhalte für den Prospekt der Praxis der Börsen entsprach.[18]

6   Allerdings begründen sich nunmehr die Mindestinhalte dieses Anh. auf den Erkenntnissen und Empfehlungen von CESR.[19] Die CESR Beratungen[20] gingen im Vorfeld dahin, dass der Anh. XVI EU-ProspV für internationale öffentliche Organismen trotz ihres öffentlichen Charakters als eher unpassend erklärt wurde. Die Begründung dafür war, dass diese Organismen in ihrer Struktur privatrechtlichen Unternehmen ähnlicher seien, so dass der entsprechende „retail or wholesale debt annex", welcher auf den IOSCO[21] „International Disclosure Standards" basiert, Anwendung finden sollte.[22] Die Rückmeldungen auf diese CESR-Empfehlung ergaben jedoch, dass trotz der unternehmerischen Strukturgleichheit das Risikoprofil dieser Organismen eher dem von Staaten gleiche. Aufgrund dessen entsann sich CESR einer Liste von internationalen öffentlichen Organismen[23], auf welche dieser neu entworfene Anh. XVII EU-ProspV anzuwenden ist.[24] Dabei wies CESR darauf hin, dass dieser Anh. allgemein auf Organismen zugeschnitten sei, wel-

---

16 BR-Drucks. 72/87.
17 Vgl. die Ausführungen von *Groß*, KapMR, 2. Aufl., BörsZulV, Rn. 1.
18 RegBegr BörsZulVO, BR-Drucks. 72/87, S. 67, 84.
19 Vgl. *CESR*, advice, advertisement, Ref: CESR/03-399, III.2 (42) und Annex C.
20 Vgl. *CESR*, disclosure requirements, Ref: CESR/03-210b, III.1 (27)–(29).
21 The International Organisation of Securities Commissions, http://www.iosco.org.
22 Vgl. *CESR*, public consultations, Ref: CESR/02-185b i.V.m. Annex I.
23 Vgl. *CESR*, advice, advertisement, Ref: CESR/03-399, III.3 (50): African Development Bank, Asian Development Bank, Council of Europe Development Bank, Eurofima, European Bank for Reconstruction and Development, European Investment Bank, Inter-American Development Bank, International Bank for Reconstruction and Development, International Finance Corporation, Nordic Investment Bank, World Bank, International Monetary Fund.
24 Vgl. *CESR*, advice, advertisement, Ref: CESR/03-399, III.2 (45).

che durch internationale Staatsverträge zwischen souveränen Staaten begründet und bereits am internationalen Kapitalmarkt aktiv seien. Zu solchen Organismen bzw. zwischenstaatlichen Einrichtungen, auf die Hoheitsrechte übertragen werden, wird man aber nicht nur solche zählen können, an denen nur Staaten beteiligt werden. Erfasst werden auch Organismen, an denen andere zwischenstaatliche Einrichtungen, die Völkerrechtssubjekt sind, teilnehmen. Grundlage ist aber, dass der internationale öffentliche Organismus einen eigenen, von den Beteiligten unabhängigen Hoheitsbereich hat.[25] Des Weiteren geht CESR davon aus, dass die von diesem Anh. umfassten Organismen bereits ein hohes Kreditrating der bekannten Kreditrating-Agenturen tragen,[26] und dass ihre Wertpapiere entweder uneingeschränkt und unwiderruflich von ihren staatlichen Mitgliedern garantiert werden, oder aber dass ihre Darlehensvergabegrenzen immer so gesetzt sind, dass diese mit dem gebilligten Kapital der staatlichen Mitglieder übereinstimmen.[27]

Sofern Wertpapiere begeben werden, deren Garantiegeber ein OECD-Mitgliedstaat ist, sind neben den inhaltlichen Anforderungen dieses Schemas an den Emittenten ebenfalls die geforderten Angaben des Anh. XVI EU-ProspV bzgl. des Garantiegebers im Prospekt zu berücksichtigen.[28]

II. Das Registrierungsformular gemäß Anh. XVII

Der Anh. XVII EU-ProspV enthält die Mindestangaben für das Registrierungsformular für Wertpapiere, die von internationalen öffentlichen Organismen ausgegeben werden, und für Schuldtitel, deren Garantiegeber ein OECD-Mitgliedstaat ist (Schema).[29]

1. Verantwortliche Personen

An dieser Stelle sind alle Personen zu nennen, die für die im Registrierungsformular gemachten Angaben bzw. für bestimmte Abschnitte des Registrierungsformulars verantwortlich sind.[30]

a) Ziff. 1.1.

Bei dem Prospektverantwortlichen kann es sich um den Emittenten selbst bzw. den Garantiegeber[31] handeln. Ist der Emittent ein internationaler öf-

---

25 Vgl. *Schmidt-Bleibtreu/Klein*, GG, Art. 24, Rn. 3 ff.
26 Vgl. die allgemeinen Ausführungen zum Meinungsstand bzgl. der Notwendigkeit der Aufnahme eines Ratings in Anh. XVI EU-ProspV, II. Angaben über den Emittenten Rn. 13.
27 Vgl. *CESR*, advice, advertisement, Ref: CESR/03-399, III.2 (45).
28 Vgl. insb. Anh. VI EU-ProspV Punkt 3; vgl. *CESR*, advice, advertisement, Ref: CESR/03-399, III.3 (50).
29 Vgl. die Ausführungen zur Reihenfolge der Informationsbestandteile in Anh. I EU-ProspV, Rn. 2.
30 Zu den allgemeinen Ausführungen vgl. auch Anh. XVI EU-ProspV, II. Das Registrierungsformular gem. Anh. XVI EU-ProspV, Rn. 8.
31 Vgl. die Ausführungen bzgl. des Namen und Sitzes von Staaten in Anh. XVI EU-ProspV, Ziff. 1.1.

fentlicher Organismus, so sind der üblicherweise innerhalb des Gründungsvertrages geregelte Name sowie der Hauptsitz in den Prospekt zu übernehmen.[32]

b) Ziff. 1.2.

11 Der in Punkt 1.2. vorgeschriebenen Erklärung kommen die Verantwortlichen in der Regel dadurch nach, dass sie den Verordnungstext, so wie er vorgegeben ist, wiederholen und auf sich beziehen, d. h. im Klartext: „Der XY Verantwortliche hat die erforderliche Sorgfalt walten lassen, um sicherzustellen, dass die im Registrierungsformular genannten Angaben seines Wissens nach richtig sind und keine Tatsachen ausgelassen worden sind, die die Aussage des Registrierungsformulars wahrscheinlich verändern".[33]

In diesem Zusammenhang ist klarzustellen, dass der teilweise unterschiedliche Wortlaut in den Anhängen, und zwar einmal dahingehend, dass die Auslassung von Angaben den Inhalt „wahrscheinlich verändern"[34], und ein anderes mal darauf abstellend, dass sich der Inhalt durch Auslassung „verändern kann"[35], nur auf eine uneinheitliche Übersetzung zurück zu führen ist.[36] Demnach wird in allen Anhängen zu diesem Punkt materiell das gleiche verlangt.

2. Risikofaktoren

12 Bei der Darstellung der Risikofaktoren geht es um die klare Offenlegung der Umstände, welche die Fähigkeit des Emittenten beeinträchtigen können, seinen Verpflichtungen aus den Wertpapieren nachzukommen.[37] Eine ähnlich lautende Vorschrift enthielt der ehem. § 42 BörsZulVO, der früher die Mindestinhalte der Prospekte für die nun in Anh. XVII EU-ProspV genannten Emittenten regelte, nicht.[38]

Da es sich bei den in Anh. XVII EU-ProspV aufgeführten internationalen Organismen regelmäßig um Banken handelt,[39] ähneln die Risikofaktoren vornehmlich den in der Bankpraxis vorkommenden, wie u.a. Kredit-, Liquiditäts- und Marktrisiken.[40] Hinzu tritt das Risiko der Nichterfüllung von ver-

---

32 Vgl. bspw. den Gründungsvertrag der Asian Development Bank: www.adb.org/Documents/Reports/Charter/chap06.asp, Stand v. 16.07.2007; im Übrigen ist die Firma und der Sitz des Emittenten anzugeben, vgl. §§ 17, 29 HGB.
33 Zur Sorgfaltserklärung siehe auch Anh. I EU-ProspV, Rn. 6.
34 Vgl. insofern auch Anh. VII 1.2., IX 1.2., X 1.2., XI 1.2., XII 1.2., XIII 1.2., XVI 1.2. der EU-ProspV.
35 Vgl. insofern auch Anh. I 1.2., III 1.2., IV 1.2. und V 1.2. der EU-ProspV.
36 Vgl. insoweit auch den englischen Text der vorgenannten Anhänge, der grds. lautet: „contains no emission likely to affect its import".
37 Allgemeine Ausführungen zu dem Stichwort „Risikofaktoren" befinden sich in Anh. I EU-ProspV, Rn. 15f.
38 Vgl. die entsprechend anwendbaren Ausführungen in Anh. XVI EU-ProspV, II. Das Registierungsformular gem. Anh. XVI EU-ProspV, Rn. 11.
39 Vgl. auch die beispielhafte Aufzählung zu internationalen öffentlichen Organismen.
40 Vgl. auch die Ausführungen zu den Risikofaktoren von Banken in Anh. XI EU-ProspV.

traglich eingegangenen Verpflichtungen durch Staaten, die an der zwischenstaatlichen Einrichtung beteiligt sind.[41]

Bei Schuldtiteln, die von einem OECD-Mitgliedstaat garantiert werden, sind zum einen die der Rechtspersönlichkeit des Emittenten entspringenden Risiken bzw. die seines Umfelds darzustellen, und zum anderen die des Garantiegebers.[42] *13*

3. Angaben über den Emittenten

Konkrete Informationen über den Emittenten werden in Ziff. 3. gefordert. *14*

a) Ziff. 3.1.

In diesem Punkt ist erneut, wie bereits in Punkt 1.1. erklärt, der gesetzliche Name des Emittenten anzuführen. Der Name ist an dieser Stelle zu wiederholen, d.h., ein Verweis auf Punkt 1.1. ist nicht möglich, damit eine zusammenhängende Beschreibung des Emittenten gewährleistet wird. *15*

Des Weiteren wird eine kurze Beschreibung des Rechtsstatus verlangt. Die englische Formulierung „legal status" kann auch mit Rechtsstellung übersetzt werden. Zur Erklärung des Rechtsstatus bzw. der Rechtsstellung des Emittenten sind die entsprechenden Rechtsgrundlagen anzuführen, auf deren Basis der Emittent arbeitet.

Insbesondere bei den in diesem Anh. ins Auge gefassten internationalen öffentlichen Organismen[43] handelt es sich regelmäßig um zwischenstaatliche Organisationen. Diese besitzen in der Regel Völkerrechtssubjektivität, wobei die Staaten, die solche Organisationen gründen es in der Hand haben, über die Völkerrechtsfähigkeit der von ihnen geschaffenen Organisation zu entscheiden.[44] Völkerrechtssubjektivität ist die Fähigkeit, Träger völkerrechtlicher Rechte und Pflichten zu sein.[45] Ob und in welchem Umfang die einzelne internationale Organisation die Völkerrechtssubjektivität besitzt, ergibt sich aus ihrer jeweiligen Satzung, auch Gründungsvertrag genannt. Dieser ist ein multilateraler Vertrag, der von den Gründungsmitgliedern ausgearbeitet und in Kraft gesetzt wird. Besitzt die internationale Organisation *16*

---

41 Vgl. insoweit die Ausführungen zu den Risikofaktoren von Staaten in Anh. XVI EU-ProspV, II. Das Registierungsformular gem. Anh. XVI EU-ProspV, Rn. 11.
42 Vgl. auch hier die Ausführungen zu den Risikofaktoren von Staaten in Anh. XVI EU-ProspV, II. Das Registierungsformular gem. Anh. XVI EU-ProspV, Rn. 11.
43 Vgl. die Begriffsbestimmung des Art. 2, Ziff. 8 der EU-ProspV. Danach bezeichnet „Öffentliche internationale Einrichtung" eine durch einen internationalen Vertrag zwischen souveränen Staaten gegründete juristische Person öffentlicher Natur, zu deren Mitgliedern ein oder mehrere Mitgliedstaaten zählen. CESR wies darauf hin, dass dieser Anh. allgemein auf Organismen zugeschnitten sei, welche durch internationale Staatsverträge zwischen souveränen Staaten begründet seien und die bereits am internationalen Kapitalmarkt aktiv seien: vgl. *CESR*, advice, advertisement, Ref: CESR/03-399, III.3 (50).
44 *Kimminich/Hobe*, Völkerrecht 8. Aufl., 3.2.2., S. 122; *Ignaz Seidl-Hohenverldern/Gerhard Loibl*, Recht der int. Organ., § 3 A. I. Rn. 0310.
45 *Kimminich/Hobe*, Völkerrecht 8. Aufl., 3., S. 71.

die Völkerrechtsfähigkeit, so richtet sich deren Umfang nach der Zielsetzung der Organisation, die ebenfalls aus der Satzung ersichtlich ist. Diese partielle Völkerrechtssubjektivität besteht nicht automatisch, sondern setzt die Anerkennung als Völkerrechtssubjekt durch die Staaten voraus. Der Gründungsvertrag bzw. völkerrechtliche Vertrag ist somit die Rechtsquelle und sein Abschluss ist rechtssetzendes Handeln.[46] Dieser ist als Grundlage zur Beschreibung des Rechtsstatus von internationalen öffentlichen Organismen heranzuziehen.[47]

b) Ziff. 3.2.

17 Die Belegenheit des Hauptsitzes sowie die Kontaktadresse und Telefonnummer ergeben sich für die internationalen öffentlichen Organisationen regelmäßig aus dem Gründungsvertrag bzw. es ist ihm zu entnehmen, wer für die Festlegung dieser Daten zuständig ist.[48] Des Weiteren ist in diesem Punkt zu beantworten, welche Rechtsform der Emittent hat. Insb. beim internationalen öffentlichen Organismus ist darzulegen, aus welchem Recht er seine funktionelle Rechtspersönlichkeit im innerstaatlichen Recht ableitet. Zumeist vermeiden es die Mitgliedstaaten einer solchen Organisation nach Möglichkeit, diese dem innerstaatlichen Recht eines der Mitgliedstaaten zu unterstellen. Stattdessen versuchen die einschlägigen Bestimmungen die wesentlichsten Rechte, die sich aus dem Bestehen einer solchen Rechtspersönlichkeit ergeben, im Gründungsvertrag über Privilegien und Immunitäten selbst zu umschreiben. Zumeist wird in diesen Verträgen ebenfalls geregelt, dass die Organisation im Bereiche des innerstaatlichen Rechtes Rechtspersönlichkeit genießen soll.[49] Demzufolge leitet sich die Rechtsform bzw. die Rechtsper-

---

46 *Kimminich/Hobe,* Völkerrecht 8. Aufl., 4.2., S. 173.
47 Vgl. bspw. den Gründungsvertrag der International Bank for Reconstruction and Development (IBRD), Article VII, Section 2: Status, Immunities, Privileges: „The Bank shall possess full juridical personality, and, in particular, the capacity: (i) to contract; (ii) to acquire and dispose of immovable and movable property; (iii) to institue legal proceedings." Vgl: www.web.worldbank.org/WBSITE/EXTERNAL/EXTABOUTUS/0,,content MDK: 20049557~mnuPK:58863~pagePK:43912~piPK:44037~theSitePK:29708,00.html, Stand v. 16.07.2007.
48 Bspw. der Gründungsvertrag der African Development Bank legt in Art. 39 fest, dass der „Board of Governors" in seinem ersten Zusammentreffen über den Hauptsitz der Bank zu befinden hat, vgl.: www.afdb.org/pls/portal/docs/PAGE/ADB_ADMIN_PG/DOCUMENTS/LEGALINFORMATION/AGREEMENT_ESTABLISHING_ADB_JULY2002_EN.DOC, Stand v. 16.07.2007.
49 Vgl. insoweit auch Gründungsverträge der African Development Bank und der World Bank: www.afdb.org/pls/portal/docs/PAGE/ADB_ADMIN_PG/DOCUMENTS/LEGALINFORMATION/AGREEMENT_ESTABLISHING_ADB_JULY2002_EN.DOC, Stand v. 16.07.2007; www.web.worldbank.org/WBSITE/EXTERNAL/EXTABOUTUS/IDA/0,,content MDK: 20052323~menuPK:115747~pagePK:51236175~piPK:437394~theSitePK:73154,00. html, Stand v. 16.07.2007; Ignaz Seidl-Hohenverldern/Gerhard Loibl, Recht der int. Organ. § 3 B. II. 1. Rn. 0334f.

sönlichkeit üblicherweise aus dem völkerrechtlichen Vertrag der internationalen öffentlichen Organisationen ab.[50]

Etwas anderes kann gelten, wenn die Teilnahme am Wirtschaftsleben in einem oder mehreren der Mitgliedstaaten ein wichtiger Teil der Aufgaben der Organisation oder eines besonderen Organisationsteils ist. Dies ist bei den „internationalen Unternehmen" der Fall. Diesen Gebilden ist gemeinsam a) die Beteiligung mehrerer Staaten, Untergliederungen von Staaten und/oder von staatsbeherrschten, aber privatrechtlich organisierten Unternehmen, b) zur Erreichung eines wirtschaftlichen Ziels, c) in einer Organisationsform, die dem innerstaatlichen Recht eines Mitgliedstaats entnommen oder daran angelehnt ist. Diese zwischenstaatlichen gemeinsamen Unternehmen können entweder durch einen Gründungsakt gem. dem Recht eines Staates oder durch einen völkerrechtlichen Akt gegründet werden.

c) Ziff. 3.3.

Die Einzelheiten über das verantwortliche Organ, dem der Emittent untersteht, sind bei internationalen öffentlichen Organismen regelmäßig dem Gründungsvertrag zu entnehmen, der sodann ausführliche Regelungen zur Einrichtung, zum Aufgabenbereich, zur Zusammensetzung sowie zur Beschlussfähigkeit dieses Organs beinhaltet.[51] Der mit Verwaltungsvereinbarung übersetzte Begriff „governance arrangements" kann ebenfalls mit Maßnahmen bzw. Anordnungen des verantwortlichen Organs übersetzt werden, so dass solche unternehmerischen Entscheidungen des verantwortlichen Organs an dieser Stelle zu benennen sind, sofern sie bestehen. Ansonsten kann eine Beschreibung zu diesem Punkt gänzlich entfallen.[52] 18

d) Ziff. 3.4.

Die Hauptzielsetzungen und -aufgaben des Emittenten ergeben sich im Falle der internationalen öffentlichen Organismen regelmäßig aus dem der Orga- 19

---

50 Dies haben die vom CESR für diesen Anh. ins Auge gefassten Organisationen gemeinsam: vgl. *CESR*, advice, advertisement, Ref: CESR/03-399, III.3 (50); *Ignaz Seidl-Hohenverldern/Gerhard Loibl,* Recht der int. Organ., § 3 B.I. Rn. 0327.
51 Vgl. bspw. Art. 29–31 des Gründungsvertrages der African Development Bank: www.afdb.org/pls/portal/docs/PAGE/ADB_ADMIN_PG/DOCUMENTS/LEGALINFORMATION/AGREEMENT_ESTABLISHING_ADB_JULY2002_EN.DOC, Stand v. 16.07.2007.
52 Vgl. CESR's Advice on Level 2 Implementing Measures for the Prospectus Directive, Ref: CESR/03-300, V. (125) Road Map zum Thema „Blanket Clause": „As a general principle, if certain information required in the schedules or equivalent information is not applicable to the issuer, to the offer or to the securities to which the prospectus relates, this information can be omitted. In other words, the issuer must only provide the required information, „if any".

nisation zu Grunde liegenden völkerrechtlichen Vertrag, dem Gründungsvertrag.[53]

e) Ziff. 3.5.

20 Bei der Anforderung, Finanzierungsmittel des Emittenten, Garantien und andere Verpflichtungen gegenüber seinen Mitgliedern zu beschreiben, ist zunächst der letzte Teil richtigerweise aus der englischen Fassung mit „und andere Verpflichtungen, welche die Mitglieder dem Emittenten schulden" zu übersetzen. Dieser Punkt zielt darauf ab zu erklären, wie der Emittent, bei dem es sich insb. um einen internationalen öffentlichen Organismus handeln kann, seine Finanzierungsmittel aufbringt, und nicht, wem der Emittent etwas schuldet. Die grds.e Funktion der Finanzausstattung von internationalen öffentlichen Organismen lässt sich üblicherweise dem Gründungsvertrag der Organisation mitsamt der Mitgliederliste entnehmen. Bspw. ist die Zeichnung von Aktien durch die Mitglieder im Wege sog. „paid-up" oder „callable shares" oder durch Bereitstellung bzw. Zeichnung bestimmter Beiträge, sog. „initial funds" als Finanzierungsmittel üblich. Darüber hinaus sehen die Satzungen der Organisationen häufig die Möglichkeit zur Gründung spezieller Fonds vor, welche allerdings den Regelungen des Gründungsvertrages unterworfen werden.[54]

Detaillierte Informationen zu den Finanzierungsmitteln beinhalten die entsprechenden Jahresabschlüsse bzw. „Information Statements".[55]

---

53 Vgl. bspw. die Präambel des Gründungsvertrags der African Development Bank: „THE GOVERNMENTS on whose behalf this Agreement is signed, DETERMINED to strengthen African solidarity by means of economic co-operation between African States, CONSIDERING the necessity of accelerating the development of the extensive human and natural resources of Africa in order to stimulate economic development and social progress in that region, REALIZING the importance of co-ordinating national plans of economic and social development for the promotion of the harmonious growth of African economies as a whole and the expansion of African foreign trade and, in particular, inter-African trade, RECOGNIZING that the establishment of a financial institution common to all African countries would serve these ends, CONVINCED that a partnership of African and non-African countries will facilitate an additional flow of international capital through such an institution for the economic development and social progress of the region, and the mutual benefit of all parties to this Agreement." Vgl. www.afdb.org/pls/portal/docs/PAGE/ADB_ADMIN_PG/DOCUMENTS/LEGALINFORMTON/AGREEMENT_ESTABLISHING_ADB_JULY2002_EN.DOC, Stand v. 16.07.2007.

54 Vgl. Art. 6 und 8 des „Agreement Establishing The African Development Bank": www.afdb.org/pls/portal/docs/PAGE/ADB_ADMIN_PG/DOCUMENTS/LEGALINFORMATON/AGREEMENT_ESTABLISHING_ADB_JULY2002_EN.DOC, Stand v. 16.07.2007 oder die Article II und III des Gründungsvertrages der International Development Association (IDA) der World Bank: www.web.worldbank.org/WBSITE/EXTERNAL/EXTABOUTUS/IDA/0,,contentMDK:2005233~menuPK:115747~pagePK:51236175~piPK:437394~theSitePK:73154,00.html, Stand v. 16.07.2007.

55 Vgl. bspw. das Information Statement der African Development Bank: www.adb.org/Documents/Reports/Financial_Information_Statement/2006/default.asp# contents, Stand v. 16.07.2007.

f) Ziff. 3.6.

In diesem Punkt geht es um die Beschreibung etwaiger Ereignisse aus jüngster Zeit, die für die Bewertung der Zahlungsfähigkeit des Emittenten relevant sind.[56]

21

Was in diesem Zusammenhang Ereignisse aus „jüngster Zeit" bedeutet, ist auszulegen. Die Übersetzung aus dem Englischen ist jedenfalls zutreffend. Demnach ist eine Interpretation dieser Zeitangabe vor dem Hintergrund der übrigen Regelungen des Anh. XVII EU-ProspV zu lesen, in welchen Mindestangaben ebenfalls in einen zeitlichen Kontext gestellt werden. So fordert die nachfolgende Ziff. 4. bzw. 4.1. die beiden jüngsten veröffentlichten und geprüften Jahresabschlüsse. Durch die Lieferung dieser Daten soll bereits ein konkretes Bild von der Solvenz des Emittenten gezeichnet werden. Deshalb kann darauf geschlossen werden, dass mit Ereignissen aus „jüngster Zeit" Vorkommnisse gemeint sind, die seit dem Schluss des letzten Geschäftsjahres, auf das sich der jüngste offengelegte Jahresabschluss bezieht, bis zur Prospektaufstellung eingetreten sind, und die sich noch nicht in dem jüngsten offengelegten Jahresabschluss des Emittenten wiederfinden. Sollte der Anknüpfungspunkt oder die Grundlage für das Ereignis zeitlich in oder vor dem Geschäftsjahr liegen, auf welches sich der jüngste offengelegte Jahresabschluss bezieht, so ist dieser zum Zwecke der Übersichtlichkeit zusammen mit der Nennung des Ereignisses zu erklären.

22

g) Ziff. 3.7.

In diesem Punkt sind die Mitglieder des Emittenten, sofern es sich bei diesem um einen internationalen öffentlichen Organismus handelt, der üblicherweise Mitglieder hat, zu nennen.

23

4. Finanzinformationen

Die Verpflichtung für die in den übrigen Anh. behandelten Emittenten, die geforderten historischen Finanzinformationen grds. gem. Art. 35 der EU-ProspV, also gem. der Verordnung (EG) Nr. 1606/2002 („IAS-V") bzw. dem entsprechend[57], zu erstellen[58], gilt nicht für Emittenten dieses Anh..[59] Aller-

24

---

56 Vgl. die entsprechend anwendbaren Ausführungen in Anh. XVI EU-ProspV, II. Das Registrierungsformular gem. Anh. XVI EU-ProspV, 3.3. Angaben über den Emittenten, Rn. 21.
57 Vgl. die Ausführungen zu Anh. I EU-ProspV, Ziff. 20.1. Rn. 104.
58 Vgl. insoweit auch die Ausführungen zu Anh. I EU-ProspV, Ziff. 20.1. Rn. 97.
59 Vgl. Art. 35 EU-ProspV, der die Aufbereitung historischer Finanzinformationen der IAS-V entsprechend nur für die Anh. I, Ziff. 20.1., An. IV, Ziff. 13.1., An. VII, Ziff. 8.2., Anh. X, Ziff. 20.1., Anh. XI, Ziff. 11.1. EU-ProspV fordert.

dings sind die Rechnungslegungs- und Abschlussprüfungsgrundsätze, für die sich der Emittent entschieden hat, kurz zu beschreiben.[60]

Außerdem sind etwaige wesentliche Veränderungen in der Finanzlage des Emittenten darzulegen, die seit der Veröffentlichung des letzten geprüften Jahresabschlusses eingetreten sind. Im Hinblick auf die Übereinstimmung der geforderten Informationen mit denen in Anh. I EU-ProspV, Ziff. 20.9. und Anh. XVI EU-ProspV, Ziff. 5.1., wird auf die dortigen Ausführungen verwiesen.[61]

5. Gerichts und Schiedsgerichtsverfahren

25 Angaben zu Gerichts-, Schiedsgerichtsverfahren sowie zu Immunitäten des Emittenten werden in Ziff. 5. verlangt.

a) Ziff. 5.1.

26 Unter dieser Ziff. sind Interventionen, Gerichts- oder Schiedsgerichtsverfahren aufzuführen, sofern sie sich erheblich auf die Finanzlage der Emittenten auswirken bzw. in jüngster Zeit ausgewirkt haben.[62]

b) Ziff. 5.2.

27 Angaben über eine etwaige Immunität, die der Emittent bei Gerichtsverfahren genießt, sind an dieser Stelle zu verorten. Dabei sind die Rechtsgrundlagen bzw. die Regelungen aus den Gründungsdokumenten des internationalen öffentlichen Organismus, welche die Immunität gewähren, darzulegen.

6. Erklärungen von Seiten Sachverständiger und Interessenerklärungen

28 Die Anforderung an die Offenlegung der in diesem Punkt geforderten Daten stimmt im Großen und Ganzen mit den geforderten Daten in den übrigen Anhängen überein.[63] Allerdings ist nicht davon auszugehen, dass der Sach-

---

60 Vgl. bspw. die Ausführungen der Worldbank oder der Asian Development Bank (ADB) zu diesem Thema unter: www.siteresources.worldbank.org/INTANNREP2K6/Resources/ 2838485-1158333614345/AR06-FS001.pdf, www.adb.org/Documents/Reports/Annual_ Report/2006/ADB-AR2006-Vol2.pdf. Dort heißt es „IBRD prepares its financial statements in conformity with accounting principles generally accepted in the United States of America (U.S. GAAP) and referred to in this document as the „reported basis", vgl. S. 5 des Worldbank Annual Report 2006. Die ADB führt aus: „ADB prepares its financial statements in accordance with accounting principles generally accepted in the United States (US)", vgl. S. 4 des ADB Annual Reports 2006.
61 Vgl. Anh. I EU-ProspV, Ziff. 20.9. Rn. 192 und Anh. XVI EU-ProspV, Ziff. 5.1.
62 Vgl. die entsprechend anwendbaren Ausführungen zu Anh. XVI EU-ProspV, II. Das Registrierungsformular gem. Anh. XVI EU-ProspV, 6. Gerichts- und Schiedsgerichtsverahren, Rn. 28.
63 Vgl. Anh. I Ziff. 23.1., Anh. V Ziff. 7.3., Anh. VII Ziff. 9.1., Anh. IX Ziff. 13.1., Anh. X Ziff. 23.1., Anh. XI Ziff. 13.1., Anh. XII Ziff. 7.3., Anh. XIII Ziff. 7.3. EU-ProspV.

verständige ein wesentliches Interesse an dem Emittenten selber haben wird, sofern es sich bei dem Emittenten um einen Staat oder eine internationale zwischenstaatliche Organisation handelt.[64] Deshalb ist im Unterschied zu den anderen Anhängen in diesem Punkt nach Angaben über jegliche Konflikte bzw. Interessenkonflikte des Sachverständigen gefragt, sofern diese sich auf seine Unabhängigkeit auswirken können.[65]

7. Einsehbare Dokumente

Im Hinblick auf den identischen Wortlaut wird auf die entsprechenden Erläuterungen in Anh. I EU-ProspV, Ziff. 24. verwiesen. 29

ARTIKEL 21
Kombinationsmöglichkeiten der Schemata und Module

(1) Die Verwendung der Kombinationsmöglichkeiten im Sinne der Tabelle in Anhang XVIII ist für die Erstellung von Prospekten verbindlich, die Arten von Wertpapieren betreffen, auf die die Kombinationen im Sinne dieser Tabelle zutreffen.

Demgegenüber können für Wertpapiere, auf die diese Kombinationsmöglichkeiten nicht zutreffen, weitere Kombinationsmöglichkeiten verwendet werden.

(2) Das umfassendste und strengste Schema für ein Registrierungsformular, d. h. das anspruchsvollste Schema in Bezug auf die Zahl der Informationsbestandteile und den Umfang der in ihnen enthaltenen Angaben darf stets für die Emission von Wertpapieren verwendet werden, für die ein weniger umfassendes und strenges Registrierungsformularschema vorgesehen ist, wobei die nachfolgende Reihenfolge der Schemata gilt:

1. Schema für ein Registrierungsformular für Aktien;
2. Schema für ein Registrierungsformular für Schuldtitel und derivative Wertpapiere mit einer Stückelung von weniger als 50.000 EUR;
3. Schema für ein Registrierungsformular für Schuldtitel und derivative Wertpapiere mit einer Mindeststückelung von 50.000 EUR.

ARTICLE 21
Combination of schedules and building blocks

1 The use of the combinations provided for in the table set out in Annex XVIII shall be mandatory when drawing up prospectuses for the types of securities to which those combinations correspond according to this table.

---

64 Vgl. *CESR*, advice content and format, Ref: CESR/03-210b, III.1 (41).
65 Vgl. zu dem gesamten Themenkreis auch *CESR* recommendations, Ref.: CESR/05-054b, III. 2h.

However, for securities not covered by those combinations further combinations may be used.

2 The most comprehensive and stringent registration document schedule, i.e. the most demanding schedule in term of number of information items and the extent of the information included in them, may always be used to issue securities for which a less comprehensive and stringent registration document schedule is provided for, according to the following ranking of schedules:

1. share registration document schedule;
2. debt and derivative securities registration document schedule for securities with a denomination per unit of less than EUR 50.000;
3. debt and derivative securities registration document schedule for securities with a denomination per unit at least EUR 50.000.

Anh. XVIII EU-ProspV
Kombinationsübersicht

ARTEN VON WERTPAPIEREN	REGISTRIERUNGSFORMULAR SCHEMATA					MODUL
	Aktien	Schuldtitel und derivate Wertpapiere (< 50.000 Euro)	Schuldtitel und derivate Wertpapiere (> oder = 50.000 Euro)	ABS	Schuldtitel und derivate Wertpapiere von Banken	Pro Forma Informationen
Aktien (Vorzugsaktien, rückzahlbare Aktien, Aktien mit Vorzugszeichnungsrechten etc.)	■					■
Anleihen (plain vanilla-Anleihen, Gewinnschuldverschreibungen, strukturierte Anleihen etc.) mit einer Stückelung von weniger als 50.000 Euro		oder			oder	
Anleihen (plain vanilla Anleihen, Gewinnschuldverschreibungen, strukturierte Anleihen etc.) mit einer Stückelung von mindestens 50.000 Euro			oder		oder	
Von Dritten garantierte Schuldtitel		oder	oder		oder	
Von Dritten garantierte derivative Wertpapiere		oder	oder		oder	
„Asset backed securities" (ABS)		oder	oder	oder	oder	
Anleihen, die in Aktien Dritter wandelbar oder in Aktien des Emittenten oder der Gruppe, die zum Handel auf einem geregelten Markt zugelassen sind, umtauschbar sind		oder	oder		oder	
Anleihen, die in Aktien des Emittenten wandel- oder umtauschbar sind, die nicht auf einem geregelten Markt zugelassen sind	■	oder				
Anleihen, die in Aktien der Gruppe wandel- oder umtauschbar sind, die nicht auf einem geregelten Markt zugelassen sind		oder	oder		oder	

ARTEN VON WERTPAPIEREN	REGISTRIERUNGSFORMULAR					MODUL
	SCHEMATA					
	Aktien	Schuldtitel und derivate Wertpapiere (< 50.000 Euro)	Schuldtitel und derivate Wertpapiere (> oder = 50.000 Euro)	ABS	Schuldtitel und derivative Wertpapiere von Banken	Pro Forma Informationen
Anleihen mit Optionsscheinen zum Bezug der Aktien des Emittenten, die nicht zum Handel auf einem geregelten Markt zugelassen sind						
Aktien mit Optionsscheinen zum Bezug der Aktien des Emittenten, die nicht zum Handel auf einem geregelten Markt zugelassen sind						
Derivative Wertpapiere, die in Recht auf Zeichnung oder den Erwerb von Aktien des Emittenten eröffnen, die nicht zum Handel auf einem geregelten Markt zugelassen sind						
Derivative Wertpapiere, die ein Recht auf den Erwerb von Aktien der Gruppe eröffnen, die nicht zum Handel auf einem geregelten Markt zugelassen sind		oder	oder		oder	
Derivative Wertpapiere, die ein Recht auf Zeichnung oder den Erwerb von Aktien des Emittenten oder der Gruppe eröffnen, die zum Handel auf einem geregelten Markt zugelassen sind und derivative Wertpapiere, die an einen anderen Basistitel als Aktien des Emittenten oder der Gruppe gebunden sind, die nicht zum Handel auf einem geregelten Markt zugelassen sind (einschließlich sämtlicher derivaten Wertpapiere, die Recht auf eine Kassaregulierung geben)		oder	oder		oder	

Mindestangaben Anh. XVIII **EU-ProspV**

	REGISTRIERUNGSFORMULAR SCHEMATA		
ARTEN VON WERTPAPIEREN	Organismen für gemeinsame Anlagen des geschlossenen Typs	Staaten und ihre regionalen und lokalen Gebietskörperschaften	Internationale öffentliche Organismen (von einem OECD-Mitgliedstaat garantierte Wertpapiere)
Aktien (Vorzugsaktien, rückzahlbare Aktien, Aktien mit Vorzugszeichnungsrechten)			
Anleihen (plain vanilla Anleihen, Gewinnschuldverschreibungen, strukturierte Anleihen etc.) mit einer Stückelung von weniger als EUR 50 000			
Anleihen (plain vanilla Anleihen, Gewinnschuldverschreibungen, strukturierte Anleihen etc.) mit einer Stückelung von mindestens 50.000 Euro			
Von Dritten garantierte Schuldtitel			
Von Dritten garantierte derivative Wertpapiere			
„Asset backed securities" (ABS)			
Anleihen, die in Aktien Dritter wandel- oder umtauschbar sind bzw. Aktien des Emittenten oder der Konzerngruppe, die zum Handel auf einem geregelten Markt zugelassen sind			
Anleihen, die in Aktien des Emittenten wandel- oder umtauschbar sind, die nicht auf einem geregelten Markt zugelassen sind			
Anleihen, die in Aktien der Gruppe wandel- oder umtauschbar sind, die nicht auf einem geregelten Markt zugelassen sind			
Anleihen mit Optionsscheinen zum Bezug der Aktien des Emittenten, die nicht zum Handel auf einem geregelten Markt zugelassen sind			
Aktien mit Optionsscheinen zum Bezug der Aktien des Emittenten, die nicht zum Handel auf einem geregelten Markt zugelassen sind			

	REGISTRIERUNGSFORMULAR		
		SCHEMATA	
ARTEN VON WERTPAPIEREN	Organismen für gemeinsame Anlagen des geschlossenen Typs	Staaten und ihre regionalen und lokalen Gebietskörperschaften	Internationale öffentliche Organismen (von einem OECD-Mitgliedstaat garantierte Wertpapiere)
Derivative Wertpapiere, die ein Recht auf Zeichnung oder den Erwerb von Aktien des Emittenten eröffnen, die nicht zum Handel auf einem geregelten Markt zugelassen sind			
Derivate Wertpapiere, die ein Recht auf den Erwerb von Aktien der Gruppe eröffnen, die nicht zum Handel auf einem geregelten Markt zugelassen sind			
Derivative Wertpapiere, die ein Recht auf Zeichnung oder den Erwerb von Aktien des Emittenten oder der Gruppe eröffnen, die zum Handel auf einem geregelten Markt zugelassen sind und derivative Wertpapiere, die an einen anderen Basistitel als Aktien des Emittenten oder der Gruppe gebunden sind, die nicht zum Handle auf einem geregelten Markt zugelassen sind (einschließlich sämtlicher derivativen Wertpapiere, die Recht auf eine Kassaregulierung geben)			

Mindestangaben Anh. XVIII **EU-ProspV**

ARTEN VON WERTPAPIEREN	WERTPAPIERBESCHREIBUNG						
	SCHEMATA				ZUSÄTZLICHE MODULE		
	Aktien	Schuldtitel (> 50.000 Euro)	Schuldtitel (> oder = 50.000 Euro)	Derivative Wertpapiere	Garantien	ABS	Basistitel
Aktien (Vorzugsaktien, rückzahlbare Aktien, Aktien mit Vorzugszeichnungsrechten etc.)	▓						
Anleihen (plain vanilla Anleihen, Gewinnschuldverschreibungen, strukturierte Anleihen etc.) mit einer Stückelung von weniger als 50.000 Euro		▓					
Anleihen (plain vanilla Anleihen, Gewinnschuldverschreibungen, strukturierte Anleihen etc.) mit einer Stückelung von mindestens 50.000 Euro			▓				
Von Dritten garantierte Schuldtitel		oder	oder		▓		
Von Dritten garantierte derivative Wertpapiere		oder	oder	oder	▓		
„Asset backed securities" (ABS)		oder	oder	Nur Punkt 4.2.2.		▓	
Anleihen, die in Aktien Dritter wandel- oder umtauschbar sind bzw. Aktien des Emittenten oder der Gruppe, die zum Handel auf einem geregelten Markt zugelassen sind		oder	oder				▓
Anleihen, die in Aktien des Emittenten wandel- oder umtauschbar sind, die nicht auf einem geregelten Markt zugelassen sind		oder	oder				
Anleihen, die in Aktien der Gruppe wandel- oder umtauschbar sind, die nicht auf einem geregelten Markt zugelassen sind		oder	oder				
Anleihen mit Optionsscheiben zum Bezug der Aktien des Emittenten, die nicht zum Handel an einem geregelten Markt zugelassen sind		oder	oder	und Ausnahme Punkt 4.2.2			▓

| ARTEN VON WERTPAPIEREN | WERTPAPIERBESCHREIBUNG |||||||
| | SCHEMATA |||| ZUSÄTZLICHE MODULE |||
	Aktien	Schuldtitel (> 50.000 Euro)	Schuldtitel (> oder = 50.000 Euro)	Derivative Wertpapiere	Garantien	ABS	Basistitel
Aktien mit Optionsscheinen zum Bezug der Aktien des Emittenten, die nicht zum Handel auf einem geregelten Markt zugelassen sind	▓						▓
Derivative Wertpapiere, die ein Recht auf Zeichnung oder den Erwerb von Aktien des Emittenten eröffnen, die nicht zum Handel auf einem geregelten Markt zugelassen sind				und Ausnahme Punkt 4.2.2			▓
Derivative Wertpapiere, die ein Recht auf den Erwerb von Aktien der Gruppe eröffnen, die nicht zum Handel auf einem geregelten Markt zugelassen sind				und Ausnahme Punkt 4.2.2			▓
Derivative Wertpapiere, die ein Recht auf Zeichnung oder den Erwerb von Aktien des Emittenten oder der Gruppe eröffnen, die zum Handel auf einem geregelten Markt zugelassen sind und derivative Wertpapiere, die an einem anderen Basistitel als Aktien des Emittenten oder der Gruppe gebunden sind, die nicht zum Handel auf einem geregelten Markt zugelassen sind			▓	und Ausnahme Punkt 4.2.2			
Derivative Wertpapiere, die ein Recht auf Zeichnung oder den Erwerb von Aktien des Emittenten oder der Gruppe eröffnen, die zum Handel auf einem geregelten Markt zugelassen sind und derivative Wertpapiere (einschließlich sämtlicher derivativer Wertpapiere, die Rechte auf eine Kassaregulierung geben)							

Annex XVIII
Table of combinations

TYPES OF SECURITIES	REGISTRATION DOCUMENT					BUILDING BLOCK
	SCHEDULES					
	Share	Debt and derivative (< 50.000 Euro)	Debt and derivative (> or = 50.000 Euro)	Asset-backed securities	Banks debt and derivative	Pro forma information
Shares (preference shares, redeemable shares, shares with preferential subscription rights; etc.)						
Bonds (vanilla bonds, income bonds, structured bonds, etc.) with a denomination of less than 50.000 Euro		or			or	
Bonds (vanilla bonds, income bonds, structured bonds, etc.) with a denomination of at least 50.000 Euro			or		or	
Debt securities guaranteed by a third party		or	or		or	
Derivative securities guaranteed by a third party		or	or		or	
Asset-backed securities						
Bonds exchangeable or convertible into third-party shares or issues' or group shares which are admitted on a regulated market		or	or		or	
Bonds exchangeable or convertible into the issuer's shares not admitted on a regulated market						
Bonds exchangeable or convertible into group's shares not admitted on a regulated market		or	or		or	
Bonds with warrants to acquire the issuer's shares not admitted to trading on a regulated market						
Shares with warrants to acquire the issuer's shares not admitted to trading on a regulated market						
Derivates securities giving the right to subscribe or to acquire the issuer's shares not admitted on a regulated market						

TYPES OF SECURITIES	REGISTRATION DOCUMENT					
	SCHEDULES					BUILDING BLOCK
	Share	Debt and derivative (< 50.000 Euro)	Debt and derivative (> or = 50.000 Euro)	Asset-backed securities	Banks debt and derivative	Pro forma information
Derivatives securities giving the right to acquire group's shares not admitted on a regulated market		or	or		or	
Derivatives securities giving the right to subscribe or to acquire issuer's or group shares which are admitted on a regulated market and derivatives sec. linked to any other underlying than issuer's or group shares which are not admitted on a regulated market (including any derivatives sec. entitling to cash settlement)		or	or		or	

TYPES OF SECURITIES	REGISTRATION DOCUMENT			
	SCHEDULES			
	Collective investment undertaking of the closed-end type	States and their regional and local authorities	Public international bodies/Debt Securities guaranteed by a Member State of the OECD	
Shares (preference shares, redeemable shares, shares with preferential subscription rights; etc.)				
Bonds (vanilla bonds, income bonds, structured bonds, etc. with a denomination of less than 50.000 Euro				
Bonds (vanilla bonds, income bonds, structured bonds, etc.) with a denomination of at least 50.000 Euro				
Debt securities guaranteed by a third party				
Derivative securities guaranteed by a third party				
Asset-backed securities				

	REGISTRATION DOCUMENT		
	SCHEDULES		
TYPES OF SECURITIES	Collective investment undertaking of the closed-end type	States and their regional and local authorities	Public international bodies/Debt Securities guaranteed by a Member State of the OECD
Bonds exchangeable or convertible into third party shares or issuers' or group shares which are admitted on a regulated market			
Bonds exchangeable or convertible into the issuer's shares not admitted on a regulated market			
Bonds exchangeable or convertible into group's shares not admitted on a regulated market			
Bonds with warrants to acquire the issuer's shares not admitted to trading on a regulated market			
Shares with warrants to acquire the issuer's shares not admitted to trading on a regulated market			
Derivatives securities giving the right to subscribe or to acquire the issuer's shares not admitted on a regulated market			
Derivatives securities giving the right to acquire group's shares not admitted on a regulated market			
Derivatives securities giving the right to subscribe or to acquire issuer's or group shares which are admitted on a regulated market and derivatives sec. linked to any other underlying than issuer's or group shares which are not admitted on a regulated market (including any derivatives securities entitling to cash settlement)			

	SCHEDULES			SECURITIES NOTE	ADDITIONAL BUILDING BLOCKS		
TYPES OF SECURITIES	Share	Debt (< 50.000 Euro)	Debt (> or = 50.000 Euro)	Derivatives securities	Guarantees	Asset-backed securities	Underlying share
Shares (preference shares, redeemable shares, shares with preferential subscription rights; etc.)							
Bonds (vanilla bonds, income bonds, structured bonds, etc with a denomination of less than EUR 50 000							
Bonds (vanilla bonds, income bonds, structured bonds, etc) with a denomination of at least EUR 50 000							
Debt securities guaranteed by a third party		or	or				
Derivative securities guaranteed by a third party							
Asset-backed securities		or	or				
Bonds exchangeable or convertible into third party shares or issuers' or group shares which are admitted on a regulated market		or	or	Only point 4.2.2			
Bonds exchangeable or convertible into the issuers' shares not admitted on a regulated market		or	or				
Bonds exchangeable or convertible into group's shares not admitted on a regulated market		or	or				
Bonds with warrants to acquire the issuer's shares not admitted to trading on a regulated market		or	or	and except point 4.2.2			

Mindestangaben Anh. XVIII **EU-ProspV**

	SECURITIES NOTE						
	SCHEDULES				ADDITIONAL BUILDING BLOCKS		
TYPES OF SECURITIES	Share	Debt (< 50.000 Euro)	Debt (> or = 50.000 Euro)	Derivatives securities	Guarantees	Asset-backed securities	Underlying share
Shares with warrants to acquire the issuer's shares not admitted to trading on a regulated market	X						X
Derivatives securities giving the right to subscribe or to acquire the issuer's shares not admitted on a regulated market				and except point 4.2.2			
Derivatives securities giving the right to acquire group's shares not admitted on a regulated market				and except point 4.2.2			
Derivatives securities giving the right to subscribe or to acquire issuer's or group shares which are admitted on a regulated market and derivatives securities linked to any other underlying than issuer's or group shares which are not admitted on a regulated market (including any derivatives securities entitling to cash settlement)				and except point 4.2.2	X		

§ 8
Nichtaufnahme von Angaben

(1) Für den Fall, dass der Ausgabepreis der Wertpapiere (Emissionspreis) und die Gesamtzahl der öffentlich angebotenen Wertpapiere (Emissionsvolumen) im Prospekt nicht genannt werden können, muss der Prospekt die Kriterien oder die Bedingungen angeben, anhand deren die Werte ermittelt werden. Abweichend hiervon kann bezüglich des Emissionspreises der Prospekt auch den Höchstpreis angeben. Enthält der Prospekt nicht die nach Satz 1 oder Satz 2 erforderlichen Kriterien oder Bedingungen, hat der Erwerber das Recht, seine auf den Abschluss des Vertrages gerichtete Willenserklärung innerhalb von zwei Werktagen nach Hinterlegung des endgültigen Emissionspreises und des Emissionsvolumens zu widerrufen. Der Widerruf muss keine Begründung enthalten und ist in Textform gegenüber der im Prospekt als Empfänger des Widerrufs bezeichneten Person zu erklären; zur Fristwahrung genügt die rechtzeitige Absendung. Auf die Rechtsfolgen des Widerrufs ist § 357 des Bürgerlichen Gesetzbuchs entsprechend anzuwenden. Der Anbieter oder Zulassungsantragsteller muss den endgültigen Emissionspreis und das Emissionsvolumen unverzüglich nach deren Festlegung in einer nach § 14 Abs. 2 zulässigen Art und Weise veröffentlichen. Erfolgt kein öffentliches Angebot, sind der endgültige Emissionspreis und das Emissionsvolumen spätestens einen Werktag vor der Einführung der Wertpapiere zu veröffentlichen. Werden Nichtdividendenwerte eingeführt, ohne dass ein öffentliches Angebot erfolgt, kann die Veröffentlichung nach Satz 6 nachträglich vorgenommen werden, wenn die Nichtdividendenwerte während einer längeren Dauer und zu veränderlichen Preisen ausgegeben werden. Der endgültige Emissionspreis und das Emissionsvolumen sind zudem stets am Tag der Veröffentlichung bei der Bundesanstalt zu hinterlegen. Der Prospekt muss in den Fällen des Satzes 3 an hervorgehobener Stelle eine Belehrung über das Widerrufsrecht enthalten.

(2) Die Bundesanstalt kann gestatten, dass bestimmte Angaben, die nach diesem Gesetz oder der Verordnung (EG) Nr. 809/2004 vorgeschrieben sind, nicht aufgenommen werden müssen, wenn

1. die Verbreitung dieser Angaben dem öffentlichen Interesse zuwiderläuft,

2. die Verbreitung dieser Angaben dem Emittenten erheblichen Schaden zufügt, sofern die Nichtveröffentlichung das Publikum nicht über die für eine fundierte Beurteilung des Emittenten, des Anbieters, des Garantiegebers und der Wertpapiere, auf die sich der Prospekt bezieht, wesentlichen Tatsachen und Umstände täuscht, oder

3. die Angaben für das spezielle Angebot oder für die spezielle Zulassung zum Handel an einem organisierten Markt von untergeordneter Bedeutung und nicht geeignet sind, die Beurteilung der Finanzlage und der Entwicklungsaussichten des Emittenten, Anbieters oder Garantiegebers zu beeinflussen.

(3) Sind bestimmte Angaben, die nach der Verordnung (EG) Nr. 809/2004 in den Prospekt aufzunehmen sind, dem Tätigkeitsbereich oder der Rechts-

form des Emittenten oder den Wertpapieren, auf die sich der Prospekt bezieht, ausnahmsweise nicht angemessen, hat der Prospekt unbeschadet einer angemessenen Information des Publikums Angaben zu enthalten, die den geforderten Angaben gleichwertig sind.

Inhalt

	Rn.			Rn.
I. Überblick	1	e)	Abhängigkeit der Pflichtangaben im Prospekt von Emissionspreis und Emissionsvolumen	8
II. Entstehungsgeschichte	2			
III. Zweck der Regelung	3			
IV. Inhalt der Norm	4			
1. Nichtaufnahme von Emissionspreis und Emissionsvolumen (Abs. 1)	4	f)	Veröffentlichung von endgültigem Emissionspreis und Emissionsvolumen	9
a) Emissionspreis und Emissionsvolumen	4	g)	Hinterlegung	10
		h)	Widerrufsrecht	11
b) Kriterien und Bedingungen für die Ermittlung von Emissionspreis und Emissionsvolumen	5	2.	Gestattung der Nichtaufnahme von Angaben (Abs. 2)	14
		3.	Nichtangemessenheit der Aufnahme bestimmter Angaben (Abs. 3)	17
c) Angabe des Höchstpreises	6	V.	Verhältnis der Regelung des § 8 WpPG zum Basisprospekt gemäß § 6 WpPG	18
d) Problemfall Preisspanne	7			
aa) Konstellation 1	7			
bb) Konstellation 2	7			
cc) Konstellation 3	7			

I. Überblick

Gem. § 8 WpPG brauchen bestimmte Angaben in Ausnahmefällen nicht im Prospekt aufgenommen zu werden. Dabei ist zwischen den folgenden drei Konstellationen zu unterscheiden: Die Regelung des Abs. 1 erfasst den Fall, dass es dem Anbieter oder Zulassungsantragsteller zum Zeitpunkt der Erstellung des Prospekts nicht möglich oder er aus anderen Gründen nicht willens ist, den Emissionspreis und das Emissionsvolumen zu konkretisieren. Da auf der anderen Seite das Publikum in einer solchen Situation besonders schutzbedürftig ist, muss der Prospekt zumindest die Kriterien oder Bedingungen, anhand derer die fehlenden Angaben (später) ermittelt werden, oder einen Höchstpreis angeben. 1

Unter den Voraussetzungen des Abs. 2 kann die Bundesanstalt gestatten, dass einzelne Angaben nicht im Prospekt aufgenommen werden müssen.

Nach Abs. 3 brauchen bestimmte Angaben, die für den Emittenten oder die Wertpapiere aufgrund des Tätigkeitsbereichs oder der Rechtsform des Emittenten nicht in Betracht kommen, nicht im Prospekt aufgenommen zu werden.

II. Entstehungsgeschichte

2 § 8 WpPG setzt Art. 8 der Prospektrichtlinie um. Die Regelung des § 8 Abs. 1 WpPG orientiert sich an § 10 VerkProspG und am bisherigen § 44 BörsZulVO. Abs. 2 orientiert sich inhaltlich am bisherigen § 47 BörsZulVO, da Art. 8 Abs. 2 der EU-ProspRL an Art. 24 der Richtlinie 2001/34/EG anknüpft, der wiederum in § 47 BörsZulVO umgesetzt worden ist.

III. Zweck der Regelung

3 Während die ursprüngliche Fassung des § 8 Abs. 1 WpPG in Satz 6 vorsah, dass der endgültige Emissionspreis und das Emissionsvolumen spätestens am Tag des öffentlichen Angebots veröffentlicht werden sollten, ist die Regelung aufgrund der Beschlussempfehlung und des Beschlusses des Finanzausschusses vom 21.04.2005[1] dahingehend geändert worden, dass die Veröffentlichung von Emissionspreis und Emissionsvolumen erst unverzüglich nach deren Festlegung zu erfolgen hat. Hintergrund dieser Änderung war der Wunsch des Gesetzgebers, das Bookbuilding-Verfahren weiterhin zu gewährleisten. Bei diesem Verfahren handelt es sich um ein Auktionsverfahren für neu zuzulassende Aktien, bei dem die Investoren ihre Gebote innerhalb einer vorgegebenen Preisspanne abgeben müssen. Im Unterschied zum klassischen Festpreisverfahren werden die Investoren auf diese Weise direkt in die Preisfindung einbezogen. Der endgültige Emissionskurs wird schließlich aus dem Durchschnitt der Gebote gebildet. Das Bookbuilding-Verfahren ermöglicht dem Emittenten einen den Marktverhältnissen entsprechenden Preis festzusetzen.[2] Bei der Variante des sog. Accelerated Bookbuilding-Verfahrens wird der Plazierungszeitraum abhängig vom Volumen und der Aufnahmebereitschaft der Investoren auf wenige Stunden verkürzt. Dieses beschleunigte Bookbuilding-Verfahren wird vornehmlich bei Sekundärplazierungen angewandt. Die Abkürzung des Preisfindungszeitraums bringt dem Emittenten den Vorteil, dass die vorgegebene Preisspanne nur kurzzeitig den möglicherweise extremen Schwankungen des Börsenumfelds ausgesetzt wird.

Mit der ursprünglichen Pflicht zur Veröffentlichung der Angaben des Emissionspreises und des Emissionsvolumens am Tag des öffentlichen Angebots wäre die Durchführung eines Bookbuilding-Verfahrens nicht mehr möglich gewesen, da die Veröffentlichung von Preis und Volumen im Bookbuilding-Verfahren erst nach Ablauf der Zeichnungsfrist im Rahmen des Zuteilungsverfahrens erfolgt. Da der Gesetzgeber das Verfahren als einen der wesentlichen Bestandteile von Börsengängen ansah und als flexibles Gestaltungsinstrument fördern wollte, brauchen die beiden Angaben nunmehr erst zum Zeitpunkt ihrer Festlegung veröffentlicht zu werden.[3]

---

[1] BT-Drucks. 15/5373, S. 15 f.
[2] Zu den Einzelheiten siehe *Hein*, WM 1996, 1 ff.; *Meyer*, in: Marsch-Barner/Schäfer, Hdb börsnot AG, § 7 Rn. 30.
[3] *König*, ZEuS 2004, 251, 281.

IV. Inhalt der Norm

1. Nichtaufnahme von Emissionspreis und Emissionsvolumen (Abs. 1)

a) Emissionspreis und Emissionsvolumen

Gem. Abs. 1 kann der Prospekt ohne Emissionspreis und Emissionsvolumen veröffentlicht werden. Das WpPG definiert den Emissionspreis als Ausgabepreis der Wertpapiere, das Emissionsvolumen als Gesamtzahl der öffentlich angebotenen Wertpapiere. Wird kein Ausgabepreis festgelegt, so gilt als Höchstpreis der erste nach Einführung der Wertpapiere festgestellte oder gebildete Börsenpreis. Wird der Börsenpreis gleichzeitig an mehreren organisierten Märkten festgestellt oder gebildet, so gilt als Höchstpreis der höchste erste Börsenpreis.[4]

b) Kriterien und Bedingungen für die Ermittlung von Emissionspreis und Emissionsvolumen

Werden Emissionspreis und Emissionsvolumen nicht angegeben, so sind die Kriterien oder die Bedingungen anzugeben, anhand deren die Werte ermittelt werden. Diesem Erfordernis genügt die übliche Darstellung des Bookbuilding-Verfahrens.[5] Im Wertpapierprospekt zum Börsengang der Tipp24 AG vom 29. September 2005 wird das Bookbuilding-Verfahren bspw. wie folgt dargestellt:

> „Grundlage dieses Bookbuilding-Verfahrens wird die Preisspanne sein, die vor Beginn des Angebotszeitraums in Form eines Nachtrags zu diesem Prospekt veröffentlicht werden wird. Der Preisfestsetzung liegen die im sogenannten Orderbuch gesammelten Kaufangebote zu Grunde, die von Investoren während des Angebotszeitraums abgegeben wurden. Diese Kaufangebote werden nach dem gebotenen Preis sowie nach der erwarteten Ausrichtung der betreffenden Investoren ausgewertet. Die Festsetzung des Kaufpreises und der Zahl der zu platzierenden Aktien erfolgt auf dieser Grundlage zum einen im Hinblick auf eine angestrebte Erlösmaximierung. Zum anderen wird darauf geachtet, ob der Kaufpreis und die Zahl der zu platzierenden Aktien angesichts der sich aus dem Orderbuch ergebenden Nachfrage nach den Aktien der Gesellschaft vernünftigerweise die Aussicht auf eine stabile Entwicklung des Aktienkurses im Zweitmarkt erwarten lassen. Dabei wird nicht nur den von den Investoren gebotenen Preisen und der Zahl der zu einem bestimmten Preis Aktien nachfragenden Investoren Rechnung getragen. Vielmehr wird auch die Zusammensetzung des Aktionärskreises der Gesellschaft (sogenannter Investoren-Mix), die sich bei der zu einem bestimmten Preis möglichen Zuteilung ergibt, und das erwartete Investorenverhalten berücksichtigt."

---

[4] RegBegr. BR-Drucks. 85/05, S. 70 sowie EU-ProspRL-UmsetzungsG, BT-Drucks. 15/4999, S. 10.
[5] *Schlitt/Schäfer*, AG 2005, 498, 505.

Ähnliche Formulierungen hat die Bundesanstalt im Wertpapierprospekt der BAVARIA Industriekapital AG vom 09.12.2005 sowie im Prospekt der Viscom AG vom 28.04.2006 gebilligt.

c) Angabe des Höchstpreises

6 Werden weder der Emissionspreis noch die Kriterien und Bedingungen für dessen Ermittlung angegeben, so kann stattdessen gem. § 8 Abs. 1 Satz 2 WpPG der Höchstpreis angegeben werden. Der Höchstpreis vermittelt dem Anleger eine Sicherheit bzgl. der maximalen Höhe des Preises, bringt für den Emittenten jedoch den Nachteil, dass er sich bereits bei Prospektveröffentlichung in gewisser Weise bindet und sowohl der zu hoch als auch der zu niedrig eingeschätzte Preis eine abschreckende Wirkung auf den Anleger erzeugen können.

d) Problemfall Preisspanne

7 Fraglich ist, ob der Emittent dazu verpflichtet ist eine Preisspanne im Prospekt aufzunehmen. Bei einer Preisspanne gibt der Emittent zwei Werte an, zwischen denen sich der Preis voraussichtlich bewegen wird. Wenn allerdings gem. § 8 Abs. 1 Satz 1 und Satz 2 WpPG weder der Emissionspreis noch ein Höchstpreis angegeben werden müssen, kann auch keine Verpflichtung zur Angabe einer Preisspanne bestehen. Entscheidet sich der Emittent jedoch freiwillig für die Aufnahme einer Preisspanne, stellt sich die Frage, ob diese freiwillige Angabe unter die Regelung des § 8 WpPG oder die des § 16 WpPG fällt. Dabei sind die drei folgenden Konstellationen zu unterscheiden:

aa) Konstellation 1

Denkbar ist zunächst, dass der Emittent im Prospekt zunächst eine Preisspanne angibt. Im Laufe des Angebotszeitraums stellt sich der endgültige Emissionspreis heraus. Da die Preisspanne im Grunde aus einem Höchst- und einem Niedrigstpreis besteht, kann sie als qualifizierte Angabe des Höchstpreises im Sinne des § 8 Abs. 1 Satz 2 WpPG angesehen werden. Folglich richtet sich ihre weitere rechtliche Behandlung nach den Regelungen des § 8 WpPG. Dies hat zur Folge, dass ein Widerrufsrecht aufgrund der Angabe des Höchstpreises gem. § 8 Abs. 1 WpPG nicht besteht. Darüber hinaus ist der endgültige Emissionspreis unverzüglich nach seiner Festlegung gem. § 8 Abs. 1 Satz 6 i.V.m. § 14 Abs. 2 WpPG zu veröffentlichen.[6] Eines Nachtrags gem. § 16 WpPG bedarf es für die Bekanntgabe des endgültigen Emissionspreises in diesem Fall folglich nicht.

bb) Konstellation 2

In einem zweiten Fall nimmt der Emittent im Prospekt gar keine Angaben bzgl. des Emissionspreises auf, d.h. er gibt weder einen Emissionspreis, noch

---
6 Vgl. die Komm. zu § 14 Abs. 2 WpPG.

einen Höchstpreis, noch eine Preisspanne an. Während des Angebotszeitraums möchte er allerdings eine Preisspanne veröffentlichen. Da der Prospekt keine Angaben zum Emissionspreis enthält, wird er entweder die Kriterien und Bedingungen für die Ermittlung des Emissionspreises gem. § 8 Abs. 1 Satz 1 WpPG oder die Belehrung über das Widerrufsrecht gem. § 8 Abs. 1 Satz 10 WpPG enthalten. Der Tatbestand des § 8 Abs. 1 WpPG ist bei der nachträglichen Veröffentlichung einer Preisspanne nicht mehr betroffen, da es sich nicht um die Angabe des endgültigen Emissionspreises im Sinne des § 8 Abs. 1 Satz 6 WpPG handelt und nur der endgültige Emissionspreis nachträglich anzugeben ist. Die Preisspanne wird allerdings typischerweise als wichtiger neuer Umstand in Bezug auf die Beurteilung der Wertpapiere im Sinne des § 16 Abs. 1 Satz 1 WpPG anzusehen sein. Infolgedessen ist die Preisspanne vor ihrer Veröffentlichung als Nachtrag gem. § 16 Abs. 1 WpPG von der Bundesanstalt zu prüfen und zu billigen. Dementsprechend richtet sich auch das Widerrufsrecht nach § 16 Abs. 3 WpPG. Der endgültige Emissionspreis kann schließlich gem. den Regelungen des § 8 Abs. 1 Satz 6 WpöPG veröffentlicht werden ohne dass es eines gebilligten Nachtrags gem. § 16 WpPG bedarf.[7]

cc) Konstellation 3

In einer dritten Konstellation nimmt der Emittent im Prospekt eine Preisspanne auf, die er noch während des Angebotszeitraums ändern will. Die Angabe der Preisspanne ist zwar – entsprechend den Ausführungen zu Konstellation 1 – als qualifizierte Angabe des Höchstpreises anzusehen, eine Änderung derselben muss jedoch – entsprechend den Ausführungen zu Konstellation 2 – als wichtiger neuer Umstand betreffend die Wertpapiere den Regelungen des § 16 WpPG folgen. Eine Änderung der Preisspanne ist somit als Nachtrag gem. § 16 Abs. 1 Satz 2 WpPG bei der Bundesanstalt einzureichen und vor der Veröffentlichung von ihr zu billigen. Der endgültige Emissionspreis ist – entsprechend den Ausführungen zu Konstellation 2 – gem. § 8 Abs. 1 Satz 6 WpPG zu veröffentlichen.

e) *Abhängigkeit der Pflichtangaben im Prospekt von Emissionspreis und Emissionsvolumen*

Bestimmte unter den Anhängen der EU-ProspV zwingend im Prospekt aufzunehmende Angaben sind vom Emissionspreis und vom Emissionsvolumen abhängig. So verlangt Ziff. 5.1.2. des Anh. III der EU-ProspV für Aktienemissionen die Angabe der Gesamtsumme der Emission. Diese Angabe ist von § 8 Abs. 1 WpPG nicht erfasst, d.h. auf sie kann im Prospekt nicht verzichtet werden. Um zu vermeiden, dass die Bestimmung des § 8 Abs. 1 WpPG nicht durch die Angabe der Gesamtsumme der Emission obsolet wird, muss es möglich sein, diesbezüglich nur ungefähre bzw. voraussichtliche Angaben zu machen. Steht der endgültige Emissionspreis schließlich fest, so ist die entsprechend anzupassende Gesamtsumme der Emission mittels Nachtrags

8

---

7   So auch *Schlitt/Schäfer*, AG 2005, 498, 507.

gem. § 16 zu veröffentlichen. Damit ist bei Nichtfestlegung des Preises immer auch ein Nachtrag nach § 16 WpPG vorzunehmen. Dasselbe gilt für sämtliche sonstigen vom Emissionspreis und vom Emissionsvolumen abgeleiteten Zahlen, wie z. B. die Gesamtnettoerträge und die Gesamtkosten der Emission[8] und die Verwendung des Emissionserlöses.[9]

f) Veröffentlichung von endgültigem Emissionspreis und Emissionsvolumen

9   Endgültiger Emissionspreis und endgültiges Emissionsvolumen müssen unverzüglich nach ihrer Festlegung veröffentlicht werden. Bei einer Platzierung von Wertpapieren über das elektronische Handelssystem Xetra kann der Emissionspreis nicht unmittelbar nach Aufnahme des Handels genannt werden, da die Preisbildung erst im Xetra System erfolgt. In einem solchen Fall muss es ausreichen, wenn der Emissionspreis erst am Ende des ersten Handelstages veröffentlicht wird.

Die Veröffentlichung des Emissionspreises und des Emissionsvolumens müssen in der nach § 14 Abs. 2 WpPG zulässigen Art und Weise erfolgen. Anders als in § 16 Abs. 1 Satz 4 WpPG verlangt § 8 Abs. 1 Satz 6 WpPG nicht die Veröffentlichung in „derselben Art und Weise" wie der Prospekt, sondern nur in einer „nach § 14 Abs. 2 WpPG zulässigen Art und Weise". Somit sind Anbieter bzw. Zulassungsanstragsteller frei in der Wahl des Veröffentlichungsmediums.[10] Die Veröffentlichung kann somit jeweils entsprechend den genauen Vorgaben des § 14 Abs. 2 WpPG in einer Wirtschafts- oder Tageszeitung, durch Bereithaltung einer kostenlosen Ausgabe des Prospekts oder auf einer Internetseite erfolgen.

Für die Form der Veröffentlichung von festgelegtem Emissionspreis und festgelegtem Emissionsvolumen bestehen zwei Möglichkeiten: Zum einen können die beiden Werte als solche bekannt gegeben werden. Dabei ist es entsprechend der Veröffentlichung eines Nachtrags nach § 16 WpPG erforderlich, sämtliche sich aufgrund der Festlegung der beiden Werte ergebenden Änderungen im Prospekt darzulegen und zu veröffentlichen. Dazu gehören bspw. die Verwendung des Emissionserlöses, die Gesamtsumme der Emission sowie die Gesamtnettoerträge und die Gesamtkosten der Emission.[11] Aber auch sämtliche anderen Angaben, d.h. auch solche, die nicht Pflichtangaben sind, sind entsprechend anzupassen und bekannt zu geben. Zum anderen kann der Emittent die Angaben auch im Rahmen eines aktualisierten Prospekts veröffentlichen (s.u. Rn. 16).

g) Hinterlegung

10 Gem. § 8 Abs. 1 Satz 9 WpPG sind endgültiger Emissionspreis und Emissionsvolumen stets nach dem Tag der Veröffentlichung bei der Bundesanstalt

---

8 Für Aktienemissionen in Ziff. 8.1. des Anh. III der EU-ProspV geregelt.
9 Für Aktienemissionen in Ziff. 3.4. des Anh. III der EU-ProspV geregelt.
10 Anders stellt sich die Veröffentlichung von Nachträgen gem. § 16 Abs. 1 WpPG dar. Vgl. dazu zu § 16 WpPG Rn. 22.
11 Für Aktienemissionen in Ziff. 3.4., 5.1.2. und 8.1. des Anh. III der EU-ProspV geregelt.

zu hinterlegen. Damit hat der Gesetzgeber in § 8 WpPG eine eigene Hinterlegungsregelung geschaffen und nicht auf die bereits in § 14 Abs. 3 WpPG enthaltene Vorschrift Bezug genommen. Da die Bezugnahme in § 8 Abs. 1 Satz 6 WpPG – anders als in § 16 Abs. 1 Satz 4 WpPG – ausschließlich auf das Informationsmedium, nicht aber auf den gesamten § 14 WpPG gerichtet ist, kann nicht verlangt werden, dass Anbieter oder Zulassungsantragsteller die Voraussetzungen des § 14 Abs. 3 WpPG praeter legem erfüllen. Dennoch erscheint es sinnvoll, der Bundesanstalt Datum und Ort der Veröffentlichung von endgültigem Emissionspreis und Emissionsvolumen mitzuteilen.

h) Widerrufsrecht

Das in § 8 Abs. 1 Satz 3 WpPG vorgesehene Widerrufsrecht gibt dem Anleger die Möglichkeit, sich von seiner auf den Abschluss des Zeichnungsvertrags gerichteten Erklärung zu lösen. Um das Widerrufsrecht auszulösen dürfen nach dem Wortlaut des Gesetzes weder Emissionspreis, noch Emissionsvolumen, noch die Kriterien oder Bedingungen, anhand deren die genannten Werte ermittelt werden können, noch die Angabe eines Höchstpreises im Prospekt enthalten sein. Das Widerrufsrecht gilt bis zu dem Moment, in dem der endgültige Emissionspreis und das endgültige Emissionsvolumen veröffentlicht werden.

11

Der Emittent ist gehalten, bei der Formulierung der Kriterien und Bedingungen, anhand deren die genannten Werte ermittelt werden können, möglichst sorgfältig vorzugehen, um auf diese Weise sicherzustellen, dass ein – sicherlich nicht in seinem Interesse liegendes – Widerrufsrecht des Anlegers nicht entsteht.[12]

§ 8 Abs. 1 WpPG enthält keine Regelung zu der Frage, ob ein Widerruf nur solange möglich sein soll, bis Erfüllung eingetreten ist. Erfüllung tritt in dem Moment ein, in dem der Anleger die Wertpapiere bezahlt und geliefert bekommen hat. Denkbar ist insofern die analoge Anwendung des § 16 Abs. 3 Satz 1, letzter Halbs. WpPG, nach dem das Widerrufsrecht mit Erfüllung endet. Die Interessenlage ist vergleichbar: Grds. soll der Anleger zwar vor unerwarteten Preisentwicklungen geschützt werden, andererseits soll dem Emittenten nicht die Bürde auferlegt werden, ein bereits abgeschlossenes Geschäft wieder rückgängig zu machen. Daher ist auch im Fall des § 8 WpPG das Widerrufsrecht nur solange zu gewähren, als noch keine Erfüllung eingetreten ist.[13]

12

Die gesamte Regelung des Widerrufsrechts wirft die Frage auf, ob durch die explizite Regelung des Widerrufsrechts ein solches ausschließlich unter den Voraussetzungen des § 8 Abs. 1 Satz 1 und Satz 2 WpPG gegeben sein soll oder ob jedenfalls im Bookbuilding-Verfahren ein Widerrufsrecht auch in dem Fall gegeben sein kann, in dem entweder der Emissionspreis, der Höchstpreis, das Emissionsvolumen oder die Ermittlungskriterien und Bedin-

13

---

12 *Kullmann/Sester*, ZBB 2005, 209, 212.
13 So auch *Kullmann/Sester*, ZBB 2005, 209, 212.

gungen im Prospekt angegeben sind. Dies wurde bislang von der herrschenden Meinung angenommen.[14] Zwar spricht die gesetzliche Regelung gegen die Annahme eines auch sonst bestehenden Widerrufsrechts. Ein solches Ergebnis würde jedoch weder den Publikumsinteressen noch den Interessen der Anbieter gerecht, denn ohne Widerrufsrecht würden die Anleger ihre Angebote erst am Ende der Zeichnungsperiode abgeben.[15] Damit ist ein Widerrufsrecht auch dann anzuerkennen, wenn eine der Angaben (Emissionspreis, Höchstpreis, Emissionsvolumen oder Ermittlungskriterien und Bedingungen) im Prospekt enthalten ist.

2. Gestattung der Nichtaufnahme von Angaben (Abs. 2)

14   Gem. der Regelung des § 8 Abs. 2 WpPG kann die Bundesanstalt dem Emittenten gestatten, bestimmte Angaben aus übergeordneten Erwägungen heraus nicht offen legen zu müssen. In solchen Fällen bedarf der Emittent einer vorhergehenden Befreiung durch die Bundesanstalt. Er kann nicht selbst entscheiden, ob ein solcher Grund gegeben ist, und die Angabe von sich aus nicht im Prospekt aufnehmen.[16] Die wegzulassende Angabe ist daher spätestens bei Prospekteinreichung gegenüber der Bundesanstalt offen zu legen.

15   Die Gestattung der Nichtaufnahme von Angaben gem. Abs. 2 erfolgt laut der amtlichen Begründung des Regierungsentwurfs ausschließlich im öffentlichen Interesse. Wegen des Interesses des Publikums an einer umfassenden Information über den Emittenten und die angebotenen Wertpapiere seien daher hohe Anforderungen an die Voraussetzungen zu stellen, unter denen die Bundesanstalt die Nichtaufnahme gestatten kann. Prospekthaftungsansprüche würden durch die Regelung nicht ausgeschlossen.[17] Dies bedeutet für den Anbieter oder Zulassungsantragsteller, dass er durch die Gestattung der Nichtaufnahme durch die Bundesanstalt nicht vor Prospekthaftungsansprüchen geschützt ist.[18]

16   Da die Vorschrift des § 8 Abs. 2 WpPG dem öffentlichen Interesse zu dienen bestimmt ist, dürfen die Interessen der Anleger nicht dadurch verletzt werden, dass der Emittent ihnen Angaben unter Berufung auf die Dispensregelung der Nr. 2 vorenthält. Für den unter diesem Tatbestand geforderten erheblichen Schaden ist eine detaillierte Begründung abzugeben. Dabei sollte der Schaden soweit möglich beziffert oder zumindest dessen ungefähre Höhe angegeben werden.

3. Nichtangemessenheit der Aufnahme bestimmter Angaben (Abs. 3)

17   Gem. Abs. 3 hat der Prospekt bei Angaben, die zwar nach der Verordnung (EG) Nr. 809/2004 in den Prospekt aufzunehmen sind, die jedoch dem Tätig-

---

14 Siehe *Groß*, KapMR, § 8 Rn. 6 m.w.N.
15 So auch *Groß*, KapMR, § 8 Rn. 6.
16 *Crüwell*, AG 2003, 243, 247.
17 RegBegr. EU-ProspRL-UmsetzungsG, BT-Drucks. 15/4999, S. 33.
18 *Groß*, KapMR, § 8 Rn. 10.

keitsbereich oder der Rechtsform des Emittenten oder den Wertpapieren, auf die sich der Prospekt bezieht, ausnahmsweise nicht angemessen sind, unbeschadet einer angemessenen Information des Publikums stattdessen Angaben zu enthalten, die den geforderten Angaben gleichwertig sind. Im Unterschied zu Abs. 2 betrifft Abs. 3 damit Fälle, in denen bestimmte Informationsanforderungen für bestimmte Emittenten nicht anwendbar sind.

Die unter Abs. 3 geregelten Fälle sind nach der Begründung des RegE von den Fällen zu unterscheiden, in denen eine bestimmte Angabepflicht denklogisch nicht erfüllt werden kann.[19] Für denklogisch nicht anwendbare Angaben bestimmt Erwägungsgrund (24) der Verordnung (EG) Nr. 809/2004, dass der Emittent die Möglichkeit haben soll, auf diese Angaben zu verzichten.

V. Verhältnis der Regelung des § 8 WpPG zum Basisprospekt gemäß § 6 WpPG

§ 8 WpPG erfasst den Fall des unvollständigen Prospekts. Im Gegensatz zum Basisprospekt nach § 6 WpPG fehlen dem unvollständigen Prospekt ausschließlich die Angaben von Emissionspreis und Emissionsvolumen. Dem Basisprospekt hingegen müssen darüber hinaus noch sämtliche endgültigen Bedingungen des Angebots hinzugefügt werden.

Im Übrigen kann ein Basisprospekt ausschließlich für Nichtdividendenwerte, nicht jedoch für Aktien und andere Dividendenwerte erstellt werden.[20] Ein unvollständiger Prospekt gem. § 8 WpPG kann hingegen sowohl für Dividenden- als auch für Nichtdividendenwertpapiere erstellt werden.

§ 9
Gültigkeit des Prospekts, des Basisprospekts und des Registrierungsformulars

(1) Ein Prospekt ist nach seiner Veröffentlichung zwölf Monate lang für öffentliche Angebote oder Zulassungen zum Handel an einem organisierten Markt gültig, sofern er um die nach § 16 erforderlichen Nachträge ergänzt wird.

(2) Im Falle eines Angebotsprogramms ist der Basisprospekt nach seiner Veröffentlichung zwölf Monate lang gültig.

(3) Bei Nichtdividendenwerten im Sinne des § 6 Abs. 1 Nr. 2 ist der Prospekt gültig, bis keines der betroffenen Wertpapiere mehr dauernd oder wiederholt ausgegeben wird.

(4) ¹Ein hinterlegtes Registrierungsformular im Sinne von § 12 Abs. 1 Satz 3 ist zwölf Monate gültig. ²Das Registrierungsformular ist zusammen mit

---

[19] RegBegr. EU-ProspRL-UmsetzungsG, BT-Drucks. 15/4999, S. 33.
[20] Vgl. § 6 Abs. 1 WpPG.

der Wertpapierbeschreibung und der Zusammenfassung als gültiger Prospekt anzusehen.

(5) Nach Ablauf der Gültigkeit darf auf Grund dieses Prospekts kein neues öffentliches Angebot von Wertpapieren erfolgen oder deren Zulassung zum Handel an einem organisierten Markt beantragt werden.

Inhalt

	Rn.		Rn.
I. Allgemeines	1	V. Gültigkeit des Registrierungsformulars, § 9 Abs. 4 WpPG	12
II. Zwölf Monate Gültigkeit des Prospekts und Nachtragspflicht, § 9 Abs. 1 WpPG	3	1. Hinterlegung als Anknüpfungspunkt	13
1. Berechnung der zwölf Monate	4	2. Gültigkeitsdauer	14
2. Berechnung der Gültigkeit ab der Veröffentlichung des Prospekts	5	3. Aktualisierungspflicht, § 12 Abs. 2, 3 WpPG	15
3. Nachtragspflicht	6	VI. Auswirkung auf die Gültigkeitsdauer bei Einbeziehungen im Wege des Verweises nach § 11 WpPG	16
III. Gültigkeit des Basisprospekts, § 9 Abs. 2 WpPG	7	VII Ablauf der Gültigkeit, § 9 Abs. 5 WpPG	18
IV. Besonderheiten bei Pfandbriefemissionen, § 9 Abs. 3 WpPG	8	VIII. Verstöße und Haftung	19
1. Dauereemittierende Einlagenkreditinstitute	9	1. Ordnungswidrigkeit beim öffentlichen Angebot	20
2. Emissionen gedeckter Nichtdividendenwerte	10	2. Ordnungswidrigkeit bei der Zulassung	21
3. Erforderlichkeit von Nachträgen nach § 16 WpPG	11	3. Haftung	22
		a) § 13a VerkProspG	22
		b) § 44 BörsG	23

I. Allgemeines

1 Wie auch die mit § 10 WpPG normierte Pflicht von Emittenten börsenzugelassener Wertpapiere zur Erstellung eines jährlichen Dokuments mit Pflichtmitteilungen des zurückliegenden Geschäftsjahres ist die in § 9 WpPG angeordnete Gültigkeitsdauer des Prospekts eine Restante der in dem ersten Entwurf der Prospektrichtlinie aus dem Jahre 2001 vorgesehenen jährlichen Pflicht zur Aktualisierung des Registrierungsformulars.[1]

So wurde mit der Prospektrichtlinie und deren Umsetzung durch das WpPG ein bislang in Deutschland nicht bekanntes Gültigkeitsregime für Prospekte

---

1 Vgl. Art. 9 des RL-Vorschlags v. 30.5.2001 (KOM(2001) 280 end.). Krit. hierzu v. *Ilberg/ Neises*, WM 2002, 635, 641; *Schlitt/Schäfer*, AG 2005, 498, 507. Vgl. auch *Groß*, KapMR, § 9 Rn. 4, der darauf hinweist, dass die in § 9 WpPG geregelte Pflicht nicht mit der Aktualisierungspflicht verwechselt werden sollte.

eingeführt.² Nach bisherigem Recht musste ein Prospekt lediglich am Tag der Zulassung zum Handel oder des öffentlichen Angebots aktuell und richtig sein sowie bei einem öffentlichen Angebot während der gesamten Dauer desselben mit entsprechenden – nicht genehmigungspflichtigen – Nachträgen aktualisiert werden (vgl. §§ 10, 11 VerkProspG a. F.³). Die Verkaufsprospektpflicht erstreckte sich dabei nur auf das „erstmalige" öffentliche Angebot; wurden bereits früher einmal angebotene Wertpapiere erneut angeboten, konnte dies prospektfrei geschehen, soweit für die erste Emission bereits die Veröffentlichung des Prospekts durch die BaFin gestattet worden war.⁴ Während sich durch das neue Recht in Bezug auf die stichtagsbezogenen Richtigkeit des Prospekts zwar keine Änderungen ergeben, ist nunmehr nach einem bereits einmal beendeten öffentlichen Angebot oder Beendigung der Zulassung eine neue Zulassung zum Handel an einem organisierten Markt oder ein neues öffentliches Angebot ohne einen neuen Prospekt nur sehr eingeschränkt möglich, da ein Prospekt nach seiner Veröffentlichung lediglich für einen Zeitraum von zwölf Monaten für neue öffentliche Angebote oder Zulassungen zum Handel gültig ist (siehe auch Rn. 18). Erforderlich ist zudem, dass der Prospekt um ggf. erforderliche Nachträge nach § 16 WpPG aktualisiert wird, die der Emittent bei der BaFin oder – wenn er die Wahlmöglichkeiten des § 17 WpPG nutzt – der entsprechenden Aufsichtsbehörde eines anderen Mitgliedstaates zur Billigung einreichen muss.⁵

Die neue Gültigkeitsdauer ist insb. für solche Emittenten von erheblicher Bedeutung, die für ihre Emissionen ein separates Registrierungsformular benutzen (vgl. § 12 WpPG) oder Daueremissionen von Nichtdividendenwerten mit Hilfe eines Basisprospekts nach § 6 WpPG begeben. Eine Sonderregelung betrifft zudem dauernde oder wiederholte Emissionen von gedeckten Nichtdividendenwerten durch Einlagenkreditinstitute wie bspw. von Pfandbriefen. Bei solchen Emissionen ist auch nach dem Ablauf von zwölf Monaten kein neuer Prospekt erforderlich; der Prospekt ist solange gültig bis keine gedeckten Nichtdividendenwerte mehr emittiert werden. Ähnliches gilt für sämtliche Wertpapiere, wenn ein öffentliches Angebot nach zwölf Monaten noch nicht beendet ist – ein neuer Prospekt ist nur dann erforderlich, wenn nach dem Ablauf der Gültigkeit ein „neues" öffentliches Angebot erfolgen soll. Für Aktienemissionen dürfte die Gültigkeitsvorgabe nur insoweit eine gewisse Relevanz zu besitzen, als bspw. Aufstockungen oder mit der Hauptemission in Zusammenhang stehende Greenshoe-Emissionen erfolgen sollen.⁶

Da der § 9 WpPG zu Grunde liegende Art. 9 der Prospektrichtlinie 2003/71 EG keine Ermächtigung für die Europäische Kommission vorsah, im Rahmen des von dem Baron Lamfalussy konzipierten beschleunigten Rechtsetzungs-

---

2 *Weber*, NZG 2004, 360, 365, spricht von einer „funktionalen Verfallszeit".
3 Vgl. hierzu *Ritz*, in: Assmann/Lenz/Ritz, VerkProspG, §§ 10 und 11.
4 Vgl. hierzu *Ritz*, in: Assmann/Lenz/Ritz VerkProspG, VerkProspG, § 1 Rn. 88.
5 Vgl. auch *Schanz/Schalast*, HfB – Business School of Finance & Management – Working Paper Series, Juli 2006, S. 47.
6 Vgl. *Kunold/Schlitt*, BB 2004, 501, 510.

verfahrens (Lamfalussy-Verfahren) Art. 9 näher präzisierende Durchführungsmaßnahmen zu erlassen, enthält die EU-Prospektverordnung Nr. 809/2004 keine über § 9 WpPG hinausgehenden Regelungen.

Die Gültigkeit von Prospekten findet nur für nach dem neuen Prospektrecht erstellte Prospekte Anwendung. Prospekte, deren Veröffentlichung noch nach altem Recht gestattet wurde und auf deren Basis wegen der Übergangsvorschriften (bspw. § 18 Abs. 2 VerkProspG) noch öffentliche Angebote erfolgen dürfen, sind daher von dieser Regelung nicht betroffen.

II. Zwölf Monate Gültigkeit des Prospekts und Nachtragspflicht, § 9 Abs. 1 WpPG

3 Grds. kann ein Emittent einen von der zuständigen Behörde gebilligten Prospekt für ein neues öffentliches Angebot oder eine Zulassung zum Handel an einem organisierten Markt zwölf Monate nutzen, ggf. sind entsprechende aktualisierende Nachträge nach § 16 WpPG vorzunehmen.

1. Berechnung der zwölf Monate

4 Für die Berechnung der Zwölf-Monatsfrist finden die allgemeinen Regeln der §§ 187 ff. BGB Anwendung, auch wenn der deutsche Gesetzgeber dies nur an anderen Stellen des WpPG in seiner Gesetzesbegründung explizit aufgegriffen hat.[7] Entsprechend § 188 Abs. 1, 2 BGB endet damit die Gültigkeit eines Prospekts mit dem Ablauf des Tages, an dem vor zwölf Monaten die Veröffentlichung des Prospekts stattgefunden hat.

2. Berechnung der Gültigkeit ab der Veröffentlichung des Prospekts

5 Die Gültigkeit beginnt jedoch erst mit dem Tag der Veröffentlichung des Prospekts nach § 14 WpPG und nicht – wie man auch hätte denken können – mit dem der behördlichen Billigung. In der Praxis dürfte der Unterschied jedoch nur marginal sein, da § 14 Abs. 1 WpPG eine unverzügliche – nach dem Maßstab des § 121 Abs. 1 BGB also ohne schuldhaftes Zögern – Veröffentlichung des Prospekts nach der Billigung durch die zuständige Billigungsbehörde vorsieht.[8] Daher wird der Emittent nur in einem gewissen Rahmen die Gültigkeitsdauer seines Prospekts beeinflussen können.

Mit dem Abstellen des Gesetzgebers auf die (erste) Veröffentlichung des Prospekts scheiden auch andere Anknüpfungspunkte aus; spätere Veröffent-

---

[7] Vgl. bspw. zu § 1 Abs. 2 Nr. 4, RegBegr. EU-ProspRL-UmsetzungsG, BT-Drucks. 15/4999, S. 27.

[8] Die Gesetzesbegründung stellt diesbezüglich das Interesse des Anlegers an einer möglichst frühen Veröffentlichung des Prospekts und dasjenige des Emittenten in Relation zueinander, ohne daraus konkrete Schlüsse zu ziehen, vgl. RegBegr. EU-ProspRL-UmsetzungsG, BT-Drucks. 15/4999, S. 35. Vgl. auch § 14 WpPG Rn. 7 ff.

lichungen von Nachträgen verlängern bspw. nicht die Gültigkeitsdauer. Auch bei Emissionen im Ausland, bei denen im jeweiligen Aufnahmemitgliedstaat der Prospekt nochmals veröffentlicht wird respektive bei Emittenten, die ihren bereits im Herkunftsmitgliedstaat veröffentlichten Prospekt nochmals in Deutschland veröffentlichen[9], ist für die Gültigkeit an die erste Veröffentlichung anzuknüpfen, da ansonsten ders. Prospekt unterschiedliche Gültigkeitsdauern aufwiese. Dies würde jedoch dem Sinn und Zweck der Vorschrift des § 9 WpPG sowie des Art. 9 Prospektrichtlinie widersprechen.

3. Nachtragspflicht

Der Prospekt kann innerhalb der Gültigkeitsdauer nur für öffentliche Angebote oder die Zulassung zum organisierten Markt verwandt werden, wenn er ggf. um seit seiner ersten Veröffentlichung eingetretene wichtige Umstände, die für die Bewertung des jeweiligen Wertpapiers wichtig sind, in Form von Nachträgen nach § 16 WpPG „aktualisiert" wird. Kommt der Emittent zu dem Schluss, dass seit der Veröffentlichung des gebilligten Prospekts Umstände im Sinne des § 16 WpPG eingetreten sind, hat er vor dem neuen Angebot oder der Zulassung zum Handel gem. § 16 Abs. 1 WpPG diese in Form eines Nachtrags bei der zuständigen Billigungsbehörde einzureichen und nach einer entsprechenden Billigung § 14 WpPG unverzüglich zu veröffentlichen. Auf Grund der in § 16 Abs. 1 WpPG vorgesehenen Billigungsfrist von bis zu sieben Tagen sollte der Emittent für den Emissionszeitplan daher ggf. entsprechende Verzögerungen einplanen.[10]

Eine Nachtragspflicht besteht jedoch nicht dergestalt, dass der Emittent auch nach dem Abschluss des öffentlichen Angebots oder der Einführung zum Handel an einem organisierten Markt noch Nachträge vornehmen muss, um die Gültigkeit des Prospekts aufrecht zu erhalten. Nicht zuletzt die eindeutigen in § 16 Abs. 1 WpPG enthaltenen Beschränkungen der Nachtragspflicht auf die Beendigung des öffentlichen Angebots oder die Einführung in den Handel sprechen gegen eine solche Nachtragspflicht und damit gegen ein Aufrechterhalten der Gültigkeit.[11] Auch wenn man während der grds. zwölf Monate währenden Gültigkeit bei wegen der Beendigung des Angebots unterlassenen Nachträgen nicht von deren Ende[12], sondern von einem Aussetzen sprechen sollte, liegt es allein in der Hand des Emittenten, inwieweit er für spätere Emissionen innerhalb des Zwölfmonatszeitraums den an sich noch gültigen Prospekt durch Nachträge wieder aktualisiert. Aus der fehlenden Nachtragspflicht nach dem Ende des öffentlichen Angebots oder der Zulassung zum Handel folgt ferner, dass der Emittent ggf. erforderliche

---

9 Die BaFin verlangt dies i. d. R. von Emittenten, wenn sie Aufnahmestaat ist, da sie die Prospektveröffentlichungspflichten als unabhängig von den Notifizierungsregelungen nach § 17 Abs. 3 WpPG betrachtet.
10 Vgl. hierzu die Komm. zu § 16 WpPG, Rn. 19.
11 Vgl. auch ausführlich § 9 WpPG, Rn. 23 f. zur Haftung nach § 44 BörsG.
12 So aber *Holzborn/Schwarz-Gondek*, BKR 2003, 927, 933 noch zur EU-ProspRL.

Nachträge erst vor der erneuten Verwendung des Prospekts vornehmen muss.[13]

Zu berücksichtigen ist die Auslegung des § 16 Abs. 4 WpPG durch die Bundesanstalt, nach der die Aktualisierung der Prospekte durch Nachträge nach dem endgültigen Schluss des öffentlichen Angebots und der Einführung bzw. Einbeziehung zum Handel nicht mehr möglich sein soll.

III. Gültigkeit des Basisprospekts, § 9 Abs. 2 WpPG

7 Um Missverständnisse zu vermeiden, stellt § 9 Abs. 2 WpPG klar, dass der Basisprospekt[14] für Angebotsprogramme (vgl. auch § 2 Nr. 5 WpPG) für Nichtdividendenwerte oder Optionsscheine gleichfalls zwölf Monate ab seiner Veröffentlichung gültig ist. Dies bedeutet, dass durch die Veröffentlichung der endgültigen Bedingungen nach § 6 Abs. 3 WpPG der Basisprospekt über zwölf Monate hinweg für die Emissionen von Wertpapieren genutzt werden kann, die im Basisprospekt bereits angelegt sind.[15] Die Gültigkeit beginnt mit der Veröffentlichung des Basisprospekts und nicht mit der der endgültigen Bedingungen, wobei aber auch der Basisprospekt gem. §§ 6 Abs. 2, 16 WpPG ggf. zu aktualisieren ist.

IV. Besonderheiten bei Pfandbriefemissionen, § 9 Abs. 3 WpPG

8 Pfandbriefemissionen unterlagen in der Zeit vor dem In-Kraft-Treten der Prospektrichtlinie in der Regel keiner Prospektpflicht. Pfandbriefemittenten konnten sich insofern meist auf die für daueremittierende Kreditinstitute geltenden Ausnahmen im VerkProspG und in der BörsZulVO stützen.[16] Um diesen Emittenten, bei denen es sich um Einlagenkreditinstitute und damit den Regeln der Bank- und Solvenzaufsicht unterliegende Institute handelt, sowohl den Übergang zur Prospektpflicht als auch ihre häufigen Emissionen wenigstens in einem gewissen Ausmaß zu erleichtern, wurde neben den mit dem Basisprospekt (vgl. § 6 Abs. 1 Nr. 2 WpPG) verbundenen Erleichterungen in § 9 Abs. 3 WpPG angeordnet, dass der Basisprospekt bei Daueremissionen von gedeckten Nichtdividendenwerten so lange gültig ist, wie keine der betroffenen Wertpapiere mehr dauernd oder wiederholt ausgegeben werden. Bei Daueremissionen anderer Wertpapiere besteht jedoch für diese Emittenten gleichfalls die Pflicht, sich alle zwölf Monate einen Prospekt bei der zuständigen Behörde billigen zu lassen, um auf dieser Basis weiterhin emittieren zu können.[17]

---

13 Vgl. *Schlitt/Schäfer*, AG 2005, 498, 507; *Weber*, NZG 2004, 360, 365; *Holzborn/Israel*, ZIP 2005, 168, 1671; anders wohl *Holzborn/Schwarz-Gondek*, BKR 2003, 927, 933 noch zur EU-ProspRL.
14 Vgl. zum Basisprospekt die Komm. zu § 6 WpPG.
15 Vgl. die Komm. zu § 6 WpPG, Rn. 21.
16 Prospektfreiheit bestand nur noch für daueremittierende Kreditinstitute nach § 1 Abs. 2 Nr. 5 WpPG bis 31.12.2008.
17 *Boos/Preuße*, ZFGK 2005, 523, 524.

1. Daueremittierende Einlagenkreditinstitute

Gem. §§ 9 Abs. 3, 6 Abs. 1 Nr. 2, 2 Nr. 8 WpPG ist vom Anwendungsbereich nur ein Einlagenkreditinstitut im Sinne des § 1 Abs. 3 d Satz 1 KWG erfasst. Dieses Kreditinstitut muss zudem entsprechend § 6 Abs. 1 Nr. 2 WpPG dauernd oder wiederholt emittieren, d.h., gem. § 2 Nr. 12 WpPG dauernd oder mindestens zwei Emissionen innerhalb von zwölf Monaten begeben.[18]

9

2. Emissionen gedeckter Nichtdividendenwerte

Die Ausnahme nach § 9 Abs. 3 WpPG besteht zudem nur für gedeckte Nichtdividendenwerte gem. § 6 Abs. 1 Nr. 2 WpPG. Nach der Gesetzesbegründung sind dies insb. Hypothekenpfandbriefe, Kommunalschuldverschreibungen sowie Schiffspfandbriefe.[19]

10

3. Erforderlichkeit von Nachträgen nach § 16 WpPG

Streng nach dem Wortlaut von § 9 Abs. 3 WpPG könnte bei einem Vergleich mit § 9 Abs. 1 WpPG der Eindruck entstehen, dass ggf. ein nach Abs. 1 für die Gültigkeit erforderlicher Nachtrag nach § 16 WpPG für die unbegrenzte Gültigkeit in den Fällen von Emissionen von gedeckten Nichtdividendenwerten nach Abs. 3 nicht erforderlich ist. Einer solchen Auslegung stehen jedoch nicht nur Sinn und Zweck (Anlegerschutz durch umfassende und aktuelle Informationen über die Emission), sondern auch entgegen, dass § 9 Abs. 1 Halbs. 2 WpPG nur deklaratorischer Natur sein dürfte, da die bei öffentlichen Angeboten geltende Nachtragspflicht für alle Fälle durch § 16 WpPG und nicht nur in § 9 Abs. 1 WpPG für die Gültigkeit des Prospekts angeordnet wird. Daher ist es Pfandbriefemittenten zwar erlaubt, den einmal gebilligten Prospekt bis zum Ende der Emission – d.h. über Jahre oder gar Jahrzehnte – zu nutzen, dies jedoch nur unter der Voraussetzung, dass bei entsprechenden wichtigen Umständen oder Unrichtigkeiten in Bezug auf die im Prospekt enthaltenen Angaben, die die Beurteilung der gedeckten Nichtdividendenwerte beeinflussen können, ein Nachtrag nach § 16 WpPG erfolgt.

11

V. Gültigkeit des Registrierungsformulars, § 9 Abs. 4 WpPG

Nicht nur ein Prospekt selbst, sondern auch ein hinterlegtes Registrierungsformular ist nach § 9 Abs. 4 WpPG zwölf Monate gültig. Insoweit wollte man sich auch in Europa insgesamt an das im US-amerikanischen Recht bekannte Konzept einer so genannten shelf registration anlehnen[20], auch wenn

12

---

18 Vgl. auch die Komm. zu § 2 WpPG, Rn. 22 und § 6 WpPG, Rn. 7; sowie *Heidelbach/Preuße*, BKR 2006, 316, 317 zum Merkmal „dauernd oder wiederholt".

19 Vgl. RegBegr. EU-ProspRL-UmsetzungsG, BT-Drucks. 15/4999, S. 32. Siehe auch die Komm. zu § 6 WpPG, Rn. 8.

20 Vgl. *Apfelbacher/Metzner*, BKR 2006, 81; krit. zu den bisherigen Erfahrungen mit diesem System in Großbritannien *Seitz*, BKR 2002, 340, 345.

in Europa und damit auch in Deutschland zahlreiche Abweichungen von diesem Konzept vorgenommen wurden. Die nach § 12 WpPG zulässige Dreiteilung des Prospekts in das Registrierungsformular (Angaben zum Emittenten), die Wertpapierbeschreibung (Angaben zum Wertpapier an sich) und die Zusammenfassung kann ein Emittent daher nutzen, indem er separat vorab ein Registrierungsformular billigen lässt[21], dieses bei der zuständigen Aufsicht hinterlegt und auf dieser Basis zu einem späteren Zeitpunkt Emissionen begibt. Der Emittent hat in diesen Fällen nur noch die fehlende Wertpapierbeschreibung und Zusammenfassung bei der zuständigen Behörde einzureichen und nach der entsprechenden Billigung den aus drei Einzeldokumenten bestehenden Prospekt zu veröffentlichen. Angemerkt sei an dieser Stelle, dass der Basisprospekt nicht in Form eines dreiteiligen Prospekts erstellt werden kann, vgl. Art. 26 EU-ProspV.

Neben einer solchen Vorabhinterlegung eines Registrierungsformulars bietet § 9 Abs. 4 WpPG aber auch in anderen Konstellationen Nutzungsmöglichkeiten. So kann bspw. ein Aktienemittent, der einen von der zuständigen Behörde gebilligten dreiteiligen Prospekt für eine Kapitalerhöhung veröffentlicht hat, sein Registrierungsformular innerhalb des Zwölf-Monats-Zeitraum für weitere Kapitalerhöhungen oder auch für Schuldverschreibungsemissionen nutzen – eine Möglichkeit, von der in Deutschland wohl noch kein Gebrauch gemacht wurde.[22] Da das Registrierungsformular für Aktien (vgl. Art. 4 und Anh. I der EU-ProspV) sämtliche Prospektanforderungen anderer Wertpapiergattungen beinhaltet (vgl. Art. 21 EU-ProspV) ist Voraussetzung für die Verwendung des Registrierungsformulars in diesen Fällen nur noch, dass bei entsprechendem Bedarf Aktualisierungen durchgeführt werden. Für die Aktualisierung des Registrierungsformulars sieht § 12 Abs. 3 WpPG jedoch nicht Nachträge nach § 16 WpPG, sondern die Wertpapierbeschreibung selbst vor, die der Emittent zusammen mit der Zusammenfassung nach § 12 Abs. 2 WpPG zu erstellen und der BaFin zwecks Billigung vorzulegen hat.[23]

1. Hinterlegung als Anknüpfungspunkt

13 Für die zwölfmonatige Nutzungsdauer des Registrierungsformulars knüpft das Gesetz an den Zeitpunkt der Hinterlegung bei der BaFin und nicht wie nach § 9 Abs. 1–3 WpPG an die Veröffentlichung des Prospekts an. § 9 Abs. 4 WpPG nennt ausdrücklich nur die Hinterlegung des Registrierungsformulars. Hätte der Gesetzgeber respektive Richtliniengeber an eine Veröffentlichung anknüpfen wollen, hätte er auch pauschal auf § 14 WpPG (Art. 14 ProspekRL) verweisen können, der sowohl Vorgaben für die Hinter-

---

[21] § 12 Abs. 4 WpPG lässt es auch zu, dass der Emittent auch ein nicht gebilligtes Registrierungsformular hinterlegt. Dies dürfte in der Praxis jedoch einen Ausnahmefall darstellen.

[22] Hierauf weisen *Kunold/Schlitt*, BB 2004, 501, 510 und *Wagner*, Die Bank 2003, 681, 684 hin.

[23] *Kullmann/Sester*, ZBB 2005, 209, 211 führen aus, dass die Aktualisierung auch durch einen Nachtrag nach § 16 WpPG erfolgen könne. Für diese Möglichkeit lässt § 12 Abs. 3 WpPG seinem Wortlaut nach jedoch keinen Raum.

legung als auch die Veröffentlichung des Prospekts beinhaltet. Dass dies nicht geschehen ist, erscheint folgerichtig, da eine Pflicht des Emittenten, separat ein Registrierungsformular zu veröffentlichen, auch nicht aus den für das Registrierungsformular relevanten §§ 12 und 14 WpPG abgeleitet werden kann. Zudem würde eine Vorabveröffentlichung des Registrierungsformulars dem dem Prospektrecht zu Grunde liegenden Grundsatz widersprechen, dass nur ein gebilligter Prospekt veröffentlicht werden darf. Ein gebilligtes Registrierungsformular ist aber erst zusammen mit der gleichfalls gebilligten Wertpapierbeschreibung und Zusammenfassung ein solcher (vollständiger) Prospekt. Belegt wird dies auch durch § 9 Abs. 4 Satz 2 WpPG, wonach das Registrierungsformular erst zusammen mit der Wertpapierbeschreibung und der Zusammenfassung als gültiger Prospekt anzusehen ist.

2. Gültigkeitsdauer

Zu unterscheiden von der Gültigkeitsdauer des Registrierungsformulars ist jedoch die Gültigkeitsdauer des vollständigen Prospekts, wenn das noch gültige Registrierungsformular gem. § 12 Abs. 2 und 3 WpPG für die Prospekterstellung genutzt wird.[24] Nutzt ein Emittent bei der Erstellung des Emissionsprospekts nämlich ein bereits vor einigen Monaten gebilligtes, hinterlegtes und noch gültiges Registrierungsformular, kann sich die Frage stellen, ob sich die Gültigkeitsdauer des neuen Prospekts nach der des Registrierungsformulars richtet oder ob sie mit der Veröffentlichung des neuen gebilligten, hinterlegten und veröffentlichten Prospekts bestehend aus Wertpapierbeschreibung, Zusammenfassung und bereits hinterlegtem Registrierungsformular beginnt. U.a. systematische Gründe sprechen jedoch dafür, dass für die Berechnung der Gültigkeitsdauer nicht das Registrierungsformular maßgeblich sein kann. So ordnet zum einen § 9 Abs. 4 Satz 2 WpPG an, dass erst das Registrierungsformular zusammen mit der Wertpapierbeschreibung und der Zusammenfassung als gültiger Prospekt anzusehen ist, der ab seiner Veröffentlichung gem. § 14 WpPG entsprechend § 9 Abs. 1 WpPG ein Jahr gültig ist. Auch Praktikabilitätsgründe sprechen gegen eine andere Auslegung; die höchst unterschiedlichen Gültigkeitsdauern mehrerer – auf demselben Registrierungsformular basierender – Prospekte wäre zwar noch für den Emittenten zu handhaben, jedoch nicht durch die Aufsicht zu kontrollieren. Letztlich rechtfertigen auch Anlegerschutzgesichtspunkte keine andere Betrachtung. Der mit seinen sämtlichen Einzeldokumenten veröffentlichte Prospekt ist – auch wenn sein Registrierungsformular möglicherweise schon mehrere Monate alt ist – aufgrund der Aktualisierungspflichten zum Zeitpunkt seiner Veröffentlichung auf dem aktuellen Stand und beinhaltet sämtliche für den Anleger relevanten Informationen.

14

---

24 Zur Einbeziehung im Wege des Verweises, siehe § 9 WpPG, Rn. 16.

3. Aktualisierungspflicht, § 12 Abs. 2, 3 WpPG

15 Bei der Nutzung eines hinterlegten, noch gültigen Registrierungsformulars ist dieses nach § 12 Abs. 2, 3 WpPG in der Wertpapierbeschreibung jeweils zu aktualisieren.[25] § 9 Abs. 4 WpPG weicht zwar in seinem Wortlaut von Art. 9 Abs. 4 der Prospektrichtlinie ab, der vorsieht, dass das Registrierungsformular zwölf Monate gültig ist, sofern es gem. Art. 10 Abs. 1 der Prospektrichtlinie (entspricht § 10 Abs. 1 WpPG) aktualisiert wurde. Der Bezug auf § 10 Abs. 1 WpPG fehlt zu Recht in § 9 Abs. 4 WpPG, da es sich hierbei um ein redaktionelles Versehen des Richtliniengebers gehandelt hat.[26] Der an sich richtige Verweis auf Art. 16 erfolgte durch die entsprechende Formulierung des § 12 Abs. 3 WpPG.

VI. Auswirkung auf die Gültigkeitsdauer bei Einbeziehungen im Wege des Verweises nach § 11 WpPG

16 Bei Einbeziehungen im Wege des Verweises von anderen, bereits bei der zuständigen Aufsichtsbehörde hinterlegten Prospekten kann es hilfreich sein, Teile dieser Prospekte einzubeziehen. So kann es sich bspw. anbieten, über die Möglichkeit nach § 9 Abs. 4 WpPG[27] hinaus ein in einem anderen Prospekt enthaltenes Registrierungsformular für die beabsichtigte Emission in den neuen Prospekt im Wege des § 11 WpPG einzubeziehen, bspw. weil im Rahmen des Basisprospekts eine Dreiteilung des Prospekts nicht zugelassen wird. Sollte das Registrierungsformular jedoch Bestandteil eines nur noch wenige Monate gültigen Prospekts sein, stellt sich wie bei § 9 Abs. 4 WpPG die Frage, ob die Gültigkeit sich nach dem ursprünglichen Prospekt bemisst oder aber ob nach der Veröffentlichung des neuen, Teile des nur noch wenige Monaten gültigen Prospekts im Wege des Verweises aufnehmenden Prospekts dieser wiederum zwölf Monate gültig ist.

Nicht nur Praktikabilitätsgesichtspunkte, sondern auch systematische Aspekte sprechen auch hier dafür, dass dieser Prospekt ab seiner Veröffentlichung zwölf Monate gültig ist.[28] Würde man zum einen an die Gültigkeit des „alten" Prospekts anknüpfen, wäre die zutreffende Gültigkeitsdauer nicht zuletzt für die Aufsichtsbehörden nur schwer überwachbar, zum anderen wäre eine erhebliche Rechtsunsicherheit (bspw. Haftung) die Folge. Weiterhin enthält das Gesetz für eine derartige Differenzierung auch keine An-

---

25 *Kullmann/Sester*, ZBB 2005, 209, 211 sehen neben § 12 Abs. 2, 3 WpPG für die Aktualisierungspflicht auch § 16 WpPG vor und erachten eine Aktualisierung in der Wertpapierbeschreibung als unübersichtlich und unklar für den Anleger. § 12 WpPG dürfte für diesen Fall jedoch lex specialis sein.

26 Vgl. S. 8 des Prot. der EU-Kommission zum dritten informellen Treffen zur Umsetzung der ProspektRL am 26.1.2005, in dem der Verweis auf Art. 10 ausdrücklich als falsch bezeichnet wird. Richtig müsste es Art. 16 Abs. 1 heißen. Das Prot. ist auf den Internetseiten der Kommission abrufbar unter: http://ec.europa.eu/internal_market/securities/docs/prospectus/summary-note-050126_en.pdf, Stand v. 16.07.2007.

27 Siehe § 9 WpPG, Rn. 12f.

28 Vgl. Komm. § 11 WpPG, Rn. 7f.

haltspunkte. Die Aufnahme von Dokumenten im Wege des Verweises nach § 11 WpPG hat der Gesetzgeber ausdrücklich zugelassen und – bewusst oder unbewusst – wegen des Hinterlegungserfordernisses nahezu fast auf solche Dokumente beschränkt, die Bestandteil eines anderen Prospekts sein können. Hätte er hier von § 9 Abs. 1 WpPG abweichende Regelungen treffen wollen, hätte er eine diesbezügliche Gültigkeitsanordnung in § 11 WpPG aufnehmen müssen. Da zudem auch ein Prospekt, der Angaben in Form eines Verweises enthält, als ein einheitlicher Prospekt anzusehen ist, muss für diesen nach § 9 Abs. 1 WpPG, der gleichfalls keinerlei Differenzierungen enthält, eine Gültigkeit von zwölf Monaten ab dem Zeitpunkt der Veröffentlichung bestehen.

VII. Ablauf der Gültigkeit, § 9 Abs. 5 WpPG

Gem. § 9 Abs. 5 WpPG darf nach dem Ablauf der Gültigkeit der Prospekt nicht mehr für ein neues öffentliches Angebot von Wertpapieren genutzt oder deren Zulassung zum Handel an einem organisierten Markt beantragt werden. 17

Durchaus üblich ist es aber, dass öffentliche Angebote von Wertpapieren – insbesondere von im Freiverkehr der Börsen notierten und damit nicht zu einem organisierten Markt zugelassenen, sondern nur öffentlich angebotenen Derivaten – nach der Gültigkeitsdauer von zwölf Monaten noch nicht abgeschlossen sind. Um dem Zweifelsfall zu begegnen, ob für dieses fortlaufende Angebot nach Ablauf von zwölf Monaten ein neuer Prospekt eingereicht sowie gebilligt werden müsste und damit für ein und dasselbe Wertpapier mit identischer ISIN/WKN zwei oder ggf. mehr Prospekte vorliegen würden, wurde im Laufe des Gesetzgebungsverfahrens zum Prospektrichtlinieumsetzungsgesetz klar gestellt, dass der Prospekt nur dann nicht mehr verwandt werden kann, wenn ein „neues" öffentliches Angebot dieses Wertpapiers erfolgt[29] – entscheidend ist damit nicht, wann das öffentliche Angebot endet.[30] Diese Klarstellung des deutschen Gesetzgebers im Vergleich zur Prospektrichtlinie ist zu begrüßen, da sie für den Emittenten Rechtssicherheit bietet, ohne auf der anderen Seite den Anlegerschutz zu verkürzen, weil die Aktualität der Informationen über die entsprechende Nachtragspflicht nach § 16 WpPG gewährleistet wird, ohne die auch die Gültigkeit des Prospekts nach § 9 Abs. 1 WpPG nicht mehr gewährleistet wäre.[31] Inzwischen hat auch CESR im Rahmen seiner Q&As diese Auslegung bestätigt.[32]

In der Praxis kann sich dennoch die Frage stellen, wann von dem Schluss eines öffentlichen Angebots ausgegangen werden kann. Zum einen ist ein 18

---

29 Vgl. Beschl.empf. des Finanzausschusses v. 21.04.2005, BT-Drucks. 15/5373, S. 50, die auf die Empfehlung des Bundesrats zurückging.
30 Vgl. auch *Groß*, KapMR, § 9 Rn. 3.
31 Vgl. *Kullmann/Sester*, WM 2005, 1068, 1074.
32 Vgl. Frage 28 der *CESR*-FAQ prospectus Februar 2007 CESR/07-110 abrufbar unter: www.cesr-eu.org/data/document/07_110.pdf.

öffentliches Angebot als beendet anzusehen, wenn die in dem öffentlichen Angebot festgelegten Angebots- oder Zeichnungsfristen ausgelaufen, die diesbezüglichen Werbemaßnahmen eingestellt oder aber entsprechend der zu § 11 VerkProspG a. F. ergangenen Kasuistik die angebotenen Wertpapiere vollständig platziert sind.[33] Im Hinblick auf in den Freiverkehr einbezogene Wertpapiere ist jedoch zu beachten, dass dies nur begrenzt nicht als öffentliches Angebot angesehen wird. So hat der Finanzausschuss in seiner Beschlussempfehlung zu § 16 WpPG bzgl. der Einbeziehung von Wertpapieren in den Freiverkehr geäußert, dass dann nicht mehr von einem öffentlichen Angebot und damit von einem Ende der Nachtragspflicht ausgegangen werden könnte, wenn ab der Einbeziehung nur noch Mitteilungen auf Grund des Handels – mithin die Kursermittlung – stattfänden.[34] Damit wäre bei einer neuen Werbeaktion für bereits in den Freiverkehr einbezogene Wertpapiere von einem neuen Angebot auszugehen.

VIII. Verstöße und Haftung

19 Bietet ein Emittent zwölf Monate nach der Veröffentlichung des Prospekts ein Wertpapier neu an oder beantragt er die Zulassung zum Handel, verstößt dies gegen das Gebot des § 9 Abs. 5 WpPG. Im Rahmen eines Zulassungsprozesses dürfte dies keine großen Auswirkungen haben – die Zulassungsbehörde wird den Zulassungsantrag ablehnen. Bei neuen öffentlichen Angeboten der Wertpapiere stellen sich jedoch nicht nur aufsichtsrechtliche Sanktionsfragen, sondern auch schadensersatzrechtliche Aspekte werden zu berücksichtigen sein.

1. Ordnungswidrigkeit beim öffentlichen Angebot

20 Bietet ein Emittent Wertpapiere ohne einen neuen Prospekt nach zwölf Monaten neu an, handelt es sich hierbei um eine Ordnungswidrigkeit. Da in diesen Fällen ein Wertpapier ohne „gültigen" Prospekt angeboten wird, dürfte der Tatbestand des § 30 Abs. 1 Nr. 1 WpPG erfüllt sein, da entgegen § 3 Abs. 1 Satz 1 WpPG Wertpapiere öffentlich angeboten werden, ohne dass bereits ein Prospekt veröffentlicht wurde. Zwar wird man einwenden können, dass „bereits" ein Prospekt veröffentlicht wurde. Dem ist jedoch entgegenzuhalten, dass der ursprünglich veröffentlichte Prospekt nach § 9 WpPG nicht mehr gültig und damit entsprechend dem Gebot nach § 9 Abs. 5 WpPG nicht mehr für das neue öffentliche Angebot genutzt werden darf – mithin wird eine weitere Nutzung untersagt. Damit erfolgt in diesen Fällen ein Angebot, ohne dass ein – nach WpPG gültiger – Prospekt veröffentlicht wurde. Eine solche Ordnungswidrigkeit kann gem. § 30 Abs. 2 WpPG mit bis zu 50.000 Euro geahndet werden.

---

33 Vgl. *Heidelbach/Preuße*, BKR 2006, 316, 320 zum Ende der Nachtragspflicht; zu § 11 VerkProspG a. F. vgl. *Heidelbach*, in: Schwark, KapMRK, § 11 VerkProspG Rn. 6; *Lenz/Ritz*, WM 2000, 904, 908.
34 BT-Drucks. 15/5373, S. 50.

2. Ordnungswidrigkeit bei der Zulassung

In der Praxis wird sich die Frag nicht stellen, da die zuständige Behörde die Zulassung versagen muss, wenn ein Emittent mit einem nicht mehr gültigen Prospekt um Zulassung ersucht.

21

3. Haftung

a) § 13a VerkProspG

Erfolgt entgegen § 9 Abs. 5 WpPG eine Emission ohne gültigen Prospekt, löst dies den Haftungstatbestand des § 13a VerkProspG aus, da entgegen § 3 Abs. 1 Satz 1 WpPG ein Wertpapier ohne einen (gültigen) Prospekt öffentlich angeboten wird. Die haftungsbegründende Kausalität der Pflichtwidrigkeit im Falle der Haftung für einen fehlenden Prospekt nach § 13a VerkProspG wird vom Gesetz vermutet, da die Haftung bereits an die nicht erfüllte Pflicht zur Erstellung eines Prospekts anknüpft.[35]

22

b) § 44 BörsG

Erfolgt eine Zulassung zum Handel an einem organisierten Markt, könnte sich die Frage stellen, dass die in § 9 WpPG angeordnete Gültigkeit dazu führt, dass der Emittent über zwölf Monate hinweg seinen Prospekt in Form von Nachträgen nach § 16 WpPG à jour halten sollte, um sich keinen Prospekthaftungsansprüchen auszusetzen. So besteht grds. nach § 44 BörsG nicht nur für den Ersterwerb, sondern auch beim Zweit- oder Dritterwerb, sofern das jeweilige Wertpapiergeschäft nach der Veröffentlichung des Prospekts und innerhalb von sechs Monaten nach der erstmaligen Einführung des Wertpapiers abgeschlossen wurde, eine Prospekthaftung des Emittenten. Ungeachtet des Umstands, dass die Nachtragspflicht nach § 16 Abs. 1 WpPG mit der Einführung in den Handel geendet hätte, stellt sich die Frage, ob sich ein Anleger darauf berufen könnte, dass der Prospekt nach § 9 WpPG zwölf Monate gültig und damit auch aktuell sein müsste, so dass der Emittent, der trotz des Eintretens von wichtigen, die Beurteilung der Wertpapiere beeinflussende Umständen wegen der Zulassung zum Handel keine Nachträge nach § 16 WpPG vorgenommen hat, haftete. Dieser Schluss kann jedoch nicht gezogen werden; nicht nur die Historie des Richtliniensetzungs- und Gesetzgebungsprozesses, sondern auch der Sinn und Zweck von § 9 WpPG und vor allem die eindeutige Anordnung in § 16 WpPG, dass die Nachtragspflicht mit der Einführung in den Handel endet, sprechen keine eine aus § 9 WpPG resultierende zwingende Nachtragspflicht.

23

Historisch betrachtet wollten weder der europäische noch der deutsche Gesetzgeber mit dem WpPG das bestehende Prospekthaftungsregime ändern. Die Prospektrichtlinie enthält lediglich in Art. 6 eine grds.e Anordnung, dass die Mitgliedstaaten Prospekthaftungsansprüche gegen Emittenten und andere Prospektverantwortliche vorsehen müssen: zu weitergehenden Haf-

24

---

35 *Schäfer*, ZGR 2006, 40, 53.

tungsregelungen war der europäische Gesetzgeber auf Grund des EGV auch nicht befugt. Auch der deutsche Gesetzgeber hat das Prospekthaftungsregime im Zuge der Umsetzung nicht berührt; die recht neue Haftungsvorschrift des § 13a VerkProspG wurde bereits im Rahmen der Umsetzung der Marktmissbrauchsrichtlinie durch das Anlegerschutzverbesserungsgesetz[36] eingeführt und erfuhr mit dem Prospektrichtlinieumsetzungsgesetz lediglich eine redaktionelle Anpassung. Dem Sinn und Zweck nach soll zudem § 9 WpPG dem Emittenten zumindest über einen bestimmten Zeitraum hinweg die Emissionen von Wertpapieren mit einem bereits gebilligten Prospekt erleichtern.[37] Anlegerschützende Auflage ist lediglich die Veröffentlichung entsprechender Nachträge, die in § 9 Abs. 1 WpPG jedoch nur noch einmal deklaratorisch angeführt wurde, da die entsprechende Pflicht bereits durch § 16 WpPG angeordnet ist. Entscheidend für die Entscheidung über eine zwingende Nachtragspflicht ist damit § 16 WpPG. Dieser verlangt jedoch – abschließend –, dass nur bis zur Einführung in den Handel Nachträge erfolgen müssen. Hätte der Gesetzgeber daher aus Prospekthaftungsgesichtspunkten eine Ausweitung der Nachtragspflicht vorsehen wollen, hätte er dies in § 16 WpPG positiv anordnen müssen; dies ist unterblieben, so dass eine Ausweitung des Haftungstatbestands nach § 44 BörsG auf Grund der durch § 9 WpPG vorgesehen Gültigkeit ausscheidet.[38]

§ 10
Jährliches Dokument

(1) ¹Ein Emittent, dessen Wertpapiere zum Handel an einem organisierten Markt zugelassen sind, hat mindestens einmal jährlich dem Publikum ein Dokument in der in Satz 2 vorgesehenen Weise zur Verfügung zu stellen, das alle Informationen enthält oder auf sie verweist, die der Emittent in den vorausgegangenen zwölf Monaten auf Grund

1. der §§ 15, 15a, 26, 30b Abs. 1 und 2, §§ 30e, 30f Abs. 2, §§ 37v, 37w, 37x, 37y, 37z Abs. 4 des Wertpapierhandelsgesetzes,

2. (aufgehoben)

3. des § 42 Abs. 1 des Börsengesetzes in Verbindung mit einer Börsenordnung,

4. der den Nummern 1 bis 3 entsprechenden ausländischen Vorschriften veröffentlicht oder dem Publikum zur Verfügung gestellt hat. ²Das Dokument ist dem Publikum zur Verfügung zu stellen, indem es entsprechend § 14 Abs. 2 in der dort beschriebenen Weise veröffentlicht wird.

---

36 BGBl. I 2004, 2630.
37 *Weber*, NZG 2004, 360, 365, spricht von einer nutzungsbezogenen Einschränkung der Gültigkeit.
38 Zum gleichen Ergebnis kommen *Holzborn/Schwarz-Gondek*, BKR 2003, 927, 933, noch auf Grundlage der ProspektRL selbst. Vgl. auch *Kunold/Schlitt*, BB 2004, 501, 510 Fn. 118; *Schlitt/Schäfer*, AG 2005, 498, 507; *Weber*, NZG 2004, 360, 365.

(2) ¹Der Emittent hat das Dokument nach der Offenlegung des Jahresabschlusses bei der BaFin zu hinterlegen. ²Verweist das Dokument auf Angaben, so ist anzugeben, wo diese zu erhalten sind.

(3) Die in Absatz 1 genannte Verpflichtung gilt nicht für Emittenten von Nichtdividendenwerten mit einer Mindeststückelung von 50.000 Euro.

Inhalt

		Rn.
I.	Allgemeines	1
II.	Anwendungsbereich	5
	1. Anwendung auf „Altemittenten"	5
	2. Zulassung der Wertpapiere zum Handel an einem organisierten Markt	6
	3. Ausnahmen für Whole-Sale-Emittenten	7
	4. Ausnahmen für Emittenten nach § 1 Abs. 2 WpPG	8
	5. Ausnahmen für Emissionen nach § 4 Abs. 2 WpPG	9
	6. Ausnahme für prospektpflichtbefreite Altemittenten	10
	7. Zuständige Behörde	11
	a) Herkunftsmitgliedstaat nach § 2 Nr. 13 lit. a) WpPG	11
	b) Herkunftsmitgliedstaat nach § 2 Nr. 13 lit. b) und c) WpPG	12
	c) Emittenten mit mehreren Herkunftsmitgliedstaaten	13
	8. Erstmalige Anwendung	14
	9. Ende der Pflicht	15
III.	Inhalt des jährlichen Dokuments	16
	1. Aktien und andere Dividendenwertpapieren	18
	a) § 10 Abs. 1 Nr. 1 WpPG	18
	b) § 10 Abs. 1 Nr. 3 WpPG	19

		Rn.
	c) § 10 Abs. 1 Nr. 4 WpPG	20
	2. Emittenten von Nichtdividendenwertpapieren	21
	a) § 10 Abs. 1 Nr. 1 WpPG	21
	b) § 10 Abs. 1 Nr. 3 WpPG	22
	c) § 10 Abs. 1 Nr. 4 WpPG	23
	3. Beschränkung auf Mitteilungen der „vorausgegangenen zwölf Monate"	24
IV.	Nutzung von Verweisen im jährlichen Dokument	25
	1. Zulässigkeit	25
	2. Form der Verweise	26
V.	Sprache des jährlichen Dokuments	27
VI.	Hinweis auf veraltete Informationen	28
VII.	Veröffentlichung des jährlichen Dokuments	29
	1. Definition „Arbeitstag"	30
	2. Veröffentlichung als Anknüpfungspunkt	31
	3. Art der Veröffentlichung	32
	4. Dauer einer elektronischen Veröffentlichung	33
VIII.	Hinterlegung des jährlichen Dokuments	34
IX.	Prüfung des jährlichen Dokuments	35
X.	Verstöße	36
XI.	Haftung	37

I. Allgemeines

Neben der zwölfmonatigen Gültigkeitsdauer des Prospekts (§ 9 WpPG) ist eine weitere Restante der in dem ursprünglichen Richtlinienentwurf von Mai 2001 vorgesehenen jährlichen Aktualisierungspflicht[1] das jährlich nach § 10 WpPG zu erstellende Dokument mit der Auflistung der Pflichtveröffentlichungen eines Emittenten zugelassener Wertpapiere im zurückliegenden Geschäftsjahr. Bezweckt wird hiermit laut Erwägungsgrund 27 der Prospek- 1 trichtlinie 2003/71/EG, dass Anleger durch die Veröffentlichung verlässlicher Informationen geschützt werden sollen. Ziel ist es, dass ein Anleger, der ein Wertpapier längere Zeit nach der Zulassung zum Handel an einem organisierten Markt erwerben möchte, schnell und auf einfache Weise komprimiert Informationen über den Emittenten erhalten kann, um eine Anlageentscheidung zu treffen.

Ein Emittent, dessen Wertpapiere an einem organisierten Markt[2] zugelassen sind, hat nach der Veröffentlichung seines Jahresabschlusses innerhalb von 20 Tagen dieses Dokument entsprechend den Vorgaben des § 14 Abs. 2 WpPG zu veröffentlichen und bei der BaFin zu hinterlegen. Sind Wertpapiere des Emittenten auch an Börsen anderer EU-Mitgliedstaaten zum Handel zugelassen, hat er auch dort ein Dokument zu veröffentlichen und bei der jeweiligen Aufsichtsbehörde zu hinterlegen, wenn er im Rahmen des Wahlrechts nach Art. 2 Abs. 1 lit. m) für einige seiner Wertpapiere diesen Mitgliedstaat als Herkunftsmitgliedstaat ausgewählt hat. In dem Dokument selbst müssen – ggf. per Verweis – alle Informationen enthalten sein, die in den vergangenen zwölf Monaten nach den nationalen oder entsprechenden ausländischen gesellschafts- und kapitalmarktrechtlichen Vorschriften zu veröffentlichen waren. Hierunter fallen u. a. Ad-hoc-Meldungen, Mitteilungen über Directors' Dealings, Meldungen über bedeutende Stimmrechtsbeteiligungen sowie aus den Zulassungsfolgepflichten resultierende Mitteilungen. Entsprechend der in vielen Bereichen des WpPG zu findenden Erleichterungen für Wholesale-Emittenten besteht eine Ausnahme von der Veröffentlichungspflicht für Emittenten von Nichtdividendenwerten, die eine Mindeststückelung von mehr als 50.000 Euro haben.

2   Schon auf Richtlinienebene wurde seit dem ersten Entwurf der Vorschrift ihr Sinn und Zweck hinterfragt und als bürokratische Belastung ohne entsprechenden Nutzen für den Anleger kritisiert. In der Praxis lässt sich nunmehr das jährliche Dokument jedoch gelegentlich nutzbar machen, um die rigiden Einschränkungen abzumildern, die für die Einbeziehung von Angaben in einen Prospekt per Verweis nach § 11 WpPG gelten.[3] Da ein Verweis nach § 11 WpPG nur für solche Dokumente zugelassen wird, die nach dem WpPG bei der zuständigen Behörde hinterlegt oder bei ihr gebilligt wurden, bietet das § 10-Dokument die Möglichkeit, in einen Prospekt bspw. einen aktuellen Jahresbericht oder Zwischenbericht im Wege des Verweises einzubeziehen, wenn diese zuvor mit dem § 10 WpPG-Dokument bei der Aufsicht hinterlegt wurden.[4] Diese Möglichkeit besteht nach der deutschen Praxis aber nur

---

1   Krit. hierzu v. *Ilberg/Neises*, WM 202, 635, 641; vgl. auch *Crüwell*, AG 2003, 243, 252; *Kopp-Colomb/Lenz*, AG 2002, 24, 28; *Schlitt/Schäfer*, AG 2005, 498, 507.
2   Seit dem Inkrafttreten des FRUG zum 01.11.2007 mithin der „regulierter Markt" nach § 32 BörsG.
3   Bei Zweitplatzierungen oder auch Kapitalerhöhungen eines Unternehmens kann im Prospekt auch auf Veröffentlichungen verwiesen werden, die im § 10 WpPG-Dokuments angegeben und entsprechend in diesem Dokument auch enthalten sind; vgl. *Apfelbacher/Metzner*, BKR 2006, 81, 82 Fn. 7.
4   Vgl. zu dieser Möglichkeit u. a. *Holzborn/Israel*, ZIP 2005, 1668, 1673 f.; *Schlitt/Singhof/Schäfer*, BKR 2005, 251, 263; siehe auch § 11 WpPG, Rn. 8.

dann, wenn das jeweilige Dokument auch abgedruckt wird, da die BaFin so genannten Kettenverweisungen mit der Begründung ablehnt, dass eine derartige Verweistechnik es dem Anleger nicht mehr zumutbar ermöglicht, auf das jeweilige Dokument zugreifen zu können. Die aktuell bei der BaFin eingereichten § 10 WpPG-Dokumente sind jedoch meist reine Verweisdokumente, so dass diese nicht genutzt werden können.

Die BAFin hat im Juli 2006 eine Fragen-Antworten-Liste zu der Thematik veröffentlicht und damit erste Ansätze für eine Verwaltungspraxis begründet. Die Liste ist auf den Internet-Seiten der BaFin abrufbar[5]; sie soll nach Aussagen der BaFin bei Bedarf entsprechend aktualisiert oder auch erweitert werden. 3

Mit dem Transparenzrichtlinie-Umsetzungsgesetz[6] wurde § 10 Abs. 1 WpPG geändert, indem die bisher in § 39 Abs. 1 Nr. 3 und Abs. 2 des Börsengesetzes in Verbindung mit dem Zweiten Abschnitt der Börsenzulassungs-Verordnung enthaltenen Vorgaben in das WpHG überführt und entsprechend den Vorgaben der Transparenzrichtlinie 2004/109/EG angepasst wurden. § 10 Abs. 1 Nr. 2 WpPG wurde im Zuge dessen aufgehoben. 4

II. Anwendungsbereich

1. Anwendung auf „Altemittenten"

§ 10 WpPG ist sowohl für Emittenten, deren Prospekte nach dem Inkrafttreten des WpPG gebilligt wurden, als auch für solche, deren Prospekt vor dem Inkrafttreten des WpPG nach der BörsZulVO genehmigt wurden und deren Wertpapiere noch zum Handel an einem regulierten Markt zugelassen sind, verpflichtend.[7] 5

Zwar könnte argumentiert werden, dass der Anwendungsbereich des WpPG und die Definition des Terminus „Emittent" nach den §§ 1 Abs. 1, 2 Nr. 9 WpPG eine Beschränkung dahingehend enthalten, dass die Pflicht nach § 10 WpPG nur für solche Emittenten gilt, deren Wertpapiere nach den Vorgaben des WpPG begeben wurden, und damit „Altemittenten" nicht erfasst wären. Untermauern ließe sich diese Argumentation sogar noch dadurch, dass weder die im Prospektrichtlinie-Umsetzungsgesetz[8] vorgesehenen Übergangsbestimmungen (§ 31 WpPG, § 18 VerkProspG, § 52 BörsG[9]) noch die europäischen Vorgaben diesen Sachverhalt abdecken. Da § 10 WpPG jedoch im Grunde als Regelung einer Zulassungsfolgepflicht gesetzessystematisch un-

---

5 www.bafin.de/faq/faq_10wppg.htm, Stand v. 16.07.2007.
6 In Kraft getreten am 20.01.2007, BGBl. I, 10ff. v. 10.01.2007.
7 Vgl. auch Götze, NZG 2007, 570, 571; Leuering, Der Konzern 2006, 4, 10; Schanz/Schalast, HfB – Business School of Finance & Management – Working Paper Series, Juli 2006, S. 47.
8 Vgl. BGBl. I, 1698ff. v. 27.06.2005.
9 § 64 a.F. wurde mit dem FinanzmarktRL-UmsetzungsG (BGBl. I, 1330ff. v. 19.07.2007) durch § 52 ersetzt; soweit die prospektrechtlichen Vorgaben betroffen sind, gab es keine inhaltlichen Änderungen.

zutreffend im WpPG verortet ist[10] – was jedoch seine Ursache bereits in der Prospektrichtlinie selbst hat – und an die Börsenzulassung und nicht an die im WpPG niedergelegten Prospektpflichten anknüpft, besteht die Obliegenheit nach § 10 WpPG für alle Emittenten, deren Wertpapiere im regulierten Markt zugelassen sind. Dies gilt unabhängig davon, ob die Zulassung nach dem 01.07.2005, dem Inkrafttreten des neuen Prospektregimes, oder bereits vorher erfolgt ist.[11] Hierfür sprechen auch Sinn und Zweck. Eine andere Auslegung würde dem mit der Prospektrichtlinie verfolgten Ziel widersprechen, wonach der Anlegerschutz dadurch gewährleistet werden soll, dass ein Investor generell die Möglichkeit haben soll, sich auf der Basis aktueller und verlässlicher Angaben über zugelassene Wertpapiere zu informieren.[12] Dies wäre jedoch dann nicht möglich, wenn auf Grund des Stichtags 01.07.2005 für die Informationspflichten danach unterschieden werden müsste, ob ein Emittent eine Zulassung seiner Wertpapiere nach dem neuen oder dem alten Prospektrecht erlangt hat. Folge wäre eine Informationsasymmetrie, die nicht mit einem der wesentlichen Ziele des neuen Prospektrechts vereinbar wäre. Dieses Ergebnis kann auch auf die nach der Verabschiedung der Prospektrichtlinie erfolgte Rechtsetzung der EU gestützt werden. So wird auch für die in der Transparenzrichtlinie normierten Zulassungsfolgepflichten nicht nach Alt- und Neuemittenten unterschieden. Hinzu kommt, dass nach der Transparenzrichtlinie für die Bestimmung der zuständigen Behörde auf die Hinterlegung des jährlichen Dokuments nach § 10 WpPG abgestellt wird[13]; eine Regelung, die bei einer Unterscheidung in der Prospektrichtlinie nach Alt- und Neuemittenten ins Leere laufen würde.

2. Zulassung der Wertpapiere zum Handel an einem organisierten Markt

6   Anknüpfungspunkt für die Pflicht nach § 10 WpPG ist die Zulassung zum Handel an einem organisierten Markt, sei es in Deutschland oder in einem anderen Mitgliedstaat des EWR. In Deutschland gilt damit die Pflicht für sämtliche Emittenten, die im regulierten Markt[14] einer Börse zugelassen sind. Ausgenommen vom Anwendungsbereich sind damit jedoch solche Emittenten, die lediglich Wertpapiere öffentlich anbieten oder in Deutschland nur im Freiverkehr notiert sind. Auch sind solche Emittenten zur Erstellung eines jährlichen Dokuments nicht verpflichtet, deren Wertpapiere in den organisierten Markt einbezogen worden sind.[15] Aus der Beschränkung auf den organisierten Markt und damit nach EU-Recht auf einen geregelten

---

10 Vgl. auch *Götze*, NZG 2007, 570, 570; *Leuering*, Der Konzern 2006, 4, 10.
11 Vgl. auch *Groß*, KapMR, § 10 Rn. 3.
12 Vgl. EG 27 der ProspRL 2003/71 zu Art. 10, der durch § 10 WpPG umgesetzt wurde.
13 Vgl. Art. 2 Abs. 1 i) TransparenzRL.
14 Mit dem FRUG BGBl. I, 1330 ff. v. 19.07.2007 wurden die bisherigen Teilbereiche amtlicher und geregelter Markt im regulierten Markt zusammengefasst, vgl. § 32 BörsG n.F.
15 *Kullmann/Sester*, WM 2005, 1068, 1074; *Schäfer*, ZGR 2006, 40, 46.

Markt im Sinne der Richtlinie über Märkte für Finanzinstrumente 2004/39[16] folgt ferner, dass Emittenten, deren Wertpapiere in einem Nicht-EU-Staat zum Handel zugelassen sind, nicht dem Regime des § 10 WpPG unterfallen, auch wenn dieser Markt durchaus dem europäischen geregelten Markt vergleichbar ist. Vice versa sind aber Emittenten aus Drittstaaten, die in Deutschland oder in einem anderen Mitgliedstaat zum Handel an einem organisierten Markt zugelassen sind, zur Erstellung des jährlichen Dokuments verpflichtet, wenn dies entsprechend dem Wahlrecht nach Art. 2 Abs. 1 lit. m) ihr Herkunftsmitgliedstaat ist.

3. Ausnahmen für Whole-Sale-Emittenten, § 10 Abs. 3 WpPG

Emittenten Erleichterungen (§ 10 Abs. 3 WpPG). Sind lediglich Nichtdividendenwerte mit einer Mindeststückelung von 50.000 Euro an einem organisierten Markt zugelassen, müssen Emittenten für diese kein jährliches Dokument erstellen. 7

4. Ausnahmen für Emittenten nach § 1 Abs. 2 WpPG

Neben den Whole-Sale-Emittenten sind aber auch solche Emittenten von der Pflicht nach § 10 WpPG ausgenommen, die auf Basis des § 1 Abs. 2 WpPG außerhalb des Anwendungsbereichs des WpPG Wertpapiere emittieren und zum Handel an einem organisierten Markt zulassen können.[17] Auch wenn dies in gewisser Weise widersinnig erscheint, da § 10 WpPG an sich eine Zulassungsfolgepflicht und daher keine im Zusammenhang mit der Prospekterstellung – und damit dem hauptsächlichen Gegenstand des WpPG – verbundene Pflicht begründet, wollte der europäische Richtliniengeber bestimmte Emissionen erleichtern und von sämtlichen Anforderungen der Prospektrichtlinie befreien. Dies wird aus der Begrenzung des Anwendungsbereichs der Prospektrichtlinie und damit auch des WpPG deutlich. Wäre eine andere Absicht verfolgt worden, hätte man an anderer Stelle – in Deutschland bspw. in der BörsZulV – eine entsprechende Ergänzung vornehmen müssen. Auf Grund dieser Ausnahme vom Anwendungsbereich sind bspw. Daueremissionen bis zu einem Volumen von jährlich 50 Mio. Euro begebende Kreditinstitute, die von dem Privileg nach § 1 Abs. 2 Nr. 5 WpPG Gebrauch machen, nicht zur Erstellung eines Dokuments nach § 10 WpPG verpflichtet, da sie aus dem Anwendungsbereich des WpPG herausfallen. Dies gilt auch dann, wenn ihre Wertpapiere entsprechend § 33 Abs. 1 BörsG zum Handel in den regulierten Markt ohne die Erstellung eines Prospekts zugelassen werden können. 8

Hat ein Emittent, der an sich unter die Privilegierung des § 1 Abs. 2 WpPG fallen würde, jedoch entsprechend § 1 Abs. 3 WpPG einen Prospekt nach

---

16 Die ProspektRL verwies noch auf die WertpapierdienstleistungsRL 93/22/EWG, vgl. EG 12 der ProspRL. Die WertpapierdienstleistungsRL wurde durch die FinanzmarktRL 2004/39/EG v. 21.04.2004 aufgehoben.

17 Vgl. auch *Schanz/Schalast*, HfB – Business School of Finance & Management – Working Paper Series, Juli 2006, S. 47.

den Vorschriften des WpPG erstellt, um bspw. in den Genuss des Europäischen Passes für Emittenten zu gelangen, wird man auf ihn auch die Pflichten nach § 10 WpPG erstrecken müssen. Zwar könnte hiergegen eingewandt werden, dass der Emittent im Falle des § 1 Abs. 3 WpPG lediglich dafür optiert, einen Prospekt nach dem WpPG zu erstellen, und die Pflicht nach § 10 WpPG nicht an die Erstellung eines Prospekts anknüpft. Ein solcher Schluss ist jedoch aus der Entstehensgeschichte der Prospektrichtlinie oder des WpPG nicht herzuleiten. So führt auch die RegBegr. zu § 1 Abs. 3 WpPG explizit aus, dass sofern sich ein Emittent für die Erstellung eines Prospekts nach dem WpPG entscheidet, die Vorschriften des WpPG in seiner Gesamtheit Anwendung finden.[18]

5. Ausnahmen für Emissionen nach § 4 Abs. 2 WpPG

9   Auch wenn gem. § 4 Abs. 2 WpPG in bestimmten Fällen Wertpapiere ohne einen Prospekt zugelassen werden können, hat dies keine Auswirkungen auf die Pflicht zur Erstellung des jährlichen Dokuments, da diese (Zulassungsfolge-)Pflicht wie oben beschrieben an die Zulassung und nicht an die Prospektpflicht anknüpft.

6. Ausnahme für prospektpflichtbefreite Altemittenten

10 Nach dem alten Prospektregime war eine Vielzahl von Emissionen – sowohl das öffentliche Angebot als auch die Zulassung zum Handel – prospektfrei möglich.[19] Dieses Ausnahmeregime wurde mit der Prospektrichtlinie in ihren Artt. 3 und 4 weitgehend eingeschränkt. Dennoch ist auch heute noch eine große Anzahl von Wertpapieren zum Handel an einem organisierten Markt zugelassen, ohne dass für diese je ein Prospekt erstellt wurde. Aber ähnlich wie für Emittenten, die auch nach neuem Recht gem. § 4 Abs. 2 WpPG ohne einen Prospekt Wertpapiere zulassen können, haben Altemittenten auf Grund der Zulassung ein jährliche Dokument zu erstellen, es sei denn, sie fallen analog § 1 Abs. 2 WpPG nicht unter den Anwendungsbereich des WpPG. Auch die in § 31 Abs. 2 WpPG enthaltene Übergangsregelung für Daueremissionen begebende Kreditinstitute, die bis zum 31.12.2008 nach allgemeiner Lesart auch eine Zulassung zum Handel ohne Prospekt ermöglicht, befreit gleichfalls nur von der Prospektpflicht, nicht jedoch von der Pflicht zur Erstellung des jährlichen Dokuments – § 10 WpPG wird insoweit nicht genannt.

7. Zuständige Behörde

11 Die Zuständigkeit der BaFin oder ihrer Äquivalente in anderen EU-Mitgliedsstaaten bemisst sich bei entsprechender richtlinienkonformer Auslegung des § 10 WpPG nach dem Herkunftsmitgliedstaat, der sich je nach

---

18 Vgl. RegBegr. EU-ProspRL-UmsetzungsG, BT-Drucks. 15/4999, S. 28.
19 Vgl. §§ 2–4 VerkProspG a.F.; §§ 30 Abs. 3 Nr. 2 BörsG.

Wertpapiergattung sowohl nach dem Sitz des Emittenten oder – ggf. auch zusätzlich – nach dem Ort der Zulassung zum Handel richten kann.

a) Herkunftsmitgliedstaat nach § 2 Nr. 13 lit. a) WpPG

§ 10 WpPG enthält an sich keine Vorgaben zur zuständigen Behörde. § 10 Abs. 2 WpPG (lediglich) ordnet an, dass das jährliche Dokument bei der BaFin zu hinterlegen ist. Legt man aber die Prospektrichtlinie selbst, die in Art. 10 Abs. 2 von einer Hinterlegung bei der zuständigen Behörde des Herkunftsmitgliedstaats spricht, und die Systematik des WpPG zu Grunde, wonach die BaFin immer genannt wird, wenn die zuständige Behörde des Herkunftsstaats gemeint ist, ist davon auszugehen, dass das jährliche Dokument immer dann bei der BaFin zu hinterlegen ist, wenn diese die zuständige Behörde nach § 2 Nr. 13 WpPG ist. Ein Aktienemittent, dessen Sitz in Deutschland ist, hat das jährliche Dokument daher bei der BaFin zu hinterlegen und nach § 10 Abs. 1 WpPG zu veröffentlichen, da sie bei Aktien auf Grund der Anknüpfung an den Sitz die zuständige (Herkunftsstaat-)Behörde nach dem WpPG ist. Dies kann zu dem widersinnigen Ergebnis führen, dass auch dann, wenn die Aktien nicht in Deutschland zum Handel an einem organisierten Markt zugelassen wären, das jährliche Dokument in Deutschland nach § 14 WpPG zu veröffentlichen und bei der BaFin zu hinterlegen wäre.[20] Nicht erforderlich hingegen ist, dass in einem solchen Fall zusätzlich auch in dem Mitgliedstaat, in dem das Wertpapier zum Handel zugelassen ist, ein jährliches Dokument veröffentlicht und bei der entsprechenden ausländischen Aufsicht hinterlegt werden muss. Art. 10 Abs. 2 Prospektrichtlinie nennt aber ausdrücklich wie eben ausgeführt als zuständige Behörde die des Herkunftsmitgliedstaats. Dieses an sich nicht nachvollziehbare Ergebnis – in dem Land der Zulassung zum organisierten Markt erfolgt keine Information – ist damit eine weitere Folge der lange und kontrovers geführten Diskussion über die Zuständigkeiten und Wahlmöglichkeiten des Emittenten nach Art. 2 Abs. 1 lit. m) der Prospektrichtlinie (vgl. § 2 Nr. 13 WpPG), die letztlich nur eine Kompromisslösung zwischen den Mitgliedstaaten darstellt und an den Bedürfnissen der Marktteilnehmer vorbeigeht.

b) Herkunftsmitgliedstaat nach § 2 Nr. 13 lit. b) und c) WpPG

Die BaFin ist nach § 10 WpPG auch für Emittenten mit Sitz in einem anderen EU-Mitgliedstaat oder einem Drittstaat, die Deutschland im Hinblick auf eine Wertpapieremission als Herkunftsstaat für die Zulassung ihrer Wertpapiere zum organisierten Markt gewählt haben (§ 2 Nr. 13 lit. b) und c) WpPG), die zuständige Behörde, bei der das jährliche Dokument zu hinterlegen ist. So können Emittenten von Nichtdividendenwerten mit einer Mindeststückelung von 1000 Euro (oder einer Denomination in vergleichbarer Höhe) oder derivativen Wertpapieren zwischen ihrem Sitzstaat und dem Mit-

---

[20] Vgl. auch *Schanz/Schalast*, HfB – Business School of Finance & Management – Working Paper Series, Juli 2006, S. 47.

gliedstaat wählen, in dem sie ihre Wertpapiere zum Handel an einem geregelten Markt zulassen möchten.[21]

c) *Emittenten mit mehreren Herkunftsmitgliedstaaten*

13 Folge der Möglichkeiten des Wahlrechts nach § 2 WpPG respektive Art. 2 der Prospektrichtlinie ist ferner, dass ein Emittent mit Sitz in Deutschland, der außer Aktien noch andere Wertpapiere emittiert und hierfür andere EU-Mitgliedstaaten als Herkunftsstaat gewählt hat, auch in diesen Staaten entsprechend der gleichfalls auf Art. 10 Prospektrichtlinie basierenden Bestimmungen ein jährliches Dokument zu erstellen und zu veröffentlichen hat.[22] Angesichts des hohen Anspruchs der Prospektrichtlinie, neben einer weitgehenden Harmonisierung auch den Aufwand der Emittenten zu reduzieren[23], ist es bedauerlich, dass diese – auf Grund eines gewissen Harmonisierungsgrades sicherlich eher bürokratisch als vom Aufwand her in Gewicht fallende – Pflicht eines Emittenten nicht durch eine einmalige Veröffentlichung des jährlichen Dokuments erfüllt werden kann. Dies sollte daher einer der Punkte sein, die bei einer in den nächsten Jahren anstehenden Überarbeitung der europäischen Prospektvorgaben berücksichtigt werden sollten.[24]

8. Erstmalige Anwendung

14 Das neue Prospektrecht trat zum 01.07.2005 in Kraft. Aus diesem Grunde stellte sich im Jahre 2006 die Frage, ob bereits für das Geschäftsjahr 2005 ein jährliches Dokument zu veröffentlichen war – was zu einer faktischen Rückwirkung für die Emittenten geführt hätte, da sie auch die vor dem 01.07.2005 veröffentlichten Meldungen bis zum Beginn des Geschäftjahrs 2005 hätten erfassen müssen – oder ob die in § 10 WpPG verankerte Pflicht erst für das Geschäftsjahr 2006 galt. Während viele Emittenten auch für 2005 bereits ein jährliches Dokument veröffentlicht und bei der BaFin hinterlegt haben, ist eine rückwirkende Pflicht jedoch weder aus dem Gesetz noch der Richtlinie ersichtlich. Daher war davon auszugehen, dass erst nach Abschluss des Geschäftsjahres 2006 ein Dokument nach § 10 WpPG zu erstellen, zu veröffentlichen und zu hinterlegen war. Dies sah die BaFin gem. ihrer Fragen-Anworten-Liste ähnlich.[25]

---

21 Art. 2 Abs. 1 m) ii) EU-ProspRL; § 2 Nr. 13 b) WpPG, vgl. zum Wahlrecht § 2 Rn. 23.
22 Vgl. auch *Götze*, NZG 2007, 570, 571.
23 Vgl. u. a. die Erwägungsgründe 1, 10 und 14 der EU-ProspRL 2003/71/EG.
24 Im Bewusstsein der Kommission dürfte dies schon angekommen sein, da sie selbst in dem vierten informellen Umsetzungstreffen am 08.03.2005 festgestellt hat, dass das jährliche Dokument in jedem Staat hinterlegt werden muss, der Herkunftsmitgliedstaat nach der EU-ProspRL ist. Vgl. das auf den Seiten der EU-Kommission (http://ec.europa.eu/internal_market/securities/docs/prospectus/summary-note-050308_en.pdf, Stand v. 16.07.2007) abrufbare Prot. der Kommission v. 08.03.2005, S. 4. Vgl. auch zu den Doppelzuständigkeiten *Seitz*, AG 2005, 678, 688.
25 Vgl. die Antwort auf Frage V 2. Das Dokument ist abrufbar unter www.bafin.de/Unternehmen/Börsennotierte Unternehmen/Jährliches Dokument, Stand v. 09.06.2008; s. a. *Götze*, NZG 2007, 570, 570; *Groß*, KapMR, § 10 Rn. 4.

9. Ende der Pflicht

Die Pflicht zur Erstellung, Hinterlegung und Veröffentlichung des jährlichen Dokuments knüpft an die Zulassung zum Handel an. Daher endet die Pflicht mit dem Zeitpunkt, zu dem keine Zulassung zum regulierten Markt mehr vorliegt. Die BaFin hat in ihrer Fragen-Antworten-Liste sich auch zu der Frage geäußert, inwieweit ein Emittent noch für ein zurückliegendes Geschäftsjahr ein jährliches Dokument erstellen und veröffentlichen muss, wenn im Laufe des Geschäftsjahres oder bis zur Veröffentlichung des Jahresabschlusses die Zulassung der Wertpapiere zum organisierten Markt beendet wurde.[26] Zu Recht wird dies verneint, da sowohl dem Wortlaut von § 10 Abs. 1 Satz 1 WpPG („zugelassen sind") als auch dem Sinn und Zweck des § 10 WpPG[27] nach an die bestehende Zulassung anzuknüpfen ist. Ein Informationsbedürfnis eines Anlegers besteht auf Grund der nur noch eingeschränkten Erwerbsmöglichkeiten nach der Beendigung der Börsenzulassung nicht mehr. 15

III. Inhalt des jährlichen Dokuments[28]

§ 10 Abs. 1 WpPG enthält einen abschließenden Katalog der Veröffentlichungen oder dem Publikum zur Verfügung zu stellende Informationen, die das § 10-Dokument enthalten soll. Weitere, auf anderen Rechtsgrundlagen basierende oder gar freiwillig vorgenommene Veröffentlichungen muss das jährliche Dokument nicht enthalten. So ist bspw. die Entsprechenserklärung zum Corporate Governance-Kodex nach § 161 AktG nicht aufzunehmen.[29] Aber auch Veröffentlichungen nach dem WpPG selbst wie bspw. Nachträge finden aufgrund des abschließenden Charakters von § 10 Abs. 1 WpPG keinen Eingang in das jährliche Dokument.[30] § 10 Abs. 1 WpPG wurde durch das Transparenzrichtlinie-Umsetzungsgesetz[31] geändert, da insb. die im Zweiten Abschnitt der BörsZulV enthaltenen Vorgaben in das WpHG überführt wurden und § 39 Abs. 1 Nr. 3 BörsG aufgehoben wurde. 16

Lange diskutiert wurde im Rahmen des Gesetzgebungsverfahrens, inwieweit auch alle zum HR oder einem entsprechenden ausländischen Register anzu- 17

---

26 Siehe Frage I 5 der Fragen-Antworten-Liste der BaFin, vgl. Fn. zuvor.
27 Umfassende Information des Anlegers über aktuell zugelassene und damit erwerbbare Wertpapiere, vgl. auch *Grub/Thiem*, NZG 2005, 750, 751.
28 Vgl. auch die Fragen-Antworten-Liste der BaFin, Frage II 1 (www.bafin.de/Unternehmen/Börsennotierte Unternehmen/Jährliches Dokument, Stand v. 09.06.2008).
29 Vgl. auch die Fragen-Antworten-Liste der BaFin, Frage II 2 (www.bafin.de/Unternehmen/Börsennotierte Unternehmen/Jährliches Dokument, Stand v. 09.06.2008).
30 I. d. R. werden die einen Nachtrag auslösenden Ereignisse jedoch solche sein, die bereits nach den in § 10 Abs. 1 WpPG genannten Vorschriften zu veröffentlichen waren. Hierauf sowie auf die fehlende Notwendigkeit, auf sonstige nur den Börsen zur Verfügung gestellte Informationen zu verweisen, weist die BaFin in ihrer Antwort auf Frage II 3 ihrer Liste (www.bafin.de/Unternehmen/Börsennotierte Unternehmen/Jährliches Dokument, Stand v. 09.06.2008) hin.
31 Vgl. BT-Drucks. 16/2498 v. 04.09.2006.

meldenden Tatsachen und Unterlagen im jährlichen Dokument veröffentlicht oder zumindest auf sie verwiesen werden sollte. Hintergrund für diese noch im Regierungsentwurf enthaltene Pflicht[32] war Art. 10 Abs. 1 Satz 2 Prospektrichtlinie, wonach das jährliche Dokument auch die nach den Gesellschaftsrechtsrichtlinien zu veröffentlichenden Informationen beinhalten soll. Da diese Vorgabe jedoch sowohl den Umfang der im jährlichen Dokument aufzunehmenden Informationen erheblich erweitert als auch in vielen Fällen zu einer Verdopplung der Informationen geführt hätte, hat der deutsche Gesetzgeber letztlich auf dieses Erfordernis verzichtet.[33]

Im Hinblick auf den Inhalt des jährlichen Dokuments ist zur Darstellung eine Differenzierung zwischen den Wertpapiergattungen Dividenden- und Nichtdividendenwerten sinnvoll, da bspw. bei Aktien auf Grund der verschiedenen – insb. gesellschaftsrechtlichen – Vorgaben andere Mitteilungen in das jährlich Dokument einzubeziehen sind als bei Nichtdividendenwerten. Ein Großteil der Emittenten hat eine Vielzahl zum organisierten Markt zugelassener Wertpapiere; während eines Geschäftsjahres können sich hierbei einzelne Mitteilungen des Emittenten entweder auf seine sämtlichen zugelassenen Wertpapiere, aber auch auf ein einzelnes Wertpapier beziehen. Gleichwohl reicht es aus, wenn ein Emittent ein jährliches Dokument erstellt. Bezieht sich dabei eine Veröffentlichungen eines Emittenten jedoch nur auf ein einzelnes Wertpapier, erscheint es für die Darstellung sinnvoll, dies entsprechend zu kennzeichnen.

1. Aktien und andere Dividendenwertpapieren

a) § 10 Abs. 1 Nr. 1 WpPG

18 Emittenten von Aktien und anderen Dividendenwerten haben gem. § 10 Abs. 1 Nr. 1 WpPG Ad-hoc-Mitteilungen nach § 15 WpHG und so genannte Directors' Dealings Mitteilungen nach § 15a WpHG zu nennen. Aufzuführen sind ferner Mitteilungen nach § 26 WpHG über bedeutende Stimmrechtsanteile gem. den § 21 Abs. 1 Satz 1, Abs. 1a sowie § 25 Abs. 1 Satz 1 WpHG. Hierbei sind die Novellen durch das TransparenzRL-UmsetzungsG (20.01. 2007) und das Risikobegrenzungsgesetz (2008) zu beachten. Neben der Absenkung der Meldeschwelle für bedeutende Beteiligungen von bisher 5 % auf 3 % wurde gem. § 25 Abs. 1 WpHG der Kreis der in Betracht kommenden Papiere erheblich ausgeweitet auf Derivate, die ihrem Inhaber das Recht verleihen, einseitig im Rahmen einer rechtlich verbindlichen Vereinbarung mit Stimmrechten verbundene und bereits ausgegebene Aktien des Emittenten zu erwerben.

---

32 Vgl. § 10 Abs. 1 Satz 2 RegE EU-ProspRL-UmsetzungsG, BT-Drucks. 15/4999.
33 Vgl. BT-Drucks.15/5373, S. 50; siehe auch die krit. Würdigung bei *Götze*, NZG 2007, 570, 572; *Kaum/Zimmermann*, BB 2005, 1466, 1467; *Kullmann/Sester*, WM 2005, 1068, 1074. Schon *Crüwell*, AG 2003, 243, 252 wies noch während des Entwurfsstadiums der ProspRL darauf hin, dass der Jahresbericht sinnvoller Weise nur Ad-hoc-Mitteilungen enthalten solle, da ansonsten nur Verwirrung gestiftet würde.

Eingeführt wurde mit dem TransparenzRL-UmsetzungsG aber auch die Pflicht, die entsprechenden Veröffentlichungen von Insiderinformationen, Directors' Dealings-Mitteilungen, Finanzberichte sowie Stimmrechtmitteilungen an ein elektronisches Unternehmensregister zu übermitteln. Die gesetzliche Grundlage hierfür wurde mit dem Gesetz über elektronische HR und Genossenschaftsregister sowie das Unternehmensregister (EHUG)[34] geschaffen. Das Unternehmensregister nach § 8 b HGB besteht nunmehr seit Januar 2007.[35]

Im Hinblick auf Derivate, die sich auf Aktien des Emittenten beziehen, ist ferner zu berücksichtigen, dass diese ggf. als Dividendenwerte i.S.d. § 2 Nr. 2 WpPG angesehen werden können und damit im Rahmen der Angaben von Directors' Dealings auch für das jährliche Dokument zu berücksichtigen sind.

Weiterhin sind Veröffentlichungen nach den §§ 30 b Abs. 1 und 2, 30 e, 30 f Abs. 2 37 v, 37 w, 37 x, 37 y, 37 z Abs. 4 WpHG aufzunehmen.[36] Im Einzelnen sind dies insbesondere:

- Jahresfinanzbericht, § 37 v WpHG,
- Halbjahresfinanzbericht, § 37 w WPHG,
- quartalsweise Zwischenmitteilungen der Geschäftsführung, § 37 x WpHG,
- Einberufung der Hauptversammlung, § 30 b Abs. 1 Nr. 1 WpHG,
- Mitteilungen über die Ausschüttung und Auszahlung von Dividenden, § 30 b Abs. 1 Nr. 2 WpHG,
- Mitteilungen über die Ausgabe neuer Aktien, § 30 b Abs. 1 Nr. 2 WpHG,
- Mitteilungen über die Ausübung von Umtausch-, Bezugs- und Zeichnungsrechten, § 30 b Abs. 1 Nr. 2 WpHG,
- Mitteilungen über beabsichtigte Änderungen der Satzung, § 30 c WpHG, sowie
- jede Änderung der mit den Wertpapieren verbundenen Rechte, § 30 e WpHG.

---

34 Veröffentlicht im BGBl. I 2006, 2553 ff.
35 Seit dem 01.01.2007 können unter www.unternehmensregister.de wesentliche offenlegungspflichtigeUnternehmensdaten kostenlos online abgerufen werden. Über die Internetseite werden u.a. neben den Unterlagen zur Rechnungslegung nach den §§ 325 und 329 HGB auch gesellschaftsrechtliche Bekanntmachungen im elektronischen BAnz, im Aktionärsforum veröffentlichte Eintragungen gem. § 127 a AktG, Veröffentlichungen von Unternehmen nach dem WpHG und WpÜG und sonstige Mitteilungen von Emittenten, die diese über kapitalmarktrechtliche Veröffentlichungen an die BaFin zu machen haben, eingestellt. Weitere Vorgaben zum Unternehmensregister enthält die VO über das Unternehmensregister (UnternehmensregisterVO – URV, BGBl. I, 217 ff. vom 05.03.2007). Götze, NZG 2007, 570, 570, gelangt auf Grund der Einführung des ähnliche Informationen speichernden Unternehmensregisters zu der Auffassung, dass das jährliche Dokument im Ergebnis eine vermeidbare Mehrbelastung für die betroffenen Emittenten ist.
36 Durch das TransparenzRL-UmsetzungsG ist der 2. Abschn. der BörsZulV mit seinen §§ 53–70 BörsZulV a.F. aufgehoben worden.

b) § 10 Abs. 1 Nr. 3 WpPG

19 Zudem sind gem. § 42 Abs. 1 BörsG[37] i.V.m. einer Börsenordnung der einzelnen Börsen in Deutschland zusätzliche Veröffentlichungen des Emittenten im jährlichen Dokument aufzuführen. Diese können bspw. aus der Notierung im General-/Primestandard der Frankfurter Wertpapierbörse[38], Gate-M der Baden-Württembergischen Wertpapierbörse oder M:access der Münchener Börse oder ggf. aus den Börsenordnungen anderer Börsen resultieren.

c) § 10 Abs. 1 Nr. 4 WpPG

20 Des Weiteren sind alle Informationen, die nach den § 10 Abs. 1 Nrn. 1 bis 3 WpPG entsprechenden ausländischen Vorschriften veröffentlicht wurden, im jährlichen Dokument aufzuführen. Diese Pflicht ist nicht nur auf solche Informationen beschränkt, die nach europäischen oder EWR-Vorschriften publiziert wurden, sondern erfasst auch nach den Vorgaben von Drittstaaten veröffentlichte Informationen.[39] Eine Lektüre der Gesetzesbegründung[40] zu § 10 Abs. 1 Nr. 4 WpPG könnte zwar den Schluss zulassen, dass die Vorgabe auf entsprechende europäische Vorgaben beschränkt ist, da nur auf verschiedene europäische Richtlinien[41] verwiesen wird. Hiergegen spricht jedoch, dass das WpPG selbst entgegen seiner sonstigen Nomenklatur den Sammelbegriff „ausländische Vorschriften" nutzt und insbesondere die dem WpPG zu Grunde liegende Prospektrichtlinie, die in Art. 10 Abs. 1 explizit sowohl Veröffentlichungen in Mitgliedstaaten als auch in Drittstaaten nennt. Der Emittent hat daher zu prüfen, welche weiteren Veröffentlichungen er in anderen Drittstaaten auf Basis der dort geltenden Zulassungsvorschriften vorgenommen hat, wenn er sein jährliches Dokument erstellt. Voraussetzung ist aber, dass die ausländische Börse einem „organisierten Markt" nach EU-Definition vergleichbar ist.[42]

---

37 § 10 Abs. 1 Nr. 3 WpPG wurde zuletzt mit dem FinanzmarktRL-UmsetzungsG BGBl. I, 1330 ff. v. 19.07.2007 geändert. Die bisherigen Teilbereiche amtlicher und geregelter Markt wurden im regulierten Markt zusammengefasst.

38 Die BaFin weist unter Frage II 3 ihrer Fragen-Antworten-Liste (www.bafin.de/Unternehmen/Börsennotierte Unternehmen/Jährliches Dokument, Stand v. 09.06.2008) darauf hin, dass die im Prime Standard der Frankfurter Wertpapierbörse geforderte englische Ad-hoc-Mitteilung nicht im jährlichen Dokument aufgeführt werden muss. Entsprechend den Vorgaben des Prime Standard der FWB sind daher u.a. auf den Jahres- oder Konzernabschluss nach IFRS oder US GAAP, Quartalsberichte und den Unternehmenskalender hinzuweisen, vgl. auch *Götze*, NZG 2007, 570, 572.

39 *Götze*, NZG 2007, 570, 572, nennt als Beispiel Annual Reports an die SEC nach Form 20-F.

40 Vgl. RegBegr. EU-ProspRL-UmsetzungsG, BT-Drucks. 15/4999 v. 03.03.2005, S. 33 f.

41 Genannt werden: Erste PublizitätsRL (68/151/EWG), KapitalschutzRL (77/91/ EWG), VerschmelzungsRL (78/855/EWG), BilanzRL (78/660/EWG), SpaltungsRL (82/891/EWG), KonzernbilanzRL (83/349/EWG), ZweigniederlassungsRL (89/666/EWG) und Ein-Personen-GmbH-RL (89/667/EWG).

42 Wurden die Wertpapiere nur in einem Drittstaat zum Handel an einem Markt, der einem organisierten Markt nach europäischer Definition vergleichbar ist, zugelassen, besteht jedoch keine Verpflichtung zur Erstellung eines jährlichen Dokuments für diese Wertpapiere, s.o. Rn. 6.

2. Emittenten von Nichtdividendenwertpapieren

Der Umfang der Publizitätspflichten ist bei Nichtdividendenwerten an sich geringer als bei Dividendenwerten wie Aktien. Wenn nicht zusätzlich zu den Nichtdividendenwerten auch Aktien und andere Dividendenwerte zum organisierten Markt zugelassen sind, sind bei Nichtdividendenwerte nur folgende Mitteilungen an den Markt aufzunehmen.

a) § 10 Abs. 1 Nr. 1 WpPG

Für Nichtdividendenwerte betreffende Miteilungen kommen nach § 10 Abs. 1 Nr. 1 WpPG lediglich Ad-hoc-Mitteilungen nach § 15 WpHG in Betracht, da diese Pflicht an Finanzinstrumente nach dem WpHG anknüpft und damit auch Nichtdividendenwerte erfasst sind, vgl. § 2 Abs. 2a) WpHG. Angaben zu Directors' Dealings oder Mitteilungen über bedeutende Stimmrechtsmitteilungen hingegen bleiben bei Nichtdividendenwerten außer Betracht, da keine Stimmrechte betroffen sind.

Hingegen kann der Umfang der im § 10 WpPG-Dokument anzugebenden Veröffentlichungen im Vergleich zu Aktien erheblich wachsen, da zahlreiche Veröffentlichungen aufzunehmen sind, die bei Aktien in der Praxis bis auf die Finanzberichte nicht so häufig vorzunehmen sind. Insb. die Veröffentlichungen nach den §§ 30b Abs. 2, 30e WpHG können insofern einen erheblichen Aufwand verursachen, insb. bei solchen Emittenten, die eine Vielzahl von Nichtdividendenwerten begeben, da diese Angaben ggf. für jedes einzelne Wertpapier getrennt erfolgen sollten. Im Einzelnen sind dies:

– Jahresfinanzbericht, § 37v WpHG,
– Halbjahresfinanzbericht, § 37w WpHG[43],
– Ausübung von Umtausch-, Zeichnungs- und Kündigungsrechten, § 30b Abs. 2 Nr. 2 WpHG,
– Einberufung der Versammlung der Schuldverschreibungsinhaber, § 30b Abs. 2 Nr. 1 WpHG
– Mitteilungen über beabsichtigte Änderungen der Rechtsgrundlage, welche die Rechte der Wertpapierinhaber berühren, § 30c WpHG, sowie
– jede Änderung der mit den Wertpapieren verbundenen Rechte und weitere Angaben nach § 30e WpHG.

b) § 10 Abs. 1 Nr. 3 WpPG

Zusätzliche Veröffentlichungen können sich aus § 42 Abs. 1 BörsG i.V.m. einer Börsenordnung ergeben. Da für Nichtdividendenwerte jedoch in der Regel nicht wie bei Aktien Börsensegmente mit erhöhten Anforderungen bestehen, dürfte diese Vorgabe meist außer Betracht bleiben können.

---

43 Nach § 37x WpHG sind quartalsweise zu erstellende Zwischenmitteilungen der Geschäftsführung nur für Aktien vorgesehen.

c) § 10 Abs. 1 Nr. 4 WpPG

23 Ferner sind alle Informationen im jährlichen Dokument anzuführen, die nach entsprechenden ausländischen Vorschriften veröffentlicht wurden.

3. Beschränkung auf Mitteilungen der „vorausgegangenen zwölf Monate"

24 Nach § 10 Abs. 1 Satz 1 WpPG sind nur die Mitteilungen aufzuführen, die der Emittent in den vorausgegangenen zwölf Monaten veröffentlicht oder dem Publikum zur Verfügung gestellt hat.[44] Gemeint ist hiermit das zurückliegende Geschäftsjahr des Emittenten, auch wenn man nach dem Wortlaut der Vorschrift annehmen könnte, dass sämtliche Veröffentlichungen bis zum Tag der Veröffentlichung des jährlichen Dokuments aufzunehmen sind, was im Einzelfall den Emittenten vor gewisse Probleme stellen könnte. Wesentlich praktischer und auch vom europäischen Richtliniengeber beabsichtigt gewesen sein dürfte jedoch eine Gleichstellung der genannten Periode mit dem zurückliegenden – zwölf Monate umfassenden – Geschäftsjahr des Emittenten. Dies verdeutlicht nicht zuletzt Art. 27 Abs. 2 Prospektverordnung, wonach für die Veröffentlichungspflicht an die Veröffentlichung des Jahresabschlusses angeknüpft wird.

IV. Nutzung von Verweisen im jährlichen Dokument

1. Zulässigkeit

25 § 10 Abs. 1 WpPG lässt es zu, auf die im jährlichen Dokument aufzunehmenden Informationen zu verweisen. Als Anforderung hierfür sieht § 10 Abs. 2 Satz 2 WpPG die Angabe vor, wo die Informationen zu erhalten sind. Diese Möglichkeit des Emittenten wird nicht wie bei den Verweisen nach § 11 WpPG stark beschränkt[45], indem nur auf von der zuständigen Behörde gebilligte und bei ihr hinterlegte Dokumente verwiesen werden kann. Für eine solche Auslegung geben weder die §§ 10 und 11 WpPG noch die Prospektrichtlinie oder aber die Prospektverordnung in den die Artt. 10 und 11 konkretisierenden Durchführungsbestimmungen Artt. 27 und 28 Anlass. Sowohl Art. 11 Prospektrichtlinie, § 11 WpPG als auch Art. 28 Prospektverordnung haben die Erstellung des Prospekts zum Gegenstand[46], der dem Anleger ein möglichst vollständiges Bild des Wertpapiers vermitteln soll, so dass ein Verweis auf Dokumente, die vom Anleger separat zum Prospekt gelesen werden müssten, nur begrenzt erlaubt wird. Dieser Sinn und Zweck ist jedoch beim jährlichen Dokument nicht ersichtlich, da dieses dem Investor lediglich ermöglichen soll, sich einen Überblick über den Emittenten und seine Tätigkeit im zurückliegenden Geschäftsjahr zu verschaffen. Hätten Richtlinien- und Gesetzgeber ein anderes Ziel verfolgt, hätten sie auch die für das jähr-

---

44 Vgl. insofern auch die Antwort der BaFin auf Frage II 7 in ihrer Liste (www.bafin.de/Unternehmen/Börsennotierte Unternehmen/Jährliches Dokument, Stand v. 09.06.2008).
45 *Götze*, NZG 2007, 570, 571, verneint die Anwendbarkeit von § 11 WpPG zu recht.
46 Vgl. auch *Kaum/Zimmermann*, BB 2005, 1466, 1467.

liche Dokument vorgesehene Möglichkeit des bloßen Hinweises auf veraltete Informationen nicht zugelassen, sondern eine Aktualisierung gefordert.

2. Form der Verweise

Die BaFin hat sich mit der Frage der Form der Verweise in ihrer Fragen-Antworten-Liste umfassend auseinander gesetzt: Grundsatz ist, dass der Anleger auf einfache und leicht nachvollziehbare Weise auf die Informationen, auf die verwiesen wird, zugreifen kann. So ist die Nutzung so genannter Hyperlinks oder die Angabe eines Pfades möglich. Pauschalverweise werden von der BaFin jedoch als nicht zulässig erachtet.[47] Insbesondere die durch das Transparenzrichtlinie-Umsetzungsgesetz (TUG) und das Gesetz über elektronische HR und Genossenschaftsregister sowie das Unternehmensregister (EHUG) eingeführten Pflichten (und Möglichkeiten) zur Mitteilung an das öffentlich zugängliche Unternehmensregister nach § 8 b HGB wird den Emittenten eine wesentliche Hilfestellung geboten, für die Mitteilung auf das Unternehmensregister zu verweisen und einen entsprechenden Link einzustellen.

26

V. Sprache des jährlichen Dokuments

Eine spezielle Vorgabe für die Sprache des jährlichen Dokuments ist weder im Gesetz noch in der Prospektrichtlinie oder der Prospektverordnung vorgesehen. Die BaFin geht in ihrer Fragen-Antworten-Liste[48] davon aus, dass das jährliche Dokument selbst in deutscher Sprache zu erstellen ist. Dem Emittenten gestattet die BaFin aber auch, dass Informationen, die – wie bspw. die nach ausländischem Recht zu veröffentlichenden Mitteilungen[49] – im zurückliegenden Geschäftsjahr in einer anderen Sprache veröffentlicht worden sind, nicht übersetzt werden müssen. Sie können laut BaFin in dem jährlichen Dokument Mitteilungen in der ursprünglichen Sprache enthalten sein oder es kann auf die entsprechende Veröffentlichung in der anderen Sprache verwiesen werden. Eine zusätzlich freiwillige Veröffentlichung des jährlichen Dokuments in einer anderen Sprache lässt die BaFin zu.

27

Diese gesamte Sichtweise ist sicherlich aus Behördensicht vor dem Hintergrund der Amtssprache Deutsch folgerichtig, jedoch mit dem Sprachenregime des Wertpapierprospektgesetzes nicht zwingend vereinbar. Lässt § 19 Abs. 3 WpPG trotz der Zuständigkeit der BaFin als Billigungsbehörde die Erstellung eines gesamten Prospekts (mit der Ausnahme der deutschen Zusammenfassung) in einer anderen, in Finanzkreisen gebräuchlichen Sprache[50] zu, könnte auch der Schluss gezogen werden, dass wenigstens solche Emit-

---

47 Vgl. Frage IV 1 der Fragen-Antworten-Liste (www.bafin.de/Unternehmen/Börsennotierte Unternehmen/Jährliches Dokument, Stand v. 09.06.2008).
48 Vgl. Frage IV 4 der Fragen-Antworten-Liste (www.bafin.de/Unternehmen/Börsennotierte Unternehmen/Jährliches Dokument, Stand v. 09.06.2008).
49 Vgl. oben § 10, Rn. 20, 23.
50 Mithin meist englisch; vgl. auch *Götze*, NZG 2007, 570, 573.

tenten, deren Herkunftsstaat Deutschland ist und die gem. § 19 Abs. 3 WpPG lediglich Prospekte in einer in Finanzkreisen gebräuchlichen Sprache erstellen, diese Möglichkeit auch für das von ihnen zu erstellende jährliche Dokument nutzen können. Dies würde zumindest den Emittenten, die in verschiedenen Staaten ein jährliches Dokument zu veröffentlichen und zu hinterlegen haben, ermöglichen, ein einheitliches jährliches Dokument zu fertigen.[51]

VI. Hinweis auf veraltete Informationen

28 Art. 27 Abs. 3 der EU-ProspektV Nr. 809/2004/EG der Kommission gibt vor, dass ein entsprechender Hinweis aufzunehmen ist, wenn die in dem jährlichen Dokument aufzunehmenden Informationen veraltet sind. Auch wenn dies der Regelfall für die in Betracht kommenden Informationen sein dürfte – und damit die Vorschrift selbst eigentlich per se ad absurdum geführt wird –, scheint die Kommission das Ziel verfolgt zu haben, den Anleger noch einmal ausdrücklich davor zu warnen, dass er nicht auf die Informationen vertrauen kann. Verbunden mit dieser Hinweispflicht ist jedoch keine Aktualisierungspflicht.[52] Angesichts dieses ihrem Sinn nach durchaus zu hinterfragenden Hinweises gibt die BaFin in ihrer Fragen-Antworten-Liste daher wohl auch nur eine Empfehlung für einen kurzen pauschalen Hinweis, wonach einige Informationen, die in dem jährlichen Dokument enthalten sind oder auf die verwiesen wird möglicherweise nicht mehr aktuell sind.[53]

VII. Veröffentlichung des jährlichen Dokuments

29 Nach Art. 27 Abs. 2 der EU-Prospektverordnung 809/2004, die unmittelbar geltendes Recht darstellt, ist das jährliche Dokument spätestens 20 Arbeitstage nach der Veröffentlichung des Jahresabschlusses im Herkunftsmitgliedsstaat zu veröffentlichen.

1. Definition „Arbeitstag"

30 Nach deutscher Lesart sind mit 20 Arbeitstagen 20 Werktage gemeint. Dies entspricht der Umsetzung der Prospektrichtlinie in das deutsche Recht, bei der bspw. in § 13 Abs. 2 WpPG die in Art. 13 Abs. 2 der Prospektrichtlinie vorgesehene Billigungsfrist von zehn „Arbeitstagen" in Form von zehn „Werktagen" umgesetzt wurde, so dass sich deren Bemessung nach den §§ 187 ff. BGB ergibt. Daraus folgt, dass gem. § 193 BGB auch Samstage mitzuzählen sind. Wenn die BaFin nun in ihrer Fragen-Antworten-Liste hierzu

---

51 Siehe hierzu Rn. 11.
52 Vgl. auch *Götze*, NZG 2007, 570, 571; *Kaum/Zimmermann*, BB 2005, 1466, 1467.
53 Die BaFin gibt folgenden Formulierungsvorschlag: „Informationen, die in diesem jährlichen Dokument enthalten sind oder auf die verwiesen wird, sind möglicherweise nicht mehr aktuell."

ausführt, dass sie als Arbeitstage im Sinne der Prospektverordnung nur Montage bis Freitage ansieht, ist dies zwar aus Emittentensicht zu begrüßen, dürfte aber einer einheitlichen Auslegung des Prospektrechts – des deutschen und des europäischen – zuwiderlaufen.[54]

2. Veröffentlichung als Anknüpfungspunkt

Für die Fristbemessung ist an die offizielle Veröffentlichung des Jahresabschlusses anzuknüpfen. Werden wie in der Praxis häufig, schon vorläufige Zahlen des Jahresabschlusses veröffentlicht, ist dies – wie die BaFin in ihrer Fragen-Antworten-Liste zu Recht ausführt[55] – unerheblich. Auch die Einreichung des Jahresabschlusses beim Registergericht nach § 325 HGB ist für den Fristbeginn unerheblich. 31

3. Art der Veröffentlichung

Nach Art. 27 Abs. 1 der Prospektverordnung (EG) Nr. 809/2004 ist das jährliche Dokument entsprechend Art. 14 der Prospektrichtlinie zu veröffentlichen. Um den an sich unglücklichen Umstand zu beseitigen, dass hier eine EU-Verordnung, die unmittelbar anwendbares Recht darstellt, auf umzusetzende Richtlinienvorgaben Bezug nimmt, die kein unmittelbar anwendbares europäisches Recht sind, hat der deutsche Gesetzgeber selbst noch einmal die Vorgabe von Art. 27 Abs. 1 der Prospektverordnung aufgegriffen und zur Veröffentlichung des jährlichen Dokuments in § 10 Abs. 1 Satz 2 WpPG angeordnet, dass dieses entsprechend den Vorgaben des § 14 Abs. 2 WpPG zu veröffentlichen ist. Daher reicht es aus, wenn der Emittent entsprechend § 14 Abs. 2 Nr. 3 WpPG das Dokument im Internet veröffentlicht. Auch ohne einen entsprechenden Verweis in § 10 Abs. 1 Satz 2 WpPG wird man wohl aber davon ausgehen müssen, dass bei einer Internetveröffentlichung gem. § 14 Abs. 5 WpPG dem Anleger auf Verlangen kostenlos eine Papierversion zur Verfügung zu stellen ist. Auch andere in § 14 Abs. 2 WpPG genannte Veröffentlichungsmöglichkeiten sind zulässig.[56] Eine Hinweisbekanntmachung nach § 14 Abs. 3 WpPG ist jedoch genauso wenig erforderlich wie eine Veröffentlichung im Unternehmensregister.[57] 32

---

54 Die BaFin führt hierzu in ihrer Fragen-Antworten-Liste (www.bafin.de/Unternehmen/Börsennotierte Unternehmen/Jährliches Dokument, Stand v. 09.06.2008) aus: „Als Arbeitstage werden die Tage von Montag bis Freitag berücksichtigt – nicht jedoch der Samstag. Bei der Berechnung der Frist der Veröffentlichung können alle Feiertage am Sitz des Emittenten berücksichtigt werden. Für die Berechnung der Frist zur Hinterlegung des jährlichen Dokuments bei der BaFin können zusätzlich auch die Feiertage an den Sitzen der BaFin (Hessen und Nordrhein-Westfalen) berücksichtigt werden."
55 Vgl. Frage III 1 der Fragen-Antworten-Liste (www.bafin.de/Unternehmen/Börsennotierte Unternehmen/Jährliches Dokument, Stand v. 09.06.2008).
56 *Schlitt/Singhof/Schäfer*, BKR 2005, 251, 263 nennen neben Pressemitteilungen auch die Hinterlegung bei der jeweiligen Börsenzulassungsstelle.
57 *Hutter/Kaulamo*, NJW 2007, 550, 554.

4. Dauer einer elektronischen Veröffentlichung

33 Keine Regelung enthält das WpPG über die Dauer der Veröffentlichung des jährlichen Dokuments, wenn es elektronisch veröffentlicht wird. § 10 Abs. 1 Satz 2 WpPG verweist lediglich auf die Form der Veröffentlichung gem. § 14 Abs. 2 WpPG, der jedoch auch keine zeitliche Vorgabe beinhaltet. Dem Sinn und Zweck nach wird man die Veröffentlichung – soweit sie im Internet erfolgt – auf den Zeitpunkt beschränken können, zu dem auf Basis des nächsten Geschäftsjahres ein neues jährliches Dokument veröffentlicht wird oder zu dem ein Delisting des Emittenten stattgefunden hat. Nutzt der Emittent Verweise auf eine Internetseite oder -fundstelle, sollte er beachten, dass auch die Verweise während der gesamten Dauer der Veröffentlichung des jährlichen Dokuments funktionieren.[58]

VIII. Hinterlegung des jährlichen Dokuments

34 Nach § 10 Abs. 2 Satz 1 WpPG ist das jährliche Dokument nach der Offenlegung des Jahresabschlusses bei der BaFin zu hinterlegen. Nicht eindeutig ergibt sich aus den deutschen und europäischen Vorgaben, innerhalb welcher Frist dies zu geschehen hat. Die BaFin ist der Ansicht, dass entsprechend Art. 27 Abs. 2 der Prospektverordnung Nr. 809/2004/EG das jährliche Dokument 20 Arbeitstage nach der Veröffentlichung des Jahresabschlusses nicht nur zu veröffentlichen, sondern auch ihr zu übermitteln ist.[59] Dies widerspricht jedoch dem Wortlaut der Verordnung, die die 20tägige Frist nur für die Veröffentlichung, nicht jedoch für die Hinterlegung bei der zuständigen Behörde vorsieht.[60] Auch wenn in der Praxis mit der Hinterlegung nach der Veröffentlichung in der Regel keine großen Probleme verbunden sein dürften, ist jedoch – nicht zuletzt mit Blick darauf, dass auch das Unterlassen der Hinterlegung eine bußgeldbewehrte Ordnungswidrigkeit darstellen kann – der Ansicht der BaFin entgegenzutreten, dass auch bei ihr innerhalb der Frist von 20 Tagen das jährliche Dokument zu hinterlegen ist. Die 20 Tage sind vielmehr eine Richtschnur, an der der Emittent sich zur Erfüllung seiner Pflicht orientieren sollte.[61]

---

58 Zu dem Sonderfall von Directors' Dealings, die gem. § 15a Abs. 5 WpHG i.V.m. § 13 WpAIV nur für einen Monat im Internet veröffentlicht werden müssen, die Fragen-Antworten-Liste der BaFin (www.bafin.de/Unternehmen/Börsennotierte Unternehmen/Jährliches Dokument, Stand v. 09.06.2008).

59 Vgl. Frage III 2 der Fragen-Antworten-Liste (www.bafin.de/Unternehmen/Börsennotierte Unternehmen/Jährliches Dokument, Stand v. 09.06.2008).

60 Art. 27 Abs. 3 ProspVO lautet: „Das Dokument wird der zuständigen Behörde des Herkunftsmitgliedstaats übermittelt und dem Publikum spätestens 20 Arbeitstage nach der Veröffentlichung des Jahresabschlusses im Herkunftsmitgliedstaat zur Verfügung gestellt."

61 Vgl. auch *Kaum/Zimmermann*, BB 2005, 1466, 1468, die darauf hinweisen, dass die Hinterlegung möglichst gleichzeitig mit der Veröffentlichung erfolgen sollte, aber auch später erfolgen könne.

Als Form der Hinterlegung lässt es die BaFin genügen, dass ihr das jährliche Dokument selbst und ein Ausdruck der Internetseite, auf der das jährliche Dokument veröffentlicht wurde, übersandt werden. Eine Unterschrift wie auch die Übersendung der Informationen, auf die im jährlichen Dokument verwiesen wird, verlangt die BaFin nicht.[62]

IX. Prüfung des jährlichen Dokuments

Nach § 10 Abs. 2 WpPG ist das jährliche Dokument bei der BaFin zu hinterlegen. Zum weiteren Schicksal des jährlichen Dokuments enthält das Gesetz keine Anordnungen. Eine Überprüfung oder Billigung wie bei der Prüfung des Prospekts ist vom Gesetzgeber nicht vorgesehen.[63] Jedoch ist nach § 30 WpPG ein Ordnungswidrigkeitstatbestand erfüllt, wenn das jährliche Dokument nicht, nicht richtig, nicht vollständig, nicht in der vorgeschriebenen Weise oder nicht rechtzeitig zur Verfügung gestellt oder nicht rechtzeitig hinterlegt wird. Hieraus dürfte zu folgern sein, dass der BaFin eine gewisse Pflicht obliegt, über den Eingang des jährlichen Dokuments und die Veröffentlichung hinaus eine Überprüfung des Dokuments vorzunehmen, auch wenn dies sich auf offensichtliche Verstöße beschränken dürfte. 35

X. Verstöße

Gem. § 30 Abs. 1 Nr. 4, Abs. 3 WpPG kann die BaFin ein Bußgeld bis zu 50.000 Euro gegen den Emittenten verhängen, wenn er das jährliche Dokument nicht, nicht richtig, nicht vollständig, nicht in der vorgeschriebenen Weise oder nicht rechtzeitig zur Verfügung stellt oder nicht rechtzeitig hinterlegt. 36

XI. Haftung

In der Regel wird ein Verstoß gegen die aus § 10 WpPG resultierenden Pflicht keinen haftungsbegründenden Tatbestand darstellen. Die Regeln über die Prospekthaftung – sei es § 44 BörsG[64] oder § 13a VerkProspG – sind weder direkt noch analog anwendbar. So stellen die genannten Vorgaben auf die Erstellung des Prospekts oder auf das Fehlen eines Prospekts ab. Diese Fälle sind jedoch mit der Erstellung und Veröffentlichung des jährlichen Dokuments nicht vergleichbar; nicht zuletzt die Anordnung in Art. 27 Abs. 3 der Prospektverordnung, wonach darauf hinzuweisen ist, dass die Angaben ggf. veraltet sind, spricht dagegen, dass bei der Erfüllung ein haf- 37

---

62 Vgl. Frage V 2 der Fragen-Antworten-Liste (www.bafin.de/Unternehmen/Börsennotierte Unternehmen/Jährliches Dokument, Stand v. 09.06.2008); *Götze*, NZG 2007, 570, 573.
63 Erwägungsgrund 28 der ProspRL gibt als Richtschnur lediglich vor, dass eine angemessene Überwachung stattzufinden hat, ob die jährliche Informationspflicht auch erfüllt wird.
64 Vgl. hierzu *Kuntz*, WM 2007, 432 ff.; s. auch Komm. zu § 44 ff. BörsG, Rn. 19 ff.

tungssanktionierter Tatbestand geschaffen werden sollte. Der Anleger soll gerade nicht auf die Aktualität der Angaben vertrauen. Zudem ist in diesem Zusammenhang auch immer zu beachten, dass die im jährlichen Dokument enthaltenen Informationen lediglich die bereits dem Markt bekannten Mitteilungen wiederholen.

ARTIKEL 27[1]
Veröffentlichung des in Artikel 10 Absatz 1 der Richtlinie 2003/71/EG genannten Dokuments

(1) Das in Artikel 10 Absatz 1 der Richtlinie 2003/71/EG genannte Dokument wird dem Publikum je nach Wahl des Emittenten, des Anbieters oder der Person, die die Zulassung zum Handel beantragt hat, auf eine der gemäß Artikel 14 der genannten Richtlinie zulässigen Methoden im Herkunftsmitgliedstaat des Emittenten zur Verfügung gestellt.

(2) Das Dokument wird der zuständigen Behörde des Herkunftsmitgliedstaats übermittelt und dem Publikum spätestens 20 Arbeitstage nach der Veröffentlichung des Jahresabschlusses im Herkunftsmitgliedstaat zur Verfügung gestellt.

(3) Das Dokument enthält ggf. auch eine Erklärung dahingehend, dass einige Angaben veraltet sind.

ARTICLE 27
Publication of the document referred to in Article 10(1) of Directive 2003/71/EC

(1) The document referred to in Article 10(1) of Directive 2003/71/EC shall be made available to the public, at the choice of the issuer, the offeror or the person asking for admission to trading on a regulated market, through one of the means permitted under Article 14 of that Directive in the home Member State of the issuer.

(2) The document shall be filed with the competent authority of the home Member State and made available to the public at the latest 20 working days after the publication of the annual financial statements in the home Member State.

(3) The document shall include a statement indicating that some information may be out-of-date, if such is the case.

Diesbezüglich wird auf die Kommentierung zu § 10 WpPG verwiesen.

§ 11
Angaben in Form eines Verweises

(1) Der Prospekt kann Angaben in Form eines Verweises auf ein oder mehrere zuvor oder gleichzeitig veröffentlichte Dokumente enthalten, die nach

---
1 Berichtigt im ABl. EU L 186 vom 18.07.2005.

diesem Gesetz, insbesondere nach § 10, oder den in anderen Staaten des Europäischen Wirtschaftsraums zur Umsetzung der Richtlinie 2003/71/EG des Europäischen Parlaments und des Rates vom 4. November 2003 betreffend den Prospekt, der beim öffentlichen Angebot von Wertpapieren oder bei deren Zulassung zum Handel zu veröffentlichen ist, und zur Änderung der Richtlinie 2001/34/EG (ABl. EU Nr. L 345 S. 64) erlassenen Vorschriften oder nach dem Börsengesetz oder den in anderen Staaten des Europäischen Wirtschaftsraums zur Umsetzung der Titel IV und V der Richtlinie 2001/34/EG erlassenen Vorschriften von der zuständigen Behörde gebilligt oder bei ihr hinterlegt wurden. Dabei muss es sich um die aktuellsten Angaben handeln, die dem Emittenten zur Verfügung stehen. Die Zusammenfassung darf keine Angaben in Form eines Verweises enthalten.

(2) Werden Angaben in Form eines Verweises aufgenommen, muss der Prospekt eine Liste enthalten, die angibt, an welchen Stellen Angaben im Wege des Verweises in den Prospekt aufgenommen worden sind, um welche Angaben es sich handelt und wo die im Wege des Verweises einbezogenen Angaben veröffentlicht sind.

Inhalt

		Rn.			Rn.
I.	Europäische Rechtsgrundlagen und Normzweck	1	7.	Veröffentlichung der Verweisdokumente	11
II.	§ 11 Abs. 1 Satz 1 WpPG	2	8.	Unzulässigkeit von dynamischen Verweisen und Kettenverweisungen	12
	1. Zulässige Verweisdokumente	2	III.	§ 11 Abs. 1 Satz 2 WpPG – Aktualitätsanforderungen	13
	2. Billigungs-/Hinterlegungserfordernis	4	IV.	§ 11 Abs. 1 Satz 3 WpPG	14
	3. Hinterlegungsstellen	5		1. Keine Verweise in der Zusammenfassung	14
	4. Einbeziehung und Prospektgültigkeit	7		2. BaFin-Praxis bezüglich Risikohinweisen	15
	5. Einbeziehung des jährlichen Dokuments nach § 10 WpPG	9	V.	§ 11 Abs. 2 WpPG	16
	6. Untaugliche Verweisdokumente	10		1. Verweisliste	16
				2. „documents on display"	17

I. Europäische Rechtsgrundlagen und Normzweck

Die Vorschrift dient der Umsetzung von Art. 11 der EU-ProspRL (2003/71/EG) vom 04.11.2003, der in Art. 28 der EU-ProspV (EG) 809/2004 vom 29.04.2004 weiter konkretisiert wurde. Nach Erwägungsgrund 29 EU-ProspRL soll die Möglichkeit der Aufnahme von Angaben in Form eines Verweises auf Dokumente dazu dienen, die Erstellung eines Prospekts zu erleichtern und die Kosten für die Emittenten zu senken, ohne dass dadurch der Anlegerschutz beeinträchtigt wird.[1] So bilden das Interesse des Emittenten an der

1

---

1 Letzteres Anliegen des EU-Gesetzgebers konkretisiert insbesondere Art. 28 Abs. 5 EU-ProspV; siehe dazu auch Art. 28 EU-ProspV Rn. 7.

Vereinfachung der Prospekterstellung einerseits und das Anlegerschutzinteresse andererseits die beiden Waagschalen, welche der Emittent bei der Prüfung von Verweisungsgegenstand und Verweisungsumfang möglichst ins Gleichgewicht bringen muss.

II. § 11 Abs. 1 Satz 1 WpPG

1. Zulässige Verweisdokumente

2 Auf welche Arten von Dokumenten der Emittent im Prospekt verweisen darf, bestimmt Art. 28 Abs. 1 EU-ProspV, der eine Aufzählung von verschiedenen Dokumenten enthält, die „insbesondere" zur Einbeziehung durch Verweis zugelassen werden. Schon dieser Wortlaut zeigt, dass die Aufzählung nicht abschließend zu verstehen ist. In Betracht kommen danach insbesondere Dokumente, die Finanzinformationen aus der Zwischenberichterstattung eines Emittenten enthalten, die Jahresabschlüsse eines Emittenten nebst der zugehörigen Bestätigungsvermerke, die Satzung des Emittenten sowie auch schon zuvor gebilligte und veröffentliche Prospekte.

3 Da aufgrund des Wortlauts der Vorschrift auch der deutsche Gesetzgeber die Aufzählung in Art. 28 Abs. 1 EU-ProspV als nicht abschließend angesehen hat – die Gesetzesbegründung[2] spricht im Zusammenhang mit Art. 28 EU-ProspV ausdrücklich von „Beispielen, welche Angaben im Wege eines Verweises einbezogen werden können" – kommen der Art nach auch noch andere als die in Art. 28 Abs. 1 EU-ProspV genannten Dokumente in Betracht.[3] In der Praxis beschränkt sich das Interesse der Emittenten bei der Prospekterstellung allerdings im Wesentlichen darauf, die häufig sehr umfangreichen historischen Finanzinformationen zum Emittenten und/oder Garantiegeber durch Verweis in den Prospekt einzubeziehen, um die ohnehin schon sehr umfangreichen Prospekte von den ebenfalls sehr detailreichen Finanzinformationen möglichst freizuhalten.

2. Billigungs-/Hinterlegungserfordernis

4 Nach Abs. 1 Satz 1 darf nur auf solche Dokumente verwiesen werden, die nach dem WpPG, den Umsetzungsgesetzen der übrigen EU-Mitgliedsstaaten zur EU-ProspRL oder dem BörsG bzw. den entsprechenden Umsetzungsgesetzen der EU-Mitgliedstaaten zu den Abschnitten IV und V der Richtlinie 2001/34/EG von der zuständigen Behörde gebilligt oder bei ihr hinterlegt worden sind.

3. Hinterlegungsstellen

5 Hinterlegungsstellen können demnach neben der BaFin die nach ausländischem Recht für die Billigung von Wertpapierprospekten zuständigen Stellen

---

[2] RegBegr. EU-ProspRL-UmsetzungsG, BT-Dr. 15/4999, S. 34
[3] Wie hier: *Kullmann/Sester*, ZBB 2005, 209, 214.

– in der Regel die Aufsichtsbehörden in den jeweiligen Mitgliedstaaten – oder die nach dem BörsG zuständige Börsenzulassungsstelle sein. Bei der BaFin werden nach dem WpPG nur Prospekte und Nachträge (nach § 16 WpPG) gebilligt und hinterlegt. Allein hinterlegt werden zudem endgültige Bedingungen im Sinne des § 6 Abs. 3 WpPG sowie die Dokumente nach § 10 WpPG. Das BörsG sieht eine Hinterlegung von Unterlagen bei den inländischen Börsenzulassungsstellen nicht vor. Den Börsenzulassungsstellen wird lediglich in der BörsZulV die Befugnis eingeräumt, von den Zulassungsantragstellern neben dem gebilligten Prospekt die Vorlage weiterer Unterlagen zu verlangen.[4] Die Vorschriften der BörsZulV sind vom Verweisungsumfang des § 11 Abs. 1 WpPG insoweit erfasst, als im BörsG entsprechende Ermächtigungen zur Konkretisierung der Vorschriften in der BörsZulV enthalten sind.[5] Ein Verweis auf solche, bei einer Börsenzulassungsstelle vorgelegte Unterlagen dürfte nach § 11 WpPG daher zulässig sein, obwohl eine Hinterlegung solcher Unterlagen nicht zwingend vorgeschrieben ist. Schlitt/Schäfer[6] weisen zwar zutreffend darauf hin, dass nach der Verwaltungspraxis der BaFin eine freiwillige Hinterlegung von Unterlagen zur Ermöglichung eines Vorgehens nach § 11 WpPG nicht zulässig ist. Allerdings ist auch nach dieser Verwaltungspraxis nicht erforderlich, dass die Vorschrift, nach der ein Emittent einer zuständigen Stelle Unterlagen übermittelt hat, die Übermittlung zwingend fordert.[7] Ausreichend wäre vielmehr, wie etwa in § 48 Abs. 2 BörsZulV vorgesehen, dass die jeweils zuständige Behörde ermächtigt ist, die Vorlage von Unterlagen zu verlangen und im Falle des Emittenten, der nach § 11 WpPG vorgehen will, deren Vorlage auch tatsächlich gefordert worden ist.

Problematisch war zunächst, dass bei der BaFin nur die nach dem WpPG genannten Dokumente zu hinterlegen sind und daher ein Verweis auf andere Dokumente deswegen nicht möglich war, weil diese nach keiner Vorschrift des WpPG bei der BaFin zu hinterlegen sind. Dies hatte zur Folge, dass eine Einbeziehung von Jahresabschlüssen durch Verweis nach § 11 WpPG mangels Hinterlegung ders. nicht in Betracht kam. Um dem Verlangen der Emittenten entgegen zu kommen, auch Jahresabschlüsse oder Teile von diesen per Verweis in einen Prospekt einzubeziehen, behalf sich die BaFin zunächst damit, die entsprechenden Dokumente als Anlagen zum ersten, von einem Emittenten zur Billigung nach dem WpPG eingereichten Prospekt anzunehmen, sie als „hinterlegt" zu behandeln und einen Verweis nach § 11 WpPG im Prospekt zuzulassen. Zwischenzeitlich wird von der BaFin eine solche Vorgehensweise mangels Rechtsgrundlage für die Hinterlegung von Geschäftsberichten oder deren Bestandteilen im WpPG nicht mehr akzeptiert. Vielmehr regelmäßig die Jahresabschlüsse Bestandteil des Prospektes sein, müssen also künftig in die Seitennummerierung des Prospekts einbezogen sein, und können nicht lediglich in ihrer ursprünglich veröffentlichten Form

---

4 Vgl. § 48 Abs. 2 BörsZulV.
5 Vgl. etwa § 34 BörsG.
6 *Schlitt/Schäfer*, AG 2005, 498, 503.
7 So jedoch könnten *Schlitt/Schäfer*, AG 2005, 498, 503, verstanden werden.

als Anlage beigefügt werden. Ermöglicht wird hierdurch eine Verweisung auf diese Jahresabschlüsse nach § 11 WpPG, ohne die Gefahr einer nach Ansicht der BaFin unzulässigen Kettenverweisung.[8] Denn der Prospekt enthält die Finanzinformationen jeweils originär und verweist nicht lediglich auf bei der BaFin gesondert hinterlegte Jahresabschlüsse.

4. Einbeziehung und Prospektgültigkeit

7 Werden Finanzinformationen, die in einem bereits hinterlegten Prospekt enthalten sind, per Verweis in neue Prospekte einbezogen, verweist der neue Prospekt zwar auf Teile eines möglicherweise zwischenzeitlich ungültig gewordenen Prospekts.[9] Ein Prospekt, der eine Verweisung auf einen bereits ungültigen Prospekt enthält, ist aber – unabhängig von der Gültigkeitsdauer des durch Verweis einbezogenen Dokuments – seinerseits nach § 9 Abs. 1 WpPG nach seiner Veröffentlichung zwölf Monate lang gültig. Also kommt es für dessen Gültigkeit auch nur auf den Zeitpunkt seiner Veröffentlichung, nicht hingegen auf den der Veröffentlichung des Prospekts an, auf den verwiesen wird.[10]

8 Teilweise wird vertreten[11], dass nicht auf solche Dokumente verwiesen werden dürfe, die zum Veröffentlichungszeitpunkt nicht mehr gültig sind. Einen Gültigkeitszeitraum von zwölf Monaten ordnet das WpPG nach § 9 Abs. 1 allein in Bezug auf Prospekte an. Nach der Verwaltungspraxis der BaFin ist es jedoch möglich, zumindest Teile aus nicht mehr gültigen Prospekten per Verweis in einen neuen Prospekt einzubeziehen, so lange dem Aktualitätserfordernis des Abs. 1 Satz 2 genüge getan ist. Zu denken ist in diesem Zusammenhang etwa an die Einbeziehung von – keiner Gültigkeit unterliegenden – historischen Finanzinformationen oder von in einem älteren Basisprospekt nach § 6 Abs. 1 WpPG enthaltenen Emissionsbedingungen. Eine Einbeziehung letzterer kann bspw. dann sachgerecht sein, wenn ein Emittent, eine Emission aus einem bereits abgelaufenen Basisprospekt aufstocken möchte. In diesem Fall muss er für jede neue Tranche neue endgültige Bedingungen veröffentlichen. Hierzu kann er jedoch den abgelaufenen Basisprospekt nach § 9 Abs. 5 WpPG nicht mehr verwenden. Er kann aber auch unter dem neuen Basisprospekt eine entsprechende Ziehung begeben, wenn die einschlägigen Emissionsbedingungen aus dem alten Basisprospekt – ggf. durch einen entsprechenden Nachtrag nach § 16 Abs. 1 – per Verweis in den aktuellen Basisprospekt einbezogen werden. Gegen ein entsprechendes Vorgehen haben auch die Mitglieder von CESR keine Bedenken, soweit den sonstigen Anforderungen des Art. 28 EU-ProspV genüge getan ist.[12]

---

8 Siehe hierzu unten Rn. 13.
9 § 9 Abs. 1 WpPG.
10 Vgl. hierzu auch oben, *Wagner*, § 9 WpPG, Rn. 17 f.
11 *Becker*, in: Heidel, Aktienrecht und Kapitalmarktrecht, § 11 Rn. 5, unter Bezugnahme auf die Stellungnahme des DAI zum DiskE des BMF zum ProspRL-UmsetzungsG v. 03.01.2005.
12 Vgl. *CESR*, FAQ's Dezember 2007, Ref.: CESR/07-852, Frage 8, S. 8.

5. Einbeziehung des jährlichen Dokuments nach § 10 WpPG

Als Alternative für eine Verweisung auf bereits hinterlegte Prospekte bietet sich der Verweis auf das jährliche Dokument nach § 10 an. Allerdings besteht wegen des Verbots der so genannten Kettenverweisung[13] nur dann die Möglichkeit einer Einbeziehung durch Verweis, wenn das Dokument nach § 10 WpPG seinerseits die entsprechenden Dokumente enthält und nicht lediglich auf sie verweist.[14] Bislang geht die Tendenz in der Praxis allerdings dahin, das so genannte § 10er-Dokument als reines Verweisdokument zu konzipieren[15], wodurch im Prospekt eine Verweisung auf das § 10er-Dokument regelmäßig ausscheidet. Daran haben auch die durch Art. 11 des Transparenzrichtlinie-Umsetzungsgesetz (TUG)[16] in § 10 WpPG erfolgten Änderungen nichts geändert. Denn zwar wird der Umfang der in das § 10er-Dokument aufzunehmenden Informationen durch das TUG erheblich erweitert. Gleichwohl kann der Emittent auch weiterhin lediglich auf die in § 11 WpPG genannten Dokumente verweisen.

9

6. Untaugliche Verweisdokumente

Da Verweise nach Abs. 1 Satz 1 lediglich auf nach den dort genannten Vorschriften gebilligte oder hinterlegte Dokumente möglich sind, scheidet allerdings jedenfalls eine Einbeziehung solcher Dokumente aus, die nach anderen Vorschriften bei der BaFin vorgelegt werden müssen. Wenn etwa Kreditinstitute nach § 26 KWG verpflichtet sind, Jahresabschlüsse, Lageberichte und Prüfungsberichte der BaFin vorzulegen, erfolgt dies nicht aufgrund einer Verpflichtung nach den in Abs. 1 Satz 1 genannten Vorschriften. Auch eine Bezugnahme auf Informationen in nach dem VerkProspG a. F. bei der BaFin hinterlegte Prospekte kommt angesichts des klaren Wortlauts der Vorschrift nicht in Betracht.[17] Ebenso wenig können der BaFin nach § 15 Abs. 1 WpHG übermittelte Ad-hoc-Meldungen per Verweis in einen Prospekt einbezogen werden.[18] Diese Informationen sind zwar zwingend zu veröffentlichen. Für eine Einbeziehung durch Verweis fehlt es jedoch an der nach Abs. 1 Satz 1 erforderlichen Hinterlegung oder Billigung nach dem WpPG.

10

7. Veröffentlichung der Verweisdokumente

Die Dokumente, auf welche verwiesen wird, müssen nach Abs. 1 Satz 1 entweder zuvor oder gleichzeitig mit dem Prospekt veröffentlicht worden sein. Zu beachten ist in diesem Zusammenhang, dass es einer gesonderten Veröffentlichung der Angaben, auf welche verwiesen wird, zwar nicht mehr bedarf, aber durch Verweis einbezogene Dokumente selbstverständlich Pros-

11

---

13 Siehe hierzu unten, Rn. 13.
14 Ebenso: *Groß*, KapMR, § 12 Rn. 3; *Schlitt/Schäfer*, AG 2005, 498, 503, unter Bezugnahme auf die entsprechende Verwaltungspraxis der BaFin.
15 Vgl. insoweit *Kaum/Zimmermann*, BB 2005, 1466 ff.
16 BGBl. I 2007, 10 ff.
17 Anders: *Schlitt/Schäfer*, AG 2005, 498, 503.
18 A. A. *Ekkenga*, BB 2005, 561, 564.

pektbestandteil werden. D.h. aber auch, deren Inhalt muss während der Dauer des öffentlichen Angebots bzw. bis zur Einführung oder Einbeziehung der Wertpapiere in den Handel den Anlegern zugänglich sein. Zwar dürfte auszuschließen sein, dass der betreffende Prospekt als i.S.d. § 30 Abs. 1 Ziff. 6 unvollständig veröffentlicht anzusehen ist, denn die Angaben, auf welche verwiesen wird, sind ja bereits veröffentlicht worden. Die mangelnde Zugänglichkeit von Informationen, auf die in einem Prospekt verwiesen wird, ist allerdings möglicherweise prospekthaftungsrechtlich nicht unproblematisch.[19]

8. Unzulässigkeit von dynamischen Verweisen und Kettenverweisungen

12 Nach dem Wortlaut von Abs. 1 Satz 1, demzufolge die Dokumente, welche durch Verweis einbezogen werden sollen, gleichzeitig oder bereits vor Veröffentlichung des Prospekts veröffentlicht sein müssen, unzulässig sind daher insbesondere so genannte dynamische Verweisungen, bei denen etwa auf das „jeweils gültige" Dokument verwiesen wird. Auch eine Verweisung auf erst künftig zu veröffentlichende Dokumente kommt nicht in Betracht. Verweise etwa auf den „aktuellen Quartalsbericht" sind unzulässig.

13 Kettenverweisung: Die BaFin akzeptiert aus Gründen der Aufrechterhaltung der Lesbarkeit und damit der Verständlichkeit des Prospekts[20] keine Verweisung auf ein Dokument, welches seinerseits auf ein oder mehrere andere Dokumente verweist, da der Anleger in derartigen Fällen gezwungen wäre, sich die relevanten Informationen aus mindestens drei verschiedenen Dokumenten zu verschaffen.[21] Betroffen hiervon sind insbesondere Verweise auf ein als Verweisungsliste ausgestaltetes Dokument nach § 10 WpPG[22] sowie die Einbeziehung eines Registrierungsformulars durch Verweis, in das zuvor schon Informationen per Verweis einbezogen worden sind. Die Einbeziehung eines Registrierungsformulars per Verweis nach § 11 WpPG ist indes ohnehin nur bei Basisprospekten erforderlich, da nach § 12 Abs. 1 Satz 6 WpPG nur diese nicht in Form von mehreren Einzeldokumenten erstellt werden können. Um dennoch die Nutzung eines bereits bei der BaFin hinterlegten Registrierungsformulars auch bei Basisprospekten zu ermöglichen, kann das Registrierungsformular im Wege der Einbeziehung durch Verweis nach § 11 WpPG i.V.m. Art. 26 Abs. 4 EU-ProspV zum Inhalt des Basisprospekts gemacht werden. Das allerdings im Hinblick auf das Verbot der Kettenverweisung nur dann, wenn es selbst keinerlei Verweisungen enthält. Hier ist daher wegen der bei Einzel- und Basisprospekten im Hinblick auf die Einbeziehung des Registrierungsformulars unterschiedlichen rechtlichen Systematik[23] schon bei der Erstellung des Registrierungsformulars zu prüfen, ob

---

19 Zu Haftungsfragen ausführlich unten: *Wackerbarth*, §§ 44ff. BörsG, Rn. 65ff.
20 §§ 5 Abs. 1 Satz 3, 13 Abs. 1 Satz 2 WpPG; ferner Art. 28 Abs. 5 EU-ProspV.
21 Ebenso: *Schlitt/Schäfer*, AG 2005, 498, 503; *Becker*, in: *Heidel*, Aktienrecht und Kapitalmarktrecht, § 11 Rn. 7; vgl. auch *Holzborn/Israel*, ZIP 2005, 1668, 1674.
22 Vgl. oben, Rn. 9.
23 Beim Basisprospekt: Einbeziehung nur über Verweisung nach § 11 WpPG mit der Konsequenz des Verbots von Kettenverweisungen; beim Einzelprospekt: Registrierungsformular wird gem. § 12 WpPG Prospektbestandteil.

später neben einzelnen Wertpapierbeschreibungen auch Basisprospekte unter dem Registrierungsformular zur Billigung eingereicht werden sollen. Ist dies der Fall, sollte das Registrierungsformular keinen Verweis enthalten.

III. § 11 Abs. 1 Satz 2 WpPG – Aktualitätsanforderungen

Die Verweise müssen sich auf die aktuellsten Angaben beziehen, die dem Emittenten zur Verfügung stehen. Diese Vorschrift stellt ausweislich der Gesetzesbegründung lediglich klar, dass auch bei der Einbeziehung im Wege des Verweises die gleichen Anforderungen an die Aktualität der in den Prospekt aufgenommenen Angaben gelten.[24] Das schließt nicht aus, dass der Emittent auch die nach den jeweiligen Anhängen erforderlichen historischen Finanzinformationen im Wege des Verweises nach § 11 WpPG in den Prospekt aufnimmt.

14

IV. § 11 Abs. 1 Satz 3 WpPG

1. Keine Verweise in der Zusammenfassung

Abs. 1 Satz 3 ordnet an, dass in dem eigenständigen Prospektteil ‚Zusammenfassung'[25] keine Angaben in Form eines Verweises enthalten sein dürfen. Die Vorschrift korrespondiert mit § 5 Abs. 2 Satz 2 WpPG, wonach in der Zusammenfassung kurz und allgemein verständlich die wesentlichen Merkmale und Risiken zu nennen sind, die auf den Emittenten, jeden Garantiegeber und die Wertpapiere zutreffen. Die Zusammenfassung stellt bei grenzüberschreitenden Angeboten häufig den einzigen in der Muttersprache des Anlegers erstellten Prospektteil dar. Dementsprechend sollte sich die Zusammenfassung regelmäßig als in sich abschließender Prospektteil präsentieren; eine Einbeziehung von externen Dokumenten durch Verweis würde den vom Gesetzgeber gewünschten Charakter der Zusammenfassung als kompakte Informationsvermittlung über die wesentlichen Inhalte des Prospekts zunichte machen. Die Verwaltungspraxis der BaFin geht noch einen Schritt weiter: Danach sind selbst dokumenteninterne Verweisungen in andere Prospektteile, also das Registrierungsformular oder die Wertpapierbeschreibung, in der Zusammenfassung nicht zulässig. Auch wenn diese Verwaltungspraxis den Anwendungsbereich des Abs. 1 Satz 3 sehr weit ausdehnt, dient sie dennoch der insbesondere nach §§ 5 Abs. 1 Satz 3, 13 Abs. 1 Satz 2 WpPG geforderten Verständlichkeit der Zusammenfassung aus sich selbst heraus. Gleichwohl zulässig sind allerdings Hinweise auf unbeschränkt zugängliche Internetseiten etwa der verschiedenen Aufsichtsbehörden, die Informationen allgemeiner Natur enthalten.

15

---

24 BT-Dr. 15/4999, S. 34.
25 Vgl. § 5 Abs. 2 WpPG.

2. BaFin-Praxis bezüglich Risikohinweisen

16 Daneben akzeptiert die BaFin auch in den Risikohinweisen[26] keine dokumenteninternen Verweisungen auf andere Prospektteile. Allerdings wird zur Vermeidung von Überfrachtungen der Risikofaktoren mit der Darstellung komplexer Wertpapierstrukturen insbesondere im Bereich der Prospekte für derivative Produkte ein Verweis auf die Darstellung der einzelnen Produktstruktur in den Anleihebedingungen akzeptiert. Da die Reihenfolge der Prospektangaben nach Art. 25 Abs. 1 EU-ProspV verbindlich vorgegeben ist, ist diese Verwaltungspraxis nur konsequent. Denn wenn innerhalb der Beschreibung der Risikofaktoren mit einer Vielzahl von Verweisen gearbeitet würde, würde zwar formal die Reihenfolge der Angaben nach Art. 25 Abs. 1 EU-ProspV eingehalten. Inhaltlich würden die Risikofaktoren letztlich allerdings u. U. vollständig sinnentleert, so dass der mit der Festlegung der Reihenfolge der Prospektbestandteile verfolgte Zweck einer zum Anlegerschutz erforderlichen, möglichst prominenten Darstellung der Risikofaktoren letztlich verfehlt würde.

V. § 11 Abs. 2 WpPG

1. Verweisliste

17 Hiernach muss der Prospekt eine Liste enthalten, die angibt, an welchen Stellen Angaben in Form eines Verweises aufgenommen wurden, um welche Angaben es sich handelt und wo diese Angaben veröffentlicht sind. In der Praxis hat sich bewährt, die entsprechenden Angaben tabellarisch aufzubereiten. In jedem Falle ist darauf zu achten, dass auf dasjenige Dokument verwiesen wird, welches Gegenstand der Hinterlegung war, regelmäßig also der Prospekt selbst. Erforderlich ist weiterhin – insb. bei einer nur teilweisen Einbeziehung – eine genaue Bezeichnung der einzubeziehenden Abschnitte des in Bezug genommenen Prospekts, etwa durch genaue Seiten- und/oder Abschnittsangaben. Bei Internetveröffentlichungen sollte eine genaue Angabe der Internetseite erfolgen, auf der die betreffenden Dokumente tatsächlich vorzufinden sind und nicht lediglich ein Hinweis auf die Homepage des Emittenten.

2. „documents on display"

18 Hinzuweisen ist zudem auf eine häufig anzutreffende Verwechslung mit der nach Ziff. 24 Anh. I EU-ProspV erforderlichen Liste einsehbarer Dokumente.[27] Die Verpflichtung des Emittenten nach Ziff. 24 Anh. I der EU-

---

26 Die Aufnahme von emittenten- bzw. wertpapierbezogenen Risikohinweisen wird in nahezu sämtlichen Anhängen der EU-ProspV gefordert, vgl. nur für das Registrierungsformular und die Wertpapierbeschreibung für Aktien: Anh. I EU-ProspV, Ziff. 4, Anh. III EU-ProspV, Ziff. 2.

27 So genannte „documents on display". Identische Inhalte finden sich auch in Anh. IV EU-ProspV, Ziff. 17 (Registrierungsformular für Schuldtitel und derivative Wertpapiere mit einer Stückelung von weniger als 50.000 Euro) und Anh. XI EU-ProspV, Ziff. 14 (Registrierungsformular für Banken).

ProspV, etwa die historischen Finanzinformationen für die Dauer der Gültigkeit des Prospekts zur Einsicht bereit zu halten, besteht nämlich unabhängig davon, ob der Emittent die historischen Finanzinformationen zum Prospektbestandteil gemacht hat oder diese lediglich nach § 11 WpPG durch Verweis einbezogen hat. Die nach Abs. 2 geforderte Liste muss zudem sämtliche Seiten des Prospekts nennen, auf denen Verweise auf außenstehende Dokumente enthalten sind, und diesen Stellen die jeweiligen Fundstellen in den durch Verweis einbezogenen Dokumenten zuordnen. Diese Liste muss dementsprechend wesentlich detaillierter sein, als dies die Liste der einsehbaren Dokumente nach Ziff. 24 Anh. I EU-ProspV erfordert.

KAPITEL IV
Angaben und Aufnahme von Angaben in Form eines Verweises

ARTIKEL 28
Regelungen über die Aufnahme von Angaben in Form eines Verweises

(1) Es können Angaben in Form eines Verweises in einen Prospekt oder einen Basisprospekt aufgenommen werden, wenn sie insbesondere bereits in den nachfolgend genannten Dokumenten enthalten sind:

1. jährlich und unterjährig vorzulegende Finanzinformationen;
2. Dokumente, die im Zuge einer spezifischen Transaktion erstellt werden, wie z.B. einer Fusion oder einer Entflechtung;
3. Bestätigungsvermerke und Jahresabschlüsse;
4. Satzung und Statuten der Gesellschaft;
5. zu einem früheren Zeitpunkt gebilligte und veröffentlichte Prospekte und/oder Basisprospekte;
6. vorgeschriebene Informationen;
7. Rundschreiben an die Wertpapierinhaber.

(2) Die Dokumente, die Angaben enthalten, die in Form eines Verweises in einen Prospekt, einen Basisprospekt oder dessen Bestandteile übernommen werden können, sind gemäß Artikel 19 der Richtlinie 2003/71/EG abzufassen.

(3) Enthält ein Dokument, das in Form eines Verweises aufgenommen werden kann, Angaben, die wesentlich abgeändert wurden, so ist dieser Umstand im Prospekt oder im Basisprospekt klar anzugeben; ferner sind auch die aktualisierten Angaben zur Verfügung zu stellen.

(4) Der Emittent, der Anbieter oder die Person, die die Zulassung zum Handel auf einem geregelten Markt beantragt hat, kann Angaben in einen Prospekt oder einen Basisprospekt aufnehmen, indem er/sie lediglich auf bestimmte Teile eines Dokuments verweist und er/sie erklärt, dass die nicht aufgenommenen Teile entweder für den Anleger nicht relevant sind oder bereits an anderer Stelle im Prospekt enthalten sind.

(5) Bei der Aufnahme von Angaben in Form eines Verweises bemühen sich die Emittenten, die Anbieter oder die Personen, die die Zulassung zum Handel auf einem geregelten Markt beantragt haben, darum, den Anlegerschutz im Hinblick auf Verständlichkeit der Angaben und ihrer Zugänglichkeit nicht zu beeinträchtigen.

CHAPTER IV
Information and incorporation by reference

ARTICLE 28
Arrangements for incorporation by reference

(1) Information may be incorporated by reference in a prospectus or base prospectus, notably if it is contained in one the following documents:
1. annual and interim financial information;
2. documents prepared on the occasion of a specific transaction such as a merger or de-merger;
3. audit reports and financial statements;
4. memorandum and articles of association;
5. earlier approved and published prospectuses and/or base prospectuses;
6. regulated information;
7. circulars to security holders.

(2) The documents containing information that may be incorporated by reference in a prospectus or base prospectus or in the documents composing it shall be drawn up following the provisions of Article 19 of Directive 2003/71/EC.

(3) If a document which may be incorporated by reference contains information which has undergone material changes, the prospectus or base prospectus shall clearly state such a circumstance and shall give the updated information.

(4) The issuer, the offeror or the person asking for admission to trading on a regulated market may incorporate information in a prospectus or base prospectus by making reference only to certain parts of a document, provided that it states that the non-incorporated parts are either not relevant for the investor or covered elsewhere in the prospectus.

(5) When incorporating information by reference, issuers, offerors or persons asking for admission to trading on a regulated market shall endeavour not to endanger investor protection in terms of comprehensibility and accessibility of the information.

Inhalt

	Rn.		Rn.
I. Zulässige Verweisdokumente ...	1	IV. Zulässigkeit der teilweisen Einbeziehung von Dokumenten....	6
II. Einbeziehung und Notifizierung nach § 19 WpPG..............	2	V. Verständlichkeit und Zugänglichkeit von Informationen	7
III. Behandlung von Nachträgen bei der Einbeziehung durch Verweis	5		

I. Zulässige Verweisdokumente

Art. 28 Abs. 1 EU-ProspV benennt beispielhaft die Dokumente, auf die verwiesen werden kann, ihrer Art nach. Für die Zulässigkeit der Einbeziehung durch Verweis reicht allerdings nicht allein aus, dass die Art des einzubeziehenden Dokuments in Art. 28 Abs. 1 EU-ProspV genannt ist. Vielmehr ist darüber hinaus erforderlich, dass das betreffende Dokument gem. § 11 Abs. 1 WpPG bei der zuständigen Behörde gebilligt oder hinterlegt worden ist. Auch nach Art. 11 Abs. 1 der EU-ProspRL können alle „gemäß der Richtlinie" bei der zuständigen Behörde gebilligten oder bei ihr hinterlegten Dokumente per Verweis einbezogen werden. Die genannten Voraussetzungen müssen jedoch sowohl nach der EU-ProspRL als auch nach dem WpPG kumulativ vorliegen. Damit bedarf es in jedem Fall einer Hinterlegung oder Billigung des einzubeziehenden Dokuments bei der nach WpPG oder dem entsprechenden Umsetzungsgesetz zur EU-ProspRL jeweils hierfür zuständigen Behörde.[1] Dies verkennen Kullmann/Sester[2], die es für eine Einbeziehung unabhängig von einer Hinterlegung oder Billigung ausreichen lassen wollen, dass es sich bei dem einzubeziehenden Dokument um eines der in Art. 28 Abs. 1 EU-ProspV genannten handelt. In der Praxis der BaFin ist mangels Hinterlegungs- oder Billigungserfordernisses nach dem WpPG nur ein anderer Prospekt[3] einbeziehungsfähig. Soweit nach den Umsetzungsvorschriften anderer Mitgliedstaaten zur EU-ProspRL die Hinterlegung oder Billigung weiterer in Art. 28 Abs. 1 EU-ProspV genannter Dokumente vorgesehen ist, ist ein Emittent jedoch im Falle eines in Deutschland durchgeführten Billigungsverfahrens nicht gehindert, bereits bei den zuständigen Behörden anderer Mitgliedstaaten hinterlegte oder gebilligte Dokumente per Verweis einzubeziehen.[4]

II. Einbeziehung und Notifizierung nach § 19 WpPG

2 Im Zusammenhang mit der Notifizierung von Prospekten in andere Mitgliedstaaten ist die Regelung in Art. 28 Abs. 2 EU-ProspV von erheblicher praktischer Bedeutung. Danach sind die Dokumente, auf die verwiesen wird, „gemäß Artikel 19 der Richtlinie 2003/71/EG abzufassen". Die Verweisung der Verordnung auf Art. 19 der Richtlinie ist insofern unglücklich, als die Richtlinie kein unmittelbar anwendbares Recht darstellt. Das Sprachenregime des jeweiligen Mitgliedstaates richtet sich demzufolge nicht direkt nach Art. 19 der Richtlinie, sondern vielmehr nach der jeweils einschlägigen Vorschrift aus dem nationalen Umsetzungsgesetz. In Deutschland ist dies § 19 WpPG.

3 Da Art. 28 Abs. 2 EU-ProspV auf die Sprachenregelung verweist, ist grundsätzlich erforderlich, dass die per Verweis einbezogenen Dokumente in derselben Sprache abgefasst sind wie der Prospekt selbst. Anders als teilweise[5] vertreten ist jedoch nicht zwingend erforderlich, dass auch die per Verweis einbezogenen Angaben in derselben Sprache abgefasst sind wie der Prospekt selbst.[6] Art. 28 Abs. 2 EU-ProspV verlangt lediglich die Abfassung „gemäß Artikel 19 der Richtlinie". Zwar ist der Prospekt nach Art. 19 der EU-ProspRL jeweils in „einer" anerkannten oder in Finanzkreisen allgemein ge-

---

1 Vgl. insoweit auch den entsprechenden Wortlaut des § 11 Abs. 1 Satz 1 WpPG.
2 *Kullmann/Sester*, ZBB 2005, 209, 214.
3 Art. 28 Abs. 1 Nr. 5 EU-ProspV.
4 Im Ergebnis zutreffend daher *Kullmann/Sester*, ZBB 2005, 209, 214.
5 Vgl. *Weber*, NZG 2004, 360, 363; *Kunold/Schlitt*, BB 2004, 501, 506; *Becker*, in: *Heidel*, Aktienrecht und Kapitalmarktrecht, § 11 Rn. 8; auf die genannten Autoren verweisend auch: *Groß*, KapMR, 2. Aufl., § 11 Rn. 3.
6 Die Darstellung eines entsprechenden Beispielsfalles findet sich in *CESR*, FAQ's Dezember 2007, Ref.: CESR/07-852, Frage 7, S. 7, 8.

bräuchlichen Sprache abzufassen. Hieraus könnte man schließen, dass eine Abfassung in mehreren Sprachen unzulässig ist.[7] Die BaFin vertritt mit dem Konzept des so genannten gebrochenen Sprachenregimes[8] eine weite Interpretation des insoweit mit der EU-ProspRL übereinstimmenden § 19 WpPG. Danach können in sich abgeschlossene Abschnitte eines Prospekts in unterschiedlichen Sprachen abgefasst werden. Per Verweis einbezogene Angaben stellen in der Regel einen in sich abgeschlossenen Prospektteil dar, dessen Abfassung in einer anderen als der Prospektsprache in der Verwaltungspraxis der BaFin – jedenfalls wenn es sich um eine von der BaFin anerkannte Sprache handelt – akzeptiert wird. So ist es also durchaus möglich, Finanzangaben, die lediglich in englischer Sprache vorhanden sind, per Verweis nach § 11 WpPG in einen ansonsten in deutscher Sprache abgefassten Prospekt einzubeziehen. Die Mitglieder von CESR gehen sogar davon aus, dass auch eine Übersetzung eines von der zuständigen Behörde in einer anderen Sprache gebilligten oder bei ihr hinterlegten Dokuments per Verweis in einen Prospekt einbezogen werden kann, so lange die Anforderungen der Art. 11 und 19 EU-ProspRL erfüllt werden.[9] Erforderlich ist in solchen Fällen also nach der Auffassung von CESR, dass auch die Übersetzungen, die per Verweis einbezogen werden sollen, bei der zuständigen Behörde zumindest hinterlegt sind.

Unabhängig davon hat der Emittent allerdings darauf zu achten, dass die von ihm per Verweis in den Prospekt einbezogenen Dokumente die sprachlichen Voraussetzungen auch der Mitgliedstaaten erfüllen, in die er zum Zwecke des öffentlichen Angebots von Wertpapieren oder der Zulassung zum organisierten Markt von der BaFin notifiziert werden soll.[10] Sind die per Verweis einbezogenen Angaben in deutscher Sprache abgefasst, kann eine Notifizierung des Prospekts nur in solche Mitgliedsstaaten erfolgen, in denen Deutsch als Prospektsprache anerkannt ist. Gleichfalls ist in den Fällen, in denen die durch Verweis einbezogenen Angaben lediglich in englischer Sprache zur Verfügung stehen, zu prüfen, ob der jeweilige Aufnahmemitgliedstaat, in den ein Prospekt notifiziert werden soll, Englisch als Prospektsprache anerkennt. 4

III. Behandlung von Nachträgen bei der Einbeziehung durch Verweis

Art. 28 Abs. 3 EU-ProspV spricht ein weiteres Problem an, welches bei der Aufnahme von Angaben in Form eines Verweises auftreten kann: Wenn nämlich beispielsweise Angaben aus einem Prospekt per Verweis einbezogen werden sollen, die bereits durch einen Nachtrag nach § 16 WpPG geän- 5

---

7 Unter ausdrücklichem Verweis auf Art. 28 Abs. 2 EU-ProspV: *Kunold/Schlitt*, BB 2004, 501, 506.
8 Ausführlich hierzu unten, Komm. zu § 19 Rn. 18.
9 Vgl. *CESR*, FAQ's Dezember 2007, Ref.: CESR/07-852, Frage 7, S. 7, 8.
10 Darauf wird auch in *CESR*, FAQ's Dezember 2007, Ref.: CESR/07-852, Frage 7, S. 8, ausdrücklich hingewiesen.

dert worden sind, so ist dieser Umstand im Prospekt anzugeben und die aktualisierten Angaben sind zur Verfügung zu stellen. An dieser Stelle sollte der Emittent prüfen, ob nicht aus Gründen der Übersichtlichkeit der Prospektangaben die Aufnahme der entsprechend aktualisierten Angaben in den Prospekt einer Einbeziehung durch Verweis vorzuziehen ist.

IV. Zulässigkeit der teilweisen Einbeziehung von Dokumenten

6 Nach Art. 28 Abs. 4 EU-ProspV kann der jeweilige Prospektersteller auch nur auf bestimmte Teile eines Prospekts verweisen. Erforderlich ist danach jedoch, dass der Prospektersteller erklärt, die nicht aufgenommenen Teile seien für den Anleger entweder nicht relevant oder seien bereits an anderer Stelle im Prospekt enthalten. In der Praxis erfolgt häufig der Verweis auf in einem Prospekt abgedruckte einzelne Teile von Geschäftsberichten.[11] Eine ausdrückliche Erklärung nach Art. 28 Abs. 4 EU-ProspV im Prospekt wird von der BaFin allerdings bislang nicht verlangt. Insoweit lässt es die BaFin offenbar genügen, dass durch die beschränkte Einbeziehung von Dokumententeilen der Emittent konkludent zum Ausdruck bringt, dass die übrigen, nicht in Bezug genommenen Teile des Dokuments aus seiner Sicht nicht von Relevanz sind.

V. Verständlichkeit und Zugänglichkeit von Informationen

7 Art. 28 Abs. 5 EU-ProspV macht schließlich nochmals deutlich, dass die Aufnahme von Angaben in Form eines Verweises seitens der Emittenten im Hinblick auf den Anlegerschutz dahin zu überprüfen sind, ob der Prospekt dennoch verständlich ist und die Zugänglichkeit der Angaben für den Anleger nicht beeinträchtigt wird. Wenn auch die Verordnung an dieser Stelle lediglich verlangt, dass die Emittenten sich bemühen, die Verständlichkeit des Prospekts sicherzustellen, kann die BaFin nach § 13 Abs. 1 Satz 2 WpPG ohnehin unter Hinweis auf die Unverständlichkeit der Prospektangaben die Streichung entsprechend unübersichtlicher Verweisungen im Prospekt verlangen.

§ 12
Prospekt aus einem oder mehreren Einzeldokumenten

(1) Der Prospekt kann als ein einziges Dokument oder in mehreren Einzeldokumenten erstellt werden. Besteht ein Prospekt aus mehreren Einzeldokumenten, so sind die geforderten Angaben auf ein Registrierungsformular, eine Wertpapierbeschreibung und eine Zusammenfassung aufzuteilen. Das Registrierungsformular muss die Angaben zum Emittenten enthalten. Die Wertpapierbeschreibung muss die Angaben zu den Wertpapieren, die

---

11 Etwa den Jahresabschluss, die Bilanz oder die GuV.

öffentlich angeboten oder zum Handel an einem organisierten Markt zugelassen werden sollen, enthalten. Für die Zusammenfassung gilt § 5 Abs. 2 Satz 2 bis 4. Ein Basisprospekt darf nicht in mehreren Einzeldokumenten erstellt werden.

(2) Ein Emittent, dessen Registrierungsformular bereits von der Bundesanstalt gebilligt wurde, ist zur Erstellung der Wertpapierbeschreibung und der Zusammenfassung verpflichtet, wenn die Wertpapiere öffentlich angeboten oder zum Handel an einem organisierten Markt zugelassen werden.

(3) Im Fall des Absatzes 2 enthält die Wertpapierbeschreibung die Angaben, die im Registrierungsformular enthalten sein müssen, wenn es seit der Billigung des letzten aktualisierten Registrierungsformulars oder eines Nachtrags nach § 16 zu erheblichen Veränderungen oder neuen Entwicklungen gekommen ist, die sich auf die Beurteilung durch das Publikum auswirken könnten. Die Wertpapierbeschreibung und die Zusammenfassung werden von der Bundesanstalt gesondert gebilligt.

(4) Hat ein Emittent nur ein nicht gebilligtes Registrierungsformular hinterlegt, so bedürfen alle Dokumente der Billigung der Bundesanstalt.

Inhalt

	Rn.		Rn.
I. Einteilig oder mehrteilig (Abs. 1)	1	2) Aktualisierung in der Wertpapierbeschreibung (Abs. 3).	3
II. Mehrfache Verwendung eines Registrierungsformulars	2	III. Hinterlegung eines nicht gebilligten Registrierungsformulars (Abs. 4)	4
1) Billigung (Abs. 2)	2		

I. Einteilig oder mehrteilig (Abs. 1)

§ 12 Abs. 1 WpPG regelt in Übereinstimmung mit Art. 5 Abs. 3 der EU-ProspRL, dass der Anbieter (§ 2 Nr. 10) oder Zulassungsantragssteller (§ 2 Nr. 1) den Prospekt entweder als einteiliges Dokument oder aus mehreren Dokumenten[1] erstellen kann (Abs. 1 Satz 1).[2] Es besteht folglich ein Wahlrecht.[3] Ausgenommen hiervon sind Basisprospekte im Sinne von § 6 WpPG, diese können nicht aus mehreren Einzeldokumenten erstellt werden (Abs. 1 Satz 6).[4] Im Hinblick auf die Verständlichkeit sind beide Formen der Prospekterstellung denselben Anforderungen unterworfen.[5] Generell gilt § 12   1

---

1   Mit dem Vorbild an US-amerikanischen shelf registration, SEC Rule 415.
2   RegBegr. EU-ProspRL-UmsetzungsG BT-Drucks. 15/4999 S. 34.
3   *Weber*, NZG 2004, 360, 363.
4   RegBegr. EU-ProspRL-UmsetzungsG, BT-Drucks. 15/4999 S. 34; *Kullmann/Sester*, ZBB 2005, 209, 211.
5   RegBegr. EU-ProspRL-UmsetzungsG, BT-Drucks. 15/4999 S. 34; *Röhrborn*, in: Heidel AktG Rn. 1; *Keunecke*, Prosp KapM, Rn. 216; *Weber*, NZG 2004, 360, 363: die inhaltlichen Anforderungen sind identisch.

WpPG sowohl für Wertpapier- (früher Verkaufs-) als auch für Wertpapierzulassungs- (früher Börsenzulassungs-)prospekte.[6] Der einteilige Prospekt[7] ist für eine einmalige Emission von Wertpapieren, insbesondere von Aktien, geeignet.[8] Besteht ein Prospekt aus mehreren Einzeldokumenten, so sind die geforderten Angaben in ein Registrierungsformular (registration document) nach Abs. 1 Satz 3, eine Wertpapierbeschreibung (securities note) gemäß Abs. 1 Satz 4 und eine Zusammenfassung (summary note) im Sinne von Abs. 1 Satz 5 aufzuteilen.[9] Das Registrierungsformular muss die Angaben zum Emittenten wiedergeben. Die Wertpapierbeschreibung hat Ausführungen zu den Wertpapieren (§ 2 Nr. 1 WpPG), sowohl zu den öffentlich angeboten (§ 2 Nr. 4 WpPG), wie auch den am Handel an einem organisierten Markt (§ 2 Nr. 16 WpPG) zugelassenen, zu enthalten. Demgemäß sind die inhaltsbestimmenden Anhänge der EU-ProspektRL weitgehend in Emittenten- und Wertpapierbeschreibung (unter Zusatz von bestimmten Modulen) unterschieden.[10] Bei der Aufteilung in mehrere Einzeldokumente sollten Wiederholungen vermieden werden.[11] Diese von Abs. 1 Satz 2 geforderte Aufteilung schließt eine weitergehende Trennung in beliebig viele Einzeldokumente aus.[12] Der mehrteilige Prospekt ist somit grundsätzlich dreiteilig. Die Zusammenfassung kann gemäß § 5 Abs. 2 Satz 4 WpPG nur dann weggelassen werden, wenn der Prospekt die Zulassung von Nichtdividendenwerten (§ 2 Nr. 3 WpPG) mit einer Mindeststückelung von 50.000 Euro zum Handel an einem organisierten Markt (§ 2 Nr. 16 WpPG) betrifft.[13] Beim mehrteiligen Prospekt kann das Registrierungsformular unabhängig von der Erstellung der Wertpapierbeschreibung und der Zusammenfassung zur Billigung durch die BaFin eingereicht werden.[14] Plant der Emittent die Begebung unterschiedlicher Wertpapiere (Dividendenwerte und Nichtdividendenwerte), kann er die jeweiligen Wertpapiere unter einem einheitlichen Registrierungsformular begeben.[15] Der mehrteilige Prospekt ist daher insbesondere dann geeignet, wenn der Emittent kein Einlagenkreditinstitut ist oder wenn die Einreichung eines Basisprospekts mangels vergleichbarer Struktur der zu begebenden Papiere ausscheidet.[16]

---

6 *Kunold/Schlitt*, BB 2004, 501, 505.
7 Zum Inhalt vgl. *Holzborn/Israel*, ZIP 2005, 1668, 1671; Kritik am Nutzen *Hallmann/Sester*, WM 2005, 1068, 1072.
8 *Boos/Preuße*, ZFGK 2005, 523.
9 *Holzborn/Schwarz-Gondek*, BKR 2003, 927, 931 f.; *Schlitt/Singhof/Schäfer*, BKR 2005, 251.
10 Vgl. § 7 Rn. 3 ff.
11 *Keunecke*, Prosp KapM, Rn. 216; siehe Erwägungsgrund 4 der EU-ProspV.
12 *Röhrborn*, in: Heidel, AktG, § 12 WpPG Rn. 2.
13 *Kullmann/Sester*, WM 2005, 1068, 1070.
14 Vgl. www.bafin.de/Unternehmen/Allgemeine Pflichten/Prospekte für Wertpapiere/FAQ, Stand v. 01. 09. 2008; *König*, ZEuS 2004, 251, 271.
15 Vgl. www.bafin.de/Unternehmen/Allgemeine Pflichten/Prospekte für Wertpapiere/FAQ, Der „einteilige" Prospekt, Der „mehrteilige" Prospekt, Stand v. 01. 09. 2008.
16 Vgl. www.bafin.de/Unternehmen/Allgemeine Pflichten/Prospekte für Wertpapiere/FAQ, Der „einteilige" Prospekt, Der „mehrteilige" Prospekt, Stand v. 01. 09. 2008.

II. Mehrfache Verwendung eines Registrierungsformulars

1. Billigung (Abs. 2)

§ 12 Abs. 2 WpPG setzt Art. 12 der EU-ProspRL um.[17] Ein Emittent (§ 2 Nr. 9 WpPG), dessen Registrierungsformular bereits von der BaFin (§ 2 Nr. 17 WpPG) gemäß § 13 WpPG gebilligt wurde, ist noch zur Erstellung der Wertpapierbeschreibung und der Zusammenfassung verpflichtet, wenn die Wertpapiere öffentlich angeboten oder zum Handel an einem organisierten Markt (§ 2 Nr. 16 WpPG) zugelassen werden. Voraussetzung ist eine Billigung im Verfahren nach § 13 WpPG. Dadurch kann ein Registrierungsformular für mehrere Emissionen genutzt werden, es müssen nur noch die Wertpapierbeschreibung und die Zusammenfassung ergänzt werden.[18] Dieses Verfahren befreit nicht von sonstigen für den Prospekt geltenden Anforderungen, insbesondere gelten die Gültigkeitsvorschriften ungeschmälert. Z. B. kann ein gebilligtes Registrierungsformular nur dann für ein weiteres öffentliches Angebot genutzt werden, wenn das Registrierungsformular nach § 9 Abs. 4 WpPG bis zum Ablauf des Angebots gültig bleibt.[19] Ferner müssen auch bei dieser Erstellungsform alle Einzeldokumente von der BaFin gebilligt werden,[20] das Registrierungsformular kann gesondert gebilligt werden.[21] Probleme bestehen bei der Verwendung von dreiteiligen Prospekten bei sog. Kettenverweisungen, etwa durch Verweis auf historische Finanzinformationen in einem separaten Registrierungsformular, auf welches in einer Wertpapierbeschreibung verwiesen werden soll.[22]

2

2. Aktualisierung in der Wertpapierbeschreibung (Abs. 3)

§ 12 Abs. 3 WpPG enthält eine Sondervorschrift bezüglich des Nachtrags bei Erstellung eines mehrteiligen Prospekts.[23] Im Fall des Abs. 2 (bei mehrfacher Verwendung des Registrierungsformulars, siehe Rn. 2) muss die Wertpapierbeschreibung die Angaben enthalten, die im Registrierungsformular enthalten sein müssten, wenn es seit der Billigung des letzten aktualisierten Registrierungsformulars oder eines Nachtrags nach § 16 WpPG zu erheblichen Veränderungen oder neuen Entwicklungen gekommen ist, die sich auf die Beurteilung durch das Publikum auswirken könnten (Abs. 3 Satz 1). Das Registrierungsformular selbst muss dann nicht mehr aktualisiert werden.[24] Diese Aktualisierung dient dem Interesse des Publikums an der Übersichtlichkeit der Angaben des Prospekts.[25] Im Sinne dieser Übersichtlichkeit ist

3

---

17 RegBegr. EU-ProspRL-UmsetzungsG, BT-Drucks 15/4999 S. 34.
18 RegBegr. EU-ProspRL-UmsetzungsG, BT-Drucks 15/4999 S. 34; *Röhrborn*, in: Heidel, AktR, § 12 WpPG, Rn. 3.
19 RegBegr. EU-ProspRL-UmsetzungsG, BT-Drucks 15/4999 S. 34 (Prospektrichtlinie-Umsetzungsgesetz).
20 *Groß*, KapMR, WpPG § 12 Rn. 3.
21 *Röhrborn*, in: Heidel, AktG, § 12 WpPG Rn. 3.
22 Vgl. § 11 WpPG Rn. 12.
23 *Müller/Oulds*, WM 2007, 573, 576 f.
24 *Müller/Oulds*, WM 2007, 573, 577.
25 RegBegr. EU-ProspRL-UmsetzungsG, BT-Drucks 15/4999, S. 34.

es in diesem Fall genügend, wenn die aktualisierten Angaben, statt wie üblich im Nachtrag zum Registrierungsformular, in der Wertpapierbeschreibung ausgewiesen sind. Die Wertpapierbeschreibung und die Zusammenfassung werden von der BaFin gesondert gebilligt (Abs. 3 Satz 2).

III. Hinterlegung eines nicht gebilligten Registrierungsformulars (Abs. 4)

4 Hat ein Emittent nur ein nicht gebilligtes Registrierungsformular hinterlegt, so bedürfen alle Dokumente der Billigung der Bundesanstalt. Abs. 4 stellt damit klar, dass bei einem dreiteiligen Prospekt auch das Registrierungsformular in jedem Fall gebilligt werden muss.[26]

---

26 *Röhrborn, in:* Heidel, AktG, § 12 WpPG Rn. 5; RegBegr. EU-ProspRL-UmsetzungsG, BT-Drucks 15/4999, S. 34.

ABSCHNITT 3
Billigung und Veröffentlichung des Prospekts

§ 13
Billigung des Prospekts

(1) Ein Prospekt darf vor seiner Billigung nicht veröffentlicht werden. Die Bundesanstalt entscheidet über die Billigung nach Abschluss einer Vollständigkeitsprüfung des Prospekts einschließlich einer Prüfung der Kohärenz und Verständlichkeit der vorgelegten Informationen.

(2) Die Bundesanstalt teilt dem Anbieter oder dem Zulassungsantragsteller innerhalb von zehn Werktagen nach Eingang des Prospekts ihre Entscheidung mit. Die Frist beträgt 20 Werktage, wenn das öffentliche Angebot Wertpapiere eines Emittenten betrifft, dessen Wertpapiere noch nicht zum Handel an einem in einem Staat des Europäischen Wirtschaftsraums gelegenen organisierten Markt zugelassen sind und der Emittent zuvor keine Wertpapiere öffentlich angeboten hat.

(3) Hat die Bundesanstalt Anhaltspunkte, dass der Prospekt unvollständig ist oder es ergänzender Informationen bedarf, so gelten die in Absatz 2 genannten Fristen erst ab dem Zeitpunkt, an dem diese Informationen eingehen. Die Bundesanstalt soll den Anbieter oder Zulassungsantragsteller hierüber innerhalb von zehn Werktagen ab Eingang des Prospekts unterrichten.

(4) Die Bundesanstalt macht die gebilligten Prospekte auf ihrer Internetseite für jeweils zwölf Monate zugänglich.

(5) Die Bundesanstalt kann vom Anbieter oder Zulassungsantragsteller verlangen, dass der Prospekt einschließlich der Übersetzung der Zusammenfassung ihr in elektronischer Form übermittelt wird. Hat der Anbieter oder Zulassungsantragsteller die in Satz 1 genannten Dokumente bereits in Papierform eingereicht, hat er gegenüber der Bundesanstalt schriftlich zu erklären, dass die in elektronischer Form übermittelten Dokumente mit den eingereichten Dokumenten übereinstimmen.

Inhalt

	Rn.		Rn.
I. Vorbemerkungen	1	3. Prüfungsumfang	19
II. Billigungsvorbehalt	4	4. Prüfungsfristen	23
III. Das Billigungsverfahren im Einzelnen	5	5. Billigung und ihre Wirkung	29
1. Zuständige Behörde	6	6. Einstellung im Internet gem. Abs. 4	30
2. Einleitung des Prüfungsverfahrens	11	IV. Rechtsschutz	31
		V. Haftung	32

I. Vorbemerkungen

1 § 13 WpPG dient im Wesentlichen der Umsetzung von Art. 13 EU-ProspRL. Sie regelt die zwingend erforderliche Billigung des Prospekts durch die BaFin. Seine Vorgänger findet § 13 WpPG zum einen in dem früheren § 8 a VerkProspG a. F. für Verkaufsprospekte bei öffentlichen Angeboten, zum anderen in § 30 Abs. 4 und § 51 Abs. 3 BörsG a. F. für Börsenzulassungsprospekte für die Börsenzulassung von Wertpapieren. Auf eine Unterscheidung der Prospektart kommt es nunmehr auch bei der Billigung des Prospekts durch die BaFin nicht mehr an: Ein durch die BaFin gebilligter Prospekt findet einerseits im Zulassungsverfahren der Wertpapiere durch die Zulassungsstellen der Börsen (§§ 30 Abs. 3 Nr. 2 und 51 Abs. 1 Nr. 2 BörsG) Verwendung, andererseits für die Erfüllung der Prospektpflicht bei öffentlichen Angeboten (§ 3 Abs. 1 Satz 1 WpPG).[1]

2 § 13 WpPG normiert ein Verbot der Veröffentlichung nicht gebilligter Prospekte mit Genehmigungsvorbehalt der BaFin und setzt deren Prüfungsmaßstab sowie teilweise das Prüfungsverfahren fest.[2] Nur ein nach § 13 WpPG durch die BaFin gebilligter Prospekt darf veröffentlicht werden. Dasselbe gilt für Nachträge zum Prospekt gem. § 16 WpPG, bei den die für die Billigung eines Prospekts geltenden Regeln des § 13 WpPG Anwendung finden[3] und die von der BaFin zu genehmigen sind, § 16 Abs. 1 Satz 3.

3 Eine dem Normzweck verwandte Vorschrift findet sich in § 14 WpÜG für die Prüfung und Gestattung von Angebotsunterlagen nach dem Wertpapiererwerbs- und Übernahmegesetz durch die BaFin.[4]

II. Billigungsvorbehalt

4 Gem. § 13 Abs. 1 Satz 1 WpPG darf ein Prospekt vor seiner Billigung nicht veröffentlicht werden. Damit stellt das Gesetz klar, dass es einer dem Antragsteller gegenüber kundgetanenen Entscheidung der BaFin bedarf. Entgegen der früheren Praxis der Prospektbilligung und auch entgegen § 14 WpÜG ist eine durch Fristablauf erwachsende Genehmigungsfiktion nicht vorgesehen. Dies entspricht den Vorgaben der EU-ProspRL, in der die „Billigung" in Art. 2 Abs. 1 lit. q) zunächst als eine „positive Handlung bei Abschluss der Vollständigkeitsprüfung des Prospekts" definiert ist. Des Weiteren bestimmt Art. 13 Abs. 2 Unterabs. 2 der EU-ProspRL ausdrücklich, dass es nicht als Billigung gilt, wenn innerhalb der gesetzlichen Frist keine Entscheidung der zuständigen Behörde über den Prospekt ergeht. Daher muss es zu einer konkreten Entscheidung kommen, Raum für eine Fiktion ist nicht vorhanden. Daraus folgt aber auch zugleich, dass dem Prospektpflichtigen ein gerichtlich durchsetzbarer Anspruch auf eine Entscheidung zusteht.[5]

---

1 Vgl. RegBegr. EU-ProspRL-UmsetzungsG, BT-Drucks. 15/4999, S. 25.
2 Zum Verfahren vgl. auch § 21 WpPG.
3 Vgl. RegBegr. zu § 16 WpPG, BT-Drucks. 15/4999, S. 36.
4 Dazu z. B. *Seydel*, in: Kölner Komm z. WpÜG, § 14 Rn. 2 ff.
5 S. u. Rn. 31.

III. Das Billigungsverfahren im Einzelnen

Für das Billigungsverfahren ergeben sich aus § 13 WpPG folgende Einzelheiten.[6]

1. Zuständige Behörde

Gem. § 13 Abs. 1 Satz 2 WpPG entscheidet die „Bundesanstalt" über die Billigung des Prospekts. Dies ist die Bundesanstalt für Finanzdienstleistungen (BaFin), § 2 Nr. 17 WpPG. Die Zuständigkeit der BaFin ist bei rein nationalen Emissionen, bei denen also ein in Deutschland ansässiger Emittent in Deutschland Wertpapiere öffentlich anbieten oder zulassen will, unproblematisch gegeben. Mit der Regelung ist aber nicht besagt, wann die BaFin bei grenzüberschreitenden Sachverhalten zuständig ist. § 13 WpPG enthält dazu ebensowenig wie das WpPG insgesamt eine konkrete Aussage. Allerdings bestimmt Art. 13 Abs. 1 EU-ProspRL die Zuständigkeit der Behörde anhand des Herkunftsstaats.[7] Diese europarechtlich vorgegebene Anknüpfung an den Herkunftsstaat führt wiederum zu der Definition des § 2 Nr. 13 lit. a) WpPG, wonach Herkunftsstaat (in Übereinstimmung mit Art. 2 Abs. 1 lit. m) der EU-ProspRL) der Staat des EWR ist, in dem der Emittent seinen Sitz hat. Sitzstaat ist als jeweiliger statuarische Gesellschaftssitz zu verstehen.[8] Liest man also diese beiden Bestimmungen in den § 13 WpPG hinein, ist die Zuständigkeit der BaFin immer dann gegeben, wenn der Emittent seinen statutarischen Sitz in Deutschland hat.[9] Prospekte bei Aktienemissionen sind folglich regelmäßig – vom Ort des öffentlichen Angebots bzw. der Börsenzulassung unabhängig – am Sitzstaat des Emittenten zu billigen.[10] Eine im Unterschied zum inländischen Emittenten ausländische Herkunft des Anbieters oder Zulassungsantragstellers ist für die Zuständigkeit der BaFin unerheblich.

Erfolgt die Emission über eine ausländische Tochtergesellschaft, begründet deren statutarischer Sitz die örtliche Zuständigkeit der dortigen Genehmigungsbehörde.[11] Die mittelbare Beteiligung der Muttergesellschaft ist unbeachtlich.

Ausnahmen von diesem Herkunftsstaatsprinzip können sich aus § 2 Nr. 13 lit. b) WpPG ergeben, wenn der Emittent von Nichtdividendenwerten sein ihm dort eingeräumtes Wahlrecht ausübt; in diesem Fall kann auch die Zu-

---

6 Die BaFin veranstaltet hin und wieder Workshops zum WpPG, in denen sie auch über die Verwaltungspraxis bei Billigungsverfahren berichtet; die dort dargestellte Verwaltungspraxis der BaFin wurde hier berücksichtigt.
7 Art. 13 Abs. 1 EU-ProspRL lautet: „Ein Prospekt darf vor der Billigung durch die zuständige Behörde *des Herkunftsmitgliedstaats* nicht veröffentlicht werden" (Hervorhebung hinzugefügt).
8 *Kullmann/Sester*, WM 2005, 1068, 1070.
9 *Groß*, KapMR § 13 WpPG Rn. 5; im Ergebnis ebenso *Schlitt/Schäfer*, AG 2005, 498, 506; *Kullmann/Sester*, WM 2005, 1068, 1070.
10 *Schlitt/Schäfer*, AG 2005, 498, 506 bzgl. Wandelanleihen.
11 *Schlitt/Schäfer*, AG 2005, 498, 506; *Kunold/Schlitt*, BB 2004, 501, 509.

ständigkeit der BaFin begründet werden, wenn Wertpapiere in der Bundesrepublik zugelassen oder angeboten werden sollen, ohne dass der Emittent hier seinen Sitz hat. Vorbehaltlich des aus § 2 Nr. 13 lit. b) WpPG resultierenden Wahlrechts ist die Zuständigkeit der BaFin ferner dann zu bejahen, wenn der Emittent mit Sitz außerhalb des EWR erstmalig Wertpapiere in der Bundesrepublik anbieten oder zulassen will, ohne dass er bereits in einem anderen EWR-Staat Wertpapiere angeboten oder zur Zulassung beantragt hat. Ein erstes öffentliches Angebot oder Antrag auf Zulassung zum Handel von Wertpapieren in einem EWR-Staat bestimmt diesen Staat zu seinem Herkunftsstaat, der für alle künftigen Emissionen gilt, § 2 Nr. 1 lit. c) WpPG.[12]

9 Ein in Deutschland gültiger Prospekt muss aber nicht zwingend von der BaFin gebilligt werden. Im Wege der Einführung des Europäischen Passes für Wertpapieremissionen sind von anderen zuständigen Behörden der EWR-Staaten gebilligte Prospekte gem. § 17 Abs. 3 auch in Deutschland gültig.[13] Vor diesem Hintergrund stellt sich die Frage, warum nicht auch Art. 13 Abs. 5 EU-ProspRL Niederschlag im WpPG gefunden hat. Dieser besagt, dass die zuständige Behörde des Herkunftsmitgliedstaats die Billigung eines Prospekts der zuständigen Behörde eines anderen Mitgliedstaats – mit deren Einverständnis – übertragen kann. Damit soll im Sinne des Europäischen Passes auch bei einer internationalen Mehrbeteiligung von Emittenten über ein Wertpapieremissionsprospekt nur in einem Mitgliedstaat des EWR entschieden werden können. Eine solche Übertragungsmöglichkeit der Entscheidungskompetenz sieht das WpPG bei deutsch-internationalen Beteiligungen aber nicht vor. Im Hinblick auf den Sinn und Zweck des Europäischen Passes ist aber kaum zu erklären, warum bei einer auch deutschen Emittentenbeteiligung zwingend eine Prüfung der BaFin neben die Prüfung einer anderen zuständigen Behörde aus dem EWR-Raum treten muss.[14] Ein Abstimmen der Behörden und die Verbindung der Verfahren von Seiten der BaFin soll nach EU-ProspRL möglich sein. Einen Anspruch des Emittenten auf die Übertragung auf nur eine zuständige Behörde sieht hingegen auch Art. 13 Abs. 5 EU-ProspRL nicht vor.[15]

10 Die interne Zuständigkeit der BaFin für die Prospekte nach dem WpPG liegt bei den Referaten PRO 1 und PRO 2 der Prospektgruppe, Bereich Wertpapieraufsicht/Asset-Management mit Dienstsitz in Frankfurt am Main. Dieser Dienstsitz empfiehlt sich daher als Adressat für die Einreichung von Prospekten, wenngleich auch ein Eingang am Dienstsitz der BaFin in Bonn den Fristlauf gem. § 13 Abs. 2 und 3 WpPG bewirkt, handelt es sich doch bei letzterem nur um die unzuständige Abteilung (Bearbeiter) ein und derselben

---

12 Vgl. *Kullmann/Sester*, WM 2005, 1068, 1070; für Übergangsfristen s. die Bestimmungen des § 31.
13 Zum Verfahren und zu weiteren grenzüberschreitenden Konstellationen vgl. §§ 17 f. WpPG
14 So bereits *Kullmann/Sester*, WM 2005, 1068, 1070.
15 *Weber*, NZG 2004, 360, 364.

Anstalt[16] und nicht um eine unzuständige Behörde.[17] Vollständigkeitshalber sei an dieser Stelle darauf hingewiesen, dass Frankfurt am Main sowohl für Klagen gegen die BaFin als Sitz der Behörde als auch im Verfahren nach dem Gesetz über Ordnungswidrigkeiten als Sitz der Verwaltungsbehörde gilt, § 1 Abs. 3 Satz 1 und 2 FinDAG.[18]

2. Einleitung des Prüfungsverfahrens

Bei der Billigung des Prospekts i. S. d. WpPG oder deren Versagung handelt es sich um eine öffentlich-rechtliche Einzelfallregelung mit Außenwirkung, so dass die Entscheidung einen Verwaltungsakt darstellt.[19] Das Prüfungsverfahren ist, auch ohne dass es das Gesetz ausdrücklich fordert, durch einen – ggf. konkludent – gestellten Billigungsantrag des Anbieters oder Zulassungsantragstellers (§ 3 WpPG) eingeleitet. Grundsätzlich ist auch eine Antragstellung durch den Emittenten möglich.[20] Der/die Antragsteller werden zu Verfahrensbeteiligten i. S. d. § 13 VwVfG; es gelten die allgemeinen Grundsätze.[21] Eine Prüfung von Amts wegen erfolgt nicht (§ 22 Satz 2 Nr. 2 VwVfG). Die BaFin selbst fordert im Rahmen der Prospekteinreichung ein aussagekräftiges Anschreiben, das die Anschrift, insbesondere Telefon- und Faxnummer, des Ansprechpartners und des Empfängers des Gebührenbescheids enthält. Einzureichen ist der entsprechend seiner Spezifikation vollständige Prospekt in einfacher Ausfertigung. Das Antragsexemplar soll bis auf Layout und drucktechnisch bedingte Veränderungen mit dem Wertpapierprospekt (Billigungsfassung) identisch sein und ist zu unterzeichnen. Die BaFin sieht in ihrer Verwaltungspraxis die (vertretende) Unterzeichnung des Antragsexemplars durch einen Emissionsbegleiter (§ 30 Abs. 2 BörsG) für ausreichend an. Für die abschließende Prospektbilligung ist die Einreichung eines gem. der Vorgaben des § 5 Abs. 3 WpPG vom Anbieter oder den Zulassungsantragstellern (vgl. § 30 Abs. 2 BörsG) unterschriebenen Prospekts (Billigungsfassung) erforderlich.[22]

11

Neben der Einreichung des Prospekts können weitere Unterlagen vorzulegen sein. Fehlt dem Prospekt ein den Anhängen der EU-ProspV[23] entsprechender Aufbau, so ist dem Vorlageexemplar zusätzlich eine sog. Überkreuz-Checkliste gem. Art. 25 Abs. 4 und 26 Abs. 3 der EU-ProspV beizufügen. Bei

12

---

16 § 1 Abs. 2 der Satzung der BaFin v. 29.04.2002 (BGBl. I, 1499).
17 Vgl. dazu *Kopp/Ramsauer*, VwVfG, 9. Aufl., 2005, § 3 Rn. 16; *Clausen*, in: Knack, VwVfG, 8. Aufl., 2004, § 31 Rn. 40 a. E.
18 Gesetz über die BaFin v. 22.09.2002 (BGBl. I, 1310).
19 Ebenso RegBegr. EU-ProspRL-UmsetzungsG, BT-Drucks. 15/4999, S. 34.
20 *Groß*, KapMR, § 13 WpPG Rn. 4.
21 Dazu z. B. *Clausen*, in: Knack, VwVfG, 8. Aufl., 2004, § 13 Rn. 8 m. w. N.
22 S. o. § 5 Rn. 27.
23 Verordnung (EG) Nr. 809/2004 v. 29.04.2004 zur Umsetzung der Richtlinie 2003/71/EG des Europäischen Parlaments und des Rates betreffend die in Prospekten enthaltenen Informationen sowie das Format, die Aufnahme von Informationen mittels Verweis und die Veröffentlichung solcher Prospekte und die Verbreitung von Werbung (ABl. L 186, S. 3 ff. v. 18.07.2005); vgl. Komm. zu § 7 WpPG.

Leuering

per Verweis in den Prospekt einbezogenen Angaben gem. § 11 fordert die BaFin, dass ihr die Dokumente – soweit sie nicht bereits von ihr gebilligt und bei ihr hinterlegt wurden – in Papierform und elektronisch zur Verfügung gestellt werden. Bei der Einreichung eines überarbeiteten Prospekts sind zwei Prospektversionen vorzulegen: Neben dem überarbeiteten Prospekt (sog. *clean version*) ist eine markierte Fassung (sog. *blacklined version*) einzureichen, aus der die vorgenommenen Änderungen (Einfügungen, Streichungen und Verschiebungen) ersichtlich sind. Letztere verfolgt den Zweck, sämtliche im Vergleich zu der zuvor eingereichten und geprüften Prospektversion vorgenommenen Änderungen schnell nachvollziehbar zu machen. Hierzu fordert die BaFin eine schriftliche Identitätserklärung des Anbieters/Zulassungsantragstellers, aus der hervorgeht, dass andere als die in der *blacklined version* markierten Änderungen gegenüber dem zuvor eingereichten Prospektversion nicht vorgenommen wurden.

13 Da die BaFin den Anbieter und/oder Zulassungsantragsteller über die änderungsbedürftigen Punkte unterrichtet (§ 13 Abs. 3 Satz 2, s. u. Rn. 24) und im weiteren Verlauf eine oder ggf. auch mehrere Anhörungen durchführt, fordert sie für das Prüfungsverfahren, dass es zu keinen Änderungen des Prospekts kommt, die nicht im Zusammenhang mit einer vorangegangenen Anhörung stehen. Ist eine solche zusätzliche Änderung dennoch zwingend notwendig, sollen auch die in der Anhörung nicht erörterten Änderungen in der *blacklined version* markiert und zusätzlich im beiliegenden Anschreiben erläutert werden.

14 Weiterhin kann die BaFin von ihrem Recht aus § 13 Abs. 5 Satz 1 WpPG Gebrauch machen und (auch) eine Billigungsfassung des Prospekts in elektronischer Form verlangen. Dieser Fall hat sich im Hinblick auf die Verpflichtung der BaFin aus § 13 Abs. 4 und § 18 WpPG als ständige Verwaltungspraxis der BaFin herausgestellt. Hierfür fordert sie, den Prospekt im pdf-Format auf einer CD-ROM zur Verfügung zu stellen, wenngleich rechtlich nicht zu begründen ist, warum sich die zulässige elektronische Form ausschließlich auf das Dateiformat eines einzelnen Drittanbieters beschränken soll. Liegt der BaFin zugleich auch ein Prospekt in Papierform vor, hat der Anbieter/Zulassungsantragsteller gem. § 13 Abs. 5 Satz 2 WpPG schriftlich zu erklären, dass der eingereichte Prospekt mit der elektronischen Fassung der CD-ROM identisch ist.

15 Davon zu unterscheiden ist die Möglichkeit des Anbieters/Zulassungsantragstellers, den Prospekt über die Melde- und Veröffentlichungsplattform (MVP) der BaFin elektronisch zu übermitteln[24] und somit eine schnellere, vollständig elektronische Abwicklung des Verfahrens zu verfolgen. Dort hat die BaFin den Zugang für Dokumente mit einer qualifizierten elektronischen Signatur eröffnet, womit eine rein elektronische Einreichung über MVP möglich ist.[25]

---

24 Siehe www.bafin.de/Unternehmen/Meldeplattform – MVP.
25 Gem. § 3a Abs. 1 VwVfG ist die Übermittlung elektronischer Dokumente erst zulässig, soweit der Empfänger hierfür einen Zugang eröffnet.

Eine Einreichung des Prospekts via E-Mail ist nicht möglich; einen entsprechenden elektronischen Zugang hat die BaFin nicht bereitgestellt. Sofern dennoch eine zusätzliche Übermittlung mittels E-Mail vorgenommen wird und die Datei in das Billigungsverfahren einbezogen werden soll, fordert die BaFin eine im zusätzlichen Anschreiben enthaltene Erklärung, dass die elektronische Fassung und das Original identisch sind. Eine zumindest die Prüfungsfrist auslösende Vorabübermittlung per Telefax ist in eilbedürftigen Fällen möglich, soweit das unterzeichnete Original unverzüglich – nach Verwaltungspraxis der BaFin innerhalb von drei Werktagen – nachgereicht wird. Auch hierbei ist eine entsprechende Identitätserklärung erforderlich. 16

Grundsätzlich empfiehlt sich, bereits vor der Beantragung einer Billigung frühzeitig das anstehende Verfahren und den Inhalt des Prospekts (insb. bzgl. der Finanzinformationen) mit der BaFin abzustimmen und einen Zeitplan festzulegen. Ein solches vorgeschaltetes informelles Vorverfahren hat sich in der Praxis bewährt und trägt zur Effektivität des Billigungsverfahrens erheblich bei: So kann vermieden werden, dass nach Antragstellung überraschend weitere Informationen oder Unterlagen angefordert werden, die zu einer Verlängerung der Prüfungsfrist nach § 13 Abs. 3 WpPG führen. Einen Verstoß gegen die Neutralitätspflicht der BaFin ist bei dieser Vorgehensweise nicht zu befürchten. Die Erteilung einer verbindlichen Vorabstimmung eines Entwurfs des Prospekts ist aber nicht möglich; ebenso begründet eine Vorabstimmung nicht das Recht zur (vorzeitigen) Veröffentlichung eines Prospekts.[26] Die Fixierung eines bestimmten Billigungszeitpunkts gehört zwar nicht zur Verwaltungspraxis, kann aber in Absprache mit der BaFin für den Einzelfall zumindest angestrebt werden. Die Billigung (und auch Anhörung) an einem Samstag, Sonn- oder Feiertag ist nicht möglich. 17

Ein billigungsfähiger Prospekt liegt vor, wenn bei der BaFin eine gebundene (Spiralbindung, Klebebindung etc.) Billigungsfassung eingereicht wird, die der zuletzt vorgelegten, von der BaFin nicht mehr beanstandeten Prospektfassung entspricht und gem. der Vorgaben des § 5 Abs. 3 WpPG unterschrieben ist. 18

3. Prüfungsumfang

Die Bundesanstalt entscheidet nach Abschluss einer Vollständigkeitsprüfung des Prospekts einschließlich einer Prüfung der Kohärenz und Verständlichkeit der vorgelegten Informationen über die Billigung, § 13 Abs. 1 Satz 2 WpPG. Der so festgelegte Prüfungsmaßstab für die Billigung setzt Art. 2 Abs. 1 lit. q) EU-ProspRL um. Weitere Konkretisierung des Umfangs der Prospektprüfung enthält das Gesetz nicht. Den Prüfungsumfang definieren damit die drei Eckpunkte Vollständigkeits-, Verständlichkeits- und Kohärenzprüfung. 19

Rein formaler Natur ist die Vollständigkeitsprüfung (i. e. S.) der BaFin, bei der die lückenlose Erteilung der zu den Anhängen der ProspektVO gefor- 20

---

[26] So auch zum Verfahren bei § 14 WpÜG *Seydel*, in: Kölner Komm WpÜG, 2003, § 14 Rn. 42 f.

derten Angaben überwacht wird. Die Verständigkeitsprüfung erfolgt aus der Sicht eines durchschnittlich kundigen Anlegers; ihm soll eine unbehinderte Lesbarkeit des Prospekts ermöglicht werden. So ist nach der Verwaltungspraxis der BaFin bspw. der Gebrauch von unüberschaubaren Verweisen oder nicht definierten bzw. definierbaren Begriffen unzulässig.[27] Die Kontrollintensität der Kohärenzprüfung wird vom Gesetzgeber so verstanden, dass die BaFin prüft, ob die Angaben des Prospekts konsistent sind, der Prospekt also keine inneren Widersprüche enthält.[28]

21 Obwohl der Gesetzgeber im Weiteren betont, dass die Bundesanstalt im Ergebnis die Prüfung der Bonität des Emittenten und der inhaltlichen Richtigkeit des Prospekts nicht vorsieht,[29] ist in diesem Zusammenhang unklar, ob und ggf. in welchem Umfang die BaFin im Rahmen der Billigung auch die inhaltliche Richtigkeit des Prospekts überprüft.[30] Die Frage nach dem Prüfungsmaßstab der BaFin für Prospekte ist nicht neu: Bereits zum § 8a VerkProspG a. F. stand zur Diskussion, inwieweit neben der Vollständigkeitsprüfung auch eine materielle Prüfungspflicht i.S. einer Plausibilitätsprüfung gem. § 30 Abs. 3 Nr. 3 BörsG a.F. erfolgen sollte.[31] Mit der Streichung der § 8a VerkProspG a.F. und § 30 Abs. 3 Nr. 3 BörsG a.F. ist die dazu geleistete Begründungsarbeit zwar obsolet geworden,[32] nicht aber die daraus bekannte Interessenverteilung.[33] *Groß* vertritt zu § 13 WpPG, dass der Prüfungsumfang einen absolut rein formalen Charakter besitzt.[34] Die überwiegende Meinung geht über den aus § 8a VerksProspG a.F. bekannten, nach h.M. formalen Vollständigkeitsprüfungsumfang hinaus und nimmt eine weitergehende Prüfungsdichte an,[35] ohne dass dadurch die zu § 30 Abs. 3 Nr. 3 BörsG a.F. angewandte Prüfungsintensität erreicht würde.[36] Insoweit wird von einer begrenzten materiellen Prüfung der BaFin gesprochen.[37] Der letztgenannten Ansicht kann mit der Maßgabe zugestimmt werden, dass es um die Überprüfung von Rechtsverstößen geht, die sich unmittelbar aus den Prospektangaben selbst ergeben, oder um inhaltliche Unrichtigkeiten des Prospekts, die bereits erkennbar nach außen treten (d.h. bekannt sind), so dass die Voraussetzungen für eine Untersagung nach § 21 Abs. 8 WpPG vorliegen. Es wäre widersprüchlich, einen Prospekt mangels inhaltlicher Prüfungs-

---

27 Zum Grundsatz der Prospektverständlichkeit vgl. § 5 Rn. 15 ff.
28 RegBegr. EU-ProspRL-UmsetzungsG, BT-Drucks. 15/4999, S. 34.
29 RegBegr. EU-ProspRL-UmsetzungsG, BT-Drucks. 15/4999, S. 34.
30 *Mülbert/Steup*, WM 2005, 1633 (1640).
31 Zur früheren Rechtslage vgl. *Heidelbach*, in: Schwark, KapMRK, § 8a VerkProspG (a. F.) Rn. 3 f. und § 30 BörsG (a. F.) Rn. 23 ff. m.w.N.
32 *Groß*, KapMR, § 13 WpPG Rn. 8.
33 S. auch die vergleichbare Diskussion zum Prüfungsumfang der BaFin für Angebotsunterlagen gem. § 14 WpÜG; zum Meinungsstand *Seydel*, in: Kölner Komm z. WpÜG, 2003, § 14 Rn. 36 ff. m.w.N.
34 *Groß*, KapMR, § 13 WpPG Rn. 8.
35 *Schlitt/Schäfer*, AG 2005, 498, 506; *Mülbert/Steup*, WM 2005, 1633, 1640; ebenso *Kunold/Schlitt*, BB 2004, 501, 509 und *Crüwell*, AG 2003, 243, 250 f. zur EU-ProspRL.
36 *Holzborn/Israel*, ZIP 2005, 1668, 1670.
37 *Küting*, DStR 2006, 1007, 1008; auch M. *Weber*, NZG 2004, 360, 365, letzterer zur EU-ProspRL.

pflicht formell zu billigen, um ihn anschließend gem. § 21 Abs. 8 WpPG zu untersagen. Andernfalls untersucht die BaFin die Prospektangaben nur auf ihre innere Schlüssigkeit; die als inhaltlich richtig zu unterstellenden Angaben (daher „inneren" Angaben) dürfen sich in ihrem Aussageinhalt nicht widersprechen. Deckt die BaFin einen solchen materiellen Widerspruch auf, kann sie gem. § 13 Abs. 3 Satz 1 WpPG ergänzende Informationen vom Anbieter/Zulassungsantragsteller verlangen, die den inhaltlichen Widerspruch beheben. Ob allerdings die nachvollziehbare Beseitigung eines Widerspruchs den tatsächlichen „äußeren" Verhältnissen entspricht, überprüft die BaFin nicht. Eine weitergehende materielle Prüfungspflicht trifft die BaFin nicht. Der Gesetzgeber formuliert klarstellend, dass im Billigungsverfahren keine inhaltliche Prüfung des Prospekts erfolgen darf.[38] Hiermit stimmt es überein, dass die BaFin keine Verantwortung für die Vollständigkeit oder Richtigkeit des Prospekts übernimmt.[39] Deshalb kann und wird die BaFin nicht abschließend beurteilen, ob bspw. Renditeerwartungen angemessen, marktgerecht und realisierbar sind und die im Prospekt gemachten Angaben auf wahren Umständen beruhen.

Die Prüfung bezieht sich auf die vorgelegten Informationen, so § 13 Abs. 1 Satz 2 WpPG. Dies meint zunächst die im Prospekt enthaltenen Informationen, ferner auch die ergänzenden Informationen nach Abs. 3 Satz 1 WpPG. Fordert die BaFin ergänzende Informationen zur Beseitigung eines Widerspruchs etc. auf, wird es jedoch auch stets erforderlich sein, dass diese auch in den Prospekt aufgenommen werden, damit dieser seine Widersprüchlichkeit verliert. Insoweit bezieht sich die Prüfung letztlich wiederum nur allein auf den Prospekt. Zur Möglichkeit der BaFin zusätzliche, d. h. weitergehende als in der Prospektverordnung vorgegebenen Informationsbestandteile im Prospekt zur Aufnahme fordern zu können vgl. die Kommentierung zu Art. 23 EU-ProspV. 22

4. Prüfungsfristen

§ 13 Abs. 2 Satz 1 WpPG geht von einer Grundfrist von zehn Werktagen ab Eingang des Prospekts aus. Innerhalb dieser zehn Werktage hat die BaFin ihre Entscheidung hinsichtlich der Billigung des Prospekts zu bescheiden. Zu den Werktagen gehören Samstage, nicht jedoch Sonn- und Feiertage.[40] Eine verlängerte Prüfungsfrist von 20 Werktagen ab Eingang des Prospekts sieht § 13 Abs. 2 Satz 2 WpPG für den Fall des öffentlichen Angebots eines Emittenten vor, dessen Wertpapiere noch nicht zum Handel an einem geregelten Markt zugelassen sind und der zuvor keine Wertpapier öffentlich angeboten hat, also etwa im Fall einer Neuemission. Bei beiden Billigungfristen bewirkt deren Ablauf keine automatische Billigung des Prospekts.[41] 23

---

38 RegBegr. EU-ProspRL-UmsetzungsG, BT-Drucks. 15/4999, S. 39.
39 RegBegr. EU-ProspRL-UmsetzungsG, BT-Drucks. 15/4999, S. 35.
40 *Groß*, KapMR, 3. Aufl., 2006, § 13 WpPG Rn. 9.
41 S.o. Rn. 4.

24 Die Fristen laufen ab Eingang des Prospekts bei der BaFin. Gelangt die BaFin jedoch zu der Auffassung[42], dass der Prospekt unvollständig ist oder es ergänzender Informationen bedarf, so tritt an die Stelle dieses Fristbeginns der Zeitpunkt, zu dem diese Information eingeht, § 13 Abs. 3 Satz 1 WpPG. Der tatsächliche Fristbeginn hängt somit vom Ergebnis einer Prüfung nach § 13 Abs. 2 Satz 1 WpPG ab. Dieses Ergebnis soll die BaFin dem Anbieter/Zulassungsantragsteller innerhalb einer Frist von zehn Tagen nach Prospekteinreichung mitteilen, § 13 Abs. 3 Satz 2 WpPG. Auch wenn sie dem in Ausnahmefällen nicht nachkommt, ändert dies nichts daran, dass sich der Fristbeginn verschoben hat, da es insoweit allein auf die Auffassung der BaFin ankommt. Es entspricht jedoch der Verwaltungspraxis der BaFin, diese Auffassung in einem Anhörungsschreiben innerhalb der ersten zehn Tage mitzuteilen.

25 In diesem Sinne unvollständig ist der Prospekt, wenn er nach Abschluss einer Prüfung gem. § 13 Abs. 1 Satz 2 WpPG nicht gebilligt werden kann; dies schließt die fehlende Kohärenz des Prospekts mit ein, da auch sie nach der Gesetzessystematik Teil der Vollständigkeitsprüfung ist. Die Frage, ob ein Prospekt vollständig und damit zu billigen ist, ist eine Rechtsfrage. Deshalb scheint die Formulierung von § 13 Abs. 3 Satz 1 WpPG, wonach es darauf ankommen soll, ob die BaFin Anhaltspunkte für die Unvollständigkeit des Berichts hat, etwas unpräzise, da sie eher zu Sachverhaltsermittlungen passt. Die Formulierung von Art. 13 Abs. 4 Satz 1 EU-ProspRL, die auf die Auffassung der Aufsichtsbehörde abstellt, erscheint insoweit vorzugswürdig.

26 Des Weiteren verschiebt auch die Auffassung der BaFin, dass es ergänzender Informationen bedarf, den Fristbeginn. Auf Grund dieser Formulierung geht es also nicht darum, dass der Prospekt unvollständig ist und dieser ergänzender Informationen bedarf, sondern dass diese für die Prüfung erforderlich sind. An erster Stelle ist hier die Überkreuz-Checkliste zu nennen, die immer dann erforderlich ist, wenn der Prospekt nicht dem Aufbau der Anhänge der ProspektVO folgt; die Prüfungsfrist wird folglich erst mit deren Einreichung in Gang gesetzt.

27 Lehnt es der Anbieter/Zulassungsantragsteller ab, die angeforderten zusätzlichen Informationen zu erteilen, beginnt überhaupt keine Prüfungsfrist der Behörde, da diese nicht i. S. v. § 13 Abs. 3 Satz 1 WpPG eingehen. Nichtsdestotrotz kann die BaFin sodann den Billigungsantrag abschlägig bescheiden.

28 Fraglich ist, ob auch jede minimale Nachforderung der BaFin den Fristbeginn verschiebt.[43] Die Verschiebung der Billigungsfrist ist damit zu rechtfertigen, dass die BaFin ihrem Prüfungsauftrag nur auf der Grundlage eines vollständigen Prospekts nachkommen kann.[44] Demgegenüber ist aber auch

---

42 Art. 13 Abs. 4 Satz 1 EU-ProspRL spricht von der „hinreichend begründeten Auffassung".
43 Grds. kritisch zu der in Art. 13 Abs. 4 EU-ProspRL verfassten und in § 13 Abs. 3 WpPG übernommenen Nachforderungsmöglichkeit der Behörden. *Kunold/Schlitt*, BB 2004, 501, 509 und *Crüwell*, AG 2003, 243, 251.
44 RegBegr. EU-ProspRL-UmsetzungsG, BT-Drucks. 15/4999, S. 35; *Holzborn/Israel*, ZIP 2005, 1668, 1670.

zu berücksichtigen, dass das VwVfG – dem das Billigungsverfahren durch die BaFin ebenfalls unterstellt ist – verschiedentlich eine Gelegenheit zur Erörterung laufender Verfahren vorsieht, in deren Verlauf auf geringfügige Mängel des Prospekts hingewiesen werden kann und eine Möglichkeit zur Ergänzung eröffnet wird, ohne dass sich hierdurch der Fristbeginn (erneut) verschiebt.[45] Im Hinblick auf den Verhältnismäßigkeitsgrundsatz und aus Praktikabilitätsgründen ist eine solche Nachbesserungsmöglichkeit zu befürworten. Allerdings dürfte sich diese nur auf einfache Fehler oder offensichtlich versehentliche Erklärungen erstrecken, die aus dem Prospekt selbst erkennbar werden und eine Billigkeitsprüfung der BaFin nicht hindern. Einer zu weitgehenden Ergänzungspraxis nach dem VwVfG steht der Regelungszweck des § 13 Abs. 3 WpPG entgegen.

5. Billigung und ihre Wirkung

Die Entscheidung über die Prospektbilligung wird im § 13 WpPG nicht näher behandelt. Die Billigung erfolgt im schriftlichen Verfahren. Die Entscheidung hat nach Ausübung eines pflichtgemäßen Ermessens der BaFin zu erfolgen. Liegen die Voraussetzungen für die Billigung vor, hat der Antragsteller einen Anspruch auf Billigung.[46] Diese wird von der BaFin als begünstigender Verwaltungsakt nach § 35 VwVfG in Form einer öffentlich-rechtlichen Erlaubnis erlassen. Anderenfalls hat die BaFin die Billigung zu versagen, so wenn Angaben im Prospekt fehlen.[47] Im Falle der Versagung der Billigung ist diese als belastender Verwaltungsakt nach § 39 VwVfG zu begründen. Mit der Billigung des Prospekts durch die BaFin kann der Prospekt in zulässiger Weise veröffentlicht werden. In keiner Weise begründet die Billigung des Prospekts eine Befreiung von der Prospekthaftung.[48]

29

6. Einstellung im Internet gem. Abs. 4

§ 13 Abs. 4 WpPG schreibt der BaFin vor, gebilligte Prospekte auf ihrer Internet-Seite für zwölf Monate zugänglich zu machen. Nach dem Willen des Gesetzgebers wird mit einer solchen Veröffentlichung der BaFin die Veröffentlichungspflicht der Anbieter oder Zulassungsantragsteller nicht berührt; die Veröffentlichungen stehen nebeneinander. Dabei umfasst die Einstellung eines Prospekts auch die dazugehörigen gebilligten Nachträge gem. § 16 WpPG. Die Zwölfmonatsfrist beginnt mit dem der Einstellung des Prospekts auf der Internet-Seite der BaFin folgendem Werktag.[49] Diesen Gesetzesauftrag erfüllt die BaFin bisweilen nur unvollständig: nur die über die Melde-

30

---

45 *Groß*, KapMR, § 13 WpPG Rn. 10 unter Hinweis auf § 25 VwVfG; ebenso zur alten Rechtslage *Lenz*, in: Assmann/Lenz/Ritz, VerkProspG, 1. Aufl., 2001, § 8 a (a. F.) Rn. 20 unter Hinweis auf § 28 Abs. 1 VwVfG.
46 *Groß*, KapMR, § 13 WpPG Rn. 11; ebenso zur alten Rechtslage vgl. *Heidelbach*, in: Schwark, KapMRK, § 8 a VerkProspG (a. F.) Rn. 8 und § 30 BörsG (a. F.) Rn. 33.
47 RegBegr. EU-ProspRL-UmsetzungsG, BT-Drucks. 15/4999, S. 35.
48 RegBegr. EU-ProspRL-UmsetzungsG, BT-Drucks. 15/4999, S. 35; *Groß*, KapMR, 2006, § 13 WpPG Rn. 10.
49 RegBegr. EU-ProspRL-UmsetzungsG, BT-Drucks. 15/4999, S. 35.

und Veröffentlichungsplattform MVP (s. o. Rn. 15) eingereichten Prospekte für Wertpapiere sind im Volltext abrufbar.[50] Andere Prospekte i. S. d. WpPG werden nicht vollumfänglich eingestellt. Die BaFin veröffentlicht allein mit ihrer „Datenbank der hinterlegten Prospekte für Wertpapiere" ein Verzeichnis der gebilligten Prospekte. Entsprechend des Art. 32 der EU-ProspV wird in der Liste angegeben, wie diese Prospekte dem Publikum zur Verfügung gestellt wurden und wo sie erhältlich sind. Dieses Verfahren entspricht der europarechtlichen Mindestvorgabe des Art. 14 Abs. 4 Prospektrichtlinie. Danach hat die zuständige Behörde für den genannten Zeitraum zumindest die Liste der gebilligten Prospekte auf ihrer Internet-Seite einzustellen.

IV. Rechtsschutz

31 Das Billigungsverfahren ist ein Verwaltungsverfahren. Ebenso wie die Billigung stellt eine Ablehnung der Billigung einen Verwaltungsakt dar. Die Antragsberechtigten können daher nach Durchführung eines Widerspruchsverfahrens mittels Anfechtungs- oder Verpflichtungsklage sowie ggf. einer Fortsetzungsklage[51] den Verwaltungsrechtsweg beschreiten. Kommt die BaFin im Rahmen der genannten Fristen ihrer Entscheidungspflicht nicht nach, können die Antragsberechtigten eine Untätigkeitsklage erheben. Ein Vorverfahren ist in diesem Fall nicht erforderlich. Auch ansonsten gelten die allgemeinen Grundsätze der VwGO. Aktivlegitimiert sind die aus § 3 WpPG verpflichteten Zulassungsantragsteller und Anbieter; fallen Emittent und Anbieter auseinander, ist der Emittent nicht aktivlegitimiert.[52] Dritte, insbesondere Anleger oder Aktionäre, sind nicht widerspruchs- oder klagebefugt.[53]

V. Haftung

32 Haftungsansprüche gegen die BaFin könnten einerseits aus der Sicht der Anleger, andererseits aus der Sicht der am Billigungsverfahren Beteiligten (also Zulassungsantragsteller, Anbieter bzw. Emittenten) erwogen werden. Erstere sind streitig. Zu beantworten ist dabei die Frage, inwieweit die BaFin ausschließlich im öffentlichen Interesse handelt oder ob sich im Regelungsbereich des WpPG auch Vorschriften mit drittschützendem Charakter finden lassen, die eine Amtshaftung für drittgerichtetes pflichtwidriges Handeln der BaFin nach § 839 BGB i. V. m. Art. 34 GG begründen können. Die Problematik ist nicht neu, vielmehr wird diese Frage auch in anderen Bereichen

---

50 Siehe www.bafin.de/Datenbanken & Listen/Hinterlegte Prospekte für Wertpapiere.
51 VG Frankfurt/M., Urteil v. 12. 1. 2007 – 1 E 1163/06 (1) n. v.
52 Zum alten Recht *Heidelbach*, in: Schwark, KapMRK, § 8a VerkProspG (a. F.) Rn. 7 a. E.; offen *Groß*, KapMR, § 13 WpPG Rn. 13 f.
53 *Groß*, KapMR, § 13 WpPG Rn. 15.

des Aufsichtsrechts aufgeworfen.[54] Grundsätzlich stehen sich einerseits eine auch bei der Bankenaufsicht als Staatsaufsicht zu beachtende grundrechtlich verankerte Drittschutzpflicht[55] und andererseits der gesetzgeberische Auftrag, dass die Bundesanstalt die ihr zugewiesenen Aufgaben und Befugnisse nur im öffentlichen Interesse wahrnimmt, gegenüber. Für das WpPG ist dabei festzuhalten, dass das Gesetz selbst zwar eine solche, ausdrücklich auf das öffentliche Nutzen konzentrierende Regelung – so wie z. B. in § 4 Abs. 2 WpÜG – nicht enthält.[56] Dies ist im Hinblick auf § 4 Abs. 4 FinDAG aber auch nicht erforderlich, da dieser explizit die Wahrnehmung der Aufgaben und Befugnisse der Bundesanstalt ganz allgemein in das öffentliche Interesse stellt.[57] Gleichwohl erscheint ein so formelhafter Ausschluss des grundgesetzlich begründeten Amtshaftungsrechts durch den einfachen Gesetzgeber auch im Rahmen des WpPG sowohl unter verfassungsrechtlichen als auch unter rechtssystematischen Gesichtspunkten nicht unproblematisch.[58] Die gesetzgeberische Intention ist vor dem Hintergrund der wegen unzureichender Beaufsichtigung von Banken durch das Bundesaufsichtsamt für das Kreditwesen ergangenen höchstrichterlichen Rechtsprechung nachvollzieh-

---

54 **Für** einen grundsätzlichen Amtshaftungsausschluss sprechen sich aus *Dreyling*, in: Assmann/Schneider, WpHG, 4. Aufl., 2006, § 4 Rn. 22 f.; *ders*, in: Achleitner/Thoma, Handbuch für Corporate Finance, 2005, 1.8.2, S. 14; *Beck*, in: Schwark, KapMRK, § 4 WpHG Rn. 17 ff.; *ders*, in: Schwark, KapMRK, § 4 BörsG Rn. 21 f.; *Schwirten*, in: Boos/Fischer/Schulte-Mattler, KWG, 2. Aufl., 2004, § 4 FinDAG Rn. 7 ff.; *Schwennicke*, in: Geibel/Süßmann, WpÜG, 2002, § 4 Rn. 11 ff.; i. E. auch *Groß*, KapMR, § 13 WpPG Rn. 16; *Ledermann*, in: Schäfer/Hamann, KapMG, vor § 1 BörsG Rn. 47; *Lenz*, in: Assmann/Lenz/Ritz, VerkProspG, § 8 a (a. F.) Rn. 26, aber für eine Amtshaftung der Börsenzulassungsstelle, vgl. § 6 (a. F.) Rn. 25 f.
Gegen einen prinzipiellen Amtshaftungsausschluss wenden sich *Fleischer*, Gutachten zum 64. Deutschen Juristentag, F. 54; *Schenke/Ruthig*, NJW 1994, 2324 ff.; *Beck/Samm*; KWG 118. Lfg., 9/2006, § 6 Rn. 61 ff.; *Oechsler*, in: Ehricke/Ekkenga/Oechsler, WpÜG, 2003, § 4 Rn. 8 f.; *Geibel*, in: Schäfer, KapMG, (1999), § 4 WpHG Rn. 24 ff.; *Giesberts*, in: Kölner Komm. WpÜG, 2003, § 4 Rn. 50 ff. *Claussen*, Bank- und Börsenrecht 3. Aufl., 2003, § 9 Rn. 22; *Schwark*, in: Schwark, KapMRK, § 49 BörsG Rn. 15 f.; *Kollhosser*, in: Prölss, Versicherungsaufsichtsgesetz, 12. Aufl., 2005, § 81 Rn. 124 ff.
55 Grundlegend dazu aus Verfassungssicht *Maunz/Düring*, Grundgesetz, 46. Lfg., 2006, Art. 34 Rn. 235 ff. und *Papier*, in: Münchener Komm. BGB, 4. Aufl., 2004, § 839 Rn. 251 ff.; zum Drittschutz betroffener Anleger aus kapitalmarktrechtlicher Sicht vgl. auch *Weber*, NJW 2004, 3674, 3679 m. z. w. N.
56 Darauf hinweisend *Groß*, KapMR, § 13 WpPG Rn. 16.
57 Auf Grund dieser Vorschrift wurden gerade vergleichbare Regelungen in § 6 Abs. 4 KWG, § 4 Abs. 2 WpHG gestrichen. Insofern stellt sich Frage, warum der Gesetzgeber nicht auch die Bestimmung des § 4 Abs. 2 WpÜG aufgehoben hat. Vgl. aber auch §§ 1 Abs. 6, 31 Abs. 5 oder 49 Abs. 2 BörsG, wonach die Zulassungsstelle auch nur im öffentlichen Interesse handelt, ebenso die Aufsichtsbehörde BaFin bei Versicherungsunternehmen gem. § 81 Abs. 1 Satz 3 VAG.
58 Vgl. dazu instruktiv zur früheren Rechtslage und der Entwicklung bis zur höchstrichterlichen Rechtsprechung *Reischauer/Kleinhans*, KWG, Lfg. 4/2006, § 6 Rn. 17 ff.

bar.[59] Demgemäß betont der Gesetzgeber auch in seiner Begründung zum WpPG wiederholt das öffentliche Interesse der Prospektbilligung und verneint ihre Verantwortung für die Richtigkeit und Vollständigkeit des Prospekts.[60] Dennoch ist nicht zu verkennen, dass die BaFin ihre Tätigkeit ebenfalls zum Zwecke des Anlegerschutzes in seiner Gesamtheit erfüllt[61] und diesbezüglich zu Maßnahmen ordnungsrechtlicher Art berechtigt wird (vgl. z. B. Untersagung der Prospektveröffentlichung, Aufnahme zusätzlicher Prospektangaben zum Schutze des Publikums, Aussetzung des öffentlichen Angebots, § 21 WpPG), um zumindest mittelbar ebenfalls Rechtsgüter Dritter nicht gänzlich ungeschützt zu lassen. Daher wird man auch im Rahmen des WpPG die Drittbezogenheit von Aufsichtspflichten nicht ohne weiteres ausnahmslos ausschließen können. Ob im Rahmen des WpPG drittschützende Normen betroffen sind und zudem summarisch eine erhebliche qualifizierte Grundrechtverletzung verwirklichen, ist somit jeweils anhand der einzelnen Umstände genau zu prüfen.

33 Klarer verhält es sich dagegen mit etwaigen Amtshaftungsansprüchen der Zulassungsantragsteller, Anbieter bzw. Emittenten. Diese können sich dann ergeben, wenn die BaFin unrechtmäßig gegenüber diesen handelt, so insbesondere wenn sie ihre Billigungsfrist versäumt. Der Antrag an die BaFin über die Billigung des Prospekts begründet die Pflicht zum Erlass eines Verwaltungsaktes. Nach allgemeinen Grundsätzen hat jede Behörde über den beantragten Erlass eines Verwaltungsaktes zügig zu entscheiden, was insbesondere dann gelten muss, wenn das Gesetz die Handlungspflicht der Behörde – so wie hier – durch eine (kurze) Frist verfestigt.[62] Die fristgemäße Billigung des Prospekts stellt somit eine Amtspflicht i. S. d. § 839 BGB i. V. m. Art. 34 GG dar.

34 Dabei ist der Ansicht zuzustimmen, die den Verantwortungsbereich der BaFin auch auf nicht billigungsfähige Prospekte erstreckt. Die BaFin ist zur Einhaltung der Fristen sowohl aus § 13 Abs. 2 WpPG als auch aus Abs. 3 verpflichtet. Daher vermag sie dem Amtshaftungsanspruch eines Anbieters oder Zulassungsantragsteller nicht damit entgegentreten können, der Prospekt sei – ex post betrachtet – nicht billigungsfähig oder es seien ergänzende Informationen erforderlich gewesen.[63] Denn in diesem Fall erwächst der BaFin die Unterrichtungspflicht aus § 13 Abs. 3 WpPG. Ein grundsätzliches Nichtstun der BaFin ist nicht zu legitimieren. Andererseits wäre die gesetzgeberische Entscheidung gegen eine Billigungsfiktion nach Zeitablauf kaum zu

---

59 Vgl. BGHZ 74, 144 ff. = NJW 1979, 1354 ff. „Wetterstein" und BGHZ 75, 120 ff. = NJW 1979, 1879 ff. „Herstatt Bank"; beachte aber auch die Entscheidungen LG Bonn, NJW 2000, 815 ff. und OLG Köln, WM 2001, 1372 ff., die Amtshaftungsansprüche mit Blick auf § 6 Abs. 4 KWG n. F. verneint haben.
60 Vgl. RegBegr. EU-ProspRL-UmsetzungsG, BT-Drucks. 15/4999, S. 25 und 34 f.
61 Vgl. RegBegr. EU-ProspRL-UmsetzungsG, BT-Drucks. 15/4999, S. 25.
62 Eingehend zur Amtshaftung *Papier*, in: Münchener Komm. BGB, 4. Aufl., 2004, § 839 Rn. 129 ff. (217).
63 *Kullmann/Sester*, WM 2005, 1068 (1073) unter Hinweis auf eine denkbare Entlastung mit dem Einwand rechtmäßigen Alternativverhaltens; wie hier bereits *Groß*, KapMR, § 13 WpPG Rn. 17.

rechtfertigen. Der Zweck der Fristbestimmung findet sich darin, den Beteiligten eine genaue Zeitplanung zu ermöglichen und die Behörde zu einer fristgerechten Entscheidung zu verpflichten.[64]

§ 14
Hinterlegung und Veröffentlichung des Prospekts

(1) Nach seiner Billigung hat der Anbieter oder Zulassungsantragsteller den Prospekt bei der Bundesanstalt zu hinterlegen und unverzüglich, spätestens einen Werktag vor Beginn des öffentlichen Angebots, nach Absatz 2 zu veröffentlichen. Werden die Wertpapiere ohne öffentliches Angebot in den Handel an einem organisierten Markt eingeführt, ist Satz 1 mit der Maßgabe entsprechend anzuwenden, dass für den Zeitpunkt der spätesten Veröffentlichung anstelle des Beginns des öffentlichen Angebots die Einführung der Wertpapiere maßgebend ist. Findet vor der Einführung der Wertpapiere ein Handel von Bezugsrechten im organisierten Markt statt, muss der Prospekt mindestens einen Werktag vor dem Beginn dieses Handels veröffentlicht werden. Im Falle eines ersten öffentlichen Angebots einer Gattung von Aktien, für die der Emittent noch keine Zulassung zum Handel an einem organisierten Markt erhalten hat, muss die Frist zwischen dem Zeitpunkt der Veröffentlichung des Prospekts nach Satz 1 und dem Abschluss des Angebots mindestens sechs Werktage betragen.

(2) Der Prospekt ist zu veröffentlichen

1. in einer oder mehreren Wirtschafts- oder Tageszeitungen, die in den Staaten des Europäischen Wirtschaftsraums, in denen das öffentliche Angebot unterbreitet oder die Zulassung zum Handel angestrebt wird, weit verbreitet sind,

2. indem der Prospekt in gedruckter Form zur kostenlosen Ausgabe an das Publikum bereitgehalten wird

   a) bei den zuständigen Stellen des organisierten Marktes, an dem die Wertpapiere zum Handel zugelassen werden sollen,

   b) beim Emittenten,

   c) bei den Instituten im Sinne des § 1 Abs. 1b des Kreditwesengesetzes oder den nach § 53 Abs. 1 Satz 1 oder § 53b Abs. 1 Satz 1 des Kreditwesengesetzes tätigen Unternehmen, die die Wertpapiere platzieren oder verkaufen, oder

   d) bei den Zahlstellen,

3. auf der Internetseite

   a) des Emittenten,

   b) der Institute im Sinne des § 1 Abs. 1b des Kreditwesengesetzes oder der nach § 53 Abs. 1 Satz 1 oder § 53b Abs. 1 Satz 1 des Kreditwesen-

---

[64] *Kullmann/Sester*, WM 2005, 1068, 1073.

gesetzes tätigen Unternehmen, die die Wertpapiere platzieren oder verkaufen, oder

c) der Zahlstellen oder

4. auf der Internetseite des organisierten Marktes, für den die Zulassung zum Handel beantragt wurde.

(3) Der Anbieter oder der Zulassungsantragsteller hat der Bundesanstalt Datum und Ort der Veröffentlichung des Prospekts unverzüglich schriftlich mitzuteilen. Zudem hat er in einer oder mehreren Zeitungen im Sinne des Absatzes 2 Nr. 1 eine Mitteilung zu veröffentlichen, aus der hervorgeht, wie der Prospekt veröffentlicht worden ist und wo er erhältlich ist.

(4) Wird der Prospekt in mehreren Einzeldokumenten erstellt oder enthält er Angaben in Form eines Verweises, können die den Prospekt bildenden Dokumente und Angaben getrennt in einer der in Absatz 2 genannten Art und Weise veröffentlicht werden. In jedem Einzeldokument ist anzugeben, wo die anderen Einzeldokumente erhältlich sind, die zusammen mit diesem den vollständigen Prospekt bilden.

(5) Wird der Prospekt im Internet veröffentlicht, so muss dem Anleger vom Anbieter, vom Zulassungsantragsteller oder von den Instituten im Sinne des § 1 Abs. 1b des Kreditwesengesetzes oder den nach § 53 Abs. 1 Satz 1 oder § 53b Abs. 1 Satz 1 des Kreditwesengesetzes tätigen Unternehmen, die die Wertpapiere platzieren oder verkaufen, auf Verlangen eine Papierversion kostenlos zur Verfügung gestellt werden.

(6) Der hinterlegte Prospekt wird von der Bundesanstalt zehn Jahre aufbewahrt. Die Aufbewahrungsfrist beginnt mit dem Schluss des Kalenderjahres, in dem der Prospekt hinterlegt worden ist.

Inhalt

		Rn.			Rn.
I.	Allgemeines	1		1. Mitteilung der Veröffentlichung	17
II.	Hinterlegung des Prospekts, Frist zur Veröffentlichung des Prospekts (Abs. 1)	3		2. Hinweisbekanntmachung	18
	1. Hinterlegung des Prospekts	3		a) bezüglich der Veröffentlichung des Prospekts	19
	2. Veröffentlichung des Prospekts	7		b) bezüglich der Veröffentlichung eines Nachtrags	21
III.	Veröffentlichungsformen (Abs. 2)	12		c) bezüglich der Veröffentlichung von endgültigen Bedingungen	22
	1. Zeitungspublizität	13	V.	Veröffentlichung von Einzeldokumenten (Abs. 4)	23
	2. Schalterpublizität	14			
	3. Elektronische Publizität (Veröffentlichung im Internet)	15			
	4. Verhältnis zu § 13 Abs. 4 WpPG	16	VI.	Papierversion bei Internetveröffentlichung (Abs. 5)	25
IV.	Mitteilung der Veröffentlichung an die Bundesanstalt/Veröffentlichung einer Hinweisbekanntmachung (Abs. 3)	17	VII.	Aufbewahrungsfrist (Abs. 6)	26

I. Allgemeines

Die Vorschrift basiert auf Art. 14 der EU-ProspRL und setzt diesen mit dem Prospektrichtlinie-Umsetzungsgesetz in nationales Recht um. Ergänzend sind insb. die Art. 29 bis 33 der EU-ProspV zu beachten, die einzelne Veröffentlichungsformen näher ausgestalten. Geregelt werden die Anforderungen an die Hinterlegung und Veröffentlichung eines Prospekts, auf dessen Basis ein öffentliches Angebot oder die Einführung von Wertpapieren in den Handel an einem organisierten Markt erfolgen soll. 1

Vor In-Kraft-Treten des Prospektrichtlinie-Umsetzungsgesetzes regelten die §§ 30 Abs. 5 BörsG a.F., 43 BörsZulVO a.F.; 9 VerkProspG a.F. die Veröffentlichung eines Börsenzulassungs- bzw. Verkaufsprospekts. Die §§ 30 Abs. 5 BörsG a.F., 43 BörsZulVO a.F. sind mit In-Kraft-Treten des Prospektrichtlinie-Umsetzungsgesetzes aufgehoben worden. Die Norm des § 9 VerkProspG findet sich in modifizierter Form weiterhin im Verkaufsprospektgesetz. Sie ist aber nur noch auf so genannte Vermögensanlagen und Namensschuldverschreibungen anwendbar.[1] 2

II. Hinterlegung des Prospekts, Frist zur Veröffentlichung des Prospekts (Abs. 1)

1. Hinterlegung des Prospekts

Zur Hinterlegung und Veröffentlichung des Prospekts sind entweder der *Anbieter* oder der *Zulassungsantragsteller* verpflichtet.[2] 3

Hinterlegung ist die Übermittlung des Prospekts in der von der Bundesanstalt zuvor gebilligten Fassung an diese.[3] Hierdurch soll die Bundesanstalt in die Lage versetzt werden, die Prospekte auf ihrer Internetseite zugänglich zu machen (§ 13 Abs. 4 WpPG) und in ihrer Funktion als Evidenzzentrale die Aufbewahrung der Prospekte sicherzustellen (§ 14 Abs. 6 WpPG). Entsprechend § 5 Abs. 3 WpPG ist der zu hinterlegende Prospekt mit dem Datum seiner Erstellung zu versehen und vom Anbieter oder im Falle der beabsichtigten Zulassung der Wertpapiere an einem organisierten Markt vom Zulassungsantragsteller zu unterzeichnen, Näheres siehe dort. 4

Nach der derzeitigen Praxis der Bundesanstalt muss auch vor der Billigung ein mit Originalunterschrift versehener Prospekt bei dieser eingereicht werden. Andernfalls soll keine Prüfung oder Billigung des Prospektes erfolgen.[4] Dieses Verfahren kann die Hinterlegungsverpflichtung dann mit erfüllen, 5

---

[1] Vgl. zum Anwendungsbereich des Verkaufsprospektgesetzes und zum Begriff der Vermögensanlagen § 8f Abs. 1 VerkProspG.
[2] Zum Begriff des Anbieters vgl. § 2 Nr. 10 WpPG, zu dem des Zulassungsantragstellers vgl. § 1 Nr. 11 WpPG.
[3] RegBegr. EU-ProspRL-UmsetzungsG, BT-Drucks. 15/4999, S. 35.
[4] Vgl. BaFin-Fragen und Antworten zu Wertpapierprospekten, www.bafin.de, Unternehmen/Allgemeine Pflichten/Prospekte für Wertpapiere/Häufige Fragen, Stand v. 06.02.2008.

wenn die eingereichte Antragsfassung des Prospektes der gebilligten Fassung entspricht.

6   Aufgrund der Unterzeichnungspflicht des § 5 Abs. 3 WpPG kann die Hinterlegung im Regelfall nur durch Übermittlung eines mit Originalunterschrift versehenen Prospekts erfolgen. Eine Übermittlung in elektronischer Form mittels der Melde- und Veröffentlichungsplattform der Bundesanstalt ist derzeit noch nicht möglich, da diese die Erfordernisse einer qualifizierten elektronischen Signatur nach dem Signaturgesetz als elektronischen Unterschriftenersatz (vgl. § 126 a BGB) noch nicht erfüllt.

2. Veröffentlichung des Prospekts

7   Darüber hinaus hat der Anbieter oder Zulassungsantragsteller den Prospekt unverzüglich, spätestens einen Werktag vor Beginn des öffentlichen Angebots, zu *veröffentlichen*. Dies geht über die Anforderungen des Art. 14 Abs. 1 EU-ProspRL hinaus, wonach eine Veröffentlichung spätestens mit Beginn des öffentlichen Angebots genügen würde,[5] entspricht aber den bisherigen Anforderungen in § 9 Abs. 1 VerkProspG a.F. und § 43 Abs. 1 BörsZulVO a.F., an denen der Gesetzgeber festhalten wollte.[6]

8   Die Berechnung der Frist von einem Werktag war längere Zeit umstritten.[7] Nach einer Auffassung sollte hierauf § 187 Abs. 1 BGB mit der Folge Anwendung finden, dass zwischen Veröffentlichung und Beginn des öffentlichen Angebots bzw. der Einführung der Wertpapiere ein voller Werktag verstreichen muss.[8] Die Gegenauffassung hatte zu Recht § 187 Abs. 2 BGB für anwendbar gehalten, wonach das öffentliche Angebot bzw. die Einführung der Wertpapiere bereits am auf die Veröffentlichung folgenden Werktag beginnen kann.[9] Die Bundesanstalt hat sich nunmehr letzterer Auffassung angeschlossen.[10] Damit genügt es, den Prospekt am Werktag vor dem Beginn des öffentlichen Angebots bzw. der Einführung der Wertpapiere zu veröffentlichen, wobei der Samstag als Werktag gilt. Die zulässigen Veröffentlichungsformen regelt Abs. 2 detailliert.[11]

9   Werden die Wertpapiere ohne öffentliches Angebot in den Handel an einem organisierten Markt eingeführt, soll nach Satz 2 eine Veröffentlichung des Prospekts spätestens einen Werktag vor der Einführung der Wertpapiere in den Handel an einem organisierten Markt erfolgen. Die Einführung von Wertpapieren erfolgt mit der Aufnahme der (ersten) Notierung der zugelas-

---

5 *Groß*, KapMR, § 14, Rn. 4; *Kullmann/Sester*, WM 2005, 1068, 1073.
6 Vgl. RegBegr. EU-ProspRL-UmsetzungsG, BT-Drucks. 15/4999, S. 35.
7 Vgl. zum Streitstand: *Heidelbach*, in: Schwark, KapMRK, § 43 BörsZulV, Rn. 1 ff.
8 So noch die Bekanntmachung des BAWe v. 06. 09. 1999, Bundesanzeiger Nr. 177 v. 21. 09. 1999, S. 16180; *Ritz*, in: Assmann/Lenz/Ritz, VerkProspG, § 9 VerkProspG, Rn. 7 ff.
9 *Heidelbach*, in: Schwark, KapMRK, § 43 BörsZulV, Rn. 1 ff.; *Groß*, KapMR, § 14, Rn. 4 f.
10 Vgl. www.bafin.de, Unternehmen/Allgemeine Pflichten/Prospekte für Wertpapiere/Aktuelle Rechtslage/Frist und Form der Veröffentlichung des Prospekts, Stand v. 06. 02. 2008.
11 Siehe Rn. 12 ff.

senen Wertpapiere an der Börse, setzt also die Zulassung der Wertpapiere voraus.[12] Die Zulassung von Wertpapieren im regulierten Markt ist gem. § 32 Abs. 3 Nr. 2 BörsG aber an die zuvor erfolgte Veröffentlichung des Prospekts geknüpft. Es ergeben sich mithin unterschiedliche Anforderungen an den Zeitpunkt der Veröffentlichung eines Prospekts, im Falle des § 14 Abs. 1 Satz 2 WpPG anknüpfend an die Einführung der Wertpapiere und im Falle des § 32 Abs. 3 Nr. 2 BörsG anknüpfend an die Zulassung der Wertpapiere. In der Praxis dürfte sich dieser Widerspruch dahingehend auflösen, dass eine Prospektveröffentlichung entweder aufgrund eines zuvor erfolgenden öffentlichen Angebots (s. o.) oder aufgrund einer zuvor erfolgenden Zulassung der Wertpapiere zum regulierten Markt immer vor der Einführung der Wertpapiere erfolgen wird. Für § 14 Abs. 1 Satz 2 WpPG verbleibt insoweit keine eigenständige Bedeutung.[13]

Für den Fall des Handels von Bezugsrechten an einem organisierten Markt wird die Frist zur Veröffentlichung des Prospekts auf den Werktag vor Beginn des Handels mit den Bezugsrechten vorverlegt (Satz 3). 10

Satz 4 regelt gesondert den Fall eines ersten öffentlichen Angebots einer Gattung von Aktien, für die der Emittent noch keine Zulassung zum Handel an einem organisierten Markt erhalten hat. Hier verbleibt es bei der Grundregel des Satz 1, wonach der Prospekt spätestens einen Werktag vor Beginn des öffentlichen Angebotes zu veröffentlichen ist. Zusätzlich muss aber die Frist zwischen dem Zeitpunkt der Veröffentlichung des Prospekts und dem Abschluss des Angebots mindestens sechs Werktage betragen. Hierdurch soll einem besonderen Informationsbedürfnis des Publikums Rechnung getragen werden.[14] Nicht erforderlich ist, dass sich das öffentliche Angebot auch tatsächlich über volle sechs Werktage erstreckt. Hierzu bietet das Gesetz, das lediglich eine Frist bestimmt, keinen Anhalt.[15] Da die Frist von mindestens 6 Werktagen entsprechend der Formulierung des Satz 4 „zwischen" dem Zeitpunkt der Veröffentlichung des Prospekts und dem Abschluss des Angebots vergehen muss, ist der Tag der Veröffentlichung in diesem Fall bei der Berechnung der Frist aber nicht mitzurechnen.[16] 11

III. Veröffentlichungsformen (Abs. 2)

Abs. 2 bestimmt die zulässigen Veröffentlichungsformen für einen Prospekt. Dabei sind die vier grds. vorgesehenen Möglichkeiten alternativ zu verstehen, es wird also ein Wahlrecht für den Anbieter oder Zulassungsantragsteller begründet.[17] 12

---

12 Vgl. § 38 Abs. 1 BörsG; *Heidelbach*, in: Schwark, KapMRK, § 37 BörsG (a. F.), Rn. 2 ff.
13 So auch *Ekkenga*, BB 2005, 561, 563; offen lassend *Schlitt/Schäfer*, AG 2005, 498, 507.
14 Vgl. RegBegr. EU-ProspRL-UmsetzungsG, BT-Drucks. 15/4999, S. 35; *Groß*, KapMR, § 14, Rn. 3.
15 Ebenso *Schlitt/Schäfer*, AG 2005, 498, 508; a. A. RegBegr. EU-ProspRL-UmsetzungsG, BT-Drucks. 15/4999, S. 35.
16 Vgl. RegBegr. EU-ProspRL-UmsetzungsG, BT-Drucks. 15/4999, S. 35; *Groß*, KapMR, § 14, Rn. 3, 4.
17 *Groß*, KapMR, § 14, Rn. 6.

1. Zeitungspublizität

13 Nach Nr. 1 kann der Prospekt in einer oder mehreren Wirtschafts- oder Tageszeitungen, die in den Staaten des EWR, in denen das öffentliche Angebot unterbreitet oder die Zulassung zum Handel angestrebt wird, weit verbreitet sind, veröffentlicht werden (sog. Zeitungspublizität). Es ist hiernach zumindest eine Wirtschafts- oder Tageszeitung für die Veröffentlichung des Prospekts auszuwählen. Erfolgt ein öffentliches Angebot oder eine Zulassung zum Handel in mehreren Staaten des EWR, so muss die gewählte Wirtschafts- oder Tageszeitung entweder in allen Staaten eine weite Verbreitung finden oder es muss ggf. in mehreren Zeitungen eine Veröffentlichung erfolgen. Des Weiteren ist Art. 30 EU-ProspV zu beachten, Näheres siehe dort.

2. Schalterpublizität

14 Entsprechend Nr. 2 besteht die Möglichkeit, den Prospekt in gedruckter Form zur kostenlosen Ausgabe an das Publikum bereitzuhalten (sog. Schalterpublizität). Dieses kann bei den zuständigen Stellen des organisierten Marktes, an dem die Wertpapiere zum Handel zugelassen werden sollen, beim Emittenten, den Plazeuren einer Emission oder den Zahlstellen erfolgen. Zudem ist gem. Abs. 3 Satz 2 eine Hinweisbekanntmachung zu veröffentlichen, aus der sich ergibt, wo der Prospekt bereitgehalten wird.[18]

3. Elektronische Publizität (Veröffentlichung im Internet)

15 Nach Nr. 3 a) bis c) und Nr. 4 besteht nunmehr auch die Möglichkeit, eine Veröffentlichung mittels des Einstellens einer elektronischen Fassung des Prospekts in das Internet vorzunehmen. Dies kann bspw. auf der Internetseite des Emittenten selbst oder des organisierten Marktes, für den die Zulassung zum Handel beantragt wurde, erfolgen. Hinsichtlich der weiteren Anforderungen an diese Veröffentlichungsform ist Art. 29 EU-ProspV zu beachten.[19] Zudem muss gem. Abs. 3 Satz 2 eine Hinweisbekanntmachung erfolgen, aus der hervorgeht, wie und wo der Prospekt veröffentlicht worden ist.[20]

4. Verhältnis zu § 13 Abs. 4 WpPG

16 Gem. § 13 Abs. 4 WpPG ist auch die Bundesanstalt verpflichtet, einen gebilligten Prospekt auf ihrer Internet-Seite für jeweils zwölf Monate „zugänglich zu machen". Hierbei handelt es sich nicht um eine zulässige Veröffentlichungsform, sondern um ein – so bezeichnet es das Gesetz – „zugänglich machen", welches den Anbieter oder Zulassungsantragsteller von seinen Verpflichtungen aus § 14 WpPG nicht befreit. Das Einstellen des Prospekts auf der Internetseite der Bundesanstalt tritt also neben die Veröffentlichung nach Abs. 2.[21]

---

18 Siehe Rn. 18 ff.
19 Siehe Rn. 27 ff.
20 Siehe Rn. 18 ff.
21 Vgl. RegBegr. EU-ProspRL-UmsetzungsG, BT-Drucks. 15/4999, S. 35; *Kullmann/Sester*, WM 2005, 1068, 1074.

IV. Mitteilung der Veröffentlichung an die Bundesanstalt/ Veröffentlichung einer Hinweisbekanntmachung (Abs. 3)

1. Mitteilung der Veröffentlichung

Gem. Satz 1 hat der Anbieter oder Zulassungsantragsteller die Pflicht, der Bundesanstalt *Datum und Ort der Veröffentlichung* des Prospekts unverzüglich schriftlich mitzuteilen. Ort der Veröffentlichung meint die jeweils konkrete Veröffentlichungsart im Sinne des Abs. 2 Nr. 1 bis 4. Die Mitteilung hat unverzüglich, also ohne schuldhaftes Zögern[22] zu erfolgen. Die Bundesanstalt hat für die Mitteilung auf ihrer Internetseite ein Muster veröffentlicht.[23]

17

2. Hinweisbekanntmachung

Mit Satz 2 hat sich der deutsche Gesetzgeber dafür entschieden, von dem in Art. 14 Abs. 3 EU-ProspRL vorgesehenen Wahlrecht Gebrauch zu machen und eine Verpflichtung zur Veröffentlichung einer *Hinweisbekanntmachung* in einer oder mehreren Zeitungen im Sinne des Abs. 2 Nr. 1 vorzusehen. Eine Hinweisbekanntmachung stellt selbst nicht die Veröffentlichung des Prospekts oder eine weitere Veröffentlichungsart dar, sondern nur die Information des Anlegers über diese.[24] Weitere Anforderungen an die Veröffentlichung und den Inhalt einer Hinweisbekanntmachung enthält Art. 31 EU-ProspV. Die Bundesanstalt hat für die Hinweisbekanntmachung auf ihrer Internetseite Muster veröffentlicht.[25]

18

a) bezüglich der Veröffentlichung des Prospekts

Satz 2 schreibt zunächst eine Hinweisbekanntmachung vor, aus der hervorgeht, wie ein Prospekt veröffentlicht worden ist und wo er erhältlich ist. Diese Verpflichtung gilt jedenfalls für Prospekte, die in Deutschland als Herkunftsmitgliedstaat gebilligt wurden.

19

Diskutiert[26] wird, ob Satz 2 auch auf Prospekte anwendbar ist, die in einem anderen Herkunftsmitgliedstaat von der dortigen zuständigen Aufsichtsbehörde gebilligt wurden und die unter Nutzung des europäischen Passes für Wertpapierprospekte (Art. 17, 18 EU-ProspRL) auch in Deutschland für ein öffentliches Angebot oder für die Zulassung zum Handel verwendet werden sollen. Dies ist abzulehnen. Art. 17 Abs. 1 Satz 1 EU-ProspRL bestimmt insoweit, dass ein vom Herkunftsmitgliedstaat gebilligter Prospekt in beliebig vielen Aufnahmemitgliedstaaten für ein öffentliches Angebot oder für die Zulassung zum Handel gültig ist, sofern die zuständige Behörde des Aufnahmemitgliedstaates gem. Art. 18 EU-ProspRL unterrichtet wird (Notifizierungsverfahren). Damit ist von Seiten des europäischen Gesetzgebers fest-

20

---

22 Vgl. § 121 Abs. 1 BGB.
23 Vgl. www.bafin.de, Unternehmen/Allgemeine Pflichten/Prospekte für Wertpapiere/Aktuelle Rechtslage, Stand v. 06.02.2008.
24 Vgl. auch *Kullmann/Sester*, WM 2005, 1068, 1073.
25 Vgl. www.bafin.de, Unternehmen/Allgemeine Pflichten/Prospekte für Wertpapiere/Aktuelle Rechtslage, Stand v. 06.02.2008.
26 Vgl. *Heidelbach/Preuße*, BKR 2006, 316, 321 f.; *Seitz*, AG 2005, 678, 688.

gelegt, dass es außerhalb des formalisierten Notifizierungsverfahrens gerade keiner weiteren Schritte bedarf, um einen Prospekt für ein öffentliches Angebot oder die Zulassung zum Handel an einem organisierten Markt nutzen zu können.[27] Dies ergibt sich auch aus der Umsetzung des Art. 17 Abs. 1 Satz 1 EU-ProspRL in § 17 Abs. 3 WpPG der ordnungsgemäß ggü. der Bundesanstalt notifizierte Prospekte in Deutschland ebenfalls für ein öffentliches Angebot oder für die Zulassung zum Handel uneingeschränkt „gültig" erklärt. Gesetzessystematisch finden sich die Vorschriften über den europäischen Pass zudem im 4. Abschnitt des WpPG, die über die Billigung und Veröffentlichung von Prospekten mit Zuständigkeit der Bundesanstalt dagegen im 3. Abschnitt, was den abschließenden Regelungscharakter der Vorschriften über den europäischen Pass noch unterstreicht.[28] Auch aus Gründen des Anlegerschutzes ergibt sich kein Bedürfnis für die Veröffentlichung einer Hinweisbekanntmachung, da die Veröffentlichungspflichten im Herkunftsmitgliedstaat von der Anwendung des europäischen Passes unberührt bleiben.[29]

Dieser Auffassung hat sich jüngst auch der Ausschuss der europäischen Wertpapierregulierungsbehörden (CESR), nur mit Ausnahme von Deutschland und Österreich angeschlossen. Hiernach kann eine Hinweisbekanntmachung nur verlangt werden, wenn die zuständige Aufsichtsbehörde auch in ihrer Funktion als Heimatlandbehörde handelt, die Regelungen des europäischen Passes für Wertpapierprospekte – wie oben vertreten – also gerade nicht anwendbar sind.[30]

Die Bundesanstalt vertritt gleichwohl eine andere Auffassung[31] und hält die Veröffentlichung einer Hinweisbekanntmachung für erforderlich. Nach ihrer Auffassung ersetzt die Notifizierung eines Prospekts (nach Deutschland) nur die Billigung des Prospekts, Veröffentlichung und Hinweisbekanntmachung sollen sich aber nach den Regeln des WpPG richten.

b) bezüglich der Veröffentlichung eines Nachtrags

21 Nach § 16 Abs. 1 Satz 4 WpPG muss ein in Deutschland gebilligter Nachtrag[32] gem. § 14 WpPG veröffentlicht werden. Aufgrund des pauschalen Verweises auf § 14 WpPG wird überwiegend angenommen, dass hiermit nicht nur die Veröffentlichungsvorschriften selbst, sondern auch die Verpflichtung zur Veröffentlichung einer diesbezüglichen Hinweisbekanntmachung in Bezug genommen sind.[33]

---

27 Vgl. *Heidelbach/Preuße*, BKR 2006, 316, 321.
28 Vgl. *Heidelbach/Preuße*, BKR 2006, 316, 321.
29 Vgl. *Heidelbach/Preuße*, BKR 2006, 316, 322.
30 *CESR*, FAQ Dezember 2007, Ref. CESR/07-852; Frage 2, S. 5.
31 *CESR*, FAQ Dezember 2007, Ref. CESR/07-852; Frage 2, S. 5.
32 Wird der Nachtrag in einem anderen Herkunftsmitgliedstaat gebilligt, so ist nach der hier vertretenen Auffassung die Veröffentlichung einer Hinweisbekanntmachung nicht verpflichtend, vgl. sinngemäß die Begründung unter IV. 2. a), siehe auch Fn. 27.
33 Vgl. RegBegr. EU-ProspRL-UmsetzungsG, BT-Drucks. 15/4999, S. 36; *Groß*, KapMR, § 16, Rn. 11; *Kullmann/Sester*, WM 2005, 1068, 1075; krit. *Heidelbach/Preuße*, BKR 2006, 316, 321, Fn. 72.

c) bezüglich der Veröffentlichung von endgültigen Bedingungen

Entsprechend § 6 Abs. 3 Satz 1 WpPG müssen die endgültigen Bedingungen für einen in Deutschland gebilligten Basisprospekt[34], sofern sie nicht in diesen selbst oder einen Nachtrag aufgenommen werden, in der in § 14 WpPG genannten Art und Weise veröffentlicht werden. Da hier der Verweis auf die in § 14 WpPG genannte *Art und Weise* der Veröffentlichung beschränkt ist, ist dieser dahingehend zu verstehen, dass nur die in § 14 Abs. 2 WpPG genannten Veröffentlichungsarten in Bezug genommen sind. Dies ergibt sich auch aus Art. 33 EU-ProspV, der ebenfalls lediglich auf die Veröffentlichungsarten des Art. 14 EU-ProspRL verweist. Die zusätzliche Veröffentlichung einer Hinweisbekanntmachung ist also nicht erforderlich. Die Bundesanstalt vertritt hier allerdings eine andere Auffassung und hält die Veröffentlichung einer Hinweisbekanntmachung gleichwohl für erforderlich.

22

V. Veröffentlichung von Einzeldokumenten (Abs. 4)

Die Vorschrift bestimmt für einen aus mehreren Einzeldokumenten[35] bestehenden Prospekt, dass jedes Einzeldokument auch getrennt in einer in Abs. 2 genannten Art und Weise veröffentlicht werden kann. Praktisch bedeutet dies, dass unbeschadet dessen, dass alle Dokumente nur zusammen den Prospekt bilden, für jedes Dokument jeweils eine andere Veröffentlichungsart im Sinne des Abs. 2 gewählt werden könnte.[36] Allerdings ist gem. Satz 2 auf das jeweils andere Dokument zu referenzieren.

23

Gleiches gilt, wenn gem. § 11 WpPG Angaben in Form eines Verweises in den Prospekt einbezogen werden.

24

VI. Papierversion bei Internetveröffentlichung (Abs. 5)

Gem. Abs. 5 muss ein ausschließlich[37] im Internet veröffentlichter Prospekt (s. o. § 14 Abs. 2 Nr. 3 WpPG) dem Anleger auf Verlangen auch als Papierversion kostenlos zur Verfügung gestellt werden. Dies soll die gleichen Zugangsmöglichkeiten für das gesamte Publikum sicherstellen.[38] Nach der Regierungsbegründung soll der in Papierform zur Verfügung gestellte Prospekt zudem stets alle Angaben enthalten.[39]

25

---

34 Wird der Basisprospekt in einem anderen Herkunftsmitgliedstaat gebilligt, so ist nach der hier vertretenen Auffassung die Veröffentlichung einer Hinweisbekanntmachung für endgültige Bedingungen nicht verpflichtend, vgl. sinngemäß die Begründung unter IV. 2. a), siehe auch Fn. 27.
35 Gem. § 12 Abs. 1 WpPG kann ein Prospekt in die Einzeldokumente Registrierungsformular, Wertpapierbeschreibung und Zusammenfassung gegliedert werden, Näheres Komm. zu § 12.
36 Vgl. RegBegr. EU-ProspRL-UmsetzungsG, BT-Drucks. 15/4999, S. 36.
37 Vgl. RegBegr. EU-ProspRL-UmsetzungsG, BT-Drucks. 15/4999, S. 36.
38 Vgl. RegBegr. EU-ProspRL-UmsetzungsG, BT-Drucks. 15/4999, S. 36.
39 Vgl. RegBegr. EU-ProspRL-UmsetzungsG, BT-Drucks. 15/4999, S. 36; *Groß*, KapMR, § 14, Rn. 9.

VII. Aufbewahrungsfrist (Abs. 6)

26 Die Vorschrift bestimmt die Frist, innerhalb derer die Bundesanstalt bei ihr hinterlegte Prospekte in ihrer Funktion als Evidenzzentrale aufbewahren muss. Sie entspricht der bisherigen Aufbewahrungsfrist nach § 8 Satz 3 und 4 VerkProspG.

KAPITEL V
Veröffentlichung und Verbreitung von Werbung

ARTIKEL 29
Veröffentlichung in elektronischer Form

(1) Die Veröffentlichung des Prospekts oder des Basisprospekts in elektronischer Form im Sinne von Artikel 14 Absatz 2 Buchstaben c, d und e der Richtlinie 2003/71/EG oder als ein zusätzliches Mittel der Verfügbarkeit hat folgende Voraussetzungen zu erfüllen:

1. der Prospekt oder der Basisprospekt müssen bei Aufrufen der Website leicht zugänglich sein;
2. das Format der Datei muss dergestalt sein, dass sich der Prospekt oder Basisprospekt nicht modifizieren lassen;
3. der Prospekt oder der Basisprospekt dürfen keine „Hyperlinks" enthalten, mit Ausnahme der Verbindungen zu elektronischen Adressen, über die die in Form eines Verweises aufgenommenen Angaben abrufbar sind;
4. den Anlegern muss es möglich sein, den Prospekt bzw. den Basisprospekt herunter zu laden und auszudrucken. Die in Unterabsatz 1 Nummer 3 genannte Ausnahme gilt nur für Dokumente, die in Form eines Verweises aufgenommen wurden. Diese Dokumente müssen durch einfache und unmittelbar anwendbare technische Maßnahmen verfügbar sein.

(2) Werden ein Prospekt oder ein Basisprospekt für das Angebot von Wertpapieren dem Publikum auf der Website des Emittenten oder der Finanzintermediäre oder der geregelten Märkte zur Verfügung gestellt, so ergreifen diese Maßnahmen, mit denen vermieden wird, die Gebietsansässigen in Mitgliedstaaten oder Drittstaaten anzusprechen, in denen die Wertpapiere dem Publikum nicht angeboten werden. Dies kann z. B. durch eine deutliche Erklärung dahingehend erfolgen, wer die Adressaten des Angebots sind.

CHAPTER V
Publication and dissemination of advertisements

ARTICLE 29
Publication in electronic form

(1) The publication of the prospectus or base prospectus in electronic form, either pursuant to points (c) (d) and (e) of Article 14(2) of Directive 2003/71/EC, or as an additional means of availability, shall be subject to the following requirements:

1. the prospectus or base prospectus shall be easily accessible when entering the web-site;
2. the file format shall be such that the prospectus or base prospectus cannot be modified;

3. the prospectus or base prospectus shall not contain hyperlinks, with exception of links to the electronic addresses where information incorporated by reference is available;
4. the investors shall have the possibility of downloading and printing the prospectus or base prospectus.

The exception referred to in point 3 of the first subparagraph shall only be valid for documents incorporated by reference; those documents shall be available with easy and immediate technical arrangements.

(2) If a prospectus or base prospectus for offer of securities to the public is made available on the web-sites of issuers and financial intermediaries or of regulated markets, these shall take measures, to avoid targeting residents in Members States or third countries where the offer of securities to the public does not take place, such as the insertion of a disclaimer as to who are the addressees of the offer.

Inhalt

	Rn.		Rn.
I. Leicht zugänglich (Abs. 1, Nr. 1)	2	IV. Verfügbarkeit eines elektronischen Prospekts und per Verweis einbezogener Angaben (Abs. 1 Nr. 4)	5
II. Nicht modifizierbar (Abs. 1, Nr. 2)	3		
III. Elektronischer Verweis auf Dokumente (Abs. 1 Nr. 3)	4		
		V. Zugriffsbeschränkungen (Abs. 2)	7

1 Gem. § 14 Abs. 2, Nr. 3 und 4 WpPG ist die Veröffentlichung eines Prospekts auf der Internetseite des Emittenten, eines Finanzintermediärs, einer Zahlstelle oder des organisierten Marktes, für den die Zulassung zum Handel beantragt wurde, als elektronische Veröffentlichungsform möglich. Art. 29 EU-ProspV bestimmt für diese Veröffentlichungsform weitere Anforderungen.

I. Leicht zugänglich (Abs. 1, Nr. 1)

2 Bei einer elektronischen Veröffentlichung des Prospekts im Internet gem. § 14 Abs. 2, Nr. 3 und 4 EU-ProspV muss dieser beim Aufrufen der Internetseite leicht zugänglich sein. Sinn und Zweck dieser Vorschrift ist es, dem Anleger das Auffinden des Prospekts auf einer Internetseite zu erleichtern.[1] Leicht zugänglich dürfte der Prospekt immer dann sein, wenn der Internetauftritt des Veröffentlichenden von dessen Eingangsseite bis zur Zielseite, auf der sich die elektronische Fassung des Prospekts befindet, derart strukturiert ist, dass einem durchschnittlichen Anleger das gezielte Auffinden des veröffentlichten Prospekts ohne weiteres möglich ist. Nicht verpflichtend ist es hiernach, dass der Prospekt direkt auf die Eingangsseite eines Internetauftritts eingestellt wird, ein solches Unmittelbarkeitserfordernis ergibt sich aus der Vorschrift nicht.

---

1 Vgl. EU-ProspV Nr. 809/2004 v. 29.04.2004, ABl. EU L 186 v. 18.07.2005, Erwägungsgrund 31.

II. Nicht modifizierbar (Abs. 1, Nr. 2)

Des Weiteren muss das Format der Prospektdatei so ausgestaltet sein, dass diese bzw. dessen Inhalt nicht modifizierbar ist. Hiermit soll insb. die Vollständigkeit der Angaben gewahrt und Manipulationen oder Änderungen durch nicht befugte Personen vermieden werden.[2] Dementsprechend muss die auf der Internetseite verfügbare elektronische Prospektdatei durch ihr Format oder technische Beschaffenheit ausreichend Schutz gegen Manipulationen oder Änderungen bieten. Hierfür scheint insbesondere das pdf-Format geeignet, da dieses Manipulationen nicht ohne weiteres zulässt.

III. Elektronischer Verweis auf Dokumente (Abs. 1 Nr. 3)

Nr. 3 befasst sich mit der Aufnahme von elektronischen Verweisen (so genannten Hyperlinks oder Links) in elektronisch veröffentlichten Prospekten. Mit diesen kann gezielt und in der Regel automatisiert eine Verbindung zu einem weiteren Dokument hergestellt werden. Derartige elektronische Verweise dürfen entsprechend Nr. 3 nur dann in einem Prospekt enthalten sein, wenn hiermit auf Angaben, die in Form eines Verweises im Sinne des § 11 WpPG in den Prospekt einbezogen sind, verwiesen werden soll. Dies ist aus Sicht des § 11 WpPG auch folgerichtig, da auf Prospektangaben in anderen Dokumenten als dem Prospekt selbst nur unter dessen Voraussetzungen verwiesen werden darf. Nicht erfasst sein dürften elektronische Verweise, die lediglich ergänzend in einen Prospekt aufgenommen werden, sofern die eigentlich erforderlichen Angaben bzw. Inhalte schon im Prospekt selbst enthalten sind.

IV. Verfügbarkeit eines elektronischen Prospekts und per Verweis einbezogener Angaben (Abs. 1 Nr. 4)

Ein in elektronischer Form veröffentlichter Prospekt muss technisch so verfügbar sein, dass er „heruntergeladen werden kann", im Ergebnis also durch den Anleger auf einem externen Speichermedium (Festplatte, CD-ROM etc.) physisch gespeichert werden kann. Dies setzt die Möglichkeit eines Datentransports zum Anleger voraus. Zudem muss nach Nr. 4, Satz 1, 2. Alt. der Prospekt in einem Datenformat vorgehalten werden, das dessen Ausdruck auf Papier zulässt.

Nach Nr. 4, Satz 2 müssen Angaben, die mittels Verweis im Sinne des § 11 WpPG in einen Prospekt einbezogen sind, zudem durch einfache und unmittelbar anwendbare technische Maßnahmen verfügbar sein. Hierfür kann es bspw. genügen, wenn die einbezogenen Dokumente ebenfalls auf der Internetseite, die den Prospekt enthält, elektronisch verfügbar sind, siehe auch I.

---

2 Vgl. EU-ProspV, Erwägungsgrund 31.

V. Zugriffsbeschränkungen (Abs. 2)

7 Abs. 2 schreibt vor, bestimmte Vorkehrungen dahingehend zu treffen, dass ein auf der Internetseite veröffentlichter Prospekt nicht auch zur Ansprache des Publikums in Mitglied- oder Drittstaaten führt, in denen die Wertpapiere nicht angeboten werden. Dies kann bspw. durch eine technisch zwingend vorgesehene Abfrage des Wohnortes bzw. Herkunftslandes des Anlegers erfolgen, nach deren Beantwortung entschieden wird, ob ihm der Prospekt zugänglich gemacht wird oder nicht. Zwingend ist eine solche Abfrage nach Abs. 2 aber nicht, da hierfür auch schon eine deutliche Erklärung im Sinne einer ausdrücklichen Bezeichnung genügen soll, die angibt, wer Adressat des Angebotes ist.

ARTIKEL 30
Veröffentlichung in Zeitungen

(1) Um Artikel 14 Absatz 2 Buchstabe a der Richtlinie 2003/71/EG zu genügen, erfolgt die Veröffentlichung eines Prospekts oder eines Basisprospekts in einer allgemeinen Zeitung oder in einer Finanzzeitung mit landesweiter oder überregionaler Auflage.

(2) Ist die zuständige Behörde der Auffassung, dass die für die Veröffentlichung gewählte Zeitung nicht den Anforderungen von Absatz 1 entspricht, bestimmt sie eine Zeitung, deren Verbreitung sie für diesen Zweck angemessen hält. Dabei ist insbesondere dem geografischen Raum, der Zahl der Einwohner und den Lesegewohnheiten in jedem Mitgliedstaat Rechnung zu tragen.

ARTICLE 30
Publication in newspapers

(1) In order to comply with point (a) of Article 14(2) of Directive 2003/71/EC the publication of a prospectus or a base prospectus shall be made in a general or financial information newspaper having national or supra-regional scope;

(2) If the competent authority is of the opinion that the newspaper chosen for publication does not comply with the requirements set out in paragraph 1, it shall determine a newspaper whose circulation is deemed appropriate for this purpose taking into account, in particular, the geographic area, number of inhabitants and reading habits in each Member State.

1 Die Vorschrift befasst sich näher mit der Zeitungspublizität, § 14 Abs. 2 Nr. 1 WpPG. Erforderlich ist hiernach, dass die Veröffentlichung des Prospekts in einer Wirtschafts- oder Tageszeitung erfolgt, die in dem Staat, in dem das öffentliche Angebot erfolgt oder die Zulassung zum Handel angestrebt wird, *weit verbreitet* ist. Nach Abs. 1 ist dies der Fall, wenn die Veröffentlichung in einer allgemeinen Zeitung oder einer Finanzzeitung mit *landesweiter* oder *überregionaler* Auflage erfolgt. Die Auswahl einer Zeitung mit landesweiter Auflage dürfte zumindest für den Fall ausreichend sein, dass nur in einem Staat das öffentliche Angebot erfolgt oder die Zulassung zum Handel ange-

strebt wird. Erfolgt dies dagegen in mehreren Staaten, so kann nach der Vorschrift die Veröffentlichung ebenfalls nur in einer Zeitung erfolgen, soweit diese überregional erscheint, also zumindest auch in den Staaten, in denen das konkrete öffentliche Angebot oder die Zulassung zum Handel erfolgen soll.

Abs. 2 räumt der Bundesanstalt für den Fall, dass eine Veröffentlichung nicht den Erfordernissen des Abs. 1 entspricht, die Befugnis ein, selbst eine ihr geeignet erscheinende Zeitung zu bestimmen. Bei ihrer diesbezüglichen Ermessensentscheidung hat sie nach Satz 2 den geografischen Raum, die Zahl der Einwohner und die Lesegewohnheiten in dem Mitgliedstaat zu berücksichtigen.

ARTIKEL 31
Veröffentlichung der Mitteilung

(1) Nimmt ein Mitgliedstaat die in Artikel 14 Absatz 3 der Richtlinie 2003/71/EG genannte Option in Anspruch, der zufolge er die Veröffentlichung einer Mitteilung verlangt, aus der hervorgeht, dass der Prospekt oder der Basisprospekt dem Publikum zur Verfügung gestellt wurden und wo er erhältlich ist, so ist diese Mitteilung in einer Zeitung zu veröffentlichen, die den Anforderungen für die Veröffentlichung von Prospekten gemäß Artikel 30 dieser Verordnung genügt. Bezieht sich die Mitteilung auf einen Prospekt oder einen Basisprospekt, der lediglich für die Zwecke der Zulassung von Wertpapieren zum Handel auf einem geregelten Markt veröffentlicht wurde, auf dem bereits Wertpapiere der gleichen Kategorie zugelassen sind, kann die Mitteilung alternativ dazu in das Amtsblatt des geregelten Marktes aufgenommen werden, und zwar unabhängig davon, ob dieses Amtsblatt in Papierform oder in elektronischer Form erscheint.

(2) Die Mitteilung wird entsprechend Artikel 14 Absatz 1 der Richtlinie 2003/71/EG spätestens am nächsten Arbeitstag veröffentlicht, der dem Datum der Veröffentlichung des Prospekts oder des Basisprospekts folgt.

(3) Die Mitteilung enthält folgende Angaben:

1. **genaue Bezeichnung des Emittenten;**
2. **Art, Kategorie und Betrag der anzubietenden Wertpapiere und/oder Angabe, ob die Zulassung zum Handel beantragt wurde, sofern diese Elemente zum Zeitpunkt der Veröffentlichung der Mitteilung bekannt sind;**
3. **beabsichtigter Zeitplan für das Angebot/die Zulassung zum Handel;**
4. **ein Hinweis, dass ein Prospekt oder ein Basisprospekt veröffentlicht wurden und wo sie erhältlich sind;**
5. **für den Fall, dass der Prospekt oder der Basisprospekt in gedruckter Form veröffentlicht wurden, Angabe des Ortes und des Zeitraums, wo bzw. während dessen der Ausdruck dem Publikum zur Verfügung steht;**
6. **für den Fall, dass der Prospekt oder der Basisprospekt in elektronischer Form veröffentlicht wurden, Angabe des Ortes, an dem die Anleger eine Papierfassung erhalten können;**
7. **Datum der Mitteilung.**

ARTICLE 31
Publication of the notice

(1) If a Member State makes use of the option, referred to in Article 14(3) of Directive 2003/71/EC, to require the publication of a notice stating how the prospectus or base prospectus has been made available and where it can be obtained by the public, that notice shall be published in a newspaper that fulfils the requirements for publication of prospectuses according to Article 30 of this Regulation. If the notice relates to a prospectus or base prospectus published for the only purpose of admission of securities to trading on a regulated market where securities of the same class are already admitted, it may alternatively be inserted in the gazette of that regulated market, irrespective of whether that gazette is in paper copy or electronic form.

(2) The notice shall be published no later than the next working day following the date of publication of the prospectus or base prospectus pursuant to Article 14(1) of Directive 2003/71/EC.

(3) The notice shall contain the following information:
1. the identification of the issuer;
2. the type, class and amount of the securities to be offered and/or in respect of which admission to trading is sought, provided that these elements are known at the time of the publication of the notice;
3. the intended time schedule of the offer/admission to trading;
4. a statement that a prospectus or base prospectus has been published and where it can be obtained;
5. if the prospectus or base prospectus has been published in a printed form, the addresses where and the period of time during which such printed forms are available to the public;
6. if the prospectus or base prospectus has been published in electronic form, the addresses to which investors shall refer to ask for a paper copy;
7. the date of the notice.

2 Abs. 1, Satz 1 legt für den Fall der Veröffentlichung einer Hinweisbekanntmachung fest, dass diese, wie im Falle der Zeitungspublizität des Prospekts selbst, in einer Zeitung mit landesweiter oder zumindest überregionaler Verbreitung erscheinen muss. Ausnahmsweise kann in dem Fall, dass sich der Prospekt lediglich auf die Zulassung von Wertpapieren zum Handel an einem geregelten Markt bezieht und Wertpapiere gleicher Art und Ausstattung dort bereits zugelassen sind, die Hinweisbekanntmachung auch im Amtsblatt des geregelten Marktes, gleich ob dieses in Papierform oder elektronischer Form erscheint, veröffentlicht werden (Satz 2).

3 Abs. 2 bestimmt die Veröffentlichungsfrist näher. Eine Hinweisbekanntmachung hat hiernach spätestens am Arbeitstag nach der Veröffentlichung des Prospekts zu erfolgen.

4 Abs. 3 regelt Näheres zum Inhalt einer Hinweisbekanntmachung. Per Definition hat diese insb. den Hinweis zu enthalten, dass ein Prospekt veröffentlicht wurde und wo er erhältlich ist (Nr. 4). Im Falle der Veröffentlichung in gedruckter Form ist anzugeben, wo dieser zur kostenlosen Ausgabe bereitgehalten wird (Nr. 5).[1] Für den Fall der elektronischen Veröffentlichung ist

---
[1] Vgl. § 14 Abs. 2, Nr. 2 WpPG.

anzugeben, wo die Anleger eine Papierversion des Prospekts erhalten können (Nr. 6).²

ARTIKEL 32
Liste der gebilligten Prospekte

In der Liste der gebilligten Prospekte und Basisprospekte, die auf der Website der zuständigen Behörde im Sinne von Artikel 14 Absatz 4 der Richtlinie 2003/71/EG veröffentlicht wird, ist anzugeben, wie diese Prospekte dem Publikum zur Verfügung gestellt wurden und wo sie erhältlich sind.

ARTICLE 32
List of approved prospectuses

The list of the approved prospectuses and base prospectuses published on the website of the competent authority, in accordance with Article 14(4) of Directive 2003/71/EC, shall mention how such prospectuses have been made available and where they can be obtained.

Gem. § 13 Abs. 4 WpPG macht die Bundesanstalt gebilligte Prospekte auf ihrer Internet-seite für jeweils zwölf Monate zugänglich.¹ Zusätzlich ist dort die Veröffentlichungsart des Prospekts im Sinne des § 14 Abs. 2 WpPG näher anzugeben. 1

ARTIKEL 33
Veröffentlichung der endgültigen Bedingungen der Basisprospekte

Die Art der Veröffentlichung für die endgültigen Bedingungen zum Basisprospekt muss nicht mit der für den Basisprospekt verwendeten identisch sein, sofern es sich bei der erstgenannten Art um eine der in Artikel 14 der Richtli-nie 2003/71/EG genannte Art für die Veröffentlichung handelt.

ARTICLE 33
Publication of the final terms of base prospectuses

The publication method for final terms related to a base prospectus does not have to be the same as the one used for the base prospectus as long as the publication method used is one of the publication methods indicated in Article 14 of the Directive 2003/71/EC.

---

2 Vgl. § 14 Abs. 5 WpPG.

---

1 Siehe unter: www.bafin.de/Unternehmen/Allgemeine Pflichten/Prospekte für Wertpapiere.

Die Vorschrift stellt klar, dass die Veröffentlichungsart im Sinne des § 14 Abs. 2 WpPG des Basisprospekts und der zugehörigen endgültigen Bedingungen nicht identisch sein muss, sofern beide Veröffentlichungen den Anforderungen des § 14 Abs. 2 WpPG entsprechen.

§ 15
Werbung

(1) Jede Art von Werbung, die sich auf ein öffentliches Angebot von Wertpapieren oder auf eine Zulassung zum Handel an einem organisierten Markt bezieht, muss nach Maßgabe der Absätze 2 bis 5 erfolgen. Die Absätze 2 bis 4 sind nur anzuwenden, wenn das öffentliche Angebot von Wertpapieren oder die Zulassung von Wertpapieren zum Handel an einem organisierten Markt prospektpflichtig ist.

(2) In allen Werbeanzeigen ist darauf hinzuweisen, dass ein Prospekt veröffentlicht wurde oder zur Veröffentlichung ansteht und wo die Anleger ihn erhalten können.

(3) Werbeanzeigen müssen als solche klar erkennbar sein. Die darin enthaltenen Angaben dürfen nicht unrichtig oder irreführend sein. Die Angaben dürfen darüber hinaus nicht im Widerspruch zu den Angaben stehen, die der Prospekt enthält oder die im Prospekt enthalten sein müssen, falls dieser erst zu einem späteren Zeitpunkt veröffentlicht wird.

(4) Alle über das öffentliche Angebot oder die Zulassung zum Handel an einem organisierten Markt verbreiteten Informationen, auch wenn sie nicht zu Werbezwecken dienen, müssen mit den im Prospekt enthaltenen Angaben übereinstimmen.

(5) Besteht nach diesem Gesetz keine Prospektpflicht, muss der Anbieter wesentliche Informationen über den Emittenten oder über ihn selbst, die sich an qualifizierte Anleger oder besondere Anlegergruppen richten, einschließlich Informationen, die im Verlauf von Veranstaltungen betreffend Angebote von Wertpapieren mitgeteilt werden, allen qualifizierten Anlegern oder allen besonderen Anlegergruppen, an die sich das Angebot ausschließlich richtet, mitteilen. Muss ein Prospekt veröffentlicht werden, sind solche Informationen in den Prospekt oder in einen Nachtrag zum Prospekt gemäß § 16 Abs. 1 aufzunehmen.

(6) Hat die Bundesanstalt Anhaltspunkte für einen Verstoß gegen die Absätze 2 bis 5, kann sie anordnen, dass die Werbung für jeweils höchstens zehn aufeinander folgende Tage auszusetzen ist. Die Bundesanstalt kann die Werbung mit Angaben untersagen, die geeignet sind, über den Umfang der Prüfung nach § 13 oder § 16 irrezuführen. Vor allgemeinen Maßnahmen nach Satz 2 sind die Spitzenverbände der betroffenen Wirtschaftskreise und des Verbraucherschutzes zu hören.

Inhalt

	Rn.		Rn.
I. Überblick	1	II. Entstehungsgeschichte	2

III.	Inhalt der Norm	3	
1.	Begriff Werbung	3	
2.	Abgrenzung zwischen Werbung und Prospekt	4	
3.	Prospektpflicht (Abs. 1)	5	
4.	Hinweispflicht (Abs. 2).	6	
5.	Keine Unrichtigkeit oder Irreführung (Abs. 3)	7	
6.	Kongruenzgebot (Abs. 4)	8	
7.	Gleichbehandlungsgrundsatz (Abs. 5)	9	
8.	Aussetzung der Werbung (Abs. 6)	10	
a)	Aussetzungsfrist	10	
b)	Irreführung über den Prüfungsumfang der §§ 13 oder 16 WpPG	11	
c)	Anhörung der Spitzenverbände	12	
9.	Zuständigkeit für die Aufsicht über Werbung	13	

I. Überblick

§ 15 WpPG enthält Regelungen über Werbung, die sich auf ein öffentliches Angebot von Wertpapieren oder auf eine Zulassung zum Handel an einem organisierten Markt beziehen. Das WpPG stellt strenge Anforderungen an jede Art von Werbung. In allen Werbeanzeigen ist auf den Prospekt hinzuweisen. Die in der Werbung enthaltenen Informationen dürfen nicht unrichtig oder irreführend sein. Alle Informationen, unabhängig davon, ob sie mündlich oder schriftlich verbreitet werden, müssen mit den im Prospekt gemachten Angaben übereinstimmen. Schließlich sind wesentliche Informationen des Emittenten, die sich an qualifizierte Anleger oder besondere Anlegergruppen richten, einschließlich Informationen, die im Verlauf von Veranstaltungen betreffend Angebote von Wertpapieren mitgeteilt werden, auch im Prospekt aufzunehmen.   1

Art. 34 der EU-ProspV enthält einen Katalog von 18 Medien, mittels derer Werbung verbreitet werden kann.

II. Entstehungsgeschichte

Die umfangreiche Regelung der Werbung ist neu im deutschen Prospektrecht. Bislang war die Werbung in den §§ 8e und 12 VerkProspG nur rudimentär geregelt. Gem. § 12 VerkProspG ist in Werbeanzeigen auf den Prospekt und seine Veröffentlichung zu verweisen. Mit der Regelung des § 15 WpPG kommen verschiedene formelle und materielle Anforderungen an eine Emissionswerbung hinzu.   2

In den ersten Entwürfen der EU-ProspRL war vorgesehen, dass jede Bekanntmachung, Anzeige und Broschüre vor ihrer Veröffentlichung der zuständigen Herkunftsmitgliedstaatsbehörde vorgelegt und von ihr geprüft werden sollte.[1] Diese Regelung wurde bereits in der ersten Stellungnahme des Wirtschafts- und Sozialausschusses als „nicht angemessen und unver-

---

1   Art. 13 des Vorschlags der Kommission der Europäischen Gemeinschaften für eine Richtlinie des Europäischen Parlaments und des Rates v. 01.06.2001, ABl. C 240 v. 28.08.2001, S. 278.

hältnismäßig streng" kritisiert. Dass darüber hinaus keine Frist für die Prüfung bestand, wurde als „unannehmbar" angesehen.[2] Schließlich verschwand die Prüfungspflicht durch die zuständige Behörde aus dem Entwurf der Richtlinie.[3]

III. Inhalt der Norm

1. Begriff Werbung

3   Art. 2 Nr. 9 der EU-ProspV definiert den Begriff Werbung als Bekanntmachungen, die sich auf ein bestimmtes öffentliches Angebot von Wertpapieren oder deren Zulassung zum Handel auf einem geregelten Markt beziehen und darauf abzielen, die mögliche Zeichnung oder den möglichen Erwerb von Wertpapieren besonders zu fördern. Damit ist die Definition sehr weitreichend.[4] Unter Werbung fallen somit jegliche Erklärungen, die über eines der in Art. 34 der EU-ProspV genannten 18 Medien verbreitet werden und inhaltlich darauf gerichtet sind, einen Anleger zum Erwerb oder Handel mit Wertpapieren zu bewegen. Darunter kann bereits eine Unternehmensnachricht mit dem Hinweis auf eine Zeichnungs- oder Handelsmöglichkeit unter Angabe von WKN oder ISIN fallen.

2. Abgrenzung zwischen Werbung und Prospekt

4   Bei einer Druckschrift, die nicht den Anforderungen des WpPG und der EU-ProspV genügt, kann sich die Frage stellen, ob es sich dabei um einen fehlerhaften und zudem nicht von der Bundesanstalt gebilligten Wertpapierprospekt oder um Werbung handelt. Zur Abgrenzung kann hier die Tatsache herangezogen werden, ob das Schriftstück der Bundesanstalt vor seiner Veröffentlichung zugeschickt wurde oder nicht.[5] Hat die Druckschrift der Bundesanstalt vorgelegen, so deutet dies darauf hin, dass der Emittent sie als Prospekt angesehen hat. Nicht entscheidend ist, ob die Bundesanstalt den Prospekt geprüft und gebilligt hat. Hat die Druckschrift der Bundesanstalt zu keinem Zeitpunkt vorgelegen, so spricht dies für die Annahme einer Werbeanzeige.

Darüber hinaus können der Umfang der Broschüre sowie der Inhalt der darin aufgenommenen Informationen Anhaltspunkte für die Abgrenzung bieten. So dürfte ein eher umfangreiches Schriftstück, in dem zumindest ein großer Teil der gesetzlich geforderten Prospektangaben enthalten ist, für die Annahme eines der Bundesanstalt vorzulegenden und von ihr zu billigenden Wertpapierprospekts.

---

2   Stellungnahme des Wirtschafts- und Sozialausschusses v. 16. und 17.01.2002, ABl. C 80 v. 03.04.2002, S. 59.
3   Erstmals im Standpunkt des Europäischen Parlaments festgelegt in erster Lesung am 14.03.2002, ABl. C 47, S. 537.
4   *Wieneke*, NZG 2005, 109, 110.
5   *Schäfer*, ZGR 2006, 40, 50.

Nicht zuletzt deutet auch die Bezeichnung des Schriftstücks als „Prospekt" darauf hin, dass der Emittent einen solchen und keine Werbeanzeige veröffentlichen wollte.

3. Prospektpflicht (Abs. 1)

Gem. Abs. 1 sind die Abs. 2 bis 4 nur anzuwenden, wenn das öffentliche Angebot von Wertpapieren oder die Zulassung von Wertpapieren zum Handel an einem organisierten Markt prospektpflichtig ist. Die Bestimmung der Prospektpflicht richtet sich nach den Regelungen in §§ 3, 4 WpPG. Werbung für öffentliche Angebote oder Zulassungen zum Handel, die nicht prospektpflichtig sind, unterliegt den Anforderungen des § 15 Abs. 5 WpPG.

Entscheidet sich ein Emittent gem. § 1 Abs. 3 WpPG freiwillig für die Erstellung und Veröffentlichung eines Prospekts (sog. Opt-in), so fragt sich, ob die Werbung für das jeweilige öffentliche Angebot bzw. die Zulassung zum Handel den Anforderungen der Abs. 2 bis 4 genügen muss oder ob Abs. 5 anwendbar ist. Nach dem Wortlaut des Abs. 1 wäre lediglich Abs. 5 anwendbar. Die Regelungen der Abs. 2 bis 4 sind nur dann sinnvoll, wenn neben der Werbung ein Prospekt veröffentlicht wurde. Existiert ein Prospekt, soll die Werbung einen Hinweis auf den Prospekt enthalten, keine unrichtigen oder irreführenden Angaben enthalten und mit den Angaben im Prospekt übereinstimmen. Dabei kann es nicht darauf ankommen, ob der Prospekt aufgrund gesetzlicher Verpflichtung oder freiwillig erstellt wurde. In jedem Fall sollten die Voraussetzungen der Abs. 2 bis 4 erfüllt sein. Auch im Falle einer freiwilligen Erstellung und Veröffentlichung eines Prospekts sollte eine Werbeanzeige daher den Anforderungen der Abs. 2 bis 4 genügen.

Sofern das WpPG gem. § 1 Abs. 2 WpPG gar nicht anwendbar ist, greift auch § 15 Abs. 5 WpPG nicht ein.[6]

4. Hinweispflicht (Abs. 2)

Abs. 2 verlangt, dass in allen Werbeanzeigen darauf hinzuweisen ist, dass ein Prospekt veröffentlicht wurde oder zur Veröffentlichung ansteht und wo die Anleger ihn erhalten können. Der Prospekt wird damit als zentrales Informationsmedium angesehen. Wenn sich ein Anleger in einer Informationsveranstaltung vor der Veröffentlichung des Prospekts in eine Mailingliste eingetragen hat, so ist er bei Versand des Informationsmaterials per Post oder per E-Mail auf den Prospekt hinzuweisen. Der Hinweis ist sowohl inhaltlich eindeutig zu formulieren als auch im Format deutlich sichtbar in der Werbeanzeige zu platzieren.

5. Keine Unrichtigkeit oder Irreführung (Abs. 3)

Gem. Abs. 3 müssen Werbeanzeigen als solche klar erkennbar sein. Für einen potentiellen Anleger muss es somit ersichtlich sein, ob es sich um eine Werbeanzeige, einen Prospekt oder eine sonstige Erklärung handelt.

---

6 *Heidelbach/Preuße*, BKR 2006, 316, 322.

Darüber hinaus dürfen die Angaben in der Werbeanzeige nicht unrichtig oder irreführend sein. Insbesondere dürfen sie nicht im Widerspruch zum Prospekt stehen. Dies kann dann problematisch werden, wenn der Prospekt erst nach Veröffentlichung der Werbung erstellt und veröffentlicht wird. Sollte der Emittent nach Veröffentlichung der Werbung feststellen, dass deren Inhalt unrichtig ist und dass er im Prospekt abweichende Angaben aufnehmen muss, so hat er die Werbung unverzüglich zu unterlassen. Dasselbe muss gelten, wenn er – trotz Prospektpflicht – schließlich doch keinen Prospekt veröffentlicht: Auch dann ist es unzulässig, unrichtige oder irreführende Angaben in einer Werbung zu machen. Die Werbung ist unverzüglich einzustellen.

6. Kongruenzgebot (Abs. 4)

8 Über die in Abs. 3 geregelte Übereinstimmung zwischen den Angaben in der Werbung und im Prospekt hinaus verlangt Abs. 4, dass sämtliche über ein öffentliches Angebot oder die Zulassung zum Handel an einem organisierten Markt verbreiteten Informationen, selbst wenn sie nicht zu Werbezwecken dienen, mit den im Prospekt enthaltenen Angaben übereinstimmen müssen (sog. Kongruenzgebot oder Informationssymmetriegebot). Auch hier kann sich die Konstellation ergeben, dass eine Information zunächst veröffentlicht wurde und sich noch vor der Veröffentlichung des Prospekts herausstellt, dass die Information unrichtig war. Selbstverständlich kann die unrichtige Information in einem solchen Fall nicht im Prospekt wiederholt werden, nur um dem Kongruenzgebot des Abs. 4 zu genügen. Soweit dies möglich ist, sollte die unzutreffende Information unverzüglich zurückgezogen werden.

Zu überlegen ist, ob aus Abs. 4 eine Verpflichtung des Emittenten hergeleitet werden kann, die ihm bekannten Anleger über die unrichtigen Informationen zu benachrichtigen. Dies ist jedoch abzulehnen. Zunächst wäre eine Durchsetzung dieser Verpflichtung insofern schwierig, als die Bundesanstalt einen Nachweis erbringen müsste, dass dem Emittenten die Identität bestimmter – nicht benachrichtigter Anleger – bekannt war. Des Weiteren würde eine Benachrichtigungspflicht den Emittenten unverhältnismäßig belasten. Vor allem aber wäre eine Gleichbehandlung aller Anleger nicht zu gewährleisten, wenn nur bestimmte Anleger über die unrichtigen Angaben informiert würden. Aus diesen Gründen kann aus Abs. 4 keine Benachrichtigungspflicht folgen.

7. Gleichbehandlungsgrundsatz (Abs. 5)

9 Während die Abs. 2 bis 4 den Fall regeln, dass das beworbene Angebot bzw. die Zulassung zum Handel prospektpflichtig ist, erfasst Abs. 5 den Fall, dass keine Prospektpflicht besteht. Die Feststellung der Prospektpflicht richtet sich nach den Regelungen der §§ 3, 4 WpPG.[7]

---

[7] Zur Anwendbarkeit des Abs. 5 im Falle eines Opt-ins vgl. Rn. 5.

Hat der Anbieter qualifizierten Anlegern oder besonderen Anlegergruppen wesentliche Informationen über den Emittenten oder über sich selbst – auch im Verlauf von Veranstaltungen – mitgeteilt, so ist er verpflichtet, diese Informationen sämtlichen qualifizierten Anlegern und allen besonderen Anlegergruppen, an die sich das Angebot richtet, mitzuteilen. Das bedeutet, dass im Rahmen von Präsentationen auf Roadshows oder auf Veranstaltungen für Analysten verbreitete Informationen, auch wenn sie keinen Werbecharakter haben, mit den Angaben im Prospekt abgestimmt werden müssen.[8] Die bislang mögliche sog. selective disclosure scheidet nunmehr aus.[9]

Ergibt sich nachträglich eine Prospektpflicht, so sind die bereits den qualifizierten Anlegern oder besonderen Anlegergruppen mitgeteilten Informationen in den Prospekt aufzunehmen oder mittels Nachtrags gem. § 16 Abs. 1 WpPG zu veröffentlichen.

8. Aussetzung der Werbung (Abs. 6)

a) Aussetzungsfrist

Abs. 6 sieht vor, dass die Bundesanstalt eine Werbung für jeweils höchstens zehn aufeinander folgende Tage aussetzen kann, sobald sie Anhaltspunkte für einen Verstoß gegen die Abs. 2 bis 5 hat. Dadurch, dass die Befristung jeweils zehn Tage beträgt, sind auch Sonn- und Feiertage eingeschlossen. Der Rechtsgedanke des § 193 BGB findet dabei laut der amtlichen Begründung des Regierungsentwurfs keine Anwendung.[10] Daraus folgt, dass die Bundesanstalt in ihrer Aussetzungsverfügung als Beginn oder Ende einer Aussetzung auch einen Sonn- oder Feiertag bestimmen kann ohne dass sich die Aussetzung auf den darauffolgenden Werktag verlängert.

10

b) Irreführung über den Prüfungsumfang der §§ 13 oder 16 WpPG

Darüber hinaus hat die Bundesanstalt die Befugnis, Werbung zu untersagen, die geeignet ist, über den Umfang der Prüfung nach §§ 13 oder 16 WpPG irrezuführen. Gem. §§ 13, 16 WpPG ist die Bundesanstalt dazu verpflichtet, den Prospekt auf Vollständigkeit einschließlich Kohärenz und Verständlichkeit der vorgelegten Informationen zu prüfen. Eine darüber hinausgehende Prüfung führt die Bundesanstalt nicht durch. So prüft sie weder die Richtigkeit der Prospektangaben noch die Seriosität der angebotenen Anlage oder die Bonität des Emittenten.

11

Enthält die Werbeanzeige die Angabe, dass der Prospekt durch die Bundesanstalt geprüft wurde, so darf dies nur der Information der Anleger dienen, nicht jedoch zu Werbezwecken missbraucht werden. Die Werbeaussage darf nicht den Eindruck erwecken, die Prüfung des Prospekts durch die Bundesanstalt sei umfangreicher als vom Gesetz – in §§ 13, 16 WpPG – verlangt. Ein

---

8 *König*, ZEuS 2004, 251, 283; *Kunold/Schlitt*, BB 2004, 501, 511; *Weber*, NZG 2004, 360, 365.
9 *Groß*, KapMR, § 15 WpPG Rn. 2.
10 RegBegr. EU-ProspRL-UmsetzungsG, BT-Drucks. 15/4999, S. 36.

solcher Eindruck kann dadurch vermieden werden, dass der Prüfungsumfang der §§ 13, 16 WpPG wörtlich wiedergegeben wird und ein Hinweis dahingehend erteilt wird, dass keine inhaltliche Prüfung des Prospekts vorgenommen wurde. Jedenfalls darf die Prüfung und insbesondere die Billigung des Prospekts durch die Bundesanstalt in der Werbung nicht als eine Art Gütesiegel dargestellt werden.

c) Anhörung der Spitzenverbände

12 Vor einer Untersagung sind die Spitzenverbände der betroffenen Wirtschaftskreise und des Verbraucherschutzes zu hören.

9. Zuständigkeit für die Aufsicht über Werbung

13 Zuständige Behörde für die Aufsicht über jegliche Art von Werbung ist gem. Art. 15 Abs. 6 der EU-ProspRL die Behörde des Herkunftsmitgliedstaats und damit grundsätzlich die Behörde des Staates, in dem der Emittent seinen Sitz hat.[11] Damit ist nicht grundsätzlich die zuständige Behörde des Aufnahmemitgliedstaates, in dem die Wertpapiere öffentlich angeboten werden, zuständig. Auch kommt es nicht darauf an, in welchem Staat die Werbung veröffentlicht wurde. Wird die Werbung in einem anderen Staat veröffentlicht, so bedarf es einer Abstimmung zwischen der Behörde des Herkunftsmitgliedstaats und der ausländischen Behörde.[12]

Dies entspricht der Intention des Gesetzgebers. Gem. Erwägungsgrund (35) der EU-ProspV sollen die Mitgliedstaaten eine wirksame Einhaltung der Werbevorschriften für öffentliche Angebote und die Zulassung zum Handel auf einem geregelten Markt sicherstellen. Bei grenzübergreifenden Angeboten oder einer grenzübergreifenden Zulassung zum Handel soll eine angemessene Koordinierung zwischen den zuständigen Behörden bewerkstelligt werden.

ARTIKEL 34
Werbung

Werbung, die sich auf ein Angebot von Wertpapieren an das Publikum oder die Zulassung von Wertpapieren zum Handel auf einem geregelten Markt beziehen, können von Seiten interessierter Parteien (wie z.B. dem Emittenten, dem Anbieter oder der Person, die die Zulassung zum Handel beantragt, Finanzintermediären, die an der Platzierung und/oder Emission von Wertpapieren teilhaben) insbesondere über folgende Medien an das Publikum verbreitet werden:

1. Adressierte oder nicht adressierte Schriftstücke;
2. Elektronische Nachrichten oder Werbung über Mobiltelefone oder Personenrufgeräte;
3. Standardschreiben;

---

11 Siehe Art. 2 Abs. 1 lit. m) der EU-ProspRL und § 2 Nr. 13 WpPG.
12 *Kunold/Schlitt*, BB 2004, 501, 511; *Schlitt/Schäfer*, AG 2005, 498, 510.

4. Anzeigen in der Presse mit oder ohne Bestellformular;
5. Katalog;
6. Telefon mit oder ohne menschlichen Ansprechpartner;
7. Seminare und Präsentationen;
8. Radio;
9. Videophon;
10. Videotext;
11. E-Mail;
12. Fax;
13. Fernsehen;
14. Mitteilung;
15. Plakat;
16. Poster;
17. Broschüre;
18. Web-Anzeigen einschließlich Internetbanner.

Article 34
Dissemination of advertisements

Advertisements related to an offer to the public of securities or to an admission to trading on a regulated market may be disseminated to the public by interested parties, such as issuer, offeror or person asking for admission, the financial intermediaries that participate in the placing and/or underwriting of securities, notably by one of the following means of communication:

1. addressed or unaddressed printed matter;
2. electronic message or advertisement received via a mobile;
3. telephone or pager;
4. standard letter;
5. Press advertising with or without order form;
6. catalogue;
7. telephone with or without human intervention;
8. seminars and presentations;
9. radio;
10. videophone;
11. videotext;
12. electronic mail;
13. facsimile machine (fax);
14. television;
15. notice;
16. bill;
17. brochure;
18. web posting including internet banners.

Diesbezüglich wird auf die Kommentierung zu § 15 WpPG verwiesen.

§ 16
Nachtrag zum Prospekt

(1) Jeder wichtige neue Umstand oder jede wesentliche Unrichtigkeit in Bezug auf die im Prospekt enthaltenen Angaben, die die Beurteilung der Wertpapiere beeinflussen könnten und die nach der Billigung des Prospekts und vor dem endgültigen Schluss des öffentlichen Angebots oder der Einführung oder Einbeziehung in den Handel auftreten oder festgestellt werden, müssen in einem Nachtrag zum Prospekt genannt werden. Der Anbieter oder Zulassungsantragsteller muss den Nachtrag bei der Bundesanstalt einreichen. Der Nachtrag ist innerhalb von höchstens sieben Werktagen nach Eingang bei der Bundesanstalt nach § 13 zu billigen. Nach der Billigung muss der Anbieter oder Zulassungsantragsteller den Nachtrag unverzüglich in derselben Art und Weise wie den ursprünglichen Prospekt nach § 14 veröffentlichen.

(2) Die Zusammenfassung und etwaige Übersetzungen davon sind um die im Nachtrag enthaltenen Informationen zu ergänzen.

(3) Anleger, die vor der Veröffentlichung des Nachtrags eine auf den Erwerb oder die Zeichnung der Wertpapiere gerichtete Willenserklärung abgegeben haben, können diese innerhalb einer Frist von zwei Werktagen nach Veröffentlichung des Nachtrags widerrufen, sofern noch keine Erfüllung eingetreten ist. § 8 Abs. 1 Satz 3 bis 5 ist mit der Maßgabe entsprechend anzuwenden, dass an die Stelle der im Prospekt als Empfänger des Widerrufs bezeichneten Person die im Nachtrag als Empfänger des Widerrufs bezeichnete Person tritt. Der Nachtrag muss an hervorgehobener Stelle eine Belehrung über das Widerrufsrecht nach Satz 1 enthalten.

Inhalt

	Rn.
I. Überblick	1
II. Entstehungsgeschichte	2
III. Zweck der Regelung	3
IV. Inhalt der Norm	4
1. Nachtragspflicht (Abs. 1)	4
a) Wichtiger neuer Umstand oder wesentliche Unrichtigkeit	4
aa) Erweiterung der Produktpalette	7
bb) Aufstockungen	8
cc) Neuer Anbieter oder Zulassungsantragsteller	9
dd) Zwischenabschlüsse	10
ee) Rechtschreibfehler, Rechenfehler und offensichtliche Unrichtigkeiten	11
b) Bezugsobjekt Prospekt	12
c) Zeitraum der Nachtragspflicht	13
d) Form des Nachtrags	16
e) Zwingender Charakter der Nachtragspflicht	17
2. Billigung durch die Bundesanstalt (Abs. 1)	18
a) Prüfungsmaßstab	18
b) Frist	19
3. Veröffentlichung des Nachtrags (Abs. 1)	20
a) Anwendbarkeit der Regelungen des § 14	21
b) Veröffentlichungsmedium	22
4. Ergänzung der Zusammenfassung und von Übersetzungen (Abs. 2)	23
5. Widerrufsrecht (Abs. 3)	24
a) Voraussetzungen des Widerrufsrechts	24
b) Beginn und Ende des Widerrufsrechts	26

c) Hinweispflicht............ 27
6. Verhältnis zu anderen Vorschriften................ 28

a) Nichtaufnahme von Angaben gemäß § 8 WpPG.......... 28
b) Ad-hoc-Mitteilungspflicht gemäß § 15 WpHG........ 29

I. Überblick

Ein Prospekt ist gem. § 9 Abs. 1 WpPG nach seiner Veröffentlichung zwölf Monate lang für öffentliche Angebote oder Zulassungen zum Handel an einem organisierten Markt gültig, solange er um die nach § 16 WpPG erforderlichen Nachträge ergänzt wird. Die Nachtragspflicht wird in § 16 Abs. 1 WpPG dahingehend präzisiert, dass jeder wichtige Umstand und jede wesentliche Unrichtigkeit in Bezug auf die im Prospekt enthaltenen Angaben, die die Beurteilung der Wertpapiere beeinflussen könnten und die nach der Billigung des Prospekts und vor dem endgültigen Schluss des öffentlichen Angebots oder der Einführung oder Einbeziehung in den Handel auftreten oder festgestellt werden, in einem Nachtrag zum Prospekt genannt werden müssen. In diesem Nachtrag müssen auch die Zusammenfassung und Übersetzungen davon um die neuen bzw. berichtigten Angaben ergänzt werden. Der Nachtrag muss zunächst von der Bundesanstalt gebilligt werden und ist dann in derselben Art und Weise wie der Prospekt gem. § 14 WpPG zu veröffentlichen.

1

Hat ein Anleger vor der Veröffentlichung des Nachtrags eine Zeichnungserklärung abgegeben, so hat er gem. Abs. 3 ein Widerrufsrecht.

II. Entstehungsgeschichte

Die Pflicht zur Veröffentlichung eines Nachtrags orientiert sich an § 11 VerkProspG und dem früheren § 52 Abs. 2 BörsZulVO. Letztere Vorschrift ist im Zuge der Verabschiedung des WpPG gestrichen worden. § 16 WpPG verlangt im Unterschied zu § 11 VerkProspG in seiner bis zum Inkrafttreten des WpPG geltenden Fassung einen Nachtrag nicht nur beim Eintritt einer Veränderung, d.h. bei Eintritt eines wichtigen neuen Umstands, sondern auch bei Feststellung einer wesentlichen Unrichtigkeit der im Prospekt enthaltenen Angaben. Der Anbieter oder Zulassungsantragsteller kann sich demgemäß nicht darauf berufen, dass seit Erstellung des Prospekts keine Veränderungen eingetreten seien und der Prospekt von Anfang an unrichtig gewesen sei. Unter dem WpPG trifft ihn die Nachtragspflicht auch bei ursprünglicher Unrichtigkeit.

2

Neu ist darüber hinaus, dass der Nachtrag von der Bundesanstalt gebilligt werden muss, während der Nachtrag nach altem Recht grds. lediglich veröffentlicht zu werden brauchte.[1] In Einzelfällen wurde nach allerdings umstrittener Ansicht die Billigung eines Nachtrags gefordert.[2]

---

1 Siehe § 11 VerkProspG in der bis zum 30.06.2005 geltenden Fassung; vgl. *Grub/Thiem*, NZG 2005, 750, 751; zum alten Nachtragsrecht siehe *Stephan*, AG 2002, 3, 6 f.
2 Zum Streitstand siehe *Schlitt/Schäfer*, AG 2005, 498, 507; *Schlitt/Singhof/Schäfer*, BKR 2005, 251, 256.

Nicht zuletzt wurde mit Abs. 3 erstmals ein Widerrufsrecht für Anleger eingeräumt, die ihre Zeichnungserklärung vor der Veröffentlichung des Nachtrags abgegeben haben.

III. Zweck der Regelung

3 Die Regelung des § 16 WpPG bezweckt die regelmäßige Aktualisierung des Prospekts nach dem Eintritt wichtiger neuer Umstände sowie die Berichtigung wesentlicher Unrichtigkeiten. Ohne diese Aktualisierungen und Berichtigungen verliert der Prospekt seine Gültigkeit gem. § 9 Abs. 1 WpPG.

IV. Inhalt der Norm

1. Nachtragspflicht (Abs. 1)

a) Wichtiger neuer Umstand oder wesentliche Unrichtigkeit

4 Die Nachtragspflicht entsteht, wenn ein wichtiger neuer Umstand oder eine wesentliche Unrichtigkeit in Bezug auf die im Prospekt enthaltenen Angaben, die die Beurteilung der Wertpapiere beeinflussen könnten, auftritt oder festgestellt wird. Damit sind nicht nur die den obligatorischen Prospektinhalt betreffenden Angaben zu berichtigen, sobald ihre Unrichtigkeit festgestellt wird, sondern sämtliche im Prospekt enthaltenen Angaben. Ein anderes Verständnis[3] ist mit dem Wortlaut des Gesetzes nicht vereinbar.

5 Welche nachträglich eintretenden Umstände oder unrichtigen Prospektangaben nachtragspflichtig sind, lässt sich nicht abstrakt beurteilen. Dazu dürften jedenfalls die in der Zusammenfassung aufgenommenen Angaben gehören. Des Weiteren legen § 15 Abs. 4 und Abs. 5 WpPG im Falle der Informationsasymmetrie für bestimmte Informationen eine zwingende Nachtragsverpflichtung fest. Für nicht ausdrücklich normierte Nachtragstatbestände verweist der Gesetzgeber in der Begründung des RegE auf den Maßstab des § 5 Abs. 1 Satz 1 WpPG.[4] Danach sind solche Umstände nachtragspflichtig, die im Hinblick auf den Emittenten und die öffentlich angebotenen oder zum Handel an einem organisierten Markt zugelassenen Wertpapiere notwendig sind, um dem Publikum ein zutreffendes Urteil über die Vermögenswerte und Verbindlichkeiten, die Finanzlage, die Gewinne und Verluste, die Zukunftsaussichten des Emittenten und jedes Garantiegebers sowie über die mit diesen Wertpapieren verbundenen Rechte zu ermöglichen. Es obliegt dem Anbieter oder Zulassungsantragsteller im Einzelfall zu beurteilen, ob diese Voraussetzungen erfüllt sind.

---

3 So wohl *Ekkenga*, BB 2005, 561, 564.
4 RegBegr. EU-ProspRL-UmsetzungsG, BT-Drucks. 15/4999, S. 36; so auch *Groß*, KapMR, § 16 Rn. 6; *Heidelbach/Preuße*, BKR 2006, 316, 320; *Holzborn/Israel*, ZIP 2005, 1668, 1674.

Durch die gesetzliche Formulierung, dass sämtliche Umstände bzw. unrichtigen Angaben die Nachtragspflicht auslösen, die die Beurteilung der Wertpapiere beeinflussen könnten, ist die Nachtragsverpflichtung sehr weit auszulegen.[5] Andererseits kann der Anbieter oder Zulassungsantragsteller nicht einfach sämtliche nachträglichen Veränderungen im Rahmen eines Nachtrags in einen bereits gebilligten Prospekt einbeziehen, um auf diese Weise die Pflicht zur Erstellung eines neuen Prospekts zu umgehen. Mit der Einreichung eines Nachtrags könnte er zum einen die (umfangreiche und aufwendige) Erstellung eines Prospekts vermeiden. Zum anderen würden die Billigungsfristen von 10 bzw. 20 Tagen gem. § 13 Abs. 2 WpPG auf diese Weise auf nur noch sieben Tage gem. § 16 Abs. 1 Satz 3 WpPG verkürzt. Aus diesem Grund kann § 16 Abs. 1 WpPG auch nicht dahingehend verstanden werden, dass in den genannten Fällen zwar ein Nachtrag eingereicht werden muss, in vom Tatbestand des § 16 Abs. 1 WpPG nicht erfassten Fällen jedoch statt eines vollständigen Prospektes ein Nachtrag eingereicht werden darf. Entscheidendes Abgrenzungsmerkmal ist, dass es sich um geänderte Umstände bzw. Unrichtigkeiten handelt, die die Beurteilung der in dem Prospekt dargestellten Wertpapiere beeinflussen. Vor diesem Hintergrund sind die folgenden Problemfälle zu beurteilen: 6

aa) Erweiterung der Produktpalette

Unzulässig dürfte insoweit eine Ausdehnung der mit dem Prospekt bisher angebotenen Wertpapiere auf andere Wertpapiere sein. Richtet sich ein Prospekt ursprünglich nur auf ein konkretes Wertpapier, so kann nicht mittels Nachtrags ein weiteres Wertpapier angeboten werden. Ebenso kann ein Basisprospekt für Zertifikate bezogen auf den Kurs von Aktien nicht per Nachtrag um Zertifikate bezogen auf den Kurs von Indizes, Fondsanteilen, Rohstoffen oder anderen Werten erweitert werden. In sämtlichen dieser Fälle handelt es sich um eine Erweiterung der Produktpalette statt um eine Aktualisierung der ursprünglichen Angaben des Prospekts. Der Nachtrag enthält keine Angabe, die sich auf die im Prospekt dargestellten Wertpapiere bezieht, sondern die Einbeziehung neuer Wertpapiere. Ein solcher Nachtrag ist weder vom Wortlaut des § 16 Abs. 1 WpPG noch von dessen Sinn und Zweck erfasst. Eine Erweiterung der Produktpalette erfordert folglich die Erstellung und Billigung eines eigenen Prospekts für die neuen Wertpapiere. 7

bb) Aufstockungen

Ebenso wenig kann das ursprüngliche Emissionsvolumen im Wege eines Nachtrags aufgestockt werden (sog. *increase advert*). Ist das im Prospekt vorgesehene Emissionsvolumen bereits abverkauft, so ist im Falle eines vollständigen Prospekts ein neuer Prospekt zu erstellen und zu veröffentlichen. Handelte es sich um einen Basisprospekt, so hat der Anbieter neue endgültige Bedingungen zu erstellen und zu veröffentlichen. Diese Situation kann freilich dazu führen, dass in Bezug auf denselben Anbieter und dieselben 8

---

5 *Groß*, KapMR, § 16 WpPG Rn. 2.

Wertpapiere zwei verschiedene Prospektunterlagen gültig sein können. Dies erscheint für den Anbieter – insb. bei vollständigen Prospekten – zunächst außerordentlich aufwendig, bringt ihm jedoch den Vorteil, dass das mit einem Nachtrag verbundene Widerrufsrecht gem. § 16 Abs. 3 WpPG ausgeschlossen ist.

Einen Hinweis auf eine mögliche Aufstockung – durch Veröffentlichung neuer endgültiger Bedingungen – kann der Anbieter lediglich im Rahmen eines Basisprospekts aufnehmen. In einem vollständigen Prospekt kann ein Hinweis auf die Möglichkeit einer Aufstockung nicht erfolgen, da dies nicht vom Gesetz gedeckt ist und somit ein neuer Prospekt zu veröffentlichen ist.

cc) Neuer Anbieter oder Zulassungsantragsteller

9 Abzulehnen ist auch die Aufnahme eines neuen Anbieters oder Zulassungsantragstellers per Nachtrag. Auch eine solche Änderung der ursprünglich im Prospekt enthaltenen Angaben zum Anbieter bzw. Zulassungsantragsteller kann nicht als nachtragsfähiger Umstand im Sinne des § 16 Abs. 1 WpPG angesehen werden. Zwar handelt es sich hier möglicherweise um dasselbe Wertpapier und dieselbe Anzahl an angebotenen oder zuzulassenden Wertpapieren, die Änderung oder Ergänzung des Anbieters oder Zulassungsantragstellers stellt jedoch eine derart schwerwiegende Grundlage des Angebots dar, dass eine Änderung per bloßem Nachtrag ihrer Bedeutung nicht gerecht werden würde. Ein Anleger, der sich auf der Grundlage des Prospekts für den Erwerb der Wertpapiere entscheidet, muss nicht zwangsläufig sämtliche Nachträge zu Rate ziehen. Er muss nicht damit rechnen, dass so entscheidende Grundlagen für das Angebot der Wertpapiere wie deren Emittenten mittels Nachtrags geändert werden. Wenn ein neuer Anbieter oder Zulassungsantragsteller einbezogen werden soll, ist demnach ein neuer Prospekt zu erstellen.

dd) Zwischenabschlüsse

10 Ob Zwischenabschlüsse einen nachtragspflichtigen neuen Umstand im Sinne des § 16 Abs. 1 WpPG auslösen, kann nicht generell angenommen werden.[6] Ob ein Zwischenabschluss eine Nachtragspflicht auslöst, hat der Emittent – wie immer – am Maßstab des § 5 Abs. 1 Satz 1 WpPG zu beurteilen. Ändern sich wichtige Kennzahlen gegenüber dem im Prospekt veröffentlichten Finanzinformationen, bspw. bzgl. der Vermögenswerte und Verbindlichkeiten oder der Gewinne und Verluste, so muss bewertet werden, ob diese aus Sicht des verständlichen Anlegers so wichtig oder wesentlich sind, dass sie die Beurteilung der Wertpapiere beeinflussen können. Werden die Finanzinformationen der Zwischenabschlüsse gem. § 15 WpHG als Ad-hoc-Mitteilung veröffentlicht, so lösen sie gem. § 15 Abs. 4 WpHG auch die Veröffentlichungspflicht gem. § 16 WpPG aus.[7]

---

[6] So auch *Heidelbach/Preuße*, BKR 2006, 316, 320.
[7] Zum Verhältnis zwischen § 16 WpPG und § 15 WpHG s.u. Rn. 29f.

ee) Rechtschreibfehler, Rechenfehler und offensichtliche Unrichtigkeiten

Da es sich nicht um wesentliche Unrichtigkeiten oder wichtige neue Umstände handelt, können Rechtschreibfehler, Rechenfehler und andere offensichtliche Unrichtigkeiten nicht im Rahmen eines Nachtrags gebilligt werden. Andererseits ist es dem Anbieter oder Zulassungsantragsteller auch nicht erlaubt, den Prospekt anderweitig, d.h. ohne Durchführung des Billigungs- oder des Nachtragsverfahrens zu ändern oder zu ergänzen, da dieser in der gebilligten Form von der Bundesanstalt auf ihrer Internetseite gem. § 13 Abs. 4 WpPG zu veröffentlichen ist. Würde der Anbieter oder Zulassungsantragsteller „seine" Fassung des Prospekts verändern, so wären verschiedene Fassungen desselben Prospekts im Umlauf. Aus Publikumsschutzgesichtspunkten darf es nicht dazu kommen, dass sich der Anleger nicht sicher sein kann, welcher Prospekt gültig ist. Der Prospekt ist somit in unveränderter Form, d.h. einschließlich der offensichtlichen Unrichtigkeiten zu belassen.

11

b) Bezugsobjekt Prospekt

Als Bezugsobjekt eines Nachtrags nennt § 16 WpPG den Prospekt. Dabei kann es sich entweder um einen vollständigen Prospekt oder einen Basisprospekt handeln. Endgültige Bedingungen sind folglich nicht nachtragsfähig. Nach Auffassung der Bundesanstalt kann auch ein Registrierungsformular nicht per Nachtrag aktualisiert werden. Diese Ansicht führt zu folgenden Konsequenzen: Sofern ein Registrierungsformular per Verweis in einen Basisprospekt einbezogen wurde und sich nach Veröffentlichung des Basisprospekts emittentenbezogene Angaben, d.h. Angaben aus dem Registrierungsformular, ändern, so ist der Nachtrag auf den Basisprospekt zu begeben. Alternativ kann der Emittent ein neues Registrierungsformular erstellen und durch die Bundesanstalt billigen lassen.

12

Als Argument führt die Bundesanstalt den Wortlaut des § 16 Abs. 1 WpPG an, in dem ausschließlich „Prospekte" – und somit keine Registrierungsformulare – per Nachtrag aktualisiert werden können. Auch die Regelung des § 12 Abs. 3 Satz 1 i.V.m. Abs. 2 WpPG spricht nicht gegen diese Ansicht. Zwar wird darin ein „aktualisiertes Registrierungsformular" für möglich gehalten. Dies ist jedoch dahingehend zu verstehen, dass das Registrierungsformular aktualisiert und im Ganzen erneut gebilligt worden ist. Andernfalls wäre die Alternative „oder eines Nachtrags nach § 16 WpPG" nicht erforderlich: Könnte ein Registrierungsformular durch einen Nachtrag nach § 16 WpPG aktualisiert werden, wäre lediglich die Formulierung „wenn es seit der Billigung eines Nachtrags nach § 16 WpPG" ausreichend und die Alternative der Billigung eines aktualisierten Registrierungsformulars könnte entfallen.

Dennoch kann dieser Ansicht nicht gefolgt werden. Es sind keine sachlichen Gründe dafür ersichtlich, ein Registrierungsformular nicht per Nachtrag aktualisieren zu können. Insb. sprechen gewichtige praktische Gründe für die Nachtragsfähigkeit von Registrierungsformularen: Ein und dasselbe Registrierungsformular kann gem. § 12 Abs. 1 Satz 2 WpPG in einen dreiteiligen

Prospekt und gem. § 26 Abs. 4 EU-ProspV in einen Basisprospekt einbezogen werden. Hat ein Emittent nun bereits diverse Prospekte durch Einbeziehung eines Registrierungsformulars veröffentlicht, so muss er jeden einzelnen Prospekt nachtragen, statt einen einzigen Nachtrag für das (jeweils identische) Registrierungsformular zu erstellen. Statt einer Vielzahl von Ergänzungen von dreiteiligen oder Basisprospekten, die Bezug auf dasselbe Registrierungsformular nehmen, könnte der Emittent das Registrierungsformular einmalig per Nachtrag ergänzen. Dies wäre aus Sicht des Emittenten ökonomischer und aus Sicht der prüfenden Bundesanstalt effizienter. M.E. sollten folglich nicht nur vollständige Prospekte und Basisprospekte, sondern auch Registrierungsformulare durch Nachtrag aktualisiert werden können.

c) Zeitraum der Nachtragspflicht

13 Die Nachtragspflicht beginnt mit der Billigung des Prospekts und endet mit dem endgültigem Schluss des öffentlichen Angebots oder der Einführung oder Einbeziehung der Wertpapiere in den Handel. Weder die EU-ProspRL noch das WpPG nennen einen Zeitpunkt für die Veröffentlichung des Nachtrags. Im Sinne eines umfassenden Anlegerschutzes scheint es jedoch sinnvoll, den Nachtrag unverzüglich im Sinne des § 121 BGB nach Kenntnisnahme des wichtigen neuen Umstands oder der wesentlichen Unrichtigkeit zur Billigung einzureichen und zu veröffentlichen.[8] Es ist daher auch nicht angezeigt, zunächst abzuwarten und weitere wichtige neue Umstände oder wesentliche Unrichtigkeiten zu „sammeln", um dann einen gemeinsamen Nachtrag zu veröffentlichen. Dies gilt nur, wenn unwesentliche neue Umstände erst in ihrer Vielzahl zu einem wesentlichen Umstand erwachsen.

Die Nachtragspflicht endet mit dem endgültigem Schluss des öffentlichen Angebots oder der Einführung oder Einbeziehung der Wertpapiere in den Handel. Das öffentliche Angebot ist endgültig geschlossen, wenn die im öffentlichen Angebot festgelegte Angebots- oder Zeichnungsfrist ausgelaufen ist. Dabei kann das öffentliche Angebot bereits dann beendet sein, wenn die angebotenen Wertpapiere vollständig platziert sind, d.h. wenn sämtliche verkauften Wertpapiere emittiert wurden.[9]

Die Nachtragspflicht endet in jedem Fall mit der Einführung der Wertpapiere in den Amtl. oder den Geregelten Markt oder der Einbeziehung in den Geregelten Markt. Problematisch kann das Ende der Nachtragspflicht bei Wertpapieren sein, die nicht in den Amtl. oder Geregelten Markt, sondern in den Freiverkehr eingeführt werden. Hier endet die Nachtragspflicht nicht bereits mit der Einführung in den Freiverkehr, da dieser nicht unter den Begriff des organisierten Marktes im Sinne des § 2 Nr. 16 WpPG fällt. Auf den ersten Blick erscheint dieses Ergebnis gerechtfertigt, da die Einführung in einen organisierten Markt zahlreiche Zulassungsfolgepflichten, wie z.B. die Ad-hoc-Mitteilungspflicht, Directors Dealings, Stimmrechtsschwellenmeldungen und sonstige Berichtspflichten mit sich bringt, die bei der Einführung in den

---

8 So auch *Holzborn/Schwarz-Gondek*, BKR 2003, 927, 933.
9 *Heidelbach/Preuße*, BKR 2006, 316, 320.

Freiverkehr nicht bestehen. Allerdings können die derzeit geringen Anforderungen an die Annahme eines öffentlichen Angebots im Sinne des § 2 Nr. 4 WpPG dazu führen, dass der Emittent über einen langen Zeitraum zur Erstellung eines Nachtrags verpflichtet bleibt.[10] Er ist solange zur Erstellung von Nachträgen verpflichtet, wie sein öffentliches Angebot andauert. Die Nachtragspflicht endet erst dann, wenn ab der Einbeziehung lediglich noch Mitteilungen aufgrund des Handels erfolgen.[11] Dabei ist eine reine Kursinformation in Nachrichtendiensten nicht als Werbung, sondern als bloße Mitteilung aufgrund des Handels anzusehen.[12] Ob diesen aus Sicht des Emittenten unerwünschten Auswirkungen der jetzigen Regelung – Nachtragsverpflichtung bis zur Beendigung des öffentlichen Angebots – z.B. durch eine restriktive Auslegung des Begriffs des öffentlichen Angebots oder im Wege einer Gesetzesänderung entgegengetreten wird, bleibt abzuwarten.

Entscheidend ist, welches Ereignis – endgültiger Schluss des öffentlichen Angebots oder Einführung oder Einbeziehung in den Handel – früher eintritt. Dies ergibt sich zwar nicht ausdrücklich aus dem Gesetz, entspricht jedoch der Intention des Gesetzgebers. So hatte der Bundesrat eine Klarstellung dahingehend gefordert, dass für das Ende der Nachtragspflicht auf das jeweils frühere der beiden Ereignisse abzustellen sein sollte.[13] Auch wenn keine dahingehende Formulierung im Gesetz aufgenommen worden ist, so ist auch der geltende Wortlaut des Gesetzes nicht anders zu verstehen, als dass die Nachtragspflicht bei Eintritt des ersten Ereignisses endet.[14]

Keine Aussage findet sich in § 16 WpPG zu der Frage, ob der Emittent auch nach Ablauf des in § 16 WpPG vorgesehenen Nachtragszeitraums einen Anspruch auf Prüfung und Billigung eines Nachtrags hat, d.h. ob die Bundesanstalt vom Emittenten eingereichte Nachträge auch nach dem endgültigem Schluss des öffentlichen Angebots oder der Einführung oder Einbeziehung der Wertpapiere in den Handel prüfen und billigen muss. Zwar ergibt sich eine solche Verpflichtung nicht aus § 16 WpPG, jedoch würde ein Prospekt gem. § 9 WpPG seine Gültigkeit verlieren, würde er nicht um die erforderlichen Nachträge ergänzt. Der Emittent muss daher jederzeit innerhalb des gesamten Gültigkeitszeitraums des Prospekts (zwölf Monate) dazu berechtigt sein, der Bundesanstalt Nachträge zur Billigung vorzulegen.[15]

14

Nach Ansicht der Bundesanstalt ist § 16 Abs. 1 WpPG dahingehend auszulegen, dass eine Verpflichtung zur Prüfung und Billigung von Nachträgen nicht mehr besteht, wenn das öffentliche Angebot endgültig geschlossen ist und die Wertpapiere in den Handel eingeführt bzw. einbezogen sind; mithin kann die Verpflichtung auch vor Ablauf des Gültigkeitszeitraums entfallen.

---

10 Vgl. *Grosjean*, GoingPublic 2007, 68, 70.
11 BeschlEmpf und Bericht Finanzausschuss, BT-Drucks. 15/5373 v. 21.04.2005, S. 50; vgl. auch *Kullmann/Sester*, WM 2005, 1068, 1075.
12 *Heidelbach/Preuße*, BKR 2006, 316, 321.
13 BT-Drucks. 15/5219 v. 07.04.2005, S. 3.
14 *Schlitt/Singhof/Schäfer*, BKR 2005, 251, 256.
15 So im Ergebnis auch *Kunold/Schlitt*, BB 2004, 501, 510.

15 Daran anschließend stellt sich die Frage, ob Nachträge im Zeitraum ab dem Ende der (zwingenden) Nachtragspflicht, d. h. nach dem endgültigem Schluss des öffentlichen Angebots oder der Einführung oder Einbeziehung der Wertpapiere in den Handel bis zum Ende der Gültigkeitsdauer des Prospekts ebenfalls unverzüglich eingereicht werden müssen, oder ob es ausreicht, wenn der Emittent sie erst kurz vor der erneuten Verwendung des Prospekts oder eines Prospektteils billigen lässt und veröffentlicht. Nach h. M. steht es im Belieben des Emittenten, ob und wann er Nachträge erstellt, solange er sie rechtzeitig vor Verwendung des Prospekts für weitere Emissionen veröffentlicht. Weder der Wortlaut des § 9 WpPG, noch die Regelung des § 16 WpPG verlangten eine unverzügliche Mitteilung nach dem Ende der zwingenden Nachtragspflicht.[16] Nach anderer Ansicht ist der Prospekt auch nach dem Ablauf der gesetzlichen Nachtragspflicht unverzüglich um Nachträge zu ergänzen, sofern der Emittent den Prospekt nochmals zu verwenden beabsichtigt.[17]

Unstreitig liegt es in der Hand des Emittenten zu entscheiden, ob er seinen Prospekt mittels Nachtragsveröffentlichungen aktualisieren und damit seine Gültigkeit aufrechterhalten möchte. Aus diesem Grund kann er auch nicht verpflichtet werden, Nachträge unverzüglich zu veröffentlichen. Die Aktualisierung des Prospekts ist nur dann sinnvoll, wenn der Prospekt tatsächlich für eine weitere Emission verwendet wird. Solange dies nicht der Fall ist, sind potentielle Anleger auch nicht schutzbedürftig. Da für sie aktuell keine Investitionsentscheidung ansteht, bedürfen sie auch keiner aktualisierten Prospektangaben. Es ist daher interessengerecht, dem Emittenten die Aktualisierung des Prospekts durch Nachträge erst kurz vor seiner erneuten Verwendung zuzugestehen.

d) Form des Nachtrags

16 Im Hinblick auf die Form des Nachtrags lässt das Gesetz dem Prospektersteller freien Gestaltungsspielraum. Aus dem Sinn der Nachtragspflicht ergibt sich, dass der Nachtrag derart formuliert ist, dass sich dem Anleger ohne Weiteres die Bedeutung der nachtragspflichtigen Angaben erschließt. Unter diesem Gesichtspunkt erscheinen die beiden folgenden Gestaltungsmöglichkeiten sinnvoll:

Zunächst ist es denkbar, den bereits gebilligten Prospekt um die wichtigen neuen Umstände zu ergänzen und die wesentlichen Unrichtigkeiten zu korrigieren. Dabei müssten die Änderungen im Prospekt (formatierungstechnisch) derart hervorgehoben werden, dass sie der Anleger bei Lektüre des überarbeiteten Prospekts eindeutig und ohne großen Zeitaufwand identifizieren kann. Alternativ könnte der Nachtrag als separates Dokument neben dem Prospekt stehen. Dann müsste er sämtliche Änderungen und Ergänzungen des Prospekts enthalten und klarstellen, welche Stellen (bspw. unter

---

16 *Holzborn/Israel*, ZIP 2005, 1668, 1671; *Kunold/Schlitt*, BB 2004, 501, 510; *Schlitt/Schäfer*, AG 2005, 498, 507.
17 *Holzborn/Schwarz-Gondek*, BKR 2003, 927, 933.

Verweis auf die Seitenzahlen im Prospekt) durch den Nachtrag geändert werden.

Die zuletzt genannte Variante ist die in der Praxis typischerweise gewählte Nachtragsform. Sie bietet sich insb. deshalb an, weil der Anleger die neuen bzw. geänderten Angaben auf diese Weise auf einen Blick erfassen kann ohne den gesamten Prospekt ein weiteres Mal vollständig lesen zu müssen.

e) Zwingender Charakter der Nachtragspflicht

Bei Vorliegen der gesetzlichen Voraussetzungen besteht eine zwingende Nachtragspflicht. Von dieser kann sich der Prospektersteller auch nicht dadurch befreien, dass er im Prospekt eine Erklärung abgibt, der Prospekt werde bei nachträglich eintretenden Änderungen der Prospektangaben nicht aktualisiert bzw. durch Nachträge ergänzt. Abgesehen davon, dass eine solche Erklärung nicht dazu führen kann, die zwingende gesetzliche Regelung (einseitig) aufzuheben, ist sie aus Anlegerschutzgesichtspunkten unzulässig. Der Prospektersteller darf nicht den Eindruck erwecken, die Aktualisierung des Prospekts läge in seinem Ermessen. Eine Ausnahme kann nur dann zugelassen werden, wenn im Prospekt erklärt wird, dass jedenfalls den gesetzlichen Nachtragspflichten Genüge getan wird. 17

2. Billigung durch die Bundesanstalt (Abs. 1)

a) Prüfungsmaßstab

§ 16 Abs. 1 Satz 3 WpPG sieht vor, dass die Bundesanstalt den Nachtrag nach § 13 WpPG zu billigen hat. Demgemäß hat sie den Nachtrag auf Vollständigkeit, Kohärenz und Verständlichkeit zu prüfen. Denkbar ist dabei zum einen, Vollständigkeit, Kohärenz und Verständlichkeit allein auf den Nachtrag oder aber auf den Prospekt im Ganzen einschließlich der durch den Nachtrag eingefügten Angaben zu beziehen. Richtigerweise kann sich die Prüfung der Bundesanstalt nur auf den Prospekt im Ganzen beziehen. In keinem Fall prüft die Bundesanstalt, ob die im Nachtrag enthaltenen Angaben als wichtige neue Umstände oder als wesentliche Änderungen anzusehen sind. 18

b) Frist

Die Bundesanstalt hat den Nachtrag innerhalb von sieben Werktagen zu billigen. Erst in der zweiten Lesung des Europäischen Parlaments für die Prospektrichtlinie wurde die Prüfungsfrist für Nachträge auf sieben Tage begrenzt.[18] Bis zu diesem Zeitpunkt sahen die Entwürfe die Prüfung von Nachträgen „auf die gleiche Art und Weise" wie Prospekte vor.[19] Dennoch 19

---

18 Standpunkt des Europäischen Parlaments festgelegt in zweiter Lesung am 02.07.2003, ABl. C 74, S. 271.

19 Art. 14 des Vorschlags der Kommission der Europäischen Gemeinschaften für eine RL des Europäischen Parlaments und des Rates vom 01.06.2001, ABl. C 240 v. 28.08.2001, S. 278.

wird mit dieser sowohl für Anleger als auch Emittenten ungewünscht langen Frist die im Interesse der Markttransparenz gebotene unverzügliche Veröffentlichung des Nachtrags nicht mehr gewährleistet.[20] Noch deutlicher werden die Konsequenzen in dem Fall, dass die Bundesanstalt Anhaltspunkte dafür hat, dass die ihr übermittelten Unterlagen unvollständig sind oder es ergänzender Informationen bedarf. In einem solchen Fall beginnt die Frist von sieben Werktagen gem. § 16 Abs. 1 Satz 3 i.V.m. § 13 Abs. 3 Satz 1 WpPG erst dann, wenn ihr diese Informationen vorgelegt wurden.

Zwar könnte die Verweisregelung des § 16 Abs. 1 Satz 3 WpPG auch so verstanden werden, dass auch auf die Fristenregelung des § 13 Abs. 2 und Abs. 3 WpPG verwiesen wird und damit die längeren Fristen des § 13 WpPG gelten. Dem steht jedoch die speziellere Regelung des § 16 Abs. 1 Satz 2 WpPG entgegen. Unabhängig davon, ob die vom Emittenten eingereichten Unterlagen bereits beim ersten Einreichen oder erst auf Nachfordern seitens der Bundesanstalt für billigungsfähig gehalten werden, beläuft sich die Frist folglich immer auf sieben Werktage. Dennoch bleibt festzuhalten, dass es aus der Sicht des Marktes wünschenswert wäre, die gesetzlich vorgeschriebene Frist soweit wie möglich zu verkürzen.

3. Veröffentlichung des Nachtrags (Abs. 1)

20 Gem. § 16 Abs. 1 Satz 4 WpPG hat der Anbieter oder Zulassungsantragsteller den Nachtrag unverzüglich in derselben Art und Weise wie den ursprünglichen Prospekt nach § 14 WpPG zu veröffentlichen. Unverzüglich ist die Veröffentlichung, wenn sie ohne schuldhaftes Zögern gem. § 121 Abs. 1 BGB erfolgt.[21]

a) Anwendbarkeit der Regelungen des § 14 WpPG

21 Dabei finden grds. sämtliche Regelungen des § 14 WpPG entsprechende Anwendung auf die Veröffentlichung des Nachtrags. Insb. sind die Regelungen des § 14 Abs. 3, Abs. 5 und Abs. 6 WpPG entsprechend anzuwenden. Anbieter oder Zulassungsantragsteller haben der Bundesanstalt somit unverzüglich mitzuteilen, wann und wo sie den Nachtrag veröffentlicht haben. Darüber hinaus haben sie eine Hinweisbekanntmachung zu veröffentlichen. Dies ergibt sich zwar nicht ausdrücklich aus § 16 WpPG, der Verweis auf § 14 WpPG ist jedoch auch im Sinne des Gesetzgebers als umfassender Verweis anzusehen.[22]

---

20 Krit. bzgl. der siebentägigen Frist *Crüwell*, AG 2003, 243, 251; *König*, ZEuS 2004, 251, 275; *Kunold/Schlitt*, BB 2004, 501, 510.
21 Zu den Einzelheiten siehe *Heinrichs*, in: Palandt, BGB, § 121 Rn. 3; *Kramer*, in: MüKo BGB, § 121 Rn. 6 ff.
22 RegBegr. EU-ProspRL-UmsetzungsG, BT-Drucks. 15/4999, S. 36; vgl. auch *Groß*, KapMR, § 16 WpPG Rn. 11; *Kullmann/Sester*, WM 2005, 1068, 1075.

b) Veröffentlichungsmedium

Eine Ausnahme der entsprechenden Anwendung des § 14 WpPG ergibt sich allerdings bei der Wahl des Veröffentlichungsmediums. Da der Nachtrag in „derselben Art und Weise" wie der Prospekt zu veröffentlichen ist, entfällt das in § 14 Abs. 2 WpPG vorgesehene Wahlrecht des Anbieters oder Zulassungsantragstellers. Wurde der Prospekt bspw. gem. § 14 Abs. 2 Nr. 1 WpPG in einer Wirtschafts- oder Tageszeitung veröffentlicht, so muss der Nachtrag – zumindest auch – in derselben Wirtschafts- oder Tageszeitung veröffentlicht werden.[23] Es ist unzulässig, den Nachtrag ausschließlich auf der Internetseite des Emittenten oder in einer anderen, gem. § 14 Abs. 2 WpPG zugelassenen Art, zu veröffentlichen.[24]

22

4. Ergänzung der Zusammenfassung und von Übersetzungen (Abs. 2)

Gem. § 16 Abs. 2 WpPG sind die Zusammenfassung und etwaige Übersetzungen der Zusammenfassung ebenfalls um die im Nachtrag enthaltenen Informationen zu ergänzen. Durch diese Vorschrift beabsichtigt der Gesetzgeber dem Publikum einen erleichterten Zugang zu den im Nachtrag enthaltenen Informationen zu ermöglichen.[25]

23

Zwar sind die Zusammenfassung und Übersetzungen davon nach dem Aufbau des § 16 WpPG nicht vom Prüfungsumfang der Bundesanstalt umfasst. Nach dem Sinn und Zweck der Vorschrift muss sich die Prüfungskompetenz der Bundesanstalt jedoch auch auf diese Dokumente beziehen. Zum einen ergibt sich dies aus dem Wortlaut des Abs. 1, nach dem Bezugsobjekt des Nachtrags der „Prospekt", d. h. der gesamte Prospekt einschließlich der Zusammenfassung ist. Zum anderen kann die Prüfung auf Vollständigkeit, Kohärenz und Verständlichkeit nicht abschließend erfolgen, wenn die Zusammenfassung ausgeschlossen wäre.[26]

5. Widerrufsrecht (Abs. 3)

a) Voraussetzungen des Widerrufsrechts

Hat ein Anleger vor der Veröffentlichung eines Nachtrags eine Zeichnungserklärung abgegeben, so kann er diese innerhalb von zwei Werktagen nach Veröffentlichung des Nachtrags widerrufen. Im Hinblick auf Nachträge, die aufgrund von wichtigen neuen Umständen veröffentlicht wurden, hat der Gesetzgeber das Widerrufsrecht in der Begründung des RegE auf die Fälle eingeschränkt, in denen die Zeichnungserklärung des Anlegers nach dem Eintritt des nachtragspflichtigen neuen Umstands abgegeben wurde. Damit könnte ein Anleger, der seine Zeichnungserklärung nach der Veröffentli-

24

---

23 *Groß*, KapMR, § 16 WpPG Rn. 11.
24 Anders stellt sich die Veröffentlichung von endgültigem Emissionspreis und endgültigem Emissionsvolumen dar. Vgl. dazu die Kommentierung zu § 8 WpPG, Rn. 9.
25 RegBegr. BR-Drucks. 85/05, S. 79 sowie EU-ProspRL-UmsetzungsG, BT-Drucks. 15/4999, S. 36; *Holzborn/Israel*, ZIP 2005, 1668, 1674.
26 Vgl. oben, Rn. 18.

chung des Prospekts, jedoch vor dem Eintritt des neuen Umstands abgegeben hat, nicht widerrufen. Der Gesetzgeber begründet diese Einschränkung damit, dass der neue Umstand im Prospekt noch nicht genannt werden konnte.[27]

Eine solche Beschränkung des Widerrufsrechts ist nicht nachzuvollziehen. Zum einen ist sie nicht mit dem Wortlaut des § 16 Abs. 3 Satz 1 WpPG vereinbar. Zum anderen kann es für den Anleger keinen Unterschied machen, ob der nachtragspflichtige Umstand vor oder nach seiner Zeichnungserklärung eingetreten ist. In keinem Fall hatte er Kenntnis des neuen Umstands, so dass er ihn bei der Abgabe seiner Willenserklärung nicht berücksichtigen konnte. Damit muss dem Anleger ein Widerrufsrecht auch dann zustehen, wenn er seine Zeichnungserklärung nach dem Eintritt des nachtragspflichtigen neuen Umstands abgegeben hat.

25 Daneben stellt sich die Frage, ob das Widerrufsrecht auch dann bestehen soll, wenn der Anleger die Wertpapiere zwar erst nach Veröffentlichung des Nachtrags, jedoch in Kenntnis einer zuvor veröffentlichten Ad-hoc-Mitteilung erworben hat.[28] Weder der Wortlaut des § 16 Abs. 3 WpPG noch die Regelungen des § 15 WpHG zur Ad-hoc-Mitteilungspflicht enthalten eine Einschränkung des Widerrufsrechts auf den Fall der Unkenntnis des Anleger. Im Rahmen einer teleologischen Reduktion des Widerrufsrechts muss dieses jedoch einem Anleger versperrt sein, der die Wertpapiere trotz Kenntnis des Inhalts der Ad-hoc-Mitteilung zeichnet und sich anschließend auf sein Widerrufsrecht beruft. Sein Verhalten ist als venire contra factum proprium unzulässig.[29] Dieser Gedanke findet sich auch in § 34 Abs. 2 Nr. 3 BörsG. Ein Widerrufsrecht ist in einem solchen Fall zu verneinen.

b) Beginn und Ende des Widerrufsrechts

26 Das Widerrufsrecht beginnt mit der Veröffentlichung des Nachtrags. Es endet zwei Werktage nach dessen Veröffentlichung, es sei denn, es ist bereits Erfüllung eingetreten. Erfüllt ist der Erwerb eines Wertpapiers dann, wenn es vom Anleger bezahlt und vom Emittenten geliefert wurde.[30] Damit soll vermieden werden, dass eine komplette Rückabwicklung des Geschäfts, d. h. die Rückgabe der Wertpapiere durch den Anleger gegen Rückzahlung des Kaufpreises durch den Emittenten stattfindet.

Zwar wird durch den Verweis in § 16 Abs. 3 Satz 2 WpPG auch auf § 8 Abs. 1 Satz 5 WpPG und damit auf § 357 BGB verwiesen, damit soll jedoch nicht impliziert werden, dass – entsprechend § 357 BGB – auch bereits erfüllte

---

27 RegBegr. EU-ProspRL-UmsetzungsG, BT-Drucks. 15/4999, S. 36f.; so auch *Groß*, KapMR, § 16 WpPG Rn. 15; *Schlitt/Singhof/Schäfer*, BKR 2005, 251, 256.
28 Zum Verhältnis zwischen der Nachtragspflicht nach § 16 WpPG und der Ad hoc-Mitteilungspflicht gem. § 15 WpHG s. u. Rn. 29 f.
29 *Schlitt/Schäfer*, AG 2005, 498, 507.
30 *Holzborn/Israel*, ZIP 2005, 1668, 1674; *Kullmann/Sester*, WM 2005, 1068, 1075.

Rechtsgeschäfte wieder rückabgewickelt werden können.[31] Dies wird durch § 16 Abs. 3 Satz 1 WpPG, letzter Halbs. klargestellt. Der Verweis auf die Regelungen des § 357 BGB ist somit ausschließlich auf dessen Regelungsgehalt hinsichtlich nicht erfüllter Verträge, d. h. ohne die Abwicklungsregelungen zu verstehen.[32] Dieses Ergebnis folgt auch aus den Gesetzesmaterialien. Die Forderung des Bundesrates, in § 16 WpPG lediglich auf die Sätze 3 und 4 des § 8 Abs. 1 WpPG zu verweisen, in denen sich Vorgaben für die Gestaltung des Widerrufs finden, konnte sich jedoch nicht durchsetzen.[33]

c) Hinweispflicht

Gem. § 16 Abs. 3 Satz 3 WpPG ist der Emittent verpflichtet, an hervorgehobener Stelle im Nachtrag eine Belehrung über das Widerrufsrecht aufzunehmen. Zu überlegen wäre, den Hinweis auf das Widerrufsrecht in Fällen eines reinen Zulassungsprospekts, d. h. ohne öffentliches Angebot im Wege einer teleologischen Reduktion für entbehrlich zu halten. Dies ist jedoch im Hinblick auf den eindeutigen Wortlaut der Vorschrift abzulehnen. 27

Die Bundesanstalt schlägt folgende Formulierung für die Belehrung über das Widerrufsrecht vor:

„Nach § 16 Abs. 3 Wertpapierprospektgesetz können Anleger, die vor der Veröffentlichung des Nachtrags eine auf den Erwerb oder die Zeichnung der Wertpapiere gerichtete Willenserklärung abgegeben haben, diese innerhalb von zwei Werktagen nach Veröffentlichung des Nachtrags widerrufen, sofern noch keine Erfüllung eingetreten ist."

6. Verhältnis zu anderen Vorschriften

a) Nichtaufnahme von Angaben gemäß § 8 WpPG

Zur Abgrenzung zwischen dem Tatbestand der Nichtaufnahme von Angaben gem. § 8 und Nachträgen gem. § 16 WpPG siehe die Anm. zu § 8 WpPG Rn. 7–9. 28

b) Ad-hoc-Mitteilungspflicht gemäß § 15 WpHG

Eine Besonderheit besteht in Fällen, in denen ein gem. § 16 WpPG nachtragspflichtiger Umstand eintritt, der zugleich den Tatbestand der Insiderinformation gem. § 13 WpHG erfüllt und damit die Veröffentlichungspflicht nach § 15 WpHG hervorruft. Gem. § 15 WpHG hat ein Emittent von Finanzinstrumenten, die zum Handel an einem inländischen organisierten Markt zugelassen sind oder für die er eine solche Zulassung beantragt hat, Insiderinformationen, die ihn unmittelbar betreffen, unverzüglich zu veröffentlichen. Diese sog. Ad-hoc-Mitteilungspflicht beginnt mit dem Antrag auf Zu- 29

---

31 Siehe *Grüneberg*, in: Palandt, § 357 Rn. 1 ff.; *Ulmer*, in: MüKo BGB, § 357 Rn. 7 ff.
32 *Groß*, KapMR, § 16 WpPG Rn. 16.
33 BT-Drucks. 15/5219, S. 3.

lassung zum Handel an einem inländischen organisierten Markt und endet mit dem Ende einer solchen Zulassung (§ 15 Abs. 1 Satz 1 WpHG).[34]

Während ein Nachtrag nach § 16 WpPG vor seiner Veröffentlichung der vorherigen Prüfung und Billigung durch die Bundesanstalt bedarf, ist eine Ad-hoc-Mitteilung nach § 15 WpHG ohne behördliche Prüfung unverzüglich zu veröffentlichen. Erfüllt ein Umstand den Tatbestand der beiden Vorschriften, so stellt sich für den Emittenten die Frage, ob er den Umstand zunächst von der Bundesanstalt gem. § 16 WpPG billigen lassen muss oder ob er ihn unverzüglich und ohne vorherige Billigung gem. § 15 WpHG zu veröffentlichen hat. Dabei ist zu berücksichtigen, dass das Kongruenzgebot des § 15 Abs. 4 und Abs. 5 WpPG verlangt, dass sämtliche über das öffentliche Angebot oder die Zulassung verbreiteten Informationen im Prospekt oder in einem Nachtrag aufgenommen werden müssen. Damit sind per Ad-hoc-Mitteilung veröffentlichte Informationen als Nachtrag gem. § 16 WpPG nachträglich zu billigen und zu veröffentlichen. Dies geschieht regelmäßig per Einbeziehung in Form eines Verweises gem. § 11 WpPG.

Eine Subsidiaritätsregelung ist weder im WpPG noch im WpHG enthalten. Der Gesetzgeber hat in der Begründung des RegE die folgenden Grundsätze zum Verhältnis der beiden Regelungen aufgestellt: Grds. gehe die Regelung des § 15 WpHG der Vorschrift des § 16 WpPG vor. Der Emittent hat im Hinblick auf den Schutz des Marktes somit zunächst eine Ad-hoc-Mitteilung zu veröffentlichen. Unverzüglich im Anschluss an diese Veröffentlichung sei der Prospekt jedoch um einen Hinweis auf die Veröffentlichung gem. § 15 WpHG zu ergänzen und in der gleichen Art wie der Prospekt zu veröffentlichen, wobei die Ergänzung nicht der Billigung durch die Bundesanstalt bedürfe.

Etwas anderes gelte für das öffentliche Angebot von Wertpapieren, die zum Handel an einem organisierten Markt zugelassen werden sollen. Aufgrund der besonderen Anlagestimmung bestehe für Umstände, die eine Veröffentlichungspflicht nach § 15 WpHG auslösen, eine Nachtragspflicht gem. § 16 WpPG. Der Nachtrag sei dann frühestens zum Zeitpunkt der Veröffentlichung der Mitteilung nach § 15 WpHG zu veröffentlichen.[35] Damit sind Umstände im Rahmen von geplanten Börsengängen nach dem Willen des Gesetzgebers der Bundesanstalt als Nachtrag vorzulegen und von ihr zu prüfen und zu billigen. Die Veröffentlichung des Nachtrags darf dabei nicht vor der Ad-hoc-Meldung erfolgen.

30 Die fehlende Subsidiaritätsklausel ist aus folgenden Gründen zu kritisieren: Wenn der Zulassungsantrag bereits gestellt wurde und damit der Anwendungsbereich der Ad-hoc-Mitteilungspflicht eröffnet ist, der Prospekt aber noch nicht veröffentlicht wurde, würde aus dem vom Gesetzgeber gewünschten Vorrang der Ad-hoc-Mitteilungspflicht folgen, dass jeder Pro-

---

34 *Assmann*, in: Assmann/Schneider WpHG, § 15 Rn. 43 ff.; *Braun*, in: Möllers/Rotter, Ad-hoc-Publ., 2003, § 7 Rn. 4; *Leuering*, NZG 2005, 12 ff.; *Schäfer*, in: Marsch-Barner/Schäfer, Hdb börsnot AG, § 14 Rn. 16 ff.
35 RegBegr. EU-ProspRL-UmsetzungsG, BT-Drucks. 15/499, S. 36.

spekt vor seiner Prüfung und Billigung durch die Bundesanstalt im Rahmen einer Ad-hoc-Meldung veröffentlicht werden müsste. Dies wird von Wieneke zu Recht als absurd bezeichnet.[36] Zu einer solchen Konstellation kommt es jedoch nur dann, wenn der Zulassungsantrag vor der Veröffentlichung des Prospekts gestellt wurde.

Darüber hinaus ist nicht einzusehen, warum dem Publikum vor Prüfung und Billigung eines Nachtrags durch die Bundesanstalt eine ungeprüfte Ad-hoc-Mitteilung gemacht werden soll. Dies macht weder Sinn, wenn die Ad-hoc-Meldung zutreffend war, denn dann ist die Veröffentlichung eines Nachtrags entbehrlich. Noch hilft die (voreilige) Ad-hoc-Mitteilung, wenn ihr Inhalt nach Prüfung durch die Bundesanstalt gerügt und in korrigierter Form als Nachtrag veröffentlicht wird. In einem solchen Fall führt die als Ad-hoc-Meldung vorab mitgeteilte Information eher zur Verwirrung der Anleger als zu deren Schutz.[37] Darüber hinaus ist sie mittels Korrekturmeldung gem. § 15 Abs. 2 Satz 2 WpHG zu berichten, die wiederum gem. § 15 Abs. 5 Satz 2 WpPG per Nachtrag gem. § 16 WpPG in den Prospekt einbezogen werden muss.[38]

Abschließend ist festzuhalten, dass das Zusammenspiel von Ad-hoc-Mitteilung und Nachtrag weder durch die gesetzliche Regelung noch durch die Stellungnahme des Gesetzgebers in befriedigender Weise gelöst wurde. Bis zur Verabschiedung einer gesetzlichen Klarstellung sollte der Emittent zu seiner eigenen Sicherheit in jedem Fall vorab eine Ad-hoc-Mitteilung veröffentlichen.

---

36 *Wieneke*, NZG 2005, 109, 114.
37 *Ekkenga*, BB 2005, 561, 564; *Merkner/Sustmann*, NZG 2005, 729, 734.
38 Auch dies kann per Verweis gem. § 11 WpPG geschehen.

ABSCHNITT 4
Grenzüberschreitende Angebote und Zulassung zum Handel

§ 17
Grenzüberschreitende Geltung gebilligter Prospekte

(1) Soll ein Wertpapier auch oder ausschließlich in einem oder mehreren anderen Staaten des Europäischen Wirtschaftsraums öffentlich angeboten oder zum Handel an einem organisierten Markt zugelassen werden, so ist unbeschadet des § 24 der von der Bundesanstalt gebilligte Prospekt einschließlich etwaiger Nachträge in beliebig vielen Aufnahmestaaten ohne zusätzliches Billigungsverfahren für ein öffentliches Angebot oder für die Zulassung zum Handel gültig, sofern die zuständige Behörde jedes Aufnahmestaates nach § 18 unterrichtet wird.

(2) ¹Sind seit der Billigung des Prospekts wichtige neue Umstände oder wesentliche Unrichtigkeiten im Sinne von § 16 aufgetreten, hat die Bundesanstalt vom Anbieter oder Zulassungsantragsteller die Einreichung eines Nachtrags zum Prospekt zur Billigung und dessen Veröffentlichung zu verlangen. ²Hat die Bundesanstalt Anhaltspunkte dafür, dass ein Nachtrag nach § 16 zu veröffentlichen ist, kann sie diese nach § 23 der zuständigen Behörde des Herkunftsstaates übermitteln.

(3) Ein von der zuständigen Behörde eines anderen Staates des Europäischen Wirtschaftsraums gebilligter Prospekt einschließlich etwaiger Nachträge ist in der Bundesrepublik Deutschland ohne zusätzliches Billigungsverfahren für ein öffentliches Angebot oder für die Zulassung zum Handel gültig, sofern die Bundesanstalt nach den § 18 entsprechenden Vorschriften des Herkunftsstaates unterrichtet wird und die Sprache des Prospekts die Anforderungen des § 19 Abs. 4 und 5 erfüllt.

Inhalt

	Rn.		Rn.
I. Der „Europäische Pass" – Überblick	1	4. Unbeschadet des § 24 WpPG	13
II. Entstehungsgeschichte	2	VI. § 17 Abs. 2 WpPG	14
1. Art. 17 EU-ProspRL	3	1. Satz 1	15
2. § 17 WpPG	6	a) Nachtragserhebliche Umstände	15
III. Grenzüberschreitende Geltung	7	b) Verwaltungsaktqualität	16
IV. Herkunftsstaatsprinzip	8	c) Drittschützende Wirkung	17
V. § 17 Abs. 1 WpPG	10	2. Satz 2	18
1. Legaldefinierte Begriffe	10	a) Anwendungsbereich	18
2. Gebilligter Prospekt	11	b) Anhaltspunkte	19
3. Notifizierung nach § 18 WpPG	12	c) Anhörung	20

d) Verweis auf § 23 WpPG	21	2. Kein eigenes Prüfverfahren	25
e) Rechtsmittel	22	3. Maßnahmen nach § 24 WpPG	26
VII. § 17 Abs. 3 WpPG	23	4. Notifizierung	27
1. Gebilligter Prospekt	24	5. Sprache	29

I. Der „Europäische Pass" – Überblick

1 Die §§ 17 und 18 WpPG setzen die Art. 17 und 18 EU-ProspRL[1] um. Art. 17 EU-ProspRL ist die zentrale Vorschrift des so genannten Europäischen Passes, der die einmalige Billigung[2] eines Wertpapierprospekts innerhalb des EWR[3] ermöglicht.[4] Ein Wertpapierprospekt, der von der zuständigen Behörde gebilligt wurde, kann – unter Einhaltung der Übermittlungspflicht (Art. 18 EU-ProspRL und § 18 WpPG) und der Sprachregelung (Art. 19 EU-ProspRL und § 19 WpPG) – vom Emittenten im gesamten EWR bei öffentlichen Angeboten oder Zulassungen an einem organisierten Markt (vgl. § 1 Abs. 1 und § 2 Nr. 16 WpPG) – in der Diktion der EU-ProspRL geregelten Markt (vgl. Art. 1 Abs. 1 und Art. 2 Abs. 1 lit. j) EU-ProspRL) – verwendet werden, ohne dass es in den übrigen Ländern eines erneuten Prüf- und Billigungsverfahrens bedarf.[5] Die EU-ProspRL und die Prospektanforderungen konkretisierende EG-Verordnungen legen damit nicht nur einheitliche materielle Anforderungen an die Wertpapierprospekte – u. a. zum Schutz der

---

1 RL 2003/71/EG des Europäischen Parlaments und des Rates v. 04.11.2003 betreffend den Prospekt, der beim öffentlichen Angebot von Wertpapieren oder bei deren Zulassung zum Handel zu veröffentlichen ist, und zur Änderung der RL 2001/34/EG ABl. EG L 345 v. 31.12.2003, S. 64, vgl. Abkürzungsverzeichnis.
2 In den Erwägungsgründen des Richtlinienvorschlags wird der Begriff „Zulassung" verwendet (vgl. Erwägungsgrund 2 des Richtlinienvorschlags der Kommission, ABl. EG C 240 E v. 28.08.2001, S. 272). Im deutschen Recht ist „Billigung" der terminus technicus.
3 Die EU-ProspektRL gilt gem. Art. 36 Abs. 2 i.V.m. Annex IX Ziff. III (i) 24. des Abkommens über den Europäischen Wirtschaftsraum (abrufbar unter http://secretariat.efta.int, Stand v. 07.11.2006) auch in den Staaten des EWR, die nicht Mitglied der Europäischen Gemeinschaft sind (Island, Liechtenstein und Norwegen).
4 Zur Definition des Europäischen Passes als Einmalzulassung siehe z.B. Erwägungsgründe 1 und 2 des Richtlinienvorschlags der Kommission, ABl. EG C 240 E v. 28.08.2001, S. 272. Zum Ursprung des Begriffs siehe *Kunold/Schlitt*, BB 2004, 501, Fn. 12. Der Europäische Rat hatte zur Vollendung des Binnenmarktes für Finanzdienstleistungen das Ziel gesetzt, den Zugang zu Investitionskapital vermittels eines einheitlichen „Passes" zu erleichtern, siehe Nr. 21 der Schlussfolgerungen des Europäischen Rats vom Gipfeltreffen in Lissabon am 23. und 24.03.2000. Ausführlich zur Entstehungsgeschichte der EU-ProspektRL siehe *Kunold/Schlitt*, BB 2004, 501 f.; *Sandberger*, EWS 2004, 297 f.; *Wagner*, Die Bank, 2003, 681 f.; *Weber*, NZG 2004, 360 f. *Wieneke* spricht von dem „Rechtsvorteil der Einmalzulassung", *Wieneke*, NZG 2005, 109, 110.
5 Zum Konzept des „Europäischen Passes" siehe u. a. *Holzborn/Israel*, ZIP 2005, 1668, 1675; *Kullmann/Sester*, WM 2005, 1068, 1069 f.; *Sandberger*, EWS 2004, 297, 298; *Schlitt/Schäfer*, AG 2005, 498, 508; *Seitz*, AG 2005, 678, 689. In der Praxis hat sich gezeigt, dass die Aufsichtsbehörden einiger Staaten des EWR und sonstige gesetzliche Regelungen nichtsdestotrotz weitere Anforderungen stellen, vgl. hierzu die Ausführungen in *CESR*, report, Ref: CESR/07-225, Tz. 240.

Anleger[6] – fest. Die EU-ProspRL stellt auch formell sicher, dass die Einhaltung dieser materiellen Anforderungen in der Europäischen Gemeinschaft nur von einer zuständigen Behörde überprüft (zentralisiertes Genehmigungsverfahren[7]) und mit Hilfe von Aufsichtsmaßnahmen sichergestellt wird. Durch die Möglichkeit der europaweiten Verwendung eines einmal gebilligten Prospekts soll der „weitestmögliche Zugang zu Anlagekapital auf Gemeinschaftsbasis"[8] gewährleistet und das Ziel der „Vollendung des Binnenmarktes für Wertpapiere"[9] erreicht werden.

Ob durch den Europäischen Pass ein Wettbewerb zwischen den Finanzplätzen innerhalb des EWR eröffnet wird[10], ist fraglich. Die Auswahl einer Wertpapierbörse für die Zulassung von Wertpapieren eines Emittenten wird von vielen Faktoren, u. a. dem Markt- und sonstigen Investorenumfeld des jeweiligen Finanzplatzes bestimmt. Es ist nicht davon auszugehen, dass die Verfahren zur Billigung von Wertpapierprospekten in den einzelnen Staaten bei der Wahl des Finanzplatzes den entscheidenden Faktor bilden. Darüber hinaus verbleibt hinsichtlich der Prospekthaftung das Risiko, dass die Gerichte der einzelnen Staaten, in denen etwa ein Angebot durchgeführt wird, ein unterschiedliches Verständnis von der Richtigkeit und Vollständigkeit eines Prospekts haben oder die Bestimmungen der EU-ProspRL unterschiedlich auslegen.[11] Gleichwohl kann der Europäische Pass eine große Rolle spielen, um internationale Kapitalmarkttransaktionen zu strukturieren.

II. Entstehungsgeschichte

Die § 17 Abs. 1 und 3 WpPG setzen Art. 17 Abs. 1 EU-ProspRL um. Als nationale Vorschrift unterscheidet § 17 WpPG zwischen der Anerkennung in Deutschland gebilligter Prospekte im EWR (Abs. 1)[12] und der Anerkennung in anderen Mitgliedstaaten gebilligter Prospekte in Deutschland (Abs. 3). § 17 Abs. 2 WpPG geht auf Art. 17 Abs. 2 EU-ProspRL zurück.   2

1. Art. 17 EU-ProspRL

Die eindeutige Beschränkung auf ein Zulassungsverfahren für Wertpapierprospekte für den gesamten EWR beruht auf den Eingaben des Europäischen Parlaments. Der ursprüngliche Richtlinienvorschlag der Kommission war in der Formulierung ungenau. Bei einem Zulassungsantrag innerhalb   3

---

6 Zum Anlegerschutz als einem Ziel der EU-ProspektRL siehe Erwägungsgrund 10 und *Kunold/Schlitt*, BB 2004, 501, 502.
7 *König*, ZEuS 2004, 251, 267.
8 Erwägungsgrund 4 EU-ProspRL.
9 Vgl. Erwägungsgrund 45 EU-ProspRL.
10 So *Grub/Thiem*, NZG 2005, 750, 752.
11 *Schanz*, Börseneinführung, § 13 Rz. 71. Zu kollisionsrechtlichen Fragen der Prospekthaftung und eingehend *Kuntz*, WM 2007, 432 ff.
12 Zum mangelnden Regelungscharakter dieser Vorschrift s. u. Rn. 7.

von drei Monaten nach Billigung des Prospekts im Herkunftsstaat[13] sollte die Behörde des Aufnahmestaats[14] den gebilligten Prospekt „akzeptieren" müssen.[15] Diese Formulierung schloss ein eigenständiges Zulassungsverfahren zumindest nicht eindeutig aus. Zudem beließ der Entwurf den Behörden des Aufnahmestaats weitreichende Kompetenzen: Bei einer mehr als drei Monate zurückliegenden Billigung sollte die zuständige Behörde des Aufnahmestaats eine Aktualisierung des Prospekts verlangen können.[16] Bei Fehlen bestimmter inhaltlicher Anforderungen sollte die Behörde des Aufnahmestaats die Annahme des Prospekts verweigern können.[17] Den Emittenten wäre damit ein Zulassungsverfahren in den Aufnahmestaaten nicht erspart geblieben, öffentliches Angebot und Zulassung zu einem geregelten Markt in Aufnahmestaaten wären u. U. nicht wesentlich erleichtert worden.

4 Das Europäische Parlament forderte in seiner Stellungnahme zum Kommissionsvorschlag, bei einmal erfolgter Billigung des Prospekts im Herkunftsstaat auf weitere Verwaltungsverfahren in Aufnahmestaaten zu verzichten. Der einmal gebilligte Prospekt sollte in jedem Mitgliedstaat gültig sein, sofern Prospekt und Zulassungsbescheinigung der Behörde des Aufnahmestaats durch die Behörde des Herkunftsstaats vorgelegt wurden.[18] Allerdings beließ auch das Europäische Parlament der Behörde des Aufnahmestaats insoweit Aufsichtsbefugnisse gegenüber Anbietern und Zulassungsantragstellern (vgl. Definitionen in § 2 Nr. 10 und 11 WpPG) aus anderen Mitgliedstaaten, als sie bei Änderung wichtiger Gegebenheiten ein ergänzendes Dokument verlangen können sollte, das allerdings wiederum von der zuständigen Behörde des Herkunftsstaats zu genehmigen gewesen wäre.[19]

5 In ihrem Änderungsentwurf übernahm die Kommission die gemeinschaftsweite Geltung gebilligter Prospekte und den Verzicht auf weitere Zulassungsverfahren in Aufnahmestaaten.[20] Zudem nahm sie auch für Nachträge bei wesentlichen Änderungen davon Abstand, den Behörden des Aufnahmemitgliedstaats Aufgaben des Gesetzesvollzugs zuzuschreiben. Nachträge nach Art. 16 EU-ProspRL (umgesetzt in § 16 WpPG) soll allein die Behörde des Herkunftsstaats verlangen, ggf. nach einem entsprechenden Hinweis

---

13 In der EU-ProspektRL wird der Begriff Herkunftsmitgliedstaaten verwendet. Das WpPG verwendet den Begriff Herkunftsstaaten, siehe § 2 Nr. 13 WpPG, da auch die übrigen Staaten des EWR erfasst werden. Der Diktion des WpPG wird hier gefolgt.
14 In der EU-ProspektRL wird der Begriff Aufnahmemitgliedstaaten verwendet. Das WpPG verwendet den Begriff Aufnahmestaaten, siehe § 2 Nr. 14 WpPG, da auch die übrigen Staaten des EWR erfasst werden. Der Diktion des WpPG wird hier gefolgt.
15 Art. 15 Abs. 1 des Vorschlags der Kommission, ABl. EG C 240 E v. 28.08.2001, S. 272, 278.
16 Art. 15 Abs. 2 des Vorschlags der Kommission, ABl. EG C 240 E v. 28.08.2001, S. 272, 279.
17 Art. 15 Abs. 3 des Vorschlags der Kommission, ABl. EG C 240 E v. 28.08.2001, S. 272, 279.
18 Art. 14 Abs. 1 und 2 des Vorschlags der Kommission in der vom Europäischen Parlament in erster Lesung geänderten Fassung, ABl. EG C 47 E v. 27.02.2003, S. 525, 538.
19 Art. 14 Abs. 3 des Vorschlags der Kommission in der vom Europäischen Parlament in erster Lesung geänderten Fassung, ABl. EG C 47 E v. 27.02.2003, S. 525, 538.
20 Begründung zu Art. 17 und Art. 17 Abs. 1 des geänderten Vorschlags der Kommission, ABl. EG C 20 E v. 28.01.2003, S. 122, 134.

durch die zuständige Behörde des Aufnahmestaats. Der Rat übernahm in seinem Gemeinsamen Standpunkt den Änderungsentwurf der Kommission.[21]

2. § 17 WpPG

Im Verlauf des Gesetzgebungsverfahrens zu § 17 WpPG zeigte sich die Schwierigkeit bei der Umsetzung von Art. 17 EU-ProspRL in nationales Recht.[22] Der Referentenentwurf des WpPG hatte Art. 17 EU-ProspRL noch übernommen und allein die enthaltenen Verweise auf andere Vorschriften des WpPG angepasst.[23] Im Regierungsentwurf wurde die Unterscheidung zwischen der gemeinschaftsweiten Geltung im Inland gebilligter Prospekte (Abs. 1) und der Geltung im europäischen Ausland gebilligter Prospekte in Deutschland (Abs. 3) aufgenommen,[24] die der letztendlichen Fassung von § 17 WpPG entspricht.

6

III. Grenzüberschreitende Geltung

§ 17 Abs. 1 WpPG betrifft die europaweite Geltung von Prospekten, die von der Bundesanstalt für Finanzdienstleistungsaufsicht (BaFin) gebilligt wurden. Da die europäischen Richtlinien grds. nur die Mitgliedstaaten binden (Art. 249 Unterabs. 3 EGV), müssen die Mitgliedstaaten die europaweite Geltung der im Herkunftsstaat gebilligten Prospekte in nationales Recht umsetzen. Für die Anerkennung im Herkunftsstaat gebilligter Prospekte im EU-Ausland entsteht naturgemäß die Schwierigkeit, dass der Gesetzgeber des Herkunftsstaats im EU-Ausland keine Gesetzgebungskompetenz hat (Territorialitätsprinzip). Der deutsche Gesetzgeber kann daher die europaweite Geltung der von der BaFin gebilligten Prospekte nicht rechtlich verbindlich anordnen.[25] Insofern hat § 17 Abs. 1 WpPG nur deklaratorische Wirkung.[26] Für die Geltung der in Deutschland gebilligten Wertpapierprospekte im

7

---

21 Art. 17 des Gemeinsamen Standpunkts Nr. 25/2003, ABl. EG C 125 E v. 27.05.2003, S. 21, 35, 54.
22 Zur mangelnden Hoheit des deutschen Gesetzgebers, die Geltung der Prospekte in anderen Staaten vorzuschreiben siehe Ausführungen unter Rn. 7.
23 DiskE zum WpPG abrufbar unter http://www.jura.uni-augsburg.de/prof/moellers/materialien/materialdateien/040_deutsche_gesetzgebungsgeschichte/prospektril_umsetzungsgesetz_wppg_geschichte/, Stand v. 27.03.2008.
24 EU-ProspRL-UmsetzungsG, BT-Drucks. 15/4999, S. 13. Insofern passt die Gesetzesbegründung zu § 18 Abs. 1 WpPG nicht zum Wortlaut der Vorschrift. § 18 Abs. 1 WpPG betrifft „von der Bundesanstalt gebilligte Prospekte" für Wertpapiere, die „auch oder ausschließlich in einem oder mehreren anderen Staaten des Europäischen Wirtschaftsraums" verwendet werden sollen. Die Begründung zu § 18 Abs. 1 WpPG bezieht sich auf Prospekte, die von der „zuständigen Behörde eines anderen Herkunftsstaats" gebilligt wurden. Deren Geltung in Deutschland wird aber in § 17 Abs. 3 WpPG normiert.
25 Die Formulierung in der RegBegr. EU-ProspRL-UmsetzungsG, BT-Drucks. 15/4999, S. 37 ist daher schief.
26 *Groß*, KapMR, § 17 WpPG Rn. 3.

EWR sind zunächst die jeweiligen nationalen, dem § 17 Abs. 3 WpPG entsprechenden Vorschriften maßgeblich.[27]

IV. Herkunftsstaatsprinzip

8 Art. 17 EU-ProspRL enthält Regelungen zur Verteilung der Zuständigkeit zwischen den nationalen Behörden, die in § 17 WpPG nur unzureichend wiedergegeben werden. Nach der EU-ProspRL ist hinsichtlich der Zuständigkeit für Prospektbilligung und Aufsichtsmaßnahmen das Herkunftsstaatsprinzip maßgeblich.[28] Sowohl die Billigung des Prospekts als auch Aufsichtsmaßnahmen sollen gegenüber den Anbietern und Emittenten allein durch die zuständige Behörde des Herkunftsstaats erfolgen. Ersteres ergibt sich aus Art. 13, letzteres aus Art. 17 EU-ProspRL. Welcher der Herkunftsstaat ist, ist in Art. 2 Abs. 2 lit. m) EU-ProspRL definiert.

9 Die Zuständigkeit nach dem Herkunftsstaatsprinzip lässt sich dem WpPG genau genommen nicht entnehmen.[29] Weder § 13 noch § 17 WpPG beschränken ihrem Wortlaut nach die Zuständigkeit der BaFin auf Anbieter und Zulassungsantragsteller, deren Herkunftsstaat i.S.d. § 2 Nr. 13 WpPG die Bundesrepublik Deutschland ist. Auch § 2 WpPG enthält nach seiner Überschrift keine Zuständigkeitsregelungen. Daher könnten nach dem Wortlaut der Vorschriften Anbieter und Zulassungsantragsteller, deren Herkunftsstaat nicht Deutschland ist, einen Billigungsantrag nach § 13 WpPG stellen mit der Folge, dass der – allerdings deklaratorische[30] – § 17 Abs. 1 WpPG einschlägig wäre. Sind Umsetzungsgesetze in anderen Mitgliedstaaten ähnlich unpräzise, böte sich für deutsche Anbieter und Zulassungsantragsteller die Möglichkeit der Prospektbilligung im Ausland und Verwendung der Prospekte in der Bundesrepublik unter Berufung auf § 17 Abs. 3 WpPG.

Dass sich die Zuständigkeit nach dem Herkunftsstaatsprinzip richtet, die BaFin daher nur die Prospekte von Antragstellern mit Deutschland als Herkunftsstaat billigen kann, ergibt sich lediglich aus einer richtlinienkonformen Auslegung des WpPG. Die EU-ProspRL legt zur Vereinfachung für die Anbieter und Zulassungsantragsteller, aber auch im Sinne einer effizienten Aufsicht, eine Behördenzuständigkeit nach dem Herkunftsstaatsprinzip fest. Die effektive Umsetzung der EU-ProspRL verlangt, durch richtlinienkonforme Auslegung die Zuständigkeit der BaFin auf Anbieter und Zulassungsantragsteller zu beschränken, deren Herkunftsstaat i.S.d. § 2 Nr. 13 WpPG Deutschland ist.[31]

---

27 *Kullmann/Sester*, WM 2005, 1068, 1069; *Seitz*, AG 2005, 678, 689.
28 Vgl. Erwägungsgrund 14 EU-ProspRL und *Apfelbacher/Metzner*, BKR 2006, 81, 83.
29 A.A. *Kullmann/Sester*, WM 2005, 1068, 1070.
30 Vgl. Ausführungen oben Rn. 7.
31 Anregungen über eine Änderung der Regelungen zum Herkunftsstaatsprinzip, Report of the European Securities Market Expert Group (ESME), Brüssel, 05.09.2007

V. § 17 Abs. 1 WpPG

1. Legaldefinierte Begriffe

Eine Vielzahl der in § 17 Abs. 1 WpPG genannten Tatbestandsmerkmale sind in § 2 WpPG legaldefiniert.[32] § 17 Abs. 1 WpPG erfasst Wertpapiere im Sinne des § 2 Nr. 1 WpPG, d. h. alle Dividendenwerte und Nichtdividendenwerte (siehe § 2 Nr. 2 und 3 WpPG). In Übereinstimmung mit dem Anwendungsbereich des WpPG (siehe § 1 WpPG) werden nur Wertpapiere erfasst, die öffentlich angeboten oder zum Handel an einem organisierten Markt[33] zugelassen werden.[34]

10

2. Gebilligter Prospekt

§ 17 WpPG erfasst gebilligte Prospekte einschließlich etwaiger Nachträge. Dies bedeutet, dass der jeweilige Prospekt und ggf. vorgelegte Nachträge das Billigungsverfahren nach § 13 WpPG durchlaufen haben und durch Verwaltungsakt[35] gebilligt worden sein müssen.

11

3. Notifizierung nach § 18 WpPG

§ 17 WpPG übernimmt im Hinblick auf die erforderliche Notifizierung nach § 18 WpPG die Formulierung der EU-ProspRL. Nach Art. 17 Abs. 1 EU-ProspRL setzt die grenzüberschreitende Geltung der Prospekte eine Unterrichtung der zuständigen Stelle jedes Aufnahmemitgliedstaats voraus. Nicht erforderlich ist die Unterrichtung sämtlicher Staaten des EWR. Unterrichtet werden müssen die zuständigen Stellen der Staaten des EWR, in denen ein öffentliches Angebot unterbreitet oder die Zulassung zum Handel angestrebt werden soll (vgl. § 2 Ziff. 14 WpPG).

12

4. Unbeschadet des § 24 WpPG

Ein gebilligter Prospekt soll „unbeschadet des § 24 WpPG" gelten. Hier wurde in § 17 Abs. 1 WpPG ohne Weiteres die Formulierung der EU-ProspRL übernommen. Der Gesetzgeber hat nicht berücksichtigt, dass § 17 WpPG zwischen der Geltung in Deutschland gebilligter Prospekte im Ausland (Abs. 1) und der Geltung von in Staaten des EWR gebilligten Prospekten in Deutschland (Abs. 3) unterscheidet. § 24 WpPG betrifft die Aufsicht durch

13

---

32 Für ausführliche Erläuterungen siehe Komm. zu § 2 WpPG.
33 In der EU-ProspektRL ist von der Zulassung zum Handel mit Wertpapieren an einem „geregelten Markt" die Rede, wobei für die Definition des Begriffs auf Art. 1 Abs. 13 der RL 93/22/EWG verwiesen wird. Das WpPG verwendet den Begriff des organisierten Marktes und nennt eine eigene Definition in § 2 Nr. 16, was die Anwendung des Gesetzes erheblich erleichtert.
34 Die Zulassung ist der Rechtsakt, der nach den Regeln der jeweiligen Börse erforderlich ist, damit die Wertpapiere dort gehandelt werden können. Zum Begriff der Zulassung vgl. die Komm. zu § 1 WpPG.
35 Zum Verwaltungsaktcharakter der Billigung siehe RegBegr. EU-ProspRL-UmsetzungsG, BT-Drucks. 15/4999, S. 34.

die BaFin gegenüber Emittenten, deren Herkunftsstaat nicht Deutschland ist. § 17 Abs. 1 WpPG erfasst dagegen Prospekte von Anbietern und Zulassungsantragstellern, deren Herkunftsland Deutschland ist, und für welche die BaFin zuständige Behörde des Herkunftsstaats ist. In diesem Rechtsverhältnis besteht für § 24 WpPG kein Anwendungsbereich. Gegenüber deutschen Anbietern und Zulassungsantragstellern handelt die Bundesanstalt nach § 21 WpPG. Der Verweis auf § 24 WpPG in § 17 Abs. 1 WpPG ist daher nicht erforderlich.

Der Zusatz „unbeschadet des § 24 WpPG" hätte vielmehr in § 17 Abs. 3 WpPG aufgenommen werden müssen.[36] Diese Vorschrift betrifft Anbieter und Zulassungsantragsteller, deren Herkunftsstaat nicht Deutschland ist. Ihnen gegenüber kann die Bundesanstalt Aufsichtsmaßnahmen nach § 24 WpPG ergreifen.

VI. § 17 Abs. 2 WpPG

14 Dem Zuständigkeitsschema der EU-ProspRL folgend unterscheidet § 17 Abs. 2 WpPG zwischen Emittenten und Zulassungsantragstellern, deren Herkunftsstaat Deutschland ist (Satz 1), und solchen, für die Deutschland der Aufnahmestaat ist (Satz 2). Allerdings ist auch hier wieder der adressatenbezogene Anwendungsbereich der Vorschriften nicht eindeutig formuliert und ergibt sich erst aus einer systematischen und richtlinienkonformen Auslegung.[37]

1. Satz 1

a) Nachtragserhebliche Umstände

15 Zur Beschreibung der nachtragserheblichen Umstände übernimmt § 17 Abs. 2 Satz 1 WpPG die Tatbestandsmerkmale des § 16 WpPG.[38] Trotz der Verwendung des Plurals in § 17 Abs. 2 Satz 1 WpPG ist davon auszugehen, dass bereits ein wichtiger neuer Umstand oder eine wesentliche Unrichtigkeit ausreichen, um die Nachtragspflicht zu begründen. Nach § 16 Abs. 1 WpPG wird die Nachtragspflicht bereits durch einzelne Umstände oder Unrichtigkeiten ausgelöst. § 17 Abs. 2 Satz 1 WpPG greift, sobald eine Nachtragspflicht nach § 16 WpPG entstanden ist.

b) Verwaltungsaktqualität

16 Für die Frage der Qualifikation des Nachtragsverlangens nach § 17 Abs. 2 Satz 1 WpPG als Verwaltungsakt ist entscheidend, ob es eigenständigen Re-

---

36 Zu einer richtlinienkonformen Auslegung des § 17 Abs. 3 WpPG siehe Ausführungen unter Rn. 26.
37 Vgl. Ausführungen unter Rn. 8.
38 Zur Nachtragspflicht nach § 16 WpPG siehe *Heidelbach/Preuße*, BKR 2006, 316, 320 und Komm. zu § 16 WpPG.

gelungscharakter hat. Dies ist zu verneinen. Das WpPG verwendet zwar z. B. in § 21 WpPG das Tatbestandsmerkmal des Verlangens und schreibt solchen Aufforderungen der BaFin Regelungscharakter zu (vgl. § 26 WpPG, der die Verwaltungsaktqualität der Maßnahmen nach § 21 WpPG unterstellt). In diesen Fällen wiederholt die Behörde jedoch nicht allein eine Gesetzespflicht, sondern begründet eine eigenständige Handlungspflicht (z. B. zur Vorlage bestimmter Unterlagen). Das Nachtragsverlangen nach § 17 Abs. 2 Satz 1 WpPG gibt nur eine Pflicht wieder, die schon durch das Gesetz (§ 16 Abs. 1 WpPG) begründet wird.[39] Es ist daher deklaratorisch. Zudem sind die aufsichtsrechtlichen Hoheitsbefugnisse der BaFin, die Nachträge betreffen, in § 21 Abs. 8 WpPG geregelt.[40]

Verlangt die BaFin nach § 17 Abs. 2 Satz 1 WpPG einen Nachtrag, können Anbieter und Zulassungsantragsteller ggf. vor dem Verwaltungsgericht beantragen festzustellen, dass eine Nachtragspflicht nach § 16 WpPG nicht besteht. In den weitaus meisten Fällen werden diese Fragen allerdings keine praktische Rolle spielen, da dem Emittenten vor dem Hintergrund einer möglichen Prospekthaftung daran gelegen sein dürfte, wichtige neue Umstände oder wesentliche Unrichtigkeiten in einem Nachtrag zu veröffentlichen.

c) Drittschützende Wirkung

§ 17 Abs. 2 Satz 1 WpPG hat keine drittschützende Wirkung.[41] Keinem Tatbestandsmerkmal des § 17 Abs. 2 Satz 1 WpPG lässt sich nach Sinn und Zweck entnehmen, dass es drittschützende Wirkung entfalten soll. § 17 Abs. 2 Satz 1 WpPG geht auf eine Regelung der Zuständigkeit zwischen den nationalen Behörden in der EU-ProspRL zurück und dient nicht dem Anlegerschutz. Die dem Anlegerschutz dienenden aufsichtsrechtlichen Befugnisse ggf. erforderlicher Nachträge sind in § 21 Abs. 8 WpPG geregelt. 17

2. Satz 2

a) Anwendungsbereich

Der Zuständigkeitsverteilung der EU-ProspRL folgend gilt § 17 Abs. 2 Satz 2 WpPG allein für Anbieter und Zulassungsantragsteller, für die Deutschland Aufnahmestaat ist. 18

---

39 *Groß*, KapMR, § 17 WpPG Rn. 4.
40 Letztlich hat der Gesetzgeber in dieser Vorschrift auf etwas unpräzise Weise die Zuständigkeitsregelung in Art. 17 Abs. 2 EU-ProspRL zwischen den nationalen Behörden übernommen. Wegen § 21 Abs. 8 WpPG hätte der Gesetzgeber § 17 Abs. 2 Satz 1 WpPG weglassen und allenfalls einen klarstellenden Zusatz in § 21 WpPG dergestalt aufnehmen sollen, dass dieser nur auf deutsche Anbieter und Zulassungsantragsteller anwendbar ist.
41 RegBegr. EU-ProspRL-UmsetzungsG, BT-Drucks. 15/4999, S. 37; *Keunecke*, Prosp KapM, Rn. 305.

§ 17 Abs. 2 Satz 2 WpPG steht neben § 24 WpPG, der die BaFin u. a. ermächtigt, bei einem Verstoß gegen § 16 WpPG die zuständige Behörde des Herkunftsstaats zu informieren. Zeitlich ist § 17 Abs. 2 Satz 2 WpPG dem § 24 WpPG vorgelagert, da für die Information der zuständigen Behörden des Mitgliedstaats bereits Anhaltspunkte für die Erforderlichkeit eines Nachtrags ausreichen und kein Verstoß gegen § 16 WpPG erforderlich ist.

b) *Anhaltspunkte*

19 Anhaltspunkte dafür, dass ein Nachtrag nach § 16 WpPG zu veröffentlichen ist, liegen vor, wenn Indizien vorhanden sind, die nach den Erfahrungen der BaFin dafür sprechen, dass ein Nachtrag erforderlich ist. Da Anhaltspunkte ausreichen, muss der nach § 16 WpPG notwendige Einfluss der neuen Umstände oder bekannten Unrichtigkeiten auf die Beurteilung der Wertpapiere nicht nachweisbar sein. Anhaltspunkte für die Erforderlichkeit eines Nachtrags sind schon gegeben, wenn ein solcher Einfluss nach den Erfahrungen der BaFin wahrscheinlich ist. Sie ergeben sich für die BaFin in der Regel insb. aus Presse- oder Internetveröffentlichungen.

c) *Anhörung*

20 Eine Pflicht der BaFin, die Anbieter und Zulassungsantragsteller vor einer Information der zuständigen Behörde des Herkunftsstaats anzuhören, ergibt sich nicht bereits aus § 28 VwVfG. Die Weitergabe der Informationen ist mangels Regelungsgehalts gegenüber den Anbietern und Zulassungsantragsteller kein Verwaltungsakt. Die aufsichtsbehördlichen Maßnahmen, die Anbieter und Emittenten zu einem Handeln, Tun oder Unterlassen verpflichten, ergehen erst durch die zuständige Behörde des Herkunftsstaats. Ein Anhörungsrecht der Anbieter und Zulassungsantragsteller sollte sich allerdings aus dem Rechtsstaatsprinzip ergeben. Da davon auszugehen ist, dass mit der Information der zuständigen Behörde des Mitgliedstaats ein behördliches Verfahren gegen den betreffenden Anbieter oder Zulassungsantragsteller eingeleitet wird, ist dieser zudem schon durch die Weitergabe der Informationen in seinen Grundrechten betroffen. In der Praxis findet ein vorheriger Kontakt zwischen der BaFin und den Anbietern und Zulassungsantragstellern üblicherweise statt. Dies geschieht auch, um der Behörde des Mitgliedstaats ausreichend Informationen übermitteln zu können.

d) *Verweis auf § 23 WpPG*

21 Die Formulierung des Verweises auf § 23 WpPG („nach § 23 WpPG") in § 17 Abs. 2 Satz 2 WpPG ist nicht ohne Weiteres verständlich. Die Rechtsfolge bei Anhaltspunkten für einen u.U. erforderlichen Nachtrag, nämlich die Ermächtigung, die zuständige Behörde des Herkunftsstaats zu informieren, ist bereits in § 17 Abs. 2 Satz 2 WpPG genannt. § 23 WpPG enthält diesbezüglich keine weitergehende Ermächtigung gegenüber den Anbietern und Zulassungsantragstellern. Der Verweis auf § 23 WpPG ist daher wie in der Parallelnorm § 24 Abs. 1 WpPG als Verweis auf die Abs. 3 bis 5 zu verstehen. Er gibt der BaFin die Möglichkeit, von einer Informationsvermittlung abzuse-

hen. Zugleich erlegt er ihr die Pflicht auf, bei Vorliegen der Tatbestandsvoraussetzungen des § 23 Abs. 3 WpPG das Ermessen bei der Entscheidung über die Weitergabe der Informationen ordnungsgemäß auszuüben.

e) Rechtsmittel

Da es sich bei der Weitergabe der Informationen an die zuständige Behörde des Herkunftsstaats nicht um einen Verwaltungsakt handelt, können Betroffene dagegen mit einer allgemeinen Leistungsklage in Form der Unterlassungsklage vorgehen. Anbieter und Zulassungsantragsteller können nicht darauf verwiesen werden, dass sie Maßnahmen der zuständigen Behörde ihres Herkunftsstaats abwarten und dagegen gerichtlich vorgehen können. Bereits die Einleitung eines aufsichtsrechtlichen Verfahrens kann mit Belastungen verbunden sein. Es spricht viel dafür, Anbietern und Zulassungsantragstellern ein berechtigtes Interesse zuzugestehen und die Möglichkeit einzuräumen, bereits die Einleitung eines solchen Verfahrens ggf. zu verhindern. Praktische Bedeutung werden Rechtsmittel gegen die Weitergabe von Informationen allerdings voraussichtlich kaum erlangen. 22

VII. § 17 Abs. 3 WpPG

Der entscheidende Teil der Umsetzung des Art. 17 EU-ProspRL durch § 17 WpPG findet sich in dessen Abs. 3.[42] Diese Vorschrift setzt die gemeinschaftsweite Geltung von Wertpapierprospekten zugunsten der Anbieter und Zulassungsantragsteller, für die Deutschland Aufnahmestaat ist, um. 23

1. Gebilligter Prospekt

Die Verwendung eines Prospekts in Deutschland setzt voraus, dass er von der zuständigen Behörde eines anderen Staates des EWR gebilligt wurde. Der Rechtsakt der Billigung muss erfolgt sein. Verwendet werden darf der Prospekt in der gebilligten Fassung ggf. ergänzt um erforderliche Nachträge. Erfasst werden einteilige und dreiteilige Prospekte sowie Basisprospekte[43] (zu den verschiedenen Prospekttypen siehe § 12 WpPG). Nicht erfasst sind das Registrierungsformular und die Wertpapierbeschreibung.[44] 24

2. Kein eigenes Prüfverfahren

Eine wesentliche Neuerung der EU-ProspRL ist, dass in den Aufnahmestaaten kein eigenständiges Verfahren zur Prüfung des Prospekts erfolgt.[45] Für eine Verwendung des Prospekts in Deutschland bedarf es keines formalen Aktes der BaFin. Die BaFin prüft bei Prospekten, die in anderen Staaten des 25

---

42 So auch *Groß*, KapMR, § 17 WpPG Rn. 4.
43 BaFin, Wertpapierprospektgesetz, Hinterlegungsverfahren, Notifizierungsverfahren, Präsentation v. 29.05.2006 zum Workshop v. 17. und 22.05.2006, S. 28.
44 BaFin, Präsentation v. 03.11.2005 zum Workshop: 100 Tage WpPG, Das Notifizierungsverfahren, S. 4.
45 Vgl. auch Rn. 1.

EWR gebilligt wurden, grds. nicht, ob die Prospekte die inhaltlichen Anforderungen der Verordnung zur Umsetzung der EU-ProspRL[46] erfüllen. Sie hat keine präventiven Prüfkompetenzen in Bezug auf den Prospekt. Materiell prüft sie lediglich, ob die Anforderungen der §§ 18 und 19 WpPG eingehalten sind. Ist dies nicht der Fall, hat dies jedoch keine Auswirkungen auf den Akt der Billigung. Der Prospekt bleibt (in anderen Staaten des EWR) ein gebilligter Prospekt, dessen Verwendung die BaFin in Deutschland allerdings nach § 21 Abs. 4 WpPG einschränken kann. Dies erfolgt bspw. dann, wenn der Prospekt nicht der Sprachenregelung des § 19 WpPG genügt.

Auch wenn die BaFin kein eigenes Prüfverfahren durchführt, sind etwa bei der Veröffentlichung eines in einem anderen Staat des EWR gebilligten Prospekts in Deutschland dennoch bestimmte gesetzliche Anforderungen zu beachten.[47]

3. Maßnahmen nach § 24 WpPG

26 Unklar ist bei der Umsetzung des Art. 17 Abs. 1 EU-ProspRL durch § 17 Abs. 3 WpPG, welche Konsequenzen Maßnahmen nach § 24 WpPG für die grenzüberschreitende Geltung eines gebilligten Prospekts nach § 17 Abs. 2 Satz 2 WpPG haben.[48] Nach der EU-ProspRL sollen Prospekte unbeschadet etwaiger Vorsichtsmaßnahmen nach Art. 23 grenzüberschreitend gelten. Die grenzüberschreitende Geltung soll nicht dadurch aufgehoben werden, dass die Behörde des Aufnahmestaats Maßnahmen nach Art. 23 EU-ProspRL ergriffen hat. Der deutsche Gesetzgeber hat in § 17 Abs. 3 WpPG auf eine Klarstellung des Verhältnisses zu § 24 WpPG verzichtet. Dies könnte darauf hindeuten, dass Wertpapierprospekte von Anbietern und Zulassungsantragstellern anderer Herkunftsstaaten in Deutschland nicht mehr gelten, sobald die BaFin Vorsichtsmaßnahmen nach § 24 WpPG ergriffen hat. Allerdings lässt sich der Gesetzesbegründung zu § 17 WpPG kein entsprechendes Bestreben des deutschen Gesetzgebers entnehmen. Eine solche Auslegung würde auch nicht dem eindeutigen Wortlaut des Art. 17 Abs. 1 EU-ProspRL entsprechen. Zudem würde es gegen die von der EU-ProspRL vorgesehene Zuständigkeitsverteilung verstoßen, würde die grenzüberschreitende Geltung mit Information der zuständigen Behörden der Mitgliedstaaten nach § 24 Abs. 1 WpPG durch die BaFin aufgehoben. Damit könnte de facto die BaFin Aufsichtsbefugnisse gegenüber den Anbietern und Zulassungsantragstellern anderer Herkunftsstaaten ausüben und die Verwendung von Prospekten durch eine Informationsvermittlung nach § 24 Abs. 1 WpPG unterbinden. § 17 Abs. 3 WpPG ist daher richtlinienkonform mit dem Zusatz „unbeschadet des § 24 WpPG" zu lesen.

---

46 EU-ProspV Nr. 809/2004 der Kommission v. 29.04.2004 zur Umsetzung der RL 2003/71/EG des Europäischen Parlaments und des Rates betreffend die in Prospekten enthaltenen Informationen sowie das Format, die Aufnahme von Informationen mittels Verweis und die Veröffentlichung solcher Prospekte und die Verbreitung von Werbung; i. d. F. der Berichtigung der EU-ProspV Nr. 809/2004 ABl. EG L 186 v. 18.07.2005, S. 3.
47 Vgl. unter Rn. 27 f.
48 Vgl. unter Rn. 13.

4. Notifizierung

Ein von der zuständigen Behörde eines anderen Staates des EWR gebilligter 27
Prospekt gilt in Deutschland nur, wenn diese Behörde die BaFin unterrichtet.
Die Anforderungen an die Unterrichtung richtet sich nicht nach § 18 WpPG,
sondern nach den § 18 WpPG entsprechenden Vorschriften des Herkunftsstaats. Damit überlässt der deutsche Gesetzgeber es zwar den Gesetzgebern der übrigen Staaten des EWR, in Deutschland geltende rechtliche Anforderungen zu normieren. Dies ist aber insoweit unproblematisch als die jeweiligen Anbieter und Zulassungsantragsteller in jedem Fall der Hoheitsgewalt ihres Herkunftsstaats unterliegen. Die Regelung führt allerdings dazu, dass die BaFin bei der Prüfung, ob der Prospekt ordnungsgemäß notifiziert wurde, auf ausländisches Recht zurückgreifen muss.

Die Veröffentlichung des der BaFin notifizierten Prospekts hat gem. § 14 28
Abs. 2 WpPG zu erfolgen. Daraus folgt, dass der Beginn des öffentlichen Angebots entsprechend § 14 Abs. 1 WpPG zu erfolgen hat. Zudem ist den Anforderungen des § 14 Abs. 3 WpPG zu genügen. Da es vergleichbare Regelungen in vielen Staaten des EWR nicht gibt, bedürfen diese Anforderungen besonderer Berücksichtigung bei der Planung des Angebots- oder Zulassungsverfahrens.

5. Sprache

Ein von der zuständigen Behörde eines anderen Staates des EWR gebilligter 29
Prospekt kann in Deutschland nur verwendet werden, wenn er der Sprachenregelung in § 19 Abs. 4 und 5 WpPG entspricht. Art. 17 Abs. 1 EU-ProspRL enthält zwar keinen derartigen Verweis auf die Sprachenregelung. Trotzdem ist der Verweis auf § 19 Abs. 4 und 5 WpPG mit der EU-ProspRL vereinbar. Nach Art. 17 Abs. 1 EU-ProspRL setzt die grenzüberschreitende Geltung der Prospekte voraus, dass eine Notifizierung vorgenommen wurde, die den Anforderungen des Art. 18 EU-ProspRL entspricht. Art. 18 Abs. 1 EU-ProspRL wiederum sieht vor, dass der Notifizierung ggf. eine Übersetzung der Zusammenfassung beizufügen ist. Ein solcher Fall ist gegeben, wenn ein Mitgliedstaat von seinem nach Art. 19 Abs. 2 Satz 2 EU-ProspRL bestehenden Recht, eine solche Zusammenfassung zu verlangen, Gebrauch gemacht hat. Entsprechend verweist Art. 17 Abs. 1 EU-ProspRL über Art. 18 Abs. 1 auf Art. 19 Abs. 2. Der unmittelbare Bezug auf die Sprachenregelung in § 19 Abs. 4 und 5 WpPG durch den deutschen Gesetzgeber ist daher nicht zu beanstanden.

Die von der Bundesanstalt anerkannte Sprache i. S. d. § 19 Abs. 4 WpPG[49] 30
und eine in internationalen Finanzkreisen gebräuchliche Sprache[50] ist Eng-

---

49 Vgl. Fragen und Antworten zu Wertpapierprospekten, abrufbar auf der Homepage der BaFin: www.bafin.de unter Unternehmen/Allg. Pflichten/Prospekte für Wertpapiere/Häufige Fragen, Stand v. 26.10.2007.
50 Vgl. BeschlEmpf und Bericht des Finanzausschusses, BT-Drucks. 15/5373, S. 50. Zu den mit der Sprache des Emissionsprospekts verbundenen praktischen Auswirkungen auf den Anlegerschutz, *Mattil/Möslein*, WM 2007, 819 ff.

lisch. Daneben muss der Prospekt eine Zusammenfassung in deutscher Sprache enthalten. Beispiele für in anderen Staaten des EWR gebilligte und für ein öffentliches Angebot und die Zulassung zum damaligen Zeitpunkt amtl. Markt der Frankfurter Wertpapierbörse verwendete Prospekte sind die Prospekte der C.A.T. oil AG (gebilligt von der österreichischen Finanzmarktaufsicht) und der Air Berlin PLC (gebilligt von der britischen Financial Services Authority).

§ 18
Bescheinigung der Billigung

(1) Die Bundesanstalt übermittelt den zuständigen Behörden der Aufnahmestaaten auf Antrag des Anbieters oder Zulassungsantragstellers innerhalb von drei Werktagen eine Bescheinigung über die Billigung des Prospekts, aus der hervorgeht, dass der Prospekt gemäß diesem Gesetz erstellt wurde, sowie eine Kopie dieses Prospekts. Wird der Antrag zusammen mit der Einreichung des Prospekts zur Billigung gestellt, so beträgt die Frist nach Satz 1 einen Werktag nach Billigung des Prospekts. Der Anbieter oder Zulassungsantragsteller hat dem Antrag die Übersetzungen der Zusammenfassung gemäß der für den Prospekt geltenden Sprachenregelung des jeweiligen Aufnahmemitgliedstaats beizufügen.

(2) Absatz 1 ist auf gebilligte Nachträge zum Prospekt entsprechend anzuwenden.

(3) Im Falle einer Gestattung nach § 8 Abs. 2 oder Abs. 3 sind die Vorschriften, auf denen sie beruht, in der Bescheinigung zu nennen und ihre Anwendung zu begründen.

Inhalt

	Rn.		Rn.
I. Die Notifizierung	1	a) Übermittlungszeitraum	15
II. Entstehungsgeschichte	2	b) Eingang der Unterlagen	16
1. Art. 18 EU-ProspRL	2	c) Rechtsfolge bei Fristablauf	17
2. § 18 WpPG	3	d) Drittschutz	18
III. § 18 Abs. 1 WpPG	4	5. Rechtsschutz	19
1. Inhalt des Antrags	4	IV. § 18 Abs. 2 WpPG	20
a) Aufnahmestaat	5	V. § 18 Abs. 3 WpPG	21
b) Zuständige Behörden	6	1. Gestattung und Begründung	21
2. Sprachenregelung	7	2. Drittschutz	22
3. Inhalt der Notifizierung	10	VI. Gebühren	23
4. Fristen	15		

I. Die Notifizierung

1 Die grenzüberschreitende Geltung der Prospekte (siehe § 17 WpPG und Art. 17 EU-ProspRL) wird ergänzt durch ein Notifizierungsverfahren zwischen den zuständigen Behörden der Mitgliedstaaten und übrigen Staaten des EWR. Durch das Notifizierungsverfahren werden die zuständigen Behör-

den davon in Kenntnis gesetzt, dass eine Billigung erfolgt ist und in welcher Fassung der Prospekt gebilligt wurde. Die zuständige Behörde des Aufnahmestaats hat zwar keine unmittelbaren Befugnisse gegenüber den Anbietern und Zulassungsantragstellern. Sie muss aber über Billigung und Inhalt des Prospekts in Kenntnis gesetzt werden, um dessen Verwendung im Aufnahmestaat überwachen und ggf. die zuständige Behörde des Herkunftsstaats informieren zu können (vgl § 24 WpPG). Insofern soll das Notifizierungsverfahren einen angemessenen Anlegerschutz sicherstellen.[1]

Bereits kurz nach der Einführung des neuen Prospektrechts wurde von der Notifizierung umfassend Gebrauch gemacht.[2] Insgesamt hat die BaFin im Zeitraum vom 01.07.2005 bis 30.06.2006 in 331 Fällen die zuständigen Behörden der Aufnahmestaaten notifiziert und 382 Notifizierungen erhalten.[3] Der Schwerpunkt ausgehender Notifizierungen lag dabei in Österreich und Luxemburg, der Schwerpunkt eingehender Notifizierungen in Luxemburg. Dabei bietet die Zahl der Notifizierungen bei der Bundesanstalt für Finanzdienstleistungsaufsicht (BaFin) ein Indiz für die Attraktivität des Finanzplatzes Deutschland für Anbieter und Zulassungsantragsteller aus dem europäischen Ausland.

II. Entstehungsgeschichte

§ 18 WpPG orientiert sich weitgehend am Wortlaut des Art. 18 EU-ProspRL. 2

1. Art. 18 EU-ProspRL

Obwohl im ursprünglichen Richtlinienentwurf noch unklar geblieben war, ob Wertpapierprospekte nach der neuen Regelung nur noch ein Verfahren im Herkunftsstaat durchlaufen sollten[4], war bereits eine Meldung über die Prospektbilligung an die zuständige Behörde des Aufnahmestaats vorgesehen.[5] Die Frist für die Notifizierung geht auf den Vorschlag des Europäischen Parlaments zum Richtlinienentwurf zurück.[6] In ihrem geänderten Richtlinienentwurf übernahm die Kommission diesen Vorschlag und ergänzte Art. 18 um die Pflicht, eine ggf. erforderliche Übersetzung der Zusammenfassung aufzunehmen und stellte klar, dass das Notifizierungsverfahren auch für Nachträge gilt.[7] Ob die Kommission in dieser Fassung des Art. 18 absichtlich auf die Übermittlung eines Prospekts in der gebilligten Fassung an

---

1 Begründung zu Art. 18 des geänderten Vorschlags der Kommission, ABl. EG C 20 E v. 28.01.2003, S. 122, 134.
2 *Seitz*, AG 2005, 678, 689.
3 Vgl. *CESR*, report, Ref: CESR/07-225, Tz. 44.
4 Vgl. Ausführungen zu § 17 WpPG Rn. 3.
5 Art. 17 des Vorschlags der Kommission, ABl. EG C 240 E v. 28.08.2001, S. 272, 279.
6 Art. 16 des Vorschlags der Kommission in der vom Europäischen Parlament in erster Lesung geänderten Fassung, ABl. EG C 47 E v. 27.02.2003, S. 525, 538.
7 Art. 18 des geänderten Vorschlags der Kommission, ABl. EG C 20 E v. 28.01.2003, S. 122, 149.

die zuständige Behörde des Aufnahmestaats verzichtet hat, bleibt unklar. In seinem gemeinsamen Standpunkt nahm der Rat jedenfalls neben die Pflicht zur Übermittlung der Billigungsbescheinigung die Pflicht zur Übermittlung einer Kopie des gebilligten Prospekts wieder auf.[8] Die letztendliche Fassung der EU-ProspRL enthält zusätzlich eine Erweiterung der Fristenregelung um den Fall der gleichzeitig mit der Billigung beantragten Notifizierung.

2. § 18 WpPG

3 Die beschlossene Fassung des § 18 WpPG entspricht überwiegend dem ursprünglichen Referentenentwurf.[9] Änderungen im Gesetzgebungsverfahren sind vorwiegend sprachlicher Natur. Ausnahmen bilden der Hinweis auf die Sprachregelungen der Aufnahmemitgliedstaaten in § 18 Abs. 1 Satz 2 WpPG und die Regelung der Nachträge in einem gesonderten Absatz. Beides wurde erst im Regierungsentwurf[10] aufgenommen.

III. § 18 Abs. 1 WpPG

1. Inhalt des Antrags

4 Die Notifizierung der zuständigen Behörde des Aufnahmestaats nach § 18 Abs. 1 WpPG erfolgt nur auf Antrag des Anbieters oder Zulassungsantragstellers. Eine Notifizierung aller zuständigen Behörden des EWR von Amts wegen hätte eine Vielzahl unnötiger Benachrichtigungen zur Folge und wäre nicht praktikabel. Die Notifizierung auf Antrag ist sinnvoll, da sie auf die Staaten beschränkt werden kann, in denen der Wertpapierprospekt verwendet werden soll.

a) Aufnahmestaat

5 Für den Notifizierungsantrag gelten keine Formvorschriften. Er muss den Staat benennen, in dem der Wertpapierprospekt für ein öffentliches Angebot oder einen Antrag auf Zulassung an einem geregelten Markt verwendet werden soll.[11] Diese inhaltliche Anforderung ergibt sich nicht ausdrücklich aus § 18 Abs. 1 WpPG, wohl aber aus dessen Auslegung. Nach § 18 Abs. 1 WpPG übermittelt die BaFin Bescheinigung und Kopie des Prospekts an die zuständigen Behörden der Aufnahmestaaten. Aufnahmestaat sind nach § 2 Nr. 14 WpPG nicht alle übrigen Staaten des EWR, sondern nur die, in denen ein öffentliches Angebot unterbreitet werden soll oder die Zulassung zum

---

8 Art. 18 des Gemeinsamen Standpunkts Nr. 25/2003, ABl. EG C 125 E v. 27.05.2003, S. 21, 35, 54.

9 DiskE abrufbar unter www.jura.uni-augsburg.de/prof/moellers/materialien/materialdateien/040_deutsche_gesetzgebungsgeschichte/prospektrl_umsetzungsgesetz_wppg_geschichte/, Stand v. 27.03.2008.

10 RegBegr. EU-ProspRL-UmsetzungsG, BT-Drucks. 15/4999, S. 13 f.

11 BaFin, Präsentation v. 03.11.2005 zum Workshop: 100 Tage WpPG, Das Notifizierungsverfahren, S. 5.

Handel angestrebt wird. Welches Land Aufnahmestaat ist, wird daher von den Anbietern und Zulassungsantragstellern festgelegt, so dass der Aufnahmestaat zwingend im Antrag angegeben werden muss.

b) Zuständige Behörden

Ob sich § 18 Abs. 1 WpPG auch dahingehend auslegen lässt, dass im Antrag auf Notifizierung, wie von der BaFin gefordert, auch die zuständige Behörde des Aufnahmestaats genannt werden muss[12], ist fraglich. In der Praxis wird die Angabe der zuständigen Behörde des Aufnahmestaats wohl jedoch sinnvoll und üblich sein. Die zuständigen Behörden der Aufnahmestaaten sind (zur Vereinfachung sind, soweit vorhanden, jeweils die offiziellen englischen Bezeichnungen aufgeführt)[13]: Banking, Finance and Insurance Commission (Commission bancaire et financière et des assurances) (Belgien)[14], Financial Supervision Commission (Bulgarien)[15], Danish Financial Supervision Authority (Finanstilsynet) (Dänemark)[16], Estonian Financial Supervision Authority (Estland)[17], Capital Market Commission (Griechenland)[18], Financial Services Authority, die diesbezüglich auch als UK Listing Authority bezeichnet wird (Großbritannien)[19], Financial Supervision (Rahoitustarkastus) (Finnland)[20], Autorité des Marchés Financiers (Frankreich)[21], Financial Regulator (Irland)[22], Financial Supervisory Authority, Iceland (Island)[23], Commissione Nazionale per le Società e la Borsa (Italien)[24], Financial and Capital Market

6

---

12 BaFin, Präsentation v. 03.11.2005 zum Workshop: 100 Tage WpPG, Das Notifizierungsverfahren , S. 5.
13 Rechtliche Angaben wurden nur für die Staaten aufgenommen, deren Regelung von der zuständigen Behörde bestätigt wurde. Fehlt ein Rechtshinweis wurde die für die Finanzmarktaufsicht insgesamt zuständige Behörde aufgenommen.
14 Article 23 du Loi relative aux offres publiques d'instruments de placement et aux admissions d'instruments de placement à la négociation sur des marchés réglementés. Internetseite: www.cbfa.be.
15 Article 13 paragraph (1) item 8 Financial Supervision Commission Act und article 73 paragraph (2) and articles 90-93 Public Offering Securities Act. Internetseite: www.fsc.bg.
16 Securities Trading, etc. Act, Consolidated Act no. 171 of 17 March 2005, No. 83, 23.2 und 45.2. Internetseite: www.finanstilsynet.dk.
17 § 8 Securities Market Act und Financial Supervision Authority Act. Internetseite: www.fi.ee.
18 Internetseite: www.hcmc.gr.
19 Sections 72(1) and 87A(1) Financial Services and Markets Act 2000. Internetseite: www.fsa.gov.uk.
20 Finnish Securities Market Act (495/1989) Chapter 2, Section 3. Internetseite: www.rahoitustarkastus.fi.
21 Règlement Générale de L'Autorité des Marches Financiers, Livre II article. 212-2. Internetseite: www.amf-france.org.
22 Internetseite: http://www.financialregulator.ie.
23 Paragraph 2, article 30 of Act. no. 33/2003 on Securities Transactions. Internetseite: www.fme.is.
24 Internetseite: www.consob.it.

Commission (Lettland)[25], Finanzmarktaufsicht (Liechtenstein)[26], Lithuanian Securities Commission (Litauen)[27], Commission de Surveillance du Secteur Financier (Luxemburg)[28], Malta Financial Services Authority (Malta)[29], Autoriteit Financiële Markten (Niederlande)[30], Kedittilsynet (Norwegen)[31], Finanzmarktaufsicht (Österreich)[32], Polish Financial Supervision Authority (Polen)[33], Comissão do Mercado de Valores Mobiliários (Portugal)[34], Romanian National Securities Commission (Rumänien)[35], Finansinspektionen (Schweden)[36], Securities Market Agency (Slowenien)[37], National Bank of Slovakia (Slowakische Republik)[38], Comisión Nacional del Mercado de Valores (Spanien)[39], Czech National Bank (Tschechische Republik)[40], Hungarian Financial Supervisory Authority (Ungarn)[41] und Cyprus Securities and Exchange Commission (Zypern)[42].

2. Sprachenregelung

7 Dem Antrag auf Notifizierung muss die nach der Sprachenregelung des jeweiligen Aufnahmemitgliedstaats ggf. erforderliche Übersetzung der Zusammenfassung beigefügt sein. Insofern legt der deutsche Gesetzgeber fest, dass ein Teil der Notifizierungsvoraussetzungen nach § 18 Abs. 1 WpPG vom Gesetzgeber der übrigen Staaten des EWR normiert wird. Dies ist insoweit unproblematisch, als deutsche Anbieter und Zulassungsantragsteller der Gesetzgebungshoheit dieser Staaten unterliegen, wenn sie dort Wertpapiere öffentlich anbieten oder deren Zulassung an einem geregelten Markt beantragen wollen. Letztendlich muss der Prospekt der Sprachenregelung des je-

---

25 Internetseite: www.fktk.lv.
26 Auskunft der Finanzmarktaufsicht ohne Angabe der maßgeblichen Rechtsnorm. Internetseite: www.fma-li.li.
27 Internetseite: www.lsc.lt.
28 Internetseite: www.cssf.lu.
29 Internetseite: www.mfsa.com.mt.
30 Art. 40 des Act on the Supervision of Securities Trade 1995. Internetseite: www.afm.nl.
31 Internetseite: www.kredittilsynet.no.
32 § 8a Abs. 1 Kapitalmarktgesetz. Internetseite: www.fma.gv.at.
33 Act on Public Offering, Conditions Governing the Introduction to Organised Trading, and Public Companies of July 29th 2005 article 7 paragraph 1. Internetseite: www.kpwig.gov.pl.
34 Internetseite: www.cmvm.pt.
35 Internetseite: www.cnmr.ro.
36 Chapter 2, Section 25 of the Swedish Financial Instruments Trading Act. Internetseite: www.fi.se.
37 Internetseite: www.a-tvp.si.
38 Act on Securities and Investment Services No. 566/2001. Internetseite: www.nbs.sk.
39 Artículo 28 Ley 24/1988, de 28 de julio, del Mercado de Valores. Internetseite: www.cnmv.es.
40 Section 36C Act No. 256/2004 Coll., on Business Activities on the Capital Market. Internetseite: www.sec.cz.
41 Section 1 Act No. CXX of 2001 on the Capital Market. Internetseite: www.pszaf.hu.
42 Auskunft der CySEC ohne Angabe der maßgeblichen Rechtsnorm. Internetseite: www.cysec.gov.cy.

weiligen Staates entsprechen, d.h. ggf. eine Übersetzung der Zusammenfassung enthalten, da diese Voraussetzung für die grenzüberschreitende Geltung des Prospekts ist.[43]

Die BaFin geht davon aus, dass die korrekte Sprachfassung des Prospekts allein im Verantwortungsbereich des Antragstellers liegt.[44] Trotzdem muss die BaFin die Sprachfassung des Prospekts kontrollieren. § 18 WpPG formuliert die Pflicht zur Anpassung an die Sprachregelung des Aufnahmestaats als Notifizierungsvoraussetzung, die damit von der BaFin zu prüfen ist. Nach dem Wortlaut des § 18 Abs. 1 WpPG muss die BaFin die Notifizierung ablehnen, wenn sie nicht der Sprachregelung des Aufnahmemitgliedstaats entspricht.[45]

8

In den Staaten des EWR gelten folgende Sprachregelungen[46]: Belgien: französische und holländische Zusammenfassung erforderlich, wird nur eine Zusammenfassung in einer der Sprachen veröffentlicht, darf die Werbung auch nur in der gewählten Sprache erfolgen[47]; Bulgarien: bulgarische Zusammenfassung erforderlich[48]; Dänemark: dänische Zusammenfassung erforderlich[49]; Deutschland: für englischsprachige Prospekte ist eine deutsche Zusammenfassung erforderlich; Estland: die EFSA darf eine estnische Zusammenfassung verlangen[50]; Finnland: finnische oder schwedische Zusammenfassung erforderlich[51]; Frankreich: französische Zusammenfassung erforderlich[52]; Griechenland: die Capital Markets Commission kann eine griechische Zusammenfassung verlangen; Großbritannien: die FSA verlangt die Übersetzung einer Zusammenfassung auf englisch, wenn der Prospekt in einer Sprache verfasst ist, die in internationalen Finanzkreisen unüblich ist[53]; Irland: irische oder englische Zusammenfassung erforderlich; Island: die Financial Supervisory Authority, Iceland kann eine isländische Zusammenfassung verlangen[54]; Italien: italienische Zusammenfassung erforderlich,

9

---

43 Vgl. insoweit die deutsche Regelung in § 17 Abs. 3 WpPG und die Kommentierung unter § 17 WpPG Rn. 29.
44 BaFin, Wertpapierprospektgesetz, Hinterlegungsverfahren, Notifizierungsverfahren, Präsentation v. 29.05.2006 zum Workshop v. 17. und 22.05.2006, S. 33.
45 Dies entspricht auch der auf S. 32 der Präsentation geäußerten Vorgehensweise, nach der die BaFin bei einer Notifizierung prüft, ob alle erforderlichen Dokumente eingereicht wurden, siehe BaFin, Wertpapierprospektgesetz, Hinterlegungsverfahren, Notifizierungsverfahren, Präsentation v. 29.05.2006 zum Workshop vom 17. und 22.05.2006, S. 33.
46 Vgl. *CESR*, overview, language requirements, Ref: CESR/07-520. In einigen Staaten bestehen Ausnahmen für Wertpapiere mit einer Mindeststückelung von 50.000 Euro.
47 Article 31 du Loi relative aux offres publiques d'instruments de placement et aux admissions d'instruments de placement à la négociation sur des marchés réglementés.
48 Article 92d (3) des Public Offering of Securities Act.
49 Verordnung Bekendtgørelse nr. 308 af 28. april 2005 Nr. 29.
50 Article 32 paragraph 1 Securities Market Act.
51 Finnish Securities Market Act (495/1989) Chapter 2, Section 4e.
52 Règlement Générale de L'Autorité des Marches Financiers, Livre II article 212-12.
53 Vgl. PR4.1.5A der UKLA's Prospectus Rules.
54 Para 4, article 12 of regulation 242/2006.

Lettland: lettische Zusammenfassung erforderlich; Litauen: litauische Zusammenfassung erforderlich; Luxemburg: soweit der Prospekt nicht in englisch, französisch, deutsch oder luxemburgisch verfasst worden ist, ist die Übersetzung des gesamten Prospekts in eine dieser Sprachen erforderlich; Niederlande: keine holländische Zusammenfassung erforderlich[55]; Norwegen: Die Oslo Børs verlangt keine Übersetzung der Zusammenfassung in norwegisch, wenn der Prospekt in dänisch, englisch oder schwedisch verfasst ist; Österreich: deutsche Zusammenfassung erforderlich[56]; Polen: polnische Zusammenfassung erforderlich[57]; Portugal: portugiesische Zusammenfassung erforderlich; Rumänien: rumänische Zusammenfassung erforderlich; Schweden: schwedische Zusammenfassung erforderlich[58]; Slowakische Republik: slowakische Zusammenfassung erforderlich[59]; Slowenien: slowenische Zusammenfassung erforderlich; Spanien: spanische Zusammenfassung erforderlich; Tschechische Republik: tschechische Zusammenfassung erforderlich[60]; Ungarn: ungarische Zusammenfassung erforderlich[61]; Zypern: CySEC darf eine griechische Zusammenfassung verlangen[62].

3. Inhalt der Notifizierung

10 Neben der Kopie des Prospekts übermittelt die BaFin an die zuständige Behörde eine Bescheinigung darüber, dass der Prospekt den Vorschriften des WpPG entspricht. Sofern erforderlich übermittelt sie zusätzlich die Übersetzung der Zusammenfassung. Ggf. muss die Bescheinigung daneben einen Hinweis auf die Rechtsgrundlage für gestattete Ausnahmen und eine Begründung der Ausnahmeerteilung enthalten.[63]

11 Die Bescheinigung wird in deutscher Sprache oder einer in internationalen Finanzkreisen gebräuchlichen Sprache, d.h. Englisch, erstellt.[64] Zur Beschleunigung des Verfahrens sind der BaFin der Prospekt sowie etwaige nach § 11 WpPG in Form eines Verweises aufgenommene Dokumente auch als Datei (CD-ROM) zu übermitteln. Unberührt davon bleibt natürlich die Verpflichtung, einen original unterzeichneten Prospekt für die Billigung einzureichen.

12 Der Antragsteller wird von der BaFin üblicherweise per Telefax oder E-Mail darüber benachrichtigt, dass eine Notifizierung erfolgt ist und welchen In-

---

55 Auskunft der AMF.
56 § 6 der Verordnung der Finanzmarktaufsichtsbehörde über die Mindestinhalte von Prospekten ersetzenden Dokumenten, über die Veröffentlichung von Prospekten in Zeitungen und über die Sprachenregelung.
57 Act on Public Offering, Conditions Governing the Introduction to Organised Trading, and Public Companies of July 29th 2005 article 37 paragraph 3.
58 Chapter 2, Section 23 of the Swedish Financial Instruments Trading Act.
59 Act on Securities and Investment Services article 125 d paragraph 2.
60 Section 36H (4) Act No. 256/2004 Coll., on Business Activities on the Capital Market.
61 Section 43 Paragraph. 6 Act No. CXX of 2001 on the Capital Market.
62 Auskunft der CySEC ohne Angabe der maßgeblichen Rechtsnorm.
63 Vgl. § 18 Abs. 3 WpPG und die Kommentierung unter Rn. 21 ff.
64 Vgl. *Groß*, KapMR, WpPG § 18 Rn. 2.

halt diese gehabt hat. Sie weist dabei darauf hin, dass die Benachrichtigung keine Bestätigung darüber ist, dass die Notifizierung bei der Aufnahmestaatbehörde angekommen ist und empfiehlt, sich an die entsprechende Behörde zu wenden.[65] Dies entspricht der Verwaltungspraxis, auch wenn eine Pflicht der BaFin, die Notifizierung auch dem Anbieter oder Zulassungsantragsteller bekanntzugeben, im WpPG nicht ausdrücklich vorgesehen ist und sich auch nicht aus § 41 VwVfG ergibt. Die Notifizierung ist mangels Regelungscharakters kein Verwaltungsakt. Die Rechtsfolge der Notifizierung – Geltung des Prospekts im Aufnahmestaat – ergibt sich aus dem Gesetz, nicht der Notifizierung[66]. Die BaFin gibt über die erfolgte Notifizierung ansonsten aber auch telefonisch Auskunft.

Die BaFin übermittelt nur den Prospekt in der gebilligten Fassung und ggf. die Übersetzung der Zusammenfassung. Andere Sprachfassungen des Prospekts werden nicht übermittelt.[67] 13

Die EU-ProspRL sieht keine weiteren Anforderungen hinsichtlich der Notifizierung vor und der Prüfungskompetenz der Behörden des Aufnahmenstaats vor. Dennoch haben die Behörden einiger Aufnahmestaaten praktisch weitere Anforderungen gestellt (z.B. die zusätzliche Übersendung von Marketingunterlagen oder gedruckter Fassungen des Prospekts). Teils ergeben sich solche Anforderungen auch aus einzelstaatlichen Regelungen (z.B. die Pflichten des § 14 Abs. 3 WpPG).[68] 14

4. Fristen

§ 18 Abs. 1 WpPG enthält Fristen, innerhalb derer die BaFin der zuständigen Behörde des Aufnahmestaats die erforderlichen Unterlagen übermitteln muss. 15

a) Übermittlungszeitraum

Wird der Notifizierungsantrag nach der Billigung des Prospekts gestellt, muss die BaFin die Unterlagen innerhalb von drei Werktagen der zuständigen Behörde des Aufnahmestaats übermitteln (§ 18 Abs. 1 Satz 1 WpPG). Wird die Notifizierung gleichzeitig mit der Billigung des Prospekts beantragt, muss sie innerhalb eines Werktags erfolgen (§ 18 Abs. 1 Satz 2 WpPG). Die Frist wird nach § 31 VwVfG i.V.m. §§ 187ff. BGB berechnet.[69]

---

65 Bei Notifizierungen nach Luxemburg im Zusammenhang mit Aktienemissionen ist es bspw. üblich, dass der Emittent oder seine rechtlichen Berater vorab eine E-Mail an die CSSF unter prospectus.approval@cssf.lu senden, in dem auf das voraussichtliche Datum der Billigung und die bevorstehende Notifizierung durch die BaFin und den Beginn des öffentlichen Angebots hingewiesen wird.
66 Mangels entsprechender Hoheitsbefugnisse kann die BaFin genauso wenig wie der Gesetzgeber die Geltung des Prospekts im Herkunftsstaat anordnen, vgl. die Kommentierung zu § 17 Abs. 1 WpPG, § 17 Rn. 7.
67 BaFin, Präsentation v. 03.11.2005 zum Workshop: 100 Tage WpPG, Das Notifizierungsverfahren, S. 6.
68 Vgl. hierzu die Ausführungen und Beispiele in *CESR*, report, Ref: CESR/07-225, Tz. 240.
69 RegBegr. EU-ProspRL-UmsetzungsG, BT-Drucks. 15/4999, S. 37.

Nicht geregelt ist der Fall, dass die Notifizierung nach dem Billigungsantrag und vor erfolgter Billigung beantragt wird. Ein solcher Notifizierungsantrag ist dahingehend auszulegen, dass der Antrag auf Billigung des Prospekts um den Antrag auf Notifizierung ergänzt wird und wie ein gemeinsamer Antrag behandelt werden soll. Da das Verwaltungsverfahren anders als bei einem Notifizierungsantrag nach Billigung des Prospekts bei einem Antrag vor erfolgter Billigung noch nicht abgeschlossen ist, für den Notifizierungsantrag daher kein neues Verfahren eröffnet werden muss, besteht kein Anlass, den Notifizierungsantrag vor erfolgter Billigung wie einen Antrag nach erfolgter Billigung zu behandeln. Entsprechend gilt die Frist des § 18 Abs. 1 Satz 2 WpPG (ein Werktag).[70] Sie beginnt mit der Billigung des Prospekts.[71]

b) Eingang der Unterlagen

16 § 18 Abs. 1 WpPG verlangt die Übermittlung der Unterlagen an die zuständige Behörde des Aufnahmestaats, nicht deren Eingang. Damit ist nach dem Wortlaut der Vorschrift denkbar, dass auch unmittelbar nach Ablauf der Frist die Notifizierungsunterlagen bei der Behörde des Aufnahmestaats noch nicht eingegangen sind, der Prospekt dort also noch nicht verwendet werden kann. Da die Übermittlung durch die BaFin in der Regel per E-Mail und Fax erfolgt[72], gehen die Unterlagen in der Praxis jedoch meist am Tage der Übermittlung ein.

c) Rechtsfolge bei Fristablauf

17 Die Rechtsfolge des Fristablaufs ist in § 18 Abs. 1 WpPG nicht geregelt. Ohne ausdrückliche Regelung kann nicht angenommen werden, dass mit Ablauf der Frist die Notifizierung fingiert wird, zumal innerhalb der Frist die Übermittlung und nicht der Zugang erfolgen muss und nach dem Recht des Aufnahmestaats die grenzüberschreitende Geltung des Prospekts die Notifizierung bei der zuständigen Behörde des Aufnahmestaats voraussetzt.

d) Drittschutz

18 Die Bestimmung der Frist hat jedoch drittschützende Wirkung. Zweck der Vorschrift ist, zugunsten der Anbieter und Zulassungsantragsteller sicherzustellen, dass die Notifizierung innerhalb kurzer Zeit nach einem Antrag (§ 18 Abs. 1 Satz 1 WpPG) bzw. der Billigung (§ 18 Abs. 1 Satz 2 WpPG) erfolgt. Eine Übermittlung nach Ablauf der Frist kann daher Amtshaftungsansprüche auslösen, wenn dem Anbieter oder Zulassungsantragsteller durch die

---

70 A. A. *Kullmann/Sester*, WM 2005, 1068, 1069.
71 So auch *Kullmann/Sester*, die auf diesen Fall allerdings § 18 Abs. 1 Satz 1 WpPG anwenden, WM 2005, 1068, 1069.
72 So für eingehende Notifizierungen BaFin, Wertpapierprospektgesetz, Hinterlegungsverfahren, Notifizierungsverfahren, Präsentation vom 29.05.2006 zum Workshop vom 17. und 22.05.2006, S. 31.

Verzögerung der Verwendungsmöglichkeit des Prospekts ein Schaden entstanden ist.

5. Rechtsschutz

Die Notifizierung ist mangels Regelungscharakters kein Verwaltungsakt.[73] Unterbleibt nach einem Antrag die Notifizierung, muss der Anbieter oder Zulassungsantragsteller vor dem Verwaltungsgericht die allgemeine Leistungsklage erheben.

19

IV. § 18 Abs. 2 WpPG

Auch die Nachträge nach § 16 WpPG sind zu notifizieren. Es gelten die Regelungen des § 18 Abs. 1 WpPG entsprechend. Die Billigung des Nachtrags entspricht der Billigung des Prospekts.

20

Neben dem Nachtrag ist der zuständigen Behörde des Aufnahmestaats auch die nach § 16 Abs. 2 WpPG ergänzte Zusammenfassung zu übermitteln, ggf. zusammen mit deren Übersetzung.

V. § 18 Abs. 3 WpPG

1. Gestattung und Begründung

Sofern eine Gestattung hinsichtlich der Nichtaufnahme von Angaben nach § 8 Abs. 2 oder nach § 8 Abs. 3 WpPG erfolgt ist, muss dies in der Notifizierung zusammen mit einer Begründung angegeben sein. Dies dient der effizienten Zusammenarbeit zwischen den Behörden. Ohne eine solche Information über die erfolgte Gestattung nach § 8 WpPG könnte sich die zuständige Behörde des Aufnahmestaats nach Eingang der Notifizierung veranlasst sehen, die BaFin über vermeintliche Rechtsverletzungen zu informieren, die ihr ggf. hinsichtlich des Fehlens von Angaben auffallen. Um ein solches erneutes Verwaltungsverfahren zu vermeiden, ist die zuständige Behörde des Aufnahmestaats von vornherein über eine erfolgte Gestattung zu informieren.

21

2. Drittschutz

Wenn die Angaben über eine erfolgte Gestattung nach § 8 WpPG fehlen, entspricht die Notifizierung nicht den rechtlichen Anforderungen, die in Art. 17 Abs. 1 EU-ProspRL und den nationalen Umsetzungsgesetzen normiert sind. Der betreffende Prospekt kann im Aufnahmestaat nicht verwendet werden, da die Voraussetzungen für eine grenzüberschreitende Geltung nicht erfüllt sind.

22

---

73 Vgl. die Ausführungen unter Rn. 10 ff.

Unterbleiben die Angaben über Gestattungen nach § 8 WpPG, kann dies für den Anbieter und Zulassungsantragsteller daher u. U. weitreichende Konsequenzen haben. Entsprechend stellt sich die Frage, ob die Verpflichtung in § 18 Abs. 3 WpPG drittschützende Wirkung hat. Die Regelung in Art. 18 Abs. 2 EU-ProspRL verfolgt zwar in erster Linie den Zweck, die zuständige Behörde des Aufnahmestaats von der Ausnahmegestattung zu informieren. Für die Verwendung des Prospekts im Ausnahmestaat ist der Anbieter oder Zulassungsantragsteller aber auf eine erfolgreiche Notifizierung angewiesen. Nach Sinn und Zweck des § 18 Abs. 3 WpPG ist daher auch zugunsten von Anbietern und Zulassungsantragstellern sicherzustellen, dass die Notifizierung erfolgreich ist. Damit sollte § 18 Abs. 3 WpPG drittschützenden Charakter haben.[74]

VI. Gebühren

23 Für die Notifizierung fällt eine Gebühr an, die sich bei einer Übermittlung innerhalb eines Werktags erhöht. Eine weitere Erhöhung der Gebühr erfolgt, wenn nach § 18 Abs. 3 WpPG gesonderte Ausführungen erforderlich sind.[75]

---

[74] A. A. RegBegr. EU-ProspRL-UmsetzungsG, BT-Drucks. 15/4999, S. 37; *Groß*, KapMR, WpPG § 18 Rn. 4.
[75] Siehe § 2 Abs. 1 der Wertpapierprospektgebührenverordnung v. 29.06.2005, BGBl. I 2005, 1875, i.V.m. Nr. 13 des Gebührenverzeichnisses; Übermittlung innerhalb von drei Werktagen: 100 Euro, Übermittlung innerhalb von einem Werktag: zusätzlich 50 Euro, Ergänzung nach § 18 Abs. 3 WpPG: zusätzlich 50 Euro.

ABSCHNITT 5
Sprachenregelung und Emittenten mit Sitz in Drittstaaten

§ 19
Sprachenregelung

(1) Werden Wertpapiere, für die der Herkunftsstaat des Emittenten die Bundesrepublik Deutschland ist, im Inland öffentlich angeboten oder wird im Inland die Zulassung zum Handel an einem organisierten Markt beantragt und nicht auch in einem anderen Staat oder mehreren anderen Staaten des Europäischen Wirtschaftsraums, ist der Prospekt in deutscher Sprache zu erstellen. Die Bundesanstalt kann die Erstellung eines Prospekts in einer in internationalen Finanzkreisen gebräuchlichen Sprache gestatten, sofern der Prospekt auch eine Übersetzung der Zusammenfassung in die deutsche Sprache enthält und im Einzelfall unter Berücksichtigung der Art der Wertpapiere eine ausreichende Information des Publikums gewährleistet erscheint.

(2) Werden Wertpapiere, für die der Herkunftsstaat des Emittenten die Bundesrepublik Deutschland ist, nicht im Inland öffentlich angeboten und wird nicht im Inland die Zulassung an einem organisierten Markt beantragt, sondern nur in einem anderen Staat oder mehreren anderen Staaten des Europäischen Wirtschaftsraums, kann der Anbieter oder Zulassungsantragsteller den Prospekt nach seiner Wahl in einer von der zuständigen Behörde des Aufnahmestaates oder den zuständigen Behörden der Aufnahmestaaten anerkannten Sprache oder in einer in internationalen Finanzkreisen gebräuchlichen Sprache erstellen. In den Fällen des Satzes 1 ist der Prospekt zusätzlich in einer von der Bundesanstalt anerkannten oder in internationalen Finanzkreisen gebräuchlichen Sprache zu erstellen, sofern eine solche Sprache nicht bereits nach Satz 1 gewählt worden ist.

(3) Werden Wertpapiere, für die der Herkunftsstaat des Emittenten die Bundesrepublik Deutschland ist, im Inland öffentlich angeboten oder wird im Inland die Zulassung an einem organisierten Markt beantragt und werden die Wertpapiere auch in einem anderen Staat oder mehreren anderen Staaten des Europäischen Wirtschaftsraums öffentlich angeboten oder wird auch dort die Zulassung zum Handel beantragt, ist der Prospekt in deutscher oder in einer in internationalen Finanzkreisen gebräuchlichen Sprache zu erstellen. Ist der Prospekt nicht in deutscher Sprache erstellt, muss er auch eine Übersetzung der Zusammenfassung in die deutsche Sprache enthalten.

(4) Werden Wertpapiere, für die der Herkunftsstaat des Emittenten nicht die Bundesrepublik Deutschland ist, im Inland öffentlich angeboten oder wird im Inland die Zulassung zum Handel an einem organisierten Markt beantragt, kann der Prospekt in einer von der Bundesanstalt anerkannten

Sprache oder in einer in internationalen Finanzkreisen gebräuchlichen Sprache erstellt werden. Ist der Prospekt nicht in deutscher Sprache erstellt, muss er auch eine Übersetzung der Zusammenfassung in die deutsche Sprache enthalten.

(5) Wird die Zulassung von Nichtdividendenwerten mit einer Mindeststückelung von 50.000 Euro zum Handel an einem organisierten Markt in einem Staat oder mehreren Staaten des Europäischen Wirtschaftsraums beantragt, kann der Prospekt in einer von der Bundesanstalt und der zuständigen Behörde des Aufnahmestaates oder den zuständigen Behörden der Aufnahmestaaten anerkannten Sprache oder in einer in internationalen Finanzkreisen gebräuchlichen Sprache erstellt werden.

Inhalt

		Rn.			Rn.
I.	Einleitung	1	2. Prospekterstellung in zusätzlicher Sprache		
II.	Europäische Rechtsgrundlagen.	2			
1.	§ 19 Abs. 1 WpPG	2	(§ 19 Abs. 2 Satz 2 WpPG)		16
2.	§ 19 Abs. 2 WpPG	3	V. § 19 Abs. 3 WpPG		17
3.	§ 19 Abs. 3 WpPG	5	1. Grundsatzregelung		
4.	§ 19 Abs. 4 WpPg	6	(§ 19 Abs. 3 Satz 1 WpPG)		17
5.	§ 19 Abs. 5 WpPG	7	2. Zusammenfassung in deutscher Sprache		
III.	§ 19 Abs. 1 WpPG	8			
1.	Grundsatzregelung (§ 19 Abs. 1 Satz 1 WpPG)	8	(§ 19 Abs. 3 Satz 2 WpPG)		19
			VI. § 19 Abs. 4 WpPG		20
2.	Begriffsdefinitionen	9	1. Grundsatzregelung		
3.	Ausnahmemöglichkeit (§ 19 Abs. 1 Satz 2 WpPG)	10	(§ 19 Abs. 4 Satz 1 WpPG)		20
IV.	§ 19 Abs. 2 WpPG	15	2. Zusammenfassung in deutscher Sprache		
1.	Grundsatzregelung (§ 19 Abs. 2 Satz 1 WpPG)	15	(§ 19 Abs. 4 Satz 2 WpPG)		22
			VII. § 19 Abs. 5 WpPG		24

I. Einleitung

1 Hintergrund für die in § 19 WpPG enthaltene und auf Art. 19 EU-Prospektrichtlinie basierende Sprachenregelung ist, dass eine Verpflichtung, den Prospekt in die jeweils maßgeblichen Amtssprachen übersetzen zu lassen, sich in der Praxis als großes Hindernis erwiesen hat.[1] Die Attraktivität des Finanzplatzes Deutschland hängt auch maßgeblich davon ab, inwieweit gewährleistet werden kann, dass international agierende Emittenten Emissionen in Deutschland ohne Zeitverzögerungen und Kostenbelastungen begeben können – ein liberales Sprachenregime ist eine Voraussetzung hierfür. Um dieses Ziel zu erreichen, enthält das WpPG eine abgestufte Sprachenregelung, je nachdem, ob nur ein nationales öffentliches Angebot/eine nationale Börsenzulassung vorliegt oder es sich um eine grenzüberschreitende

---

1 Vgl. hierzu Erwägungsgrund 35 der EU-ProspRL; *Crüwell*, AG 2003, 243, 248; *Wagner*, Die Bank, 2003, 681, 684.

Emission handelt. Letztlich soll durch die Regelung eine Ausgewogenheit zwischen Anlegerschutz und Marktbedürfnissen hergestellt werden.[2]

II. Europäische Rechtsgrundlagen

1. § 19 Abs. 1 WpPG

Die europäische Rechtsgrundlage für die Regelung des § 19 Abs. 1 WpPG findet sich in Art. 19 Abs. 1 der EU-ProspRL. Allerdings wird für den Fall, wenn Wertpapiere nur im Herkunftsmitgliedstaat öffentlich angeboten werden oder nur dort die Zulassung zum Handel an einem organisierten Markt beantragt wird, lediglich vorgeschrieben, dass der Prospekt in einer von der zuständigen Behörde des Herkunftsmitgliedstaats anerkannten Sprache erstellt wird. Eine zwingende Festlegung auf die jeweilige(n) Amtssprache(n) des Herkunftsmitgliedstaates ist damit aber gerade nicht erfolgt.[3] Unter europarechtlichen Gesichtspunkten bestand daher keine Notwendigkeit zur in § 19 Abs. 1 WpPG vorgenommenen grundsätzlichen Verpflichtung auf die deutsche Sprache.

2

2. § 19 Abs. 2 WpPG

Die europarechtliche Basis für die Regelung des § 19 Abs. 2 Satz 1 WpPG findet sich in Art. 19 Abs. 2 Satz 1 der EU-ProspRL. Dies bedeutet, dass für grenzüberschreitende öffentliche Angebote bzw. Börsenzulassungen bezogen auf einen organisierten Markt seitens des Aufnahmemitgliedstaats eine vollständige Übersetzung des Prospekts in die Amtssprache des Aufnahmemitgliedstaats nicht verlangt werden kann.[4] Vielmehr kann der Emittent wählen, ob er eine englische Übersetzung oder eine Übersetzung in die seitens der zuständigen Behörde des jeweiligen Aufnahmestaates akzeptierte Sprache einreicht.[5] Die europäischen Vorgaben wurden diesbezüglich ohne Abweichungen in das deutsche Recht umgesetzt.

3

§ 19 Abs. 2 Satz 2 WpPG beruht auf der Regelung in Art. 19 Abs. 2 Satz 3 EU-ProspRL. Sofern der Prospekt nicht in einer in internationalen Finanzkreisen gebräuchlichen Sprache erstellt ist, kann dieser danach auch in einer von der zuständigen Herkunftsstaatbehörde anerkannten Sprache verfasst werden. Damit soll diese Behörde in die Lage versetzt werden, den Inhalt des zu billigenden Prospekts zu verstehen.[6]

4

---

2 *Holzborn/Israel*, ZIP 2005, 1668, 1673.
3 *Kunold/Schlitt*, BB 2004, 501, 508.
4 *Kunold/Schlitt*, BB 2004, 501, 508.
5 *Crüwell*, AG 2003, 243, 248.
6 *Kunold/Schlitt*, BB 2004, 501, 508; *Crüwell*, AG 2003, 243, 249.

3. § 19 Abs. 3 WpPG

5 Die europarechtliche Grundlage für die Regelung des § 19 Abs. 3 WpPG stellt Art. 9 Abs. 3 der EU-Prospektrichtlinie dar.

4. § 19 Abs. 4 WpPG

6 Die Grundlage für die Regelung des § 19 Abs. 4 Satz 1 WpPG findet sich in Art. 19 Abs. 2 Satz 2 EU-Prospektrichtlinie. Danach kann die zuständige Behörde des Aufnahmemitgliedstaates nur eine Übersetzung der Zusammenfassung in ihre Amtssprache(n) bestimmen. Soweit mehrere Amtssprachen vorliegen (z.B. Belgien), kann daher eine Übersetzung der Zusammenfassung in sämtliche Amtssprachen verlangt werden.[7]

5. § 19 Abs. 5 WpPG

7 Die Grundlage für die Regelung des § 19 Abs. 5 WpPG findet sich in Art. 19 Abs. 4 Satz 1 der EU-Prospektrichtlinie.

III. § 19 Abs. 1 WpPG

1. Grundsatzregelung (§ 19 Abs. 1 Satz 1 WpPG)

8 Gem. § 19 Abs. 1 Satz 1 WpPG ist der Prospekt in deutscher Sprache zu erstellen, wenn Wertpapiere, für die der Herkunftsstaat des Emittenten die Bundesrepublik Deutschland ist, nur im Inland öffentlich angeboten werden oder nur im Inland die Zulassung zum Handel an einem organisierten Markt beantragt wird. Die Regelung – die aus dem Regierungsentwurf unverändert übernommen wurde[8] – hat ihren Ursprung darin, dass in den von § 19 Abs. 1 WpPG erfassten Fällen mit dem öffentlichen Angebot oder der Zulassung von Wertpapieren zum Handel an einem inländischen organisierten Markt ausschließlich oder vorrangig in Deutschland ansässige Anleger angesprochen werden.[9] Allerdings ist die nun in Abs. 1 getroffene Regelung eine Abweichung zur bisherigen Praxis, da bislang zumindest ausländische Emittenten u.a. für ausschließlich in Deutschland angebotene Wertpapiere auch einen englischsprachigen Prospekt verwenden konnten.[10] Insgesamt ist daher die in Abs. 1 gefundene Regelung im Hinblick auf die Belange ausländischer Emittenten nicht ganz zufrieden stellend ausgefallen.

2. Begriffsdefinitionen

9 Der Begriff Wertpapier wird in § 2 Nr. 1 WpPG definiert. Legaldefinitionen finden sich im WpPG darüber hinaus auch für die in § 19 WpPG verwende-

---

[7] *Crüwell*, AG 2003, 243, 249.
[8] RegBegr. EU-ProspRL-UmsetzungsG, BT-Drucks. 15/4999, S. 14 und 37.
[9] RegBegr. EU-ProspRL-UmsetzungsG, BT-Drucks. 15/4999, S. 37.
[10] Vgl. § 15 Abs. 1 Satz 2 und Abs. 3 Satz 2 VerkProspG a.F., § 2 Abs. 1 Satz 4 VerkProspVO a.F., § 13 Abs. 1 Satz 3 BörsZulVO a.F.

ten Termini Herkunftsstaat,[11] öffentliches Angebot von Wertpapieren,[12] Staat des EWR,[13] Emittent[14] sowie organisierter Markt.[15]

3. Ausnahmemöglichkeit (§ 19 Abs. 1 Satz 2 WpPG)

Auch bei Vorliegen der in § 19 Abs. 1 Satz 1 WpPG genannten Voraussetzungen kann der Prospekt – bei entsprechender Gestattung durch die BaFin – abweichend von dem prinzipiellen Erfordernis der deutschen Sprache in einer in internationalen Finanzkreisen gebräuchlichen Sprache erstellt werden, sofern der Prospekt auch eine Übersetzung der Zusammenfassung in die deutsche Sprache enthält und im Einzelfall unter Berücksichtigung der Art der Wertpapiere eine ausreichende Information des Publikums gewährleistet erscheint. 10

Ausweislich der Begründung zum Regierungsentwurf soll die Ausnahmemöglichkeit „aus Gründen des Schutzes des Publikums" restriktiv ausgelegt werden.[16] Bei einer solchen Entscheidung ist auch zu berücksichtigen, ob es sich um Wertpapiere handelt, deren Funktionsweise besondere Kenntnisse erfordert, und ob die Einschätzung des Ertrags- und Verlustrisikos spezielle Informationen voraussetzt.[17] Eine Gestattung durch die BaFin soll allerdings bei der Emission von Aktien nicht in Betracht kommen.[18] 11

Das in der Begründung zum Regierungsentwurf angeführte Beispiel für einen Ausnahmefall („Wertpapiere werden im Inland ausschließlich institutionellen Anlegern angeboten"[19]), dürfte eher weniger praxisrelevant sein, da hier gerade die generelle Ausnahme von der Prospektpflicht gem. § 3 Abs. 2 Nr. 1 WpPG einschlägig sein dürfte.[20] 12

Als eine in internationalen Finanzkreisen gebräuchliche Sprache wird Englisch anzusehen sein.[21] Dafür spricht auch die Praxis im Hinblick auf die im bisherigen, durch das Prospektrichtlinie-Umsetzungsgesetz aufgehobenen § 15 Abs. 1 Satz 2 und Abs. 3 Satz 2 VerkProspG (Angebot in mehreren Mitgliedstaaten der EU oder in anderen Vertragsstaaten des Abkommens über 13

---

11 Vgl. § 2 Nr. 13 WpPG.
12 Vgl. § 2 Nr. 4 WpPG.
13 Vgl. § 2 Nr. 14 WpPG.
14 Vgl. § 2 Nr. 9 WpPG.
15 Vgl. § 2 Nr. 16 WpPG.
16 RegBegr. EU-ProspRL-UmsetzungsG, BT-Drucks. 15/4999, S. 25 und 37; *Holzborn/Israel*, ZIP 2005, 1668, 1673; *Groß*, KapMR, § 20 WpPG Rn. 3.
17 RegBegr. EU-ProspRL-UmsetzungsG, BT-Drucks. 15/4999, S. 37/38 zur inhaltlich vergleichbaren Regelung im ursprünglichen Abs. 3.
18 RegBegr. EU-ProspRL-UmsetzungsG, BT-Drucks. 15/4999, S. 38 zur inhaltlich vergleichbaren Regelung im ursprünglichen Abs. 3.
19 RegBegr. EU-ProspRL-UmsetzungsG, BT-Drucks. 15/4999, S. 37.
20 So zutr. *Holzborn/Israel*, ZIP 2005, 1668, 1673 und *Schlitt/Schäfer*, AG 2005, 498, 509 unter Hinweis, dass der Prospekt in diesen Fällen allein der Börsenzulassung der Aktie dient.
21 *Kunold/Schlitt*, BB 2004, 501, 508; *Crüwell*, AG 2003, 243, 248; *Boos/Preuße*, ZFGK, 2005, 523, 525.

den EWR) verwendete Formulierung „im Inland auf dem Gebiet des grenzüberschreitenden Wertpapierhandels nicht unüblichen Sprache".[22] Darüber hinaus war eine im Hinblick auf die Sprachvorgaben vergleichbare Regelung auch den bisherigen, durch das EU-ProspRL-Umsetzungsgesetz aufgehobenen §§ 15 Abs. 1 Satz 3 BörsenG (Gleichzeitiger Zulassungsantrag an mehreren Börsen) sowie in § 13 Abs. 1 Satz 3 BörsZulVO enthalten. Die Gesetzesbegründung zu § 13 Abs. 1 Satz 3 BörsZulVO, der durch das 3. FMFG[23] eingeführt wurde, führt aus, dass die Voraussetzung „im Inland auf dem Gebiet des grenzüberschreitenden Wertpapierhandels nicht unüblich ist" in der Regel bei Verwendung der englischen Sprache erfüllt ist.[24] Auch der Deutsche Bundestag hat sich im Rahmen des Gesetzgebungsverfahrens dahingehend geäußert, dass eine in internationalen Finanzkreisen gebräuchliche Sprache die englische Sprache ist.[25]

14 Im Gegensatz zu § 19 Abs. 1 WpPG gestattet das österreichische Kapitalmarktgesetz auch in den Fällen einer rein nationalen Zulassung zum Handel an einem geregelten Markt bzw. einem rein nationalen öffentlichen Angebot generell auch die Verwendung der englischen Sprache.[26] Das luxemburgische Umsetzungsgesetz zur EU-Prosektrichtlinie geht sogar noch weiter und lässt für diesen Fall die Sprachen Luxemburgisch, Französisch, Deutsch oder Englisch als gleichberechtigt zu.[27]

IV. § 19 Abs. 2 WpPG

1. Grundsatzregelung (§ 19 Abs. 2 Satz 1 WpPG)

15 Nach § 19 Abs. 2 Satz 1 WpPG kann der Antragsteller bzw. Zulassungsantragsteller den Prospekt nach seiner Wahl in einer von der zuständigen Behörde des Aufnahmestaates oder den zuständigen Behörden der Aufnahmestaaten anerkannten Sprache oder in einer in internationalen Finanzkreisen gebräuchlichen Sprache erstellen, wenn Wertpapiere, für die der Herkunftsstaat des Emittenten die Bundesrepublik Deutschland ist, nicht im Inland öffentlich angeboten werden und im Inland nicht die Zulassung zum Handel an einem organisierten Markt beantragt wird, sondern nur in einem anderen Staat oder mehreren anderen Staaten des EWR. Der Begriff Aufnahmestaat wird in § 2 Nr. 14 WpPG definiert.

---

22 Zutr. *Crüwell*, AG 2003, 243, 248.
23 BGBl. I 1998, S. 529.
24 BT-Drucks. 13/8933, S. 54, 74 zu § 40a a. F.; *Heidelbach*, in: Schwarck, KapMRK, § 35 BörsG Rn. 3 und § 34 BörsG Rn. 8; *Meyer*, in: Habersack/Mülbert/Schlitt, UntFinanzKM, § 24 Rn. 12 .
25 Bericht und BeschlEmpf des Deutschen Bundestages, BT-Drucks. 15/5373, S. 50; *Groß*, KapMR, § 20 Rn. 5.
26 Vgl. § 7 b Abs. 1 Kapitalmarktgesetz; das Gesetz kann auf der Internet-Seite der FMA – Finanzmarktaufsicht, Österreich – unter www.fma.gv.at abgerufen werden.
27 Vgl. Art. 20 Ziff. 1 des luxemburgischen Umsetzungsgesetzes; das Gesetz kann auf der Internet-Seite der Luxemburger Börse – www.bourse.lu – abgerufen werden.

2. Prospekterstellung in zusätzlicher Sprache (§ 19 Abs. 2 Satz 2 WpPG)

In den Fällen von § 19 Abs. 2 Satz 1 WpPG ist der Prospekt zusätzlich in einer von der BaFin anerkannten oder in internationalen Finanzkreisen gebräuchlichen Sprache zu erstellen, allerdings nur dann, wenn eine solche Sprache nicht bereits nach Abs. 2 Satz 1 gewählt worden ist.

V. § 19 Abs. 3 WpPG

1. Grundsatzregelung (§ 19 Abs. 3 Satz 1 WpPG)

Gem. § 19 Abs. 3 Satz 1 WpPG ist der Prospekt in deutscher oder in einer in internationalen Finanzkreisen gebräuchlichen Sprache zu erstellen, wenn Wertpapiere, für die der Herkunftsstaat des Emittenten die Bundesrepublik Deutschland ist, im Inland öffentlich angeboten werden oder im Inland die Zulassung zum Handel an einem organisierten Markt beantragt wird und die Wertpapiere auch in einem anderen Staat oder mehreren anderen Staaten des EWR öffentlich angeboten werden oder auch dort die Zulassung zum Handel beantragt wird.

Diese Regelung war im Rahmen des Gesetzgebungsverfahrens besonders umstritten. Der Regierungsentwurf enthielt noch eine Regelung, wonach der Prospekt grds. in deutscher Sprache zu erstellen ist und die BaFin eine Prospekterstellung „in einer in internationalen Finanzkreisen gebräuchlichen Sprache" nur unter bestimmten Voraussetzungen gestatten kann.[28] Grenzüberschreitend tätige Emittenten haben allerdings ein erhebliches Interesse, ohne wesentliche Zeitverzögerungen und Kostenbelastungen mit einmal gebilligten Prospekten Emissionen in Europa begeben zu können. Insofern bestand die Gefahr, dass bei Aufrechterhaltung einer Verpflichtung zur Erstellung eines Prospekts in deutscher Sprache als Regelfall die internationale Attraktivität des Finanzplatzes Deutschland beeinträchtigt wird und hinter andere europäische Finanzplätze zurückfällt. Bereits der Bundesrat hat in seiner Stellungnahme zu dem Regierungsentwurf der Bundesregierung auf diese Punkte hingewiesen.[29] Diesen Vorschlag hat der Deutsche Bundestag mit dem Hinweis darauf, dass durch die Einräumung eines Wahlrechtes, ob der Prospekt in deutscher oder in einer in Finanzkreisen gebräuchlichen Sprache erstellt wird, die internationale Attraktivität des Finanzplatzes Deutschland weiter erhöht werden soll, aufgegriffen.[30]

Damit hat der Gesetzgeber die gängige Praxis, insb. bei Emissionsprogrammen, berücksichtigt.[31] Erhebliche Kostenbelastungen sowie unvermeidbare zeitliche Verzögerungen durch Übersetzungen des gesamten Prospekts wurden dadurch verhindert.[32]

---

28 RegBegr. EU-ProspRL-UmsetzungsG, BT-Drucks. 15/4999, S. 14 und 37.
29 Stellungnahme BR zum RegE BT-Drucks. 15/5219, S. 4.
30 BeschlEmpf und Bericht des Finanzausschusses, BT-Drucks. 15/5373, S. 50; *Grub/Thiem*, NZG 2005, 750, 751.
31 *Boos/Preuße*, ZFGK, 2005, 523, 525.
32 *Grub/Thiem*, NZG 2005, 750, 751.

18a Auf den ersten Blick nicht klar erscheinen die gesetzlichen Vorgaben im Hinblick auf das anzuwendende Sprachenregime bei Vorliegen eines Basisprospektes unter dem sowohl grenzüberschreitende als auch rein nationale Emissionen begeben werden sollen. Auch hier dürfte § 19 Abs. 3 WpPG für den gesamten Basisprospekt einschlägig sein, sobald auch nur eine Emission unter dem Basisprospekt grenzüberschreitend erfolgen soll.[33] Im Hinblick darauf, dass das Sprachenregime eines Basisprospekts nicht teilbar ist, kann in diesem Fall nicht § 19 Abs. 1 WpPG für den gesamten Basisprospekt maßgeblich sein; ansonsten wäre dem Emittenten eine Wahlmöglichkeit genommen, die ihm bei einer entsprechenden grenzüberschreitenden Emission außerhalb des Basisprospektes ohne Zweifel offen stünde.

Vollständig zweisprachig abgefasste Prospekte sind nach Auffassung der BaFin nach dem WpPG nicht zulässig.[34] Seitens der BaFin wird aber ein deutschsprachiger Prospekt mit englischsprachigem Finanzteil sowie ein englischsprachiger Prospekt mit deutschsprachigem Finanzteil akzeptiert; darüber hinaus dürfen die Emissionsbedingungen deutsch- und englischsprachig im Prospekt angelegt sein[35], wenn die verbindliche Sprache erst in den endgültigen Bedingungen festgelegt werden soll.[36] Die BaFin begründet ihre einschränkende Auffassung damit, dass ansonsten die in § 13 Abs. 1 WpPG vorgesehene Kohärenzprüfung auch die Kohärenz der zwei Sprachversionen umfassen müsse. Eine andere Auffassung kann aufgrund nachfolgender Argumente durchaus vertreten werden: (1) Zwar spricht der Wortlaut in § 19 Abs. 3 WpPG im Hinblick auf die zulässigen Sprachen von einem „oder". Im Wege einer europarechtskonformen Auslegung wird man allerdings zu dem Ergebnis kommen können, dass dieses „oder" wie ein „oder/und" zu interpretieren ist.[37] (2) Auch wenn ein vollständig zweisprachiger Prospekt vorliegt, so wird allein schon aus prospekthaftungsrechtlichen Gründen immer eine der beiden Sprachen als verbindlich gekennzeichnet. Die andere, unverbindliche Sprache ist daher lediglich als Lesehilfe anzusehen. Insofern dürfte unter dem Gesichtspunkt der Kohärenz seitens der BaFin u.a. nur geprüft werden, ob der deutsche bzw. englische Teil in sich verständlich ist. Gegenstand der Prüfung dürfte aber nicht sein, ob die verbindliche Sprachfassung auch korrekt in die nicht-verbindliche Sprache übersetzt wurde, da der Investor gerade nicht auf die letztgenannte Fassung seine Entscheidung abstellen kann. (3) Auch Anlegerschutzgesichtspunkte sprechen für die Zulässigkeit zweisprachiger Prospekte. Sofern ein Prospekt

---

33 Zutr. daher *Kullmann/Sester*, WM 2005, 1068, 1071.
34 http://www.bafin.de/Unternehmen/Allgemeine Pflichten/Prospekte für Wertpapiere/FAQ, Stand v. 01.09.2008.
35 So genanntes „gebrochenes Sprachregime".
36 http://www.bafin.de/Unternehmen/Allgemeine Pflichten/Prospekte für Wertpapiere/FAQ, Stand v. 01.09.2008.
37 Art. 19 Abs. 3 EU-ProspRL lautet: „... so wird der Prospekt in einer von der zuständigen Behörde des Herkunftsmitgliedstaats anerkannten Sprache erstellt und *darüber hinaus* je nach Wahl des Emittenten ... entweder in einer von den zuständigen Behörden der einzelnen Aufnahmemitgliedstaaten anerkannten Sprache oder in einer in internationalen Finanzkreisen gebräuchlichen Sprache zur Verfügung gestellt. ..."

in englischer Sprache nach dem WpPG erstellt werden darf, so dürfte es aus Sicht des (deutschen) Anlegers doch zu begrüßen sein, wenn sich der Emittent nicht auf die lediglich vorgeschriebene Zusammenfassung in deutscher Sprache beschränkt, sondern stattdessen zusätzlich noch einen vollständigen deutschsprachigen Prospekt erstellt. Selbst wenn man der Argumentation der BaFin folgen würde, so sollte zumindest für den Fall, dass eine der beiden Sprachen ausdrücklich und klar erkennbar als „verbindlich" gekennzeichnet würde, zweisprachige Prospekte als zulässig erachten.

2. Zusammenfassung in deutscher Sprache (§ 19 Abs. 3 Satz 2 WpPG)

Ist der Prospekt nicht in deutscher Sprache erstellt, muss er auch eine Übersetzung der Zusammenfassung in die deutsche Sprache enthalten. 19

VI. § 19 Abs. 4 WpPG

1. Grundsatzregelung (§ 19 Abs. 4 Satz 1 WpPG)

Nach § 19 Abs. 4 Satz 1 WpPG kann der Prospekt in einer von der BaFin anerkannten oder in einer in internationalen Finanzkreisen gebräuchlichen Sprache erstellt werden, wenn Wertpapiere, für die der Herkunftsstaat des Emittenten nicht die Bundesrepublik Deutschland ist, im Inland öffentlich angeboten werden oder im Inland die Zulassung zum Handel an einem organisierten Markt beantragt wird. 20

Die Formulierung „kann" ist allerdings nicht so zu verstehen, als ob bei Vorliegen der Voraussetzungen von § 19 Abs. 4 WpPG der Emittent auch eine andere, in Abs. 4 nicht genannte Sprache wählen könnte. Vielmehr sind seine Wahlmöglichkeiten bzgl. der Prospekterstellung auf Deutsch und Englisch beschränkt. Daher ist die „kann"-Formulierung wie ein „muss" zu lesen.[38] 21

2. Zusammenfassung in deutscher Sprache (§ 19 Abs. 4 Satz 2 WpPG)

Ist der Prospekt nicht in deutscher Sprache erstellt, muss er auch eine Übersetzung der Zusammenfassung in die deutsche Sprache enthalten. Im Hinblick auf die bisherige Rechtslage stellt die Verpflichtung zur Erstellung einer deutschen Zusammenfassung im Fall eines englischsprachigen Prospekts eine negative, wenn auch auf europäischen Vorgaben beruhende Entwicklung dar, da in der bisherigen Praxis vom Erfordernis einer Übersetzung in der Regel abgesehen wurde.[39] 22

---

[38] So auch *Kullmann/Sester*, WM 2005, 1068, 1071.
[39] *Schlitt/Schäfer*, AG 2005, 498, 509 unter Verweis auf § 7 Abs. 2 VerkProspG a. F. i.V.m. § 2 Abs. 1 Satz 4 VerkProspVO bzw. § 5 Abs. 1 VerkProspG a. F. i.V.m. § 13 Abs. 1 Satz 3 BörsenZulVO a. F.; hierzu auch *Meyer*, in: Habersack/Mülbert/Schlitt, UntFinanzKM, § 24 Rn. 12; *Crüwell*, AG 2003, 243, 246.

23 Das Luxemburgische Umsetzungsgesetz sieht bspw. keine Notwendigkeit für die Übersetzung der Zusammenfassung vor, wenn der Prospekt in deutscher, französischer, englischer oder luxemburgischer Sprache verfasst ist.[40]

VII. § 19 Abs. 5 WpPG

24 Gem. § 19 Abs. 5 WpPG kann der Prospekt in einer von der BaFin und der zuständigen Behörde des Aufnahmestaates oder den zuständigen Behörden der Aufnahmestaaten anerkannten Sprache oder in einer in internationalen Finanzkreisen gebräuchlichen Sprache erstellt werden, wenn die Zulassung von Nichtdividendenwerten mit einer Mindeststückelung von 50.000 Euro zum Handel an einem organisierten Markt in einem Staat oder mehreren Staaten des EWR beantragt wird. Der Begriff Nichtdividendenwerte wird in § 2 Nr. 14 WpPG definiert.

§ 20
Drittstaatemittenten

(1) Die Bundesanstalt kann einen Prospekt, der von einem Emittenten nach den für ihn geltenden Rechtsvorschriften eines Staates, der nicht Staat des Europäischen Wirtschaftsraums ist, erstellt worden ist, für ein öffentliches Angebot oder die Zulassung zum Handel an einem organisierten Markt billigen, wenn

1. **dieser Prospekt nach den von internationalen Organisationen von Wertpapieraufsichtsbehörden festgelegten internationalen Standards, einschließlich der Offenlegungsstandards der International Organisation of Securities Commissions (IOSCO), erstellt wurde und**

2. **die Informationspflichten, auch in Bezug auf Finanzinformationen, den Anforderungen dieses Gesetzes gleichwertig sind.**

(2) Die §§ 17, 18 und 19 sind entsprechend anzuwenden.

(3) Das Bundesministerium der Finanzen kann im Einvernehmen mit dem Bundesministerium der Justiz durch Rechtsverordnung, die nicht der Zustimmung des Bundesrates bedarf, bestimmen, unter welchen Voraussetzungen die Informationspflichten gleichwertig im Sinne des Absatzes 1 Nr. 2 sind. Dies kann auch in der Weise geschehen, dass Vorschriften bezeichnet werden, bei deren Anwendung die Gleichwertigkeit gegeben ist. Das Bundesministerium der Finanzen kann die Ermächtigung durch Rechtsverordnung auf die Bundesanstalt für Finanzdienstleistungsaufsicht übertragen.

---

40 Vgl. Art. 20 Nr. 5 des Luxemburger Umsetzungsgesetzes; *Schlitt/Schäfer*, AG 2005, 498, 509.

Inhalt

		Rn.			Rn.
I.	Europäische Rechtsgrundlagen..	1	III.	§ 20 Abs. 2 WpPG	3
II.	§ 20 Abs. 1 WpPG.............	2	IV.	§ 20 Abs. 3 WpPG	4

I. Europäische Rechtsgrundlagen

Die europäische Rechtsgrundlage für die Regelung des § 20 WpPG findet sich in Art. 20 der EU-ProspRL. Die Richtlinie wurde dabei eins zu eins umgesetzt. In Art. 20 Abs. 3 der EU-ProspRL findet sich eine Ermächtigung für den Erlass von Durchführungsmaßnahmen durch EU-Kommission, mittels deren festgestellt werden können soll, ob ein Prospekt nach den Regelungen eines Drittstaats den Anforderungen an einen Prospekt im Sinne der Richtlinie auch tatsächlich entspricht. Derartige Durchführungsmaßnahmen sind bis jetzt nicht von der EU-Kommission erlassen worden. 1

II. § 20 Abs. 1 WpPG

Nach § 20 Abs. 1 WpPG kann die BaFin – sofern sie zuständige Behörde nach § 2 Nr. 13 WpPG ist – unter bestimmten Voraussetzungen einen Prospekt eines Emittenten aus einem Staat, der nicht dem EWR angehört, nach den für diesen geltenden Rechtsvorschriften sowohl für ein öffentliches Angebot als auch die Zulassung zum Handel an einem organisierten Markt billigen. Maßgebend hierfür ist, dass nach der jeweiligen Rechtsordnung dem Emittenten im Zusammenhang mit der Prospekterstellung obliegenden Informationspflichten den Anforderungen des WpPG gleichwertig sind. Darüber hinaus muss der Prospekt nach den von internationalen Organisationen von Wertpapieraufsichtsbehörden festgelegten internationalen Standards erstellt worden sein. Davon umfasst sind insb. die Offenlegungsstandards der International Organisation of Securities Commissions (IOSCO). Letztlich steht im Hinblick auf die Billigung derartiger Prospekte der BaFin ein Ermessensspielraum zu. 2

III. § 20 Abs. 2 WpPG

In § 20 Abs. 2 WpPG wird klargestellt, dass auch in den Fällen eines „Drittstaatprospekts" die Regelungen über die grenzüberschreitende Geltung gebilligter Prospekte, § 17 WpPG, die Bescheinigung der Billigung, § 18 WpPG, sowie die Sprachenregelung in § 19 WpPG ebenfalls anwendbar sind. 3

IV. § 20 Abs. 3 WpPG

Von der Verordnungsermächtigung des § 20 Abs. 3 WpPG, wonach das Bundesministerium der Finanzen bestimmen (sofern keine Delegierung dieser Aufgabe auf die BaFin erfolgt) kann, unter welchen Voraussetzungen die In- 4 formationspflichten im vorgenannten Sinne gleichwertig anzusehen sind, wurde noch nicht Gebrauch gemacht. Die Vorschrift wurde im Vorgriff auf entsprechende Durchführungsmaßnahmen der EU-Kommission gem. Art. 20 Abs. 3 der EU-ProspRL aufgenommen.[1]

---

[1] RegBegr. EU-ProspRL-UmsetzungsG, BT-Drucks. 15/4999, S. 38.

ABSCHNITT 6
Zuständige Behörde und Verfahren

§ 21
Befugnisse der Bundesanstalt

(1) Ist bei der Bundesanstalt ein Prospekt zur Billigung eingereicht worden, kann sie vom Anbieter oder Zulassungsantragsteller die Aufnahme zusätzlicher Angaben in den Prospekt verlangen, wenn dies zum Schutz des Publikums geboten erscheint.

(2) Die Bundesanstalt kann vom Emittenten, Anbieter oder Zulassungsantragsteller Auskünfte, die Vorlage von Unterlagen und die Überlassung von Kopien verlangen, soweit dies zur Überwachung der Einhaltung der Bestimmungen dieses Gesetzes erforderlich ist. Die Befugnis nach Satz 1 besteht auch gegenüber

1. einem mit dem Emittenten, dem Anbieter oder Zulassungsantragsteller verbundenen Unternehmen,
2. demjenigen, bei dem Tatsachen die Annahme rechtfertigen, dass er Anbieter im Sinne dieses Gesetzes ist.

Im Falle des Satzes 2 Nr. 2 dürfen Auskünfte, die Vorlage von Unterlagen und die Überlassung von Kopien nur insoweit verlangt werden, als sie für die Prüfung, ob es sich um einen Anbieter im Sinne dieses Gesetzes handelt, erforderlich sind.

(3) Die Bundesanstalt kann von den Abschlussprüfern und Mitgliedern von Aufsichts- oder Geschäftsführungsorganen des Emittenten, des Anbieters oder Zulassungsantragstellers sowie von den mit der Platzierung des öffentlichen Angebots oder der Zulassung zum Handel beauftragten Instituten im Sinne des § 1 Abs. 1b des Kreditwesengesetzes oder einem nach § 53 Abs. 1 Satz 1 oder § 53b Abs. 1 Satz 1 des Kreditwesengesetzes tätigen Unternehmen Auskünfte, die Vorlage von Unterlagen und die Überlassung von Kopien verlangen, soweit dies zur Überwachung der Einhaltung der Bestimmungen dieses Gesetzes erforderlich ist.

(4) Die Bundesanstalt hat ein öffentliches Angebot zu untersagen, wenn entgegen § 3 kein Prospekt veröffentlicht wurde, entgegen § 13 ein Prospekt veröffentlicht wird, der Prospekt oder das Registrierungsformular nicht mehr nach § 9 gültig ist, die Billigung des Prospekts nicht durch eine Bescheinigung im Sinne des § 18 Abs. 1 nachgewiesen worden ist oder der Prospekt nicht der Sprachenregelung des § 19 genügt. Hat die Bundesanstalt Anhaltspunkte dafür, dass gegen eine oder mehrere der in Satz 1 genannten Bestimmungen verstoßen wurde, kann sie jeweils anordnen, dass ein öffentliches Angebot für höchstens zehn Tage auszusetzen ist. Die nach Satz 2 gesetzte Frist beginnt mit der Bekanntgabe der Entscheidung.

(5) Die Bundesanstalt kann der Geschäftsführung der Börse und der Zulassungsstelle Daten einschließlich personenbezogener Daten übermitteln, wenn Tatsachen den Verdacht begründen, dass gegen Bestimmungen dieses Gesetzes verstoßen worden ist und die Daten zur Erfüllung der in der Zuständigkeit der Geschäftsführung der Börse oder der Zulassungsstelle liegenden Aufgaben erforderlich sind.

(6) Der zur Erteilung einer Auskunft Verpflichtete kann die Auskunft auf solche Fragen verweigern, deren Beantwortung ihn selbst oder einen der in § 383 Abs. 1 Nr. 1 bis 3 der Zivilprozessordnung bezeichneten Angehörigen der Gefahr strafgerichtlicher Verfolgung oder eines Verfahrens nach dem Gesetz über Ordnungswidrigkeiten aussetzen würde. Der Verpflichtete ist über sein Recht zur Verweigerung der Auskunft zu belehren.

(7) Die Bundesanstalt darf personenbezogene Daten nur zur Erfüllung ihrer aufsichtlichen Aufgaben und für Zwecke der Zusammenarbeit nach Maßgabe des § 23 verwenden.

(8) Werden der Bundesanstalt bei einem Prospekt, auf Grund dessen Wertpapiere zum Handel an einem organisierten Markt zugelassen werden sollen, Umstände bekannt gegeben, auf Grund derer begründete Anhaltspunkte für die wesentliche inhaltliche Unrichtigkeit oder wesentliche inhaltliche Unvollständigkeit des Prospekts bestehen, die zu einer Übervorteilung des Publikums führen, stehen ihr die Befugnisse des Absatzes 2 zu. Die Bundesanstalt kann in den Fällen des Satzes 1 vom Anbieter verlangen, das öffentliche Angebot bis zur Klärung des Sachverhalts auszusetzen. Steht die inhaltliche Unrichtigkeit oder inhaltliche Unvollständigkeit des Prospekts fest, kann die Bundesanstalt die Billigung widerrufen und das öffentliche Angebot untersagen. Die Bundesanstalt kann nach Satz 1 erhobene Daten sowie Entscheidungen nach den Sätzen 2 und 3 der Geschäftsführung der Börse und inländischen sowie ausländischen Zulassungsstellen übermitteln, soweit diese Informationen zur Erfüllung deren Aufgaben erforderlich sind.

Inhalt

		Rn.			Rn.
I.	§ 21 Abs. 1 WpP............	1		2. Keine Beschränkung auf das Billigungsverfahren.........	7
	1. Grundlagen und Gegenstand des Änderungsverlangens	1		3. Umfang des Informationsverlangens	9
	2. Beschränkung auf das Billigungsverfahren	3		4. Adressat.................	11
	3. Ermessensausübung	4		5. Auskunftsverweigerungsrecht	13
	4. Adressat................	5		6. Keine aufschiebende Wirkung von Rechtsmitteln	14
	5. Abgrenzung der Verantwortungsbereiche..........	6	III.	§ 21 Abs. 3 WpPG............	15
II.	§ 21 Abs. 2 WpPG	7		1. Erweiterung des Kreises der Informationspflichtigen......	15
	1. Grundlagen und Gegenstand des Informationsverlangens	7		2. Keine Beschränkung auf das Billigungsverfahren.........	16

	3. Adressat	17		7. Keine aufschiebende Wirkung von Rechtsmitteln	30
	4. Kollision mit Verschwiegenheitspflichten nach anderen Bestimungen	18	V.	§ 21 Abs. 5 WpPG	31
			VI.	§ 21 Abs. 6 WpPG	38
	5. Auskunftsverweigerungsrecht	19	VII.	§ 21 Abs. 7 WpPG	39
			VIII.	§ 21 Abs. 8 WpPG	
	6. Keine aufschiebende Wirkung von Rechtsmitteln	20		1. Anwendungsbereich	40
IV.	§ 21 Abs. 4 WpPG	21		2. Unrichtigkeit oder Unvollständigkeit	43
	1. Grundlagen und Unterscheidung zwischen Untersagungsverfügung und Aussetzungsanordnung	21		3. Übervorteilung des Publikums	44
				4. Informationsverlangen	45
	2. Öffentliches Angebot	24		5. Vorläufige Aussetzungsanordnung	46
	3. Untersagungsverfügung	25		6. Widerruf der Billigung und endgültige Untersagung	47
	4. Aussetzungsanordnung	26			
	5. Adressat	28		7. Keine aufschiebende Wirkung von Rechtsmitteln	48
	6. Bekanntgabe	29			

I. § 21 Abs. 1 WpPG

1. Grundlagen und Gegenstand des Änderungsverlangens

Abs. 1 setzt Art. 21 Abs. 3 Buchstabe a der EU-ProspRL um. Er ermächtigt 1 die Bundesanstalt, die Aufnahme zusätzlicher Angaben in den Prospekt zu verlangen. Die Befugnis gilt allgemein und unabhängig von der Tätigkeit des Emittenten. Für Emittenten, die unter eine der in Anlage XIX der EU-ProspV genannten Kategorien fallen, gilt außerdem Artikel 23 Abs. 1 Unterabs. 1 EU-ProspV, nach dem die zuständige Behörde des Herkunfsmitgliedstaates aufgrund der besonderen Art der Tätigkeiten dieser Emittenten die Aufnahme besonderer Angaben in den Prospekt verlangen kann.

Nach § 13 Abs. 1 Satz 2 WpPG entscheidet die Bundesanstalt über die Billigung eines Prospektes nach Abschluss einer Vollständigkeitsprüfung einschließlich einer Prüfung der Kohärenz und Verständlichkeit der vorgelegten Informationen. Ist der Prospekt unvollständig oder sind die in ihm enthaltenen Angaben nicht kohärent oder missverständlich, gibt Abs. 1 der Bundesanstalt die Befugnis, die Ergänzung unvollständiger oder die Berichtigung, Klarstellung oder Erläuterung der inhaltlichen Angaben zu verlangen. Erst mit Aufnahme der von der Bundesanstalt verlangten Angaben in den bis dahin den Anforderungen nicht genügenden Prospekt werden die Voraussetzungen für dessen Billigung nach § 13 Abs. 1 WpPG geschaffen. Dem Verhältnismäßigkeitsgrundsatz entsprechend kann die Bundesanstalt ihr Verlangen jedoch erst dann auf Abs. 1 stützen, wenn zuvor der Anbieter oder Zulassungsantragsteller trotz Unterrichtung nach § 13 Abs. 3 Satz 2 WpPG den Prospekt nicht in einer den Anforderungen des § 7 WpPG bzw. der EU-ProspV sowie des § 13 WpPG genügenden Weise geändert hat.

Der Gesetzgeber hat weder der Vorschrift, noch dem Handeln der Bundes- 2 anstalt auf Basis dieser Vorschrift drittschützenden Charakter verliehen. Die Bundesanstalt wird insoweit ausschließlich im öffentlichen Interesse tätig und nicht im Interesse des – einzelnen – Anlegers. Das folgt für die Vorschrift selbst aus deren Wortlaut, nach der ein Änderungsverlangen nur zum „Schutz des Publikums" statthaft ist, und für die Bundesanstalt aus § 4 Abs. 4 FinDAG, nach dem die Bundesanstalt ihre Aufgaben und Befugnisse nur im öffentlichen Interesse wahrnimmt.

2. Beschränkung auf das Billigungsverfahren

3   Im Gegensatz zu der zeitlich unbegrenzten Befugnis gemäß Abs. 2, die Bereitstellung von Informationen zu verlangen, ist das Änderungsverlangen nach Abs. 1 zeitlich begrenzt. Die Bundesanstalt kann die Aufnahme zusätzlicher Angaben nur während des Billigungsverfahrens verlangen.[1] Der Zeitpunkt der Einreichung eines Prospekts zur Billigung und der Zeitpunkt unmittelbar vor der Billigung selbst stellen insoweit den frühest möglichen und den letztmöglichen Zeitpunkt für die Ausübung der Befugnis nach Abs. 1 dar. Ist der Prospekt einmal gebilligt, steht der Bundesanstalt die Befugnis zur Aufnahme zusätzlicher Angaben in den Prospekt nach Abs. 1 nicht mehr zu. Die zeitliche Begrenzung dient einem zweifachen Zweck. Zum einen handelt es sich im Gegensatz zu dem Informationsverlangen nach Abs. 2 bei dem Änderungsverlangen nach Abs. 1 um einen wesentlich intensiveren Eingriff in die Rechtssphäre des Adressaten. Die Intensität dieses Eingriffs erfordert eine verhältnismäßige Begrenzung der Befugnis. Zum anderen soll durch die Vorschrift der Rechtsfrieden gewahrt werden. Änderungen des vorgelegten Prospektes sollen nur im Stadium eines schwebenden Verfahrens zulässig sein, währenddessen sich der Anbieter oder Zulassungsantragsteller nicht auf Rechtssicherheit berufen kann. Unberührt hiervon bleiben jedoch die Befugnisse der Bundesanstalt nach Abs. 8 zur vorläufigen und endgültigen Untersagung des öffentlichen Angebotes von Wertpapieren, die zum Handel an einem organisierten Markt zugelassen werden sollen, wenn nach der Billigung ihres Prospektes Umstände bekannt werden, auf Grund derer begründete Anhaltspunkte für eine übervorteilende wesentliche inhaltliche Unrichtigkeit oder wesentliche inhaltliche Unvollständigkeit des Prospekts bestehen. Unberührt bleiben ebenfalls vergleichbare Befugnisse nach anderen Gesetzen.

3. Ermessensausübung

4   Abs. 1 stellt es in das Ermessen der Bundesanstalt, die Aufnahme zusätzlicher Angaben in den Prospekt zu verlangen. Die Aufnahme zusätzlicher Angaben darf nach Art. 21 Abs. 3 Buchstabe a der EU-ProspRL verlangt werden, wenn der Anlegerschutz dies gebietet. Die abweichende Formulierung in Abs. 1, nach der es auf den Schutz des Publikums ankommt, hebt noch deutlicher hervor, dass insoweit sowohl auf tatsächliche Anleger als auch Interessenten abzustellen ist. Der Schutz des Publikums erfordert, dass die tasächlichen wirtschaftlichen und rechtlichen Verhältnisse des Emittenten und des Wertpapiers, die für die Beurteilung einer Investition wesentlich

---

[1] Vgl. RegBegr. EU-ProspRL-UmsetzungsG, BT-Drucks. 15/4999, S. 38.

sind, richtig, vollständig und verständlich wiedergegeben werden. Maßstab und Grenzen der Ermessensausübung ergeben sich hinsichtlich der Vollständigkeit der inhaltlichen Angaben aus § 7 WpPG bzw. der EU-ProspV und hinsichtlich der Kohärenz und der Verständlichkeit der vorgelegten Informationen aus § 13 Abs. 1 WpPG.[2]

4. Adressat

Gegenüber Art. 21 Abs. 3 Buchstabe a der EU-ProspRL bleibt Abs. 1 insoweit zurück, als nach Abs. 1 die Aufnahme zusätzlicher Angaben nur vom Anbieter oder Zulassungsantragsteller verlangt werden kann. Die Bundesanstalt hat im Hinblick auf die Inanspruchnahme des Anbieters oder Zulassungsantragstellers ein Auswahlermessen. Für den Anbieter und den Zulassungsantragsteller gelten die Begriffsbestimmungen des § 2 Nr. 10 und 11 WpPG.

5

5. Abgrenzung der Verantwortungsbereiche

Mit Abs. 1 korrespondieren Art. 3 Abs. 3 und Art. 4a Abs. 1 und 2 der EU-ProspektV. Das Verhältnis dieser Vorschriften ist für die Bestimmung der Grenzen dessen, was die Bundesanstalt an zusätzlichen Angaben zulässigerweise verlangen darf, von Bedeutung. Die Verantwortung für den Inhalt und die Aufmachung des Prospekts trägt unabhängig von der Aufnahme zusätzlicher Angaben aufgrund eines entsprechenden Verlangens der Bundesanstalt jedoch allein und stets der Prospektverantwortliche.[3]

6

II. § 21 Abs. 2 WpPG

1. Grundlagen und Gegenstand des Informationsverlangens

Mit Abs. 2 wird Art. 21 Abs. 3 Buchstabe b der EU-ProspRL umgesetzt. Die Vorschrift entspricht § 8c Abs. 1 und 2 VerkProspG a.F. Abs. 2 versetzt die Bundesanstalt in die Lage, durch Ausübung der dort genannten Befugnisse die Einhaltung der Bestimmungen des WpPG zu überwachen. Nach dieser Vorschrift ist die Bundesanstalt befugt, vom Emittenten, Anbieter oder Zulassungsantragsteller alle zur Überwachung erforderlichen Auskünfte, Vorlagen von Unterlagen sowie Überlassungen von Kopien zu verlangen. Hauptanwendungsfall des Auskunftsverlangens ist, die Anbietereigenschaft der verschiedenen Beteiligten bei unerlaubten Angeboten ohne Prospekt zu klären sowie das mögliche Vorliegen von Ausnahmetatbeständen zu prüfen, bevor eine Untersagung nach Abs. 4 ausgesprochen wird.

7

2. Keine Beschränkung auf das Billigungsverfahren

Das Informationsverlangen ist im Gegensatz zu Abs. 1 zeitlich nicht auf das Billigungsverfahren beschränkt, sondern kann darüber hinaus auch vor Einreichung und nach Billigung eines Prospektes ausgeübt werden.

8

---

2 Vgl. RegBegr EU-ProspRL-UmsetzungsG, BT-Drucks. 15/4999, S. 38.
3 Vgl. RegBegr EU-ProspRL-UmsetzungsG, BT-Drucks. 15/4999, S. 38

Höninger

3. Umfang des Informationsverlangens

9   Die Befugnis der Bundesanstalt nach Abs. 2 Satz 1 umfasst das Verlangen zur Ausgabe von Auskünften, zur Vorlage von Unterlagen und zur Überlassung von Kopien. Die Befugnisse können von der Bundesanstalt nur ausgeübt werden, soweit dies zur Überwachung der Einhaltung der Bestimmungen des WpPG erforderlich ist. Das Informationsverlangen kann sich vorbehaltlich des Satzes 3 auf alle Informationen erstrecken, die zur Erreichung dieses Zwecks erforderlich sind. Informationsverlangen kommen insbesondere in Bezug auf die Billigung und Veröffentlichung eines Prospektes, die Werbung, in Bezug auf Nachträge zum Prospekt und die Einhaltung der von der Bundesanstalt erlassenen Nebenbestimmungen[4] sowie auf die laufende Überwachung bei Wertpapieren, die zum Handel an einem organisierten Markt zugelassen werden sollen, wenn nach der Billigung ihres Prospektes Umstände bekannt werden, auf Grund derer begründete Anhaltspunkte für eine übervorteilende wesentliche inhaltliche Unrichtigkeit oder wesentliche inhaltliche Unvollständigkeit des Prospekts bestehen (vgl. Abs. 8). Informationen sind jedoch nur zu solchen Sachverhalte zu übermitteln, von denen der Informationspflichtige Kenntnis hat. Der Informationspflichtige ist nicht zur Aufklärung von Sachverhalten verpflichtet, von denen er keine Kenntnis hat.[5] Das Informationsverlangen kann auf die Übersendung von Unterlagen in Papierform, auf die Übersendung eines Datenträgers für elektronische Informationen, auf die Übermittlung von Informationen auf elektronischem Weg sowie die Abgabe mündlicher Auskünfte gerichtet sein.[6]

10 Ist Adressat der Maßnahmen derjenige, bei dem Tatsachen die Annahme rechtfertigen, dass er Anbieter im Sinne des WpPG ist, ist die Möglichkeit, Auskünfte, die Vorlage von Unterlagen und die Überlassung von Kopien zu verlangen, begrenzt. Das Informationsverlangen muss auf die Übermittlung von Informationen beschränkt sein, die für die Prüfung erforderlich sind, ob es sich um einen Anbieter i. S. d. WpPG handelt. Einem darüber hinausgehenden Verlangen braucht der Anscheinsanbieter nicht zu entsprechen. Die Anscheinsanbieter hat dem Informationsverlangen jedoch auch dann zu entsprechen, wenn sich nach der Informationsübermittlung herausstellt, dass ihm die Anbietereigenschaft fehlt.[7] Für die Inanspruchnahme des Anscheinsanbieters müssen Tatsachen die Annahme rechtfertigen, dass er Anbieter im Sinne des WpPG ist. Das gilt unabhängig davon, ob den Rechtsschein der Anscheinsanbieter selbst oder ein Dritter gesetzt hat.[8] Als Tatsachen gelten allgemein alle gegenwärtigen oder vergangenen Verhältnisse, Zustände oder Geschehnisse, die äußerlich wahrgenommen werden können.[9] Hierzu zählen nicht Rechtsfragen oder subjektive Einschätzungen.[10] Die Vorauset-

---

4   *Heidelbach*, in: Schwark, KapMRK, § 8c VerkProspG Rn. 5.
5   Vgl. *Lenz*, in: Assmann/Lenz/Ritz, VerkProspG, § 8c Rn. 5.
6   *Lenz*, in: Assmann/Lenz/Ritz, VerkProspG, § 8c Rn. 6f.
7   *Heidelbach*, in: Schwark, KapMRK, § 8c VerkProspG Rn. 1.
8   *Heidelbach*, in: Schwark, KapMRK, § 8c VerkProspG Rn. 3.
9   *Beck*, in: Schwark, KapMRK, § 8 WpHG Rn. 5.
10 *Lenz*, in: Assmann/Lenz/Ritz, VerkProspG, § 8c Rn. 5.

zungen für die Erfüllung des Tatbestandes sind höher als nach Abs. 5, demzufolge für die Datenübermittlung Tatsachen vorliegen müssen, die lediglich den Verdacht begründen, dass gegen Bestimmungen des WpPG verstoßen wurde.

4. Adressat

Im Gegensatz zu Abs. 1, nach dem Adressat der Maßnahme der Bundesanstalt nur der Anbieter des Prospektes oder der Zulassungsantragsteller sein können, kann die Bundesanstalt nach Abs. 2 Satz 1 von ihren Befugnissen auch gegenüber dem Emittenten Gebrauch machen. Für den Emittenten, Anbieter und den Zulassungsantragsteller gelten die Begriffsbestimmungen des § 2 Nr. 9, 10 und § 11 WpPG. Abs. 2 Satz 2 erweitert den Kreis von Adressaten möglicher Maßnahmen auf die mit dem Emittenten, dem Anbieter oder Zulassungsantragsteller verbundenen Unternehmen (Nr. 1) sowie auf diejenigen, bei denen Tatsachen die Annahme rechtfertigen, dass sie Anbieter i.S.d. WpPG sind (Nr. 2). Der Begriff des verbundenen Unternehmens entspricht dem des § 15 AktG.[11]

11

Der Bundesanstalt steht im Hinblick auf die Inanspruchnahme des Emittenten, Anbieters, Zulassungsantragstellers oder eines mit dem Emittenten, dem Anbieter oder Zulassungsantragsteller verbundenen Unternehmens ein Auswahlermessen zu. Das Auswahlermessen hinsichtlich des verbundenen Unternehmens ist jedoch, soweit der Emittent, Anbieter oder Zulassungsantragsteller selbst im Inland ansässig ist, insoweit reduziert, als sich die Bundesanstalt nach dem Verhältnismäßigkeitsgrundsatz vorrangig an den im Inland ansässigen Emittenten, Anbieter oder Zulassungsantragsteller wenden muss. Ist weder der Emittent noch der Anbieter oder Zulassungsantragsteller, jedoch ein mit dem Emittenten, dem Anbieter oder Zulassungsantragsteller verbundenes Unternehmen im Inland ansässig, darf sich die Bundesanstalt vorrangig an dieses verbundene Unternehmen wenden.

12

5. Auskunftsverweigerungsrecht

Das Informationsverlangen ist Verwaltungsakt i.S.d. § 35 VwVfG. Der zur Bereitstellung der Informationen Verpflichtete ist auf sein Auskunftsverweigerungsrecht nach Abs. 6 hinzuweisen.[12]

13

6. Keine aufschiebende Wirkung von Rechtsmitteln

Widerspruch und Anfechtungsklage gegen Maßnahmen nach Abs. 2 haben nach § 26 Nr. 1 WpPG keine aufschiebende Wirkung. Hierdurch soll eine schnelle Sachverhaltsaufklärung erreicht und die Bundesanstalt in die Lage versetzt werden, ohne bedeutende zeitliche Verzögerung die geeigneten, erforderlichen und verhältnismäßigen Maßnahmen zu treffen, um den Einklang mit dem WpPG herzustellen. Andernfalls könnten Anleger Wertpa-

14

---

11 Vgl. RegBegr EU-ProspRL-UmsetzungsG, BT-Drucks. 15/4999, S. 38.
12 *Heidelbach,* in: Schwark, KapMRK, § 8c VerkProspG Rn. 4.

piere erwerben, für die keine oder fehlerhafte Prospekte erstellt oder veröffentlich wurden.[13]

III. § 21 Abs. 3 WpPG

1. Erweiterung des Kreises der Informationspflichtigen

15 Mit Abs. 3 wird Art. 21 Abs. 3 Buchstabe c der EU-ProspRL umgesetzt. Abs. 3 erweitert den Kreis der Informationspflichtigen auf alle potentiellen Informationsträger und ermöglicht es der Bundesanstalt hierdurch, durch Inanspruchnahme auch dieser Informationsträger die Einhaltung der Bestimmungen des WpPG zu überwachen.

2. Keine Beschränkung auf das Billigungsverfahren

16 Das Informationsverlangen ist ebenso wie bei Abs. 2 zeitlich nicht auf das Billigungsverfahren begrenzt, sondern kann darüber hinaus auch vor Einreichung und nach Billigung eines Prospektes ausgeübt werden.

3. Adressat

17 Im Gegensatz zu Abs. 2, nach dem Adressat der Maßnahme der Emittent, Anbieter oder der Zulassungsantragsteller selbst ist, richten sich die Maßnahmen nach Abs. 3 an ihre jeweiligen Abschlussprüfer oder Mitglieder der Aufsichts- oder Geschäftsführungsorgane. Auskunftspflichtig sind außerdem die mit der Platzierung des öffentlichen Angebots oder der Zulassung zum Handel beauftragten Kreditinstitute im Sinne des § 1 Abs. 1b KWG oder nach § 53 Abs. 1 Satz 1 oder § 53b Abs. 1 Satz 1 KWG tätigen Unternehmen. Von Bedeutung sind vor allem die Befugnisse gegenüber dem jeweiligen Abschlussprüfer sowie gegenüber den mit der Platzierung des öffentlichen Angebots oder der Zulassung zum Handel beauftragten Kreditinstitute oder Unternehmen. Gegenüber den Mitgliedern der Aufsichts- oder Geschäftsführungsorgane gewinnen die Befugnisse an Bedeutung, wenn deren Wissen dem Emittenten, Anbieter oder Zulassungsantragsteller nicht zugerechnet werden kann oder Maßnahmen nach Abs. 2 erfolglos oder nicht erfolgversprechend sind. Die Befugnisse gelten auch gegenüber ehemaligen Abschlussprüfern oder Mitgliedern der Aufsichts- oder Geschäftsführungsorgane. Inhalt und Umfang der Befugnisse nach Abs. 3 entsprechen denen nach Abs. 2 (s. dort).

4. Kollision mit Verschwiegenheitspflichten

18 Abs. 3 kollidiert mit der Verschwiegenheitspflicht der Abschlussprüfer nach § 323 Abs. 1 HGB und § 57b Abs. 1 WPO. Die Vorschrift ist jedoch als spezialgesetzliche gegenüber den vorgenannten Bestimmungen anzusehen, so dass sich die Abschlussprüfer und die Kreditinstitute gegenüber einem Infor-

---

13 Siehe außerdem die Komm. zu § 26 WpPG.

mationsverlangen der Bundesanstalt nicht auf ihre Verschwiegenheitspflicht berufen können. Die partielle Aufhebung der Verschwiegenheitspflicht wird dadurch begrenzt, dass die Mitarbeiter der Bundesanstalt ihrerseits gemäß § 22 der Verschwiegenheitspflicht unterworfen sind. Im Übrigen lässt Abs. 3 die Verschwiegenheitspflichten der Abschlussprüfer und der Kreditinstitute gegenüber Dritten unberührt.

5. Auskunftsverweigerungsrecht

Das Informationsverlangen ist Verwaltungsakt i.S.d. § 35 VwVfG. Der zur Bereitstellung der Informationen Verpflichtete ist auf sein Auskunftsverweigerungsrecht nach Abs. 6 hinzuweisen.[14]

19

6. Keine aufschiebende Wirkung von Rechtsmitteln

Widerspruch und Anfechtungsklage gegen Maßnahmen nach Abs. 3 haben nach § 26 Nr. 1 WpPG keine aufschiebende Wirkung. Hierdurch soll eine schnelle Sachverhaltsaufklärung erreicht und die Bundesanstalt in die Lage versetzt werden, ohne bedeutende Verzögerung die geeigneten, erforderlichen und verhältnismäßigen Maßnahmen zu treffen, um den Einklang mit dem WpPG herzustellen.[15]

20

IV. § 21 Abs. 4 WpPG

1. Grundlagen und Unterscheidung zwischen Untersagungsverfügung und Aussetzungsanordnung

Europarechtliche Grundlage für Abs. 4 ist Art. 21 Abs. 3 Buchstabe f der EU-ProspRL. Abs. 4 enthält zwei unterschiedliche, in ihrer Intensität und Auswirkung beim Adressaten abgestufte Handlungsbefugnisse für die Bundesanstalt, das öffentliche Angebot von Wertpapieren zu untersagen oder auszusetzen. Den schwereren Eingriff stellt die Untersagungsverfügung nach Satz 1 dar. Ihr Erlass kommt in Betracht, wenn ein Verstoß gegen die in Satz 1 genannten Bestimmungen als erwiesen gilt. Die Bundesanstalt hat insoweit keinen Ermessensspielraum. Die Untersagung ist nicht befristet und zeitlich nur insoweit begrenzt, als ein Verstoß gegen die genannten Bestimmungen anhält. Den leichteren Eingriff stellt die Aussetzungsanordnung nach Satz 2 dar. Es handelt sich um eine auf zehn Tage befristete und somit vorläufige Untersagung. Liegen lediglich Anhaltspunkte dafür vor, dass gegen mindestens eine der in Satz genannten Bestimmungen verstoßen wurde, kann die Bundesanstalt anordnen, dass ein öffentliches Angebot für höchstens zehn Tage auszusetzen ist. Bei der vorläufigen Untersagung steht der Bundesanstalt ein Ermessensspielraum zu. In der bisherigen Aufsichtspraxis ist die Aussetzungsanordnung gegenüber der Untersagungsverfügung jedoch nur von untergeordneter Bedeutung, da die Frist von zehn Tagen zur

21

---

14 *Heidelbach*, in: Schwark, KapMRK, § 8c VerkProspG Rn. 4.
15 Siehe außerdem die Komm. zu § 26 WpPG.

Aufklärung eines Sachverhalts zu kurz bemessen ist. Aufgrund der Vorgaben in Art. 21 Abs. 3 Buchstabe d EU-ProspRL war der Gesetzgeber jedoch an die Frist von zehn Tagen gebunden.

22 Die Untersagung kann regelmäßig in einem zweistufigen Prozess erfolgen. Liegen nur Anhaltspunkte vor, dass gegen bestimmte Vorschriften des WpPG verstoßen wurde, ohne dass ein Verstoß gegen diese Bestimmungen feststeht, kann die vorläufige Untersagung des öffentlichen Angebotes angeordnet werden. Während der Dauer der Aussetzung hat die Bundesanstalt die Möglichkeit zu prüfen, ob ein Verstoß gegen bestimmte Vorschriften des WpPG tatsächlich vorliegt und der Erlass einer endgültigen Untersagungsverfügung gerechtfertigt ist.[16] Die Bundesanstalt ist jedoch nicht dazu verpflichtet, zur Prüfung des Sachverhaltes zunächst eine vorläufige Untersagung vorzuschalten und nach Abschluss der Untersuchung eine endgültige Untersagung nachfolgen zu lassen; sie kann auch unmittelbar von ihrer Befugnis zur endgültigen Untersagung Gebrauch machen.

2. Öffentliches Angebot

23 Vorläufige und endgültige Untersagung richten sich gegen ein öffentliches Angebot i. S. d. § 2 Nr. 4. Danach ist ein öffentliches Angebot jede Mitteilung an das Publikum unabhängig von Form, Art und Weise, die ausreichende Informationen über die Angebotsbedingungen und die anzubietenden Wertpapiere enthält, um einen Anleger in die Lage zu versetzen, über den Kauf oder die Zeichnung dieser Wertpapiere zu entscheiden. Eine Ausnahme hiervon gilt nur für Mitteilungen auf Grund des Handels von Wertpapieren an einem organisierten Markt oder im Freiverkehr.

3. Untersagungsverfügung

24 Die endgültige Untersagung nach Abs. 4 Satz 1 setzt zwingend einen Verstoß gegen Bestimmungen des WpPG voraus. Der Verstoß muss vor Erlass der Untersagungsverfügung feststehen. Verdachtsmomente reichen nicht aus. Liegt ein Verstoß gegen Bestimmungen des WpPG vor, hat die Bundesanstalt im Hinblick auf den Erlass einer Untersagungsverfügung keinen Ermessensspielraum.

25 Voraussetzung für den Erlass einer endgültigen Untersagung sind ein oder mehrere Verstöße gegen eine oder mehrere Bestimmungen des WpPG. Hier kommen in Betracht die fehlende Veröffentlichung eines Prospektes entgegen § 3 Abs. 1 WpPG, wenn keiner der Befreiungstatbestände nach § 3 Abs. 2 und 3 WpPG vorliegt, die Veröffentlichung eines von der Bundesanstalt nicht oder nicht in der veröffentlichten Form gebilligten Prospektes entgegen § 13 Abs. 1 WpPG, der Ablauf der in § 9 WpPG genannten Fristen hinsichtlich der Gültigkeit eines Prospektes oder eines Registrierungsformulares, der fehlende Nachweis der Billigung eines Prospekts durch eine Bescheinigung im Sinne des § 18 Abs. 1 WpPG oder die fehlende Übereinstim-

---

16 Zur praktischen Bedeutung siehe unter Rn. 21.

mung mit § 19 WpPG hinsichtlich der Sprachenregelung. Der Verweis auf § 18 WpPG ist insoweit missverständlich, als es sich nicht um die nach § 18 Abs. 1 WpPG erstellte Bescheinigung der Billigung durch die Bundesanstalt handelt, sondern um die Bescheinigung der zuständigen Behörde des Herkunftstaates, die die Bescheinigung nach der jeweiligen nationalen, § 18 WpPG bzw. Art. 18 der EU-ProspRL entsprechenden Vorschrift erstellt hat.

4. Aussetzungsanordnung

Steht nicht fest, dass gegen eines oder mehrere der in Abs. 4 Satz 1 genannten Gebote verstoßen wurde, sondern liegen nur Anhaltspunkte hierfür vor, steht es im Ermessen der Bundesanstalt, durch eine vorläufige Untersagungsverfügung anzuordnen, dass ein öffentliches Angebot für höchstens zehn Tage auszusetzen ist.[17] Die Entscheidung über den Erlass einer Anordnung ist dabei anhand des Umfanges der vorliegenden Tatsachen, die den Verdacht eines Gesetzesverstoßes begründen, und ihrer Gewichtung im jeweiligen Einzelfall zu würdigen (zum Tatsachenbegriff s. Rn. 10).[18] Der der Bundesanstalt zur Verfügung stehende Ermessensspielraum gilt nicht nur hinsichtlich des Ob der Aussetzung, sondern auch hinsichtlich der Dauer der Aussetzung, die jedoch auf höchstens zehn Tage begrenzt ist. Der Erlass einer Anordnung kann auch dann rechtmäßig sein, wenn sich nach dem Erlass herausstellt, dass ein Verstoß gegen die in Abs. 4 Satz 1 genannten Gebote nicht vorgelegen hat.

26

5. Adressat

Als Adressat der Untersagungsverfügung oder Aussetzungsanordnung kommt in erster Linie der Anbieter i.S.d. § 2 Nr. 10 in Betracht.

27

6. Bekanntgabe

Die mit dem Erlass einer vorläufigen Untersagung verbundene Frist von bis zu zehn Tagen beginnt nach Satz 3 mit der Bekanntgabe der vorläufigen Untersagung. Für die Bekanntgabe gilt § 41 VwVfG.

28

7. Keine aufschiebende Wirkung von Rechtsmitteln

Widerspruch und Anfechtungsklage gegen Maßnahmen nach Abs. 4 haben nach § 26 Nr. 1 WpPG keine aufschiebende Wirkung. Durch die sofortige Vollziehung soll verhindert werden, dass das öffentliche Angebot trotz bestehender Untersagungsverfügung durch Einlegung von Rechtsmitteln aufrecht erhalten wird und bis zur rechtskräftigen Entscheidung über die Rechtsmittel die Wertpapiere bereits vollständig platziert sind.[19]

29

---

17 Zur praktischen Bedeutung siehe unter Rn. 21.
18 Nach *Linke*, in: Schäfer/Hamann, KapMG, § 21 WpPG, Rn. 13 sind an das Vorliegen von Anhaltspunkten keine hohen Anforderungen zu stellen.
19 *Lenz*, in: Assmann/Lenz/Ritz, VerkProspG, § 8d Rn. 3; siehe außerdem die Komm. zu § 26.

V. § 21 Abs. 5 WpPG

30 Die Vorschrift regelt den Datenaustausch zwischen der Bundesanstalt und der Geschäftsführung der Börse sowie der Zulassungsstelle bei möglichen Verstößen gegen das WpPG. Der Datenaustausch soll die Geschäftsführung der Börse oder die Zulassungsstelle in die Lage versetzen, die in ihren Zuständigkeitsbereich fallenden Aufgaben wahrnehmen zu können.[20]

31 Die Datenübermittlung soll gewährleisten, dass ein frühzeitiges und zeitgleiches Tätigwerden der Bundesanstalt und der Börse innerhalb ihrer Zuständigkeitsbereiche erfolgt. Erst nach der Datenübermittlung überprüfen Bundesanstalt und Börse, ob und inwieweit im Rahmen ihrer jeweiligen Zuständigkeitsbereiche ein Tätigwerden geboten ist. Durch eine rechtzeitige Datenübermittlung soll die Börse außerdem in die Lage versetzt werden, ihre Maßnahmen ohne bedeutenden zeitlichen Abstand zu den Maßnahmen der Bundesanstalt zu treffen.

32 Abs. 5 räumt der Bundesanstalt für die Entscheidung zur Übermittlung der Daten einen Ermessens- und Beurteilungsspielraum ein. Die Bundesanstalt hat zu beurteilen, ob und inwieweit Tatsachen vorliegen, die den Verdacht eines Verstoßes gegen das WpPG begründen (zum Tatsachenbegriff s. Rn. 10). Hierbei sind der Umfang der vorliegenden Tatsachen und ihre Gewichtung im jeweiligen Einzelfall zu würdigen. Für die Begründung eines Verdachts ist es nicht notwendig, dass die Tatsachen so verdichtet oder gewichtig sein, dass ein Verstoß gegen das WpPG als erwiesen gilt. Es reicht aus, wenn ein Verstoß möglich erscheint, wobei die Entscheidung im Ermessen der Bundesanstalt steht, ob eine Erheblichkeitsschwelle erreicht oder überschritten ist.

33 In der Ermessensentscheidung ist ebenfalls zu beurteilen, ob und inwieweit die zu übermittelnden Daten zur Erfüllung der in der Zuständigkeit der Geschäftsführung der Börse oder der Zulassungsstelle liegenden Aufgaben erforderlich sind. Auch hier muss die Erforderlichkeit der Daten zur Aufgabenerfüllung durch die Geschäftsführung oder die Zulassungsstelle vor der Datenübermittlung nicht erwiesen sein.

34 Der Umfang der Datenübermittlung ist am Zweck der Norm ausgerichtet. Es dürfen daher nur solche Daten übermittelt werden, die für die Überprüfung durch die Börse, ob und inwieweit ihr Tätigwerden geboten ist, erforderlich sein können. Mit dieser Einschränkung ist Abs. 5 eher extensiv als restriktiv auszulegen, da nicht die Bundesanstalt, sondern die Börse für ihren Zuständigkeitsbereich überprüft, welche konkreten Daten für die Erfüllung ihrer Aufgaben erforderlich sind. Unter diesen Voraussetzungen ist bei der Übermittlung der Daten vorbehaltlich des Abs. 7 keine Unterscheidung danach zu treffen, ob personenbezogene oder andere Daten übermittelt werden. Daten, die jedoch zur Aufgabenerfüllung offensichtlich nicht erforderlich sind, dürfen nicht übermittelt werden.[21]

---

20 Zur Verschwiegenheitspflicht und zum unbefugten Offenbaren vgl. § 22 WpPG Rn. 5.
21 Zur Verschwiegenheitspflicht vgl. § 22 WpPG Rn. 5.

Auf welchem Wege die Bundesanstalt von den verdachtbegründenden Tatsachen Kenntnis erhält, ist für die Zulässigkeit des Datenaustausches unerheblich. Die Bundesanstalt kann von diesen Tatsachen auch aufgrund einer Mitteilung der Geschäftsführung der Börse oder der Zulassungsstelle im Rahmen eines Ersuchens um Datenaustauschs Kenntnis erlangen. 35

Der Datenaustausch kann auch dann zulässig sein, wenn sich erst nach der Datenübermittlung herausstellt, dass weder ein Verstoß gegen das WpPG vorgelegen hat noch dass die Daten zur Erfüllung der in der Zuständigkeit der Geschäftsführung der Börse oder der Zulassungsstelle liegenden Aufgaben erforderlich waren. 36

VI. § 21 Abs. 6 WpPG

Das Auskunftsverweigerungsrecht nach Abs. 6 entspricht dem rechtsstaatlichen Gedanken der Unzumutbarkeit der Selbstanzeige oder Anzeige naher Angehöriger[22] wegen einer Straftat oder Ordnungswidrigkeit[23]. Es entspricht den üblichen Regelungen zum Auskunftsverweigerungsrecht (vgl. § 8c Abs. 3 VerkaufsprospektG) und enthält keine von diesen Regelungen abweichenden Besonderheiten. 37

VII. § 21 Abs. 7 WpPG

Abs. 7 regelt die Speicherung, Nutzung und Veränderung personenbezogener Daten durch die Bundesanstalt. Die Verwendung personenbezogener Daten ist nur zur Erfüllung der aufsichtlichen Aufgaben, die der Bundesanstalt nach dem WpPG zugewiesen sind, und zur Zusammenarbeit mit den zuständigen Aufsichtsbehörden anderer Staaten des Europäischen Wirtschaftsraumes zulässig. Personenbezogene Daten sind nach § 3 BDSG Einzelangaben über persönliche oder sachliche Verhältnisse einer bestimmten oder bestimmbaren natürlichen Person. Im Gegensatz zu § 4 Abs. 10 des WpHG[24] ergibt sich weder aus Abs. 7 noch aus der Gesetzesbegründung, das personenbezogene Daten, die zur Erfüllung der aufsichtlichen Aufgaben sowie für Zwecke der Zusammenarbeit zumindest zeitweise nicht benötigt werden, nicht mehr, weil die Erforderlichkeit entfallen ist, gespeichert werden dürfen und zu löschen sind. 38

VIII. § 21 Abs. 8 WpPG

1. Anwendungsbereich

Abs. 8 regelt die Befugnisse der Bundesanstalt in Ausnahmefällen, in denen die wesentliche inhaltliche Unrichtigkeit oder die wesentliche inhaltliche 39

---
22 I.S.d. § 383 Abs. 1 Nr. 1 bis 3 ZPO.
23 Vgl. bspw. BT-Drucks. 13/8933 v. 06.11.1997, S. 54, 88.
24 Vgl. *Vogel*, in: Assmann/Schneider, WpHG, § 4 Rn. 64.

Unvollständigkeit eines Prospektes zu einer Übervorteilung des Publikums führt.

40 Die Befugnisse gelten nur im Hinblick auf Wertpapiere, die zum Handel an einem organisierten Markt zugelassen werden sollen. Sind die Wertpapiere bereits zum Handel an einem organisierten Markt zugelassen, greifen die besonderen Bestimmungen des BörsG. Um den Vollzug dieser Bestimmungen zu gewährleisten, sieht Satz 4 die Möglichkeit des Datenaustauschs zwischen der Bundesanstalt und der Geschäftsführung der Börse sowie der Zulassungsstelle vor.

41 Anwendbar ist Abs. 8 sowohl während als auch nach Abschluss des Billigungsverfahrens. Im Billigungsverfahren erfolgt grundsätzlich eine Überprüfung der Vollständigkeit des Prospekts und der Kohärenz sowie Verständlichkeit, nicht jedoch eine Überprüfung der inhaltlichen Richtigkeit der vorgelegten Informationen. Im Billigungsverfahren erfolgt außerdem grundsätzlich keine vollständige Sachverhaltsermittlung einschließlich einer Überprüfung, ob alle relevanten Angaben über die tatsächlichen Verhältnisse im Prospekt beschrieben wurden; insoweit bleibt auch die Vollständigkeitsüberprüfung auf die wesentlichen Angaben begrenzt. Das schließt gleichwohl nicht aus, dass inhaltliche Unrichtigkeiten, die im Rahmen der Vollständigkeits-, Kohärenz- und Verständlichkeitsüberprüfung des Prospekts festgestellt wurden, korrigiert werden. Stellt sich im Billigungsverfahren jedoch die übervorteilende wesentliche inhaltliche Unrichtigkeit oder die wesentliche inhaltliche Unvollständigkeit eines Prospektes heraus, ist der Prospekt zu korrigieren oder dessen Billigung zu versagen. Anderenfalls wäre die Bundesanstalt gehalten, unmittelbar nach Abschluss des Billigungsverfahrens von den Befugnissen des Abs. 8 Gebrauch zu machen. Nach Abschluss des Billigungsverfahrens steht der Bundesanstalt die Befugnis zur vorläufigen oder endgültigen Untersagung eines öffentlichen Angebots sowie zum Widerruf der Billigung zu.

2. Unrichtigkeit oder Unvollständigkeit

42 Der Bundesanstalt müssen Umstände bekannt gegeben werden, auf Grund derer begründete Anhaltspunkte für die inhaltliche Unrichtigkeit oder Unvollständigkeit des Prospekts bestehen. Die Art und Weise, wie der Bundesanstalt die Umstände bekannt gegeben werden, ist unerheblich, sie kann mündlich oder schriftlich erfolgen. Die Bekanntgabe setzt keine eigene, ihr vorausgehende Maßnahme zur Sachverhaltsermittlung durch die Bundesanstalt voraus. Eine inhaltliche Unrichtigkeit liegt vor, wenn die Angaben in dem Prospekt mit den tatsächlichen Verhältnissen nicht übereinstimmen. Eine inhaltliche Unvollständigkeit des Prospekts besteht, wenn die Anforderungen der §§ 7 und 8 WpPG hinsichtlich der in den Prospekt aufzunehmenden Angaben und der Zusammenfassung nicht erfüllt werden. Wesentlich ist die inhaltliche Unrichtigkeit oder Unvollständigkeit des Prospekts dann, wenn die fehlerhafte oder unvollständige Information über die Angebotsbedingungen und die anzubietenden Wertpapiere geeignet ist, die Entscheidung des Anlegers über den Kauf oder die Zeichnung dieser Wertpapiere zu

beeinflussen. Abzustellen ist nicht auf den einzelnen Anleger in dem konkret vorliegenden Fall, sondern auf den durchschnittlichen Anleger.

3. Übervorteilung des Publikums

Die wesentliche inhaltliche Unrichtigkeit oder Unvollständigkeit des Prospekts muss zu einer Übervorteilung des Publikums führen. Eine Übervorteilung des Publikums kann vorliegen, wenn ein erheblicher Kursverfall zu befürchten ist.[25] Die Übervorteilung muss jedoch auf eine wesentliche inhaltliche Unrichtigkeit oder Unvollständigkeit des Prospekts zurückzuführen sein.

43

4. Informationsverlangen

Bestehen begründete Anhaltspunkte für eine übervorteilende wesentliche inhaltliche Unrichtigkeit oder Unvollständigkeit eines Prospektes, kann die Bundesanstalt zunächst vom Emittenten, Anbieter, Zulassungsantragsteller oder einem mit diesen verbundenen Unternehmen Auskünfte, die Vorlage von Unterlagen und die Überlassung von Kopien verlangen, Abs. 2 ist insoweit entsprechend anzuwenden. Die Bundesanstalt prüft nach Erhalt der übermittelten Informationen, inwieweit der Erlass einer vorläufigen oder endgültigen Untersagung des öffentlichen Angebots sowie der Billigung des Prospekts gerechtfertigt ist.

44

5. Vorläufige Aussetzungsanordnung

Liegen begründete Anhaltspunkte für eine übervorteilende wesentliche inhaltliche Unrichtigkeit oder Unvollständigkeit eines Prospektes vor, kann die Bundesanstalt vom Anbieter die Aussetzung des öffentlichen Angebotes bis zur Klärung des Sachverhalts verlangen. Dies kann nach einem entsprechenden Informationsverlangen gem. Satz 1 erfolgen; ein Informationsverlangen nach Satz 1 ist jedoch nicht Voraussetzung für den Erlass einer vorläufigen Untersagungsverfügung. Das Informationsverlangen kann sowohl zur Vorbereitung der vorläufigen Untersagung als auch zeitgleich mit ihr zur Vorbereitung der endgültigen Untersagung des öffentlichen Angebots oder des Widerrufs der Billigung geltend gemacht werden. Eine Befristung der vorläufigen Untersagung ist durch das Gesetz nicht vorgesehen.

45

6. Widerruf der Billigung und endgültige Untersagung

Ein Widerruf der Billigung und eine endgültige Untersagung des öffentlichen Angebotes kommen in Betracht, wenn die inhaltliche Unrichtigkeit oder inhaltliche Unvollständigkeit des Prospekts feststeht. Auch für den Widerruf und die Untersagung kommt es darauf an, dass die Unrichtigkeit oder Unvollständigkeit des Prospekts zu einer Übervorteilung des Publikums führen.

46

---

25 *Groß*, KapMR, § 56 BörsG Rn. 3.

7. Keine aufschiebende Wirkung von Rechtsmitteln

47 Widerspruch und Anfechtungsklage gegen Maßnahmen nach Abs. 8 haben nach § 26 Nr. 1 WpPG keine aufschiebende Wirkung. Durch die sofortige Vollziehung soll verhindert werden, dass ein inhaltlich unrichtiger oder inhaltlich unvollständiger Prospekt trotz bestehender Untersagungsverfügung durch Einlegung von Rechtsmitteln weiterhin öffentlich angeboten werden kann und das Angebot möglicherweise erst zu einem Zeitpunkt unterbunden wird, zu dem es bereits beendet ist.[26]

ARTIKEL 23
Anpassung an die Mindestangaben im Prospekt und im Basisprospekt

(1) Unbeschadet des Artikels 3 Unterabsatz 2 und des Artikels 22 Absatz 1 Unterabsatz 2 kann die zuständige Behörde des Herkunftmitgliedstaats in Fällen, in denen die Tätigkeiten des Emittenten unter eine der in Anhang XIX genannten Kategorien fallen, aufgrund der besonderen Art dieser Tätigkeiten zusätzlich zu den Informationsbestandteilen der in den Artikeln 4 bis 20 genannten Module und Schemata besondere Angaben verlangen, sowie gegebenenfalls eine Bewertung des Vermögens des Emittenten oder einen diesbezüglichen Bericht eines anderen Sachverständigen vorschreiben, um der in Artikel 5 Absatz 1 der Richtlinie 2003/71/EG festgelegten Verpflichtung nachzukommen. Die zuständige Behörde setzt die Kommission unverzüglich hiervon in Kenntnis.

Will ein Mitgliedstaat die Aufnahme einer neuen Kategorie in den Anhang XIX erreichen, so richtet er einen entsprechenden Antrag an die Kommission. Die Kommission aktualisiert die Liste nach dem in Artikel 24 der Richtlinie 2003/71/EG vorgesehenen Ausschussverfahren.

(2) Ersucht ein Emittent, ein Anbieter oder eine Person, die die Zulassung von Wertpapieren zum Handel auf einem geregelten Markt beantragt hat, abweichend von Artikel 3 bis 22 um die Billigung eines Prospekts oder eines Basisprospekts für ein Wertpapier, das nicht mit den anderen Arten von Wertpapieren identisch, wohl aber mit diesen vergleichbar ist, die in der Kombinationsübersicht von Anhang XVIII genannt werden, so fügt der Emittent, der Anbieter oder die Person, die die Zulassung von Wertpapieren zum Handel auf einem geregelten Markt beantragt hat, die entsprechenden Informationsbestandteile aus dem anderen in Artikel 4 bis 20 vorgesehenen Schema für eine Wertpapierbeschreibung dem gewählten Hauptschema für eine Wertpapierbeschreibung an. Dieser Zusatz erfolgt gemäß den Hauptmerkmalen der Wertpapiere, die öffentlich angeboten werden oder zum Handel auf einem geregelten Markt zugelassen werden sollen.

---

26 *Lenz*, in: Assmann/Lenz/Ritz, VerkProspG, § 8c Rn. 4; siehe außerdem die Komm. zu § 26 WpPG.

(3) Ersucht ein Emittent, ein Anbieter oder eine Person, die die Zulassung von Wertpapieren zum Handel auf einem geregelten Markt beantragt hat, abweichend von Artikel 3 bis 22 um die Billigung eines Prospekts oder eines Basisprospekts für eine neue Art von Wertpapier, so übermittelt der Emittent, der Anbieter oder die Person, die die Zulassung von Wertpapieren zum Handel auf einem geregelten Markt beantragt hat, den Entwurf des Prospekts oder des Basisprospekts der zuständigen Behörde des Herkunftsmitgliedstaats.

Die zuständige Behörde befindet dann im Einvernehmen mit dem Emittenten, dem Anbieter oder der Person, die die Zulassung von Wertpapieren zum Handel auf einem geregelten Markt beantragt hat, welche Angaben in den Prospekt bzw. den Basisprospekt aufzunehmen sind, um der Verpflichtung von Artikel 5 Absatz 1 der Richtlinie 2003/71/EG nachzukommen. Die zuständige Behörde setzt die Kommission unverzüglich hiervon in Kenntnis.

Die in Unterabsatz 1 genannte Abweichung gilt nur im Falle einer neuen Art von Wertpapieren, die sich in ihren Merkmalen völlig von den anderen Arten von Wertpapieren unterscheidet, die in Anhang XVIII genannt werden, sofern die Merkmale dieses neuen Wertpapiers dergestalt sind, dass eine Kombination der verschiedenen Informationsbestandteile der in Artikel 4 bis 20 genannten Schemata und Module nicht angemessen ist.

(4) In den Fällen, in denen in Abweichung von Artikel 3 bis 22 die in den Schemata oder Modulen geforderten Informationsbestandteile gemäß Artikel 4 bis 20 oder gleichwertige Angaben für den Emittenten, den Anbieter oder für die Wertpapiere, für die der Prospekt erstellt wurde, nicht angemessen sind, brauchen diese Angaben nicht aufgenommen zu werden.

ARTICLE 23
Adaptations to the minimum information given in prospectuses and base prospectuses

(1) Notwithstanding Articles 3 second paragraph and 22(1) second subparagraph, where the issuer's activities fall under one of the categories included in Annex XIX, the competent authority of the home Member State, taking into consideration the specific nature of the activities involved, may ask for adapted information, in addition to the information items included in the schedules and building blocks set out in Articles 4 to 20, including, where appropriate, a valuation or other expert's report on the assets of the issuer, in order to comply with the obligation referred to in Article 5(1) of Directive 2003/71/EC. The competent authority shall forthwith inform the Commission thereof.

In order to obtain the inclusion of a new category in Annex XIX a Member State shall notify its request to the Commission. The Commission shall update this list following the Committee procedure provided for in Article 24 of Directive 2003/71/EC.

(2) By way of derogation of Articles 3 to 22, where an issuer, an offeror or a person asking for admission to trading on a regulated market applies for approval of a prospectus or a base prospectus for a security which is not the same but comparable to the various types of securities mentioned in the table of combinations set out in Annex XVIII, the issuer, the offeror or the person asking for admission to trading on a regulated market shall add the relevant information items from another securities

note schedule provided for in Articles 4 to 20 to the main securities note schedule chosen. This addition shall be done in accordance with the main characteristics of the securities being offered to the public or admitted to trading on a regulated market.

(3) By way of derogation of Articles 3 to 22, where an issuer, an offeror or a person asking for admission to trading on a regulated market applies for approval of a prospectus or a base prospectus for a new type of security, the issuer, the offeror or the person asking for admission to trading on a regulated market shall notify a draft prospectus or base prospectus to the competent authority of the home Member State.

The competent authority shall decide, in consultation with the issuer, the offeror or the person asking for admission to trading on a regulated market, what information shall be included in the prospectus or base prospectus in order to comply with the obligation referred to in Article 5(1) of Directive 2003/71/EC. The competent authority shall forthwith inform the Commission thereof.

The derogation referred to in the first subparagraph shall only apply in case of a new type of security which has features completely different from the various types of securities mentioned in Annex XVIII, if the characteristics of this new security are such that a combination of the different information items referred to in the schedules and building blocks provided for in Articles 4 to 20 is not pertinent.

(4) By way of derogation of Articles 3 to 22, in the cases where one of the information items required in one of the schedules or building blocks referred to in 4 to 20 or equivalent information is not pertinent to the issuer, to the offer or to the securities to which the prospectus relates, that information may be omitted.

Inhalt

	Rn.		Rn.
I. Ergänzungsverlangen	1	II. Anpassung der Prospektangaben bei vergleichbaren Wertpapieren	32
1. Zweck der Vorschrift	1		
2. Anwendungsbereich	2		
3. Befugnisse der Behörde	3	III. Anpassung der Prospektangaben bei neuen Arten von Wertpapieren	33
a) Besondere Angaben	4		
b) Bewertung des Vermögens des Emittenten	24	IV. Keine Aufnahme von Angaben wegen fehlender Angemessenheit	34
c) Sachverständiger	29		
4. Ermessen	30		
5. Verhältnis zu anderen Vorschriften	31		

I. Ergänzungsverlangen

1. Zweck der Vorschrift

1   Abs. 1 ergänzt Art. 5 Abs. 1 der EU-ProspRL. Nach dieser Vorschrift muss der Prospekt sämtliche Angaben enthalten, die entsprechend den Merkmalen des Emittenten und der öffentlich angebotenen bzw. zum Handel an dem geregelten Markt zugelassenen Wertpapiere erforderlich sind, damit sich die Anleger ein fundiertes Urteil über die Vermögenswerte und Verbindlichkeiten, die Finanzlage, die Gewinne und Verluste, die Zukunftsaussichten des Emittenten und jedes Garantiegebers sowie über die mit diesen Wertpapie-

ren verbundenen Rechte bilden können. Nach Abs. 1 kann die Behörde von Emittenten, die zu den in Anh. XIX EU-ProspV genannten Kategorien von Unternehmen gehören, wegen der besonderen Art der von diesen Unternehmen ausgeübten Tätigkeiten zusätzlich zu den nach Art. 4 bis 20 erforderlichen Informationsbestandteilen die Aufnahme weiterer Angaben in den Prospekt verlangen, um den nach Art. 5 Abs. 1 EU-ProspRL vorgeschriebenen Transparenzanforderungen Rechnung zu tragen.

2. Anwendungsbereich

Abs. 1 ist nur anwendbar, wenn der Emittent zu einer der in Anh. XIX EU-ProspV genannten Kategorie von Unternehmen gehört. Danach muss es sich bei dem Emittenten entweder um eine Immobilien-, Bergbau-, Investment-, in der wissenschaftlichen Forschung tätige, seit weniger als drei Jahren bestehende (Startups) oder eine Schifffahrtgesellschaft handeln.[1]

3. Befugnisse der Behörde

Gehört nach Abs. 1 Unterabs. 1 der Emittent zu einer der in Anh. XIX EU-ProspV genannten Unternehmenskategorien, kann die Behörde zusätzlich zu den nach Art. 4 bis 20 erforderlichen Informationsbestandteilen die Aufnahme besonderer Angaben in den Prospekt verlangen, gegebenenfalls einschließlich einer Bewertung des Vermögens des Emittenten oder eines diesbezüglichen Berichts eines anderen Sachverständigen. Die Vorschrift macht jedoch weder Vorgaben dazu, welcher Art oder welchen Umfanges die besonderen Angaben sein müssen, noch bestimmt sie Inhalt und Umfang des Bewertungsberichts oder stellt Anforderungen an die Qualifikation des Sachverständigen.

a) Besondere Angaben

CESR hat in seinen Empfehlungen zur EU-weit einheitlichen Anwendung der EU-ProspV einen ausführlichen Katalog besonderer Angaben zusammengestellt, die nach der Empfehlung von CESR regelmäßig von den in Anh. XIX EU-ProspV genannten Unternehmen in den Prospekt aufgenommen werden sollen.[2]

Besondere Angaben i.S.d. Abs. 1 sind solche, die nicht bereits nach Art. 5 Abs. 1 der EU-ProspRL verlangt werden können. Nach den von CESR veröffentlichten Empfehlungen[3] kommen insbesondere in Betracht:

– Für Immobiliengesellschaften die Aufnahme eines gekürzten Bewertungsberichts in den Prospekt, wenn ein öffentliches Angebot von Aktien, Immobilien-besicherten Schuldverschreibungen mit einem Nennwert von weniger als 50.000 Euro einschließlich Wandelschuldverschreibungen oder

---
1 Siehe hierzu die Komm. zu Anh. XIX EU-ProspV.
2 *CESR*, recommendations, Ref: CESR/05-054b, Tz. 128 ff.
3 *CESR*, recommendations, Ref: CESR/05-054b, Tz. 128 ff.

Höninger 855

aktienvertretenden Zertifikaten mit einem Nennbetrag von weniger als 50.000 Euro vorbereitet oder deren Zulassung zum Handel beantragt werden soll.[4]

6 – Für Bergbaugesellschaften detaillierte Angaben im Prospekt zu den Rückstellungen einschließlich Angaben darüber, für welche Zeiträume diese Rückstellungen gebildet wurden, Angaben zu den Hauptinhalten und -bedingungen sowie Befristungen von Lizenzen und Konzessionen einschließlich einer Erläuterung der wirtschaftlichen Grundlagen, auf denen die Nutzung dieser Lizenzen und Konzessionen beruht, Angaben über den Fortschritt der Arbeitsprozesse sowie Erläuterungen zu allen außergewöhnlichen Faktoren, die Auswirkungen auf die zuvor genannten Angaben haben.[5]

Ein Emittent, der noch nicht während des gesamten der Emission vorangehenden Zeitraumes von drei Jahren als Bergbaugesellschaft i.S.d. Anh. XIX EU-ProspV zu qualifizieren ist, muss zusätzlich in den Prospekt aufnehmen[6]:

7 – Angaben über die Art und den Umfang von Beteiligungen an Rohstoffquellen einschließlich Angaben über Art und Umfang unmittelbarer oder mittelbarer Nutzungs-, Abbau- und Verwertungsrechte oder vergleichbarer Rechte in den Prospekt, wenn er über keine Kapitalmehrheitsbeteiligung hinsichtlich dieser von ihm gehaltenen Vermögenswerte einschließlich Förderfeldern, Minen oder Gesellschaften verfügt.

8 – Angaben zu den finanziellen Verhältnissen wie einer Einschätzung des Finanzierungsbedarfs des Unternehmens für die nächsten zwei Jahre nach Veröffentlichung des Prospektes, Einzelheiten des innerhalb der nächsten zwei Jahre nach Veröffentlichung des Prospektes zu erwartenden cash flows oder, wenn innerhalb dieses Zeitraumes nur ein unbedeutender cash flow zu erwarten ist, Angaben zu dem zu erwartenden cash flow bis zum Ende des ersten vollen Geschäftsjahres, während dessen über den gesamten Zeitraum dieses Geschäftsjahres die dem Geschäftszweck des Unternehmens entsprechende Nutzung von Rohstoffquellen erfolgt. Die Angaben müssen auch Einzelheiten zu den zu verwertenden Rohstoffquellen, die zu erwartenden Preise der veräußerbaren Rohstoffe, Mineral-Konzentrate oder Produkte einschließlich ihrer Qualitätsstufe und Handelsklasse sowie die zu erwartenden Kosten der Verwertung der Rohstoffquellen unter Berücksichtigung der unterschiedlichen Verwertungsstufen einschließlich der zugrunde liegenden Berechnungsparameter enthalten. Aufzunehmen ist schließlich auch die Bestätigung eines unabhängigen Sachverständigen, dass die Angaben zu den cash flows mit der gebührenden Sorgfalt ermittelt wurden.

---

4 *CESR*, recommendations, Ref: CESR/05-054b, Tz. 128 ff., zu den Inhalten des gekürzten Bewertungsberichts siehe unter Rn. 24.
5 *CESR*, recommendations, Ref: CESR/05-054b, Tz. 132.
6 Vgl. *CESR*, recommendations, Ref: CESR/05-054b, Tz. 133.

- den Bericht eines ausreichend qualifizierten und erfahrenen unabhängigen Sachverständigen über die von Bergbaugesellschaften in den Prospekt aufzunehmenden besonderen Angaben. 9

- Unternehmen, die im Bereich der wissenschaftlichen Forschung tätig sind, müssen im Prospekt[7]

  - Einzelheiten ihrer laborgestützten Forschung und Entwicklung einschließlich der Nutzung und Verwertung von Patenten für die Geschäftszwecke des Unternehmens sowie zum Fortschritt der Tests, mit denen die Leistungsfähigkeit der entwickelten Produkte geprüft wird, darlegen, soweit diese für den (potentiellen) Investor von materieller Bedeutung sind. Wenn möglich, sollten diese Informationen in Zusammenhang mit den Angaben zu Forschung und Entwicklung sowie Patenten und Lizenzen gemacht werden. Sollten keine relevanten Informationen vorhanden sein, ist dies in einer Negativanzeige anzugeben. Von einer Offenlegung ist abzusehen, wenn durch die Offenlegung berechtigte Interessen des Unternehmens an der Geheimhaltung dieser Einzelheiten verletzt werden. 10

  - eine ausführliche Beschreibung der Fachkompetenz sowie Forschungs- und Entwicklungserfahrung des verantwortlichen Fachpersonals als Gesamtheit enthalten. 11

  - Angaben darüber machen, ob der Emittent in gemeinschaftlichen Forschungs- und Entwicklungsprojekten zusammen mit bedeutenden Industrieunternehmen oder Industrie-nahestehenden Organisationen engagiert ist, soweit diese Angaben für den (potentiellen) Investor von materieller Bedeutung sind. Falls solche gemeinschaftlichen Forschungs- und Entwicklungsprojekte nicht aufgenommen wurden, ist anzugeben, welchen Einfluss dies auf den Erfolg und die Qualität der eigenen Forschungs- und Entwicklungsarbeit haben kann. 12

  - eine ausführliche Erläuterung derjenigen Produkte enthalten, deren Entwicklung materielle Auswirkungen auf die Zukunftsaussichten des Emittenten haben könnte. 13

  - die Informationen darlegen, die auch Startup-Unternehmen darlegen müssen. 14

- Startup-Unternehmen müssen in den Prospekt aufnehmen

  - Angaben zum Zeitpunkt der tatsächlichen Aufnahme der Hauptgeschäftstätigkeit. Das gilt auch, wenn das Unternehmen seinen Geschäftsgegenstand oder seine Hauptgeschäftstätigkeit innerhalb der letzten drei Jahre vollständig geändert hat.[8] 15

  - Erläuterungen des Geschäftsplans des Emittenten der Erläuterungen der strategischen Ziele des Emittenten einschließt, solange berechtigte Unternehmensbelange dem nicht entgegenstehen. Die Erläuterungen müs- 16

---

[7] Vgl. *CESR*, recommendations, Ref: CESR/05-054b, Tz. 134.
[8] Vgl. *CESR*, recommendations, Ref: CESR/05-054b, Tz. 136.

sen auch darlegen, auf Basis welcher Grundannahmen der Geschäftsplan und die strategischen Ziele entwickelt wurden. Die Erläuterungen müssen ferner auf die Entwicklung der Vertriebstätigkeiten, die Entwicklung neuer Produkte oder Dienstleistungen während der nächsten zwei Jahre eingehen sowie eine Sensivitätsanalyse des Geschäftsplanes in Bezug auf Änderungen der dem Geschäftsplan zugrunde liegenden wesentlichen Annahmen enthalten. Die zahlenmäßige Unterlegung des Geschäftsplanes muss nicht transparent gemacht werden. Enthält der Geschäftsplan Gewinnprognosen oder -schätzungen, muss ein Bericht i. S. d. Ziff. 13.2. des Anh. I zur EU-ProspV[9] aufgenommen werden.[10]

17 – Informationen, in welchem Umfang die Geschäftstätigkeit des Emittenten von Einzelpersonen abhängig ist, soweit dies von materieller Bedeutung ist, zu den gegenwärtigen wie potentiellen Wettbewerbern des Emittenten, zur Abhängigkeit von bestimmten Kunden, Anbietern oder Lieferanten sowie dazu, welche betriebsnotwendigen Produktionsmittel nicht im Eigentum des Emittenten stehen.[11]

18 Optional kann der Emittent einen von einem unabhängigen Sachverständigen erstellten Bericht über die Bewertung der vom Emittenten hergestellten Produkte oder erbrachten Dienstleistungen in den Prospekt aufnehmen.[12]

19 – Schifffahrtgesellschaften, die ein öffentliches Angebot von Aktien, Schiffbesicherten Schuldverschreibungen mit einem Nennwert von weniger als 50.000 Euro einschließlich Wandelschuldverschreibungen oder aktienvertretenden Zertifikaten mit einem Nennbetrag von weniger als 50.000 Euro vorbereiten oder deren Zulassung zum Handel beantragen, müssen die folgenden Angaben in den Prospekt aufnehmen[13]:

20 – den Namen jeder vom Emittenten beauftragten Schiffverwaltungsgesellschaft oder -gruppe, die mit der Verwaltung der Schiffe beauftragt ist einschließlich Angaben über Inhalt, Bedingungen und Dauer der Beauftragung, die Grundlagen für die Berechnung der Vergütung und die Bestimmungen betreffend die Beendigung der Beauftragung.

21 – alle relevanten Informationen hinsichtlich jedes einzelnen vom Emittenten verwalteten, geleasten oder unmittelbar oder mittelbar in dessen Eigentum stehenden Schiffes einschließlich Angaben über den Typ, Ort des Registereintrags, wirtschaftlichen Eigentümer, Finanzierungsgrund-

---

9 Bericht, der von unabhängigen Buchprüfern oder Abschlussprüfern erstellt wurde und in dem festgestellt wird, dass die Prognose oder die Schätzung nach Meinung der unabhängigen Buchprüfer oder Abschlussprüfer auf der angegebenen Grundlage ordnungsgemäß erstellt wurde und dass die Rechnungslegungsgrundlage, die für die Gewinnprognose oder -schätzung verwendet wurde, mit den Rechnungslegungsstrategien des Emittenten konsistent ist.
10 *CESR*, recommendations, Ref: CESR/05-054b, Tz. 137.
11 *CESR*, recommendations, Ref: CESR/05-054b, Tz. 137.
12 *CESR*, recommendations, Ref: CESR/05-054b, Tz. 138.
13 *CESR*, recommendations, Ref: CESR/05-054b, Tz. 140 ff.

lagen und -bedingungen, Kapazität sowie sämtlicher übriger relevanten Einzelheiten.

- alle relevanten Informationen hinsichtlich jedes einzelnen Schiffes, wenn der Emittent Verträge über den Bau neuer Schiffe oder die Bestandsentwicklung bereits bestehender Schiffe abgeschlossen hat. Zu den relevanten Informationen gehören detaillierte Ausführungen zu den Kosten und entsprechenden Finanzierungsgrundlagen und -bedingungen, zu Erstattungen, Garantien, nebenvertraglichen Zusagen, Chartertyp, Größenordnung, Kapazität sowie sämtlicher übrigen relevanten Einzelheiten. Die Angaben sollen bei den Angaben zu den zukünftigen Investitionsschwerpunkten oder den Verträgen von materieller Bedeutung gemacht werden. 22

- einen gekürzten Bewertungsbericht.[14] 23

b) Bewertungsbericht

Die Empfehlungen von CESR machen zwar verschiedene Vorgaben zu den in den Bewertungsbericht aufzunehmenden Informationen, konkretisieren jedoch sonst keine an den Bewertungsbericht zu stellen spezifischen Anforderungen.[15] Ein Maßstab, welche qualitativen Anforderungen an den Bewertungsbericht zu stellen sind, kann sich aus den vom International Valuation Standards Committee (www.ivsc.org) entwickelten und fortlaufend aktualisierten International Valuation Standards, Applications und Guidance Notes ergeben. 24

Für Immobilien- und Schifffahrtgesellschaften muss ein Bewertungsbericht nur in verkürzter Form erstellt werden.[16] Nähere Angaben zum Umfang machen die Empfehlungen nicht. In die verkürzte Form des Bewertungsberichts sind jedenfalls keine Einzelheiten aus dem Bewertungsgutachten aufzunehmen, soweit diese nicht von materieller Bedeutung für den Investor sind und es sich nicht um die nachstehenden, in den Bericht aufzunehmenden Angaben handelt:

- für Immobiliengesellschaften das Datum der Begutachtung der Immobilien, Einzelheiten zu den für die Bewertung relevanten Merkmalen der Immobilie, das Datum der Anfertigung des Bewertungsgutachtens für jede einzelne Immobilie, das nicht länger als ein Jahr vor der Veröffentlichung des Prospektes zurückliegen darf, sowie das Datum der Fertigstellung des Bewertungsberichts, die Bestätigung des Emittenten, dass es zu keinen materiellen Änderungen in den Bewertungsgrundlagen seit dem Datum der Anfertigung des Bewertungsgutachtens für die einzelne Immobilie gekommen ist, eine Auflistung der einzelnen Grundstücke, an denen rechtliches oder wirtschaftliches Eigentum besteht einschließlich eines Auswei- 25

---

14 *CESR*, recommendations, Ref: CESR/05-054b, Tz. 143, zu den Inhalten des gekürzten Bewertungsberichts s. unter b).
15 *CESR*, recommendations, Ref: CESR/05-054b, Tz. 128 ff.
16 *CESR*, recommendations, Ref: CESR/05-054b, Tz. 128 und 143.

ses der Summe der Einzelwerte dieser Grundstücke, wenn diese auf Basis der gleichen Bewertungsgrundlagen bewertet wurden, ausgenommen der gesondert auszuweisenden negativen Einzelwerte, und die Angabe des im letzten Jahresabschluss des Emittenten ausgewiesenen Spiegelbetrages derselben Immobilie einschließlich einer Erläuterung der Unterschiede der jeweils ausgewiesenen Wertansätze.[17]

26 – für Schifffahrtgesellschaften das Datum der Begutachtung der Schiffe und von wem sie durchgeführt wurde, sämtliche Einzelheiten, die für die Bewertung der Schiffe von Bedeutung sind (z. B. die Bewertungsmethode), eine Einzelaufstellung der Schiffe, deren Refinanzierung durch die Emission von Wertpapieren erfolgt, das Datum der Anfertigung des Bewertungsgutachtens hinsichtlich jedes einzelnen Schiffes, wenn dieses Datum nicht länger als ein Jahr vor Veröffentlichung des Prospektes zurückliegt einschließlich einer Bestätigung des Emittenten, dass es zu keinen materiellen Änderungen in den Bewertungsgrundlagen seit dem Datum der Anfertigung des Bewertungsgutachtens für das einzelne Schiff gekommen ist, die Angabe des im letzten Jahresabschluss des Emittenten ausgewiesenen Spiegelbetrages desselben Schiffes einschließlich einer Erläuterung der Unterschiede in den jeweils ausgewiesenen Wertansätzen sowie das Datum der Fertigstellung des Bewertungsberichts[18]; eines verkürzten Bewertungsberichtes bedarf es nicht, wenn die Emission nicht zur Refinanzierung der Anschaffung oder Charter eines oder mehrerer neuer Schiffe dient, für diese Schiffe keine Neubewertung im Hinblick auf die Emission vorgenommen wurde und hervorgehoben wird, dass die für die Schiffe ausgewiesenen Wertansätze den Anschaffungs- oder Charterkosten entsprechen.[19]

27 Startup-Unternehmen können einen Bewertungsbericht über die von dem Unternehmen erbrachten Dienstleistungen oder die von ihm hergestellten Produkte in den Prospekt aufnehmen; der Emittent hat insoweit ein Wahlrecht. Der Bewertungsbericht muss von einem unabhängigen Sachverständigen erstellt werden.[20]

28 Ein Emittent, der noch nicht während des gesamten der Emission vorangehenden Zeitraumes von drei Jahren als Bergbaugesellschaft i. S. d. Anh. XIX EU-ProspV zu qualifizieren ist, muss einen Sachverständigenbericht über die von Bergbaugesellschaften in den Prospekt aufzunehmenden besonderen Angaben anfertigen lassen. In der Empfehlung von CESR werden keine Angaben zum Inhalt des Sachverständigenberichts gemacht. Nach der Empfehlung ist der Inhalt dieses Berichts einschließlich der Angemessenheit der in dem Bericht verwendeten Erläuterungen mit der zuständigen Behörde abzustimmen.[21] Im Gegensatz zu den für Immobilien- und Schifffahrtgesellschaf-

---

17 *CESR*, recommendations, Ref: CESR/05-054b, Tz. 130.
18 *CESR*, recommendations, Ref: CESR/05-054b, Tz. 144.
19 *CESR*, recommendations, Ref: CESR/05-054b, Tz. 145.
20 *CESR*, recommendations, Ref: CESR/05-054b, Tz. 139.
21 *CESR*, recommendations, Ref: CESR/05-054b, Tz. 133.

ten anzufertigenden Bewertungsberichten darf der Sachverständigenbericht nicht in verkürzter Form erstellt werden.[22]

c) Sachverständiger

Nach den Empfehlungen von CESR müssen die Berichte von einem unabhängigen und erfahrenen Sachverständigen erstellt werden.[23] Spezifische Angaben zur Unabhängigkeit oder Qualifikation des Sachverständigen machen die Empfehlungen nicht. Ausgehend vom Wortlaut von Abs. 1 Unterabs. 1 muss es sich nicht um einen Abschlussprüfer oder Buchprüfer handeln. Von einer hinreichenden Berufserfahrung wird man ausgehen dürfen, wenn der Sachverständige über mehr als zwei Jahre an Erfahrung bei der Bewertung der jeweiligen spezifischen Vermögensgegenstände als nach seinen anerkannten berufsständischen Grundsätzen qualifizierter Sachverständiger verfügt. Anhaltspunkt für die Unabhängigkeit des Sachverständigen können die Empfehlungen zum „materiellen Interesse" eines Sachverständigen an einem Emittenten sein, auf das ein Sachverständiger in Stellungnahmen bezüglich dieses Emittenten in bestimmten Dokumenten hinzuweisen hat.[24] Ein Sachverständiger ist dann nicht unabhängig vom Emittenten, wenn er ein materielles Interesse an diesem hat. Ein solches liegt vor, wenn der Sachverständige Wertpapiere des Emittenten oder eines anderen konzernzugehörigen Unternehmens oder Optionsrechte zum Erwerb solcher Wertpapiere hält, von dem Emittenten aus früheren Tätigkeiten für ihn Vergütungen erhalten hat, einem der Organe des Emittenten angehört, vertragliche Beziehungen zu den in das Angebot oder die Zulassung eingebundenen Finanzintermediären unterhält oder andere Umstände vorliegen, die für ein materielles Interesse an dem Emittenten sprechen.

29

4. Ermessen

Die Ausübung der Befugnis nach Abs. 1, die Aufnahme zusätzlicher Angaben in den Prospekt zu verlangen, ist grundsätzlich in das Ermessen der Behörde gestellt. Bei der Ausübung des Ermessens hat die Behörde jedoch insbesondere die von CESR veröffentlichten Empfehlungen zur Anwendung der EU-ProspV zu beachten, die eine EU-weit einheitliche Anwendung der EU-ProspV gewährleisten sollen. Die Empfehlungen enthalten einen ausführlichen Katalog, welche Angaben regelmäßig von den in Anh. XIX EU-ProspV genannten Unternehmen in den Prospekt aufgenommen werden müssen.[25] Wo die Empfehlung nicht ausdrücklich der Behörde einen Ermessensspielraum eröffnet, ist das Ermessen durch die Selbstverpflichtung der Behörde zur Beachtung der Empfehlung daher eingeschränkt. Nach der

30

---

22 Es fehlt insoweit an einer für Immobilien- und Schifffahrtgesellschaften geltenden entsprechenden Regelung, s. *CESR*, recommendations, Ref: CESR/05-054b, Tz. 133 im Vergleich zu Tz. 128 und 143.
23 *CESR*, recommendations, Ref: CESR/05-054b, Tz. 130, 144.
24 *CESR*, recommendations, Ref: CESR/05-054b, Tz. 156 ff.
25 *CESR*, recommendations, Ref: CESR/05-054b, Tz. 128 ff.

Empfehlung hat die Behörde insbesondere einen Ermessensspielraum bei der inhaltlichen Gestaltung des von einer Bergbaugesellschaft anzufertigenden Sachverständigenberichts, dessen Inhalt mit der zuständigen Behörde abzustimmen ist.[26] Ermessensleitend kann außerdem die Angemessenheit der aufzunehmenden Angaben sein.[27]

5. Verhältnis zu anderen Vorschriften

31 Unberührt von dem Ergänzungsverlangen nach Abs. 1 bleiben die teilweise durch Art. 22 Abs. 1 Unterabs. 2 eingeschränkten Befugnisse der Behörde nach Art. 3 Abs. 1, nach dem die Behörde nur die Aufnahme der in den Anh. I bis XVII EU-ProspV genannten Informationsbestandteile in den Prospekt verlangen kann. Bei der Ausübung des Ermessens[28] ist außerdem Abs. 4[29] zu beachten, nach dem Informationsbestandteile nicht in den Prospekt aufgenommen werden zu brauchen, wenn die Aufnahme nicht angemessen ist.

II. Anpassung der Prospektangaben bei vergleichbaren Wertpapieren

32 Abs. 2 sieht eine Anpassung von Prospektangaben in den Fällen vor, in denen ein Emittent, ein Anbieter oder eine Person, die die Zulassung von Wertpapieren zum Handel auf einem geregelten Markt beantragt hat, die Billigung eines Prospekts oder eines Basisprospekts für ein Wertpapier ersucht, das zwar nicht mit den in der EU-ProspV genannten Arten von Wertpapieren identisch, aber mit den in der Kombinationsübersicht von Anh. XVIII EU-ProspV genannten Wertpapieren vergleichbar ist. Von Abs. 2 werden Finanzinnovationen erfasst, auf die die Anforderungen der EU-ProspVO im Hinblick auf die in den Prospekt aufzunehmenden Informationsbestandteile teilweise nicht angewendet werden können.

III. Anpassung der Prospektangaben bei neuen Arten von Wertpapieren

33 Abs. 3 betrifft die Fälle, in denen ein Emittent, ein Anbieter oder eine Person, die die Zulassung von Wertpapieren zum Handel auf einem geregelten Markt beantragt hat, die Billigung eines Prospekts oder eines Basisprospekts für eine neue Art von Wertpapier ersucht. Die Vorschrift hat einen Ausnahmecharakter. Eine neue Art von Wertpapieren liegt nur vor, wenn sich diese Wertpapiere in ihren Merkmalen völlig von den anderen Arten von Wertpapieren unterscheiden, die in Anh. XVIII EU-ProspV genannt werden, und

---

26 Vgl. *CESR*, recommendations, Ref: CESR/05-054b, Tz. 133.
27 Siehe Rn. 34.
28 Siehe Rn. 30.
29 Siehe unten Rn. 34.

diese Merkmale dergestalt sind, dass eine Kombination der verschiedenen Informationsbestandteile der in Artt. 4 bis 20 genannten Schemata und Module nicht angemessen ist. Von Abs. 3 werden Finanzinnovationen aufgrund neuer Marktentwicklungen erfasst, auf die die Anforderungen der EU-ProspV im Hinblick auf die in den Prospekt aufzunehmenden Informationsbestandteile ganz überwiegend nicht angewendet werden können. Die Vorschrift ermöglicht in diesen Fällen eine entsprechend individualisierte Anpassung des Prospektes. Die Anpassung der Prospektangaben erfolgt auf Basis einer Einzelfallbetrachtung. Die vorgenannten Personen haben zunächst der Behörde den Entwurf des Prospekts oder des Basisprospekts zu übermitteln. Die Behörde befindet dann im Einvernehmen mit den vorgenannten Personen, welche Angaben in den Prospekt bzw. den Basisprospekt aufzunehmen sind. Maßstab für diese Einzelfallentscheidung sind die Transparenzanforderungen des Art. 5 Abs. 1 EU-ProspRL, nach denen der Prospekt sämtliche Angaben enthalten muss, die entsprechend den Merkmalen des Emittenten und der öffentlich angebotenen bzw. zum Handel an dem geregelten Markt zugelassenen Wertpapiere erforderlich sind, damit sich die Anleger ein fundiertes Urteil über die Vermögenswerte und Verbindlichkeiten, die Finanzlage, die Gewinne und Verluste, die Zukunftsaussichten des Emittenten und jedes Garantiegebers sowie über die mit diesen Wertpapieren verbundenen Rechte bilden können.

IV. Keine Aufnahme von Angaben wegen fehlender Angemessenheit

Nach Abs. 4 brauchen Angaben, wenn sie zwar zu den Informationsbestandteilen nach den Artt. 4 bis 20 EU-ProspV gehören, nicht in den Prospekt aufgenommen zu werden, wenn die Aufnahme für den Emittenten, den Anbieter oder für die Wertpapiere, für die der Prospekt erstellt wurde, nicht angemessen ist. Die Vorschrift gilt für alle Emittenten unabhängig davon, ob sie zu den in Anh. XIX EU-ProspV genannten Unternehmen zu rechnen oder Abs. 2 und 3 auf sie anwendbar sind. Nach Erwägungsgrund 24 der EU-ProspV können bestimmte Informationsbestandteile, die in den Schemata und Modulen gefordert werden, oder gleichwertige Informationsbestandteile für ein bestimmtes Wertpapier nicht relevant sein. Diese Schemata und Module können daher in diesen Fällen ganz oder teilweise nicht anwendbar sein. In diesen Fällen soll der Emittent die Möglichkeit haben, auf diesegeforderten Angaben ganz oder teilweise zu verzichten. Die fehlende Relevanz muss jedoch offensichtlich sein. Insoweit handelt es sich um kritisch zu würdigende, auf derartige Einzelfälle begrenzte Ausnahmen. Zu einer Umkehr des Regelverhältnisses, dass grundsätzlich alle in den Schemata oder Modulen geforderten Informationsbestandteile gemäß Artt. 4 bis 20 EU-ProspV oder gleichwertigen Angaben in den Prospekt aufgenommen werden müssen, darf es nicht kommen. 34

Anh. XIX EU-ProspV
Verzeichnis bestimmter Kategorien von Emittenten

- Immobiliengesellschaften
- Bergbaugesellschaften
- Investmentgesellschaften
- In der wissenschaftlichen Forschung tätige Gesellschaften
- Seit weniger als drei Jahren bestehende Gesellschaften (Startups)
- Schifffahrtgesellschaften

Annex XIX
List of specialist issuers

- Property companies
- Mineral companies
- Investment companies
- Scientific research based companies
- Companies with less than three years of existence (start-up companies)
- Shipping companies

Inhalt

	Rn.		Rn.
I. Immobiliengesellschaften	2	V. Seit weniger als drei Jahren bestehende Gesellschaften (Startups)	8
II. Bergbaugesellschaften	3		
III. Investmentgesellschaften	5		
IV. In der wissenschaftlichen Forschung tätige Gesellschaften	7	VI. Schifffahrtgesellschaften	10

1 Anh. XIX EU-ProspV enthält eine Liste bestimmter Unternehmenskategorien, für die nach Art. 23 EU-ProspV Anpassungen an die Mindestangaben im Prospekt und im Basisprospekt vorgenommen werden müssen. Ist der Unternehmensgegenstand des Emittenten einer dieser Kategorien zuzuordnen, müssen aufgrund der besonderen Art dieser Tätigkeiten zusätzlich zu den Informationsbestandteilen der in den Artt. 4 bis 20 EU-ProspV genannten Module und Schemata besondere Angaben sowie gegebenenfalls eine Bewertung des Vermögens des Emittenten oder ein diesbezüglicher Bericht eines anderen Sachverständigen in den Prospekt aufgenommen werden. Nach Art. 23 Abs. 1 Unterabs. 2 EU-ProspV kann die Liste auf einen entsprechenden an die EU-Kommission zu richtenden Antrag eines Mitgliedstaates erweitert werden.

I. Immobiliengesellschaften

Als Immobiliengesellschaften in Betracht kommen vor allem sowohl REITs und Immobilien-Aktiengesellschaften als auch geschlossene Immobilienfonds, wenn die Anteile an diesen Fonds als Wertpapiere zu qualifizieren sind. Tatsächliches oder geplantes Kerngeschäft einer Immobiliengesellschaft muss das unmittelbare oder mittelbare Halten von Immobilien einschließlich ihrer Bestandsentwicklung zur dauerhaften Vermietung oder für andere Investmentzwecke sein. Unter „Immobilien" sind Grundeigentum, Erbbaurechte, Miet- oder Pachtbesitz oder gleichartige Rechte zu verstehen.[1]

2

II. Bergbaugesellschaften

Der in der deutschsprachigen Fassung der EU-ProspV verwendete Begriff „Bergbaugesellschaften" ist zu eng gefasst. Die englischsprachige Fassung verwendet den Begriff „Mineral Companies". Bei diesen Gesellschaften handelt es sich um solche, deren tatsächliche oder geplante Haupttätigkeit der gewerbsmäßige Abbau von Bodenschätzen ist. Der Begriff „Abbau" ist weit zu verstehen. Hierunter fallen sowohl der Bergbau, die Produktion und der Abbruch einschließlich vergleichbare Tätigkeiten sowie die Aufbereitung von Minenabraum und sonstiger Abbruchmassen. Der Begriff „Bodenschätze" umfasst metallische und nicht-metallische Erze, mineralische Konzentrate, industrielle Minerale, Aggregate, mineralische Öle, Naturgas, Hydrocarbonate und Festbrennstoffe einschließlich Kohle.[2]

3

Emittenten, die lediglich Bodenschätze erkunden, ohne ihren Abbau auf gewerbsmäßiger Grundlage zu planen oder zu betreiben, werden nicht als Bergbaugesellschaften angesehen.[3]

4

III. Investmentgesellschaften

Als Investmentgesellschaft sind gewerblich geprägte Investmentfonds in Form des Gesellschaftstyps anzusehen, deren ausschließlicher oder ganz überwiegender Zweck es ist, ihre Mittel zur Vermögensverwaltung nach dem Grundsatz der Risikostreuung in unterschiedlichen Vermögensgegenständen anzulegen. Investmentgesellschaften i.S.d der Richtlinie 85/611/EWG[4] kommen hier jedoch nicht in Betracht[5]; bei ihnen handelt es sich um

5

---

1 *CESR*, recommendations, Ref: CESR/05-054b, Tz. 129.
2 *CESR*, recommendations, Ref: CESR/05-054b, Tz. 131.
3 *CESR*, recommendations, Ref: CESR/05-054b, *Tz. 131.*
4 Richtlinie 85/611/EWG des Rates vom 20.12.1985 zur Koordinierung der Rechts- und Verwaltungsvorschriften betreffend bestimmte Organismen für gemeinsame Anlagen in Wertpapieren (OGAW) (Abl. EG Nr. L 375, S. 3), zuletzt geändert durch Art. 9 der Richtlinie 2005/1/EG des Europäischen Parlaments und des Rates vom 09.03.2005 (Abl. EG Nr. L 79, S. 9).
5 Vgl. Art. 1 Abs. 3 der Richtlinie 85/611/EWG vom 20.12.1985.

regulierte sog. offene Investmentfonds. Eine Investmentgesellschaft i.S.d dieser Richtlinie muss Prospekte nach den besonderen Vorgaben dieser Richtlinie erstellen[6], die insoweit als leges speciales gegenüber der EU-ProspRL anzusehen sind. In Betracht kommen also nur offene Investmentfonds, die nicht in den Anwendungsbereich dieser Richtlinie fallen, oder geschlossene Investmentfonds – jeweils in Form des Gesellschaftstyps –, wenn auf diese hinsichtlich der Transparenzanforderungen kein als lex specialis anzusehendes Sonderregime anzuwenden ist.

6 Holding-Unternehmen und Zweckgesellschaften i.S.d. Art. 2 Abs. 4 der EU-ProspV gehören nicht zu den Investmentgesellschaften.

IV. In der wissenschaftlichen Forschung tätige Gesellschaften

7 Die Haupttätigkeit einer in der wissenschaftlichen Forschung tätigen Gesellschaft muss in der laborgestützten Forschung und Entwicklung chemischer oder biologischer Produkte oder Prozesse liegen. Pharmaunternehmen und solche, die unter den zuvor genannten Voraussetzungen im Bereich der wissenschaftliche Diagnostik und der agrarwirtschaftlichen Forschung tätig sind, werden diesen Gesellschaften zugerechnet.[7]

V. Seit weniger als drei Jahren bestehende Gesellschaften (Startups)

8 Das Startup-Unternehmen muss weniger als drei Jahre existieren. Für den Beginn der Existenz ist nicht auf einen rechtsförmlichen Akt wie beispielsweise die Feststellung der Satzung oder die Eintragung in ein Handels- oder Gewerberegister, sondern die tatsächliche Aufnahme der Hauptgeschäftstätigkeit abzustellen. Zu den Startups gehören jedoch auch solche Unternehmen, die ihren Geschäftsgegenstand oder ihre Hauptgeschäftstätigkeit innerhalb der letzten drei Jahre vollständig geändert haben.[8] Auf die Branchenzugehörigkeit der Startups kommt es nicht an.

9 Nicht zu den Startup-Unternehmen zählen Holding-Gesellschaften und Zweckgesellschaften i.S.d. Art. 2 Abs. 4 der EU-ProspV.[9]

VI. Schifffahrtgesellschaften

10 Schifffahrtgesellschaften sind Unternehmen, deren Kerngeschäft sich auf die Meeresschifffahrt bezieht und die hierzu die Nutzung von Fracht- oder Passagierschiffen als unmittelbare oder mittelbare rechtliche oder wirtschaftliche Eigentümer verwalten.[10]

---

6 Vgl. Art. 27 Abs. 1 Richtlinie 85/611/EWG.
7 *CESR*, recommendations, Ref: CESR/05-054b, Tz. 134.
8 *CESR*, recommendations, Ref: CESR/05-054b, Tz. 136.
9 *CESR*, recommendations, Ref: CESR/05-054b, *Tz. 136*.
10 *CESR*, recommendations, Ref: CESR/05-054b, Tz. 141.

§ 22
Verschwiegenheitspflicht

(1) Die bei der Bundesanstalt Beschäftigten und die nach § 4 Abs. 3 des Finanzdienstleistungsaufsichtsgesetzes beauftragten Personen dürfen die ihnen bei ihrer Tätigkeit bekannt gewordenen Tatsachen, deren Geheimhaltung im Interesse eines nach diesem Gesetz Verpflichteten oder eines Dritten liegt, insbesondere Geschäfts- und Betriebsgeheimnisse sowie personenbezogene Daten, nicht unbefugt offenbaren oder verwerten, auch wenn sie nicht mehr im Dienst sind oder ihre Tätigkeit beendet ist. Dies gilt auch für andere Personen, die durch dienstliche Berichterstattung Kenntnis von den in Satz 1 bezeichneten Tatsachen erhalten. Ein unbefugtes Offenbaren oder Verwerten im Sinne des Satzes 1 liegt insbesondere nicht vor, wenn Tatsachen weitergegeben werden an

1. Strafverfolgungsbehörden oder für Straf- und Bußgeldsachen zuständige Gerichte,
2. kraft Gesetzes oder im öffentlichen Auftrag mit der Überwachung von Börsen oder anderen Märkten, an denen Finanzinstrumente gehandelt werden, des Handels mit Finanzinstrumenten oder Devisen, von Kreditinstituten, Finanzdienstleistungsinstituten, Investmentgesellschaften, Finanzunternehmen oder Versicherungsunternehmen betraute Stellen sowie von diesen beauftragte Personen,

soweit diese Stellen die Informationen zur Erfüllung ihrer Aufgaben benötigen. Für die bei diesen Stellen beschäftigten Personen gilt die Verschwiegenheitspflicht nach Satz 1 entsprechend. An eine Stelle eines anderen Staates dürfen die Tatsachen nur weitergegeben werden, wenn diese Stelle und die von ihr beauftragten Personen einer dem Satz 1 entsprechenden Verschwiegenheitspflicht unterliegen.

(2) Die §§ 93, 97 und 105 Abs. 1, § 111 Abs. 5 in Verbindung mit § 105 Abs. 1 sowie § 116 Abs. 1 der Abgabenordnung gelten nicht für die in Absatz 1 Satz 1 oder 2 genannten Personen, soweit sie zur Durchführung dieses Gesetzes tätig werden. Sie finden Anwendung, soweit die Finanzbehörden die Kenntnisse für die Durchführung eines Verfahrens wegen einer Steuerstraftat sowie eines damit zusammenhängenden Besteuerungsverfahrens benötigen, an deren Verfolgung ein zwingendes öffentliches Interesse besteht, und nicht Tatsachen betroffen sind, die den in Absatz 1 Satz 1 oder 2 bezeichneten Personen durch eine Stelle eines anderen Staates im Sinne des Absatzes 1 Satz 3 Nr. 2 oder durch von dieser Stelle beauftragte Personen mitgeteilt worden sind.

Inhalt

	Rn.		Rn.
I. Grundlagen	1	IV. Auskünfte gegenüber Finanzbehörden	7
II. Normadressat	2		
III. Inhalt und Umfang der Verschwiegenheitspflicht und des Verwertungsverbotes	3		

I. Grundlagen

1   Gemeinschaftsrechtliche Grundlage des § 22 WpPG ist Art. 22 Abs. 1 der EU-ProspRL. Die Bestimmung entspricht den üblichen Regelungen zur Verschwiegenheitspflicht (z.B. § 9 KWG, § 8 WpHG, § 9 WpÜG, § 10 BörsG, § 8k VerkaufsprospektG) und enthält keine von diesen Regelungen grundsätzlich abweichenden Besonderheiten. Die Vorschrift ordnet sowohl eine Verschwiegenheitspflicht als auch ein Verwertungsverbot hinsichtlich von Tatsachen an, deren Geheimhaltung im Interesse eines nach dem WpPG Verpflichteten oder eines Dritten liegt, insbesondere hinsichtlich Geschäfts- und Betriebsgeheimnissen sowie personenbezogener Daten. Die besondere gesetzliche Anordnung einer Verschwiegenheitspflicht und eines Verwertungsverbotes ist notwendig, um das erforderliche Vertrauen in die Integrität der Aufsichtspraxis und eine entsprechende Kooperationsbereitschaft der Beaufsichtigten sicherzustellen.[1]

II. Normadressat

2   Die Vorschrift richtet sich in erster Linie an die bei der Bundesanstalt Beschäftigten sowie diejenigen Personen, derer sich die Bundesanstalt nach § 4 Abs. 3 FinDAG zur Durchführung ihrer Aufgaben bedient, sowie an Personen, die durch dienstliche Berichterstattung Kenntnis von den von der Verschwiegenheitspflicht und dem Verwertungsverbot erfassten Tatsachen erhalten. Adressaten sind jedoch auch Personen, die bei Strafverfolgungsbehörden oder für Straf- und Bußgeldsachen zuständigen Gerichte oder bei Stellen beschäftigt oder von ihnen beauftragt sind, die kraft Gesetzes oder im öffentlichen Auftrag mit der Überwachung von Börsen oder anderen Märkten, an denen Finanzinstrumente gehandelt werden, des Handels mit Finanzinstrumenten oder Devisen, von Kreditinstituten, Finanzdienstleistungsinstituten, Investmentgesellschaften, Finanzunternehmen oder Versicherungsunternehmen betraut sind. Die Auferlegung einer Verschwiegenheitspflicht und eines Verwertungsverbotes für Personen, die durch dienstliche Berichterstattung Kenntnis von relevanten Tatsachen erlangen oder die bei Strafverfolgungsbehörden, für Straf- und Bußgeldsachen zuständigen Gerichten oder mit der Überwachung betrauten Stellen beschäftigt sind, ist zumindest in den Fällen klarstellender Natur, in denen diese Personen bereits nach den für diese Institutionen geltenden Gesetzen einer Verschwiegenheitspflicht und einem Verwertungsverbot unterworfen sind (z.B. § 10 BörsG). Auf den Beschäftigungsstatus (z.B. Beamter, Richter, Angestellter oder Arbeiter) kommt es ebenso wenig an wie auf die Umstände der Beschäftigung im Einzelfall (z.B. Tätigkeit am Dienstsitz, Abordnung oder Dienstreise).[2] Personen, die durch dienstliche Berichterstattung Kenntnis von den der Verschwiegenheitspflicht und dem Verwertungsverbot unterworfenen Tatsachen erhalten, sind nicht nur diejenigen, die für die Rechts- und

---

1   *Dreyling*, in: Assmann/Schneider, WpHG, § 9 Rn. 2 m.w.N.
2   *Ritz*, in: Baums/Thoma, WpÜG, § 9 Rn. 3; *Beck*, in: Schwark, KapMRK, § 8 WpHG Rn. 2.

Fachaufsicht gem. § 2 FinDAG im Bundesministerium der Finanzen zuständig sind, sondern auch solche, die anlässlich der dienstlichen Berichterstattung Kenntnis von diesen Tatsachen erhalten (z. B. Boten).

III. Inhalt und Umfang der Verschwiegenheitspflicht und des Verwertungsverbotes

Verschwiegenheitpflicht und Verwertungsverbot erstrecken sich auf alle Tatsachen, die dem Normadressaten bei seiner Tätigkeit bekannt geworden sind und deren Geheimhaltung im Interesse eines nach dem WpPG Verpflichteten oder eines Dritten liegt, insbesondere Geschäfts- und Betriebsgeheimnisse sowie personenbezogene Daten. Als Tatsachen gelten allgemein alle gegenwärtigen oder vergangenen Verhältnisse, Zustände oder Geschehnisse, die äußerlich wahrgenommen werden können.[3] Hierzu zählen nicht Rechtsfragen oder subjektive Einschätzungen.[4] An den Tatsachen muss ein Geheimhaltungsinteresse eines nach dem WpPG Verpflichteten (Emittent, Anbieter oder Zulassungsantragsteller i. S. d. § 2 Nr. 9 bis 11 WpPG) oder eines Dritten bestehen. Ob ein schützenswertes Geheimhaltungsinteresse vorliegt, ist anhand einer Abwägung aller Umstände unter Berücksichtigung der Verkehrsanschauung zu bestimmen.[5] Es muss sich um Tatsachen handeln, deren Weitergabe an Außenstehende unter Berücksichtigung der Verkehrsauffassung und aus der Sicht eines objektiven Dritten nicht ohne Zustimmung des Betroffenen erfolgen darf.[6] Beispielhaft genannt sind Geschäfts- und Betriebsgeheimnisse. Ein berechtigtes Interesse an der Geheimhaltung kommt insbesondere dann in Betracht, wenn es sich bei den Tatsachen um Informationen aus dem Bereich Finanzen, Personal, Forschung und Entwicklung, Patente und Lizenzen, strategische Ziele oder zukünftige Geschäftsausrichtung handelt. Geschützt sind auch die geschäftlichen und privaten Geheimnisse der Anleger der Wertpapiere, mit denen die Bundesanstalt im Rahmen ihrer Aufsichtstätigkeit in Kontakt steht[7]. Sind die Daten von dem Betroffenen selbst, mit dessen Zustimmung oder unter dessen bewusster Mitwirkung öffentlich zugänglich gemacht worden, liegt ein schützenswertes Geheimhaltungsinteresse nicht vor. Verschwiegenheitspflicht und Verwertungsverbot schließen insbesondere Stellungnahmen zu, aber auch Verbreitungen oder Verwertungen von Tatsachen ein, die zwar öffentlich zugänglich gemacht wurden, jedoch ohne Zustimmung oder bewusster Mitwirkung des Betroffenen.

3

Verschwiegenheitspflicht und Verwertungsverbot umfassen das unbefugte Offenbaren oder die Verwertung von Tatsachen. Offenbaren stellt jede Form der Weitergabe an oder Nutzbarmachung durch Dritte dar unabhängig von der Art und Weise der Weitergabe oder Nutzbarmachung. Erfasst werden die

4

---

3 *Beck*, in: Schwark, KapMRK, § 8 WpHG Rn. 5.
4 *Lenz*, in: Assmann/Lenz/Ritz, VerkProspG, § 8 c Rn. 5.
5 *Ritz*, in: Baums/Thoma, WpÜG, § 9 Rn. 8 m. w. N.
6 *Ritz*, in: Baums/Thoma, WpÜG, § 9 Rn. 8 m. w. N.
7 *Dreyling*, in: Assmann/Schneider, WpHG, § 9 Rn. 2.

mündliche Kundgebung von Tatsachen, die Weiterleitung von Schriftstücken, elektronischer Datenträger oder elektronischer Informationen sowie das Zugänglichmachen dieser Schriftstücke, Datenträger oder Informationen. Eine Verwertung liegt vor, wenn die Tatsachen bewusst zum eigenen Vorteil oder Vorteil eines Dritten verwendet werden.[8]

5 Ein Verstoß gegen die Verschwiegenheitspflicht und das Verwertungsverbot liegt dann nicht vor, wenn die Tatsachen befugt offenbart oder verwertet werden. Abs. 1 enthält hierfür nicht abschließende Regelbeispiele.[9] Ein befugtes Offenbaren oder Verwerten liegt insbesondere dann vor, wenn Tatsachen an Strafverfolgungsbehörden, an für Straf- und Bußgeldsachen zuständige Gerichte oder an kraft Gesetzes oder im öffentlichen Auftrag mit der Überwachung von Börsen oder anderen Märkten, an denen Finanzinstrumente gehandelt werden, des Handels mit Finanzinstrumenten oder Devisen, von Kreditinstituten, Finanzdienstleistungsinstituten, Investmentgesellschaften, Finanzunternehmen oder Versicherungsunternehmen betraute Stellen sowie von diesen beauftragte Personen weitergegeben werden.[10] Dies gilt jedoch nur dann, soweit diese Stellen die Informationen zur Erfüllung ihrer Aufgaben benötigen. Ein entsprechendes Ersuchen der Strafverfolgungsbehörden, für Straf- und Bußgeldsachen zuständigen Gerichte oder der für die Überwachung betrauten Stellen an die Bundesanstalt ist nicht Voraussetzung für die Weitergabe der Tatsachen. Der Weitergebende muss jedoch in eigener Verantwortung ausgerichtet am Zweck der Norm selbst überprüfen, ob die vorgenannten Stellen die Informationen zur Erfüllung ihrer Aufgaben benötigen. Insoweit besteht ein Beurteilungsspielraum. Die Benötigung der Informationen zur Erfüllung der Aufgaben muss nahe liegend sein. Denn ob diese Stellen die Informationen zur Erfüllung ihrer Aufgaben tatsächlich benötigen, wird letztlich von der jeweiligen Stelle innerhalb des ihr zugewiesenen Zuständigkeits- und Aufgabenbereiches selbst und nicht von der Bundesanstalt überprüft und entschieden. Ein Verstoß gegen die Verschwiegenheitspflicht liegt daher nicht vor, wenn sich nach einer Überprüfung des Weitergebenden einerseits sowie der empfangenden Stelle andererseits herausstellt, dass diese Stelle die Informationen zur Erfüllung ihrer Aufgaben tatsächlich nicht benötigt, z.B. weil die Informationen für die Sachverhaltsermittlung im konkreten Fall von untergeordneter Bedeutung sind.

6 Ein Offenbaren kann auch aufgrund der Beachtung von Landespressegesetzen gerechtfertigt sein. Das Landespresserecht kann vorsehen, dass eine Behörde zur Erteilung von Auskünften grundsätzlich verpflichtet ist und eine Auskunft nur verweigert werden kann, wenn durch die Auskunft die sachgemäße Durchführung eines straf- oder dienststrafgerichtlichen Verfahrens vereitelt, erschwert, verzögert oder gefährdet werden könnte und an der öffentlichen Bekanntgabe persönlicher Angelegenheiten Einzelner kein berechtigtes Interesse besteht. Insoweit bedarf es einer Güterabwägung zwi-

---

8 *Ritz*, in: Baums/Thoma, WpÜG, § 9 Rn. 8 m.w.N.
9 *Linke*, in: Schäfer/Hamann, KapMG, § 22 WpPG, Rn. 6.
10 Vgl. z.B. § 21 Abs. 5 WpPG.

schen dem Interesse an der unbeeinträchtigten Durchführung eines rechtsstaatlichen Verfahrens und dem Recht auf informationelle Selbstbestimmung einerseits sowie dem öffentlichen Interesse an Information und Sachverhaltsaufklärung andererseits. Die Erteilung einer entsprechenden Auskunft dürfte daher regelmäßig nur dann in Betracht kommen, wenn persönliche Belange Einzelner nicht berührt sind.[11]

IV. Auskünfte gegenüber Finanzbehörden

Abs. 2 regelt, dass bestimmte, nach der Abgabenordnung grundsätzlich von Behörden und Beamten gegenüber den Finanzbehörden bestehende Auskunfts- (§ 93 AO), Vorlage- (§ 97 AO) und Anzeigepflichten (§§ 111 Abs. 5, 105 Abs. 1, 116 Abs. 1 AO) für die in Abs. 1 Satz 1 oder 2 genannten Personen im Regelfall nicht gelten, soweit diese Personen zur Durchführung des WpPG tätig werden. Das öffentliche Interesse an einer gleichmäßigen Besteuerung tritt insoweit gegenüber einer effektiven Verfolgung der Aufsichtsziele des WpPG zurück.[12] Die vorgenannten Pflichten leben nur noch in Ausnahmefällen auf, soweit die Finanzbehörden die Kenntnisse für die Durchführung eines Verfahrens wegen einer Steuerstraftat sowie eines damit zusammenhängenden Besteuerungsverfahrens benötigen, an deren Verfolgung ein zwingendes öffentliches Interesse besteht, und nicht Tatsachen betroffen sind, die den in Abs. 1 Satz 1 oder 2 bezeichneten Personen durch eine Stelle eines anderen Staates i.S.d. Abs. 1 Satz 3 Nr. 2 oder durch von dieser Stelle beauftragte Personen mitgeteilt worden sind. In Anlehnung an die in § 30 Abs. 4 Nr. 5 AO genannten Fallgruppen[13] ist von einem zwingenden öffentlichen Interesse nur bei Vorliegen schwerwiegender Gründe auszugehen wenn Gefahr besteht, dass im Falle des Unterlassens des Offenbarens schwere Nachteile für das allgemeine Wohl eintreten.[14] Die Beschränkung der Weitergabe auf solche Tatsachen, die nicht durch eine Stelle eines anderen Staates i.S.d. Abs. 1 Satz 3 Nr. 2 oder durch von dieser Stelle beauftragte Personen mitgeteilt worden sind, trägt dem Umstand Rechnung,

7

---

11 *Dreyling*, in: Assmann/Schneider, WpHG, § 9 Rn. 22.
12 Vgl. auch RegBegr. RegE WpÜG, BT-Drucks. 14/7034, S. 38.
13 Nach § 30 Abs. 4 Nr. 5 AO ist ein zwingendes öffentliches Interesse namentlich gegeben, wenn
   a) Verbrechen und vorsätzliche schwere Vergehen gegen Leib und Leben oder gegen den Staat und seine Einrichtungen verfolgt werden oder verfolgt werden sollen,
   b) Wirtschaftsstraftaten verfolgt werden oder verfolgt werden sollen, die nach ihrer Begehungsweise oder wegen des Umfangs des durch sie verursachten Schadens geeignet sind, die wirtschaftliche Ordnung erheblich zu stören oder das Vertrauen der Allgemeinheit auf die Redlichkeit des geschäftlichen Verkehrs oder auf die ordnungsgemäße Arbeit der Behörden und der öffentlichen Einrichtungen erheblich zu erschüttern, oder
   c) die Offenbarung erforderlich ist zur Richtigstellung in der Öffentlichkeit verbreiteter unwahrer Tatsachen, die geeignet sind, das Vertrauen in die Verwaltung erheblich zu erschüttern.
14 *Ritz*, in: Baums/Thoma, WpÜG, § 9 Rn. 18 m.w.N.; *Beck*, in: Schwark, KapMR, § 8 WpHG Rn. 18.

dass der grenzüberschreitende Informationsaustausch regelmäßig auf die Übermittlung von Informationen zur Erfüllung von Überwachungsaufgaben nach der EU-ProspRL und für damit zusammenhängende Verwaltungs- und Gerichtsverfahren beschränkt ist.[15] Eine Verwendung der Informationen für steuerliche Zwecke kann den Informationsaustausch auf internationaler Ebene gefährden.[16] Die Beschränkung ist insoweit sachgerecht, da die von der Bundesrepublik Deutschland abgeschlossenen Doppelbesteuerungsabkommen regelmäßig eigene Bestimmungen zum Informationsaustausch und zur Amtshilfe der Finanzbehörden in Besteuerungsverfahren bei grenzüberschreitenden Sachverhalten enthalten[17], so dass die von Abs. 2 ausgeklammerten Fälle auch diese Vorschriften aufgefangen werden können.

§ 23
Zusammenarbeit mit zuständigen Stellen
in anderen Staaten des Europäischen Wirtschaftsraums

(1) Der Bundesanstalt obliegt die Zusammenarbeit mit den für die Überwachung öffentlicher Angebote oder die Zulassung von Wertpapieren an einem organisierten Markt zuständigen Stellen der anderen Staaten des Europäischen Wirtschaftsraums. Die Bundesanstalt kann im Rahmen ihrer Zusammenarbeit zum Zweck der Überwachung der Einhaltung der Bestimmungen dieses Gesetzes und entsprechender Bestimmungen der in Satz 1 genannten Staaten von allen ihr nach dem Gesetz zustehenden Befugnissen Gebrauch machen, soweit dies geeignet und erforderlich ist, einem Ersuchen der in Satz 1 genannten Stellen nachzukommen.

(2) Auf Ersuchen der in Absatz 1 Satz 1 genannten zuständigen Stellen kann die Bundesanstalt Untersuchungen durchführen und Informationen übermitteln, soweit dies für die Überwachung von organisierten Märkten sowie von Emittenten, Anbietern oder Zulassungsantragstellern oder deren Abschlussprüfern oder Geschäftsführungs- und Aufsichtsorganen nach den Vorschriften dieses Gesetzes und entsprechenden Vorschriften der in Absatz 1 genannten Staaten oder damit zusammenhängender Verwaltungs- oder Gerichtsverfahren erforderlich ist. Bei der Übermittlung von Informationen hat die Bundesanstalt den Empfänger darauf hinzuweisen, dass er unbeschadet seiner Verpflichtungen im Rahmen von Strafverfahren die übermittelten Informationen einschließlich personenbezogener Daten nur zur Erfüllung von Überwachungsaufgaben nach Satz 1 und für damit zusammenhängende Verwaltungs- und Gerichtsverfahren verwenden darf.

(3) Die Bundesanstalt kann eine Untersuchung oder die Übermittlung von Informationen verweigern, wenn

1. hierdurch die Souveränität, die Sicherheit oder die öffentliche Ordnung der Bundesrepublik Deutschland beeinträchtigt werden könnte,

---

15 Vgl. die korrespondierenden Regelungen in § 23 Abs. 2 und 4 WpPG.
16 *Ritz*, in: Baums/Thoma, WpÜG, § 9 Rn. 19 m.w.N.
17 Vgl. Art. 26 und 27 OECD-MA 2005.

2. auf Grund desselben Sachverhalts gegen die betreffenden Personen bereits ein gerichtliches Verfahren eingeleitet worden oder eine unanfechtbare Entscheidung ergangen ist oder

3. die Untersuchung oder die Übermittlung von Informationen nach dem deutschen Recht nicht zulässig ist.

(4) Die Bundesanstalt kann die in Absatz 1 Satz 1 genannten zuständigen Stellen um die Durchführung von Untersuchungen und die Übermittlung von Informationen ersuchen, die für die Erfüllung ihrer Aufgaben nach den Vorschriften dieses Gesetzes erforderlich sind, insbesondere wenn für einen Emittenten mehrere Behörden des Herkunftsstaates zuständig sind, oder wenn die Aussetzung oder Untersagung des Handels bestimmter Wertpapiere verlangt wird, die in mehreren Staaten des Europäischen Wirtschaftsraums gehandelt werden. Werden der Bundesanstalt von einer Stelle eines anderen Staates des Europäischen Wirtschaftsraums Informationen mitgeteilt, so darf sie diese unbeschadet ihrer Verpflichtungen in strafrechtlichen Angelegenheiten, die Verstöße gegen Vorschriften dieses Gesetzes zum Gegenstand haben, nur zur Erfüllung von Überwachungsaufgaben nach Absatz 2 Satz 1 und für damit zusammenhängende Verwaltungs- und Gerichtsverfahren offenbaren oder verwerten. Eine anderweitige Verwendung der Informationen ist nur mit Zustimmung der übermittelnden Stelle zulässig.

(5) Die Vorschriften des Wertpapierhandelsgesetzes über die Zusammenarbeit mit den entsprechenden zuständigen Stellen anderer Staaten sowie die Regelungen über die internationale Rechtshilfe in Strafsachen bleiben unberührt.

§ 23 WpPG hat seine EU-rechtliche Grundlage in Art. 22 Abs. 2 der EU-ProspRL. Im Gegensatz zu § 24 Abs. 1 WpPG regelt § 23 WpPG die Zusammenarbeit der Bundesanstalt mit den für die Überwachung öffentlicher Angebote oder die Zulassung von Wertpapieren an einem organisierten Markt zuständigen Stellen der anderen Staaten des Europäischen Wirtschaftsraumes und ist vor allem auf den wechselseitigen Informationsaustausch in den Fällen ausgerichtet, in denen ein Verstoß gegen Vorschriften des WpPG oder entsprechender Vorschriften der anderen Staaten noch nicht feststeht und es bei der Überwachung der Einhaltung dieser Vorschriften weiterer Sachverhaltsermittlung bedarf.

§ 23 WpPG regelt die Zusammenarbeit der Bundesanstalt mit den zuständigen Stellen der anderen Staaten ausschließlich im Hinblick auf die Sachverhaltsermittlung und anschließende Informationsübermittlung. Sachverhaltsermittlung und anschließende Informationsübermittlung sollen den jeweils zuständigen Behörden und Stellen im Vorfeld die Überprüfung ermöglichen, ob und welche Maßnahmen innerhalb ihres Zuständigkeitsbereiches zu treffen sind, um einen Einklang mit den Bestimmungen des WpPG oder den entsprechenden Vorschriften der anderen Staaten herbeizuführen. Die Gesetzesbegründung stellt ausdrücklich klar, dass eine Zusammenarbeit der

Bundesanstalt nicht erfolgt, um einheitliche Wettbewerbsbedingungen zwischen den verschiedenen Handelsplätzen sicherzustellen.[1]

3 Die Vorschrift regelt sowohl die Informationsübermittlung der Bundesanstalt an die zuständigen Stellen der anderen Staaten des Europäischen Wirtschaftsraums (Abs. 2) als auch umgekehrt das Ersuchen der Bundesanstalt um Informationsübermittlung der zuständigen Stellen anderer Staaten des Europäischen Wirtschaftsraums an die Bundesanstalt (Abs. 4). Nach § 22 Abs. 1 Satz 5 WpPG darf die Bundesanstalt die Tatsachen an eine zuständige Stelle eines anderen Staates jedoch nur weitergegeben, wenn diese Stelle und die von ihr beauftragten Personen einer dem § 22 Abs. 1 Satz 1 WpPG entsprechenden Verschwiegenheitspflicht unterliegt.

4 Zur Sachverhaltsermittlung kann die Bundesanstalt von allen ihr nach dem WpPG zustehenden Befugnissen Gebrauch machen, soweit dies geeignet und erforderlich ist, einem Ersuchen der mit den für die Überwachung öffentlicher Angebote oder die Zulassung von Wertpapieren an einem organisierten Markt zuständigen Stellen der anderen Staaten des Europäischen Wirtschaftsraums nachzukommen.

5 Sachverhaltsermittlung und Informationsübermittlung sind nur zulässig, soweit dies für die Überwachung von organisierten Märkten sowie von Emittenten, Anbietern oder Zulassungsantragstellern oder deren Abschlussprüfern oder Geschäftsführungs- und Aufsichtsorganen nach dem WpPG und entsprechenden Vorschriften anderer Staaten des Europäischen Wirtschaftsraums oder mit der Überwachung zusammenhängender Verwaltungs- oder Gerichtsverfahren erforderlich ist.

§ 24
Vorsichtsmaßnahmen

(1) Verstößt der Emittent, ein mit der Platzierung des öffentlichen Angebots beauftragtes Institut im Sinne des § 1 Abs. 1b des Kreditwesengesetzes oder ein mit der Platzierung beauftragtes nach § 53 Abs. 1 Satz 1, § 53b Abs. 1 oder 7 des Kreditwesengesetzes tätiges Unternehmen gegen § 3 Abs. 1 oder 3, die §§ 7, 9, 10, 14 bis 16, 18 oder 19 oder gegen Zulassungsfolgepflichten, kann die Bundesanstalt diese Informationen der zuständigen Behörde des Herkunftsstaates übermitteln. § 23 Abs. 3 bis 5 findet entsprechende Anwendung.

(2) Verstößt der Emittent, ein mit der Platzierung des öffentlichen Angebots beauftragtes Institut im Sinne des § 1 Abs. 1b des Kreditwesengesetzes oder ein mit der Platzierung beauftragtes nach § 53 Abs. 1 Satz 1 oder § 53b Abs. 1 Satz 1 des Kreditwesengesetzes tätiges Unternehmen trotz der von der zuständigen Behörde des Herkunftsstaates ergriffenen Maßnahmen oder weil Maßnahmen der Behörde des Herkunftsstaates unzweckmäßig sind, gegen die einschlägigen Rechts- oder Verwaltungsbestimmungen, so kann die Bundesanstalt nach vorheriger Unterrichtung der zuständigen Be-

---

1 Vgl. RegBegr EU-ProspRL-UmsetzungsG, BT-Drucks. 15/4999, S. 39.

hörde des Herkunftsstaates alle für den Schutz des Publikums erforderlichen Maßnahmen ergreifen. Die Kommission der Europäischen Gemeinschaften ist zum frühestmöglichen Zeitpunkt über derartige Maßnahmen zu unterrichten.

Inhalt

	Rn.		Rn.
I. § 24 Abs. 1 WpPG............	1	II. § 24 Abs. 2 WpPG............	6

I. § 24 Abs. 1 WpPG

Abs. 1 geht auf Art. 23 Abs. 1 der EU-ProspRL zurück. Im Gegensatz zu § 23 WpPG regelt Abs. 1 die einseitige Informationsübermittlung der Bundesanstalt an die zuständige Behörde des Herkunftsstaates in den Fällen, in denen der Verstoß eines Emittenten oder eines mit der Platzierung des öffentlichen Angebots beauftragten Instituts oder Unternehmens gegen bestimmte Vorschriften des WpPG oder gegen Zulassungsfolgepflichten feststeht, ohne dass der Informationsübermittlung ein entsprechendes Ersuchen der zuständigen Behörde des Herkunftsstaates vorangegangen ist.   1

Abs. 1 kommt nur zur Anwendung, soweit in einem anderen Gesetz (z.B. WpHG) keine abschließenden Regelungen getroffen wurden.[1] Eine Zusammenarbeit kommt dann nur nach den Vorschriften jenes Gesetzes in Betracht, nicht jedoch nach Abs. 1.[2] Eine abschließende Regelung enthält insbesondere § 7 Abs. 5 WpHG.   2

Der zuständigen Behörde des Herkunftsstaates soll durch die Informationsübermittlung einerseits die Möglichkeit eingeräumt werden, zunächst selbst eigene Maßnahmen zu treffen. Andererseits ist die Bundesanstalt nach Abs. 2 erst dann befugt, die für den Schutz des Publikums erforderlichen Maßnahmen zu ergreifen, wenn entgegen den von der zuständigen Behörde des Herkunftsstaates ergriffenen Maßnahmen gegen die in Abs. 1 genannten Bestimmungen des WpPG oder gegen Zulassungsfolgepflichten verstoßen wird oder die Maßnahmen der Behörde des Herkunftsstaates unzweckmäßig sind. Die Ergreifung von Maßnahmen durch die Behörde des Herkunftsstaates setzt jedoch voraus, dass sie über die entsprechenden Informationen verfügt, auf deren Grundlage sie über die Ergreifung der erforderlichen Maßnahmen entscheiden kann.   3

Abs. 1 räumt der Bundesanstalt die Befugnis ein, im Falle eines Verstoßes gegen bestimmte Bestimmungen des WpPG (§ 3 Abs. 1 oder 3, die §§ 7, 9, 10, 14 bis 16, 18 oder 19) oder gegen Zulassungsfolgepflichten (weitere Unterrichtungspflichten i. S. d. § 42 Abs. 1 BörsG) durch einen in einem anderen EWR-Staat ansässigen Emittenten oder ein mit der Platzierung eines öffentlichen Angebots beauftragten Institutes oder Unternehmens, das in einem   4

---

1 Vgl. § 23 Abs. 5 WpPG.
2 Vgl. RegBegr EU-ProspRL-UmsetzungsG, BT-Drucks. 15/4999, S. 39.

anderen EWR-Staat ansässig ist, der zuständigen Behörde des Herkunftsstaates Informationen über diesen Verstoß zu übermitteln. Der Verstoß gegen die Vorschriften des WpPG oder Zulassungsfolgepflichten muss erwiesen sein. Es reicht nicht aus, wenn nur Anhaltspunkte hierfür vorliegen oder ein begründeter Verdacht besteht. Wurde gegen die Vorschriften des WpPG oder Zulassungsfolgepflichten verstoßen, steht die Übermittlung der entsprechenden Informationen an die zuständige Behörde des Herkunftstaates nach dem Wortlaut des Abs. 1 im Ermessen der Bundesanstalt. Nach der Gesetzesbegründung reduziert sich dieses Ermessen im Einklang mit Art. 23 Abs. 1 EU-ProspRL hin zu einer Pflicht zur Übermittlung, wenn über Verstöße gesicherte Erkenntnisse vorliegen.[3] In allen Fällen eines Verstoßes gegen die Vorschriften des WpPG oder Zulassungsfolgepflichten dürfte die Informationsübermittlung an die zuständige Behörde des Herkunftstaates daher der Regelfall sein. Ausnahmen hiervon kommen nur in den Fällen des § 23 Abs. 3 WpPG in Betracht, auf den in Abs. 1 noch einmal ausdrücklich verwiesen wird. Nach § 22 Abs. 1 Satz 5 WpPG darf die Bundesanstalt die Tatsachen an eine zuständige Stelle eines anderen Staates jedoch nur weitergeben, wenn diese Stelle und die von ihr beauftragten Personen einer dem § 22 Abs. 1 Satz 1 WpPG entsprechenden Verschwiegenheitspflicht unterliegt.

5 Der Verweis auf § 23 Abs. 3 bis 5 WpPG ist im Hinblick auf § 23 Abs. 4 WpPG entbehrlich, weil er im Vorfeld der Ermittlung eines Verstoßes gegen Bestimmungen des WpPG oder Zulassungsfolgepflichten bereits unmittelbar anwendbar ist, und im Hinblick auf § 23 Abs. 5 WpPG lediglich klarstellender Natur.

II. § 24 Abs. 2 WpPG

6 Abs. 1 beruht auf Art. 23 Abs. 2 der EU-ProspRL. Abs. 2 räumt der Bundesanstalt die Befugnis ein, alle für den Schutz des Publikums erforderlichen Maßnahmen zu ergreifen, wenn von einem in einem anderen EWR-Staat ansässigen Emittenten oder einem mit der Platzierung eines öffentlichen Angebots beauftragten Institut oder Unternehmen, das in einem anderen EWR-Staat ansässig ist, gegen einschlägige Rechts- oder Verwaltungsbestimmungen verstoßen wurde. Der Verweis auf die „einschlägigen Rechts- oder Verwaltungsbestimmungen" bezieht sich auf die in Abs. 1 genannten Bestimmungen und Zulassungsfolgepflichten. Bei einem Verstoß gegen Verbots- oder Gebotsnormen anderer Gesetze kommen die Sanktionsbestimmungen dieser Gesetze zur Anwendung. Voraussetzungen für den Erlass eigener Maßnahmen durch die Bundesanstalt sind zum einen ein entweder fruchtloser oder unzweckmäßiger Erlass von Maßnahmen durch die zuständige Behörde des Herkunftstaates sowie zum anderen die vorherige Unterrichtung der zuständigen Behörde des Herkunftstaates über den beabsichtigten Erlass eigener Maßnahmen. Unzweckmäßig ist der Erlass von Maßnahmen

---

3 Vgl. RegBegr EU-ProspRL-UmsetzungsG, BT-Drucks. 15/4999, S. 39.

durch die zuständige Behörde des Herkunftstaates, wenn sie innerhalb des Geltungsbereiches des WpPG nicht oder nicht rechtzeitig durchgesetzt werden können.

Abs. 2 eröffnet der Bundesanstalt einen Ermessensspielraum, „alle für den Schutz des Publikums erforderlichen Maßnahmen" zu ergreifen. Der Wortlaut entspricht insoweit dem Wortlaut des Art. 23 Abs. 2 EU-ProspRL und ist an den Maßstäben des nationalen deutschen Rechts gemessen nach dem rechtsstaatlichen Bestimmtheitsgrundsatz zu unbestimmt. Das Ermessen der Bundesanstalt ist daher insoweit beschränkt, als nur solche Maßnahmen ergriffen werden können, zu deren Erlass die Bundesanstalt nach dem WpPG auch gegenüber in der Bundesrepublik Deutschland ansässigen Emittenten, Instituten oder Unternehmen berechtigt wäre. 7

§ 25
Bekanntmachung von Maßnahmen

Die Bundesanstalt kann unanfechtbare Maßnahmen, die sie wegen Verstößen gegen Verbote oder Gebote dieses Gesetzes getroffen hat, auf ihrer Internetseite öffentlich bekannt machen, soweit dies zur Beseitigung oder Verhinderung von Missständen geboten ist, es sei denn, diese Veröffentlichung würde die Finanzmärkte erheblich gefährden oder zu einem unverhältnismäßigen Schaden bei den Beteiligten führen.

Inhalt

	Rn.		Rn.
I. Grundlagen	1	IV. Ermessen	4
II. Normzweck	2	V. Gegenstand und Umfang der	
III. Missstand	3	Bekanntmachung	6

I. Grundlagen

Gemeinschaftsrechtliche Grundlage des § 25 WpPG ist Art. 25 Abs. 2 der EU-ProspRL. Die Vorschrift stellt einen Ausnahmetatbestand zur Verschwiegenheitspflicht nach § 22 Abs. 1 WpPG dar. Sie ermächtigt die Bundesanstalt, die von ihr wegen Verstößen gegen Verbote oder Gebote des WpPG getroffenen Maßnahmen auf ihrer Internetseite zu veröffentlichen, soweit dies zur Beseitigung oder Verhinderung von Missständen geboten ist und diese Veröffentlichung die Finanzmärkte nicht erheblich gefährdet und nicht zu einem unverhältnismäßigen Schaden bei den Beteiligten führt. 1

II. Normzweck

Bei der Bekanntmachung handelt es sich um eine staatliche Informationsmaßnahme zur Informationsvorsorge.[1] Sie stellt einen Eingriff in das allge- 2

---

1 Zu diesem Begriff *Scholz/Pitschas*, Informationelle Selbstbestimmung und staatliche Informationsvorsorge, 1984, S. 103 ff.

meine Persönlichkeitsrecht in seiner Ausprägung als Recht auf informationelle Selbstbestimmung dar. Derartige Eingriffe dürfen staatlicherseits nur vorgenommen werden, wenn sie von einer gesetzlichen Grundlage gedeckt sind.[2] Während Zweck der Verschwiegenheitspflicht nach § 22 WpPG der Schutz vor allem des redlichen Verfahrensbeteiligten und dessen Recht auf informationelle Selbstbestimmung ist, ist Ziel der Veröffentlichung nach § 25 WpPG vor allem der Schutz der Allgemeinheit vor Unternehmen mit unredlichem Geschäftsgebahren durch Schaffung einer möglichst weitgehenden Transparenz.

III. Missstand

3 Eine Veröffentlichung darf nur erfolgen, soweit dies zur Beseitigung oder Verhinderung von Missständen geboten ist. Ein Missstand ist jeder Sachverhalt, der mit den Aufsichtszielen und Bestimmungen des WpPG nicht in Einklang steht.[3] Unerheblich ist, ob der Missstand bereits eingetreten ist oder das Eintreten eines Missstandes bevorsteht. Es reicht jedoch nicht aus, wenn Tatsachen lediglich den Verdacht begründen, dass der Eintritt eines Missstandes bevorsteht. Vielmehr ist eine Veröffentlichung erst dann gerechtfertigt, wenn die Tatsachen so verdichtet oder gewichtig sind, dass mit an Sicherheit grenzender Wahrscheinlichkeit vom Eintritt eines Missstandes auszugehen ist. Die Anforderungen an das Vorliegen eines Missstandes sind gemessen an einem Eingriff in das allgemeine Persönlichkeitsrecht durch Veröffentlichung auch von individualisierten oder individualisierbaren Informationen damit vergleichsweise niedrig. Eine Korrektur erfolgt hier durch die hohen Anforderungen bei der Beachtung des Verhältnismäßigkeitsgrundsatzes.[4]

IV. Ermessen

4 Bei Vorliegen der Voraussetzungen ist die Veröffentlichung in das Ermessen der Bundesanstalt gestellt. Die Veröffentlichung muss geeignet sein, einen Missstand zu beseitigen oder dessen Eintritt zu verhindern. Eine Veröffentlichung, die nicht auf dieses Ziel gerichtet oder ungeeignet ist, weil sie beispielsweise lediglich den Zweck verfolgt, den Adressaten der Maßnahme bloßzustellen, darf daher nicht aufgrund von § 25 WpPG erfolgen.[5] Die Anforderungen, die unter Beachtung des Grundsatzes der Verhältnismäßigkeit an die Anwendung des § 25 WpPG zu stellen sind, sind hoch. Der Betroffene muss die Einschränkung seines Rechts auf informationelle Selbstbestimmung nur im überwiegenden Allgemeininteresse hinnehmen. Die Einschränkung muss zum Schutz öffentlicher Interessen unerlässlich sein und

---

2 *Di Fabio*, in: Maunz/Dürig, GG, Art. 2 Rn. 180.
3 Vgl. § 81 Abs. 2 Satz 2 VAG.
4 Siehe Rn. 4, 5.
5 *Vogel*, in: Assmann/Schneider, WpHG, § 40b Rn. 3.

darf nicht darüber hinausgehen.[6] An die Rechtfertigung des Eingriffs sind umso höhere Anforderungen zu stellen, je umfangreicher und detaillierte die bekannt zu machenden Informationen sind.

Eine Veröffentlichung hat zu unterbleiben, wenn sie die Finanzmärkte erheblich gefährden oder zu einem unverhältnismäßigen Schaden bei den Beteiligten führen würde. Eine erhebliche Gefährdung der Finanzmärkte kann beispielsweise vorliegen, wenn die Veröffentlichung der Maßnahme irrationale Panikreaktionen auslösen kann[7], zu einer Beeinträchtigung der Liquidität im Markt führt oder eine Beeinträchtigung der Liquidität in einem Marktsegment auf andere Marktsegmente ausstrahlt. Ob die Veröffentlichung zu einem unverhältnismäßigen Schaden bei den Beteiligten führen kann, hat die Bundesanstalt anhand einer Güterabwägung unter Berücksichtigung vor allem des Rechts auf informelle Selbstbestimmung des Adressaten der Maßnahme und dem Schutz der Allgemeinheit anhand der Umstände des Einzelfalles zu entscheiden.[8]

IV. Gegenstand und Umfang der Bekanntmachung

Es kommt nur eine Veröffentlichung von Maßnahmen in Betracht, die von der Bundesanstalt wegen Verstößen gegen Verbote oder Gebote des WpPG getroffen wurden. Als solche Maßnahmen kommen vor allem Anordnungen und Untersagungen nach § 21 WpPG oder Aussetzungsanordnungen wegen dem WpPG zuwider laufender Werbung in Betracht. Die Maßnahmen dürfen nur veröffentlicht werden, wenn sie unanfechtbar sind, d.h. wenn Bestands- oder Rechtskraft eingetreten ist. Hiervon zu trennen ist die sofortige Vollziehbarkeit der Maßnahme, die auch vor Unanfechtbarkeit der Maßnahmen vorliegen kann.[9]

Veröffentlicht werden dürfen die Informationen jedoch nur insoweit, als dies zur Erreichung des angestrebten Zwecks erforderlich ist. Der Umfang der Veröffentlichung kann von der Bekanntmachung der Maßnahme als Rechtsfolgenanordnung über die Bekanntmachung des zugrunde liegenden anonymisierten Tatbestandes bis hin zur Veröffentlichung der Namen der Adressaten der Maßnahme reichen.[10]

§ 26
Sofortige Vollziehung

Keine aufschiebende Wirkung haben

1. **Widerspruch und Anfechtungsklage gegen Maßnahmen nach § 15 Abs. 6 und § 21 sowie**

---

6 *Di Fabio*, in: Maunz/Dürig, GG, Art. 2 Rn. 181.
7 *Vogel*, in: Assmann/Schneider, WpHG, 4. Aufl., § 40 b Rn. 5.
8 *Linke*, in: Schäfer/Hamann, KapMG, § 25 WpPG, Rn. 3.
9 *Linke*, in: Schäfer/Hamann, KapMG, § 25 WpPG, Rn. 2.
10 *Vogel*, in: Assmann/Schneider, WpHG, § 40 b Rn.5; *Linke*, in: Schäfer/Hamann, KapMG, § 25 WpPG, Rn. 4.

2. Widerspruch und Anfechtungsklage gegen die Androhung oder Festsetzung von Zwangsmitteln.

1 Widerspruch und Anfechtungsklage gegen Maßnahmen nach § 15 Abs. 6 WpPG (Aussetzungsanordnung wegen dem WpPG zuwider laufender Werbung) und § 21 WpPG (Informationsverlangen, Untersagungsverfügung oder Aussetzungsanordnung wegen fehlender oder fraglicher Übereinstimmung mit dem WpPG) sowie gegen die Androhung oder Festsetzung von Zwangsmitteln haben keine aufschiebende Wirkung. Durch die sofortige Vollziehung soll erreicht werden, dass ohne bedeutende zeitliche Verzögerung der vom WpPG bezweckte Anlegerschutz verwirklicht wird und nicht ins Leere läuft. Eine schnelle Durchsetzung der Entscheidungen der Bundesanstalt ist nur möglich, wenn Widerspruch und Anfechtungsklage gegen die Anordnung oder Festsetzung von Zwangsmitteln keine aufschiebende Wirkung haben.[1] Das Rechtsschutzinteresse des Adressaten der Maßnahme tritt in diesem Stadium des Verwaltungsverfahrens vorbehaltlich des vorläufigen Rechtschutzverfahrens nach § 80 Abs. 5 VwGO hinter das Anlegerschutzinteresse zurück.

2 Die sofortige Vollziehung der Maßnahmen der Bundesanstalt kann nur durch die Bundesanstalt selbst im Wege der Rücknahme des Verwaltungsaktes oder durch Aussetzung der Vollziehung oder durch ein Gericht entweder im Wege der Anordnung der aufschiebenden Wirkung im Rahmen des vorläufigen Rechtsschutzes nach § 80 Abs. 5 VwGO oder durch Aufhebung der Maßnahme beendet werden. Eine Rücknahme des Verwaltungsaktes oder eine Aussetzung der Vollziehung durch die Bundesanstalt selbst kommt regelmäßig nur in Betracht, wenn der Adressat seine ihm nach dem WpPG obliegenden Pflichten erfüllt hat.[2]

---

1 Zu einzelnen Beispielfällen, inwieweit Anlegerschutzbelange berührt sein können, vgl. § 26 WpPG Rn. 14, 20, 30, 48.
2 Vgl. *Lenz*, in: Assmann/Lenz/Ritz, VerkProspG, § 8 d Rn. 6 ff.

ABSCHNITT 7
Sonstige Vorschriften

§ 27
Register

(1) Natürliche Personen sowie kleine oder mittlere Unternehmen können sich in ein bei der Bundesanstalt geführtes Register für qualifizierte Anleger eintragen lassen.

(2) Eine natürliche Person wird auf Antrag für die Dauer eines Jahres in das Register eingetragen, wenn sie zum Zeitpunkt der Antragstellung mindestens zwei der folgenden Voraussetzungen erfüllt:

1. die Person hat in großem Umfang Geschäfte an Wertpapiermärkten durchgeführt, und dabei in den letzten vier Quartalen durchschnittlich mindestens zehn Transaktionen pro Quartal getätigt,

2. der Wert ihres Wertpapierportfolios übersteigt 500.000 Euro oder

3. die Person war mindestens ein Jahr lang im Finanzsektor in einer beruflichen Position tätig, die Kenntnis auf dem Gebiet der Wertpapieranlage voraussetzt.

Kleine und mittlere Unternehmen werden auf Antrag für die Dauer eines Jahres in das Register eingetragen, wenn sie im Zeitpunkt der Antragstellung die in § 2 Nr. 7 genannten Voraussetzungen erfüllen.

(3) Die Eintragung verlängert sich jeweils um ein Jahr, wenn vor Ablauf des Jahres die Verlängerung beantragt und nachgewiesen wird, dass die Voraussetzungen für die Eintragung nach Absatz 2 Satz 1 oder Satz 2 weiterhin vorliegen. Die eingetragenen Personen und Unternehmen können von der Bundesanstalt jederzeit die Löschung ihrer Daten innerhalb von zwei Wochen ab Eingang des Löschungsantrages verlangen.

(4) Das Register darf von einem Emittenten eingesehen werden, wenn dieser glaubhaft macht, dass die Einsichtnahme erforderlich ist, um sicherzustellen, dass das Angebot nur dem in § 3 Abs. 2 Nr. 1 genannten Personenkreis unterbreitet wird.

(5) Das Bundesministerium der Finanzen kann zum Schutz der in dem Register gespeicherten Daten und personenbezogenen Daten durch Rechtsverordnung, die nicht der Zustimmung des Bundesrates bedarf, nähere Bestimmungen erlassen

1. über Inhalt und Aufbau des nach Absatz 1 bei der Bundesanstalt einzurichtenden Registers,

2. über das Verfahren zur Eintragung und der Verlängerung der Eintragung in das Register, die Nutzung der in dem Register gespeicherten Daten durch einen Emittenten und die Löschung der Daten und

3. über die Register anderer Staaten des Europäischen Wirtschaftsraums, die als gleichwertig im Sinne des § 2 Nr. 6 Buchstabe d und e anerkannt werden.

Das Bundesministerium der Finanzen kann die Ermächtigung durch Rechtsverordnung auf die Bundesanstalt für Finanzdienstleistungsaufsicht übertragen.

Inhalt

		Rn.			Rn.
I.	Vorbemerkungen.............	1	VI.	Registereinsicht..............	19
II.	Eintragungsfähige Anleger....	5	VII.	Gebühren...................	22
III.	Eintragungsantrag...........	8	VIII.	Rechtsfolgen der Eintragung...	23
IV.	Eintragungsinhalt	14	IX.	Anlegerregister-Verordnung ...	24
V.	Dauer der Eintragung, Löschung	17			

I. Vorbemerkungen

1   Mit § 2 Nr. 6 lit. d) und e) i.V.m. § 27 WpPG folgt der Gesetzgeber dem in Art. 2 Abs. 1 lit. e) Ziffer iv) i.V.m. Abs. 2 EU-ProspRL eingeräumten Recht, neben den typisierten institutionellen Anlegern auch bestimmte kleine und mittlere Unternehmen sowie natürlichen Personen auf deren Antrag hin als qualifizierte Anleger (§ 2 Nr. 6 WpPG) anzusehen. Dies hat zur Folge, dass diesem Personenkreis Wertpapiere prospektfrei angeboten werden können (§ 3 Abs. 2 Nr. 1 WpPG). Aus dem Blickwinkel der Anleger wird damit natürlichen Personen sowie kleinen und mittleren Unternehmen der Zugang zu Investments eröffnet, die andernfalls nur institutionellen Anlegern vorbehalten sind.

2   Voraussetzung ist die konstitutiv wirkende Eintragung in das Anlegerregister. § 27 WpPG ordnet die Einrichtung des Anlegerverzeichnisses an und regelt die Bedingungen, unter welchen eine Eintragung in das Anlegerregister erfolgt (Abs. 1 und 2), deren zeitliche Wirkung (Abs. 3) sowie die Befugnisse zur Nutzung der gespeicherten Daten (Abs. 4). Zum Schutz der im Anlegerregister gespeicherten Daten und personenbezogenen Daten finden sich auf der Rechtsgrundlage von Abs. 5 Satz 1 in der von der BaFin zu erlassenden Anlegerregister-Verordnung (AregV) nähere Bestimmungen über Inhalt und Aufbau des Anlegerregisters, das Verfahren zur Eintragung und der Verlängerung der Eintragung im Anlegerregister, die Nutzung der im Register gespeicherten Daten durch den Emittenten und der Löschung der Daten. Weiterhin soll die Anlegerregister-Verordnung die Gebühren für Amtshandlungen aus dem Registrierungsverfahren bestimmen.

Diese Anlegerregister-Verordnung wurde bislang noch nicht erlassen. Am 26.07.2006 legte die BaFin als Konsultation 3/2006 den Entwurf einer Anlegerregister-Verordnung vor (nachfolgend als AregV-E zitiert); dieser ist am Ende unter Rn. 24 abgedruckt. Die Rechtsgrundlage für den Erlass der Verordnung findet sich in § 28 Abs. 1, Abs. 2 Satz 1 und 2 WpPG. Zum Erlass der Anlegerregister-Verordnung wurde die BaFin in Bezug auf die Verfahrensregelungen gemäß § 27 Abs. 5 Satz 2 WpPG i.V.m. § 1 Nr. 7 BaFinBefugV[1] und in Bezug auf die Gebührenregelung gemäß § 28 Abs. 2 Satz 3 WpPG i.V.m. § 1 Nr. 7 BaFinBefugV vom Bundesministerium der Finanzen ermächtigt. Die Anlegerregister-Verordnung ist eine Rechtsverordnung i.S.d. Art. 80 Abs. 1 GG.

3

Erwähnenswert ist, dass bereits das Börsengesetz 1896[2] ein Börsenregister (auch Börsenterminregister genannt) kannte, in das natürliche und juristische Personen und Handelsgesellschaften eingetragen werden konnten, die sich an Börsentermingeschäften in Waren oder Wertpapieren beteiligen wollten (§ 55 Abs. 1 BörsG 1896). Dieses Börsenregister wurde bei dem Handelsregister geführt (§ 54 BörsG 1896) und war für jedermann einsehbar (§ 56 BörsG 1896). Auch dort erfolgte eine Eintragung für ein Jahr (§ 64 Abs. 2 BörsG 1896). An die Eintragung in das Börsenregister knüpfte die Börsentermingeschäftsfähigkeit an: „Durch ein Börsentermingeschäft in einem Geschäftszweige, für welchen nicht beiden Parteien zur Zeit des Geschäftsabschlusses in einem Börsenregister eingetragen sind, wird ein Schuldverhältnis nicht begründet" (so § 66 Abs. 2 BörsG 1896). Aus den vielen Einzellisten wurde jährlich bis zum 31.01. eines jeden Jahres durch das Gericht für den Bezirk der Stadt Berlin eine Gesamtliste zusammengestellt und veröffentlicht (§ 65 Abs. 2 BörsG 1896). Der Zweck des Börsenregisters, „gewisse unberufene Gesellschaftsklassen aus der Spekulation hinauszutreiben und sie fernzuhalten, die berufenen aber zu schützen", war indes nicht erreicht worden.[3] Infolgedessen wurde das Register „als eine lebensunfähige, erfolglose Einrichtung"[4] im Rahmen der Novelle des BörsG[5] im Jahre 1908 wieder beseitigt.

4

II. Eintragungsfähige Anleger

Natürliche Personen sowie kleine oder mittlerer Unternehmen können sich in ein bei der BaFin geführtes Register für qualifizierte Anleger eintragen lassen, § 27 Abs. 1 WpPG. Natürliche Personen sind als qualifizierte Anleger dann einzutragen, wenn sie zum Zeitpunkt der Antragstellung zur Registrierung ihren Wohnsitz im Inland haben, § 2 Nr. 6 lit. e) WpPG sowie § 3 AregV-E, und zugleich mindestens zwei der drei in § 27 Abs. 2 WpPG ge-

5

---

1 Verordnung zur Übertragung von Befugnissen zum Erlass von Rechtsverordnungen auf die Bundesanstalt für Finanzdienstleistungen vom 13.12.2002, BGBl. I 2003, 3.
2 Reichsbörsengesetz vom 22.06.1896 (RGBl. S. 157).
3 *Stillich*, Die Börse und ihre Geschäfte, 2. Aufl. 1909, S. 280.
4 *Stillich*, Die Börse und ihre Geschäfte, 2. Aufl. 1909, S. 281.
5 Gesetz vom 27.05.1908 (RGBl. S. 215).

nannten Kriterien erfüllen: Entweder hat nach Nr. 1 die Person in großem Umfang Geschäfte an Wertpapiermärkten durchgeführt und dabei in den letzten vier Quartalen durchschnittlich mindestens zehn Transaktionen pro Quartal getätigt, und/oder übersteigt nach Nr. 2 der Wert des Wertpapierportfolios der Person 500.000 Euro und/oder die Person war nach Nr. 3 mindestens ein Jahr lang im Finanzsektor in einer beruflichen Position tätig, die Kenntnis auf dem Gebiet der Wertpapieranlage voraussetzt.

6 Schwellenwerte oder andere konkrete Vorgaben zur Ermittlung des nach Nr. 1. maßgeblichen „großen Umfangs von Geschäften an Wertpapiermärkten" werden im Gesetz und der AregV-E nicht genannt. Eine wesentliche Übersteigung der Transaktionshäufigkeit oder ein Transaktionsvolumen, das summenmäßig die Größenordnung des in Nr. 2 genannten Wertpapierportfolios i. H. v. 500.000 Euro deutlich übersteigt, bieten einige Bestimmungsindikatoren. Grundsätzlich bezieht sich der Umfang der Wertpapiergeschäfte vorrangig auf quantitative Merkmale, namentlich den Gesamtwert der Geschäftsvorgänge, die zusätzlich neben die Häufigkeit der Transaktionen hinzutreten müssen. Ein hoher Umsatz auf den Wertpapiermärkten allein reicht daher nicht, wenn er nicht in Folge mehrerer Transaktion erzielt wurde. Insgesamt kommt es auf ein Gesamtbild des Umsatzvolumens, zusammengesetzt aus Anzahl und Wert der Geschäftsvorgänge auf dem Wertpapiermärkten, an. Die Person wird aber Wertpapiergeschäfte nicht gewerbsmäßig oder in einem Umfang, der einen in kaufmännischer Weise eingerichteten Geschäftsbetrieb erfordert, betreiben müssen. Das folgt aus der gesetzlichen Unterscheidung zu kleinen und mittleren Unternehmen, die auch natürliche Einzelpersonen als Unternehmensträger vorsehen. Entscheidend ist das sich aus einer umfassenden Würdigung sämtlicher Umstände des Einzelfalls ergebende Gesamtbild des Anlegers, ob er dermaßen im großen Umfang Wertpapiergeschäfte an Wertpapiermärkten getätigt hat, dass er auf Grund dieser Erfahrungswerte geeignet ist, sich ausreichend anderer Informationsquellen als den Prospekt bedienen zu können, um sich die für eine Anlageentscheidung in Wertpapiere erforderlichen Informationsgrundlagen verschaffen zu können.

7 Kleine und mittlerer Unternehmen sind unter den Voraussetzungen in das Anlegerregister einzutragen, dass sie bei Antragstellung die in § 2 Nr. 7 enthaltenen Schwellenwerten erreichen und ihren Sitz im Inland haben, § 2 Nr. 6 lit. d). Mit Sitz im Inland ist der statuarische Gesellschaftssitz gemeint, § 3 AregV-E.

III. Eintragungsantrag

8 Die formalen Anforderungen an den Antrag soll § 4 AregV-E regeln. Nach Abs. 1 hat der Antragsteller zwingend einen schriftlichen Antrag zu stellen. Entsprechend den im Verwaltungsrecht anerkannten Verfahrensgrundsätzen[6] erkennt die BaFin die Übermittlung des Antrags per Telefax oder die Übersendung via PC-Fax für ausreichend, behält sich aber vor, dass ein eigenhändig unterschriebener Antrag postalisch nachgereicht wird, § 4 Abs. 1 Satz 2 AregV-E. Letzteres dürfte regelmäßig der Fall sein, da im Rahmen der

Anlegerregistrierung von der BaFin personenbezogene Daten erhoben werden und im Umfang des § 2 AregV-E an Dritte weitergegeben werden, die AregV aber keine weitere Regelung vorsieht, die eine eigenständige, vom Antrag losgelöste Einwilligung der Antragsteller zur Erhebung und Verwendung der erteilten personenbezogenen Daten bestimmt. Zwar wird man in der Übersendung des Registrierungsantrags in eindeutiger Weise die Dokumentation der Einwilligung des Anlegers zur Verwendung seiner personenbezogenen Daten für das Anlegerverzeichnis erkennen können[7]; § 4 Abs. 5 AregV-E stellt dies nochmals ausdrücklich klar. Das Bundesdatenschutzgesetz fordert jedoch für solche Vorgänge in § 4a BDSG eine vorherige schriftliche Einwilligung, die regelmäßig an den strengen Voraussetzungen des § 126 BGB zu messen ist.[8] Dann aber reicht die Übermittlung des Antrags, in dem auch die materiell-rechtliche Einwilligung zur Erhebung der personenbezogenen Daten mit enthalten ist, mittels Telefax oder PC-Fax gerade nicht.

Im Antrag hat der Anleger gemäß § 4 Abs. 1 Nr. 1 bis 3 AregV-E bei natürlichen Personen Angaben zu seinem Vor- und Familiennamen, seine Privatanschrift und zusätzlich seine Zustellungsanschrift, soweit der Anleger die Eintragung unter einer von seiner Privatanschrift abweichenden Zustellungsanschrift beantragt, sowie das Datum und den Ort seiner Geburt zu machen. Bei juristischen Personen und anderen Unternehmen sind Angaben über die Firma oder den Namen, die Geschäftsanschrift sowie das zuständige Registergericht und Registernummer, soweit das Unternehmen in ein Register eingetragen ist, erforderlich. Anders als natürliche Personen können kleine und mittlere Unternehmen nur unter ihrer Geschäftsanschrift eingetragen werden, eine frei bestimmbare Zustellungsanschrift kann nicht benannt werden (§ 2 Abs. 1 AregV-E). 9

Die Richtigkeit der Angaben nach § 4 Abs. 1 AregV-E hat der Antragsteller zu versichern, § 4 Abs. 1 Satz 2 AregV-E. 10

Ebenfalls im Eintragungsantrag hat der Anleger diejenigen Angaben zu versichern, die ihn materiell zum qualifizierten Anleger machen, bei natürlichen Personen also die Erfüllung von mindestens zwei der in § 27 Abs. 2 Satz 1 WpPG genannten Voraussetzungen, § 4 Abs. 2 AregV-E, bei juristischen Personen und anderen Unternehmen die Erfüllung von mindestens zwei der in § 2 Nr. 7 WpPG genannten Voraussetzungen, § 4 Abs. 3 AregV-E. Das letzterer nicht wie § 2 Nr. 7 WpPG ausdrücklich auf den Zeitpunkt zum letzten Jahres- oder Konzernabschluss abstellt, ist nur ein redaktionelles Versehen, da Regelungsinhalt des § 4 Abs. 3 AregV-E die Pflicht zum Versichern der bereits in § 2 Nr. 7 WpPG festgelegten Voraussetzungen normiert, ohne dass von diesem Merkmal abgerückt werden soll. 11

---

6 Dazu näher *P. Stelkens/Schmitz*, in: Stelkens/Bonk/Sachs, VwVfG, 6. Aufl. 2001, § 22 Rn. 31 ff.
7 So ausdrücklich die Begründung der BaFin zu § 4 Abs. 1 AregV.
8 *Gola/Schomerus*, Bundesdatenschutzgesetz, 2002, § 4a Rn. 13

12 Bei begründetem Zweifel an den vom Antragsteller gemachten Angaben kann die BaFin gemäß § 4 Abs. 4 AregV-E die Vorlage von Unterlagen verlangen, welche die nach § 4 Abs. 1 bis 3 AregV-E vom Antragsteller zu machenden Angaben belegen. Bei natürlichen Personen wird im Hinblick auf die Voraussetzung des § 27 Abs. 2 Nr. 1 und 2 WpPG ein bloßer Auszug der Depotbank ausreichen, der den Geschäftsumfang und die Transaktionshäufigkeit (Nr. 1) und/oder das Wertpapierportfolio (Nr. 2) ausweist, ohne dass dadurch die Anlagemaßnahmen im einzelnen namentlich offenbart werden müssten. Werden sie dennoch angegeben, ist nicht zu befürchten, dass sie von Emittenten eingesehen werden können, da solche Angaben nicht zum Gegenstand der Registereintragung gemacht werden, vgl. unten Rn. 14 ff.

13 Grundsätzlich steht der BaFin ein Beurteilungsspielraum bei der Bewertung der unbestimmten Begriffe im Rahmen des § 27 Abs. 2 Satz 1 Nr. 1 und 3 WpPG zu; deren Wertungsentscheidung ist nach allgemeinen Grundsätzen gerichtlich voll überprüfbar.[9]

IV. Eintragungsinhalt

14 Regelungen zum Inhalt und Aufbau des Anlegerregisters finden sich in § 2 AregV-E. Eingetragen werden nicht alle dem Antrag zu entnehmenden Angaben, vielmehr allein nur die Daten, die zur Kontaktaufnahme durch den Emittenten unbedingt erforderlich sind und die zur eindeutigen zeitlichen Bestimmung der Stellung als qualifizierter Anleger i. S. d. § 2 Nr. 6 lit. d) und e) WpPG dienen. Das sind nach § 2 Abs. 1 AregV-E Vor- und Familienname der natürlichen Person, deren Zustellungsanschrift (die von der Privatanschrift abweichen kann) sowie das Datum, an dem die Frist für die Dauer ihrer Eintragung im Anlegerregister endet. Bei juristischen Personen und anderen Unternehmen werden eingetragen die Firma oder der Name, die Geschäftsanschrift und ebenfalls das Datum, das das Ende der Frist für die Dauer der Eintragung im Anlegerregister anzeigt. Dabei wird stets im Anlegerregister gekennzeichnet, ob es sich bei dem eingetragenen qualifizierten Anleger um eine natürliche Person oder um ein kleines oder mittleres Unternehmen handelt, § 2 Abs. 2 AregV-E. Dies dient Klarstellungsgründen und soll die unterschiedlichen Eintragungsvoraussetzungen der verschiedenen Anlegertypen anzeigen, die zur Registrierung geführt haben können, ohne dass die tatsächlichen Umstände im Detail offenbart würden.

15 Über die im Anlegerregister erfolgte Eintragung hat die BaFin eine Mitteilung an den Anleger zu machen und ihm den Inhalt der Eintragung zu Prüfungszwecken und zugleich als Nachweis der Registrierung (i. d. R. schriftlich) mitzuteilen, § 4 Abs. 7 AregV-E.

16 Änderungen, die die im Register eingetragenen Kontaktdaten unrichtig werden lassen, werden wie im ursprünglichen Eintragungsverfahren auf schriftlichen Antrag des Anlegers innerhalb von zwei Wochen ab Eingang des Än-

---

9 Grundlegend *Maurer*, Allgemeines Verwaltungsrecht, 16. Aufl. 2006, § 7 (*passim*); *Sachs*, in: Stelkens/Bonk/Sachs, VwVfG, 6. Aufl. 2001, § 40 Rn. 147 ff. jew. m. w. N.

derungsantrags von der BaFin vorgenommen. Hierfür erklärt § 5 AregV-E die Regelung des § 4 Abs. 1, 4, 5, 6 AregV-E für entsprechend Anwendbar. Die weiteren Eintragungsvoraussetzungen spielen an dieser Stelle keine Rolle.

V. Dauer der Eintragung, Löschung

Die Eintragung erfolgt für ein Jahr und verlängert sich jeweils um ein weiteres Jahr, wenn der BaFin spätestens zwei Wochen vor Ende des im Register eingetragenen Datums, das die Dauer der Registrierung angibt, ein Antrag des Anlegers auf Verlängerung zugeht. Mit der Möglichkeit der Verlängerung soll eine kontinuierliche Registrierung ermöglicht werden. Gemäß § 6 AregV-E sind für den Verlängerungsantrag die §§ 3 und 4 AregV-E entsprechend anzuwenden. Aus ersterem folgt dabei, dass die Anleger erneut die besonderen Qualifikationsmerkmale erfüllen müssen, die sie zu qualifizierten Anlegern werden lässt und dass sie die Erfüllung dieser Umstände im Antrag versichern müssen. Für natürliche Personen bedeutet dies, dass sie eine umfangreiche Aktivität auf den Wertpapiermärkten i.S.d. § 27 Abs. 2 vorweisen müssen. Die bloße vorangegangene Registrierung reicht dazu nicht aus und schafft auch keine dahingehende Vermutung.

17

Ein verspätet bei der BaFin eingegangener Verlängerungsantrag kann zur Löschung aus dem Anlegerregister führen und damit zum (vorübergehenden) Verlust der Anerkennung als qualifizierter Anleger. Die Löschung aus dem Anlegerregister nimmt die BaFin von Amts wegen nach Ablauf der Registrierungsfrist vor, § 7 Abs. 1 AregV-E. Daneben steht die Registrierung grundsätzlich zur Disposition des eingetragenen Anlegers. Dieser kann daher gemäß § 7 Abs. 2 AregV-E von der BaFin jederzeit schriftlich die Löschung seiner Daten aus dem Register anordnen. Auch hier gilt eine Bearbeitungsfrist von zwei Wochen ab Eingang des Löschungsantrags bei der BaFin. Bei per Telefax übermittelten Anträgen kann die BaFin das (postalische) Nachreichen eines weiteren persönlich oder vom gesetzlichen Vertreter eigenhändig unterschriebenen Löschungsantrags verlangen, § 7 Abs. 2 Satz 2 AregV-E.

18

VI. Registereinsicht

Das Anlegerregister ist, anders als das Handelsregister (vgl. § 9 HGB), dem Grunde nach kein öffentliches Register. Vielmehr sind gemäß § 8 AregV-E nur Emittenten zum Zwecke des Anbietens von Wertpapieren ausschließlich an qualifizierte Anleger zur Einsicht berechtigt. Hierzu muss der Emittent einen schriftlichen Antrag an die BaFin stellen, der dessen Namen oder Firma sowie Geschäftsanschrift und das zuständige Registergericht mit Registernummer, soweit das Unternehmen registriert ist, enthält. Da diese Angaben allesamt Pflichtangaben nach § 37a, § 125a, § 177a HGB, § 35a Abs. 1 GmbHG, § 80 Abs. 1 AktG und § 25a GenG sowie § 15b GewO sind, genügt für inländische Emittenten die Verwendung eines ordnungsgemäßen Briefkopfes. Weiterhin muss der Emittent im Antrag glaubhaft machen, dass sich

19

das öffentliche Angebot von Wertpapieren ausschließlich an qualifizierte Anleger richtet. Da die BaFin zu prüfen, ob die gesetzlichen Voraussetzungen für die Einsichtnahme tatsächlich vorliegen, hat der Emittent der BaFin die dafür erforderlichen Unterlagen bei der Antragstellung vorzulegen. Gemäß § 9 Abs. 2 Satz 2 AregV-E sind dazu den Unterlagen auch – aber nicht ausschließlich, vgl. „insbesondere" – eine Beschreibung von Art und Umfang des Angebots beizufügen. Im Vordergrund der Prüfung der BaFin steht zu vermeiden, dass Anträge von Dritten gestellt werden, die ein anderes Interesse an den Registerdaten haben als zum Zwecke des Anbietens von Wertpapieren ausschließlich an qualifizierte Anleger.

20 Wie auch bei den anderen Antragsverfahren innerhalb der AregV sieht § 9 Abs. 1 AregV-E die Möglichkeit vor, den Antrag mittels Telefax zu übermitteln; auf Verlangen der BaFin ist ein Original eigenhändig oder vom gesetzlichen Vertreter unterschriebener Antrag nachzureichen.

21 Die Einsicht kann der Emittent am Ort der Registerstelle vornehmen, er kann aber auch nach § 10 AregV-E eine Einsichtnahme im Wege der Datenfernübertragung betreiben; die BaFin hat die Möglichkeit, dies zu gewähren[10] und die in § 10 Satz 2 und 3 AregV-E genannten Datenschutz- und Datensicherheitsaspekte zu berücksichtigen. Gemäß § 11 AregV-E kann die BaFin zum Schutz der gespeicherten Daten die Gewährung der Einsichtnahme protokollieren und dauerhaft festhalten, wer auf die Daten Zugriff genommen hat. Die Protokolle unterliegen ihrerseits den Bestimmungen des Datenschutzes und dürfen daher nur für Zwecke der Datenschutzkontrolle, der Datensicherung und der Sicherstellung eines ordnungsgemäßen Registerbetriebs verwendet werden, § 11 Abs. 2 AregV-E.

VII. Gebühren

22 §§ 12 und 13 AregV-E regeln die Verwaltungsgebühren.

VIII. Rechtsfolgen der Eintragung

23 Die Eintragung im Anlegerregister wirkt konstitutiv, d. h. jede eingetragene juristische oder natürliche Person gilt für die Dauer der Eintragung Dritten gegenüber als qualifizierter Anleger. Eine Kenntnis aufgrund Einsicht in das Anlegerregister durch den Emittenten ist nicht erforderlich.

IX. Anlegerregister-Verordnung

24 Am 26.07.2006 legte die BaFin als Konsultation 3/2006 den Entwurf einer Anlegerregister-Verordnung vor (nachfolgend zitiert als AregV-E):

---

10 So die Begründung der BaFin zu § 10 AregV.

Entwurf einer Verordnung
über das Register für qualifizierte Anleger nach § 27 Abs. 5 des Wertpapierprospektgesetzes (Anlegerregister-Verordnung – AregV)

Auf Grund des § 27 Abs. 5 Satz 1 und des § 28 Abs. 2 Satz 1 und 2 des Wertpapierprospektgesetzes vom 22.06.2005 (BGBl. I S. 1698) in Verbindung mit dem 2. Abschnitt des Verwaltungskostengesetzes vom 23.06.1970 (BGBl. I S. 821), jeweils in Verbindung mit § 1 Nr. 7 der Verordnung zur Übertragung von Befugnissen zum Erlass von Rechtsverordnungen auf die Bundesanstalt für Finanzdienstleistungsaufsicht vom 13.12.2002 (BGBl. 2003 I S. 3), § 1 Nr. 7 eingefügt durch Art. 7 Nr. 3 des Gesetzes vom 22.06.2005 (BGBl. I S. 1698), verordnet die Bundesanstalt für Finanzdienstleistungsaufsicht:

Abschnitt 1. Anwendungsbereich

§ 1 Anwendungsbereich

Diese Verordnung ist anzuwenden auf die Führung des Registers für qualifizierte Anleger nach § 27 des Wertpapierprospektgesetzes (Anlegerregister) durch die Bundesanstalt für Finanzdienstleistungsaufsicht (Bundesanstalt).

Abschnitt 2. Inhalt und Aufbau des Anlegerregisters

§ 2 Inhalt und Aufbau des Anlegerregisters

(1) Das Anlegerregister enthält die zum Zwecke der Bestimmung des eingetragenen Anlegers erforderlichen Daten:

1. seinen Vor- und Familiennamen oder bei juristischen Personen und anderen Unternehmen die Firma oder den Namen,
2. eine Zustellungsanschrift oder bei juristischen Personen und anderen Unternehmen die Geschäftsanschrift,
3. das Datum, an dem die Frist für die Dauer der Eintragung im Anlegerregister endet.

(2) Aus dem Anlegerregister muss ersichtlich sein, ob es sich bei dem Anleger um eine natürliche Person oder um ein kleines oder mittleres Unternehmen handelt.

Abschnitt 3. Eintragung in das Anlegerregister

§ 3 Eintragungsfähige Anleger

In das Anlegerregister werden auf Antrag nach Maßgabe der nachfolgenden Bestimmungen natürliche Personen mit Wohnsitz im Inland sowie kleine und mittlere Unternehmen mit Sitz im Inland für die Dauer eines Jahres eingetragen, wenn sie die Voraussetzungen des § 27 Abs. 2 des Wertpapierprospektgesetzes erfüllen.

§ 4 Eintragungsantrag

(1) Die Eintragung setzt einen schriftlichen Antrag des Anlegers voraus, der die nachfolgenden Angaben zu enthalten hat:

1. seinen Vor- und Familiennamen oder bei juristischen Personen und anderen Unternehmen die Firma oder den Namen,
2. seine Privatanschrift und, sofern der Anleger die Eintragung unter einer von seiner Privatanschrift abweichenden Zustellungsanschrift beantragt, eine Zustellungsanschrift, oder bei juristischen Personen und anderen Unternehmen die Geschäftsanschrift sowie

3. das Datum und den Ort seiner Geburt oder bei juristischen Personen und anderen Unternehmen das zuständige Registergericht und die Registernummer, soweit das Unternehmen in ein Register eingetragen ist.

Der Antragsteller hat die Richtigkeit seiner Angaben zu versichern. Im Fall der Übersendung eines Antrags mittels Telefax ist auf Verlangen der Bundesanstalt der vom Anleger oder dessen gesetzlichen Vertreter eigenhändig unterschriebene Antrag auf dem Postweg nachzureichen.

(2) Ist der Antragsteller eine natürliche Person, hat er zu versichern, dass er mindestens zwei der drei folgenden Voraussetzungen erfüllt:

1. die Person hat in großem Umfang Geschäfte an Wertpapiermärkten durchgeführt und dabei in den letzten vier Quartalen durchschnittlich mindestens zehn Transaktionen pro Quartal getätigt,

2. der Wert ihres Wertpapierportfolios übersteigt 500.000 Euro,

3. die Person war mindestens ein Jahr lang im Finanzsektor in einer beruflichen Position tätig, die Kenntnis auf dem Gebiet der Wertpapieranlage voraussetzt.

(3) Ist der Antragsteller ein kleines oder mittleres Unternehmen, hat er zu versichern, dass er mindestens zwei der drei folgenden Kriterien erfüllt:

1. eine durchschnittliche Beschäftigtenzahl im letzten Geschäftsjahr von weniger als 250,

2. eine Gesamtbilanzsumme von höchstens 43 Millionen Euro,

3. ein Jahresnettoumsatz von höchstens 50 Millionen Euro.

(4) Bei begründeten Zweifeln an den vom Antragsteller gemachten Angaben kann die Bundesanstalt die Vorlage von Unterlagen verlangen, welche die nach Absatz 1 bis 3 vom Antragsteller zu machenden Angaben belegen.

(5) Mit dem Antrag auf Eintragung willigt der Antragsteller darin ein, dass die im Rahmen der Antragstellung gemachten Angaben durch die Bundesanstalt verarbeitet werden und durch die Eintragung im Anlegerregister die ihn betreffenden Daten nach § 2 Abs. 1 bis zu ihrer Löschung von einem Emittenten eingesehen werden können, wenn dieser glaubhaft macht, dass die Einsichtnahme erforderlich ist, um sicherzustellen, dass das Angebot nur qualifizierten Anlegern unterbreitet wird.

(6) Die Bundesanstalt kann bestimmen, dass die Antragstellung ausschließlich nach amtlich vorgeschriebenem Vordruck zu erfolgen hat. In diesem Fall macht die Bundesanstalt ein entsprechendes Vordruckmuster bekannt.

(7) Nach erfolgter Eintragung hat die Bundesanstalt dem Antragsteller die über ihn nach § 2 Abs. 1 in das Anlegerregister eingetragenen Daten mitzuteilen.

§ 5 Änderung der Eintragung

Die Bundesanstalt wird auf Antrag des Anlegers die Änderung der im Anlegerregister eingetragenen Daten nach § 2 Abs. 1 Nr. 1 und 2 innerhalb von zwei Wochen ab Eingang des Änderungsantrags vornehmen, wenn diese unrichtig sind. § 4 Abs. 1, 4, 5 und 6 gilt entsprechend.

§ 6 Verlängerung der Eintragung

Die Eintragung verlängert sich jeweils um ein Jahr, wenn der Bundesanstalt spätestens zwei Wochen vor Ablauf des Zeitraums nach § 2 Abs. 1 Nr. 3 ein Antrag des Anlegers auf Verlängerung zugeht. §§ 3 und 4 gelten entsprechend.

§ 7 Löschung der Eintragung

(1) Die Bundesanstalt wird nach Ablauf des Zeitraums von einem Jahr nach Eintragung die Daten im Anlegerregister löschen. Dies gilt nicht, wenn sie auf Antrag des Anlegers nach § 6 die Eintragung verlängert.

(2) Anleger können von der Bundesanstalt jederzeit schriftlich die Löschung ihrer Daten im Anlegerregister innerhalb von zwei Wochen ab Eingang des Löschungsantrages verlangen. Im Fall der Übersendung eines Antrags mittels Telefax ist auf Verlangen der Bundesanstalt der vom Anleger oder dessen gesetzlichen Vertreter eigenhändig unterschriebene Antrag auf dem Postweg nachzureichen.

Abschnitt 4. Einsichtnahme in das Anlegerregister

§ 8 Recht auf Einsichtnahme

In das Anlegerregister erhält ein Emittent auf Antrag nach Maßgabe der folgenden Bestimmungen Einsicht, wenn er glaubhaft macht, dass die Einsichtnahme erforderlich ist, um sicherzustellen, dass das Angebot nur qualifizierten Anlegern unterbreitet wird.

§ 9 Antrag auf Einsichtnahme

(1) Die Einsichtnahme setzt einen schriftlichen Antrag des Emittenten voraus, der die nachfolgenden Angaben zu enthalten hat:

1. die Firma oder den Namen des Emittenten,
2. die Geschäftsanschrift sowie
3. das zuständige Registergericht und die Registernummer, soweit das Unternehmen in ein Register eingetragen ist.

Im Fall der Übersendung eines Antrags mittels Telefax ist auf Verlangen der Bundesanstalt der vom Emittenten oder dessen gesetzlichen Vertreter eigenhändig unterschriebene Antrag auf dem Postweg nachzureichen.

(2) Der Emittent hat glaubhaft zu machen, dass die Einsichtnahme erforderlich ist, um sicherzustellen, dass das Angebot nur dem in § 3 Abs. 2 Nr. 1 des Wertpapierprospektgesetzes genannten Personenkreis unterbreitet wird. Dem Antrag ist insbesondere eine Beschreibung von Art und Umfang des Angebots beizufügen.

(3) Die Bundesanstalt kann bestimmen, dass die Antragstellung ausschließlich nach amtlich vorgeschriebenem Vordruck zu erfolgen hat. In diesem Fall macht die Bundesanstalt ein entsprechendes Vordruckmuster bekannt.

§ 10 Datenfernübertragung

Die Einsichtnahme kann auch im Wege der Datenfernübertragung erfolgen, sofern die Bundesanstalt diese Möglichkeit vorsieht. Dabei sind dem jeweiligen Stand der Technik entsprechende Maßnahmen zur Sicherstellung von Datenschutz und Datensicherheit zu treffen, die insbesondere die Vertraulichkeit und Unversehrtheit der Daten gewährleisten. Im Falle der Nutzung allgemein zugänglicher Netze sind dem jeweiligen Stand der Technik entsprechende Verschlüsselungsverfahren anzuwenden.

§ 11 Protokollierung der Einsichtnahme

(1) Die Bundesanstalt kann die Gewährung der Einsichtnahme protokollieren.

(2) Die Protokolle dürfen nur für Zwecke der Datenschutzkontrolle, der Datensicherung und der Sicherstellung eines ordnungsgemäßen Registerbetriebs verwendet werden.

Abschnitt 5. Gebühren

§ 12 Gebühr für den Antrag auf Eintragung, Änderung der Eintragung und Verlängerung der Eintragung in das Anlegerregister

(1) Für den Antrag auf Eintragung in das Anlegerregister sowie den Antrag auf Verlängerung der Eintragung erhebt die Bundesanstalt von dem Antragsteller eine Gebühr in Höhe von 50 Euro. Für den Antrag auf Änderung der Eintragung im Anlegerregister erhebt die Bundesanstalt von dem Antragsteller eine Gebühr in Höhe von 25 Euro.

(2) Die Bundesanstalt kann die Vornahme der beantragten Amtshandlung von der vorherigen Zahlung der Gebühr abhängig machen. Wird die Gebühr nicht innerhalb eines Monats nach Bekanntgabe des Gebührenbescheids entrichtet, so gilt der Antrag auf Vornahme der Amtshandlung als zurückgenommen. Auf die Rechtsfolge der Fristversäumnis ist mit der Bekanntgabe hinzuweisen.

(3) Wird die Gebühr für eine bereits vorgenommene Amtshandlung nicht innerhalb eines Monats nach Bekanntgabe des Gebührenbescheids entrichtet, so gilt dies als Antrag auf Löschung der Eintragung gemäß § 7 Abs. 2. Absatz 2 Satz 3 gilt entsprechend.

§ 13 Gebühr für den Antrag auf Einsichtnahme in das Anlegerregister

(1) Für den Antrag auf Einsichtnahme in das Anlegerregister erhebt die Bundesanstalt von dem Antragsteller eine Gebühr in Höhe von 25 Euro.

(2) Die Bundesanstalt kann die Gewährung der Einsichtnahme von der vorherigen Zahlung der Gebühr abhängig machen. Wird die Gebühr nicht innerhalb eines Monats nach Bekanntgabe des Gebührenbescheids entrichtet, so gilt der Antrag als zurückgenommen. § 12 Abs. 2 Satz 3 gilt entsprechend.

Abschnitt 6. Inkrafttreten

§ 14 Inkrafttreten

Diese Verordnung tritt am Tage nach der Verkündung in Kraft.

§ 28
Gebühren und Auslagen

(1) Für Amtshandlungen nach diesem Gesetz, nach den auf diesem Gesetz beruhenden Rechtsvorschriften und nach Rechtsakten der Europäischen Union kann die Bundesanstalt Gebühren und Auslagen erheben.

(2) Das Bundesministerium der Finanzen wird ermächtigt, durch Rechtsverordnung, die nicht der Zustimmung des Bundesrates bedarf, die gebührenpflichtigen Tatbestände und die Gebühren nach festen Sätzen oder als Rahmengebühren näher zu bestimmen. Die Gebührensätze und die Rahmengebühren sind so zu bemessen, dass zwischen der den Verwaltungsaufwand berücksichtigenden Höhe und der Bedeutung, dem wirtschaftlichen Wert

oder dem sonstigen Nutzen der Amtshandlung ein angemessenes Verhältnis besteht. Das Bundesministerium der Finanzen kann die Ermächtigung durch Rechtsverordnung auf die Bundesanstalt für Finanzdienstleistungsaufsicht übertragen.

Verordnung über die Erhebung von Gebühren nach dem Wertpapierprospektgesetz (Wertpapierprospektgebührenverordnung – WpPGebV)[1]

Auf Grund des § 28 Abs. 2 Satz 1 und 2 des Wertpapierprospektgesetzes vom 22. Juni 2005 (BGBl. I S. 1698) in Verbindung mit dem 2. Abschnitt des Verwaltungskostengesetzes vom 23. Juni 1970 (BGBl. I S. 821) und § 1 Nr. 7 der Verordnung zur Übertragung von Befugnissen zum Erlass von Rechtsverordnungen auf die BaFin, § 1 Nr. 7 eingefügt durch Artikel 7 Nr. 3 des Gesetzes vom 22. Juni 2005 (BGBl. I S. 1698), verordnet die Bundesanstalt für Finanzdienstleistungsaufsicht:

§ 1 Anwendungsbereich

Die Bundesanstalt für Finanzdienstleistungsaufsicht erhebt für Amtshandlungen nach dem Wertpapierprospektgesetz und nach Rechtsakten der Europäischen Union Gebühren nach dieser Verordnung; Auslagen werden nicht gesondert erhoben. Im Übrigen gilt das Verwaltungskostengesetz.

§ 2 Gebühren

(1) Die gebührenpflichtigen Amtshandlungen und die Gebührensätze bestimmen sich vorbehaltlich der Regelungen in Absatz 2 und § 3 nach dem anliegenden Gebührenverzeichnis.

(2) Erfordert eine gebührenpflichtige Amtshandlung nach dieser Verordnung im Einzelfall einen außergewöhnlich hohen Verwaltungsaufwand, kann die nach dem Gebührenverzeichnis ermittelte Gebühr abhängig vom tatsächlichen Verwaltungsaufwand bis auf das Doppelte erhöht werden.

§ 3 Gebührenerhebung in besonderen Fällen

(1) Für die Ablehnung eines Antrags auf Vornahme einer gebührenpflichtigen Amtshandlung aus anderen Gründen als wegen Unzuständigkeit wird eine Gebühr bis zur Höhe der für die Vornahme der Amtshandlung festzusetzenden Gebühr erhoben. Wird ein Antrag nach Beginn der sachlichen Bearbeitung, jedoch vor deren Beendigung zurückgenommen, beträgt die Gebühr höchstens 50 Prozent der für die Vornahme der Amtshandlung festzusetzenden Gebühr.

(2) Für die vollständige oder teilweise Zurückweisung eines Widerspruchs wird eine Gebühr bis zur Höhe von 50 Prozent der für die angefochtene Amtshandlung festgesetzten Gebühr erhoben; dies gilt nicht, wenn der Wi-

---

1 V. 29.06.2005 (BGBl. I S. 1875)

derspruch nur deshalb keinen Erfolg hat, weil die Verletzung einer Verfahrens- oder Formvorschrift nach § 45 des Verwaltungsverfahrensgesetzes unbeachtlich ist. War für die angefochtene Amtshandlung eine Gebühr nicht vorgesehen oder wurde eine Gebühr nicht erhoben, wird eine Gebühr bis zu 1.500 Euro erhoben. Bei einem erfolglosen Widerspruch, der sich ausschließlich gegen eine Gebührenentscheidung richtet, beträgt die Gebühr bis zu 10 Prozent des streitigen Betrags; Absatz 3 bleibt unberührt. Wird ein Widerspruch nach Beginn seiner sachlichen Bearbeitung jedoch vor deren Beendigung zurückgenommen, ist keine Gebühr zu erheben. Das Verfahren zur Entscheidung über einen Widerspruch, der sich ausschließlich gegen die festgesetzte Widerspruchsgebühr richtet, ist gebührenfrei.

(3) Die Gebühr beträgt in den Fällen der Absätze 1 und 2 Satz 1 bis 3 mindestens 50 Euro.

§ 4 Inkrafttreten

Diese Verordnung tritt am 1. Juli 2005 in Kraft.

Anlage (zu § 2 Abs. 1 WpPGebV)

Gebührenverzeichnis

	Gebührentatbestand	Gebühren in Euro
1.	Für die Hinterlegung der endgültigen Bedingungen des Angebots (§ 6 Abs. 3 Satz 2, auch in Verbindung mit Satz 3 WpPG)	25
2.	Für die Hinterlegung des endgültigen Emissionspreises und des Emissionsvolumens (§ 8 Abs. 1 Satz 9 WpPG)	25
3.	Gestattung der Nichtaufnahme bestimmter Angaben (§ 8 Abs. 2 WpPG)	500
4.	Für die Hinterlegung eines jährlichen Dokuments im Sinne des § 10 WpPG (§ 10 Abs. 2 Satz 1 WpPG)	100
5.	Billigung eines Basisprospekts im Sinne des § 6 Abs. 1 WpPG und für dessen Hinterlegung (§ 13 Abs. 1 und § 14 Abs. 1 Satz 1 WpPG)	2.500
6.	Billigung eines Basisprospekts im Sinne des § 6 Abs. 1 WpPG und für dessen Hinterlegung in den Fällen, in denen nach Artikel 26 Abs. 4 der Verordnung (EG) Nr. 809/2004 der Kommission vom 29. April 2004 die Informationen eines, zuvor oder gleichzeitig, gebilligten und hinterlegten Registrierungsformulars durch Verweis einbezogen wurden (§ 13 Abs. 1 und § 14 Abs. 1 Satz 1 WpPG)	1.750

7.	Billigung eines Prospekts, der als ein einziges Dokument im Sinne des § 12 Abs. 1 Satz 1, 1. Alt. des WpPG erstellt worden ist und für dessen Hinterlegung (§ 13 Abs. 1 und § 14 Abs. 1 Satz 1 WpPG)	4.000
8.	Billigung eines Registrierungsformulars im Sinne des § 12 Abs. 1 Satz 2 und 3 WpPG und für dessen Hinterlegung (§ 13 Abs. 1 und § 14 Abs. 1 Satz 1 WpPG)	2.250
9.	Billigung einer Wertpapierbeschreibung im Sinne des § 12 Abs. 1 Satz 2 und 4 WpPG und einer Zusammenfassung im Sinne des § 12 Abs. 1 Satz 2 und 5 WpPG in Verbindung mit § 5 Abs. 2 Satz 2 bis 4 WpPG und für deren Hinterlegung (§ 13 Abs. 1 und § 14 Abs. 1 Satz 1 WpPG)	1.750
10.	Anordnung, dass die Werbung für jeweils zehn aufeinander folgende Tage auszusetzen ist (§ 15 Abs. 6 Satz 1 WpPG)	2.000
11.	Untersagung der Werbung (§ 15 Abs. 6 Satz 2 WpPG)	2.000
12.	Billigung eines Nachtrags im Sinne des § 16 Abs. 1 WpPG (§ 16 Abs. 1 Satz 3 in Verbindung mit § 13 Abs. 1 WpPG)	500
13.	Übermittlung einer Bescheinigung im Sinne des § 18 Abs. 1 WpPG über die Billigung des Prospekts für jeden Mitgliedstaat, an dessen zuständige Behörde eine solche Bescheinigung übermittelt wird (§ 18 Abs. 1 Satz 1, auch in Verbindung mit Abs. 2 WpPG)	100
	Ist die Bescheinigung der Billigung nach § 18 Abs. 1 Satz 2 WpPG innerhalb von einem Werktag zu übermitteln, erhöht sich die Gebühr um	50
	Hat die Bescheinigung der Billigung eine Angabe nach § 18 Abs. 3 WpPG zu enthalten, erhöht sich die Gebühr um	50
14.	Gestattung nach § 19 Abs. 1 Satz 2 WpPG	100
15.	Billigung eines Prospekts, der von einem Emittenten nach den für ihn geltenden Rechtsvorschriften eines Staates, der nicht Staat des Europäischen Wirtschaftsraums ist, erstellt worden ist, für ein öffentliches Angebot oder die Zulassung zum Handel an einem organisierten Markt und für dessen Hinterlegung (§ 20 Abs. 1 und § 14 Abs. 1 Satz 1 WpPG)	5.350
16.	Untersagung eines öffentlichen Angebots (§ 21 Abs. 4 Satz 1 WpPG)	4.000
17.	Anordnung, dass ein öffentliches Angebot für höchstens zehn Tage auszusetzen ist (§ 21 Abs. 4 Satz 2 WpPG)	2.500
18.	Widerruf der Billigung und Untersagung des öffentlichen Angebots (§ 21 Abs. 8 Satz 3 WpPG)	4.000

Inhalt

	Rn.		Rn.
I. Vorbemerkungen	1	1. Gebührenerhöhung	16
II. Gebührenpflichtige Handlungen	2	2. Gebührenermäßigung	17
III. Adressaten und Bescheidung	12	V. Verjährung und Rechtsschutz	18
IV. Bemessungsgrundsätze	14		

I. Vorbemerkungen

1 § 28 Abs. 1 WpPG normiert das Recht der BaFin, für ihr Handeln nach dem WpPG Gebühren und Auslagen erheben zu können; § 28 Abs. 2 WpPG schafft damit i. S. d. Art. 80 GG die Rechtsgrundlage für den Erlass der Wertpapiergebührenverordnung (WpPGebV). Letztere ist die zentrale Regelungsquelle für die Bemessung der aus dem Billigungsverfahren anfallenden Kosten und benennt dazu einzelne gebührenpflichtige Amtshandlungen. Für alle im Übrigen nicht geregelte Fälle findet gem. § 1 Satz 2 WpPGebV das Verwaltungskostengesetz[2] Anwendung, in dessen Anwendungsbereich die BaFin als Anstalt des öffentlichen Rechts gem. § 1 Abs. 1 Nr. 1 VwKostG fällt. Die WpPGebV ist eine Gebührenregelung i. S. d. § 14 FinDAG. Die Gebühren werden durch Bescheid festgesetzt.

II. Gebührenpflichtige Handlungen

2 Sowohl § 28 WpPG als auch die WpPGebV bedienen sich bei der Bestimmung des Tatbestandmerkmals gebührenpflichtige Handlungen des aus dem Verwaltungskostenrecht bekannten Begriffs der Amtshandlung. Dieser umfasst jede Handlung, die mit Außenwirkung in Ausübung hoheitlicher Befugnisse vorgenommen wird.[3] Dazu zählen sowohl begünstigende und belastende Verwaltungsakte als auch die Ausübung schlichter Hoheitsverwaltung.[4] Bloß behördeninternes Verwaltungshandeln entfaltet keine Außenwirkung und ist daher grds. nicht gebührenpflichtig.

3 § 28 Abs. 1 WpPG sieht die Erhebung von Gebühren und Auslagen vor (siehe auch die Überschrift der Norm). Für letztere wird jedoch nach der WpPGebV kein Ersatz erhoben. Zwar können Behörden gem. § 10 VwKostG grds. Ersatz für durch Amtshandlungen anfallende Auslagen verlangen. Solche sind bei Amtshandlungen nach dem WpPG jedoch ausgeschlossen: gem. § 1 Satz 1 2. Halbs. WpPGebV werden für Amtshandlungen Auslagen nicht gesondert erhoben. Dem liegt die Überlegung zu Grunde, dass mögliche Auslagen grds. in die Gebührensätze einbezogen sind, damit durch separate

---

2 VwKostG v. 23. 06. 1970 (BGBl. I S. 821).
3 VGH Mannheim, NvWZ 1995, 1029.
4 *Schlabach*, Gebührenrecht der Verwaltung (Stand: 33. Lfg. Juli 2007), § 1 VwKostG, Rn. 8.

Inrechnungstellung von Auslagen zusätzlicher, mit Kosten verbundener Aufwand zu Gunsten der Antragsteller vermieden werden kann.[5]

Der zunächst weite Anwendungsbereich des § 28 Abs. 1 WpPG, generell für (alle) Amtshandlungen Gebühren erheben zu können, wird durch die WpPGebV konkretisiert. Die im Einzelnen gebührenpflichtigen Amtshandlungen ergeben sich aus dem Gebührenverzeichnis, das als Anlage zu § 2 Abs. 1 WpPGebV geführt wird. Für diese im WpPGebV geregelten Fälle hat die BaFin – trotz des Wortlauts in § 28 Abs. 1 WpPG („kann") – die Pflicht zur Erhebung der festgesetzten Gebühren. Das stellt § 1 WpPGebV klar, wonach die BaFin Gebühren für Amtshandlungen „erhebt". 4

Zudem regelt § 3 WpPGebV eine Gebührenerhebung für besondere Fälle. Dieser benennt zunächst in Abs. 1 Satz 1 abgelehnte Anträge für gebührenpflichtige Amtshandlungen und stellt sie kostenrechtlich in der zu erreichenden Gebührenhöhe mit antragsgemäß beschiedenen Anträgen gleich. Allerdings steht die nähere Bestimmung der Gebührenhöhe im Ermessen der BaFin („bis zur"), § 3 Abs. 1 Satz 1 WpPGebV. Die Gebühr muss jedoch gem. § 3 Abs. 3 WpPGebV mindestens 50 Euro betragen. Die Ablehnung eines Antrags wegen Unzuständigkeit der BaFin ist dagegen gebührenfrei. 5

Weiterhin regelt § 3 Abs. 1 Satz 2 WpPGebV den Fall, dass ein angefangenes Billigungsverfahren nicht zu Ende geführt wird. Ein Antrag auf Billigung kann vom Antragsteller grds. zurückgenommen werden. In dem Zeitraum nach Beginn der sachlichen Bearbeitung bis zur Beendigung der Bearbeitung ist eine Rücknahme kostenrechtlich privilegiert: Der zurückgenommene Antrag kann höchstens nur eine halbe der für die begehrte Amtshandlung festgesetzten Gebühr begründen, § 3 Abs. 1 Satz 2 WpPGebV. Die Bearbeitung der BaFin endet frühestens mit einer Entscheidung über den Antrag.[6] Im Interesse eines klaren Verfahrens muss die Rücknahme in gleicher Form erfolgen, in der auch der Antrag gestellt wurde.[7] Aus Kostengründen kann sich daher für den Antragsteller die Rücknahme des Antrags anbieten, wenn abzusehen ist, dass er die Anforderungen an einen ordnungsgemäßen Prospekt nicht erfüllen kann, um somit einer Antragsablehnung der BaFin zuvorzukommen, da ein ablehnender Bescheid bis zu einer vollen Gebühr führen kann. Auch bei der Rücknahme bemisst die BaFin die Gebühren nach ihrem Ermessen; die Mindestgebühr beträgt gleichfalls 50 Euro. 6

Die Rücknahme eines bei der BaFin bereits zugegangenen Antrags bis zum Beginn der sachlichen Bearbeitung löst dagegen keine Gebührenpflicht aus. 7

Bei dem freiwilligen sog. informellen Vorverfahren handelt es sich regelmäßig zunächst um keine mit Außenwirkung behafteten Amtshandlungen, so dass solche für sich betrachtet keine Gebührenpflicht auslösen können. Dies 8

---

5 So auch im Wesentlichen die Praxis bei den Gebühren i. R. d. WpÜG, vgl. *Schäfer*, in: Kölner Komm. WpÜG, 2003, § 47 Rn. 23 f.
6 Zum im allgemeinen Verwaltungsrecht umstrittenen Zeitpunkt einer zulässigen Antragsrücknahme vgl. *P. Stelkens/Schmitz*, in: Stelkens/Bonk/Sachs, VwVfG, § 22 Rn. 67 ff. m. w. N.
7 BVerwG NVwZ-RR 1993, 275.

Leuering

ist von der Kostenseite unproblematisch, soweit das Vorverfahren in ein Billigungsverfahren mündet, da in diesem die BaFin ihren vorgezogenen Verwaltungsaufwand kompensieren kann. Kommt es dagegen trotz eines Vorverfahrens nicht zum eigentlichen Billigungsverfahren, fehlt es für die Begründung eines Gebührenanspruchs entweder an einer Amtshandlung (keine Außenwirkung der Handlungen der BaFin im Rahmen des informellen Vorverfahrens) oder – für die Begründung eines Anspruchs gem. § 3 WpPGebV – an einem entsprechenden Antrag. Ein Gebührenanspruch entsteht selbst dann nicht, wenn man in einem informellen Vorverfahren auch Amtshandlungen der BaFin erblickt. Es dürfte nämlich kaum möglich sein, Handlungen im Rahmen eines informellen Vorverfahrens unter einen der Gebührentatbestände zu subsumieren. Da wiederum weder die speziellen Vorschriften des WpPGebV noch das allgemeine VwKostG eine Generalklausel des Inhalts vorweisen können, dass alle Amtshandlungen, die auf Antrag oder im Interesse Einzelner vorgenommen werden, gebührenpflichtig sind, fehlt eine sachgesetzliche Vorschrift, die die Gebührenpflicht entstehen lassen könnte. Das informelle Vorverfahren ist kostenrechtlich als eine (mehrteilige) gebührenfreie Auskunftserteilung zu betrachten.

9 Weitere gebührenpflichtige Handlungen können aus dem Widerspruchsverfahren resultieren, § 3 Abs. 2 WpPGebV. Bei einer vollständigen oder teilweisen Zurückweisung eines Widerspruchs ist eine Gebühr bis zur Höhe von 50 Prozent der für die angefochtene Amtshandlung festgesetzten Gebühr. Auf Widerspruchsverfahren, die sich gegen Amtshandlungen richten, für die entweder keine Gebühr vorgesehen ist oder für die eine Gebühr nicht erhoben wurde, sind gebührenpflichtig. Die Gebührenhöhe ist aber beschränkt von mindestens 50 Euro (§ 3 Abs. 3 WpPGebV) bis zu maximal 1.500 Euro (§ 3 Abs. 2 Satz 2 WpPGebV). Ebenfalls gebührenpflichtig, aber in der Höhe beschränkt, sind Widerspruchsverfahren gegen Gebührenentscheidungen aus dem Hauptverfahren. Für sie kommt eine Gebühr in Höhe von bis zu 10 Prozent des streitigen Betrages, wenigstens aber 50 Euro, in Betracht, § 3 Abs. 3 WpPGebV.

10 Ein Gebührenanspruch aus dem Widerspruchsverfahren tritt stets neben den Gebührenanspruch aus dem Hauptverfahren.

11 Gebührenfrei ist dagegen die vollständige oder teilweise Zurückweisung eines Widerspruchs, soweit die zurückweisende Widerspruchsentscheidung nur deshalb ergehen konnte, weil die im Hauptverfahren verletzte Vorschrift die nach § 45 VwVfG unbeachtliche Verfahrensvorschrift ist. Keine Gebührenpflicht begründet auch ein bis zur Beendigung der sachlichen Bearbeitung zurückgenommener Widerspruch. Des Weiteren gebührenfrei ist das Widerspruchsverfahren, das sich ausschließlich gegen die festgesetzte Widerspruchsgebühr richtet, so § 3 Abs. 2 Satz 4 WpPGebV.

III. Adressaten und Bescheidung

12 Gebührenschuldner einer Gebührenforderung ist grds. der Antragsteller. Treten mehrere Antragsteller auf, sind diese nach § 13 Abs. 2 VwKostG als

Gesamtschuldner zu behandeln, so dass ein Antragsteller von der BaFin beansprucht werden kann und dieser ggf. im Innenverhältnis einen Ausgleich verfolgen kann. Aus § 1 Satz WpGebV i.V.m. § 8 Abs. 1 VwKostG folgt auch die im Gebührenrecht des WpPG zu berücksichtigende Gebührenfreiheit für Bund, Länder sowie Gemeinden und Gemeindeverbände. Allerdings tritt die Befreiung nicht ein für wirtschaftliche Unternehmen von Gemeinden und Gemeindeverbände, für öffentlich-rechtliche Unternehmen des Bundes und der Länder sowie nicht für Sondervermögen und Bundesbetriebe i.S.d. Art. 110 Abs. 1 GG bzw. für gleichartige Einrichtungen der Länder. Ebenfalls ist eine Gebührenbefreiung ausgeschlossen, soweit die persönlich Befreiten berechtigt sind, die Gebühren Dritten aufzuerlegen.

Der Kostenbescheid ergeht von Amts wegen und kann entweder zusammen mit der Sachentscheidung oder eigenständig erlassen werden. Soweit in der Kostenentscheidung nicht ein zu beachtender Leistungszeitpunkt für die Gebühr genannt ist, wird die Gebühr mit deren Bekanntgabe fällig, § 17 VwKostG. Eine Vorleistung oder ein Vorschuss ist in der WpPGebV nicht vorgesehen, aber nach § 16 VwKostG grds. möglich, bei der Billigung von Prospekten jedoch unüblich. 13

IV. Bemessungsgrundsätze

§ 28 Abs. 2 Satz 2 WpPG ordnet die grundlegend zu berücksichtigende Bemessungsmaxime für die Gebührensätze an. Nach dem Gebührenrecht des WpPG muss zwischen dem Verwaltungsaufwand und der wirtschaftlichen Bedeutung und Nutzen der Amtshandlung ein angemessenes Verhältnis bestehen. Dies entspricht dem im VwKostG herrschenden Äquivalenzprinzip.[8] Vgl. dagegen die abweichende Regelung in § 1 WpÜG-Gebührenverordnung, die an eine Deckung der Verwaltungskosten für die gebührenpflichtigen Handlungen anknüpft (Kostendeckungsprinzip). Zwar spricht auch der Gesetzgeber von der Deckung der durch das WpPG entstandenen Kosten bei der BaFin[9], normiert aber in § 28 WpPG ausdrücklich das Äquivalentprinzip. 14

Zur Umsetzung werden zunächst die maßgeblichen gebührenpflichtigen Amtshandlungen und die dazugehörigen Gebühren im Gebührenverzeichnis der Anlage zu § 2 Abs. 1 WpPGebV fest zugeordnet. Sie sind von ihren Tatbestandsvoraussetzungen und insb. in der Gebührenhöhe verbindlich. 15

1. Gebührenerhöhung

Eine in das Ermessen der BaFin niedergelegte Gebührenvariable ist in § 2 Abs. 2 WpPGebV vorgesehen: Für gebührenpflichtige Amtshandlungen mit außergewöhnlich hohem Verwaltungsaufwand kann die BaFin in Grenzen 16

---

8 *Schwabach*, Gebührenrecht der Verwaltung (Stand: 33. Lfg. Juli 2007) § 3 VwKostG Rn. 4f.
9 RegBegr. EU-ProspRL-UmsetzungsG, BT-Drucks. 15/4999, S. 40.

Leuering

der Verhältnismäßigkeit die im Verzeichnis festgelegte Gebühr bis auf das Doppelte erhöhen. Beurteilungsmaßstab ist der tatsächlich angefallene zusätzliche Verwaltungsaufwand und nicht etwa allein die erhebliche wirtschaftliche Bedeutung der gebührenpflichtigen Amtshandlung. Der erweiterte Gebührensatz hat in der Gebührenhöhe gleichwohl den wirtschaftlichen Wert, die Bedeutung oder den sonstigen Nutzen der Amtshandlung zu beachten (§ 2 Abs. 2 WpPGebV i.V.m. § 28 Abs. 2 Satz 2 WpPG). Das kann zur Folge haben, dass eine mit außerordentlichem Aufwand behaftete Amtshandlung mit unverhältnismäßig geringem wirtschaftlichen Wert, Bedeutung oder Nutzen für den Gebührenpflichtigen keine Gebührenerhöhung begründen vermag. Hierdurch soll sichergestellt werden, dass kein Mißverhältnis zwischen Gebührenhöhe und Wert der gebührenpflichtigen Handlung entsteht.

2. Gebührenermäßigung

17 Neben der Gebührenerhöhung führt aber auch die Möglichkeit der Gebührenermäßigung zu einer von der BaFin verantwortlichen beweglichen Gebührenbemessung. Diese tritt ein in den Fällen der Rücknahme eines Antrages durch den Antragsteller oder der Ablehnung des Antrags durch die BaFin (oben Rn. 6). Bei der Festsetzung der ermäßigten Gebühr muss die BaFin den Grundsatz der Verhältnismäßigkeit i.S.d. § 28 Abs. 2 wahren. Zum Ausdruck kommen muss der u.U. geringere Verwaltungsaufwand und die ggf. geringere wirtschaftliche Bedeutung der begehrten Amtshandlung.

V. Verjährung und Rechtsschutz

18 Die Verjährung von Gebührenansprüchen ist nicht gesondert geregelt. Gem. § 1 Satz 1 WpPGebV findet § 20 VwKostG Anwendung. Danach verjährt der Anspruch auf Zahlung der Gebühren nach drei Jahren, spätestens mit dem Ablauf des vierten Jahres nach der Entstehung. Die Verjährung beginnt mit Ablauf des Kalenderjahres, in dem der Anspruch fällig geworden ist. Ansprüche aus einer angefochtenen Entscheidung verjähren nicht vor Ablauf von sechs Monaten, nach dem die Kostenentscheidung unanfechtbar geworden ist oder das Verfahren sich auf andere Weise erledigt hat, § 20 Abs. 1 und 6 VwKostG. Die Möglichkeiten der Hemmung und Unterbrechung der Frist regeln § 20 Abs. 2 bis 5 VwKostG.[10]

19 Eine Gebührenfestsetzung ist, auch wenn sie zusammen als Teil eines belastenden oder begünstigenden Verwaltungsaktes aus dem Billigungsverfahren ergeht, ein selbständiger Bescheid, der für sich betrachtet mit Widerspruch und Anfechtungsklage angefochten werden kann. Aufschiebende Wirkung entfalten die Rechtsmittel nicht, § 80 Abs. 2 Satz 1 Nr. 2 VwGO; es gelten die allgemeinen Grundsätze. Dies trifft auch für einen Widerspruch nur gegen die Sachentscheidung zu, obwohl sich ein insoweit aufschiebend wirkender

---

10 Dazu näher *Schlabach*, Gebührenrecht der Verwaltung (Stand: 33. Lfg. Juli 2007) § 20 VwKostG Rn. 15 ff.

Rechtsbehelf[11] nach § 1 Satz 1 WpPGebV i.V.m. § 22 Abs. 1 VwKostG auch auf die Kostenentscheidung erstreckt.[12] Das Verfahren gegen die Festsetzung der Widerspruchsgebühr ist gem. § 3 Abs. 2 Satz 4 WpPGebV gebührenfrei.

§ 29
Benennungspflicht

Ist für einen Emittenten mit Sitz im Ausland gemäß § 2 Nr. 13 Buchstabe b oder c die Bundesanstalt zuständig, so hat er im Inland einen Bevollmächtigten zu benennen. § 15 Satz 2 und 3 des Verwaltungsverfahrensgesetzes gilt entsprechend.

Inhalt

	Rn.		Rn.
I. Vorbemerkungen	1	IV. Rechtsfolgen bei unterlassener Benennung	14
II. Tatbestand	3		
III. Rechtsfolge	7		

I. Vorbemerkungen

Gem. § 29 Satz 1 WpPG haben Emittenten mit Sitz im Ausland, für die nach § 2 Nr. 13 lit. b) oder c) WpPG die Bundesanstalt zuständig ist, im Inland einen Bevollmächtigten zu benennen. Sinn und Zweck der Norm ist, dass auch bei ausländischen Emittenten eine zeitnahe und direkte Kommunikation sichergestellt ist, die für die vom Gesetz bezweckte zügige Billigung des Prospekts und Überwachung der sich aus diesem Gesetz ergebenden Pflichten erforderliche ist.[1] Der ausländische Emittent hat folglich durch die Benennung des Bevollmächtigten zu gewährleisten, dass auch unter seiner Beteiligung ein laufendes Billigungsverfahren oder sonstige Maßnahmen nach dem WpPG zügig durchgeführt werden können. Wenngleich nicht vom Gesetzeswortlaut so explizit benannt, geht es im Rahmen der Verfahrensbeschleunigung vorrangig um die Möglichkeit der BaFin, ihre Amtshandlungen bekannt zu machen, da solche mit Verwaltungsaktqualität erst mit der Bekanntgabe wirksam werden, § 41 VwVfG. Nach allgemeinen Regeln kann diese Bekanntgabe durch Zustellung auch an einen Bevollmächtigten erfolgen.[2]

1

Der ausländische Emittent hat einen im Inland erreichbaren Bevollmächtigten zu benennen. Wird kein Bevollmächtigter benannt, greift über § 29

2

---

11 Beachte § 26.
12 *Schlabach*, Gebührenrecht der Verwaltung (Stand: 33. Lfg. Juli 2007) § 17 VwKostG Rn. 7.

---

1 RegBegr. EU-ProspRL-UmsetzungsG, BT-Drucks. 15/4999, S. 40.
2 Vgl. dazu *P. Stelkens/U. Stelkens*, in: Stelkens/Bonk/Sachs, VwVfG, § 41 Rn. 108 b.

Satz 2 in entsprechender Anwendung § 15 Satz 2 und 3 VwVfG die Fiktion einer Zustellung an den Emittenten. Die Bestimmung des § 29 WpPG basiert auf § 131 InvG,[3] der seinerseits aus der früheren Bestimmung des § 15a AuslInvG hervorgegangen ist.[4] Eine Vorschrift mit vergleichbarem Regelungsinhalt findet sich in § 43 WpÜG.[5] § 29 WpPG findet keinen unmittelbaren europarechtlichen Ursprung in der Prospekt-Richtlinie. § 29 WpPG ist *lex specialis* zu § 15 Satz 1 VwVfG.

II. Tatbestand

3 Tatbestandliche Voraussetzung für § 29 WpPG ist der Emittenten mit Sitz im Ausland, für den gem. § 2 Nr. 13 lit. b) oder c) WpPG die BaFin zuständig ist.

4 Emittent ist eine Person oder Gesellschaft, die Wertpapiere begibt oder zu begeben beabsichtigt, § 2 Nr. 9 WpPG. Der Auslandssitz des Emittenten ist anhand bestehender Merkmale zu definieren. Bei juristischer Personen des Privatrechts ist darunter der Ort zu verstehen, der durch Satzung, Gesellschaftsvertrag, Errichtungsakt o. Ä. bestimmt ist. Andernfalls ist es der Ort, an dem die Verwaltung geführt wird. Bei mehreren in Betracht kommenden Verwaltungsstellen ist dieser anhand des Mittelpunkts der Geschäftstätigkeit bzw. der Führung der Verwaltungsgeschäfte festzulegen.[6] Hat ein Emittent mit Satzungssitz im Ausland allerdings seinen effektiven Verwaltungssitz im Inland, ist eine organschaftliche Vertretung des Emittenten ausreichend. Eine rechtsgeschäftliche Übertragung von Vertretungsmacht an einen Bevollmächtigten ist in diesem Fall überflüssig. § 29 WpPG ist dann entsprechend teleologisch zu reduzieren. Beispiel: Tritt eine Limited mit Satzungssitz in England und einem Verwaltungssitz im Inland als Emittent auf, genügt es, der BaFin den Geschäftsführer am Verwaltungssitz zu benennen; die Bevollmächtigung einer weiteren Person – u. U. durch denselben Geschäftsführer – ist nicht erforderlich.

5 § 29 WpPG knüpft an den Emittenten (§ 2 Nr. 9 WpPG) an und lässt den Anbieter (§ 2 Nr. 10 WpPG) sowie den Zulassungsantragsteller (§ 2 Nr. 11 WpPG) außen vor; Hintergrund dürfte sein, dass über den Emittenten nach § 2 Nr. 13 lit. b) und c) WpPG die Zuständigkeit der BaFin bestimmt wird. Die Benennungspflicht gilt damit nach dem Wortlaut der Norm auch in dem Fall, dass der vom Emittenten abweichender Anbieter seinen Sitz in Deutschland hat, ferner, wenn der Emittent überhaupt nicht am Billigungsverfahren als Antragsteller beteiligt ist. Umgekehrt ist nach dem Wortlaut der Norm kein Bevollmächtigter zu benennen, wenn zwar der Emittent sei-

---

3 Vgl. RegBegr. WpPG, BT-Drucks. 15/4999, S. 40.
4 Vgl. RegBegr. InvG, BT-Drs. 15/1553, S. 115.
5 Das Erfordernis zur Benennung eines Empfangsbevollmächtigten im Inland gehört bereits andernorts zur Verwaltungspraxis der BaFin, so z.B. bei Verfahren mit ausländischen Bank- und Finanzdienstleistungsunternehmen, vgl. BaFin-Merkblatt vom April 2005 zur Erlaubnispflicht nach § 32 Abs. 1 KWG.
6 *Kopp/Ramsauer*, VwVfG, § 3 Rn. 34 m.w.N.

nen Sitz im Inland hat, der verfahrensbeteiligte Anbieter/Zulassungsantragsteller jedoch im Ausland sitzt. Hier ist indes die Interessenlage (Bedürfnis einer inländischen Zustellung) vergleichbar. Nach dem Telos der Norm bedarf es keiner Benennung eines Bevollmächtigten, wenn der ausländische Emittent kein Verfahrensbeteiligter (§ 3 VwVfG) ist. Umgekehrt ist ein Bevollmächtigter zu benennen, wenn zwar der Emittenten inländisch ist, Anbieter oder Zulassungsantragsteller aber einen ausländischen Sitz haben und verfahrensbeteiligt i.S.d. § 3 VwVfG sind.

Weitere Voraussetzung ist, dass für den Emittenten gem. § 2 Nr. 13 lit. b) oder c) WpPG die BaFin zuständig ist. Siehe dazu oben § 2 WpPG. 6

III. Rechtsfolge

Rechtsfolge ist, dass der Emittent verpflichtet ist, „im Inland einen Bevollmächtigten zu benennen". Diese Formulierung kann nur als sprachlich verunglückt bezeichnet werden und ist nur im Lichte des Telos der Norm verständlich. Wörtlich genommen, hat sich der Emittent ins Inland (also nach Deutschland) zu begeben und dort einen Bevollmächtigten zu benennen, ohne das an diesen Bevollmächtigten (und insb. seinen Sitz) besondere Anforderungen gestellt werden. Das machte nur wenig Sinn. Gemeint ist, dass der Emittenten einen inländischen Bevollmächtigten benennen muss. 7

Ohne dies ausdrücklich auszusprechen, beinhaltet § 29 WpPG zugleich die Verpflichtung, einen Dritten zu bevollmächtigen. 8

Inländisch ist, wer eine zustellungsfähige Adresse im Inland hat. Vollmacht ist die durch Rechtsgeschäft erteilte Vertretungsmacht, § 166 Abs. 2 BGB. Nach § 167 Abs. 1 BGB kann die Vollmacht durch Erklärung gegenüber dem zu Bevollmächtigenden oder dem Dritten, dem gegenüber die Vertretung stattfinden soll (im Rahmen des § 29 WpPG also gegenüber der BaFin), erteilt werden. Der Bevollmächtigte muss den Emittenten zumindest passiv gegenüber der BaFin vertreten können, um so den Zugang von Verfügungen zu ermöglichen. Ein Zugang beim Bevollmächtigten setzt in jedem Fall etwaige Fristen in Lauf; eine zeitverzögernde Bekanntgabe oder Zustellung im Ausland ist dann nicht erforderlich. Die Möglichkeit, dem Emittenten selbst eine Verfügung bekannt zu machen, wird durch die Benennung des Bevollmächtigten indes nicht versperrt, da eine Vollmacht keine verdrängende Wirkung entfaltet. Weitere inhaltliche Voraussetzungen an die Vertretungsmacht, insb. dass der Bevollmächtigte auch zur aktiven Vertretung befugt sein muss, fordert das Gesetz nicht.[7] Sinn und Zweck der Regelung legen es aber nahe, diesem auch mit einer aktiven Vertretungsmacht auszustatten, damit er z.B. wirksam am Anhörungsverfahren i.R.d. Billigung nach § 13 WpPG mitwirken kann. Weiterhin braucht der Bevollmächtigte keine besondere Eignung oder Status vorweisen müssen. 9

---

7 Vgl. dagegen § 14 Abs. 1 Satz 2 VwVfG.

10   Der Bevollmächtigte muss nicht zwingend eine natürliche Person sein. In Betracht kommt auch die Bevollmächtigung einer (inländischen) Personengesellschaft oder einer (inländischen) juristischen Person. Auch die Bevollmächtigung einer Personengesellschaft oder juristischen Person mit dem Sitz im Ausland ist möglich, sofern sie eine Niederlassung im Inland (§§ 13d ff. HGB) hat, denn hier sind Zustellungen möglich.

11   Der Bevollmächtigte ist gegenüber der BaFin namhaft zu machen („ist zu benennen"); dies beinhaltet die Mitteilung einer zustellungsfähigen Adresse. Der Wortlaut der Norm legt nahe, dass es bereits einer rechtsgeschäftlich übertragenen Vertretungsmacht bedarf (zweistufiger Vorgang: erst Bevollmächtigung, dann Benennung). Allerdings genügt es auch, dass die Vollmacht erst durch Erklärung gegenüber der BaFin erteilt wird (einstufiger Vorgang, § 167 Abs. 1 Alt. 2 BGB). Eine besondere Form für die Benennung und die Bevollmächtigung schreibt das Gesetz nicht vor. Vor dem Hintergrund der allgemeinen Regeln[8] ist der BaFin aber regelmäßig eine schriftliche Vollmacht vorzulegen.

12   Der Zeitpunkt der Benennungspflicht fällt spätestens mit dem der Antragstellung zusammen, da von diesem an ein Kommunikationsbedürfnis entsteht. Unterbleibt die Benennung, ist die BaFin nicht verpflichtet, den Emittenten auf diese Pflicht und die möglichen Rechtsfolgen hinzuweisen. Das ergibt sich daraus, dass § 29 Satz 2 WpPG nicht auch auf § 15 Satz 4 VwVfG verweist. Eine nachträgliche Benennung mit *ex-nunc*-Wirkung ist aber jederzeit möglich.

13   Eine Benennung gem. § 29 Satz 1 WpPG gilt für das Verwaltungsverfahren mit der BaFin, so dass eine Vertretung in einem späteren gerichtlichen Verfahren im Zweifel ohne eine ausdrückliche Erklärung nicht möglich ist.[9] Dann gilt § 56 Abs. 3 VwGO.

IV. Rechtsfolgen bei unterlassener Benennung

14   Kommt der Verpflichtete nicht seiner Pflicht nach, einen Bevollmächtigten zu benennen, greifen über § 29 Satz 2 WpPG die Regelungen des § 15 Satz 2 und 3 VwVfG. Diese lauten: „Unterlässt er dies [*scil.* die Benennung eines Empfangsbevollmächtigten im Inland], gilt ein an ihn gerichtetes Schriftstück am siebenten Tage nach der Aufgabe zur Post und ein elektronisch übermitteltes Dokument am dritten Tage nach der Absendung als zugegangen. Das gilt nicht, wenn feststeht, dass das Dokument den Empfänger nicht oder zu einem späteren Zeitpunkt erreicht hat."

15   Aus der entsprechenden Anwendung des § 15 Satz 2 und 3 VwVfG folgt, dass bei unterlassener Benennung eines Bevollmächtigten Schriftstücke, die an den Emittenten gerichtet sind, am siebten Tage nach der Aufgabe zur Post und bei elektronischer Dokumentenübermittlung am dritten Tage nach

---

[8]   § 14 Abs. 1 Satz 3 VwVfG.
[9]   *Bonk/Schmitz*, in: Stelkens/Bonk/Sachs, VwVfG, § 14 Rn. 12 m.w.N.

der Absendung als dem Emittenten zugegangen gelten. Diese Zugangsvermutung kann widerlegt werden einerseits für den Fall, dass ein Zugang überhaupt nicht und andererseits zu einem späteren Zeitpunkt erfolgt ist. Umstände, die dies beweisen, sind sowohl auf Vorbringen des Beteiligten als auch von Amts wegen zu berücksichtigen. Dagegen kann ein früherer Zugang auch dann nicht berücksichtigt werden, wenn fest steht, dass ein Eingang vor Ablauf der Drei- bzw. Siebentage-Frist zu verzeichnen ist. Es gellten die allgemeinen Grundsätze.[10]

§ 30
Bußgeldvorschriften

(1) Ordnungswidrig handelt, wer vorsätzlich oder leichtfertig

1. entgegen § 3 Abs. 1 Satz 1 im Inland Wertpapiere öffentlich anbietet, ohne dass ein Prospekt nach den Vorschriften dieses Gesetzes bereits veröffentlicht worden ist,

2. entgegen § 8 Abs. 1 Satz 6 oder 7 den Emissionspreis oder das Emissionsvolumen nicht, nicht richtig, nicht in der vorgeschriebenen Weise oder nicht rechtzeitig veröffentlicht,

3. entgegen § 8 Abs. 1 Satz 9 den Emissionspreis oder das Emissionsvolumen nicht oder nicht rechtzeitig hinterlegt,

4. entgegen § 10 Abs. 1 Satz 1 oder Abs. 2 Satz 1 das dort genannte Dokument dem Publikum nicht, nicht richtig, nicht vollständig, nicht in der vorgeschriebenen Weise oder nicht rechtzeitig zur Verfügung stellt oder nicht oder nicht rechtzeitig hinterlegt,

5. entgegen § 13 Abs. 1 Satz 1 einen Prospekt veröffentlicht,

6. entgegen § 14 Abs. 1 Satz 1, auch in Verbindung mit Satz 2, einen Prospekt nicht, nicht richtig, nicht vollständig, nicht in der vorgeschriebenen Weise oder nicht rechtzeitig veröffentlicht,

7. entgegen § 14 Abs. 3 Satz 1 eine Mitteilung nicht, nicht richtig, nicht vollständig, nicht in der vorgeschriebenen Weise oder nicht rechtzeitig macht,

8. entgegen § 14 Abs. 5 eine Papierversion des Prospekts nicht zur Verfügung stellt oder

9. entgegen § 16 Abs. 1 Satz 4 einen Nachtrag nicht, nicht richtig, nicht vollständig, nicht in der vorgeschriebenen Weise oder nicht rechtzeitig veröffentlicht.

(2) Ordnungswidrig handelt, wer vorsätzlich oder fahrlässig einer vollziehbaren Anordnung nach

1. § 15 Abs. 6 Satz 1 oder 2 oder § 21 Abs. 2 Satz 1 oder

2. § 21 Abs. 4 Satz 1 oder 2

zuwiderhandelt.

---

10 Näher dazu vgl. *Clausen*, in: Knack, VwVfG, § 15 Rn. 5 ff. m. w. N.

(3) Die Ordnungswidrigkeit kann in den Fällen des Absatzes 1 Nr. 5 und des Absatzes 2 Nr. 2 mit einer Geldbuße bis zu fünfhunderttausend Euro, in den Fällen des Absatzes 1 Nr. 6 mit einer Geldbuße bis zu einhunderttausend Euro und in den übrigen Fällen mit einer Geldbuße bis zu fünfzigtausend Euro geahndet werden.

(4) Verwaltungsbehörde im Sinne des § 36 Abs. 1 Nr. 1 des Gesetzes über Ordnungswidrigkeiten ist die Bundesanstalt.

Inhalt

		Rn.			Rn.
I.	Überblick	1	1.	Anordnung gegen unzulässige Werbung (§ 30 Abs. 2 Nr. 1, Alt. 1 WpPG)	21
II.	Ordnungswidrigkeiten nach § 30 Abs. 1 WpPG	2	2.	Verstoß gegen Auskunfts- und Vorlageverpflichtungen (§ 30 Abs. 2 Nr. 1, Alt. 2 WpPG)	22
	1. Öffentliches Angebot von Wertpapieren ohne Prospekt (§ 30 Abs. 1 Nr. 1 WpPG)	2	3.	Untersagung öffentlicher Angebote (§ 30 Abs. 2 Nr. 2)	23
	2. Verstoß gegen Pflicht zur Veröffentlichung von Emissionspreis oder Emissionsvolumen (§ 30 Abs. 1 Nr. 2 WpPG)	4	IV.	Schuld und Irrtum	24
			1.	Vorsatz	25
			2.	Fahrlässigkeit	26
	3. Verstoß gegen Hinterlegung von Emissionspreis oder Emissionsvolumen (§ 30 Abs. 1 Nr. 3 WpPG)	7	3.	Leichtfertigkeit	27
			4.	Irrtum	28
	4. Verstöße gegen Pflichten betreffend das jährliche Dokument (§ 30 Abs. 1 Nr. 4 WpPG)	8	V.	Beteiligung (§ 14 OWiG), Handeln für einen anderen (§ 9 OWiG) und Aufsichtspflichtverletzung (§ 130 OWiG)	31
	5. Vorzeitige Prospektveröffentlichung (§ 30 Abs. 1 Nr. 5 _WpPG)	13	1.	Beteiligung (§ 14 OWiG)	31
			2.	Handeln für einen anderen (§ 9 OWiG)	32
	6. Verstoß gegen Prospektveröffentlichungspflicht (§ 30 Abs. 1 Nr. 6 WpPG)	14	3.	Aufsichtspflichtverletzung § 130 OWiG	34
	7. Verstoß gegen Mitteilungspflicht (§ 30 Abs. 1 Nr. 7 WpPG)	16	VI.	Versuch und Vollendung	35
			VII.	Geldbuße und Verfall	37
			1.	Geldbuße	37
			a)	Bußgeldhöhe	37
	8. Verletzung der Pflicht zur Verfügungsstellung der Papierversion des Prospekts (§ 30 Abs. 1 Nr. 8 WpPG)	18	b)	Geldbußen gegen juristische Personen und Personengesellschaften	40
			2.	Verfall § 29a OWiG	41
	9. Verstoß gegen Nachtragspflicht (§ 30 Abs. 1 Nr. 9 WpPG)	19	VIII.	Zeitliche Geltung	42
			IX.	Zusammentreffen mehrerer Gesetzesverstöße	43
III.	Ordnungswidrigkeiten nach Abs. 2	20	X.	Verfolgungsbehörde	45

I. Überblick

Die Bußgeldvorschrift des § 30 WpPG dient der Umsetzung von Art. 25 Abs. 1 EU-ProspRL. Sie lehnt sich an § 17 VerkProspG sowie § 71 Abs. 1 BörsZulVO an und bedroht nahezu alle Verstöße gegen Veröffentlichungs- und Hinterlegungspflichten mit Geldbuße. In Abs. 1 werden verschiedene Verstöße gegen gesetzliche Verpflichtungen geahndet, während Abs. 2 der Vorschrift des § 17 Abs. 2 VerkProspG entspricht und die Nichtbefolgung von Anordnungen der Bundesanstalt sanktioniert. Abs. 3 enthält eine je nach Verstoß abgestufte Bußgelddrohung, welche ebenfalls § 17 Abs. 3 VerkProspG entspricht.

1

II. Ordnungswidrigkeiten nach § 30 Abs. 1 WpPG

1. Öffentliches Angebot von Wertpapieren ohne Prospekt (§ 30 Abs. 1 Nr. 1 WpPG)

Bußgeldbewehrt ist das öffentliche Angebot von Wertpapieren entgegen § 3 Abs. 1 Satz 1 WpPG, ohne dass ein nach den Vorschriften dieses Gesetzes erforderlicher Prospekt bereits veröffentlicht ist. Der Begriff des öffentlichen Angebots ist in § 2 Nr. 4 WpPG legal definiert als eine Mitteilung an das Publikum in jedweder Form und auf jedwede Art und Weise, die ausreichende Informationen über die Angebotsbedingungen und die anzubietenden Wertpapiere enthält, um einen Anleger in die Lage zu versetzen, über den Kauf oder die Zeichnung dieses Wertpapiere zu entscheiden. Das Angebot muss sich auf den Kauf oder die Zeichnung von Wertpapieren richten, unabhängig davon, ob es sich um einen bindenden Antrag i.S.v. § 145 BGB oder eine invitatio ad offerendum handelt. Anbieter (§ 2 Nr. 10 WpPG) ist derjenige, der den Anlegern erkennbar nach außen für das öffentliche Angebot eines Wertpapiers verantwortlich ist oder dessen öffentliche Platzierung beabsichtigt. Maßgebend ist, wer das Angebot zum Abschluss des Kaufvertrages über das Wertpapier abgibt oder entgegennimmt. Dies kann, muss aber nicht stets der Emittent eines Wertpapiers sein. Jedoch wird der Emittent regelmäßig Anbieter sein, unabhängig davon, ob die Wertpapiere im Rahmen einer Eigenemission unmittelbar platziert werden oder dies als Fremdemission unter Mitwirkung von Banken oder Emissionshäusern geschieht.[1] In letzterem Fall können auch Banken oder Emissionshäuser Anbieter sein. Erfolgt der Vertrieb mit Hilfe einer Vertriebsorganisation, einem Netz an angestellten oder freien Vermittlern bzw. Untervermittlern, gilt als Anbieter derjenige, der die Vertriebsaktivitäten verantwortlich koordiniert, wobei Indizien hierfür Vereinbarungen mit dem Emittenten sowie Aufträge und Provisionsvereinbarungen an Vertriebsmittler und Mitarbeiter sein können.[2]

2

Voraussetzung ist stets, dass Wertpapiere zu einem Zeitpunkt öffentlich angeboten werden, zu dem noch kein Prospekt veröffentlicht wurde, obgleich

3

---

1 *Groß*, KapMR, § 2 WpPG, Rn. 26.
2 RegBegr. EU-ProspRL-UmsetzungsG, BT-Drucks. 15/4999, S. 25, 28.

nach § 3 Abs. 1 Satz 1 WpPG eine Prospektpflicht besteht. Nicht von Nr. 1 erfasst sind die Fälle, in denen bei Beginn des öffentlichen Angebots zwar ein Prospekt veröffentlicht war, jedoch die Modalitäten der Veröffentlichung nach § 14 Abs. 2 nicht beachtet wurden oder der Prospekt inhaltlich fehlerhaft ist. Hier kommt allenfalls eine Ordnungswidrigkeit nach Nr. 6 in Betracht.

2. Verstoß gegen Pflicht zur Veröffentlichung von Emissionspreis oder Emissionsvolumen (§ 30 Abs. 1 Nr. 2 WpPG)

4 Die Tathandlung besteht in der Verletzung einer Veröffentlichungspflicht nach § 8 Abs. 1 Satz 6 und 7 WpPG. Danach muss bei einem öffentlichen Angebot der endgültige Emissionspreis und das Emissionsvolumen unverzüglich nach der Festlegung veröffentlicht werden. Unverzüglich bedeutet ohne schuldhaftes Zögern (§ 121 BGB). Die zulässigen Fristen sind unterschiedlich lang, je nachdem welche der nach § 14 Abs. 2 WpPG zulässigen Veröffentlichungsformen gewählt wird. Bei einem nicht öffentlichen Angebot hat die Veröffentlichung von endgültigem Emissionspreis und Emissionsvolumen spätestens einen Werktag vor Einführung der Wertpapiere zu erfolgen. Für die Fristberechnung ist § 187 Abs. 2 BGB maßgebend. Die Veröffentlichung im Laufe des Vortags der Einführung der Wertpapiere reicht danach aus. Nach § 8 Abs. 1 Satz 8 WpPG ist eine nachträgliche Veröffentlichung bei Nichtdividendenwerten, die ohne öffentliches Angebot platziert werden, dann möglich, wenn diese Nichtdividendenwerte während einer längeren Dauer und zu veränderlichen Preisen ausgegeben werden.

5 Die Veröffentlichungspflicht trifft den Anbieter (§ 2 Nr. 10 WpPG) oder den Zulassungsantragsteller (§ 2 Nr. 11 WpPG), d.h. denjenigen, der den Antrag auf Zulassung zum Handel an einem organisierten Markt beantragt. Dies ist regelmäßig der Emittent und eines der in § 30 Abs. 2 BörsG genannten Institute. Für die Veröffentlichungspflicht sind Anbieter und Zulassungsantragsteller, soweit sie nicht identisch sind, nebeneinander verantwortlich. Es handelt sich dabei um ein Dauer(unterlassungs)delikt. Die Pflicht zur Veröffentlichung entfällt somit nur dann, wenn einer der Verantwortlichen seiner Veröffentlichungspflicht in richtiger Weise nachgekommen ist. Eine interne Absprache zwischen den Veröffentlichungspflichtigen, wer die Veröffentlichung vornimmt, führt nicht dazu, dass die Verantwortlichkeit der anderen dadurch erlischt, vielmehr treffen diese weiterhin Aufsichts- und Überwachungspflichten, die dann wieder zu einer Veröffentlichungspflicht erstarken, wenn der nach den internen Absprachen Zuständige seiner Veröffentlichungspflicht nicht, nicht richtig oder nicht in gehöriger Weise nachkommt.

6 Nicht veröffentlicht wird, wenn eine Veröffentlichung von Emissionspreis, Emissionsvolumen oder beiden Angaben vollständig unterlassen wurde. Es handelt sich bei dieser Tatmodalität um ein echtes Unterlassungsdelikt. Nicht richtig erfolgt die Veröffentlichung, wenn die Angabe von Emissionspreis oder Emissionsvolumen inhaltlich unzutreffend, d.h. unwahr ist. § 8 Abs. 1 Satz 6 WpPG bestimmt durch Verweisung auf § 14 Abs. 2 WpPG wie

die Veröffentlichung zu erfolgen hat. Danach hat der Veröffentlichungspflichtige die Wahl zwischen den verschiedenen in § 14 Abs. 2 WpPG genannten neun Veröffentlichungsmodalitäten. Nicht in der vorgeschriebenen Weise erfolgt die Veröffentlichung, wenn eine andere, nicht im Gesetz genannte Form der Veröffentlichung gewählt wird oder die Modalitäten einer zulässigen Veröffentlichungsform nicht beachtet werden (z. B. Veröffentlichung in einer nur in geringem Umfang verbreiteten Zeitschrift).

3. Verstoß gegen Hinterlegung von Emissionspreis oder Emissionsvolumen (§ 30 Abs. 1 Nr. 3 WpPG)

§ 30 Abs. 1 Nr. 3 WpPG ahndet Verstöße gegen die Verpflichtung des § 8 Abs. 1 Satz 9 WpPG, den endgültigen Emissionspreis und das Emissionsvolumen am Tag der Veröffentlichung bei der Bundesanstalt zu hinterlegen. Zur Hinterlegung verpflichtet ist derjenige, den nach § 8 Abs. 1 Satz 6 WpPG die Pflicht zur Veröffentlichung trifft, nämlich der Anbieter oder der Zulassungsantragsteller, nur diese können daher Täter sein.

7

Die Tathandlung besteht im vollständigen Unterlassen einer Hinterlegung oder in der verspäteten Hinterlegung des Emissionspreises oder des Emissionsvolumens bei der Bundesanstalt. Die Hinterlegung muss nach § 8 Abs. 1 Satz 9 WpPG stets am Tag der Veröffentlichung erfolgen. Erfolgt die Veröffentlichung durch mehrere der in § 14 Abs. 2 WpPG zur Verfügung stehenden Veröffentlichungsmodalitäten zu unterschiedlichen Zeitpunkten, hat die Hinterlegung am Tag der frühesten Veröffentlichung zu erfolgen. In welcher Art und Weise die Hinterlegung bei der Bundesanstalt erfolgt, ist hingegen für die Einhaltung der Frist unerheblich.

4. Verstöße gegen Pflichten betreffend das jährliche Dokument (§ 30 Abs. 1 Nr. 4 WpPG)

§ 10 WpPG legt Emittenten die Pflicht auf, die Anleger mindestens einmal jährlich in einem Dokument über wesentliche Umstände zu unterrichten. Ordnungswidrig handelt der Emittent, der das jährliche Dokument dem Publikum nicht, nicht richtig, nicht vollständig, nicht in der vorgeschriebenen Weise oder nicht rechtzeitig zur Verfügung stellt bzw. der das jährliche Dokument nicht oder nicht rechtzeitig bei der Bundesanstalt hinterlegt. Bezugsgegenstand des jährlichen Dokuments sind Wertpapiere, die zum Handel an einen organisierten, d.h. einem amtlichen oder geregelten Markt in Deutschland zugelassen sind. Nach Abs. 3 gilt eine Ausnahme für Nichtdividendenwerte mit einer Mindeststückelung von 50.000 Euro. In dem jährlichen Dokument sind alle diejenigen Informationen aufzuführen, die der Emittent in den vergangenen zwölf Monaten aufgrund der in § 10 Nr. 1 bis 4 WpPG genannten Vorschriften veröffentlicht oder dem Publikum zur Verfügung gestellt hat. Dies betrifft u. a.

8

– Ad-hoc Mitteilungen, directors dealings und Veränderungen des Stimmrechtsanteils (§§ 15, 15a, 25 und 26 WpHG);

9

- Informationen nach § 39 Abs. 1 Nr. 3, Abs. 2 BörsG i.V. m. §§ 53 bis 70 BörsZulVO, insbesondere Jahresabschluss und Lagebericht, Ausübung von Umtausch-, Zeichnungs- oder Kündigungsrechten, Zinszahlungen, Rückzahlungen und Auslosung von Wertpapieren, Ausschüttung und Auszahlung von Dividenden, Ausgabe neuer Aktien, Ausübung von Umtausch-, Bezugs- und Zeichnungsrechten etc.;

- zusätzliche Informationen, die nach der jeweils betroffenen Börsenordnung zu veröffentlichen sind (§§ 42, 54 BörsG) oder

- entsprechende Informationen nach ausländischen Rechtsvorschriften (§ 10 Abs. 1 Nr. 4 WpPG).

10 Voraussetzung ist, dass der Emittent die oben genannten Informationen in den vergangenen zwölf Monaten bereits veröffentlicht oder dem Publikum zur Verfügung gestellt hat. Die genannten Informationen sind entweder in das jährliche Dokument aufzunehmen oder es ist auf sie zu verweisen. Nach Art. 27 Abs. 2 der EU-ProspV ist das jährliche Dokument dem Publikum spätestens 20 Arbeitstage nach Veröffentlichung des Jahresabschlusses zur Verfügung zu stellen. Dem Publikum wird das jährliche Dokument nicht zur Verfügung gestellt, wenn eine Veröffentlichung ganz unterbleibt, während ein Fall der nicht rechtzeitigen Zurverfügungstellung dann vorliegt, wenn das jährliche Dokument erst später als 20 Arbeitstage nach Veröffentlichung des Jahresabschlusses veröffentlicht wird.

11 Nicht richtig ist eine Veröffentlichung dann, wenn Informationen, die im jährlichen Dokument enthalten sind oder auf die verwiesen wurde, unrichtig oder unzutreffend sind. Ein Fall der nicht vollständigen Veröffentlichung liegt vor, wenn einzelne Informationen nicht aufgeführt oder der Verweis auf sie unterblieben ist.

In welcher Art und Weise das jährliche Dokument dem Publikum zur Verfügung zu stellen ist, ergibt sich aus der § 10 Abs. 1 Satz 1, Satz 2 WpPG, der wiederum auf § 14 Abs. 2 WpPG verweist. Der Emittent hat die Wahl zwischen den dort genannten neun Veröffentlichungsmodalitäten.

12 Nach § 10 Abs. 2 Satz 1 WpPG hat der Emittent das jährliche Dokument nach Offenlegung des Jahresabschlusses bei der Bundesanstalt zu hinterlegen. Allerdings enthält das Gesetz keine Vorschrift, wann die Hinterlegung zu erfolgen hat. Anders als bei der Hinterlegungspflicht des § 8 Abs. 1 Satz 7 WpPG ist insbesondere auf das Tatbestandsmerkmal der Unverzüglichkeit verzichtet worden. Die EU-ProspV enthält ebenfalls keine Regelungen, bis wann die Hinterlegung zu erfolgen hat. Auch für Ordnungswidrigkeiten gilt der Bestimmtheitsgrundsatz des Art. 103 Abs. 2 GG. Danach muss der Gesetzgeber den Tatbestand einer Ordnungswidrigkeit so genau beschreiben, dass der Bürger Anwendungsbereich und Tragweite eines Bußgeldtatbestandes hinreichend sicher erkennen kann.[3] Dabei genügt es, wenn sich dies durch Auslegung ermitteln lässt. Aus dem Wortlaut der Vorschrift ist abzu-

---

3 BVerfG v. 17.11.1992 – 1 BvR 168/89, 1 BvR 1509/89, 1 BvR 638/90, 1 BvR 639/90 – BVerfGE 87, 391, 393; BVerfG v. 21.12.2004 – 1 BvR 2652/03 – NJW 2005, 349.

leiten, dass eine Hinterlegung spätestens vor Offenlegung des Jahresabschlusses für das kommende Geschäftsjahr zu erfolgen hat.[4] Nicht rechtzeitig hinterlegt wird das jährliche Dokument somit immer dann, wenn eine Hinterlegung zwar erfolgt ist, dies aber erst bei oder nach Offenlegung des Jahresabschlusses für das folgende Geschäftsjahr.

5. Vorzeitige Prospektveröffentlichung (§ 30 Abs. 1 Nr. 5 WpPG)

Ein Prospekt darf nach § 13 Abs. 1 Satz 1 WpPG vor seiner Billigung durch die Bundesanstalt nicht veröffentlicht werden. An das Verstreichen der Prüfungsfrist des § 13 Abs. 2 WpPG ist keine Billigungsfiktion geknüpft. Ein Prospekt ist dann veröffentlicht, wenn dessen Inhalt von unbestimmt vielen, nicht durch besondere persönliche Beziehungen verbundenen Personen wahrgenommen werden kann; gleichgültig ist hingegen, ob der Prospekt tatsächlich auch wahrgenommen wurde. Ob die Veröffentlichung in einer der in § 14 Abs. 2 WpPG aufgezählten Formen oder in sonstiger Weise erfolgt, ist unerheblich. Die Ordnungswidrigkeit kann von jedermann begangen werden, nicht nur von dem Anbieter oder Zulassungsantragsteller. 13

6. Verstoß gegen Prospektveröffentlichungspflicht (§ 30 Abs. 1 Nr. 6 WpPG)

Anbieter oder Zulassungsantragsteller haben nach § 14 Abs. 1 Satz 1 WpPG einen Prospekt zu veröffentlichen, nachdem er von der Bundesanstalt gebilligt worden ist. Wird der Prospekt vor der Billigung veröffentlicht, unterfällt dies Nr. 5. Der von der Bundesanstalt gebilligte Prospekt muss spätestens einen Werktag vor Beginn des öffentlichen Angebots oder, findet ein öffentliches Angebot nicht statt, spätestens einen Werktag vor Einführung der Wertpapiere veröffentlicht werden. Werktage sind Montag bis Samstag mit Ausnahme öffentlicher Feiertage. Für die Fristberechnung gilt § 187 Abs. 2 BGB. 14

Sanktionsbewehrt ist sowohl die verspätete als auch die völlig unterlassene Veröffentlichung des Prospekts. Nicht richtig wird ein Prospekt veröffentlicht, wenn er mit ganz oder teilweise anderem Inhalt erscheint als von der Bundesanstalt gebilligt. Die Tatmodalität des „nicht richtig" in Nr. 6 bezieht sich bereits grammatikalisch auf die Veröffentlichung und nicht auf die Vollständigkeit und Wahrheitsmäßigkeit der im Prospekt zu machenden Angaben. Inhaltliche Mängel des Prospekts werden nur von § 264a StGB erfasst. Ein Fall der nicht vollständigen Veröffentlichung liegt vor, wenn von der Bundesanstalt gebilligte Teile des Prospektes nicht mit veröffentlicht werden. Auf welche Art und Weise der Prospekt zu veröffentlichen ist, ist in § 14 Abs. 2 WpPG geregelt. Die Veröffentlichung in einer der dort genannten Modalitäten ist ausreichend. Der Verstoß gegen die Verpflichtung aus § 14 Abs. 3 Satz 2 WpPG, in einer oder mehreren Zeitungen eine Mitteilung zu 15

---

4 *Kaum/Zimmermann* BB 2005, 1466, 1468; a. A. *Götze* NZG 2007, 570, 573, der annimmt, dass die Hinterlegung innerhalb der Veröffentlichungsfrist zu erfolgen hat.

veröffentlichen, aus welcher hervorgeht, wie der Prospekt veröffentlicht worden und wo er erhältlich ist, ist selbst nicht bußgeldbewehrt.

7. Verstoß gegen Mitteilungspflicht (§ 30 Abs. 1 Nr. 7 WpPG)

16 § 30 Abs. 1 Nr. 7 WpPG ahndet den Verstoß gegen die Verpflichtung, der Bundesanstalt unverzüglich Datum und Ort der Veröffentlichung des Prospektes schriftlich mitzuteilen. Hierzu verpflichtet sind Anbieter oder Zulassungsantragsteller. Die Mitteilung hat unverzüglich, also ohne schuldhaftes Zögern (§ 121 BGB) zu erfolgen. Da die Mitteilung unmittelbar nach der Veröffentlichung zu erfolgen hat und hierfür lediglich organisatorische Vorkehrungen zu treffen sind, muss die Mitteilung spätestens innerhalb von drei Tagen nach der Veröffentlichung erfolgen.[5] Die Mitteilung hat in Schriftform zu erfolgen (§ 125 BGB), d.h. durch unterschriebenen Brief oder als elektronisches Dokument mit qualifizierter elektronischer Signatur (§§ 125 Abs. 3, 126a BGB). Telefax oder einfache Email genügen nicht.

17 Sehr zweifelhaft ist jedoch, ob bei einem Verstoß gegen die Mitteilungspflicht oder gar nur einer Verletzung des Schriftformerfordernisses tatsächlich ein Ahndungsbedürfnis besteht. § 14 Abs. 3 WpPG dient nicht dem Anlegerschutz, denn der von der Bundesanstalt gebilligte Prospekt ist für den Anleger ohnehin nach § 13 Abs. 4 WpPG auf der Homepage der Bundesanstalt abrufbar. Die Mitteilung soll es der Bundesanstalt lediglich erleichtern, die Einhaltung der Veröffentlichungspflicht durch den Anbieter oder Zulassungsantragsteller zu überwachen.

8. Verletzung der Pflicht zur Verfügungsstellung der Papierversion des Prospekts (§ 30 Abs. 1 Nr. 8 WpPG)

18 Macht der Anbieter oder Zulassungsantragsteller von der Möglichkeit des § 14 Abs. 2 Nr. 3 oder 4 WpPG Gebrauch, den Prospekt im Internet zu veröffentlichen, so muss dem Anleger auf Verlangen kostenlos eine Papierversion des Prospektes zur Verfügung gestellt werden. Dadurch sollen gleiche Zugangsmöglichkeiten für das gesamte Publikum sichergestellt werden. Die Papierversion muss alle Angaben des im Internet veröffentlichten Prospekts enthalten. Die Verpflichtung, eine Papierversion des Prospektes zur Verfügung zu stellen, trifft den Anbieter, den Zulassungsantragsteller, sowie Institute und Unternehmen, die die Wertpapiere platzieren und verkaufen. Mit Bußgeld bedroht ist lediglich das völlige Unterlassen der Zurverfügungstellung einer Papierversion, eine verspätete Übersendung hingegen bleibt sanktionslos.

9. Verstoß gegen Nachtragspflicht (§ 30 Abs. 1 Nr. 9 WpPG)

19 Dieser Bußgeldtatbestand entspricht dem der Nr. 6, nur betrifft er nicht den (Erst-)Prospekt, sondern den Nachtrag zu einem bereits veröffentlichten Pro-

---

[5] OLG Frankfurt v. 22.04.2003 – WpÜG-Owi 3/02 – NJW 2003, 2111 (zu § 27 Abs. 3 Satz 3 WpÜG).

spekt. Zur Erstellung eines Nachtrags sind die Personen verpflichtet, die auch die Pflicht zur Veröffentlichung des Prospekts trifft, nämlich Anbieter oder Zulassungsantragsteller.

III. Ordnungswidrigkeiten nach Abs. 2

In Abs. 2 werden Verstöße gegen bestimmte vollziehbare Anordnungen der Bundesanstalt sanktioniert. Der Tatbestand ist verwaltungsakzessorisch aufgebaut und knüpft allein an eine Zuwiderhandlung gegen eine vollziehbare Anordnung der Bundesanstalt an. Gem. § 26 Ziff. 1 WpPG sind Anordnungen der Bundesanstalt nach § 15 Abs. 6 und § 21 WpPG sofort vollziehbar; Widerspruch und Anfechtungsklage haben keine aufschiebende Wirkung. Die Vollziehbarkeit endet erst, wenn die sofortige Vollziehbarkeit der Maßnahme durch eine gerichtliche Entscheidung nach §§ 80 Abs. 5, 123 VwGO oder auf eine Anfechtungsklage hin aufgehoben wird. Der Verstoß gegen eine nicht (mehr) vollziehbare Anordnung ist nicht bußgeldbewehrt. Fraglich ist jedoch, ob auch die Nichtbeachtung einer rechtswidrigen vollziehbaren Anordnung mit Geldbuße bedroht werden soll. Leidet die Anordnung an so schweren Fehlern, dass diese zur Nichtigkeit führen (§ 43 VwVfG), ist die Anordnung unbeachtlich und daher auch nicht ahndbar. Zweifelhaft sind hingegen die Fällen, in denen die Anordnung fehlerhaft und daher rechtswidrig ist und später aufgehoben wird. Nach einer Auffassung ist die spätere Aufhebung eines rechtswidrigen Verwaltungsakts, der aber wegen seines Sofortvollzugs zu befolgen war, für die Sanktionierung unbeachtlich.[6] Zum Teil wird aber angenommen, dass in diesen Fällen ein außergesetzlicher Strafaufhebungsgrund eingreife, da es mit dem Rechtsstaatsprinzip nicht in Übereinstimmung zu bringen sei, die Nichtbefolgung einer rechtswidrigen Anordnung zu ahnden.[7] Art. 103 Abs. 2 GG verlangt für jede Sanktion, dass der Betroffene bereits bei Begehung einer Handlung voraussehen können muss, ob diese mit Strafe oder Bußgeld bedroht ist. Der Gesetzgeber muss daher erkennen lassen, ob auch der Verstoß gegen eine rechtswidrige Anordnung mit Geldbuße sanktioniert werden soll.[8] Die Gesetzesmaterialien geben hierfür keine Auskunft. Die Bezugnahme auf die Vollziehbarkeit einer Anordnung alleine ist kein hinreichendes Abgrenzungskriterium.[9] Es mag zwar ein Bedürfnis bestehen, Anordnungen der Bundesanstalt ohne zeitraubende Prüfung auf ihre Rechtmäßigkeit durchzusetzen, ein Bedürfnis zur Verhängung eines Bußgeldes besteht jedoch nicht. Aus diesem Grunde setzt die Verhängung eines Bußgeldes eine rechtmäßige Anordnung der Bundes-

20

---

6 BGH v. 23.07.1969 – 4 StR 371/68 – BGHSt 23, 86, 94; OLG Köln v. 13.02.1990 – 2 Ws 648/89 – wistra 1991, 74.
7 OLG Frankfurt v. 21.08.1987 – 1 Ss 488/86 – GA 1987, 549; *Cramer/Heine*, in: Schönke/Schröder, Vorbem. §§ 324 ff. Rn. 22.
8 BVerfG v. 01.12.1992 – 1 BvR 88/91, 576/91 – NJW 1993, 581; BVerfG v. 07.03.1995 – 1 BvR 1564/92 – NJW 1995, 3110, 3111; *Wehowsky*, in: Erbs/Kohlhaas, StrRNG, § 62 BörsG Rn. 26.
9 BVerfG v. 01.12.1992 – 1 BvR 88/91, 576/91 – NJW 1993, 581; *Wehowsky*, in: Erbs/Kohlhaas, StrRNG, § 62 BörsG Rn. 26.

anstalt voraus[10]. Zumindest sollte bei rechtswidrigen Anordnungen von der Möglichkeit der Opportunitätseinstellung des § 47 OWiG Gebrauch gemacht werden.[11]

1. Anordnung gegen unzulässige Werbung (§ 30 Abs. 2 Nr. 1, Alt. 1 WpPG)

21 Nr. 1 betrifft Verstöße gegen die Untersagung unzulässiger Werbung. Nach § 5 Abs. 6 Satz 2 WpPG kann die Bundesanstalt Werbung mit solchen Angaben untersagen, bei denen die Gefahr einer Irreführung über den Umfang der Prüfung nach § 13 oder § 16 WpPG besteht. Die Bundesanstalt prüft nicht die inhaltliche Richtigkeit und Vollständigkeit des Prospektes, sondern nur ob der Prospekt konsistent ist, d.h. keine inneren Widersprüche enthält.[12] Die Untersagung kann sich auf einen unbestimmt langen Zeitraum erstrecken. Nach § 15 Abs. 6 Satz 1 WpPG kann die Bundesanstalt die Werbung generell oder mit bestimmten Aussagen (sofern diese nicht von § 15 Abs. 6 Satz 2 WpPG erfasst werden) aussetzen, dies jedoch lediglich für einen Zeitraum von höchstens zehn aufeinander folgenden Tagen, wobei Sonn- und Feiertage mitzurechnen sind. Der Adressat der Anordnung verstößt gegen diese sowohl dann, wenn er selbst entgegen der Anordnung die untersagte Werbung weiterbetreibt als auch dann, wenn er dies über Dritte veranlasst. Bei Zugang der Anordnung bereits in die Wege geleitete Werbemaßnahmen hat der Adressat zu verhindern.

2. Verstoß gegen Auskunfts- und Vorlageverpflichtungen (§ 30 Abs. 2 Nr. 1, Alt. 2 WpPG)

22 Der Bußgeldtatbestand knüpft an die Behinderung der Bundesanstalt bei Durchsetzung ihrer Überwachungsaufgaben an. Nach § 21 Abs. 2 Satz 1 WpPG kann die Bundesanstalt von dem Emittenten, dem Anbieter oder dem Zulassungsantragsteller die Vorlage von Unterlagen, die Überlassung von Kopien und die Erteilung von Auskünften verlangen, soweit dies zur Überwachung erforderlich ist. § 21 Abs. 2 Satz 2 WpPG erlaubt es der Bundesanstalt auch, diese Auskünfte und Unterlagen auch von Unternehmen zu fordern, die mit dem Emittenten, dem Anbieter oder dem Zulassungsantragsteller verbunden sind oder auch von Personen und Unternehmen, die lediglich im Verdacht stehen, Anbieter zu sein.

3. Untersagung öffentlicher Angebote (§ 30 Abs. 2 Nr. 2 WpPG)

23 § 30 Abs. 2 Nr. 2 WpPG dient der Durchsetzung einer Anordnung der Bundesanstalt, die ein öffentliches Angebot untersagt oder ein solches aussetzt. Hierzu ist die Bundesanstalt nach § 21 Abs. 4 berechtigt, wenn entweder

---

10 BVerfG v. 07.03.1995 – 1 BvR 1564/92 – NJW 1995, 3110, 3112 zu § 111 OWiG.
11 *Vogel,* in: Assmann/Schneider WpHG, § 39 Rn. 26.
12 RegBegr. EU-ProspRL-UmsetzungsG, BT-Drucks. 15/4999, S. 34.

kein Prospekt oder aber ein solcher ohne vorherige Billigung durch die Bundesanstalt veröffentlicht wurde, der Prospekt oder das Registrierungsformular nicht mehr gültig ist oder bei einem in einem anderen EU-Mitgliedsstaat gebilligten Prospekt die Billigung des Prospekts nicht durch eine Bescheinigung nach § 18 Abs. 1 WpPG nachgewiesen ist oder der Prospekt nicht der Sprachregelung des § 19 Abs. 1 WpPG genügt. Die Bundesanstalt kann bereits bei Vorliegen von Anhaltspunkten für eine Verletzung das öffentliche Angebot für bis zu zehn Kalendertage aussetzen.

IV. Schuld und Irrtum

Geahndet werden können Verstöße gegen Anordnungen der Bundesanstalt nach Abs. 2 sowohl im Falle vorsätzlicher als auch fahrlässiger Zuwiderhandlung, während bei den in Abs. 1 aufgeführten Ordnungswidrigkeiten Vorsatz oder Leichtfertigkeit vorliegen muss. 24

1. Vorsatz

Vorsatz ist Wissen und Wollen der Tatbestandsverwirklichung. Dies setzt zunächst die Kenntnis der tatsächlichen Umstände voraus, an die das Gesetz die Bußgeldandrohung knüpft. Hinzukommen muss ein voluntatives Element, nämlich der Wille, den Tatbestand zu verwirklichen. Dieser Wille kann auch dann vorhanden sein, wenn der Eintritt des tatbestandlichen Erfolges an sich unerwünscht ist, er aber als sicher vorausgesehen wird oder sein Eintritt, um einen anderen Zweck zu erreichen, unvermeidlich ist. Für die Tatbestandsbegehung reicht bedingter Vorsatz (dolus eventualis) aus. Dieser liegt dann vor, wenn der Täter die Tatbestandsverwirklichung weder anstrebt noch für sicher, sondern nur für möglich hält. Bedingter Vorsatz liegt nach der Rechtsprechung vor, wenn der Täter den Erfolg „billigend in Kauf genommen" hat oder er mit dem für möglich erachteten Erfolg einverstanden war, mag der Erfolgseintritt auch unerwünscht sein. 25

2. Fahrlässigkeit

Fahrlässig handelt der Beteiligte, der ihn treffende Sorgfaltspflichten verletzt, obgleich er die Tatbestandsverwirklichung vorhersehen konnte und die Rechtswidrigkeit seines Handelns erkennbar war. Die objektive Pflichtwidrigkeit ergibt sich aus dem Verstoß gegen gesetzliche Bestimmungen oder der Missachtung vollziehbarer Anordnungen, die ein bestimmtes Handeln gebieten oder anderes Handels verbieten. Weitere Voraussetzung ist, dass der Täter den tatbestandlich beschriebenen Erfolg voraussehen konnte, für ihn also die Verwirklichung des Bußgeldtatbestandes erkennbar war. Für die Vorhersehbarkeit ist anders als im Zivilrecht nicht auf einen objektiven Betrachter abzustellen, sondern die Vorhersehbarkeit bemisst sich nach den jeweiligen persönlichen Fähigkeiten und Fertigkeiten des Beteiligten (subjektive Betrachtung). Eine Sorgfaltswidrigkeit kann auch schon darin liegen, dass ein Beteiligter Aufgaben übernimmt, denen er nicht gewachsen ist oder für die ihm die notwendigen Kenntnisse fehlen. Schließlich muss der Betei- 26 ligte auch erkennen, dass er rechtswidrig gehandelt hat, ihm also keine Rechtfertigungsgründe zur Seite stehen.

3. Leichtfertigkeit

27 Leichtfertigkeit ist ein erhöhtes Maß der Fahrlässigkeit und entspricht der groben Fahrlässigkeit des Zivilrechts. Leichtfertigkeit liegt vor, wenn der Täter dasjenige unbeachtet lässt, was jedem einleuchten muss[13] und er in grober Achtlosigkeit nicht erkennt, dass er den Tatbestand verwirklicht, wenn er sich rücksichtslos über die klar erkannte Möglichkeit der Tatbestandsverwirklichung hinwegsetzt oder eine besonders ernst zu nehmende Pflicht verletzt. Allein der Umstand, dass der Täter die Möglichkeit einer Tatbestandsverwirklichung erkennt, genügt noch nicht zur Annahme von Leichtfertigkeit.[14]

4. Irrtum

28 Bei den Ordnungswidrigkeitentatbeständen handelt es sich z.T. um Blankettvorschriften, die durch andere Vorschriften des WpPG ausgefüllt werden und bei denen der genaue Inhalt des Verbots erst durch die Ausfüllungsnorm ersichtlich wird. Darüber hinaus erhalten die Tatbestände z.T. normative Tatbestandsmerkmale, deren Bedeutung sich erst aus anderen Vorschriften ergibt.[15] Die Ausfüllungsvorschriften des WpPG gehören daher zum gesetzlichen Tatbestand der Bußgeldvorschrift. Irrt sich der Täter über das Vorliegen tatsächlicher Umstände, liegt ein Tatbestandsirrtum im Sinne von § 11 Abs. 1 OWiG vor. Dieser führt dazu, dass eine Ahndung wegen eines Vorsatzdeliktes nicht möglich ist, eine Sanktionierung kann lediglich wegen eines Fahrlässigkeitsdelikts erfolgen. Einem Tatbestandsirrtum unterliegt also derjenige, der von der Existenz einer Anordnung i.S.d. Abs. 2 keine Kenntnis besitzt[16] oder der irrig davon ausgeht, eine solche Anordnung sei nicht vollziehbar.[17]

29 Hingegen liegt ein Verbotsirrtum im Sinne von § 11 Abs. 2 OWiG vor, wenn der Täter den Sachverhalt zwar zutreffend erfasst hat aber glaubt, er würde nicht etwas Unerlaubtes tun. Dies ist insb. bei normativen Tatbestandsmerkmalen der Fall, wenn trotz Kenntnis der Umstände noch eine gewisse rechtliche Bewertung erforderlich ist, bspw. die Bewertung, wann ein Prospekt richtig ist. Entscheidend ist in diesen Fällen eine Parallelwertung in der Lai-

---

13 BGH v. 09.11.1997 – 2 StR 257/84 – BGHSt 33, 66, 67; OLG Bremen v. 26.04.1984 – Ws 111/84, Ws 115/84, Ws 116/84 – StV 1985, 282.
14 BGH v. 23.02.1994 – 3 StR 572/93 – StV 1994, 480.
15 Zur Abgrenzung von Blankettvorschriften und normativen Tatbestandsmerkmalen, vgl. *Rengier*, in: Karlsruher Komm. OWiG, § 11 Rn. 28 ff.; *Cramer/Sternberg-Lieben*, in: Schönke/Schröder, § 15 Rn. 103.
16 *Rengier*, in: Karlsruher Komm. OWiG, 3. Aufl., § 11 Rn. 14; *Cramer/Sternberg-Lieben*, in: Schönke/Schröder, § 15 Rn. 102.
17 *Rengier*, in: Karlsruher Komm. OWiG, 3. Aufl., § 11 Rn. 18; BGH v. 26.01.1989 – 1 StR 740/88 – NStZ 1989, 475.

ensphäre. Wenn der wesentliche Bedeutungsgehalt richtig erkannt wurde, spielt es keine Rolle, ob auch juristisch exakt unter die gesetzlichen Merkmale subsumiert wurde; der Subsumtionsirrtum ist daher ein bloßer Verbotsirrtum.[18]

Bei einem Verbotsirrtum entfällt die Ahndbarkeit nur dann, wenn dieser unvermeidbar war. Ein Verbotsirrtum ist vermeidbar, wenn der Täter unter Berücksichtigung seiner Fähigkeiten und Kenntnisse Anlass gehabt hätte, über die mögliche Rechtswidrigkeit seines Verhaltens nachzudenken oder sich über die Rechtslage zu erkundigen. Insbesondere bei Pflichten, die für einen bestimmten Berufskreis bedeutsam sind, nimmt die Rechtsprechung eine Erkundigungspflicht an.[19] Grds. darf sich ein Bürger auf eine erteilte Auskunft einer nicht erkennbar völlig unzuständigen Behörde verlassen.[20] Auf die Auskunft der eigenen Rechtsabteilung oder eines extern beauftragten Rechtsanwaltes kann grds. vertraut werden, sofern ein Auftrag zur umfassenden Prüfung erteilt war und nicht erkennbar Eigeninteressen im Spiel sind.[21] 30

V. Beteiligung (§ 14 OWiG), Handeln für einen anderen (§ 9 OWiG) und Aufsichtspflichtverletzung (§ 130 OWiG)

1. Beteiligung (§ 14 OWiG)

Anders als im Strafrecht, das zwischen Täterschaft, Anstiftung und Beihilfe differenziert, gilt im Ordnungswidrigkeitenrecht nach § 14 OWiG der Einheitstäterbegriff. Danach kann gegen jeden eine Geldbuße verhängt werden, der sich in irgendeiner Art und Weise als (Mit-)Täter, Anstifter oder Gehilfe an der Begehung einer Ordnungswidrigkeit beteiligt. Dies gilt nach § 14 Abs. 1 Satz 2 OWiG auch dann, wenn besondere persönliche Merkmale, die die Ahndbarkeit eines Verhaltens erst begründen, nur bei einem der Beteiligten vorliegen. Derartige besondere persönliche Merkmale (§ 9 Abs. 1 OWiG), stellen die Eigenschaft als Anbieter, Emittent, Zulassungsantragsteller oder Adressat einer Anordnung der Bundesanstalt dar. Nur diese Personen treffen diejenigen Pflichten, deren Verletzung § 30 Abs. 1 und 2 WpPG ahndet. Da es ausreicht, wenn die besonderen persönlichen Merkmale bei einem Beteiligten vorliegen, können auch externe Berater bebußt werden, wobei bei der Erteilung von Rechtsrat regelmäßig nicht von einem (bedingt) vorsätzlichen Verhalten auszugehen sein wird.[22] 31

---

18 *Rengier*, in: Karlsruher Komm. OWiG, 3. Aufl., § 11 Rn. 14, 16; *Göhler*, in: OWiGK, § 11 Rn. 6 ff.
19 *Göhler*, in: OWiGK, 14. Aufl. 2006, § 11 Rn. 25 f.; *Rengier*, in: Karlsruher Komm. OWiG, 3. Aufl. 2006, § 11 Rn. 65 f.
20 BGH v. 02.02.2000 – 1 StR 597/99 – NStZ 2000, 364.
21 *Göhler*, in: OWiGK, 14. Aufl. 2006, § 11 Rn. 26 b.; *Rengier*, in: Karlsruher Komm. OWiG, 3. Aufl. 2006, § 11 Rn. 76 ff.
22 *Häcker*, in: Müller-Guggenberger/Bieneck, Hdb. des Wirtschaftsstrafrecht, 4. Aufl. 2006, § 95 Rn. 12.

2. Handeln für einen anderen (§ 9 OWiG)

32 Die Handlungs- und Unterlassungspflichten richten sich vielfach an den Anbieter, den Emittenten oder den Zulassungsantragsteller. Dies können auch juristische Personen oder Personengesellschaften sein. Für die Einhaltung der diese Gesellschaften treffenden Pflichten sind nach § 9 Abs. 1 OWiG alle Mitglieder des vertretungsberechtigten Organs einer juristischen Person bzw. alle vertretungsberechtigten Gesellschafter einer rechtsfähigen Personengesellschaft verantwortlich. Rechtsfähige Personengesellschaften sind neben der Offenen Handelsgesellschaft und der KG auch die Gesellschaft bürgerlichen Rechts, soweit sie als Außengesellschaft auftritt. Bei der Offenen Handelsgesellschaft ist jeder Gesellschafter vertretungsberechtigt, sofern er nicht nach §§ 114 Abs. 2, 117 HGB von der Geschäftsführung ausgeschlossen ist. Bei der KG ist lediglich der Komplementär vertretungsberechtigt.

33 § 9 Abs. 1 OWiG steht einer Übertragung von Aufgaben und Verantwortlichkeiten nicht entgegen. Im Fall einer vertikalen Aufgabendelegation sieht § 9 Abs. 2 OWiG vor, dass auch derjenige verantwortlich ist, der vom Inhaber eines Betriebes oder einem dazu sonst Befugten beauftragt ist, den Betrieb ganz oder zum Teil zu leiten oder der ausdrücklich dazu beauftragt ist, in eigener Verantwortung bestimmte Aufgaben wahrzunehmen. In gleicher Weise können auch innerhalb eines Organs Aufgaben und Zuständigkeiten verteilt werden (horizontale Aufgabenverteilung). In beiden Fällen trifft die ordungswidrigkeitenrechtliche Verantwortlichkeit zunächst denjenigen, in dessen Zuständigkeitsbereich die Erfüllung des gesetzlichen Gebots oder Verbots fällt bzw. der mit der Wahrnehmung dieser Aufgabe ausdrücklich beauftragt ist. Dies führt aber nicht dazu, dass die Verantwortlichkeit der anderen Organmitglieder oder des Betriebsinhabers vollkommen entfällt. Vielmehr wandelt sich die Pflicht zur Vornahme bzw. Unterlassung bestimmter Handlungen in eine Kontroll- und Überwachungspflicht um. Die Primärverantwortlichen haben durch geeignete Kontroll- und Überwachungsmaßnahmen sicherzustellen, dass der Beauftragte bzw. nach Geschäftsverteilung Zuständige die ihm obliegenden Aufgaben zuverlässig erfüllt. Stellt sich allerdings heraus, dass der Kraft Delegation Zuständige seinen Pflichten nicht in gehöriger Form nachkommt oder tritt sonst eine Krisensituation ein, fällt die Zuständigkeit wieder auf das Kollegialorgan in seiner Gesamtheit zurück.

3. Aufsichtspflichtverletzung (§ 130 OWiG)

34 Der Inhaber eines Unternehmens, bei juristischen Personen die Mitglieder des vertretungsberechtigten Organs, bei Personengesellschaften die vertretungsberechtigten Gesellschafter, sind nach § 130 OWiG ahndbar, wenn sie vorsätzlich oder fahrlässig die Aufsichtsmaßnahmen unterlassen, die erforderlich sind, um in dem Unternehmen Zuwiderhandlungen gegen betriebsbezogene Pflichten zu verhindern, wenn deren Verletzung mit Strafe oder Geldbuße bedroht ist und die Zuwiderhandlung durch gehörige Aufsicht verhindert oder jedenfalls wesentlich erschwert worden wäre. Voraussetzung einer Ahndbarkeit ist stets, dass ein Mitglied des vertretungsberechtigten

Organs oder ein Mitarbeiter mit Straf- oder Bußgeldandrohung versehene betriebsbezogene Pflichten verletzt hat. Bei allen der in § 30 Abs. 1 und 2 WpPG genannten Pflichten handle es sich um betriebsbezogene, denn sie stehen im Zusammenhang mit der unternehmerischen Tätigkeit. Zu den vom Betriebsinhaber zu beachtenden Aufsichtspflichten gehört zunächst die sorgfältige Auswahl der mit den Aufgaben betrauten Mitarbeiter nach deren Eignung, Fähigkeiten und Erfahrungen, die hinreichende Instruktion, insb. die Aufklärung über die zu beachtenden gesetzlichen Vorschriften und die vorzunehmenden Aufgaben, die hinreichende Organisation des Unternehmens und Verteilung von Zuständigkeiten und Aufgaben sowie schließlich die Kontrolle und Überwachung der mit der Aufgabenerfüllung betrauten Mitarbeiter. Die Kontrolle und Überwachung hat nicht nur dann zu erfolgen, wenn Verstöße aufgedeckt wurden, vielmehr haben nicht anlassbezogen stichprobenartige Überprüfung der Geschäftsabläufe in einer solchen Dichte stattzufinden, dass diese von den mit der Aufgabenerfüllung beauftragten Personen als Kontrolle wahrgenommen werden und geeignet sind, etwaige Verstöße aufzudecken.

VI. Versuch und Vollendung

Nach § 13 Abs. 2 OWiG kann der Versuch einer Ordnungswidrigkeit nur dann geahndet werden, wenn dies durch Gesetz ausdrücklich bestimmt ist. Eine Bußgelddrohung für den Versuch sieht § 30 WpPG jedoch nicht vor. 35

Vollendet ist die Tat, wenn alle Tatbestandsmerkmale verwirklich sind. Bei echten Unterlassungsdelikten tritt Vollendung dann ein, wenn der Zeitpunkt verstrichen ist, zu dem der Handlungspflichtige die unterlassene Handlung spätestens hätte ausführen müssen. 36

VII. Geldbuße und Verfall

1. Geldbuße

a) Bußgeldhöhe

§ 30 Abs. 3 WpPG sieht gestaffelte Bußgeldhöhen für verschiedene Verstöße vor. Der Verstoß gegen § 30 Abs. 1 Nr. 4 WpPG, d. h. die Veröffentlichung eines Prospekts vor dessen Billigung durch die Bundesanstalt sowie der Verstoß gegen die Untersagung bzw. Aussetzung eines öffentlichen Angebotes ist mit einer Geldbuße bis zu 500.000 Euro bedroht. § 30 Abs. 1 Nr. 5 WpPG sieht für einen Verstoß gegen die Verpflichtung, einen Prospekt nach Billigung durch die Bundesanstalt unverzüglich zu veröffentlichen eine Geldbuße bis zu 100.000 Euro vor, während alle anderen Ordnungswidrigkeiten mit Geldbuße bis zu 50.000 Euro geahndet werden können. Für die fahrlässige oder leichtfertige Tatbegehung beträgt die Bußgeldobergrenze jeweils die Hälfte (§ 17 Abs. 2 OWiG). Die Mindestgeldbuße muss fünf Euro betragen (§ 17 Abs. 1 OWiG). 37

Reicht der Bußgeldrahmen nicht aus, um die wirtschaftlichen Vorteile abzuschöpfen, die der Täter erlangt hat, darf der Bußgeldrahmen nach § 17 38

Abs. 4 OWiG überschritten werden. Im Übrigen stellt der wirtschaftliche Vorteil, den der Täter persönlich erlangt hat, nur einen Zumessungsgesichtspunkt und im Regelfall die Untergrenze des zu verhängenden Bußgeldes dar. Wirtschaftliche Vorteile, die Dritte aus dem Verhalten des Täters erlangt haben, bspw. die AG, dürfen hierbei nicht berücksichtigt werden[23], sie können aber einen Verfall rechtfertigen. Erforderlich ist aber stets, dass der Vorteil gerade aus der Pflichtwidrigkeit, d. h. der Begehung der Ordnungswidrigkeit erlangt wurde.[24]

39 Für Geldbußen wegen Aufsichtspflichtverletzung nach § 130 OWiG bestimmt § 130 Abs. 3 Satz 2 OWiG, dass sich die Bußgeldhöhe nach derjenigen der Anlasstat richtet.

b) Geldbußen gegen juristische Personen und Personengesellschaften

40 § 30 OWiG sieht die Möglichkeit vor, auch gegen eine juristische Person oder Personenvereinigung eine Geldbuße zu verhängen, wenn ein vertretungsberechtigtes Organ oder ein vertretungsberechtigter Gesellschafter eine Straftat oder Ordnungswidrigkeit begangen hat und dabei Pflichten verletzt wurden, welche die juristische Person oder Personenvereinigung getroffen haben. Eine derartige Ordnungswidrigkeit stellen nicht nur Ordnungswidrigkeiten nach § 30 WpPG dar, sondern hierzu gehört auch die Aufsichtspflichtverletzung nach § 130 OWiG. Die Möglichkeit der Verhängung einer Unternehmensgeldbuße besteht auch dann, wenn diese Pflichten durch einen Generalbevollmächtigten, einen in leitender Stellung als Prokurist oder Handelsbevollmächtigter Tätigen oder durch eine sonstige Person, die für die Leitung des Betriebes verantwortlich handelt, begangen wurde. Die Bußgeldhöhe entspricht nach § 30 Abs. 2 Satz 2 OWiG derjenigen der Anlasstat. Ist der von dem Unternehmen erlangte Vorteil höher als die Bußgeldobergrenze, kann diese entsprechend überschritten werden (§ 30 Abs. 3 OWiG).

2. Verfall (§ 29a OWiG)

41 Nach § 29a OWiG kann im Fall der Begehung einer Ordnungswidrigkeit dasjenige für verfallen erklärt werden, das der Täter oder das Unternehmen, für das der Täter gehandelt hat, aus der Tat erlangt hat. Erforderlich ist, dass eine unmittelbare Kausalbeziehung zwischen der Tat und dem erlangten Vorteil besteht. § 30 Abs. 1 OWiG betrifft nur Verstöße gegen Veröffentlichungs-, Hinterlegungs- und Mitteilungspflichten. Es ist kaum denkbar, dass der Täter oder ein Dritter aus derartigen Verstößen unmittelbar einen Vorteil erlangt hat. Hingegen ist ein solcher Zusammenhang bei einem Verstoß gegen § 30 Abs. 2 Nr. 2 WpPG durchaus möglich, da bei Aussetzung oder Untersagung des öffentlichen Angebots von Wertpapieren das Unternehmen Leistungen (Zahlungen des Emissionspreises) von Anlegern erhalten kann.

---

23 BayObLG v. 25.04.1996 – 3 ObOWi 11/95 – wistra 1995, 360.
24 BayObLG – v. 02.01.1998 – 3 ObOWi 143/97 – wistra 1998, 199.

VIII. Zeitliche Geltung

Die Vorschrift des § 30 WpPG trat gem. Art. 10 Satz 2 des Prospektrichtlinie-Umsetzungsgesetzes am 01.07.2005 in Kraft und erfasst daher alle Verstöße gegen Handlungs- oder Unterlassungspflichten, die nach diesem Zeitpunkt begangen wurden bzw. im Fall der Unterlassung hätten vorgenommen werden müssen. Bei der Ordnungswidrigkeit nach § 30 Abs. 1 Nr. 4 WpPG ist jedoch davon auszugehen, dass die Verpflichtung, ein jährliches Dokument zur Verfügung zu stellen, erst das auf den 01.07.2005 folgende volle Geschäftsjahr, d.h. das Geschäftsjahr 2006, betrifft, mit der Folge einer Handlungspflicht erst im Jahr 2007.[25] Hierfür spricht die Bezugnahme auf den Jahresabschluss in § 10 Abs. 2 WpPG. Aus den Gesetzesmaterialien ergeben sich keine Anhaltspunkte, dass der Gesetzgeber dem Emittenten die Pflicht auferlegen wollte, auch solche Informationen zur Verfügung zu stellen, die vor Inkrafttreten des Gesetzes veröffentlicht wurden.

42

IX. Zusammentreffen mehrerer Gesetzesverstöße

Die einzelnen Ordnungswidrigkeiten des § 30 WpPG können nebeneinander verwirklicht werden und stehen deshalb untereinander in Tatmehrheit (§ 20 OWiG). Die Ordnungswidrigkeiten des § 30 Abs. 2 Nr. 1, 2. Alt. und Nr. 2 WpPG können hingegen mehrmals hintereinander begangen werden, wenn trotz Untersagung von Werbung oder öffentlichem Angebot weiterhin mehrere Werbeanzeigen geschaltet oder das Angebot in verschiedenen Medien mehrmals wiederholt wird. Diese Verstöße können sowohl tateinheitlich begangen werden (z.B. durch das Nichtverhindern bereits beauftragter Werbemaßnahmen), als auch tatmehrheitlich, wenn ungeachtet der Untersagung durch mehrere Willensentschlüsse hiergegen verstoßen wird.

43

§ 30 Abs. 1 Nr. 5, 6 und 9 WpPG können hinter § 264a StGB (Kapitalanlagebetrug) und § 263 StGB (Betrug) zurücktreten. Dies gilt für die Tatmodalitäten der nicht richtigen und nicht vollständigen Veröffentlichung eines Prospektes. Eine Subsidiarität tritt allerdings nur dann ein, wenn die nicht richtig oder nicht vollständig veröffentlichten Passagen des Prospektes dazu führen, dass entscheidungserhebliche Angaben nicht, nicht richtig oder nicht vollständig gemacht wurden.

44

X. Verfolgungsbehörde

Nach § 30 Abs. 4 WpPG ist Verwaltungsbehörde zur Verfolgung der Ordnungswidrigkeiten die Bundesanstalt. Für Entscheidungen gegen Bußgeldbescheide der Bundesanstalt ist gem. § 68 Abs. 1 OWiG das AG Frankfurt zuständig.

45

---

25 *Groß*, KapMR, § 10 WpPG, Rn. 4.

§ 31
Übergangsbestimmungen

(1) ¹Drittstaatemittenten, deren Wertpapiere bereits zum Handel an einem organisierten Markt zugelassen sind, können die Bundesanstalt als für sie zuständige Behörde im Sinne des § 2 Nr. 13 Buchstabe c wählen und haben dies der Bundesanstalt bis zum 31. Dezember 2005 mitzuteilen. ²Für Drittstaatemittenten, die bereits vor Inkrafttreten dieses Gesetzes im Inland Wertpapiere öffentlich angeboten oder für Wertpapiere einen Antrag auf Zulassung zum Handel an einem im Inland gelegenen organisierten Markt gestellt haben, ist die Bundesrepublik Deutschland Herkunftsstaat, vorausgesetzt es handelt sich um

a) das erste öffentliche Angebot von Wertpapieren in einem Staat des Europäischen Wirtschaftsraums nach dem 31. Dezember 2003 oder

b) den ersten Antrag auf Zulassung von Wertpapieren zum Handel an einem im Europäischen Wirtschaftsraum gelegenen organisierten Markt nach dem 31. Dezember 2003.

(2) Bis zum 31. Dezember 2008 können Einlagenkreditinstitute und andere Kreditinstitute, die nicht unter § 1 Abs. 2 Nr. 5 fallen, weiterhin Schuldverschreibungen und andere, Schuldverschreibungen vergleichbare übertragbare Wertpapiere, die dauernd oder wiederholt begeben werden, im Inland anbieten, ohne einen Prospekt nach Maßgabe des § 3 zu veröffentlichen.

Inhalt

	Rn.		Rn.
I. Überblick.....................	1	III. Schuldverschreibungen und ähnliche Wertpapiere (§ 31 Abs. 2 WpPG).....................	5
II. Regelungen für Drittstaatemittenten (§ 30 Abs. 1 WpPG)........	3		

I. Überblick

1 § 31 WpPG enthält Übergangsbestimmungen zum einen für Wertpapiere von Drittstaatemittenten, die bei Inkrafttreten des WpPG zum 01.07.2005 bereits zum Handel an einem organisierten Markt zugelassen waren bzw. für die ein Zulassungsantrag oder Angebot erfolgt ist, zum anderen für durch Einlagenkreditinstitute oder andere Kreditinstitute begebene Schuldverschreibungen und ähnliche Wertpapiere. § 31 WpPG dient der Umsetzung von Art. 30 Abs. 1 der EU-ProspRL.

2 Nach § 18 Abs. 2 Satz 2 und 3 VerkProspG n. F. gelten die Vorschriften des VerkProspG a. F. für solche Wertpapiere, bei denen der Verkaufsprospekt vor dem 01.07.2005 veröffentlicht wurde, unbegrenzt weiter. Ein zusätzlicher Prospekt nach dem WpPG oder ein Nachtrag nach § 16 WpPG ist für diese Wertpapiere nicht erforderlich.[1] Dies gilt auch für Neuemissionen nach dem

---

1 RegBegr. EU-ProspRL-UmsetzungsG, BT-Drucks. 15/4999, S. 25, 41.

01.07.2005, sofern der (unvollständige) Prospekt vor diesem Tag gebilligt wurde.[2]

II. Regelungen für Drittstaatemittenten (§ 30 Abs. 1 WpPG)

Satz 1 regelt das Wahlrecht von Emittenten aus Drittstaaten gem. § 2 Nr. 13 c WpPG. Danach können Emittenten von solchen Wertpapieren, die nicht in § 2 Nr. 13 b WpPG aufgeführt sind, die Bundesrepublik Deutschland als Herkunftsstaat wählen, wenn Wertpapiere in Deutschland bereits zum Handel an einem organisierten Markt zugelassen sind. Wählen Emittenten aus Drittstaaten die Bundesrepublik Deutschland als Herkunftsstaat, müssen sie dies der Bundesanstalt bis zum 31.12.2005 mitteilen.

3

Satz 2 enthält eine Übergangsregelung für solche Emittenten aus Drittstaaten, die nach dem 31.12.2003 und vor Inkrafttreten des WpPG Wertpapiere in einem Staat des Europäischen Wirtschaftsraums öffentlich angeboten oder deren Zulassung zum Handel an einem organisierten Markt beantragt haben. In diesem Fall ist die Bundesrepublik Deutschland kraft gesetzlicher Fiktion Herkunftsstaat, sofern entweder das erste öffentliche Angebot oder aber der erste Antrag auf Zulassung dieser Wertpapiere zum Handel an einem geregelten organisierten Markt in der Bundesrepublik Deutschland erfolgt ist. Diese Regelung entspricht Art. 2 Abs. 1 lit. m iii) EU-ProspRL. Ist das Angebot in mehreren Staaten gleichzeitig erfolgt, findet die Fiktion keine Anwendung, sondern der Emittent kann weiterhin einen Herkunftsstaat wählen.[3]

4

III. Schuldverschreibungen und ähnliche Wertpapiere (§ 31 Abs. 2 WpPG)

Die Regelung dient der Umsetzung von Art. 30 Abs. 2 EU-ProspRL. Sie findet Anwendung auf andere Einlagenkreditinstitute und Kreditinstitute, die nicht bereits unter § 1 Abs. 2 Nr. 4 WpPG fallen, denn die dort genannten Einlagenkreditinstitute und Kreditinstitute sind ohnehin von der Prospektpflicht befreit. § 31 Abs. 2 WpPG enthält eine temporäre, bis 31.12.2008 befristete, Befreiung von der Prospektpflicht für das Angebot von Schuldverschreibungen und anderen; Schuldverschreibungen vergleichbaren übertragbaren Wertpapiere, die dauernd oder wiederholt begeben werden. § 31 Abs. 2 WpPG stellt sowohl eine Befreiung von der Prospektpflicht nach § 3 Abs. 1 WpPG als auch von der nach § 3 Abs. 3 WpPG dar.[4] Voraussetzung der Befreiung ist, dass die Wertpapiere dauernd oder wiederholt i.S.v. § 2 Nr. 12 WpPG angeboten werden. Bezweckt war damit die Beibehaltung der Er-

5

---

2 *Kullmann/Sester*, WM 2005, 1068, 1079; *Groß*, KapMR, § 3 WpPG Rn. 16.
3 *Kollmorgen/Feldhaus*, BB 2007, 225, 229.
4 *Groß*, KapMR, § 3, Rn. 15; *Kullmann/Sester*, WM 2005, 1068, 1076; *Heidelbach/Preuße*, BKR 2006, 316, 318.

leichterungen für daueremittierende Kreditinstitute bis zum Ablauf der Übergangsfrist.[5] Privilegiert sind alle diejenigen Wertpapiere, die bereits nach § 3 Nr. 2 VerkProspG a. F. privilegiert waren.[6] Der Status als Daueremittent i. S. v. § 2 Nr. 12 WpPG muss nicht bereits vor Inkrafttreten des WpPG bestanden haben, vielmehr reicht es aus, wenn diese Voraussetzungen während der dreijährigen Übergangsfrist eingetreten sind.[7] Der Status als Daueremittent geht auch im Falle einer Fusion mit einem anderen Kreditinstitut nicht verloren.[8]

---

[5] RegBegr. EU-ProspRL-UmsetzungsG, BT-Drucks. 15/4999, S. 40; *Heidelbach/Preuße*, BKR 2006, 316, 318.
[6] *Seitz*, AG 2005, 678, 684; *Heidelbach/Preuße*, BKR 2006, 316, 318.
[7] *Heidelbach/Preuße*, BKR 2006, 316, 318 f.
[8] *Heidelbach/Preuße*, BKR 2006, 316, 318 f.

KAPITEL VI
Übergangs- und Schlussbestimmungen

ARTIKEL 36
Inkrafttreten

Diese Verordnung tritt in den Mitgliedstaaten am zwanzigsten Tag nach ihrer Veröffentlichung im Amtsblatt der Europäischen Union in Kraft.

Sie gilt ab dem 1. Juli 2005.

CHAPTER VI
Transitional and final provisions

ARTICLE 36
Entry into force

This Regulation shall enter into force in Member States on the twentieth day after its publication in the Official Journal of the European Union.

It shall apply from 1 July 2005.

Artikel 36 der EU-ProspV ist selbsterklärend und bedarf keiner Kommentierung.

Zulassung von Wertpapieren zum Börsenhandel gemäß §§ 32 ff. BörsG

§ 32
Zulassungspflicht

(1) Wertpapiere, die im regulierten Markt an einer Börse gehandelt werden sollen, bedürfen der Zulassung oder der Einbeziehung durch die Geschäftsführung, soweit nicht in § 37 oder in anderen Gesetzen etwas anderes bestimmt ist.

(2) Die Zulassung ist vom Emittenten der Wertpapiere zusammen mit einem Kreditinstitut, Finanzdienstleistungsinstitut oder einem nach § 53 Abs. 1 Satz 1 oder § 53 b Abs. 1 Satz 1 des Kreditwesengesetzes tätigen Unternehmen zu beantragen. Das Institut oder Unternehmen muss an einer inländischen Wertpapierbörse mit dem Recht zur Teilnahme am Handel zugelassen sein und ein haftendes Eigenkapital im Gegenwert von mindestens 730.000 Euro nachweisen. Ein Emittent, der ein Institut oder Unternehmen im Sinne des Satzes 1 ist und die Voraussetzungen des Satzes 2 erfüllt, kann den Antrag allein stellen.

(3) Wertpapiere sind zuzulassen, wenn

1. der Emittent und die Wertpapiere den Anforderungen nach Artikel 35 der Verordnung (EG) Nr. 1287/2006 sowie den Bestimmungen entsprechen, die zum Schutz des Publikums und für einen ordnungsgemäßen Börsenhandel nach § 34 erlassen worden sind, und

2. ein nach den Vorschriften des Wertpapierprospektgesetzes gebilligter oder bescheinigter Prospekt oder ein ausführlicher Verkaufsprospekt im Sinne des § 42 des Investmentgesetzes oder ein Prospekt im Sinne des § 137 Abs. 3 des Investmentgesetzes veröffentlicht worden ist, soweit nicht nach § 1 Abs. 2 oder § 4 Abs. 2 des Wertpapierprospektgesetzes von der Veröffentlichung eines Prospekts abgesehen werden kann.

(4) Der Antrag auf Zulassung der Wertpapiere kann trotz Erfüllung der Voraussetzungen des Absatzes 3 abgelehnt werden, wenn der Emittent seine Pflichten aus der Zulassung zum regulierten Markt an einem anderen organisierten Markt nicht erfüllt.

(5) Die Geschäftsführung bestimmt mindestens drei inländische Zeitungen mit überregionaler Verbreitung zu Bekanntmachungsblättern für die vorgeschriebenen Veröffentlichungen (überregionale Börsenpflichtblätter). Die Bestimmung kann zeitlich begrenzt werden; sie ist durch Börsenbekanntmachung zu veröffentlichen.

1 Die Neufassung des § 32 BörsG sorgte im Gesetzgebungsverfahren für erhebliche Diskussionen.

2 Zentraler Bestandteil der Norm ist Abs. 1, nach dem die Zustimmung durch die Geschäftsführung der Börse für die Zulassung oder Einbeziehung von im regulierten Markt zu handelnden Wertpapieren zu erfolgen hat, sofern es sich nicht um staatliche Schuldverschreibungen gem. § 37 BörsG handelt oder in anderen Gesetzen etwas anderes bestimmt ist.

3 Noch der Referentenentwurf vom 14.09.2006[1] sah vor, dass gemäß Abs. 1 die Zulassung durch die BaFin oder die Geschäftsführung zu erteilen ist. Dies stieß insbesondere bei den Regionalbörsen auf erhebliche Kritik. In einem gemeinsamen Antrag[2] der Börsen Berlin, Düsseldorf, Hamburg, Hannover, München und Stuttgart lehnten diese die Übertragung der Kompetenz zur Entscheidung über Zulassung bzw. Widerruf auf die BaFin u.a. mit der Begründung ab, dass eine EU-rechtliche Verpflichtung nicht bestehe. Dies folge aus Art. 40 Abs. 1 MiFID, die den Börsen ein Ermessen bei der Entscheidung über die Frage, ob eine Aktie zum Handel zuzulassen sei oder nicht, einräume. Folglich seien allein die Börsen für das Zulassungs- und Widerrufsverfahren zuständig. Des Weiteren seien keine zwingenden sachli-

---

1 Abrufbar u. a. bei www.jura.uni-augsburg.de/prof/moellers/materialien/materialdateien/040_deutsche_gesetzgebungsgeschichte/FRUG (Stand v. 01.07.2008).

2 Abrufbar unter www.boerse-stuttgart.de/div/mifid/11%2010%202006%20Antrag-Regionalb%F6rsen.pd (Stand: 01.07.2008).

chen Gründe ersichtlich, die den Wegfall einer nach Ansicht der o. g. Börsen zentralen Funktion ihrer Tätigkeit begründen könnte. Ferner stelle die Übertragung ihrer Kompetenz auf die BaFin einen Eingriff in das Selbstverwaltungsrecht der Börsen dar mit der Gefahr, dass auf Grund der Regelungen in den Börsenordnungen ein weiteres börsliches Zulassungsverfahren erforderlich sei. Gleiches gelte als so genannter actus contrarius für das Widerrufsverfahren. Bemerkenswert ist dabei zunächst, dass sich die Frankfurter Wertpapierbörse insoweit nicht zu einer Stellungnahme veranlasst sah.

Der Zentrale Kreditausschuss (ZKA) hingegen vertrat in seiner Stellungnahme vom 11.10.2006[3] ebenfalls weitgehend die Ansicht, dass ein doppeltes Zulassungsverfahren zu vermeiden sei. Im Übrigen habe sich die bisherige Praxis – Zuordnung der Zulassung an die Börsen – „bestens bewährt".   4

Während sich der Deutsche Anwaltverein in seiner Stellungnahme[4] auf die Seite der Regionalbörsen schlug, befürwortete die Deutsche Schutzgemeinschaft für Wertpapierinhaber (DSW) in ihrer Stellungnahme vom 11.10.2006[5] die Übertragung der Kompetenz zur Entscheidung über Zulassung und Widerruf auf die BaFin. Die DSW begründete ihre Ansicht vor allem mit dem zwischen den Börsen bestehenden unterschiedlichem Anlegerschutzniveau, dass vor dem Hintergrund der Entscheidung des BGH in Sachen Ingram/Macrotron einer Anpassung bedürfe.

Die Entscheidung des Gesetzgebers ist im Ergebnis zu begrüßen, wenn auch nur teilweise den von den Regionalbörsen vorgebrachten Argumenten zu folgen ist. Dies gilt insbesondere für die von den Regionalbörsen vertretene Ansicht, die Übertragung der Zulassungs- und Widerrufskompetenz auf die BaFin stelle einen Eingriff in das Selbstverwaltungsrecht der Börsen dar. Dabei ist festzuhalten, dass die Börsen qua Gesetz verpflichtet sind, Wertpapiere bei Vorliegen der Voraussetzungen zuzulassen bzw. einzubeziehen. Eine privatautonome Entscheidungsbefugnis, eine Zulassung aus sonstigen Gründen als den im Gesetz genannten zu verweigern, steht ihnen gerade nicht zu. Gleiches gilt für die Einbeziehung von Wertpapieren.   5

Zutreffend ist aber, dass der Referentenentwurf die Gefahr einer doppelten Prüfung und der damit verbundenen Konsequenzen (doppelte Gebühren, erhöhter Zeitaufwand) durch die BaFin einerseits und die Geschäftsführung andererseits unberücksichtigt gelassen hat. Auch ist es für die Beteiligten weitaus sachnäher, die entsprechenden Kompetenzen den Geschäftsführungen zu überlassen.

Nachdem dem Gesetzgeber eine Anpassung zur Vermeidung der o.g. Gefahr offensichtlich zu aufwendig gewesen ist und auch die BaFin die Kompetenz für Zulassung und Einbeziehung nicht ausdrücklich für sich forderte, ver-

---

3 Abrufbar u. a. bei www.jura.uni-augsburg.de/prof/moellers/materialien/materialdateien/ 040_deutsche_gesetzgebungsgeschichte/FRUG (Stand v. 01.07.2008).
4 Abrufbar unter www.anwaltverein.de (Stand: 01.07.2008).
5 Abrufbar unter www.jura.uni-augsburg.de/prof/moellers/materialien/materialdateien/ 040_deutsche_gesetzgebungsgeschichte/FRUG (Stand v. 01.07.2008).

bleibt es bis auf weiteres bei der jetzigen Lösung. Dies könnte sich aber ändern, sollte die Bedeutung der Regionalbörsen in Zukunft abnehmen.

Die Zulassung selbst ist Verwaltungsakt und Voraussetzung für die Einführung von Wertpapieren.[6]

6 Abs. 2 entspricht §§ 30 Abs. 2, 51 Abs. 1 Nr. 2 BörsG a. F. Der Zulassungsantrag selbst ist vom Emittenten gemeinsam mit einem an einer inländischen Wertpapierbörse – nicht notwendigerweise derselben Börse – zugelassenen Kredit- oder Finanzdienstleistungsinstitut oder einem anderen Unternehmen, dass die Voraussetzungen nach §§ 53 Abs. 1, 53 b Abs. 1 Satz 1 KWG erfüllt (sog. Emissionsbegleiter), zu stellen. Des Weiteren muss das Institut oder Unternehmen den Nachweis über Mindesteigenkapital gegenüber der Geschäftsführung führen. Durch den gemeinsamen Antrag wird das begleitende Institut bzw. Unternehmen zugleich rechtlich in die Pflicht genommen.[7]

7 Die Beibehaltung der Einbeziehung des Emissionsbegleiters ist teilweise auf Kritik gestoßen, nachdem die entsprechende Regelung in § 38 Abs. 1 BörsG – allerdings ohne nachvollziehbare Begründung des Gesetzgebers – gestrichen worden ist.[8] Dabei ist aber zu bedenken, dass Emissionsbegleiter schon aus eigenem Interesse und zur Vermeidung einer möglichen Haftung selbst dann in der Praxis maßgeblichen Einfluss auf den Emittenten nehmen würden, wenn eine Verpflichtung zur gemeinsamen Antragstellung nicht mehr bestünde.

Sofern der Emittent ein Institut oder Unternehmen i. S. d. Satz 1 ist und den Nachweis gemäß Satz 2 führt, ist es allein antragsberechtigt.

8 Abs. 3 schließlich beinhaltet die materiellen Zulassungsvoraussetzungen, die kumulativ erfüllt sein müssen. Dabei verweist Ziff. 1 auf Art. 35 DurchführungsV MiFID sowie die BörsenzulV. Sowohl Art. 35 DurchführungsV MiFID als auch die BörsenzulV überschneiden sich auf vielfältige Weise. Aus diesem Grund sind beide Regelungskomplexe bei der Zulassungsprüfung zu berücksichtigen. Ergeben sich Zweifel sollte Art. 35 DurchführungsV MiFID Vorrang vor den Regelungen der BörsenzulV als höherrangiges Recht haben.[9] Neben Art. 35 DurchführungsV MiFID und der BörsZulV muss gewährleistet sein, dass die zuzulassenden Wertpapiere den Anforderungen zum Schutz des Publikums und denjenigen eines ordnungsgemäßen Handels bestehenden Vorschriften entsprechen.

---

6 *Gebhardt*, in: Schäfer/Hamann, KapMR, § 30 BörsG Rn. 46; zum Werpapierbegriff siehe die Ausführungen bei *Heidelbach*, in: Schwark, KapMRK, 4. Aufl. 2008, § 32 BörsG Rn. 24 ff.

7 *Baumbach/Hopt*, § 32 BörsG Rn. 3; *Heidelbach*, in: Schwark, KapMRK 4. Aufl. 2008, § 32 BörsG Rn. 34.

8 Siehe etwa *Schanz*, Börseneinführung, § 12 Rn. 4, der jedoch noch davon ausging, dass künftig die BaFin für die Zulassung verwantwortlich ist.

9 So zutreffend *Heidelbach*, in: Schwark, KapMRK, 4. Aufl. 2008, § 32 BörsG Rn. 45. Siehe auch die weiteren Ausführungen unter Rn. 46 ff.

Nach Abs. 3 Ziff. 2 ist weitere Voraussetzung die vor Antrag auf Zulassung erfolgte Veröffentlichung eines den Vorgaben der Ziff. 2 entsprechenden Prospekts, der entweder gebilligt oder bescheinigt[10] sein muss. Die Veröffentlichung ist von den Antragstellern nachzuweisen. Eine prospektfreie Zulassung ist möglich, sofern keine Prospektpflicht besteht. Ausnahmeregelungen finden sich in § 1 Abs. 2 sowie § 4 Abs. 2 WpPG.   9

Der Antrag auf Zulassung kann gem. Abs. 4 abgelehnt werden, wenn zwar die Wertpapiere des Emittenten an einem anderen organisierten Markt innerhalb der EU oder des EWR zugelassen, er aber seinen ihm obliegenden Folgepflichten im Rahmen dieser Zulassung nicht nachkommt. Lehnt die Geschäftsführung auf Grund des ihr obliegenden Ermessensspielraums den Antrag auf Zulassung ab, kann lediglich der Emittent Widerspruch einlegen und – soweit dieser keinen Erfolg hat – den Verwaltungsrechtsweg beschreiten.   10

Die Aktivlegitimation des Emissionsbegleiters ergibt sich schon nicht zwingend aus dem Wortlaut des Abs. 1, wonach auf Grund des gemeinsam zu stellenden Antrags auch das Verfahren nach Ablehnung gemeinsam durchgeführt werden müsste. Auf Grund der gemeinsamen Antragstellung zugleich neben dem Emittenten ist der Emissionsbegleiter auch Adressat des Verwaltungsakts im Falle der Ablehnung. Dies allein reicht aber für eine Klagebefugnis nicht aus. Denn die Rolle des Emissionsbegleiters geht über die Überwachung eines ordnungsgemäßen Zulassungsverfahrens und rein wirtschaftliche Interessen nicht hinaus. Nur der Emittent kann durch die Ablehnung als belastendem Verwaltungsakt in seinen Rechten verletzt sein.[11]   11

Auch sind Dritte, insbesondere mögliche künftige Anleger, nicht aktivlegitimiert.[12]

Abs. 4 eröffnet der Geschäftsführung einen weiten Ermessensspielraum, der gem. § 114 VwGO gerichtlich überprüft werden kann.   12

Nach Abs. 5 hat die Geschäftsführung zumindest drei überregionale inländische Zeitungen für die vorgeschriebenen Veröffentlichungen als Bekanntmachungsblätter zu bestimmen, wobei es der Geschäftsführung freisteht, die Bestimmung zeitlich zu begrenzen.   13

Die Regelung mutet auf Grund der zunehmenden Möglichkeiten der Verwendung elektronischer Medien anachronistisch an. Insbesondere hätte es nahegelegen, den elektronischen Bundesanzeiger gesetzlich als eines der Börsenpflichtblätter zu benennen. Da es der Börsengeschäftsführung jedoch freisteht, die Bestimmung zeitlich zu begrenzen, dürfte sich die rein elektronische Bekanntmachung von Veröffentlichungen in naher Zukunft weitgehend durchsetzen.

---

10 Zum irreführenden Begriff der Bescheinigung siehe *Heidelbach*, in: Schwark, KapMRK, 4. Aufl. 2008, § 32 BörsG Rn. 56.

11 So auch *Heidelbach*, in: Schwark, KapMRK, 4. Aufl. 2008, § 32 Rn. 63. Zutreffend weist *Heidelbach* darauf hin, dass es nur selten zu Rechtsstreitigkeiten um die Zulassung kommen dürfte, Rn. 63 a. E.; a. A. etwa *Groß*, KapMR, § 30 BörsG Rn. 44.

12 So ausdrücklich *Heidelbach*, in: Schwark, KapMRK, 4. Aufl. 2008, § 32 BörsG Rn. 63, insb. 71 ff.

§ 33
Einbeziehung von Wertpapieren in den regulierten Markt

(1) Wertpapiere können auf Antrag eines Handelsteilnehmers oder von Amts wegen durch die Geschäftsführung zum Börsenhandel in den regulierten Markt einbezogen werden, wenn

1. die Wertpapiere bereits

   a) an einer anderen inländischen Börse zum Handel im regulierten Markt,

   b) in einem anderen Mitgliedstaat der Europäischen Union oder in einem anderen Vertragsstaat des Abkommens über den Europäischen Wirtschaftsraum zum Handel an einem organisierten Markt oder

   c) an einem Markt in einem Drittstaat, sofern an diesem Markt Zulassungsvoraussetzungen und Melde- und Transparenzpflichten bestehen, die mit denen im regulierten Markt für zugelassene Wertpapiere vergleichbar sind, und der Informationsaustausch zum Zwecke der Überwachung des Handels mit den zuständigen Stellen in dem jeweiligen Staat gewährleistet ist,

   zugelassen sind und

2. keine Umstände bekannt sind, die bei Einbeziehung der Wertpapiere zu einer Übervorteilung des Publikums oder einer Schädigung erheblicher allgemeiner Interessen führen.

(2) Die näheren Bestimmungen über die Einbeziehung von Wertpapieren sowie über die von dem Antragsteller nach erfolgter Einbeziehung zu erfüllenden Pflichten sind in der Börsenordnung zu treffen. Die Börsenordnung muss insbesondere Bestimmungen enthalten über die Unterrichtung des Börsenhandels über Tatsachen, die von dem Emittenten an dem ausländischen Markt, an dem die Wertpapiere zugelassen sind, zum Schutz des Publikums und zur Sicherstellung der ordnungsgemäßen Durchführung des Handels zu veröffentlichen sind; § 38 Abs. 1, die §§ 39 und 41 finden keine Anwendung.

(3) Die Geschäftsführung unterrichtet den Emittenten, dessen Wertpapiere in den Handel nach Absatz 1 einbezogen wurden, von der Einbeziehung.

(4) Für die Aussetzung und die Einstellung der Ermittlung des Börsenpreises gilt § 25 entsprechend. 2Für den Widerruf der Einbeziehung gilt § 39 Abs. 1 entsprechend.

1 Mit § 33 BörsG wird Art. 40 Abs. 5 der Finanzmarktrichtlinie umgesetzt. Die bisher nach § 56 BörsG a. F. – der seinerseits durch das 4. Finanzmarktförderungs G eingeführt wurde – mögliche Einbeziehung in den geregelten Markt muss nunmehr für sämtliche gesetzlichen Marktsegmente gelten.[1]

---

1 RegBegr. RegE BT-Drucks. 16/4028, S. 101; zum Einbeziehungsverfahren *Heidelbach*, in: Schwark, KapMRK, 4. Aufl. 2008, § 33 BörsG Rn. 24 ff.

Abs. 1 entspricht weitgehend § 56 Abs. 1 BörsG a. F. Jedoch ist neben dem Antrag durch einen Handelsteilnehmer eine Einbeziehung von Amts wegen durch die Geschäftsführung möglich. Voraussetzung dafür soll nach der Gesetzesbegründung sein, dass die Geschäftsführung ein entsprechendes Marktbedürfnis erkennt. Aus der Gesetzesbegründung selbst wird aber nicht einmal ansatzweise ersichtlich, wann ein solches Marktbedürfnis bestehen soll. Zwar müssen die weiteren Voraussetzungen gemäß Abs. 1 Nr. 1 lit. a–c vorliegen. Fraglich – und insoweit der Gesetzesbegründung nicht zu entnehmen – ist aber, wie die Entscheidung der Geschäftsführung zur Einbeziehung eines Wertpapiers bei Vorliegen der weiteren Voraussetzungen zu werten ist, wenn der Antrag auf Einbeziehung durch einen Handelsteilnehmer, aus welchen Gründen auch immer, bewusst nicht gestellt worden ist. Ferner ist unklar, anhand welcher Kriterien die Geschäftsführung ein Marktbedürfnis ermitteln will. Wenn überhaupt kann ein Marktbedürfnis durch die Geschäftsführung nur anhand der Negativmerkmale des Abs. 1 Ziff. 2 erfolgen. Soweit ersichtlich finden sich in den einzelnen Börsenordnungen keine Regelungen, die sich explizit mit dem Marktbedürfnis auseinandersetzen oder dies definieren (vgl. §§ 55 ff. BörsO-FWB).

2

Abs. 1 wurde im Übrigen dahingehend abgeändert, dass bei Prüfung der Frage, ob ein Wertpapier zum Handel am regulierten Markt einbezogen werden kann, auf die Zulassung an einer anderen Börse mit Sitz im Inland oder einem anderen Mitgliedstaat der EU bzw. Vertragsstaat des EWR abzustellen ist.[2]

3

Des Weiteren setzt Abs. 1 Ziff. 1, der den Kreis der einbeziehungsfähigen Wertpapiere regelt[3], für die Einbeziehung nur voraus, dass die Zulassung der Wertpapiere noch nicht erloschen bzw. widerrufen ist. Weitere Bedingungen müssen für Wertpapiere, die gemäß Ziff. 1 einbezogen werden, nicht erfüllt sein, da sie die Zulassungsvoraussetzungen bereits erfüllt haben.

Gleiches gilt gemäß Ziff. 2 im Ergebnis für Wertpapiere, die bereits in einem anderen Mitgliedstaat der EU oder des EWR zum Handel an einem organisierten Markt zugelassen sind, da für diese einheitliche Regelungen bzgl. Melde- und Transparenzanforderungen, Ad-hoc-Publizitätspflichten sowie Insiderhandelsverbote gelten. Die Gleichwertigkeit der Märkte ist somit sichergestellt.

4

Bezüglich der Einbeziehung von Wertpapieren aus Drittstaaten ist im Wesentlichen die Vergleichbarkeit der Pflichten von Bedeutung, wobei formal hauptsächlich auf die rechtliche Implementierung abzustellen ist[4], da die tatsächliche Umsetzung durch die Geschäftsführung nur bedingt überprüft werden kann. Zwar folgt daraus ein gewisses Risiko, sofern in diesen Staaten Recht und Praxis allzuweit auseinderfallen. Allerdings wird dieses Risiko durch Ziff. 2 minimiert, da – selbst wenn die Voraussetzung gem. Abs. 1 Ziff. 1 lit. a, b. oder c erfüllt sind – eine Einbeziehung verweigert werden

5

---

2 Vgl. RegBegr. RegE, BT-Drucks. 16/4028, S. 101.
3 So *Groß*, KapMR, § 56 Rn. 1.
4 Anders *Schwark*, in: Schwark, § 56 Rn. 4.

kann, sofern eine Übervorteilung des Publikums oder eine Schädigung von Interessen, die von erheblicher allgemeiner Bedeutung sind, droht. Dabei ist unter Übervorteilung die Gefahr eines erheblichen Kursverfalls zu verstehen, der als Umstand aber nur dann von der Geschäftsführung berücksichtigt werden kann, wenn ein entsprechender Hinweis im Prospekt fehlt. Ob ein solcher Hinweis fehlt, müsste von der Geschäftsführung ohne erheblichen Aufwand festgestellt werden können. Zu den Interessen, die geschädigt werden könnten, zählen neben den Belangen der Allgemeinheit insbesondere solche des Kapitalmarktes, die nicht nur geringfügig beeinträchtigt werden dürfen.

6 Abs. 2 schließlich sieht vor, dass die Börsenordnungen nähere Bestimmungen über Einbeziehung und die darauf folgenden Pflichten des Antragstellers enthalten müssen. Dabei ist eine zeitnahe Unterrichtung des Börsenhandels über die Einbeziehung von zentraler Bedeutung, da diese erhebliche Auswirkungen auf die angemessene Preisbildung haben kann. In der BörsO der FWB finden sich die entsprechenden Regelungen in den §§ 57–59.

7 Durch den neu eingefügten Abs. 3 wird die Geschäftsführung verpflichtet, den Emittenten über die Einbeziehung in Kenntnis zu setzen, wobei damit für den Emittenten keine Folgepflichten verbunden sind.[5]

8 Abs. 4 verweist für den Fall Aussetzung und Einstellung der Ermittlung des Börsenpreises auf § 25 BörsG, der ebenso wie § 39 Abs. 1 BörsG für den Fall des Widerrufs der Einbeziehung entsprechende Anwendung findet.

§ 34
Ermächtigung

Die Bundesregierung wird ermächtigt, durch Rechtsverordnung mit Zustimmung des Bundesrates die zum Schutz des Publikums und für einen ordnungsgemäßen Börsenhandel erforderlichen Vorschriften über

1. die Voraussetzungen der Zulassung, insbesondere

    a) die Anforderungen an den Emittenten im Hinblick auf seine Rechtsgrundlage, seine Größe und die Dauer seines Bestehens;

    b) die Anforderungen an die zuzulassenden Wertpapiere im Hinblick auf ihre Rechtsgrundlage, Handelbarkeit, Stückelung und Druckausstattung;

    c) den Mindestbetrag der Emission;

    d) das Erfordernis, den Zulassungsantrag auf alle Aktien derselben Gattung oder auf alle Schuldverschreibungen derselben Emission zu erstrecken;

2. das Zulassungsverfahren

zu erlassen.

---

5 Begr. RegE, BT-Drucks. 16/4028, S. 101.

§ 34 BörsG entspricht wortgleich § 32 BörsG a. F., der durch das 4. Finanzmarktförderungs G eingeführt worden ist. Diese ehemals umfangreiche Vorschrift (vgl. § 32 BörsG i. d. F. vom 16.12.1986) konnte entsprechend gekürzt werden nachdem auf Grundlage des EU-ProspRL-UmsetzungsG die wesentlichen weiteren Anforderungen bezüglich des Inhalts eines Börsenzulassungsprospekts nunmehr im Wertpapierprospektgesetz geregelt sind.[1]

§ 35
Verweigerung der Zulassung

(1) Lehnt die Geschäftsführung einen Zulassungsantrag ab, so hat sie dies den anderen Börsen, an denen die Wertpapiere des Emittenten gehandelt werden sollen, unter Angabe der Gründe für die Ablehnung mitzuteilen.

(2) Wertpapiere, deren Zulassung von einer anderen Börse abgelehnt worden ist, dürfen nur mit Zustimmung dieser Börse zugelassen werden. Die Zustimmung ist zu erteilen, wenn die Ablehnung aus Rücksicht auf örtliche Verhältnisse geschah oder wenn die Gründe, die einer Zulassung entgegenstanden, weggefallen sind.

(3) Wird ein Zulassungsantrag an mehreren inländischen Börsen gestellt, so dürfen die Wertpapiere nur mit Zustimmung aller Börsen, die über den Antrag zu entscheiden haben, zugelassen werden. Die Zustimmung darf nicht aus Rücksicht auf örtliche Verhältnisse verweigert werden.

§ 35 BörsG entspricht § 33 BörsG a. F. und wurde nur redaktionell angepasst. Allerdings sind die Absätze 2 und 3 gegenüber der bisherigen Fassung und im Vergleich zu Abs. 1 ungenau gefasst. Über die Annahme bzw. Ablehnung eines Antrags auf Zulassung von Wertpapieren entscheidet allein die Geschäftsführung der Börse, nicht die Börse selbst. 1

Die Regelung des § 35 BörsG soll eine möglichst einheitliche Behandlung sicherstellen, sofern Wertpapiere an verschiedenen inländischen Börsen zugelassen werden sollen.

Abs. 1 greift dann ein, wenn ein Antrag auf Zulassung zunächst nur an einer Börse gestellt worden ist. Lehnt die Geschäftsführung dieser Börse die Zulassung ab, ist sie verpflichtet, die anderen Geschäftsführungen über die Gründe der Ablehnung zu informieren. Dies soll den anderen Geschäftsführungen eine weitere Beurteilung über einen parallel oder nachfolgend gestellten Antrag erleichtern. 2

Abs. 2 Satz 1 bindet die anderen Geschäftsführungen an die Verweigerung einer Geschäftsführung, die Wertpapiere zuzulassen. Dies ist aus Gründen des Anlegerschutzes geboten, um eine mögliche Umgehung durch den Antragsteller bei Verweigerung der Zulassung zu verhindern. Satz 2 ist als Ausnahmeverpflichtung der Geschäftsführung zu verstehen, die einen Antrag 3

---

1 Siehe im Übrigen die Komm. der BörsZulV.

zunächst abgelehnt hat. Nicht nachvollziehbar und in der Praxis wenig tauglich ist dabei jedoch, dass die Zustimmung dann zu erteilen ist, wenn die Ablehnung aus Rücksicht auf örtliche Verhältnisse erfolgte. Örtliche Verhältnisse ändern sich entgegen sonstigen Gründen, auf Grund derer eine Ablehnung erfolgt ist, kaum. Zudem stellt Abs. 3 Satz 2 hinreichend klar, dass örtliche Verhältnisse, die schon begrifflich nicht zu fassen sind, keine Berücksichtigung bei der Entscheidung über die Zulassung finden dürfen. Es kann daher zwischen zeitlich aufeinanderfolgenden Anträgen, die von Abs. 2 erfasst werden, und Anträgen, die gleichzeitig an mehreren Börsen gestellt werden (erfasst von Abs. 3) kein Unterschied bestehen. Dem steht auch das Gebot der einheitlichen Behandlung nicht entgegen, so dass der Passus bei der nächsten Änderung des Börsengesetzes wegfallen sollte.

4 Die Zustimmung, die als solche keinen anfechtbaren Verwaltungsakt gegenüber dem Antragsteller darstellt[1], muss ferner dann erteilt werden, wenn die Gründe, seien sie rechtlicher oder tatsächlicher Art, die ihr zunächst entgegenstanden, weggefallen sind.

Eine Verpflichtungsklage im Verhältnis zwischen den Geschäftsführungen ist nicht möglich[2]; anderes gilt für den Antragsteller, wenn die Zustimmung trotz der nach seiner Ansicht vorliegenden Voraussetzen nicht erteilt wird. Denn Abs. 2 Satz 2 ist nicht dahingehend auszulegen, dass eine andere Geschäftsführung auf Grund eigener Prüfung befugt wäre, die Zustimmung entgegen der Entscheidung der Geschäftsführung, die die Zustimmung verweigert hat, zu erteilen. Dies würde einen Eingriff in das Selbstverwaltungsrecht dieser Börse darstellen. Daher muss der Antragsteller die Möglichkeit haben, die Zustimmung im Wege der Verpflichtungklage durch die verweigernde Geschäftsführung gerichtlich zu erzwingen.

§ 36
Zusammenarbeit in der Europäischen Union

(1) Beantragt ein Emittent mit Sitz in einem anderen Mitgliedstaat der Europäischen Union oder in einem anderen Vertragsstaat des Abkommens über den Europäischen Wirtschaftsraum, dessen Aktien entsprechend der Richtlinie 2001/34/EG des Europäischen Parlaments und des Rates vom 28. Mai 2001 über die Zulassung von Wertpapieren zur amtlichen Börsennotierung und über die hinsichtlich dieser Wertpapiere zu veröffentlichenden Informationen (ABl. EG Nr. L 184 S. 1) in diesem Mitgliedstaat oder Vertragsstaat zugelassen sind, die Zulassung von Wertpapieren, mit denen Bezugsrechte für diese Aktien verbunden sind, so hat die Geschäftsführung vor ihrer Entscheidung eine Stellungnahme der zuständigen Stelle des anderen Mitgliedstaates oder Vertragsstaates einzuholen.

---

1 *Gebhardt*, in: Schäfer/Hamann, KapMR, § 33 BörsG Rn. 9; *Heidelbach*, in: Schwark, KapMRK, 4. Aufl. 2008, § 30 Rn. 5.
2 *Gebhardt*, in: Schäfer/Hamann, KapMR, § 33 BörsG Rn. 3, 9; *Heidelbach*, in: Schwark, KapMRK, 4. Aufl. 2008, § 30 Rn. 5.

(2) Die Vorschriften über die Zusammenarbeit nach dem Wertpapierprospektgesetz bleiben unberührt.

§ 36 BörsG entspricht im Wesentlichen § 34 BörsG a. F. Abs. 1 des § 34 BörsG 1
a. F. wurde ersatzlos gestrichen. Zuständig für die internationale Zusammenarbeit ist jetzt die BaFin, § 7 Abs. 1 WpHG n. F. Die bisherigen Abs. 2 und 3 entsprechen den Abs. 1 und 2 n. F. Abs. 1 n. F. wurde lediglich redaktionell angepasst, da die Zulassung nunmehr durch die Geschäftsführung erfolgt. § 36 Abs. 1 BörsG erfasst nur noch den Sonderfall der Zulassung von Wertpapieren mit Bezugsrecht auf Aktien eines Emittenten mit Sitz in der EU oder dem EWR. Dabei handelt es sich meist um Wandel- und Optionsanleihen, die entsprechende Bezugsrechte auf Aktien gewähren. Ferner erfasst sind Optionsscheine, sofern sich deren Recht auf Aktien bezieht, die im jeweiligen Heimatstaat des Emittenten zugelassen sind. Konsequenterweise sollten darüber hinaus auch Aktien, die nach dem entsprechenden Recht des Staates des Emittenten mit einem unabdingbaren Bezugsrecht verbunden sind, unter die Vorschrift fallen, da nach Sinn und Zweck der Zusammenarbeit der „Zulassungsstellen" in der EU eine weite Auslegung vorzunehmen ist.[1]

§ 37
Staatliche Schuldverschreibungen

Schuldverschreibungen des Bundes, seiner Sondervermögen oder eines Bundeslandes, auch soweit sie in das Bundesschuldbuch oder in die Schuldbücher der Bundesländer eingetragen sind, sowie Schuldverschreibungen, die von einem anderen Mitgliedstaat der Europäischen Union oder von einem anderen Vertragsstaat des Abkommens über den Europäischen Wirtschaftsraum ausgegeben werden, sind an jeder inländischen Börse zum Handel im regulierten Markt zugelassen.

§ 37 BörsG entspricht § 36 a. F. und wurde redaktionell angepasst. Obwohl 1
die Privilegierung öffentlich-rechtlicher Emittenten mitunter kritisiert wurde, steht die Vorschrift weiter in Einklang mit geltendem EU-Recht.[1] Emissionen der in § 37 BörsG genannten öffentlich-rechtlichen Emittenten sind qua Gesetzes an jeder inländischen Börse zum Handel im regulierten Markt zuzulassen. Es bedarf weder eines Zulassungsantrags noch der Durchführung eines Zulassungsverfahrens. Auch die Pflicht zur Erstellung eines Prospekts und dessen Veröffentlichung entfällt. Nachdem sich sowohl der Bund als auch die Länder in den vergangenen Jahren auf Grund der prekären Haus-

---

1 So *Groß*, KapMR, § 34 BörsG Rn. 2 (dort wohl Rn. 3 gemeint); ihm folgend *Heidelbach*, in: Schwark, KapMRK, 4. Aufl. 2008, § 36 BörsG Rn. 3.

---

1 Siehe zur Entstehung *Heidelbach*, in: Schwark, KapMRK, 4. Aufl. 2008, § 37 BörsG Rn. 1.

haltslagen von Beteiligungen getrennt haben und ehemalige „Staatsbetriebe" zunehmend privatisiert worden sind (einer der letzten Überbleibsel ist die Bahn AG) verliert die Vorschrift – zumindest was die Sondervermögen betrifft – weiter an Bedeutung.

§ 38
Einführung

(1) Die Geschäftsführung entscheidet auf Antrag des Emittenten über die Aufnahme der Notierung zugelassener Wertpapiere im regulierten Markt (Einführung). Der Emittent hat der Geschäftsführung in dem Antrag den Zeitpunkt für die Einführung und die Merkmale der einzuführenden Wertpapiere mitzuteilen. Das Nähere regelt die Börsenordnung.

(2) Wertpapiere, die zur öffentlichen Zeichnung aufgelegt werden, dürfen erst nach beendeter Zuteilung eingeführt werden.

(3) Die Bundesregierung wird ermächtigt, durch Rechtsverordnung mit Zustimmung des Bundesrates zum Schutz des Publikums den Zeitpunkt zu bestimmen, zu dem die Wertpapiere frühestens eingeführt werden dürfen.

(4) Werden die Wertpapiere nicht innerhalb von drei Monaten nach Veröffentlichung der Zulassungsentscheidung eingeführt, erlischt ihre Zulassung. Die Geschäftsführung kann die Frist auf Antrag angemessen verlängern, wenn ein berechtigtes Interesse des Emittenten der zugelassenen Wertpapiere an der Verlängerung dargetan wird.

1 § 38 BörsG entspricht im Kern § 37 BörsG a. F. Während die Abs. 2–4 lediglich redaktionell angepasst worden sind, wurde in Abs. 1 als Voraussetzung für die Einführung wieder eine Antragspflicht eingeführt. Anders als in der bis zum 4. FinanzmarktförderungsG geltenden Fassung ist antragsberechtigt[1] nicht ein Kredit- oder Finanzdienstleistungsinstitut sondern der jeweilige Emittent. Damit wird die bisherige Legaldefinition der Einführung wieder erweitert und zugleich die gestiegene Bedeutung des Emittenten deutlich. Darüber hinaus ändert diese Antragsberechtigung zugleich den Charakter der Einführung. Denn die Entscheidung über den Antrag ist als Verwaltungsakt einzuordnen. Dies gilt unabhängig davon, ob die Preisfestlegung nicht als öffentlich-rechtlicher Akt angesehen wird.[2] Es obliegt allein der Geschäftsführung der Börse – wie auch bei der Zulassung – über den Antrag zu entscheiden. Lehnt sie den Antrag ab, müssen dem Emittenten Rechtsmittel zur Verfügung stehen. Einstweiliger Rechtsschutz für den Emittenten kommt aber nicht in Betracht. Andernfalls bestünde die Gefahr, dass durch die Einführung Fakten geschaffen werden, die – sollte die Ablehnung begründet sein – nachträglich kaum mehr zu korrigieren sind.

---

1 Siehe auch *Schanz*, Börseneinführung, § 12 Rn. 90 Fußn. 177.
2 So für § 38 BörsG a. F. etwa *Groß*, KapMR, § 37 Rn. 2; *Heidelbach*, in: Schwark, KapMRK, 4. Aufl. 2008, § 38 BörsG Rn. 2.

Im Übrigen hat der Emittent in dem Antrag den Zeitpunkt für die Einführung und Merkmale der einzuführenden Wertpapiere mitzuteilen, wobei näheres die Börsenordnungen regeln können. Von dieser Möglichkeit wurde u.a. in der BörsO der FWB dahingehend Gebrauch gemacht, dass die Geschäftsführung den Beschluss über die Einführung im Internet veröffentlicht (§ 53 Abs. 2 BörsO-FWB). Die Einführung selbst setzt nach dem Wortlaut des Abs. 1 die Zulassung der Wertpapiere, die eingeführt werden sollen, voraus. 2

Obwohl die Möglichkeit im Rahmen der Neuregelung des Börsengesetzes bestanden hätte, sah sich der Gesetzgeber nicht veranlasst, die unklare Regelung des Abs. 2 neu zu fassen. Der von Abs. 2 verfolgte Zweck, den Handel per Erscheinen zu verhindern, um dadurch einen unkontrollierten Handel mit Aufschlägen zu vermeiden, wird nicht erreicht. Denn der übliche Telefonhandel per Erscheinen im Vorfeld von Emissionen wird von der Vorschrift nicht erfasst. Für eine restriktive Auslegung[3], die auch den Telefonhandel umfasst, ist kein Raum, nachdem dem Gesetzgeber die Problematik hinreichend bekannt ist und von einer Regelungslücke nicht gesprochen werden kann. 3

Unter dem Begriff „öffentliche Zeichnung" i.S.d. Abs. 2 ist die Aufforderung an die Öffentlichkeit zur Abgabe eines Kaufangebots an die Emissionshäuser zu verstehen.[4] Einer effektiven Depotbuchung bei den Konsortialführern bzw. den Anlegern bedarf es hinsichtlich der Beendigung der Zuteilung nicht. Vielmehr ist ausreichend, dass eine Benachrichtigung der Konsortialbanken über die ihnen zugeteilte Quote durch den Konsortialführer veranlasst wird. 4

Die Bestimmung des Zeitpunkts, zu dem die Wertpapiere gemäß Abs. 3 frühestens eingeführt werden dürfen, ist nach wie vor in § 52 Abs. 1 BörsZulV geregelt. Danach dürfen die zugelassenen Wertpapiere frühestens am 1. Werktag, der auf die erste Veröffentlichung des Prospekts folgt, eingeführt werden. Liegt kein Prospekt vor, erfolgt die Einführung an dem 1. Werktag nach Veröffentlichung der Zulassung.[5] 5

Nach Abs. 4 erlöscht die Zulassung, wenn die Einführung der Wertpapiere nicht innerhalb einer Drei-Monatsfrist nach Veröffentlichung der Entscheidung über die Zulassung eingeführt werden. Der Geschäftsführung ist aber auf Antrag eine Entscheidung darüber vorbehalten, die Frist angemessen zu verlängern, wenn ein berechtigtes Interesse für die Verlängerung vorgebracht wird. Der Antrag auf Verlängerung ist im Umkehrschluss zu Abs. 1 vom Emittenten zu stellen, auch wenn dies in Abs. 4 nicht ausdrücklich geregelt ist. 6

---

3 Dafür *Groß*, KapMR, § 37 BörsG Rn. 5.
4 Siehe auch bookbuilding, dazu ausf. *Schanz*, Börseneinführung, § 10 Rn. 80 ff.
5 Siehe hierzu die Komm. zu § 52 BörsZulV.

Verordnung über die Zulassung von Wertpapieren zum regulierten Markt an einer Wertpapierbörse (Börsenzulassungsverordnung – BörsZulV)

In der Fassung der Bekanntmachung vom 9. September 1998 (BGBl. I S. 2832), zuletzt geändert durch Art. 19a Nr. 2 des Gesetzes vom 21. Dezember 2007 (BGBl. I S. 3089)

Inhalt

	Rn.
Vorbemerkung	1

Erstes Kapitel
Zulassung von Wertpapieren zum regulierten Markt ... 1

Erster Abschnitt
Zulassungsvoraussetzungen ... 1

§ 1	Rechtsgrundlage des Emittenten	1
§ 2	Mindestbetrag der Wertpapiere	1
§ 3	Dauer des Bestehens des Emittenten	1
§ 4	Rechtsgrundlage der Wertpapiere	1
§ 5	Handelbarkeit der Wertpapiere	1
§ 6	Stückelung der Wertpapiere	1
§ 7	Zulassung von Wertpapieren einer Gattung oder einer Emission	1
§ 8	Druckausstattung der Wertpapiere	1
§ 9	Streuung der Aktien	1
§ 10	Emittenten aus Drittstaaten	1
§ 11	Zulassung von Wertpapieren mit Umtausch- oder Bezugsrecht	1
§ 12	Zulassung von Zertifikaten, die Aktien vertreten	1

Zweiter Abschnitt
(weggefallen)

Dritter Abschnitt
Zulassungsverfahren ... 1

§ 48	Zulassungsantrag	1
§ 48a	Veröffentlichung eines Basisprospekts	1
§ 49	*(weggefallen)*	
§ 50	Zeitpunkt der Zulassung	1
§ 51	Veröffentlichung der Zulassung	1
§ 52	Einführung	1

Zweites Kapitel
Pflichten des Emittenten zugelassener Wertpapiere ... 1

Erster Abschnitt
(weggefallen)

Zweiter Abschnitt
Sonstige Pflichten ... 1

§ 63	*(weggefallen)*	
§ 64	*(weggefallen)*	
§ 65	*(weggefallen)*	
§ 66	*(weggefallen)*	
§ 67	*(weggefallen)*	
§ 68	*(weggefallen)*	
§ 69	Zulassung später ausgegebener Aktien	1
§ 70	*(weggefallen)*	

Drittes Kapitel
Schlussvorschriften ... 1

§ 71	*(weggefallen)*	
§ 72	Allgemeine Bestimmungen über Jahresabschlüsse	1
§ 72a	Übergangsvorschrift	1
§ 73	(Inkrafttreten)	

Anlage (zu § 57 Abs. 2) *(aufgehoben)*

Vorbemerkung

1 Die derzeitige Fassung der BörsZulV beruht insbesondere auf der Richtlinie 2001/34 des Europäischen Parlaments und des Rats vom 28.05.2001 über die Zulassung von Wertpapieren zur amtlichen Börsennotierung und über die hinsichtlich dieser Wertpapiere zu veröffentlichenden Informationen (KoordininierungsRiLi).[1] Es kann daher gesagt werden, dass die BörsZulV die in der KoordinierungsRiLi enthaltenen börsenrechtlichen europäischen Vorgaben in das deutsche Recht umsetzt, und die BörsZulV daher in ihrer konkreten Anwendung im Rahmen der gesetzlichen Vorgaben des Börsengesetzes (BörsG) richtlinienkonform auszulegen ist.[2] Die BörsZulV ist zudem seit ihrem Inkrafttreten bereits mehrfach geändert worden. Die letzten Änderungen der BörsZulV erfolgten im Rahmen des Prospektrichtlinie-Umsetzungsgesetzes (BGBl. 2005 I S. 1698), im Rahmen des Gesetzes über elektronische Handelsregister und Genossenschaftsregister sowie das Unternehmensregister – EHUG (BGBl. 2006 I S. 2553), im Rahmen des Transparenzrichtlinie-Umsetzungsgesetzes – TUG (BGBl. 2007 I S. 10) sowie im Rahmen des Gesetzes zur Umsetzung der Richtlinie über Märkte für Finanzinstrumente (RiL 2004/39/EG, MiFID) und der Durchführungsrichtlinie (RiL 2006/73/EG) der Kommission (Finanzmarkt-Richtlinie-Umsetzungsgesetz) v. 16.07.2007 (FRUG).[3]

2 Ziel und Zweck der Richtlinie 2003/71/EG, der so genannten „Prospektrichtlinie" war es, die europaweite Harmonisierung der Prospektbedingungen sowohl beim öffentlichen Angebot von Wertpapieren als auch bei deren Zulassung zum Börsenhandel in einem organisierten Markt zu ermöglichen.[4] Zur Umsetzung der Richtlinie 2003/71/EG ist die Verordnung Nr. 809/2004 der Kommission betreffend die in Prospekten enthaltenen Informationen sowie das Format, die Aufnahme von Informationen mittels Verweises, die Veröffentlichung solcher Prospekte und die Verbreitung von Werbung ergangen. Die Verordnung regelt insbesondere, welche Angaben ein Wertpapierprospekt enthalten muss. Im Rahmen der europaweiten Harmonisierung wurden durch das Prospektrichtlinie-Umsetzungsgesetz große Teile der BörsZulV (Erstes Kapitel, Zweiter Abschnitt (§§ 13 bis 47)) aufgehoben und flossen inhaltlich in das am 01.07.2005 in Kraft getretene Wertpapierprospektgesetz (WpPG) ein. Abweichend vom bisherigen Prospektregime etabliert das WpPG nun ein einheitliches Genehmigungsverfahren und standardisiert die Prospektanforderungen. Die ehemalige Unterscheidung zwischen Verkaufs- und Börsenzulassungsprospekt ist damit entfallen. Vorbehaltlich weniger in § 3 Abs. 2 WpPG enthaltenen Ausnahmen löst das WpPG zudem nun eine generelle Pflicht zur Erstellung eines Prospektes aus. Die Prospektprüfungskompetenz, die ehemals bei den Zulassungsstellen der Börsen lag, ist aus Gründen der europaweiten Harmonisierung (wonach in jedem Mitglieds-

---

1 KoordinierungsRL 2001/34/EG vom 28.05.2001 (veröffentlicht im ABl. EG vom 06.07.2001 Nr. L 184/1), berichtigt durch ABl. EG vom 11.08.2001 Nr. L 217/18.
2 *Groß*, KapMR, 2. Aufl. 2002, Vor BörsZulV Rn. 1.
3 BGBl. I 2007, 1330 v. 19.07.2007. Die Änderung im Rahmen des InvÄndG, BGBl. I 2007, 3089 v. 21.12.2007, betraf nur eine redaktionelle Korrektur in § 10 BörsZulV.
4 *Gebhardt*, in: Schäfer/Hamann, KapMG, 2. Auflage 2006, Vor BörsZulV Rn. 5.

staat nur eine zentrale Behörde für die Prüfung der Prospekte zuständig sein soll) seit dem 01.07.2005 auf die Bundesanstalt für Finanzdienstleistungsaufsicht (BaFin) übergegangen. Diese hatte vor Inkrafttreten des WpPG bereits die Prüfungskompetenz für die im Rahmen eines öffentlichen Angebotes zu erstellenden Verkaufsprospekte inne und nun ebenfalls die Kompetenz zur Prüfung der im Rahmen der Zulassung von Wertpapieren zu erstellenden Prospekte.

Das durch die Bundesregierung am 26. 06. 2006 als Entwurf vorgelegte und am 20. 01. 2007 in Kraft getreten Transparenzrichtlinien-Umsetzungsgesetz – TUG konzentriert wiederum u. a. verschiedene kapitalmarktrechtliche Transparenzpflichten, die bisher im BörsG (§§ 39 und 40) und in der BörsZulV (Zweites Kapitel, Erster Abschnitt (§§ 63 bis 62) sowie Teile des zweiten Abschnitts (§§ 63 bis 67) des Zweiten Kapitels der BörsZulV)) enthaltenen waren, im Wertpapierhandelsgesetz (WpHG). Die von einem Emittenten zum Börsenhandel zugelassener Wertpapiere einzuhaltenden Zulassungsfolgepflichten sind daher künftig im WpHG enthalten. Für die Überwachung der Zulassungsfolgepflichten zeigt im Zuge der europaweiten Harmonisierung künftig ebenfalls nicht mehr die Zulassungsstellen der Börsen, sondern nur noch die BaFin zuständig. Ziel der europäischen Richtlinie ist es, einheitliche Wettbewerbsbedingungen für Börsen und Finanzdienstleister zu schaffen und gleichzeitig den Anlegerschutz sowie die Effizienz und Integrität des europäischen Finanzmarktes zu verbessern. 3

Die letzten einschneidenden Änderungen erfuhr die BörsZulV durch das FRUG. Das FRUG ist ein Artikelgesetz und trat größtenteils am 01. 11. 2007 in Kraft und diente insbesondere der Umsetzung der europäischen Richtlinie über Märkte für Finanzinstrumente (MiFID) 2004/39/EG. Das FRUG führte zu umfangreichen Änderungen des Bank- und Kapitalmarktrechts (insbesondere WpHG, BörsG und KWG) und gilt daher – seit der Einführung des WpHG durch das Zweite Finanzmarktförderungsgesetz – als eines der wichtigsten Gesetze im Bereich des Kapitalmarktrechts in Deutschland. Im Bereich des Börsengesetzes wird die bisherige Unterteilung des organisierten Marktes in den amtlichen Markt und in den geregelten Markt durch das FRUG neu geregelt, indem es künftig als gesetzlichen Markt statt des geregelten und des amtlichem Marktes lediglich noch den regulierten Markt gibt. Durch die Abschaffung der Zweiteilung der Marktsegmentierung und der damit einhergehenden Schaffung eines einzigen regulierten gesetzlichen Marktsegmentes wurde die bisherige Differenzierung der beiden Marktsegmente im Börsengesetz sowie der Börsenzulassungsverordnung durch das FRUG aufgehoben.[5] Die bisher für den amtlichen Markt geltenden Zulassungsvoraussetzungen gelten daher nun uneingeschränkt für den regulierten Markt und damit auch die Bestimmungen der BörsZulV, die ehemals für die Zulassung zum geregelten Markt keine Anwendung (§ 3 BörsZulV (Dauer des Bestehens des Emittenten); § 7 BörsZulV (Zulassung von Wertpapieren einer Gattung oder Emission); § 9 BörsZulV (Streuung der Aktien) und § 69 BörsZulV (Zulassung später ausgegebener Aktien) fanden. 4

---

5 RegBegr. Art. 2 zu § 32 BörsG des FRUG, BT-Drucks. 16/4028, S. 100 ff.

5   Vor dem Inkrafttreten des FRUG enthielt die Börsenordnung für die Frankfurter Wertpapierbörse (BörsO FWB) bezüglich der Zulassung von Wertpapieren zum geregelten Markt an der Frankfurter Wertpapierbörse (FWB) in ihrer seit dem 01. 01. 2003 geltenden Fassung unter § 69 BörsO FWB[6] a. F. eine Generalverweisung auf die für die Zulassung von Wertpapieren für den amtlichen Markt geltenden Vorschriften. Folge dieser – in der Praxis und Literatur nicht unumstrittenen Regelung – war eine fast vollständige Anpassung von sowohl der Zulassungsvoraussetzungen als auch des Zulassungsverfahrens von Wertpapieren zum geregelten Markt mit den Zulassungsvoraussetzungen und dem Zulassungsverfahren des amtlichen Marktes an der FWB.[7] Mit der Abschaffung der Zweiteilung der Marktsegmentierung in amtlicher und geregelter Markt durch das FRUG zu einem einzigen gesetzlichen Marktsegment, dem regulierten Markt, kann die im Rahmen des 4. Finanzmarktförderungsgesetz den Börsen eingeräumte Möglichkeit, in Teilbereichen ihrer Märkte bestimmte Segmente mit weiteren Zulassungs- und Zulassungsfolgepflichten zu schaffen, allerdings weiterhin uneingeschränkt durch die Börsen genutzt werden. Die BörsO FWB differenziert daher in den §§ 60 bis 62 bzw. in den §§ 63 bis 70 konsequenterweise zwischen der Zulassung zum regulierten Markt (General Standard) und der Zulassung zum Teilbereich des regulierten Marktes mit weiteren Zulassungsfolgepflichten (Prime Standard).[8]

6   Für die Zulassung von Wertpapieren zum Börsenhandel ist nach dem Inkrafttreten des FRUG nun nicht mehr die Zulassungsstelle, die in ihrer Funktion als ein Organ der Börse ersatzlos wegfällt, sondern die Geschäftsführung der betreffenden Börse zuständig. Dieser Schritt war aufgrund der Tatsache, dass der Aufgabenbereich der Zulassungsstelle seit dem Inkrafttreten des Wertpapierprospektgesetzes und der damit verbundenen Prüfung der Börsenzulassungsprospekte durch die Bundesanstalt für Finanzdienstleistungsaufsicht erheblich reduziert wurde, nach Ansicht des Gesetzgebers notwendig geworden. Die zwischen den Zulassungsstellen der Börsen in allen Angelegenheiten betreffend die Zulassung von Wertpapieren zum Börsenhandel vereinbarte Zusammenarbeit ist durch den Wegfall des Organs Zulassungsstelle daher gegenstandslos geworden[9] und wurde durch die betreffenden Börsen nur noch bis zum 30. 06. 2008 fortgeführt.[10] Zulassungsverfahren sind nunmehr durch die betreffende Börse stets selbst zu betreiben mit der Folge, dass Anträge auf Zulassung bei der Geschäftsführung der zuständigen Börse seitens des Emittenten einzureichen sind.

---

6 Börsenordnung für die Frankfurter Wertpapierbörse in der Fassung vom 01. 02. 2007 (abrufbar unter www.deutsche-boerse.com/Info-Center/FWB-Informationen/Regelwerk).
7 *Gebhardt*, WM 2003, Sonderbeilage 2, S. 3 ff.
8 Börsenordnung für die Frankfurter Wertpapierbörse in der Fassung vom 15. 08. 2008 (abrufbar unter www.deutsche-boerse.com/Info-Center/FWB-Informationen/Regelwerk).
9 Vgl. Rundschreiben 01/2007 der FWB Zulassungsstelle vom 21. 07. 2007 (abrufbar unter www.deutsche-boerse.com/Listing/Newsboard/Rundschreiben an Emittenten).
10 Vgl. Rundschreiben 02/2007 der FWB Zulassungsstelle vom 23. 10. 2007 (abrufbar unter www.deutsche-boerse.com/Listing/Newsboard/Rundschreiben an Emittenten).

ERSTES KAPITEL
Zulassung von Wertpapieren zum regulierten Markt

ERSTER ABSCHNITT
Zulassungsvoraussetzungen

§ 1
Rechtsgrundlage des Emittenten

Die Gründung sowie die Satzung oder der Gesellschaftsvertrag des Emittenten müssen dem Recht des Staates entsprechen, in dem der Emittent seinen Sitz hat.

Sitz des Emittenten ist der in der Satzung genannte Sitz.[1] Für die Praxis hat die Vorschrift insbesondere im Falle der Zulassung von Wertpapieren ausländischer Emittenten Bedeutung, da es der Geschäftsführung der Börse in der Regel nicht möglich ist, die ordnungsgemäße Gründung eines ausländischen Emittenten gemäß des für diesen jeweils geltenden Rechtes zu überprüfen. Aus diesem Grund kann seitens der Geschäftsführung der Börse ein entsprechendes Rechtsgutachten oder eine anwaltliche Bestätigung vom antragstellenden Emittenten verlangt werden, aus dem die ordnungsgemäße Gründung des Emittenten im vorgenannten Sinne hervorgeht. 1

§ 2
Mindestbetrag der Wertpapiere

(1) Der voraussichtliche Kurswert der zuzulassenden Aktien oder, falls seine Schätzung nicht möglich ist, das Eigenkapital der Gesellschaft im Sinne des § 266 Abs. 3 Buchstabe A des Handelsgesetzbuchs, deren Aktien zugelassen werden sollen, muss mindestens 1.250.000 Euro betragen. Dies gilt nicht, wenn Aktien derselben Gattung an dieser Börse bereits zum regulierten Markt zugelassen sind.

(2) Für die Zulassung von anderen Wertpapieren als Aktien muss der Gesamtnennbetrag mindestens 250.000 Euro betragen.

(3) Für die Zulassung von Wertpapieren, die nicht auf einen Geldbetrag lauten, muss die Mindeststückzahl der Wertpapiere zehntausend betragen.

(4) Die Geschäftsführung kann geringere Beträge als in den vorstehenden Absätzen vorgeschrieben zulassen, wenn sie überzeugt ist, dass sich für die zuzulassenden Wertpapiere ein ausreichender Markt bilden wird.

Der Verordnungsgeber bezweckte mit Erlass der Vorschrift insbesondere zu vermeiden, dass sehr kleine Aktiengesellschaften die Zulassung der von 1

---

1 RegBegr. zu § 1 BörsZulV, BR-Drucks. 72/87, S. 70.

ihnen emittierten Aktien zum regulierten Markt beantragen und – aufgrund der geringen Stückzahl der Aktien – ein ordnungsgemäßer Börsenhandel ggf. nicht sichergestellt ist. Aus diesem Grunde bestimmt § 2 Abs. 1 Satz 1 BörsZulV, dass der erwartete Kurswert aller zuzulassenden Aktien mindestens 1.250.000 € betragen muss. Der Begriff des Kurswertes ist in diesem Zusammenhang missverständlich, da bereits in den vor der Umsetzung des vierten Finanzmarktförderungsgesetz geltenden Fassungen des Börsengesetzes die für Wertpapiere bzw. Aktien an einer Wertpapierbörse ermittelten Preise als Börsenpreise – und eben nicht als Kurse bzw. Börsenkurse – bezeichnet werden (vgl. z. B. §§ 11, 29 BörsG i. d. F. d. Bekanntmachung vom 17. 07. 1996). Zudem wurde mit der durch das vierte Finanzmarktförderungsgesetz einhergehenden Änderung des Börsengesetzes zum 01. 07. 2002 auch die amtliche Feststellung von Börsenpreisen durch Kursmakler an der Börse abgeschafft und durch eine Feststellung von Börsenpreisen durch Skontoführer ersetzt. Wenn der Verordnungsgeber somit vom „voraussichtlichen Kurswert der zuzulassenden Aktien" spricht, ist hiermit nichts anderes als die Marktkapitalisierung aller zum Börsenhandel zugelassenen Aktien eines Unternehmens gemeint.

2   Die Geschäftsführung hat somit zum Zeitpunkt der Stellung des Antrages auf Zulassung der Aktien eine dahingehende Prognose abzugeben, wie hoch der Börsenpreis aller zuzulassenden Aktien aller Voraussicht nach sein könnte. Im Regelfall geben die Banken, die das jeweilige Unternehmen an die Börse führen eine Preisspanne (Bookbuildingspanne) vor, innerhalb der Zeichnungsaufträge akzeptiert werden. An dieser Bookbuildingspanne orientiert sich wiederum die Geschäftsführung bezüglich der durch sie zu treffenden Prognose. Sollte nach Notierungsaufnahme der erste festgestellte Börsenpreis unter der Prognose der Geschäftsführung und somit der Wert aller zugelassenen unter 1.250.000 € liegen, hat dies nachträglich jedoch keine Auswirkung auf die getroffene Entscheidung der Geschäftsführung. Ausschließlich für den Fall, dass eine Prognose hinsichtlich des erwarteten Börsenpreises aller zuzulassenden Aktien durch die Geschäftsführung nicht getroffen werden kann, hat das Eigenkapital der Gesellschaft des den Antrag stellenden Emittenten mindestens 1.250.000 € zu betragen. Falls Aktien derselben Gattung bereits an der gleichen Börse notiert werden, ist hingegen davon auszugehen, dass der für eine ordnungsgemäße Feststellung des Börsenpreises erforderliche Markt bereits vorhanden ist; für diesen Fall gilt daher die Zugangsregelung des Abs. 1 Satz 1 gemäß Satz 2 nicht.[1]

3   Gemäß Abs. 2 können Wertpapiere, die keine Aktien sind, nur zugelassen werden, wenn sie einen Gesamtnennbetrag in Höhe von 250.000 € aufweisen. Bezüglich der Wertpapiere, die keinen Nennbetrag haben, muss die Stückzahl der zuzulassenden Wertpapiere mindestens 10.000 Stück betragen. Ausgenommen hiervon sind wiederum nennwertlose Stückaktien; für diese gilt ebenfalls die Regelung in Abs. 1. Durch die Regelung in Abs. 2 soll die Bildung von Angebot und Nachfrage in den betreffenden Wertpapieren

---
[1] RegBegr. zu § 2 BörsZulV, BR-Drucks. 72/87, S. 70.

sichergestellt werden, so dass insbesondere ein ordnungsgemäßer Börsenhandel nebst entsprechender Preisbildung im Interesse der Anleger stattfinden kann.

Nach Abs. 4 kann die Geschäftsführung im Rahmen einer durch sie nach pflichtgemäßem Ermessen zu treffenden Entscheidung geringere als in den Abs. 1 bis 3 vorgeschriebene Beträge zulassen. Hierbei muss sie zu der Überzeugung gelangt sein, dass sich für die zuzulassenden Wertpapiere nach erfolgter Zulassung und anschließender Aufnahme der Notierung ein ausreichender Markt bilden wird. Die Geschäftsführung muss somit zum Zeitpunkt der Stellung des Antrages auf Zulassung der betreffenden Wertpapiere zu der Überzeugung gelangt sein, dass ein ordnungsgemäßer Börsenhandel in diesen Wertpapieren nach Aufnahme der Notierung gewährleistet ist. In der Praxis ist die Vorschrift hingegen von nicht allzu großer Relevanz, da die Volumina der Börsengänge in den letzten Jahren die in den Abs. 1 bis 3 vorgeschriebenen Beträge regelmäßig überstiegen haben. 4

§ 3
Dauer des Bestehens des Emittenten

(1) Der Emittent zuzulassender Aktien muss mindestens drei Jahre als Unternehmen bestanden und seine Jahresabschlüsse für die drei dem Antrag vorangegangenen Geschäftsjahre entsprechend den hierfür geltenden Vorschriften offengelegt haben.

(2) Die Geschäftsführung kann abweichend von Absatz 1 Aktien zulassen, wenn dies im Interesse des Emittenten und des Publikums liegt.

Der Emittent muss gemäß Abs. 1 der Vorschrift für mindestens drei Jahre als Unternehmen bestanden haben. Auf die Rechtsform des Emittenten kommt es hierbei nicht an, womit es folglich nicht notwendig ist, dass das Unternehmen in der Rechtsform der Aktiengesellschaft für mindestens drei Jahre tätig war. 1

Die Jahresabschlüsse der dem Zeitpunkt des Antrages auf Zulassung vorhergehenden letzten drei Geschäftsjahre des Emittenten müssen gemäß den für die betreffende Rechtsform des Emittenten in diesem Zeitraum geltenden Vorschriften durch diesen offen gelegt worden sein. Selbst wenn die betreffenden Rechnungslegungsvorschriften für Personengesellschaften (OHG, KG, BGB-Gesellschaft) bzw. Kapitalgesellschaften (GmbH, KGaA) hinter denen der Aktiengesellschaft zurück bleiben sollten, ist dies im Rahmen der Antragsstellung nicht beachtlich.[1] 2

§ 3 Abs. 2 BörsZulV ermächtigt die Geschäftsführung abweichend von den in Abs. 1 genannten Voraussetzungen hingegen auch Aktien zum Börsenhandel zuzulassen, wenn eine solche Zulassung sowohl im Interesse des Emittenten als auch im Interesse des Publikums liegt. Die beiden Vorausset- 3

---

1 *Heidelbach*, in: Schwark, KapMRK, § 3 BörsZulV Rn. 2.

zungen haben somit gemäß dem Wortlaut des Abs. 2 kumulativ vorzuliegen. Nach Ansicht des Verordnungsgebers handelt es sich hingegen bei der in diesem Fall durch die Geschäftsführung zu treffenden Entscheidung um eine Ermessensentscheidung, in welcher entgegen dem eigentlichen Wortlaut der Vorschrift, die Interessen des Emittenten gegen die des Publikums abzuwägen sind.[2]

4 Im Falle einer richtlinienkonformen Auslegung der Vorschrift kann hingegen einzig dem Interesse des Emittenten Bedeutung zukommen.[3] Dementsprechend wird in der Praxis gerade nicht den – in der Regel widerstreitenden - Interessen des Publikums und denen des Emittenten im Rahmen einer Abwägung durch die Geschäftsführung Rechnung getragen. Die Praxis lässt es vielmehr ausreichen, wenn einzig den Interessen des Emittenten, die insbesondere in der Inanspruchnahme des Kapitalmarkts zur Eigenkapitalfinanzierung begründet sein werden, Rechnung getragen wird.

5 Gemäß § 34 Nr. 1 lit. a BörsG ist der Verordnungsgeber zudem ermächtigt, die Voraussetzungen für die Zulassung von Aktien zum regulierten Markt durch Anforderungen an den Emittenten im Hinblick auf die Dauer seines Bestehens zu regeln.

6 § 3 BörsZulV fand über § 69 BörsO FWB a. F.[4] für die Zulassung von Aktien zum geregelten Markt keine unmittelbare Anwendung. Bezüglich der Frage der Mindestdauer des Bestehens von Emittenten, die die Zulassung ihrer Aktien vor dem Inkrafttreten des FRUG zum 01. 11. 2007 zum geregelten Markt anstrebten, waren weder im BörsG a. F. noch in der BörsZulV a. F. noch in den Satzungen der meisten Wertpapierbörsen konkrete Vorschriften enthalten. Zwar enthielt § 51 Abs. 1 BörsG a. F. bestimmte Voraussetzungen, wonach die Wertpapiere eines Emittenten zum geregelten Markt zuzulassen waren, wenn diese erfüllt wurden; eine bestimmte Mindestdauer des Bestehens des Emittenten wurde hingegen nicht konkret genannt. Aufgrund der seinerzeit mit Wirkung zum 01. 01. 2003 im Regelwerk der FWB vorgenommenen Angleichung der Zulassungsvoraussetzungen von Aktien zum geregelten Markt mit denen der Aktien zum amtlichen Markt, bestimmte § 69 Abs. 2 Nr. 1 BörsO FWB a. F. zumindest, dass das antragstellende Unternehmen mindestens drei Jahre als Unternehmen bestanden haben soll.[5] Die seitens des Verordnungsgebers ursprünglich nur für den amtlichen Markt vorgeschriebene Muss-Vorschrift wurde somit auf Ebene des Satzungsgebers für den geregelten Markt in eine Soll-Vorschrift adoptiert.[6] Diese Unterscheidung betreffend der Dauer des Bestehens des antragstellenden Emittenten ist nun jedoch nach Inkrafttreten des FRUG und der damit einhergehenden

---

2 So die RegBegr. zu § 3 Abs. 2 BörsZulV, BR-Drucks. 72/87, S. 71.
3 *Gebhardt*, in: Schäfer/Hamann, KapMG, § 3 BörsZulV Rn. 8.
4 Börsenordnung für die Frankfurter Wertpapierbörse in der Fassung vom 01. 02. 2007 (abrufbar unter www.deutsche-boerse.com/Info-Center/FWB-Informationen/Regelwerk).
5 Börsenordnung für die Frankfurter Wertpapierbörse in der Fassung vom 01. 02. 2007 (abrufbar unter www.deutsche-boerse.com/Info-Center/FWB-Informationen/Regelwerk).
6 Vgl. auch *Gebhardt*, in: Schäfer/Hamann, KapMG, § 3 BörsZulV Rn. 12.

Änderung des Börsengesetzes entfallen, da die §§ 32 ff. BörsG nur noch die Zulassung bzw. Einbeziehung von Wertpapieren zum regulierten Markt vorsehen.

§ 4
Rechtsgrundlage der Wertpapiere

Die Wertpapiere müssen in Übereinstimmung mit dem für den Emittenten geltenden Recht ausgegeben werden und den für das Wertpapier geltenden Vorschriften entsprechen.

Die Vorschrift fordert die Übereinstimmung der Ausgabe der Wertpapiere mit dem für den Emittenten geltenden Recht, mithin dem auf den Emittenten anwendbaren Recht des Sitzstaates des Emittenten. Maßgeblich für die Ausgabe der Wertpapiere ist somit das gemäß § 1 BörsZulV durch die Geschäftsführung ermittelte Recht, dessen Einhaltung sich die Geschäftsführung, wenn es sich um eine ausländische Rechtsordnung handelt, durch ein Rechtsgutachten oder anwaltliches Schreiben bestätigen lassen kann. Zudem hat die Geschäftsführung zu prüfen, ob die zuzulassenden Wertpapiere wiederum dem für sie geltenden Recht entsprechen. 1

Hinsichtlich des auf die Wertpapiere anwendbaren Rechts ist zwischen dem Wertpapier*rechts*statut und dem Wertpapier*sach*statut zu unterscheiden. Dem Wertpapierrechtsstatut unterliegt das in der Urkunde verbriefte Recht als solches, während das Wertpapiersachstatut das auf das Wertpapier selbst, d.h. als Sache, anwendbare Recht bezeichnet. Die Antwort auf die im Rahmen der Zulassung von Wertpapieren für die Geschäftsführung ausschließlich relevante Frage, ob nämlich eine Urkunde den Charakter eines Wertpapiers hat, ergibt sich ohne Rücksicht auf den Lageort der Urkunde nur aus derjenigen Rechtsordnung, welcher das in ihr verbriefte Recht unterliegt (Wertpapierrechtsstatut). Handelt es sich dabei um ein Mitgliedschaftsrecht in einer Aktiengesellschaft, richtet sich das Wertpapierrechtsstatut nach dem Gesellschaftsstatut der jeweiligen Gesellschaft[1], im Fall von der deutschen Rechtsordnung unterstehenden ausgegebenen deutschen Aktien ist somit insbesondere § 8 AktG zu beachten. Das Wertpapierrechtsstatut, welches somit die Frage entscheidet, ob die entsprechende Urkunde überhaupt ein Wertpapier darstellt, ist auch für die weitere Frage maßgeblich, ob und inwieweit das verbriefte Recht durch das Eigentum am Papier beeinflusst wird und ob die Verfügung über das verbriefte Recht durch Verfügung über das verbriefende Wertpapier erfolgt. Ob daher das Recht „aus dem Papier" dem Recht „an dem Papier" folgt, ist daher auch wieder eine Frage des Wertpapierrechtsstatuts. 2

---

1 *Gebhardt*, in: Schäfer/Hamann, KapMG § 4 BörsZulV Rn. 3.

§ 5
Handelbarkeit der Wertpapiere

(1) Die Wertpapiere müssen frei handelbar sein.

(2) Die Geschäftsführung kann

1. nicht voll eingezahlte Wertpapiere zulassen, wenn sichergestellt ist, dass der Börsenhandel nicht beeinträchtigt wird und wenn in dem Prospekt auf die fehlende Volleinzahlung sowie auf die im Hinblick hierauf getroffenen Vorkehrungen hingewiesen wird oder, wenn ein Prospekt nicht zu veröffentlichen ist, das Publikum auf andere geeignete Weise unterrichtet wird;

2. Aktien, deren Erwerb einer Zustimmung bedarf, zulassen, wenn das Zustimmungserfordernis nicht zu einer Störung des Börsenhandels führt.

1 Nach dem Wortlaut von Abs. 1 müssen die zugelassenen Wertpapiere frei handelbar sein, was wiederum Grundvoraussetzungen eines ordnungsgemäßen Börsenhandels im Sinne von § 39 Abs. 1 BörsG ist. Freie Handelbarkeit liegt nach dem Willen des Gesetzgebers erst dann vor, wenn die Übertragung der Wertpapiere keinen rechtlichen Schranken unterliegt, die eine unerträgliche Erschwernis des Börsenhandels bedeuten würde.[1] So dürfen sowohl das schuldrechtliche Kaufgeschäft als auch die dingliche Eigentumsübertragung an den zum Börsenhandel zugelassenen Wertpapieren grundsätzlich nicht durch gesetzliche Bestimmungen eingeschränkt oder verhindert werden. Gleichwohl führt nicht jede gesetzliche Beschränkung per se dazu, dass die freie Handelbarkeit nicht gewährleistet wäre, denn erst wenn die Beschränkung das Maß der Unerträglichkeit erreicht, kann hiervon ausgegangen werden. Privatrechtliche getroffene Vereinbarungen hingegen, die ein Veräußerungsverbot in einem bestimmten Zeitraum zum Inhalt haben, fallen da es sich gerade nicht um gesetzliche Bestimmungen handelt, nicht unter die Regelung des Abs. 1.[2]

2 Nur für den Fall, dass sichergestellt ist, dass der ordnungsgemäße Börsenhandel nicht beeinträchtigt wird und in dem Prospekt auf die fehlende Volleinzahlung sowie auf die im Hinblick hierauf getroffenen Vorkehrungen hingewiesen wird oder falls ein Prospekt nicht zu veröffentlichen ist, das Publikum auf andere geeignete Weise unterrichtet wird, kann die Geschäftsführung gemäß Abs. 2 Nr. 1 auch nicht voll eingezahlte Wertpapiere zum Börsenhandel zulassen. Die Geschäftsführung hat somit – im Gegensatz zu Abs. 1 der Vorschrift, der eine unerträgliche Erschwernis des Börsenhandels voraussetzt – in einem solchen Fall sicherzustellen, dass der Börsenhandel nicht beeinträchtigt wird und somit weiterhin ordnungsgemäß durchgeführt werden kann. Kumulativ hierzu wird gefordert, dass der Emittent im Prospekt auf den Umstand der fehlenden Volleinzahlung sowie auf die in diesem Zusammenhang durch ihn getroffenen Maßnahmen ausdrücklich hingewie-

---
[1] RegBegr. zu § 5 BörsZulV, BR Drucks. 72/87, S. 72.
[2] So auch *Gebhardt*, in: Schäfer/Hamann, KapMG, 2. Auflage 2006 § 5 BörsZulV Rn. 2.

sen hat. Selbst für den Fall, dass ein von der BaFin gemäß den Bestimmungen des WpPG gebilligter Prospekt vorliegt, kann die Geschäftsführung die Zulassung somit verweigern, wenn im Prospekt diese Angaben nicht vorhanden sind. Für den Fall, dass kein Prospekt zu veröffentlichen ist, hat der Emittent in anderer geeigneter Weise – z. B. durch Veröffentlichung in einem Börsenpflichtblatt – das Publikum über diesen Umstand zu informieren.

Ist die ordnungsgemäße Handelbarkeit der zuzulassenden Wertpapiere nicht dadurch beeinträchtigt, dass der Erwerb der Aktien der Zustimmung des Emittenten bedarf, kann die Geschäftsführung solche Aktien ebenfalls gemäß Abs. 2 Nr. 2 zum Handel zulassen. Aktien, deren Erwerb einer Zustimmung bedarf, werden als vinkulierte Namensaktien bezeichnet, die abweichend vom allgemeinen Grundsatz der freien Verfügbarkeit nach der Satzung der Gesellschaft nur mit Zustimmung der Gesellschaft gemäß § 68 Abs. 2 AktG übertragen werden können. Die Zustimmung zur Übertragung der Aktien erteilt grundsätzlich der Vorstand der Gesellschaft (§ 68 Abs. 2 Satz 2 AktG). Die Satzung der Gesellschaft kann jedoch auch bestimmen, dass der Aufsichtsrat oder die Hauptversammlung über die Erteilung der Zustimmung beschließt (§ 68 Abs. 2 Satz 3 AktG). Die Satzung kann zudem die Gründe bestimmen, aus denen die Zustimmung verweigert werden darf (§ 68 Abs. 2 Satz 4 AktG). Zwecke der Vinkulierung können insbesondere die Prüfung und Sicherung der Zahlungsfähigkeit von Aktionären beim Erwerb nicht voll eingezahlter Aktien, der Schutz vor Überfremdung der Gesellschaft, die Aufrechterhaltung der bisherigen Beteilungsverhältnisse, die Verhinderung des Eindringens unerwünschter Aktionäre in den Aufsichtsrat, wenn sich das Recht zur Entsendung von Aufsichtsratsmitgliedern mit bestimmten Aktien verbindet, die ebenfalls der Vinkulierung unterliegen müssen sowie die Kontrolle des Aktionärskreises bei Gesellschaften mit besonderer Zwecksetzung sein.[3] 3

Die Geschäftsführung hat in derartigen Fällen daher zu prüfen, ob die durch den Emittenten notwendigerweise zwecks Erzielung eines wirksamen Verfügungsgeschäftes zu erteilende Zustimmung zu keiner Störung des Börsenhandels in diesen Aktien führt. Eine solche tritt mit an Sicherheit grenzender Wahrscheinlichkeit immer dann ein, wenn davon auszugehen ist, dass der Emittent die Zustimmung regelmäßig verweigert oder die Satzung der Gesellschaft Bestimmungen enthält, die z. B. ausländische Erwerber vom Erwerb der Aktien ausschließt. In diesem Fall wäre nämlich die jederzeitige Veräußerung bzw. der jederzeitige Erwerb der Aktie, die einem ordnungsgemäßen Börsenhandel immanent ist, nicht mehr oder zumindest für einen großen Teil des Publikums nicht mehr möglich und der Börsenhandel in den betreffenden Aktien gestört. In der Praxis wird aus diesem Grund das Zustimmungserfordernis nur dann nicht als eine Störung des Börsenhandels erachtet, wenn der Emittent schriftlich gegenüber der Geschäftsführung erklärt hat, von der Möglichkeit der Versagung der Zustimmung keinen oder nur in außerordentlichen Fällen im Interesse der Gesellschaft Gebrauch gemacht zu haben und zukünftig zu machen.[4] 4

---

3 *Hüffer*, AktG, § 68 Rn. 10.
4 Vgl. *Kerber*, WM 1990, 790.

§ 6
Stückelung der Wertpapiere

Die Stückelung der Wertpapiere, insbesondere die kleinste Stückelung und die Anzahl der in dieser Stückelung ausgegebenen Wertpapiere, müssen den Bedürfnissen des Börsenhandels und des Publikums Rechnung tragen.

1 Grundsätzlich muss die Stückelung der Wertpapiere sowohl den Bedürfnissen des Börsenhandels als auch denen des Publikums gerecht werden. Sinn und Zweck der Vorschrift ist es, sicherzustellen, dass die Stückelung ausreichend klein gehalten wird, um den Bedürfnissen der privaten Anleger Rechnung tragen zu können. Die Vorschrift dient somit insbesondere der Erleichterung des Börsenhandels.[1] Im Falle von Wertpapieren, die eine Mindeststückelung von 50.000 € haben und für welche daher im Rahmen eines öffentlichen Angebots bereits aus diesem Grund kein Prospekt mehr zu veröffentlichen ist[2], liegt somit ein dahingehendes Indiz dafür vor, dass eine solche Stückelung nicht mehr den Bedürfnissen und Interessen des Publikums Rechnung trägt. Letztlich wird in der Praxis auf den Kreis der im Rahmen der Emission angesprochenen Anleger abgestellt.[3]

§ 7
Zulassung von Wertpapieren einer Gattung oder einer Emission

(1) Der Antrag auf Zulassung von Aktien muss sich auf alle Aktien derselben Gattung beziehen. Er kann jedoch insoweit beschränkt werden, als die nicht zuzulassenden Aktien zu einer der Aufrechterhaltung eines beherrschenden Einflusses auf den Emittenten dienenden Beteiligung gehören oder für eine bestimmte Zeit nicht gehandelt werden dürfen und wenn aus der nur teilweisen Zulassung keine Nachteile für die Erwerber der zuzulassenden Aktien zu befürchten sind. In dem Prospekt ist darauf hinzuweisen, dass nur für einen Teil der Aktien die Zulassung beantragt wurde, und der Grund hierfür anzugeben; ist ein Prospekt nicht zu veröffentlichen, so ist das Publikum auf andere geeignete Weise zu unterrichten.

(2) Der Antrag auf Zulassung von anderen Wertpapieren als Aktien muss sich auf alle Wertpapiere derselben Emission beziehen.

1 Abs. 1 der Vorschrift normiert den Grundsatz der Zulassung aller Wertpapiere einer Emission bzw. im Falle von Aktien aller Aktien der Gesellschaft. Abs. 2 stellt zudem klar, dass die Teilzulassung anderer Wertpapiere außer der von Aktien unzulässig ist. Sinn und Zweck der Vorschrift ist es, auszuschließen, dass nur ein Teil einer Emission zum regulierten Markt zugelassen

---

1 RegBegr. zu § 6 BörsZulV, BR Drucks. 72/87, S. 72.
2 Vgl. die in § 3 Abs. 2 Nr. 4 WpPG genannten Ausnahmen von der Prospektpflicht.
3 *Willamowski*, in: Heidel, AktG § 6 BörsZulVO Rn. 1.

wird, während die aus der Zulassung zum regulierten Markt sich ergebenden Folgen tatsächlich für die gesamte Emission beansprucht werden oder zumindest sich so auswirken.¹

§ 7 Abs. 1 Satz 2 BörsZulV lässt in Verbindung mit dem Abgrenzungskriterium der Aktiengattung zwei Ausnahmen vom Grundsatz der Vollzulassung aller Wertpapiere zu. Ausschließlich die Aktien, die die gleichen Rechte gewähren, bilden eine Gattung im Sinne der Vorschrift gemäß dem in § 11 Abs. 2 AktG legal definierten Begriff der Aktiengattung. Dementsprechend bilden z. B. stimmrechtslose Vorzugsaktien und stimmrechtsgewährende Stammaktien keine gemeinsame Aktiengattung.² Der erste in § 7 Abs. 1 Satz 2 BörsZulV genannte Ausnahmetatbestand setzt voraus, dass die Aktien, die nicht zum Börsenhandel zugelassen werden sollen, zu einer der Aufrechterhaltung eines beherrschenden Einflusses auf den Emittenten dienenden Beteilung gehören. Dies kann insbesondere im Falle von Familiengesellschaft der Fall sein, wenn der Groß- oder Mehrheitsaktionär der Gesellschaft auch noch nach dem Börsengang seinen Einfluss entsprechend geltend machen bzw. sichern will.³ Die zweite Ausnahme vom Grundsatz der Vollzulassung einer Aktiengattung betrifft Fälle, in welchen bestimmte Aktien für einen bestimmten Zeitraum einem Handelsverbot unterliegen. Dies kann ggf. dann der Fall sein, wenn der Eigentümer der betreffenden Aktien bestimmten Veräußerungsverboten (z. B. Lock-up-Agreements bzw. Lock-up Periods) unterliegt und sich dahingehend verpflichtet hat, die Aktien für einen bestimmten Zeitraum nicht zu veräußern.

Beide Ausnahmetatbestände setzen voraus, dass aus der teilweisen Zulassung der Aktien kein Nachteil für die Erwerber der zuzulassenden Aktien zu befürchten ist. Dies ist insbesondere dann der Fall, wenn die Markttiefe der zuzulassenden Aktien als zu gering zu erachten ist, es mithin an einer ausreichenden Liquidität fehlt, um einen ordnungsgemäßen Börsenhandel – und somit die Feststellung eines ordnungsgemäßen Börsenpreises – in den entsprechenden Aktien sicherstellen zu können. In beiden Ausnahmetatbeständen ist das Publikum zudem über den Umstand der Teilzulassung entweder im Prospekt oder – falls ein solcher gemäß § 4 WpPG nicht zu erstellen ist – über ein geeignetes anderes Medium zu informieren. Eine entsprechende Information kann z. B. über eine Veröffentlichung in einem Börsenpflichtblatt oder durch Bekanntmachung durch die Börse selbst erfolgen. Zu beachten ist auch hier, dass auch nach Inkrafttreten des WpPG der von der BaFin gebilligte Prospekt entsprechende Angaben enthalten muss. Anderenfalls kann die Geschäftsführung die Zulassung der Wertpapiere trotz des Vorliegens eines nach dem WpPG gebilligten Prospekts verweigern.

§ 7 Abs. 2 BörsZulV stellt klar, dass der Antrag auf Zulassung von anderen Wertpapieren als Aktien sich auf alle Wertpapiere derselben Emission beziehen muss. Im Zusammenhang mit dem Antrag auf Zulassung von anderen

---
1 Vgl. auch die RegBegr. zu § 7 BörsZulV, BR Drucks. 72/87, S. 72.
2 *Hüffer*, AktG, § 11 Rn. 7.
3 *Heidelbach*, in: Schwark, KapMRK, 3. Auflage 2004, § 7 BörsZulV Rn. 2.

Wertpapieren als Aktien zum regulierten Markt können stets nur die bereits übertragenen Wertpapiere als eine Emission verstanden werden, da noch nicht vorhandene verbriefte Rechte nicht Gegenstand der Zulassung sein können.[4]

5 Die Vorschrift fand keine entsprechende Anwendung auf die Zulassung von Wertpapieren zum geregelten Markt an der FWB, da § 69 Abs. 3 Nr. 2 BörsO FWB[5] a.F. – abweichend von § 7 Abs. 1 Satz 1 BörsZulV – bestimmte, dass die Teilzulassung von Wertpapieren einer Gattung oder einer Emission im geregelten Markt zulässig ist. Die durch das FRUG mit Wirkung zum 01.11.2007 neue eingefügte Übergangsvorschrift des § 72a Abs. 3 BörsZulV hat nun hingegen zur Folge, dass Emittenten, deren Aktien vor dem 01.11.2007 zum geregelten Markt zugelassen worden sind, für vor diesem Tag ausgegebene Aktien, die noch nicht zugelassen sind, auch einen Antrag auf Zulassung nach § 69 Abs. 1 zum regulierten Markt bis spätestens zum 31.10.2009 zu stellen haben.

§ 8
Druckausstattung der Wertpapiere

(1) Die Druckausstattung der Wertpapiere in ausgedruckten Einzelurkunden muss einen ausreichenden Schutz vor Fälschung bieten und eine sichere und leichte Abwicklung des Wertpapierverkehrs ermöglichen. Für Wertpapiere eines Emittenten mit Sitz in einem anderen Mitgliedstaat der Europäischen Union oder in einem anderen Vertragsstaat des Abkommens über den Europäischen Wirtschaftsraum reicht die Beachtung der Vorschriften aus, die in diesem Staat für die Druckausstattung der Wertpapiere gelten.

(2) Bietet die Druckausstattung der Wertpapiere keinen ausreichenden Schutz vor Fälschung, so ist in dem Prospekt hierauf hinzuweisen; ist ein Prospekt nicht zu veröffentlichen, so ist das Publikum auf andere geeignete Weise zu unterrichten.

1 Im Falle der Einzelverbriefung hat die Druckausstattung der Wertpapiere gemäß Abs. 1 Gewähr dafür zu bieten, dass sowohl ein ausreichender Fälschungsschutz vorhanden ist als auch dass eine sichere und leichte Abwicklung des Wertpapierverkehrs ermöglicht wird. Spätestens seit Einführung der gesetzlichen Möglichkeit für Aktiengesellschaften den Anspruch ihrer Aktionäre auf Verbriefung in der Satzung auszuschließen[1], hat die Vorschrift jedoch in der Praxis an Bedeutung verloren. Die im Rahmen einer Neuemission emittierten Wertpapiere werden heute – unabhängig ob es sich um Ak-

---

4 RegBegr. zu § 7 BörsZulV, BR Drucks. 72/87, S. 73.
5 Börsenordnung für die Frankfurter Wertpapierbörse in der Fassung vom 01.02.2007 (abrufbar unter www.deutsche-boerse.com/Info-Center/FWB-Informationen/Regelwerk).

---

1 Vgl. Hüffer, AktG, § 10 Abs. 5 AktG Rn. 10 ff.

tien oder Schuldverschreibungen handelt – mit wenigen Ausnahmen als Globalurkunden gemäß § 9a Depotgesetz verbrieft und in Sammelverwahrung bei einer gemäß § 1 Abs. 3 Depotgesetz anerkannten Wertpapiersammelbank, wie z.B. der Clearstream Banking AG, hinterlegt. Da es in der Praxis aufgrund der ausschließlich zur Hinterlegung bei einer anerkannten Wertpapiersammelbank gedachten Globalurkunden keines ausreichenden Schutzes vor Fälschung mehr bedarf, hat die Vorschrift somit nur noch für Wertpapiere, die als Einzelurkunden begeben – und somit als effektive Stücke auch lieferbar sind – Bedeutung. Für diese Wertpapiere gelten weiterhin die in den gemeinsamen Grundsätzen der deutschen Wertpapierbörsen für den Druck von Wertpapieren[2] genannten Bestimmungen.

Unabhängig davon hat der Emittent von Wertpapieren mit Sitz in der EU oder dem EWR gemäß Abs. 1 Satz 2 darauf zu achten, dass die von ihm emittierten Wertpapiere die Voraussetzungen betreffend die Druckausstattung einhalten, die im Sitzstaat des Emittenten für diesen Geltung haben. 2

Für den Fall, dass die Druckausstattung der Wertpapiere keinen ausreichenden Schutz vor Fälschung bietet, ist das Publikum über diesen Umstand gemäß § 8 Abs. 2 BörsZulV im Prospekt – und wenn ein solcher nicht zu erstellen ist – auf andere geeignete Weise zu informieren. Hinsichtlich der Art und Weise der Information für den Fall, dass kein Prospekt zu erstellen ist, gelten die Ausführungen zu § 7 Abs. 1 BörsZulV (Rn. 5) entsprechend.

§ 9
Streuung der Aktien

(1) Die zuzulassenden Aktien müssen im Publikum eines Mitgliedstaats oder mehrerer Mitgliedstaaten der Europäischen Union oder eines Vertragsstaates oder mehrerer Vertragsstaaten des Abkommens über den Europäischen Wirtschaftsraum ausreichend gestreut sein. Sie gelten als ausreichend gestreut, wenn mindestens fünfundzwanzig vom Hundert des Gesamtnennbetrages, bei nennwertlosen Aktien der Stückzahl, der zuzulassenden Aktien vom Publikum erworben worden sind oder wenn wegen der großen Zahl von Aktien derselben Gattung und ihrer breiten Streuung im Publikum ein ordnungsgemäßer Börsenhandel auch mit einem niedrigeren Vomhundertsatz gewährleistet ist.

(2) Abweichend von Absatz 1 können Aktien zugelassen werden, wenn

1. **eine ausreichende Streuung über die Einführung an der Börse erreicht werden soll und die Geschäftsführung davon überzeugt ist, dass diese Streuung innerhalb kurzer Frist nach der Einführung erreicht sein wird,**

2. **Aktien derselben Gattung innerhalb der Europäischen Gemeinschaft oder innerhalb eines Vertragsstaates des Abkommens über den Europäischen Wirtschaftsraum an einem Markt zugelassen werden und eine ausreichende Streuung im Verhältnis zur Gesamtheit aller ausgegebenen Aktien erreicht wird oder**

---

[2] Nr. 21 des Regelwerks der Frankfurter Wertpapierbörse (abrufbar unter www.deutscheboerse.com/Info-Center/FWB-Informationen/Regelwerk).

3. die Aktien außerhalb der Europäischen Gemeinschaft oder außerhalb der anderen Vertragsstaaten des Abkommens über den Europäischen Wirtschaftsraum an einem Markt, der mit einem organisierten Markt vergleichbar ist, zugelassen sind und eine ausreichende Streuung im Publikum derjenigen Staaten erreicht ist, in denen diese Aktien zugelassen sind.

1 Ausweislich ihres Wortlautes gilt die Vorschrift nur für Aktien. Sinn und Zweck der Vorschrift ist es, zu gewährleisten, dass aufgrund einer hinreichenden Streuung der Aktien an verschiedene Aktionäre, die für einen ordnungsgemäßen Börsenhandel notwendige Liquidität gewährleistet ist. Diese Liquidität ist wiederum unabdingbare Voraussetzungen für die im Interesse des Handels und des Publikums liegende ordnungsgemäße Preisfeststellung in den zum Börsenhandel zugelassenen Aktien.[1] Würde sich nämlich die Mehrheit der zum Handel zugelassenen Aktien im Besitz eines einzigen oder mehrerer weniger Aktionäre befinden, wäre gerade nicht dauerhaft gewährleistet, dass Börsenpreise ordnungsgemäß festgestellt werden könnten, da es ggf. zu keinem oder nur geringem Umsatz in den betreffenden Aktien kommen würde. Aus diesem Grund hat der Verordnungsgeber als Zulassungsvoraussetzung für Aktien bestimmt, dass eine ausreichende Streuung gemäß Abs. 1 erst dann vorliegt, wenn mindestens 25 % des Gesamtnennbetrages der zuzulassenden Aktien sich im Besitz des Publikums – somit mehrerer Aktionäre – befinden (sogenannter „free float"). Wird die im Rahmen des free float der zugelassenen Aktien zu beachtende 25 % Schwelle nach erfolgter Zulassung hingegen wieder unterschritten, hat dieser Umstand grundsätzlich keine Auswirkungen auf die bereits erteilte Zulassung solange kein Fall des § 39 Abs. 1 BörsG vorliegt, der den Widerruf der Zulassung seitens der Geschäftsführung begründen kann.

2 Gemäß den von der Börsensachverständigenkommission des Bundesministerium der Finanzen herausgegebenen Grundsätzen für die Zuteilung von Aktienemissionen an Privatanleger vom 07. 06. 2000 sollen die im Rahmen von Mitarbeiterprogrammen („Friends & Family Programme") an von Seiten des Emittenten im Vorfeld der Zulassung bestimmte Mitarbeiter und Geschäftspartner des Unternehmens abzugebende Aktien nicht zum „free float" der zuzulassenden Aktien zählen[2]. Die Ansicht, dass dies auch im Rahmen der Zulassung der Aktien gemäß § 9 BörsZulV gelten soll[3] ist abzulehnen. Obwohl der Emittent im Rahmen des „Friends & Family Programmes" zwar festlegt, welchen Personen im Rahmen des Programms bei der Zuteilung der Aktien bevorzugt behandelt werden sollen, kann weiterhin davon ausgegangen werden, dass auch dieser Personenkreis zu einer hinreichenden Streuung der Aktien im Publikum beiträgt bzw. einer hinreichenden Streuung der Aktien zumindest nicht unmittelbar entgegensteht.

---

1 So wohl auch im Ergebnis RegBegr. zu § 9 BörsZulV, BR-Drucks. 72/87, S. 74.
2 Begriffsbestimmung „Friends & Family Programme" der Grundsätze für die Zuteilung von Aktienemissionen an Privatanleger.
3 *Groß*, in: KapMR, 3. Auflage 2006, § 10 BörsZulV Rn. 18.

§ 9 Abs. 1 Satz 2 Alt. 2 BörsZulV enthält eine Ausnahme von der zu beachtenden 25 %-Schwelle, wenn wegen der großen Zahl der Aktien derselben Gattung und ihrer breiten Streuung im Publikum ein ordnungsgemäßer Börsenhandel auch mit einem niedrigeren Prozentsatz sichergestellt erscheint. 3

Neben den redaktionellen Folgeänderungen zu den vorhergehenden Vorschriften wurde Abs. 2 durch das FRUG dahingehend geändert, dass zukünftig bei den Regelungen über die Zulassung von ausländischen Aktien nicht mehr auf deren Notierung, sondern einheitlich auf deren Zulassung an einem organisierten Markt oder an einem vergleichbaren Markt mit Sitz außerhalb der Europäischen Union und des Europäischen Wirtschaftsraumes abgestellt wird. § 9 Abs. 2 Nr. 1 BörsZulV erlaubt die Zulassung von Aktien, die die Mindestschwelle gemäß Abs. 1 nicht erfüllen, wenn die Geschäftsführung nach pflichtgemäßem Ermessen der Ansicht ist, dass eine ausreichende Streuung der Aktien nach erfolgter Zulassung und sich anschließender Notierungsaufnahme stattfinden wird. Nach erfolgter Zulassung der Aktien zum regulierten Markt hat die Geschäftsführung nach der Beendigung des seitens des Emittenten bei der Zulassung angegebenen Zeitraumes dann zu überprüfen, ob die geplante Streuung der Aktien auch tatsächlich erfolgt ist.[4] 4

Weitere Ausnahmemöglichkeiten vom Grundsatz des Abs. 1 enthalten Abs. 2 Nr. 2 und Nr. 3. 5

Gemäß § 69 Abs. 2 Abs. 2 Nr. 3 BörsO FWB a. F.[5] galt § 9 BörsZulV nicht für die Zulassung von Aktien in den geregelten Markt der FWB. 6

§ 10
Emittenten aus Drittstaaten

Aktien eines Emittenten mit Sitz in einem Staat außerhalb der Europäischen Gemeinschaft oder außerhalb der anderen Vertragsstaaten des Abkommens über den Europäischen Wirtschaftsraum, die weder in diesem Staat noch in dem Staat ihrer hauptsächlichen Verbreitung an einem Markt, der mit einem organisierten Markt im Sinne des § 2 Abs. 5 des Wertpapierhandelsgesetzes vergleichbar ist, zum Handel zugelassen sind, dürfen nur zugelassen werden, wenn glaubhaft gemacht wird, dass die Zulassung in diesen Staaten nicht aus Gründen des Schutzes des Publikums unterblieben ist.

Die Vorschrift enthält eine Regelung für den Sonderfall, dass Emittenten mit einem Sitz in einem Staat außerhalb der EU oder des EWR, die Zulassung der von ihnen emittierten Aktien begehren, die zuzulassenden Aktien jedoch 1

---

4 *Gebhardt*, in: Schäfer/Hamann, KapMG, 2. Auflage 2006, § 9 BörsZulV Rn. 11 ff.
5 Börsenordnung für die Frankfurter Wertpapierbörse in der Fassung vom 01. 02. 2007 (abrufbar unter www.deutsche-boerse.com/Info-Center/FWB-Informationen/Regelwerk).

weder im Staat ihres Sitzes oder im Staat ihrer hauptsächlichen Verbreitung an einem organisierten Markt zum Handel zugelassen sind.[1] Diese Emittenten haben der Geschäftsführung plausibel darzulegen, aus welchen Gründen die Zulassung ihrer Aktien zum Handel unterblieben ist und dass die Zulassung der Aktien gerade nicht aus Gründen des Schutzes des Publikums unterblieben ist.

§ 11
Zulassung von Wertpapieren mit Umtausch- oder Bezugsrecht

(1) Wertpapiere, die den Gläubigern ein Umtausch- oder Bezugsrecht auf andere Wertpapiere einräumen, können nur zugelassen werden, wenn die Wertpapiere, auf die sich das Umtausch- oder Bezugsrecht bezieht, an einer inländischen Börse entweder zum Handel zugelassen oder in einen anderen organisierten Markt einbezogen sind oder gleichzeitig zugelassen oder einbezogen werden.

(2) Die Geschäftsführung kann abweichend von Absatz 1 Wertpapiere zulassen, wenn die Wertpapiere, auf die sich das Umtausch- oder Bezugsrecht bezieht, zum Handel an einem organisierten Markt zugelassen sind und wenn sich das Publikum im Inland regelmäßig über die Kurse unterrichten kann, die sich an dem Markt im Ausland im Handel in diesen Wertpapieren bilden.

1 Sinn und Zweck der Vorschrift ist es, sicherzustellen, dass Wertpapiere, die durch die Ausübung eines Umtausch- oder Bezugsrechts bezogen werden können, zum Zeitpunkt der Ausübung des Rechts an einer inländischen Börse entweder bereits zum Handel zugelassen oder in einen anderen organisierten Markt einbezogen sind oder gleichzeitig zugelassen oder einbezogen werden. Mit der letzten Alternative verfolgte der Verordnungsgeber das Ziel, dass zumindest spätestens zum Zeitpunkt der Ausübung des Umtausch- oder Bezugsrechts, die Wertpapiere, auf die sich das Umtausch- oder Bezugsrecht bezieht, an einer inländischen Börse zum Börsenhandel zugelassen bzw. zum Handel in einen anderen organisierten Markt einbezogen werden. Hierdurch soll gewährleistet werden, dass sich der Umtausch- bzw. Bezugsberechtigte jederzeit über den Markt- bzw. Börsenpreis der zu beziehenden Wertpapiere informieren kann.

2 Abzulehnen ist in diesem Zusammenhang die teilweise in der Literatur vertretene Ansicht, dass die Einbeziehung der Wertpapiere (auf die sich das Umtausch- oder Bezugsrecht bezieht) in den Freiverkehr an einer Börse ausreichend sein soll.[1] Grund hierfür ist, dass sowohl der Freiverkehr (in der Terminologie der Deutsche Börse AG als „Open Market" bezeichnet) als

---

[1] Vgl. auch Groß, in: KapMR, § 10 BörsZulV Rn. 20.

---

[1] So aber *Willamowski*, in: Heidel, AktG, § 11 Abs. 2 BörsZulV Rn. 1.

auch der Teilbereich des Freiverkehrs mit weiteren Einbeziehungsfolgepflichten (in der Terminologie der Deutsche Börse AG als „Entry Standard" bezeichnet)[2] gerade keinen organisierten Markt im Sinne der Vorschrift darstellen.[3] Bei einem inländischen organisierten Markt gemäß Abs. 1, in welchen die Wertpapiere einbezogen werden können, kann es sich gemäß § 33 BörsG i.V.m. § 2 Abs. 5 WpHG ausschließlich um den regulierten Markt einer anderen inländischen Börse handeln.[4] Der aufgrund der Regelung des § 48 BörsG durch den Träger der Börse privatrechtlich mittels Erlass von Geschäftsbedingungen zu organisierende Freiverkehr an einer Börse scheidet daher als organisierter Markt im Sinne des § 11 Abs. 1 BörsZulV aus, da er kein durch staatliche Stellen genehmigtes, geregeltes und überwachtes multilaterales System i.S.v. § 2 Abs. 5 WpHG darstellt.

Gemäß § 11 Abs. 2 BörsZulV ist es der Geschäftsführung im Rahmen ihres 3 pflichtgemäß auszuübenden Ermessens zudem möglich, Wertpapiere zum Börsenhandel zuzulassen, wenn die Wertapiere, auf die sich das Umtausch- oder Bezugsrecht bezieht, zum Handel an einem organisierten Markt zugelassen sind und wenn sich das Publikum im Inland regelmäßig über die Kurse unterrichten kann, die sich an dem Markt im Ausland im Handel in diesen Wertpapieren bildet. Die vor dem Inkrafttreten des FRUG in Abs. 2 verwandte Formulierung, die auf einen Markt im Sinne des § 2 Abs. 1 des WpHG verwiesen hatte, war äußerst missverständlich, da der verwandte Begriff des „Marktes" ausschließlich zur Begriffsbestimmung von Wertpapieren gemäß § 2 Abs. 1 WpHG verwandt wurde und nichts darüber aussagte, wie der Markt selbst beschaffen sein musste.

Sinn und Zweck der Vorschrift des § 11 Abs. 2 BörsZulV ist es jedoch, einen 4 im Ausland belegen Markt zu definieren und zu bestimmen, an welchen die betreffenden Wertpapiere gehandelt werden können und an dem zusätzlich die Möglichkeit bestehen muss, dass sich das Publikum im Inland regelmäßig über die Kurse unterrichten kann, die sich an diesem Markt im Ausland im Handel in den betreffenden Wertpapieren gebildet haben. Diesem Ziel ist der Verordnungsgeber nun durch die neue Formulierung in Abs. 2 nachgekommen, wonach die betreffenden Wertpapiere zum Handel an einem organisierten Markt zugelassen sein müssen. Bei einem organisierten Markt im Sinne der Vorschrift handelt es sich um einen solchen gemäß § 2 Abs. 5 WpHG. Hiernach kann ein ausländischer organisierter Markt auch in einem anderen Mitgliedstaat der Europäischen Union oder in einem anderen Vertragsstaat des Abkommens über den Europäischen Wirtschaftsraum gelegen sein. Der Geschäftsführung der Börse wird daher durch Abs. 2 die Möglichkeit eingeräumt, Wertpapiere zum Börsenhandel auch dann zuzulassen, wenn die Wertpapiere, auf die sich das Umtausch- oder Bezugsrecht bezieht, bereits an einem ausländischen organisierten Markt zugelassen sind und

---

2 Siehe auch Nr. 10 des Regelwerkes der FWB, „AGB für den Freiverkehr an der Frankfurter Wertpapierbörse", abrufbar unter www.deutsche-boerse.com/Info-Center/FWB-Informationen/Regelwerk der FWB.
3 *Assmann*, in: Assmann/Schneider, WpHG, § 2 Rn. 96.
4 Im Ergebnis auch *Gebhardt*, in: Schäfer/Hamann, KapMG, 2. Auflage 2006, § 11 BörsZulV Rn. 4.

wenn die Möglichkeit besteht, dass sich das Publikum im Inland regelmäßig über die Kurse unterrichten kann, die sich an diesem organisierten Markt im Ausland im Handel in den betreffenden Wertpapieren bilden.

§ 12
Zulassung von Zertifikaten, die Aktien vertreten

(1) Zertifikate, die Aktien vertreten, können zugelassen werden, wenn

1. der Emittent der vertretenen Aktien den Zulassungsantrag mitunterzeichnet hat, die Voraussetzungen nach den §§ 1 bis 3 erfüllt und sich gegenüber der Geschäftsführung schriftlich verpflichtet, die in den §§ 40 und 41 des Börsengesetzes genannten Pflichten des Emittenten zugelassener Aktien zu erfüllen,

2. die Zertifikate, die in den §§ 4 bis 10 genannten Voraussetzungen erfüllen und

3. der Emittent der Zertifikate die Gewähr für die Erfüllung seiner Verpflichtungen gegenüber den Zertifikatsinhabern bietet.

(2) Vertreten die Zertifikate Aktien eines Emittenten mit Sitz in einem Staat außerhalb der Europäischen Gemeinschaft oder außerhalb eines anderen Vertragsstaates des Abkommens über den Europäischen Wirtschaftsraum und werden die Aktien weder in diesem Staat noch in dem Staat ihrer hauptsächlichen Verbreitung an einer Börse amtlich notiert, so ist glaubhaft zu machen, dass die Notierung nicht aus Gründen des Schutzes des Publikums unterblieben ist.

1 Sinn und Zweck der Vorschrift ist es, dass die Inhaber von zum Börsenhandel zugelassenen aktienvertretenden Zertifikaten bezüglich der aus dem börslichen Handel dieser Zertifikate resultierenden Rechte und Pflichte nicht schlechter stehen, als die Inhaber derjenigen Aktien, auf welche sich die betreffenden Zertifikate beziehen.[1] § 12 Abs. 1 BörsZulV stellt drei kumulativ zu erfüllende Voraussetzungen auf, die zur Zulassung von aktienvertretenden Zertifikaten führen. So hat der Emittent der vertretenen Aktien sowohl den Zulassungsantrag gemeinsam mit dem Antragssteller zu unterzeichen, die Voraussetzungen gemäß §§ 1 bis 3 BörsZulV zu erfüllen und sich schriftlich gegenüber der Geschäftsführung der Börse zu verpflichten, ebenfalls die in den §§ 40 und 41 BörsG für den Emittenten zugelassener Aktien zu erfüllen. Ferner sind die in den §§ 4 bis 10 BörsZulV genannten Voraussetzungen durch die zuzulassenden aktienvertretenden Zertifikate zu erfüllen und der Emittent der Zertifikate hat nach der im pflichtgemäßem Ermessen vorzunehmenden Einschätzung durch die Geschäftsführung die Gewähr zu bieten, seinen Verpflichtungen gegenüber den Zertifikateinhabern nachkommen zu können.

---

1 *Willamowski*, in: Heidel, AktG § 12 Rn. 1 BörsZulV Rn. 1.

ZWEITER ABSCHNITT
(weggefallen)

DRITTER ABSCHNITT
Zulassungsverfahren

§ 48
Zulassungsantrag

(1) Der Zulassungsantrag ist schriftlich zu stellen. Er muss Firma und Sitz der Antragsteller, Art und Betrag der zuzulassenden Wertpapiere angeben. Ferner ist anzugeben, ob ein gleichartiger Antrag zuvor oder gleichzeitig an einer anderen inländischen Börse oder in einem anderen Mitgliedstaat der Europäischen Union oder in einem anderen Vertragsstaat des Abkommens über den Europäischen Wirtschaftsraum gestellt worden ist oder alsbald gestellt werden wird.

(2) Dem Antrag sind ein Entwurf des Prospekts oder ein gebilligter Prospekt und die zur Prüfung der Zulassungsvoraussetzungen erforderlichen Nachweise beizufügen. Der Geschäftsführung sind auf Verlangen insbesondere vorzulegen

1. ein beglaubigter Auszug aus dem Handelsregister nach neuestem Stand;

2. die Satzung oder der Gesellschaftsvertrag in der neuesten Fassung;

3. die Genehmigungsurkunden, wenn die Gründung des Emittenten, die Ausübung seiner Geschäftstätigkeit oder die Ausgabe der Wertpapiere einer staatlichen Genehmigung bedarf;

4. die Jahresabschlüsse und die Lageberichte für die drei Geschäftsjahre, die dem Antrag vorausgegangen sind, einschließlich der Bestätigungsvermerke der Abschlussprüfer;

5. ein Nachweis über die Rechtsgrundlage der Wertpapierausgabe;

6. im Falle ausgedruckter Einzelurkunden ein Musterstück jeden Nennwertes der zuzulassenden Wertpapiere (Mantel und Bogen);

7. im Falle einer Sammelverbriefung der zuzulassenden Wertpapiere die Erklärung des Emittenten, dass

   a. die Sammelurkunde bei einer Wertpapiersammelbank (§ 1 Abs. 3 des Depotgesetzes) hinterlegt ist und bei einer Auflösung der Sammelurkunde die Einzelurkunden gemäß Nummer 6 vorgelegt werden und

   b. er auf Anforderung der Geschäftsführung die Sammelurkunde auflösen wird, wenn er gegenüber den Inhabern der in der Sammelurkunde verbrieften Rechte verpflichtet ist, auf Verlangen einzelne Wertpapiere auszugeben;

8. im Falle des § 3 Abs. 2 die Berichte über die Gründung und deren Prüfung (§ 32 Abs. 1, § 34 Abs. 2 des Aktiengesetzes).

1 Die Vorschrift dient dazu, die Geschäftsführung in die Lage zu versetzen, das Vorliegen der Voraussetzungen für die Zulassung zu beurteilen und zu prüfen.[1] Aufgrund der durch das Prospektrichtlinie-Umsetzungsgesetz auf die Bundesanstalt für Finanzdienstleistungsaufsicht übergegangenen Zuständigkeit bezüglich der Prospektprüfung, ist das ehemals durch die Zulassungsstelle durchgeführte Vorverfahren zur Prüfung des Prospektes mittlerweile obsolet geworden. Vielmehr kontrolliert die Geschäftsführung der Börse seit dem 01.11.2007 (ehemals die Zulassungsstelle der betreffenden Börse) bei der Überprüfung des Vorliegens der Zulassungsvoraussetzungen nunmehr nur noch, ob ein ordnungsgemäß gestellter Antrag sowie der Entwurf eines Prospektes oder ein gebilligter Prospekt vorliegt, der die Mindestangaben gemäß § 48 BörsZulV enthält. Eine inhaltliche dahingehende Überprüfung des Prospektes, ob die diesbezüglichen gesetzlichen Mindestvoraussetzungen ordnungsgemäß aufgeführt wurden, ist seitens der Geschäftsführung nicht mehr durchführen.[2]

2 Gemäß § 32 Abs. 2 Satz 1 BörsG ist die Zulassung vom Emittenten der Wertpapiere zusammen mit einem Kreditinstitut, Finanzdienstleistungsinstitut oder einem nach § 53 Abs. 1 Satz 1 oder § 53b Abs. 1 Satz 1 KWG tätigen Unternehmen, dem so genannten Emissionsbegleiter, zu beantragen. Der Emissionsbegleiter, mit welchem der Emittent den Antrag gemeinsam stellt, muss gemäß § 32 Abs. 2 Satz 2 BörsG an einer inländischen Wertpapierbörse mit dem Recht zur Teilnahme am Handel zugelassen sein und ein haftendes Eigenkapital im Gegenwert von mindestens 730.000 € nachweisen. Für den Fall, dass der Emittent selbst ein Institut oder ein Unternehmen gemäß § 32 Abs. 2 Satz 1 BörsG ist und die Voraussetzungen des § 32 Abs. 2 Satz 2 BörsG erfüllt, bestimmt § 32 Abs. 2 Satz 3 BörsG, dass er den Antrag auf Zulassung alleine stellen kann.

3 Gemäß § 48 Abs. 1 Satz 2 BörsZulV muss im Zulassungsantrag die Firma und der Sitz der Antragsteller sowie Art und Betrag der zuzulassenden Wertpapiere angegeben sein. Für den Fall, dass der Emittent den Antrag zusammen mit einem Emissionsbegleiter stellt, ist auch die Firma und der Sitz dieses Emissionsbegleiters im Zulassungsantrag aufzuführen. Zudem hat der Emittent gemäß § 48 Abs. 1 Satz 3 BörsZulV im Antrag zwingend anzugeben, ob ein gleichartiger Antrag zuvor oder gleichzeitig an einer anderen inländischen Börse oder in einem anderen Mitgliedstaat der Europäischen Union oder in einem anderen Vertragsstaat des Abkommens über den Europäischen Wirtschaftsraum gestellt worden ist oder alsbald gestellt werden wird. Hierdurch soll insbesondere sichergestellt werden, dass wenn gemäß § 35 Abs. 3 BörsG ein Zulassungsantrag an mehreren inländischen Börsen gestellt wurde, die Wertpapiere nur mit Zustimmung aller Börsen, die über den Antrag zu entscheiden haben, zugelassen werden.

4 Gemäß § 48 Abs. 2 Satz 1 BörsZulV wird dem Antragssteller ein dahingehendes Wahlrecht eingeräumt, ob er zunächst lediglich einen Entwurf des

---

1 RegBegr. zu § 48 BörsZulV, BR-Drucks. 72/87, S. 80
2 *Groß*, KapMR, 3. Auflage 2006, § 48 BörsZulV Rn. 5.

Prospekts bei der Geschäftsführung einreicht oder zuvor das Billigungsverfahren gemäß § 13 WpPG bei der BaFin durchläuft und anschließend einen solchen durch die BaFin gebilligten Prospekt bei der Geschäftsführung einer Börse einreicht. Um zeitliche Verzögerungen aufgrund der gesetzlichen Wartefrist von 10 Werktagen (§ 13 Abs. 2 Satz 1 WpPG) bzw. 20 Werktagen (wenn der Prospekt gemäß § 13 Abs. 2 Satz 2 WpPG das öffentliche Angebot von Wertpapieren des Emittenten betrifft, dessen Wertpapiere noch nicht zum Handel an einem in einem Staat des Europäischen Wirtschaftsraums gelegenen organisierten Markt zugelassen sind und der Emittent zuvor keine Wertpapiere öffentlich angeboten hat) zu vermeiden, kann der Antragsteller alternativ auch den Entwurf des Prospekts bei der Geschäftsführung einreichen und parallel hierzu das Billigungsverfahren gemäß § 13 WpPG bei der BaFin betreiben.[3]

Der Geschäftsführung sind gemäß dem Wortlaut des § 48 Abs. 2 Satz 2 BörsZulV auf ihr Verlangen insbesondere die in den Ziffern 1 bis 8 genannten Unterlagen durch den Antragsteller einzureichen. Trotz des missverständlichen Wortlautes der Vorschrift gehen sowohl die Geschäftsführung der FWB als auch die Literatur davon aus, dass es sich bei den in Satz 2 aufgezählten Unterlagen, um die zwecks Prüfung des Zulassungsantrages relevanten Unterlagen handelt, welche bereits im Rahmen der Antragsstellung einzureichen sind und ohne welche der Antrag auf Zulassung als nicht vollständig zu erachten ist.[4] In der Praxis übt die Geschäftsführung der FWB ihr Ermessen dahingehend aus, dass die in den Ziffern 1 bis 7 genannten Unterlagen bereits im Rahmen der Antragsstellung als erforderliche Nachweise im Sinne von Abs. 2 Satz 1 beizufügen sind.

Gemäß § 72a Abs. 2 BörsZulV sind Veröffentlichungen nach den §§ 49 und 51 BörsZulV bis zum 31. 12. 2008 zusätzlich zu der Veröffentlichung im elektronischen Bundesanzeiger auch in einem Börsenpflichtblatt vorzunehmen; das Börsenpflichtblatt ist hierbei zudem in dem Zulassungsantrag nach § 48 Abs. 1 BörsZulV zu bezeichnen. Da mangels gesetzlicher Bezugsvorschriften die regionalen Börsenpflichtblätter entfallen sind[5] und daher nur noch überregionale Börsenpflichtblätter existieren[6], hat der Antrag gemäß § 48 BörsZulV bis zum 31. 12. 2008[7] die Angabe bezüglich der Benennung mindestens eines überregionalen Börsenpflichtblattes zu enthalten. Diesem Erfordernis steht die gesetzliche Bestimmung des § 72a Abs. 2 BörsZulV sowie der Wegfall der Vorschrift des § 49 BörsZulV nicht entgegen, da hiernach die Veröffentlichung des Antrages in weiteren überregionalen Börsenpflichtblättern nicht untersagt ist.[8] Die Veröffentlichung des Antrags in einem überregionalen Börsenpflichtblatt dient der Unterrichtung des Publikums und soll

---

3   RegBegr. zum EU-ProspRL-UmsetzungsG, BT-Drucks. 15/4999, S. 25.
4   *Gebhardt*, in: Schäfer/Hamann, KapMG § 48 BörsZulV Rn. 10.
5   Vgl. RegBegr. Art. 2 zu § 32 des FRUG, BT-Drucks. 16/4028, S. 101.
6   RegBegr. zu Art. 9 Nr. 9 des FRUG, BT-Drucks. 16/4028, S. 139.
7   Vgl. Ziffer 7.1 des Antragsvordruck der FWB auf Zulassung von Wertpapieren zum Börsenhandel im regulierten Markt, Stand: 15. 08. 2008.
8   RegBegr. zu Art. 9 Nr. 9 des FRUG, BT-Drucks. 16/4028, S. 139.

ermöglichen, dass auch von dieser Seite noch etwaige Bedenken gegen den Zulassungsantrag vorgebracht werden können.[9]

§ 48a
Veröffentlichung eines Basisprospekts

Schuldverschreibungen, die gleichzeitig mit ihrer öffentlichen ersten Ausgabe zugelassen werden sollen und für die ein nach dem Wertpapierprospektgesetz gültiger Basisprospekt vorliegt, kann die Geschäftsführung zulassen, wenn die endgültigen Bedingungen des Angebots erst kurz vor der Ausgabe festgesetzt werden und der Basisprospekt innerhalb von zwölf Monaten vor der Zulassung der Schuldverschreibungen veröffentlicht worden ist und darüber Auskunft gibt, wie diese Angaben in den Prospekt aufgenommen werden. Die endgültigen Bedingungen müssen vor der Einführung der Schuldverschreibungen nach § 6 Abs. 3 des Wertpapierprospektgesetzes veröffentlicht werden.

1 Die Vorschrift wurde aufgrund einer entsprechende Prüfbitte des Bundesrates[1] zur Beibehaltung der bisher in § 44 BörsZulV a. F. geregelten vereinfachten Zulassung von Schuldverschreibungen im Wege der so genannten Rahmenzulassungen in die BörsZulV eingefügt. Das Verfahren zur vereinfachten Zulassung von Schuldverschreibungen sollte auch weiterhin ermöglicht werden. Die Regelung des § 44 BörsZulV a. F. musste aufgrund der neuen Vorgaben im WpPG jedoch inhaltlich angepasst werden. Die Formulierung „ein nach dem Wertpapierprospektgesetz gültiger Basisprospekt" erfasst dabei sowohl die nach dem WpPG gebilligten Prospekte als auch notifizierte Prospekte. Durch die Formulierung „aufgenommen werden" wird klargestellt, dass die endgültigen Bedingungen des Angebots Prospektbestandteil werden.[2]

§ 49
(weggefallen)

Der mit der Zusammenführung des amtlichen und geregelten Marktes einhergehende Wegfall des § 49 BörsZulV strafft, vereinfacht und beschleunigt das Zulassungsverfahren. Der Verzicht auf die Veröffentlichung des Zulassungsantrages im regulierten Markt entspricht der bisherigen Regelung für

---

9 RegBegr. zu §§ 48–52 BörsZulV, BR-Drucks. 72/87, S. 80.

---

1 BR-Drucks. 85/05 S. 13 Nr. 18.
2 Beschluss und Empfehlung des Finanzausschusses zum Prospektrichtlinie-Umsetzungsgesetz, BT-Drucks. 15/5373, S. 51.

den geregelten Markt, da nach den §§ 49 ff. BörsG a. F. keine zwingende Anwendbarkeit der §§ 49 ff. BörsZulV vorgesehen war.[1]

§ 50
Zeitpunkt der Zulassung

Die Zulassung darf frühestens an dem auf das Datum der Einreichung des Zulassungsantrags bei der Geschäftsführung folgenden Handelstages erfolgen.

Die Vorschrift, welche im Zuge des Inkrafttreten des FRUG zum 01. 11. 2007 neu gefasst wurde, stellt klar, dass die Zulassung der Wertpapiere zum Handel und die damit einhergehende Notierungsaufnahme durch die Geschäftsführung frühestens an dem Handelstag, der dem Tag der Einreichung des Zulassungsantrages bei der Geschäftsführung folgt, erfolgen darf. Die Neufassung der Vorschrift enthält nunmehr eine kürzere Mindestfrist zur Zulassung von Wertpapieren zum regulierten Markt.[1] Der Verordnungsgeber bezweckte seinerzeit mit der längeren Frist des § 50 BörsZulV a. F. von drei Werktagen, dem Publikum noch vor dem Zeitpunkt der Zulassung der Wertpapiere eine angemessene Frist einzuräumen, in welcher etwaige Bedenken gegen die Zulassung der Wertpapiere nach der Veröffentlichung des Antrages auf Zulassung, die aufgrund des Wegfalls von § 49 BörsZulV nun nicht mehr zu erfolgen hat, vorgebracht werden können.[2] Die in § 50 BörsZulV stipulierte Frist beträgt nun einen Tag und beinhaltet somit – da es sich um Börsen- bzw. Handelstage handelt – nicht den Samstag oder Sonntag. Die im Rahmen von § 50 BörsZulV a. F. in der Literatur vertretene Ansicht[3], dass eine durchgeführte Börsenbekanntmachung der Einreichung eines Antrages auf Zulassung die Frist nicht in Gang setzen würde, ist nicht mehr aktuell, da der Beginn des Laufs der Frist nicht mehr vom Zeitpunkt der Veröffentlichung des Zulassungsantrages, sondern von dessen Einreichung abhängig gemacht wird.

1

§ 51
Veröffentlichung der Zulassung

Die Zulassung wird von der Geschäftsführung auf Kosten der Antragsteller im elektronischen Bundesanzeiger sowie durch Börsenbekanntmachung veröffentlicht.

---

1 RegBegr. zu Art. 9 Nr. 10 des FRUG, BT-Drucks. 16/4028, S. 139 ff.

---

1 RegBegr. zu Art. 9 Nr. 11 des FRUG, BT-Drucks. 16/4028, S. 140.
2 RegBegr. zu §§ 48–52 BörsZulV, BR-Drucks. 72/87, S. 86.
3 *Groß*, KapMR, 3. Auflage 2006, §§ 48–52 BörsZulV Rn. 10.

1 Die Vorschrift dient der Unterrichtung des Publikums und soll wie ehedem § 50 BörsZulV a. F. ermöglichen, dass von Seiten des Publikums noch etwaige Bedenken gegen die noch ausstehende Notierungsaufnahme der Wertpapiere vorgebracht werden können.[1] Die erfolgte Zulassung ist neben der Veröffentlichung im elektronischen Bundesanzeiger zudem durch Börsenbekanntmachung zu veröffentlichen. Letztere richtet sich nach dem durch die jeweilige Börse getroffenen Bekanntmachungsprozedere. So hat z. B. die Frankfurter Wertpapierböse in §§ 60 Abs. 3, 78 Abs. 2 BörsO FWB[2] bestimmt, dass die Bekanntmachungen aller Börsenorgane durch dreimonatige elektronische Veröffentlichung im Internet, abrufbar auf den Internetseiten Frankfurter Wertpapierbörse, unter www.deutsche-boerse.com, erfolgen.

2 Noch bis zum 31. 12. 2008 hat die Veröffentlichung der Zulassung zum regulierten Markt zudem noch gemäß § 72 a Abs. 2 BörsZulV in einem überregionalen Börsenpflichtblatt zu erfolgen.[3]

§ 52
Einführung

Die Einführung der Wertpapiere darf frühestens an dem auf die erste Veröffentlichung des Prospekts oder, wenn kein Prospekt zu veröffentlichen ist, an dem der Veröffentlichung der Zulassung folgenden Werktag erfolgen.

1 Die Vorschrift regelt den frühesten Zeitpunkt der Einführung der zum Börsenhandel zugelassenen Wertpapiere und nimmt damit unmittelbar Bezug auf den in § 38 BörsG geregelten Zeitpunkt der Aufnahme der Notierung der betreffenden Wertpapiere. § 52 BörsZulV verdeutlicht nochmals, dass die Aufnahme der Notierung von Wertpapieren, somit der Beginn des Börsenhandels und die damit verbundene Börsenpreisfeststellung, erst dann möglich sind, wenn die betreffenden Wertpapiere zuvor zum Börsenhandel durch die Geschäftsführung zugelassen wurden.

2 Die Vorschrift dient zudem – wie auch § 51 BörsZulV – der unmittelbaren Information des Publikums[1], indem sie für den Fall des Vorliegens eines Prospektes, den mindestens zeitlichen Abstand zwischen der Information des Publikums durch Veröffentlichung eines Prospektes und der nachfolgenden Aufnahme der Notierung festlegt.[2] Im Falle der prospektfreien Zulassung von Wertpapieren wird der zeitliche Abstand zwischen Veröffentlichung der Zulassung der Wertpapiere (§ 51 BörsZulV) und der Aufnahme der Notierung (§ 38 BörsG) bestimmt.

---

1 RegBegr. zu §§ 48–52 BörsZulV, BR-Drucks. 72/87, S. 86.
2 Börsenordnung für die Frankfurter Wertpapierbörse in der Fassung vom 15. 08. 2008 (abrufbar unter www.deutsche-boerse.com/Info-Center/FWB-Informationen/Regelwerk).
3 Vgl. die Ausführungen zu § 48 BörsZulV Rn. 6.

---

1 RegBegr. zu §§ 48–52 BörsZulV, BR-Drucks. 72/87, S. 86.
2 *Heidelbach*, in: Schwark, KapMRK, § 52 BörsZulV Rn. 1.

Die Vorschrift wurde im Zuge des Inkrafttretens des FRUG lediglich redaktionell dahingehend geändert, dass die in Abs. 1 enthaltene Bezugnahme auf § 43 Abs. 1 Satz 3 BörsZulV, der bereits vor dem Inkrafttreten des FRUG zum 01. 11. 2007 aufgehoben war, gestrichen wurde.   3

Der ehemalige Abs. 2 der Vorschrift, der die Bestimmungen zur Prospektnachtragspflicht enthielt, wurde durch das Prospektrichtlinie-Umsetzungsgesetz[1] aufgehoben. Die entsprechenden Regelungen sind nunmehr in § 16 WpPG enthalten.   4

ZWEITES KAPITEL
Pflichten des Emittenten zugelassener Wertpapiere

ERSTER ABSCHNITT
(aufgehoben)

§§ 53–62
(aufgehoben)

ZWEITER ABSCHNITT
Sonstige Pflichten

§ 63–67
(aufgehoben)

§ 68
(aufgehoben)

§ 69
Zulassung später ausgegebener Aktien

(1) Der Emittent zugelassener Aktien ist verpflichtet, für später öffentlich ausgegebene Aktien derselben Gattung wie der bereits zugelassenen die Zulassung zum regulierten Markt zu beantragen, wenn ihre Zulassung einen Antrag voraussetzt. § 7 Abs. 1 Satz 2 und 3 bleibt unberührt.

(2) Der Antrag nach Absatz 1 ist spätestens ein Jahr nach der Ausgabe der zuzulassenden Aktien oder, falls sie zu diesem Zeitpunkt nicht frei handelbar sind, zum Zeitpunkt ihrer freien Handelbarkeit zu stellen. Findet vor der Einführung der Aktien ein Handel von Bezugsrechten im regulierten Markt statt und ist ein Prospekt gemäß dem Wertpapierprospektgesetz zu veröffentlichen, so ist der Antrag auf Zulassung unter Beachtung der in § 14 Abs. 1 des Wertpapierprospektgesetzes für die Prospektveröffentlichung bestimmten Fristen zu stellen.

Die Vorschrift stellt klar, dass auch ein Emittent bereits zugelassener Aktien   1
verpflichtet ist, einen Antrag gemäß § 48 BörsZulV für später öffentlich ausgegebene Aktien derselben Gattung wie der bereits zugelassenen Aktien zu stellen, wenn für die bereits zum Handel zugelassenen Aktien ein solcher

---

1 BGBl. 2005 I S. 1698.

Antrag erforderlich war. Hierdurch wird dem in § 7 Abs. 1 Satz 1 BörsZulV genannten Grundsatz Rechnung getragen, wonach sich die Zulassung von Aktien auf alle Aktien derselben Gattung beziehen muss. Der Antrag ist gemäß Abs. 2 spätestens ein Jahr nach der Ausgabe der zuzulassenden Aktien zu stellen. Sollten die betreffenden Aktien zu diesem Zeitpunkt noch nicht frei handelbar sein, ist der Antrag zu dem Zeitpunkt zu stellen, zu dem die Aktien frei gehandelt werden können.

§ 70
(aufgehoben)

DRITTES KAPITEL
Schlussvorschriften

§ 71
(aufgehoben)

§ 72
Allgemeine Bestimmungen über Jahresabschlüsse

(1) Jahresabschlüsse im Sinne dieser Verordnung sind:

1. der Jahresabschluss nach § 242 Abs. 3 des Handelsgesetzbuchs,
2. der Einzelabschluss nach § 325 Abs. 2a des Handelsgesetzbuchs,
3. der Konzernabschluss nach dem Zweiten Unterabschnitt des Zweiten Abschnitts des Dritten Buchs des Handelsgesetzbuchs oder nach dem Zweiten Abschnitt des Publizitätsgesetzes,
4. Abschlüsse nach anderen Vorschriften, sofern darin auf eine der vorgenannten Bestimmungen verwiesen wird, und
5. Abschlüsse nach ausländischem Recht, sofern sie ihrer Art nach einem Abschluss nach den Nummern 1 bis 4 entsprechen.

Die Bestimmungen dieser Verordnung betreffend ausländische Emittenten bleiben unberührt.

(2) Soweit der Emittent nach dieser Verordnung einen Einzelabschluss in den Prospekt aufzunehmen oder anderweitig offen zu legen hat, kann nach seiner Wahl ein Abschluss nach Absatz 1 Satz 1 Nr. 2 an die Stelle eines solchen nach Absatz 1 Satz 1 Nr. 1 oder nach Absatz 1 Satz 1 Nr. 4 in Verbindung mit Nr. 1 treten. Entsprechendes gilt für die Zusammenfassung eines Einzelabschlusses und für den Bestätigungsvermerk dazu.

§ 72a
Übergangsvorschrift

(1) Für Schuldverschreibungen, für die ein Prospekt nach § 44 dieser Verordnung vor dem 1. Juli 2005 veröffentlicht worden ist, findet diese Ver-

ordnung in der vor dem 1. Juli 2005 geltenden Fassung weiterhin Anwendung.

(2) Veröffentlichungen nach den §§ 49 und 51 sind bis zum 31. Dezember 2008 zusätzlich zu der Veröffentlichung im elektronischen Bundesanzeiger auch in einem Börsenpflichtblatt vorzunehmen; das Börsenpflichtblatt in dem Zulassungsantrag nach § 48 Abs. 1 zu bezeichnen.

(3) Sind Aktien eines Emittenten vor dem 1. November 2007 zum geregelten Markt zugelassen worden, so ist für vor diesem Tag ausgegebene Aktien, die noch nicht zugelassen sind, der Antrag auf Zulassung nach § 69 Abs. 1 zum regulierten Markt spätestens bis zum 31. Oktober 2009 zu stellen. § 69 Abs. 1 Satz 2 bleibt unberührt.

Trotz des Wegfalls von § 49 BörsZulV ist die Regelung nach Absatz 2 noch bis zum 31. 12. 2008 für das zusätzliche Publikationsorgan in Form eines überregionalen Börsenpflichtblattes im Falle der Veröffentlichung des Zulassungsantrages gemäß § 49 BörsZulV sowie im Falle der Veröffentlichung der erfolgen Zulassung gemäß § 51 BörsZulV von Relevanz. Des weiteren wird auf die diesbezüglichen Ausführungen zu § 48 BörsZulV verwiesen. *1*

§ 73
(Inkrafttreten)

Prospekthaftung

§ 44 BörsG
Unrichtiger Börsenprospekt

(1) Der Erwerber von Wertpapieren, die auf Grund eines Prospekts zum Börsenhandel zugelassen sind, in dem für die Beurteilung der Wertpapiere wesentliche Angaben unrichtig oder unvollständig sind, kann

1. von denjenigen, die für den Prospekt die Verantwortung übernommen haben und
2. von denjenigen, von denen der Erlass des Prospekts ausgeht,

als Gesamtschuldnern die Übernahme der Wertpapiere gegen Erstattung des Erwerbspreises, soweit dieser den ersten Ausgabepreis der Wertpapiere nicht überschreitet, und der mit dem Erwerb verbundenen üblichen Kosten verlangen, sofern das Erwerbsgeschäft nach Veröffentlichung des Prospekts und innerhalb von sechs Monaten nach erstmaliger Einführung der Wertpapiere abgeschlossen wurde. Ist ein Ausgabepreis nicht festgelegt, gilt als Ausgabepreis der erste nach Einführung der Wertpapiere festgestellte oder gebildete Börsenpreis, im Falle gleichzeitiger Feststellung oder Bildung an mehreren inländischen Börsen der höchste erste Börsenpreis. Auf den Erwerb von Wertpapieren desselben Emittenten, die von den in Satz 1 genannten Wertpapieren nicht nach Ausstattungsmerkmalen oder in sonstiger Weise unterschieden werden können, sind die Sätze 1 und 2 entsprechend anzuwenden.

(2) Ist der Erwerber nicht mehr Inhaber der Wertpapiere, so kann er die Zahlung des Unterschiedsbetrags zwischen dem Erwerbspreis, soweit dieser den ersten Ausgabepreis nicht überschreitet, und dem Veräußerungspreis der Wertpapiere sowie der mit dem Erwerb und der Veräußerung verbundenen üblichen Kosten verlangen. Absatz 1 Satz 2 und 3 ist anzuwenden.

(3) Sind Wertpapiere eines Emittenten mit Sitz im Ausland auch im Ausland zum Börsenhandel zugelassen, besteht ein Anspruch nach Absatz 1 oder 2 nur, sofern die Wertpapiere auf Grund eines im Inland abgeschlossenen Geschäfts oder einer ganz oder teilweise im Inland erbrachten Wertpapierdienstleistung erworben wurden.

(4) Einem Prospekt steht eine schriftliche Darstellung gleich, auf Grund deren Veröffentlichung der Emittent von der Pflicht zur Veröffentlichung eines Prospekts befreit wurde.

§ 45 BörsG
Haftungsausschluss

(1) Nach § 44 kann nicht in Anspruch genommen werden, wer nachweist, dass er die Unrichtigkeit oder Unvollständigkeit der Angaben des Prospekts nicht gekannt hat und die Unkenntnis nicht auf grober Fahrlässigkeit beruht.

(2) Der Anspruch nach § 44 besteht nicht, sofern

1. die Wertpapiere nicht auf Grund des Prospekts erworben wurden,

2. der Sachverhalt, über den unrichtige oder unvollständige Angaben im Prospekt enthalten sind, nicht zu einer Minderung des Börsenpreises der Wertpapiere beigetragen hat,

3. der Erwerber die Unrichtigkeit oder Unvollständigkeit der Angaben des Prospekts bei dem Erwerb kannte,

4. vor dem Abschluss des Erwerbsgeschäfts im Rahmen des Jahresabschlusses oder Zwischenberichts des Emittenten, einer Veröffentlichung nach § 15 des Wertpapierhandelsgesetzes oder einer vergleichbaren Bekanntmachung eine deutlich gestaltete Berichtigung der unrichtigen oder unvollständigen Angaben im Inland veröffentlicht wurde oder

5. er sich ausschließlich auf Grund von Angaben in der Zusammenfassung oder einer Übersetzung ergibt, es sei denn, die Zusammenfassung ist irreführend, unrichtig oder widersprüchlich, wenn sie zusammen mit den anderen Teilen des Prospekts gelesen wird.

Inhalt

		Rn.			Rn.
I.	Einführung	1		2. Rechtsnatur und Dogmatik der Prospekthaftung	12
II.	Entwicklung der Prospekthaftung	3	IV.	Anwendungsbereich und Abgrenzung	16
	1. Ursprung der börsengesetzlichen Prospekthaftung	3		1. Kollisionsrecht	16
	2. Änderungen durch das Börsenzulassungsgesetz	4		2. Prospektbegriff (§ 44 Abs. 1 und Abs. 4 BörsG, § 13 VerkProspG)	19
	3. Änderungen durch das dritte Finanzmarktförderungsgesetz	5		a) Zulassungsprospekte (§ 44 Abs. 1 BörsG)	19
	4. Änderungen durch das Vierte Finanzmarktförderungsgesetz	6		b) Prospekte nach § 13 VerkProspG	20
	5. EU-ProspRL (Richtlinie 2003/71/EG)	7		c) Gleichgestellte Darstellungen (§ 44 Abs. 4 BörsG)	21
	6. Neuere Entwicklungen	8		d) Freiwillige Prospekte	26
III.	Normzweck und Einbettung in das System	11		e) Formeller Prospektbegriff der spezialgesetzlichen Prospekthaftung	28
	1. Normzweck: Kompensation und Prävention	11		f) Einzelfälle	32
			V.	Haftungsadressaten (Prospektverantwortliche)	34

1. § 44 Abs. 1 Nr. 1 BörsG 34
a) Verantwortungsübernahme und Verantwortlichkeitsklausel 34
b) Konsortium 38
2. § 44 Abs. 1 Nr. 2 BörsG 42
a) Allgemeines 42
b) Aktionäre................. 44
c) Organmitglieder 45
d) Emissionsbegleiter 47
3. Prospektbegleiter (Expertenhaftung) 49
VI. Haftungstatbestand 55
1. Erwerb von prospektpflichtigen Wertpapieren (§ 44 Abs. 1 Satz 1 u. 3, Abs. 3 BörsG) ... 55
a) Grundsatz und gleichgestellte Papiere (§ 44 Abs. 1 Satz 1 und Satz 3 BörsG).......... 55
b) Entgeltlichkeit des Erwerbs?. 57
c) Maßgeblicher Zeitraum (§ 44 Abs. 1 Satz 1 BörsG) ... 58
d) Inlandsbezug des Erwerbs (§ 44 Abs. 3 BörsG)......... 61
2. Unrichtigkeit oder Unvollständigkeit von für die Beurteilung wesentlichen Angaben (§ 44 Abs. 1 Satz 1, § 45 Abs. 2 Nr. 4 BörsG) 65
a) Allgemeines, Gesamteindruck 65
b) Anlegerhorizont 67
c) Angaben 69
d) Wesentliche............... 70
e) Unvollständig oder unrichtig 72
f) Aktualisierung, Berichtigung 76
3. Kausalität (§ 45 Abs. 2 Nr. 1 und 2 BörsG).............. 81
a) Haftungsbegründende Kausalität des Prospekts für den Erwerb (Anlagestimmung, § 45 Abs. 2 Nr. 1 BörsG) 81
b) Haftungsausfüllende Kausalität des Fehlers für den Börsenpreis (§ 45 Abs. 2 Nr. 2 BörsG) 87
4. Verschulden (§ 45 Abs. 1 BörsG) 88
a) Beschränkung auf grobe Fahrlässigkeit 88

b) Unterschiedliche Anforderungen an Prospektverantwortliche..................... 91
c) Sorgfaltsmaßstab bei Mitwirkung Dritter 92
d) Insbesondere: Emissionsbegleitendes Institut und Konsortialmitglieder........... 93
e) Beweislast 98
5. Haftungsausschluss (§ 45 Abs. 2 Nrn. 3, 4 und 5 BörsG) 100
a) Kenntnis des Fehlers (Nr. 3) . 100
b) Berichtigung (Nr. 4)........ 101
c) Angaben in der Zusammenfassung (Nr. 5) 103
VII. Rechtsfolgen................ 104
1. Inhalt der Haftung 104
a) Anspruch des Inhabers (§ 44 Abs. 1 Satz 1 und Satz 2 BörsG)............ 104
aa) Grundsatz............... 104
bb) Begrenzung auf den Ausgabepreis 105
cc) Keine Rückgabe wertloser Wertpapiere 108
b) Anspruch des früheren Inhabers (§ 44 Abs. 2 BörsG). 109
2. Mitverschulden nach § 254 BGB?.................. 112
3. Haftung als Gesamtschuldner 113
VIII. Kollision mit anderen Normen . 114
1. Konkurrenzen............. 114
2. Verhältnis zur Kapitalerhaltung.................. 115
IX. Gerichtliche Zuständigkeit.... 116
X. Die allgemeine bürgerlich-rechtliche Prospekthaftung im engeren Sinne 117
1. Prospektbegriff............ 117
2. Prospektverantwortliche.... 119
a) Unbeschränkt Prospektverantwortliche 119
b) Haftung Dritter 120
3. Prospektfehler und Verschulden 121
4. Kausalität 123
5. Rechtsfolgen.............. 124
6. Verjährung 125

Wackerbarth

I. Einführung

1 Die Prospekthaftung ist dreigeteilt. Auf der einen Seite steht die spezialgesetzliche Prospekthaftung aufgrund des BörsG und des VerkProspG, die Gegenstand der vorliegenden Komm. sind. Daneben steht die allgemeine zivilrechtliche Prospekthaftung im engeren Sinne, die durch die Rechtsprechung als Ausprägung der Vertrauenshaftung[1] entwickelt wurde und im Zusammenhang mit dem sog. grauen Kapitalmarkt weiter entwickelt wird. Weite Teile der bürgerlich rechtlichen Prospekthaftung wurden durch das AnSVG in die spezialgesetzliche Prospekthaftung überführt (unten Rn. 8). Drittens gibt es noch die zivilrechtliche Prospekthaftung im weiteren Sinne, die nichts anderes als ein Unterfall der Haftung für vorvertraglich in Anspruch genommenes Vertrauen ist und diejenigen trifft, die sich zur Erfüllung ihnen obliegender Aufklärungspflichten eines von Dritten erstellten Prospekts bedienen.

2 Die spezialgesetzliche Prospekthaftung ist Teil der kapitalmarktbezogenen Informationshaftung, zu der ferner die gesetzlich angeordnete Haftung für fehlerhafte Ad hoc-Meldungen gem. § 37 b/c WpHG und die neuere sog. Informationsdeliktshaftung gehören, die der BGH auf der Grundlage des § 826 BGB im Rahmen der Aufarbeitung der Vorgänge am Neuen Markt entwickelt und ausgestaltet hat.[2] Daraus kann sich – soweit der schwierige Nachweis der subjektiven Tatbestandsvoraussetzungen des § 826 BGB sowie der Kausalität gelingt – insbesondere auch eine Haftung einzelner Organmitglieder eines Emittenten ergeben. In Betracht kommen Täuschungen des Publikums durch falsche Ad hoc-Meldungen, Zwischenberichte oder sonstige fehlerhafte Kapitalmarktkommunikation.[3]

II. Entwicklung der Prospekthaftung

1. Ursprung der börsengesetzlichen Prospekthaftung

3 Das Bedürfnis nach einer börsenrechtlichen Prospekthaftung entstand, als in der zweiten Hälfte des 19. Jahrhunderts die rasante Entwicklung der deutschen Börsen Rechtsunsicherheiten und Missstände mit sich brachte.[4] Lücken im Zivilrechtsschutz ließen eine generelle Haftung der Gründer wünschenswert erscheinen. Die „Leitenden Gesichtspunkte" des Vorstands der Berliner Börse, die von den übrigen Börsen übernommen wurden, forderten

---

1 *Ellenberger*, S. 6, *Schwark*, in: Schwark, KapMRK, § 45 BörsG Rn. 4; a. A. BGH v. 03.02. 2003 – II ZR 233/01 (Analogie zu den gesetzlichen Prospekthaftungstatbeständen); ausführlich zur zivilrechtlichen Prospekthaftung unten Rn. 117 ff.
2 Dazu zählen insbesondere BGH v. 19.07.2004 – II ZR 218/03, NJW 2004, 2664 (Infomatec I); BGH v. 09.05.2005 – II ZR 287/02, NZG 2005, 672 (EMTV); sowie die sog. Comroad Entscheidungen, zuletzt BGH v. 04.06.2007 – II ZR 147/05, NZG 2007, 708 (Comroad IV).
3 Dazu eingehend *Fleischer*, in: Assmann/Schütze, HdbKapAnlR, § 7; *Mülbert/Steup*, in: Habersack/Mülbert/Schlitt, UntFinanzKM, § 26 Rn. 123 ff.
4 *Schwark*, in: Schwark, KapMRK, BörsG Einl. Rn. 1.

erstmals für das Publikum standardisierte Prospekte, welche die notwendigen Angaben enthielten, mittels derer es sich ein zutreffendes Bild der jeweiligen Wertpapiere machen konnte.[5] Der Gesetzgeber des BörsG v. 22.06. 1896[6] hielt an diesem Gedanken fest und führte nach einem streitreichen Gesetzgebungsverfahren eine erste gesetzliche Regelung der Prospekthaftung ein.[7]

2. Änderungen durch das Börsenzulassungsgesetz

Nachdem diese Regelungen 90 Jahre lang trotz mehrfacher Novellen des BörsG[8] unverändert blieben, führte das Börsenzulassungsgesetz v. 16.12. 1986 in Umsetzung dreier europäischer RiL zu einigen Veränderungen. Durch die Einführung des „geregelten Marktes" als neues Marktsegment wurde zum einen die Haftung erweitert, zum anderem wurden Inhalt und Veröffentlichung des Prospekt durch die BörsZulVO (§§ 13–47) geregelt.[9]

4

3. Änderungen durch das dritte Finanzmarktförderungsgesetz

Entscheidend wurde die börsengesetzliche Prospekthaftung erst durch das Dritte Finanzmarktförderungsgesetz v. 24.03.1998 novelliert[10], das insbesondere Wortlaut und Aufbau der §§ 44, 45 BörsG (§§ 45, 46 BörsG a. F.) grundlegend änderte und wesentliche Kritikpunkte[11] an den bis dahin geltenden Regelungen behob. Diverse Regelungen zur Beweislast erleichtern nunmehr die Durchsetzung der Ansprüche für den Anleger: so wird das Verschulden des Prospektverantwortlichen vermutet, § 45 Abs. 1 BörsG; in § 45 Abs. 2 Nr. 1 BörsG findet sich eine Beweislastumkehr für die haftungsbegründende Kausalität des Prospekts für den Wertpapiererwerb; ebenso existiert eine Beweislastumkehr für die haftungsausfüllende Kausalität für den Schaden des Anlegers (§ 45 Abs. 2 Nr. 2 BörsG). Weiterhin werden in § 44 Abs. 4 BörsG einem Prospekt schriftliche Darstellungen gleichgestellt, auf Grund derer der Emittent von der Pflicht zur Veröffentlichung eines Prospekts befreit wurde; gem. § 44 Abs. 1 Satz 3 BörsG erstreckt sich nun die Prospekthaftung auch auf andere nicht unterscheidbare Wertpapiere desselben Emittenten; der Inlandsbezug kann auch bei teilweise im Inland erbrachten Wertpapierdienstleistungen gegeben sein, § 44 Abs. 3 BörsG; es findet keine Unterscheidung mehr zwischen Unrichtigkeit und Unvollständigkeit des Prospekts statt, § 45 Abs. 1 BörsG; einzig positive Kenntnis des Erwerbers führt zum Ausschluss des Anspruchs, § 45 Abs. 2 Nr. 3 BörsG; der frühere Erwerber hat nun auch nach Aufgabe des Besitzes einen Anspruch, § 44 Abs. 2 BörsG. Der haftungsrelevante Zeitraum wurde auf sechs Monate nach erstmaliger Einführung

5

---

5 *Hamann*, in: Schäfer/Hamann, KapMG, §§ 44, 45 Rn. 7.
6 RGBl. 1896, S. 157.
7 *Schwark*, in: Schwark, KapMRK, § 45 BörsG Rn. 2.
8 Vgl. i. E. *Schwark*, in: Schwark, KapMRK, BörsG Einl. Rn. 24.
9 *Hamann*, in: Schäfer/Hamann, KapMG, §§ 44, 45 Rn. 9.
10 Überblick bei *Sittmann*, NZG 1998, 490 ff.
11 Vgl. hierzu *Hamann*, in: Schäfer/Hamann, KapMG, §§ 44, 45 Rn. 12.

beschränkt (§ 44 Abs. 1 Satz 1 BörsG); Prospektverantwortliche können die Haftungsgefahr durch Berichtigung des Prospekts ausschließen (§ 45 Abs. 2 Nr. 4 BörsG). Auf der Rechtsfolgenseite steht jetzt die Rücknahme der Wertpapiere gegen Erwerbspreis oder ein modifizierter Schadensersatzanspruch des früheren Inhabers. Damit wurden allerdings nicht alle Kritikpunkte behoben, insb. erfolgte keine Angleichung von börsengesetzlicher und allgemeiner zivilrechtlicher Prospekthaftung i. e. S.[12]

4. Änderungen durch das Vierte Finanzmarktförderungsgesetz

6   Das Vierte Finanzmarktförderungsgesetz v. 21.06.2002 brachte in Hinblick auf die Prospekthaftung nur eine Änderung der Verjährung in § 46 BörsG mit sich.[13]

5. EU-ProspRL (Richtlinie 2003/71/EG)

7   Am 31.12.2003 trat die sog. EU-ProspRL[14] in Kraft. Ziel der Richtlinie ist die Harmonisierung der Bedingungen für Erstellung, Billigung und Verbreitung des Prospekts, der beim öffentlichen Angebot bzw. bei der Zulassung von Wertpapieren zum Handel an einem geregelten Markt eines Mitgliedstaates zu veröffentlichen ist (Art. 1 Abs. 1 der RiL). Den Emittenten soll durch die EU-ProspRL u. a. ein sog. europäischer Pass ermöglicht werden: mit einem einmal zugelassenen Prospekt können sie dann auch in anderen Mitgliedstaaten Wertpapiere zulassen oder ein Angebot für Wertpapiere veröffentlichen, ohne dass es einer erneuten Billigung des Prospekts bedarf.[15] Die Prospekthaftung selbst wird aber durch die EU-ProspRL nicht harmonisiert, vielmehr bleibt die inhaltliche Ausgestaltung der Prospekthaftung den Mitgliedstaaten überlassen.[16] Nach Art. 6 EU-ProspRL muss nur sichergestellt werden, dass eine Haftung durch die Prospektverantwortlichen erfolgen kann, was in Deutschland ohnehin bereits der Fall war. Die Vorgaben der EU-ProspRL erforderten keine wesentliche Änderung der §§ 44, 45 BörsG. Allerdings verlangt Art. 5 Abs. 2 der EU-ProspRL, dass der Prospekt eine Zusammenfassung enthält, welche kurz und in verständlicher Sprache wesentliche Merkmale und Risiken des Emittenten, des Garantiegebers und der Wertpapiere nennt. Ferner muss die Zusammenfassung bestimmte Warnhinweise enthalten, eine Haftung kann sich aus ihr nur ausnahmsweise ergeben. Mittelbare Bedeutung für die Prospekthaftung wird der EU-ProspRL zusammen mit den Durchführungsmaßnahmen, insb. der sog. EU-ProspVO, durch die umfassende Regelung der Aufmachung und des Inhalts des Pros-

---

12 Zur Abgrenzung von zivilrechtlicher Prospekthaftung i. e. S. und i. w. S., sowie zur Forderung nach Angleichung *Meyer*, WM 2003, 1301, 1302 ff.; allgemein zu nach wie vor bestehenden Missständen *Hamann*, in: Schäfer/Hamann, KapMG, §§ 44, 45 Rn. 16.
13 Vgl. *Schwark*, in: Schwark, KapMRK, § 46 Rn. 1 f.; BörsG Einl. Rn. 11.
14 RL 2003/71/EG v. 04.11.2003, ABl. L 345/64.
15 *Schwark*, in: Schwark, KapMRK, BörsG Einl. Rn. 18.
16 *Hamann*, in: Schäfer/Hamann, KapMG, §§ 44, 45 Rn. 20.

pekts beigemessen.[17] Zu den Auswirkungen der Regelungen über den Europäischen Pass s. u. Rn. 18.

6. Neuere Entwicklungen

Das AnSVG vom 28.10.2004[18] führte zu einer erstmaligen Regelung der Prospektpflicht und -haftung für einen großen Bereich des früher sog. grauen Kapitalmarkts durch den neuen § 8f VerkProspG. § 13 VerkProspG verweist für die Haftung auf die §§ 44, 45 BörsG. Weiterhin existiert nun eine gesetzliche Regelung der Haftung bei fehlendem Prospekt, § 13a VerkProspG. Dadurch wurde das zweigleisige Haftungssystem von spezialgesetzlicher und allgemeiner zivilrechtlicher Prospekthaftung in weiten Teilen beseitigt. Das AnSVG setzt einige Reformvorschläge des sog. 10-Punkte-Programms der damaligen Bundesregierung[19] und der Beschlüsse des 64. Deutschen Juristentages[20] um, die jedoch noch weitergehende Forderungen enthalten. Durch das Prospektrichtlinie-Umsetzungsgesetz vom 22.06.2005[21] kam der Gesetzgeber den Vorgaben der EU-ProspRL nach, indem er die Zusammenfassung in § 5 Abs. 2 WpPG geregelt hat und in § 45 Abs. 2 Nr. 5 BörsG eine entsprechende Haftungsregelung einfügte. Nicht weiterverfolgt wurde der Entwurf eines Kapitalmarktinformationshaftungsgesetzes (KapInHaG) aus dem Jahr 2004,[22] in dessen Rahmen eine Haftung Dritter (Wirtschaftsprüfer, Rechtsanwälte) für die von ihnen stammenden Angaben vorgesehen sowie die für die Erstellung des Prospekts verantwortlichen Mitglieder der Organe des Emittenten begrenzt persönlich in Anspruch genommen werden können sollten. Insb. an einem Bedürfnis für eine (begrenzte) Expertenhaftung bestehen allerdings nach wie vor keine Zweifel, siehe dazu unten Rn. 49ff. Im Jahr 2005 in Kraft getreten ist aber das Kapitalanleger-Musterverfahrensgesetz (KapMuG),[23] das durch die Möglichkeit vereinfachter Bündelung von Verfahren geschädigter Anleger die prozessuale Durchsetzung von Prospekthaftungsansprüchen verbessern soll. Im Zuge dieses Gesetzes wurde § 48 BörsG a. F. gestrichen.

8

Am 20.01.2007 trat das TUG[24] in Kraft, mit dem die EU-Richtlinie 2004/109/EG (Transparenzrichtlinie) in deutsches Recht umgesetzt wurde. Das TUG reformiert, soweit hier von Bedeutung, vor allem die periodische Finanzberichterstattung (Regelpublizität) der Emittenten durch die neu in das WpHG eingefügten §§ 37v–37z, die die bisherigen Regelungen in § 40 BörsG und §§ 53ff. BörsZulVO ablösen.

9

---

17 *Hamann*, in: Schäfer/Hamann, KapMG, §§ 44, 45 Rn. 20.
18 BGBl. I, S. 2360.
19 Abrufbar im Internet unter www.bmj.de.
20 Abrufbar unter www.djt.de.
21 BGBl. I, S. 1698.
22 Abgedruckt in NZG 2004, 1042.
23 Gesetz v. 16.08.2005, BGBl. I, S. 2437.
24 Gesetz v. 05.01.2007, BGBl. I, S. 10.

10 Durch das Finanzmarkt-Richtlinie-Umsetzungsgesetz (FRUG) vom 16.07. 2007[25] wird die EU-Richtlinie über Märkte für Finanzinstrumente RiL 2004/39/EG (MiFID) in das nationale Recht umgesetzt. Unter den vielen Änderungen sind die folgenden für die Prospekthaftung von mittelbarer Bedeutung: Die Zulassungsstellen bei den Börsen werden abgeschafft; die Börsenzulassung von Wertpapieren wird künftig den Geschäftsführungen der Börsen übertragen. Ferner wird das Börsensegment des amtl. Handels abgeschafft, in Zukunft ist statt des geregelten und des amtl. Marktes gesetzlicher Markt nur der sogenannte Regulierte Markt. Dabei handelt es sich im Wesentlichen um eine neue Sprachregelung.[26]

III. Normzweck und Einbettung in das System

1. Normzweck: Kompensation und Prävention

11 Betrachtet man die Voraussetzungen der Prospekthaftung, dann wird sofort klar, dass sie nicht nur Schutz und Kompensation des durch fehlerhaftes Emittentenverhalten geschädigten Anlegers verfolgen kann. Zwar dürfte Kompensation des eingetretenen Schadens auch ein Zweck der Haftung sein. Doch sind Voraussetzungen und Rechtsfolgen der Haftung in vielfacher Weise typisiert und vom individuellen Anleger unabhängig. Der einzelne Anleger muss nicht einmal seine Kenntnis vom Prospekt nachweisen und ihm nützt der nämliche Nachweis andererseits nichts mehr, wenn er das Geschäft erst sechs Monate nach Prospektveröffentlichung abgeschlossen hat. Deshalb geht es zumindest *auch* um Prävention, d.h. darum, das kapitalmarktrechtliche Ziel einer umfassenden Information der Märkte zu fördern und Vorsprünge aufgrund von Insiderwissen möglichst gering zu halten, um so Gründungsschwindel auszuschließen. Für ein solches Verständnis des Normzwecks spricht ferner, dass nicht der individuell entstandene Schaden des Anlegers, sondern ein nach Maßgabe des § 44 Abs. 1 u. 2 BörsG typisierter Schaden ersetzt wird. Nach h.M. soll ferner nicht die individuelle Kausalität, sondern eine typisierte Kausalität (zur Anlagestimmung s.u. Rn. 81 ff.) entscheidend für das Bestehen des Anspruchs sein. Auch die Verabschiedung des Kapitalanleger-Musterverfahrensgesetzes, die nicht so sehr den Schutz der Anleger, sondern eher die Sanktionierung des Emittenten im Auge hat spricht für eine präventive Funktion der Prospekthaftung. Die Prospektpflicht selbst und die Haftung beugen so einem Betrug des Publikums vor und erfüllen damit Ziele, die von § 823 Abs. 2 i.V.m. § 263 StGB angesichts ihres Zuschnitts auf Zweipersonenverhältnisse nicht erfüllt werden können.

2. Rechtsnatur und Dogmatik der Prospekthaftung

12 Die Rechtsnatur der gesetzlichen Prospekthaftung ist umstritten und nicht abschließend geklärt. Die h.M. versteht die §§ 44ff. BörsG als eine gesetz-

---

25 BGBl. I 2007, 1330 v. 19.07.2007
26 Umfassend zu den Änderungen durch das FRUG etwa Schlitt/Schäfer, AG 2007, 227 ff.

liche Vertrauenshaftung.[27] Es werden aber auch eine deliktsrechtliche Einordnung[28] oder gar eine Einordnung als Vertragshaftung[29] vertreten. Man kann die Unsicherheit selbst des Gesetzgebers in dieser Frage an § 47 Abs. 2 BörsG sehen. Dort wird die Prospekthaftung sowohl gegen das Delikts- wie das Vertragsrecht abgegrenzt. Eine praktische Bedeutung dieses Streits ist wohl nur für kollisionsrechtliche Fragen zu vermerken.[30]

Das unter 1. Erläuterte führt aber dazu, dass nicht nur auf der Tatbestandsseite kaum mit allgemeinen Maßstäben des Schadensersatzrechts gemessen werden kann. Der Sache nach geht es hier nicht wirklich um allgemein bürgerlich-rechtliche Vertrags-, Delikts- oder Vertrauenshaftung. All diese Erklärungsversuche sind begrenzt, weil sie die eigentliche Funktion der Prospekthaftung nur unvollständig erkennen. Denn zuvorderst geht es um die Beteiligung an einem Unternehmen, sei es als Gesellschafter, sei es als Fremdkapitalgeber. Bei einem solchen Vertragsschluss darf zwar jeder im Grundsatz seine eigenen Zwecke ohne Rücksicht auf die anderen verfolgen. Dieses Recht wird sonst durch die Möglichkeit des anderen Vertragspartners begrenzt, den Vertragsschluss abzulehnen und den anderen Partner auf diese Weise zu Zugeständnissen, vor allem zu ausreichender Information zu zwingen, bevor der Vertrag abgeschlossen wird. 13

Dieses Ausgleichsspiel funktioniert bei dem Erwerb einer Beteiligung an einem einem kapitalmarktorientierten Unternehmen aber nicht, da der Weg ein anderer ist: Das Unternehmen, für das Geldgeber gesucht werden, ist ein komplexer Prozess, über den die künftigen Partner nicht annähernd vergleichbare Informationen haben (können) wie diejenigen, die die Beteiligung veräußern wollen. Diese umgekehrt nutzen schon aus Kostengründen nicht das Mittel eines individuell ausgehandelten Vertragsschlusses, sondern wenden sich mit dem Prospekt an die Öffentlichkeit. Diese Einbeziehung der Öffentlichkeit rechtfertigt letztlich auch ein gesetzgeberisches Eingreifen in den Prozess des Vertragsschlusses, zumal die Gefahr sehr hoch ist, dass der Vertrag wegen der Anlagestimmung auch ohne korrekte Information abgeschlossen wird. Deshalb benötigt man einen gesetzlichen Ausgleich der Informationsasymmetrien. Die Prospekthaftung sollte daher an dem Ziel des Abschlusses eines Vertrags über eine im Ausgangspunkt langfristige Investition in ein Unternehmen gemessen und aus diesem Ziel begründet werden. Die AG als Kapitalsammelstelle funktioniert nur, wenn Informationsasymmetrien weitgehend ausgeschaltet werden und die Kapitalgeber damit möglichst „auf Augenhöhe" gebracht werden. 14

Noch anders gesagt: Während das Vertragsrecht vom Grundsatz der Freiheit gekennzeichnet ist und Informationsvorsprünge niemals gesetzlich vollständig ausschalten darf, weil es sonst den Anreiz zu selbständigem Handeln und Wirtschaften nimmt, besteht an einem börsennotierten Unternehmen ein 15

---

27 BGH, Urteil v. 12.07.1982 – II ZR 175/81, WM 1982, 862ff. (BuM), *Canaris*, Bankvertragsrecht Rn. 2277, *Hamann*, in: Schäfer/Hamann, KapMG, §§ 44, 45 BörsG Rn. 33–36.
28 *Assmann*, Prospekthaftung, S. 241ff., 252ff., 377 mit Fn. 1; *Lenenbach*, KapMR, Rn. 8.80.
29 Vgl. *Köndgen*, AG 1983, 85, 91ff.
30 Vgl. dazu unten Rn. 16.

öffentliches Interesse, das einen Eingriff und die Ausschaltung solcher Informationsasymmetrien rechtfertigt. Da die Anleger typischerweise unterlegen sind, ist der Ausgleich solcher Asymmetrien durch das kapitalmarktrechtliche Täuschungsverbot geboten. Einen Ausschnitt daraus bildet die Prospekthaftung.

IV. Anwendungsbereich und Abgrenzung

1. Kollisionsrecht

16 Der internationale Anwendungsbereich der Prospekthaftung ist umstritten. Die Frage wird nach vorzugswürdiger Auffassung nicht in § 44 Abs. 3 BörsG geregelt. Diese Vorschrift ist lediglich eine Sachnorm, hingegen keine Kollisionsnorm, da sie selbst materielle Rechtsfolgen anordnet und nicht das anwendbare Recht bestimmt.[31] Die Gegenauffassung meint, § 44 Abs. 3 BörsG enthalte auch die maßgebende Kollisionsnorm, da sie auf den Ort des Geschäftsabschlusses abstelle.[32] Dagegen spricht aber, dass der Ort des konkreten Geschäftsabschlusses nicht genügend die Zielrichtung des Prospekts als Information der Marktöffentlichkeit berücksichtigt. Die Prospektverantwortlichkeit mag zwar im Hinblick auf das konkret abgeschlossene Geschäft eingeschränkt werden. Der Anwendungsbereich der Regeln selbst kann indessen mit Blick auf das verfolgte Ziel der Prospektpflicht und -haftung nicht von individuellen Umständen abhängig sein. Dass ohne ein Inlandsgeschäft keine Prospekthaftung besteht, besagt nicht, dass § 44 Abs. 3 BörsG deshalb eine Kollisionsregel enthält. Die fehlende Haftung kann auch die materiell gewollte Rechtsfolge sein.[33]

17 Angeknüpft wird die börsengesetzliche Prospekthaftung nach mittlerweile herrschender Meinung an den Platzierungsmarkt.[34] Das ist (mit der im nächsten Absatz besprochenen Ausnahme) das Recht des Marktes, auf dem die Wertpapiere mit Wissen und Wollen des Emittenten im Rahmen der Emission zum Verkauf angeboten werden und der Prospekt veröffentlicht wird.[35] Ggf. kann es mehrere Platzierungsorte geben, in diesem Fall ist nur die Rechtsordnung anwendbar, in dem der Erwerber seinen Sitz oder gewöhnlichen Aufenthaltsort hat. Die frühere Anknüpfung an das Deliktsstatut[36] dürfte überholt sein, da sie zur kumulativen Anwendung verschiedener

---

31 *Baumbach/Hopt*, HGB, § 44 BörsG Rn. 12; *Hamann*, in: Schäfer/Hamann, KapMG, §§ 44, 45 BörsG Rn. 129.
32 *Schwark*, in: Schwark, KapMRK, § 45 BörsG Rn. 38; *Kuntz*, WM 2007, 432 ff.
33 A. A. *Kuntz*, WM 2007, 432, 434.
34 *Hamann*, in: Schäfer/Hamann, KapMG, §§ 44, 45 BörsG Rn. 75; *Baumbach/Hopt*, HGB, § 44 BörsG Rn. 12; *Kiel*, Intenationales Kapitalanlegerschutzrecht, 1994, S. 223; *Schnyder*, in: MüKo BGB, IntKapMarktR Rn. 106; *Bischoff*, AG 2002, 489, 494; krit. *Kindler*, in: MüKo BGB, IntGesR Rn. 30 f.
35 *Bischoff*, AG 2002, 489, 493.
36 So noch *Schütze*, in: Assmann/Schütze, HdbKapAnlR, § 10 Rn. 22, 24; vgl. *Kuntz*, WM 2007, 432, 435.

Haftungsregeln auf ein und dasselbe Geschäft führen kann.[37] Der so bestimmte internationale Anwendungsbereich der §§ 44 ff. BörsG wird sachlich weiter durch § 44 Abs. 3 BörsG eingeschränkt, vgl. unten Rn. 61 ff.

Die Haftung für gem. § 17 ff. WpPG im Inland ohne weiteres gültige Prospekte aus einem Mitgliedsstaat des EWR (Europäischer Pass) richtet sich dagegen nach dem Heimatrecht des Prospekts,[38] da sonst über die Anwendung der inländischen Haftungsregeln die Vorschriften über den Europäischen Pass zunichte gemacht würden. Dabei handelt es sich – unabhängig von dem Ort des Erwerbsgeschäftes – um solche Prospekte, die von der zuständigen Behörde eines anderen Staates des EWR gebilligt wurden und die der Emittent gem. § 17 Abs. 3 WpPG im Inland veröffentlicht hat, sofern die Bundesanstalt nach den § 18 WpPG entsprechenden Vorschriften des Herkunftsstaates unterrichtet wird und die Sprache des Prospekts die Anforderungen des § 19 Abs. 4 und 5 WpPG erfüllt, insbesondere jedenfalls eine Zusammenfassung in deutscher Sprache enthält (§ 19 Abs. 4 Satz 2 WpPG). Auch die Haftung für diese Zusammenfassung richtet sich jedoch nach dem Heimatrecht, eine gemischte Rechtsanwendung wäre mit dem Ziel der Regelungen über den Europäischen Pass nicht vereinbar, siehe dazu noch unten Rn. 103. Dementsprechend richtet sich umgekehrt die Haftung für inländische Prospekte, die nach Maßgabe der §§ 17 ff. WpPG im EWR-Ausland Gültigkeit besitzen, nach deutschem Recht. Dies hat insb. Folgen für die Anwendung des § 44 Abs. 3 BörsG, siehe dazu unten Rn. 63. 18

2. Prospektbegriff (§ 44 Abs. 1 und Abs. 4 BörsG, § 13 VerkProspG)

a) Zulassungsprospekte (§ 44 Abs. 1 BörsG)

Gem. §§ 44 f. BörsG gehaftet wird für Prospekte, auf Grund derer Wertpapiere zum Börsenhandel zugelassen sind. „Auf Grund eines Prospektes zum Börsenhandel" zugelassen werden Wertpapiere nach § 32 BörsG (nämlich zum Regulierten Markt, oben Rn. 10). Anwendbar sind die §§ 44 f. BörsG nur auf diejenigen Dokumente, die Grundlage für die Zulassung waren, nicht hingegen auf sonstige Werbemaßnahmen, Berichte, Mitteilungen, Aufforderungen, Ad hoc-Mitteilungen und ähnliches, siehe dazu noch Rn. 32. 19

b) Prospekte nach § 13 VerkProspG

Die Prospekthaftung der §§ 44 f. BörsG gilt ferner gem. § 13 VerkProspG für sämtliche Prospekte, die aufgrund einer Wertpapier-Prospektpflicht nach § 3 Abs. 1 WpPG oder einer Verkaufsprospektpflicht nach § 8 f Abs. 1 VerkProspG veröffentlicht sind. Soweit der Prospekt nicht für Zwecke einer Zulassung erstellt wird, sondern Wertpapiere oder andere Vermögensanlagen anderweitig öffentlich angeboten werden, verweist § 13 VerkProspG ausdrücklich auf die Haftung nach §§ 44 f. BörsG. Eine Prospektpflicht besteht gem. § 3 Abs. 1 WpPG auch dann, wenn bereits zugelassene Werptpapiere 20

---

37 Ausführlich *Bischoff*, AG 2002, 489, 492 ff.
38 Ausführlich und zutr. *Kuntz*, WM 2007, 432, 437 ff.

öffentlich angeboten werden, z. B. bei einer Zweitmarktplatzierung.[39] Seinem Wortlaut nach greift § 44 BörsG für solche Prospekte nicht ein, da der Prospekt nicht Grundlage der Zulassung, sondern nur der Platzierung der Wertpapiere ist. Auch beschränkt der Wortlaut des Tatbestands des § 13 VerkProspG seine Anwendung auf solche Wertpapiere, die nicht bereits zugelassen sind. Gleichwohl gelangt das Schrifttum zu Recht überwiegend zur (analogen) Anwendung der §§ 44 ff. BörsG, da die Lücke im Gesetz als bloßes Redaktionsversehen einzuordnen ist.[40] Deshalb wird auch für solche Prospekte über den Verweis in § 13 Abs. 1 VerkProspG nach den §§ 44 ff. BörsG gehaftet.[41]

c) Gleichgestellte Darstellungen (§ 44 Abs. 4 BörsG)

21 Dem Prospekt steht eine schriftliche Darstellung gleich, „auf Grund deren Veröffentlichung" der Emittent von der Prospektpflicht befreit wird. Damit waren früher die in § 45 BörsZulV a. F. erwähnten Darstellungen gemeint, die prospektersetzende Qualität hatten. § 44 Abs. 4 BörsG diente ursprünglich der Schließung von Lücken, die entstehen konnten, weil die schriftlichen Darstellungen keine Prospekte iSd. BörsG oder des VerkProspG waren.[42] Nunmehr, so *Hamann*[43], bezieht sich die Norm auf die in § 4 WpPG genannten „Dokumente", die jedenfalls z. T. an die Stelle der von § 45 BörsZulV a. F. verlangten Informationen getreten sind. Nur in den Fällen des § 4 Abs. 2 WpPG handelt es sich freilich um Dokumente, aufgrund derer die Zulassung der Wertpapiere zum Börsenhandel erfolgt, § 4 Abs. 1 WpPG betrifft dagegen gerade keine Zulassungsfälle. Insoweit kommen also zunächst Dokumente gem. § 4 Abs. 2 Nr. 3, 4, 5 und 6 WpPG als Haftungsgrundlage in Betracht.

22 Für Angebotsunterlagen (§ 4 Abs. 2 Nr. 3 WpPG) bei Wertpapiererwerbs- und Übernahmeangeboten nach dem WpÜG könnte man die Qualität als schriftliche Darstellung im Sinne des § 44 Abs. 4 BörsG zunächst mit der Begründung in Zweifel ziehen, dass gem. § 12 WpÜG eine eigene Haftung für fehlerhafte Angebotsunterlagen anordnet und lex specialis zu §§ 44 ff. BörsG sei. Jedoch hat diese Haftung nach dem WpÜG ausschließlich die Funktion des Dokuments als Angebotsunterlage im Auge.[44] Soweit etwa ein Tauschangebot nach dem WpÜG dazu benutzt wird, neue Wertpapiere zuzulassen, benötigen nicht nur die von § 12 WpÜG geschützten Angebotsempfän-

---

39 Näher Erläuterungen zu § 4 WpPG Rn. 8.
40 *Assmann*, in: Assmann/Schütze, HdbKapAnlR, § 6 Rn. 59; *Schlitt/Schäfer*, AG 2005, 498, 510; *Groß*, KapMR, § 13 VerkProspG Rn. 2–4; vgl. auch *ders.*, § 45 BörsG Rn. 28; a. A. für Informationsmemoranden zum Zwecke der Umplatzierung, die nach alter Rechtslage erstellt werden konnten; *Mülbert/Steup*, in: Habersack/Mülbert/Schlitt UntFinanzKM, § 26 Rn. 120 und – wohl ebenfalls noch nicht aktualisiert – *Hamann*, in: Schäfer/Hamann, KapMG, §§ 44, 45 BörsG Rn. 57.
41 Vgl. auch Rn. 31, 33.
42 Näher dazu Assmann, AG 1996, 508 ff.
43 *Hamann*, in: Schäfer/Hamann, KapMG, §§ 44, 45 BörsG Rn. 39 a.
44 *Mülbert/Steup*, WM 2005, 1633, 1642 f.

ger, sondern auch die von diesen im Anschluss an das Angebot erwerbenden Zweiterwerber (unten Rn. 56) den Schutz durch die Prospekthaftung. Die institutionelle Sicherung durch Prüfung der BAFin reicht insoweit nicht aus.[45] Ob auch die Angebotsempfänger selbst sich zusätzlich auf § 44 Abs. 4 BörsG berufen können, ist dagegen problematisch und eher zu bezweifeln.

In Betracht kommen ferner nach § 4 Abs. 2 Nr. 4 WpPG Verschmelzungsberichte. Diese müssen allerdings nicht notwendig veröffentlicht werden. Nach § 4 Abs. 2 Nr. 4 WpPG reicht es für die Befreiung aus, dass der Verschmelzungsbericht „verfügbar" ist. Soweit deshalb Verschmelzungsberichte auch ohne Veröffentlichung als Grundlage einer Befreiung anzusehen sind,[46] beruht die Befreiung nicht auf einer (evtl. nichtsdestoweniger vorgenommenen) Veröffentlichung. Es kann sich in diesem Fall nicht um eine Darstellung im Sinne des § 44 Abs. 4 BörsG handeln, da die Befreiung auf Grund der Veröffentlichung Tatbestandsvoraussetzung der Gleichstellung mit einem Prospekt ist. Eine Haftung kommt dann nur nach der allgemeinen bürgerlich-rechtlichen Prospekthaftung in Betracht. Hält man indessen eine Veröffentlichung doch für erforderlich und ist sie nicht erfolgt, so ist davon auszugehen, dass eine Haftung aus § 13a VerkProspG analog herzuleiten ist, weil dieser entgegen seinem Wortlaut auch öffentliche Angebote von Wertpapieren erfasst, die bereits zugelassen sind (dazu näher oben Rn. 20 und § 13 VerkProsPG Rn. 5). 23

Die übrigen in § 4 Abs. 2 Nr. 5, 6 und 8 WpPG genannten Dokumente sind entweder keine Darstellungen, aufgrund derer von der Prospektpflicht befreit wird,[47] oder aber die §§ 44f. BörsG sind (Nr. 8) bereits aus kollisionsrechtlichen Gesichtspunkten nicht anwendbar.[48] 24

Umstritten ist, ob § 44 Abs. 4 BörsG über den Verweis in § 13 VerkProspG im Grundsatz auch für die in § 4 Abs. 1 WpPG genannten Dokumente gilt. Während eine Auffassung § 44 Abs. 4 BörsG jedenfalls im Grundsatz auf alle in § 4 WpPG genannten Dokumente anwenden will,[49] meinen *Mülbert/ Steup* § 13 VerkProspG habe nie auf § 44 Abs. 4 BörsG verwiesen und ordne dementsprechend nach wie vor nur eine Haftung für fehlerhafte Prospekte an.[50] Doch ist nicht einzusehen, warum der vom Wortlaut her umfassende Verweis in § 13 VerkProspG, der zudem kein bloßer Rechtsfolgenverweis ist, nach Änderung des Prospektregimes nicht auch den (nunmehr) passenden § 44 Abs. 4 BörsG erfassen soll. Dass § 44 Abs. 4 BörsG vor Erlass des WpPG keinen Anwendungsbereich hatte, ändert nichts daran, dass die in Bezug genommene Norm den Anwendungsbereich der Prospekthaftung erweitert. In Betracht kommen insoweit die in § 4 Abs. 1 Nr. 2 und 3 WpPG genannten Dokumente (Angebotsunterlage, Verschmelzungsbericht, hier gelten die 25

---

[45] A.A. offenbar *Mülbert/Steup*, WM 2005, 1633, 1642.
[46] Vgl. dazu die Erläuterungen zu § 4 WpPG Rn. 7.
[47] Für Nr. 5 und 6 zutr. *Mülbert/Steup*, WM 2005, 1633, 1642.
[48] Jedenfalls i. Erg. auch *Mülbert/Steup*, WM 2005, 1633, 1642.
[49] *Hamann*, in: Schäfer/Hamann, KapMG, §§ 44, 45 BörsG Rn. 39a; *Assmann*, in: Assmann/Schütze, HdbKapAnlR, § 6 Rn. 47.
[50] *Mülbert/Steup*, WM 2005, 1633, 1644.

Ausführungen oben Rn. 22 f. entsprechend). Die in § 4 Abs. 1 Nr. 4 und 5 WpPG genannten Dokumente sind hingegen nicht detailliert genug und die Befreiung erfolgt nicht allein im Hinblick auf diese Dokumente, sondern auch wegen der anderen in Nr. 4 und 5 enthaltenen Tatbestandsvoraussetzungen.

d) Freiwillige Prospekte

26 § 1 Abs. 3 WpPG stellt klar, dass Emittenten nicht prospektpflichtiger Wertpapiere gleichwohl einen Prospekt nach den Vorschriften des WpPG veröffentlichen dürfen. Die Regel des § 1 Abs. 3 WpPG dürfte, obschon sie unmittelbar nur für die Befreiungstatbestände des § 1 Abs. 2 WpPG gilt, zumindest analog auch auf solche Prospekte anzuwenden sein, die trotz eines Befreiungstatbestandes des § 3 Abs. 2 oder des § 4 WpPG erstellt werden. Auf die Zulassung der zugrundeliegenden Wertpapiere kommt es für die Haftung nicht an (oben Rn. 20). Wird ein freiwilliger Prospekt erstellt, so gilt deshalb auch für ihn das Gebot der Richtigkeit und Vollständigkeit. Daher sollten die Prospektverantwortlichen jedenfalls im Ergebnis (nur) entsprechend den in §§ 44 f. BörsG niedergelegten Grundsätzen haften müssen.[51] Zu rechtfertigen ist dies mit der Überlegung, dass bei freiwilligen Prospekten andernfalls die (schärfere)[52] zivilrechtliche Prospekthaftung griffe, obschon der Emittent über seine Pflichten hinaus einen Prospekt erstellt und sich dem Billigungsverfahren vor der BAFin unterzogen hat, also mehr getan hat, als er musste. Allerdings kann von einem „Prospekt" auch nur dann gesprochen werden, wenn dieser der BAFin zur Billigung gem. § 13 WpPG vorgelegt wurde, siehe dazu noch die Rn. 28 ff. Soweit hingegen bei fehlender Prospektpflicht zwar ein Prospekt erstellt wurde, dieser jedoch der BAFin nicht zur Billigung vorgelegt wurde, muss nach der allgemein bürgerlich-rechtlichen Prospekthaftung gehaftet werden.

27 Anders ist es bei Verkaufsprospekten nach den §§ 8 f ff. VerkProspG. Hier kommt es auf die Prospektpflicht gem. § 8 f VerkProspG an. Für freiwillige Prospekte für Vermögensanlagen, für die eine Prospektpflicht nach § 8 f VerkProspG nicht besteht, also z. B. die ausdrücklich in § 8 f Abs. 2 VerkProspG von der Prospektpflicht ausgenommenen Vermögensanlagen, kommt nur die allgemeine zivilrechtliche Prospekthaftung in Betracht.[53] Denn § 8 f VerkProspG enthält keine dem § 1 Abs. 3 WpPG vergleichbare Norm und §§ 13 f. VerkProspG beschränken die Haftung ausdrücklich auf solche Vermögensanlagen, für die eine Prospektpflicht gem. § 8 f Abs. 1 VerkProspG besteht.

e) Formeller Prospektbegriff der spezialgesetzlichen Prospekthaftung

28 Eine Definition des Prospektbegriffes findet sich weder im BörsG noch im WpPG. Zwar spricht das Gesetz teilweise von „Prospekt im Sinne des Geset-

---

51 So im Grundsatz auch *Hamann*, in: Schäfer/Hamann, KapMG, §§ 44, 45 BörsG Rn. 21 a.
52 Siehe *Heisterhagen*, DStR 2006, 759 ff.
53 I. Erg. ebenso *Assmann*, in: Assmann/Schütze, HdbKapAnlR, § 6 Rn. 262.

zes" (§ 1 Abs. 3 WpPG, § 13 Abs. 1 VerkProspG), enthält aber keine nähere Erläuterung. Eine Definition ist aus zwei Gründen notwendig. Erstens benötigt man sie zur Abgrenzung der Haftung für einen fehlerhaften Prospekt (§ 13 VerkProspG i.V.m. §§ 44f. BörsG) von der Haftung für einen fehlenden Prospekt (§ 13a VerkProspG), weil es bei letzterem auf die Fehlerhaftigkeit eines evtl. vorhandenen, aber nicht als Prospekt einzuordnenden Dokuments nicht ankommt.[54] Und zweitens stellt sich die Frage, unter welchen Umständen ein freiwillig erstellter Prospekt ein solcher im Sinne des Gesetzes ist, für den dann nach §§ 44f. BörsG gehaftet wird.

Versuche einer Definition in der Literatur bezogen sich bislang meist auf das VerkProspG a.F. Denn nach der bisherigen Rechtslage konnte es Fälle geben, in denen zwar ein Prospekt oder ein ähnliches Dokument erstellt wurde, jedoch der BAFin nicht zur Gestattung vorgelegt worden war. In diesen Fällen wurde als Prospekt dasjenige vom Anbieter ausgestellte Schriftstück angesehen, das nach seinem (aus den Umständen zu ermittelnden) Willen zur Erfüllung der Verpflichtungen aufgrund des Verkaufsprospektgesetzes erstellt wurde. Andernfalls hätte eine spezialgesetzliche Regelung für solche Dokumente gefehlt, da früher eine Haftung für fehlende Prospekte nicht existierte. Dieser Prospektbegriff wird auch für die geltende Rechtslage vertreten.[55] Dagegen wird jedoch eingewendet, eine solche materielle Abgrenzung sei nicht erforderlich, da jeder nicht gem. § 8i VerkProspG durch die BAFin gestattete Verkaufsprospekt eben ein fehlender Prospekt sei, für den dann, soweit eine Prospektpflicht besteht, nach dem neuen § 13a VerkProspG gehaftet werde.[56]

29

Dem ist mit den folgenden Maßgaben zuzustimmen. Eine Haftung nach § 13 VerkProspG i.V.m. §§ 44f. BörsG ist bei Wertpapierprospekten – immer, aber auch nur – dann zu bejahen, wenn der Prospekt von der BAFin gem. § 13 WpPG gebilligt wurde. Zwar ergibt sich dies nicht aus dem Wortlaut der §§ 44 BörsG, 13 VerkProspG, in denen die Billigung durch die BAFin nicht erwähnt wird. Doch zeigt die Entstehung und Entwicklung der spezialgesetzlichen Prospekthaftung, dass jedenfalls die unmittelbare Anwendung des § 44 BörsG schon immer auf einem staatlichen Akt der Anerkennung des Prospekts beruhte. Ferner kann man der neuen Fassung des § 13 Abs. 1 VerkProspG entnehmen, dass für alle Prospekte „im Sinne des WpPG" gehaftet werden soll. Da die Billigung jedes Prospekts (also nicht nur der Zulassungsprospekte im Sinne des § 44 BörsG) stets Voraussetzung seiner Veröffentlichung ist (§ 13 Abs. 1 Satz 1 WpPG) und seit dem Inkrafttreten des AnSVG eine Haftung für Angebote unter Verstoß gegen die Prospektpflicht angeordnet ist (§ 13a VerkProspG), ist für § 13 VerkProspG davon auszugehen, dass nur gebilligte Prospekte solche „im Sinne des WpPG" sind. Umgekehrt ist ein Prospekt immer schon dann im Sinne des § 13a VerkProspG „nicht veröffentlicht", wenn bereits die Billigung durch die BAFin fehlt.

30

---

54 Vgl. dazu *Barta*, NZG 2005, 305ff.
55 *Groß*, KapMR, § 13 VerkProspG Rn. 10; *Fleischer*, BKR 2004, 339, 347 m.w.N.
56 *Barta*, NZG 2005, 305, 308; *Schäfer*, ZGR 2006, 40, 50; *Assmann*, in: Assmann/Schütze, HdbKapAnlR, § 6 Rn. 62.

31 Eine Haftung nach § 13 VerkProspG i.V.m. §§ 44f. BörsG für unrichtige oder unvollständige Verkaufsprospekte besteht genau dann, wenn eine Prospektpflicht gem. § 8f Abs. 1 VerkProspG zu bejahen ist und das Dokument gem. § 8i Abs. 2 VerkProspG von der BAFin gestattet ist. Fehlt es an einer der beiden Voraussetzungen, so handelt es sich nicht um einen Prospekt im Sinne der spezialgesetzlichen Prospekthaftung. Ein „nicht veröffentlichter" Verkaufsprospekt im Sinne der spezialgesetzlichen Haftung des § 13a VerkProspG liegt nur dann vor, wenn eine Prospektpflicht bestand und es entweder an einem gebilligten Dokument oder seiner Veröffentlichung oder an beidem fehlt.

f) Einzelfälle

32 Nicht Prospekte im Sinne der §§ 44f. BörsG sind die Finanzberichterstattung gem. §§ 37 vff. WpHG (frühere Zwischenberichterstattung gem. § 40 BörsG a.F. i.V.m. § 53ff. BörsZulVO a.F.), Mitteilungen nach § 30b oder §§ 30e, 30f WpHG (früher § 39 Abs. 1 Nr. 3 BörsG a.F. i.V.m. §§ 63, 66 BörsZulVO a.F.) und vergleichbare Veröffentlichungen wie Bezugsrechts- und Zeichnungsaufforderungen.[57] Weder die Erklärung zum Corporate Governance Kodex gem. § 161 AktG[58] noch Werbung, Presseberichte oder Wertpapieranalysen zählen zu den Prospekten i.S.d. § 44 Abs. 1 BörsG,[59] siehe dazu aber noch unten Rn. 65 a.E. Auch Ad hoc-Mitteilungen sind nach einer Entscheidung des BGH aus dem Jahr 2004 keine Prospekte.[60]

33 Fraglich ist, inwieweit sog. Informationsmemoranden als Prospekte anzusehen sind. Soweit die oben unter Rn. 20–27 besprochenen Darstellungen lediglich als derartige Informationsmemoranden oder -schriften bezeichnet werden, insb. etwa bei Prospekten für eine Zweitmarktplatzierung (Umplatzierung), soll dies nichts an ihrer Einordnung als Prospekt oder gleichgestellte Darstellung ändern.[61] Richtigerweise handelt es sich nur dann um Prospekte, wenn sie von der BAFin gebilligt sind. Allerdings kann der Prospekt unrichtig sein, wenn behauptet wird, er sei kein Zulassungs- oder Verkaufsprospekt. Werden ohne Billigung durch die BAFin Informationsmemoranden erstellt, ohne dass eine Pflicht nach dem WpPG dazu besteht, z.B. im Rahmen des Freiverkehrs oder bei Vorliegen der Ausnahmetatbestände des § 3 Abs. 2 WpPG, so dürften sie – unabhängig von ihrer Bezeichnung – der zivilrechtlichen Prospekthaftung unterliegen (siehe noch unten Rn. 117).

---

57 Siehe dazu *Schäfer*, ZGR 2006, 40, 45 m.w.N.; *Hamann*, in: Schäfer/Hamann, KapMG, §§ 44, 45 BörsG Rn. 39.
58 Dazu *Fleischer*, in: Assmann/Schütze, HdbKapAnlR, § 7 Rn. 64, *Hamann*, in: Schäfer/Hamann, KapMG, §§ 44, 45 BörsG Rn. 53.
59 Vgl. *Groß*, KapMR, § 45 BörsG Rn. 25; *Hamann*, in: Schäfer/Hamann, KapMG, §§ 44, 45 BörsG Rn. 39.
60 BGH, Urteil vom 19.07.2004 – II ZR 402/02, ZIP 2004, 1593, 1595, siehe noch unten Rn. 117f.
61 *Hamann*, in: Schäfer/Hamann, KapMG, §§ 44, 45 BörsG Rn. 56; *Groß*, KapMR, § 45 BörsG Rn. 26.

V. Haftungsadressaten (Prospektverantwortliche)

1. § 44 Abs. 1 Nr. 1 BörsG

a) Verantwortungsübernahme und Verantwortlichkeitsklausel

Für den Prospekt haften zunächst diejenigen, die für den Prospekt die Verantwortung übernommen haben. Die frühere Fassung, die auf diejenigen abstellte, die den Prospekt „erlassen haben" besagte letztlich das gleiche.[62] Entscheidend ist, dass die Verantwortungsübernahme nach außen erkennbar geworden ist. Die Verantwortungsübernahme gem. § 44 Abs. 1 Nr. 1 BörsG ist trotz des Wortlauts nach ganz h.M. nicht mit der Aufnahme in die Verantwortlichkeitsklausel des § 5 Abs. 4 WpPG identisch. Vielmehr soll bereits in der Unterzeichnung des Prospekts gem. § 5 Abs. 3 WpPG auch die Übernahme der Verantwortung im Sinne der Nr. 1 liegen.[63]

34

Dementsprechend haften gem. Abs. 1 Nr. 1 jedenfalls alle Unterzeichner des Prospekts (d.h. der Emittent, der Anbieter, das emissionsbegleitende Institut).[64] Für das emissionsbegleitende Institut hat der BGH im Fall „Elsflether Werft"[65] angenommen, dass es auch dann zu den Verantwortlichen im Sinne der Nr. 1 zählt, wenn die Unterzeichnung unterblieben ist. Allein durch die Antragstellung übernehme die Bank die Verantwortung für den Prospekt, so dass sie zu den Prospekterlassern zu rechnen sei. In der Literatur hat diese Argumentation teils Zustimmung,[66] teils Ablehnung erfahren.[67] Die Unterschrift des emissionsbegleitenden Instituts war vor Erlass des WpPG im Bereich des (damaligen) geregelten Marktes fakultativ, nunmehr ist sie gem. § 5 Abs. 4 Satz 2 WpPG im Regulierten Markt stets erforderlich, so dass es in aller Regel auf die Frage nicht mehr ankommen wird.[68] Ohnehin besteht letztlich Einigkeit, dass die Bank jedenfalls nach Nr. 2 verantwortlich ist. Dennoch ist – etwa für Fälle des Behördenversagens – festzuhalten, dass es für die Anwendung der Nr. 1 nicht auf die tatsächliche Unterzeichnung ankommt, sondern bereits die gesetzliche Pflicht zur Unterzeichnung ausreichen dürfte, weil diese die Erwartungshaltung der Anleger mit prägt.

35

Angesichts der Wortwahl des BGH im Fall „Elsflether Werft" ist nicht mit letzter Sicherheit zu sagen, ob der BGH nicht einfach nur sagen wollte, dass die Bank jedenfalls Prospektverantwortliche i.S.d. Abs. 1 ist und die Einordnung in Nr. 1 oder Nr. 2 letztlich offengelassen hat. Schon angesichts Art. 6 Abs. 1 EU-ProspRL muss die bloße Antragstellung jedenfalls für die Prospektverantwortlichkeit ausreichen.

36

---

62 Vgl. *Groß*, KapMR, § 45 BörsG Rn. 30, *Schwark*, in: Schwark, KapMRK, § 45 BörsG Rn. 8.
63 Siehe nur *Groß*, KapMR, § 45 BörsG Rn. 30, *Hamann*, in: Schäfer/Hamann, KapMG, §§ 44, 45 BörsG Rn. 88f.
64 Vgl. *Hamann*, in: Schäfer/Hamann, KapMG, §§ 44, 45 BörsG Rn. 88f.
65 BGH v. 14.07.1998 – XI ZR 173-97, NJW 1998, 3345 (Elsflether Werft).
66 *Ellenberger*, Prospekthaftung, S. 25.
67 *Hamann*, in: Schäfer/Hamann, KapMG, §§ 44, 45 Rn. 89 m.w.N.
68 So auch *Groß*, KapMR, § 45 BörsG Rn. 32.

37 Zusätzlich haften in jedem Falle aber diejenigen, die – soweit ihnen zurechenbar – mit in die Verantwortlichkeitsklausel aufgenommen wurden, also etwa Personen, die sonst nach Nr. 2 haften würden und deshalb bereits vorsorglich im Prospekt als Verantwortliche genannt werden.

b) *Konsortium*

38 Wird die Emission von einem Konsortium begleitet, so sind nur die einzelnen Konsortialmitglieder Verantwortliche im Sinne des Gesetzes. Nach *Groß*[69] soll das insb. bei internationalen Konsortien dazu führen, dass nur ein Teil der emissionsbegleitenden Banken in die Haftung nach Nr. 1 genommen würde.[70] Denn einzelne Mitglieder erfüllten möglicherweise die Voraussetzungen des § 32 Abs. 2 Satz 2 BörsG nicht.

39 In der Tat haften nicht stets sämtliche Mitglieder eines Konsortiums. Aus § 32 Abs. 2 Satz 2 BörsG kann das jedoch nicht abgeleitet werden. Handelt es sich zunächst – ggf. teilweise – bei dem Konsortium nur um eine Innengesellschaft, so treten nur einzelne Mitglieder des Konsortiums nach außen in Erscheinung, d.h. stellen den Antrag und müssen dementsprechend auch die Voraussetzungen des § 32 Abs. 2 Satz 2 BörsG erfüllen. Die anderen haben dann gerade nicht eine Verantwortung nach außen übernommen und haften folglich nicht nach Nr. 1.[71] Entsprechendes gilt, wenn nach der Antragstellung durch ein Institut Konsortialanteile an andere Banken weiterverkauft werden oder wenn Unterbeteiligungen begeben werden (sub-underwriting). Die anderen Konsorten können in solchen Fällen allerdings u.U. aus Nr. 2 in Anspruch genommen werden. Zur Zurechnung von Verschulden eines Konsorten an andere, insb. auch zum Verhältnis der Konsorten zum Konsortialführer s.u. Rn. 96f.

40 Handelt es sich um eine Außengesellschaft, so sollen nach *Mülbert/Steup*[72] die einzelnen Konsorten gleichwohl nur im eigenen Pflichtenkreis auftreten und keine Handlungen für die Gesellschaft vornehmen. Indessen wird man hier unterscheiden müssen. Soweit eine Konsortialbank zwar nicht den Zulassungsantrag gestellt hat und den Prospekt nicht unterschrieben hat, sie jedoch im Prospekt als Emissionsbegleiter genannt wird oder der Eindruck erweckt wird, sie sei an der Herausgabe des Prospekts beteiligt, so kann sie nach Nr. 1 in Anspruch genommen werden.[73] Die Nennung eines Mitglieds des Konsortiums im Prospekt schafft insoweit für die Anleger genau die Erwartungshaltung, die der BGH in der Entscheidung „Elsflether Werft" für entscheidend gehalten hat.[74] Wenn ihre Beteiligung jedoch nicht über eine reine Übernahme von Aktien hinausgeht und dies aus dem Prospekt klar er-

---

69 *Groß*, KapMR, § 45 BörsG Rn. 32 ff.
70 Vgl. *Groß*, KapMR, § 45 BörsG Rn. 32 ff.
71 *Hamann*, in: Schäfer/Hamann, KapMG, §§ 44, 45 BörsG Rn. 90; vgl. auch *Schwark*, in: Schwark, KapMRK, § 45 BörsG Rn. 10.
72 *Mülbert/Steup*, in: Habersack/Mülbert/Schlitt, UntFinanzKM, § 26 Rn. 42.
73 *Assmann*, in: Assmann/Schütze, HdbKapAnlR, § 6 Rn. 222.
74 BGH v. 14.07.1998 – XI ZR 173-97, NJW 1998, 3345, 3346 (Elsflether Werft).

sichtlich ist (Mitglieder des Konsortiums müssen nach der EU-ProspVO im Prospekt genannt werden), so haften sie nicht nach Nr. 1. Siehe noch unten Rn. 47 und 97.

Häufig wird zwischen den Konsorten vereinbart, dass lediglich der Konsortialführer, der den Prospekt mit erstellt hat, haften soll. Solche Vereinbarungen im Innenverhältnis entfalten lediglich Wirkung für den Ausgleich unter den Konsorten. Ihre Inanspruchnahme durch die Anleger wird dadurch nicht ausgeschlossen.[75] Das gilt wegen § 47 Abs. 1 BörsG auch dann, wenn sich im Prospekt ein Hinweis auf derartige Vereinbarungen befindet.

2. § 44 Abs. 1 Nr. 2 BörsG

a) Allgemeines

Der Prospektverantwortung nach §§ 44 f. BörsG unterliegen ferner diejenigen, von denen der Erlass des Prospekts ausgeht. Damit werden die tatsächlichen Urheber des Prospekts erfasst.[76] Es geht um diejenigen Personen, die ein „eigenes geschäftliches Interesse an der Emission" haben und Einfluss auf dessen Zustandekommen genommen haben. Dabei dürfte das wirtschaftliche Eigeninteresse einer Person an der Emission zwar eine notwendige, jedoch keine hinreichende Bedingung für die Einbeziehung in den Kreis der Haftenden nach Nr. 2 sein, während im Rahmen der Nr. 1 eine Verantwortung auch ohne solches Eigeninteresse ausnahmsweise tatsächlich übernommen worden sein kann. Die Anforderungen an das wirtschaftliche Eigeninteresse und an den ausgeübten Einfluss variieren je nach den potentiell Haftenden.

Allgemein problematisch sind Erfolgshonorare für eine Tätigkeit im Zusammenhang mit der Emission. Die Grenze zum beachtlichen Eigeninteresse kann überschritten sein, wenn das Erfolgshonorar nicht mehr eine Vergütung für lege artis ausgeführte Tätigkeit ist, sondern den für die Emission Tätigen zum Beteiligten macht. Man muss insoweit wohl zwischen einer Abhängigkeit der Vergütung von dem Erfolg der Tätigkeit selbst und einer Abhängigkeit von dem Erfolg der Emission unterscheiden. Letztere korrumpiert eine unabhängige Tätigkeit, insb. wenn sich im Prospekt kein Hinweis darauf befindet. Die Grenze dürfte in der Praxis allerdings häufig schwer zu ziehen sein.

b) Aktionäre

Je nach den Umständen des Einzelfalls kommen insb. bedeutende Aktionäre des Emittenten, etwa die Konzernmuttergesellschaft oder der seine Beteiligung veräußernde Großaktionär, aber auch Muttergesellschaften des Emissionsbegleiters als tatsächliche Urheber in Betracht. Bei im Sinne des § 17 AktG abhängigen Emittenten sollten angesichts der Beweisschwierigkeiten

---

75 *Ellenberger,* S. 27; *Mülbert/Steup,* in: Habersack/Mülbert/Schlitt, UntFinanzKM, § 26 Rn. 44.
76 *Groß,* KapMR, § 45 BörsG Rn. 35; *Schwark,* in: Schwark, KapMRK, § 45 BörsG Rn. 7.

keine allzu großen Anforderungen an die tatsächliche Einflussnahme durch den Mehrheitsaktionär gestellt werden,[77] da das wirtschaftliche Eigeninteresse des Mehrheitsaktionärs auf der Hand liegt. Eine Emission gegen den Willen des herrschenden Aktionärs ist nicht vorstellbar, da er entweder seine Aktien abgeben oder einer Kapitalerhöhung zustimmen muss. Die darin liegende Einflussnahme reicht aus. Die Emission ist durch seine Interessen veranlasst, auch wenn er seine Beteiligung nicht verkauft. Der herrschende Aktionär ist daher stets zu den tatsächlichen Urhebern des Prospekts zu zählen, auch wenn er an der Erstellung des Prospekts selbst nicht unmittelbar beteiligt ist, da es gerade darum geht, die hinter den unmittelbaren Erlassern stehenden Personen in die Haftung mit einzubeziehen. Siehe zu Muttergesellschaften des Emissionsbegleiters noch unten Rn. 47 f.

c) Organmitglieder

45 Als haftende Veranlasser kommen ferner Vorstandsmitglieder des Emittenten und andere Organmitglieder in Betracht, wenn sie ein eigenes geschäftliches Interesse an der Emission haben und/oder die Prospekterstellung maßgeblich gesteuert haben bzw. falsche Angaben gemacht haben. Die bloße Stellung als Vorstandsmitglied allein reicht nach h. M. im Unterschied etwa zu der Rechtslage in den USA nicht aus, Details sind freilich umstritten und nicht höchstrichterlich geklärt.[78] Ein solches eigenes Interesse begründen wird jedenfalls ein eigenes Aktienpaket des Vorstands oder Aktienoptionen als Vergütungsbestandteil, sofern deren Umfang nicht gering ist.[79] In solchen Fällen wird insbesondere ein Vorstandsmitglied der Einordnung als Prospektverantwortlicher außer durch *vorherige* Veräußerung seiner Anteile oder Optionen kaum entgehen können, da die Steuerung der Emission zu seinen Hauptaufgaben gehört. Vor einer Haftung geschützt wird es dann nur noch durch das Verschuldenserfordernis des § 45 Abs. 1 BörsG. Fehlt ein wirtschaftliches Eigeninteresse, so kommt seine Haftung wohl nur unter der Voraussetzung einer tatsächlichen Verantwortungsübernahme durch Unterzeichnung des Prospekts im eigenen Namen (und nicht nur in Vertretung des Emittenten) sowie in den Fällen des § 826 BGB in Betracht.

46 Bei sonstigen Organmitgliedern ist hingegen auch bei gegebenem Eigeninteresse immerhin denkbar, dass sie sich aus dem Verfahren unter Hinweis auf eben diesen Interessenkonflikt herausgehalten haben und dieses geltend machen. Jedenfalls sollte bei § 45 Abs. 1 BörsG die jeweilige Aufgabe des Organmitglieds besondere Berücksichtigung finden. Der häufig anzutreffenden Formulierung, Beirats- oder Aufsichtsratsmitglieder kämen als Haftungsadressaten nur in Betracht, wenn sie die Prospektherstellung maßgeblich gesteuert hätten, kann indessen nicht beigepflichtet werden. Zu den

---

77 Vgl. auch *Hamann*, in: Schäfer/Hamann, KapMG, §§ 44, 45 BörsG Rn. 92; *Schwark*, in: Schwark, KapMRK, § 45 BörsG Rn. 9; *Groß*, KapMR, § 45 BörsG Rn. 35, die freilich nicht sagen, unter welchen genauen Umständen die Muttergesellschaft als Urheber der Emission anzusehen sein soll.
78 Näher *Fleischer*, BKR 2003, 608 f. mit weitergehenden Forderungen de lege ferenda.
79 Vgl. näher *Fleischer*, BKR 2003, 608 f.

Aufgaben des Aufsichtsrates gehört maßgeblich die Überwachung und Kontrolle der Vorstandstätigkeit, deshalb ist im Ausgangspunkt – sofern ein Eigeninteresse gegeben ist – die Möglichkeit einer Beeinflussung des Prospektinhalts nicht von der Hand zu weisen.

d) Emissionsbegleiter

Ähnliches gilt für die Emissionsbegleitung, soweit das Institut nicht schon gem. Nr. 1 haftet. Das Provisionsinteresse des Emissionsbegleiters reicht schon wegen der eher marginalen Höhe der Provision nicht aus, um den Emissionsbegleiter oder ein Mitglied des Börseneinführungskonsortiums oder Platzierungskonsortiums ohne weiteres als „Prospektveranlasser" anzusehen. Dabei ist „marginal" als Verhältnis der Provision zum Volumen der Emission zu verstehen, da die Einbeziehung in den Kreis der Verantwortlichen nicht von der Größe oder dem Umsatz des jeweiligen Emissionshauses abhängen kann. 47

Wohl aber haftet eine Bank aus Nr. 2, die ihrer Eigenschaft als emissionsbegleitendes Kreditinstitut im Sinne der Nr. 1 entgehen will, indem sie eine weniger starke Tochter-Bank vorschiebt.[80] Fraglich ist, welche Anforderungen an ein solches „Vorschieben zum Zwecke de Haftungsvermeidung" zu stellen sind. Immerhin haftet die Muttergesellschaft ja schon nach §§ 311 Abs. 1, 317 i.V.m. § 309 Abs. 4 Satz 2 AktG für die Schulden der Tochter, soweit sie diese zu einem nachteiligen Rechtsgeschäft „veranlasst" hat. Der Unterschied zwischen einer Haftung der Muttergesellschaft nach §§ 311 Abs. 1, 317 Abs. 1 AktG und der Haftung nach § 44 Abs. 1 Nr. 2 BörsG dürfte in den Anforderungen zu sehen sein, die an die Einflussnahme auf die Tochter zu stellen sind. Nach § 311 AktG haftet die Mutter bei Veranlassung der Tochter zum Abschluss eines *nachteiligen* Geschäfts. Bei § 44 Abs. 1 Nr. 2 BörsG dürfte hingegen bereits die Veranlassung per se ausreichen. Eine pauschale Möglichkeit der Inanspruchnahme von Konzernobergesellschaften aus § 44 Abs. 1 Nr. 2 BörsG ohne Nachweis einer Einflussnahme wird man der Formulierung der Vorschrift indes nicht entnehmen können.[81] Anders kann es – je nach den konkreten Umständen des Einzelfalls – aber dann sein, wenn sich die Emission für die Tochter angesichts ihrer Kapitalausstattung als besonders riskantes Geschäft darstellt und die Mutter die Emission unproblematisch auch selbst hätte begleiten können. In diesen Fällen muss die Muttergesellschaft nachvollziehbare Gründe dafür darlegen, warum sie die Emission nicht selbst begleitet hat. 48

3. Prospektbegleiter (Expertenhaftung)

Wirtschaftsprüfer, Abschlussprüfer, Sachverständige und an der Erstellung des Prospekts beteiligte Rechtsanwälte haben in aller Regel nur an Teilen 49

---

80 So auch *Hamann*, in: Schäfer/Hamann, KapMG, §§ 44, 45 BörsG Rn. 92.
81 Anders offenbar *Schwark*, in: Schwark, KapMRK, § 45 BörsG Rn. 9; *Groß*, KapMR, § 45 BörsG Rn. 35; nicht eindeutig auch *Hamann*, in: Schäfer/Hamann, KapMG, §§ 44, 45 BörsG Rn. 92.

des Prospekts mitgewirkt. Ihre (Mit-)Urheberschaft und damit die Eigenschaft, Veranlasser im Sinne des § 44 Abs. 1 Nr. 2 BörsG zu sein, wird nicht schon durch bloße Zulieferung von Material oder Mitarbeit am Prospekt selbst begründet. Von maßgeblichen Teilen der Literatur wird ihre Haftung nach §§ 44 f. BörsG daher regelmäßig insgesamt abgelehnt.[82] Sie sollen nur dann aus §§ 44 f. BörsG haften, wenn sie entweder den Prospekt ganz maßgeblich mitbeeinflusst haben oder aber wenn ihnen ein eigenes geschäftliches Interesse an der Emission nachgewiesen werden kann, weil sie dann entsprechend weniger Interesse an eine objektiven Prüfung der Richtigkeit des Prospekts haben. Das übliche Vergütungsinteresse reicht dafür aber nicht aus.

50 Diese h. M. hält auch der an ihr geübten Kritik[83] stand. *Schäfer/Hamann*[84] legt zutreffend dar, dass insbesondere die von Wirtschaftsprüfern testierten Jahresabschlüsse zwar einen besonders wichtigen Teil des Prospekts darstellen, doch wird allein dadurch ein eigenes Interesse des Wirtschaftsprüfers an der Emission selbst nicht begründet. Die Wirtschaftsprüfer sind in aller Regel nicht die Hintermänner, auf die § 44 Abs. 1 Nr. 2 BörsG zielt.

51 Auch die Auffassung, Experten seien stattdessen aus der allgemeinen zivilrechtlichen Prospekthaftung in Anspruch zu nehmen, ist letztlich nicht haltbar.[85] Im Rahmen der zivilrechtlichen Prospekthaftung können Dritte von den Geschädigten als sog. Berufsgaranten in Anspruch genommen werden, soweit sie durch ihr nach außen in Erscheinung tretendes Mitwirken am Prospekt einen besonderen – zusätzlichen – Vertrauenstatbestand schaffen.[86] Gegen die Anwendung dieser Grundsätze auf Experten im Rahmen börsengesetzlicher Prospekthaftungstatbestände spricht schon, dass Experten dann schärfer hafteten als Emittent und begleitende Bank, da ihnen die begünstigenden Elemente der börsengesetzlichen Prospekthaftung[87] nicht zugute kämen. Die überwiegende Auffassung[88] meint daher zu Recht, ein Rückgriff auf die allgemeine zivilrechtliche Prospekthaftung sei durch § 47 Abs. 2 BörsG ausgeschlossen. Die Prospekthaftung nach §§ 44 f. BörsG ist stets eine Generalhaftung für die Richtigkeit des gesamten Prospekts. Hier geht es aber nur um die Richtigkeit der konkreten Aussagen des fraglichen Experten. Dafür hat der Gesetzgeber letztlich eine bewusste und daher durch Analogie nicht zu schließende Lücke in den Prospekthaftungstatbeständen ge-

---

82 So etwa *Schwark*, in: Schwark, KapMRK, § 45 BörsG Rn. 12; *Hamann*, in: Schäfer/Hamann, KapMG, §§ 44, 45 BörsG Rn. 36, ausführlich *Assmann*, AG 2004, 435, 436 f. m. w. N.
83 Etwa *Bosch*, ZHR 163 (1999), 274, 281 f.; *Schwark*, FS Hadding, 2004, 1117, 1126.
84 *Hamann*, in: Schäfer/Hamann, KapMG, §§ 44, 45 BörsG Rn. 93.
85 So aber wohl ein größerer Teil der Lit., siehe etwa *Groß*, KapMR, § 45 BörsG Rn. 37, *Ellenberger*, S. 29 f.; *Baumbach/Hopt*, HGB, § 44 BörsG Rn. 3.
86 Hierzu zuletzt BGH, Urteil v. 14. 06. 2007 – III ZR 125/06, NJW-RR 2007, 1333.
87 Beschränkung auf grobe Fahrlässigkeit, schärfere Kausalitätserfordernisse, Modifizierung des Ersatzanspruchs, vgl. zur zivilrechtlichen Prospekthaftung unten Rn. 117 ff.; siehe auch vgl. dazu *Heisterhagen*, DStR 2006, 759, 762 f.
88 Ausführlich *Hamann*, in: Schäfer/Hamann, KapMG, §§ 44, 45 BörsG Rn. 103, § 47 Rn. 8 m. w. N.

lassen, die – trotz des Entwurfs des KapInHaG im Jahr 2004 (oben Rn. 8) – bis heute nicht geschlossen ist. Wirtschaftsprüfer sind deshalb bis heute nicht als Berufsgaranten der börsengesetzlichen Prospekthaftung anzusehen.

Anders kann man dies allenfalls im Rahmen des § 13 Abs. 1 Nr. 3 VerkProspG sehen, da der Gesetzgeber mit der weitgehenden Einbeziehung der bisher der allgemeinen Prospekthaftung unterliegenden Tatbestände in das Haftungsregime der §§ 13 VerkProspG, §§ 44 f. BörsG wohl nicht die bislang bestehende Berufsgarantenhaftung Dritter (s. u. Rn. 120) hat aufgeben wollen, sondern die Rechtsstellung der Anleger hat verbessern wollen.[89] 52

Ihre Haftung aus Vertrag bzw. die Berufshaftung der genannten Personen wird dadurch zwar nicht ausgeschlossen. Abschlussprüfer, mit deren Zustimmung die Jahresabschlüsse und die von ihnen hierzu erteilten Testate in den Prospekt aufgenommen werden, können deshalb den Anlegern, die auf die Richtigkeit dieser Testate vertrauen, deliktisch oder aus Vertrag mit Schutzwirkung für Dritte haften. Eine solche Haftung setzt nach der – durch die Gesetzeslage gerechtfertigten, wenn auch rechtspolitisch zweifelhaften – Rechtsprechung des III. Senats des BGH voraus, dass die Parteien des Prüfungsauftrags mehr oder weniger eindeutig eine vertragliche Schutzpflicht des Prüfers gegenüber bestimmten Dritten vereinbart haben oder es im Rahmen der Prüfung zu einem Kontakt mit dem Dritten gekommen ist,[90] um eine Haftung nicht entgegen der gesetzgeberischen Intention uferlos werden zu lassen. Diese Voraussetzungen sind gegenüber dem Anlegerpublikum, das nur den Prospekt kennt, aber gerade nicht erfüllt. 53

Rechtspolitisch ist eine auf den eigenen Beitrag begrenzte unmittelbare (Teil-)Prospekt-Verantwortung der Wirtschaftsprüfer und anderer Experten uneingeschränkt zu befürworten und ist die geltende Rechtslage geradezu ein Skandal. Allein durch die Arbeitsteilung bei der Prospekterstellung dürfen keinerlei Haftungsprivilegien herbeigeführt werden. Entscheidend für die Haftung spricht deshalb auf der einen Seite der maßgebliche Beitrag, den die Wirtschaftsprüfer in aller Regel zur Außenwirkung des Prospekts leisten, ohne dadurch regelmäßig zum Veranlasser zu werden. Und zweitens stimmt eine solche Haftung auch mit dem Rechtsgedanken des § 44 Abs. 1 Nr. 1 und 2 BörsG überein, nach dem nicht nur diejenigen haften sollen, die die Verantwortung ausdrücklich übernommen haben, sondern auch diejenigen, die hinter dem Prospekt stehen. Auf eine Haftungsübernahme durch die Prüfer oder einen Nennung im Prospekt kann es daher rechtspolitisch nicht ankommen. Der Sache nach geht es um eine Änderung des § 44 Abs. 1 BörsG, in dem an Stelle des Wortes „Prospekt" stehen sollte „Prospekt oder wesentlicher Teil des Prospekts".[91] 54

---

89 Siehe dazu zweifelnd *Heisterhagen*, DStR 2006, 759, 763; *Fleischer*, BKR 2004, 339, 344.
90 Zuletzt ausführlich BGH, Urteil v. 06.04.2006 – III ZR 256/04, NJW 2006, 1975, 1977 f.
91 Andere, weniger weitgehende Vorschläge z. B. bei *Baums/Fischer*, Arbeitspapier Nr. 115 des ILF Frankfurt, sowie im DiskE des Kapitalmarktinformationshaftungsgesetzes v. 2004, NZG 2004, 1042 ff.

VI. Haftungstatbestand

1. Erwerb von prospektpflichtigen Wertpapieren (§ 44 Abs. 1 Satz 1 und 3, Abs. 3 BörsG)

a) Grundsatz und gleichgestellte Papiere (§ 44 Abs. 1 Satz 1 und 3 BörsG)

55 § 44 Abs. 1 Satz 1 BörsG knüpft die Prospekthaftung nach seinem Wortlaut an den Erwerb von Wertpapieren, die auf Grund eines Prospekts zum Börsenhandel zugelassen sind. Über den Verweis in § 13 Abs. 1 VerkProspG werden diesen solche Wertpapiere gleichgestellt, die zwar nicht zugelassen sind, die aber aufgrund eines Prospektes im Sinne des WpPG öffentlich angeboten werden. Soweit es um zugelassene Wertpapiere geht, beschränkt sich die Prospekthaftung im Grundsatz auf die jeweilige Emission. Früher bereits emittierte Wertpapiere desselben Emittenten unterliegen der Haftung im Grundsatz nicht. Der Gesetzgeber sah es als nicht zumutbar an, eine Emissionsbank auch für solche (alten) Papiere haften zu lassen, deren Emission sie selbst ja nicht notwendig begleitet hat. Aus dieser Regelung ergab sich eine Lücke im Anlegerschutz. Dem einzelnen Anleger war es bei der Emission junger Stücke in aller Regel nicht möglich zu beweisen, aus welcher Emission die von ihm erworbenen Stücke stammten. Denn regelmäßig werden die jungen Wertpapiere unter ders. ISIN ausgegeben und der Anleger hat im Rahmen der Girosammelverwahrung keinen Anspruch auf Auslieferung der für ihn verwahrten Stücke.[92] Diese Lücke ist durch die Regelung in § 44 Abs. 1 Satz 3 BörsG nunmehr geschlossen. Werden freilich die neu emittierten Wertpapiere besonders kenntlich gemacht (z. B. durch eine getrennte ISIN), bezieht sich die in § 44 BörsG angeordnete Haftung nach wie vor nur auf diese.[93]

56 Unter Erwerb bzw. Erwerbsgeschäft i. S. d. § 44 Abs. 1 Satz 1 BörsG ist jeder Vorgang zu verstehen, durch den der Erwerber im Ergebnis das Eigentum an den Wertpapieren erlangt, die Erlangung bloßer Verfügungsbefugnis, bzw. ein Nießbrauch oder Pfandrecht reichen nicht aus.[94] Der Erwerb kann über die Börse oder außerhalb erfolgen (allg. Meinung). Als Erwerb kommt nicht nur rechtsgeschäftlicher Erwerb sondern auch ein solcher im Wege der Gesamtrechtsnachfolge (Erbfall, Umwandlung) in Betracht. Auch der Zweit- oder Dritterwerber sind geschützt, solange die übrigen Voraussetzungen der Haftung (insb. der Erwerb innerhalb der 6-Monatsfrist) gegeben sind.[95] Ob

---

92 Näher *Hamann*, in: Schäfer/Hamann, KapMG, §§ 44, 45 Rn. 118.
93 Dazu, dass dies nicht stets unproblematisch möglich ist, sondern eine vorübergehend unterschiedliche Ausstattung der Wertpapiere erforderlich ist, *Schäfer*, ZGR 2006, 40, 47 f.; siehe auch *Klühs*, BKR 2008, 154, 155 f.: der Beweis, dass der Anleger alte Stücke erworben hat, reicht nicht aus. Allerdings sei eine Haftung für alte Stücke gegenüber dem einzelnen Anleger durch die Zahl der jungen Stücke (Emissionsvolumen) begrenzt (zweifelhaft, weil der Anleger wegen § 44 Abs. 1 Satz 3 BörsG gerade davon ausgehen darf, dass der Emittent unbegrenzt haftet).
94 Etwas weiter wohl *Hamann*, in: Schäfer/Hamann, KapMG, §§ 44, 45 Rn. 121, die bloße Verfügungsbefugnis kann aber wegen der Möglichkeit ihrer rechtsgeschäftlichen Erteilung (§ 185 BGB) kaum ausreichen.
95 *Ellenberger*, S. 63 f.

der Erwerber noch im Besitz der Wertpapiere ist, spielt nach § 44 Abs. 2 BörsG nicht für das Bestehen, sondern nur für den Inhalt seines Anspruchs eine Rolle.

b) Entgeltlichkeit des Erwerbs?

Nach der Gesetzesbegründung kommt als Anspruchsteller nur in Betracht, wer die fraglichen Papiere entgeltlich erworben hat.[96] Dem kann mit der überwiegenden Auffassung in der Literatur[97] nicht gefolgt werden. Bspw. kann dem Erben des Erwerbers der Anspruch nicht einfach abgeschnitten werden, weil er unentgeltlich im Wege der Gesamtrechtsnachfolge erworben hat. Hier ist daher auf den Erblasser abzustellen.[98] Anders ist es bei rechtsgeschäftlichem unentgeltlichen Erwerb: Zwar ist das „Geschenk" weniger wert, wenn der Prospektfehler bekannt wird. Doch wer etwa durch Schenkung erworben hat, wird dies in aller Regel nicht „auf Grund eines Prospekts" getan haben. Die Entgeltlichkeit des Erwerbs bildet daher im Ergebnis eine praktische, nicht aber eine rechtliche Voraussetzung der Haftung. Auf den Prospekt vertraut hat letztlich nicht der Beschenkte, sondern nur der Schenker, dem deshalb in solchen Fällen nach § 44 Abs. 2 BörsG ein Ersatzanspruch zusteht (zur Berechnung des Schadens des Schenkenden siehe noch bei den Rechtsfolgen Rn. 110f.).

57

c) Maßgeblicher Zeitraum (§ 44 Abs. 1 Satz 1 BörsG)

Der Erwerb, d. h. der Abschluss des Verpflichtungsgeschäfts, nicht die Erfüllung muss nach Prospektveröffentlichung (§ 14 WpPG) und innerhalb von sechs Monaten nach erstmaliger Einführung der Wertpapiere stattgefunden haben. Da vor jedem öffentlichen Angebot ein Prospekt zu veröffentlichen ist (§ 3 Abs. 1 WpPG), ist ein Erwerb vor Prospektveröffentlichung praktisch kaum noch denkbar.[99] Findet er gleichwohl statt, so dürfte § 13 a VerkProspG einschlägig sein.

58

Zweck der Sechs-Monatsfrist ist es nach h.M., Rechtssicherheit über die Frage zu schaffen, wie lange die von dem fraglichen Prospekt erzeugte sog. Anlagestimmung (dazu näher unten Rn. 81 ff.) anhält, die im Recht der Prospekthaftung an die Stelle einer individuellen Kausalitätsbetrachtung treten soll.[100] Nach Ablauf der Frist ist eine Haftung in jedem Falle ausgeschlossen. Auch vor Ablauf der Frist kann die Anlagestimmung jedoch nach h. M. entfallen, dann soll die Haftung u. U. an der haftungsbegründenden Kausalität scheitern können, vgl. unten Rn. 82. Die Frist ist im Verhältnis zu der von der Rechtsprechung für die allgemeine zivilrechtliche Prospekthaftung ent-

59

---

96 BR-Drucks. 605/97, S. 76; siehe auch *Groß,* KapMR, Rn. 70.
97 Vgl. etwa *Hamann,* in: Schäfer/Hamann, KapMG, §§ 44, 45 Rn. 122, *Schwark,* in: Schwark, KapMRK, Rn. 37.
98 *Schwark,* in: Schwark, KapMRK, Rn. 37; *Hamann,* in: Schäfer/Hamann, KapMG, §§ 44, 45 Rn. 122.
99 Ausführlich *Hamann,* in: Schäfer/Hamann, KapMG, §§ 44, 45 Rn. 127 f.
100 *Hamann,* in: Schäfer/Hamann, KapMG, §§ 44, 45 Rn. 124.

wickelte Frist von bis zu einem Jahr und im Hinblick auf internationale Regelungen (etwa in den USA: ein Jahr) sehr kurz bemessen. Kaum erklärbar ist, dass der Gesetzgeber die kurze Frist ausgerechnet damit rechtfertigen will, sie trage zu einer Verbesserung der Rahmenbedingungen am Risikokapitalmarkt Deutschland bei[101]; das Gegenteil ist richtig.

60 Der Sechs-Monatszeitraum beginnt mit der erstmaligen Einführung, d. h. Aufnahme der Notierung der zugelassenen Wertpapiere an der Börse (§ 38 BörsG). Nach § 13 Abs. 2 VerkprospG beginnt er abweichend mit dem Zeitpunkt des ersten öffentlichen Angebots im Inland, siehe dazu unten § 13 f. VerkProspG Rn. 2.

d) Inlandsbezug des Erwerbs (§ 44 Abs. 3 BörsG)

61 § 44 Abs. 3 BörsG ist eine Sachnorm, keine Kollisionsnorm,[102] die von der Haftung bei gegebener Anwendbarkeit des BörsG solche Fälle ausnimmt, bei denen der Emittent seinen tatsächlichen Verwaltungssitz (nicht: Satzungssitz) im Ausland hat und kein Inlandsbezug des Erwerbs vorliegt. Die Anwendung des § 44 Abs. 3 BörsG setzt zunächst voraus, dass der ausländische Emittent dem deutschen Prospekthaftungsrecht unterliegt. Das ist nur dann der Fall, wenn die Aktien in Deutschland platziert wurden und der Erwerber seinen Sitz oder seinen gewöhnlichen Aufenthaltsort in Deutschland hat[103]. Hingegen ist deutsches Recht nicht anwendbar wenn die Geltung des Prospekts in Deutschland nach Maßgabe der §§ 17 ff. WpPG erfolgt.[104] In diesem Falle unterliegen die Prospektverantwortlichen ausschließlich dem Haftungsrecht des Staates des EWR, aus dem der Prospekt stammt, auf die Einschränkung des § 44 Abs. 3 BörsG kommt es nicht an.

62 Soweit deutsches Recht danach anwendbar ist, so ist Voraussetzung für die Ausnahme neben dem ausländischen Verwaltungssitz die Zulassung des Emittenten auch (!) im Ausland. Das bedeutet, ihm muss die Erlaubnis zum Börsenhandel auf einem dem deutschen Regulierten Markt vergleichbaren Markt, d. h. ein Geregelter Markt i. S. v. Art. 4 Abs. 1 Nr. 14 MIFID, erteilt sein, der Freiverkehr genügt nicht.

63 Ferner darf das Erwerbsgeschäft (Kausalgeschäft) nicht im Inland abgeschlossen sein (Inlandsgeschäft) und die Wertpapiere dürfen nicht aufgrund einer ganz oder teilweise im Inland erbrachten Wertpapierdienstleistung erworben sein. Der Begriff des Inlandsgeschäfts ist umstritten,[105] der Streit dürfte jedoch nach den durch das 3. Finanzmarktförderungsgesetz erfolgten Änderungen praktisch kaum noch Auswirkungen haben. Erfolgt der Erwerb der in Deutschland platzierten Wertpapiere an einer deutschen Börse, so dürfte es sich angesichts der Erweiterung des Wortlauts der Norm stets um einen Erwerb aufgrund einer im Inland erbrachten Wertapierdienstleistung

---

101 BT-Drucks. 13/8993, S. 77.
102 *Hamann*, in: Schäfer/Hamann, KapMG, §§ 44, 45 Rn. 129.
103 Vgl. oben Rn. 16 ff.
104 S. o. Rn. 16 ff.
105 Ausführlich dazu *Bischoff*, AG 2002, 489, 495 ff.

handeln, so dass die Ausnahme nicht einschlägig ist. Gleiches muss für einen Erwerb an einer ausländischen Börse gelten, soweit der in Deutschland von der BAFin gebilligte Prospekt nach Maßgabe der §§ 17 ff. WpPG und der einschlägigen ausländischen Regeln dort ebenfalls gilt. In diesem Fall entfaltet die maßgebliche Anlagestimmung aufgrund des Europäischen Passes auch dort Wirkung. Der Begriff des „Inlands" ist deshalb im Rahmen der neuen Regeln zum Europäischen Pass im Sinne des „EWR-Inlands" zu verstehen.

Erfolgt der Wertpapiererwerb hingegen ausnahmsweise außerbörslich, so ist auf den gewöhnlichen Aufenthaltsort bzw. die Niederlassung der geschädigten Partei abzustellen. Befindet sich dieser Ort bei Abschluss des Geschäftes im (EWR-)Inland, so liegt ein Inlandsgeschäft vor. In allen anderen Fällen ist ein Inlandsgeschäft zu verneinen. Von einer international-privatrechtlichen Anknüpfung des konkreten Erwerbsgeschäfts kann die gesetzliche Prospekthaftung der unterschiedlichen Prospektverantwortlichen hingegen nicht abhängig sein, da die Anknüpfung nur zwischen Erwerber und Veräußerer Geltung entfaltet.[106] 64

2. Unrichtigkeit oder Unvollständigkeit von für die Beurteilung wesentlichen Angaben (§ 44 Abs. 1 Satz 1, § 45 Abs. 2 Nr. 4 BörsG)

a) Allgemeines, Gesamteindruck

Die Richtigkeit und Vollständigkeit des Prospekts richtete sich bis 2005 nach dem Anforderungskatalog der BörsZulVO, der VerkprospVO und ggf. der Börsenordnung der Wertpapierbörsen. Nunmehr bemisst sie sich nach den Vorschriften der §§ 5 ff. WpPG in Verbindung mit der EU-ProspVO. Neben diesem formalen Katalog kommt der materielle Maßstab des § 44 BörsG zur Anwendung, der auf die Bedeutung der Angaben „für die Beurteilung der Wertpapiere" abstellt. Aufgestellt wird damit in erster Linie ein Täuschungsverbot. Die vom Gesetz verlangten Informationen über bestimmte Gegenstände (siehe im Einzelnen die Erläuterungen zu §§ 5 und 7 WpPG) dürfen weder durch Weglassen vorhandener und im Kontext bedeutsamer Einzeltatsachen (unvollständige Angaben) noch durch die Behauptung nicht existenter Tatsachen oder durch die Angabe von im Kontext unwichtigen Tatsachen (unrichtige Angaben) verfälscht werden. Gegenüber der früheren Rechtslage bedeutsam dürfte im Zusammenhang mit den in den Prospekt aufzunehmenden Angaben insbesondere § 15 Abs. 5 WpPG sein, wonach wesentliche Informationen, die im Verlauf von Werbeveranstaltungen wie Road Shows oder Analystenpräsentationen mitgeteilt werden, in den Prospekt aufzunehmen sind. Solche Veranstaltungen können sich daher u. U. zu echten Haftungsrisiken entwickeln. 65

Hinsichtlich der Vollständigkeit ist neben den Angaben des Katalogs der EU-ProspVO sicherzustellen, dass über alle tatsächlichen und rechtlichen Verhältnisse, die zur Beurteilung der zuzulassenden Wertpapiere wesentlich 66

---

106 Zutr. *Bischoff*, AG 2002, 489, 495.

sind, Auskunft erteilt wird. Eine Ausnahme für Betriebs- und Geschäftsgeheimnisse gilt lediglich sehr eingeschränkt im Rahmen von § 8 Abs. 2 WpPG; im Grundsatz entscheidet über die Notwendigkeit der Geheimhaltung in Abwägung der Interessen also die BAFin.[107] Auch wenn von der Veröffentlichung aufgrund eines berechtigten Geheimhaltungsinteresses abgesehen werden darf, müsste es aber jedenfalls angegeben werden, wenn die Geheimhaltung der fraglichen Tatsache gefährdet ist. Auch sonst muss jede Irreführung durch die fehlende Angabe vermieden werden.[108] Wenn das nicht möglich erscheint, muss von einem going public eben ganz abgesehen werden, da damit nun einmal eine bestimmter Informationsanspruch des Publikums verbunden ist. Zur Vollständigkeit gehört auch die Aktualität des Prospekts, was sich indirekt aus § 16 WpPG sowie aus der Möglichkeit einer haftungsbefreienden Berichtigung gem. § 45 Abs. 2 Nr. 4 BörsG ergibt (näher unten Rn. 78 ff.). Soweit das WpPG oder die ProspektVO lediglich bestimmte stichtagsbezogene Daten verlangen, müssen diese allerdings nicht aktualisiert werden, solange sich dadurch das Gesamtbild nicht verfälscht. Die Beweislast für die Unrichtigkeit oder Unvollständigkeit wesentlicher Angaben liegt beim Anleger.[109]

b) Anlegerhorizont

67 Beurteilungsmaßstab für die Erfüllung der Anforderungen ist der durchschnittliche Anleger.[110] Welche Anforderungen an die Kenntnisse und das Verständnis eines durchschnittlichen Anlegers zu stellen sind, ist freilich umstritten. Die überwiegende Meinung geht mit der Rechtsprechung von einem Anleger aus, der nicht über ein überdurchschnittliches Fachwissen verfügt und nicht mit der in eingeweihten Kreisen gebräuchlichen Schlüsselsprache vertraut ist, aber einen Jahresabschluss lesen kann.[111] Es wird aber auch die Meinung vertreten, dass der Emittent selbst über den Anlegerhorizont bestimmen könne, soweit sich die Anlage selbst nur an bestimmte (z. B. speku-

---

107 *Assmann*, in: Assmann/Schütze, HdbKapAnlR, § 6 Rn. 126–128; *Hamann*, in: Schäfer/Hamann, KapMG §§ 44, 45 Rn. 161.
108 *Assmann*, in: Assmann/Schütze, HdbKapAnlR, § 6 Rn. 128; den Vorrang des Informationsanspruchs des Publikums betonend auch *Schwark*, in: Schwark, KapMRK, § 44 f. Rn. 30.
109 *Hamann*, in: Schäfer/Hamann, KapMG §§ 44, 45 Rn. 210 m. w. N.; *Holzborn/Foelsch*, NJW 2003, 932, 933.
110 BGH v. 12.07.1982 – II ZR 175/81, WM 1982, 862, 863; *Assmann*, in: Assmann/Schütze, HdbKapAnlR, § 6 Rn. 83; *Hamann*, in: Schäfer/Hamann, KapMG §§ 44, 45 Rn. 190 m. w. N.
111 BGH v. 12.07.1982 – II ZR 175/81, WM 1982, 862, 865 (BuM); OLG Frankfurt v. 06.07. 2004 5 U 122/03, AG 2004, 510, 512 (EMTV); OLG Frankfurt v. 01.02.1994 – 5 U 213/ 92, WM 1994, 291, 295 = AG 1994, 184 (Bond); *Hamann*, in: Schäfer/Hamann, KapMG, §§ 44, 45 Rn. 190 f.; *Ellenberger*, S. 34; *Hopt*, § 44 Rn. 7; die unterstellten Bilanzkenntnisse bezweifelt *Assmann*, in: Assmann/Schütze, HdbKapAnlR, § 6 Rn. 83; *Schwark*, in: Schwark, KapMRK, § 45 BörsG Rn. 19, das OLG Frankfurt entgegnet zu Recht, ein anderer Maßstab führe nur zu ausufernden und letztlich irreführenden zusätzlichen Erläuterungen im Prospekt.

lative) Anleger richtet und er dies ausdrücklich im Prospekt deutlich macht.[112] Dem kann schon deshalb nicht zugestimmt werden, da der Gesetzgeber selbst in bestimmten abschließenden Fällen der Auffassung ist, der entsprechende Anleger benötige keinen Schutz durch Prospekt und Prospekthaftung, vgl. dazu § 1 Abs. 2, § 3 Abs. 2 und § 4 WpPG.

Es wird auch formuliert, dass der Anleger ein aufmerksamer Leser und kritischer Anleger sein müsse.[113] Nach der EU-ProspRL besteht im Ergebnis kein Erfordernis eines deutschsprachigen Prospektes und eines HGB-Konzernabschlusses mehr. Ob ein durchschnittlicher Anleger aber über die notwendigen Sprachkenntnisse verfügt bzw. einen IFRS-Abschluss lesen kann, dürfte zwar zweifelhaft sein. Dennoch sollte man den von der Rechtsprechung verwendeten Beurteilungsmaßstab nicht deshalb für verfehlt halten, weil er an den statistisch-tatsächlichen Kenntnissen durchschnittlicher Anleger vorbeigeht. Denn nicht diese lesen die Prospekte tatsächlich, vielmehr kommt diese Aufgabe letztlich den sog. Finanzintermediären zu, die ihre Erkenntnisse dann weitervermitteln. 68

c) Angaben

Als Gegenstand der Angaben kommen nicht nur Tatsachen (dem Beweis zugängliche äußere oder innere Vorgänge oder Zustände der Gegenwart oder Vergangenheit) in Frage, sondern auch im Prospekt enthaltene Werturteile und Prognosen. Solche Werturteile bzw. Prognosen enthält der Prospekt vor allem in Gestalt von Renditeprojektionen oder Wirtschaftlichkeitsberechnungen. Sie sind dann unrichtig, wenn sie nicht hinreichend durch Tatsachen gedeckt oder wenn sie kaufmännisch nicht vertretbar sind.[114] Was das im Einzelnen bedeutet, ist letztlich nicht näher geklärt.[115] Jedenfalls ist unerheblich, ob die Prognose zutrifft, solange sie im Zeitpunkt der Prospektveröffentlichung gerechtfertigt war (ex-ante-Perspektive).[116] Prognosen müssen ausreichend als solche kenntlich gemacht werden.[117] Gem. Anh. I Nr. 13 EU-ProspVO muss der Prospekt, soweit er Gewinnprognosen enthält, eine Erläuterung der wichtigsten Annahmen enthalten, auf die der Emittent seine Prognose oder Schätzung stützt, die Prognosegrundlage muss mit den historischen Finanzinformationen vergleichbar sein und es muss ein bestätigender Bericht eines Abschlussprüfers enthalten sein. Darüber hinaus ist dem BGH zuzustimmen, wenn er bei Prognosen „allgemeine Zurückhaltung" in dem Sinne verlangt, dass der Prospekt, wenn er bei noch unsicheren und riskan- 69

---

112 *Hamann,* in: Schäfer/Hamann, KapMG, §§ 44, 45 Rn. 190 f.
113 OLG Frankfurt v. 19. 07. 2005, AG 2005, 851 ff.; OLG Frankfurt v. 06. 07. 2004 – 5 U 122/03, AG 2004, 510, 512.
114 BGH v. 12. 07. 1982 – II ZR 175/81, WM 1982, 862, 865 (BuM); OLG Düsseldorf, WM 1984, 586, 592; OLG Frankfurt v. 01. 02. 1994 – 5 U 213/92, WM 1994, 291, 295 (Bond); *Hamann,* in: Schäfer/Hamann, KapMG, §§ 44, 45 Rn. 149 m. w. N.; ausführlich zur Haftung für fehlerhafte Prognosen *Fleischer,* AG 2006, 2 ff.
115 *Fleischer,* AG 2006, 2, 14 f.
116 *Assmann,* in: Assmann/Schütze, HdbKapAnlR, § 6 Rn. 89.
117 *Fleischer,* AG 2006, 2, 14.

ten Sanierungsmaßnahmen schon Prognosen aufstellt, diese an einen deutlichen Vorbehalt unter Hinweis auf die Risiken knüpft oder besser von einer wirtschaftlichen Voraussage überhaupt absieht.[118]

d) Wesentliche

70 Die Angaben müssen für die Beurteilung des Prospekts „wesentlich" sein. Zu den wesentlichen Angaben gehören jedenfalls im Ausgangspunkt zunächst die Mindestangaben nach § 7 WpPG. Je nach den Umständen des Einzelfalls können diese aber zu relativieren sein. Manche der dort genannten Angaben können im Einzelfall entbehrlich, manche können zusätzlich wesentlich und damit anzugeben sein.[119] Nach h. M. geht es bei den wesentlichen Angaben um solche Umstände, die ein durchschnittlicher, verständiger Anleger „eher als nicht" bei seiner Anlageentscheidung berücksichtigen würde (vgl. auch § 13 Abs. 1 Satz 2 WpHG).[120] Das sind die wertbildenden Faktoren der Wertpapiere.[121] Diese sind aber wiederum nur im Einzelfall festzustellen. Einen gewissen Maßstab bzw. Anhaltspunkt wird man in der Möglichkeit der Kursbeeinflussung (vgl. wiederum § 13 WpHG) einer bestimmten Information sehen. Führt andererseits die einzelne unrichtige oder fehlende Angabe nur zu einer marginalen Abweichung (z. B. von der Bilanzsumme oder dem Gewinn eines Emittenten), ist die Wesentlichkeit zu verneinen, solange nicht durch Kumulation verschiedener Marginalien ein falsches Bild entsteht.[122] Letztlich weist das Tatbestandsmerkmal der „wesentlichen" Angaben so nur erneut darauf hin, dass es auf das Gesamtbild ankommt.

71 Steht fest, dass über eine im WpPG oder der EU-ProspVO vorgeschriebene Angabe unrichtig informiert wurde (sei es, dass Angaben fehlen, sei es, dass sie unwahr sind, wobei eine Ausnahme für erkennbare Schreibfehler zu machen ist), so ist prozessual zunächst von ihrer Wesentlichkeit auszugehen, da die Aufnahme in den gesetzlichen Katalog die Vermutung der Wesentlichkeit begründet. Es ist dann Sache des in Anspruch genommenen Prospektverantwortlichen nachzuweisen, dass die entsprechende Angabe für die Beurteilung der Wertpapiere nicht wesentlich war.

e) Unvollständig oder unrichtig

72 Die Unrichtigkeit oder Unvollständigkeit kann sich zunächst im Hinblick auf Einzelangaben ergeben. Dabei kommt es insb. auch auf die Wortwahl im Detail an. So dürfen unsichere Projekte, Absatz- oder Geschäftserwartungen

---

118 A. A. *Schwark*, in: Schwark, KapMRK, § 44f. Rn. 2; *Fleischer*, AG 2006, 2, 14f. unter Hinweis auf den Grundsatz ausgewogener Darstellung von Risiken und Chancen.
119 Näher oben *Holzborn*, § 7 Rn. 3ff, bei Fn. 6 und Fn. 10.
120 *Hamann*, in: Schäfer/Hamann, KapMG, §§ 44, 45 Rn. 148 m. w. N.
121 *Assmann*, Prospekthaftung, S. 319; *Ellenberger*, Prospekthaftung, S. 33; *Groß*, KapMR, §§ 44, 45 BörsG Rn. 68; *Hamann*, in: Schäfer/Hamann, KapMG, §§ 44, 45 Rn. 148; *Assmann*, in: Assmann/Schütze, HdbKapAnlR, § 6 Rn. 87 m. w. N.
122 I. Erg. ähnlich *Hamann*, in: Schäfer/Hamann, KapMG, §§ 44, 45 Rn. 148.

nicht als bereits abgeschlossen oder gesichert dargestellt werden.[123] Soweit jedoch in einem Jahresabschluss nach IFRS Umsätze als „realisiert" angegeben werden, kann sich der Anleger nicht auf abweichende HGB-Bilanzprinzipien berufen und muss als bilanzkundiger Leser (oben Rn. 67 f.) u. U. erkennen, dass es sich um noch nicht abgeschlossene Leistungsbeziehungen handelte.[124] Vgl. im Übrigen zur Finanzberichterstattung Anh. I Nr. 20 der EU-ProspVO. Richtigerweise bilden unrichtige oder unvollständige Einzelangaben ihrerseits nur ein Indiz für die Unrichtigkeit des Prospekts. Es kommt maßgebend auf den Gesamteindruck an, den der Prospekt über tatsächliche Verhältnisse und die Vermögens-, Finanz- und Ertragslage des emittierenden Unternehmens vermittelt.

Beispiele für Unrichtigkeit oder Unvollständigkeit   73

- Die Geschäftsaussichten werden zu positiv oder überhaupt nicht geschildert.[125]

- Alle Möglichkeiten der Bilanzkosmetik werden genutzt,[126] was allerdings nur in Ausnahmefällen zu einer Unrichtigkeit führen dürfte,[127] soweit diese Möglichkeiten legal sind. Eine Unvollständigkeit oder Unrichtigkeit kann sich etwa ergeben, wenn die in Anh. I Nr. 9 EU-ProspVO geforderten Erläuterungen zum Jahresabschluss fehlen oder irreführend sind.

- Durch Rücklagenauflösung ausgeglichene Verluste werden verschleiert, indem aktuelle Dividendenzahlungen betont werden.[128] Allgemein müssen Einmaleffekte durch den Verkauf von Vermögenswerten auch als solche herausgestellt werden.

- Wesentliche Zahlungsrückstände auch von Tochtergesellschaften werden nicht mitgeteilt.[129]

- Fehlende Mitteilung eines Rechtsstreits von erheblicher Tragweite für den Emittenten.[130]

---

123 Beispiele aus der Rechtsprechung zur allgemeinen Prospekthaftung: Bezeichnung als gekauft, ohne dass ein Kaufvertrag abgeschlossen war, BGH WM 1992, 1892; fehlender Hinweis auf den Umstände, die einen bereits abgeschlossenen Vertrag oder die Absatzerwartungen gefährden, BGHZ 74, 108, 110; BGHZ 79, 337, 344; Darstellung eines genehmigungspflichtigen Projekts als gesichert, obwohl nur eine unverbindliche Absichtserklärung der Behörde vorlag BGH v. 07. 04. 2003 – II ZR 160/02, WM 2003, 1086.
124 OLG Frankfurt v. 06. 07. 2004 – 5 U 122/03, AG 2004, 510, 512 (EMTV).
125 Vgl. dazu OLG Frankfurt v. 01. 02. 1994 – 5 U 213/92, WM 1994, 291, 295 (Bond).
126 BGH v. 12. 07. 1982 – II ZR 175/81, WM 1982, 862, 863 (BuM).
127 *Schwark*, in: Schwark, KapMRK, § 45 BörsG Rn. 26: nur wenn Gebot des true and fair view verletzt.
128 BGH v. 12. 07. 1982 – II ZR 175/81, WM 1982, 862, 863 (BuM).
129 BGH v. 12. 07. 1982 – II ZR 175/81, WM 1982, 862, 863 (BuM).
130 BGH v. 14. 07. 1998 – XI ZR 173/97, NJW 1998, 3345, 3346 (Elsflether Werft): Anfechtungsklage gegen den Kapitalerhöhungsbeschluß, auf dem die Emission neuer Aktien beruht.

— Bestimmte Risiken (z. B. eines Übernahmekampfes[131] oder einer drohenden Enteignung ausländischer Tochtergesellschaften oder drohender Absatzeinbußen) werden nicht oder nicht ausreichend dargestellt.

— Der Prospekt sagt einen Sanierungserfolg voraus, ohne zugleich die wesentlichen Voraussetzungen dafür bzw. dessen Risiken zu verdeutlichen.

74 Ob sich die Unrichtigkeit oder Unvollständigkeit von Angaben auch aus einer mangelhaften Gestaltung des Prospekts ergeben kann, ist zweifelhaft. Angesichts der Anforderungen, die die Rechtsprechung an die Intensität der Lektüre des Prospekts durch den Anleger stellt (siehe Rn. 67 f., 72), sollen Prospektgestaltungsmängel allein nicht zu einer Unrichtigkeit führen können.[132] Andererseits resultiert eine Täuschung in bestimmten Fällen gerade aus der Anordnung bestimmter Informationen, aus einem geringeren Schriftgrad wichtiger Tatsachen oder der unterschiedlichen Platzierung von zusammengehörenden Chancen und Risiken eines Projekts im Prospekt. Die Gestaltung kann eine bestimmte Wertung durch den Leser nahe legen, ohne dies ausdrücklich zu sagen. Man sollte die äußere Gestaltung deshalb jedenfalls nicht für unbeachtlich halten.[133]

75 Die Nichtangabe von Werturteilen Dritter, z. B. eine Negativberichterstattung durch die Presse, führt im Grundsatz nicht zur Unvollständigkeit oder Unrichtigkeit, sondern nur das Fehlen der Berichterstattung zugrundeliegender Tatsachen.[134] Anders verhält es sich mit der Einstufung durch Rating-Agenturen, soweit sich diese unmittelbar auf die wirtschaftlichen Verhältnisse (namentlich die Fähigkeit zur Erlangung von Krediten) des Emittenten auswirken.[135] Zu weit geht aber wohl die Entscheidung des LG Frankfurt in der Sache Bond,[136] nach der schon dann ein Prospektfehler vorliegen soll, wenn nicht erwähnt wird, dass eine „Mehrheit von Finanzanalysten ... vom Kauf der (ausländischen) Anleihen" abgeraten und eine Rating-Agentur ein Downrating des Emittenten vorgenommen hatte.

f) Aktualisierung, Berichtigung

76 Nach § 45 Abs. 2 Nr. 4 kann der Prospektpflichtige seine Haftung für die Zukunft dadurch vermeiden, dass er eine Berichtigung veröffentlicht. Von der Berichtigung unrichtiger Angaben zu trennen ist eine Aktualisierung des

---

131 OLG Frankfurt v. 01. 02. 1994 – 5 U 213/92, WM 1994, 291, 295 (Bond).
132 *Holzborn/Foelsch*, NJW 2003, 932, 933; *Hamann*, in: Schäfer/Hamann, KapMG, §§ 44, 45 Rn. 189.
133 Wie hier *Ellenberger*, S. 37 f. m. w. N.
134 *Hamann*, in: Schäfer/Hamann, KapMG, §§ 44, 45 Rn. 166; *Assmann*, in: Assmann/Schütze, HdbKapAnlR, § 6 Rn. 97 f. m. w. N.
135 Wie hier *Hamann*, in: Schäfer/Hamann, KapMG, §§ 44, 45 Rn. 166; a. A. (generell keine Unrichtigkeit des Prospekts annehmend) *Assmann*, in: Assmann/Schütze, HdbKapAnlR, § 6 Rn. 97 f.; einschränkungslos verneinend auch *Schwark*, in: Schwark, KapMRK, § 45 BörsG Rn. 33; *Mülbert/Steup*, in: Habersack/Mülbert/Schlitt, UntFinanzKM, § 26 Rn. 30.
136 LG Frankfurt, v. 06. 10. 1992 – 3/11 O 173/91, WM 1992, 1768, 1771 f.; ablehnend dagegen die nächste Instanz OLG Frankfurt, v. 01. 02. 1994 – 5 U 213/92, WM 1994, 291, 297.

Prospekts, die den Prospekt an zwischenzeitliche Tatsachenänderungen oder neue Erkenntnisse anpasst. Als Oberbegriff für beide Sachverhalte wählt § 16 Abs. 1 WpPG den Begriff des Nachtrags zum Prospekt, in der Literatur hatte sich dagegen umgekehrt der Begriff der Aktualisierung als Oberbegriff eingebürgert.[137]

Weitgehend unproblematisch ist der Ausschlusstatbestand der Berichtigung, siehe näher unten Rn. 101f. 77

Umstrittener ist die Frage einer Aktualisierung, also der Anpassung des Prospekts an nachträglich eingetretene Veränderungen oder neue Umstände. Hier hatte der BGH im Urteil „Elsflether Werft" angenommen, aus § 52 BörsZulVO und § 11 VerkProspG (a. F.) folge auch eine Pflicht zur Veröffentlichung nachträglich eingetretener wesentlicher Veränderungen während der Dauer des Angebots, wobei er den Zeitraum allerdings offen ließ.[138] In der Folge blieb eine Aktualisierungspflicht angesichts der unklaren gesetzlichen Formulierungen umstritten.[139] 78

Aus § 16 Abs. 1 WpPG folgt nunmehr zwar eine ausdrückliche gesetzliche Pflicht zur Aktualisierung bis zum „endgültigen Schluss des öffentlichen Angebots oder der Einführung oder Einbeziehung in den Handel". Zum Begriff des öffentlichen Angebots s. u. § 13 VerkProspG Rn. 2, zum „endgültigen Schluss" vgl. die Erläuterungen zu § 16 WpPG Rn. 13. Was mit der Einbeziehung in den Handel gemeint ist, ist ebenfalls nicht eindeutig. Vieles spricht dafür, die Aktualisierungspflicht jedenfalls mit dem Beginn der Preisermittlung der Wertpapiere an der Börse enden zu lassen, siehe dazu ebenfalls die Erläuterungen zu § 16 WpPG Rn. 13.[140] 79

Indessen endet damit zwar die Aktualisierungs*pflicht*, nicht jedoch ist damit notwendig auch die Haftung für einen im Sechs-Monatszeitraum unrichtig gewordenen Prospekt ausgeschlossen.[141] Auch nach Ende des Zeitraums der in § 16 WpPG angeordneten Nachtragspflicht besteht jedenfalls ein *Recht* zur Veröffentlichung von Nachträgen, vgl. Erläuterungen zu § 16 WpPG Rn. 14. Die Formulierung des § 44 Abs. 1 Satz 1 BörsG spricht – zusammen mit den Überlegungen *Ellenbergers*[142] – dafür, dass auch aus später unrichtig gewordenen Prospekten gehaftet werden muss, soweit das Erwerbsge- 80

---

137 *Stephan*, AG 2002, 3.
138 BGH v. 14.07.1998 – XI ZR 173/97, NJW 1998, 3345, 3347 (Elsflether Werft).
139 Für die alte Rechtslage vertreten eine Aktualisierungspflicht *Baumbach/Hopt*, HGB, § 44 BörsG Rn. 7; *Ellenberger*, S. 17ff.; *Assmann*, FS Ulmer (2003), S. 757, 768ff.; dagegen die h. M., für diese ausführlich *Hamann*, in: Schäfer/Hamann, KapMG, §§ 44, 45 Rn. 276–280 m.w.N.; *Schwark*, in: Schwark, KapMRK, § 45 BörsG Rn. 29; *Groß*, KapMR, §§ 44f. Rn. 59.
140 *Schwark*, in: Schwark, KapMRK, § 45 BörsG Rn. 27; OLG Frankfurt v. 06.07.2004 – 5 U 122/03, AG 2004, 510, 511f. (EMTV) jeweils zur alten Fassung des § 52 BörsZulVO.
141 So aber zur neuen Rechtslage offenbar *Hamann*, in: Schäfer/Hamann, KapMG, §§ 44, 45 Rn. 275a und *Groß*, KapMR, §§ 44f. Rn. 59, ohne freilich zwischen Pflicht und Haftung zu unterscheiden. Wie hier im Ergebnis *Assmann*, in: Assmann/Schütze, Hdb-KapAnlR, § 6 Rn. 112ff.
142 *Ellenberger*, S. 17ff.

schäft nach dem Ende der Aktualisierungspflicht, aber innerhalb des Sechs-Monatszeitraums abgeschlossen wurde. Dass nach Einführung der Wertpapiere Mitteilungspflichten, etwa nach § 15 WpHG, bestehen, die haftungsrechtlich abweichend geregelt sind, bildet kein Gegenargument,[143] da etwa auch eine Berichtigung gem. § 45 Nr. 4 BörsG als Ad hoc-Meldung erfolgen darf und bei ihrer Fehlerhaftigkeit nicht nur aus dem WpPG, sondern weiter aus § 44f. BörsG gehaftet wird.

3. Kausalität (§ 45 Abs. 2 Nr. 1 und 2 BörsG)

a) Haftungsbegründende Kausalität des Prospekts für den Erwerb (Anlagestimmung, § 45 Abs. 2 Nr. 1 BörsG)

81 § 45 Abs. 2 Nr. 1 BörsG schließt die Haftung sämtlicher Prospektverantwortlicher für sämtliche Fehler des Prospektes aus, soweit der Anleger die Wertpapiere nicht auf Grund des Prospekts erworben hat. Der Ausschlusstatbestand ist eng auszulegen. Der Prospekt darf zum Erwerb der Wertpapiere nicht einmal beigetragen haben. Umgekehrt muss für eine Haftung der Erwerb also nicht unbedingt ausschließlich auf dem Prospekt beruhen. Es kommt ferner nicht darauf an, ob gerade die fehlerhaften oder fehlenden Angaben den Anleger zum Erwerb verleitet haben. Es ist nicht einmal erforderlich, dass der Anleger den Prospekt selbst gelesen hat, ausreichend ist vielmehr, dass der Prospekt die sog. Anlagestimmung erzeugt hat. Diese bezeichnet die positive Stimmung, die nicht nur eine optimistische Darstellung der Wertpapiere im Prospekt selbst sondern auch Berichte in der Presse durch Anlageberater oder durch Werbemaßnahmen hervorrufen. Denn der Prospekt ist für solche Berichte und Maßnahmen stets der Ausgangspunkt.

82 Die durch den Prospekt hervorgerufene Anlagestimmung war vor der jetzigen Fassung der §§ 44f. BörsG im Ergebnis nicht eine Tatbestandsvoraussetzung der Haftung, sondern ein Mittel für die Rechtsprechung, dem Anleger den Beweis dafür zu erleichtern, dass der Prospekt für seine Anlageentscheidung kausal geworden ist. Auch nach der Neufassung ist die ganz h.M. in der Literatur[144] der Auffassung, mit der Sechsmonatsfrist in § 44 Abs. 1 Satz 1 BörsG habe der Gesetzgeber nur eine Höchstfrist gesetzt. Auch vor Ablauf der sechs Monate könne die Anlagestimmung entfallen mit der Folge, dass die Kausalität des Prospekts für die Anlageentscheidung zu verneinen ist.

83 Dem ist zu widersprechen. Mit der Neuregelung hat der Gesetzgeber nicht einfach nähere Regeln für die nach wie vor notwendige Anlagestimmung aufgestellt, sondern vielmehr die richterlichen Überlegungen zur Anlagestimmung durch die Sechs-Monatsfrist in § 44 Abs. 1 Satz 1 BörsG und die Kausalitätsvermutung in § 45 Abs. 2 Nr. 1 BörsG ersetzt. Damit benötigt man den Begriff der Anlagestimmung im Rahmen der gesetzlichen Börsenprospekthaftung letztlich nicht mehr. Denn die Begrenzung der Haftung auf Er-

---

143 So aber OLG Frankfurt v. 06.07.2004 – 5 U 122/03, AG 2004, 510, 511 (EMTV).
144 Etwa *Ellenberger*, S. 40; *Kort*, AG 1999, 9, 12 f.; *Groß*, AG 1999, 199, 205; *Hamann*, in: Schäfer/Hamann, KapMG, §§ 44, 45 Rn. 253; *Baumbach/Hopt*, HGB, § 45 BörsG Rn. 2.

werbe innerhalb der ersten sechs Monate nach der Veröffentlichung (§ 44 Abs. 1 Satz 1 BörsG) und die Vermutung in § 45 Nr. 2 BörsG, dass der Erwerb auf dem Prospekt beruht, stellen eine eindeutige und abschließende Regelung dar.

Für den nach § 45 Abs. 2 Nr. 1 BörsG möglichen Beweis, dass der Anleger seine individuelle Erwerbsentscheidung nicht aufgrund des fehlerhaften Prospekts getroffen hat, ist zu verlangen, dass der Anspruchsgegner die individuellen Beweggründe des Anlegers nachweist. Das wird praktisch nur in ganz seltenen Ausnahmefällen gelingen. Der Nachweis, dass eine Anlagestimmung schon vor Ablauf der Sechs-Monats-Frist nicht (mehr) bestand, kann dafür nicht ausreichen. Der Gesetzgeber hat die Überlegungen der Rechsprechung zur Anlagestimmung nur „aufgegriffen" und durch konkrete Vorschriften ersetzt.[145] Dabei hat er auch Regeln zulasten der Anleger getroffen, indem er die Frist selbst dann auf sechs Monate beschränkt, wenn die Anlagestimmung tatsächlich darüber hinaus andauerte. Würde man auch nach der Neuregelung die Grundsätze der Anlagestimmung heranziehen, so würde gerade die Rechtsunsicherheit in die Frage der Kausalität des Prospekts für die Anlegerentscheidung hineingetragen, die der Gesetzgeber durch die Neuregelung ausdrücklich beseitigen wollte.[146] Rechtsunsicherheit würde es aber mit sich bringen, wenn etwa dramatische Kurseinbrüche (wie hoch?), massive Presseveröffentlichungen (wie massiv?), neue Jahresabschlüsse (wie schlecht?) oder Veröffentlichungen im Rahmen des § 15 WpHG (welcher Qualität?) die 6-Monatsfrist weiter verkürzen könnten.[147] 84

Diese gesetzliche Entscheidung darf nicht durch die Hintertür mit dogmatischen Überlegungen unterlaufen werden.[148] Aus der Begründung zum RegE ergibt sich nichts anderes. Der Gesetzgeber wollte danach zwar die Überlegungen zur Anlagestimmung für eine eigene Regelung „aufgreifen";[149] die Regelung selbst weicht aber eben von den bisherigen richterlichen Überlegungen ab. Wenn man einerseits bei der Expertenhaftung (oben Rn. 49 ff.) mit formalem Normverständnis darauf besteht, der Gesetzgeber habe eine Lücke gelassen, so muss man an dieser Stelle ebenso konsequent formal argumentieren. Nichts spricht dafür, dass der Gesetzgeber § 45 Abs. 2 Nr. 1 BörsG im Sinne einer Bezugnahme auf eine irgendwie typisierte Kausalität verstanden hat. Vielmehr wird nach dem Wortlaut auf die individuelle Ent- 85

---

145 Vgl. auch die Wortwahl in BGH 19.07.2004 – II ZR 218/03, NJW 2004, 2664, 2666 f. (Infomatec I): „Diese für die Emissions-Prospekthaftung geltende neue Beweislastregel und die feste zeitliche Haftungsbegrenzung", auch *Baumbach/Hopt*, HGB, § 45 BörsG Rn. 2 versteht den BGH in diese Richtung.
146 Begr. RegE 3. FinFG, BT-Druck. 13/8993, S. 76 f.
147 So aber etwa *Kort*, AG 1999, 9, 13 unter Verweis auf ältere Rechtsprechung; ähnlich *Groß*, AG 1999, 199, 205, bezeichnend *Schwark*, in: Schwark, KapMRK, § 45 BörsG Rn. 44 a.E.: Frage des Einzelfalls.
148 Vgl. auch *Stephan*, AG 2002, 3 ff., 11 in Fn. 62: „Bezeichnenderweise hat der Gesetzgeber ... das Kausalitätserfordernis ‚klassisch' und ohne Rückgriff auf die Anlagestimmung formuliert, die vielmehr vom kundigen Gesetzesanwender erst wieder in die Vorschrift hineingelesen werden muss".
149 Begr. RegE 3. FFG BT-Drucks. 13/8933, S. 80.

scheidung des Anlegers abgestellt. Das mag nicht recht zum Normzweck der börsengesetzlichen Prospekthaftung passen (oben Rn. 11), ist aber eine eindeutige gesetzliche Regelung und vermeidet die in Rn. 84 aufgezeigten Unwägbarkeiten. Folglich muss der Anspruchsgegner beweisen, dass die individuelle Entscheidung nicht auf dem Prospekt beruht.

86 Es besteht auch keine Gefahr, dass damit Anleger die Prospekthaftung für sachfremde Zwecke ausnutzen könnten, in dem sie Wertpapiere erwerben, von denen sie bereits wissen, dass die Anlagestimmung z. B. aufgrund eines dramatischen Kurseinbruchs beseitigt ist. Denn die Prospektverantwortlichen können dem jederzeit vorbeugen, indem sie den entsprechenden Prospektmangel durch eine Berichtigung oder Aktualisierung beseitigen.

b) *Haftungsausfüllende Kausalität des Fehlers für den Börsenpreis (§ 45 Abs. 2 Nr. 2 BörsG)*

87 Die Haftung ist ferner ausgeschlossen, wenn der konkrete Fehler des Prospekts nicht mindestens auch zur Minderung des Börsenpreises beigetragen hat. Gemeint sein kann nur, dass das Bekanntwerden des Fehlers ohne nachteiligen Einfluss auf den Kurs der Papiere geblieben ist. Erforderlich ist also, dass ausschießlich andere Umstände als der Fehler für den Preisrückgang ursächlich waren. *Schwark* nennt als andere Umstände beispielhaft ein down rating, die Insolvenz des Emittenten sowie unübliche Kurspflegepläne.[150] Der Nachweis, dass das Bekanntwerden des Fehlers, ggf. auch durch eine Berichtigung, keinen nachteiligen Einfluss auf den Kurs hat, obliegt dem Anspruchsgegner und dürfte kaum zu führen sein.[151]

4. Verschulden (§ 45 Abs. 1 Börsg)

a) *Beschränkung auf grobe Fahrlässigkeit*

88 Die Prospektverantwortlichen haften nur bei Kenntnis oder mindestens grob fahrlässiger Unkenntnis der Fehlerhaftigkeit des Prospekts. Unter grober Fahrlässigkeit versteht man im Allgemeinen, dass die im Verkehr erforderliche Sorgfalt in besonders schwerem Maße verletzt wird. Das ist der Fall, wenn schon ganz naheliegende Überlegungen nicht angestellt werden bzw. nicht beachtet wird, was jedem einleuchten muss.[152]

89 Die Begrenzung der Verantwortlichkeit auf grobe Fahrlässigkeit wird in der Literatur unterschiedlich beurteilt,[153] der Gesetzgeber meint, er fördere mit

---

150 *Schwark*, in: Schwark, KapMRK, Rn. 55.
151 Dazu *Hamann*, in: Schäfer/Hamann, KapMG, §§ 44, 45 Rn. 260.
152 *Hamann*, in: Schäfer/Hamann, KapMG, §§ 44, 45 Rn. 213.
153 Den geltenden Maßstab befürwortend *Groß*, AG 1999, 199, 205; *Kort* AG 1999, 9, 20; zweifelnd *Hamann*, in: Schäfer/Hamann, KapMG, §§ 44, 45 Rn. 214; für leichte Fahrlässigkeit dagegen die wohl überwiegende Meinung in der Lit., z. B. *Baumbach/Hopt*, HGB, § 45 BörsG Rn. 1; *Ellenberger*, S. 57 ff., *Grundmann/Selbherr*, WM 1996, 985, 989; *Schwark*, in: Schwark, KapMRK, Rn. 75 je m. w. N.

dieser Haftungsbegrenzung Emissionen.¹⁵⁴ Ob der vom Gesetzgeber gewählte Sorgfaltsmaßstab im praktischen Ergebnis tatsächlich zu anderen Ergebnissen führt als ein strengerer Maßstab, ist freilich zu bezweifeln. Steht fest, dass eine wesentliche Angabe unrichtig ist, werden sich in aller Regel auch Anhaltspunkte dafür finden lassen, die vom Prospektverantwortlichen außer Acht gelassen wurden. Die Beurteilung der praktischen Grenzlinie liegt bei der Rechtsprechung, die freilich noch kaum Gelegenheit hatte, dazu Stellung zu nehmen.

Das Verschuldenserfordernis des § 45 Abs. 1 Nr. 1 BörsG steht in einem gewissen Gegensatz zu § 44 Abs. 1 Nr. 1 BörsG. Die danach Prospektverantwortlichen unterschreiben, weil sie dazu gesetzlich verpflichtet sind. Sie sollen „die Verantwortung für den Prospekt übernehmen". Dazu passt es nicht, wenn sie sich später unter Hinweis auf Fehler Dritter wieder aus ebendieser Verantwortung stehlen können sollen. Eine echte Prospektverantwortung wird nur dann übernommen, wenn für den Inhalt des Prospekts später auch verschuldensunabhängig gehaftet wird. Da der Gesetzgeber die Möglichkeit einer Exkulpation aber nun einmal in das Gesetz aufgenommen hat, muss man sich in jedem Einzelfall und für jeden Prospektverantwortlichen getrennt die Frage stellen, ob er oder sie die Fehlinformation hätte vermeiden können. Die Prospektverantwortlichen können sich zu ihrer Entlastung nicht auf die Gestattung des Prospekts durch die BAFin berufen.¹⁵⁵ 90

b) Unterschiedliche Anforderungen an Prospektverantwortliche

Der Sorgfaltsmaßstab ist zwar für alle Haftenden gleich, seine Beurteilung soll jedoch für unterschiedliche Prospektverantwortliche unterschiedlich ausfallen können.¹⁵⁶ Je näher der fragliche Verantwortliche an dem Ursprung der Information sei, desto größer sei seine Verantwortlichkeit für die zutreffende Darstellung im Prospekt.¹⁵⁷ Für den Emittenten und die nach § 44 Abs. 1 Nr. 2 BörsG Haftenden werden insoweit scharfe Anforderungen aufgestellt, da die Informationen in aller Regel vom Emittenten selbst stammen und er sich deshalb kaum damit verteidigen kann, von ihnen keine Kenntnis zu haben.¹⁵⁸ Gleiches gilt für die nach § 44 Abs. 1 Nr. 2 BörsG haftenden eigentlichen Urheber des Prospekts.¹⁵⁹ Insbesondere für das emissionsbegleitende Institut wird jedoch behauptet, es kenne die in aller Regel vom Emit- 91

---

154 Begr. RegE 3. FFG BT-Drucks. 13/8933, S. 80.
155 Statt aller *Assmann*, in: Assmann/Schütze, HdbKapAnlR, § 6 Rn. 238.
156 *Hamann*, in: Schäfer/Hamann, KapMG, §§ 44, 45 Rn. 213 m.w.N.; *Assmann*, in: Assmann/Schütze, HdbKapAnlR, § 6 Rn. 237; Begr. RegE 3. FFG BT-Drucks. 13/8933, S. 80; *Holzborn/Foelsch*, NJW 2003, 932, 934.
157 *Hamann*, in: Schäfer/Hamann, KapMG, §§ 44, 45 Rn. 213; *Groß*, KapMR, §§ 44 f. Rn. 76; *Schwark*, in: Schwark, KapMRK, § 45 Rn. 45; *Sittmann*, NZG 1998, 490, 494.
158 Ausführlich *Ellenberger*, S. 44 f.; *Hamann*, in: Schäfer/Hamann, KapMG, §§ 44, 45 Rn. 218.
159 *Hamann*, in: Schäfer/Hamann, KapMG, §§ 44, 45 Rn. 221; *Schwark*, in: Schwark, KapMRK, § 44 f. Rn. 46; *Groß*, KapMR, § 44 Rn. 77 f.; *Mülbert/Steup*, in: Habersack/Mülbert/Schlitt, UntFinanzKM, § 26 Rn. 73.

tenten oder von sachverständigen Dritten stammenden Informationen nur aus zweiter Hand und könne sich daher eher auf fehlendes Verschulden berufen.[160] Noch weniger scharf sollen einzelne Konsortialmitglieder haften (unten Rn. 96).

c) Sorgfaltsmaßstab bei Mitwirkung Dritter

92 Im Grundsatz kann es den Prospektverantwortlichen zwar nicht entlasten, wenn er die Erstellung der Angebotsunterlage (teilweise) Dritten, insb. Sachverständigen überlässt. Zu berücksichtigen ist insb., dass die Wirtschaftsprüfer den Anlegern nicht haften (s.o. Rn. 49ff.) und deshalb die Gefahr besteht, dass durch die Vergabe von Teilen des Prospekts an Experten die Verantwortung für solche Teile und eben auch die Haftung gegenüber den Anlegern ins Nirgendwo verlegt wird. Die interne Arbeitsverteilung zwischen Emittent, Wirtschaftsprüfern und Emissionsbegleiter kann nicht entscheidend für die Frage des Verschuldens sein. Den Prospektverantwortlichen kann indessen ein evtl. Verschulden des Wirtschaftsprüfers wegen dessen gesetzlicher Pflicht zur Prüfung des Jahresabschlusses einschließlich der Buchführung nicht nach § 278 BGB zugerechnet werden; insoweit kommt nach h.M. lediglich ein Auswahlverschulden in Betracht.[161] Auf die Angaben sonstiger sachkundiger Dritter (etwa in technischen oder rechtlichen Gutachten) können sich Emittent und Emissionsbegleiter nach h.M. schon mangels eigener Sachkunde ohne nähere Prüfung verlassen.[162]

d) Insbesondere: Emissionsbegleitendes Institut und Konsortialmitglieder

93 Trotz der umfassenden Informationspflichten im Gesetz ist angesichts der Exkulpationsmöglichkeit bei mangelnder Kenntnis letztlich unklar, zu was die verschiedenen Prospektverantwortlichen eigentlich im Detail verpflichtet sind. Erst wenn aber ihre jeweiligen Informations- bzw. Prüfungs- oder Kontrollpflichten im Einzelnen feststehen, kann man die Frage einer Pflichtverletzung sinnvoll beurteilen. Solche Verantwortungsbereiche sind indessen nirgends gesetzlich niedergelegt.

94 Deshalb streitet man insb. über die Reichweite von Prüfungs- und Nachforschungspflichten des Emissionsbegleiters. Für diesen sind letztlich sämtliche Informationen, auch die vom Emittenten stammenden, Angaben eines Dritten. Zwar darf sich die Bank nicht einfach darauf berufen – und dies im Prospekt so bekanntgeben – sie habe die Angaben des Emittenten ungeprüft übernommen.[163] Vielmehr muss sie die Angaben soweit möglich und zumut-

---

160 Siehe etwa *Groß*, KapMR, Rn. 79ff.; *Mülbert/Steup*, in: Habersack/Mülbert/Schlitt, UntFinanzKM, § 26 Rn. 74ff.
161 *Schwark*, in: Schwark, KapMRK, Rn. 46; *Mülbert/Steup*, in: Habersack/Mülbert/Schlitt, UntFinanzKM, § 26 Rn. 84.
162 *Groß*, KapMR, Rn. 82; vgl. zur zivilrechtlichen Prospekthaftung auch OLG Hamm v. 29.03.2007 – 27 U 121/05 BeckRS 2007 05606.
163 OLG Frankfurt v. 17.03.1999 – 21 U 260/97, ZIP 1999, 1005, 1007f. (MHM Mode); *Mülbert/Steup*, in: Habersack/Mülbert/Schlitt, UntFinanzKM, § 26 Rn. 75.

bar nachprüfen.[164] Dabei stellt sich freilich sofort die Frage, was möglich und zumutbar ist. Teilweise wird die Durchführung einer due diligence-Prüfung verlangt.[165] Da das Institut den Emittenten in aller Regel auf Herz und Nieren im Wege einer due diligence prüft, erklärt ein Teil der Literatur eine solche due diligence auch für erforderlich.[166] Demgegenüber hält die überwiegende Literatur eine bloße Plausibilitätskontrolle durch das emissionsbegleitende Institut für grds. ausreichend und meint, nur bei konkreten Anhaltspunkten für die Unrichtigkeit von Prospektangaben gebe es eine besondere Nachforschungspflicht der Emissionsbank.[167] Teilweise wird noch weiter unterschieden: Eine schärfere Prüfungspflicht des Instituts soll bzgl. der Angaben bestehen, die vom Emittenten stammen, während eine Prüfung der Angaben sachverständiger Dritter, insb. also des Jahresberichts, nur geboten sein soll, wenn die Anhaltspunkte für Unstimmigkeiten sich geradezu aufdrängen.[168] Soweit dem Institut Informationen, auch Werturteile Dritter, z. B. Ratings von Rating-Agenturen oder Presseberichte vorliegen, soll dies ebenfalls eine nähere Überprüfung auch des Gesamtbildes des Prospektes nahe legen.[169] Für die hier vertretene Auffassung vgl. die Erläuterungen unten Rn. 98 zur Beweislast.

Strittig ist, inwieweit das Institut dabei das im Rahmen von anderen Geschäftsbeziehungen mit dem Emittenten (Sitz im Aufsichtsrat, Informationen der Kreditabteilung) erlangte Wissen zu berücksichtigen hat. Nach überwiegender Auffassung ist dies im Grundsatz zu bejahen, es sei denn die Informationsweitergabe ist z. B. durch Insiderrecht (soweit dieses für den Emittenten bereits gilt) oder § 33 Abs. 1 Nr. 2 WpHG verboten.[170] Ob die Kenntnisse von Aufsichtsratsmitgliedern des Emittenten, die zugleich als Vorstand oder Arbeitnehmer für das emissionsbegleitende Institut tätig sind, der Bank zuzurechnen sind, wird ebenfalls unterschiedlich beurteilt. Nach h. M. ist das Aufsichtsratsmitglied zur Informationsweitergabe angesichts der aktienrechtlichen Verschwiegenheitspflicht gem. § 116 AktG (strafbewehrt nach § 404 AktG) nicht berechtigt und seine Kenntnisse dürfen deshalb dem Kre- 95

---

164 *Hamann*, in: Schäfer/Hamann, KapMG, §§ 44, 45 Rn. 224 m. w. N.
165 *Hamann*, in: Schäfer/Hamann, KapMG, §§ 44, 45 Rn. 226: je weniger die Bank den Emittenten kenne, desto intensiver müsse die due diligence ausfallen.
166 *Hamann*, in: Schäfer/Hamann, KapMG, §§ 44, 45 Rn. 227 m. w. N.; *Fleischer*, Gutachten F 64. Deutschen Juristentag 2002, F 65.
167 *Schwark*, in: Schwark, KapMRK, §§ 44 f. Rn. 48 f.; *Groß*, KapMR, Rn. 82; *Ellenberger*, S. 47; vgl. auch *Mülbert/Steup*, in: Habersack/Mülbert/Schlitt, UntFinanzKM, § 26 Rn. 83.
168 Vgl. *Groß*, KapMR, Rn. 81 m. w. N.; *Mülbert/Steup*, in: Habersack/Mülbert/Schlitt, UntFinanzKM, § 26 Rn. 83.
169 OLG Frankfurt, Urteil v. 01. 02. 1994 – 5 U 213/92, WM 1994, 291, 297 (Bond); *Groß*, KapMR, Rn. 80.
170 Ausführlich *Hamann*, in: Schäfer/Hamann, KapMG, §§ 44, 45 Rn. 238; *Mülbert/Steup*, in: Habersack/Mülbert/Schlitt, UntFinanzKM, § 26 Rn. 78; *Schwark* in: Schwark, KapMRK, Rn. 50; weniger weitgehend *Groß*, KapMR, Rn. 79.

ditinstitut nicht zugerechnet werden.[171] Demgegenüber meint *Ellenberger*, angesichts der Verpflichtung des Emittenten, die Bank umfassend zu informieren, sei logisch ausgeschlossen, dass eine prospektpflichtige Angabe vertraulich im Sinne der §§ 116, 93 AktG sei.[172] Dem ist zuzustimmen. *Hamann* weist dagegen darauf hin, dass das Recht des Aufsichtsratsmitglieds zur Weitergabe der Information zumindest nicht sicher sei und er daher eben doch der Gefahr einer Strafverfolgung ausgesetzt sei.[173] Dagegen ist einzuwenden, dass die Bank auf eine rechtsgeschäftliche Befreiung von der Vertraulichkeit bestehen kann. Will der Emittent sich nicht darauf einlassen, besteht ohnehin nicht die notwendige Vertrauensgrundlage für den geplanten Börsengang. Verzichtet die Bank auf die Befreiung und betreibt gleichwohl die Emission weiter, so handelt sie schon deshalb grob fahrlässig. Dieses Verständnis ist geboten, weil aufgrund der besonderen Einblicksmöglichkeiten des betreffenden Aufsichtsratsmitglieds sonst die nicht von der Hand zu weisende Gefahr besteht, dass die Bank tatsächlich Informationen erlangt und noch darüber hinaus weiß, dafür nicht haften zu müssen. Solche Spielräume will die gesetzliche Regelung indessen nicht einräumen.

96 Zur Frage unterschiedlicher Sorgfaltsmaßstäbe bei Begebung durch ein Emissionskonsortium vertritt die überwiegende Auffassung höhere Anforderungen an den Konsortialführer, während die übrigen Konsorten lediglich eine einfache Plausibilitätskontrolle des Prospekts vornehmen und für eine ausreichende Überwachung des Konsortialführers sorgen müssten.[174] Eine Verschuldenszurechnung des Konsortialführers an die Konsorten wird abgelehnt.[175] Umgekehrt soll selbst eine Verletzung der Überwachungspflichten unschädlich sein, wenn der Konsortialführer die notwendige Sorgfalt hat walten lassen.[176] *Ellenberger* vertritt dagegen einen einheitliche Anwendung des Sorgfaltsmaßstabs auf alle und bejaht zudem noch eine Verschuldenszurechnung aus dem Konsortialvertrag als Gesellschaft bürgerlichen Rechts.[177]

---

171 *Hamann*, in: Schäfer/Hamann, KapMG, §§ 44, 45 Rn. 239 m.w.N.; *Groß*, KapMR, Rn. 79; ausführlich zum Verhalten von Aufsichtsratsmitgliedern bei Interessenkonflikten *Hanau/Wackerbarth*, Unternehmensmitbestimmung und Koalitionsfreiheit, 2004, S. 32–63.
172 *Ellenberger*, S. 55.
173 *Hamann*, in: Schäfer/Hamann, KapMG, §§ 44, 45 Rn. 239.
174 *Hamann*, in: Schäfer/Hamann, KapMG, §§ 44, 45 Rn. 220, 307; *Groß*, KapMR, § 45 BörsG Rn. 83; einschränkend *Schwark*, in: Schwark, KapMRK, § 45 BörsG Rn. 11, der eine Unterscheidung zwischen den verschiedenen Mitgliedern zwar für geboten hält, eine bloße Plausibilitätskontrolle aber nicht für ausreichend; vgl. auch *Mülbert/Steup*, in: Habersack/Mülbert/Schlitt, UntFinanzKM, § 26 Rn. 44, 85 (gestufte Verantwortlichkeit).
175 *Mülbert/Steup*, in: Habersack/Mülbert/Schlitt, UntFinanzKM, § 26 Rn. 85; *Hamann*, in: Schäfer/Hamann, KapMG, §§ 44, 45 Rn. 220, 307; *Groß*, KapMR, § 45 BörsG Rn. 83; *Schwark*, in: Schwark, KapMRK, § 45 BörsG Rn. 11.
176 *Hamann*, in: Schäfer/Hamann, KapMG, §§ 44, 45 Rn. 220.
177 *Ellenberger*, S. 48 f.; auch *Hamann*, in: Schäfer/Hamann, KapMG, §§ 44, 45 Rn. 307 zieht in Ausnahmefällen eine Zurechnung in Betracht, wenn der Prospekt den zurechenbaren Anschein erweckt, die Konsorten hätten den Prospekt verantwortlich geprüft.

Wenn man die Zurechnung des Verschuldens dem Konsortialvertrag entnähme, könnten die Konsorten diese logischerweise auch ausschließen. Daher ist eine Zurechnung im Grundsatz mit der h. M. zu verneinen. Richtig erscheint es dagegen, für die Haftung von Konsorten mit *Ellenberger* in erster Linie auf den Prospekt abzustellen. Dort wird durch die Übernahme der Verantwortung durch mehrere Konsorten der Eindruck erweckt, es hätte eine umfassendere Prüfung stattgefunden und es sei eine größere Haftungsmasse vorhanden. Dass die herausragende Rolle des Konsortialführers auch dem Anlegerpublikum erkennbar war,[178] dürfte dagegen nach dem Anlegerhorizont keine Rolle spielen, da der Anleger angesichts der Übernahme der Verantwortung eine Haftung aller im Prospekt als nach § 44 Abs. 1 Nr. 1 BörsG haftende Konsorten erwartet (zur Frage, unter welchen Umständen Konsorten überhaupt in den Kreis der Haftenden einzubeziehen sind, s. o. Rn. 40). Auch der Umstand, dass die prüfungsrelevanten Informationen den übrigen Konsortialbanken weniger leicht zugänglich sind, folgt letztlich aus dem Rechtsverhältnis zwischen den Konsorten und dem Emittenten und bildet allenfalls ein Argument für eine gesetzliche Neuregelung mit eingeschränkten Überwachungspflichten einfacher Konsortialmitglieder. De lege lata können sich die einzelnen Konsorten gegenüber den Anlegern gerade nicht auf ihre interne Aufgabenverteilung berufen.[179] Ansonsten müsste man auch eine Haftungsbeschränkung des Konsortialführers selbst bejahen, wenn er im Prospekt darauf hinweist, die Angaben des Emittenten ungeprüft übernommen zu haben. Das aber tut die h.M. gerade nicht (vgl. oben Rn. 94). Letztlich geht es auch nur um die Frage, wer das Insolvenzrisiko des Konsortialführers zu tragen hat, da im Innenverhältnis ja ein Ausgleich zwischen den Konsortialmitgliedern vorgenommen werden kann. Und insoweit stehen die einzelnen Konsorten dem Konsortialführer, den sie sich selbst ausgesucht haben, jedenfalls näher als die Anleger. Wollen die Konsortialmitglieder eine Inanspruchnahme durch die Anleger vermeiden, müssen sie eben ein reines Innenkonsortium vereinbaren (oben Rn. 39), dann sind sie lediglich als Übernehmer von Aktien im Prospekt zu erwähnen und haften nicht (oben Rn. 40 a. E.).

97

e) Beweislast

Die Beweislast für das Fehlen eines Verschuldens liegt im Grundsatz gem. § 45 Abs. 1 BörsG bei demjenigen, der in Anspruch genommen wird und zum Kreis der Haftenden gehört. Die Exkulpationsmöglichkeit wirft ihrerseits ein Informationsproblem auf. Denn selbst wenn ein Prospektmangel feststeht, kann der Anleger sich gleichwohl nicht darauf verlassen, einen Schadensersatzprozess auch zu gewinnen. Insb. könnte der jeweilige Beklagte, soweit es sich nicht um den Emittenten selbst handelt, sich in dem Prozess mit einer bislang geheimen Dokumentation der durch ihn im Einzel-

98

---

178 *Hamann*, in: Schäfer/Hamann, KapMG, §§ 44, 45 Rn. 307.
179 Widersprüchlich deshalb *Mülbert/Steup*, in: Habersack/Mülbert/Schlitt, UntFinanzKM, § 26 Rn. 44, wenn sie einerseits die interne Aufgabenverteilung im Konsortium für im Außenverhältnis irrelevant erklären, sie aber dennoch im Rahmen des Verschuldens für relevant halten wollen.

nen vorgenommenen Prüfung der Angaben des Emittenten oder Dritter verteidigen.[180] Wie weit seine Prüfung gereicht hat, erfährt der Anleger dann erst in Nachhinein, wenn es bereits zu spät und der Schaden entstanden ist. Richtig erscheint es daher, den Prospektverantwortlichen lediglich dann die Möglichkeit der Exkulpation zu eröffnen, wenn und soweit sie bereits im Prospekt dargelegt haben, welche Angaben sie von wem geprüft oder ungeprüft übernommen haben.[181] Klärt der jeweilige Prospektverantwortliche nicht bereits im Prospekt auf, wie und wie weitreichend die Angaben des Emittenten oder Dritter von ihm geprüft wurden, müssen sich die Anleger darauf verlassen können, dass der jeweilige Verantwortliche eine grds. umfassende Kontrolle in Form einer due diligence vorgenommen hat und für den Prospektmangel haftet, soweit dieser im Rahmen einer due diligence aufgefallen wäre.[182] Eine entsprechende Dokumentation der due diligence ist gleichwohl notwendig, um darlegen zu können, dass die im Prospekt behauptete due diligence tatsächlich stattgefunden hat.

99 Sollte die Rechtsprechung künftig zur Auffassung gelangen, dass eine due diligence-Prüfung nicht nur die tatsächliche Regel, sondern auch der rechtlich gebotene Maßstab der geschuldeten Sorgfalt ist, könnten sich die Prospektverantwortlichen umgekehrt nicht darauf berufen, bereits im Prospekt darauf hingewiesen zu haben, eine due diligence-Prüfung nicht vorgenommen zu haben.[183] Das folgt schon aus § 47 Abs. 1 BörsG. Vielmehr erschwert umgekehrt eine entsprechende Klausel den Entlastungsbeweis, da damit feststeht, dass die gebotene Prüfung nicht erfolgt ist. Diese Auffassung wird auch am besten dem Zweck des § 45 Abs. 1 Nr. 1 gerecht, der den Beweis für fehlendes Verschulden den Prospektverantwortlichen aufbürdet. Die durch das Verschuldenserfordernis geschaffene Unklarheit über die Reichweite der Pflichten der Prospektverantwortlichen darf aber nicht zu Lasten der Anleger gehen.

5. Haftungsausschluss (§ 45 Abs. 2 Nrn. 3, 4 und 5 BörsG)

a) Kenntnis des Fehlers (Nr. 3)

100 Kennt der Anleger im Zeitpunkt des Erwerbs den Fehler, so ist entgegen *Schwark*[184] nicht denknotwendig bereits die haftungsbegründende Kausali-

---

180 Vgl. dazu *Sittmann*, NZG 1998, 490, 494; ausführlich *Hamann*, in: Schäfer/Hamann, KapMG, §§ 44, 45 Rn. 242 ff.
181 Vgl. (nur für Einzelaspekte des Prospekts) *Hamann*, in: Schäfer/Hamann, KapMG, §§ 44, 45 Rn. 228.
182 *Hamann*, in: Schäfer/Hamann, KapMG, §§ 44, 45 Rn. 307 will dagegen in Umkehrung dieser Wertung die Prospektpflichtigen allenfalls dann auch ohne individuelles Verschulden haften lassen, wenn sie im Prospekt den Eindruck verantwortlicher Prüfung erweckt haben. Diese Auffassung übersieht, dass genau dieser Eindruck der Ausgangspunkt jedes Börsenprospekts ist und daher nicht das Vertrauen der Anleger, sondern Anhaltspunkte für dessen Einschränkung die darzulegende Ausnahme ist.
183 Siehe OLG München v. 17.11.2000, NZG 2001, 860, 863; vgl. *Hamann*, in: Schäfer/Hamann, KapMG, §§ 44, 45 Rn. 72.
184 *Schwark*, in: Schwark, KapMRK, § 45 BörsG Rn. 56.

tät des Prospekts für seine Anlageentscheidung ausgeschlossen. Denn er mag dem Fehler eine andere Bedeutung beigemessen haben, als sich später als tatsächliche herausstellte. Dennoch schließt der Gesetzgeber in diesem Falle die Haftung der Prospektverantwortlichen aus, da der Erwerber insoweit auf eigenes Risiko handelte. Erforderlich ist positive Kenntnis im Zeitpunkt des Abschlusses des schuldrechtlichen Verpflichtungsgeschäfts, grobfahrlässige Unkenntnis genügt nach der Neufassung nicht mehr. Entgegen *Hamann*[185] reicht damit auch die leichte Erkennbarkeit eines Druckfehlers nicht mehr für einen Haftungsausschluss aus, ebensowenig reicht die Kenntnis von Kursverlusten.[186] Auch hier trägt der Anspruchsgegner die Beweislast, der nachzukommen ihm regelmäßig unmöglich sein wird. Bei § 45 Nr. 3 BörsG handelt es sich nach überwiegender Auffassung[187] um eine Sonderregelung des Mitverschuldens, so dass nicht über § 254 BGB ein anderes Ergebnis erzielt werden kann.

b) Berichtigung (Nr. 4)

Die Haftung der Prospektverantwortlichen wird durch eine rechtzeitige Berichtigung ausgeschlossen, d.h. einer öffentlichen Beseitigung einer bestehenden wesentlichen Unrichtigkeit oder Unvollständigkeit. Die Prospektverantwortlichen haben zunächst stets das Recht, den Prospekt zu berichtigen. Eine Pflicht zur Berichtigung ordnet Nr. 4 indessen nicht an, sie besteht aber gem. § 16 WpPG bis zum Zeitpunkt der Einführung oder des Angebotsendes (s.o. Rn. 79). Ausgeschlossen ist die Haftung nur, soweit eine Korrektur unrichtiger oder unvollständiger Angaben vor Abschluss des Erwerbsgeschäfts veröffentlicht wurde. Hierbei ist nach richtiger Auffassung nicht auf den Vertragsschluss, sondern auf die unwiderrufliche Bindung des Erwerbers abzustellen;[188] beim Bookbuilding-Verfahren ist dies das Ende der Angebotsfrist. Die Berichtigung hat keine Rückwirkung und schließt bereits entstandene Ansprüche aus § 44 Abs. 1 BörsG nicht aus. Sie dient letztlich nur der Haftungsbegrenzung der Prospektverantwortlichen. Umgekehrt kommt es für den Haftungsausschluss nicht auf die Kenntnis der Adressaten von der Berichtigung an. Nach Ablauf der 6-Monatsfrist wird sie sinnlos.[189]

101

Die Berichtigung muss entweder im Jahresabschluss, in einem „Zwischenbericht" (der Gesetzeswortlaut ist überholt, gemeint sind Zwischenmitteilungen gem. §§ 37 v ff. WpHG) oder in einer Ad hoc-Mitteilung (§ 15 WpHG) nach den für diese Informationen geltenden Vorschriften oder in einer vergleichbaren Bekanntmachung erfolgen. Die Berichtigung muss deutlich gestaltet sein. Nach Auffassung der Gesetzesbegründung ist ein ausdrücklicher Hinweis auf einen Prospektfehler nicht erforderlich, da eine solche Verpflichtung in der Praxis einer Aufforderung zur Geltendmachung von Pros-

102

---

[185] *Hamann*, in: Schäfer/Hamann, KapMG, §§ 44, 45 Rn. 262.
[186] OLG Frankfurt v. 01.02.1994 – 5 U 213/92, WM 1994, 291, 298 (Bond).
[187] *Hamann*, in: Schäfer/Hamann, KapMG, §§ 44, 45 Rn. 264 m.w.N.
[188] *Schwark*, in: Schwark, KapMRK, Rn. 58; a.A. *Hamann*, in: Schäfer/Hamann, KapMG, §§ 44, 45 Rn. 268.
[189] *Stephan*, AG 2002, 3, 11.

pekthaftungsansprüchen gleichkäme und es dann in der Praxis kaum zu einer Berichtigung käme.[190] Dem folgt die überwiegende Auffassung in der Literatur jedoch nicht, die zuvor unrichtige oder unvollständige Angabe soll vielmehr kenntlich gemacht und die Berichtigung auch als solche bezeichnet werden.[191] Sieht man wie hier in der börsengesetzlichen Prospekthaftung eine Regelung, die in erster Linie der Funktionsfähigkeit des Kapitalmarkts und nur in zweiter Linie dem individuellen Anlegerschutz dient, wofür die Beschränkung der Haftung auf einen weitgehend typisierten Schadensersatz spricht (vgl. oben Rn. 11), dann wird man sich der ersten Auffassung anschließen müssen. Die Berichtigung ist selbst kein Prospekt, bedarf daher nicht der Billigung durch die BAFin und verlängert auch nicht die 6-Monatsfrist des § 44 Abs. 1 Satz 1 BörsG.[192] Ist sie selbst unrichtig oder unvollständig, so haften die Prospektverantwortlichen nur, soweit dadurch der Prospekt in seiner „berichtigten" Fassung fehlerhaft geblieben ist.[193]

c) Angaben in der Zusammenfassung (Nr. 5)

103 Nach § 5 Abs. 2 Satz 1 WpPG muss nunmehr jeder Wertpapierprospekt eine Zusammenfassung enthalten, in der kurz und allgemein verständlich die wesentlichen Merkmale und Risiken genannt werden müssen, die auf den Emittenten, jeden Garantiegeber und die Wertpapiere zutreffen. Abs. 2 Nr. 5 ordnet an, dass ein Anspruch nach § 44 BörsG ausscheidet, wenn der Mangel sich ausschließlich auf Grund von Angaben in der Zusammenfassung (oder einer Übersetzung dieser Zusammenfassung)[194] ergibt. Die Zusammenfassung soll also nicht selbst den Gesamteindruck des Prospekts bilden bzw. ersetzen können. Das schließt allerdings nicht aus, dass die Zusammenfassung, wenn sie zusammen mit den anderen Teilen des Prospekts gelesen wird, zu einem irreführenden Gesamteindruck des Prospekts führt.[195] Das kann der Fall sein, wenn sie etwa neue Angaben enthält oder frühere Angaben leugnet, vor allem aber auch, wenn sie nicht die in § 5 Abs. 2 vorgeschriebenen Warnhinweise enthält, weil dann für den Anleger ihr Charakter als bloße Einführung, aus der allein nicht gehaftet wird, nicht erkennbar ist. Dass bei einem Auslandsprospekt gem. § 19 Abs. 4 Satz 2 WpPG eine deutsche Zusammenfassung zu erstellen ist, birgt zwar für den Emittenten ein gewisses Sprachrisiko, das aber durch den Vorteil einer einheitlichen Haftung nach nur einem Statut (oben Rn. 18) wieder aufgewogen wird.

---

190 Begr. RegE 3. FFG BT-Drucks. 13/8933, S. 81.
191 *Hamann*, in: Schäfer/Hamann, KapMG, §§ 44, 45 Rn. 271; *Schwark*, in: Schwark, KapMRK, Rn. 57; *Ellenberger*, S. 71; a. A. *Groß*, KapMR, Rn. 95 m. w. N.
192 *Stephan*, AG 2002, 3, 12; *Hamann*, in: Schäfer/Hamann, KapMG, §§ 44, 45 Rn. 274.
193 *Stephan*, AG 2002, 3, 12; *Hamann*, in: Schäfer/Hamann, KapMG, §§ 44, 45 Rn. 274.
194 Dazu *Hamann*, in: Schäfer/Hamann, KapMG, §§ 44, 45 Rn. 280 a.
195 *Assmann*, in: Assmann/Schütze, HdbKapAnlR, § 6 Rn. 92; *Hamann*, in: Schäfer/Hamann, KapMG, §§ 44, 45 Rn. 280 c.

VII. Rechtsfolgen

1. Inhalt der Haftung

a) Anspruch des Inhabers (§ 44 Abs. 1 Satz 1 und 2 BörsG)

aa) Grundsatz

Rechtsfolge ist gem. § 44 Abs. 1 Satz 1 BörsG die Möglichkeit, das erworbene Wertpapier den Haftenden als Gesamtschuldnern zurückzugeben. Dafür werden der Erwerbspreis – höchstens der erste Ausgabepreis (Rn. 105) – sowie die üblichen Kosten des Erwerbs erstattet. Bei den Kosten werden als üblich angesehen Provisionen oder Maklercourtagen sowie Aufwendungen für Bezugsrechte, mit deren Hilfe der Wertpapiererwerb stattgefunden hat, nicht aber Stückzinsen beim Kauf von Schuldverschreibungen.[196] In der Sache liegt hierin letztlich nicht viel mehr als ein Rücktrittsrecht des Erwerbers. Ein individueller Vertrauensschaden, etwa der entgangene Gewinn aus einem wegen des Wertpapiererwerbs nicht abgeschlossenen Geschäfts, wird im Unterschied zur früheren Rechtlage nicht ersetzt.[197] Das zeigt auch die Begrenzung des Ersatzes auf den Ausgabepreis – es ist ohne Bedeutung, wenn der Anleger tatsächlich einen höheren Erwerbspreis gezahlt hat. 104

bb) Begrenzung auf den Ausgabepreis

Der erste Ausgabepreis wird regelmäßig in einem Nachtrag zum Prospekt angegeben.[198] Sind – wie bei einer Daueremission – die Ausgabepreise variabel, so ist der anfänglich verlangte Preis maßgebend,[199] mangels eines solchen gem. § 44 Abs. 1 Satz 2 BörsG der nach Einführung der Wertpapiere festgestellte oder gebildete Börsenpreis, im Falle der Feststellung oder Bildung an mehreren inländischen Börsen der höchste dieser Preise. 105

Die Begrenzung auf den Ausgabepreis wird u. a. damit gerechtfertigt, sie halte die Haftung überschaubar und trage so zur Risikokapitalförderung bei.[200] Mit diesem Pauschalargument könnte freilich auch die vollständige Abschaffung der Prospekthaftung gerechtfertigt werden. Genauso gut kann umgekehrt argumentiert werden: Eher fördert eine schärfere Haftung zusammen mit schärferen Kapitalmarktinformationspflichten das Anlegervertrauen und trägt damit zur Erhöhung von Investitionen auf dem Kapitalmarkt bei. Zutreffend erscheint dagegen die Überlegung der Gesetzesbegründung, der Prospekt sei gerade im Hinblick auf den ersten Ausgabepreis erstellt worden. Nachfolgende Veränderungen hingen nicht allein vom Prospekt ab, sondern auch von anderen Faktoren, über die der Prospekt keine Aussage treffen wolle.[201] 106

---

196 *Hamann*, in: Schäfer/Hamann, KapMG, §§ 44, 45 Rn. 289; *Mülbert/Steup*, in: Habersack/Mülbert/Schlitt, UntFinanzKM, § 26 Rn. 96.
197 *Ellenberger*, S. 59 f.; *Hamann*, in: Schäfer/Hamann, KapMG, §§ 44, 45 Rn. 289.
198 Vgl. die Erläuterungen zu § 8 WpPG Rn. 9.
199 *Hamann*, in: Schäfer/Hamann, KapMG, §§ 44, 45 Rn. 287.
200 Siehe etwa *Groß*, KapMR, § 45 BörsG Rn. 86, *Hamann*, in: Schäfer/Hamann KapMG, §§ 44, 45 Rn. 286.
201 Begr. RegE 3. FFG BT-Drucks. 13/8933, S. 54, 78; *Ellenberger*, S. 60.

107 Finden während der Dauer der Sechs-Monatsfrist des § 44 Abs. 1 Satz 1 BörsG weitere Transaktionen statt, bevor der nämliche Prospektfehler bekannt wird, so können auch Zweit- und Dritterwerber „auf Grund des Prospekts" erwerben (oben Rn. 56). Begrenzt man den Schaden entgegen der h. M. (zu ihr Rn. 110) auf die Differenz zwischen Erwerbspreis (höchstens: Ausgabepreis) und an der Börse erzielbarem Preis am Tage der Veräußerung (unten Rn. 111), wird der Haftende unabhängig von der Zahl der zwischenzeitlichen Veräußerungen insgesamt höchstens einmal mit dem Ausgabepreis belastet (zzgl. der Transaktionskosten).[202]

cc) Keine Rückgabe wertloser Wertpapiere

108 Ist das von den Wertpapieren eingeräumte Recht zwischenzeitlich erloschen (z.B. bei Optionsscheinen), wäre es rechtsmissbräuchlich, wenn der Haftende auf die Rückgewähr besteht.[203] Die Rückgabe kann er indessen verlangen, soweit nur eines von mehreren Rechten erloschen ist.[204]

b) Anspruch des früheren Inhabers (§ 44 Abs. 2 BörsG)

109 Nach früherer Rechtslage[205] war Voraussetzung für den Anspruch, dass der Anleger noch im Besitz der Wertpapiere war, die aufgrund des Prospekts zugelassen worden waren. Wer bei sinkenden Kursen die Wertpapiere weiterverkaufte, um den eigenen Schaden so gering wie möglich zu halten, verlor damit seine Ansprüche auf Prospekthaftung. Durch die Einfügung des § 44 Abs. 2 BörsG wurde diese Lücke geschlossen. Nunmehr hat auch derjenige einen Anspruch, der lediglich zeitweise Inhaber der fraglichen Wertpapiere war. Der Inhalt des Anspruchs besteht nach der gesetzlichen Anordnung in der Differenz zwischen dem Erwerbspreis, begrenzt auf den Ausgabepreis (wie Rn. 105) und dem Veräußerungspreis zuzüglich der Kosten für beide (!) Transaktionen.

110 Wer die fraglichen Wertpapiere verschenkt hat, müsste – konsequent – den vollständigen Erwerbspreis als Schadensersatz erhalten. Wird das Wertpapier unter Wert veräußert, so wäre der Schaden jedenfalls höher als die Differenz zwischen Erwerbs- und Börsenpreis am Tag des Verkaufs. Das kann nicht zutreffen. Es muss grds. die Differenz zwischen Erwerbspreis und Börsenpreis am Tag der Schenkung oder der Veräußerung unter Wert maßgeblich sein. Dieses Ergebnis ist unstreitig. Die h.M. gelangt dazu über eine Anwendung der Regeln über das Mitverschulden des Geschädigten gem. § 254 BGB.[206] Dem ist zu widersprechen, weil dem Anleger ein Mitverschulden al-

---

[202] *Ellenberger*, S. 64.
[203] *Baumbach/Hopt*, HGB, § 44 BörsG Rn. 10.
[204] Beispiel nach *Hamann*, in: Schäfer/Hamann, KapMG, §§ 44, 45 Rn. 291: Optionsanleihe, aus der ein Optionsschein stammt.
[205] Dazu *Ellenberger*, S. 61.
[206] Siehe etwa *Mülbert/Steup*, in: Habersack/Mülbert/Schlitt, UntFinanzKM, § 26 Rn. 98; *Assmann*, in: Assmann/Schütze, HdbKapAnlR, § 6 Rn. 253, *Baumbach/Hopt*, HGB, § 44 BörsG Rn. 11; *Ellenberger*, S. 68; *Groß*, KapMR, § 45 BörsG Rn. 87.

lenfalls nach Kenntnis des Prospektmangels zugerechnet werden könnte. Der Beschenkte bzw. derjenige, der die Wertpapiere unter Wert erworben hat, soll dagegen auf den Ersatz seines Erwerbspreises beschränkt sein.

Zu Recht meint *Schwark*, darin liege eine nachträgliche Entwertung des Geschenks oder des guten Geschäfts. Dem könne man dadurch begegnen, dass für den Zweiterwerber statt des tatsächlichen Erwerbspreises der hypothetische Börsenpreis am Tag des Erwerbs zugrundegelegt wird.[207] Freilich scheint diese Auffassung dem eindeutigen Wortlaut des Gesetzes zu widersprechen. Sie lässt sich aber halten, wenn man davon ausgeht, dass der Gesetzgeber unter Erwerbs- und Veräußerungspreis den entsprechenden Börsenpreis am Tag der Veräußerung meint und der Schaden der Anleger daher insgesamt einer typisierten Betrachtungsweise unterliegt. Wollte man das anders sehen, so ist ferner zu bedenken, dass durch ein Verschenken der Wertpapiere oder einen Verkauf unter Marktpreis der durch den Prospektfehler verursachte Schaden insoweit zufällig auf den Erwerber verlagert wird. Insoweit gelangte man über die Grundsätze der Drittschadensliquidation zum gleichen Ergebnis. *111*

2. Mitverschulden nach § 254 BGB?

Der Geschädigte ist nach ganz h. M. nicht verpflichtet, unverzüglich nach Kenntnis des Prospektmangels die Wertapiere zu veräußern.[208] Strittig ist, ob er seine Ansprüche unverzüglich anmelden muss.[209] Das ist mit *Schwark* zu verneinen, weil die Anmeldung selbst zur Schadenserverminderung nicht beiträgt.[210] Der Verkauf unter Wert ist nach zutreffender Auffassung nicht als Mitverschulden einzuordnen, sondern ist angesichts der typisierten Bemessung des Schadens durch das Gesetz einfach irrelevant (dazu soeben Rn. 111). *112*

3. Haftung als Gesamtschuldner

Prospekterlasser und -veranlasser nach Nr. 1 und Nr. 2 haften als Gesamtschuldner im Außenverhältnis. Eine gegenseitige Zurechnung des Verschuldens zwischen ihnen findet nach § 425 Abs. 2 BGB im Grundsatz nicht statt.[211] Im Innenverhältnis wird in der Praxis in aller Regel eine Haftungs- *113*

---

207 *Schwark*, in: Schwark, KapMRK, Rn. 37.
208 *Schwark*, in: Schwark, KapMRK, Rn. 67; *Assmann*, in: Assmann/Schütze, HdbKapAnlR, § 6 Rn. 253.
209 Dagegen *Schwark*, in: Schwark, KapMRK, Rn. 67; *Assmann*, in: Assmann/Schütze, HdbKapAnlR, § 6 Rn. 253; ausführlich *Ellenberger*, S. 66 f. *Baumbach/Hopt*, HGB, § 44 BörsG Rn. 10, für eine solche Pflicht dagegen *Mülbert/Steup*, in: Habersack/Mülbert/Schlitt, UntFinanzKM, § 26 Rn. 98 m. w. N.
210 *Schwark*, in: Schwark, KapMRK, Rn. 67.
211 Gegen eine Zurechnung etwa *Schwark*, in: Schwark, KapMRK, §§ 45, 46 BörsG Rn. 11; *Assmann*, in: Assmann/Schütze, HdbKapAnlR, § 6 Rdn. 240; *Hamann*, in: Schäfer/Hamann, KapMG, §§ 44, 45 Rn. 307; *Groß*, KapMR, § 45 BörsG Rn. 83; für eine Zurechnung dagegen *Ellenberger*, S. 48 f.

freistellung der Emissionsbegleiter durch den Emittenten vereinbart,[212] zwischen Konsortialmitgliedern dagegen eine quotale Haftung mit einer Regelung für den Fall des Ausfalls eines Mitglieds.[213] Fehlt eine Regelung, ist § 426 BGB einschlägig, der im Zweifel gleiche Quoten bestimmt.

VIII. Kollision mit anderen Normen

1. Konkurrenzen

114 Siehe dazu die Erläuterungen zu § 47 Abs. 2 BörsG.

2. Verhältnis zur Kapitalerhaltung

115 Nicht endgültig geklärt ist das Verhältnis der Prospekthaftung zum aktienrechtichen Verbot der Einlagenrückgewähr (§ 57 AktG) und dem Verbot des Erwerbs eigener Aktien (§ 70ff. AktG). Nach h.M. ist jedenfalls beim Aktienerwerb in Form eines Umsatzgeschäfts die börsengesetzliche Prospekthaftung lex specialis und lex posterior gegenüber der aktienrechtlichen Regelung.[214] Nach einer jüngeren Auffassung soll das auch für den unmittelbaren Erwerb im Rahmen der Zeichnung gelten, so dass im praktischen Ergebnis die Prospekthaftung uneingeschränkten Vorrang vor der aktienrechtlichen Kapitalerhaltung hat.[215] Dem ist im Ergebnis zuzustimmen. Es ist nicht Zweck der §§ 57ff. oder der §§ 70ff. AktG, das Vermögen der AG vor Verlusten zu schützen, die sich aus einer schädigenden Handlung der Gesellschaft selbst ergeben. Insb. aus § 71 AktG kann nichts abweichendes hergeleitet werden, da, wie der BGH zu Recht bemerkt, die Rückgabe der Wertpapiere im Rahmen des Schadensersatzes vor allem darauf beruht, dass dem Geschädigten aus Anlass der Schädigung kein über den Ersatz des Schadens hinausgehender Vorteil verbleiben soll.[216] Auf eine solche Konstellation ist das in § 71 AktG enthaltene Verbot nicht zugeschnitten, da die Gesellschaft hierdurch etwas erlangt und nicht verliert. Eher schon kann man umgekehrt aus § 62 AktG einen Anspruch des Emittenten, notfalls seiner Gläubiger oder des Insolvenzverwalters, gegen diejenigen Altaktionäre bejahen, die ihre Aktien aufgrund eines falschen Prospekts im Rahmen einer Emission letztlich auf Kosten der Gesellschaft zu teuer veräußern konnten. Entgegen

---

[212] Siehe dazu etwa *Diekmann*, in: Habersack/Mülbert/Schlitt, UntFinanzKM, § 18 Rn. 70ff.
[213] *Schücking*, in: Habersack/Mülbert/Schlitt, UntFinanzKM, § 19 Rn. 51.
[214] OLG Frankfurt v. 17.03.1999 – 21 U 260/97, ZIP 1999, 1005, 1007f. (MHM Mode); *Schwark*, in: Schwark, KapMRK, § 45 BörsG Rn. 13; *Mülbert/Steup*, in: Habersack/Mülbert/Schlitt, UntFinanzKM, § 26 Rn. 99 je m.w.N.
[215] *Hamann*, in: Schäfer/Hamann, KapMG, §§ 44, 45 Rn. 83f.; *Baumbach/Hopt*, HGB, § 44 BörsG Rn. 5; *Groß*, KapMR, § 45 BörsG Rn. 14; *Ellenberger*, S. 75 je m.w.N.; vgl. auch BGH v. 09.05.2005 – II ZR 287/02, NZG 2005, 672, 674 (EMTV).
[216] BGH v. 09.05.2005 – II ZR 287/02, NZG 2005, 672, 674f. (EMTV); a.A. *Ziegler*, NZG 2005, 301, 302f.

Ellenberger[217] schließt die gesetzliche Regelung der Prospekthaftung es keineswegs aus, dass der aus Prospekthaftung in Anspruch genommene Emittent von den Altaktionären (etwa der Konzernmutter beim Börsengang einer Tochtergesellschaft) auch ohne deren eigene Prospektverantwortlichkeit die Rücknahme der durch die Prospekthaftung beim Emittenten gelandeten Aktien verlangt.

IX. Gerichtliche Zuständigkeit

Nach Wegfall des früheren § 48 BörsG richtet sich die Zuständigkeit für Streitigkeiten nunmehr nach § 32 b Abs. 1 ZPO i.V.m. § 71 Abs. 2 Nr. 3 GVG. Danach ist ausschließlich zuständig in erster Instanz das Landgericht am Sitz des betroffenen Emittenten oder des betroffenen Anbieters von sonstigen Vermögensanlagen, sofern der Sitz im Inland liegt.

116

X. Die allgemeine bürgerlich-rechtliche Prospekthaftung im engeren Sinne

1. Prospektbegriff

Der Prospektbegriff der allgemeinen zivilrechtlichen Prospekthaftung ist bislang nicht höchstrichterlich geklärt.[218] Nach einer weiten Definition soll jede marktbezogene schriftliche (unter Einbezug elektronischer Dokumente) Erklärung ausreichen, soweit sie für die Beurteilung der angebotenen Anlage erhebliche Angaben enthält oder den Eindruck eines solchen Inhalts erweckt.[219] Einer engeren Definition zufolge muss es sich um einen Bericht handeln, der Angaben enthält, die einem unbestimmten Personenkreis die Beurteilung von Vermögensanlagen ermöglichen und zugleich Grundlage für eine Entscheidung sein soll.[220] In einer Entscheidung aus dem Jahr 2004 hat der BGH Ad hoc-Meldungen die Prospektqualität abgesprochen, da sie erkennbar nicht den Anspruch erheben, eine das Publikum umfassend informierende Beschreibung zu sein.[221] Ob man dieser Entscheidung Einschränkungen des Prospektbegriffs der zivilrechtlichen Prospekthaftung oder ein enges Verständnis durch den BGH[222] entnehmen muss, ist gleichwohl zweifelhaft. Denn immerhin ziehen fehlerhafte Ad hoc-Mitteilungen eine eigene Haftung nach § 37 b und § 37 c WpHG nach sich. Außerdem sind sie für den Sekundärmarkt, nicht für den Primärmarkt bestimmt und fallen bereits von daher aus (jeder) Prospektdefinition heraus.

117

---

217 *Ellenberger*, S. 75 f.
218 Näher *Hamann*, in: Schäfer/Hamann, KapMG, §§ 44, 45 BörsG Rn. 46.
219 *Assmann*, Rn. 67; *Hamann*, in: Schäfer/Hamann, KapMG, §§ 44, 45 BörsG Rn. 46.
220 Groß, § 47 BörsG Rn. 5.
221 BGH v. 19.07.2004 – II ZR 218/03, NJW 2004, 2664 (Infomatec I).
222 Dies ziehen *Hamann*, in: Schäfer/Hamann, KapMG, §§ 44, 45 BörsG Rn. 46 in Betracht.

118 Zu folgen ist der Auffassung, die relative Anforderungen an den Prospekt je nach dem Kontext stellt: In diesem Rahmen können schriftliche Äußerungen von Unternehmen sowohl auf Vollständigkeit als auch auf Unrichtigkeit untersucht werden.[223] Von daher ist die Einbeziehung bestimmter Publikationen, die keine Prospekte i. S. d. §§ 44 f. BörsG sind, in den Anwendungsbereich der zivilrechtlichen Prospekthaftung zu befürworten. Das gilt etwa für neben dem Prospekt verwendete Darstellungen, die über reine Werbemaßnahmen hinausgehen, indem sie den Eindruck der Vollständigkeit erwecken und geeignet sind den Anleger zum Erwerb zu veranlassen.[224]

2. Prospektverantwortliche

a) Unbeschränkt Prospektverantwortliche

119 Nach der Rechtsprechung des BGH unterliegen der Haftung wegen unrichtiger oder unvollständiger Angaben in einem Prospekt die Herausgeber des Prospekts und die für dessen Herstellung Verantwortlichen, insbesondere die das Management bildenden Initiatoren, Gestalter und Gründer der Gesellschaft sowie die Personen, die hinter der Gesellschaft stehen und neben der Geschäftsleitung Einfluss auf die Gesellschaft oder die Gestaltung des konkreten Anlagemodells ausüben und deshalb Mitverantwortung tragen.[225] Die Haftung ist an standardisiertes, diesen Personen typischerweise entgegengebrachtes Vertrauen geknüpft und, da persönliche Beziehungen zwischen den Anlegern und diesem Personenkreis in aller Regel nicht zustande kommen, auch nicht davon abhängig, dass die jeweiligen Personen und ihr Einfluss im Prospekt offenbar werden oder den Anlegern sonst bekannt geworden sind.[226] Als in diesem Sinn Verantwortliche kommen in erster Linie Geschäftsführer und Mehrheitsgesellschafter in Betracht, weil diese die Geschicke der Initiatorengesellschaft bestimmen.[227] Die gesellschaftsrechtliche Ausgestaltung der wahrgenommenen Funktion ist nicht ausschlaggebend. Der „Leitungsgruppe" können vielmehr alle Personen zugerechnet werden, denen ähnliche Schlüsselfunktionen zukommen. Auch ein Generalbevollmächtigter[228] oder der Leiter einer für die Baubetreuung zuständigen „Planungsgemeinschaft"[229] sind bereits als solche Mitverantwortliche angesehen worden. Nicht ausreichend (vorbehaltlich der nächsten Rn.) sind indes die

---

223 *Hamann*, in: Schäfer/Hamann, KapMG, §§ 44, 45 BörsG Rn. 46; ebenso *Schwark*, in: Schwark, KapMRK, § 45 BörsG Rn. 16.
224 *Assmann*, in: Assmann/Schütze, HdbKapAnlR, § 6 Rn. 79; *Hamann*, in: Schäfer/Hamann, KapMG, §§ 44, 45 BörsG Rn. 63.
225 BGH v. 24. 04. 1978 – II ZR 172/76, BGHZ 71, 284, 287 f.; BGH v. 26. 09. 1991 – VII ZR 376/89, BGZ 115, 213, 218; BGH v. 01. 12. 1994 – III ZR 93/93, NJW 1995, 1025; BGH v. 27. 01. 2004 – XI ZR 37/03, NJW 2004, 1376, 1379; BGH v. 03. 05. 2006 – IV ZR 252/04; BGH v. 14. 06. 2007 – III ZR 125/06, NJW-RR 2007, 1333.
226 BGH v. 14. 06. 2007 – III ZR 125/06, NJW-RR 2007, 1333; BGHZ 145, 187, 196; BGH v. 03. 05. 2006 – IV ZR 252/04
227 BGHZ 111, 314, 318 f.; BGH v. 14. 06. 2007 – III ZR 125/06, NJW-RR 2007, 1333.
228 BGHZ 79, 337, 343.
229 BGHZ 76, 231, 233 f.

bloße Mitwirkung an der Herausgabe des Prospekts oder ein lediglich in Teilbereichen ausgeübter Einfluss.[230]

b) *Haftung Dritter*

Dritte, die durch ihr nach außen in Erscheinung tretendes Mitwirken am Prospekt einen besonderen – zusätzlichen – Vertrauenstatbestand schaffen, können von den Geschädigten als sog. Berufsgaranten in Anspruch genommen werden.[231] Hierzu zählen diejenigen, die angesichts ihrer beruflichen oder sonst herausgehobenen Stellung den Anlegern als besonders vertrauenswürdig erscheinen müssen (insbesondere Rechtsanwälte, Wirtschaftsprüfer, Steuerberater und Sachverständige). Ihre Haftung richtet sich zum einen nach dem Maß und der Art ihrer Mitwirkung, zum anderen danach, wie der Einfluss im Prospekt dargestellt wird. Kündigt etwa ein Prospekt lediglich eine Prüfung durch einen Wirtschaftsprüfer an, so haftet der Prüfer nicht bereits aus dieser Ankündigung, auch wenn er zwischenzeitlich das Gutachten erstellt hat.[232] Die Dritten haften nicht für den gesamten Prospekt, sondern nur, soweit die ihnen zurechenbaren Angaben falsch sind und zum Schaden geführt haben.[233]

120

3. Prospektfehler und Verschulden

Ein Prospekt muss den Beteiligungsinteressenten ein zutreffendes Bild von dem Anlageobjekt vermitteln. Sämtliche Umstände, die für die Anlageentscheidung von Bedeutung sein können, müssen richtig und vollständig dargestellt werden.[234] Sie müssen ggf. aktualisiert werden, indem die Verantwortlichen den Prospekt nachträglich durch eine Ergänzung berichtigen oder den Anlageinteressenten bei Vertragsschluss eine entsprechende Mitteilung machen.[235] Dies sollte gelten, solange die betreffende Beteiligung angeboten wird.

121

Für die allgemeine zivilrechtliche Prospekthaftung hat der BGH den allgemeinen Sorgfaltsmaßstab des § 276 BGB angewendet, so dass sie schon bei leichter Fahrlässigkeit eingreift.[236] Zusätzlich wird bei Vorliegen eines Prospektmangels zulasten des Prospektverantwortlichen ein Verschulden vermutet, so dass dieser Umstände zu seiner Entlastung darlegen und beweisen muss.[237]

122

---

230 BGH v. 14.06.2007 – III ZR 125/06, NJW-RR 2007, 1333.
231 BGH v. 14.06.2007 – III ZR 125/06, NJW-RR 2007, 1333.
232 BGH v. 14.06.2007 – III ZR 125/06, NJW-RR 2007, 1333.
233 BGH v. 31.05.1990 – VII ZR 340/88, NJW 1990, 2461.
234 BGH v. 06.02.2006 – II ZR 329/04, NJW 2006, 2042.
235 BGH v. 05.07.1993 – II ZR 194/92, NJW 1993, 2865, 2867.
236 BGH v. 12.02.1986 – IVa ZR 76/84, NJW-RR 1986, 1102.
237 BGH v. 06.02.2006 – II ZR 329/04, NJW 2006, 2042.

4. Kausalität

123 Liegen Prospektmängel vor, spricht nach der Rechtsprechung des BGH in aller Regel die Lebenserfahrung dafür, dass die Mängel für die Anlageentscheidung ursächlich geworden sind.[238] Anders als im Rahmen der Börsenprospekthaftung gem. § 45 Abs. 2 Nr. 2 BörsG kommt es im Rahmen der haftungsausfüllenden Kausalität darauf an, ob der Anleger bei Kenntnis der Prospektunrichtigkeit auf die Vermögensanlage verzichtet hätte, nicht darauf, ob die Unrichtigkeit zum Wertverlust der Anlage geführt hat. Geschützt wird mit anderen Worten das wirtschaftliche Selbstbestimmungsrecht des Anlegers.

5. Rechtsfolgen

124 Ist der Anlageinteressent durch unrichtige Prospekte oder Verletzung der Aufklärungspflichten bewogen worden, einer Anlagegesellschaft als Gesellschafter beizutreten, so kann er zwischen zwei Möglichkeiten des Schadensausgleichs wählen. Er kann an seiner Beteiligung festhalten und den Ersatz des Betrages verlangen, um den er seine Gesellschaftsbeteiligung wegen des Mangels zu teuer erworben hat;[239] er kann aber auch verlangen, so gestellt zu werden, wie er gestanden hätte, wenn er der Gesellschaft nicht beigetreten wäre.[240] Dann hat er gegen die Prospektverantwortlichen Anspruch auf Rückzahlung seiner Aufwendungen für den Erwerb Zug um Zug gegen Abtretung der Beteiligung.[241]

6. Verjährung

125 Siehe dazu die Erläuterungen zu § 46 Rn. 2 BörsG.

§ 46 BörsG
Verjährung

Der Anspruch nach § 44 verjährt in einem Jahr seit dem Zeitpunkt, zu dem der Erwerber von der Unrichtigkeit oder Unvollständigkeit der Angaben des Prospekts Kenntnis erlangt hat, spätestens jedoch in drei Jahren seit der Veröffentlichung des Prospekts.

Inhalt

	Rn.		Rn.
I. Spezialgesetzliche Prospekthaftung	1	II. Zivilrechtliche Prospekthaftung im engeren Sinne	2

---

238 BGH v. 13.07.2006 – III ZR 361/04; BGH v. 09.02.2006 – III ZR 20/05, NJW-RR 2006, 685, 687f.; BGH, v. 01.03.2004 – II ZR 88/02, ZIP 2004, 1104, 1106;
239 BGH v. 08.12.1988 – VII ZR 83/88, NJW 1989, 1793.
240 BGH v. 03.02.2003 – II ZR 233/01.
241 BGH v. 01.03.2004 – II ZR 88/02, WM 2004, 928, 929f.; BGH v. 06.02.2006 – II ZR 329/04, NJW 2006, 2042.

I. Spezialgesetzliche Prospekthaftung

Ansprüche aus §§ 44 f. BörsG, auch soweit sie lediglich über einen Verweis (etwa in § 13 VerkProspG anwendbar sind, verjähren in einem Jahr ab Kenntnis des Prospektfehlers, spätestens jedoch drei Jahre nach Veröffentlichung (§ 14 WpPG). Kennenmüssen genügt nicht, allerdings darf sich der Anleger auch nicht einer sich aufdrängenden Kenntnis verschließen.[242] Die Kenntnis ist von dem in Anspruch Genommenen zu beweisen.[243] Die Anknüpfung der Höchstfrist an die Veröffentlichung sorgt aus Sicht der Prospektverantwortlichen dafür, dass die maximale Verjährung für alle Anleger einheitlich bestimmt werden kann.[244]

1

II. Zivilrechtliche Prospekthaftung im engeren Sinne

Prospekthaftungsansprüche im engeren Sinne verjährten nach bisheriger Rechtsprechung in sechs Monaten ab Kenntnis des Prospektfehlers, spätestens aber drei Jahre nach dem Erwerb des Anteils.[245] Für diese Rechtsprechung lehnte sich der BGH ausdrücklich an die Regelung in § 46 BörsG für die spezialgesetzliche Prospekthaftung an. Eine Ausnahme von seiner Rechtsprechung machte der BGH für Bauträgermodelle, da sich diese von anderen Anlagemodellen grundlegend unterscheiden. Für sie sollte bislang eine 30-jährige Verjährungsfrist gelten,[246] nach der Schuldrechtsreform wird wohl die Regelfrist der §§ 195, 199 BGB (kenntnisabhängig drei Jahre, Höchstfrist 10 bzw. 30 Jahre) einschlägig sein.[247] Möglicherweise ist diese Ausnahme auf weitere Modelle (etwa im Rahmen von Private Equity) zu übertragen, soweit sie Besonderheiten aufweisen, die eine kurze Verjährung als Rechtsverweigerung erscheinen lassen würde.

2

In der Literatur wird nach der Verlängerung der kenntnisabhängigen Verjährung in § 46 BörsG durch das 4. Finanzmarktförderungsgesetz deshalb überwiegend davon ausgegangen, dass auch für die Prospekthaftung im engeren Sinne nunmehr eine kenntnisabhängige Verjährung von einem Jahr gilt.[248] Daran bestehen angesichts jüngerer instanzgerichtlicher Entscheidungen Zweifel, da dort nicht auf die geänderte Gesetzeslage Bezug genommen wurde.[249] Die bisherige BGH-Rechtsprechung könnte auch als fortgeltendes Richterrecht betrachtet werden, so dass der aktuelle § 46 BörsG nichts an der bisherigen Rechtslage geändert hat. Dafür spricht immerhin,

3

---

242 *Hamann*, in: Schäfer/Hamann, KapMG, §§ 46 Rn. 9.
243 *Schwark*, in: Schwark, KapMRK, § 46 BörsG Rn. 2.
244 *Schwark*, in: Schwark, KapMRK, § 46 BörsG Rn. 3.
245 BGH v. 18.12.2000 – II ZR 84/99, NJW 2001, 1203.
246 BGH v. 13.11.2003 – VII ZR 26/03, NJW 2004, 288.
247 So *Hamann*, in: Schäfer/Hamann, KapMG, §§ 46 Rn. 9.
248 So etwa *Assmann*, in: Assmann/Schütze, HdbKapAnlR, § 6 Rn. 211; *Hamann*, in: Schäfer/Hamann, KapMG, §§ 46 Rn. 9; a. A. wegen der Aufnahme der c.i.c. in das BGB durch die Schuldrechtsreform etwa *Lux*, NJW 2003, 2966 f.
249 Vgl. OLG Hamm v. 29.03.2007 – 27 U 121/05, BeckRS 2007 05606; OLG Celle v. 07.02.2007 – 3 U 167/06, NdsRpfl 2007, 217 = BeckRS 2007, 03737.

dass sich die zusätzliche dreijährige Höchstfrist ohnehin nicht genau an der börsengesetzliche Regelung orientierte und ferner – ebenfalls nicht aus der Gesetzeslage begründbar – die besagte Ausnahme für Bauträgerverträge gemacht wurde.

§ 47 BörsG
Unwirksame Haftungsbeschränkung; sonstige Ansprüche

(1) Eine Vereinbarung, durch die der Anspruch nach § 44 im Voraus ermäßigt oder erlassen wird, ist unwirksam.

(2) Weitergehende Ansprüche, die nach den Vorschriften des bürgerlichen Rechtes auf Grund von Verträgen oder vorsätzlichen unerlaubten Handlungen erhoben werden können, bleiben unberührt.

Inhalt

	Rn.			Rn.
I. Verbot haftungsbeschränkender Abreden	1	II.	Konkurrenzen (§ 47 Abs. 2 BörsG)	2

I. Verbot haftungsbeschränkender Abreden

1 § 47 Abs. 1 BörsG verbietet nicht zum einen sämtliche Individualabreden, in denen sich Prospektverantwortliche „im Voraus" von der Haftung (teilweise) freizeichnen. Darüber hinaus steht die Vorschrift richtigerweise bereits Klauseln im Prospekt selbst entgegen, die die Haftung einschränken sollen. „Im Voraus" bedeutet nach wohl überwiegender Auffassung vor Entstehen des Anspruchs[250], nach anderer Auffassung vor Kenntnis des Anlegers von dessen Entstehen.[251] Der zweiten Auffassung ist zuzustimmen, da vor Kenntnis des Anlegers von dem Prospektmangel eine bewußte Entscheidung über einen Verzicht nicht getroffen werden kann. Im Nachhinein ist ein Verzicht unproblematisch, etwa im Rahmen eines Vergleichs.

II. Konkurrenzen (§ 47 Abs. 2 BörsG)

2 Nach § 47 Abs. 2 BörsG bleiben weitergehende Ansprüche, die nach den Vorschriften des bürgerlichen Rechts auf Grund von Verträgen oder vorsätzlichen unerlaubten Handlungen erhoben werden, „unberührt"; der gesetzlichen Formulierung, die alles andere als eindeutig ist, entnehmen Gesetzesbegründung und h. M. im Umkehrschluss eine Verdrängung sämtlicher dort nicht genannten Ansprüche durch §§ 44 ff. BörsG, insb. solche aus der allge-

---

250 *Assmann*, in: Assmann/Schütze, HdbKapAnlR, § 6 Rn. 258; *Groß*, KapMR, § 47 BörsG Rn. 1; *Schwark*, in: Schwark, KapMRK, § 47 BörsG Rn. 1.
251 *Hamann*, in: Schäfer/Hamann, KapMG, § 47 Rn. 2; *Baumbach/Hopt*, HGB, § 47 BörsG Rn. 1.

meinen zivilrechtlichen Prospekthaftung.[252] Begründet wird das damit, die börsengesetzliche Regelung stelle letztlich eine Abwägung der widerstreitenden Interessen dar, insb. dürften die auf Begrenzung des Haftungsrisikos für die Prospektverantwortlichen angelegten Regeln nicht durch die Anwendung der allgemeinen Prospekthaftungsregeln unterlaufen werden.[253] Siehe aber zum Eingreifen der allgemeinen Prospekthaftung noch oben §§ 44f. BörsG Rn. 118.

§ 47 Abs. 2 BörsG schließt zunächst Ansprüche auf Grund eines Vertrages 3 nicht aus, nach h.M. auch nicht solche, die auf einer schuldrechtlichen Sonderverbindung beruhen (c.i.c.).[254] Solche Ansprüche setzen jedoch mindestens ein persönlich in Anspruch genommenes Vertrauen voraus und sind aus diesem Grunde in aller Regel nicht einschlägig. Eine allgemeine kapitalmarktrechtliche Vertrauenshaftung ohne unmittelbaren geschäftlichen Kontakt ist abzulehnen.[255] Insbesondere folgen aus dem Forderungsrecht bei einem mittelbaren Bezugsrecht keine Beratungspflichten der Banken.[256]

§ 47 Abs. 2 BörsG erlaubt ferner die Geltendmachung von Ansprüchen aus 4 vorsätzlicher unerlaubter Handlung. Insoweit kommen angesichts des bloßen Vermögensschadens der Anleger nur Ansprüche aus § 823 Abs. 2 BGB i.V.m. einem Schutzgesetz, soweit dieses vorsätzlich verletzt wurde,[257] und aus § 826 BGB in Betracht. Als Schutzgesetzes kommen neben § 263 StGB[258] und § 264a StGB (Kapitalanlagebetrug)[259] insbesondere auch § 399 Abs. 1 Nr. 4 AktG (Kapitalerhöhungsschwindel)[260] und § 400 Abs. 1 AktG in Betracht. In jüngerer Zeit hat der BGH in dieser Hinsicht die sog. Informationsdelikthaftung auf der Grundlage des § 826 BGB schärfer konturiert.[261]

---

252 Begr. RegE 3. FFG BT-Drucks. 13/8933, S. 81; *Hamann*, in: Schäfer/Hamann, KapMG, § 47 Rn. 4; *Groß*, KapMR, § 47 BörsG Rn. 2f.; *Schwark*, in: Schwark, KapMRK, § 45 BörsG Rn. 73.
253 Begr. RegE 3. FFG BT-Drucks. 13/8933, S. 81.
254 *Hamann*, in: Schäfer/Hamann, KapMG, § 47 Rn. 6; *Schwark*, in: Schwark, KapMRK, § 45 BörsG Rn. 73.
255 *Hamann*, in: Schäfer/Hamann, KapMG, § 47 Rn. 6; *Schwark*, in: Schwark, KapMRK, § 45 BörsG Rn. 73.
256 OLG Bremen, AG 1997, 420, 421 (Elsflether Werft).
257 *Hamann*, in: Schäfer/Hamann, KapMG, § 47 Rn. 13.
258 Dazu BGH 19.07.2004 – II ZR 218/03, NJW 2004, 2664, 2666 (Infomatec I); OLG Köln, AG 2000, 281, 284.
259 Dazu BGH 19.07.2004 – II ZR 218/03, NJW 2004, 2664, 2666 (Infomatec I)
260 Dazu *Schwark*, in: Schwark, KapMRK, § 45 BörsG Rn. 76f.
261 Nachweise in oben §§ 44f. BörsG Rn. 2.

Prospekthaftung nach §§ 13, 13a VerkProspG

§ 13 VerkProspG
Haftung bei fehlerhaftem Prospekt

(1) Sind für die Beurteilung der Wertpapiere, die nicht zum Handel an einer inländischen Börse zugelassen sind, oder der Vermögensanlagen im Sinne des § 8f Abs. 1 wesentliche Angaben in einem Prospekt im Sinne des Wertpapierprospektgesetzes oder in einem Verkaufsprospekt unrichtig oder unvollständig, so sind die Vorschriften der §§ 44 bis 47 des Börsengesetzes mit folgender Maßgabe entsprechend anzuwenden:

1. bei der Anwendung des § 44 Abs. 1 Satz 1 des Börsengesetzes ist für die Bemessung des Zeitraums von sechs Monaten anstelle der Einführung der Wertpapiere der Zeitpunkt des ersten öffentlichen Angebots im Inland maßgeblich;

2. § 44 Abs. 3 des Börsengesetzes ist auf Emittenten mit Sitz im Ausland anzuwenden, deren Wertpapiere auch im Ausland öffentlich angeboten werden;

3. bei Angaben in einem Verkaufsprospekt für Vermögensanlagen im Sinne des § 8f Abs. 1 sind die §§ 44 und 45 des Börsengesetzes unbeschadet der Nummern 1 und 2 darüber hinaus mit folgenden Maßgaben anzuwenden:

   a) an die Stelle des Wertpapiers tritt die Vermögensanlage,

   b) an die Stelle der Beschränkung des Erwerbspreises auf den Ausgabepreis nach § 44 Abs. 1 Satz 1 und Abs. 2 des Börsengesetzes tritt der erste Erwerbspreis,

   c) § 44 Abs. 1 Satz 2 und § 45 Abs. 2 Nr. 5 des Börsengesetzes finden keine Anwendung und

   d) an die Stelle des Börsenpreises in § 45 Abs. 2 Nr. 2 tritt der Erwerbspreis.

(2) (aufgehoben)

§ 13a VerkProspG
Haftung bei fehlendem Prospekt

(1) Der Erwerber von Wertpapieren, die nicht zum Handel an einer inländischen Börse zugelassen sind, oder von Vermögensanlagen im Sinne des § 8f Abs. 1 kann, wenn ein Prospekt entgegen § 3 Abs. 1 Satz 1 des Wertpapierprospektgesetzes oder entgegen § 8f Abs. 1 Satz 1 nicht veröffentlicht wurde, von dem Emittenten und dem Anbieter als Gesamtschuldner die Übernahme der Wertpapiere oder Vermögensanlagen gegen Erstattung des Erwerbspreises, soweit dieser den ersten Erwerbspreis nicht überschreitet, und der mit dem Erwerb verbundenen üblichen Kosten verlangen, sofern das Erwerbsgeschäft vor Veröffentlichung eines Prospekts und innerhalb von sechs Monaten nach dem ersten öffentlichen Angebot im In-

land abgeschlossen wurde. Auf den Erwerb von Wertpapieren desselben Emittenten, die von den in Satz 1 genannten Wertpapieren nicht nach Ausstattungsmerkmalen oder in sonstiger Weise unterschieden werden können, ist Satz 1 entsprechend anzuwenden.

(2) Ist der Erwerber nicht mehr Inhaber der Wertpapiere oder Vermögensanlagen im Sinne des § 8f Abs. 1, so kann er die Zahlung des Unterschiedsbetrags zwischen dem Erwerbspreis und dem Veräußerungspreis der Wertpapiere oder Vermögensanlagen sowie der mit dem Erwerb und der Veräußerung verbundenen üblichen Kosten verlangen. Absatz 1 Satz 1 gilt entsprechend.

(3) Werden Wertpapiere oder Vermögensanlagen im Sinne des § 8f Abs. 1 eines Emittenten mit Sitz im Ausland auch im Ausland öffentlich angeboten, besteht ein Anspruch nach Absatz 1 oder Absatz 2 nur, sofern die Wertpapiere oder Vermögensanlagen auf Grund eines im Inland abgeschlossenen Geschäfts oder einer ganz oder teilweise im Inland erbrachten Wertpapierdienstleistung erworben wurden.

(4) Der Anspruch nach den Absätzen 1 bis 3 besteht nicht, sofern der Erwerber die Pflicht, einen Prospekt oder Verkaufsprospekt zu veröffentlichen, beim Erwerb kannte.

(5) Die Ansprüche nach den Absätzen 1 bis 3 verjähren in einem Jahr seit dem Zeitpunkt, zu dem der Erwerber Kenntnis von der Pflicht, einen Prospekt oder Verkaufsprospekt zu veröffentlichen, erlangt hat, spätestens jedoch in drei Jahren seit dem Abschluss des Erwerbsgeschäfts.

(6) Eine Vereinbarung, durch die ein Anspruch nach den Absätzen 1 bis 3 im Voraus ermäßigt oder erlassen wird, ist unwirksam. Weitergehende Ansprüche, die nach den Vorschriften des bürgerlichen Rechtes auf Grund von Verträgen oder vorsätzlichen unerlaubten Handlungen erhoben werden können, bleiben unberührt.

(7) Für Entscheidungen über Ansprüche nach den Absätzen 1 bis 3 gilt § 32b der Zivilprozessordnung entsprechend.

Inhalt

		Rn.			Rn.
I.	Allgemeines	1		3. Vermögensanlagen nach	
II.	Besonderheiten der Prospekt-			§ 8f VerkProspG	4
	haftung nach § 13 VerkProspG.	2	III.	Haftung für fehlenden Prospekt	
	1. Beginn des Sechs-Monatszeit-			nach § 13a VerkProspG	5
	raums	2		1. Tatbestand und Verjährung .	5
	2. Emittenten mit Sitz im			2. Haftungsadressaten und	
	Ausland	3		Verschulden	7
				3. Rechtsfolge	8

I. Allgemeines

1 Zu den Anwendungsvoraussetzungen der §§ 13 und 13a VerkProspG vgl. zunächst die Erläuterungen zu § 44f. BörsG, insbesondere Rn. 19ff. zum Prospektbegriff. Für den Tatbestand (Haftungsadressaten, Erwerb, Prospektfehler, Kausalität, Verschulden, Ausschlusstatbestände) und die Rechtsfolgen einer Haftung für einen vorhandenen Prospekt verweist § 13 VerkProspG auf die §§ 44f. BörsG, so dass die dortigen Erläuterungen auch für die Haftung nach § 13 VerkProspG einschlägig sind, soweit nicht im Folgenden Besonderheiten dargestellt sind. Zur Haftung für einen fehlenden Prospekt s.u. Rn. 5ff.

II. Besonderheiten der Prospekthaftung nach § 13 VerkProspG

1. Beginn des Sechs-Monatszeitraums

2 Gem. § 13 Abs. 1 Nr. 1 VerkProspG ist bei der Anwendung des § 44 Abs. 1 Satz 1 BörsG für die Bemessung des Zeitraums von sechs Monaten anstelle der Einführung der Wertpapiere der Zeitpunkt des ersten öffentlichen Angebots im Inland maßgeblich. Was ein öffentliches Angebot ist, bestimmt § 2 Nr. 4 WpPG: eine Mitteilung an das Publikum in jedweder Form und auf jedwede Art und Weise, die ausreichende Informationen über die Angebotsbedingungen und die anzubietenden Wertpapiere enthält, um einen Anleger in die Lage zu versetzen, über den Kauf oder die Zeichnung dieser Wertpapiere zu entscheiden. Durch die gesetzliche Regelung könnten die Prospektverantwortlichen auf die Idee kommen, den Vertrieb der Vermögensanlagen erst nach Ablauf des Sechs-Monatszeitraums zu betreiben und etwa verstärkt zu bewerben.[262] Um zu verhindern, dass die Prospekthaftung dadurch umgangen wird, ist auf den Einzelfall abzustellen. Wird die durch die Haftung geschützte Anlage erst zu einem Zeitpunkt deutlich nach der Veröffentlichung des Prospekts beworben und finden erst dann Verkäufe in erheblichem Umfang statt, so ist darin auch der Zeitpunkt des ersten öffentlichen Angebots zu sehen.[263]

2. Emittenten mit Sitz im Ausland

3 § 13 Abs. 1 Nr. 2 VerkProspG erklärt die Haftung auch auf Emittenten mit Sitz im Ausland für anwendbar, soweit der in § 44 Abs. 3 BörsG geregelte Inlandsbezug gegeben ist. § 44 Abs. 3 BörsG ordnet technisch eine Ausnahme von der Haftung an, wenn kein Inlandsbezug gegeben ist, setzt für diese Ausnahme allerdings die Börsenzulassung des Emittenten im Ausland voraus. Das passt schlecht für öffentliche Angebote nicht zugelassener Wert-

---

[262] *Heisterhagen*, DStR 2006, 759, 762.
[263] A.A. die h.M., die lediglich auf die Prospektveröffentlichung abstellt, vgl. *Heisterhagen*, DStR 2006, 759, 762; *Heidelbach*, in: Schwark, KapMRK, § 13 VerkProspG Rn. 7; *Groß*, KapMR, § 13 VerkProspG Rn. 6.

papiere, weshalb § 13 Abs. 1 Nr. 2 VerkProspG davon spricht, dass die betreffenden Wertpapiere auch im Ausland öffentlich angeboten werden. Wenn der ausländische Emittent allein in Deutschland platziert, ist die Ausnahme trotz des insoweit missverständlichen Wortlauts der Nr. 2 also nicht einschlägig, der Inlandsbezug also gegeben.

3. Vermögensanlagen nach § 8f VerkProspG

§ 13 Abs. 1 Nr. 3 VerkProspG betrifft Verkaufsprospekte für Vermögensanlagen nach § 8f VerkProspG. Da die Vermögensanlagen des § 8f Abs. 1 VerkProspG gerade nicht in Wertpapieren verbrieft sind, tritt bei allen in Bezug genommenen Vorschriften gem. § 13 Abs. 1 Nr. 3a) VerkProspG an die Stelle des Begriffes „Wertpapier" der Begriff „Vermögensanlage". § 13 Abs. 1 Nr. 3b) VerkProspG lässt an die Stelle des Ausgabepreises als Haftungsgrenze den ersten Erwerbspreis treten. Ferner regelt Nr. 3d), dass an die Stelle des Börsenpreises in § 45 Abs. 2 Nr. 2 BörsG der Erwerbspreis tritt, da die Vermögensanlagen nach § 8f VerkProspG nicht an der Börse gehandelt werden. Damit gemeint sein kann indessen nur ein „späterer Erwerbspreis", m.a.W. der gemeine Wert der Vermögensanlage, soweit sich ein solcher feststellen lässt. Lässt er sich nicht feststellen, so kann die Haftung nicht am Kausalitätserfordernis des § 45 Abs. 2 Nr. 2 BörsG scheitern. Auf eine Veränderung des Erwerbspreises durch den Anbieter kann es dagegen nicht ankommen, da dieser es sonst in der Hand hätte, bis zum Ablauf der Frist den Preis gleich zu halten und so von der Haftung frei zu werden. § 13 Abs. 1 Nr. 3c) VerkProspG erklärt § 45 Abs. 2 Nr. 5 BörsG für nicht anwendbar, so dass die Privilegierung der Zusammenfassung bei Wertpapierprospekten nicht für Prospekte nach §§ 8f ff. VerkProspG (der frühere sog. graue Kapitalmarkt) gilt.[264]

4

III. Haftung für fehlenden Prospekt nach § 13a VerkProspG

1. Tatbestand und Verjährung

Voraussetzung der Haftung nach § 13a Abs. 1 Satz 1 VerkProspG ist, dass trotz Prospektpflicht nach § 3 Abs. 1 Satz 1 WpPG oder § 8f Abs. 1 Satz 1 VerkProspG kein Prospekt nach dem Wertpapierprospektgesetz bzw. Vermögensanlage-Verkaufsprospekt nach dem Verkaufsprospektgesetz veröffentlicht wurde und ein Wertpapiererwerb stattgefunden hat. Entgegen dem Wortlaut des Tatbestandes gilt § 13a VerkProspG auch dann, wenn die Prospektpflicht für das öffentliche Angebot bereits zugelassener Wertpapiere verletzt wird, dazu bereits oben §§ 44f. BörsG Rn. 20. Nicht veröffentlicht ist ein Prospekt schon dann, wenn keine Billigung durch die BAFin stattgefunden hat, da nur durch die Veröffentlichung eines gebilligten Prospekts die Prospektpflicht nach § 3 Abs. 1 Satz 1 WpPG oder § 8f Abs. 1 Satz 1 VerkProspG erfüllt wird (Näher oben §§ 44f. BörsG Rn. 29f.).

5

---
264 Krit. dazu *Schäfer*, ZGR 2006, 40, 52.

6 § 13a Abs. 3 und 4 VerkProspG ordnen weitere Kautelen an, die der Regelung der §§ 44 ff. BörsG entsprechen (Erwerb innerhalb des Sechs-Monatszeitraums, vgl. oben Rn. 58–60, Ausnahme bei Kenntnis des Erwerbers von der Pflicht zur Prospektveröffentlichung, oben Rn. 103). Naturgemäß fehlen die prospektspezifischen Ausschlusstatbestände des § 45 Abs. 2 Nr. 1, 2, 4 und 5 BörsG.[265] Die Unzulässigkeit von Haftungsbeschränkungen und das Verhältnis zu sonstigen Ansprüchen sind in § 13a Abs. 6 VerkProspG angesprochen und entsprechen § 47 BörsG. Die Verjährungsregeln in § 13a Abs. 5 VerkProspG entprechen § 46 BörsG (siehe Erläuterungen jeweils dort).

2. Haftungsadressaten und Verschulden

7 Nach dem Gesetzeswortlaut haften Emittent und Anbieter. Anbieter ist derjenige, der für das öffentliche Angebot der Vermögensanlage verantwortlich ist und gegenüber den Anlegern erkennbar auftritt.[266] Ist der Emittent nicht auch zugleich der Anbieter der Wertpapiere, haftet er entgegen dem mißverständlichen Wortlaut des Gesetzes nicht, da ihn eine Prospektpflicht nur im Falle des öffentlichen Angebots treffen kann.[267] Ein Verschuldenserfordernis wie in § 45 Abs. 1 BörsG hat der Gesetzgeber nicht aufgestellt. Offenbar ging er davon aus, dass ein Verkennen der Pflicht, einen Prospekt zu erstellen, lediglich ein unbeachtlicher Rechtirrtum sein kann. Daran ist festzuhalten.[268] Es ist aber erforderlich, dass das öffentliche Angebot selbst dem in Anspruch Genommenen zugerechnet werden kann.

3. Rechtsfolge

8 Fehlt es an einem erforderlichen Prospekt, sieht § 13a Abs. 1 VerkProspG vor, dass der Erwerber von dem Emittenten und dem Anbieter die Rücknahme der Wertpapiere oder Vermögensanlagen „gegen Erstattung des Erwerbspreises, soweit dieser den ersten Erwerbspreis nicht überschreitet, und der mit dem Erwerb verbundenen üblichen Kosten verlangen" kann. Ist der Erwerber nicht mehr Inhaber der Wertpapiere oder Vermögensanlagen, so kann er nach § 13a Abs. 2 VerkProspG „die Zahlung des Unterschiedsbetrages zwischen dem Erwerbspreis und dem Veräußerungspreis der Wertpapiere oder Vermögensanlagen sowie der mit dem Erwerb und der Veräußerung verbundenen üblichen Kosten verlangen". Diese Regeln entsprechen der Rechtslage nach §§ 44 f. BörsG mit der Besonderheit, dass auf den „Erwerbspreis" abgestellt wird. Dafür ist grds. auf oben Rn. 4 zu verweisen, ggf. ist der gemeine Wert nach § 286 f. ZPO zu schätzen.

---

265 Zur haftungsbegründenden Kausalität siehe *Bohlken/Lange*, DB 2005, 1259, 1261.
266 *Bohlken/Lange*, DB 2005, 1259, 1261.
267 *Assmann*, in: Assmann/Schütze, HdbKapAnlR, § 6 Rn. 274.
268 *Fleischer*, BKR 2004, 339, 346; a. A. nicht überzeugend *Bohlken/Lange*, DB 2005, 1259, 1261 (Verschuldenserfordernis zur Vermeidung von Wertungswidersprüchen); auch *Mülbert/Steup*, in: Habersack/Mülbert/Schlitt, UntFinanzKM, § 26 Rn. 86 (Frage des Verschuldens); *Schäfer*, ZGR 2006, 40, 51 f. (grobe Fahrlässigkeit erforderlich).

Schweizer Wertpapierprospektrecht

Inhalt

	Rn.
I. Begriff und Funktion des Prospekts	1
II. Die Rechtsgrundlagen des Schweizer Prospektrechts	2
III. Emissionsprospekt	4
1. Prospektpflicht	5
a) Neue Aktien	6
b) Partizipationsscheine	12
c) Forderungspapiere	13
d) Notes	14
e) Anteilscheine an kollektiven Kapitalanlagen	15
f) Strukturierte Produkte	16
g) Öffentliches Angebot	17
h) Ausnahmen	18
2. Prospektinhalt	19
3. Veröffentlichung	23
4. Prospektprüfung	24
5. Prospekthaftung	26
a) Anspruchsgrundlagen	27
aa) Inländische Emittenten	30
bb) Ausländische Emittenten	32
b) Anspruchsvoraussetzungen	34
aa) Emissionsprospekt oder prospektähnliche Mitteilungen	35
bb) Pflichtverletzung	36
cc) Haftungsbegründende Kausalität	39
dd) Verschulden	40
ee) Schaden	42
ff) Aktivlegitimation	46
gg) Passivlegitimation	48
hh) Verjährung	50
6. Strafrechtliche Sanktionen	51
IV. Kotierungsprospekt	52
1. Organisation der SWX Swiss Exchange AG	53
a) Selbstregulierung und rechtlicher Rahmen	56
b) Die Kotierungssegmente und ihre entsprechenden Regularien	59
aa) Das Hauptsegment	60

	Rn.
bb) Das „EU-kompatible" Segment	61
cc) SWX Local Caps	62
dd) Investmentgesellschaften	63
ee) Immobiliengesellschaften	64
ff) Anlagefonds	65
c) Handelssegmente der SWX Europe (vormals virt-x) für SMI- und SLI-Titel	66
aa) Wahlrecht der Emittenten	67
bb) EU Regulated Market Segment	69
cc) UK Exchange Regulated Segment for Swiss blue chip securities	70
dd) Grandfathering	71
2. Prospektpflicht	72
a) Prospektpflicht nach dem Kotierungsreglement	72
aa) Befreiung von der Prospektpflicht	75
bb) Ausnahmen von der Prospektpflicht	76
cc) Kürzung des Kotierungsprospekts	77
dd) Verweis auf einen früheren Kotierungsprospekt	78
ee) Befreiung von einzelnen Angaben	79
ff) Prospektpflicht ausländischer Emittenten	80
i) Primärkotierung	81
ii) Sekundärkotierung	82
b) Prospektpflicht nach dem Zusatzreglement für das EU-kompatible Segment	87
aa) Anwendungsbereich	88
bb) Ausnahmen	89
cc) Befreiung von bestimmten Angaben	90
dd) Zusammenfassung	91
c) Prospektpflicht nach den übrigen Zusatzreglementen	92

3. Prospektinhalt 93	b) Kotierungsgesuch 103
a) Prospektinhalt nach dem Kotierungsreglement 94	c) Genehmigung des allgemeinen Kotierungsprospekts . 104
b) Prospektinhalt nach dem Zusatzreglement des EU-kompatiblen Segments 95	d) Genehmigung des Kotierungsprospekts für das EU-kompatible Segment........ 107
4. Veröffentlichung........... 96	6. Sanktionen................ 108
a) Allgemeiner Kotierungsprospekt 96	7. Rechtsmittel............... 109
	a) Die Beschwerdeinstanz...... 109
b) „EU-kompatibler" Prospekt . 101	b) Das Schiedsgericht der SWX. 110
5. Prospektprüfung........... 102	8. Prospekthaftung 111
a) Die Zulassungsstelle 102	

I. Begriff und Funktion des Prospekts

1 Der Prospekt ist auch in der Schweiz das zentrale Informationsdokument im Primärmarkt. Er soll dem Zielpublikum sämtliche für die Beurteilung einer Anlage erforderlichen Informationen vermitteln.[1] Neben seiner zentralen Informationsfunktion bei der Emission und Notierung von Effekten kommen zwei weitere Funktionen hinzu, die Garantie- und die Werbefunktion.[2]

II. Die Rechtsgrundlagen des Schweizer Prospektrechts

2 Ein einheitliches Prospektrecht gibt es in der Schweiz nicht. Vielmehr wird zwischen dem Emissions- und dem Kotierungsprospekt[3] differenziert. Dabei fällt auf, dass an den Emissions- wesentlich geringere Anforderungen als an den Kotierungsprospekt gestellt werden. Diese erheblichen Unterschiede sind in erster Linie Folge der verschiedenen Rechtsgrundlagen.

3 Die Prospektpflicht für den Emissionsprospekt folgt aus dem Obligationenrecht (Art. 652a OR).[4] Die Anforderungen an den Kotierungsprospekt sind dagegen den Reglementen der Schweizer Börse Swiss Exchange (SWX) zu entnehmen. Die von der SWX erlassenen Bestimmungen regeln zwar die Zulassung der Wertpapiere zum Handel (Sekundärmarkt), nicht aber die Emission und das Inverkehrsetzen von neuen Wertpapieren (Primärmarkt[5]). Auch das schweizerische Börsengesetz (BEHG)[6] nimmt den Primärmarkt im We-

---

1 *Dieter Zobl/Stefan Kramer*, Schweizerisches Kapitalmarktrecht, 2004, § 19 Rn. 1105.
2 *Zobl/Kramer*, Schweizerisches Kapitalmarktrecht, 2004, § 19 Rn. 1106 ff.
3 In der Schweiz spricht man statt von „Börsennotierung" von „Börsenkotierung". Diese sprachlichen Unterschiede sollen nachfolgend beibehalten werden, da auch die gesetzlichen Regelungen diese Begriffe verwenden.
4 Bundesgesetz vom 30.03.1911 betreffend die Ergänzung des Schweizerischen Zivilgesetzbuches (Fünfter Teil: Obligationenrecht, OR), SR 220.
5 Zur Definition von Primär- und Sekundärmarkt *Anton K. Schnyder*, Münchner Komm. zum BGB, Bd. 11, 4. Aufl. 2006, IntKapMarktR, Rn. 6 (fortan: MüKo).
6 Bundesgesetz vom 24.03.1995 über die Börsen und den Effektenhandel (Börsengesetz, BEHG), SR 954.1.

sentlichen von seinem Anwendungsbereich aus, da er bereits im Obligationenrecht geregelt ist (Art. 652a, 1156, 752 OR).[7]

III. Emissionsprospekt

Der Emissionsprospekt enthält Angaben zu einem Wertpapier, das erstmalig öffentlich zum Verkauf angeboten wird. 4

1. Prospektpflicht

Die Prospektpflicht für den Emissionsprospekt ist im Obligationenrecht (OR) geregelt. 5

a) Neue Aktien

Bietet eine schweizerische Aktiengesellschaft ihre neuen Aktien öffentlich zur Zeichnung an, besteht gemäss Art. 652a OR eine gesetzliche Prospektpflicht. 6

Nach heute herrschender Auffassung gilt die Prospektpflicht auch für die Festübernahme, da dieses Verfahren letztlich nur eine technische Variante der öffentlichen Platzierung von Aktien darstellt.[8]

Anders als nach § 3 Abs. 1 des deutschen Wertpapierprospektgesetzes (WpPG)[9] entsteht die Prospektpflicht nach Art. 652a Abs. 1 OR nicht bei jedem öffentlichen Angebot von Aktien, sondern nur wenn es auf die Zeichnung „neuer Aktien" ausgerichtet ist. Ob die Prospektpflicht auf die Fälle des sog. *Secondary Offering*, in denen ein bisheriger (Gross-)Aktionär seine Titel dem Publikum anbietet, ausgedehnt werden muss, ist deshalb sehr umstritten. Nach einigen Stimmen handelt es sich dabei um einen Tatbestand des Sekundärmarktes, der grundsätzlich von der Prospektpflicht nach 7

---

[7] *Daniel Keist/Jacqueline Morard/Roland Maurhofer*, Kotierungsrecht der SWX – Neue Regularien und Ausblick, ST 2006, 39, 39.

[8] *Zobl/Kramer*, Schweizerisches Kapitalmarktrecht, 2004, § 19 Rn. 1109; *Felix M. Huber/Peter Hodel/Christopher Staub Gierow*, Praxiskommentar zum Kotierungsrecht der SWX, 2004, Art. 32 Rn. 15; *Rolf Watter*, Prospekt(haft)pflicht heute und morgen, AJP 1992, 48, 51; *Vito Roberto/Thomas Wegmann*, Prospekthaftung in der Schweiz, SZW 2001, 161, 165; Basler Kommentar zum Schweizerischen Privatrecht, Obligationenrecht II, Hrsg. Heinrich Honsell/Nedim Peter Vogt/Rolf Watter, 2002 (fortan: BSK OR II) *Zindel/Isler*, Art. 652a Rn. 3b.

[9] Gesetz über die Erstellung, Billigung und Veröffentlichung des Prospekts, der beim öffentlichen Angebot von Wertpapieren oder bei der Zulassung von Wertpapieren zum Handel an einem organisierten Markt zu veröffentlichen ist (Wertpapierprospektgesetz, WpPG) vom 22.06.2005, BGBl. I, S. 1698; *Michael Schlitt/Susanne Schäfer*, Auswirkungen des Prospektrichtlinienumsetzungsgesetzes auf Aktien- und Equity-linked Emissionen, AG 2005, 498, 500, 510.

Art. 652a OR ausgenommen sein soll.[10] Andere Autoren sprechen sich wiederum für eine weite Auslegung von Art. 652a OR und dessen Ausdehnung auch auf den Sekundärmarkt aus.[11] Gerade mit Blick auf die europäische Rechtsentwicklung[12] sollten die Fälle des sog. *Secondary Offering* in die Prospektpflicht einbezogen werden.

8 In der Literatur wird die Auffassung vertreten, dass Art. 652a OR die öffentliche Emission ausländischer Aktien[13] bzw. das öffentliche Angebot von Aktien ausländischer Gesellschaften in der Schweiz nicht erfasst.[14] Dahinter steht die Überlegung, dass der Gesetzgeber die Norm im Aktienrecht verortet hat und dieses anerkanntermassen nur Gesellschaften erfasst, die danach gegründet worden sind. Eine solch restriktive Auslegung von Art. 652a OR hätte bei internationalen Platzierungen von Aktien eine Lücke im Anlegerschutz zur Konsequenz. Beispielsweise bestünde keine Prospektpflicht, wenn ein deutsches Unternehmen Aktien auflegt und diese ausschliesslich auf dem schweizerischen Markt zur Zeichnung anbietet. Denn § 3 Abs. 1 WpPG verpflichtet die Anbieter nur dann dazu, einen Prospekt zu erstellen, wenn sie die Wertpapiere in Deutschland öffentlich anbieten, und Art. 652a OR käme mangels Inkorporation der Gesellschaft in der Schweiz nicht zum Tragen.

Die höchstrichterliche Rechtsprechung hat zur Frage der Anwendbarkeit von Art. 652a OR auf Emissionen ausländischer Gesellschaften noch nicht Stellung nehmen müssen. Eine Anwendung der entsprechenden Haftungsnorm von Art. 752 OR, die ebenfalls im Aktienrecht verortet ist, auf ausländische Gesellschaften hat sie jedoch mit Hinweis auf deren systematische Stellung abgelehnt.

9 Art. 652a OR stellt trotz seiner Eingliederung in das Gesellschaftsrecht keine gesellschaftsrechtliche, sondern eine kapitalmarktrechtliche Norm dar.[15] Man wird schlechterdings nicht bei einer rein systematischen Auslegung verharren können, sondern muss den Anwendungsbereich entsprechend dem Zweck der Norm, den inländischen Anleger zu schützen und die Funktionsfähigkeit des schweizerischen Kapitalmarkts zu sichern, auf ausländi-

---

10 *Zobl/Kramer*, Schweizerisches Kapitalmarktrecht, 2004, § 19 Rn. 1109; *Peter Böckli*, Schweizer Aktienrecht, 3. Aufl., § 18 Rn. 22; *Urs Emch/Hugo Renz/Reto Arpagaus*, Das Schweizerische Bankgeschäft, 2004, 638, 639; *Huber/Hodel/Staub Gierow*, Praxiskommentar zum Kotierungsrecht der SWX, 2004, Art. 32 Rn. 17.
11 *Rolf Watter*, Die Festübernahme von Aktien, speziell beim „Initial Public Offering", FS Rolf Bär, 1998, 387, 399f.
12 Die Prospekt-Richtlinie (vgl. Fn. 144) beschränkt die Prospektpflicht nicht auf „neue Aktien".
13 *Emch/Renz/Arpagaus*, Das Schweizerische Bankgeschäft, 2004, 638, 639, Rn. 1971.
14 *Wolfhart F. Bürgi/Ursula Nordmann*, Zürcher Kommentar zum OR, 1957, Art. 752 Rn. 21 (fortan: ZK); *Kinga M. Kondorosy*, Die Prospekthaftung im internationalen Privatrecht, 1999, 147.
15 *Klaus J. Hopt*, Die Verantwortlichkeit der Banken bei Emissionen – Recht und Praxis in der EG, in Deutschland und in der Schweiz, 1991, 55; *ders.*, Emission, Prospekthaftung und Anleihetreuhand im internationalen Recht, FS Werner Lorenz, 1991, 413, 417.

sche Aktiengesellschaften ausdehnen.[16] Dafür spricht auch, dass bei Anleihensobligationen (Art. 1156 OR)[17] eine entsprechende Pflicht für ausländische Emittenten allgemein angenommen wird und im Übrigen kein Grund erkennbar ist, warum ausländische Emittenten gegenüber inländischen der Vorteil gewährt werden soll, keinen Prospekt erstellen zu müssen.

Dass es sich bei der Prospektpflicht und der entsprechenden Prospekthaftung nicht um Institute des Gesellschaftsrechts, sondern um solche des Kapitalmarktrechts handelt, zeigt auch die Entscheidung des Gesetzgebers, im internationalen Privatrecht mit Art. 156 IPRG eine Sonderanknüpfung aufzunehmen, die es dem Anleger erlaubt, alternativ das auf die Gesellschaft anwendbare Recht oder das Recht am Ort der Ausgabe der Wertpapiere zu wählen.[18] Ausweislich der Motive[19] zu diesem Gesetz wollte der Gesetzgeber mit dieser Sonderanknüpfung bei grenzüberschreitenden Emissionen den Schutz- und Publizitätsvorschriften des Ausgabestaates Geltung verschaffen. Dieses Ziel würde im Hinblick auf die inländisch schweizerischen Vorschriften vereitelt, wenn man diese aufgrund ihrer systematischen Stellung nicht zur Anwendung kommen liesse.

Demnach kommt die Prospektpflicht von Art. 652a OR bei Emissionen ausländischer Akteingesellschaften zum Zuge, wenn der Ausgabeort der Aktien in der Schweiz liegt. Als Ausgabeort wird teilweise der Ort der Zeichnung angesehen.[20] Wenn eine oder ein Sydikat von Emissionsbanken die Aktien zur Zeichnung anbietet, soll es somit auf deren Sitz ankommen.[21] Nach Sinn und Zweck der Prospektpflicht hat man jedoch denjenigen Ort als Ausgabeort anzusehen, an dem das Angebot zur Zeichnung der Aktien tatsächlich abgegeben wird, mithin den Marktort.[22] Bei einem Abstellen auf den Ort der Zeichnung liesse sich die Prospektpflicht zu Lasten der Investoren leicht aushöhlen. Auch wenn die Anforderungen, die Art. 652a OR an den Prospekt stellt, nicht den Standard der europäischen Prospekt-Richtlinie erreichen und somit vielfach hinter dem des fremden Rechts zurückbleiben, existieren doch zahlreiche Finanzplätze, die wiederum hinter dem Schutzniveau der Schweiz zurückbleiben.

10

---

16 Ohne nähere Begründung ebenso *Patrick Schleiffer/Christian Rehm*, Zum Prospekt nach Obligationenrecht, ST 2005, 1012.
17 Dazu unten 5/a/bb.
18 *Kondorosy*, Die Prospekthaftung im internationalen Privatrecht, 1999, 160f., sieht die Sonderanknüpfung als Evidenz dafür, dass der Gesetzgeber die Prospektpflicht als eine vom Gesellschaftsrecht losgelöste selbstständige Pflicht des Kapitalmarktrechts ansieht.
19 Botschaft zum Bundesgesetz über das internationale Privatrecht (IPRG-Gesetz) vom 18.12.1987, BBl. 1983 I, 263ff.
20 Basler Kommentar zum internationalen Privatrecht, Hrsg. Heinrich Honsell/Nedim Peter Vogt/Anton K. Schnyder, 1996 (fortan: BSK IPRG) *Vischer*, Art. 156 Rn. 5.
21 *Roberto/Wegmann*, Prospekthaftung in der Schweiz, SZW 2001, 162, 163.
22 BSK IPRG-*Watter*, Art. 156 Rn. 16ff. sowie BSK IPRG-*von Planta/Eberhard*, Art. 151 Rn. 11; *Hansjörg Appenzeller/Stefan Waller*, Haftungsrisiken bei IPO und ihre Minimierung aus Sicht der Gesellschaft, GesKR 2007, 256, 259.

11 Die Norm von Art. 156 IPRG steht zur Disposition der Parteien.[23] Der Emittent kann sein Angebot mit (der Massgabe versehen, dass sein Heimatrecht keine Anwendung findet) einer Rechtswahl versehen. Die Anleger sind in diesem Fall nicht schutzwürdig, da sie sich sehenden Auges auf ein fremdes Recht mit gegebenenfalls schwachen Schutzbestimmungen einlassen.

b) Partizipationsscheine

12 Nach Art. 656a Abs. 2 OR finden die Bestimmungen über das Aktienkapital auf das Partizipationskapital entsprechend Anwendung. Aktiengesellschaften können zusätzlich zum Aktienkapital ein Partizipationskapital schaffen, das in Teilsummen zerlegt ist, gegen Einlage ausgegeben wird, auf einen bestimmten Nennwert lautet und kein Stimmrecht gewährt.[24]

c) Forderungspapiere

13 Bei der öffentlichen Platzierung von Anleihensobligationen folgt die Prospektpflicht aus Art. 1156 OR, der weitgehend auf Art. 652a OR verweist. Zu den Anleihensobligationen gehören ebenso die Options- und Wandelanleihen (Art. 653 OR), nicht aber Beteiligungspapiere oder Wertrechte wie Optionen.[25]

In Rechtsprechung und Literatur besteht Einigkeit, dass Art. 1156 Abs. 1 OR auch ausländische Emittenten von Anleihensobligationen zur Erstellung eines Prospekts verpflichtet.[26]

d) Notes

14 Notes werden von der Prospektpflicht nach Art. 1156 OR nicht erfasst, da sie privat platziert werden.[27] Werden Notes jedoch von ausländischen Schuldnern in Stückelungen von 10.000 CHF und mehr ausgegeben, folgt aus der „Richtlinie zu Notes ausländischer Schulder" der Schweizerischen Bankiervereinigung (SBVg) eine Pflicht, einen Prospekt zu erstellen.[28] Die Anforderungen an den Inhalt des Prospekts gehen dabei über die in Art. 652a bzw. Art. 1156 OR aufgestellten Voraussetzungen hinaus. Für Emissionen mit Stückelungen unter 10.000 CHF sieht die Richtlinie vor, dass diese wie Obligationenanleihen zu behandeln sind.

---

23 *Peter Nobel*, Schweizerisches Finanzmarktrecht, 2004, § 11 Rn. 234; a. A. BSK IPRG-*Watter*, Art. 156 Rn. 6.
24 BSK OR II-*Watter*, Art. 656a Rn. 2.
25 BSK OR II-*Watter*, Art. 1156 Rn. 2f.
26 BGE 129 III 71, 74; BSK OR II-*Watter*, Art. 1156 Rn. 15.
27 BGer Urteil vom 21.06.2006, 4C.20/2005, Erw. 4.2.1 <www.bger.ch>.
28 Abrufbar unter: www.swissbanking.org/1612_d.pdf.

e) Anteilscheine an kollektiven Kapitalanlagen

Bei der Ausgabe von Anteilscheinen an kollektiven Kapitalanlagen folgt ein Prospektzwang aus den Art. 75f., 116 KAG und Art. 106f. KKV. Danach müssen die Fondsleitung und die Investmentgesellschaften mit variablem Kapital (SICAV) für jede offene kollektive Kapitalanlage einen Prospekt veröffentlichen.

15

f) Strukturierte Produkte

Das öffentliche Angebot von strukturierten Produkten verlangt nach Art. 5 Abs. 1 lit. b KAG die Veröffentlichung eines vereinfachten Prospekts. Diese Pflicht wird durch die Richtlinien der Schweizerischen Bankiervereinigung bezüglich der Information der Anleger konkretisiert.[29] Nach Art. 4 Abs. 4 KKV entfällt die Pflicht, wenn das strukturierte Produkt an einer Schweizer Börse kotiert ist, welche die Transparenz im Sinne von Art. 4 Abs. 2 KKV und Art. 5 Abs. 2 KAG sicherstellt, oder wenn das strukturierte Produkt nicht in der Schweiz, aber von der Schweiz aus öffentlich vertrieben wird und aufgrund ausländischer Regelungen die Transparenz im Sinne von Art. 5 Abs. 2 KAG sichergestellt ist.

16

g) Öffentliches Angebot

Ein Angebot neuer Aktien ist öffentlich, wenn der Emittent die Einladung zur Zeichnung an einen unbegrenzten Personenkreis richtet (Art. 652a Abs. 2 OR). Entscheidend ist die Unbestimmtheit des Adressatenkreises und die Art und Weise der Kontaktaufnahme.[30] Vermehrt wird die Auffassung vertreten, dass ein öffentliches Angebot erst vorliegt, wenn ein Kreis von mindestens 20 Investoren angesprochen wird.[31]

17

Aus der Begriffsbestimmung „öffentlich" folgt zugleich, dass eine Platzierung privat und nicht prospektpflichtig ist, wenn nur ein beschränkter Adressatenkreis angesprochen wird. Charakterisierend ist, dass die Investoren auf individuelle Weise kontaktiert werden.[32]

h) Ausnahmen

Wird das Angebot als öffentlich qualifiziert, gibt es keine Ausnahmen von der Prospektpflicht.[33]

18

---

[29] Die Richtlinien der Schweizerischen Bankiervereinigung gehören gemäss Rundschreiben der Eidgenössischen Bankenkommission EBK-RS 04/2 vom 21.04.2004 zum Mindeststandard.

[30] *Zobl/Kramer*, Schweizerisches Kapitalmarktrecht, 2004, § 19 Rn. 1066; *Huber/Hodel/Staub Gierow*, Praxiskommentar zum Kotierungsrecht der SWX, 2004, Art. 32 Rn. 13; BSK OR II-*Zindel/Isler*, Art. 652a Rn. 2f.

[31] *Nobel*, Schweizerisches Finanzmarktrecht, 2004, § 11 Rn. 214; *Peter Böckli*, Schweizer Aktienrecht, 3. Aufl., § 2 Rn. 103; BSK OR II-*Watter*, Art. 1156 Rn. 8.

[32] *Zobl/Kramer*, Schweizerisches Kapitalmarktrecht, 2004, § 19 Rn. 1068.

[33] *Schleiffer/Rehm*, Zum Prospekt nach Obligationenrecht, ST 2005, 1021.

2. Prospektinhalt

19 Im internationalen Vergleich wird der nach Art. 652a OR notwendige Inhalt des Emissionsprospekts dem modernen Verständnis von Publizität und Anlegerschutz nicht gerecht, denn nur wenige Angaben sind gefordert und diese sind zumeist schon aus dem Handelsregister ersichtlich.[34]

Der Prospekt muss Angaben machen über:

- den Inhalt der bereits bestehenden Eintragungen im Handelsregister, mit Ausnahme der Angaben über die zur Vertretung befugten Personen;
- die bisherige Höhe und Zusammensetzung des Aktienkapitals sowie eventuelle Sonderrechte bei bestimmten Aktiengattungen;
- Bestimmungen der Statuten über eine genehmigte oder eine bedingte Kapitalerhöhung;
- etwaige Genussscheine und damit verbundene Rechte;
- die letzte Jahres- und Konzernrechnung einschließlich des Revisionsberichts;
- die Zwischenabschlüsse, sofern der Bilanzstichtag mehr als sechs Monate zurückliegt;[35]
- die in den vergangenen fünf Jahren oder seit Gründung ausgeschütteten Dividenden und
- den Beschluss der Generalversammlung für die Ausgabe neuer Aktien.[36]

20 Der Informationsgehalt eines solchen Prospekts ist gering, denn der Emittent muss weder über seine gegenwärtige Organisation, seine Geschäftstätigkeit, sein Rating noch über seine Strategie Auskunft erteilen; er muss die das Geschäftsergebnis beeinflussenden Faktoren nicht beurteilen und auch die Erfolgsrechnung, die Liquidität und die wesentlichen Risikofaktoren im Prospekt nicht diskutieren.[37] In der Praxis werden solche Angaben jedoch regelmäßig gemacht.

Die Statutenbestimmungen über genehmigte oder bedingte Kapitalerhöhungen sind im Wortlaut oder anderweitig detailliert wiederzugeben.[38] Besteht

---

34 Sehr kritisch auch *Watter*, Die Festübernahme von Aktien, speziell beim „Initial Public Offering", FS Rolf Bär, 1998, 387, 399f.; *ders.*, Prospekt(haft)pflicht heute und morgen, AJP 1992, 48, 54; *Huber/Hodel/Staub Gierow*, Praxiskommentar zum Kotierungsrecht der SWX, 2004, Art. 32 Rn. 5; *Peter Böckli*, Schweizer Aktienrecht, 3. Aufl., § 18 Rn. 27.
35 Mit Rücksicht auf die internationalen Verhältnisse erscheint hier statt der im Gesetz aufgestellten sechsmonatigen Frist eine neunmonatige Frist angebracht, vgl. *Peter Böckli/Jean-Nicolas Druey/Peter Forstmoser/Alain Hirsch/Peter Nobel*, Rechtsgutachten zu Handen der Schweizerischen Zulassungsstelle betreffend die Veröffentlichung von Zwischenabschlüssen in Emissionsprospekten, SZW 1993, 282ff.
36 Ausführlich zum Prospektinhalt *Schleiffer/Rehm*, Zum Prospekt nach Obligationenrecht, ST 2005, 1022ff.
37 *Emch/Renz/Arpagaus*, Das Schweizerische Bankgeschäft, 2004, 640 Rn. 1972.
38 BSK OR II-*Zindel/Isler*, Art. 652a Rn. 4.

eine Pflicht, einen Zwischenabschluss vorzulegen, so muss dieser nicht geprüft sein. Ausreichend ist zudem eine geraffte Wiedergabe des Zwischenabschlusses.

Zusätzliche Angaben werden bei der Emission von Anleihensobligationen nach Art. 1156 Abs. 2 i.V.m. 652a OR verlangt. Ein solcher Prospekt muss außerdem enthalten: 21

– nähere Angaben zur Anleihe, insbesondere die Verzinsungs- und Rückzahlungsbedingungen der aufgelegten Anleihe;

– die besonderen Sicherheiten und

– gegebenenfalls die Vertretung der Anleihensgläubiger.

Auch hier wird keine Auskunft etwa über die Geschäftstätigkeit verlangt.[39]

Das Gesetz trifft keine Regelung bezüglich der Sprache des Emissionsprospekts. Analog zu der Regelung der schweizerischen Börse für den Kotierungsprospekt kann dieser in Deutsch, Französisch, Italienisch oder Englisch verfasst werden.[40] 22

3. Veröffentlichung

Eine besondere Veröffentlichungspflicht existiert ausweislich des Wortlauts der Art. 652a oder Art. 1156 OR für den Emissionsprospekt nicht. 23

4. Prospektprüfung

Im Unterschied zur europäischen Prospekt-Richtlinie verlangt das schweizerische Kapitalmarktrecht keine präventive Prüfung des Prospekts durch eine staatliche Behörde. Der Emissionsprospekt ist bei keiner Behörde zur Genehmigung oder auch nur zur Kenntnisnahme vorzulegen.[41] 24

Eine Ausnahme besteht bei Prospekten, mit denen Anteile an Anlagefonds beworben werden. Diese müssen der Eidgenössischen Bankenkommission (EBK) unaufgefordert spätestens bei der Veröffentlichung vorgelegt werden (Art. 106 Abs. 2, 107 Abs. 2 KKV). Auch hier findet keine materielle Prüfung des Prospektinhalts statt. 25

5. Prospekthaftung

Die Prospekthaftung richtet sich in der Schweiz danach, ob es um einen Emissions- oder einen Kotierungsprospekt geht. 26

---

39 Emch/Renz/Arpagaus, Das Schweizerische Bankgeschäft, 2004, 640 Rn. 1973.
40 Daniel Daeniker/Stefan Waller, Kapitalmarktbezogene Informationspflichten und Haftung, in: Rolf H. Weber (Hrsg.), Verantwortlichkeit im Unternehmensrecht, 2003, 55, 62.
41 Emch/Renz/Arpagaus, Das Schweizerische Bankgeschäft, 2004, 641 Rn. 1978.

a) Anspruchsgrundlagen

27 Die Rechtsgrundlagen für die Haftung für einen Emissionsprospekt finden sind im schweizerischen Recht an verschiedenen Orten:

	Schweizerische Aktiengesellschaft	Andere schweizerische Rechtsformen	Öffentliche Angebote ausländischer Emittenten
Aktien, Partizipationsscheine, Optionsscheine	Art. 752 OR		Art. 156 IPRG (Wahlrecht des Anlegers): Art. 752 OR oder ausländische Prospekthaftung
Anleihensobligationen (Options- und Wandelanleihen, etc.)	Art. 752 OR	Art. 1156 Abs. 3 OR	Art. 156 IPRG (Wahlrecht des Anlegers): Art. 1156 Abs. 3 OR oder ausländische Prospekthaftung

28 Für bankeigene Papiere enthält Art. 39 BankG einen spezialgesetzlichen Haftungstatbestand, der sich jedoch damit begnügt, vollumfänglich auf die allgemeinen Verantwortlichkeitsbestimmungen des OR (Art. 752–760 OR) zu verweisen.

29 Bei kollektiven Kapitalanlagen folgt die Haftung aus Art. 145 KAG, der in Abs. 4 ebenfalls auf das OR und damit auf dessen Art. 752 verweist. Werden kollektive Kapitalanlagen in der Schweiz von ausländischen Fondsgesellschaften emittiert, so besteht ein Wahlrecht der Anleger, die Prospekthaftung am Sitz der Fondsgesellschaft oder nach schweizerischem Recht für sich in Anspruch zu nehmen. Zwar bestimmt Art. 2 Abs. 4 KAG, dass ausländische kollektive Kapitalanlagen, deren Anteile in der Schweiz vertrieben werden, unabhängig von ihrer rechtlichen Ausgestaltung den einschlägigen Bestimmungen des KAG unterworfen sind. Diese Vorschrift enthält ausweislich der Motive des Gesetzgebers jedoch lediglich die Aussage, dass die Rechtsform für sich genommen kein Kriterium für die Qualifikation bzw. Nichtqualifikation einer Anlage als kollektive Kapitalanlage sein kann.[42]

aa) Inländische Emittenten

30 Ist die Emittentin eine schweizerische Aktiengesellschaft, findet ausschließlich die deliktische Haftung nach Art. 752 OR Anwendung. Die Haftung erfasst nicht nur die Ausgabe von Aktien, sondern auch von Obligationen und anderen Titeln.[43]

---

42 Botschaft zum Bundesgesetz über die kollektiven Kapitalanlagen (Kollektivanlagengesetz) vom 23.09.2005, BBl. 2005, 6395, 6437.
43 *Zobl/Kramer* (Fn. 1), § 19 Rn. 1136.

Art. 1156 Abs. 3 OR regelt die deliktische Prospekthaftung bei der Emission von Obligationen. Erfasst werden alle Arten von öffentlich platzierten Anleihen, auch die öffentliche Emission von Notesanleihen.[44] Nach der herrschenden Auffassung ist Art. 752 OR im Verhältnis zu Art. 1156 Abs. 3 OR für Aktiengesellschaften die speziellere Norm.[45] Letztere findet deshalb auf Emittenten in einer anderen Rechtsform als der AG Anwendung.[46] Die andere Anspruchsgrundlage führt aber kaum zu Unterschieden bei der Prospekthaftung, denn im Rahmen des Art. 1156 Abs. 3 OR sind die Tatbestandsmerkmale des Art. 752 OR entsprechend heranzuziehen. Damit sind die Voraussetzungen beider Normen weitgehend angeglichen.[47]

31

bb) Ausländische Emittenten

In der Schweiz existiert, im Unterschied zum deutschen oder zum europäischen Recht, eine explizite kollisionsrechtliche Anknüpfungsnorm für „Ansprüche aus öffentlicher Ausgabe von Beteiligungspapieren und Anleihen". Nach Art. 156 IPRG[48] hat der Anleger die Wahl zwischen dem Recht am Ort der Ausgabe oder das Recht am Sitz der begebenden Gesellschaft, wenn diese Orte auseinanderfallen. Diese Vorschrift bezweckt, dass der Emittent die Vorschriften beider Länder berücksichtigen muss und im Rahmen der Prospektpflicht die für den Anleger günstigeren Vorschriften beachtet werden.[49] Beim Vertrieb von Wertpapieren ausländischer Gesellschaften in der Schweiz kommt somit alternativ das Heimatrecht oder schweizerisches Recht zur Anwendung. Nach der Rechtsprechung des schweizerischen Bundesgerichts und einem Teil der Literatur erfasst die Haftungsnorm von Art. 752 OR jedoch nur Prospekte von Aktiengesellschaften, die nach schweizerischem Recht gegründet worden sind.[50] Hiergegen bestehen die oben angeführten Bedenken. Richtigerweise wird man Art. 752 OR als Rechtsinstitut des Kapitalmarktrechts ansehen müssen, das zur Anwendung gelangt, wenn Beteiligungsrechte von Aktiengesellschaften in der Schweiz vertrieben werden.[51] Es erscheint als Wertungswiderspruch, dass ausländische Aktiengesellschaften bei der Ausgabe von Anleihensobligationen für die Angaben im Verkaufsprospekt haften sollen, bei Beteiligungsrechten hingegen nicht. Im Verhältnis Deutschland/Schweiz ist die Tragweite des Meinungsstreits beschränkt, da sich die Anleger in der Schweiz regelmäßig für die deutschen

32

---

44 *Zobl/Kramer*, Schweizerisches Kapitalmarktrecht, 2004, § 19 Rn. 1137.
45 *Roberto/Wegmann*, Prospekthaftung in der Schweiz, SZW 2001, 163; BSK OR II-*Watter*, Art. 1156 Rn. 23.
46 *Zobl/Kramer*, Schweizerisches Kapitalmarktrecht, 2004, § 19 Rn. 1137.
47 *Roberto/Wegmann*, Prospekthaftung in der Schweiz, SZW 2001, 163 f.
48 Bundesgesetz vom 18.12.1987 über das internationale Privatrecht (IPRG), SR 291; dazu auch MüKo-*Schnyder*, IntKapMarktR, Rn. 96.
49 *Watter*, Prospekt(haft)pflicht heute und morgen, AJP 1992, 55; BSK IPRG-*Watter*, Art. 156 Rn. 6; *Roberto/Wegmann*, Prospekthaftung in der Schweiz, SZW 2001, 163.
50 BGE 129 III 71, 74; SemJud 1997, 108, 111.
51 Vgl. oben; BSK OR II-*Watter*, Art. 752 Rn. 2 sieht die Prospekthaftpflicht ebenfalls als eigenständige Haftung für Verletzungen von Informationspflichten gegenüber dem Kapitalmarkt.

Haftungsregeln entscheiden werden, deren Anforderungen an den Emissionsprospekt über diejenigen des schweizerischen Rechts weit hinausgehen. Vertreibt eine ausländische Gesellschaft Anleihensobligationen in der Schweiz, greift unstreitig der Haftungstatbestand des Art. 1156 OR.[52]

33 Das schweizerische Recht sieht weiterhin einen zwingenden Gerichtsstand für Klagen aus Verantwortlichkeit infolge öffentlicher Ausgabe von Beteiligungspapieren und Anleihen vor. Gemäss Art. 151 Abs. 3 IPRG sind hierfür zwingend die schweizerischen Gerichte am Ausgabeort zuständig. Die Bestimmung ist auf Prospekthaftungsansprüche beschränkt.[53] Die Auffassung, die sie auf sämtliche Gläubigerschutzmassnahmen erstrecken will, ist abzulehnen.[54]

b) Anspruchsvoraussetzungen

34 Mit der herrschenden Meinung handelt es sich bei der Prospekthaftung um eine deliktische Haftung,[55] so dass ergänzend zu Art. 752 und 1156 OR die allgemeinen Voraussetzungen der Haftung aus unerlaubter Handlung nach Art. 41 OR heranzuziehen sind.

aa) Emissionsprospekt oder prospektähnliche Mitteilungen

35 Eine Prospekthaftung kommt für den Emissionsprospekt und prospektähnliche Mitteilungen in Betracht (Art. 752 OR). Erfasst wird jede im Zusammenhang mit einer Emission veröffentlichte Mitteilung, die sich nicht an individuell bestimmte Anleger richtet. Dazu gehören insbesondere Inserate, Kurzprospekte, Werbeschreiben und E-Mails. Es muss sich m. E. dabei um schriftliche Äusserungen handeln.[56] Massgebliches Kriterium für die Qualifizierung einer Kundgebung als prospektähnliche Mitteilung ist nicht die Anzahl der Adressaten. So kann bereits eine schriftliche Äusserung gegenüber einer verhältnismässig kleinen Anzahl von Personen eine prospektähnliche Mitteilung darstellen. Entscheidend kommt es darauf an, ob die Mitteilung es dem Empfänger erlaubt, sich ein Urteil über die zu tätigende Investition zu machen und aufgrund der in ihr enthaltenen Angaben seine Investionsentscheidung zu treffen.[57]

---

52 BGE 129 III 74.
53 BSK IPRG-*von Planta/Eberhard*, Art. 151 Rn. 10 f.
54 So BSK IPRG-*Vischer*, Art. 151 Rn. 9.
55 BGE 129 III 75; *Larissa Marolda/Hans Caspar von der Crone*, Prospekthaftung bei Anleihensobligationen und die Stellung der federführenden Bank, SZW 2003, 158, 161 f.; *Zobl/Kramer* (Fn. 1), § 19 Rn. 1142; *Peter Böckli*, Schweizer Aktienrecht, 3. Aufl., § 18 Rn. 16; a. A. zur Haftung *sui generis* wegen Verletzung kapitalmarktrechtlicher Informationspflichten *Michael G. Noth/Evelyne Grob*, Rechtsnatur und Voraussetzungen der obligationenrechtlichen Prospekthaftung – Ein Überblick, AJP 2002, 1448 f.; BSK OR II-*Watter*, Art. 752 Rn. 2; *ders.*, Prospekt(haft)pflicht heute und morgen, AJP 1992, 55.
56 A. A. ZK-*Bürgi/Nordmann*, Art. 752 Rn. 9, die auch nicht-schriftliche Äusserungen, wie Werbespots oder Referate an Veranstaltungen, als prospektähnliche Äusserung zulassen wollen.
57 Nicht entscheidend ist, ob dem Investor eine Überprüfung der Angaben möglich oder zumutbar ist. So aber Kantonsgericht St. Gallen, SJZ 1989, 50; *Huber/Hodel/Staub Gie-*

Eine Haftung kann auch ein freiwilliger Emissionsprospekt (Placement Memorandum), ein vorläufiger Prospekt im Bookbuilding-Verfahren oder ein Kotierungsinserat nach sich ziehen.[58] So kann auch für eine Privatplatzierung eine Prospekthaftung in Betracht kommen.[59] Ebenso wird für den kombinierten Emissions- und Kotierungsprospekt gehaftet.

Nach höchstrichterlicher Rechtsprechung muss die Mitteilung mit dem Emissionsvorgang in einem funktionalen Zusammenhang stehen.[60] Dies ist jedoch lediglich eine notwendige und keineswegs eine hinreichende Bedingung, um einen Wertpapierprospekt oder eine prospektähnliche Mitteilung annehmen zu können.

bb) Pflichtverletzung

Eine Pflichtverletzung liegt vor, wenn trotz einer Prospektpflicht kein Prospekt, ein unvollständiger, ein materiell unrichtiger oder ein irreführender Prospekt erstellt oder verbreitet wird.[61] Ein Prospekt ist auch unrichtig, wenn er übertriebene oder leichtfertig aufgestellte Aussagen über die Erfolgsaussichten einer Investition enthält.[62]   36

Für Informationen, die freiwillig erteilt werden oder die über den vorgeschriebenen Mindestinhalt hinausgehen, ist die Haftung auf erhebliche Falschinformationen und gravierende Unterlassungen beschränkt, sofern sie geeignet sind, das Anlegerpublikum irrezuführen.[63]   37

Zudem ist der Emittent bis zum Ende der Zeichnungsfrist in begrenztem Umfang zur Aktualisierung von Informationen verpflichtet. Kommt er dieser Pflicht nicht nach, kann ebenfalls eine Prospekthaftung greifen.[64]   38

cc) Haftungsbegründende Kausalität

Grundsätzlich muss der Anleger beweisen, dass er sich von den unrichtigen Prospektangaben leiten liess und die Titel nicht oder zu einem anderen Preis gezeichnet hätte, wenn er über die tatsächliche Lage informiert gewesen   39

---

row, Praxiskommentar zum Kotierungsrecht der SWX, 2004, Art. 32 Rn. 22; *Roberto/ Wegmann*, Prospekthaftung in der Schweiz, SZW 2001, 162; *Emch/Renz/Arpagaus*, Das Schweizerische Bankgeschäft, 2004, 643 Rn. 1983.

58 BGE 120 IV 122, 129; *Roberto/Wegmann*, Prospekthaftung in der Schweiz, SZW 2001, 162; *Huber/Hodel/Staub Gierow*, Praxiskommentar zum Kotierungsrecht der SWX, 2004, Art. 32 Rn. 22.

59 *Emch/Renz/Arpagaus*, Das Schweizerische Bankgeschäft, 2004, 642 Rn. 1982; BSK OR II-*Watter*, Art. 752 Rn. 5.

60 BGE 112 II 258, 261.

61 *Emch/Renz/Arpagaus*, Das Schweizerische Bankgeschäft, 2004, 642 Rn. 1986.

62 BGE 47 II 272, 287, 292.

63 *Zobl/Kramer* (Fn. 1), § 19 Rn. 1145, 1153; weitergehend *Roberto/Wegmann*, Prospekthaftung in der Schweiz, SZW 2001, 165.

64 *Huber/Hodel/Staub Gierow*, Praxiskommentar zum Kotierungsrecht der SWX, 2004, Art. 32 Rn. 25; *Roberto/Wegmann*, Prospekthaftung in der Schweiz, SZW 2001, 167.

wäre.[65] An diesen Beweis stellt die schweizerische Rechtsprechung aber nur geringe Anforderungen. Es genügt, dass der Anleger die überwiegende Wahrscheinlichkeit gemäss dem gewöhnlichen Lauf der Dinge und der allgemeinen Lebenserfahrung glaubhaft macht.[66] Unerheblich ist, ob der Anleger den Prospekt auch tatsächlich gelesen hat oder nicht.[67]

Die Kausalität wird unterbrochen, wenn der Anleger die Unrichtigkeit der Prospektangaben kannte[68] oder die Information auf seinen Entscheid keinen Einfluss hatte.[69] Eine Pflicht zur Überprüfung des Prospekts gibt es allerdings nicht.[70]

dd) Verschulden

40 Die verantwortlichen Personen haften für jedes Verschulden, auch für leichte Fahrlässigkeit. Der Verschuldensmaßstab ist objektiviert und richtet sich nicht nach den spezifischen Fähigkeiten der verantwortlichen Personen.[71] Das Verschulden ist ebenfalls vom Kläger zu beweisen.[72]

41 Für die den Prospekt erstellende Emissionsbank gelten folgende Grundsätze: Sie muss die Vollständigkeit des Prospekts überprüfen. In Bezug auf die Richtigkeit der Prospektangaben ist zu differenzieren. Für ungeprüfte Prospektangaben trifft die Emissionsbank eine Prüfungspflicht. Geht es um geprüfte Prospektangaben oder Aussagen eines sachkundigen Dritten, muss die Bank nur bei entsprechenden Verdachtsmomenten eine Prüfung einleiten.[73]

ee) Schaden

42 Der Schaden besteht in der Vermögensdifferenz, die beim Anleger durch den fehlerhaften Prospekt verursacht worden ist und der ohne die Irreführung oder bei richtiger Darstellung der Tatsachen nicht entstanden wäre.[74]

---

65 BGE 47 II 272, 293.
66 BGE 47 II 272, 293; 120 II 331; 132 III 715.
67 *Zobl/Kramer*, Schweizerisches Kapitalmarktrecht, 2004, § 19 Rn. 1156; *Watter*, Prospekt(haft)pflicht heute und morgen, AJP 1992, 59.
68 *Watter*, Prospekt(haft)pflicht heute und morgen, AJP 1992, 59; *Roberto/Wegmann*, Prospekthaftung in der Schweiz, SZW 2001, 169.
69 Ausführlich *Roberto/Wegmann*, Prospekthaftung in der Schweiz, SZW 2001, 169.
70 Vgl. in diesem Zusammenhang BGE 131 III 306 ff.
71 *Huber/Hodel/Staub Gierow*, Praxiskommentar zum Kotierungsrecht der SWX, 2004, Art. 32 Rn. 27; *Roberto/Wegmann*, Prospekthaftung in der Schweiz, SZW 2001, 170.
72 A.A. *Watter*, Prospekt(haft)pflicht heute und morgen, AJP 1992, 60 wonach das Verschulden vermutet wird.
73 BGE 129 III 76; *Huber/Hodel/Staub Gierow*, Praxiskommentar zum Kotierungsrecht der SWX, 2004, Art. 32 Rn. 27; *Roberto/Wegmann*, Prospekthaftung in der Schweiz, SZW 2001, 168.
74 *Huber/Hodel/Staub Gierow*, Praxiskommentar zum Kotierungsrecht der SWX, 2004, Art. 32 Rn. 24.

Der beweispflichtige Anleger kann nur unmittelbar verursachte Schäden geltend machen. Der Anleger ist bei der Schadensberechnung so zu stellen, wie er stünde, wenn er durch den Emissionsprospekt korrekt informiert worden wäre. 43

Um den hypothetischen Kursverlauf zu ermitteln, werden meist zwei Verfahren miteinander kombiniert. Zum einen wird für die Schadensermittlung auf die Kurskorrektur nach Bekanntwerden des wahren Sachverhalts abgestellt.[75] Das Ergebnis ist aber nur dann verlässlich, wenn der Kurs nicht von weiteren Faktoren beeinflusst wurde. Zum anderen wird auf die Kursentwicklung vergleichbarer Papiere oder einen Branchenindex abgestellt.[76] Auch diese Methode setzt voraus, dass keine anderen firmenspezifischen Faktoren auf den Kursverlauf Einfluss hatten.[77] 44

Geht es um den Umfang des Schadenersatzanspruchs, der sich nach den allgemeinen Bestimmungen der Art. 42 Abs. 2, 43 und 44 OR richtet, ist insbesondere ein Mitverschulden des Anlegers zu berücksichtigen.[78] 45

ff) Aktivlegitimation

Aktivlegitimiert sind die Erwerber der Titel. Das sind nicht nur Erwerber, die einen Titel anlässlich der Emission zeichnen (Primärmarkt), sondern auch spätere Käufer (Sekundärmarkt)[79] und sogar ehemalige Anleger, die ihre Effekten bereits wieder verkauft haben.[80] 46

Ein kollektives Geltendmachen der Schadenersatzansprüche nach dem Vorbild der US-amerikanischen Class Action gibt es im Schweizer Recht nicht. Auch existiert kein Kaptialanleger-Musterverfahren vergleichbar dem Verfahren nach dem deutschen KapMuG. 47

gg) Passivlegitimation

Passivlegitimiert sind alle jene Personen, die maßgeblich an der Erstellung oder Verbreitung des Prospekts mitgewirkt haben und Personen, die es trotz bestehender Prospektpflicht unterlassen haben, einen Prospekt zu erstellen. Erforderlich ist, dass die verantwortlichen Personen auf den Inhalt und die Form des Prospekts wesentlich Einfluss nehmen konnten oder hätten nehmen können.[81] 48

---

75 BSK OR II-*Watter*, Art. 752 Rn. 23.
76 *Watter*, Prospekt(haft)pflicht heute und morgen, AJP 1992, 59 f.
77 *Zobl/Kramer*, Schweizerisches Kapitalmarktrecht, 2004, § 19 Rn. 1149.
78 *Zobl/Kramer*, Schweizerisches Kapitalmarktrecht, 2004, § 19 Rn. 1150.
79 SemJud 1997, 108, 112.
80 *Huber/Hodel/Staub Gierow*, Praxiskommentar zum Kotierungsrecht der SWX, 2004, Art. 32 Rn. 29; *Watter*, Prospekt(haft)pflicht heute und morgen, AJP 1992, 57; *Roberto/Wegmann*, Prospekthaftung in der Schweiz, SZW 2001, 173; *Emch/Renz/Arpagaus*, Das Schweizerische Bankgeschäft, 2004, 638, 643 Rn. 1985.
81 *Watter*, Prospekt(haft)pflicht heute und morgen, AJP 1992, 57; *Roberto/Wegmann*, Prospekthaftung in der Schweiz, SZW 2001, 168; *Emch/Renz/Arpagaus*, Das Schweizerische Bankgeschäft, 2004, 638, 643 Rn. 1984.

Neben dem Emittenten und dessen Organe kommen etwa auch Anwälte, Notare, Wirtschaftsprüfer, Steuerberater oder die federführende Emissionsbank als passivlegitimiert in Betracht.[82]

49 Mehrere Beteiligte haften nach Art. 759 OR differenziert solidarisch. Das bedeutet, dass jeder Beteiligte auch dem Geschädigten gegenüber nur soweit haftet, als ihm der Schaden persönlich zugerechnet wird.[83] Gemäss Art. 759 Abs. 2 OR kann der Anleger gegen mehrere Beteiligte klagen und die Festsetzung der Ersatzpflicht jedes einzelnen Beklagten verlangen. Art. 759 OR findet auch auf eine Prospekthaftung nach Art. 1156 Abs. 3 OR Anwendung.

hh) Verjährung

50 Der Anspruch verjährt innerhalb von fünf Jahren (Art. 760 Abs. 1 OR) oder einem Jahr (Art. 1156 Abs. 3 i.V.m. Art. 60 Abs. 1 OR) ab Kenntnis des Schadens und der Person des Ersatzpflichtigen. Der Anspruch verjährt jedenfalls nach Ablauf von zehn Jahren.

6. Strafrechtliche Sanktionen

51 Die Verwendung eines unwahren Emissionsprospekts kann auch strafrechtliche Konsequenzen nach sich ziehen. In Betracht kommen insbesondere ein Verstoß gegen den Tatbestand der „unwahren Angaben über kaufmännische Gewerbe" (Art. 152 StGB), der „Kursmanipulation" (Art. 161bis StGB), des Insiderdelikts (Art. 161 Ziff. 1 StGB) und des Betrugs (Art. 146 StGB).[84]

IV. Kotierungsprospekt

52 Geht es nicht um die Emission von Wertpapieren, sondern um deren Börseneinführung, sind die Vorschriften der Schweizer Börse (SWX Swiss Exchange) über den Kotierungsprospekt heranzuziehen. Für die an der SWX kotierten Wertpapiere bestehen verschiedene Kotierungsreglemente mit unterschiedlichen Anforderungen an die Wertpapierprospekte. Dies ist durch die besondere Organisation der SWX bedingt.

1. Organisation der SWX Swiss Exchange AG

53 Die SWX Swiss Exchange ist zum einen Kotierungsbehörde für schweizerische Wertpapiere und zum anderen Marktplatz für unterschiedliche Wertpapiersegmente wie Schweizer Aktien, Schweizerfranken-Obligationen und International Bonds sowie nicht standardisierte Derivate, ETFs, ETSFs und den Schweizerfranken-Repo-Handel. Zu diesem Zweck betreibt sie mehrere elektronische Handelsplattformen. Mit Ausnahme der im Swiss Market In-

---

82 *Huber/Hodel/Staub Gierow*, Praxiskommentar zum Kotierungsrecht der SWX, 2004, Art. 32 Rn. 30; *Roberto/Wegmann*, Prospekthaftung in der Schweiz, SZW 2001, 175.
83 *Roberto/Wegmann*, Prospekthaftung in der Schweiz, SZW 2001, 176.
84 Dazu ausführlich *Peter Böckli*, Schweizer Aktienrecht, 3. Aufl., § 18 Rn. 41 ff.

dex (SMI) und im Swiss Leader Index (SLI)[85] zusammengefassten Titel und der nicht standardisierten Derivate werden alle an der SWX kotierten Effekten sowie sekundärkotierte ausländische Gesellschaften auf den Plattformen der SWX Swiss Exchange gehandelt.

Die SWX Swiss Exchange untersteht schweizerischem Recht und wird von der Eidgenössischen Bankenkommission (EBK) überwacht. Im Rahmen der im BEHG vorgesehenen Selbstregulierung bestimmt sie die Anforderungen für die Kotierung und deren Aufrechterhaltung an der SWX Swiss Exchange. 54

Eine Besonderheit der Schweizer Börsenlandschaft ist die 100 %-ige Tochter der SWX Swiss Exchange, die SWX Europe Ltd. (früher virt-x Ltd.) mit Sitz in London.[86] Sie ermöglicht der SWX Swiss Exchange, ihre Dienstleistungen in ganz Europa grenzüberschreitend anzubieten. Mit SWX Europe hat die SWX Swiss Exchange eine paneuropäische Börsenplattform für den grenzüberschreitenden Handel von Beteiligungsrechten geschaffen.[87] Um die Anfangsliquidität sicher zu stellen, wurde bei Betriebsaufnahme der SWX Europe (damals virt-x) der Handel mit Schweizer Blue Chips (SMI-Titel) von der SWX Swiss Exchange zu ihr nach London verschoben.[88] Seither betreibt sie den Kassamarkt für das SMI-Segment sowie für grenzüberschreitend gehandelte europäische Blue Chips. Im September 2007 folgten die nicht im SMI enthaltenen SLI-Titel. 55

In Großbritannien hat die SWX Europe Ltd. den Status einer „Recognized Investment Exchange" im Sinne des Financial Services and Markets Act 2000 und wird als solche von der britischen Financial Services Authority (FSA) beaufsichtigt.[89]

Für die Zulassung zum Handel an der SWX Europe Ltd. ist eine „admission to trading" nach englischem Recht notwendig. Die auf den Plattformen der SWX Europe gehandelten schweizerischen Aktien bleiben jedoch nach wie vor bei der SXW Swiss Exchange in der Schweiz kotiert. Der Vorgang der formellen Kotierung ist somit von der Zulassung zum (technischen) Handel entkoppelt. Die UK Listing Authority (UKLA) erteilt die Zulassung zum Handel bei der SWX Europe u.a. dann, wenn die Effekte bei einer „competent authority" eines Drittstaates kotiert sind. Die SWX erfüllt als in Großbritannien anerkannte „Recognized Overseas Investment Exchange" die Voraussetzungen einer „competent authority".[90]

---

85 Der Swiss Leader Index (SLI) besteht seit dem 02. 07. 2007; darin sind die 20 grössten Schweizer Titel sowie 10 mittelgrosse zusammengefasst.
86 www.swx-europe.com (seit 03. 03. 2008).
87 *Thomas Schönholzer*, Internationalisierung des Börsenhandels am Beispiel der virt-x: Rechtliche Rahmenbedingungen und Auswirkungen auf schweizerische Handelsteilnehmer und SMI-Emittenten, in: Hrsg. Peter Nobel, Internationales Gesellschaftsrecht, Heft 4, 2002, 101, 102.
88 Eine Liste aller SMI-Gesellschaften ist unter: www.virt-x.com/market/swiss/quotes/smi/table.html abrufbar.
89 Vgl. zur SWX Europe *Huber/Hodel/Staub Gierow*, Praxiskommentar zum Kotierungsrecht der SWX, 2004, Art. 2 Rn. 15 ff.
90 *Nobel*, Schweizerisches Finanzmarktrecht, 2004, § 11 Rn. 120.

a) Selbstregulierung und rechtlicher Rahmen

56 Das schweizerische Börsengesetz[91] ernennt die Börse zur Selbstregulierungsinstanz (Art. 4 BEHG). Den rechtlichen Rahmen geben neben dem Börsengesetz die Börsenverordnung (BEHV)[92] und die Börsenverordnung der Eidgenössischen Bankenkommission (BEHV-EBK).[93] Der Börse ist es insbesondere selbst überlassen, eine eigene, ihrer Tätigkeit angemessene Betriebs-, Verwaltungs- und Überwachungsorganisation zu schaffen (Art. 4 Abs. 1 BEHG). Entsprechend besteht eine börseneigene Aufsicht, die für die Überwachung der Kursbildung, des Abschlusses und für die Abwicklung der getätigten Transaktionen zuständig ist (Art. 6 BEHG). Zudem besteht eine von der Börse bestellte, von dieser jedoch unabhängige Beschwerdestelle (Art. 9 BEHG). Über die Zulassung von Effekten entscheidet eine Zulassungsstelle (Art. 6 BEHV). Bei Verweigerung der Zulassung kommt die Schiedsgerichtsklausel der Allgemeinen Geschäftsbedingungen der SWX zum Tragen.[94] Die Reglemente der SWX und deren Änderungen sind der Aufsichtsbehörde für den Börsen- und Effektenhandel, der Eidgenössischen Bankenkommission (EBK), zur Genehmigung zu unterbreiten (Art. 4 Abs. 2 BEHG). Die EBK ist eine von Einzelweisungen des Bundesrates unabhängige Verwaltungsbehörde des Bundes.[95] Sie prüft die Reglemente lediglich auf ihre Gesetzmäßigkeit.

57 Mit Jahresbeginn 2009 werden die EBK, das Bundesamt für Privatversicherungen (BPV) und die Kontrollstelle für die Bekämpfung der Geldwäscherei in einer einzigen Behörde, der Eidgenössischen Finanzmarktaufsicht (FINMA), vereinigt werden.[96]

58 Das wichtigste Regelwerk der SWX ist ihr Reglement über die Zulassung von Effekten zum Börsenhandel (Kotierungsreglement),[97] das dem inländischen und ausländischen Emittenten einen möglichst freien und gleichen Zugang zur SWX und den Anlegern Transparenz verschaffen will (Art. 1 KR). Die wesentlichen Eckpunkte für das Kotierungsreglement gibt Art. 8 BEHG vor. Es muss Vorschriften über die Handelbarkeit der Effekten enthalten und festlegen, welche Informationen für die Beurteilung der Eigenschaften der Effekten und der Qualität des Emittenten durch die Anleger nötig sind (Art. 8 Abs. 2 BEHG). Nach Art. 8 Abs. 3 BEHG muss das Kotierungsregle-

---

91 Vgl. Bundesgesetz vom 24.03.1995 über die Börsen und den Effektenhandel (Börsengesetz, BEHG), SR 954.1.
92 Verordnung vom 02.12.1996 über die Börsen und den Effektenhandel (Börsenverordnung, BEHV), SR 954.11.
93 Verordnung der Eidgenössischen Bankenkommission vom 25.06.1997 über die Börsen und den Effektenhandel (Börsenverordnung-EBK, BEHV-EBK), SR 954.193.
94 Basler Kommentar zum Börsengesetz, Hrsg. Rolf Watter/Nedim Peter Vogt, 2007 (fortan: BSK BEHG) Lanz/Baumgarten, Art. 9 Rn. 5; Ziff. 6.3 AGB der SWX vom 02.03.2007, (www.swx.com/download/admission/regulation/general/gc_swx_de.pdf).
95 www.ebk.admin.ch.
96 Botschaft zum Bundesgesetz über die Eidgenössische Finanzmarktaufsicht (Finanzmarktaufsichtsgesetz, FINMAG) vom 01.02.2006, BBl. 2006, 2829 ff.
97 Abrufbar unter: www.swx.com/admission/regulation/rules_de.html.

ment außerdem international anerkannten Standards Rechnung tragen. Als solche gelten aus schweizerischer Sicht insbesondere die kapitalmarktrelevanten Richtlinien der Europäischen Gemeinschaft. Entsprechend orientiert sich das geltende Kotierungsreglement an den folgenden Richtlinien der Europäischen Gemeinschaft:

- Richtlinie zur Koordinierung der Bedingungen für die Zulassung von Wertpapieren zur amtlichen Notierung an einer Wertpapierbörse (79/279/EWG), sog. „Zulassungs-Richtlinie", inzwischen in der „Kapitalmarktpublizitäts-Richtlinie" (2001/34/EG) aufgegangen;

- Richtlinie über regelmäßige Informationen, die von Gesellschaften zu veröffentlichen sind, deren Aktien zur amtlichen Notierung an einer Wertpapierbörse zugelassen sind (82/121/EWG), sog. „Zwischenberichts-Richtlinie", inzwischen ebenfalls in der „Kapitalmarktpublizitäts-Richtlinie" (2001/34/EG) aufgegangen;

- Richtlinie 2003/71/EG betreffend den Prospekt, der beim öffentlichen Angebot von Wertpapieren oder bei deren Zulassung zum Handel zu veröffentlichen ist, und zur Änderung der Richtlinie 2001/34/EG („Prospekt-Richtlinie");

- Richtlinie 2003/6/EG über Insider-Geschäfte und Marktmanipulationen (Marktmissbrauch), („Marktmissbrauchs-Richtlinie");[98]

- Richtlinie 2004/109/EG über Transparenzanforderungen („Transparenz-Richtlinie").

Erfüllt der Emittent die Voraussetzungen des Kotierungsreglements, erhält er nach Art. 8 Abs. 4 BEHG einen Anspruch auf Zulassung seiner Wertpapiere.

b) Die Kotierungssegmente und ihre entsprechenden Regularien

Die Anforderungen an den Prospekt richten sich wesentlich nach dem jeweiligen Börsensegment. Die SWX führt die nachfolgenden Segmente:

- Hauptsegment

- „EU-kompatibles" Segment der SWX

- SWX Local Caps

- Investmentgesellschaften

- Immobiliengesellschaften

- Kollektive Kapitalanlagen

---

[98] *Keist/Morard/Maurhofer*, Kotierungsrecht der SWX – Neue Regularien und Ausblick, ST 2006, 40.

aa) Das Hauptsegment

60 Das Hauptsegment dient der Kotierung und dem Handel des überwiegenden Teils der börsengehandelten Wertpapiere (Beteiligungsrechte, Anleihen und Derivate). Die Voraussetzungen für die Zulassung sind im Kotierungsreglement enthalten. Einen wesentlichen Bereich nehmen Vorschriften zur Größe und Liquidität der Emittenten und strenge Transparenzvorschriften ein.

bb) Das „EU-kompatible" Segment

61 Im August 2005 führte die SWX das „EU-kompatible" Segment ein. Im EU-regulierten Segment können nur Aktien, Partizipationsscheine und Genussscheine, d.h. Beteiligungsrechte, gehandelt werden (Art. 1 ZR EU). Mit dem EU-kompatiblen Kotierungssegment an der SWX Swiss Exchange geht das entsprechendes Handelssegment des EU Regulated Market an der SWX Europe einher.[99]

cc) SWX Local Caps

62 Im Segment SWX Local Caps werden Beteiligungsrechte von Unternehmen kotiert, welche sich aufgrund ihrer Investorenbasis, Unternehmensgeschichte, Kapitalisierung oder Streuung nicht oder noch nicht für eine Notierung an einem anderen SWX-Segment qualifizieren. Dazu gehören Unternehmen mit lokaler Bedeutung oder engem Investorenkreis, wie etwa Familien- aber auch international tätige Unternehmen. Die Zulassung zu diesem Segment ist in einem weiteren Zusatzreglement[100] geregelt.

dd) Investmentgesellschaften

63 Die Beteiligungsrechte von Investmentgesellschaften werden in einem eigenen Segment zusammengefasst und ebenfalls in einem Zusatzreglement geregelt.[101]

ee) Immobiliengesellschaften

64 Einem eigenen Zusatzreglement sind auch die Immobiliengesellschaften unterstellt.[102]

---

[99] Dazu auch Memorandum der SWX „Regulatorische Rahmenbedingungen für Emittenten – Handel von SWX-kotierten Effekten an virt-x", 01/07 (www.swx.com/admission/virt-x_de.html).

[100] Zusatzreglement für die Kotierung im Segment SWX Local Caps vom 24.05.2000, revidiert gemäss Beschlüssen der Zulassungsstelle vom 29.01.2004 (www.swx.com/download/admission/regulation/rules/addrules_lc_de.pdf).

[101] Zusatzreglement für die Kotierung von Investmentgesellschaften 12/06 (www.swx.com/admission/listing/segments_de.html).

[102] Zusatzreglement für die Kotierung von Immobiliengesellschaften 07/01 (www.swx.com/admission/listing/segments_de.html).

ff) Anlagefonds

Auf die Notierung von Anteilen (oder Aktien) in- und ausländischer Anlagefonds, die seit dem 01.01.2007 dem Bundesgesetz über die kollektiven Kapitalanlagen (Kollektivanlagengesetz, KAG)[103] und der Aufsicht der Eidgenössischen Bankenkommission unterliegen, ist das Zusatzreglement für die Notierung von Anlagefonds anzuwenden.[104] Auch die Exchange Traded Funds (ETFs) werden von diesem Zusatzreglement erfasst.

65

c) Handelssegmente der SWX Europe (vormals virt-x) für SMI- und SLI-Titel

Seit ihrer Errichtung war die SWX Europe als „recognised investment exchange" im Sinne des Financial Services and Markets Act 2000 anerkannt und hatte den Status eines „geregelten Marktes" im Sinne der Wertpapierdienstleistungs-Richtlinie.[105]

66

Die Prospekt-Richtlinie,[106] und die Marktmissbrauchs-Richtlinie[107] brachten eine Reihe neuer Regeln für Effekten mit sich, die daran anknüpfen, dass diese an einem „geregelten Markt" im Sinne der Richtlinien zum Handel zugelassen sind. Auf die Umsetzung der Richtlinien, die in Grossbritannien zum 01.07.2005 erfolgte, reagierte die SXW Europe mit einer Aufteilung des Handels mit schweizerischen Blue Chips in zwei unterschiedliche Segmente. Das ist zum einen das EU-kompatible Segment (EU Regulated Market Segment), das einen „geregelten Markt" im Sinne der Prospekt- und Marktmissbrauchs-Richtlinie darstellt, und des Weiteren ein UK-kompatibles Segment (UK Exchange Regulated Market Segment for Swiss blue chip securities), das nicht als „geregelter Markt" qualifiziert wird, sondern lediglich ein Multilaterales Handelssystem (MTF) bildet.

Für den Handel in beiden Segmenten ist nach wie vor englisches Recht massgeblich.[108] Auch für die Aufsicht über beide Segmente ist weiterhin die britische Financial Services Authority zuständig.

---

103 Bundesgesetz vom 23.06.2006 über die kollektiven Kapitalanlagen (Kollektivanlagengesetz, KAG), SR 951.31.
104 Zusatzreglement für die Kotierung von Anlagefonds 08/02 (www.swx.com/admission/listing/segments_de.html).
105 RL 39/22/EWG des Rates vom 10.05.1993 über Wertpapierdienstleistungen, ABl. EG Nr. L 197 vom 06.08.1993, 58 ff.
106 RL 2003/71/EG des Europäischen Parlaments und des Rates vom 04.11.2003 betreffend den Prospekt, der beim öffentlichen Angebot von Wertpapieren oder bei der Zulassung zum Handel zu veröffentlichen ist, und zur Änderung der RL 2001/34/EG, ABl. EG Nr. L 345 vom 31.12.2003, 64 ff.
107 RL 2003/6/EG des Europäischen Parlaments und des Rates vom 28.01.2003 über Insider-Geschäfte und Marktmanipulation (Marktmissbrauch), ABl. EG Nr. L 96 vom 12.04.2003, 16 ff.
108 *Keist/Morard/Maurhofer*, Kotierungsrecht der SWX – Neue Regularien und Ausblick, ST 2006, 40.

aa) Wahlrecht der Emittenten

67 An der SWX Europe zum Handel zugelassene Gesellschaften können grundsätzlich frei wählen, in welchem der beiden Segmente ihre Wertpapiere gehandelt werden sollen.[109]

68 Emittenten, die bereits vor dem 01.07.2005 an der SWX Europe zugelassen waren, wurden nach der Übergangsbestimmung von Art. 32 des Zusatzreglements der SWX[110] automatisch und ohne ihr weiteres Zutun dem EU-kompatiblen Segment zugewiesen, es sei denn sie erklären ausdrücklich, dem UK-kompatiblen Segment zugeordnet werden zu wollen.[111] Anders präsentiert sich die Situation für die nach dem 01.07.2005 in den SMI oder in den SLI aufgenommenen Wertpapiere. Diese werden zunächst dem UK-kompatiblen Segment zugewiesen und können nach Art. 17 ff. des Zusatzreglements auf Antrag des Emittenten in das EU-kompatible Segment aufgenommen werden.[112]

bb) EU Regulated Market Segment

69 Für das EU-kompatible Segment sind die in der Prospekt-Richtlinie festgelegten Standards massgeblich. Die Anforderungen an den Prospektinhalt und das bei seiner Veröffentlichung zu beachtende Verfahren sind in dem „Zusatzreglement für die Kotierung im EU-kompatiblen Segment" der SWX festgelegt. Dieses wurde in Absprache mit der FSA erarbeitet und von dieser als EU-äquivalent anerkannt.[113] Die weiteren Einzelheiten der Zulassung sind in der Richtlinie betreffend das Verfahren zur Kotierung im EU-kompatiblen Segment der SWX vom 20.01.2007,[114] im Registrierungsdokument (Schema G), der Effektenbeschreibung (Schema H)[115] und der Mitteilung der Zulassungsstelle Nr. 7/2005 vom 15.06.2005[116] enthalten. Eine ausführliche

---

109 *Dorothee Fischer-Appelt/Olivier Favre*, Anwendungsbereich der EU-Prospekt-Richtlinie unter vergleichender Berücksichtigung des US-amerikanischen Kapitalmarktrechts, ST 2006, 49, 52.
110 Zusatzreglement für die Kotierung im „EU-kompatiblen" Segment der SWX 08/05 (www.swx.com/admission/regulation/rules_de.html).
111 *Martin Böckli*, Europäische Börsenlandschaft im Umbruch?, in: Hrsg. Peter Nobel, Aktuelle Rechtsprobleme des Finanz- und Börsenplatzes Schweiz, Bd. 13, 2006, 159, 168.
112 Memorandum SWX, Regulatorische Rahmenbedingungen für Emittenten – Handel von SWX-kotierten Effekten an virt-x, 01/07, Rn. 23 f. (www.swx.com/download/admission/listing/equity_market/virt-x_de.pdf); *Keist/Morard/Maurhofer*, Kotierungsrecht der SWX – Neue Regularien und Ausblick, ST 2006, 40.
113 Ausführlich zum neuen Segmentierungskonzept das Memorandum der SWX, Regulatorische Rahmenbedingungen für Emittenten – Handel von SWX-kotierten Effekten an virt-x (vgl. Fn. 112). Spezifische Aspekte beschreibt das englischsprachige Dokument „Frequently Asked Questions (FAQ) Regarding the New Segmentation Concept on SWX and virt-x as of 1 July 2005" (www.swx.com/Download/admission/listing/segmentation_faq_en.pdf); dazu auch *Martin Böckli* (Fn. 150), 168; *Keist/Morard/Maurhofer*, Kotierungsrecht der SWX – Neue Regularien und Ausblick, ST 2006, 40.
114 www.swx.com/admission/regulation/guidelines_de.html.
115 www.swx.com/admission/regulation/templates_de.html.
116 www.swx.com/admission/regulation/messages/2005_de.html.

IV. Kotierungsprospekt

Beschreibung enthält das Memorandum der SWX „Regulatorische Rahmenbedingungen für Emittenten – Handel von SWX-kotierten Effekten an virt-x" vom 20.01.2007.[117]

In einem von der EBK genehmigten Briefwechsel haben sich die FSA und die SWX darauf verständigt, in den parallel laufenden Prospektprüfungs- und Überwachungsprozessen zusammenzuarbeiten und insbesondere die SWX als primäre Ansprechpartnerin auch jener Emittenten zu betrachten, welche sich den EU-Regeln unterstellt haben.[118]

cc) UK Exchange Regulated Market Segment for Swiss blue chip securities

Die Emittenten haben aufgrund ihres Wahlrechts die Möglichkeit, im Hauptsegment der SWX kotiert und dementsprechend im „UK Exchange Regulated Market Segment" gehandelt zu werden.[119] Für diese Emittenten bleiben die vor dem 01.07.2005 geltenden regulatorischen Rahmenbedingungen, insbesondere im Hinblick auf Prospekte, Publizitätspflichten und die Offenlegung von Beteiligungen, erhalten.[120]

70

Die Anforderungen an einen Prospekt ergeben sich entsprechend aus dem allgemeinen Kotierungsreglement der SWX Swiss Exchange.

dd) Grandfathering

Für Emittenten, die am 01.07.2005 bereits zum Handel an der SWX Europe zugelassen waren, brachte das neue Konzept der SWX kaum Veränderungen bei den laufenden Emittentenpflichten.[121] Das ändert sich erst, wenn der Emittent eine explizite Handlung im Hinblick auf die Beantragung oder Genehmigung der Zulassung seiner Wertpapiere zum Handel auf dem EU-Regulated Market Segment an der SWX Europe vornimmt, bspw. indem erstmalig ein Prospekt nach dem Zusatzreglement publiziert wird. Eine solche Prospektpflicht entsteht insbesondere bei einer Kapitalerhöhung, wenn diese zu einer Erhöhung des kotierten Kapitals von mindestens 10 % führt.[122] Der Übergang vom UK-kompatiblen in das EU-kompatible Segment verlangt

71

---

117 www.swx.com/admission/virt-x_de.html.
118 *Keist/Morard/Maurhofer*, Kotierungsrecht der SWX – Neue Regularien und Ausblick, ST 2006, 41.
119 Von den damaligen SMI-Emittenten haben lediglich die Roche Holding AG und die Swatch Group AG von dieser Möglichkeit Gebrauch gemacht. In der Folgezeit haben sich Nobel Biocare und Synthes für einen Wechsel vom EU-kompatiblen in das UK-kompatible Segment entschlossen.
120 *Fischer-Appelt/Favre*, Anwendungsbereich der EU-Prospekt-Richtlinie unter vergleichender Berücksichtigung des US-amerikanischen Kapitalmarktrechts, ST 2006, 52.
121 Art. 4 Abs. 2 lit. h/i RL 2003/71/EG des Europäischen Parlaments und des Rates vom 04.11.2003 betreffend den Prospekt, der beim öffentlichen Angebot von Wertpapieren oder bei deren Zulassung zum Handel zu veröffentlichen ist, und zur Änderung der Richtlinie 2001/34/EG, ABl. EG Nr. L 345 vom 31.12.2003, 64 ff.; Art. 9 RL 2003/6/EG (vgl. Fn. 146).
122 Mitteilung der Zulassungsstelle Nr. 7/2005 vom 15.06.2005.

ebenfalls die Publikation eines Prospekts nach der im Zusatzreglement vorgeschriebenen Form.[123] Der entsprechende Prospekt muss sowohl von der SWX als auch von der britischen Financial Services Authority oder einer anderen zuständigen Behörde gebilligt werden. Bedeutsam ist, dass mit der Publikation des Prospekts außerdem sämtliche Emittentenpflichten der Marktmissbrauchs-Richtlinie auf den Emittenten anwendbar werden.[124]

2. Prospektpflicht

a) Prospektpflicht nach dem Kotierungsreglement

72 Der Emittent hat bei der Börseneinführung eines Wertpapiers einen Prospekt, den sog. Kotierungsprospekt, zu erstellen. Diese Pflicht folgt ausschließlich aus dem Kotierungsrecht (Art. 32 ff. KR) der SWX. Sie ergibt sich für Primärkotierungen aus Art. 32 KR und für Sekundärkotierungen aus dem Rundschreiben Nr. 3 der SWX.[125]

73 Der Emittent muss ein entsprechendes Kotierungsgesuch stellen, dem der Prospekt beigefügt ist (Art. 50 KR). Werden neue Wertpapiere geschaffen und sind diese zur Kotierung vorgesehen, wird regelmäßig aus Praktikabilitätsgründen von der Erstellung eines Emissionsprospekts abgesehen und sogleich ein Kotierungsprospekt erstellt, der die Anforderungen an den Emissionsprospekt umfasst.[126]

Mit dem Antrag anerkennt der Emittent die in dem „schweizerischen Kotierungsreglement enthaltenen" Regeln, unabhängig davon, ob es sich um eine in- oder ausländische Gesellschaft handelt. Die SWX ist ihrerseits zur Kotierung verpflichtet, wenn der Emittent die Kotierungsvoraussetzungen erfüllt. Der erteilte Kotierungsentscheid ist keine öffentlich-rechtliche Verfügung, sondern begründet eine quasivertragliche Sonderverbindung.[127]

74 Von der Pflicht zur Erstellung eines Kotierungsprospekts gibt es die Möglichkeit zur Befreiung gemäss Art. 38 f. KR, zur Kürzung nach Art. 39 KR sowie zum Verweis auf einen früheren Kotierungsprospekt nach Art. 42 KR.

---

123 *Martin Böckli*, Europäische Börsenlandschaft im Umbruch?, in: Hrsg. Peter Nobel, Aktuelle Rechtsprobleme des Finanz- und Börsenplatzes Schweiz, Bd. 13, 2006, 168 f.
124 Mitteilung der Zulassungsstelle Nr. 7/2005 vom 15.06.2005; *Keist/Morard/Maurhofer*, Kotierungsrecht der SWX – Neue Regularien und Ausblick, ST 2006, 40.
125 Kotierungsreglement der SWX vom 01.10.1996 (KR) (www.swx.com/admission/regulation/rules_de.html); Rundschreiben Nr. 3 der Zulassungsstelle vom 01.02.2001, Kotierungsverfahren für Beteiligungsrechte (www.swx.com/admission/regulation/circulars_de.html); *Zobl/Kramer*, Schweizerisches Kapitalmarktrecht, 2004, § 19 Rn. 1112.
126 *Zobl/Kramer*, Schweizerisches Kapitalmarktrecht, 2004, § 19 Rn. 1113.
127 *Peter Nobel*, Transnationales und Europäisches Aktienrecht, 2006, 5. Kapitel Rn. 12; *Huber/Hodel/Staub Gierow*, Praxiskommentar zum Kotierungsrecht der SWX, 2004, Art. 2 Rn. 5.

aa) Befreiung von der Prospektpflicht

Die Zulassungsstelle kann gemäss Art. 38 KR auf ein Gesuch hin von der Prospektpflicht absehen, wenn die Kotierung von Beteiligungsrechten beantragt wird, welche anstelle von bereits kotierten Beteiligungsrechten ausgegeben werden, ohne dass die Ausgabe dieser neuen Beteiligungsrechte eine Erhöhung des Gesellschaftskapitals mit sich gebracht hat. 75

Darüber hinaus kann die Zulassungsstelle gemäss Art. 38a KR auf ein Gesuch hin von der Prospektpflicht oder von einzelnen nicht wesentlichen Angaben absehen, wenn die Anleger über besondere Kenntnisse verfügen. Ein solches Gesuch kommt in Betracht, wenn die zu kotierenden Wertpapiere keine Beteiligungsrechte sind und ihrer Art nach regelmäßig von Investoren erworben werden, die mit der Anlage in solchen Wertpapieren besonders vertraut sind und diese Wertpapiere in der Regel nur untereinander handeln.

bb) Ausnahmen von der Prospektpflicht

Ausnahmsweise ist die Erstellung eines Prospekts gemäss Art. 38 KR ohne ein besonderes Gesuch an die Zulassungsstelle entbehrlich, wenn 76

– ein Emissionsprospekt vor nicht mehr als drei Monaten veröffentlicht wurde, der den Anforderungen an einen Kotierungsprospekt entspricht (Art. 38 Ziff. 1 KR);

– ein dem Kotierungsprospekt gleichwertiges Dokument vor nicht mehr als drei Monaten veröffentlicht wurde;

– es sich um Beteiligungsrechte aus einer Kapitalerhöhung handelt und das Nominalkapital um weniger als 10 % erhöht wird oder das gesamte Emissionsvolumen (Emissionswert) weniger als 10 % der aktuellen Börsenkapitalisierung des bereits kotierten Emittenten beträgt;[128]

– es sich um Beteiligungsrechte handelt, welche an Arbeitnehmer ausgegeben wurden und Beteiligungsrechte der gleichen Gattung bereits kotiert sind.

cc) Kürzung des Kotierungsprospekts

In folgenden Fällen kann der Kotierungsprospekt gemäss Art. 39 KR gekürzt werden: 77

– sofern Beteiligungsrechte des Emittenten bereits kotiert sind und die neuen Beteiligungsrechte den Inhabern von Beteiligungsrechten aufgrund eines Bezugs- oder Vorwegzeichnungsrechts, sei es gegen Entgelt, sei es unentgeltlich, angeboten wurden oder

– für die Bedienung von Wandelanleihen oder Derivaten bereitgestellt wurden;

---

128 Der Grenzwert von 10 % bezieht sich auf die letzten zwölf Monate (vgl. Rundschreiben Nr. 3 der Zulassungsstelle vom 01.02.2001 Rn. 26). In diesen Fällen kann aber eine Prospektpflicht nach OR bestehen.

- bei Kotierung von Aktionärsoptionen, Wandel- oder Optionsanleihen, wenn sich die Options- oder Wandelrechte auf bereits kotierte Beteiligungsrechte desselben Emittenten beziehen;
- bei Kotierung von Forderungsrechten (einschließlich Derivaten), die keine Wandel- oder Optionsanleihen darstellen und die von einem Emittenten ausgegeben wurden, von welchem bereits Beteiligungs- oder Forderungsrechte kotiert sind.

dd) Verweis auf einen früheren Kotierungsprospekt

78 In bestimmten Fällen, kann auf Angaben im Prospekt verzichtet werden, wenn diesbezüglich auf einen früheren Kotierungsprospekt verwiesen werden kann, der im Zeitpunkt der Einreichung des Kotierungsgesuchs nicht älter als zwölf Monate ist (Art. 42 KR). Der frühere und der Kotierungsprospekt der neuen Emission müssen beide beim Gesuchsteller bezogen werden können. Ungekürzt sind in jedem Fall die Informationen wiederzugeben, welche die Emission und den Valor betreffen.

ee) Befreiung von einzelnen Angaben

79 Auf Antrag kann die Zulassungsstelle gemäss Art. 43 KR von der Aufnahme bestimmter Angaben in den Kotierungsprospekt befreien, wenn:
- die Angaben nur von geringer Bedeutung und nicht geeignet sind, die Beurteilung der Vermögens-, Finanz- und Ertragslage und der Entwicklungsaussichten des Emittenten oder des Sicherheitsgebers zu beeinflussen; oder
- die Verbreitung der Angaben dem Emittenten oder dem Sicherheitsgeber beträchtlichen Schaden zufügen würden; oder
- die zu kotierenden Beteiligungsrechte in einem anderen, von der EBK überwachten Börsensegment gehandelt werden und die periodische Berichterstattung des Emittenten während der letzten drei Jahre den in Art. 64 ff. KR niedergelegten Vorschriften zur Rechnungslegung entsprach.

ff) Prospektpflicht ausländischer Emittenten

80 Das Verfahren nach dem Kotierungsreglement findet sowohl auf in- als auch auf ausländische Emittenten Anwendung.[129] Unterschiede ergeben sich, wenn es nicht um eine Primär-, sondern um eine Sekundärkotierung geht.

---

129 RL betreffend Kotierung ausländischer Gesellschaften vom 01.01.2008, (www.swx.com/admission/regulation/guidelines_de.html); ferner das Rundschreiben Nr. 3 der Zulassungsstelle vom 01.02.2001, Kotierungsverfahren für Beteiligungsrechte Rn. 4 ff.

IV. Kotierungsprospekt

i) Primärkotierung

81 Primärkotierung ist die Kotierung eines ausländischen Emittenten, welcher weder an einer Börse im Sitzstaat noch an einer ausländischen Börse primär kotiert ist.[130]

Ist keine der Befreiungsmöglichkeiten gegeben, ist mit dem Kotierungsgesuch des ausländischen Emittenten ein Kotierungsprospekt einzureichen.[131] Ein ausländischer Emittent hat bei einer Primärkotierung in der Schweiz den Nachweis zu erbringen, dass die Kotierung im Sitzstaat bzw. im Staat der hauptsächlichen Verbreitung der Beteiligungspapiere nicht wegen dort bestehender Anlegerschutzvorschriften unterbleibt.[132]

ii) Sekundärkotierung

82 Um eine Sekundärkotierung geht es, wenn ein ausländischer Emittent bereits an der Heimatbörse oder einer anderen offiziellen Börse zum Handel zugelassen ist und eine zusätzliche Zulassung an der SWX beantragt.[133]

83 Beantragt ein Emittent gleichzeitig an seiner Heimatbörse und an der SWX die Zulassung zum Handel, geht es um ein so genanntes „Dual Listing". In diesen Fällen entspricht das Verfahren demjenigen der Sekundärkotierung.[134]

84 Die Anforderungen an den Emittenten gelten als erfüllt, wenn seine Beteiligungsrechte im Sitz- bzw. Drittstaat an einer Börse mit gleichwertigen Kotierungsbestimmungen kotiert sind. Diese Gleichwertigkeit garantieren die Mitgliedbörsen der Federation of European Stock Exchanges (FESE) und der International Federation of Stock Exchanges (FIBV).[135] Dazu gehört bspw. auch die Deutsche Börse.[136] Grundsätzlich anerkennt die SWX Prospekte, die nach Maßgabe der IOSCO International Disclosure Standards for Cross Border Offerings and Initial Listings by Foreign Issuers („IDS") erstellt wurden.[137]

85 Stellt ein Emittent ein Kotierungsgesuch für dieselben Beteiligungsrechte innerhalb von sechs Monaten seit der Kotierung an der Primärbörse, anerkennt die SWX den von der Primärbörse genehmigten Prospekt.[138]

---

130 Rundschreiben Nr. 3 der Zulassungsstelle vom 01.02.2001, Kotierungsverfahren für Beteiligungsrechte (Fn. 129), Rn. 5.
131 Rundschreiben Nr. 3 der Zulassungsstelle vom 01.02.2001, Kotierungsverfahren für Beteiligungsrechte (Fn. 129), Rn. 26.
132 Art. 27 KR; RL betreffend Kotierung ausländischer Gesellschaften (Fn. 129), Rn. 8 ff.
133 Rundschreiben Nr. 3 der Zulassungsstelle vom 01.02.2001, Kotierungsverfahren für Beteiligungsrechte (Fn. 129), Rn. 7.
134 Rundschreiben Nr. 3 der Zulassungsstelle vom 01.02.2001, Kotierungsverfahren für Beteiligungsrechte (Fn. 129), Rn. 8.
135 RL betreffend Kotierung ausländischer Gesellschaften (Fn. 129), Rn. 15.
136 www.fese.be/en/?inc=page&id=7.
137 RL betreffend Kotierung ausländischer Gesellschaften (Fn. 129), Rn. 44.
138 RL betreffend Kotierung ausländischer Gesellschaften (Fn. 129), Rn. 17.

Für den Schweizer Markt sind die folgenden Angaben hinzuzufügen:

- Wertpapier-Nummer
- Zahlstelle
- Clearingstelle
- Handelswährung
- Verbriefung.[139]

86 Ist dieser zeitliche Zusammenhang nicht gegeben, so ist für die Sekundärkotierung an der SWX ein Kurzprospekt einzureichen. In einem solchen Kurzprospekt kann zum einen auf bestimmte einzelne Angaben verzichtet, zum anderen kann für Angaben über den Emittenten auf Referenzdokumente verwiesen werden, die zusammen mit dem Prospekt einzureichen sind. Wichtig ist, dass ein Kurzprospekt eine sog. „no material change"-Erklärung und eine Verantwortlichkeitsklausel enthält.[140]

b) Prospektpflicht nach dem Zusatzreglement für das EU-kompatible Segment

87 Das Zusatzreglement für das EU-kompatible Segment (ZR EU) verweist für den erforderlichen Prospekt grundsätzlich auf die eben beschriebenen Bestimmungen der Art. 32–37 KR. Darüber hinaus stellt es weitergehende Anforderungen an den Prospekt, die denjenigen der Prospekt-Richtlinie entnommen wurden.

aa) Anwendungsbereich

88 Der Prospektpflicht nach dem Zusatzreglement unterliegen zum einen Gesellschaften, die ihren Sitz in der Schweiz haben und deren Beteiligungsrechte an der SWX im EU-kompatiblen Segment kotiert und zugleich zum Handel im „EU Regulated Market"-Segment der SWX Europe zugelassen sind oder werden sollen.

Selbiges gilt für Gesellschaften, die ihren Sitz zwar außerhalb der Schweiz haben, deren Beteiligungsrechte aber im EU-kompatiblen Segment der SWX primär kotiert sind oder werden sollen und zum Handel im „EU Regulated Market"-Segment der SWX Europe zugelassen sind oder werden sollen.

bb) Ausnahmen

89 Art. 11 ZR EU bestimmt Ausnahmen von der Prospektpflicht, die mit denjenigen des Art. 4 der europäischen Prospekt-Richtlinie übereinstimmen. Für die Zulassung von Beteiligungsrechten zum Börsenhandel muss kein Prospekt erstellt werden, wenn sie

---

[139] RL betreffend Kotierung ausländischer Gesellschaften (Fn. 129), Rn. 18–22.
[140] Ausführlich RL betreffend Kotierung ausländischer Gesellschaften (Fn. 129), Rn. 23.

- über einen Zeitraum von zwölf Monaten weniger als 10 % der Anzahl der Beteiligungsrechte derselben Gattung ausmachen, die bereits im EU-kompatiblen Segment kotiert sind (Art. 11 Ziff. 1 ZR EU);
- im Austausch für bereits zugelassene Beteiligungspapiere derselben Gattung ausgegeben werden (Art. 11 Ziff. 2 ZR EU);
- als Tauschangebot anlässlich einer Übernahme angeboten werden (Art. 11 Ziff. 3 ZR EU);
- anlässlich einer Verschmelzung angeboten werden (Art. 11 Ziff. 4 ZR EU);
- als Sachdividende ausgegeben werden (Art. 11 Ziff. 5 ZR EU);
- im Rahmen von Mitarbeiterbeteiligungsprogrammen ausgegeben werden (Art. 11 Ziff. 6 ZR EU).

cc) Befreiung von bestimmten Angaben

Darüber hinaus kann die Zulassungsstelle gestatten, dass bestimmte Angaben nicht in den Prospekt aufgenommen werden müssen, wenn 90

- die Bekanntmachung dem Emittenten ernsthaft schaden würde (Art. 12 Ziff. 1 ZR EU) oder
- die Information nur eine untergeordnete Bedeutung hat (Art. 12 Ziff. 2 ZR EU).

dd) Zusammenfassung

Zusammenfassend setzen die folgenden Transaktionen von Emittenten, die 91 bereits im „EU-kompatiblen" Segment der SWX notiert sind, ein Gesuch und die Einreichung eines Prospekts voraus:

- Kapitalerhöhungen durch ordentliches oder genehmigtes Kapital, oder durch die Kotierung von bedingtem Kapital, die zur Kotierung von 10 % oder mehr der bereits zum Handel zugelassenen Beteiligungsrechte führt (über zwölf Monate);
- Verschmelzungen, Übernahmen und Umstrukturierungen, wenn sich die Anzahl der Beteiligungsrechte um 10 % oder mehr der bereits zum Handel zugelassenen Beteiligungsrechte erhöht (über zwölf Monate);
- Notierung einer zusätzlichen Gattung von Beteiligungspapieren oder
- Wechsel vom Hauptsegment der SWX und UK Exchange Regulated Market Segment der SWX Europe zum EU-kompatiblen Segment der SWX und EU Regulated Market Segment der virt-x.[141]

---

141 RL betreffend das Verfahren zur Kotierung im „EU-kompatiblen" Segment der SWX Rn. 5.

c) Prospektpflicht nach den übrigen Zusatzreglementen

92   Auch in den übrigen Segmenten verlangen die jeweiligen Zusatzreglemente die Erstellung eines Prospekts. Im Wesentlichen verweisen sie auf die Regelungen des Kotierungsreglements und stellen gewisse zusätzliche Anforderungen an den Prospekt. Für weitere Einzelheiten ist auf die entsprechenden Zusatzreglemente der SWX und die jeweiligen Schemata zu verweisen. Diese können unter <www.swx.com/admission/regulation_de.html> abgerufen werden.

3. Prospektinhalt

93   Die Anforderungen an den Inhalt des Kotierungsprospekts gehen wesentlich weiter als diejenigen an den Emissionsprospekt nach Art. 652a Abs. 1 und Art. 1156 Abs. 1 OR, insbesondere muss er internationalen Standards genügen (Art. 8 Abs. 3 BEHG).[142] Deshalb sind das Kotierungsreglement und die entsprechenden Schemata im Anhang zu großen Teilen der europäischen Börsenzulassungs-Richtlinie[143] und der Börsenprospekt-Richtlinie[144] nachgebildet.

a) Prospektinhalt nach dem Kotierungsreglement

94   Der Prospekt muss vollständig und inhaltlich richtig sein. Er muss klar, übersichtlich und verständlich sein. Insgesamt muss sich die Darstellung an einen sachkundigen Anleger richten, damit sich dieser ein begründetes Urteil über die Vermögens-, Finanz- und Ertragslage und die Entwicklungsaussichten des Emittenten bilden kann (Art. 32 Abs. 1 KR). Außerdem müssen die Angaben aktuell sein.[145] Auf besondere Risiken ist ausdrücklich hinzuweisen (Art. 32 Abs. 2 KR).[146]

Die detaillierten Anforderungen an den Prospekt sind dem im Anhang des Kotierungsreglements enthaltenen Schemata (Schema A–H) zu entnehmen. Der Kotierungsprospekt muss zu folgenden Bereichen gemäss Art. 35 KR Angaben enthalten:

---

142 *Zobl/Kramer*, Schweizerisches Kapitalmarktrecht, 2004, § 19 Rn. 1113.
143 RL 79/279/EWG vom 05.03.1979 zur Koordinierung der Bedingungen für die Zulassung von Wertpapieren zur amtlichen Notierung an einer Wertpapierbörse, ABl. EG Nr. L 66 vom 16.03.1979, 21 ff. Die Börsenzulassungs-RL wurde in die neu gefasste RL 2001/34/EG vom 28.05.2001 über die Zulassung von Wertpapieren zur amtlichen Börsennotierung und über die hinsichtlich dieser Wertpapiere zu veröffentlichenden Informationen (ABl. EG Nr. L 217 vom 11.08.2001, 18 ff.) integriert.
144 RL 80/390/EWG vom 17.03.1980 zur Koordinierung der Bedingungen für die Erstellung, die Kontrolle und die Verbreitung des Prospekts, der für die Zulassung von Wertpapieren zur amtlichen Notierung an einer Wertpapierbörse zu veröffentlichen ist, ABl. EG Nr. L 100 vom 17.04.1980, 1 ff. Die Börsenprospekt-RL wurde in die neugefasste RL 2001/34/EG (vgl. Fn. 182) integriert.
145 *Zobl/Kramer*, Schweizerisches Kapitalmarktrecht, 2004, § 19 Rn. 1120.
146 *Huber/Hodel/Staub Gierow*, Praxiskommentar zum Kotierungsrecht der SWX, 2004, Art. 32 Rn. 8.

- allgemeine Informationen über den Emittenten sowie dessen Jahresabschlüsse und deren Prüfung;
- Organe des Emittenten;
- Geschäftstätigkeit und Investitionspolitik des Emittenten;
- Kapital und Stimmrechte des Emittenten;
- umfassende Darstellung der Vermögens-, Finanz- und Ertragslage des Emittenten;
- Sicherheitsgeber;
- Valor;
- Personen oder Gesellschaften, die für den Inhalt des Kotierungsprospekts die Verantwortung übernehmen.

Eine Ratingverpflichtung besteht nach Schweizer Recht nicht.[147]

Der Anhang zum Kotierungsreglement enthält verschiedene Schemata für die jeweiligen Arten von Produkten und Emittenten. Die Schemata sind wie Checklisten aufgebaut, um die Erstellung der Prospekte zu erleichtern. Sie sind unter <www.swx.com/admission/regulation/templates_de.html> abrufbar.

b) Prospektinhalt nach dem Zusatzreglement des EU-kompatiblen Segments

Der Inhalt des für das EU-kompatible Segment erforderlichen Prospekts ist der Prospekt-Richtlinie nachgebildet. Solche Prospekte müssen erhöhten Transparenzanforderungen genügen.[148] Nach Art. 7 ZR EU sind die Einzelheiten des Inhalts des Prospekts dem Anhang zu entnehmen. Den Anhang bilden das Schema G-Registrierungsdokument „EU-kompatibles" Segment der SWX und das Schema H-Effektenbeschreibung „EU-kompatibles" Segment der SWX.[149]

95

Die Möglichkeit, einen sog. Basisprospekt zu erstellen (vgl. § 6 WpPG) gibt es nach dem ZR EU nicht, da nur Beteiligungsrechte, d.h. Aktien, Partizipationsscheine und Genussscheine (Art. 1 ZR EU) im EU-kompatiblen Segment gehandelt werden können.

4. Veröffentlichung

a) Allgemeiner Kotierungsprospekt

Der Kotierungsprospekt muss in deutscher, französischer, italienischer oder englischer Sprache veröffentlicht werden.

96

Es besteht eine Wahlmöglichkeit zwischen einer Publikation des Prospekts in mindestens zwei Zeitungen, die landesweit verbreitet werden (Art. 33

97

---

147 *Zobl/Kramer*, Schweizerisches Kapitalmarktrecht, 2004, § 19 Rn. 1129.
148 Mitteilung der Zulassungsstelle Nr. 7/2005 vom 15.06.2005.
149 www.swx.com/admission/regulation/templates_de.html.

Abs. 1 Ziff. 1 KR) oder dem Hinweis in einem Kotierungsinserat, dass der Prospekt in broschierter Form kostenlos bezogen werden kann (Art. 33 Abs. 1 Ziff. 2 KR). Aus Kostengründen wird in der Praxis im Regelfall ein Kotierungsinserat veröffentlicht. Das Kotierungsinserat soll einen Überblick über die wichtigsten Merkmale des Emittenten und des Valors geben. Es muss außerdem den ausdrücklichen Hinweis enthalten, dass es sich nicht um den Kotierungsprospekt handelt und die Stelle nennen, wo der Prospekt erhältlich ist (Art. 48 KR).

98 Darüber hinaus kann die Zulassungsstelle gemäss Art. 49 KR verlangen, dass diejenigen Informationsdokumente, auf die im Kotierungsprospekt verwiesen wird (etwa wichtige Verträge, Expertisen) zur Einsicht in der Schweiz aufgelegt werden.

99 Außerdem hat die Zulassungsstelle die Möglichkeit, die Veröffentlichung in elektronischer Form zu bewilligen, wenn sie der Auffassung ist, dass die elektronische Verbreitung des Kotierungsprospekts den Informations- und Schutzbedürfnissen der Investoren gerecht wird (Art. 33 Abs. 2 KR).

100 Der Kotierungsprospekt muss spätestens am Tag der Kotierung veröffentlicht werden (Art. 34 KR).

Das Kotierungsinserat muss spätestens am Tag der Kotierung und frühestens drei Monate vor der Kotierung veröffentlicht werden (Art. 47 KR).

b) „EU-kompatibler" Prospekt

101 Der Prospekt muss nach Art. 8 ZR EU in englischer Sprache und in Übereinstimmung mit der Richtlinie der Zulassungsstelle[150] erstellt werden. Die Veröffentlichung erfolgt:

– durch Abdruck in mindestens einer weit verbreiteten Zeitung in der Schweiz und in mindestens einer weit verbreiteten Zeitung in Großbritannien; oder

– indem er in gedruckter Form am Sitz des Emittenten und bei den Finanzinstituten (einschließlich der Zahlstelle), welche die Beteiligungsrechte platzieren oder verkaufen, kostenlos zur Verfügung gestellt wird; oder

– durch Publikation in elektronischer Form auf der Website des Emittenten und gegebenenfalls auf der Website der die Beteiligungsrechte platzierenden und verkaufenden Finanzinstitute, einschließlich der Zahlstellen. Eine gedruckte Version muss dem Anleger auf Verlangen kostenlos zugestellt werden.

Weitere Einzelheiten zu Nachträgen, Verweisen und zur Darstellung sind dem Zusatzreglement und der entsprechenden Richtlinie zu entnehmen.

---

150 RL betreffend das Verfahren zur Kotierung im «EU-kompatiblen» Segment der SWX (revidiert am 01.11.2006), SWX 12/06 (www.swx.com/admission/regulation/guidelines_de.html).

5. Prospektprüfung

a) Die Zulassungsstelle

Die zentrale Instanz in Zulassungsfragen für Wertpapiere ist die Zulassungsstelle.[151] Diese besteht aus zwölf Mitgliedern; sie entscheidet über die Zulassung von Effekten und überwacht die Einhaltung der Pflichten der Emittenten während der Kotierung. Sie ordnet Effekten einzelnen Börsensegmenten der SWX zu (Art. 2 KR). *102*

b) Kotierungsgesuch

Nach Art. 50 KR ist das Kotierungsgesuch bei der Zulassungsstelle schriftlich in deutscher oder französischer Sprache mit den entsprechenden Unterlagen und einem Entwurf des Prospekts bei der Zulassungsstelle einzureichen (Art. 52 KR). Verfügt der Antragsteller nicht über die notwendige Sachkunde, kann die Zulassungsstelle die Vertretung durch einen anerkannten Spezialisten verlangen (Art. 50 KR). *103*

Das Gesuch muss spätestens einen Monat vor dem vorgesehenen Termin zur Kotierung bei der SWX eingereicht werden (Art. 50a KR).

Die Anforderungen, die im Einzelnen an das Kotierungsgesuch für das EU-kompatible Segment gestellt werden, sind der Richtlinie betreffend das Verfahren zur Kotierung im EU-kompatiblen Segment der SWX[152] zu entnehmen.

c) Genehmigung des allgemeinen Kotierungsprospekts

Der Kotierungsprospekt muss von der Zulassungsstelle genehmigt werden. Die Zulassungsstelle prüft das Gesuch, dem der Kotierungsprospekt und das Kotierungsinserat beiliegen (Art. 52 Ziff. 1 und 2 KR). *104*

Anders als die europäische Prospekt-Richtlinie verlangt das schweizerische Kapitalmarktrecht aber keine materielle präventive Prüfung des Prospekts durch eine staatliche Behörde.[153] Vielmehr genügt eine formelle Prüfung durch die Zulassungsstelle.[154] Sie prüft den Kotierungsprospekt nur auf Vollständigkeit, Klarheit und Übersichtlichkeit anhand der entsprechenden Schemata („Rule Check") und nimmt eine Plausibilitätskontrolle vor. Ist der Prospekt offensichtlich falsch oder gibt es konkrete Verdachtsmomente, muss sie Erläuterungen, weitere Informationen und Ergänzungen verlangen. Sie kann Rechtsgutachten und Stellungnahmen Dritter einholen (Art. 58 KR). Gegebenenfalls muss sie von einer Kotierung absehen.[155]

---

151 SWX Organisationsreglement vom 15.12.2006 (ww.swx.com/swx/organisation/organisation_de.html).
152 Rn. 7f.
153 *Zobl/Kramer*, Schweizerisches Kapitalmarktrecht, 2004, § 19 Rn. 1131; *Emch/Renz/Arpagaus*, Das Schweizerische Bankgeschäft, 2004, 641f. Rn. 1979.
154 *Huber/Hodel/Staub Gierow*, Praxiskommentar zum Kotierungsrecht der SWX, 2004, Art. 32 Rn. 19.
155 *Zobl/Kramer*, Schweizerisches Kapitalmarktrecht, 2004, § 19 Rn. 1131; *Huber/Hodel/Staub Gierow*, Praxiskommentar zum Kotierungsrecht der SWX, 2004, Art. 32 Rn. 19.

105 Dem Gesuch kann auch unter Auflagen stattgegeben werden. Der Entscheid wird schriftlich mitgeteilt und publiziert. Er enthält zugleich einen Hinweis auf das Segment oder die jeweilige Börsenplattform (Art. 59 KR). Ausnahmsweise können die entsprechenden Wertpapiere auch provisorisch zum Handel zugelassen werden (Art. 61 KR).

106 Für die Zulassung und die Aufrechterhaltung der Kotierung werden Gebühren verlangt. Die Einzelheiten sind in einer Gebührenordnung niedergelegt.[156]

d) Genehmigung des Kotierungsprospekts für das EU-kompatible Segment

107 Neben der Genehmigung der SWX ist für eine Zulassung zum EU-kompatiblen Segment die Billigung des Prospekts durch eine gemäss den Regeln der EU-Prospekt-Richtlinie zuständige Behörde in der EU erforderlich. Für die Mehrzahl der SMI-Emittenten wird dies die UK Financial Services Authority (FSA) sein.[157]

Dazu reicht ein anerkannter Vertreter gemäss Art. 50 KR das Gesuch in englischer Sprache und zusammen mit allen notwendigen Beilagen gemäss Art. 52 KR und Art. 17 ff. ZR EU bei der Zulassungsstelle ein. Im Gesuch muss der Emittent den Herkunftsmitgliedstaat oder sonst eine nach der Prospekt-Richtlinie zuständige Behörde angeben, ferner ob seine Beteiligungsrechte zum Handel an einem geregelten Markt in der EU zugelassen sind. Die SWX leitet dann die erforderlichen Dokumente an die zuständige Behörde in der EU weiter.[158]

6. Sanktionen

108 Verstößt der Emittent gegen seine Pflichten aus dem Kotierungsreglement oder dem Zusatzreglement, werden die diesbezüglichen Untersuchungen durch den Geschäftsbereich Zulassung der SWX vorgenommen (Ziff. 1.1 und 1.2 der SWX Swiss Exchange Verfahrensordnung, „VO"). Sanktionen werden vom Geschäftsbereich Zulassung und der Sanktionskommission ausgesprochen (Ziff. 1.2 Abs. 2 sowie Ziff. 3.4 Abs. 1 VO). Sanktionen sind namentlich in den Bereichen Ad-hoc-Publizität, Rechnungslegung, Meldepflichten, Corporate Governance sowie Management-Transaktionen möglich. Die in Frage kommenden Sanktionen sind in Art. 82 KR geregelt, wozu namentlich der Verweis, Veröffentlichungen, Bussen sowie die Sistierung oder gar Streichung des Handels zählen.

---

[156] www.swx.com/admission/charges_de.html.
[157] Mitteilung der Zulassungsstelle Nr. 7/2005 vom 15.06.2005.
[158] RL betreffend das Verfahren zur Kotierung im EU-kompatiblen Segment der SWX Rn. 9 ff.

7. Rechtsmittel

a) Die Beschwerdeinstanz

Gegen Sanktionsbescheide des Geschäftsbereichs Zulassung kann innert zehn Börsentagen bei der Sanktionskommission Beschwerde erhoben werden (Ziff. 5.2 Abs. 1 VO).

109

Entscheide der Sanktionskommission über den Ausschluss von Teilnehmern und Händlern sowie über die Dekotierung oder Sistierung von Effekten können von Betroffenen innert 20 Börsentagen nach Zustellung des Entscheides an die Beschwerdeinstanz gemäss Art. 9 BEHG weiter gezogen werden (Ziff. 5.3 Abs. 1 VO; vgl. auch SWX Reglement für die Beschwerdeinstanz).

b) Das Schiedsgericht der SWX

Nach der Durchführung des internen Beschwerdeverfahrens der Börse ist ein Schiedsgericht vorgesehen. Nach Bekanntgabe des Beschwerdeentscheids hat der Beschwerdeführer die Möglichkeit, innerhalb von 30 Tagen das in Art. 6.3 AGB SWX geregelte Schiedsgericht anzurufen (Art. 6.9 SWX Reglement für die Beschwerdeinstanz).

110

8. Prospekthaftung

Weder das BEHG noch das Kotierungsreglement sehen für einen fehlerhaften Kotierungsprospekt eine Prospekthaftung vor. Wurde – wie in der Praxis zumeist üblich – ein kombinierter Emissions- und Kotierungsprospekt veröffentlicht, bietet Art. 752 OR einen Haftungstatbestand, soweit in dem Prospekt falsche Aussagen getroffen werden oder irreführende Unterlassungen erfolgen. Wird dagegen ein „reiner" Kotierungsprospekt erstellt, so geht ein Teil der Literatur davon aus, dass keine Haftungsnorm greift.[159] In diesem Punkt sei das Kotierungsreglement nicht konform mit internationalen Standards und entsprechend sei der Gesetzgeber gefordert, die Lücke durch einen entsprechenden Haftungstatbestand im Börsengesetz zu schließen.[160] Die überwiegende Meinung sieht jedoch auch in diesem Fall eine Grundlage für eine Prospekthaftung als vorhanden. Sie ergibt sich entweder aus Art. 752 OR, wenn man den Kotierungsprospekt als „ähnlichen Prospekt" bei erweiternder Auslegung unter den Begriff des „Emissionsprospekts" unter die Norm fallen lässt, jedenfalls aber aus allgemeiner deliktische Haftung nach Art. 41 OR oder aus culpa in contrahendo.[161]

111

---

[159] *Zobl/Kramer*, Schweizerisches Kapitalmarktrecht, 2004, § 19 Rn. 1146; a. A. *Daeniker/Waller*, Kapitalmarktbezogene Informationspflichten und Haftung, in: Rolf H. Weber (Hrsg.), Verantwortlichkeit im Unternehmensrecht, 2003, 59ff. (Art. 752 OR); *Nobel*, Schweizerisches Finanzmarktrecht, 2004, § 11 Rn. 151 (allgemeine deliktische Haftung nach Art. 41 OR oder die culpa in contrahendo).

[160] *Zobl/Kramer*, Schweizerisches Kapitalmarktrecht, 2004, § 19 Rn. 1141.

[161] Zustimmend *Huber/Hodel/Staub Gierow*, Praxiskommentar zum Kotierungsrecht der SWX, 2004, Art. 32 Rn. 21; kritisch *Zobl/Kramer*, Schweizerisches Kapitalmarktrecht, 2004, § 19 Rn. 1141.

Schon aufgrund der weitgehend gleichen Zweckbestimmung von Emissions- und Kotierungsprospekt muss die Prospekthaftung nach dem OR unabhängig von ihrer dogmatischen Herleitung auch für den Kotierungsprospekt gelten.[162]

---

[162] So auch *Huber/Hodel/Staub Gierow*, Praxiskommentar zum Kotierungsrecht der SWX, 2004, Art. 32 Rn. 23.

Stichwortverzeichnis

Die Zahlen **vor** dem Schrägstrich benennen die Seite,
die Zahlen **danach** die Randnummer.

25 %-Regel 284/24 f.

A

Abschlussprüfer 205/7 f., 205/10, 224/59, 231/73, 233/77, 273/206
Abschlussstichtag 239/95, 365/32
Accelerated Bookbuilding 686/3
Accelerated Bookbuilding-Verfahren 333/63
Ad-hoc-Publizitätspflicht 931/4
Adressat der Untersagungsverfügung oder Aussetzungsanordnung 847/27
Adressatenkreis
– begrenzter 105/16
Aktien 377/1, 606/2
Aktienemission 695/2, 699/12, 712/11, 716/18
Aktiengattung 299/2, 322/21, 951/2
Aktienkategorien 298/1
Aktientausch 114/5, 121/15
aktienvertretende Zertifikate 555/1
Aktualisierung 131/14, 697/6, 702/15, 1001/78
Aktualisierungspflicht 1001/79
Akzessorietät 400/5
Als-ob-Abschlüsse 290/1
Altemittenten 709/5, 712/10
Altfälle-Ausnahmen Prospektpflicht 123/21
am Ort der Registerstelle 888/21
am siebten Tage nach der Aufgabe 904/15
Amtlicher Markt 336/74 f.
Amtshaftungsansprüche 758/33
Amtshandlung 896/2
Amtshandlungen bekannt machen 901/1
Anbieter 86/25 ff., 138/29, 741/1
– Vertretung 139/33

andere Unternehmen 885/ 9
Änderungen 886/16
Änderungsverlangen 840/3
Andienungspflichten 327/37
Andienungsrechte 327/37
Andienungsregeln 327/37
Anfechtungs- oder Verpflichtungsklage 756/31
Angaben zu versichern 885/11
Angebot
– Ergebnisse 330/50 ff.
– öffentliches 58/2, 59/5, 79/10 ff., 100/5, 102/8, 126/1, 152/12, 341/1, 377/1, 489/1, 606/1, 1027/5
– teilnehmende Personen 330/54
Angebotsbetrag
– Ankündigung 329/45
– Bekanntmachung 329/46
Angebotsfrist 329/47
Angebotspflicht
– Weiterveräußerung 108/22
Angebotspreis
– Bekanntmachung 334/65
Angebotsprogramm 85/20, 147/1 ff., 148/5, 695/2, 698/7
– Merkmale 149/6, 150/8
Angebotszeitraum 329/48
Anhangangaben 237/89, 263/181, 264/183, 265/188
Anhörungsschreiben 754/24
Anleger
– Maßstab 132/16
– qualifizierte 104/14
Anlegerregister 882/2
Anlegerregister-Verordnung 883/3
Anlegerschutz in seiner Gesamtheit 758/32
Anpassung der Prospektangaben

1065

– bei neuen Arten von Wertpapieren 862/33
– bei vergleichbaren Wertpapieren 862/32
Anscheinsanbieter 842/10
Anspruch auf eine Entscheidung 746/4
Anteil
– siehe Beteiligung
Antrag auf Zulassung 933/2
Antragsexemplar 749/11
Anzuwendende Rechnungslegungsstandards 239/97, 366/33
Äquivalenz 243/106, 244/108 f., 245/111, 367/36
Äquivalenzprinzip 899/14
Asset Backed Securities 94/5, 406/1 ff.
Aufnahmestaat 90/34, 803/3 ff., 808/14 ff., 811/23 ff., 814/1 ff., 820/12 ff., 823/20 ff.
Aufsichtsrat 399/4, 949/3
– siehe Organe
Aufstockungen 787/8
Auktionsverfahren 334/64
Ausgabe
– dauernde 88/32
– wiederholte 88/32
Ausgabepreis 687/4
Auskünfte gegenüber Finanzbehörden 871/7
Auskunftsverweigerungsrecht 845/19, 849/37
ausländische Tochtergesellschaft 747/7
Auslandssitz 902/4
Ausnahmen 747/8
Ausnahmen von der Pflicht nach § 10 WpPG
– Altemittenten 712/10
– Kreditinstitute 711/8, 712/10
– prospektfreie Emissionen 712/9
– Whole-Sale-Emittenten 711/7
Ausnahmen von der Pflicht nach § 10 WpPG 712/9 ff.
Ausnahmetatbestand
– Kettenemission 107/21
– Kombination 107/20

Ausschlussregeln 326/36
Ausschlusstatbestand 1028/6
Ausschüttungsgarantie 403/10
außerordentlicher Aufwand 900/16
Aussetzung von Werbung 781/10
Aussetzungsanordnung 845/21, 847/26

B
Bank, Definition 563/3
Bankenkommission
– Eidgenössische 1046/56
Basisprospekt 169/4, 566/6, 698/7 f.
– Anforderungen 147/1, 150/9
– Anwendbarkeit 147/1
– Aufbau 154/15 f.
– Aufmachung 150/9, 154/15
– Einbeziehung durch Verweis 732/13
– Informationsbestandteile 151/10 ff., 154/15, 157/19
– Inhalt 150/9, 154/15
– Mindestangaben 147/1, 150/9
Basistitel 619/1 ff., 620/2
Basisvermögensgegenstände
– Vertragsbedingungen 464/17
Basisvermögenswerte 457/4 ff., 485/69 ff., 488/77
– Dividendenwerte 405/1, 471/33 f.
– Geeignetheitskriterien 463/15 f., 468/24, 473/38 f., 476/47
– nachrangige 425/5, 462/14, 480/60
– Schätzgutachten 443/50, 472/35 f.
– Schuldnerbeschreibung 460/8 ff., 469/26 ff.
– Vertragsbedingungen 464/17 f., 471/31 f.
– Werthaltigkeit 457/5
Bedeutende Bruttoveränderung 283/18, 284/22, 291/5
Bedeutende finanzielle Verpflichtung 283/18, 291/5
befugtes Offenbaren 870/5

begrenzten materiellen Prüfung 752/21
begründeter Zweifel 886/12
begünstigender Verwaltungsakt nach § 35 VwVfG 755/29
Bekanntgabe der vorläufigen Untersagung 847/28
Bekanntmachung 159/21
– siehe auch Hinweisbekanntmachung
Bemessungsmaxime 899/14
Berater 340/88
Bergbaugesellschaften 856/6, 860/28, 865/3
Berichterstattung
– dienstliche 868/2
Berichtigung 1001/77
Berichtszeitraum 295/20, 296/24
Berufsgarant 990/51, 1019/120
Berufshaftung 991/53
Beschäftigte 222/53, 224/58, 231/73, 233/77 f., 273/206
Bescheinigung 251/136, 255/149–255/151, 261/173, 369/47, 372/59
– des Abschlussprüfers 297/29
Beschlüsse 149/6
Beschreibung
– Emittent 404/13, 432/18 ff.
– Wertpapier 404/13
Bestätigungsvermerk 237/90, 238/92, 239/96, 247/119, 254/145, 257/157–259/167, 364/26, 365/28, 365/30, 371/51, 371/53 f.
– eingeschränkter 259/165
Beteiligungen 218/44 f., 223/56, 227/63, 231/71, 233/79 f., 270/201, 273/206 ff.
Betriebs- und Geschäftsgeheimnisse 869/3, 995/66
Beurteilung
– Spielraum 130/11, 133/17
– Zeitpunkt 131/13
Beurteilungsspielraum 886/13
Beweislast 1009/98
Bewertungsbericht 859/24
Bezugsrecht 325/30, 620/2, 620/3, 956/1

Bilanz 237/89, 251/134, 254/146, 262/177, 263/181, 264/183, 265/188
Bilanzgewinngarantie 403/10
Bilanzstichtag 240/99, 260/170, 267/192, 365/31, 371/56, 374/67
Billigung 152/12, 159/21
Billigung des Prospekts 746/1
billigungsfähiger Prospekt 751/18
Billigungsfrist 697/6
Billigungszeitpunkt 751/17
blacklined version 750/12 f.
Bonitätsabsicherung 403/10
Bookbuildingspanne 944/2
Bookbuilding-Verfahren 333/61, 333/63, 686/3 f.
Börsengesetz
– schweizerisches 1030/3
Börsengesetz 1896 883/4
Börsenpreis 687/4
Börsenterminregister 883/4
Börsenzulassungsprospektrichtlinie 43/13, 48/21, 55/33, 405/14
Bridge-Approach 247/115–247/117, 368/39
Brückenjahr 246/114, 247/119, 258/159, 367/38, 368/41, 371/52
Brückenjahresabschluss 247/119, 368/41
Buchungsunterlagen 324/27
Bundesanstalt für Finanzdienstleistungen 747/6
Bürgschaft 399/4–401/6, 402/8, 403/10
Bürgschaftsverpflichtung 400/5

C

Cap Table 317/8
cautionnement 402/8
CDS-Transaktionen 403/10
clean version 750/12
Clearstream Banking AG 324/27
Comfort Letter 262/175
Committee of European Securities Regulators **(CESR)** 46/18 f., 49/23, 53/29 f., 168/2
Common Law 402/8

1067

Complex Financial History 223/55, 267/193 f., 270/200, 272/203, 274/208
Credit Default Swap (CDS) 403/10
Credit Enhancement 477/50 ff.
Credit Enhancements 403/10
Credit Events 403/10

D
Dachorganismus für gemeinsame Anlagen 95/6
Datenaustausch 848/30
Daueremission 562/1, 695/2, 698/8, 699/ 9, 711/8, 712/10
Daueremittentenprivileg 67/24
Decoupled Bookbuilding-Verfahren 333/63
Depositary Bank 555/1
Depositary Receipts 555/1
Designated Sponsor 337/77
Dienstleistungsfreiheit 36/2, 38/7, 40/10
Differenzspalte 295/20
Disclaimer 101/7
Dividende 256/153, 265/189 f.
– pro Aktie 266/190
Dividendenberechtigung 114/5
Dividendengarantie 403/10
Dividendenpolitik 324/28
Dividendenwerte 78/8, 148/4, 716/18
documents on display 734/18
Dokument
– gleichwertiges 114/6
– jährliches 731/ 9
drittschützendem Charakter 756/32
Drittstaat 563/3, 578/1
Drittstaatemittent 89/33, 835/1 ff.
Drittstaaten 638/1 ff., 641/6
Drittstaatenemittent 710/6, 713/12
„Drittstaatprospekt" 835/1 ff., 835/3
DRS 2 251/135
DRS 7 251/135
DRS 16 262/177, 264/184
Druckausstattung 952/1
Dual Listing 60/7, 61/ 9
due diligence-Prüfung 1006/94

durch Bescheid 896/1

E
Ehem. § 42 BörsZulV „Prospektinhalt in Sonderfällen" 643/11, 646/16, 650/23, 652/26, 661/5
Eigenkapitalveränderungsrechnung 251/134–251/136, 257/156, 262/177
Einbeziehung durch Verweis 727/1 ff.
Einbeziehung in den Handel 704/19
Einlagenkreditinstitute 86/23, 699/ 9
einstufiger Vorgang 904/11
Einwilligung der Antragsteller 885/8
Einzelabschluss 293/ 9
Einzelurkunde 323/25
Einzelverbriefung 952/1
elektronische Form 750/14
elektronische Publizität 764/15
elektronische Veröffentlichung 770/1 ff.
– im Internet 764/15
elektronischer Verweis 771/4
Emission 398/2, 402/9 f., 1031/6 ff.
– Ausgabeort 1033/10 ff.
– ausländischer Aktien 1032/8 ff.
– Kosten 339/83
Emissionsbegleiter 928/6 f., 929/11, 960/2, 1006/94
Emissionskonsortium 1008/96
Emissionspreis 687/4 ff.
Emissionsprospekt 1031/4
Emissionsprospektrichlinie 43/13
Emissionstermin 326/34
Emissionsübernahmevertrag 336/72
Emissionsvolumen 687/4 ff.
Emissionszeitraum 148/5
Emittent 86/24, 945/1
– Beschreibung 742/1
– Existenzdauer 210/24
– Geschichte, Geschäftsentwicklung 212/26, 267/193 f., 270/200, 272/203 f.

– Gründungsdatum 210/24, 267/193 f.
– im Ausland 1026/3
– Name/Firma 204/5, 205/ 8, 210/22, 210/24, 219/45, 268/195, 274/208
– Registrierung 210/24, 270/200
– Sitz 204/5, 205/ 8 f., 210/23, 211/25 f., 274/208
– von asset backed securities 428/11 ff.
Emittenten mit Sitz im Ausland 901/1
Endgültige Bedingungen 147/1, 150/9, 152/12 f., 157/19, 159/21
– Aufbau 147/1
– Bekanntmachung 159/21
– Inhalt 152/12, 157/19
– Veröffentlichung 159/21
Endgültige Untersagung 851/45
Entry Standard 336/75 f.
ergänzende Information 754/26
Ergebnis je Aktie 263/181, 266/190, 294/15
Erklärung zum Geschäftskapital 315/4 ff.
Ermessensspielraum 929/12
Erweiterung der Produktpalette 787/7
Erwerbsgeschäft 992/56
Europäischer Pass 748/9
Europäischer Pass/Europapass 45/17, 49/23, 51/25, 52/27, 71/32, 639/3, 661/4, 802/1 f., 814/1 f., 979/18
European Securities Committee **(ESC)** 46/18
Exchangeable Bonds 403/10

F
Fälschungsschutz 953/1
FAQ-Liste, BaFin 709/3
Fehlerhaftes Prospekt 982/28
Festpreisverfahren 333/61 ff., 686/3
Festübernahme 1031/6 ff.
Financial Guarantee 403/10
Financial Services Action Plan **(FSAP)** 45/17–47/19

Finanzgarantie 403/10
Finanzinformationen 206/11 f., 214/34, 222/54 f., 229/67, 669/24
– des Emittenten (asset backed securities) 438/31–443/49
– Maßgeblicher Zeitraum 267/193, 270/200
– maßgeblicher Zeitraum 207/14
– Schlüsselzahlen 206/12 f., 213/30, 222/52
Finanzmarktaufsicht
– Eidgenössische 1046/57
Finanzmarktrichtlinie-Umsetzungsgesetz **(FRUG)** 45/17 f., 58/2, 70/31
Finanztochtergesellschaft 399/4, 399/4 f.
Forderungsverwaltung (Servicing) 422/1, 467/22, 481/62 f., 486/72, 487/75
Forschung 215/38 f., 226/61 f.
Forum of European Securities Commissions **(FESCO)** 47/19, 49/23
Frankreich 402/8
free float 954/1
Freie Handelbarkeit 948/1
Freiverkehr 239/97, 251/134, 366/33, 369/45, 703/17
– Einbeziehung 103/9
Freiwillige Prospekte 103/10
Fremdemission 334/67
Friends- and Family-Programme 332/58
Fristen 754/24
FRUG 946/6
für ein Jahr 887/17

G
Garanten 399/4
Garantie 398/1–401/6, 402/9–404/12, 405/14
– Besteuerung 403/10
– Bürgschaft 400/5
– Drittpartei 403/10
– Eigenkapital 403/10
– Erlös aus Veräußerung 403/10
– im engeren Sinne 399/3 f., 402/8

- Patronatserklärung 403/10
- Stabilisierungsmaßnahmen 403/10
- Verpflichtungen aus Wertpapier 403/10
- Zahlung von Erträgen 403/10
garantie indépendante 402/8
Garantiegeber 398/2–399/4, 401/7, 404/12 f., 469/26 ff., 660/3, 663/ 7, 665/13
Garantiegeschäft 399/3
Garantieübernahme 399/4
Gebietskörperschaften 638/1 ff., 641/6
Gebot der einheitlichen Behandlung 933/3
Gebühren und Auslagen 896/1, 896/3
Gebührenerhebung für besondere Fälle 897/5
Gebührenermäßigung 900/17
Gebührenschuldner 898/12
Gebührenvariable 899/16
Gebührenverzeichnis 897/4, 899/15
Geheimhaltungsinteresse des Emittenten 213/32, 215/38, 218/43, 227/63, 273/205
Geldmarktinstrumente 101/6, 147/2
Genehmigungsfiktion 746/4
Genussscheine 299/2
Geographische Belegenheit 647/18
Geregelter Markt 336/74 f.
gerichtliches Verfahren 904/13
Gerichts- und Schiedsverfahren 266/191, 374/66, 653/28, 670/25
Gesamtbild 884/6
- Unternehmenslage 129/6
Gesamteindruck 131/12
Gesamtnennbetrag 944/3
Geschäftsführung 935/1, 943/1, 945/3, 947/1, 949/3, 960/1
Geschäftskapital
- Erklärung zum 315/4 ff.
Geschäftsüberblick 214/33 f., 223/56, 267/193 f., 272/203, 273/206, 274/208
- außergewöhnliche Faktoren 217/41

- Haupttätigkeit 214/34 f., 272/203 f., 274/208
- Märkte 216/39 f., 267/193
- Neue Produkte/Dienstleistungen 215/38, 273/206
- Wettbewerbsposition 218/43, 270/201, 273/205
Gestaltung des Prospekts 1000/74
Gewährleistung 398/2 f.
Gewährleistungsverpflichtung 399/3
Gewährleistungsverträge 398/1
Gewährträgerhaftung
- Gebietskörperschaft 403/10
- öffentlich-rechtliche Anstalt 403/10
- öffentlich-rechtliche Kreditinstitute 403/10
Gewährvertrag 399/4
Gewinnschätzung 227/65 f., 270/201 f.
Gewinnprognose 97/10, 227/65 f., 270/201 f., 404/13
Gewinnschätzung 97/10, 404/13
Girosammelverwahrung 324/27
glaubhaft machen 887/19
Gleichwertiges Dokument 114/6
Gleichwertigkeit der Finanzinformationen 248/124, 368/43
Gleichzustellende Wertpapiere 299/2
Global Depositary Receipts 555/1
Globalurkunde 323/25 f.
Going Public 134/18, 325/31
Greenshoe 332/60
Grenzüberschreitende Geltung von „Drittstaatprospekten" 835/3 ff.
grenzüberschreitende Sachverhalte 747/6
Grundfreiheiten 36/2–38/6, 39/8, 41/11, 43/13
Grundfrist 753/23
Gründungsbilanz 293/10
Gründungsvertrag 666/17, 668/20
guarantee 399/3, 402/8
Gültigkeit
- Ablauf 699/12, 703/17
- Berechnung 696/5

– Registrierungsformular 701/14
Gültigkeit des Prospekts 707/1
Güterabwägung 870/6
GuV 237/89, 251/134

H
Haftung 104/11, 705/24, 725/37
– § 44 BörsG 705/23
– § 13a VerkProspG 705/22
– aus Vertrag 991/53
Haftungsadressaten 985/34
Haftungsausschluss 1010/100
Haftungsbeschränkung 1028/6
Halbjahresfinanzbericht 261/171 f., 263/180 f., 372/57 f., 373/64
Haltevereinbarung 338/82
Handelsverbot 951/2
Hauptaktionäre 218/43, 234/80, 270/201
Hauptversammlung 949/3
– siehe Organe
Hauptwirtschaftszweige 651/24
Hedge 152/12
Herkunftsmitgliedstaat 712/11 ff.
Herkunftsstaat 89/33, 748/8, 803/3 ff., 807/13 ff., 810/20 ff., 814/1 f.
Herkunftsstaatsprinzip 210/23
Hinterlegung 690/9, 700/13, 761/3 ff.
– Einbeziehung durch Verweis und 728/4
– eines nicht gebilligten Registrierungsformulars 744/4
Hinterlegungsbank 555/1 ff.
Hinterlegungsstelle 728/5
Hinweisbekanntmachung 159/21, 765/18 ff.
– zu einem Nachtrag 766/21
– zu endgültigen Bedingungen 767/22
– zum Prospekt 765/19 f.
Hinweispflicht 779/6
Historische Finanzinformationen 254/145 f.
Höchstfrist 1002/82
Höchstpreis 687/4 f.

I
IAS 1 247/119, 251/134, 294/14, 368/41
IAS 8 247/120, 248/122 f., 368/42
IAS 34 262/177, 263/181, 264/183, 265/187, 373/61, 373/65
IAS-Verordnung 236/86, 251/134, 263/181, 363/23, 366/34, 369/45, 373/65
Identitätserklärung 750/12
IDW Prüfungshinweis 298/30
IDW Prüfungsstandard 239/96, 253/144, 365/30
IDW PS 201 253/144
IDW PS 400 239/96, 253/144, 258/162, 259/166 f., 365/30, 371/54
IDW RH HFA 1.004 293/10
IFRS 1 240/98, 247/118 f., 265/186, 368/40 f.
im Inland erreichbare Bevollmächtigte 901/2
Immobiliengesellschaften 855/5, 859/25, 865/2
Increase Advert 787/8
Informationsbedürfnis 84/19
Informationshaftung 972/2
Informationsmemorandum 984/33
Informationssymmetriegebot 780/8
Informationsübermittlung
– einseitige 875/1
Informationsverlangen 842/9, 851/44 f.
informelles Vorverfahren 897/8
Inhaberaktien 322/20, 323/24 f.
Inhalt des jährlichen Dokuments 715/16 ff.
– Ad-hoc-Mitteilungen 716/18, 719/21
– Ausübung von Rechten 716/18, 719/21
– Corporate-Governance-Kodex 715/16
– Directors' Dealings 716/18, 719/21
– Einberufung von Versammlungen 716/18, 719/21
– Finanzberichte 716/18, 719/21

- Hinweis auf veraltete Informationen 720/25, 722/28
- Mitteilung bedeutender Beteiligungen 716/18
- Veröffentlichungen nach ausländischen Vorschriften 718/20, 720/23
- Zeitraum von zwölf Monaten 720/24
- zusätzliche Veröffentlichungen 718/19

Inhalt und Aufbau des Anlegerregisters 886/14
inhaltliche Richtigkeit 752/21
Initial Public Offering (IPO) 325/31
Inlandsbezug 101/7
Insiderhandelsverbot 931/4
Interessen beteiligter Personen 320/14 f.
Interessenkonflikte 218/44, 231/71 f., 321/15
Intermediäre 337/77
International Organization of Securities Commissions (IOSCO) 53/28
International Securities Identification Number 323/22
International Valuation Standards Committee 859/24
Internationale Beziehungen 647/17
Internationale Finanzkreise
- gebräuchliche Sprache 829/10 ff.
Internationale Organisationen des öffentliches Rechts 659/2, 662/6, 663/8
interne Zuständigkeit 748/10
Internet-Seite 755/30
Investitionen 208/18, 212/27 f., 219/46, 224/59 f.
Investmentaktiengesellschaft 61/10–63/13, 865/5
IOSCO Internationale Offenlegungsstandards 643/11
IPO 325/31
Irreführung 779/7
ISA 200 254/145

ISA 700 239/96, 254/145, 258/162, 371/54
ISIN 323/22

J
Jahresabschluss 945/2
juristische Person 904/10
juristische Personen 885/9, 886/14

K
Kapitalanlagegesellschaft 61/10–62/12
Kapitalbildung 316/7 ff.
Kapitalerhöhungen
- 10 %-Grenze 117/10
- aus Gesellschaftsmitteln 116/8, 122/18
Kapitalflussdarstellungen 475/43 ff.
Kapitalflussrechnung 237/89 f., 251/134–251/136, 257/156, 262/177, 263/181, 264/184, 364/25, 369/45–369/47, 373/61, 373/65
Kapitalgarantie 398/1, 403/10
Kapitalmärkte 401/7
Kapitalrückzahlungspflicht 402/9
Kapitalverkehrsfreiheit 36/2, 38/7 f., 41/11, 43/13, 44/16
Kategorie der Wertpapiere 322/21
Kausalität 1002/81
Kausalitätserfordernis 1027/4
Keep well-Agreement 398/2, 401/7
kein öffentliches Register 887/19
keine aufschiebende Wirkung 843/14, 845/20, 847/29, 852/47
keine verdrängende Wirkung 903/9
Kenntnis 888/23
Kettenverweisung 729/6, 731/9, 731/11, 732/13
- Verbot der 732/13
KGaA 210/23 ff., 229/68, 234/81
kleine und mittlerer Unternehmen 884/7
Kleinstemissionen 106/19
Kohärenz und Verständlichkeit 751/19
Kombinierbarkeit

– Ausnahmetatbestände 124/22
Kombinierte Abschlüsse 282/17, 293/11
Komplexe Finanzhistorie 290/2
Komplexe finanztechnische Vorgeschichte 280/5, 281/12, 290/2, 291/4, 292/6
Kongruenzgebot 780/8
Konsistenzgebot 246/113, 295/21, 367/37
Konsolidierungskreis 242/103, 244/108
konstitutiv 888/23
Konzernabschluss 293/ 9
Konzernabschlusspflicht 241/102 f., 251/134, 257/157
Konzernlagebericht 237/90 f., 364/26 f.
Kosten der Emission 339/83
Kosten-/Nutzen-Erwägungen 281/ 9, 292/7
Kostenbescheid 899/13
Kostendeckungsprinzip 899/14
Kotierungsinserat 1040/35, 1059/97, 1060/100, 1061/104
Kotierungsprospekt 1030/2, 1044/52 ff.
Kotierungsreglement 1044/52, 1048/60, 1051/70, 1052/73, 1054/80, 1058/92 ff., 1062/108, 1063/111
Kredit- und Finanzdienstleistungsinstitute
– Wertpapierplatzierung 109/23
Kursstabilisierung 337/79
Kurswert 944/1

L
Lagebericht 237/89 f., 364/25 f.
Lamfalussy-Bericht/Lamfalussy-Verfahren 46/18 f., 49/22, 53/28
Landespressegesetze 870/6
lebensunfähige, erfolglose Einrichtung 883/4
letter of credit 402/8
limitation language 399/4
Liquiditätsbanken 408/4, 477/50, 480/59

Lizenzen 217/42, 226/61 f.
Lock-up-Vereinbarungen 231/72, 338/82
Losverfahren 331/57

M
Marktbedürfnis 931/2
Märkte 336/74
Marktschonungsvereinbarung 338/82
Mehrzuteilung 331/56
Melde- und Veröffentlichungsplattform 750/15
Merkmale 151/10, 152/12
Mindestanforderungen 167/1
Mindestangaben 167/1, 168/3
Mindestdividende 403/10
mindestens 50 Euro 897/5
Mindesterwerb 106/17
Mindestinhalt 167/1
Mindeststückelung 106/18, 950/1
Mindestverkaufsgröße 377/1, 606/1
Mineral Companies 865/3
minimale Nachforderung 754/28
Missstand 878/3
mit der BaFin abzustimmen 751/17
Mitarbeiter
– siehe Beschäftigte
Mitgliedstaaten 638/1 ff., 641/6
Mitgliedstaatenwahlrechte 241/101
Mitgliedstaatenwahlrechte der IAS-Verordnung 366/34
Mitteilung an den Anleger 886/15
Mitteilung der Veröffentlichung
– des Prospekts 765/17
Mitteilungen
– prospektähnliche 1040/35
Mitübernehmer 401/6
Modul 93/2, 169/4, 398/1, 404/11
Mono-line-Versicherungspolice 398/2 f., 403/10
Muttergesellschaft 399/4, 401/7

N
Nachbesserungsmöglichkeit 755/28
Nachrangigkeit
– strukturelle 400/4

1073

Nachtrag 158/20 f., 697/6, 699/11, 705/23, 785/1 ff., 804/5, 807/11, 808/15 ff., 815/2 f., 823/20
- Billigung 793/18 ff.
- Form 792/16
- Rechenfehler 789/11
- Rechtschreibfehler 789/11
- Veröffentlichung 794/20 ff.
Nachträge zum Prospekt 746/2
Nachtragspflicht 158/20
- Zwischenabschluss 788/10
Namensaktien 234/81, 267/193, 270/200, 322/20, 323/24 f.
natürliche Personen 883/5, 885/ 9, 886/14
Negativberichterstattung 1000/75
Nennbetragsaktien 322/20, 323/24 f.
Nennwertlose Stückaktie 944/3
Neuemission 325/31
nicht unproblematisch 757/32
Nichtdividendenwert 63/14, 67/22, 69/29, 78/9, 137/25, 147/2 ff., 149/7 f., 695/2, 719/21, 742/1
Niederlassungsfreiheit 36/2, 38/7, 40/9 f.
Nominalwert 377/2, 606/2
Notifizierung 135/19, 807/12, 813/27 ff., 814/1 ff., 820/10 ff., 823/21 ff.

O
OECD 563/3, 578/1
Offenbaren 869/4
- befugtes 870/5
Offenlegungspflicht Garantiegeber 404/13
Öffentliche Finanzen und Handel 652/26
Öffentliche internationale Einrichtung 96/8
Öffentliche Zeichnung 937/4
öffentlichen Interesse 756/32
Öffentliches Angebot 58/2, 59/5, 100/5, 102/8, 152/12, 1027/5
- neues 695/2, 703/17 f.
Open Market 336/75, 956/2
Opt-In-Regelung 58/1, 71/32, 639/3

Optionen 229/68, 233/79, 235/83, 269/196 f.
Optionsanleihe 620/3
Optionsscheine 147/2, 148/4 f., 149/7, 935/1
Ordnungswidrigkeit 704/20 f., 725/36
Organe 203/3 f., 204/6, 229/68 ff., 232/75, 233/79 ff., 270/201, 273/206
Organisationsstruktur 404/13
Organisierter Markt 90/36, 109/25, 150/9, 341/1, 377/1, 489/1, 606/1
Organismus für gemeinsame Anlagen in Immobilien 95/7
Originator der Vermögensgegenstände 408/4, 409/7, 422/1, 430/16
over collateralisation 403/10, 478/52

P
Patente 226/61 f.
Patronatserklärung 398/2, 401/7 f., 403/10
- hart 401/7
- weich 401/7
payment bond 402/8
pdf-Format 750/14
Personal
- siehe Beschäftigte
Personenbezogene Daten 849/38
Personengesellschaft 904/10
Pfandbrief 695/2, 698/8, 699/10 f.
Pflicht nach § 10 WpPG
- Beginn und Ende 714/14 f.
Pflicht zum Erlass eines Verwaltungsaktes 758/33
Pflicht zur Erhebung 897/4
pflichtgemäßes Ermessen 755/29
plain English rule 134/18
Platzierungsgarantie 403/10
Politisches System 651/25
Portfolio Manager 409/7, 474/40 f., 476/47
positive Handlung 746/4
Preisfestsetzung 333/61 ff.
Preisspanne 688/6

Stichwortverzeichnis

Primärmarkt 1030/1, 1030/3, 1043/46
Privatplatzierung 87/26
Pro Forma-Abschlüsse 281/ 9, 282/17
Pro Forma-Anpassung 294/13, 297/28
Pro Forma-Bilanz 294/14, 294/17, 297/28
Pro Forma-Finanzinformationen 278/1, 279/4, 282/13, 282/15, 282/17, 283/19, 290/1 f., 291/4, 292/8 f., 293/11–294/15, 295/18, 295/21, 296/23–296/25, 297/29 f.
Pro Forma-GuV 294/14, 294/16
Pro Forma-Kapitalflussrechnung 294/15
Pro Forma-Tatbestände 291/5, 292/7
Prognosen 130/11
Prospekt
– Basisprospekt 1059/95
– Begriff 1030/1
– Datum 138/28
– dreigeteilt 699/12
– einteilig 741/1
– fehlendes 104/11
– freiwillige 103/10
– Inhalt 1030/1, 1036/19 ff., 1058/94 f.
– öffentliches Angebot 1035/17
– schweizerische Rechtsgrundlagen 1030/2 ff.
– Sprache 1037/22, 1059/96, 1060/101, 1061/103, 1062/107
– Veröffentlichung 696/5, 1037/23, 1059/96 ff.
– Verständlichkeit 132/15
– Zweisprachiges 833/19
– Zwischenabschluss 1036/20
Prospektangaben
– Wesentlichkeit 130/9
Prospektbegleiter 989/49
Prospektbilligung für Drittstaatemittenten 835/2 ff.
prospektfrei 882/1
Prospektfreiheit für öffentlich rechtliche Emittenten 639/4

Prospektgültigkeit
– Einbeziehung 730/7
Prospekthaftung 127/2, 130/10, 203/3 f., 208/16, 227/64 f., 230/70, 231/72, 972/3, 1026/2, 1037/26 ff., 1063/111
– Aktivlegitimation 1043/46 f.
– culpa in contrahendo 1063/111 f.
– deliktische Haftung 1040/34
– Emittenten, inländische bzw. ausländische 1038/30 ff.
– Gerichtsstand 1040/33
– Kausalität 1041/39
– Passivlegitimation 1043/48 f.
– Pflichtverletzung 1041/36 ff.
– Rechtsgrundlagen 1038/27 ff.
– Schaden 1042/42 ff.
– Verjährung 1044/50
– Verschulden 1042/40 f.
Prospektinhalt 136/21
„Prospektinhalt in Sonderfällen" ehem. § 42 BörsZulV 640/5
Prospektpflicht 99/2 f., 1028/7, 1031/5 ff.
– Adressat 100/4, 138/29
– Aktien 1031/6 ff.
– Ausnahme 113/2 f.
– Ausnahmen 104/12 f.
– Forderungspapiere 1034/13
– gemäß Kotierungsreglement der SWX 1052/72 ff.
– ausländische Emittenten 1054/80
– Ausnahmen 1053/76 f.
– Befreiung 1053/75, 1054/79
– Dual Listing 1055/83
– Einsichtsrecht 1060/98
– Kotierungsgesuch 1052/73, 1054/78, 1055/81, 1055/85, 1061/103
– Kurzprospekt 1056/86
– Kürzung 1053/77
– gemäß Zusatzreglementen der SWX 1056/87 ff., 1058/92
– im EU-kompatiblen Segment der SWX 1056/87 ff., 1060/101, 1062/107

- kollektive Kapitalanlagen 1035/15
- Notes 1034/14
- Partizipationsscheine 1034/12
- strukturierte Produkte 1035/16
- Zulassungsantragsteller 109/24

Prospektpflicht bei öffentlichen Angeboten 746/1

Prospektprüfung 1037/24 ff., 1061/102 ff.
- Auflage 1062/105
- Plausibilitätskontrolle 1061/104
- Rechtsmittel 1063/109 f.

Prospektrichtlinie 43/13, 44/16–46/18, 47/20 f., 49/23–51/25, 52/27 f., 53/30, 54/32 f.

Prospektrichtlinien-Umsetzungsgesetz 51/25

Prospektsprache 135/19, 826/1 ff.

Prospektunterzeichnung 141/37

Prospektverantwortliche 127/1, 985/34, 1026/2

Prospektverantwortung 140/34, 405/1–408/4, 444/51, 455/2 f.

Prospektveröffentlichung 770/1 ff., 1028/6

Prüferrotation 252/139, 253/141

Prüfung 241/100, 252/139 f., 254/145, 255/150 f., 257/158, 258/160, 258/162, 258/164, 260/170, 371/51, 371/53 f.

Prüfung von Pro Forma-Informationen 296/22

Prüfungsstandard 239/96, 253/142–254/145, 257/157–258/159, 258/162, 260/168, 365/30, 370/48, 371/51, 371/54

Publikum 81/13

Publizität
- elektronische 764/15

Q

Qualifizierte Anleger 86/22, 104/14

qualifizierte Anleger 882/1

Qualifizierte Emittenten 61/10

quantitative Merkmale 884/6

Quellensteuer 327/38 ff.

Querverweise 156/17

R

Rating 579/4, 645/13

Recht
- anwendbares 323/23
- auf informationelle Selbstbestimmung 870/6, 877/2 f.

Rechtsform des Emittenten 434/22, 437/28

Rechtsfrage 754/25

Refinanzierungsregister 429/14 ff.

Registrierungsdokument 156/18

Registrierungsformular 700/13, 702/15 f., 742/1
- Banken 561/1 ff., 578/1 ff.
- Einbeziehung in den Basisprospekt 732/13
- Verwendung 743/2

Regulation S-X 296/24

Retail-Cascade 108/22

Richtlinie über Märkte für Finanzinstrumente (**MiFID**) 45/17 f., 58/2

Risiken
- wertpapierspezifische 315/3

Risikofaktoren 93/3, 136/22, 207/15 f., 220/49 f., 404/13, 425/5–428/13, 462/14, 468/24, 578/4, 643/10 ff., 649/20, 664/12, 734/16
- Darstellung 209/19 f.
- Definition 208/17
- Reihenfolge 209/21

Risikohinweise 734/16

Risikomanagement 644/12

Risikoreduzierung 644/12

Roadmap 565/5, 578/1

Rücknahme 897/6, 897/7

Rückzahlung 377/2, 606/2

Rückzahlungsgarantie 403/10

Rumpfgeschäftsjahr 238/94, 249/128 f.–250/133, 369/44

Rumpfgeschäftsjahresabschlüsse 238/94, 365/31

S

Sachanlagen 219/46 f., 270/200 f.

Sachdividenden 116/8, 122/18
Sacheinlageneinbringung 282/14
Sachverständige 861/29
Sachverständigenberichte 341/90
Sammelurkunde 323/25
Sammelverwahrung 953/1
Sanktionen 1044/51, 1062/108
Satzung 210/23, 229/68, 235/82, 267/193, 268/195 f., 270/201 f., 274/207
Schalterpublizität 764/14
Schema 92/1, 169/4
Schema IV 341/1
Schema V 377/1, 606/1
Schema IX 489/1
Schifffahrtsgesellschaften 858/19, 860/26, 866/10
schlichte Hoheitsverwaltung 896/2
schriftlichen Verfahren 755/29
schriftlicher Antrag 884/8
Schuldbeitritt 401/6
Schuldmitübernahme 401/6
schützenswertes Geheimhaltungsinteresse 869/3
Schweizer Börse 1030/3
 – Gebührenordnung 1062/106
 – Kotierungssegmente 1047/59 ff.
 – Organisation 1044/53 ff.
 – Sanktionskommission 1063/109
 – Schiedsgericht 1063/110
 – Selbstregulierung 1046/56 ff.
 – SWX Europe 1049/66 ff.
  – Grandfathering 1051/71
  – Handelssegmente 1049/66 ff.
  – Wahlrecht 1050/67 f.
 – Zulassungsstelle 1046/56, 1053/75, 1054/79, 1057/90, 1060/98 f., 1061/102 ff.
Secondary Offering 325/31, 1031/7
Segmentberichterstattung 214/35, 237/89
Sekundärmarkt 1030/3, 1031/7, 1043/46
Sekundärplatzierung 325/31
selbständiger Bescheid 900/19
Selbstverwaltungsrecht
 – Eingriff 934/4
Sicherheiten 398/2 f., 400/5, 402/8, 404/12
Sicherheiten nach anderen Rechtsordnungen 402/8
Sicherheitscode 323/22
Sicherungsgeber 400/5
Sicherungsinstrument 401/7
Sicherungsmittel 399/4
Sitzstaat 747/6
Skontoführer 944/1
Sofortige Vollziehung 880/1
Spaltenform 295/18
Special Purpose Vehicle (SPV) 564/3
Sprache 813/29 f., 818/7, 819/9, 820/11
Sprache der Zusammenfassung 829/10 ff., 833/20
Sprache des jährlichen Dokuments 721/27
Sprachenregime 826/1 ff.
Squeeze-out 326/36
Staatsmonopolisten 64/17
Staatsrahmen 646/16
Staatsrechtliche Verhältnisse 646/16
Stammaktien 322/21, 323/25
Start-up-Unternehmen 249/127, 249/129, 265/189, 860/27, 866/8
Stimmrechte 325/29
Stock Option Programme 117/10, 122/19
Streuung der Aktien 954/1
Strukturelle Nachrangigkeit 399/4
Stückaktien 322/20, 323/24 f.
Stückelosigkeit 323/25 f.
Stückelung 950/1
Subordinierung 403/10
suretyship 402/8
Swiss Exchange
 – siehe Schweizer Börse
SWX
 – siehe Schweizer Börse
Synthetische Transaktionen (asset backed securities) 408/5, 459/6, 470/29, 482/63, 484/67, 485/69 ff.

T
Tatsachen 869/3
Tauschangebote 114/6
Täuschungsverbot 995/65
Teilzulassung 950/1
Telefax 888/20
Telos der Norm 903/5
Tochtergesellschaft 399/4
Transaktion 279/4, 280/7, 282/14, 283/18–284/23, 284/25, 290/1 f., 291/5, 292/7, 293/12, 294/14, 294/16 f., 295/20, 296/22, 296/25, 297/28
Transaktionshäufigkeit 884/6
Transaktionsvolumen 884/6
Transparenzrichtlinie 45/17, 261/172, 263/179 f., 264/182–264/184, 265/188, 372/58, 373/63 f., 715/16, 721/26
Trendinformationen 227/64, 228/66
Treuhänder 399/4 f.
True and fair view 247/119, 257/157–258/159
True Sale Transaktionen (asset bakked securities) 408/4, 429/14, 459/6, 484/67
Typ der Wertpapiere 322/20

U
Überblick 341/1, 377/1, 489/1, 606/1
Übergangsvorschrift 100/3, 695/2 f.
Überkreuz-Checkliste 578/1, 749/12, 754/26
Überkreuzliste 202/2
Überleitungsrechnung 244/108 f., 265/186
Übernahmeangebote
– öffentliche 114/6, 121/16
Überprüfungsmaßstab 133/17
Übersetzung der Zusammenfassung 829/10 ff.
Übertragbarkeit von Wertpapieren 326/35
Übervorteilung des Publikums 851/43
Überzeichnung 331/56

Umtausch- und Bezugsvorgänge 122/20
Umtauschanleihe 403/10
Umtauschrecht 620/3, 956/1
Umweltfragen 220/49
Unabhängigkeit des Prüfers 252/138 f.
Unrichtigkeit 130/11, 779/7
Unternehmen
– kleine und mittlere 85/20, 104/14
Unternehmensregister 721/26
Unternehmenstransaktion 255/149, 283/19
Unterrichtungspflicht 758/34
Untersagungsverfügung 845/21, 846/24
Unterzeichnung 126/1
– Pflicht 138/27
Upstream-Garantien 399/4
USA 402/8

V
Valuta 152/12
Verantwortliche Person 641/7 ff., 663/ 9 ff.
Veräußerungsverbot 948/1, 951/2
– Lock-up Period 951/2
– Lock-up-Agreement 951/2
Verbot der Veröffentlichung 746/2
Verbriefung 323/24 ff., 952/1
Verbundene Parteien 235/84, 272/203 f., 273/206
Verfahrensbeteiligte 749/11
Verfügbarkeit eines elektronischen Prospekts 771/5 ff.
Verfügungsgeschäft 949/4
Vergleichszahlen des Vorjahres 238/92, 365/28 f., 367/37, 368/41
Verhältnismäßigkeit 281/ 9
Verjährung 900/18
Verkaufsposition 337/78
Verkaufsprospekt 984/31, 1027/5
Verkaufsprospektpflicht 979/20 f.
VerkProspG
– Fortgeltung 100/3
Verlängerung 887/17
Verlängerungsantrag 887/18

Vermögens-, Finanz- und Ertragslage 236/87, 246/112, 261/174, 264/183
Vermögensanlagen 1027/4
Veröffentlichung 762/7 ff.
– elektronische 764/15
– Zeitpunkt 138/28
Veröffentlichung des jährlichen Dokuments 722/29 ff.
– Art der Veröffentlichung 723/32 f.
– Frist 723/31
– Hinterlegung 724/34
Veröffentlichung einbezogener Dokumente 731/11
Veröffentlichung im Internet 770/1 ff.
Veröffentlichungsformen 763/12 ff.
Verordnungsermächtigung 124/25
Versagungsvermerk 258/163, 259/166–260/168
Verschmelzung 115/7, 121/17
Verschuldung 316/7 ff.
Verschwiegenheitspflicht 844/18, 868/1 f.
Vertriebskette 108/22
Vertriebsorganisation 88/29
Verwahrstellen 335/69
Verwaltungsakt 749/11, 896/2
Verwässerung 340/85 ff.
Verwässerungsschutz 340/85
Verweigerung der Zulassung 933/3
Verweisdokumente
– untaugliche 731/10
– zulässige 728/2 f.
Verweisliste 734/17
Verweisung
– dokumentierte 734/16
– dynamische 732/12
Verweisung, Einbeziehung 156/18, 702/16, 708/2, 720/25 f.
Verwendungszwecke 321/18
Verwertung 869/4
Verwertungsverbot 868/1 f.
Vetorecht
– Garantiegeber 404/12
via E-Mail 751/16
Vinkulierung 326/35, 949/3

Vollständigkeit
– materielle 169/4
Vollständigkeitsprüfung 751/19 f.
Vollzulassung 951/2
Vorabübermittlung per Telefax 751/16
Vorgeschriebene Informationen 97/11
vorherige schriftliche Einwilligung 885/8
Vorläufige Untersagungsverfügung 851/45
Vorstand
– siehe Organe
Vorzeitige Beendigung 332/59
Vorzugsaktien 322/21, 323/25
Vorzugsrechte 325/30, 330/53

W
Wandel- und Optionsanleihen 935/1
Wandelanleihe 620/3
Wandelrecht 620/3
Wandelschuldverschreibungen 299/2
Warnhinweise 135/20
Weiterveräußerung
– Angebotspflicht 108/22
Werbung 96/9, 777/1 ff.
– Aufsicht 782/13
– Aussetzung 781/10
Wertangaben 130/10
Wertpapierbeschreibung 152/12, 410/9, 700/13, 742/1
– Aktualisierung 743/3
Wertpapiere 77/3, 101/6, 341/1 f., 377/1 f., 489/1 f., 606/1 f.
– Aufteilung 330/54 ff.
– Bedienung 329/49
– durch Vermögenswerte unterlegte 94/5, 405/1
– Lieferung 329/49
– nennwertlose 341/1, 377/1, 489/2, 606/2
– Übertragbarkeit 326/35
– Zuteilung 331/55 ff.
Wertpapierkategorie 322/21
Wertpapierkennnummer 323/22

Wertpapier-Prospektpflicht 979/20 f.
Wertpapierrechtsstatut 947/2
Wertpapiersammelbank 324/27, 953/1
Wertpapiertyp 322/20
Werturteile 130/11
Wesentliche Änderungen 652/27
Wesentliche Unrichtigkeit 786/4
Wesentlichkeitskriterium 266/191 f., 374/66 f.
Wichtiger Umstand 786/4
Widerrufsrecht 690/10, 795/24
Widerrufsverfahren 926/3
Widerspruch 900/19
Widerspruchsentscheidung 898/11
Widerspruchsverfahren 756/31, 898/9
Wirtschaftliches Umfeld 650/22
Wirtschaftsstruktur 650/23
Wirtschaftsverkehr
– internationaler 402/8
WKN 323/22
Working Capital Statement 225/60
§ 14 WpÜG 746/3

Z

Zahlstellen 335/68
Zahlungsfähigkeit 648/19, 669/21
Zahlungsreihenfolge 427/ 9, 476/49, 482/64 f., 487/73
Zeitpunkt 904/12
Zeitungspublizität 764/13
Zentralverwahrung 324/27
Zertifikat 958/1
Zinsgarantie 398/1, 402/9 f.
Zinsrückzahlungspflicht 402/9
zu versichern 885/10
Zugriffsbeschränkungen für elektronisch-veröffentlichte Prospekte 772/7
Zulassung 126/1, 935/1, 950/1
– zum regulierten Markt 710/6
Zulassungsantrag 960/3
Zulassungsantragssteller 741/1
Zulassungsantragsteller 88/31, 109/24, 138/29
Zulassungsverfahren 746/1, 926/3
Zulassungsvoraussetzung 946/6
zurückgenommen 897/6
Zusammenfassung 134/19, 137/24, 155/16, 700/13
– Befreiung 137/24
– des Prospekts 813/29 f., 815/2, 818/7 ff., 823/20
– Verweise 733/15
zusätzliche Änderung 750/13
Zusätzliche Angaben 150/9
Zusätzliche Sprache 831/16
Zuständige Behörde 712/11 ff.
zustellungsfähige Adresse im Inland 903/9
Zuteilung 331/55 ff.
Zuteilungsmethoden 331/57
Zweckgesellschaft 93/4
Zweisprachige Prospekte 833/19
zweistufiger Vorgang 904/11
Zwischenabschluss 207/13 f., 222/54, 227/64, 294/16
– Nachtragspflicht 788/10
Zwischenabschlusspflicht 261/172
Zwischenbericht 250/130–251/134, 260/170, 261/172 f., 262/175, 262/177, 264/182, 264/185, 296/24, 372/58 f., 373/61, 373/65
Zwischenfinanzinformationen 250/133 f., 260/170–262/175, 262/177 f., 372/57–373/61
Zwischenmitteilung der Geschäftsführung 261/172, 372/58
Zwischenstaatliche Organisationen 665/16
Zwölfmonatsfrist 755/30